21世紀世界人名典拠録 欧文名

1 A～K

日外アソシエーツ

Noted Personalities of the World in the 21th-Century

Reference Guide with Japanese Readings of Each Personal Name

1 A-K

Compiled by
Nichigai Associates, Inc.

©2017 by Nichigai Associates, Inc.
Printed in Japan

> 本書はディジタルデータでご利用いただくことができます。詳細はお問い合わせください。

●編集スタッフ● 小川 修司／青木 竜馬／山本 幸子／岡田 真弓／村末 照代／成田 さくら子

刊行にあたって

　人物の読みの確認や人物の同定は、図書館における目録・書誌作成・各種調査業務の際には避けられない問題の一つである。特に外国人のアルファベット表記と片仮名表記には、翻字・翻訳によって、同一人物に複数のアルファベット表記、片仮名表記が用いられるため、人物同定がより難しいものとなる。また、現代では、スマートフォンの普及率が7割に達するなど、インターネットの利用が広く一般化し、図書館員以外の人物情報を検索する人々にとっても、検索の際の表記ゆれにより得られる情報には多寡が生じるため、こうした人物の読みや原綴の表記は重要な問題になった。特に活動時期の新しい現代の人物は、それゆえに辞典類に典拠がなく、読みや原綴の調査が難しい。

　本書は、21世紀に活躍した人物の原綴（アルファベット表記）と片仮名表記、および生没年・職業・著書など人名の基礎的な確認に必要な項目を簡潔に示す人名調査ツールである。収録にあたっては今日性を重視し、現在活躍中のスポーツ選手、現行の閣僚などを収録したほか、21世紀に没した人物に加え、あまりに古めかしい人物を除いたうえで、21世紀に国内で出版された翻訳図書の原著者名などを収録した。ヨーロッパ・アメリカなどの欧米諸国は勿論のこと、翻字によりアルファベット表記を持つ人物であれば、ロシア、オセアニア、ラテンアメリカ、アフリカ、中近東、中央アジア、インド、東アジア、東南アジアなど国・地域を問わず世界各国・地域の人物を広く収録した。収録人数は、103,000人である。

　本典拠録シリーズには、「日本著者名・人名典拠録」(1989.9)、「新訂増補 日本著者名・人名典拠録」(2002.7)、「日本著者名・人名典拠録―75万人収録」(2012.5)と3版を重ねた日本人名を対象とする日本著者名・人名典拠録、「西洋人名・著者名典拠録」(1990.8)、「新訂増補 西洋人名・著者名典拠録」(2004.11)と2版を重ねた西洋人名を対象とする西洋人名・著者名典拠録、東洋人名を対象とする「東洋人名・著者名典拠録」(2010.10)がある。21世紀の欧文名を対象とする本書は、特に「新訂増補 西洋人名・著者名典拠録」(175,000人収録)と相補関係にあって、本書に未収録の

古代から20世紀にかけての西洋人名を調査する際には、こちらを用いられたい。

　編集にあたっては最善を尽くしたつもりであるが、人数が膨大なだけに、調査が不十分な点もあるかと思われる。お気付きの点などご教示いただければ幸いである。姉妹編となる「新訂増補 西洋人名・著者名典拠録」とともに、国内最大の西洋人名ツールとして、本書が多くの図書館・研究機関等に利用されることを願ってやまない。

　2017年5月

　　　　　　　　　　　　　　　　　　　　　　　　　　　　　日外アソシエーツ

凡　例

1. 構　成

本書は、人名をアルファベット順に排列した本文と、人名の片仮名表記から原綴表記を参照した索引からなる。
分冊の構成は以下の通り。
　1　本　文　A－K
　2　　　　　L－Z
　3　索　引

2. 収録範囲・人数

1) 21世紀以降に没した人物、ならびに現在活躍中の人物、および同様の基準で2001年以降に日本国内で刊行された翻訳図書の原著者名を収録した。
2) ヨーロッパ、アメリカ、ロシアの欧米各国の人名のほか、アルファベットで表記される人名を幅広く収録した。収録人物はオセアニア、ラテンアメリカ、アフリカ、中近東、中央アジア、東南アジア等の世界各国・地域に及ぶ。
3) 収録人数は、103,000人である。

3. 記載事項

原綴表記／片仮名表記
生没年月日／国名（国で表示）／職業・肩書／専門分野（専で表示）／別名／片仮名異表記（異で表示）／著書・出版者・出版年（著で表示）

〈例〉
Moon, Jae-in　ムン・ジェイン
　1953～　国韓国　政治家, 弁護士　大統領　漢字名＝文在寅
Trungpa, Chogyam　トゥルンパ, チュギャム
　異トゥルンパ, チョギャム　著「心の迷妄を断つ智慧」春秋社　2002

4. 見出し人名

1) 見出しとなる原綴表記は、原則として姓, 名の形で一般的に使用されているものを採用した。
2) 片仮名表記は、近年広く使用されているものを採用した。
3) 国王・教皇などの世系は、原綴ではローマ数字、片仮名表記ではアラビア数字を用いた。
4) 生没年は西暦で記載した。

5. 見出しの排列

1) 姓の ABC 順、姓が同じ場合は名の ABC 順に排列した。
2) 斜体で示した Sir, Dame, Lord, Lady, Prince, Princess, HRH Princess の称号、先頭の al-, el- の冠詞、およびアクセント記号、アポストロフィ等は排列上無視した。
3) Mc は、Mac、St. は Saint とみなして排列した。
4) 名前が頭文字の場合は、同じ文字で始まる名前の先頭に置いた。

6. 参考資料

本書の採録・調査に際しては、下記の参考資料を用いた。

データベース「whoplus」日外アソシエーツ
「海外文学 新進作家事典」日外アソシエーツ 2016
「現代外国人名録 2016」日外アソシエーツ 2016
「世界の賞事典 2005-2014」日外アソシエーツ 2015
「翻訳図書目録 2000-2003」日外アソシエーツ 2004
「翻訳図書目録 2004-2007」日外アソシエーツ 2008
「翻訳図書目録 2008-2010」日外アソシエーツ 2011
「翻訳図書目録 2011-2013」日外アソシエーツ 2014
「翻訳図書目録 2014-2016」日外アソシエーツ 2017
「外国人叙勲受章者名簿」外務省 HP
「駐日各国大使リスト」外務省 HP
「athletes」国際オリンピック委員会 HP
「ラグビーワールドカップ 2015 展望&ガイド 出場 20 か国パーフェクト選手名鑑」
　　日本スポーツ企画出版社 2015
「ヨーロッパサッカーガイド 2016-2017 シーズン選手名鑑」
　　フロムワン，朝日新聞出版（発売）2016
「NFL2016 カラー写真名鑑」ベースボール・マガジン社 2016
「2016-17 SEASON NBA COMPLETE GUIDE」日本スポーツ企画出版社 2016
「2017 MLB 選手名鑑 全 30 球団コンプリートガイド」日本スポーツ企画出版社 2017
「朝日新聞」朝日新聞社
「世界年鑑」時事通信社
「Forbes JAPAN」アトミックスメディア，プレジデント社（発売）

【A】

A, Lai アー・ライ
1959～ 国中国 作家 科幻世界雑誌社社長、四川省作家協会主席 漢字名＝阿来 異ア・ライ

Aab, Jaak アーブ、ヤーク
国エストニア 社会問題相

Aaberg, Everett アーバーグ、エバレット
1963～ 著「筋肉メカニクスとトレーニング技術」西村書店 2011

Aaker, David A. アーカー、デービッド・A.
著「ブランド論」ダイヤモンド社 2014

Aaker, Jennifer Lynn アーカー、ジェニファー
異アーカー、ジェニファー・L. 著「ドラゴンフライエフェクト」翔泳社 2011

Aakeson, Kim Fupz オーカソン、キム・フォップス
1958～ 異オーケソン、キム・フォプス 著「ママ！」ひさかたチャイルド 2011

Aakhus, Mark A. オークス、マーク・A.
1964～ 著「絶え間なき交信の時代」NTT出版 2003

Aaliyah アリーヤ
1979～2001 国アメリカ 歌手 本名＝Haughton, Aaliyah

Aalst, Mariska van アールスト、マリスカ・ヴァン
著「FBIトレーナーが教える相手の嘘を99％見抜く方法」宝島社 2012

Aamara, Abdelkader アアマラ、アブデルカデル
国モロッコ 商工業・新技術相

Aames, Avery エイムズ、エイブリー
国アメリカ 作家、女優 ⓈミステリーⅩ、スリラー 別筆名＝ガーバー、ダリル・ウッド〈Gerber, Daryl Wood〉 異エイムズ、エイヴリー

Aamodt, Kjetil André オーモット、チェーティルアンドレ
国ノルウェー アルペンスキー選手

Aamodt, Sandra アーモット、サンドラ
著「最新脳科学で読み解く0歳からの子育て」東洋経済新報社 2012

Á.andersen, Sigríður アンデルセン、シグリードゥル・アウ
国アイスランド 法相

Aanei, Andreea アーネイ、アンドリーア
国ルーマニア 重量挙げ選手

Aaron アーロン
国台湾 歌手、俳優 漢字名＝炎亜綸

Aaron, Escandell アーロン・エスカンデル
国スペイン サッカー選手

Aaron, Hank アーロン、ハンク
1934～ 国アメリカ 元野球選手 本名＝Aaron, Henry Louis（アーロン、ヘンリー・ルイス）

Aaron, Henry Louis アーロン、ヘンリー・ルイス
国アメリカ 世界少年野球大会創設者兼名誉理事、アトランタ・ブレーブス上級副社長、元・アトランタ・ブレーブス所属プロ野球選手

Aaron, Jason アーロン、ジェイソン
著「ドクター・ストレンジ：ウェイ・オブ・ウィアード」ヴィレッジブックス 2016

Aaron, Jonathan アーロン、ジョナサン
著「アイスクリームの皇帝」河出書房新社 2014

Aaron, Marjorie Corman アーロン、マージョリー・コーマン
著「洗練された「交渉術」で最善の結果を引き出す」ファーストプレス 2008

Aaron, Martin アーロン・マルティン
国スペイン サッカー選手

Aaron, Raymond アーロン、レイモンド
著「こころのチキンスープ」ダイヤモンド社 2002

Aaronovitch, Ben アーロノビッチ、ベン
1964～ 国イギリス 作家 Ⓢファンタジー、ミステリー 異アーロノヴィッチ、ベン

Aaronovitch, David アーロノビッチ、デービッド
1954～ 国イギリス ジャーナリスト 異アーロノビッチ、デビッド

Aarons, Maureen アーロンズ、モーリーン
1936～ 著「自閉症スペクトラムへのソーシャルスキルプログラム」スペクトラム出版社 2005

Aaronson, Deborah アーロンソン、デボラ
著「ラッキーを呼び込むオマジナイ事典」ディスカヴァー・トゥエンティワン 2009

Aaronson, Kathy アーロンソン、キャシー
著「スピードバンプ！」ディスカヴァー・トゥエンティワン 2007

Aaronson, Philip Irving アーロンソン、フィリップ・I.
1953～ 著「一目でわかる心血管系」メディカル・サイエンス・インターナショナル 2008

Aartsen, Gerard アートセン、ゲラード
1957～ 著「転換期にある惑星」アルテ、星雲社（発売） 2016

Aas, Arto アース、アルト
国エストニア 行政相

Aase, Jannike オーゼ、ヤニク
著「ハーバードMBA合格者のエッセイを読む」オープンナレッジ 2007

Aaserud, Finn オーセルー、フィン
著「科学の曲がり角」みすず書房 2016

Aasland, Tora オースラン、トーラ
国ノルウェー 研究・高等教育相

Aasrud, Rigmor オースルード、リグモール
国ノルウェー 行政改革・教会相

Aav, Marianne アーヴ、マリアンネ
？～2011 著「マリメッコのすべて」DU BOOKS、ディスクユニオン（発売） 2013

Aaviksoo, Jaak アービクソー、ヤーク
国エストニア 教育科学相

Ababii, Ion アバビ、イオン
国モルドバ 保健社会保障相

Abad, Abdelhamid アバド、アブデルハミド
国アルジェリア 職業訓練相

Abad, Fernando アバッド、フェルナンド
国ドミニカ共和国 野球選手

Abad, Florencio アバド、フロレンシオ
国フィリピン 予算管理相 異アバド、フロレンショ

Abad, Julia Andrea アバド、フリア・アンドレア
国フィリピン 大統領首席補佐官

Abad, Xavier アバド、ハビエル
国エクアドル 工業相

Abade, Ahmed Abdirahman アバデ、アフメド・アブディラマン
国ソマリア 港湾・海運・空輸・陸運相

*al-***Abadi, Haider** アバディ、ハイダル
1952～ 国イラク 政治家 イラク首相 本名＝Abadi, Haider Jawad Kathem al-

Abadula, Gemeda アバドゥラ、ゲメダ
国エチオピア 国防相

Abagnale, Frank W. アバグネイル、フランク・W.
1948～ 異アバネイル、フランク 著「華麗なる騙しのテクニック」東京電力 2008

Abah Abah, Polycarpe アバアバ、ポリカルプ
国カメルーン 経済・財務相

Abajo, Jose Luis アバホ
国スペイン フェンシング選手

Abakanowicz, Magdalena アバカノヴィッチ、マグダレーナ
1930～ 国ポーランド 彫刻家 異アバカノビッチ、マグダレーナ

Abakar, Abdoulaye アバカル、アブドゥライエ
国チャド 公務・労働相

Abakar, Siid Warsameh アバカル、シード・ワルサメ
国ソマリア 公共事業相

Abakarova, Patimat アバカロワ、パティマト
国アゼルバイジャン テコンドー選手

Abakumova, Maria アバクモワ
国ロシア 陸上選手

Abal, Sam アバル、サム
国パプアニューギニア 首相代行兼労働相

Abalkin, Leonid Ivanovich アバルキン、レオニード
1930～2011 国ロシア 経済学者、政治家 ロシア科学アカデミー経済研究所所長、ソ連副首相

Abal Medina, Juan Manuel アバルメディナ、フアン・マヌエル
国アルゼンチン 首相

Abana, Steve アバナ、スティーブ
国ソロモン諸島 開発計画・援助調整相

Abanda, Joseph Tsanga アバンダ、ジョゼフ・ツサンガ
国カメルーン 運輸相

Abanes, Richard アバンズ、リチャード

[著]「15分で読めるダ・ヴィンチ・コード真実の裏側50」 ビジネス社 2006

Abani, Chris アバニ, クリス
アメリカ探偵作家クラブ賞 ペーパーバック賞(2015年) "The Secret History of Las Vegas"

Abarbanel, Andrew アバーバネル, アンドルー
[著]「恋愛できない脳」 原書房 2001

Abarca, Ana del Socorro アバルカ, アナ・デルソコロ
[国]ホンジュラス 観光相

Abas, Stephen アバス
[国]アメリカ レスリング選手

Aba Sadou アバサドゥ
[国]カメルーン 政府調達担当相 [異]アッパサドゥ

Abascal Carranza, Carlos María アバスカル・カランサ, カルロス・マリア
[国]メキシコ 労働・社会保障相

Abasov, Ismet アバソフ, イスメト
[国]アゼルバイジャン 副首相

Abassalah, Youssouf アバッサラー, ユスフ
[国]チャド 観光・文化相 [異]アバサラー, ユフス

Abassova, Tamilla アバソワ
[国]ロシア 自転車選手

Abate, Carmine アバーテ, カルミネ
1954～ [著]「帰郷の祭り」 未知谷 2016

Abate, Ignazio アバーテ, イニャツィオ
[国]イタリア サッカー選手

Abay, Tsehaye アバイ・ツェハイエ
[国]エチオピア 内相

Abaya, Joseph Emilio アバヤ, ジョセフ・エミリオ
[国]フィリピン 運輸通信相

Abayev, Bayar アバエフ, バヤル
[国]トルクメニスタン 貿易・対外経済相

Abayev, Dauren アバエフ, ダウレン
[国]カザフスタン 情報通信相

Abaza, Amin アバーザ, アミン
[国]エジプト 農業・土地開拓相

Abbad, Gunvor Larsson アバド, グンヴォル・ラーション
[著]「知的障害・発達障害のある子どもの面接ハンドブック」 明石書店 2014

Abbadi, Abdul Salam アバーディ, アブドルサラム
[国]ヨルダン 宗教相 [異]アッバディ, アブドル・サラム

Abbadi, Mamdouh アバディ, マムドゥ
[国]ヨルダン 首相府担当相

Abbado, Claudio アバド, クラウディオ
1933～2014 [国]イタリア 指揮者 ベルリン・フィルハーモニー管弦楽団首席指揮者・芸術監督, ルツェルン祝祭管弦楽団首席指揮者・音楽監督 [異]アッバード / アバード

Abba-Gana, Mohammed アバガナ, モハメド
[国]ナイジェリア 連邦首都圏相

*al-*Abbar, Abdel-Rahman Moussa** アル・アッバール, アブデルラハマン・ムーサ
[国]リビア 法務・治安書記

Abbas, Attoumane Djaffar アバス, アトゥマネ・ジャファル
[国]コモロ 保健・人口・女性問題相

Abbas, Baderaldien Mahmoud アッバス, バドルッディーン・マハムード
[国]スーダン 財務・国民経済相

Abbas, Mahmoud アッバス, マフムード
1935～ [国]パレスチナ 政治家 パレスチナ解放機構(PLO)議長, パレスチナ自治政府議長, ファタハ議長 パレスチナ自治政府首相・内相 通称＝アブ・マゼン〈Abu Mazen〉 [異]アッバース, マフムード / アッバス, マハムード / アッバス, マフムド / アブー・マーゼン

Abbas, Mirza アッバス, ミルザ
[国]バングラデシュ 住宅・公共事業相

Abbas, Mohamed-Cherif アッバス, モハメドシェリフ
[国]アルジェリア 退役軍人相 [異]アッバス, モハメド・シェリフ

Abbas, Mohamed El-Had アッバス, モハメド・エルアド
[国]コモロ 法務・公務員・行政改革・人権・イスラム問題相

Abbas, Mohammed Abul アッバス, ムハマド
？～2004 [国]パレスチナ 政治家, ゲリラ指導者 パレスチナ民族解放戦線(PLF)議長 通称＝アブ・アッバス [異]アッバス, ムハンマド / アバス

Abbas, Sadi Tuma アッバス, サディ・トゥマ
[国]イラク 労働・社会問題相

*al-*Abbas, Suleiman** アッバス, スレイマン
[国]シリア 石油鉱物資源相

Abbas, Youssouf Saleh アッバス, ユスフ・サレハ
[国]チャド 首相

Abba Sadou アッパサドゥ
[国]カメルーン 政府調達担当相

Abbasi, Fereydoon アバシ, フェレイドゥン
[国]イラン 副大統領兼原子力庁長官

Abbasi, Mohammad アバシ, モハマド
[国]イラン スポーツ・青少年相

Abbasi, Shahid Khaqan アバシ, シャヒド・カカーン
[国]パキスタン 石油・天然資源相 [異]アバシ, シャヒド・ッカーン

Abbasov, Abbas A. アバソフ, アバス・A.
[国]アゼルバイジャン 第1副首相 [異]アバソフ, アバス

Abbasov, Ali アバソフ, アリ
[国]アゼルバイジャン 通信・情報技術相

Abbasov, Ismet アバソフ, イスメト
[国]アゼルバイジャン 農相

Abbasov, Namik R. アバソフ, ナミク・R.
[国]アゼルバイジャン 国家保安相

Abbate, Janet アバテ, ジャネット
[著]「インターネットをつくる」 北海道大学図書刊行会 2002

Abbe, Cheikh Ould アブ, シーク・ウルド
[国]モーリタニア 渉外相

Abbe, Godwin アッベ, ゴドウィン
[国]ナイジェリア 内相

Abbes, Djamel アベス, ジャメル
[国]アルジェリア 国民連帯担当相

Abbes, Mohamed Chérif アベス, モハメド・シェリフ
[国]アルジェリア 退役軍人相

Abbey, Edward アビー, エドワード
[著]「爆破」 築地書館 2001

Abbey, Michael アビー, マイケル
[著]「Oracle9iビギナーズガイド」 翔泳社 2003

Abbing, Hans アビング, ハンス
1946～ [著]「金と芸術」 grambooks 2007

Abbink Spaink, Laurens アビンク・スパインク, ラウレンス
1973～ [著]「ブラックブック」 エンターブレイン 2007

Abbot, Judi アボット, ジュディ
[著]「ママだいすき！」 アルファポリス, 星雲社(発売) 2014

Abbot, Laura アボット, ローラ
[著]「リン・聖なる結婚」 ハーレクイン 2001

Abbott, Andrew Delano アボット, アンドリュー
[著]「社会学科と社会学」 ハーベスト社 2011

Abbott, Chris アボット, クリス
[著]「世界を動かした21の演説」 英治出版 2011

Abbott, Elizabeth アボット, エリザベス
[著]「砂糖の歴史」 河出書房新社 2011

Abbott, Geoffrey アボット, ジェフリー
1922～ [著]「処刑と拷問の事典」 原書房 2002

Abbott, Jeff アボット, ジェフ
1963～ [国]アメリカ 作家

Abbott, Jennifer アボット, ジェニファー
[著]「ザ・コーポレーション」 アップリンク, 河出書房新社(発売) 2008

Abbott, Jeremy アボット, ジェレミー
1985～ [国]アメリカ フィギュアスケート選手

Abbott, Kingsley アボット, キングスレイ
[異]アボット, キングズレイ [著]「フィル・スペクター読本」 シンコーミュージック・エンタテイメント 2010

Abbott, Mara アボット
[国]アメリカ 自転車選手

Abbott, Megan E. アボット, ミーガン
1971～ [国]アメリカ 作家 [専]ミステリー, スリラー, フィクションほか

Abbott, Paul アボット, ポール
アメリカ探偵作家クラブ賞 TVフィーチャー・ミニシリーズ賞(2005年) "State of Play"

Abbott, Raylene アボット, レイリーン
[著]「スピリチュアル・セックス」 ワニブックス 2007

Abbott, Tony アボット, トニー
1957～ [国]オーストラリア 政治家 オーストラリア首相, オーストラリア自由党党首

Abbott, Tony アボット, トニー
1952～ [著]「ファイヤーガール」 白水社 2007

Abbou, Mohammed アブー, モハメド
[国]モロッコ 近代化・公共部門担当相

Abboud, Fadi アブード, ファディ

[国]レバノン　観光相

Abbrederis, Jared　アブリーデリス, ジャレッド
[国]アメリカ　アメフト選手

Abbullahi Mohamed, Mohamed　アブドラヒ・モハメド, モハメド
[国]ソマリア　首相

Abdalla, Al-Hadi　アブダラ, アルハーディ
[国]スーダン　内相

Abdalla, Farah Mustafa　アブダラ, ファラ・ムスタファ
[国]スーダン　一般教育相

Abdalla Fadl, Fadl　アブドラ・ファドル, ファドル
[国]スーダン　大統領府担当相

Abdallah, Abdelwahab　アブダラ, アブデルワハブ
[国]チュニジア　外相

Abdallah, al-Fateh Taj al-Sir　アブダラ, ファティフ・タジュ・シル
[国]スーダン　イスラム指導相

Abdallah, Anna　アブダラ, アンナ
[国]タンザニア　保健相

Abdallah, Charif　アブダラ, シャリフ
[国]コモロ　設備・エネルギー・都市計画相

Abdallah, Houmadi　アブダラー, フマディ
[国]コモロ　エネルギー・鉱業・産業・手工業相

Abdallah, Houssen　アブダラ, フッセン
[国]マダガスカル　漁業・海洋資源相

Abdallah, Mahamat Ali　アブダッラ, マハマト・アリ
[国]チャド　水利相　[異]アブダラ, マハマット・アリ

Abdallah, Mohammed Yusuf　アブダラ, モハメド・ユセフ
[国]スーダン　文化・青年・スポーツ相

Abdallah, Nia　アブダラー
[国]アメリカ　テコンドー選手

Abdallahi, Sidi Mohamed Ould Cheikh　アブドライ, シディ・モハメド・ウルド・シェイフ
1938～　[国]モーリタニア　政治家　モーリタニア大統領　[異]アブダライ / アブドライ, シディ・ウルド / アブドラヒ, ウルド

Abdallah Nassour, Mahamat Ali　アブダラーナスール, マハマト・アリ
[国]チャド　国務相(鉱業・エネルギー担当)

Abd Al-Mahdi, Adil　アブドルマハディ, アディル
[国]イラク　石油相

Abd al-Rahman, A'ishah　アブドッラハマーン, アーイシャ
[著]「預言者の妻たち」 日本ムスリム協会　2001(第2刷)

Abd-al-Raman, Abd-al-Qadir Maalin　アブダラマン, アブダルカディール・マーリン
[国]ソマリア　郵政相

Abdel-aal, Khaled　アブデルアール, ハリド
[国]エジプト　国務相(環境担当)

Abdelaal, Mohamed　アブデラール, モハメド
[国]エジプト　柔道選手

Abdel Aati, Muhammad　アブデルアーティ, ムハンマド
[国]エジプト　水資源・灌漑相

Abdelazim, Tarek　アブデルラジム
[国]エジプト　重量挙げ選手

Abdel Aziz, Khaled　アブデルアジズ, ハリド
[国]エジプト　青年・スポーツ相

Abdelaziz, Mohamed Ould　アブドルアジズ, モハメド・ウルド
1956～　[国]モーリタニア　政治家, 軍人　モーリタニア大統領

Abdel Baki, Mohamed　エルバキ
[国]エジプト　重量挙げ選手

Abdel-Gabbar, Salma Sha'ban　アブデルガッバール, サルマ・シャーバン
[国]リビア　社会問題書記

Abdel Ghafar, Magdi　アブデルガファル, マグディ
[国]エジプト　内相

Abdel-Ghafur, Humam Abdelkhaliq　アブデルガフル, フマム・アブデルハリク
[国]イラク　高等教育相

Abdel-Hady, Aisha　アブデルハディ, アイシャ
[国]エジプト　労働力・移民相　[異]アブドルハディ, アイシャ

Abdelhafiz, Abdelrahim　アブドルハフェズ・アブドルラヒム
[国]スーダン　青年・スポーツ相

Abdeljalil, Mustafa Mohamed　アブドルジャリル, ムスタファ・ムハンマド
[国]リビア　司法書記

Abdel-Kader, Isselmou Ould　アブデルカデル, イッセルム・ウルド
[国]モーリタニア　貿易・手工業・観光相

Abdelkader, Kamougue Wadal　アブデルカデル, カムゲ・ワダル
[国]チャド　国防相

Abdelkefi, Fadhel　アブデルケフィ, ファーデル
[国]チュニジア　開発・投資・国際協力相

Abdelkerim, Nadjo　アブデルケリム, ナジョ
[国]チャド　厚生相

Abdel Khalek, Sayed　アブドルハリク, サイード
[国]エジプト　高等教育相

Abdelkhaleq, Mahmoud　アブドルハーレク, マフムード
[国]レバノン　国務相

Abdella, Ahmedou Ould　アブデッラ, アフメド・ウルド
[国]モーリタニア　内務・地方分権相　[異]アブデラ, ムスタファ・ウルド

Abdel-Latif, Hatem　アブデルラティフ, ハティム
[国]エジプト　運輸相

Abdel-Majed, Abdel-Basit　アブデルマジェド, アブデルバシト
[国]スーダン　文化相

Abdel Majid Abdel Aziz　アブデル・マジド・アブドル・アジズ
？～2007　[国]サウジアラビア　メッカ州(サウジアラビア)知事　[異]アブデル・マジド・ビン・アブドル・アジズ / アブデルマジド王子 / アブドルマジド・ビン・アブドルアジズ王子

Abdel-Malek, Anouar I.　アブデル・マレク, アヌワール
1924～2012　[国]エジプト　社会学者　国際社会学会副会長, 立命館大学国際関係学部教授, フランス国立科学研究所(CNRS)教授　[異]アブデルマリク, アンワル / アブドゥルマリク

Abdel Maqsood, Salah　アブデルマクスード, サラハ
[国]エジプト　情報相

Abdel-Meguid, Ahmed Esmat　アブデル・メギド, アハメド・エスマト
1923～2013　[国]エジプト　外交官　エジプト外相, アラブ連盟事務局長　[異]アブデル・メギド, エスマト

Abdel Mo'men, Muhammad Salah　アブデルムウミン, ムハンマド・サラフ
[国]エジプト　農業・土地開拓相

Abdelmottaleb, Diaaeldin Kamal Gouda　アブデルモタレブ, ディアエルディン
[国]エジプト　レスリング選手

Abdelmoumene, Mohamed-Larbi　アブデルムーメヌ, モハメドラルビ
[国]アルジェリア　保健相

Abdel Muneim, Yehia Mohamed　アブドゥルムネイム, ヤヒヤ・ムハンマド
[国]エジプト　元・在エジプト日本国大使館現地職員

Abdel Nour, Mounir Fakhri　アブデルヌール, ムニール・ファハリ
[国]エジプト　通商産業相

Abdelqader, Mustafa Muhammad　アブデルカデル, ムスタファ・ムハンマド
[国]エジプト　地方開発相

Abdelrahman, Abdelrahman Saïd　アブデルラーマン, アブデルラーマン・サイード
[国]スーダン　連邦統治相

Abdelrahman, Abeer　アビルアブデルラハマン
[国]エジプト　重量挙げ選手

Abdel Rahman, Ahmad　アブドルラフマン, アフマド
[国]パレスチナ　内閣官房長官

Abdel-Rahman, Hassabo Mohammed　アブドルラハマン, ハッサボ・ムハンマド
[国]スーダン　副大統領

Abdel-Rasoul, Ali Mahmoud　アブデルラスール, アリ・マハムード
[国]スーダン　財務・国民経済相

Abdelrazig, Suad　アブドラジク, スアド
[国]スーダン　教育相

Abdelrazzaq, Muhammad Zimam　アブデルラザク, ムハマド・ジマム
[国]イラク　内相

Abdel Shafi, Haidar　アブデルシャフィ, ハイダル
1919～2007　[国]パレスチナ　革命家　パレスチナ交渉団長

Abdelwahed, Said I.　アブデルワーヘド, サイード
1952～　[著]「ガザ通信」 青土社　2009

Abdelwahid, Yousuf Ibrahim　アブドルワヒド・ユスフ・イブラヒム
[国]スーダン　道路・橋梁相

A

Abdennour, Aymen　アブデヌール, アイメン
　国チュニジア　サッカー選手
Abdenov, Serik　アブデノフ, セリク
　国カザフスタン　労働社会保障相
Abderemane, Moussa　アブデレマン, ムーサ
　国コモロ　産業・労働・雇用・女性起業促進相
Abderemane, Salime Mohamed　アブデルマン, サリム・モハメド
　国コモロ　青少年・雇用・職業導入・文化・スポーツ相
Abderrahmane, Ba　アブドラマン, バ
　国モーリタニア　商業・手工業・観光相
Abderraouf, Ahmed Salem Ould　アブデッルーフ, アフメド・サーレム・ウルド
　国モーリタニア　設備・運輸相
Abdesmad, Mehdi　アブデスマッド, メーディ
　国アメリカ　アメフト選手
Abdessalem, Rafik　アブデッサラーム, ラフィク
　国チュニジア　外相
Abdevali, Saeid　アブドバリ, サイード
　国イラン　レスリング選手
Abdi, Abdiirizak Ashkir　アブディ, アブディリザク・アシュカル
　国ソマリア　地方開発・連邦・和解相
Abdi, Abdullahi Gaal　アブディ, アブダライ・ガール
　国ソマリア　復興相
Abdi, Ali Ismail　アブディ, アリ・イスマイル
　国ソマリア　港湾相
Abdi, Hammoud Ould　アブディ, ハムード・ウルド
　国モーリタニア　渉外・議会関係相
Abdi, Youcef　アブディ
　国オーストラリア　陸上選手
Abdi, Zakariya Mahmud Haji　アブディ, ザカリヤ・マフムド・ハジ
　国ソマリア　高等教育相
Abdi Farah, Ali　アブディファラー, アリ
　国ジブチ　通信・文化・郵政相
Abdillahi, Mohamed Barkat　アブディラヒ, モハメド・バルカト
　国ジブチ　労相兼国家連帯相
Abdillahimiguil, Abdallah　アブディラヒミギル, アブダラ
　国ジブチ　保健相
Abdin, Hosam Hussein Bakr　アブディン
　国エジプト　ボクシング選手
Abdoelgafoer, Faizal　アブドールガフール, ファイザル
　国スリナム　スポーツ・青少年相
Abdol-Alizadeh, Ali　アブドルアリザデ, アリ
　国イラン　住宅・都市開発相
Abdou, Ahmed　アブドー, アフメド
　国コモロ　公共サービス・行政改革・人権問題相
Abdou, Amani　アブドゥ, アマニ
　国ニジェール　地域発展相
Abdou, Asmane　アブドゥ, アスマヌ
　国ニジェール　高等教育・科学研究相
Abdou, Mahmoud Ahmed　アブドゥ, マフムード・アハメド
　国エジプト　元・在エジプト日本国大使館現地職員
Abdou, Mhoumadi　アブドゥ・ムマディ
　国コモロ　国民教育・教育制度・研究・芸術相
Abdou, Moustadroine　アブドゥ, ムスタドロイン
　国コモロ　副大統領兼農業・漁業・環境・国土整備・都市開発相
Abdou, Ousmane　アブドゥ, ウスマヌ
　国ニジェール　文化・芸術・余暇相
Abdou, Yahaya Baaré Haoua　アブドゥ, ヤハヤ・バアレ・ハウア
　国ニジェール　手工業・観光相
Abdou Dossar, Mohamed Bacar　アブドードッサル, モハメド・バカル
　国コモロ　国防担当相
Abdoulahi, Mohamed　アブドゥライ, モハメド
　国ニジェール　鉱業エネルギー相　異アブドゥラヒ, モハメド
Abdoulaye, Aissa Diallo　アブドゥライエ, アイサ・ディアロ
　国ニジェール　都市開発相　異アブドゥレイ, アイサ
Abdoulaye, Kadi　アブドゥライ, カディ
　国ニジェール　設備相
Abdoulaye, Mahamat　アブドゥライエ, マハマト
　国チャド　畜産相　異アブドゥラエ, マハマット
Abdoulhamid, Mohamed　アブドゥルハミド, モハメド
　国コモロ　地方開発・漁業・手工業・環境相

Abdoulkadari, Tidjani Idrissa　アブドゥルカダリ, ティジェニ・イドリサ
　国ニジェール　職業技術訓練相
Abdoul Karim, Moussa Bako　アブドゥルカリム, ムッサ・バコ
　国ニジェール　都市計画・住宅相
Abdourahamane, Sani　アブドゥラハマン, サニ
　国ニジェール　中等教育相
Abd Rabo, Noha　アブドラボ
　国エジプト　テコンドー選手
Abdrakhmanov, Berik　アブドラクマノフ, ベリク
　国カザフスタン　ボクシング選手
Abdrakhmanov, Kairat　アブドラフマノフ, カイラト
　国カザフスタン　外相
Abdukhakimov, Aziz　アブドゥハキモフ, アジズ
　国ウズベキスタン　労働・社会保障相
Abdul, Halim Muadzam Shah　アブドル・ハリム・ムアザム・シャー
　国マレーシア　副国王
Abdula, Nazira Karimo Vali　アブドゥーラ, ナジラ・カリモ・バリ
　国モザンビーク　保健相
Abdul-Aziz, bin Fahd bin Abdul-Aziz　アブドルアジズ・ビン・ファハド・ビン・アブドルアジズ
　国サウジアラビア　国務相(内閣府長官)
Abdul-Aziz, bin Mohammed al-Fadhel　アブドルアジズ・ビン・モハメド・ファデル
　国バーレーン　議会担当国務相
Abdulaziz, Mohammad Imhamid　アブドルアジズ, ムハンマド・イムハミド
　国リビア　外相兼国際協力相
Abdulaziz, Mohammed　アブドゥルアジズ・モハメド
　国エチオピア　財務・経済協力相
Abdul Aziz, Shamsuddin　アブドルアジズ・シャムスディン
　国マレーシア　地方・地域開発相
Abdul-Aziz al-Nagem, Samil　アブドルアジズ・アルナジム, サミル
　国イラク　石油相代理
Abdulelah, Ahmed Alderwish　アブドレラ・アハメッド・アルダウィッシュ
　国サウジアラビア　元・在ジッダ日本国総領事館現地職員
Abdulfetah, Sheikh Abdulahi　アブドゥルフェタ・シェイク・アブドゥラヒ
　国エチオピア　労働・社会問題相
Abdul-Gafoor, Ahmed Adeeb　アブドルガフール, アハメド・アディーブ
　国モルディブ　観光相
Abdulgani, Ruslan　アブドゥルガニ, ルスラン
　1914〜2005　国インドネシア　政治家　インドネシア外相
Abdulghani, Abdul-Aziz　アブドルガニ, アブドルアジズ
　1939〜2011　国イエメン　政治家　イエメン首相　異アブドル・ガーニー
Abdulhai, Murad Ali Mohammed　ハーリミ, ムラード
　国イエメン　運輸相
Abdul Halim, Muadzam Shah　アブドル・ハリム・ムアザム・シャー
　国マレーシア　国王
Abdulhamid, Ammar　アブダルハミード, アマール
　著「月」アーティストハウス, 角川書店(発売)　2002
Abdul-Hamid, Mustapha　アブドゥルハミド, ムスタファ
　国トリニダード・トバゴ　公共サービス相　異アブドルハミド, ムスタファ
Abdul-Hamid, Walid　アブドゥル・ハミド, W.
　著「現代イギリスの政治算術」北海道大学図書刊行会　2003
Abdul-Hay, Murad　アブドルハイ, ムラード
　国イエメン　運輸相
Abdul-Hussain, bin Ali Mirza　アブドルフセイン・ビン・アリ・ミルザ
　国バーレーン　国務相兼国家石油・ガス公社総裁　異アブドルフセイン・ミルザ
Abduljaleel, Mostafa Mohamed　アブドルジャリル, ムスタファ・ムハンマド
　国リビア　司法書記
Abdul Jalil, Mustafa　アブドルジャリル, ムスタファ
　1952〜　国リビア　政治家, 法律家　リビア国民評議会(TNC)議長　本名＝Abdul Jalil, Mustafa Mohammed
Abdul Kadir, Sheikh Fadzir　アブドルカディル・シーク・ファジル

[国]マレーシア　情報相

Abdul Kalam, Avul Pakir Jainulabdeen　アブドゥル・カラム, A.P.J.
[著]「インド2020」 日本経済新聞出版社　2007

Abdulla, Ahmed　アブドラ, アフメド
[国]モルディブ　環境・エネルギー・水資源相　[異]アブドラ, アハメド

Abdulla, bin Khalid al-Khalifa　アブドラ・ビン・ハリド・ハリファ
[国]バーレーン　副首相兼イスラム問題相

Abdulla, bin Salman al-Khalifa　アブドラ・ビン・サルマン・ハリファ
[国]バーレーン　電気水利相

Abdulla, Kamal　アブドゥッラ, カマール
1950〜　[著]「魔術師の谷」 未知谷　2013

Abdullaev, Fahtullah　アブドラエフ, ファフトゥラ
[国]ウズベキスタン　通信相　[異]アブドゥラエフ, ファートゥラー

Abdullaev, Muminjon　アブドゥラエフ, ムミンジョン
[国]ウズベキスタン　レスリング選手

Abdullah, Abdullah　アブドラ, アブドラ
1960〜　[国]アフガニスタン　政治家, 元眼科医　アフガニスタン行政長官(首相職)　アフガニスタン外相, 国連代表

Abdullah, Ahmad Hassan　アブドラ
[国]カタール　陸上選手

al-**Abdullah, Ahmad Yaqoub Baqer**　アル・アブドラ, アハマド・ヤクーブ・バケル
[国]クウェート　法務・宗教財産・イスラム問題相

Abdullah, Ahmed　アブドラ, アーメド
[国]モルディブ　保健相

al-**Abdullah, Ali**　アブドラ, アリ
[国]レバノン　青年・スポーツ相

Abdullah, Ameer　アブダラー, エイミール
[国]アメリカ　アメフト選手

Abdullah, Badawi　アブドラ・バダウィ
[国]マレーシア　首相兼財務相

Abdullah, Bakar　アブドラ・バカル
[国]ブルネイ　通信相

Abdullah, bin Abdul-Aziz　アブドラ・ビン・アブドルアジズ
[国]サウジアラビア　国王兼首相

Abdullah, bin Hamad al-Thani　アブドラ・ビン・ハマド・サーニ
[国]カタール　副首長

Abdullah, bin Khalid al-Khalifa　アブドラ・ビン・ハリド・アル・ハリファ
[国]バーレーン　副首相兼イスラム問題相

Abdullah, bin Khalid al-Thani　アブドラ・ビン・ハリド・サーニ
[国]カタール　内相

Abdullah, bin Nasser bin Khalifa al-Thani　アブドラ・ビン・ナセル・ビン・ハリファ・サーニ
[国]カタール　首相兼内相

Abdullah, bin Salman al-Khalifa　アブドラ・ビン・サルマン・アル・ハリファ
[国]バーレーン　電力水利相

Abdullah, Farooq　アブドラ, ファルーク
[国]インド　新・再生可能エネルギー相

Abdullah, Ibn Abdul-Aziz　アブドラ・イブン・アフドルアジズ
[国]サウジアラビア　第1副首相兼国家警備隊司令官　[異]アブドラ・イブン・アブドル・アジズ

Abdullah, Jamal Mansour　アブドラ, ジャマル・マンスール
[国]クウェート　保健相

al-**Abdullah, Khalaf Sleiman**　アブドラ, ハラフ・スレイマン
[国]シリア　労相

Abdullah, Mohammed bin Abdul-Gafar　アブドラ, モハメド・ビン・アブドルガファル
[国]バーレーン　国務相(外務担当)

Abdullah, Nasr al-Mabrouk　アブドラ, ナスル・マブルーク
[国]リビア　治安書記

Abdullah, Rania Al　アブドッラー, ラーニア・アル
[著]「ふたりのサンドウィッチ」 TOブックス　2010

Abdullah, Rayan　アブドゥラ, ライアン
1957〜　[著]「Sign, icon and pictogram」 ビー・エヌ・エヌ新社　2006

Abdullah, Riyadh　アブドラ, リヤド
[国]イエメン　保健・人口相

Abdullah, Salwa　アブドラ, サルワ
[国]シリア　国務相

Abdullah, Samir　アブドラ, サミル
[国]パレスチナ　労相

Abdullah, Sheik Ahmed　アブダラ, シェイク・アフメド
[国]ナイジェリア　農相

Abdullah, Tarmugi　アブドラ・タルムジ
[国]シンガポール　社会開発相

Abdullah Badawi　アブドラ・バダウィ
1939〜　[国]マレーシア　政治家　マレーシア首相, 統一マレー国民組織(UMNO)総裁

Abdullah bin Abdul Aziz　アブドラ・ビン・アブドル・アジズ
1924〜2015　[国]サウジアラビア　政治家　サウジアラビア国王(第6代), サウジアラビア首相　[異]アブドラ・イブン・アブドルアジズ

Abdullahi, Abdi Hashi　アブドゥラヒ, アブディ・ハシ
[国]ソマリア　保健相

Abdullahi, Bolaji　アブドゥラヒ, ボラジ
[国]ナイジェリア　青年開発相

Abdullahi, Hassan　アブドラ, ハサン
[国]アフガニスタン　都市開発相

Abdullah ibn al-Hussein　アブドラ・イブン・フセイン
1962〜　[国]ヨルダン　国王(第4代)　[異]アブドラ・ビン・フセイン

Abdullah The Butcher　アブドーラ・ザ・ブッチャー
1936〜　プロレスラー　本名＝シュリーブ, ラリー

Abdul-Lateef, Layla　アブドルラティフ, レイラ
[国]イラク　労相

Abdul-Latif, Waal　アブドルラティフ, ワエル
[国]イラク　自治相

Abdullatif bin Abdulmalik bin Omar al-Sheikh　アブドルラティフ・ビン・アブドルマリク・ビン・オマル・シェイフ
[国]サウジアラビア　都市村落相

Abdullayev, Abdulkadir　アブドゥラエフ, アブドゥルカディル
[国]アゼルバイジャン　ボクシング選手

Abdullayeva, Uktomkhan　アブドゥルラエワ, ウクトムハン
[国]キルギス　副首相

Abdulle, Abdiqadir Muhammad　アブドゥレ, アブディカディル・ムハマド
[国]ソマリア　障害者対策相

Abdul-majid, Bassam　アブドルマジド, バッサム
[国]シリア　内相

Abdul-mouti, Nasser　アブドルムーティ, ナセル
[国]シリア　国務相

Abdul Muhith, Abul Maal　アブドル・ムヒト, アブル・マル
[国]バングラデシュ　財務相　[異]アブドゥル・ムヒト, アブル・マル

Abdul Qadir　アブドル・カディル
1954〜2002　[国]アフガニスタン　政治家　アフガニスタン副大統領・公共事業相　[異]アブドル・カディール

Abdul-quddus, Isa　アブドゥル－クッドゥス, アイサ
[国]アメリカ　アメフト選手

Abdul-raheem, Tayyeb　アブドルラヒーム, タエブ
[国]パレスチナ　議長府長官

Abdul-rahim, Kamal Abdul-Latif　アブドルラヒム, カマル・アブドルラティフ
[国]スーダン　鉱物相

Abdul-rahman, Ahmad　アブドルラハマン, アハマド
[国]パレスチナ　内閣官房長官

Abdul-rahman, bin Khalifa bin Abdul-Aziz al-Thani　アブドルラハマン・ビン・ハリファ・ビン・アブドルアジズ・サーニ
[国]カタール　自治・都市計画相

Abdul Rahman, Dahlan　アブドル・ラーマン・ダーラン
[国]マレーシア　都市福祉・住宅・地方政府相　[異]アブドゥル・ラーマン・ダーラン

Abdul-rahman, Farouk　アブドルラフマン, ファルーク
[国]イラク　通信相

Abdul-rahman, Mudathir Abdulghani　アブドルラフマン, ムダシル・アブドルガニ
[国]スーダン　投資相

Abdulrahman, Sadiq Abdulkarim　アブドルラフマン, サディク・アブドルカリム
[国]リビア　第1副首相

Abdul Rahman, Taib　アブドルラーマン・タイブ
[国]ブルネイ　教育相　[異]アブドルラーマン・タイ

Abdul-Rahman Humood Al-Otaibi　アブドル・ラフマーン・フムード・アル・オタイビ
[国]クウェート　駐日特命全権大使

Abdul-razeq, Hisham　アブドルラゼク, ヒシャム

A

[国]パレスチナ　政治犯担当相
Abdul Razeq, Omar　アブドルラゼク, オマル
[国]パレスチナ　財務相
Abdul-raziq, Suad　アブドルラジク, スアド
[国]スーダン　教育相
Abdulsalam, Muhammed Al-Farooq　アブドルサラーム, ムハンマド・ファルーク
[国]リビア　自治相　[異]アブドルサラーム, ムハンマド・ファルーグ
Abdul-sukhni, Adnan　アブドルスフニ, アドナン
[国]シリア　工業相
Abdurahman, Sheikh Mohammed　アブドゥラマン・シェイク・モハメド
[国]エチオピア　通商相
Abdurakhimov, Khairiddin　アブドラヒモフ, ハイリディン
[国]タジキスタン　保安相　[異]アブドゥラヒモフ, ハイリディン
Abdurakhmanova, Rano　アブドゥラフマノワ, ラノ
[国]タジキスタン　保健相
Abdurakhmonov, Bekzod　アブドゥラフモノフ, ベクゾド
[国]ウズベキスタン　レスリング選手
Abdusalomov, Yusup　アブドサロモフ
[国]タジキスタン　レスリング選手
Abdykalikova, Gulshara　アブディカリコワ, グリシャラ
[国]カザフスタン　労働社会保障相
Abdyldaev, Erlan　アブディルダエフ, エルラン
[国]キルギス　外相
Abdylhekimov, Wepa　アブドゥルヘキモフ, ベパ
[国]トルクメニスタン　経済発展相
Abdyrakhmanov, Zhakyp　アブドイラフマノフ, ジャクイプ
[国]キルギス　法相
Abé, Shana　エイブ, シャナ
[著]「ダークフリスの一族」 ヴィレッジブックス　2010
Abebe, Daniel　アベベ, ダニエル
[著]「エチオピア」 国土社　2001
Abecasis-Phillips, John Andrew Stephen　アベカシス-フィリップス, ジョン・A.S.
1934～　[著]「レジナルド・A・S・フィリップス」 Abecasis Verlag　c2003
Abecassis, Eliette　アベカシス, エリエット
[著]「クムラン」 角川書店　2002
Abed, Fazle Hasan　アベッド, ファズレ・ハサン
1936～　[国]バングラデシュ　BRAC創設者
Abed, Mohamed Ould　アベド, モハメド・ウルド
[国]モーリタニア　経済・開発相
Abed, Sheila　アベド, シェイラ
[国]パラグアイ　法相
Abedi, Isabel　アベディ, イザベル
1967～　[国]ドイツ　作家　[専]ヤングアダルト
Abedin, Zainul　アベディン, ザイヌル
[著]「エセンシャル心臓電気生理学」 メディカル・サイエンス・インターナショナル　2014
Abedini, Mojtaba　アベディニ, モジタバ
[国]イラン　フェンシング選手
Abed-rabbo, Yasser　アベドラボ, ヤセル
[国]パレスチナ　文化情報相
Abeel, Samantha　アビール, サマンサ
1977～　[著]「13歳の冬、誰にも言えなかったこと」 春秋社　2006
Abeele, Véronique van den　アベール, ヴェロニク・ヴァン・デン
1977～　[著]「わたしのおばあちゃん」 くもん出版　2007
Abegglen, James C.　アベグレン, ジェームス・C.
1926～　[著]「新・日本の経営」 日本経済新聞社　2004
Abeidna, Mohamed Ould Ismail Ould　アベイドゥナ, モハメド・ウルド・イスマイル・ウルド
[国]モーリタニア　鉱工業相
Abel, Andrew B.　エーベル, A.B.
1952～　[著]「エーベル/バーナンキマクロ経済学」 シーエーピー出版　2007
Abel, Bas van　アベル, バス・ヴァン
[著]「オープンデザイン」 オライリー・ジャパン, オーム社(発売)　2013
Abel, Charles　アベル, チャールス
[国]パプアニューギニア　国家計画相
Abel, David Oliver　エイベル, デービッド・オリバー
[国]ミャンマー　SPDC議長担当相
Abel, Dominique　アベル, ドミニク
1957～　[国]ベルギー　映画監督, 俳優, 道化師
Abel, Heather　アベル, ヘザー
[著]「女友だちの賞味期限」 プレジデント社　2006
Abel, Jennifer　アベル, ジェニファー
[国]カナダ　水泳選手
Abela, Carmelo　アベーラ, カルメロ
[国]マルタ　内務・国家安全相
Abela, Deborah　アベラ, デボラ
1966～　[著]「マックス・レミースーパースパイ」 童心社　2008
Abela, George　アベーラ, ジョージ
1948～　[国]マルタ　政治家　マルタ大統領　[異]アベラ, ジョージ
Abelar, Taisha　エイブラー, タイシャ
[著]「呪術師の飛翔」 コスモス・ライブラリー, 星雲社(発売)　2011
Abele, Anton　アベル, アントン
[国]スウェーデン　政治家　スウェーデン国会議員
Abelin, Björn　アーベリン, ビョーン
[著]「赤いハイヒール」 日本障害者リハビリテーション協会　2006
Abell, Derek F.　エーベル, デレク・F.
1938～　[著]「「新訳」事業の定義」 碩学舎, 中央経済社(発売)　2012
Abell, Roger　エイベル, ロジャー
[著]「Windows 2000 DNS管理者ガイド」 ピアソン・エデュケーション　2001
Abella, Alex　アベラ, アレックス
[著]「ランド世界を支配した研究所」 文芸春秋　2011
Abella, Ernest　アベリヤ, エルネスト
[国]フィリピン　大統領報道官
Abellán, Miquel　アベジャン, ミゲル
[著]「世界の楽しいパッケージデザイン」 グラフィック社　2014
Abello Vives, Natalia　アベジョ・ビベス, ナタリア
[国]コロンビア　運輸相
Abells, Chana Byers　アベルス, チャナ・バイヤーズ
[著]「おもいだしてくださいあのこどもたちを」 汐文社　2012
Abelshauser, Werner　アーベルスハウザー, ヴェルナー
[著]「経済文化の闘争」 東京大学出版会　2009
Abelson, Harold　エイブルソン, ハロルド
[著]「計算機プログラムの構造と解釈」 翔泳社　2014
Abelson, Mike　エーブルソン, マイク
[著]「Fish mouths」 エクリ　2008
Abelson, Philip Hauge　エイベルソン, フィリップ
1913～2004　[国]アメリカ　物理化学者　カーネギー研究所所長　[異]アーベルソン, フィリップ / エーベルソン, フィリップ / エイブルソン, フィリップ
Abel-Struth, Sigrid　アーベル＝シュトルート, S.
[著]「音楽教育学大綱」 音楽之友社　2004
Abena, Ange Antoine　アベナ, アンジュ・アントワンヌ
[国]コンゴ共和国　高等教育相
Abena, Paul　アベナ, ポール
[国]スリナム　スポーツ・青少年相
Abena Ondoua Obama, Marie Thérèse　アベナ・オンドゥア・オバマ, マリ・テレーズ
[国]カメルーン　家庭・女性地位向上相
Aberaldo, Fernandez　アベラルド・フェルナンデス
[国]スペイン　スポルティング・ヒホン監督
Abercrombie, Ian　アバークロンビー, イアン
1934～2012　[国]イギリス　俳優
Abercrombie, Nicholas　アバークロンビー, N.
1944～　[著]「「新版」新しい世紀の社会学中辞典」 ミネルヴァ書房　2005
Åberg, Berit　オーベルィ, ベリット
[著]「いたずらトーマス」 編集工房球　2007
Åberg, Jessica　オーベリー, イェシカ
1972～　[著]「「犬と遊ぶ」レッスンテクニック」 誠文堂新光社　2015
Aberkane, Abdelhamid　アベルカヌ, アブデルハミド
[国]アルジェリア　公衆衛生・人口・病院改革相
Abernathy, Jerome D.　アバナシー, ジェローム・D.
[著]「リスクバジェッティング」 パンローリング　2002
Aberson, Helen　アバーソン, ヘレン
[著]「ダンボ」 うさぎ出版, シルバーバック(発売)　2006
Abeso Fuma, Fausto　アベソフマ, フォスト
[国]赤道ギニア　民間航空相
Abessallah, Youssouf　アベサラ, ユスフ
[国]チャド　商業・工業相
Abetz, Eric　アベッツ, エリック
[国]オーストラリア　雇用相
Abeylegesse, Elvan　アベイレゲッセ
[国]トルコ　陸上選手

Abeywardena, Mahinda Yapa アベイワルダナ, マヒンダ・ヤパ
　国スリランカ　農相
Abeywardena, Vajira アベイワルダナ, バジラ
　国スリランカ　内相
Abgaryan, Narek アブガリャン, ネレク
　国アルメニア　ボクシング選手
Abhisit Vejjajiva アピシット・ウェチャチワ
　1964〜　国タイ　政治家　タイ民主党党首　タイ首相　異アビシット・ウェチャチワ / アピシット・ウェーチャーチーワ
Abhyankar, Shreeram S. アビヤンカー, シュリーラム・S.
　著「数学を語ろう！」シュプリンガー・フェアラーク東京　2003
Abi, Tchessa アビ, チェサ
　国トーゴ　共和国制度調整相
Abia Biteoborico, Miguel アビアビテオボリコ, ミゲル
　国赤道ギニア　首相
Abian, Pablo アビアン, パブロ
　国スペイン　バドミントン選手
Abi Assi, Pierre アビーアッシ, ピエール
　国レバノン　社会問題相
Abid, Abdellatif アビド, アブデルラティフ
　国チュニジア　教育相
Abidal, Eric アビダル, エリック
　1979〜　国フランス　サッカー選手
Abidin, Hani アビディン, ハニ
　国パレスチナ　保健相
Abidine, Mohamed Zine アビディン, モハメド・ジン
　国チュニジア　文化相
Abidov, Akiljon アビドフ, アキルジョン
　国ウズベキスタン　労働社会保障相
Abidov, Akilzhan アビドフ, アキルジャン
　国ウズベキスタン　労働・社会保障相
Abi Khalil, Cesar アビーハリル, セザール
　国レバノン　エネルギー・水資源相
Abil, Iolu アビル, イオル
　国バヌアツ　大統領
Abil, Iolu Johnson アビル, イオル
　1942〜　国バヌアツ　政治家　バヌアツ大統領
Abildayev, Bolot アビルダエフ, ボロト
　国キルギス　財務相
Abimbola, Babalola Jean-Michel Hérvé アビモラ, ババボラ・ジャンミシェル・エルベ
　国ベナン　文化・識字・手工業・観光相　異アビモラ, ババロラ・ジャンミシェル
Abiola, François Adéboyo アビオラ, フランソワ・アデバヨ
　国ベナン　副首相
Abir Abdelrahman, Khalil Mahmoud K カリル
　国エジプト　重量挙げ選手
Abirached, Zeina アビラシェド, ゼイナ
　1981〜　著「オリエンタルピアノ」河出書房新社　2016
Abish, Walter アビッシュ, ウォルター
　1931〜　著「すべての夢を終える夢」青土社　2001
Abitova, Inga Eduardovna アビトワ
　国ロシア　陸上選手
Abiy, Ahmed アビー・アハメド
　国エチオピア　科学技術相
Abiyev, Safar アビエフ, サファル
　国アゼルバイジャン　国防相
Ablan, Dan アブラン, ダン
　著「Inside LightWave 3D」ソフトバンクパブリッシング　2001
Ableson, W.Frank アブルソン, フランク
　著「コードからわかるAndroidプログラミングのしくみ」日経BP社, 日経BP出版センター（発売）　2010
Ablett, Barry アブレット, バリー
　著「しろくまくんおてがみですよ」ブロンズ新社　2008
Abley, Mark エイブリー, マーク
　1955〜　著「「消えゆくことば」の地を訪ねて」白水社　2006
Abliazin, Denis アブリャジン, デニス
　国ロシア　体操選手
Abli-bidamon, Dédériwé アブリビダモン, デデリウェ
　国トーゴ　鉱山・エネルギー相
Ablon, J.Stuart アブロン, J.スチュアート
　著「エビデンスベイスト精神力動的心理療法ハンドブック」北大路書房　2012
Ablon, Steven Luria アブロン, スティーブン・ルーリア
　著「「問題社員」の管理術」ダイヤモンド社　2007
Ablow, Keith R. アブロウ, キース
　1961〜　著「抑えがたい欲望」文芸春秋　2004
Ablyazin, Denis アブリャジン
　国ロシア　体操選手
Abnett, Dan アブネット, ダン
　著「ガーディアンズ・オブ・ギャラクシー：プレリュード」小学館集英社プロダクション　2014
Abnett, Kathryn アブネット, キャサリン
　英国推理作家協会賞 ゴールド・ダガー（ノン・フィクション）（2006年）"The Dagenham Murder"
Abney, Mike アベニー, マイク
　著「ストリームラインオブジェクトモデリング」ピアソン・エデュケーション　2002
Abogo Nkono, Louis Marie アボゴヌコノ, ルイ・マリ
　国カメルーン　公有地・不動産相　異アボゴンコノ, ルイ・マリー
Abo-hadid, Ayman アブハディド, アイマン
　国エジプト　農業・土地開拓相
Abokor, Sayid Warsame アボコル, サイド・ワルサメ
　国ソマリア　エネルギー相
Abolhassan, Ferri アボルハッサン, F.
　著「ARISを活用したシステム構築」シュプリンガー・フェアラーク東京　2005
Aboltina, Solvita アボルティニャ, ソルビタ
　国ラトビア　法相
Abouba, Albadé アブバ, アルバデ
　国ニジェール　農業・畜産相
Aboubacar, Yaya アブバカル, ヤヤ
　国ベナン　労働・公務員・行政・機構改革相
Aboubakar, Abderassoul アブバカル, アブデラスル
　国チャド　観光・手工業相
Aboubakar, Vincent アブバカル, ヴァンサン
　国カメルーン　サッカー選手
Aboubaker, Ali Guelleh アブバケール, アリ・ゲレ
　国ジブチ　投資担当相
Aboud, Frances E. アブード, フランシス
　1947〜　著「子どもと偏見」ハーベスト社　2005
Aboudou, Assoumany アブドゥ, アスマニ
　国コモロ　財政・予算・民営化相
Abou El Fadl, Khaled アブ・エル・ファドル, カリード
　1963〜　著「イスラームへの誤解を超えて」日本教文社　2008
Abouelkassem, Alaaeldin アブエルカセム
　国エジプト　フェンシング選手
Abou El-naga, Fayza Muhammad アブルナガ, ファイザ・ムハンマド
　国エジプト　国際協力相
Abou Jamra, Issam アブジャムラ, イサム
　国レバノン　副首相
Abouna, Akia アブナ, アキア
　国チャド　観光相
Abouo-n'dori, Raymond アブオヌドリ, レイモン
　国コートジボワール　建設・都市計画相
Aboushi, Oday アボーシ, オデイ
　国アメリカ　アメフト選手
Abou-zeid, Mahmoud アブゼイド, マハムード
　国エジプト　水資源・かんがい相　異アブゼイド, マハムド
Aboye, Mohamed Lemine Ould アボイエ, モハメド・レミン・ウルド
　国モーリタニア　水利相
Abraha, Asfaha アブラハ, アスファハ
　国エリトリア　公共事業相
Abraha, Petros アブラハ, ペトロス
　著「生産加工学」コロナ社　2014
Abraham, Ajith アブラハム, アジス
　1968〜　著「群知能とデータマイニング」東京電機大学出版局　2012
Abraham, Bérengère アブラハム, ベランジェール
　著「パリ直送レシピ！おうちで作れる本格マカロン」世界文化社　2011
Abraham, Charles アブラハム, C.
　著「ナースのための臨床社会心理学」北大路書房　2001
Abraham, Daniel エイブラハム, ダニエル
　1969〜　国アメリカ　作家　SF, ファンタジー　共同筆名＝コーリイ, ジェイムズ.S.A〈Corey, James S. A.〉
Abraham, David アブラーム, ダビド
　国アルゼンチン　サッカー選手
Abraham, Gloria アブラハム, グロリア

[国]コスタリカ　農牧相
Abraham, Herard　アブラアム, エラール
[国]ハイチ共和国　内相
Abraham, Ivo Luc　エイブラハム, アイボ
[著]「ベストプラクティスのための高齢者看護プロトコル」 医学書院　2003
Abraham, Jay　エイブラハム, ジェイ
[著]「限界はあなたの頭の中にしかない」 PHP研究所　2015
Abraham, Ken　アブラハム, ケン
[著]「レッツロール！」 いのちのことば社フォレストブックス　2002
Abraham, Ralph　エイブラハム, ラルフ
[著]「カオスはこうして発見された」 共立出版　2002
Abraham, Spencer　エーブラハム, スペンサー
[国]アメリカ　エネルギー長官
Abraham, Tadesse　アブラハム, タデッセ
[国]スイス　陸上選手
Abraham, William James　エイブラハム, W.J.
1947～　[著]「はじめてのウェスレー」 教文館　2013
Abrahamian, Ara　アブラハミアン
[国]スウェーデン　レスリング選手
Abrahamian, Hovik　アブラハミャン, ホビク
[国]アルメニア　自治相
Abrahams, David　エブラハムズ, デビッド
[著]「C++テンプレートメタプログラミング」 翔泳社　2010
Abrahams, Marc　エイブラハムズ, マーク
1956～　編集者　「ありえない研究」編集長
Abrahams, Peter　エイブラハムズ, ピーター
アメリカ探偵作家クラブ賞 YA賞 (2010年)　"Reality Check"
Abrahams, Peter Herbert　アブラハムス, ピーター・H.
[異]アブラハムズ, P.H.　[著]「人体解剖カラーアトラス」 エルゼビア・ジャパン, 南江堂 (発売)　2015
Abrahams, Ramon　アブラハムス, ラモン
[国]スリナム　公共事業相　[異]アブラハム, ラモン
Abrahamson, Eric　エイブラハムソン, エリック
1958～　[著]「だらしない人ほどうまくいく」 文芸春秋　2007
Abrahamson, Peter　エイブラハムソン, ピーター
[著]「社会ケアサービス」 本の泉社　2003
Abrahamson, Shaun　エイブラハムソン, ショーン
1973～　[著]「クラウドストーミング」 阪急コミュニケーションズ　2014
Abrahamsson, Britt-Louise　アブラハムソン, ブリット＝ルイーズ
1955～　[著]「スウェーデンの認知症高齢者と介護」 ノルディック出版, 第三書館 (発売)　2006
Abrahamyan, Hovik　アブラハミャン, オビク
[国]アルメニア　首相　[異]アブラハミャン, ホビク
Abram, Jan　エイブラム, ジャン
[著]「ウィニコット用語辞典」 誠信書房　2006
Abramchuk, Alena　アブラムチュク, アレナ
[国]ベラルーシ　陸上選手
Abramenko, Oleksandr　アブラメンコ
[国]ウクライナ　フリースタイルスキー選手
Abramović, Marina　アブラモヴィッチ, マリーナ
[著]「夢の本」 現代企画室　2012
Abramovich, Roman Arkadyevich　アブラモヴィッチ, ロマン
1966～　[国]ロシア　実業家, 政治家　チェルシー・オーナー　チュクチ自治管区知事, ロシア下院議員, シグネット取締役　[異]アブラモービッチ / アブラモビッチ, ロマン
Abramowicz, Janet　アブラモヴィッチ, ジャネット
[著]「ジョルジョ・モランディ」 バベルプレス　2008
Abramowitz, Jonathan S.　アブラモウィッツ, ジョナサン・S.
[著]「ストレス軽減ワークブック」 金剛出版　2014
Abramowitz, Morton I.　アブラモウィッツ, モートン・I.
[著]「アメリカと北朝鮮」 朝日新聞社　2003
Abrams, Donald I.　エイブラムス, ドナルド
[著]「がんの統合医療」 メディカル・サイエンス・インターナショナル　2010
Abrams, Douglas　エイブラムス, ダグラス
[著]「ラブメイキングのすべて」 講談社　2004
Abrams, Douglas Carlton　アブラムス, ダグラス・カールトン
[著]「かみさまのゆめ」 ドン・ボスコ社　2012
Abrams, J.J.　エイブラムス, J.J.
1966～　[国]アメリカ　映画監督, テレビ・映画プロデューサー, 脚本家
Abrams, Michael　アブラムス, M.
[著]「ストレスマネジメントと職場カウンセリング」 川島書店　2002
Abrams, Rachel Carlton　エイブラムス, レイチェル・カールトン
[著]「ラブメイキングのすべて」 講談社　2004
Abrams, Rhonda M.　エイブラムズ, ロンダ
[著]「きれいなパンツをはきなさい」 バベル・プレス　2001
Abrams, Roger I.　エイブラム, ロジャー・I.
1945～　[著]「実録メジャーリーグの法律とビジネス」 大修館書店　2006
Abramson, Alan J.　アブラムソン, アラン・J.
[著]「NPOと政府」 ミネルヴァ書房　2007
Abramson, Arnold　エイブラムソン, アーノルド
トニー賞 トニー名誉賞 (2015年 (第69回))
Abramson, Ian　アブラムソン, イアン
[著]「Oracle9iビギナーズガイド」 翔泳社　2003
Abramson, Jill　エイブラムソン, ジル
1954～　[国]アメリカ　ジャーナリスト　「ニューヨーク・タイムズ」編集主幹　[異]エーブラムソン, ジル
Abramson, Lauren　アブラムソン, ローレン
[著]「ソーシャルワークと修復的正義」 明石書店　2012
Abrash, Ibrahim　アブラシュ, イブラヒム
[国]パレスチナ　文化相
Abrashev, Bojidar　アブラシェフ, ボジダル
[国]ブルガリア　文化相　[異]アブラシェフ, ボジダル
Abrashi, Amir　アブラシ, アミール
[国]アルバニア　サッカー選手
Abrashi, Arban　アブラシ, アルバン
[国]コソボ　労働・社会福祉相
Abrashoff, D.Michael　アブラショフ, マイケル
[著]「アメリカ海軍に学ぶ「最強のチーム」のつくり方」 三笠書房　2015
Abreu, Alcinda　アブレウ, アルシンダ
[国]モザンビーク　外相
Abreu, Jose　アブレイユ, ホセ
1987～　[国]キューバ　野球選手　本名＝Abreu, Jose Dariel　[異]アブレイユ, ホゼ
Abreu, Kátia　アブレウ, カチア
[国]ブラジル　農牧・食料供給相
Abreu, Sergio　アブレウ, セルヒオ
[国]ウルグアイ　産業・エネルギー相
Abrham, Tekeste　アブラハム・テケステ
[国]エチオピア　財務・経済協力相
Abri, Julius　アブリ, ユリウス
1914～2003　[国]ドイツ　司祭　南山大学名誉教授　[専]基礎神学
Abrikosov, Alexei Alexeyevich　アブリコソフ, アレクセイ
1928～　[国]アメリカ　物理学者　アルゴンヌ国立研究所特認科学者　[専]超電導
Abrines, Alex　アブリネス, アレックス
[国]スペイン　バスケットボール選手
Abromavicius, Aivaras　アブロマビチュス, アイバラス
[国]ウクライナ　経済発展・貿易相
Abrosimova, Anastasia　アブロシモワ
[国]ロシア　トライアスロン選手
Absalom, Stacy　アブサロム, ステイシー
[著]「イシュベルの誕生会」 ハーレクイン　2014
Absalon, Julien　アブサロン, ジュリアン
1980～　[国]フランス　自転車選手　[異]アプサロン / アブサロン, ジュリアン
Abse, Dannie　アブジ, ダニー
1923～2014　[国]イギリス　詩人, 作家, 劇作家, 医師　本名＝Abse, Daniel
Abshire, David Manker　アブシャイア, デービッド
1926～2014　[国]アメリカ　国際政治学者, 外交官　戦略国際問題研究所 (CSIS) 所長　[異]アブシャイアー, ディビッド・マンカー / アブシャイアー, デビッド / アブシャイヤー, デービッド
Absieh, Abdi Ibrahim　アブシエ, アブディ・イブラヒム
[国]ジブチ　国民教育・高等教育相
al-**Abssi, Shaker**　アブシ, シャキル
？～2007　ファタハ・イスラム指導者
Abt, Alexander　アブト
[国]ロシア　フィギュアスケート選手
Abtahi, Mohammad Ali　アブタヒ, モハマド・アリ
[国]イラン　副大統領 (法律・議会担当)
Abtan, Abd al-Hussein　アブタン, アブドルフセイン
[国]イラク　青年スポーツ相

Abts, Tomma　アプツ, トマ
　圏ドイツ　ターナー賞（2006年）
Abu-al-hommos, Naeem　アブルホムス, ナイム
　圏パレスチナ　官房長官
Abu-al-hommus, Naem　アブアルホムス, ナイム
　圏パレスチナ　官房長官
Abu Ali, Said　アブアリ, サイド
　圏パレスチナ　内相
Abuamer, Muhammad Zaki　アブアメル, ムハンマド・ザキ
　圏エジプト　国務相（行政開発担当）
Abu Amr, Ziad　アブアムル, ジアド
　圏パレスチナ　副首相
Abu Arafeh, Khaled　アブアラファ, ハレド
　圏パレスチナ　無任所相
Abu Assad, Hany　アブ・アサド, ハニ
　1961～　圏パレスチナ　映画監督　囲アブー・アサド, ハニー
Abu Bakar, Apong　アブバカル・アポン
　圏ブルネイ　内相
Abubakar, Atiku　アブバカル, アチク
　圏ナイジェリア　副大統領
Abubakar, Muhammed　アブバカル, ムハメド
　圏ナイジェリア　科学技術相
Abu-baker, Ali Omar　アブバカル, アリ・オマル
　圏リビア　法務書記
Abubaker, Fuad　アブバカル, フアド
　圏イエメン　イスラム問題相
Abubaker, Mohammad Hassan　アブバクル, ムハンマド・ハッサン
　圏リビア　教育相
Abu Bakr al-Baghdadi　アブバクル・バグダディ師
　1971～　イスラム国（IS）指導者　囲バグダディ師
Abu Basutu, Titus Mehliswa Jonathan　アブーバスツ, タイタス・メリスワ・ジョナサン
　圏ジンバブエ　駐日特命全権大使
Abu Daqqa, Mashhour　アブダッカ, マシュフール
　圏パレスチナ　通信・情報技術相
Abu Daqqa, Tahani　アブダッカ, タハニ
　圏パレスチナ　青年・スポーツ相
al-Abudi, Yarub　アブディ, ヤルブ
　圏イラク　農相
Abu Diyak, Ali　アブディヤーク, アリ
　圏パレスチナ　法相
Abudo, Jose　アブド, ジョゼ
　圏モザンビーク　法相
Abudogupur, Abudokirim　アブドキリム, アブドウプル
　1961～　圏「新・睡眠革命」ケイワイプランニング, 冬青社（発売）2001
Abudul-hamid, Mustapha　アブドゥルハミド, ムスタファ
　圏トリニダード・トバゴ　科学・技術・高等教育相
Abudulla, Ahmed　アブドラ, アーメド
　圏モルディブ　保健相
Abudulla, Hisham Sharaf　アブドラ, ヒシャム・シャラフ
　圏イエメン　通産相
Abudullah, Ali Ajaj　アブドラ, アリ・アジャジ
　圏レバノン　農相
Abudullah, bin Khalid al-Thani　アブドラ・ビン・ハリド・サーニ
　圏カタール　内相
Abudullah, bin Khalifa al-Thani　アブドラ・ビン・ハリファ・サーニ
　圏カタール　首相　囲アブドラ・ビン・ハリファ・アル・サーニ
Abudullah, bin Zayed al-Nahyan　アブドラ・ビン・ザイド・ナハヤン
　圏アラブ首長国連邦　外務・国際協力相　囲アブドラ・ビン・ザイド・アル・ナハヤン
Abu Eisheh, Samir　アブアイシャ, サミル
　圏パレスチナ　計画相
Abu-eitta, Mitri　アブイータ, ミトリ
　圏パレスチナ　観光遺跡相　囲アブ・イータ, ミトリ
Abuelaish, Izzeldin　アブエライシュ, イゼルディン
　1955～　圏パレスチナ　産婦人科医　トロント大学准教授　圏不妊治療
Abu El-Assal, Riah　アブ・エル＝アサール, リア
　1937～　圏「アラブ人でもなくイスラエル人でもなく」聖公会出版　2004
Abu Faour, Wael　アブファウル, ワイル
　圏レバノン　保健相
Abufunas, Mustafa Mohammad　アブフナス, ムスタファ・ムハンマド
　圏リビア　経済相
Abu-garda, Bahar Idris　アブガルダ, バハル・イドリス
　圏スーダン　保健相　囲アブカルダ, バハル・イドリス
Abu-ghanem, Fadhel　アブガネム, ファドヘル
　圏イエメン　教育相
Abughaush, Ahmad　アブガシュ, アハマド
　圏ヨルダン　テコンドー選手
Abu-gheida, Hosni　アブ・ゲイダ, ホスニ
　圏ヨルダン　公共事業・住宅相　囲アブゲイダ, ホスニ
Abu Hammour, Mohammad　アブハムル, モハマド
　圏ヨルダン　財務相　囲アブハムール, ムハンマド
Abu Hanna, Joel　アブ・ハンナ, ジョエル
　圏ドイツ　サッカー選手
Abu Hassan, Reem　アブハッサン, リーム
　圏ヨルダン　社会開発相
Abu Hdeib, Shihadeh　アブハデイブ, シハデ
　圏ヨルダン　自治相
Abu-Jamal, Mumia　アブ＝ジャマール, ムミア
　1954～　圏「死の影の谷間から」現代人文社, 大学図書（発売）2001
Abuk, Christine　アブク, クリスティーヌ
　圏「ライオンの咆哮のとどろく夜の炉辺で」青娥書房　2010
Abu-karaki, Riyad　アブカラキ, リヤド
　圏ヨルダン　社会開発相
Abu-kashawa, Somia　アブカシャワ, ソミア
　圏スーダン　高等教育・科学研究相
Abu Khalaf, Nayef　アブハラフ, ナエフ
　圏パレスチナ　地方相
Abu Kraa, Umran Ibrahim　アブクラア, ウムラン・イブラヒム
　圏リビア　ガス・電気・水資源書記
Abul, Yasser Hassan　アブル, ヤセル・ハサン
　圏クウェート　住宅問題担当相
Abulgaziev, Mukhammetkaly　アブルガジエフ, ムハンメトカリー
　圏キルギス　第1副首相
Abul Gheit, Ahmed Ali　アブルゲイト, アハメド・アリ
　圏エジプト　外相
Abul Hassan, Muhammad Abdullah Abbas　アブルハサン, ムハンマド・アブドラ・アッバス
　圏クウェート　情報相
Abul-humus, Naim　アブルフムス, ナイム
　圏パレスチナ　教育相
Abu Libda, Hassan　アブリブダ, ハッサン
　圏パレスチナ　経済相
Abul Leil, Mahmoud　アブルレイル, マフムード
　圏エジプト　法相
Abul Nasr, Mahmoud Muhammad　アブナスル, マハムード・ムハンマド
　圏エジプト　教育相
Abulsamin, Mahil　アブルサミーン, マーヘル
　圏ヨルダン　自治相兼水利相
Abu-Lughod, Janet L.　アブー＝ルゴド, J.L.
　1928～2013　囲アブー＝ルゴド, ジャネット・L.　圏「ヨーロッパ覇権以前」岩波書店　2014
Abu-Lughod, Lila　アブー＝ルゴド, ライラ
　圏「「女性をつくりかえる」という思想」明石書店　2009
Abu-meddain, Fraih　アブ・ミデン, フレイ
　圏パレスチナ　法相
Abu Moghli, Fathi　アブモグリ, ファトヒ
　圏パレスチナ　保健相
Abu Nidal　アブ・ニダル
　1937～2002　圏パレスチナ　ファタハ革命評議会指導者　本名＝バンナ, サブリ・アル〈Banna, Sabry al〉囲アブー・ニダル
Abu-rass, Sadiq Ameen　アブラス, サディク・アミーン
　圏イエメン　副首相（内政担当）
Aburdene, Patricia　アバディーン, パトリシア
　圏「メガトレンド2010」ゴマブックス　2006
Abu Saab, Elias　アブサーブ, エリアス
　圏レバノン　教育相
Abusaad, Abdulsalam Mohammad　アブサアド, アブドルサラム・ムハンマド
　圏リビア　宗教問題相
Abu Safiyeh, Yusef　アブサフィーエ, ユーセフ
　圏パレスチナ　環境相

Abu Sahmain, Nouri アブサハミーン、ヌーリ
1946～ 国リビア 政治家 リビア制憲議会議長
Abu Saud, Raed アブサウード、ラエド
国ヨルダン 水利相 国アブサウド、ラエド
Abu Shahla, Ma'moun アブシャハラ、マアムーン
国パレスチナ 労相
Abu Shanab, Ismail アブシャナブ、イスマイル
1950～2003 国パレスチナ 政治家 ハマス最高幹部
Abu-sneineh, Suleiman アブスネイネ、スレイマン
国パレスチナ 国務相
Abu-zeid, Mahmoud アブゼイド、マハムード
国エジプト 水資源・かんがい相
Abu-ziad, Zeyad アブ・ジアド、ジアド
国パレスチナ エルサレム担当相
al-Abyadh, Yahya アル・アブヤドハ、ヤハヤ
国イエメン 電力・水利相
Abytov, Almasbek アブイトフ、アルマスベク
国キルギス 労働・雇用・移民相
Abyzov, Mikhail A. アブイゾフ、ミハイル・A.
国ロシア 公開政府担当相
Acampora, Ralph アカンポーラ、ラルフ・J.
1941～ 著「メガ・マーケット」ダイヤモンド社 2001
Accardi, Luigi アカルディ、ルイジ
1947～ 著「壺とカメレオン」牧野書店、星雲社 (発売) 2015
Accardo, Pasquale J. アカルド、パスカル・J.
著「発達障害事典」明石書店 2011
Accola, Paul アッコラ
国スイス アルペンスキー選手
Acebes, Ángel アセベス、アンヘル
国スペイン 内相
Acebes Paniagua, Angel アセベス・パニアグア、アンヘル
国スペイン 法相
Acemoglu, Daron アセモグル、ダロン
1967～ 著「国家はなぜ衰退するのか」早川書房 2016
Aceña, María del Carmen アセニャ、マリア・デカルメン
国グアテマラ 教育相 国アセニャ、マリア・デルカルメン
Aceng, Jane アセング、ジェーン
国ウガンダ 保健相
Acerbi, Francesco アチェルビ、フランチェスコ
国イタリア サッカー選手
Aceto, Chris アセート、クリス
1966～ 著「ダイエットは科学だ！」体育とスポーツ出版社 2003
Acevedo, César Augusto アセヴェド、セザール・アウグスト
カンヌ国際映画祭 カメラドール (第68回 (2015年)) "La Tierra Y La Sombra"
Acevedo, Euclides アセベド、エウクリデス
国パラグアイ 商工相
Achaari, Mohamed アシャーリ、モハメド
国モロッコ 文化相
Achab, Jaouad アクハブ、ジャウアド
国ベルギー テコンドー選手
Achacollo Tola, Nemecia アチャコジョ・トラ、ネメシア
農村開発・土地相 国アチャコリョ・トラ、ネメシア
国ボリビア
Achan Ogwaro, Betty アチャン・オグワロ、ベティ
国南スーダン 農林相
Achanta, Sharath Kamal アチャンタ、シャラト・カマル
国インド 卓球選手
Achard, Guy アシャール、ギイ
1936～ 著「古代ローマの女性たち」白水社 2016
Acharya, Mahesh アチャリャ、マヘシュ
国ネパール 森林土壌保全相 国アチャリヤ、マヘシュ
Acharya, Narhari アチャリヤ、ナラリ
国ネパール 法相兼制憲議会担当・平和復興相
Acharya, Viral V. アチャリア、ヴィラル・V.
著「金融規制のグランドデザイン」中央経済社 2011
Achbar, Mark アクバー、マーク
著「ザ・コーポレーション」アップリンク、河出書房新社 (発売) 2008
Achcar, Gilbert アシュカル、ジルベール
著「中東の永続的動乱」柘植書房新社 2008
Achebe, Chinua アチェベ、チヌア
1930～2013 国ナイジェリア 作家、詩人 本名＝アチェベ、アルバート・チヌアルモグ〈Achebe, Albert Chinualumogu〉 国アチュベ、チヌア
Achenbach, Joel アカンパーク、J.

Achenbach, Joel アカンバーク、ジョエル 著「眠れないほどおもしろい雑学の本」三笠書房 2004
Achenbaum, W.Andrew アッカンバウム、アンドル
著「アメリカ社会保障の光と陰」大学教育出版 2004
Acheson, D.J. アチソン、デイヴィッド
著「数学はインドのロープ魔術を解く」早川書房 2004
Achi, Patrick アシ、パトリック
国コートジボワール 大統領府付事務総長
Achike, Onochie アキク
国イギリス 陸上選手
Achikwe, Trema アチクウェ、トレマ
国ナイジェリア 航空相
Achilleos, Georgios アキレオス
国キプロス 射撃選手
Achimaș-cadariu, Patriciu アキマシュカダリウ、パトリチウ
国ルーマニア 保健相
Acho, Sam アチョー、サム
国アメリカ アメフト選手
Achong, Lawrence アチョン、ローレンス
国トリニダード・トバゴ 労働・中小企業相
Achor, Shawn エイカー、ショーン
著「成功が約束される選択の法則」徳間書店 2014
Achtemeier, Paul J. アクティマイアー、P.
著「ローマの信徒への手紙」日本キリスト教団出版局 2014
Achter, A.J. アクター、AJ.
国アメリカ 野球選手
Achternbusch, Herbert アハターンブッシュ、ヘルベルト
1938～ 著「長靴と靴下」論創社 2006
Aciman, André アシマン、アンドレ
著「アメリカエッセイ傑作選」DHC 2001
Acitelli, Linda K. アシテリ、リンダ・K.
著「パーソナルな関係の社会心理学」北大路書房 2004
Acito, Marc アシート、マーク
1966～ 国アメリカ 作家、コラムニスト、脚本家 国ユーモア、ヤングアダルト
Acker, Kenneth アッカー、ケネス
国アメリカ アメフト選手
Ackerman, Angela アッカーマン、アンジェラ
著「性格類語辞典」フィルムアート社 2016
Ackerman, Bruce A. アッカマン、ブルース
著「熟議の日」早稲田大学出版部 2014
Ackerman, Diane アッカーマン、ダイアン
1948～ 著「愛のための100の名前」亜紀書房 2015
Ackerman, Forrest J. アッカーマン、フォレスト・J.
1916～2008 国アメリカ SF誌編集者、作家 本名＝Ackerman, Forrest James
Ackerman, Jennifer アッカーマン、ジェニファー
1959～ 著「かぜの科学」早川書房 2014
Ackerman, Karen アッカーマン、カレン
1951～ 著「まぶしい庭へ」KADOKAWA 2014
Ackerman, Kenneth B. アッカーマン、ケン
著「リーン・ウェアハウジング」エル・スリー・ソリューション 2013
Ackerman, Larry アッカーマン、ラリー
著「アイデンティティ・コード」サンマーク出版 2006
Ackerman, Laurence D. アッカーマン、ローレンス・D.
1950～ 著「戦略アイデンティティ経営」ダイヤモンド社 2002
Ackerman, Michael J. アッカーマン、マイケル・J.
著「人体解剖図」二見書房 2007
Ackerman, Robert アッカーマン、ロバート
1935～ 著「評伝J・G・フレイザー」法蔵館 2009
Ackerman, Robert Allan アッカーマン、ロバート・アラン
国アメリカ 演出家
Ackerman, Will アッカーマン、ウィル
グラミー賞 最優秀ニュー・エイジ・アルバム (2004年 (第47回)) "Returning"
Ackermann, Abigail アッカーマン、アビゲイル
著「おかあさんが乳がんになったの」石風社 2007
Ackermann, Adrienne アッカーマン、エイドリエン
著「おかあさんが乳がんになったの」石風社 2007
Ackermann, Ronny アッカーマン、ロニー
国ドイツ ノルディック複合選手
Ackley, Dustin アクリー、ダスティン
国アメリカ 野球選手
Ackman, Bill アックマン、ビル
投資家
Ackman, Karen アックマン、キャレン

投資家
Ackoff, Russell Lincoln エイコフ, ラッセル・L.
1919〜2009 著「逆転の教育」緑風出版 2016
Ackroyd, Peter アクロイド, ピーター
1949〜 国イギリス 作家, 映画・テレビ批評家
Acord, David アコード, デヴィッド
著「シャーロック・ホームズの成功の秘訣」大修館書店 2015
Acord, Lance アコード, ランス
国アメリカ MTVアワード 最優秀撮影(第18回(2001年))"Weapon Of Choice"
Acosta, Alberto アコスタ, アルベルト
国エクアドル エネルギー・鉱山相
Acosta, Alexander アコスタ, アレクサンダー
国アメリカ 労働長官
Acosta, Allan James アコスタ, アラン・ジェームス
国アメリカ アメリカ機械学会フェロー永年会員, カリフォルニア工科大学機械工学科名誉教授, 元・カリフォルニア工科大学機械工学科教授
Acosta, Carlos アコスタ, カルロス
ローレンス・オリヴィエ賞 ダンス 功績賞(2007年(第31回))
Acosta, Mario Ernesto アコスタ, マリオ・エルネスト
国エルサルバドル 内相 異アコスタ, マリオ
Acosta, Patricio アコスタ, パトリシオ
国エクアドル 大統領府官房長官
Acosta Duarte, Osmai アコスタドゥアルテ
国キューバ ボクシング選手
Acosta Montalván, Iván Adolfo アコスタ・モンタルバン, イバン・アドルフォ
国ニカラグア 財務相 異アコスタ・モンタルバン, イバン
Acosta Santana, Fernando アコスタ・サンタナ, フェルナンド
国キューバ 鉄鋼相
Acosta Valdez, Luz Mercedes アコスタバルデス
国メキシコ 重量挙げ選手 異アコスタ
Acouetey, Massan Loretta アクエティ, マサン・ロレッタ
国トーゴ 国家統合相
Acquafresca, Roberto アックアフレスカ, ロベルト
国イタリア サッカー選手
Acquah, Afriyie アクアー, アフリイェ
国ガーナ サッカー選手
Acquista, Angelo アクィスタ, アンジェロ
著「生物・化学・核テロから身を守る方法」草思社 2003
Acquisto, Charles J. アクイスト, チャールズ・J.
著「1歳の息子に届いた成功者100人からの手紙」祥伝社 2007
Acredolo, Linda P. アクレドロ, リンダ
著「最新ベビーサイン」主婦の友社 2010
Acta, Manny アクタ, マニー
国アメリカ シアトル・マリナーズコーチ
Actor, Jeffrey K. アクター, J.K.
著「免疫学・微生物学」東京化学同人 2010
Acuff, Amy エイカフ
国アメリカ 陸上選手
Acuil, Awut Deng アチュイル, アウット・デン
国南スーダン 女性問題・児童・社会福祉相 異アクイル, アウット・デン
Acunña, Luis アクニャ, ルイス
国ベネズエラ 高等教育相
Acy, Quincy エイシー, クインシー
国アメリカ バスケットボール選手
Acyl, Ahmat Mahamat アシル, アハマト・マハマト
国チャド 国民教育相
Aczel, Amir D. アクセル, アミール・D.
著「「無限」に魅入られた天才数学者たち」早川書房 2015
Aczel, Peter アクセル, ピーター
著「フレーゲ哲学の最新像」勁草書房 2007
Ada, Salissou アダ, サリス
国ニジェール 雇用・労働・社会保障相
Ada, Serhan アダ, セルハン
著「Anytime」NTT出版 2001
Adachi, Barbara アダチ, バーバラ
1924〜2004 国アメリカ 文楽研究家, 日本研究家 本名=アダチ, バーバラ・カーティス
Adada, Rodolphe アダダ, ロドルフ
国コンゴ共和国 運輸・民間航空・海運相
Adade, Koffi アデ, コフィ
国トーゴ 環境森林資源相
Adair, Beegie アデール, ビージー

1937〜 国アメリカ ジャズ・ピアニスト
Adair, Bill アデア, ビル
?〜2002 国アメリカ 大リーグ監督, 野球選手 異アデール, ビル
Adair, Cherry アデア, チェリー
1951〜 著「ギフト・オブ・ラブ」ハーレクイン 2013
Adair, Christopher Smith アデア, クリストファー・スミス
著「クトゥルフ神話TRPGクトゥルフ・フラグメント」KADOKAWA 2015
Adair, Gene アデア, ジーン
著「エジソン」大月書店 2009
Adair, Gilbert アデア, ギルバート
1944〜2011 作家, エッセイスト
Adair, John Eric アデア, ジョン
1934〜 著「英国超一級リーダーシップの教科書」こう書房 2015
Adair, Olivia アデア, オリヴィア・ヴィン
1956〜 著「循環器診療シークレット」メディカル・サイエンス・インターナショナル 2003
Adair, Paul Neal アデア, ポール
1915〜2004 国アメリカ 実業家, 油田火災消火専門家 レッド・アデア創業者 通称=レッド・アデア〈Red Adair〉
Adam アダム
著「ドリームヒーラー」徳間書店 2010
Adam, Birgit アダム, ビルギト
1971〜 著「性病の世界史」草思社 2016
Adam, Charlie アダム, チャーリー
国スコットランド サッカー選手
Adam, Christophe アダム, クリストフ
著「エクレア進化形!」小学館 2012
Adam, Iruthisham アダム, イルティシャム
国モルディブ 青年・スポーツ相
Adam, Jean-Michel アダン, ジャン=ミシェル
著「物語論」白水社 2004
Adam, Jean-Paul アダム, ジャンポール
国セーシェル 保健・社会問題相
Adam, John A. アダム, ジョン・A.
著「自然の中の数学」シュプリンガー・ジャパン 2009
Adam, Otmar アダム, O.
著「ARISを活用したシステム構築」シュプリンガー・フェアラーク東京 2005
Adam, Paul アダム, ポール
1958〜 著「ヴァイオリン職人と天才演奏家の秘密」東京創元社 2014
Adama, Haman アダマ, アマン
国カメルーン 初等教育相 異アダマ, ハマン
Adama, Sy アダマ, シー
国モーリタニア 住宅・都市化・国土整備相
Adamchak, Raoul W. アダムシャ, ラウル
著「有機農業と遺伝子組換え食品」丸善出版 2011
Adamczyk, Andrzej アダムチク, アンジェイ
国ポーランド インフラ・建設相
Adamec, Christine A. アダメック, クリスティン
1949〜 著「詳解子ども虐待事典」福村出版 2009
Adamec, Ladislav アダメッツ, ラジスラフ
1926〜2007 国チェコ 政治家 チェコスロバキア共産党議長, チェコスロバキア連邦首相 異アダメツ
Adames, Cristhian アダメズ, クリスチャン
国ドミニカ共和国 野球選手
Adames, Willy アダメズ, ウィリー
国ドミニカ共和国 野球選手
Adami, Edward Fenech アダミ, エドワード・フェネク
1934〜 国マルタ 政治家 マルタ大統領 異フェネク・アダミ, エドワード
Adami, Mimi Rodriguez アダミ, ミミ・ロドリゲス
著「アクアフィットネス」産調出版 2007
Adamiak, Elżbieta アダミャク, エルジビェタ
著「沈黙の存在」サンパウロ 2008
Adamkus, Valdas アダムクス, ワルダス
1926〜 国リトアニア 政治家 リトアニア大統領 異アダムクス, バルダス
Adamo, Salvatore アダモ, サルヴァトーレ
1943〜 国イタリア, ベルギー シャンソン歌手, 作詞家, 作曲家 異アダモ, サルヴァトール
Adamou, Assoumane アダモ, アソマネ
国ニジェール 保健相
Adamou, Moumouni Djermakoye アダム, ムムニ・ジェル・

A

マコイ
[国]ニジェール　アフリカ統合相
Adamov, Yevgeny O.　アダモフ, エフゲニー・O.
[国]ロシア　原子力相
Adamovsky, Ezequiel　アダモフスキー, エゼキエル
1971〜　[異]アダモフスキ, エセキエル　[著]「まんが 反資本主義入門」 明石書店　2007
Adams, Adrienne　アダムズ, エイドリアン
1906〜2002　[著]「やさしい魔女」 新世研　2002
Adams, A.E.　アダムズ, A.E.
[著]「カラーでみる岩石記載学入門」 Manson Publishing, United Publishers Services (発売)　2005
Adams, Amy　アダムス, エイミー
ゴールデン・グローブ賞 映画 主演女優賞 (ミュージカル・コメディ) (第72回 (2014年度)) ほか
Adams, Amy　アダムズ, エイミー
[国]ニュージーランド　法相兼公営住宅相
Adams, Andrew　アダムス, アンドリュー
[国]アメリカ　アメフト選手
Adams, Anna　アダムズ, アナ
[著]「禁じられたプロポーズ」 ハーレクイン　2002
Adams, Arthur　アダムス, アーサー
1963〜　[著]「ガーディアンズ：チームアップ」 小学館集英社プロダクション　2016
Adams, Audra　アダムス, オードラ
[著]「秘密を宿したウエイトレス」 ハーパーコリンズ・ジャパン　2016
Adams, Austin　アダムス, オースティン
[国]アメリカ　野球選手
Adams, Austin　アダムス, オースティン
[国]アメリカ　野球選手
Adams, Brett　アダムス, ブレット
[著]「システマ実戦講座」 東邦出版　2013
Adams, Bryan　アダムス, ブライアン
1959〜　[国]カナダ　ミュージシャン
Adams, Cammile　アダムズ, カミール
[国]アメリカ　水泳選手　[異]アダムズ
Adams, Carol　アダムス, キャロル
[著]「トリプルボトムライン」 創成社　2007
Adams, C.B.T.　アダムス, クリス
[著]「脳外科医アダムスのルール」 医学書院　2001
Adams, Cecil　アダムズ, セシル
[著]「恥ずかしいけど、やっぱり聞きたい」 早川書房　2002
Adams, Chris　アダムズ, クリス
[異]アダムス, クリス　[著]「IIS 7.0 Webサーバー管理ガイド」 日経BPソフトプレス, 日経BP出版センター (発売)　2008
Adams, Christine A.　アダムズ, クリスティーン・A.
[著]「今日は今日だけセラピー」 サンパウロ　2012
Adams, Davante　アダムス, デイバント
[国]アメリカ　アメフト選手
Adams, David　アダムス, デービッド
[著]「きずきあう平和と非暴力の文化」 平和文化　2007
Adams, Diane　アダムズ, ダイアン
1960〜　[著]「このてはあなたのために」 評論社　2014
Adams, Don　アダムズ, ドン
1923〜2005　[国]アメリカ　俳優, コメディアン　本名＝Yarmy, Donald James　[異]アダムス, ドン
Adams, Douglas Noel　アダムス, ダグラス
1952〜2001　[国]イギリス　脚本家, SF作家
Adams, Eddie　アダムズ, エディ
？〜2004　[国]アメリカ　写真家　本名＝アダムズ, エドワード〈Adams, Edward T.〉　[異]アダムス, エディー
Adams, Eleston　アダムズ, エルストン
[国]アンティグア・バーブーダ　文化相
Adams, Elisa　アダムス, イライザ
[著]「秘密の扉、恋のルール」 ハーレクイン　2014
Adams, Emily E.　アダムズ, エミリー・E.
[著]「大転換」 岩波書店　2015
Adams, Ernest W.　アダムス, アーネスト
[著]「ゲームメカニクス」 ソフトバンククリエイティブ　2013
Adams, Francis Gerard　アダムス, F.G.
[著]「Eビジネスの経済学」 日本評論社　2005
Adams, Fred C.　アダムズ, フレッド
1961〜　[著]「宇宙のエンドゲーム」 筑摩書房　2008
Adams, Gemini　アダムズ, ジェミニ
[著]「死ぬときに後悔しない「こころの遺産」の贈り方」 ハート出版　2011
Adams, George　アダムス, ジョージ
[異]アダムズ, ジョージー　[著]「空間・反空間のなかの植物」 耕文舎, イザラ書房 (発売)　〔2013〕
Adams, Gerry　アダムズ, ジェリー
1948〜　[国]イギリス　政治家　シン・フェイン党党首　本名＝アダムズ, ジェラルド〈Adams, Gerald〉
Adams, Guy　アダムス, ガイ
1976〜　[国]イギリス　作家　[専]ミステリー　[異]アダムズ, ガイ
Adams, James L.　アダムズ, ジェイムズ・L.
[異]アダムス, ジェイムズ・L.　[著]「よい製品とは何か」 ダイヤモンド社　2013
Adams, Jane　アダムズ, ジェーン
1940〜　[著]「わが子が期待はずれの大人になってしまったとき」 創元社　2006
Adams, Jane　アダムズ, ジェーン
[著]「ポール・オースターが朗読するナショナル・ストーリー・プロジェクト」 アルク　2006
Adams, Jay　アダムス, ジェイ
1961〜2014　[国]アメリカ　スケートボーダー
Adams, Jeff　アダムス, ジェフ
[国]アメリカ　アメフト選手
Adams, Jennie　アダムズ, ジェニー
[著]「王妃への招待状」 ハーレクイン　2013
Adams, Jerell　アダムス, ジェレル
[国]アメリカ　アメフト選手
Adams, John　アダムズ, ジョン
グラミー賞 最優秀現代音楽作曲 (2004年 (第47回))　"Adams: On The Transmigration Of Souls"
Adams, John　アダムス, ジョン
[著]「フューチャー・イズ・ワイルド」 双葉社　2007
Adams, John　アダムス, ジョン
[著]「独立処方と補助的処方」 薬事日報社　2015
Adams, John Luther　アダムズ, ジョン・ルーザー
[国]アメリカ　グラミー賞 最優秀現代音楽作曲 (2014年 (第57回)) ほか
Adams, Jonathan　アダムス, ジョナサン
[著]「Webシステムのデザインパターン」 翔泳社　2003
Adams, Jordan　アダムズ, ジョーダン
[国]アメリカ　バスケットボール選手
Adams, Kat　アダムス, キャット
[著]「ハートのミステリー」 ハーレクイン　2001
Adams, Kevin　アダムズ, ケビン
[国]カナダ　トニー賞 ミュージカル 照明デザイン賞 (2014年 (第68回)) ほか
Adams, Linda　アダムス, リンダ
[著]「自分らしく生きるための人間関係講座」 大和書房　2005
Adams, Luke　アダムズ
[国]オーストラリア　陸上選手
Adams, Lynn W.　アダムズ, リン
[異]アダムス, リン　[著]「自閉症スペクトラム障害の子どもの親となったあなたへ」 北大路書房　2016
Adams, Mareike　アダムス, マレイケ
[国]ドイツ　ボート選手
Adams, Marilee G.　アダムス, マリリー・G.
1945〜　[著]「すべては「前向き質問」でうまくいく」 ディスカヴァー・トゥエンティワン　2014
Adams, Mark　アダムス, マーク
1967〜　[国]アメリカ　作家, ジャーナリスト, 編集者
Adams, Matt　アダムス, マット
[国]アメリカ　野球選手
Adams, Matthew　アダムス, マシュー
1957〜　[著]「プログラミングC#」 オライリー・ジャパン, オーム社 (発売)　2011
Adams, Michael A.　アダムス, マイケル・A.
[著]「刷新してほしい患者移動の技術」 日本看護協会出版会　2003
Adams, Mike　アダムス, マイク
[国]アメリカ　アメフト選手
Adams, Mike　アダムス, マイク
[国]アメリカ　アメフト選手
Adams, Neal　アダムス, ニール
1941〜　[著]「グリーンランタン/グリーンアロー」 小学館集英社プロダクション　2011
Adams, Nel　アダムズ, ネル
1931〜　[著]「消え去った世界」 文芸社　2002
Adams, Nicky　アダムス, ニッキー

㊗「ガラスの家」ガイアブックス,産調出版(発売) 2010
Adams, Nicola アダムズ,ニコラ
1982〜 ㊐イギリス ボクシング選手
Adams, Okere アダムズ,オケレ
㊐シエラレオネ 観光相
Adams, Paul アダムズ,ポール
㊗「ウェブはグループで進化する」日経BP社,日経BPマーケティング(発売) 2012
Adams, Precious アダムズ,プレシャス
㊐アメリカ ローザンヌ国際バレエコンクール 3位・プロ研修賞(第42回(2014年))ほか
Adams, Reginald B., Jr. アダムズ,レジナルド・B.,Jr.
㊗「ヒトはなぜ笑うのか」勁草書房 2015
Adams, Richard アダムズ,リチャード
1920〜2016 ㊐イギリス 児童文学作家 本名=Adams, Richard George ㊔アダムズ,リチャード
Adams, Ricky アダムズ,リッキー
1959〜2011 ㊐アメリカ 野球選手 本名=Adams, Ricky Lee
Adams, Ron アダムズ,ロン
㊐アメリカ ゴールデンステイト・ウォリアーズアシスタントコーチ(バスケットボール)
Adams, Samuel Hopkins アダムズ,サミュエル・ホプキンス
㊗「密室殺人コレクション」原書房 2001
Adams, Scott アダムズ,スコット
1957〜 ㊔アダムズ,スコット ㊗「神のかけら」アーティストハウス,角川書店(発売) 2003
Adams, Simon アダムズ,サイモン
1955〜 ㊗「ヒラメキ公認ガイドブックこんな世界地図、みたことない」化学同人 2012
Adams, Stephen J. アダムズ,スティーヴン・J.
㊗「エズラ・パウンド事典」雄松堂出版 2009
Adams, Steve アダムズ,スティーブ
1967〜 ㊗「もしも地球がひとつのリンゴだったら」小峰書店 2016
Adams, Steven アダムズ,スティーブン
㊐ニュージーランド バスケットボール選手
Adams, Tim アダムズ,ティム
㊗「世界の作家32人によるワールドカップ教室」白水社 2006
Adams, Tom アダムズ,トム
1938〜2014 ㊐イギリス 俳優 本名=Adams, Anthony Frederick Charles
Adams, Tyrell アダムズ,タイレル
㊐アメリカ アメフト選手
Adams, Valerie アダムズ,バレリー
1984〜 ㊐ニュージーランド 砲丸投げ選手 ㊔アダムズ,バレリー
Adams, Vincanne アダムズ,ヴィンカーン
㊗「不健康は悪なのか」みすず書房 2015
Adams, Walter アダムズ,ウォルター
㊗「現代アメリカ産業論」創風社 2002
Adams, Will アダムズ,ウィル
1963〜 ㊐イギリス 作家 ㊕ミステリー
Adams, Yolanda アダムズ,ヨランダ
グラミー賞 最優秀ゴスペル・アーティスト(2006年(第49回))ほか
Adamse, Michael アダムズ,マイケル
1953〜 ㊗「アニバーサリー結婚記念日の手紙」青土社 2009
Adamson, Alan H. アダムソン,アラン・H.
㊗「ミスター・シャーロット・ブロンテ」彩流社 2015
Adamson, Bob アダムソン,ボブ
㊗「比較教育研究」上智大学出版,ぎょうせい(発売) 2011
Adamson, Brent アダムソン,ブレント
㊗「チャレンジャー・セールス・モデル」海と月社 2015
Adamson, Clement Nii アダムソン,クレメント・ニー
1953〜 ㊗「バツイチ、コブつき、波瀾万丈。」平凡社 2002
Adamson, Eve アダムスン,イブ
㊗「狂牛病時代に何をどう食べるか」ベストセラーズ 2002
Adamson, Isaac アダムソン,アイザック
1971〜 ㊐アメリカ 作家 ㊕文学,フィクション,ミステリーほか ㊔アダムスン,アイザック
Adamson, Stuart アダムソン,スチュアート
1958〜2001 ㊐イギリス ロック歌手・ギタリスト 旧グループ名=ビッグ・カントリー〈Big Country〉,スキッズ ㊔アダムソン,スチュワート
Adamu, Adamu アダム,アダム
㊐ナイジェリア 教育相

Adamu, Hassan アダム,ハッサン
㊐ナイジェリア 農業相
Adamu, Suleiman Hussain アダム,スレイマン・フサイン
㊐ナイジェリア 水資源相
Adamy, David アダミー,デビッド
㊗「電子戦の技術」東京電機大学出版局 2015
Adamzik, Kirsten アダムツィク,キルステン
㊗「テクスト言語学序説」同学社 2005
Adan, Antonio アダン,アントニオ
㊐スペイン サッカー選手
Adan, Mahmud Said アダン,マハムド・サイド
㊐ソマリア 国務相(内務担当)
Adán, Pedro アダン,ペドロ
㊐パナマ 農牧開発相
Adan, Umar Hashi アダン,ウマル・ハシ
㊐ソマリア 金融問題相
Adanan, Yusof アダナン・ユソフ
㊐ブルネイ 保健相
Adanmayï, Justin アダンマイ,ジュスタン
㊐ベナン 環境相
Adan Shaahiyow, Mohamed Hassan アダン・ショーヒヨウ,モハメド・ハッサン
㊐ソマリア 電力・水相
Adar, Yasemin アダル,ヤセミン
㊐トルコ レスリング選手
Adarabioyo, Tosin アダラビオヨ,トシン
㊐イングランド サッカー選手
Adatia, Rahim アダチア,ラヒム
㊗「プロフェッショナルEJB」インプレス,インプレスコミュニケーションズ(発売) 2002
Adatto, Kiku アダット,キク
1947〜 ㊗「完璧なイメージ」早川書房 2012
Adauto, Anderson アダウト,アンデルソン
㊐ブラジル 運輸相
*el-*Adawi, Adel アダウィ,アデル
㊐エジプト 保健・人口相
Adbåge, Emma アードボーゲ,エッマ
1982〜 ㊗「トーベのあたらしい耳」少年写真新聞社 2010
Adcock, Chris アドコック,クリス
㊐イギリス バドミントン選手
Adcock, Edward P. アドコック,エドワード・P.
㊗「IFLA図書館資料の予防的保存対策の原則」日本図書館協会 2003
Adcock, Gabrielle アドコック,ガブリエル
㊐イギリス バドミントン選手
Adda, Jacques アダ,ジャック
1959〜 ㊗「経済のグローバル化とは何か」ナカニシヤ出版 2006
Adda, Kofi アダ,コフィ
㊐ガーナ エネルギー相
Addae, Jahleel アディー,ジャーリール
㊐アメリカ アメフト選手
Addanki, Sumanth アダンキ,サマンス
㊗「競争政策の経済学」NERA 2005
Addario, Lynsey アダリオ,リンジー
1973〜 ㊗「愛は戦渦を駆け抜けて」KADOKAWA 2016
Adderly, Brenda アダリー,ブレンダ
㊗「こうすれば記憶力は回復する!」同朋舎,角川書店(発売) 2001
Adderson, Caroline アダーソン,キャロライン
1963〜 ㊐カナダ 作家 ㊕児童書
Adderton, Dennis アダートン,デニス
㊗「ビューティフルビジュアライゼーション」オライリー・ジャパン,オーム社(発売) 2011
Addica, Milo アディカ,マイロ
㊗「記憶の棘」ランダムハウス講談社 2006
Addis, Michael E. アディス,マイケル・E.
㊗「うつを克服するための行動活性化練習帳」創元社 2012
Addison, Bralon アディソン,ブラロン
㊐アメリカ アメフト選手
Addison, Brian アディソン,ブライアン
㊗「薬剤師による症候からの薬学判断」じほう 2013
Addison, Josephine アディソン,J.
1930〜 ㊗「花を愉しむ事典」八坂書房 2007
Addison, Katherine アディスン,キャサリン
1974〜 ㊗「エルフ皇帝の後継者」東京創元社 2016
Addison, Mario アディソン,マリオ

[国]アメリカ　アメフト選手
Addison, Paul S.　アジソン, ポール・S.
[著]「図説ウェーブレット変換ハンドブック」 朝倉書店　2005
Addisu, Legesse　アディス・レゲセ
[国]エチオピア　副首相
Addo, Nana Akufo　アド, ナナ・アクフォ
[国]ガーナ　法相
Addo-kufuor, Kwame　アクフォー, クワメ
[国]ガーナ　国防相　[異]アド・クフォー, クワメ
Addoum, Adnan　アドゥーム, アドナン
[国]レバノン　法相
Addy, Axel　アディ, アクセル
[国]リベリア　通産相
Ade, Maren　アデ, マレン
ベルリン国際映画祭 銀熊賞 審査員グランプリ（第59回（2009年））"Alle Anderen"
Adeang, David　アデアン, デービッド
[国]ナウル　大統領補佐相兼財務・持続可能な開発相兼法相
Adebayo, Cornelius　アデバヨ, コーネリウス
[国]ナイジェリア　公共事業相
Adebayo, Edrice　アデバヨ, エドリス
[国]アメリカ　バスケットボール選手
Adeishvili, Zurab　アデイシビリ, ズラブ
[国]ジョージア　法相
Adekuoroye, Odunayo Folasade　アデクロイエ, オドゥナヨフォラサデ
[国]ナイジェリア　レスリング選手
Adel, Ibrahim　アデル, イブラヒム
[国]アフガニスタン　鉱工業相
al-**Adel, Saif**　アル・アデル, サイフ
[国]エジプト　イスラム原理主義過激派活動家　アルカイダ指導者　本名＝メッカウィ, ムハンマド〈Makkawi, Muhammad〉　[異]セイフルアデル
Adelaja, Dupe　アデラジャ, デュペ
[国]ナイジェリア　鉱物相
Adele　アデル
1988～　[国]イギリス　シンガー・ソングライター　本名＝Adkins, Adele Laurie Blue
Adele, Deborah　アデル, デボラ
1949～　[著]「ヤマ・ニヤマ」 ガイアブックス　2016
Adeli, Muhammad Hossein　アデリ, モハマド・ホセイン
1952～　[国]イラン　外交官　イラン中央銀行総裁, 駐英イラン大使　[異]アーデリー, セイエド・モハンマドホセイン
Adeline, L.Marie　アデライン, L.マリー
[国]カナダ　作家, テレビプロデューサー　[専]ロマンス　本名＝Gabriele, Lisa
Adelizzi, Beatrice　アデリッツィ
[国]イタリア　シンクロナイズド・スイミング選手
Adelman, Bob　エイデルマン, ボブ
[著]「私には夢がある」 日本キリスト教団出版局　2005
Adelman, David　アデルマン, デイビッド
[国]アメリカ　オーランド・マジックアシスタントコーチ（バスケットボール）
Adelman, Kenneth L.　エーデルマン, ケネス
[著]「最高経営責任者シェイクスピア」 日経BP社, 日経BP出版センター（発売）　2001
Adelman, Kim　エーデルマン, キム
1964～　[著]「チック・フリック恋する映画ガイドブック」 晋遊舎　2008
Adelson, Edna　アデルソン, エドナ
[著]「母子臨床の精神力動」 岩崎学術出版社　2011
Adelson, Sheldon　アデルソン, シェルドン
[国]アメリカ　カジノ王, ラスベガス・サンズ会長兼CEO
Adem, Abrar Osman　オスマン, アブラル
[国]エリトリア　陸上選手
Adem, Ibrahim　アデム・イブラヒム
[国]エチオピア　保健相
Ademi, Abdilaqim　アデミ, アブディルアキム
[国]マケドニア　教育・科学相
Ademi, Arbr　アデミ, アルブル
[国]マケドニア　副首相（オフリド枠組み合意担当）
Aden, Aden Hassan　アデン, アデン・ハッサン
[国]ジブチ　イスラム問題・文化・寄進財産相
Aden, Ahmed Abdisalam　アデン, アハメド・アブディサラム
[国]ソマリア　情報・青年・スポーツ相
Aden, Fawzia Yusuf　アデン, フォージア・ユスフ
[国]ソマリア　副首相兼外相
Adenan, Satem　アデナン・サテム
[国]マレーシア　天然資源・環境相
Adenhart, Nick　エイデンハート, ニック
1986～2009　[国]アメリカ　野球選手
Aden Hirale, Barre Shire　アデン・ヒラレ, バレ・シレ
[国]ソマリア　復興相
Adeniji, Olu　アデニジ, オル
[国]ナイジェリア　内相
Adeniji, Oluyemi　アデニジ, オルイェミ
[国]ナイジェリア　外相
Adeniran, Tunde　アデニラン, テュンデ
[国]ナイジェリア　教育相
Adeniyi, Aminat　アデニイ, アミナット
[国]ナイジェリア　レスリング選手
Adeosun, Kemi　アデオスン, ケミ
[国]ナイジェリア　財務相
Adepoju, Sikiru　アデポジュ, スィキル
グラミー賞 最優秀コンテンポラリー・ワールド・ミュージック・アルバム（2008年（第51回））"Global Drum Project"
Áder, János　アーデル, ヤーノシュ
1959～　[国]ハンガリー　政治家　ハンガリー大統領　[異]アーデル・ヤーノシュ
Adès, Thomas　アデス, トーマス
グラミー賞 最優秀クラシック・オペラ録音（2013年（第56回））ほか
Adesina, Akinwunmi　アデシナ, アキンウンミ
[国]ナイジェリア　農業・農村開発相
Adesiyan, Abdul Jelili Oyewale　アデシャン, アブドゥルジェリリ・オイワレ
[国]ナイジェリア　警察相
Adewole, Isaac　アデウォレ, イサク
[国]ナイジェリア　保健相
Adey, Robert　エイディー, ロバート
[著]「密室殺人大百科」 講談社　2003
Adeyemi, Kenton　アデイェミ, ケントン
[国]アメリカ　アメフト選手
Adhikari, Khagraj　アディカリ, カグラジ
[国]ネパール　保健・人口相
Adhin, Ashwin　アディーン, アシュウィン
[国]スリナム　副大統領兼首相
Adi, Ignatius　アディ, イグナシアス
[著]「趙紫陽極秘回想録」 光文社　2010
Adiahenot, Jacques　アディアエノ, ジャック
[国]ガボン　海運・港湾設備相
al-**Adib, Ali**　アディブ, アリ
[国]イラク　高等教育相
Adibekov, Grant Mkrtychevich　アジベーコフ, G.M.
1934～2002　[著]「資料集コミンテルンと日本共産党」 岩波書店　2014
Adichie, Chimamanda Ngozi　アディーチェ, チママンダ・ンゴズィ
1977～　[国]ナイジェリア　作家　[専]文学, フィクション
Adie, Kate　エイディ, ケイト
1945～　[著]「ふだん着で戦場へ」 清流出版　2006
Adiga, Aravind　アディガ, アラヴィンド
1974～　[国]インド　経済ジャーナリスト, 作家　[専]文学, フィクション
Adihou, Alain　アディウ, アラン
[国]ベナン　国家機構・市民社会・在外ベナン人問題担当相
Adiki, Safi　アディキ, サフィ
[国]コンゴ民主共和国　農村開発相
al-**Adili, Farouk**　アル・アディリ, ファルーク
[国]シリア　環境相
Adili, Jumatuerdi　アディル, ジュマトゥルドゥ
1964～　[著]「現代のホメロス」 ブイツーソリューション　2016
Ading, Jack　アディング, ジャック
[国]マーシャル諸島　財務相
Adirex, Paul　アディレックス, ポール
1942～　[著]「因果応報の終わるまで」 文芸社　2004
Adiri, Niv　アディリ, ニヴ
アカデミー賞 音響賞（第86回（2013年））"Gravity"
Adisai, Bodharamik　アディサイ・ポタラミク
[国]タイ　教育相
Adishakti, Laretna　アディシャクティ, ラレットナ
1958～　[国]インドネシア　建築家　[専]都市計画

Adiyasambuu, Tsolmon アディヤサンブー、ツォルモン
　国モンゴル　柔道選手
Adjani, Isabelle アジャーニ、イザベル
　セザール賞 主演女優賞（第35回（2009年））　"La journée de la jupe"
Adjapong, Felix Owusu アジャポング、フェリックス・オウス
　国ガーナ　議会対策相
Adjaye, David アジャイ、デイヴィッド
　1966〜　著「デイヴィッド・アジャイ アウトプット」TOTO出版　2010
Adjei, Oteng アジェイ、オテン
　国ガーナ　環境・科学技術相
Adjei-barimah, Jude アッジェイ・バリマー、ジュード
　国アメリカ　アメフト選手
Adjeidarko, Kwadwo アジェイダーコ、クワド
　国ガーナ　鉱山相
Adjeoda, Kokou Dzifa アジェオダ、コクゥ・ジファ
　国トーゴ　行政改革相
Adji, Mahamat Mamadou アジ、マハマト・ママドゥ
　国チャド　鉱業エネルギー相
Adjobi, Christine アジョビ、クリスティーヌ
　国コートジボワール　エイズ対策相
Adjoumani, Kobenan Kouassi アジュマニ、コベナン・クアシ
　国コートジボワール　動物・水産資源相
Adjovi, Severin アジョビ、セベラン
　国ベナン　商工・観光相
Adkins, David アドキンス、ディビッド
　国アメリカ　ワシントン・ウィザーズアシスタントコーチ（バスケットボール）
Adkins, Lesley アドキンズ、レスリー
　著「ロゼッタストーン解読」新潮社　2008
Adkins, Roy A. アドキンズ、ロイ
　著「ロゼッタストーン解読」新潮社　2008
Adkinson, Robert アドキンソン、ロバート
　著「シンボル of 聖なる秘儀」ガイアブックス、産調出版（発売）　2011
Adkoli, Anand アドコリ、アナンド
　著「Oracle 8iバックアップ＆リカバリ」翔泳社　2001
Adl, Shirin アドル、シーリーン
　1975〜　著「ラマダンのお月さま」解放出版社　2016
Adlan, Shambul アドラン、シャンブル
　国スーダン　航空相
Adlard, Charles アドラード、チャーリー
　1966〜　著「ウォーキング・デッド」飛鳥新社　2015
Adleman, Tim アデルマン、ティム
　国アメリカ　野球選手
Adler, Alexandra アドラー、アレクサンドラ
　1901〜2001　著「アドラーの思い出」創元社　2007
Adler, Bill アドラー、ビル
　1929〜2014　著「大好きなハリー・ポッターへ」早川書房　2002
Adler, Bill, Jr. アドラー、ビル、Jr.
　著「泣く子に学ぶ最強のビジネス交渉術」技術評論社　2006
Adler, Carlye アドラー、カーリー
　著「クラウド誕生」ダイヤモンド社　2010
Adler, Charles L. アドラー、チャールズ・L.
　著「広い宇宙で人類が生き残っていないかもしれない物理学の理由」青土社　2014
Adler, Gordon アドラー、ゴードン
　1954〜　著「マネジャーのためのコミュニケーション戦略」ピアソン桐原　2012
Adler, Jerry アドラー、ジェリー
　1918〜2010　国アメリカ　ハーモニカ奏者　本名 = Adler, Hilliard Gerald
Adler, Joseph アドラー、ジョセフ
　著「Rクイックリファレンス」オライリー・ジャパン、オーム社（発売）　2014
Adler, Joseph Alan アドラー、ジョセフ・A.
　著「中国の宗教」春秋社　2005
Adler, Kathleen アドラー、キャスリーン
　著「みつけた！名画の楽しみ方と描き方」あかね書房　2015
Adler, Larry アドラー、ラリー
　1914〜2001　国アメリカ　ハーモニカ奏者　本名＝アドラー、ローレンス・セシル〈Adler, Lawrence Cecil〉
Adler, Margot アドラー、マーゴット
　1946〜　著「月神降臨」国書刊行会　2003
Adler, Mortimer Jerome アドラー、モーティマー
　1902〜2001　国アメリカ　哲学者、著述家　「エンサイクロペディア・ブリタニカ」編集長, シカゴ大学教授, アスペン研究所名誉管理事
Adler, Nancy J. アドラー、ナンシー・J.
　著「リーダーシップ・マスター」英治出版　2013
Adler, Nellie アドラー、ネリー
　著「アドラーの思い出」創元社　2007
Adler, Paul S. アドラー、ポール・S.
　著「リメイド・イン・アメリカ」中央大学出版部　2005
Adler, Rene アドラー、レネ
　国ドイツ　サッカー選手
Adler, Richard アドラー、リチャード
　1921〜2012　著 作曲家, 作詞家　著ミュージカル
Adler, Robert アドラー、ロバート
　1913〜2007　技術者
Adler, Saul アドラー、ソール
　著「医師のマナー患者のマナー」メディカ出版　2016
Adler, Susan S. アドラー、S.S.
　1931〜　著「PNFハンドブック」シュプリンガー・ジャパン　2009
Adler, Victoria アドラー、ヴィクトリア
　著「こっちへおいで、あそぼうよ」岩崎書店　2015
Adler-Olsen, Jussi エーズラ・オールスン、ユッシ
　1950〜　国デンマーク　ミステリー作家　著ミステリー、スリラー
Adlešič, Djurda アドレシチュ、ジュルジャ
　クロアチア　副首相（内政担当）
Adlin, Tamara アドリン、タマラ
　著「ペルソナ戦略」ダイヤモンド社　2007
Adlington, L.J. アドリントン、L.J.
　1970〜　国イギリス　作家　著ヤングアダルト
Adlington, Rebecca アドリントン、レベッカ
　1989〜　国イギリス　元水泳選手
Adly, Habib Ibrahim El アドリ、ハビブ・イブラヒム
　国エジプト　内相
Admati, Anat R. アドマティ、アナト
　著「銀行は裸の王様である」東洋経済新報社　2014
Adna, Ismanto アドナ、イスマント
　国スリナム　スポーツ・青少年相
Adnan, Ali アドナン、アリ
　国イラク　サッカー選手
Adnan, Mansor アドナン・マンソール
　国マレーシア　観光相
Adner, Ron アドナー、ロン
　著「ワイドレンズ」東洋経済新報社　2013
Adok, Peter アドック、ピーター
　国スーダン　高等教育・科学研究相
Adoke, Mohammed Bello アデケ、モハメド・ベロ
　国ナイジェリア　法相
Adolph, Gerald アドルフ、ジェラルド
　著「成長戦略とM&Aの未来」日本経済新聞出版社　2010
Adomeit, Klaus アドマイト、クラウス
　1935〜　著「ドイツ労働法」信山社出版　2015
Adoni, Hanna アドニー、H.
　著「リーディングス政治コミュニケーション」一芸社　2002
Adonis アドニス
　1930〜　国シリア　詩人　本名＝アリー・アフマド・サイード・イスビル〈'Alī Ahmad Sa'īd Isbir〉
Adoranti, Frank アドランティ、フランク
　1965〜　著「あの人だけがなんで出世できるのか」日本実業出版社　2006
Adou, Assoa アドゥ、アソア
　国コートジボワール　水資源・森林相
Adoum, Djimet アドゥム、ジメ
　国チャド　農業相
Adreon, Diane エイドリアン、ダイアン
　著「アスペルガー症候群への支援」東京書籍　2006
Adrià, Albert アドリア、アルベルト
　1969〜　著「エル・ブリの一日」ファイドン　2009
Adrià, Ferran アドリア、フェラン
　1962〜　著「エル・ブリの一日」ファイドン　2009
Adria Acosta, Ferran アドリア・アコスタ、フェラン
　国スペイン　エル・ブジ財団理事, 料理先進国9ヵ国のシェフによる国際会議委員長, 元・レストラン「エル・ブジ」オーナー兼レストラン総支配人
Adriaenssens, Peter アドリアーンセンス、ペーテル
　著「おとうとのビー玉」大月書店　2008
Adrian アドリアン

㊆スペイン　サッカー選手
Adrian, Gonzalez　アドリアン・ゴンサレス
㊆スペイン　サッカー選手
Adrian, Lara　エイドリアン, ララ
㊈「真夜中の目覚め」オークラ出版　2009
Adrian, Lopez　アドリアン・ロペス
㊆スペイン　サッカー選手
Adrian, Nathan　エードリアン, ネーサン
1988〜　㊆アメリカ　水泳選手　㊉エイドリアン, ネイサン
Adrian Marin　アドリアン・マリン
㊆スペイン　サッカー選手
Adriano　アドリアノ
1982〜　㊆ブラジル　サッカー選手　本名＝アドリアーノ, レイチ・リベイロ〈Adriano, Leite Ribeiro〉
Adrianza, Ehire　アドリアンザ, イハイア
㊆ベネズエラ　野球選手
Adrienne, Carol　アドリエンヌ, キャロル
㊈「人生の羅針盤」主婦の友社　2009
Adrien Silva　アドリエン・シルヴァ
㊆ポルトガル　サッカー選手
Adshade, Marina　アドシェイド, マリナ
㊈「セックスと恋愛の経済学」東洋経済新報社　2015
Adshead, Mark　アズヘッド, マーク
㊈「性加害行動のある少年少女のためのグッドライフ・モデル」誠信書房　2015
Adshed, Gwen　アドシェッド, グウェン
㊈「精神科臨床倫理」星和書店　2011
Aduayom, Messan Adimado　アドゥアヨム, メサン・アディマド
㊆トーゴ　高等教育・研究相
Adul, Saengsingkaew　アドゥン・センシンゲーオ
㊆タイ　社会開発・人間安全保障相
Adulyanukosol, Kanjana　アドゥンヤヌコソン, カンジャナ
1962〜　㊈「ジュゴン」東海大学出版会　2010
Aduriz, Aritz　アドゥリス, アリツ
㊆スペイン　サッカー選手
Advani, Lal Kishanchand　アドバニ, ラル・キシャンチャンド
1927〜　㊆インド　政治家　インド内相, インド人民党（BJP）総裁
Advani, Lal Krishna　アドバニ, ラル・クリシュナ
㊆インド　副首相兼内相
Advocaat, Dick　アドフォカート, ディック
1947〜　㊆オランダ　サッカー指導者, 元サッカー選手　サッカー・オランダ代表監督
Adwok Nyaba, Peter　アドウォク・ニャバ, ピーター
㊆南スーダン　高等教育・科学技術相
Adyashanti　アジャシャンティ
1962〜　㊈「禅空を生きる」太陽出版　2014
Adylbek Uulu, Erkin　アディルベクウール, エルキン
㊆キルギス　ボクシング選手
Adzic, Gojko　アジッチ, ゴイコ
㊈「IMPACT MAPPING」翔泳社　2013
Aebersold, JoAnn　エイバソールド, ジョー・アン
㊈「読みの学習者から読みの教師へ」英宝社　2010
Aehlert, Barbara　エラート, バーバラ
㊈「PALSスタディガイド」エルゼビア・ジャパン　2008
Aelst, Marcel P.R.C. van　アルスト, マルセル・P.R.C.ファン
㊆ベルギー　ホテルオークラ・アムステルダム有限責任会社取締役社長, ホテルオークラ取締役副会長, オークラニッコーホテルマネジメント代表取締役社長
Aelvoet, Magda　アルブット, マグダ
㊆ベルギー　消費者保護・保健・環境相
Aerents, Jasper　アレンツ, ヤスパー
㊆ベルギー　水泳選手
Aerts, Erik　アールツ, エーリック
1954〜　㊈「中世ヨーロッパの医療と貨幣危機」九州大学出版会　2010
Aerts, Jef　アールツ, シェフ
1972〜　㊈「おねえちゃんにあった夜」徳間書店　2015
Aerts, Mario　アーツ
㊆ベルギー　自転車選手
Aerts, Peter　アーツ, ピーター
1970〜　㊆オランダ　格闘家, キックボクサー
Aertssen, Kristien　アールセン, クリスチャン
1953〜　㊈「かわいいことりさん」光村教育図書　2008
Afable, Silvestre, Jr.　アファブレ, シルベストレ
㊆フィリピン　広報担当大統領顧問

Afanasiev, Evgenii　アファナシエフ, エフゲニー
1947〜　㊆ロシア　外交官　駐日ロシア大使　本名＝Afanasiev, Evgenii Vladimirovich　㊉アファナーシェフ・エフゲニー / アファナシエフ, エヴゲーニー
Afanasiev, Valery　アファナシエフ, ヴァレリー
1947〜　㊆ベルギー　ピアニスト, 作家　㊉アファナーシェフ, ヴァレリー / アファナシエフ, ヴァレリ
Afanasyeva, Ksenia　アファナセワ
㊆ロシア　体操選手
Afara Maciel, Juan Eudes　アファラ・マシエル, フアン・エウデス
㊆パラグアイ　副大統領
Afatia, Viliamu　アファティア, ヴィリアム
㊆サモア　ラグビー選手
Afeef, Hassan　アフィーフ, ハッサン
㊆モルディブ　内相
Afellay, Ibrahim　アフェライ, イブラヒム
㊆オランダ　サッカー選手
Afemai, Vavao　アフェマイ, ヴァヴァオ
㊆サモア　ラグビー選手
Affi, N'guessan　アフィ, ヌゲサン
㊆コートジボワール　首相兼計画発展相
Afflalo, Arron　アフラロ, アーロン
㊆アメリカ　バスケットボール選手
Afflalo, Eli　アフラロ, エリ
㊆イスラエル　移民相
Affleck, Ben　アフレック, ベン
1972〜　㊆アメリカ　俳優, 脚本家, 映画監督　本名＝Affleck Benjamin, Geza
Affleck, Geoff　アフレック, ジェフ
㊈「ブレイクスルー！」フォレスト出版　2014
Affo, Safiou Idrissou　アフォ, サフィウ・イドリス
㊆ベナン　青年・スポーツ・余暇相
Affolter, Christian　アッフォルテル, C.
㊈「有機化合物の構造決定」シュプリンガー・フェアラーク東京　2004
Afifi, Talaat　アフィフィ, タラアト
㊆エジプト　宗教財産相
Afkhami, Mahnaz　アフカミ, マナズ
㊈「女性の人権とジェンダー」明石書店　2007
Afobe, Benik　アフォベ, ベニク
㊆イングランド　サッカー選手
Afolabi, S.M.　アフォラビ, S.M.
㊆ナイジェリア　内相
Afolayan, Kunle　アフォラヤン, クンレ
㊆ナイジェリア　映画監督, 俳優
Afrah, Abdullahi Ahmed　アフラ, アブドラヒ・アメハド
㊆ソマリア　商務相
Afrah, Mohamed Qanyare　アフラ, モハメド・カンヤレ
㊆ソマリア　国家安全保障相
Afraitane, Kamaliddine　アフレイテン, カマリディン
㊆コモロ　教育・研究・文化・青少年・スポーツ相
Africano, Manuel António　アフリカーノ, マヌエル・アントニオ
㊆アンゴラ　鉱業相
Afridi, Abbass Khan　アフリディー, アッバス・カーン
㊆パキスタン　繊維産業相
Afridi, Hameed Ullah Jan　アフリディ, ハミードゥラ・ジャーン
㊆パキスタン　環境相
Afridi, Nawabzada Fazal Karim　アフリディ, ナワーブザダ・ファザル・カリーム
㊆パキスタン　在ペシャワル日本国名誉総領事, Learning Awareness & Motivation Programme（NGO）代表
Afriyie, Kuwaku　アフリエ, クワク
㊆ガーナ　保健相　㊉アフリイエ, クワク / アフリエ, クエク
Afrojack　アフロジャック
㊆オランダ　DJ　本名＝ニック・ヴァン・デ・ウォール
Afzal, Amir　アフザル, アミール
㊈「UNIX/Linuxコマンドリテラシー」ピアソン・エデュケーション　2001
Afzali, Amina　アフザリ, アミナ
㊆アフガニスタン　労働・社会問題相
Agabi, Kanu Godwin　アガビ, カヌ・ゴドウィン
㊆ナイジェリア　法相　㊉アガビ, カヌ・ゴッドウィン
Agacinski, Sylviane　アガサンスキー, シルヴィアンヌ

1945～ 著「性の政治学」産業図書 2008
Agadazi, Ouro Koura アガダジ, ウーロ・クーラ
　国トーゴ　農業・畜産・水利相
Agagu, Olusegun アガグ, オルセグン
　国ナイジェリア　電力・鉄鋼相
Aga Khan IV アガ・カーン4世
　1936～　国パキスタン　宗教家　イスラム教イスマイリ派9代教主, カリム王子　本名=Shah Karim al-Hussaini, Prince　異アーガー・カーン / アーガー・ハーン / アガ・ハーン
Ag Alassane, Agathane アグアラサヌ, アガタヌ
　国マリ　農相　異アグ・アラサネ, アガサネ
Agam, Yaacov アガム, ヤーコブ
　1928～　国イスラエル　キネティック・アーティスト, 画家, 彫刻家
Agamben, Giorgio アガンベン, ジョルジョ
　1942～　国イタリア　哲学者, 美学者　ベネチア建築大学教授
Agamyradov, Purli アガムイラドフ, プルリ
　国トルクメニスタン　教育相
Aganga, Olusegun アガンガ, オルセグン
　国ナイジェリア　貿易投資相　異アガンガ, オルセグン・オルトイン
Agani, Ferid アガニ, フェリド
　国コソボ　環境・都市計画相
Agans, David J. エイガンズ, デビッド・J.
　1954～　著「デバッグルール」日経BPソフトプレス, 日経BP出版センター (発売) 2004
Agar, John エイガー, ジョン
　1921～2002　国アメリカ　俳優
Agar Ayar, Malik アガル・アヤル, マリク
　国スーダン　投資相
Agarwal, Sanjiv アガルウォル, サンジヴ
　著「食品の機能性表示と世界のレギュレーション」薬事日報社 2015
Agarwal, Sunil アガーワル, スニル
　著「インサイドMicrosoft SQL Server 2005」日経BPソフトプレス, 日経BP出版センター (発売) 2008
Agassi, Andre アガシ, アンドレ
　1970～　国アメリカ　元テニス選手
Agassi, Joseph アガシ, ヨセフ
　1927～　著「科学の大発見はなぜ生まれたか」講談社 2002
Agasthiya, Sri アガスティア, シュリ
　著「未来予言2015」ゴマブックス 2012
Agata, Antoine d' ダガタ, アントワーヌ
　1961～　著「抗体」赤々舎 2014
Agatha Bednarczuk アガタ
　国ブラジル　ビーチバレー選手
Agati, Magdi el アガーティ, マグディ
　国エジプト　法務・議会相
Agatston, Arthur アガットン, アーサー
　著「サウスビーチ・ダイエット」アスコム 2004
Agazarian, Yvonne M. アガザリアン, イヴォンヌ・M.
　著「システム・センタード・アプローチ」創元社 2015
Agazzi, Ernesto アガシ, エルネスト
　国ウルグアイ　農牧・水産相
Agba, Charles Condji アグバ, シャルル・コンジ
　国トーゴ　保健相　異アグバ, シャルル・コンディ
Agba, Kondi Charles アグバ, コンディ・シャルル
　国トーゴ　保健相
Ağbal, Naci アーバル, ナジ
　国トルコ　財務相
Agbegnenou, Clarisse アグベニェヌ, クラリス
　国フランス　柔道選手
Agbenonci, Aurélien アグノンシ, オレリアン
　国ベナン　外務・協力相
Agbetomey, Pius アグベトメイ, ピウス
　国トーゴ　法務・国内機構関係相
Agbo, Joseph アグボ, ジョゼフ
　国中央アフリカ　鉱山・地質相
Agbo, Uche アグボ, ウチェ
　国ナイジェリア　サッカー選手
Agbobli, Edoh Kodjo アグボブリ, エド・コジョ
　国トーゴ　技術教育・職業訓練相
Agboli, Hope アグボリ, ホープ
　国トーゴ　都市開発・住宅相
Agbossou, Bernadette Sohoudji アグボス, ベルナデット・ソフジ
　国ベナン　中等教育・職業技術訓練相
Agboyibo, Yawovi Madji アボイボ, ヤオビ・マジ
　国トーゴ　首相
Agee, Jon エージー, ジョン
　1960～　国アメリカ　絵本作家　異エイジー, ジョン
Agee, Philip エイジー, フィリップ
　?～2008　国アメリカ　米国中央情報局 (CIA) 工作員
Agee, Tommie アギー, トミー
　1942～2001　国アメリカ　野球選手
Ageeb, Aleksandr アゲエフ, アレクサンドル
　国ベラルーシ　エネルギー相
al-**Agem, Kassem** アル・アゲム, カセム
　国イエメン　宗教指導相
Agena, Craig John アゲナ, クレイグ・ジョン
　国アメリカ　元・アメリカ合衆国陸軍大佐, 元・日米相互防衛援助事務所長, 元・在日米陸軍司令部及び第1軍団 (前方) 司令部第5部長
Ageron, Charles Robert アジュロン, シャルル=ロベール
　1923～2008　異アージュロン, シャルル=ロベール　著「記憶の場」岩波書店 2003
Aggarwal, Vinod K. アガワル, ヴィニョード・K.
　著「FTAの政治経済分析」文真堂 2010
Aggrey, Albert アグレイ, アルベール
　国コートジボワール　国家機関連絡担当相
al-**Agha, Haifaa** アガ, ハイファ
　国パレスチナ　女性問題担当相
Agha, Irfan A. アーガ, イアファン・A.
　著「WM腎臓内科コンサルト」メディカル・サイエンス・インターナショナル 2006
Agha, Mohammed アガ, ムハンマド
　国パレスチナ　農相
Agha, Riyadh Násan アガ, リヤド・ナサン
　国シリア　文化相
Agha, Sayd Ghiasuddin アガ, サイド・ギアスディン
　国アフガニスタン　巡礼寄進相
Agha, Sayed Ekramuddin アガ, サイド・エクラムディン
　国アフガニスタン　労働社会問題相
Aghali, Mano アガリ, マノ
　国ニジェール　公衆保健相
Aghayev, Rustam アガエフ
　国アゼルバイジャン　レスリング選手
al-**Aghbari, Ghazi Shaif** アグバリ, ガジ・シャイフ
　国イエメン　法相
Aghdashloo, Shohreh アグダシュルー, ショーレ
　エミー賞 プライムタイム・エミー賞 最優秀助演女優賞 (ミニシリーズ・映画) (第61回 (2009年))　"House Of Saddam"
Aghion, Gaby アギョン, ギャビー
　1921～2014　国フランス　実業家, ファッションデザイナー　クロエ創業者
Aghmani, Jamal アフマニ, ジャマル
　国モロッコ　雇用・職業訓練相
Agholor, Nelson アグホロー, ネルソン
　国アメリカ　アメフト選手
Agirre, Naroa アヒーレ
　国スペイン　陸上選手
Agirretxe, Imanol アギレチェ, イマノル
　国スペイン　サッカー選手
Agís Villaverde, Marcelino アヒース=ビリャベルデ, マルセリーノ
　1963～　著「ミルチャ・エリアーデ」関西大学東西学術研究所 2013
Agius, Marcus Ambrose Paul エイジアス, マーカス
　1946～　国イギリス　銀行家　バークレイズ会長　異アギウス, マーカス
Aglietta, Michel アグリエッタ, ミシェル
　1940～　著「貨幣主権論」藤原書店 2012
Aglo, John Siabi Kwamé-Koma アグロ, ジョン・シアビ・クワメ・クアマ
　国トーゴ　労働・雇用・社会保障相
Aglukkaq, Leona アグルカック, レオナ
　国カナダ　環境相兼北方経済開発庁長
Agman, Gilles アグマン, G.
　著「拒食症治療の手引き」岩崎学術出版社 2003
Agne, Abdourahim アニュ, アブドゥライム
　国セネガル　地域統合・地方分権協力相　異アグネ, アブドゥライム
Agnel, Yannick アニエル, ヤニック

1992〜　㊚フランス　水泳選手　㊚アニエル
Agnelli, Giovanni　アニエリ, ジョバンニ
1921〜2003　㊚イタリア　実業家　フィアット名誉会長, イタリア終身上院議員　㊚アニエリ, ジョヴァンニ／アニエッリ／アニエリ, ジョバンニ
Agnelli, Susanna　アニエリ, スサンナ
1922〜2009　㊚イタリア　政治家　イタリア外相　㊚アニエッリ, スサンナ／アニエリ, スザンナ
Agnelli, Umberto　アニエリ, ウンベルト
1934〜2004　㊚イタリア　実業家　フィアット会長, イタリア上院議員（キリスト教民主党）　㊚アニエッリ／アニエリ
Agne-pouye, Aïcha　アニュプイェ, アイチャ
㊚セネガル　中小企業・商業相
Agnès b.　アニエスベー
1941〜　㊚フランス　ファッションデザイナー　本名＝トゥルーブレ, アニエス〈Troublé, Agnès〉　㊚アニエスb
Agnese, Giorgio　アニェーゼ, ジョルジョ
㊚「古代文明の旅エジプト」日経ナショナルジオグラフィック社, 日経BP出版センター（発売）2003
Agnetha　アグネッタ
1950〜　㊚スウェーデン　元歌手　本名＝フェルツコーグ, アグネッタ〈Fältskog, Agnetha〉　㊚アグネタ
Agnew, Eleanor　アグニュー, エレノア
㊚「ママと踊ったワルツ」保健同人社　2006
Agnew, Harold　アグニュー, ハロルド
1921〜2013　㊚アメリカ　核科学者　ロスアラモス研究所所長　㊚核兵器開発　本名＝Agnew, Harold Melvin
Agnew, Thomas George Arnold　アグニュー, トム
㊚「エンゲージメント革命」生産性出版　2012
Agnoli, Antonella　アンニョリ, アントネッラ
1952〜　㊚「拝啓市長さま、こんな図書館をつくりましょう」みすず書房　2016
Agon, Jean-Paul　アゴン, ジャン・ポール
1956〜　㊚フランス　実業家　ロレアルグループ会長・CEO
Agosín, Marjorie　アゴシン, マージョリー
㊚「女性の人権とジェンダー」明石書店　2007
Agossou, Albert　アゴス, アルベール
㊚ベナン　アフリカ統合担当相
Agosta, William C.　アゴスタ, ウイリアム
㊚「虫たちの化学戦略」青土社　2002
Agosti, Silvano　アゴスティ, シルヴァーノ
1938〜　㊚イタリア　映画監督, 作家
Agostinelli, Maria Enrica　アゴスティネリ, マリア・エンリカ
㊚「おおきくてもちいさくても…」ほるぷ出版　2002
Agosto, Benjamin　アゴスト
㊚アメリカ　フィギュアスケート選手
Agoundoukoua Mbissa, Albertine　アグンドゥクア・ムビサ, アルベルティーヌ
㊚中央アフリカ　中小企業相
Agovaka, Peter Shanel　アゴバカ, ピーター・シャネル
㊚ソロモン諸島　通信・航空相
El-Agraa, Ali M.　エル・アグラ, アリ・M.
㊚「ユーロとEUの金融システム」日本経済評論社　2003
Agran, Martin　エイグラン, マーティン
㊚「問題解決ストラテジーの指導」学苑社　2005
Agrawal, Govind P.　アグラワール, G.P.
㊚「非線形ファイバー光学」吉岡書店　2004
Agrawal, Neeraj　アグラワル, ニーラジ
投資家
Agre, Peter C.　アグレ, ピーター
1949〜　㊚アメリカ　生化学者　ジョンズ・ホプキンス大学マラリア研究所所長, 米国科学振興協会（AAAS）会長　㊚血液学　㊚アグリ, ピーター
Agresta, Julie　アグレスタ, ジュリー
㊚「わかりやすいSSTステップガイド」星和書店　2005
Agroti, Androula　アグロトゥ, アンドゥルラ
㊚キプロス　保健相
Agte, Patrick　アグテ, パトリック
㊚「ヴィットマン」大日本絵画　2005
Aguad, Oscar　アグア, オスカル
㊚アルゼンチン　通信相
Aguayo, Perro, Jr.　アグアヨ, ペロ, Jr.
1979〜2015　㊚メキシコ　プロレスラー　本名＝ラミレス, ペドロ・アグアヨ〈Ramírez, Pedro Aguayo〉　㊚アグアヨ, イホ・デル・ペロ
Aguayo, Roberto　アグエイヨ, ロベルト
㊚アメリカ　アメフト選手
Aguero, Matias　アグエロ, マティアス
㊚イタリア　ラグビー選手
Agüero, Pablo　アグエロ, パブロ
カンヌ国際映画祭 審査員賞（短編映画）（第59回（2006年））"Primera nieve"
Aguero, Sergio　アグエロ, セルヒオ
1988〜　㊚アルゼンチン　サッカー選手　本名＝アグエロ, セルヒオ・レオネル〈Aguero, Sergio Leonel〉
Agüero Lara, María Dolores　アグエロ・ララ, マリア・ドロレス
㊚ホンジュラス　外相代行
Aguerre, Tabaré　アゲレ, タバレ
㊚ウルグアイ　農牧・水産相
Aguiar, Mayra　アギアル, マイラ
㊚ブラジル　柔道選手　㊚アギアル
Aguiar-branco, José Pedro　アギアールブランコ, ジョゼ・ペドロ
㊚ポルトガル　国防相
Aguigah, Angèle　アギガ, アンジェル
㊚トーゴ　文化相
Aguilar, Alvaro　アギラル, アルバロ
㊚グアテマラ　農相
Aguilar, Felipe　アギラル, フェリペ
㊚チリ　ゴルフ選手
Aguilar, Jesus　アギラ, ヘスス
㊚ベネズエラ　野球選手
Aguilar, José M.　アギラール, ホセ・M.
㊚「プログラミングASP.NET SignalR」日経BP社, 日経BPマーケティング（発売）2014
Aguilar, Pepe　アギラル, ペペ
グラミー賞 最優秀リージョナル・メキシカン・アルバム（2011年（第54回））ほか
Aguilar, Roberto　アギラル, ロベルト
㊚ボリビア　教育相
Aguilar, Sandra　アギラル, サンドラ
㊚スペイン　新体操選手
Aguilar, Víctor　アギラール, ビクトル
㊚「とびきりおかしないぬ」ワールドライブラリー　2015
Aguilar Gómez, Roberto Iván　アギラル・ゴメス, ロベルト・イバン
㊚ボリビア　教育相
Aguilar Pineda, Carlos Roberto　アギラル・ピネダ, カルロス・ロベルト
㊚ホンジュラス　保健相
Aguilar Rivero, Rosa　アギラール・リベロ, ロサ
㊚スペイン　環境・農村・海洋相
Aguilar Zinser, Adolfo Miguel　アギラシンセール, アドルフォ
1949〜2005　㊚メキシコ　外交官　国連大使
Aguilera, Christina　アギレラ, クリスティーナ
1980〜　㊚アメリカ　歌手　本名＝Aguilera, Christina Maria
Aguilera, Rodolfo　アギレラ, ロドルフォ
㊚パナマ　治安相
Aguilera Marin, Pablo Enrique　アギレラ・マリン, パブロ・エンリケ
㊚チリ　元・チリ漁業庁第11州事務所長, 元・アクアチレ社代表取締役
Aguiñaga, Marcela　アギニャガ, マルセラ
㊚エクアドル　環境相
Aguinis, Marcos　アギニス, マルコス
1935〜　㊚アルゼンチン　作家, 神経外科医, 精神分析家
Aguirre, Adalberto, Jr.　アギーレ, アダルベルト, Jr.
㊚「アメリカのエスニシティ」明石書店　2013
Aguirre, Ann　アギアレイ, アン
㊚アメリカ　作家　㊚SF, ロマンス　別筆名＝グレイ, アバ〈Gray, Ava〉, コナー, エレン〈Connor, Ellen〉
Aguirre, Damaris　アギーレ
㊚メキシコ　重量挙げ選手
Aguirre, Francisco　アギレ, フランシスコ
㊚ニカラグア　外相
Aguirre, Javier　アギーレ, ハビエル
1958〜　㊚メキシコ　サッカー監督, 元サッカー選手　サッカー日本代表監督, サッカー・メキシコ代表監督
Aguirre, Jeinkler　アギーレ
㊚キューバ　飛び込み選手
Aguirre, Jose Antonio　アギーレ, ホセ・アントニオ
1975〜　㊚メキシコ　元プロボクサー　WBC世界ミニマム級

チャンピオン
Aguirre, Marcelo アギレ, マルセロ
　国パラグアイ　卓球選手
Aguirre, Mason アギーレ
　国アメリカ　スノーボード選手
Aguirre, Vitaliano アギーレ, ビタリアーノ
　国フィリピン　法相
Aguirre Martinez, Juan アギレ・マルティネス, フアン
　国パラグアイ　外相
Aguirrezabala, Martín アギレサバラ, マルティン
　国ウルグアイ　農牧・水産相
Aguiton, Christophe アギトン, クリストフ
　1953〜　著「「もうひとつの世界」への最前線」現代企画室　2009
Aguiyi-ironsi, Thomas アギュイイロンシ, トーマス
　国ナイジェリア　国防相
Agulashvili, Gigla アグラシビリ, ギグラ
　国ジョージア　環境保護相
Agulla, Horacio アクージャ, オラシオ
　国アルゼンチン　ラグビー選手
Agum, Gumelar アグム・グムラール
　国インドネシア　運輸相
Agunloye, Olu アグンロエ, オル
　国ナイジェリア　電力鉄鋼相
Agur, Anne M.R. アガー, アン・M.R.
　著「ムーア臨床解剖学」メディカル・サイエンス・インターナショナル　2016
Agus, David エイガス, デイビッド・B.
　1965〜　著「元気で長生きするための、とても簡単な習慣」サンマーク出版　2015
Agus, Milena アグス, ミレーナ
　国イタリア　作家　専文学
Agustiani, Sri Wahyuni アグスティアニ, スリワーユニ
　国インドネシア　重量挙げ選手
Agustoni, Daniel アグストーニ, ダニエル
　著「クラニオセイクラルセラピー」ガイアブックス　2015
Agustsson, Gudni アウグストゥソン, グズニ
　国アイスランド　農相　異アグストッソン, グドニ
Agyapong, Felix Owusu アジャポング, フェリックス・オウス
　国ガーナ　議会対策相　異アグヤポング, オウス
Agyeman, Hackman Owusu アジェマン, ハックマン・オウス
　国ガーナ　公共事業・住宅相　異アジェマン, ハックマン・オウス
Agyemang, Jane Naana Opoku アジェマン, ジェーン・ナナ・オポク
　国ガーナ　教育相
Agyemang-mensah, Kwaku アジマンメンサ, クワク
　国ガーナ　水資源・公共事業・住宅相　異アジェマンメンサ, クウェク
Ahady, Anwar-Ul-Haq アハディ, アンワル・ウル・ハック
　国アフガニスタン　通商産業相　異アハディ, アンワルルハク
Ahamad, bin Naser al-Thani アハマド・ビン・ナセル・アル・サーニ
　国カタール　通信運輸相
Ahamadi, Abdoulbastoi アハマディ・アブドゥルバストワ
　国コモロ　財務相
Ahamed, Liaquat アハメド, ライアカット
　1952〜　国アメリカ　ピュリッツアー賞 文学・音楽 歴史（2010年）　"Lords of Finance: The Bankers Who Broke the World"
Āhameda, Humāyūna アーメド, フマユン
　1948〜　著「森の王さま」唯学書房, アジール・プロダクション（発売）　2012
Ahanhanzo Glele, Blaise アハンハンゾグレレ, ブレズ
　国ベナン　環境・住宅・都市計画相
Aharoni, Mati アハロニ, マティ
　著「実践Metasploit」オライリー・ジャパン, オーム社（発売）　2012
Aharonovitch, Yitzhak アハロノビッチ, イツハク
　国イスラエル　警察相　異アハロノビッツ, イツハク
Aharony, Amnon アハロニー, A.
　著「パーコレーションの基本原理」吉岡書店　2001
Ahbe, Kelsie アーベ, ケルシー
　国カナダ　陸上選手
Ahearn, Frank M. アハーン, フランク・M.
　著「完全履歴消去マニュアル」河出書房新社　2013
Ahearn, Luke アハーン, ルーク
　著「ゲームテクスチャ完全攻略ガイド」ボーンデジタル　2012
Ahern, Bertie アハーン, バーティ

A

　1951〜　国アイルランド　政治家　アイルランド首相, アイルランド共和党党首　本名＝Ahern, Patrick Bartholomew
Ahern, Cecelia アハーン, セシリア
　1981〜　国アイルランド　作家　専チックリット, 現代ロマンス
Ahern, Dermot アハーン, ダーモット
　国アイルランド　司法・平等・法改革相
Ahern, Kevin G. アハーン, K.G.
　著「カラー生化学」西村書店　2003
Ahern, Patric V. エイハーン, パトリック
　1919〜　著「モーリスとテレーズ」女子パウロ会　2006
Ahizi, Aka Daniel アイジ, アカ・ダニエル
　国コートジボワール　環境・水資源・森林相
Ah-Koon, Didier アークーン, ディディエ
　著「ミニオンズ」汐文社　2016
Ahlberg, Allan アルバーグ, アラン
　1938〜　国イギリス　絵本作家　異アールバーグ, アラン
Ahlberg, Jessica アルバーグ, ジェシカ
　著「3びきのくまとおんなのこ」岩崎書店　2013
Ahlbom, Jens アールボム, イェンス
　著「クマがくれたしあわせ」広済堂出版　2002
Ahlhabo, Mahamat Ahamat アハルハボ, マハマット・アハマット
　国チャド　法相
Ahlquist, Diane アールクイスト, ダイアン
　著「月と幸せ」パンローリング　2016
Ahlstrand, Bruce W. アルストランド, ブルース
　著「戦略サファリ」東洋経済新報社　2013
Ahlund, Mikael アールンド, ミカエル
　著「スカンディナビア風景画展」読売新聞社　2002
Ahluwalia, D.Pal S. アルワリア, パル
　1959〜　著「エドワード・サイード」青土社　2005
Ahluwalia, Montek Singh アルワリア, モンテック・シン
　1943〜　国インド　インド政府計画委員会副委員長
Ahmad アーマッド
　国マダガスカル　漁業・水産資源相
Ahmad, Abdullah al-Ahmad al-Sabah アハマド・アブドラ・アハマド・サバハ
　国クウェート　石油相兼情報相　異アハマド・アブドラ・アル・アハマド・アル・サバハ
Ahmad, al-hamoud al-Sabah アハマド・ハムード・サバハ
　国クウェート　副首相兼内相
Ahmad, Ali アハマド, アリ
　国イラク　国務相
*al-*Ahmad, Azam** アハマド, アザム
　国パレスチナ　通信相　異アル・アハマド, アザム
Ahmad, bin Nasir al-Thani アハマド・ビン・ナシル・サーニ
　国カタール　通信・運輸相　異アハマド・ビン・ナセル・アル・サーニ
Ahmad, David R.Mirza アーマッド, デビッド・アール・ミルザ
　著「ハッキング対策マニュアル」ソフトバンクパブリッシング　2003
Ahmad, F. アーマッド, F.
　著「食品の機能性表示と世界のレギュレーション」薬事日報社　2015
Ahmad, Fahad al-Ahmad al-Sabah アハマド・ファハド・アハマド・サバハ
　国クウェート　経済担当副首相兼国務相（開発・住宅問題担当）　異アハマド・ファハド・アル・アハマド・アル・サバハ
Ahmad, Hafizuddin アハマド, ハフィズディン
　国バングラデシュ　水資源相
Ahmad, Jumat アーマド・ジュマット
　国ブルネイ　青年・スポーツ・文化相
*al-*Ahmad, Mahmoud Diyab** アル・アハマド, マハムード・ディヤブ
　国イラク　内相　異アル・アハマド, マフムド・ディヤブ
*al-*Ahmad, Muhammad** アハマド, ムハンマド
　国シリア　文化相
Ahmad, Muhammad Ali アーマッド, ムハマド・アリ
　国ソマリア　高等教育相
*al-*Ahmad, Najm Hamad** アフマド, ナジム・ハマド
　国シリア　法相
Ahmad, Qazi Hussain アフマド, カジ・フセイン
　1938〜2013　国パキスタン　政治家, 宗教指導者　イスラム協会総裁
Ahmad, Shabery Cheek アフマド・シャベリー・チック
　国マレーシア　情報相

Ahmad, Sheikh Rashid　アハマド, シェイク・ラシッド
　国パキスタン　鉄道相
Ahmad, Tontowi　アフマド
　国インドネシア　バドミントン選手
Ahmad, Waqar　アーマッド, W.
　著『現代イギリスの政治算術』北海道大学図書刊行会　2003
al-Ahmad, Yusuf Sulayman　アハマド, ユスフ・スレイマン
　国シリア　国務相
Ahmad al-Humoud, al-Sabah　アハマド・フムード・サバハ
　国クウェート　第1副首相兼内相
Ahmad al-Khalid, al-Hamad al-Sabah　アハマド・ハリド・ハマド・サバハ
　国クウェート　副首相兼国防相
al-Ahmadi, Ali Hassan　アル・アハマディ, アリ・ハッサン
　国イエメン　漁業相
Ahmadi, Elaheh　アハマディ, エラヘ
　国イラン　射撃選手　異アフマディ
Ahmadinejad, Mahmoud　アフマディネジャド, マフムード
　1956〜　国イラン　政治家　イラン科学産業大学教授　イラン大統領, テヘラン市長　異都市計画　異アフマディネジャド, マハムード／アフマディーネジャード／アフマディネジャド, マハムード
Ahmadipour, Zahra　アハマディプール, ザハラ
　国イラン　副大統領(文化遺産・観光庁長官)
Ahmad Izlan bin Idris, Dato'　イドリュス, ダト・アハマッド・イズラン, ビン
　国マレーシア　駐日特命全権大使
Ahmadov, Emin　アハマドフ
　国アゼルバイジャン　レスリング選手
Ahmadov, Rashad　アハマドフ
　国アゼルバイジャン　テコンドー選手　異アフマドフ
Ahmad Shabery, Cheek　アフマドシャベリー・チーク
　国マレーシア　農業・農業関連産業相　異アフマド・シャベリー・チック
al-Ahmar, Ali Mohsen　アハマル, アリ・ムフシン
　国イエメン　副大統領
Ahmat, Haoua Agyl　アハマト, ハウーア・アシル
　国チャド　民間航空・国家気象相
Ahmed, Abdi Houssein　アハメド, アブディ・フセイン
　国ジブチ　労相
Ahmed, Abdullah Bos　アハメド, アブドラ・ボス
　国ソマリア　国務相(漁業担当)
Ahmed, Abdullah Mohamed Sid　アハメド, アブドラ・モハメド・シド
　国スーダン　動物資源相
Ahmed, Aboubekrine Ould　アハメド, アブベクリン・ウルド
　国モーリタニア　教育相
Ahmed, Abtew　アハメド・アベタオ
　国エチオピア　産業相
Ahmed, Aftab　アフマド, アフターブ
　国パキスタン　議会問題相
Ahmed, Ajaz　アーメッド, アジャズ
　著『ベロシティ思考』パイインターナショナル　2012
Ahmed, Aneesa　アフメド, アニーサ
　国モルディブ　大統領府相　異アハメド, アニーサ
Ahmed, Asim　アハメド, アシム
　国モルディブ　教育相
Ahmed, Azleen　アハメド, アズリーン
　国モルディブ　内相
Ahmed, bin Jassim bin Mohamed al-Thani　アハマド・ビン・ジャシム・ビン・ムハンマド・サーニ
　国カタール　経済・通商相
Ahmed, bin Mohammed al-Khalifa　アハメド・ビン・モハメド・ハリファ
　国バーレーン　財務相
Ahmed, Enas Mostafa Youssef　アハメド, エナス
　国エジプト　レスリング選手
Ahmed, Esraa　アハメド, エスラ
　国エジプト　重量挙げ選手
Ahmed, Ettouhami Moulay　アメド, エットハミ・ムライ
　著『モロッコの台所』アノニマ・スタジオ, KTC中央出版　2015
Ahmed, Fakhruddin　アハメド, ファクルディン
　国バングラデシュ　首班
Ahmed, Hafizuddin M.　アハメド, ハフィズディン・M.
　国バングラデシュ　ジュート相
Ahmed, Haji Ali　アハメド・ハジ・アリ
　国エリトリア　エネルギー・鉱業相
Ahmed, Hannah　アフメド, ハンナ
　著『紙でつくるクリスマス・オーナメント』大日本絵画　〔2013〕
Ahmed, Hany El Saed　アハメド, ハーニ・エル・サイード
　著『ゴハおじさんのゆかいなお話』徳間書店　2010
Ahmed, Iajuddin　アハメド, イアジュディン
　1931〜2012　国バングラデシュ　政治家, 土壌学者　バングラデシュ大統領
Ahmed, Iajuddin　アハメド, イアジュディン
　国バングラデシュ　大統領
Ahmed, Khawar Zaman　アーメド, ハワー・ザマン
　著『管理者のためのJ2EE設計ベストプラクティス』ピアソン・エデュケーション　2002
Ahmed, Lemrabott Sidi Mahmoud Ould Cheikh　アハメド, レムラボット・シディ・マハムード・ウルド・シェイフ
　国モーリタニア　内務・郵政通信相
Ahmed, Majzoub al-Khalifa　アハメド, マジュズーブ・ハリファ
　国スーダン　農林相　異アハメド, マジュズーブ・アル・ハリファ
Ahmed, Maryan Qasim　アフメド, マリヤン・カシム
　国ソマリア　女性・家族福祉相
Ahmed, Mohamed Ghaly Ould Chérif　アハメド, モハメド・ガリ・ウルド・シェリフ
　国モーリタニア　内務・郵政・通信相
Ahmed, Mohamed Jameel　アハメド, モハメド・ジャミール
　国モルディブ　副大統領　異アフメド, モハメド・ジャミール
Ahmed, Mohammed　アハメド, モハメド
　国カナダ　陸上選手
Ahmed, Mohammed Nasir　アハメド, ムハンマド・ナシル
　国イエメン　国防相
Ahmed, Mohi　アメッド, モヒ
　著『リビングサービス』日経BP社, 日経BP出版センター(発売)　2009
Ahmed, Moinafouraha　アフメド, モアナフラハ
　国コモロ　保健・国民連帯・女性地位向上相
Ahmed, Mona　アハメド, モナ
　著『インド第三の性を生きる』青土社　2006
Ahmed, Moudud　アハメド, モードゥド
　国バングラデシュ　法務・司法・国会担当相
Ahmed, Moussa Mohamed　アハメド, ムーサ・モハメド
　国ジブチ　住宅・都市化・環境相
Ahmed, Mustapha　アーメド, ムスタファ
　国ガーナ　青年・スポーツ相
Ahmed, Nabil Mohamed　アハメド, ナビル・モハメド
　国ジブチ　高等教育・研究相
Ahmed, Nick　アーメッド, ニック
　国アメリカ　野球選手
Ahmed, Ougoureh Kifleh　アハメド, ウグレ・キフレ
　国ジブチ　国防相
Ahmed, Qutbi al-Mahdi　アハメド, クトゥビ・アルマフディ
　国スーダン　社会計画相
Ahmed, Raees Muneer　アハメド, ライース・ムニール
　国パキスタン　国務相
Ahmed, Samia　アハメド
　国エジプト　水泳選手
Ahmed, Sara　アハメド, サラ
　国エジプト　重量挙げ選手
Ahmed, Shafiq　アハメド, シャフィク
　国バングラデシュ　法務・議会対応相
Ahmed, Shahabuddin　アーメド, シャハブディン
　国バングラデシュ　大統領
Ahmed, Sheikh Sharif　アハメド, シェイク・シャリフ
　1964〜　国ソマリア　政治家　ソマリア暫定大統領　本名＝Ahmed, Sheikh Sharif Sheikh
Ahmed, Shide　アハメド・シデ
　国エチオピア　運輸相
Ahmed, Tofail　アハメド, トファイル
　国バングラデシュ　商業相　異アフメド, トファイル
Ahmed, Zemzem　アハメド
　国エチオピア　陸上選手
Ahmed Ali, Mahdi　アフメド・アリ, マハディ
　国エチオピア　日・エチオピア帰国留学生会会長, 元・駐日エチオピア大使, 元・副首相兼外務大臣特別顧問
Ahmed bin Salman bin Abdul-Aziz　アーメド・ビン・サルマン・ビン・アブドルアジズ
　1958〜2002　国サウジアラビア　馬主　サウジアラビア王子
Ahmed Mohamed　アハメド・モハメド
　国エジプト　重量挙げ選手

Ahmedou, Ahmedou Ould　アハメドゥ，アハメドゥ・ウルド
　⒩モーリタニア　地方開発・環境相　⒳アハメド，アハメド・ウルド
Ahmedou, Ely Ould　アハメドゥ，エリー・ウルド
　⒩モーリタニア　水資源相
Ahmedou, Mehla Mint　アハメドゥ，メッラ・ミント
　⒩モーリタニア　文化・青年・スポーツ相
Ahmed Raju, Raziuddin　アハメド・ラズ，ラジウッディン
　⒩バングラデシュ　労相
Ahmetaj, Arben　アフメタイ，アルベン
　⒩アルバニア　財務相
Ahmetov, Bakyt　アヘメトフ
　⒩カザフスタン　重量挙げ選手　⒳アフメトフ
Ahmetović, Sodik　アフメトビッチ，サディク
　⒩ボスニア・ヘルツェゴビナ　治安相
Ahn, Byong-man　アン，ビョンマン
　⒩韓国　教育科学技術相　漢字名＝安秉萬
Ahn, Byong-yub　アン・ビョンヨプ
　⒩韓国　情報通信相　漢字名＝安炳燁
Ahn, Ché　アン，チェ
　1956～　⒜「グッバイ軟弱なキリスト教」マルコーシュ・パブリケーション（発売）　2015
Ahn, Cheol-soo　アン・チョルス
　1962～　⒩韓国　実業家，コンピューター科学者，政治家　アンラボ創業者，韓国国会議員　新政治民主連合共同代表，ソウル大学教授・融合科学技術大学院院長　英名＝Ahn, Charles，漢字名＝安哲秀
Ahn, Choong-yong　アン・チュンヨン
　1941～　⒩韓国　経済学者　大韓貿易投資振興公社外国人投資オンブズマン，韓国中央大学国際大学院院長　⒜国際経済学，計量経済学　漢字名＝安忠栄　⒳アン・チュウエイ／アン・チョンヨン
Ahn, Jae-hwan　アン・ジェファン
　1972～2008　⒩韓国　俳優，タレント
Ahn, Jung-hwahn　アン・ジョンファン
　1976～　⒩韓国　元サッカー選手　漢字名＝安貞桓
Ahn, Sang-soo　アン，サンス
　1946～　⒩韓国　政治家　ハンナラ党代表　漢字名＝安商守
Ahn, Sang-young　アン・サンヨン
　1938～2004　⒩韓国　政治家　釜山市長　漢字名＝安相英
Ahn, Sung-kee　アン・ソンギ
　1952～　⒩韓国　俳優　漢字名＝安聖基
Ahn, Viktor　アン，ヴィクトル
　1985～　⒩ロシア　スピードスケート選手　⒳アン・ケンシュ
Ahnazarian, Narek　アナザリャン，ナレク
　⒩アルメニア　チャイコフスキー国際コンクール　チェロ　第5位（2007年（第13回））
Ahnhem, Stefan　アーンヘム，ステファン
　1966～　⒜「顔のない男」ハーパーコリンズ・ジャパン　2016
Ahnlund, Knut　アーンルンド，クヌット
　1923～2012　⒩スウェーデン　作家　ノーベル文学賞選考委員
Aho, Alfred V.　エイホ，A.V.
　⒜「言語設計者たちが考えること」オライリー・ジャパン，オーム社（発売）　2010
Aho, Ninos　アホ，ニノス
　⒜「現代世界アジア詩集」土曜美術社出版販売　2010
'Aho, Siaosi Taimani　アホ，シアオシ・タイマニ
　⒩トンガ　警察相　⒳アホ，シアオシ
Ahola, Tapani　アホラ，タパニ
　⒜「強いチームをつくる技術」ダイヤモンド社　2010
Ahonen, Janne　アホネン，ヤンネ
　1977～　⒩フィンランド　スキー選手　⒳アホネン
Ahoomey-zunu, Kwesi Séléagodji　アオメイズニュ，クエシ・セレアゴジ
　⒩トーゴ　首相
Ahoueke, Max　アウエケ，マックス
　⒩ベナン　通信・情報通信技術相
Ahoure, Murielle　アウーレ
　⒩コートジボワール　陸上選手
Ahoussou, Jeannot Kouadio　アウス，ジャノ・クアディオ
　⒩コートジボワール　大統領府付政治対話・国際機関関係担当相　⒳アウス，クアディオ・ジャノ
Ahrend, Susan　アーレンド，スーザン
　⒜「がんばれ！ウィリー」キッズネット，角川書店（発売）　2004
Ahrendts, Angela　アーレンツ，アンジェラ
　1960～　⒩アメリカ　実業家　アップル上級副社長　バーバリーCEO

Ahrendt-Schulte, Ingrid　アーレント＝シュルテ，イングリット
　1942～　⒜「魔女にされた女性たち」勁草書房　2003
Ahrens, C.Donald　アーレン，ドナルド
　⒜「最新気象百科」丸善　2008
Ahrens, Hans-Jürgen　アーレンス，H.-J.
　⒜「ドイツ不法行為法」日本評論社　2008
Ahrens, Ingo　アーレンス，インゴ
　⒜「クトゥルフ神話TRPGクトゥルフ・フラグメント」KADOKAWA　2015
Ahrens, Thomas　アレンス，トマス
　⒜「業績評価の理論と実務」東洋経済新報社　2004
Ahrne, Goran　アーネ，ユーラン
　1944～　⒜「家族に潜む権力」青木書店　2001
Ahrons, Constance R.　アーロンズ，コンスタンス
　⒜「離婚は家族を壊すか」バベル・プレス　2006
Ahsan, Mohammad　アーサン，ムハンマド
　⒩インドネシア　バドミントン選手　⒳アーサン
Ahsian, Naisha　アーシャン，ネイシャ
　1968～　⒜「ブック・オブ・ストーン」ナチュラルスピリット　2011
Ahtisaari, Martti　アハティサーリ，マルティ
　1937～　⒩フィンランド　政治家，外交官　危機管理イニシアチブ（CMI）代表　フィンランド大統領，国連事務次長　本名＝Ahtisaari, Martti Oiva Kalevi　⒳アハティサーリ，マルッティ
Ahuja, Anjana　アフジャ，アンジャナ
　⒜「なぜ，あの人がリーダーなのか？」早川書房　2012
Ahuja, Maneet　アフジャ，マニート
　1984～　⒜「40兆円の男たち」パンローリング　2015
Ahuja, Simone　アフージャ，シモーネ
　⒜「イノベーションは新興国に学べ！」日本経済新聞出版社　2013
Ahumey-zunu, Séléagodji　アフメイズヌ，セレアゴジ
　⒩トーゴ　国土相
el-Ahwany, Naglaa　アハワニー，ナグラー
　⒩エジプト　国際協力相
Ahwoi, Kwesei　アフウォイ，クウェセイ
　⒩ガーナ　食料・農業相
Ahya, Shubhada N.　アヤ，シュバダ・N.
　⒜「ワシントン・マニュアル」メディカル・サイエンス・インターナショナル　2002
Ahye, Michelle-Lee　アイエ，ミシェルリー
　⒩トリニダード・トバゴ　陸上選手
Ai, Wei-wei　アイ，ウェイウェイ
　1957～　⒩中国　現代美術家　漢字名＝艾未未
al-Aiban, Musaed bin Mohammed　アイバーン，ムサイド・ビン・ムハンマド
　⒩サウジアラビア　国務相　⒳アイバン，ムサイド・ビン・ムハンマド
Aibel, Jonathan　エイベル，ジョナサン
　1969～　⒜「スポンジ・ボブ」講談社　2015
Aichelburg, Peter C.　アイヘルブルク，P.C.
　1941～　⒜「アインシュタイン」岩波書店　2005
Aichinger, Ilse　アイヒンガー，イルゼ
　1921～2016　⒩オーストリア　作家
Aïdam, Célestine Akouavi　アイダム，セルスティーヌ・アクアビ
　⒩トーゴ　人権・民主主義担当相
Aïdam, Georges Kwawu　アイダム，ジョルジュ・クワウ
　⒩トーゴ　技術教育・職業訓練相
Aidarbekov, Chingiz　アイダルベコフ，チンギス
　⒩キルギス　駐日特命全権大使
al-Aidarous, Amir Salem　アイダルス，アミル・サレム
　⒩イエメン　石油・鉱物資源相
Aiden, Erez　エイデン，エレツ
　⒜「カルチャロミクス」草思社　2016
Aïdi, Saïd　アイディ，サイド
　⒩チュニジア　保健相
Aído Almagro, Bibiana　アイド・アルマグロ，ビビアナ
　⒩スペイン　平等相
Aidogdyev, Dortkuli　アイドグドィエフ，ドルトクリ
　⒩トルクメニスタン　繊維産業相　⒳アイドグドイエフ，ドルトグルイ
Aidogdyev, Orazgeldy　アイドグドィエフ，オラズゲルドイ
　⒩トルクメニスタン　文化相　⒳アイドグドイエフ，オラズゲリドイ
Aie, Michele Delle　アイエ，ミケーレ・デレ
　⒜「ラストコンサート」竹書房　2004

Aiello, Rita　アイエロ, リタ
　㊟「演奏を支える心と科学」誠信書房　2011
Aigen, Kenneth　エイゲン, ケネス
　㊟「音楽中心音楽療法」春秋社　2013
Aigi, Gennadii　アイギ, ゲンナジー
　1934〜2006　㊄ロシア　詩人　㊔アイギ, ゲンナジ／アイギ, ゲンナジイ
Aigner, Hannes　アイグナー, ハンネス
　㊄ドイツ　カヌー選手　㊔アイヒナー
Aigner, Ilse　アイグナー, イルゼ
　㊄ドイツ　食料・農業・消費者保護相
Aigner, Martin　アイグナー, M.
　1942〜　㊟「天書の証明」シュプリンガー・フェアラーク東京　2002
Aigner-Clark, Julie　アイグナー・クラーク, ジュリー
　㊟「いちばんのおくすり」金の星社　2011
Aigon-Rami, Carole　エゴン＝ラミ, キャロル
　㊟「この地獄から、ぼくを助けて」竹書房　2006
Aiken, Joan Delano　エイケン, ジョーン・デラノ
　1924〜2004　㊄イギリス　作家　㊔エイキン
Aiken, Kamar　エイケン, カマー
　㊄アメリカ　アメフト選手
Aiken, Linda H.　エイケン, リンダ
　㊟「看護の危機」ライフサポート社　2008
Aikens, Walt　エイキンス, ウォルト
　㊄アメリカ　アメフト選手
Aikins, Dave　エイキンズ, デイブ
　㊟「スポンジ・ボブ」講談社　2015
Aillagon, Jean-Jacques　アヤゴン, ジャンジャック
　㊄フランス　文化・通信相
Ailu　アイル
　1943〜2001　㊄ノルウェー　詩人, 歌手　本名＝ヴァルケアパー, ニルス・アスラク〈Valkeapää, Nils-Aslak〉
Aimar, Pablo　アイマール, パブロ
　1979〜　㊄アルゼンチン　サッカー選手　本名＝アイマール, パブロ・セサル〈Aimar, Pablo César〉
Aimard, Pierre-Laurent　エマール, ピエール・ロラン
　1957〜　㊄フランス　ピアニスト　㊔エマール, ピエール・ローラン／エマール, ピエールロラン
Aimée, Anouk　エーメ, アヌーク
　1932〜　女優　本名＝Sorya, Françoise
Aimée, Louis Hervé　エメ, ルイ・エルベ
　㊄モーリシャス　地方自治・離島相
Aimo, Tony　アイモ, トニー
　㊄パプアニューギニア　矯正相
Aina, Ola　アイナ, オラ
　㊄イングランド　サッカー選手
Ainge, Danny　エインジ, ダニー
　㊄アメリカ　ボストン・セルティックスGM
Aini, Martin　アイニ, マルティン
　㊄パプアニューギニア　国防相
Ainina, Hindou Mint　アイニーナ, ヒンドゥ・ミント
　㊄モーリタニア　文化・伝統産業相
Ainlay, Chuck　エインレイ, チャック
　サラウンド・プロデューサー　グラミー賞 最優秀サラウンド・サウンド・アルバム（2005年（第48回））ほか
Ainsberg, Arthur　アインスバーグ, アーサー
　㊟「ミラクル」日経メディカル開発, 日経BPマーケティング（発売）　2013
Ainscow, Mel　エインスコウ, メル
　㊟「インクルージョンの指increaseingly」筑波大学心身障害学系　2005
Ainslie, Ben　エインズリー, ベン
　1977〜　㊄イギリス　セーリング選手　㊔エインズリー
Ainslie, George　エインズリー, ジョージ
　1944〜　㊟「誘惑される意志」NTT出版　2006
Ainsworth, Sophie　エインズワース, ソフィー
　㊄イギリス　セーリング選手
Aira, César　アイラ, セサル
　1949〜　㊄アルゼンチン　作家
Aires Pereira, Antonio Juracy　アイレス・ペレイラ, アントニオ・ジュラシー
　㊄ブラジル　元・在ベレン日本国総領事館現地職員
Airey, David　エイリー, デイビッド
　1979〜　㊟「ロゴをデザインするということ。成功と失敗から伝える、君へのアドバイス」ビー・エヌ・エヌ新社　2016
Airth, Rennie　エアース, レニー

　1935〜　㊟「闇に濁る淵から」講談社　2007
ai-Sabhan, Thamer bin Ali　サブハン, サメル・ビン・アリ
　㊄サウジアラビア　国務相（湾岸諸国担当）
Aisbett, Bev　エイズベット, ベヴ
　㊟「パニック障害とうまくつきあうルール」大和書房　2013
Aisha, Mohammed Mussa　アイシャ・モハメド・ムサ
　㊄エチオピア　建設相
Aissa, Mohamed　アイサ, モハメド
　㊄アルジェリア　宗教相
al-Aissa, Shawqi　アイサ, シャウキ
　㊄パレスチナ　農相兼社会問題相兼政治犯担当相
Aissah, Irene Ashira　エッサー, イレーヌ・アシラ
　㊄トーゴ　社会問題・女性問題相
Aïssata, Amadou　アイサタ, アマドゥ
　㊄ニジェール　公務・行政改革相
Aïssel, Selim　エセル, セリム
　㊟「グルジェフ・ワークの実際」コスモス・ライブラリー, 星雲社（発売）　2008
Aitbayev, Tashtemir　アイトバエフ, タシテミル
　㊄キルギス　内相
Aitchison, Jean　エイチソン, J.
　1938〜　㊟「心のなかの言葉」培風館　2010
Aitikeyeva, Toktobubu　アイチケエワ, トクトブブ
　㊄キルギス　副首相
Aitimova, Byrganym　アイチモワ, ブイルガニム
　㊄カザフスタン　教育・科学相
Aitken, J.T.　エイトケン, J.T.
　1913〜　㊟「医学とキリスト教の連携」すぐ書房　2002
Aitken, Kenneth　エイケン, ケン
　㊟「自閉症の子どもたち」ミネルヴァ書房　2005
Aitmatov, Askar　アイトマトフ, アスカル
　㊄キルギス　外相
Aitmatov, Chingiz Torekulovich　アイトマートフ, チンギス
　1928〜2008　㊄キルギス　作家, 外交官　駐EU大使　㊔アイトマトフ, チンギズ／アイトマトフ, チンギス
Aitor Bunuel　アイトール・ブニュエル
　㊄スペイン　サッカー選手
Aitor Cantalapiedra　アイトール・カンタラピエドラ
　㊄スペイン　サッカー選手
Aitzhanova, Zhanar　アイトジャノワ, ジャナル
　㊄カザフスタン　経済統合相
Aivaliotis, Dimitri　アイヴァリオティス, ディミトリー
　㊟「マスタリングNginx」オライリー・ジャパン, オーム社（発売）　2013
Aivazian, Artur　アイワジアン, アルツール
　㊄ウクライナ　射撃選手　㊔アイワジアン
Aixinjueluo, Xian-qi　アイシンジュエルオ・シェンチー
　1918〜2014　㊄中国　中国清朝の粛親王善耆の末娘　愛心日本語学校校長, 満学研究会会長　中国名＝金黙玉, 満州名＝愛新覚羅顕琦
Aiyar, Mani Shankar　アイヤル, マニ・シャンカル
　㊄インド　農村自治相兼北東地域開発相
Aizawa, Hatsuro　アイザワ, ハツロウ
　㊄アメリカ　元・北カリフォルニア日本商工会議所理事, 元・サンフランシスコ・アジア美術館理事
Aizpili, Paul　アイズピリ, ポール
　1919〜2016　㊄フランス　画家
A.J.　エイジェイ
　1978〜　㊄アメリカ　歌手　別称＝マクリーン, A.J.〈McLean, A.J.〉
Aja, David　アジャ, デイビッド
　1977〜　㊟「ホークアイ：リオ・ブラボー」小学館集英社プロダクション　2016
Ajada, Humayuna　アザド, フマユン
　1947〜　㊟「花の香りで眠れない」日本点字図書館（製作）　2004
Ajagba, Efe　アジャグバ, エフィ
　㊄ナイジェリア　ボクシング選手
al-Ajam, Qasim Ahmad　アジャム, カシム・アハマド
　㊄イエメン　国務相
Ajami, Fouad　アジャミー, フォアド
　㊟「アメリカはなぜイラク攻撃をそんなに急ぐのか？」朝日新聞社　2002
Ajani, Jaffer A.　アジャニー, J.A.
　㊟「消化器癌」シュプリンガー・ジャパン　2007
Ajarmah, Nofan　アジャルメ, ノウファン
　㊄ヨルダン　首相府担当相
Ajawin, Lam Akhol　アジャウィン, ラム・アホル

[国]スーダン　運輸相
Ajayi, Jay　エイジェイ, ジェイ
[国]アメリカ　アメフト選手
Ajdini, Milaim　アジニ, ミライム
[国]マケドニア　運輸通信相
Ajeti, Arlind　アイエティ, アルリンド
[国]アルバニア　サッカー選手
Ajhar, Brian　アジャール, ブライアン
1957～　[著]「ギグラーがやってきた！」 偕成社　2002
Ajidarma, Seno Gumira　アジダルマ, セノ・グミラ
1958～　[著]「セノ・グミラ・アジダルマ短篇集」 めこん　2014
***al*-Ajili, Abd Diab**　アジリ, アブドディアブ
[国]イラク　高等教育相
Ajinca, Alexis　アジャンサ, アレクシー
[国]フランス　バスケットボール選手
Ajodhia, Jules Rattankoemar　アヨジャ, シュール・ラタンコマール
[国]スリナム　副大統領　[異]アジョジャ, シュール・ラタンコマール
***al*-Ajrami, Ashraf**　アジュラミ, アシュラフ
[国]パレスチナ　政治犯担当相
Ajumogobia, Henry Odein　アジュモゴビア, ヘンリー・オデイン
[国]ナイジェリア　外相
Ajvaz, Michal　アイヴァス, ミハル
1949～　[国]チェコ　作家, 詩人, 哲学者
Ajvide Lindqvist, John　アイヴィデ・リンドクヴィスト, ヨン
1968～　[著]「Morse」 早川書房　2009
Akaahizi, Daniel　アカアイジ, ダニエル
[国]コートジボワール　環境・水資源・森林相
Akadiri, Saliou　アカディリ, サリウ
[国]ベナン　外務・アフリカ統合・フランス語圏・在外ベナン人相
Akaga Mba, Christophe　アカガムバ, クリストフ
[国]ガボン　鉱山・産業・観光相
Akamatsu, Nelo　アカマツ, ネロ
[国]日本　プリ・アルス・エレクトロニカ デジタル・ミュージック&サウンド・アート（2015年）　"Chijikinkutsu"　漢字名＝赤松音呂
Akanji, Manuel　アカンジ, マヌエル
[国]スイス　サッカー選手
Akaranga, Moses　アカランガ, モーゼス
[国]ケニア　国務相（公務員担当）
Akasaki, Isamu　アカサキ, イサム
[国]日本　ノーベル賞 物理学賞（2014年）　漢字名＝赤崎勇
Akass, Kim　アカス, キム
[著]「セックス・アンド・ザ・シティのキュートな欲望」 朝日出版社　2004
Akayev, Askar Akayevich　アカエフ, アスカル
1944～　[国]キルギス　政治家, 量子物理学者　モスクワ大学教授　キルギス大統領　[異]アカーエフ / アカエフ, アスカル・A.
Akbar, Mohammad　アクバル, モハマド
[国]アフガニスタン　難民相
Akbar, Rosy　アクバル, ロージー
[国]フィジー　保健・医療サービス相　[異]アクバル, ローシー
Akbarova, Farida　アクバロワ, ファリダ
[国]ウズベキスタン　副首相
Akbat, Ahmed　アクバト, アハメド
[国]イエメン　法相
Akcakaya, H.R.　アクチャカヤ, H.レシット
[著]「コンピュータで学ぶ応用個体群生態学」 文一総合出版　2002
Akdağ, Recep　アクダー, レジェップ
[国]トルコ　保健相　[異]アクダー, レジェプ
Akdoğan, Yalçin　アクドアン, ヤルチュン
[国]トルコ　副首相
Ake, Nathan　アケ, ネイサン
[国]オランダ　サッカー選手
Aké, Natondé　アケ, ナトンデ
[国]ベナン　公共事業・運輸相
Akech-okullo, Betty Grace　アケチ－オクロ, ベティ・グレース
[国]ウガンダ　駐日特命全権大使
Aked, Susan　エークド, スーザン
[著]「愛欲」 北宋社　2001
Ake N'gbo, Gilbert Marie　アケンボ・ジルベール・マリー
[国]コートジボワール　首相兼計画開発相
Akerlind, Christopher　エイカーリンド, クリストファー
トニー賞 ミュージカル 照明デザイン賞（2005年（第59回））"The Light in the Piazza"
Akerlof, George Arthur　アカロフ, ジョージ・アーサー
1940～　[国]アメリカ　経済学者　カリフォルニア大学バークレー校名誉教授　[専]情報の経済学
Akerlund, Jonas　アカーランド, ジョナス
監督　グラミー賞 最優秀長編ビデオ作品（2013年（第56回））ほか
Akerman, Chantal　アケルマン, シャンタル
1950～2015　[国]ベルギー　映画監督　本名＝Akerman, Chantal Anne　[異]アッカーマン, シャンタル
Akeroyd, Simon　アケロイド, サイモン
[著]「ボタニカルイラストで見る野菜の歴史百科」 原書房　2015
Akers, Kevin　エイカーズ, ケヴィン
[著]「1960's可愛いギフト包装紙」 グラフィック社　2009
Akers, William M.　エイカーズ, ウィリアム・M.
1956～　[著]「映画脚本100のダメ出し」 フィルムアート社　2010
Akerson, Alan　エイカーソン, アラン
1945～　[著]「リーダーシップ・コミュニケーション」 ダイヤモンド社　2005
Akesson, Elizabeth J.　アケソン, エリザベス・J.
[著]「ビジュアルテキスト脳神経」 医学書院　2004
Aketxe, Ager　アケチェ, アヘル
[国]スペイン　サッカー選手
Akgul, Taha　アクギュル, タハ
[国]トルコ　レスリング選手
Akhadova, Svitlana　アハドワ, スビトラナ
[国]ウクライナ　カヌー選手
Akhalaia, Bachana　アハラヤ, バチャナ
[国]ジョージア　国防相
***al*-Akhali, Ra'afat**　アクハリ, ラファト
[国]イエメン　青年・スポーツ相
Akhannouch, Aziz　アハヌッシュ, アジズ
[国]モロッコ　農業・水産相　[異]アフヌッシュ, アジズ
Akhatova, Albina　アハトワ
[国]ロシア　バイアスロン選手
Akhchichine, Ahmed　アシシンヌ, アハメド
[国]モロッコ　国民教育・高等教育・職員訓練・科学研究相
Akhlaghi, Habibollah　アフラギ, ハビボラ
[国]イラン　レスリング選手
Akhmadaliev, Murodjon　アフマダリエフ, ムロジョン
[国]ウズベキスタン　ボクシング選手
Akhmadov, Alamkhon　アフマドフ, アラムホン
[国]タジキスタン　保健相
Akhmadov, Musa　アフマードフ, ムサー
1956～　[著]「チェチェン民族学序説」 高文研　2009
Akhmadulina, Bella　アフマドゥーリナ, ベラ
1937～2010　[国]ロシア　詩人　本名＝アフマドゥーリナ, イザベラ・アハートヴナ〈Akhmadulina, Isabella Akhatovna〉　[異]アフマトゥーリナ, ベラ / アフマドゥーリナ, ベッラ / アフマドゥリナ
Akhmedbaev, Adkham　アフメドバエ, アドハム
[国]ウズベキスタン　内相　[異]アフメドバエフ, アドハム
Akhmedov, Ali　アフメドフ, アリ
[国]アゼルバイジャン　副首相
Akhmedov, Bakhodir　アフメドフ, バホディル
[国]ウズベキスタン　文化・スポーツ相代行
Akhmedov, Bakhtiyar　アフメドフ
[国]ロシア　レスリング選手
Akhmedov, Kasimali　アフメドフ, カシマリ
[国]ウズベキスタン　非常事態相
Akhmedov, Nadir A.　アフメドフ, ナジル・A.
[国]アゼルバイジャン　通信相
Akhmetov, Danial　アフメトフ, ダニアル
[国]カザフスタン　国防相　[異]アフメトフ, ダニヤル
Akhmetov, Serik　アフメトフ, セリク
[国]カザフスタン　首相
Akhmetov, Ulan　アフメトフ, ウラン
[国]キルギス　法相
Akhond, Abdol Razaq　アコンド, アブドル・ラザク
[国]アフガニスタン　内相
Akhond, Mohammad Hasan　アコンド, モハマド・ハサン
[国]アフガニスタン　副議長
Akhond, Obaidollah　アコンド, オバイドラ
[国]アフガニスタン　国防相
Akhoundi, Abbas　アホウンディ, アッバス
[国]イラン　都市開発・道路交通相
Akhtar, Ayad　アクター, アヤド

A

(国)アメリカ　ピュリッツアー賞 文学・音楽 戯曲 (2013年) "Disgraced"
Akhtar, Miriam　アクタル, ミリアム
(著)「うつを克服するためのポジティブサイコロジー練習帳」 創元社　2015
Akhund, Mohammad Isa　アクンド, モハマド・イサ
(国)アフガニスタン　鉱工業相
el-**Akhzouri, Boubakeru**　アフズーリ, ブバケル
(国)チュニジア　宗教相
Akiba　アキバ
(著)「Bluetooth Low Energyをはじめよう」 オライリー・ジャパン, オーム社 (発売)　2015
Akiga, Steven　アキガ, スティーブン
(国)ナイジェリア　スポーツ・社会開発相
Akilov, Akil　アキロフ, アキル
(国)タジキスタン　首相
Akimov, Boris B.　アキモフ, ボリス・B.
(国)ロシア　ボリショイ劇場バレエ・マイスター, 国立モスクワデザイン技術大学教授, 元・ボリショイ劇場バレエ団芸術監督
Akin, Fatih　アキン, ファティ
1973～　(国)ドイツ　映画監督, 脚本家　(異)エイキン, ファティ
Akin, Sylvia Seymour　エイキン, シルヴィア・シーモア
(著)「ポール・オースターが朗読するナショナル・ストーリー・プロジェクト」 アルク　2006
Akindes Adekpedjou, Sylvain　アキンデス・アデクペジュ, シルバン
(国)ベナン　国家機構・在外国民担当相　(異)アキンデス・アデペジュ, シルバン
Akinfeev, Igor　アキンフェエフ, イゴール
(国)ロシア　サッカー選手
Akita, George　アキタ, ジョージ
1926～　(著)「「日本の朝鮮統治」を検証する」 草思社　2013
Akiyama, Bruce　アキヤマ, ブルース
(著)「アニメおさるのジョージ シャッターチャンスだ！」 金の星社　2014
Akkad, Moustapha　アッカド, ムスタファ
1930～2005　(国)シリア　映画監督
Akkaev, Khadzhimurat　アカエフ
(国)ロシア　重量挙げ選手
al-**Akkas, Abdulmohsin bin Abdulaziz**　アッカス, アブドルモフシン・ビン・アブドルアジズ
(国)サウジアラビア　社会問題相
Akkelidou, Costandia　アケリドウ, コスタンディア
(国)キプロス　保健相
Akmammedov, Myratgeldi　アクマメドフ, ムイラトゲルディ
(国)トルクメニスタン　副首相　(異)アクマメドフ, ムラトゲルドイ
Akmammedov, Seyitmammet　アクマンメドフ, セイイトマンメト
(国)トルクメニスタン　労働・社会保障相
Akmataliyev, Temirbek　アクマタリエフ, テミルベク
(国)キルギス　環境・非常事態相
Akmyradov, Makhtumkuli　アクムイラドフ, マフトゥムクリ
(国)トルクメニスタン　環境相　(異)アクムラドフ, マグティムグリ
Aknazarova, Roza　アクナザロワ, ローザ
(国)キルギス　労働・社会保障相
Akobi, Ahmed　アコビ, アメド
(国)ベナン　公共事業・運輸相
Akofodji, Grégoire　アコフォジ, グレゴワール
(国)ベナン　法務・人権相　(異)アコフォジ, グレゴワ
Akoitai, Sam　アコイタイ, サム
(国)パプアニューギニア　鉱業相
Akol, Jacob J.　アコル, ジェイコブ・J.
(著)「ライオンの咆哮のとどろく夜の炉辺で」 青娥書房　2010
Akolo, Lisiate Aloveita　アコロ, リシアテ・アロベイタ
(国)トンガ　財務計画相
Akotey, Mohamed　アコテ, モハメド
(国)ニジェール　環境・砂漠化対策相
Akouala Atipault, Alain　アクアラアティポー, アラン
(国)コンゴ共和国　経済特区相　(異)アクアラアティポール, アラン
Akour, Abdul Rahim　アクル, アブドル・ラヒム
(国)ヨルダン　自治・環境相
Aközer, Emel　アクオゼル, エメル
(著)「Anytime」 NTT出版　2001
Akpan, Rita　アクパン, リタ
(国)ナイジェリア　女性問題相
Akplogan, Fatiou　アクプロガン, ファティウ
(国)ベナン　産業・貿易・雇用促進相
Akpom, Chuba　アクポム, チュバ
(国)イングランド　サッカー選手
Akram, Omar　アクラム, オマー
グラミー賞 最優秀ニュー・エイジ・アルバム (2012年 (第55回)) "Echoes Of Love"
Akram, Sheikh Waqas　アクラム, シェイク・ワカス
(国)パキスタン　教育・訓練相
Akram Afif　アクラム・アフィフ
(国)カタール　サッカー選手
Akselsen, Olav　アクセルセン, オラフ
(国)ノルウェー　石油・エネルギー相
Aksenenko, Nikolai Yemelyanovich　アクショネンコ, ニコライ
1949～2005　(国)ロシア　政治家　ロシア鉄道相, ロシア第1副首相　(異)アクショーネンコ / アクショネンコ, ニコライ・Y.
Aksenoff, E.　アクショーノフ, エフゲニー
1924～2014　医師　インターナショナル・クリニック院長　(異)アクショノフ, ユージン / アクセノフ, ユージン / アクショーノフ, エブゲーニー
Aksenoks, Aivars　アクセノクス, アイバルス
(国)ラトビア　法相
Aksenov, Vasilii Pavlovich　アクショーノフ, ワシリー
1932～2009　(国)ロシア　作家　ジョージ・メーソン大学名誉教授
Aksit, Güldal　アクシット, ギュルダル
(国)トルコ　国務相　(異)アクシト, ギュルダル
Akst, Daniel　アクスト, ダニエル
(著)「なぜ意志の力はあてにならないのか」 NTT出版　2011
Aksu, Abdulkadir　アクス, アブドルカディル
(国)トルコ　内相
Aksu, Sezen　アクス, セゼン
(国)トルコ　歌手
Aksyonov, Sergei Valeryevich　アクショーノフ, セルゲイ
1972～　(国)ロシア　政治家　クリミア自治共和国首相　(異)アクショノフ, セルゲイ
Akua, Riddell　アクア, リデル
(国)ナウル　運輸・通信相兼ナウル公共事業公社相兼ナウル航空公社相
Akufo-addo, Nana Addo Dankwa　アクフォアド, ナナ・アド・ダンクワ
(国)ガーナ　大統領　(異)アクフォアド, ナナ
Akuku, Ancentus　アクク, アセントゥス
?～2010　(国)ケニア　100人以上と結婚したケニア人男性
Akumfi, Christopher Ameyaw　アクムフィ, クリストファー・アメヤウ
(国)ガーナ　港湾・鉄道相　(異)エクムフィ, アメヤウ
Akunin, Boris　アクーニン, ボリス
1956～　(国)ロシア　推理作家, 日本文学研究家, 翻訳家, 文芸批評家　(専)日本文学　本名＝チハルチシヴィリ, グリゴリー〈Chkhartishvili, Grigorii Shalvovich〉, 別名＝Borisova, Anna
Akunis, Ofir　アクニス, オフィル
(国)イスラエル　科学技術宇宙相
Akunler, Nazan　アキュンレル, ナーザン
(国)トルコ　元・トルコ航空客室乗務員
Akunne, Derek　アカン, デレック
(国)アメリカ　アメフト選手
Akunyili, Dora　アクニイリ, ドラ
(国)ナイジェリア　情報通信相　(異)アクニリ, ドラ
al-**Akwa, Abd al-Rahman**　アル・アクワ, アブドルラーマン
(国)イエメン　情報相
al-**Akwa'a, Abdullah**　アクワア, アブドラ
(国)イエメン　電力相
al-**Akwa'a, Abdulrahman**　アクワ, アブドルラハマン
(国)イエメン　青年・スポーツ相　(異)アル・アクワ, アブドルラハマン
Ala, Efkan　アラ, エフカン
(国)トルコ　内相
Alaba, David　アラバ, ダヴィド
(国)オーストリア　サッカー選手
Alabastro, Estrella　アラバストロ, エストレリヤ
(国)フィリピン　科学技術相
Alabau, Marina　アラバウ, マリナ
1985～　(国)スペイン　セーリング選手　本名＝Alabau Neira, Marina　(異)アラバウ
Alabi, Solomon　アラビ, ソロモン
(国)ナイジェリア　バスケットボール選手
Aladjidi, Virginie　アラジディ, ヴィルジニー

1971〜 [著]「おやすみなさい」 アノニマ・スタジオ, KTC中央出版(発売) 2014
Alafouzos, Aristides アラフーゾス, アリスティディス
[国]ギリシャ キクラデス・マリタイム社最高責任者, 株式会社カシメリニ会長
Alagiri, M.K. アラギリ, M.K.
[国]インド 化学・肥料相
Alagna, Roberto アラーニャ, ロベルト
1963〜 [国]フランス テノール歌手
Alahapperuma, Dullas アラハペルマ, ダラス
[国]スリランカ 青年問題・技能開発相
Alahassa, Damien アラアッサ, ダミアン
[国]ベナン 教育・科学研究相
Alain, Marie-Claire アラン, マリー・クレール
1926〜2013 [国]フランス オルガン奏者
Alain, Patrick アレイン, パトリック
1981〜 [著]「リーダーとして話すための英語パワーフレーズ3000」 すばる舎 2014
Alak, Julio アラク, フリオ
[国]アルゼンチン 法務・人権相
Alakbarov, Vugar アラクバロフ
[国]アゼルバイジャン ボクシング選手
Alakija, Folorunsho アラキージャ, フォロルンチョ
[国]ナイジェリア フェムファ・オイル副会長 [異]アラキジャ, フォロルンショ
Alakija, Polly アラキジャ, ポリー
1966〜 [著]「トビのめんどり」 さ・え・ら書房 2014
Alamelu, K. アラメル, K.
[著]「インドの算数」 創美社, 集英社(発売) 2007
Alameri, Khaled Omran Sqait Sarhan アルアメリ, カリド・オムラン・スカイット・サルハン
[国]アラブ首長国連邦 駐日特命全権大使
Alamgir, Mohiuddin Khan アラムギル, モヒウッディン・カーン
[国]バングラデシュ 内相 [異]アラムギール, モヒウッディン・カーン
al-**Alami, Lamis** アラミ, ラミス
[国]パレスチナ 教育相
Alami, Mohamed Saad アラミ, モハメド・サアド
[国]モロッコ 公共部門近代化担当相
Alami, Mohammed アラミ, モハメド
[国]モロッコ 国会担当相
Alami, Rachid Talbi アラミ, ラシド・タルビ
[国]モロッコ 産業・通商・通信相
Alamichel, Dominique アラミシェル, ドミニク
1960〜 [著]「フランスの公共図書館60のアニマシオン」 教育史料出版会 2010
Alamilla, Lisel アラミラ, リセレ
[国]ベリーズ 森林・漁業・持続的成長相
Alamine Ousmane Mey アラミヌ・ウスマヌ・メイ
[国]カメルーン 財務相 [異]アラミンウスマンメイ
Alamiyan, Noshad アラミヤン, ノシャド
[国]イラン 卓球選手
Alamy, Hafid アラミ, ハフィド
[国]モロッコ 商工業・投資・デジタル経済相
Alan アラン
1987〜 [国]中国 歌手 本名=阿蘭達瓦卓瑪(アラン・ダワジュオマ)
Alan, Marjarie アラン, マージャリー
[著]「謎のギャラリー」 新潮社 2002
Alan, Steven アラン, スティーブン
1966〜 [国]アメリカ ファッションデザイナー スティーブン・アラン・デザイナー
Alango, Mildred アランゴ
[国]ケニア テコンドー選手
Alaniz, Adam アラニッツ, アダム
[著]「ミクロの世界の仲間たち」 羊土社 2008
Alaoui, Abderkebir M'daghri アラウイ, アブデルケビル・ムダグリ
[国]モロッコ 宗教財産・イスラム問題相
Alaoui, Ismail アラウイ, イスマイル
[国]モロッコ 農業・農村開発・水産・森林相
Alaphilippe, Julian アラフィリップ, ジュリアン
[国]フランス 自転車選手
Alarcón, Daniel アラルコン, ダニエル
1977〜 [国]アメリカ 作家 [専]文学, フィクション
Alarcón, Ricardo アラルコン, リカルド
1937〜 [国]キューバ 政治家, 外交官 キューバ人民権力全国会議(国会)議長, キューバ外相 本名=アラルコン・デ・ケサダ, リカルド〈Alarcón de Quesada, Ricardo〉
Alarcón Ortiz, Rodolfo アラルコン・オルティス, ロドルフォ
[国]キューバ 高等教育相
Alarza, Fernando アラルサ, フェルナンド
[国]スペイン トライアスロン選手
Alasania, Irakli アラサニア, イラクリー
[国]ジョージア 国防相
Alasko, Carl アラスコ, カール
[著]「人間関係を破壊するイライラ伝染病」 すばる舎 2013
Alaszewski, Andy アラシェフスカ, アンディ
1949〜 [著]「日記とはなにか」 誠信書房 2011
Alatas, Ali アラタス, アリ
1932〜2008 [国]インドネシア 外交官 インドネシア外相
Alaux, François アロー, フランソワ
[国]フランス ザグレブ国際アニメーション映画祭 グランド・コンペティション 審査員特別賞(2010年) "Logorama"
Álava, Alexandra アラバ, アレクサンドラ
[国]エクアドル 通信・情報社会相
Alavi, Mahmoud アラビ, マハムード
[国]イラン 情報相
Alavi, Muhammad Rais アルヴィー, ムハンマド・ライース
1946〜 [著]「ガザルへの誘い」 ウルドゥー文学会 2005
Alavidze, Zurab アラビゼ, ズラブ
[国]ジョージア 地域発展・社会基盤相
Alaw, Sufiyan アラウ, スフィヤン
[国]シリア 石油鉱物資源相
Alawad, Sumaieh アルアワド, スメイヤ
[国]シリア 元・在シリア日本国大使館現地職員
al-**Alawi, Khamis bin Mubarak bin Isa** アル・アラウィ, ハミース・ビン・ムバラク・ビン・イサ
[国]オマーン 環境・地域自治相
al-**Alawi, Majid bin Muhsen** アル・アラウィ, マジド・ビン・ムハセン
[国]バーレーン 労働社会問題相
al-**Alawi, Muhammad bin Ali bin Nasir** アル・アラウィ, ムハマド・ビン・アリ・ビン・ナシル
[国]オマーン 法務担当国務相
Alawi bin Abdullah, Yousuf bin アラウィ・ビン・アブドラ, ユースフ・ビン
[国]オマーン 外務担当相
Alba, Elisabeth アルバ, エリザベス
[著]「ジョージ・ルーカス」 講談社 2016
Alba, Jessica アルバ, ジェシカ
1981〜 [国]アメリカ 女優
Albala, Ken アルバーラ, ケン
1964〜 [著]「ナッツの歴史」 原書房 2016
Albán, Ana アルバン, アナ
[国]エクアドル 環境相
Albanel, Christine アルバネル, クリスティーヌ
[国]フランス 文化・通信相
Albanese, Andrew アルバネーゼ, アンドリュー
[著]「グラデュエーションデイ」 オデッセイコミュニケーションズ, 英治出版(発売) 2007
Albanese, Anthony アルバニーズ, アンソニー
[国]オーストラリア インフラ・運輸相
Albanese, Licia アルバネーゼ, リチア
1909〜2014 [国]アメリカ ソプラノ歌手
Albanese, Mark J. アルバニーズ, マーク・J.
1961〜 [著]「人はなぜ依存症になるのか」 星和書店 2013
Albano, Anne Marie アルバーノ, アン=マリー
[著]「不登校の認知行動療法セラピストマニュアル」 岩崎学術出版社 2014
Albarn, Damon アルバーン, デーモン
1968〜 [国]イギリス ロック歌手
Albarracin, Matias アルバラシン
[国]アルゼンチン 馬術選手
Albasini, Michael アルバジーニ, ミヒャエル
[国]スイス 自転車選手
Albayrak, Berat アルバイラク, ベラト
[国]トルコ エネルギー天然資源相
Albee, Edward オールビー, エドワード
1928〜2016 [国]アメリカ 劇作家 本名=オールビー, エドワード・フランクリン〈Albee, Edward Franklin (III)〉
Albegov, Ruslan アルベゴフ
[国]ロシア 重量挙げ選手

Albentosa, Raul アルベントサ, ラウール
　㊨スペイン　サッカー選手

Alberigo, Giuseppe アルベリーゴ, G.
　㊥「第二ヴァティカン公会議」教文館　2007

Alberola, Jean-Michael アルベローラ, ジャン・ミッシェル
　1953～　㊨フランス　現代美術家, 画家, 映画監督　㊥アルベローラ, ジャン・ミッシェル／アルベロラ, ジャン・ミッシェル

Alberoni, Francesco アルベローニ, フランチェスコ
　1929～　㊨イタリア　社会学者, 作家　イタリア国立映画実験センター代表

Albers, Brian アルバース, ブライアン
　㊥「プログラミングHTML5」アスキー・メディアワークス, 角川グループパブリッシング (発売)　2011

Albers, Susan アルバース, スーザン
　㊥「お腹がすいていなくてもつい食べてしまうあなたへ」サンマーク出版　2015

Albert, Alexa アルバート, アレクサ
　㊥「公認売春宿」講談社　2002

Albert, Branden アルバート, ブランデン
　㊨アメリカ　アメフト選手

Albert, Eddie アルバート, エディ
　1906～2005　㊨アメリカ　俳優　本名＝Heimberger, Edward Albert

Albert, Edward アルバート, エドワード
　1951～2006　㊨アメリカ　俳優

Albert, Jim アルバート, J.
　1953～　㊥「Rで学ぶベイズ統計学入門」シュプリンガー・ジャパン　2010

Albert, Jimmy アルベール, ジミー
　㊨ハイチ共和国　スポーツ・市民活動相

Albert, Karsten アルバート
　㊨ドイツ　リュージュ選手

Albert, Michael H. アルバート, M.
　㊥「組合せゲーム理論入門」共立出版　2011

Albert, Michel アルベール, ミシェル
　1930～　㊨フランス　EU委員会経済構造・開発名誉局長　㊥アルベール, ミシェル

Albert, Roy E. アルバート, ロイ・E.
　㊥「室内空気質のリスク評価」アイ・ケイコーポレーション　2004

Albert, Stuart アルバート, スチュアート
　1941～　㊥「パーフェクト・タイミング」河出書房新社　2014

Albert, Tim アルバート
　㊥「速習！ 医療系のための英語論文作成術」東京図書　2010

Albert Ⅱ アルベール2世
　1934～　㊨ベルギー　ベルギー国王(第6代)　本名＝Albert Félix Humbert Théodore Christian Eugén Marie　㊥アルベール

Albert Ⅱ アルベール2世
　1958～　㊨モナコ　ボブスレー選手　モナコ公国大公(元首)　本名＝Albert Alexandre Louis Pierre Grimaldi　㊥アルベール

Albertazzi, Giorgio アルベルタッツィ, ジョルジョ
　1923～2016　㊨イタリア　俳優, 演出家

Alberti, Mario アルベルティ, マリオ
　1965～　㊥「X-MEN／スパイダーマン」小学館集英社プロダクション　2014

Alberti, Rafael アルベルティ, ラファエル
　㊥「ロルカと二七年世代の詩人たち」土曜美術社出版販売　2007

Alberti, Robert E. アルベルティ, ロバート・E.
　㊥アルベルティ, ロバート　㊥「自己主張トレーニング」東京図書　2009

Alberti, Trude アルベルチ, トルード
　㊥「みんなのこもりうた」福音館書店　2007

Albertine アルバータイン
　㊥「マルタときゅう」トランスワールドジャパン　2006

Alberto, Hanser アルベルト, ハンサー
　㊨ドミニカ共和国　野球選手

Alberto, Paul アルバート, ポール・A.
　㊥「はじめての応用行動分析」二瓶社　2004

Alberto Martin アルベルト・マルティン
　㊨スペイン　サッカー選手

Alberto Moreno アルベルト・モレノ
　㊨スペイン　サッカー選手

Alberto Pires Gomes, Carlos アルベルト・ピレス・ゴメス, カルロス
　㊨サントメ・プリンシペ　雇用・社会事業相

Alberts, Bruce アルバーツ, ブルース
　㊥「細胞の分子生物学」ニュートンプレス　2010

Alberts, David Stephen アルバーツ, デヴィッド・S.
　1942～　㊥「パワートゥザエッジ」東京電機大学出版局　2009

Alberts, Willem アルバーツ, ウィレム
　㊨南アフリカ　ラグビー選手

Albertson, Joshua アルバートソン, J.
　1974～　㊥「40代なんて怖くない！」晶文社　2005

Albertz, Rainer アルベルツ, R.
　1943～　㊥「ヨシヤの改革」教文館　2010

Albies, Ozzie アルビーズ, オジー
　㊨キュラソー　野球選手

Albiev, Islam アルビエフ, イスラム
　1988～　㊨ロシア　レスリング選手　本名＝Albiev, Islam-Beka

Albin, Cecilia アルビン, セシリア
　㊥「地球公共財の政治経済学」国際書院　2005

Albin, Christian アルビン, クリスチャン
　？～2009　料理人　フォーシーズンズ料理長

Albin, Gennifer アルビン, ジェニファー
　㊨アメリカ　作家　㊥ヤングアダルト

Albin, Peter S. アルビン, P.S.
　㊥「金融不安定性と景気循環」日本経済評論社　2007

Albin, Richard アルビン, リチャード・W.
　㊥「子どもの視点で考える問題行動解決支援ハンドブック」学苑社　2003

Albiol, Raul アルビオル, ラウール
　㊨スペイン　サッカー選手

Albion, Mark S. アルビオン, マーク
　1951～　㊥「社会起業家の条件」日経BP社, 日経BP出版センター(発売)　2009

Albion, Peter R. アルビオン, ピーター
　㊥「インストラクショナルデザインとテクノロジ」北大路書房　2013

Albisson, Amandine アルビッソン, アマンディーヌ
　㊨フランス　バレリーナ　パリ・オペラ座バレエ団エトワール

Albiston, Mark アルビストン, マーク
　カンヌ国際映画祭 審査員特別賞(短編映画)(第62回(2009年))ほか

Albom, Mitch アルボム, ミッチ
　1958～　㊨アメリカ　作家, 劇作家, 脚本家　㊥伝記, 文学, フィクションほか

Albone, Eric アルボーン, エリック
　㊨イギリス　クリフトン科学トラスト創設者兼代表, 英国科学協会名誉フェロー, 元・科学教員

Alborch, Bataller Carmen アルボルク, カルメン
　1947～　㊥「シングルという生き方」水声社　2001

Alboreto, Michele アルボレート, ミケーレ
　1956～2001　㊨イタリア　F1ドライバー

Albornoz, Esteban アルボルノス, エステバン
　㊨エクアドル　電力・再生可能エネルギー相

Albornoz, Laura アルボルノス, ラウラ
　㊨チリ　女性問題担当相

Alborough, Jez オールバラ, ジェズ
　1959～　㊥「たかいたかい」徳間書店　2012

Alborta, Freddy アルボルタ, フレディ
　？～2005　㊨ボリビア　報道写真家

Albrecht, Daniel アルブレヒト
　㊨スイス　アルペンスキー選手

Albrecht, Donald アルブレヒト, D.
　㊥「映画に見る近代建築」鹿島出版会　2008

Albrecht, Gerd アルブレヒト, ゲルト
　1935～2014　㊨ドイツ　指揮者　チェコ・フィルハーモニー管弦楽団首席指揮者・音楽監督, 読売日本交響楽団桂冠指揮者

Albrecht, Karin アルブレヒト, カーリン
　㊥「ノルディックウォーキング ウォーキングとストレッチ」ナップ　2007

Albrecht, Karl, Jr. アルブレヒト, カール, Jr.
　㊨ドイツ　ALDI創業者

Albrecht, Karl Hans アルブレヒト, カール
　1920～2014　㊨ドイツ　実業家　アルディ(ALDI)共同創業者

Albrecht, Kilian アルブレヒト
　㊨オーストリア　アルペンスキー選手

Albrecht, Marc アルブレヒト, マルク
　1964～　㊨ドイツ　指揮者　ネーデルランド・オペラ首席指揮者, ネーデルランド・フィルハーモニー管弦楽団首席指揮者

Albrecht, Theo アルブレヒト, テオ
　㊨ドイツ　実業家

Albrechtsen, Nicky アルブレッチェン, ニッキー

㊗「ファッションメガネ図鑑」ガイアブックス 2013
Albright, Bryson アルブライト, ブライソン
　㊥アメリカ　アメフト選手
Albright, Kathie J. オルブライト, キャシー・J.
　㊗「乳幼児精神保健ケースブック」金剛出版 2007
Albright, Madeleine オルブライト, マデレーン
　1937〜　㊥アメリカ　国際政治学者　オルブライト・ストーンブリッジグループ代表　米国国務長官, 国連大使　㊙国際関係　本名＝Albright, Madeleine Korbel　㊦オルブライト, マドレーヌ
Albright, Matthew アルブライト, マシュー
　㊗「遺伝子操作時代の権利と自由」緑風出版 2012
Albrighton, Marc アルブライトン, マーク
　㊥イングランド　サッカー選手
Albritton, Sarah C. アルブリットン, サラ・C.
　1960〜　㊗「MBTIへのいざない」JPP 2012
Albrow, Martin アルブロウ, マーティン
　㊗「グローバル時代の社会学」日本経済評論社 2001
Albuquerque, Maria Luís アルブケルケ, マリア・ルイス
　㊥ポルトガル　財務相
Albuquerque, Rafael アルバカーキ, ラファエル
　㊗「バットマン：ゼロイヤー陰謀の街」小学館集英社プロダクション 2015
Alburquerque, Al アルバカーキー, アル
　㊥ドミニカ共和国　野球選手
Alburquerque, Rafael アルブルケルケ, ラファエル
　㊥ドミニカ共和国　副大統領
Albury, Charles オルバリー, チャールズ
　1920〜2009　㊥アメリカ　軍人　本名＝オルバリー, チャールズ・ドナルド〈Albury, Charles Donald〉
Alçada, Isabel アルサダ, イザベル
　㊥ポルトガル　教育相
Alcala, Proceso アルカラ, プロセソ
　㊥フィリピン　農相
Alcantara, Arismendy アルカンタラ, アリスメンディ
　㊥ドミニカ共和国　野球選手
Alcántara, Isabel アルカンタラ, イサベル
　㊗「フリーダ・カーロとディエゴ・リベラ」岩波書店 2010
Alcantara, Pedro de アルカンタラ, ペドロ・デ
　1958〜　㊗「実践アレクサンダー・テクニーク」春秋社 2011
Alcantara, Raul アルカンタラ, ラウル
　㊥ドミニカ共和国　野球選手
Alcantara, Ricardo アルカンターラ, リカルド
　㊗「テントがとってもこわいもの」ポプラ社 2002
Alcantara, Tomas I. アルカンタラ, トーマス・I.
　㊥フィリピン　元・比日経済委員会委員長, 元・貿易産業省産業投資担当次官
Alcantara, Victor アルカンタラ, ビクター
　㊥ドミニカ共和国　野球選手
Alcaraz, Frances アルカラス, フランシス
　1975〜　㊗「たまごがぺしゃんこ」新世研 2003
Alcazar, Pedro アルカサール, ペドロ
　1975〜2002　㊥パナマ　プロボクサー　WBO世界スーパーフライ級チャンピオン　㊦アールカーザー, ペドロ
Alchouron, Guillermo E. アルチュウロン, ギジェルモ
　1933〜2016　㊥アルゼンチン　アルゼンチン農牧協会（SRA）会長, 大来財団名誉理事
Alciato, Alessandro アルチャート, アレッサンドロ
　1977〜　㊗「我思う、ゆえに我蹴る。」東邦出版 2014
Alcobé Font, Jordi アルコベフォン, ジョルディ
　㊥アンドラ　行政・運輸・通信相
Alcock, Alan アルコック, アラン
　㊗「感応する環境」鹿島出版会 2011
Alcock, John オルコック, ジョン
　1942〜　㊗「社会生物学の勝利」新曜社 2004
Alcock, Lindsay オルコック, リンジー
　㊥カナダ　スケルトン選手
Alcock, Peter アルコック, ピート
　1951〜　㊗「社会政策の国際的展開」晃洋書房 2003
Alcorn, Nancy アルコーン, ナンシー
　㊗「魂の傷を癒すあわれみのミニストリー」いのちのことば社 2002
Alcorn, Randy C. アルコーン, ランディ
　㊗「ほんとうの天国」いのちのことば社 2014
Alda, Alan アルダ, アラン
　1936〜　㊥アメリカ　俳優　本名＝ダブルッツォ, アルフォンゾ・ジョセフ〈D'Abruzzo, Alphonso Joseph〉

Alda, Arlene アールダ, アーリーン
　1933〜　㊗「ぐうぐうぐっすり」アスラン書房 2006
Aldabergenova, Zhanbota アルダベルゲノワ
　㊥カザフスタン　フリースタイルスキー選手
Aldama, Yamile アルダマ
　㊥イギリス　陸上選手
Aldanazarov, Askanbek アルダナザーロフ, アスカンベック
　㊥カザフスタン　カザフスタン政府付属抑留者問題委員会委員, 元・カザフスタン国立大学教授
Aldashin, Mikhail アルダシン, ミハイル
　㊥ロシア　ザグレブ国際アニメーション映画祭 特別賞 観客賞―グランド・コンペティション（2006年）ほか
Aldcroft, Derek Howard オルドクロフト, デレック・H.
　㊗「20世紀のヨーロッパ経済」晃洋書房 2002
Aldean, Jason アルディーン, ジェイソン
　㊥アメリカ　ミュージシャン
Aldebron, Charlotte アルデブロン, シャーロット
　㊗「私たちはいま、イラクにいます」講談社 2003
Aldeed, Hussein Mohamed Farah アイディード, フセイン・モハメド・ファラ
　㊥ソマリア　副首相兼内相
Aldeehani, Fehaid ディハニ, フェハイド
　㊥クウェート　射撃選手　㊦アルデハニ／ディーハニ
Aldegani, Gabriele アルデガーニ, ガブリエレ
　㊥イタリア　サッカー選手
Alden, Jami アーデン, ジェイミー
　㊗「ターコイズブルーの海の誘惑」ぶんか社 2008
Aldendorff, Johan アルデンドルフ, ヨハン
　1924〜　㊗「ヨハン・アルデンドルフ・コレクション」大阪芸術大学博物館 2003
Alder, Harry アルダー, ハリー
　㊗「部下を持つ人のためのNLP」東京図書 2005
Alder, Ken オールダー, ケン
　㊗「嘘発見器よ永遠なれ」早川書房 2008
Alder, Roger W. アルダー, ロジャー・W.
　㊗「若手研究者のための有機化学」国際通信社, 星雲社（発売）2005
Alderete, José Alberto アルデレテ, ホセ・アルベルト
　㊥パラグアイ　公共事業・通信相
Aldersey, Olympia オルダージー, オリンピア
　㊥オーストラリア　ボート選手
Aldersey-Williams, Hugh オールダシー＝ウィリアムズ, ヒュー
　1959〜　㊗「人体の物語」早川書房 2014
Alderson, Brian オルダーソン, ブライアン
　㊗「Little Tim and the Brave Sea Captain」こぐま社 2011
Alderson, J.Charles オルダーソン, チャールズ
　㊗「言語テストの作成と評価」春風社 2010
Alderson, Sandy アルダーソン, サンディ
　㊥アメリカ　ニューヨーク・メッツGM
Alderton, David オルダートン, デイヴィッド
　1956〜　㊦アルダートン, デビッド　㊗「観賞魚大図鑑」緑書房 2007
Alderweireld, Toby アルデルヴァイレルト, トビー
　㊥ベルギー　サッカー選手
Aldiss, Brian Wilson オールディス, ブライアン・ウィルスン
　1925〜　㊥イギリス　SF作家　英国SF作家協会会長
Aldous, Joan M. オールダス, ジョーン
　1938〜　㊗「よくわかるネットワークのアルゴリズム」日本評論社 2003
Aldovini, Giulia アルドヴィーニ, ジュリア
　1968〜　㊗「そらからのおくりもの」学習研究社 c2008
Aldredge, Theoni V. アルドリッジ, セオニ・V.
　？〜2011　衣裳デザイナー　㊦オールドリッチ, セオニ
Aldrete, Jorge Antonio アルデレーテ, ホルヘ・アントニオ
　㊗「麻酔の偉人たち」総合医学社 2016
Aldrete, Mike アルドリート, マイク
　㊥アメリカ　オークランド・アスレティックスコーチ
Aldrich, Cole オルドリッチ, コール
　㊥アメリカ　バスケットボール選手
Aldrich, Daniel P. アルドリッチ, D.P.
　㊦アルドリッチ, ダニエル・P.　㊗「災害復興におけるソーシャル・キャピタルの役割とは何か」ミネルヴァ書房 2015
Aldrich, Howard オルドリッチ, ハワード・E.
　1943〜　㊗「組織進化論」東洋経済新報社 2007
Aldrich, Knight アルドリッヒ, ナイト
　㊗「不測の衝撃」金剛出版 2014

Aldrich, Richard オルドリッチ, リチャード
1937～ 著「イギリス・ヴィクトリア期の学校と社会」ふくろう出版 2013
Aldrich, Richard James オルドリッチ, リチャード, J.
1961～ 著「日・米・英「諜報機関」の太平洋戦争」光文社 2003
Aldrich, Robert オールドリッチ, ロバート
1954～ 著「同性愛の歴史」東洋書林 2009
Aldrich, Sandra Picklesimer オルドリッチ, サンドラ・P.
著「新聞は読めても心が読めない男たち」サンマーク出版 2005
Aldridge, Alan アルドリッジ, アラン
著「ビートルズ世界証言集」ポプラ社 2006
Aldridge, Blake オルドリッジ
国イギリス 飛び込み選手
Aldridge, LaMarcus オルドリッジ, ラマーカス
国アメリカ バスケットボール選手
Aldridge, Michelle アルドリッジ, M.
著「子どもの面接法」北大路書房 2004
Aldridge, Richard J. アルドリッジ, R.J.
著「澄江生物群化石図譜」朝倉書店 2008
Aldridge, Robert オルドリッジ, ロバート
グラミー賞 最優秀現代音楽作曲(2011年(第54回)) "Aldridge, Robert: Elmer Gantry"
Aldridge, Susan オールドリッジ, スーザン
著「図説世界を変えた50の医学」原書房 2014
Aldrin, Buzz オルドリン, バズ
1930～ 国アメリカ 宇宙飛行士 本名＝オルドリン, エドウィン Jr.〈Aldrin, Edwin Eugene Jr.〉 異オールドリン, バズ
Alean, Jürg アレアン, ユルク
著「ビジュアル大百科氷河」原書房 2010
Aleas, Richard エイリアス, リチャード
著「愛しき女は死せり」早川書房 2006
Alecxih, Chas アレクシー, チャス
国アメリカ アメフト選手
***al*-Aleemi, Rashad** アリーミ, ラシャド
国イエメン 副首相(国防・治安担当)兼地方行政相 異アル・アリーミ, ラシャド
Aleesami, Haitam アレーサミ, ハイタム
国ノルウェー サッカー選手
Alef, Bryson アレフ, ブライソン
SCHOLLY共同創業者
Alègre, Jean-Paul アレーグル, ジャン・ポール
1951～ 著「ジャン・ポール アレーグル戯曲集」カモミール社 2012
Alegre Sasiain, Pedro Efraín アレグレ・サシアイン, ペドロ・エフライン
国パラグアイ 公共事業・通信相
Alegretti, Wagner アレグレッティ, ワグナー
1961～ 著「過去世と意識の進化」ヴォイス 2009
Alegria Pena, Jannet アレグリアペニャ
国メキシコ テコンドー選手
Aleh, Jo アーレ, ヨー
1986～ 国ニュージーランド セーリング選手 異アーレー
Aleixandre, Vicente アレイクサンドレ, ビセンテ
著「ロルカと二七年世代の詩人たち」土曜美術社出版販売 2007
Aleixo da Cruz, Filomeno アレイショ・ダ・クルス, フィロメノ
国東ティモール 駐日特命全権大使
Aleix Vidal アレイクス・ビダル
国スペイン サッカー選手
Alejos, Luis アレホス, ルイス
国グアテマラ 通信・インフラ・住宅相
Alekna, Virgilijus アレクナ, ウィルキリウス
1972～ 国リトアニア 円盤投げ選手 異アレクナ／アレクナ, ウィルキリウス／アレクナ, ヴィルギリユス
Alekperov, Fizuly アレクペロフ, フィズリ
国アゼルバイジャン 労働・社会保障相
Aleksandar II アレクサンダル2世
1945～ 国セルビア セルビア王家カラジョルジェビッチ家当主 本名＝Aleksander II Karedjordjevic
Aleksandrov, Aleksandar アレクサンドロフ
国ブルガリア ボクシング選手
Aleksandrov, Aleksandar アレクサンドロフ, アレクサンダー
国アゼルバイジャン ボート選手 異アレクサンドロフ
Aleksandrova, Galina Vladimirovna アレクサンドロヴァ, G.
1954～ 著「あらうよバシャザブーン」偕成社 2011
Aleksanyan, Artur アレクサンヤン, アルツル

国アルメニア レスリング選手 異アレクサニャン
Aleksanyan, Ruben アレクサニャン, ルベン
国アルメニア 重量挙げ選手
Alekseev, Vasily アレクセーエフ, ワシリー
1942～2011 国ロシア 重量挙げ選手 本名＝Alekseev, Vasily Ivanovich
Alekseevna, Yana アレクセブナ, ヤナ
国アゼルバイジャン ボクシング選手
Aleksei II アレクセイ2世
1929～2008 国ロシア ロシア正教会総主教(第15代) 本名＝リジゲル, アレクセイ〈Rediger, Aleksei Mikhailovich〉 異アレクシー／アレクシー2世／アレクセイ
Aleksievich, Svetlana Aleksandrovna アレクシエーヴィチ, スヴェトラーナ
1948～ 国ベラルーシ 作家, ジャーナリスト 異アレクシエービチ, スベトラーナ／アレクシエービッチ, スベトラーナ／アレクシエーヴィチ, スヴェトラーナ／アレクシエヴィチ, スヴェトラーナ
AleLama アレ・ラマ
著「まんだらアートの塗り絵」星の環会 2014
Alem, Thaher アレム, ザヘル
国ヨルダン 水利相
Alemagna, Béatrice アレマーニャ, ベアトリーチェ
1973～ 著「もうふのなかのダニーたち」ファイドン 2011
Alemán, Álvaro アレマン, アルバロ
国パナマ 大統領府相
Aleman, Arnoldo アレマン, アルノルド
国ニカラグア 大統領
Alemán, Héctor アレマン, エクトル
国パナマ 内務・法務相
Alemán, José Miugel アレマン, ホセ・ミゲル
国パナマ 外相
Alemanno, Gianni アレマンノ, ジャンニ
1958～ 国イタリア 政治家 ローマ市長
Alemanno, Giovanni アレマンノ, ジョバンニ
国イタリア 農林相
Alemanno, Matias アレマンノ, マティアス
国アルゼンチン ラグビー選手
Alemao アレモン
1984～2007 国ブラジル サッカー選手 本名＝Carlos Adriano de Josus Soares
Alemayehu, Tegenu アレマイユ・テゲヌ
国エチオピア 官房長官
Alemu, Elfenesh アレム
国エチオピア 陸上選手
Alencar, Chico アレンカール, シッコ
1951～ 著「ブラジルの歴史」明石書店 2003
Alencar, José アレンカール, ジョゼ
1931～2011 国ブラジル 政治家 ブラジル副大統領 本名＝Alencar Gomes da Silva, José 異アレンカル, ジョゼ
Alene, Margarita アレン, マルガリタ
国赤道ギニア 社会・女性問題相
Ales, Barney エイルズ, バーニー
著「コンプリート・モータウン」河出書房新社 2016
Alesch, Stephen アレッシュ, スティーヴン
著「ローマンアンドウィリアムスの軌跡」グラフィック社 2014
Alesi, Jean アレジ, ジャン
1964～ 国フランス レーシングドライバー, 元F1ドライバー
Alessandrini, Gerard アレッサンドリーニ, ジェラルド
トニー賞 トニー名誉賞(2006年(第60回))
Alessandrini, Jean アレッサンドリーニ, ジャン
1942～ 著「しろくまさんはどこ？」ほるぷ出版 2006
Alessi, Alberto アレッシィ, アルベルト
1946～ 国イタリア 実業家 アレッシィ社長
Aletraris, Sophocles アレトラリス, ソフォクレス
国キプロス 農業・資源・環境相
Aletter, Frank アレッター, フランク
1926～2009 国アメリカ 俳優 異アレタ, フランク
Aleu, Aleu Ayieny アレウ, アレウ・アイエン
国南スーダン 内相・野生生物保護相
Alewa, Abdullah Ali アレワ, アブドラ・アリ
国イエメン 国防相
Alewa, Kaba Ould アレワ, カバ・ウルド
国モーリタニア 国防相
Alex, Lionel アレックス, ライオネル
国ソロモン諸島 農村開発・国内事業相
Alex, L.M. アレックス, L.M.

[著]「1年をとおしてよむせいしょ」 サンパウロ 2016
Alex Alegria アレックス・アレグリーア
[国]スペイン サッカー選手
Alexander, Amir R. アレクサンダー, アミーア
[著]「無限小」 岩波書店 2015
Alexander, Brian アレグザンダー, ブライアン
1977〜 [著]「性と愛の脳科学」 中央公論新社 2015
Alexander, Caroline アレキサンダー, キャロライン
1956〜 [異]アレグザンダー, キャロライン [著]「古代ギリシャ・フェニキア」 日経ナショナルジオグラフィック社, 日経BP出版センター(発売) 2008
Alexander, Carrie アレクサンダー, キャリー
[著]「情熱のカウントダウン」 ハーレクイン 2006
Alexander, Catherine Austin アレグサンダー, キャサリン・オースティン
[著]「ポール・オースターが朗読するナショナル・ストーリー・プロジェクト」 アルク 2005
Alexander, Chester, Jr. アレクサンダー, チェスター, Jr.
[著]「実用的な英語科学論文の作成法」 朝倉書店 2004
Alexander, Chris アレグザンダー, クリス
[国]カナダ 市民権・移民相
Alexander, Christine アレグザンダー, クリスティーン
[著]「子どもが描く世界」 彩流社 2010
Alexander, Christopher アレグザンダー, クリストファー
1936〜 [著]「形の合成に関するノート/都市はツリーではない」 鹿島出版会 2013
Alexander, Claire アレクサンダー, クレア
[著]「ルーシーといじめっこ」 BL出版 2014
Alexander, Cliff アレクサンダー, クリフ
[国]アメリカ バスケットボール選手
Alexander, Danny アレグザンダー, ダニー
[国]イギリス 財務担当相
Alexander, David アレグザンダー, デイビッド
1937〜2002 [著]「カラー新聖書ガイドブック」 いのちのことば社 2010
Alexander, D.J. アレキサンダー, D.J.
[国]アメリカ アメフト選手
Alexander, Dominique アレキサンダー, ドミニク
[国]アメリカ アメフト選手
Alexander, Douglas Garven アレグザンダー, ダグラス
1967〜 [国]イギリス 政治家 英国国際開発相 [異]アレクサンダー, ダグラス
Alexander, Eben アレグザンダー, エベン
[著]「マップ・オブ・ヘヴン」 早川書房 2015
Alexander, Frances アレグザンダー, フランシス
[著]「モディリアーニ」 二玄社 2006
Alexander, Graham アレクサンダー, グラハム
1944〜 [著]「できるリーダーのための奇跡のコーチング」 PHP研究所 2006
Alexander, Héctor アレクサンデル, エクトル
[国]パナマ 経済財務相
Alexander, Ian アレクサンダー, イアン
[著]「いつかは行きたい一生に一度だけの旅best 500」 日経ナショナルジオグラフィック社, 日経BP出版センター(発売) 2009
Alexander, Idith アレクサンダー, イディット
[国]セーシェル 若者・スポーツ・文化相
Alexander, Jane アレクサンダー, ジェーン
エミー賞 プライムタイム・エミー賞 最優秀助演女優賞(ミニシリーズ・映画)(第57回(2005年)) "Warm Springs"
Alexander, Jane アレクサンダー, ジェーン
[著]「体の毒素を取り除く」 産調出版 2006
Alexander, Jason Shawn アレクサンダー, ジェイソン・ショーン
[著]「ヘルボーイ：捻じくれた男」 ヴィレッジブックス 2015
Alexander, Jesse アレクサンダー, ジェシー
[著]「ヒーローズシーズン2」 角川書店, 角川グループパブリッシング(発売) 2009
Alexander, John アレクサンダー, ジョン
[著]「Cisco CallManager設定ガイド」 ソフトバンクパブリッシング 2003
Alexander, John アレクサンダー, ジョン
[著]「リーダーシップ・マスター」 英治出版 2013
Alexander, Kathie アレグザンダー, キャシー
[著]「パターンと配色のパーフェクトガイド」 グラフィック社 2010
Alexander, Kathryn J. アレクサンダー, キャスリン・J.
[著]「幸せな出産のために」 ランダムハウス講談社 2006
Alexander, Kristen アレキサンダー, クリステン
[著]「キラーと呼ばれた男」 津雲, 出版共同販売(大阪)(発売) 2011
Alexander, Kwame アレクサンダー, クワミ
ニューベリー賞(2015年) "The Crossover"
Alexander, Kwon アレキサンダー, クワン
[国]アメリカ アメフト選手
Alexander, Lamer アレクサンダー, ラマー
1940〜 [国]アメリカ 政治家, 弁護士 米国上院議員(共和党) 米国教育長官, テネシー州知事 本名＝Alexander, Andrew Lamer [異]アレキサンダー, ラマー / アレクザンダー, ラマー / アレグザンダー, ラマー
Alexander, Leslie アレキサンダー, レスリー
[国]アメリカ ヒューストン・ロケッツオーナー
Alexander, Lloyd Chudley アレクサンダー, ロイド
1924〜2007 [国]アメリカ 児童文学作家 [異]アリグザンダー, ロイド / アレグザンダー, ロイド
Alexander, Lorenzo アレキサンダー, ロレンゾ
[国]アメリカ アメフト選手
Alexander, Mackensie アレキサンダー, マッケンジー
[国]アメリカ アメフト選手
Alexander, Martha G. アレクサンダー, マーサ
1920〜2006 [著]「こくばんくまさんつきへいく」 ほるぷ出版 2013
Alexander, Maurice アレキサンダー, モーリス
[国]アメリカ アメフト選手
Alexander, Meg アレクサンダー, メグ
[著]「華麗なる密航」 ハーレクイン 2012
Alexander, Megan アレクサンダー, ミーガン
[著]「雨の足跡」 ハーレクイン 2003
Alexander, Michele アレクサンダー, ミシェル
[異]アレグザンダー, ミッシェル [著]「10日間でダメ男と別れる方法」 主婦の友社 2005
Alexander, Monty アレグザンダー, モンティ
1944〜 [国]ジャマイカ ジャズ・ピアニスト 本名＝Alexander, Montgomery Bernard [異]アレキサンダー, モンティ / アレクサンダー, モンティ
Alexander, Noellie アレキサンダー, ノエリー
[国]セーシェル 行政・人材開発相
Alexander, Pat アレクサンダー, パット
[著]「刷新してほしい患者移動の技術」 日本看護協会出版会 2003
Alexander, Pat アレグザンダー, パット
1937〜 [著]「カラー新聖書ガイドブック」 いのちのことば社 2010
Alexander, Paul アレクサンダー, ポール
1955〜 [著]「サリンジャーを追いかけて」 DHC 2003
Alexander, Peter-Jorg アレクサンダー, ペーター・J.
1951〜 [著]「ビジネス・ドイツ語」 三修社 2001
Alexander, Rene アレキサンダー, レネ
[著]「C++パフォーマンス戦略」 ピアソン・エデュケーション 2001
Alexander, R.G."Wick" アレキサンダー, R.G."ウィック"
[著]「アレキサンダーディシプリン長期安定性」 クインテッセンス出版 2013
Alexander, Robert C. アレキサンダー, ロバート・C.
[著]「取り逃がした未来」 日本評論社 2005
Alexander, Robert McNeill アレクサンダー, ロバート・マクニール
1934〜2016 [国]イギリス 動物学者 リード大学名誉教授 [専]バイオメカニクス [異]アレキサンダー / アレクサンダー, R.マクニイル
Alexander, Ronni アレキサンダー, ロニー
1956〜 [著]「ポーポキ、元気って、なに色？」 エピック 2014
Alexander, Scott アレクザンダー, スコット
[国]アメリカ 野球選手
Alexander, Skye アレクサンダー, スカイ
[著]「10分間スピリチュアル・レッスン」 PHP研究所 2004
Alexander, Susan アレクサンダー, スーザン
[著]「愛はかりそめでなく」 ハーパーコリンズ・ジャパン 2016
Alexander, Tasha アレクサンダー, ターシャ
1969〜 [国]アメリカ 作家 [専]歴史, ミステリー [異]アレグザンダー, ターシャ
Alexander, T.Desmond アレクザンダー, T.デズモンド
[著]「オバデヤ書、ヨナ書、ミカ書」 いのちのことば社 2006
Alexander, Trisha アレクサンダー, トリシャ
[著]「シンデレラに憧れて」 ハーレクイン 2007
Alexander, Vadal アレキサンダー, バダル

国アメリカ　アメフト選手
Alexander, Victoria　アレクサンダー, ヴィクトリア
　著「時の扉とシンデレラ」ハーレクイン　2014
Alexander, William　アレグザンダー, ウィリアム
　1976～　国アメリカ　作家　ⓖファンタジー
Alexander, William Joseph　アレグザンダー, ウィリアム
　1976～　著「影なき者の歌」東京創元社　2015
Alexander-arnold, Trent　アレクサンダー・アーノルド, トレント
　国イングランド　サッカー選手
Lord **Alexander of Weedon**　アレクサンダー・オブ・ウィードン
　1936～2005　国イギリス　弁護士,銀行家　ナショナル・ウェストミンスター銀行会長, エクセター大学名誉総長　本名＝アレクサンダー, ロバート・スコット〈Alexander, Robert Scott〉　異アレキサンダー／アレクサンダー／アレグザンダー
Alexandersson, Olof　アレクサンダーソン, オロフ
　1917～　著「奇跡の水」ヒカルランド　2012
Alexandersson, Runar　アレクサンデルソン
　国アイスランド　体操選手
Alexandre, Boniface　アレクサンドル, ボニファス
　国ハイチ共和国　暫定大統領
Alexandre, Waldemar Pires　アレシャンドレ, バルデマール・ピレス
　国アンゴラ　建設相
Alexandrescu, Andrei　アレキサンドレスク, アンドレイ
　著「プログラミング言語D」翔泳社　2013
Alexandrescu, Vlad　アレクサンドレスク, ブラド
　国ルーマニア　文化相
Alexandria, Lorez　アレキサンドリア, ロレス
　1929～2001　国アメリカ　ジャズ歌手　本名＝Alexandria, Nelson
Alexandrian, Sarane　アレクサンドリアン, サラーヌ
　著「マックス・エルンスト」河出書房新社　2006
Alexandrova, Maria　アレクサンドロワ, マリア
　国ロシア　バレリーナ　ボリショイ・バレエ団プリンシパル　異アレクサンドロワ, マリヤ
Alexandru, Victoria-Violeta　アレクサンドル, ビクトリアビオレタ
　国ルーマニア　社会対話相
Alex Bergantinos　アレックス・ベルガンティニョス
　国スペイン　サッカー選手
Alexeev, Alexei　アレクセイエフ, アレクセイ
　国ハンガリー　アヌシー国際アニメーション映画祭 TV作品および受託作品 クリスタル賞 (最優秀テレビ作品)(2009年)ほか
Alexie, Sherman　アレクシー, シャーマン
　1966～　全米図書賞 児童文学(2007年)　"The Absolutely True Diary of a Part-Time Indian"
Alexievich, Svetlana　アレクシェービッチ, スベトラーナ
　全米書評家協会賞 ノンフィクション(2005年)　"Voices From Chernobyl: The Oral History of Nuclear Disaster"
Alexis, Jacques-Edouard　アレクシス, ジャックエドゥアール
　国ハイチ共和国　首相
Alexis, Ruano　アレクシス・ルアーノ
　国スペイン　サッカー選手
Alexis-bernadine, Franca　アレクシスバーナディン, フランカ
　国グレナダ　教育・人的資源開発相
Alexishvili, Alexi　アレクシシビリ, アレクシ
　国ジョージア　財務相
Alexis Sanchez　アレクシス・サンチェス
　国チリ　サッカー選手
Alex Martinez　アレックス・マルティネス
　国スペイン　サッカー選手
Alex Mineiro　アレックス・ミネイロ
　1973～　国ブラジル　サッカー選手　本名＝カルドーゾ, アレシャンデル・ペレイラ〈Cardoso, Alexander Pereira〉
Alex Sandro　アレックス・サンドロ
　国ブラジル　サッカー選手
Alex Telles　アレックス・テレス
　国ブラジル　サッカー選手
Alexuc-Ciurariu, Alin　アレクスク・チウラリウ, アリン
　国ルーマニア　レスリング選手
Alfano, Angelino　アルファノ, アンジェリーノ
　国イタリア　外相
Alfaro, Gustavo　アルファロ, グスタボ
　国ホンジュラス　大統領府相
Alfaro, Jorge　アルファロ, ホーヘイ
　国コロンビア　野球選手

Alfaro, Juan Francisco　アルファロ, フアン・フランシスコ
　国グアテマラ　労相
Alfaro-LeFevre, Rosalinda　アルファロ・ルフィーヴァ, ロザリンダ
　異アルファロールフィーヴァ, ロザリンダ　著「基本から学ぶ看護過程と看護診断」医学書院　2012
Alfaro Salas, Sergio　アルファロ・サラス, セルヒオ
　国コスタリカ　大統領府相
Al Fayed, Mohamed　アルファイド, モハメド
　1933～　国エジプト　実業家　ハロッズ・ホールディングス名誉会長, フルハム・オーナー　異フルハム, モハメド・アル
Alfeevskii, V.　アルフェーフスキー, V.
　著「チェブラーシュカとなかまたち」新読書社　2001
Alferov, Zhores Ivanovich　アルフョロフ, ジョレス
　1930～　国ロシア　物理学者　サンクトペテルブルク科学センター所長, ロシア科学アカデミー副院長　ロシア下院議員　異アルフェロフ, ジョレス／アルフョーロフ, ジョレス
Alfie, Isaac　アルフィエ, イサック
　国ウルグアイ　経済・財務相
Alfonsi, Alice　アルフォンシ, アリス
　国アメリカ　作家　ミステリー　共同筆名＝キンバリー, アリス〈Kimberly, Alice〉, 別共同筆名＝コイル, クレオ〈Coyle, Cleo〉
Alfonsín, Raúl　アルフォンシン, ラウル
　1927～2009　国アルゼンチン　政治家　アルゼンチン大統領, アルゼンチン急進党党首　本名＝アルフォンシン, フォルケス, ラウル〈Alfonsín Foulkes, Raúl〉
Alfonso, Vincent C.　アルフォンソ, ヴィンセント・C.
　著「エッセンシャルズ新しいLDの判断」日本文化科学社　2013
Alford, Alan F.　アルフォード, アラン・F.
　著「神々の遺伝子」講談社　2002
Alford, Anthony　アルフォード, アンソニー
　国アメリカ　野球選手
Alford, Mario　アルフォード, マリオ
　国アメリカ　アメフト選手
Alford, Mimi　アルフォード, ミミ
　著「私はジョン・Fの愛の奴隷だった」ビジネス社　2012
Alford, Robert　アルフォード, ロバート
　国アメリカ　アメフト選手
Alfort, Bérangère　アルフォール, ベランジェール
　著「わたしもバレリーナ！」世界文化社　2011
Alfred, Alfred　アルフレッド, アルフレッド
　国マーシャル諸島　資源開発相
Alfred, Maynard　アルフレッド, メイナード
　国マーシャル諸島　公共事業相
Alfredson, Tomas　アルフレッドソン, トーマス
　1965～　国スウェーデン　映画監督
Alger, Amy　アルジャー, エイミー
　著「カム・ホーム・フォー・クリスマス」サンーケイ (製作) 2002
Algermissen, Jo Ann　アルガミッセン, ジョー・アン
　?～2009　著「フィアンセは誰？」ハーレクイン　2014
Algoe, Soeresh　アルゴ, ソーレシュ
　国スリナム　農業・畜産・水産相　異アルゴエ, ソエレシュ
Algotsson Ostholt, Sara　アルゴットソンオスルト
　国スウェーデン　馬術選手
Alguacil, Jose　アルグアシル, ホゼ
　国アメリカ　サンフランシスコ・ジャイアンツコーチ
Alhassan, Malik Yakubu　アルハッサン, マリク・ヤクブ
　国ガーナ　内相
Alhassane, Ahmadaye　アルハッサン, アフマダイエ
　国チャド　統治相
Alhilal, Hamdi　アルヒラル・ハムディ
　国インドネシア　労働・移住相
Alhir, Sinan Si　アルヒア, シナン・シー
　著「入門UML」オライリー・ジャパン, オーム社 (発売) 2003
Alhousseini, Malick　アルフセイニ, マリック
　国マリ　エネルギー・水相
Ali, Abdikarim Ahmed　アリ, アブディカリム・アハメド
　国ソマリア　国務相 (財務担当)
Ali, Abdiweli Mohamed　アリ, アブディウェリ・モハメド
　国ソマリア　副首相兼計画・国際協力相
Ali, Abdu　アリ・アブドゥ
　国エリトリア　情報相
Ali, Abdullah　アリ, アブドラ
　国アフガニスタン　公共労働相
Ali, Abdurahaman Mohamud　アリ, アブドラハマン・モハ

ムド
　　ソマリア　国防相
Ali, Abul Hassan Mahmood　アリ, アブル・ハサン・マハムード
　　国バングラデシュ　外相　愛アリ, アブル・ハサン・マームード
Ali, Ahmat Lamine　アリ, アハマット・ラミネ
　　チャド　開発・経済相
al-Ali, Ahmed Khaled　アリ, アハメド・ハレド
　　シリア　電力相
Ali, Ahmed Thasmeen　アリ, アフメド・タスミーン
　　モルディブ　内相
Ali, Aires Bonifácio　アリ, アイレス・ボニファシオ
　　モザンビーク　首相
Ali, al-Jarrah al-Sabah　アリ・ジャラハ・サバハ
　　クウェート　エネルギー相
Ali, Amadou　アリ, アマドゥ
　　カメルーン　副首相兼国会担当相
Ali, Annabel Laure　アリ, アナベル
　　カメルーン　レスリング選手　愛アリ
Ali, Apong　アリ・アポン
　　ブルネイ　資源・観光相
Ali, Attoumani　アリ, アツマニ
　　コモロ　国民教育・研究・文化・芸術・青少年・スポーツ相
Ali, Bachar　アリ, バシャール
　　チャド　国土行政相
Ali, Belal Mansoor　アリ
　　バーレーン　陸上選手
Ali, bin Hamoud al-Busaidi　アリ・ビン・ハムード・ブサイディ
　　オマーン　宮内相
Ali, bin Khalifa al-Khalifa　アリ・ビン・ハリファ・ハリファ
　　バーレーン　副首相
Ali, bin Saleh al-Saleh　アリ・ビン・サレハ・サレハ
　　バーレーン　地方自治農業相
Ali, Dan　アリ, ダン
　　ナイジェリア　国防相
Ali, Faysal Mahmud　アリ, ファイサル・マハムド
　　イエメン　国務相
Ali, Garba Madaki　アリ, ガルバ・マダキ
　　ナイジェリア　建設住宅相
Ali, Hana　アリ, ハナ
　　愛「私の父モハメド・アリ」愛育社　2001
Ali, Irfaan　アリ, イルファーン
　　ガイアナ　住宅・水道相
Ali, Jasim　アリ, シャシム
　　イラク　避難民・移民相
Ali, Kamal Eddien Hassan　アリ, カマルディン・ハッサン
　　スーダン　国際協力相
Ali, Kamal Mohamed　アリ, カマル・モハメド
　　スーダン　かんがい相
Ali, Khadra Bashir　アリ, カドラ・バシル
　　ソマリア　教育相
Ali, Maha　アリ, マハー
　　ヨルダン　産業貿易・供給相
Ali, Mahdi Muhammed　アリ, マフディ・ムハメッド
　　愛「現代世界アジア詩集」土曜美術社出版販売　2010
Ali, M.A.Yusuff　アリ, ユスフ
　　インド　実業家
Ali, M'Madi　アリ, マーディ
　　コモロ　イスラム問題・司法・刑務所相　愛アリ, ムマディ
Ali, Mohammed Nesir Ahmad　アリ, ムハンマド・ナセル・アハマド
　　イエメン　国防相　愛アリ, モハメド・ナセル・アハマド
Ali, Moses　アリ, モーゼス
　　ウガンダ　第1副首相
Ali, Muhammad　アリ, モハメド
　　1942〜2016　アメリカ　プロボクサー　世界ヘビー級チャンピオン　本名＝クレイ, カシアス・マーセラス(Jr.)〈Clay, Cassius Marcellus(Jr.)〉　愛アリ, ムハマド / アリ, モハマッド / アリ, モハメッド / アリー, ムハンマド
Ali, Muhammad　アリ, モハメド
　　イギリス　ボクシング選手
Ali, Muhammad Ibrahim　アリ, ムハンマド・イブラヒム
　　エジプト　国務相（文化財担当）
Ali, Muhammad Warsameh　アリ, ムハマド・ワルサメ
　　ソマリア　公共事業相

Ali, Naushad　アリ, ナウシャド
　　1919〜2006　インド　映画音楽家
Ali, Nia　アリ, ニア
　　アメリカ　陸上選手
Ali, Nujood　アリ, ノジュオド
　　愛「わたしはノジュオド、10歳で離婚」河出書房新社　2010
Ali, Said Abdella　アリ, サイド・アブデラ
　　エリトリア　外相　愛アリ, サンド・アブデラ
Ali, Said Ali Boina　アリ, サイド・アリ・ボイナ
　　コモロ　生産・環境相
al-Ali, Salah bin Ghanem bin Nasser　アリ, サラハ・ビン・ガネム・ビン・ナセル
　　カタール　文化・スポーツ相
al-Ali, Suhair　アリ, スハイル
　　ヨルダン　計画相兼国際協力相
Ali, Syed Mohsin　アリ, サイエド・モシン
　　バングラデシュ　社会福祉相
Ali, Syed Z.　アリ, S.Z.
　　愛「甲状腺細胞診ベセスダシステム」シュプリンガー・ジャパン　2011
Ali, Tariq　アリ, タリク
　　愛「サイード自身が語るサイード」紀伊国屋書店　2006
Ali, Yaya Ag Mohamed　アリ, ヤヤ・アグ・モハメド
　　マリ　手工業・観光相
al-Ali, Yousef Mohammad Abdullah　アリ, ユセフ・ムハンマド・アブドラ
　　クウェート　商工相
Alia, Edgard Charlemagne　アリア, エドガー・シャルマーニュ
　　ベナン　治安・地方政府相
Alia, Ramiz　アリア, ラミズ
　　1925〜2011　アルバニア　政治家　アルバニア大統領
Ali Abadi, Mohammad　アリアバディ, モハマド
　　イラン　副大統領（兼体育庁長官）
Ali Abdallah Nassour, Mahamat　アリ・アブダラーナスール, マハマト
　　チャド　牧畜・動物資源相
Aliaga, Roberto　アリアーガ, ロベルト
　　1976〜　愛「コドリーロのおやつ」光村教育図書　2009
Ali-ahmadi, Ali-Reza　アリアハマディ, アリレザ
　　イラン　教育相
Ali Akbari, Mohammad Javad　アリアクバリ, モハマドジャバド
　　イラン　副大統領（兼国家青年庁長官）
Ali Akbar Khan　アリ・アクバル・ハーン
　　1922〜2009　インド　サロード奏者, 作曲家　尊称＝Ustad Khansahib　愛アリ, アクバル・カーン
Alias, Don　アライアス, ドン
　　1939〜2006　アメリカ　ジャズ・パーカッション奏者
Ali Baghdadi, Abdulkadir Sheikh　アリ・バグダディ, アブドルカディル・シェイク
　　ソマリア　宗教問題相
Alibar, Lucy　アリバー, ルーシー
　　ネビュラ賞　レイ・ブラッドベリ賞（2012年）　"Beasts of the Southern Wild"
Alibeaj, Enkelejd　アリベアイ, エンケレイド
　　アルバニア　法相
Alibegović, Dubravka Jurlina　アリベゴビッチ, ドゥブラブカ・ユルリナ
　　クロアチア　行政相
Alibek, Ken　アリベック, ケン
　　愛「生物兵器」二見書房　2001
Aliber, Robert Z.　アリバー, ロバート・Z.
　　愛「熱狂、恐慌、崩壊」日本経済新聞出版社　2014
Aliberti, Lucia　アリベルティ, ルチア
　　1957〜　イタリア　ソプラノ歌手
Ali Bin Al Hussein　アリ・ビン・アル・フセイン
　　1975〜　ヨルダン　ヨルダン王子, ヨルダンサッカー協会(JFA)会長　国際サッカー連盟(FIFA)副会長　愛アリ・フセイン王子 / アリ王子
Alice　アリス王女
　　1901〜2004　イギリス　イギリス王女
Alice, Gianna　アリーチェ, ジャンナ
　　愛「アリスの不思議な立体折り紙」日本ヴォーグ社　2003
Aliero, Mohammed A.　アリエロ, モハメド・A.
　　ナイジェリア　連邦首都圏相
Alifei, Moustapha Ali　アリフェイ, ムスタファ・アリ

A

[国]チャド 環境・漁業相
Alifirenko, Sergey アリフィレンコ
[国]ロシア 射撃選手
Ali Idris, Alhaji Mustapha アリ・イドリス, アルハジ・ムスタファ
[国]ガーナ 土木・住宅相
Alijawed, Sayed Mohammad アリジャベド, サイドモハマド
[国]アフガニスタン 運輸相
Alik, Alik アリク, アリク
[国]ミクロネシア連邦 副大統領
Alimardon, Murodali アリマルドン, ムロダリ
[国]タジキスタン 副首相
Alimkhanuly, Zhanibek アリムハヌリ, ザニベク
[国]カザフスタン ボクシング選手
Ali-Mohammadi, Masoud アリモハンマディ, マスード
1959～2010 [国]イラン 核物理学者 テヘラン大学教授 [異]アリモハマディ, マスード
Ali Moussa, Mariam アリムサ, マリアム
[国]チャド 社会連帯・マイクロクレジット相
Alimov, Anvar アリモフ, アンワル
[国]ウズベキスタン 保健相
Alinger, Brandon アリンジャー, ブランドン
[著]「スター・ウォーズコスチューム大全」 講談社 2015
Alingue, Jean Bawoyen アリンゲ, ジャン・バウォエン
[国]チャド 郵政・情報通信技術相 [異]アリンゲ, ジャン・バウォユ
Alingue, Madeleine アラング, マドレーヌ
[国]チャド コミュニケーション相兼政府報道官
Alioua, Khalid アリウア, カリド
[国]モロッコ 高等教育・科学研究相
Alip, Jaime Aristotle B. アリップ, ハイメ・アリストトゥル
[国]フィリピン 社会運動家 CARD MRI設立者
Alipov, Aleksey アリポフ, アレクセイ
[国]ロシア 射撃選手 [異]アリポフ
Alisauskas, Arvydas アリシャウスカス, アルヴィダス
[国]リトアニア 元・ビタウタス・マグヌス大学日本学センター長(初代)
Alison-madueke, Diezani アリソンマドゥエケ, ディエザニ
[国]ナイジェリア 石油資源相 [異]アリソン・マドゥエケ, ディエザニ
Alisson アリソン
[国]ブラジル サッカー選手
Alito, Samuel Anthony, Jr. アリート, サミュエル
1950～ [国]アメリカ 法律家 米国連邦最高裁判事
Aliu, Imer アリウ, イメール
[国]マケドニア 環境・都市計画相
Alix, Jay アリックス, ジェイ
[著]「破産専門家のための財務ハンドブックと破産・支払不能会計」〔川島貞一〕 2002
Aliyev, Farkhad アリエフ, ファルハド
[国]アゼルバイジャン 経済発展相
Aliyev, Geidar アリエフ, ゲイダル
[国]アゼルバイジャン 大統領
Aliyev, Haji アリエフ, ハジ
[国]アゼルバイジャン レスリング選手
Aliyev, Hasan アリエフ, H.
[国]アゼルバイジャン レスリング選手
Aliyev, Heydar アリエフ, ヘイダル
1923～2003 [国]アゼルバイジャン 政治家 アゼルバイジャン大統領, ソ連第1副首相, ソ連共産党政治局員 [異]アリーエフ, ゲイダル / アリエフ, ゲイダル
Aliyev, Ilham アリエフ, イルハム
1961～ [国]アゼルバイジャン 政治家, 実業家 アゼルバイジャン大統領 本名＝Aliyev, Ilham Heydar Oglu [異]アリエフ, イリハム
Aliyev, Irshad N. アリエフ, イルシャド・N.
[国]アゼルバイジャン 農業食料相
Aliyev, Natig アリエフ, ナティグ
[国]アゼルバイジャン エネルギー相
Alizadeh Zenoorin, Kimia アリザデゼヌリン
[国]イラン テコンドー選手
Aljovín Gazzani, Cayetana アルホビン・ガッサニ, カイェタナ
[国]ペルー 開発・社会的包摂相
Alkalaj, Sven アルカライ, スヴェン
1948～ [国]ボスニア・ヘルツェゴビナ 外交官 ボスニア・ヘルツェゴビナ外相 [異]アルカライ, スベン
Alkatiri, Mari アルカティリ, マリ
[国]東ティモール 首相兼開発・環境相
Alkemade, Kim van オークメイド, キム・ファン
[国]アメリカ 作家 [専]歴史
Alkemade, Len オークメイド, レン
1961～ [著]「プランツ・イン・スタイル」 誠文堂新光社 2008
Al Khatib, Fatima アル・ハティーブ, ファティマ
[国]バーレーン 元・在バーレーン日本国大使館現地職員
Alkon, Amy アルコン, エイミー
[著]「プロは語る。」 アスペクト 2005
Alkyer, Frank アルカイヤー, フランク
[著]「マイルス・デイヴィス・リーダー」 シンコーミュージック・エンタテイメント 2009
Allaby, Michael アラビー, マイケル
[著]「ビジュアル地球大図鑑」 日経ナショナルジオグラフィック社, 日経BP出版センター(発売) 2009
Allagbe Kpogodo, Yabavi アラベ・ポゴド・ヤバヴィ
[国]ベナン 臨時代理大使, 一等書記官
Allagui, Sami アラギ, サミ
[国]チュニジア サッカー選手
Allaguliyev, Oraz アッラグリエフ, オラズ
[国]トルクメニスタン 自動車交通相
Allah, Rémi アラー, レミ
[国]コートジボワール 環境・持続的発展相 [異]アラ, レミ
Allais, Maurice アレ, モーリス
1911～2010 [国]フランス 経済学者 パリ国立高等鉱業学院教授 本名＝Allais, Maurice Félix Charles [異]アレー, モーリス / アレィ, モーリス
Allam, Roger アラム, ロジャー
ローレンス・オリヴィエ賞 プレイ 男優賞(2011年(第35回)) "Henry IV Parts 1 & 2"
Allambeye, Maïdagi アランベイエ, マイダギ
[国]ニジェール 農相
Allam-mi, Ahmad アラミ, アフマド
[国]チャド 外務・アフリカ統合・国際協力相
Allan アラン
[国]ブラジル サッカー選手
Allan アラン
[国]ブラジル サッカー選手
Allan, Alasdair アラン, アラスダイア
[著]「初めてのiOSプログラミング」 オライリー・ジャパン, オーム社(発売) 2012
Allan, Benny アラン, ベニー
[国]パプアニューギニア 土地計画相
Allan, Charlotte アラン, シャーロット
[著]「精神科臨床倫理」 星和書店 2011
Allan, C. William アラン, C.ウィリアム
[国]リベリア 情報相
Allan, Graham アラン, グラハム
1948～ [著]「家族生活の社会学」 新曜社 2015
Allan, Jay アラン, ジェイ
[国]アメリカ 作家 [専]SF, ファンタジー
Allan, Jeremy アラン, ジェレミー
[著]「いつかは行きたい一生に一度だけの旅世界の新名所BEST500」 日経ナショナルジオグラフィック社, 日経BPマーケティング(発売) 2013
Allan, John A.B. アラン, ジョン
[著]「ユング派の学校カウンセリング」 昭和堂 2007
Allan, Nicholas アラン, ニコラス
[著]「シンデレラのおしり」 徳間書店 2003
Allan, Tommaso アラン, トンマーソ
[国]イタリア ラグビー選手
Allan, Tony アラン, トニー
1946～ [著]「世界予言全書」 原書房 2011
Allan, Vicky アラン, ヴィッキー
[著]「迷い猫」 角川書店 2001
Allaouchiche, Abdelmoumene アラウシシ, アブデルムーメンヌ
[国]アルジェリア 元・在アルジェリア日本国大使館現地職員
Allaoui, Darousse アラウイ, ダルース
[国]コモロ 雇用・労働・職業訓練・女性起業促進相
Allardt, Erik アッラルト, エーリック
[著]「クオリティー・オブ・ライフ」 里文出版 2006
Allawi, Ayad アラウィ, アヤド
1945～ [国]イラク 政治家 イラク国家戦略評議会議長, イラク国民合意(INA)代表 イラク暫定政府首相 [異]アラウィ, イヤド
Allawi, Muhammed アラウィ, ムハンマド

Allègre, Claude Jean　アレーグル, クロード
　1937〜　国フランス　地球科学者,政治家　フランス国民教育研究技術相　関アレグレ, クロード
Allegri, Massimiliano　アッレグリ, マッシミリアーノ
　国イタリア　ユヴェントス監督
Allegri, Renzo　アッレーグリ, レンツォ
　1934〜　著「音楽家が語る51の物語」フリースペース, 星雲社 (発売)　2011
Allegro, John Marco　アレグロ, ジョン・M.
　1923〜　著「聖なるキノコと十字架」無頼出版　2015
Alleman, James H.　オールマン, ジェームズ・H.
　著「ブロードバンドの発展と政策」NTT出版　2005
Allemand, Sylvain　アルマン, シルヴァン
　著「グローバリゼーションの基礎知識」作品社　2004
Allen, Algernon　アレン, アルジャノン
　国バハマ　住宅・社会開発相
Allen, Alpian　アレン, アルピアン
　国セントビンセント・グレナディーン　教育・文化・女性・教会関係相
Allen, Antonio　アレン, アントニオ
　国アメリカ　アメフト選手
Allen, Beau　アレン, ビュー
　国アメリカ　アメフト選手
Allen, Benny　アレン, ベニー
　国パプアニューギニア　環境保全相
Allen, Beverly　アレン, ベヴェリー
　著「ユーゴスラヴィア民族浄化のためのレイプ」柘植書房新社　2001
Allen, Brandon　アレン, ブランドン
　国アメリカ　アメフト選手
Allen, Charles　アレン
　国カナダ　陸上選手
Allen, Charlotte Vale　アレン, シャーロット・ヴェイル
　1941〜　著「Eメールは眠らない」ハーレクイン　2004
Allen, Christopher　アレン, クリストファー
　著「iPhoneアプリ×Webサイト開発入門」日経BP社, 日経BP出版センター (発売)　2010
Allen, Clifford　アレン, クリフォード
　1902〜　著「異常心理の発見」筑摩書房　2006
Allen, Cody　アレン, コディ
　国アメリカ　野球選手
Allen, Constance　アレン, コンスタンス
　著「マイカのとんだ災難」講談社　2009
Allen, Corey　アレン, コーリー
　1934〜2010　国アメリカ　俳優, 映画監督　関アレン, コリー／アレン, コリイ
Allen, Cortez　アレン, コルテーズ
　国アメリカ　アメフト選手
Allen, Cory　アレン, コリー
　国ウェールズ　ラグビー選手
Allen, David　アレン, ディヴィッド
　1959〜　著「チェーホフをいかに上演するか」而立書房　2012
Allen, David　アレン, デビッド
　1945〜　著「ストレスフリーの整理術」二見書房　2015
Allen, Deborah E.　アレン, D.E.
　1952〜　著「学生が変わるプロブレム・ベースド・ラーニング実践法」ナカニシヤ出版　2016
Allen, Dennis　アレン, デニス
　国アメリカ　ニューオーリンズ・セインツコーチ
Allen, Devon　アレン, デボン
　国アメリカ　陸上選手
Allen, Diane M.　アレン, ダイアン・M.
　著「最強のモニター心電図」ガイアブックス　2013
Allen, Dwayne　アレン, ドウェイン
　国アメリカ　アメフト選手
Allen, Elizabeth K.　アレン, エリザベス・K.
　著「協力のリーダーシップ」ダイヤモンド社　2009
Allen, Emma　アレン, エマ
　著「あかいかばんのひみつ」国土社　2016
Allen, Franklin　アレン, フランクリン
　1956〜　著「金融は人類に何をもたらしたか」東洋経済新報社　2014
Allen, Gary　アレン, ゲイリー
　著「新世界秩序 (人間牧場) にno！と言おう」徳間書店　2009
Allen, Gary J.　アレン, ゲイリー
　著「ソーセージの歴史」原書房　2016

Allen, Graham　アレン, グレアム
　1963〜　著「ロラン・バルト」青土社　2006
Allen, Grayson　アレン, グレイソン
　国アメリカ　バスケットボール選手
Allen, Harper　アレン, ハーパー
　著「さまよえる女神たち」ハーレクイン　2007
Allen, Heather L.　アレン, ヘザー・L.
　著「現代の裂織敷物」染織と生活社　2005
Allen, Hunter　アレン, ハンター
　著「パワー・トレーニング・バイブル」Overlander　c2011
Allen, Jack　アレン, ジャック
　国アメリカ　アメフト選手
Allen, James　アレン, ジェームズ
　1960〜　著「Repeatability」プレジデント社　2012
Allen, Jarrett　アレン, ジャレット
　国アメリカ　バスケットボール選手
Allen, Javorius　アレン, ジャボリアス
　国アメリカ　アメフト選手
Allen, Jeff　アレン, ジェフ
　国アメリカ　アメフト選手
Allen, Jerome　アレン, ジェローム
　国アメリカ　ボストン・セルティックスアシスタントコーチ (バスケットボール)
Allen, Joan　アレン, ジョアン
　1956〜　国アメリカ　女優
Allen, Joe　アレン, ジョー
　国ウェールズ　サッカー選手
Allen, Jonathan　アレン, ジョナサン
　著「ねむくなんかないっ！」評論社　2011
Allen, Jon G.　アレン, ジョン・G.
　関アレン, J.G.　著「メンタライジングの理論と臨床」北大路書房　2014
Allen, Joseph Patrick　アレン, ジョセフ・P.
　1958〜　著「ナラティヴから読み解くリジリエンス」北大路書房　2011
Allen, Josh　アレン, ジョシュ
　国アメリカ　アメフト選手
Allen, Justin　アレン, ジャスティン
　著「人事大変革」生産性出版　2010
Allen, Kate　アレン
　国オーストリア　トライアスロン選手
Allen, Kathleen R.　アレン, キャスリーン
　著「科学者が「起業」で成功する方法」日経BP社, 日経BP出版センター (発売)　2009
Allen, Keenan　アレン, キーナン
　国アメリカ　アメフト選手
Allen, Kevin　アレン, ケヴィン
　著「「プライスレス」な成功法則」朝日新聞出版　2013
Allen, Larry　アレン, ラリー
　1971〜　国アメリカ　元アメフト選手　本名＝Allen, Larry Christopher
Allen, Lavoy　アレン, ラボイ
　国アメリカ　バスケットボール選手
Allen, Lily L.　アレン, リリー・L.
　著「思いが人生をつくる」学習研究社　2008
Allen, Linda　アレン, リンダ
　1954〜　著「信用リスク入門」日経BP社, 日経BP出版センター (発売)　2009
Allen, Linda　アレン, リンダ
　著「ターシャ・テューダーの手作りギフト」メディアファクトリー　2012
Allen, Liz　アレン, リズ
　1969〜　著「最後の真実」集英社　2005
Allen, Louise　アレン, ルイーズ
　著「花嫁は絶体絶命」ハーパーコリンズ・ジャパン　2015
Allen, Malik　アレン, マリック
　国アメリカ　デトロイト・ピストンズアシスタントコーチ (バスケットボール)
Allen, Mark　アレン, マーク
　1946〜　著「マニフェステーション」講談社　2011
Allen, MaryJean　アレン, メリージーン
　著「歌手ならだれでも知っておきたい「からだ」のこと」春秋社　2010
Allen, Nate　アレン, ネイト
　国アメリカ　アメフト選手
Allen, Neil　アレン, ニール
　国アメリカ　ミネソタ・ツインズコーチ

A

Allen, Pamela アレン, パメラ
1934～ [国]オーストラリア 絵本作家, イラストレーター
Allen, Patrick アレン, パトリック
[国]ジャマイカ 総督
Allen, Paul アレン, ポール
1953～ [国]アメリカ 実業家 バルカン会長, マイクロソフト共同創業者, ポートランド・トレイルブレイザーズオーナー 本名＝アレン, ポール・ガードナー〈Allen, Paul Gardner〉
Allen, RaShaun アレン, ラショーン
[国]アメリカ アメフト選手
Allen, Ray アレン, レイ
1975～ [国]アメリカ バスケットボール選手
Allen, Ricardo アレン, リカルド
[国]アメリカ アメフト選手
Allen, Rick アレン, リック
1963～ [国]イギリス ロック・ドラマー
Allen, Robbie アレン, ロビー
[著]「Windowsサーバークックブック」 オライリー・ジャパン, オーム社(発売) 2006
Allen, Robert アレン, ロバート
1949～ [著]「見るパズル」 ワニブックス 2006
Allen, Robert C. アレン, ロバート・C.
1947～ [著]「なぜ豊かな国と貧しい国が生まれたのか」 NTT出版 2012
Allen, Robert G. アレン, ロバート・G.
[著]「豊かさを手に入れた15人に学ぶ人生の富の法則」 ミラクルマインド出版, サンクチュアリ出版(発売) 2014
Allen, Roger E. アレン, ロジャー・E.
[著]「クマのプーさんと学ぶマネジメント」 ダイヤモンド社 2003
Allen, Ruth アレン, ルース
[著]「賞をとった子どもの本」 玉川大学出版部 2009
Allen, Ryan アレン, ライアン
[国]アメリカ アメフト選手
Allen, Sandy アレン, サンディ
?～2008 [国]アメリカ 世界一身長が高い女性
Allen, Sarah Addison アレン, サラ・アディソン
[国]アメリカ 作家 [専]文学
Allen, Sharon アレン, シャロン
[国]アメリカ 実業家 デロイト&トウシュUSA会長
Allen, Stanley アレン, スタンリー
[著]「刑事コロンボ〈硝子の塔〉」 二見書房 2001
Allen, Stephen D. アレン, スティーヴン・D.
[著]「クマのプーさんと学ぶ成功の法則」 ダイヤモンド社 2003
Allen, Stewart Lee アレン, スチュワート
[著]「愛の林檎と燻製の猿と」 集英社 2003
Allen, Terence David アレン, テレンス
1944～ [著]「細胞」 東京化学同人 2012
Allen, Thomas B. アレン, トーマス・B.
[著]「機密指定解除」 日経ナショナルジオグラフィック社, 日経BP出版センター(発売) 2008
Allen, Thomas John アレン, トーマス・J.
[著]「知的創造の現場」 ダイヤモンド・ビジネス企画, ダイヤモンド社(発売) 2008
Allen, Timothy A. アレン, T.A.
[著]「小動物の臨床栄養学」 マーク・モーリス研究所 2001
Allen, Tom アレン, トム
[著]「パッションガイドブック100のQ&A」 ドン・ボスコ社 2004
Allen, Tony アレン, トニー
[国]アメリカ バスケットボール選手
Allen, Torrence アレン, トーレンス
[国]アメリカ アメフト選手
Allen, Tricia アレン, トリシア
[著]「子どものためのホメオパシー」 フレグランスジャーナル社 2008
Allen, William Clifford アレン, ウィリアム・クリフォード
[国]バハマ 財務・計画相
Allen, Woody アレン, ウディ
1935～ [国]アメリカ 映画監督, 脚本家, 俳優 本名＝コニングズバーグ, アレン・スチュアート〈Konigsberg, Allen Stewart〉 [異]アレン, ウッディ
Allenby, Kate アレンビー
[国]イギリス 近代五種選手
Allenby, Sasha アレンビー, サーシャ
[著]「マトリックス・リインプリンティング」 ナチュラルスピリット 2012
Allen-Conn, B.J. アレン‐コン, B.J.
[異]アレン‐コン, BJ [著]「子どもの思考力を高める「スクイーク」」 WAVE出版 2005
Allende, Isabel アジェンデ, イサベル
1942～ [国]チリ 作家 [異]アジェンデ, イザベル
Allen-Meares, Paula アレン＝ミアーズ, ポーラ
1948～ [著]「学校におけるソーシャルワークサービス」 学苑社 2001
Alléno, Yannick アレノ, ヤニック
[著]「5番テーブルに四季」 駿河台出版社 2010
Aller, Susan Bivin アラー, スーザン・ビビン
[著]「「ピーター・パン」がかけた魔法」 文渓堂 2005
Allers, Roger アラーズ, ロジャー
[国]アメリカ ザグレブ国際アニメーション映画祭 子ども向け作品コンペティション 最優秀子ども向け作品(2006年) “The Little Match Girl”
Allerstorfer, Daniel アレルストルファー, ダニエル
[国]オーストリア 柔道選手
Alley, Richard B. アレイ, リチャード・B.
[著]「氷に刻まれた地球11万年の記憶」 ソニー・マガジンズ 2004
Alley, R.W. アリー, R.W.
1955～ [著]「パディントンのマーマレード迷路」 理論社 2015
Alley, Vernon アレー, バーノン
1915～2004 [国]アメリカ ジャズ・ベース奏者
Alleyne, Camilo アジェイネ, カミロ
[国]パナマ 保健相
Alleyne-toppin, Vernella アレイントピン, バーネラ
[国]トリニダード・トバゴ トバゴ開発相
Alli, Dele アリ, デレ
[国]イングランド サッカー選手
Allibone, Judith アリボーン, ジュディス
[著]「ジョディのいんげんまめ」 評論社 2002
Allicock, Clement Philip Ricardo アリコック, クレメント・フィリップ・リカード
[国]ジャマイカ 駐日特命全権大使
Allicock, Sydney アリコック, シドニー
[国]ガイアナ 副大統領, 先住民問題相
Allieu, Yves アリュー, イヴ
[著]「音楽家の手」 協同医書出版社 2006
Alligood, Kathleen T. アリグッド, K.T.
[著]「カオス」 シュプリンガー・ジャパン 2007
Allikmaa, Margus アリクマー, マルグス
[国]エストニア 文化相
Allin, Bud アリン, バド
1944～2007 [国]アメリカ プロゴルファー
Allingham, Henry アリンガム, ヘンリー
1896～2009 [国]イギリス 男性長寿世界一(113歳)
Allingham, M.G. アリンガム, M.G.
[著]「森嶋通夫著作集」 岩波書店 2004
Allione, Tsultrim アリオーネ, ツルティム
1947～ [著]「内なるデーモンを育む」 星和書店 2013
Alliot-Marie, Michèle アリヨマリ, ミシェル
1946～ [国]フランス 政治家 フランス外相・内相・国防相, フランス共和国連合(RPR)総裁 本名=Alliot-Marie, Michèle Yvette Marie-Thérèse [異]アリオマリ, ミシェル
Allioux, Yves Marie アリュー, イヴ＝マリ
[著]「日本詩仏訳のこころみ」 白水社 2007
Allis, David アリス, デービッド
1951～ [国]アメリカ 生物学者 ロックフェラー大学クロマチン生物学エピジェネティクス研究室長 [異]アリス, D. / アリス, デビッド
Allison, Catherine アリソン, キャサリン
[著]「ちびうさぎ」 ブロンズ新社 2007
Allison, Christine アリソン, クリスティーヌ
[著]「365日のベッドタイム・ストーリー」 飛鳥新社 2005
Allison, Damon アリソン, デイモン
[著]「Visual Basicプログラマのための「クラス設計」ガイドブック」 ソシム 2003
Allison, Geronimo アリソン, ヘロニモ
[国]アメリカ アメフト選手
Allison, Graham T. アリソン, グレアム
1940～ [著]「決定の本質」 日経BP社, 日経BPマーケティング(発売) 2016
Allison, Herbert M. アリソン, ハーバート, Jr.
1943～2013 [国]アメリカ 金融家 メリルリンチ社長・COO
Allison, Joe Marion アリソン, ジョー
1924～2002 [国]アメリカ 作曲家, 音楽プロデューサー [専]カントリー音楽

Allison, Mose　アリソン、モーズ
　1927〜2016　Ⓖアメリカ　ジャズ・ピアニスト，シンガー・ソングライター
Allison, Sarah E.　アリソン、セラ・E.
　㊟「オレム看護理論にもとづく看護サービス管理の実際」医学書院　2005
Allison, Wade　アリソン、ウェード
　1941〜　㊟「放射能と理性」徳間書店　2011
Allison-madueke, Deziani　アリソンマドゥエケ、デジアニ
　Ⓖナイジェリア　鉱業・鉄鋼開発相
Allisop, Andrique　アリソプ、アンドリケ
　Ⓖセーシェル　ボクシング選手
Allister, William　アリスター、ウィリアム
　1919〜　㊟「キャンプ」朔北社　2001
Allix, Dick　アリックス、ディック
　1945〜　㊟「冷酷組織の真実」バーン・コーポレーション、シンコーミュージック・エンタテイメント（発売）　2008
Allman, Eric　オールマン、エリック
　㊟「Sendmail」オライリー・ジャパン、オーム社（発売）　2004
Allman, Gregg　オールマン、グレッグ
　1947〜　Ⓖアメリカ　ミュージシャン
Allman, Keith G.　オールマン、キース・G.
　㊟「麻酔科救急ハンドブック」メディカル・サイエンス・インターナショナル　2008
Allman, Vandana　オールマン、バンダナ
　㊟「アニマルズ・インク」日本経済新聞社　2005
Allness, Deborah J.　オールネス、デボラ・J.
　㊟「PACTモデル」メディカ出版　2001
Allott, Nicholas Elwyn　アロット、ニコラス・E.
　㊟「語用論キータ−ム事典」開拓社　2014
Allott, Philip　アロット、フィリップ
　㊟「ユーノミア」木鐸社　2007
Alloway, Ross G.　アロウェイ、R.G.
　㊕アロウェイ、ロス　㊟「ワーキングメモリと日常」北大路書房　2015
Alloway, Tracy Packiam　アロウェイ、T.P.
　㊕アロウェイ、トレーシー　㊟「ワーキングメモリと日常」北大路書房　2015
Allred, Katherine　オルレッド、キャサリン
　㊟「ずっとずっと好きだった」竹書房　2008
Allred, Keith G.　オルレッド、K.G.
　㊟「紛争管理論」日本加除出版　2003
Allsburg, Chris Van　オールズバーグ、クリス・バン
　1949〜　Ⓖアメリカ　絵本作家，イラストレーター　㊕オールズバーグ、クリス・ヴァン
Allsop, Ryan　オールソップ、ライアン
　Ⓖイングランド　サッカー選手
Allsopp, Nigel　オールソップ、ナイジェル
　㊟「世界の軍用犬の物語」エクスナレッジ　2013
Allsopp, Sophie　オールソップ、ソフィー
　㊟「笑顔の花が咲く」1万年堂出版　2013
Allspaw, John　オルスポー、ジョン
　㊟「ウェブオペレーション」オライリー・ジャパン、オーム社（発売）　2011
Allston, Aaron　オールストン、アーロン
　㊟「スター・ウォーズ」ソニー・マガジンズ　2002
Allum, Marc　アラム、マーク
　㊟「アンティークは語る」エクスナレッジ　2015
Allwine, Wayne　オールウィン、ウェイン
　1947〜2009　Ⓖアメリカ　声優
Allworth, James　アルワース、ジェームズ
　㊟「イノベーション・オブ・ライフ」翔泳社　2012
Allwright, Deborah　オールライト、デボラ
　㊟「モーリーのすてきなおいしゃさんバッグ」ひさかたチャイルド　2014
Ally, Amna　アリー、アムナ
　Ⓖガイアナ　公衆衛生相
Ally, Tony　アリ
　Ⓖイギリス　飛び込み選手
Allyn, Doug　アリン、ダグ
　アメリカ探偵作家クラブ賞 短編賞（2011年）"The Scent of Lilacs"
Allyson, June　アリソン、ジューン
　1917〜2006　Ⓖアメリカ　女優　㊕アリスン、ジューン
Almada, Anthony L.　アルマダ、アンソニー・L.
　㊟「食品の機能性表示と世界のレギュレーション」薬事日報社　2015

Almada, Janira Isabel　アルマダ、ジャニラ・イサベル
　Ⓖカボベルデ　青年・雇用・人材開発相
Almada López, Carlos Fernando　アルマーダ・ロペス、カルロス・フェルナンド
　Ⓖメキシコ　駐日特命全権大使
Almaer, Dion　アルマー、ディオン
　㊟「実践Ajax」オライリー・ジャパン、オーム社（発売）　2006
Almagro, Luis　アルマグロ、ルイス
　Ⓖウルグアイ　外相
Almagro, Nicolas　アルマグロ
　Ⓖスペイン　テニス選手
Almaktoum, Saeed　アリマクトゥム、サイード
　Ⓖアラブ首長国連邦　射撃選手
Almaktoum, Shaikh Ahmed　マクトゥーム
　Ⓖアラブ首長国連邦　射撃選手
Alman, Carol　オールマン、キャロル
　㊟「ブランド・マネジメント」ダイヤモンド社　2001
Almario, Virgilio S.　アルマリオ、ヴァージオ・S.
　1944〜　㊟「アダルナの歌」おはなしきゃらばんセンター　2006
Almatov, Zakirzhon　アルマトフ、ザキルジョン
　Ⓖウズベキスタン　内相　㊕アルマトフ、ザキルジャン
Almeida, Abdurremane Lino de　アルメイダ、アブドゥレマネ・リノ・デ
　Ⓖモザンビーク　司法・憲法・宗教相
Almeida, Francisca De Fátima Do Espírito Santo De Carvalho e　アルメイダ、フランシスカ・デ・ファティマ・ド・エスピリト・サント・デ・カルバリョ・イ
　Ⓖアンゴラ　無任所相
Almeida, Franklin　アルメイダ、フランクリン
　Ⓖドミニカ共和国　内務・警察相
Almeida, José António　アルメイダ、ジョゼ・アントニオ
　Ⓖギニアビサウ　公共事業・建設・インフラ相
Almeida, José Antonio da Cruz　アルメイダ、ジョゼ・アントニオ・ダ・クルズ
　Ⓖギニアビサウ　社会基盤相
Almeida, Juan　アルメイダ、フアン
　1927〜2009　Ⓖキューバ　政治家，作曲家　キューバ国家評議会副議長，キューバ革命軍司令官　本名＝アルメイダ・ボスケ、フアン〈Almeida Bosque, Juan〉
Almeida, Kaio　アルメイダ
　Ⓖブラジル　競泳選手
Almeida Bosque, Juan　アルメイダ・ボスケ、フアン
　Ⓖキューバ　国家評議会副議長
Almendras, Jose Rene　アルメンドラス、ホセ・レネ
　Ⓖフィリピン　エネルギー相
Almes, Rozy　アルメス、ロージー
　1926〜　㊟「会社という花を種から育てて咲かせる方法」ディスカヴァー・トゥエンティワン　2003
Almeyda, Franklin　アルメイダ、フランクリン
　Ⓖドミニカ共和国　内務・警察相
Almodóvar, Pedro　アルモドバル、ペドロ
　1949〜　Ⓖスペイン　映画監督，脚本家　本名＝Almodóvar Caballero, Pedro　㊕アルモドーバル、ペドロ／アルモドヴァル、ペドロ
Almon, Clopper　アーモン、クロッパー
　㊟「経済モデルの技法」日本評論社　2002
Almon, Joan　アーモン、ジョアン
　㊟「もう戦争はさせない！」文理閣　2007
Almond, David　アーモンド、デービッド
　1951〜　Ⓖイギリス　作家　㊟児童書，ヤングアダルト　㊕アーモンド、デイヴィッド
Almond, Gabriel Abraham　アーモンド、ガブリエル・エイブラハム
　1911〜2002　Ⓖアメリカ　政治学者　スタンフォード大学教授　㊙比較政治学　㊕アーモンド、ゲイブリエル・A.
Almond, Mark　アーモンド、マーク
　㊟「ヨーロッパ歴史地図」原書房　2001
Almonte, Abraham　アルモンテ、エイブラハム
　Ⓖドミニカ共和国　野球選手
Almonte, Miguel　アルモンテ、ミゲル
　Ⓖドミニカ共和国　野球選手
Almonte, Yency　アルモンテ、イェンシー
　Ⓖアメリカ　野球選手
Almora, Albert, Jr.　アルモーラ、アルバート、Jr.
　Ⓖアメリカ　野球選手
Almudhaf, Khaled　アルムダフ、ハレド
　Ⓖクウェート　射撃選手　㊕アルムザフ

Alogoskoufis, Georgios　アロゴスクフィス、ヨルギオス
　国ギリシャ　経済・財務相
Aloia, Mark　アロイア、マーク・S.
　1967〜　著「睡眠障害に対する認知行動療法」風間書房　2015
Aloian, Misha　アロイアン、ミシャ
　国ロシア　ボクシング選手　愛アロイアン
Alois　アロイス
　1968〜　国リヒテンシュタイン　皇太子　本名＝Alois Philipp Maria
Alomar, Robert　アロマー、ロベルト
　1968〜　元野球選手
Alomar, Sandy, Jr.　アロマー、サンディ、Jr.
　国アメリカ　クリーブランド・インディアンスコーチ
Alomari, Ahmed　アロマリ、アハメド
　著「Oracle 8i & UNIXパフォーマンスチューニング」ピアソン・エデュケーション　2002
Alon, Dalia　アロン、ダリア
　1951〜　著「イエスに出会ったユダヤ人」いのちのことば社　2003
Aloni, Shulamit　アロニ、シュラマイト
　1928〜2014　国イスラエル　政治家　イスラエル国会議員
Alonso, Agustin　アロンソ、アグスティン
　国ウルグアイ　ラグビー選手
Alonso, Alberto　アロンソ、アルベルト
　1917〜2007　国キューバ　振付師　キューバ国立バレエ団創立者
Alonso, Alfonso　アロンソ、アルフォンソ
　国スペイン　保健・社会サービス・平等相
Alonso, Alicia　アロンソ、アリシア
　1920〜　国キューバ　バレリーナ、振付師　キューバ国立バレエ団創立者　本名＝Alicia Ernestina de la Caridad del Cobre Martínez Hoyo　愛アロンゾ
Alonso, Alvaro　アロンソ、アルバロ
　国ウルグアイ　労働・社会保障相
Alonso, Ana　アロンソ、アナ
　1970〜　国スペイン　詩人、作家　著ヤングアダルト、児童書、コミックほか
Alonso, Damaso　アロンソ、ダマソ
　著「ロルカと二七年世代の詩人たち」土曜美術社出版販売　2007
Alonso, Fernando　アロンソ、フェルナンド
　1981〜　国スペイン　F1ドライバー
Alonso, José Antonio　アロンソ、ホセ・アントニオ
　国スペイン　国防相
Alonso, Kiko　アロンソ、キコ
　国アメリカ　アメフト選手
Alonso, Yonder　アロンゾ、ヨンダー
　国キューバ　野球選手
Alonso Puig, Mario　アロンソ＝プッチ、マリオ
　1955〜　著「ハーバード流自分の限界を超える思考法」アチーブメント出版　2013
Alonzo Mazariegos, Denis　アロンソ・マサリエゴス、デニス
　国グアテマラ　教育相
Alora, Kirstie Elaine　アロラ、クリスティ
　国フィリピン　テコンドー選手
Alou, Matty　アルー、マティ
　1938〜2011　国ドミニカ共和国　野球選手　本名＝Alou, Mateo Rojas　愛アルー、マッティ
Aloulou, Mohamed　アルル、モハメド
　国チュニジア　青少年・スポーツ相
Alper, Basak　アルパー、バサク
　著「ビューティフルビジュアライゼーション」オライリー・ジャパン、オーム社（発売）　2011
Alper, Joseph S.　アルパー、ジョゼフ
　著「遺伝子操作時代の権利と自由」緑風出版　2012
Alper, Potuk　アルペル・ポトゥク
　国トルコ　サッカー選手
Alperson, Ruth　アルパーソン、ルース
　著「ダルクローズのリトミック」ドレミ楽譜出版社　2002
Alpert, Herb　アルパート、ハーブ
　グラミー賞 最優秀ポップ・インストゥルメンタル・アルバム（2013年（第56回））"Steppin' Out"
Alpert, Jon　アルパート、ジョン
　1948〜　国アメリカ　ビデオジャーナリスト
Alpert, Jonathan Boyd　アルパート、ジョナサン
　著「米国カリスマセラピストが教える何が起きても平常心でいられる技術」アチーブメント出版　2013
Alpert, Mark　アルパート、マーク
　1961〜　国アメリカ　作家　著スリラー、SF

Alpert, Michael　アルパート、マイケル
　著「短期力動療法入門」金剛出版　2014
Alpert, Stephen M.　アルパート、スティーブン
　1950〜　著「吾輩はガイジンである。」岩波書店　2016
Alphandery, Edmond Gerard　アルファンデリ、エドモン・ジェラール
　国フランス　対仏投資日系企業クラブ共同会長、元・経済大臣、元・フランス電力公社総裁
Alpher, Ralph Asher　アルファー、ラルフ
　1921〜2007　国アメリカ　物理学者
Alphin, Tom　アルフィン、トム
　著「レゴでつくろう世界の名建築」エクスナレッジ　2016
Alrashidi, Abdullah　ラシディ、アブドラ
　国クウェート　射撃選手
Alred, Gerald J.　アルレッド、G.J.
　著「科学・ビジネス英語ハンドブック」研究社　2009
Alsadir, Nuar　アルサディール、ヌアー
　著「女友だちの賞味期限」プレジデント社　2006
Alsgaard, Thomas　アルスゴール
　国ノルウェー　クロスカントリースキー選手
Alshammar, Therese　アルシャマール
　国スウェーデン　競泳選手
Als-Nielsen, Jens　アルスニールセン、J.
　1937〜　著「X線物理学の基礎」講談社　2012
Alsogaray, Julio　アルソガライ、フリオ
　国アルゼンチン　セーリング選手　愛アルソガライ
Alson, Roy L.　アルソン、R.L.
　著「ITLSアクセス」メディカ出版　2010
Alsop, Jonathon　アルソップ、ジョナソン
　著「ワインの雑学365日」ガイアブックス、産調出版（発売）　2011
Alsop, Marin　オールソップ、マリン
　1956〜　国アメリカ　指揮者　ボルティモア交響楽団音楽監督　愛オルソップ、マリン
Alsop, Ronald　オルソップ、ロナルド・J.
　著「レピュテーション・マネジメント」日本実業出版社　2005
Al Sowaidi, Nasser Ahmed Khalifa　アル・スウェイディ、ナーセル・アフマド・ハリーファ
　国アラブ首長国連邦　アブダビ・エネルギー庁長官、元・アブダビ経済開発庁長官
Alspaugh, Blanton　アルスポー、ブラントン
　グラミー賞 最優秀プロデューサー（クラシック）（2012年（第55回））
Alston, Richard　アルストン、リチャード
　国オーストラリア　通信・情報産業・芸術相
Alt, Franz　アルト、フランツ
　1938〜　著「ユング名言集」PHP研究所　2011
Alt, Helene　アルト、ヘレーネ
　著「王朝美術における結縁装飾法華経」山川出版社　2010
Alt, Peter-André　アルト、ペーター＝アンドレ
　1960〜　著「カフカと映画」白水社　2013
Altaf, M.Anjum　M.アンジュム
　著「グローバルな変化に向けた東アジアの政策イニシアティブ」シュプリンガー・フェアラーク東京　2006
Altan, Francesco Tullio　アルタン、フランチェスコ・トゥーリオ
　1942〜　著「たまごちゃん、たびにでる」イタリア会館出版部　2013
Altanhuyag, Ravsal　アルタンホヤグ、ラブサル
　1950〜　著「スーフと馬頭琴」三省堂　2010
Altankhuyag, Norov　アルタンホヤグ、ノロブ
　1958〜　国モンゴル　政治家　モンゴル首相、モンゴル民主党党首　本名＝Altankhuyag, Norovyn
Altavilla, Dan　アルタビラ、ダン
　国アメリカ　野球選手
Altbach, Philip G.　アルトバック、フィリップ・G.
　1941〜　著「新興国の世界水準大学戦略」東信堂　2013
Altbacker, E.J.　アルトバッカー、E.J.
　国アメリカ　作家、脚本家　著児童書、ファンタジー
Altea, Rosemary　アルテア、ローズマリー
　著「あなたに幸運を呼び込む秘密の教え」三笠書房　2008
Alten, Steve　オルテン、スティーブ
　国アメリカ　作家、海洋学・古生物研究家　著SF、ホラー　愛オルテン、スティーヴ
Altendorf, Alan von　アルテンドルフ、アラン・フォン
　著「イズムの泉」北星堂書店　2007
Altenmüller, Eckart　アルテンミュラー、エッカルト

[著]「演奏を支える心と科学」 誠信書房 2011
Altepost, Lutz アルテポスト
[国]ドイツ カヌー選手
Alter, Adam L. オルター, アダム
1980〜 [著]「心理学が教える人生のヒント」 日経BP社, 日経BPマーケティング(発売) 2013
Alter, Anna オールター, アンナ
1974〜 [異]アルテール, アンナ [著]「体位の文化史」 作品社 2006
Alter, Hobie アルター, ホビー
1933〜2014 [国]アメリカ サーフボード開発者, サーファー 本名=アルター, ホバート〈Alter, Hobart Laidlaw〉
Alter, Michael J. オルター, マイケル・J.
1952〜 [著]「柔軟性の科学」 大修館書店 2010
Altés, Marta アルテス, マルタ
1982〜 [著]「ぼくのおじいちゃん」 BL出版 2014
Altfest, Lewis J. アルトフェスト, ルイス・J.
[著]「パーソナルファイナンス」 マグロウヒル・エデュケーション, 日本経済新聞出版社(発売) 2013
Althaus, Thomas アルトハウス, トーマス
1956〜 [著]「ドイツロマン主義と文化学」 中央大学人文科学研究所 2005
Altheman, Maria Suelen アルトマン, マリアセレン
[国]ブラジル 柔道選手 [異]アウテマン
Altherr, Aaron アルテール, アーロン
[国]ドイツ 野球選手
Althoff, Gerd アルトホフ, ゲルト
1943〜 [異]アルトホーフ, ゲルト [著]「紛争のなかのヨーロッパ中世」 京都大学学術出版会 2006
Altidore, Jozy アルティドール, ジョジー
[国]アメリカ サッカー選手, トロントFC, アメリカ代表
Altintop, Halil アルティントップ, ハリル
[国]トルコ サッカー選手
Altkorn, Diane オールトカーム, ダイアン
[著]「考える技術」 日経BP社, 日経BPマーケティング(発売) 2015
Altland, Alexander アルトランド, A.
[著]「凝縮系物理における場の理論」 吉岡書店 2012
Altmaier, Peter アルトマイヤー, ペーター
[国]ドイツ 官房長官
Altman, Daniel アルトマン, ダニエル
1974〜 [著]「10年後の世界」 角川書店, 角川グループホールディングス(発売) 2013
Altman, Dennis アルトマン, デニス
1943〜 [著]「ゲイ・アイデンティティ」 岩波書店 2010
Altman, Douglas G. アルトマン, ダグラス・G.
[著]「信頼性の統計学」 サイエンティスト社 2001
Altman, Edward I. アルトマン, エドワード・I.
[著]「金融規制のグランドデザイン」 中央経済社 2011
Altman, Elizabeth J. アルトマン, エリザベス
[著]「イノベーションへの解」 翔泳社 2008
Altman, John オールトマン, ジョン
1969〜 [著]「スパイが集う夜」 早川書房 2001
Altman, Robert アルトマン, ロバート
1925〜2006 [国]アメリカ 映画監督 本名=Altman, Robert B. [異]オルトマン, ロバート
Altman, Roger アルトマン, ロジャー
1946〜 [国]アメリカ 金融家 エバーコア・パートナーズ創業者 米国財務副長官, ブラックストーン・グループ副会長
Altmann, Maria アルトマン, マリア
1916〜2011 [国]アメリカ ナチスドイツに接収されたクリムトの絵画を訴訟で取り戻したユダヤ系女性 本名=ブロッホ・バウアー, マリア・ヴィクトリア〈Bloch-Bauer, Maria Viktoria〉
Altolaguirre, Manuel アルトラギレ, マヌエル
[著]「ロルカと二七年世代の詩人たち」 土曜美術社出版販売 2007
Alton, Steve アルトン, スティーブ
[著]「生きる勉強」 サンガ 2010
Alton, Steve アルトン, スティーブ
[著]「パクパク、ゴックン、ゴロゴロ、ポットンえほん」 大日本絵画 〔2008〕
Altucher, Claudia Azula アルタッカー, クローディア・アズーラ
[著]「人生がうまくいく人の断る力」 アチーブメント出版 2016
Altucher, James アルタッカー, ジェームズ
[異]アルタッチャー, ジェームズ [著]「人生がうまくいく人の断る力」 アチーブメント出版 2016
Altukhov, Pavlo アルチュコフ, パブロ
[国]ウクライナ カヌー選手
Altunyan, Levon アルトゥニャン, レボン
[国]アルメニア 保健相
Altuve, Jose アルトゥーベ, ホセ
1990〜 [国]ベネズエラ 野球選手 [異]アルトゥーベ, ホゼ
Altuzarra, Joseph アルチュザラ, ジョセフ
ファッションデザイナー
Altvater, Elmar アルトファーター, エルマール
[著]「グローバルな市民社会に向かって」 日本経済評論社 2001
Altynbayev, Mukhtar アルトインバエフ, ムフタル
[国]カザフスタン 国防相
Altyyev, Tekebay アルティエフ, テケバイ
[国]トルクメニスタン 水利相
Alualu, Tyson アルアル, タイソン
[国]アメリカ アメフト選手
Aluas, Ioana Maria アルアス
[国]ルーマニア 柔道選手
Alubomulle Sumanasara アルボムッレ・スマナサーラ
[著]「出家の覚悟」 サンガ 2009
Alucard, George アルカード, ジョルジュ
1937〜 [著]「ゆらゆらガラス玉」 ソフトバンクパブリッシング 2004
Alupei, Angela アルペイ
[国]ルーマニア ボート選手
Alupo, Jessica アルポ, ジェシカ
[国]ウガンダ 教育・スポーツ相
Alur, Deepak アラー, ディーパック
[著]「J2EEパターン」 日経BP社, 日経BP出版センター(発売) 2005
Aluthgamage, Mahindananda アルトゥガマゲ, マヒンダナンダ
[国]スリランカ スポーツ相
Aluthugamage, Mahindananda アルトゥガマゲ, マヒンダナンダ
[国]スリランカ スポーツ相
Aluvihare, Alick アルビハレ, アリク
[国]スリランカ 内務地方自治相
Alvarado, Anita アルバラード, アニータ
1972〜 [著]「わたしはアニータ」 扶桑社 2002
Alvarado, Carlos アルバラド, カルロス
[国]コスタリカ 労働・社会保険相
Alvarado, Fausto アルバラド, ファウスト
[国]ペルー 法相
Alvarado, Guillermo アルバラド, ギジェルモ
[国]ホンジュラス 農牧相
Alvarado, Jose アルバラード, ホゼ
[国]ベネズエラ 野球選手
Alvarado, José Antonio アルバラド, ホセ・アントニオ
[国]ニカラグア 保健相
Alvarado, José Arturo アルバラド, ホセ・アルトゥロ
[国]ホンジュラス 財務相
Alvarado, Vinicio アルバラド, ビニシオ
[国]エクアドル 生産・雇用・競争性調整相
Alvarado Espinel, Vinicio アルバラド・エスピネル, ビニシオ
[国]エクアドル 生産・雇用・競争性調整相 [異]アルバラド・エスピネル, フェルナンド
Alvarenga de Ortega, Hermelinda アルバレンガ・デ・オルテガ, エルメリンダ
[国]パラグアイ パラグアイ日本協会会長, 私立ニホンガッコウ副学長, 元・教育文化副大臣
Álvares, Agenor アルバレス, アジェノル
[国]ブラジル 保健相
Álvares, José Marinho アルヴァレス, ジョゼ
1939〜 [著]「日葡修好通商条約と外交関係史」 彩流社 2010
Alvarez, Alberto アルバレス, アルベルト
[国]メキシコ 陸上選手
Alvarez, Alfred アルヴァレズ, アルフレッド
[著]「夜」 法政大学出版局 2001
Alvarez, Anne アルヴァレズ, アン
1936〜 [著]「自閉症とパーソナリティ」 創元社 2006
Álvarez, Antonio アルバレス, アントニオ
[国]ベネズエラ 青年・スポーツ相
Alvarez, Carlos アルバレス, カルロス
グラミー賞 最優秀オペラ録音(2005年(第48回)) "Verdi: Falstaff" ソリスト
Alvarez, Cesar アルバレス, シーザー

A

[著]「高勝率システムの考え方と作り方と検証」 パンローリング 2014
Alvarez, Cindy アルバレス, シンディ
[著]「リーン顧客開発」 オライリー・ジャパン, オーム社(発売) 2015
Alvarez, Dariel アルバレス, ダリエル
[国]キューバ 野球選手
Alvarez, Dario アルバレス, ダリオ
[国]ドミニカ共和国 野球選手
Alvarez, David アルバレス, デヴィッド
トニー賞 ミュージカル 主演男優賞(2009年(第63回)) "Billy Elliot The Musical"
Álvarez, Diana アルバレス, ディアナ
[国]ペルー 文化相
Álvarez, Eduardo アルバレス, エドゥアルド
[国]ベネズエラ スポーツ相
Alvarez, Eduardo アルバレス, エドゥアルド
[著]「デザイン・インスパイアード・イノベーション」 ファーストプレス 2008
Alvarez, Eliezer アルバレス, エリザー
[国]ドミニカ共和国 野球選手
Alvarez, Felix Perez アルバレス, フェリックス・ペレス
?～2009 [国]スペイン プロサッカークラブ・レアル・マドリードの名物ファン
Álvarez, Gregorio アルバレス, グレゴリオ
1925～2016 [国]ウルグアイ 政治家, 軍人 ウルグアイ大統領 本名=Álvarez Armelino, Gregorio Conrado
Alvarez, Jose アルバレス, ホゼ
[国]ベネズエラ 野球選手
Alvarez, Juan José アルバレス, フアン・ホセ
[国]アルゼンチン 法相
Alvarez, Julia アルバレス, フーリア
1950～ [国]アメリカ 詩人, 作家
Alvarez, Lazaro Jorge アルバレス
[国]キューバ ボクシング選手
Alvarez, Lorena アルヴァレス, ロレーナ
[著]「プリンセスものがたり」 小学館 2015
Álvarez, Magdalena アルバレス, マグダレナ
[国]スペイン 開発相
Alvarez, Manny アルバレス, マニー
[著]「ホット・ラテン・ダイエット」 近代映画社 2010
Alvarez, Marcelo アルバレス, マルセロ
1962～ [国]アルゼンチン テノール歌手
Alvarez, Melissa アルバレス, メリッサ
[著]「サイキックパワー最大化レッスン」 ヒカルランド 2015
Álvarez, Nelson アルバレス, ネルソン
[国]エクアドル 都市開発・住宅相
Alvarez, Oscar アルバレス, オスカル
[国]ホンジュラス 治安相
Alvarez, Pantaleon アルバレス, パンタレヨン
[国]フィリピン 運輸通信相
Alvarez, Pedro アルバレス, ペドロ
[国]ドミニカ共和国 野球選手
Alvarez, Ralph アルバレス, ラルフ
1955～ [国]アメリカ 実業家 すかいらーく会長 米国マクドナルド社長
Alvarez, Ricardo アルバレス, リカルド
[国]アルゼンチン サッカー選手
Alvarez, Ricardo Antonio アルバレス, リカルド・アントニオ
[国]ホンジュラス 副大統領
Alvarez, Tomás アルバレス, トマス
1922～ [著]「イエスの聖テレサ」 サンパウロ 2010
Alvarez, Tony アルバレズ, トニー
[国]アメリカ 実業家 MSD社長
Alvarez Bogaert, Fernando アルバレス・ボガー, フェルナンド
[国]ドミニカ共和国 蔵相
Alvarez Boulet, Sergio アルバレス
[国]キューバ 重量挙げ選手
Álvarez-cascos Fernández, Francisco アルバレスカスコス・フェルナンデス, フランシスコ
[国]スペイン 開発相 [異]アルバレス・カスコス・フェルナンデス, フランシスコ
Álvarez-correa Glen, Cecilia アルバレスコレア・グレン, セシリア
[国]コロンビア 商業・産業・観光相
Álvarez Estévez, Rolando アルバレス, ロランド
1939～ [著]「ゲバラの国の日本人」 VIENT, 現代書館(発売) 2005
Alvarez Estrada, Lazaro アルバレス
[国]キューバ ボクシング選手
Alvarezmarfany, Calres アルバレスマルファニ, カルレス
[国]アンドラ 保健相
Alvarez-Novoa, Carlos アルヴァレス=ノヴォア, カルロス
モスクワ国際映画祭 銀賞 最優秀俳優賞(第33回(2011年)) "Las Olas"(スペイン)
Alvaro, Gonzalez アルバロ・ゴンサレス
[国]スペイン サッカー選手
Alvaro, Vazquez アルバロ・バスケス
[国]スペイン サッカー選手
Alvaro Cejudo アルバロ・セフード
[国]スペイン サッカー選手
Alvear, María Soledad アルベアル, マリア・ソレダ
[国]チリ 外相
Alvear, Yuri アルベアル, ジュリ
[国]コロンビア 柔道選手 [異]アルベアル
Alves, Daniel アウベス, ダニエウ
1983～ [国]ブラジル サッカー選手 [異]アウベス, ダニエル / アウヴェス, ダニエウ / アウヴェス, ダニエル
Alves, Gil Da Costa アルベス, ジル・ダコスタ
[国]東ティモール 観光商工相 [異]アルベル, ジル・ダコスタ
Alves, Henrique Eduardo アルベス, エンリケ・エドゥアルド
[国]ブラジル 観光相
Alves, Maria Domingas Fernandes アルベス, マリア・ドミンガス・フェルナンデス
[国]東ティモール 社会連帯相
Alves, Oswald アウベス, オズアウド
[著]「ここまで進化したブラジリアン柔術」 愛隆堂 2009
Alves, Wellinton アウベス, ウェリントン
[著]「ガーディアンズ・オブ・ギャラクシー：プレリュード」 小学館集英社プロダクション 2014
Alves Filho, Garibaldi アルベス・フィリョ, ガリバルジ
[国]ブラジル 社会保障相
Alvesson, Mats アルベッソン, マッツ
1956～ [著]「経営と社会」 同友館 2001
Alvi, Amir Faisal アルビ, アミール・ファイサル
?～2008 [国]パキスタン 軍人 パキスタン陸軍特殊部隊司令官
Alvin, Jacklick アルビン, ジャクリク
[国]マーシャル諸島 保健・環境相
Alvord, Katharine T. アルヴォード, ケイティ
[著]「クルマよ、お世話になりました」 白水社 2013
Alvtegen, Karin アルヴテーゲン, カーリン
1965～ [国]スウェーデン 作家, テレビ脚本家 [専]文学, フィクション, ミステリーほか
*al-***Alwan, Alaa-Adien** アルワン, アラジン
[国]イラク 保健相
Alwang, Jeffrey R. オルワン, J.
[著]「農業開発の経済学」 青山社 2012
Alward, Donna アルウォード, ドナ
[著]「今日から始まる物語」 ハーレクイン 2011
Alwata, Ichata Sahi アルワタ・イシャタ・サヒ
[国]マリ 家族・女性相
Alweiss, Lilian アルワイス, リリアン
1966～ [著]「フッサールとハイデガー」 晃洋書房 2012
Aly, Götz アリー, ゲッツ
1947～ [著]「ヒトラーの国民国家」 岩波書店 2012
Aly, Mohamed アリ
[国]エジプト ボクシング選手
Alymkulov, Aliasbek アルイムクロフ, アリアスベク
[国]キルギス 青年・労働・雇用相 [異]アルイムクロフ, アリスベク
Alÿs, Francis アリス, フランシス
1959～ 現代美術家
Alzamora, Miquel アルサモラ
[国]スペイン 自転車選手
Alzeer, Muhammad bn Hassan アルジール, ムハンマド・ブン・ハサン
[著]「イスラームの預言者物語」 国書刊行会 2010
Alzina, Guida アルジナ, グイダ
1946～ [著]「ごちそうどこかな」 学習研究社 2002
Alzmann, Christian アルズマン, クリスチャン
[著]「Battle Milk」 ボーンデジタル 2014
Amabile, Teresa M. アマビール, テレサ・M.

Amable, Bruno アマーブル、ブルーノ
　1961〜　㊋「五つの資本主義」藤原書店　2005
Amada, Gerald アマダ、ジェラルド
　㊋「心理療法ガイドブック」誠信書房　2012
Amadasi-Guzzo, Maria Giulia アマダジ＝グッゾ、マリア＝ジュリア
　㊋「カルタゴの歴史」白水社　2009
Amadei, Bernard アマデイ、ベルナール
　1954〜　㊋「岩盤応力とその測定」京都大学学術出版会　2012
Amadi, Elechi アマディ、エレチ
　1934〜2016　㊀ナイジェリア　作家、劇作家
Amadio, James アマディオ、ジェームズ
　㊋「フェルデンクライス・メソッドwalking」スキージャーナル　2006
Amadio, Peter C. アマディオ、ピーター・C.
　㊋「音楽家の手」協同医書出版社　2006
Amado, Jorge アマード、ジョルジェ
　1912〜2001　㊀ブラジル　作家　㊋アマード、ジョルジ／アマド／アマド、ジョルジ
Amado, Luís アマード、ルイス
　㊀ポルトガル　外相
Amador, Xavier Francisco アマダー、ザビア
　㊋「病気じゃないからほっといて」星和書店　2016
Amador Bikkazakova, Andrey アマドルビカザコバ、アンドレイ
　㊀コスタリカ　自転車選手
Amadou, Baba アマドゥ、ババ
　㊀カメルーン　観光相
Amadou, Hama アマドゥ、ハマ
　㊀ニジェール　首相
Amadou, Marou アマドゥ、マル
　㊀ニジェール　法相
Amadoud Jibril, Fatouma アマドゥジブリ、ファトゥマ
　㊀ベナン　家族・連帯相
Amady, Augustin アマディ、オーギュスタン
　㊀マダガスカル　公安相
Amaechi, Rotimi アマエチ、ロティミ
　㊀ナイジェリア　交通相
Amafo, Alice アマフォ、アリス
　㊀スリナム　社会問題・住宅相
Amagoalik, John アマゴアリク、ジョン
　㊋「北の国へ!!」清水弘文堂書房　2003
Amaladoss, Michael アマラドス、ミカエル
　1936〜　㊋「現代の宣教」新世社　2004
Amalric, Mathieu アマルリック、マチュー
　1965〜　㊀フランス　俳優、映画監督
Amama Amama, Benjamin アマナアマナ、バンジャマン
　㊀カメルーン　公務員・行政改革相
Aman, Acharya アマン、アチャーリャア
　1973〜　㊋「運命好転の法則」主婦の友社　2008
Aman, Wahi アマン、ワヒ
　㊀イエメン　公共事業・道路相　㊋アマン、ワヒ・タハ
Amanat, Ebrahim アマナット、エブラヒム
　㊋「十代の心理臨床実践ガイド」エイド出版、ドメス出版（発売）　2001
Amanda アマンダ
　㊋「まゆげ猫のサム」KADOKAWA　2016
Amangku, Enoch アマンク、エノ
　㊀インドネシア　元・日本留学生協会事務局長、元・インドネシア・日本友好協会事務局長、元・大統領特別補佐官
Amani, Michel N'guessan アマニ、ミシェル・ヌゲサン
　㊀コートジボワール　教育相
Amani, René アマニ、ルネ
　㊀コートジボワール　国防相
Amani N'guessan, Michel アマニヌゲサン、ミシェル
　㊀コートジボワール　国防相
Amanmyradov, Orazgeldy アマンムイラドフ、オラズゲリドイ
　㊀トルクメニスタン　内相
Amann, Hans アマン、ハンス
　1922〜　㊋「アンリー・デュナン」春風社　2005
Amann, Martina アマン、マルティナ
　1981〜　㊋「あきらめないで」徳間書店　2009
Amannepesov, Nurmuhammet アマンネペソフ、ヌルムハメト
　㊀トルクメニスタン　保健・医療産業相
Amann-marxer, Marlies アマンマルクサー、マルリース
　㊀リヒテンシュタイン　インフラ・環境・スポーツ相
Amano, Hiroshi アマノ、ヒロシ
　㊀日本　ノーベル賞　物理学賞（2014年）　漢字名＝天野浩
Amanor, Stephen Kwao アマノ、スティーブン・クワオ
　㊀ガーナ　雇用・社会福祉相
Amanov, Charymyrat アマノフ、チャルイムイラト
　㊀トルクメニスタン　国家保安相
Amanpour, Christiane アマンプール、クリスティアーヌ
　1958〜　㊀イギリス　ジャーナリスト
Amanshauser, Martin アマンスハウザー、マルティン
　1968〜　㊋「病んだハイエナの胃のなかで」水声社　2002
Amar, Corinne アマール、コリンヌ
　1962〜　㊋「愛の行為」彩流社　2004
Amar, Patrick アマール、パトリック
　㊋「部下へのモヤモヤがなくなる上司のための心理学」クロスメディア・パブリッシング、インプレスコミュニケーションズ（発売）　2012
Amar, Sidy Mohamed Ould Taleb アマール、シディ・モハメド・ウルド・タレブ
　㊀モーリタニア　水資源・エネルギー相
Amara, Abdelkader アマラ、アブドルカデル
　㊀モロッコ　エネルギー・鉱山・水資源・環境相
Amara, Fadela アマラ、ファドゥラ
　1964〜　㊋「売女でもなく、忍従の女でもなく」社会評論社　2006
Amaral, Francisco Xavier do アマラル、フランシスコ・シャビエル・ド
　1937〜2012　㊀東ティモール　東ティモール独立運動指導者　東ティモール社会民主連合党（ASDT）党首　㊋アマラル、シャビエル・ド
Amaral, Ovidio アマラル、オビディオ
　㊀東ティモール　運輸・通信・公共事業相
Amaral, Roberto アマラル、ロベルト
　㊀ブラジル　科学技術相
Amarante, Jose Ajiu アマランテ、ジョゼ・アジウ
　1965〜　㊀ポルトガル　フットサル監督
Amarante Baret, Carlos アマランテバレ、カルロス
　㊀ドミニカ共和国　内務・警察相　㊋アマランテバレト、カルロス
Amarathunga, John アマラトゥンガ、ジョン
　㊀スリランカ　観光開発・キリスト教・土地相
Amaraweera, Mahinda アマラウィーラ、マヒンダ
　㊀スリランカ　漁業・水産資源相
Amarello-williams, Joyce アマレロウィリアムス、ジョイス
　㊀スリナム　労働・技術開発・環境相
Amargo, Pablo アマルゴ、パブロ
　㊋「このうしあのうしどんなうし」新世研　2002
Amargo, Rafael アマルゴ、ラファエル
　1975〜　㊀スペイン　フラメンコダンサー、振付師
Amariglio, Jack アマリーリョ、ジャック
　㊋「経済学と知」御茶の水書房　2007
Amarin, Vladimir V. アマリン、ウラジーミル・V.
　㊀ベラルーシ　財務相
Amarista, Alexi アマリスタ、アレクシー
　㊀ベネズエラ　野球選手
Amaro, Jace アマロ、ジェイス
　㊀アメリカ　アメフト選手
Amaro, Ruben, Jr. アマロ、ルーベン、Jr.
　㊀アメリカ　ボストン・レッドソックスコーチ
Amartey, Daniel アマーティ、ダニエル
　㊀ガーナ　サッカー選手
Amason, Craig アマソン、クレイグ
　㊋「フラナリー・オコナーのジョージア」新評論　2015
Amat, Jordi アマト、ジョルディ
　㊀スペイン　サッカー選手
Amatenstein, Sherry アモテンスティーン、シェリー
　㊋「恋人と別れたくないあなたへ」PHP研究所　2004
Amathila, Libertina アマティラ、リバーティナ
　㊀ナミビア　副首相　㊋アマティラ、リベルティナ
Amato, Giuliano アマート、ジュリアーノ
　1938〜　㊀イタリア　政治家　イタリア首相　㊋アマト、ジュリアノ
Amato, Mary アマート、メアリー
　1961〜　㊀アメリカ　作家　㊋児童書
Amato, Serena アマト
　㊀アルゼンチン　セーリング選手
Amatong, Juanita アマトン、フアニタ
　㊀フィリピン　財務相

A

Amatori, Franco アマトーリ, フランコ
1948～ [著]「ビジネス・ヒストリー」 ミネルヴァ書房 2014
Amatriain, Alicia アマトリアイン, アリシア
[国]ドイツ バレリーナ シュトゥットガルト・バレエ団プリンシパル
Amatuzio, Janis アマトゥーゾ, ジャニス
[著]「「死ぬこと」の意味」 サンマーク出版 2006
Amatya, Deepak Chandra アマティア, ディーパク・チャンドラ
[国]ネパール 文化観光・航空相
Amaty Léon Chavez, Carlos アマトイレオン・チャベス, カルロス
[国]ペルー 農相
Amawi, Ahmad Ahmad El アマウィ, アハマド・アハマド
[国]エジプト 労働力・移民相 [異]アマウィ, アハマド・アハマド・エル
Ambachew, Mekonnen アンバチョ・メコネン
[国]エチオピア 都市開発・住宅相
Ambachtsheer, Keith P. アムバクシア, キース・P.
[著]「年金大革命」 金融財政事情研究会, きんざい(発売) 2008
Ambani, Anil D. アンバニ, アニル
1959～ [国]インド 実業家 リライアンス－アニル・ディルバイ・アンバニ・グループ会長・CEO
Ambani, Dhirubhai アンバニ, ディルバイ
1932～2002 [国]インド 実業家 リライアンス・グループ総帥
Ambani, Mukesh D. アンバニ, ムケシュ
1957～ [国]インド 実業家 リライアンス・インダストリーズ会長
Ambani, Nita アンバニ, ニタ
[国]インド ムケシュ・アンバニ夫人
Amba Salla, Patrice アムバサラ・パトリス
[国]カメルーン 公共事業相
Ambler, Scott W. アンブラー, スコット
1966～ [異]アンブラー, スコット・W. [著]「ディシプリンド・アジャイル・デリバリー」 翔泳社 2013
Ambler, Tim アンブラー, ティム
[著]「業績評価の理論と実務」 東洋経済新報社 2004
Ambro, Darrell アンブロ, ダレル・L.
[著]「Solaris9」 翔泳社 2003
Ambrogetti, Francesca アンブロジェッティ, フランチェスカ
[著]「教皇フランシスコとの対話」 新教出版社 2014
Ambroise, Mankenda アンブロイセ, マンケンダ
[国]アンゴラ 地質鉱物相
Ambros, Victor R. アンブロス, ビクター
1953～ [国]アメリカ 分子医学者, 遺伝学者 マサチューセッツ州立大学メディカルスクール教授
Ambrose, Alice アンブローズ, アリス
1906～2001 [著]「ウィトゲンシュタインの講義」 講談社 2013
Ambrose, David アンブローズ, デイヴィッド
1943～ [著]「リックの量子世界」 東京創元社 2010
Ambrose, Gavin アンブローズ, ギャヴィン
[著]「カラー」 グラフィック社 2007
Ambrose, Hugh アンブローズ, ヒュー
1966～2015 [国]アメリカ 歴史家, 作家 本名＝Ambrose, Hugh Alexander
Ambrose, Richard アンブロース, リッチ
[著]「ポートフォリオをデザインする」 ミネルヴァ書房 2001
Ambrose, Rona アンブローズ, ローナ
[国]カナダ 保健相
Ambrose, Starr アンブローズ, スター
[国]アメリカ 作家 [専]ロマンス
Ambrose, Stephen E. アンブローズ, スティーブン
1936～2002 [国]アメリカ 歴史学者, 作家 国立Dデイ博物館館長 [専]米国現代史 [異]アンブローズ, スティーヴン / アンブローズ, スティーヴン・E.
Ambrose, Susan A. アンブローズ, スーザン・A.
1958～ [著]「大学における「学びの場」づくり」 玉川大学出版部 2014
Ambrose, Tom アンブローズ, トム
[著]「図説自転車の歴史」 原書房 2014
Ambrosi, Olga アンブロージ, オルガ
[著]「よいたよりの使者」 女子パウロ会 2015
Ambrosiani, Björn アンブロシアーニ, B.
[著]「ヴァイキングと都市」 東海大学出版会 2001
Ambrozek, Libor アムブロゼク, リボル
[国]チェコ 環境相 [異]アムブロゼク, リボール
Ambruas, Victor アンブラス, ヴィクター・G.
[著]「黒馬物語」 文園社 2003
Ambunda, Paulus アンブンダ
[国]ナミビア ボクシング選手
Amdahl, Gene アムダール, ジーン
1922～2015 [国]アメリカ コンピューター科学者, 起業家 アムダール・コーポレーション創業者 本名＝Amdahl, Gene Myron
Amdur, Robert J. アムダー, ロバート・J.
[著]「IRBハンドブック」 中山書店 2009
Amedjogbe, Henriette Kuevi アメジョグベ, エンリエット・クエビ
[国]トーゴ 技術教育・職業訓練相
Amedjogbekouevi, Henriette Olivia アメジョグベクエビ, アンリエット・オリビア
[国]トーゴ 女性促進相
Ameen, Afsarul アミーン, アフサルル
[国]バングラデシュ 初等大衆教育相 [異]アミン, アフサルル
Ameerali, Robert アメラリ, ロバート
[国]スリナム 副大統領
Ameeruddin, Syed アメールディン, シード
[著]「現代世界アジア詩集」 土曜美術社出版販売 2010
A-MEI アーメイ
[国]台湾 歌手 漢字名＝阿妹 [異]アメイ
Amekan, Hassan アメカン, ハッサン
1979～ [著]「もりのかぞく」 学習研究社 c2008
Amel, Arash アメル, アラッシュ
[著]「グレース・オブ・モナコ」 フォーインスクリーンプレイ事業部(発売) 2015
Ameliach, Francisco José アメリアチ, フランシスコ・ホセ
[国]ベネズエラ 大統領府相
Amelianovich, Mikhail M. アメリヤノビッチ, ミハイル・M.
[国]ベラルーシ 林業相
Ameline, Jean-Paul アムリン, ジャン＝ポール
[著]「異邦人たちのパリ」 朝日新聞社 2007
Ameline, Nicole アメリン, ニコル
[国]フランス 職業平等相 [異]アメリーヌ, ニコル
Amelio, Gianni アメリオ, ジャンニ
1945～ [国]イタリア 映画監督 [異]アメリオ, ジアンニ
Amelio, William J. アメリオ, ウィリアム
1957～ [国]アメリカ 実業家 CHCヘリコプター社長・CEO レノボ・グループCEO 別名＝アメリオ, ビル
Ameliyanovich, Mikhail M. アメリヤノビチ, ミハイル・M.
[国]ベラルーシ 林業相
Amel'kin, Vladimir Vasil'evich アメリキン, V.V.
[著]「常微分方程式モデル入門」 森北出版 2006
Amelung, Knut アメルング, クヌート
[著]「組織内犯罪と個人の刑事責任」 成文堂 2002
Amen, Daniel G. エイメン, ダニエル・G.
[著]「「健康」は、脳が99%決める。」 イースト・プレス 2012
Amenábar, Alejandro アメナーバル, アレハンドロ
1972～ [国]スペイン 映画監督, 脚本家 [異]アメナバール, アレハンドロ
Amendola, Danny アメンドーラ, ダニー
[国]アメリカ アメフト選手
Amenson, Christopher S. エイメンソン, クリストファー・S.
[著]「統合失調症の家族教育方法論」 星和書店 2003
Ament, Jeff アメン, ジェフ
グラミー賞 最優秀レコーディング・パッケージ(2014年(第57回)) "Lightning Bolt" アート・ディレクター
Amenyo, Afi Ntifa アメニオ, アフィ・ニチファ
[国]トーゴ 市民活動・連携相
Amer, Musa アメル
[国]カタール 陸上選手
Americo, Tiago アメリコ, ティアゴ
[著]「だあれもねずみにきづかない」 ワールドライブラリー 2015
Amerikaner, Susan アメリカーナー, スーザン
[著]「ディズニープリンセスウエディング・ストーリーズ」 KADOKAWA 2014
Améris, Jean-Pierre アメリス, ジャン・ピエール
1961～ [国]フランス 映画監督
Amerkhanov, Ruslan アメルハノフ, ルスラン
?～2009 [国]ロシア 政治家 イングーシ共和国建設相
Amerson, David エマーソン, デービッド
[国]アメリカ アメフト選手
Amery, Colin アメリー, コリン
[著]「ビジュアル版 世界の歴史都市」 柊風舎 2016
Amery, Heather アメリー, ヒーザー

著「のうじょうのクリスマス」大日本絵画　〔2001〕
Ames, Amethyst　エイムス、アメシスト
　著「はじまりは愛の契約」竹書房　2007
Ames, David　エームズ、D.
　著「うつ病という時限爆弾」日本評論社　2003
Ames, Kenneth M.　エイムス、ケネス・M.
　1945〜　著「複雑採集狩猟民とはなにか」雄山閣　2016
Amet, Arnold　アメト、アーノルド
　国パプアニューギニア　司法長官兼法務相
Ameti, Bashkim　アメティ、バシュキム
　国マケドニア　環境・都市開発相
Amette, Jacques-Pierre　アメット、ジャック＝ピエール
　1943〜　著「ブレヒトの愛人」小学館　2004
Ameur, Mohammed　アムール、モハメド
　国モロッコ　在外移民担当相
Ami, Korren　アミ、コレン
　著「形とシンメトリーの饗宴」森北出版　2003
Amialiusik, Alena　アミアリュシク、アレナ
　国ベラルーシ　自転車選手
Amichia, François Albert　アミシア、フランソワ・アルベール
　国コートジボワール　スポーツ・余暇相　異アミシア、フランソワアルベール
Amidu, Martin　アミドゥ、マーティン
　国ガーナ　法相
Amieiro, Nuno　アミエイロ、ヌーノ
　1979〜　著「モウリーニョ」講談社　2007
Amiel, Jean-Claude　アミエル、ジャン＝クロード
　著「芸術家の家」西村書店東京出版編集部　2012
Amies, Hardy　エイミス、ハーディ
　1909〜2003　国イギリス　ファッションデザイナー　本名＝エイミス、エドウィン・ハーディ〈Amies, Edwin Hardy〉　異エイミーズ、ハーディ／エイミズ、ハーディ
Amiez, Sébastien　アミエ
　国フランス　アルペンスキー選手
Amiin, Muse Nur　アミン、ムセ・ヌール
　国ソマリア　国家安全保障・内務相
Amil, Farukh　アーミル、ファルク
　国パキスタン　駐日特命全権大使
Amimour, Mahieddine　アミムール、マヒエディヌ
　国アルジェリア　情報・文化相
amin　アミン
　1973〜　国中国　シンガー・ソングライター　本名＝巫慧敏（ウー・ホイミン）　異アミン
Amin, Abdulkadir　アミン・アブドゥルカディル
　国エチオピア　文化観光相
Amin, Adnan　アミン、アドナン
　1957〜　国ケニア　国際再生可能エネルギー機関（IRENA）事務局長
Amin, Bakhityar　アミン、バフティヤル
　国イラク　人権相
al-Amin, Habib Mohammad　アミン、ハビブ・ムハンマド
　国リビア　文化相
Amin, Haron　アミン、ハルン
　1969〜2015　国アフガニスタン　外交官　駐日アフガニスタン大使
Amin, Majid　アミン、マジド
　国イラク　保健相
Amin, Samir　アミン、サミール
　著「別のダボス」柘植書房新社　2002
Amin, Yusuf Maalin　アミン、ユスフ・マーリン
　国ソマリア　産業相
Amin, Yusuf Moallim　アミン、ユスフ・モアリム
　国ソマリア　農業・家畜相
Amina, Nur Hussein　アミナ・ヌル・フセイン
　国エリトリア　保健相
Aminabhavi, Tejraj M.　アミナバビ、テジラジ
　1947〜　国インド　高分子学者　ソニア薬科大学名誉教授　カルナタカ大学高分子化学研究所所長　薬学
Aminashvili, Sandro　アミナシビリ、サンドロ
　国ジョージア　レスリング選手
Amin Dada, Idi　アミン、イディ
　1925〜2003　国ウガンダ　政治家、軍人　ウガンダ大統領　本名＝Amin Dada, Field Marshal Idi　異アミン・ダダ、イディ
Amini, Hossein　アミニ、ホセイン
　著「スノーホワイト」竹書房　2012
Aminu, Al-Farouq　アミヌ、アル・ファルク
　国ナイジェリア　バスケットボール選手
Aminuddin, Usman　アミヌッディン、ウスマン
　国パキスタン　石油・天然資源相
Aminzadeh, Elham　アミンザデ、エルハム
　国イラン　副大統領（法律担当）
Amir, Lital　アミール、リタル
　1979〜　著「空から見れば」ワールドライブラリー　2016
Amir, Syamsuddin　アミル・シャムスディン
　国インドネシア　法務・人権相
al-Amiri, Hadi　アミリ、ハディ
　国イラク　運輸相
Amiri, Hossein Ali　アミリ、ホセイン・アリ
　国イラン　副大統領（国会担当）
Amiri, Nadiem　アミリ、ナディエム
　国ドイツ　サッカー選手
Amirov, Feodor　アミロフ、フォードル
　国ロシア　チャイコフスキー国際コンクール　ピアノ　第6位（2007年（第13回））
Amirov, Rajabmad　アミロフ、ラジャブマド
　国タジキスタン　文化相
Amir-tahmasseb, Babak　アミルタマセブ
　国フランス　カヌー選手
Amiryan, Armen　アミリャン、アルメン
　国アルメニア　文化相
Amis, Kingsley　エイミス、キングズレー
　著「ロンドンで本を読む」マガジンハウス　2001
Amis, Martin Louis　エイミス、マーティン
　1949〜　国イギリス　作家
Amissah-arthur, Kwesi Bekoe　エミッサーアーサー、クウェシ・ベーコ
　国ガーナ　副大統領
Ammaniti, Niccolò　アンマニーティ、ニコロ
　1966〜　国イタリア　作家
Ammann, Daniel　アマン、ダニエル
　1963〜　著「キング・オブ・オイル」ウェイツ　2010
Ammann, Simon　アマン、シモン
　1981〜　国スイス　スキー選手　異アマン
Ammar, Alain　アマー、アラン
　著「ゲバラ」原書房　2004
Ammirato, Piero　アンミラート、ピエーロ
　著「イタリア協同組合レガの挑戦」家の光協会　2003
Ammons, A.R.　アモンズ、A.R.
　1926〜2001　国アメリカ　詩人　コーネル大学教授　本名＝アモンズ、アーチー・ランドルフ〈Ammons, Archie Randolph〉
Ammons, Mark　アモンズ、マーク
　アメリカ探偵作家クラブ賞　ロバート・L.フィッシュ賞（2008年）"The Catch"
Amna, Nur Hussein　アムナ・ヌル・フセイン
　国エリトリア　保健相
Amofo, Alice　アモファ、アリス
　国スリナム　社会問題・住宅相
Amon, Benoît　アモン、ブノワ
　国コートジボワール　建設・都市計画相
Amon, Chris　エイモン、クリス
　1943〜2016　国ニュージーランド　F1ドライバー　本名＝Amon, Christopher Arthur　異エーモン、クリス
Amongi, Betty　アモンギ、ベティ
　国ウガンダ　国土・住宅・都市開発相
Amon-tanoh, Marcel　アモン・タノ、マルセル
　国コートジボワール　外相　異アモンタノー、マルセル／アモンタノー、マルセル・ブノワ
Amor, Daniel　アモール、ダニエル
　著「ITビジネス実践ガイド」ピアソン・エデュケーション　2001
Amore, Dom　アモレ、ドム
　著「松井秀喜スピリット」産経新聞ニュースサービス、扶桑社（発売）　2003
Amorebieta, Fernando　アモレビエタ、フェルナンド
　国ベネズエラ　サッカー選手
Amorim, Celso　アモリン、セルソ
　1942〜　国ブラジル　政治家、外交官　ブラジル外相・国防相　本名＝アモリン、セルソ・ルイス・ヌーネス〈Amorim, Celso Luiz Nunes〉　異アモリム、セルソ
Amorín, José　アモリン、ホセ
　国ウルグアイ　教育・文化相兼スポーツ・青年相
Amorth, Gabriele　アモース、ガブリエル
　著「エクソシストは語る」エンデルレ書店　2007

Amoruso, Sophia　アモルーソ, ソフィア
　1984～　®「#GIRLBOSS」CCCメディアハウス　2015
Amory, Jay　エイモリー, ジェイ
　®「海賊船べへモスの襲撃」東京創元社　2009
Amory, Vance　エイモリー, バンス
　セントクリストファー・ネイビス　ネビス島・労働・社会保障・宗教相
Amos, Adrian　エイモス, エイドリアン
　国アメリカ　アメフト選手
Amos, Daniel Paul　エイモス, ダニエル
　1951～　国アメリカ　実業家　アフラック会長・CEO
Amos, Hallam　アモス, ハラム
　国ウェールズ　ラグビー選手
Amos, Martyn　エイモス, マーティン
　®「ジェネシス・マシン」日経BP社, 日経BP出版センター（発売）　2008
Amos, Nijel　アモス
　国ボツワナ　陸上選手
Amos, Paul　エイモス, ポール
　国アメリカ　実業家　アフラック社長　本名＝Amos, Paul S. II
Amos, Robyn　エイモス, ロビン
　®「明日への約束」ハーレクイン　2002
Amos, Valerie　エイモス, バレリー
　国イギリス　上院院内総務兼枢密院議長
Amosov, Nikolai Mikhailovich　アモーソフ, ニコライ
　1913～2002　国ウクライナ　心臓外科医, 医学者, 作家　キエフ心臓外科研究所名誉所長　®アモソフ, ニコライ
Amoudokpo, Komi Dotse　アムドポ, コミ・ドセ
　国トーゴ　議会担当相
Amoughe Mba, Pierre　アムゲムバ, ピエール
　国ガボン　都市・社会団体・孤児保護相
Amoussou, Bruno　アムス, ブリュノ
　国ベナン　計画・開発担当相　®アムスー, ブルーノ
Amoussouga, Fullbert Géro　アムスガ, フルベール・ジェロ
　国ベナン　ミレニアム開発目標・持続的開発目標・大規模工事実施政策調整担当相
Amouzou-djake, Angèle　アムズジャケ, アンジェル
　国トーゴ　スポーツ・余暇相
Amoyan, Roman　アモヤン
　国アルメニア　レスリング選手
Ampofo, Ofosu　アンポフォ, オフォス
　国ガーナ　地方政府相
Ampuero, Roberto　アンプエロ, ロベルト
　1953～　国チリ　作家, 政治家
Amr, Muhammad Kamel　アムル, ムハンマド・カメル
　国エジプト　外相
Amrabat, Nordin　アムラバト, ノルディン
　国モロッコ　サッカー選手
Amram, Martha　アムラム, マーサ
　1957～　®「リアル・オプション」東洋経済新報社　2001
Amran, Sulaiman　アムラン・スライマン
　国インドネシア　農相
al-Amrani, Ahmed Ali　アムラニ, アハマド・アリ
　国イエメン　情報相
Amri, Marwa　アマリ, マルワ
　国チュニジア　レスリング選手　®アムリ
Amritanandamayi, Mata　アムリターナンダマイー・デーヴィ, シュリー・マーター
　1953～　アムリターナンダマイー, マーター　®「米国における化学物質規制の初歩」日本化学物質安全・情報センター　2008
Amritaswarupananda, Swami　アムリタスワルーパーナンダ, スワーミ
　®「聖なる母との対話」日本マーター・アムリターナンダマイー・センター　2006
Amro, Nabil　アムル, ナビル
　国パレスチナ　議会担当相
Amsden, Alice Hoffenberg　アムスデン, アリス・H.
　®「帝国と経済発展」法政大学出版局　2011
Amster-Burton, Matthew　アムスター＝バートン, マシュー
　®「米国人一家, おいしい東京を食べ尽くす」エクスナレッジ　2014
Amstutz, Mark R.　アムスタッツ, マーク・R.
　®「エヴァンジェリカルズ」太田出版　2014
Amte, Murlidhar Devidas　アムテ, ムルリンダル・デビダス
　1914～2008　国インド　社会活動家, 法律家　通称＝バーバ・アムテ〈Baba Amte〉　®アムテ, バーバ／アムテ, ババ／ババ・ア

ムテ
Amu, Amir Hossain　アム, アミール・ホサイン
　国バングラデシュ　工業相　®アムー, アミール・ホセイン
Amuchastegui, Cristian Emanuel　アムチャステギ, クリスチャン・エマヌエル
　国アルゼンチン　ローザンヌ国際バレエコンクール 1位・プロ研修賞（第38回（2010年））ほか
al-Amudi, Umar Muhsin Abdul-Rahman　アムディ, ウマル・ムハシン・アブドルラハマン
　国イエメン　交通相
Amukamara, Prince　アムカマラ, プリンス
　国アメリカ　アメフト選手
Amundsen, Per-Willy　アムンセン, ペール・ビリ
　国ノルウェー　法務・公安相
Amundson, Lou (Louis)　アムンドソン, ルー
　国アメリカ　バスケットボール選手
Amundson, Norman E.　アムンドソン, N.E.
　®「キャリア・パスウェイ」ナカニシヤ出版　2005
Amunugama, Sarath　アムヌガマ, サラト
　国スリランカ　特別プロジェクト相
Amurane, Adelaide Anchia　アムラーネ, アデライデ・アンシア
　国モザンビーク　大統領府長官
Amweelo, Moses　アムウィーロ, モーゼス
　国ナミビア　公共事業・運輸・通信相
Amzalag, Michael　アムザラグ, ミカエル
　グラミー賞 最優秀レコーディング・パッケージ（2012年（第55回））"Biophilia"　アート・ディレクター
An, Do-hyeon　アン, ドヒョン
　1961～　国韓国　詩人　漢字名＝安度眩
An, Jong Do　アン・ジョン・ドゥ
　国韓国　ロン・ティボー・クレスパン国際音楽コンクール ピアノ モナコ・アルベール2世大公賞・"Rivers"解釈賞（2012年（第41回））ほか
An, Jong-su　アン・ジョンス
　国北朝鮮　軽工業相　漢字名＝安正秀
An, Kum-ae　アン・グムエ
　1980～　国北朝鮮　柔道選手　®アン・グエム
An, Tong-chun　アン・ドンチュン
　国北朝鮮　文化相　漢字名＝安東春
An, Victor　アン, ビクトル
　国ロシア　ショートトラック選手　®アン
An, Yong-hak　アン・ヨンハ
　1978～　国北朝鮮　サッカー選手　漢字名＝安英学
An, Yun-Jo　アン, ユン＝ヨ
　®「インストラクショナルデザインの理論とモデル」北大路書房　2016
Anado, Luis Filipe Margues　アマード, ルイス・フェリペ・マルケス
　国ポルトガル　外相
Anagnostou, Evdokia　アナグノストウ, エヴドキア
　1971～　®「自閉症治療の臨床マニュアル」明石書店　2012
Ananasova, Lolita　アナナソワ, ロリータ
　国ウクライナ　水泳選手
Anand, Anita　アナンド, アニタ
　®「帝国への挑戦」作品社　2005
Anand, Geeta　アナンド, ジータ
　®「小さな命が呼ぶとき」新潮社　2010
Anand, Mulk Raj　アーナンド, ムルク・ラージ
　1905～2004　国インド　作家　®アナンド, マルク・ラジ
Ananda Krishnan　アナンダ・クリシュナン
　国マレーシア　実業家
Ananda Kumarasiri, G.K.　アーナンダ・クマラセリ, G.K.
　1942～　®「シッダールタ」サンガ　2013
Anandra, Norbert　アナンドラ, ノルベール
　国マダガスカル　公安相
Anane, Richard　アナン, リチャード
　国ガーナ　道路相　®アナネ, リチャード
Anangwe, Amukowa　アナングウェ, アムコワ
　国ケニア　医療サービス相
Anani, Cassa Gustave　アナニ, カサ・グスタベ
　国ベナン　法相
Ananias, Patrus　アナニアス, パトルス
　国ブラジル　農村開発相
Ananiashvili, Nina　アナニアシヴィリ, ニーナ
　1963～　国ジョージア　バレリーナ　ジョージア国立バレエ団芸術監督　ボリショイ・バレエ団プリンシパル　本名＝

Ananiashvili, Nina Gedevanovna　[異]アナニアシビリ, ニーナ / アナニアシヴィリ, ニノ
Ananich, Liliya S.　アナニチ, リリヤ・S.
[国]ベラルーシ　情報相
Anantaporn, Kanjanarat　アナンタポーン・カンジャナラート
[国]タイ　エネルギー相
Ananthaswamy, Anil　アナンサスワーミー, アニル
[著]「宇宙を解く壮大な10の実験」 河出書房新社　2010
Ananthkumar　アナントクマール
[国]インド　化学・肥料相　[異]アナント・クマール
Anapol, Deborah M.　アナポール, デボラ
[著]「ポリアモリー」 インターシフト, 河出書房新社(発売)　2004
Anarina, N.　アナーリナ, ニーナ
1945～　[著]「私のモスクワ、心の記憶」 群像社　2005
Anastacio, Sabino　アナスタシオ, サビノ
[国]パラオ　国務相
Anastasi, Elizabeth　アナスタシ, エリザベス
[著]「グリーン・バリュー経営への大転換」 NTT出版　2013
Anastasiades, Nicos　アナスタシアディス, ニコス
1946～　[国]キプロス　政治家　キプロス大統領
Anastopoulos, Arthur D.　アナストポウロス, アーサー・D.
[著]「診断・対応のためのADHD評価スケール」 明石書店　2008
Anaté, Kouméalo　アナテ, クメアロ
[国]トーゴ　通信・文化・芸術・公民教育相
Anatolios, Khaled　アナトリオス, カレド
1962～　[著]「カトリック」 青土社　2003
Anatsui, El　アナツイ, エル
1944～　[国]ガーナ　彫刻家
Anawalt, Patricia Rieff　アナワルト, パトリシア・リーフ
1924～　[著]「世界の民族衣装文化図鑑」 柊風舎　2011
Anbäcken, Els-Marie　アンベッケン, エルスマリー
1954～　[著]「Who cares？」 中央法規出版　2003
Ancelotti, Carlo　アンチェロッティ, カルロ
1959～　[国]イタリア　サッカー指導者, 元サッカー選手
Anchordoguy, Marie　アンチョルドギー, マリー
[著]「日本経済の再設計」 文真堂　2011
Ancic, Mario　アンチッチ
[国]クロアチア　テニス選手
Ancona, Deborah Gladstein　アンコナ, デボラ
[異]アンコーナ, デボラ　[著]「昇進者の心得」 ダイヤモンド社　2009
Anda, Gunawan　アンダ・グナワン
[国]インドネシア　元・在インドネシア日本国大使館現地職員
Andahazi, Federico　アンダーシ, フェデリコ
1963～　[著]「解剖学者」 角川書店　2003
Andaya, Rolando　アンダヤ, ローランド
[国]フィリピン　予算管理相
Andelin, Helen B.　アンデリン, ヘレン
[著]「新・良妻賢母のすすめ」 コスモトゥーワン　2007
Andelkovic, Sinisa　アンデルコヴィッチ, シニシャ
[国]スロベニア　サッカー選手
Andely, Roger Rigobert　アンドリー, ロジェ・リゴベール
[国]コンゴ共和国　財務相
Andeol, Emilie　アンデオル, エミリ
[国]フランス　柔道選手
Ander, Willard N.　アンダー, ウィラード・N.
[著]「勝つ流通業の「一番」戦略」 ダイヤモンド社　2005
Ander Herrera　アンデル・エレーラ
[国]スペイン　サッカー選手
Andermann, Eva　アンデルマン, E.
[著]「てんかん鑑別診断学」 医学書院　2010
Anders, Allison　アンダース, アリソン
[著]「マイ・ファースト・ムービー」 フィルムアート社　2002
Anders, George　アンダース, ジョージ
[著]「私はあきらめない」 アーティストハウスパブリッシャーズ　2003
Anders, Karen　アンダース, カレン
[著]「無邪気な逃亡者」 ハーレクイン　2005
Anders, Maud　アンダーズ, モード
[著]「女性狙撃手」 原書房　2015
Andersen, Anne　アンデルセン, アンネ
[国]デンマーク　ボート選手
Andersen, Chris　アンダーセン, クリス
[国]アメリカ　バスケットボール選手
Andersen, Christopher P.　アンダーセン, クリストファー
1949～　[著]「愛しの(スイート)キャロライン」 ビジネス社　2014
Andersen, Dag Terje　アンデシェン, ダグ・テリエ
[国]ノルウェー　労働・社会統合相
Andersen, Esben Sloth　アンデルセン, エスベン・スロス
1947～　[異]アンデルセン, E.S.　[著]「シュンペーター」 一灯舎　2016
Andersen, Francis I.　アンダースン, フランシス・I.
1925～　[著]「ヨブ記」 いのちのことば社　2014
Andersen, Hjalmar　アンデルセン, ヤルマール
1923～2013　[国]ノルウェー　スピードスケート選手　[異]アンデルセン, ヤルマル
Andersen, Jens　アナセン, イェンス
1955～　[著]「本当に読みたかったアンデルセン童話」 NTT出版　2005
Andersen, Jodi　アンダーセン, ジョディ
1958～　[著]「ちょっと困ったおるすばん犬と幸せに暮らす本」 講談社　2003
Andersen, Kjel　アンデルセン, ケール
[著]「わかる！ 頭頸部画像診断の要点」 メディカル・サイエンス・インターナショナル　2009
Andersen, Mark B.　アンダーセン, マーク・B.
[著]「競技力アップのスポーツカウンセリング」 大修館書店　2008
Andersen, Petter　アンデシェン
[国]ノルウェー　スピードスケート選手
Andersen, Susan　アンダーセン, スーザン
1950～　[著]「ハニーは涙を流さない」 ハーレクイン　2010
Andersen, Tom　アンダーセン, T.
1955～　[著]「水圏生態系の物質循環」 恒星社厚生閣　2006
Andersen, Tom　アンデルセン, トム
1936～2007　[著]「リフレクティング・プロセス」 金剛出版　2015
Anderson　アンデルソン
[国]ブラジル　サッカー選手
Anderson, Alan　アンダーソン, アラン
[国]アメリカ　バスケットボール選手
Anderson, Allen　アンダーソン, アレン
1954～　[著]「犬がくれたたいせつな贈りもの」 アルファポリス, 星雲社(発売)　2013
Anderson, Andy　アンダーソン, アンディ
[著]「ハンガリー1956」 現代思潮新社　2006
Anderson, Ann　アンダーソン, アン
1967～　[著]「XPエクストリーム・プログラミング導入編」 ピアソン・エデュケーション　2001
Anderson, AnnMarie　アンダーソン, アンマリー
[著]「くるみわりにんぎょう」 徳間書店　2012
Anderson, Benedict　アンダーソン, ベネディクト
1936～2015　[国]アイルランド　政治学者　コーネル大学名誉教授　[専]東南アジア研究　本名＝Anderson, Benedict Richard O'Gorman
Anderson, Bernhard W.　アンダーソン, B.W.
[著]「新しい創造の神学」 教文館　2001
Anderson, Betty Lise　アンダーソン, B.L.
[著]「半導体デバイスの基礎」 シュプリンガー・ジャパン　2008
Anderson, Bill　アンダーソン, ビル
1930～2004　[著]「サリー花のような女の子」 光文社　2005
Anderson, Bob　アンダーソン, ボブ
？～2008　[国]アメリカ　プロダクション・デザイナー, 俳優
Anderson, Bob　アンダーソン, ボブ
1945～　[著]「ストレッチング」 ナップ　2002
Anderson, Brad　アンダーソン, ブラッド
1964～　[国]アメリカ　映画監督　[異]アンダースン, ブラッド
Anderson, Brent Eric　アンダーソン, ブレント
1955～　[著]「アストロシティ：ライフ・イン・ザ・ビッグシティ」 ヴィレッジブックス　2014
Anderson, Brett　アンダーソン, ブレット
[国]イギリス　ミュージシャン
Anderson, Brett　アンダーソン, ブレット
[国]アメリカ　野球選手
Anderson, Burton　アンダースン, バートン
[著]「イタリア・ワイン」 早川書房　2006
Anderson, C.A.　アンダーソン, C.A.
[著]「臨床社会心理学の進歩」 北大路書房　2001
Anderson, Carl　アンダーソン, カール
1945～2004　[国]アメリカ　俳優
Anderson, Carol Boyles　アンダーソン, キャロル・B.
[著]「裁判員への説得技法」 北大路書房　2014
Anderson, Caroline　アンダーソン, キャロライン
[著]「フィレンツェで生まれた恋」 ハーレクイン　2010
Anderson, Carol M.　アンダーソン, C.M.

A

Anderson, Carol Shaffer アンダーソン, キャロル・シャファー
㊆アメリカ 元・経済協力開発機構(OECD)日本政府代表部現地職員

Anderson, Catherine アンダーソン, キャサリン
㊆「花嫁になるための4つの恋物語」竹書房 2015

Anderson, Chase アンダーソン, チェイス
㊆アメリカ 野球選手

Anderson, Chris アンダーソン, クリス
1961〜 編集者,実業家 3Dロボティクス共同創業者・CEO「ワイアード」編集長

Anderson, Chris アンダーソン, クリス
1974〜 ㊆「エッセンシャルWPF」翔泳社 2007

Anderson, Chris アンダーソン, クリストファー
1970〜 ㊆「JETER」岩崎書店 2015

Anderson, Christopher アンダーセン, クリス
1966〜 ㊆「サッカーデータ革命」辰巳出版 2014

Anderson, C.J. アンダーソン, C.J.
㊆アメリカ アメフト選手

Anderson, C.L. アンダースン, C.L.
1966〜 ㊆「エラスムスの迷宮」早川書房 2012

Anderson, Cody アンダーソン, コディ
㊆アメリカ 野球選手

Anderson, Colt アンダーソン, コルト
㊆アメリカ アメフト選手

Anderson, Dave アンダーソン, デイブ
1961〜 ㊆「ウザい客に買わせる技術」阪急コミュニケーションズ 2008

Anderson, David アンダースン, デイヴィッド
㊆「シャーロック・ホームズ大図鑑」三省堂 2016

Anderson, David アンダーソン, デービッド
㊆カナダ 環境相

Anderson, David J. アンダーソン, D.J.
㊆「再生医学」エヌ・ティー・エス 2002

Anderson, David J. アンダーソン, デビッド・J.
㊆「カンバン」リックテレコム 2014

Anderson, Debra Gay アンダーソン, D.G.
㊆「家族看護学」医学書院 2001

Anderson, Demetris アンダーソン, デメトリス
㊆アメリカ アメフト選手

Anderson, Derek アンダーソン, デレック
㊆アメリカ アメフト選手

Anderson, Derek アンダーソン, デレック
㊆「リトルクワック おともだち」ジェネオンエンタテインメント 2007

Anderson, Diane M. アンダーソン, ディアン・M.
㊆「食品・栄養・食事療法事典」産業出版,産業調査会(発売) 2006

Anderson, Douglas Allen アンダーソン, ダグラス・A.
1959〜 ㊆「ホビット」原書房 2012

Anderson, Douglas R. アンダーソン, D.R.
1938〜 ㊆「緑内障診療のための自動静的視野測定」医学書院 2001

Anderson, Dres アンダーソン, ドレス
㊆アメリカ アメフト選手

Anderson, Drew アンダーソン, ドリュー
㊆アメリカ 野球選手

Anderson, Eli アンダーソン, エリ
1967〜 ㊆フランス 作家,医師 ㊆ヤングアダルト,スリラー 別筆名=Serfaty, Thierry

Anderson, Elijah アンダーソン, イライジャ
㊆「ストリートのコード」ハーベスト社 2012

Anderson, Elizabeth アンダーソン, エリザベス
㊆「リターン・トゥ・ザ・シー」竹書房 2005

Anderson, Elizabeth L. アンダーソン, エリザベス・L.
㊆「室内空気質のリスク評価」アイ・ケイコーポレーション 2004

Anderson, Elizabeth T. アンダーソン, エリザベス・T.
㊆「コミュニティアズパートナー」医学書院 2007

Anderson, E.M. アンダーソン, E.M.
㊆「野生動物の研究と管理技術」文永堂出版 2001

Anderson, Eric アンダーソン, エリック
㊆「宇宙旅行ハンドブック」文芸春秋 2006

Anderson, Erin アンダーソン, エリン
㊆「営業チームの強化法」ダイヤモンド社 2007

Anderson, Ernestine アンダーソン, アーネスティン
1928〜2016 ㊆アメリカ ジャズ歌手 本名=Anderson, Ernestine Irene

Anderson, Gail アンダーソン, ゲイル
㊆「トールヘイブンコレクション」〔サン・ケイ〕 2006

Anderson, Gail アンダーソン, ゲイル
㊆「ニュー・オーナメンタル・タイポグラフィー」パイ インターナショナル 2010

Anderson, George アンダーソン, ジョージ
1945〜 ㊆「連邦制入門」関西学院大学出版会 2010

Anderson, Gerry アンダーソン, ジェリー
1929〜2012 ㊆イギリス 映像プロデューサー 本名=Anderson, Gerald Alexander

Anderson, Gillian アンダーソン, ジリアン
1968〜 ㊆アメリカ 女優 ㊆アンダーソン, ギリアン

Anderson, Greg アンダーソン, グレッグ
1947〜 ㊆「ガンに打ち勝つ患者学」実業之日本社 2005

Anderson, Greg アンダーソン, グレッグ
1962〜 ㊆「ギリシャ」ほるぷ出版 2011

Anderson, Haley アンダーソン, ヘイリー
㊆アメリカ 水泳選手 ㊆アンダーソン

Anderson, Harlene アンダーソン, ハーレーン
1942〜 ㊆「会話・協働・ナラティヴ」金剛出版 2015

Anderson, Henry アンダーソン, ヘンリー
㊆アメリカ アメフト選手

Anderson, Henry Lee Norman アンダーソン, ヘンリー
1934〜 ㊆「病気の性質とその目的」佐久書房,明文図書(発売) 2003

Anderson, Hugh アンダーソン, ヒュー
1920〜 ㊆「マルコによる福音書」日本キリスト教団出版局 2011

Anderson, Jack Northman アンダーソン, ジャック
1922〜2005 ㊆アメリカ ジャーナリスト,コラムニスト,作家

Anderson, James アンダースン, ジェームズ
1936〜 ㊆「切り裂かれたミンクコート事件」扶桑社 2006

Anderson, James アンダーソン, ジェームズ
㊆アメリカ バスケットボール選手

Anderson, James C. アンダーソン, ジェームズ・C.
㊆「営業チームの強化法」ダイヤモンド社 2007

Anderson, Jamie アンダーソン, ジェイミー
1990〜 ㊆アメリカ スノーボード選手

Anderson, Jan アンダーソン, ジャン
㊆「子どもの心理療法と調査・研究」創元社 2012

Anderson, Janet アンダーソン, ジャネット・S.
1946〜 ㊆「最後の宝」早川書房 2005

Anderson, Jasey-Jay アンダーソン, ジェシー・ジェイ
1975〜 ㊆カナダ スノーボード選手 ㊆アンダーソン

Anderson, Jennifer アンダースン, ジェニファー
㊆「アメリカミステリ傑作選」DHC 2003

Anderson, Jenny アンダーソン, ジェニー
1972〜 ㊆「夫婦仲の経済学」阪急コミュニケーションズ 2012

Anderson, Jill アンダーソン, ジル
㊆「世界の聖地BEST500」日経ナショナルジオグラフィック社,日経BPマーケティング(発売) 2010

Anderson, Jim アンダーソン, ジム
グラミー賞 最優秀サラウンド・サウンド・アルバム(2012年(第55回)) "Modern Cool" サラウンド・ミックス・エンジニア

Anderson, Joan アンダーソン, ジョーン
1943〜 ㊆「海辺のレッスン」ソフトバンクパブリッシング 2005

Anderson, Jodi Lynn アンダーソン, ジョディ・リン
㊆アメリカ 作家 ㊆ヤングアダルト

Anderson, Johanna M. アンダーソン, ジョアンナ
㊆「自閉症とその関連症候群の子どもたち」協同医書出版社 2004

Anderson, John アンダーソン, ジョン
㊆オーストラリア 副首相兼運輸・地方担当相

Anderson, John アンダーソン, ジョン
1955〜 ㊆「エドワード・ヤン」青土社 2007

Anderson, John David, Jr. アンダーソン, ジョン・D., Jr.
㊆「空気力学の基礎」プレアデス出版 2016

Anderson, John J.B. アンダーソン, ジョン・J.B.
㊆「食品・栄養・食事療法事典」産調出版,産業調査会(発売) 2006

Anderson, John R. アンダーソン, ジョン・R.
㊆アメリカ アンダーソン・エンタープライズ会長,アンダーソン日本庭園園長

Anderson, Jonathan アンダーソン, ジョナサン
㊆アメリカ アメフト選手

Anderson, Jonathan William アンダーソン, ジョナサン
1984～ [国]イギリス ファッションデザイナー LOEWEクリエイティブディレクター
Anderson, Jon Lee アンダースン, ジョン・リー
[著]「獅子と呼ばれた男」 清流出版 2005
Anderson, Juel E. アンダーソン, ジュエル・E.
[著]「トレードとセックスと死」 パンローリング 2001
Anderson, Julie アンダーソン, ジュリー
1965～ [著]「アートで見る医学の歴史」 河出書房新社 2012
Anderson, Justin アンダーソン, ジャスティン
[国]アメリカ バスケットボール選手
Anderson, Kay J. アンダーソン, K.J.
1958～ [著]「スカイキャプテン」 竹書房 2004
Anderson, Kent アンダースン, ケント
[著]「殺さずにはいられない」 早川書房 2002
Anderson, Kevin アンダーソン, ケヴィン・B.
1948～ [著]「周縁のマルクス」 社会評論社 2015
Anderson, Kevin J. アンダースン, ケヴィン・J.
1962～ [著]「スター・ウォーズ全史」 ソニー・マガジンズ 2006
Anderson, Kristin アンダーソン, クリスティン
[著]「顧客サービスはコーチングで変わる！」 ダイヤモンド社 2002
Anderson, Kyle アンダーソン, カイル
[国]アメリカ バスケットボール選手
Anderson, Laurie アンダーソン, ローリー
1947～ [著]「ローリー・アンダーソン時間の記録」 NTT出版 2005
Anderson, Laurie Halse アンダーソン, ローリー・ハルツ
1961～ [国]アメリカ 作家 [専]ヤングアダルト, 歴史, 児童書
Anderson, L.Desaix アンダーソン, L.デサエ
1936～ [国]アメリカ KEDO理事長 米国国務省アジア局日本部長 [異]アンダーソン, L.デュセイ
Anderson, Lena アンデェション, レーナ
[著]「スティーナとあらしの日」 文化出版局 2002
Anderson, Linda C. アンダーソン, リンダ
1946～ [国]アメリカ 作家 エンジェルアニマル創始者
Anderson, Lynn アンダーソン, リン
1947～2015 [国]アメリカ カントリー歌手 本名＝Anderson, Lynn Rene
Anderson, Malcolm アンダーソン, マルコム
1934～ [著]「戦後ヨーロッパの国家とナショナリズム」 ナカニシヤ出版 2004
Anderson, Mark アンダーソン, マーク
1961～ [著]「ザ・リーダーシップ」 ピアソン桐原 2012
Anderson, Martin アンダーソン, マーティン
1936～2015 [国]アメリカ レーガン米国大統領政策顧問
Anderson, Mary B. アンダーソン, メアリー・B.
[著]「諸刃の援助」 明石書店 2006
Anderson, Max アンダーソン, マックス
[著]「MBAの誓い」 アメリカン・ブック＆シネマ, 英治出版(発売) 2011
Anderson, Michael P. アンダーソン, マイケル
1959～2003 [国]アメリカ 宇宙飛行士 米国空軍中佐
Anderson, M.T. アンダーソン, M.T.
全米図書賞 児童文学(2006年) "The Astonishing Life of Octavian Nothing, Traitor to the Nation, Vol.1: The Pox Party"
Anderson, Natalie アンダーソン, ナタリー
1973～ [著]「別れは恋人たちの街で」 ハーレクイン 2013
Anderson, Paul Thomas アンダーソン, ポール・トーマス
1970～ [国]アメリカ 映画監督, 脚本家 [異]アンダーソン, ポール・トーマス
Anderson, Paul W.S. アンダーソン, ポール
1965～ [国]イギリス 映画監督, 脚本家 本名＝アンダーソン, ポール・ウィリアム・スコット〈Anderson, Paul William Scott〉 [異]アンダーソン, ポール・W.S.
Anderson, Peggy M. アンダースン, ペギー・M.
[著]「チルドレンホスピタル」 西村書店 2002
Anderson, Perry アンダーソン, ペリー
1938～ [著]「ポストモダニティの起源」 こぶし書房 2002
Anderson, Pete アンダーソン, ピート
[著]「クレイジー・ダイアモンド/シド・バレット」 水声社 2001
Anderson, Peter W. アンダーソン, ピーター・W.
アカデミー賞 ゴードン・E.ソーヤー賞(第86回(2013年))
Anderson, Poul William アンダーソン, ポール
1926～2001 [国]アメリカ SF作家, ファンタジー作家 米国SFファンタジー作家協会会長 [異]アンダースン, ポール
Anderson, Rachel アンダーソン, レイチェル
1943～ [著]「レターズ・フロム・ヘヴン」 講談社 2009
Anderson, Raffaela アンダーソン, ラファエラ
1976～ [著]「愛ってめんどくさい」 ソニー・マガジンズ 2002
Anderson, Ray C. アンダーソン, レイ
[著]「パワー・オブ・ワン」 海象社 2002
Anderson, Richard アンダーソン, リチャード
[著]「プロフェッショナルASP.NET」 インプレス, インプレスコミュニケーションズ(発売) 2002
Anderson, Richard H. アンダーソン, リチャード
[国]アメリカ 実業家 デルタ航空CEO
Anderson, Richard L. アンダーソン, R.L.
[著]「半導体デバイスの基礎」 シュプリンガー・ジャパン 2008
Anderson, Rob アンダーソン, ロブ
1945～ [著]「ブーバー－ロジャーズ対話」 春秋社 2007
Anderson, Robby アンダーソン, ロビー
[国]アメリカ アメフト選手
Anderson, Robert アンダーソン, ロバート
1966～ [著]「イタリア」 ほるぷ出版 2007
Anderson, Robert アンダーソン, ロバート
1930～ [著]「成功はゴミ箱の中に」 プレジデント社 2007
Anderson, Robert アンダーソン, ロバート
[著]「糖尿病1000年の知恵」 医歯薬出版 2011
Anderson, Robert David アンダーソン, R.D.
[著]「近代ヨーロッパ大学史」 昭和堂 2012
Anderson, Robert Woodruff アンダーソン, ロバート
1917～2009 [国]アメリカ 劇作家
Anderson, Roger Charles アンダーソン, R.C
[著]「帆船6000年のあゆみ」 成山堂書店 2001
Anderson, Romola アンダーソン, ロモラ
[著]「帆船6000年のあゆみ」 成山堂書店 2001
Anderson, Rory アンダーソン, ロリー
[国]アメリカ アメフト選手
Anderson, Roy アンダーソン, ロイ
1943～ [国]スウェーデン 映画監督 [異]ロイ・アンダーソン
Anderson, R.P. アンダーソン, R.P.
[著]「おさるのジョージすいぞくかんへいく」 岩波書店 2009
Anderson, Ryan アンダーソン, ライアン
[国]アメリカ バスケットボール選手
Anderson, Sandra K. アンダーソン, サンドラ・K.
[著]「座位マッサージ」 ガイアブックス 2014
Anderson, Sarah アンダーソン, サラ
[著]「ポストグローバル社会の可能性」 緑風出版 2006
Anderson, Scott アンダーソン, スコット
1959～ [著]「ロレンスがいたアラビア」 白水社 2016
Anderson, Scott C. アンダーソン, スコット・C.
1951～ [著]「幹細胞の基礎からわかるヒトES細胞」 メディカル・サイエンス・インターナショナル 2008
Anderson, Scoular アンダーソン, スクーラー
[著]「マックペリカン一家のアメリカ冒険旅行」 主婦の友社 2008
Anderson, Sean アンダーソン, ショーン
[著]「クエスチョンクエスト : ランゲージカードゲーム」 アールアイシー出版 2013
Anderson, Shannon アンダーソン, シャノン
[著]「フォーチュンクッキーに想いをのせて」 ヴィレッジブックス 2009
Anderson, Sparky アンダーソン, スパーキー
1934～2010 [国]アメリカ 大リーグ監督 本名＝アンダーソン, ジョージ・リー〈Anderson, George Lee〉
Anderson, Stephen アンダーソン, スティーブン
[国]アメリカ アメフト選手
Anderson, Stephen A. アンダーソン, ステファン・A.
[著]「パートナー暴力」 北大路書房 2011
Anderson, Stephen Axel アンダーソン, スティーブン・アクセル
[著]「おつきさまってなあに？」 ソニー・マガジンズ 2005
Anderson, Steve アンダーソン, スティーブ
投資家
Anderson, Steven R. アンダーソン, スティーブン
[著]「戦略的収益費用マネジメント」 マグロウヒル・エデュケーション, 日本経済新聞出版社(発売) 2011
Anderson, Susan アンダーソン, スーザン
[著]「わかれからの再出発」 星和書店 2003
Anderson, Ted アンダーソン, テッド
[著]「マイリトルポニー：ポニーテールズ」 ヴィレッジブックス

A

A

2014
Anderson, Terry アンダーソン, テリー
[著]「インストラクショナルデザインとテクノロジ」 北大路書房 2013
Anderson, Tim アンダーソン, ティム
[国]アメリカ 野球選手
Anderson, Timothy アンダーソン, ティモシー
[著]「臨床心理学における科学と疑似科学」 北大路書房 2007
Anderson, Tyler アンダーソン, タイラー
[国]アメリカ 野球選手
Anderson, Vicki アンダーソン, ヴィッキ
1958～ [著]「ADHD医学モデルへの挑戦」 明石書店 2006
Anderson, Virginia アンダーソン, バージニア
1947～ [著]「システム・シンキングトレーニングブック」 日本能率協会マネジメントセンター 2002
Anderson, Warren M. アンダーソン, ウォーレン
1921～2014 [国]アメリカ 実業家 ユニオン・カーバイド会長・CEO
Anderson, Wayne アンダースン, ウエイン
[異]アンダーソン, ウェイン [著]「まさかおさかな」 BL出版 2007
Anderson, Wes アンダーソン, ウェス
1969～ [国]アメリカ 映画監督, 脚本家 本名＝Anderson, Wesley Wales
Anderson, William Allen アンダーソン, アレン
[国]アメリカ 作家 エンジェルアニマル創始者
Anderson, William Robert アンダーソン, ウィリアム
1921～2007 [国]アメリカ 軍人, 政治家 米国下院議員(民主党)
Anderson, William S. アンダーソン, ウィリアム・S.
1919～ [著]「ビル・アンダーソンの昭和史」 原書房 2012
Anderson, William T. アンダーソン, ウィリアム
1952～ [国]アメリカ ローラ・インガルス・ワイルダー研究家, 歴史家 [異]アンダーソン, ウィリアム・T.
Anderson, Zaire アンダーソン, ザイアー
[国]アメリカ アメフト選手
Anderson-Allen, Moira アンダーソン＝アレン, モイラ
[異]アンダーソン, モイラ [著]「ペットロスの心理学」 メディカルサイエンス社, インターズ(発売) 2001
Anderson-Inman, Lynne アンダーソン‐インマン, ライン
[著]「性的虐待を受けた子どもから話を聞くには」 トロル出版部, 筒井書房(発売) 2003
Anderson-Lopez, Kristen アンダーソン＝ロペス, クリステン
グラミー賞 最優秀映像メディア向けコンピレーション・サウンドトラック・(2014年(第57回))ほか
Andersonn, Margit アンデルソン, マルギト
[著]「社会ケアサービス」 本の泉社 2003
Anderson Young, Shauna Christine アンダーソン・ヤング, シャウナ・C.
1945～ [著]「アンダーソン血液学アトラス」 メディカル・サイエンス・インターナショナル 2014
Andersson, Emil アンデション
[国]スウェーデン 射撃選手
Andersson, Gerhard アンダーソン, ゲルハルト
[著]「ICBTインターネット認知行動療法ガイドブック」 創元社 2016
Andersson, Kenneth アンダーソン, ケネス
1970～ [著]「うしはどこでも「モ～！」」 鈴木出版 2008
Andersson, Leif アンダーソン, リーフ
[国]スウェーデン ウルフ賞 農業部門(2014年)
Andersson, Lina アンデション
[国]スウェーデン 距離スキー選手
Andersson, Magdalena アンデション, マグダレナ
[国]スウェーデン 財務相
Andersson, Max アンダーソン, マックス
1962～ [著]「カー・ボーイの冒険」 アップリンク, 河出書房新社(発売) 2001
Andersson, Ove アンダーソン, オベ
1938～2008 [国]スウェーデン F1監督, ラリードライバー トヨタモータースポーツ(TMG)社長
Andersson, Roy アンダーソン, ロイ
ヴェネチア国際映画祭 金獅子賞(第71回(2014年)) "En Duva Satt På En Gren Och Funderade På Tillvaron"
Andersson, Sten アンデルソン, ステン
1923～2006 [国]スウェーデン 政治家 スウェーデン外相
Andersson, Stina アンデション, スティーナ
[著]「山頂にむかって」 愛育社 2002
Anderszewski, Piotr アンデルシェフスキ, ピオトル
1969～ [国]ポーランド ピアニスト [異]アンデジェフスキー, ピョートル / アンデルシェフスキ, ピョートル
Anderton, Jim アンダートン, ジム
[国]ニュージーランド 農相兼漁業相兼林業相兼生物安全保障相
Andino, Francisco アンディノ, フランシスコ
[国]エクアドル 厚生相
Andjo, Tchamdja アンジョ, チャムジャ
[国]トーゴ 公共事業相
Andnor, Berit アンドノール, ベリット
[国]スウェーデン 社会問題相
Ando, Obadiah アンドゥ, オバディア
[国]ナイジェリア 水資源相
Andon, Nick アンドン, ニック
[国]ミクロネシア連邦 財務相
Andone, Florin アンドネ, フロリン
[国]ルーマニア サッカー選手
Andrada, Celestino Da Graca アンドラダ, セレスティノ・ダ・グラカ
[国]サントメ・プリンシペ 商業・観光・産業相
Andrade, Arnaldo アンドラーデ, アルナルド
[国]カボベルデ 閣議議長
Andrade, Demetrius アンドレード
[国]アメリカ ボクシング選手
Andrade, Efren アンドラデ, エフレン
[国]ベネズエラ 農業土地相
Andrade, Fernando Elíseo Leboucher de アンドラデ, フェルナンド・エリゼオ・ルブシェ・デ
[国]カボベルデ 議会・閣僚会議議長・スポーツ相
Andrade, José Manuel アンドラド, ジョゼ・マヌエル
[国]カボベルデ 法相
Andrade, Osvaldo アンドラデ, オスバルド
[国]チリ 労働・社会保障相
Andrade, Trajano アンドラデ, トラハノ
[国]エクアドル 運輸・公共事業相
Andrade Martínez, Virgilio アンドラデ・マルティネス, ビルヒリオ
[国]メキシコ 公共行政相
Andraka, Jack アンドレイカ, ジャック
1997～ [著]「ぼくは科学の力で世界を変えることに決めた」 講談社 2015
András, Dániel アンドラーシュ, ダニエル
[著]「ヤカブがみつけたもの」 ワールドライブラリー 2016
Andras, Szasz アンドラーシュ, サース
[著]「腫瘍温熱療法 オンコサーミア」 日本評論社 2012
Andraski, Joseph アンドラスキー, ジョセフ
[著]「図解次世代SCM CPFRがわかる本」 日本能率協会マネジメントセンター 2002
Andre アンドレ
[国]ブラジル サッカー選手
Andre, Bella アンドレイ, ベラ
[異]アンドル, ベラ [著]「燃えさかる炎の中で」 扶桑社 2011
André, Christophe アンドレ, クリストフ
[著]「はじめてのマインドフルネス」 紀伊国屋書店 2015
André, Ghislain アンドレ, ギスラン
[著]「ツリーハウスで夢をみる」 二見書房 2007
André, Helena アンドレ, エレナ
[国]ポルトガル 労働・社会保障相
André, Jacques アンドレ, ジャック
1946～ [著]「フランス精神分析における境界性の問題」 星和書店 2015
Andre, Mary Lou アンドレ, メアリー・ルー
[著]「私を美しく変えるワードローブ整理術」 ダイヤモンド社 2005
André, Maurice アンドレ, モーリス
1933～2012 [国]フランス トランペット奏者
Andrea, Yann アンドレア, ヤン
[著]「デュラス, あなたは僕を(本当に)愛していたのですか.」 河出書房新社 2001
Andreae, Giles アンドレイ, ジャイルズ
1966～ [異]アンドレア, ジャイルズ [著]「きりんはダンスをおどれない」 大日本絵画 〔2009〕
Andreae, Simon アンドレアエ, サイモン
1966～ [著]「男はなぜ新しい女が好きか？」 原書房 2001
Andre Almeida アンドレ・アルメイダ
[国]ポルトガル サッカー選手
Andre Andre アンドレ・アンドレ
[国]ポルトガル サッカー選手
Andreas, Connirae アンドレアス, コニリー

著「こころを変えるNLP」春秋社　2007
Andreas, Erich　アンドレアス, エーリッヒ
　1928～2011　国ドイツ　ピアニスト　ベルリン芸術大学名誉教授
　異アンドレアス, エリッヒ
Andreas, Irène Victoire　アンドレアス, イレーヌ・ビクトワール
　国マダガスカル　観光・手工業相
Andreas, Joel　アンドレアス, ジョエル
　著「戦争中毒」合同出版　2002
Andreas, Steve　アンドレアス, スティーブ
　著「こころを変えるNLP」春秋社　2007
Andreas, Tamara　アンドレアス, タマラ
　1961～　著「コア・トランスフォーメーション」春秋社　2004
Andreasen, Alan R.　アンドリーセン, アラン・R.
　1934～　著「非営利組織のマーケティング戦略」第一法規　2005
Andreasen, Dan　アンドレイアセン, ダン
　1961～　著「二人の小さな家」福音館書店　2010
Andreasen, Nancy C.　アンドリアセン, ナンシー・C.
　著「DSM-5を使いこなすための臨床精神医学テキスト」医学書院　2015
Andreas Pereira　アンドレアス・ペレイラ
　国ブラジル　サッカー選手
Andreassen, Bjarne　アンドレーアセン, ビャーネ
　1930～2002　著「ノルウェーのちぎれなかった糸」新風舎　2006
Andreassi, John L.　アンドレアッシ, J.L.
　著「心理生理学」北大路書房　2012
Andréasson, Claes　アンドレアソン, クロウス
　著「北欧流ブランディング50の秘密」樅出版社　2008
Andreas Waschburger　ワシュバーガー
　国ドイツ　競泳選手
Andreessen, Marc　アンドリーセン, マーク
　1971～　国アメリカ　プログラマー, 投資家　アンドリーセン・ホロウィッツ共同創業者, ラウドクラウド共同創業者, ネットスケープ・コミュニケーションズ共同創業者　本名＝Andreessen, Marc Lowell　異アンドレーセン, マーク
Andreev, Aleksei V.　アンドレイエフ, アレクセイ・V.
　著「ぼくのほらあな」葉っぱの坑夫　2002
Andreev, Igor　アンドレエフ
　国ロシア　テニス選手
Andreeva, Viktoriia　アンドレエワ, ビクトリア
　国ロシア　水泳選手
Andre Gomes　アンドレ・ゴメス
　国ポルトガル　サッカー選手
Andrejczyk, Maria　アンドレイチク, マリア
　国ポーランド　陸上選手
Andreoli, Mystica　アンドレオリ, ミスティカ
　著「ユニオミスティカード」ミスティカビューティ　2005
Andreolli, Marco　アンドレオッリ, マルコ
　国イタリア　サッカー選手
Andreotti, Giulio　アンドレオッティ, ジュリオ
　1919～2013　国イタリア　政治家　イタリア首相, イタリア終身上院議員　異アンドレオッチ, ジュリオ
Andres, Cynthia　アンドレス, シンシア
　著「エクストリームプログラミング」オーム社　2015
André-Salvini, Béatrice　アンドレ＝サルヴィニ, ベアトリス
　著「バビロン」白水社　2005
Andresen, Astrid Haukland　アンドレセン, A.H.
　1952～　著「新しく先生になる人へ」新評論　2008
Andresen, Frode　アンドレセン
　国ノルウェー　バイアスロン選手
Andresen, Sophia de Mello Breyner　アンドレゼン, ソフィア・デ・メロ・ブレイネル
　1919～2004　著「一本の大きな木　鏡の中」KS Press　2014
Andres Fernandez　アンドレス・フェルナンデス
　国スペイン　サッカー選手
Andre Silva　アンドレ・シルヴァ
　国ポルトガル　サッカー選手
Andres Prieto　アンドレス・プリエト
　国スペイン　サッカー選手
Andretta, Thierry　アンドレッタ, ティエリー
　1957～　実業家　ランバンCEO
Andretti, Marco　アンドレッティ, マルコ
　1987～　国アメリカ　レーシングドライバー　本名＝Andretti, Marco Michael
Andreu, Conrado López　アンドレウ, コンラド・ロペス
　国エルサルバドル　総務相
Prince **Andrew**　アンドルー王子
　1960～　国イギリス　エリザベス女王の第二王子　称号＝ヨーク公〈The Duke of York〉　異アンドリュー
Andrew, James P.　アンドリュー, ジェームズ・P.
　著「BCG流成長へのイノベーション戦略」ランダムハウス講談社　2007
Andrew, Marion I.　アンドリュー, マリオン・I.
　著「周術期コミュニケーション技法」メディカル・サイエンス・インターナショナル　2012
Andrew, Sylvia　アンドルー, シルヴィア
　著「夢の舞踏会へ」ハーパーコリンズ・ジャパン　2016
Andre Wells, Georges　アンドレウェルス, ジョージズ
　国バヌアツ　外務・貿易相
Andrews, Amy　アンドルーズ, エイミー
　1969～　著「真夏の恋の物語」ハーレクイン　2014
Andrews, Andrew　アンドリューズ, アンドリュー
　国アメリカ　バスケットボール選手
Andrews, Andy　アンドルーズ, アンディ
　1959～　異アンドリューズ, アンディ　著「はじまりの海」ダイヤモンド社　2014
Andrews, Antonio　アンドリュース, アントニオ
　国アメリカ　アメフト選手
Andrews, Beth　アンドリューズ, ベス
　著「どうしてそんなにかなしいの？」大月書店　2007
Andrews, David　アンドリュース, デービッド
　国アメリカ　アメフト選手
Andrews, Donald Arthur　アンドリュース, D.A.
　1941～　著「非行・犯罪少年のアセスメント」金剛出版　2012
Andrews, Donna　アンドリューズ, ドナ
　著「恋するA・I探偵」早川書房　2005
Andrews, Edna　アンドリューズ, エドナ
　1958～　著「ロートマンの文化記号論入門」而立書房　2005
Andrews, Gavin　アンドリュース, ギャビン
　著「不安障害の認知行動療法」星和書店　2005
Andrews, George E.　アンドリュース, ジョージ
　1938～　著「整数の分割」数学書房, 白揚社（発売）　2006
Andrews, Guy　アンドリュース, ガイ
　1966～　著「ガイ・アンドリュースのロードバイクメンテナンス」スタジオタッククリエイティブ　2009
Andrews, Heather A.　アンドリュース, ヘザー・A.
　著「ザ・ロイ適応看護モデル」医学書院　2002
Andrews, Ilona　アンドルーズ, イローナ
　著「蒼の略奪者」ハーパーコリンズ・ジャパン　2016
Andrews, Jean　アンドリュース, ジーン
　著「CompTIA A+実践攻略試験対策テキスト Core Hardware編」アスキー　2003
Andrews, Josh　アンドリュース, ジョシュ
　国アメリカ　アメフト選手
Andrews, Julian E.　アンドリューズ, J.E.
　著「地球環境化学入門」シュプリンガー・フェアラーク東京　2005
Andrews, Julie　アンドルース, ジュリー
　1935～　国イギリス　女優, 童話作家　本名＝Edwards, Julie Andrews　異アンドリューズ, ジュリー／アンドルーズ, ジュリー
Andrews, Kate　アンドリュース, ケイト
　著「This is service design thinking.」ビー・エヌ・エヌ新社　2013
Andrews, Kevin　アンドリュース, ケビン
　国オーストラリア　国防相　異アンドルーズ, ケビン
Andrews, Lori B.　アンドルーズ, ローリー
　1952～　国アメリカ　医学者, 作家　イリノイ工科大学シカゴ・ケントカレッジ法学教授・科学法学技術研究所所長　法医学, 遺伝子学, 生殖医療ほか　異アンドリューズ, ローリー／アンドルーズ, ローリー・B.
Andrews, Marc　アンドルース, マルク
　1978～　著「「人を動かす」広告デザインの心理術33」ビー・エヌ・エヌ新社　2016
Andrews, Mark　アンドルース, マーク
　国アメリカ　アニメーション監督　ピクサー・アニメーション・スタジオ　異アンドリューズ, マーク
Andrews, Mary Kay　アンドルーズ, メアリー・ケイ
　1954～　著「愛さずにはいられない」集英社　2004
Andrews, Neil H.　アンドリュース, ニール・H.
　著「イギリス民事手続法制」法律文化社　2012
Andrews, Paul　アンドリューズ, ポール
　異アンドルーズ, ポール　著「マイクロソフトインターネット開拓史」毎日コミュニケーションズ　2002

A

Andrews, Peter　アンドリュース, ピーター
1940～　[著]「人類進化大全」 悠書館　2012
Andrews, Phil　アンドリュース, フィル
[著]「オウン・ゴール」 角川書店　2001
Andrews, Philip　アンドリュース, フィリップ
1964～　[著]「ウェブ・イメージング」 グラフィック社　2002
Andrews, Robert E.　アンドルーズ, ロバート・E.
[著]「本当に「中国は一つ」なのか」 草思社　2005
Andrews, Russell　アンドルース, ラッセル
[著]「ギデオン神の怒り」 講談社　2001
Andrews, Sarah　アンドリューズ, サラ
[著]「化石の殺人」 早川書房　2002
Andrews, Shirley　アンドリュース, シャーリー
1930～　[著]「霊知の源泉アトランティスからの未来リーディング」 徳間書店　2011
Andrews, Ted　アンドリューズ, テッド
1952～　[著]「アニマルスピーク」 パンローリング　2014
Andreyev, Vladimir　アンドレーエフ
[国]ロシア　陸上選手
Andrezejewski, Stanislaw　アンジェイエフスキー, S.
[著]「軍事組織と社会」 新曜社　2004
Andriamahazo, Nirhy Lanto　アンドリアマハゾ, ニルヒー・ラント
[国]マダガスカル　治水相
Andriamanarivo, Mamy Lalatiana　アンジアマナリボ, マニー・ララティアナ
[国]マダガスカル　保健相　[異]アンジアマナリボ, マミー・ララティアナ
Andriamanjato, Ny Hasina　アンジアマンジャト, ニ・ハシナ
[国]マダガスカル　通信・郵便・新技術相　[異]アンドリアマンジャート, ニ・ハジナ
Andriamiseza, Charles　アンドリアミセザ, シャルル
[国]マダガスカル　法相
Andriamosarisoa, Jean Anicet　アンジアモサリソア, ジャン・アニセ
[国]マダガスカル　青少年・スポーツ相
Andriampanjava, Jacob Felicien　アンドリアンパンジャバ, ジェイコブ・フェリシエン
[国]マダガスカル　人口問題相　[異]アンジアンパンザーバ, ジャコブ・フェリシアン
Andriamparany, Benjamin　アンジアンパーラニ, ベンジャミン
[国]マダガスカル　教育相
Andrianainarivelo, Hajo　アンドリアナイナリベロ, アジョ
[国]マダガスカル　副首相（開発・国土整備担当）
Andrianarison, Oliber Sahobisoa　アンジアナリスン, オリベ・サオビソア
[国]マダガスカル　産業・貿易・民間セクター開発相
Andrianarivo, Tantely　アンドリアナリブ, タンテリー
[国]マダガスカル　首相
Andrianasandratriniony, Yvan　アンドリアナサンドラトリニオニ, イバン
[国]マダガスカル　地方分権・領土管理相
Andriani, Renee　アンドリアーニ, ラニー・W.
[著]「スター少女アナベルエキストラになる」 岩崎書店　2002
Andrianirina, Fetison　アンドリアニリナ, フェティソン
[国]マダガスカル　共同大統領
Andrianjato Razafindambo, Vonison　アンジアンジャト・ラザフィンダンボ, ボニソン
[国]マダガスカル　組織連携・交流相
Andrianov, Nikolai　アンドリアノフ, ニコライ
1952～2011　[国]ロシア　体操選手・指導者　体操・ソ連代表監督, ロシア共和国体操協会会長, 朝日生命体操クラブジュニアクラスコーチ　本名＝Andrianov, Nikolai Yefimovich
Andrianova, Tatyana　アンドリアノワ
[国]ロシア　陸上選手
Andriantiana, Jacques Ulrich　アンジアンティアナ, ジャック・ウルリック
[国]マダガスカル　観光・交通・気象相　[異]アンジアンティアナ, ジャック・ユルリッチ
Andriatavison, Bruno Ramaroson　アンジアタビソン, ブルノ・ラマルスン
[国]マダガスカル　通信・郵政相
Andrić, Vojislav　アンドリッチ, ボイスラブ
[国]ユーゴスラビア　スポーツ相
Andriese, Matt　アンドリース, マット
[国]アメリカ　野球選手
Andrieu, Philippe　アンドリュー, フィリップ
[著]「ラデュレのお菓子レシピ」 世界文化社　2010
Andriitsev, Valerii　アンドリツェフ, バレリ
[国]ウクライナ　レスリング選手　[異]アンドリツェフ
Andrinof, Chaniago　アンドリノフ・チャニアゴ
[国]インドネシア　国家開発企画庁長官
Andriopoulos, Thodoris　アンドリオプロス, トドリス
1967～　[著]「数学ミステリーX教授を殺したのはだれだ！」 講談社　2015
Andrisani, John　アンドリザーニ, ジョン
[異]アンドリサーニ, ジョン　[著]「ベン・ホーガンが『モダン・ゴルフ』で明かさなかった秘密」 筑摩書房　2013
Andri Snær Magnason　アンドリ・S.マグナソン
1973～　[著]「タイムボックス」 NHK出版　2016
Andriukaitis, Vytenis Povilas　アンドリュウカイティス, ビテニス・ポビラス
[国]リトアニア　保健相
Androdias, Matthieu　アンドロディア, マチュー
[国]フランス　ボート選手
Andronescu, Ecaterina　アンドロネスク, エカテリーナ
[国]ルーマニア　教育・研究・青年・スポーツ相
Andruetto, Maria Teresa　アンドルエット, マリア・テレサ
[国]アルゼンチン　国際アンデルセン賞 作家賞（2012年）
Andrus, Elvis　アンドゥルース, エルビス
[国]ベネズエラ　野球選手
Andrus, Mark　アンドラス, マーク
[著]「海辺の家」 竹書房　2002
Andsnes, Leif Ove　アンスネス, レイフ・オヴェ
1970～　[国]ノルウェー　ピアニスト　[異]アンスネス, レイフ・オベ
Andujar, Joaquin　アンドゥハル, ホアキン
1952～2015　[国]ドミニカ共和国　野球選手　[異]アンドゥーハー, ホアキン
Andujar, Miguel　アンドゥーハー, ミゲル
[国]ドミニカ共和国　野球選手
Andung, Nitimiharja　アンドゥン・ニティミハルジャ
[国]インドネシア　産業相
Andy　アンディー
1981～　[国]韓国　歌手, 俳優
Anedda, Antonella　アネッダ, アントネッラ
[著]「地上の歌声」 思潮社　2001
Anefal, Sebastian　アネファル, セバスチャン
[国]ミクロネシア連邦　外相
Anelka, Nicolas　アネルカ, ニコラ
1979～　[国]フランス　サッカー選手
Anenih, Iyom Josephine　アネニイ, イヨム・ジョセフィン
[国]ナイジェリア　女性問題相
Anenih, Tony　アネニ, トニー
[国]ナイジェリア　建設・住宅相
Anesi, Matteo　アネジ
[国]イタリア　スピードスケート選手
Ang, Andrew　アング, アンドリュー
[著]「資産運用の本質」 金融財政事情研究会, きんざい（発売）2016
Ang, Tom　アング, トム
[著]「デジタル写真大事典」 エム・ピー・シー　2005
Angara, Edgardo J.　アンガラ, エドガルド
[国]フィリピン　政治家　フィリピン上院議長, フィリピン農相　[異]アンガラ, エドガルド・J.
Angaramo, Roberta　アンガラモ, ロベルタ
1974～　[著]「まいごのジェルミ」 学習研究社　〔2005〕
***al*-Angari, Khalid bin Muhammad**　アンガリ, ハリド・ビン・ムハンマド
[国]サウジアラビア　高等教育相
Angban, Victorien　アングバン, ヴィクトリアン
[国]コートジボワール　サッカー選手
Ang Choulean　アン・チュリアン
1949～　[国]カンボジア　民族学者, クメール研究家　カンボジア王立芸術大学考古学教授
Ange, Daniel　アンジュ, ダニエル
[著]「かみさまおねがいがあるの」 コイノニア社　2002
Angel, Benjamin　アンジェル, バンジャマン
[著]「ヨーロッパ統合」 創元社　2005
Angel, Dave　エンジェル, デイブ
[著]「アスペルガー症候群子育てハンドブック」 クリアサイト・ジャパン, JMA・アソシエイツステップワークス事業部（発売）2011

Angel, Edward　エンジェル, エドワード
　㊈「OpenGL入門」ピアソン・エデュケーション　2002
Angel, Heather　エンジェル, ヘザー
　1941〜　㊈「パンダ便りfrom China」グラフィック社　2009
Angel, Jan V.　エンジェル, ジャン・V.
　㊈「インド占星術で識る英知」心交社　2008
Angel, Karen　エンジェル, カレン
　㊈「なぜYahoo！は最強のブランドなのか」英治出版　2003
Angela, Alberto　アンジェラ, アルベルト
　1962〜　㊈「古代ローマ人の愛と性」河出書房新社　2014
Angelababy　アンジェラベイビー
　1989〜　㊇モデル
Angélil, René　アンジェリル, ルネ
　1942〜2016　㊇カナダ　芸能マネジャー　㊉アンジェリル, レネ
Angelino　アンジェリーノ
　㊇スペイン　サッカー選手
Angelis, Barbara De　アンジェリス, バーバラ
　アンジェリス, バーバラ・デ　㊈「プロは語る。」アスペクト　2005
Angelkova, Nikolina　アンゲルコバ, ニコリナ
　㊇ブルガリア　観光相
Angell, Jeannette　エンジェル, ジャネット
　㊈「コールガール」筑摩書房　2006
Angell, Marcia　エンジェル, マーシャ
　㊈「ビッグ・ファーマ」篠原出版新社　2005
Angell, Tony　エンジェル, トニー
　㊈「世界一賢い鳥、カラスの科学」河出書房新社　2013
Angella, Gabriele　アンジェッラ, ガブリエレ
　㊇イタリア　サッカー選手
Angelo, Bonnie　アンジェロ, ボニー
　㊈「ファーストマザーズ」清流出版　2004
Angelo, Jack　アンジェロ, ジャック
　㊈「ソースにつながる呼吸法」ビイング・ネット・プレス　2013
Angelopoulos, Théo　アンゲロプロス, テオ
　1935〜2012　㊇ギリシャ　映画監督　本名＝アンゲロプロス, テオドロス〈Angelopoulos, Théodoros〉
Angelopoulos, Thodoros　アンゲロプロス, テオ
　1935〜　㊈「テオ・アンゲロプロスシナリオ全集」愛育社　2004
Angelopoulou, Vasiliki　アンゲロプル
　㊇ギリシャ　競泳選手
Angelos, Peter G.　アンジェロス, ピーター
　㊇アメリカ　ボルティモア・オリオールズオーナー
Angelou, Maya　アンジェロウ, マヤ
　1928〜2014　㊇アメリカ　詩人, 作家, 脚本家, 黒人活動家　本名＝ジョンソン, マルガリータ〈Johnson, Marguerita〉　㊉アンジェルー, マヤ
Angelov, Anyu　アンゲロフ, アニュ
　㊇ブルガリア　国防相
Angelov, Ivo Serafimov　アンゲロフ
　㊇ブルガリア　レスリング選手
Angelucci, Enzo　アンジェルッチ, エンツォ
　㊈「船の歴史事典」原書房　2002
Anger, Bryan　アンガー, ブライアン
　㊇アメリカ　アメフト選手
Anger, Kenneth　アンガー, ケネス
　1932〜　㊈「ハリウッド・バビロン」パルコエンタテインメント事業部　2011
Anger, Norbert　アンガー, ノルベルト
　㊇ドイツ　チャイコフスキー国際コンクール チェロ 第4位（2011年〈第14回〉）
Angerer, Bernhard　アンゲラー, ベルンハルト
　㊈「サイクルペディア自転車事典」ガイアブックス, 産調出版（発売）　2012
Angerer, Tobias　アンゲラー
　㊇ドイツ　クロスカントリースキー選手
Angermüller, Rudolph　アンガーミュラー, ルドルフ
　1940〜　㊈「モーツァルト殺人法廷」春秋社　2009
Angger Jati Wijaya　アンゲル・ジャティ・ウィジャヤ
　㊈「軍が支配する国インドネシア」コモンズ　2002
Angier, Michael　アンジャー, マイケル
　㊈「最高の自分になる方法」ディスカヴァー・トゥエンティワン　2006
Angier, Natalie　アンジェ, ナタリー
　㊈「ナタリー・アンジェが魅せるビューティフル・サイエンス・ワールド」近代科学社　2009
Angier, Roswell　アンジェ, ロズウェル
　㊈「まなざしのエクササイズ」フィルムアート社　2013
Angjeli, Anastas　アンジェリ, アナスタス
　㊇アルバニア　経済相
Angkhan Kanlayanaphong　アンカーン・カンラヤーナポン
　1927〜2012　㊇タイ　詩人, 画家
Angle, Colin　アングル, コリン
　1967〜　㊇アメリカ　実業家, ロボット研究者　アイロボット会長・CEO・共同創業者
Angle, Kurt　アングル, カート
　1968〜　㊇アメリカ　プロレスラー, 元レスリング選手
Angleberger, Tom　アングルバーガー, トム
　㊇アメリカ　作家　㊇児童書
Anglim, Simon　アングリム, サイモン
　㊈「戦闘技術の歴史」創元社　2008
Angliss, Sarah　アングリス, サラ
　㊈「からだというふしぎな「機械」」小峰書店　2002
Anglund, Joan Walsh　アングランド, ジョーン・ウォルシュ
　1926〜　㊈「クリスマスがやってくる」文溪堂　2012
Angouin, Michel Ange　アングアン・ミシェル・アンジュ
　㊇カメルーン　公務員・行政改革相
Angrist, Joshua David　アングリスト, ヨシュア
　㊈「「ほとんど無害」な計量経済学」NTT出版　2013
Angrosino, Michael V.　アングロシーノ, マイケル
　㊈「質的研究のためのエスノグラフィーと観察」新曜社　2016
Angst, Jules　アングスト, J.
　㊈「単極性うつ病性障害の生物学的治療ガイドライン」星和書店　2003
Anguimaté, Eloi　アンギマテ, エロワ
　㊇中央アフリカ　国民教育・技術教育相
Angula, Helmut　アングラ, ヘルムート
　㊇ナミビア　公共事業・運輸相
Angula, Nahas　アングラ, ナハス
　㊇ナミビア　国防相
Angulo Pardo, Jacinto　アングロ・パルド, ハシント
　㊇キューバ　国内通商相
Ang Vong Vathana　アン・ウォンワタナ
　㊇カンボジア　法相
Angwin, Julia　アングウィン, ジュリア
　㊈「ドラグネット監視網社会」祥伝社　2015
Angyal, Erica　アンギャル, エリカ
　1969〜　㊇オーストラリア　栄養コンサルタント　ミス・ユニバース・ジャパン公式栄養コンサルタント
Anh, Chu Ngoc　アイン, チュー・ゴック
　㊇ベトナム　科学技術相
Anh, Hoang Tuan　アイン, ホアン・トゥアン
　㊇ベトナム　文化・スポーツ・観光相
Anh, Le Hong　アイン, レ・ホン
　㊇ベトナム　公安相
Anh, Tran Tuan　アイン, チャン・トゥアン
　㊇ベトナム　商工相
Anholt, Catherine　アンホールト, キャサリン
　1958〜　㊇イギリス　絵本作家　㊉アンホールト, キャスリー
Anholt, Laurence　アンホールト, ローレンス
　1959〜　㊇イギリス　絵本作家
Anholt, Robert Rene Henri　アンホールト, ロバート・R.H.
　1951〜　㊈「理系のための口頭発表術」講談社　2008
al-Ani, Adnan Abdelmajid Jasim　アル・アニ, アドナン・アブデルマジド・ジャシム
　㊇イラク　工業鉱物資源相
Anibaba, Obafemi　アニババ, オバフェミ
　㊇ナイジェリア　通信相
Anic, Franka　アニツ
　㊇スロベニア　テコンドー選手
Anichebe, Victor　アニチェベ, ヴィクター
　㊇ナイジェリア　サッカー選手
Anies, Baswedan　アニス・バスウェダン
　㊇インドネシア　教育・文化相
Anifah, Aman　アニファ・アマン
　㊇マレーシア　外相
Anil, Mohamed　アニル, モハメド
　㊇モルディブ　司法長官
Anil, Robin　アニル, ロビン
　㊈「Mahoutイン・アクション」オライリー・ジャパン, オーム社（発売）　2012
Animal Lesley　アニマル・レスリー
　1958〜2013　㊇アメリカ　野球選手, タレント　通称＝レスリー,

A

ブラッド〈Lesley, Brad〉, 登録名＝アニマル〈Animal〉, 芸名＝亜仁丸レスリー
Animal Warrior アニマル・ウォリアー
1961～ [国]アメリカ プロレスラー 本名＝ラリナイダス, ジョセフ
Animi, Ahamat Barkai アニミ, アハマト・バルカイ
[国]チャド 観光開発相
Aniolowski, Scott David アニオロフスキー, スコット・デビッド
[異]アニオロフスキ, スコット・デイヴィッド [著]「クトゥルフ神話TRPG マレウス・モンストロルム」 KADOKAWA 2014
Anishchanka, Aliaksandr アニシュチャンカ
[国]ベラルーシ 重量挙げ選手
al-**Anisi, Ahmad Muhammad** アル・アニシ, アハマド・ムハマド
[国]イエメン 通信相
Anisimov, Leonid アニシモフ, レオニード
[著]「スタニスラフスキーへの道」 未知谷 2016
Anissina, Marina アニシナ
[国]フランス フィギュアスケート選手
Aniston, Jennifer アニストン, ジェニファー
1969～ [国]アメリカ 女優 本名＝アニストン, ジェニファー・ジョアンナ〈Aniston, Jennifer Joanna〉
Aniushina, Elena アニシナ
[国]ロシア カヌー選手
Anjos, Assunção Afonso Dos アンジョス, アスンサン・アフォンソ・ドス
[国]アンゴラ 外相
Anka, Darryl アンカ, ダリル(バシャール)
[著]「人生に奇跡を起こすバシャール名言集」 ヴォイス出版事業部 2012
Ankersen, Rasmus アンカーセン, ラスムス
1983～ [著]「トップアスリート量産地に学ぶ最高の人材を見いだす技術」 阪急コミュニケーションズ 2012
Ankhtsetseg Monkhjantsangiin アンフツェツェグ・ムンフジャンツァン
[国]モンゴル 重量挙げ選手
Ankoma, Papa Owusu アンコマ, パパ・オウス
[国]ガーナ 法相
Ankvab, Aleksandr Zolotinska-ipa アンクワブ, アレクサンドル
1952～ 政治家 アブハジア自治共和国大統領
Anlezark, Justin アンレザーク
[国]オーストラリア 陸上選手
Anliane, Ahmed アンリアンヌ・アフメド
[国]コモロ 法務・公務員・行政改革・人権・イスラム問題相
Anna, Dawn アナ, ドーン
[著]「たましいの共鳴 コロンバイン高校、附属池田小学校の遺族が紡ぐいのちの絆」 明石書店 2013
Annaamanov, Mukhammetgeldi アンナアマノフ, ムハメトゲルディ
[国]トルクメニスタン 教育相
Annabayramov, Babageldy アンナバイラモフ, ババゲルディ
[国]トルクメニスタン 自然保護相
Annadif, Mahamat Saleh アナディフ, マハマット・サレハ
[国]チャド 外務・アフリカ統合相 [異]アナディフ, マハマット・サレ
Annafi, Agnes アナフィ, アグネス
[国]チャド 社会問題・家族相
Annakin, Ken アナキン, ケン
1914～2009 [国]アメリカ 映画監督
Annamalai, E. アナマライ, E.
[著]「タミル語会話入門」 きこ書房 2014
Annameredov, Bayram アンナメレドフ, バイラム
[国]トルクメニスタン 鉄道運輸相
Annan, Kofi Atta アナン, コフィ・アッタ
1938～ [国]ガーナ 外交官 コフィ・アナン財団理事長 国連事務総長
Annan, Nane アナン, ナーネ
[著]「ピチャとポチャ」 自由国民社 2003
Annan, Noel Gilroy Annan アナン, ノエル
1916～ [著]「大学のドンたち」 みすず書房 2002
Annas, George J. アナス, ジョージ・J.
[著]「患者の権利」 明石書店 2007
Annas, Julia アナス, ジュリア
[著]「徳倫理学基本論文集」 勁草書房 2015
Annas, Max アナス, マックス
1963～ [著]「ありあまるごちそう」 武田ランダムハウスジャパン 2011
Annaud, Jean-Jacques アノー, ジャン・ジャック
1943～ [国]フランス 映画監督
Princess **Anne** アン王女
1950～ [国]イギリス エリザベス女王の長女 本名＝アン・エリザベス・アリス・ルイーズ〈Anne Elizabeth Alice Louise〉 [異]アン
Anne, Venkat Sridhar アン, ベンカット・スリダー
[著]「腹部top100診断」 メディカル・サイエンス・インターナショナル 2005
Annechild, Annette アンチャイルド, アネット
[著]「女友だちは自分を映す鏡です」 講談社 2007
Annen, Blake アネン, ブレイク
[国]アメリカ アメフト選手
Annen, Jolanda アネン
[国]スイス トライアスロン選手
Annenberg, Walter H. アネンバーグ, ウォルター
1908～2002 [国]アメリカ 出版人, 美術コレクター トライアングル・パブリケーションズ社長, 駐英米国大使
Annett, Cora アネット, コーラ
1931～ [著]「おとこの子とおもっていた犬」 大日本図書 2010
Annibali, Michele アニバリ, マイケル
1966～ [著]「ピンキーはちいさなだいスター」 学習研究社 2006
Annis, Barbara アニス, バーバラ
[著]「男と女のすれ違いはすべての言葉で起こっている」 主婦の友社 2003
Ann-Margrett アン・マーグレット
1941～ [国]アメリカ 女優, 歌手 本名=Olssan, Ann-Margrett
Annou, Badamassi アヌ, バダマシ
[国]ニジェール 経済・財務相
Annour, Samir Adam アヌール, サミール・アダム
[国]チャド 官房長官
Annukka, Sanna アンヌッカ, サンナ
1983～ [著]「雪の女王」 アノニマ・スタジオ, KTC中央出版(発売) 2015
Anny baby アニー・ベイビー
1974～ [国]中国 作家 [専]文学 中国名＝安妮宝貝(アンニホウバイ)
Anokhin, Vadim アノヒン, ワジム
[国]ロシア フェンシング選手
Anomeritis, Georgios アノメリティス, ヨルギオス
[国]ギリシャ 海運相 [異]アノメリティス, ゲオルギオス
Anong Adibime, Pascal アノンアディビメ, パスカル
[国]カメルーン 公有地・不動産相
Anoshkin, Roman アノシュキン, ロマン
[国]ロシア カヌー選手
Anosov, Dmitrii Viktorovich アノーソフ, ドミトリー
1936～2014 [国]ロシア 数学者 モスクワ大学名誉教授 [専]微分方程式, 微分幾何学, トポロジー
Anoushiravani Hamlabad, Sajjad アノウシラバニハムラバド
[国]イラン 重量挙げ選手
Anring, Claudia アンリグ, クラウディア
[著]「カイロプラクティックのプロフェッショナル20人が語る仕事の流儀」 科学新聞社出版局 2012
Ansah, Ezekiel アンサー, エゼキエル
[国]アメリカ アメフト選手
Ansaldi, Cristian アンサルディ, クリスティアン
[国]アルゼンチン サッカー選手
Ansara, Michael アンサラ, マイケル
1922～2013 [国]アメリカ 俳優 [異]アンサラ, マイクル
Ansari, Aziz アンサリ, アジズ
1983～ [著]「当世出会い事情」 亜紀書房 2016
Ansari, Chakir アンサリ, チャキル
[国]モロッコ レスリング選手
Ansari, Jamshid アンサリ, ジャムシード
[国]イラン 副大統領(行政雇用庁長官)
Ansari, Majid アンサリ, マジド
[国]イラン 副大統領(法律担当)
Ansari, Mohammad Hamid アンサリ, モハンマド・ハミド
[国]インド 副大統領
Ansart, Pierre アンサール, ピエール
1925～ [著]「社会学の新生」 藤原書店 2004
Ansary, Mir Tamim アンサーリー, タミム
[著]「イスラームから見た「世界史」」 紀伊国屋書店 2011
Ansbacher, Heinz アンスバッハー, ハインツ

㊃「アドラーの思い出」創元社 2007
Ansbacher, Rowena アンスバッハー, ロウェナ
㊃「アドラーの思い出」創元社 2007
Anschuetz Thoms, Daniela アンシュッツ
㊄ドイツ スピードスケート選手
Anschutz, Felix アンシュッツ, フェーリクス
㊃「医の倫理課題」富士書店 2002
Anschutz Thoms, Daniela アンシュッツ・トムス, ダニエラ
1974〜 ㊄ドイツ スピードスケート選手 ㊎アンシュッツ, ダニエラ / アンシュッツ・トムス, ダニエラ
Anscombe, G.E.M. アンスコム, G.E.M.
1919〜2001 ㊃「ルートヴィッヒ・ウィトゲンシュタイン『1914-1916年の備忘録』」〔岡田征弘〕〔2013〕
Ansdell, Gary アンスデル, ゲーリー
㊃「音楽的コミュニケーション」誠信書房 2012
Ansello, Edward F. アンセロ, エドワード・F.
㊃「高齢化社会と視覚障害」日本盲人福祉委員会 2003
Anselmo, Mataix アンセルモ, マタイス
㊄スペイン 元・上智大学副学長, 元・聖母女学院短期大学学長, 元・上智大学文学部人間学研究室教授
Ansermet, François アンセルメ, フランソワ
㊃「脳と無意識」青土社 2006
al-Ansi, Ahmed Qassim アンシ, アハマド・カシム
㊄イエメン 保健・人口相
Ansip, Andrus アンシプ, アンドルス
1956〜 ㊄エストニア 政治家 エストニア首相, エストニア改革党党首
Anslinger, Patricia L. アンスリンガー, パトリシア・L.
㊃「成長戦略論」ダイヤモンド社 2001
Anslow, Philip アンスロー, フィリップ
㊃「エマージェンシー神経学」メディカル・サイエンス・インターナショナル 2009
Ansoff, H.Igor アンゾフ, H.イゴール
1918〜2002 ㊃「アンゾフ戦略経営論」中央経済社 2015
Anson, Mark J.P. アンソン, マーク
㊃「実践ヘッジファンド投資」日本経済新聞社 2001
Anspach, Mark Rogin アンスパック, マルク・ロガン
1959〜 ㊃「貨幣主権論」藤原書店 2012
Anspach, Solveig アンスパック, ソルヴェーグ
?〜2015 ㊄フランス 映画監督 ㊎アンスパック, ソルヴェイク / アンスパック, ソルヴェイグ
Anstee, Margaret アンスティ, マーガレット
1926〜2016 ㊄イギリス 外交官 国連事務次長 本名=アンスティー, マーガレット・ジョーン〈Anstee, Margaret Joan〉
Anstett, Vincent アンステット, バンサン
㊄フランス フェンシング選手
Antadze, Merab アンタゼ, メラブ
㊄ジョージア 国務相（紛争問題担当）
Antczak, Gina アントザク, ジーナ
㊃「コスメティックス安全度事典」産調出版 2007
Antczak, Stephen アントザク, ステファン
㊃「コスメティックス安全度事典」産調出版 2007
Antei, Luca アンテイ, ルーカ
㊄イタリア サッカー選手
Antes, Horst アンテス, H.
1936〜 ㊃「アンテスとカチーナ人形」美術館連絡協議会 c2004
Antes Castillo, Lissette Alexandra アンテカスティージョ, リセッテ
㊄エクアドル レスリング選手
Antetokounmpo, Giannis アデトクンボ, ヤニス
㊄ギリシャ バスケットボール選手
Antezana Aranibar, Fernando アンテサナ・アラニバル, フェルナンド
㊄ボリビア 保健・スポーツ相
Anthes, Emily アンテス, エミリー
㊃「サイボーグ化する動物たち」白揚社 2016
Anthonioz, Deborah アントニオズ
㊄フランス スノーボード選手
Anthony, Carmelo アンソニー, カーメロ
1984〜 ㊄アメリカ バスケットボール選手
Anthony, Frank アンソニー, フランク
㊄ガイアナ 文化・青少年・スポーツ相
Anthony, Joel アンソニー, ジョエル
㊄カナダ バスケットボール選手
Anthony, Kenny アンソニー, ケニー
㊄セントルシア 首相兼財務・経済・計画・社会保障相
Anthony, Lawrence アンソニー, ローレンス
1950〜 ㊃「象にささやく男」築地書館 2014
Anthony, Marc アントニー, マーク
グラミー賞 最優秀ラテン・ポップ・アルバム（2004年（第47回））"Amar Sin Mentiras"
Anthony, Mark アンソニー
㊄オーストラリア 柔道選手
Anthony, Piers アンソニイ, ピアス
1934〜 ㊃「アイダ王女の小さな月」早川書房 2010
Anthony, Robert アンソニー, ロバート
㊃「21日間でできる！あなたの自信力を100%引き出す方法」阪急コミュニケーションズ 2009
Anthony, Robert Newton アンソニー, ロバート・N.
1916〜2006 ㊎アンソニー, ロバート・N. ㊃「テキストアンソニー会計学」東洋経済新報社 2016
Anthony, Ronald アンソニー, ロナルド
㊃「父さんが言いたかったこと」新潮社 2004
Anthony, Scott D. アンソニー, スコット・D.
㊃「ザ・ファーストマイル」翔泳社 2014
Anthony, Stephone アンソニー, ステフォン
㊄アメリカ アメフト選手
Anthony, William Alan アンソニー, W.
1942〜 ㊎アンソニー, W.A. ㊃「精神科リハビリテーション」三輪書店 2012
Anthrop, Danny アンスロップ, ダニー
㊄アメリカ アメフト選手
Anti アンティ
1975〜 ㊄中国 ジャーナリスト, コラムニスト 英語名=アンティ, マイケル〈Anti, Michael〉, 漢字名=安替
Anti, Michael アンティ
㊄アメリカ 射撃選手
Antić, Aleksandar アンティッチ, アレクサンダル
㊄セルビア 鉱業・エネルギー相
Antičević-marinović, Ingrid マリノビッチ, イングリド・アンティチェビッチ
㊄クロアチア 司法・行政・自治相
Antieau, Kim アンティオー, キム
㊃「天使になりたかった少女」主婦の友社 2007
Antier, Edwige アンティエ, エドヴィジュ
㊃「心やさしく生き生き育てる」毎日新聞社 2004
Antikarov, Vladimir アンティカロフ, ウラジミール
㊃「リアル・オプション」東洋経済新報社 2002
Antill, Peter アンティル, ピーター
㊃「ベルリンの戦い」大日本絵画 2006
Antillón, Mayi アンティジョン, マジ
㊄コスタリカ 経済商業相
Antoccia, Luca アントッチャ, ルカ
㊃「レオナルド・ダ・ヴィンチ芸術と科学」グッドシップス, イースト・プレス（発売）2006
Antoine, Ancil アントワン, アンシル
㊄トリニダード・トバゴ 公共事業相
Antoine, Ann David アントワーヌ, アン・デービッド
㊄グレナダ 保健・社会保障・環境相 ㊎アントワーヌ, アン・デビッド
Antoine, Matthew アントワン
㊄アメリカ スケルトン選手
Antoine, Santos アントワーヌ, サントス
1969〜 ㊃「チョコレートでまよったら」柴田書店 2004
Antoine-Dariaux, Geneviève アントワーヌ・ダリオー, ジュヌヴィエーヴ
1914〜 ㊃「パリのオートクチュールサロン支配人が教えるパリのエレガンスルールブック」ディスカヴァー・トゥエンティワン 2015
Anton, Apriyantono アントン・アプリヤントノ
㊄インドネシア 農相
Anton, Franz アントン, フランツ
㊄ドイツ カヌー選手
Anton, Jon アントン, ジョン
㊃「コンタクトセンターマネジメント」白桃書房 2008
Anton, Linda Hunt アントン, リンダ・H.
㊃「「産まない女」として生きるあなたへ」ベストセラーズ 2001
Anton, Shari アントン, シャーリー
㊃「暁の恋歌」ハーレクイン 2013
Anton, Sinan アントン, サイナン
㊃「現代世界アジア詩集」土曜美術社出版販売 2010
Antonacci, Gary アントナッチ, ゲイリー
㊃「ウォール街のモメンタムウォーカー」パンローリング 2015

Antonelli, Laura　アントネッリ, ラウラ
1941〜2015　国イタリア　女優　関アントネリ, ラウラ
Antonelli, Luca　アントネッリ, ルカ
　国イタリア　サッカー選手
Antonelli, Paola　アントネッリ, パオラ
　ニューヨーク近代美術館(MoMA)シニアキュレーター
Antonenkov, Evgenii　アントネンコフ, エフゲニー
1956〜　著「そらをとびたいな」学習研究社　〔2005〕
Antonescu, Marius　アントネスク, マリウス
　国ルーマニア　ラグビー選手
Antonetti, Chris　アントネッティ, クリス
　国アメリカ　クリーブランド・インディアンス編成総責任者
Antonini, Gabriele　アントニーニ, ガブリエーレ
　著「いそげ！へりこぷたー」大日本絵画　2013
Antonio, Joseph　アントニオ, ジョゼフ
　国ハイチ共和国　外相兼宗教相
Antonio, Michail　アントニオ, マイケル
　国イングランド　サッカー選手
Antonioni, Michelangelo　アントニオーニ, ミケランジェロ
1912〜2007　国イタリア　映画監督
Antoniou, Grigoris　アントニウ, グリゴリス
　著「CD-ROMで始めるセマンティックWeb」ジャストシステム
2005
Antonopoulos, Andreas M.　アントノプロス, アンドレアス・M.
1972〜　著「ビットコインとブロックチェーン」NTT出版　2016
Antonov, Sergey　アントノフ, セルゲイ
　国ロシア　チャイコフスキー国際コンクール チェロ 第1位(2007年(第13回))
Antonov, Vladislav　アントノフ
　国ロシア　リュージュ選手
Antonova, Irina Aleksandrovna　アントーノヴァ, イリーナ・アレクサンドロヴナ
　国ロシア　A.S.プーシキン記念国立造形美術館総裁, 元・A.S.プーシキン記念国立造形美術館館長
Antonova, Olena　アントノワ
　国ウクライナ　陸上選手
Antonovsky, Aaron　アントノフスキー, アーロン
1923〜　著「健康の謎を解く」有信堂高文社　2001
Antony, A.K.　アントニー, A.K.
　国インド　国防相
Antony, Martin M.　アントニー, マーチン・M.
　訳アントニー, マーティン・M.　著「社交不安障害」金剛出版　2011
Antony, Peter　アントニイ, ピーター
　著「ベヴァリー・クラブ」原書房　2010
Antony, Steve　アントニー, スティーブ
　著「みどりのトカゲとあかいながしかく」徳間書店　2016
Antorini, Christine　アントリーニ, クリスティーネ
　国デンマーク　教育相
Antosii, Vladimir　アントシ, ウラジーミル
　国モルドバ　産業社会基盤相
Antosova, Lenka　アントソバ, レンカ
　国チェコ　ボート選手
Anttila, Sirkka-Liisa　アンティラ, シルッカリーサ
　国フィンランド　農相
Antulay, Abdul Rehman　アントゥライ, アブドゥル・レーマン
　国インド　少数者問題相
Antulay, A.R.　アンチュライ, A.R.
　国インド　少数者問題相
Antunes, Vitorino　アントゥネス, ヴィトリーノ
　国ポルトガル　サッカー選手
Antunović, Željka　アントゥノビッチ, ジェリカ
　国クロアチア　副首相兼国防相
Antyukh, Natalya　アントユフ, ナタリア
1981〜　国ロシア　陸上選手　関アンテュク, ナタリア／アントユフ
Anudit, Nakornthap　アヌディット・ナコンタップ
　国タイ　情報通信技術相
Anundsen, Anders　アヌンセン, アンネシュ
　国ノルウェー　法務・公安相
Anunoby, Chigbo　アヌノビー, シボ
　国アメリカ　アメフト選手
Anunoby, O.G.　アナンノビー, OG
　国アメリカ　バスケットボール選手
Anupong, Paochinda　アヌポン・パオチンダ
　国タイ　内相

Anurak, Chureemas　アヌラック・ジュリマート
　国タイ　文化相
Anuruddha　アヌルッダ
　著「アビダンマッタサンガハ」中山書房仏書林　2013
Anvelt, Andres　アンベルト, アンドレス
　国エストニア　内相
Anwar, Abdul Basir　アンワル, アブドルバシル
　国アフガニスタン　法相
Anwar, Amer　アンワル, アメール
　英国推理作家協会賞 デビュー・ダガー(2008年) "Western Fringes"
Anwar, M.K.　アンワル, M.K.
　国バングラデシュ　農相
Anwar, Muhammad　アンワル, ムハンマド
1945〜　著「イギリスの中のパキスタン」明石書店　2002
Anwar, Yusuf　アンワル, ユスフ
　国インドネシア　財務相
Anwari, Hussein　アンワリ, フセイン
　国アフガニスタン　農相
Anwari, Jamahir　アンワリ, ジャマヒール
　国アフガニスタン　難民帰還相
Anwar Ibrahim　アンワル・イブラヒム
1947〜　国マレーシア　政治家　マレーシア人民正義党(PKR)アドバイザー　マレーシア副首相・財務相　関アンワール・イブラヒム／イブラヒム
Anwar Ridhwan　アンワル・リドワン
1949〜　著「黄金諸島物語」紀伊国屋書店　2012
Anyuru, Andreas　アンユル, アンドリアス
　著「実践プログラミングWebGL」翔泳社　2012
Anzorena, Jorge　アンソレーナ, ホルヘ
　著「世界の貧困問題と居住運動」明石書店　2007
Anzueto Girón, Ulises Noé　アンスエト・ヒロン, ウリセス・ノエ
　国グアテマラ　国防相
Aogo, Dennis　アオゴ, デニス
　国ドイツ　サッカー選手
Aoki, Albert Masaji　アオキ, アルバート・マサジ
　国アメリカ　元・フィフティーズステイト柔道協会理事長, 全米柔道連盟理事
Aoki, Naoka　アオキ, ナオカ
　国日本　ロン・ティボー・クレスパン国際音楽コンクール ヴァイオリン モナコ・アルベール2世大公賞(2014年(第42回))ほか　漢字名＝青木尚佳
Aoki, Steve　アオキ, スティーヴ
　国アメリカ　DJ
Aondoakaa, Mike　アオンドアカ, マイク
　国ナイジェリア　法相
Aouad, Abderhamid　アウワド, アブデルハミド
　国モロッコ　経済予測・計画担当相
Aoudou, Joseph　アウド, ジョゼフ
　国カメルーン　鉱業・水資源・エネルギー相
Aoun, Mario　アウン, マリオ
　国レバノン　社会問題相
Aoun, Michel　アウン, ミシェル
　国レバノン　大統領
Apai, Chanthanajulaka　アパイ・チャンタナチュラカ
　国タイ　労相
Apak, Esref　アパク
　国トルコ　陸上選手
Aparicio, Julio Villoria　アパリシオ, フリオ・ビジョリア
　著「耳が喜ぶスペイン語」三修社　2012
Aparicio Pérez, Juan-Carlos　アパリシオ・ペレス, フアン・カルロス
　国スペイン　労働・社会問題相
Aparo, Jim　アパロ, ジム
　著「バットマン：デス・イン・ザ・ファミリー」小学館集英社プロダクション
Apata, Joseph Lititiyo　アパタ, ジョゼフ・リティティヨ
　国コンゴ民主共和国　科学研究相
Apei Awangjinmei　アペイ・アワンジンメイ
1910〜2009　国中国　政治家, チベット族指導者　中国全国人民代表大会(全人代)常務委副委員長, チベット自治区人民委席　漢字名＝阿沛・阿旺晋美(アハイアオウシンビ)　関アポ・アワン・ジグメー
Apel, Friedmar　アーベル, フリートマル
1948〜　著「天への憧れ」法政大学出版局　2005
Apel, Karl-Otto　アーベル, カール＝オットー

1922～ [著]「超越論的語用論とは何か？」 梓出版社 2013
Apel, Katrin アペル
[国]ドイツ バイアスロン選手
Aperlo, Peter アペロー, ピーター
[著]「バットマンvsスーパーマンジャスティスの誕生The Art of the Film」 Graffica Novels, 誠文堂新光社(発売) 2016
Apesos, Anthony アペソス, アンソニー
1953～ [著]「触ってわかる美術解剖学」 マール社 2012
Aphibarnrat, Kiradech アフィバーンラト, キラデク
[国]タイ ゴルフ選手
Aphing Kouassi, René アファンクアシ, ルネ
[国]コートジボワール 国防相
Apichatpong Weerasethakul アピチャッポン・ウィーラセタクン
1970～ [国]タイ 映画作家, アーティスト
Apinsa, Richel アピンサ, リシェル
[国]スリナム 運輸・通信・観光相
Apiradi, Tantraporn アピラディー・タンタラポン
[国]タイ 商業相
Apisak, Tantivorawong アピサック・タンティボラウォン
[国]タイ 財務相
Aplin, Andrew アプリン, アンドリュー
[国]アメリカ 野球選手
Aplogan-djibode, Didier アプロガンジボデ, ディディエ
[国]ベナン 青年・スポーツ・余暇相
Apodaca, Anthony A. アポダカ, アンソニー・A.
[著]「Advanced RenderMan」 ボーンデジタル 2003
Apodaca, Jennifer アポダカ, ジェニファー
[国]アメリカ 作家 [専]ミステリー, スリラー 筆名＝リヨン, ジェニファー〈Lyon, Jennifer〉
Apodaca, Rose アポダカ, ローズ
[著]「Rachel Zoe L.A.Style A to ZOE」 マーブルトロン, メディアパル(発売) 2011
Apolonia, Tiago アポロニア, チアゴ
[国]ポルトガル 卓球選手
Apostol, Adrian アポストル, アドリアン
[国]ルーマニア ラグビー選手
Apostol, Tom M. アポストル, トム・M.
[著]「Aha！ ひらめきの幾何学」 共立出版 2016
Apostolo, Giorgio アポストロ, ジョルジョ
[著]「第二次大戦のイタリア空軍エース」 大日本絵画 2001
Apostolos-Cappadona, Diane アポストロス＝カッパドナ, ダイアン
[著]「象徴と芸術の宗教学」 作品社 2005
Apostolou, Vangelis アポストル, バンゲリス
[国]ギリシャ 農業開発・食糧相
Appadurai, Arjun アパドゥライ, アルジュン
1949～ [異]アパデュライ, アルジュン [著]「グローバリゼーションと暴力」 世界思想社 2010
Appa Sherpa アパ・シェルパ
[国]ネパール 登山ガイド
Appel, Andrew W. エイペル, A.W.
1960～ [著]「最新コンパイラ構成技法」 翔泳社 2009
Appel, Benjamin アペル, ベンジャミン
[著]「巨匠の選択」 早川書房 2001
Appel, Gerald アペル, ジェラルド
[著]「投資家のための投資信託入門」 パンローリング 2007
Appel, Jacob アペル, ジェイコブ
[著]「善意で貧困はなくせるのか？」 みすず書房 2013
Appel, Karel Christian アペル, カレル
1921～2006 [国]オランダ 画家
Appel, Mark アッペル, マーク
[国]アメリカ 野球選手
Appelbaum, Eileen アッペルバウム, アイリーン
1940～ [異]アペルバーム, E. [著]「ベスト・プラクティス競争戦略」 八千代出版 2004
Appelbaum, Paul S. アッペルボーム, ポール・S.
[著]「研究に同意する能力を測定する」 北村メンタルヘルス研究所 2012
Appelcline, Shannon アペルクライン, シャノン
[著]「iPhoneアプリ×Webサイト開発入門」 日経BP社, 日経BP出版センター(発売) 2010
Appelo, Tim アペロ, ティム
[著]「アリー・マイ・ラブオフィシャル・ガイド」 徳間書店 2001
Appelt, Christian W. アペルト, クリスチャン・W.
[著]「ヨーロッパ特許要点ガイド」 マスターリンク 2012
Appelt, Kathi アッペルト, キャシー
1954～ [異]アペルト, キャシー [著]「ホイッパーウィル川の伝説」 あすなろ書房 2016
Apperley, Dawn アパリー, ドーン
[著]「ブルーベリーむらのピクニック・パーティー」 大日本絵画 2011
Apperry, Yann アペリ, ヤン
1972～ [国]フランス 作家 [専]文学, フィクション
Appiah, Kwame Anthony アッピア, K.アンソニー
[著]「マルチカルチュラリズム」 岩波書店 2007
Appiah, Kwesi アッピアー, クウェシ
[国]ガーナ サッカー選手
Appiah Kabran, Aimé アピアカブラン, エメ
[国]コートジボワール 観光相
Appiahoppiong, Marrieta Brew アッピアオポン, マリエッタ・ブルー
[国]ガーナ 法相兼検事総長
Appignanesi, Richard アピニャネジ, リチャード
[異]アッピグナネッセイ, リチャード [著]「ベンヤミン」 筑摩書房 2009
Applbaum, Arthur Isak アプルバウム, アーサー・アイザック
[著]「グローバル化で世界はどう変わるか」 英治出版 2004
Apple, Eli アップル, イーライ
[国]アメリカ アメフト選手
Apple, Fiona アップル, フィオナ
1977～ [国]アメリカ ロック歌手
Apple, Michael アップル, マイケル
[著]「Dr.アップルの早期発見の手引き診断事典」 ガイアブックス 2013
Apple, Michael W. アップル, マイケル・W.
1942～ [著]「デモクラティック・スクール」 Sophia University Press上智大学出版, ぎょうせい(発売) 2013
Apple, Rima D. アップル, リマ・D.
[著]「家政学再考」 近代文芸社 2002
Apple, R.W. アップル, R.W., Jr.
1934～2006 [国]アメリカ ジャーナリスト 「ニューヨーク・タイムズ」紙ワシントン支局長 本名＝アップル, レイモンド・ウォルター〈Apple, Raymond Walter〉
Applebaum, Anne アプルボーム, アン
1964～ [著]「グラーグ」 白水社 2006
Applebaum, Julia アップルバウム, ジュリア
[著]「双極うつ病」 星和書店 2013
Applebaum, Robert アプルバウム, ロバート
[著]「長期ケアの満足度評価法」 中央法規出版 2002
Appleby, Michael C. アップルビー, M.C.
[著]「動物への配慮の科学」 チクサン出版社, 緑書房(発売) 2009
Appleby, Stuart アップルビー, スチュアート
1971～ [国]オーストラリア プロゴルファー [異]アップルビー, スチュワート
Applegate, Debby アップルゲート, デビー
[国]アメリカ ピュリッツアー賞 文学・音楽 伝記・自伝(2007年) "The Most Famous Man in America: The Biography of Henry Ward Beecher"
Applegate, Katherine アップルゲート, キャサリン
1956～ [国]アメリカ 児童文学作家 [専]SF, ファンタジー, 児童書 [異]アップルゲイト, K.A. / アップルゲイト, キャサリン
Applegate, Royce D. アップルゲート, ロイス
1939～2003 [国]アメリカ 俳優 [異]アップルゲイト, ロイス / アプルゲート, ロイス
Appleman, Daniel アップルマン, ダニエル
[著]「コンピュータ・プログラムのしくみ」 ソシム 2003
Appleton, Brad アップルトン, ブラッド
[著]「パターンによるソフトウェア構成管理」 翔泳社 2006
Appleton, Jay アプルトン, ジェイ
1919～ [著]「風景の経験」 法政大学出版局 2005
Appling, Dean Ramsay アプリング, D.R.
[著]「カラー生化学」 西村書店 2015
Appold, Kenneth G. アッポルド, K.G.
1965～ [著]「宗教改革小史」 教文館 2012
Apraku, Kofi Konadu アプラク, コフィ・コナデュ
[国]ガーナ 地方協力相
Aprile, Pino アプリーレ, ピーノ
1950～ [著]「ヘマな奴ほど名を残す」 中央公論新社 2008
Aps, Soetkine アプス, スートキン
1986～ [著]「かぞえてかぞえてたんじょうび！」 ほるぷ出版 2010
Apte, D.P. アプテ, D.P.
1927～ [著]「インドの農村女性」 インド川上やまと教授基金を支

A

Apted, Michael アプテッド, マイケル
1941〜 国イギリス 映画監督 本名=Apted, Michael David

Apter, David Ernest アプター, デービッド・アーネスト
1924〜2010 国アメリカ 政治学者 エール大学教授 著アフリカの政治 他アプター, デイビッド・アーネスト

Aptsiauri, Giorgi アプツィアウリ, ギオルギ
国ジョージア ラグビー選手

Aqazadeh, Gholamreza アガザデ, ゴラムレザ
1948〜 国イラン 政治家 イラン副大統領・原子力庁長官, イラン石油相

Aqeel, Moinuddin アキール, モイヌッディーン
国パキスタン パキスタン日本文化協会シンド理事, 元・カラチ大学文学部ウルドゥー語学科教授

Aqil, Aqil Husayn アキル, アキル・フセイン
国リビア 高等教育書記(高等教育相)

Aquilani, Alberto アクイラーニ, アルベルト
国イタリア サッカー選手

Aquino, Albert アキノ, アルバート
著「とらとおじいさん」 大日本図書 2011

Aquino, Aristides アキーノ, アリスティデス
国ドミニカ共和国 野球選手

Aquino, Benigno アキノ, ベニグノ
1960〜 国フィリピン 政治家 フィリピン大統領 愛称=ノイノイ〈Noynoy〉

Aquino, Corazón アキノ, コラソン
1933〜2009 国フィリピン 政治家 フィリピン大統領 本名=アキノ, マリア・コラソン・コリー〈Aquino, Maria Corazón Cory〉 他アキノ, コリー

Aquino, Jayson アキーノ, ジェイソン
国ドミニカ共和国 野球選手

Aquino, Joe アキノ, ジョー
1964〜 著「だから、夢をみよう!」徳間書店 2010

Aquino Albengrin, Alexis Paul アキノ・アルベングリン, アレックシス・ポール
国ペルー 臨時代理大使, 公使参事官

Aquino García, Ramón アキノ・ガルシア, ラモン
国ドミニカ共和国 国防相

al-Arab, Husayn Muhammad アル・アラブ, フサイン・ムハマド
国イエメン 内相

Arab, Hussein アラブ, フセイン
国イエメン 副首相兼内相

Arab, Muhammad Saber アラブ, ムハンマド・サベル
国エジプト 文化相

Arab, Zahra Seyyed アラブ, ゼフラ・セイエド
著「さよなら、おばあちゃん」新世研 2002

Arabacioglu, Reyhan アラバジオウル
国トルコ 重量挙げ選手

Arabiyat, Wael アラビヤト, ワエル
国ヨルダン 寄進財産・イスラム問題相

el-Araby, Ashraf アラビ, アシュラフ
国エジプト 計画・検査・行政改革相

Araby, Nabil el- アラビ, ナビル
1935〜 国エジプト 外交官, 法律家 アラブ連盟事務局長 エジプト外相

Arafat, Fathi アラファト, ファトヒ
?〜2004 国パレスチナ 医師 パレスチナ赤新月社名誉総裁

Arafat, Raed アラファト, ラエド
国ルーマニア 保健相

Arafat, Yasser アラファト, ヤセル
1929〜2004 国パレスチナ 政治家 パレスチナ解放機構(PLO)議長, パレスチナ自治政府議長, ファタハ指導者 別名=アブ・アンマル

Arafi, Rababe アラフィ, ラバブ
国モロッコ 陸上選手

Aragao, Manuel da Costa アラガン, マヌエル・ダ・コスタ
国アンゴラ 法相

Aragelyan, Ignati アラケリャン, イグナチ
国アルメニア 農相

Aragon, Lorenzo アラゴン
国キューバ ボクシング選手

Aragones, Luis アラゴネス, ルイス
1938〜2014 国スペイン サッカー監督, サッカー選手 サッカー・スペイン代表監督

Aragüés, Ramón アラグエス, ラモン

Arai, Fuyu アライ, フユ
1975〜 著「フーくんのおへそ」光村教育図書 2011
国日本 アヌシー国際アニメーション映画祭 TVおよび受託作品クリスタル賞(最優秀受託作品)(2014年) "Nepia "Tissue Animals"" 漢字名=新井風愉

Arai, Munehito アライ, ムネヒト
著「タンパク質のフォールディング」シュプリンガー・フェアラーク東京 2002

Araïta Ali, Ahmed アライタ・アリ, アホメド
国ジブチ 駐日特命全権大使

Araj, Allaedin アラジ, アラウディン
国パレスチナ 経済相

al-Araj, Hussein アラジ, フセイン
国パレスチナ 地方相

al-Araj, Khalid bin Abdullah アラジ, ハリド・ビン・アブドラ
国サウジアラビア 人事相

al-Araji, Baha アラジ, バハ
国イラク 副首相

Araki-Russell, Mie アラキ・ラッセル, ミエ
1965〜 著「あそぼうよホワイティ」学習研究社 2002

Arale, Abdalqadir Nur アラレ, アブダルカディル・ヌル
国ソマリア 農相

Aramburu, Juan Jose アランブル
国スペイン 射撃選手

Aramnau, Andrei アラムナウ, アンドレイ
国ベラルーシ 重量挙げ選手

Aramu, Mattia アラム, マッティア
国イタリア サッカー選手

Aramyan, Vardan アラミャン, ワルダン
国アルメニア 財務相

Arana, George W. アラーナ, G.W.
著「精神科薬物療法ハンドブック」メディカル・サイエンス・インターナショナル 2001

Arana, Mariano アラナ, マリアノ
国ウルグアイ 住宅・環境相

Arana, Mario アラナ, マリオ
国ニカラグア 産業振興・商工相

Arana Castellon, Saul アラナ・カステジョン, サウル
国ニカラグア 駐日特命全権大使

Araña Osorio, Carlos Manuel アラーニア, カルロス
1918〜2003 国グアテマラ 軍人, 政治家 グアテマラ大統領 他アラーニア・オソリオ, カルロス / アラナ, カルロス / アラナ・オソリオ, カルロス

Aranda, Sanchia アランダ, サンチア
著「ケアの複雑性」エルゼビア・ジャパン 2007

Aranda, Vicente アランダ, ビセンテ
1926〜 著「カルメン」ソニー・マガジンズ 2004

Arango, Jorge アランゴ, ホルヘ
国パナマ 農牧開発相

Arango, Jorge アランゴ, ホルヘ
著「情報アーキテクチャ」オライリー・ジャパン, オーム社(発売) 2016

Arango, Sascha アランゴ, ザーシャ
1959〜 著「悪徳小説家」東京創元社 2016

Aranguiz, Charles アランギス, チャルレス
国チリ サッカー選手

Aranguren, Juan José アラングレン, フアン・ホセ
国アルゼンチン エネルギー・鉱業相

Araouzou, Kalliopi アラウズ
国ギリシャ 水泳選手

Araoz, Gustavo アローズ, グスタボ
国アメリカ 建造物保護学者 イコモス(国際記念物遺跡会議)会長

Aráoz Fernández, Mercedes Rosalba アラオス・フェルナンデス, メルセデス・ロサルバ
国ペルー 第2副大統領 他アラオス・フェルナンデス, メルセデス

Arapovic, Marko アラボビッチ, マルコ
国クロアチア バスケットボール選手

Araptany, Jacob アラブタニー, ジェイコブ
国ウガンダ 陸上選手

Arapu, Anatol アラプ, アナトル
国モルドバ 財務相

al-Arashani, Murshed Ali アラシャニ, ムルシェド・アリ
国イエメン 法相

Arasin, Peter アラジン, ピーター

[著]「ワイヤレスマイクハンドブック」 誠文堂新光社 2012
Arasse, Daniel アラス, ダニエル
1944～2003 [著]「モナリザの秘密」 白水社 2007
Aratani, George アラタニ, ジョージ
?～2013 [国]アメリカ 実業家, 慈善活動家 日本名＝荒谷ジョージ
Araujo, Adriana アラウージョ, アドリアナ
[国]ブラジル ボクシング選手 [異]アラウジョ
Araújo, Bruno アラウジョ, ブルノ
[国]ブラジル 都市相
Araújo, Consuelo アラウホ, コンスエロ
[国]コロンビア 文化相
Araujo, Edson アロージョ, エドソン
[著]「包括的で持続的な発展のためのユニバーサル・ヘルス・カバレッジ」 日本国際交流センター 2014
Araújo, Heriberto アラウホ, エリベルト
1983～ [著]「進撃の華人」 講談社 2014
Araújo, Jorge Homero Tolentino アラウージョ, ジョルジェ・オメロ・トレンティーノ
[国]カボベルデ 文化・スポーツ相
Araujo, Marcio アラウジョ, マルシオ
[国]ブラジル ビーチバレー選手
Araújo, Maria Consuelo アラウホ, マリア・コンスエロ
[国]コロンビア 外相
Araujo, Maria Tome de アラウジョ, マリア・トメ・デ
[国]サントメ・プリンシペ 労働・連帯・女性・家族問題相
Araújo, Matilde Rosa アラウージョ, マティルデ・ロザ
1921～ [著]「金色の猫」 猫の手舎 2009
Araujo, Roxana アラウホ, ロサナ
[国]ホンジュラス 保健相
Araujo, Rui アラウヨ, ルイ
[国]ギニアビサウ 運輸・通信相
Araujo, Sergio アラウホ, セルヒオ
[国]アルゼンチン サッカー選手
Araújo Castro, María Consuero アラウホ・カストロ, マリア・コンスエロ
[国]コロンビア 文化相
Arauz, Andrés アラウス, アンドレス
[国]エクアドル 知識・人的能力調整相
Arauz, Luis Felipe アラウス, ルイス・フェリペ
[国]コスタリカ 農牧相
Arauzo, Stella アラウソ, ステラ
[国]スペイン 舞踊家 アントニオ・ガデス舞踊団芸術監督
Aravamudan, Gita アラヴァムダン, ギーター
[著]「インド 姿を消す娘たちを探して」 柘植書房新社 2012
Arawan Wipha エラワン・ウイパー
[著]「ジャンボ旅客機99の謎」 二見書房 2008
Arazov, Rezepbai アラゾフ, レゼプバイ
[国]トルクメニスタン 副首相兼国防相
Arbatov, Aleksei Georgievich アルバトフ, アレクセイ
1951～ [国]ロシア 政治家, 核問題研究者 ヤブロコ副党首 ロシア科学アカデミー世界経済国際関係研究所(IMEMO)軍縮部長 [専]軍事戦略問題
Arbatov, Georgii Arkadevich アルバトフ, ゲオルギー
1923～2010 [国]ロシア 歴史学者 ソ連科学アカデミー米国カナダ研究所所長, ソ連共産党中央委員 [専]法学, 国際関係史 [異]アルバートフ, ゲオルギー
Arbelaez, Ana Maria アルベレツ, アナ・M.
[著]「小児科」 メディカル・サイエンス・インターナショナル 2005
Arbeloa, Alvaro アルベロア, アルバロ
[国]スペイン サッカー選手
Arber, Werner アルバー, ウェルナー
1929～ [国]スイス 分子生物学者 バーゼル大学分子生物学教授 [異]アーバー, ワーナー
Arbia, Giuseppe アルビア, ジュセッペ
[著]「Rで学ぶ空間計量経済学入門」 勁草書房 2016
Arbilla, Anaitz アルビージャ, アナイツ
[国]スペイン サッカー選手
Arbin, M.von アービン, M.フォン
[著]「鍼のエビデンス」 医道の日本社 2009
Arblaster, Anthony アーブラスター, アンソニー
1937～ [著]「ビバリベルタ!」 法政大学出版局 2001
Arbo, John E. アルボ, ジョン・E.
[著]「救命救急のディシジョン・メイキング」 メディカル・サイエンス・インターナショナル 2016
Arboleda, Carlos アルボレダ, カルロス
[国]エクアドル エネルギー鉱山相
Arboleda-Flórez, Julio アルボレダ-フローレス, フリオ
1939～ [著]「パラダイム・ロスト」 中央法規出版 2015
Arboleya, Carlos アルボレヤ, カルロス
[国]ウルグアイ ラグビー選手
Arbon, Jason アーボン, ジェーソン
1975～ [著]「テストから見えてくるグーグルのソフトウェア開発」 日経BP社, 日経BPマーケティング(発売) 2013
Arborelius, Lotta アーボレリウス, ロッタ
[著]「不安障害」 日本評論社 2005
Arborio Mella Di Sant'Elia, Maria Teresa アルボリオ・メッラ・ディ・サンテリア, マリア・テレーザ
[国]イタリア 元・在イタリア日本国大使館現地職員
Arbo Sosa, Antonio Heriberto アルボ・ソサ, アントニオ・エリベルト
[国]パラグアイ 保健相
Arbour, Louise アルブール, ルイーズ
1947～ [国]カナダ 法律家 カナダ最高裁判事, 国連人権高等弁務官, 国際危機グループ(ICG)理事長 [異]アーバー, ルイーズ
Arbuckle, Brad B. アーバックル, ブラッド・B.
[著]「プライベート・エクイティ」 中央経済社 2011
Arbuckle, Luk アルバクル, ラック
[著]「データ匿名化手法」 オライリー・ジャパン, オーム社(発売) 2015
Arbuckle, Ruth アーバックル, ルース
?～2007 [著]「チェサピーク湾の1年」 平山美枝子 2009
Arbuckle, Warren アーバクル, ウォーレン
[著]「ウォーレン・アーバクルのビジネスマッピング」 PHP研究所 2008
Arbuzov, Serhiy アルブゾフ, セルヒー
[国]ウクライナ 第1副首相
Arcan, Nelly アルカン, ネリー
1973～2009 [著]「キスだけはやめて」 ソニー・マガジンズ 2006
Arcand, Denys アルカン, ドゥニ
1941～ [国]カナダ 映画監督
Arcand, Kimberly K. アーカンド, キンバリー
[著]「美しい光の図鑑」 ボーンデジタル 2016
Arcanjo, Geisa アルカンジョ
[国]ブラジル 陸上選手
Arcanjo, Maria Manuela アルカンジョ, マリア・マヌエラ
[国]ポルトガル 保健相
Arcara, Kristin M. アルカラ, クリスティン・M.
[著]「ハリエットレーンハンドブック」 メディカル・サイエンス・インターナショナル 2013
Arcari, Jason アーカリ, ジェイスン
[著]「21世紀俳優のための21キーワード」 武久出版・ぶQ出版センター 2013
Arce Catacora, Luis アルセ・カタコラ, ルイス
[国]ボリビア 経済・財務相 [異]アルセ・カタコラ, ルイス・アルベルト
Arcel, Nikolaj アーセル, ニコライ
ベルリン国際映画祭 銀熊賞 脚本賞(第62回(2012年)) "En Kongelig Affœre"
Arcero, Patricia アルセロ, パトリシア
[国]ベリーズ 産業地方長官
Arce Zapata, Germán アルセ・サパタ, ヘルマン
[国]コロンビア 鉱山・エネルギー相
Archbold, Rick アーチボルド, リック
[著]「ミイラ全身解剖」 講談社 2001
Archbold, Shane アーチボルト
[国]ニュージーランド 自転車選手
Archdeacon, Thomas J. アーチディコン, トーマス・J.
[著]「アジア系アメリカ人の光と陰」 大学教育出版 2010
Archer, Amanda アーチャー, アマンダ
[著]「ぼくはだいくさん」 世界文化社 2006
Archer, Catherine アーチャー, キャサリン
[著]「放蕩貴族」 ハーレクイン 2013
Archer, Chris アーチャー, クリス
[国]アメリカ 野球選手
Archer, Connie アーチャー, コニー
[著]「謎解きはスープが冷めるまえに」 原書房 2016
Archer, Dennis Wayne アーチャー, デニス・ウェイン
[国]アメリカ 元・デトロイト市長, 元・デトロイト・ウィンザー日米協会会長, 元・米国法曹協会会長, 元・ミシガン州最高裁判所判事
Archer, Jeffrey Howard アーチャー, ジェフリー
1940～ [国]イギリス 作家, 政治家 英国上院議員 英国保守党

副幹事長　本名=Archer of Weston-super-mare
Archer, Margaret Scotford　アーチャー, マーガレット・S.
㊤「実在論的社会理論」青木書店　2007
Archer, Scott E.　アーチャー, スコット・E.
㊤「MCSEパーフェクトテキスト試験番号70-219：Windows 2000 directory services design」ピアソン・エデュケーション　2001
Archer, William　アーチャー, ウィリアム
㊤「意思決定力が身につくトレーニングノート」総合法令出版　2004
Archer-Mackenzie, Christine　アーチャー・マッケンジー, クリスティーヌ
㊤「がん治療中の食事」ガイアブックス, 産調出版(発売)　2012
Archer-Wright, Ian　アーチャー・ライト, イアン
㊤「みんな大切！」新科学出版社　2011
Archibald, Jan　アーチボルド, ジャン
アカデミー賞 メイクアップ賞(第80回(2007年))　"La Vie en Rose"
Archibugi, Daniele　アーキブージ, ダニエル
㊤「グローバル化時代の市民像」法律文化社　2010
Archibugi, Francesca　アルキブジ, フランチェスカ
㊤「明日、陽はふたたび」愛育社　2002
Archie, Neil　アーチー, スーザン
グラミー賞 最優秀ボックス, 特別限定版パッケージ(2014年(第57回))　"The Rise & Fall Of Paramount Records, Volume One (1917-27)"　アート・ディレクター
Archila, Érick Estuardo　アルチラ, エリック・エストゥアルド
㊀グアテマラ　エネルギー・鉱山相
Archila, Raúl　アルチラ, ラウル
㊀グアテマラ　エネルギー・鉱業相
Arcia, Dilio　アルシア, ディリオ
㊀パナマ　大統領府相
Arcia, Orlando　アルシア, オーランド
㊀ベネズエラ　野球選手
Arcia, Oswaldo　アルシア, オズワルド
㊀ベネズエラ　野球選手
Arcidiacono, Ryan　アーチディアコノ, ライアン
㊀アメリカ　バスケットボール選手
Arcier, Agnès　アルシエ, アニエス
㊤「女性指数が経営を変える」NTT出版　2009
Arcimboldi, Giuseppe　アルチンボルド, ジュゼッペ
㊤「ジュゼッペ・アルチンボルド」Taschen　c2001
Arciniegas, Fabio　アルシニェガス, ファビオ
㊤「C++によるXML開発技法」ピアソン・エデュケーション　2002
Arcos, Gustavo　アルコス, グスタボ
1926～2006　㊀キューバ　反キューバ政府活動家
Arcudi, John　アルカディ, ジョン
㊤「ルーク・ケイジ：無慈悲の街」ヴィレッジブックス　2016
Arda, Turan　アルダ, トゥラン
㊀トルコ　サッカー選手
Ardagh, John　アーダー, ジョン
1928～　㊤「フランス」朝倉書店　2008
Ardagh, Philip　アーダー, フィリップ
1961～　㊉アーダ, フィリップ　㊤「だれも寝てはならぬ」ダイヤモンド社　2006
Ardai, Charles　アーディ, チャールズ
アメリカ探偵作家クラブ賞 短編賞(2007年)　"The Home Front"
Ardalan, Hayde　アルダラン, ハイデ
㊤「ミルトンとカラス」朔北社　2002
Ardant, Fanny　アルダン, ファニー
1949～　㊀フランス　女優
Ardee, Saylom　アルディー, サイロム
㊀タイ　ボクシング選手
Arden, Andrea　アーデン, アンドレア
㊤「プロは語る。」アスペクト　2005
Arden, Darlene　アーデン, ダーリーン
㊤「世界の美しい猫」グラフィック社　2016
Arden, Harvey　アーデン, ハービー
㊤「インディアンは、決して嘘をつかない」サンマーク出版　2003
Arden, John　アーデン, ジョン
1930～2012　㊀イギリス　劇作家, 作家
Arden, John Boghosian　アーデン, ジョン
㊉アーデン, ジョン・B.　㊤「ブレイン・バイブル」アルファポリス, 星雲社(発売)　2015
Arden, Paul　アーデン, ポール
㊤「大事なのは今のあなただけじゃない。この先、どのくらい上を目指そうと思っているかだ。」ファイドン　2010
Arden, Ron　アーデン, ロン
㊤「魅せる力」ダイヤモンド社　2007
Ardi, Dana　アーディ, デイナ
㊤「現場力を引き出すリーダーの条件」日経BP社, 日経BPマーケティング(発売)　2014
Ardika, I Gde　アルディカ, イ・グデ
㊀インドネシア　文化・観光相
Ardila, Alfredo　アーディラ, A.
㊤「臨床失語症学」西村書店　2006
Ardiles, Osvaldo Cesar　アルディレス, オスヴァルド
1952～　㊤「勝利の時も、敗北の時も」日本放送出版協会　2001
Arditi, Pierre　アルディッティ, ピエール
1944～　㊀フランス　俳優　㊉アルディティ, ピエール
Arditti, Paul　アルディッティ, ポール
トニー賞 ミュージカル 音響デザイン賞(2009年(第63回))ほか
Ardizzone, Aingelda　アーディゾーニ, エインゲルダ
㊉アーディゾーニ, エインジェルダ　㊤「おやすみ前にお話のプレゼント」PHP研究所　2004
Ardley, Neil　アードレー, ニール
㊤「楽器図鑑」あすなろ書房　2004
Ardoin, John　アードイン, ジョン
㊤「ゲルギエフとサンクトペテルブルグの奇蹟」音楽之友社　2006
Ardov, Mikhail　アールドフ, ミハイル
1937～　㊤「わが父ショスタコーヴィチ」日本点字図書館(製作)　2004
Ardron, Tyler　アードロン, タイラー
㊀カナダ　ラグビー選手
Ardzinba, Vladislav　アルジンバ, ウラジスラフ
1945～2010　㊀グルジア　政治家, 歴史学者　アブハジア自治共和国初代大統領　本名=Ardzinba, Vladislav Grigoriyvich
Areco, Amelie　アレコ, アメリエ
㊤「ほたるのおしりに火がついたわけ」新世研　2001
Aree, Wong-araya　アリー・ウォンアラヤ
㊀タイ　内相
Aref, Abdel Rahman Mohammed　アレフ, アブデル
1916～2007　㊀イラク　政治家　イラク大統領　㊉アレフ, アブデル・ラーマン / アレフ, アブドルラフマン
Aref, Mohammad Reza　アレフ, モハマド・レザ
㊀イラン　第1副大統領
Arefaine, Berhe　アレファイネ・ベルヘ
㊀エリトリア　農相
Aregawi, Abeba　アレガウィ
㊀エチオピア　陸上選手
Arellano, Carlo　アレヤーノ, カルロ
㊤「コスチュームデザイン」ボーンデジタル　2014
Arena, Felice　アリーナ, フェリーチェ
1968～　㊀オーストラリア　作家　㊀児童書
Arena, Marie　アレーナ, マリー
㊀ベルギー　社会統合・年金・大都市相
Arenado, Nolan　アレナード, ノーラン
㊀アメリカ　野球選手
Arenas, Alberto　アレナス, アルベルト
㊀チリ　財務相
Arenas, Amelia　アレナス, アメリア
㊤「絵筆をとったレディ」淡交社　2008
Arenas, Javier　アレナス, ハビエル
㊀スペイン　公共行政相
Arencibia, Yordanis　アレンシビア
㊀キューバ　柔道選手
Arends, Jacco　アレンズ, ヤッコ
㊀オランダ　バドミントン選手
Arenius, Päivi　アレニウス, パイヴィ
㊤「ムーミンとはじめての冬」講談社　2015
Areola, Alphonse　アレオラ, アルフォンス
㊀フランス　サッカー選手
Arero, Hassan　アレロ, ハッサン
㊀ケニア　スポーツ・文化・芸術相
Arevalo, Eduardo Lacs　アレバロ, エドゥアルド・ラクス
㊀グアテマラ　国防相
Arevalo, Samantha　アレバロ, サマンサ
㊀エクアドル　水泳選手
Arey, Janet　アレイ, ジャネット
㊤「環境医学入門」中央法規出版　2003
Arfaoui, Mohamed Salah　アルファウイ, モハメド・サラ

⒩チュニジア 設備・住宅・国土計画相 ㊔アルファウイ, モハメド・サラーハ
Arfield, Scott アーフィールド, スコット
⒩カナダ サッカー選手
Arfken, George Brown アルフケン, ジョージ
1922〜 ㊆「フーリエ変換と変分法」講談社 2002
Argea, Angelo アージア, アンジェロ
?〜2005 ⒩アメリカ ゴルフキャディー
Argeñal Sandoval, Juana アルヘニャル・サンドバル, フアナ
⒩ニカラグア 環境・天然資源相
Argenti, Paul A. アルジェンティ, ポール・A.
㊆アージェンティ, ポール 「デジタル・リーダーシップ」マグロウヒル・エデュケーション, 日本経済新聞出版社(発売) 2010
Argento, Dario アルジェント, ダリオ
1940〜 ⒩イタリア 映画監督, 脚本家, 映画プロデューサー
Argerich, Martha アルゲリッチ, マルタ
1941〜 ⒩アルゼンチン ピアニスト ㊔アルヘリチ / アルヘリッチ, マルタ
Arghandiwal, Abdul Hadi アルガンディワル, アブドル・ハディ
⒩アフガニスタン 経済相 ㊔アルガンディワル, ハディ
Argilagos, Joahnys アルヒラゴス, ホアニス
⒩キューバ ボクシング選手
Argilli, Marcello アルジッリ, マルチェッロ
1926〜 ㊆「やあ、アンドレア」さ・え・ら書房 2004
Argov, Sherry アーゴブ, シェリー
㊆「ラヴ・ビッチ」ソフトバンククリエイティブ 2008
Argov, Shlomo アルゴブ, シュロモ
?〜2003 ⒩イスラエル 外交官 駐英イスラエル大使
Arguedas, José María アルゲダス, ホセ・マリア
㊆「ダイヤモンドと火打ち石」彩流社 2005
Argüelles, José アグエイアス, ホセ
1939〜 ㊔アーグエイアス, ホセ ㊆「マヤン・ファクター」三五館 2008
Argüelles, Miriam アーグエイアス, ミリアム
1943〜 ㊆「マンダラ」青土社 2006
Argüello, Alexis アルゲリョ, アレクシス
1952〜2009 ⒩ニカラグア プロボクサー, 政治家 WBC世界ライト級チャンピオン, マナグア市長 本名=Andrés Alexis Argüello Bohórguez
Arguello, Betzabeth アルゲリョ, ベツァベス
⒩ベネズエラ レスリング選手
Argüello, Kiko アルグエヨ, キコ
1939〜 ㊆「ケリグマ」フリープレス, 〔星雲社〕(発売) 2013
Arguello, Mariangeles アルゲジョ, マリアンヘレス
⒩ニカラグア 保健相
Argueta de Barillas, Marisol アルゲタ・デ・バリジャス, マリソル
⒩エルサルバドル 外相
Argula, Anne アーギュラ, アン
㊆「わたしが殺された理由」早川書房 2007
Argyris, Chris アージリス, クリス
1923〜2013 ㊆「組織の罠」文真堂 2016
al-Arhabi, Abdul-Kareem アルハビ, アブドルカリム
⒩イエメン 副首相(経済担当)兼計画・国際協力相
Arhinmäki, Paavo アルヒンマキ, パーボ
⒩フィンランド 文化・スポーツ相
Arhin-Tenkorang, Dyna アーヒン・テンコラン, ディナ
㊆「地球公共財の政治経済学」国際書院 2005
Ariana, I Ketut アリアナ, ケトゥート
⒩インドネシア 重量挙げ選手
Arianda, Nina アリアンダ, ニーナ
トニー賞 プレイ 主演女優賞(2012年(第66回)) "Venus in Fur"
Arianrhod, Robyn アリアンロッド, ロビン
1951〜 ㊆「世界を数式で想像できれば」青土社 2006
Arians, Bruce アリアンズ, ブルース
⒩アメリカ アリゾナ・カージナルスコーチ
Arias, Emilio アリアス, エミリオ
⒩コスタリカ 人材育成・社会参加相
Arias, José アリアス, ホセ
⒩パナマ 住宅相
Arias, Juan アリアス, フアン
1932〜 ㊆「パウロ・コエーリョ巡礼者の告白」新評論 2011
Arias, Juan Bautista アリアス, フアン・バウティスタ
⒩ベネズエラ 基礎・戦略・社会主義産業相
Arias, Michael アリアス, マイケル

1968〜 ⒩アメリカ 映画監督, アニメーション監督, CGプログラマー
Arias, Rodrigo アリアス, ロドリゴ
⒩コスタリカ 大統領府相
Arias, Santiago アリアス, サンティアゴ
⒩コロンビア サッカー選手
Arias Cañete, Miguel アリアスカニェテ, ミゲル
⒩スペイン 農業・食料・環境相 ㊔アリアス・カニェテ, ミゲル
Arias Leyva, Andrés アリアス・レイバ, アンドレス
⒩コロンビア 農相
Arias-Sánchez, Oscar アリアス・サンチェス, オスカル
1940〜 ⒩コスタリカ 政治家, 弁護士 コスタリカ大統領 ㊔アリアス, オスカル
Aribot, Mariama アリボット, マリアマ
⒩ギニア 社会問題・女性・児童相
al-Aridi, Ghazi アリディ, ガジ
⒩レバノン 公共事業・運輸相 ㊔アル・アリディ, ガジ
Aridi, Ghazi アリディ, ガジ
⒩レバノン 公共事業・運輸相
Aridjis, Homero アリディヒス, オメロ
1940〜 ⒩メキシコ 詩人, 作家 国際ペンクラブ会長 ㊔アリディス, オメロ / アリヒス, オメーロ
Arief, Yahya アリフ・ヤフヤ
⒩インドネシア 観光相
Ariel, Uri アリエル, ウリ
⒩イスラエル 農業・農村開発相
Ariely, Dan アリエリー, ダン
1967〜 ㊆「アリエリー教授の人生相談室」早川書房 2016
Arienti, Ermanno アリエンティ, エルマンノ
㊆「作詩法の基本とイタリア・オペラの台本」東京芸術大学出版会 2016
Ariès, Paul アリエス, ポール
㊆「ジョゼ・ボヴェ」柘植書房新社 2002
Ariès, Philippe アリエス, フィリップ
㊆「死を前にした人間」みすず書房 2013
Arieti, Silvano アリエティ, シリヴァーノ
1914〜 ㊆「統合失調症入門」星和書店 2004
Arif, Dayala アリフ, ダヤラ
⒩シリア 社会労働相
Arifi, Teuta アリフィ, テウタ
⒩マケドニア 副首相(欧州統合担当)
Ariguzo, Chi Chi アリグゾ, チチ
⒩アメリカ アメフト選手
Arık, Umut アルク, ウムト
⒩トルコ 土日基金評議委員, 元・駐日トルコ大使
Arınç, Bülent アルンチ, ビュレント
⒩トルコ 副首相
Aripgadjiev, Magomed アリプガジエフ
⒩ベラルーシ ボクシング選手
Aripov, Abdulla アリポフ, アブドゥラ
⒩ウズベキスタン 首相 ㊔アリポフ, アブドラ
al-Aris, Louei Hatim アリス, ルエイ・ハティム
⒩イラク 運輸相
Aris, Michael アリス, マイケル
1946〜 ㊆「自由」角川書店, 角川グループパブリッシング(発売) 2012
Arismendi, Marina アリスメンディ, マリナ
⒩ウルグアイ 社会開発相
Arismendi Chumacero, Elizabeth アリスメンディ・チュマセロ, エリサベス
⒩ボリビア 国家法務弁護相
Arison, Micky アリソン, ミッキー
⒩アメリカ マイアミ・ヒート所有者, カーニバル・コーポレーションCEO
Arison, Shari アリソン, シャリ
1957〜 ㊆「いい人生はいいことをすれば手に入る」サンマーク出版 2014
Aristide, Jean-Bertrand アリスティド, ジャン・ベルトラン
1953〜 ⒩ハイチ共和国 政治家, 解放の神学派神父 ハイチ大統領
Aristides, Juliette アリスティデス, ジュリエット
㊆「アトリエのドローイング」ボーンデジタル 2015
Aristidou, Aristos A. アリスティド, アリストス・A.
㊆「代謝工学」東京電機大学出版局 2002
Arisumi, Hiroshi アリスミ, ヒロシ
⒩アメリカ 二世退役軍人記念センター所長, マウイ日系人協会

会長
Arita, Hissao　アリタ, ヒサオ
　著「ブラジル知的財産法概説」信山社　2015
Ariton, Ion　アリトン, イオン
　国ルーマニア　経済・貿易・経営環境相
Ariunbaatar Ganbaatar　アリウンバートル・ガンバートル
　国モンゴル　チャイコフスキー国際コンクール　声楽(男声)　第1位, グランプリ(2015年(第15回))
Ariyaratne, Ahangamage Tudor　アリヤラトネ, アハンガマゲー・チューダー
　1931〜　国スリランカ　社会運動家　サルボダヤ運動指導者　別アリヤラトネ, アハンガマゲ・チューダー
Ariyaratne, Indrani　アリヤラトネ, インドラーニ
　国スリランカ　元・在スリランカ日本国大使館現地職員
Ariyoshi, George R.　アリヨシ, ジョージ・R.
　著「おかげさまで」アーバン・コネクションズ　2010
Ariyoshi, Jean Miya　アリヨシ, ジーン・ミヤ
　国アメリカ　元・東西センター財団理事, 元・ビショップ博物館理事, ノエル財団理事, 有心会会長
Ariyoshi, Rita　アリヨシ, リタ
　著「いつかは行きたい一生に一度だけの旅世界の街道を行くBEST500」日経ナショナルジオグラフィック社, 日経BPマーケティング(発売)　2012
Ariza, Trevor　アリーザ, トレバー
　国アメリカ　バスケットボール選手
Arjaoui, Mohammed　アルジャウイ, モハメド
　国モロッコ　ボクシング選手　別アルジャウィ
Arjavirta, Annukka　アルヤヴィルタ, アンヌッカ
　著「マリメッコ パターンとデザイナーたち」パイインターナショナル　2013
Arjona　アルホーナ
　国グアテマラ　グラミー賞 最優秀ラテン・ポップ・アルバム(2006年(第49回))　"Adentro"
Arjouni, Jakob　アルユーニ, ヤーコブ
　1964〜2013　国ドイツ　推理作家　本名＝Michelsen, Jakob
Arjunwadkar, Krishna S.　アルジュンワドカル, クリシュナ・S.
　著「ヨーガの哲学」ガイアブックス, 産調出版(発売)　2008
Arkell, Vincent Thomas John　アークル, V.T.J.
　著「イギリスの社会と文化200年の歩み」英宝社　2002
Arkhom, Termpittayapaisith　アーコム・トゥームピッタヤパイシット
　国タイ　運輸相
Arkin, Alan　アーキン, アラン
　アカデミー賞 助演男優賞(第79回(2006年))　"Little Miss Sunshine"
Arkin, David　アーキン, デービッド
　国アメリカ　アメフト選手
Arkin, William M.　アーキン, ウィリアム
　著「トップシークレット・アメリカ」草思社　2013
Arkle, Peter　アークル, ピーター
　著「僕はポロック」パイインターナショナル　2014
Arkless, Jan　アークレス, ジャン
　著「英国式結婚の手引き」繊研新聞社　2004
Arkoff, Samuel Z.　アーコフ, サミュエル
　1918〜2001　国アメリカ　映画プロデューサー
Arkoudeas, Konstantinos　アルコデアス
　国ギリシャ　レスリング選手
Arkowitz, Hal　アーコウイッツ, ハル
　1941〜　著「動機づけ面接法の適用を拡大する」星和書店　2016
Arlandi, Gian Franco　アルランディ, ジャン・フランコ
　著「形とシンメトリーの饗宴」森北出版　2003
Arlaud, Philippe　アルロー, フィリップ
　国フランス　演出家, 舞台美術家　領オペラ
Arlauskis, Giedrius　アルラウスキス, ギエドリウス
　国リトアニア　サッカー選手
Arlaux-Maréchal, Christine　アルロー, クリスティーヌ
　著「シャンパンのシーン別楽しみ方」朝日新聞出版　2010
Arledge, Roone Pinckney　アーリッジ, ルーン
　1931〜2002　国アメリカ　実業家　ABCニュース会長
Arley, Catherine　アルレー, カトリーヌ
　1924〜　国フランス　推理作家
Arlove, Catherine　アーラブ
　国オーストラリア　柔道選手
Arlt, Tobias　アルト, トビアス
　1987〜　国ドイツ　リュージュ選手　別アルルト, トビアス
Arłukowicz, Bartosz　アルウコビチ, バルトシュ

国ポーランド　保健相
Armacost, Michael Hayden　アマコスト, マイケル・ヘイデン
　1937〜　国アメリカ　政治学者, 外交官　スタンフォード大学アジア太平洋研究センター特別フェロー　駐日米国大使　領国際関係, 日米関係, 安全保障問題　別アーマコスト, マイケル・ヘイデン / アマコスト, マイケル・ハイドン
Arman　アルマン
　1928〜2005　国アメリカ　画家, 彫刻家　別名＝アルマン・ド・アルマン　別アルマン, フェルナンデ / アルマン, フェルナンデス
Armani, Giorgio　アルマーニ, ジョルジョ
　1934〜　国イタリア　ファッションデザイナー　ジョルジョ・アルマーニ社会長・CEO, 国連難民高等弁務官事務所(UNHCR)親善大使　別アルマーニ, ジョルジオ
Armantrout, Rae　アーマントラウト, レイ
　国アメリカ　ピュリッツアー賞 文学・音楽 詩(2010年)ほか
Armashu, Octavian　アルマシュ, オクタビアン
　国モルドバ　財務相
Armas Marcelo, J.J.　アルマス・マルセロ, J.J.
　1946〜　国スペイン　作家, 批評家　本名＝アルマス・マルセロ, ファン・ヘスス〈Armas Marcelo, Juan Jesús〉
Armbrister, Thurston　アームブリスター, サーストン
　国アメリカ　アメフト選手
Armbruster, Ludwíg　アルムブルスター, ルドヴィーク
　1928〜　著「黄金のプラハから来たイエズス会士」教友社　2015
Armbruster-Mayer, Reinhold　アルムブルステル・マイヤー, ラインホールド
　著「ウルム」Schoning GmbH & Co.KG　〔200-〕
Armel, Aliette　アルメル, アリエット
　国フランス　作家　領文学, フィクション
Armellada, Cesareo de　アルメリャダ, セサレオ・デ
　著「ほたるのおしりに火がついたわけ」新世研　2001
Armendariz, Beatriz　アルメンダリズ, ベアトリス
　著「マイクロファイナンス事典」明石書店　2016
Armendariz, Pedro, Jr.　アルメンダリス, ペドロ, Jr.
　1940〜2011　国メキシコ　俳優
Armentano, Paul　アーメンターノ, ポール
　著「マリファナはなぜ非合法なのか?」築地書館　2011
Armenteros, Jose　アルメンテロス, ホセ
　国キューバ　柔道選手
Armero, Pablo　アルメロ, パブロ
　国コロンビア　サッカー選手
Armethil, Christine　アマティル
　国バハマ　陸上選手
Armida, Alisjahbana　アルミダ・アリシャバナ
　国インドネシア　国家開発計画庁長官
Armiliato, Fabio　アルミリアート, ファビオ
　1962〜　国イタリア　テノール歌手
Arming, Christian　アルミンク, クリスティアン
　1971〜　国オーストリア　指揮者　新日本フィルハーモニー交響楽団音楽監督, ルツェルン歌劇場音楽監督, ルツェルン交響楽団首席指揮者　別アルミンク, クリスチャン
Armitage, Carol　アーミテージ, キャロル
　著「パワー・ポーズできれいになる!」ダイヤモンド社　2004
Armitage, David　アーミテイジ, デイヴィッド
　1965〜　著「思想のグローバル・ヒストリー」法政大学出版局　2015
Armitage, Gary C.　アーミテージ, G.C.
　著「AAP歯周病と全身疾患との関わり」クインテッセンス出版　2003
Armitage, John　アーミテージ, ジョン
　著「イギリス人はどう遊んできたか」三友社出版　2011
Armitage, Kenneth　アーミテージ, ケネス
　1916〜2002　国イギリス　彫刻家　別アーミテイジ, ケネス / アーミテジ, ケネス
Armitage, Peter　アーミテージ, P.
　著「医学研究のための統計的方法」サイエンティスト社(発売)　2001
Armitage, Richard Lee　アーミテージ, リチャード・リー
　1945〜　国アメリカ　政策コンサルタント, 外交官　アーミテージ・インターナショナル社長　米国国務副長官, 米国国防次官補
Armitage, Simon　アーミテージ, サイモン
　1963〜　国イギリス　詩人, 作家
Armitstead, Elizabeth　アーミテステッド, エリザベス
　国イギリス　自転車選手　別アーミステッド
Arms, Richard W., Jr.　アームズ, リチャード・W., Jr.
　著「相場心理を読み解く出来高分析入門」パンローリング　2006

Armstead, Arik アームステッド, アリク
[国]アメリカ アメフト選手
Armstead, Terron アームステッド, テロン
[国]アメリカ アメフト選手
Armstrong, Alan アームストロング, アラン
1950～ [著]「「幻」の日本爆撃計画」 日本経済新聞出版社 2008
Armstrong, Alan W. アームストロング, アラン
1939～ [著]「ウィッティントン」 さ・え・ら書房 2009
Armstrong, Arthur アームストロング, アーサー
[著]「ネットワーク戦略論」 ダイヤモンド社 2001
Armstrong, Billie Joe アームストロング, ビリー・ジョー
1972～ [国]アメリカ ミュージシャン
Armstrong, Brad アームストロング, ブラッド
1961～2012 [国]アメリカ プロレスラー
Armstrong, C.Michael アームストロング, マイケル
1938～ [国]アメリカ 実業家 AT&T会長・CEO, IBM上級副社長
Armstrong, Craig アームストロング, クレイグ
グラミー賞 最優秀映画・TV・その他ヴィジュアルメディア音楽サウンドトラック・アルバム(2005年(第48回)) "Ray"
Armstrong, Darrell アームストロング, ダレル
[国]アメリカ ダラス・マーベリックスアシスタントコーチ(バスケットボール)
Armstrong, David Malet アームストロング, デービッド
1926～2014 [国]オーストラリア 哲学者 シドニー大学名誉教授 [異]アームストロング, デイヴィッド・M.
Armstrong, Dylan アームストロング
[国]カナダ 陸上選手
Armstrong, Felicity アームストロング, フェリシティ
[著]「障害、人権と教育」 明石書店 2003
Armstrong, Gary M. アームストロング, ゲイリー
[著]「コトラーのマーケティング入門」 丸善出版 2014
Armstrong, Harvey アームストロング, ハーベイ
[著]「互恵と自立の地域政策」 文真堂 2005
Armstrong, Helen アームストロング, ヘレン
[著]「にげろや、にげろ」 評論社 2005
Armstrong, Helen アームストロング, ヘレン
1971～ [著]「未来を築くデザインの思想」 ビー・エヌ・エヌ新社 2016
Armstrong, Hilary アームストロング, ヒラリー
[国]イギリス 内閣府・社会的疎外担当相兼ランカスター公領相
Armstrong, Hilton アームストロング, ヒルトン
[国]アメリカ バスケットボール選手
Armstrong, Howard アームストロング, H.A.
1957～ [著]「微化石の科学」 朝倉書店 2007
Armstrong, Jennifer アームストロング, ジェニファー
[著]「カナリーズ・ソング」 金の星社 2001
Armstrong, John アームストロング, ジョン
1966～ [著]「お金の不安がなくなる哲学」 イースト・プレス 2014
Armstrong, Karen アームストロング, カレン
[著]「ムハンマド」 国書刊行会 2016
Armstrong, Kelley アームストロング, ケリー
[著]「わたしを愛した狼」 扶桑社 2006
Armstrong, Ken アームストロング, ケン
[国]アメリカ ピュリッツアー賞 ジャーナリズム 調査報道(2012年)ほか
Armstrong, Kristin アームストロング, クリスティン
1973～ [国]アメリカ 元自転車選手 [異]アームストロング
Armstrong, Lance アームストロング, ランス
1971～ [国]アメリカ 元自転車選手 本名＝Armstrong, Lance Edward
Armstrong, Lindsay アームストロング, リンゼイ
[著]「幼いゆえの愛」 ハーパーコリンズ・ジャパン 2016
Armstrong, Louise アームストロング, ルイズ
?～2008 [著]「戦争を平和にかえる法」 河出書房新社 2009
Armstrong, Mark Anthony アームストロング, M.A.
1943～ [著]「対称性からの群論入門」 シュプリンガー・ジャパン 2007
Armstrong, Matthew S. アームストロング, マシュー・S.
[著]「カスピアン王子のつのぶえ」 岩波書店 2008
Armstrong, Neil Alden アームストロング, ニール・アルデン
1930～2012 [国]アメリカ 宇宙飛行士 [専]航空宇宙工学 [異]アームストロング, ニール・オールデン
Armstrong, Nicky アームストロング, ニッキー
[著]「子どもの心理臨床」 誠信書房 2011
Armstrong, Nigel アームストロング, ナイジェル
[国]アメリカ チャイコフスキー国際コンクール ヴァイオリン 第4位(2011年(第14回))
Armstrong, Ray-Ray アームストロング, レイ・レイ
[国]アメリカ アメフト選手
Armstrong, R.G. アームストロング, R.G.
1917～2012 [国]アメリカ 俳優 本名＝アームストロング, ロバート・ゴールデン〈Armstrong, Robert Golden〉
Armstrong, Shawn アームストロング, ショーン
[国]アメリカ 野球選手
Armstrong, Shelagh アームストロング, シェラ
1961～ [著]「この地球にくらす」 汐文社 2008
Armstrong, Sue アームストロング, スー
[著]「英国ボバース講師会議によるボバース概念」 ガイアブックス 2013
Armstrong, Terri アームストロング, テリー
[著]「脳神経外科臨床看護マネジメント」 メディカ出版 2003
Armstrong, Thomas アームストロング, トーマス
[著]「脳の個性を才能にかえる」 NHK出版 2013
Armstrong, Wally アームストロング, ウォリー
[著]「マリガンという名の贈り物」 創元社 2013
Armus, Adam アームス, アダム
[著]「ヒーローズシーズン2」 角川書店, 角川グループパブリッシング(発売) 2009
Arnadottir, Ragna アルナドッティル, ラグナ
[国]アイスランド 司法・宗教相
Árnadóttir, Ragnheiður アルナドッティル, ラグンヘイオウル
[国]アイスランド 工業・貿易相
Arnaldur Indridason アーナルデュル・インドリダソン
1961～ [著]「緑衣の女」 東京創元社 2016
Arnason, Arni アルナソン, アルニ
[国]アイスランド 経済相
Arnason, David アーナソン, デイヴィッド
1940～ [著]「赤毛のエイリークの末裔たち」 プレスポート 2015
Arnason, Vincent アーナソン, ヴィンセント
1962～ [著]「赤毛のエイリークの末裔たち」 プレスポート 2015
Arnaud, Noël アルノー, ノエル
1919～2003 [国]フランス 作家, 文芸評論家
Arnault, Anne アルノー, アン
ベルナール・アルノー夫人 [異]アーノルト, アン
Arnault, Bernard アルノー, ベルナール
1949～ [国]フランス 実業家 LVMH会長・CEO
Arnaut, José Luís アルノー, ジョゼ・ルイス
[国]ポルトガル 都市・地方行政・住宅相
Arnautovic, Marko アルナウトヴィッチ, マルコ
[国]オーストリア サッカー選手
Arndt, Andreas アルント, アンドレアス
[著]「論争の哲学史」 理想社 2001
Arndt, Ingo アルント, インゴ
1968～ [著]「建築する動物」 スペースシャワーネットワーク 2014
Arndt, Judith アルント
[国]ドイツ 自転車選手
Arndt, Michael アーント, マイケル
[国]アメリカ 脚本家
Arnell, Peter アーネル, ピーター
1959～ [国]アメリカ アートディレクター, デザイナー, 写真家
Arnes, James アーネス, ジェームズ
1923～2011 俳優 [異]アーネス, ジェームス / アーネス, ジェイムズ
Arnesen, Laura Kristine アーネセン, ラウラ・クリスティーネ
1999～ [著]「LAURA & MARIE三つ編みHOW TO BOOK」 文化学園文化出版局 2015
Arneson, Steve アーネソン, スティーブ
[異]アーネソン, スティーヴ [著]「結局は上司との関係が9割以上」 講談社 2015
Arnett, Peter Gregg アーネット, ピーター
1934～ [国]アメリカ ジャーナリスト, テレビリポーター CNN記者, NBC記者
Arnett, Robert C. アーネット, ロバート・C.
[国]アメリカ 元・テネシー日米協会会長, 元・東芝アメリカ家電社上級副社長
Arnheim, Rudolf アルンハイム, ルドルフ
1904～2007 [国]アメリカ 芸術心理学者 ハーバード大学教授 本名＝Arnheim, Rudolf Julius [異]アーンハイム, ルドルフ / アルンハイム, ルードルフ
Arni, Faiz アーニ, ファイズ

A

㊀「プロフェッショナルEJB」 インプレス, インプレスコミュニケーションズ (発売) 2002
Arnkil, Tom アーンキル, トム・エーリク
㊀「オープンダイアローグ」 日本評論社 2016

A

Arno アルノ
1964〜 ㊀「詩編」 至光社 c2006
Arnold, Andrea アーノルド, アンドレア
カンヌ国際映画祭 審査員賞 (第62回 (2009年)) ほか
Arnold, Caroline アーノルド, キャロライン
㊀「マンモスが地球を歩いていたとき」 新樹社 2005
Arnold, Caroline L. アーノルド, キャロライン・L.
㊀「世界のトップエリートが絶対に妥協しない小さな習慣」 大和書房 2015
Arnold, Claus アルノルト, クラウス
㊀「キリスト教の主要神学者」 教文館 2014
Arnold, Dana アーノルド, ダナ
㊀「美術史」 岩波書店 2006
Arnold, Dave アーノルド, デイヴ
1971〜 ㊀「パーフェクト・カクテル」 楽工社 2016
Arnold, Dietmar アルノルト, ディートマール
1964〜 ㊀「ベルリン地下都市の歴史」 東洋書林 2011
Arnold, Eddy アーノルド, エディ
1918〜2008 ㊁アメリカ 歌手
Arnold, Eve アーノルド, イヴ
?〜2012 ㊁イギリス 写真家 ㊁アーノルド, イヴ
Arnold, Frank アーノルド, フランク
1973〜 ㊀「有名人の成功のカギはドラッカーの『マネジメント』にあった」 阪急コミュニケーションズ 2011
Arnold, Glen アーノルド, グレン
㊀「億万長者の黄金律」 朝日新聞出版 2012
Arnold, Hans アーノルド, ハンス
1925〜2010 ㊀「ひみつのいもうと」 岩波書店 2016
Arnold, Ingmar アルノルト, イングマール
1967〜 ㊀「ベルリン地下都市の歴史」 東洋書林 2011
Arnold, Johann Christoph アーノルド, ヨハン・クリストファー
1940〜 ㊁アルノルト, ヨハン・クリストフ ㊀「憎み続ける苦しみから人生を取り戻した人々の物語」 いのちのことば社フォレストブックス 2002
Arnold, John アーノルド, ジョン・H.
1969〜 ㊀「歴史」 岩波書店 2003
Arnold, John D. アーノルド, ジョン
㊁アメリカ ヘッジファンドマネジャー
Arnold, Judith アーノルド, ジュディス
㊀「十二夜すぎれば」 ハーレクイン 2009
Arnold, Ken アーノルド, ケン
1958〜 ㊀「プログラミング言語Java」 東京電機大学出版局 2014
Arnold, Laura アーノルド, ローラ
㊁アメリカ 慈善家
Arnold, Louise アーノルド, ルイーズ
1979〜 ㊁イギリス 作家 ㊁児童書
Arnold, Malcolm アーノルド, マルコム
1921〜2006 ㊁イギリス 作曲家, トランペット奏者 本名＝Arnold, Malcolm Henry
Arnold, Marsha Diane アーノルド, マーシャ・ダイアン
㊀「ゆき、まだかなあ」 光村教育図書 2016
Arnold, Matthias アーノルド, マチアス
㊀「アンリ・ド・トゥールーズ＝ロートレック」 Taschen 2001
Arnold, Maximilian アルノルト, マクシミリアン
㊁ドイツ サッカー選手
Arnold, Nick アーノルド, ニック
1961〜 ㊀「キカイはどうやって動いているの？」 東京書籍 2013
Arnold, Susan E. アーノルド, スーザン
1954〜 ㊁アメリカ 実業家 プロクター・アンド・ギャンブル (P&G) グローバル・ビューティ・ケア担当社長
Arnold, Tedd アーノルド, テッド
アメリカ探偵作家クラブ賞YA賞 (2008年) "Rat Life"
Arnold, Vladimir I. アーノルド, ウラディーミル・I.
フランス ウルフ賞 数学部門 (2001年)
Arnold, Vladimir Igorevich アーノルド, ウラジーミル
1937〜2010 ㊁ロシア 数学者 ロシア科学アカデミー・ステクロフ数学研究所教授, パリ大学ドーフィン校名誉教授 ㊁アーノルド, ヴラジーミル
Arnoldi, Per アーノルディ, ペア
1941〜 ㊀「ペア・アーノルディ」 ギンザ・グラフィック・ギャラリー, トランスアート (発売) 2003
Arnot, Madeleine アーノット, マデリーン
㊀「グローバル化・社会変動と教育」 東京大学出版会 2012
Arnott, Jake アーノット, ジェイク
1961〜 英国推理作家協会賞 ダガー・イン・ザ・ライブラリー (2005年)
Arnott, Robert D. アーノット, ロバート・D.
㊀「ファンダメンタル・インデックス」 東洋経済新報社 2009
Arnous, Hussein アルヌース, フセイン
㊁シリア 公共事業・住宅相
Arnove, Anthony アーノブ, アンソニー
1969〜 ㊀「肉声でつづる民衆のアメリカ史」 明石書店 2012
Arnove, Robert F. アーノブ, ロバート・F.
㊀「21世紀の比較教育学」 福村出版 2014
Arns Neumann, Zilda アルンス・ニウマン, ジルダ
1934〜2010 ㊁ブラジル 小児科医, 社会事業家 パストラル・ザ・クリアンサ創設者
Arnstad, Marit アルンスタッド, マーリット
㊁ノルウェー 運輸・通信相
Arnstein, Laura アーンスタイン, ローラ
㊀「臨床心理学における科学と疑似科学」 北大路書房 2007
Arntz, Arnoud アーンツ, アーノウド
㊀「スキーマ療法実践ガイド」 金剛出版 2015
Arntz, William アーンツ, ウィリアム
㊀「超次元の成功法則」 ビジネス社 2008
Arocha Masid, César Ignacio アロチャ・マシド, セサル・イグナシオ
㊁キューバ 運輸相
Arom, Simha アロム, シムハ
㊀「音楽の起源」 人間と歴史社 2013
Aron, Arthur アロン, アーサー
㊀「パーソナルな関係の社会心理学」 北大路書房 2004
Aron, Elaine N. アーロン, エレイン・N.
㊀「ひといちばい敏感な子」 1万年堂出版 2015
Aronica, Lou アロニカ, ルー
1958〜 ㊀「才能を磨く」 大和書房 2014
Aronoff, Frances Webber アロノフ, フランシス・ウェーバー
㊁アロノフ, フランセス ㊀「ダルクローズによるアロノフ先生のリトミック教室」 ドレミ楽譜出版社 2007
Aronofsky, Darren アロノフスキー, ダーレン
1969〜 ㊁アメリカ 映画監督
Aronowitz, Al アロノウィッツ, アル
?〜2005 ㊁アメリカ ロック音楽評論家
Aronson, Andrew C. アロンソン, アンドリュー・C.
㊀「パニック症と不安症への精神力動的心理療法」 金剛出版 2015
Aronson, Bradley アロンソン, ブラッドリィ
㊀「インターネット広告論」 流通科学大学出版 2001
Aronson, David R. アロンソン, デビッド
1945〜 ㊀「テクニカル分析の迷信」 パンローリング 2009
Aronson, Elliot アロンソン, エリオット
1932〜 ㊀「ジグソー法ってなに？」 丸善プラネット, 丸善出版 (発売) 2016
Aronson, Virginia アーロンソン, バージニア
㊀「ETに癒された人たち」 たま出版 2002
Arop, Martin Malwal アロップ, マルティン・マルワル
㊁スーダン 内閣問題担当相
Arora, Nikesh アローラ, ニケシュ
1968〜 実業家 ソフトバンクグループ副社長, ヤフー会長, SB Group US CEO
Arore, David アロレ, デービッド
㊁パプアニューギニア 高等教育研究科学技術相
Arosemena, Augusto アロセメナ, アウグスト
㊁パナマ 貿易産業相
Arosemena, Ramón アロセメナ, ラモン
㊁パナマ 公共事業相
Arosemena, Rubén アロセメナ, ルベン
㊁パナマ 第2副大統領
Arosemena Monroy, Carlos Julio アロセメナ, カルロス・フリオ
1919〜2004 ㊁エクアドル 政治家, 弁護士 エクアドル大統領 ㊁アロセメナ, カルロス・ジュリオ
Aroskar, Mila Ann アロスカー, マイラ・アン
㊀「看護倫理」 日本看護協会出版会 2002
Arostegui, Martin C. アロステギ, マーティン・C.
㊀「暗闇の戦士たち」 朝日新聞社 2001
Aróstegui Sánchez, Julio アロステギ・サンチェス, J.

al-Aroun, Mosaed Rashed　アル・ハルーン, モサエド・ラシェド
　国クウェート　教育・高等教育相
Arouna, Aboubakar　アルナ, アブバカル
　国ベナン　公務員・労働・行政改革相
Arpi, Claude　アルピ, クロード
　著「ヒストリー・オブ・チベット」 ダライ・ラマ法王日本代表部事務所　2015
Arpino, Gerald　アルピノ, ジェラルド
　1923〜2008　国アメリカ　バレエダンサー, 振付師　ジョフリー・バレエ団芸術監督　本名＝Arpino, Gennaro Peter
Arquette, Patricia　アークエット, パトリシア
　1968〜　国アメリカ　女優　異アークェット, パトリシア
Arquette, Rosanna　アークエット, ロザーナ
　1959〜　国アメリカ　女優　異アークェット, ロザーナ／アークェット, ロザンナ
Arrabal, Fernando　アラバール, フェルナンド
　1932〜　国フランス　劇作家　異アラバル, フェルナンド
Arraga de Malherbe, Virginia　アラガ・ド・マレルブ, ヴィルジニア
　著「かげのむこうに」 グラフィック社　2014
Arras, Davide　アラス, ダヴィデ
　国イタリア　サッカー選手
Arreaza, Jorge Alberto　アレアサ, ホルヘ・アルベルト
　国ベネズエラ　大学教育・科学技術相
Arredondo, Gonzalo　アレドンド, ゴンサロ
　国ボリビア　国防相
Arreola, Juan José　アレオラ, フアン・ホセ
　著「ラテンアメリカ短編集」 彩流社　2001
Arriaga, Guillermo　アリアガ, ギジェルモ
　1958〜　国メキシコ　作家, 脚本家, 映画監督　本名＝アリアガ・ホルダン, ギジェルモ〈Arriaga Jordan, Guillermo〉
Arriaga, Ximena B.　アリアガ, シメナ・B.
　著「パーソナルな関係の社会心理学」 北大路書房　2004
Arribas, Alejandro　アリーバス, アレハンドロ
　国スペイン　サッカー選手
Arrien, Angeles　アライエン, アンジェレス
　1940〜　著「運命のサイン」 ワニブックス　2003
Arrieta, Jake　アリエタ, ジェイク
　国アメリカ　野球選手
Arrieta, Jesús　アリエタ, ヘス
　1921〜2008　国スペイン　神学者　上智大学名誉教授　勤組織神学
Arrighi, Giovanni　アリギ, ジョヴァンニ
　1937〜2009　著「北京のアダム・スミス」 作品社　2011
Arrington, C.T.　アーリントン, C.T.
　著「UMLによるエンタープライズJava開発」 翔泳社　2002
Arrington, Kyle　アーリントン, カイル
　国アメリカ　アメフト選手
Arriola Ibañez, María Elena　アリオラ・イバニェス, マリア・エレーナ
　国パラグアイ　元・在パラグアイ日本国大使館現地職員
Arrison, Sonia　アリソン, ソニア
　著「寿命100歳以上の世界」 阪急コミュニケーションズ　2013
Arrizabalaga, Heidi　アリサバラガ, ハイジ
　著「パターン＆配色」 グラフィック社　2007
Arrizabalaga, Kepa　アリサバラガ, ケパ
　国スペイン　サッカー選手
Arro, Lena　アッロ, レーナ
　1956〜　著「トマトと赤いマフラー」 光村教育図書　2014
Arrocha, Melitón　アロチャ, メリトン
　国パナマ　貿易産業相
Arrour, Samir　アルール, サミール
　国モロッコ　元・駐日モロッコ大使, 元・アフリカ外交団投資・貿易委員会委員長
Arrou-Vignod, Jean-Philippe　アルー＝ヴィニョ, ジャン＝フィリップ
　1958〜　著「リタとナントカのおきゃくさま」 岩崎書店　2010
Arrow, Kenneth Joseph　アロー, ケネス
　1921〜　国アメリカ　理論経済学者　スタンフォード大学名誉教授　勤厚生経済学　異アロー, ケネス・J.
Arrowsmith, Claire　アロースミス, クレア
　著「愛犬のための脳トレゲーム」 緑書房　2015
Arroyo, Bronson　アローヨ, ブロンソン
　国アメリカ　野球選手

Arroyo, Gloria Macapagal　アロヨ, グロリア・マカパガル
　1947〜　国フィリピン　政治家, 経済学者　フィリピン下院議員　フィリピン大統領　異アロヨ, グローリア・マカパガル
Arroyo, Luis　アロヨ, ルイス
　1927〜2016　国プエルトリコ　野球選手　本名＝Arroyo, Luis Enrique　異アローヨ, ルイス
Arroyo, McWilliams　アロヨ
　国プエルトリコ　ボクシング選手
Arroyo Camejo, Silvia　カメホ, シルヴィア・アローヨ
　1986〜　著「シルヴィアの量子力学」 岩波書店　2009
Arroyo Valdez, Jorge David　アロヨバルデス
　国エクアドル　重量挙げ選手
Arsala, Hedayat Amin　アルサラ, ヘダーヤト・アミン
　国アフガニスタン　筆頭相
Arsan, Emmanuelle　アルサン, エマニエル
　著「エマニエル夫人」 二見書房　2006
Arsana, Lother　アルサナ, ロテール
　著「インドネシア料理」 チャールズ・イー・タトル出版, 洋販(発売)　2001
Arscott, Noel　アースコット, ノエル
　国ジャマイカ　地方政府・コミュニティー開発相
Arsenault, Isabelle　アルスノー, イザベル
　カナダ総督文学賞　フランス語　児童文学(イラストレーション)(2013年)ほか
Arsenis, Gerasimos　アルセニス, ゲラシモス
　1931〜2016　国ギリシャ　政治家　ギリシャ国防相
Arsenishvili, Giorgi　アルセニシビリ, ギオルギ
　国ジョージア　国務相
Arsenova, Dolores　アルゼノワ, ドロレス
　国ブルガリア　環境水利相
Arslan, Ahmet　アルスラン, アフメト
　国トルコ　運輸海事通信相
Arslan, Antonia　アルスラン, アントニア
　国イタリア　作家　勤文学, フィクション
Arslan, Talal　アルスラン, タラル
　国レバノン　青年・スポーツ相
Arslan, Tolgay　アルスラン, トルガイ
　国ドイツ　サッカー選手
Arsovic, Andrea　アルソビッチ, アンドレア
　国セルビア　射撃選手
Arsuaga, Juan Luis de　アルスアガ, フアン・ルイス
　1954〜　著「ネアンデルタール人の首飾り」 新評論　2008
Artayev, Bakhtiyar　アルタエフ
　国カザフスタン　ボクシング選手
Artaza, Osvaldo　アルタサ, オズバルド
　国チリ　保健相
Arte, Mohamed Omar　アルテ, モハメド・オマル
　国ソマリア　副首相兼青年・スポーツ・労働相
Artemev, Alexander　アルテメフ
　国アメリカ　体操選手
Artem'ev, A.R.　アルテーミエフ, A.R.
　1958〜2005　著「ヌルガン永寧寺遺跡と碑文」 北海道大学出版　2008
Artem'eva, Galina　アルテミエヴァ, ガリーナ
　国ロシア　作家　勤文学
Arter, Harry　アーター, ハリー
　国アイルランド　サッカー選手
Arthur, Beatrice　アーサー, ベアトリス
　1922〜2009　国アメリカ　女優　異アーサ, ビアトリス
Arthur, Charles　アーサー, チャールズ
　1961〜　著「アップル、グーグル、マイクロソフト」 成甲書房　2012
Arthur, Darrell　アーサー, ダレル
　国アメリカ　バスケットボール選手
Arthur, Elizabeth　アーサー, エリザベス
　1953〜　著「熱い指、冷たい唇」 ソニー・マガジンズ　2005
Arthur, James　アーサー, ジェームズ
　？〜2005　著「5次元フィールドへ超覚醒する脳」 ヒカルランド　2011
Arthur, James G.　アーサー, ジェームズ・G.
　国カナダ　ウルフ賞 数学部門(2015年)
Arthur, Jenny Lyvette　アーサー
　国アメリカ　重量挙げ選手
Arthur, Kay　アーサー, ケイ
　1933〜　著「真の礼拝者として生きる」 いのちのことば社　2003
Arthur, Linda B.　アーサー, リンダ

A

[著]「アロハシャツの魅力」 アップフロントブックス, ワニブックス(発売) 2005
Arthur, Lisa アーサー, リサ
[著]「ビッグデータ・マーケティング」 アルファポリス, 星雲社(発売) 2014
Arthur, M. アーサー, M.
[著]「挑戦的行動と発達障害」 コレール社 2004
Arthur, Owen アーサー, オーエン
[国]バルバドス 首相兼財務相
Arthur, Paul アーサー, ポール
1945～ [著]「北アイルランド現代史」 彩流社 2004
Arthur, Robert アーサー, ロバート
[著]「北村薫の本格ミステリ・ライブラリー」 角川書店 2001
Arthur, W.Brian アーサー, ブライアン
1946～ [国]アメリカ サンタフェ研究所招聘教授 [専]経済学 [異]アーサー, W.ブライアン
Arthus-Bertrand, Yann アルテュス＝ベルトラン, ヤン
1946～ [著]「Home」 ピエ・ブックス 2009
Artigas, Mariano アルティガス, M.
[著]「ローマのガリレオ」 大月書店 2005
Artin, Michael アルティン, ミカエル
[国]アメリカ ウルフ賞 数学部門(2013年)
Artis, Amélie アルティ, アメリ
[著]「「連帯金融」の世界」 ミネルヴァ書房 2016
Artis-payne, Cameron アーティス・ペイン, キャメロン
[国]アメリカ アメフト選手
Artmann, Benno アルトマン, B.
[著]「数学の創造者」 シュプリンガー・フェアラーク東京 2002
Artopé, Alexander アルトーペ, アレクサンダー
[著]「インターネット・エコノミー」 NTT出版 2002
Artress, Lauren アートレス, ローレン
1945～ [著]「聖なる道を歩く」 Sophia University Press上智大学出版, ぎょうせい(発売) 2014
Artuc, Sedat アルトゥチ
[国]トルコ 重量挙げ選手
Artykov, Izzat アルティコフ
[国]キルギス 重量挙げ選手
Artykov, Myrat アルトイコフ, ムイラト
[国]トルクメニスタン 副首相
Artykov, Rustem アルティコフ, ルステム
[国]トルクメニスタン 農相
Artyukhov, Vitaly G. アルチュホフ, ビタリー・G.
[国]ロシア 天然資源相
Aru, Fabio アル, ファビオ
[国]イタリア 自転車選手
Aruego, José アルエゴ, ホセ
1932～ [著]「カモさん、なんわ?」 徳間書店 2012
Arulpragasam, A.R.(Rajpol) アルールプラガサム, A.R.
[著]「実践ヘッジファンド投資」 日本経済新聞社 2001
Arum, Bob アラム, ボブ
1931～ [国]アメリカ プロボクシング興行主 トップランク社CEO
Aruna, Quadri アルナ, カドリ
[国]ナイジェリア 卓球選手
Arundale, G.S. アランデール, G.S.
[著]「クンダリニ」 竜王文庫 2004
Arunovic, Zorana アルノビッチ, ゾラナ
[国]セルビア 射撃選手 [異]アルノビッチ
Aruoma, Okezie I. アローマ, オケジー・I.
[著]「食品の機能性表示と世界のレギュレーション」 薬事日報社 2015
Arusaar, Ardo アルサール, アルド
[国]エストニア レスリング選手 [異]アルサール
al-**Arusi, Abdulbari** アルーシ, アブドルバリ
[国]リビア 石油相
Arutyunyan, Aleksandr Grigorievich アルテュニャン, アレクサンドル
1920～2012 [国]アルメニア 作曲家 [異]アルテュニヤーン
Arutyunyan, Migran アルチュニャン, ミグラン
[国]アルメニア レスリング選手
Arvanitopoulos, Konstantinos アルバニトプロス, コンスタンディノス
[国]ギリシャ 教育・宗教・文化・スポーツ相
Arvay, Clemens G. アルヴァイ, クレメンス・G.
1980～ [著]「オーガニックラベルの裏側」 春秋社 2014
Arveladze, Georgi アルベラゼ, ゲオルギ
[国]ジョージア 経済発展相
Arwady, Meredith アーワディ, メレディス
グラミー賞 最優秀クラシック・オペラ録音(2011年(第54回))
“Adams: Doctor Atomic” ソリスト
Aryal, Krishna Chandra アリヤル, クリシュナ・チャンドラ
[国]ネパール 臨時代理大使, 公使参事官
Arzac, Enrique R. アルザック, E.R.
[著]「合併・買収・再編の企業評価」 中央経済社 2008
Arzamasova, Marina アルザマソワ, マリナ
[国]ベラルーシ 陸上選手
Arzhakova, Elena アルジャコワ
[国]ロシア 陸上選手
Arzika, Mohammed アージカ, モハメド
[国]ナイジェリア 通信相
Arzilli, Marco アルジッリ, マルコ
[国]サンマリノ 工業・貿易長官
Arzu, Alvaro アルス, アルバロ
1946～ [国]グアテマラ 政治家, 実業家 グアテマラ大統領, グアテマラ市長 [異]アルスー, アルバロ
Asa アシャ
1982～ シンガー・ソングライター 本名＝エレミデ, ブコーラ
Asad, Talal アサド, タラル
1933～ [著]「自爆テロ」 青土社 2008
Asadauskaite, Laura アサダウスカイテ, ラウラ
1984～ [国]リトアニア 近代五種選手
al-**Asadi, Adil** アサディ, アディル
[国]イラク 国務相(社会問題担当)
Asadov, Heydar アサドフ, ヘイダル
[国]アゼルバイジャン 農相
al-**Asaf, Ibrahim Abdel Aziz** アル・アサフ, イブラヒム・アブデル・アジズ
[国]サウジアラビア 財政経済相
Asaga, Moses アサガ, モーゼズ
[国]ガーナ 水資源・公共事業・住宅相
Asagaroff, Grischa アサガロフ, グリシャ
[国]ドイツ オペラ演出家 チューリヒ歌劇場芸術監督
Asai, Carrie アサイ, キャリー
[著]「サムライガール」 メディアファクトリー 2009
al-**Asali, Saif Mahyub** アサリ, サイフ・マフユーブ
[国]イエメン 財務相
Asamoah, Kwadwo アサモア, クワドォー
[国]ガーナ サッカー選手
Asanau, Dzmitry アサナウ, ドミトリー
[国]ベラルーシ ボクシング選手
Asang, Laoly アサン・ラオリ
[国]ラオス 副首相
Asanidze, Georgi アサニゼ
[国]ジョージア 重量挙げ選手
Asano, David アサノ, デービッド
1962～ [著]「ディジタル通信」 共立出版 2005
Asano, Tadanobu アサノ, タダノブ
[国]日本 モスクワ国際映画祭 銀賞 最優秀俳優賞(第36回(2014年)) 漢字名＝浅野忠信
Asanovich, Mark アサノビッチ, マーク
1959～ [著]「究極のスロートレーニング」 タッチダウン 2004
Asaro, Catherine アサロ, キャサリン
ネビュラ賞 長中編(2008年) “The Spacetime Pool”
Asatryan, Artem アサトリャン, アルテム
[国]アルメニア 労働・社会問題相
Asayonak, Petr アサウォナク, ペトル
[国]ベラルーシ 重量挙げ選手
al-**Asbahi, Eiz al-Din** アスバヒ, イザディン
[国]イエメン 人権相
Asbury, Kathryn アズベリー, キャスリン
[著]「遺伝子を生かす教育」 新曜社 2016
Asbury, Stephen アズベリー, スティーブン
[著]「J2EEアンチパターン」 日経BP社, 日経BP出版センター(発売) 2004
Ascenso, Adelino アデリノ, アシェンソ
1954～ [著]「遠藤周作その文学と神学の世界」 教友社 2013
Asch, Frank アッシュ, フランク
[異]アシュ, フランク [著]「天才少年ダンボール博士の日記」 ポプラ社 2009
Aschbacher, Michael アッシュベッカー, M.
[国]アメリカ ウルフ賞 数学部門(2012年)
Asche, Cody アッシ, コディ
[国]アメリカ 野球選手

Ascher, David アッシャー, デイヴィッド
[著]「Pythonクックブック」 オライリー・ジャパン, オーム社(発売) 2007
Ascher, Susan M. アッシャー, スーザン・M.
[著]「婦人科top100診断」 メディカル・サイエンス・インターナショナショナル 2005
Ascher, Uri M. アッシャー, U.M.
[著]「常微分方程式と微分代数方程式の数値解法」 培風館 2006
Ascher, William アッシャー, ウィリアム
[著]「発展途上国の資源政治学」 東京大学出版会 2006
Aschhoff, Gunther アシュホフ, グンター
1934〜 [著]「ドイツの協同組合制度」 日本経済評論社 2001
Aschwanden, Sergei アシュワデン
[国]スイス 柔道選手
Ascione, Frank R. アシオーン, フランク・R.
[著]「子どもが動物をいじめるとき」 ビイング・ネット・プレス 2006
Ascough, Richard S. アスコー, リチャード・S.
1962〜 [著]「パウロの教会はどう理解されたか」 日本キリスト教団出版局 2015
Ascues, Carlos アスクエス, カルロス
[国]ペルー サッカー選手
Asdrubal, Padron アスドルバル・パドロン
[国]スペイン サッカー選手
Asefa, Kesito アセファ・ケシト
[国]エチオピア 法相
Asemani, Raheleh アセマニ, ラヘレ
[国]ベルギー テコンドー選手
Asenathi, Jim アセナティ, ジム
[国]南アフリカ セーリング選手
Asenov, Daniel アセノフ, ダニエル
[国]ブルガリア ボクシング選手
Asensi, Matilde アセンシ, マティルデ
1962〜 [国]スペイン ジャーナリスト, 作家 [専]歴史
Asensio, Marco アセンシオ, マルコ
[国]スペイン サッカー選手
Asensio, Nacho アセンシオ, ナチョ
[著]「現代建築家による木造建築」 産調出版 2006
Asfaw, Dingamo アスフォ・ディンガモ
[国]エチオピア 水資源相
Asfaw, Gashaw アスファウ
[国]エチオピア 陸上選手
Asfour, Gaber アスフール, ガベル
[国]エジプト 文化相
Asfour, Hassan アスフール, ハッサン
[国]パレスチナ 非政府組織相
Asgarov, Toghrul アスガロフ, トグルル
1992〜 [国]アゼルバイジャン レスリング選手
Ásgeir Jónsson アウスゲイル・ジョウンソン
1970〜 [著]「アイスランドからの警鐘」 新泉社 2012
Asgrimsson, Halldor アスグリムソン, ハルドル
[国]アイスランド 首相
Ash, Mary Kay アッシュ, メアリー・ケイ
?〜2001 [国]アメリカ 実業家 メアリーケイ名誉会長 [異]アッシュ, メアリ・ケイ
Ash, Richard アシュ, リチャード
[国]アメリカ アメフト選手
Ash, Ronnie アッシュ, ロニー
[国]アメリカ 陸上選手
Ash, Roy Lawrence アッシュ, ロイ
1918〜2011 [国]アメリカ 実業家 リットン・インダストリー社長, 米国行政管理予算局長
Ash, Russell アッシュ, ラッセル
1946〜 [著]「イソップ寓話集」 童話館出版 2002
Ash, Tracey アッシュ, トレイシー
[著]「ライフヴィジョン」 ヴォイス出版事業部 2016
Ashanti アシャンティ
1980〜 [国]アメリカ R&B歌手 本名=ダグラス, アシャンティ〈Douglas, Ashanti S.〉
Ashbé, Jeanne アシュベ, ジャンヌ
1955〜 [著]「ローズ色の自転車」 光村教育図書 2012
Ashbless, Janine アシュブレス, ジャナイン
[著]「女神に恋して」 光文社 2003
Ashburn, Boni アッシュバーン, ボニ
[著]「かようびのドレス」 ほるぷ出版 2015
Ashby, Harold Kenneth アシュビー, ハロルド
1925〜2003 [国]アメリカ ジャズテナーサックス奏者
Ashby, Madeline アシュビー, マデリン
1983〜 [国]アメリカ 作家 [専]SF, ファンタジー
Ashcroft, Bill アッシュクロフト, ビル
1946〜 [異]アシュクロフト, ビル [著]「ポストコロニアル事典」 南雲堂 2008
Ashcroft, Frances M. アッシュクロフト, フランシス
1952〜 [異]アッシュクロフト, F. / アッシュクロフト, フランセス [著]「生命の閃光」 東京書籍 2016
Ashcroft, John アシュクロフト, ジョン
[国]アメリカ 司法長官
Ashcroft, Neil W. アシュクロフト, N.
[著]「固体物理の基礎」 吉岡書店 2008
Ashcroft, Richard アシュクロフト, リチャード
1971〜 [国]イギリス ミュージシャン
Ashcroft-Nowicki, Dolores アッシュクロフト=ノーウィッキ, ドロレス
[著]「輝ける小径」 国書刊行会 2016
Ashe, Katharine アッシュ, キャサリン
[著]「入れ替わったふたり」 オークラ出版 2016
Ashenburg, Katherine アシェンバーグ, キャスリン
[著]「図説不潔の歴史」 原書房 2008
Asher, Alec アッシャー, アレック
[国]アメリカ 野球選手
Asher, Bridget アッシャー, ブリジット
[著]「夫の愛した恋人たち」 文芸春秋 2009
Asher, Ellen アッシャー, エレン
世界幻想文学大賞 生涯功労賞(2009年)ほか
Asher, Jay アッシャー, ジェイ
1975〜 [国]アメリカ 作家 [専]ヤングアダルト
Asher, John アッシャー, ジョン
ゴールデン・ラズベリー賞(ラジー賞) 最低監督賞(第26回(2005年)) "Dirty Love"
Asher, Marty アッシャー, マーティ
1945〜 [著]「名もなきベビーブーマーの一生。」 アーティストハウスパブリッシャーズ, 角川書店(発売) 2002
Asher, Neal アッシャー, ニール
1961〜 [国]イギリス 作家 [専]SF, ファンタジー
Asher, R.E. アッシャー, R.E.
1926〜 [著]「タミル語会話入門」 きこ書房 2014
Asher, William アッシャー, ウィリアム
1921〜2012 [国]アメリカ テレビ・映画監督 本名=Asher, William Milton
Asheron, Sara アシャロン, セラ
[著]「ともだちができちゃった!」 大日本図書 2010
Asher-smith, Dina アシャースミス, ディナ
[国]イギリス 陸上選手
Ashfaq, Qais アシュファク, カイス
[国]イギリス ボクシング選手
Ashfield, Keith アシュフィールド, キース
[国]カナダ 漁業海洋相兼大西洋ゲートウエー担当相
Ashfield, Stephen アシュフィールド, スティーヴン
ローレンス・オリヴィエ賞 ミュージカル・エンタテインメント 助演俳優賞(2014年(第38回)) "The Book Of Mormon"
Ashford, Annaleigh アシュフォード, アナリー
トニー賞 プレイ 助演女優賞(2015年(第69回)) "You Can't Take It with You"
Ashford, Janet アシュフォード, ジャネット
[著]「始めよう3Dイラストレーション」 ボーンデジタル 2001
Ashford, Mary-Wynne アシュフォード, メリーウイン
1939〜 [著]「平和へのアクション101+2」 かもがわ出版 2008
Ashford, Nickolas アシュフォード, ニコラス
?〜2011 [国]アメリカ ミュージシャン, 音楽プロデューサー
Ashford, Stephen アシュフォード, スティーブン
[著]「エビデンスに基づく高齢者の作業療法」 ガイアブックス 2014
Ashi Dorji Wangmo Wangchuck ドルジェ・ワンモ・ワンチュック
1955〜 [著]「幸福大国ブータン」 日本放送出版協会 2007
Ashimov, Nurgali アシモフ, ヌルガリ
[国]カザフスタン 環境相
Ashin アシン
1975〜 [国]台湾 ミュージシャン 漢字名=阿信
Ashin Htarwara アシン・ターワラ
[国]ミャンマー 僧侶
Ashirmukhammedov, Geldymukhamed アシルムハメドフ, ゲルディムハメド

A

[国]トルクメニスタン 国家保安相
Ashiru, Olugbenga アシル, オルベンガ
[国]ナイジェリア 外相
Ashkenas, Ronald N. アシュケナス, ロナルド・N.
[異]アシュケナス, ロン [著]「いかに「プロジェクト」を成功させるか」 ダイヤモンド社 2005
Ashkenazy, Vladimir アシュケナージ, ウラディーミル
1937～ [国]アイスランド 指揮者, ピアニスト [異]アシケナージ / アシュケナージ, ウラジーミル / アシュケナージ, ウラディーミル
Ashley, Anne アシュリー, アン
[著]「初恋の紳士」 ハーパーコリンズ・ジャパン 2016
Ashley, Bernard アシュリー, バーナード
[著]「リトル・ソルジャー」 ポプラ社 2005
Ashley, James アシュレイ, ジェームス
[著]「Kinectソフトウェア開発講座」 翔泳社 2012
Ashley, Jennifer アシュリー, ジェニファー
[著]「一夜だけの永遠」 二見書房 2015
Ashley, Jo Ann アシュレイ, ジョアン
1939～ [著]「看護の力女性の力」 日本看護協会出版会 2002
Ashley, Kristen アシュリー, クリスティン
[著]「恋の予感に身を焦がして」 二見書房 2016
Ashley, Mike アシュリー, マイク
1948～ SF・ファンタジー・ホラー研究家, アンソロジスト
Ashley, Robert アシュリー, ロバート
1930～2014 [国]アメリカ 現代音楽家 本名＝Ashley, Robert Reynolds
Ashley, Ted アシュリー, テッド
1922～2002 [国]アメリカ 実業家 ワーナー・ブラザーズ会長 [異]アシュレー, テッド
Ashley, Tom アシュリー, トム
[国]ニュージーランド セーリング選手
Ashley-cooper, Adam アシュリー＝クーパー, アダム
[国]オーストラリア ラグビー選手
Ashman, Linda アシュマン, リンダ
1960～ [著]「おじさんとカエルくん」 あすなろ書房 2013
Ashman, Sam アッシュマン, サム
[著]「G8」 ブーマー, トランスワールドジャパン（発売） 2005
Ashmeade, Nickel アシュミード, ニケル
[国]ジャマイカ 陸上選手
Ashmore, Sonia アシュモア, ソニア
[著]「チャールズ・ホームの日本旅行記」 彩流社 2011
Ashok, Aditi アショク, アディティ
[国]インド ゴルフ選手
Ashotyan, Armen アショチャン, アルメン
[国]アルメニア 教育科学相
Ashraf, Javed アシュラフ, ジャベド
[国]パキスタン 教育相
Ashraf, Raja Pervez アシュラフ, ラジャ・ペルベズ
1950～ [国]パキスタン 政治家 パキスタン首相 [異]アシュラフ, ペルベズ / アシュラフ, ラージャ・パルヴェーズ
Ashraff, Ferial アシュラフ, フェリアル
[国]スリランカ 住宅供給・公共設備相
Ashrawi, Hanan アシュラウィ, ハナン
1946～ [国]パレスチナ 人権活動家, 政治家, 英文学者 パレスチナ解放機構（PLO）執行委員会メンバー パレスチナ自治政府高等教育相, 中東和平交渉パレスチナ代表団スポークスマン 本名＝Ashrawi, Hanan Daoud Khalil [異]アシュラーウィ, ハナン / アシュラウィ, ハナン・ミハイル
el-**Ashry, Nahed** アシュリー, ナヘド
[国]エジプト 労働力・移民相
Ashton, Anthony アシュトン, アンソニー
[著]「ハーモノグラフ」 創元社 2013
Ashton, Catherine アシュトン, キャサリン
1956～ [国]イギリス 政治家, 外交官 英国終身上院議員（労働党） 欧州連合（EU）外交安全保障上級代表（外相）, EU欧州委員会副委員長 本名＝アシュトン, キャサリン・マーガレット〈Ashton of Upholland, Catherine Margaret〉
Ashton, John アシュトン, ジョン
1947～ [著]「チョコレートできれいになる」 ソニー・マガジンズ 2003
Ashton, Karen アシュトン, カレン
[著]「家庭にひそむ有害化学物質」 時事通信出版局, 時事通信社（発売） 2009
Ashton, Kevin アシュトン, ケヴィン
[著]「馬を飛ばそう」 日経BP社, 日経BPマーケティング（発売） 2015
Ashton, Rosemary アシュトン, ローズマリー
[著]「ロンドンのドイツ人」 御茶の水書房 2001
Ashton, Steven アシュトン, スティーヴン
[著]「日本語・英語解説による言語活動成功事例集」 開隆堂出版, 開隆館出版販売（発売） 2001
Ashton, Toni アシュトン, トーニ
[著]「ニュージーランド福祉国家の再設計」 法律文化社 2004
Ashumova, Irada アシュモワ
[国]アゼルバイジャン 射撃選手
Ashur, Abdurakhim アシュール, アブドゥラヒム
[国]タジキスタン 運輸・通信相 [異]アシュロフ, アブドゥラヒム
al-**Ashwal, Abdul-Razzaq** アシュワル, アブドルラザク
[国]イエメン 技術教育・職業訓練相 [異]アシュワル, アブドルラザク・ヤヒヤ
Ashwell, Ken W.S. アシュウェル, ケン
[著]「脳と心と身体の図鑑」 柊風舎 2015
Ashwell, Rachel アシュウェル, レイチェル
[著]「RACHEL ASHWELL's SHABBY CHIC INTERIOR」 宝島社 2012
Ashwini, Ponnappa アシュウィニ・ポンナッパ
[国]インド バドミントン選手
Ashwood, Jessica アシュウッド, ジェシカ
[国]オーストラリア 水泳選手
Ashworth, Frederick L. アシュワース, フレデリック
？～2005 [国]アメリカ 軍人 米国海軍中将
Ashworth, Susie アシュワース, スージー
[著]「オーストラリア」 メディアファクトリー 2004
Asiata, Matt アシアータ, マット
[国]アメリカ アメフト選手
Asier Benito アシエル・ベニート
[国]スペイン サッカー選手
Asier Garitano アシエル・ガリターノ
[国]スペイン レガネス監督
Asieshvili, Kakha アシエシヴィリ, カハ
[国]ジョージア ラグビー選手
Asif, Muhammad アシフ, ムハンマド
[国]パキスタン 国防・水利・電力相
Asik, Omer アシク, オメール
[国]トルコ バスケットボール選手
Asim, Mohamed アーシム, モハメド
[国]モルディブ 外相
Ask, Beatrice アスク, ベアトリス
[国]スウェーデン 法相
Ask, Sten アスク, ステン
[著]「世界平和への冒険旅行」 新評論 2013
Askalu, Menkerios アスカル・メンケリオス
[国]エリトリア 観光相
Askari, Fred K. アスカリ, フレッド・K.
[著]「C型肝炎」 青土社 2002
Askenazy, Philippe アシュケナージ, フィリップ
[著]「世界をダメにした経済学10の誤り」 明石書店 2012
Askew, Luke アスキュー, ルーク
1932～2012 [国]アメリカ 俳優 本名＝Askew, Francis Luke
Askew, Mike アスキュー, マイク
[著]「幾何学」 創元社 2012
Askew, Reubin O'Donovan アスキュー, リュービン
1928～2014 [国]アメリカ 政治家, 法律家 米国通商交渉大統領特別代表, フロリダ州知事 [異]アスキュー, ルービン・オドノバン
Askey, Dennis アスキー, デニス
？～2009 [国]アメリカ 編集者 「トレンズ」創刊編集長
Askgaard, Ejnar アスクゴー, アイナ
[著]「アンデルセン生誕200年展オフィシャル・カタログ」 アンデルセン生誕200年アジア事務局 2005
Askins, Robert A. アスキンズ, ロバート・A.
[著]「落葉樹林の進化史」 築地書館 2016
Askren, Ben アスクレン
[国]アメリカ レスリング選手
Aslam, Mohamed アスラ, モハメド
[国]モルディブ 住宅・環境相 [異]アスラム, モハメド
Aslamazov, L.G. アスラマゾフ, L.G.
[著]「身近な物理」 丸善出版 2016
Aslan, Reza アスラン, レザー
1972～ [国]アメリカ 作家, 宗教学者 カリフォルニア大学リバーサイド校創作学科准教授
Aslani, Marilyn アスラニ, マリリン
[著]「はじめてのマッサージ」 産調出版 2003

Aslanov, Fuad　アスラノフ
　国アゼルバイジャン　ボクシング選手
Áslaug Jónsdóttir　アウスロイグ・ヨーンスドッティル
　1963〜　著「青い惑星のはなし」学習研究社　2007
Aslett, Don　アスレット, ドン
　1935〜　著「アメリカ・ナンバーワンno.1最強整理術」トランスワールドジャパン　2008
Aslov, Sirojidin　アスロフ, シロジジン
　国タジキスタン　外相
Asmah, Gladys　アスマ, グラディス
　国ガーナ　漁業相
Asmal, Kader　アズマル, カダール
　国南アフリカ　教育相
Asman, Abnur　アスマン・アブヌル
　国インドネシア　国家機関強化・官僚改革相
Asman, Bub　アスマン, バブ
　アカデミー賞 音響効果賞（第87回（2014年））ほか
Asmat, bin Kamaludin　アスマット・ビン・カマルディン
　国マレーシア　東アジア・アセアン経済研究センター理事, プロドゥア・グループ会長, UMWトヨタ・モーター会長, 元・国際貿易産業省事務次官
Asmer, Toivo　アスメル, トイヴォ
　国エストニア　地域問題相
Asmerom, Yared　アスメロン
　国エリトリア　陸上選手
Asmus, James　アスムス, ジェームズ
　著「クァンタム＆ウッディ：俺たちには明日がある！」小学館集英社プロダクション　2016
Asmussen, Eva　アスムセン, エヴァ
　1942〜　著「太陽のくに」金の星社　2010
Asoro, Joel　アソロ, ヨエル
　国スウェーデン　サッカー選手
Asoumanaki, Sofia　アソウマナキ, ソフィア
　国ギリシャ　ボート選手
Asozoda, Khayrullo　アソゾダ, ハイルッロ
　国タジキスタン　運輸相
Asp, Anette　アスプ, アネット
　1976〜　著「クール」日本経済新聞出版社　2016
Aspaker, Elizabeth　アスパーケル, エリサベット
　国ノルウェー　欧州連合（EU）・欧州経済地域（EEA）・北欧協力担当相　異アスパケル, エリザベト
Aspden, Kester　アスプデン, ケスター
　英国推理作家協会賞 ゴールド・ダガー（ノン・フィクション）（2008年）"Nationality: Wog-The Hounding of David Oluwale"
Aspect, Alain　アスペ, アラン
　国フランス　ウルフ賞 物理学部門（2010年）
Aspelin, Simon　アスペリン
　国スウェーデン　テニス選手
Asper, Kathrin　アスパー, カトリン
　1941〜　著「自己愛障害の臨床」創元社　2001
Aspinall, Neil　アスピナル, ニール
　1941〜2008　国イギリス　ビートルズの元ロードマネジャー　アップル社長
Asplund, Jim　アスプランド, ジム
　著「ヒューマン・シグマ」東洋経済新報社　2010
Asplund, Lillian Gertrud　アスプルンド, リリアン・ガートルド
　?〜2006　国アメリカ　タイタニック号沈没事故の最後の米国人生存者　異アスプランド, リリアン
Asplundh, Kurt Horigan　アスプランド, カート・ホリガン
　著「祈りの手びき」アルカナ出版　2003
Aspord, Ophelie　アスポール
　国フランス　競泳選手
Asprey, Dave　アスプリー, デイヴ
　1970〜　著「シリコンバレー式自分を変える最強の食事」ダイヤモンド社　2015
Asprin, Robert　アスプリン, ロバート
　1946〜　著「ドラゴンズ・ワイルド」早川書房　2009
Aspromonte, Valerio　アスプロモンテ
　国イタリア　フェンシング選手
Asrani, Arjun G.　アスラニ, アルジュン G.
　国インド　元・駐日大使, 元・日印調査委員会メンバー, 元・インダスインド銀行会長
Asrar, Mahmud　アスラー, マーマド
　著「NEW 52：スーパーマン／ヤング・ジャスティス」ヴィレッジブックス　2013

Asrori, Mirzoshokhrukh　アスロリ, ミルゾショフルフ
　国タジキスタン　文化相　異アスロロフ, ミルゾショフルフ
Assa, Ariel　アッサ, A.
　著「米国の国外所得課税」五絃舎　2011
Assaad, bin Tariq al-Said　アスアド・ビン・タリク・サイド
　国オマーン　国王個人代理　異アッサード・ビン・タリク・アル・サイド
Assad, Bashar al　アサド, バッシャール・アル
　1965〜　国シリア　政治家, 軍人　シリア大統領, シリア国軍最高司令官, バース党書記長　異アサド, バシャル／アサド, バッシャール／バシャル／バッシャール
Assad, Thomas Joseph　アサド, トマス・ジョセフ
　1922〜　著「アラブに憑かれた男たち」法政大学出版局　2001
Assado, Odair　アサド, オダイル
　1956〜　国ブラジル　ギタリスト　本名＝アサド・シマン, オダイル〈Assado Simão, Odair〉
Assado, Sergio　アサド, セルジオ
　1952〜　国ブラジル　ギタリスト　本名＝アサド・シマン, セルジオ〈Assado Simão, Sergio〉
Assael, Shaun　アセール, ショーン
　著「WWEの独裁者」ベースボール・マガジン社　2004
al-Assaf, Ibrahim bin Abdulaziz　アッサーフ, イブラヒム・ビン・アブドルアジズ
　国サウジアラビア　国務相　異アッサーフ, イブラヒム・ビン・アブドルアジズ・ビン・アブドラ
Assaf, Waleed　アッサーフ, ワリード
　国パレスチナ　農相
Assakalov, Rustam　アサカロフ, ルスタム
　国ウズベキスタン　レスリング選手
Assam, Mervyn　アサム, マービン
　国トリニダード・トバゴ　外務・企業開発・観光相
Assamba, Aloun　アサンバ, アルーン
　国ジャマイカ　観光・文化相
Assange, Julian　アサンジ, ジュリアン
　1971〜　国オーストラリア　ジャーナリスト, コンピュータープログラマー　ウィキリークス創設者　本名＝Assange, Julian Paul　異アサンジュ, ジュリアン
Assar, Muhammad el　アッサール, ムハンマド
　国エジプト　軍需生産担当国務相
Assar, Omar　アサル, オマル
　国エジプト　卓球選手
Assaraf, John　アサラフ, ジョン
　著「人生を劇的に変える！「脳力」を引き出す思考術」エクスナレッジ　2009
Assayas, Michka　アサイアス, ミーシュカ
　著「ボノインタヴューズ」リットーミュージック　2006
Assayas, Olivier　アサイアス, オリヴィエ
　1955〜　国フランス　映画監督, 脚本家　異アサイアス, オリビエ／アサヤス, オリヴィエ
Asscher, Lodewijk　アッシャー, ローデワイク
　国オランダ　副首相兼社会・雇用相
Assefa, Sofia　アセファ, ソフィア
　国エチオピア　陸上選手　異アセファ, S.
Asselborn, Jean　アッセルボルン, ジャン
　国ルクセンブルク　外務・移民相
Assele, Jean-Boniface　アッセレ, ジャンボニファス
　国ガボン　運輸・民間航空相
Assele, Nicole　アッセレ, ニコル
　国ガボン　青少年・スポーツ相
Asselt, Willem Jan van　アッセルト, W.J.ファン
　1946〜2014　著「改革派正統主義の神学」教文館　2016
Assémat, Isabelle　アセマ, イサベル
　1972〜　異アスマ, イザベル　著「どうぶつえん」少年写真新聞社　2007
Assen, Klaas van　アッセン, クラース・ファン
　1952〜　著「もう悪口なんかいわせない」徳間書店　2002
Assen, Marcel van　アッセン, マーセル・ヴァン
　1969〜　著「マネジャーのための経営モデルハンドブック」ピアソン桐原　2012
Assen, Ronald Richenel　アッセン, ロナルド・リシェネル
　国スリナム　国防相
Asséo, Henriette　アセオ, アンリエット
　著「ジプシーの謎」創元社　2002
Asset, Philippe　アッセ, フィリップ
　著「アガサ・クリスティーの晩餐会」早川書房　2006
al-Asshaikh, Abdullatif bin Abdulmalik bin Omar　シェイ

フ，アブドルラティフ・ビン・アブドルマリク・ビン・オマル
　国サウジアラビア　都市村落相　外シェイフ，アブドルアティフ・ビン・アブドルマリク・ビン・オマル
Assi, Lamia Mari　アーシ，ラミア・マリ
　国シリア　経済・通商相
Assi-assoue, Weiding　アシアスエ，ウェイディン
　国チャド　国防相
Assilem, Melissa Anana　アシレム，メリッサ
　外アスリム，メリッサ　著「更年期を通して霊化する女性」ホメオパシー出版　2011
Assimaidou, Kossi　アシマイドゥ，コシ
　国トーゴ　観光・余暇相
Assingambi, Zarambo　アシンガンビ，ザランボ
　国中央アフリカ　官房・議会渉外相
Assmann, Aleida　アスマン，アライダ
　1947〜　著「記憶のなかの歴史」松籟社　2011
Assmann, Dirk　アスマン，ディルク
　著「フェアな未来へ」新評論　2013
Assmann, Heinz-Dieter　アスマン，ハインツ・D.
　1951〜　著「ドイツ資本市場法の諸問題」中央大学出版部　2001
Assoa, Adou　アソア，アドゥ
　国コートジボワール　水・森林相
Assogba, Françoise Abraoua　アソバ，フランソワーズ・アブラワ
　国ベナン　産業・商業・中小企業相
Assouline, Pierre　アスリーヌ，ピエール
　1953〜　著「ウィキペディア革命」岩波書店　2008
Assouma, Suzanne Aho　アスマ，スザンヌ・アオ
　国トーゴ　保健相
Assoumane, Issoufou　アソマネ，イソフォ
　国ニジェール　環境・砂漠化対策相
Assoun, Paul-Laurent　アスン，ポール=ロラン
　1948〜　著「ラカン」白水社　2013
Assous, Eric　アスス，エリック
　著「ぼくセザール10歳半1m39cm」角川書店　2004
Assr, Muneer Ali　アスル，ムニール・アリ
　国リビア　経済産業相
Astafiev, Viktor P.　アスターフィエフ，ヴィクトル
　1924〜2001　国ロシア　作家　外アスターフィエフ，ビクトル
Astakhov, Anton　アスタホフ，アントン
　国ロシア　射撃選手
Astaphan, Dwyer　アスタファン，ドワイア
　国セントクリストファー・ネイビス　安全保障・移民・労働相
Astaphan, Jamie　アスタファン，ハミエ
　？〜2006　国セントクリストファー・ネイビス　医師
Astapov, Valery P.　アスタポフ，ワレリー・P.
　国ベラルーシ　非常事態相
Astell, Chrissie　アステル，クリスティーン
　外アステル，クリッシー　著「絵で見る天使百科」原書房　2016
Astels, David　アステルス，デイブ
　外アステル，デビッド　著「The RSpec Book」翔泳社　2012
Astemirova, Eter　アステミロワ，エテル
　国ジョージア　難民問題・定住担当相
Aster, Jon C.　アスター，ジョン・C.
　著「血液疾患の病態生理」メディカル・サイエンス・インターナショナル　2012
Aster, Mamo　アステル・マモ
　国エチオピア　副首相兼行政サービス相
Aster, Misha　アスター，ミーシャ
　1978〜　著「第三帝国のオーケストラ」早川書房　2009
Astica, Juan　アスティカ，フアン
　1953〜　著「おいぼれ馬，さらば」新世研　2003
Astier, Pierre　アスティエ，ピエール
　著「画家は語る」八坂書房　2006
Astin, Barrett　オースティン，バレット
　国アメリカ　野球選手
Astle, Jeff　アストル，ジェフ
　1942〜2002　国イギリス　サッカー選手
Astleford, Gary　アストルフォード，ゲーリィ
　著「ウォーハンマーRPGサプリメント スケイブンの書」ホビージャパン　2010
Aston, Dianna Hutts　アストン，ダイアナ
　著「巣のはなし」ほるぷ出版　2015
Aston, Guy　アシュトン，ガイ
　著「The BNC handbook」松柏社　2004
Aston, Ken　アストン，ケン
　1915〜2001　国イギリス　サッカー審判員　国際サッカー連盟(FIFA)審判委員長
Aston, Maxine C.　アストン，マクシーン
　著「アスペルガーと愛」東京書籍　2015
Astor, Brooke　アスター，ブルック
　1902〜2007　国アメリカ　慈善事業家
Astori, Danilo　アストリ，ダニロ
　国ウルグアイ　経済・財務相
Astori, Davide　アストーリ，ダヴィデ
　国イタリア　サッカー選手
Astra　アストラ
　1927〜　著「歳をとるほど大胆になるわ」青柿堂，星雲社（発売）2002
Astruc, Alexandre　アストリュック，アレクサンドル
　1923〜2016　国フランス　映画監督，脚本家，作家
Asuaje, Carlos　アスアへ，カルロス
　国ベネズエラ　野球選手
Asue Mangue, Reginaldo　アスエマンゲ，レジナルド
　国赤道ギニア　都市計画相
Asum-ahensah, Alexander　アスムアヘンサ，アレクサンダー
　国ガーナ　文化相
Asumu Mum Munoz, Anastasio　アスムムンムノス，アナスタシオ
　国赤道ギニア　環境・漁業相
Asvall, Jo Erik　アスヴァル，J.E.
　著「うつ病という時限爆弾」日本評論社　2003
al-**Aswad, Husam**　アスワド，フサム
　国シリア　国務相　外アル・アスワド，フサム
al-**Aswadi, Abdul-Raqib**　アスワディ，アブドルラキブ
　国イエメン　地方行政相
Asyari, Mohammad Yusuf　アシャリ，モハマド・ユスフ
　国インドネシア　国務相(国民住宅担当)
Asylmuratova, Altynai　アシルムラートワ，アルティナイ
　1961〜　国カザフスタン　バレリーナ　マリインスキー・バレエ団プリンシパル　外アスィルムラートワ，アルティナイ
Ataev, Chary　アタエフ，チャルイ
　国トルクメニスタン　建設相
Atagulyyev, Nokerguly　アタグルイエフ，ノケルグルイ
　国トルクメニスタン　貿易・対外経済相
Atahanov, Shamil　アタハノフ，シャミリ
　国キルギス　内相
Atak, Hursit　アタク
　国トルコ　重量挙げ選手
Atalay, Beşir　アタライ，ベシル
　国トルコ　副首相
Atalay, Bülent　アータレイ，ビューレント
　著「ビジュアルダ・ヴィンチ全記録」日経ナショナルジオグラフィック社，日経BPマーケティング（発売）2013
Atalifo, Lee-roy　アタリフォ，リー=ロイ
　国フィジー　ラグビー選手
Atama, Crispin　アタマ，クリスパン
　国コンゴ民主共和国　国防・在郷軍人・再統合相
Atamaniuk, Randal　アタマニアック，ランダル
　1978〜　著「バック・トゥ・ザ・フューチャー完全大図鑑」スペースシャワーネットワーク（発売）2015
Atama Tabe, Crispin　アタマタベ，クリスパン
　国コンゴ民主共和国　石油相
Atambayev, Almazbek　アタムバエフ，アルマズベク
　1956〜　国キルギス　政治家　キルギス大統領，キルギス社会民主党(PSD)党首　キルギス首相　本名＝Atambayev, Almazbek Sharshenovich
Atamkulov, Beibut　アタムクロフ，ベイブト
　国カザフスタン　国防・宇宙産業相
Atamuradov, Begench　アタムラドフ，ベゲンチ
　国トルクメニスタン　副首相兼農相
Atanasiu, Teodor　アタナシウ，テオドル
　国ルーマニア　国防相
Atanasof, Alfredo Néstor　アタナソフ，アルフレド・ネストル
　国アルゼンチン　首相
Atanasov, Stanimir　アタナソフ
　国ブルガリア　カヌー選手
Atanasova, Desislava Valcheva　アタナソバ，デシスラバ・バルチェバ
　国ブルガリア　保健相
Atanassov, Vladimir　アタノソフ，ブラディミル
　国ブルガリア　教育科学技術相
Atangana Kouna, Basile　アタンガナクナ・バジル

国カメルーン 水・エネルギー相
Atangana Mebara, Jean-Marie アタンガナメバラ, ジャンマリ
　国カメルーン 外相 愛アタンガナメバラ, ジャン・マリ／アタンガナ・メバラ, ジャンマリ／アタンガナ・メバラ, ジャン・マリ
Atayev, Amangeldy アタエフ, アマンゲルドイ
　国トルクメニスタン 副首相兼エネルギー・産業相
Atayev, Gurbanmurat アタエフ, グルバンムラト
　国トルクメニスタン 副首相兼石油・ガス・鉱物資源相
Atayev, Redzhepdurdy アタエフ, レジェプドゥルディ
　国トルクメニスタン 副首相兼産業建設投資材相
Atayev, Valery アタエフ, ワレリー
　国ウズベキスタン 副首相兼エネルギー燃料相
Atayeva, Enebay アタエワ, エネバイ
　国トルクメニスタン 文化・テレビラジオ相
Atchabahian, Arthur アチャバヒアン, アーサー
　著「ビジュアル麻酔の手引」メディカル・サイエンス・インターナショナル 2015
Atchaka, Sibunruang アチャカ・シブンルアン
　国タイ 科学技術相
Atchimon, Charles アキモン, シャルル
　国コートジボワール 観光相
Atchley, Robert C. アッチェリー, ロバート・C.
　1939〜 愛アチリー, ロバート・C. 著「ジェロントロジー」きんざい 2005
Atchugarry, Alejandro アチュガリー, アレハンドロ
　国ウルグアイ 財務経済相
Atdayev, Batyr アッダエフ, バティル
　国トルクメニスタン 副首相
Atef, Muhammad アーテフ, ムハンマド
　1957〜2001 国エジプト 軍人 アルカイダ軍事委員会委員長 通称＝マスリー, アブ・ハフス・アル 愛アティフ, ムハマド／アテフ, モハメド
El-atfy, Hussein エルアトフィ, フセイン
　国エジプト 水資源・かんがい相
Atget, Eugene アジェ, ウジェーヌ
　著「ウジェーヌ・アジェ写真集」岩波書店 2004
Athan, Mattie Sue エイサン, マティー・スー
　著「インコをよい子にしつける本」誠文堂新光社 2005
Athaulla, A.L.M. アタウラ, A.L.M.
　国スリランカ 州政府・評議会相
Al-athba, Rashid アルアトバ
　国カタール 射撃選手
Atherton, Nancy アサートン, ナンシー
　著「ディミティおばさまと悲恋の修道院」武田ランダムハウスジャパン 2012
Athorbei, David Deng アトルベイ, デービッド・デン
　国南スーダン 財務・商業・投資・経済計画相
Athoumani, Mohamed Ali アスマニ, モハメド・アリ
　国コモロ 運輸・観光・郵政相
Athukorala, Thalatha アトゥコララ, タラタ
　国スリランカ 海外雇用相
Atias, Ariel アティアス, アリエル
　国イスラエル 住宅・建設相
Atici, Sevil アトゥジュ, セヴィル
　国トルコ 元・トルコ航空客室乗務員
Atienza, Jose アティエンザ, ホセ
　国フィリピン 環境天然資源相
Atik, Baris アティク, バリス
　国トルコ サッカー選手
Atinuke アティヌーケ
　著「アンナのうちはいつもにぎやか」日本ライトハウス 2014
Atisanoe, Anoaro アティサノエ, アノアロ
　?〜2008 国アメリカ プロレスラー
Ativor, Dzifa Aku アティボ, ジファ・アク
　国ガーナ 運輸相
Atiyafa, Robert アティヤファ, ロバート
　国パプアニューギニア 警察相
Atiyah, Michael Francis アティヤー, マイケル・フランシス
　1929〜 国イギリス 数学者 レスター大学総長 愛代数的位相幾何学, 偏微分方程式論 愛アティア／アティヤ／アティヤ, マイケル・F.
Atkin, Jacqui アトキン, ジャッキー
　著「陶芸の基礎」スタジオタッククリエイティブ 2008
Atkins, Ace アトキンス, エース
　1970〜 国アメリカ 作家 愛ミステリー, スリラー

A

Atkins, Alison アトキンズ, アリソン
　著「くまくまねんころりん」世界文化社 2007
Atkins, Chet アトキンス, チェット
　1924〜2001 国アメリカ ギタリスト, 音楽プロデューサー 愛アトキンズ, チェット
Atkins, Dawn アトキンズ, ドーン
　著「砂漠の妖精」ハーレクイン 2003
Atkins, *Dame* **Eileen** アトキンス, アイリーン
　エミー賞 プライムタイム・エミー賞 最優秀助演女優賞（ミニシリーズ・映画）（第60回（2008年））"Cranford（MASTERPIECE）"
Atkins, Geno アトキンス, ジーノ
　国アメリカ アメフト選手
Atkins, Jacqueline M. アトキンズ, ジャクリーヌ・M.
　著「キルティング・トランスフォームド」日本手芸普及協会, 日本ヴォーグ社（発売） 2007
Atkins, John L., III アトキンズ, ジョン・L., 3世
　国アメリカ 元・在ローリー日本国名誉総領事
Atkins, Lucy アトキンス, ルーシー
　著「ひとまずがんの治療を終えたあなたへ」国書刊行会 2015
Atkins, Peter William アトキンス, P.
　1940〜 アトキンス, ピーター 著「アトキンス物理化学要論」東京化学同人 2016
Atkins, Robert C. アトキンス, ロバート
　?〜2003 国アメリカ 心臓外科医 アトキンス・センター代表 愛低炭水化物ダイエット 愛アトキンス, ロバート・C.／アトキンズ, ロバート
Atkins, Steven C. アトキンズ, スティーヴン・C.
　著「あしたから子どもが変わる30の子育てマジック」実業之日本社 2004
Atkins, Stuart アトキンズ, スチュアート
　著「4つの人生ゲーム」春秋社 2003
Atkins, Sue アトキンス, スー
　著「看護における反省的実践」ゆみる出版 2005
Atkinson, Alia アトキンソン, アリア
　国ジャマイカ 水泳選手 愛アトキンソン
Atkinson, Anthony Barnes アトキンソン, アンソニー
　1944〜 国イギリス 経済学者 オックスフォード大学ナッフィールド・カレッジ学長, 国際経済学会会長 愛福祉国家論, 所得分配論 通称＝アトキンソン, トニー〈Atkinson, Tony〉愛アトキンソン, A.B.／アトキンソン, アンソニー・B.
Atkinson, Bill アトキンソン, ビル
　1951〜 著「Within the stone」帆風, ワークスコーポレーション（発売） 2004
Atkinson, Dan アトキンソン, ダン
　1961〜 著「市場原理主義の害毒イギリスからの眺め」PHP研究所 2009
Atkinson, Erick John アトキンソン, エリック・ジョン
　国オーストラリア, イギリス 西豪州フリーマントル港湾局長
Atkinson, George アトキンソン, ジョージ
　国アメリカ アメフト選手
Atkinson, Ian アトキンソン, イアン
　著「最高の答えがひらめく, 12の思考ツール」ビー・エヌ・エヌ新社 2015
Atkinson, Janette アトキンソン, J.
　著「視覚脳が生まれる」北大路書房 2005
Atkinson, Kate アトキンソン, ケイト
　1951〜 国イギリス 作家, 劇作家 愛アトキンソン, ケート
Atkinson, Kenny アトキンソン, ケニー
　国アメリカ ブルックリン・ネッツヘッドコーチ（バスケットボール）
Atkinson, Mary アトキンスン, メアリー
　1938〜 著「アーユルヴェーダ式ヘッドマッサージ」産調出版 2004
Atkinson, Richard C. アトキンソン, リチャード・C.
　著「ヒルガードの心理学」ブレーン出版 2002
Atkinson, Rita L. アトキンソン, リタ・L.
　著「ヒルガードの心理学」ブレーン出版 2002
Atkinson, Robert アトキンソン, ロバート
　1945〜 著「私たちの中にある物語」ミネルヴァ書房 2006
Atkinson, Rowan Sebastian アトキンソン, ローワン
　1955〜 国イギリス 俳優, コメディアン
Atkisson, Alan アトキソン, アラン
　1960〜 著「GDP追求型成長から幸せ創造へ」武田ランダムハウスジャパン 2012
Atlan, Henri アトラン, アンリ

A

[著]「ヒト・クローン未来への対話」 青土社 2001
Atli, Suleyman アトリ, スレイマン
[国]トルコ レスリング選手
Atmar, Mohamad Hanif アトマール, モハマド・ハニフ
[国]アフガニスタン 内相
Atoev, Abbos アトエフ
[国]ウズベキスタン ボクシング選手
Atonio, Uini アトニオ, ウイニ
[国]フランス ラグビー選手
Atopare, Sailas アトパレ, サイラス
[国]パプアニューギニア 総督
al-**Atrash, Hilal** アトラシュ, ヒラル
[国]シリア 地方自治環境相 [異]アル・アトラシュ, ヒラル
al-**Atrash, Mohamad** アル・アトラシュ, モハマド
[国]シリア 財務相
al-**Atrash, Taha** アル・アトラシュ, タハ
[国]シリア かんがい相
Atreya, Mohan アトレーヤ, モーハン
[著]「デジタル署名」 翔泳社 2003
Atta, Mohamed アタ, モハメド
1968～2001 [国]エジプト 米国同時多発テロ事件実行の容疑者 本名＝アタ, モハメド・モハメド・エルアミール・アワド・エルサイド〈Atta, Mohamed Mohamed El Amir Awad El Sayed〉
Attaberry, Elsie アッタベリー, エルシー
[著]「おてんばブルーム」 大日本絵画 2012
Attalah, Béatrice アタラ, ベアトリス
[国]マダガスカル 外相
Attali, Jacques アタリ, ジャック
1943～ [国]フランス 経済学者, 思想家, 文明批評家, 作家 フランス大統領特別顧問, 欧州復興開発銀行(EBRD)総裁
Attanasio, Mark アタナシオ, マーク
[国]アメリカ ミルウォーキー・ブルワーズオーナー
Attanasso, Marie Odile アタナソ, マリ・オディル
[国]ベナン 高等教育・科学研究相
Attanayake, Tissa アタナヤケ, ティサ
[国]スリランカ 中部地方開発相
Attaochu, Jeremiah アタオチュー, ジェレミアー
[国]アメリカ アメフト選手
Attar, Abdelmadjid アッタール, アブデルマジド
[国]アルジェリア 水資源相
al-**Attar, Najah** アッタル, ナジャハ
[国]シリア 副大統領
al-**Attas, Alawi Hassan** アル・アッタス, アラウィ・ハッサン
[国]イエメン 国務相(議会・諮問評議会担当)
Atta Sidharta アタ・シダルタ
[著]「軍が支配する国インドネシア」 コモンズ 2002
Attefall, Stefan アッテファール, ステファン
[国]スウェーデン 住宅相
Attenborough, David Frederick アッテンボロー, デービッド
1926～ [国]イギリス 動物学者, 自然誌学者, 映像プロデューサー BBCプロデューサー [異]アッテンボロー, デイビッド
Attenborough, Richard アッテンボロー, リチャード
1923～2014 [国]イギリス 映画監督, 俳優 本名＝Attenborough, Richard Samuel
Attila, Cseke アッティラ, チェケ
[国]ルーマニア 保健相
Attin, Joseph アタン, ジョゼフ
[国]ベナン 公共事業・運輸相
Attipoé, Richard アチポエ, リシャール
[国]トーゴ 青年・スポーツ相
Attiya, Ahmed アティーヤ, アハメド
[国]イエメン イスラム問題相
Attiya, Tahani Abdalla アティヤ, タハニ・アブドラ
[国]スーダン 通信・IT相
al-**Attiyah, Abdullah bin Hamad** アティーヤ, アブドラ・ビン・ハマド
[国]カタール 行政監督庁長官(首相級)
al-**Attiyah, Khalid bin Mohammad** アティーヤ, ハリド・ビン・ムハンマド
[国]カタール 国防担当相
Al-**Attiyah, Nasser** アティーヤ, ナセル
[国]カタール 射撃選手 [異]アッティヤ / アルアティア
Attlee, Helena アトレー, ヘレナ
1958～ [著]「柑橘類と文明」 築地書館 2015
Atto, Ossman Hassan Ali アト, オスマン・ハッサン・アリ
[国]ソマリア 住宅・公共事業相
Attoumane, Said アトーメン, サイド
[国]コモロ 経済・商業・労働・投資促進・女性起業相
Attoumane, Sounhadji アトゥマン, スンハジ
[国]コモロ 保健・国民連帯・女性地位向上相兼政府報道官
Attwood, Chris アットウッド, クリス
[著]「ブレイクスルー!」 フォレスト出版 2014
Attwood, Janet Bray アットウッド, ジャネット
[著]「ブレイクスルー!」 フォレスト出版 2014
Attwood, Tony アトウッド, トニー
1952～ [著]「アトウッド博士の自閉症スペクトラム障害の子どもの理解と支援」 明石書店 2012
Atubo, Omara アトゥボ, オマラ
[国]ウガンダ 国土・住宅・都市開発相
Atukorala, Gamini アツコラレ, ガミニ
?～2002 [国]スリランカ スリランカ運輸相
Atwal, Anita アトウォル, アニタ
[著]「エビデンスに基づく高齢者の作業療法」 ガイアブックス 2014
Atwan, Abdel Bari アトワーン, アブドルバーリ
1950～ [著]「イスラーム国」 集英社インターナショナル, 集英社(発売) 2015
Atwan, Robert アトワン, ロバート
[著]「アメリカエッセイ傑作選」 DHC 2001
Atwell, Debby アトウェル, デビー
1953～ [著]「図書館に児童室ができた日」 徳間書店 2013
Atwell, James D. アトウェル, ジェームズ・D.
[著]「シリコンバレー」 日本経済新聞社 2001
Atwood, Christee Gabour アトウッド, クリスティー
[著]「サクセッションプランの基本」 ヒューマンバリュー 2012
Atwood, Colleen アトウッド, コリーン
アカデミー賞 衣装デザイン賞(第83回(2010年))ほか
Atwood, Heather アトウッド, ヘザー
[著]「ポール・オースターが朗読するナショナル・ストーリー・プロジェクト」 アルク 2006
Atwood, Margaret Eleanor アトウッド, マーガレット
1939～ [著]「キャッツ・アイ」 開文社出版 2016
Atwood, Russell アトウッド, ラッセル
[著]「Aアヴェニューの東」 早川書房 2001
Atxaga, Bernardo アチャーガ, ベルナルド
1951～ [著]「オババコアック」 中央公論新社 2004
Atzert, Thomas アトゥツェルト, トマス
1960～ [著]「新世界秩序批判」 以文社 2005
Atzili, Omer アツィリ, オメル
[国]イスラエル サッカー選手
Atzmon, Gilad アツモン, ギルアド
1963～ [著]「迷える者へのガイド」 東京創元社 2004
Au, Tsukutlane アウ, ツクトラネ
[国]レソト 行政相
Au, Wagner James アウ, ワグナー・ジェームズ
[異]アウ, ワグナー・ジェイムス [著]「仮想コミュニティがビジネスを創りかえる」 日経BP社, 日経BP出版センター(発売) 2008
Aubameyang, Pierre-Emerick オーバメヤン, ピエール・エメリク
[国]ガボン サッカー選手
Aubart, Johann アウバート, ヨハン
[国]ドイツ トリアー独日協会会長
Aubeli, Otto アウベリー
[国]ハンガリー レスリング選手
Aubert, Brigitte オベール, ブリジット
1956～ [著]「神のはらわた」 早川書房 2006
Aubert, Sandrine オベール
[国]フランス アルペンスキー選手
Aubery, Patty オーベリー, パティ
[著]「神さまからのおくりもの」 福音社, 府中(東京都) いのちのことば社(発売) 2007
Aubier, Eric オービエ, エリック
1960～ [国]フランス トランペット奏者
Aubin, Henri-Jean オーバン, アンリ・ジャン
[著]「超禁煙術」 ワニブックス 2003
Aubin, Paul F. オービン, ポール
[著]「Autodesk Architectural Desktop基本マスター」 トムソンラーニング, ビー・エヌ・エヌ新社(発売) 2003
Aubrac, Lucie オブラック, リュシー
1912～2007 [国]フランス 対独レジスタンスの英雄 本名＝ベルナール, リュシー
Aubrey, Robert オーブレー, ボブ

1948〜 [異]オーブレー, ロバート [著]「「自分の未来」を拓く」 マネジメント社 2005
Aubry, Cécile オーブリ, セシル
1928〜2010 [国]フランス 児童文学作家, 女優 [異]オーブリー, セシル / オブリ, セシール
Aubry, Isabelle オブリ, イザベル
1965〜 [著]「それは6歳からだった」 緑風出版 2012
Aubry, Martine Louise Marie オブリ, マルティーヌ
1950〜 [国]フランス 政治家 リール市長 フランス社会党第1書記, フランス雇用連帯相 [異]オブリ, マルチヌ
Auburn, David オーバーン, デイヴィッド
1969〜 [著]「プルーフ・オブ・マイライフ」 竹書房 2006
Auch, Mary Jane アウク, M.J.
[著]「片腕のキャッチ」 フレーベル館 2010
Auchincloss, Louis Stanton オーキンクロス, ルイス
1917〜2010 [国]アメリカ 作家, 評論家, 弁護士 筆名＝リー, アンドルー〈Lee, Andrew〉 [異]オーキンクロース, ルイス / オーチンクロス, ルイス
Aucott, Karen オーコット, カレン
[著]「はたらく人体」 絵本塾出版 2016
Audeguy, Stéphane オードギー, ステファヌ
[著]「モンスターの歴史」 創元社 2010
Audero, Emil アウデロ, エミル
[国]イタリア サッカー選手
Auders, Āris アウデルス, アリス
[国]ラトビア 保健担当特命相
Audet, Richard オーデット, R.
[著]「GISで環境学習」 古今書院 2002
Audi, Paul オーディ, ポール
1963〜 [著]「ミシェル・アンリ」 勁草書房 2012
Audi, Raymond アウディ, レイモン
[国]レバノン 難民問題相
Audiard, Jaques オディアール, ジャック
1952〜 [国]フランス 映画監督, 脚本家 [異]オーディアール, ジャック
Audibert, Catherine オディベール, カトリーヌ
[著]「「ひとりではいられない」症候群」 講談社 2012
Audina Tjiptawan, Mia アウディナ・チプタワン
[国]オランダ バドミントン選手
Audoa, Anthony アウドア, アンソニー
[国]ナウル 教育相
Audouard, Antoine オドゥアール, アントワーヌ
1956〜 [著]「エロイーズとアベラール」 角川書店 2003
Audouin-Mamikonian, Sophie オドゥワン＝マミコニアン, ソフィー
1961〜 [専]ヤングアダルト, 児童書, 文学ほか [著]「タラ・ダンカン」 KADOKAWA 2015
Audrerie, Dominique オドルリ, ドミニック
[著]「世界遺産」 白水社 2005
Audus, Hilary オーデュス, ヒラリー
[著]「スノーマンとスノードッグ」 竹書房 2013
Auel, Jean M. アウル, ジーン・M.
1936〜 [国]アメリカ 作家
Auer, James E. アワー, ジェームズ
1941〜 [国]アメリカ バンダービルト大学教授 米国国防総省国際安全保障局日本部長 [専]日本研究, 国際安全保障 [異]アワー, ジェームス / アワー, ジェームズ・エドワード
Auer, Ken アウアー, ケン
[著]「XPエクストリーム・プログラミング適用編」 ピアソン・エデュケーション 2002
Auer, Margit アウアー, マルギット
[国]ドイツ ジャーナリスト, 作家 [専]児童書
Auer, Peter アウアー, ペーター
1946〜 [著]「ドイツの原子力物語」 アイ・ティー・アイ出版事業部総合工学出版会 2012
Auer, Wolfgang M. アウアー, ヴォルフガング・M.
[著]「子どもたちの感覚を育てる」 アウディオペーデ出版, キプリ（発売）〔200－〕
Auerbach, Dan オーアーバック, ダン
グラミー賞 最優秀プロデューサー（クラシック以外）（2012年（第55回））
Auerbach, Red アウアバック, レッド
1917〜2006 [国]アメリカ バスケットボール監督 セルティック会長 本名＝アウアバック, アーノルド・ジェイコブ〈Auerbach, Arnold Jacob〉 [異]アウアーバッハ, レッド / オーバック, レッド
Auerbacher, Inge アウワーバッハー, インゲ
1934〜 [著]「世紀の新薬発見その光と影の物語」 PHPパブリッシング 2009
Aufdenblatten, Fraenzi アウフデンブラッテン
[国]スイス アルペンスキー選手
Auffarth, Sandra アウファルト, サンドラ
[国]ドイツ 馬術選手
Auffret, Benjamin オフレ, バンジャマン
[国]フランス 水泳選手
Auffret, Dominique オフレ, ドミニック
1958〜 [著]「評伝アレクサンドル・コジェーヴ」 パピルス 2001
Aufgang, Joel アウフガング, ジョエル
[著]「XPエクストリーム・プログラミングウェブ開発編」 ピアソン・エデュケーション 2003
al-**Aufi, Hamid bin Said** アル・アウフィ, ハミド・ビン・サイド
[国]オマーン 水資源相
Auga, Augustine アウガ, アウグスティン
[国]ソロモン諸島 農業・畜産相
Augarde, Steve オーガード, スティーブ
ネスレ子どもの本賞 9〜11歳部門 銅賞（2003年） “The Various”
Auge, Laura オージュ
[国]フランス 水泳選手
Augé, Marc オジェ, マルク
[著]「同時代世界の人類学」 藤原書店 2002
Augello, Haley アウゲロ, ヘイリー
[国]アメリカ レスリング選手
Augello, Terri オージェロ, テリ
[著]「メモリーズ・オブ・ジョン」 イースト・プレス 2006
Augendre, Jacques オジャンドル, ジャック
[著]「MEMOIRE」 未知谷 2002
Augeri, Steve オウジェリー, スティーブ
[国]アメリカ ロック歌手
Augis, Axel オジズ, アクセル
[国]フランス 体操選手
Augstein, Rudolf アウクシュタイン, ルドルフ
1923〜2002 [国]ドイツ ジャーナリスト, 出版人 「シュピーゲル」創刊・発行人 [異]アウグシュタイン, ルドルフ
Augulis, Uldis アウグリス, ウルディス
[国]ラトビア 福祉相
Augusseau, Stéphanie オグソー, ステファニー
[著]「ゼリさん」 ワールドライブラリー 2015
August, Bille アウグスト, ビレ
1948〜 [国]デンマーク 映画監督 [異]アウグスト, バイル
August, Elizabeth オーガスト, エリザベス
[著]「聖なる夜の物語あのクリスマスをもう一度」 ハーレクイン 2009
August, John オーガスト, ジョン
[著]「フランケンウィニー」 竹書房 2012
Auguste, Marie Carmelle Rose-Ann オーギュスト, マリ・カルメル・ローズアン
[国]ハイチ共和国 人権貧困対策担当相
Auguste, Robert オーギュスト, ロベール
[国]ハイチ共和国 保健・人口相
Auguste, Zach オーガスト, ザック
[国]アメリカ バスケットボール選手
Augustin, D.J. オーガスティン, DJ
[国]アメリカ バスケットボール選手
Augustin, Jean Kevin オギュスタン, ジャン・ケヴィン
[国]フランス サッカー選手
Augustine, Jonathan M. オーガスティン, ジョナサン
[著]「聖人伝、高僧伝と社会事業」 国際日本文化研究センター 2001
Augustine, Liz オーガスティン, リズ
[著]「小さなチームのソフトウェア開発物語」 翔泳社 2006
Augustine, Norman R. オーガスチン, ノーマン
[著]「最高経営責任者シェイクスピア」 日経BP社, 日経BP出版センター（発売） 2001
Augustine, Sue オーガスティン, スー
[著]「過去の傷がいやされるとき」 いのちのことば社 2013
Augusto, Jessica アウグスト
[国]ポルトガル 陸上選手
Augusto, Jose アウグスト, ホセ
[国]ニカラグア 農牧相
Augusto Fernandez アウグスト・フェルナンデス
[国]アルゼンチン サッカー選手
Augustyniak, Mathias オグスティニアック, マティアス
グラミー賞 最優秀レコーディング・パッケージ（2012年（第55

回)) "Biophilia" アート・ディレクター
Aujjar, Mohammed アウッジャル, モハメド
　国モロッコ　人権担当相
Auken, Ida アウケン, イーダ
　国デンマーク　環境相
Auken, Svend アウケン, スベン
　国デンマーク　環境・エネルギー相
Auker, Eldon LeRoy オーカー, エルデン
　1910〜2006　国アメリカ　野球選手
Aukhadov, Apti オウハドフ
　国ロシア　重量挙げ選手
Aukland, Anders アウクラン
　国ノルウェー　クロスカントリースキー選手
Auld, William オールド, ウィリアム
　1924〜2006　国イギリス　詩人　エスペラント学士院会長, エスペラント・ペンセンター会長
Aulenti, Gae アウレンティ, ガエ
　1927〜2012　国イタリア　建築家, デザイナー
Aulestia, Diego アウレスティア, ディエゴ
　国エクアドル　貿易相
Aulet, Bill オーレット, ビル
　1958〜　著「ビジネス・クリエーション!」ダイヤモンド社 2014
Auletta, Ken オーレッタ, ケン
　1942〜　国アメリカ　ジャーナリスト, 作家　「ニューヨーカー」記者
Aulich, Bruno アウリッヒ, ブルーノ
　1902〜　著「クヮルテットのたのしみ」アカデミア・ミュージック 2012
Aulika, Halani アウリカ, ハラニ
　国トンガ　ラグビー選手
Ault, Doug オルト, ダグ
　1950〜2004　国アメリカ　野球選手　本名＝Ault, Douglas Reagan
Ault, Sandi オールト, サンディ
　アメリカ探偵作家クラブ賞 メアリ・ヒギンズ・クラーク賞(2008年) "Wild Indigo"
Aumann, Robert John オーマン, ロバート・ジョン
　1930〜　国イスラエル　数理経済学者　ヘブライ大学名誉教授　異アウマン／オーマン, ロバート／オーマン, ロバート・J.
Aumiller, Andrzej アウミレル, アンジェイ
　国ポーランド　建設相
Aumiller, Gary S. オーミラー, ゲイリー・S.
　著「人間をズバリ見抜く動物判断」きこ書房 2002
Aumont, Jean-Pierre オーモン, ジャン・ピエール
　1911〜2001　国フランス　俳優　別名＝オーモン, ピエール　異オーモン, ジャンピエール
Aunger, Robert アンジェ, ロバート
　著「ダーウィン文化論」産業図書 2004
Aung Gyi アウン・ジー
　1919〜2012　国ミャンマー　政治家, 軍人　ミャンマー国民民主連合(UNDP)議長　異アウン・ジイ
Aung Khin アウン・キン
　国ミャンマー　宗教相
Aung Kyi アウン・チー
　国ミャンマー　情報相
Aung Min アウン・ミン
　国ミャンマー　大統領府相
Aung Naing アウン・ナイン
　?〜2008　国ミャンマー　外交官　駐日ミャンマー大使
Aung Phone アウン・ポウン
　国ミャンマー　林業相
Aung San アウン・サン
　国ミャンマー　協同組合相
Aung San Suu Kyi アウン・サン・スー・チー
　1945〜　国ミャンマー　民主化運動家, 政治家　国民民主連盟(NLD)党首, ミャンマー下院議員
Aung Thaung アウン・タウン
　国ミャンマー　第1工業相
Aung Thu アウン・トゥ
　国ミャンマー　農業・畜産・灌漑相
Aun Porn Moniroth オウン・ポンモニラット
　国カンボジア　財務経済相
Auntie Owl アンティ・アウル
　著「スサコーン」おはなしきゃらばんセンター 2005
Aurdal, Aleksander アウルダル

　国ノルウェー　フリースタイルスキー選手
Aurelle オーレル
　著「パリのビスコーニュのクロスステッチ」グラフィック社 2015
Aurescu, Bogdan アウレスク, ボグダン
　国ルーマニア　外相
Auri, Lucio アウリ, ルチオ
　著「クリエイティブスペース」グラフィック社 2011
Aurier, Serge オーリエ, セルジュ
　国コートジボワール　サッカー選手
Auroomooga Putten, Prithviraj オルームーガピュッテン, プリトビラジ
　国モーリシャス　船舶相
Ausbourne, Robert オズボーン, ロバート
　著「錯視の不思議」創元社 2015
Ausejo, Lorena アウセジョ, ロレナ
　1962〜　著「日本大使公邸襲撃事件」イースト・プレス 2009
Ausmus, Brad オースマス, ブラッド
　国アメリカ　デトロイト・タイガース監督
Austad, Steven N. オースタッド, スティーヴン・N.
　1946〜　著「犬をかう人ブタをかう人イグアナをかう人」ポプラ社 2003
Aust-Claus, Elisabeth アウスト＝クラウス, エリザベート
　1957〜　著「きっと『勉強ができる子』になる本」PHP研究所 2003
Austen, Alfred Walter オースティン, A.W.
　著「シルバーバーチの教え」スピリチュアリズム普及会 2015
Auster, Paul Benjamin オースター, ポール
　1947〜　国アメリカ　作家, 詩人, 映画監督
Austin, Charlie オースティン, チャーリー
　国イングランド　サッカー選手
Austin, Christopher オースティン, クリストファー
　トニー賞 ミュージカル 編曲賞(2015年(第69回)) "An American in Paris"
Austin, David J.C. オースティン, デービッド
　1958〜　国イギリス　デビッド・オースチン・ロージズ社長　異オースチン, デビッド／オースチン, デビッド・J.C.
Austin, James オースティン, ジェームズ
　コンピレーション・プロデューサー　グラミー賞 最優秀映画・TV・その他ヴィジュアルメディア音楽コンピレーション・サウンドトラック・アルバム(2005年(第48回)) "Ray"
Austin, John オースティン, ジョン
　1978〜　著「ゾンビの作法」太田出版 2011
Austin, Karin A. オースティン, カリン・A.
　著「写真とDVDでわかり易い最先端のテーピング技術」ガイアブックス 2015
Austin, Mike オースチン, マイク
　1963〜　著「モンスター・ラブ・カラーズ」バベルプレス 2015
Austin, Neil オースティン, ニール
　ローレンス・オリヴィエ賞 照明デザイン賞(2011年(第35回))ほか
Austin, Patti オースティン, パティ
　グラミー賞 最優秀ジャズ・ヴォーカル・アルバム(2007年(第50回)) "Avant Gershwin"
Austin, Peter オースティン, ピーター・K.
　著「世界言語百科」柊風舎 2009
Austin, Robert D. オースティン, ロバート・D.
　異オースチン, ロブ　著「『リスク感度』の高いリーダーが成功を重ねる」ダイヤモンド社 2005
Austin, Robert Daniel オースティン, ロバート
　1962〜　著「ビジネスリーダーにITがマネジメントできるか」日経BP社, 日経BP出版センター(発売) 2010
Austin, Stone Cold Steve オースティン, ストーンコールド・スティーブ
　1964〜　国アメリカ　プロレスラー, 俳優　本名＝ウィリアムス, スティーブ〈Williams, Steve〉
Austin, Tavon オースティン, タボン
　国アメリカ　アメフト選手
Austin, Teryl オースティン, テリル
　国アメリカ　デトロイト・ライオンズコーチ
Austin, Thomas オースティン, トム
　著「PKI公開鍵基盤」日経BP企画, 日経BP出版センター(発売) 2001
Austin, Tyler オースティン, タイラー
　国アメリカ　野球選手
Austin, Valerie オースティン, ヴァレリー
　著「自分をとりもどす魔法の言葉」徳間書店 2001

Austin, Wendy オースティン、ウェンディ
　㊥「境界を超える看護」エルゼビア・ジャパン　2006
Austrie, Reginald オーストリー、レジナルド
　㊥ドミニカ共和国　住宅・国土・水資源管理相
Ausubel, Ramona オースベル、ラモーナ
　㊥アメリカ　作家　㊥歴史
Autagavaia, Fa'atoina アウタガバイア、ファアトイナ
　㊥サモア　ラグビー選手
Autain, Clémentine オータン、クレマンティーヌ
　1973〜　㊥「子どもと話すマッチョってなに？」現代企画室　2014
Auteuil, Daniel オートゥイユ、ダニエル
　1950〜　㊥フランス　俳優
Auth, Tony オース、トニー
　1942〜2014　㊥アメリカ　漫画家　㊥風刺漫画　本名＝Auth, William Antony (Jr.)
Autio, Jonas アウティオ、ヨーナス
　1970〜　㊥「フランクとぼく」あすなろ書房　2009
Autry, Denico オートリー、デニコ
　㊥アメリカ　アメフト選手
Autti, Antti アウティ
　㊥フィンランド　スノーボード選手
Autuori, Paulo アウトゥオリ、パウロ
　1956〜　㊥ブラジル　サッカー監督　サッカー・カタール代表監督、サッカー・ペルー代表監督　本名＝アウトゥオリ・デ・メロ、パウロ〈Autuori De Melo, Paulo〉
Auvini, Kadresengane アオヴィニ・カドゥスガヌ
　1945〜　㊥台湾　作家　㊥文学　漢字表記＝奧威尼卡露斯、漢名＝邱金士
Auwärter, Heinrich アウヴェルター、ハインリッヒ
　㊥リヒテンシュタイン　日本リヒテンシュタイン協会顧問
Auxier, Jonathan オージエ、ジョナサン
　㊥「夜の庭師」東京創元社　2016
Auzary-Luton, Sylvie オーザリー・ルートン、シルヴィー
　1958〜　㊥オザリー＝ルトン、シルヴィー　㊥「ポーリーおはなのたねをまく」PHP研究所　2010
Avagyan, Aram アバギャン、アラム
　㊥アルメニア　ボクシング選手
Avakov, Arsen アバコフ、アルセン
　㊥ウクライナ　内相
Avallone, Silvia アヴァッローネ、シルヴィア
　1984〜　㊥イタリア　作家　㊥文学、フィクション　㊥アバットローネ、シルビア
Avalos, Saul アバロス、サウル
　㊥ボリビア　炭化水素・エネルギー相
Avancini, Henrique アバンシーニ、エンリケ
　㊥ブラジル　自転車選手
Avanesyan, Hrachya アヴァネシアン、ラチャ
　㊥アルメニア　バイオリニスト
Avanzini, Lena アヴァンツィーニ、レーナ
　1964〜　㊥オーストリア　作家　㊥ミステリー、ヤングアダルト
Avasarala, Govinda アバサララ、ゴビンダ
　㊥「日本の未来について話そう」小学館　2011
Avasarala, Satya アバサララ、サタヤ
　㊥「実践Selenium WebDriver」オライリー・ジャパン、オーム社（発売）2014
Avci, Nabi アブジュ、ナビ
　㊥トルコ　文化観光相
Avdalyan, Nazik アブダリャン、ナジク
　㊥アルメニア　重量挙げ選手
Avdeev, Anton アブデーフ、アントン
　㊥ロシア　フェンシング選手
Avdeeva, Yulianna アヴデーエワ、ユリアンナ
　1985〜　㊥ロシア　ピアニスト　フレデリック・ショパン国際ピアノコンクール第1位（2010年（第16回））
Avdeyev, Alexander A. アブデーエフ、アレクサンドル・A.
　㊥ロシア　文化相
Avdijaj, Donis アヴディヤイ、ドニス
　㊥ドイツ　サッカー選手
Avédikian, Serge アヴェディキアン、セルジュ
　㊥フランス　カンヌ国際映画祭　短編映画パルムドール（第63回（2010年））ほか
Avedon, Richard アベドン、リチャード
　1923〜2004　㊥アメリカ　写真家　㊥アヴェドン、リチャード
Avei, Moi アベイ、モイ
　㊥パプアニューギニア　石油・エネルギー相

A

Avei, Ole アヴェイ、オレ
　㊥サモア　ラグビー選手
Avé-Lallemant, Ursula アヴェ＝ラルマン、ウルスラ
　㊥「星と波テスト」川島書店　2003
Avelar, Danilo アヴェラール、ダニーロ
　㊥ブラジル　サッカー選手
Avella, Natalie アヴェラ、ナタリー
　㊥「ペーパー・エンジニアリング」グラフィック社　2009
Avelluto, Pablo アベルト、パブロ
　㊥アルゼンチン　文化相
Avenarius, Hermann アベナリウス、ヘルマン
　1938〜　㊥「ドイツの学校と教育法制」教育開発研究所　2004
Avenel, Antony アヴネル、アントニー
　㊥「ウイルス対人間大戦争」中央アート出版社　2009
Avenhaus, Rudolf アーベンハウス、R.
　㊥「データ検証序説」丸善プラネット、丸善出版（発売）2014
Aveni, Anthony F. アヴェニ、アンソニー・F.
　㊥「ヨーロッパ祝祭日の謎を解く」創元社　2006
Averbakh, IUrii アヴェルバッハ、ユーリ
　1922〜　㊥「終盤の基礎知識」チェスランス出版　2011
Averbukh, Alexander アベルブフ
　㊥イスラエル　陸上選手
Averbukh, Ilia アヴェルブフ、イリヤ
　1973〜　㊥ロシア　元フィギュアスケート選手　㊥アベルブフ／アベルブフ、イリヤ
Averill, Thomas Fox エイヴリル、トマス・フォックス
　1949〜　㊥「チル・カフェの秘密のレシピ」DHC　2002
Aversano, Nina アベルサノ、ニナ
　㊥「組織変革のジレンマ」ダイヤモンド社　2004
Avery, Dennis T. エイヴリー、デニス・T.
　㊥「地球温暖化は止まらない」東洋経済新報社　2008
Avery, Gillian エイブリー、ジリアン
　1926〜2016　㊥イギリス　児童文学作家　本名＝Avery, Gillian Elise　㊥エーブリー／エイバリー／エイヴァリー／エイヴリー
Avery, James K. エイヴリー、ジェイムズ・K.
　㊥「口腔組織・発生学」西村書店　2002
Avery, Julius エイブリー、ジュリアス
　カンヌ国際映画祭　審査員賞（短編映画）（第61回（2008年））"Jerrycan"
Avery, Ryan エイヴァリー、ライアン
　㊥「スピーチ世界チャンプの魅惑のプレゼン術」ディスカヴァー・トゥエンティワン　2015
Avery, Sid エイブリー、シド
　1918〜2002　㊥アメリカ　写真家　本名＝Avery, Sidney　㊥アベリー、シド／エイブリー、シッド
Avi アビ
　1937〜　㊥アメリカ　児童文学作家　㊥アヴィ
Avichail, Rabbi Eliyahu アビハイル、ラビ・エリヤフ
　㊥アビハイル、エリヤフ　㊥「日本人ならぜったい知りたい十六菊花紋の超ひみつ」ヒカルランド　2011
Avicii アヴィーチー
　㊥スウェーデン　DJ
Avieson, Bunty アビーソン、バンティ
　㊥オーストラリア　作家　㊥アヴィーソン、バンティ
Avigdor, Barrett S. アヴィグドル、B.S.
　㊥「幸せなワーキングマザーになる方法」NTT出版　2011
Avila, Al アビーラ、アル
　㊥アメリカ　デトロイト・タイガースGM
Avila, Alex アビーラ、アレックス
　㊥アメリカ　野球選手
Avila, Artur アビラ、アルトゥール
　㊥ブラジル、フランス　フィールズ賞（2014年）
Ávila, Carlos アビラ、カルロス
　㊥ホンジュラス　教育相
Avila, Ceiber David アビラ、セイベル
　㊥コロンビア　ボクシング選手
Ávila, Felícito アビラ、フェリシト
　㊥ホンジュラス　労相
Avila, J.J. アビラ、JJ
　㊥アメリカ　バスケットボール選手
Ávila, María Luisa アビラ、マリア・ルイサ
　㊥コスタリカ　保健相
Ávila González, Luis Manuel アビラ・ゴンサレス、ルイス・マヌエル
　㊥キューバ　砂糖産業相
Avilan, Luis アビラン、ルイス

A

[国]ベネズエラ　野球選手
Avioutskii, Viatcheslav　アヴュツキー, ヴィアチェスラフ
[著]「チェチェン」白水社　2005
Avis, Ed　エイヴィス, エド
1967～　[著]「ビジネスマンが息子と楽しむ75通りの遊び方」青山出版社　2003
Avis, Paul D.L.　エイヴィス, ポール
1947～　[著]「教会の働きと宣教」聖公会出版　2011
Avis, Warren　エイビス, ウォーレン
1915～2007　[国]アメリカ　実業家　エイビス創業者　本名＝エイビス, ウォーレン・エドワード〈Avis, Warren Edward〉
Avise, John C.　エイビス, ジョン・C.
[異]エイバイズ, ジョン　[著]「生物系統地理学」東京大学出版会　2008
Avitia, Mariana　アビティア
[国]メキシコ　アーチェリー選手
Aviyev, Safar A.　アビエフ, サファル・A.
[国]アゼルバイジャン　国防相
Avluca, Nazmi　アブルカ
[国]トルコ　レスリング選手
Avner, Amit　アブナー, アミット
[国]イスラエル　テイキー創業者
Avoka, Cletus　アボカ, クレトゥス
[国]ガーナ　内務相
Avola, Giorgio　アボラ, ジョルジョ
[国]イタリア　フェンシング選手
Avorn, Jerry　エイボン, ジェリー
1948～　[著]「パワフル・メディシン」ふくろう出版　2012
Avraham, Ruhama　アブラハム, ルハマ
[国]イスラエル　観光相
Avramis, Dimitrios　アバラミス
[国]ギリシャ　レスリング選手
Avramopoulos, Dimitris　アブラモプロス, ディミトリス
[国]ギリシャ　外相
Avramov, Lucien　アブラモフ, ルシアン
[著]「Cisco ACIポリシーベースのデータセンター」インプレス　2015
Avranas, Alexandros　アブラナス, アレクサンドロス
ヴェネチア国際映画祭 銀獅子賞（第70回（2013年））“Miss Violence”
Avrich, Paul　アヴリッチ, P.
[異]アヴリッチ, ポール　[著]「クロンシュタット1921」現代思潮新社　2008
Avril, Cliff　エブリル, クリフ
[国]アメリカ　アメフト選手
Avril, Francois　アヴリル, フランソワ
[著]「マルコ・ポーロ東方見聞録」岩波書店　2002
Avril, Lynne　アヴィル, リン
1951～　[著]「どうしてダブってみえちゃうの？」岩崎書店　2011
Avril, Philippe　アヴリル, フィリップ
[著]「外人金融マンの警鐘」総合法令出版　2001
Avron, Philippe　アヴロン, フィリップ
1928～2010　[国]フランス　俳優, 劇作家　[異]アブロン, フィリップ
Avui, Ishmael　アブイ, イスマエル
[国]ソロモン諸島　法相
al-**Awad, al-Hadi Abdalla Mohamed**　アル・アワド, アル・ハディ・アブダラ・モハメド
[国]スーダン　内閣担当相
Awad, Makkawi Mohammed　アワド, マカウィ・ムハンマド
[国]スーダン　運輸・道路・橋梁相
Awad, Mohamed　アワド, モハメド
[国]スーダン　元・在スーダン日本国大使館現地職員
Awad, Mohammed Zayed　アワド, ムハンマド・ザーイド
[国]スーダン　石油・ガス相
Awadallah, Bassem　アワダラ, バセム
[国]ヨルダン　計画相兼国際協力相　[異]アワダラハ, バセム
Awad-Geissler, Johanna　アワド＝ガイスラー, ヨハンナ
1955～　[著]「サフィア」清流出版　2006
al-**Awadhi, Hussein Dhaif Allah**　アワドヒ, フセイン・ドハイフ・アラー
[国]イエメン　情報相　[異]アル・アワドヒ, フセイン・ドハイフ・アラー
Awaleh, Mohamed Ahmed　アワレ, モハメド・アハメド
[国]ジブチ　農業・水資源・漁業・畜産・水産相
Awaluddin, Hamid　アワルディン, ハミッド
[国]インドネシア　法務・人権相
Awan, Firdous Ashiq　アワン, フィルドス・アシク
[国]パキスタン　国家行政・サービス相
Awan, Irung　アワン, イルング
[国]コンゴ民主共和国　国防相
Awan, Zaheeruddin Babar　アワン, ザヒールディン・バーバル
[国]パキスタン　法務・議会問題相
Awana, Theyab　アワナ, テヤブ
1990～2011　[国]アラブ首長国連邦　サッカー選手
Awang, Mohd Azizulhasni　アワン, アジズルハスニ
[国]マレーシア　自転車選手　[異]アワン
al-**Awar, Najla bint Mohammed**　アワル, ナジュラー・ビント・ムハンマド
[国]アラブ首長国連邦　地域社会開発相
Awbrey, Brian J.　オーブリー, ブライアン・J.
[著]「アクアエクササイズのすすめ」ベースボール・マガジン社　2001
Awdry, Christopher　オードリー, クリストファー
[著]「トーマスとかぜのひのおはなし」ポプラ社　2002
Awe, Micah　アー, マイカー
[国]アメリカ　アメフト選手
Awerika, Tanieru　アウェリカ, タニエル
[国]キリバス　商業・産業・雇用相
Awerika, Tebao　アベリカ, テバオ
[国]キリバス　環境・土地・農業開発相
Awesa, Francis　アウェサ, フランシス
[国]パプアニューギニア　公共事業相
al-**Awlaki, Anwar**　アウラキ, アンワル
？～2011　[国]アメリカ　イスラム原理主義過激派指導者　アラビア半島のアルカイダ（AQAP）幹部　[異]アウラキ師
al-**Awlaqi, Nihal Ali**　アウラキ, ニハール
[国]イエメン　法相
Awodey, Steve　アウディ, スティーブ
1959～　[著]「圏論」共立出版　2015
Awoonor, Kofi Nyidevu　アウーノー, コフィ
1935～2013　[国]ガーナ　詩人, 外交官　ケープコースト大学教授, 駐ブラジル・ガーナ大使　筆名=Awoonor-Williams, George　[異]アウノー
Awori, Aggrey　アウォリ, アグレイ
[国]ウガンダ　通信・情報通信技術相
Awori, Moody　アウォリ, ムーディ
[国]ケニア　副大統領
Awwad, Jawad　アウワド, ジャワド
[国]パレスチナ　保健相
Ax, Emanuel　アックス, エマニュエル
1949～　[国]アメリカ　ピアニスト
Axat, Federico　アシャット, フェデリコ
1975～　[著]「ラスト・ウェイ・アウト」早川書房　2016
Axchioglou, Efi　アクチオグル, エフィ
[国]ギリシャ　労働・社会保障相
Axel, Gabriel　アクセル, ガブリエル
1918～2014　[国]デンマーク　映画監督, 脚本家
Axel, Richard　アクセル, リチャード
1946～　[国]アメリカ　生化学者　コロンビア大学教授, ハワード・ヒューズ医学研究所研究員　[専]動物の嗅覚システム　[異]エクセル, リチャード
Axelos, Kostas　アクセロス, コスタス
1924～　[著]「遊星的思考へ」白水社　2002
Axelrod, Alan　アクセルロッド, アラン
1952～　[異]アックスロッド, アラン　[著]「モノポリーで学ぶお金持ちの法則」ダイヤモンド社　2004
Axelrod, Beth　アクセルロッド, ベス
1962～　[著]「いかに「問題社員」を管理するか」ダイヤモンド社　2005
Axelrod, Emily M.　アクセルロッド, エミリー
[著]「ひとりで抱え込まない仕事術」ダイヤモンド社　2007
Axelrod, George　アクセルロッド, ジョージ
1922～2003　[国]アメリカ　脚本家, 映画製作者
Axelrod, Julius　アクセルロッド, ジュリアス
1912～2004　[国]アメリカ　薬理学者, 生化学者　米国国立精神衛生研究所薬理学部長
Axelrod, Richard H.　アクセルロッド, リチャード
1943～　[著]「ひとりで抱え込まない仕事術」ダイヤモンド社　2007
Axelrod, Robert M.　アクセルロッド, ロバート
[著]「対立と協調の科学」ダイヤモンド社　2003
Axelsen, Viktor　アクセルセン, ビクトル
[国]デンマーク　バドミントン選手

Axelson, Jan アクセルソン, ジャン
[著]「USB組み込みホスト」 エスアイビー・アクセス, 星雲社(発売) 2012
Axelson, Peter アクセルソン, ピーター
1956~ [著]「車いすの選び方」 医学書院 2001
Axelsson, Carina アクセルソン, カリーナ
[国]アメリカ 作家 [専]ミステリー, 児童書
Axelsson, Per アクセルソン, ペール
[著]「本当のPMTC」 オーラルケア 2009
Axford, John アックスフォード, ジョン
[国]カナダ 野球選手
Axilrod, S.H. アキシルロッド, ステファン・H.
[著]「アメリカ連邦準備制度の内幕」 一灯舎, オーム社(発売) 2010
Axline, Virginia Mae アクスライン, バージニア・M.
1911~ [著]「開かれた小さな扉」 日本エディタースクール出版部 2008
Axt, Peter アクスト, ペーター
1939~ [著]「なまけることの幸せ」 ホーム社, 集英社(発売) 2002
Axt-Gadermann, Michaela アクスト=ガーデルマン, ミヒャエラ
1967~ [著]「なまけることの幸せ」 ホーム社, 集英社(発売) 2002
Ayache, Alain アヤシュ, アラン
1942~ [著]「娘へきみの人生に贈る言葉」 PHP研究所 2006
Ayacko, Ochillo アヤコ, オチロ
[国]ケニア 女性問題・スポーツ・文化相
Ayad, Sara アヤド, サラ
[著]「世界を変えた100の本の歴史図鑑」 原書房 2015
Ayadi, Kamel アヤディ, カメル
[国]チュニジア 公共サービス・統治・汚職対策相
Ayala, Daniel アジャラ, ダニエル
[国]スペイン サッカー選手
Ayala, Francisco アヤーラ, フランシスコ
1906~2009 [国]スペイン 作家, 社会学者, 随筆家, 文芸評論家 [異]アヤラ, フランシスコ
Ayala, Francisco Jose アヤラ, フランシスコ
1934~ [国]アメリカ 生物学者, 遺伝学者 カリフォルニア大学アーバイン校教授 [専]生物学, 生態学, 進化生物学 [異]アヤラ, フランシスコ・J.
Ayala, Jaime Augusto Zobel de アヤラ, ハイメ・アウグスト・ゾベル・デ
[国]フィリピン 実業家 アヤラ・コーポレーション会長・CEO 通称=ジャザ〈Jaza〉 [異]アヤラ, ハイメ・ゾベル・デ
Ayala, Roselyne de アヤラ, ロザリーヌ・ド
[著]「地中海の記憶」 藤原書店 2008
Ayala Alvarenga, Héctor Leonel アヤラ・アルバレンガ, エクトル・レオネル
[国]ホンジュラス 人権・司法・ガバナンス・地方分権相
Ayales Esna, Édgar アジャレス・エスナ, エドガル
[国]コスタリカ 財務相
Ayalew, Hiwot アヤレウ
[国]エチオピア 陸上選手
Ayana, Almaz アヤナ, アルマズ
[国]エチオピア 陸上選手
*al-***Ayar, Talal Mubarak** アル・アヤル, タラル・ムバラク
[国]クウェート 電力水利・社会問題労働相
Ayares, Gustavo アジャレス, グスタボ
[国]チリ 駐日特命全権大使
Ayari, Hela アヤリ, ヘラ
[国]チュニジア 柔道選手
Ayariga, Mahama アヤリガ, マハマ
[国]ガーナ 環境・科学技術相
Ayassor, Adji Otèth アヤソル, アジ・オテットゥ
[国]トーゴ 経済・財務・開発計画相 [異]アヤソル, アジ・オセス / アヤソル, アジ・オテットウ
Aybar, Erick アイバー, エリック
[国]ドミニカ共和国 野球選手
Ayckbourn, Alan エイクボーン, アラン
トニー賞 特別賞(2010年(第64回))ほか
Aydaraliev, Taalaybek アイダラリエフ, タアライベク
[国]キルギス 農業・土地改良相
Aydaraliyev, Iskenderbek アイダラリエフ, イスケンデルベク
[国]キルギス 農業・水資源・加工産業相
Aydi, Said アイディ, サイド
[国]チュニジア 職業教育・雇用相
Aydin, Koray アイドン, コライ
[国]トルコ 公共事業・住宅相
Aydin, Mehmet アイドゥン, メフメト
[国]トルコ 国務相
Aydogan, Can Luka アイドガン, ジャン・ルカ
[国]ドイツ サッカー選手
Aydogan, Oguzhan エイドガン, オウズハン
[国]ドイツ サッカー選手
Aydogdyev, Durtguly アイドグディエフ, ドルトグリ
[国]トルクメニスタン 副首相兼繊維産業相
Aydogdyyev, Maksat アイドグディエフ, マクサト
[国]トルクメニスタン 自動車運輸相
Ayduk, Ozlem アイダック, O.
[著]「パーソナリティ心理学」 培風館 2010
Aye, Fouad Ahmed アイエ, フワド・アハメド
[国]ジブチ エネルギー・水・天然資源相
Aye, John エイ, ジョン
[著]「法律家たちのユーモア」 潮出版社 2007
*al-***Ayed, Ali** アイド, アリ
[国]ヨルダン 広報通信相
Ayed, Jelloul アイェド, ジェルル
[国]チュニジア 財務相
Aye Myint エイ・ミン
[国]ミャンマー 労働・雇用・社会保障相
Aye Myint Kyu エイ・ミン・チュー
[国]ミャンマー 文化相
Ayer, David エアー, デヴィッド
[著]「フューリー」 KADOKAWA 2014
Ayers, Akeem アイヤーズ, アキーム
[国]アメリカ アメフト選手
Ayers, DeMarcus アイヤーズ, デマーカス
[国]アメリカ アメフト選手
Ayers, Kevin エアーズ, ケビン
1944~2013 [国]イギリス シンガー・ソングライター [異]エアーズ, ケヴィン
Ayers, Robert アイヤーズ, ロバート
[国]アメリカ アメフト選手
Ayerza, Marcos アジェルサ, マルコス
[国]アルゼンチン ラグビー選手
Ayéva, Zarifou アイエバ, ザリフ
[国]トーゴ 外務・アフリカ統合相
Ayew, Andre アイェウ, アンドレ
[国]ガーナ サッカー選手
Aygun, Nafi アイギュン, ナフィ
[著]「救急・当直に役立つ画像診断マニュアル」 メディカル・サイエンス・インターナショナル 2011
*al-***Ayib, Abdulqadir Mohammad** アーイブ, アブドルカデル・ムハンマド
[国]リビア 運輸相
Ayik Bunyamin アイ・ブニャミン
[著]「軍が支配する国インドネシア」 コモンズ 2002
Ayikoe, Kossivi アイコエ, コシビ
[国]トーゴ 環境・森林相
Ayissi, Henri Eyebe エイシ, アンリ・エイベ
[国]カメルーン 外相
Ayitey, Hanny-Sherry アイティ, ハニシェリ
[国]ガーナ 漁業・水産開発相 [異]アイテー, シャーリー
Aykroyd, Dan エイクロイド, ダン
1952~ [国]アメリカ 俳優 本名=エイクロイド, ダニエル・エドワード〈Aykroyd, Daniel Edward〉 [異]アクロイド, ダン
Aylesworth, Jim エイルズワース, ジム
[著]「おじいちゃんのコート」 ほるぷ出版 2015
Ayliffe, Alex アイリフ, アレックス
[著]「はじめてのおいのり」 サンパウロ 2014
Ayllón, Cecilia アイジョン, セシリア
[国]ボリビア 法相
Ayllon Quisbert, Angela Karin アイリョン・キスベルト, アンヘラ・カリン
[国]ボリビア 臨時代理大使, 参事官
Aylwin, Mariana エイルウィン, マリアナ
[国]チリ 教育相
Aylwin, Patricio エイルウィン, パトリシオ
1918~2016 [国]チリ 政治家 チリ大統領, チリ・キリスト教民主党(PDC)総裁 本名=Aylwin Azócar, Patricio
Aylwin Azocar, Patricio エイルウィン, P.
[著]「池田大作全集」 聖教新聞社 2004

A

Aymard, Maurice　エマール、モーリス
　㈱「開かれた歴史学」藤原書店 2006
Aymard, Pierre　エマール、ピエール
　国フランス　名誉公証人、元・在トゥールーズ日本国名誉領事
Aynte, Cabdirixman Yusuf Ali　アインテ、アブディリフマン・ユスフ・アリ
　国ソマリア　計画・国際協力相
Ayoade, Richard　アイオアディ、リチャード
　1977～　国イギリス　映画監督、コメディアン
Ayrapetyan, David　アイラペティアン
　国ロシア　ボクシング選手
Ayrault, Jean-Marc　エロー、ジャンマルク
　1950～　国フランス　政治家　フランス首相
Ayres, Charlie　エアーズ、チャーリー
　㈱「子どものうちから知っておきたい西洋美術を築いた画家20人の生涯」ランダムハウス講談社 2009
Ayres, Chris　エアーズ、クリス
　㈱「ドクター・オージーに訊け！」シンコーミュージック・エンタテイメント 2012
Ayres, David　エアーズ、デイヴィッド
　㈱「ポール・オースターが朗読するナショナル・ストーリー・プロジェクト」アルク 2006
Ayres, Ed　エアーズ、エド
　㈱「地球と環境」同友館 2002
Ayres, Honor　エアーズ、オナー
　㈱アイレス、オナー　㈱「10ぴきのひつじ」ドン・ボスコ社 2010
Ayres, Ian　エアーズ、イアン
　㈱「ヤル気の科学」文芸春秋 2012
Ayres, J.G.　アイレス、ジョン
　㈱「ぜん息」一灯舎、オーム社（発売） 2008
Ayres, John　アイレス、ジョン
　㈱「Delphi Win32 Graphics APIリファレンス」アスキー 2001
Ayres, Katherine　エアーズ、キャサリン
　1947～　㈱「マカロニ・ボーイ」バベルプレス 2006
Ayres, Robert L.　エイヤーズ、R.U.
　㈱「自然と人間」有斐閣 2005
Ayres, Robert U.　エイヤーズ、ロバート・U.
　㈱「資源環境経済学のフロンティア」日本評論社 2009
Ayres, Virginia E.　エアズ、バージニア・E.
　㈱「グループ対人関係療法」創元社 2006
Aytekin, Fevzi　アイテキン、フェブジ
　国トルコ　環境相
Aythami Artiles　アイタミ・アルティレス
　国スペイン　サッカー選手
Aytmurzayev, Nurlan　アイトムルザエフ、ヌルラン
　国キルギス　内閣官房長官
Ayto, Russell　エイト、ラッセル
　ネスレ子どもの本賞 5歳以下部門 金賞（2003年）　"The Witch's Children and the Queen"
Ayton, Sarah　アイトン
　国イギリス　セーリング選手
Ayu, Iyorchia Demenonyo　アユ、イヨルチア・デメノンヨ
　国ナイジェリア　内相　㈱アユ、イヨーチャ
Ayúcar, Enrique　アユカル、エンリケ・ルイス
　1917～2008　国スペイン　上智大学名誉教授　㈱スペイン語
Ayukawa, Michiko Midge　アユカワ、ミチコ・ミッジ
　1930～　㈱アユカワ、ミチコ・ミッヂ　㈱「カナダへ渡った広島移民」明石書店 2012
Ayume, Francis　アユメ、フランシス
　国ウガンダ　司法長官
Ayvazian, Vardan　アイバジャン、バルダン
　国アルメニア　環境相　㈱アイバジャン、ワルダン
al-Ayyubi, Muhammad Ziyad　アユビ、ムハンマド・ジヤド
　国シリア　宗教財産相
Ayyubi, Muhammad Ziyadal　アユビ、ムハンマド・ジヤド
　国シリア　宗教財産相
Ayzanoa del Carpio, Gerardo　アイサノア・デルカルピオ、ヘラルド
　国ペルー　教育文化相
al-Azab, Faleh Abdullah　アザブ、ファーレハ・アブドラ
　国クウェート　司法相兼議会担当相
Azad, Abudus Samad　アザド、アブドゥス・サマド
　国バングラデシュ　外相
Azad, Abul Kalam　アザド、アブル・カラム
　国バングラデシュ　文化相

Azad, Bahman　アサド、バーマン
　㈱「ソ連はなぜ崩壊したのか」スペース伽耶、星雲社（発売） 2003
Azad, Ghulam Nabi　アザド、グラム・ナビ
　国インド　保健・家族福祉相
Azād, Mahmūd, M.
　㈱「ごきぶりねえさんどこいくの？」ブルース・インターアクションズ 2006
Azahari　アズハリ
　1957～2005　国マレーシア　ジェマー・イスラミア（JI）幹部　本名＝アズハリ・ビン・フシン〈Azahari Bin Husin〉
Azaizeh, Wajih　アザーイザ、ワジフ
　国ヨルダン　社会開発相
Azalea, Iggy　アゼリア、イギー
　MTVアワード 最優秀ポップ・ビデオ（第31回（2014年））"Problem"
Azali, Assoumani　アザリ・アスマニ
　国コモロ　大統領
Azalina, Othman　アザリナ・オスマン
　国マレーシア　観光相
Azama, Michel　アザマ、ミシェル
　1947～　㈱「十字軍 夜の動物園」れんが書房新社 2010
Azam Zanganeh, Lila　アーザム・ザンギャネー、レイラ
　㈱「イラン人は神の国イランをどう考えているか」草思社 2007
Azandé, Placide　アサンデ、プラシド
　国ベナン　内務・公安・宗教相
Azannaï, Candide　アザナイ、キャンディド
　国ベナン　産業相
Azar, Betty Schrampfer　エイザー、ベティ・S.
　1941～　㈱「エイザーのわかって使える英文法」桐原書店 2005
Azar, Christian　アサール、クリスティアン
　㈱「持続可能な農業と環境」食料・農業政策研究センター、農山漁村文化協会（発売） 2001
Azar, Wasif　アザル、ワーシフ
　国ヨルダン　産業貿易相
Azarenka, Victoria　アザレンカ、ヴィクトリア
　1989～　国ベラルーシ　テニス選手　㈱アザレンカ／アザレンカ、ビクトリア
Azargin, Azuyuta　アーザルギン、アズユタ
　㈱「ひとりぼっちのしか」新世研 2001
Azaria Hounhoui, Naomi　アザリアウンウイ、ナオミ
　国ベナン　小口融資担当相
Azarian, Mary　アゼアリアン、メアリー
　㈱「ダーウィン」BL出版 2009
Azarov, Mykola　アザロフ、ミコラ
　1947～　国ウクライナ　政治家,地質学者　ウクライナ首相　本名＝Azarov, Mykola Yanovych　㈱アザロフ、ニコライ
Azatyan, Karen　アザチャン、カレン
　国アルメニア　ローザンヌ国際バレエコンクール 4位・スカラシップ（第33回（2005年））
Azaycah, Wajih　アザイゼ、ワジフ
　国ヨルダン　社会開発相
Azcona, Rafael　アスコナ、ラファエル
　1926～2008　国スペイン　脚本家
Azcona Bocock, Lizzy　アスコナ・ボコック、リシィ
　国ホンジュラス　商工相
Azcona Hoyo, José　アスコナ、ホセ
　1927～2005　国ホンジュラス　政治家　ホンジュラス大統領
Azcuy, Filiberto　アスクイ
　国キューバ　レスリング選手
Azenberg, Emanuel　アゼンバーグ、エマニュエル
　トニー賞 特別賞（2012年（第66回））
Azeredo Lopes, José Alberto　アゼレードロペス、ジョゼ・アルベルト
　国ポルトガル　国防相
Azevedo, Ana Francisca de　アゼヴェド、アナ・フランシスカ・デ
　㈱「ポルトガル」ほるぷ出版 2010
Azevedo, Ramiro　アゼベド、ラミロ
　国カボベルデ　地方分権・住宅・国土相
Azevêdo, Roberto　アゼベド、ロベルト
　1957～　国ブラジル　外交官　世界貿易機関（WTO）事務局長　本名＝アゼベド、ロベルト・カルバーリョ・デ〈Azevêdo, Roberto Carvalho de〉
Azhar, Mobeen　アザール、モビーン
　㈱「プリンス1958-2016」スペースシャワーネットワーク 2016
el-Azhary, Khaled Mahmoud　アズハリ、ハリド・マハムード

エジプト　労働力・移民相
Aziez, Yasmina アジエ, ヤスミナ
　国フランス　テコンドー選手
Azimi, Nassrine アジミ, ナスリーン
　1959~　著「ベアテ・シロタと日本国憲法」岩波書店　2014
Azimi, Salamat アジミ, サラマト
　国アフガニスタン　麻薬対策相
Azimov, Rustam アジモフ, ルスタム
　国ウズベキスタン　副首相
Aziz, Abdul アジズ, アブドル
　国ブルネイ　教育相
Aziz, Rafidah アジズ, ラフィダ
　1943~　国マレーシア　政治家　マレーシア通産相　本名=Aziz, Tan Sri Paduka Rafidah
Aziz, Sartaj アジズ, サルタジ
　国パキスタン　首相顧問（外交）
Aziz, Shaukat アジズ, シャウカット
　国パキスタン　首相兼財務・経済相
Aziz, Tariq Mikhail アジズ, タリク・ミハイル
　1936~2015　国イラク　政治家　イラク副首相・外相
*al-***Azizi, Abdulaziz bin Matar** アル・アジジ, アブドルアジズ・ビン・マタル
　国オマーン　公務員相
Azizi, Ebrahim アジジ, エブラヒム
　国イラン　副大統領（経営・人的資源開発担当）
Azizi Haji Abdullah アジジ・ハジ・アブドゥラー
　1942~　著「山の麓の老人」大同生命国際文化基金　2005
Azizkhodzhayev, Alisher アジズホジャエフ, アリシェル
　国ウズベキスタン　文化・スポーツ相
Azizou, Issa アジズ, イサ
　国ベナン　農業・畜産・漁業相
Azizov, Mehman アジゾフ
　国アゼルバイジャン　柔道選手
Azizova, Farida アジゾワ
　国アゼルバイジャン　テコンドー選手
Azkalu, Menkerios アズカル・メンコリオス
　国エリトリア　労相
Azmi, Khalid アズミ・カリド
　国マレーシア　天然資源・環境相
Aznar López, José María アスナール・ロペス, ホセ・マリア
　1953~　国スペイン　政治家　スペイン首相, スペイン国民党党首　筆アスナール, ホセ・マリア
Aznavour, Charles アズナヴール, シャルル
　1924~　国アルメニア　シャンソン歌手, 作詩家, 作曲家, 俳優　本名=アズナヴリアン, シャヌー〈Aznavourian, Shahnourh Varenagh〉　筆アズナブール, シャルル
Aznavour-Garvarentz, Aïda アズナヴール＝ガルヴァレンツ, アイーダ
　1923~　著「わが弟シャルル・アズナヴールの想い出」審美社　2003
Azou, Jeremie アズー, ジェレミ
　国フランス　ボート選手
Azoulay, Audrey アズレ, オードレ
　国フランス　文化・通信相
Azoulay, David アズライ, ダビド
　国イスラエル　宗教相
Azour, Jihad アズール, ジハード
　国レバノン　財務相
Azpilicueta, Cesar アスピリクエタ, セサル
　国スペイン　サッカー選手
Azra, Azyumardi アズラ, アジュマルディ
　1955~　国インドネシア　歴史学者　インドネシア国立イスラーム大学ジャカルタ校教授・大学院長　著「イスラーム思想」　筆アジュマルディ・アズラ
Azrin, Nathan アズリン, ネイザン・H.
　1930~　著「キャリアカウンセラーのためのジョブクラブマニュアル」法律文化社　2010
Azuaje, Olga アスアへ, オルガ
　国ベネズエラ　観光相
Azuba, Ntege アズバ, ヌテゲ
　国ウガンダ　公共事業・運輸相
Ažubalis, Andronius アジュバリス, アウドロニウス
　国リトアニア　外相
Azuela, Arturo アスエラ, アルトゥロ
　1938~2012　国メキシコ　作家, 数学者
Azyrankulov, Aybek アズィランクロフ, アイベク
　国キルギス　労働・移住・青年相

Azzali, Assumani アザリ, アスマニ
　国コモロ　大統領
Azzam, Mansour アッザム, マンスール
　国シリア　大統領府担当相
Azzaoui, Ismail アザウイ, イスマイル
　国ベルギー　サッカー選手
Azzarello, Brian アザレロ, ブライアン
　著「ビフォア・ウォッチメン：コメディアン/ロールシャッハ」ヴィレッジブックス　2013
*al-***Azzawi, Fadhil** アル・アザウイ, ファドヒル
　著「現代世界アジア詩集」土曜美術社出版販売　2010
*Al-***Azzawi, Hikmat Mizban Ibrahim** アル・アザウイ, ヒクマト・ミズバン・イブラヒム
　?~2012　国イラク　政治家　イラク副首相・財務相　筆アル・アザウイ, ヒクマト・ミツバン・イブラヒム
Azzi, María Susana アッシ, マリア・スサーナ
　著「ピアソラ」アルファベータ　2006
Azziman, Omar アジーマン, オマール
　国モロッコ　法相
Azzoni, Silvia アッツォーニ, シルヴィア
　1973~　バレリーナ　ハンブルク・バレエ団プリンシパル
Azzopardi, Gilles アゾパルディ, ギレス
　著「MENSA難問IQパズル160」主婦の友社　2002
Azzopardi, Jason アッゾパルディ, ジェイソン
　国マルタ　公正競争・小企業・消費者担当相
Azzopardi, Trezza アッツォパルディ, トレッツァ
　国イギリス　作家

【B】

B., David ベー, ダビッド
　1959~　国フランス　漫画家　本名=ボシャール, ピエール・フランソワ〈Beauchard, Pierre-François〉
Ba, Amadou バ, アマドゥ
　国セネガル　経済・財務・計画相　筆バー, アマドゥ
Ba, Amadou Hampate バー, アマドゥ・ハンパテ
　著「アフリカのいのち」新評論　2002
Ba, Amadou Tidiane バ, アマドゥ・ティジャン
　国セネガル　高等教育・大学・科学研究相
Ba, Boubacar バ, ブバカール
　国ブルキナファソ　鉱山・エネルギー相
Ba, Coumba バー, クンバ
　国モーリタニア　青少年・スポーツ相
Ba, Diallo Madeleine バ, ディアロ・マドレイネ
　国マリ　畜産・漁業相
Bá, Gabriel バー, ガブリエル
　著「デイトリッパー」小学館集英社プロダクション　2014
Ba, Housseynou Hamady バー・フッセイヌー・ハマディ
　国モーリタニア　保健相
Ba, Lamine バ, ラミン
　国セネガル　国際協力・計画相
Ba, Matar バ, マタル
　国セネガル　スポーツ相
Ba, N'diaye バ, ヌディアエ
　国マリ　手工芸・観光相　筆バ, ヌディアイ
Ba, Ousmane バー・ウスマン
　国モーリタニア　国家教育相
Ba, Salif バ, サリフ
　国セネガル　住宅相
Ba, Sekou バ, セク
　国ブルキナファソ　動物資源相
Ba, Sulin バ, サリン
　著「ディジタル・エコノミーを制する知恵」東洋経済新報社　2002
Baah-wiredu, Kwadwo バーウィレドゥ, クワドゥオ
　国ガーナ　教育・青年・スポーツ相　筆バーウィレドゥ, クワド
Baala, Medhi バーラ
　国フランス　陸上選手
Baal-Teshuva, Jacob バール＝テシューヴァ, ヤコブ
　1929~　筆バール＝テシューヴァ, ジェイコブ　著「マルク・シャガール」Taschen　c2002
Baalu, T.R. バアル, T.R.
　国インド　船舶・道路輸送・高速道路相

B

Baare, Yahaya　バーレ, ヤーヤ
　国ニジェール　鉱業・エネルギー相
Baaren, Rickert Bart van　バーレン, リック・ファン・B.
　1975〜　著「共感の社会神経科学」勁草書房　2016
Baars, Bernard J.　バース, バーナード
　著「脳と意識のワークスペース」協同出版　2004
Baas, Thomas　バース, トマス
　著「こぐまのクリスマス」小峰書店　2007
Baasansuren Bolormaa　バーサンスレン・ボロルマー
　1982〜　著「りゅうおうさまのたからもの」福音館書店　2016
Baase, Sara　バーズ, サラ
　著「IT社会の法と倫理」ピアソン・エデュケーション　2007
Baatar, Yadambat　バアタル, ヤダムバト
　著「現代世界アジア詩集」土曜美術社出版販売　2010
Baatarsukh, Chinzorig　バータルスフ, チンゾリグ
　国モンゴル　ボクシング選手
Baataryn Galsansükh　バータリーン・ガルサンスフ
　著「モンゴル文学への誘い」明石書店　2003
Baayokisa Kisula, Gudianga　バヨキサキスラ, グディアンガ
　国コンゴ民主共和国　商業相
Baba, Abdul Rahman　ババ, アブドゥル・ラーマン
　国ガーナ　サッカー選手
Baba, Frank S.　馬場, フランク
　1915〜2008　国アメリカ　戦後日本のラジオ番組づくりの指導者　GHQ民間情報教育局ラジオ部職員　日本名＝馬場正三　愛称＝ババ, フランク
Baba, Hamadou　ババ, ハマドゥ
　国カメルーン　観光相
Baba, Immanuel　ババ, イマニュエル
　?〜2009　元・サッカー監督　サッカーイラク代表監督　愛称＝アンム・ババ　愛称＝ババ, エマヌエル
Baba, Jaroslav　ババ, ヤロスラフ
　国チェコ　陸上選手
Baba Ahmed, Abdelatif　ババアハメド, アブデラティフ
　国アルジェリア　国民教育相
Baba Ami, Hadji　ババ・アミ, ハッジ
　国アルジェリア　財務相
Babacan, Ali　ババジャン, アリ
　1967〜　国トルコ　政治家　トルコ副首相
Babacar, Khouma　ババカル, クマ
　国セネガル　サッカー選手
Babaeva, Aynabat　ババエワ, アイナバット
　国トルクメニスタン　繊維工業相
Babajanzadeh Darzi, Bashir Asgari　ババジャンザデ
　国イラン　レスリング選手
Babakir, Kheer　ババキル, ヒール
　国イラク　貿易相
Babalola, Aderemi　ババロラ, アデレミ
　国ナイジェリア　特別業務相
Babalola, Rilwan　ババロラ, リルワン
　国ナイジェリア　電力相
Baba-moussa, Ramatou　ババムサ, ラマツ
　国ベナン　社会保障・女性地位相
Babamuratova, Gulbadam　ババムラトワ, グルバダム
　国トルクメニスタン　柔道選手
Baban, Ali　ババン, アリ
　国イラク　計画相
Babana, Abdellahi Ould　ババナ, アブデライ・ウルド
　国モーリタニア　文化・青年・スポーツ相
Babana, Cheikh El Moctar Ould Horma Ould　ババナ, シェイク・エル・モクタール・ウルド・ホルマ・ウルド
　国モーリタニア　保健相
Baba Nakao, Luis　ババ・ナカオ, ルイス
　国ペルー　元・ペルー日系人協会会長, 元・ラ・ウニオン運動場協会会長
Babanov, Omurbek　ババノフ, オムルベク
　国キルギス　第1副首相
Babar, Lalita Shivaji　ババル, ラリタシバジ
　国インド　陸上選手
Babatounde, Jean-Pierre　ババトンデ, ジャンピエール
　国ベナン　環境・自然保護相
Babauta, Leo　ババータ, レオ
　著「いつでもどこでも結果を出せる自己マネジメント術」サンマーク出版　2015
Babayev, Heydar　ババエフ, ヘイダル
　国アゼルバイジャン　経済発展相
Babb, Michael　バブ

Babbie, Earl R.　バビー, E.
　著「社会調査法」培風館　2005
Babbin, Jed L.　バビン, ジェド
　著「Showdown・対決」産経新聞出版　2007
Babbitt, Luke　バビット, ルーク
　国アメリカ　バスケットボール選手
Babbitt, Milton Byron　バビット, ミルトン
　1916〜2011　国アメリカ　作曲家　プリンストン大学名誉教授, ジュリアード音楽学校教授
Babbitt, Natalie　バビット, ナタリー
　1932〜2016　国アメリカ　児童文学作家, イラストレーター　本名＝Babbitt, Natalie Zane
Babcock, Dorothy E.　バブコック, ドロシー・E.
　著「看護にいかすクリティカルシンキング」医学書院　2002
Babcock, Linda　バブコック, L.
　1961〜　著「そのひとことが言えたら…」北大路書房　2005
Babelsberg, Studio　バベルスバーグ・スタジオ
　ベルリン国際映画祭 ベルリナーレ・カメラ賞（第62回（2012年））
Babenco, Héctor　バベンコ, ヘクトール
　1946〜2016　国ブラジル　映画監督　愛称＝バベンコ, エクトル
Babenko, Dmitry　バベンコ, ドミトゥリ
　著「インテリジェントウェブアルゴリズム」みかん書院, 星雲社（発売）　2012
Babenko, Marina　バベンコ, マリーナ
　?〜2011　国ロシア　通訳
Babenko, Vladimir　バベンコ, ウラジーミル
　1952〜　著「自分と子どもを放射能から守るには」世界文化社　2011
Babiak, Paul　バビアク, ポール
　著「社内の「知的確信犯」を探し出せ」ファーストプレス　2007
Babić, Milan　バビッチ, ミラン
　1956〜2006　クロアチア内戦時のセルビア人勢力指導者　クライナ・セルビア人共和国大統領
Babicz, Lionel　バビッチ, リオネル
　著「歴史認識共有の地平」明石書店　2009
Babikov, Ivan　バビコフ
　国カナダ　クロスカントリースキー選手
Babin, Charles E.　バビン, チャールズ・E.
　著「達人たちの投資秘術」日本短波放送　2001
Babin, Jean-Christophe　ババン, ジャン・クリストフ
　1959〜　国フランス　実業家　ブルガリグループCEO
Babin, Jean-Sylvain　ババン, ジャン・シルヴァン
　国マルティニーク　サッカー選手
Babineaux, Jonathan　バビノー, ジョナサン
　国アメリカ　アメフト選手
Babineaux, Ryan　バビノー, ライアン
　著「一歩踏み出せば昨日と違う自分になれる！」日本文芸社　2014
Babington, Kevin　バビントン
　国アイルランド　馬術選手
Babiš, Andrej　バビシュ, アンドレイ
　国チェコ　第1副首相兼財務相
Babita, Kumari　バビタ, クマリ
　国インド　レスリング選手
Babiuk, Andy　バビアック, アンディ
　著「ザ・ローリング・ストーンズ楽器大名鑑」DU BOOKS, ディスクユニオン（発売）　2015
Babloian, R.　バブロヤン, ローベルト
　1935〜　著「カメのカメすけくん」新読書社　2002
Baboo, Santaram　バブー, サンタラム
　国モーリシャス　芸術・文化相
Baborák, Radek　バボラーク, ラデク
　1976〜　国チェコ　ホルン奏者, 指揮者　ベルリン・フィルハーモニー管弦楽団首席ホルン奏者　愛称＝バボラク, ラデク
Babos, Timea　バボシュ, ティメア
　国ハンガリー　テニス選手
Babou, Abdoulaye　バブ, アブドゥラエ
　国セネガル　労働・公務員・職業団体相
Babuc, Monica　バブク, モニカ
　国モルドバ　文化相
Babún, Roberto　バブン, ロベルト
　国ホンジュラス　官房長官
Baby, Mahamane　バビ, マハマヌ
　国マリ　雇用・職業訓練相
Babyface　ベビーフェイス

グラミー賞 最優秀R&Bアルバム（2014年（第57回））　"Love, Marriage & Divorce"
Baca, Claudia　バカ，クラウディア
　著「問題集Project Management Professional」翔泳社 2004
Bacall, Lauren　バコール，ローレン
　1924〜2014　国アメリカ　女優　本名＝Perske, Betty Joan
Bacar, Harithi　バカル，ハリシ
　国コモロ　経済・貿易・中小企業・投資相
Bacca, Carlos　バッカ，カルロス
　1986〜　国コロンビア　サッカー選手
Baccalario, Pierdomenico　バッカラリオ，ピエール・ドミニコ
　1974〜　国イタリア　作家　児童書
Baccar, Taoufik　バッカール，タウーフィク
　国チュニジア　財務相　異バッカール，タウフィーク
Bacchin, Matteo　バッキン，マッテオ
　著「始祖鳥とジュラ紀のなぞ」ランダムハウス講談社 2008
Baccini, Mario　バッチニ，マリオ
　国イタリア　総務相
Baccouche, Taieb　バクーシュ，タイーブ
　国チュニジア　外相　異バクシュ，タイエブ
Bačević, Milan　バチェビッチ，ミラン
　国セルビア　資源・鉱業・国土計画相
Bacevich, A.J.　ベイセヴィッチ，アンドリュー・J.
　著「アメリカ・力の限界」同友館 2009
Bach, Christian　バック，クリスチャン
　国デンマーク　開発協力相
Bach, David　バック，デヴィッド
　著「人生を変える、お金の授業」PHP研究所 2005
Bach, Dominique　バッハ，ドミニク
　著「聖フランシスコ・サレジオ」ドン・ボスコ社 2001
Bach, Howard　バック
　国アメリカ　バドミントン選手
Bach, Lauren　バーク，ローレン
　著「囚われの夜に」早川書房 2010
Bach, Patricia A.　バッハ，パトリシア・A.
　著「バック，パトリシア　アクセプタンス＆コミットメント・セラピー実践ガイド」明石書店 2014
Bach, Richard　バック，リチャード
　1936〜　国アメリカ　作家，飛行家
Bach, Steven　バック，スティーヴン
　?〜2009　著「レニ・リーフェンシュタールの嘘と真実」清流出版 2009
Bach, Thomas　バッハ，トーマス
　1953〜　国ドイツ　元フェンシング選手，弁護士　国際オリンピック委員会（IOC）会長（第9代）
Bachalo, Chris　バチャロ，クリス
　著「ドクター・ストレンジ：ウェイ・オブ・ウィアード」ヴィレッジブックス 2016
Bacharach, Burt　バカラック，バート
　1928〜　国アメリカ　作曲家，編曲家，ピアニスト　ポピュラー音楽　本名＝Bacharach, Burt Freeman
Bacharach, Jere L.　バカラク，ジェレ・L.
　1938〜　著「エジプト」ほるぷ出版 2008
Bacharach, Samuel B.　バカラック，サミュエル・B.
　著「統率力。」トランスワールドジャパン 2006
Bachel, Beverly K.　ベイチェル，ビヴァリー・K.
　1957〜　著「「一生懸命」の教科書」花風社 2001
Bachelet, Gilles　バシュレ，ジル
　1952〜　著「不思議の国のシロウサギかあさん」平凡社 2014
Bachelet, Michelle　バチェレ，ミチェル
　1951〜　国チリ　政治家，医師　チリ大統領　国連事務次長（ウィメン担当）　本名＝バチェレ・ヘリア，ベロニカ・ミチェル〈Bachelet Jeria, Verónica Michelle〉　異バシェレ，ミシェル／バチェレ，ミシェル／バチェレ，ミッチェル
Bachelet, Pierre　バシュレ，ピエール
　1944〜2005　国フランス　作曲家，歌手
Bachelot-narquin, Roselyne　バシュロナルカン，ロゼリーヌ
　国フランス　連帯・社会参加相
Bacher, Hans　バッハー，ハンス
　著「Dream worlds」ボーンデジタル 2007
Bachér, Peter　バヘーア，ペーター
　1927〜　著「眠る前に読む短いエッセイ」草思社 2005
Bachfischer, Margit　バッハフィッシャー，マルギット
　著「中世ヨーロッパ放浪芸人の文化史」明石書店 2006
Bachir, Ahmat Mahamat　バシール，アハマト・マハマト
　国チャド　治安・移民相

Bachir, Mohamed Salem Ould　バシール，モハメド・サレム・ウルド
　国モーリタニア　石油・エネルギー・鉱業相
Bachkov, Hovhannes　バチコフ，ホバネス
　国アルメニア　ボクシング選手
Bachleda-curus, Katarzyna　バフレダツルシ
　国ポーランド　スピードスケート選手　異ボイチッカ
Bachler, Nikolaus　バッハラー，ニコラウス
　国オーストリア　バイエルン州立歌劇場総裁
Bächler, Wolfgang　ベヒラー，ヴォルフガング
　著「とき放されて」花神社 2013
Bachmann, Daniel　バッハマン，ダニエル
　国オーストリア　サッカー選手
Bachmann, Glenn　バックマン，グレン
　著「パームプログラミング入門」ピアソン・エデュケーション 2001
Bachmann, Michele Marie　バックマン，ミシェル
　1956〜　国アメリカ　政治家　米国下院議員（共和党）
Bachoo, Anil Kumar　バチュー，アニル・クマル
　国モーリシャス　副首相兼公共社会基盤・国家開発・運輸相
Bachrach, Arthur J.　バックラック，アーサー・J.
　?〜2011　著「ニューメキシコのD.H.ロレンス」彩流社 2014
Bachs, Ramon　バックス，ラモン
　著「バットマン：ブルース・ウェインの選択」小学館集英社プロダクション 2014
Bachtiar, Chamsyah　バクティアル・チャムシャ
　国インドネシア　社会相
Bachvarova, Rumiana　バチェバロバ，ルミアナ
　国ブルガリア　副首相（連立政策、行政担当）兼内相
Bačić, Branko　バチッチ，ブランコ
　国クロアチア　環境・都市計画・建設相
Bacigalupi, Paolo　バチガルピ，パオロ
　1972〜　国アメリカ　SF作家　著SF、短編、科学
Back, Amanda　バック，アマンダ
　著「トリシア・ギルドのインテリア色の魔法に魅せられて」グラフィック社 2013
Back, Frederic　バック，フレデリック
　1924〜2013　国カナダ　アニメーション作家，画家
Back, Les　バック，レス
　1962〜　著「耳を傾ける技術」せりか書房 2014
Backer, Jos De　バッカー，ヨス・デ
　著「振動音響療法」人間と歴史社 2003
Backes, Ernest　バックス，エルネスト
　著「マネーロンダリングの代理人」徳間書店 2002
Backhaus, Peter　バックハウス，ペーター
　1975〜　著「日本の言語景観」三元社 2009
Backhouse, Roger E.　バックハウス，ロジャー・E.
　著「リターン・トゥ・ケインズ」東京大学出版会 2014
Backker, Vera de　バッカー，フェラ・デ
　1962〜　著「コアラのコーシャ」PHP研究所 2002
Backley, Steve　バックリー
　国イギリス　陸上選手
Backman, Fredrik　バックマン，フレドリック
　1981〜　著「幸せなひとりぼっち」早川書房 2016
Backman, Jouri　バックマン，ユニ
　国フィンランド　環境相
Backman, Kennard　バックマン，ケナード
　国アメリカ　アメフト選手
Backović, Slobodan　バツコビッチ，スロボダン
　国モンテネグロ　教育科学相
Backster, Cleve　バクスター，クリーヴ
　著「植物は気づいている」日本教文社 2005
Backus, John　バッカス，ジョン
　1924〜2007　国アメリカ　コンピュータ科学者　IBMアルマデン研究所研究員
Bacon, John U.　ベーコン，ジョン・U.
　著「白い扉の向こう側」ランダムハウス講談社 2007
Bacon, Jono　ベーコン，ジョノ
　著「アート・オブ・コミュニティ」オライリー・ジャパン，オーム社（発売）2011
Bacon, Kevin　ベーコン，ケビン
　1958〜　国アメリカ　俳優　異ベーコン，ケヴィン
Bacon, Tony　ベイコン，トニー　著「世界で一番美しいアメリカン・ギター大名鑑」DU BOOKS，ディスクユニオン（発売）2013
Bacon, Ursula　ベーコン，ウルスラ

㊢「ナチスから逃れたユダヤ人少女の上海日記」 祥伝社 2006
Baconschi, Teodor バコンスキ, テオドル
㊖ルーマニア 外相
Bacosi, Diana バコシ, ディアナ
㊖イタリア 射撃選手
Bacote, Vincent ベコート, ヴィンセント
㊢「だれもが知りたいキリスト教神学Q&A」 教文館 2016

B

Bacqué, Marie-Frédérique バッケ, マリ＝フレデリック
㊢「喪の悲しみ」 白水社 2011
Bacquelaine, Daniel バクレーヌ, ダニエル
㊖ベルギー 年金相
Bacsi, Peter バーチ, ペーテル
㊖ハンガリー レスリング選手 ㊜バーチ
Bacsinszky, Timea バシンスキー, ティメア
㊖スイス テニス選手
Baczko, Bernadett バツコ
㊖ハンガリー 柔道選手
Bada, Mahamat Zene バダ, マハマト・ゼネ
㊖チャド 領土管理相 ㊜バダ, マハマット・ゼン
Badal, Harsimrat Kaur バダル, ハルシムラト・コール
㊖インド 食品加工業相
Badamjunai, Tunjingiin バダムジュナイ, トンジンギン
㊖モンゴル 食料・農業・軽工業相
Badaracco, Joseph L., Jr. バダラッコ, ジョセフ・L.
㊢「ひるまないリーダー」 翔泳社 2014
Badaruddin, Othman バダルディン・オスマン
㊖ブルネイ 宗教相
Badawi, al-Tayeb Hassan バダウィ, タイブ・ハッサン
㊖スーダン 文化相
Badawy, M.K. バダウィ, M.K.
㊢「エンジニアリングマネジャー」 日科技連出版社 2004
Baddaghi, Fatemeh バッダギ, ファテメ
㊖イラン 副大統領(法律担当)
Baddeley, Aaron バデリー, アーロン
1981〜 ㊖オーストラリア プロゴルファー
Baddeley, Alan D. バドリー, アラン
1934〜 ㊢「ワーキングメモリ」 誠信書房 2012
Baddeley, Gavin バドレー, ガヴィン
㊢「解剖」 アップフロントブックス, ワニブックス(発売) 2002
Baddou, Yasmina バドゥー, ヤスミナ
㊖モロッコ 保健相
Bade, Lance ベード
㊖アメリカ 射撃選手
Bade, Patrick ベード, パトリック
㊜ベイド, パトリック ㊢「世界の彫刻1000の偉業」 二玄社 2009
Badelj, Milan バデリ, ミラン
㊖クロアチア サッカー選手
Bademosi, Johnson バデモーシ, ジョンソン
㊖アメリカ アメフト選手
Baden, Michael M. ベイデン, マイクル
㊢「沈黙の絆」 早川書房 2010
Badenier, Pablo バデニエル, パブロ
㊖チリ 環境相
Badenoch, Alexander バデノック, アレクサンダー
1971〜 ㊢「チョコレートの歴史物語」 原書房 2013
Badenoch, Douglas バデノック, ダグラス
㊢「EBMの道具箱」 中山書店 2007
Badenoch, Nathan バデノック, ナタン
㊢「国境を越える環境ガバナンス」 世界資源研究所 〔2002〕
Badenov, Bair バデノフ
㊖ロシア アーチェリー選手
Bader, Christine ベイダー, クリスティーン
㊢「理想主義者として働く」 英治出版 2016
Bader, Harrison ベイダー, ハリソン
㊖アメリカ 野球選手
Bader, Hillary バーダー, ヒラリー
?〜2002 ㊖アメリカ テレビ脚本家
Bader, Jeffrey A. ベーダー, ジェフリー
1945〜 ㊖アメリカ 米国国家安全保障会議(NSC)アジア上級部長 ㊜ベーダー, ジェフリー・A.
Bader, Sara ベーダー, サラ
㊢「the DESIGNER says」 ビー・エヌ・エヌ新社 2013
Bader, Thomas J. ベイダー, トーマス・J.
㊢「産婦人科シークレット」 メディカル・サイエンス・インターナショナル 2005
Bader, Wolfgang バーダー, ヴォルフガング
1948〜 ㊢「マザー・テレサ100の言葉」 女子パウロ会 2009
Bădescu, Ramona バデク, ラモーナ
1980〜 ㊜バデスキュー, ラマウナ ㊢「ベケット」 水声社 2008
Badgett, Tom バジェット, T.
㊢「ソフトウェア・テストの技法」 近代科学社 2006
Badham, John バダム, ジョン
1939〜 ㊢「監督のリーダーシップ術」 フィルムアート社 2013
Badhiutheen, Risad バティユティーン, リサド
㊖スリランカ 産業・商業相
Badi, Sihem バディ, シヘム
㊖チュニジア 女性・家族問題相
al-**Badi, Sultan bin Saeed** バディ, スルタン・ビン・サイード
㊖アラブ首長国連邦 法相
Badia, Pedro Franco バディア, ペドロ・フランコ
㊖ドミニカ共和国 大統領府官房長官
Badiashile, Loic バディアシル, ロイク
㊖フランス サッカー選手
Badibanga, Samy バディバンガ, サミ
㊖コンゴ民主共和国 首相
Badie, Bertrand バディ, ベルトラン
1950〜 ㊢「国家の歴史社会学」 吉田書店 2015
Badii, R. バディイ, レモ
1958〜 ㊢「複雑さの数理」 産業図書 2001
Badini, Boureima バディニ, ブレイマ
㊖ブルキナファソ 法相
Badini, Carlo Maria バディーニ, カルロ・マリア
1925〜2007 ㊖イタリア ミラノ・スカラ座総裁
Badinter, Elisabeth バダンテール, エリザベート
1944〜 ㊜バダンテール, エリザベット ㊢「母性のゆくえ」 春秋社 2011
Badinter, Robert バダンテール, ロベール
㊢「そして、死刑は廃止された」 作品社 2002
Badiou, Alain バディウ, アラン
1937〜 ㊢「人民とはなにか?」 以文社 2015
Badir, Sémir バディル, セミル
㊢「イェルムスレウ」 大修館書店 2007
Badje, Halidou バジェ, ハリドゥ
㊖ニジェール 商工相
Badji, Fatim バジ, ファティム
㊖ガンビア 通信・情報技術相
Badji, Ndiss Kaba バジ
㊖セネガル 陸上選手
Badjie, Ousman バッジ, ウスマン
㊖ガンビア 内務・宗教相
Badman, Keith バッドマン, キース
㊢「ザ・ビートルズ非公式の真実」 小学館 2009
Bad News Allen バッドニュース・アレン
?〜2007 ㊖アメリカ プロレスラー, 元・柔道選手 別リングネーム＝バッドニュース・ブラウン〈Bad News Brown〉
Badowski, Rosanne バドゥスキー, ロザンヌ
㊢「ジャック・ウェルチに学んだ仕事の流儀」 サンマーク出版 2004
Badr, Ahmed バドル, アハメド
㊖エジプト 地方開発相
Badr, al-Sherif Ahmed Omar バドル, シェリフ・アハメド・オマル
㊖スーダン 投資相 ㊜バドル, アッシェリフ・アハメド・オマル
Badr, bin Saud al-Busaidi バドル・ビン・サウド・ブサイディ
㊖オマーン 国防担当相
Badr, Hisham Mohamed Mostafa バドル, ヒシャム・モハメッド・モスタファ
㊢「スフィンクスと日本刀」 たちばな出版 2008
Badr, Yárub Sulayman バドル, ヤルブ・スレイマン
㊖シリア 運輸相
Badreddine, Delphine バドルディヌ, デルフィヌ
1977〜 ㊢「はじめてのいろのほん」 ワールドライブラリー 2015
Badreddine, Mustafa バドルディン, ムスタファ
1961〜2016 ㊖レバノン ヒズボラ幹部
al-**Badri, Abdulsalam** バドリ, アブドルサラー
㊖リビア 第2副首相(公共サービス担当) ㊜アル・バドリ, アブドラ・サレム / バドリ, アブドルサラーム
Badrika, I Wayan バドリカ, イ・ワヤン
㊢「インドネシアの歴史」 明石書店 2008
Badrising, Niermala バドレイシン, ニールマラ

®スリナム 外相
Badstuber, Holger バトシュトゥバー, ホルガー
　®ドイツ サッカー選手
Badu, Emmanuel バドゥ, エマヌエル
　®ガーナ サッカー選手
Badu, Erykah バドゥ, エリカ
　MTVアワード 最優秀アート・ディレクション（第30回（2013年））ほか
Baduel, Raúl Isaías バドゥエル, ラウル・イサイアス
　®ベネズエラ 国防相
Badura-Skoda, Paul バドゥラ・スコダ, パウル
　1927～ ®オーストリア ピアニスト ®バドゥーラ・スコダ / バドゥーラ＝スコダ, エファ / バドゥーラ＝スコダ, パウル
Bae, Doo-na ペ・ドゥナ
　1979～ ®韓国 女優 漢字名＝裵斗娜 ®ペ・ドゥナ
Bae, Jae-chul ペ・チェチョル
　1969～ ®韓国 テノール歌手 漢字名＝裵宰徹
Bae, Sang-moon ペ・サンムン
　1986～ ®韓国 プロゴルファー 漢字名＝裵相文
Bae, Tae Soo ペ・テス
　®韓国 元・韓日議員連盟事務総長, 元・韓日親善協会中央会事務総長 漢字名＝裵泰洙
Bae, Yong-joon ペ・ヨンジュン
　1972～ ®韓国 俳優 漢字名＝裵容滲 ®ペ・ヨンジュン
Baechle, Thomas R. ベックレー, トーマス・R.
　1943～ ®「実践！ウェイトトレーニング」森永製菓健康事業部 2005
Baecker, Dirk ベッカ, ディルク
　®ベッカー, ディルク ®「社会理論入門」新泉社 2009
Baecker, Ronald ベッカー, ロナルド
　®「ヒューマンインターフェースの発想と展開」ピアソン・エデュケーション 2002
Baecque, Antoine de ベック, アントワーヌ・ド
　®「フランソワ・トリュフォー」原書房 2006
Baehr, Evan ベアー, エヴァン
　®「巻き込む力」翔泳社 2016
Baek, Matthew J. ペク, マシュー・J.
　1971～ ®「パンダとしろくま」バベルプレス 2013
Baeken, Serge バーケン, セルジュ
　1967～ ®「シュガー」飛鳥新社 2016
Baer, Alexander B. ベーア, アレクサンダー・B.
　®「救急・集中治療ビジュアル診断」西村書店 2014
Baer, Ann ベイアー, アン
　®「中世・母の物語」文芸社 2001
Baer, Gregory ベア, グレゴリー
　1962～ ®「愛と成功の確率」集英社 2003
Baer, Jean L. ベア, ジーン
　®「イヤなら態度で示そうよ」翔泳社 2002
Baer, Lee ベアー, リー
　®ベア, リー ®「不安障害」日本評論社 2005
Baer, Michael A. ベアー, M.
　1943～ ®「アメリカ政治学を創った人たち」ミネルヴァ書房 2001
Baer, Nils ベール, ニルス
　®「YOUCAT」カトリック中央協議会 2015
Baer, Richard K. ベア, リチャード
　1952～ ®「17人のわたし」エクスナレッジ 2008
Baer, Robert ベア, ロバート
　1953～ ®「CIAは何をしていた？」新潮社 2006
Baerwald, Hans Herman ベアワルド, ハンス
　1927～2010 ®アメリカ 政治学者, 日本研究家 カリフォルニア大学ロサンゼルス校教授 ®現代日本政治 ®ベアワルド / ベアワルト, ハンス
Baeten, Yolande ベーテン, ヨランダ
　®「音楽家の手」協同医書出版社 2006
Baetge, Jörg ベートゲ, ヨルク
　1937～ ®「ドイツ会計現代論」森山書店 2014
Baeva, Alena バーエワ, アリョーナ
　バイオリニスト
Baez, Javier バイエズ, ハビア
　®プエルトリコ 野球選手
Baez, Joan Chandos バエズ, ジョーン
　1941～ ®アメリカ フォーク歌手
Baez, Pedro バイエズ, ペドロ
　®ドミニカ共和国 野球選手
Báez, Sabino バエス, サビノ

®ドミニカ共和国 公衆衛生・社会支援相
Baez, Sandy バイエズ, サンディ
　®ドミニカ共和国 野球選手
Baeza, Servulo バエサ, セルブロ
　®ベリーズ 農相 ®バエザ, セルブロ
Bafaloukos, Ted バファルコス, セオドロス
　®「ロッカーズ・ダイアリー」アップリンク, 河出書房新社（発売）2010
Bafaqef, Alawi バーファキーフ, アラウィ
　®イエメン 移民問題相
Bagabandi, Natsagiin バガバンディ, ナツァギーン
　®モンゴル 大統領
Bagapsh, Sergei Uasyl-ipa バガプシュ, セルゲイ
　1949～2011 ®グルジア 政治家 アブハジア自治共和国大統領 ®バガプシ, セルゲイ
Bagatur バガトル
　®中国 国家民族事務委員会主任
Bagaza, Jean Baptiste バガザ, ジャン・バプチスト
　1946～2016 ®ブルンジ 政治家, 軍人 ブルンジ大統領
Bagbiegue, El-hadj Tairou バグビエゲ, エルハジ・タイロウ
　®トーゴ 鉱山・エネルギー相
Bagbin, Alban Sumana バグビン, アルバン・スマナ
　®ガーナ 水資源・公共事業・住宅相
Bagchi, Debasis バグチ, ドゥバシス
　1954～ ®「食品の機能性表示と世界のレギュレーション」薬事日報社 2015
Baggaley, Nathan バガリー
　®オーストラリア カヌー選手
Bagger, Jonathan バガー, ジョナサン
　1955～ ®「超対称性と超重力」丸善出版 2011
Baggetta, Marla バゲッタ, マーラ
　®「魔法使いの秘密パーティー」技術評論社 2005
Baggini, Julian バジーニ, ジュリアン
　®バッジーニ, ジュリアン ®「ビッグクエスチョンズ倫理」ディスカヴァー・トゥエンティワン 2015
Baggio, Roberto バッジョ, ロベルト
　1967～ ®イタリア 元サッカー選手 イタリア・サッカー協会テクニカルディレクター ®バッジオ
Baggott, Jim E. バゴット, ジム
　1957～ ®「原子爆弾1938～1950年」作品社 2015
Baggott, Stella バゴット, ステラ
　®「ぬりえでめちゃめちゃあそぶっくうきうきクリスマス」ポプラ社 2015
Bagh, Peter von バーグ, ペーター・フォン
　1943～ ®「アキ・カウリスマキ」愛育社 2007
Baghai, Mehrdad バグハイ, メルダッド
　®「As One」プレジデント社 2011
al-Baghdadi, Abdulghadir Mohamed バグダディ, アブドルカディル・ムハンマド
　®リビア 教育書記（教育相）
Baghdadi, Abdulkadir Sheikh Ali バグダディ, アブドルカディル・シェイク・アリ
　®ソマリア 宗教問題相
al-Baghdadi, Abu Bakr アル＝バグダーディー, アブー・バクル
　イスラム国（ISIS）の指導者
Bagherilankarani, Kamran バゲリランキャラニ, カムラン
　®イラン 保健相
Bagheri Motamed, Mohammad バゲリモタメド
　®イラン テコンドー選手
Baghirov, Parviz バギロフ, パビズ
　®アゼルバイジャン ボクシング選手
Bagieu, Pénélope バジュー, ペネロープ
　1982～ ®「エロイーズ」DU BOOKS, ディスクユニオン（発売）2015
Baginski, Bodo J. バギンスキー, ボド・J.
　®「Reiki basic〜レイキとは何か〜」BABジャパン出版局 2007
Bagirov, Huseingulu バギロフ, フセイングル
　®アゼルバイジャン 環境・天然資源相
Bağış, Egemen バウシュ, エゲメン
　®トルコ 欧州連合（EU）相
Bagley, Jessixa バグリー, ジェシカ
　®「だいすきなパパへ」あすなろ書房 2015
Baglio, Matt バグリオ, マット
　®「アルゴ」早川書房 2012
Bagnall, Brian バグナル, ブライアン
　1972～ ®「マインドストーム・プログラミング入門」CQ出版

2004
Bagnan, Kémoko　バニャン, ケモコ
　国ベナン　高等教育・科学技術相
Bagnardi, Frankie　バグナルディ, フランキー
　著「入門React」オライリー・ジャパン, オーム社(発売)　2015
Bagnarello, Erika　バニャレロ, エリカ
　1981〜　国コスタリカ　映画監督
Bagner, Sarah　バグナー, サラ
　著「マイ・ディスプレイ・インテリア」グラフィック社　2013
Bagnola, Jim　バグノーラ, ジム
　著「人生のプロフェッショナル思考」経営界　2014
Bagoro, Bessolé René　バゴロ, バソレ・レネ
　国ブルキナファソ　法務・人権・市民権向上相　別バゴロ, レネ
Bagshawe, Louise　バグショウ, ルイーズ
　著「世界中がハッピーにまわってる！この私をのぞいて」集英社　2005
Baguley, David M.　バグリー, デービッド・M.
　著「聴覚過敏」海文堂出版　2012
Baguley, Elizabeth　バグリー, エリザベス
　著「おばけのパーティーよ〜いドロン！」BL出版　2012
Baguška, Petras　バグシュカ, ペトラス
　国リトアニア　法相
Bagwell, Philip Sidney　バグウェル, フィリップ・S.
　著「イギリスの交通」大学教育出版　2004
Bagwell, Stella　バグウェル, ステラ
　著「幸せが住む場所」ハーレクイン　2008
Bah, Abdoul Aziz　バー, アブドゥル・アジズ
　国ギニア　協力・アフリカ統合相
Bah, Ahmed Ould　バー, アハメド・ウルド
　国モーリタニア　国民教育相
Bah, Hadja Aicha　バー, アジャ・アイチャ
　国ギニア　民間教育相
Bah, Mariam　バー
　国コートジボワール　テコンドー選手
Bah, Minkailu　バー, ミンカイル
　国シエラレオネ　教育・科学技術相
Bah, Njogou　バー, ヌジョグ
　国ガンビア　大統領事案・情報インフラ相
Bah, Oury Bailo　バー, ウリ・バイロ
　国ギニア　内閣官房長官
Bah, Ousmane　バー, ウスマン
　国ギニア　運輸・公共事業相
Bah, Ramatoulaye　バー, ラマトゥライ
　国ギニア　産業・中小企業相　別バー, ラマトゥラエ
Bah, Sangaré Oumou　バー, サンガレ・ウム
　国マリ　女性・子ども・家族促進相
Baha, Abdellilah　バハ, アブドラ
　国モロッコ　国務相
al-Bahadeli, Ali　バハデリ, アリ
　国イラク　農相
Bahadur, Khadga　バハドゥール, カドガ
　国ネパール　地方開発相
Baha El-din, Muhammad　バハアディン, ムハンマド
　国エジプト　水資源・かんがい相
Bahah, Khaled Mahfoudh　バハーハ, ハリド・マフフーズ
　国イエメン　副大統領兼首相
Baham, Messaouda Mint　バハム, メッサウダ・ミント
　国モーリタニア　農村開発相
Bahamdan, Kamal　バハムダン
　国サウジアラビア　馬術選手
Bahamonde, Francisco Mba Olo　バハモンデ, フランシスコ・ムバ・オロ
　国赤道ギニア　農業・森林相
Bahan, Benjamin J.　バーハン, ベン
　著「アメリカのろう文化」明石書店　2001
Baharna, Nizar　バハルナ, ニザール
　国バーレーン　国務相(外務担当)
Bahati Lukwebo, Modeste　バハティルクウェボ, モデスト
　国コンゴ民主共和国　国家経済相
Bahawi, Nesar Ahmad　バハウィ
　国アフガニスタン　テコンドー選手　別バハベ
Bahcall, John Noris　バコール, ジョン・ノリス
　1934〜2005　国アメリカ　天体物理学者　別バーコール, ジャン・ノリス / バコール, ジョン
Bahceli, Devlet　バフチェリ, デブレット
　国トルコ　副首相兼国務相

Bahdanovich, Aliaksandr　バダノヴィッチ, アレクサンドル
　1982〜　国ベラルーシ　カヌー選手　別バダノビッチ, Al. / バダノビッチ, アレクサンドル
Bahdanovich, Andrei　バダノヴィッチ, アンドレイ
　1987〜　国ベラルーシ　カヌー選手　別バダノビッチ, アンドレイ
Bahdon, Ali Hassan　バードン, アリ・ハッサン
　国ジブチ　国防相　別ハッサンバハドン, アリ
Bahebeck, Jean-Christophe　バエベック, ジャン・クリストフ
　国フランス　サッカー選手
Bahekwa, Esdras Kambale　バエクワ, エスドラス・カンバレ
　国コンゴ民主共和国　文化・芸術相
Bahgirov, Huseyn　バギロフ, フセイン
　国アゼルバイジャン　環境・天然資源相
Bahia, Ahmed Ould　バーヒヤ, アフメド・ウルド
　国モーリタニア　国家教育・高等教育・科学研究国家相
Bahk, Jae-wan　パク・ジェワン
　国韓国　企画財政相　漢字名=朴宰完
Bahmanyar, Mir　バフマンヤール, ミール
　著「ネイビー・シールズ」原書房　2009
Bahn, Paul G.　バーン, ポール・G.
　著「考古学」東洋書林　2007
Bahnson, Paul R.　バーンソン, ポール・R.
　著「投資家のための企業会計革命」パンローリング　2004
Bahorun, Theeshan　バホルン, ティーシャン
　著「食品の機能性表示と世界のレギュレーション」薬事日報社　2015
Bahoui, Nabil　バホウィ, ナビル
　国スウェーデン　サッカー選手
Bahr, Daniel　バール, ダニエル
　国ドイツ　保健相
Bahr, Egon　バール, エゴン
　1922〜2015　国ドイツ　政治家, 評論家, ジャーナリスト　ハンブルク大学平和安全保障政策研究所所長, 西ドイツ経済協力相, 西ドイツ社会民主党(SPD)幹事長　業安全保障問題
Bähr, Karl　ベーア, カール
　著「鉄条網の中の四年半」井上書房, 潮出版社(発売)　2006
Bahrin, Abdullah　バーリン・アブドラ
　国ブルネイ　開発相
Bahrke, Shannon　バーク
　国アメリカ　フリースタイルスキー選手
Bahta, Meraf　バータ, メラフ
　国スウェーデン　陸上選手
Bahude, Marcel　バフデ, マルセル
　国ルワンダ　エネルギー・水利・天然資源相
Bai, Bing　バイ・ビン
　1956〜　国中国　児童文学作家　接力出版社北京支社編集長　漢字名=白冰
Bai, Ke-ming　バイ・コーミン
　1943〜　国中国　政治家　全国人民代表大会(全人代)常務委教育科学文化衛生委副主任委員　漢字名=白克明
Bai, Shu-xian　バイ・シューシャン
　1939〜　国中国　舞踊家　中国舞踊協会名誉主席, 中国文学芸術界連合会副主席　漢字名=白淑湘
Bai, Xian-yong　バイ・シエンヨン
　1937〜　国台湾　作家　漢字名=白先勇　別バイ・シェンヨン / パイ・シェンヨン
Bai, Yun-feng　バイ・ユンフォン
　1975〜　国中国　実業家　チャイナ・ボーチー(中国博奇)CEO　漢字名=白雲峰
Baiardi, Ana　バイアルディ, アナ
　国パラグアイ　女性相
Baiardi Quesnel, Ana María　バイアルディ・ケスネル, アナマリア
　国パラグアイ　女性相
Baias, Silviu　バイアシュ, シルヴィウ
　1931〜　著「バラーダ」未知谷　2008
Baichtal, John　バイクタル, ジョン
　著「物を作って生きるには」オライリー・ジャパン, オーム社(発売)　2015
Baicker, Karen　ベイカー, カレン
　著「グリーンピースのあかちゃん」主婦の友社　2007
Baidya, Sangina　バイデャ
　国ネパール　テコンドー選手
Baier, Daniel　バイアー, ダニエル
　国ドイツ　サッカー選手
Baiev, Khassan　バイエフ, ハッサン

1963～ 国ロシア 医師 働形成外科
Baig, Mirza E. ベーグ, ミルザ・E.
著「食品の機能性表示と世界のレギュレーション」薬事日報社 2015
Baigent, Michael ベイジェント, マイケル
1948～2013 国ニュージーランド 作家,歴史学者
Bail, Murray ベイル, マレイ
1941～ 著「ユーカリ」PHP研究所 2007
Bailetti, Fabrizio バイレッティ, ファブリツィオ
国イタリア 元・在イタリア日本国大使館現地職員
Bailey, Aleen ベイリー
ジャマイカ 陸上選手
Bailey, Alice A. ベイリー, アリス・A.
著「トランス・ヒマラヤ密教入門」アルテ, 星雲社(発売) 2011
Bailey, Allen ベイリー, アレン
国アメリカ アメフト選手
Bailey, Alvin ベイリー, アルビン
国アメリカ アメフト選手
Bailey, Andrew ベイリー, アンドルー
1984～ 国アメリカ 野球選手 本名＝Bailey, Andrew Scott
働アンドリュー
Bailey, Ann ベイリー, アン
著「セラピストが10代のあなたにすすめるACT〈アクセプタンス＆コミットメント・セラピー〉ワークブック」星和書店 2016
Bailey, Anthony ベイリー, アンソニー
1933～ 著「フェルメールデルフトの眺望」白水社 2002
Bailey, Arthur ベイリー, アーサー
1933～2008 著「ベイリー・フラワーエッセンス・ハンドブック」ホメオパシー出版 2007
Bailey, Champ ベイリー, チャンプ
1978～ 国アメリカ 元アメフト選手
Bailey, Christopher ベイリー, クリストファー
1971～ 国イギリス 実業家,デザイナー バーバリーCEO・チーフ・クリエイティブ・オフィサー
Bailey, Clive ベイリー, C.
著「社会保障年金制度」法研 2001
Bailey, Dan ベイリー, ダン
国アメリカ アメフト選手
Bailey, Derek ベイリー, デレク
1930～2005 国イギリス ギタリスト
Bailey, Dion ベイリー, ディオン
国アメリカ アメフト選手
Bailey, Elisabeth Tova ベイリー, エリザベス・トーヴァ
著「カタツムリが食べる音」飛鳥新社 2014
Bailey, Elizabeth ベイリー, エリザベス
著「一夜の刻印」ハーレクイン 2012
Bailey, Gerry ベイリー, ゲリー
著「お金のなりたち」トランスワールドジャパン 2007
Bailey, Gwen ベイリー, グウェン
著「犬って、何考えてるの!?」PHP研究所 2004
Bailey, Helen ベイリー, ヘレン
著「妖精フェリシティ」岩崎書店 2008
Bailey, Herbert Smith, Jr. ベイリー, ハーバート・S., Jr.
著「出版経営入門」出版メディアパル 2007
Bailey, Homer ベイリー, ホーマー
国アメリカ 野球選手
Bailey, Jill ベイリー, ジル
著「進化と遺伝」朝倉書店 2007
Bailey, Jon S. ベイリー, ジョン
著「行動分析家の倫理」二瓶社 2015
Bailey, Joseph V. ベイリー, ジョセフ
著「読むだけで「リラックス生活」ができる本」三笠書房 2010
Bailey, Kenneth E. ベイリー, ケネス・E.
著「中東文化の目で見たイエス」教文館 2010
Bailey, Lowell ベーリー
国アメリカ バイアスロン選手
Bailey, Martin ベイリー, マーティン
1947～ 著「フェルメール」西村書店東京出版編集部 2011
Bailey, Michael Reeves ベイリー, マイケル・R.
著「伝説の旅列車の歴史」大日本絵画 2012
Bailey, Patricia ベイリー, パトリシア
著「エビデンスに基づく看護学教育」医学書院 2003
Bailey, Peter ベイリー, ピーター
著「発電所のねむるまち」あかね書房 2012
Bailey, Philip ベイリー, フィリップ
1951～ 国アメリカ 歌手

Bailey, Philip M. ベイリー, フィリップ
著「ホメオパシー心理学」フレグランスジャーナル社 2011
Bailey, Rachel ベイリー, レイチェル
著「ボスを落札」ハーパーコリンズ・ジャパン 2016
Bailey, Rasheed ベイリー, ラシード
国アメリカ アメフト選手
Bailey, Rosemary ベイリー, ローズマリー
著「フランス」日経ナショナルジオグラフィック社, 日経BP出版センター(発売) 2003
Bailey, Royston ベイリー, R.
著「ソーシャルケースワークと権威」書肆彩光 2013
Bailey, Ryan ベイリー
国アメリカ 陸上選手
Bailey, Sean ベイリー, ショーン
1970～ 国アメリカ 映画プロデューサー ウォルト・ディズニー・スタジオ・モーション・ピクチャー・プロダクション社長
Bailey, Sterling ベイリー, スターリング
国アメリカ アメフト選手
Bailey, Sydney Dawson ベイリー, シドニー・D.
著「平和への道のり」キリスト友会日本年会 2012
Bailie, Ryan ベイリー, ライアン
国オーストラリア トライアスロン選手
Bailin, Sharon ベイリン, シャロン
著「創造性とは何か」法政大学出版局 2008
Baillet, Gilles バイエ, ジル
国ニジェール 財務相
Baillie, Marilyn ベイリー, マリリン
著「どうぶつフムフムずかん」玉川大学出版部 2009
Baillie, Tim ベイリー, ティム
1979～ 国イギリス カヌー選手 本名＝Baillie, Timothy Mark
Baillieu, Amanda ベイリー, アマンダ
著「窓のデザイン」産調出版 2005
Bailly, Eric バイリー, エリック
国コートジボワール サッカー選手
Bailly, Jean Christophe バイイ, ジャン＝クリストフ
著「思考する動物たち」出版館ブック・クラブ 2013
Bailly, Sandrine ベリー
国フランス バイアスロン選手
Bailly, Séry バイイ, セリ 働バリー, セリ
国コートジボワール 通信相
Bailodji, Barthelemy Natoingar バイロジ, バーセレミー・ナトインガル
国チャド 通信相
Bailor, Jonathan ベイラー, ジョナサン
著「シアトル式ココロもカラダもキレイになる究極の食事」シャスタインターナショナル 2016
Bailyn, Bernard ベイリン, バーナード
著「世界を新たにフランクリンとジェファソン」彩流社 2011
Bailyn, Lotte ベイリン, L.
著「キャリア・イノベーション」白桃書房 2011
Baim, Donald S. ベイム, D.S.
著「心臓カテーテル検査・造影・治療法」南江堂 2009
Baimaganbetov, Serik バイマガンベトフ, セリク
国カザフスタン 内相
Baime, Albert J. ベイム, A.J.
著「フォードvsフェラーリ」祥伝社 2010
Bain, Barbara J. ベイン, B.J.
著「基礎からの血球観察ガイド」シュプリンガー・フェアラーク東京 2005
Bain, Carolyn ベイン, キャロライン
著「オーストラリア」メディアファクトリー 2004
Bain, Conrad ベイン, コンラッド
1923～2013 国アメリカ 俳優 本名＝Bain, Conrad Stafford
Bain, James A. ベイン, ジェームス
著「麻酔の偉人たち」総合医学社 2016
Bain, Julie ベイン, ジュリー
著「美人睡眠」ランダムハウス講談社 2009
Bain, Ken ベイン, ケン
著「世界を変えるエリートは何をどう学んできたのか?」日本実業出版社 2014
Bain, Neville ベイン, ネビル
著「人材価値評価」東洋経済新報社 2001
Bain, Terry ベイン, テリー
著「われわれは犬である」アスペクト 2005
Bainbridge, Beryl ベインブリッジ, ベリル
1934～2010 国イギリス 作家,女優 本名＝Bainbridge, Beryl

Margaret
Bainbridge, David ベインブリッジ, デイヴィッド
1968～ [著]「中年の新たなる物語」 筑摩書房 2014
Baindurashvili, Kakha バインドゥラシビリ, カハ
[国]ジョージア 財務相
Baines, Gertrude ベインズ, ガートルード
1894～2009 [国]アメリカ 世界最高齢者(115歳)
B
Baines, John ベインズ, ジョン
1946～ [著]「古代のエジプト」 朝倉書店 2008
Baines, Leighton ベインズ, レイトン
[国]イングランド サッカー選手
Baines, Nigel ベインズ, ナイジェル
[著]「ぼくが地球をすくうんだ！」 主婦の友社 2006
Baines, Oliver ベインズ, オリバー
1982～ [国]イギリス バリトン歌手 [異]ベインズ, オリヴァー
Baines, Phil ベインズ, フィル
1958～ [著]「ペンギンブックスのデザイン」 ブルース・インターアクションズ 2010
Baines, Rebecca ベインズ, レベッカ
[著]「ほっきょくのナヌー」 日経ナショナルジオグラフィック社, 〔出版地不明〕 日経BP出版センター(発売) 2007
Baing, Andrew バイング, アンドルー
[国]パプアニューギニア 漁業相 [異]バイン, アンドリュー
Bain-horsford, Yolande ベインホースフォード, ヨランド
[国]グレナダ 農業・国土・森林・漁業・環境相
Bainimarama, Voreqe バイニマラマ, ボレンゲ
1954～ [国]フィジー 政治家, 軍人 フィジー首相 フィジー国軍総司令官 別名＝バイニマラマ, フランク〈Bainimarama, Frank〉
Bains, Navdeep Singh ベインズ, ナブディープ・シン
[国]カナダ イノベーション・科学・経済開発相
Bainton, Rolnad H. バイントン, ローランド・H.
[著]「ルネサンス」 国文社 2013
Bair, Deirdre ベァ, ディアドリィ
[著]「サミュエル・ベケット」 書肆半日閑, 三元社(発売) 2009
Baird, David Carr ベイアード, D.C.
[著]「実験法入門」 ピアソン・エデュケーション 2004
Baird, Davis ベアード, デービス
[著]「物のかたちをした知識」 青土社 2005
Baird, Jacqueline バード, ジャクリーン
[著]「真実は秘めたまま」 ハーパーコリンズ・ジャパン 2016
Baird, John ベアード, ジョン
[国]カナダ 外相
Baird, Lloyd ベアード, ロイド
[著]「ビジネスリーダーとしての力量を高める」 ファーストプレス 2008
Baird, Vanessa ベアード, ヴァネッサ
[著]「性的マイノリティの基礎知識」 作品社 2005
Bairstow, Cameron ベアストー, キャメロン
[国]オーストラリア バスケットボール選手
Bairy, Maurice ベイリー, モーリス
1916～2008 [国]ベルギー 上智大学名誉教授
Bais, Sander バイス, サンダー
[著]「宇宙がわかる17の方程式」 青土社 2006
Baitz, Jon Robin ベイツ, ジョン・ロビン
1961～ [著]「ニューヨーク最後の日々」 DHC 2003
Baj, Enrico バイ, エンリコ
1924～2003 [国]イタリア 画家
Bajac, Quentin バジャック, クエンティン
[著]「写真の歴史」 創元社 2003
al-**Bajammal, Abdul-Qadir** バジャンマル, アブドルカディル
[国]イエメン 首相
Bajcicak, Martin バイチチャク
[国]スロバキア 距離スキー選手
Ba-jin バージン
1904～2005 [国]中国 作家, エスペラント学者 中国作家協会名誉主席, 中国人民政治協商会議全国委員会(全国政協)副主席 字名＝李芾甘(リ・フッカン), 別名＝王文慧, 比金, 余一, 余三, 余七, 欧陽鏡容, 巴比, 本名＝李堯棠(リ・ギョウトウ)〈Li, Yao-tang〉, 漢字名＝巴金 [異]バジン / パーチン
Bajnai, Gordon バイナイ, ゴルドン
1968～ [国]ハンガリー 金融家, 政治家 ハンガリー首相 [異]バィナイ, ゴルドン / バイナイ・ゴルドン
Bajo, David ベイジョー, デービッド
[国]アメリカ 作家 [専]文学 [異]ベイジョー, デイヴィッド
Bajo, Lamine バジョ, ラミン
[国]ガンビア 国土・地方行政相兼内相代行
Bajo, Lamin Kaba バジョ, ラミン・カバ
[国]ガンビア 漁業・水資源・議会担当相
Bajohr, Frank バヨール, フランク
1961～ [著]「ホロコーストを知らなかったという嘘」 現代書館 2011
Bajracharya, Buddhi Raj バジラチャーヤ, ブッディ・ラジ
[国]ネパール 文化・観光・航空相
Bajrami, Arsim バイラミ, アルシム
[国]コソボ 教育・科学・技術相
Bajrami, Hikmete バイラミ, ヒキメテ
[国]コソボ 貿易・産業相 [異]バイラ, ヒクメテ / バイラミ, ヒクメテ
Bajrami, Xhelal バイラミ, ジェラル
[国]マケドニア 労働・社会政策相
Bajs, Damir バイス, ダミル
[国]クロアチア 観光相
Bajuk, Andrej バユク, アンドレイ
[国]スロベニア 財務相
Ba-junaid, Khalid バージュナイド, ハリド
[国]イエメン 司法相
Bak, Jenny バク, ジェニー
[著]「サンタさんのプレゼント」 大日本絵画 2011
Bak, Sangmee パク, サンミー
[著]「マクドナルドはグローバルか」 新曜社 2003
al-**Bakaa, Taher** バカア, タヘル
[国]イラク 高等教育相
Bakafwa Nsenda, Symphorien Mutombo バカフワヌセンダ, サンフォリアン・ムトンボ
[国]コンゴ民主共和国 副首相(治安・国防担当)
Bakale Angüe, Eucario バカレアング, エウカリオ
[国]赤道ギニア 経済・計画・公共投資相
Bakale Obiang, Bonifacio バカレオビアン, ボニファシオ
[国]赤道ギニア 交通・郵便相 [異]バカレオビアン, セレスティノ・ボニファシオ
Bakambu, Cedric バカンブ, セドリック
[国]コンゴ民主共和国 サッカー選手
Bakan, Joel ベイカン, ジョエル
[著]「ザ・コーポレーション」 アップリンク, 河出書房新社(発売) 2008
Bakandeja, Gregriore バカンデジャ, グレグリオル
[国]コンゴ民主共和国 経済商工相
Bakang Mbock, Catherine バカンムボック, カトリーヌ
[国]カメルーン 社会問題相 [異]バカン・ムボク, カトリーヌ
Bakar, Muhammad Nurani バカル, ムハマド・ヌラニ
[国]ソマリア 保健相
Bakari, Hassan Sylla バカリ, ハッサン・シッラ
[国]チャド コミュニケーション相兼政府報道
Bakary, Diabira バカリ, ディアビラ
[国]モーリタニア 法相
Bakatyuk, Tatyana バカチュク
[国]カザフスタン レスリング選手
Bakayoko, Hamed バカヨコ, アーメド
[国]コートジボワール 国務相兼内務・治安相 [異]バカヨコ, アメド
Bakayoko, Tiemoue バカヨコ, ティエムエ
[国]フランス サッカー選手
Bakayoko, Youssouf バカヨコ, ユスフ
[国]コートジボワール 外相
Baker, A. ベイカー, A.
[著]「数学の最先端21世紀への挑戦」 シュプリンガー・フェアラーク東京 2004
Baker, Alan ベイカー, アラン
1951～ [著]「ちっちゃなウサちゃんおねんねよ」 評論社 2001
Baker, Alan R.H. ベイカー, アラン
1938～ [著]「地理学と歴史学」 原書房 2009
Baker, Annie ベイカー, アニー
[国]アメリカ ピュリッツアー賞 文学・音楽 戯曲(2014年) "The Flick"
Baker, Bob ベイカー, ボブ
1939～ [著]「ウォレスとグルミット」 竹書房 2006
Baker, Brian ベーカー, ブライアン
[国]アメリカ テニス選手
Baker, Bruce L. ベイカー, ブルース・L.
[著]「親と教師が今日からできる家庭・社会生活のためのABA指導プログラム」 明石書店 2011
Baker, Buddy ベーカー, バディ
1918～2002 [国]アメリカ 作曲家 [異]ベイカー, バディ

Baker, Chris　ベイカー, クリス
　⚲アメリカ　アメフト選手
Baker, Christopher　ベイカー, クリストファー
　㊊「カナレット」西村書店東京出版編集部　2011
Baker, Christopher John　ベーカー, クリス
　1948〜　㊊「タイ国」刀水書房　2006
Baker, Darrell　ベイカー, ダレル
　㊊「プーさんの「こわがりやさんはだーれ！」」新和, たちばな出版(発売)〔2001〕
Baker, David　ベイカー, デイヴィッド
　1967〜　㊊「太陽系探検ガイド」朝倉書店　2012
Baker, David Weston　ベーカー, デイヴィッド・W.
　1950〜　㊊「ナホム書, ハバクク書, ゼパニヤ書」いのちのことば社　2007
Baker, Delmon　ベーカー, デルモン
　⚲トリニダード・トバゴ　トバゴ開発相
Baker, Doris M.　ベイカー, ドリス
　1953〜　㊊「暗号技術のはなし」ピアソン・エデュケーション　2002
Baker, Dusty　ベーカー, ダスティ
　1949〜　⚲アメリカ　大リーグ監督, 元野球選手　本名＝Baker, Johnnie B.Jr.　⚜ベイカー, ダスティ / ベイカー, ダスティー
Baker, Dylan　ベーカー, ディラン
　⚲アメリカ　野球選手
Baker, E.D.　ベイカー, E.D.
　㊊「カエルになったお姫様」角川書店　2004
Baker, Emma　ベイカー, エマ・H.
　㊊「とことん症例から学ぶ呼吸器疾患」メディカル・サイエンス・インターナショナル　2010
Baker, Ginger　ベーカー, ジンジャー
　1939〜　⚲イギリス　ロック・ドラマー　⚜ベイカー, ジンジャー
Baker, Glenn A.　ベイカー, グレン・A.
　㊊「ビートルズ世界証言集」ポプラ社　2006
Baker, Heidi　ベーカー, ハイディ
　㊊「いつも満たされて」生ける水の川　2007
Baker, Houston A., Jr.　ベイカー, ヒューストン・A., Jr.
　㊊「ブルースの文学」法政大学出版局　2015
Baker, Howard Henry, Jr.　ベーカー, ハワード, Jr.
　1925〜2014　⚲アメリカ　外交官, 政治家, 弁護士　駐日米国大使, 米国大統領首席補佐官, 米国上院議員(共和党)
Baker, James Addison Ⅲ　ベーカー, ジェームズ, 3世
　1930〜　⚲アメリカ　政治家, 弁護士　ベーカー・ボッツ・シニアパートナー　米国大統領首席補佐官, 米国国務長官　⚜ベイカー, ジェームズ / ベイカー, ジェイムス・A.
Baker, James E.　ベーカー, ジェームズ・E.
　1960〜　㊊「国家の非公然活動と国際法」中央大学出版部　2001
Baker, James Ireland　ベイカー, J.I.
　㊊「空のグラス」早川書房　2013
Baker, Jeannie　ベイカー, ジーニー
　㊊「ひみつのもり」光村教育図書　2006
Baker, Jed　ベイカー, ジェド
　㊊「おこりんぼうさんのペアレント・トレーニング」明石書店　2011
Baker, J.I.　ベーカー, J.I.
　⚲アメリカ　編集者, 作家　⚜ミステリー　本名＝Baker, James Ireland
Baker, Joanne　ベイカー, ジョアン
　⚜ベーカー, ジョー・アン　㊊「人生に必要な物理50」近代科学社　2010
Baker, John　ベーカー, ジョン
　㊊「回復の喜び」パーパス・ドリブン・ジャパン　2009
Baker, John Austin　ベーカー, ジョン・オースティン
　1928〜2014　⚲イギリス　神学者, 聖書学者, 教父学者　コーパス・クリスティ・カレッジ名誉フェロー, ソールズベリー司教　⚜ベイカー, ジョン・オースティン
Baker, John Hamilton　ベイカー, J.H.
　㊊「イギリス法史入門」関西学院大学出版会　2014
Baker, Kage　ベーカー, ケイジ
　1952〜2010　⚲アメリカ　SF作家　⚜SF, ファンタジー　⚜ベイカー, ケイジ
Baker, Kate　ベイカー, ケイト
　世界幻想文学大賞 特別賞(ノンプロ)(2014年)
Baker, Kathleen　ベーカー, キャスリン
　⚲アメリカ　水泳選手
Baker, Keith　ベイカー, キース
　1953〜　⚲アメリカ　作家, ゲームデザイナー　⚜ファンタジー

Baker, Kim　ベーカー, キム
　1955〜　㊊「世界一わかりやすいプロジェクト・マネジメント」総合法令出版　2005
Baker, Kyle　ベイカー, カイル
　㊊「ザ・フィフスビートル」ジュリアンパブリッシング　2015
Baker, Linda L.　ベイカー, L.L.
　㊊「ドメスティック・バイオレンスから子どもを守るために」培風館　2009
Baker, Liza　ベイカー, リザ
　㊊「あなたがだいすき」フレーベル館　2011
Baker, L.M., Jr.　ベイカー, L.M., Jr.
　㊊「動機づける力」ダイヤモンド社　2005
Baker, Lorian　ベイカー, ロリアン
　㊊「自閉症」黎明書房　2006
Baker, Marina　ベイカー, マリーナ
　1967〜　㊊「魔女マリーナの魔法のおまじない」光文社　2003
Baker, Mark　ベイカー, マーク
　アヌシー国際アニメーション映画祭 TVシリーズ クリスタル賞(最優秀テレビ作品)(2005年)　"Peppa Pig" 各話タイトル：Mummy Pig at Work(製作国：イギリス)
Baker, Mark　ベイカー, マーク
　㊊「世界の四季」日経ナショナルジオグラフィック社, 日経BPマーケティング(発売)　2014
Baker, Mark C.　ベイカー, マーク・C.
　㊊「言語のレシピ」岩波書店　2010
Baker, Mona　ベイカー, モナ
　㊊「翻訳研究のキーワード」研究社　2013
Baker, Nicholson　ベーカー, ニコルソン
　1957〜　⚲アメリカ　作家　⚜ベイカー, ニコルソン
Baker, Nick　ベーカー, ニック
　㊊「パーソンセンタード・アプローチの最前線」コスモス・ライブラリー, 星雲社(発売)　2007
Baker, Ox　ベーカー, オックス
　1934〜2014　⚲アメリカ　プロレスラー　WWA世界ヘビー級チャンピオン　本名＝Baker, Douglas Allen
Baker, Randal　ベーカー, ランダル
　⚲アメリカ　元・森上博物館・日本庭園理事長
Baker, Ray　ベイカー, レイ
　㊊「若手研究者のための有機化学」国際通信社, 星雲社(発売)　2005
Baker, Richard　ベーカー, リチャード
　㊊「プレイヤーズ・オプション : 元素の渾沌の勇者」ホビージャパン　2013
Baker, Rick　ベイカー, リック
　アカデミー賞 メイクアップ賞(第83回(2010年))　"The Wolfman"
Baker, Robin　ベーカー, ロビン
　1944〜　㊊「図説生物の行動百科」朝倉書店　2012
Baker, Rolland　ベーカー, ローランド
　㊊「いつも満たされて」生ける水の川　2007
Baker, Ron　ベーカー, ロン
　⚲アメリカ　バスケットボール選手
Baker, Roy Ward　ベイカー, ロイ・ウォード
　1916〜2010　⚲イギリス　映画監督　⚜ベーカー, ロイ・ウォード
Baker, Sandra L.　ベーカー, サンドラ・L.
　㊊「パニック障害」日本評論社　2001
Baker, Sean　ベイカー, ショーン
　⚲アメリカ　アメフト選手
Baker, Simon　ベイカー, サイモン
　1969〜　⚲アメリカ　俳優
Baker, Stephen　ベイカー, スティーブン
　1955〜　⚲アメリカ　ジャーナリスト　⚜ベーカー, スティーヴン / ベイカー, スティーヴン
Baker, Steve　ベーカー, スティーブ
　㊊「入門・発達障害と人権」二瓶社　2002
Baker, Sunny　ベーカー, サニー
　㊊「世界一わかりやすいプロジェクト・マネジメント」総合法令出版　2011
Baker, Trevor　ベイカー, トレヴァー
　㊊「トム・ヨーク」シンコーミュージック・エンタテイメント　2010
Baker, Victor R.　ベーカー, ビック
　㊊「火星の生命と大地46億年」講談社　2008
Baker, Wayne E.　ベーカー, ウェイン
　㊊「ソーシャル・キャピタル」ダイヤモンド社　2001
Baker, William F.　ベイカー, ウィリアム・F.

Baker, William Oliver　ベーカー, ウィリアム
　1915〜2005　国アメリカ　化学者　ベル研究所社長, 米国大統領顧問
Baker-Brian, Nicholas J.　ベーカー＝ブライアン, ニコラス・J.
　1973〜　著「マーニー教」青土社　2014
Baker-Smith, Dominic　ベーカー・スミス, ドミニク
　1937〜　著「モアの「ユートピア」」晃洋書房　2014
Baker-Smith, Grahame　ベイカー・スミス, グラハム
　ケイト・グリーナウェイ賞（2011年）　"FArTHER"　他ベイカー＝スミス, グラハム
Bakevyumusaya, Vénérand　バケビュムサヤ, ベネラン
　国ブルンジ　地域統合・東アフリカ共同体担当相
Bakhit, Abdelkerim Ahmadaye　バキ, アブデルケリム・アフマダイエ
　国チャド　治安・移民相
Bakhit, Marouf　バヒート, マルーフ
　1947〜　国ヨルダン　政治家　ヨルダン首相・国防相　他バヒト, マルーフ
Bakhrushin, S.V.　バフルーシン, S.
　著「アイハヌム」東海大学出版会　2009
Bakht, Sikander　バクト, シカンダール
　1918〜2004　国インド　政治家　ケララ州首相, インド工業相
Bakhtamyan, Norayr　バクタミヤン
　国アルメニア　射撃選手　バクタミヤン
Bakhtiar, Nilofar　バカティアル, ニロファル
　国パキスタン　観光相
Bakhtiari, David　バクティアリ, デービッド
　国アメリカ　アメフト選手
Bakhtiari, Seyed Morteza　バフティアリ, セイエドモルテザ
　国イラン　法相
Bakhtiari, Soraya Esfandiari　バフティアリ, ソラヤ
　1932〜2001　国イラン　イラン王妃　他ソライヤー／ソラヤ王女
Baki, Ivonne　バキ, イボン
　国エクアドル　貿易・工業・漁業・競争力相
Bakin, Dmitriĭ　バーキン, ドミトリイ
　1964〜　著「出身国」群像社　2015
Bakir, Nancy　バキル, ナンシー
　国ヨルダン　文化相
Bakiyev, Kurmanbek Saliyevich　バキエフ, クルマンベク
　1949〜　国キルギス　政治家　キルギス大統領
Bakkali, Zakaria　バカリ, ザカリア
　国ベルギー　サッカー選手
Bakke, Dennis　バッキー, デニス
　著「人材育成のジレンマ」ダイヤモンド社　2004
Bakke-jensen, Frank　バッケ・イェンセン, フランク
　国ノルウェー　欧州連合（EU）・欧州経済地域（EEA）・北欧協力担当相
Bakken, Jill　バッケン
　国アメリカ　ボブスレー選手
Bakker, Arnold B.　バッカー, アーノルド・B.
　著「ワーク・エンゲイジメント」星和書店　2014
Bakker, Frank F.　バッカー, F.
　著「体育教師のための心理学」大修館書店　2006
Baklanov, Grigoriĭ Yakovlevich　バクラーノフ, グリゴリー
　1923〜2009　国ロシア　作家　本名＝フリードマン〈Fridman〉
Baklarz, George　バクラーズ, ジョージ
　著「DB2ユニバーサル・データベースオフィシャルガイド」ピアソン・エデュケーション　2003
Bako, Nassirou Arifari　バコ, ナシル・アリファリ
　国ベナン　外務・アフリカ統合・フランス語圏・在外ベナン人相
Bakogiani, Ntora　バコヤンニ, ドーラ
　国ギリシャ　外相
Bakonga, Willy　バコンガ, ウィリ
　国コンゴ民主共和国　スポーツ相
Bakore, Amit　バコレ, アミット
　著「Jakarta Tomcatエキスパートガイド」ソフトバンクパブリッシング　2003
Bakoru, Zoe Bakoko　バコル, ゾエ・バココ
　国ウガンダ　女性・労働・社会発展相
Bakoyannis, Dora　バコヤンニ, ドーラ
　1954〜　国ギリシャ　政治家　ギリシャ外相, アテネ市長
Bakradze, David　バクラゼ, ダビド
　国ジョージア　国務相（欧州統合担当）
al-Bakri, Abdullah bin Nasser bin Abdullah　バクリ, アブドラ・ビン・ナセル・ビン・アブドラ
　国オマーン　人的資源相
Bakri, Ben Abdoulfatah Charif　バクリ・ベン・アブドゥルファタ・シャリフ
　国コモロ　外務・民族離散・フランス語圏・アラブ世界担当相
Bakri, Hassan Salih　バクリ・ハッサン・サレハ
　国スーダン　第1副大統領
al-Bakri, Nayef　バクリ, ナーイフ
　国イエメン　青年・スポーツ相
Bakrie, Aburizal　バクリ, アブリザル
　国インドネシア　調整相（公共福祉）
Baksh, Nizam　バクシュ, ニザム
　国トリニダード・トバゴ　公益事業相
Baksh, Sadiq　バクシュ, サディク
　国トリニダード・トバゴ　住宅相
Baksh, Shaik　バクシュ, シェイク
　国ガイアナ　教育相
Bakshi, Dwijendra Nath　バクシ, ディジェンドラ・ナット
　国インド　元・在コルカタ日本国総領事館現地職員
Bakulin, Sergey　バクリン
　国ロシア　陸上選手
Bakumanya, Gracin　バクマニャ, グーシン
　国コンゴ民主共和国　バスケットボール選手
Bal, Ahmedou Tidjane　バル, アフメドゥ・ティジャーヌ
　国モーリタニア　法相
Bal, Hartosh Singh　バル, ハートシュ・シン
　1966〜　著「数学小説確固たる曖昧さ」草思社　2013
Balabanov, Aleksei　バラバノフ, アレクセイ
　1959〜2013　国ロシア　映画監督
Balaga, Sonja　バラガ, ソーニャ
　著「エミリー・ウングワレー展」読売新聞東京本社　〔2008〕
Bala-gaye, Mousa　バラゲイ, ムサ
　国ガンビア　財政・経済相
Balagué, Guillem　バラゲ, ガイレム
　著「知られざるペップ・グアルディオラ」フロムワン, 朝日新聞出版（発売）　2014
Balaguer, Joaquin　バラゲール, ホアキン
　1907〜2002　国ドミニカ共和国　政治家　ドミニカ共和国大統領, キリスト教社会改革党（PRSC）指導者　本名＝バラゲール・リカルド, ホアキン〈Balaguer Ricardo, Joaquin〉　他バラゲル, ホアキン
Balaguer Cabrera, José Ramón　バラゲル・カブレラ, ホセ・ラモン
　国キューバ　保健相
Balail, Makki Ali　バライル, マッキ・アリ
　国スーダン　対外貿易相
Balaji, T.　バラジ, T.
　著「マンゴーとバナナ」アートン　2006
Balak　バラック
　アングレーム国際漫画祭 シリーズ賞（2015年）　"Lastman"（T6）
Balakan Aleksej　バラカン・アレクセイ
　他バラカエフ, アレクセイ　著「モンゴル文学への誘い」明石書店　2003
Balakhonova, Anzhela　バラホノワ
　国ウクライナ　陸上選手
Balakrishnan, Vivian　バラクリシュナン, ビビアン
　国シンガポール　外相
Balakshin, Georgy　バラクシン
　国ロシア　ボクシング選手
Balala, Mohamed Moussa Ibrahim　バララ, モハメド・ムーサ・イブラヒム
　国ジブチ　住宅・都市化・環境相
Balala, Najib　バララ, ナジブ
　国ケニア　観光相
Balan, Gheorghe　バラン, ゲオルゲ
　国モルドバ　副首相（国家再統合担当）　他バラン, ゲオルギ
Balán, Jorge　バラン, ホルヘ
　1940〜　著「新興国家の世界水準大学戦略」東信堂　2013
Balandier, Georges　バランディエ, ジョルジュ
　1920〜2016　国フランス　社会学者, 民族学者　アフリカ社会地理学研究所創設者, 国際社会学会名誉会長　本名＝Balandier, Georges Léon Émile
Balandin, Aleksandr　バランジン
　国ロシア　体操選手
Balandin, Dmitriy　バランディン, ドミトリー
　国カザフスタン　水泳選手
Balanta, Eder　バランタ, エデル

Balart, Gustavo　バラルト
　国キューバ　レスリング選手
Balasingham, Anton Stanislaus　バラシンガム、アントン
　1938〜2006　国スリランカ　タミル・イーラム解放のトラ（LTTE）政治顧問
Balaskas, Janet　バラスカス、ジャネット
　著「ナチュラルな赤ちゃん」産調出版　2002
Balasuriya, Jagath　バラスリヤ、ジャガット
　国スリランカ　国家遺産相
Balawi, Hakam　バラウィ、ハカム
　国パレスチナ　内相
Balayogi, Ganti Mohana Chandra　バラヨギ、G.M.C.
　1951〜2002　国インド　政治家　インド下院議長
Balazova, Barbora　バラゾバ、バルボラ
　国スロバキア　卓球選手
Balázs, Anna　バラージュ、アンナ
　1944〜　著「びょういんにおとまり」風濤社　2009
Balazs, Artur　バラシュ、アルトゥル
　国ポーランド　農相
Balázs, Éva H.　バラージュ、エーヴァ・H.
　著「ハプスブルクとハンガリー」成文社　2003
Balbul, Nafia　バルブル、ナフィア
　国イラク　住宅・建設・自治・公共事業相
Balbusso, Anna　バルブッソ、アンナ
　著「おじいちゃんの桜の木」小峰書店　2002
Balbusso, Elena　バルブッソ、エレナ
　著「おじいちゃんの桜の木」小峰書店　2002
Balcácer, Robiamny　バルカセル、ロビアンニ
　国ドミニカ共和国　青年相
Balcer, Marc J.　バルサー、マーク・J.
　著「Executable UML」翔泳社　2003
Balcer, Rene　バルサー、ルネ
　アメリカ探偵作家クラブ賞 TVエピソード賞（2005年）"Want"
Balcerowicz, Leszek　バルツェロヴィッチ、レシェク
　1947〜　国ポーランド　政治家,経済学者　ワルシャワ経済大学教授　ポーランド副首相・財務相、ポーランド国立銀行総裁　㊦バルツェロビッチ、レシェク／バルツェロヴィチ
Balci, Serhat　バルキ
　トルコ　レスリング選手
Balcombe, Jonathan P.　バルコム、ジョナサン
　著「動物たちの喜びの王国」インターシフト，合同出版（発売）2007
Balčytis, Zigmantas　バルチティス、ジグマンタス
　国リトアニア　財務相
Bald, Margaret　ボールド、マーガレット
　著「百禁書」青山出版社　2004
Baldacci, David　バルダッチ、デービッド
　1960〜　国アメリカ　作家　著ミステリー、スリラー、ヤングアダルト　㊦バルダッチ、デイヴィッド
Baldassari, Anne　バルダサリ、アンヌ
　国フランス　パリ国立ピカソ美術館長
Balde, Abdoulaye　バルデ、アブドゥライ
　国セネガル　環境・持続的開発相
Balde, Abdoulaye Yéro　バルデ、アブドゥライ・イェロ
　国ギニア　高等教育・科学研究相
Baldé, Abubacar　バルデ、アブバカー
　国ギニアビサウ　商業・産業・地方産品相
Baldé, Carlos Mussa　バルデ、カルロス・ムサ
　国ギニアビサウ　経済・地域統合相
Baldé, Hadja Mariama　バルデ、ハジャ・マリアマ
　国ギニア　労働・公務相　㊦バルデ、アジャ・マリアム
Balde, Kazaliou　バルデ、カザリウ
　国ギニア　通産・中小企業相
Baldé, Mamadu Saido　バルデ、ママドゥ・サイド
　国ギニアビサウ　法相
Balde, Mariama Deo　バルデ、マリアマ・デオ
　国ギニア　貿易・産業・中小企業相
Balde, Tumane　バルデ、トゥマネ
　国ギニアビサウ　公務員・行政改革・労働相
Baldelli, Rocco　バルデリ、ロッコ
　国アメリカ　タンパベイ・レイズコーチ
Balderamos, Dolores　バルデラモス、ドロレス
　国ベリーズ　人的資源開発・女性相
Balderas, Carlos Zenon, Jr.　バルデラス
　国アメリカ　ボクシング選手

Baldessari, John　バルデッサリ、ジョン
　国アメリカ　ヴェネチア・ビエンナーレ 金獅子賞 生涯功労賞（2009年（第53回））
Baldessarini, Ross J.　バルデサリーニ、ロス・J.
　著「薬理書」広川書店　2003
Baldetti, Ingrid Roxana　バルデッティ、イングリド・ロクサナ
　国グアテマラ　副大統領
Baldick, Chris　ボルディック、クリス
　1954〜　国イギリス　英文学者　ロンドン大学ゴールドスミス・カレッジ教授　著英文学、比較文化学
Baldini, Andrea　バルディニ
　国イタリア　フェンシング選手
Baldini, Stefano　バルディニ
　国イタリア　陸上選手
Baldoni, John　バルドーニ、ジョン
　著「リーダーシップ・マスター」英治出版　2013
Baldor, Robert A.　ボールダー、R.A.
　著「マネジドケアとは何か」ミネルヴァ書房　2004
Baldovici, Vladimir　バルドビッチ、ウラジーミル
　国モルドバ　建設相
Baldoz, Rosalinda　バルドス、ロサリンダ
　国フィリピン　労働雇用相
Baldrige, Letitia　ボルドリッジ、レティシア
　著「プロは語る。」アスペクト　2005
Baldry, Long John　ボルドリー、ロング・ジョン
　1941〜2005　国カナダ　ブルース歌手
Balducci, Alex　バルデューチ、アレックス
　国アメリカ　アメフト選手
Balducci, Rita　バルダッチ、リタ
　㊦バルドゥッチ、リタ　著「プリンセスたのしいおはなし」大日本絵画　2002
Balduzzi, Renato　バルドゥツィ、レナト
　国イタリア　保健相
Baldwin, Alec　ボールドウィン、アレック
　1958〜　国アメリカ　俳優　本名＝Baldwin, Alexander Rae Ⅲ　㊦ボールドウィン、アレク
Baldwin, Carey　ボールドウィン、ケアリー
　国アメリカ　作家　著スリラー、ミステリー
Baldwin, Carliss Young　ボールドウィン、カーリス・Y.
　著「デザイン・ルール」東洋経済新報社　2004
Baldwin, Christina　ボールドウィン、クリスティーナ
　著「スピリチュアルな生活へ、7つのアドバイス」ヴォイス　2004
Baldwin, Danny　ボールドウィン、ダニー
　著「写真で楽しむ究極のまちがい探し」河出書房新社　2015
Baldwin, Darryl　ボールドウィン、ダリル
　国アメリカ　アメフト選手
Baldwin, Doug　ボールドウィン、ダグ
　国アメリカ　アメフト選手
Baldwin, Gabrielle　ボールドウィン、ガブリエル
　著「研究指導を成功させる方法」ダイテック（印刷）　2008
Baldwin, J.　ボールドウィン、ジェイ
　1933〜　著「バックミンスター・フラーの世界」美術出版社　2001
Baldwin, Jan　ボールドウィン、ジャン
　著「ダールのおいしい!? レストラン」評論社　2016
Baldwin, Janice I.　ボールドウィン、J.I.
　著「日常生活の行動原理」ブレーン出版　2003
Baldwin, John　ボールドウィン
　アメリカ　フィギュアスケート選手
Baldwin, John D.　ボールドウィン、J.D.
　著「日常生活の行動原理」ブレーン出版　2003
Baldwin, John Templeton　ボールドウィン、ジョン
　1937〜　著「アメイジング・ラブ」福音社　2014
Baldwin, Joyce G.　ボールドウィン、ジョイス・G.
　著「エステル記」いのちのことば社　2011
Baldwin, Scott　ボールドウィン、スコット
　国ウェールズ　ラグビー選手
Baldwin, Wade　ボールドウィン、ウェイド
　国アメリカ　バスケットボール選手
Baldyga, Scott　バルディガ、スコット
　1969〜　著「人体冷凍」講談社　2010
Bale, Christian　ベール、クリスチャン
　1974〜　国イギリス　俳優　㊦ベイル、クリスチャン
Bale, Débaba　バル、デバパ
　国トーゴ　経済・財務・民営化相
Bale, Gareth　ベイル、ガレス

1989〜 国イギリス サッカー選手 外ベール, ギャレス／ベイル, ギャレス
Bale, Qoriniasi バレ, ゴロニアシ
 国フィジー 法相
Baleegh, Mahmood バリーク, マフムード
 国アフガニスタン 公共事業相
Balena, Francesco バレナ, フランチェスコ
 1960〜 著「プログラミングMicrosoft Visual Basic 2005」日経BPソフトプレス, 日経BP出版センター（発売） 2006
Balentine, Samuel Eugene バレンタイン, S.E.
 1950〜 著「レビ記」日本キリスト教団出版局 2010
Balenziaga, Mikel バレンシアガ, ミケル
 国スペイン サッカー選手
Bales, Kevin ベイルズ, ケビン
 1947〜 著「グローバル経済と現代奴隷制」凱風社 2014
Bales, Robert Freed ベールズ, R.F.
 著「家族」黎明書房 2001
Balesar, Dewanand バレサル, デワナンド
 国スリナム 公共事業相
Balestracci, Duccio バレストラッチ, ドゥッチオ
 1949〜 著「フィレンツェの傭兵隊長ジョン・ホークウッド」白水社 2006
Balestre, Jean-Marie バレストル, ジャン・マリー
 1921〜2008 国フランス 国際自動車連盟（FIA）会長
Balestrini, Nanni バレストリーニ, ナンニ
 著「地上の歌声」思潮社 2001
Balew, Birhanu バレウ, ビルハヌ
 国バーレーン 陸上選手
Balfe, Kevin バルフ, ケヴィン
 著「クリスマス・セーター」宝島社 2009
Balfour, Alex バルフォア, アレックス
 著「実践ヘッジファンド投資」日本経済新聞社 2001
Balfour, Ludmilla バルフール, ルドミラ
 著「バルフールのふしぎの国のアリス」ラボ教育センター 2009
Balfour, Ngconde バルフォア, ヌコンデ
 国南アフリカ 矯正相
Balghunaim, Fahd bin Abdulrahman bin Sulaiman バルグナイム, ファハド・ビン・アブドゥラハマン・ビン・スライマン
 国サウジアラビア 農相
Balgimbayev, Nurlan バルギンバエフ, ヌルラン
 1947〜2015 国カザフスタン 政治家 カザフスタン首相 本名=Balgimbayev, Nurlan Utebovich 外バルギムバエフ, ヌルラン
Balia, Mimma バーリア, ミンマ
 著「ヴェネツィアの薔薇・ラスキンの愛の物語」集英社 2002
Balibar, Étienne バリバール, エティエンヌ
 1942〜 国フランス 哲学者 パリ第10大学ナンテール校名誉教授, カリフォルニア大学アーバイン校特別功労教授 政治哲学
Balibar, Jeanne バリバール, ジャンヌ
 1968〜 国フランス 女優, 歌手
Balibar, Renee バリバール, ルネ
 1915〜 著「フランス文学の歴史」白水社 2002
Balic, Andrija バリッチ, アンドリヤ
 国クロアチア サッカー選手
Balicevic, Didier バリセヴィック, ディディエ
 1974〜 著「うごかす！ めくる！ こうじげんば」パイインターナショナル 2016
Balicki, Marek バリツキ, マレク
 国ポーランド 保健相
Bālina, Signe バーリニャ, シグネ
 国ラトビア 電子化政策担当相
Bálint, Ágnes バーリント, アーグネシュ
 1922〜2008 著「こぶたのレーズン」偕成社 2012
Balint, Enid バリント, イーニド
 著「母子臨床の精神力動」岩崎学術出版社 2011
Balisacan, Arsenia バリサカン, アルセニオ
 国フィリピン 国家経済開発発長官
Balit, Christina バリ, クリスティナ
 著「聖書物語」ドン・ボスコ社 2003
Baliyeva, Zagipa バリエワ, ザギパ
 国カザフスタン 法相
Balk, Malcolm ボーク, マルコム
 著「ランニングを極める」春秋社 2009
Balkenende, Jan Peter バルケネンデ, ヤン・ピーター
 1956〜 国オランダ 政治学者, 政治家 エラスムス大学教授 オランダ首相, キリスト教民主勢力（CDA）党首 外バルケネンデ, ヤン／バルケネンデ, ヤン・ピーター
Balkenhol, Stephan バルケンホール, シュテファン
 1957〜 著「シュテファン・バルケンホール：木の彫刻とレリーフ」国立国際美術館 2005
Balkhi, Sayed Hussain Alemi バルヒ, サイヤド・フサイン・アレミ
 国アフガニスタン 難民帰還相 外バルヒ, サイード・フサイン・アレミ
Balkhi, Sediqa バルヒ, シディカ
 国アフガニスタン 殉教戦傷者相
Balkhy, Assadullah Hanif バルキー, アサダラ・ハニフ
 国アフガニスタン 教育相
Balkom, Frans van バルコム, フランス・ファン
 1940〜2015 国オランダ サッカー指導者
Balkovski, Ljupco バルコフスキ, リュプチョ
 国マケドニア 運輸・通信相
Balkwill, Frances R. ボークウィル, フラン
 著「いのちのもといでんし」岩波書店 2003
Balkwill, Mike バルクウィル, マイク
 著「実践コミュニティワークエクササイズ集」学文社 2005
Ball, Alan ボール, アラン
 エミー賞 プライムタイム・エミー賞 最優秀監督賞（ドラマシリーズ）（第54回（2002年）） "Six Feet Under"
Ball, Alan ボール, アラン
 国アメリカ アメフト選手
Ball, Alan James ボール, アラン・ジェームズ
 1945〜2007 国イギリス サッカー選手 外ボール, アラン・ジェイムズ
Ball, Barbara L. ボール, バーバラ・L.
 著「エキスパートナースとの対話」照林社 2004
Ball, Bill ボール, ビル
 著「標準Red Hat Linuxリファレンス」インプレス, インプレスコミュニケーションズ（発売） 2001
Ball, Christopher M. ボール, クリストファー・M.
 著「EBMオンコール急性疾患」中山書店 2005
Ball, David A. ボール, デヴィッド
 1942〜 著「戯曲の読み方」日本劇作家協会, ブロンズ新社（発売） 2003
Ball, David Warren ボール, D.W.
 1962〜 著「ボール物理化学」化学同人 2016
Ball, Desmond ボール, デズモンド
 著「多国間主義と同盟の狭間」国際書院 2006
Ball, Doug ボール, ダグ
 著「マイカのとんだ災難」講談社 2009
Ball, Eric R. ボール, エリック
 著「アントレプレナーの経営学」慶応義塾大学出版会 2016
Ball, Ernie ボール, アーニー
 ?〜2004 国アメリカ ギター弦製作者
Ball, Errie ボール, エリー
 1910〜2014 国アメリカ プロゴルファー 本名=Ball, Samuel Henry
Ball, Jacqueline A. ボール, ジャクリーン
 著「古代中国」BL出版 2013
Ball, Jake ボール, ジェイク
 国ウェールズ ラグビー選手
Ball, James ボール, ジェイムズ
 著「インフォグラフィックで見る138億年の歴史」創元社 2014
Ball, Jessica ボール, ジェシカ
 著「グローバル化時代を生きる世代間交流」明石書店 2008
Ball, Johnny ボール, ジョニー
 1938〜 著「目で見る数学」さ・え・ら書房 2009
Ball, Keith M. ボール, キース
 1960〜 著「フィボナッチのうさぎ」青土社 2006
Ball, Lonzo ボール, ロンゾ
 国アメリカ バスケットボール選手
Ball, Marcus ボール, マーカス
 国アメリカ アメフト選手
Ball, Marion J. ボール, マリオン・J.
 著「看護情報学への招待」中山書店 2002
Ball, Michael ボール, マイケル
 ローレンス・オリヴィエ賞 ミュージカル・エンタテインメント男優賞（2013年（第37回））ほか
Ball, Neiron ボール, ネイロン
 国アメリカ アメフト選手
Ball, Pamela ボール, パメラ
 1940〜 著「夢の本」ネコ・パブリッシング 2003

Ball, Phil　ボール, フィル
1957～ [著]「レアル・マドリー」 ネコ・パブリッシング 2004
Ball, Philip　ボール, フィリップ
1962～ [著]「自然がつくる不思議なパターン」 日経ナショナルジオグラフィック社, 日経BPマーケティング(発売) 2016
Ball, Richard A.　ボール, リチャード・A.
1936～ [著]「犯罪学」 金剛出版 2013
Ball, Stefan　ボール, ステファン
[著]「バッチ・フラワーレメディー"フォー・メン"」 中央アート出版社 2006
Ball, Stephen J.　ボール, スティーブン
[著]「グローバル化・社会変動と教育」 東京大学出版会 2012
Ballantine, Betty　バランタイン, ベティ
世界幻想文学大賞 生涯功労賞(2007年)ほか
Ballantine, Jeanne H.　バランタイン, J.H.
[著]「教育社会学」 東洋館出版社 2011
Ballantyne, Andrew　バランタイン, アンドリュー
[著]「建築」 岩波書店 2005
Ballantyne, Frederick　バランタイン, フレデリック
[国]セントビンセント・グレナディーン　総督
Ballantyne, Lisa　バランタイン, リサ
[国]イギリス 作家 [専]スリラー, ミステリー
Ballard, Carol　バラード, キャロル
[著]「人がつなげる科学の歴史」 文溪堂 2010
Ballard, Chris　バラード, クリス
[著]「バタフライハンター」 日経BP社, 日経BP出版センター(発売) 2007
Ballard, Glen　バラード, グレン
ソング・ライター グラミー賞 最優秀映画・TV・その他ヴィジュアルメディア音楽作品(2005年(第48回)) "Believe" (from「ポーラー・エクスプレス」)
Ballard, Hank　バラード, ハンク
?～2003 [国]アメリカ シンガーソングライター
Ballard, James Graham　バラード, J.G.
1930～2009 [国]イギリス SF作家 [異]バラード, ジェームズ・グレハム / バラード, ジェイムズ・グレアム
Ballard, Jim　バラード, ジム
1933～ [著]「カスタマー・マニア!」 ダイヤモンド社 2010
Ballard, Juliet Brooke　バラード, ジュリエット・ブルック
[著]「宇宙と人間」 中央アート出版社 2004
Ballard, Robert　バラード, ロバート
1942～ [国]アメリカ 海洋学者 ウッズ・ホール海洋学研究所上級研究員 本名=Ballard, Robert Duane
Ballard, Robert D.　バラード, ロバート・D.
[著]「動機づける力」 ダイヤモンド社 2005
Ballard, Stan　バラード, スタン
[著]「シルバーバーチのスピリチュアルな生き方Q&A」 ハート出版 2002
Ballard, William Lewis　バラード, ウイリアム・ルイス
[国]アメリカ 元・愛媛大学教授
Ballardini, Davide　バッラルディーニ, ダヴィデ
[国]イタリア パレルモ監督
Ballas, Dimitris　バラス, ディミトリス
[著]「ヨーロッパ社会統計地図」 柊風舎 2015
Balldin, Bo　ボールディン, ボー
[著]「熱帯における子供のプライマリ・ヘルス・ケア」 国際看護交流協会, メヂカルフレンド社(発売) 2001
Ballé, Catherine　バレ, カトリーヌ
[著]「ヨーロッパの博物館」 雄松堂出版 2007
Ballé, Freddy　バレ, フレディ
[著]「ザ・ジャストインタイム」 ダイヤモンド社 2007
Ballé, Michael　バレ, マイケル
1965～ [著]「ザ・ジャストインタイム」 ダイヤモンド社 2007
Ballenger, James C.　バレンジャー, ジェームズ・C.
[著]「パニック障害」 日本評論社 2001
Ballentine, Lonnie　バレンタイン, ロニー
[国]アメリカ アメフト選手
Ballerini, Richard M.　バレリーニ, リチャード
[著]「米国特許侵害訴訟」 経済産業調査会 2008
Ballesteros, Seve　バレステロス, セベ
1957～2011 [国]スペイン プロゴルファー 本名=バレステロス・ソタ, セベリアーノ〈Ballesteros Sota, Severiano〉 [異]バリェステロス
Ballhatchet, Helen　ボールハチェット, ヘレン
[著]「英国と日本」 博文館新社 2002
Ballhaus, Michael　バルハウス, ミハエル
ベルリン国際映画祭 ベルリナーレ・カメラ賞(第56回(2006年))
Ballhaus, Verena　バルハウス, フェレーナ
1951～ [著]「おばあちゃんがいなくなっても…」 あかね書房 2010
Ballheimer, David　ボールハイマー, デーヴィッド
[著]「オリンピック大百科」 あすなろ書房 2008
Balliett, Blue　バリエット, ブルー
1955～ [国]アメリカ 作家 [専]児童書
Balling, Derek J.　ベリング, デレク・J.
[著]「実践ハイパフォーマンスMySQL」 オライリー・ジャパン, オーム社(発売) 2004
Ballmer, Connie　バルマー, コニー
スティーブ・バルマー夫人
Ballmer, Steve　バルマー, スティーブ
1956～ [国]アメリカ 実業家 ロサンゼルス・クリッパーズオーナー マイクロソフトCEO 本名=Ballmer, Steven Anthony
Ballon, Robert J.　バロン, ロベール
1919～2004 上智大学名誉教授
Ball-Rokeach, S.J.　ボール=ロキーチ, S.J.
[著]「リーディングス政治コミュニケーション」 一芸社 2002
Balls, Ed　ボールズ, エド
1967～ [国]イギリス 政治家 英国児童・学校・家庭相 本名=Balls, Edward Michael
Balmaceda, Carlos　バルマセーダ, カルロス
1954～ [国]アルゼンチン 作家
Balmer, Nigel　バーマー, ナイジェル
[著]「訴訟の原因:民事法と社会正義」 法律扶助協会 2004
Balmer, Paul　バルマー, ポール
[著]「フェンダーストラトキャスターマニュアル」 スタジオタッククリエイティブ 2012
Balmir Villedrouin, Stéphanie　バルミル・ビルドゥラン, ステファニ
[国]ハイチ共和国 観光相
Balmond, Cecil　バルモンド, セシル
1943～ [国]スリランカ 構造デザイナー, 建築家 ペンシルベニア大学教授 [異]バーモンド, セシル
Balmos, Galina　バルモシ, ガリナ
[国]モルドバ 社会保障・家族問題相
Balmy, Coralie　バルミ, コラリ
[国]フランス 水泳選手
Balner, Michal　バルネル, ミハル
[国]チェコ 陸上選手
Baloch, Abdul Qadir　バロチ, アブドゥル・カディル
[国]パキスタン 辺境地域相
Balodis, L.　バロディス, レオンス
[著]「リーガ」 Madris 〔2002〕
Balog, James　バローグ, ジェームズ
[著]「とけてゆく地球」 日経ナショナルジオグラフィック社, 日経BP出版センター(発売) 2009
Balog, Kati　バローグ, カティ
[著]「30秒で学ぶ哲学思想」 スタジオタッククリエイティブ 2013
Balog, Zoltán　バログ・ゾルターン
[国]ハンガリー 人材相
Baloga, Viktor　バロガ, ビクトル
[国]ウクライナ 非常事態相
Balogh, Gabor　バログ
[国]ハンガリー 近代五種選手
Balogh, Mary　バログ, メアリ
[著]「今宵、聖夜の花嫁に」 ハーパーコリンズ・ジャパン 2016
Balogh, Norbert　バローグ, ノルベルト
[国]ハンガリー サッカー選手
Balogh, Suzanne　バローフ, スーザン
1973～ [国]オーストラリア 射撃選手 本名=Balogh, Suzanne Elspeth
Balogun, Leon　バログン, レオン
[国]ナイジェリア サッカー選手
Balói, Oldemiro Júlio Marques　バロイ, オルデミーロ・ジュリオ・マルケス
[国]モザンビーク 外務協力相
Balotelli, Mario　バロテッリ, マリオ
1990～ [国]イタリア サッカー選手 本名=Balotelli, Mario Barwuah [異]バロテリ, マリオ
Baloyi, Richard Masenyani　バロイ, リチャード・マセンヤニ
[国]南アフリカ 協調統治・伝統業務相 [異]バロイ, リチャード
Balsa, Gerardo　バルサ, ヘラルド
[著]「U-47」 イカロス出版 2013

B

Balsekar, Ramesh S.　バルセカール, ラメッシ
1917〜2009　[異]バルセカール, ラメッシ・S.　[著]「意識は語る」ナチュラルスピリット　2014
Balsells, Edgar　バルセルス, エドガル
[国]グアテマラ　財務相
Balsley, Darren　バルズリー, ダレン
[国]アメリカ　サンディエゴ・パドレスコーチ
Balson, John B.　バルソン, ジョン・B.
[著]「ブランド・マネジメント」ダイヤモンド社　2001
Balta, Ksenija　バルタ, クセニア
[国]エストニア　陸上選手
Baltas, Aristides　バルタス, アリスティディス
[国]ギリシャ　文化・スポーツ相
Balter, Dan　バルター, ダン
[著]「Windows server 2003 server」翔泳社　2004
Balthus　バルテュス
1908〜2001　[国]フランス　画家　アカデミー・ド・フランス院長　本名＝クロソウスキー・ド・ローラ, バルタザール〈Klossowski de Rola, Balthazar〉　[異]バルチュス
Baltimore, David　ボールティモア, デービッド
1938〜　[国]アメリカ　ウイルス学者, 生化学者　カリフォルニア工科大学名誉教授　[異]ボルチモア / ボルチモア, ディヴィッド / ボルティモア
Baltraitienė, Virginija　バルトライティエネ, ビルギニヤ
[国]リトアニア　農相
Baltsa, Agnes　バルツァ, アグネス
1944〜　[国]ギリシャ　メゾソプラノ歌手
Baltscheit, M.　バルトシャイト, マーティン
1965〜　[異]バルトシャイト, マルティン　[著]「じがかけなかったライオンのおうさま」フレーベル館　2007
Baltscheit, Martin　バルトシャイト, マーティン
ドイツ児童文学賞 絵本（2011年）“Die Geschichte vom Fuchs, der den Verstand verlor”
Baltus, Martine　バルテュス, マルティーヌ
[著]「刺繍で描くイニシャルとモノグラム」文化出版局　2014
*al-***Baluchi, Ahmad bin Suwaydan**　アル・バルーチ, アハマド・ビン・スウェイダン
[国]オマーン　通信相
Balz, Rodolphe　バルツ, ロドルフ
1944〜　[著]「フランス 発アロマセラピーバイブル」産調出版　2004
Balzer-Riley, Julia W.　バルザー・ライリー, ジュリア
[著]「看護のコミュニケーション」エルゼビア・ジャパン　2007
Bamakhrama, Rifki Abdoulkader　バマクラマ, リフキ・アブドゥルカデル
[国]ジブチ　通商・産業相
Bamanyirue, Boji Sangara　バマンイルエ, ボジ・サンガラ
[国]コンゴ民主共和国　対外貿易相
Bamba, Antonio　バンバ, アントニオ
[国]ギニアビサウ　保健相
Bamba, Mamadou　バンバ, ママドゥ
[国]コートジボワール　外相
Bamba Hamza, Fatoumata　バンバハンザ, ファトゥマタ
[国]コートジボワール　再建・社会復帰相
Bambang, Brodjonegoro　バンバン・ブロジョネゴロ
[国]インドネシア　国家開発企画庁長官
Bambara, Linda M.　バンバラ, リンダ・M.
1952〜　[著]「選択機会を拡げるチョイス・アレンジメントの工夫」学苑社　2005
Bambaren, Sergio　バンバーレン, セルジオ
1960〜　[著]「サーファー・ショーンの教え」飛鳥新社　2004
Bamberger, Jeanne　バンバーガー, ジーン
[著]「音楽的コミュニケーション」誠信書房　2012
Bambi, Luzolo　バンビ, ルゾロ
[国]コンゴ民主共和国　司法相
Bambiza, Ivan M.　バムビザ, イワン・M.
[国]ベラルーシ　副首相
Bamford, James　バムフォード, ジェイムズ
1947〜　[著]「すべては傍受されている」角川書店　2003
Bamford, Julian　バンフォード, ジュリアン
[著]「多読で学ぶ英語」松柏社　2006
Bamford, Kathleen B.　バンフォード, キャスリーン
[異]バンフォード, K.B.　[著]「一目でわかる微生物学と感染症」メディカル・サイエンス・インターナショナル　2009
Bamford, Patrick　バンフォード, パトリック
[国]イングランド　サッカー選手
Bammer, Sybille　バンマー
[国]オーストリア　テニス選手
Bamnante, Komikpime　バンナント, コミピン
[国]トーゴ　農業・畜産・水産相
Bamps, Benji　バンプス, ベンジ
MTVアワード 最優秀アート・ディレクション（第29回（2012年））“Wide Awake”
Bampton, Claire　バンプトン, クレア
[著]「3Dで見る！　世界の不思議14景」大日本絵画　2015
Bamulangaki, Vincent　バムランガキ, ビンセント
[国]ウガンダ　農業・畜産・水産相
Bamvuginyumvira, Frederic　バブギンユンビラ, フレデリック
[国]ブルンジ　第1副大統領（政治・行政担当）
*al-***Ban, Huda Abdul-Latif**　バン, ホダ・アブドルラティフ
[国]イエメン　人権相
Ban, Ki-moon　バン・ギムン
1944〜　[国]韓国　政治家, 外交官　国連事務総長, 韓国外相　漢字名＝潘基文　[異]バン・キムン / バン・ギムン
Ban, Shigeru　バン, シゲル
[国]日本　プリッカー賞（2014年）　漢字名＝坂茂
Banach, Daniel T.　バナック, ダニエル・T.
[著]「Autodesk Inventorで始めるメカニカル設計」トムソンラーニング, ビー・エヌ・エヌ新社（発売）　2003
Banaji, Mahzarin R.　バナージ, マーザリン・R.
[異]バナジ, マーザリン・R.　[著]「心の中のブラインド・スポット」北大路書房　2015
Banamuhere Baliene, Salomon　バナミュエレバリエネ, サロモン
[国]コンゴ民主共和国　地方分権・慣習担当相　[異]バナムヘレ, サロモン
Banana, Canaan Sodindo　バナナ, カナーン
1936〜2003　[国]ジンバブエ　政治家, 神学者, 牧師　ジンバブエ大統領（初代）
Banatao, Dado P.　バナタオ, ダド・P.
[著]「シリコンバレー」日本経済新聞社　2001
Bancel, Nicolas　バンセル, ニコラ
[著]「植民地共和国フランス」岩波書店　2011
Banchi, Roger　バンシ, ロジェ
[国]コートジボワール　中小企業相
Banchini, Chiara　バンキーニ, キアラ
[国]スイス　バロック・バイオリン奏者
Bancon, Francois　バンコン, フランソワ
1951〜　[著]「100% love「remix」」新風舎　2004
Bancquart, Marie-Claire　バンカール, マリ＝クレール
[著]「フランス現代詩アンソロジー」思潮社　2001
Bancroft, Anne　バンクロフト, アン
1931〜2005　[国]アメリカ　女優　本名＝Itariano, Anna Maria
Bancroft, Lundy　バンクロフト, ランディ
[著]「別れる？　それともやり直す？　カップル関係に悩む女性のためのガイド」明石書店　2016
Bancroft, Tom　バンクロフト, トム
[著]「トム・バンクロフトが教える長く愛されるキャラクターデザインの秘密」ボーンデジタル　2015
Band, Edward　バンド, E.
[著]「トマス・バークレー」教文館　2009
Banda, Aleke　バンダ, アレケ
[国]マラウイ　農業水利相
Banda, Anthony　バンダ, アンソニー
[国]アメリカ　野球選手
Banda, Charles　バンダ, チャールズ
[国]ザンビア　観光・芸術相
Banda, Etta　バンダ, エタ
[国]マラウイ　外相
Banda, Grenenger Kidney Msulira　バンダ, グレネンガー・キドニー・ムスリラ
[国]マラウイ　駐日特命全権大使
Banda, Henry　バンダ, ヘンリー
[国]マラウイ　運輸・公共事業相
Banda, Henry Chimunthu　バンダ, ヘンリー・チムンス
[国]マラウイ　鉱業・エネルギー・天然資源相
Banda, Joyce Hilda　バンダ, ジョイス・ヒルダ
1950〜　[国]マラウイ　政治家　マラウイ大統領
Banda, Mary　バンダ, メアリー
[国]マラウイ　女性・青年・地域サービス相
Banda, Rupiah　バンダ, ルピヤ
1937〜　[国]ザンビア　政治家, 外交官　ザンビア大統領　本名＝Banda, Rupiah Bwezani

al-Bandak, Ziad　バンダク, ジアド
　国パレスチナ　地方相
Bandaman, Maurice Kouakou　バンダマン, モーリス・クアク
　国コートジボワール　文化・フランス語圏相　異バンダマ, モーリス・クアク
Bandara, Chandrani　バンダラ, チャンドラニ
　国スリランカ　女性・児童問題相
Bandaranaike, Anura　バンダラナイケ, アヌラ
　1949～2008　国スリランカ　政治家　スリランカ外相
Bandazhevskiĭ, IUriĭ Ivanovich　バンダジェフスキー, ユーリ・I.
　1957～　著「放射性セシウムが与える人口学的病理学的影響」合同出版　2015
Bande, John　バンデ, ジョン
　国マラウイ　産業・貿易相
Bandeira, Andreia　バンディエラ, アンドレイア
　国ブラジル　ボクシング選手
Banderas, Antonio　バンデラス, アントニオ
　1960～　国スペイン　俳優
Bandion-ortner, Claudia　バンディオンオルトナー, クラウディア
　国オーストリア　法相
Bandit, Clean　バンディット, クリーン
　グラミー賞 最優秀ダンス・レコーディング作品（2014年（第57回））　"Rather Be"
Bandler, Richard　バンドラー, リチャード
　1950～　著「リチャード・バンドラーの3日で人生を変える方法」ダイヤモンド社　2012
Bandman, Bertram　バンドマン, バートラム
　著「いのちと向き合う看護と倫理」人間と歴史社　2010
Bandman, Elsie L.　バンドマン, エルシー・L.
　著「いのちと向き合う看護と倫理」人間と歴史社　2010
Bandura, Albert　バンデューラ, アルバート
　1925～　国カナダ　心理学者　スタンフォード大学名誉教授　異バンデュラ, アルバート
Bandy, Jett　バンディ, ジェット
　国アメリカ　野球選手
Banega, Ever　バネガ, エベル
　国アルゼンチン　サッカー選手
Baneham, Richard　バネハム, リチャード
　アカデミー賞 特殊効果賞（第82回（2009年））　"Avatar"
Banerjea, Subrata Kumar　バナジー, スブラタ・クマー
　1956～　著「マヤズム治療のための大事典」ホメオパシー出版　2009
Banerjee, Abhijit V.　バナジー, アビジット・V.
　著「貧乏人の経済学」みすず書房　2012
Banerjee, Mamata　バナジー, ママタ
　1955～　国インド　政治家　西ベンガル州首相, 草の根会議派党首　インド鉄道相
Banerji, Prasanta　バナジー, プラサンタ
　著「バナジー・プロトコル」ホメオパシー出版　2013
Banerji, Pratip　バナジー, プラティップ
　著「バナジー・プロトコル」ホメオパシー出版　2013
Báñez García, María Fátima　バニェス・ガルシア, マリア・ファティマ
　国スペイン　雇用・社会保障相
Banfield, Richard　ベンフィールド, リチャード
　著「デザインスプリント」オライリー・ジャパン, オーム社（発売）　2016
Bang, Derrick　バング, デリック
　1955～　著「スヌーピーたち50年分のhappy book」講談社　2004
Bang, Mary Jo　バング, メアリー・ジョー
　全米書評家協会賞 詩（2007年）　"Elegy"
Bang, Molly　バング, モリー
　1943～　国アメリカ　絵本作家
Bang, Yong-suk　パン・ヨンソク
　国韓国　労働相　漢字名=方鏞錫
Banga, Ajay　バンガ, アジェイ
　マスターカードCEO
Bangalter, Thoma　バンガルテル, トーマ
　1975～　国フランス　ミュージシャン
Bangle, Christopher　バングル, クリストファー
　著「動機づける力」ダイヤモンド社　2005
Bangoura, Fode　バングーラ, フォデ
　国ギニア　国務相（大統領府担当）
Bangoura, Ibrahim　バングラ, イブラヒム
　国ギニア　都市・国土整備相　異バングラ, イブライマ
Bangoura, Kiridi　バングラ, キリディ
　国ギニア　青年・スポーツ・文化相
Bangoura, Mamadoub Max　バングラ, ママドゥバ・マクス
　国ギニア　計画・民間部門促進相
Bangoura, Mathurin　バングラ, マトゥラン
　国ギニア　都市開発・住宅・建設相　異バングラ, マトゥリン
Bangre, Taïrou　バングレ, タイル
　国ブルキナファソ　スポーツ・余暇相
Bangsbo, Jens　バングスボ, ヤン
　著「パフォーマンス向上に役立つサッカー選手の体力測定と評価」大修館書店　2015
Banguli, Marco　バングリ, マルコ
　国コンゴ民主共和国　財務相
Bangura, Alimamy Paolo　バングラ, アリマミー・パオロ
　国シエラレオネ　エネルギー電力相
Bangura, Bai Mamoud　バングラ, バイ・マムゥド
　国シエラレオネ　青年相
Bangura, M'mah Hawa　バングラ, ムマ・ハワ
　国ギニア　外相
Bangura, Mohamed　バングラ, モハメド
　国シエラレオネ　情報・通信相
Bangura, Zainab Hawa　バングーラ, ザイナブ・ハワ
　国シエラレオネ　保健相
Banharn Silpaarcha　バンハーン・シンラパアーチャ
　1932～2016　国タイ　政治家　タイ首相, タイ国民党党首　異バンハーン・シンラパアーチャー
Bani, Arno　バニ, アルノ
　著「MICHAEL JACKSON」世界文化社　2010
Bani, John　バニ, ジョン
　国バヌアツ　大統領
Bănicioiu, Nicolae　バニチョイユ, ニコラエ
　国ルーマニア　保健相
Banier, François-marie　バニエ, フランソワ・マリ
　国フランス　写真家, 作家
Banietemad, Rakhshan　バニエッテマード, ラフシャーン
　ヴェネチア国際映画祭 脚本賞（第71回（2014年））　"Ghesseha"
Banionis, Donatas　バニオニス, ドナタス
　1924～2014　国リトアニア　俳優
Banister, Jeff　バニスター, ジェフ
　国アメリカ　テキサス・レンジャーズ監督
Banister, Peter　バニスター, P.
　1947～　著「質的心理学研究法入門」新曜社　2008
Banjai, Barros Bacar　バンジャイ, バロス・バカル
　国ギニアビサウ　自然資源相
Banjo, Chris　バンジョー, クリス
　国アメリカ　アメフト選手
Banjong Pisanthanakun　バンジョン・ピサンタナクーン
　1979～　国タイ　映画監督
Bank, Melissa　バンク, メリッサ
　1961～　国アメリカ　作家　分野文学
Bank, Ondrej　バンク
　国チェコ　アルペンスキー選手
Bańka, Witold　バンカ, ウィトルド
　国ポーランド　スポーツ・観光相
Banke, Karl　バンク, カール
　著「SOA大全」日経BP社, 日経BP出版センター（発売）　2005
Banker, Ashok K.　バンカー, アショーカ・K.
　1964～　国インド　作家　分野SF, ミステリー
Banker, Kyle　バンカー, カイル
　著「MongoDBイン・アクション」オライリー・ジャパン, オーム社（発売）　2012
Banks, Carolyn　バンクス, キャロリン
　著「スロウ・ハンド」角川書店　2002
Banks, Catherine　バンクス, キャサリン
　カナダ総督文学賞 英語 戯曲（2012年）ほか
Banks, Cherry A.McGee　バンクス, チェリー・A.マッギー
　著「民主主義と多文化教育」明石書店　2006
Banks, Dennis J.　バンクス, デニス
　1936～　国アメリカ　米国先住民公民権運動家　アメリカ・インディアン運動（AIM）リーダー
Banks, Erik　バンクス, エリック
　著「企業リスク・マネジメント入門」シグマベイスキャピタル　2007
Banks, Ernie　バンクス, アーニー
　1931～2015　国アメリカ　野球選手　本名=Banks, Ernest

B

Banks, Iain バンクス, イアン
1954〜2013 [国]イギリス 作家 別名=バンクス, イアン・M.
Banks, James A. バンクス, ジェームズ・A.
1941〜 [著]「民主主義と多文化教育」 明石書店 2006
Banks, Johnthan バンクス, ジョンサン
[国]アメリカ アメフト選手
Banks, Kate バンクス, ケート
[国]アメリカ 絵本作家 [異]バンクス, ケイト
Banks, Leanne バンクス, リアン
[著]「希望の星降るクリスマス」 ハーパーコリンズ・ジャパン 2016
Banks, Lynne Reid バンクス, リン・リード
1929〜 [著]「王宮のトラと闘技場のトラ」 さ・え・ら書房 2016
Banks, Marcus バンクス, マーカス
[著]「質的研究におけるビジュアルデータの使用」 新曜社 2016
Banks, Maya バンクス, マヤ
[著]「なくした愛を囁いて」 ハーパーコリンズ・ジャパン 2016
Banks, Melaine Josephin バンクス, メライン・ジョセフィーヌ
[著]「ビーンワールド」 如月出版 2007
Banks, Philip バンクス, フィリップ
[国]リベリア 法相
Banks, Rosie バンクス, ロージー
[著]「シークレット・キングダム」 理論社 2013
Banks, Russel バンクス, ラッセル
1940〜 [国]アメリカ 作家 プリンストン大学教授
Banks, Sarah バンクス, サラ
[著]「ソーシャルワークの倫理と価値」 法律文化社 2016
Banks, Steven バンクス, スティーブン
1954〜 [著]「かぜひきスポンジ・ボブ」 ゴマブックス 2008
Banks, Tyra バンクス, タイラ
1973〜 [国]アメリカ タレント, モデル
Bankston, John バンクストン, ジョン
1974〜 [著]「ランドルフ・コールデコットの生涯と作品」 絵本の家 2006
Banksy バンクシー
1974〜 [著]「Wall and Piece」 パルコエンタテインメント事業部 2011
Bankumukunzi, Nestor バンクムクンジ, ネストル
[国]ブルンジ 郵政・情報技術・コミュニケーション・メディア相
Bann, Stephen バン, スティーヴン
[著]「美術史を語る言葉」 ブリュッケ, 星雲社(発売) 2002
Banna, Mamiya el バンナ, マミヤ
[国]チュニジア 環境相
Banner, Sarah Louise バナー, セイラ・ルイス
[国]フィジー 元・在フィジー日本国大使館現地職員
Bannerman, Cecilia バナーマン, セシリア
[国]ガーナ 鉱山相
Bannerman, James バナーマン, ジェイムズ
[著]「100のボツから1のアイデアを生み出す天才の思考術」 アルファポリス, 星雲社(発売) 2014
Bannert, Valerie バナート, ヴァレリー
[著]「科学経営のための実践的MOT」 日経BP社, 日経BP出版センター(発売) 2005
Bannink, Fredrike バニンク, フレドリケ
[著]「ポジティブ認知行動療法」 北大路書房 2015
Bannis-roberts, Loreen バニスロバート, ロリーン
[国]ドミニカ共和国 情報相兼地域開発・文化・男女平等相
Bannister, Brian バニスター, ブライアン
[国]アメリカ ボストン・レッドソックスコーチ
Bannister, Desmond バニスター, デズモンド
[国]バハマ 教育相
Bannister, Jarrod バニスター
[国]オーストラリア 陸上選手
Bannister, Jo バニスター, ジョー
1951〜 [著]「摩天楼の密室」 扶桑社 2014
Banno, Robert Tadashi バンノ, ロバート・タダシ
[国]カナダ 日系プレース基金理事長, ブリティッシュ・コロンビア日加協会理事, 元・ナショナル日系ヘリテージセンター協会理事長
Bannon, John A. バノン, ジョン
1957〜 [著]「ジョン・バノンカードマジック」 東京堂出版 2013
Banny, Charles バニー, シャルル
[国]コートジボワール 首相兼経済財務相兼通信相
Bano, Arsenio バノ, アルセニオ
[国]東ティモール 労働・連帯相 [異]バノ, アルセニオ・パイサオ
Bansal, Binny バンサル, ビニー
Flipkart共同創業者
Bansal, Pawan K. バンサル, パワン・K.
[国]インド 鉄道相
Bansal, Sachin バンサル, サチン
[国]インド 起業家 フィリップカートCEO・創業者 [異]バンソール, サチン
Bansarn, Bunnag バンサーン・ブンナーク
[国]タイ 駐日特命全権大使
Bansch, Helga バンシュ, ヘルガ
1957〜 [著]「だいすきなパパ」 ワールドライブラリー 2016
Banscherus, Jürgen バンシェルス, ユルゲン
1949〜 [著]「ぼくとリンダと庭の船」 偕成社 2010
Bansley, Heather バンスリー, ヘザー
[国]カナダ ビーチバレー選手
Banta, Milt バンタ, ミルト
[著]「ふしぎの国のアリス」 竹書房 2003
Banta, Susan バンタ, スーザン
[著]「おねつをだしたピーパー」 サイエンティスト社 2009
Banteaux Suarez, Carlos バンテアクススアレス
[国]キューバ ボクシング選手
Banton, Buju バントン, ブジュ
グラミー賞 最優秀レゲエ・アルバム(2010年(第53回))
"Before The Dawn"
Banuelos, Manny バニュエロス, マニー
[国]メキシコ 野球選手
Banville, John バンビル, ジョン
1945〜 [国]アイルランド 作家 筆名=ブラック, ベンジャミン〈Black, Benjamin〉 [異]バンヴィル, ジョン
Banwart, Travis バーンワート, トラビス
[国]アメリカ 野球選手
Banya, Sama S. バニヤ, サマ・S.
[国]シエラレオネ 外相
Banyai, Istvan バンニャイ, イシュトバン
1949〜 [著]「アザー・サイド」 ブッキング 2006
Banyard, Joe バンヤード, ジョー
[国]アメリカ アメフト選手
Banyard, Philip バニアード, フィリップ
1953〜 [著]「心理学への異議」 新曜社 2005
Bánzer Suárez, Hugo バンセル, ウゴ
1926〜2002 [国]ボリビア 政治家, 軍人 ボリビア大統領 [異]バンセル, ウーゴ / バンセル・スアレス, ウゴ
Banzi, Massimo バンジ, マッシモ
[著]「Arduinoをはじめよう」 オライリー・ジャパン, オーム社(発売) 2015
Banzio, Dagobert バンジオ, ダゴベール
[国]コートジボワール 商業相
Bao, Yuntuvi バオ, ユントゥビ
[国]パプアニューギニア 住宅相
Bao, Zun-xin バオ・ズゥンシン
1937〜2007 [国]中国 中国社会科学院歴史研究所研究員 [専]歴史学 漢字名=包遵信
Báo Ninh バオ・ニン
1952〜 [国]ベトナム 作家 本名=ホアン・アウ・フォン〈Hoàng Âu Phu'o'ng〉
Bapès Bapès, Louis バペバペ, ルイ
[国]カメルーン 中等教育相
Bappou, Sheilabai バプー, シェイラバイ
[国]モーリシャス 社会保障・国家連帯・機構改革相
Baptista, Paulino Domingos バティスタ, パウリノ・ドミンゴス
[国]アンゴラ ホテル・観光相
Baptiste, Alva バプティスト, アルバ
[国]セントルシア 外務・貿易・民間航空相
Baptiste, Hilson バプティスト, ヒルソン
[国]アンティグア・バーブーダ 農業・国土・住宅・環境相
Baptiste, Kelly-Ann バプティスト, ケリーアン
[国]トリニダード・トバゴ 陸上選手 [異]バプティスト
Baptiste, Moses バプティスト, モーゼス
[国]セントルシア 農業・食糧生産・漁業・協同組合・農村開発相
Baptiste, Rene バティスト, レネ
[国]セントビンセント・グレナディーン 都市開発・労働・文化・選挙問題相
Baptiste-cornelis, Therese バプティストコーネリス, テレーズ
[国]トリニダード・トバゴ 保健相
Baptiste-primus, Jennifer バプティストプリマス, ジェニ

ファー
　㊀トリニダード・トバゴ　労働・小企業開発相
Baqaei, Hamid　バガイ, ハミド
　㊀イラン　副大統領（行政担当）
Baqer al-Abdullah, Ahmad　バケル・アブドラ, アハマド
　㊀クウェート　商工相兼国民議会担当相
Baqr, Ahmad Yaqub　バクル, アハマド・ヤクブ
　㊀クウェート　法相
Baquedano, Elizabeth　バケダーノ, エリザベス
　㊃「アステカ・マヤ・インカ文明事典」あすなろ書房　2007
Baquerizo McMillan, Elsa　バケリソマクミラン, エルサ
　㊀スペイン　ビーチバレー選手
Baquet, Dean Paul　バケー, ディーン
　1956～　㊀アメリカ　ジャーナリスト　「ニューヨーク・タイムズ」編集主幹
Bar, Christian Von　バール, クリスティアン・フォン
　1952～　㊃「ヨーロッパ私法の原則・定義・モデル準則」法律文化社　2013
Bara, Dave　バラ, デイヴ
　㊃「光速艦インパルス, 飛翔！」早川書房　2016
Bara, Michael　バラ, マイク
　㊃「NASA秘録」学習研究社　2009
Barabas, Andras　バラバス, A.
　㊃「学会発表」総合医学社　2001
Barabási, Albert-László　バラバシ, アルバート＝ラズロ
　1967～　㊃「バースト！」NHK出版　2012
Barac, Lilian　バラック, リリアン
　1964～　㊃「ジャガーにかつのはだれ？」新世研　2003
Baradaranshoraka, Hamid-Reza　バラダランショラカ, ハミドレザ
　㊀イラン　副大統領（兼管理計画庁長官）
El-baradei, Fathy　エルバラダイ, ファトヒ
　㊀エジプト　住宅・施設・都市コミュニティー相
Baradulin, Ryhor Ivanavich　バラドゥーリン, リホール
　1935～　㊀ベラルーシ　詩人, 翻訳家
Barahowie, Karim　バラフィ, カリム
　㊀アフガニスタン　難民帰還相　㊅バラウィ, カリム
Barai, Carlitos　バライ, カルリトス
　㊀ギニアビサウ　保健相
Barak, Ehud　バラク, エフド
　1942～　㊀イスラエル　政治家, 軍人　イスラエル首相, イスラエル労働党党首　㊅バラク, エフド／バラック, エフード
Baraka, Amiri　バラカ, アミリ
　1934～2014　㊀アメリカ　詩人, 劇作家, 黒人解放運動家　別名＝バラカ, イマム・アミリ〈Baraka, Imamu Amiri〉
Baraka, Nizar　バラカ, ニザール
　㊀モロッコ　経済・財務相
Barakat, Ghayath　バラカト, ガヤス
　㊀シリア　高等教育相
Barakāt, Halīm Isber　バラカート, ハリーム
　1936～　㊀シリア　作家, 社会学者
Barakat, Nisreen　バラカト, ニスリーン
　㊀ヨルダン　公共部門改革相
Barakauskas, Dailis Alfonsas　バラカウスカス, ダイリス・アルフォンサス
　㊀リトアニア　内相
Baraldi, Claudio　バラルディ, クラウディオ
　㊃「GLU」国文社　2013
Baramidze, Giorgi　バラミゼ, ギオルギ
　㊀ジョージア　副首相兼国務相（欧州・大西洋統合担当）
Barampama, Marina　バラムパマ, マリナ
　㊀ブルンジ　第2副大統領
Baran, Myriam　バラン, ミリアム
　㊃「伝説の馬100頭」恒星社厚生閣　2007
Baran, Paul　バラン, ポール
　1926～2011　㊀アメリカ　情報工学者　㊂通信ネットワーク
Baran, Radoslaw　バラン, ラドスラフ
　㊀ポーランド　レスリング選手
Baran, Robert　バラン, ロベルト
　㊀ポーランド　レスリング選手
Baran, Stanley J.　バラン, スタンリー・J.
　1948～　㊃「マス・コミュニケーション理論」新曜社　2007
Barañao, José Lino　バラニャオ, ホセ・リノ
　㊀アルゼンチン　科学技術・生産革新相
Barancira, Alphonse　バランシラ, アルフォンス
　㊀ブルンジ　制度改革・人権・議会関係相

Barańczak, Stanisław　バランチャク, スタニスワフ
　1946～2014　㊀ポーランド　詩人
Barandagiye, Pascal　バランダギエ, パスカル
　㊀ブルンジ　内務・愛国教育相
Baranderka, Bernard　バランデレカ, ベルナール
　㊀ブルンジ　エネルギー・鉱業相
Bárándy, Péter　バーランディ・ペーテル
　㊀ハンガリー　法相
Baranivsky, Oleksandr　バラニフスキー, オレクサンドル
　㊀ウクライナ　農業政策相
Barankiewich, Filip　バランキエヴィッチ, フィリップ
　バレエダンサー　シュトゥットガルト・バレエ団プリンシパル
Baranov, Andrey　バラーノフ, アンドレイ
　㊀ロシア　エリザベート王妃国際コンクール ヴァイオリン　第1位（2012年）
Baranov, Yurii Evseevich　バラーノフ, ユーリー
　㊃「ロシアの楽器・バラライカ物語」新読書社　2001
Baranova-masolkina, Natalia　バラノワ
　㊀ロシア　距離スキー選手
Baranowska, Katarzyna　バラノウスカ
　㊀ポーランド　競泳選手
Baranowski, Zbigniew　バラノフスキ, ズビグニェフ
　㊀ポーランド　レスリング選手
Barari, Mohammadreza　バラリ, モハマドレザ
　㊀イラン　重量挙げ選手
Barash, David P.　バラシュ, D.P.
　㊅バラシュ, デイヴィッド　㊃「女性の曲線美はなぜ生まれたか」白揚社　2013
Barash, Susan Shapiro　バラシュ, スーザン・シャピロ
　1954～　㊃「女はなぜ足を引っ張りあうのか」ランダムハウス講談社　2005
al-Barasi, Awad　バラアシ, アワド
　㊀リビア　第2副首相
Barasi, Stephen　バラシ, スティーヴン
　㊃「一目でわかるニューロサイエンス」メディカル・サイエンス・インターナショナル　2009
Baraszkiewicz, Pawel　バラシュキエビッチ
　㊀ポーランド　カヌー選手
Baráth, Etele　バラート・エテレ
　㊀ハンガリー　欧州連合（EU）統合問題担当相
Barath, Klara　バラート, クラーク
　㊃「幸せを引き寄せる新解・数秘術」笠倉出版社　2012
Baratier, Jacques　バラティエ, ジャック
　1918～2009　㊀フランス　映画監督, 脚本家
Baraton, Alain　バラトン, アラン
　㊀フランス　庭師, 作家
Baratta, Anthony John　バラッタ, アンソニー・J.
　1945～　㊃「原子核工学入門」ピアソン・エデュケーション　2005
Barattini, Claudia　バラッティニ, クラウディア
　㊀チリ　文化相
Baratz-Logsted, Lauren　バラッツ・ログステッド, ローレン
　1962～　㊀アメリカ　作家　㊇文学
Baratz-Snowden, Joan C.　バラッツ・スノーデン, ジョアン
　㊃「よい教師をすべての教室へ」新曜社　2009
Barba, Andrés　バルバ, アンドレス
　1975～　㊃「ふたりは世界一！」偕成社　2014
Barba, Eric　バルバ, エリック
　アカデミー賞 特殊効果賞（第81回（2008年））　"The Curious Case of Benjamin Button"
Barba, Eugenio　バルバ, ユージェニオ
　1936～　㊀イタリア　演出家
Barba, Federico　バルバ, フェデリコ
　㊀イタリア　サッカー選手
Barba, Rick　バーバ, リック
　㊃「ミスト3エグザイル公式ガイド」ソフトバンクパブリッシング　2001
Barbaccia, Lynda　バーバチー, リンダ
　1957～　㊃「働く人のためのちいさな知恵」飛鳥新社　2012
Barbachan, Ana Luiza Busato　バルバシャン, アナルイザ
　㊀ブラジル　セーリング選手
Barbalho, Helder　バルバリョ, エルデル
　㊀ブラジル　国家統合相　㊅バルバーリョ, エルデル
Barbanell, Maurice　バーバネル, モーリス
　㊃「霊力を呼ぶ本」潮文社　2007
Barbanell, Sylvia　バーバネル, シルビア

[著]「シルバー・バーチの霊訓」 潮文社 2005
Barbara, Agatha バーバラ, アガタ
1923～2002 [国]マルタ 政治家 マルタ大統領 [異]バーバラ, アガサ
Barbara Seixas バルバラ
[国]ブラジル ビーチバレー選手
Barbaree, Howard バーバリー, ハワード
[著]「性犯罪者の治療と処遇」 日本評論社 2010
Barbaro, Paolo バルバロ, パオロ
1957～ [著]「写真講義」 みすず書房 2014
Barbato, Johnny バーバト, ジョニー
[国]アメリカ 野球選手
Barbe, André-Francois バルブ, アンドレ＝フランソワ
[著]「ジュテーム」 青山出版社 2004
Barbeau, Jeffrey W. バーボー, ジェフリー・W.
[著]「だれもが知りたいキリスト教神学Q&A」 教文館 2016
Barbe-Gall, Françoise バルブ・ガル, フランソワーズ
[著]「フランス流はじめての名画の見方」 パイインターナショナル 2010
Barbeiro, Marciano Silva バルベイロ, マルシアノ・シルバ
[国]ギニアビサウ 公共事業・建設・都市計画相
Barber, Anthony バーバー, アンソニー
[国]アメリカ バスケットボール選手
Barber, Antonia バーバー, アントニア
[著]「やんちゃなサルとしずかなパンダ」 評論社 2001
Barber, Barrington バーバー, バーリントン
[著]「人体デッサンの基礎知識」 グラフィック社 2009
Barber, Benjamin R. バーバー, ベンジャミン・R.
1939～ [著]「消費が社会を滅ぼす?!」 吉田書店 2015
Barber, Christine バーバラ, クリスチン
[著]「英国ボバース講師会議によるボバース概念」 ガイアブックス 2013
Barber, Dan バーバー, ダン
1969～ [著]「動物工場」 緑風出版 2016
Barber, Jared バーバー, ジャレッド
[国]アメリカ アメフト選手
Barber, John バーバー, J.
[著]「DB2ユニバーサル・データベースアプリケーション開発環境」 ピアソン・エデュケーション 2001
Barber, Lizzie バーバー, リジー
[著]「イラストでわかる！ ジュニア科学辞典」 成美堂出版 2013
Barber, Luke バーバー, ルーク
[著]「さあ、今日から幸せになろう」 竹書房 2003
Barber, Nicholas バーバー, ニコラス
[著]「ビートルズ世界証言集」 ポプラ社 2006
Barber, Nicola バーバー, ニコラ
[著]「移動できる家」 ほるぷ出版 2007
Barber, Paul バーバー, P.
[著]「看護とヘルスケアの社会学」 医学書院 2005
Barber, Peyton バーバー, ペイトン
[国]アメリカ アメフト選手
Barber, Shawnacy バーバー, ショーネシー
[国]カナダ 陸上選手
Barber, Theodore Xenophon バーバー, セオドア・ゼノフォン
1927～2005 [著]「もの思う鳥たち」 日本教文社 2008
Barber, Tom バーバー, トム
[著]「はいしゃさんにきたのはだれ？」 小峰書店 2008
Barber, William J. バーバー, ウィリアム・J.
[著]「グンナー・ミュルダール」 勁草書房 2011
Barbera, Carlo バルベーラ, カルロ
[著]「地底の楽園〈アガルタ神秘文明〉へのナビゲーションガイド」 ヒカルランド 2013
Barbera, Joseph バーベラ, ジョゼフ
1911～2006 [国]アメリカ アニメーション作家 本名＝バーベラ, ジョゼフ・ローランド〈Barbera, Joseph Roland〉
Barbera, Robert J. バーバラ, ロバート・J.
[著]「資本主義のコスト」 洋泉社 2009
Barberi, Carlo バルベリー, カルロ
[著]「デッドプール：モンキー・ビジネス」 小学館集英社プロダクション 2015
Barberis, Andrea バルベリス, アンドレア
[国]イタリア サッカー選手
Barberis, Jaime バルベリス, ハイメ
[国]エクアドル 駐日特命全権大使
Barberis, Juan Carlos バルベリス, フアン・C.
[著]「動物言語の秘密」 西村書店東京出版編集部 2016
Barbero, Alessandro バルベーロ, アレッサンドロ
1959～ [著]「近世ヨーロッパ軍事史」 論創社 2014
Lord **Barber of Wentbridge** バーバー・オブ・ウエントブリッジ
1920～2005 [国]イギリス 政治家, 銀行家 英国蔵相, スタンダード・アンド・チャータード・バンキング・グループ会長 本名＝バーバー, アンソニー〈Barber, Anthony Perrinot Lysberg〉
Barbery, Muriel バルベリ, ミュリエル
1969～ [国]フランス 作家 [専]文学, フィクション, 哲学
Barbery Anaya, Roberto バーベリ・アナヤ, ロベルト
[国]ボリビア 国民参加担当相
Barbier, Edward B. バービア, エドワード・B.
1957～ [著]「なぜグローバル・グリーン・ニューディールなのか」 新泉社 2013
Barbier, Geneviève バルビエ, ジュヌヴィエーヴ
[著]「がんを産み出す社会」 本の泉社 2013
Barbier, Jean-Claude バルビエ, ジャン＝クロード
1947～ [著]「フランスの社会保障システム」 ナカニシヤ出版 2006
Barbieri, Elaine バービエリー, エレイン
[著]「四つの愛の物語」 ハーレクイン 2003
Barbieri, Fedora バルビエーリ, フェドーラ
1919～2003 [国]イタリア メゾ・ソプラノ歌手 [異]バルビエリ, フェドーラ
Barbieri, Gato バルビエリ, ガトー
1932～2016 [国]アルゼンチン ジャズ・テナーサックス奏者 本名＝バルビエリ, レアンドロ〈Barbieri, Leandro〉
Barbir, Frano バーバー, フラノ
1954～ [著]「水素エネルギー入門」 西田書店 2003
Barbosa, Edson バルボーサ, エドソン
[国]ブラジル ローザンヌ国際バレエコンクール 3位・プロ研修賞（第40回（2012年））
Barbosa, Leandro バルボウサ, リアンドロ
[国]ブラジル バスケットボール選手
Barbosa, Mariano バルボサ, マリアーノ
[国]アルゼンチン サッカー選手
Barbosa, Nelson バルボザ, ネルソン
[国]ブラジル 財務相
Barbosa, Tomás Gomes バルボザ, トマス・ゴメス
[国]ギニアビサウ 文化・スポーツ相
Barbosa Vicente, Abraão Aníval Fernandes バルボザビセンテ, アブラウン・アニバル・フェルナンデス
[国]カボベルデ 文化・創造産業相
Barbour, Ian G. バーバー, I.G.
[著]「科学が宗教と出会うとき」 教文館 2004
Barbour, Ian Graeme バーバー, イアン・グレーム
1923～2013 [国]アメリカ 神学者, 物理学者 カールトン大学名誉教授
Barbour, Karen バーバー, カレン
[著]「ぼくのものがたりあなたのものがたり」 岩崎書店 2009
Barbour, Nancy E. バーバー, ナンシー
[著]「ポートフォリオをデザインする」 ミネルヴァ書房 2001
Barboza, David バーボザ, デービッド
ジャーナリスト 「ニューヨーク・タイムズ」上海支局長
Barboza, Raul バルボサ, ラウル
1938～ [国]アルゼンチン アコーディオン奏者
Barbre, Allen バーブリー, アレン
[国]アメリカ アメフト選手
Barbu, Gheorghe バルブ, ゲオルゲ
[国]ルーマニア 労相
Barbu, Sulfina バルブ, スルフィナ
[国]ルーマニア 環境相
Barcilon, Marianne バルシロン, マリアンヌ
1969～ [著]「おしゃぶりだいすきニーナちゃん」 佼成出版社 2003
Barclay, Alex バークレー, アレックス
[著]「ダークハウス」 柏艪舎, 星雲社（発売） 2005
Barclay, Don バークレイ, ドン
[国]アメリカ アメフト選手
Barclay, Eddie バークレー, エディ
1921～2005 [国]フランス 音楽プロデューサー 本名＝ルオー, エドゥアール〈Ruault, Edouard〉
Barclay, Eric バークレー, エリック
[著]「めがねがなくてもちゃんとみえてるもん！」 ブロンズ新社 2015
Barclay, Linwood バークレイ, リンウッド
[国]カナダ 作家 [専]ミステリー, スリラー

Barclay, Patrick バークレー, パトリック
[著]「ジョゼ・モウリーニョ勝者を生み出すメソッド」 東洋館出版社 2016
Barclay, Robert L. バークレー, ロバート・L.
[著]「歴史的楽器の保存学」 音楽之友社 2002
Barclay, Ronald バークレー, R.
?〜2005 [著]「バークレー信仰のことば辞典」 日本キリスト教団出版局 2005
Barco Isackson, Carolina バルコ・イサクソン, カロリナ
[国]コロンビア 外相
Barcomb, Wayne バーカム, ウェイン
1933〜 [国]アメリカ 作家 [専]ミステリー, サスペンス
Barczewski, Stephanie L. バーチェフスキー, ステファニー・L.
[著]「大英帝国の伝説」 法政大学出版局 2005
Bard, Allen J. バード, アラン・J.
[国]アメリカ ウルフ賞 化学部門(2008年)
Bard, E.M. バード, E.M.
[著]「ネコのI.Q.テスト」 ダイナミックセラーズ出版 2009
Bard, Josh バード, ジョシュ
[国]アメリカ ロサンゼルス・ドジャースコーチ
Bard, Ron バード, ロン
[著]「今、いちばん大切な本です」 ナチュラルスピリット 2012
Barda, Henri バルダ, アンリ
ピアニスト エコール・ノルマル音楽院教授
Bardach, Eugene バーダック, ユージン
[著]「政策立案の技法」 東洋経済新報社 2012
Bardach, Georgina バルダチ
[国]アルゼンチン 競泳選手
Bardaji, Ander バルダヒ, アンデル
[国]スペイン サッカー選手
Bardal, Anders バルダル
[国]ノルウェー スキージャンプ選手
Bardeen, Marjorie G. バーディーン, マージョリー・G.
[著]「科学力のためにできること」 近代科学社 2008
Bardeli, Marlies バルデリ, マルリース
[著]「翼をひろげて」 求竜堂 2004
Bardelli, Giorgio G. バルデッリ, ジョルジオ・G.
1965〜 [異]バルデッリ, ジョルジォ・G. [著]「自然の楽園」 東洋書林 2013
Bardem, Javier バルデム, ハビエル
1969〜 [国]スペイン 俳優 [異]バルデム, ハヴィエル
Bardem, Juan Antonio バルデム, フアン・アントニオ
1922〜2002 [国]スペイン 映画監督, 脚本家 [異]バルデム, ファン・アントニオ / バルデム, フワーン・アントニオ
Barden, Leonard バーデン, レナード
1929〜 [著]「161ミニチュア(短手数局)集」 チェストランス出版 2011
Bardens, Pete バーデンス, ピート
?〜2002 [国]アメリカ ロックキーボード奏者 旧グループ名=キャメル〈Camel〉 [異]バーデンズ, ピーター
Bardet, Solenn バルデ, ソレン
1975〜 [著]「赤い大地のパリジェンヌ」 晶文社 2003
Bardgett, Richard D. バージェット, リチャード
[著]「地上と地下のつながりの生態学」 東海大学出版部 2016
Bardhan, Pranab K. バーダン, プラナブ
[著]「開発のミクロ経済学」 東洋経済新報社 2001
Bardi, Carla バルディ, カーラ
[著]「Pizza M Size」 CLASSIX MEDIA, 徳間書店(発売) 2015
Bardini, Thierry バーディーニ, ティエリー
[著]「ブートストラップ」 コンピュータ・エージ社 2002
Bardo, Blayne バルドー, ブレイン
[著]「誰がかまうもんか?!」 ナチュラルスピリット・パブリッシング80 2010
Bardoe, Cheryl バードー, シェリル
1971〜 [著]「グレゴール・メンデル」 BL出版 2013
Bardot, Brigitte バルドー, ブリジット
1934〜 [国]フランス 女優, 動物愛護運動家 ブリジット・バルドー財団創立者 本名=ジャヴァル, カミーユ〈Javal, Camille〉
Bardsley, Phil バーズリー, フィル
[国]スコットランド サッカー選手
Bardugo, Leigh バーデュゴ, リー
[国]アメリカ 作家 [専]ヤングアダルト, ファンタジー
Bardzell, Jeffrey バーゼル, ジェフリー
[著]「Flashクックブック」 オライリー・ジャパン, オーム社(発売) 2007
Bardzell, Shaowen バーゼル, ショーエン
[著]「充実解説トレーニング形式で学ぶMacromedia Studio MX 2004」 ソフトバンクパブリッシング 2005
Barea, Jose バレア, ホセ
[国]プエルトリコ バスケットボール選手
Barea Tejeiro, José バレア, J.
[著]「スペイン社会的経済概括報告書」 非営利・協同総合研究所いのちとくらし 2005
***al*-Bared, Osama Mae** アル・バレド, ウサマ・マエ
[国]シリア 供給商業相
Bareigts, Ericka バレッツ, エリカ
[国]フランス 海外県・海外領土相
Bareiro Spaini, Luís Nicanor バレイロ・スパイニ, ルイス・ニカノル
[国]パラグアイ 国防相
Bareket, Rachael バレケット, レイチェル
[著]「自閉症スペクトラムの子どものソーシャルスキルを育てるゲームと遊び」 黎明書房 2010
Barel, Sari バルエル, サリー
[著]「アニマル・シンキング」 英治出版 2009
Barella, Nicolo バレッラ, ニコロ
[国]イタリア サッカー選手
Barenboim, Daniel バレンボイム, ダニエル
1942〜 [国]イスラエル 指揮者, ピアニスト ベルリン州立歌劇場音楽総監督
Barend, Johnny バレント, ジョニー
1929〜2011 [国]アメリカ プロレスラー
Barendrecht, Wouter バレンドレクト, ヴァウター
1965〜2009 [国]オランダ 映画プロデューサー
Barendt, E.M. バレント, エリック
[異]バーレント, エリック [著]「言論の自由」 雄松堂出版 2010
Barer, Burl ベアラー, バール
1947〜 [著]「ステルス」 竹書房 2005
Barfield, Thomas Jefferson バーフィールド, トマス
1950〜 [著]「アフガニスタン」 ほるぷ出版 2009
Barfoed, Lars バーフォード, ラース
[国]デンマーク 法相
Barford, Anna バーフォード, アンナ
[著]「グローバル統計地図」 東洋書林 2009
***al*-Bargati, Mohammad Mahmoud** バルガシ, ムハンマド・マハムード
[国]リビア 国防相
Barger, Ralph バージャー, ラルフ
1938〜 [異]バージャー, ラルフ・"サニー" [著]「ヘルズ・エンジェル」 無名舎, マクミランランゲージハウス(発売) 2001
Bargfrede, Philipp バルクフレーデ, フィリップ
[国]ドイツ サッカー選手
Bargh, John A. バージ, ジョン
[著]「無意識と社会心理学」 ナカニシヤ出版 2009
Barghouthi, Muhammed バルグーティ, ムハンマド
[国]パレスチナ 労相
Barghouti, Siham バルグーティ, シハム
[国]パレスチナ 文化相
Bargnani, Andrea バルニャーニ, アンドレア
[国]イタリア バスケットボール選手
Bargouthi, Siham バルグーティ, シハム
[国]パレスチナ 文化相
Bari, Abdul Majeed Abdul バリ, アブドル・マジード・アブドル
[国]モルディブ イスラム相 [異]バリ, アブドル・マジード・アブドル
Barić, Maija バリチ, マイヤ
[著]「人形劇であそびましょう!」 猫の言葉社 2015
Baricco, Alessandro バリッコ, アレッサンドロ
1958〜 [国]イタリア 作家, ジャーナリスト, 音楽評論家
Barichello, Richard バリチェロ, リチャード
[著]「開発のための政策一貫性」 明石書店 2006
Barichnikoff, Catherine バリシュニコフ, カトリーヌ
[著]「最新地図で読む世界情勢」 CCCメディアハウス 2015
Bariev, Enver R. バリエフ, エンベル・R.
[国]ベラルーシ 非常事態相 [異]バリエフ, エンベル
Barilier, Étienne バリリエ, エティエンヌ
1947〜 [著]「ピアニスト」 アルファベータ 2013
Barilla, Antonino バリッラ, アントニオ
[国]イタリア 射撃選手
Barilla, Jean バリラ, ジーン

Barillas, Natalia　バリジャス, ナタリア
　国ニカラグア　家族相
Barimah, Yaw　バリマ, ヨー
　国ガーナ　職業・住宅相
Baring, Anne　ベアリング, アン
　著「図説 世界女神大全」原書房　2007
Baring-Gould, Ceil　ベアリングールド, シール
　著「完訳 マザーグース」鳥影社　2003
Baring-Gould, William S.　ベアリングールド, ウイリアム・S.
　著「完訳 マザーグース」鳥影社　2003
Baringhorst, Maria Franziska　バーリンホースト, マリア・フランシスカ
　国ドイツ　聖霊病院聖霊乳児院院長
Baris, Alcino　バリス, アルシーノ
　国東ティモール　内相
Barish, Leora　バリッシュ, レオラ
　ゴールデン・ラズベリー賞（ラジー賞）最低脚本賞（第27回（2006年））　"Basic Instinct 2"
Barišić, Pavo　バリシッチ, パボ
　国クロアチア　科学・教育相
Bark, Tae-ho　パク・テホ
　1952～　国韓国　経済学者　韓国外交通商省通商交渉本部長　漢字名＝朴泰鎬
Barka, Koco　バルカ, コチョ
　国アルバニア　労働・機会均等相
Barkad Daoud, Hasna　バルカドダウド, ハスナ
　国ジブチ　青年・スポーツ・レジャー・観光相
Barkakati, Nabajyoti　バルカカティ, ナバジョッティ
　著「新LINUX大全」ソフトバンクパブリッシング　2002
Barkat, Said　バルカト, サイド
　国アルジェリア　国民連帯・家族相
Barkat Abdillahi, Mohamed　バルカトアブディラヒ, モハメド
　国ジブチ　法務・懲罰・イスラム・人権問題相
Barkat Daoud, Hasna　バルカダウド, ハスナ
　国ジブチ　女性地位向上・家族計画相
Barkdull, Larry　バークダル, ラリー
　著「ナゲキバト」あすなろ書房　2006
Barker, Alan　バーカー, アラン
　1956～　著「会話ヂカラを学べ!!」ディスカヴァー・トゥエンティワン　2006
Barker, Chris　バーカー, クリス
　国アメリカ　アメフト選手
Barker, Clive　バーカー, クライヴ
　1952～　著「もっと厭な物語」文芸春秋　2014
Barker, Cordell　バーカー, コーデル
　国カナダ　アヌシー国際アニメーション映画祭 短編映画 審査員特別賞（2009年）ほか
Barker, David　バーカー, デイヴィッド
　1938～　著「胎内で成人病は始まっている」ソニー・マガジンズ　2005
Barker, Debi　バーカー, デビ
　著「ポストグローバル社会の可能性」緑風出版　2006
Barker, Gord　バーカー, ゴード
　著「MCSEパーフェクトテキスト試験番号70-210：Windows 2000 Professional」ピアソン・エデュケーション　2001
Barker, Graham Richard　バーカー, グレアム
　1948～　著「ピアノマニュアル」ヤマハミュージックメディア　2010
Barker, Joel Arthur　バーカー, ジョエル
　著「パラダイムの魔力」日経BP社, 日経BPマーケティング（発売）　2014
Barker, Jonathan　バーカー, ジョナサン
　1938～　著「テロリズム」青土社　2004
Barker, Juliet R.V.　バーカー, ジュリエット
　著「ブロンテ家の人々」彩流社　2006
Barker, Kathy　バーカー, キャシー
　1953～　著「アット・ザ・ヘルム」メディカル・サイエンス・インターナショナル　2011
Barker, Margaret　バーカー, マーガレット
　著「夜明けを待ちながら」ハーレクイン　2007
Barker, Pat　バーカー, パット
　著「越境」白水社　2002
Barker, Paul　バーカー, ポール
　著「ブレークスルー思考」ダイヤモンド社　2001
Barker, Richard　バーカー, リチャード
　1946～　著「Symbian OS/C++プログラマのためのNokia Series 60アプリケーション開発ガイド」翔泳社　2004
Barker, Rick　バーカー, リック
　国ニュージーランド　内相兼民間防衛相兼裁判所担当相兼退役軍人問題相
Barker, Rob　バーカー, ロブ
　著「OBA開発入門」日経BPソフトプレス, 日経BP出版センター（発売）　2008
Barker, Rodney　バーカー, ロドニー
　著「多元主義と多文化主義の間」早稲田大学出版部　2013
Barker, Roger A.　バーカー, ロージャー・A.
　1961～　著「一目でわかるニューロサイエンス」メディカル・サイエンス・インターナショナル　2009
Barker, Ronnie　バーカー, ロニー
　1929～2005　国イギリス　喜劇俳優, コメディアン　本名＝バーカー, ロナルド・ウィリアム・ジョージ〈Barker, Ronald William George〉
Barker, Sarah　バーカー, サラ
　著「アレクサンダー・テクニーク入門」ビイング・ネット・プレス　2006
Barker, Stephen　バーカー, スティーブン
　著「はじめてのクリスマス」チャイルド本社　2010
Barker, Thomas M.　ベーカー, トーマス・M.
　著「ヒトラーが勝利する世界」学習研究社　2006
Barker, Tom　バーカー, トム
　1977～　著「R&JavaScriptによるデータ解析と視覚化テクニック」翔泳社　2013
Barkhah, Mohammad Hossein　バルカー
　国イラン　重量挙げ選手
Barkhatova, Elena Valentinovna　バルハトヴァ, エレーナ
　著「ポスターのユートピア」アートインプレッション　c2003
Barkhordarian, Arnold　バークホーダリアン, アーノルド
　著「インド」メディアファクトリー　2004
Barkin, Ellen　バーキン, エレン
　トニー賞 プレイ 助演女優賞（2011年（第65回））　"The Normal Heart"
Barkl, Andy　バークル, アンディ
　著「Cisco CCDA認定ガイド 第2版」日経BP社, 日経BP出版センター（発売）　2003
Barklem, Jill　バークレム, ジル
　著「のばらの村のものがたり」講談社　2001
Barkley, Brad　バークレイ, ブラッド
　著「僕の夢、パパの愛」角川書店　2002
Barkley, Elizabeth F.　バークレイ, エリザベス・F.
　著「協同学習の技法」ナカニシヤ出版　2009
Barkley, Matt　バークレー, マット
　国アメリカ　アメフト選手
Barkley, Ross　バークリー, ロス
　国イングランド　サッカー選手
Barkley, Russell A.　バークレー, ラッセル・A.
　1949～　著「大人のADHDワークブック」星和書店　2015
Barkmeier, Julie　バルクマイヤー, ジュリ
　著「コミュニケーション障害入門」大修館書店　2005
Barks, Carl　バークス, カール
　アングレーム国際漫画祭 遺産賞（2012年）　"Intégrale Carl Barks（T4）：La Dynastie Donald Duck"〈Glénat〉
Barksdale, Joe　バークスデイル, ジョー
　国アメリカ　アメフト選手
Barkun, Michael　バーカン, マイケル
　1938～　著「現代アメリカの陰謀論」三交社　2004
Barkwill, Ray　バークウィル, レイ
　国カナダ　ラグビー選手
Barlés Báguena, Elena　バルレス・バゲナ, エレナ
　国スペイン　サラゴサ大学哲文学部教授, 元・スペイン日本研究学会事務局長
Barletta, Martha　バーレッタ, マーサ
　訳バレッタ, マーサ　著「トレンド魂。」ランダムハウス講談社　2005
Barlow, David H.　バーロウ, デイビッド・H.
　訳バーロウ, デービッド・H.　著「不安とうつの統一プロトコル」診断と治療社　2014
Barlow, Emilie-claire　バーロー, エミリー・クレア
　国カナダ　ジャズ歌手　訳バーロウ, エミリー・クレア
Barlow, Gary　バーロー, ゲーリー
　国イギリス　歌手　訳バーロウ, ゲイリー
Barlow, Julie　バーロウ, ジュリー
　著「フランス語のはなし」大修館書店　2008
Barlow, Margaret Johnstone　バーロー, マーガレット・ジョ

ンストン
 著「アドラーの思い出」創元社 2007
Barlow, Maude バーロウ, モード
 著「ウォーター・ビジネス」作品社 2008
Barlow, Rebecca バーロウ, レベッカ
 著「アンガーコントロールトレーニング」星和書店 2012
Barlow, Steve バーロウ, スティーブ
 著「オデッセイ」小学館 2006
Barlow, Tani E. バーロウ, タニ・E.
 著「モダンガールと植民地的近代」岩波書店 2010
Barlow, William バーロー, ウィリアム
 1924～2012 国イギリス 電気工学者 英国王立工学アカデミー会長, 英国郵便公社会長
Barlow, Zenobia バーロ, ゼノビア
 著「食育菜園」家の光協会 2006
Barmak, Wais Ahmad バルマク, ワイス・アフマド
 国アフガニスタン 地方開発相
Barna, George バーナ, ジョージ
 著「レボリューション」地引網出版 2007
Barnaby, Brenda バーナビー, ブレンダ
 著「ザ・シークレットを超えて」徳間書店 2009
Barnaby, Wendy バーナビー, ウェンディ
 著「世界生物兵器地図」日本放送出版協会 2002
Barnard, Alan バーナード, アラン
 著「人類学の歴史と理論」明石書店 2005
Barnard, Aneurin バーナード, アネイリン
 ローレンス・オリヴィエ賞 ミュージカル・エンタテインメント男優賞(2010年(第34回)) "Spring Awakening"
Barnard, Christiaan Neethling バーナード, クリスチャン
 1922～2001 国南アフリカ 外科医 ケープタウン大学名誉教授
 ⊕心臓移植 ⊕バーナード, クリスティアーン／バーナード, クリスティアン
Barnard, Julian バーナード, ジュリアン
 著「写真でたどるバッチフラワー」フレグランスジャーナル社 2016
Barnard, Lucy バーナード, ルーシー
 著「クリスマスぬりえ★えほん」いのちのことば社CS成長センター 2015
Barnard, Malcolm バーナード, マルコム
 1958～ 著「アート、デザイン、ヴィジュアル・カルチャー」アグネ承風社 2002
Barnard, Martine バーナード, マーティーン
 著「Dr.バッチのヒーリングハーブス」BABジャパン出版局 2003
Barnard, Robert バーナード, ロバート
 1936～2013 国イギリス 探偵作家, 英文学者 トロムソ大学(ノルウェー)英文学教授
Barnatt, Christopher バーナット, クリストファー
 1967～ 著「3Dプリンターが創る未来」日経BP社, 日経BPマーケティング(発売) 2013
Barnay, Sylvie バルネイ, シルヴィ
 著「聖母マリア」創元社 2001
Barnbaum, Deborah R. バーンバウム, デボラ・R.
 1967～ 著「自閉症の倫理学」勁草書房 2013
Barnden, Betty バーンデン, ベティ
 1948～ 著「かぎ針で編む花のモチーフ78」主婦の友社 2013
Barndorff-Nielsen, Ole E. バルンドフーニールセン, O.E.
 著「確率過程」シュプリンガー・ジャパン 2009
Barner, Kenjon バーナー, ケンジョン
 国アメリカ アメフト選手
Barnes, Adairius バーンズ, アダイリアス
 国アメリカ アメフト選手
Barnes, Ashley バーンズ, アシュリー
 国イングランド サッカー選手
Barnes, Austin バーンズ, オースティン
 国アメリカ 野球選手
Barnes, Barry バーンズ, バリー
 1944～ 著「グレイトフルデッドのビジネスレッスン#」翔泳社 2012
Barnes, Ben バーンズ, ベン
 1981～ 国イギリス 俳優 本名＝Barnes, Benjamin Thomas
Barnes, Brandon バーンズ, ブランドン
 国アメリカ 野球選手
Barnes, Brenda C. バーンズ, ブレンダ
 国アメリカ 実業家 サラ・リー会長・CEO
Barnes, Colin バーンズ, コリン
 1946～ 著「イギリス障害学の理論と経験」明石書店 2010

Barnes, Courtney M. バーンズ, コートニー・M.
 著「デジタル・リーダーシップ」マグロウヒル・エデュケーション, 日本経済新聞出版社(発売) 2010
Barnes, Danny バーンズ, ダニー
 国アメリカ 野球選手
Barnes, Deion バーンズ, ディオン
 国アメリカ アメフト選手
Barnes, Elinor バーンズ, エリーナ
 著「アメリカ海軍医ボイヤーの見た明治維新」デザインエッグ 2016
Barnes, Elizabeth バーンズ, エリザベス
 著「六月の贈り物」ハーパーコリンズ・ジャパン 2016
Barnes, Emm バーンズ, エム
 著「アートで見る医学の歴史」河出書房新社 2012
Barnes, Gregg バーンズ, グレッグ
 トニー賞 ミュージカル 衣装デザイン賞(2012年(第66回))ほか
Barnes, Harrison バーンズ, ハリソン
 国アメリカ バスケットボール選手
Barnes, Ian バーンズ, イアン
 1946～2014 著「地図で読むケルト世界の歴史」創元社 2013
Barnes, Jacob バーンズ, ジェイコブ
 国アメリカ 野球選手
Barnes, Jacqueline バーンズ, ジャクリーン
 著「英国の貧困児童家庭の福祉政策」明石書店 2013
Barnes, James A. バーンズ, ジェームス
 著「アメリカ海軍医ボイヤーの見た明治維新」デザインエッグ 2016
Barnes, Jennifer Lynn バーンズ, ジェニファー・リン
 国アメリカ 作家 ⊕SF, ファンタジー
Barnes, John A. バーンズ, ジョン・A.
 著「ケネディからの贈り物」バベルプレス 2011
Barnes, Jonathan バーンズ, J.
 1942～ 著「古代懐疑主義入門」岩波書店 2015
Barnes, Julian バーンズ, ジュリアン
 1946～ 国イギリス 作家, ジャーナリスト 別名＝キャバナー, ダン〈Kavanagh, Dan〉
Barnes, Kathleen H. バーンズ, キャスリーン・H.
 著「神殿がだいすき」トリーハウス 2006
Barnes, Lesley バーンズ, レスリー
 著「とりがにげた」大日本絵画 〔2015〕
Barnes, Louis B. バーンズ, ルイス・B.
 著「ケース・メソッド教授法」ダイヤモンド社 2010
Barnes, Matt バーンズ, マット
 国アメリカ 野球選手
Barnes, Matt バーンズ, マット
 国アメリカ バスケットボール選手
Barnes, Mike バーンズ, マイク
 1955～ 著「キャプテン・ビーフハート」河出書房新社 2006
Barnes, Nathaniel バーンズ, ナサニエル
 国リベリア 蔵相
Barnes, Patrick バーンズ, パトリック
 国アイルランド ボクシング選手
Barnes, Simon バーンズ, サイモン
 著「ぼくはものぐさバードウォッチャー」柏艪舎, 星雲社(発売) 2008
Barnes, Sophie バーンズ, ソフィ
 著「子爵と孤独な花嫁」ハーパーコリンズ・ジャパン 2016
Barnes, Steven バーンズ, スティーヴン
 著「スター・ウォーズ」ソニー・マガジンズ 2004
Barnes, Tavaris バーンズ, タバリス
 国アメリカ アメフト選手
Barnes, Tim バーンズ, ティム
 国アメリカ アメフト選手
Barnes, T.J. バーンズ, T.J.
 国アメリカ アメフト選手
Barnes-Murphy, Frances バーンズマーフィー, フランシス
 著「イソップ物語」文溪堂 2005
Barnes-Murphy, Rowan バーンズマーフィー, ローワン
 著「イソップ物語」文溪堂 2005
Barnet, Sylvan バーネット, シルヴァン
 1926～ 著「美術を書く」東京美術 2014
Barnett, Arthur G. バーネット, アーサー
 ?～2003 国アメリカ 弁護士
Barnett, Bill バーネット, ビル
 1947～ 著「ストラテジック・キャリア」プレジデント社 2016
Barnett, Cynthia バーネット, シンシア
 1966～ 著「雨の自然誌」河出書房新社 2016

B

Barnett, Donald M. バーネット, ドナルド・M.
[著]「エリオット・P.ジョスリン」 ライフサイエンス出版 2016
Barnett, Jill バーネット, ジル
[著]「星空に夢を浮かべて」 二見書房 2013
Barnett, Josh バーネット, ジョシュ
1977〜 [国]アメリカ 格闘家, プロレスラー
Barnett, Kristine バーネット, クリスティン
[著]「ぼくは数式で宇宙の美しさを伝えたい」 KADOKAWA 2014
Barnett, Mac バーネット, マック
1982〜 [著]「でんごんでーす」 講談社 2015
Barnett, Peter B. バーネット, ピーター
[著]「臨床研修プログラム戦略ガイド」 診断と治療社 2005
Barnett, Richard バーネット, リチャード
1980〜 [著]「描かれた病」 河出書房新社 2016
Barnett, R.Michael バーネット, R.M.
[著]「クォークの不思議」 シュプリンガー・フェアラーク東京 2005
Barnett, Sloan バーネット, スローン
[著]「人生を変える「GREEN」」 春秋社 2016
Barnett, Steven バーネット
[国]オーストラリア 飛び込み選手
Barnett, Thomas P.M. バーネット, トマス
[著]「戦争はなぜ必要か」 講談社インターナショナル 2004
Barnett, Vincent バーネット, ヴィンセント
1967〜 [著]「コンドラチェフと経済発展の動学」 世界書院 2002
Barnetta, Tranquillo バルネッタ, トランクイロ
1985〜 [国]スイス サッカー選手 [異]バルネッタ, トランキージョ / バルネッタ, トランキッロ / バルネッタ, トランクイッロ
Barnette, Tony バーネット, トニー
[国]アメリカ 野球選手
Barnett-hinchley, Tamsin バーネット
[国]オーストラリア ビーチバレー選手
Barnevik, Percy Nils バーネヴィク, パーシー
1941〜 [国]スウェーデン 実業家 ハンド・イン・ハンド・インターナショナル名誉会長 ABB会長・CEO [異]バーネビク / バーネビック
Barney, Darwin バーニー, ダーウィン
1985〜 [国]アメリカ 野球選手 本名＝Barney, Darwin James Kunane
Barney, Jay B. バーニー, ジェイ・B.
[著]「企業戦略論」 ダイヤモンド社 2003
Barney, Matthew バーニー, マシュー
1967〜 [国]アメリカ 映画監督, 現代美術家
Barney, Tarow バーニー, タロウ
[国]アメリカ アメフト選手
Barnhart, Tucker バーンハート, タッカー
[国]アメリカ 野球選手
Barnica, Víctor バルニカ, ビクトル
[国]ホンジュラス 副大統領
Barnidge, Gary バーニッジ, ゲーリー
[国]アメリカ アメフト選手
Barnier, Michel バルニエ, ミシェル
1951〜 [国]フランス 政治家 フランス外相・農業・漁業相, EU欧州委員会委員
Barnouin, Kim バーノウィン, キム
[著]「スキニービッチ世界最新最強! オーガニックダイエット」 ディスカヴァー・トゥエンティワン 2008
Barnouw, Erik バーナウ, エリック
1908〜2001 [著]「ドキュメンタリー映画史」 筑摩書房 2015
Barnum, Carol M. バーナム, キャロル・M.
[著]「実践ユーザビリティテスティング」 翔泳社 2007
Baro バロ
1992〜 [国]韓国 歌手
Baroev, Khasan バロエフ, ハッサン
1982〜 [国]ロシア レスリング選手 [異]バロエフ
Baroin, François バロワン, フランソワ
1965〜 [国]フランス 政治家 トロワ市長 フランス経済・財務・産業相
Barolsky, Paul バロルスキー, ポール
1941〜 [国]アメリカ 美術史家 バージニア大学教授 [専]イタリア・ルネッサンス
Baron, David バロン, デーヴィッド
1950〜 [著]「史上最高の経営者モーセに学ぶリーダーシップ」 セルバ出版, 創英社(発売) 2001
Baron, Francine バロン, フランシーン
[国]ドミニカ共和国 外務・カリブ共同体(カリコム)担当相
Baron, J.Steve バロン, スティーブ
[著]「リレーションシップ・マーケティング」 同友館 2012
Baron, Peter P. バロン, ペーター・パウル
[著]「素晴らしき出会い」 聖母の騎士社 2001
Bar-on, Roni バロン, ロニー
[国]イスラエル 財務相
Baron, Steve バロン, スティーブ
[国]アメリカ 野球選手
Baron, Steve バロン, スティーブ
[著]「サービス業のマーケティング」 同友館 2002
Baron-Cohen, Simon バロン・コーエン, サイモン
1958〜 [国]イギリス 心理学者, 精神医学者 ケンブリッジ大学発達精神病理学教授・自閉症研究センター所長
Baronian, Jean Baptiste バロニアン, ジャン＝バプティステ
[異]バロニアン, ジャン - バプティスト [著]「ママ、ぼくのことすき?」 平凡社 2008
Baronova, Irina バロノワ, イリーナ
1919〜2008 バレリーナ, 振付師 [異]バロノヴァ, イリーナ
Baron-Reid, Colette バロン - リード, コレット
[著]「第六感に目覚める7つの瞑想CDブック」 ダイヤモンド社 2015
Baron Scicluna バロン・シクルナ
1929〜2010 [国]アメリカ プロレスラー 別名＝シクルナ, マイケル〈Scicluna, Mikel〉
Baronsky, Eva バロンスキー, エヴァ
1968〜 [国]ドイツ 作家 [専]文学
Baróon, Mercedes バロン, メルセデス
[著]「福者ラファエルの書簡と霊的思索」 聖母の騎士社 2007
Baros, Milan バロシュ, ミラン
1981〜 [国]チェコ サッカー選手 [異]バロス, ミラン
Baroti, Lajos バロティ, ラヨシュ
?〜2005 [国]ハンガリー サッカー監督 サッカー・ハンガリー代表監督 [異]バロチ, ラヨシュ
Baroud, Aziza バルド, アジザ
[国]チャド 保健相
Baroud, Ziad バルード, ジヤド
[国]レバノン 内相
Barough, Nina バロウ, ニーナ
[著]「"歩く"運動療法」 ガイアブックス, 産調出版(発売) 2008
Barouh, Pierre バルー, ピエール
1934〜2016 [国]フランス ミュージシャン, 俳優 サラヴァ主宰者
Barova, Todorka Mincheva バロヴァ, トドルカ・ミンチェヴァ
[国]ブルガリア 翻訳家, 元・ソフィア大学日本学科講師
Barquín Sanz, Jesús バルキン, ヘスス
[著]「スペインリオハ&北西部」 ガイアブックス, 産調出版(発売) 2012
Barr, Anthony バー, アンソニー
[国]アメリカ アメフト選手
Barr, Charles バー, チャールズ
[著]「英国コメディ映画の黄金時代」 清流出版 2010
Barr, Davey バー
[国]カナダ フリースタイルスキー選手
Barr, Ed バー, エド
[著]「プロが教える板金」 スタジオタッククリエイティブ 2013
Barr, Jeff バー, ジェフ
[著]「Amazon Web Servicesガイドブック」 インプレスジャパン, インプレスコミュニケーションズ(発売) 2011
Barr, Michael バー, マイケル
[著]「CとGNU開発ツールによる組み込みシステムプログラミング」 オライリー・ジャパン, オーム社(発売) 2007
Barr, Mike W. バー, マイク・W.
[著]「ジョーカーアンソロジー」 パイインターナショナル 2016
Barr, N.A. バー, ニコラス
1943〜 [著]「福祉の経済学」 光生館 2007
Barr, Nevada バー, ネヴァダ
[著]「女神の島の死」 小学館 2003
Barr, Pat バー, パット
1934〜 [著]「イザベラ・バード」 講談社 2013
Barr, Thomas バー, トーマス
[国]アイルランド 陸上選手
Barr, Tricia バー, トリシア
[著]「アルティメット・スター・ウォーズ」 学研プラス 2015
Barra, Mary T. バーラ, メアリー
1961〜 [国]アメリカ 実業家 ゼネラル・モーターズ(GM) CEO
Barraclough, Jennifer バラクラフ, ジェニファー

㉔「がん治療のホリスティックアプローチ」フレグランスジャーナル社 2012
Barraclough, Kyle バラクロウ, カイル
　㈹アメリカ　野球選手
Barragan, Antonio バラガン, アントニオ
　㈹スペイン　サッカー選手
al-Barrak, Abdulrahman bin Abdullah バラク, アブドゥルラハマン・ビン・アブドラ
　㈹サウジアラビア　人事相
Barrak, Ahmad Younos S. Al バッラーク, アフマド・ユーヌス・アル
　㈹サウジアラビア　駐日特命全権大使
Barral, David バラル, ダビド
　㈹スペイン　サッカー選手
Barral, J.P. バラル, ジャン＝ピエール
　㉔「関節のメッセージを聴け！」科学新聞社 2015
Barral, Xavier バラル, グザヴィエ
　㉔「MARS 火星 未知なる地表」青幻舎 2013
Barral i Altet, Xavier バラル・イ・アルテ, グザヴィエ
　1947〜　㉔「サンティアゴ・デ・コンポステーラと巡礼の道」創元社 2013
Barrantes, Gilberto バランテス, ヒルベルト
　㈹コスタリカ　経済産業相
Barras, Romain バラス
　㈹フランス　陸上選手
Barrat, James バラット, ジェイムズ
　㉔「人工知能」ダイヤモンド社 2015
Barratier, Christophe バラティエ, クリストフ
　㉔「コーラス」角川書店 2005
Barratt, Bronte バラット, ブロンテ
　㈹オーストラリア　水泳選手
Barrault, Jean-Michel バロー, ジャン＝ミシェル
　㉔「貧困と憎悪の海のギャングたち」清流出版 2011
Barrault, Marie-Christine バロー, マリ・クリスティーヌ
　1944〜　㈹フランス　女優　㋨バロー, マリー・クリスティーヌ ／ バロー, マリークリスチーヌ
Barraza, Marcos バラサ, マルコス
　㈹チリ　社会開発相
Barre, Raymond バール, レモン
　1924〜2007　㈹フランス　政治家, 経済学者　フランス首相, リヨン市長　㋨バール, レーモン ／ バール, レイモン
Barreca, Antonio バッレーカ, アントニオ
　㈹イタリア　サッカー選手
Barreca, Christopher バレッカ, クリストファー
　トニー賞 ミュージカル 舞台デザイン賞（2014年（第68回））"Rocky"
Barreh, Moumin Hassan バレー, ムーミン・ハッサン
　㈹ジブチ　イスラム問題・文化・寄進財産相
Barreiro Fajardo, Georgina バレイロ・ファハルド, ヘオルヒナ
　㈹キューバ　財務相
Barrely, Christine バレリー, クリスティーヌ
　㉔「フランスのヴィンテージデザイン」グラフィック社 2016
Barreneche, Raul A. バレネチェ, ラウル・A.
　㉔「ニューミュージアム」ファイドン 2006
Barrenetxea, Iban バレネチェア, イバン
　1973〜　㉔「ボンバストゥス博士の世にも不思議な植物図鑑」西村書店 2014
Barrera, Hugo バレラ, ウゴ
　㈹エルサルバドル　環境・天然資源相
Barrera Parra, Jaime バレラ・パーラ, ハイメ
　㈹コロンビア　元・ロス・アンデス大学社会科学学部言語・社会文化学科教授, 元・ロス・アンデス大学日本文化研究センター所長
Barré-Sinoussi, François Claire バレ・シヌシ, フランソワーズ
　1947〜　㈹フランス　医学者　パスツール研究所名誉教授　エイズウイルス（HIV）　㋨バレシヌシ, フランソワーズ
Barreto, Alvaro バレト, アルバロ
　㈹ポルトガル　経済労働相
Barreto, Edgar バレート, エドガル
　㈹パラグアイ　サッカー選手
Barreto, Franklin バレト, フランクリン
　㈹ベネズエラ　野球選手
Barreto, Ricardo バレト, リカルド
　㉔「モウリーニョ」講談社 2007
Barreto Rodriguez, Ysis バレト
　㈹ベネズエラ　柔道選手

Barrett, Andrea バレット, アンドレア
　1954〜　㈹アメリカ　作家
Barrett, Angela バレット, アンジェラ
　1955〜　㉔「シェイクスピアストーリーズ」BL出版 2015
Barrett, Beauden バレット, ボーデン
　㈹ニュージーランド　ラグビー選手
Barrett, Brigetta バレット
　㈹アメリカ　陸上選手
Barrett, Colleen C. バレット, コリーン
　1944〜　㈹アメリカ　実業家　サウスウエスト航空名誉社長
Barrett, Craig R. バレット, クレッグ
　1939〜　㈹アメリカ　実業家　インテル会長・CEO　㋨バレット, クレイグ
Barrett, Daniel バレット, ダニエル
　1975〜　㉔「「思い出す」だけで, 人生に奇跡が起こる」きこ書房 2015
Barrett, Daniel J. バレット, ダニエル・J.
　㋨ブレット, ダニエル・J.　㉔「実用SSH」オライリー・ジャパン, オーム社（発売）2006
Barrett, Danny バレット, ダニー
　㈹アメリカ　ラグビー選手
Barrett, Deirdre バレット, ディードリ
　㉔「加速する肥満」NTT出版 2010
Barrett, Diane バレット, ダイアン
　㉔「コンピュータ・フォレンジック完全辞典」幻冬舎ルネッサンス 2012
Barrett, Gary W. バレット, ゲーリー・W.
　㉔「生物学！」築地書館 2003
Barrett, Jake バレット, ジェイク
　㈹アメリカ　野球選手
Barrett, James バレット, ジェームス
　㉔「適性・適職発見テスト」一ツ橋書店 2016
Barrett, Judi バレット, ジュディ
　㉔「マクドナルドさんのやさいアパート」朔北社 2009
Barrett, Lorna バレット, ローナ
　㈹アメリカ　作家　㉔ミステリー　筆名＝バートレット, L.L.〈Bartlett, L.L.〉
Barrett, Louise バレット, ルイーズ
　㉔「野性の知能」インターシフト, 合同出版（発売）2013
Barrett, Margaret S. バレット, マーガレット・S.
　㉔「音楽的コミュニケーション」誠信書房 2012
Barrett, Neal, Jr. バレット, ニール, Jr.
　ネビュラ賞 名誉賞（2009年）
Barrett, Neil バレット, ニール
　1965〜　㈹イギリス　ファッションデザイナー
Barrett, Paul M. バレット, ポール
　㉔「恐竜の生態」日経ナショナルジオグラフィック社, 日経BP出版センター（発売）2006
Barrett, Peter バレット, ピーター
　1935〜　㉔「Evolution」ソフトバンククリエイティブ 2010
Barrett, Richard バレット, リチャード
　1945〜　㉔「バリュー・マネジメント」春秋社 2005
Barrett, Rob バレット, ロブ
　㉔「ソフトウェアの未来」翔泳社 2001
Barrett, Robert バレット, ロバート
　1949〜　㉔「人物デッサンのすべて」マール社 2011
Barrett, Ron バレット, ロン
　㉔「マクドナルドさんのやさいアパート」朔北社 2009
Barrett, Scott バレット, スコット
　㉔「地球公共財の政治経済学」国際書院 2005
Barrett, Shaquil バレット, シャクイル
　㈹アメリカ　アメフト選手
Barrett, Syd バレット, シド
　1946〜2006　㈹イギリス　ロック歌手, ロックギタリスト　本名＝バレット, ロジャー・キース〈Barrett, Roger Keith〉
Barrett, Tracy バレット, トレーシー
　1955〜　㈹アメリカ　作家　㉔ヤングアダルト
Barrett, William C. バレット, ウィリアム・C.
　1948〜　㉔「解決志向ケースワーク」金剛出版 2002
Barrette, Elizabeth バレット, エリザベス
　㉔「魔女手帖」大和書房 2005
Barrett-Hill, Florence バレット・ヒル, フローレンス
　1948〜　㉔「美容のための最新皮膚診断マニュアル」フレグランスジャーナル社
Barretto, Francisco Carlos, Jr. バレット, フランシスコ
　㈹ブラジル　体操選手

Barretto, Ray　バレット, レイ
　1929〜2006　国アメリカ　ラテン・ジャズ奏者, コンガ奏者
Barría, María Soledad　バリア, マリア・ソレダ
　国チリ　保健相
Barrica, José Marcos　バリーカ, ジョゼ・マルコス
　国アンゴラ　青年・スポーツ相
Barrie, Susie　バリー, スージー
　著「シャンパーニュと世界のスパークリングワイン」ランダムハウス講談社　2007
Barrientos, Byron　バリエントス, バイロン
　国グアテマラ　大統領府相
Barrientos, Edin　バリエントス, エディン
　国グアテマラ　農相
Barringer, Janice　バリンジャー, ジャニス
　著「ポアントのすべて」大修館書店　2015
Barrington, Anne　バリントン, アン
　国アイルランド　駐日特命全権大使
Barrington, James　バリントン, ジェームズ
　国イギリス　作家　他ミステリー, スリラー　別筆名＝ベッカー, ジェームズ〈Becker, James〉, アダムズ, マックス〈Adams, Max〉, スティール, ジャック〈Steel, Jack〉, Smith, Peter Stuart, Kasey, Tom, Payne, Thomas　他バリントン, ジェームズ
Barrington, Sam　バーリントン, サム
　国アメリカ　アメフト選手
Barrio, Hilda　バリオ, イルダ
　著「チェ・ゲバラ」原書房　2003
Barrionuevo, Al　バリオヌエーボ, アル
　著「アイデンティティ・ウォー：デッドプール/スパイダーマン/ハルク」小学館集英社プロダクション　2015
Barrios, Antonio　バリオス, アントニオ
　国パラグアイ　保健相
Barrios, Carlos　バリオス, カルロス
　1951〜　著「マヤ・占いと預言」ランダムハウス講談社　2007
Barrios, Enrique　バリオス, エンリケ
　1945〜　著「地球アップリフト」徳間書店　2009
Barrios, Juan Luis　バリオス
　国メキシコ　陸上選手
Barrios, Yarelys　バリオス
　国キューバ　陸上選手
Barrios, Yhonathan　バリオス, ヨナサン
　国コロンビア　野球選手
Barrios Ipenza, Pio Fernando　バリオス・イペンサ, ピオ・フェルナンド
　国ペルー　内相
Barrio Terrazas, Francisco Javier　バリオ・テラサス, フランシスコ・ハビエル
　国メキシコ　会計検査・行政改革相
Barris, Chuck　バリス, チャック
　1929〜　著「コンフェッション」角川書店　2003
Barritt, Brad　バーリット, ブラッド
　国イングランド　ラグビー選手
Barro, Robert J.　バロー, ロバート・J.
　1945〜　著「バロー マクロ経済学」センゲージラーニング, 同友館（発売）　2010
Barro-chambrier, Alexandre　バロシャンブリエ, アレクサンドル
　国ガボン　鉱山・石油・炭化水素相
Barron, Carla　バロン, カーラ
　著「乳幼児精神保健ケースブック」金剛出版　2007
Barron, Craig　バロン, クレイグ
　アカデミー賞 特殊効果賞（第81回（2008年））　"The Curious Case of Benjamin Button"
Barron, Earl　バロン, アール
　国アメリカ　バスケットボール選手
Barron, James　バロン, ジェイムズ
　1954〜　著「スタインウェイができるまで」青土社　2009
Barron, Mark　バーロン, マーク
　国アメリカ　アメフト選手
Barron, Natania　バロン, ナタニア
　1981〜　著「ギークマム」オライリー・ジャパン, オーム社（発売）　2013
Barron, Sean　バロン, ショーン
　1961〜　著「自閉スペクトラム障害のある人が才能をいかすための人間関係10のルール」明石書店　2009
Barron, T.A.　バロン, T.A.
　1952〜　著「失われた翼の秘密」主婦の友社　2009
Barrondo, Erick　バロンド

Barron-Tieger, Barbara　バロン, バーバラ
　異バロン・ティーガー, バーバラ・　「あなたの天職がわかる16の性格」主婦の友社　2016
Barros, Ricardo　バロス, リカルド
　国ブラジル　保健相
Barros, Rui Duarte de　バロス, ルイ・ドゥアルテ・デ
　国ギニアビサウ　暫定首相
Barroso, José Manuel Durão　バローゾ, ジョゼ・マヌエル・ドゥラン
　1956〜　国ポルトガル　政治家　EU欧州委員会委員長, ポルトガル首相, ポルトガル外相　異バロゾ, デュラオ / バロゾ, ドゥラオ / バロゾ, ジョゼ・マニュエル・ドゥラン / バロゾ, ジョゼ・マヌエル・ドゥラン
Barroso, Luiz André　バロッソ, ルイス・アンドレ
　著「クラウドを支える技術」技術評論社　2014
Barroux　バルー
　著「ぞうさん、どこにいるの？」光村教育図書　2015
Barrow, Adama　バロウ, アダマ
　国ガンビア　大統領
Barrow, Dean Oliver　バロー, ディーン・オリバー
　1951〜　国ベリーズ　政治家　ベリーズ首相・財務相
Barrow, John David　バロウ, ジョン・デービッド
　1952〜　国イギリス　天文学者, 数理物理学者　ケンブリッジ大学教授　他重力理論, 数理物理学　異バロー, J.D.
Barrow, Lamin　バロウ, ラミン
　国アメリカ　アメフト選手
Barrow, Martin　バロー, マーティン
　1944〜　国イギリス　実業家　ジャーディン・マセソン取締役, 香港立法会議員　異バロー, マーチン
Barrow, Modou　バーロウ, モドゥ
　国ガンビア　サッカー選手
Barrow, Rosemary J.　バロウ, ローズマリー・J.
　著「ローレンス・アルマ＝タデマ」ファイドン　2011
Barrow, Sarah　バロー
　国イギリス　飛び込み選手
Barrow, Steve　バロウ, スティーブ
　1945〜　著「ラフガイド・トゥ・レゲエ」河出書房新社　2011
Barrow, Terence　バロー, テランス
　1923〜　著「アンオフィシャルハワイブック」ホーム社, 集英社（発売）　2002
Barrow, Tony　バーロウ, トニー
　著「ビートルズ売り出し中！」河出書房新社　2007
Barrow, William Hansel　バロウ, ウィリアム・ハンセル
　国ガイアナ　在ジョージタウン日本国名誉総領事
Barrowcliffe, Mark　バロウクリフ, マーク
　1964〜　著「ガールフレンド44」ソニー・マガジンズ　2001
Barrow-Green, June　バロウ＝グリーン, ジューン
　1953〜　著「プリンストン数学大全」朝倉書店　2015
Barrows, Eddy　バローズ, エディ
　著「ジョーカー：喪われた絆」小学館集英社プロダクション　2014
Barrows, Kate　バロウズ, ケイト
　著「自閉症スペクトラムの臨床」岩崎学術出版社　2016
Barrueco, Manuel　バルエコ, マヌエル
　1952〜　国アメリカ　ギター奏者
Barry, Alpha　バリー, アルファ
　国ブルキナファソ　外務・協力・在外ブルキナファソ人相
Barry, Auguste-Denise　バリ, オギュストデニス
　国ブルキナファソ　国土行政・分権化・治安相
Barry, B.H.　バリー, B.H.
　トニー賞 トニー名誉賞（2010年（第64回））
Barry, Boubacar　バリー, ブバカール
　国ギニア　産業・中小企業相　異バリ, ブバカル
Barry, Bruce　バリー, ブルース
　1958〜　著「交渉力最強のバイブル」マグロウヒル・エデュケーション, 日本経済新聞出版社（発売）　2011
Barry, Brunonia　バリー, ブルノニア
　国アメリカ　作家　他ミステリー
Barry, Camara Aminatou　バリー, カマラ・アミナトゥ
　国ギニア　郵政通信相
Barry, Catherine　バリ, カトリーヌ
　1955〜　著「ダライ・ラマ珠玉のことば108」武田ランダムハウスジャパン　2012
Barry, Dana M.　バリー, ダナ
　著「ミステリーを解いて、科学を学ぼう！」プレアデス出版, 京都 現代数学社（発売）　2007

Barry, Dave バリー、デイヴ
1947～ 著「ピーター・パン」講談社 2009
Barry, Frances バリー、フランセス
著「野生の動物を守りたい」大日本絵画 〔2010〕
Barry, Gareth バリー、ギャレス
国イングランド サッカー選手
Barry, Gerard バリー、ジェラード
1927～2013 国アメリカ 司祭 上智短期大学学長 ⑨英文学
⑨バリー、ジェラルド
Barry, Gerard Stephen バリー、ジェラルド・ステファン
国アメリカ 上智大学名誉教授、元・上智短期大学学長
Barry, Joe バリー、ジョー
国アメリカ ワシントン・レッドスキンズコーチ
Barry, John バリー、ジョン
1933～2011 国イギリス 作曲家、編曲家、指揮者 ⑨ポピュラー音楽、映画音楽 本名＝Prendergast, Jonathan Barry
Barry, John M. バリー、ジョン・M.
1947～ 著「グレート・インフルエンザ」共同通信社 2005
Barry, Kaba Rougui バリ、カバ・ルギ
国ギニア 在外自国民相
Barry, Kate バリー、ケイト
1967～2013 国フランス 写真家
Barry, Kevin バリー、ケヴィン
著「ピーター・ライスの足跡」鹿島出版会 2013
Barry, Maggie バリー、マギー
国ニュージーランド 芸術文化遺産相兼自然保護相兼高齢者問題担当相
Barry, Mamadou Boye バリー、ママドゥ・ボイ
国ギニア 初中等教育相
Barry, Margaret Martin バリー、マーガレット・マーティン
著「ロースクール臨床教育の100年史」現代人文社、大学図書（発売） 2005
Barry, Marion バリー、マリオン
1936～2014 国アメリカ 政治家 ワシントン市長 本名＝Barry, Marion Shepilow（Jr.）
Barry, Max バリー、マックス
1973～ 国オーストラリア 作家 ⑨ユーモア, SF, ファンタジーほか
Barry, Nancy H. バリー、ナンシー・H.
著「演奏を支える心と科学」誠信書房 2011
Barry, Nancy Marie バリー、ナンシー
1949～ 国アメリカ 銀行家 世界女性銀行総裁
Barry, Norman P. バリー、ノーマン
著「福祉」昭和堂 2004
Barry, Patricia D. バリー、パトリシア・D.
著「精神看護学メンタルヘルス・メンタルイルネス」メディカ出版 2001
Barry, Peter バリー、ピーター
1947～ 著「文学理論講義」ミネルヴァ書房 2014
Barry, Raymond バリー、レイモンド
著「ポール・オースターが朗読するナショナル・ストーリー・プロジェクト」アルク 2006
Barry, Siaka バリー、シアカ
国ギニア 文化・スポーツ・歴史財産相
Barry, Steve バリー、スティーブ
著「機関車の歴史」スタジオタッククリエイティブ 2008
Barry, Susan R. バリー、スーザン
著「視覚はよみがえる」筑摩書房 2010
Barry, Tahirou バリー、タイル
国ブルキナファソ 文化相
Barry, Trevor バリー、トレバー
国バハマ 陸上選手
Barry, Wendy E. バリー、W.E.
著「赤毛のアン」原書房 2014
Barry, Yacouba バリ、ヤクバ
国ブルキナファソ 住宅・都市計画相
Barrymore, Drew バリモア、ドリュー
1975～ 国アメリカ 女優、映画プロデューサー
Barrymore, John, Jr. バリモア、ジョン、Jr.
1932～2004 国アメリカ 俳優 芸名＝バリモア、ジョン・ブライス
Bars, Brad バース、ブラッド
国アメリカ アメフト選手
Barsamian, David バーサミアン、デーヴィッド
1945～ 著「チョムスキー、アメリカを叱る」NTT出版 2008
Barsbold, Ulambayaryn バルスボルド、ウラムバヤリン
国モンゴル 自然環境相
Barsh, Joanna バーシュ、ジョアンナ
著「書くだけであなたの最高の力を引き出す方法」SBクリエイティブ 2016
Barshai, Rudolf Borisovich バルシャイ、ルドルフ
1924～2010 国イギリス 指揮者, ビオラ奏者 モスクワ室内管弦楽団創設者 ⑨バルシャイ、ルドリフ・ボリーソヴィチ
Barshay, Andrew E. バーシェイ、アンドリュー・E.
1953～ 著「近代日本の社会科学」NTT出版 2007
Barshefsky, Charlene バシェフスキー、シャーリン
1950～ 国アメリカ 法律家 米国通商代表部（USTR）代表 ⑨バーシェフスキ, シャリーン / バシェフスキ, チャーリーン
Barshim, Mutaz Essa バルシム、ムタズエサ
国カタール 陸上選手 ⑨バルシム
Barski, Conrad バルスキ、コンラッド
著「Land of Lisp」オライリー・ジャパン, オーム社（発売） 2013
Barsony, Andre バルソニー、アンドレ
国フランス 元・経済協力開発機構非加盟国協力センター次長
Barsouk, Dmitri バルスク、ドミトリー
国ロシア ビーチバレー選手
Barsoux, Jean-Louis バルスー、ジャン＝ルイ
著「よい上司ほど部下をダメにする」講談社 2005
Barstow, Anne Llewellyn バーストウ、アン・ルーエリン
著「魔女狩りという狂気」創元社 2001
Barsuk, Tatiana バルスク、タチアナ
国ロシア 射撃選手
Bart, Delano バート、デラノ
国セントクリストファー・ネイビス 法相兼検事総長
Bart, Patrice バール、パトリス
1945～ 国フランス ダンサー, 振付師, バレエマスター パリ・オペラ座バレエ団首席メートル・ド・バレエ及びエトワール
Barta, Jiří バルタ、イジー
1948～ 国チェコ アニメーション監督 ⑨人形アニメ
Bárta, Vít バールタ、ビート
国チェコ 運輸相
Bartabas バルタバス
1957～ 国フランス 演出家, 映画監督, 俳優 ジンガロ主宰
Bartak, Lawrence バルタック、ローレンス
⑨バータク, ローレンス 著「自閉症」黎明書房 2006
Bar-Tal, Daniel バル・タル、ダニエル
著「紛争と平和構築の社会心理学」北大路書房 2012
Bartee, Kimera バーティー、キメラ
国アメリカ ピッツバーグ・パイレーツコーチ
Bartekova, Danka ベルテコバ、ダンカ
国スロバキア 射撃選手
Bartel, Cori バーテル
国カナダ カーリング選手
Bartelem, Yan バルテレミ
国キューバ ボクシング選手
Bartell, Susan S. バーテル、スーザン・S.
著「パパ、ママぼくを巻き込まないで！」旭屋出版 2004
Bartels, Fin バルテルス、フィン
国ドイツ サッカー選手
Bartels, Kuwamena バーテルス、クワメナ
国ガーナ 情報相
Bartels, Ralf バルテルス
国ドイツ 陸上選手
Bartelsman, Jan バーテルスマン、ヤン
著「ル・ドメーヌ・ド・ラ・ロマネ・コンティ」ワイン王国, ステレオサウンド（発売） 2008
Bartelson, Jens バーテルソン、イェンス
著「国家論のクリティーク」岩波書店 2006
Bartens, Werner バルテンス、ヴェルナー
1966～ 著「ありのままのあなたで健康になる19の習慣」サンマーク出版 2012
Bartenstein, Martin バルテンシュタイン、マルティン
国オーストリア 経済・労働相
Barter, Christine バーター、クリスティーン
著「児童の施設養護における仲間による暴力」筒井書房 2009
Barter, Peter バーター、ピーター
国パプアニューギニア 保健相
Bartfai, Tamas バートファイ、タマス
著「薬づくりの真実」日経BP社, 日経BPマーケティング（発売） 2014
Barth, Connor バース、コナー

㈱アメリカ　アメフト選手
Barth, Fredrik　バルト, フレドリック
1928〜2016　㈱ノルウェー　社会人類学者　ボストン大学名誉教授　本名＝Barth, Thomas Fredrik Weybye
Barth, Hans-Martin　バールト, ハンス・マルティン
㊐「仏教とキリスト教の対話」法蔵館　2004
Barth, Helmut　バルト, ヘルムート
？〜2005　㈱ドイツ　ピアニスト　フライブルク音楽大学教授
Barth, Jack　バース, ジャック
㊐「スパイ的思考のススメ」日経ナショナルジオグラフィック社, 日経BP出版センター(発売)　2004
Barth, John　バース, ジョン
1930〜　㊐「ストーリーを続けよう」みすず書房　2003
Barth, John Simmons　バース, ジョン
1930〜　㈱アメリカ　作家　ジョンズ・ホプキンズ大学名誉教授　㊥英文学
Barth, Mario　バルト, マリオ
㊐「彼女がいきなりキレる理由」駒草出版　2006
Barth, Ulrich　バルト, ウルリヒ
㊐「キリスト教の主要神学者」教文館　2014
Barthelme, Donald　バーセルミ, ドナルド
㊐「夜の姉妹団」朝日新聞社　2001
Bartholomew, Alick　バーソロミュー, アリック
㊐「自然は脈動する」日本教文社　2008
Barthorp, Michael　バーソープ, マイケル
㊐「ウェリントンの将軍たち」新紀元社　2001
Bartko, Robert　バルトコ
㈱ドイツ　自転車選手
Bartkus, Gintautas　バルトクス, ギンタウタス
㈱リトアニア　法相
Bartl, Reiner　バートル, ライナー
㊐「骨粗鬆症」メディカル・サイエンス・インターナショナル　2007
Bartlett, Alan　バートレット, アラン
㊐「エヴァ・ブラウンの日記」学習研究社　2002
Bartlett, Alex　バートレット, アレックス
㈱ソロモン諸島　観光航空相
Bartlett, Alison　バートレット, アリソン
㊐「ぼくもいれて」評論社　2004
Bartlett, Allison Hoover　バートレット, アリソン・フーヴァー
㊐「本を愛しすぎた男」原書房　2013
Bartlett, Atlanta　バートレット, アトランタ
㊐「ザ・リラックス・ホーム」エディシオン・トレヴィル, 河出書房新社(発売)　2001
Bartlett, Christopher A.　バートレット, クリストファー・A.
1943〜　㊐「個を活かす企業」ダイヤモンド社　2007
Bartlett, Edmund　バートレット, エドモンド
㈱ジャマイカ　観光相
Bartlett, Jamie　バートレット, ジェイミー
㊐「闇(ダーク)ネットの住人たち」CCCメディアハウス　2015
Bartlett, Jane　バートレット, ジェーン
1963〜　㊐「「産まない」時代の女たち」とびら社, 新曜社(発売)　2004
Bartlett, John G.　バートレット, ジョン・G.
㊐「〈米国感染症学会ガイドライン〉成人市中肺炎管理ガイドライン」医学書院　2005
Bartlett, Richard　バートレット, リチャード
1954〜　㊐「マトリックス・エナジェティクス」ナチュラルスピリット　2011
Bartlett, Robert　バートレット, ロバート
1950〜　㊐「図解ヨーロッパ中世文化誌百科」原書房　2008
Bartlett, Sarah　バートレット, サラ
1952〜　㊐「100の神秘から読み解く世界のシンボル」ボーンデジタル　2016
Bartley, Mel　バートリー, M.
㊐「現代イギリスの政治算術」北海道大学図書刊行会　2003
Bartley, Robert LeRoy　バートリー, ロバート
1937〜2003　㈱アメリカ　ジャーナリスト　「ウォールストリート・ジャーナル」名誉編集者　㊕バートレー, ロバート
Bartley, William Warren, Ⅲ　バートリー, ウィリアム・W., 3世
㊐「実在論と科学の目的」岩波書店　2002
Bartok, Dennis　バルトーク, デニス
㊐「デス・ルーム」角川書店, 角川グループパブリッシング(発売)　2009
Bartók, Peter　バルトーク, ペーテル
1924〜　㊐「父・バルトーク」スタイルノート　2013
Bartol, Anne M.　バートル, A.M.
㊐「犯罪心理学」北大路書房　2006
Bartol, Curt R.　バートル, C.R.
1940〜　㊐「犯罪心理学」北大路書房　2006
Bartoletta, Tianna　バートレッタ, ティアナ
㈱アメリカ　陸上選手
Bartoletti, Bruno　バルトレッティ, ブルーノ
1926〜2013　㈱イタリア　指揮者　シカゴ・リリック・オペラ指揮者・芸術監督, フィレンツェ五月祭音楽監督
Bartoletti, Susan Campbell　バートレッティ, スーザン・キャンベル
㊐「語られなかったアメリカ史」あすなろ書房　2016
Bartoli, Cecilia　バルトリ, チェチーリア
1966〜　㈱イタリア　メゾソプラノ歌手　ザルツブルク聖霊降臨祭音楽祭芸術監督
Bartoli, Marco　バルトリ, マルコ
㊐「聖クララ伝」サンパウロ　2008
Bartoli, Marion　バルトリ, マリオン
1984〜　㈱フランス　元テニス選手
Bartolo, Evarist　バルトロ, エバリスト
㈱マルタ　教育・雇用相
Bartolomé, Fernando　バートロメ, フェルナンド
㊐「コミュニケーション戦略スキル」ダイヤモンド社　2002
Bartolomeo, Joey　バルトロメオ, ジョーイ
㊐「ブラッド・ピットの結婚狂騒曲」ファインフィルムズ, メディアックス(発売)　2005
Bartolomey, Franz　バルトロマイ, フランツ
1946〜　㊐「この一瞬に価値がある」音楽之友社　2016
Bartolone, Claude　バルトローヌ, クロード
㈱フランス　都市問題担当相
Bartolucci, Marisa　バルトルッチ, マリサ
㊐「ジョージ・ネルソン」フレックス・ファーム　2003
Barton, Beverly　バートン, ビバリー
1946〜2011　㈱アメリカ　ロマンス作家　本名＝Beaver, Beverly Marie Inman
Barton, Byron　バートン, バイロン
1930〜　㊐「きょうりゅうきょうりゅう」徳間書店　2016
Barton, Cheryl Johnson　バートン, チェル・ジョンソン
1955〜　㊐「曇ったガラスの向こうに」いのちのことば社　2005
Barton, Dominic　バートン, ドミニク
㊐「日本の未来について話そう」小学館　2011
Barton, Doyle Rayburn, Jr.　バートン, D.R., Jr.
㊐「魔術師たちの投資術」パンローリング　2005
Barton, Jill　バートン, ジル
㊐「かしこいブタのロリポップ」アリス館　2002
Barton, John　バートン, ジョン
1935〜　㊐「反応暴走」化学工業日報社　2002
Barton, John Bernard Adie　バートン, ジョン
1928〜　㈱イギリス　演出家　ロイヤル・シェイクスピア・カンパニー(RSC)アドバイザリー・ディレクター
Barton, Karim　バートン, カリーム
㈱アメリカ　アメフト選手
Barton, Keith C.　バートン, キース・C.
㊐「コモン・グッドのための歴史教育」春風社　2015
Barton, Len　バートン, レン
㊐「障害, 人権と教育」明石書店　2003
Barton, Michael　バートン, マイケル
㊐「生きた英語表現を楽しく学ぶ絵辞典」東京書籍　2013
Barton, Nicholas H.　バートン, ニコラス・H.
㊐「進化」メディカル・サイエンス・インターナショナル　2009
Barton, Patrice　バートン, パトリス
1955〜　㊐「みんなからみえないブライアン」くもん出版　2015
Barton, Susan　バートン, スーザン
1951〜　㊐「虐待を受けた子どもの愛着とトラウマの治療的ケア」福村出版　2013
Barton, Suzanne　バートン, スザンヌ
㊐「いもうとガイドブック」少年写真新聞社　2015
Barton, Tamsyn　バートン, タムシン
1962〜　㊐「古代占星術」法政大学出版局　2004
Barton, Thomas L.　バートン, トーマス・L.
1949〜　㊐「戦略的事業リスク経営」東洋経済新報社　2004
Barton, Will　バートン, ウィル
㈱アメリカ　バスケットボール選手
Barton, William A.　バートン, ウィリアム
㊐「クトゥルフ神話TRPGクトゥルフ・バイ・ガスライト」KADOKAWA　2014
Bartos, Burghard　バルトス, ブルクハルト

Bartoş, Daniela　バルトシュ, ダニエラ
　国ルーマニア　保健・家族相
Bartosik, Alison　バートシック
　国アメリカ　シンクロナイズド・スイミング選手
Bartoszewski, Władysław　バルトシェフスキ, ウワディスワフ
　1922〜2015　国ポーランド　政治家, 外交官　ポーランド外相
　別バルトシェフスキ, ウラジスラウ / バルトシェフスキ, ブワジスワフ / バルトシェフスキ, ブワティスワフ
Bartra, Marc　バルトラ, マルク
　国スペイン　サッカー選手
Bartram, Pamela　バートラム, パメラ
　別バートラム, P.　著「特別なニーズを持つ子どもを理解する」岩崎学術出版社　2013
Bartrow, Kay　バルトロウ, カイ
　著「顎関節の徒手理学療法」ガイアブックス　2013
Bartu, Joplo　バートゥ, ジョプロ
　国アメリカ　アメフト選手
Bartusiak, Marcia　バトゥーシャク, マーシャ
　1950〜　著「ブラックホール」地人書館　2016
Bartynski, Julie M.　バーティンスキ, ジュリー
　著「アニメおさるのジョージぴっかぴかー」金の星社　2014
Bartz, Carol Ann　バーツ, キャロル
　1948〜　国アメリカ　実業家　ヤフーCEO, オートデスク会長・社長・CEO
Bartz, Gary　バーツ, ゲイリー
　グラミー賞 最優秀ジャズ・インストゥルメンタル・アルバム(個人またはグループ)(2004年(第47回))　"Illuminations"
Baru　バル
　アングレーム国際漫画祭 アングレーム市グランプリ(2010年)
Baru, Morea　バル
　国パプアニューギニア　重量挙げ選手
Barua, Dilip　バルア, ディリプ
　国バングラデシュ　工業相
Baruch, Janice　バルーク, ジャニス
　著「どうして小さい魚は大きな魚に食べられちゃうの?」主婦の友社　2006
Baruch, Leonel　バルチ, レオネル
　国コスタリカ　蔵相
Baruja, Juan Carlos　バルハ, フアン・カルロス
　国パラグアイ　農牧相
Barusch, Amanda Smith　バルシュ, アマンダ・S.
　著「ジェロントロジー」きんざい　2005
Baruti, Théo　バルティ, テオ
　国コンゴ民主共和国　高等教育相
Baruzzi, Agnese　バルッツィ, アニェーゼ
　著「赤ずきんのほんとうのお話」大日本絵画　〔2008〕
Baruzzi, Arno　バルッツィ, アルノ
　1935〜　著「近代政治哲学入門」法政大学出版局　2002
Barwari, Nasreen　バルワリ, ナスリン
　国イラク　公共事業相
Barwell, Fred　バーウェル, フレッド
　著「プロフェッショナルVB.NET」インプレス, インプレスコミュニケーションズ(発売)　2002
Barwell, Graham　バーウェル, グレアム
　著「人文学と電子編集」慶応義塾大学出版会　2011
Barwin, Connor　バーウィン, コナー
　国アメリカ　アメフト選手
Barylak, Lucy　バリラック, ルーシー
　1949〜　著「家族介護者のサポート」筒井書房　2005
Barylli, Walter　バリリ, ワルター
　1921〜　著「ウィーン・フィルとともに」音楽之友社　2012
Barysheva, Varvara　バリシェワ
　国ロシア　スピードスケート選手
Baryshnikov, Mikhail　バリシニコフ, ミハイル
　1948〜　国アメリカ　舞踊家, バレエダンサー　バリシニコフ・アーツ・センター芸術監督　アメリカン・バレエ・シアター(ABT)芸術監督　モダンダンス　愛称=バリシニコフ, ミーシャ〈Baryshnikov, Misha〉
Baryshnikova, Anastasia　バリシニコワ
　国ロシア　テコンドー選手
Barzagli, Andrea　バルザーリ, アンドレア
　国イタリア　サッカー選手
Barzakov, Serafim　バルザコフ
　国ブルガリア　レスリング選手
Bārzdiņš, Juris　バールズディンシュ, ユリス

　国ラトビア　保健相
Barzel, Rainer Candidus　バルツェル, ライナー
　1924〜2006　国ドイツ　政治家, 法律家　西ドイツ連邦議会議長, キリスト教民主同盟(CDU)党首
Barzel, Ronen　バーゼル, ローネン
　著「Advanced RenderMan」ボーンデジタル　2003
Barzel, Yoram　バーゼル, ヨーラム
　著「財産権・所有権の経済分析」白桃書房　2003
Barzi, Sajjad　バルジ
　国イラン　レスリング選手
Bar-Zohar, Michael　バー・ゾウハー, マイケル
　1938〜　国イスラエル　作家
Barzun, Jacques Martin　バーザン, ジャック
　1907〜2012　国アメリカ　文化史家, 文芸評論家, 音楽評論家　コロンビア大学名誉教授
Barzycka, Paulina　バシツカ
　国ポーランド　競泳選手
Bas, Philippe　バ, フィリップ
　国フランス　社会保障・高齢者・障害者・家族担当相
Basalamah, Hussein　バサラーマ, フサイン
　国イエメン　高等教育・学術研究相
Ba-salma, Bader　バーセルマ, バドル
　国イエメン　運輸相
Ba Samb, Bineta　バサム, ビネタ
　国セネガル　産業相
Basáñez, Miguel　バサネズ, ミゲル
　著「アジア・バロメーター都市部の価値観と生活スタイル」明石書店　2005
Basargin, Viktor F.　バサルギン, ビクトル・F.
　国ロシア　地域発展相
Basayev, Shamil Salmanovich　バサエフ, シャミル
　1965〜2006　国ロシア　軍人, チェチェン独立派武装勢力指導者　チェチェン共和国第一副首相
Basbanes, Nicholas A.　バスベインズ, ニコラス・A.
　1943〜　著「紙 二千年の歴史」原書房　2016
Basbous, Antoine　バスブース, アントワーヌ
　著「サウジアラビア中東の鍵を握る王国」集英社　2004
Bascelli, Gabriella　バシェリ
　国イタリア　ボート選手
Basch, Ethan M.　バッシュ, イーサン・M.
　著「ハーブ&サプリメント」ガイアブックス　2014
Basch, Paul F.　バッシュ, P.F.
　1933〜　著「国際保健学講座」じほう　2001
Basco, Monica Ramirez　バスコ, モニカ・ラミレツ
　著「バイポーラー〈双極性障害〉ワークブック」星和書店　2016
Bascomb, Neal　バスコム, ニール
　1971〜　著「ロボコン」集英社　2014
Bascou, Dimitri　バスク, ディミトリ
　国フランス　陸上選手
Bascou, Fernando　バスコウ, フェルナンド
　国ウルグアイ　ラグビー選手
Basden, Paul　バスデン, ポール
　1955〜　著「現代の礼拝スタイル」キリスト新聞社　2008
Base, Graeme　ベイス, グレイム
　1958〜　著「トラックドッグ」小学館　2004
Basedow, Jürgen　バセドウ, ユルゲン
　1949〜　編バーゼドウ, ユルゲン　著「グローバル化と法」信山社出版　2006
Baselitz, Georg　バゼリッツ, ゲオルク
　1938〜　国ドイツ　画家　ベルリン美術大学教授　本名=ケルン, ハンス・ゲオルク〈Kern, Hans-Georg〉　別バーゼリッツ, ゲオルク
Baselli, Daniele　バゼッリ, ダニエレ
　国イタリア　サッカー選手
Basengezi, Norbert　バゼンゲジ, ノルベール
　国コンゴ民主共和国　農相
Băsescu, Traian　バセスク, トライアン
　1951〜　国ルーマニア　政治家　ルーマニア大統領, ブカレスト市長
Başesgioğlu, Murat　バシェスギオウル, ムラト
　国トルコ　労働・社会保障相
Basford, Johanna　バスフォード, ジョハンナ
　著「ジョハンナからの贈りもの」グラフィック社　2016
Bash, Barbara　バッシュ, バーバラ
　著「うえにはなあにしたにはなあに」福音館書店　2008
Basha, Lulzim　バシャ, ルルジム

⦿アルバニア 内相
al-Basha, Sayed Abdel-Jaleel バシャ，サイド・アブデルジャリール
⦿スーダン 観光・国家遺産相 ⦿アル・バシャ，サイド・アブデルジャリール
Ba-shareef, Lutfy バーシャリーフ，ルトフィ
⦿イエメン 通信・情報技術相
Bashari Mohamed, Eissa バシャリ・モハメド，エイサ
⦿スーダン 科学技術相
Bashe, Philip バシェ，フィリップ
著「世界最高のバイオテク企業」日経BP社，日経BPマーケティング（発売） 2015
Basheer, Shamnad バシール，シャムナッド
著「エッセンシャル・ファシリティとしての遺伝子」知的財産研究所 2004
Basher, Simon バシャー，サイモン
著「われら世界史スーパースター」玉川大学出版部 2015
Bashir, Ala バシール，アラ
1939～ 著「裸の独裁者サダム」日本放送出版協会 2004
Bashir, Halima バシール，ハリマ
1979～ 著「悲しみのダルフール」PHP研究所 2010
al-Bashir, Isam Ahmed バシル，イサム・アハメド
⦿スーダン 指導・寄進財産相 ⦿アル・バシル，イサム・アハメド
Bashir, Layli Miller バッシャー，レイリ・ミラー
1972～ 著「ファウジーヤの叫び」ソニー・マガジンズ 2001
al-Bashir, Omar Hassan Ahmed バシル，オマル・ハッサン・アハメド
⦿スーダン 大統領
al-Bashir, Omar Hassan Ahmed バシル，オマール・ハッサン・アハメド・アル
1944～ ⦿スーダン 政治家，軍人 スーダン大統領・首相 ⦿アル・バシール／アル・バシル／バシール／バシル／バシル，オマール／バシル，オマル
Bashir, Salah バシール，サラハ
⦿ヨルダン 外相 ⦿バシル，サラハ
al-Bashir, Salaheddin バシル，サラヘディン
⦿ヨルダン 法相
al-Bashiri, Abdullah Hussein バシリ，アブドラ・フセイン
⦿イエメン 国務相兼大統領府長官
Bashmet, Yurii バシュメット，ユーリー
1953～ ⦿ロシア 指揮者，ビオラ奏者 国立新ロシア交響楽団芸術監督・首席指揮者，モスクワ・ソロイスツ主宰 本名＝Bashmet, Yurii Abramovich ⦿バシュメット，ユーリ
Basiakos, Evangelos バシアコス，エバンゲロス
⦿ギリシャ 農村開発・食糧相
Basic, Zdenko バシク，ズデンコ
著「白雪姫」大日本絵画 2013
Basile, Fabio バシレ，ファビオ
⦿イタリア 柔道選手
Basili, Victor バシリ，ビクター
1940～ 著「ゴール＆ストラテジ入門」オーム社 2015
Basilio, Carmen バシリオ，カーメン
1927～2012 ⦿アメリカ プロボクサー 世界ウエルター級・ミドル級チャンピオン ⦿バシリオ，カルメン
Basindwa, Mohammed Salem バシンドワ，ムハンマド・サリム
⦿イエメン 首相
Basinger, Kim ベーシンガー，キム
1953～ ⦿アメリカ 女優 ⦿ベイシンガー，キム
Basitkhanova, Elmira バシトハノワ，エリミラ
⦿ウズベキスタン 副首相
Baška, Jaroslav バシュカ，ヤロスラフ
⦿スロバキア 国防相
Baskin, Diana バスキン，ダイアナ
著「追憶」サティヤ・サイ出版協会 2006
Baskin, Jonathan Barron バスキン，J.B.
著「ファイナンス発達史」文眞堂 2005
Baskin, Nora Raleigh バスキン，ノーラ・ローリ
著「女の子ならだれでも知ってること」求竜堂 2004
Baskin, Yvonne バスキン，イボンヌ
著「生物多様性の意味」ダイヤモンド社 2001
Basko, Ihor John バスコ，イホア・ジョン
著「健康維持・病気改善のための愛犬の食事療法」ガイアブックス 2016
Basnet, Badri Narayan バスネット，バドリ・ナラヤン
⦿ネパール 土地改良管理相兼森林土壌保全相

Basnet, Mahesh バスネト，マヘシュ
⦿ネパール 工業相
Basnet, Shakti Bahadur バスネット，シャクティ・バハドゥル
⦿ネパール 内相
Basombrío Iglesias, Carlos Miguel バソンブリオ・イグレシアス，カルロス・ミゲル
⦿ペルー 内相
Basov, Nikolai Gennadievich バソフ，ニコライ
1922～2001 ⦿ロシア 物理学者 ソ連科学アカデミー・レーベデフ物理学研究所所長 ⦿バーソフ，ニコライ
Basova, Liubov バソワ，リュボフ
⦿ウクライナ 自転車選手
Bass, Anthony バス，アンソニー
⦿アメリカ 野球選手
Bass, Brandon バス，ブランドン
⦿アメリカ バスケットボール選手
Bass, Christopher バス，クリストファー
著「認知行動療法の科学と実践」星和書店 2003
Bass, David バス，デービッド
⦿アメリカ アメフト選手
Bass, Ellen バス，エレン
著「生きる勇気と癒す力」三一書房 2007
Bass, Fontella バス，フォンテラ
1940～2012 ⦿アメリカ ソウル歌手
Bass, Irina Isaevna バス，イリーナ・イサーエヴナ
⦿ロシア サンクトペテルブルク国立文化大学外国語言語学学科長・准教授，サンクトペテルブルク露日友好協会理事
Bass, Laura Geringer バース，L.G.
著「月影のアウトロー」ソニー・マガジンズ 2006
Bass, Lee バス，リー
⦿アメリカ 実業家
Bass, Len バス，レン
著「DevOps教科書」日経BP社，日経BPマーケティング（発売） 2016
Bass, L.G. バース，L.G.
⦿アメリカ 作家 ⦿ファンタジー
Bass, Paul バス，ポール
著「自己評価型病理学ノート」西村書店東京出版編集部 2011
Bass, Rick バス，リック
著「ゾエトロープ」角川書店 2003
Bass, Robert バス，ロバート
⦿アメリカ 実業家
Bass, Steve バス，スティーブ
著「パソコンのイライラをすっきり解消する本」オライリー・ジャパン，オーム社（発売） 2004
Bass, Thomas A. バス，トマス
著「マネーゲームの予言者たち」徳間書店 2001
Bass, Tom ボス，トム
著「アメフトスキル＆ドリル入門」タッチダウン 2008
Bass, William M. バス，ビル
1928～ 著「実録死体農場」小学館 2008
Bassabi, Safiatou バサビ，サフィアトゥ
⦿ベナン 政府機関・宗教担当相
Bassanini, Franco バサニニ，フランコ
⦿イタリア 総務相
Bassett, Lucinda バセット，ルシンダ
著「わたしもパニック障害だった」ヴォイス 2004
Bassett, Michael J. バセット，マイケル・J.
著「サイレントヒルリベレーション」竹書房 2013
Bassetti, W.H.C. バセッティ，W.H.C.
著「マーケットのテクニカル百科」パンローリング 2004
Bassey, E.Joan バッシー，ジョーン
著「骨を強くするエクササイズ」産調出版 2002
Bassford, Christopher バスフォード，クリストファー
著「クラウゼヴィッツの戦略思考」ダイヤモンド社 2002
Bassham, Gregory バッシャム，グレゴリー
1959～ 著「指輪物語をめぐる16の哲学」ランダムハウス講談社 2006
Bassi, Adriano バッスィ，アドリアーノ
著「オーケストラと指揮者」音楽之友社 2003
Bassi, Davide バッシ，ダヴィデ
⦿イタリア サッカー選手
Bassiere, Batio バシエレ，バティオ
⦿ブルキナファソ 環境・グリーン経済・気候変動相
Bassil, Gebran バシル，ジブラン
⦿レバノン 外務・移民相

Bassil, Ray バシル, レイ
[国]レバノン 射撃選手
Bassitt, Chris バシット, クリス
[国]アメリカ 野球選手
Basso, Adrienne バッソ, アドリエンヌ
[著]「放蕩貴族に恋して」 オークラ出版 2011
Basso, Bill バッソ, ビル
[著]「戦争を平和にかえる法」 河出書房新社 2009
Basso, Jorge バッソ, ホルヘ
[国]ウルグアイ 保健相
Basso, Thomas F. バッソ, トム
[著]「トム・バッソの禅トレード」 パンローリング 2011
Bassolet, Yipènè バソレ, イエペネ
[国]ブルキナファソ 外相
Bassom, David バソム, デヴィッド
[異]バッソン, デヴィッド [著]「クリエイティングバビロン5」 学習研究社 2002
Basson, Jean バソン
[国]南アフリカ 競泳選手
Basta, Dusan バスタ, ドゥシャン
[国]セルビア サッカー選手
Bastardo, Antonio バスタード, アントニオ
[国]ドミニカ共和国 野球選手
Bastareaud, Mathieu バスタルロー, マチュー
[国]フランス ラグビー選手
el-**Basti, Abderraouf** バスティ, アブデラウフ
[国]チュニジア 文化・遺産保存相
Bastiaans, Christiaan バスティアンス, クリスティアン
1951〜 [著]「彼岸は廻る」 現代企画室 2004
Bastian, Till バスティアン, ティル
1949〜 [著]「アウシュヴィッツと〈アウシュヴィッツの嘘〉」 白水社 2005
Bastidas, Adina バスティダス, アディナ
[国]ベネズエラ 副大統領
Bastien, James W. バスティン, ジェームズ
[著]「セオリー」 東音企画 〔2016〕
Bastien, Jane Smisor バスティン, ジェーン・S.
[著]「パフォーマンス」 東音企画 〔2013〕
Bastien, Lisa バスティン, リサ
[著]「ピアノパーティーBガイドブック」 東音企画 〔2013〕
Bastien, Lori バスティン, ローリー
[著]「ピアノパーティーBガイドブック」 東音企画 〔2013〕
Bastien, Samuel バスティアン, サムエル
[国]ベルギー サッカー選手
Bastien, Vincent バスティアン, ヴァンサン
[著]「ラグジュアリー戦略」 東洋経済新報社 2011
Bastienne, Charles バスティーン, チャールズ
[国]セーシェル 住宅・インフラ・国土交通相
Baštiks, Ainars バシュティクス, アイナルス
[国]ラトビア 児童・家庭相
Bastille, Guillaume バスティーユ, ギヨーム
1985〜 [国]カナダ スピードスケート選手
Bastin, Christine バスタン, クリスティーヌ
[著]「音楽家の家」 西村書店東京出版編集部 2012
Bastin, Marjolein バスティン, マロリン
1943〜 [著]「バタフライ」 カラーフィールド 2006
Bastola, Chakra Prasad バストラ, チャクラ・プラサド
[国]ネパール 外相
Bastos バストス
[国]アンゴラ サッカー選手
Bastos, Márcio Thomaz バストス, マルシオ・トマス
[国]ブラジル 法相
Basu, Anurag バス, アヌラーグ
[国]インド 映画監督
Basu, Kaushik バスー, カウシック
1952〜 [異]バス, カウシク [著]「見えざる手をこえて」 NTT出版 2016
Basu, Sanjay バス, サンジェイ
[著]「経済政策で人は死ぬか？」 草思社 2014
Basua, David バスア, デービッド
[国]パプアニューギニア 文化・観光相
Basuki, Hadimuljono バスキ・ハディムルヨノ
[国]インドネシア 公共事業・国民住宅相
Basura, Saleh Ali バスラ, サレハ・アリ
[国]イエメン 高等教育・科学研究相
Basyuni, Muhammad Maftuh バシュニ, ムハンマド・マフトゥ
[国]インドネシア 宗教相
Batagelj, Vladimir バタゲーリ, ヴラディミール
1948〜 [著]「Pajekを活用した社会ネットワーク分析」 東京電機大学出版局 2009
Bataille, Christophe バタイユ, クリストフ
1973〜 [著]「消去」 現代企画室 2014
Bataille, Marion バタイユ, マリオン
[著]「ナンバー」 大日本絵画 2013
Bataille, Nicolas バタイユ, ニコラ
1926〜2008 [国]フランス 演出家 ユシェット座座長
Bataille, Sylvia バタイユ, シルヴィア
[異]バタイエ, シルヴィア [著]「さまざまな家族」 信山社出版 2004
Batalov, Aleksei バターロフ, アレクセイ
1928〜 [国]ロシア 俳優, 映画監督 本名＝Batalov, Aleksei Vladimirovich
al-**Batani, Muhammad Abdallah** アル・バタニ, ムハマド・アブダラ
[国]イエメン 社会保障相
Batash, Mohammadullah バタシュ, モハマドラ
[国]アフガニスタン 運輸航空相
Batayneh, Alaa バタイネ, アラー
[国]ヨルダン エネルギー・鉱物資源相兼運輸相
Batayneh, Muhammad バタイネハ, ムハンマド
[国]ヨルダン エネルギー・鉱物資源相
Batbayar, Nyamjav バトバヤル, ニャムジャブ
[国]モンゴル 経済開発相 [異]バトバヤル, ニャムジャビン
Batbayar, Shiilegiin バトバヤル, シーレギーン
[国]モンゴル 社会保障・労働相
Batbayiar, Ts. バトバヤル, Ts.
[著]「モンゴル現代史」 明石書店 2002
Batbold, Sükhbaataryn バトボルド, スフバートリン
1963〜 [国]モンゴル 政治家 モンゴル首相 [異]バトボルド, スフバータル
Batbold, Sunduin バトボルド, スンドイーン
[国]モンゴル 内閣官房長官
Batchelor, David バチェラー, デイヴィッド
1955〜 [著]「クロモフォビア」 青土社 2007
Batchelor, Doug バチェラー, ダグラス
1957〜 [著]「洞窟で見つけた光」 福音社, 立川 三育協会(発売) 2009
Batchelor, Rosemary バッチェラー, ローズマリー
[著]「ベニーフランスへいく」 日本二分脊椎・水頭症研究振興財団 2008
Batchelor, Stephen バチェラー, スティーブン
1953〜 [著]「ダルマの実践」 四季社 2002
Batchen, Geoffrey バッチェン, ジェフリー
[著]「写真のアルケオロジー」 青弓社 2010
Batdorff, John バットドーフ, ジョン
[著]「最高のモノクロ写真の創り方」 ピアソン桐原 2012
Bate, David ベイト, デイヴィッド
1956〜 [著]「写真のキーコンセプト」 フィルムアート社 2010
Bate, Jonathan ベイト, ジョナサン
1958〜 [国]イギリス 英文学者, 作家 ウォーリック大学教授 [専]シェイクスピア研究
Bate, Lucy ベイト, ルーシー
[著]「はがぬけたときこうさぎは…」 リブリオ出版 2002
Bate, Richard ベイト, R.
[著]「現代イギリスの政治算術」 北海道大学図書刊行会 2003
Bateman, Anthony W. ベイトマン, A.W.
[著]「メンタライジングの理論と臨床」 北大路書房 2014
Bateman, Bradley W. ベイトマン, ブラッドリー・W.
1956〜 [著]「リターン・トゥ・ケインズ」 東京大学出版会 2014
Bateman, Chris ベイトマン, クリス
[著]「「ヒットする」のゲームデザイン」 オライリー・ジャパン, オーム社(発売) 2009
Bateman, Colin ベイトマン, コリン
1962〜 [著]「ジャックと離婚」 東京創元社 2002
Bateman, Donald ベイトマン, ドナルド
[著]「ナラティブ・ベイスト・メディスン」 金剛出版 2001
Bateman, Ian ベイトマン, I.
1961〜 [著]「環境経済学入門」 東洋経済新報社 2001
Bateman, Jason ベイトマン, ジェイソン
ゴールデン・グローブ賞 テレビ 男優賞(ミュージカル・コメディ)(第62回(2004年度)) “Arrested Development”
Bateman, John ベイトマン, ジョン
[著]「岩波講座 言語の科学」 岩波書店 2004

Bateman, Robert McLellan ベイトマン, ロバート
1930～ [国]カナダ 画家 [異]ベートマン, ロバート
Baterdene, Badmaanyambuugiin バトエルデネ, バドマーニャムブーギン
[国]モンゴル 国防相
Baterdene, Dashidemberel バトエルデネ, ダシデンベレル
[国]モンゴル 国防相
Bateriki, Boutu バテリキ, ボウス
[国]キリバス 労働・人材資源開発相
Bates, A.D. ベイツ, A.D.
[著]「分子生物学キーノート」 シュプリンガー・フェアラーク東京 2002
Bates, Alan ベーツ, アラン
1934～2003 [国]イギリス 俳優 本名＝ベーツ, アーサー〈Bates, Arthur〉 [異]ベイツ, アラン
Bates, Amy Barrett ベイツ, エイミー・バレット
[著]「心があたたかくなって」 トリーハウス 2008
Bates, Amy June ベイツ, エイミー
[著]「とびっきりのともだち」 BL出版 2016
Bates, Bert ベイツ, バート
[著]「Sun SJC(エスジェーシー)-P認定ガイド」 日経BP社, 日経BP出版センター(発売) 2010
Bates, Bob ベイツ, ボブ
1951～ [著]「経営理論大全」 朝日新聞出版 2015
Bates, Daren ベイツ, ダレン
[国]アメリカ アメフト選手
Bates, Douglas M. ベイツ, D.M.
[著]「S-PLUSによる混合効果モデル解析」 シュプリンガー・ジャパン 2010
Bates, Elena ベイツ, エレナ
[著]「女30からの世界一簡単なしあわせの作り方」 光文社 2005
Bates, Evan ベーツ
[国]アメリカ フィギュアスケート選手
Bates, Houston ベイツ, ヒューストン
[国]アメリカ アメフト選手
Bates, Ivan ベイツ, アイヴァン
[著]「よーし、よし！」 光村教育図書 2013
Bates, J.Leonard ベイツ, J.レナード
[著]「アメリカの環境主義」 同友館 2004
Bates, Katherine ベイツ
[国]オーストラリア 自転車選手
Bates, Kathy ベーツ, キャシー
1948～ [国]アメリカ 女優 [異]ベイツ, キャシー
Bates, Luis バテス, ルイス
[国]チリ 法相
Bates, Marilyn M. ベイツ, マリリン
[著]「カーシー博士の人間×人間セルフヘルプ術」 小学館プロダクション 2001
Bates, Trevor ベイツ, トレバー
[国]アメリカ アメフト選手
Bateson, Anna ベイトソン, アンナ
[著]「リーダーシップ・マスター」 英治出版 2013
Bateson, Gregory ベイトソン, グレゴリー
[著]「精神と自然」 新思索社 2006
Bateson, Margaret ベイトソン, マギー
[異]ベイソン, マギー [著]「ときめき☆サプライズ・パーティー」 ひさかたチャイルド 2016
Bateson, Paul Patrick Gordon ベイトソン, パトリック
1938～ [著]「ドメスティック・キャット」 チクサン出版社, 緑書房(発売) 2006
Batey, Colleen E. ベイティ, コーリン
[著]「ヴァイキングの世界」 朝倉書店 2008
Batey, Rick ベイティー, リック
[著]「ブルース・ギター大名鑑」 ブルース・インターアクションズ 2010
Batge, Leon ベトゲ, レオン
[国]ドイツ サッカー選手
Bathia, Diallo Mamadou バティヤ, ディヤロ・ママドゥ
[国]モーリタニア 国防相
Bathib, Wa'ed Abdullah バシブ, ワエド・アブドラ
[国]イエメン 運輸相
Bathily, Abdoulaye バシリ, アブドゥラエ
[国]セネガル エネルギー・水資源相
Bathily, Aly バチリ, アリ
[国]マリ 国有地・土地問題相
Bathiudeen, Rishad バティユディーン, リシャド
[国]スリランカ 産業・商業相 [異]バティユティーン, アブドル・リサト
Batho, Delphine バト, デルフィーヌ
[国]フランス エコロジー・持続的開発・エネルギー相
Bati, Anwer バティ, アンワー
[著]「こだわりのシガー」 ネコ・パブリッシング 2006
Batiashvili, Lisa バティアシュヴィリ, リサ
1979～ [国]ジョージア バイオリニスト
Batić, Vladan バティッチ, ブラダン
[国]セルビア 法相
Batica, Pascoal Domingos バチカ, パスコアル・ドミンゴス
[国]ギニアビサウ 商業・産業・手工業相
Batifoulier, Philippe バティフリエ, フィリップ
[著]「コンヴァンシオン理論の射程」 昭和堂 2006
Batirov, Adam バティロフ, アダム
[国]バーレーン レスリング選手
Batirov, Mavlet バティロフ
[国]ロシア レスリング選手 [異]バチロフ
Batista, Cergio バティスタ, セルヒオ
1962～ [国]アルゼンチン サッカー指導者, 元サッカー選手 サッカー・アルゼンチン代表監督 [異]バチスタ, セルジオ
Batista, Michel バティスタ
[国]キューバ レスリング選手
Batiste, Mike バティスタ, マイク
[国]アメリカ ブルックリン・ネッツアシスタントコーチ(バスケットボール)
Batjargal, Zambyn バトジャルガル, ザンバ
1945～ [著]「日本人のように不作法なモンゴル人」 万葉舎 2005
Batjes, N.H. バジェス, N.H.
[異]バジェス, N.H. [著]「世界の土壌資源」 古今書院 2002
Batker, David K. バトカー, デイヴィッド・K.
[著]「経済成長って、本当に必要なの？」 早川書房 2013
Batkhuu, Gavaagiin バトフー, ガバーギーン
[国]モンゴル 運輸・観光相
Batki, Noemi バツキ
[国]イタリア 飛び込み選手 [異]バトキ
Batler, John バトラー, ジョン
[著]「ヒプノセラピー」 産調出版 2004
Batlle, Jorge バジェ, ホルヘ
[国]ウルグアイ 大統領
Batmanghelidji, F. バトマンゲリジ, F.
1931～2005 [著]「病気を治す飲水法」 中央アート出版社 2007
Batoko, Ousmane バトコ, ウスマン
[国]ベナン 公務員・労働・行政改革相
Batra, Raveendra N. バトラ, ラビ
1943～ [著]「セカンドボトム世界大恐慌」 あ・うん 2012
Batres, Mireya バトレス, ミレヤ
[国]ホンジュラス 文化・芸術・スポーツ相
Batres, Yolany バトレス, ジョラニ
[国]ホンジュラス 保健相
Batsarashkina, Vitalina バツァラシュキナ, ビタリナ
[国]ロシア 射撃選手
Batshu, Edwin Jenamiso バツ, エドウィン・ジェナミゾ
[国]ボツワナ 国家・移民・ジェンダー相
Batshuayi, Michy バチュアイ, ミシー
[国]ベルギー サッカー選手
Batsiua, Mathew バツィウア, マシュー
[国]ナウル 保健相兼スポーツ相兼法相
Batsiushka, Hanna バチューシュカ
[国]ベラルーシ 重量挙げ選手
Batson, Charles Daniel バトソン, チャールズ・ダニエル
1943～ [著]「モーラルブレイン」 麗沢大学出版会, 広池学園事業部(柏)(発売) 2013
Batson, Susan バトソン, スーザン
1944～ [著]「Need本当のあなたをさがす旅」 小学館 2009
Batstone, David バットストーン, デイヴィッド
1958～ [著]「告発・現代の人身売買」 朝日新聞出版 2010
Batsuuri, Jamiyansurengiin バトスーリ, ジャミヤンスレンギン
[国]モンゴル 教育・文化・科学・スポーツ相
Batt, Rosemary L. バート, R.
[著]「ベスト・プラクティス競争戦略」 八千代出版 2004
Battaglia, Aurelius バタグリア, オーリリアス
1910～ [著]「ピノキオ」 竹書房 2003
Battaglia, Romano バッタリア, ロマーノ
1933～2012 [国]イタリア 作家, ジャーナリスト [異]バッタッリア, ロマーノ

Battel, Giovanni Umberto　バテル, ジョヴァンニ・ウンベルト
　著「演奏を支える心と科学」誠信書房　2011
Battelle, Ann　バテル
　国アメリカ　フリースタイルスキー選手
Battelle, John　バッテル, ジョン
　1965～　著「ザ・サーチ」日経BP社, 日経BP出版センター（発売）　2005
Batten, Don　バッテン, ドン
　著「アンサーズブック」ICM出版　2004
Batten, John D.　バトン, J.D.
　著「イギリスとアイルランドの昔話」福音館書店　2002
Battiato, Giacomo　バッティアート, ジャコモ
　著「こわれた心を癒す物語」アーティストハウス, 角川書店（発売）　2001
Battie, David　バティ, デイビッド
　著「ヨーロピアンアンティーク大百科」西洋堂　2004
Battikh, Othmane　バティーフ, オスマン
　国チュニジア　宗教問題相
Battin, Patricia　バッティン, パトリシア
　著「デジタル時代の大学と図書館」玉川大学出版部　2002
Battisti, Romano　バティスティ, ロマーノ
　国イタリア　ボート選手
Battistini, Matilde　バッティスティーニ, マチルデ
　著「モディリアーニ」昭文社　2007
Battle, Eric　バトル, エリック
　著「ゴジラ：アウェイクニング〈覚醒〉」ヴィレッジブックス　2014
Battle, Isaiah　バトル, イサイアー
　国アメリカ　アメフト選手
Battle, Lucius Durham　バトル, ルーシャス
　1918～2008　国アメリカ　外交官　ハーバード大学中東研究所理事長　専中東問題
Battle, Rebecca　バトル, レベッカ
　著「スロウ・ハンド」角川書店　2002
Battles, Brett　バトルズ, ブレット
　国アメリカ　作家　専スリラー, ミステリー
Battles, Matthew　バトルズ, マシュー
　著「図書館の興亡」草思社　2004
Batton, Philippe　バトン, フィリップ
　著「手軽に作れるほんとうのフレンチ」柴田出版社　2001
Battro, Antonio M.　バットロ, アントニオ
　著「半分の脳」医学書院　2008
Battsereg, Namdag　バトセレグ, ナムダグ
　国モンゴル　環境・グリーン開発・観光相
Battsetseg Soronzonboldyn　バトツェツェグ・ソロンゾンボルド
　国モンゴル　レスリング選手
Battulga, Haltmaagiin　バトルガ, ハルトマーギン
　国モンゴル　道路・運輸・建設・都市計画相
Battulga, Khaltmaa　バトルガ, ハルトマー
　国モンゴル　工業・農牧業相
Battulga, Temuulen　バトルガ, テムーレン
　国モンゴル　柔道選手
Battut, Eric　バトゥー, エリック
　1968～　訳バテュ, エリック　著「かあさんあひるのたび」講談社　2010
Battuz, Christine　バトゥーツ, クリスティン
　著「ラリーはうそつき」辰巳出版　2013
Batty, Emily　バティ, エミリー
　国カナダ　自転車選手
Batum, Nicolas　バテュム, ニコラス
　国フランス　バスケットボール選手
Batumike, Jean-Baptiste Ntahwa Kuderwa　バツミケ, ジャンバティスト・ヌタワ・クデルワ
　国コンゴ民主共和国　予算相
Batumubwira, Antoinette　バトゥムビラ, アントワネット
　国ブルンジ　外相
Batyraliev, Talantbek　バティラリエフ, タラントベク
　国キルギス　保健相
Batyrov, Saparmyrat　バティロフ, サパルムイラト
　国トルクメニスタン　繊維工業相
Batzín Chojoj, Carlos Enrique　バツィン・チョホフ, カルロス・エンリケ
　国グアテマラ　文化・スポーツ相
Baubérot, Jean　ボベロ, ジャン
　1941～　著「世界のなかのライシテ」白水社　2014
Bauc, Jarosław　バウツ, ヤロスワフ
　国ポーランド　蔵相
Bauch, Tom　バウチ, T.
　著「DB2ユニバーサル・データベースfor Solaris」ピアソン・エデュケーション　2001
Bauchau, Henry　ボーショー, アンリ
　著「アンチゴネ」書肆山田　2001
Baucheron, Éléa　ボシュロン, エレア
　著「醜聞（スキャンダル）美術館」ユーキャン学び出版　2015
Bauckham, Richard　ボウカム, リチャード
　1946～　訳ボウカム, R.　著「人生を聖書と共に」新教出版社　2016
Baucus, Max S.　ボーカス, マックス
　1941～　国アメリカ　政治家, 法律家　駐中国米国大使　米国上院議員（民主党）
Baud, Jean-Pierre　ボー, ジャン＝ピエール
　1943～　著「盗まれた手の事件」法政大学出版局　2004
Baudarbek-kozhatayev, Yerlan　バウダルベック・コジャタエフ, イェルラン
　国カザフスタン　駐日特命全権大使
Baudelot, Christian　ボードロ, クリスチャン
　1938～　著「豊かさのなかの自殺」藤原書店　2012
Bauderlique, Mathieu Albert Daniel　ボードリック, マチューアルベルトダニエル
　国フランス　ボクシング選手
Baudin, Gabrielle Prévilon　ボーダン, ガブリエル・プレビロン
　国ハイチ共和国　社会問題相
Baudin, Ronald　ボダン, ロナルド
　国ハイチ共和国　経済・財政相
Baudis, Ulrich　バウディス, ウルリッヒ
　著「鉄の空化と軟空化」アグネ技術センター　2011
Baudoin, Edmond　ボードワン, エドモン
　アングレーム国際漫画祭　最優秀シナリオ賞（2001年）　"Les quatre fleuves"〈Viviane Hamy〉
Baudou, Jacques　ボドゥ, ジャック
　1946～　著「SF文学」白水社　2011
Baudoux, Dominique　ボドゥー, ドミニク
　1957～　著「NARDケモタイプ精油事典」ナード・ジャパン　2001
Baudrillard, Jean　ボードリヤール, ジャン
　1929～2007　国フランス　思想家, 文芸批評家, 写真家　パリ大学教授　専社会学, 記号論
Bauer, Alain　ボウエー, アラン
　著「100語でわかるガストロノミ」白水社　2012
Bauer, Angeline　バウアー, アンゲリーネ
　1952～　著「子どもの心をいやす魔法のメルヘン」主婦の友社, 角川書店（発売）　2001
Bauer, Belinda　バウアー, ベリンダ
　1962～　国イギリス　作家　専ミステリー, スリラー
Bauer, Billy　バウアー, ビリー
　1915～2005　国アメリカ　ジャズギタリスト　本名＝Bauer, William Henry
Bauer, Brian S.　バウアー, ブライアン・S.
　著「ビジュアル版　世界の歴史都市」柊風舎　2016
Bauer, Brigitte　バウアー, ブリギッテ
　著「ベルリン・デザイン・ハンドブックはデザインの本ではない！」ベアリン出版, 新宿書房（発売）　2013
Bauer, Christian　バウアー, クリスチャン
　著「Hibernateインアクション」ソフトバンククリエイティブ　2006
Bauer, Günther G.　バウアー, ギュンター
　1928～　国ドイツ　演劇学者, 作家　モーツァルテウム音楽演劇大学学長
Bauer, Hank　バウアー, ハンク
　1922～2007　国アメリカ　野球選手　本名＝バウアー, ヘンリー・アルバート〈Bauer, Henry Albert〉
Bauer, Hans　バウアー, ハンス
　著「消えた天使」メディアファクトリー　2007
Bauer, Hans-Joachim　バウアー, ハンス＝ヨアヒム
　著「ワーグナー王朝」音楽之友社　2009
Bauer, Heather　バウアー, ヘザー
　著「ウォール・ストリート式ダイエット」阪急コミュニケーションズ　2010
Bauer, Ina　バウアー, イナ
　1941～2014　国ドイツ　フィギュアスケート選手
Bauer, Joan　バウアー, ジョーン
　1951～　訳バウアー, ジョアン　著「負けないパティシエガール」

小学館　2013
Bauer, Joy　バウアー, ジョイ
　著「プロは語る。」アスペクト　2005
Bauer, Jutta　バウアー, ユッタ
　国ドイツ　画家　国際アンデルセン賞 画家賞（2010年）ほか
Bauer, Klemen　バウアー
　国スロベニア　バイアスロン選手
Bauer, Laurie　バウアー, ローリー
　1949〜　著「言語学的にいえば…」研究社　2003
Bauer, Lukas　バウアー
　国チェコ　クロスカントリースキー選手
Bauer, Marion Dane　バウアー, マリオン・デーン
　1938〜　国アメリカ　児童文学作家　関バウアー, マリアン・デーン
Bauer, Pamela　バウアー, パメラ
　著「バレンタイン・プレイス十四番地」ハーレクイン　2003
Bauer, Robert　バウアー, ロベルト
　国ドイツ　サッカー選手
Bauer, Trevor　バウアー, トレバー
　国アメリカ　野球選手
Bauer, Walter F.　バウアー, ウォルター
　？〜2008　国アメリカ　病理学者, 反核運動家
Bauer, Wolfgang　バウアー, ヴォルフガング
　1958〜　著「植民都市・青島1914-1931」昭和堂　2007
Bauerlein, Mark　バウアーライン, マーク
　著「アメリカで大論争!!若者はホントにバカか」阪急コミュニケーションズ　2009
Bauer Mueller, Pamela　バウアー・ミュラー, パメラ
　著「ハローグッバイアイラブユー」燦葉出版社　2012
Bauers, Jake　バウアーズ, ジェイク
　国アメリカ　野球選手
Bauersima, Igor　バウアージーマ, イーゴル
　1964〜　国スイス　劇作家, 演出家　オフ・オフ・ビューネ主宰
Bauge, Gregory　ボージュ, グレゴリー
　国フランス　自転車選手
Baugh, Kenneth　ボー, ケネス
　国ジャマイカ　副首相兼外務・貿易相
Baugh, Leon　ボー, レオン
　ローレンス・オリヴィエ賞 振付賞（2011年（第35回））"Sucker Punch"
Baughan, Michael Gray　ボーガン, マイケル・グレイ
　1973〜　著「「おおきな木」の贈りもの」文渓堂　2010
Baughman, Matthew　ボーマン, マシュー
　著「アニメおさるのジョージぴっかぴカー」金の星社　2014
Baugniet, Rebecca　ボーニエ, レベッカ
　著「500パイ＆タルトのレシピ集」グラフィック社　2010
Bauhaus, Ingrid　バウハウス, イングリット
　国ドイツ　ワイマール独日協会会長, 生け花師範
Bauk, Arsen　バウク, アルセン
　国クロアチア　行政相
Baulcombe, David　バウルクーム, デヴィッド
　国イギリス　ウルフ賞 農業部門（2010年）
Bauling, Jayne　ボーリング, ジェイン
　著「愛の言葉を聞かせて」ハーレクイン　2001
Baum, David　ボーム, D.
　著「LEGO MINDSTORMS」シュプリンガー・フェアラーク東京　2001
Baum, Friedemann　バウム, フリードマン
　著「わかる！乳腺画像診断の要点」メディカル・サイエンス・インターナショナル　2009
Baum, Gilles　ボム, ジル
　著「そらいろ男爵」主婦の友社　2015
Baum, Herb　バーム, ハーブ
　著「動機づける力」ダイヤモンド社　2005
Baum, Louis　バウム, ルイス
　著「こねずみトトのこわいゆめ」徳間書店　2008
Baum, Michael S.　バウム, マイケル
　著「ディジタル署名と暗号技術」ピアソン・エデュケーション　2001
Baum, Sandy　ボーム, サンディ
　著「授業料割引と基金の運用管理」東京大学大学総合教育研究センター　2009
Baum, William M.　ボーム, ウィリアム・M.
　著「行動主義を理解する」二瓶社　2016
Bauman, Howard　バウマン, ハワード
　？〜2001　国アメリカ　食品科学者　宇宙食の開発

Bauman, Janina　バウマン, ヤニナ
　1926〜　著「冬の朝」ブックコム　2015
Bauman, Richard　バウマン, リチャード
　著「アメリカ民俗学」岩田書院　2012
Bauman, Yoram　バウマン, ヨラム
　著「この世で一番おもしろいマクロ経済学」ダイヤモンド社　2012
Bauman, Zygmunt　バウマン, ジグムント
　1925〜　国イギリス　社会学者　リーズ大学名誉教授, ワルシャワ大学名誉教授　関バウマン, ジークムント
Baumann, Anne-Sophie　ボーマン, アンヌ・ソフィ
　関ボーマン, アンヌ＝ソフィ　著「うごかす！めくる！こうじげんば」バイインターナショナル　2016
Baumann, Buddy　ボウマン, バディ
　国アメリカ　野球選手
Baumann, Chris　バウマン, クリス
　国アメリカ　ラグビー選手
Baumann, Jürgen　バウマン, ユルゲン
　著「罪刑法定主義と刑法思想」法律文化社　2001
Baumann, Kurt　バウマン, クルト
　著「ペロー童話 ながぐつをはいたねこ」ほるぷ出版　2003
Baumann, Oliver　バウマン, オリヴァー
　国ドイツ　サッカー選手
Baumann, Reinhard　バウマン,ラインハルト
　1948〜　著「ドイツ傭兵の文化史」新評論　2002
Baumann, Romed　バウマン
　国オーストリア　アルペンスキー選手
Baumann, Stephan　バウマン, ステファン
　1965〜　著「地球をまもるみどりのバッジ」童心社　2003
Baumbich, Charlene Ann　ボーンビッチ, シャーリーン
　1945〜　著「いつだって、そばにいる母と子の魔法の絆」アンドリュース・クリエイティヴ　2003
Baume, Sara　ボーム, サラ
　1984〜　著「きみがぼくを見つける」ポプラ社　2016
Baumeister, Roy F.　バウマイスター, ロイ
　著「WILLPOWER意志力の科学」インターシフト, 合同出版（発売）　2013
Baumer, Franz　バウマー, フランツ
　1925〜　著「ヘルマン・ヘッセ」土曜美術社出版販売　2007
Baumgart, Reinhard　バウムガルト, ラインハルト
　1929〜　著「文学との離別」法政大学出版局　2001
Baumgarten, Eduard　バウムガルテン, エデュアルト
　関バウムガルテン, エドゥアルト　著「回想のマックス・ウェーバー」岩波書店　2005
Baumgarten Lavand, Dario　バウムガルテン・ラバンド, ダリオ
　国パラグアイ　農業・畜産相
Baumgartlinger, Julian　バウムガルトリンガー, ユリアン
　国オーストリア　サッカー選手
Baumgartner, Eric　バウムガートナー, エリック
　1962〜　著「エリック・バウムガートナー：野うさぎのラグタイム」全音楽譜出版社　2014
Baumgartner, Karl　バウムガルトナー, カール
　ベルリン国際映画祭 ベルリナーレ・カメラ賞（第64回（2014年））
Baumier, Jean-Claude　ボミエ, ジャン・クロード
　国フランス　カンヌ仏日協会会長
Baumjohann, Alexander　バウムヨハン, アレクサンダー
　国ドイツ　サッカー選手
Baumol, William J.　ボーモル, ウイリアム・J.
　関ボーモル, ウィリアム・ジャック／ボウモル, ウィリアム・J.　著「良い資本主義悪い資本主義」書籍工房早山　2014
Baun (rasmussen), Tine　バウン
　国デンマーク　バドミントン選手
Baur, Fredric J.　バワー, フレドリック
　？〜2008　国アメリカ　技術者
Baus, Ursula　バウス, ウルズラ
　1959〜　著「Footbridges」鹿島出版会　2011
Bausby, DeVante　ボースビー, ディバント
　国アメリカ　アメフト選手
Bausch, François　バウシュ, フランソワ
　国ルクセンブルク　公共事業相
Bausch, Paul　ボシュ, ポール
　著「Google hacks」オライリー・ジャパン, オーム社（発売）　2007
Bausch, Pina　バウシュ, ピナ
　1940〜2009　国ドイツ　舞踊家, 振付師, 演出家　ヴッパタール舞踊団芸術監督　関コンテンポラリーダンス　本名＝バウシュ,

フィリッピーネ〈Bausch, Philippine〉
Bausch, Richard ボーシュ, リチャード
　1945〜　国アメリカ　作家
Bausenwein, Christoph バウゼンヴァイン, クリストフ
　1959〜　著「パーフェクトマッチ」二見書房　2015
Baushcke, Martin バウシュケ, マルティン
　1962〜　著「あなたが生まれてきた意味は？」花風社　2001
Bausinger, Hermann バウジンガー, ヘルマン
　1926〜　著「ドイツ人はどこまでドイツ的？」文緝堂　2012
Baussan, Olivier ボーサン, オリビエ
　国フランス　実業家　ロクシタン創業者
Baussier, Sylvie ボシエ, シルヴィ
　1964〜　著「みんなのしごと」主婦の友社　2007
Bautista, Jon バウティスタ, ジョン
　国スペイン　サッカー選手
Bautista, Jose バティスタ, ホセ
　1980〜　国ドミニカ共和国　野球選手　本名＝Bautista, Jose Antonio　異バウティスタ, ホセ／バティースタ, ホセ／バティスタ, ホセ
Bautista, Rafael バティスタ, ラファエル
　国ドミニカ共和国　野球選手
Bautista Agut, Roberto バウティスタ, ロベルト
　国スペイン　テニス選手
Bautts, Tony バウツ, トニー
　著「Linuxネットワーク管理」オライリー・ジャパン, オーム社（発売）　2005
Ba-u'um, Masir バーウー, ナセル
　国イエメン　保健・人口相　異バーウーム, ナセル
Bauval, Robert ボーヴァル, ロバート
　1948〜　著「タリズマン」竹書房　2005
Bauwen, Patrick ボーウェン, パトリック
　国フランス　医師, 作家　ミステリー
Bavaro, Jackie バヴァロ, ジャッキー
　著「世界で闘うプロダクトマネジャーになるための本」マイナビ　2014
Bavasi, Buzzie バベシ, バジー
　？〜2008　国アメリカ　実業家　ロサンゼルス・ドジャースGM　本名＝バベシ, エミル・ジョセフ〈Bavasi, Emil Joseph〉
Bavčar, Igor バウチャル, イゴル
　国スロベニア　無任所相（欧州問題）
Bavelas, Janet Beavin バヴェラス, ジャネット・ベヴン
　1940〜　著「人間コミュニケーションの語用論」二瓶社　2007
Baver, Allison ベイバー
　国アメリカ　ショートトラック選手
Baverel, Myriam バベレル
　国フランス　テコンドー選手
Baverel-robert, Florence バベレルロベール
　国フランス　バイアスロン選手
Baveystock, Sacha バベストック, サーシャ
　著「ママがしあわせになれる！魔法の子育てルール」メイツ出版　2007
Bavin, Carol バヴィン, キャロル
　著「ナースのための医療処置マニュアル」医学書院　2001
Bavon N'sa Mputu Elima, Bavon バボン・ヌサ・ムプトゥ・エリマ, バボン
　国コンゴ民主共和国　環境・自然保護・観光相
Bavuudorj, T.S. バヴウドリ, T.S.
　著「現代世界アジア詩集」土曜美術社出版販売　2010
Bavuugiin Lkhagvasüren バボーギーン・ルハグバスレン
　著「モンゴル文学への誘い」明石書店　2003
Bawara, Gilbert バワラ, ジルベール
　国トーゴ　公務員・労働・行政改革相
Bawatneh, Jamal バワトネ, ジャマル
　国パレスチナ　宗教相
Bawden, Louise ボーデン, ルイーズ
　国オーストラリア　ビーチバレー選手
Bawden, Nina ボーデン, ニーナ
　1925〜2012　国イギリス　作家, 児童文学作家　本名＝Bawden, Nina Mary
Bax, Johannes Gesinus バックス, ヨハンネス・G.
　国オランダ　サクラレパス社常務取締役, ネザーランド・ヘルプ・ジャパン会長, 元・蘭日貿易連盟会長
Baxandall, Michael David Kighley バクサンドール, マイケル
　1933〜2008　国イギリス　美術史家　カリフォルニア大学バークリー校名誉教授, ロンドン大学ウォーバーグ研究所教授　専ルネサンス期の美術

Baxter, Alain バクスター, A.
　国イギリス　アルペンスキー選手
Baxter, Charles バクスター, チャールズ
　1947〜　著「愛の饗宴」早川書房　2004
Baxter, Claire バクスター, クレア
　著「フランスから来た恋人」ハーレクイン　2009
Baxter, Clifford バクスター, クリフォード
　？〜2002　国アメリカ　実業家　エンロン副会長
Baxter, Glen バクスター, グレン
　1944〜　著「バクスターの必勝横目づかい」新書館　2004
Baxter, Ian バクスター, イアン
　著「西部戦線」リイド社　2006
Baxter, John バクスター, ジョン
　1939〜　著「二度目のパリ」ディスカヴァー・トゥエンティワン　2013
Baxter, Kirk バクスター, カーク
　アカデミー賞 編集賞（第84回（2011年））ほか
Baxter, Mary Lynn バクスター, メアリー・リン
　著「禁じられた恋心」ハーレクイン　2008
Baxter, Stephen バクスター, スティーブン
　1957〜　国イギリス　SF作家　異バクスター, スティーヴン
Baxter, Stuart W. バクスター, スチュアート
　1953〜　国イギリス　サッカー監督, 元サッカー選手　サッカー南アフリカ代表監督, サッカー・フィンランド代表監督　異バクスター, スチュワート
Baxter, Tom バクスター, トム
　著「トリプルボトムライン」創成社　2007
Baxter, William Hubbard バクスター, ウィリアム・H.
　1949〜　著「古代中国語音韻学ハンドブック」きこ書房　2014
Bay, Damon ベイ, デイモン
　著「日本人の知らない美しい日本の見つけ方」サンマーク出版　2015
Bay, Jason ベイ, ジェーソン
　1978〜　国カナダ　元野球選手　本名＝Bay, Jason Raymond　異ベイ, ジェイソン
Bay, Michael ベイ, マイケル
　1964〜　国アメリカ　映画監督, 映画プロデューサー　異ベイ, マイクル
Baya, Raymond バヤ, レイモンド
　国コンゴ民主共和国　外務・国際協力相
Bayakhmetov, Darkhan バヤフメトフ
　国カザフスタン　レスリング選手
Bayanselenge, Zangad バヤンセレンゲ, ザンガド
　国モンゴル　建設・都市計画相
Bayar, Sanjaagiin バヤル, サンジャーギーン
　1956〜　国モンゴル　政治家　モンゴル人民革命党党首　モンゴル首相　異バヤル, サンジャーギン
Bayard, Louis ベイヤード, ルイス
　国アメリカ　作家　異ミステリー, スリラー
Bayard, Pierre バイヤール, ピエール
　1954〜　著「読んでいない本について堂々と語る方法」筑摩書房　2016
Bayardi, José バヤルディ, ホセ
　国ウルグアイ　労働・社会保障相
Bayarsaihan, Gardkhuu バヤルサイハン, ガリドフー
　国モンゴル　労相
Bayarsaihan, Tsevelmaagiin バヤルサイハン, ツェベルマーギーン
　国モンゴル　社会保障・労働相
Bayarsaikhan, Tsevelmaa バヤルサイハン, ツェベルマー
　国モンゴル　建設・都市計画相
Bayartsaihan, Nadmidiin バヤルトサイハン, ナドミジーン
　国モンゴル　財務相
Bayartsogt, Sangajav バヤルツォグト, サンガジャブ
　国モンゴル　官房長官
Bayartsogt, Sangajavyn バヤルツォグド, サンガジャビン
　国モンゴル　財務相
***al*-Bayati, Muhammad** バヤティ, ムハンマド
　国イラク　人権相
Baydoun, Mohammed Abdel-Hamid ベイドゥーン, モハメド・アブデルハミド
　国レバノン　電力・水資源相
Baye, Nathalie バイ, ナタリー
　1948〜　国フランス　女優　本名＝メニル, ジュディス
Bayer, Oswald バイアー, O.

1939〜 （著）「ヨーハン・ゲオルク・ハーマン」教文館 2003
Bayer, Ronald ベイヤー, ロナルド
（著）「血液クライシス」現代人文社, 大学図書（発売） 2003
Bayer, Samuel ベイヤー, サミュエル
MTVアワード 最優秀監督（第24回（2007年））"What Goes Around.../...Comes Around"
Bayer, Sebastian バイアー
（国）ドイツ 陸上選手
Bayer, William ベイヤー, ウィリアム
1939〜 （著）「秘密の顔を持つ女」扶桑社 2003
Bayerl, Cynthia Taft バイエル, シンシア・タフト
（著）「食品・栄養・食事療法事典」産調出版, 産業調査会（発売） 2006
Bayerlein, Reinhard バイヤーライン, ラインハルト
（著）「チャップマンとグッドハートによる神経リンパ反射療法」ガイアブックス 2016
Bayertz, Kurt バイエルツ, K.
1948〜 （著）「ドイツ応用倫理学の現在」ナカニシヤ出版 2002
Bayés, Pilarín バイェス, ピラリン
1941〜 （著）「ピラリン・バイェス絵でよむ聖書」原書房 2015
Bayigamba, Robert バイガンバ, ロバート
（国）ルワンダ 青年・文化・スポーツ相
Baylan, Ibrahim バイラン, イブラヒム
（国）スウェーデン エネルギー・政策調整相
Bayles, David ベイルズ, デイヴィッド
（著）「アーティストのためのハンドブック」フィルムアート社 2011
Bayless, Jerryd ベイレス, ジェリッド
（国）アメリカ バスケットボール選手
Baylet, Jean-Michel バイレ, ジャンミシェル
（国）フランス 国土整備・農村問題・地方自治体相
Bayley, Anne ベイリー, アン
（著）「よくわかる持続可能な開発」明石書店 2011
Bayley, Barrington J. ベイリー, バリントン・J.
1937〜2008 （著）「ゴッド・ガン」早川書房 2016
Bayley, David H. ベイリー, デービッド・ヒューム
1933〜 （国）アメリカ 政治学者 ニューヨーク州立大学刑事司法大学院特別名誉教授 （別）ベイリー, デイヴィッド・ヒューム
Bayley, John ベイリー, ジョン
1925〜 （著）「赤い帽子」南雲堂フェニックス 2007
Bayley, John Oliver ベイリー, ジョン
1925〜2015 （国）イギリス 批評家, 作家 オックスフォード大学セント・キャサリン・カレッジ英文学教授
Bayley, Nicola ベイリー, ニコラ
（訳）ベーリー, ニコラ （著）「いっしょにいってもいい？」BL出版 2014
Bayley, Ryan ベイリー
（国）オーストラリア 自転車選手
Bayley, Stephen ベイリー, スティーブン
（著）「たった2%の"ビッチ"が人生の98%を変える」CCCメディアハウス 2015
Baylis, John ベイリス, ジョン
（著）「戦略論」勁草書房 2012
Baylor, Byrd ベイラー, バード
（著）「すべてのひとに石がひつよう」河出書房新社 2010
Bayly, Christopher ベイリー, クリストファー
1945〜2015 （国）イギリス 歴史学者 ケンブリッジ大学教授 （著）近代インド史, 大英帝国史 本名＝Bayly, Christopher Alan
Baym, Gordon ベイム, G.
（著）「カダノフ/ベイム量子統計力学」丸善プラネット, 丸善出版（発売） 2011
Baymenov, Alikhan バイメノフ, アリハン
（国）カザフスタン 労働・社会保障相
Baynes, Aron ベインズ, アーロン
（国）オーストラリア バスケットボール選手
Baynes, Pauline ベインズ, ポーリン・ダイアナ
（著）「西洋騎士道事典」原書房 2002
Bayno, Bill ベイノ, ビル
（国）アメリカ インディアナ・ペイサーズアシスタントコーチ（バスケットボール）
Baynton, Douglas C. ベイントン, ダグラス・C.
（著）「アメリカのろう者の歴史」明石書店 2014
Bayo, Kalilou バヨ, カリル
（国）ガンビア 大統領事案相
Bayo, Momodou Aki バヨ, モモドゥ・アキ
（国）ガンビア 土地・地方政府相
Bayona, Juan Antonio バヨナ, フアン・アントニオ
1975〜 （国）スペイン 映画監督
Bayona Pineda, Martha バヨナピネダ
（国）コロンビア 自転車選手
Bayoumi, Tamer バヨウミ
（国）エジプト テコンドー選手 （別）バユミ
Bayraktar, Erdoğan バイラクタル, エルドアン
（国）トルコ 環境都市相
Bayrammyradov, Gapurberdi バイラムイラドフ, ガプルベルディ
（国）トルクメニスタン 建設相
Bayramov, Afgan バイラモフ
（国）アゼルバイジャン 重量挙げ選手
Bayramov, Dovrangeldy バイラモフ, ドブランゲルディ
（国）トルクメニスタン 国家保安相
Bayramov, Dzhumageldi バイラモフ, ジュマゲルディ
（国）トルクメニスタン 建設相
Bayramov, Rovshan バイラモフ, ロフシャン
（国）アゼルバイジャン レスリング選手
Bayrou, François バイルー, フランソワ
1951〜 （国）フランス 政治家 ポー市長, フランス民主運動党首 フランス国民教育相, 欧州議会議員 （別）バイル, フランソワ
Bayryakov, Nikolay バイリャコフ, ニコライ
（国）ブルガリア レスリング選手
Bays, Brandon ベイズ, ブランドン
（著）「ジャーニー」ナチュラルスピリット 2011
Bays, Jan Chozen ベイズ, ジャン・チョーズン
（著）「「今、ここ」に意識を集中する練習」日本実業出版社 2016
Bazac, Ion バザック, イオン
（国）ルーマニア 保健相
Bazaine, Jean René バゼーヌ, ジャン
1904〜2001 （国）フランス 画家 （別）バゼーヌ, ジャン・ルネ
Bazaldua, Barbara バザルデュア, バーバラ
（訳）バサルドゥア, バーバラ （著）「3Dきらきらプリンセス・ストーリー」大日本絵画 2016
Bazan, Kaiser Baldonero バサン, カイセル・バルドネロ
（国）パナマ 第2副大統領
Bazan, Rodrigo バザン, ロドリゴ
1975〜 実業家 アレキサンダー・ワンCEO
Bazarbaev, Kudaybergen バザルバエフ, クダイベルゲン
（国）キルギス 労働・社会発展相
Bazarbayev, Umurbek バザルバエフ
（国）トルクメニスタン 重量挙げ選手
Bazarguruev, Bazar バザルグレエフ
（国）キルギス レスリング選手
Bazarov, Batyr バザロフ, バティル
（国）トルクメニスタン 経済発展相
Bazarov, Rejep バザロフ, レジェプ
（国）トルクメニスタン 副首相
Bazarova, Vera バザロワ
（国）ロシア フィギュアスケート選手
Bazell, Josh バゼル, ジョシュ
1970〜 （国）アメリカ 作家 （別）ミステリー, スリラー
Bazell, Robert バゼル, ロバート
（著）「ハーセプチンHer-2」篠原出版新社 2008
Bazelon, Emily バゼロン, エミリー
（著）「ある日、私は友達をクビになった」早川書房 2014
Bazemore, Kent ベイズモア, ケント
（国）アメリカ バスケットボール選手
Bazer, Fuller W. バザー, フラー・W.
（国）アメリカ ウルフ賞 農業部門（2002/2003年）
Bazerman, Max H. ベイザーマン, マックス・H.
（著）「交渉の達人」パンローリング 2016
Bazile, David バジル, ダビド
（国）ハイチ共和国 内務・地方自治体相
Bazin, Henri バザン, アンリ
（国）ハイチ共和国 経済財務相
Bazin, Marc Louis バザン, マルク
1932〜2010 （国）ハイチ共和国 政治家 ハイチ大統領代行・首相, ハイチ民主回復運動（MIDH）議長
Bazivamo, Christophe バジバモ, クリストフ
（国）ルワンダ 森林・鉱山相
Bazoer, Riechedly バズール, リシェドリー
（国）オランダ サッカー選手
Bazombanza, Prosper バゾンバンザ, プロスペル
（国）ブルンジ 第1副大統領
Bazoum, Mohamed バズム・モハメド

国ニジェール　内務・公安・地方分権・宗教相
Bazzana, Kevin　バザーナ，ケヴィン
　1963～　著「失われた天才」春秋社　2010
B.B.King　B・B・キング
　1925～2015　国アメリカ　ブルース・ギタリスト・歌手　本名＝キング，ライリー・B.〈King, Riley B.〉
Bbum, Jon　ブルム，ジョン
　国バヌアツ　保健相
Bbumba, Sydda　ブブンバ，シッダ
　国ウガンダ　財務・経済企画相
Bdolak, Levanah Shell　ブドラ，レバナ・シェル
　1946～　著「セドナ・スピリチュアルガイド」クリアサイト・ジャパン, JMA・アソシエイツステップワークス事業部（発売）2011
Beach, Edward Latimer　ビーチ，エドワード
　1918～2002　国アメリカ　作家, 元・軍人　米国海軍大佐　異ビーチ，エドワード・L.
Beach, Heather L.　ビーチ，ヘザー・L.
　著「国際水紛争事典」アサヒビール, 清水弘文堂書房（発売）2003
Beach, Jerry　ビーチ，ジェリー
　1973～　著「松井秀喜ザ・ヤンキー」MCプレス　2004
Beach, Nancy　ビーチ，ナンシー
　著「礼拝の1時間」福音社　2008
Beacham, Travis　ビーチャム，トラビス
　著「パシフィック・リム：ドリフト」小学館集英社プロダクション　2016
Beache, Glen　ビーチェ，グレン
　国セントビンセント・グレナディーン　観光・青年問題・スポーツ相
Beache, Vincent　ビーチェ，ヴィンセント
　国セントビンセント・グレナディーン　安全保障・公共サービス・空港整備相
Beachem, V.J.　ビーチャム, VJ
　国アメリカ　バスケットボール選手
Beachum, Kelvin　ビーチャム，ケルビン
　国アメリカ　アメフト選手
Beachy, Roger N.　ビーチー，ロジャー・N.
　国アメリカ　ウルフ賞 農業部門(2001年)
Beadles, Zane　ビードレス，ゼイン
　国アメリカ　アメフト選手
Beagle, Peter Soyer　ビーグル，ピーター
　1939～　国アメリカ　ファンタジー作家
Beah, Ishmael　ベア，イシュマエル
　1980～　人権活動家　ヒューマン・ライツ・ウォッチ子供の権利部諮問委員会メンバー　異ベア，イシメール
Beahm, George W.　ビーム，ジョージ
　著「トランプの真実」実業之日本社　2016
Beal, Andrew　ビール，アンドリュー
　国アメリカ　実業家
Beal, Bradley　ビール，ブラッドリー
　国アメリカ　バスケットボール選手
Beal, Gillian　ビール，ギリアン
　著「アイランド・スタイル」チャールズ・イー・タトル出版　2004
Beale, Hugh　ビール，ヒュー
　著「ヨーロッパ私法の原則・定義・モデル準則」法律文化社　2013
Beale, Kurtley　ビール，カートリー
　国オーストラリア　ラグビー選手
Bealer, Bonnie K.　ビーラー，ボニー・K.
　著「カフェイン大全」八坂書房　2006
Beals, Jennifer　ビールス，ジェニファー
　1963～　国アメリカ　女優
Beals, Sharon　ビールズ，シャロン
　1945～　異ビールズ，シャロン　著「鳥の巣」グラフィック社　2014
Beaman, Brian　ビーマン
　国アメリカ　射撃選手
Beame, Abraham David　ビーム，エイブラハム
　1906～2001　国アメリカ　政治家　ニューヨーク市長　異ビーム, アブラハム / ビーム, エーブラハム・デービッド
Beamer, Lisa　ビーマー, リサ
　著「レッツロール！」いのちのことば社フォレストブックス　2002
Bean, Alan L.　ビーン，アラン
　1932～　国アメリカ　宇宙飛行士, 画家

Bean, Henry　ビーン，ヘンリー
　ゴールデン・ラズベリー賞（ラジー賞）最低脚本賞（第27回（2006年））"Basic Instinct 2"
Bean, Jeff　ビーン
　国カナダ　フリースタイルスキー選手
Bean, John　ビーン，ジョン
　著「こころとからだを育む音楽ゲーム」音楽之友社　2003
Bean, Jonathan　ビーン，ジョナサン
　1979～　著「よぞらをみあげて」ほるぷ出版　2009
Bean, Rachel　ビーン，レイチェル
　著「イギリス」ほるぷ出版　2009
Bean, Sean　ビーン，ショーン
　1958～　国イギリス　俳優　本名＝Bean, Shaun
Beane, Allan L.　ビーン，アラン・L.
　著「学校でのいじめ対策」東京書籍　2007
Beane, Billy　ビーン，ビリー
　1962～　国アメリカ　元野球選手　アスレチックス上級副社長　アスレチックスGM　本名＝Beane, William Lamar
Beane, James A.　ビーン，ジェームズ・A.
　1944～　著「デモクラティック・スクール」Sophia University Press上智大学出版, ぎょうせい（発売）2013
Beane, Odette　ビーン，オデット
　著「ワンス・アポン・ア・タイム」竹書房　2014
Bear, Elizabeth　ベア，エリザベス
　1971～　国アメリカ　作家　著SF, ファンタジー
Bear, George G.　ベア, G.G.
　著「子どものしつけと自律」風間書房　2005
Bear, Greg　ベア，グレッグ
　1951～　国アメリカ　SF作家　本名＝ベア，グレゴリー・デール〈Bear, Greogory Dale〉
Bear, Mark F.　ベアー, M.F.
　著「神経科学」西村書店　2007
Beard, Amanda　ビアード
　国アメリカ　競泳選手
Beard, Christine H.　ベアード，クリスティーン・H.
　著「赤ちゃんはベジタリアン」中央アート出版社　2011
Beard, Henry　ビアード，ヘンリー
　著「禅猫」中央公論新社　2002
Beard, Jim　ベアード，ジム
　グラミー賞 最優秀ジャズ・ビッグバンド・アルバム（2006年（第49回））"Some Skunk Funk"
Beard, Richard　ビアード，リチャード
　1967～　著「永遠の一日」東京創元社　2004
Bearden, Milt　ベアデン，ミルト
　著「ザ・メイン・エネミー」ランダムハウス講談社　2003
Beardon, Luke　ベアドン，ルーク
　著「アスペルガー流人間関係」東京書籍　2011
Beardshaw, Rosalind　ビアードショー，ロザリンド
　著「ぴったりのクリスマス」小学館　2012
Béart, Emmanuelle　ベアール，エマニュエル
　1965～　国フランス　女優
Bearzot, Enzo　ベアルツォット，エンツォ
　1927～2010　国イタリア　サッカー監督　サッカー・イタリア代表監督
Beasley, Cole　ビースリー，コール
　国アメリカ　アメフト選手
Beasley, David　ビーズリー，デイビッド
　1958～　著「コカ・コーラ」早川書房　2012
Beasley, Malik　ビーズリー，マリック
　国アメリカ　バスケットボール選手
Beasley, Michael　ビーズリー，マイケル
　国アメリカ　バスケットボール選手
Beasley, Sandra　ビーズリー，サンドラ
　1980～　著「食物アレルギーと生きる詩人の物語」国書刊行会　2015
Beasley, Tony　ビーズリー，トニー
　国アメリカ　テキサス・レンジャーズコーチ
Beasley, Vic　ビースリー，ビック
　国アメリカ　アメフト選手
Beasley, William Gerald　ビーズリー，ウィリアム・ジェラルド
　1919～2006　国イギリス　歴史学者　ロンドン大学名誉教授　著東アジア史, 日英関係史, 19世紀日本史　通称＝ビーズリー, ビル〈Beasley, Bill〉　異ビーズリー / ビアスレイ
Béasse, Anne-Marie　ベアス，アンヌ＝マリ
　著「こねこのプティ」講談社　2004
Beaton, Clare　ビートン，クレア

[著]「タツノオトシゴのかくれんぼ」 光村教育図書 2007
Beaton, M.C. ビートン, M.C.
1936〜 [著]「アガサ・レーズンとカリスマ美容師」 原書房 2016
Beaton, Roderick W. ビートン, ロデリック
1923〜2002 [国]アメリカ ジャーナリスト UPI通信社長
Beatrice, Chris ビートリス, クリス
[著]「イソップものがたり」 大日本絵画 2011
Princess **Beatrix** ベアトリクス王女
1938〜 [国]オランダ 女王 本名=ベアトリクス・ウィルヘルミナ・アルムハルト〈Beatrix Wilhelmina Armgard〉 [異]ベアトリックス
Beatrix, Jean Guillaume ベアトリ
[国]フランス バイアスロン選手
Beattie, Ann ビーティー, アン
1947〜 [国]アメリカ 作家 バージニア大学教授
Beattie, David Stuart ビーティー, デービッド
1924〜2001 [国]ニュージーランド 法律家 ニュージーランド総督, ニュージーランド最高裁判事 [異]ビーティ, デービッド
Beattie, Douglas ビーティ, ダグラス
[著]「英国のダービーマッチ」 白水社 2009
Beattie, Melody ビーティ, メロディ
1948〜 [著]「共依存症(きょういぞんしょう)心のレッスン」 講談社 2011
Beattie, Michelle ビーティー, ミシェル
[著]「愛と復讐のカリブ海」 扶桑社 2014
Beatty, Brian J. ベイティ, ブライアン・J.
[著]「インストラクショナルデザインの理論とモデル」 北大路書房 2016
Beatty, David ビーティ, デイビッド・R.
[著]「ブランド・マネジメント」 ダイヤモンド社 2001
Beatty, Jack ビーティ, ジャック
[著]「ドラッカーはなぜ、マネジメントを発明したのか」 ダイヤモンド社 2011
Beatty, John Lee ベイティ, ジョン・リー
トニー賞 プレイ 舞台デザイン賞(2013年(第67回)) “The Nance”
Beatty, Joy ビーティ, ジョイ
[著]「ソフトウェア要求」 日経BP社, 日経BPマーケティング(発売) 2014
Beatty, Scott ビーティ, スコット
1969〜 [著]「バットマン:ノーマンズ・ランド」 小学館集英社プロダクション 2015
Beatty, Warren ビーティ, ウォーレン
1937〜 [国]アメリカ 俳優, 映画監督, 映画プロデューサー 本名=Beatty, Henry Warren [異]ビーティ, ウォレン / ベイティ, ウォーレン
Beaty, Andrea ベイティー, アンドレア
[著]「天才こども建築家、世界を救う」 エクスナレッジ 2016
Beaty, Daniel ビーティー, ダニエル
[著]「ノックノック」 光村教育図書 2015
Beauchamp, Doris ボーション, ドリス
[著]「リンク」 ブイツーソリューション 2015
Beauchamp, Tom L. ビーチャム, トム・L.
[著]「精神科臨床倫理」 星和書店 2011
Beauchemin-nadeau, Marie-Eve ボーシュマンナドー, マリーイブ
[国]カナダ 重量挙げ選手 [異]ボシュミンナドー
Beauchemin-pinard, Catherine ボシェマンピナール, カトリーヌ
[国]カナダ 柔道選手
Beauchesne, Hervé ボーシェーヌ, エルヴェ
[著]「精神病理学の歴史」 星和書店 2014
Beaud, Michel ボー, ミシェル
1935〜 [著]「資本主義の世界史」 藤原書店 2015
Beaude, Pierre Marie ボード, ピエール=マリー
[著]「消えたオアシス」 鈴木出版 2005
Beaudoin, Réjean ボードワン, レジャン
[著]「ケンブリッジ版カナダ文学史」 彩流社 2016
Beaudoin, Steven Maurice ボードイン, スティーヴン・M.
1965〜 [著]「貧困の救いかた」 青土社 2009
Beaufoy, Simon ビューフォイ, サイモン
アカデミー賞 脚色賞(第81回(2008年))ほか
Beaulieu, Alan ブールー, アラン
[著]「初めてのSQL」 オライリー・ジャパン, オーム社(発売) 2006
Beaulieu, Baptiste ボーリュー, バティスト
1985〜 [著]「病院は劇場だ」 早川書房 2015
Beaulieu, Elise M. ビューリ, イリーズ・M.
[著]「介護福祉施設ソーシャルワーカー・ガイドブック」 中央法規出版 2003
Beaulieu, Elizabeth Ann ボーリュー, エリザベス・A.
[著]「トニ・モリスン事典」 雄松堂出版 2006
Beauman, Sally ボウマン, サリー
1944〜2016 [国]イギリス 作家, ジャーナリスト
Beaumont, Emilie ボーモン, エミリー
[著]「絵でわかる馬の本」 WAVE出版 2014
Beaumont, Hunter ボーモント, ハンター
1943〜 [著]「ファミリー・コンステレーション」 コスモス・ライブラリー, 星雲社(発売) 2015
Beaumont, Jean de ボーモン, ジャンドゥ
?〜2002 [国]フランス 国際オリンピック委員会(IOC)副会長
Beaumont, J.Graham ボーモント, J.グレアム
[著]「神経心理学入門」 青土社 2009
Beaumont, Matt ボーモント, マット
[著]「e.」 小学館 2002
Beaumont, Matthew ボーモント, マシュー
1972〜 [著]「批評とは何か」 青土社 2012
Beaumont, Maxime ボーモン, マキシム
[国]フランス カヌー選手 [異]ボーモン
Beaumont, Mike ボーモント, マイク
[著]「バイブルガイド」 いのちのことば社 2014
Beaumont, Nina ボウモント, ニーナ
[著]「愛と復讐の旅路」 ハーレクイン 2006
Beaumont, Pierre de ボーモン, ピエール・ド
1910〜 [著]「悪狐ルナールの一生」 文芸社 2015
Beaumont, Ralph H. ボーモント, ラルフ・H.
[著]「自己愛の障害」 金剛出版 2003
Beaune, Colette ボーヌ, コレット
1943〜 [著]「幻想のジャンヌ・ダルク」 昭和堂 2014
Beauregard, Éric ボールガール, エリック
[著]「性犯罪者の治療と処遇」 日本評論社 2010
Beauregard, Mario ボーリガード, マリオ
[著]「脳の神話が崩れるとき」 KADOKAWA 2014
Beauregard, Paul ボールガール, ポール
アカデミー賞 主題歌賞(第78回(2005年)) ‘It’s Hard Out Here for a Pimp’(“Hustle & Flow”)
Beaurepaire, Pierre-Yves ボルペール, ピエール=イヴ
1968〜 [著]「「啓蒙の世紀」のフリーメイソン」 山川出版社 2009
Beauseigneur, James ボーセニュー, ジェームズ
1953〜 [国]アメリカ 作家 [専]ミステリー [異]ボーセニュー, ジェイムズ
Beauvallet, Cathy ボヴァレ, カティー
[著]「ある日, あなたが陪審員になったら…」 信山社出版 2005
Beauvois, Jean-Léon ボーヴォワ, ジャン=レオン
[著]「これで相手は思いのまま」 阪急コミュニケーションズ 2006
Beauvois, Xavier ボーヴォワ, グザヴィエ
カンヌ国際映画祭 グランプリ(第63回(2010年)) “Des Hommes Et Des Dieux”
Beauvue, Claudio ボーヴュ, クラウディオ
[国]グアドループ サッカー選手
Beavan, Colin ビーヴァン, コリン
[著]「指紋を発見した男」 主婦の友社 2005
Beaver, William H. ビーバー, ウィリアム・H.
[著]「財務報告革命 第3版」 白桃書房 2010
Beavers, Keith ビーバーズ
[国]カナダ 競泳選手
Beavers, Willie ビーバース, ウイリー
[国]アメリカ アメフト選手
Beazley, Kim ビーズリー, キム
1948〜 [国]オーストラリア 政治家, 外交官 駐米オーストラリア大使 オーストラリア副首相, オーストラリア労働党党首 本名=Beazley, Kim Christian
Beazley, Mitchell ビーズリー, ミチェル
[著]「インテリアパターンブック」 産調出版 2001
Bebb, Mike ベブ, マイク
[著]「パワー・ポーズできれいになる!」 ダイヤモンド社 2004
Bebb, Peter ベブ, ピーター
アカデミー賞 特殊効果賞(第83回(2010年)) “Inception”
Bebe ベベ
[国]ポルトガル サッカー選手
Bébéar, Claude ベベアール, クロード
1935〜 [国]フランス 実業家 アクサグループ名誉会長
Bebelle, Carol ビーベル, キャロル

国アメリカ　アシェ文化芸術センター創立者・所長
Bebeto　ベベト
1964〜　国ブラジル　サッカー指導者,元サッカー選手　本名＝オリベイラ, ジョゼ・ロベルト・ガマ・デ〈Oliveira, Jose Roberto Gama de〉　別ベベート／ベベト
Beblawi, Hazem　ベブラウィ, ハゼム
1936〜　国エジプト　政治家,経済学者　アレクサンドリア大学名誉教授　エジプト暫定首相　本名＝Beblawi, Hazem Abdel Aziz al −
Beboarimisa, Ralava　ベボアリミサ, ララバ
国マダガスカル　環境・自然保護・海洋森林相
Bécaud, Gilbert　ベコー, ジルベール
1927〜2001　国フランス　シャンソン歌手,作曲家　本名＝シリー, フランソワ・ジルベール
Becchi, Matteo　ベッキ, マッテオ
著「プロジェクト・マネジャーが知るべき97のこと」オライリー・ジャパン, オーム社（発売）　2011
Becciu, Giovanni Angelo　ベッチウ, ジョバンニ・アンジェロ
国バチカン　長官代理（内相）
Becerra, Elson　ベセラ, エルソン
？〜2006　国コロンビア　サッカー選手
Becerra, Wuilmer　ベセラ, ウィルマー
国ベネズエラ　野球選手
Bech, Per　ベック, P.
著「うつ病という時限爆弾」日本評論社　2003
Bech-Danielsen, Claus　ベック＝ダニエルセン, クラウス
1961〜　著「エコロジーのかたち」新評論　2007
Bechdel, Alison　ベクダル, アリソン
1960〜　著「ファン・ホーム」小学館集英社プロダクション　2011
Bechdolt, Jack　ベクドルト, ジャック
著「おおきなラッパとちいさなオリー」徳間書店　2001
Becher, Bernd　ベッヒャー, ベルント
1931〜2007　国ドイツ　写真家　本名＝ベッヒャー, ベルンハルト〈Becher, Bernhard〉
Becher, Will　ベッヒャー, ウィル
国イギリス　エジンバラ芸術学校　ザグレブ国際アニメーション映画祭　学生コンペティション　スペシャルメンション（2004年）ほか
Bechir, Ahmed Salem Ould　バシール, アフメド・サーレム・ウルド
国モーリタニア　水利相
Bechler, Steve　ベックラー, スティーブ
1979〜2003　国アメリカ　野球選手
Bechtel, Carol M.　ベクテル, キャロル・M.
著「エステル記」日本キリスト教団出版局　2007
Bechtel, Guy　ベシュテル, G.
1931〜　別ベシュテル, ギー　著「万国奇人博覧館」筑摩書房　2014
Bechtel, Stefan　ベッチェル, ステファン
別ベチテル, ステファン　著「株で幸運をつかむ」ワニブックス　2005
Bechtel, Stephen, Jr.　ベクテル, ステファン, Jr.
国アメリカ　実業家　別ベクテル, スティーブン
Bechtler, Hildegard　ベヒトラー, ヒルデガルト
ローレンス・オリヴィエ賞　衣装デザイン賞（2011年（第35回））"After The Dance"
Bechtolsheimer, Laura　ベクトルシェイマー
国イギリス　馬術選手
Beci, Veronika　ベーチ, ヴェロニカ
1966〜　著「音楽サロン」音楽之友社　2005
Becík, Stanislav　ベチック, スタニスラフ
国スロバキア　農相
Beck　ベック
1970〜　国アメリカ　ミュージシャン　本名＝ハンセン, ベック〈Hansen, Beck〉
Beck, Aaron T.　ベック, アーロン・T.
著「不安に悩まないためのワークブック」金剛出版　2013
Beck, Alan M.　ベック, アラン
著「あなたがペットと生きる理由」ペットライフ社, 緑書房（発売）　2002
Beck, Andreas　ベック, アンドレアス
国ドイツ　サッカー選手
Beck, Annika　ベック, アニカ
国ドイツ　テニス選手
Beck, Bruce　ベック, ブルース
著「たましいの共鳴　コロンバイン高校, 附属池田小学校の遺族が

紡ぐいのちの絆」明石書店　2013
Beck, Charlotte Joko　ベック, シャーロット・ジョウコウ
1917〜2011　別ベック, シャーロット・浄光　著「エブリデイ禅」サンガ　2012
Beck, Cheryl Tatano　ベック, C.T.
著「看護研究」医学書院　2010
Beck, Chris　ベック, クリス
国アメリカ　野球選手
Beck, Clive　ベック, クライヴ
1939〜　著「教員養成の新視点」晃洋書房　2015
Beck, Elizabeth　ベック, エリザベス
著「ソーシャルワークと修復的正義」明石書店　2012
Beck, Françoise　ベック, フランソワーズ
著「ケルト文明とローマ帝国」創元社　2004
Beck, Glenn　ベック, グレン
1964〜　国アメリカ　テレビ司会者, キャスター　分政治, ノンフィクション, 文学ほか　本名＝Beck, Glenn Edward Lee
Beck, Hans　ベック, ハンス
1929〜2009　国ドイツ　玩具開発者
Beck, Hans Georg　ベック, H.G.
1910〜　別ベック, H.-G.　著「ビザンツ世界論」知泉書館　2014
Beck, Ian　ベック, イアン
1947〜　国イギリス　イラストレーター, 絵本作家
Beck, Jackson　ベック, ジャクソン
1912〜2004　国アメリカ　声優
Beck, Jean　ベック, ジーン
著「十代の心理臨床実践ガイド」エイド出版, ドメス出版（発売）　2001
Beck, Jeff　ベック, ジェフ
1944〜　国イギリス　ロック・ギタリスト
Beck, Jerry　ベック, ジェリー
著「ピンクパンサー・クロニクル」エフエックス, 調布ABC出版（発売）　2006
Beck, Jessica　ベック, ジェシカ
国アメリカ　HELLO ALFRED共同創業者
Beck, Jessica　ベック, ジェシカ
著「誘拐されたドーナツレシピ」原書房　2014
Beck, John C.　ベック, ジョン・C.
著「サムライ人材論」ダイヤモンド社　2007
Beck, Judith S.　ベック, ジュディス・S.
著「認知行動療法実践ガイド：基礎から応用まで」星和書店　2015
Beck, Kent　ベック, ケント
著「エクストリームプログラミング」オーム社　2015
Beck, Knut　ベック, クヌート
1938〜　著「ツヴァイク日記」東洋出版　2012
Beck, Kurt George　ベック, クルト
1949〜　国ドイツ　政治家　ドイツ社会民主党（SPD）党首
Beck, Martha Nibley　ベック, マーサ
1962〜　著「しっくりくることだけ, やりなさい」パンローリング　2014
Beck, Martine　ベック, マルティーン
1947〜　著「おぼえている？」ひくまの出版　2002
Beck, Matthias　ベック, M.
著「離散体積計算による組合せ数学入門」シュプリンガー・ジャパン　2010
Beck, Paul　ベック, ポール
著「サファリの動物」グラフィック社　2014
Beck, Raymond W.　ベック, レイモンド・W.
著「微生物学の歴史」朝倉書店　2004
Beck, Samanthe　ベック, サマンサ
著「間違いだらけの愛のレッスン」竹書房　2015
Beck, Ulrich　ベック, ウルリッヒ
1944〜2015　国ドイツ　社会学者　ミュンヘン大学教授　分労働社会学, 教育社会学, 階層社会学　別ベック, ウルリヒ
Beckel, Heather　ベッケル, ヘザー
著「ホワイトハウスの超仕事術」バベル・プレス　2005
Beckenbauer, Franz　ベッケンバウアー, フランツ
1945〜　国ドイツ　サッカー指導者, 元サッカー選手　サッカー・ドイツ代表監督, サッカーW杯ドイツ大会組織委員会会長　本名＝Beckenbauer, Franz Anton
Becker, Aaron　ベッカー, アーロン
1974〜　著「クエスト」講談社　2015
Becker, Bonny　ベッカー, ボニー
著「おみまい, おことわり？」岩崎書店　2013
Becker, Boris　ベッカー, ボリス

B

1967～ [国]ドイツ　テニス指導者, 元テニス選手
Becker, Brian E.　ベッカー, ブライアン・E.
[著]「ピープルマネジメント」 日経BP社　2002
Becker, Carl B.　ベッカー, カール
1951～ [異]ベッカー, カール・B. [著]「愛する者は死なない」 晃洋書房　2015
Becker, Catherine Kalama　ベッカー, キャサリン・カラマ
[著]「マナ・カード」 ナチュラルスピリット　2003
Becker, Charlotte　ベッカー, カルロッテ
[国]ドイツ　自転車選手
Becker, Deborah R.　ベッカー, デボラ・R.
[著]「精神障害をもつ人たちのワーキングライフ」 金剛出版　2004
Becker, Donald J.　ベッカー, ドナルド・J.
[著]「PCクラスタ構築法」 産業図書　2001
Becker, Gary Stanley　ベッカー, ゲーリー
1930～2014 [国]アメリカ　経済学者　シカゴ大学教授 [専]労働経済学, 人的資本理論 [異]ベッカー, ゲーリー・S. / ベッカー, ゲイリー
Becker, Gay　ベッカー, ゲイ
[著]「ベナー解釈的現象学」 医歯薬出版　2006
Becker, Gretchen E.　ベッカー, グレッチェン
[著]「糖尿病予備群からの脱出」 日本評論社　2008
Becker, Hal B.　ベッカー, ハル
[著]「営業の極意50」 ソフトバンククリエイティブ　2013
Becker, Hartmuth　ベッカー, ハルトムート
1966～ [著]「シュミットとハーバーマスにおける議会主義批判」 風行社　2015
Becker, Helaine　ベッカー, ヘレイン
[著]「スパイ図鑑」 ブロンズ新社　2009
Becker, Holly　ベッカー, ホリー
[著]「花と雑貨で楽しむナチュラルインテリア」 パイインターナショナル　2015
Becker, Howard Saul　ベッカー, ハワード・S.
1928～ [著]「アート・ワールド」 慶応義塾大学出版会　2016
Becker, Irving S.　ベッカー, アーヴィング・S.
[著]「世界の優れた人材を獲得する役員報酬制度設計・運用の実務」 中央経済社　2014
Becker, James　ベッカー, ジェームズ
[著]「聖なるメシアの遺産(レガシー)」 竹書房　2016
Becker, Jasper　ベッカー, ジャスパー
1956～ [著]「餓鬼(ハングリー・ゴースト)」 中央公論新社　2012
Becker, Jean Jacques　ベッケール, ジャン＝ジャック
1928～ [著]「第一次世界大戦」 白水社　2015
Becker, John D.　ベッカー, ジョン・D.
[著]「アルツハイマーガイドブック」 オープンナレッジ　2007
Becker, Joshua　ベッカー, ジョシュア
[著]「より少ない生き方」 かんき出版　2016
Becker, Jürgen　ベッカー, ユルゲン
ビューヒナー賞(2014年)
Becker, Marty　ベッカー, マーティ
1954～ [著]「ペットの力」 主婦の友社　2003
Becker, Siegfried　ベッカー, ジークフリート
1958～ [著]「ヨーロッパ・エスノロジーの形成」 文緝堂　2011
Becker, Suzy　ベッカー, スージー
[著]「大事なことはみーんな猫に教わった(そしてもっと)」 飛鳥新社　2008
Becker, Wayne M.　ベッカー, ウェイン・M.
[著]「細胞の世界」 西村書店　2005
Becker, Wolfgang　ベッカー, ヴォルフガング
1954～ [著]「グッバイ、レーニン!」 竹書房　2004
Becker-Ho, Alice　ベッケル＝ホー, アリス
1941～ [著]「ヴェネツィア、最初のゲットー」 水声社　2016
Beckerman, Joel　ベッカーマン, ジョエル
[著]「なぜ、あの「音」を聞くと買いたくなるのか」 東洋経済新報社　2016
Beckers, Dominiek　ベッカーズ, D.
1952～ [著]「PNFハンドブック」 シュプリンガー・ジャパン　2009
Beckert, Patrick　ベッケルト
[国]ドイツ　スピードスケート選手
Beckert, Stephanie　ベッカート, シュテファニー
1988～ [国]ドイツ　スピードスケート選手 [異]ベッカート / ベッケルト / ベッケルト, ステファニー
Beckett, Bernard　ベケット, バーナード
1967～ [国]ニュージーランド　作家 [専]ヤングアダルト, SF
Beckett, John D.　ベケット, ジョン・D.
[著]「ラヴィング・マンデー」 いのちのことば社　2007
Beckett, Josh　ベケット, ジョシュ
1980～ [国]アメリカ　元野球選手　本名＝Beckett, Joshua Patrick
Beckett, Lori　ベケット, ローリ
[著]「みんな大切!」 新科学出版社　2011
Beckett, Margaret Mary　ベケット, マーガレット
1943～ [国]イギリス　政治家　英国外相　別名＝Beckett, Mary
Beckett, Neil　ベケット, ニール
[著]「死ぬ前に飲むべき1001ワイン」 ガイアブックス, 産調出版(発売)　2009
Beckett, Ray　ベケット, レイ
アカデミー賞 音響賞(第82回(2009年)) "The Hurt Locker"
Beckett, Simon　ベケット, サイモン
1960～ [国]イギリス　作家 [専]ミステリー
Beckett, Wendy　ベケット, ウェンディー
1930～ [異]ベケット, シスター・ウェンディー [著]「耳をすまして」 新教出版社　2002
Beckford, James　ベックフォード
[国]ジャマイカ　陸上選手
Beckford, Sam　ベックフォード, サム
[著]「金持ち男になる93の方法」 サンマーク出版　2013
Beck-Friis, Barbro　ベック・フリス, バルブロ
1931～ [国]スウェーデン　医師, 元・モータラ病院医局長, 元・シルヴィアヘメット所長(初代), 元・スウェーデン政府政策アドバイザー, 元・エステルイェータランド県医療アドバイザー [異]ベック＝フリス, バルブロ
Beck-Gernsheim, Elisabeth　ベック＝ゲルンスハイム, エリーザベト
1946～ [著]「愛は遠く離れて」 岩波書店　2014
Beckham, David　ベッカム, デービッド
1975～ [国]イギリス　元サッカー選手　本名＝ベッカム, デービッド・ロバート・ジョセフ〈Beckham, David Robert Joseph〉 [異]ベッカム, デビッド
Beckham, Odell　ベッカム, オデル
[国]アメリカ　アメフト選手
Beckham, Tim　ベッカム, ティム
[国]アメリカ　野球選手
Beckham, Victoria　ベッカム, ビクトリア
1974～ [国]イギリス　歌手　芸名＝ビクトリア〈Victoria〉, 愛称＝ポッシュ〈Posh〉 [異]ベッカム, ヴィクトリア / ヴィクトリア
Beckinsale, Kate　ベッキンセール, ケート
1973～ [国]イギリス　女優 [異]ベッキンセール, ケイト / ベッキンセイル, ケイト
Becklake, Sue　ベックレイク, スー
[著]「図説知っておきたい! スポット50 宇宙」 六耀社　2016
Beckles, Pennelope　ベックルズ, ペネロープ
[国]トリニダード・トバゴ　公共サービス・環境相
Beckley, Timothy Green　ベックリー, ティモシー・グリーン
[著]「地底世界人は本当に存在した」 徳間書店　2010
Beckloff, Mark　ベックロフ, マーク
[著]「体にいいわんこのごはん」 講談社　2004
Beckman, Adam　ベックマン, アダム
エミー賞 プライムタイム・エミー賞 最優秀監督賞(ノンフィクション番組)(第60回(2008年)) "This American Life"
Beckman, Thea　ベックマン, テア
1923～2004 [著]「ジーンズの少年十字軍」 岩波書店　2007
Beckmann, Jana　ベクマン, ヤナ
[国]ドイツ　射撃選手
Beckmann, Jan Peter　ベックマン, ヤン・P.
1937～ [著]「医の倫理課題」 富士書店　2002
Beckmann, Regine　ベックマン, レギーネ
1957～ [著]「エンゼル・マイク」 さ・え・ら書房　2002
Beckmann-Wells, Patricia　ベックマン＝ウェルズ, パトリシア
[著]「フェイスリファレンス」 ボーンデジタル　2014
Beckner, Michael Frost　ベックナー, マイケル・フロスト
1963～ [著]「スパイ・ゲーム」 竹書房　2001
Beckner, Rebecca　ベックナー, レベッカ
[著]「いじめ、学級崩壊を激減させるポジティブ生徒指導〈PBS〉ガイドブック」 明石書店　2016
Beckon, Madge　ベッコン, マッジ
[著]「主の御手のうちに」 伝道出版社　2008
Becks-Malorny, Ulrike　ベックス＝マローニー, ウルリケ
1950～ [著]「ジェームズ・アンソール」 タッシェン・ジャパン, 洋販(発売)　2002
Beckström, Rod A.　ベックストローム, ロッド・A.

[著]「ヒトデはクモよりなぜ強い」 日経BP社, 日経BP出版センター(発売) 2007
Beckwith, Harry ベックウィス, ハリー
[著]「あのサービスが選ばれる理由」 海と月社 2010
Beckwith, Michael Bernard ベックウィズ, マイケル・バーナード
[著]「本当に自由になるスピリチュアルな生き方」 ナチュラルスピリット・パブリッシング80 2010
Beckwith, Tobias ベックウィズ, トビアス
[著]「ビヨンド・デセプション」 リアライズ・ユア・マジック 2015
Bécue, Benjamin ベキュ, ベンジャミン
1982〜 [著]「みつけて! タイムトラベル」 理論社 2015
Beczala, Piotr ベチャワ, ピョートル
1966〜 [国]ポーランド テノール歌手
Bédan, Gisèle ベダン, ジゼル
[国]中央アフリカ 国民教育・技術教育相
Bédard, Éric ベダール
[国]カナダ ショートトラック選手
Bedard, Michael ベダード, マイケル
1949〜 [著]「シッティング・ダック」 ソニー・マガジンズ 2001
Bedard, Tony ベダード, トニー
[著]「NEW 52 : スーパーマン/ヤング・ジャスティス」 ヴィレッジブックス 2013
Bedbury, Scott ベドベリ, スコット
[著]「なぜみんなスターバックスに行きたがるのか?」 講談社 2002
Beddington, John ベディントン, ジョン
[国]イギリス オックスフォード大学教授, 元・英国政府首席科学顧問、政府科学庁長官
Beddoes, Zanny Minton ベドーズ, ザニー・ミントン
[国]イギリス エコノミスト編集長, 元IMFエコノミスト
Bede, Shelda シェルダ
[国]ブラジル ビーチバレー選手
Beder, Sharon ビーダー, シャロン
[著]「電力自由化という壮大な詐欺」 草思社 2006
Beder, Tanya Styblo ビダー, タニヤ
[著]「実践ヘッジファンド投資」 日本経済新聞社 2001
Bedford, Carol ベッドフォード, キャロル
[著]「ビートルズ世界証言集」 ポプラ社 2006
Bedford, David ベッドフォード, デイビッド
1969〜 [著]「そういうきみがすき」 佼成出版社 2005
Bedford, Deborah Jackson ベッドフォード, デボラ・ジャクソン
[著]「廃棄物をへらす」 ほるぷ出版 2005
Bedford, Neal ベッドフォード, ニール
[著]「オーストラリア」 メディアファクトリー 2004
Bedford, T. ベッドフォード, T.
[著]「確率論的リスク解析」 シュプリンガー・ジャパン 2006
Bedford-Turner, Shelagh ベドフォード‐ターナ, シェラ
[著]「ナースのための医療処置マニュアル」 医学書院 2001
Bedggood, Domonic ベッドグッド, ドミニク
[国]オーストラリア 水泳選手
Bedient, Timothy J. ベディエント, ティモシー・J.
[著]「ワシントン集中治療マニュアル」 メディカル・サイエンス・インターナショナル 2010
Bédier, Pierre ベディエ, ピエール
[国]フランス 法務計画担当相
Bedik, Nenad ベディク, ネナド
[国]セルビア ボート選手
Bedin, Frédéric ベダン, フレデリック
[著]「感動のマドレーヌ現象」 エディテ100, あいであ・らいふ(発売) 2002
Bedjaoui, Mohamed ベジャウィ, モハメド
[国]アルジェリア 外相
Bedoui, Nouredine ベドゥイ, ヌレディン
[国]アルジェリア 内務・地方自治相
Bedrosian, Cam ベドロージアン, キャム
[国]アメリカ 野球選手
Bedson, Günther ベッドソン, グンター
[著]「英語ゲーム92」 オックスフォード大学出版局, 旺文社(発売) 2005
Bedu, Jean-Jacques ブデュ, ジャン＝ジャック
1964〜 [著]「パブロ・カザルス」 創元社 2014
Bee, J.Y. ビー, J.Y.
[著]「ちびっこタフィーのとくいわざ」 大日本絵画 2007
Bee, Susan M. ビー, スーザン・M.
[著]「ケアのなかの癒し」 看護の科学社 2016
Bee, William ビー, ウィリアム
[著]「こいぬのミグルーだいかつやく」 創元社 2015
Beebe, Beatrice ビービー, ベアトリス
1946〜 [著]「乳児研究と成人の精神分析」 誠信書房 2008
Beebe, Catherine ビーブ, キャサリン
[著]「青少年の友ドン・ボスコ」 ドン・ボスコ社 2009
Beebe, Dion ビーブ, ディオン
アカデミー賞 撮影賞(第78回(2005年)) "Memoirs of a Geisha"
Beebe, Jonathan ビーブ, ジョナサン
[著]「入門React」 オライリー・ジャパン, オーム社(発売) 2015
Beebe, Katy ビービ, ケイティ
[著]「ユーゴ修道士と本を愛しすぎたクマ」 光村教育図書 2015
Beebe, Nelson H.F. ベーブ, ネルソン・H.F.
[著]「詳解シェルスクリプト」 オライリー・ジャパン, オーム社(発売) 2006
Beebeejaun, Ahmed Rashid ビービージョン, アフメド・ラシド
[国]モーリシャス 副首相兼エネルギー・公共事業相 [異]ビービージョン, アーメド・ラシド
Beech, Anthony ビーチ, アンソニー
[著]「性加害行動のある少年少女のためのグッドライフ・モデル」 誠信書房 2015
Beech, Beau ビーチ, ボウ
[国]アメリカ バスケットボール選手
Beech, Charlotte ビーチ, シャーロット
[著]「インド」 メディアファクトリー 2004
Beechen, Adam ビーチェン, アダム
[著]「バットマン:ブルース・ウェインの選択」 小学館集英社プロダクション 2014
Beecher, Henry Knowles ビーチャー, ヘンリー・K.
1904〜 [著]「偽薬効果」 春秋社 2002
Beecher, Jonathan ビーチャー, ジョナサン
[著]「シャルル・フーリエ伝」 作品社 2001
Beecher, Marguerite ビーチャー, マルゲリーテ
[著]「アドラーの思い出」 創元社 2007
Beecher, Willard ビーチャー, ウィラード
[著]「アドラーの思い出」 創元社 2007
Beeching, Angela Myles ビーチング, アンジェラ・マイルズ
[著]「Beyond talent」 水曜社 2008
Beechwood, Beth ビーチウッド, ベス
[著]「ジェイクに告白!?」 講談社 2009
Beecroft, Simon ビークロフト, サイモン
[著]「スター・ウォーズキャラクター事典」 小学館集英社プロダクション 2012
Beecroft, Vanessa ビークロフト, ヴァネッサ
1969〜 [国]イタリア 現代美術家, パフォーマー [異]ビークロフト, バネッサ
Beeding, Francis ビーディング, フランシス
[著]「白い恐怖」 早川書房 2004
Beedle, Mike ビードル, マイク
[著]「アジャイルソフトウェア開発スクラム」 ピアソン・エデュケーション 2003
Beedon, Julie ビードン, ジュリー
[著]「ひとりで抱え込まない仕事術」 ダイヤモンド社 2007
Beeke, Tiphanie ビーク, ティファニー
1969〜 [著]「ファーディのクリスマス」 理論社 2011
Beekman, Scott ビークマン, スコット・M.
[著]「リングサイド」 早川書房 2008
Beemer, Bob ビーマー, ボブ
アカデミー賞 音響賞(第79回(2006年))ほか
Beene, Geoffrey ビーン, ジェフリー
1927〜2004 [国]アメリカ ファッションデザイナー ジェフリー・ビーン社長
Beer, Gillian ビア, ジリアン
1935〜 [著]「未知へのフィールドワーク」 東京外国語大学出版会 2010
Beer, Lawrence Ward ビーア, ローレンス・W.
1932〜 [著]「天皇神話から民主主義へ」 信山社出版 2005
Beer, Matias ベール, マティアス
[国]ウルグアイ ラグビー選手
Beer, Michael ビアー, マイケル
1926〜 [著]「動機づける力」 ダイヤモンド社 2009
Beerbaum, Ludger ベールバウム, ルドガー
[国]ドイツ 馬術選手
Beerling, David J. ビアリング, デイヴィッド

㊉ベアリング, ディビッド　㊃「植物が出現し, 気候を変えた」みすず書房　2015
Beers, Mark H.　ビアーズ, マーク・H.
㊃「メルクマニュアル」日経BP社, 日経BP出版センター（発売）2006
Beers, Susan-Jane　ビアーズ, スーザン・ジェーン
㊃「インドネシアのアーユルヴェーダ」出帆新社　2006
Beeson, Pelagie M.　ビーソン, ペラジー・M.
㊃「コミュニケーション障害入門」大修館書店　2005
Beeton, Sue　ビートン, スー
㊃「エコツーリズム教本」平凡社　2002
Beetz, Andrea　ビーツ, アンドレア
1975〜　㊃「ペットへの愛着」緑書房　2015
Beevers, D.Gareth　ビーヴァーズ, D.G.
㊃「血圧」一灯舎, オーム社（発売）　2007
Beevor, Antony　ビーバー, アントニー
1946〜　㊀イギリス　歴史家, 戦史ノンフィクション作家　㊉ビーヴァー, アントニー
Begadze, Giorgi　ベカゼ, ギオルギ
㊀ジョージア　ラグビー選手
Begag, Azouz　ベガグ, アズズ
㊀フランス　機会平等担当相
Begaj, Romela　ベガイ
㊀アルバニア　重量挙げ選手
Begaliev, Kanatbek　バガリェフ
㊀キルギス　レスリング選手
Bégaudeau, François　ベゴドー, フランソワ
1971〜　㊀フランス　作家　㊃文学, フィクション
Begg, George　ベッグ, ジョージ
1930〜　㊃「バート・マンロー」ランダムハウス講談社　2007
Begg-Smith, Dale　ベッグ・スミス, デール
1985〜　㊀オーストラリア　スキー選手　㊉ベッグ＝スミス, デイル / ベッグスミス / ベッグスミス, デール
Begheni, Ndeh John　ベグニ, ヌデ・ジョン
㊀カメルーン　運輸相
Begich, Nick　ベギーチ, ニック
㊃「電子洗脳」成甲書房　2011
Beglaryan, Gagik　ベグラリャン, ガギク
㊀アルメニア　運輸・通信相
Begley, Adam　ベグリー, アダム
㊃「サロン・ドット・コム現代英語作家ガイド」研究社　2003
Begley, Ann　ベグリー, アン
㊃「境界を超える看護」エルゼビア・ジャパン　2006
Begley, Louis　ビグレー, ルイス
㊃「アバウト・シュミット」メディアファクトリー　2003
Begley, Sharon　ベグリー, シャロン
1956〜　㊉ベグレイ, シャロン　㊃「心を整えれば, シンプルに生きられる」三笠書房　2016
Begmuradov, Orazmurat　ベグムラドフ, オラズムラト
㊀トルクメニスタン　社会保障相　㊉ベグムイラドフ, オラズムラド
Bego, Mark　ビゴ, マーク
㊉ビーゴ, マーク / ベゴ, マーク　㊃「マイケル・ジャクソン」新書館　2009
Begon, Michael　ベゴン, マイケル
㊃「生態学」京都大学学術出版会　2013
Begos, Kevin　ベゴス, ケヴィン
㊃「サイエンスライティング」地人書館　2013
Bégou, Georges　ベグー, ジョルジュ
㊃「現代版フラメンカ物語」而立書房　2012
Begoun, Paula　ビゴーン, ポーラ
㊃「これを読まずに化粧品カウンターに行ってはダメよ」ブックマン社　2003
Begovic, Asmir　ベゴヴィッチ, アスミル
㊀ボスニア・ヘルツェゴビナ　サッカー選手
Begu, Irina-Camelia　ベグ, イリーナカメリア
㊀ルーマニア　テニス選手
Begziin Yavuukhulan　ベグズィーン・ヤボーホラン
㊃「モンゴル文学への誘い」明石書店　2003
Behajaina, Petera　ベアジャイナ, ペトラ
㊀マダガスカル　国防相　㊉ベハジャイナ, ペテラ
Beham, Maria　ベハーム, M.
㊃「ARISを活用したチェンジマネジメント」シュプリンガー・フェアラーク東京　2003
Behan, Beverly　ビーハン, ビバリー・A.
㊃「取締役会の改革」春秋社　2007

Behan, Keith　ビーハン, キース
㊃「運命を操る方法」青春出版社　2012
Behan, Kevin　ビーアン, ケヴィン
㊃「愛犬が教えてくれること」早川書房　2012
Behar, Adriana　ベアール, アドリアナ
㊀ブラジル　ビーチバレー選手
Behar, Howard　ビーハー, ハワード
㊃「スターバックスを世界一にするために守り続けてきた大切な原則」日本経済新聞出版社　2015
Behbahani, Hamid　ベフバハニ, ハミド
㊀イラン　道路交通相
Beheida, Saadna Ould　ベヘイダ, サードゥナ・ウルド
㊀モーリタニア　保健・社会問題相
Beherman, Jacques Paul　ベヘールマン, ジャック・ポール
㊀ベルギー　パーク・ラゲノ社（旧ベヘールマン・オート・トランスポート社）社長, 元・日白協会兼商工会議所理事, 元・ベルギー・日本貿易連盟副会長（共同創設者）
Behler, Ernst　ベーラー, エルンスト
㊃「論争の哲学史」理想社　2001
Behning, Ute　ベーニング, ユテ
1965〜　㊃「ジェンダー主流化と雇用戦略」明石書店　2003
Behnisch, Günter　ベーニッシュ, ギュンター
1922〜2010　㊀ドイツ　建築家　ダルムシュタット工科大学名誉教授
Behr, Edward　ベーア, エドワード
1926〜2007　㊀イギリス　作家, ジャーナリスト　「ニューズウィーク」誌欧州編集主幹　本名＝Behr, Edward Samuel　㊉ベア, エドワード / ベアー, エドワード
Behr, Hans-Georg　ベーア, H.ゲオルク
㊃「最古の「巨大コンツェルン」神話」アリアドネ企画, 三修社（発売）　2001
Behr, Kevin　ベア, ケビン
㊃「The DevOps 逆転だ！」日経BP社, 日経BPマーケティング（発売）　2014
Behrami, Valon　ベーラミ, ヴァロン
㊀スイス　サッカー選手
Behrends, Ehrhard　ベーレンツ, エアハルト
1946〜　㊃「5分でたのしむ数学50話」岩波書店　2008
Behrends, Okko　ベーレンツ, オッコ
1939〜　㊃「歴史の中の民法」日本評論社　2001
Behrendt, Amiira　ベーレント, アミラ
㊃「大事にされない女たち」イースト・プレス　2006
Behrendt, Greg　ベーレント, グレッグ
㊃「そんな彼なら捨てちゃえば」祥伝社　2009
Behrens, Hildegard　ベーレンス, ヒルデガルト
1937〜2009　㊀ドイツ　ソプラノ歌手
Behrens, Katja　ベーレンス, カティア
1942〜　㊃「ハサウェイ・ジョウンズの恋」白水社　2009
Behrens, Peter　ベーレンス, ペーター
カナダ総督文学賞 英語 小説（2006年）　"The Law of Dreams"
Behrens-Abouseif, Doris　ベーレンス＝アブーセイフ, ドリス
㊃「ビジュアル版 世界の歴史都市」柊風舎　2016
Behringer, Richard R.　ベーリンジャー, リチャード・R.
㊃「マウス表現型解析」メディカル・サイエンス・インターナショナル　2006
Behringer, Wolfgang　ベーリンガー, ヴォルフガング
1956〜　㊃「トゥルン・ウント・タクシスその郵便と企業の歴史」三元社　2014
Behrman, Andy　バーマン, アンディ
1962〜　㊃「エレクトロボーイ」文芸春秋　2003
Behrman, Jack N.　バーマン, ジャック・N.
㊃「基礎概念と研究領域」文真堂　2001
Bei, Ta　ベイ, タ
㊃「現代世界アジア詩集」土曜美術社出版販売　2010
Beidaghi, Hamid Reza　ベイダーギー, ハミド・レザ
1972〜　㊃「カメちゃんはごふまん」新世研　2003
Bei-dao　ベイタオ
1949〜　㊀中国　詩人　香港中文大学教授　漢字名＝北島　㊉ベイダオ
Beigbeder, Frederic　ベグベデ, フレデリック
1965〜　㊃「文学の墓場」角川書店　2003
Beigi Harchegani, Milad　ベイギハルチェガニ, ミラド
㊀アゼルバイジャン　テコンドー選手
Beilenson, Susanne　ベイレンソン, スザンヌ
㊃「幸せな瞬間」扶桑社　2003
Beilock, Sian　バイロック, シアン
㊃「ワーキングメモリと日常」北大路書房　2015

Beineix, Jean-Jacques ベネックス, ジャン・ジャック
1946〜 国フランス 映画監督
Beiner, Ronald ベイナー, ロナルド
1953〜 著「カント政治哲学の講義」法政大学出版局 2009
Beinhart, Larry バインハート, ラリー
著「図書館員」早川書房 2007
Beinhocker, Eric D. ベインホッカー, エリック・D.
著「MITスローン・スクール 戦略論」東洋経済新報社 2003
Beirach, Richie バイラーク, リッチー
1947〜 国アメリカ ジャズ・ピアニスト 本名=バイラーク, リチャード〈Beirach, Richard〉
Beisel, Elizabeth バイゼル, エリザベス
国アメリカ 水泳選手 愛称ビーゼル
Beiser, Frederick C. バイザー, フレデリック・C.
著「啓蒙・革命・ロマン主義」法政大学出版局 2010
Beishenaliyeva, Nelya ベイシェナリエワ, ネリャ
国キルギス 法相(代行)
Beissat, Mohamed ベイサット, ムハンマド
西サハラ独立運動家
Beitia, Ruth ベイティア, ルート
国スペイン 陸上選手 愛ベイティア
Beitz, Berthold バイツ, ベルトルト
1913〜2013 国ドイツ 実業家 クルップ社会長, 国際オリンピック委員会(IOC)副会長
Beitzel, Barry J. バイツェル, バリー・J.
著「地図と絵画で読む聖書大百科」創元社 2013
Beja, Fatos ベヤ, ファトス
国アルバニア 教育・科学相
Bejan, Adrian ベジャン, エイドリアン
1948〜 著「流れとかたち」紀伊国屋書店 2013
Béjart, Maurice ベジャール, モーリス
1927〜2007 国フランス バレエ振付師・演出家, バレエダンサー ベジャール・バレエ・ローザンヌ芸術監督, 20世紀バレエ団芸術監督 本名=ベルジェ, モーリス・ジャン〈Berger, Maurice Jean〉
Bejerano Portela, Gladys ベヘラノ・ポルテラ, グラディス
国キューバ 国家評議会副議長 愛ベヘラノ・ポルテラ, グラディス・マリア
Bejo, Bérénice ベジョ, ベレニス
カンヌ国際映画祭 女優賞(第66回(2013年))ほか
Bejta, Nevzat ベイタ, ネブジャト
国マケドニア 自治相
Bejtaj, Engjell ベイタイ, エンジェル
国アルバニア 労働社会問題相
Bekatorou, Sofia ベカトル, ソフィア
国ギリシャ セーリング選手 愛ベカトル
Bekboev, Turdunazir ベクボエフ, トゥルドゥナジル
国キルギス 農業・土地改良相
Bekele, Alemitu ベケレ
国トルコ 陸上選手
Bekele, Gulado ベケレ・グラド
国エチオピア 貿易相
Bekele, Kenenisa ベケレ, ケネニサ
1982〜 国エチオピア 陸上選手, マラソン選手 愛ベケレ, K.
Bekele, Tariku ベケレ, T.
国エチオピア 陸上選手
Bekenstein, Jacob D. ベッケンシュタイン, ヤコブ・D.
国メキシコ ウルフ賞 物理学部門(2012年)
Bekes, Andrej ベケシュ, アンドレイ
国スロベニア リュブリャナ大学文学部正教授
Bekes, Jr. ビーケズ, Jr.
著「現代世界アジア詩集」土曜美術社出版販売 2010
Beketayev, Marat ベケタエフ, マラト
国カザフスタン 法相
Bekey, George A. ベーキー, ジョージ・A.
1928〜 著「自律ロボット概論」毎日コミュニケーションズ 2007
Bekh, Maryna ベフ, マリーナ
国ウクライナ 陸上選手
Bekhbayar Erdenebatyn ベフバヤル・エルデネバト
国モンゴル レスリング選手
Bekiri, Ilirijan ベキリ, イリリヤン
国マケドニア 文化相
Bekkemellem, Karita ベッケメレム, カリータ
1965〜 国ノルウェー 平等・児童担当相
Bekken, Jon ベッケン, ジョン

著「アナキズム経済学」磯谷武郎 2009
Bekken, Nancy ベッケン, ナンシー
著「最強のモニター心電図」ガイアブックス 2013
Bekker, Cajus ベッカー, カーユス
著「呪われた海」中央公論新社 2001
Bekkering, Annemiek ベッカーリンク, アンネミケ
国オランダ セーリング選手
Bekkers, Dennis ベッケルス
国オランダ テコンドー選手
Bekmambetov, Timur ベクマンベトフ, ティムール
1961〜 国ロシア 映画監督
Bekoff, Marc ベコフ, マーク
著「動物たちの心の科学」青土社 2014
Bekov, Torogul ベコフ, トログル
国キルギス 農相
Beksiński, Zdzisław ベクシンスキ, ズジスワフ
1929〜2005 著「ベクシンスキー1929-2005」エディシオン・トレヴィル, 河出書房新社(発売) 2016
Bektas, Cengiz ベクターシュ, ジェンギズ
著「Anytime」NTT出版 2001
Bekturganov, Nuraly ベクツルガノフ, ヌラルイ
国カザフスタン 教育科学相
Bela, Marko ベラ, マルコ
国ルーマニア 副首相
Béla, Tarr ベーラ, タル
1955〜 国ハンガリー 映画監督, 脚本家
Belafonte, Harry ベラフォンテ, ハリー
1927〜 国アメリカ 歌手, 俳優 本名=ベラフォンテ, ハロルド・ジョージJr.〈Belafonte, Harold George Jr.〉 愛ハリー・ベラフォンテ
Belaib, Bakhti ベライブ, バクティ
国アルジェリア 商業相
Belaïd, Chokri ベルイード, ショクリ
?〜2013 国チュニジア 政治家 チュニジア民主愛国主義運動(PPDU)党首 愛ベライード, ショクリ
Belaid, Slaheddine ベライド, スラヘディン
国チュニジア 設備・住宅相
Belaiz, Tayeb ベライズ, タイエブ
国アルジェリア 内務・地方自治相
Belak, Wade ベラク, ウェード
1976〜2011 国カナダ アイスホッケー選手
Bélanger, Lynda ベランジェ, リンダ
著「睡眠障害に対する認知行動療法」風間書房 2015
Belaubre, Frederic ベローブル
国フランス トライアスロン選手
Belaud, Valentin ベロ, バレンタン
国フランス 近代五種選手
Belaúnde Terry, Fernando ベラウンデ・テリー, フェルナンド
1912〜2002 国ペルー 政治家 ペルー大統領 愛ベラウンデ, フェルナンド/ベラウンデ・テリ
Belay, Ejigu ベライ・エジグ
国エチオピア 農相
Belaza, Nacera ベラザ, ナセラ
国フランス ダンサー, 振付家
Belbase, Kumar ベルバシ, クマル
国ネパール 労働・雇用相
Belbéoch, Bella ベルベオーク, ベラ
1928〜 著「チェルノブイリの惨事」緑風出版 2011
Belbéoch, Roger ベルベオーク, ロジェ
1928〜 著「チェルノブイリの惨事」緑風出版 2011
Belber, Stephen ベルバー, スティーブン
著「テープ」DHC 2003
Belbin, Tanith ベルビン, タニス
1984〜 国アメリカ 元フィギュアスケート選手 愛ベルビン
Belbruno, Edward ベルブルーノ, エドワード
1951〜 著「私を月に連れてって」英治出版 2008
Belcher, Daniel ベルヒャー, ダニエル
グラミー賞 最優秀クラシック・オペラ録音(2010年(第53回)) "Saariaho: L'Amour De Loin" ソリスト
Belcher, Jovan ベルチャー, ジョバン
1987〜2012 国アメリカ アメフト選手
Belcher, Lani ベルチャー, ラニ
国イギリス カヌー選手
Belcher, Mathew ベルチャー, マシュー
1982〜 国オーストラリア セーリング選手 通称=ベルチャー, マット〈Belcher, Mat〉

Belchior, Miriam　ベルキオル, ミリアン
　㊦ブラジル　企画・予算管理相
Belden, Bob　ベルデン, ボブ
　1956〜2015　㊦アメリカ　テナーサックス奏者, 音楽プロデューサー　本名＝Belden, James Robert
Beleniuk, Zhan　ベレニュク, ジャン
　㊦ウクライナ　レスリング選手
Beleoken, Jean-Baptiste　ベレオケン, ジャンバプティスト
　㊦カメルーン　公有地・不動産相
Belete, Tefera　ベレテ・テフェラ
　㊦エチオピア　環境・森林相
Beletsky, Les　ベレツキー, レス
　1956〜　㊛「世界の野鳥」講談社　2008
Belēvičs, Guntis　ベレービッチ, グンティス
　㊦ラトビア　保健相
Belew, Bill　ベルー, ビル
　？〜2008　㊦アメリカ　衣装デザイナー
Belfield, Clive R.　ベルフィールド, クリーブ・R.
　㊛「グローバル化・社会変動と教育」東京大学出版会　2012
Belfield, Richard　ベルフィールド, リチャード
　㊛「暗殺の政治史」扶桑社　2008
Belfort, Edward　ベルフォート, エドワード
　㊦スリナム　法務・警察相
Belfort, Jordan　ベルフォート, ジョーダン
　㊛「ウォール街の狼が明かすヤバすぎる成功法則」フォレスト出版　2015
Belfrage, Nicolas　ベルフレージ, ニコラス
　㊛「トスカーナ」ガイアブックス, 産調出版（発売）　2010
Belgrave, Elliott　ベルグレーブ, エリオット
　㊦バルバドス　総督
Belhaj, Hisham　ベルハジ, ヒシャム
　㊦リビア　公共事業相
Belhaj, Samira Khayach　ベルハジュ, サミラ・ハヤシュ
　㊦チュニジア　設備・住宅・国土整備相
Belhaj Yahia, Emna　ベルハージ・ヤヒヤ, エムナ
　1945〜　㊛「青の魔法」彩流社　2015
Belhasen, Naṭali　ベルハッセン, ナタリー
　1983〜　㊛「紙のむすめ」光村教育図書　2013
Belhoste, Bruno　ベロスト, ブリュノ
　1952〜　㊛「評伝コーシー」森北出版　2010
Beliakova, Anastasiia　ベリアコワ, アナスタシア
　㊦ロシア　ボクシング選手
Belich, James　ベリッチ, ジェームズ
　㊛「ニュージーランド」メディアファクトリー　2004
Belikova, Marina　ベリコワ
　㊦ロシア　射撃選手
Belinco, Ariel　ベリンコ, アリエル
　㊦イスラエル　ザグレブ国際アニメーション映画祭 学生コンペティション 審査員スペシャルメンション（2008年）ほか
Belineli, Josè　ベリネリ, ジョゼ
　㊛「王」新世研　2002
Belinelli, Marco　ベリネッリ, マルコ
　㊦イタリア　バスケットボール選手
Belisario Martínez, Ángel　ベリサリオ・マルティネス, アンヘル
　㊦ベネズエラ　漁業・水産相
Belisle, Lisette　ベライル, リゼット
　㊛「結婚協定」ハーレクイン　2002
Belisle, Matt　ベライル, マット
　㊦アメリカ　野球選手
Belizaire, Fritz　ベリゼール, フリッツ
　㊦ハイチ共和国　青年・スポーツ・市民活動相
Belk, Russell W.　ベルク, ラッセル
　㊛「消費者理解のための定性的マーケティング・リサーチ」碩学舎, 中央経済グループパブリッシング（発売）　2016
Belka, Marek Marian　ベルカ, マレク
　1952〜　㊦ポーランド　政治家, 経済学者　ポーランド国立銀行総裁　ポーランド首相, 国連欧州経済委員会（UNECE）議長
Belkayat, Moncef　ベルカヤト, モンセフ
　㊦モロッコ　青年・スポーツ相
Belker, Loren B.　ベルカー, ローレン・B.
　㊛「できるマネージャーになる！」ディスカヴァー・トゥエンティワン　2007
Belkhadem, Abdelaziz　ベルハデム, アブデルアジズ
　㊦アルジェリア　大統領個人代表
Belkin, Boris　ベルキン, ボリス
　1948〜　㊦イスラエル　バイオリニスト
Belkin, Kristin Lohse　ベルキン, クリスティン・ローゼ
　㊛「リュベンス」岩波書店　2003
Bell, Alexei　ベル, アレクセイ
　1983〜　㊦キューバ　野球選手
Bell, Andy　ベル, アンディ
　1953〜　㊛「論争のなかの心理学」新曜社　2006
Bell, Anthea　ベル, アンシア
　㊛「雪の女王」BL出版　2016
Bell, Art　ベル, アート
　㊛「デイ・アフター・トゥモロー」メディアファクトリー　2004
Bell, Arthur H.　ベル, アーサー・H.
　㊛「心に薬をあげましょう」デジキューブ　2003
Bell, Blake　ベル, ブレイク
　㊦アメリカ　アメフト選手
Bell, Byron　ベル, バイロン
　㊦アメリカ　アメフト選手
Bell, C.Gordon　ベル, ゴードン
　1934〜　㊛「ライフログのすすめ」早川書房　2010
Bell, Chad　ベル, チャド
　㊦アメリカ　野球選手
Bell, Charlie　ベル, チャーリー
　？〜2005　㊦オーストラリア　実業家　マクドナルド社長・CEO　本名＝Bell, Charles H.
Bell, Chip R.　ベル, チップ
　㊦ベル, チップ・R.　㊛「顧客が微笑む魔法のサービス」ソフトバンクパブリッシング　2004
Bell, Daniel　ベル, ダニエル
　1919〜2011　㊦アメリカ　社会学者, ジャーナリスト　ハーバード大学名誉教授
Bell, Daniel A.　ベル, ダニエル・A.
　㊛「「アジア的価値」とリベラル・デモクラシー」風行社　2006
Bell, David　ベル, デビッド
　㊦アメリカ　セントルイス・カーディナルスコーチ
Bell, Derek　ベル, デレク
　1935〜2002　㊦アイルランド　ハープ奏者, ピアニスト　グループ名＝チーフタンズ〈Chieftains〉
Bell, Devon　ベル, デボン
　㊦アメリカ　アメフト選手
Bell, Graham A.　ベル, グラハム
　㊛「味とにおい」フレグランスジャーナル社　2002
Bell, Gustavo　ベル, グスタボ
　㊦コロンビア　副大統領
Bell, James S., Jr.　ベル, ジェームズ・S., Jr.
　㊛「世界一わかりやすい聖書入門」総合法令出版　2004
Bell, Jan　ベル, ジャン
　㊛「実践TOCワークブック」ダイヤモンド社　2003
Bell, Janice M.　ベル, ジャニス・M.
　㊛「ビリーフ」日本看護協会出版会　2002
Bell, Jennifer　ベル, ジェニファー
　1977〜　㊦ベル, ジェニファー・A.　㊛「ビリーといじわるフレッド」辰巳出版　2013
Bell, Jered　ベル, ジャレッド
　㊦アメリカ　アメフト選手
Bell, Jim　ベル, ジム
　1965〜　㊛「火星からのメッセージ」ランダムハウス講談社　2007
Bell, Jonathan　ベル, ジョナサン
　1972〜　㊛「モダン・ハウス」丸善　2006
Bell, Josh　ベル, ジョシュ
　㊦アメリカ　野球選手
Bell, Joshua　ベル, ジョシュア
　1967〜　㊦アメリカ　バイオリニスト
Bell, Kenny　ベル, ケニー
　㊦アメリカ　アメフト選手
Bell, Kristen Leigh　ベル, クリステン・レイ
　㊛「愛しのペットアロマセラピー」さんが出版　2004
Bell, Lenora　ベル, レノーラ
　㊛「公爵のキスはココアの香り」集英社クリエイティブ, 集英社（発売）　2016
Bell, Le'Veon　ベル, リビオン
　㊦アメリカ　アメフト選手
Bell, Lorraine　ベル, ロレーヌ
　1956〜　㊛「自傷行為とつらい感情に悩む人のために」誠信書房　2006
Bell, Louis M.　ベル, ルイス・M.
　㊛「予防接種は安全か」日本評論社　2002

Bell, Michael　ベル, マイケル
[著]「モダニズムとは何か」 松柏社　2002
Bell, Mitchell　ベル, ミッチェル
[国]アメリカ　アメフト選手
Bell, Neal　ベル, ニール
アメリカ探偵作家クラブ賞 演劇賞(2005年)　"Spatter Pattern (Or, How I Got Away With It)"
Bell, O'Neil　ベル, オニール
1974～2015　[国]ジャマイカ　プロボクサー　WBA・WBC・IBF世界クルーザー級チャンピオン
Bell, Reggie　ベル, レジー
[国]アメリカ　アメフト選手
Bell, Robin　ベル
[国]オーストラリア　カヌー選手
Bell, Sandy　ベル, サンディ
[著]「脳科学が明らかにする大人の学習」 ヒューマンバリュー　2016
Bell, Serena　ベル, セリーナ
[著]「もう一度甘いささやきを」 主婦の友社　2013
Bell, Shannon　ベル, シャノン
1955～　[著]「売春という思想」 青弓社　2001
Bell, S.J.　ベル, S.J.
[著]「知の歴史」 徳間書店　2002
Bell, Stefan　ベル, シュテファン
[国]ドイツ　サッカー選手
Bell, Sylvia　ベル, シルビア
[著]「汚れた腸が病気をつくる」 ダイナミックセラーズ出版　2009
Bell, Ted　ベル, テッド
[著]「ハシシーユン暗殺集団」 早川書房　2005
Bell, Timothy B.　ベル, ティモシー・B.
[著]「21世紀の公開会社監査」 国元書房　2010
Bell, Vonn　ベル, ボン
[国]アメリカ　アメフト選手
Bell, Wally　ベル, ウォーリー
?～2013　[国]アメリカ　大リーグ審判員
Bell, William　ベル, ウィリアム
1945～　[著]「アルマ」 朔北社　2006
Bell, Zachary　ベル
[国]カナダ　自転車選手
Bellack, Alan S.　ベラック, アラン・S.
[著]「わかりやすいSSTステップガイド」 星和書店　2005
Bellafiore, Mike　ベラフィオーレ, マイク
[著]「ワン・グッド・トレード」 パンローリング　2011
Bellah, Robert Neelly　ベラー, ロバート・ニーリー
1927～2013　[国]アメリカ　社会学者, 宗教学者, 日本研究家　カリフォルニア大学バークレー校名誉教授　[専]比較社会学, 宗教社会学　[異]ベラー, ロバート・ネリ
Bellaire, Jordie　ベレア, ジョーディ
[著]「ファンタム&ウッディ：あぶないヒーロー、荒野に散る!?」 小学館集英社プロダクション　2016
Bellal, Mohamed Vall Ould　ベラル, モハメド・バル・ウルド
[国]モーリタニア　外務・協力相
Bellamy, Carol　ベラミー, キャロル
1942～　[国]アメリカ　弁護士　国連児童基金(ユニセフ)事務局長
Bellamy, David J.　ベラミー, デビット
[著]「水彩風景画入門」 エム・ピー・シー　2002
Bellamy, Josh　ベラミー, ジョシュ
[国]アメリカ　アメフト選手
Bellamy, Matthew　ベラミー, マシュー
1978～　[国]イギリス　ミュージシャン　別称＝ベラミー・マット〈Bellamy, Matt〉
Bellamy, Olivier　ベラミー, オリヴィエ
1961～　[著]「マルタ・アルゲリッチ」 音楽之友社　2011
Bellamy, Richard Paul　ベラミー, リチャード
1957～　[著]「グラムシとイタリア国家」 ミネルヴァ書房　2012
Bellamy, Rufus　ベラミー, ルーファス
[著]「いのち」 ほるぷ出版　2007
Bellantoni, Jeff　ベラントーニ, ジェフ
[著]「ムービングタイポグラフィ」 グラフィック社　2001
Bellany, John　ベラニー, ジョン
1942～2013　[国]イギリス　画家
Bellarabi, Karim　ベララビ, カリム
[国]ドイツ　サッカー選手
Bellavance, Scott　ベラバンス
[国]カナダ　フリースタイルスキー選手
Bellchick, Bill　ベリチック, ビル
[国]アメリカ　ニューイングランド・ペイトリオッツコーチ
Belle, Logan　ベル, ローガン
[著]「恋はベティ・ペイジのように」 集英社クリエイティブ, 集英社(発売)　2013
Beller, Ken　ベラー, ケン
[著]「平和をつくった世界の20人」 岩波書店　2009
Beller, Steven　ベラー, スティーヴン
1958～　[著]「世紀末ウィーンのユダヤ人」 刀水書房　2007
Bellerin, Hector　ベジェリン, エクトル
[国]スペイン　サッカー選手
Bellerive, Jean-Max　ベルリーブ, ジャンマックス
[国]ハイチ共和国　首相兼計画・対外協力相
Belletti, Adriana　ベレッティ, アドリアナ
[著]「自然と言語」 研究社　2008
Bellillo, Katia　ベリロ, カティア
[国]イタリア　機会均等相
Bellin, David　ベリン, デビッド
[著]「実践CRCカード」 ピアソン・エデュケーション　2002
Bellinger, Cody　ベリンジャー, コディ
[国]アメリカ　野球選手
Bellini, Hilderaldo Luiz　ベリーニ, イルデラウド・ルイス
1930～2014　[国]ブラジル　サッカー選手
Bellino, Ricardo　ベリーノ, リカルド
[著]「3分間で成功を勝ちとる方法」 ゴマブックス　2006
Bellivier, Florence　ベリヴィエ, フロランス
[著]「バイオバンク」 白水社　2012
Bellman, Steven　ベルマン, スティーブン
[著]「戦略的マーケティング・コミュニケーション」 東急エージェンシー出版部　2009
Bello, Adamu　ベロ, アダム
[国]ナイジェリア　農相
Bello, Antoine　ベロ, アントワーヌ
1970～　[著]「パズル」 早川書房　2004
Bello, Marko　ベロ, マルコ
[国]アルバニア　調整担当国務相
Bello, Muhammed Musa　ベロ, ムハメド・ムサ
[国]ナイジェリア　連邦首都圏相
Bello, Mustapha　ベロ, ムスタファ
[国]ナイジェリア　商務相
Bello, Silvestre　ベリョ, シルベストレ
[国]フィリピン　労働雇用相
Bello, Walden F.　ベロー, ウォールデン
1945～　[異]ベロー, ウォルデン　[著]「ポストグローバル社会の可能性」 緑風出版　2006
Bello, Yván　ベジョ, イバン
[国]ベネズエラ　食料相
Bello Bouba, Maïgari　ベロブーバ・マイガリ
[国]カメルーン　観光・余暇相　[異]ベロ・ブーバ・マイガリ
Bellocchio, Marco　ベロッキオ, マルコ
1939～　[国]イタリア　映画監督
Belloni, Valentina　ベローニ, ヴァレンティナ
1986～　[著]「女探偵☆ケイト・ウォーン」 光村教育図書　2016
Bellore, Nick　ベロアー, ニック
[国]アメリカ　アメフト選手
Bellos, Alex　ベロス, アレックス
[著]「世界一美しい数学塗り絵」 化学同人　2016
Bellos, David　ベロス, デイヴィッド
1945～　[著]「ジョルジュ・ペレック伝」 水声社　2014
Bellot, Francois　ベロ, フランソワ
[国]ベルギー　交通・航空管制企業・国鉄相
Bellour, Raymond　ベルール, レイモン
[著]「ルソーの時」 日本文教出版　2003
Bellow, Saul　ベロー, ソウル
1915～2005　[国]アメリカ　作家　[異]ベロウ, ソール
Bellows, Keith　ベローズ, キース
[著]「いつかは行きたい一生に一度だけの旅世界の食を愉しむbest 500」 日経ナショナルジオグラフィック社, 日経BPマーケティング(発売)　2011
Bells, Antonio　ベルズ, アントニオ
[国]パラオ　副大統領兼法相
Bellson, Louis Paul　ベルソン, ルイ・ポール
1924～2009　ジャズドラマー　[異]ベルソン, ルイ
Bellstorf, Arne　ベルストルフ, アルネ
1979～　[著]「ベイビーズ・イン・ブラック」 講談社　2012
Bellucci, Monica　ベルッチ, モニカ

1964〜　国イタリア　女優
Bellucci, Thomas　ベルッシ, トマス
　国ブラジル　テニス選手
Bellusci, Giuseppe　ベッルッシ, ジュゼッペ
　国イタリア　サッカー選手
Belluzzi, Iro　ベルッツィ, イーロ
　国サンマリノ　労働長官
Bellwood, Peter　ベルウッド, ピーター
　著「太平洋」法政大学出版局　2015
Belly, Chuck　ベリー, チャック
　著「メモリーズ・オブ・ジョン」イースト・プレス　2006
Belmaker, Robert H.　ベルメーカー, ロバート・H.
　著「双極うつ病」星和書店　2013
Belmokhtar, Mokhtar　ベルモフタル, モフタル
　1972〜2013　国アルジェリア　アルジェリア人質事件の首謀者　覆面旅団最高幹部　異ベルモフタール, モフタル
Belmokhtar, Rachid　ベルモフタール, ラシド
　国モロッコ　教育・職業訓練相
Belmondo, Jean-Paul　ベルモンド, ジャン・ポール
　1933〜　国フランス　俳優
Belmondo, Stefania　ベルモンド
　国イタリア　クロスカントリースキー選手
Belmont, Alejandro Rafael　ベルモント, アレハンドロ
　著「グローバル化と言語能力」明石書店　2015
Belmont, Joseph　ベルモン, ジョゼフ
　国セーシェル　副大統領兼観光・行政・内務相
Belmonte Garcia, Mireia　ベルモンテガルシア, ミレイア
　国スペイン　水泳選手
Belo, Ademir Nelson　ベロ, アデミル・ネルソン
　国ギニアビサウ　公務員・行政改革相　異ベロ, アドミロ・ネルソン
Belo, Carlos Felipe Ximenes　ベロ, カルロス・フィリペ・シメネス
　1948〜　国東ティモール　元カトリック司教
Bělobrádek, Pavel　ベロブラーデク, パベル
　国チェコ　副首相(科学・研究・技術革新担当)
Belofsky, Nathan　ベロフスキー, ネイサン
　著「「最悪」の医療の歴史」原書房　2014
Bělohlávek, Jiří　ビエロフラーヴェク, イルジー
　1946〜　国チェコ　指揮者　チェコ・フィルハーモニー管弦楽団首席指揮者　異ビエロフラーベク
Belokhvostov, Vladimir M.　ベロフウォストフ, ウラジーミル・M.
　国ベラルーシ　住宅・公益事業相　異ベロフボストフ, ウラジーミル・M.
Belomoina, Yana　ベロモイナ, ヤナ
　国ウクライナ　自転車選手
Belonogoff, Alexander　ベロノゴフ, アレクサンダー
　国オーストラリア　ボート選手
Beloselskiy, Dmitriy　ベロセルスキー, ドミトリ
　国ロシア　チャイコフスキー国際コンクール 声楽(男声)第2位(2007年(第13回))
Belot, Anne-Marie　ベロー, アンヌ・マリー
　著「ヌーヌー サーカスへいく」カラーフィールド　2009
Belotti, Andrea　ベロッティ, アンドレア
　国イタリア　サッカー選手
Beloum, Cécile　ベルム, セシール
　国ブルキナファソ　議会担当相
Beloumouedraogo, Cecilia　ベルムエドラオゴ, セシリア
　国ブルキナファソ　議会担当相
Belousov, Andrei R.　ベロウソフ, アンドレイ・R.
　国ロシア　経済発展相
Belov, Vasilii Ivanovich　ベローフ, ワシリー
　1932〜2012　国ロシア　作家　異ベローフ, ワシーリー / ベロフ, ワシリー
Belpoliti, Marco　ベルポリーティ, マルコ
　1954〜　著「プリーモ・レーヴィは語る」青土社　2002
Belqasem, Massoud Ahmed　バルガーシム, マスード・アハメド
　国リビア　社会・労働相
Belsey, Catherine　ベルシー, キャサリン
　1940〜　国ベルジー, キャサリン　著「文化と現実界」青土社　2006
Belsinger, Susan　ベルシンガー, スーザン
　著「スーザン＆ティナの手作りハーブの生活術」フレグランスジャーナル社　2012
Belsky, Gary　ベルスキー, ゲーリー

　著「お金で失敗しない人たちの賢い習慣と考え方」日本経済新聞出版社　2011
Belsky, Jay　ベルスキー, ジェイ
　1952〜　著「英国の貧困児童家庭の福祉政策」明石書店　2013
Belsky, Scott　ベルスキ, スコット
　著「アイデアの99%」英治出版　2011
Belson, Ken　ベルソン, ケン
　著「巨額を稼ぎ出すハローキティの生態」東洋経済新報社　2004
Belt, Brandon　ベルト, ブランドン
　国アメリカ　野球選手
Beltagi, Muhammad Mamdouh Ahmad El　ベルタギ, ムハンマド・マムドゥーハ・アハマド
　国エジプト　情報相　異ベルタギ, マムドフ / ベルタギ, ムハンマド・マムドゥーハ・アハマド・エル
*al-*Beltagy, Adel　ベルターギ, アデル
　国エジプト　農業・土地開拓相
Belting, Hans　ベルティンク, ハンス
　1935〜　異ベルティング, ハンス　著「マックス・ベックマン」三元社　2015
Beltoise, Jean-Pierre　ベルトワーズ, ジャン・ピエール
　1937〜2015　国フランス　F1ドライバー　本名＝ベルトワーズ, ジャン・ピエール・モーリス・ジョルジュ〈Beltoise, Jean-Pierre Maurice Georges〉
Belton, Christopher　ベルトン, クリストファー
　1955〜　著「「ハリー・ポッター」Vol.8が英語で楽しく読める本」コスモピア　2016
Belton, Robyn　ベルトン, ロビン
　著「大砲のなかのアヒル」平和のアトリエ　2002
Beltrame, Francisco　ベルトラメ, フランシスコ
　国ウルグアイ　住宅・環境相
Beltrami, Edward J.　ベルトラミ, エドワード
　著「ランダム」青土社　2002
Beltramini, Micol Arianna　ベルトラミーニ, ミコル・アリアンナ
　1978〜　著「人生で少なくとも一度はミラノでしておきたい101の事柄」幻冬舎ルネッサンス　2012
Beltran, Carlos　ベルトラン, カルロス
　1977〜　国プエルトリコ　野球選手　本名＝Beltran, Carlos Ivan
Beltran, Daima　ベルトラン
　国キューバ　柔道選手
Beltrán, Francisco López　ベルトラン, フランシスコ・ロペス
　国エルサルバドル　保健相
Beltran, Fred　ベルトラン, フレッド
　著「テクノプリースト」ユマノイド, パイインターナショナル(発売)　2014
Beltran Osio, Raul Armando　ベルトラン・オシオ, ラウル・アルマンド
　国ボリビア　国立サンアンドレス大学医学部付属病院脳神経外科助教授、元・ボリビア全国脳神経外科学会会長
Beltrão, Marx　ベルトラン, マルクス
　国ブラジル　観光相
Beltratti, Andrea　ベルトラッティ, アンドレア
　1959〜　著「経済成長と環境資産」同文舘出版　2001
Beltre, Adrian　ベルトレ, エイドリアン
　1979〜　国ドミニカ共和国　野球選手　異ベルトレ, アドリアン / ベルトレー, エイドリアン / ベルトレイ, エイドリアン
Belviso, Meg　ベルヴィソ, メグ
　著「ジョージ・ルーカス」ポプラ社　2015
Bely, Mikhail Mikhailovich　ベールイ, ミハイル
　1945〜　国ロシア　外交官　駐日ロシア大使
Belyakov, Rostislav Apollosovich　ベリヤコフ, ロスチスラフ
　1919〜2014　国ロシア　航空機設計技師　ソ連ミコヤン設計局技師長　異ベリャコフ
Belyakovich, Valery　ベリャコーヴィッチ, ワレーリー
　1950〜　国ロシア　演出家　ユーゴザパト芸術監督　異ベリャコービッチ, ワレーリー / ベリャコービッチ, ワレリー
Belyavskiy, David　ベリャフスキー, ダビド
　国ロシア　体操選手　異ベリャフスキー
Belyea, Barbara　ベライー, バーバラ
　著「ケンブリッジ版カナダ文学史」彩流社　2016
Belyi, Yurii Aleksandrovich　ベールイ, Yu.A.
　著「学者としてのアルブレヒト・デューラー」大築勇喜嗣　2001
Belz, Carl　ベルツ, カール
　著「ビートルズ世界証言集」ポプラ社　2006
Bem, Daryl J.　ベム, ダリル・J.
　著「ヒルガードの心理学」ブレーン出版　2002
Bemba, Jean-Pierre　ベンバ, ジャンピエール

[国]コンゴ民主共和国　副大統領
Bembamba, Lucien　ベンバンバ, リュシアン
[国]ブルキナファソ　経済・財務相　[異]ベンバンバ, リュシアン・マリ・ノエル
Bembe, António Bento　ベンベ, アントニオ・ベント
[国]アンゴラ　無任所相
Bembry, DeAndre　ベンブリー, デアンドレ
[国]アメリカ　バスケットボール選手
Bemdtsen, Bendt　ベンセン, ベント
[国]デンマーク　経済・貿易相
Ben Abdallah, Moncef　ベンアブダラ, モンセフ
[国]チュニジア　工業・エネルギー相
Benabdellah, Nabil　ベンアブドラ, ナビル
[国]モロッコ　住宅・都市政策相
Benacerraf, Baruj　ベナセラフ, バルージ
1920～2011　[国]アメリカ　病理学者, 免疫学者　ハーバード大学医学部名誉教授　[異]ベナセラフ, バル
Benachenhou, Abdellatif　ベナシュヌー, アブデルラティフ
[国]アルジェリア　財務相　[異]ベナシュヌー, アブデラティフ
Ben Achour, Mohammed Aziz　ベンアシュール, モハメド・アジズ
[国]チュニジア　文化・遺産保存相
Benacquista, Tonino　ブナキスタ, トニーノ
1961～　[国]フランス　推理作家, 脚本家　[異]ベナキスタ, トニーノ
Bénaglia, Frédéric　ベナグリア, フレデリック
1974～　[著]「いっしょにいきるって、なに？」朝日出版社　2006
Benaglio, Diego　ベナリオ, ディエゴ
[国]スイス　サッカー選手
Ben Aïssa, Mohamed Salah　ベンアイサ, モハメド・サラーハ
[国]チュニジア　司法相
Benaissa, Mohammed　ベナイサ, モハメド
[国]モロッコ　外務協力相
Benaissa, Rachid　ベナイサ, ラシド
[国]アルジェリア　農業・農村開発相
Benaissa, Tarek　ベナイサ, タレク
[国]アルジェリア　レスリング選手
Benali, Ahmad　ベナーリ, アフマド
[国]リビア　サッカー選手
Ben Ali, Rahma　ベンアリ, ラーマ
[国]チュニジア　テコンドー選手
Ben Ali, Zine el-Abidine　ベン・アリ, ジン・エル・アビディン
1936～　[国]チュニジア　政治家, 軍人　チュニジア大統領　[異]ベンアリ, ジン・アビディン / ベンアリ, ゼイン / ベンアリ, ゼイン・エル・アビディン
Benalouane, Yohan　ベナルアン, ヨアン
[国]フランス　サッカー選手
Ben-Ami, Uzi　ベン＝アミ, ウージ
[著]「いろんな学び方、あるんだね！」東京書籍　2008
Benan, Umit　ベナン, ウミット
1980～　[国]トルコ　ファッションデザイナー
Benanti, Laura　ベナンティ, ローラ
トニー賞 ミュージカル 助演女優賞（2008年（第62回））“Gypsy”
Ben Arfa, Hatem　ベン・アルファ, ハテム
[国]フランス　サッカー選手
Ben Arous, Eddy　ベン・アルー, エディ
[国]フランス　ラグビー選手
Ben Artzi-Pelossof, Noa　ベンアルツィ・ペロソフ, ノア
1977～　[著]「悲しみと希望」ミルトス　2013
Benasayag, Miguel　ベナサジャグ, ミゲル
[著]「反権力」ぱる出版　2005
Benassi, Benny　ベナッシ, ベニー
グラミー賞 最優秀リミックス・レコーディング（クラシック以外）（2007年（第50回））“Bring The Noise (Benny Benassi Sfaction Remix)”
Benassi, Marco　ベナッシ, マルコ
[国]イタリア　サッカー選手
Benat, Etxebarria　ベニャ・エチュバリア
[国]スペイン　サッカー選手
Benatar, Solomon R.　ベナター, ソロモン
[著]「遺伝子革命と人権」DHC　2001
Benatia, Medhi　ベナティア, メディ
[国]モロッコ　サッカー選手
Benaud, Richie　ベノー, リッチー
1930～2015　[国]オーストラリア　クリケット選手, スポーツコメンテーター　本名＝ベノー, リチャード〈Benaud, Richard〉
Benavente y Martinez, Jacinto　ベナベンテ, J.
[著]「ノーベル賞文学叢書」本の友社　2006
Benavides, Carlos Ricardo　ベナビデス, カルロス・リカルド
[国]コスタリカ　大統領府相
Benavides, Freddie　ベナビディス, フレディ
[国]アメリカ　シンシナティ・レッズコーチ
Benavides Ferreyros, Ismael Alberto　ベネビデス・フェレイロス, イスマエル・アルベルト
[国]ペルー　経済・財政相
Benavides Lopez De Ayala, Alfonso　ベナビデス, アルフォンソ
[国]スペイン　カヌー選手
Benavidez Bedoya, Alfredo　ベナヴィデス・ベドジャ, アルフレッド
1951～　[著]「あくまとかけをした男」新世研　2003
Benavidez Lopes De Ayala, Alfonso　ベナビデス
[国]スペイン　カヌー選手
Bénazéraf, José　ベナゼラフ, ジョゼ
1922～2012　[国]フランス　映画監督
Benbada, Mustapha　ベンバダ, ムスタファ
[国]アルジェリア　商務相
Benbaziz, Reda　ベンバジズ, レダ
[国]アルジェリア　ボクシング選手
Ben Bella, Ahmed　ベン・ベラ, アハメド
1916～2012　[国]アルジェリア　政治家, 民族運動指導者　アルジェリア大統領（初代）　本名＝Ben Bella, Mohammed　[異]ベンベラ, アフマド
Benbihy, Emmanuel　ベンビイ, エマニュエル
[著]「パリ、ジュテーム」講談社　2007
Benbouzid, Boubekeur　ベンブジット, ブブクール
[国]アルジェリア　国民教育相　[異]ベンブジド, ブブクール
Bence, Evelyn　ベンス, エヴリン
[著]「天使の証明」太陽出版　2006
Benchabla, Abdelhafid　ベンカブラ, アブデルハフィド
[国]アルジェリア　ボクシング選手　[異]ベンシャブラ
Benchallal, Nadia　ベンシャラル, ナディア
[著]「パリの看板猫」青幻舎インターナショナル, 青幻舎（京都）（発売）　2016
Bencherif, Mohamed El Amine　ベンシェリフ, モハメド・エル・アミン
[国]アルジェリア　駐日特命全権大使
Benchley, Peter　ベンチリー, ピーター
1940～2006　[国]アメリカ　作家　[異]ベンチュリー, ピーター
Bencich, Steve　ベンチック, スティーブ
[著]「チキン・リトル」竹書房　2005
Benciolini, Paolo　ベンチョリーニ, パオロ
[著]「医学の暴力にさらされる女たち」インパクト出版会　2002
Bendaña, Arturo　ベンダニャ, アルトゥロ
[国]ホンジュラス　保健相
Bendavid, Naftali　ベンデビッド, ナフタリ
[著]「オバマの真実」朝日新聞出版　2009
Bendavid-Val, Leah　ベンデビッド・バル, リー
[異]ベンデビットーバル, リー　[著]「プレミアムフォトコレクション」日経ナショナルジオグラフィック社, 日経BPマーケティング（発売）　2014
Bender, Aimee　ベンダー, エイミー
1969～　[国]アメリカ　作家　南カリフォルニア大学教授　[専]文学, フィクション
Bender, Arnold E.　ベンダー, アーノルド・E.
[著]「オックスフォード食品・栄養学辞典」朝倉書店　2002
Bender, Bob　ベンダー, ボブ
[国]アメリカ　メンフィス・グリズリーズアシスタントコーチ（バスケットボール）
Bender, Donna S.　ベンダー, ドナ・S.
[著]「境界性パーソナリティ障害最新ガイド」星和書店　2006
Bender, Dragan　ベンダー, ドラガン
[国]クロアチア　バスケットボール選手
Bender, Lars　ベンダー, ラース
[国]ドイツ　サッカー選手
Bender, Lionel　ベンダー, ライオネル
[著]「写真でみる発明の歴史」あすなろ書房　2008
Bender, Sven　ベンダー, スヴェン
[国]ドイツ　サッカー選手
Bender, Walter　ベンダー, ウォルター
1956～　[著]「ラーニング・レボリューション」英治出版　2014
Bendersky, Joseph W.　ベンダースキー, ジョーゼフ・W.
1946～　[著]「ユダヤ人の脅威」風行社　2003

B

Ben Dhia, Abdelaziz　ベンディア, アブデルアジズ
　圏チュニジア　国務相兼大統領特別顧問・大統領報道官　異ベンドヒア, アブデルアジズ
Ben Dhiaa, Maher　ベンディア, マヘル
　圏チュニジア　青年・スポーツ相
Bendis, Brian Michael　ベンディス, ブライアン・マイケル
　蓍「ムーンナイト光」小学館集英社プロダクション　2016
Bendix-Balgley, Noah　ベンディックス＝バルグリー, ノア
　圏ドイツ, アメリカ　ロン・ティボー・クレスパン国際音楽コンクール ヴァイオリン 第3位(2008年(第37回))ほか
Bendjaballah, Souad　ベンジャバラー, スアド
　圏アルジェリア　国民連帯・家族相
Bendjelloul, Malik　ベンジェルール, マリク
　1977～2014　圏スウェーデン　映画監督
Bendl, Petr　ベンドル, ペトル
　圏チェコ　農相
Bendle, Neil J.　ベンドル, ネイル・J.
　蓍「マーケティング・メトリクス」ピアソン桐原　2011
Ben-Dor Benite, Zvi　ベン＝ドル・ベニテ, ツヴィ
　蓍「イスラエル」ほるぷ出版　2009
Bendtner, Nicklas　ベントナー, ニクラス
　1988～　圏デンマーク　サッカー選手
Bendtsen, Bendt　ベンセン, ベント
　圏デンマーク　経済産業相
Bendukidze, Kakha　ベンズキッゼ, カハ
　圏ジョージア　国務相(経済発展担当)
Bendure, Glenda　ベンドゥル, グレンダ
　蓍「ハワイ」メディアファクトリー　2005
Benecken, Sascha　ベネッケン
　圏ドイツ　リュージュ選手
Beneddine, Mehdi　ベネッディネ, メフディ
　圏フランス　サッカー選手
Benedek, Wolfgang　ベネデック, ヴォルフガング
　蓍「ワークアウト国際人権法」東信堂　2010
Benedetti, Gaetano　ベネデッティ, ガエターノ
　蓍「妄想とパースペクティヴ性」学樹書院　2003
Benedetti, Jean　ベネデッティ, ジーン
　1930～2012　圏イギリス　スタニスラフスキー研究者, 劇作家, 演出家　ローズ・ブルフォード大学学長　本名＝Benedetti, Jean-Norman　異ベネデッティ, ジーン
Benedetti, Mario　ベネデッティ, マリオ
　1920～2009　圏ウルグアイ　作家, 詩人, 評論家
Benedetti, Michele　ベネデッティ, ミケレ
　圏イタリア　水泳選手
Benedetti, Ryan　ベネデッティ, ライアン
　蓍「Head firstネットワーク」オライリー・ジャパン, オーム社(発売)　2010
Benedict, Alexandra　ベネディクト, アレクサンドラ
　圏カナダ　作家　ロマンス, ヤングアダルト　別筆名＝ベネディクト, アレックス〈Benedict, Alex〉
Benedict, Barbara　ベネディクト, バーバラ
　蓍「解決策は結婚」ハーレクイン　2002
Benedict, Pinckney　ベネディクト, ピンクニー
　蓍「ゾエトロープ」角川書店　2001
Benedict XVI　ベネディクト16世
　1927～　圏ドイツ　カトリック枢機卿, 神学者　ローマ法王(第265代)　本名＝ラツィンガー, ヨゼフ〈Ratzinger, Joseph Alois〉　異ベネディクトゥス16世
Benedictus, David　ベネディクタス, デイヴィッド
　蓍「プーさんの森にかえる」小学館　2010
Benediktsson, Bjarni　ベネディクトソン, ビャルニ
　圏アイスランド　首相
Beneduce, Ann Keay　ベネデュース, アン・K.
　1918～　蓍「ターシャからの手紙」メディアファクトリー　2009
Ben-Eliezer, Benjamin　ベンエリエゼル, ベンヤミン
　1936～　圏イスラエル　政治家, 元軍人　イスラエル副首相, イスラエル国防相, イスラエル労働党党首　本名＝ベンエリエゼル, ベンヤミン・フアード〈Ben-Eliezer, Benjamin Fuad〉　異ベンエリエザー／ベンエリエザー, ベンヤミン
Benelli, Andrea　ベネリ
　圏イタリア　射撃選手
Benenate, Becky　ベネイト, ベッキー
　蓍「マザー・テレサ愛のこころ最後の祈り」主婦の友社　2010
Benenoch, Caleb　ベニノック, ケイレブ
　圏アメリカ　アメフト選手
Benenson, Peter　ベネンソン, ピーター
　1921～2005　圏イギリス　人権活動家, 弁護士　アムネスティ・インターナショナル創設者
Benenti, Giuliano　ベネンティ, G.
　1969～　蓍「量子計算と量子情報の原理」シュプリンガー・ジャパン　2009
Bener, Peter Christian　ベーナー, ペーター・クリスティアン
　1940～　蓍「楽園創造」大和プレス, 平凡社(発売)　2009
Benes, Laszlo　ベーネス, ラースロー
　圏スロバキア　サッカー選手
Benes, Nicholas E.　ベネシュ, ニコラス
　1956～　圏アメリカ　金融家　会社役員育成機構代表理事
Benešová, Marie　ベネショヴァー, マリエ
　1916～2003　蓍「ブジェチスラフ・ポヤル」アットアームズ(発売)　2008
Benét, Stephen Vincent　ベネ, スティーヴン・ヴィンセント
　蓍「心に風が吹き, かかとに炎が燃えている」メディアファクトリー　2001
Benetton, Alessandro　ベネトン, アレッサンドロ
　1964～　圏イタリア　実業家　ベネトングループ会長
Benetton, Giuliana　ベネトン, ジュリアーナ
　1937～　圏イタリア　実業家　ベネトングループ創業者
Benetton, Luciano　ベネトン, ルチアーノ
　1935～　圏イタリア　実業家　ベネトングループ創業者　イタリア上院議員
Benevelli, Alberto　ベネヴェリ, アルベルト
　蓍「ちいさなもり」講談社　2001
Benevolo, Leonardo　ベネヴォロ, レオナルド
　1923～　蓍「近代建築の歴史」鹿島出版会　2004
Benfeito, Meaghan　ベンフィート, メーガン
　圏カナダ　水泳選手　異ベンフィート
Benfey, Christopher　ベンフィー, クリストファー
　1954～　蓍「グレイト・ウェイヴ」小学館　2007
Benflis, Ali　ベンフリス, アリ
　圏アルジェリア　首相
Benford, Gregory　ベンフォード, グレゴリイ
　1941～　蓍「悠久の銀河帝国」早川書房　2005
Bengaly, Berthe Aissata　ベンガリ, ベルテ・アイサタ
　圏マリ　女性・子供・家族相
Bengarbia, Mehdi　ベンガルビーヤ, メヘディ
　圏チュニジア　憲法機関・市民社会・人権相
Benge, Sophie　ベンジ, ソフィー
　蓍「トロピカル・スパ」チャールズ・イー・タトル出版　2004
Benghebrit, Nouria　ベンゲブリ, ヌリア
　圏アルジェリア　国民教育相
Bengio, Ofra　ベンジオ, オフラ
　蓍「アメリカはなぜイラク攻撃をそんなに急ぐのか？」朝日新聞社　2002
Bengoa, Vicente　ベンゴア, ビセンテ
　圏ドミニカ共和国　財務相
Bengtsson, Anna　ベングトソン, アンナ
　1951～　異ベントソン, アンナ　蓍「とりがないてるよ」福音館書店　2014
Bengtsson, Eva-Lena　ベングトション, エヴァ＝レーナ
　蓍「スカンディナビア風景画展」読売新聞社　2002
Bengtsson, Jonas T.　ベントソン, ヨナス・T.
　1976～　圏デンマーク　作家　文学　異ベングトソン, ヨナス・T.
Bengtsson, Rolf-Goran　ベントソン, ロルフヨーラン
　圏スウェーデン　馬術選手
Benhabib, Seyla　ベンハビブ, セイラ
　蓍「他者の権利」法政大学出版局　2014
Benhabyles, Abdelmalek　ベンハビレス, アブデルマレク
　圏アルジェリア　アルジェリア日本協会会長, 元・憲法評議会議長, 元・法務大臣, 元・駐日アルジェリア大使(初代)
Benhamadi, Moussa　ベンハマディ, ムーサ
　圏アルジェリア　郵便・情報技術・通信相
Ben Hamza, Khaoula　ベンハムザ
　圏チュニジア　テコンドー選手
Benhassi, Hasna　ベンハシ
　圏モロッコ　陸上選手
Ben-hatira, Anis　ベン・ハティラ, アニス
　圏チュニジア　サッカー選手
Ben Hmidane, Slim　ベンフミダン, スリム
　圏チュニジア　国有財産・土地問題相
Ben Hnia, Karem　ベンニア, カレム
　圏チュニジア　重量挙げ選手

Ben-Hur, Shlomo　ベンハー，シュロモ
　1962〜　著「企業内学習入門」英治出版　2014
Beniamina, Rimeta　ベニアミナ，リーメタ
　国キリバス　通信・運輸・観光開発相
Beniato, Kouraiti　ベニアト，コウライシ
　国キリバス　内務・社会問題相
Bénichou, Paul　ベニシュー，ポール
　1908〜2001　著「作家の聖別」水声社　2015
Benigni, Roberto Remigio　ベニーニ，ロベルト
　1952〜　国イタリア　俳優，映画監督
Benikhlef, Amar　ベニハレフ
　国アルジェリア　柔道選手
Benincasa, Joseph P.　ベニンカーサ，ジョセフ・P.
　トニー賞　トニー名誉賞(2014年(第68回))
Bening, Annette　ベニング，アネット
　1958〜　国アメリカ　女優
Benintendi, Andrew　ベニンテンディ，アンドリュー
　国アメリカ　野球選手
Benioff, David　ベニオフ，デービッド
　1970〜　国アメリカ　作家，脚本家　文学，フィクション　異ベニオフ，デイヴィッド／ベニオフ，デイヴィット
Benioff, Marc　ベニオフ，マーク
　1969〜　国アメリカ　実業家　セールスフォース・ドットコム会長・CEO
Benison, C.C.　ベニスン，C.C.
　著「サンドリンガム館の死体」早川書房　2006
Benites, Juan Manuel　ベニテス，フアン・マヌエル
　国ペルー　農相
Benitez, Cristian　ベニテス，クリスティアン
　1986〜2013　国エクアドル　サッカー選手　異ベニテス，クリスチャン
Benítez, María Ignacia　ベニテス，マリア・イグナシア
　国チリ　環境相
Benitez, M.Joaguim　ベニテス，ホアキン
　1940〜2015　国スペイン　カトリック司祭　エリザベト音楽大学学長　音楽学
Benítez, Pánfilo　ベニテス，パンフィロ
　国パラグアイ　公共事業・通信相
Benitez, Rafael　ベニテス，ラファエル
　1960〜　国スペイン　サッカー監督，元サッカー選手　本名＝Benitez Maudes, Rafael
Benitez, Rogelio　ベニテス，ロヘリオ
　国パラグアイ　内相
Benítez Parada, José Atilio　ベニテス・パラダ，ホセ・アティリオ
　国エルサルバドル　国防相
Benito, Loris　ベニート，ロリス
　国スイス　サッカー選手
Beniuc, Valentin　ベニュク，バレンチン
　国モルドバ　教育相
Ben Izzy, Joel　ベン・イジー，ジョエル
　著「幸福の鍵」ソニー・マガジンズ　2005
Benjamin, Alfred　ベンジャミン，アルフレド
　1924〜　著「カウンセリング入門」春秋社　2005
Benjamin, Arthur　ベンジャミン，アーサー
　著「数学魔術師ベンジャミンの教室」岩波書店　2016
Benjamin, Barnaba Marial　ベンジャミン，バルナバ・マリアル
　国南スーダン　外相　異ベンジャミン，ベルナバ・マリアル
Benjamin, Carol Lea　ベンジャミン，キャロル・リーア
　異ベンジャミン，キャロル・リー　著「知りすぎた犬」東京創元社　2012
Benjamin, Craig　ベンジャミン，クレイグ
　著「ビッグヒストリー」明石書店　2016
Benjamin, Daniel　ベンジャミン，ダニエル
　著「Oracle master Platinum認定ガイド」日経BP社，日経BP出版センター(発売)　2002
Benjamin, Daniel K.　ベンジャミン，ダニエル・K.
　著「マクロイシューの経済学」ピアソン桐原　2010
Benjamin, David　ベンジャミン，デイヴィッド
　1972〜　著「シックス・センス」竹書房　2001
Benjamin, Elizabeth　ベンジャミン，エリザベス
　アメリカ探偵作家クラブ賞　TVエピソード賞(2005年)　"Want"
Benjamin, Henry　ベンジャミン，ヘンリー
　著「CCNP self-study：CCNPルーティング実習」ソフトバンクパブリッシング　2004

Benjamin, John　ベンジャミン，ジョン
　国シエラレオネ　財務相
Benjamin, Kelvin　ベンジャミン，ケルビン
　国アメリカ　アメフト選手
Benjamin, Leanne　ベンジャミン，リアーン
　バレリーナ　英国ロイヤル・バレエ団プリンシパル
Benjamin, Lorna Smith　ベンジャミン，L.S.
　著「SCID-2」医学書院　2002
Benjamin, Ludy T., Jr.　ベンジャミン，L.T.，Jr.
　著「心理学教育のための傑作工夫集」北大路書房　2010
Benjamin, Marina　ベンジャミン，マリナ
　著「ロケット・ドリーム」青土社　2003
Benjamin, Medea　ベンジャミン，メディア
　1952〜　著「もう戦争はさせない！」文理閣　2007
Benjamin, Nikki　ベンジャミン，ニッキ
　著「あのキスを忘れない」ハーレクイン　2006
Benjamin, Robert I.　ベンジャミン，ロバート・I.
　著「新リレーションとモデルのためのIT企業戦略とデジタル社会」ピアソン・エデュケーション　2002
Benjamin, Ryan　ベンジャミン，ライアン
　著「バットマン：ブラックグローブ」小学館集英社プロダクション　2012
Benjamin, Steadroy　ベンジャミン，ステドロイ
　国アンティグア・バーブーダ　司法長官兼法務・公共安全・労働相
Benjamin, Stuart　ベンジャミン，スチュアート
　コンピレーション・プロデューサー　グラミー賞 最優秀映画・TV・その他ヴィジュアルメディア音楽コンピレーション・サウンドトラック・アルバム(2005年(第48回))　"Ray"
Benjamin, Travis　ベンジャミン，トラビス
　国アメリカ　アメフト選手
Ben-Jelloun, Tahar　ベン・ジェルーン，タハール
　1944〜　国フランス　作家，詩人，劇作家，ジャーナリスト　異ベン・ジェッルーン，ターハル
Benjor, Jorge　ベンジョール，ジョルジ
　1942〜　国ブラジル　ミュージシャン　旧芸名＝ベン，ジョルジ〈Ben, Jorge〉　異ベンジオール
Benke, Britta　ベンケ，ブリッタ
　著「ジョージア・オキーフ」Taschen　c2002
Benkhadra, Amina　ベンハドラ，アミナ
　国モロッコ　エネルギー・鉱業・水資源・環境相
Benkhelfa, Abderrahmane　ベンケルファ，アブデラマン
　国アルジェリア　財務相
Benkirane, Abdelilah　ベンキラー，アブデリラー
　国モロッコ　首相　異ベンキラン，アブデリラー
Benkler, Yochai　ベンクラー，ヨハイ
　1964〜　著「協力がつくる社会」NTT出版　2013
Benko, Attila　ベンコ，アティラ
　著「訴えてやる!!!」愛育社　2003
Benko, Fabian　ベンコ，ファビアン
　国ドイツ　サッカー選手
Benko, Laura B.　ベンコ，ローラ・B.
　著「訴えてやる!!!」愛育社　2003
Benkoski, Stan　ベンコスキー，スタン
　著「ポール・オースターが朗読するナショナル・ストーリー・プロジェクト」アルク　2005
Ben Massoundi, Rachid　ベンマスンディ・ラシド
　コモロ　副大統領(法務・イスラム問題・人権・議会担当)　異ベンマソンディ・ラシド
Benmeradi, Mohamed　ベンメラディ，モハメド
　国アルジェリア　観光・手工業相
Ben Mohadji, Fouad　ベンモハジ，フアド
　国コモロ　副大統領兼保健・国民連帯・女性地位向上相
Benmosche, Robert H.　ベンモシェ，ロバート
　？〜2015　国アメリカ　実業家　メットライフCEO，アメリカン・インターナショナル・グループ(AIG)CEO　通称＝Benmosche, Bob
Ben Moubamba, Bruno　ベンムーバンバ，ブルーノ
　国ガボン　副首相兼都市計画・住宅相
Benmoussa, Chakib　ベムーサ，シャキップ
　国モロッコ　内相
Benn, Andy　ベン，アンディ
　著「症例から学ぶ統合失調症の認知行動療法」日本評論社　2007
Benn, Anthony Neil Wedgwood　ベン，アントニー
　1925〜2014　国イギリス　政治家　英国エネルギー相，英国労働党左派グループ総帥　通称＝ベン，トニー〈Benn, Tony〉　異ベ

ン, アンソニー
Benn, Arrelious ベン, アーレリアス
[国]アメリカ アメフト選手
Benn, Brindley ベン, ブラインドリー
[国]ガイアナ 公共事業相 [異]ベン, ブリンドリー
Benn, Haynesley ベン, ヘインズレー
[国]バルバドス 商業・貿易相
B
Benn, Hilary ベン, ヒラリー
[国]イギリス 環境・食料・農村相
Benn, Robeson ベン, ロブソン
[国]ガイアナ 公共事業相
Ben-Naim, Arieh ベン＝ナイム, アリー
1934～ [著]「エントロピーの正体」 丸善出版 2015
Bennardo, Matthew ベナルド, マシュー
[著]「マシン・オブ・デス」 アルファポリス, 星雲社(発売) 2013
Bennassar, Bartolomé ベナサール, バルトロメ
1929～ [著]「スペイン人」 彩流社 2003
Benne, Haynesley ベン, ヘインズレー
[国]バルバドス 農業相
Bennell, Sheila J. ベネル, シーラ・J.
[著]「グローバル・ティーチャーの理論と実践」 明石書店 2011
Benner, Dietrich ベンナー, ディートリッヒ
1941～ [著]「一般教育学」 協同出版 2014
Benner, Patricia E. ベナー, パトリシア
[著]「ベナー看護実践における専門性」 医学書院 2015
Bennet, Nancy ベネット, ナンシー
[著]「トリプルボトムライン」 創成社 2007
Bennet, Robert John ベネット, ロバート
[著]「イギリス」 ほるぷ出版 2009
Benneteau, Julien ベネトー
[国]フランス テニス選手
Bennett, Adrienne L. ベネット, エドリエンヌ・L.
[著]「病院勤務医の技術」 日経BP社, 日経BP出版センター(発売) 2009
Bennett, Alan ベネット, アラン
1934～ [国]イギリス 劇作家, 脚本家, 俳優, 作家
Bennett, Amanda ベネット, アマンダ
[著]「ロリの静かな部屋」 早川書房 2002
Bennett, Andrew ベネット, アンドリュー
1960～ [著]「社会科学のケース・スタディ」 勁草書房 2013
Bennett, Andrew E. ベネット, アンドルー・E.
[著]「TOEICテスト英熟語最終チェック」 アルク 2005
Bennett, Anthony ベネット, アンソニー
[国]カナダ バスケットボール選手
Bennett, Bob ベネット, ボブ
1933～ [著]「野球勝つための戦術・戦略」 大修館書店 2011
Bennett, Caroline ベネット, キャロライン
[国]イギリス 実業家 モシモシ・スシ創設者
Bennett, Carolyn ベネット, キャロリン
[国]カナダ 先住民・北方相
Bennett, Charles Henry ベネット, チャールズ
1943～ [国]アメリカ 物理学者 IBMワトソン研究所フェロー [専]量子暗号, 近代量子情報理論
Bennett, Cherie ベネット, シェリー
[著]「ヤングスーパーマン」 中央公論新社 2004
Bennett, Clay ベネット, クレイ
[国]アメリカ オクラホマシティ・サンダーオーナー
Bennett, David ベネット, デイヴィッド
[著]「アンダースタンディング・ジュエリー」 エディコム, 徳間書店(発売) 2004
Bennett, David ベネット, デービッド
[国]ニュージーランド 退役軍人問題担当相兼食品安全相
Bennett, Deborah J. ベネット, デボラ・J.
1950～ [著]「確率とデタラメの世界」 白揚社 2001
Bennett, Edgar ベネット, エドガー
[国]アメリカ グリーンベイ・パッカーズコーチ
Bennett, Elizabeth ベネット, エリザベス
[著]「だれかな? ソフィア」 大日本絵画 〔2014〕
Bennett, Frances ベネット, フラン
[著]「イギリスに学ぶ子どもの貧困解決」 かもがわ出版 2011
Bennett, Greg ベネット
[国]オーストラリア トライアスロン選手
Bennett, Harve ベネット, ハーブ
1930～2015 [国]アメリカ 映画プロデューサー [異]ベネット, ハーヴ
Bennett, Hugh Hammond ベネット, ヒュー・ハモンド
[著]「アメリカの環境主義」 同友館 2004
Bennett, Jay ベネット, J.
[著]「メジャーリーグの数理科学」 シュプリンガー・フェアラーク東京 2004
Bennett, Jeffrey W. ベネット, ジェフリー・W.
[著]「組織変革のジレンマ」 ダイヤモンド社 2004
Bennett, Jill ベネット, ジル
[著]「メグ・アウル」 パロル舎 2002
Bennett, Joe ベネット, ジョー
[著]「アベンジャーズ/エイジ・オブ・ウルトロン：プレリュード」 小学館集英社プロダクション 2015
Bennett, John E. ベネット, J.E.
[著]「薬理書」 広川書店 2003
Bennett, Jules ベネット, ジュールズ
[著]「億万長者とメイドの秘密」 ハーパーコリンズ・ジャパン 2016
Bennett, Kelly ベネット, ケリー
[著]「あなたのママはね」 岩崎書店 2014
Bennett, Laura ベネット
[国]アメリカ トライアスロン選手
Bennett, Marisa ベネット, マリッサ
[著]「フィフティ・シェイズ・オブ・プレジャー」 辰巳出版 2013
Bennett, Mark ベネット, マーク
[国]スコットランド ラグビー選手
Bennett, Martellus ベネット, マーテラス
[国]アメリカ アメフト選手
Bennett, Mary D.M. ベネット, メアリー
[著]「アポロは月に行ったのか?」 雷韻出版 2002
Bennett, Matthew ベネット, マシュー
[著]「戦闘技術の歴史」 創元社 2009
Bennett, Michael ベネット, マイケル
[国]アメリカ アメフト選手
Bennett, M.R. ベネット, マックス
[著]「脳を繙く」 医学書院 2010
Bennett, Naftali ベネット, ナフタリ
[国]イスラエル 教育相兼ディアスポラ相
Bennett, Nathan ベネット, ネイサン
[著]「リーダーシップ・マスター」 英治出版 2013
Bennett, Paul ベネット, パウル
[国]イギリス ボート選手
Bennett, Paul ベネット, ポール
[著]「ストレスマネジメントと職場カウンセリング」 川島書店 2002
Bennett, Paula ベネット, ポーラ
[国]ニュージーランド 副首相兼公共サービス相兼女性問題担当相兼観光相兼警察相兼気候変動問題担当相
Bennett, P.N. ベネット, P.N.
[著]「ローレンス臨床薬理学」 西村書店 2006
Bennett, R. ベネット, ルース
[著]「子どもが育つ親子あそび365」 ポプラ社 2003
Bennett, Richard ベネット, リチャード
[著]「ファイティング・フォース」 新紀元社 2003
Bennett, Richard Rodney ベネット, リチャード・ロドニー
1936～2012 [国]イギリス 作曲家, ピアニスト 前名＝Bennett, Richard
Bennett, Robert Jackson ベネット, ロバート・ジャクソン
1984～ [国]アメリカ 作家 [専]SF, ファンタジー
Bennett, Robert Russell ベネット, ロバート・ラッセル
トニー賞 特別賞(2008年(第62回))
Bennett, Ronan ベネット, ローナン
1956～ [著]「恋々」 DHC 2001
Bennett, Sara ベネット, サラ
1957～ [著]「理想の結婚のための狩りの手引き」 竹書房 2012
Bennett, Sophia ベネット, ソフィア
[国]イギリス 作家 [専]児童書, ヤングアダルト
Bennett, Steve ベネット, スティーブ
[著]「子どもが育つ親子あそび365」 ポプラ社 2003
Bennett, Tara ベネット, タラ
[著]「ターミネーター4オフィシャル完全ガイド」 小学館集英社プロダクション 2009
Bennett, Tony ベネット, T.
1947～ [著]「新キーワード辞典」 ミネルヴァ書房 2011
Bennett, Tony ベネット, トニー
1926～ [国]アメリカ 歌手 本名＝ベネデット, アンソニー・ドミニク〈Benedetto, Anthony Dominick〉
Bennett, Vicki ベネット, ヴィッキー
[著]「絶対しあわせになる100の魔法・10の鍵」 エイベックス, 角川

書店(発売) 2004
Bennett, William M. ベネット, W.M.
[著]「臨床家のための腎毒性物質のすべて」 シュプリンガー・ジャパン 2008
Bennett, W.Lance ベネット, ランス
[著]「法廷における〈現実〉の構築」 日本評論社 2007
Bennett Giddens, Rebecca ベネット・ギデンズ
[国]アメリカ カヌー選手
Benni, Stefano ベンニ, ステファノ
1947~ [国]イタリア 作家, 詩人
Bennia, Catherine Juan ベニア, キャサリン・ジュアン
[国]南スーダン 土地・住宅・都市計画相
Benning, Stephen D. ベニング, ステファン・D.
[著]「サイコパシー・ハンドブック」 明石書店 2015
Benninga, Simon ベニンガ, サイモン
[異]ベニンガ, S. [著]「ファイナンシャル・モデリング」 清文社 2005
Bennington, Chester ベニントン, チェスター
[国]アメリカ ロック歌手
Bennis, Phyllis ベニス, フィリス
1951~ [著]「国連を支配するアメリカ」 文理閣 2005
Bennis, Warren Gameliel ベニス, ウォーレン
1925~2014 [国]アメリカ 経営学者 南カリフォルニア大学名誉学長, リーダーシップ研究所所長 [専]組織論, リーダーシップ論 [異]ベニス, ウォレン
Bennu, Pierre ベヌ, ピエール
[著]「創造者になるためのおおざっぱなルール」 デジキューブ 2003
Benny ベニー
1946~ [国]スウェーデン ミュージシャン 本名=アンデション, ベニー〈Anderson, Benny〉 [異]アンデルソン, ベニー
Benny, Mike ベニー, マイク
1964~ [著]「ぬすみ聞き」 光村教育図書 2010
Benoir, Victor ブノア, ビクトル
[国]ハイチ共和国 社会問題・労働相
Benoist, Luc ブノワ, リュック
[著]「博物館学への招待」 白水社 2002
Benoit, Charles ベノー, チャールズ
[国]アメリカ 作家 [専]ミステリー
Benoit, Chris ベノワ, クリス
1967~2007 [国]カナダ プロレスラー 旧リングネーム=ダイナマイト・クリス, ペガサス・キッド, ワイルド・ペガサス [異]ベノイ, クリス / ベンワー, クリス
Benoît, Guy ブノワ, ギィ
?~2012 [著]「児童精神医学」 白水社 2013
Benoit, Joaquin ベノワ, ホアキン
[国]ドミニカ共和国 野球選手
Benoit, Marcelle ブノワ, マルセル
[著]「西洋音楽史年表」 白水社 2012
Benoit-Browaeys, Dorothée ブノワ=ブロウエズ, ドロテ
[著]「脳と性と能力」 集英社 2007
Ben Romdhane, Mahmoud ベンロムダーネ, マハムド
[国]チュニジア 社会問題相 [異]ベンロムダン, マフムド
Bensaïd, Daniel ベンサイド, ダニエル
1946~2010 [異]ベンサイード, ダニエル [著]「時ならぬマルクス」 未来社 2015
Ben Salem, Hatem ベン・サレム, ハテム
[国]チュニジア 教育・訓練相
Ben Salem, Mohamed ベンサレム, モハメド
[国]チュニジア 農業相
Ben Salem, Moncef ベンサレム, モンセフ
[国]チュニジア 高等教育・科学研究相
Benschop, Ronni ベンショップ, ロニー
[国]スリナム 国防相
Ben-Shahar, Tal ベン・シャハー, タル
[著]「ハーバードの人生を変える授業」 大和書房 2016
Benshoof, Tony ベンシューフ
[国]アメリカ リュージュ選手
Bensignor, Rick ベンシニョール, リック
[著]「魔術師たちのトレーディングモデル」 パンローリング 2001
Bension, Alberto ベンシオン, アルベルト
[国]ウルグアイ 経済・財政相
Bensley, Graham ベンズレー, グラハム
[著]「C++パフォーマンス戦略」 ピアソン・エデュケーション 2001
Benson, Beverly ベンソン, ビバリー
[著]「英文の問題点と解決法」 辞游社 2001
Benson, Donald C. ベンソン, D.C.
[著]「数学へのいざない」 朝倉書店 2006
Benson, Elizabeth P. ベンソン, エリザベス
[著]「古代のアメリカ」 朝倉書店 2008
Benson, George ベンソン, ジョージ
グラミー賞 最優秀ポップ・インストゥルメンタル・アーティスト(2006年(第49回)) "Mornin'"
Benson, Gerard ベンソン, ジェラルド
[著]「動物たちの謝肉祭」 BL出版 2007
Benson, Gordon ベンソン
[国]イギリス トライアスロン選手
Benson, Harry ベンソン, ハリー
[著]「メモリーズ・オブ・ジョン」 イースト・プレス 2006
Benson, Herbert ベンソン, ハーバート
1935~ [著]「今すぐできる! 高血圧を下げる方法」 エクスナレッジ 2010
Benson, Jessica ベンソン, ジェシカ
[著]「放蕩貴族のプロポーズ」 オークラ出版 2010
Benson, Keith ベンソン, キース
[国]アメリカ バスケットボール選手
Benson, M.Christina ベンソン, M.クリスティナ
[著]「女性のためのセルフ・エスティーム」 ヴォイス 2013
Benson, Michael ベンソン, マイケル
1962~ [著]「プラネットフォール」 新潮社 2013
Benson, Mike ベンソン, マイク
[著]「ルーク・ケイジ:無慈悲の街」 ヴィレッジブックス 2016
Benson, Mildred Wirt ベンソン, ミルドレッド
1905~2002 [国]アメリカ 児童文学者 筆名=キーン, キャロリン
Benson, Nigel C. ベンソン, ナイジェル・C.
[著]「マンガサイコセラピー入門」 講談社 2004
Benson, Patrick ベンソン, パトリック
1956~ [著]「北をめざして」 福音館書店 2016
Benson, Raymond ベンソン, レイモンド
1956~ [国]アメリカ 作家 [異]ベンスン, レイモンド
Benson, Renaldo ベンソン, レナルド
?~2005 [国]アメリカ 歌手
Benson, Sara'Sam' ベンソン, サラ・'サム'
[著]「ロンリープラネットの自由旅行ガイド カリフォルニア」 メディアファクトリー 2003
Benson, Sonja ベンソン, ソーニャ
1968~ [著]「新催眠の誘導技法」 誠信書房 2005
Benson, Stella ベンソン, ステラ
[著]「ハーブ・セラピー」 春秋社 2007
Benson, Sue ベンソン, スー
[著]「介護職のための実践! パーソンセンタードケア」 筒井書房 2007
Benson, Tom ベンソン, トム
[国]アメリカ ニューオリンズ・ペリカンズオーナー
Benson-pope, David ベンソンポープ, デービッド
[国]ニュージーランド 社会開発・雇用相兼環境相
Bensouda, Fatou B. ベンソーダ, ファトゥ
1961~ [国]ガンビア 検察官 国際刑事裁判所(ICC)主任検察官
Bensouilah, Janetta ベンスイラ, ジャネッタ
[著]「アロマダーマトロジー」 フレグランスジャーナル社 2011
Bensoussan, Georges ベンスサン, ジョルジュ
1952~ [著]「ショアーの歴史」 白水社 2013
Benstead, Christopher ベンステッド, クリストファー
アカデミー賞 音響賞(第86回(2013年)) "Gravity"
Benston, George J. ベンストン, ジョージ・J.
?~2008 [著]「グローバル財務報告」 中央経済社 2009
Benstrong, Michael ベンストロング, マイケル
[国]セーシェル 漁業・農業相
Bent, Ian ベント, イアン
[著]「サッカーてんやわんや」 東京書籍 2002
Bent, Stephen ベント, スティーブン
[著]「セイントとフランシスの病棟実習・研修ガイド」 丸善 2009
Bentaleb, Nabil ベンタレブ, ナビル
[国]アルジェリア サッカー選手
Benteke, Christian ベンテケ, クリスティアン
[国]ベルギー サッカー選手
Bentham, Susan ベンサム, スーザン
1958~ [著]「授業を支える心理学」 新曜社 2006
Benthien, Claudia ベンティーン, クラウディア
1965~ [著]「皮膚」 法政大学出版局 2014
Bentil, Ben ベントル, ベン

Bentin, Mohammed Saleh bin Taher　ベンティン, ムハンマド・サレハ・ビン・タヒル
　㊀ガーナ　バスケットボール選手
　㊀サウジアラビア　巡礼相
Bentivegna, Accursio　ベンティヴェーニャ, アックルシオ
　㊀イタリア　サッカー選手
Bentivoglio, Leonetta　ベンティヴォリオ, レオネッタ
　㊗「わたしのヴェルディ」音楽之友社　2001
Bentley, Dawn　ベントレー, ドーン
　㊗ベントリー, ドーン　㊗「10このおもちゃのあひるちゃん」大日本絵画　〔2008〕
Bentley, D.M.R.　ベントリー, D.M.R.
　㊗「ケンブリッジ版カナダ文学史」彩流社　2016
Bentley, Eilean　ベントリー, アイリーン
　㊗「頭と顔のマッサージ」産調出版　2005
Bentley, Ian　ベントレイ, イアン
　㊗「感応する環境」鹿島出版会　2011
Bentley, Jonathan　ベントレー, ジョナサン
　㊗「くまさんどこ？」講談社　2016
Bentley, Jon Louis　ベントリー, ジョン
　㊗「珠玉のプログラミング」丸善出版　2014
Bentley, Judy K.C.　ベントリー, ジュディー・K.C.
　㊗「動物と戦争」新評論　2015
Bentley, Katrin　ベントリー, カトリン
　1960〜　㊗「一緒にいてもひとり」東京書籍　2008
Bentley, Pauline　ベントリー, ポーリン
　㊗「帰ってきた騎士」ハーレクイン　2002
Bentley, Peter J.　ベントリー, ピーター・J.
　㊗「ネットワークプラクティス」鹿島出版会　2014
Bentley, Rachel　ベントレー, レイチェル
　㊗「エビデンスに基づく高齢者の作業療法」ガイアブックス　2014
Bentley, Sue　ベントレー, スー
　1951〜　㊗「ヒミツの子ねこ」ポプラ社　2016
Bentley, Tom　ベントレー, トム
　㊗「個別化していく教育」明石書店　2007
Bentley, Toni　ベントレー, トニ
　㊗「サレンダー服従の恍惚」文芸春秋　2006
Bentley, V'Angelo　ベントリー, ビアンジェロ
　㊀アメリカ　アメフト選手
Bentley, Vicci　ベントリー, ヴィッチ
　㊗「アンチエイジング」産調出版　2003
Bently, Peter　ベントリー, ピーター
　1960〜　㊗「パパとママのつかいかた」BL出版　2016
Benton, Caroline F.　ベントン, キャロライン
　1961〜　㊗「パフォーマンスを生み出すグローバルリーダーの育成」白桃書房　2015
Benton, Christine M.　ベントン, クリスティン・M.
　㊗「大人のADHDワークブック」星和書店　2015
Benton, Debra　ベントン, デブラ
　㊗「組織変革のジレンマ」ダイヤモンド社　2004
Benton, Jim　ベントン, ジム
　1960〜　㊀アメリカ　作家, 漫画家, アニメプロデューサー　㊗ヤングアダルト
Benton, Michael　ベントン, マイケル
　㊀イギリス　古生物学者　㊗恐竜　㊗ベントン, ミヒャエル
Bentounès, Khaled　ベントゥネス, シャイフ・ハーレド
　1949〜　㊗「スーフィズムイスラムの心」岩波書店　2007
Bentow, Max　ベントー, マックス
　1966〜　㊀ドイツ　作家　㊗スリラー
Bentsen, Lloyd Millard, Jr.　ベンツェン, ロイド, Jr.
　1921〜2006　㊀アメリカ　政治家, 弁護士　米国財務長官
Bentyne, Cheryl　ベンティーン, シェリル
　1954〜　㊀アメリカ　歌手
Benus, Matej　ベニュシュ, マティエ
　㊀スロバキア　カヌー選手
Benveniste, Jacques　ベンベニスト, ジャック
　?〜2004　㊗「真実の告白水の記憶事件」ホメオパシー出版　2006
Benvenuti, Jurgen　ベンヴェヌーティ, ユルゲン
　1972〜　㊗「消えた心臓」水声社　2001
Benvenuti, Tommaso　ベンヴェヌーティ, トンマーゾ
　㊀イタリア　ラグビー選手
Benwikere, Bene'　ベンワイケレ, ベネ
　㊀アメリカ　アメフト選手
Beny, Pierre Yves　ベニ
　㊀フランス　体操選手

Ben Yahia, Amor　ベンヤヒア
　㊀チュニジア　陸上選手
Ben Yahia, Habib　ベンヤヒヤ, ハビブ
　㊀チュニジア　外相
Ben Yedder, Neziha　ベンイエデル, ネジハ
　㊀チュニジア　女性家族問題相
Ben Yedder, Wissam　ベン・イェデル, ウィサム
　㊀フランス　サッカー選手
Ben Yizri, Jacob　ベンイズリ, ヤコブ
　㊀イスラエル　保健相
Benyounes, Amara　ベンユネス, アマラ
　㊀アルジェリア　商務相
Benyus, Janine M.　ベニュス, ジャニン・M.
　㊗ベニュス, ジャニン　㊗「動物言語の秘密」西村書店東京出版編集部　2016
Benz, Chris　ベンツ, クリス
　1982〜　㊀アメリカ　ファッションデザイナー
Benz, Wilhelm　ベンツ, ヴィルヘルム
　㊀ドイツ　国際盆栽協会第二副会長, 元・ドイツ水石協会会長
Benz, Wolfgang　ベンツ, ヴォルフガング
　1941〜　㊀ドイツ　歴史学者　ベルリン工科大学教授・反ユダヤ主義研究センター所長　㊗20世紀ドイツ史, 少数民族問題, 反ユダヤ主義ほか
Benzema, Karim　ベンゼマ, カリム
　1987〜　㊀フランス　サッカー選手
Benzenhöfer, Udo　ベンツェンヘーファー, ウド
　㊗「医療倫理の挑戦」富士書店　2005
Benzer, Seymour　ベンザー, シーモア
　1921〜2007　㊀アメリカ　分子遺伝学者　カリフォルニア工科大学名誉教授
Benzien, Jan　ベンツァイン, ヤン
　㊀ドイツ　カヌー選手
Benzon, William　ベンゾン, ウィリアム
　㊗「音楽する脳」角川書店　2005
Beop Jeong　ボプチョン
　1932〜2010　㊀韓国　禅僧, エッセイスト　漢字名＝法頂和尚　㊗ボプジョン
Beqaj, Besim　ベチャイ, ベシム
　㊀コソボ　経済開発相
Beqaj, Ilir　ベチャ, イリル
　㊀アルバニア　保健相
Beqiri, Valton　ベチリ, バルトン
　㊀コソボ　文化・青年・スポーツ相
Berahino, Saido　ベラヒーノ, サイード
　㊀イングランド　サッカー選手
Beraki, Gebreselassie　ベラキ・ゲブレセラシエ
　㊀エリトリア　情報相
Beranek, Leo Leroy　ベラネク, レオ・L.
　1914〜　㊗「コンサートホールとオペラハウス」シュプリンガー・フェアラーク東京　2005
Berankova, Katerina　ベランコバ
　㊀チェコ　フィギュアスケート選手
Berardesca, Enzo　ベラルデスカ, エンゾウ
　㊗「敏感肌の科学」フレグランスジャーナル社　2007
Berardi, Alexander J.　ベラルディ, アレグザンダー・J.
　㊗「「いい人」だけがビジネスで成功する」はまの出版　2002
Berardi, Domenico　ベラルディ, ドメニコ
　㊀イタリア　サッカー選手
Berardi, Fabio　ベラルディ, ファビオ
　1959〜　㊀サンマリノ　政治家　サンマリノ政務・外務・司法・経済企画長官
Berardi (Bifo), Franco　ベラルディ（ビフォ）, フランコ
　㊗「NO FUTURE」洛北出版　2010
Berardy, Lloyd　ベラディ, ロイド
　㊗「しろくまピップハワイへ行く」リア・インターナショナル,〔横浜〕文踊社（発売）　2008
Beratlis, Greg　ベラトリス, グレッグ
　㊗「私たちが死刑評決しました。」ランダムハウス講談社　2009
Beraud, Alan Claudio　ベロー, アラン・クラウディオ
　㊀アルゼンチン　駐日特命全権大使
Berbatov, Dimitar　ベルバトフ, ディミタル
　1981〜　㊀ブルガリア　サッカー選手　㊗ベルバトフ, ディミタール
Berber, Ibrahim　ベルベル, イブラヒム
　1971〜　㊗「トルコ救援隊」〔石巻市〕　〔201-〕
Berberian, Charles　ベルベリアン

アングレーム国際漫画祭 アングレーム市グランプリ（2008年）
Berbick, Trevor　バービック，トレバー
　？～2006　🏳ジャマイカ　プロボクサー　WBC世界ヘビー級チャンピオン
Bercé, Yves Marie　ベルセ，イヴ＝マリー
　1936～　📖「真実のルイ14世」昭和堂　2008
Berceanu, Radu　ベルチェアヌ，ラドゥ
　🏳ルーマニア　運輸・社会基盤相
Berceli, David　バーセリ，デイヴィッド
　📖「人生を変えるトラウマ解放エクササイズ」PHP研究所　2012
Berchesi, Felipe　ベルチェシ，フェリペ
　🏳ウルグアイ　ラグビー選手
Berckhan, Barbara　ベルクハン，バルバラ
　1957～　📖「いつもテンパってしまう人の気持ち切り替え術」草思社　2016
Bercot, Emmanuelle　ベルコ，エマニュエル
　カンヌ国際映画祭 女優賞（第68回（2015年））　"Mon Roi"
Bercovici, Mike　バーコビチ，マイク
　🏳アメリカ　アメフト選手
Bercuson, David Jay　バーカソン，デイヴィッド・J.
　📖「カナダの旗の下で」彩流社　2003
Berczuk, Stephen P.　バーチャック，スティーブ・P.
　📖「パターンによるソフトウェア構成管理」翔泳社　2006
Berder, Cecilia　ベルデ，セシリア
　🏳フランス　フェンシング選手
Berdiev, Kabul　ベルディエフ，カブル
　🏳ウズベキスタン　国防相　🏴ベルディエフ，コビル
Berdik, Chris　バーディック，クリス
　📖「「期待」の科学」阪急コミュニケーションズ　2014
Berdimuhamedov, Gurbanguly　ベルドイムハメドフ，グルバングリ
　1957～　🏳トルクメニスタン　政治家，歯科医　トルクメニスタン大統領　🏴ベルディムハメドフ，グルバングリ／ベルドイムハメドフ，グルバングルイ
Berdiyev, Yaylym　ベルディエフ，ヤイルイム
　🏳トルクメニスタン　国防相
Berdugo, Ignacio Gomez de la Torre　ベルドゥーゴ，イグナシオ・ゴメス・デ・ラ・トーレ
　🏳スペイン　元・サラマンカ大学学長，元・スペイン全国大学学長会議議長
Berdych, Tomas　ベルディハ
　🏳チェコ　テニス選手
Berdyev, Atamurad　ベルディエフ，アタムラド
　🏳トルクメニスタン　エネルギー・産業相
Berdyev, Atamyrat　ベルディエフ，アタミラト
　🏳トルクメニスタン　電力相
Berdyev, Batyr　ベルドイエフ，バトイル
　🏳トルクメニスタン　外相
Berdyev, Poran　ベルドイエフ，ポラン
　🏳トルクメニスタン　内相
Berdymukhammedov, Gurbanguly　ベルドイムハメドフ，グルバングルイ
　🏳トルクメニスタン　大統領兼首相
Berdyyev, Atamyrat　ベルディエフ，アタムイラト
　🏳トルクメニスタン　経済財務相
Bere, Jason　ベレ，ジェイソン
　🏳アメリカ　クリーブランド・インディアンスコーチ
Bereano, Philip　ベリアーノ，フィリップ
　📖「遺伝子操作時代の権利と自由」緑風出版　2012
Berecz, Zsombor　ベレツ，ジョンボル
　🏳ハンガリー　セーリング選手
Bereket, Simon　ベレケ，シモン
　🏳エチオピア　情報相
Berenbaum, David　バレンバウム，デイヴィッド
　📖「ホーンテッドマンション」竹書房　2004
Berenbaum, May　ベーレンバウム，メイ・R.
　📖「ゴキブリだって愛されたい」青土社　2010
Berendt, Eric　ベレント，エリック
　1931～　📖「健康への道」長崎出版　2006
Berendt, John　ベレント，ジョン
　📖「ヴェネツィアが燃えた日」光文社　2010
Bérenger, Paul Raymond　ベランジェ，ポール・レイモン
　🏳モーリシャス　首相兼国防・内相
Berenger, Tom　ベレンジャー，トム
　エミー賞 プライムタイム・エミー賞 最優秀助演男優賞（ミニシリーズ・映画）（第64回（2012年））　"Hatfields & McCoys"
Berenguer, Alex　ベレンゲル，アレックス
　🏳スペイン　サッカー選手
Berens, Ricky　ベレンズ，リッキー
　1988～　🏳アメリカ　水泳選手
Berenson, Alex　ベレンソン，アレックス
　1973～　🏳アメリカ　作家，ジャーナリスト　「ニューヨーク・タイムズ」記者　📖スリラー
Berenson, Mark L.　ベレンソン，マーク・L.
　📖「ビジネス統計学」丸善出版　2014
Berenson, Robert A.　ベレンソン，ロバート
　📖「アメリカ医療改革へのチャレンジ」東洋経済新報社　2004
Berenstain, Jan　ベレンスティン，ジャン
　1923～2012　🏳アメリカ　絵本作家　本名＝Berenstain, Janice Marian
Berenstain, Stan　ベレンスティン，スタン
　1923～2005　🏳アメリカ　絵本作家　本名＝Berenstain, Stanley
Beres, Samantha　ベアーズ，サマンサ
　📖「トラを救おう」トラ保護活動ネットワーク出版委員会，大阪創芸出版（発売）　2002
Beresford, Bonnie　ベレスフォード，ボニー
　📖「インストラクショナルデザインとテクノロジ」北大路書房　2013
Beresnyeva, Olga　ベレスニエワ
　🏳ウクライナ　競泳選手
Beresovskii, Boris　ベレゾフスキー，ボリス
　1969～　🏳ロシア　ピアニスト
Berest, Anne　ベレスト，アンヌ
　1979～　📖「パリジェンヌのつくりかた」早川書房　2014
Berestov, Dmitry　ベレストフ
　🏳ロシア　重量挙げ選手
Beretta, Lia　ベレッタ，リア
　📖「キヨッソーネ再発見」印刷朝陽会　2003
Berewa, Solomon　ベレワ，ソロモン
　🏳シエラレオネ　副大統領
Berezhnaya, Elena　ベレズナヤ
　🏳ロシア　フィギュアスケート選手
Berezovskii, Boris Abramovich　ベレゾフスキー，ボリス
　1946～2013　🏳ロシア　実業家，政治家　ロゴバスグループ代表，ロシア下院議員，独立国家共同体（CIS）事務局長
Berezovsky, Igor　ベレゾフスキ，イゴール
　🏳ウクライナ　サッカー選手
Berezutski, Aleksei　ベレズツキ，アレクセイ
　🏳ロシア　サッカー選手
Berezutski, Vasili　ベレズツキ，ヴァシリ
　🏳ロシア　サッカー選手
Berg, Adriane Gilda　バーグ，エードリアン・G.
　1948～　📖「子どもに教えたいお金の話」PHP研究所　2002
Berg, A.Scott　バーグ，A.スコット
　🏳アメリカ　作家
Berg, Bill　バーグ，ビル
　？～2002　🏳アメリカ　アニメーション作家
Berg, Björn　バーグ，B.
　1943～　📖「森林生態系の落葉分解と腐植形成」シュプリンガー・フェアラーク東京　2004
Berg, Björn　ベリイ，ビヨルン
　1923～2008　📖「こんにちは、いたずらっ子エーミル」徳間書店　2015
Berg, Bob　バーグ，ボブ
　1951～2002　🏳アメリカ　ジャズテナーサックス奏者
Berg, Christian　ベルク，クリスティアン
　1966～　📖「ペンギンタミーノのせかいでいちばんすてきなおくりもの」ひくまの出版　2004
Berg, Cynthia A.　バーグ，シンシア・A.
　📖「プロジェクト・マネジャーが知るべき97のこと」オライリー・ジャパン，オーム社（発売）　2011
Berg, Elizabeth　バーグ，エリザベス
　📖「いつまでも、変わらずに」アーティストハウス　2001
Berg, Gerben Van den　バーグ，ガーベン・ヴァン・デン
　1979～　📖「マネジャーのための経営モデルハンドブック」ピアソン桐原　2012
Berg, Gretchen J.　バーグ，グレッチェン・J.
　📖「恋するアンカーウーマン」竹書房　2007
Berg, Howard Stephen　バーグ，ハワード・スティーヴン
　📖「プロは語る。」アスペクト　2005
Berg, Insoo Kim　バーグ，インスー・キム
　？～2007　🏳アメリカ　セラピスト，コンサルタント，トレーナー
Berg, Kristian　バーグ，クリスチャン
　1964～　📖「実践ストレッチ」ガイアブックス　2013

B

Berg, Leila バーグ, リーラ
1917〜2012 [国]イギリス 児童文学作家
Berg, Michael バーグ, マイケル
[著]「神のようになる」 ISIS, 星雲社（発売） 2011
Berg, Patty バーグ, パティー
1918〜2006 [国]アメリカ 女子プロゴルファー 米国女子プロゴルフ協会（LPGA）初代会長 本名＝バーグ, パトリシア・ジェーン〈Berg, Patricia Jane〉 [異]バーグ, パティ
Berg, Richard バーグ, リチャード
？〜2009 [国]アメリカ 映画・テレビプロデューサー, 脚本家
Berg, Vebjoern ベルグ
[国]ノルウェー 射撃選手
Berg, Walter バーグ, ウォルター
1947〜 [著]「キング・アーサーと円卓の騎士占い」 扶桑社 2004
Bergala, Alain ベルガラ, アラン
1943〜 [著]「六〇年代ゴダール」 筑摩書房 2012
Bergamasco, Mauro ベルガマスコ, マウロ
[国]イタリア ラグビー選手
Berganza, Teresa ベルガンサ, テレサ
1935〜 [国]スペイン メゾソプラノ歌手
Bergara, Mario ベルガラ, マリオ
[国]ウルグアイ 経済・財務相
Bergara, Markel ベルガラ, マルケル
[国]スペイン サッカー選手
Bergdorf, Greg バーグドルフ, グレッグ
[国]アメリカ ミュージシャン
Berge, Claude ベルジュ, C.
[著]「グラフの理論」 サイエンス社 2002
Bergé, Pierre ベルジェ, ピエール
[著]「イヴ・サンローランへの手紙」 中央公論新社 2011
Berge, Stig-Andre ベルゲ, スティグアンドレ
[国]ノルウェー レスリング選手
Bergel, Reinhard R. バージル, リチャード・R.
[著]「The spa」 フレグランスジャーナル社 2005
Bergemann, Carsten ベルクマン
[国]ドイツ 自転車選手
Bergen, Candice バーゲン, キャンディス
1946〜 [国]アメリカ 女優, フォトジャーナリスト 本名＝Bergen, Candice Patricia
Bergen, David ベルゲン, デヴィッド
1957〜 [著]「実物大恐竜図鑑」 小峰書店 2006
Bergen, Ernst ベルヘン, エルンスト
[国]パラグアイ 財務相
Bergen, Lara バーゲン, ララ
1955〜 [著]「3Dきらきらプリンセス・ストーリー」 大日本絵画 2016
Bergen, Lara Rice バーゲン, ラーラー
1955〜 [著]「アトランティス」 偕成社 2001
Bergen, Peter L. バーゲン, ピーター
1962〜 [著]「聖戦ネットワーク」 小学館 2002
Bergen, Polly バーゲン, ポリー
1930〜2014 [国]アメリカ 女優
Bergen, Sam バーゲン, サム
[国]アメリカ アメフト選手
Berger, Barbara W. バーガー, バーバラ
[著]「「なりたい自分」になる一番いい方法」 三笠書房 2016
Berger, Cécile ベルジェ, セシル
[著]「世界の名作シネマを読みなおす」 いそっぷ社 2007
Berger, David バーガー, デービッド
？〜2007 [国]アメリカ 弁護士
Berger, Fred W. バーガー, フレッド
1908〜2003 [国]アメリカ 映画・テレビ編集者
Berger, George バーガー, ジョージ
[著]「CRASS」 河出書房新社 2012
Berger, Glenn バーガー, グレン
[著]「スポンジ・ボブ」 講談社 2015
Berger, Gordon Mark バーガー, ゴードン・マーク
1942〜 [国]アメリカ 歴史学者 南カリフォルニア大学名誉教授
Berger, Howard バーガー, ハワード
アカデミー賞 メイクアップ賞（第78回（2005年）） "The Chronicles of Narnia: The Lion, the Witch and the Wardrobe"
Berger, Ida ベルガー, アイダ
[著]「アドラーの思い出」 創元社 2007
Berger, Iris バーガー, アイリス
1941〜 [著]「アフリカ史再考」 未来社 2004
Berger, Janine ベルゲル
[国]ドイツ 体操選手
Berger, Jennifer Garvey バーガー, ジェニファー・ガーヴェイ
1970〜 [著]「エグゼクティブ・コーチング」 日本能率協会マネジメントセンター 2005
Berger, Jens ベルガー, イエンス
[著]「ドイツ帝国の正体」 早川書房 2016
Berger, Joe バーガー, ジョー
[国]アメリカ アメフト選手
Berger, John Peter バージャー, ジョン
1926〜 [国]イギリス 美術評論家, 作家, 脚本家
Berger, Jonah バーガー, ジョーナ
[著]「インビジブル・インフルエンス 決断させる力」 東洋館出版社 2016
Berger, Lisa バーガー, リサ
[著]「脳が老化する人、しない人」 広済堂出版 2001
Berger, M. バーガー, M.
[著]「自閉症」 黎明書房 2006
Berger, Maria ベルガー, マリア
[国]オーストリア 法相
Berger, Michael ベルガー, M.
1944〜 [著]「糖尿病患者のためのインスリン療法の実際」 シュプリンガー・フェアクラーク東京 2004
Berger, Nancy O. バーガー, ナンシー・O.
1951〜 [著]「インストラクショナルデザインの理論とモデル」 北大路書房 2016
Berger, Peter Ludwig バーガー, ピーター
1929〜 [国]アメリカ 社会学者 ボストン大学教授 [専]知識社会学, 宗教社会学, 近代論
Berger, Richard ベルガー, リッチー
1968〜 [著]「リッチー・ベルガーのエレガントスキー」 スキージャーナル 2004
Berger, Roland ベルガー, ロラント
1937〜 [著]「Tune」 エクスナレッジ 2007
Berger, Samuel R. バーガー, サミュエル
1945〜 [国]アメリカ オルブライト・ストーンブリッジグループ会長 米国大統領補佐官（国家安全保障問題担当） 別名＝バーガー, サンディー〈Berger, Sandy〉
Berger, Sandy バーガー, サンディ
1945〜2015 [国]アメリカ 米国大統領補佐官（国家安全保障問題担当） 本名＝バーガー, サミュエル・リチャード〈Berger, Samuel Richard〉
Berger, Sebastian バーガー, セバスチャン
[著]「制度派経済学の基礎」 出版研, 人間の科学新社（発売） 2014
Berger, Suzanne バーガー, スザンヌ
[著]「MITチームの調査研究によるグローバル企業の成功戦略」 草思社 2006
Berger, Teresa バーガー, テレサ
1956〜 神学者 エール大学神学大学院・教会音楽専門大学院典礼学教授
Berger, Thomas バージャー, トーマス
1924〜2014 [国]アメリカ 作家 本名＝Berger, Thomas Louis [異]バーガー, トマス・ルイス
Berger, Thomas ベルガー, トマス
[著]「シュタイナー教育クラフトワールド」 イザラ書房 2015
Berger, Todd R. バーガー, トッド・R.
1968〜 [著]「FLYDOGS」 エクスナレッジ 2016
Berger, Tora ベルゲル, トラ
1981〜 [国]ノルウェー 元バイアスロン選手
Berger, Warren バーガー, ウォーレン
[著]「Q思考」 ダイヤモンド社 2016
Berger, Yves ベルジェ, イヴ
[著]「南」 白水社 2004
Bergerac, Jacques ベルジュラック, ジャック
1927〜2014 [国]フランス 俳優 [異]ベルジュラック, ジャーク
Bergere, Lee バーガー, リー
？〜2007 [国]アメリカ 俳優
Bergerhausen, Johannes ベルガーハウゼン, ヨハネス
1965〜 [著]「世界の文字と記号の大図鑑」 研究社 2014
Bergeron, Alain M. ベルジュロン, アラン・M.
1957〜 [著]「知ってるかな？ カエルの生活」 旺文社 2006
Bergeron, Bryan P. バージェロン, ブライアン
[著]「21世紀の財務報告」 同文舘出版 2007
Bergeron, David Moore バージェロン, ディヴィッド・M.
[著]「シェイクスピアを学ぶ人のために」 三修社 2001
Bergeron, Nathalie ベルジュロン, ナタリー
1964〜 [著]「スカーフ、ストール＆マフラーアレンジ140」 ソフ

Berger Perdomo, Oscar　ベルシェ・ペルドモ, オスカル
　国グアテマラ　大統領
Berges, Paul Mayeda　バージェス, ポール・マエダ
　著「ベッカムに恋して」愛育社　2003
Bergethon, Peter R.　ベルゲソン, ピーター・R.
　著「ベルゲソン生化学の物理的基礎」シュプリンガー・フェアラーク東京
Bergey, Jean Lindquist　バーギー, ジーン・リンドキスト
　著「アメリカのろう者の歴史」明石書店　2014
Berggreen, Emil　ベルグレーン, エミル
　国デンマーク　サッカー選手
Berggren, Christian　ベリィグレン, クリスチャン
　1950〜　著「ボルボの研究」柘植書房新社　2002
Berggren, Eric G.　バーグリン, エリック・G.
　著「統合マーケティング戦略論」ダイヤモンド社　2003
Berggruen, Heinz　ベルグラン, ハインツ
　1914〜　著「最高の顧客は私自身」河出書房新社　2001
Berghahn, Volker Rolf　ベルクハーン, フォルカー・R.
　1938〜　著「第一次世界大戦とその影響」錦正社　2015
Berg-hansen, Lisbeth　バルグハンセン, リスベス
　国ノルウェー　漁業・沿岸問題相
Berghof, Michael　バーガフ, マイケル
　著「わくわくせいしょものがたり」いのちのことば社CS成長センター　2016
Berghuis, David J.　バーグハウス, ディヴィッド・J.
　著「臨床現場で使える思春期心理療法の経過記録計画」明石書店　2015
Bergier, Jacques　ベルジェ, ジャック
　1912〜　著「神秘学大全」学習研究社　2002
Bergier, Jean-Francois　ベルジェ, ジャンフランソワ
　1931〜2009　国スイス　歴史家　ジュネーブ大学教授, スイス連邦工科大学教授
Bergkamp, Dennis　ベルカンプ, デニス
　1969〜　国オランダ　元サッカー選手
Bergland, Anthony　バーグランド, アンソニー
　著「人生が変わる習慣」ディスカヴァー・トゥエンティワン　2007
Bergland, Suzan　バーグランド, スーザン
　著「ザ・ベロシティ」ダイヤモンド社　2010
Berglind, Kajsa Larsson　ベリィリンド, カイサ・ラーション
　1963〜　著「もっと勇気を出して！」海竜社　2001
Berglund, Paavo　ベリルンド, パーヴォ
　1929〜2012　国フィンランド　指揮者　フィンランド放送交響楽団音楽監督・首席指揮者　異ベルグルンド, パーボ／ベルグルンド, パーヴォ
Bergman, Anni　バーグマン, アニー
　著「乳幼児の心理的誕生」黎明書房　2001
Bergman, Ingmar　ベルイマン, イングマール
　1918〜2007　国スウェーデン　映画監督, 演出家　本名＝Bergman, Ernest Ingmar　異ベリィマン／ベリマン
Bergman, Mara　バーグマン, マラ
　著「ちっちゃくたってつよいんだ！」ほるぷ出版　2009
Bergman, Nir　ベルグマン, ニル
　1969〜　国イスラエル　映画監督
Bergman, Ronen　バーグマン, ロネン
　1972〜　著「シークレット・ウォーズ」並木書房　2012
Bergman, Sergio　ベルグマン, セルヒオ
　国アルゼンチン　環境・持続的開発相
Bergman, Tamar　ベルグマン, タマル
　著「サンバードのくる窓」冨士房インターナショナル　2003
Bergmanis, Raimonds　ベルグマニス, ライモンツ
　国ラトビア　国防相
Bergmann, Arnfinn　ベルクマン, アルンフィン
　1928〜2011　国ノルウェー　スキー選手
Bergmann, Christine　ベルクマン, クリスティーネ
　国ドイツ　家庭相
Bergmann, Jonathan　バーグマン, ジョナサン
　著「反転学習」オデッセイコミュニケーションズ　2015
Bergmann, Monika　ベルクマン
　国ドイツ　アルペンスキー選手
Bergmann, Nicolai　バーグマン, ニコライ
　著「ニコライ・バーグマン 花と幸せを運ぶ日常」かんき出版　2013
Bergonzi, Carlo　ベルゴンツィ, カルロ
　1924〜2014　国イタリア　テノール歌手
Bergonzi, Jerry　バーガンジィ, ジェリー
　著「ジャズ・ライン」エー・ティー・エヌ　2002
Bergren, Lisa Tawn　バーグレン, リサ・T.
　著「あかちゃんがうまれてもわたしのことすき？」いのちのことば社フォレストブックス　2002
Bergsma, Jorrit　ベルフスマ, ヨリト
　1986〜　国オランダ　スピードスケート選手　本名＝Bergsma, Jacob Jorrit　異ベルグスマ, ヨリット
Bergson, Abram　バーグソン, アブラム
　1914〜2003　国アメリカ　経済学者　ハーバード大学名誉教授
Bergsten, C.Fred　バーグステン, フレッド
　1941〜　国アメリカ　経済学者　ピーターソン国際経済研究所名誉所長　著国際経済学
Bergsten, Hans　バーグステン, ハンス
　著「JavaServer Faces完全ガイド」オライリー・ジャパン, オーム社（発売）　2004
Bergstrom, Fredrik　ベリストロム
　国スウェーデン　バドミントン選手
Bergstrom, Fredrik　ベリストローム, フレドリク
　国スウェーデン　セーリング選手
BergStröm, Jan　ベルグストレーム, J.
　著「澄江生物群化石図譜」朝倉書店　2008
Bergstrom, Signe　バーグストローム, シグニー
　著「スーサイド・スクワッド」Graffica Novels, 誠文堂新光社（発売）　2016
Bergström, Sune Karl　ベリストレーム, スーネ
　1916〜2004　国スウェーデン　生化学者　カロリンスカ研究所所長　異ベルイストレーム／ベルイストレム／ベリストレーム／ベルクストローム, スーネ／ベルストレーム
Bergstrom, Tony　バーグストーム, トニー
　国アメリカ　アメフト選手
Bergum, Vangie　バーガム, ヴァンジー
　著「境界を超える看護」エルゼビア・ジャパン　2006
Bergwijn, Steven　ベルフワイン, ステフェン
　国オランダ　サッカー選手
Berhan, Hailu　ベルハン, ハイル
　国エチオピア　法相
Berhane, Abrehe　ベルハネ・アブレヘ
　国エリトリア　財務相
Berhane, Habtemariam　ベルハネ・ハブテマリアム
　国エリトリア　財務相
Berhane, Hailu　ベルハネ・ハイル
　国エチオピア　法相
Berhanu, Adelo　ベルハヌ・アデロ
　国エチオピア　閣内問題担当相
Berhanu, Dejene　ベルハヌ
　国エチオピア　陸上選手
Berhanu, Yoseph Woldemichael　ベルハヌ・ヨセフ・ウォルデミカエル
　国エチオピア　ダッシェン・フジヤマ協会会長
Berhe, Nat　バーヘ, ナット
　国アメリカ　アメフト選手
Berian, Boris　ベリアン, ボリス
　国アメリカ　陸上選手
Berianidze, Levan　ベリアニゼ, レバン
　国アルメニア　レスリング選手
Berido, Avery Allan　ベリド, エヴリ・アラン
　著「知られざる英雄」嘉屋日米交流基金　2009
Berinchyk, Denys　ベリンチェク
　国ウクライナ　ボクシング選手
Bering, Jesse　ベリング, ジェシー
　1975〜　著「性倒錯者」化学同人　2016
Berio, Luciano　ベリオ, ルチアーノ
　1925〜2003　国イタリア　作曲家, 指揮者　本名＝Berio, Angelo Luciano　異ベリオ, ルチャーノ
Berisha, Etrit　ベリシャ, エトリト
　国アルバニア　サッカー選手
Berisha, Sali　ベリシャ, サリ
　1944〜　国アルバニア　政治家, 外科医　アルバニア大統領, アルバニア首相
Beriziky, Jean Omer　ベリジキ, ジャン・オメール
　国マダガスカル　首相兼環境・森林相代行
Berizzo, Eduardo　ベリッソ, エドゥアルド
　国アルゼンチン　セルタ監督
Berk, Ari　バーク, アリ
　著「チーロの歌」クレヨンハウス　2013
Berk, Ariel　バーク, アリエル

Berk, Jonathan B. バーク, ジョナサン
1962〜 ㊔「コーポレートファイナンス」丸善出版 2014
Berk, Laura E. バーク, L.E.
㊔「ヴィゴツキーの新・幼児教育法」北大路書房 2001
Berk, Lee Eliot バーク, リー・エリオット
㊚アメリカ バークリー音楽院院長
Berk, Terri バーク, テリ
㊔「家系内の大腸がんとその遺伝」中山書店 2007
Berkane, Nadia ベルカン, ナディア
1973〜 ㊔「べべ・コアラのいろをさがそう！」文化学園文化出版局 2009
Berke, Hendrik ベルケ, ヘンドリク
㊔「トランペット」河合楽器製作所・出版部 2007
Berkeliev, Serdar ベルケリエフ, セルダル
㊚トルクメニスタン 自動車運輸相
Berkenkamp, Lauri バーカンキャンプ, ラウリ
㊔「あしたから子どもが変わる30の子育てマジック」実業之日本社 2004
Berkey, Jonathan Porter バーキー, ジョナサン
㊔「イスラームの形成」慶応義塾大学出版会 2013
Berki, Krisztián ベルキ, クリスティアン
1985〜 ㊚ハンガリー 体操選手
Berkimbaeva, Shamsha ベルキムバエワ, シャムシャ
㊚カザフスタン 教育科学相
Berkley, Seth バークレー, セス
1956〜 ㊚アメリカ 疫学者 GAVIアライアンス (GAVI) 事務局長 ㊙エイズ治療
Berkman, Lance バークマン, ランス
1976〜 ㊚アメリカ 元野球選手 本名＝Berkman, William Lance
Berkoff, Steven バーコフ, スティーブン
1937〜 ㊚イギリス 演出家, 俳優, 劇作家 ㊙バーコフ, スティーヴン
Berkov, Tamara バーコフ, タマラ
1962〜 ㊔「ニューウエイズ12の非常識」四海書房 2008
Berkow, Robert バーコウ, ロバート
1929〜 ㊔「メルクマニュアル」日経BP社, 日経BP出版センター (発売) 2006
Berkowits, Ruth バークウィッジ, ルース
㊔「精神分析的心理療法の現在」岩崎学術出版社 2007
Berkowitz, Bernard ベルコビッツ, B.
1909〜 ㊔「ベスト・フレンド」実業之日本社 2001
Berkowitz, Eric バーコウィッツ, エリック
㊔「性と懲罰の歴史」原書房 2013
Berkowitz, Eric N. バーコウィッツ, エリック・N.
㊔「ヘルスケア・マーケティング」麗沢大学出版会, 柏 広池学園事業部 (発売) 2007
Berkowitz, Marvin W. バーコビッツ, マーヴィン・W.
1950〜 ㊔「学校が変わるスーパーテクニック」麗沢大学出版会, 広池学園事業部 (柏) (発売) 2014
Berkson, Burt バークソン, バート
㊔「アルファリポ酸」フレグランスジャーナル社 2006
Berkun, Scott バークン, スコット
㊔「マイクロソフトを辞めて、オフィスのない会社で働いてみた」新潮社 2015
Berlakovich, Nikolaus ベルラコビッチ, ニコラウス
㊚オーストリア 農林・環境・水利相
Berlant, Lauren バーラント, ローレン
㊔「不健康は悪なのか」みすず書房 2015
Berle, Milton バール, ミルトン
1908〜2002 ㊚アメリカ 司会者, 俳優 別称＝アンクル・ミルティ〈Uncle Miltie〉
Berlejung, Angelika ベルレユング, A.
1961〜 ㊔「旧約新約聖書神学事典」教文館 2016
Berlin, Brent バーリン, ブレント
1936〜 ㊔「基本の色彩語」法政大学出版局 2016
Berlin, Ira バーリン, アイラ
1941〜 ㊔「アメリカの奴隷制と黒人」明石書店 2007
Berlin, Irving N. バーリン, アーヴィン・N.
㊔「自閉症」黎明書房 2006
Berliner, Lucy バーリナー, ルーシー
㊔「マルトリートメント子ども虐待対応ガイド」明石書店 2008
Berlinski, David ベルリンスキ, デヴィッド
1942〜 ㊙バーリンスキ, デイヴィッド ㊔「1, 2, 3」創元社 2013
Berlitz, Charles ベルリッツ, チャールズ
1914〜2003 ㊚アメリカ 言語学者, 水中探検家
Berloni, William ベルローニ, ウィリアム
トニー賞 トニー名誉賞 (2011年 (第65回))
Berloni, William ベルローニ, ウィリアム
㊔「ドガ・犬的ヨガ健康法」新潮社 2005
Berlusconi, Silvio ベルルスコーニ, シルヴィオ
1936〜 ㊚イタリア 政治家, 実業家 イタリア首相, フィニンヴェスト・グループ会長 ㊙ベルスコーニ, シルビオ
Berluti, Olga ベルッティ, オルガ
㊚イタリア 靴デザイナー ベルッティ当主・アートディレクター
Berman, Boris ベルマン, ボリス
㊔「ピアニストからのメッセージ」音楽之友社 2009
Berman, Carol W. バーマン, キャロル・W.
㊔「パニック障害100のQ&A」星和書店 2008
Berman, Claire バーマン, クレア
㊔「幻聴が消えた日」金剛出版 2009
Berman, Gail バーマン, ゲイル
1956〜 ㊚アメリカ 実業家 パラマウント・ピクチャー社長
Berman, Gennady P. ベルマン, ゲナディ・P.
1946〜 ㊔「入門量子コンピュータ」パーソナルメディア 2002
Berman, Harold J. バーマン, ハロルド・J.
㊔「法と革命」中央大学出版部 2011
Berman, Jennifer バーマン, ジェニファー
㊔「バーマン姉妹のwomen only」小学館 2004
Berman, Laura バーマン, ローラ
㊔「バーマン姉妹のwomen only」小学館 2004
Berman, Laurence バーマン, ローレンス
㊔「シェーマでわかる胸部単純X線写真パーフェクトガイド」メディカル・サイエンス・インターナショナル 2012
Berman, Lazar ベルマン, ラザール
1930〜2005 ㊚ロシア ピアニスト ㊙ベルマン, ラーザリ
Berman, Lisa バーマン, リサ
㊔「幸せな瞬間」扶桑社 2003
Berman, Peter A. バーマン, ピーター
㊔「実践ガイド・医療改革をどう実現すべきか」日本経済新聞出版社 2010
Berman, Shari J. バーマン, シャーリー
㊔「コストゼロ！ インターネット英語留学」角川書店 2004
Berman, Ted バーマン, テッド
？〜2001 ㊚アメリカ アニメーター, アニメ映画製作者, 脚本家
Bermejo, Lee ベルメホ, リー
㊔「ビフォア・ウォッチメン：コメディアン/ロールシャッハ」ヴィレッジブックス 2013
Bermejo, Mariano Fernández ベルメホ, マリアノ・フェルナンデス
㊚スペイン 法相
Bermont, Becky バーモント, ベッキー
㊔「リーダーシップをデザインする」東洋経済新報社 2013
Bermoy Acosta, Yanet ベルモイ
㊚キューバ 柔道選手
Bermúdez, Francisco ベルムデス, フランシスコ
㊚グアテマラ 国防相
Bermudez, Joseph S., Jr. バーミューデッツ, ジョゼフ・S., Jr.
㊔「北朝鮮特殊部隊」並木書房 2003
Bermudez, Patricia Alejandra ベルムデス, パトリシアアレジャンドラ
㊚アルゼンチン レスリング選手
Bermúdez Merizalde, Jaime ベルムデス・メリサルデ, ハイメ
㊚コロンビア 外相
Berna, Carlos ベルナ
㊚コロンビア 重量挙げ選手
Bernabe, David バーナーブ, D.
㊔「DB2 UDBパフォーマンス・チューニングガイド」ピアソン・エデュケーション 2001
Bernabeu, Maria ベルナベウ, マリア
㊚スペイン 柔道選手
Bernabó, Valerio ベルナボ, ヴァレリオ
㊚イタリア ラグビー選手
Bernád, Dénes ベルナード, デーネシュ
㊔「第二次大戦のルーマニア空軍エース」大日本絵画 2004
Bernadeau, Mackenzy バーナデュー, マッケンジー
㊚アメリカ アメフト選手
Bernadine, Franca バーナディン, フランカ
㊚グレナダ 教育・人的資源相
Bernadotte, Lennart ベルナドッテ, レナート

1909～2004 [国]スウェーデン 園芸家 本名＝Bernadotte, Graf Lennart
Bernadotte, Sigvard ベルナドット, シグバード
1907～2002 [国]スウェーデン インダストリアルデザイナー スウェーデン王子 本名＝Bernadotte, Sigvard Oscar Fredrik, Count [異]ベルナドッテ, シグバード
Bernal, Martin バナール, マーティン
1937～ [著]「『黒いアテナ』批判に答える」 藤原書店 2012
Bernal Alemany, Rafael ベルナル・アレマニ, ラファエル
[国]キューバ 文化相
Bernall, Misty バーナル, ミスティ
1961～ [著]「その日、学校は戦場だった」 インターメディア出版 2002
Bernanke, Ben S. バーナンキ, ベン
1953～ [国]アメリカ 経済学者 米国連邦準備制度理事会(FRB)議長, 米国大統領経済諮問委員会(CEA)委員長 本名＝Bernanke, Benjamin Shalom
Bernard, Alain ベルナール, アラン
1983～ [国]フランス 水泳選手
Bernard, Ali バーナード
[国]アメリカ レスリング選手
Bernard, André バーナード, アンドレ
1956～ [著]「まことに残念ですが…」 徳間書店 2004
Bernard, Andreas ベルナルト, アンドレアス
1969～ [著]「金持ちは、なぜ高いところに住むのか」 柏書房 2016
Bernard, Bill バーナード, ビル
[著]「大人のしくみ」 光文社 2005
Bernard, Bruno バーナード, ブルーノ
[著]「Bernard of Hollywood」 タッシェン・ジャパン, 洋販(発売) 2002
Bernard, Carlos バーナード, カルロス
1962～ [国]アメリカ 俳優 本名＝Bernard Papierski, Carlos
Bernard, Cheryl バーナード
[国]カナダ カーリング選手
Bernard, Fred ベルナール, フレッド
1969～ [著]「じいちゃんが語るワインの話」 エクスナレッジ 2015
Bernard, Giovani バーナード, ジオバニ
[国]アメリカ アメフト選手
Bernard, Hannah バーナード, ハナ
[著]「黙ってキスして」 ハーレクイン 2006
Bernard, Hipolito ベルナール, イポリト
[著]「アメリ」 リトル・モア 2001
Bernard, Marcel ベルナール, マルセル
[国]マダガスカル 石油資源相
Bernard, Renee ベルナード, レニー
[著]「誘惑と情熱のゲーム」 扶桑社 2015
Bernard, Sheila Curran バーナード, シーラ・カーラン
[著]「ドキュメンタリー・ストーリーテリング」 フィルムアート社 2014
Bernard, Susan バーナード, スーザン
1948～ [著]「Bernard of Hollywood」 タッシェン・ジャパン, 洋販(発売) 2002
Bernard, Victor L. バーナード, V.L.
[著]「企業分析入門」 東京大学出版会 2001
Bernarda, Greg バーナーダ, グレッグ
[著]「バリュー・プロポジション・デザイン」 翔泳社 2015
Bernardeschi, Federico ベルナルデスキ, フェデリコ
[国]イタリア サッカー選手
Bernardi, Bruno ベルナルディ, ブリュノ
1948～ [著]「ジャン＝ジャック・ルソーの政治哲学」 勁草書房 2014
Bernardo ベルナルド
[国]ブラジル サッカー選手
Bernardo, Barbara ベルナルド, バーバラ
1952～ [著]「パラリーガル」 信山社出版 2006
Bernardo, Espinosa ベルナルド・エスピノサ
[国]コロンビア サッカー選手
Bernardo, Mike ベルナルド, マイク
1969～2012 [国]南アフリカ 格闘家, プロボクサー
Bernardo, Paulo ベルナルド, パウロ
[国]ブラジル 企画・予算管理相
Bernardo Silva ベルナルド・シルヴァ
[国]ポルトガル サッカー選手
Bernardo Silva, Paulo ベルナルド・シルバ, パウロ
[国]ブラジル 通信相
Bernat, Enrique ベルナート, エンリケ
？～2003 [国]スペイン 実業家
Bernat, Juan ベルナト, フアン
[国]スペイン サッカー選手
Bernatonis, Juozas ベルナトーニス, ユオザス
[国]リトアニア 法相
Bernau, Anke ベルナウ, アンケ
1971～ [著]「処女の文化史」 新潮社 2008
Bernauer, Ursula ベルナウアー, ウルズラ
1939～ [著]「天使の文化図鑑」 東洋書林 2006
Bernaz, Jean Baptiste ベルナズ, ジャンバプティスト
[国]フランス セーリング選手
Bernd, Schacht ベルント, シャハト
1970～ [著]「雪の色が白いのは」 三修社 2006
Berndes, Göran ベルンデス, ヨーラン
[著]「持続可能な農業と環境」 食料・農業政策研究センター, 農山漁村文化協会(発売) 2001
Berndl, Klaus ベルンドル, クラウス
[著]「ビジュアル大世界史」 日経ナショナルジオグラフィック社, 日経BP出版センター(発売) 2007
Berndt, Bruce C. バーント, B.C.
1939～ [著]「ラマヌジャン書簡集」 丸善出版 2012
Berndt, Ernst R. ベルント, E.R.
[著]「うつ病という時限爆弾」 日本評論社 2003
Berndt, Jaqueline ベルント, ジャクリーヌ
1963～ [著]「日独交流150年の軌跡」 雄松堂書店 2013
Berne, Jennifer バーン, ジェニファー
[著]「ねんねんねむねむおやすみね」 岩崎書店 2013
Berne, Robert M. バーン, R.M.
[著]「カラー基本生理学」 西村書店 2003
Berne, Suzanne バーン, スザンヌ
[著]「指先にふれた罪」 DHC 2001
Berner, Anne ベルネル, アンネ
[国]フィンランド 運輸・通信相
Berner, Rotraut Susanne ベルナー, ロートラウト・ズザンネ
画家 ドイツ児童文学賞 特別賞(2006年)
Berners-Lee, Tim バーナーズ・リー, ティム
1955～ [国]イギリス コンピューター科学者 ワールド・ワイド・ウェブ・コンソーシアム(W3C)所長 [専]インターネット, WWW 本名=バーナーズ・リー, ティモシー〈Berners-Lee, Timothy John〉 [異]バーナーズリー, ティム
Berney, Charlotte バーニー, シャーロット
[著]「フナ古代ハワイの神秘の教え」 ダイヤモンド社 2005
Berney, Lou バーニー, ルー
[国]アメリカ 作家 [専]ミステリー
Bernhard, Durga バーナード, ドゥルガ
[著]「世界のだっことおんぶの絵本」 メディカ出版 2006
Bernhard, Emery バーナード, エメリー
[著]「世界のだっことおんぶの絵本」 メディカ出版 2006
Bernhard Leopold ベルンハルト・レオポルト
1911～2004 [国]オランダ 女王ベアトリクスの父 世界自然保護基金(WWF)初代総裁, ビルダーバーグ会議議長 本名＝Bernhard Leopold Frederik Everhard Julius Coert Karel Godfried Pieter [異]ベルンハルト殿下
Bernhardt, Michele バーンハート, ミシェル
[著]「誕生色占い」 ソフトバンククリエイティブ 2007
Bernhardt, William バーンハート, ウィリアム
1960～ [著]「殺意のクリスマス・イブ」 講談社 2002
Bernheim, Nicole Lise ベルンハイム, ニコル＝リーズ
[著]「私は銀幕のアリス」 パンドラ, 現代書館(発売) 2001
Bernheimer, Kate バーンハイマー, ケイト
世界幻想文学大賞 アンソロジー(2011年) “My Mother She Killed Me, My Father He Ate Me”
Berni, Tommaso ベルニ, トンマーゾ
[国]イタリア サッカー選手
Bernicke, Shadlog ベルニック, シャドログ
[国]ナウル リン鉱石採掘権信託相兼通信相兼ナウル公共事業公社相
Bernier, Doug バーニアー, ダグ
[国]アメリカ 野球選手
Bernier, Maxime ベルニエ, マキシム
1963～ [国]カナダ 政治家 カナダ国務相
Bernikow, Louise バーニコウ, ルイーズ
1940～ [著]「神様がくれたボクサー犬」 講談社 2002
Berning, Jacqueline R. バーニング, ジャクリーヌ・R.
[著]「食品・栄養・食事療法事典」 産調出版, 産業調査会(発売)

2006
Bernoff, Josh バーノフ, ジョシュ
　㊗「エンパワード」翔泳社　2011
Bernold, André ベルノルド, アンドレ
　1958〜　㊗「ベケットの友情」現代思潮新社　2011
Bernotas, Eric バーノタス
　㊨アメリカ　スケルトン選手
Berns, Gregory バーンズ, グレゴリー
　㊗「犬の気持ちを科学する」シンコーミュージック・エンタテイメント　2015
Bernstein, Abbie バーンスタイン, アビー
　㊗「メイキング・オブ・マッドマックス怒りのデス・ロード」玄光社　2015
Bernstein, Alan B. バーンスタイン, アラン
　㊗「賢いやめ方」CCCメディアハウス　2015
Bernstein, Albert J. バーンスタイン, アルバート・J.
　㊗「あの人はなぜあなたを疲れさせるのか」角川書店　2001
Bernstein, Alvin バーンスタイン, アルヴィン
　㊗「戦略の形成」中央公論新社　2007
Bernstein, Bill バーンスタイン, ビル
　プロデューサー　グラミー賞 最優秀映像メディア向けスコア・サウンドトラック(2013年(第56回))　"Skyfall"
Bernstein, Carl バーンスタイン, カール
　1944〜　㊗「大統領の陰謀」文芸春秋　2005
Bernstein, Elmer バーンスタイン, エルマー
　1922〜2004　㊨アメリカ　作曲家, 指揮者　米国映画音楽作曲家組合会長　㊗映画音楽
Bernstein, Eytan バーンスタイン, イータン
　㊗「原始の書」ホビージャパン　2010
Bernstein, Gabrielle バーンスティン, ガブリエル
　1979〜　㊗「どんなときでも、小さな奇跡は起こせる」サンマーク出版　2015
Bernstein, Henry バーンスタイン, ヘンリー
　㊗「食と農の政治経済学」桜井書店　2012
Bernstein, Jacob バーンスタイン, ジェイク
　1946〜　㊗「バーンスタインのトレーダー入門」パンローリング　2008
Bernstein, Jake バーンスタイン, ジェイク
　㊨アメリカ　アメフト選手
Bernstein, J.B. バーンスタイン, J.B.
　1968〜　㊗「ミリオンダラー・アーム」集英社　2014
Bernstein, Jeremy バーンシュタイン, ジェレミー
　1929〜　㊗「プルトニウム」産業図書　2008
Bernstein, Joanne Scheff バーンスタイン, ジョアン・シェフ
　1945〜　㊗「芸術の売り方」英治出版　2007
Bernstein, Laurie バーンスタイン, ローリー
　㊗「ロシア」ほるぷ出版　2009
Bernstein, Leora バーンスタイン, レオーラ
　㊗「アニメおさるのジョージめざせオリンピック」金の星社　2015
Bernstein, Michel ベルンシュタイン, ミシェル
　1906〜2003　㊨フランス　古籍商
Bernstein, Paula バーンスタイン, ポーラ
　1968〜　㊗「アイ・アム・ユー」ぶんか社　2009
Bernstein, Peter L. バーンスタイン, ピーター・L.
　1919〜2009　㊨アメリカ　経済コンサルタント, 投資コンサルタント　ピーター・L.バーンスタイン社長
Bernstein, Peter W. バーンスタイン, ピーター・W.
　㊗「ビリオネア生活白書」早川書房　2008
Bernstein, Richard J. バーンスタイン, リチャード・J.
　1932〜　㊗「根源悪の系譜」法政大学出版局　2013
Bernstein, Richard K. バーンスタイン, リチャード・K.
　㊗「バーンスタイン医師の糖尿病の解決」メディカルトリビューン, 金芳堂(京都)(発売)　2016
Bernstein, Seymour バーンスタイン, セイモア
　㊗「ショパンの音楽記号」音楽之友社　2009
Bernstein, Sid バーンスタイン, シド
　1918〜2013　㊨アメリカ　音楽プロデューサー, プロモーター　本名=Bernstein, Sidney　㊤バーンスタイン, シッド / バーンステイン, シッド
Bernstein, William J. バーンスタイン, ウィリアム
　㊗「「豊かさ」の誕生」日本経済新聞出版社　2015
Berntsen, Hedda ベルントセン
　㊨ノルウェー　フリースタイルスキー選手
Béroff, Michel ベロフ, ミシェル
　1950〜　㊨フランス　ピアニスト
Berov, Lyuben ベロフ, リューベン

1925〜2006　㊨ブルガリア　経済学者　ブルガリア首相
Berque, Augustin ベルク, オギュスタン
　1942〜　㊨フランス　文化地理学者, 日本学者　フランス社会科学高等研究院教授, 宮城大学教授　㊗文化地理学, 風土学
Berquet, Gilles ベルケ, ジル
　㊗「ロング・エンゲージメント」ソニー・マガジンズ　2005
Berra, Yogi ベラ, ヨギ
　1925〜2015　㊨アメリカ　野球選手, 大リーグ監督　本名=ベラ, ローレンス・ピーター〈Berra, Lawrence Peter〉
Berran, Robert L. ベラン, ロバート
　㊗「マイバイブルフレンズ」福音社　2006
Berre, André-Dieudonné ベール, アンドレデュードネ
　㊨ガボン　通信郵政相　㊤ベール, アンドレ・デュドネ
Berre, Madeleine ベール, マドレーヌ
　㊨ガボン　投資促進・商業・観光・産業相
Berreby, Patricia ベレビー, パトリシア
　㊗「ぼくはあかちゃん」ひくまの出版　2004
Berreiro Fajardo, Georgina ベレイロ・ファハルド, ヘオルヒナ
　㊨キューバ　財務相
Berresford, Susan Vail ベレスフォード, スーザン
　1943〜　㊨アメリカ　実業家　フォード財団理事長
Berrezueta, Leonardo ベレスエタ, レオナルド
　㊨エクアドル　労相
Berri, Claude ベリ, クロード
　1934〜2009　㊨フランス　映画監督, 映画プロデューサー　本名=ラングマン, クロード〈Langmann, Claude Berel〉
Berri, Nabih ベリ, ナビハ
　1938〜　㊨レバノン　政治家　レバノン国民議会議長, アマル(シーア派イスラム教徒の民兵組織)指導者
Berridge, David バーリッジ, デイヴィッド
　㊗「児童の施設養護における仲間による暴力」筒井書房　2009
Berrie, Phill ベリー, フィル
　㊗「人文学と電子編集」慶応義塾大学出版会　2011
Berrigan, Daniel ベリガン, ダニエル
　1921〜2016　㊨アメリカ　反戦活動家, 神学者　ウッドストック・カレッジ教授　本名=ベリガン, ダニエル・ジョゼフ〈Berrigan, Daniel Joseph〉
Berrigan, Frances J. ベリガン, フランシス
　1943〜2014　㊨イギリス　映画監督, 映画プロデューサー　㊗ドキュメンタリー
Berrigan, Frida ベリンガム, フリーダ
　㊗「もう戦争はさせない!」文理閣　2007
Berrigan, Philip Francis ベリガン, フィリップ
　1923〜2002　㊨アメリカ　反戦・反核運動家, 元・カトリック神父　ヨナ・ハウス設立者　㊤ベリガン, フィリップ・フランシス / ベリガン, フィリップ・フラーンシス
Berrios, Jose ベリオス, ホゼ
　㊨プエルトリコ　野球選手
Berrocal, Fernando ベロカル, フェルナンド
　㊨コスタリカ　公安相
Berroterán, José Luis ベロテラン, ホセ・ルイス
　㊨ベネズエラ　農業・土地相
Berrutti, Azucena ベルティ, アスセナ
　㊨ウルグアイ　国防相
Berry, Andrew ベリー, アンドリュー
　㊗「DNA」講談社　2005
Berry, Bill ベリー, ビル
　1930〜2002　ジャズトランペット奏者, 編曲家
Berry, Brian Joe Lobley ベリー, ブライアン・ジョー
　1934〜　㊨アメリカ　地理学者　テキサス大学ダラス校教授　㊗計量地理学
Berry, Craig A. ベリー, クレイグ・A.
　㊗「プロフェッショナルEJB」インプレス, インプレスコミュニケーションズ(発売)　2002
Berry, Eric ベリー, エリック
　㊨アメリカ　アメフト選手
Berry, Francis ベリー, フランシス
　1981〜　㊨アイルランド　騎手　㊤ベリー, F.
Berry, Gaynor ベリー, ゲイナー
　㊗「ぱんつはどこにあるのかな?」大日本絵画　〔2009〕
Berry, Halle ベリー, ハル
　1966〜　㊨アメリカ　女優　㊤ベリー, ハリー / ベリー, ホール
Berry, Holly ベリー, ホリー
　㊗「色の魔術師 アンリ・マティスものがたり」六耀社　2016
Berry, James ベリー, ジェームズ

[著]「動物たちの謝肉祭」 BL出版 2007
Berry, Jan ベリー, ジャン
1941～2004 [国]アメリカ ロック歌手 グループ名＝ジャン＆ディーン〈Jan and Dean〉
Berry, Jedediah ベリー, ジェデダイア
1977～ [国]アメリカ 作家 [専]文学
Berry, Jeffrey M. ベリー, ジェフリー・M.
1948～ [著]「新しいリベラリズム」 ミネルヴァ書房 2009
Berry, Jordan ベリー, ジョーダン
[国]アメリカ アメフト選手
Berry, Leonard L. ベリー, レナード・L.
1942～ [異]ベリー, レオナルド [著]「メイヨー・クリニック奇跡のサービスマネジメント」 マグロウヒル・エデュケーション, 日本経済新聞出版社(発売) 2010
Berry, Lynne ベリー, リン
[著]「スケートにいこうよ」 ほるぷ出版 2014
Berry, Michael J.A. ベリー, マイケル・J.A.
[著]「データマイニング手法」 海文堂出版 2014
Berry, Mike ベリー, マイク
[著]「おさるのスペシャルジュース」 大日本絵画 〔2009〕
Berry, Orna ベリー, オーナ
[著]「科学技術とジェンダー」 明石書店 2004
Berry, Patricia H. ベリー, P.H.
[著]「エンドオブライフ・ケア」 医学書院 2004
Berry, Richard ベリ, リシャール
1950～ [著]「ぼくセザール10歳半1m39cm」 角川書店 2004
Berry, Ron ベリー, ロン
[著]「子どものおこづかい練習帳」 主婦の友社 2004
Berry, Siân ベリー, シアン
1974～ [著]「家庭の中の環境改革」 ガイアブックス, 産調出版(発売) 2009
Berry, Steve ベリー, スティーブ
1955～ [国]アメリカ 作家 [専]ミステリー, スリラー [異]ベリー, スティーヴ
Berry, Thomas ベリー, トマス
1914～2009 [著]「パクス・ガイアへの道」 日本教文社 2010
Berry, Wendell ベリー, ウェンデル
1934～ [著]「動物工場」 緑風出版 2016
Berryman, Guy ベリーマン, ガイ
1978～ [国]イギリス ミュージシャン 本名＝ベリーマン, ガイ・ルパート
Berryman, Jerome ベリーマン, ジェーロム・W.
[著]「ちいさな子どもたちと礼拝」 一麦出版社 2009
Berryman, Julia C. ベリマン, ジュリア
[著]「あなたと心理学」 二瓶社 2002
Bersanau, Aliaksandr ベルサナウ, アレクサンドル
[国]ベラルーシ 重量挙げ選手
Bersani, Leo ベルサーニ, レオ
1931～ [著]「親密性」 洛北出版 2012
Bersani, Pier Luigi ベルサーニ, ピエルルイジ
1951～ [国]イタリア 政治家 イタリア民主党書記長 [異]ベルサニ, ピエルルイジ
Bersani, Shennen ベルサーニ, シェンネェン
[著]「ジグザグ海のたんけんたい」 大日本絵画 〔2010〕
Berse, Andreas A. ベルゼ, アンドレアス・A.
1961～ [著]「シュコー物語」 トイガレージ 2013
Berset, Alain ベルセ, アラン
[国]スイス 副大統領兼内相
Bersin, Brenton バーシン, ブレントン
[国]アメリカ アメフト選手
Bersin, Josh バーシン, ジョシュ
1956～ [著]「ブレンディッドラーニングの戦略」 東京電機大学出版局 2006
Bersinic, Damir バーシニック, ダミア
[著]「MCSEパーフェクトテキスト試験番号70-221：Windows 2000 Network Infrastructure design」 ピアソン・エデュケーション 2001
Bersma, René ベルスマ, ルネ
[著]「ティツィア」 シングルカット社 2003
Berson, Dvera バーソン, デブラ
[著]「リウマチ痛みからの解放」 〔村田昭子〕 2003
Berswordt-Wallrabe, Silke von ベルスヴォルト＝ヴァルラーベ, ジルケ・フォン
1970～ [著]「李禹煥他者との出会い」 みすず書房 2016
Bert, Eddie バート, エディ
1922～2012 [国]アメリカ ジャズ・トロンボーン奏者 本名＝Bertolatus, Edward Joseph
Berta, Annalisa ベルタ, アナリサ
[著]「世界のクジラ・イルカ百科図鑑」 河出書房新社 2016
Bertagna, Julie ベルターニャ, ジュリー
1962～ [国]イギリス 作家 [専]児童書
Bertagna, Silvia ベルターニャ
[国]イタリア フリースタイルスキー選手
Bertaina, Norberto Antonio ベルタイナ, ノルベルト・アントニオ
[国]アルゼンチン 元・在コルドバ日本国名誉総領事
Bertans, Davis バルタンズ, ダービス
[国]ラトビア バスケットボール選手
Bertarelli, Dona ベルタレリ, ドナ
[国]スイス 実業家
Bertarelli, Ernesto ベルタレリ, エルネスト
[国]スイス ベルタレリ財団創設者
Bertaud, Jean Paul ベルト, J.P.
[著]「ナポレオン年代記」 日本評論社 2001
Bertaux, Daniel ベルトー, ダニエル
1939～ [著]「ライフストーリー」 ミネルヴァ書房 2003
Bertell, Rosalie バーテル, ロザリー
1929～ [著]「終りのない惨劇」 緑風出版 2012
Bertelli, Patrizio ベルテッリ, パトリッツィオ
1946～ [国]イタリア 実業家 プラダ・グループ会長・CEO
Bertelli, Sergio ベルテッリ, セルジョ
[著]「ルネサンス宮廷大全」 東洋書林 2006
Bertelsen, A. ベルテルセン, A.
[著]「ICD-10ケースブック」 医学書院 2012
Bertelsen, Cynthia D. バーテルセン, シンシア・D.
[著]「キノコの歴史」 原書房 2014
Bertens, Johannes Willem ベルテンス, ハンス
[著]「キーパーソンで読むポストモダニズム」 新曜社 2005
Bertens, Kiki ベルテンス, キキ
[国]オランダ テニス選手
Berthault, Jean-Yves ベルトー, ジャン＝イヴ
1950～ [著]「マドモアゼルSの恋文」 飛鳥新社 2016
Berthe, Abudoul Wahab ベルテ, アブドゥル・ワハブ
[国]マリ 労働・公務員・国家改革相
Berthé, Baba ベルテ, ババ
[国]マリ 農相
Berthelot, Jean-Michel ベルトゥロ, ジャン＝ミシェル
[著]「一八九五年デュルケム—科学的社会学の到来」 レターズの会 2004
Berthenet, Angelique ベルテネ
[国]フランス レスリング選手
Berthier, Philippe ベルティエ, フィリプ
1941～ [著]「スタンダール、バルザックとイタリア」 中央大学人文科学研究所 2002
Berthod, Marc ベルトート
[国]スイス アルペンスキー選手
Berthod, Sylviane ベルトート
[国]スイス アルペンスキー選手
Berthold, Will ベルトルト, ヴィル
1924～ [著]「ヒトラー暗殺計画・42」 社会評論社 2015
Bertholet, Denis ベルトレ, ドニ
1952～ [著]「ポール・ヴァレリー」 法政大学出版局 2015
Berthon, Laurie ベルソン, ローリー
[国]フランス 自転車選手
Berti, Eduardo ベルティ, エドゥアルド
1964～ [著]「ウェイクフィールド ウェイクフィールドの妻」 新潮社 2004
Berti, Giordano ベルティ, ジョルダーノ
1959～ [著]「天国と地獄の百科」 原書房 2001
Bertinet, Richard バーティネット, リチャード
[著]「DOUGHパン生地」 ガイアブックス, 産調出版(発売) 2012
Bertini, Gary ベルティーニ, ガリー
1927～2005 [国]イスラエル 指揮者 東京都交響楽団音楽監督, ケルン放送交響楽団常任指揮者 [異]ベルティーニ, ゲーリー
Bertini, Maria Barbara ベルティーニ, マリア・バルバラ
[著]「アーカイブとは何か」 法政大学出版局 2012
Bertling, Thomas バートリング, トマス
[著]「スコット・ロバートソンのHOW TO RENDER」 ボーンデジタル 2015
Bertman, Stephen バートマン, S.
1936～ [著]「ハイパーカルチャー」 ミネルヴァ書房 2010
Berto, Andre ベルト, アンドレ
1983～ [国]アメリカ プロボクサー WBC・IBF世界ウエル

ター級チャンピオン 本名=Berto, Andre Mike
Bertocci, Vittorio ベルトッチ, ヴィットリオ
[著]「脱オンプレミス! クラウド時代の認証基盤Azure Active Directory完全解説」 日経BP社, 日経BPマーケティング(発売) 2016
Bertoglio, Edo ベルトグリオ, エド
[著]「New York beat.」 プチグラパブリッシング 2001
Bertoia, Judi ベルトイア, ジュディ
[著]「ユング派の学校カウンセリング」 昭和堂 2007
Bertola, Giuseppe ベルトーラ, ジュゼッペ
[著]「消費者信用の経済学」 東洋経済新報社 2008
Bertola, Juan Luis ベルトーラ, ファン・ルイス
1973〜 [著]「ゆうれいにあげたおみやげ」 新世研 2004
Bertolacci, Andrea ベルトラッチ, アンドレア
[国]イタリア サッカー選手
Bertolasi, Sara ベルトラシ, サラ
[国]イタリア ボート選手
Bertoldi, Concetta バートルディ, コンチェッタ
1953〜 [著]「超入門転生のひみつ」 徳間書店 2009
Bertolet, Taylor バートレット, テイラー
[国]アメリカ アメフト選手
Bertoli, Marco ベルトーリ, マルコ
[著]「ようこそイタリア、スローフードの旅」 阪急コミュニケーションズ 2005
Bertolote, Jose M. ベルトローテ, ジョゼ・M.
[著]「各国の実情にあった自殺予防対策を」 国立精神・神経センター精神保健研究所自殺予防総合対策センター 2007
Bertolucci, Bernardo ベルトルッチ, ベルナルド
1940〜 [国]イタリア 映画監督 [異]ベルトリッチ, ベルナルド
Bertone, Leonardo ベルトーネ, レオナルド
[国]スイス サッカー選手
Bertot, John Carlo バートット, ジョン・カーロ
[著]「公立図書館・公共政策・政治プロセス」 京都図書館情報学研究会, 日本図書館協会(発売) 2016
Bertram, Holli バートラム, ホリー
[国]アメリカ 作家 [専]ロマンス
Bertrand, Claude Jean ベルトラン, クロード - ジャン
[著]「メディアの倫理と説明責任制度」 明石書店 2005
Bertrand, Frédérique ベルトラン, フレデリック
[著]「ルナパークのパジャママン」 大日本絵画 2014
Bertrand, Julie Winnifred ベルトラン, ジュリー・ウィンニフレッド
1891〜2007 [国]カナダ 世界最高齢女性(115歳) [異]ベルトラン, ジュリー・ウィンフレッド
Bertrand, Léon ベルトラン, レオン
[国]フランス 観光担当相
Bertrand, Michael T. バートランド, マイケル・T.
1961〜 [著]「エルヴィスが社会を動かした」 青土社 2002
Bertrand, Ryan バートランド, ライアン
[国]イングランド サッカー選手
Bertrand, Xavier ベルトラン, グザビエ
[国]フランス 労働・雇用・保健相
Bertrando, Francisco ベルトランド, フランシスコ
[国]エルサルバドル 公安法務相
Bertuccelli, Jean-Louis ベルトゥチェリ, ジャン・ルイ
1942〜2014 [国]フランス 映画監督 本名=Bertuccelli, Jean-Louis Augusto [異]ベルテュッセリ, ジャン・ルイ
Bertucelli, Julie ベルトゥチェリ, ジュリー
1968〜 [国]フランス 映画監督, 脚本家
Berube, David M. ベルーベ, デイヴィッド・M.
[著]「ナノ・ハイプ狂騒」 みすず書房 2009
Beruchashvili, Tamar ベルチャシビリ, タマル
[国]ジョージア 外相
Berwanger, Jay バーワンガー, ジェイ
1914〜2002 [国]アメリカ アメリカンフットボール選手
Berwick, Donald Mark バーウィック, ドナルド・M.
1946〜 [著]「キュアリング・ヘルスケア」 中山書店 2002
Berzicza, Tamas ベルジッァ
[国]ハンガリー レスリング選手
Bērziņš, Andris ベルジンシ, アンドリス
1944〜 [国]ラトビア 政治家, 銀行家 ラトビア大統領 [異]ベルジンシュ, アンドリス
Bērziņš, Gaidis ベルジンシュ, ガイディス
[国]ラトビア 法相
Bērziņš, Gundars ベルジンシュ, グンダルス
[国]ラトビア 保健相
Berzinš, Indulis ベルジンシ, インドゥリス
[国]ラトビア 外相
Berzoini, Ricardo ベルゾイーニ, リカルド
[国]ブラジル 通信相
Bès, Daniel R. ベス, D.R.
[著]「現代量子力学入門」 丸善プラネット, 丸善出版事業部(発売) 2009
Besalel, Victoria A. ベサレル, ヴィクトリア・A.
[著]「キャリアカウンセラーのためのジョブクラブマニュアル」 法律文化社 2010
Besancenot, Oliver ブザンスノ, オリヴィエ
1974〜 [国]フランス 政治家 反資本主義新党(NPA)スポークスマン [異]ブザンスノ, オリビエ
Besanko, David ベサンコ, デイビッド
1955〜 [著]「戦略の経済学」 ダイヤモンド社 2002
Besbes, Azza ベスベス, アザ
[国]チュニジア フェンシング選手 [異]ベスベス
Besbes, Sarra ベスベス, サラ
[国]チュニジア フェンシング選手 [異]ベスベス, S.
Besco, Isild Le ル・ベスコ, イジルド
ヴェネチア国際映画祭 マルチェロ・マストロヤンニ賞(第63回(2006年)) "L'intouchable"
Bescond, Anais ベスコン
[国]フランス バイアスロン選手
Besebes, Otoichi ベセベス, オトイチ
[国]パラオ 商業貿易相
Besen, Ellen ベセン, エレン
1953〜 [著]「アニメーションでどう伝える?」 ボーンデジタル 2016
Beshr, Muhammad Ali ビシュル, ムハンマド・アリ
[国]エジプト 国務相(地方開発担当)
Besic, Muhamed ベシッチ, ムハメド
[国]ボスニア・ヘルツェゴビナ サッカー選手
Besimi, Fatmir ベシミ, ファトミール
[国]マケドニア 副首相(欧州担当)
Bésineau, Jacques M. ベジノー, ジャック
1920〜2006 [国]フランス カトリック司祭 上智大学名誉教授 [専]神学, フランス文学 [異]ベジノ, ジャック
Beskov, Konstantin ベスコフ, コンスタンティン
1925〜2006 [国]ロシア サッカー監督 サッカー・ソ連代表監督
Besnier, Emmanuel ベズニエ, エマニュエル
[国]フランス 実業家
Besobrasova, Marika ベゾブラゾヴァ, マリカ
1918〜2010 [国]モナコ バレエ教師, バレリーナ プリンセス・グレース・クラシック・ダンス・アカデミー校長
Besom, Mae ベソム, メイ
[著]「アイデアたまごのそだてかた」 海と月社 2016
Bess, Clayton ベス, クレイトン
1944〜 [著]「川のほとりの大きな木」 童話館出版 2014
Bess, Georges ベス, ジョルジュ
1947〜 [著]「ファン・ソロ」 ユマノイド, パイインターナショナル(発売) 2015
Bessa, Julio ベッサ, ジュリオ
[国]アンゴラ 財務相
Bessaiso, Ehab ベセーソ, イハーブ
[国]パレスチナ 文化相
Bessallah, Hamid ベッサラー, ハミド
[国]アルジェリア 郵便・情報技術・通信相
Bessant, Claire ベサント, クレア
[著]「ネコ学入門」 築地書館 2014
Bessant, J.R. ベサント, ジョン
[著]「イノベーションの経営学」 NTT出版 2004
Bessarab, Maiia IAkovlevna ベサラブ, マイヤ
[著]「ランダウはこう語った」 大竹出版 2008
Besse, Albert ベセ, アルベール
[国]中央アフリカ 財務・予算相 [異]ベッセ, アルベール
Besse, Francoise ベス, フランソワーズ
[著]「パリ半日ぶらぶら散歩Paris Buissonier」 新宿書房 2003
Bessel, Richard ベッセル, リチャード
[著]「ナチスの戦争1918-1949」 中央公論新社 2015
Bessen, James ベッセン, ジェームズ
1958〜 [著]「破綻する特許」 現代人文社, 大学図書(発売) 2014
Besser, Jiří ベセル, イジー
[国]チェコ 文化相
Bessmertnova, Natalia ベススメルトノワ, ナタリア
1941〜2008 [国]ロシア バレリーナ ボリショイ劇場バレエ団プ

リンシパル　本名＝ベススメルトノワ, ナタリア・イーゴレヴナ
異ベスメルトノフ, ナタリヤ／ベスメルトノワ, ナタリア／ベスメルトノワ, ナタリヤ
Bessmertnykh, Alexander　ベスメルトニフ
国ロシア　クロスカントリースキー選手
Besson, Billy　ベッソン, ビリー
国フランス　セーリング選手
Besson, Eric　ベッソン, エリック
国フランス　移民・統合・共同開発相
Besson, Jean-Louis　ベッソン, ジャン＝ルイ
1932〜　著「大空を見たかった少年」世界文化社　2005
Besson, Louis　ベッソン, ルイ
国フランス　住宅担当相
Besson, Luc　ベッソン, リュック
1959〜　国フランス　映画監督, 脚本家, 映画プロデューサー　ヨーロッパ・コープ代表
Besson, Philippe　ベッソン, フィリップ
1967〜　著「ぼくは死んでいる」早川書房　2005
Bessonova, Anna　ベッソノワ
国ウクライナ　新体操選手
Bessudo Lion, Sandra　ベスド・リオン, サンドラ
国コロンビア　環境相
Best, Antony　ベスト, アントニー
1964〜　著「大英帝国の親日派」中央公論新社　2015
Best, Aprille　ベスト, アップライル
著「ともだちになろうよ！」偕成社　2002
Best, Cari　ベスト, キャリ
著「ママのとしょかん」新日本出版社　2011
Best, Eve　ベスト, イヴ
ローレンス・オリヴィエ賞 プレイ 女優賞（2006年（第30回））"Hedda Gabler"
Best, George　ベスト, ジョージ
1946〜2005　国イギリス　サッカー選手
Best, Isabel　ベスト, イザベル
著「ツール・ド・フランス100レース激闘と栄光の記憶」ソフトバンククリエイティブ　2013
Best, Joel　ベスト, ジョエル
著「あやしい統計フィールドガイド」白揚社　2011
Best, Kathryn　ベスト, キャスリーン
著「デザインマネジメント」美術出版社　2008
Best, Pete　ベスト, ピート
著「ビートルズ世界証言集」ポプラ社　2006
Best, Richard　ベスト, リチャード
著「LETTERS FROM AMERICA」南雲堂　2008
Best, Rory　ベスト, ローリー
国アイルランド　ラグビー選手
Best, Rupert　ベスト, ルパート
著「持続可能な農業と環境」食料・農業政策研究センター, 農山漁村文化協会（発売）　2001
Best, Thomas M.　ベスト, トーマス
著「EBMスポーツ医学」西村書店　2011
Bestaeva, Zinaida　ベスタエワ, ジナイダ
国ジョージア　国務相（社会保障問題担当）
Bestard, Jaime　ベスタルド, ハイメ
国パラグアイ　官房長官
Bestor, Theodore C.　ベスター, テオドール
1951〜　国アメリカ　ハーバード大学教授　専文化人類学, 日本研究　異ベスター, セオドア／ベスター, テオドル
Beswick, Bill　ベスウィック, ビル
著「サッカーのメンタルトレーニング」大修館書店　2004
Betances, Dellin　ベタンセス, デリン
国アメリカ　野球選手
Betancourt, Edmée　ベタンクール, エドメェ
国ベネズエラ　商業相
Betancourt, Ingrid　ベタンクール, イングリッド
1961〜　著「ママンへの手紙」新曜社　2009
Betancourt, Jorge　ベタンクール
国キューバ　飛び込み選手
Betancourt Suárez, María del Socorro　ベタンコート＝スアレス, マリア＝デル＝ソコロ
著「メキシコの歴史」明石書店　2009
Betanzos, Berta　ベタンゾスモロ, ベルタ
国スペイン　セーリング選手
Betanzos, Yoandri　ベタンソス
国キューバ　陸上選手
Betbèze, Jean-Paul　ベトベーズ, ジャン＝ポール
著「100語でわかる中国」白水社　2011
Beterbiev, Artur　ベテルビエフ
国ロシア　ボクシング選手
Beteta, Hugo　ベテタ, ウゴ
国グアテマラ　財務相
Betham, Stephen　ベイサム, スティーブン
国サモア　ラグビーコーチ
Bethancourt, Alexis　ベタンクール, アレクシス
国パナマ　治安相
Bethancourt, Christian　ベタンコート, クリスチャン
国パナマ　野球選手
Bethanis, Susan J.　ベサニス, スーザン・J.
著「イカすリーダーになる！」アスペクト　2005
Bethards, Betty　ベサーズ, ベティ
著「ドリーム・ブック」中央アート出版社　2009
Bethe, Hans Albrecht　ベーテ, ハンス
1906〜2005　国アメリカ　理論物理学者　コーネル大学名誉教授
Bethea, Antoine　ベシア, アントワン
国アメリカ　アメフト選手
Bethel, Carl　ベセル, カール
国バハマ　教育相
Bethel, Justin　ベセル, ジャスティン
国アメリカ　アメフト選手
Bethel, Marcus　ベシール, マーカス
国バハマ　エネルギー・環境相　異ベセル, マーカス
Bethel-thompson, McLeod　ベセル・トンプソン, マクロード
国アメリカ　アメフト選手
Bethge, Lutz　ベッケ, ルッツ
1955〜　国ドイツ　実業家　モンブラン会長
Bethge, Renate　ベートゲ, レナーテ
著「ディートリヒ・ボンヘッファー」新教出版社　2004
Bethune, Zina　ビートゥン, ジーナ
1945〜2012　国アメリカ　バレリーナ, 女優　異ベシューン, ジナ
Béti, Mongo　ベティ, モンゴ
1932〜2001　国カメルーン　作家　筆名＝ボト, エザ〈Boto, Eza〉
Beti Assomo, Joseph　ベティアソモ・ジョゼフ
国カメルーン　国防担当相
Beti-marace, Martial　ベティマラス, マルシャル
国中央アフリカ　外相
Beting, Mauro　ベティング, マウロ
著「ネイマール」徳間書店　2014
Beto　ベト
国ポルトガル　サッカー選手
Betro, Maria C.　ベトロ, マリア・カルメラ
著「「図説」ヒエログリフ事典」創元社　2001
Betsimifira, Fredo　ベチミフィラ, フレド
国マダガスカル　情報文化相
Betsky, Aaron　ベッキー, アーロン
異ベッキー, アーロン　著「False flat」ファイドン　2005
Bett, David　ベット, デヴィッド
グラミー賞 最優秀ボックス, 特別限定版パッケージ（2011年（第54回））"The Promise: The Darkness On The Edge Of Town Story"　アート・ディレクター
Bett, Franklin　ベット, フランクリン
国ケニア　道路相
Bett, Willy　ベット, ウィリー
国ケニア　農業・畜産・水産相
Bettah, Mohfoudh Ould　ベター, マフード・ウルド
国モーリタニア　法相
Bettaieb, Riadh　ベッタイエブ, リアズ
国チュニジア　投資・国際協力相
Bettane, Michel　ベタンヌ, ミシェル
著「フランスワイン格付け」ワイン王国, ステレオサウンド（発売）　2010
Bettcher, James　ベッチャー, ジェームス
国アメリカ　アリゾナ・カージナルスコーチ
Bette, Karl-Heinrich　ベッテ, カール＝ハインリッヒ
1952〜　著「ドーピングの社会学」不昧堂出版　2001
Bettel, Xavier　ベッテル, グザビエ
1973〜　国ルクセンブルク　政治家　ルクセンブルク首相
Bettelheim, Charles　ベートゥレーム, シャルル
1913〜2006　国フランス　経済学者　フランス高等学術研究院政治経済学教授, 経済社会開発学術研究所教授　専経済計画理論　異ベッテルハイム, シャルル／ベトレーム／ベトレーム

Bettencourt, Liliane ベタンクール, リリアンヌ
[国]フランス 富豪
Bettencourt, Matt ベッテンコート, マット
1975～ [国]アメリカ プロゴルファー
Betteridge, Keith ベテリッジ, キース
[著]「カラーアトラス動物発生学」 緑書房 2014
Betterson, Stanley ベターソン, スタンリー
[国]スリナム 地域開発相
Bettes, Hannah ベッテス, ハンナ
[国]アメリカ ローザンヌ国際バレエコンクール 2位・スカラシップ (第40回 (2012年)) ほか
Bettetini, Maria ベッテッティーニ, マリーア
[著]「物語嘘の歴史」 而立書房 2007
Betthäuser, Andreas ベットホイザー, アンドレアス
[著]「スポーツ筋損傷 診断と治療法」 ガイアブックス 2014
Betti, Laura ベッティ, ラウラ
1934～2004 [国]イタリア 女優, 歌手
Bettin, Jorn ベティン, イェルン
[著]「MDAマニフェスト」 エスアイビー・アクセス, 星雲社 (発売) 2005
Bettini, Paolo ベッティーニ
[国]イタリア 自転車選手
Bettis, Chad ベティス, チャド
[国]アメリカ 野球選手
Bettis, Jerome ベティス, ジェローム
1972～ [国]アメリカ 元アメフト選手 本名＝Bettis, Jerome Abram [異]ベティス, ジェロウム
Bettridge, Andrea ベトリッジ, アンドレア
[著]「ファットレディス・クラブ」 主婦の友社 2003
Betts, Dion Emile ベッツ, ディオン・E.
1963～ [著]「アスペルガー症候群の教室での支援」 東京書籍 2009
Betts, Heidi ベッツ, ハイディ
[著]「ウエイトレスの秘密の天使」 ハーパーコリンズ・ジャパン 2015
Betts, Julian R. ベッツ, J.R.
[著]「格差社会アメリカの教育改革」 明石書店 2007
Betts, Mookie ベッツ, ムーキー
[国]アメリカ 野球選手
Betts, Raymond F. ベッツ, レイモンド・F.
[著]「フランスと脱植民地化」 晃洋書房 2004
Betts, Stacey Waldman ベッツ, ステイシー・W.
1964～ [著]「アスペルガー症候群の教室での支援」 東京書籍 2009
Betz, Cecily Lynn ベッツ, セシリー・L.
[著]「小児看護ハンドブック」 医学書院 2007
Betz, Frederick ベッツ, フレデリック
1937～ [著]「戦略技術管理論」 文理閣 2005
Betz, Pauline ベッツ, ポーリーン
1919～2011 [国]アメリカ テニス選手 本名＝Betz, Pauline May
Betzig, Eric ベツィグ, エリック
1960～ [国]アメリカ 物理化学者, 顕微鏡学者 ハワード・ヒューズ医学研究所グループ長 [異]ベッチグ, エリック
Beukeboom, Brett ブーカブーム, ブレット
[国]カナダ ラグビー選手
Beukelman, David R. ビューケルマン, デイヴィッド・R.
[著]「ビギニング・コミュニケーターのためのAAC活用事例集」 福村出版 2009
Beuker, Ralf ボイカー, ラルフ
[著]「This is service design thinking.」 ビー・エヌ・エヌ新社 2013
Beukers, Harmen ボイケルス, ハルメン
[国]オランダ ライデン大学図書館特別コレクション・スカリゲル教授, 元・ライデン大学医学史教授, 元・日本研究オランダ協会会長
Beukes, Lauren ビュークス, ローレン
1976～ [国]南アフリカ 作家 [専]SF, ファンタジー
Beuret, Michel ブーレ, ミッシェル
[著]「アフリカを食い荒らす中国」 河出書房新社 2009
Beuscher, Armin ボイシャー, アルミン
1958～ [著]「おおきなかわのむこうへ」 ひくまの出版 2005
Beust, Cedric ビュースト, セドリック
[著]「プロフェッショナルJavaサーバープログラミング」 インプレス, インプレスコミュニケーションズ (発売) 2002
Beust, Cedric ビュースト, セドリック
[著]「超皮質性失語」 新興医学出版社 2002
Beutel, Albrecht ボイテル, アルブレヒト
[著]「キリスト教の主要神学者」 教文館 2014
Beutel, Manfred E. ボイテル, M.E.
[著]「心身医学の最前線」 創元社 2015
Beutel, Phillip ビューテル, フィリップ
[著]「競争政策の経済学」 NERA 2005
Beutelspacher, Albrecht ボイテルスパッヒャー, アルブレヒト
1950～ [異]ボイテルスパッハー, アルブレヒト / ボイテルスパッヒャー, アルブレヒト [著]「黄金分割」 共立出版 2005
Beutler, Bruce Alan ボイトラー, ブルース
1957～ [国]アメリカ 免疫学者, 遺伝学者 テキサス大学サウスウエスタン医学センター宿主防衛遺伝学センター教授, スクリプス研究所教授 [異]ボイトラー, ブルース・A.
Beutler, Ernest ボイトラー, アーネスト
[著]「ウィリアムズ血液学マニュアル」 メディカル・サイエンス・インターナショナル 2003
Bevan, Brinn ビーバン, ブリン
[国]イギリス 体操選手
Bevanda, Vjekoslav ベバンダ, ビェコスラブ
[国]ボスニア・ヘルツェゴビナ 副首相兼財務相
Bevarly, Elizabeth ベヴァリー, エリザベス
[著]「王冠の行方」 ハーレクイン 2010
Bevell, Darrell ベベル, ダレル
[国]アメリカ シアトル・シーホークスコーチ
Bevere, John ビビア, ジョン
[著]「荒野で勝利する」 サムソン・パブリケーションズ 2005
Beveridge, Allison ビバリッジ, アリソン
[国]カナダ 自転車選手
Beveridge, Bruce ベヴァリッジ, ブルース
[著]「タイタニック愛の物語」 二見書房 2012
Beveridge, Thomas H.J. ビヴァリッジ, トーマス・H.J.
[著]「シーバックソーンシーベリー (スナヂグミ) (Hippophae rhamnoides L.) 生産と利用」 北方ベリー研究所 2006
Beverley, Jo ベヴァリー, ジョー
[著]「神話の国の風に抱かれて」 幻冬舎 2014
Beverley, Patrick ビバリー, パトリック
[国]アメリカ バスケットボール選手
Bevilacqua, Alberto ベヴィラックァ, アルベルト
1934～2013 [国]イタリア 作家, 映画監督
Bevilacqua, Piero ベヴィラックワ, ピエロ
1944～ [著]「ヴェネツィアと水」 岩波書店 2008
Beville, Hugh Malcom ベビル, ホフ・マルコム
[著]「アメリカ―コミュニケーション研究の源流」 春風社 2005
Bevir, Mark ベビア, マーク
[著]「ガバナンスとは何か」 NTT出版 2013
Bewa-Nyong Kunbuor, Benjamin クンボー, ベンジャミン・ベワニョン
[国]ガーナ 国防相
Bexheti, Blerim ベジェティ, ブレリム
[国]マケドニア 法相
Bexigas, Joao Quaresma Viegas ベクシガス, ジョアン・カレスマ・ビエガス
[国]サントメ・プリンシペ 国防相
Bey, Arfin ベイ, アリフィン
1925～2010 [国]インドネシア 国際政治学者 神田外語大学名誉教授 [専]イスラム研究 [異]ベイ, アリフイン
Beyer, Andreas バイヤー, A.
[著]「もう一人のゲーテ」 法政大学出版局 2001
Beyer, Andrew ベイヤー, アンドリュー
[著]「アメリカ競馬戦略9つの頂点」 自由国民社 2005
Beyer, Bob ベイヤー, ボブ
[国]アメリカ デトロイト・ピストンズアシスタントコーチ (バスケットボール)
Beyer, Brennen ベイヤー, ブレネン
[国]アメリカ アメフト選手
Beyer, Damon ベイヤー, デイモン
[著]「ザ・ライト・ファイト」 アルファポリス, 星雲社 (発売) 2010
Beyer, Frank バイヤー, フランク
1932～2006 [国]ドイツ 映画監督
Beyer, Jannik バイヤ, ヤニク
1950～ [著]「自閉症と遊び」 クリエイツかもがわ, 京都 かもがわ出版 (発売) 2008
Beyer, Peter L. ベイヤー, ピーター・L.
[著]「食品・栄養・食事療法事典」 産調出版, 産業調査会 (発売) 2006
Beyer, Rick ベイヤー, リック

㊗「ポール・オースターが朗読するナショナル・ストーリー・プロジェクト」アルク 2006
Beyer, Roberta ベイヤー、ロベルタ
1951〜 ㊗「だいじょうぶ！親の離婚」日本評論社 2015
Beyer, Thomas R., Jr. ベイヤー、トマス、Jr.
㊗「「ロスト・シンボル」の秘密がわかる33のカギ」ソフトバンククリエイティブ 2010
Beyer Burgos, Harald ベイエル・ブルゴス、ヘラルド
㊀チリ 教育相
Beyer-Flores, Carlos バイヤー＝フローレス、カルロス
㊗「オルガスムの科学」作品社 2015
Beyerle, Jamie ベイアール
㊀アメリカ 射撃選手
Beyerstein, Barry L. バイアースタイン、バリー・L.
㊗「本当は間違っている心理学の話」化学同人 2014
Beyer von Morgenstern, Ingo ベイヤー・フォン・モルゲンスターン、インゴ
㊗「日本の未来について話そう」小学館 2011
Beyfus, Drusilla ベイファス、ドルシラ
㊗「VOGUE ONユベール・ド・ジバンシィ」ガイアブックス 2014
Beyle, Nur Idow ベイエレ、ヌール・イドウ
㊀ソマリア 公共事業・インフラ・復興相
Beynon, Emily ベイノン、エミリー
1969〜 ㊀イギリス フルート奏者 ロイヤル・コンセルトヘボウ管弦楽団首席フルート奏者 ㊔バイノン、エミリー
Beyoncé ビヨンセ
1981〜 ㊀アメリカ ミュージシャン、女優 本名＝ノウルズ、ビヨンセ〈Knowles, Beyoncé Giselle〉
Beys, Kostas E. ベイス、コスタス・E
1933〜 ㊗「ソクラテスの裁判」Ant・N.サクラス出版社 2001
Beysolow, Miata ベイソロー、ミアタ
㊀リベリア 通商産業相 ㊔ベイソロー、ミアッタ
Bezaly, Sharon ベザリー、シャロン
1972〜 ㊀イスラエル フルート奏者
Bezanilla, Clara ベサニーリャ、クララ
㊗「アステカ・マヤの神々」学芸書林 2011
Bezborodova, Irina Vradimirovna ベズボロードワ、イリーナ・ヴラジーミロヴナ
1953〜 ㊗「もうひとつの収容所群島」長勢了治 2004
Bezduz, Bulent ベジューズ、ビュレント
グラミー賞 最優秀オペラ録音（2005年（第48回））"Verdi: Falstaff" ソリスト
Bezerra, Fernando ベゼラ、フェルナンド
㊀ブラジル 国家統合相
Bezerra Coelho, Fernando ベゼラ・コエリョ、フェルナンド
㊀ブラジル 国家統合相
Bezhuashvili, Gela ベズアシビリ、ゲラ
㊀ジョージア 外相
Bezjak, Roman ベジャク、ロマン
㊀スロベニア サッカー選手
Bezmozgis, David ベズモーズギス、デービッド
1973〜 ㊀作家 ㊔ベズモーズギス、デイヴィッド
Bezos, Jeff ベゾス、ジェフ
1964〜 ㊀アメリカ 実業家 アマゾン・ドット・コム会長・CEO 本名＝ベゾス、ジェフェリー〈Bezos, Jeffrey Preston〉
Bezsmertny, Roman ベススメルトヌイ、ロマン
㊀ウクライナ 副首相（行政改革相）
Bezzerides, Albert ベゼリデス、アルバート
1908〜2007 ㊀アメリカ 脚本家、作家 本名＝Bezzerides, Albert Isaac
Bhabha, Homi K. バーバ、ホミ・K.
1949〜 ㊗「文化の場所」法政大学出版局 2012
Bhadain, Sudarshan バダイン、スダルシャン
㊀モーリシャス 技術・通信・イノベーション相
Bhaerman, Steve ベヘアーマン、スティーブ
㊗「思考のパワー」ダイヤモンド社 2014
Bhagavan, Kalki バガヴァン、カルキ
1949〜 ㊗「こころの扉を開く旅」カルキセンタージャパン、出帆新社（発売）2006
Bhagwan, Rajesh Anand バグワン、ラジェシ・アナンド
㊀モーリシャス 環境相
Bhagwati, Jagdish Notwarlal バグワティ、ジャグディシュ
1934〜 ㊀アメリカ 経済学者 コロンビア大学教授 ㊗国際貿易論、途上国経済 ㊔バグワティ、ジャグデシュ／バグワティ、ジャディッシュ／バグワティー
Bhalla, A.S. バラ、アジット・S.
Bhambra, Gurminder K. バンブラ、ガルミンダ・K.
㊗「社会学的想像力の再検討」岩波書店 2013
Bhandari, Bidhya Devi バンダリ、ビドヤ・デビ
㊀ネパール 大統領
Bhandari, Shankar バンダリ、シャンカル
㊀ネパール 森林・土壌保全相
Bhangal, Sham バンガル、シャム
㊗「Flash Hacks」オライリー・ジャパン、オーム社（発売）2005
Bharadwaj, Arya Bhushan バラドワージ、アーリア・ブーシャン
㊗「ガンジーの非暴力に生きる」平和文化 2001
Bharath, Vasant バラス、バサント
㊀トリニダード・トバゴ 貿易・産業・投資・情報相
Bharati, Uma バラティ、ウマ
㊀インド 水資源・河川開発・ガンジス川再生相
Bhardwaj, H.R. バルドワジ、H.R.
㊀インド 法相
Bhardwaj, Mohini バードワジ
㊀アメリカ 体操選手
Bhargava, Manjul バルガバ、マンジュル
㊀アメリカ フィールズ賞（2014年）
Bhargava, Ravindra Chandra バルガバ、ラビンドラ・チャンドラ
㊀インド 実業家 マルチ・スズキ会長 ㊔バルガワ
Bhargava, R.C. バルガバ、R.C.
㊗「スズキのインド戦略」中経出版 2006
Bharti, Uma バルティ、ウマー
㊀インド 青年問題・スポーツ相
Bhartia, Shobhana バルティア、ショバナ
㊀インド HTメディア会長
Bhaskar, Roy バスカー、ロイ
1944〜2014 ㊗「弁証法」作品社 2015
Bhasker, Jayaram バスカー、J.
㊗「Verilog HDL論理合成入門」CQ出版 2001
Bhatia, Rahul バティア、ラウール
㊀インド INDIGO共同創業者
Bhatt, Ela Ramesh バット、エラ・ラメシュ
1933〜 ㊀インド 人権活動家 自営女性労働者協会（SEWA）創設者
Bhatta, Lekh Raj バタ、レク・ラジ
㊀ネパール 労働運輸相
Bhattacharjee, Debashish バッタチャヤ、デバシュ
㊗「Jakarta Tomcatエキスパートガイド」ソフトバンクパブリッシング 2003
Bhattacharjee, Sandip バッタチャヤ、サンディップ
㊗「Jakarta Tomcatエキスパートガイド」ソフトバンクパブリッシング 2003
Bhattacharya, Arindam K. バッタチャヤ、アリンダム・K.
㊗「新興国発超優良企業」講談社 2008
Bhattacharya, Arundhati バタチャルヤ、アルンダティ
㊀インド インドステイト銀行社長兼会長
Bhattarai, Baburam バタライ、ババラム
1954〜 ㊀ネパール 政治家 ネパール首相
Bhattarai, Krishna Prasad バタライ、クリシュナ・プラサド
1924〜2011 ㊀ネパール 政治家 ネパール首相、ネパール会議派（NCP）総裁
Bhatti, Liaqat Abbas バッティー、リアカト・アッバス
㊀パキスタン 公共事業相
Bhatti, Shahbaz バッティ、シャフバズ
1968〜2011 ㊀パキスタン 政治家 パキスタン少数者問題担当相 ㊔バッティ、シャバズ
Bhavnani, Vin バブナニ、ヴィン
㊀アメリカ オクラホマシティ・サンダーアシスタントコーチ（バスケットボール）
Bhiri, Noureddine バヒリ、ヌーレッディン
㊀チュニジア 法相
Bhirombhakdi, Chutinant ビロムパックディー、チュティナン
㊀タイ タイ・空手連盟会長、ブンロート・ブリュワリー副社長
Bhokin, Bhalakula ボーキン・ポラクン
㊀タイ 内相
Bhola, Roland ボラ、ローランド
㊀グレナダ スポーツ・青少年・宗教相
Bholah, Soomilduth ボラー、スミルデュット
㊀モーリシャス ビジネス・企業・組合相
Bhuiyan, Abdul Mannan ブイヤン、アブドゥル・マンナン

bhuiy

㊐バングラデシュ　地方自治・開発・協同組合相　㊥ブイヤン, アブドゥル・マナン
Bhuiyan, Momtazuddin　ブイヤン, モムタズウッディン
㊐バングラデシュ　元・アジア文化会館同窓会長
Bhuka, Flora　ブカ, フロラ
㊐ジンバブエ　土地・再定住相
Bhumibol Adulyadej　プミポン・アドゥンヤデート
1927〜2016　㊐タイ　国王　別称＝ラーマ9世(ラーマキュウセイ)〈Rama IX〉　㊥プーミポン / プミポン・アドンヤデート / プミポンアドゥンヤデート / プミポン国王
Bhupathi, Mahesh　ブパシ, マヘシュ
1974〜　㊐インド　テニス選手
Bhupathiraju, Kiran　ブパティラジュ, キラン
㊗「食品の機能性表示と世界のレギュレーション」薬事日報社　2015
Bhuria, Kantilal　ブリア, カンティラル
㊐インド　部族問題相
Bhusal, Pampha　ブサル, パンパ
㊐ネパール　総務相
Bhusdee Navavichit　ブッサディー・ナーワーウィチット
1949〜　㊐タイ　通訳, 翻訳家
Bhusri, Aneel　ブースリ, アニール
投資家
Bhutia, Topgay　ブティア, トップゲイ
㊐インド　元・在インド日本国大使館現地職員
Bhutto, Benazir　ブット, ベナジル
1953〜2007　㊐パキスタン　政治家　パキスタン人民党(PPP)総裁　㊥ブット, ベナジール / ブットー
Bhutto, Shahid Hussain　ブット, シャヒド フセイン
㊐パキスタン　青年問題相
Bhutto Zardari, Bilawal　ブット・ザルダリ, ビラワル
1988〜　㊐パキスタン　政治家　パキスタン人民党(PPP)総裁　㊥ブット, ビラワル
Bhuva, Kumud Narendra　ブーワ, クムド ナレンドラ
㊐インド　元・ムンバイ印日協会会長
Bia, Purna　ビア, プルナ
㊐ギニアビサウ　財政相
Biabiany, Jonathan　ビアビアニー, ジョナタン
㊐フランス　サッカー選手
Biadillah, Mohammed　ビアディラ, モハメド
㊐モロッコ　保健相
Biafra, Jello　ビアフラ, ジェロ
㊗「メモリーズ・オブ・ジョン」イースト・プレス　2006
Biagini, Joe　ビアジーニ, ジョー
㊐アメリカ　野球選手
Bialaski, Tom　バイアラスキー, トム
㊗「SolarisによるLDAP実践ガイド」ピアソン・エデュケーション　2002
Bialecka, Malgorzata　ビアレツカ, マルゴジャタ
㊐ポーランド　セーリング選手
Bialik, Maya　ビアリック, M.
㊗「21世紀の学習者と教育の4つの次元」北大路書房　2016
Bialobos, Philippe　ビアロボス, フィリップ
㊗「メッセンジャー・スタイル」グラフィック社　2001
Bialou, Yury　ベロフ
㊐ベラルーシ　陸上選手
Biancheri, Boris　ビアンケリ, ボリス
1930〜2011　㊐イタリア　外交官, 実業家　駐日イタリア大使, ANSA通信会長
Bianchessi, Paolo　ビアンケシ
㊐イタリア　柔道選手
Bianchessi, Peppo　ビアンケッシ, ペッポ
㊗「しあわせいろのカメレオン」童心社　2003
Bianchi, Alessandro　ビアンキ, アレッサンドロ
㊐イタリア　運輸相
Bianchi, Carlos　ビアンチ, カルロス
1949〜　㊐アルゼンチン　サッカー監督, 元サッカー選手
Bianchi, David W.　ビアンキ, デヴィッド
1954〜　㊗「お父さんが教える13歳からの金融入門」日本経済新聞出版社　2016
Bianchi, Ilaria　ビアンキ, イラリア
㊐イタリア　水泳選手　㊥ビアンチ
Bianchi, Jules　ビアンキ, ジュール
1989〜2015　㊐フランス　F1ドライバー
Bianchi, Lino　ビヤンキ, リーノ
1920〜　㊗「オラトリオの起源と歴史」河合楽器製作所・出版部

2005
Bianchi, Robert Steven　ビアンキ, ロバート・スティーヴン
1943〜　㊗「古代エジプト美術の世界 魔術と神秘」平凡社　2015
Bianchi, Simone　ビアンキ, シモーヌ
㊗「サノス・ライジング」小学館集英社プロダクション　2016
Bianchin, Helen　ビアンチン, ヘレン
㊗「愛の囚人」ハーパーコリンズ・ジャパン　2016
Bianco, Antoninho　ビアンコ, アントニーニョ
㊐東ティモール　官房長官　㊥ビアンコ, アントニノ
Bianco, Enzo　ビアンコ, エンツォ
㊐イタリア　内相
Biaou, Rogatien　ビアウ, ロガシアン
㊐ベナン　外務・アフリカ統合相
Biard, Philippe　ビアール, フィリップ
㊗「月の本」岳陽舎　2006
Biardeau, Madeleine　ビアルドー, マドレーヌ
1922〜　㊗「ヒンドゥー教の〈人間学〉」講談社　2010
Biar Yel, Madut　ビアル・イエル, マデュット
㊐南スーダン　通信郵政相
Bias, Esperança　ビアス, エスペランサ
㊐モザンビーク　鉱物資源相
Biasi, Marco de　ビアージ, マルコ・デ
㊗「どうして弾けなくなるの？」音楽之友社　2012
Biasi, Pieree-Marc de　ビアシ, ピエール＝マルク＝ドゥ
㊗「紙の歴史」創元社　2006
Biaudet, Eva　ビアウデ, エバ
㊐フィンランド　保健・社会福祉相
Biba, Otto　ビーバ, オットー
㊐オーストリア　ウィーン楽友協会蔵書庫・図書館・収集庫館長
Bibard, Laurent　ビバール, ロラン
1962〜　㊗「知恵と女性性」法政大学出版局　2014
Bibbs, E.J.　ビブス, E.J.
㊐アメリカ　アメフト選手
Bibbs, Kapri　ビブス, キャプリ
㊐アメリカ　アメフト選手
Bibby, Martin　ビビー, マーティン
㊗「みんな大切！」新科学出版社　2011
Bibby, Reginald Wayne　ビビー, レジナルド・W.
1943〜　㊗「モザイクの狂気」南雲堂　2001
Bibeau, Marie-Claud　ビボー, マリークロード
㊐カナダ　国際開発相兼フランス語圏諸国連合担当相
Bibeault, Bear　ビボー, ベア
㊗「JavaScript Ninjaの極意」翔泳社　2013
Biber, Douglas　バイバー, ダグラス
㊗「コーパス言語学」南雲堂　2003
Bibiano, Bernadine　ビビアーノ, バーナディン
㊗「メイクアップ」産調出版　2002
Bicakcic, Ermin　ビチャクチッチ, エルミン
㊐ボスニア・ヘルツェゴビナ　サッカー選手
Bicet, Noraida　ビセ, N.
㊐キューバ　陸上選手
Bichelmeyer, Barbara A.　ビチェルマイヤー, バーバラ・A.
㊗「インストラクショナルデザインの理論とモデル」北大路書房　2016
Bichinashvili, Davyd　ビチナシュビリ
㊐ドイツ　レスリング選手
Bichsel, Peter　ビクセル, ペーター
㊗「テーブルはテーブル」未知谷　2003
Bichyk, Yuliya　ビチュイク, ユリア
㊐ベラルーシ　ボート選手
Bick, Esther　ビック, エスター
㊗「母子臨床の精神力動」岩崎学術出版社　2011
Bickel, Gabriele　ビッケル, ガブリエレ
㊗「薬草魔女のナチュラルライフ」東京堂出版　2002
Bickenbach, Jörg　ビッケンバッハ, イェルク
㊐ドイツ　元・ノルトライン＝ヴェストファーレン州経済労働省次官
Bickers, Robert A.　ビッカーズ, ロバート
㊗「上海租界興亡史」昭和堂　2009
Bickerstapp, J.B.　ビッカースタッフ, JB
㊐アメリカ　メンフィス・グリズリーズアシスタントコーチ(バスケットボール)
Bickerton, Derek　ビッカートン, デレック
㊗「音楽の起源」人間と歴史社　2013
Bickerton, Ian J.　ビッカートン, イアン・J.
㊗「勝者なき戦争」大月書店　2015
Bicket, Zenas J.　ビケット, ゼナス・J.

㊤「聖書の祈りが私の祈りになる」 日本アッセンブリーズ・オブ・ゴッド教団AG福音出版, 地引網出版（日野）（発売） 2015
Bickle, Mike ビックル, マイク
㊤「神を愛する喜び」 サムソン・パブリケーションズ 2006
Bickley, Lynn S. ビックリー, リン・S.
㊤「ベイツ診察法」 メディカル・サイエンス・インターナショナル 2015
Bictogo, Adama ビクトゴ, アダマ
㊀コートジボワール アフリカ統一相
Bidal, Jean ビダール, ジャン
1955～ ㊤「図解 フランスラグビーレッスン」 ベースボール・マガジン社 2003
Biddle, Jesse ビドル, ジェシー
㊀アメリカ 野球選手
Biddle, Stuart J.H. ビドル, スチュワート・J.H.
㊤「体育教師のための心理学」 大修館書店 2006
Biddle, Wayne ビドル, ウェイン
1948～ ㊉ビドル, ウエイン ㊤「放射能を基本から知るためのキーワード84」 河出書房新社 2013
Biddulph, Steve ビダルフ, スティーブ
1953～ ㊀オーストラリア 心理学者 ㊤家族問題 ㊉ビダルフ, スティーヴ
Biden, Beau バイデン, ボー
1969～2015 ㊀アメリカ 法律家 デラウェア州司法長官 本名＝Biden, Joseph Robinette (III) ㊉バイデン, ボウ
Biden, Joseph, Jr. バイデン, ジョセフ, Jr.
1942～ ㊀アメリカ 政治家 米国副大統領 米国上院議員（民主党） 別名＝バイデン, ジョー〈Biden, Joe〉 ㊉バイデン, ジョゼフ
Bident, Christophe ビダン, クリストフ
1962～ ㊤「モーリス・ブランショ」 水声社 2014
Biderman, Charles ビダーマン, チャールズ
1946～ ㊤「株式インサイダー投資法」 パンローリング 2006
Bidoung Kpwatt, Ismaël ビドゥンクプワット, イスマエル
㊀カメルーン スポーツ・体育教育相
Bie, Linne ビー, リンネ
1974～ ㊤「おおきくなったかな？」 講談社 2008
Bieber, Janet ビーバー, ジャネット
㊤「魅惑のショータイム」 ハーレクイン 2002
Bieber, Justin ビーバー, ジャスティン
1994～ ㊀カナダ シンガー・ソングライター
Bieberstein, Norbert ビーベルシュテイン, ノルベルト
㊤「SOA実践ガイドブック」 翔泳社 2006
Biedermann, Paul ビーデルマン, ポール
㊀ドイツ 水泳選手
Biegel, Paul ビーヘル, パウル
1925～2006 ㊀オランダ 作家
Biel, Alexander L. ビール, アレキサンダー・L.
㊤「ブランド・マネジメント」 ダイヤモンド社 2001
Biel, Jessica ビール, ジェシカ
1982～ ㊀アメリカ 女優
Bieler, Christoph ビーラー
㊀オーストリア ノルディック複合選手
Bielicki, John K. ビエリッキー, ジョン・K.
㊤「老化の生命科学」 アークメディア 2007
Bielinsky, Claudia ビーリンスキー, クラウディア
1954～ ㊤「ぼくはあかちゃん」 ひくまの出版 2004
Bielinsky, Fabian ビーリンスキー, ファビアン
1959～2006 ㊀アルゼンチン 映画監督, 脚本家
Bielsa, Marcelo ビエルサ, マルセロ
1955～ ㊀アルゼンチン サッカー指導者 サッカー・アルゼンチン代表監督
Bielsa, Rafael ビエルサ, ラファエル
㊀アルゼンチン 外務・貿易相
Bien, Kejjo ビエン, ケジョ
㊀マーシャル諸島 公共事業相
Bien-aime, Gabriel ビアンエメ, ガブリエル
㊀ハイチ共和国 国民教育・職業訓練相
Bien-aimé, Paul Antoine ビアンエメ, ポール・アントワーヌ
㊀ハイチ共和国 内務・地方自治体相
Bieńkowska, Elżbieta ビエンコフスカ, エルジュビエタ
㊀ポーランド 地域開発相
Bienkowski, Piotr ビエンコウスキ, ピョートル
㊤「図説古代オリエント事典」 東洋書林 2004
Bienstock, Richard ビエンストック, リチャード
㊤「カート・コバーン」 ヤマハミュージックメディア 2016

Bier, Susanne ビア, スザンネ
1960～ ㊀デンマーク 映画監督 ㊉ビエール, スザンネ
Bierens, Joost J.L.M. ビーレンス, J.J.L.M.
㊤「水難救助ハンドブック」 シュプリンガー・ジャパン 2008
Bieritz, Karl-Heinrich ビーリッツ, K.-H.
1936～ ㊤「教会暦」 教文館 2004
Bierley, Paul E. バイアリー, ポール・E.
㊤「スーザ・マーチ大全」 音楽之友社 2001
Bierma, Lyle D. ビエルマ, L.D.
㊤「『ハイデルベルク信仰問答』入門」 教文館 2013
Biermann, Franziska ビアマン, フランツィスカ
1970～ ㊤「赤ちゃんおばけベロンカ」 偕成社 2011
Biermann, Kroy ビアーマン, クロイ
㊀アメリカ アメフト選手
Biermann, Wolf ビーアマン, ヴォルフ
1936～ ㊀ドイツ 詩人, 劇作家, 歌手
Biernacki, Marek ビエルナツキ, マレク
㊀ポーランド 内務・行政相
Biernat, Andrzej ビエルナト, アンジェイ
㊀ポーランド スポーツ・観光相
Biersdorfer, J.D. ビアズドルファー, J.D.
㊤「iPod & iTunes」 オライリー・ジャパン, オーム社（発売） 2004
Bieryt, Krzysztof ビエリト
㊀ポーランド カヌー選手
Biesalski, Hans Konrad ビーザルスキ, ハンス・コンラート
㊤「ポケットアトラス栄養学」 ガイアブックス 2014
Biesheuvel, Barend Willem ビースヒューヘル, バレント
1920～2001 ㊀オランダ 政治家 オランダ首相
Bieshu, Maria ビエッシュ, マリア
1935～2012 ㊀モルドバ ソプラノ歌手
Biessels, Carli ビッセルス, カーリ
1936～ ㊤「がれきのなかの小鳥」 文溪堂 2015
Biesta, Gert J.J. ビースタ, ガート
1957～ ㊤「よい教育とはなにか」 白沢社, 現代書館（発売） 2016
Biestek, Felix Paul バイステック, F.P.
1912～ ㊤「ケースワークの原則」 誠信書房 2006
Biesty, Stephen ビースティー, スティーヴン
1961～ ㊤「巨大な乗り物」 大日本絵画 〔2014〕
Biet, Christian ビエ, クリスチャン
㊉ビエ, クリスチャン ㊤「コルネイユの劇世界」 上智大学出版, ぎょうせい（制作・発売） 2010
Biffen, John ビッフェン, ジョン
1930～2007 ㊀イギリス 政治家 英国保守党下院院内総務 別名＝Biffen, Lord
Bigas, Pedro ビガス, ペドロ
㊀スペイン サッカー選手
Big Bang Vader ビッグバン・ベイダー
1956～ ㊀アメリカ プロレスラー 別リングネーム＝ブル・パワー ㊉ビッグバン・ベーダー
Big Daddy V ビッグ・ダディV
1971～2014 ㊀アメリカ プロレスラー 別名＝メイブル〈Mabel〉, ヴィセラ〈Viscera〉, ビッグ・ダディ・ブードゥー〈Big Daddy Voodoo〉
Bigeleisen, Jacob ビゲライゼン, ヤコブ
1919～2010 ㊀アメリカ 化学者 ニューヨーク州立大学名誉教授, ロチェスター大学教授 ㊤アイソトープ化学
Bigelow, Kathryn Ann ビゲロウ, キャスリン
1951～ ㊀アメリカ 映画監督 ㊉ビグロウ／ビゲロー, キャスリン
Biggar, Dan ビガー, ダン
㊀ウェールズ ラグビー選手
Biggar, Trisha ビガー, トリシャ
㊤「DRESSING A GALAXY」 ボーンデジタル 2016
Biggers, E.J. ビガース, E.J.
㊀アメリカ アメフト選手
Biggio, Craig ビジオ, クレイグ
1965～ ㊀アメリカ 元野球選手 本名＝Biggio, Craig Alan
Biggs, Barbara ビッグズ, バーバラ
1956～ ㊤「倒錯者のペットにされて」 角川書店, 角川グループパブリッシング（発売） 2007
Biggs, Barton Michael ビッグス, バートン
1932～2012 ㊀アメリカ グローバル・ストラテジスト モルガン・スタンレー・アセット・マネジメント会長・CEO
Biggs, Matthew ビッグズ, マシュー

[著]「フローラ」 産調出版 2005
Biggs, Ronald ビッグズ, ロナルド
1929～2013 [国]イギリス 大列車強盗事件の主犯 [異]ビッグス, ロナルド
Biggs, Simon ビッグス, サイモン
1955～ [異]ビックス, サイモン [著]「高齢者虐待対応マニュアル」 ミネルヴァ書房 2005
Bigirimana, Balthazar ビギリマナ, バルタザル
[国]ブルンジ 公共事業・設備相
Bigirimana, Euphrasie ビギリマナ, ユーフラジ
[国]ブルンジ 商工・観光相
Bigirimana, Jean ビギリマナ, ジャン
[国]ブルンジ 商工相
Biglia, Lucas ビリア, ルーカス
[国]アルゼンチン サッカー選手
Biglieri, Ezio ビリエリ, エズィオ
[著]「MIMOワイヤレス通信」 東京電機大学出版局 2009
Bigot, Bernard ビゴ, ベルナール
[国]フランス 原子力・代替エネルギー庁長官, 原子力エネルギーに関する日仏委員会共同議長, 元・原子力・代替エネルギー庁原子力最高顧問
Bigot, Gigi ビゴ, ジジ
1950～ [著]「さとうばあさんチョコじいさん」 主婦の友社 2008
Big Show ビッグ・ショー
1972～ [国]アメリカ プロレスラー 別リングネーム＝ザ・ジャイアント〈The Giant〉
Bigus, Jennifer ビーガス, ジェニファー
1960～ [著]「Javaによる知的エージェント入門」 ソフトバンクパブリッシング 2002
Bigus, Joseph P. ビーガス, ジョゼフ・P.
[著]「Javaによる知的エージェント入門」 ソフトバンクパブリッシング 2002
Bihire, Linda ビヒレ, リンダ
[国]ルワンダ 社会基盤相
Bijarani, Mir Hazar Khan ビジャラニ, ミール・ハザール・カーン
[国]パキスタン 州間調整相 [異]ビジラニ, ミール・ハザール・カーン
Bijlsma, Anner ビルスマ, アンナー
1934～ [国]オランダ チェロ奏者 [異]ビルスマ, アネル
Bijman, Jos ベイマン, ヨス
[著]「EUの農協」 農林統計出版 2015
Bijou, Sidney William ビジュー, シドニー・W.
[著]「子どもの発達の行動分析」 二瓶社 2003
Bijoux, Jousette ビジュー, ジョゼット
[国]ハイチ共和国 保健相
Bikel, Theodore バイケル, セオドア
1924～2015 [国]アメリカ 俳優 本名＝Bikel, Theodore Meir [異]バイケル, シオドア / ビケル, セオドア
Bikert, Yekaterina ビケルト
[国]ロシア 陸上選手
Biklé, Anne ビクレー, アン
[著]「土と内臓」 築地書館 2016
Biklen, Douglas ビクレン, ダグラス
[著]「「自」らに「閉」じこもらない自閉症者たち」 エスコアール出版部 2009
Biktashev, Val ビクタシェフ, ヴァル
[著]「誰でもわかる正統派風水」 太玄社, ナチュラルスピリット（発売） 2014
Bilal, Enki ビラル, エンキ
1951～ [著]「ルーヴルの亡霊たち」 小学館集英社プロダクション 2014
Bilal, Mohammed Gharib ビラル, モハメド・ガリブ
[国]タンザニア 副大統領
Bilal, Muhsin ビラル, ムフシン
[国]シリア 情報相
Bilal, Salka Mint ビラル, サルカ・ミント
[国]モーリタニア 公務員・労働相
Bilal, Yousef Mohamed ビラール, ユセフ・モハメド
[国]カタール 駐日特命全権大使
Bilardo, Carlos ビラルド, カルロス
1939～ [国]アルゼンチン サッカー指導者 サッカー・アルゼンチン代表監督 本名＝ビラルド, カルロス・サルバドル
Bilby, Charlotte ビルビー, シャルロッテ
[著]「犯罪心理学」 有斐閣 2010
Bildt, Carl ビルト, カール
1949～ [国]スウェーデン 政治家, 外交官 スウェーデン首相・外相, ボスニア・ヘルツェゴビナ和平履行会議上級代表
Bile, Sheikh Hassann Ismail ビレ, シェイク・ハッサン・イスマイル
[国]ソマリア 宗教相
Bilenko, Tetyana ビレンコ, タチヤナ
[国]ウクライナ 卓球選手
Biles, Simone バイルス, シモーン
[国]アメリカ 体操選手
Bilgin, Erol ビルギン
[国]トルコ 重量挙げ選手
Bilic, Slaven ビリッチ, スラヴェン
[国]クロアチア ウェストハム監督
Bilie By Nze, Alain Claude ビリビンゼ, アラン・クロード
[国]ガボン デジタル経済・通信・文化・芸術相兼政府報道官
Bililis, Dini Abdallah ビリリス, ディニ・アブダラ
[国]ジブチ 農水畜産相
Bilis, Simonas ビリス, シモナス
[国]リトアニア 水泳選手
Bilk, Acker ビルク, アッカー
1929～2014 [国]イギリス ジャズ・クラリネット奏者 本名＝Bilk, Bernard Stanley
Bilkey, Tim ビルキー, ティム
[著]「ハーバード式大人のADHDパーフェクトガイド」 法研 2015
Bill ビル
[著]「覆面戦隊ルチャドーレス・ファイブ」 ユマノイド, パイインターナショナル（発売） 2014
Bill, Helen E. ビル, ヘレン
[著]「おうさまのくつ」 瑞雲舎 2015
Billac, Pete ビラック, ピート
[著]「ニューウエイズで人生が変わる！」 経済界 2004
Billah, Al-Muhtadee ビラ, ムタデー
[国]ブルネイ 首相府上級相, 皇太子
Billaud, Ludivine ビヨー, リュディヴィーヌ
[著]「クリエイティブスペース」 グラフィック社 2011
Billcliffe, Roger ビルクリフ, ロジャー
[著]「チャールズ・レニー・マッキントッシュのテキスタイルデザイン」 芸祥 2010
Billeaudeaux, Elizabeth Michelle ビルアドゥ, エリザベス・ミッシェル
[著]「マイケル・ジャクソン私たちの天使」 メディカルパースペクティブス, サンクチュアリ出版（発売） 2011
Billet, Marie-France ビエ, マリー・フランス
？～2002 [著]「アルツハイマーと父」 オープンナレッジ 2008
Billetdoux, Marie ビエドゥー, マリー
1951～ [著]「いくばくかの欲望を、さもなくば死を」 早川書房 2007
Billeter, Jean François ビルテール, ジャン・フランソワ
1939～ [著]「荘子に学ぶ」 みすず書房 2011
Billig, Michael ビリッグ, マイケル
[著]「笑いと嘲り」 新曜社 2011
Billing, Jacob ビリング, ヤコブ
1966～ [著]「児童性愛者」 解放出版社 2004
Billingham, Mark ビリンガム, マーク
[国]イギリス 作家 [専]ミステリー, スリラー
Billings, Andrew ビリングス, アンドリュー
[国]アメリカ アメフト選手
Billings, J.Andrew ビリングス, J・アンドリュー
[著]「臨床面接技法」 医学書院 2001
Billings, Lee ビリングズ, リー
[著]「五〇億年の孤独」 早川書房 2016
Billingsley, Barbara ビリングズリー, バーバラ
1915～2010 [国]アメリカ 女優
Billingsley, Jace ビリングズリー, ジェイス
[国]アメリカ アメフト選手
Billingsley, Randall S. ビリングスレイ, ランダール・S.
[著]「アービトラージ入門」 日経BP社, 日経BP出版センター（発売） 2007
Billington, David P. ビリントン, D.P.
1927～ [著]「塔と橋」 鹿島出版会 2001
Billington, James Hadley ビリントン, ジェームズ
1929～ [国]アメリカ 歴史家 米国議会図書館（LC）館長 [専]ロシア史
Billmeier, Uschi ビルマイヤー, ウシ
[著]「ママディ・ケイタ」 ケイ・エム・ピー 2006
Billmeyer, Mick ビルマイヤー, ミック
[国]アメリカ デトロイト・タイガースコーチ

Billon, Béatrice　ビヨン, ベアトリス
　㌳「ニューヨーク映画ロケ地ガイド」世界文化社　2015
Billon, Jean-Louis　ビヨン, ジャンルイ
　国コートジボワール　商業相
Billson, Bruce　ビルソン, ブルース
　国オーストラリア　小企業担当相
Billson, Mangala　ビルソン, マンガラ
　1948〜2012　㌳「わたしを自由にする数秘」市民出版社　2012
Billström, Tobias　ビルストローム, トビアス
　国スウェーデン　移民難民政策担当相
Billups, Ayako　ビラップス, アヤコ
　㊇ビラップス, 綾子　㌳「恵みの流れの中で」イーグレープ, 府中いのちのことば社(発売)　2008
Bilmes, Linda　ビルムズ, リンダ
　㌳「世界を不幸にするアメリカの戦争経済」徳間書店　2008
Bilodeau, Alexandre　ビロドー, アレキサンドル
　1987〜　国カナダ　元スキー選手　㊇ビロドウ, アレキサンダー
Bilodid, Gennadiy　ビロディド
　国ウクライナ　柔道選手
Bilonog, Yuriy　ビロノク
　国ウクライナ　陸上選手
Bilour, Ghulam Ahmad　ビロウル, グラーム・アフマド
　国パキスタン　鉄道相
Bilous, Rudy W.　ビロウス, ルーディ・W.
　㌳「糖尿病」一灯舎, オーム社(発売)　2007
Bilozir, Oksana　ビロジル, オクサナ
　国ウクライナ　文化芸術相
Bilsel, Can　ビルセル, ジャン
　㌳「Anytime」NTT出版　2001
Bilsen, Rita Van　ビルセン, リタ・ファン
　㌳「もりにきょじんがいる」学習研究社　2003
Bilsland, Greg　ブリスランド, グレッグ
　㌳「モンスター・マニュアル」ホビージャパン　2010
Bilstein, Frank F.　ビルスタイン, フランク・F.
　㌳「脱・市場シェア主義」ランダムハウス講談社　2006
Bilston, Sarah　ビルストン, サラ
　国アメリカ, イギリス　作家　㊇文学
Biltaji, Aqel　ビルタジ, アケル
　国ヨルダン　観光遺跡相
Biltgen, François　ビルツェン, フランソワ
　国ルクセンブルク　法相兼公務員・行政改革相兼通信・メディア相兼宗教相
Bilton, Nick　ビルトン, ニック
　㌳「ツイッター創業物語」日本経済新聞出版社　2014
Bimha, Mike　ビマ, マイク
　国ジンバブエ　通産相
Bimis, Thomas　ビミス
　国ギリシャ　飛び込み選手
Bimmer, Andreas C.　ビマー, アンドレーアス・C.
　1943〜　㌳「ヨーロッパ・エスノロジーの形成」文緝堂　2011
Binagwaho, Agnes　ビナグワホ, アグネス
　国ルワンダ　保健相
Binaisa, Godfrey　ビナイサ, ゴッドフリー
　1920〜2010　国ウガンダ　政治家　ウガンダ大統領　本名＝Binaisa, Godfrey Lukwongwa　㊇ビナイサ, ゴドフレー
Binard, Arthur　ビナード, アーサー
　1967〜　㌳「ゴミの日」理論社　2008
Binay, Jejomar C.　ビナイ, ジェジョマル
　1942〜　国フィリピン　政治家, 弁護士　フィリピン副大統領　マカティ市長
Binay, Mete　ビナイ
　国トルコ　重量挙げ選手
Bin Chhin　ビン・チン
　国カンボジア　副首相
Binchy, Maeve　ビンチー, メイブ
　1940〜2012　国アイルランド　作家　㊇ビンキー, モーブ／ビンキー, モーヴ／ビンチー, メイヴ
Bindé, Jérôme　バンデ, ジェローム
　㌳「地球との和解」麗沢大学出版会, 柏広池学園事業部(発売)　2009
Binder, Alfred　ビンダー, アルフレッド
　㌳「スポーツ筋損傷 診断と治療法」ガイアブックス　2014
Binder, Devin K.　ビンダー, デヴィン・K.
　㌳「脳神経」西村書店　2014
Binder, Gordon M.　バインダー, ゴードン
　1935〜　㌳「世界最高のバイオテク企業」日経BP社, 日経BP

マーケティング(発売)　2015
Binder, Hans　ビンダー, ハンス
　1963〜　㌳「アイデンティティと持続可能性」萌文社　2012
Bindloss, Joe　ビンドロス, ジョー
　㌳「タイの島とビーチ」メディアファクトリー　2004
Bindoumi, Joseph　ビンドゥーミ, ジョゼフ
　国中央アフリカ　国務相(国防・軍再編・退役軍人・戦争被害者担当)
Bindra, Abhinav　ビンドラ, アビナブ
　国インド　射撃選手
Bindra, Guljit　ビンドラ, グルジット
　㌳「ベッカムに恋して」愛育社　2003
Bindrich, Karsten　ビンドリヒ
　国ドイツ　射撃選手
Binet, Laurent　ビネ, ローラン
　1972〜　国フランス　作家　㊇フィクション, 歴史
Binford, Harvey　ビンフォード, ハービー
　国アメリカ　アメフト選手
Binford, Lewis Roberts　ビンフォード, ルイス
　1931〜2011　国アメリカ　考古学者, 文化人類学者　ニューメキシコ大学名誉教授
Bin Futtais, Saif　ビンフッタイス, サイフ
　国アラブ首長国連邦　射撃選手
Bing, Diana A.　ビング, ダイアナ・A.
　1948〜　㌳「IBMのキャリア開発戦略」同友館　2014
Bing, Stanley　ビング, スタンリー
　㌳「忙しい仕事がウソみたいに楽になるうまい方法」PHP研究所　2009
Bingea, Marian L.　ビンゲイ, M.L.
　?〜2004　㌳「ケアする人だって不死身ではない」北大路書房　2005
Bingham, Alpheus　ビンガム, アルフェース
　1953〜　㌳「イノベーションマーケット」ピアソン桐原　2012
Bingham, Benedict F.W.　ビンガム, B.
　㌳「メコン地域経済開発論」古今書院　2012
Bingham, Clara　ビンガム, クララ
　㌳「集団訴訟」竹書房　2006
Bingham, Harry　ビンガム, ハリー
　1967〜　㌳「VS」産業編集センター　2003
Bingham, Jane　ビングハム, ジェーン
　㌳「探し絵ツアー」文渓堂　2010
Bingham, Lisa　ビンガム, リサ
　㌳「誘惑のくちづけ」オークラ出版　2015
Bingham, Neil　バインガム, ニール
　㌳「死ぬまでに見たい名建築家のドローイング300」エクスナレッジ　2014
Bingham, Ryan　ビンガム, ライアン
　ソングライター　グラミー賞 最優秀映画・TV・その他映像メディア音楽作品(2010年(第53回))ほか
Bingham, Tony　ビンガム, トニー
　㌳「「ソーシャルラーニング」入門」日経BP社, 日経BPマーケティング(発売)　2012
Binh, Dao Dinh　ビン, ダオ・ディン
　国ベトナム　運輸相
Binh, Nguyen Thai　ビン, グエン・タイ
　国ベトナム　内相
Binh, Nguyen Thi　ビン, グエン・ティ
　国ベトナム　副大統領(国家副主席)
Binh, Nguyen Van　ビン, グエン・バン
　国ベトナム　国家銀行(中央銀行)総裁
Binh, Truong Hoa　ビン, チュオン・ホア
　国ベトナム　副首相
Biniez, Adrian　ビニエス, アドリアン
　ベルリン国際映画祭 銀熊賞 審査員グランプリ(第59回(2009年))ほか
Bininga, Ange Aimé　ビニンガ, アンジュ・エメ
　国コンゴ共和国　公務・国家改革相
Binkley, Howell　ビンクリー, ハウエル
　トニー賞 ミュージカル 照明デザイン賞(2006年(第60回))　"Jersey Boys"
Binkley, Marilyn　ビンクレー, マリリン
　㌳「21世紀型スキル」北大路書房　2014
Bin Laden, Osama　ビンラディン, オサマ
　1957〜2011　イスラム原理主義過激派活動家　アルカイダ指導者　㊇ビンラディン, ウサマ／ビン・ラディン, オサマ／ビン・ラディン, ウサマ／ビンラーディン, オサマ／ビンラーディン, ウサマ／ビン・ラーデン, オサマ／ビン・ラーデン, ウサマ

Bin Laden, Osama ビン・ラディン, オサマ
1957～ [著]「オサマ・ビン・ラディン発言」 河出書房新社 2006
Bin Ladin, Carmen ビンラディン, カルメン
[著]「遅すぎないうちに」 青山出版社 2004
Binmore, K.G. ビンモア, ケン
1940～ [著]「正義のゲーム理論的基礎」 NTT出版 2015
Binoche, Juliette ビノシュ, ジュリエット
1964～ [国]フランス 女優 [異]ビノッシュ, ジュリエット
Binoua, Josué ビヌア, ジョスエ
[国]中央アフリカ 国土管理・分権化相
Binsalama, Nabil Khalaf Saeed ビンサラマ, ナビール・ハラフ・サイード
[国]クウェート 電力・水資源相兼通信相
Binswanger, Mathias ビンズヴァンガー, マティアス
[著]「お金と幸福のおかしな関係」 新評論 2009
Bintley, David ビントリー, デービッド
1957～ [国]イギリス バレエダンサー, 振付師, バレエ監督 バーミンガム・ロイヤル・バレエ団(BRB)芸術監督 新国立劇場舞踊部門芸術監督 [異]ビントリー, デイヴィッド / ビントレー, デビッド / ビントレー, デヴィッド
Binunsky, Izik ビニヨンスキ, イツィック
[著]「SHALOM」 ミルトス 2016
Bio, Ibrahim Isa ビオ, イブラヒム・イサ
[国]ナイジェリア 国家スポーツ委員会相 [異]ビオ, イブラヒム
Bioletti, Alessandro ビオレッティ, アレッサンドロ
1986～ [著]「みつけてアレくん! せかいのたび」 小学館 2014
Bion, Francesca ビオン, フランチェスカ
[著]「タヴィストック・セミナー」 岩崎学術出版社 2014
Biondi, Fabio ビオンディ, ファビオ
1961～ [国]イタリア バイオリニスト, 指揮者 エウロウパ・ガランテ主宰
Biondini, Davide ビオンディーニ, ダヴィデ
[国]イタリア サッカー選手
Biong, Luka ビオン, ルカ
[国]スーダン 内閣担当相
Biraghi, Cristiano ビラーギ, クリスティアーノ
[国]イタリア サッカー選手
Biraschi, Davide ビラスキ, ダヴィデ
[国]イタリア サッカー選手
Birbeck, Mark ビルテック, マーク
[著]「プロフェッショナルXML」 インプレス, インプレスコミュニケーションズ(発売) 2001
Birbili, Tina ビルビリ, ティナ
[国]ギリシャ 環境・エネルギー・気候変動対策相
Birch, Alex バーチ, アレックス
[著]「顧客をつかむe-テール戦略」 東洋経済新報社 2001
Birch, Charles バーチ, チャールズ
1918～2009 [国]オーストラリア 生物学者, 環境哲学者, 急進的神学者 シドニー大学名誉教授 本名=Birch, Louis Charles
Birch, Hayley バーチ, ヘイリー
[著]「人類が解けない〈科学の謎〉」 原書房 2014
Birch, Paul バーチ, ポール
[著]「アイデアのつくり方を仕組み化する」 ディスカヴァー・トゥエンティワン 2010
Birch, Silver バーチ, シルバー
[著]「シルバーバーチ今日のことば」 ハート出版 2008
Birch, Will バーチ, ウィル
[著]「パブ・ロック革命」 シンコー・ミュージック 2001
Birchall, Chris バーチャル, クリス
[著]「レガシーソフトウェア改善ガイド」 翔泳社 2016
Birchall, Mark バーチャル, マーク
1955～ [著]「おつかいにいこう!」 大日本絵画 〔2001〕
Birchwood, Max バーチウッド, M.
[著]「精神疾患の早期発見・早期治療」 金剛出版 2001
Birchwood, M.J. バーチウッド, マックス
1954～ [著]「妄想・幻声・パラノイアへの認知行動療法」 星和書店 2012
Bird, Allan バード, アラン
[著]「入門ビジネス・リーダーシップ」 日本評論社 2007
Bird, Antonia バード, アントニア
1951～2013 [国]イギリス 映画監督
Bird, Beverly バード, ビバリー
[著]「億万長者の受難」 ハーレクイン 2005
Bird, Brad バード, ブラッド
1957～ [国]アメリカ アニメーション監督, 映画監督
Bird, Christopher バード, クリストファー
1928～ [著]「土壌の神秘」 春秋社 2005
Bird, Graham R. バード, グラハム
[著]「国際マクロ経済学」 文真堂 2001
Bird, Greg バード, グレッグ
[国]アメリカ 野球選手
Bird, Jemima バード, ジェマイマ
1970～ [著]「ブランコあそびにいくんだい!」 評論社 2005
Bird, Jo バード, ジョー
[著]「楽しい乗馬ビジュアルテキスト」 緑書房 2012
Bird, John バード, ジョン
1946～ [国]イギリス 出版人 ビッグイシュー共同創設者 「ビッグ・イシュー」編集長
Bird, Kai バード, カイ
1952～ [国]アメリカ ピュリッツアー賞 文学・音楽 伝記・自伝(2006年)ほか
Bird, Larry バード, ラリー
[国]アメリカ インディアナ・ペイサーズGM
Bird, Lester バード, レスター
[国]アンティグア・バーブーダ 首相兼カリブ共同体・協同市場(カリコム)関係相兼国防・財務・法務・外務・通信相
Bird, Stephen バード, スティーブン
[国]オーストラリア カヌー選手
Bird, Timothy バード, ティモシー
ローレンス・オリヴィエ賞 装置デザイン賞(2007年(第31回))
"Sunday In The Park With George"
Bird, Vere バード, ベレ
[国]アンティグア・バーブーダ 農業・国土・水産相
Birdman バードマン
[国]アメリカ ヒップホップ・ミュージシャン
Birdsall, Jeanne バーズオール, ジーン
1951～ [国]アメリカ 作家 [専]児童書
Bird-smith, Dane バードスミス, デーン
[国]オーストラリア 陸上選手
Birdwell, Robyn L. バードウェル, ロビン・L.
[著]「乳腺top100診断」 メディカル・サイエンス・インターナショナル 2005
Birendra Bir Bikram Shah ビレンドラ・ビル・ビクラム・シャー
1945～2001 [国]ネパール 国王 ネパール国王 [異]ビレンドラ・ビル・ビクラム・シャー・デブ
Birge, Edward Asahel バージ, E.A.
[著]「バクテリアとファージの遺伝学」 シュプリンガー・フェアラーク東京 2002
Birgisson, Jon Thor バーギッソン, ジョンジー
1975～ [国]アイスランド ミュージシャン [異]バーギッソン, ヨンシー
Birgmark, Daniel ビリマーク
[国]スウェーデン セーリング選手
Birighitti, Mark ビリギッティ, マーク
[国]オーストラリア サッカー選手
Birkenmeier, Beat ビルケンマイヤー, ビート
[著]「科学経営のための実践的MOT」 日経BP社, 日経BP出版センター(発売) 2005
Birkett, Georgie バーケット, ジョージー
[著]「しかめっつらあかちゃん」 ほるぷ出版 2009
Birkhead, Tim R. バークヘッド, ティム
[著]「鳥たちの驚異的な感覚世界」 河出書房新社 2013
Birkin, Jane バーキン, ジェーン
1946～ [国]フランス 女優, 歌手
Birkinhead, Damien バーキンヘッド, ダミアン
[国]オーストラリア 陸上選手
Birkinshaw, Julian M. バーキンショー, ジュリアン・M.
[著]「エリクソンの「脱・カリスマ」管理術」 講談社 2006
Birkmayer, Walther ビルクマイヤー, ヴァルター
[著]「悪魔の医学紳士録」 メディカル・サイエンス・インターナショナル 2003
Birks, Tony バークス, トニー
1937～ [著]「ルーシー・リー」 ヒュース・テン 2001
Birla, Kumar Mangalam ビルラ, クマール
[国]インド 銀行家
Birlova, Ekaterina ビルロワ
[国]ロシア ビーチバレー選手
Birmingham, Christian バーミンガム, クリスチャン
[著]「ぼくこわくないもん」 京都修学社, 京都 英伝社(発売) 2003
Birmingham, David バーミンガム, デビッド
[著]「ポルトガルの歴史」 創土社 2002
Birmingham, Kevin バーミンガム, ケヴィン

®「ユリシーズを燃やせ」 柏書房 2016
Birmingham, Lucy　バーミンガム, ルーシー
　®「雨ニモマケズ」 えにし書房 2016
Birmingham, Ruth　バーミングハム, ルース
　®「ピーチツリー探偵社」 早川書房 2002
Birmingham, Simon　バーミンガム, サイモン
　®オーストラリア　教育・訓練相
Birnbach, Lisa　バーンバック, リサ
　®「TRUE PREP」 Pヴァイン・ブックス, スペースシャワーネットワーク（発売） 2012
Birnbaum, Immanuel　ビルンバウム, イマヌエル
　®「回想のマックス・ウェーバー」 岩波書店 2005
Birnbaum, Molly　バーンバウム, モリー
　1982〜　®「アノスミア」 勁草書房 2013
Birnbaum, Pierre　ビルンボーム, ピエール
　1940〜　®「国家の歴史社会学」 吉田書店 2015
Birndorf, Catherine　バーンドーフ, キャサリン
　®「心の部屋の片付けかた」 講談社 2011
Birney, Betty　バーニィ, ベティ・G.
　®バーニー, ベティ　®「ササフラス・スプリングスの七不思議」 評論社 2009
Birnie, Patricia W.　バーニー, パトリシア
　®「国際環境法」 慶応義塾大学出版会 2007
Birnsteel, Laurie　バーンスティール, ローリー
　1946〜　®「Dog's星占い」 ディスカヴァー・トゥエンティワン 2003
Birnstill, Francisco　ビルンスティル, フランシスコ
　®パラグアイ　パラグアイ柔道連盟会長, 南米柔道連盟副会長
Biro, Val　ビーロウ, バル
　®「ねがいごとをしてごらん」 評論社 2004
Birol, Fatih　ビロル, ファティ
　®トルコ　国際エネルギー機関（IEA）チーフエコノミスト兼グローバルエネルギー経済局長
Birou, Anis　ビル, アニス
　®モロッコ　移民相
Birrell, Anne　ビレル, アン
　®「中国の神話」 丸善 2003
Birrell, Pamela J.　ビレル, パメラ
　®「人はなぜ裏切りに目をつぶるのか」 亜紀書房 2015
Birren, James E.　ビリン, ジェイムズ・E.
　®「エイジング心理学ハンドブック」 北大路書房 2008
Birsa, Valter　ビルサ, ヴァルテル
　®スロベニア　サッカー選手
Birsel, Ismet　ビルセル, イスメット
　®トルコ　元・駐イラントルコ大使
Birtwistle, Harrison　バートウィスル, ハリソン
　1934〜　®イギリス　作曲家
Birulés Bertrán, Ana　ビルレス・ベルトラン, アナ
　®スペイン　科学技術相
Biruta, Vincent　ビルタ, ビンセント
　®ルワンダ　天然資源相
Birutis, Šarūnas　ビルティス, シャルーナス
　®リトアニア　文化相
Biryukova, Vera　ビリウコワ
　®ロシア　新体操選手
Bisaland, Elizabeth　ビスランド, エリザベス
　®「未完のハーン伝」 大空社 2002
Bisanz, Gero　ビザンツ, ゲロ
　®「21世紀のサッカー選手育成法 ユース編」 大修館書店 2002
Bisazza, Piero　ビザッツァ, ピエロ
　1955〜　®イタリア　実業家　ビザッツァCEO
Bisbal, David　ビスバル, ダビッド
　1979〜　®スペイン　歌手
Bischof, Ole　ビショフ, オーレ
　1979〜　®ドイツ　柔道選手
Bischoff, Cordula　ビショフ, コルドゥラ
　1957〜　®「ドレスデン国立美術館展」 日本経済新聞社 2005
Bischoff, Kendra　ビショフ, K.
　®「格差社会アメリカの教育改革」 明石書店 2007
Bischoff, Ulrich　ビショフ, ウルリッヒ
　1947〜　®「エドヴァール・ムンク」 タッシェン・ジャパン, 洋販（発売） 2002
Bischoff, Winfried Franz Wilhelm　ビショップ, ウィンフリッド
　1941〜　®イギリス　銀行家　シティグループ会長　通称＝ビショップ, ウィン〈Bischoff, Win〉

Bisdikian, Chatschik　ビスディキアン, チャトシック
　®「Bluetoothテクノロジーへの招待」 ピアソン・エデュケーション 2002
Bishara, Issac　ビシャラ, アイザック
　1968〜　®「先住民族のガバナンス」 北海道大学大学院法学研究科附属高等法政教育研究センター 2004
Bishara, Shukri　ビシャラ, シュクリ
　®パレスチナ　財務相兼計画相
al-Bishari, Ahmad Ali　アル・ビシャリ, アハマド・アリ
　®イエメン　国外在住者問題相
Bishok, Dak Dob　ビショック, ダク・ドブ
　®スーダン　労働相
Bishop, Alan J.　ビショップ, アラン・J.
　®「数学的文化化」 教育出版 2011
Bishop, Anne　ビショップ, アン
　®「灰色の女王」 中央公論新社 2007
Bishop, Beata　ビショップ, ベータ
　®「ゲルソン療法」 地湧社 2009
Bishop, Bill　ビショップ, ビル
　1957〜　®「最初のデートでプロポーズ!?」 サンマーク出版 2006
Bishop, Bronwyn　ビショップ, ブラウンウィン
　1942〜　®オーストラリア　政治家　オーストラリア下院議長, オーストラリア上院議員　本名＝Bishop, Bronwyn Kathleen
Bishop, Chris　ビショップ, クリス
　®「Waffen-SS divisions」 リイド社 2008
Bishop, Christopher　ビショップ, クリストファー
　®イギリス　エディンバラ大学教授　®コンピューターの次世代基礎技術　®ビショップ, C.M.
Bishop, Claire　ビショップ, クレア
　1971〜　®「人工地獄」 フィルムアート社 2016
Bishop, Dorothy V.M.　ビショップ, ドロシー
　®「児童青年精神医学」 明石書店 2015
Bishop, Farzad　ビショップ, ファルザード
　®「イラン空軍のF-14トムキャット飛行隊」 大日本絵画 2016
Bishop, Freddie　ビショップ, フレディー
　®アメリカ　アメフト選手
Bishop, Gavin　ビショップ, ガヴィン
　1946〜　®「ヘビとトカゲきょうからともだち」 アリス館 2011
Bishop, George　ビショップ, ジョージ
　1922〜2001　®「ペドロ・アルペSJ伝」 宇品印刷授産場 2012
Bishop, Jim　ビショップ, ジム
　®「アドラーの思い出」 創元社 2007
Bishop, J.Michael　ビショップ, J.マイケル
　1936〜　®「がん遺伝子は何処から来たか?」 日経BP社, 日経BP出版センター（発売） 2004
Bishop, Joey　ビショップ, ジョーイ
　1918〜2007　®アメリカ　コメディアン, 俳優　本名＝Gottlieb, Joseph Abraham
Bishop, John Leslie　ビショップ, ジョン
　1948〜　®「ピアノマニュアル」 ヤマハミュージックメディア 2010
Bishop, Julie　ビショップ, ジュリー
　1914〜2001　®アメリカ　女優　別名＝Wells, Jacquelin, Duval, Diane
Bishop, Julie　ビショップ, ジュリー
　®オーストラリア　外相
Bishop, Melissa　ビショップ, メリッサ
　®カナダ　陸上選手
Bishop, Michael　ビショップ, マイクル
　®「リトペディオン」 文芸社 2008
Bishop, Michael J.　ビショップ, マイケル・J.
　グラミー賞 最優秀録音技術アルバム（クラシック）（2014年（第57回））ほか
Bishop, Nic　ビショップ, ニック
　1955〜　®「アカメアマガエル」 ほるぷ出版 2005
Bishop, Robert H.　ビショップ, ロバート・H.
　1957〜　®「LabVIEW 2010プログラミングガイド」 アスキー・メディアワークス, 角川グループパブリッシング（発売） 2011
Bishop, Russell　ビショップ, ラッセル
　1950〜　®「ワークアラウンド仕事術」 マグロウヒル・エデュケーション, 日本経済新聞出版社（発売） 2011
Bishop, Teina　ビショップ, テイナ
　®クック諸島　教育相兼海洋資源相兼観光相兼人材開発担当相
Bishop, William John　ビショップ, W.J.
　1903〜　®「創傷ドレッシングの歴史」 時空出版 2009
Biškupić, Božo　ビシュクピッチ, ボジョ

Bisley, Nick ビズリー、ニック
　㊞「多国間主義と同盟の狭間」国際書院　2006
Bisley, Simon ビズレー、サイモン
　㊞「BATMAN LOBO/LOBO AUTHORITY：HOLIDAY HELL」ジュリアンパブリッシング　2016
Bismarck, Beatrice von ビスマルク、ベアトリス・フォン
　1959～　㊞「印象派絵画」Taschen　c2010
Bismuth, Pierre ビスマス、ピエール
　アカデミー賞 オリジナル脚本賞（第77回（2004年））　"Eternal Sunshine of the Spotless Mind"　㊞ビスミュット、ピエール
Bisnauth, Dale ビスノース、デール
　㊀ガイアナ　福祉・社会保障・労働相
Biss, Jonathan ビス、ジョナサン
　1980～　㊀アメリカ　ピアニスト
Bissaro, Vittorio ビッサロ、ビットリオ
　㊀イタリア　セーリング選手
Bissell, Sallie ビッセル、サリー
　㊞「ホワイトムーン」二見書房　2003
Bisset, Fergus ビセット、ファーガス
　㊞「This is service design thinking.」ビー・エヌ・エヌ新社　2013
Bisset, Jacqueline ビセット、ジャクリーン
　1944～　㊀イギリス　女優　本名=Fraser-Bisset, Winfred Jacqueline
Bisset, Sonia ビセット
　㊀キューバ　陸上選手
Bissette, Stephen ビセット、スティーブン
　㊞「スワンプシング」小学館集英社プロダクション　2010
Bisson, Terry ビッスン、テリー
　1942～　㊞「スター・ウォーズ ボバ・フェット」エフエックス、星雲社（発売）　2010
Bissonnette, Barbara A. ビソネット、バーバラ
　㊞「アスペルガー症候群の人の就労・職場定着ガイドブック」明石書店　2016
Bissonnette, Paul ビソネット、ポール
　1945～　㊞「相手を「必ず動かす」英文メールの書き方」アルク　2014
Bist, Vandana ビシュト、ヴァンダナー
　1963～　㊞「ながいながいかみのおひめさま」アートン　2006
Bista, Deepak ビスタ
　㊀ネパール　テコンドー選手
Biswas, Abdul Latif ビスワス、アブドゥル・ラティフ
　㊀バングラデシュ　漁業・家畜相
Biswas, Asit K. ビスワス、アシット・K.
　㊞「水のリスクマネジメント」アサヒビール、清水弘文堂書房（発売）　2002
Biswas, Pulak ビスワス、プラク
　1941～　㊞「トラさん、トラさん、木のうえに！」評論社　2007
Biswas-Diener, Robert ビスワス=ディーナー、ロバート
　㊞「ポジティブ・コーチングの教科書」草思社　2016
Bitamazire, Geraldine ビタマジレ、ジェラルディン
　㊀ウガンダ　教育・スポーツ相
Bitamazire, Namirembe ビタマジレ、ナミレンベ
　㊀ウガンダ　教育・スポーツ相
al-Bitani, Mohammed Abdullah アル・ビタニ、モハメド・アブドラ
　㊀イエメン　技術職業訓練相
Bitar, Sergio ビタル、セルヒオ
　㊀チリ　公共事業相
Bitaraf, Habibollah ビータラフ、ハビボラ
　㊀イラン　エネルギー相
Bîtca, Vasile ブトカ、バシレ
　㊀モルドバ　建設・地域開発相
Bitcha, Sola Nkilin Na ビチャ、ソラ・ヌキリン・ナ
　㊀ギニアビサウ　地域開発相
Biteznik, Bojan B. ビテズニック、ボーヤン・B.
　㊞「ポストイナ洞窟のドラゴン、ジェミー」文芸社　2016
Biti, Tendai ビティ、テンダイ
　㊀ジンバブエ　財務相
Bititci, Umit ビティッチ、ユミット
　㊞「業績評価の理論と実務」東洋経済新報社　2004
Bitner, Mary Jo ビトナー、メアリー・ジョー
　㊞「マーケティングのジレンマ」ダイヤモンド社　2004
Bitner, Richard ビトナー、リチャード
　㊞「サブプライムを売った男の告白」ダイヤモンド社　2008
Bitonio, Joel バイトニオ、ジョエル
　㊀アメリカ　アメフト選手
Bitougat, Chirstiane ビトゥガ、クリスティアンヌ
　㊀ガボン　労働・雇用相
Bitov, Andrei Georgievich ビートフ、アンドレイ
　1937～　㊀ロシア　作家　ロシア・ペンクラブ会長
Bitrán, Eduardo ビトラン、エドゥアルド
　㊀チリ　公共事業相
Bitsindou, Gerard ビツィンドゥ、ジェラール
　㊀コンゴ共和国　大統領府相（大統領官房、国家監査）
Bitskoff, Aleksei ビツコフ、アレクセイ
　㊞「大図解 人体・ミクロの旅」絵本塾出版　2016
Bittante, Luca ビッタンテ、ルカ
　㊀イタリア　サッカー選手
Bittencourt, Fernando ビッテンコート、フェルナンド
　㊀ブラジル　TVグローボ技師長
Bittencourt, Leonardo ビッテンコート、レオナルド
　㊀ドイツ　サッカー選手
Bitter, Joshua ビッター、ジョシュア
　㊀ドイツ　サッカー選手
Bittler, Corinne ビットラー、コリーヌ
　㊞「たのしいかずのえほん」大日本絵画　〔2014〕
Bittleston, Jennie ビトルストン、ジェニー
　㊞「ヨーガ」産調出版　2004
Bittlingmayer, George ビットリングメイヤー、ジョージ
　㊞「ブロードバンドの発展と政策」NTT出版　2005
Bittner, Kurt ビットナー、カート
　㊞「反復型開発のエコノミクス」ピアソン・エデュケーション　2009
Bittner, Mark ビトナー、マーク
　1951～　㊞「都会の野生オウム観察記」築地書館　2015
Bittrich, Dietmar ビットリッヒ、ディートマー
　1958～　㊞「HARIBO占い」阪急コミュニケーションズ　2011
Bitz, Michael ビッツ、マイケル
　㊞「ニューヨークの高校生、マンガを描く」岩波書店　2012
Biuso, Julie ビューソ、ジュリー
　㊞「ニュージーランド」メディアファクトリー　2004
Biven, W.Carl ビブン、W.カール
　㊞「誰がケインズを殺したか」日本経済新聞社　2002
Bivens-Tatum, Wayne ビヴェンズ・テイタム、ウェイン
　㊞「図書館と啓蒙主義」京都図書館情報学研究会、日本図書館協会（発売）　2013
Biver, Jean-Claude ビバー、ジャン・クロード
　1949～　㊀ルクセンブルク　実業家　LVMH時計部門代表、タグ・ホイヤーCEO、ウブロ会長
Bivol, Victor ビボル
　㊀モルドバ　柔道選手
Biwott, Nicholas ビウォット、ニコラス
　㊀ケニア　観光貿易産業相
Bix, Herbert P. ビックス、ハーバート
　1938～　㊀アメリカ　日本・東洋史家　ニューヨーク州立大学ビンガムトン校名誉教授　㊞平和社会論、日本近現代史
Bixby, Donald E. ビクスビー、ドナルド・E.
　㊞「動物工場」緑風出版　2016
Bixler, Dave ビクスラー、デイブ
　㊞「MCSEパーフェクトテキスト試験番号70-216：Windows 2000 Network Infrastructure」ピアソン・エデュケーション　2001
Bixler, Susan ビクスラー、スーザン
　㊞「成功する男の服装戦略」朝日新聞社　2003
Bixley, Donovan ビクスレー、ドノヴァン
　㊞「素顔のモーツァルト」グラフィック社　2005
Biya, Paul ビヤ、ポール
　1933～　㊀カメルーン　政治家　カメルーン大統領、カメルーン人民民主同盟（RDPC）党首
Biyama, Roy ビヤマ、ロイ
　㊀パプアニューギニア　首相補佐相
Biyarslanov, Arthur ビヤルスラノフ、アルトゥール
　㊀カナダ　ボクシング選手
Biyoghe Mba, Paul ビヨゲンバ、ポール
　㊀ガボン　社会家族開発・社会保障・国民連帯相
Biyombo, Bismack ビヨンボ、ビスマック
　㊀コンゴ民主共和国　バスケットボール選手
Bizer, Christian バイツァー、クリスチャン
　㊞「Linked Data」近代科学社　2013
Bizet, François ビゼ、フランソワ
　1963～　㊞「文楽の日本」みすず書房　2016
Bizimana, Evariste ビジマナ、エバリスト

[国]ルワンダ　社会基盤相
Bizimungu, Pasteur　ビジムング, パストゥール
1950～　[国]ルワンダ　政治家　ルワンダ大統領
Bizinjo, Hasil Khan　バザンジョ, ハシル・カーン
[国]パキスタン　港湾・海運相
Bizjak, Ivan　ビジャク, イバン
[国]スロベニア　法相
Bizjak, Ivo　ビジャク, イボ
[国]スロベニア　法相
Bizony, Piers　ビゾニー, ピアーズ
1959～　[著]「アポロ11号」 河出書房新社　2014
Bizot, Emmanuel　ビゾ, エマニュエル
[国]中央アフリカ　水資源・森林・漁業相　[異]ビゾ, エマヌエル
Bizot, Francois　ビゾ, フランソワ
1940～　[著]「カンボジア運命の門」 講談社　2002
Bizouerne, Gilles　ビズエルヌ, ジル
1978～　[著]「いいにおいのおならをうるおとこ」 ロクリン社 2016
Bizzarri, Albano　ビサーリ, アルバノ
[国]アルゼンチン　サッカー選手
Bizzarri, Giulio　ビッザーリ, ジュリオ
[著]「写真講義」 みすず書房　2014
Bizzarri, Marco　ビッザーリ, マルコ
1962～　[国]イタリア　実業家　ボッテガ・ヴェネタ社長・CEO
Bizzo, Emmanuel　ビゾ, エマヌエル
[国]中央アフリカ　水資源・森林・漁業相
Bjarnason, Birkir　ビャルナソン, ビルキル
[国]アイスランド　サッカー選手
Bjarnason, Bjorn　ビャルナソン, ビョルン
[国]アイスランド　司法・宗教相
Bjarnason, Jon　ビャルナソン, ヨン
[国]アイスランド　農水相
Bjarnason, Rúnar　ビャルナソン, ルナー
[著]「Scala関数型デザイン＆プログラミング」 インプレス　2015
Bjartmarz, Jónína　ビャルトゥマルツ, ヨニナ
[国]アイスランド　環境・北欧協力相
Bjelica, Nemanja　ビェリツァ, ネマニャ
[国]セルビア　バスケットボール選手
Bjelke-Holtermann, Claudia　ビエルケ－ホルターマン, クラウディア
[国]ドイツ　ジークブルク独日協会会長
Bjerendal, Christine　ビョレンダル, クリスティーネ
[国]スウェーデン　アーチェリー選手
Bjerke, Siri　ビャルケ, シーリ
[国]ノルウェー　環境相
Bjerklie, Steve　ビエルクリー, スティーブ
[著]「動物工場」 緑風出版　2016
Bjerregrav, Henrik　ビェアグラウ, ヘンレク
1962～　[著]「高齢者の孤独」 新評論　2008
Bjoern, Frank　ビョーン, フランク
1979～　[著]「顧客満足CSの科学と顧客価値創造の戦略」 日科技連出版社　2015
Bjoerndalen, Ole Einar　ビョルンダーレン, オーレ・アイナル
1974～　[国]ノルウェー　バイアスロン選手　[異]ビョルンダーレン, オーレアイナル
Bjoernlund, Jesper　ビョルンルンド
[国]スウェーデン　フリースタイルスキー選手
Bjorgen, Marit　ビョルゲン, マリット
1980～　[国]ノルウェー　スキー選手
Björk　ビョーク
1965～　[国]アイスランド　シンガー・ソングライター　本名＝Gudmundsdóttir, Björk
Björk, Anita　ビョルク, アニタ
1923～2012　[国]スウェーデン　女優
Björk, Christina　ビヨルク, クリスティーナ
[著]「遊んで遊んで」 岩波書店　2007
Bjork, Samuel　ビョルク, サムエル
[著]「オスロ警察殺人捜査課 特別班」 ディスカヴァー・トゥエンティワン　2016
Björk, Tomas　ビョルク, T.
[異]ビョルク, トーマス　[著]「数理ファイナンスの基礎」 朝倉書店 2006
Bjorken, James D.　ビョルケン, ジェームス・D.
[国]アメリカ　ウルフ賞 物理学部門(2015年)
Bjorkgren, Nate　ビョークレン, ネイト
[国]アメリカ　フェニックス・サンズアシスタントコーチ(バスケットボール)
Bjorklund, David F.　ビョークランド, D.F.
1949～　[著]「進化発達心理学」 新曜社　2008
Björklund, Jan　ビヨルクルンド, ヤン
[国]スウェーデン　副首相兼教育相
Björklund, Leni　ビヨルクルンド, レニー
[国]スウェーデン　国防相
Bjorkman, Stig　ビョークマン, スティーグ
[著]「ラース・フォン・トリアー」 水声社　2001
Björling, Ewa　ビョーリング, エバ
[国]スウェーデン　貿易相
Bjorn　ビョルン
1945～　[国]スウェーデン　ミュージシャン　本名＝ウルヴェウス, ビョルン〈Ulvaeus, Bjorn〉　[異]ビヨルン
Björn, Lars Olof　ビヨルン, L.O.
1936～　[著]「光と生命」 ジュピター書房　2014
Björn, Michael　ビョルン, ミカエル
1962～　[著]「シチュエーション・マーケティング」 かんき出版 2002
Bjornerud, Marcia　ビョーネルード, マーシャ
[著]「岩石から読み取る地球の自叙伝」 日経BP社, 日経BP出版センター(発売)　2007
Bjørnøy, Helen Oddveig　ビョルンオイ, ヘレン・オッドバイグ
[国]ノルウェー　環境相
Bjornson, Craig　ビョルンソン, クレイグ
[国]アメリカ　ヒューストン・アストロズコーチ
Bjørnson, Maria　ビョルンソン, マリア
1949～2002　[国]イギリス　舞台美術デザイナー　本名＝Proden, Maria Elena　[異]ビヨルソン, マリア
Björnstjerna, Jonna　ビョルンシェーナ, ヨンナ
1983～　[著]「おばけイカにきをつけろおとうとうさぎ！」 クレヨンハウス　2015
Bjørnvig, Thorkild Strange　ビョルンヴィ, トルキル
1918～2004　[国]デンマーク　詩人　[異]ビョーンヴィ, トーキル
Bjurstrøm, Hanne　ビュールストロム, ハンネ
[国]ノルウェー　労相
Blach, Ty　ブラック, タイ
[国]アメリカ　野球選手
Blacher, Kolja　ブラッハー, コリア
1963～　[国]ドイツ　バイオリニスト　ベルリン・フィルハーモニー管弦楽団第1コンサートマスター
Black, Alistair　ブラック, アリステア
図書館学者　リーズ・メトロポリタン大学図書館史・情報史教授
Black, Anastasia　ブラック, アナスタシア
[専]ロマンス　単独筆名＝テンプルトン, ジュリア〈Templeton, Julia〉, クーパー・ポージー, トレイシー〈Cooper-Posey, Tracy〉
Black, Becky　ブラック, ベッキー
[著]「エンジェル・ライフ」 ダイヤモンド社　2014
Black, Benjamin　ブラック, ベンジャミン
1945～　[著]「黒い瞳のブロンド」 早川書房　2014
Black, Birdie　ブラック, バーディ
[著]「ぴったりのクリスマス」 小学館　2012
Black, Bob　ブラック, ボブ
1951～　[著]「労働廃絶論」 『アナキズム叢書』刊行会, 『アナキズム』誌編集委員会(発売)　2014
Black, Bud　ブラック, バド
[国]アメリカ　コロラド・ロッキーズ監督
Black, Campbell　ブラック, キャンベル
[著]「インディ・ジョーンズ」 早川書房　2008
Black, Cara　ブラック, カーラ
1951～　[著]「パリ、殺人区」 早川書房　2002
Black, Cathie　ブラック, キャシー
[著]「成功する女性の教科書」 早川書房　2008
Black, Christopher F.　ブラック, C.F.
1941～　[著]「ルネサンス」 朝倉書店　2008
Black, Claudia A.　ブラック, クラウディア
[著]「性嗜癖者のパートナー」 誠信書房　2015
Black, C.S.　ブラック, C.S.
1964～　[国]アメリカ　シンガポール在住の作家　[専]サスペンス
Black, Dave　ブラック, デイヴ
1959～　[著]「楽器の音域・音質・奏法」 ヤマハミュージックメディア　2016
Black, David William　ブラック, デイビッド
[著]「西オーストラリア - 日本(にっぽん)交流史」 日本評論社 2012
Black, Donald W.　ブラック, ドナルド・W.
1956～　[著]「DSM-5ガイドブック」 医学書院　2016

B

B

Black, Dustin Lance ブラック, ダスティン・ランス
アカデミー賞 オリジナル脚本賞(第81回(2008年)) "Milk"
Black, Edwin ブラック, エドウィン
1950～ [著]「IBMとホロコースト」 柏書房 2001
Black, Elsabeth ブラック, エルサベス
[国]カナダ 体操選手 [異]ブラック
Black, Ervin L. ブラック, アーヴィン・L.
[著]「多国籍企業の会計」 中央経済社 2007
Black, Ethan ブラック, イーサン
1951～ [著]「古き友からの伝言」 ソニー・マガジンズ 2005
Black, George ブラック, ジョージ
1949～ [著]「アメリカン・バンブーロッドのいままで」 渡渉舎 2008
Black, Holly ブラック, ホリー
1971～ [国]アメリカ ファンタジー作家 [専]ファンタジー
Black, Ira B. ブラック, アイラ・B.
[著]「脳は変化する」 青土社 2004
Black, Jack ブラック, ジャック
1969～ [国]アメリカ 俳優, ロック・ミュージシャン
Black, Jacquelyn G. ブラック, J.G.
[著]「ブラック微生物学」 丸善出版 2014
Black, James Whyte ブラック, ジェームズ
1924～2010 [国]イギリス 薬理学者 ロンドン大学キングス・カレッジ名誉教授 [異]ブラック, ジェイムズ
Black, Jeremy ブラック, ジェレミー
1955～ [著]「世界の都市地図500年史」 河出書房新社 2016
Black, Joe ブラック, ジョー
1924～2002 [国]アメリカ 野球選手
Black, Jonah ブラック, ヨナ
[著]「もっと速く、もっと、もっと!」 柏艪舎, 星雲社(発売) 2005
Black, Jonathan ブラック, ジョナサン
[著]「秘密結社版世界の歴史」 早川書房 2009
Black, J.Stewart ブラック, J.ステュアート
1959～ [異]ブラック, J.スチュワート [著]「ピープルマネジメント」 日経BP社 2002
Black, J.W. ブラック, J.W.
[著]「フェンダー・ベース・ヒストリー」 リットーミュージック 2002
Black, Karen ブラック, カレン
1939～2013 [国]アメリカ 女優 本名=Ziegler, Karen Blanche
Black, Kathy ブラック, キャシー
1956～ [著]「癒しの説教学」 教文館 2008
Black, Leon ブラック, レオン
[国]アメリカ アポロ・グローバル・マネジメント
Black, Lewis ブラック, ルイス
グラミー賞 最優秀コメディ・アルバム(2010年(第53回))ほか
Black, Lisa ブラック, リサ
1963～ [国]アメリカ 作家, 法科学者 [専]ミステリー, スリラー
Black, Maggie ブラック, マギー
1945～ [著]「水の世界地図」 丸善 2010
Black, Mary ブラック, メアリー
1955～ [国]アイルランド 歌手
Black, Michael Ian ブラック, マイケル・イアン
1971～ [著]「はだかんぼ!」 ひさかたチャイルド 2015
Black, Noel ブラック, ノエル
1937～2014 [国]アメリカ 映画監督
Black, Paula ブラック, ポーラ
1966～ [著]「ビューティー・サロンの社会学」 新曜社 2008
Black, Ray ブラック, レイ
[国]アメリカ 野球選手
Black, Rex ブラック, レックス
1964～ [著]「ソフトウェアテストの基礎」 センゲージラーニング, ビー・エヌ・エヌ新社(発売) 2008
Black, Sandy ブラック, サンディ
[著]「ニットウェアinファッション」 グラフィック社 2003
Black, Shayla ブラック, シャイラ
[著]「愛に手錠をかけるとき」 オークラ出版 2013
Black, Shirley Temple ブラック, シャーリー・テンプル
1928～2014 [国]アメリカ 女優, 外交官 駐チェコスロバキア米国大使, 国連代表委員 芸名=テンプル, シャーリー〈Temple, Shirley〉
Black, Silla ブラック, シラ
[著]「メモリーズ・オブ・ジョン」 イースト・プレス 2006
Black, Stanley ブラック, スタンリー
1913～2002 [国]イギリス 指揮者, ピアニスト, 作曲家, 編曲家

Black, Tabitha ブラック, タビサ
[著]「魔法ねこベルベット」 評論社 2015
Black, Tarik ブラック, タリク
[国]アメリカ バスケットボール選手
Black, Uyless D. ブラック, ユーリス
[著]「MPLSプロトコル徹底解説」 日経BP社, 日経BP出版センター(発売) 2002
Black, Wayne ブラック
[国]ジンバブエ テニス選手
Black, William ブラック, ウィリアム
1954～ [著]「極上のイタリア食材を求めて」 白水社 2005
Blackaby, Henry T. ブラッカビー, ヘンリー・T.
[著]「新たな出会い」 ICM出版 2006
Blackah, Paul ブラッカー, ポール
[著]「スーパーマリン・スピットファイアのすべて」 大日本絵画 2009
Blackall, Sophie ブラッコール, ソフィー
1970～ [異]ブラックオール, ソフィー [著]「あかちゃんの木」 評論社 2016
Blackard, Sandra R. ブラッカード, サンドラ・R.
[著]「子どもと親の関係性セラピーCPRT治療マニュアル」 日本評論社 2015
Blackbum, Paul ブラックバーン, ポール
[国]アメリカ 野球選手
Blackburn, Clayton ブラックバーン, クレイトン
[国]アメリカ 野球選手
Blackburn, Elizabeth Helen ブラックバーン, エリザベス・ヘレン
1948～ [国]アメリカ 生化学者 カリフォルニア大学サンフランシスコ校教授 [専]分子生物学 [異]ブラックバーン, エリザベス・H.
Blackburn, jean-Pierre ブラックバーン, ジャンピエール
[国]カナダ 退役軍人相
Blackburn, Julia ブラックバーン, ジュリア
[著]「黒の画家フランシスコ・ゴヤ」 青土社 2002
Blackburn, Robin ブラックバーン, ロビン
[著]「ビートルズ世界証言集」 ポプラ社 2006
Blackburn, Ronald ブラックバーン, ロナルド
[著]「サイコパシー・ハンドブック」 明石書店 2015
Blackburn, Simon ブラックバーン, サイモン
1944～ [国]イギリス 哲学者
Blackburn, Thomas Henry ブラックバーン, T.H.
1933～ [著]「微生物の地球化学」 東海大学出版部 2015
Blackburn, Vivienne ブラックバーン, ヴィヴェンヌ
1930～ [著]「ディートリッヒ・ボンヘッファーとシモーヌ・ヴェイユ」 いのちのことば社(発売) 2015
Black Cat ブラック・キャット
1954～2006 [国]メキシコ プロレスラー, レフェリー 旧リングネーム=クロネコ〈Kuroneko〉
Blackeby, Kathy ブラッケビィ, キャシー
[著]「子どもの問題行動への理解と対応」 福村出版 2013
Blacker, Carmen Elizabeth ブラッカー, カーメン
1924～2009 [国]イギリス 民俗学者, 日本学者 ケンブリッジ大学講師 [専]日本宗教史, 日本民俗学, 福沢諭吉研究 [異]ブラッカー, カルメン
Blackett, Steven ブラケット, スティーブン
[国]バルバドス 社会保護・権限拡大・地域開発相
Blackhurst, Jennifer ブラックハースト, ジェニファー
[著]「サプライチェーンリスクマネジメント入門」 日科技連出版社 2010
Blackledge, Catherine ブラックリッジ, キャサリン
1968～ [著]「ヴァギナ」 河出書房新社 2011
Blackman, Cally ブラックマン, キャリー
[著]「ウィメンズウェア100年史」 Pヴァイン・ブックス, スペースシャワーネットワーク(発売) 2012
Blackman, Malorie ブラックマン, マロリー
1962～ [国]イギリス 作家
Blackmon, Charlie ブラックモン, チャーリー
[国]アメリカ 野球選手
Blackmon, Douglas A. ブラックモン, ダグラス・A.
[国]アメリカ ピュリッツアー賞 文学・音楽 一般ノンフィクション(2009年) "Slavery by Another Name: The Re-Enslavement of Black Americans from the Civil War to World War II"
Blackmon, Justin ブラックモン, ジャスティン
[国]アメリカ アメフト選手
Blackmon, Kate ブラックモン, ケイト
[著]「This is service design thinking.」 ビー・エヌ・エヌ新社

2013
Blackmon, Will ブラックモン, ウィル
 国アメリカ アメフト選手
Blackmoore, Rayburn ブラックムーア, レイバン
 国ドミニカ共和国 法務・入国管理・国家安全保障相 愛ブラックモア, レイバン
Blackmore, Ritchie ブラックモア, リッチー
 1945〜 国イギリス ロック・ギタリスト
Blackmore, Stephen ブラックモア, スティーヴン
 著「世界で一番美しい植物細胞図鑑」創元社 2015
Blackmore, Susan ブラックモア, スーザン
 1951〜 著「30秒で学ぶ科学理論」スタジオタッククリエイティブ 2013
Blackshaw, Anne ブラックショー, アン
 著「未来を信じて」小峰書店 2002
Blackson, Angelo ブラックソン, アンジェロ
 国アメリカ アメフト選手
Blackstone, Jerry ブラックストーン, ジェリー
 クワイア・ディレクター グラミー賞 最優秀クラシック・アルバム（2005年）（第48回）ほか
Blackstone, Stella ブラックストーン, ステラ
 著「そらとぶじゅうたんでせかいいっしゅう」ほるぷ出版 2015
Blackwell ブラックウェル
 1922〜2008 国アメリカ ファッション評論家 本名＝セルザー, リチャード・シルバン〈Selzer, Richard Sylvan〉
Blackwell, David ブラックウェル, デービッド
 1919〜2010 国アメリカ 数学者 カリフォルニア大学バークレー校終身教授 本名＝Blackwell, David Harold
Blackwell, Otis ブラックウェル, オーティス
 1932〜2002 国アメリカ 作詞・作曲家
Blackwell, Roger D. ブラックウェル, ロジャー・D.
 著「なぜ誰もネットで買わなくなるのか」ダイヤモンド社 2002
Blackwill, Robert D. ブラックウィル, ロバート・D.
 著「リー・クアンユー、世界を語る」サンマーク出版 2013
Blackwood, Alan ブラックウッド, アラン
 著「世界音楽文化図鑑」東洋書林 2001
Blackwood, Brad ブラックウッド, ブラッド
 グラミー賞 最優秀録音技術アルバム（クラシック以外）（2011年）（第54回）"Paper Airplane" マスタリング・エンジニア
Blackwood, Dean ブラックウッド, ディーン
 グラミー賞 最優秀ボックス, 特別限定版パッケージ（2014年）（第57回）"The Rise & Fall Of Paramount Records, Volume One (1917-27)" アート・ディレクター
Blackwood, Freya ブラックウッド, フレヤ
 1975〜 ケイト・グリーナウェイ賞（2010年） "Harry & Hopper"
Blackwood, Gary L. ブラックウッド, ゲアリー
 著「シェイクスピアの密使」白水社 2005
Blackwood, Grant ブラックウッド, グラント
 国アメリカ 作家 愛スリラー
Blackwood, James ブラックウッド, ジェームズ
 ？〜2002 国アメリカ ゴスペル歌手 グループ名＝ブラックウッド・ブラザーズ・カルテット〈The Blackwood Brothers Quartet〉
Blackwood, Michael ブラックウッド
 国ジャマイカ 陸上選手
Blade, Adam ブレード, アダム
 著「ビースト・クエスト」静山社 2016
Blades, Rubén ブラデス, ルベン
 国パナマ 観光相 愛ブラデス, ルーベン／ブレイズ, ルベン
Blaedel, Sara ブレーデル, サラ
 国デンマーク 作家 愛ミステリー, スリラー
Blaga, Vasile ブラガ, バシレ
 国ルーマニア 地域開発・住宅相
Blagg, Alicia ブラッグ, アリシア
 国イギリス 水泳選手 愛ブラッグ
Blagodarova, Faina ブラゴダーロワ, ファイナ
 1931〜 著「黒い瞳」教育出版 2002
Blagovolin, Sergei Evgenievich ブラゴボリン, セルゲイ
 1939〜2001 国ロシア 国際政治学者, 経済学者 ロシア科学アカデミー世界経済国際関係研究所（IMEMO）副所長 愛ロシア政治, 国防政策
Blah, Moses ブラー, モーゼス
 国リベリア 副大統領
Blaha, Michael ブラハ, マイケル
 著「マネジャのためのデータベース技法入門」ピアソン・エデュケーション 2001
Blain, Christophe ブラン, クリストフ
 1970〜 アングレーム国際漫画祭 最優秀作品賞（2013年）ほか
Blain, Malika ブライン, マリカ
 1965〜 著「みんながそろう日」鈴木出版 2009
Blain, Willy ブラン
 国フランス ボクシング選手
Blair, Aaron ブレア, アーロン
 国アメリカ 野球選手
Blair, Annette ブレア, アネット
 著「放蕩者クラブに誓いを」オークラ出版 2015
Blair, Cherie ブレア, シェリー
 1954〜 国イギリス 弁護士 女性のためのシェリー・ブレア基金創設者
Blair, DeJuan ブレア, デワン
 国アメリカ バスケットボール選手
Blair, Dennis ブレア, デニス
 1947〜 国アメリカ 元軍人 米国国家情報長官, 米国海軍太平洋軍司令官 本名＝Blair, Dennis Cutler
Blair, Faye A. ブレア, フェイ・A.
 著「子どもの性虐待に関する医学的評価」診断と治療社 2013
Blair, Forbes Robbins ブレア, フォーブズ・R.
 著「願いがかなうクイック自己催眠」ベストセラーズ 2004
Blair, Gary Ryan ブレア, ゲイリー・ライアン
 著「最高の人生を手に入れる習慣」かんき出版 2013
Blair, James ブレア, ジェームズ
 愛ブレア, ジェームズ 著「モーラルブレイン」麗沢大学出版会, 広池学園事業部（柏）（発売） 2013
Blair, James P. ブレア, ジェームズ・P.
 著「ナショナルジオグラフィックプロの撮り方完全マスター」日経ナショナルジオグラフィック社, 日経BPマーケティング（発売） 2012
Blair, Janet ブレア, ジャネット
 1921〜2007 国アメリカ 女優 本名＝ラファティ, マーサ・ジャネット〈Lafferty, Martha Janet〉愛ブレア, ジャネット
Blair, Karina ブレア, カリナ
 著「サイコパス」星和書店 2009
Blair, Linda ブレア, リンダ
 著「きょうだいの暗号」徳間書店 2011
Blair, Margaret M. ブレア, マーガレット・M.
 1950〜 著「ブランド価値評価入門」中央経済社 2002
Blair, Mark ブレア, マーク
 著「ブランディング360°思考」東洋経済新報社 2003
Blair, Paul L.D. ブレア, ポール
 1944〜2013 国アメリカ 野球選手
Blair, Richard ブレア, リチャード
 著「プロフェッショナルVB.NET」インプレス, インプレスコミュニケーションズ（発売） 2002
Blair, R.J.R. ブライアー, R.J.R.
 著「サイコパシー・ハンドブック」明石書店 2015
Blair, Ronald ブレアー, ロナルド
 国アメリカ アメフト選手
Blair, Sara ブレア, サラ
 著「モダニズムとは何か」松柏社 2002
Blair, Sheila ブレア, シーラ
 著「イスラーム美術」岩波書店 2001
Blair, Tony ブレア, トニー
 1953〜 国イギリス 政治家 JPモルガン・チェース非常勤顧問 英国首相, 英国労働党党首 本名＝Blair, Anthony Charles Lynton
Blais, Etienne ブライス, エティエンヌ
 著「性犯罪者の治療と処遇」日本評論社 2010
Blais, Marie-Claire ブレ, マリー・クレール
 カナダ総督文学賞 フランス語 小説（2008年） "Naissance de Rebecca à l'ère des tourments"
Blaise, Zoana ブレーズ, ゾアナ
 国マダガスカル 技術・専門教育相
Blake, Ally ブレイク, アリー
 著「大富豪のプロポーズ」ハーレクイン 2010
Blake, Andrea ブレイク, アンドレア
 著「愛の珊瑚礁」ハーレクイン 2001
Blake, Andrew ブレイク, アンドリュー
 1955〜 著「ハリー・ポッターの呪い」鹿砦社 2006
Blake, Antwon ブレイク, アントウォン
 国アメリカ アメフト選手
Blake, David ブレイク, デービッド

B

1954～ [著]「年金ファイナンス」 東洋経済新報社 2012
Blake, Donal S. ブレイク, ジューナル・S.
[著]「ホスピスの母マザー・エイケンヘッド」 春秋社 2014
Blake, Ian F. ブラケ, イアン・F.
[著]「楕円曲線暗号」 ピアソン・エデュケーション 2001
Blake, James ブレイク, ジェイムス
1988～ [国]イギリス ミュージシャン 別名＝ハーモニミクス〈Harmonimix〉 [異]ブレーク, ジェームス
Blake, James ブレーク
[国]アメリカ テニス選手
Blake, James ブレーク, ジェームス
[著]「ビジードッグ」 実業之日本社 2015
Blake, James Carlos ブレイク, ジェームズ・カルロス
[国]アメリカ 作家 [専]ミステリー, スリラー [異]ブレーク, ジェームズ・カルロス / ブレイク, ジェイムズ・カルロス
Blake, James F. ブレーク, ジェームズ
？～2002 [国]アメリカ 公民権運動のバス・ボイコット運動の発端を作った運転手
Blake, Jennifer ブレイク, ジェニファー
1942～ [著]「わたしだけの剣士」 ヴィレッジブックス 2010
Blake, Jenny ブレイク, ジェニー
[著]「ライフ・アフター・カレッジ」 二見書房 2013
Blake, Jillian ブレイク, ジリアン
[著]「いつか、あなたと」 ハーレクイン 2001
Blake, John ブレイク, ジョン
[著]「ビートルズ世界証言集」 ポプラ社 2006
Blake, Jon ブレイク, ジョン
[著]「地球最後の野良猫」 東京創元社 2010
Blake, Jose Francisco ブレーク, ホセ・フランシスコ
1966～2011 [国]メキシコ 政治家 メキシコ内相
Blake, Joy ブレイク, ジョーイ
[著]「ヒーローズシーズン2」 角川書店, 角川グループパブリッシング（発売） 2009
Blake, Lily ブレイク, リリー
[著]「スノーホワイト」 竹書房 2012
Blake, Mark ブレイク, マーク
1965～ [著]「ピンク・フロイドの狂気」 ブルース・インターアクションズ 2009
Blake, Maya ブレイク, マヤ
[著]「一夜の子のために」 ハーパーコリンズ・ジャパン 2016
Blake, Melissa ブレイク, メリッサ
[著]「ヒーローズシーズン2」 角川書店, 角川グループパブリッシング（発売） 2009
Blake, Michael ブレーク, マイケル
？～2015 [国]アメリカ 作家, 脚本家 [異]ブレイク, マイケル
Blake, Peter ブレーク, ピーター
1948～2001 [国]ニュージーランド ヨットマン [異]ブレーク卿 / ブレイク, ピーター / ブレイク卿
Blake, Peter G. ブレイク, ピーター・G.
[著]「臨床透析ハンドブック」 メディカル・サイエンス・インターナショナル 2009
Blake, Quentin Saxby ブレイク, クェンティン
1932～ [国]イギリス 画家, イラストレーター [異]ブレーク, クェンティン
Blake, Rich ブレイク, リッチ
1968～ [著]「ヘッジファンドマネージャーのウォール街の日々」 一灯舎, オーム社（発売） 2011
Blake, Robert Norman William ブレーク, ロバート
1916～2003 [国]イギリス 歴史家, 治安判事 オックスフォード大学クィーンズ・カレッジ学長
Blake, Robert R. ブレイク, ロバート・R.
[著]「交渉の戦略スキル」 ダイヤモンド社 2002
Blake, Russell ブレイク, ラッセル
[著]「トルテカ神の聖宝を発見せよ！」 扶桑社 2016
Blake, Stephanie ブレイク, ステファニー
1968～ [著]「あっ、オオカミだ！」 あすなろ書房 2013
Blake, Stephen ブレイク, ステファン
[著]「知られざる森のゾウ」 現代図書, 星雲社（発売） 2012
Blake, Stephen P. ブレイク, スティーブン・P.
[著]「ビジュアル版 世界の歴史都市」 柊風舎 2016
Blake, Susannah ブレイク, スザンナ
[著]「500サラダのレシピ集」 グラフィック社 2010
Blake, Tchad ブレイク, チャド
グラミー賞 最優秀録音技術アルバム（クラシック以外）（2007年（第50回）） "Beauty & Crime"
Blake, Toni ブレイク, トニ
[著]「楽園の恋は甘く危険に」 オークラ出版 2011
Blake, Yohan ブレーク, ヨハン
1989～ [国]ジャマイカ 陸上選手 [異]ブレイク, ヨハン
Blakely, Edward James ブレークリー, エドワード・J.
1938～ [著]「ゲーテッド・コミュニティ」 集文社 2004
Blakely, Sara ブレイクリー, サラ
[国]アメリカ スパンクス創業者, 慈善家
Blakemore, Michael ブレイクモー, M.
[著]「現代イギリスの政治算術」 北海道大学図書刊行会 2003
Blakemore, Sarah-Jayne ブレイクモア, サラ - ジェイン
[異]ブレイクモア, S.J. [著]「脳の学習力」 岩波書店 2012
Blakeney, Issac ブレイクニー, アイザック
[国]アメリカ アメフト選手
Blakenham, Michael ブレイクナム, マイケル
1938～ [国]イギリス 実業家 ピアソン会長, 英国王立植物園理事長 本名＝Blakenham, Michael John Hare [異]ブレークナム, マイケル
Blakeslee, Matthew ブレイクスリー, マシュー
[著]「脳の中の身体地図」 インターシフト, 合同出版（発売） 2009
Blakeslee, Sandra ブレイクスリー, サンドラ
[著]「脳はすすんでだまされたがる」 角川書店, 角川グループパブリッシング（発売） 2012
Blakeslee, Thomas R. ブレークスリー, トーマス・R.
1937～ [著]「あなたの右脳が全開する！」 三笠書房 2003
Blakley-Cartwright, Sarah ブレイクリー・カートライト, サラ
1988～ [国]アメリカ 作家 [専]ファンタジー, ヤングアダルト
Blanc, Christian ブラン, クリスチャン
1942～ [国]フランス 実業家, 政治家 エールフランス社長, フランス首都圏開発担当相 [異]ブロン, クリスチャン
Blanc, Dominique ブラン, ドミニク
ヴェネチア国際映画祭 最優秀女優賞（第65回（2008年）） "L'autre"
Blanc, François Paul ブラン, フランソワ - ポール
1938～ [著]「イスラーム家族法入門」 木鐸社 2015
Blanc, Hélène ブラン, エレーヌ
[著]「KGB帝国」 創元社 2006
Blanc, Isabelle ブラン
[国]フランス スノーボード選手
Blanc, Laurent ブラン, ローラン
1965～ [国]フランス サッカー監督, 元サッカー選手 サッカー・フランス代表監督 [異]ブラン, ロラン
Blanc, Leandro ブラン, レアンドロ
[国]アルゼンチン ボクシング選手
Blanc, Myriam ブラン, ミリアム
1965～ [著]「きのこ」 グラフィック社 2016
Blanc, Olivier ブラン, オリヴィエ
1951～ [著]「オランプ・ドゥ・グージュ」 信山社 2010
Blanc, Sébastien ブランク, セバスチャン
[著]「HTML5によるAndroidアプリ開発入門」 日経BP社, 日経BPマーケティング（発売） 2012
Blancan, Bernard ブランカン, ベルナルド
カンヌ国際映画祭 男優賞（第59回（2006年）） "Indigènes"
Blanchard, Anne ブランシャール, アンヌ
[著]「革命児たちの仰天!?情熱人生」 岩崎書店 2012
Blanchard, Eugénie ブランシャール, ウジェニー
1896～2010 [国]フランス 世界最高齢者（114歳）
Blanchard, Francis ブランシャール, フランシス
1916～2009 [国]フランス 国際労働機関（ILO）事務局長
Blanchard, Frank ブランチャード, フランク
[著]「サイエンスライティング」 地人書館 2013
Blanchard, Ken ブランチャード, ケン
[国]アメリカ 経営コンサルタント, 行動科学者 ケン・ブランチャード名誉会長 [専]組織心理学 本名＝ブランチャード, ケネス〈Blanchard, Kenneth H.〉
Blanchard, Madeleine Homan ブランチャード, マドレーヌ・ホーマン
[著]「リーダーシップ・マスター」 英治出版 2013
Blanchard, Miriam ブランチャード, ミリアム
[国]ドミニカ共和国 公共事業・港湾相
Blanchard, Olivier ブランシャール, オリヴィエ
1948～ [国]フランス 経済学者 マサチューセッツ工科大学教授 国際通貨基金（IMF）調査局長・首席エコノミスト [専]ヨーロッパ経済, マクロ経済学 本名＝Blanchard, Olivier Jean
Blanchard, Pascal ブランシャール, パスカル
[著]「植民地共和国フランス」 岩波書店 2011
Blanchard, Tammy ブランチャード, タミー

エミー賞 プライムタイム・エミー賞 最優秀助演女優賞（ミニシリーズ・映画）（第53回(2001年)）"Life With Judy Garland: Me And My Shadows"
Blanchard, Terence ブランチャード, テレンス
　グラミー賞 最優秀ジャズ・インストゥルメンタル即興演奏（ソロ）（2009年（第52回））ほか
Blanche, Tony ブランシェ, トニー
　㊗「L.A.検死官極秘ファイル」イースト・プレス 2003
Blanchet, Baptiste ブランシェ, バティスト
　㊗「ジダン」白水社 2007
Blanchett, Cate ブランシェット, ケイト
　1969～　㊐オーストラリア　女優　㊛ブランシェット, ケート
Blanchette, Jasmin ブランシェット, ジャスミン
　㊗「入門Qt 4プログラミング」オライリー・ジャパン, オーム社（発売） 2007
Blanchin, Matthieu ブランシャン, マチュー
　アングレーム国際漫画祭 5つの優秀作品賞（2009年）ほか
Blanchot, Maurice ブランショ, モーリス
　1907～2003　㊐フランス　作家, 文芸批評家
Blanchot, Philippe ブランショ, フィリップ
　㊗「クローズアップ虫の肖像」東洋書林 2008
Blanck, Gertrude ブランク, ガートルード
　㊗「精神分析的心理療法を学ぶ」金剛出版 2013
Blanck, Horst ブランク, ホルスト
　㊗「ギリシア・ローマ時代の書物」朝文社 2008
Blanck, Sarah ブランク
　㊐オーストラリア　セーリング選手
Blanck, Ulf ブランク, ウルフ
　1962～　㊗「ゴースト・ハンターズ」草土文化 2009
Blanc-Montmayeur, Martine ブラン＝モンマイユール, マルティヌ
　㊗「フランスの博物館と図書館」玉川大学出版部 2003
Blanco, Alfonso ブランコ
　㊐ベネズエラ　ボクシング選手
Blanco, Andres ブランコ, アンドレス
　㊐ベネズエラ　野球選手
Blanco, Billy ブランコ, ビリー
　1924～2011　㊐ブラジル　ボサノバ歌手, 作曲家
Blanco, Carlos ブランコ, カルロス
　㊗「不安障害」日本評論社 2005
Blanco, Cecilia ブランコ
　㊐スペイン　柔道選手
Blanco, Giovanna ブランコ
　㊐ベネズエラ　柔道選手
Blanco, Guillermo ブランコ, ギリエルモ
　1926～　㊗「おいぼれ馬, さらば」新世研 2003
Blanco, Ignacio Jiménez ブランコ, イグナシオ・ヒメネス
　㊐スペイン　日本貿易振興機構(JETRO)マドリード事務所調査・広報ディレクター
Blanco, Javiera ブランコ, ハビエラ
　㊐チリ　法相
Blanco, Jodee ブランコ, ジョディ
　1964～　㊗「"いじめ"という生き地獄」ソニー・マガジンズ 2004
Blanco, Salvador Jorge ブランコ, サルバドル・ホルヘ
　1926～2010　㊐ドミニカ共和国　政治家　ドミニカ共和国大統領
Blanco López, José ブランコ・ロペス, ホセ
　㊐スペイン　公共事業相
Bland, Bobby ブランド, ボビー
　1930～2013　㊐アメリカ　ジャズ歌手　本名＝Brooks, Robert Calvin
Bland, Martin ブランド, マーチン
　㊗「EBM実践のための統計学的Q&A」篠原出版新社 2002
Bland, Nick ブランド, ニック
　1973～　㊗「ぷんぷんヒグマ」クレヨンハウス 2015
Blandford, Steven ブランドフォード, スティーヴ
　㊗「フィルム・スタディーズ事典」フィルムアート社 2004
Blanding, Michael ブランディング, マイケル
　㊗「古地図に憑かれた男」青土社 2015
Blane, Davis ブレイン, D.
　㊗「現代イギリスの政治算術」北海道大学図書刊行会 2003
Blaney, John ブラニー, ジョン
　㊗「In His Life」ブルース・インターアクションズ 2010
Blaney, Steven ブレーニー, スティーブン
　㊐カナダ　治安相　㊛ブレイニー, スティーブン
Blanik, Leszek ブラニク, レゼク

㊐ポーランド　体操選手
Blank, Hanne ブランク, ハンネ
　㊐アメリカ　作家　㊛ロマンス, 歴史　㊛ブランク, ハンナ
Blank, Martin ブランク, マーティン
　1933～　㊗「携帯電話と脳腫瘍の関係」飛鳥新社 2015
Blank, Rebecca ブランク, レベッカ
　㊐アメリカ　商務長官代行
Blank, Steven Gary ブランク, スティーブン・G.
　㊗「アントレプレナーの教科書」翔泳社 2016
Blank, Susanne ブランク, スザンヌ
　㊗「シニアドッグ」ペットライフ社, 緑書房（発売） 2008
Blanke, Gail ブランキ, ゲイル
　㊗「今すぐ50個手放しなさい！」三笠書房 2015
Blankenbuehler, Andy ブランケンビューラー, アンディ
　トニー賞 ミュージカル 振付賞（2008年（第62回））"In The Heights"
Blankenburg, Wolfgang ブランケンブルク, ヴォルフガング
　1928～2002　㊐ドイツ　精神病理学者　マールブルク大学精神科主任教授　㊛ブランケンブルク, W.
Blankenship, Ben ブランケンシップ, ベン
　㊐アメリカ　陸上選手
Blankenship, William D. ブランケンシップ, ウィリアム・D.
　㊗「女競買人横盗り」講談社 2001
Blankers-Koen, Francina ブランカース・クーン, フランシーナ
　1918～2004　㊐オランダ　陸上選手　㊛ブランカース・クン, フランシナ / ブランケルス・クーン, ファニー
Blankfein, Lloyd ブランクファイン, ロイド
　1954～　㊐アメリカ　実業家, 弁護士　ゴールドマン・サックスCEO　本名＝Blankfein, Lloyd Craig　㊛ブランクフェイン, ロイド
Blanking, Jonas ブランキング, J.
　1965～　㊗「北欧流・愉しい倹約生活」PHP研究所 2004
Blanlot, Vivianne ブランロト, ビビアンネ
　㊐チリ　国防相
Blanning, T.C.W. ブランニング, T.C.W.
　㊛ブラニング, T.C.W.　㊗「オックスフォードヨーロッパ近代史」ミネルヴァ書房 2009
Blanpain, Roger ブランパン, ロジェ
　1932～　㊛ブランパン, R.　㊗「ヨーロッパ労働法」信山社出版 2003
Blanquet, S. ブランケ, ステファヌ
　㊗「怪物―わたしたちのべつの顔？」岩崎書店 2011
Blanton, Joe ブラントン, ジョー
　㊐アメリカ　野球選手
Blanton, Robert ブラントン, ロバート
　㊐アメリカ　アメフト選手
Blardone, Massimiliano ブラルドネ
　㊐イタリア　アルペンスキー選手
Blasberg, Erica ブラスバーグ, エリカ
　1984～2010　㊐アメリカ　プロゴルファー
Blasco Gavilan, Humberto ブラスコ・ガビラン, ウンベルト
　㊐パラグアイ　法務・労働相
Blaser, Don ブレイザー, ドン
　1932～2005　㊐アメリカ　野球選手・監督　本名＝ブラッシンゲーム, ドナルド・リー〈Blasingame, Donald Lee〉　㊛ブレーザー, ドン
Blaser, Martin J. ブレイザー, マーティン・J.
　㊗「失われてゆく, 我々の内なる細菌」みすず書房 2015
Blaser, Susan I. ブレイザー, スーザン・I.
　㊗「脳top100診断」メディカル・サイエンス・インターナショナル 2005
Blash, Jabari ブラッシュ, ジャバリ
　㊐米領ヴァージン諸島　野球選手
Blasko, John C. ブラスコ, ジョン・C.
　㊗「前立腺小線源照射療法」篠原出版新社 2003
Blass, Bill ブラス, ビル
　1922～2002　㊐アメリカ　ファッションデザイナー　ビル・ブラス創設者
Blass, Thomas ブラス, トーマス
　㊗「服従実験とは何だったのか」誠信書房 2008
Blassie, Fred ブラッシー, "クラッシャー"フレディ
　1918～2003　㊗「フレッド・ブラッシー自伝」エンターブレイン 2003
Blastland, Michael ブラストランド, M.
　㊗「統計数字にだまされるな」化学同人 2010

Błaszczak, Mariusz　ブワシュチャク, マリウシュ
　国ポーランド　内務・行政相
Blaszczyk, Lucjan　ブワシュチク
　国ポーランド　卓球選手
Blaszczykowski, Jakub　ブワシュチコフスキ, ヤクブ
　国ポーランド　サッカー選手
Blaszka, Jessica　ブラシュカ, ジェシカ
　国オランダ　レスリング選手
Blatchford, Christie　ブラッチフォード, クリスティ
　カナダ総督文学賞 英語 ノンフィクション（2008年）　"Fifteen Days: Stories of Bravery, Friendship, Life and Death from Inside the New Canadian Army"
Blathwayt, Benedict　ブラスウェイト, ベネディクト
　著「いそがしいぞはしれはしれ」BL出版　2010
Blatner, David　ブラットナー, デイヴィッド
　1966～　著「極大と極小への冒険」紀伊国屋書店　2014
Blattberg, Robert C.　ブラットバーグ, ロバート・C.
　1942～　著「顧客資産のマネジメント」ダイヤモンド社　2002
Blatter, Sepp　ブラッター, ゼップ
　1936～　国スイス　元サッカー選手　国際サッカー連盟（FIFA）会長　国際オリンピック委員会（IOC）委員　本名＝ブラッター, ジョセフ・ゼップ〈Blatter, Jeseph Sepp〉　異ブラッター, ジョセフ
Blatty, William Peter　ブラッティ, ウィリアム・ピーター
　1928～　著「センター18」東京創元社　2015
Blau, Andreas　ブラウ, アンドレアス
　1949～　国ドイツ　フルート奏者
Blau, Evelyne　ブロー, イーブリン
　著「回想のクリシュナムルティ」コスモス・ライブラリー, 星雲社（発売）　2010
Blau, Marthe　ブロー, マルト
　著「黒衣の下の欲望」河出書房新社　2004
Blau, Melinda　ブラウ, メリンダ
　著「トレイシー・ホッグの赤ちゃん語がわかる子育て大全」ブックマン社　2006
Blau, Peter Michael　ブラウ, ピーター
　1918～2002　国アメリカ　社会学者　コロンビア大学教授, N.C. チャペル・ヒル大学特別研究教授　業組織理論, 社会移動論, 交換理論
Blaug, Mark　ブラウグ, マーク
　1927～2011　国イギリス　経済学者　ロンドン大学名誉教授　著経済学説史　異ブローグ, マーク
Blaukopf, Herta　ブラウコプフ, ヘルタ
　1924～2005　著「マーラー書簡集」法政大学出版局　2008
Blauner, Peter　ブローナー, ピーター
　著「一瞬の英雄」徳間書店　2001
Blavatnik, Len　ブラバトニック, レン
　国アメリカ　実業家
Blaxill, Mark　ブラキシル, マーク
　著「インビジブル・エッジ」文芸春秋　2010
Blay, Charlotte　ブレイ, シャーロット
　1938～　著「のら犬ホットドッグ大かつやく」徳間書店　2011
Blaylock, James P.　ブレイロック, ジェイムズ・P.
　1950～　著「魔法の眼鏡」早川書房　2004
Blazek, Michael　ブレイゼック, マイケル
　国アメリカ　野球選手
Blažek, Pavel　ブラジェク, パベル
　国チェコ　法相
Blazon, Nina　ブラジョーン, ニーナ
　1969～　国ドイツ　作家　著ミステリー, ヤングアダルト
Blazwick, Iwona　ブラズウィック, イヴォナ
　著「テイト・モダン」ミュージアム図書（製作）　2002
Bleach, Fiona　ブリーチ, フィオナ
　著「自閉症のある子どもの「きょうだい」のための本」明石書店　2012
Lord Blears　ロード・ブレアース
　1924～2016　国イギリス　プロレスラー　PWF初代会長　本名＝Blears, James　異ブレアース
Blears, Hazel　ブリアーズ, ヘーゼル
　国イギリス　地域・地方政府担当相
Bleasdale, Holly　ブラッドショー, ホーリー
　国イギリス　陸上選手　異ブリーズデール, H.
Bleasdale, Julia　ブリーズデール, J.
　国イギリス　陸上選手
Bleasdale, Marcus　ブレスデール, マルカス
　国イギリス　ロバート・キャパ賞（2014年度）　Central African Republic Inferno
Bleathman, Graham　ブレスマン, グラハム
　著「スーパーマリオネーションandサンダーバードクロスセクション」メディアワークス, 角川書店（発売）　2004
Blech, Benjamin　ブレック, ベンジャミン
　著「ミケランジェロの暗号」早川書房　2008
Blechacz, Rafał　ブレハッチ, ラファウ
　1985～　国ポーランド　ピアニスト
Blecharczyk, Nathan　ブレチャージク, ネイサン
　起業家, エアビーアンドビー創業者
Blechen, Brian　ブレチェン, ブライアン
　国アメリカ　アメフト選手
Blechman, Hardy　ブレックマン, ハーディ
　著「クリエイティブスペース」グラフィック社　2011
Blechman, Nicholas　ブレックマン, ニコラス
　著「ライオンはなぜ, 汗をかかないのか？」主婦と生活社　2016
Bledman, Keston　ブレドマン, キーストン
　国トリニダード・トバゴ　陸上選手
Bledsoe, Eric　ブレッドソー, エリック
　国アメリカ　バスケットボール選手
Bledsoe, Jerry　ブレッドソー, ジュリー
　著「天使の人形」偕成社　2001
Bledsoe, Lucy Jane　ブレドソー, ルーシー・J.
　著「雪にきえた足あと」文研出版　2002
Blegvad, Erik　ブレグバッド, エリック
　1923～　著「海時計職人ジョン・ハリソン」あすなろ書房　2005
Bleibtreu, Moritz　ブライブトロイ, モーリッツ
　ベルリン国際映画祭 銀熊賞 男優賞（第56回（2006年））"Elementarteilchen"
Bleich, Erik　ブライシュ, エリック
　著「ヘイトスピーチ」明石書店　2014
Bleiler, Gretchen　ブライラー
　国アメリカ　スノーボード選手
Bleker, Maria-M.　ブリーカー, マリア・M.
　著「暗視野顕微鏡による血液観察」創英社, 三省堂書店（発売）〔2002〕
Blencowe, Andrew　ブレンコウ, アンドリュー
　著「世界を救う超大国日本, 二〇四一年」幻冬舎メディアコンサルティング, 幻冬舎（発売）　2016
Blengio, Manuel　ブレンヒオ, マヌエル
　国ウルグアイ　ラグビー選手
Bleou, Martin　ブルウ, マルタン
　国コートジボワール　内相
Blerk, René van　ブレルク, ルネ・ファン
　1970～　著「ゴッホの地図帖」講談社　2016
Blethyn, Brenda　ブレッシン, ブレンダ
　1946～　国イギリス　女優　本名＝Blethyn, Brenda Anne
Bletschacher, Richard　ブレチャッハー, リヒャルト
　1936～　著「モーツァルトとダ・ポンテ」アルファベータ　2006
Bleu-lainé, Gilbert　ブルネ, ジルベール
　国コートジボワール　国民教育相
Blevins, Jerry　ブレビンス, ジェリー
　国アメリカ　野球選手
Blevins, Nathan　ブレビンス, ネイサン
　著「Monoプログラミング」アスキー・メディアワークス, 角川グループパブリッシング（発売）　2012
Blevins, Nick　ブレビンス, ニック
　国カナダ　ラグビー選手
Bley, Anette　ブライ, アネッテ
　1967～　著「1000の星のむこうに」岩波書店　2007
Bley, Paul　ブレイ, ポール
　1932～2016　国カナダ　ジャズ・ピアニスト
Bleyl, Steven B.　ブライル, S.B.
　著「ラーセン人体発生学」西村書店東京出版編集部　2013
Blickhan, Daniela　ブリッケン, ダニエラ
　著「NLP子育て術」学研教育出版, 学研マーケティング（発売）　2009
Blie, Bertrand　ブリエ, ベルトラン
　モスクワ国際映画祭 銀賞 監督賞（第28回（2006年））"Combien tu m'aimes ?"（フランス）
Bliecher, Bella　ブライヘル, ベラ
　著「アニマル・シンキング」英治出版　2009
Blige, Mary Jane　ブライジ, メアリー・J.
　1971～　国アメリカ　歌手
Bligh, Anna　ブライ, アナ
　1960～　国オーストラリア　政治家　クイーンズランド州首相

Blight, James G. ブライト, ジェイムス・ジー
[著]「ウイルソンの幻影」 松風書房 2005(第2刷)
Blij, Harm de ブレイ, ハーム・ドゥ
[著]「なぜ地理学が重要か」 学文社 2010
Blin, Georges ブラン, ジョルジュ
1917〜 [著]「ボードレールのサディスム」 沖積舎 2006
Blincoe, Nicholas ブリンコウ, ニコラス
[著]「ラリパッパ・レストラン」 文芸春秋 2003
Blind, Daley ブリント, デイリー
[国]オランダ サッカー選手
Blinder, Alan Stuart ブラインダー, アラン
1945〜 [国]アメリカ 経済学者 プリンストン大学教授 米国連邦準備制度理事会(FRB)副議長 [専]経済政策, マクロ経済学, 金融論
Blinkevičiūtė, Vilija ブリンケビチウテ, ビリヤ
[国]リトアニア 社会保障・労働相
Blinn, Bruce ブリン, ブルース
1950〜 [著]「入門UNIXシェルプログラミング」 ソフトバンクパブリッシング 2003
Blinov, Alexander ブリノフ
[国]ロシア 射撃選手
Blinov, Vladimir M. ブリノフ, ウラジーミル
[著]「原子力砕氷船レーニン」 成山堂書店 2015
Blinova, Mila ブリノワ, ミーラ
[著]「シャーパ鳥になる」 静山社 2010
Blish, James ブリッシュ, ジェイムズ
[著]「悪魔の星」 東京創元社 2013
Bliss, E.Veronica (Vicky) ブリス, ヴィッキー
[異]ブリス, E.V. [著]「アスペルガー流人間関係」 東京書籍 2011
Bliss, Harry ブリス, ハリー
1964〜 [著]「ベイリーはくぶつかんにいく」 バベルプレス 2016
Bliss, Michael ブリス, マイケル
1941〜 [著]「ウィリアム・オスラー」 メディカル・サイエンス・インターナショナル 2012
Blissett, Luther ブリセット, ルーサー
[専]文学, 歴史 別共同筆名＝ウー・ミン〈Wu, Ming〉
Blitz, Jeff ブリッツ, ジェフリー
エミー賞 プライムタイム・エミー賞 最優秀監督賞(コメディシリーズ)(第61回(2009年)) "The Office"
Blitzer, Barbara ブリッツァー, バーバラ
1945〜 [著]「不妊ストレスにさようなら」 創元社 2014
Blitzer, David M. ブリッツァー, デビッド・M.
[著]「株価指数の徹底活用術」 東洋経済新報社 2004
Blix, Hans Martin ブリクス, ハンス
1928〜 [国]スウェーデン 法律家 国連監視検証査察委員会(UNMOVIC)委員長, 国際原子力機関(IAEA)事務局長 [異]ブリックス, ハンス
Bliznakov, Vesslin ブリズナコフ, ベセリン
[国]ブルガリア 国防相
Bliznyuk, Anastasia ブリズニュク
[国]ロシア 新体操選手
Blobel, Günter ブローベル, ギュンター
1936〜 [国]アメリカ 生物学者 ロックフェラー大学教授 [専]分子細胞生物学
Blo-bzan-don-ldan ロサン・トンデン
[著]「現代チベット語会話」 カワチェン 2005
Bloch, Abby S. ブロック, アビー・S.
[著]「食品・栄養・食事療法事典」 産調出版, 産業調査会(発売) 2006
Bloch, Arthur ブロック, アーサー
1948〜 [著]「マーフィーの法則」 アスキー 2007
Bloch, Douglas ブロック, ダグラス
1949〜 [著]「あなたのための占星術」 コスモス・ライブラリー, 星雲社(発売) 2010
Bloch, Joseph ブロッホ, ヨセフ
[著]「メンデルスゾーン演奏の手引き」 全音楽譜出版社 2005
Bloch, Joshua ブロック, ジョシュア
[著]「Effective Java」 丸善出版 2014
Bloch, Michael ブロック, マイケル
[著]「マッキンゼーITの本質」 ダイヤモンド社 2005
Bloch, Muriel ブロック, ミュリエル
1954〜 [著]「おじいちゃんのもうふ」 光村教育図書 2010
Bloch, Olivier ブロック, オリヴィエ
1930〜 [著]「唯物論」 白水社 2015
Bloch, Patrick Harry ブロック, パトリック・ハリー
[国]フランス パリ・アメリカン病院外科部長
Bloch, Robert L. ブロック, ロバート・L.
[著]「バフェット・バイブル」 徳間書店 2015
Bloch, Serge ブロッシュ, セルジュ
1956〜 [著]「革命児たちの仰天!?情熱人生」 岩崎書店 2012
Bloch, Sidney ブロック, シドニー
[著]「精神科臨床倫理」 星和書店 2011
Bloch, Susan ブロック, スーザン
[著]「フラット化する世界のマネジメント」 東洋経済新報社 2008
Bloch, Wilhelm ブロッホ, ヴィルヘルム
[著]「スポーツ筋損傷 診断と治療法」 ガイアブックス 2014
Blocher, Christoph ブロハー, クリストフ
[国]スイス 司法警察相
Block, Etienne ブロック, エティエンヌ
[著]「歴史のための弁明」 岩波書店 2004
Block, Francesca Lia ブロック, フランチェスカ・リア
1962〜 [国]アメリカ 作家 [異]ブロック, フランチェスカ・リア
Block, Herbert Lawrence ブロック, ハーバート
1909〜2001 [国]アメリカ 漫画家 [専]政治風刺漫画 筆名＝ハーブロック〈Herblock〉
Block, Joel D. ブロック, ジョエル・D.
[著]「パパ、ママぼくを巻き込まないで！」 旭屋出版 2004
Block, Lawrence ブロック, ローレンス
1938〜 [国]アメリカ 作家 別名＝ハリソン, チップ, カバナー, ポール
Block, Paula M. ブロック, ポーラ・M.
[著]「スタートレックディープ・スペース・ナインコンパニオン」 DAI-X出版 2004
Block, Peter ブロック, ピーター
[著]「Yesの言葉から始めよう！」 ダイヤモンド社 2002
Block, Ralph L. ブロック, R.L.
[著]「投資家のための「入門」不動産投資信託」 プログレス 2002
Block, Thomas ブロック, トマス
[著]「超音速漂流」 文芸春秋 2001
Block, Thomas R. ブロック, トーマス・R.
[著]「プロジェクトマネジメントオフィス」 生産性出版 2002
Block, Walter ブロック, ウォルター
1941〜 [著]「不道徳な経済学」 講談社 2011
Blocki, Adrian ブロツキ, アドリアン
[国]ポーランド 陸上選手
Block-Lerner, Jennifer ブロック＝ラーナー, ジェニファー
[著]「アクセプタンス＆コミットメント・セラピー実践ガイド」 明石書店 2014
Blockley, John ブロックリー, ジョン
1931〜 [著]「パステル画入門」 エム・ピー・シー 2001
Blodgett, E.D. ブロジェット, E.D.
[著]「ケンブリッジ版カナダ文学史」 彩流社 2016
Bloedhorn, Hanswulf ブレードホルン, H.
1950〜 [著]「古代のシナゴーグ」 教文館 2012
Blok, Stef ブロック, ステフ
[国]オランダ 治安・司法相
Blokhin, Aleksandr V. ブロヒン, アレクサンドル・V.
[国]ロシア 連邦民族相
Blokhin, Oleg ブロヒン, オレグ
1952〜 [国]ウクライナ サッカー指導者, 政治家 サッカー・ウクライナ代表監督, ウクライナ国会議員
Blokhuijsen, Jan フロクハイゼン, ヤン
1989〜 [国]オランダ スピードスケート選手
Blokland, Michel ブロックランド, マイケル
[国]スリナム 保健相
Blom, Gunnar ブロム, G.
[著]「確率論へようこそ」 シュプリンガー・フェアラーク東京 2005
Blome, Götz ブローメ, ゲッツ
[著]「バッチフラワーエッセンス事典」 東京堂出版 2003
Blomkamp, Neill ブロムカンプ, ニール
1979〜 [国]カナダ 映画監督 [異]ブロンカンプ, ニール
Blomkvist, Johan ブルムクビスト, ヨハン
[著]「This is service design thinking.」 ビー・エヌ・エヌ新社 2013
Blommers, John ブロマーズ, ジョン
[著]「標準ネットワークノードマネージャ実践ガイド」 ピアソン・エデュケーション 2002
Blomquist, Hans ブロムクヴィスト, ハーンス
[著]「ナチュラルスタイルで暮らす」 グラフィック社 2013
Blomstedt, Herbert Thorson ブロムシュテット, ヘルベルト
1927〜 [国]スウェーデン 指揮者 NHK交響楽団名誉指揮者 ライプツィヒ・ゲヴァントハウス管弦楽団音楽監督 [異]ブロムステテット

Blondeau, Sylvie　ブロンド, シルヴィー
　㊈「パリジェンヌの刺繍」主婦と生活社　2015
Blondel, Jean　ブロンデル, ジャン
　1929～　㊈「現代日本の政治と外交」原書房　2014
Blondel, Rachelle　ブロンデル, レイチェル
　㊈「ドッティ・エンジェルとテッド＆アグネスのグラニースタイル・クラフトBOOK」グラフィック社　2014
Blondelle, Thomas　ブロンデル, トーマス
　㊚ベルギー　エリザベート王妃国際コンクール　声楽　第2位（2011年）
Błoński, Jan Kidawa　ブロンスキ, ヤン・キダヴァ
　モスクワ国際映画祭　銀賞　監督賞（第32回（2010年））
　"Różyczka"（ポーランド）
Blood, Rebecca　ブラッド, レベッカ
　㊈「ウェブログ・ハンドブック」毎日コミュニケーションズ　2003
Bloodworth, Venice J.　ブラッドワース, ヴェニス
　㊈「マインド革命」春秋社　2001
Bloom, Alexander　ブルーム, アレクサンダー
　㊈「ビジュアル版 世界の歴史都市」柊風舎　2016
Bloom, Alfred　ブルーム, アルフレッド
　1926～　㊈「真宗信心の仏道」本願寺出版社　2010
Bloom, Amy　ブルーム, エイミー
　1953～　㊈「リリアン」新潮社　2009
Bloom, Barbara　ブルーム, バーバラ
　1951～　㊈「マルレーネ・デュマス」ファイドン　2006
Bloom, Cameron　ブルーム, キャメロン
　㊈「ペンギンが教えてくれたこと」マガジンハウス　2016
Bloom, Claire　ブルーム, クレア
　1931～　㊚イギリス　女優
Bloom, Floyd E.　ブルーム, フロイド・E.
　1936～　㊈「神経薬理学」メディカル・サイエンス・インターナショナル　2005
Bloom, Harold　ブルーム, ハロルド
　1930～　㊚アメリカ　文芸批評家　エール大学人文学部教授　㊈英国ロマン主義文学
Bloom, Jeremy　ブルーム
　㊚アメリカ　フリースタイルスキー選手
Bloom, Jerry　ブルーム, ジェリー
　㊈「ブラック・ナイト」シンコーミュージック・エンタテイメント　2007
Bloom, Jonathan M.　ブルーム, ジョナサン
　㊈「イスラーム美術」岩波書店　2001
Bloom, Lary　ブルーム, ラリー
　㊈「偉大な指揮者に学ぶ無知のリーダーシップ」日経BP社, 日経BPマーケティング（発売）　2016
Bloom, Mark　ブルーム, マーク
　㊈「資金3,000万円からできる『スイス・プライベートバンク活用術』」同友館　2006
Bloom, Orlando　ブルーム, オーランド
　1977～　㊚イギリス　俳優　本名＝Bloom, Orlando Jonathan Blanchard
Bloom, Paul　ブルーム, ポール
　1963～　㊈「ジャスト・ベイビー」NTT出版　2015
Bloom, Paul N.　ブルーム, ポール
　㊈「コトラーのプロフェッショナル・サービス・マーケティング」ピアソン・エデュケーション　2002
Bloom, Steve　ブルーム, スティーヴ
　1953～　㊈「動物たちの惑星」バイ インターナショナル　2012
Bloom, Valerie　ブルーム, ヴァレリー
　㊈「動物たちの謝肉祭」BL出版　2007
Bloom, William　ブルーム, ウィリアム
　㊈「マインド・ボディ・スピリット大全」ガイアブックス, 産調出版（発売）　2010
Bloomberg, Michael Rubens　ブルームバーグ, マイケル
　1942～　㊚アメリカ　金融家, 政治家　ブルームバーグL.P.創業者・社長・CEO　ニューヨーク市長
Bloome, Indigo　ブルーム, インディゴ
　㊚オーストラリア　作家　㊈ロマンス
Bloomfield, Barbara　ブルームフィールド, バーバラ
　㊈「まんがカップル・セラピー」金剛出版　2015
Bloomfield, Harold H.　ブルームフィールド, ハロルド・H.
　1944～　㊈「セントジョーンズワートとうつ病」フレグランスジャーナル社　2004
Bloomfield, Paul　ブルームフィールド, ポール
　㊈「英国」メディアファクトリー　2003
Bloomfield, Paula　ブルームフィールド, パウラ
　㊚トンガ　教育相
Bloomfield, Steve　ブルームフィールド, スティーヴ
　1980～　㊈「サッカーと独裁者」白水社　2011
Bloor, Michael　ブルア, マイケル
　㊈「質的研究法キーワード」金子書房　2009
Bloshenko, Artem　ブロシェンコ, アルチョム
　㊚ウクライナ　柔道選手
Blossomgame, Jaron　ブロッサムゲーム, ジャロン
　㊚アメリカ　バスケットボール選手
Blottner, Dieter　ブロットナー, ディーター
　㊚ブロットナー, ディータ　㊈「スポーツ筋損傷 診断と治療法」ガイアブックス　2014
Blount, Akil　ブロント, アキル
　㊚アメリカ　アメフト選手
Blount, LeGarrette　ブロント, レギャレッテ
　㊚アメリカ　アメフト選手
Blount, Roy, Jr.　ブラウント, ロイ, Jr.
　㊈「犬のきもち」PHP研究所　2001
Blow, David　ブロー, デイヴィッド
　㊈「アッパース大王」中央公論新社　2012
Blow, David Mervyn　ブロー, デービッド
　1931～2004　㊚イギリス　生物物理学者　ロンドン大学インペリアル・カレッジ名誉教授　㊇ブロウ, D.
Blow, Isabella　ブロウ, イザベラ
　1958～2007　㊚イギリス　ファッション雑誌編集者, スタイリスト　本名＝デルベス・ブロートン, イザベラ〈Delves-Broughton, Isabella〉
Blowey, Roger William　ブローウィ, ロジャー・W.
　㊈「牛病カラーアトラス」緑書房　2014
BLU　ブルー
　㊚イタリア　アヌシー国際アニメーション映画祭　短編映画　審査員特別賞（2011年）ほか
Blue, Alfred　ブルー, アルフレッド
　㊚アメリカ　アメフト選手
Blue, Anthony Dias　ブルー, アンソニー・ディアス
　㊈「プロは語る。」アスペクト　2005
Blue, Lucy　ブルー, ルーシー
　㊚アメリカ　作家　㊈ロマンス, ファンタジー　別筆名＝Hathaway-Nayne, Anne
Blue, Sarah　ブルー, サラ
　㊈「Shadow of time」サラ・ブルー・パブリッシング　2015
Blühm, Andreas　ブリューム, アンドレアス
　1959～　㊈「印象派絵画」Taschen　c2010
Bluhm, Christian　ブルーム, クリスチャン
　㊈「クレジットリスクモデリング入門」シグマベイスキャピタル　2007
Blum, Andrew　ブルーム, アンドリュー
　㊈「インターネットを探して」早川書房　2013
Blum, Danny　ブラム, ダニー
　㊚ドイツ　サッカー選手
Blum, Deborah　ブラム, デボラ
　1954～　㊈「愛を科学で測った男」白揚社　2014
Blum, Howard　ブラム, ハワード
　アメリカ探偵作家クラブ賞　犯罪実話賞（2009年）"American Lightning: Terror, Mystery, the Birth of Hollywood and the Crime of the Century"
Blum, Ralph　ブラム, ラルフ
　㊈「神託的生活366」ヴォイス　2002
Blum, Richard　ブルム, リチャード
　㊈「オープンソース電子メールセキュリティ」ピアソン・エデュケーション　2002
Blum, Ulrich　ブルム, ウルリッヒ
　1953～　㊚ドイツ　経済学者　マルティンルター大学ハレ・ヴィッテンベルク教授
Blum, William　ブルム, ウィリアム
　1933～　㊈「アメリカの国家犯罪全書」作品社　2003
Blumberg, Baruch Samuel　ブランバーグ, バルーク
　1925～2011　㊚アメリカ　医学者, 生化学者　ペンシルベニア大学教授, フォックスチェイスがんセンター・シニアアドバイザー　㊇内科学　㊇ブラムバーグ, バルーチ / ブランバーグ, バルーチ
Blumberg, Mark Samuel　ブランバーグ, マーク・S.
　1961～　㊈「本能はどこまで本能か」早川書房　2006
Blume, Arthur W.　ブルーム, アーサー・W.
　㊈「リラプス・プリベンション」日本評論社　2011
Blume, Judy　ブルーム, ジュディ
　1938～　㊈「ピーターとファッジのどたばた日記」バベルプレス　2016

Blume, Lesley M.M.　ブルーム、レズリー・M.M.
　国アメリカ　ジャーナリスト、作家　分ヤングアダルト
Blume, Pernille　ブルメ、パーニレ
　国デンマーク　水泳選手
Blumencron, Maria　ブルーメンクローン、マリア
　1965〜　著「ヒマラヤを越える子供たち」小学館　2012
Blumenfeld, Hal　ブルーメンフェルト、ハル
　著「ブルーメンフェルト カラー神経解剖学」西村書店東京出版編集部　2016
Blumenfeld, Laura　ブルメンフェルド、ローラ
　著「復讐私の物語」原書房　2004
Blumenfield, Michael　ブルーメンフィールド、M.
　著「身体疾患の精神科医療」日本評論社　2008
Blumenstein, Lars　ブルーメンシュタイン、ラース
　著「アンワイアード」新紀元社　2014
Blumenthal, Brett　ブルーメンソール、ブレット
　著「1週間に1つずつ。毎日の暮らしが輝く52の習慣」ディスカヴァー・トゥエンティワン　2016
Blumenthal, Karen　ブルーメンタール、カレン
　著「ヒラリー・クリントン本当の彼女」汐文社　2016
Blumenthal, Neil　ブルメンタール、ニール
　ワービー・パーカー共同創業者
Blumler, Jay G.　ブルムラー、J.G.
　著「リーディングス政治コミュニケーション」一芸社　2002
Blunck, Aaron　ブランク
　国アメリカ　フリースタイルスキー選手
Blundell, Barry　ブランデル、バリー・G.
　1956〜　著「コンピュータをめぐる諸問題」センゲージラーニング、ビー・エヌ・エヌ新社（発売）　2009
Blundell, Judy　ブランデル、ジュディ
　全米図書賞 児童文学（2008年）　"What I Saw and How I Lied"
Blundell, Kim　ブランデル、キム
　著「モンスター迷路」PHP研究所　2009
Blundell Jones, Peter　ブランデル・ジョーンズ、ピーター
　1949〜　著「モダニズム建築」建築思潮研究所、風土社（発売）　2006
Blunden, Caroline　ブランデン、キャロリーン
　著「中国」朝倉書店　2008
Blunkett, David　ブランケット、デービッド
　1947〜　国イギリス　政治家、コラムニスト　英国内相
Blunt, Emily　ブラント、エミリー
　ゴールデン・グローブ賞 テレビ 助演女優賞（ミニシリーズ）（第64回（2006年度））　"Gideon's Daughter"
Blunt, Giles　ブラント、ジャイルズ
　著「悲しみの四十語」早川書房　2002
Blunt, James　ブラント、ジェームス
　1977〜　国イギリス　シンガー・ソングライター　異ブラント、ジェームズ
Blush, Steven　ブラッシュ、スティーヴン
　著「アメリカン・ハードコア」メディア総合研究所　2008
Blushi, Ben　ブルシ、ベン
　国アルバニア　地方自治分権相
Blussé, Leonard　ブリュッセイ、レオナルド
　1946〜　著「竜とみつばち」晃洋書房　2008
Blustein, Paul　ブルースタイン、ポール
　1951〜　著「IMF」楽工社　2013
Blutch　ブリュチ
　1967〜　アングレーム国際漫画祭 5つの優秀作品賞（2009年）ほか
Blute, Vicent　ブルト、ビセント
　国ギニアビサウ　運輸・通信相
Bluth, Toby　ブルース、トビー
　著「ディズニーの真髄」大日本絵画　2005
Bluttman, Ken　ブルートマン、ケン
　著「Access hacks」オライリー・ジャパン、オーム社（発売）　2005
Bly, Karen M.　ブライ、カレン・M.
　著「児童虐待の発見と防止」慶応義塾大学出版会　2003
Bly, Robert Elwood　ブライ、ロバート
　1926〜　国アメリカ　詩人、作家
Bly, Robert W.　ブライ、ロバート・W.
　著「プロが教えるhow toコンテンツでお金を生み出す方法」ダイレクト出版　2012
Blyden, Sylvia　ブライデン、シルビア
　国シエラレオネ　社会福祉・男女同権・子ども担当相
Blyth, Mark　ブライス、マーク
　1967〜　著「緊縮策という病」NTT出版　2015

Blythe, Austin　ブライス、オースティン
　国アメリカ　アメフト選手
Blythe, Gary　ブライズ、ゲイリー
　著「北極熊ナヌーク」BL出版　2008
Bo, Armando　ボー、アルマンド
　アカデミー賞 オリジナル脚本賞（第87回（2014年））ほか
Bo, Xi-lai　ボー・シーライ
　1949〜　国中国　政治家　中国共産党政治局員、重慶市党委書記　漢字名＝薄熙来
Bo, Yi-bo　ボー・イーボー
　1908〜2007　国中国　政治家　中国副首相　漢字名＝薄一波　異ハク・イツハ
BoA　ボア
　1986〜　国韓国　歌手　本名＝クォン・ボア
Boadway, Robin W.　ボードウェイ、ロビン
　1943〜　著「ロビン・ボードウェイ教授講演報告書」自治体国際化協会　2006
Boagiu, Anca-Daniela　ボアジウ、アンカダニエラ
　国ルーマニア　運輸・社会基盤相　異ボアジウ、アンカ
Boagno, Marina　ボアーニョ、マリーナ
　著「君の微笑み」フリースペース、星雲社（発売）　2003
Boakai, Joseph　ボアカイ、ジョセフ
　国リベリア　副大統領
Boal, Augusto　ボアル、アウグスト
　1931〜2009　国ブラジル　演出家、演劇運動指導者　異ボアール、アウグスト
Boal, Mark　ボール、マーク
　アカデミー賞 オリジナル脚本賞（第82回（2009年））　"The Hurt Locker"
Boamah, Omane　ボアマ、オマネ
　国ガーナ　通信相
Board, Ken　ボード、ケン
　1942〜　著「アミュージング・グレース」小倉聖書バプテスト教会　2013
Boardman, Anthony E.　ボードマン、アンソニー・E.
　著「費用・便益分析」ピアソン・エデュケーション　2004
Boardman, Donnell W.　ボードマン、ドネル・W.
　著「放射線の衝撃」PKO法「雑則」を広める会　2008
Boardman, John　ボードマン、ジョン
　1927〜　著「ノスタルジアの考古学」国書刊行会　2010
Boardman, Paul Harris　ボードマン、ポール・ハリス
　著「エミリー・ローズ」竹書房　2006
Boardman, Thomas Gray　ボードマン、トーマス・グレー
　1919〜2003　国イギリス　銀行家　ナショナル・ウエストミンスター銀行会長
Boase, Susan　ボウズ、スーザン
　著「ラッキーボーイ」評論社　2006
Boateng, Asamoah　ボアテン、アサモア
　国ガーナ　地方政府・農村開発・環境相
Boateng, Jerome　ボアテング、ジェローム
　国ドイツ　サッカー選手
Boateng, Kevin-Prince　ボアテング、ケヴィン・プリンス
　国ガーナ　サッカー選手
Boateng, Ozwald　ボーテング、オズワルド
　1967〜　国イギリス　ファッションデザイナー
Boateng, Paul　ボートン、ポール
　国イギリス　財務担当閣内相
Boatswain, Anthony　ボーツウェイン、アンソニー
　国グレナダ　教育・人材開発相
Boatwright, Bennie　ボートライト、ベニー
　国アメリカ　バスケットボール選手
Boatwright, Peter　ボートライト、ピーター
　著「ヒット企業のデザイン戦略」英治出版　2006
Boavida, Madalena　ボアビダ、マダレーナ
　国東ティモール　財務・計画相
Boavida, Maria　ボアビダ、マリア
　国東ティモール　計画・財務相
Boaz, Noel Thomas　ボアズ、ノエル・T.
　著「北京原人物語」青土社　2005
Bobadilla, Raul　ボバディジャ、ラウール
　国パラグアイ　サッカー選手
Bobbio, Norberto　ボッビオ、ノルベルト
　1909〜2004　国イタリア　法哲学者、政治哲学者　トリノ大学名誉教授、イタリア終身上院議員
Bobbitt, Malcolm　ボビット、マルコム
　著「フィアット＆アバルト500 600」三樹書房　2004

Bobi, Emilienne ボビ, エミリエーヌ
[国]コートジボワール 家族相
Bobin, Christian ボバン, クリスチャン
[著]「フランス現代詩アンソロジー」 思潮社 2001
Bobin, James ボビン, ジェームズ
[著]「アリス・イン・ワンダーランド～時間の旅～」 講談社 2016
Bobinski, George Sylvan ボビンスキー, ジョージ・S.
[異]ボビンスキー, ジョージ [著]「カーネギー図書館」 京都図書館情報学研究会, 日本図書館協会(発売) 2014
Boboev, Gulomdzhon ボボエフ, グロムジョン
[国]タジキスタン 経済発展貿易相
Boboev, Olimjon ボボエフ, オーリンジョン
[国]タジキスタン 運輸相
Bobokalonov, Rahmat ボボカロノフ, ラフマト
[国]タジキスタン 土地改良・水利経済相
Boboto, Jeanne Ebamba ボボト, ジャンヌ・エバンバ
[国]コンゴ民主共和国 社会問題・家族相
Bobozoda, Gulomjon ボボゾダ, グロムジョン
[国]タジキスタン 経済発展貿易相 [異]ボボエフ, グロムジョン
Bobozoda, Shavkat ボボゾダ, シャブカト
[国]タジキスタン 産業・新技術相
Bobrick, Benson ボブリック, ベンソン
[著]「聖書英訳物語」 柏書房 2003
Bobridge, Jack ボブリッジ, ジャック
[国]オーストラリア 自転車選手
Bobrova, Ekaterina ボブロワ
[国]ロシア フィギュアスケート選手
Boc, Emil ボック, エミル
1966～ [国]ルーマニア 政治家 クルージュ・ナポカ市長 ルーマニア首相
Boc, Victor ボック, ビクター
[著]「すべてのお金の悩みを永久に解決する方法」 サンマーク出版 2014
Boccacini, Corinna ボッカチーニ
[国]イタリア スノーボード選手
Boccassini, Ilda ボッカシーニ, イルダ
[国]イタリア 検察官 ミラノ地検主任検事
Bocchino, Anthony J. ボッキーノ, A.J.
[著]「弁護士のための法廷テクノロジー入門」 慈学社出版, 大学図書(発売) 2011
Bocci, Velio ボッチ, V.
[著]「オゾン療法」 シュプリンガー・ジャパン 2008
Bocco, Vicentia ボッコ, ビソンティア
[国]ベナン 高等教育・科学研究相
Bocelli, Andrea ボチェッリ, アンドレア
1958～ [国]イタリア テノール歌手, カンツォーネ歌手 [異]ボッチェリ, アンドレア
Bocevski, Ivica ボツェフスキ, イビツァ
[国]マケドニア 副首相(欧州統合担当)
Bochco, Steven ボチコ, スティーヴン
1943～ [著]「構想の死角」 竹書房 2007
Bochenek, Valérie ボシュネク, ヴァレリー
1966～ [著]「フランスを目覚めさせた女性たち」 パド・ウィメンズ・オフィス 2016
Bochmann, Annika ボフマン, アニカ
[国]ドイツ セーリング選手
Bochner, Arthur Berg ボシュナー, アーサー・バーグ
[著]「子どもに教えたいお金の話」 PHP研究所 2002
Bochtler, Doug ボチトラー, ダグ
[国]アメリカ サンディエゴ・パドレスコーチ
Bochy, Bruce ボウチー, ブルース
1955～ [国]アメリカ 大リーグ監督 本名＝Bochy, Bruce Douglas [異]ボーチー, ブルース
Bock, David ボック, デイビッド
[著]「プロジェクト・マネジャーが知るべき97のこと」 オライリー・ジャパン, オーム社(発売) 2011
Bock, Dennis ボック, デニス
1964～ [著]「灰の庭」 河出書房新社 2003
Bock, Janna ボック, ジャンナ
[著]「マララの物語」 西村書店東京出版編集部 2016
Bock, Jason ボック, ジェイソン
[著]「メタプログラミング.NET」 アスキー・メディアワークス, KADOKAWA(発売) 2013
Bock, Jerry ボック, ジェリー
1928～2010 [国]アメリカ 作曲家 本名＝Bock, Jerrold Lewis
Böck, Johannes ベック, ヨハネス
[著]「スポーツ筋損傷 診断と治療法」 ガイアブックス 2014
Bock, Laszlo ボック, ラズロ
[著]「ワーク・ルールズ！」 東洋経済新報社 2015
Bock, William Sauts ボック, ウイリアム・サウツ
1939～ [著]「アメリカ・インディアンに学ぶ子育ての原点」 アスペクト 2003
Bockemühl, Michael ボッケミュール, ミヒャエル
[著]「レンブラント」 Taschen c2001
Bockenforde, Ernst Wolfgang ベッケンフェルデ, E.-W.
[著]「法の理論」 成文堂 2003
Bockermann, Markus ボッカーマン, マルクス
[国]ドイツ ビーチバレー選手
Böckle, Günter ベックレ, ギュンター
1949～ [著]「ソフトウェアプロダクトラインエンジニアリング」 エスアイビー・アクセス, 星雲社(発売) 2009
Bockoven, Georgia ボコーヴン, ジョージア
[著]「明日へ結ぶ絆」 ハーレクイン 2007
Bockris, John O'M. ボックリス, ジョン・O'M.
1923～ [異]ボクリス, ジョン・O'M. [著]「水素エネルギー入門」 西田書店 2003
Bockris, Victor ボクリス, ヴィクター
1949～ [著]「バロウズ/ウォーホル テープ」 スペースシャワーブックス, スペースシャワーネットワーク(発売) 2014
Bockwinkel, Nick ボックウィンクル, ニック
1934～2015 [国]アメリカ プロレスラー AWA世界ヘビー級王者 本名＝ボックウィンクル, ニコラス・ウォーレン・フランシス〈Bockwinkel, Nicholas Warren Francis〉
Boco, Major Akira-Esso ボコ, マジョル・アキラエソ
[国]トーゴ 内相
Bocuse, Paul ボキューズ, ポール
1926～ [国]フランス 料理人 ポール・ボキューズ・オーナーシェフ
Boczko, Gabor ボツコ, ガボル
[国]ハンガリー フェンシング選手 [異]ボツコ
Bodaken, Bruce ボダケン, ブルース
[著]「最強リーダーシップの法則」 徳間書店 2010
Bodanis, David ボダニス, デイヴィッド
[著]「電気革命」 新潮社 2016
Bodansky, Yossef ボダンスキー, ヨセフ
[著]「ビンラディン」 毎日新聞社 2001
Bodard, Aliette de ドボダール, アリエット
ネビュラ賞 中編(2013年)ほか
Bodart-Bailey, Beatrice M. ボダルト＝ベイリー, ベアトリス・M.
[異]ボダルト＝ベイリー, B.M. [著]「犬将軍」 柏書房 2015
Böddeker, Günter ベデカー, ギュンター
1933～ [著]「捕虜」 学習研究社 2007
Boddewyn, Jean J. ボドウィン, ジーン・J.
[著]「基礎概念と研究領域」 文眞堂 2001
Boddie, John ボッディ, ジョン
[著]「ソフトウェア開発のカオス」 構造計画研究所, 共立出版(発売) 2003
Boddy, Kasia ボディ, カシア
[著]「ボクシングの文化史」 東洋書林 2011
Boddy-calhoun, Briean ボディー・カルホーン, ブリーアン
[国]アメリカ アメフト選手
Bode, Ingo ボーデ, インゴ
[著]「欧州サードセクター」 日本経済評論社 2007
Bode, N.E. ボード, N.E.
[著]「本だらけの家でくらしたら」 徳間書店 2009
Bode, Ridvan ボデ, リドバン
[国]アルバニア 財務相
Bödeker, Anke ベーデカー, アンケ
[著]「リコーダー」 河合楽器製作所・出版部 2005
Bodell, Lisa ボデル, リサ
[著]「会社をつぶせ」 マグロウヒル・エデュケーション, 日本経済新聞出版社(発売) 2013
Boden, Christine ボーデン, クリスティーン
1949～ [著]「私は誰になっていくの？」 クリエイツかもがわ, 京都 かもがわ出版(発売) 2003
Boden, Fernand ボーデン, フェルナン
[国]ルクセンブルク 農業・ブドウ栽培・農村開発相兼中産階級・観光・住宅相
Boden, Jens ボーデン
[国]ドイツ スピードスケート選手
Bodenhamer, Bob G. ボーデンハマー, ボビー・G.

著「NLPフレーム・チェンジ」春秋社 2009

Bodewig, Kurt ボーデウィヒ, クルト
国ドイツ 運輸・建設相

Bodha, Nandcoomar ブッダ, ナンドゥマー
国モーリシャス 公共インフラ・陸運相 異ボダ, ナンクーマー

Bodian, Stephan ボディアン, ステファン
著「今、目覚める」ナチュラルスピリット 2015

Bodias, Michel Botoro ボディアス, ミシェル・ボトロ
国コンゴ民主共和国 公務員相

Bo Diddley ボ・ディドリー
1928～2008 国アメリカ ロック歌手・ギタリスト 本名=マクダニエル, エラス〈McDaniel, Ellas〉

Bodie, Zvi ボディ, ツヴィ
著「現代ファイナンス論」ピアソン桐原 2011

Bodin, Art ボーディン, アーサー
著「解決が問題である」金剛出版 2011

Bodin, Dominique ボダン, ドミニク
1958～ 著「フーリガンの社会学」白水社 2005

Bodin, Issara ボディン
国タイ バドミントン選手

Bodine, Russell ボーディン, ラッセル
国アメリカ アメフト選手

Bodine, Sherrill ボーディン, シェリル
著「侯爵からの愛は春風のように」竹書房 2015

Bodisteanu, Octavian ボディシュチャヌ, オクタビアン
国モルドバ 青年・スポーツ相

Bodjona, Pascal Akousoulèlou ボジョナ, パスカル・アクスレル
国トーゴ 国土管理・地方分権相兼政府報道官 異ボジョナ, パスカル

Bodker, Cecil ボトカー, セシル
著「シーラス 安らぎの時」評論社 2007

Bodman, Samuel Wright Ⅲ ボドマン, サミュエル
1938～ 国アメリカ 政治家 米国エネルギー長官

Bodnar, Maciej ボドナル, マチェイ
国ポーランド 自転車選手

Bodo, G. ボウドウ, G.
著「知の歴史」徳間書店 2002

Bodoc, Liliana ボドック, リリアナ
1958～ 国アルゼンチン 作家 異文学

Bodoff, Stephanie ボドフ, ステファニー
著「J2EEチュートリアル」ピアソン・エデュケーション 2002

Bodrov, Sergei ボドロフ, セルゲイ
1948～ 国ロシア 映画監督, 脚本家 本名=Bodrov, Sergei Vladimirovich

Bodrov, Sergei, Jr. ボドロフ, セルゲイ, Jr.
1971～2002 国ロシア 俳優, 映画監督

Bødskov, Morten ブドスコウ, モーテン
国デンマーク 法相

Bodström, Thomas ボトストレーム, トーマス
国スウェーデン 法相

Bodvarsson, Sturla ボズバルソン, ストゥルラ
国アイスランド 通信相

Boe, Johannes Thingnes ベー, J.
国ノルウェー バイアスロン選手

Boe, Mathias ボー, マシアス
国デンマーク バドミントン選手 異ボー

Boe, Tarjei ベー, ターリェイ
1988～ 国ノルウェー バイアスロン選手

Boeck, Karin ベック, カリン
著「スモール・トーク」主婦の友社, 角川書店（発売）2002

Boeckx, Cedric ブックス, セドリック
著「言語から認知を探る」岩波書店 2012

Boeder, Lukas ボーダー, ルーカス
国ドイツ サッカー選手

Boedhoe, Wonnie ブードゥー, ウォーニー
国スリナム 財務相

Boediono ブディオノ
国インドネシア 副大統領

Boedoro, Philip ボエドロ, フィリップ
国バヌアツ 包括的改革計画相

Boehler, Stefanie ベーラー
国ドイツ クロスカントリースキー選手

Boehm, Annett ベーム
国ドイツ 柔道選手

Boehm, Barry W. ベーム, バリー
著「ソフトウェアエンジニアリング論文集80's」翔泳社 2006

Boehm, Christopher ボーム, クリストファー
著「モラルの起源」白揚社 2014

Boehm, Evan ボーム, エバン
国アメリカ アメフト選手

Boehm, Gottfried ベーム, ゴットフリート
1942～ 著「ポール・セザンヌ「サント・ヴィクトワール山」」三元社 2007

Boehm, Paul ボフム
国カナダ スケルトン選手

Boehn, Max von ベーン, マックス・フォン
著「ドイツ十八世紀の文化と社会」三修社 2001

Boehner, John ベイナー, ジョン
1949～ 国アメリカ 政治家 米国下院議長（共和党） 異ベーナー, ジョン / ベイナー, ジョン・アンドリュー

Boehringer, Moritz ボーリンガー, モリツ
国アメリカ アメフト選手

Boeijen, Annemiek van ブイエン, アネミック・ファン
著「デザイン思考の教科書」日経BP社, 日経BPマーケティング（発売）2015

Boeke, Jet ブッケ, イェット
著「まんまるトムはどこ？」ワールドライブラリー 2015

Boel, Mariann Fischer ボエル, マリアン・フィッシャー
国デンマーク 食料・農業・漁業相

Boelts, Maribeth ボルツ, マリベス
1964～ 著「サッカーがだいすき！」岩崎書店 2012

Boenisz, Paulina ボエニシュ
国ポーランド 近代五種選手

Boer, Diederik ブール, ディーデリク
国オランダ サッカー選手

Boer, Erik-Jan De デ・ブール, エリック＝ジャン
アカデミー賞 特殊効果賞（第85回(2012年)）"Life of Pi"

Boer, Esther de ブール, エスター・A.デ
著「イエスが愛した聖女」日経ナショナルジオグラフィック社, 日経BP出版センター（発売）2006

Boer, F.Peter ボイアー, ピーター
1940～ 著「技術価値評価」日本経済新聞社 2004

Boer, Margot ブア
国オランダ スピードスケート選手

Boere, Jeroen ブーレ, ヨルン
1967～2007 国オランダ サッカー選手

Boergeling, Lars ベルゲリンク
国ドイツ 陸上選手

Boerger, Andy バーガー, アンディ
1962～ 著「神様の次に大切なものは海賊デス」East publications c2001

Boese, Alex バーザ, アレックス
著「歴史を変えた!?奇想天外な科学実験ファイル」エクスナレッジ 2009

Boeselager, Philipp Freiherr von ベーゼラガー, フィリップ・フライヘル・フォン
?～2008 国ドイツ 軍人

Boespflug, Barbara ボエスフルグ, バーバラ
著「ニューヨーク映画ロケ地ガイド」世界文化社 2015

Boespflug, Francois ベスフルグ, フランソワ
1945～ 著「ベリー公のいとも美しき時禱書」岩波書店 2002

Boesten, Ludwig ボーステン, ルードヴィヒ
1935～2002 国ドイツ 上智大学理工学部教授 異ボーステン, ルードビヒ / ボーステン, ルードビッヒ / ボーステン, ルードウィヒ

Boëtius, Henning ボエティウス, ヘニング
1939～ 著「ヒンデンブルク炎上」新潮社 2004

Boetius, Jean-Paul ボエチウス, ジャン・パウル
国オランダ サッカー選手

Boetticher, Budd ベティカー, バッド
1916～2001 国アメリカ 映画監督 本名=ベティカー, オスカー〈Boetticher, Oscar (Jr.)〉

Boffa, Alessandro ボッファ, アレッサンドロ
1955～ 著「おまえはケダモノだ, ヴィスコヴィッツ」河出書房新社 2001

Bofinger, Peter ボーフィンガー, ペーター
1954～ 国ドイツ 経済学者 ビュツルブルク大学経済学部教授 異マクロ経済

Boga, Jeremie ボガ, ジェレミー
国フランス サッカー選手

Bogacka, Sylwia ボガツカ, シルビア

[国]ポーランド 射撃選手
Bogacki, Tomek ボガツキ, トメク
1950～ [著]「コルチャック先生」 講談社 2011
Bogaerts, Xander ボガーツ, ザンダー
[国]アルバ 野球選手
Bogaliy, Anna ボガリ, アンナ
1979～ [国]ロシア バイアスロン選手 本名=Bogaliy-Titovets, Anna [異]ボガリ
B
Boganova, Valentina ボガノワ, バレンチナ
[著]「そして、モスコーの夜はふけて」 流通経済大学出版会 2006
Bogar, Tim ボガー, ティム
[国]アメリカ シアトル・マリナーズコーチ
Bogard, Jimmy ボガード, ジミー
[著]「ASP(えーえすぴー).NET MVC(えむぶいしー)2プログラミングリソース」 翔泳社 2011
Bogard, Paul ボガード, ポール
1966～ [著]「本当の夜をさがして」 白揚社 2016
Bogart, Leo ボガート, レオ
[著]「アメリカ―コミュニケーション研究の源流」 春風社 2005
Bogart, Paul ボガート, ポール
1919～2012 [国]アメリカ 映画監督
Bogart, Tim ボガート, ティム
[著]「標準Red Hat Linuxリファレンス」 インプレス, インプレスコミュニケーションズ(発売) 2001
Bogati, Posta Bahadur ボガティ, ポスタ・バハドゥル
[国]ネパール 文化・観光・航空相
Bogatin, Eric ボガティン, エリック
[著]「高速デジタル信号の伝送技術」 丸善 2010
Bogaty, William J. ボガティ, ウィリアム・J.
1947～2012 [国]アメリカ 実業家 東燃ゼネラル石油常務, エクソンモービル社長
Bogayevicz, Yurek ボガエヴィッチ, ユレク
1948～ [著]「ぼくの神さま」 竹書房 2002
Bogdanich, Walt ボグダニッチ, ウォルト
[国]アメリカ ピュリッツアー賞 ジャーナリズム 調査報道(2008年)ほか
Bogdanor, Vernon ボグダナー, ヴァーノン
1943～ [著]「英国の立憲君主政」 木鐸社 2003
Bogdanos, Matthew ボグダノス, マシュー
[著]「イラク博物館の秘宝を追え」 早川書房 2007
Bogdanov, Michael ボグダノフ, マイケル
1938～ [著]「シェイクスピアディレクターズ・カット」 研究社 2005
Bogdanova, Anna ボグダノワ
[国]ロシア 陸上選手
Bogdanova, Lyudmila ボグダノワ
[国]ロシア 柔道選手
Bogdanovic, Bojan ボグダノビッチ, ボヤン
[国]クロアチア バスケットボール選手
Bogdanović, Goran ボグダノビッチ, ゴラン
[国]セルビア コソボ担当相
Bogdanovic, Tijana ボグダノビッチ, ティヤナ
[国]セルビア テコンドー選手
Bogdanovich, Peter ボグダノーヴィチ, ピーター
1939～ 監督 グラミー賞 最優秀長編ビデオ作品(2008年(第51回)) "Runnin' Down A Dream" [異]ボグダノヴィッチ, ピーター
Boggess, K.A. ボッジス, K.A.
[著]「AAP歯周病と全身疾患との関わり」 クインテッセンス出版 2003
Boggiatto, Alessio ボジャット
[国]イタリア 競泳選手
Boggio, Philippe ボッジオ, フィリップ
[著]「ボリス・ヴィアン伝」 国書刊行会 2009
Boggs, John ボッグス, ジョン
[国]アメリカ スポーツ代理人 JBAスポーツ社社長・CEO・創業者
Boggs, Mathew ボッグズ, マシュー
[著]「マットとジェイスンの―幸せな結婚に出会う1万2千マイルの旅」 幸福の科学出版 2008
Boggs, Taylor ボッグス, テイラー
[国]アメリカ アメフト選手
Bogle, Bob ボーグル, ボブ
?～2009 [国]アメリカ ベース奏者
Bogle, John C. ボーグル, ジョン
[国]アメリカ 金融家 バンガード・グループ創業者
Bognar, Richard ボグナル
[国]ハンガリー 射撃選手
Bogner, Norman ボグナー, ノーマン
[著]「そして、黄昏が優しくつつむ」 産業編集センター 2003
Bogoev, Slavcho ボゴエフ, スラフチョ
[国]ブルガリア 保健相
Bogojević-Narath, Simon ボゴイヤビッチ・ナラス, シモン
[国]クロアチア アヌシー国際アニメーション映画祭 短編映画 特別賞(2008年)ほか
Bogollagama, Rohitha ボゴラガマ, ロヒタ
[国]スリランカ 外相
Bogomolov, Oleg ボゴモロフ, オレグ
1927～2015 [国]ロシア 経済学者 ロシア科学アカデミー国際政治経済研究所所長 本名=Bogomolov, Oleg Timofeevich
Bogomolov, Vladimir Osipovich ボゴモロフ, ウラジーミル
1926～2003 [国]ロシア 作家 [異]ボゴモーロフ
Bogovič, Franc ボゴビチ, フランツ
[国]スロベニア 農業環境相
Bogsnes, Bjarte ボグネス, ブャーテ
[著]「脱予算経営への挑戦」 生産性出版 2010
Boguena, Toufta ボゲナ, ツフタ
[国]チャド 保健相
Bogusevic, Brian ボグセビッグ, ブライアン
[国]アメリカ 野球選手
Bogut, Andrew ボーガット, アンドリュー
[国]オーストラリア バスケットボール選手
Bohanon, Tommy ボハノン, トミー
[国]アメリカ アメフト選手
Bohara, Deepak ボハラ, ディパク
[国]ネパール 供給相
Bohatyriova, Raisa ボガティリョワ, ライサ
[国]ウクライナ 保健相
Bohem, Leslie ボーエム, レスリー
[著]「テイクン」 竹書房 2003
Bohigas, Oriol ブイガス, ウリオール
1925～ [著]「モデルニスモ建築」 みすず書房 2011
Bohinc, Rado ボヒンツ, ラド
[国]スロベニア 内相
Bohjalian, Christopher A. ボジャリアン, クリス
[著]「助産婦が裁かれるとき」 東京創元社 2004
Bohl, Willi ボール, ヴィリー
1933～ [異]ボール, W. [著]「エンジニアのための流れ学」 白山連峰学術院コロンブス大学出版局 2007
Bohlau, Hermann ベーラウ, ヘルマン
[著]「回想のマックス・ウェーバー」 岩波書店 2005
Bohle, Jason ボーレ, ジェーソン
[著]「ハーバードMBA合格者のエッセイを読む」 オープンナレッジ 2007
Bohley, Barbel ボーライ, ベアベル
1945～2010 [国]ドイツ 画家, 旧東ドイツ民主活動家 新フォーラム共同創設者 [異]ボーライ, ベルベル
Bohlin, Karen E. ボーリン, カレン
[著]「グローバル時代の幸福と社会的責任」 麗沢大学出版会, 広池学園事業部(柏)(発売) 2012
Bohlin, Nils ボーリン, ニルス
1920～2002 [国]スウェーデン 技術者
Bohlman, Philip Vilas ボールマン, フィリップ・V.
1952～ [著]「ワールドミュージック/世界音楽入門」 音楽之友社 2006
Bohls, Elizabeth A. ボールズ, エリザベス・A.
[著]「美学とジェンダー」 ありな書房 2004
Bohm, Annett ベーム
[国]ドイツ 柔道選手
Böhm, Bartholomäus ベーム, B.
1957～ [著]「腹腔鏡下大腸手術」 シュプリンガー・ジャパン 2007
Böhm, Karl-Heinz ベーム, カール・ハインツ
1928～2014 [国]オーストリア 市民運動家, 俳優 メンシェン・フュア・メンシェン(MfM)代表
Böhm, Michaela ビョーム, ミカエラ
[著]「これから大人になる10代のあなたへ」 ノルディック出版, 海象社(発売) 2007
Böhm, Winfried ベーム, ヴィンフリート
1937～ [著]「教育と人権」 東信堂 2007
Bohman, Berndt ボーマン, ベアンテ
1951～ [国]スウェーデン チェロ奏者, 宣教師 東京交響楽団首席チェロ奏者 [専]室内楽, ソロ活動, 音楽教育ほか
Bohman, James ボーマン, ジェームズ

[著]「カントと永遠平和」 未来社 2006
Böhmdorfer, Dieter　ベームドルファー, ディーター
[国]オーストリア 法相
Bohm-Duchen, Monica　ボーム＝デュシェン, モニカ
[著]「シャガール」 岩波書店 2001
Böhme, Gernot　ベーメ, ゲルノート
1937～ [著]「雰囲気の美学」 晃洋書房 2006
Böhme, Hartmut　ベーメ, ハルトムート
1944～ [著]「デューラー《メレンコリア1》」 三元社 2005
Bohmer, Richard　ボーマー, リチャード
[著]「組織能力の経営論」 ダイヤモンド社 2007
Bohnacker, Hartmut　ボーナッカー, ハルムート
1972～ [著]「GENERATIVE DESIGN」 ビー・エヌ・エヌ新社 2016
Bohn-Derrien, Laetitia　ボーン＝デリアン, レティシア
1966～ [著]「動くのは瞼だけ」 イースト・プレス 2008
Boho Camo, Gregorio　ボホ・カモ, グレゴリオ
[国]赤道ギニア 農業畜産農村開発相
Bohonnon, Mac　ボホノン
[国]アメリカ フリースタイルスキー選手
Bohoun, Paul-Antoine Bouabré　ボウン, ポールアントワーヌ・ブアブレ
[国]コートジボワール 計画開発相 [異]ボウン, ブアブレ / ボウンブアブレ, ポール
Bohr, Aage Niels　ボーア, オーゲ・ニールス
1922～2009 [国]デンマーク 理論物理学者 北欧理論核物理学研究所(NORDITA)所長, ニールス・ボーア研究所所長 [専]原子核構造理論 [異]オーゲ・ボーア / ボーア, アーゲ / ボーア, ニールス
Bohren, Rudolf　ボーレン, ルードルフ
1920～2010 [著]「神が美しくなられるために」 教文館 2015
Bohrer, Karl Heinz　ボーラー, カール・ハインツ
1932～ [著]「大都会のない国」 法政大学出版局 2004
Bohutsky, Yuriy　ボフツキー, ユーリー
[国]ウクライナ 文化観光相 [異]ボグツキー, ユーリー
Boie, Kirsten　ボイエ, キルステン
作家 ドイツ児童文学賞 特別賞(2007年)
Boie-kamara, Usman　ボアカマラ, ウスマン
[国]シエラレオネ 貿易・産業相
Boik, John　ボイク, ジョン
1961～ [著]「黄金の掟」 パンローリング 2009
Boiko, Bob　ボイコ, ボブ
[著]「コンテンツマネジメントパーフェクトガイド 基本・計画編」 毎日コミュニケーションズ 2007
Boileau, Myriam　ボアロー
[国]カナダ 飛び込み選手
Boilet, Frédéric　ボワレ, フレデリック
[著]「大発作」 明石書店 2007
Boilil, Mohamed Ould　ボイリール, モハメド・ウルド
[国]モーリタニア 内務・地方分権化相
Boillot, Laurent　ボワロ, ローラン
1964～ [国]フランス 実業家 ゲラン社長・CEO
Boim, Ze'ev　ボイム, ゼエブ
[国]イスラエル 建設相
Boima, Caiser　ボイマ, カイザー
[国]シエラレオネ 労働・住宅・技術維持相 [異]ボイマ, カイザー・J.
Boime, Albert　ボイム, アルバート
1933～ [著]「アカデミーとフランス近代絵画」 三元社 2005
Boinot, Isabelle　ボワノ, イザベル
1976～ [著]「わたしのおやつレシピ」 小学館 2015
Boiry, Véronique　ボワリ, V.
[著]「くいしんぼうのゴワンフレット」 アシェット婦人画報社 2005
Bois, Yve Alain　ボワ, イヴ＝アラン
1952～ [著]「アンフォルム」 月曜社 2011
Boisdeffre, Pierre de　ボワデフル, ピエール・ド
1926～2002 [国]フランス 批評家, 外交官 欧州議会議員 別名＝Boisdeffre, Néraud le Mouton de [異]ボワヂフル / ボアデッフル / ボアデフル
Boisnard, Fabienne　ボワナール, ファビエンヌ
[著]「ちびうさくんおじいちゃんおばあちゃんのいえにいく」 PHP研究所 2006
Boisredon, Christian de　ボワルドン, クリスチャン・ド
[著]「世界は希望に満ちている」 バジリコ 2004
Boisrobert, Anouck　ボワロベール, アヌック
[著]「オセアノ号、海へ!」 アノニマ・スタジオ, KTC中央出版(発売) 2013
Boisrond, Michel　ボワロン, ミシェル
1921～2002 [国]フランス 映画監督
Boisse, Erik　ボワス
[国]フランス フェンシング選手
Boisseau, Christina L.　バッソー, クリスティーナ・L.
[著]「不安とうつの統一プロトコル」 診断と治療社 2012
Boisseau, Marie-Thérèse　ボワソー, マリテレーズ
[国]フランス 身障者担当相
Boisselier, Jean　ボワスリエ, ジャン
[著]「クメールの彫像」 連合出版 2014
Boisserée, Wolfgang　ボイザーリー, ヴォルフガング
1955～ [著]「アライナー矯正治療」 丸善プラネット, 丸善出版(発売) 2015
Boissier, Jean-Louis　ボワシエ, ジャン＝ルイ
[著]「ルソーの時」 日本文教出版 2003
Boister, Neil　ボイスター, N.
[著]「東京裁判を再評価する」 日本評論社 2012
Boisvert, Raymond D.　ボイスヴァート, レイモンド・D.
[著]「ジョン・デューイ」 晃洋書房 2015
Bojan, Krkić　ボージャン, クルキッチ
1990～ [国]スペイン サッカー選手 本名＝クルキック・ペレス, ボージャン〈Krkić Pérez, Bojan〉 [異]クルキッチ・ペレス, ボージャン / ボージャン, クルキック / ボージャン・クルキッチ / ボヤン
Bojang, Lamin　ボジャン, ラミン
[国]ガンビア 労働・建設相
Bojang, Sheriff　ボジャン, シェリフ
[国]ガンビア 情報・通信インフラ相
Bojani, Gian Carlo　ボヤーニ, ジャン・カルロ
[著]「マジョリカ名陶展」 日本経済新聞社 c2001
Bojanowski, Marc　ボジャノウスキ, マーク
[国]アメリカ 作家 [専]文学
Bojar, Robert M.　ボージャー, ロバート・M.
[著]「心臓手術の周術期管理」 メディカル・サイエンス・インターナショナル 2008
Bojörklund, Jan　ビヨルクルンド, ヤン
[国]スウェーデン 学校担当相
Bojowald, Martin　ボジョワルド, マーチン
1973～ [著]「繰り返される宇宙」 白揚社 2016
Bok, Derek C.　ボック, デレク
1930～ [国]アメリカ 法学者 ハーバード大学名誉教授 [異]ボク, ドレク
Bok, Sissela　ボク, シセラ
[著]「共通価値」 法政大学出版局 2008
Boka, Angele　ボカ, アンジェル
[国]コートジボワール 環境・森林相
Bokassa, Jean Serge　ボカサ, ジャン・セルジュ
[国]中央アフリカ 公共治安・国土整備相 [異]ボカサ, ジャンセルジュ
Bokko, Havard　ベッコ
[国]ノルウェー スピードスケート選手
Boko, Akila-Esso　ボコ, アキラエソ
[国]トーゴ 内相
Bokova, Irina　ボコヴァ, イリナ
1952～ [国]ブルガリア 外交官, 政治家 国連教育科学文化機関(ユネスコ)事務局長 ブルガリア外相 本名＝Bokova, Irina Georgieva [異]ボコバ, イリナ
Bokung Asumu, Mauricio　ボクングアスム, マウリシオ
[国]赤道ギニア 行政調整担当相
Bo Kyi　ボー・チー
1965～ [国]ミャンマー 民主化運動家 ビルマ政治犯支援協会(AAPP)事務局長 [異]ボーチー
Bol, Manute　ボル, マヌート
1962～2010 [国]アメリカ バスケットボール選手
Bolam, Emily　ボーラム, エミリー
[著]「わたしの聖書」 女子パウロ会 2013
Bolam-Smith, David　ボーラム・スミス, デイビッド
[国]ニュージーランド DBSインターナショナル社代表, 元・クライストチャーチ・倉敷姉妹都市委員会委員長, 元・クライストチャーチ・倉敷姉妹都市委員会副委員長
Boland, Eavan　ボーランド, イーヴァン
1944～ [著]「暴力の時代の中で」 ブックウェイ 2016
Boland, Yasmin　ボーランド, ヤスミン
[著]「エンジェルアストロロジー」 JMA・アソシエイツステップワークス事業部 2014
***al*-Bolani, Jawad**　ボラニ, ジャワド

B

[国]イラク 内相
Bolaño, Roberto ボラーニョ, ロベルト
1953〜2003 [国]スペイン 作家, 詩人
Bolaños, Enrique ボラニョス, エンリケ
[国]ニカラグア 大統領
Bolaños, Jorge Wálter ボラニョス, ホルヘ・ワルテル
[国]コスタリカ 財務相
Bolaños, Juan Miguel ボラニョス, フアン・ミゲル
[国]エルサルバドル 総務相
Bolaños, Manuel Antonio ボラニョス, マヌエル・アントニオ
[国]コスタリカ 教育相
Bolaños, Mario ボラニョス, マリオ
[国]グアテマラ 厚生相
Bolaños Geyer, Enrique ボラニョス・ゲイエル, エンリケ
[国]ニカラグア 大統領
Bolasie, Yannick ボラシエ, ヤニク
[国]コンゴ民主共和国 サッカー選手
Bolch, Ben W. ボルチ, B.W.
[著]「応用多変量解析」 森北出版 2005
Bolchakov, Nikolaj ボルチャコフ
[国]ロシア クロスカントリースキー選手
Bolchover, David ボルコーヴァー, デビッド
[著]「サッカー名監督に学ぶ勝つための経営学」 オープンナレッジ 2007
Bolcom, William ボルコム, ウィリアム
グラミー賞 最優秀現代音楽作曲(2005年(第48回)) “Songs Of Innocence And Of Experience”
Bold, Luvsanvandan ボルド, ロブサンワンダン
[国]モンゴル 外相
Bolden, Brandon ボールデン, ブランドン
[国]アメリカ アメフト選手
Bolden, Elizabeth ボールデン, エリザベス
1890〜2006 [国]アメリカ 世界最高齢者(116歳) [異]ボルデン, エリザベス
Bolder, Linda ボルダー, リンダ
[国]イスラエル 柔道選手
Boldin, Anquan ボルディン, アンクワン
[国]アメリカ アメフト選手
Bolding, Per Olof ボールディング, P.O.
[著]「訴訟における主張・証明の法理」 信山社 2002
Boldorini, Maria Grazia ボルドリーニ, マリア・グラツィア
[著]「ノアのはこぶね」 ドン・ボスコ社 2005
Boldrin, Michele ボルドリン, ミケーレ
1956〜 [著]「〈反〉知的独占」 NTT出版 2010
Boldrini, Laura ボルドリニ, ラウラ
1961〜 [国]イタリア 政治家 イタリア下院議長
Boldrini, Stefano ボルドリーニ, ステーファノ
1959〜 [著]「Nakata」 朝日新聞社 2003
Boldt, Harry ボルト, ハリー
[著]「ボルト氏の馬術」 恒星社厚生閣 2003
Boldt, Rosemarie ボルト, R.
1941〜 [著]「フレーベル生涯と活動」 玉川大学出版部 2006
Bolduc, Michael ボルダック, マイケル
1973〜 [著]「行動の科学」 フォレスト出版 2015
Boldwin, Carliss Y. ボールドウィン, カーリス・Y.
[著]「バリューチェーン・マネジメント」 ダイヤモンド社 2001
Boldykova, Svetlana ボルディコワ
[国]ロシア スノーボード選手
Boldzhurova, Ishengul ボルジュロワ, イシエングル
[国]キルギス 教育文化相
Bole, Filipe ボレ, フィリペ
[国]フィジー 教育・国家遺産・文化芸術相
Bole, William ボール, ウィリアム
[著]「アイデア・ハンター」 日本経済新聞出版社 2012
Bolen, Cheryl ボレン, シェリル
[著]「公爵の憂鬱」 ハーレクイン 2011
Bolen, Jean Shinoda ボーレン, ジーン・シノダ
[著]「タオこころの道しるべ」 春秋社 2001
Bolender, Todd ボレンダー, トッド
1914〜2006 [国]アメリカ バレエダンサー カンザス・シティ・バレエ団芸術監督, ニューヨーク・シティ・バレエ団(NYCB)プリンシパル
Bolenga, Maguy Kiala ボレンガ, マギュイ・キアラ
[国]コンゴ民主共和国 青年・成人・新市民相
Bolengetenge Balela, Dieudonné ボレムンゲテンゲバレラ, デュードネ
[国]コンゴ民主共和国 土地開発相
Bolger, Dermot ボルジャー, ダーモット
[著]「レディたちのフィンバーズ・ホテル」 東京創元社 2001
Bolger, James Brendan ボルジャー, ジェームズ
1935〜 [国]ニュージーランド 政治家, 外交官 ワイカト大学総長 ニュージーランド首相, ニュージーランド国民党(NP)党首 通称=ボルジャー, ジム〈Bolger, Jim〉
Bolick, Teresa ボーリック, テレサ
[著]「アスペルガー症候群と思春期」 明石書店 2012
Bolin, Bert ボリン, ベルト
1925〜2007 [国]スウェーデン 気象学者 IPCC初代議長, ストックホルム大学名誉教授 [異]ボリン, バート
Bolin, Jane ボーリン, ジェーン
1908〜2007 [国]アメリカ 法律家 本名=ボーリン, ジェーン・マチルダ〈Bolin, Jane Matilda〉
Bolin, M.C. ボーリン, M.C.
[著]「アルマゲドン」 講談社インターナショナル 2001
Bolinches, Antonio ボリンチェス, アントニ
[著]「好きな女に好かれる法則」 ソフトバンクパブリッシング 2004
Boling, Clint ボリング, クリント
[国]アメリカ アメフト選手
Boling, Elizabeth ボーリング, エリザベス
[著]「インストラクショナルデザインとテクノロジ」 北大路書房 2013
Bolingoli-mbombo, Boli ボリンゴリ・ムボンボ, ボリ
[国]ベルギー サッカー選手
Bolitho, Janie ボライソー, ジェイニー
[著]「雨の浜辺で見たものは」 東京創元社 2012
Bolkiah, Hassanal ボルキア, ハサナル
1946〜 [国]ブルネイ 政治家 ブルネイ国王(第29代スルタン), ブルネイ首相・国防相・財務相 本名=Bolkiah Mu'izuddin Waddaulah, Haji Hassanal [異]ボルキア国王
Bolkiah, Muda Mohammed ボルキア, モハメッド
1947〜 [国]ブルネイ 政治家 ブルネイ外相
Bolks, Shane ボルクス, シェイン
[国]アメリカ 作家 [専]ロマンス 別筆名=ガレン, シャーナ〈Galen, Shana〉
Bolkvadze, Shmagi ボルクバゼ, シュマギ
[国]ジョージア レスリング選手
Boll, Thomas ボル, トーマス
[著]「クラリネット」 河合楽器製作所・出版部 2006
Boll, Timo ボル, ティモ
[国]ドイツ 卓球選手 [異]ボル
Boll, Uwe ボル, ウーヴェ
ゴールデン・ラズベリー賞(ラジー賞) 最低功労賞(第29回(2008年))ほか
Bolland, Brian ボランド, ブライアン
[著]「バットマン:キリングジョーク」 小学館集英社プロダクション 2010
Bollas, Christopher ボラス, クリストファー
[著]「終わりのない質問」 誠信書房 2011
Bolle, Roberto ボッレ, ロベルト
[国]イタリア バレエダンサー ミラノ・スカラ座バレエ団エトワール, アメリカン・バレエ・シアター(ABT)プリンシパル
Bollegala, Danushka ボレガラ, ダヌシカ
[著]「東京大学工学教程 情報工学 知識情報処理」 丸善出版 2016
Boller, Paul F. ボラー, ポール・F.
1916〜2004 [著]「アメリカンボードと同志社」 新教出版社 2007
Bolles, Edmund Blair ボウルズ, エドマンド・ブレア
1942〜 [著]「氷河期の「発見」」 扶桑社 2006
Bolles, Richard Nelson ボウルズ, リチャード
1927〜 [異]ボウルズ, リチャード・N. [著]「適職と出会うための最強実践ガイド」 辰巳出版 2014
Bollettieri, Nick ボロテリー, ニック
1931〜 [国]アメリカ テニス指導者 IMGテニス・アカデミー創設者 [異]ボロテリ, ニック
Bolliger, Max ボリガー, マックス
1929〜 [著]「おやすみのまえに」 いのちのことば社 2007
Bollinger, Gary バリンジャー, ギャリー
[著]「独習JSP」 翔泳社 2002
Bollinger, John ボリンジャー, ジョン・A.
[著]「ボリンジャーバンド入門」 パンローリング 2002
Bollinger, Lee Carroll ボリンジャー, リー
1946〜 [国]アメリカ 法学者 コロンビア大学総長
Bollinger, Simone ボリンジャー, シモーン

[著]「グローバル化と言語能力」 明石書店 2015
Bollmann, Ralph ボルマン, ラルフ
1969～ [著]「強い国家の作り方」 ビジネス社 2014
Bollon, Patrice ボロン, パトリス
[著]「異端者シオラン」 法政大学出版局 2002
Bolls, Paul David ボウルズ, ポール・D.
1966～ [著]「メディア心理生理学」 北大路書房 2014
Bollwahn, Barbara ボルバーン, バーバラ
1964～ [国]ドイツ 作家 [専]ヤングアダルト
Bolomboy, Joel ボロンボイ, ジョエル
[国]ウクライナ バスケットボール選手
Bolongo, Norbert Likulia ボロンゴ, ノルバール・リクリア
[国]コンゴ民主共和国 企業相
Bolor, Bayarbaatar ボロル, バヤルバータル
[国]モンゴル 財務相
Bolormaa, A. ボロルマー, A.
[著]「ひともっこ山—かたりくらべ日本とモンゴルの昔話 フブスグル湖—かたりくらべ日本とモンゴルの昔話」 NGO21世紀のリーダー 2007
Bolormaa, B. ボロルマー, バーサンスレン
1982～ [著]「ぼくうまにのりたい」 学研教育みらい 2010
Bolshakov, Sergey ボルシャコフ
[国]ロシア 競泳選手
Bolsinger, Mike ボルシンガー, マイク
[国]アメリカ 野球選手
Bolstad, Francesco ボルスタッド, フランチェスコ
[著]「書き込み式「意味順」で中学英語をやり直す本」 中経出版 2012
Bolstad, Richard ボルスタッド, リチャード
[著]「NLP子育てコーチング」 春秋社 2009
Bolstorff, Peter ボルストフ, ピーター
[著]「サプライチェーン・エクセレンス」 JIPMソリューション 2005
Bolt, Carol ボルト, キャロル
1963～ [著]「My answers book of love」 ディスカヴァー・トゥエンティワン 2003
Bolt, Nancy M. ボルト, ナンシー
[著]「図書館と民営化」 京都図書館情報学研究会, 日本図書館協会(発売) 2013
Bolt, Usain ボルト, ウサイン
1986～ [国]ジャマイカ 陸上選手 本名＝Bolt, Usain St Leo
Boltanski, Christian ボルタンスキー, クリスチャン
1944～ [国]フランス 現代美術家, 彫刻家
Boltanski, Luc ボルタンスキー, リュック
1940～ [著]「資本主義の新たな精神」 ナカニシヤ出版 2013
Bolten, Joshua B. ボルテン, ジョシュア
1954～ [国]アメリカ 法律家 米国大統領首席補佐官 別称＝Bolten, Josh
Bolter, J.David ボルター, ジェイ・デイヴィッド
1951～ [著]「メディアは透明になるべきか」 NTT出版 2007
Bolton, Anthony ボルトン, アンソニー
[著]「カリスマ・ファンド・マネージャーの投資極意」 東洋経済新報社 2008
Bolton, Bill ボルトン, ビル
1968～ [著]「いそがしいからあとで！」 大日本絵画 2004
Bolton, Gillie ボルトン, ギリー
[著]「ナラティブ・ベイスト・メディスン」 金剛出版 2001
Bolton, Ivor ボルトン, アイボー
1958～ [国]イギリス 指揮者 ザルツブルク・モーツァルテウム管弦楽団首席指揮者 [異]ボルトン, アイヴォー
Bolton, José ボルトン, ホセ
[著]「解決！ いじめ撃退マニュアル」 徳間書店 2007
Bolton, Richard M. ボルトン, リチャード・M.
[著]「プライベート・エクイティ」 中央経済社 2011
Bolton, Robert ボルトン, ロバート
[著]「人と"うまくやる"たった3つの心理テクニック」 宝島社 2012
Bolton, Sharon ボルトン, シャロン
[国]イギリス 作家
Bolukbasi, Ibrahim ボルクバシ, イブラヒム
[国]トルコ レスリング選手 [異]ボリュクバシ
Bolum, Nestor ボルム
[国]ナイジェリア ボクシング選手
Bolund, Per ボルンド, ペール
[国]スウェーデン 金融市場相
Bolwell, Laurence Henry ボールウェル, L.H.
[著]「地理学の諸課題と分析手法」 古今書院 2001
Boly, Koumba ボリ, クンバ
[国]ブルキナファソ 国民教育・識字相
Boly, Willy ボリ, ウィリー
[国]フランス サッカー選手
Boly, Yéro ボリ, イエロ
[国]ブルキナファソ 国防相
Bolz, Norbert ボルツ, ノルベルト
1953～ [国]ドイツ 哲学者 ベルリン工科大学教授 [専]コミュニケーション理論
Bolzoni, Lina ボルツォーニ, リナ
[著]「イメージの網」 ありな書房 2010
Bomback, Mark ボンバック, マーク
[著]「ダイ・ハード4.0」 扶桑社 2007
Bomback, Suzanne ボンバック, スザンヌ
[国]カメルーン 家庭・女性地位向上相 [異]ボンバック, スザンナ
Bombard, Alain ボンバール, アラン
1924～2005 [国]フランス 冒険家, 医師, 海洋生物学者 本名＝ボンバール, アラン・ルイ〈Bombard, Alain Louis〉
Bombardieri, Simone ボンバルディエーリ, シモーネ
1976～ [著]「図解 イタリアの練習」 東邦出版 2009
Bombieri, Enrico ボンビエリ, エンリコ
1940～ [国]イタリア 数学者 プリンストン高等研究所教授 [異]ボンビエーリ
Bomer, Matt ボマー, マット
ゴールデン・グローブ賞 テレビ 助演男優賞(ミニシリーズ)(第72回(2014年度)) "The Normal Heart"
Bomford, David ボンフォード, デイヴィッド
[著]「絵画の保存」 ありな書房 2010
Bompa, Tudor O. ボンパ, テューダー
[著]「競技力向上のトレーニング戦略」 大修館書店 2006
Bo Mya ボー・ミャ
1927～2006 [国]ミャンマー カレン民族同盟(KNU)議長 [異]ボ・ミヤ
Bon, François ボン, フランソワ
1953～ [著]「ローリング・ストーンズ」 現代思潮新社 2006
Bona, Dominique ボナ, ドミニク
1953～ [著]「印象派のミューズ」 白水社 2015
Bona, Richard ボナ, リチャード
1967～ ジャズ・ベース奏者
Bona, Septano ボナ
[国]インドネシア バドミントン選手
Bonabeau, Eric ボナボー, エリック
[著]「ソフトウェアの未来」 翔泳社 2001
Bonafoux, Pascal ボナフー, パスカル
1949～ [著]「ルーヴル美術館の舞台裏」 西村書店東京出版編集部 2014
Bonaiti, Paolo ボナイティ, パオロ
[国]イタリア 政府計画相
Bonameau, Isabelle ボナモー, イザベル
1967～ [著]「みにくいことりの子」 あすなろ書房 2012
Bonami, Francesco ボナーミ, フランチェスコ
[著]「マウリツィオ・カテラン」 ファイドン 2006
Bonanet, Maurice Dieudonné ボナネ, モーリス・ディウドネ
[国]ブルキナファソ 都市計画・住宅相
Bonanno, Antonio C. ボナーノ, アントニオ・C.
[著]「ジュエリーと宝石の賢い買いかた」 スタジオタッククリエイティブ 2009
Bonanno, Bill ボナーノ, ビル
1932～ [著]「ゴッドファーザー伝説」 集英社 2002
Bonanno, George A. ボナーノ, ジョージ・A.
[著]「リジリエンス」 金剛出版 2013
Bonanno, José ボナノ, ホセ
[国]ホンジュラス 公共事業・運輸・住宅相
Bonanno, Joseph ボナンノ, ジョゼフ
1905～2002 [国]アメリカ マフィアの首領 愛称＝ジョー・バナナス〈Joe Bananas〉 [異]ボナーノ, ジョゼフ
Bonanos, Christopher ボナノス, クリストファー
[著]「ポラロイド伝説」 実務教育出版 2013
Bonanotte, Cecco ボナノッテ, チェッコ
1942～ [国]イタリア 彫刻家
Bonansinga, Jay R. ボナンジンガ, ジェイ
[国]アメリカ 作家 [専]ミステリー, スリラー, ホラーほか
Bonaparte, Felicia ボナパルト, フェリシア
[著]「ひき裂かれた自我」 鳳書房 2006
Bonati, Angelo ボナーティ, アンジェロ
1951～ [国]イタリア 実業家 オフィチーネ・パネライCEO

Bonatti, Walter　ボナッティ, ワルテル
1930〜2011　国イタリア　登山家　欧ボナッティ, ヴァルテル
Bonaventura, Giacomo　ボナヴェントゥーラ, ジャコモ
国イタリア　サッカー選手
Bonavolontà, Giuseppe　ボナボロンタ, ジュゼッペ
1955〜　著「聖誕教会包囲の真相」サンパウロ　2003
Boncodin, Emilia　ボンコディン, エミリア
国フィリピン　予算相
Bond, Al　ボンド, アル
国アメリカ　アメフト選手
Bond, Alan　ボンド, アラン
1938〜2015　国オーストラリア　実業家　ボンド・コーポレーション・ホールディングス(BCH)会長
Bond, Bradley　ボンド, ブラッドレー
1968〜　国アメリカ　作家　欧SF, ファンタジー
Bond, Brian　ボンド, ブライアン
1936〜　著「イギリスと第一次世界大戦」芙蓉書房出版　2006
Bond, Christine　ボンド, クリスティーヌ
1946〜　著「なぜ、患者は薬を飲まないのか？」薬事日報社　2010
Bond, Devante　ボンド, ディバント
国アメリカ　アメフト選手
Bond, Edward　ボンド, エドワード
1934〜　国イギリス　劇作家, 演出家
Bond, Felicia　ボンド, フェリシア
著「おおきなあかいなや」偕成社　2001
Bond, Frank W.　ボンド, フランク・W.
著「マインドフルにいきいき働くためのトレーニングマニュアル」星和書店　2015
Bond, Hamish　ボンド, ヘイミッシュ
1986〜　国ニュージーランド　ボート選手　欧ボンド, ハミシュ
Bond, Henry　ボンド, ヘンリー
1966〜　著「ラカンの殺人現場案内」太田出版　2012
Bond, John　ボンド, ジョン
1941〜　国イギリス　銀行家, 実業家　HSBCホールディングス会長, ボーダフォン・グループ会長　本名=Bond, John Reginald Hartnell
Bond, Jonathan　ボンド, ジョナサン
1957〜　著「消費者に無視されないアンダー・ザ・レーダー型広告手法」東急エージェンシー出版部　2001
Bond, Julian　ボンド, ジュリアン
1940〜2015　国アメリカ　公民権運動指導者, 政治家　全米黒人地位向上協会(NAACP)会長, ジョージア州上院議員, バージニア大学名誉教授　本名=Bond, Horace Julian
Bond, Larry　ボンド, ラリー
著「中国軍を阻止せよ！」二見書房　2014
Bond, Lloyd　ボンド, ロイド
著「アメリカの法曹教育」中央大学出版部　2013
Bond, Martin　ボンド, マーティン
1958〜　著「標準J2EEテクノロジー」翔泳社　2003
Bond, Mary　ボンド, メアリー
1942〜　著「感じる力でからだが変わる」春秋社　2016
Bond, Michael　ボンド, マイケル
1926〜　国イギリス　児童文学作家　本名=Bond, Thomas Michael
Bond, Michael Harris　ボンド, M.H.
1944〜　著「グローバル化時代の社会心理学」北大路書房　2003
Bond, Nelson　ボンド, ネルソン
1908〜2006　著ボンド, ネルスン　著「宇宙飛行士ビッグスの冒険」岩崎書店　2006
Bond, Peter　ボンド, ピーター
著「宇宙探険」福音館書店　2001
Bond, Rebecca　ボンド, レベッカ
1972〜　著「牛をかぶったカメラマン」光村教育図書　2010
Bond, Ruskin　ボンド, ラスキン
1934〜　著「ヒマラヤの風にのって」段々社, 星雲社(発売)　2009
Bond, Stephanie　ボンド, ステファニー
著「灼熱の恋人たち」ハーレクイン　2008
Bonda, Ted　ボンダ, テッド
？〜2005　国アメリカ　実業家　クリーブランド・インディアンスオーナー
Bondar, Oleksandr　ボンダル
国ウクライナ　飛び込み選手
Bondarenko, Aleksandr　ボンダレンコ, アレクサンドル
1949〜2009　国ロシア　バレエ教師　モスクワバレエアカデミー教授　本名=Bondarenko, Aleksandr Ivanovich

Bondarenko, Alexei　ボンダレンコ
国ロシア　体操選手
Bondarenko, Alona　ボンダレンコ, A.
国ウクライナ　テニス選手
Bondarenko, Bohdan　ボンダレンコ, ボーダン
国ウクライナ　陸上選手　欧ボンダレンコ
Bondarenko, Ivan Petrovych　ボンダレンコ, イワン・ペトローヴィチ
国ウクライナ　キエフ国立大学言語文化学部教授, 元・天理大学国際文化学部准教授・客員教授
Bondarenko, Kateryna　ボンダレンコ, K.
国ウクライナ　テニス選手
Bondarenko, Svitlana　ボンダレンコ
国ウクライナ　競泳選手
Bondarenko, Yaroslava　ボンダレンコ, ヤロスラワ
国ロシア　自転車選手
Bondaruk, Roman　ボンダルク, ロマン
国ウクライナ　射撃選手　欧ボンダルク
Bonde, Emmanuel　ボンデ, エマニュエル
国カメルーン　鉱業・産業・技術開発相
Bondeson, Jan　ボンデソン, ヤン
著「謎・なぞ」一灯舎, オーム社(発売)　2008
Bondevik, Kjell Magne　ボンデヴィック, ヒェル・マグネ
1947〜　国ノルウェー　政治家, 外交官　平和と人権のためのオスロセンター会長　ノルウェー首相　欧ボンデビック, シェル・マグネ／ボンデビック, ヒェル・マグネ／ボンネヴィーク
Bondi, Hermann　ボンディ, ヘルマン
1919〜2005　国イギリス　天文物理学者, 数学者　ロンドン大学キングズ・カレッジ名誉教授
Bondi, Sandro　ボンディ, サンドロ
国イタリア　文化相
Bondoc, Elmo　ボンドック, エルモ
著「デッドプールVS.サノス」小学館集英社プロダクション　2016
Bondoux, Anne-Laure　ボンドゥ, アン=ロール
1971〜　国フランス　作家。欧ヤングアダルト　欧ボンドゥー, アンヌ・ロール
Bonds, Barry　ボンズ, バリー
1964〜　国アメリカ　元野球選手　本名=Bonds, Barry Lamar　欧バリー・ボンズ
Bonds, Bobby Lee　ボンズ, ボビー
1946〜2003　国アメリカ　野球選手
Bonds, Ray　ボンズ, レイ
著「アメリカ特殊部隊」東洋書林　2002
Bondurant, Matt　ボンデュラント, マット
1971〜　国アメリカ　作家　欧文学
Bondy, Andy　ボンディ, アンディ
著「教育へのピラミッド・アプローチ」ピラミッド教育コンサルタントオブジャパン　2016
Bone, Emily　ボーン, エミリー
著「どんどんめくってはっけん！ちきゅうのふしぎ」学研教育出版, 学研マーケティング(発売)　2015
Bone, Eugenia　ボーン, ユージニア
著「マイコフィリア」バイインターナショナル　2016
Bone, Robert G.　ボーン, ロバート・G.
1951〜　欧ボウン, ロバート・G.　著「アメリカ民事訴訟法の理論」商事法務　2006
Bonera, Daniele　ボネーラ, ダニエレ
国イタリア　サッカー選手
Bones, Ricky　ボーンズ, リッキー
国アメリカ　ニューヨーク・メッツコーチ
Bonete Martiho, Carlos　ボネテ・マルティーニョ, カルロス
国モザンビーク　公共事業・住宅・水資源相
Bonetti, Luis Manuel　ボネッティ, ルイス・マヌエル
国ドミニカ共和国　大統領府官房長官
Boneva, Antoaneta　ボネバ, アントアネタ
国ブルガリア　射撃選手
Bonewitz, Ronald Louis　ボネウィッツ, ロナルド・ルイス
著「宝石」化学同人　2015
Bonfa, Luiz Floriano　ボンファ, ルイス
1922〜2001　国ブラジル　ギタリスト, 歌手, 作曲家
Bonfield, Peter Leahy　ボンフィールド, ピーター
1944〜　国イギリス　実業家　ブリティッシュ・テレコム(BT)社長・CEO
Bonfiglio, Giuseppe　ボンフィリオ, ジュゼッペ
1969〜　国イギリス　実業家　ハリーズ・オブ・ロンドンCEO

Bonfils-Mabilon, Béatrice　ボンフィス・マビヨン, ベアトリス
　著「政治学とはどのような学問か」中央大学出版部　2005
Bonfim, Caio　ボンフィム, カイオ
　国ブラジル　陸上選手
Bonfim, Fernanda Pontifece　ボンフィム, フェルナンダ・ポンティフィセ
　サントメ・プリンシペ　教育文化相
Bong, Jun-ho　ポン・ジュノ
　1969〜　国韓国　映画監督, 脚本家　漢字名＝奉俊昊　異ボン・ジュンホ
Bonga, Timothy　ボンガ, ティモシー
　国パプアニューギニア　森林相
Bongard, Josh　ボンガード, J.
　著「知能の原理」共立出版　2010
Bongeli, Emile　ボンジェリ, エミール
　国コンゴ民主共和国　副首相（再建担当）
Bongers, Sally　ボンジャース, サリー
　著「わかっちゃった人たち」ブイツーソリューション, 星雲社（発売）　2014
Bongini, Barbara　ボニーニ, バーバラ
　著「水だけでスイスイ！まほうのぬりえおはなとようせい」河出書房新社　2016
Bongiorni, Sara　ボンジョルニ, サラ
　1964〜　著「チャイナフリー」東洋経済新報社　2008
Bongo, Ali　ボンゴ, アリ
　国ガボン　国防相
Bongo, Omar　ボンゴ, オマル
　国ガボン　大統領
Bongonda, Theo　ボンゴンダ, テオ
　国ベルギー　サッカー選手
Bongo Ondimba, Ali　ボンゴ・オンディンバ, アリ
　1959〜　国ガボン　政治家　ガボン大統領
Bongo Ondimba, Omar　ボンゴ・オンディンバ, オマル
　1935〜2009　国ガボン　政治家　ガボン大統領　異ボンゴ, オマール / ボンゴ, オマル / ボンゴ・オンディンバ, エル・ハジ・オマール
Bonhage, Barbara　ボンハーゲ, バルバラ
　著「スイスの歴史」明石書店　2010
Bonham, Margaret H.　ボナム, マギー
　著「賢い犬たち」バベルプレス　2008
Bonham-Carter, Helena　ボナム・カーター, ヘレナ
　1966〜　国イギリス　女優
Bonhomme, Annie　ボノム, アニー
　1939〜　著「おぼえている？」ひくまの出版　2002
Bonhomme, Matthieu　ボノム, マチュー
　アングレーム国際漫画祭 世代を超えた作品賞（2010年）"L'Esprit perdu"〈Dupuis〉
Boni, Mariam Aladji　ボニ, マリアン・アラジ
　国ベナン　外相
Boni, Michał　ボニ, ミハウ
　国ポーランド　行政・デジタル相
Boni, Valerio　ボーニ, ヴァレーリオ
　1959〜　著「ベスパ」グラフィック社　2010
Boni, William C.　ボナイ, ウィリアム・C.
　著「インターネット犯罪者」総合法令出版　2001
Boniface, Pascal　ボニファス, パスカル
　著「最新世界情勢地図」ディスカヴァー・トゥエンティワン　2016
Boniface, Sauguelni　ボニファス, ソゲルニ
　国チャド　地方分権担当相
Bonifacio, Avelino　ボニファシオ, アベリノ
　国カボベルデ　経済発展相
Bonifacio, Emilio　ボニファシオ, エミリオ
　国ドミニカ共和国　野球選手
Bonifacio, Jorge　ボニファシオ, ホーヘイ
　国ドミニカ共和国　野球選手
Bonilla, Conrado　ボニジャ, コンラド
　国ウルグアイ　保健相
Bonilla, Jose　ボニージャ, ホセ
　1967〜2002　国ベネズエラ　プロボクサー　WBA世界フライ級チャンピオン
Bonilla, Juan　ボニージャ, フアン
　1966〜　著「パズルの迷宮」朝日出版社　2005
Bonilla, Lisalverto　ボニーヤ, リザルベルト
　国ドミニカ共和国　野球選手
Bonilla, Miguel Ángel　ボニジャ, ミゲル・アンヘル
　国ホンジュラス　広報・戦略相

Bonilla Palacios, Juan José　ボニーリャ・パラシオス, フアン・ホセ
　国ペルー　医師, 元・ペルー文部科学省帰国留学生協会会長
Bonilla Reyes, Pompeyo　ボニジャ・レジェス, ポンペジョ
　国ホンジュラス　治安相
Bonini, Sandrine　ボニーニ, サンドリーヌ
　1979〜　著「クラランス・フルートとシビルの秘密」近代文芸社　2015
Bonino, Emma　ボニーノ, エンマ
　国イタリア　貿易相
Bonino, Luigi　ボニーノ, ルイジ
　国フランス　ダンサー, 振付指導者　マルセイユ・バレエ団
Bonisch, Yvonne　ベニシュ
　国ドイツ　柔道選手
Bonisolli, Franco　ボニゾッリ, フランコ
　1938〜2003　国イタリア　テノール歌手　異ボニゾルリ, フランコ
Bonitzer, Pascal　ボニツェール, パスカル
　1946〜　国フランス　映画批評家, 脚本家, 映画監督　異ボニゼール, パスカル
Boniwell, Ilona　ボニウェル, イローナ
　著「ポジティブ心理学が1冊でわかる本」国書刊行会　2015
Bonja, Ed　ボンジャ, エド
　著「Vivaエルヴィス」ヤマハミュージックメディア　2010
Bonjasky, Remy　ボンヤスキー, レミー
　1976〜　国オランダ　格闘家
Bonjean, Helene　ボンジャン, エレーヌ
　国フランス　プロヴァンス日本協会会長
BonJour, Laurence　バンジョー, ローレンス
　1943〜　著「認識的正当化」産業図書　2006
Bon Jovi, Jon　ボンジョビ, ジョン
　1962〜　国アメリカ　ロック歌手, 俳優　本名＝ボン・ジョビ, ジョン・フランシス〈Bongiovi, John Francis, Jr.〉　異ボン・ジョヴィ / ボン・ジョビ, ジョン
Bonk, Bartlomiej　ボンク, バルトロミエ
　国ポーランド　重量挙げ選手　異ボンク
Bonkoungou-balima, Marie Odile　ボンクングバリマ, マリー・オディル
　国ブルキナファソ　基礎教育相
Bonmann, Hendrik　ボンマン, ヘンドリク
　国ドイツ　サッカー選手
Bonnaire, Sandrine　ボネール, サンドリーヌ
　1967〜　国フランス　女優
Bonnard, Marc　ボナール, マルク
　著「ペニスの文化史」作品社　2001
Bonneau, Joseph　ボノー, ジョセフ
　著「仮想通貨の教科書」日経BP社, 日経BPマーケティング（発売）　2016
Bonnefond, Cecile　ボンヌフォン, セシル
　1956〜　国フランス　実業家　ヴーヴ・クリコ・ポンサルダン社長・CEO
Bonnefoy, Yves　ボンヌフォワ, イヴ
　1923〜2016　国フランス　詩人, 評論家　コレージュ・ド・フランス名誉教授　本名＝Bonnefoy, Yves Jean　異ボヌフォワ, イヴ / ボンヌフォワ, イブ
Bonnelame, Jérémie　ボンレム, ジェレミ
　国セーシェル　外相
Bonnell, Gary　ボーネル, ゲリー
　1948〜　著「叡智の道」ヒカルランド　2015
Bonner, Elena Georgievna　ボンネル, エレーナ
　1923〜2011　国ロシア　人権擁護運動家
Bonner, John Tyler　ボナー, ジョン・タイラー
　1920〜　国アメリカ　生物学者　プリンストン大学名誉教授
Bonner, Logan　ボナー, ローガン
　著「ダンジョン・サバイバル・ハンドブック未知への挑戦」ホビージャパン　2013
Bonner, Sarah E.　ボナー, サラ・E.
　著「心理会計学」中央経済社　2012
Bonner, Sebastian　ボナー, セバスチアン
　著「自己調整学習の指導」北大路書房　2008
Bonner, William　ボナー, ウィリアム
　1948〜　著「金融と審判の日」パンローリング　2004
Bonne Rodriguez, Yowlys　ボネロドリゲス, ヨウリス
　国キューバ　レスリング選手
Bonners, Susan　ボナーズ, スーザン
　著「エドウィナからの手紙」金の星社　2003

Bonnet, Andrew　ボネット, アンドリュー
　国アメリカ　アメフト選手
Bonnet, Charlotte　ボネ, シャルロット
　国フランス　水泳選手
Bonnet, Gérard　ボネ, ジェラール
　1934〜　著「性倒錯」白水社　2011
Bonnet, James　ボネット, ジェームス
　1938〜　著「クリエイティヴ脚本術」フィルムアート社　2003
Bonnett, Alastair　ボネット, アラステア
　1964〜　著「オフ・ザ・マップ」イースト・プレス　2015
Bonneval, Gwen de　ド・ボヌヴァル, グウェン
　アングレーム国際漫画祭 世代を超えた作品賞(2010年) "L'Esprit perdu" ⟨Dupuis⟩
Bonneville, Hugh　ボネビル, ヒュー
　1963〜　国イギリス　俳優　本名=ボネビル・ウィリアムズ, ヒュー・リチャード ⟨Bonneville Williams, Hugh Richard⟩　般ボネヴィル, ヒュー
Bonney, Barbara　ボニー, バーバラ
　1956〜　国アメリカ　ソプラノ歌手
Bonney, Grace　ボニー, グレース
　著「世界の楽しいインテリア」エクスナレッジ　2012
Bonney, Sean　ボニー, ショーン
　著「3ds max 4 magic」エムディエヌコーポレーション, インプレスコミュミケーションズ(発売)　2001
Bonnici, Josef　ボニチ, ジョセフ
　国マルタ　経済相
Bonnici, Owen　ボンニーチ, オーウェン
　国マルタ　司法・文化・地方政府相
Bonnici, Peter　ボニッチ, ピーター
　著「デザインにおける写真処理」ビー・エヌ・エヌ新社　2003
Bonnie, Richard J.　ボニー, リチャード・J.
　著「高齢者虐待の研究」明石書店　2008
Bonning, Tony　ボニング, トニー
　1948〜　著「かたづけポイ・ポイ！」小学館　2001
Bonny, Ed　ボニー, エド
　著「モンスターマニュアル」ホビージャパン　2003
Bono　ボノ
　1960〜　国アイルランド　ロック歌手　本名=ヒューソン, ポール⟨Hewson, Paul⟩　般ボーノ
Bono, José　ボノ, ホセ
　国スペイン　国防相
Bonoan, Manuel　ボノアン, マヌエル
　国フィリピン　公共事業道路相
Bonoli, Giuliano　ボノーリ, ジュリアーノ
　著「年金改革の比較政治学」ミネルヴァ書房　2004
Bonomi, Eduardo　ボノミ, エドゥアルド
　国ウルグアイ　内相
Bononge, José Endundo　ボノンゲ, ジョゼ・エンドゥンド
　国コンゴ民主共和国　環境・自然保護・観光相　般ボノーニュ, ジョゼフ
Bonou, Alphonse　ボヌ, アルフォンス
　国ブルキナファソ　動物資源相
Bonson, Richard　ボンソン, リチャード
　著「図説世界の七不思議」東京書籍　2001
Bontemps, Julien　ボンタン
　国フランス　セーリング選手
Bonto, Hassane Souley Dit　ボント, ハサン・スレイ・ディ
　国ニジェール　国防相
Bonucci, Leonardo　ボヌッチ, レオナルド
　国イタリア　サッカー選手
Bonvicini, Stéphanie　ボンヴィシニ, ステファニー
　著「図説「愛」の歴史」原書房　2009
Bony, Wilfried　ボニー, ウィルフリード
　国コートジボワール　サッカー選手
Boo, Katherine　ブー, キャサリン
　国アメリカ　ジャーナリスト
Booch, Grady　ブーチ, グラディ
　著「言語設計者たちが考えること」オライリー・ジャパン, オーム社(発売)　2010
Boogerd, Dominic van den　ボーヘルト, ドミニク・ファン・デン
　著「マルレーネ・デュマス」ファイドン　2006
Book, Howard　ブック, ハワード
　著「EQを鍛える」ダイヤモンド社　2005
Bookchin, Murray　ブックチン, マレー
　著「アメリカの環境主義」同友館　2004

Booker, Cory　ブッカー, コリー
　著「プロは語る。」アスペクト　2005
Booker, Devin　ブッカー, デビン
　国アメリカ　バスケットボール選手
Booker, Devontae　ブッカー, デボンティー
　国アメリカ　アメフト選手
Booker, Jean　ブッカー, ジーン
　著「だれにも言えない約束」文研出版　2013
Booker, Rob　ブッカー, ロブ
　1971〜　国アメリカ　FXコーチ, トレーダー
Booker, Sue　ブッカー, スー
　著「ヒューマンインターフェースの発想と展開」ピアソン・エデュケーション　2002
Booker, Trevor　ブッカー, トレバー
　国アメリカ　バスケットボール選手
Bookman, Marc　ブックマン, マーク
　国アメリカ　実業家　MCN社長・CEO
Bookstaber, Richard M.　ブックステーバー, リチャード
　1950〜　著「市場リスク暴落は必然か」日経BP社, 日経BP出版センター(発売)　2008
Boolell, Arvin　ブーレル, アルビン
　国モーリシャス　外務・貿易相
Boolos, George　ブーロス, ジョージ
　著「フレーゲ哲学の最新像」勁草書房　2007
Boom, Maike van den　ボーム, マイケ・ファン・デン
　1971〜　著「世界幸福度ランキング上位13カ国を旅してわかったこと」集英社インターナショナル, 集英社(発売)　2016
Boon, Dany　ブーン, ダニー
　1966〜　国フランス　映画監督, 俳優
Boon, Mario　ブーン, マリオ
　著「ほらあなのおくのおおきなたまご」トランスワールドジャパン　2005
Boon, Maureen　ブーン, モーリーン
　1949〜　著「わかって私のハンディキャップ」大月書店　2016
Boone, Alex　ブーン, アレックス
　国アメリカ　アメフト選手
Boone, Ezekiel　ブーン, エゼキエル
　著「黒い波」早川書房　2016
Boone, Kadron　ブーン, キャドロン
　国アメリカ　アメフト選手
Boone, Marc　ボーネ, マルク
　1955〜　著「中世ヨーロッパの都市と国家」山川出版社　2016
Boone, Ray　ブーン, レイ
　1923〜2004　国アメリカ　野球選手　本名=Boone, Raymond Otis
Boonen, Harry　ブーネン, ハリー
　著「COBIT入門」生産性出版　2008
Boonen, Stefan　ボーネン, ステファン
　1966〜　著者　児童書
Boon Heong, Tan　ブンホン, タン
　国マレーシア　バドミントン選手
Boonjumnong, Manus　マヌト
　国タイ　ボクシング選手
Boonow, Mohamud Mohamed　ブーナウ, モハムド・モハメド
　国ソマリア　憲法・連邦制相
Boonrawd, Somtat　ブンロート・ソムタット
　国タイ　国防相
Boonsithi, Chokwatana　ブンヤシット・チョクワタナー
　1937〜　国タイ　実業家　サハ・グループ総帥　般ブンヤシット・チョークワッタナー / ブンヤシット・チョクワタナ
Boonsong, Teriyapirom　ブンソン・テリヤピロム
　国タイ　商業相
Boontje, Tord　ボーンチェ, トード
　1968〜　国オランダ　工業デザイナー
Boorman, Charley　ブアマン, チャーリー
　1966〜　著「ロングウェイラウンド」世界文化社　2008
Boorman, John　ブアマン, ジョン
　1933〜　国イギリス　映画監督
Boorstin, Daniel Joseph　ブアスティン, ダニエル・ジョセフ
　1914〜2004　国アメリカ　歴史学者, 文明史家　米国連邦議会図書館(LC)名誉館長, シカゴ大学教授　般米国史　般ブーアスティン, ダニエル / ブアスティン, ダニエル・J.
Boos, André　ボス, アンドレ
　1962〜　著「色わけいきものずかん」学研教育出版, 学研マーケティング(発売)　2013
Boot, Willem Jan　ボート, ウィレム・ヤン

[国]オランダ　ライデン大学教授, ライデン大学日本研究センター長
Booth, Anne　ブース, アン
[著]「霧のなかの白い犬」 あかね書房　2016
Booth, Brett　ブース, ブレット
[著]「ジョーカー：喪われた絆」 小学館集英社プロダクション 2014
Booth, Charlotte　ブース, シャーロット
[著]「古代エジプト王国トラベルガイド」 創元社　2010
Booth, Cody　ブース, コディー
[国]アメリカ　アメフト選手
Booth, David　ブース, デビッド
[国]アメリカ　ディメンショナル・ファンド・アドバイザーズ取締役, ノーベル経済学者
Booth, David Wallace　ブース, デイヴィッド
1938～ [著]「ストーリードラマ」 新評論　2006
Booth, Eric　ブース, エリック
1950～ [著]「ティーチング・アーティスト」 水曜社　2016
Booth, Ken　ブース, K.
1943～ [著]「衝突を超えて」 日本経済評論社　2003
Booth, Lewis William Killcross　ブース, ルイス
1948～ [国]イギリス　実業家　フォード副社長・CFO, マツダ社長
Booth, Louise　ブース, ルイーズ
1974～ [著]「奇跡の猫ビリー」 竹書房　2015
Booth, Lynne　ブース, リン
[著]「ヴァーティカル・リフレクソロジー」 BABジャパン出版局 2005
Booth, Martin　ブース, マーティン
1944～ [著]「暗闇の蝶」 新潮社　2011
Booth, Michael　ブース, マイケル
1971～ [国]イギリス　フードジャーナリスト, トラベルジャーナリスト
Booth, Mike　ブース, マイク
[著]「新ネーミングオブザボトル」 モデラート　2008
Booth, Richard　ブース, リチャード
1938～ [著]「本の国の王様」 創元社　2002
Booth, Stephen　ブース, スティーブン
1952～ [国]イギリス　作家 [専]ミステリー, スリラー [異]ブース, スティーヴン
Booth, Tony　ブース, トニー
1944～ [著]「インクルージョンの指標」 筑波大学心身障害学系 2005
Booth, Wayne C.　ブース, ウェイン・C.
1921～2005 [著]「シカゴ・スタイル研究論文執筆マニュアル」 慶応義塾大学出版会　2012
Boothman, Nicholas　ブースマン, ニコラス
対人関係コンサルタント, 写真家
Bootle, Roger　ブートル, ロジャー
[著]「欧州解体」 東洋経済新報社　2015
Bootle, R.P.　ブートル, ロジャー
[著]「ポストデフレ社会」 東洋経済新報社　2004
Bootzin, Richard R.　ブーチン, リチャード
[著]「睡眠障害に対する認知行動療法」 風間書房　2015
Boozer, Carlos　ブーザー, カルロス
[国]アメリカ　バスケットボール選手
Bopanna, Rohan　ボパンナ, ロハン
[国]インド　テニス選手
Bopha Devi, Norodom　ボパ・デビ, ノロドム
[国]カンボジア　文化芸術相
Bopp, Mary Ann　ボップ, メアリー・アン
[著]「IBMのキャリア開発戦略」 同友館　2014
Boqiev, Rasul　ボキエフ
[国]タジキスタン　柔道選手
Boquel, Anne　ボケル, アンヌ
[著]「罵倒文学史」 東洋書林　2011
Bor, Barna　ボル, バルナ
[国]ハンガリー　柔道選手 [異]ボル
Bor, Hillary　ボル, ヒラリー
[国]アメリカ　陸上選手
Bor, Robert　ボア, ロバート
[著]「事例で学ぶ医療コミュニケーション・スキル」 西村書店 2002
Boraine, Alex　ボレイン, アレックス
1931～ [著]「国家の仮面が剝がされるとき」 第三書館　2008
Boralevi, Antonella　ボラレーヴィ, アントネッラ
1963～ [国]イタリア　作家, 脚本家 [専]文学
Boras, Rob　ボラス, ロブ
[国]アメリカ　ロサンゼルス・ラムズコーチ
Boras, Scott　ボラス, スコット
1952～ [国]アメリカ　スポーツ代理人　スコット・ボラス社社長
Borasio, Gian Domenico　ボラージオ, ジャン・ドメーニコ
1962～ [著]「死ぬとはどのようなことか」 みすず書房　2015
Boravac, Semiha　ボロバッツ, セミハ
[国]ボスニア・ヘルツェゴビナ　人権難民相
Borax, Mark　ボラックス, マーク
1954～ [著]「太古の叡知アトランティス占星術と2012」 徳間書店 2010
Borba, Michele　ボーバ, ミシェル
[著]「道徳の練習帳」 原書房　2005
Borbely, Laszlo　ボルベリ, ラズロ
[国]ルーマニア　環境・森林相
Borbiyev, Bolotbek　ボルビエフ, ボロトベク
[国]キルギス　非常事態相
Borbon, Pedro　ボーボン, ペドロ
1946～2012 [国]ドミニカ共和国　野球選手
Borc, Costin　ボルク, コスティン
[国]ルーマニア　副首相兼経済・貿易・ビジネス環境相
Borch, Christian　ボルフ, クリスティアン
1973～ [著]「ニクラス・ルーマン入門」 新泉社　2014
Borch, Kjetil　ボルク, チェーティル
[国]ノルウェー　ボート選手
Borchin, Valeriy　ボルチン, ワレリー
[国]ロシア　陸上選手
Borda, Dionisio　ボルダ, ディオニシオ
[国]パラグアイ　財務相
Bordaberry, Juan María　ボルダベリ, フアン
1928～2011 [国]ウルグアイ　政治家　ウルグアイ大統領　本名＝Bordaberry Arocena, Juan María [異]ボルダベリー / ボルドベリ
Bordaberry, Pedro　ボーダベリー, ペドロ
[国]ウルグアイ　観光相
Bordage, Georges　ボダージュ, ジョージ
[著]「今日からはじめられるボダージュ先生の医学英語論文講座」 医学書院　2009
Bordans, Janis　ボルダンス, ヤニス
[国]ラトビア　法相
Bordas, Ramon Alfredo　ボルダス, ラモン・アルフレド
[国]ドミニカ共和国　観光相
Borden, Iain　ボーデン, イアン
1962～ [著]「スケートボーディング, 空間, 都市」 新曜社　2006
Borden, Louise　ボーデン, ルイーズ
1949～ [著]「ピートのスケートレース」 福音館書店　2011
Bordier, Anaïs　ボルディエ, アナイス
1987～ [著]「他人のふたご」 太田出版　2016
Bordignon, Giorgia　ボルディニョン, ジョルジア
[国]イタリア　重量挙げ選手
Bordjug, Sergej　ボルジュク, セルゲイ
[著]「シャーパ鳥になる」 静山社　2010
Bordo, Susan　ボルド, スーザン
[著]「ボディー・ポリティクス」 世界思想社　2003
Bordon, Willer　ボルドン, ビレル
[国]イタリア　環境相
Bordowitz, Hank　ボードウィッツ, ハンク
[著]「ZEP ON ZEP」 シンコーミュージック・エンタテイメント 2015
Bordwell, David　ボードウェル, デイヴィッド
1947～ [異]ボードウェル, デヴィッド [著]「フィルム・アート」 名古屋大学出版会　2007
Borec, Tomáš　ボレツ, トマーシュ
[国]スロバキア　法相
Boreham, Puakena　ボレハム, プアケナ
[国]ツバル　天然資源相
Borel, Cleopatra　ボレル, クレオパトラ
[国]トリニダード・トバゴ　陸上選手
Borel, Jacques　ボレル, ジャック
1925～2002 [国]フランス　作家, 批評家
Borel, Petrus　ボレル, ペトリュス
[著]「怪奇小説傑作集」 東京創元社　2006
Borel, Yannick　ボレル, ヤニック
[国]フランス　フェンシング選手 [異]ボレル
Boren, Mike　ボーレン, マイク
[著]「実践ヘッジファンド投資」 日本経済新聞社　2001
Boreng Niyami, George　ボレン・ニヤミ, ジョージ

B

Borenstein, Greg　ボレンスタイン, グレッグ
　㊟「Making Things See」オライリー・ジャパン, オーム社(発売)　2013
Borg, Anders　ボリ, アンダシュ
　㊨スウェーデン　財務相
Borg, Björn　ボルグ, ビョルン
　1956～　㊨スウェーデン　元テニス選手　本名＝Borg, Björn Rune　㊥ボルグ, ビヨン
Borg, James　ボーグ, ジェイムズ
　㊟「ボルグ, ジェームズ」㊟「思考のクセづけ」辰巳出版　2013
Borg, Joseph　ボルグ, ジョセフ
　㊨マルタ　外相
Borg, Marcus J.　ボーグ, マーカス・J.
　㊟「イエスとの初めての再会」新教出版社　2011
Borg, Simon　ボーグ, サイモン
　1965～　㊟「言語教師認知の研究」開拓社　2009
Borg, Tonio　ボルジ, トーニオ
　㊨マルタ　副首相兼外相
Borge, Dan　ボルゲ, ダン
　㊟「人生と会社を幸福にするリスク管理」主婦の友社　2005
Borge, Tomás　ボルヘ, トマス
　1930～2012　㊨ニカラグア　政治家, 革命指導者　ニカラグア内相　本名＝Borge Martínez, Tomás
Borgenichit, Louis　ボーゲニクト, ルイス
　㊟「ベビー・マニュアル」イースト・プレス　2004
Borgenicht, David　ボーゲニクト, デビッド
　㊟「この方法で生きのびろ！」草思社　2012
Borgenicht, Joe　ボーゲニクト, ジョー
　㊟「ベビー・マニュアル」イースト・プレス　2004
Borger, Karla　ボルガー, カルラ
　㊨ドイツ　ビーチバレー選手
Borges, Antonio　ボルゲス, アントニオ
　㊨ポルトガル　国際通貨基金(IMF)欧州局長, 欧州経営大学院(INSEAD)学長　㊙経営学
Borges, Celso　ボルヘス, セルソ
　㊨コスタリカ　サッカー選手
Borges, Guilherme　ボルヘス, ギリェルメ
　㊟「世界自殺統計」明石書店　2015
Borges, João Baptista　ボルジェス, ジョアン・バプティスタ
　㊨アンゴラ　電力・水利相
Borges, Jorge Abalbero da Silva　ボルジェス, ジョルジ・アバルベロ・ダシルバ
　㊨カボベルデ　外相
Borges, Michel　ボルジェス, ミシェル
　㊨ブラジル　ボクシング選手
Borges, Victor　ボルジェス, ビクトール
　㊨モザンビーク　漁業相
Borgese, Elisabeth Mann　ボルゲーゼ, エリザベス・マン
　1918～2002　㊨カナダ　海洋学者, 国際法学者　国際海洋研究所(IOI)名誉会長　㊙国際政治学　㊥ボルゲーゼ, エリザベート・マン
Borghese, Alessandra　ボルゲーゼ, アレッサンドラ
　1963～　㊟「新たな目で新たな旅立ち」女子パウロ会　2007
Borghesi, Silvia　ボルゲージ, シルヴィア
　㊟「セザンヌ」昭文社　2007
Borghi, Catherine　ボルギ
　㊨スイス　アルペンスキー選手
Borgia, Anthony　ボージャ, アンソニー
　㊟「死後の世界も自然界である」コスモス・ライブラリー, 星雲社(発売)　2007
Borgman, Peter　ボルグマン, ピーター
　1954～　㊟「やっぱり, お金持ちをめざしなさい」実業之日本社　2003
Borgnine, Ernest　ボーグナイン, アーネスト
　1917～2012　㊨アメリカ　俳優　本名＝Borgnino, Ermes
Borgström, Camilla　ボルイストレム, カミラ
　㊟「だいすきだよ, オルヤンおじいちゃん」徳間書店　2010
Borico, Miguel Abia Biteo　ボリコ, ミゲル・アビア・ビテオ
　㊨赤道ギニア　労働・社会保障相
Borico Moisés, Ángel　ボリコモイセス, アンヘル
　㊨赤道ギニア　労働・雇用促進・社会保障相
Boring, Mel　ボーリング, メル
　1939～　㊟「自分の体で実験したい」紀伊國屋書店　2007
Borini, Fabio　ボリーニ, ファビオ
　㊨イタリア　サッカー選手

Boris, Elizabeth T.　ボリス, エリザベス・T.
　㊟「NPOと政府」ミネルヴァ書房　2007
Boris, Jean-Pierre　ボリス, ジャン＝ピエール
　1955～　㊟「コーヒー, カカオ, コメ, 綿花, コショウの暗黒物語」作品社　2005
Borish, Steven M.　ボーリシュ, スティーヴン
　1943～　㊟「生者の国」新評論　2011
Borishade, Babalola　ボリシャド, ババロラ
　㊨ナイジェリア　航空相　㊥ボリシャデ, ババロラ
Borisoglebsky, Nikita　ボリソグレフスキー, ニキータ
　㊨ロシア　エリザベート王妃国際コンクール ヴァイオリン 第5位(2009年)ほか
Borisov, Boyko　ボリソフ, ボイコ
　1959～　㊨ブルガリア　政治家　ブルガリア首相, 欧州発展のためのブルガリア市民(GERB)代表　ソフィア市長　本名＝Borisov, Boyko Metodiev
Borisov, IUrii A.　ボリソフ, ユーリー
　1965～　㊟「リヒテルは語る」筑摩書房　2014
Borissov, Boyko　ボリソフ, ボイコ
　㊨ブルガリア　首相
Boritt, Beowulf　ボリット, ベオウルフ
　トニー賞 プレイ 舞台デザイン賞(2014年(第68回)) "Act One"
Boritzer, Etan　ボリツァー, イータン
　1950～　㊟「神さまって, なぁに？」サンマーク出版　2009
Borja, Francisco　ボルハ, フランシスコ
　㊨エクアドル　文化相
Borja Baston　ボルハ・バストン
　㊨スペイン　サッカー選手
Borja de Mozota, Brigitte　ボージャ・ド・モゾタ, ブリジット
　㊟「戦略的デザインマネジメント」同友館　2010
Borja Fernandez　ボルハ・フェルナンデス
　㊨スペイン　サッカー選手
Borja Iglesias　ボルハ・イグレシアス
　㊨スペイン　サッカー選手
Borja Valero　ボルハ・バレーロ
　㊨スペイン　サッカー選手
Borja Valle　ボルハ・バジェ
　㊨スペイン　サッカー選手
Borjigin, Husel　フスレ, ボルジギン
　㊟「ハルハ河・ノモンハン戦争と国際関係」三元社　2013
Borjigin Burensain　ボルジギン・ブレンサイン
　㊟「内モンゴルを知るための60章」明石書店　2015
Börjlind, Cecilia　ボリリンド, シッラ
　1961～　㊟「満潮」東京創元社　2016
Börjlind, Rolf　ボリリンド, ロルフ
　1943～　㊟「満潮」東京創元社　2016
Borland, John M.　ボーランド, ジョン・M.
　㊟「ダンジョンズ＆ドリーマーズ」ソフトバンクパブリッシング　2004
Borlaug, Norman Ernest　ボーローグ, ノーマン・アーネスト
　1914～2009　㊨アメリカ　農学者　テキサスA&M大学名誉教授, ロックフェラー財団終身研究員　㊙植物病理学
Borle, Christian　ボール, クリスチャン
　トニー賞 ミュージカル 助演男優賞(2015年(第69回))ほか
Borlee, Jonathan　ボルレー, ヨナサン
　㊨ベルギー　陸上選手　㊥ボルレー, J.
Borlee, Kevin　ボルレー, ケビン
　㊨ベルギー　陸上選手　㊥ボルレー, K.
Borloo, Jean-Louis　ボルロー, ジャン・ルイ
　㊨フランス　元・国務大臣兼エコロジー・エネルギー・持続可能な開発・海洋大臣, 元・国民議会議員, 元・ヴァランシエンヌ市長
Bormaa, Radnaa　ボルマー, ラドナー
　㊨モンゴル　食料・農牧業相
Bormans, Leo　ボルマンス, レオ
　1954～　㊟「世界の学者が語る「幸福」」西村書店東京出版編集部　2016
Born, Hans　ボーン, ハンス
　1964～　㊟「議会による安全保障部門の監視」国立国会図書館調査及び立法考査局　2008
Born, Klaus　ボーン, クラウス
　㊟「イグナツとちょうちょ」プロジェクトアノ, 〔大阪〕MKインターナショナル(発売)　2006
Born, Richard　ボーン, リチャード
　㊟「不確定なプロセスをモデル化するツール簡易シミュレーションシステムaGPSS」松山技術士事務所　2014
Borne, Matt　ボーン, マット

1957～2013 [国]アメリカ プロレスラー リング名＝ドインク・ザ・クラウン〈Doink the Clown〉
Borniche, Laurent ボーニッシュ, ローラン
[著]「ローラン・ボーニッシュのブーケレッスン」 誠文堂新光社 2014
Bornstein, David ボーンステイン, デービッド
[著]「社会起業家になりたいと思ったら読む本」 ダイヤモンド社 2012
Bornstein, Izyk Mendel ボルンシュタイン, イジク・メンデル
1924～2008 [著]「甦りと記憶」 ミルトス 2013
Bornstein, Kate ボーンスタイン, ケイト
1948～ [著]「隠されたジェンダー」 新水社 2007
Bornstein, Niel M. ボーンスタイン, ニール・M.
[著]「Mono」 オライリー・ジャパン, オーム社(発売) 2005
Bornstein, Roni Aaron ボーンシュタイン, ロニ・アロン
[国]イスラエル イスラエル日本親善協会・商工会議所会長
Bornstein, Ruth ボーンスタイン, ルース
[著]「ちびゴリラのちびちび」 ほるぷ出版 2003
Borodavkin, Aleksei N. ボロダフキン, アレクセイ
1950～ [国]ロシア 外交官 ロシア外務次官(アジア太平洋地域担当)
Borodavko, Jevgenijs ボロダフコ, エフゲニス
[国]ラトビア 柔道選手
Boroden, Carolyn ボロディン, キャロリン
[著]「フィボナッチトレーディング」 パンローリング 2010
Borodin, Aleksei Ivanovich ボロディーン, A.I.
[著]「世界数学者人名事典」 大竹出版 2004
Borodina, Olga ボロディナ, オリガ
1963～ [国]ロシア メゾソプラノ歌手
Borodulina, Tatiana ボロドゥリナ
[国]オーストラリア ショートトラック選手
Boron, Robert de ボロン, ロベール・ド
[著]「西洋中世奇譚集成 魔術師マーリン」 講談社 2015
Boron, Walter F. ボロン, W.F.
[著]「ボロンブールペーブ生理学」 西村書店 2011
Boronov, Kubatbek ボロノフ, クバトベク
[国]キルギス 非常事態相
Boros, Imre ボロシュ, イムレ
[国]ハンガリー 国務相(無任所)
Boros, Tamara ボロシュ
[国]クロアチア 卓球選手
Boroski, Stan ボロスキー, スタン
[国]アメリカ タンパベイ・レイズコーチ
Boroson, Marttin ボロソン, マーティン
[著]「頭と心を浄化する1分間プチ瞑想法」 サンマーク出版 2008
Borovik, Alexandre ボロビック, A.V.
[著]「鏡映の数学」 丸善出版 2015
Borovik, Anna ボロビック, A.
[著]「鏡映の数学」 丸善出版 2015
Borovoy, Mikhail I. ボロウォイ, ミハイル・I.
[国]ベラルーシ 運輸・通信相 [異]ボロボイ, ミハイル・I.
Borowiak, Mateusz ボロヴィアック, マテウズ
[国]イギリス, ポーランド エリザベート王妃国際コンクール ピアノ 第3位(2013年)
Borradori, Giovanna ボッラドリ, ジョヴァンナ
[著]「テロルの時代と哲学の使命」 岩波書店 2004
Borra Toledo, Dora Virginia ボラ・トレド, ドラ・ビルヒニア
[国]ペルー 女性・社会開発相
Borré, Caroline ボレー, カロリン
[著]「水辺の多様性」 昭和堂 2010
Borrego, James ボーレゴ, ジェームズ
[国]アメリカ サンアントニオ・スパーズアシスタントコーチ(バスケットボール)
Borrel, Marie ボレル, マリ
1952～ [著]「幸福になるために生まれてきた！」 幸福の科学出版 2007
Borrelli, Daniel ボレリ, ダニエル
[国]ウルグアイ 内相
Borrelli, Laird ボレリ, レアード
[著]「世界の服飾デザイナー60人によるファッションイラスト・コレクション」 エムディエヌコーポレーション, インプレスコミュニケーションズ(発売) 2008
Borrero, Yordanis ボレーロ
[国]キューバ 重量挙げ選手
Borrero Molina, Ismael ボレロモリナ, イスマエル
[国]キューバ レスリング選手
Borriello, Marco ボリエッロ, マルコ
[国]イタリア サッカー選手
Borris-Dunchunstang, Eileen ボリス＝ダンチュンスタン, アイリーン・R.
[著]「ゆるし」 イースト・プレス 2008
Borrmann, Mechtild ボルマン, メヒティルト
1960～ [国]ドイツ 作家 [専]ミステリー
Borroni-Bird, Christopher E. ボローニ＝バード, クリストファー・E.
[著]「「考えるクルマ」が世界を変える」 東洋経済新報社 2012
Borsarello-Herrmann, Mathilde ボルサレロ－エルマン, マチルド
[国]フランス ロン・ティボー・クレスパン国際音楽コンクール ヴァイオリン 第4位(2010年(第39回))
Borssen, Therese ボルセン
[国]スウェーデン アルペンスキー選手
Borst, Arno ボルスト, アルノ
1925～2007 [著]「中世の時と暦」 八坂書房 2010
Borst, Els ボルスト, エルス
[国]オランダ 副首相兼保健福祉スポーツ相
Borsus, Willy ボルスス, ウィリー
[国]ベルギー 中産階級・自営業・中小企業・農業・社会統合相
Borten, Per ボルテン, ペール
1913～2005 [国]ノルウェー 政治家 ノルウェー首相 [異]ボッテン, ペール
Borten, Sylvie ボルテン, シルヴィ
[著]「アリョーシャと風のひみつ」 BL出版 2007
Borthwick, Mark ボスウイック, マーク
1963～ [著]「The Heart Land」 パワーショベル, 星雲社(発売) 2010
Borthwick, Sophia ボースウィック, ソフィア
[著]「音楽アイデンティティ」 北大路書房 2011
Bortles, Blake ボートルズ, ブレイク
[国]アメリカ アメフト選手
Bortles, JoAnn ボートルズ, ジョアン
1960～ [著]「プロが教えるクルマのカスタムペイント」 スタジオタッククリエイティブ 2010
Bortolin, Matthew ボートリン, マシュー
[著]「スター・ウォーズで「仏教入門」ですか」 春秋社 2005
Bortone, Cristiano ボルトーネ, クリスティアーノ
[著]「ミルコのひかり」 愛育社 2007
Boruc, Artur ボルツ, アルトゥール
1980～ [国]ポーランド サッカー選手 [異]ボルツ, アルトゥル
Borucki, Ryan ボルッキ, ライアン
[国]アメリカ 野球選手
Borysik, Igor ボリュシク
[国]ウクライナ 競泳選手
Borzaga, Calro ボルザガ, カルロ
[著]「欧州サードセクター」 日本経済評論社 2007
Borzakovskiy, Yuriy ボルザコフスキー
[国]ロシア 陸上選手
Borzillo-Vrenna, Carrie ボルツィ＝ヴレナ, キャリー
[異]ボルツィロ, キャリー [著]「カート・コバーン ニルヴァーナ・デイズ完全クロニクル」 ブルース・インターアクションズ 2007
Bos, Ben ボス, ベン
1930～ [著]「Supergraphics」 ビー・エヌ・エヌ新社 2011
Bos, Burny ボス, バーニー
1944～ [著]「みどりのヘルガ」 ノルドズッド・ジャパン 2003
Bos, Elly ボス, エリー
[著]「AGI」 ピエ・ブックス 2008
Bos, Jan ボス, ヤン
1975～ [国]オランダ 元スピードスケート選手, 元自転車選手
Bos, Saskia ボス, サスキア
[著]「フィオナ・タン」 ワコウ・ワークス・オブ・アート 2011
Bos, Theo ボス, テオ
[国]オランダ 自転車選手
Bos, Wouter ボス, ウォウター
[国]オランダ 副首相兼財務相
Bosa, Joey ボーサ, ジョーイ
[国]アメリカ アメフト選手
Bosaikham, Vongdala ボーサイカム・ウォンダーラー
[国]ラオス エネルギー・鉱業相
Bosan, Sikandar Hayat ボサン, シカンダル・ハヤト
[国]パキスタン 食糧・農畜産相
Bosan, Sikandar Hayat Khan ボーサン, シカンダール・ハヤート・カーン
[国]パキスタン 食料安全保障相
Bosca, Francesca ボスカ, フランチェスカ

1967～ 著「ほしをおいかけて」 ドン・ボスコ社 2006
Bosch, David Jacobus ボッシュ, デイヴィッド
1929～ 著「宣教のパラダイム転換」 東京ミッション研究所, 新教出版社（発売） 2001
Bosch, Edith ボス
国オランダ 柔道選手
Bosch, Juan ボッシュ, フアン
1909～2001 国ドミニカ共和国 政治家, 作家 ドミニカ大統領 本名＝Bosch Gaviño, Juan 異ボシュ, フアン
Boschi, Maria Elena ボスキ, マリア・エレナ
国イタリア 官房長官
Boschilia, Gabriel ボスキリア, ガブリエウ
国ブラジル サッカー選手
Bosco, Don ボスコ, ドン
著「Pasta」 エディシオン・ディディエ・ミレー, United Publishers Services（発売） 2004
Bosco, Juan ボスコ, フアン
国パナマ 教育相
Bosco, Ronald A. ボスコ, ロナルド
1945～ 著「美しき生命地球と生きる」 毎日新聞社 2006
Bosco, Teresio ボスコ, テレジオ
著「ドン・ボスコ」 ドン・ボスコ社 2016
Bose, Amar G. ボーズ, アマー
1929～2013 国アメリカ 実業家 ボーズ創業者, マサチューセッツ工科大学教授 専音響工学
Bose, Partha Sarathi ボース, パーサ
著「アレクサンドロス大王」 ホーム社, 集英社（発売） 2004
Bose, Rash Behari ボース, ラス・ビハリ
著「アジアのめざめ」 書肆心水 2011
Bose, Ruma ボース, ルーマ
著「マザー・テレサCEO」 集英社 2012
Bose, Sanjay K. ボーズ, サンジェイ
著「SOA実践ガイドブック」 翔泳社 2006
Bose, Shonali ボース, ショナリ
1965～ 国インド 映画監督, 脚本家
Bosengkham, Vondara ボーセンカム・ウォンダラ
国ラオス 情報文化・観光相
Boseto, Leslie ボセト, レスリエ
国ソロモン諸島 土地・調整相
Bosetti, Giancarlo ボセッティ, ジャンカルロ
1946～ 著「ダール、デモクラシーを語る」 岩波書店 2006
Bosetzky, Horst ボゼツキー, ホルスト
著「皇帝の魔剣」 扶桑社 2004
Bosh, Chris ボッシュ, クリス
国アメリカ バスケットボール選手
Bosh, Marcelo ボッシュ, マルセロ
国アルゼンチン ラグビー選手
Boshab Mabujaa-bilenge, Evariste ボシャブ・マブジューマーピレンゲ, エバリスト
国コンゴ民主共和国 副首相兼内相
Bosher, Matt ボーシャー, マット
国アメリカ アメフト選手
Boshers, Buddy ボシャーズ, バディ
国アメリカ 野球選手
Boshinski, Blanche ボウシンスキー, ブランチ
1923～2010 著「ビリーのすてきなともだち」 教育画劇 2013
Boshniakov, Stephan ボシュニャコヴ, ステファン
著「第二次大戦のスロヴァキアとブルガリアのエース」 大日本絵画 2005
Boshoff, Carel ボショフ, キャレル
1927～2011 国南アフリカ 白人だけが住む町として知られるオラニア創設者
Boshouwers, Suzan ボスハウベェルス, シュザン
著「ベンおじさんのふしぎなシャツ」 朝日学生新聞社 2011
Bosing, Walter ボージンク, ヴァルター
著「ヒエロニムス・ボス」 Taschen c2007
Bosio, Chris ボシオ, クリス
国アメリカ シカゴ・カブスコーチ
Boskin, Joseph ボスキン, ジョゼフ
著「サンボ」 明石書店 2004
Boskin, Michael Jay ボスキン, マイケル
1945～ 国アメリカ 経済学者 スタンフォード大学教授 米国大統領経済諮問委員会（CEA）委員長 専マクロ経済学, 財政学
Boškov, Vujadin ボスコフ, ヴヤディン
1931～2014 国セルビア サッカー監督 サッカー・ユーゴスラビア代表監督 異ボスコフ, ブヤディン
Bošković, Predrag ボシュコビッチ, プレドラグ
国モンテネグロ 教育・スポーツ相
Bošković, Snežana Bogosavljević ボシュコビッチ, スネジャナ・ボゴサブリェビッチ
国セルビア 農業・環境保護相
Boslak, Vanessa ボスラク
国フランス 陸上選手
Boslaugh, Sarah ボスラフ, サラ
著「統計クイックリファレンス」 オライリー・ジャパン, オーム社（発売） 2015
Bosley, Katrine ボスレー, カトリーヌ
国アメリカ Editas Medicine
Bosley, L.Lee ボズレー, L.リー
著「自分の髪で生まれ変わる」 ダイヤモンド社 2004
Bosley, Tom ボズリ, トム
1927～2010 国アメリカ 俳優 本名＝Bosley, Thomas Edward 異ボズリー, トム
Bosma, Javier ボスマ
国スペイン ビーチバレー選手
Bosmans, Phil ボスマンス, フィル
1922～2012 著「愛が拓く新しい道」 女子パウロ会 2015
Bosnak, Karyn ボスナック, カリン
著「買い物おバカ日記」 文芸春秋 2006
Bosnak, Robert ボスナック, ロバート
1948～ 国アメリカ 精神分析家 異ボスナク
Bosner, Leo ボスナー, レオ
著「3・11以後の日本の危機管理を問う」 晃洋書房 2013
Bošnjaković, Dražen ボシュニャコビッチ, ドラジェン
国クロアチア 法相
Bospoort, Maarten van de ボスポート, マルテン・ヴァン・デ
著「プログラミングWindows Runtime」 日経BP社, 日経BPマーケティング（発売） 2014
Bosque, Ignacio ボスケ, イグナシオ
著「イグナシオ・ボスケ、ビオレタ・デモンテ編（1999）『スペイン語記述文法』章別和文要約」 関西スペイン語学研究会 2001
Boss, Alan ボス, アラン
1951～ 著「宇宙は生命でいっぱい？」 NTT出版 2012
Boss, Medard ボス, メダルト
著「ハイデッガー ツォリコーン・ゼミナール」 みすず書房 2005
Boss, Pauline ボス, ポーリン
著「あいまいな喪失とトラウマからの回復」 誠信書房 2015
Bossak, Jan Wincenty ボサック, ヤン・ヴィンツェンティ
国ポーランド ワルシャワ経済大学国際比較経済学部教授, ポーランド・日本経済委員会副会長
Bossavit, Alain ボサビ, アラン
著「新しい計算電磁気学」 培風館 2003
Bosse, Gerhard ボッセ, ゲルハルト
1922～2012 国ドイツ 指揮者, バイオリニスト ライプツィヒ・ゲヴァントハウス管弦楽団第1コンサートマスター, 神戸市室内合奏団音楽監督 異ボッセ, ゲァハルト
Bosse, Pierre-Ambroise ボス, ピエールアンブロワーズ
国フランス 陸上選手
Bossert, Gregory Norman ボサート, グレゴリー・ノーマン
世界幻想文学大賞 短編（2013年） “The Telling”
Bossert, Karen W. ボサート, カレン・W.
1956～ 著「問題行動のアセスメント」 学苑社 2004
Bosseur, Jean-Yves ボスール, ジャン＝イヴ
1947～ 著「現代音楽を読み解く88のキーワード」 音楽之友社 2008
Bosshart, Dominique ボッサート
国カナダ テコンドー選手
Bossi, Umberto ボッシ, ウンベルト
1941～ 国イタリア 政治家 イタリア制度改革相, レガ・ノルド（北部同盟）党首 異ボッシー, ウンベルト
Bossidy, Larry ボシディ, ラリー
1935～ 国アメリカ 実業家 ハネウェル・インターナショナル会長・CEO 本名＝Bossidy, Lawrence Arthur
Bossini, Paolo ボッシーニ
国イタリア 競泳選手
Boßlet, Joashim ボスレット, ヨハヒム
著「鉄の窒化と軟窒化」 アグネ技術センター 2011
Bosson, Lydia ボソン, リディア
著「美容と健康のためのハーブウォーター・ハンドブック」 東京堂出版 2012
Bossy, John ボッシー, ジョン
1933～ 著「ジョルダーノ・ブルーノと大使館のミステリー」 影

書房 2003
Bost, Brent W. ボスト、ブレント・W.
　㊞「追いたてられる女たち」イースト・プレス 2007
Bost, Roger-Yves ボスト、ロジェイブ
　㊇フランス　馬術選手
Bostan, Marius-Raul ボスタン、マリウスラウル
　㊇ルーマニア　通信・情報社会相
Bostancioglu, Metin ボスタンジオール、メティン
　㊇トルコ　教育相
Bostic, Jon ボスティック、ジョン
　㊇アメリカ　アメフト選手
Bostic, Keith ボスティック、キース
　㊞「4.4BSDの設計と実装」アスキー 2003
Bostick, Brandon ボスティック、ブランドン
　㊇アメリカ　アメフト選手
Bostick, Chris ボスティック、クリス
　㊇アメリカ　野球選手
Bostock, Mike ボストック、マイク
　㊞「ねがいごとをしてごらん」評論社 2004
Boston, Arthur ボストン、アーサー
　1945～　㊞「日本人は鯨の群れ」光人社 2001
Boston, Bernard ボストン、バーナード
　?～2008　㊇アメリカ　報道写真家　「ロサンゼルス・タイムズ」ワシントン支局首席写真記者　通称＝ボストン、バーニー〈Boston, Bernie〉
Boston, Daryl ボストン、ダリル
　㊇アメリカ　シカゴ・ホワイトソックスコーチ
Boston, Jonathan ボストン、ジョナサン
　1957～　㊞「ニュージーランド福祉国家の再設計」法律文化社 2004
Boston, Mary ボストン、メアリー
　㊞「被虐待児の精神分析的心理療法」金剛出版 2006
Boston, Peter ボストン、ピーター
　㊞「グリーン・ノウの石」評論社 2009
Boston, Tre ボストン、トリー
　㊇アメリカ　アメフト選手
Bostridge, Ian ボストリッジ、イアン
　1964～　㊇イギリス　テノール歌手　本名＝Bostridge, Ian Charles
Bostrom, Allen B. ボストロム、アレン・B.
　㊞「イン・ザ・ブラック」あさ出版 2007
Bostrup, Eva ボーストロプ、イーヴァ
　1936～　㊞「認知症を支える家族力」視覚障害者支援総合センター 2011
Bostwick, Janet Gwenett ボストウィック、ジャネット・ゲネット
　㊇バハマ　外相
Boswell, Barbara ボズウェル、バーバラ
　㊞「御曹子のフィアンセ」ハーレクイン 2010
Boswell, Chris ボスウェル、クリス
　㊇アメリカ　アメフト選手
Boswell, Dave ボズウェル、デーブ
　1945～2012　㊇アメリカ　野球選手　本名＝Boswell, David Wilson　㊙ボスウェル、デイブ
Boswell, Dustin ボズウェル、ダスティン
　㊞「リーダブルコード」オライリー・ジャパン、オーム社（発売）2012
Boswell, John ボズウェル、ジョン
　1945～　㊞「トレーラーハウスから巨大企業の社長になった、幸運な私」インデックス・コミュニケーションズ 2008
Boswell, Mark ボズウェル
　㊇カナダ　陸上選手
Boswell, Sophie ボズウェル、ソフィー
　1969～　㊞「子どもを理解する」岩崎学術出版社 2013
Bosworth, Michael T. ボスワース、マイケル
　㊞「ソリューション・セリング」PHP研究所 2002
Bosworth, Patricia ボズワース、パトリシア
　㊞「マーロン・ブランド」岩波書店 2004
Bosworth, Stephen Warren ボズワース、スティーブン
　1939～2016　㊇アメリカ　外交官　タフツ大学フレッチャー法律外交大学院院長　北朝鮮政策担当米国政府特別代表　㊙ボスワース、スティーヴン・ワーレン
Bosworth, Tom ボスワース、トム
　㊇イギリス　陸上選手
Bosz, Peter ボス、ペーター
　㊇オランダ　アヤックス監督
Bot, Ben ボット、ベン

　㊇オランダ　外相
Botash, Ann S. ボタシュ、アン・S.
　㊞「子どもの性虐待に関する医学的評価」診断と治療社 2013
Boteach, Shmuel ボテアック、シュムリー
　㊞「「愛する能力」を高めるための12の方法。」主婦と生活社 2002
Boteler, Alison ボトラー、アリソン
　㊞「ワインソースを活かしたcooking」ガイアブックス、産調出版（発売）2010
Botelho, Emiliano Pereira ボテーリョ、エミリアーノ・ペレイラ
　㊇ブラジル　農業開発会社代表取締役社長
Botella Perez, Isaac ペレス
　㊇スペイン　体操選手
Botero, Fernando ボテロ、フェルナンド
　1932～　㊇コロンビア　彫刻家、画家
Botero, Jorge Humberto ボテロ、ホルヘ・ウンベルト
　㊇コロンビア　商業・産業・観光相
Botero, Santiago ボテロ
　㊇コロンビア　自転車選手
Botero Angulo, Jorge Humberto ボテロ・アングロ、ホルヘ・ウンベルト
　㊇コロンビア　商業・産業・観光相
Botero Villegas, Jhonnatan ボテロ
　㊇コロンビア　自転車選手
Botezatu, Ionut ボテザトゥ、イオヌーツ
　㊇ルーマニア　ラグビー選手
Botha, Chrysander ボタ、クリサンダー
　㊇ナミビア　ラグビー選手
Botha, Johan ボータ、ヨハン
　1965～2016　㊇南アフリカ　テノール歌手　㊙ボタ、ヨハン
Botha, Pieter Willem ボタ、ピーター・ウィレム
　1916～2006　㊇南アフリカ　政治家　南アフリカ大統領、南アフリカ国民党党首
Botha, Roelof ボサ、ロエロフ
　投資家　㊙ボサ、ロウロフ
Botha, Ted ボサ、テッド
　㊞「モンゴ」筑摩書房 2005
Bothma, Renaldo ボスマ、レナルド
　㊇ナミビア　ラグビー選手
Boti, Jacques ボティ、ジャック
　㊇中央アフリカ　公務員相
Botia, Lepani ボティア、レパニ
　㊇フィジー　ラグビー選手
Botín, Ana Patricia ボティン、アナ・パトリシア
　㊇スペイン　サンタンデール銀行会長　㊙ボディン、アナ・パトリシア
Botiş, Ioan Nelu ボティシュ、イオアン・ネル
　㊇ルーマニア　労働・家庭・社会保障相
Botkin, James W. ボトキン、ジム
　㊞「ネットワーク戦略論」ダイヤモンド社 2001
Botnari, Vasile ボトナリ、バシレ
　㊇モルドバ　情報技術通信相
Boto, Ahmed ボト、アーメッド
　㊇ニジェール　手工業・観光相
Botomanovatsara ブトゥマヌバツアラ
　㊇マダガスカル　公共事業・気象相
Botozaza, Pierrot ブツザザ、ピエロ
　㊇マダガスカル　副首相（経済・産業担当）
Botralahy, Gérard ボトゥラライ、ジェラール
　㊇マダガスカル　スポーツ相
Bots, Hans ボーツ、H.
　1940～　㊞「学問の共和国」知泉書館 2015
Botsman, Dani ボツマン、ダニエル・V.
　㊞「血塗られた慈悲、笞打つ帝国。」インターシフト、合同出版（発売）2009
Botsman, Rachel ボッツマン、レイチェル
　㊞「シェア」NHK出版 2016
Bott, Danièle ボット、ダニエル
　㊞「Chanel」講談社 2007
Bott, Ed ボット、エド
　㊞「Microsoft Windows Vistaオフィシャルマニュアル」日経BPソフトプレス、日経BP出版センター（発売）2007
Böttcher, Jürgen ベットヒャー、ユルゲン
　ベルリン国際映画祭ベルリナーレ・カメラ賞（第56回（2006年））
Bottéro, Jean ボテロ、ジャン
　1914～　㊞「バビロンとバイブル」法政大学出版局 2013

Bottet, Nicole　ボッテ, ニコル
　1942〜　著「ニコル・ボッテ展カタログ」日動画廊　c2005
Botti, Chris　ボッティ, クリス
　1962〜　国アメリカ　ジャズ・トランペット奏者
Bottieau, Joachim　ボティオ, ヨアシム
　国ベルギー　柔道選手
Botting, Douglas　ボッティング, ダグラス
　1934〜　著「フンボルト」東洋書林　2008
Bottner, Barbara　ボットナー, バーバラ
　1943〜　著「つまさきさん、おやすみ！」光村教育図書　2015
Bottom, Norman R.　ボトム, ノーマン・R.
　1938〜　著「情報化時代における情報管理および保全研修について」防衛調達基盤整備協会　2001
Bottome, Phyllis　ボトム, フィリス
　著「アドラーの思い出」創元社　2007
Bottomley, Jennifer M.　ボトムリー, J.M.
　著「高齢者リハビリテーション学大事典」西村書店　2011
Bottoms, Sam　ボトムズ, サム
　1955〜2008　国アメリカ　俳優　異ボトムス, サム
Bottrell, Melissa M.　ボートレル, メリッサ・M.
　著「ベストプラクティスのための高齢者看護プロトコル」医学書院　2003
Botvinov, Mikhail　ボトビノフ
　国オーストリア　距離スキー選手
Botzakis, Stergios　ボツァキス, ステルギオス
　著「池上彰のなるほど！現代のメディア」文溪堂　2011
Bou, Louis　ボウ, ルイス
　著「キッズファッション」グラフィック社　2011
Bouabré, Bohoun　ブアブレ, ボウン
　国コートジボワール　計画開発相
Bouajila, Sami　ブアジラ, サミ
　カンヌ国際映画祭 男優賞(第59回(2006年)) "Indigènes"
Bouasone Bouphavanh　ブアソン・ブパワン
　1954〜　国ラオス　政治家　ラオス首相
Bouathong, Vonglokham　ブアトン・ウォンロカム
　国ラオス　通信・運輸・郵政・建設相
Bouba, Maigari Bello　ブバ, マイガリ・ベロ
　国カメルーン　工業・商業開発相
Boubacar, Kane　ブーバカル, カーン
　国モーリタニア　保健相
Boubacar, Sidi Mohamed Ould　ブバカール, シディ・モハメド・ウルド
　国モーリタニア　首相
Boubakri, Ines　ブバクリ, イネス
　国チュニジア　フェンシング選手
Boubal, Christophe　ブバル, クリストフ
　1960〜　著「白い影の女」本の泉社　2006
Boubka, Sergei　ブブカ, セルゲイ
　1963〜　国ウクライナ　元棒高跳び選手　国際オリンピック委員会(IOC)委員, 国際陸上競技連盟(IAAF)副会長　本名＝Boubka, Sergei Nazarovich
Boubou, Camara Moussa Seydi　ブブ, カマラ・ムッサ・セイディ
　国モーリタニア　設備・運輸相
Boubryemm, Vanessa　ブーブリエム
　国フランス　レスリング選手
Bouchard, Antoine　ブシャール, アントワヌ
　国カナダ　柔道選手
Bouchard, Camille　ブシャール, カミール
　カナダ総督文学賞 フランス語 児童文学(物語)(2005年) "Le ricanement des hyenes"
Bouchard, Claude　ブシャール, クロード
　著「身体組成研究の基礎と応用」大修館書店　2001
Bouchard, Constance Brittain　ブシャード, コンスタンス・B.
　著「騎士道百科図鑑」悠書館　2011
Bouchard, Eugenie　ブシャール, ウージニー
　国カナダ　テニス選手
Bouchard, Gérard　ブシャール, ジェラール
　1943〜　著「多文化社会ケベックの挑戦」明石書店　2011
Bouchard, Michel Marc　ブシャール, ミシェル・マルク
　1958〜　著「孤児のミューズたち」彩流社　2004
Bouchard, Patrice　ブシャー, パトリス
　1973〜　著「世界甲虫大図鑑」東京書籍　2016
Bouchaud, Jean-Philippe　ブショー, J.-P.
　1962〜　著「金融リスクの理論」朝倉書店　2003
Bouche, Salifou Labo　ブシェ, サリフ・ラボ
　国ニジェール　通信・情報新技術相
Boucher, Chris　ブーシェ, クリス
　国カナダ　バスケットボール選手
Boucher, David　バウチャー, デイヴィッド
　著「社会正義論の系譜」ナカニシヤ出版　2002
Boucheron, Hugo　ブシェロン, ユーゴ
　国フランス　ボート選手
Bouchet, Dominique　ブシェ, ドミニク
　1952〜　国フランス　料理人　ホテル・ド・クリヨン総料理長
　異ドミニク・ブシェ／ブッシェ, ドミニク
Bouchikhi, Hamid　ブーチキー, ハミッド
　著「ピープルマネジメント」日経BP社　2002
Bouchouareb, Abdessalem　ブシュアレブ, アブデサレム
　国アルジェリア　産業・鉱業相
Bouchy, Anne　ブッシー, アンヌ
　1947〜　国フランス　民俗学者　フランス国立極東学院教授　研日本民俗学, 宗教民俗学, 修験道　異ブッシイ, アンヌ／ブッシイ, アンヌ
Bouckaert, Geert　ブーカールト, ヘールト
　著「ウイルス！細菌！カビ！原虫！」くもん出版　2010
Bouckaert, Peter　ブーカート, ピーター
　国ベルギー　国際人権活動家　ヒューマン・ライツ・ウォッチ緊急対応部門創設者・ディレクター
Boucke, Laurie　ブーケ, ローリー
　著「親子で楽しむ！おむつなし育児」河出書房新社　2009
Boucq, François　ブック, フランソワ
　1955〜　著「バウンサー」ユマノイド, パイインターナショナル(発売)　2015
Bouda, Jean-Claude　ブダ, ジャンクロード
　国ブルキナファソ　青年・訓練・雇用相
Bouda, Seydou　ブダ, セイドゥ
　国ブルキナファソ　保健相
Boudalika, Litsa　ブダリカ, リツァ
　著「友だちになれたら、きっと。」鈴木出版　2007
Boudat, Thomas　ブダ, トマ
　国フランス　自転車選手
Bouden, Chiheb　ブデン, シヘブ
　国チュニジア　高等教育・科学研究相
Bouder, Ashley　ボーダー, アシュレイ
　国アメリカ　バレリーナ　ニューヨーク・シティ・バレエ団(NYCB) プリンシパル
Boudet, Jean-Patrice　ブデ, ジャン＝パトリス
　著「中世フランスの文化」論創社　2016
Boudia, David　ボウディア, デービッド
　1989〜　国アメリカ　飛び込み選手
Boudiaf, Abdelmalek　ブディアフ, アブデルマレク
　国アルジェリア　保健・人口・医療改革相
Boudjemaa, Dalila　ブジェマ, ダリラ
　国アルジェリア　国土整備・環境相
Boudjemline, Adem　ブージェムリン, アデム
　国アルジェリア　レスリング選手
Boudou, Amado　ブドゥ, アマド
　国アルゼンチン　副大統領
Boudreau, J.Donald　ブドロー, J.ドナルド
　著「新たな全人的ケア」日本ホスピス・緩和ケア研究振興財団, 青海社(発売)　2016
Boudreau, Lou　ブードロー, ルー
　1917〜2001　国アメリカ　大リーグ監督, 野球選手　本名＝Boudreau, Louis
Boudreau Gagnon, Marie-Pier　ブドローガニョン
　国カナダ　シンクロナイズド・スイミング選手
Boudreault, Gabriel　ブドロー, ガブリエル
　国カナダ　元・在バチカン日本国大使館宗教顧問
Bouée, Charles-Edouard　ブエ, シャレドア
　著「LFP」PHP研究所　2015
Boufal, Sofiane　ブファル, ソフィアン
　国モロッコ　サッカー選手
Bougaeva, Sonja　ボウガエバ, ソニヤ
　1975〜　著「おりこうバーニィ」草炎社　2007
Bougnoux, Daniel　ブーニュー, ダニエル
　1941〜　著「コミュニケーション学講義」書籍工房早山　2010
Bougouma, Eric Wendmanegda　ブグマ, エリック・ウェンマネグダ
　国ブルキナファソ　社会基盤相
Bougouma, Jérôme　ブグマ, ジェローム
　国ブルキナファソ　国土行政・分権化・治安相

Bouguerra, Soltani　ブゲラ, ソルタニ
　国アルジェリア　労働・社会保障相
Bouh, Yacin Elmi　ブー, ヤシン・エルミ
　国ジブチ　財務相
Bouh, Yacin Houssein　ブー, ヤシン・フセイン
　国ジブチ　エネルギー相
Bouhail, Thomas　ブアイ
　国フランス　体操選手
Bouhlal, Mohammed Rachad　ブフラル, モハメッド・ラシャッド
　国モロッコ　駐日特命全権大使
Bouh Odowa, Moussa　ブーオドワ, ムサ
　国ジブチ　エネルギー・天然資源相
Bouhuys, Mies　バウハウス, ミース
　1927〜2008　著「しんぶんにのりたい」金の星社　2013
Boui, David　ブイ
　国中央アフリカ　テコンドー選手
Bouiller, Claire　ボーリエー, クレイアー
　1958〜　著「ウルフさんのやさい畑」小峰書店　2005
Bouillon, Eveline　ブイヨン, エヴリーヌ
　著「100%ストレスコントロール」グラフィック社　2015
Bouissac, Paul　ブーイサック, ポール
　1934〜　著「ソシュール超入門」講談社　2012
Bouissou, Sylvie　ブイスー, シルヴィ
　著「バロック音楽を読み解く252のキーワード」音楽之友社　2012
Bouka, Elie　ブーカ, エリー
　国アメリカ　アメフト選手
Boukar, Oumar　ブカル, ウマル
　国チャド　青年・スポーツ相　旧ブーカル, オウマル
Boukari, Wassalké　ブカリ, ワサルケ
　国ニジェール　水利・衛生相
Boukerzaza, Abderrachid　ブケルザザ, アブデラシド
　国アルジェリア　情報相
Boukoubi, Faustin　ブクビ, フォスタン
　国ガボン　農業・畜産・農村開発相
Boukpessi, Payadowa　ブクペッシ, パヤドワ
　国トーゴ　国土行政・地方分権・地方自治体相　旧ブクペシ, パヤドワ
Boukpeti, Benjamin　ボクペティ
　国トーゴ　カヌー選手
Boukrouh, Noureddine　ブークルーハ, ヌレディヌ
　国アルジェリア　商業相
Boula, Rhissa Ag　ブラ, リッサ・アグ
　国ニジェール　大統領担当相
Boulaine, Jean　ブレーヌ, ジャン
　著「人は土をどうとらえてきたか」農山漁村文化協会　2011
Boulama, Kané Aïchatou　ブラマ, カネ・アイシャトゥ
　国ニジェール　計画相
Boulanger, Daniel　ブーランジェ, ダニエル
　1922〜2014　国フランス　作家
Boulanger, Jennifer L.　ボーランガー, ジェニファー・L.
　著「境界性パーソナリティ障害最新ガイド」星和書店　2006
Boulanger, Philippe　ブーランジェ, P.
　著「科学・千夜一夜」玉川大学出版部　2001
Boulay, Jacques　ブーレー, ジャック
　著「バラの香り」ガイアブックス, 産調出版(発売)　2010
Boulay, Olivier　ブーレイ, オリヴィエ
　1957〜　国フランス　カーデザイナー　メルセデス・ベンツ北京アドバンスト・デザインセンター副所長　三菱自動車乗用車デザイン本部長　旧ブーレイ, オリビエ
Boulden, Kay　ボールデン, ケイ
　著「みんな大切!」新科学出版社　2011
Boulding, Elise　ボールディング, エリス
　著ボールディング, エリース　著「「平和の文化」の輝く世紀へ!」潮出版社　2006
Boulding, Kenneth E.　ボールディング, ケネス・E.
　著「自然と人間」有斐閣　2005
Boulenger, Gilles　ブーランジェ, ジル
　著「恐怖の詩学ジョン・カーペンター」フィルムアート社　2004
Boulet, Benoit　ブーレ, ベノイト
　1967〜　著「信号処理とシステムの基礎」センゲージラーニング, ピー・エヌ・エヌ新社(発売)　2007
Boulet, Gwenaëlle　ブレ, G.
　著「地球にやさしいひとになる本」晶文社　2004
Boulez, Pierre　ブーレーズ, ピエール
　1925〜2016　国フランス　作曲家, 指揮者　IRCAM名誉所長, シカゴ交響楽団名誉指揮者　旧現代音楽　旧ブレーズ
Boulger, Carolyn　ブルガー, キャロリン
　著「「問題社員」の管理術」ダイヤモンド社　2007
Boulhan Houssein, Nimo　ブルハンフセイン, ニモ
　国ジブチ　女性地位向上・家庭厚生・社会問題相
Boulin, Jean-Yves　ブーリン, ジャン・イヴ
　著「ヨーロッパの労働組合」生活経済政策研究所　2004
Boullier, Dianna　ブリアー, ダイアナ
　著「アイルランド音楽入門」音楽之友社　2001
Boulongne-Garcin, Maryse　ブーロンニュ・ガルサン, M.
　著「ケアの組織を比較する」北樹出版　2006
Bouloudinats, Chouaib　ブルディナツ, シュアイブ
　国アルジェリア　ボクシング選手
Boulpaep, Emile L.　ブールペープ, E.L.
　著「ボロンブールペープ生理学」西村書店　2011
Boulter, Michael Charles　ボウルター, マイケル
　著「人類は絶滅する」朝日新聞社　2005
Boulting, Roy　ボールティング, ロイ
　1913〜2001　国イギリス　映画監督, 映画プロデューサー
Boulton, James T.　ボールトン, ジェイムズ・T.
　著「D.H.ロレンス書簡集」松柏社　2013
Bouman, Tom　ボウマン, トム
　アメリカ探偵作家クラブ賞 処女長編賞(2015年) "Dry Bones in the Valley"
Boumphrey, Frank　バンフリー, フランク
　著「ビギニングXHTML」インプレス, インプレスコミュニケーションズ(発売)　2001
Bounchanh, Sinthavong　ブンチャン, シンタウォン
　国ラオス　公共事業相
Boundono Simangoye, Egide　ブンドノシマンゴイ, エジド
　国ガボン　青少年・スポーツ・余暇相
Bounekraf, Abdelkader　ブーネクラフ, アブデルカデル
　国アルジェリア　住宅・都市計画相
Bounford, Trevor　バンフォード, トレバー
　著「デジタル・ダイアグラム」グラフィック社　2001
Boungnang, Vorachith　ブンニャン・ボラチット
　国ラオス　副首相兼財務相
Bounkeut, Sangsomsak　ブンクート・サンソムサック
　国ラオス　法相
Bounkong, Sihavong　ブンコーン・シハボン
　国ラオス　保健相
Bounnhang Vorachith　ブンニャン・ウォラチット
　1937〜　国ラオス　政治家, 軍人　ラオス国家副主席(副大統領)
Bounni, Adnan　ブンニ, アドナーン
　国シリア　元・文化省考古総局発掘考古研究局長
Bounpheng, Mounphosay　ブーンペーン・ムーンポーサイ
　国ラオス　首相府相
Bounpone, Bouttanavong　ブンポン・ブッタナウォン
　国ラオス　副首相
Bounthong, Chitmany　ブントーン・チットマニー
　国ラオス　副首相
Bountiem, Phitsamay　ブンティアム・ピッサマイ
　国ラオス　首相府相兼科学技術環境庁長官
Bounty Killer　バウンティー・キラー
　国ジャマイカ　MTVアワード 最優秀グループ・ビデオ(第19回(2002年))ほか
Bounxouei, Alexandra　ブンスアイ, アレクサンドラ
　1987〜　国ラオス　歌手
Bounyang, Vorachit　ブンニャン・ウォラチット
　国ラオス　国家副主席(副大統領)
Bououni, Lazhar　ブーニ, ラズハル
　国チュニジア　高等教育相
Boupha, Phongsavath　ブッパー, ポンサワット
　国ラオス　国家主席府付大臣, ラオス空手道連盟名誉会長, 元・外務副大臣
Bouquet, Carole　ブーケ, キャロル
　1957〜　国フランス　女優　旧ブケー, キャロル
Bouquet, Michel　ブーケ, ミシェル
　セザール賞 主演男優賞(第31回(2005年))ほか
Bouquet, Tim　ブーケイ, ティム
　著「インドの鉄人」産経新聞出版, 日本工業新聞社(発売)　2010
Bouquillat, Florence　ブキア, フローランス
　著「二十人目のテロリスト?」河出書房新社　2002
Bour, Danièle　ブール, ダニエル

著「あかちゃんの本」岳陽舎　2005
Bour, Justin　ボーア, ジャスティン
　国アメリカ　野球選手
Bour, Laura　ブール, ローラ
　著「川にすむ生き物の本」岳陽舎　2003
Bouraïmadiabacte, Hamadou Brim　ブライマディアバクテ, アマドゥ・ブリム
　国トーゴ　技術教育・職業訓練相
Bouran, Alia　ブーラン, アリア
　国ヨルダン　観光遺跡相
Bouraoui, Abdelhakim　ブーラウイ, アブデルハキム
　国チュニジア　行政改革担当相
Bourbaki, Nicolas　ブルバキ, ニコラ
　著「ブルバキ数学史」筑摩書房　2006
Bourbeau, Lise　ブルボー, リズ
　1941～　著「〈からだ〉の声を聞きなさい」ハート出版　2015
Bource, Ludovic　ブールス, ルドヴィック
　アカデミー賞 作曲賞（第84回（2011年））ほか
Bourdaghs, Michael K.　ボーダッシュ, マイケル
　1961～　著「占領者のまなざし」せりか書房　2013
Bourdain, Anthony　ボーデイン, アンソニー
　1956～　国アメリカ　料理人, 作家　Brasserie Les Halles総料理長
Bourdieu, Pierre　ブルデュー, ピエール
　1930～2002　国フランス　社会学者　コレージュ・ド・フランス名誉教授
Bourdon, Rob　ボードン, ロブ
　国アメリカ　ロック・ドラマー
Bourdy, Gregory　ブルディ, グレゴリ
　国フランス　ゴルフ選手
Boureima, Takoubakoye Aminata　ブレマ, タクバコイ・アミナタ
　国ニジェール　通信・新技術・情報・文化相
Bourel, Guillaume　ブレル, ギヨーム
　著「フランスの歴史」明石書店　2011
Bouretz, Pierre　ブーレッツ, ピエール
　1958～　著「20世紀ユダヤ思想家」みすず書房　2013
Bourg, David M.　ボーグ, デイビッド・M.
　著「ゲーム開発者のためのAI入門」オライリー・ジャパン, オーム社（発売）　2005
Bourg, Dominique　ブール, ドミニク
　著「エコ・デモクラシー」明石書店　2012
Bourg, Wendy　ボーグ, W.
　著「子どもの面接ガイドブック」日本評論社　2003
Bourgain, Catherine　ブルガン, カトリーヌ
　著「遺伝子の帝国」中央公論新社　2014
Bourgain, Jean　ブルガン, ジャン
　国アメリカ　クラフォード賞 数学（2012年）
Bourgain, Mickael　ブルガン
　国フランス　自転車選手
Bourgeat, Pierrick　ブルジャ
　国フランス　アルペンスキー選手
Bourgeau, Vincent　ブルジョ, ヴァンサン
　1967～　著「ここからだしてくれー！」ポプラ社　2016
Bourgeois, L.J., Ⅲ　ブルジョア, L.J., 3世
　著「コミュニケーション戦略スキル」ダイヤモンド社　2002
Bourgeois, Louise　ブルジョワ, ルイーズ
　1911～2010　国アメリカ　彫刻家　異ブルジョア, ルイーズ
Bourgin, Thomas　ブールジャン, トマ
　1987～2013　国フランス　オートバイレーサー　異ブルジン, トマ
Bourgoin, Louise　ブルゴワン, ルイーズ
　1981～　国フランス　女優
Bourgoing, Jacqueline　ブルゴワン, ジャクリーヌ・ド
　著「暦の歴史」創元社　2001
Bourgoing, Pascale de　ブルゴアン, パスカル・ド
　著「たまごの本」岳陽舎　2007
Bourgondien, Mary E.Van　ブーゴンディエン, M.E.V.
　著「自閉症と発達障害研究の進歩」星和書店　2001
Bourguignon, François　ブルギニョン, フランソワ
　著「開発途上国におけるグローバル化と貧困・不平等」明石書店　2004
Bourguignon, Jean-Pierre　ブルギニョン, ジャン・ピエール
　1947～　国フランス　数学者　欧州研究会議（ERC）議長　フランス高等科学研究所（IHES）所長　専微分幾何学
Bourguignon, Laurence　ブルギニョン, ロランス
　1963～　国ブルギニョン, ローレンス　著「アトリエのきつね」

BL出版　2011
Bourhan, Hassan Omar Mohamed　ブルハン, ハッサン・オマル・モハメド
　国ジブチ　内相
Bourhane, Nourdine　ブランヌ, ヌルディンヌ
　国コモロ　副大統領兼国土整備・都市開発・住宅相
Bourin, Jeanne　ブーラン, ジャンヌ
　1922～2003　国フランス　作家
Bouris, Karen　ボーリス, ケアレン
　1968～　著「ほんとうの私がはじまるとき」総合法令出版　2001
Bourjaily, Vance Nye　ブアジェイリ, バンス
　1922～2010　国アメリカ　作家　ルイジアナ州立大学名誉教授
　異ブアジェイリ, ヴァンス / ブアジェイリー, ヴァンス / ボアジェイリー, ヴァンス
Bourjos, Peter　ボージャス, ピーター
　国アメリカ　野球選手
Bourke, Angela　バーク, アンジェラ
　著「塩の水のほとりで」冬花社　2008
Bourke, Anthony　バーク, アンソニー
　著「ライオンのクリスチャン」早川書房　2009
Bourlès, Jean-Claude　ブールレス, ジャン＝クロード
　1937～　著「サンティアゴ遥かなる巡礼の道」青山社　2006
Bourn, Michael　ボーン, マイケル
　野球選手
Bourne, Edmund J.　ボーン, エドムンド・J.
　著「不安からあなたを解放する10の簡単な方法」星和書店　2004
Bourne, Joanna　ボーン, ジョアンナ
　著「ドーバーの白い崖の彼方に」二見書房　2009
Bourne, Matthew　ボーン, マシュー
　1960～　国イギリス　振付師, ダンサー　ニュー・アドベンチャーズ芸術監督　本名＝Bourne, Matthew Christopher
Bourne, Mike　ボルン, マイク
　著「業績評価の理論と実務」東洋経済新報社　2004
Bourne, Possum　ボーン, ポッサム
　1956～2003　国ニュージーランド　ラリードライバー　本名＝ボーン, ピーター
Bourne, Sam　ボーン, サム
　1967～　著「アトラスの使徒」ヴィレッジブックス　2008
Bourne, Shae-Lynn　ボーン
　国カナダ　フィギュアスケート選手
Bourne, Stanford　ボーン, スタンフォード
　著「母子臨床の精神力動」岩崎学術出版社　2011
Bourneton, Dorine　ブールヌトン, ドリーヌ
　著「わたしの夢は, 大空の色。」扶桑社　2006
Bournoutian, George A.　ブルヌティアン, ジョージ
　1943～　著「アルメニア人の歴史」藤原書店　2016
Bourqeie, Amir Mansour　ボルゲイ, アミールマンスール
　国イラン　副大統領（兼管理計画庁長官）
Bourque, Francois　ブルケ
　国カナダ　アルペンスキー選手
Bourque, Susan C.　バーク, スーザン・C.
　著「女性の人権とジェンダー」明石書店　2007
Bourquin, Tim　ブールキン, ティム
　著「プロ・トレーダー」日経BP社, 日経BPマーケティング（発売）　2016
Bourrada, Larbi　ブーラダ, ラルビ
　国アルジェリア　陸上選手
Bourre, Martine　ブール, マルティーヌ
　1949～　著「ユニコーン」冨山房インターナショナル　2013
Bourseiller, Philippe　ブルセイエ, フィリップ
　著「地球を救う365の方法」ピエ・ブックス　2010
Bourykine, Anatoli　ブーリキネ, アナトリ
　1950～　著「こねことサンタクロース」ひくまの出版　2001
Bourzat, Fabian　ブルザ
　国フランス　フィギュアスケート選手
Bousbib, Gabriel　ボウスビブ, ガブリエル
　著「リスクブジェッティング」パンローリング　2002
Boush, David M.　ブッシュ, デイヴィッド
　異ブッシュ, D.M.　著「市場における欺瞞的説得」誠信書房　2011
Bousman, Darren Lynn　バウズマン, ダーレン・リン
　著「ソウ2」角川書店　2005
Bousmanne, Bernard　ブースマン, ベルナール
　著「ランボーとヴェルレーヌ」青山社　2013
Bouso, Raquel　ボウソ, ラケル
　著「日本哲学の国際性」世界思想社　2006

Bousquet, Michele　ブスケー, ミッシェル
　1962〜　著「3ds max quick reference」トムソンラーニング, ビー・エヌ・エヌ新社(発売)　2003
Bousquet, Rufus George　ブースケット, ルフス・ジョージ
　国セントルシア　貿易・産業・商業・消費者問題・投資相
Boussaid, Mohamed　ブーサイド, モハメド
　国モロッコ　経済・財政相
Boussoukouboumba, Pierre Damien　ブスクブンバ, ピエール・ダミエン
　国コンゴ共和国　商業中小企業相
Boustany, Naji　ブースタニ, ナジ
　国レバノン　文化相
Boutaleb, Mohammed　ブタレブ, モハメド
　国モロッコ　エネルギー・鉱業相
Boutamba, Alexis　ブタンバ, アレクシ
　国ガボン　法相
Boutarfa, Noureddine　ブーテルファ, ヌレディン
　国アルジェリア　エネルギー相
Boutavant, Marc　ブタヴァン, マルク
　1970〜　イラストレーター, 絵本作家
Bouteflika, Abdelaziz　ブーテフリカ, アブデルアジズ
　1937〜　国アルジェリア　政治家　アルジェリア大統領, アルジェリア国防相
Boutenko, Victoria　ブーテンコ, ヴィクトリア
　著「グリーンスムージー・レボリューション」医道の日本社　2014
Bouterse, Desi　ボーテルセ, デシ
　1945〜　国スリナム　政治家, 軍人　スリナム大統領, スリナム国民民主党(NDP)党首　スリナム陸軍総司令官　本名＝Bouterse, Désiré Delano
Bouthier, Daniel　ブティエ, ダニエル
　著「ラグビー」白水社　2007
Boutiette, KC　ブーティエット
　国アメリカ　スピードスケート選手
Boutin, Christine　ブタン, クリスティーヌ
　国フランス　住宅相
Bouton, Katherine　ブートン, キャサリン
　1947〜　著「人生の途上で聴力を失うということ」明石書店　2016
Boutonnet, Mathilde　ブトネ, マチルド
　著「環境と契約」早稲田大学比較法研究所, 成文堂(発売)　2014
Boutte, Phillip, Jr.　ブッテ, フィリップ, Jr.
　著「コスチュームデザイン」ボーンデジタル　2014
Bouttevin, Frank　ブトヴァン, フランク
　著「きょうりゅう」世界文化社　2011
Bouveresse, Jacques　ブーヴレス, ジャック
　1940〜　著「規則の力」法政大学出版局　2014
Bouvet, Michel　ブーヴェ, ミシェル
　1955〜　著「ミシェル・ブーヴェ」DNP文化振興財団, DNPアートコミュニケーションズ(発売)　2014
Bouvet, Sofian　ブベ, ソフィアン
　国フランス　セーリング選手
Bouwer, Ton　バウワー, トン
　著「マウスマンション」メディアファクトリー　2011
Bouwmeester, Hans　ボウメスター, ハンス
　1929〜　著「実戦的スタディ集」チェストランス出版　2011
Bouwmeester, Marit　ボウメスター, マリト
　国オランダ　セーリング選手　異ボウンメスター
Bouwsma, William James　バウズマ, ウィリアム・J.
　1923〜2004　異ブースマ, ウィリアム・J.　著「ルネサンスの秋」みすず書房　2012
Bouy, Ouasim　ブーイ, ワシム
　国モロッコ　サッカー選手
Bouya, Jean-Jacques　ブヤ, ジャンジャック
　国コンゴ共和国　国土整備・大型公共事業相
Bouyacoub, Lyes　ブーヤクーブ, リエス
　国アルジェリア　柔道選手
Bouye, A.J.　ボウイ, A.J.
　国アメリカ　アメフト選手
Bouzereau, Laurent　ブーゼロー, ローラン
　異ボーザル, ローレン　著「メイキング・オブ・インディ・ジョーンズ」小学館プロダクション　2008
Bouzlov, Alexander　ボウズロフ, アレクサンドル
　国ロシア　チャイコフスキー国際コンクール チェロ 第2位(2007年(第13回))
Bouzoubaa, Mohammed　ブーズーバー, モハメド
　国モロッコ　法相

Bouzout Vignoli, Eduardo　ビグノリ, エドアルド・ブスゥ
　国ウルグアイ　駐日特命全権大使
Bovaird, Tony　ボベール, トニー
　著「公共経営入門」公人の友社　2008
Bove, Cheryl Browning　ボウヴ, シェリル・K.
　1944〜　著「アイリス・マードック読解」彩流社　2008
Bové, José　ボヴェ, ジョゼ
　1953〜　フランス　反グローバル運動指導者　欧州議会議員　異ボベ, ジョゼ
Boveda, Eneko　ボベダ, エネコ
　国スペイン　サッカー選手
Bovell, George Richard　ボベル
　国トリニダード・トバゴ　競泳選手
Bovenschen, Silvia　ボーヴェンシェン, ジルヴィア
　1946〜　著「イメージとしての女性」法政大学出版局　2014
Bovet, Daniel Pierre　ボベット, ダニエル・P.
　著「詳解Linuxカーネル」オライリー・ジャパン, オーム社(発売)　2007
Boviengkham, Vongdara　ボービエンカム・ウォンダラ
　ラオス　科学技術相
Bovin, Aleksandr Evgenievich　ボーヴィン, アレクサンドル
　1930〜2004　国ロシア　ジャーナリスト　「イズベスチヤ」政治評論員, 駐イスラエル・ロシア大使　著国際問題　異ボービン
Bovo, Cesare　ボヴォ, チェザーレ
　国イタリア　サッカー選手
Bovolenta, Arnaud　ボボレンタ
　国フランス　フリースタイルスキー選手
Bowa, Larry　ボーワ, ラリー
　国アメリカ　フィラデルフィア・フィリーズコーチ
Bowanko, Luke　ボワンコ, ルーク
　国アメリカ　アメフト選手
Bowao, Charles Zacharie　ボワオ, シャルル・ザカリエ
　国コンゴ共和国　大統領府相(国防担当)
Bowbeer, Joseph　ボーバー, ジョゼフ
　著「Java並行処理プログラミング」ソフトバンククリエイティブ　2006
Bowcott, Nick　ボウコット, ニック
　著「アンプ大名鑑」スペースシャワーネットワーク　2014
Bowden, David　ボウデン, デヴィッド
　著「Delphi Win32 Graphics APIリファレンス」アスキー　2001
Bowden, John Stephen　ボウデン, J.
　1935〜2010　著「キリスト教神学事典」教文館　2005
Bowden, Mark　ボウデン, マーク
　1951〜　著「ホメイニ師の賓客」早川書房　2007
Bowden, Mike　ボウデン, マイク
　著「アベンジャーズ：シーズンワン」小学館集英社プロダクション　2014
Bowden, Oliver　ボーデン, オリヴァー
　1948〜　著「アサシンクリード血盟」ヴィレッジブックス　2013
Bowden, S.　ボーデン, S.
　著「小動物獣医看護学」インターズー　2005
Bowden, Tripp　ボウデン, トリップ
　著「最高の人生の見つけ方」日本実業出版社　2012
Bowditch, Bruce　バウディッチ, ブルース
　著「ヨガ・プラクティス・ガイド」SPANDA Press, 出版共同販売(発売)　2011
Bowe, Brittany　ボウ
　国アメリカ　スピードスケート選手
Bowe, Tommy　ボウ, トミー
　国アイルランド　ラグビー選手
Bowen, Anne　ボーウェン, アン
　1952〜　著「おばあちゃんとおじいちゃんの家にいくときは」小峰書店　2010
Bowen, Chris　ボーウェン, クリス
　国オーストラリア　移民・市民権相
Bowen, Chris　ボウエン, クリス
　著「エッセンシャルWCF」翔泳社　2009
Bowen, Edward L.　ボーエン, エドワード・L.
　著「ダイナスティーズ」日本競走馬協会　2007
Bowen, Gregory　ボーウェン, グレゴリー
　国グレナダ　通信・公共事業・国土開発・公益事業・情報通信技術相　異ボウエン, グレゴリー
Bowen, Helen　ボーエン, ヘレン
　著「修復的司法」関西学院大学出版会　2001
Bowen, Hezekiah　ボーウェン, ヘゼキア
　国リベリア　地方開発相

Bowen, James ボーエン, ジェームズ
1979〜 著「ボブがくれた世界」辰巳出版 2014

Bowen, Jarrod ボーウェン, ジェロード
国イングランド サッカー選手

Bowen, John R. ボーエン, ジョン
著「コトラーのホスピタリティ&ツーリズム・マーケティング 第3版」ピアソン・エデュケーション 2003

Bowen, Judith ボウェン, ジュディス
著「幸せコーディネーター」ハーレクイン 2002

Bowen, Julie ボーウェン, ジュリー
エミー賞 プライムタイム・エミー賞 最優秀助演女優賞（コメディシリーズ）（第64回(2012年)）ほか

Bowen, Kelly ボーエン, ケリー
著「忘れがたき記憶にとらわれて」オークラ出版 2015

Bowen, Kevin ボーウェン, ケビン
国アメリカ アメフト選手

Bowen, Murray ボーエン, マレー
1913〜 著「家族評価」金剛出版 2001

Bowen, Rex ボーエン, レックス
？〜2004 国アメリカ 大リーグ・スカウト

Bowen, Rhys ボーエン, リース
作家 異ボウエン, リース

Bowen, Richard Cooper ボーエン, リッチ
1971〜 著「Apacheクックブック」オライリー・ジャパン, オーム社（発売）2004

Bowen, Ryan ボウェン, ライアン
国アメリカ デンバー・ナゲッツアシスタントコーチ（バスケットボール）

Bowen, Sarah ボーエン, サラ
著「マインドフルネスに基づく嗜癖行動の再発予防」日本評論社 2016

Bowen, Will ボーエン, ウィル
異ボウエン, ウイル 著「もう、不満は言わない」サンマーク出版 2012

Bower, Gordon Howard バウアー, ゴードン
1932〜 国アメリカ 心理学者 スタンフォード大学名誉教授

Bower, Jeff バウアー, ジェフ
国アメリカ デトロイト・ピストンズGM

Bower, Joseph L. バウアー, ジョセフ・L.
異ボウアー, ジョセフ・L. / バウアー, ジョゼフ・L. 著「ハーバードが教える10年後に生き残る会社、消える会社」徳間書店 2013

Bower, Marvin バウワー, マービン
1903〜2003 国アメリカ 経営コンサルタント マッキンゼー・アンド・カンパニー・マネージング・ディレクター

Bower, Walter ボウェル, ワルテル
国パラグアイ 公共事業・通信相

Bowers, Barbara バウアーズ, バーバラ
著「あなたのオーラは何色？」BABジャパン出版局 2006

Bowers, Bob バウワーズ, ボブ
1969〜 著「FileMaker関数・スクリプト+α事典」ラトルズ 2007

Bowers, Brian バウアーズ, ブライアン
1938〜 著「ファラデーと電磁力」玉川大学出版部 2016

Bowers, C.A. バウアーズ, C.A.
著「コンピュータを疑え」新曜社 2003

Bowers, Chris バウアーズ, クリス
著「ロジャー・フェデラー伝」実業之日本社 2016

Bowers, Clint A. ボワーズ, C.A.
著「危機のマネジメント」ミネルヴァ書房 2007

Bowers, David バウワース, D.
1938〜 著「医学英語論文の読み方」朝倉書店 2005

Bowers, Helen バウアーズ, ヘレン
著「インテリア材料活用ハンドブック」産調出版 2005

Bowers, Jenny バウアーズ, ジェニー
著「ちいさなナシのき」大日本絵画 〔2014〕

Bowers, Kathryn バウアーズ, キャスリン
著「人間と動物の病気を一緒にみる」インターシフト, 合同出版（発売）2014

Bowersox, Donald J. バワーソクス, D.J.
著「サプライチェーン・ロジスティクス」朝倉書店 2004

Bowes, Richard ボウズ, リチャード
世界幻想文学大賞 中編(2009年) "If Angels Fight"

Bowie, David ボウイ, デビッド
1947〜2016 国イギリス ロック歌手, 俳優 本名＝ジョーンズ, デビッド・ロバート〈Jones, David Robert〉 異ボーイ / ボウイ / デイヴィッド / ボウイ, デヴィッド / ボウイー

Bowie, Norman E. ボウイ, ノーマン・E.
1942〜 著「利益につながるビジネス倫理」晃洋書房 2009

Bowie, Tori ボウイ, トリ
国アメリカ 陸上選手

Bowker, John Westerdale ボウカー, ジョン
1935〜 著「ケンブリッジ世界宗教百科」原書房 2006

Bowkett, Steve ボウケット, スティーヴ
著「ケルと氷の世界の物語」バジリコ 2003

Bowler, G.Q. ボウラー, ジェリー
1948〜 著「図説クリスマス百科事典」柊風舎 2007

Bowler, Peter J. ボウラー, ピーター・J.
著「環境科学の歴史」朝倉書店 2002

Bowler, Tim ボウラー, ティム
1953〜 国イギリス 作家 邦ヤングアダルト, 児童書

Bowles, Esther Joy ボウルズ, ジョイ
異ボウルズ, E.ジョイ 著「エッセンシャルオイル・効能と療法」産調出版 2004

Bowles, Paula ボウルズ, ポーラ
著「おやすみ、ちいさなこ」竹書房 2016

Bowles, Samuel ボウルズ, サミュエル
1939〜 異ボールズ, サミュエル / ボウルズ, S. 著「不平等と再分配の新しい経済学」大月書店 2013

Bowles, Sheldon M. ボウルズ, シェルダン
著「1分間モチベーション」パンローリング 2013

Bowles, Todd ボウルズ, トッド
国アメリカ ニューヨーク・ジェッツコーチ

Bowman, Alisa バウマン, アリサ
異ボーマン, アリサ 著「成功する人の話し方」日本経済新聞出版社 2015

Bowman, Barbara A. ボウマン, バーバラ・A.
著「最新栄養学」建帛社 2002

Bowman, Bob ボウマン, ボブ
著「君もチャンピオンになれる」サンマーク出版 2016

Bowman, Braedon ボウマン, ブリードン
国アメリカ アメフト選手

Bowman, Carol ボーマン, キャロル
1950〜 著「あなたの大切な人はみんな前世ソウルメイト」徳間書店 2007

Bowman, Christopher ボーマン, クリストファー
1967〜2008 国アメリカ フィギュアスケート選手 異ボウマン, クリストファー

Bowman, John ボーマン, ジョン・エドウィン
？〜2004 国アメリカ 宣教師 あゆみの家施設長

Bowman, Judith S. ボウマン, ジュディス
著「SQL実践ガイド」ピアソン・エデュケーション 2002

Bowman, Kim ボウマン, キム
著「メイドは公爵をとりこにする」オークラ出版 2013

Bowman, Lucy ボーマン, ルーシー
著「みつけてあそぼ！ すてきなせかいりょこう」グラフィック社 2014

Bowman, Maddie ボーマン, マディー
1994〜 国アメリカ スキー選手 本名＝Bowman, Maddison Michelle

Bowman, Martin W. ボーマン, マーティン
著「P-51マスタングvsフォッケウルフFw190」大日本絵画 2008

Bowman, Matt ボウマン, マット
国アメリカ 野球選手

Bowman, NaVorro ボウマン, ナボーロ
国アメリカ アメフト選手

Bowman, Noah バウマン
国カナダ フリースタイルスキー選手

Bowman, Pete ボーマン, ピート
著「オウルくんのクリスマス」大日本絵画 〔2001〕

Bowman, Robert Maxwell James ボウマン, ロブ
著「スタックス・レコード物語」シンコーミュージック・エンタテイメント 2008

Bowman, Stephen ボーマン, スティーブン
1982〜 国イギリス バリトン歌手 異ボウマン, スティーブ

Bowman, Valerie ボウマン, ヴァレリー
著「淑女が教える初夜の秘密」オークラ出版 2014

Bown, Stephen R. バウン, スティーブン・R.
著「壊血病」国書刊行会 2014

Bownas, Geoffrey ボーナス, ジェフリー
1923〜2011 国イギリス 日本研究家 シェフィールド大学名誉教授

Bowness, Alan ボウネス, アラン

[著]「ゴーガン」 西村書店 2010
Bowring, Richard バウリング, リチャード・ジョン
1945～ [国]イギリス ケンブリッジ大学名誉教授 [専]日本文学, 日本語
Bowring, Richard John バウリング, リチャード・ジョン
[国]イギリス ケンブリッジ大学名誉教授, ケンブリッジ大学セルインカレッジ長, 元・ケンブリッジ大学東アジア研究科長
Box, C.J. ボックス, C.J.
1967～ [国]アメリカ ミステリー作家 [専]ミステリー, スリラー
Box, Don ボックス, ドン
1962～ [著]「JavaScriptによるWindows8.1アプリケーション構築」 翔泳社 2013
Box, John ボックス, ジョン
1920～2005 [国]イギリス 映画美術監督
Box, Steve ボックス, スティーブ
[著]「ウォレスとグルミット」 竹書房 2006
Box, Su ボックス, スー
[著]「くりすますのほし」 女子パウロ会 2011
Boxall, Ed ボクソール, エド
[著]「すっきゃわん！」 世界文化社 2016
Boxall, Peter ボクスオール, ピーター
[著]「世界の小説大百科」 柊風舎 2013
Boxberger, Brad ボックスバーガー, ブラッド
[国]アメリカ 野球選手
Boxhill, Edith Hillman ボクシル, エディス・ヒルマン
[著]「実践・発達障害児のための音楽療法」 人間と歴史社 2003
Boxsel, Matthijs van ボクセル, マタイス・ファン
1957～ [著]「痴愚百科」 而立書房 2007
Boy, Armelle ボイ, アーメル
[著]「トムとレアのたのしいいちにち」 西村書店 2008
Boyadzhiev, Bozhidar ボジダル
[国]ブルガリア レスリング選手
Boyadzhiev, Mario ボヤジェフ, マリオ
[著]「システマティック・アプローチ」 ホメオパシー出版 2002
Boyarchikov, Nicolai Nikolayevich ボヤルチコフ, ニコライ
1935～ [国]ロシア バレエ演出家, 振付師 レニングラード国立バレエ団芸術監督
Boyarin, Daniel ボヤーリン, ダニエル
1946～ [著]「ユダヤ教の福音書」 教文館 2013
Boyarin, Jonathan ボヤーリン, ジョナサン
1956～ [著]「ディアスポラの力」 平凡社 2008
Boyatzis, Richard E. ボヤツィス, リチャード
[著]「実践EQ人と組織を活かす鉄則」 日本経済新聞社 2006
Boyce, Brandon ボイス, ブランドン
[著]「ホワイト・ライズ」 竹書房 2004
Boyce, Frank Cottrell ボイス, フランク・コットレル
ドイツ児童文学賞 児童書 (2013年) ほか
Boyce, Jim ボイス, ジム
[著]「Microsoft Outlook version 2002オフィシャルマニュアル」 日経BPソフトプレス, 日経BP出版センター (発売) 2001
Boyce, John ボイス, ジョン
[国]バルバドス 保健相
Boyce, Martin ボイス, マーティン
[国]イギリス ターナー賞 (2011年)
Boyce, Mary ボイス, メアリー
1920～2006 [著]「ゾロアスター教」 講談社 2010
Boyce, Natalie Pope ボイス, ナタリー・ポープ
[著]「冒険スポーツ」 KADOKAWA 2016
Boyd, Alan ボイド, アラン
グラミー賞 最優秀ヒストリカル・アルバム (2012年 (第55回))
“The Smile Sessions (Deluxe Box Set)” コンピレーション・プロデューサー
Boyd, Alana ボイド, アラナ
[国]オーストラリア 陸上選手
Boyd, Brandon ボイド, ブランドン
1976～ [国]アメリカ ミュージシャン
Boyd, Brenda ボイド, ブレンダ
[著]「アスペルガーの子育て200のヒント」 東京書籍 2015
Boyd, Brian ボイド, ブライアン
1952～ [著]「ナボコフ伝」 みすず書房 2003
Boyd, Charles ボイド, チャールズ
[著]「「無条件勝利」のアメリカと日本の選択」 時事通信社 2002
Boyd, Danah ボイド, ダナ
1977～ [著]「つながりっぱなしの日常を生きる」 草思社 2014
Boyd, Donna ボイド, ドナ
1951～ [著]「プロミス―約束―」 オークラ出版 2010
Boyd, Drew ボイド, ドリュー
[著]「インサイドボックス」 文芸春秋 2014
Boyd, Eric L. ボイド, エリック・L.
[著]「フォーゴトン・レルム年代記」 ホビージャパン 2008
Boyd, George ボイド, ジョージ
[国]スコットランド サッカー選手
Boyd, Gerald M. ボイド, ジェラルド
1950～2006 [国]アメリカ ジャーナリスト 「ニューヨーク・タイムズ」編集局長 本名＝Boyd, Gerald Michael
Boyd, Hilary ボイド, ヒラリー
[著]「ワーキングウーマンのための出産ガイド」 産調出版 2002
Boyd, Jimmy ボイド, ジミー
？～2009 [国]アメリカ 歌手, 俳優
Boyd, John ボイド, ジョン
[著]「迷いの晴れる時間術」 ポプラ社 2009
Boyd, John Dixon Iklé ボイド, ジョン・イクレー
1936～ [国]イギリス 元外交官 駐日英国大使
Boyd, Lizi ボイド, リジー
1953～ [著]「おうちとおそと」 クロニクルブックス・ジャパン, 徳間書店 (発売) 2015
Boyd, Matt ボイド, マット
[国]アメリカ 野球選手
Boyd, Michael ボイド, マイケル
ローレンス・オリヴィエ賞 カンパニー賞 (2009年 (第33回))
“The Histories”
Boyd, Michael A., Jr. ボイド, マイケル, Jr.
[著]「実践ヘッジファンド投資」 日本経済新聞社 2001
Boyd, Noah ボイド, ノア
1943～2011 [著]「脅迫」 ソフトバンククリエイティブ 2013
Boyd, Pattie ボイド, パティ
1944～ [著]「パティ・ボイド自伝」 シンコーミュージック・エンタテイメント 2008
Boyd, Robert ボイド, ロバート
1948～ [著]「コモンズのドラマ」 知泉書館 2012
Boyd, Sheryl Thalman ボイド, S.T.
[著]「家族看護学」 医学書院 2001
Boyd, Terrence ボイド, テレンス
[国]アメリカ サッカー選手
Boyd, Tyler ボイド, タイラー
[国]アメリカ アメフト選手
Boyd, William ボイド, ウィリアム
1952～ [国]イギリス 作家 本名＝Boyd, William Andrew Murray
Boyde, Cissé Mint Cheikh Ould ボイデ, シセ・ミント・シェイク・ウルド
[国]モーリタニア 文化・青年・スポーツ相
Boye, Lucas ボジェ, ルーカス
[国]アルゼンチン サッカー選手
Boye, Mohamed Mahmoud Abdallahi Ould ボエ, モハメド・マハムード・アブダラヒ・ウルド
[国]モーリタニア イスラム指導相
Boyens, Philippa ボウエン, フィリッパ
[著]「キング・コング」 偕成社 2005
Boyens, Phillipa ボウエン, フィリパ
ネビュラ賞 脚本 (2004年) “Lord of the Rings: Return of the King”
Boyer, Blaine ボイヤー, ブレイン
[国]アメリカ 野球選手
Boyer, Clete ボイヤー, クリート
1937～2007 [国]アメリカ 野球選手 本名＝ボイヤー, クレティス・ルロイ〈Boyer, Cletis Leroy〉
Boyer, Joan ボイアー, ジョアン
[著]「児童虐待の発見と防止」 慶応義塾大学出版会 2003
Boyer, Marc ボワイエ, マルク
[著]「観光のラビリンス」 法政大学出版局 2006
Boyer, Marine ボワイエ, マリヌ
[国]フランス 体操選手
Boyer, M.Christine ボイヤー, M.クリスティーヌ
[著]「サイバーシティ」 NTT出版 2009
Boyer, Pascal ボイヤー, パスカル
[著]「神はなぜいるのか？」 NTT出版 2008
Boyer, Paul Delos ボイヤー, ポール
1918～ [国]アメリカ 化学者 カリフォルニア大学ロサンゼルス校名誉教授
Boyer, Paul S. ボイヤー, ポール
[著]「呪われたセイレム」 渓水社 2008

Boyer, Regis ボワイエ, レジス
[著]「ヴァイキングの暮らしと文化」 白水社 2001

Boyer, Rick ボイヤー, リック
[著]「社会性のワナ」 ホームスクーリング・ビジョン 2007

Boyer, Robert ボワイエ, ロベール
1943～ [国]フランス エコノミスト フランス米州研究所アソシエート・リサーチャー フランス数理経済計画予測研究センター教授, フランス社会科学高等研究院研究部長 [専]数理経済学, 経済分析

Boyers, Peter James ボイヤーズ, ピーター・ジェームズ
[国]ソロモン諸島 国家改革・計画相

Boyers, Robert ボイヤーズ, ロバート
1942～ [著]「「ニューヨーカー」のジョージ・スタイナー」 近代文芸社 2012

Boyes, Christopher ボイエス, クリストファー
アカデミー賞 音響賞 (第78回 (2005年)) "King Kong"

Boyett, Jimmie T. ボイエット, ジミー・T.
[著]「経営革命大全」 日本経済新聞出版社 2014

Boyett, Joseph H. ボイエット, ジョセフ・H.
[著]「経営パワー大全」 日本経済新聞社 2003

Boyett, Joseph H. ボイエット, ジョセフ・H.
[著]「経営革命大全」 日本経済新聞出版社 2014

Boy George ボーイ・ジョージ
1961～ [国]イギリス 歌手 本名＝オダウド, ジョージ 〈O'Dowd, George〉

Boykin, Brandon ボイキン, ブランドン
[国]アメリカ アメフト選手

Boykin, Jarrett ボイキン, ジャレット
[国]アメリカ アメフト選手

Boykin, Trevone ボイキン, トレボン
[国]アメリカ アメフト選手

Boyko, Brett ボイコ, ブレット
[国]アメリカ アメフト選手

Boyko, Denys ボイコ, デニス
[国]ウクライナ サッカー選手

Boyko, Yuriy ボイコ, ユーリー
[国]ウクライナ 副首相

Boylan, Bob ボイラン, ボブ
1936～ [著]「プレゼン・成功の秘訣」 新潮社 2002

Boylan, Clare ボイラン, クレア
[著]「レディたちのフィンバーズ・ホテル」 東京創元社 2001

Boylan, Jim ボイラン, ジム
[国]アメリカ クリーブランド・キャバリアーズアシスタントコーチ (バスケットボール)

Boylan, Patrick ボイラン, パトリック・J.
[著]「ブルーシールド」 日本図書館協会 2007

Boyle, Alan ボイル, アラン
[著]「サイエンスライティング」 地人書館 2013

Boyle, Alan E. ボイル, アラン
[著]「国際環境法」 慶応義塾大学出版会 2007

Boyle, Cailin ボイル, ケリン
[著]「Webカラー・ハーモニー」 グラフィック社 2001

Boyle, Danny ボイル, ダニー
1956～ [国]イギリス 映画監督

Boyle, David ボイル, デイヴィッド
1958～ [著]「ニュー・エコノミクス」 一灯舎, オーム社 (発売) 2010

Boyle, David ボイル, デビッド
1958～ [著]「近現代建築」 ゆまに書房 2011

Boyle, David ボイル, デビッド
[著]「コ・プロダクション：公共サービスへの新たな挑戦」 萌文社 2016

Boyle, Elizabeth ボイル, エリザベス
[著]「貴公子と秘密のラブレター」 ハーパーコリンズ・ジャパン 2016

Boyle, Feidhlim ボイル, フェイドリム
[著]「はじめてのデリバティブ」 日本経済新聞社 2002

Boyle, Francis Anthony ボイル, フランシス・A.
1950～ [著]「原発と核抑止の犯罪性」 憲法学舎, 日本評論社 (発売) 2012

Boyle, Kevin ボイル, ケビン
全米図書賞 ノンフィクション (2004年) "Arc of Justice: A Saga of Race, Civil Rights, and Murder in the Jazz Age"

Boyle, Lauren ボイル
[国]ニュージーランド 競泳選手

Boyle, Mark ボイル, マーク
1979～ [著]「ぼくはお金を使わずに生きることにした」 紀伊国屋書店 2011

Boyle, Michael ボイル, マイケル
1959～ [著]「写真でわかるファンクショナルトレーニング」 大修館書店 2007

Boyle, Nick ボイル, ニック
[国]アメリカ アメフト選手

Boyle, Patricia A. ボイル, パトリシア・A.
[著]「臨床心理学における科学と疑似科学」 北大路書房 2007

Boyle, Peter ボイル, ピーター
1935～2006 俳優

Boyle, Phelim P. ボイル, フェリム
[著]「はじめてのデリバティブ」 日本経済新聞社 2002

Boyle, Rob ボイル, ロブ
[著]「エクリプス・フェイズ」 新紀元社 2016

Boyle, Robert ボイル, ロバート
1909～2010 [国]アメリカ 映画美術監督 本名＝Boyle, Robert F. [異]ボイル, ロバート・F.

Boyle, Stephen M. ボイル, S.M.
[著]「知っておきたいDNA, 遺伝子, 遺伝子工学の基礎知識」 宝酒造, 丸善 (発売) 2001

Boyle, Susan ボイル, スーザン
1961～ [国]イギリス 歌手

Boyle, T.Coraghessan ボイル, T.コラゲッサン
1948～ [国]アメリカ 作家 [異]ボイル, T.C. / ボイル, T.コラギサン / ボイル, トーマス・コラゲッサン

Boyle, Willard S. ボイル, ウィラード・S.
[国]カナダ ノーベル賞 物理学賞 (2009年)

Boyle, Willard Sterling ボイル, ウィラード
1924～2011 [国]カナダ 物理学者 ベル研究所通信科学部門責任者

Boylen, Jim ボイレン, ジム
[国]アメリカ シカゴ・ブルズアシスタントコーチ (バスケットボール)

Boyles, Denis ボイルス, デニス
[著]「男の生きかた完全マニュアル「99の秘法」」 講談社 2002

Boyne, John ボイン, ジョン
1971～ [国]アイルランド 作家 [専]文学, フィクション, 歴史ほか

Boynes, Roger ボインス, ロジャー
[国]トリニダード・トバゴ スポーツ・青年問題相

Boynton, Andrew C. ボイントン, アンディ
[著]「アイデア・ハンター」 日本経済新聞出版社 2012

Boynton, Andy ボイントン, アンディ
[著]「協力のリーダーシップ」 ダイヤモンド社 2009

Boyoti, Sayo ボヨティ, サヨ
[国]トーゴ 社会問題・女性子供問題相

Boyssembe, Daniel Nditifei ボイゼンベ, ダニエル・ヌディティフェイ
[国]中央アフリカ 計画・経済相

Boysson-Bardies, Bénédicte de ボワソン＝バルディ, B.ド
[著]「赤ちゃんはコトバをどのように習得するか」 藤原書店 2008

Bozdağ, Bekir ボズダー, ベキル
[国]トルコ 法相

Bozeat, Matt ボジート, マット
[著]「ボクシング世界図鑑」 エクスナレッジ 2016

Bozhanov, Evgeni ボジャノフ, エフゲニー
[国]ブルガリア エリザベート王妃国際コンクール ピアノ 第2位 (2010年) ほか

Bozhilov, Georgi ボジロフ, ゲオルギ
[国]ブルガリア ボート選手

Bozhko, Vladimir ボシコ, ウラジーミル
[国]カザフスタン 非常事態相

Božič, Janez ホジッチ, ヤネズ
[国]スロベニア 運輸相 [異]ボジッチ, ヤネズ

Bozic, Luka ボジク, ルカ
[国]スロベニア カヌー選手

Bozimo, Broderick ボジモ, ブロデリック
[国]ナイジェリア 警察相

Božinović, Davor ボジノビッチ, ダボル
[国]クロアチア 国防相

Bozizé, François ボジゼ, フランソワ
1946～ [国]中央アフリカ 政治家, 軍人 中央アフリカ大統領・国防相 本名＝Bozizé Yangovounda, François [異]ボジゼ・ヤングヴォンダ, フランソワ

Bozkir, Volkan ボズクル, ボルカン
[国]トルコ 欧州連合 (EU) 相

Bozumbayev, Kanat ボズムバエフ, カナト

[国]カザフスタン　エネルギー相
Bozza, Anthony　ボザ, アンソニー
[著]「JETER」 岩崎書店　2015
Bozzetto, Mathieu　ボゼト
[国]フランス　スノーボード選手　[異]ボゼット, マチュー
Bozzio, Terry　ボジオ, テリー
1950〜　[国]アメリカ　ロック・ドラマー
Braas, Roel　ブラース, ルール
[国]オランダ　ボート選手
Braaten, Carl E.　ブラーテン, C.E.
1929〜　[著]「近代プロテスタント思想史」 新教出版社　2003
Brabandere, Luc De　ブラバンデール, リュック・ド
1948〜　[著]「BCG流最強の思考プロセス」 日本経済新聞出版社　2013
Brabants, Tim　ブラバンツ
[国]イギリス　カヌー選手　[異]ブラバンツ, ティム
Brabban, Alison　ブラバン, アリソン
[著]「症例から学ぶ統合失調症の認知行動療法」 日本評論社　2007
Brabec, Richard　ブラベツ, リハルト
[国]チェコ　環境相
Brabham, David　ブラバム, デービッド
1965〜　[国]オーストラリア　レーシングドライバー, 元F1ドライバー
Brabham, Jack　ブラバム, ジャック
1926〜2014　[国]オーストラリア　F1ドライバー　本名＝Brabham, John Arthur
Brac, Guillaume　ブラック, ギヨーム
1977〜　[国]フランス　映画監督
Brac, Virginie　ブラック, ヴィルジニ
1955〜　[著]「倒錯の罠」 文芸春秋　2006
Bracciali, Daniele　ブラッチアリ
[国]イタリア　テニス選手
Brach, Brad　ブラック, ブラッド
[国]アメリカ　野球選手
Bracha, Gilad　ブラーハ, ギッラード
[著]「Java言語仕様」 ピアソン・エデュケーション　2006
Bracharz, Kurt　ブラハルツ, クルト
1947〜　[著]「カルトの影」 水声社　2002
Brache, Alan P.　ブレーシュ, アラン・P.
[著]「健全なる組織への再生」 ダイヤモンド社　2002
Bracher, Karl Dietrich　ブラッハー, カール・ディートリッヒ
1922〜2016　[国]ドイツ　政治学者, 歴史家　ボン大学名誉教授　[専]政治学, 現代史, ナチズム研究
Brachi Garcia, Josue　ブラチガルシア, ホセ
[国]スペイン　重量挙げ選手
Bracho, Silvino　ブラーチョ, シルビーノ
[国]ベネズエラ　野球選手
Brack Egg, Antonio　ブラク・エッグ, アントニオ
[国]ペルー　環境相
Bracken, Beth　ブラッケン, ベス
[著]「おぎょうぎのわるいピート」 辰巳出版　2013
Bracken, Bruce A.　ブラッケン, ブルース・A.
[著]「自己概念研究ハンドブック」 金子書房　2009
Bracken, Sam　ブラッケン, サム
[著]「ストレス・フリー」 キングベアー出版　2015
Brackman, Levi　ブラックマン, ラビ・リーバイ
[著]「ラビが教えるユダヤ流成功の極意」 阪急コミュニケーションズ　2010
Braconnier, Céline　ブラコニエ, セリーヌ
[著]「若草の市民たち」 信山社出版, 大学図書(発売)　2003
Bradach, Jeffrey L.　ブラダック, ジェフリー・L.
[著]「ハーバードのフランチャイズ組織論」 文真堂　2006
Bradberry, James　ブラッドベリー, ジェームス
[国]アメリカ　アメフト選手
Bradberry, Travis　ブラッドベリ, トラビス
[異]ブラッドベリー, トラヴィス　[著]「カモメ課長！ 怒鳴ってばかりじゃ、部下はついていきません!!」 講談社　2009
Bradbury, Andrew　ブラッドバリー, アンドリュー
[著]「プレゼンテーションを学べ!!」 ディスカヴァー・トゥエンティワン　2007
Bradbury, Dominic　ブラッドベリー, ドミニク
[著]「20世紀世界の名作住宅」 エクスナレッジ　2013
Bradbury, Glenys　ブラッドベリ, グレニス
[著]「eポートフォリオ入門」 海文堂出版　2012
Bradbury, Jennifer　ブラッドベリ, ジェニファー
[国]アメリカ　作家　[専]ヤングアダルト
Bradbury, Jim　ブラッドベリー, ジム
[著]「戦闘技術の歴史」 創元社　2009
Bradbury, John　ブラッドベリー, ジョン
1953〜2015　[国]イギリス　ドラム奏者
Bradbury, Malcolm　ブラッドベリ, マルカム
1932〜　[異]ブラドベリ, マルカム　[著]「超哲学者マンソンジュ氏」 平凡社　2002
Bradbury, Ray Douglas　ブラッドベリ, レイ
1920〜2012　[国]アメリカ　SF作家　本名＝ブラッドベリ, レイモンド・ダグラス〈Bradburry, Raymond Douglas〉 [異]ブラッドベリ, レイ・ダグラス / ブラッドベリー, レイ
Bradbury, Steven　ブラッドバリー
[国]オーストラリア　ショートトラック選手
Bradby, Marie　ブラッドビー, マリー
[著]「ぼくが一番望むこと」 新日本出版社　2010
Braden, Dallas　ブレーデン, ダラス
1983〜　[国]アメリカ　元野球選手　本名＝ブレーデン, ダラス・リー〈Braden, Dallas Lee〉 [異]ブレイデン, ダラス
Braden, Gregg　ブレイデン, グレッグ
[異]ブレーデン, グレッグ　[著]「ゴッド・コード」 ダイヤモンド社　2011
Braden, Vic　ブレイデン, ヴィック
[著]「メタンルテニス」 学会出版センター　2003
Bradfield, Cameron　ブラッドフィールド, キャメロン
[国]アメリカ　アメフト選手
Bradfield, James Dean　ブラッドフィールド, ジェームス・ディーン
1969〜　[国]イギリス　ロック歌手, ギタリスト　[異]ブラッドフィールド, ジェームズ・ディーン / ブラッドフィールド, ジェイムス・ディーン
Bradfield, Nancy Margetts　ブラッドフィールド, ナンシー
1913〜　[著]「図解貴婦人のドレスデザイン1730〜1930年」 マール社　2013
Bradfield, Ron　ブラッドフィールド, ロン
[著]「「入門」シナリオ・プランニング」 ダイヤモンド社　2003
Bradfield Moody, James　ブラッドフィールド・ムーディ, ジェームズ
1976〜　[著]「第6の波」 徳間書店　2011
Bradford, Arthur　ブラッドフォード, アーサー
1969〜　[国]アメリカ　作家, 映画監督　[専]フィクション, 短編, 児童書
Bradford, Barbara Taylor　ブラッドフォード, バーバラ
1933〜　[国]アメリカ　作家
Bradford, Carl　ブラッドフォード, カール
[国]アメリカ　アメフト選手
Bradford, David Frantz　ブラッドフォード, デービッド
1939〜2005　[国]アメリカ　経済学者　米国大統領経済諮問委員会(CEA)委員, プリンストン大学教授
Bradford, David L.　ブラッドフォード, デビッド・L.
[異]ブラッドフォード, ディヴィッド　[著]「POWER UP」 税務経理協会　2010
Bradford, Isabella　ブラッドフォード, イザベラ
[著]「伯爵の優雅な暇つぶし」 オークラ出版　2015
Bradford, Nikki　ブラッドフォード, ニッキ
[著]「フラワーエッセンス」 産調出版　2006
Bradford, Rosalie　ブラッドフォード, ロザリー
？〜2006　[国]アメリカ　世界一太った女性
Bradford, Sam　ブラッドフォード, サム
[国]アメリカ　アメフト選手
Bradham, Nigel　ブラッドハム, ナイジェル
[国]アメリカ　アメフト選手
Bradić, Nebojša　ブラディッチ, ネボイシャ
[国]セルビア　文化相
Bradlee, Benjamin　ブラッドリー, ベンジャミン
1921〜2014　[国]アメリカ　ジャーナリスト　ワシントン・ポスト副社長・編集主幹　本名＝Bradlee, Benjamin Crowninshield
Bradley, Alan　ブラッドリー, アラン
1938〜　[国]カナダ　作家　[専]ミステリー, スリラー
Bradley, Alex　ブラッドリー, アレックス
[著]「24ガールズイン7デイズ」 理論社　2005
Bradley, Archie　ブラッドリー, アーチー
[国]アメリカ　野球選手
Bradley, Arthur T.　ブラッドレー, アーサー・T.
[著]「自分と家族を守る防災ハンドブック」 楽工社　2014
Bradley, Avery　ブラッドリー, エイブリー
[国]アメリカ　バスケットボール選手
Bradley, Beverly J.　ブラッドレー, ビバリー

㊄「アメリカ学校看護実践活動の基準」西日本法規出版, 星雲社(発売) 2003
Bradley, Bill ブラッドリー, ビル
1943〜 ㊄アメリカ 政治家, 元バスケットボール選手 米国上院議員(民主党) ㊂ブラッドレー, ビル / ブラドリー, ビル
Bradley, Celeste ブラッドリー, セレステ
㊄アメリカ 作家 ㊄ロマンス, 歴史
Bradley, C.Randall ブラッドリー, ランドル
1960〜 ㊄「キリスト者の礼拝」キリスト新聞社 2009
Bradley, Dickie ブラッドリー, ディッキー
㊄ベリーズ 住宅・都市再開発相
Bradley, Ed ブラッドリー, エド
1941〜2006 ㊄アメリカ ジャーナリスト ㊂ブラドリー, エド
Bradley, Eden ブラッドリー, エデン
㊄「6つの密かなおとぎの恋」ハーレクイン 2014
Bradley, Greta ブラッドリー, グレタ
㊄「進化するソーシャルワーク」筒井書房 2008
Bradley, Gus ブラッドリー, ガス
㊄アメリカ ジャクソンビル・ジャガーズコーチ
Bradley, Ian C. ブラッドリー, イアン
㊄「ヨーロッパ聖地巡礼」創元社 2012
Bradley, Ian G. ブラッドリー, イアン
㊄「社会のなかの数理」九州大学出版会 2014
Bradley, Jackie, Jr. ブラッドリー, ジャッキー, Jr.
㊄アメリカ 野球選手
Bradley, James ブラッドリー, ジェームズ
1954〜 ㊄「父親たちの星条旗」イースト・プレス 2006
Bradley, Jonathan ブラッドリー, ジョナサン
㊄「ワーク・ディスカッション」岩崎学術出版社 2015
Bradley, Karen ブラッドリー, カレン
㊄イギリス 文化・メディア・スポーツ相
Bradley, Keegan ブラッドリー, キーガン
1986〜 ㊄アメリカ プロゴルファー ㊂ブラドリー, キーガン
Bradley, Kimberly Brubaker ブラッドリー, キンバリー ブルベイカー
1967〜 ㊄「エネルギーってなんだろう」福音館書店 2010
Bradley, Lloyd ブラッドリー, ロイド
1955〜 ㊄「ベース・カルチャー」シンコーミュージック・エンタテイメント 2008
Bradley, Michael ブラッドリー, マイケル
㊄アメリカ サッカー選手, トロントFC, アメリカ代表
Bradley, Michael J. ブラッドリー, マイケル・J.
1951〜 ㊄「「10代の子」を育てる新技術」PHP研究所 2003
Bradley, Michael John ブラッドリー, マイケル・J.
1956〜 ㊄「数学を生んだ父母たち」青土社 2009
Bradley, Neil ブラッドリー, ニール
㊄「XSLT完全活用マニュアル」ピアソン・エデュケーション 2001
Bradley, Pamela ブラドレー, パメラ
㊄「虹の彼方からきた子どもたち」学陽書房 2004
Bradley, Raymond S. ブラッドレー, レイモンド・S.
1948〜 ㊄「地球温暖化バッシング」化学同人 2012
Bradley, Richard ブラッドリー, リチャード
㊄ベリーズ 住宅・都市再開発・内相
Bradley, Shelley ブラッドリー, シェリー
㊄「服従しない花嫁」オークラ出版 2010
Bradley, Simon ブラッドリー, サイモン
㊄「レッド・スペシャル・メカニズム」DU BOOKS, ディスクユニオン(発売) 2016
Bradley, Susan J. ブラッドレー, スーザン・J.
㊄「性同一性障害」みすず書房 2010
Bradley, Tamdin Sither ブラッドリー, タムディン・シザー
1964〜 ㊄「癒しの医療・チベット医学」ビイング・ネット・プレス, 星雲社(発売) 2003
Bradley, William G., Jr. ブラッドリー, ウィリアム・G., Jr.
㊄「MRIの基本パワーテキスト」メディカル・サイエンス・インターナショナル 2011
Bradley, William Warren ブラッドレー, ウィリアム・ウォーレン
㊄アメリカ 元・連邦上院議員, 元・日米国会議員委員会共同議長
Bradman, Donald George ブラッドマン, ドン
1908〜2001 ㊄オーストラリア クリケット選手 オーストラリア・クリケット連盟会長
Bradner, Leicester ブラドナー, レスター
㊄「ルネサンス」国文社 2013
Bradshaw, Clair ブラッドショー, クレア
㊄「健康回復セラピー」サンパウロ 2011
Bradshaw, Claudette ブラッドショー, クローデット
㊄カナダ 労相
Bradshaw, John ブラッドショー, ジョン
1950〜 ㊄「犬はあなたをこう見ている」河出書房新社 2016
Bradshaw, John ブラッドショー, ジョン
1933〜 ㊄「病んだ家族からの旅立ち」川島書店 2004
Bradshaw, Martha J. ブラッドショー, マーサ・J.
㊄「エビデンスに基づく看護学教育」医学書院 2003
Bradshaw, Paul F. ブラッドショー, ポール
㊂ブラッドショー, ポール・F. ㊄「礼拝はすべての人生を変えてゆく」聖公会出版 2012
Bradsher, Keith ブラッドシャー, キース
㊄「SUVが世界を蹴りつぶす」築地書館 2004
Bradski, Gary ブラッドスキー, G.
㊄「詳解OpenCV」オライリー・ジャパン, オーム社(発売) 2009
Bradway, Pat A. ブラッドウェイ, パット・A.
㊄「男の子を性被害から守る本」築地書館 2004
Brady, Christopher ブラディ, クリス
1947〜 ㊄「サッカー名監督に学ぶ勝つための経営学」オープンナレッジ 2007
Brady, Ed ブラディ, E.
㊄「ARISを活用したシステム構築」シュプリンガー・フェアラーク東京 2005
Brady, Frank ブレイディー, フランク
1934〜 ㊄「完全なるチェス」文芸春秋 2015
Brady, Henry E. ブレイディ, ヘンリー
㊄「社会科学の方法論争」勁草書房 2014
Brady, James S. ブレーディ, ジェームズ
1940〜2014 ㊄アメリカ 米国大統領報道官, 全米身障者協会副理事長 ㊂ブレイディ, ジェームズ
Brady, Joseph A. ブラディ, ジョセフ
㊄「マネジメント入門」トムソンラーニング, ビー・エヌ・エヌ新社(発売) 2002
Brady, Shelly ブレイディ, シェリー
1962〜 ㊄「きっと「イエス」と言ってもらえる」草思社 2004
Brady, Tom ブレイディ, トム
1977〜 ㊄アメリカ アメフト選手 ㊂ブレーディ, トム / ブレイディー, トム
Brady, William ブラディ, W.
1960〜 ㊄「判読ER心電図」西村書店東京出版編集部 2011
Brady, William J. ブレイディ, ウィリアム・J.
㊄「救急・集中治療ビジュアル診断」西村書店 2014
Braeckman, Johan ブレックマン, ヨハン
㊄「モーラルブレイン」麗沢大学出版会, 広池学園事業部(柏)(発売) 2013
Braegger, Pablo ブレーガー, パブロ
㊄スイス 体操選手
Braein, Ane ブレーン, アネ
㊄「世界紛争・軍備地図」ゆまに書房 2003
Braff, Zach ブラフ, ザック
コンピレーション・プロデューサー グラミー賞 最優秀映画・TV・その他ヴィジュアルメディア音楽コンピレーション・サウンドトラック・アルバム(2004年(第47回)) "Garden State"
Brafman, Ori ブラフマン, オリ
㊄「ひらめきはカオスから生まれる」日経BP社, 日経BPマーケティング(発売) 2014
Brafman, Rom ブラフマン, ロム
㊄「トンネラーの法則」阪急コミュニケーションズ 2013
Braga, Eduarudo ブラガ, エドゥアルド
㊄ブラジル 鉱業・エネルギー相
Braga, Teo ブラガ, テオ
㊄「しっぽをかえして!」新世研 2003
Braganca, Rui ブラガンサ, ルイ
㊄ポルトガル テコンドー選手
Braganza, Hernani ブラガンザ, ヘルナニ
㊄フィリピン 報道担当相
Bragdon, Allen D. ブラグドン, アレン
1930〜 ㊂ブラグドン, アレン・D. ㊄「男が知りたい女の脳, 女が知りたい男の脳」PHP研究所 2005
Bragg, Georgia ブラッグ, ジョージア
㊄「偉人は死ぬのも楽じゃない」河出書房新社 2014
Bragg, Melvyn ブラッグ, メルビン
1939〜 ㊄イギリス 作家, 放送人 ㊂ブラッグ, メルヴィン
Bragg, Rick ブラッグ, リック

Bragg, Roberta　ブラッグ, ロバータ
　㊟「私は英雄じゃない」阪急コミュニケーションズ　2004
　㊟「MCSEパーフェクトテキスト試験番号70-227：ISA Server 2000」ピアソン・エデュケーション　2002
Braghis, Dumitru　ブラギシュ, ドゥミトル
　㊐モルドバ　首相
Brahim, Ahmed　ブラヒム, アフメド
　㊐チュニジア　高等教育・研究相
Brahimi, Lakhdar　ブラヒミ, ラクダール
　1934～　㊐アルジェリア　外交官, 政治家　コーネル大学教授　国連事務次長, アルジェリア外相, アラブ連盟事務次長　㊔ブラヒミ, アクダール
Brahimi, Yacine　ブラヒミ, ヤシン
　㊐アルジェリア　サッカー選手
Brahm, Laurence J.　ブラーム, ローレンス・J.
　㊟「中国ビジネスの極意は「孫子」にあり」徳間書店　2007
Brahoye, Mohammad Karim　バラウィ, モハマド・カリム
　㊐アフガニスタン　国境問題相
Braid, Connor　ブレイド, コーナー
　㊐カナダ　ラグビー選手
Braid, Kate　ブレイド, ケイト
　1947～　㊟「エミリー・カー」春秋社　2009
Braidot, Luca　ブライドット, ルカ
　㊐イタリア　自転車選手
Braiker, Harriet B.　ブレイカー, ハリエット
　㊟「思わずyesと言ってしまう自分」光文社　2001
Braim, Joly　ブレイム, ジョリー
　㊟「シャーロック・ホームズ大図鑑」三省堂　2016
Brain, Archie I.J.　ブレイン, アーチー
　㊟「麻酔の偉人たち」総合医学社　2016
Brain, C.K.　ブレイン, C.K.
　㊟「知の歴史」徳間書店　2002
Brain, Marshall　ブレイン, マーシャル
　1961～　㊟「Win32システムサービスプログラミング」ピアソン・エデュケーション　2002
Brain, Marshall　ブレイン, マーシャル
　㊟「もしイヌに風船をつないだら…?」化学同人　2005
Brainard, Lael　ブレイナード, ラエル
　㊐アメリカ　米国連邦準備制度理事会（FRB）理事
Braithwaite, Doug　ブレイスウェイト, ダグ
　㊟「ジャスティス」ヴィレッジブックス　2016
Braithwaite, Dougie　ブレイスウェイト, ドギー
　㊟「デッドプール/パニッシャー・キルズ・マーベルユニバース」ヴィレッジブックス　2013
Braithwaite, Jeffrey　ブレイスウェイト, ジェフリー
　1954～　㊟「レジリエント・ヘルスケア」大阪大学出版会　2015
Braithwaite, John　ブレイスウェイト, ジョン
　㊟「修復的司法の世界」成文堂　2008
Braithwaite, Kent　ブレイスウェイト, ケント
　㊟「ワンダーランドで人が死ぬ」扶桑社　2002
Braithwaite, Rodric　ブレースウェート, ロドリク
　1932～　㊟「アフガン侵攻1979-89」白水社　2013
Braithwaite, Victoria　ブレイスウェイト, ヴィクトリア
　㊟「魚は痛みを感じるか?」紀伊國屋書店　2012
Brajović, Ivan　ブラヨビッチ, イバン
　㊐モンテネグロ　運輸相
Brajovic Bratanovic, Sonja　ブラオビック・ブラタノビック, S.
　1946～　㊟「総説銀行リスク分析」シュプリンガー・フェアラーク東京　2001
Brakhage, Stan　ブラッケージ, スタン
　1933～2003　㊐アメリカ　実験映画作家
Braley, Frank　ブラレイ, フランク
　1968～　㊐フランス　ピアニスト　㊔ブラレイ, フランク
Brallier, Jess M.　ブロウヤー, ジェス・M.
　㊟「テスの木」主婦の友社　2010
Bram, Ben　ブラム, ベン
　グラミー賞　最優秀インストゥルメンタル編曲（アカペラ）（2014年（第57回））"Daft Punk"　編曲
Braman, Bryan　ブラマン, ブライアン
　㊐アメリカ　アメフト選手
Bramani, Lidia　ブラマーニ, リディア
　1958～　㊟「アッバード, ベルリン・フィルの挑戦」音楽之友社　2003
Brambilla, Michela Vittoria　ブランビラ, ミケーラ・ビットーリア
　㊐イタリア　観光相
Brambs, Hans-Juergen　ブラムブス, ハンスーユルゲン
　㊟「わかる！消化器画像診断の要点」メディカル・サイエンス・インターナショナル　2009
Brame, Geneviève　ブラム, ジュヌヴィエーヴ
　㊟「ほんとうのフランスがわかる本」原書房　2011
Bramham, Jessica　ブランハム, ジェシカ
　㊟「大人のADHDのアセスメントと治療プログラム」明石書店　2015
Brami, Elisabeth　ブラミ, エリザベト
　1946～　㊟「2ほんの木」ひさかたチャイルド　2010
Bramlett, Delaney　ブラムレット, デラニー
　1939～2008　㊐アメリカ　ロック歌手, 音楽プロデューサー
Bramley, Tessa　ブラムリー, テッサ
　㊟「106ベジタリアン」ガイアブックス, 産調出版（発売）　2011
Bramley, William　ブラムリー, ウィリアム
　1953～　㊟「エデンの神々」明窓出版　2010
Bramly, Sophie　ブラムリー, ソフィ
　㊟「婦人科医が答える誰にも聞けないセックスの悩み」太田出版　2014
Brammer, Lawrence M.　ブラマー, ローレンス・M.
　㊔ブラマー, L.M.　㊟「対人援助のプロセスとスキル」金子書房　2011
Brams, Steven J.　ブラムス, スティーブン・J.
　㊟「旧約聖書のゲーム理論」東洋経済新報社　2006
Bramson, Robert M.　ブラムソン, ロバート・M.
　㊟「「困った人たち」とのつきあい方」河出書房新社　2001
Bramwell, Martyn　ブラムウェル, マーティン
　㊟「食糧をまもろう」丸善　2002
Branagh, Kenneth　ブラナー, ケネス
　1960～　㊐イギリス　俳優, 映画監督, 演出家　本名＝Branagh, Kenneth Charles
Branagh, Nicole　ブレイナ
　㊐アメリカ　ビーチバレー選手
Brancato, John　ブランカート, ジョン
　ゴールデン・ラズベリー賞（ラジー賞）最低脚本賞（第25回（2004年））"Catwoman"　㊔ブランカトー, ジョン
Branch, Alan　ブランチ, アラン
　㊐アメリカ　アメフト選手
Branch, Andre　ブランチ, アンドレ
　㊐アメリカ　アメフト選手
Branch, Gigi　ブランチ, ジジ
　㊟「楽しく描く「ポーセリンボックス」」美術出版社　2005
Branch, Michelle　ブランチ, ミシェル
　㊐アメリカ　シンガー・ソングライター
Branch, Robert M.　ブランチ, ロバート・M.
　㊟「インストラクショナルデザインとテクノロジ」北大路書房　2013
Branch, Tyvon　ブランチ, タイボン
　㊐アメリカ　アメフト選手
Branchini, Giovanni　ブランキーニ, ジョバンニ
　1956～　㊐イタリア　サッカー代理人
Branco, Joaquim Rafael　ブランコ, ジョアキム・ラファエル
　㊐サントメ・プリンシペ　首相
Brand, Clare　ブランド, クレア
　㊟「エモーションマーケティング」日本能率協会マネジメントセンター　2002
Brand, Elton　ブランド, エルトン
　㊐アメリカ　バスケットボール選手
Brand, Fiona　ブランド, フィオナ
　㊟「シンデレラの宿した奇跡」ハーパーコリンズ・ジャパン　2016
Brand, Joyce B.　ブランド, ジョイス
　1918～2006　㊐アメリカ　アーティスト
Brand, Koen　ブランド, コーエン
　㊟「COBIT入門」生産性出版　2008
Brand, Solange　ブランド, ソランジュ
　1946～　㊟「北京1966」勉誠出版　2012
Brand, Stewart　ブランド, スチュアート
　1938～　㊟「地球の論点」英治出版　2011
Brandão, André Luís　ブランダン, アンドレ・ルイス
　㊐アンゴラ　運輸相
Brandão Rodrigues, Tiago　ブランダンロドリゲス, ティアゴ
　㊐ポルトガル　教育相
Brandeau, Greg　ブランドー, グレッグ
　㊟「ハーバード流逆転のリーダーシップ」日本経済新聞出版社　2015
Branden, Nathaniel　ブランデン, ナサニエル

著「自信を育てる心理学」春秋社 2013
Brandenberg, Aliki ブランデンバーグ，アリキ
1929～ 著「アリキ」著「みんななかよしけんかばし」童話館出版 2016
Brandenberg, René ブランデンベルク，R.
1970～ 著「最短経路の本」シュプリンガー・ジャパン 2007
Brandenburg, Jim ブランデンバーグ，ジム
著「オオカミ」ほるぷ出版 2012
Brandenburg, John ブランデンバーグ，ジョン・E.
著「沈黙の惑星」ダイヤモンド社 2002
Brandenburg, Judy ブランデンバーグ，ジュディ
著「オオカミ」ほるぷ出版 2012
Brandenburg, Sieghard ブランデンブルグ，ジークハルト
著「わが不滅の恋人よ」日本図書刊行会，近代文芸社（発売） 2003
Brandenburger, Adam ブランデンバーガー，アダム
著「ゲーム理論で勝つ経営」日本経済新聞社 2003
Brandes, Oliver M. ブランデス，オリバー・M.
1972～ 著「水マネジメントにおけるソフトパス・アプローチ」ガイアブックス，産調出版（発売） 2012
Brandes, Stuart Dean ブランデス，スチュアート・D.
1940～ 著「アメリカン・ウェルフェア・キャピタリズム」関西大学出版部 2004
Brandewyne, Rebecca ブランドワイン，レベッカ
著「雇われた夫」ハーレクイン 2010
Brandfonbrener, Alice G. ブランドフォンブレナー，アリス・G.
著「演奏を支える心と科学」誠信書房 2011
Brandis, George ブランディス，ジョージ
国オーストラリア 司法長官
Brandis, Jonathan ブランディス，ジョナサン
1976～2003 国アメリカ 俳優
Brandl, Karin ブランドル，カーリン
1960～ 著「癒しのお香」ガイアブックス 2014
Brandley, Gunilla ブランドレイ，G.
著「マクロ人間工学」日本出版サービス 2006
Brand-Miller, Jennie ブランド・ミラー，ジェニー
著「やせる！低GIダイエット」マキノ出版 2002
Brandner, Judith ブランドナー，ユディット
1963～ 著「フクシマ2013」未知谷 2015
Brando, Marlon ブランド，マーロン
1924～2004 国アメリカ 俳優
Brandolini, Andreas ブランドリーニ，アンドレーアス
著「ベルリン・デザイン・ハンドブックはデザインの本ではない！」ベアリン出版，新宿書房（発売） 2013
Brandom, Robert ブランダム，ロバート
1950～ 著「推論主義序説」春秋社 2016
Brandon, Ali ブランドン，アリ
著「書店猫ハムレットのお散歩」東京創元社 2016
Brandow, Todd ブランドウ，トッド
著「エドワード・スタイケン写真集成」岩波書店 2013
Brandreth, Gyles Daubeney ブランドレス，ジャイルズ
著「オスカー・ワイルドとキャンドルライト殺人事件」国書刊行会 2010
Brandrup, Monika ブランドルップ，モニカ
著「トイ・ストーリーむげんのかなたへ！」大日本絵画 2013
Brands, H.W. ブランズ，H.W.
著「アメリカン・ドリームの軌跡」英治出版 2001
Brandstetter, Wolfgang ブラントシュテッター，ウォルフガング
国オーストリア 法相
Brandt, Aage ブラント，オーエ
1944～ 著「セクシコン」新評論 2008
Brandt, Jennifur ブラント，ジェニファ
著「あなたを主役に変える本」角川書店 2002
Brandt, Julian ブラント，ユリアン
国ドイツ サッカー選手
Brandt, Katrin ブラント，カトリーン
1942～ 著「ヘンゼルとグレーテル」平凡社 2010
Brandt, M.IU. ブラント，ミハイル
著「ロシアの歴史」明石書店 2011
Brandt, Nat ブラント，ナット
著「アメリカの憲法が語る自由」第一法規出版 2001
Brandt, Peter L. ブラント，ピーター・L.
1947～ 著「一芸を極めた裁量トレーダーの売買譜」パンローリング 2011
Brandt, Reinhard ブラント，ラインハルト
1937～ 著「哲学ひとつの入門」理想社 2006
Brandt, Richard L. ブラント，リチャード
著「ブラント，リチャード・L.」著「ワンクリック」日経BP社，日経BPマーケティング（発売） 2012
Brandt, R.L. ブラント，ロバート・L.
1917～2007 著「聖書の祈りが私の祈りになる」日本アッセンブリーズ・オブ・ゴッド教団AG福音出版，地引網出版（日野）（発売） 2015
Brandt, Sherry ブラント，シェリー
著「アワフェイバリットシングス」サンーケイ（製作） 2004
Brandt, Thomas ブラント，トーマス
1943～ 著「めまい」診断と治療社 2003
Brandt-Erichsen, Martha ブラント・エリッセン，マーサ
著「アドラーの思い出」創元社 2007
Brandy, Othello ブランディ，オセロ
国リベリア 農相
Brånemark, Per-Ingvar ブローネマルク，ペル・イングヴァール
1929～2014 国スウェーデン 整形外科医，歯学者 関ブローネマルク，ペルイングバール
Branigan, Laura ブラニガン，ローラ
1957～2004 国アメリカ 歌手
Branley, Franklyn Mansfield ブランリー，フランクリン・M.
1915～2002 著「じゅうりょくってなぞだ！」福音館書店 2010
Brannagan, Cameron ブラナガン，キャメロン
国イングランド サッカー選手
Brannaman, Buck ブラナマン，バック
1962～ 著「馬と共に生きるバック・ブラナマンの半生」文園社 2012
Brannan, J.T. ブラナン，J.T.
国イギリス 作家 著スリラー
Brannen, Mary Yoko ブラネン，メアリー・ヨーコ
著「リメイド・イン・アメリカ」中央大学出版部 2005
Brannen, Nathan ブランネン，ネーサン
国カナダ 陸上選手
Brannigan, Augustine ブラニガン，A.
1949～ 著「科学的発見の現象学」紀伊国屋書店 2008
Brännström, Mats ブレンストレム，マッツ
国スウェーデン 医師 イエーテボリ大学産婦人科教授 著産婦人科学
Brännström, Victor ブランストロム，ヴィクトル
1983～2012 国スウェーデン サッカー選手 本名＝Brännström, Olov Victor 関ブランストロム，ビクトル
Bransford, John ブランスフォード，ジョン
著「21世紀型スキル」北大路書房 2014
Bransford, John D. ブランスフォード，ジョン・D.
著「授業を変える」北大路書房 2002
Branson, Douglas M. ブランソン，ダグラス・M.
著「アメリカ会社法」レクシスネクシス・ジャパン 2010
Branson, Jeff ブランソン，ジェフ
国アメリカ ピッツバーグ・パイレーツコーチ
Branson, Richard ブランソン，リチャード
1950～ 国イギリス 実業家，冒険家 ヴァージン・グループ会長 本名＝Branson, Richard Charles Nicholas
Branson, Robert K. ブランソン，ロバート・K.
著「インストラクショナルデザインとテクノロジ」北大路書房 2013
Branstad, Terry Edward ブランスタッド，テリー
1946～ 国アメリカ 政治家 アイオワ州知事
Brant, James ブラント，ジェームズ
著「人材育成の戦略」ダイヤモンド社 2007
Brant, Kylie ブラント，カイリー
著「甘く危険な逃避行」ハーレクイン 2007
Brantley, Jeffrey ブラントリー，ジェフリー
関ブラントリー，ジェフ 著「弁証法的行動療法実践トレーニングブック」星和書店 2011
Brantley, Mark ブラントリー，マーク
国セントクリストファー・ネイビス 外務・航空相
Brantley, Michael ブラントリー，マイケル
国アメリカ 野球選手
Brantley-Newton, Vanessa ブラントリー＝ニュートン，ヴァネッサ
著「キルトでつづるものがたり」さ・え・ら書房 2016
Brantly, Rob ブラントリー，ロブ
国アメリカ 野球選手
Brantly, Susan ブラントリー，スーザン・C.
著「スウェーデン」ほるぷ出版 2010

Branton, Matthew ブラントン, マシュー
[著]「殺し屋とポストマン」 早川書房 2002
Branza, Ana Maria ブランザ
[国]ルーマニア フェンシング選手
Branzei, Sylvia ブランゼイ, シルビア
[著]「きみのからだのきたないもの学」 講談社 2006
Branzi, Andrea ブランジ, アンドレア
1938～ [国]イタリア デザイナー, 建築家
Bras, Michel ブラス, ミシェル
1946～ [国]フランス 料理人 ミシェル・ブラス・オーナーシェフ [異]ブラ, ミシェル
Brasanac, Darko ブラサナツ, ダルコ
[国]セルビア サッカー選手
Brasch, Thomas ブラッシュ, トーマス
1945～2001 [国]ドイツ 劇作家
Brase, Michael ブレーズ, マイケル
[著]「英語で読むジェフ・ベゾス」 IBCパブリッシング 2014
Brasey, Édouard ブラゼー, エドゥアール
[著]「西洋異形大全」 グラフィック社 2015
Brash, Alan A. ブラッシュ, アラン・A.
[著]「教会と同性愛」 新教出版社 2001
Brash, Scott ブラッシュ
[国]イギリス 馬術選手
Brashares, Ann ブラッシェアーズ, アン
1967～ [国]アメリカ 作家 [専]ロマンス, ヤングアダルト
Brashear, Jean ブレイシャー, ジーン
[異]ブレイジャー, ジーン [著]「花婿の拒絶」 ハーレクイン 2005
Brasher, Chris ブレイシャー, クリス
1928～2003 [国]イギリス 陸上選手, 作家, 放送キャスター ロンドン・マラソン創設者 本名=ブレイシャー, クリストファー・ウィリアム〈Brasher, Christopher William〉
Brasier, M.D. ブレイジャー, M.D.
[著]「微化石の科学」 朝倉書店 2007
Brasme, Anne-Sophie ブラスム, アンヌ・ソフィ
1984～ [国]フランス 作家 [専]文学
Brass, Peter ブラス, P.
[著]「離散幾何学における未解決問題集」 シュプリンガー・ジャパン 2009
Brass, Tinto ブラス, ティント
1933～ [著]「ティント・ブラス 秘蜜」 竹書房 2003
Brassard, Marla R. ブラサード, マーラ・R.
[著]「虐待された子ども」 明石書店 2003
Brasseur, Anne ブラスール, アンヌ
[国]ルクセンブルク 教育・職業訓練・スポーツ相
Bratan, Alexandru ブラタン
[国]モルドバ 重量挙げ選手
Brate, Cameron ブレイト, キャメロン
[国]アメリカ アメフト選手
Brater, Jürgen ブラーター, ユルゲン
1948～ [著]「あなたのセックス知識は間違っている」 草思社 2005
Brathwaite, Adriel ブラスウェイト, アドリエル
[国]バルバドス 検事総長兼内相
Brathwaite, Ryan ブラスウェイト, R.
[国]バルバドス 陸上選手
Bratman, Michael ブラットマン, マイケル
[著]「自由と行為の哲学」 春秋社 2010
Bratton, John ブラットン, ジョン
[著]「人的資源管理」 文眞堂 2009
Bratton, Sue C. ブラットン, スー・C.
[著]「子どもと親の関係性セラピーCPRT」 日本評論社 2015
Bratton-Jeffery, Mary F.(Frankie) ブラットン=ジェフリー, メアリー・F.(フランキー)
[著]「インストラクショナルデザインとテクノロジ」 北大路書房 2013
Bratu, Tudorel ブラトゥ, トゥドレル
[国]ルーマニア ラグビー選手
Bratun, Katy ブラタン, ケイティ
[著]「のどがいたくなったサディ」 サイエンティスト社 2010
Bratušek, Alenka ブラトゥシェク, アレンカ
1970～ [国]スロベニア 政治家 スロベニア首相
Bratvold, Gretchen ブラッドフォルド, グレッチェン
[著]「アルゼンチン」 国土社 2001
Bratzke, Mike ブラツケ, マイク
1973～ [著]「北朝鮮「楽園」の残骸」 草思社 2003
Brauchli, Yannick ブラウシリ, ヤニック
[国]スイス セーリング選手
Braude, Eric J. ブロディ, エリック・J.
[著]「ソフトウェアエンジニアリング」 翔泳社 2004
Braudel, Paule ブローデル, ポール
[著]「地中海の記憶」 藤原書店 2008
Brauen, Martin ブラウエン, マルティン
1948～ [著]「図説曼荼羅大全」 東洋書林 2002
Brauer, Jerald C. ブラウァー, J.C.
1921～ [著]「アメリカ建国の精神」 玉川大学出版部 2002
Brauer, Michael H. ブラウアー, マイケル・H.
グラミー賞 最優秀録音技術アルバム(クラシック以外) (2010年(第53回)) "Battle Studies" エンジニア
Brauer, Philip R. ブラウアー, P.R.
[著]「ラーセン人体発生学」 西村書店東京出版編集部 2013
Braugher, Andre ブラウアー, アンドレ
エミー賞 プライムタイム・エミー賞 最優秀主演男優賞(ミニシリーズ・映画) (第58回(2006年)) "Thief"
Brault, Jacques ブロー, ジャック
[著]「フランス現代詩アンソロジー」 思潮社 2001
Brault, Michel ブロー, ミシェル
1928～2013 [国]カナダ 映画監督, 映画撮影監督
Brault, Steven ブロート, スティーブン
[国]アメリカ 野球選手
Braun, Adam ブラウン, アダム
1983～ [著]「えんぴつの約束」 飛鳥新社 2014
Braun, Betsy Brown ブラウン, ベッツィ・B.
[著]「「自分の頭で考える子」になる育て方」 大和書房 2016
Braun, Carie A. ブラウン, キャリー・A.
[著]「ケアのなかの癒し」 看護の科学社 2016
Braun, Edward ブローン, エドワード
[著]「メイエルホリド演劇の革命」 水声社 2008
Braun, Eldon M. ブラウン, エルドン・M.
1943～ [著]「ディスレクシアなんか怖くない！」 エクスナレッジ 2004
Braun, Jackie ブラウン, ジャッキー
[著]「エンジェルと悪女」 ハーレクイン 2011
Braun, Lilian J. ブラウン, リリアンJ.
1913～2011 [国]アメリカ ミステリー作家 本名=Bettinger, Lilian Jackson Braun [異]ブラウン, リリアン・ジャクスン
Braun, Markus Sebastian ブラウン, マルクス・セバスチャン
[著]「世界の窓」 グラフィック社 2013
Braun, Martin ブラウン, M.
[著]「微分方程式」 シュプリンガー・フェアラーク東京 2001
Braun, Ryan ブラウン, ライアン
1983～ [国]アメリカ 野球選手 本名=Braun, Ryan Joseph [異]ブローン, ライアン
Braun, Sebastien ブラウン, セブ
[著]「とらのおでまし」 BL出版 2016
Braun, Stephen ブラウン, スティーヴン
[著]「心と幸福の科学」 原書房 2002
Braun, Volker ブラウン, フォルカー
1939～ [国]ドイツ 詩人, 劇作家
Braunbeck, Gary A. ブラウンベック, ゲイリー・A.
[著]「アメリカミステリ傑作選」 DHC 2001
Braunecker, Ben ブローネカー, ベン
[国]アメリカ アメフト選手
Braungart, Michael ブラウンガート, マイケル
1958～ [著]「サスティナブルなものづくり」 人間と歴史社 2009
Bräunl, Thomas ブラウンル, T.
[著]「組込みロボット工学入門」 シュプリンガー・ジャパン 2007
Brauns, Axel ブラウンズ, アクセル
1963～ [国]ドイツ 作家 [専]スリラー
Braunschweig, Philippe ブラウンシュヴァイグ, フィリップ
1928～2010 [国]スイス ローザンヌ国際バレエコンクール創設者 [異]ブラウンシュバイグ, フィリップ
Braunschweig, Ruth von ブラウンシュヴァイク, ルート・フォン
[著]「アロマ療法大全」 ガイアブックス, 産調出版(発売) 2009
Braunstein, Guy ブラウンシュタイン, ガイ
1971～ [国]イスラエル バイオリニスト フーベルマン四重奏団主宰 ベルリン・フィルハーモニー管弦楽団コンサートマスター
Braunwald, Eugene ブラウンワルド, ユージン
1929～ [著]「ハリソン内科学」 メディカル・サイエンス・インターナショナル 2006
Brauss, Helmut ブラウス, ヘルムート
1930～ [著]「ピアノを歌わせるペダリングの技法」 全音楽譜出版

社　2013
Braver, Adam　ブレイヴァー, アダム
　1963〜　㌾「ジャッキー・ケネディ大統領夫人、最後の一日」ヴィレッジブックス　2008
Braverman, Daniel　ブレイバーマン, ダニエル
　㌾アメリカ　アメフト選手
Braverman, Eric R.　ブレーバーマン, エリック・R.
　㊗ブレイバーマン, エリック　㌾「肌も体も不調の原因は脳だった」中央アート出版社　2010
Bravi, Soledad　ブラヴィ, ソレダッド
　㌾「教えてピエール・エルメ。最高のお菓子の作り方」世界文化社　2016
Bravo, Angela　ブラボ, アンヘラ
　㌾「ネフェルティティもパックしていた」原書房　2016
Bravo, Claudio　ブラボ, クラウディオ
　㌾チリ　サッカー選手
Bravo, Eddie　ブラボー, エディ
　㌾「ツイスター」新紀元社　2009
Bravo, Émile　ブラヴォ, エミール
　ドイツ児童文学賞 児童書(2010年) ほか
Bravo, Manuel Alvarez　ブラボ, マヌエル・アルバレス
　1902〜2002　㌾メキシコ　写真家　㊗ブラヴォ, マヌエル・アルヴァレス
Bravo, Rose Marie　ブラボー, ローズ・マリー
　㌾アメリカ　実業家　バーバリー副会長　㊗ブラヴォー, ローズ・マリー
Braw, Monica　ブラウ, モニカ
　1945〜　歴史家, ジャーナリスト　「スウェンスカ・ダグブラデト」東京特派員
Brawer, James R.　ブラウワー, ジェイムズ・R.
　㌾「新たな全人的ケア」日本ホスピス・緩和ケア研究振興財団, 青海社(発売)　2016
Brawley, Elizabeth C.　ブローリイ, エリザベス
　㌾「痴呆性高齢者のためのインテリアデザイン」彰国社　2002
Brawley, John　ブラウリー, ジョン
　㌾「ポール・オースターが朗読するナショナル・ストーリー・プロジェクト」アルク　2006
Brax, Tuija　ブラクス, トゥイヤ
　㌾フィンランド　法相　㊗ブラックス, トゥイヤ
Braxton, Toni　ブラクストン, トニ
　グラミー賞 最優秀R&Bアルバム(2014年(第57回)) "Love, Marriage & Divorce"
Bray, Adam　ブレイ, アダム
　㌾「きみは、知っているか!? スター・ウォーズはやわかりデータブック」講談社　2016
Bray, Alan　ブレイ, アラン
　?〜2001　㌾「同性愛の社会史」彩流社　2013
Bray, Dennis　ブレイ, デニス
　㌾「ウェットウェア」早川書房　2011
Bray, Francesca　ブレイ, フランチェスカ
　㌾「中国農業史」京都大学学術出版会　2007
Bray, Ken　ブレイ, ケン
　㌾「ビューティフル・ゲーム」日本放送出版協会　2006
Bray, Mark　ブレイ, マーク
　1952〜　㌾「塾・受験指導の国際比較」東信堂　2014
Bray, Quan　ブレイ, クアン
　㌾アメリカ　アメフト選手
Bray, Tyler　ブレイ, タイラー
　㌾アメリカ　アメフト選手
Brayben, Katie　ブレイベン, ケイティ
　ローレンス・オリヴィエ賞 ミュージカル・エンタテインメント女優賞(2015年(第39回)) "Beautiful - The Carole King Musical"
Brayley, Martin　ブレーリー, マーティン
　㌾「第二次大戦の連合軍婦人部隊」大日本絵画　2008
Bray-Moffat, Naia　ブレイモファット, ナイア
　㌾「バレエスクール」文園社　2005
Brayson, Oscar　ブライソン
　㌾キューバ　柔道選手
Braz, Félix　ブラズ, フェリックス
　㌾ルクセンブルク　法相
Brazauskas, Algirdas Mykolas　ブラザウスカス, アルギルダス
　1932〜2010　㌾リトアニア　政治家　リトアニア大統領, リトアニア首相　㊗ブラザウスカス, アリギルダス
Brazell, Bennie　ブレイゼル
　㌾アメリカ　陸上選手

Brazelton, T.Berry　ブラゼルトン, T.B.
　1918〜　㊗ブラゼルトン, T.ベリー　㌾「Dr.ブラゼルトンの子どもの心がきこえますか」医歯薬出版　2015
Brazier, Caroline　ブレイジャー, キャロライン
　1955〜　㌾「自己牢獄を超えて」コスモス・ライブラリー, 星雲社(発売)　2006
Brazier, Chris　ブレイジャ, クリス
　㌾「世界史の瞬間」青土社　2004
Brazier, David　ブレイジャー, デイビッド
　1947〜　㌾「愛とその失望」コスモス・ライブラリー, 星雲社(発売)　2012
Brazile, Donna　ブラジル, ドナ
　㌾アメリカ　政治ストラテジスト　米民主党全国委員長　㊗ブラジル, ダナ
Breakenridge, Deirdre　ブレーケンリッジ, ディアドレ
　㌾「新しいPRの教科書」海と月社　2011
Breakey, Annabelle　ブリーキー, アナベル
　㌾「Meaningful Bouquets 言葉を伝える花束」クロニクルブックス・ジャパン, 徳間書店(発売)　2016
Brealey, Erica　ブレアリー, エリカ
　1951〜　㌾「瞑想の世界」産調出版　2007
Brealey, Richard A.　ブリーリー, リチャード・A.
　㌾「コーポレートファイナンス」日経BP社, 日経BPマーケティング(発売)　2014
Bream, Jon　ブリーム, ジョン
　㌾「Whole lotta Led Zeppelin」ソフトバンククリエイティブ　2009
Breathnach, Teresa　ブレスナック, テレサ
　㌾「ニュー・レトロ」ピエ・ブックス　2009
Breault, William　ブレオー, ウィリアム
　㌾「弱さのなかの力」女子パウロ会　2015
Breaux, Delvin　ブロー, デルビン
　㌾アメリカ　アメフト選手
Brecciaroli, Stefano　ブレッチアロリ, ステファノ
　㌾イタリア　馬術選手
Brecely, Roman　ブレツェリ, ロマン
　㌾スロバキア　交通・建設・地域開発相
Brechbühl, Beat　ブレヒビュール, ベアト
　1939〜　㌾「アドルフ・ディートリッヒとの徒歩旅行」コールサック社　2011
Brecher, Jeremy　ブレッカー, ジェレミー
　㌾「新世紀の労働運動」緑風出版　2001
Brecher, John　ブレッチャー, ジョン
　㌾「人気ワインコラムニストはなぜ生まれたか?」清流出版　2005
Brecher, Max　ブレッカー, マックス
　1948〜　㌾「Osho:アメリカへの道」和尚アートユニティ, めるくまーる(発売)　2005
Brecher, Paul　ブレシャー, ポール
　㌾「気活性法」産調出版　2004
Brechner, Eric　ブレックナー, エリック
　㌾「今すぐ実践! カンバンによるアジャイルプロジェクトマネジメント」日経BP社, 日経BPマーケティング(発売)　2016
Breck, Peter　ブレック, ピーター
　1929〜2012　㌾アメリカ　俳優
Brecker, Michael　ブレッカー, マイケル
　1949〜2007　㌾アメリカ　ジャズ・サックス奏者
Brecker, Randy　ブレッカー, ランディ
　1945〜　㌾アメリカ　ジャズ・トランペット奏者
Bredau, Ivanhoe　ブレダウ, アイバンホー
　㌾「ヒトラー語録」原書房　2011
Bredekamp, Horst　ブレーデカンプ, ホルスト
　1947〜　㌾ドイツ　ベルリン・フンボルト大学教授　㌾芸術史　㊗ブレデカンプ
Bredella, Miriam A.　ブレデラ, ミリアム・A.
　㌾「骨軟部top100診断」メディカル・サイエンス・インターナショナル　2006
Bredeson, Lenore　ブレッソン, レノア
　㌾「世にも不思議な物語」扶桑社　2014
Bredin, Kathleen　ブレディン, キャスリーン
　㌾「認知症の介護のために知っておきたい大切なこと」筒井書房　2005
Brednich, Rolf Wilhelm　ブレードニヒ, ロルフ・W.
　1935〜　㌾「運命の女神」白水社　2005
Breeden, Elaine　ブリーデン
　㌾アメリカ　競泳選手
Breeden, Jake　ブリーデン, ジェイク

1972～ [著]「世界一の企業教育機関がつくった仕事の教科書」 アチーブメント出版 2013
Breeland, Bashaud ブリーランド, バショード
[国]アメリカ アメフト選手
Breen, Bill ブリーン, ビル
[著]「レゴはなぜ世界で愛され続けているのか」 日本経済新聞出版社 2014
Breen, John ブリーン, ジョン
[著]「変容する聖地 伊勢」 思文閣出版 2016
Breen, Jon L. ブリーン, ジョン・L.
[著]「エラリー・クイーンの災難」 論創社 2012
Breer, William T. ブリア, ウィリアム
1936～ [国]アメリカ 在日米国公使, 戦略国際問題研究所日本部長 [異]ブリアー, ウィリアム
Brees, Drew ブリーズ, ドリュー
1979～ [国]アメリカ アメフト選手
Brega, Gheorghe ブレガ, ゲオルゲ
[国]モルドバ 副首相
Breger, Louis ブレーガー, ルイス
1931～ [著]「フロイト」 里文出版 2007
Breger, Rosemary Anne ブレーガー, ローズマリー
1955～ [著]「異文化結婚」 新泉社 2005
Bregerie, Romain ブレジェリー, ロマン
[国]フランス サッカー選手
Bregman, Alex ブレグマン, アレックス
[国]アメリカ 野球選手
Bregman, Peter ブレグマン, ピーター
[著]「魔法の4秒」 きこ書房 2015
Bregu, Majlinda ブレグ, マイリンダ
[国]アルバニア 欧州統合相
Bregvadze, Jaba ブレグヴァゼ, ジャバ
[国]ジョージア ラグビー選手
Brehm, Matthew T. ブレーム, マシュー
1966～ [著]「建物&街角スケッチパース」 マール社 2016
Brehm, Ulrich ブレーン, ウルリッヒ
[著]「数学を語ろう！」 シュプリンガー・フェアラーク東京 2003
Breiding, R.James ブライディング, R.ジェイムズ
1958～ [著]「スイスの凄い競争力」 日経BP社, 日経BPマーケティング（発売） 2014
Breidlid, Anders ブライリィ, アンネシュ
1947～ [著]「アメリカの文化」 大阪教育図書 2012
Breiehagen, Per ブライハーゲン, ペール
[著]「サンタクロースのおてつだい」 ポプラ社 2014
Breiner, Mark A. ブレイナー, マーク・A.
[著]「全身歯科」 恒志会 2013
Breinersdorfer, Fred ブライナースドルファー, フレート
1946～ [著]「「白バラ」尋問調書」 未来社 2007
Breinholst, Willy ブレインホルスト, W.
[異]ブレインホルスト, ヴィッリー [著]「ネ、きいて！ きいて！」 グラフ社 2006
Breitbarth, Andre ブライトバルト, アンドレ
[国]ドイツ 柔道選手
Breiter, Paul ブレイター, ポール
[著]「手放す生き方」 サンガ 2016
Breithaupt, Don ブライトハウプト, ドン
[著]「スティーリー・ダン」 DU BOOKS, ディスクユニオン（発売） 2012
Breitman, Patti ブレイトマン, P.
1954～ [著]「断る！ 技術」 三笠書房 2003
Breitner, Leslie Pearlman ブライトナー, レスリー
[著]「テキストアンソニー会計学」 東洋経済新報社 2016
Breitner, Paul ブライトナー, パウル
1951～ [国]ドイツ 元サッカー選手 バイエルン・ミュンヘン・グローバルアンバサダー
Breitung, Joan Carson ブライトン, ジョーン・カーソン
[著]「もの忘れと認知症」 みすず書房 2010
Brejchová (tomeckova), Nikola ブレイホバ
[国]チェコ 陸上選手
Brejon de Lavergnee, Arnauld ブルジョン・ド・ラヴェルニェ, アルノー
[著]「フランス19世紀絵画」ホワイトインターナショナル 〔2003〕
Brekalo, Josip ブレカロ, ヨシプ
[国]クロアチア サッカー選手
Brékilien, Yann ブレキリアン, ヤン
1920～2009 [著]「ケルト神話の世界」 中央公論新社 2011
Brekk, Lars Peder ブレック, ラーシュ・ペーダー
[国]ノルウェー 農業・食料相
Brekke, Asgeir ブレッケ, アスゲイル
[著]「超高層大気物理学」 愛智出版 2003
Brekne, Odd Arne ブレクネ, オドアルネ
[国]ノルウェー 射撃選手
Brem, Eva-Maria ブレム
[国]オーストリア アルペンスキー選手
Brémaud, Pierre ブレモー, P.
[著]「モデルで学ぶ確率入門」 シュプリンガー・フェアクラーク東京 2004
Brembilla, Emiliano ブレンビラ
[国]イタリア 競泳選手
Brême, Abderahim ブレーム, アブデラヒム
[国]チャド 内務・治安相
Breme, Ousman Matar ブレム, ウスマン・マタール
[国]チャド 経済・計画相
Bremer, Martina ブレマー, M.
[著]「アット・ザ・ベンチバイオ実験室の統計学」 メディカル・サイエンス・インターナショナル 2011
Bremer, Paul ブレマー, ポール
1941～ [国]アメリカ 文民行政官, 元外交官 イラク暫定占領当局（CPA）代表 本名＝Bremer, L.Paul Ⅲ
Brem-Gräser, Luitgard ブレム＝グレーザー, L.
[著]「動物になった家族」 川島書店 2009
Bremmer, Ian ブレマー, イアン
1969～ [国]アメリカ 国際政治学者, 実業家 ユーラシア・グループ社長
Bremner, Brian ブレムナー, ブライアン
[著]「巨額を稼ぎ出すハローキティの生態」 東洋経済新報社 2004
Bremner, J.Douglas ブレムナー, J.ダグラス
1961～ [著]「不安障害」 日本評論社 2005
Bremner, John ブレンナー, ジョン
[著]「脳に「力」をつけるIQパズル」 三笠書房 2006
Bremner, John ブレンナー, ジョン
[著]「自閉症世界の探求」 金剛出版 2014
Bremner, Robert H. ブレムナー, ロバート・H.
[著]「社会福祉の歴史」 相川書房 2003
Bremness, Lesley ブレムネス, レスリー
[著]「ハーブハンドブック」 東京堂出版 2010
Bren, Donald ブレン, ドナルド
[国]アメリカ 実業家
Brenan, Fran ブレナン, フラン
[著]「ナショナルジオグラフィックプロの撮り方デジタルカメラ」 日経ナショナルジオグラフィック社, 日経BP出版センター（発売） 2006
Brenčič, Maja Makovec ブレンチッチ, マヤ・マコベツ
[国]スロベニア 教育・科学・スポーツ相
Brendan, Mary ブレンダン, メアリー
[著]「噂の子爵」 ハーレクイン 2011
Brende, Boerge ブレンデ, ブルゲ
[国]ノルウェー 環境相
Brende, Børge ブレンデ, ブルゲ
[国]ノルウェー 外相
Brendel, Alfred ブレンデル, アルフレート
1931～ [国]オーストリア ピアニスト [異]ブレンデル, アルフレッド
Brendel, Jake ブレンデル, ジェイク
[国]アメリカ アメフト選手
Brendel, Sebastian ブレンデル, セバスティアン
1988～ [国]ドイツ カヌー選手
Brendengen Jensen, Julie ブレンデンゲンイエンセン
[国]ノルウェー フリースタイルスキー選手
Brender, Alan S. ブレンダー, アラン
[著]「チャートでわかるaとanとthe」 講談社インターナショナル 2001
Brendt, Peter ブレント, ペーター
1964～ [国]ドイツ 作家 [専]スリラー
Breneman, David W. ブレネマン, デビッド・W.
[著]「ビジネスとしての高等教育」 出版研, 人間の科学新社（発売） 2011
Brenes Icabalceta, Horacio Manuel ブレネス・イカバルセタ, オラシオ・マヌエル
[国]ニカラグア 産業振興・商工相
Brenet, Joshua ブレネ, ヨシュア
[国]オランダ サッカー選手
Brenez, Nicole ブルネーズ, ニコル
[著]「映画の前衛とは何か」 現代思潮新社 2012

Brengola, Riccardo　ブレンゴラ, リッカルド
　国イタリア　元・キジャーナ音楽院教授, サンタ・チェチリア国立アカデミー名誉教授
Brenifier, Oscar　ブルニフィエ, オスカー
　ドイツ児童文学賞ノンフィクション（2012年）"Was, wenn es nur so aussieht, als wäre ich da？"
Brenkus, John　ブレンカス, ジョン
　著「世界記録はどこまで伸びるのか」河出書房新社　2011
Brenn, Bruce M.　ブレン, ブルース・エム
　国アメリカ　ポートランド州立大学日本研究センター諮問委員会委員長, 元・ナイキ・ジャパン最高経営責任者
Brennan, Allison　ブレナン, アリスン
　国アメリカ　作家　著ミステリー, スリラー, ロマンス
Brennan, Bridget　ブレナン, ブリジット
　著「女性のこころをつかむマーケティング」海と月社　2010
Brennan, Edward A.　ブレナン, エドワード
　1934〜2007　国アメリカ　実業家　シアーズ・ローバック会長・CEO
Brennan, Eileen　ブレナン, アイリーン
　1932〜2013　女優
Brennan, Fionnuala　ブレナン, フィオヌアラ
　著「グローバル・ティーチャーの理論と実践」明石書店　2011
Brennan, J.H.　ブレナン, ハービー
　裏ブレナン, J.ハービー　著「魔獣王国の秘剣」創土社　2012
Brennan, John Owen　ブレナン, ジョン
　1955〜　国アメリカ　米国中央情報局（CIA）長官
Brennan, Kimberley　ブレナン, キンバリー
　国オーストラリア　ボート選手
Brennan, M.Carol　ブレナン, M.キャロル
　著「演習で学ぶソフトウエアメトリクスの基礎」日経BP社, 日経BP出版センター（発売）　2009
Brennan, Richard　ブレナン, リチャード
　著「アレクサンダー・テクニーク完全読本」医道の日本社　2016
Brennan, Sarah Rees　ブレナン, サラ・リース
　1983〜　国アイルランド　作家　著SF, ヤングアダルト
Brennan, Scott　ブレナン
　国オーストラリア　ボート選手
Brennan, Séamus　ブレナン, シェーマス
　1948〜2008　国アイルランド　政治家　アイルランド通商相　裏ブレナン, シームス
Brennan, Troyen A.　ブレナン, トロイエン・A.
　著「医療過誤対策」青木書店　2001
Brennauer, Lisa　ブレナウアー, リサ
　国ドイツ　自転車選手
Brennecke, Carsten　ブレネック, カーステン
　著「SAP実践ワークフロー」日経BP社, 日経BP出版センター（発売）　2003
Brennecke, Hanns Christof　ブレネッケ, ハンス・クリストフ
　著「キリスト教の主要神学者」教文館　2014
Brenner, Barry M.　ブレナー, B.M.
　著「一目でわかる腎臓」メディカル・サイエンス・インターナショナル　2001
Brenner, Bernhard　ブレンナー, ベルンハルト
　著「スポーツ筋損傷 診断と治療法」ガイアブックス　2014
Brenner, Joël Glenn　ブレナー, ジョエル・G.
　著「チョコレートの帝国」みすず書房　2012
Brenner, Lenni　ブレンナー, レニ
　1937〜　著「ファシズム時代のシオニズム」法政大学出版局　2001
Brenner, Menachem　ブレナー, メナチェム
　著「金融規制のグランドデザイン」中央経済社　2011
Brenner, Michael　ブレナー, マイケル
　著「OMA（オーエムエー）標準テキスト」リックテレコム　2010
Brenner, Michael　ブレナー, M.
　1964〜　著「ワイマール時代のユダヤ文化ルネサンス」教文館　2014
Brenner, Robert　ブレナー, ロバート
　1943〜　著「所有と進歩」日本経済評論社　2013
Brenner, Sam　ブレナー, サム
　国アメリカ　アメフト選手
Brenner, Sydney　ブレナー, シドニー
　1927〜　国イギリス　分子生物学者　ソーク生物研究所所長　米国分子科学研究所所長　裏ブレンナー, シドニー
Brenner, Veronica　ブレナー
　国カナダ　フリースタイルスキー選手
Brenon, Anne　ブルノン, アンヌ

　著「カタリ派」創元社　2013
Brent, David A.　ブレント, デービッド・A.
　著「思春期・青年期のうつ病治療と自殺予防」医学書院　2012
Brent, Joseph　ブレント, ジョゼフ
　著「パースの生涯」新書館　2004
Brent, K.J.　ブレント, K.J.
　国アメリカ　アメフト選手
Brent, Mike　ブレント, マイク
　著「人を動かす」リーダーになるための本」ピアソン桐原　2012
Brenta, Eduardo　ブレンタ, エドゥアルド
　国ウルグアイ　労働・社会保障相
Brentjens, Bart　ブレンチエンス
　国オランダ　自転車選手
Brenton, Chris　ブレントン, クリス
　著「アクティブディフェンス」秀和システム　2002
Brentz, Bryce　ブレンツ, ブライス
　国アメリカ　野球選手
Bresc-Bautier, Geneviève　ブレスク, ジュヌヴィエーヴ
　著「ルーヴル美術館の歴史」創元社　2004
Bresch, Heather　ブレッシュ, ヘザー
　国アメリカ　マイランCEO
Breschan, Matthias　ブレッシャン, マティアス
　1964〜　国オーストリア　実業家　ラドーCEO
Brescia, George　ブレシア, ジョージ
　著「似合う服がわかれば人生が変わる」ディスカヴァー・トゥエンティワン　2015
Breslau, Alan Jeffry　ブレスロー, アラン・ジェフリー
　著「容姿は変わっても」ITSC静岡学術出版事業部　2015
Bresler, Liora　ブレスラー, リオラ
　著「教育思想の50人」青土社　2012
Bresler, Siegfried　ブレスラー, ジークフリート
　1957〜　著「ハインリッヒ・フォーゲラー伝」土曜美術社出版販売　2007
Breslin, Herbert H.　ブレスリン, ハーバート
　著「王様と私」集英社　2006
Breslin, Theresa　ブレスリン, テリーザ
　裏ブレスリン, テレサ　著「メディチ家の紋章」小峰書店　2016
Breslow, Craig　ブレズロウ, クレイグ
　国アメリカ　野球選手
Bresman, Henrik　ブレスマン, ヘンリック
　著「Xチーム」ファーストプレス　2008
Bressan, Walter　ブレッサン, ヴァルテル
　国イタリア　サッカー選手
Bresset, Julie　ブレセ, ジュリ
　1989〜　国フランス　自転車選手　裏ブルセ, ジュリー
Bressoud, David M.　ブレッソード, デヴィッド・M.
　1950〜　著「素因数分解と素数判定」エスアイビー・アクセス, 星雲社（発売）　2004
Bretlau, P.　ブレトラウ, ポール
　著「偽薬効果」春秋社　2002
Breton, Auguste le　ブルトン, オーギュスト・ル
　著「男の争い」早川書房　2003
Breton, Thierry　ブルトン, ティエリ
　国フランス　経済・財務・産業相
Bretschneider, Andreas　ブレトシュナイダー, アンドレアス
　国ドイツ　体操選手
Brett, Jan　ブレット, ジャン
　1949〜　著「サンタさんのトナカイ」徳間書店　2013
Brett, Jeanne M.　ブレット, ジーン・M.
　著「交渉力のプロフェッショナル」ダイヤモンド社　2003
Brett, Ken　ブレット, ケン
　1948〜2003　国アメリカ　野球選手　本名＝Brett, Kenneth Alven
Brett, Peter V.　ブレット, ピーター
　1973〜　国アメリカ　作家　著SF, ファンタジー　裏ブレット, ピーター・V.
Brett, Rachel　ブレット, レイチェル
　著「世界の子ども兵」新評論　2009
Brett, Regina　ブレット, レジーナ
　1956〜　著「人生は、意外とすてき」講談社　2011
Brett, Simon　ブレット, サイモン
　英国推理作家協会賞 ダイヤモンド・ダガー（2014年）
Bretton, Barbara　ブレットン, バーバラ
　著「荒野のピアノ」ハーレクイン　2002
Brett-Surman, M.K.　ブレット＝サーマン, マイケル・K.
　1950〜　著「ナショナルジオグラフィック恐竜図鑑」日経ナショ

Breuer, Christoph　ブロイアー, クリストフ
　1971〜　㊗「ドイツに学ぶ」創文企画　2014
Breuer, Rolf-Ernst　ブロイヤー, ロルフ
　1937〜　㊉ドイツ　銀行家　ドイツ銀行頭取　㊙ブロイアー, ロルフ
Breuer, William B.　ブロイアー, ウィリアム・B.
　㊗「諜報戦争」主婦の友社　2002
Breuning, Walter　ブルーニング, ウォルター
　1896〜2011　㊉アメリカ　男性長寿世界一（114歳）　㊙ブラウニング, ウォルター
Breus, Michael　ブルース, マイケル
　㊗「眠るだけダイエット」アスコム　2007
Breusch, Steffen J.　ブロイシュ, S.J.
　㊗「セメント人工股関節置換術の真髄」シュプリンガー・ジャパン　2009
Brevé Reyes, Marlon　ブレベ・レジェス, マルロン
　㊉ホンジュラス　教育相
Breverton, Terry　ブレヴァートン, テリー
　1946〜　㊗「世界の発明発見歴史百科」原書房　2015
Brevé Travieso, Federico　ブレベ・トラビエソ, フェデリコ
　㊉ホンジュラス　国防相
Brew, Bruce　ブリュー, ブルース
　㊗「神経内科の緩和ケア」メディカルレビュー社　2007
Brew, Derrick　ブルー
　㊉アメリカ　陸上選手
Breward, Christopher　ブリュワード, クリストファー
　1965〜　㊗「スウィンギン・シックスティーズ」ブルース・インターアクションズ　2006
Brewer, Aaron　ブリュワー, アーロン
　㊉アメリカ　アメフト選手
Brewer, Corey　ブリューワー, コーリー
　㊉アメリカ　バスケットボール選手
Brewer, Derek　ブルワー, デレク
　1923〜2008　㊉イギリス　英文学者　ケンブリッジ大学名誉教授　㊗中世英文学, チョーサー, マロリ　本名＝Brewer, Derek Stanley　㊙ブルーアー／ブルーワ, D.S.
Brewer, Duncan　ブルーワー, ダンカン
　1938〜　㊗「100の知識世界を変える発明」文研出版　2012
Brewer, Gay　ブルーワー, ゲイ
　1932〜2007　㊉アメリカ　プロゴルファー　本名＝ブルワー, ゲイ・ロバート〈Brewer, Gay Robert (Jr.)〉　㊙ブリュワー, ゲイ／ブルワー, ゲイ
Brewer, Gene　ブルーワー, ジーン
　㊗「光の旅人」角川書店　2002
Brewer, Heather　ブリューワー, ヘザー
　㊗「ヴラディミール・トッド・クロニクルズ」新書館　2014
Brewer, Jeannie　ブルーワー, ジーニー
　㊗「愛は永遠の彼方に」講談社　2002
Brewer, John　ブルーワー, ジョン
　1947〜　㊉イギリス　歴史学者　カリフォルニア工科大学教授　㊙ブリューア／ブリューワ／ブリュア, ジョン／ブルーアー
Brewer, Leo　ブルーワー, レオ
　1919〜2005　㊉アメリカ　化学者　カリフォルニア大学名誉教授, 輻射研究所無機材料部長　㊙ブリューア, レオ／ブリュワー, レオ
Brewer, Noel T.　ブリューワー, ノエル・T.
　㊗「FDAリスク＆ベネフィット・コミュニケーション」丸善出版　2015
Brewer, Rosalind　ブリュワー, ロザリンド
　㊉アメリカ　サムズ・クラブ最高経営責任者
Brewer, Sarah　ブリューワー, サラ
　㊙ブリューワ, サラ／ブルーワー, サラ　㊗「死に方別サバイバルガイド」ディスカヴァー・トゥエンティワン　2015
Brewer, Zac　ブリューワー, ザック
　1973〜　㊉アメリカ　作家　㊗ヤングアダルト, ファンタジー　本名＝Brewer, Zachary Oliver
Brewer-Carías, Charles　ブリュワー＝カリアス, チャールズ
　1938〜　㊗「ギアナ高地巨大穴の謎に迫る」日本放送出版協会　2003
Brewster, Bill　ブルースター, ビル
　㊗「そして、みんなクレイジーになっていく」プロデュース・センター出版局　2003
Brewster, Jean　ブルースター, ジーン
　㊗「先生、英語のお話を聞かせて！」玉川大学出版部　2008
Brewster, Mike　ブルースター, マイク

　1967〜　㊗「会計破綻」税務経理協会　2004
Brewster, Susan　ブルースター, スーザン
　㊗「DV被害女性を支える」金剛出版　2007
Breyer, Jim　ブレイヤー, ジム
　㊉アメリカ　投資家　㊙ブライヤー, ジム
Breyer, Stephen G.　ブライヤー, スティーブン
　1938〜　㊗「アメリカ最高裁判所」岩波書店　2016
Brezina, Corona　ブジェジナ, コロナ
　㊗「時代をきりひらくIT企業と創設者たち」岩崎書店　2013
Brezina, Karel　ブレジナ, カレル
　㊉チェコ　無任所相
Brezina, Thomas　ブレツィナ, トーマス
　㊗「ミケランジェロの封印をとけ！」英治出版　2008
Brezinka, Wolfgang　ブレツィンカ, ヴォルフガング
　1928〜　㊗「教育目標・教育手段・教育成果」玉川大学出版部　2009
Brezzo, Luis　ブレッソ, ルイス
　㊉ウルグアイ　国防相
Brialy, Jean Claude　ブリアリ, ジャン・クロード
　1933〜2007　㊉フランス　俳優
Brian　ブライアン
　1975〜　㊉アメリカ　歌手　本名＝リトレル, ブライアン〈Littrell, Brian Thomas〉
Brian, Janeen　ブライアン, ジャニーン
　㊗「もくようびはどこへいくの？」主婦の友社　2005
Brian, Kate　ブライアン, ケイト
　1974〜　㊉アメリカ　作家　㊗ヤングアダルト, ミステリー　別筆名＝スコット, キーラン〈Scott, Kieran〉
Brian, Marcus　ブリアン, マルクス
　1966〜　㊗「つくられた魔法の食品」道出版　2001
Brian, Mary　ブライアン, メアリー
　1906〜2002　㊉アメリカ　女優
Brian, William L.　ブライアン, ウィリアム
　㊗「アポロ計画の秘密」たま出版　2009
Briant, Pierre　ブリアン, ピエール
　1940〜　㊗「アレクサンドロス大王」白水社　2003
Brice, Austin　ブライス, オースティン
　㊉香港　野球選手
Brice, Kentrell　ブライス, ケントレル
　㊉アメリカ　アメフト選手
Briceño, John　ブリセニョ, ジョン
　㊉ベリーズ　副首相兼天然資源・環境相
Bricis, Ilmars　ブリチス
　㊉ラトビア　バイアスロン選手
Brickell, Christopher　ブリッケル, クリストファー
　㊗「A-Z園芸植物百科事典」誠文堂新光社　2003
Brickell, Edie　ブリッケル, エディ
　グラミー賞　最優秀アメリカン・ルーツ・ソング（2013年（第56回））"Love Has Come For You"　ソングライター
Bricker, Diane D.　ブリッカー, ダイアン
　㊗「子どものニーズに応じた保育」二瓶社　2011
Brickner, Szabolcs　ブリックナー, ズザボル
　㊉ハンガリー　エリザベート王妃国際コンクール　声楽　第1位（2008年）
Bricmont, Jean　ブリクモン, ジャン
　1952〜　㊗「「知」の欺瞞」岩波書店　2012
Bricq, Nicole　ブリック, ニコル
　㊉フランス　貿易相
Bridavsky, Mike　ブライデイヴスキー, マイク
　㊗「LIL BUB'S LIL BOOK」学研パブリッシング, 学研マーケティング（発売）　2014
Bridger, Darren　ブリッジャー, ダレン
　㊗「問題即解決．101の方法」三笠書房　2010
Bridges, Beau　ブリッジズ, ボー
　グラミー賞　最優秀朗読アルバム（2008年（第51回））"An Inconvenient Truth (Al Gore)"
Bridges, David　ブリッジ, デビド
　1941〜　㊗「エビデンスに基づく教育政策」勁草書房　2013
Bridges, Edwin Michael　ブリッジズ, E.M.
　㊗「世界の土壌」古今書院　2004
Bridges, Jeff　ブリッジズ, ジェフ
　1949〜　㊉アメリカ　俳優　㊙ブリッジス, ジェフ
Bridges, Linda　ブリッジズ, リンダ
　1949〜　㊗「黄金のフルートをもつ男」時事通信出版局, 時事通信社（発売）　2011
Bridges, Mark　ブリッジス, マーク

Bridges, Michael W. ブリッジズ, マイケル・W.
　アカデミー賞 衣装デザイン賞（第84回（2011年））　"The Artist"
　著「大学における「学びの場」づくり」玉川大学出版部　2014
Bridges, Miles ブリッジス, マイルズ
　国アメリカ　バスケットボール選手
Bridges, Shirin Yim ブリッジズ, シリン・イム
　著「かさの女王さま」セーラー出版　2008
Bridges, Simon ブリッジズ, サイモン
　国ニュージーランド　経済開発相兼運輸相兼通信相
Bridges, William ブリッジズ, ウィリアム
　1933〜　著「トランジション」パンローリング　2014
Bridgewater, Dee Dee ブリッジウォーター, ディー・ディー
　1950〜　国アメリカ　ジャズ歌手　本名＝Bridgewater, Denise
Bridgewater, George ブリッジウォーター, ジョージ
　国ニュージーランド　ボート選手
Bridgewater, Teddy ブリッジウォーター, テディー
　国アメリカ　アメフト選手
Bridgman, Roger ブリッジマン, ロジャー
　著「1000の発明・発見図鑑」丸善　2003
Bridich, Jeff ブライディッチ, ジェフ
　国アメリカ　コロラド・ロッキーズGM
Bridigum, Todd ブリディガム, トッド
　著「プロが教える溶接」スタジオタッククリエイティブ　2009
Bridwell, Norman ブリッドウェル, ノーマン
　1928〜　著「クリフォード」ソニー・マガジンズ　2005
Bridwell, Parker ブリッドウェル, パーカー
　国アメリカ　野球選手
Brieditis, Katarina ブリーディティス, カタリーナ
　著「スウェーデンのあたたかい暮らし」ピエ・ブックス　2007
Brielmaier, Bret ブリルメイアー, ブレット
　国アメリカ　ブルックリン・ネッツアシスタントコーチ（バスケットボール）
Brier, Bob ブライアー, ボブ
　著「大ピラミッドの秘密」ソフトバンククリエイティブ　2009
Briere, John ブリエール, ジョン
　国ブリア, ジョン　著「子ども用トラウマ症状チェックリスト（TSCC）専門家のためのマニュアル」金剛出版　2009
Brierley, Saroo ブライアリー, サルー
　著「25年目の「ただいま」」静山社　2015
Briers, Richard ブライアーズ, リチャード
　1934〜2013　国イギリス　俳優　本名＝Briers, Richard David
Briffa, John ブリファ, ジョン
　著「やせたければ脂肪をたくさんとりなさい」朝日新聞出版　2014
Brigadin, Pyotr I. ブリガジン, ピョートル・I.
　国ベラルーシ　教育相
Brigg, Cathy ブリッグ, キャシー
　著「キャシーの日記」主婦の友社　2008
Briggs, Andy ブリッグス, アンディ
　著「スパイ学」今人舎　2016
Briggs, Anita ブリッグズ, アニタ
　著「ホバート」金の星社　2003
Briggs, Asa ブリッグズ, エイザ
　1921〜　著「イングランド社会史」筑摩書房　2004
Briggs, David ブリッグス, D.
　1948〜　著「表面分析：SIMS」アグネ承風社　2003
Briggs, D.E.G. ブリッグス, デレク・E.G.
　著「進化」ネイチャー・サイエンス・インターナショナル　2009
Briggs, Jason R. ブリッグス, ジェイソン・R.
　著「たのしいプログラミングPYTHONではじめよう！」オーム社　2014
Briggs, John ブリッグス, ジョン
　著「社会と犯罪」松柏社　2003
Briggs, Julie K. ブリッグス, ジュリー
　著「救急外来トリアージ」西村書店　2010
Briggs, Mary ブリッグス, メアリー
　著「英国初等学校の創造性教育」ITSC静岡学術出版事業部　2009
Briggs, Patricia ブリッグス, パトリシア
　1965〜　国アメリカ　作家　著SF, ファンタジー
Briggs, Raymond Redvers ブリッグズ, レイモンド
　1934〜　国イギリス　絵本作家, イラストレーター
Briggs, Rex ブリッグス, レックス
　1971〜　著「刺さる広告」ダイヤモンド社　2008
Brighelli, Jean-Paul ブリゲリ, ジャン＝ポール
　著「モン・サン・ミッシェル」創元社　2013
Brighouse, Tim ブリッグハウス, ティム

Bright, Charles ブライト, チャールズ
　著「グローバル・ティーチャーの理論と実践」明石書店　2011
Bright, Charles ブライト, チャールズ
　国リベリア　財務相
Bright, Dennis ブライト, デニス
　国シエラレオネ　青年・スポーツ相
Bright, J.E. ブライト, J.E.
　著「マダガスカル2」角川書店, 角川グループパブリッシング（発売）　2009
Bright, Laurey ブライト, ローリー
　著「誘惑の旋律」ハーレクイン　2004
Bright, Mark ブライト, マーク
　著「IRON MAN」小学館集英社プロダクション　2010
Bright, Michael ブライト, マイケル
　著「サメ探検」大日本絵画　〔2015〕
Bright, Paul ブライト, ポール
　1949〜　著「クマのプー」KADOKAWA　2016
Bright, Richard ブライト, リチャード
　1937〜2006　国アメリカ　俳優
Bright, Ruth ブライト, ルース
　著「老いても人として生きる」荘道社　2011
Bright, Susie ブライト, スージー
　1958〜　著「彼女たちのエロチカ」集英社　2005
Bright, Torah ブライト, トーラ
　1986〜　国オーストラリア　スノーボード選手　本名＝ブライト, トーラ・ジェーン〈Bright, Torah Jane〉　国ブライト／ブライト, トラジェーン
Brightling, Geoff ブライトリング, ジェフ
　著「写真でみる農耕と畜産の歴史」あすなろ書房　2007
Brightman, Alan J. ブライトマン, アラン・J.
　著「親と教師が今日からできる家庭・社会生活のためのABA指導プログラム」明石書店　2011
Brightman, Sarah ブライトマン, サラ
　1960〜　国イギリス　歌手, ミュージカル女優
Brighton, Catherine ブライトン, キャサリン
　著「化石をみつけた少女」評論社　2001
Brightwell, Emily ブライトウェル, エミリー
　1948〜　著「節約は災いのもと」東京創元社　2016
Brigman, Greg ブリッグマン, グレッグ
　1951〜　著「学校コンサルテーション入門」金子書房　2012
Brignac, Reid ブリニャック, リード
　国アメリカ　野球選手
Brignoli, Alberto ブリニョーリ, アルベルト
　国イタリア　サッカー選手
Brignull, Irena ブリヌル, イリーナ
　著「リトルプリンス」竹書房　2015
Briki, Abid ブリキ, アビド
　国チュニジア　公共サービス・ガバナンス相
Briles, Nellie ブライルズ, ネリー
　1943〜2005　国アメリカ　野球選手　本名＝ブライルズ, ネルソン〈Briles, Nelson Kelley〉
Brill, Howard ブリル, ハワード
　著「長期波動」藤原書店　2002
Brill, Marlene Targ ブリル, マーリーン・タージ
　著「オバマ」オーク　2007
Brilliant, Jennifer ブリリアント, ジェニファー
　著「ドガ・犬的ヨガ健康法」新潮社　2005
Brillouin, Léon ブリルアン, L.
　著「科学と情報理論」みすず書房　2002
Brima, Sidikie ブリマ, シディキエ
　国シエラレオネ　地方行政・地域開発相
Brimah, Amida ブライマー, アミダ
　国ガーナ　バスケットボール選手
Briman, Joan S. バーマン, ジョーン・S.
　著「数学を語ろう！」シュプリンガー・フェアラーク東京　2003
Brimblecombe, Nicola ブリンブルコム, N.
　著「現代イギリスの政治算術」北海道大学図書刊行会　2003
Brimblecombe, Peter ブリンブルコム, P.
　1949〜　著「地球環境化学入門」シュプリンガー・フェアラーク東京
Brimmer, Rebecca J. ブリマー, レベッカ・J.
　著「神のロードマップ」イーグレープ, 府中（東京都）いのちのことば社（発売）　2008
Brimmer, Larry Dane ブリマー, ラリー・デーン
　1949〜　著「すえっこおおかみ」あすなろ書房　2003
Brin, David ブリン, デイヴィッド
　1950〜　著「スティーヴ・フィーヴァー」早川書房　2010

Brin, Sergey ブリン, サーゲイ
1973～ [国]アメリカ 実業家, コンピューター科学者 グーグル共同創業者・特別プロジェクト部長 本名＝Brin, Sergey Mihailovich [異]ブリン, セルゲイ
Brincat, Leo ブリンカット, レオ
[国]マルタ 持続的開発・環境・気候変動相
Brinckmann, Hans ブリンクマン, ハンス
1932～ [著]「あるオランダ人の「昭和ジャパン」論」 ランダムハウス講談社 2009
Briner, Rob B. ブライナー, R.B.
[著]「ストレスマネジメントと職場カウンセリング」 川島書店 2002
Brini, al-Ugili Abdel-Salam ブリニ, アル・ウギリ・アブデルサラム
[国]リビア 財務書記(財務相) [異]ブリニ, アル・ウギリ・アブデル・サラム
Brink, André Philippus ブリンク, アンドレ
1935～2015 [国]南アフリカ 作家, 詩人, 評論家 ケープタウン大学名誉教授 [専]英文学(現代文学)
Brink, Derek ブリンク, デレク
[著]「PKI」 翔泳社 2002
Brink, Gerrit Jan van den ブリンク, ゲルトイット・ヤン・ヴァン・デン
1968～ [著]「オペレーショナルリスク」 日本内部監査協会 2003
Brink, H.M.van den ブリンク, H.M.ヴァン・デン
[著]「追憶の夏」 扶桑社 2005
Brink, Jan ブリンク
[国]スウェーデン 馬術選手
Brink, Julius ブリンク, ユリウス
1982～ [国]ドイツ ビーチバレー選手
Brink, Satya ブリンク, サティア
[著]「グローバル化と言語能力」 明石書店 2015
Brinkbäumer, Klaus ブリンクボイマー, クラウス
1967～ [著]「出口のない夢」 新曜社 2010
Brinker (wenzel), Christine ブリンカー
[国]ドイツ 射撃選手
Brinker, Wade O. ブリンカー, W.O.
[著]「新・小動物骨折内固定マニュアル」 メディカルサイエンス社, インターズ(発売) 2001
Brinkerhoff, Ron L. ブリンケーホフ, ロン・L.
[著]「守護神」 メディアファクトリー 2007
Brinkhorst, Laurens-Jan ブリンクホルスト, ローレンスヤン
[国]オランダ 経済相 [異]ブリンクホルスト, ラウレンスヤン
Brinkley, Alan ブリンクリ, アラン
[著]「シカゴ大学教授法ハンドブック」 玉川大学出版部 2005
Brinkley, Beau ブリンクリー, ビュー
[国]アメリカ アメフト選手
Brinkley, Dannion ブリンクリー, ダニオン
[著]「光の秘密」 ナチュラルスピリット 2013
Brinkley, David ブリンクリー, デービッド
1920～2003 [国]アメリカ テレビキャスター
Brinkley, Douglas ブリンクリー, ダグラス
[著]「ローザ・パークス」 岩波書店 2007
Brinkley, Jasper ブリンクリー, ジャスパー
[国]アメリカ アメフト選手
Brinkley, Joel ブリンクリー, ジョエル
[著]「デジタルテレビ日米戦争」 アスキー 2001
Brinkley, Kathryn ブリンクリー, キャスリン
[著]「光の秘密」 ナチュラルスピリット 2013
Brinkman, Rick ブリンクマン, リック
[著]「自分を見失いがちな世界でグラつかない生き方を選ぶ本」 ダイヤモンド社 2001
Brinson, Lewis ブリンソン, ルイス
[国]アメリカ 野球選手
Brinster, Ralph L. ブリンスター, ラルフ・L.
[国]アメリカ ウルフ賞 医学部門(2002/2003年)
Brinton, Laurel J. ブリントン, ローレル・J.
[著]「語彙化と言語変化」 九州大学出版会 2009
Brinton, Mary C. ブリントン, メアリー・C.
[著]「失われた場を探して」 NTT出版 2008
Briody, Dan ブリオディ, ダン
1971～ [著]「戦争で儲ける人たち」 幻冬舎 2004
Brion, Alain ブリオン, アラン
[著]「ひとくいおにベビーのは」 ひくまの出版 2002
Brion, Arturo ブリオン, アルツーロ
[国]フィリピン 労働雇用相
Brion, Fabienne ブリヨン, ファビエンヌ
[著]「悪をなし真実を言う」 河出書房新社 2015
Briones, Leonor ブリオネス, リオノール
[国]フィリピン 教育相
Briquel, Dominique ブリケル, ドミニク
1964～ [著]「エトルリア人」 白水社 2009
Brisard, Jean-Charles ブリザール, ジャン＝シャルル
[著]「ぬりつぶされた真実」 幻冬舎 2002
Brisard, Jean-Christophe ブリザール, ジャン＝クリストフ
[著]「独裁者の子どもたち」 原書房 2016
Brisbin, Terri ブリズビン, テリー
[著]「ハイランダーの美しき獲物」 ハーパーコリンズ・ジャパン 2016
Brisch, Karl Heinz ブリッシュ, カール・ハインツ
[著]「アタッチメント障害とその治療」 誠信書房 2008
Brisco, Jack ブリスコ, ジャック
?～2010 [国]アメリカ プロレスラー
Brisco, Meredith A. ブリスコ, メレディス・A.
[著]「ワシントンマニュアル」 メディカル・サイエンス・インターナショナル 2012
Briscoe, Barrie ブリスコー, バリー
[著]「Supergraphics」 ビー・エヌ・エヌ新社 2011
Briskin, Alan ブリスキン, アラン
1954～ [著]「集合知の力、衆愚の罠」 英治出版 2010
Brisley, Joyce L. ブリスリー, ジョイス・ランキスター
[著]「おもちゃの時間のはじまりだ」 評論社 2002
Brison, Scott ブライソン, スコット
[国]カナダ 予算庁長官
Brison, Stuart ブライソン, スチュアート
[著]「アカウンティング」 中央経済社 2003
Brisset, Claire-akiko ブリセ, クレア・碧子
[国]フランス パリ・ディドロ大学准教授 [専]日本文化研究 [異]ブリッセ, クレール＝アキコ / ブリッセ, クレール＝碧子
Brissett, Jacoby ブリセット, ジャコビー
[国]アメリカ アメフト選手
Bristol, Jimmy ブリストル, ジミー
[国]グレナダ 法務長官
Bristow, M.J. ブリストウ, マイケル・ジェミーソン
[著]「世界の国歌総覧」 悠書館 2008
Bristow, Robert G. ブリストウ, ロバート・G.
[著]「がんのベーシックサイエンス」 メディカル・サイエンス・インターナショナル 2006
Brisville, Jean-Claude Gabriel ブリスヴィル, ジャン・クロード
1922～2014 [国]フランス 劇作家, 作家, 評論家
Britain, Kristen ブリテン, クリステン
[国]アメリカ 作家 [専]SF, ファンタジー
Brite, Poppy Z. ブライト, ポピー・Z.
1967～ [著]「絢爛たる屍」 文芸春秋 2003
Brito, Casimiro de ブリトー, カジミーロ・ド
1938～ [著]「虚空を貫き」 七月堂 2007
Brito, Humberto Santos ブリト, ウンベルト・サントス
[国]カボベルデ 観光・産業・エネルギー相
Brito, José ブリト, ジョゼ
[国]カボベルデ 外相
Brito, Lidia ブリト, リディア
[国]モザンビーク 初等高等教育・科学技術相
Brito, Pedro ブリト, ペドロ
[国]ブラジル 国家統合相
Brito, Socrates ブリトー, ソクラテス
[国]ドミニカ共和国 野球選手
Britos, Miguel ブリトス, ミゲル
[国]ウルグアイ サッカー選手
Brits, Schalk ブリッツ, スカルク
[国]南アフリカ ラグビー選手
Britt, Fanny ブリット, ファニー
[著]「ジェーンとキツネとわたし」 西村書店東京出版編集部 2015
Britt, Justin ブリット, ジャスティン
[国]アメリカ アメフト選手
Britt, Kenny ブリット, ケニー
[国]アメリカ アメフト選手
Britt, Rosmarie ブリット, ローズマリー
[国]スイス スイス日本文化協会会長, 元・いけばな小原流スイス支部長
Brittain, Bill ブリテン, ウィリアム
[著]「ジョン・ディクスン・カーを読んだ男」 論創社 2007
Brittain, Jason ブリテン, ジェイソン

B

著「Tomcatハンドブック」オライリー・ジャパン, オーム社(発売) 2003
Brittain, William　ブリテン, ウィリアム
　異ブルテン, ウィリアム　著「ストラング先生の謎解き講義」論創社 2010
Brittain-Catlin, William　ブリテェィーキャトリン, ウィリアム
　1966〜　著「秘密の国オフショア市場」東洋経済新報社 2008
Brittan, Leon　ブリタン, レオン
　1939〜2015　国イギリス　政治家, 銀行家　EU欧州委員会副委員長, 英国下院議員(保守党), UBSインベストメント・バンク副会長　別名＝Brittan of Spennithorne　異ブリタン, リーオン
Britten, Rhonda　ブリテン, ロンダ
　著「"ほんもの"の自分を見つける10のレッスン」祥伝社 2001
Brittenham, Dean　ブリテナム, ディーン
　1931〜　著「写真でわかる腹筋・背筋のトレーニング」大修館書店 2004
Brittenham, Greg　ブリテナム, グレッグ
　著「写真でわかる腹筋・背筋のトレーニング」大修館書店 2004
Britto, Boniface　ブリト, ボニファス
　国コートジボワール　計画発展相
Britton, Andrew　ブリトン, アンドルー
　1981〜2008　国アメリカ　作家　著ミステリー, スリラー　異ブリトン, アンドリュー
Britton, Catherine　ブリトン, キャサリン
　著「イヌ・犬・いぬIN BOOKS」ミュージアム図書 2012
Britton, Chris　ブリトン, クリス
　著「新ビジネスモデル戦略のためのITアーキテクチャとミドルウェア」ピアソン・エデュケーション 2001
Britton, Dorothy, D.
　異バウチャー, レイディ　著「英国空軍少将の見た日本占領と朝鮮戦争」社会評論社 2008
Britton, Esmeralda　ブリトン, エスメラルダ
　国コスタリカ　女性問題担当相
Britton, Leon　ブリットン, レオン
　国イングランド　サッカー選手
Britton, Lesley　ブリトン, レスリー
　著「モンテッソーリの知恵」ブラザー・ジョルダン社 2004
Britton, Paul　ブリトン, ポール
　1946〜　著「ザ・ジグソーマン」集英社 2001
Britton, Ronald　ブリトン, ロナルド
　1932〜　著「信念と想像：精神分析のこころの探求」金剛出版 2016
Britton, Ronald S.　ブリトン, ロナルド
　著「被虐待児の精神分析的心理療法」金剛出版 2006
Britton, Terry　ブリトン, テリー
　著「バナナがバナナじゃなくなるとき」ダイヤモンド社 2004
Britton, Zach　ブリットン, ザック
　国アメリカ　野球選手
Britz, Travis　ブリッツ, トラビス
　国アメリカ　アメフト選手
Brivio, Davide　ブリーヴィオ, ダヴィデ
　国イタリア　サッカー選手
Brix, Herman　ブリクス, ハーマン
　1906〜2007　国アメリカ　俳優, 砲丸投げ選手, 実業家　芸名＝ベネット, ブルース〈Bennett, Bruce〉
Brix, Michael　ブリックス, ミヒャエル
　著「マリア・カラス舞台写真集」アルファベータ 2003
Briz, Jorge　ブリス, ホルヘ
　国グアテマラ　外相
Brize, Laurence　ブリーズ, ローラン
　国フランス　射撃選手　異ブリーズ
Brizendine, Louann　ブリゼンディーン, ローアン
　1952〜　著「男脳がつくるオトコの行動54の秘密」PHP研究所 2010
Brizola, Carlos Daudt　ブリゾラ, カルロス・ダウチ
　国ブラジル　労働・雇用相
Brizuela, Dario　ブリスエラ, ダリオ
　著「ミュータントタートルズ：アニメイテッド」小学館集英社プロダクション 2015
Brizuela, Mariá Eugenia　ブリスエラ, マリア・エウヘニア
　国エルサルバドル　外相
Brkic, Courtney Angela　ブルキッチ, コートニー・アンジェラ
　著「世界の作家32人によるワールドカップ教室」白水社 2006
Brnabić, Ana　ブルナビッチ, アナ
　国セルビア　行政・地方自治相
Broach, Elise　ブローチ, エリース
　1963〜　国アメリカ　作家　著児童書
Broackes, Victoria　ブロークス, ヴィクトリア
　著「デヴィッド・ボウイ・イズ」スペースシャワーブックス, スペースシャワーネットワーク(発売) 2013
Broad, Edythe　ブロード, イーディス
　慈善家
Broad, Eli　ブロード, イーライ
　慈善家　異ブロウド, イーライ
Broad, Peter　ブロード, ピーター
　著「グローバル化と言語能力」明石書店 2015
Broad, Robin　ブロード, ロビン
　著「ポストグローバル社会の可能性」緑風出版 2006
Broad, William　ブロード, ウィリアム
　国アメリカ　科学ジャーナリスト
Broadbent, Jim　ブロードベント, ジム
　1949〜　国イギリス　俳優
Broadbent, John Michael　ブロードベント, マイケル
　1927〜　著「ヴィンテージ・ワイン必携」柴田書店 2009
Broadbent, Marianne　ブロードベント, マリアン
　著「ITポートフォリオ戦略論」ダイヤモンド社 2003
Broadhurst, Michael　ブロードハースト, マイケル
　国ニュージーランド　ラグビー選手
Broadie, Mark Nathan　ブローディ, マーク
　著「ゴルフデータ革命」プレジデント社 2014
Broadrick, Annette　ブロードリック, アネット
　著「結婚?!」ハーパーコリンズ・ジャパン 2016
Broadway, Michael J.　ブロードウェイ, マイケル
　著「だから, アメリカの牛肉は危ない！」河出書房新社 2004
Broben, Brittany　ブロベン
　国オーストラリア　飛び込み選手
Broberg, Catherine　ブローバーグ, キャサリン
　著「サウジアラビア」国土社 2004
Brocail, Doug　ブロケイル, ダグ
　国アメリカ　テキサス・レンジャーズコーチ
Brochard-Wyart, Françoise　ブロシャール・ヴィアール, F.
　著「表面張力の物理学」吉岡書店 2008
Brochu, André　ブロシュー, アンドレ
　カナダ総督文学賞フランス語詩(2004年) "Les jours à vif"
Brock, Andie　ブロック, アンディ
　著「鷹王と純潔の踊り子」ハーパーコリンズ・ジャパン 2016
Brock, Ann Graham　ブロック, アン・グレアム
　1956〜　著「マグダラのマリア, 第一の使徒」新教出版社 2011
Brock, Betty　ブロック, ベティー
　著「家の中では, とばないで！」徳間書店 2002
Brock, Carolyn　ブロック, キャロライン
　1953〜　著「わたしのきょうだいは自閉症」田研出版 2013
Brock, Dan　ブロック, ダン
　著「クオリティー・オブ・ライフ」里文出版 2006
Brock, David　ブロック, デイヴィッド
　1962〜　著「ネオコンの陰謀」朝日新聞社 2004
Brock, James W.　ブロック, ジェームス・W.
　著「現代アメリカ産業論」創風社 2002
Brock, Jeremy　ブロック, ジェレミー
　著「オリヴァー・ツイスト　二都物語」玉川大学出版部 2008
Brock, Napoleon Murphy　ブロック, ナポレオン・マーフィー
　グラミー賞　最優秀ロック・インストゥルメンタル・アーティスト(2008年(第51回))　"Peaches En Regalia"
Brock, Peter　ブロック, ピーター
　著「戦争報道メディアの大罪」ダイヤモンド社 2009
Brock, Sabra E.　ブロック, サブラ・E.
　著「男は東に女は右に」主婦の友社 2008
Brock, Stephen E.　ブロック, S.E.
　著「学校心理学による問題対応マニュアル」誠信書房 2006
Brock, Tramaine　ブロック, トラメイン
　国アメリカ　アメフト選手
Brock, William Hodson　ブロック, W.H.
　1936〜　著「化学の歴史」朝倉書店 2006
Brockbank, Wayne　ブロックバンク, ウェイン
　著「グローバル時代の人事コンピテンシー」マグロウヒル・エデュケーション, 日本経済新聞出版社(発売) 2014
Brockers, Michael　ブロッカーズ, マイケル
　国アメリカ　アメフト選手
Brockhoff, Belle　ブロックコフ
　国オーストラリア　スノーボード選手
Brockhouse, Bertram Neville　ブロックハウス, バートラム
　1918〜2003　国カナダ　物理学者　マクマスター大学名誉教授

Brocklehurst, Ruth　ブロックルハースト, ルース
　著「1001のどうぶつをさがせ！」PHP研究所　2016
Brockman, John　ブロックマン, ジョン
　1941〜　著「知のトップランナー149人の美しいセオリー」青土社　2014
Brockmann, Suzanne　ブロックマン, スーザン
　著「薔薇のウェディング」ヴィレッジブックス　2015
Brockmeier, Kevin　ブロックマイヤー, ケビン
　1972〜　国アメリカ　作家　分文学, フィクション, SFほか　異ブロックマイヤー, ケヴィン
Brockschmidt, Kraig　ブロックシュミット, クレイグ
　1968〜　著「HTML, CSS, JavaScriptによるプログラミングWindowsストアアプリ」日経BP社, 日経BPマーケティング（発売）　2013
Brocksmith, Roy　ブロックスミス, ロイ
　?〜2001　国アメリカ　俳優
Brockway, Connie　ブロックウェイ, コニー
　著「偽りの花嫁と夢の続きを」原書房　2014
Brockwell, Peter J.　ブロックウェル, P.J.
　著「入門時系列解析と予測」シーエービー出版　2004
Brocoli, Steffie　ブロコリ, ステフィ
　著「ゆきのあさ」アノニマ・スタジオ, KTC中央出版（発売）　2015
Brocquy, Louis le　ブロッキー, ルイ・ル
　1916〜2012　国アイルランド　画家
Brod, Ruth Hagy　ブロッド, ルース・H.
　著「健康ハンドブック」中央アート出版社　2003
Brodbeck, Harald　ブロッドベック, ヘラルド
　著「科学経営のための実践的MOT」日経BP社, 日経BP出版センター（発売）　2005
Brodbin, Kevin　ブロドビン, ケビン
　1964〜　著「コンスタンティン」竹書房　2005
Broddadóttir, Ingibjörg　ブロッダドッティル, インギビョリ
　著「社会ケアサービス」本の泉社　2003
Brodek, Ayako　ブロデック, アヤコ
　著「雪と星と太陽のペーパークラフト」マール社　2015
Broder, David Salzer　ブローダー, デービッド
　1929〜2011　国アメリカ　ジャーナリスト　「ワシントン・ポスト」政治担当コラムニスト　異ブローダー, デビッド / ブローダー, デヴィッド
Broder, Jamie　ブロダー, ジェイミーリン
　国カナダ　ビーチバレー選手
Broderick, Matthew　ブロデリック, マシュー
　1962〜　国アメリカ　俳優
Broderick, Reymond　ブロデリック, R.
　著「子どもの面接ガイドブック」日本評論社　2003
Brodeur, Adrienne　ブロデュール, アドリエンヌ
　著「ゾエトロープ」角川書店　2003
Brodeur, Martin　ブロデュア, マーティン
　1972〜　国カナダ　元アイスホッケー選手　異ブロデューア, マルタン
Brodeur, Paul　ブローダー, ポール
　著「電力線電磁場被曝」緑風出版　2001
Brodie, Renee　ブローディー, リーニー
　1920〜　著「クリスタルボウル・ヒーリング」アルマット社, 国際語学社（発売）　2003
Brodie, Richard　ブロディ, リチャード
　著「心を操るウイルス」東洋経済新報社　2013
Bródka, Zbigniew　ブロドカ, ズビグニェフ
　1984〜　国ポーランド　スピードスケート選手　本名＝Bródka, Zbigniew Marcin　異ブロドカ, ズビギニェフ
Brodmeier, Daniel　ブロドマイヤー, ダニエル
　国ドイツ　射撃選手
Brodow, Ed　ブラドー, エド
　著「交渉のブートキャンプ」幻冬舎　2008
Brodrick, William　ブロドリック, ウィリアム
　英国推理作家協会賞 ゴールド・ダガー（2009年）"A Whispered Name"
Brodsky, Archie　ブロドスキー, アーチー
　著「糖尿病のケアリング」医学書院　2002
Brodsky, Beth S.　ブロドスキー, ベス・S.
　著「境界性パーソナリティ障害最新ガイド」星和書店　2006
Brodsky, Jack　ブロドスキー, ジャック
　?〜2003　国アメリカ　映画製作者
Brodsky, Norm　ブロドスキー, ノーム
　著「経営の才覚」アメリカン・ブック＆シネマ, 英治出版（発売）　2009

Brodsky, Paul　ブロドスキー, ポール
　著「アドラーの思い出」創元社　2007
Brody, Adrien　ブロディ, エイドリアン
　1973〜　国アメリカ　俳優　本名＝Brody, Adrien Nicholas
Brody, Evelyn　ブロディ, エブリン
　著「NPOと政府」ミネルヴァ書房　2007
Brody, Howard　ブローディ, ハワード
　著「プラシーボの治癒力」日本教文社　2004
Brody, Howard　ブロディ, ハワード
　1960〜　著「テニスの法則」丸善プラネット, 丸善（発売）　2009
Brody, Hugh　ブロディ, ヒュー
　1943〜　著「エデンの彼方」草思社　2004
Brody, Neville　ブロディ, ネヴィル
　著「ネヴィル・ブロディ」ギンザ・グラフィック・ギャラリー, DNPアートコミュニケーションズ（発売）　2009
Bródy, Vera　ブローディ, ベラ
　1924〜　著「こぶたのレーズン」偕成社　2012
Broecker, Wallace　ブレッカー, ウォーラス
　国アメリカ　クラフォード賞 地球科学（2006年）
Broecker, Wallace Smith　ブロッカー, ウォーレス
　1931〜　国アメリカ　地球化学者　コロンビア大学教授　分海洋学　通称＝Broecker, Wally　異ブロッカー, ウォレス
Broeckhoven, Diane　ブロックホーベン, ダイアナ
　1946〜　著「ジュールさんとの白い一日」赤ちゃんとママ社　2009
Broersen, Nadine　ブルールセン, ナディン
　国オランダ　陸上選手
Brogan, Tracy　ブローガン, トレーシー
　著「野花のティアラを飾って」ヴィレッジブックス　2015
Brogden, William B.　ブローデン, ビル
　著「JavaによるSOAPプログラミングパーフェクトガイド」技術評論社　2002
Brogdon, Malcolm　ブログドン, マルコム
　国アメリカ　バスケットボール選手
Brøgger, Fredrik Christian　ブルッゲル, フレドリック・クリスティアン
　1945〜　異ブルッゲル, フレドリック・クリティアン　著「アメリカの文化」大阪教育図書　2012
Brohamer, Tom　ブロハマー, トム
　著「アメリカ競馬戦略9つの頂点」自由国民社　2005
Broinger, Kurt　ブロインガー, K.
　著「ARISを活用したチェンジマネジメント」シュプリンガー・フェアラーク東京　2003
Brokaw, Tom　ブロコウ, トム
　1940〜　国アメリカ　ニュースキャスター, ジャーナリスト　NBCアンカーマン　本名＝Brokaw, Thomas John　異ブロコー, トム
Brokenshire, James　ブロークンシャー, ジェームズ
　国イギリス　北アイルランド相
Brokering, Jon　ブロウカリング, ジョン
　1956〜2014　国アメリカ　法政大学文学部教授　分英米演劇
Broks, Normunds　ブロクス, ノルムンズ
　国ラトビア　欧州連合（EU）基金担当相
Broks, Paul　ブロックス, ポール
　著「脳の彼方へ」青土社　2005
Broks, Rolands　ブロクス, ロランツ
　国ラトビア　教育・科学相
Brol, Enrique　ブロル, エンリケ
　国グアテマラ　射撃選手
Brolenius, Johan　ブロレニウス
　国スウェーデン　アルペンスキー選手
Bromage, Philip Raikes　ブロメージ, フィリップ・ライクス
　著「麻酔の偉人たち」総合医学社　2016
Bromberg, Philip M.　ブロンバーグ, フィリップ・M.
　1931〜　著「関係するこころ」誠信書房　2014
Bromell, Trayvon　ブロメル, トレイボン
　国アメリカ　陸上選手
Bromer, Viktor　ブロマー, ビクトル
　国デンマーク　水泳選手
Bromet, Hugo Guilherme　ブロメット, ヒュホ・ギエルメ
　国スリナム　元・在パラマリボ日本国名誉総領事
Bromfield, John　ブロムフィールド, ジョン
　1922〜2005　国アメリカ　俳優
Bromhall, Clive　ブロムホール, クライブ
　1961〜　著「幼児化するヒト」河出書房新社　2005
Bromley, David G.　ブロムリー, D.G.

[著]「カルトと新宗教」 キリスト新聞社 2010
Bromley, Jay ブロムリー, ジェイ
[国]アメリカ アメフト選手
Bromley, Kristan ブロムリー
[国]イギリス スケルトン選手
Broms, Anders ブルムズ, アンデルス
[著]「トヨタはなぜ強いのか」 日本経済新聞社 2002
Bromwich, Michael ブロムウィッチ, マイケル
[著]「グローバル財務報告」 中央経済社 2009
Bron, Zachar ブロン, ザハール
1947～ [国]カザフスタン バイオリニスト ケルン音楽大学教授
Bronäs, Ulf G. ブロナス, ウルフ・G.
[著]「ケアのなかの癒し」 看護の科学社 2016
Bronaugh, Robert L. ブロナー, ロバート・L.
[著]「化粧品・医薬品の経皮吸収」 フレグランスジャーナル社 2005
Bronfman, Edgar Miles ブロンフマン, エドガー・マイルス
1929～2013 [国]アメリカ 実業家 シーグラム会長, 世界ユダヤ人会議会長
Bronfman, Edgar Miles, Jr. ブロンフマン, エドガー・マイルス, Jr.
1955～ [国]アメリカ 実業家 世界ユダヤ人会議会長 シーグラム社長・CEO
Bronfman, Yefim ブロンフマン, イェフィム
1958～ [国]アメリカ ピアニスト [異]ブロンフマン, イエフィム
Brönner, Till ブレナー, ティル
[国]ドイツ ジャズ・トランペット奏者
Bronson, Charles ブロンソン, チャールズ
1921～2003 [国]アメリカ 俳優 本名＝バチンスキー, チャールズ〈Buchinski, Charles〉 [異]チャールズ・ブロンソン
Bronson, Eric ブロンソン, エリック
1971～ [著]「指輪物語をめぐる16の哲学」 ランダムハウス講談社 2006
Bronson, Fred ブロンソン, フレッド
[著]「ビルボード年間トップ100ヒッツ1956-2001」 音楽之友社 2003
Bronson, Howard F. ブロンソン, ハワード
1953～ [著]「30日で失恋から立ち直る方法」 ソニー・マガジンズ 2005
Bronson, Po ブロンソン, ポー
1964～ [著]「競争の科学」 実務教育出版 2014
Bronson, Rachel ブロンソン, レイチェル
[著]「王様と大統領」 毎日新聞社 2007
Bronstein, Catalina ブロンスタイン, カタリーナ
[著]「現代クライン派入門」 岩崎学術出版社 2005
Bronzetti, Ernesto ブロンゼッティ, エルネスト
1947～2016 [国]イタリア サッカー代理人
Bronzini, Giorgia ブロンジーニ, ジョルジア
[国]イタリア 自転車選手 [異]ブロンジーニ
Bronzit, Konstantin ブロンジット, コンスタンティン
[国]ロシア アヌシー国際アニメーション映画祭 短編映画 アヌシークリスタル賞（2015年）ほか
Broocks, Rice ブルークス, ライス
[著]「神は死んだのか」 いのちのことば社フォレストブックス 2015
Broohm, Octave Nicoué ブローム, オクタブ・ニクエ
[国]トーゴ 高等教育・科学研究相 [異]ブルーム, オクタベ・ニクエ
Brook, Beth ブルック＝マルシニアック, ベス
[国]アメリカ アーンスト＆ヤング公共政策担当副会長 [異]マルシニアック, ベス・ブルック
Brook, George J. ブルック, ジョージ・J.
[著]「死海文書大百科」 東洋書林 2003
Brook, Jennifer H. ブルック, ジェニファー・H.
[著]「Deep sleep sheep」 すばる舎 2003
Brook, Judy ブルック, ジュディ
[著]「ウィリーをすくえ！ チム、川をいく」 童話館出版 2003
Brook, Peter ブルック, ピーター
1925～ [国]イギリス 演出家, 映画監督 国際演劇創造センター（CICT）主宰 本名＝ブルック, ピーター・スティーブン・ポール〈Brook, Peter Stephen Paul〉
Brook, Stephen ブルック, スティーヴン
1947～ [著]「カリフォルニア」 ガイアブックス, 産調出版（発売） 2012
Brook, Timothy ブルック, ティモシー
1951～ [著]「セルデンの中国地図」 太田出版 2015
Brook, Tony ブルック, トニー
1962～ [著]「ウィム・クロウエル」 ビー・エヌ・エヌ新社 2012
Brooke, Christina ブルック, クリスティーナ
[国]オーストラリア 作家 [専]ロマンス, 歴史 別筆名＝ウェルズ, クリスティーン〈Wells, Christine〉
Brooke, Christopher ブルック, クリストファー
1927～2015 [国]イギリス 歴史学者 ケンブリッジ大学名誉教授 [専]中世史, 教会史 本名＝Brooke, Christopher Nugent Lawrence
Brooke, Edward William ブルック, エドワード
1919～2015 [国]アメリカ 政治家 米国上院議員（共和党）
Brooke, Elisabeth ブルーク, エリザベス
[著]「ハーブ占星術」 東京堂出版 2012
Brooke, John Hedley ブルック, J.H.
[著]「創造と進化」 すぐ書房 2006
Brooke, Lauren ブルック, ローレン
[国]イギリス 作家 [専]ヤングアダルト
Brooke, Paul ブルック, ポール
[著]「糸ごよみ」 葉っぱの坑夫 2002
Brooke, Thomas Sears ブルック, トーマス・シアーズ
[国]アメリカ イーストサイド日本祭り委員会会長, 元・ピュージェット・サウンド日本庭園協会会長, 元・シアトル日本庭園協会会長
Brooker, Christine ブルッカー, クリス
[著]「実践・看護の英会話」 南雲堂 2013
Brooker, Dawn ブルッカー, ドーン
1959～ [著]「認知症と共に生きる人たちのためのパーソン・センタードなケアプランニング」 クリエイツかもがわ 2016
Brooker, Gary ブルッカー, ゲイリー
1945～ [国]イギリス ミュージシャン
Brooker, Peter ブルッカー, ピーター
[著]「文化理論用語集」 新曜社 2003
Brooke-Rose, Christine ブルック・ローズ, クリスティーン
1923～2012 [国]イギリス 作家, 批評家 パリ第8大学教授 [専]英米文学, 批評理論 [異]ブルック＝ローズ, クリスティーン
Brookes, Adam ブルックス, アダム
[国]イギリス 作家 [専]ミステリー
Brookes, John ブルックス, ジョン
1933～ [著]「ガーデンブック」 メイプルプレス 2005
Brookes, Jon ブルックス, ジョン
1968～2013 [国]イギリス ドラム奏者
Brookes, Kieran ブルックス, キーラン
[国]イングランド ラグビー選手
Brookes, Olivia ブルックス, オリビア
[著]「くうこうのいちにち」 学研教育出版, 学研マーケティング（発売） 2013
Brookfield, Karen ブルックフィールド, カレン
[著]「文字と書の歴史」 あすなろ書房 2004
Brookins, Dana ブルッキンズ, デーナ
[著]「ウルフ谷の兄弟」 評論社 2010
Brookmyre, Christopher ブルックマイア, クリストファー
1968～ [国]イギリス 作家 [専]ミステリー, スリラー
Brookner, Anita ブルックナー, アニータ
1928～2016 [国]イギリス 作家, 美術史家 コートールド美術研究所教授 [専]18・19世紀美術 [異]ブルックナー, アニタ
Brooks, Aaron ブルックス, アーロン
[国]アメリカ 野球選手
Brooks, Aaron ブルックス, アーロン
[国]アメリカ バスケットボール選手
Brooks, Adam ブルックス, アダム
[著]「ウィンブルドン」 ソニー・マガジンズ 2005
Brooks, Ahmad ブルックス, アーマッド
[国]アメリカ アメフト選手
Brooks, Al ブルックス, アル
1952～ [著]「プライスアクションとローソク足の法則」 パンローリング 2013
Brooks, Albert ブルックス, アルバート
1947～ [国]アメリカ 俳優, 脚本家, 映画監督 本名＝Einstein, Albert Lawrence
Brooks, Brandon ブルックス, ブランドン
[国]アメリカ アメフト選手
Brooks, Cariel ブルックス, キャリエル
[国]アメリカ アメフト選手
Brooks, Chris ブルックス, クリス
[著]「ゴシック・リヴァイヴァル」 岩波書店 2003
Brooks, Christopher ブルックス, クリストファー
[国]アメリカ 体操選手
Brooks, Cyrus Harry ブルックス, C.H.
[著]「自己暗示」 法政大学出版局 2010

Brooks, David ブルックス, デイヴィッド
1961～ [異]ブルックス, デイビッド [著]「あなたの人生の科学」早川書房 2015
Brooks, David B. ブルックス, デイビッド・B.
1934～ [著]「水マネジメントにおけるソフトパス・アプローチ」ガイアブックス, 産調出版(発売) 2012
Brooks, Derrick ブルックス, デリック
1973～ [国]アメリカ 元アメフト選手 本名＝Brooks, Derrick Dewan
Brooks, Dillon ブルックス, ディロン
[国]カナダ バスケットボール選手
Brooks, Douglas ブルックス, ダグラス
1960～ [著]「沖縄の舟サバニを作る」ビレッジプレス 2014
Brooks, Felicity ブルックス, フェリシティ
[著]「たのしいいろのえほん」大日本絵画 〔2014〕
Brooks, Frederick Phillips, Jr. ブルックス, フレデリック・P., Jr.
[著]「人月の神話」丸善出版 2014
Brooks, Garth ブルックス, ガース
1962～ [国]アメリカ カントリー歌手 本名＝Brooks, Troyal Garth
Brooks, Geraldine ブルックス, ジェラルディン
[国]オーストラリア 作家 [専]歴史
Brooks, Greg ブルックス, グレッグ
[著]「ア・ライフ、イン・ヒズ・オウン・ワーズ」シンコーミュージック・エンタテイメント 2007
Brooks, Hadda ブルックス, ハダ
1916～2002 [国]アメリカ 歌手, ピアニスト
Brooks, Helen ブルックス, ヘレン
1949～ [著]「聖夜のシンデレラ」ハーパーコリンズ・ジャパン 2016
Brooks, Herb ブルックス, ハーブ
1937～2003 [国]アメリカ アイスホッケー監督 アイスホッケー米国代表監督
Brooks, James L. ブルックス, ジェームズ
1940～ [国]アメリカ 映画監督 [異]ブルックス, ジェームズ・L.
Brooks, Jerome Edmund ブルックス, J.E.
[著]「マイティ・リーフ」山愛書院, 星雲社(発売) 2001
Brooks, John ブルックス, ジョン
[国]アメリカ サッカー選手
Brooks, John C. ブルークス, ジョン・C.
？～2007 [著]「ブルークス流テクニカル運用戦略」東洋経済新報社 2008
Brooks, Joseph ブルックス, ジョゼフ
1938～2011 [国]アメリカ 作曲家, 映画監督
Brooks, Kevin ブルックス, ケヴィン
カーネギー賞(2014年)ほか
Brooks, Lynne M. ブルークス, リン
[著]「戦略的プロジェクト経営」鹿島出版会 2011
Brooks, Martha ブルックス, マーサ
1944～ [著]「ハートレスガール」さ・え・ら書房 2005
Brooks, Max ブルックス, マックス
1972～ [国]アメリカ 作家 [専]ホラー
Brooks, Mel ブルックス, メル
1926～ [国]アメリカ 映画監督, 脚本家, 俳優, 映画プロデューサー 本名＝ブルックス, メルビン・カミンスキー〈Brooks, Melvin Kaminsky〉
Brooks, Michael ブルックス, マイケル
1970～ [著]「「偶然」と「運」の科学」SBクリエイティブ 2016
Brooks, Nick ブルックス, ニック
[国]イギリス 作家 [専]ミステリー
Brooks, Peter ブルックス, ピーター
1938～ [著]「精神分析と物語」松柏社 2008
Brooks, Rand ブルックス, ランド
1918～2003 [国]アメリカ 俳優 [異]ランド・ブルックス
Brooks, Robert B. ブルックス, ロバート
[著]「アメリカに学ぶいじめ・逆境に強い子を育てる10の心得」学習研究社 2002
Brooks, Rodney Allen ブルックス, ロドニー
[著]「ブルックスの知能ロボット論」オーム社 2006
Brooks, Ron ブルックス, ロン
[国]アメリカ アメフト選手
Brooks, Ron ブルックス, ロン
[著]「くまさんとことりちゃん、また」BL出版 2003
Brooks, Scott ブルックス, スコット
[国]アメリカ ワシントン・ウィザーズヘッドコーチ(バスケットボール)
Brooks, Stephen G. ブルックス, S.
[著]「ネオコンとアメリカ帝国の幻想」朝日新聞社 2003
Brooks, Susie ブルックス, スージー
[著]「10ぴきなかよしさかなくん」大日本絵画 〔2008〕
Brooks, Susie ブルックス, スージー
[著]「クロード・モネ」六耀社 2016
Brooks, Terrence ブルックス, テレンス
[国]アメリカ アメフト選手
Brooks, Terry ブルックス, テリー
1941～ [国]アメリカ ファンタジー作家
Brooks, Zac ブルックス, ザック
[国]アメリカ アメフト選手
Brooksby, Carl ブルックスビー, カール
[著]「ポール・オースターが朗読するナショナル・ストーリー・プロジェクト」アルク 2006
Broom, Glen M. ブルーム, グレン・M.
[著]「体系パブリック・リレーションズ」ピアソン・エデュケーション 2008
Broom, Jenny ブルーム, ジェニー
[著]「アニマリウム」汐文社 2016
Broom, Neil ブルーム, ニール
[著]「コンピュータ・フォレンジック完全辞典」幻冬舎ルネッサンス 2012
Broome, Lissa Lamkin ブルーム, リサ・L.
1957～ [著]「米国セキュリタイゼーション概説」レクシスネクシス・ジャパン, 雄松堂出版(発売) 2007
Broomé, Per ブルメー, ペール
1942～ [著]「スウェーデンの高齢者福祉」新評論 2005
Brophy, David J. ボロフィー, デービッド・J.
[著]「プライベート・エクイティ」中央経済社 2011
Brophy, Jere E. ブロフィ, ジェア
？～2009 [著]「やる気をひきだす教師」金子書房 2011
Brophy, Philip ブロフィ, フィリップ
[著]「シネ・ソニック音響的映画100」フィルムアート社 2005
Bropleh, Lawrence ブロプレ, ローレンス
[国]リベリア 情報文化観光相
Broring-sprehe, Kristina シュピーレ, クリスティナ
[国]ドイツ 馬術選手
Brosbøl, Kirsten ブロスボル, キルステン
[国]デンマーク 環境相
Brosinski, Daniel ブロジンスキ, ダニエル
[国]ドイツ サッカー選手
Brosnan, Peter ブロスナン, ピーター
[著]「ニュージーランド福祉国家の再設計」法律文化社 2004
Brosnan, Pierce Brendan ブロスナン, ピアース
1953～ [国]イギリス 俳優
Bross, Donald C. ブロス, ドナルド・C.
[著]「虐待された子ども」明石書店 2003
Brosse, Jacques ブロス, ジャック
1922～ [著]「世界樹木神話」八坂書房 2008
Brossollet, Jacqueline ブロソレ, ジャックリーヌ
[著]「見えない敵との闘い」人文書院 2015
Brothers, Kentrell ブラザーズ, ケントレル
[国]アメリカ アメフト選手
Brotherton, Mike ブラザートン, マイク
1968～ [国]アメリカ 作家, 天文学者 [専]SF, ファンタジー
Brotman, Eric ブロットマン, エリック
[著]「ポール・オースターが朗読するナショナル・ストーリー・プロジェクト」アルク 2006
Broto, Carles ブロト, カルレス
[著]「アパートメントインテリア」グラフィック社 2007
Brotton, Jerry ブロットン, ジェリー
[異]ブロトン, ジェリー [著]「地図の世界史大図鑑」河出書房新社 2015
Brotzman, S.Brent ブロウツマン, S.ブレント
[著]「リハビリテーションプロトコール」メディカル・サイエンス・インターナショナル 2010
Brou, Jean-Claude ブル, ジャンクロード
[国]コートジボワール 産業・鉱山相
Brouette, Thomas E. ブロエット, トーマス・E.
[著]「不安障害」日本評論社 2005
Brough, Mal ブラフ, マル
[国]オーストラリア 家族・社会奉仕・先住民問題相
Broughton, Frank ブロートン, フランク
[著]「そして、みんなクレイジーになっていく」プロデュース・センター出版局 2003

Broughton, Philip Delves　ブロートン, フィリップ・デルヴス
　㊝「なぜハーバード・ビジネス・スクールでは営業を教えないのか？」プレジデント社　2013
Brouns, Berund　ブラウンス, ベルント
　㊝「フェアな未来へ」新評論　2013
Broussard, Ella　ブロウサード, エラ
　㊝「ロケ地の秘密」光文社　2003
Broussard, Philippe　ブルサール, フィリップ
　1963〜　㊝「囚われのチベットの少女」トランスビュー　2002
Broussard, Robert　ブルッサール, ロベール
　1936〜　㊝「人質交渉人」草思社　2002
Brousse, Michel　ブルス, ミッシェル
　㊥フランス　ボルドー大学体育・スポーツ科学技術学部教員（上級アグレジェ）、仏柔道・柔術・剣道等連盟副会長
Brousseau, Kenneth R.　ブルーソー, ケネス・R.
　㊝「人材育成の戦略」ダイヤモンド社　2007
Brout, Robert　ブルー, ロベール
　㊥ベルギー　ウルフ賞物理学部門（2004年）
Broutin, Christian　ブルタン, クリスチャン
　㊝「火山の本」岳陽舎　2006
Broutsis, Giannis　ブルチス, ヤニス
　㊥ギリシャ　労働・社会保障・福祉相
Brouwer, Alexander　ブラウバー, アレクサンダー
　㊥オランダ　ビーチバレー選手
Brouwers, Jeroen　ブラウワーズ, イエルーン
　1940〜　㊝「うわずみの赤」水声社　2001
Brovetto, Jorge　ブロベット, ホルヘ
　㊥ウルグアイ　教育文化相
Brovold, Tore　ブロボル
　㊥ノルウェー　射撃選手
Browder, Bill　ブラウダー, ビル
　1964〜　㊝「国際指名手配」集英社　2015
Browder, Sue Ellin　ブローダー, スー・エリン
　1946〜　㊝「「ママ、どうしよう？」にこたえるアイディアブック」技術評論社　2006
Browder, Walter　ブローダー, ウォルター
　1939〜　㊝「「ママ、どうしよう？」にこたえるアイディアブック」技術評論社　2006
Brower, Howard　ブラウアー, ハワード
　㊝「イーヨーのきぶんのわるくないひ」大日本絵画　2002
Brower, Kate Andersen　ブラウアー, ケイト・アンダーセン
　㊝「使用人たちが見たホワイトハウス」光文社　2016
Brower, Kenneth　ブラウワー, ケネス
　1944〜　㊝「宇宙船とカヌー」山と渓谷社　2014
Brown, Aaron　ブラウン, アーロン
　㊥カナダ　陸上選手
Brown, Aaron　ブラウン, アーロン
　1956〜　㊝「ギャンブルトレーダー」パンローリング　2008
Brown, Adrian　ブラウン, エイドリアン
　㊝「なぜ組織は「イノベーション」をつぶすのか？」ファーストプレス　2007
Brown, Adrienne　ブラウン, アドリヌ
　㊝「トゥリルのコンサート革命」講談社　2011
Brown, Adrienne Maree　ブラウン, アドリエン・マリー
　㊝「もう戦争はさせない！」文理閣　2007
Brown, Alan　ブラウン, アラン
　1951〜　㊝「だってぼくは犬なんだい！」評論社　2002
Brown, Alan　ブラウン, アラン
　㊝「MDAマニフェスト」エスアイビー・アクセス, 星雲社（発売）　2005
Brown, Albert　ブラウン, アルバート
　1905〜2011　㊥アメリカ　軍人　本名＝Brown, Albert Neir
Brown, Alexandra　ブラウン, アレクサンドラ
　㊝「アスペルガー流人間関係」東京書籍　2011
Brown, Alison　ブラウン, アリスン
　㊝「ずっといっしょ」WAVE出版　2016
Brown, Alyson　ブラウン, アリソン
　㊝「薬剤師による症候からの薬学判断」じほう　2013
Brown, Amanda　ブラウン, アマンダ
　㊥アメリカ　作家　㊙その他
Brown, Andrew　ブラウン, アンドリュー
　1955〜　㊝「はじめに線虫ありき」青土社　2006
Brown, Ann L.　ブラウン, アン・L.
　㊝「授業を変える」北大路書房　2002
Brown, Anthony　ブラウン, アンソニー
　㊥アメリカ　バスケットボール選手

Brown, Anthony　ブラウン, アンソニー
　㊥アメリカ　アメフト選手
Brown, Antonio　ブラウン, アントニオ
　㊥アメリカ　アメフト選手
Brown, Archie　ブラウン, アーチー
　1938〜　㊝「共産主義の興亡」中央公論新社　2012
Brown, Arthur　ブラウン, アーサー
　㊥アメリカ　アメフト選手
Brown, Ashley　ブラウン, アシュレー
　㊝「世界最強の男たちグリーンベレー」東洋書林　2001
Brown, Augustus　ブラウン, オーガスタス
　㊝「なぜ、パンダは逆立ちするのか？」ソフトバンククリエイティブ　2008
Brown, Beniquez　ブラウン, ベニケス
　㊥アメリカ　アメフト選手
Brown, Bill　ブラウン, ビル
　1931〜2004　㊥イギリス　サッカー選手　本名＝Brown, William Dallas Fyfe
Brown, Blain　ブラウン, ブライン
　㊝「プロフェッショナル撮影技法」フィルムアート社　2007
Brown, Bobbi　ブラウン, ボビイ
　㊙ブラウン, ボビイ　㊝「ボビイブラウン ビューティールールズ」AC Books　2010
Brown, Bobby　ブラウン, ボビー
　㊥アメリカ　バスケットボール選手
Brown, Brendan　ブラウン, ブレンダン
　1951〜　㊥イギリス　国際経済学者　三菱UFJセキュリティーズインターナショナル・チーフエコノミスト
Brown, Brené　ブラウン, ブレネー
　㊝「「ネガティブな感情（こころ）」の魔法」三笠書房　2013
Brown, Brett　ブラウン, ブレット
　㊥アメリカ　フィラデルフィア・セブンティシクサーズヘッドコーチ（バスケットボール）
Brown, Brooks　ブラウン, ブルックス
　㊝「コロンバイン・ハイスクール・ダイアリー」太田出版　2004
Brown, Carrie　ブラウン, キャリー
　1959〜　㊝「ラム氏のたくらみ」早川書房　2001
Brown, Carter　ブラウン, カーター
　1934〜2002　㊥アメリカ　ワシントン・ナショナル・ギャラリー・オブ・アート館長　本名＝Brown, John Carter
Brown, Catana　ブラウン, カタナ
　㊝「リカバリー」金剛出版　2012
Brown, Charles C.　ブラウン, チャールズ・C.
　1938〜　㊝「ニーバーとその時代」聖学院大学出版会　2004
Brown, Charles L.　ブラウン, チャールズ
　1921〜2003　㊥アメリカ　実業家　アメリカン・テレホン・アンド・テレグラフ・カンパニー会長・CEO
Brown, Chester M.　ブラウン, チェスター・M.
　㊝「老化の生命科学」アークメディア　2007
Brown, Chris　ブラウン
　㊥バハマ　陸上選手
Brown, Chris　ブラウン, クリス
　1989〜　㊥アメリカ　歌手
Brown, Chris　ブラウン, クリス
　㊥アメリカ　アメフト選手
Brown, Chris　ブラウン, クリス
　㊥バハマ　陸上選手
Brown, Christina　ブラウン, クリスティーナ
　㊝「ヨーガバイブル」産調出版　2004
Brown, Chuck　ブラウン, チャック
　1936〜2012　㊥アメリカ　ミュージシャン　本名＝Brown, Charles Louis
Brown, Chykie　ブラウン, チャイキー
　㊥アメリカ　アメフト選手
Brown, Claire Waite　ブラウン, クレア・ウェイト
　㊝「すてきな花の水彩手帖」グラフィック社　2009
Brown, Clarence　ブラウン, クラレンス
　1924〜2005　㊥アメリカ　ブルースミュージシャン　通称＝ブラウン, クラレンス・ゲイトマウス〈Brown, Clarence Gatemouth〉
Brown, Clive　ブラウン, クライヴ
　㊝「ロマン派の音楽」音楽之友社　2016
Brown, Corey　ブラウン, コリー
　㊥アメリカ　アメフト選手
Brown, Cynthia Stokes　ブラウン, シンシア・ストークス
　㊝「ビッグヒストリー」明石書店　2016
Brown, Dale　ブラウン, デール
　1956〜　㊥アメリカ　作家　㊙ブラウン, デイル

Brown, Dale S.　ブラウン, デイル・S.
[著]「さあ、どうやってお金を稼ごう？」 花風社　2003
Brown, Dale W.　ブラウン, デイル・W.
[著]「敬虔主義」 キリスト新聞社　2006
Brown, Dan　ブラウン, ダン
1964～ [国]アメリカ　作家　[専]ミステリー, スリラー, フィクションほか
Brown, Daniel　ブラウン, ダニエル
[国]アメリカ　アメフト選手
Brown, Daniel　ブラウン, ダニエル・ジェイムズ
1951～ [著]「ヒトラーのオリンピックに挑め」 早川書房　2016
Brown, Da'Ron　ブラウン, ダロン
[国]アメリカ　アメフト選手
Brown, David　ブラウン, デヴィッド
[著]「変容する参加型開発」 明石書店　2008
Brown, David　ブラウン, デービッド
1956～2003 [国]アメリカ　宇宙飛行士　米国海軍大佐　[異]ブラウン, デビッド
Brown, David　ブラウン, デービッド
1916～2010 [国]アメリカ　映画プロデューサー　[異]ブラウン, デイヴィッド / ブラウン, デビッド
Brown, David Blayney　ブラウン, デーヴィッド・ブレイニー
[著]「ロマン主義」 岩波書店　2004
Brown, David F.M.　ブラウン, D.F.M.
[著]「ER心電図の超速診断」 西村書店東京出版編集部　2015
Brown, Debra Lee　ブラウン, デブラ・リー
[著]「金鉱の花嫁」 ハーレクイン　2009
Brown, Dee　ブラウン, ディー
1908～2002 [国]アメリカ　作家
Brown, Delmer Myers　ブラウン, デルマー・マイヤー
1909～2011 [国]アメリカ　歴史学者, 日本研究家　カリフォルニア大学バークレー校教授　[専]日本古代中世史
Brown, Denise Wichello　ブラウン, デニス・ウィッチェロ
[著]「エンジェルセラピー」 産調出版　2005
Brown, Derren　ブラウン, ダレン
1971～ [著]「メンタリズムの罠」 扶桑社　2013
Brown, Derren　ブラウン, デレン
ローレンス・オリヴィエ賞 ミュージカル・エンタテインメント エンタテインメント＆ファミリー作品賞(2012年(第36回)) “Svengali”
Brown, DeSoto　ブラウン, デソト
1954～ [著]「アロハシャツの魅力」 アップフロントブックス, ワニブックス(発売)　2005
Brown, Don　ブラウン, ドン
1956～ [著]「だからお客に嫌われる」 日本経済新聞出版社　2012
Brown, Donald　ブラウン, ドナルド
[国]アメリカ　アメフト選手
Brown, Donald Edward　ブラウン, ドナルド・E.
1934～ [著]「ヒューマン・ユニヴァーサルズ」 新曜社　2002
Brown, Doug　ブラウン, ドウー
1952～ [著]「C++プログラミング入門」 オライリー・ジャパン, オーム社(発売)　2001
Brown, Douglas　ブラウン, ダグラス
1959～ [著]「戦略的BPO活用入門」 東洋経済新報社　2009
Brown, Douglas J.　ブラウン, ダグラス
[著]「101回目の夜」 エンジン・ルーム, 河出書房新社(発売)　2009
Brown, Duane　ブラウン, デュエイン
[国]アメリカ　アメフト選手
Brown, Duane　ブラウン, デュエイン
[著]「飛行機に乗るとき読む本」 プレアデス出版, 京都 現代数学社(発売)　2002
Brown, Dustin　ブラウン, ダスティン
[国]ドイツ　テニス選手
Brown, Dwayne　ブラウン, ドゥエイン
[著]「HUBBLE」 インフォレスト　2010
Brown, Ellen F.　ブラウン, エレン・F.
1969～ [著]「世紀の名作はこうしてつくられた」 一灯舎　2013
Brown, E.R.　ブラウン, E.R.
[国]カナダ　作家　[専]ミステリー, スリラー　本名＝Brown, Eric
Brown, Eric R.　ブラウン, E.R.
[著]「マリワナ・ピープル」 早川書房　2015
Brown, Errol　ブラウン, エロール
1943～2015 [国]イギリス　ソウル歌手　本名＝Brown, Lester Errol
Brown, Fraser　ブラウン, フレイザー
[国]スコットランド　ラグビー選手
Brown, Georgina　ブラウン, ジョージナ
[著]「ママの恋人、娘のボーイフレンド」 光文社　2003
Brown, Gordon　ブラウン, ゴードン
1951～ [国]イギリス　政治家　国連グローバル教育事務局長特別大使　英国首相, 英国労働党党首　本名＝Brown, James Gordon
Brown, Graeme　ブラウン
[国]オーストラリア　自転車選手
Brown, Graham　ブラウン, グラハム
[著]「いくつあるのかな？」 大日本絵画　〔2009〕
Brown, Helen　ブラウン, ヘレン
1954～ [著]「クレオ」 エイアンドエフ　2016
Brown, Helen Gurley　ブラウン, ヘレン・ガーリー
[著]「恋も仕事もやめられない！」 文芸春秋　2001
Brown, Herbert Charles　ブラウン, ハーバート・チャールズ
1912～2004 [国]アメリカ　化学者　パーデュー大学名誉教授　[専]有機化学　本名＝Brovarnik, Herbert
Brown, Hilary　ブラウン, ヒラリー
[著]「障害をもつ人にとっての生活の質」 相川書房　2002
Brown, H.Jackson, Jr.　ブラウン, H.ジャクソン, Jr.
1940～ [著]「幸せのシンプルルール511」 ゴマブックス　2008
Brown, Iona　ブラウン, アイオナ
1941～2004 [国]イギリス　指揮者, バイオリニスト　英国アカデミー室内管弦楽団指揮者
Brown, Jabari　ブラウン, ジャバリ
[国]アメリカ　バスケットボール選手
Brown, Jack　ブラウン, ジャック
1943～ [著]「さわるな、危険！」 新潮社　2004
Brown, Jake　ブラウン, ジェイク
[著]「ザ・ノトーリアス・BIG」 トランスワールドジャパン　2007
Brown, Jalil　ブラウン, ジャリル
[国]アメリカ　アメフト選手
Brown, James　ブラウン, ジェームス
1933～2006 [国]アメリカ　ソウル歌手　[異]ブラウン, ジェームズ
Brown, James Robert　ブラウン, ジェームズ・ロバート
[著]「なぜ科学を語ってすれ違うのか」 みすず書房　2010
Brown, James Ward　ブラウン, J.W.
[著]「複素関数入門」 数学書房　2007
Brown, Jamon　ブラウン, ジェイモン
[国]アメリカ　アメフト選手
Brown, Janet L.　ブラウン, ジャネット・L.
[著]「自閉症」 黎明書房　2006
Brown, Jaron　ブラウン, ジャロン
[国]アメリカ　アメフト選手
Brown, Jason Ira　ブラウン, ジェイソン・I.
1961～ [著]「数学で読み解くあなたの一日」 早川書房　2010
Brown, Jason Robert　ブラウン, ジェーソン・ロバート
トニー賞 ミュージカル 楽曲賞(2014年(第68回)) ほか
Brown, Jatavis　ブラウン, ジェイタビス
[国]アメリカ　アメフト選手
Brown, Jaylen　ブラウン, ジェイレン
[国]アメリカ　バスケットボール選手
Brown, Jeff　ブラウン, ジェフ
[著]「IQより大切な「頭の使いかた」」 三笠書房　2010
Brown, Jeff M.　ブラウン, ジェフ・M.
[著]「ジョニー君のレモネード屋台」 バジリコ　2006
Brown, Jeffrey　ブラウン, ジェフリー
1975～ [著]「ジェダイ・アカデミー ファントム・ブリー」 辰巳出版　2015
Brown, Jerry　ブラウン, ジェリー
1938～ [国]アメリカ　政治家　カリフォルニア州知事　本名＝ブラウン, エドモンド・ジェラルド〈Brown, Edmund Gerald Jr.〉
Brown, Jesse　ブラウン, ジェシー
1944～2002 [国]アメリカ　政治家　米国復員軍人長官
Brown, Jim　ブラウン, ジム
1956～ [著]「デスゲーム24/7」 早川書房　2002
Brown, John　ブラウン, ジョン
[国]アメリカ　アメフト選手
Brown, John Michael　ブラウン, ジョン・M.
1939～ [著]「若手研究者のための有機化学」 国際通信社, 星雲社(発売)　2005
Brown, John Seely　ブラウン, ジョン・シーリー
[国]アメリカ　実業家, 科学者　デトロイト・センター・フォー・エッジ共同代表, 南カリフォルニア大学客員教授　ゼロックス副社長・パロアルト研究所所長　[専]コンピューター, 情報通信
Brown, Jon　ブラウン
[国]イギリス　陸上選手

Brown, Jon ブラウン, ジョン
[国]アメリカ アメフト選手

Brown, Josh ブラウン, ジョシュ
[国]アメリカ アメフト選手

Brown, Juanita ブラウン, アニータ
1944〜 [著]「ワールド・カフェ」 ヒューマンバリュー 2007

Brown, Judith Belle ブラウン, ユディト・ベル
[著]「患者中心のケア」 診断と治療社 2004

Brown, Julie ブラウン, ジュリー
1961〜 [著]「作家たちの秘密」 東京書籍 2013

Brown, Kate ブラウン, ケイト
[著]「プルートピア」 講談社 2016

Brown, Kathryn ブラウン, キャスリン
[著]「名前をつけるおばあさん」 新樹社 2007

Brown, Kathryn ブラウン, キャスリン
[著]「サイエンスライティング」 地人書館 2013

Brown, Katie ブラウン, ケイティ
1963〜 [著]「ケイティ・ブラウンの暮らしのアイデア」 ランダムハウス講談社 2004

Brown, Keith ブラウン, キース
[著]「Microsoft.NET実践プログラミング」 アスキー 2002

Brown, Keith ブラウン, キース
1931〜 [著]「D.H.ロレンス批評地図」 松柏社 2001

Brown, Kelly Williams ブラウン, ケリー・ウィリアムズ
[著]「レディ・レッスン」 大和書房 2015

Brown, Kenneth Francis ブラウン, ケネス・フランシス
[国]アメリカ 元・東西センター理事長, 元・ハワイ州上院議員, マウナラニ・リゾート取締役会長

Brown, Kim ブラウン, キム
[著]「グローバル・ティーチャーの理論と実践」 明石書店 2011

Brown, Kourtnei ブラウン, コートネイ
[国]アメリカ アメフト選手

Brown, Kyle ブラウン, K.
[著]「IBM WebSphereエンタープライズJavaプログラミング」 エスアイビー・アクセス, 星雲社(発売) 2002

Brown, Larry ブラウン, ラリー
1940〜 [国]アメリカ 元バスケットボール監督 バスケットボール米国代表監督

Brown, Lascelles ブラウン, ラッセルズ
1974〜 [国]カナダ ボブスレー選手

Brown, Laurene Krasny ブラウン, ローリーン・クラスニー
1945〜 [著]「恐竜の離婚」 明石書店 2006

Brown, Laurie M. ブラウン, ローリー
[著]「ファインマン経路積分の発見」 岩波書店 2016

Brown, L.David ブラウン, L.デビッド
[著]「グローバル化で世界はどう変わるか」 英治出版 2004

Brown, Lee E. ブラウン, L.E.
1956〜 [著]「イラストでみるSAQトレーニングドリル180」 大修館書店 2003

Brown, Les ブラウン, レス
1912〜2001 [国]アメリカ ジャズクラリネット奏者, ジャズサックス奏者 本名=Brown, Lester Raymond

Brown, Lesley ブラウン, レズリー
?〜2012 [国]イギリス 世界で初めて体外受精児を出産 [異]ブラウン, レスリー

Brown, Lester Russell ブラウン, レスター
1934〜 [国]アメリカ 思想家, 環境問題活動家 アースポリシー研究所理事長, ワールドウォッチ研究所理事 [専]地球環境問題, エコロジカル・エコノミクス(生態学的経済学)

Brown, Lewis ブラウン, ルイス
[国]リベリア 情報・文化・観光相

Brown, Lindsay ブラウン, リンゼイ
[著]「ネパール」 メディアファクトリー 2004

Brown, Lorenzo ブラウン, ロレンゾ
[国]アメリカ バスケットボール選手

Brown, Lynda ブラウン, リンダ
[著]「わたしの手づくり保存食百科」 緑書房 2012

Brown, Lynette ブラウン, リネット
[著]「エンジェル・ナンバー」 ダイヤモンド社 2007

Brown, Lynne ブラウン, リン
[国]南アフリカ 公共企業相

Brown, Mack ブラウン, マック
[国]アメリカ アメフト選手

Brown, Mackenzie ブラウン, マッケンジー
[国]アメリカ アーチェリー選手

Brown, Malcolm ブラウン, マルコム
[国]アメリカ アメフト選手

Brown, Malcom ブラウン, マルコム
[国]アメリカ アメフト選手

Brown, Marc ブラウン, マーク
[著]「ほんをよめばなんでもできる」 セーラー出版 2010

Brown, Marcia ブラウン, マーシャ
1918〜2015 [国]アメリカ 絵本作家 本名=ブラウン, マーシャ・ジョーン〈Brown, Marcia Joan〉

Brown, Marc Tolon ブラウン, マーク・T.
1946〜 [著]「本、だ〜いすき!」 新日本出版社 2013

Brown, Margot ブラウン, マーゴ
[著]「グローバル・ティーチャーの理論と実践」 明石書店 2011

Brown, Mark ブラウン, マーク
[国]クック諸島 財務・経営運営相兼海底鉱物・天然資源相兼投資公社担当相兼金融情報局担当相兼金融サービス開発局担当相兼年金担当相兼電気通信相兼歳出審査委員会・会計監査担当相兼国家元首府担当相兼真珠局担当相

Brown, Markel ブラウン, マーケル
[国]アメリカ バスケットボール選手

Brown, Mark Graham ブラウン, マーク・グラハム
[著]「ウイニング・バランス・スコアカード」 生産性出版 2002

Brown, Marlene ブラウン, マーリーン
[著]「パトリシア・コーンウェルの食卓」 講談社 2003

Brown, Martin C. ブラウン, マーティン・C.
[著]「Perl/Python/PHPによるXMLプロセッシング徹底解説」 技術評論社 2003

Brown, Marty ブラウン, マーティー
1963〜 [国]アメリカ 野球指導者, 元野球選手 本名=ブラウン, マーティ・レオ〈Brown, Marty Leo〉

Brown, Mason ブラウン, メイソン
[著]「チーズはだれが切った?」 鹿砦社 2001

Brown, Melissa K. ブラウン, メリッサ・K.
[著]「え!? ここまでわかるの? 人工呼吸器グラフィックス」 メディカル・サイエンス・インターナショナル 2015

Brown, Michael ブラウン, マイケル
1947〜 [著]「交流分析の理論と実践技法」 風間書房 2013

Brown, Michael Barratt ブラウン, マイケル・バラット
1918〜2015 [国]イギリス エコノミスト 第三世界情報ネットワーク(TWIN)代表, TWINTRADE代表

Brown, Michael E. ブラウン, マイケル
1965〜 [国]アメリカ 天文学者 カリフォルニア工科大学惑星天文学部教授 [専]惑星科学

Brown, Michael Stuart ブラウン, マイケル・スチュアート
1941〜 [国]アメリカ 遺伝学者 テキサス大学サウスウエスタン医学部教授 [専]分子遺伝学

Brown, Mike ブラウン
[国]カナダ 競泳選手

Brown, Mike ブラウン, マイク
[国]アメリカ ゴールデンステイト・ウォリアーズアシスタントコーチ(バスケットボール)

Brown, Mike ブラウン, マイク
[国]イングランド ラグビー選手

Brown, Milly ブラウン, ミリー
[著]「ねこがたり」 ぶんか社 2009

Brown, Monica ブラウン, モニカ
1969〜 [著]「こないかな、ロバのとしょかん」 新日本出版社 2012

Brown, Morris Jonathan ブラウン, M.J.
[著]「ローレンス臨床薬理学」 西村書店 2006

Brown, Myra Berry ブラウン, マイラ・ベリー
1918〜 [著]「スティーヴィーのこいぬ」 あすなろ書房 2011

Brown, Nancy Marie ブラウン, ナンシー・マリー
[著]「食卓のメンデル」 日本評論社 2013

Brown, Naomi ブラウン, ナオミ
[著]「コミュニケーション」 アーティストハウスパブリッシャーズ, 角川書店(発売) 2002

Brown, Nick ブラウン, ニック
[国]イギリス 農漁業食糧相

Brown, Nicolas ブラウン, ニコラス
[国]バヌアツ バヌアツ産業開発相

Brown, Norman O. ブラウン, ノーマン
1913〜2002 [国]アメリカ 哲学者 ロチェスター大学教授 [専]古典学, 比較文学

Brown, Ogden, Jr. ブラウン, O., Jr.
[著]「マクロ人間工学」 日本出版サービス 2006

Brown, Oscar, Jr. ブラウン, オスカー, Jr.

Brown, Pat ブラウン, パット
1926～2005 国アメリカ シンガーソングライター, 脚本家
Brown, Pat ブラウン, パット
1955～ 著「プロファイラー」講談社 2012
Brown, Paul ブラウン, ポール
1974～ 著「サッカー非公式世界王者の歴史」飛鳥新社 2011
Brown, Paul B. ブラウン, ポール・B.
著「レレバンス・イノベーション」マグロウヒル・エデュケーション, 日本経済新聞出版社（発売）2014
Brown, Penelope ブラウン, ペネロピ
著「ポライトネス」研究社 2011
Brown, Peter ブラウン, ピーター
著「ビートルズ世界証言集」ポプラ社 2006
Brown, Peter ブラウン, ピーター
1935～ 著「貧者を愛する者」慶応義塾大学出版会 2012
Brown, Peter ブラウン, ピーター
1979～ 著「トラさん、あばれる」光村教育図書 2014
Brown, Peter C. ブラウン, ピーター・C.
1959～ 著「使える脳の鍛え方」NTT出版 2016
Brown, Peter Robert Lamont ブラウン, ピーター・ロバート・ラモント
1935～ 国アイルランド 歴史学者 プリンストン大学教授
Brown, Petra ブラウン, ペトラ
著「ネムネムのじかん」BL出版 2013
Brown, Phil ブラウン, フィル
1916～2006 国アメリカ 俳優
Brown, Phillip ブラウン, フィリップ
1957～ 著「グローバル化・社会変動と教育」東京大学出版会 2012
Brown, Pierce ブラウン, ピアース
1988～ 国アメリカ 作家 分ヤングアダルト, SF
Brown, Preston ブラウン, プレストン
国アメリカ アメフト選手
Brown, Ralph ブラウン, ラルフ
1958～ 著「ぼくたちが大人になれない、12の理由」アーティストハウス, 角川書店（発売）2001
Brown, Randy ブラウン, ランディ
国アメリカ シカゴ・ブルズアシスタントコーチ（バスケットボール）
Brown, Ray ブラウン, レイ
1926～2002 国アメリカ ジャズベース奏者 本名＝Brown, Raymond Matthews
Brown, Rebecca ブラウン, レベッカ
1956～ 国アメリカ 作家
Brown, Reilly ブラウン, ライリー
著「デッドプール：ドラキュラズ・ガントレット」小学館集英社プロダクション 2016
Brown, Richard ブラウン, リチャード・W.
1945～ 著「生きていることを楽しんで」KADOKAWA 2016
Brown, Rita Mae ブラウン, リタ・メイ
1944～ 国アメリカ 作家
Brown, Robert Hanbury ブラウン, R.ハンバリー
1916～2002 国イギリス 天文学者 シドニー大学名誉教授 分電波天文学 関ブラウン, ロバート・ハンブリー
Brown, Ronald T. ブラウン, ロナルド・T.
著「ADHD」金剛出版 2014
Brown, Rosemary ブラウン, ローズマリー
1916～2001 著「詩的で超常的な調べ」国書刊行会 2014
Brown, Rosemary ブラウン, ローズマリー・P.
著「脳神経外科臨床看護マネジメント」メディカ出版 2003
Brown, Rosie ブラウン, ロージー
著「ケアの複雑性」エルゼビア・ジャパン 2007
Brown, Roy I. ブラウン, ロイ・I.
著「障害をもつ人にとっての生活の質」相川書房 2002
Brown, Russell ブラウン, ラッセル
著「ニュージーランド」メディアファクトリー 2004
Brown, Ruth ブラウン, ルース
1928～2006 国アメリカ 歌手
Brown, Ryan ブラウン, ライアン
国アメリカ アメフト選手
Brown, Sam ブラウン, サム
監督 グラミー賞 最優秀短編ビデオ作品（2011年（第54回））"Rolling In The Deep"
Brown, Sandra ブラウン, サンドラ
1948～ 国アメリカ 作家
Brown, Sandra L. ブラウン, サンドラ・L.
著「その男とつきあってはいけない！」飛鳥新社 2010

Brown, S.Azby ブラウン, アズビー
1956～ 著「江戸に学ぶエコ生活術」阪急コミュニケーションズ 2011
Brown, Scott ブラウン, スコット
著「こうすれば、子どもとうまく会話ができる」PHP研究所 2004
Brown, Sergio ブラウン, セルジオ
国アメリカ アメフト選手
Brown, Shona L. ブラウン, ショーナ・L.
著「「選択と集中」の戦略」ダイヤモンド社 2003
Brown, Simon ブラウン, サイモン
1975～ 著「プロフェッショナルJSP」インプレス, インプレスコミュニケーションズ（発売）2002
Brown, Simon ブラウン, サイモン・G.
著「新マクロビオティック」ガイアブックス, 産調出版（発売）2010
Brown, Sinai ブラウン, シナイ
国パプアニューギニア 公共サービス相 関ブラウン, サイナイ
Brown, Sneaky Pie ブラウン, スニーキー・パイ
著「アルバムをひらく猫」早川書房 2009
Brown, Stacy ブラウン, ステーシー
1968～ ブラウン, ステイシー 著「マイケル・ジャクソン少年愛と白い肌の真実」講談社 2005
Brown, Stanley A. ブラウン, スタンリー・A.
著「CRMの構築と実践」東洋経済新報社 2001
Brown, Stanley H. ブラウン, スタンリー・H.
著「私に売れないモノはない！」フォレスト出版 2010
Brown, Stephen ブラウン, スティーブン
1955～ 著「ハリー・ポッター魔法のブランド術」ソフトバンククリエイティブ 2007
Brown, Stephen F. ブラウン, スティーヴン・F.
著「ユダヤ教」青土社 2004
Brown, Stephen J. ブラウン, スティーブン・J.
著「金融規制のグランドデザイン」中央経済社 2011
Brown, Steven ブラウン, スティーブン
1963～ 著「音楽の起源」人間と歴史社 2013
Brown, Stevie ブラウン, ステビー
国アメリカ アメフト選手
Brown, Stuart L. ブラウン, スチュアート
著「遊びスイッチ、オン！」バベルプレス 2013
Brown, Sunni ブラウン, サニー
著「描きながら考える力」クロスメディア・パブリッシング, インプレス（発売）2015
Brown, Sylvia G. ブラウン, S.G.
著「模擬法律事務所はロースクールを変えるか」関西学院大学出版会 2006
Brown, Terea ブラウン
国アメリカ 陸上選手
Brown, Terence A. ブラウン, T.A.
著「ゲノム」メディカル・サイエンス・インターナショナル 2007
Brown, Theodore Lawrence ブラウン, セオドア・L.
1928～ 著「ブラウン一般化学」丸善出版 2015
Brown, Thomas E. ブラウン, トーマス・E.
著「ADHD（エーディーエイチディー）集中できない脳をもつ人たちの本当の困難」診断と治療社 2010
Brown, Thomas L. ブラウン, トーマス・L.
著「「権限委譲」で、抱え込んでる仕事を部下に任せる」ファーストプレス 2008
Brown, Tim ブラウン, ティム
1966～ 国アメリカ 元アメフト選手 本名＝Brown, Timothy Donell
Brown, Tim ブラウン, ティム
1954～ 著「デザイン思考が世界を変える」早川書房 2014
Brown, Timothy A. ブラウン, ティモシー・A.
著「不安障害」日本評論社 2005
Brown, Tina ブラウン, ティナ
著「ダイアナ クロニクル」マーブルトロン, 中央公論新社（発売）2011
Brown, Tom ブラウン, トム
著「白雪姫はM&Aがお好き」ダイヤモンド社 2002
Brown, Tom, Jr. ブラウン, トム, Jr.
1950～ 著「グランドファーザーの生き方」ヒカルランド 2013
Brown, Tony ブラウン, トニー
1975～ 国ニュージーランド 元ラグビー選手 本名＝Brown, Tony Eion
Brown, Tony ブラウン, トニー

Brown, Tracy　ブラウン, トレイシー
　㊙アメリカ　ワシントン・ウィザーズアシスタントコーチ (バスケットボール)
Brown, Tracy　ブラウン, トレイシー
　1974～　㊗「黒蝶」青山出版社　2005
Brown, Trent　ブラウン, トレント
　㊙アメリカ　アメフト選手
Brown, Trevor　ブラウン, トレヴァー
　1959～　㊗「パンドラ」エディシオン・トレヴィル, 河出書房新社 (発売)　2015
Brown, Trevor　ブラウン, トレバー
　㊙アメリカ　野球選手
Brown, Trisha　ブラウン, トリシャ
　1936～　㊙アメリカ　舞踊家, 振付師　トリシャ・ブラウン・ダンス・カンパニー主宰　㊙モダンダンス
Brown, Tudor　ブラウン, チューダー
　㊙イギリス　実業家　アーム社長　㊙ブラウン, チュダー
Brown, Valerie B.　ブラウン, ヴァレリー・B.
　㊗「本を読んで語り合うリテラチャー・サークル実践入門」溪水社　2013
Brown, Vitto　ブラウン, ヴィット
　㊙アメリカ　バスケットボール選手
Brown, Warren S.　ブラウン, ウォレン・S.
　1944～　㊗「脳科学とスピリチュアリティ」医学書院　2011
Brown, Wendy　ブラウン, ウェンディ
　1955～　㊗「デリダ」岩波書店　2012
Brown, Will　ブラウン, ウィル
　㊙アメリカ　射撃選手
Brown, William Henry　ブラウン, W.H.
　1932～　㊗「ブラウン有機化学」東京化学同人　2014
Brown, William J.　ブラウン, W.J.
　㊗「アンチパターン」ソフトバンクパブリッシング　2002
Brown, William P.　ブラウン, ウィリアム・P.
　1958～　㊗「コヘレトの言葉」日本キリスト教団出版局　2003
Brown, William S.　ブラウン, B.
　㊗「FBI」中央公論新社　2002
Brown, W.Steven　ブラウン, W.スティーヴン
　㊗「マネジャー13の大罪」日本経済新聞出版社　2010
Brown, Zach　ブラウン, ザック
　㊙アメリカ　アメフト選手
Brown-dukes, Brandon　ブラウン・デュークス, ブランドン
　㊙アメリカ　アメフト選手
Browne, Amery　ブラウン, エイムリー
　㊙トリニダード・トバゴ　社会開発相
Browne, Anthony　ブラウン, アンソニー
　1946～　㊙イギリス　絵本作家
Browne, Benson　ブラウニー, ベンソン
　㊙アメリカ　アメフト選手
Browne, Christopher H.　ブラウン, クリストファー・H.
　㊗「バリュー投資」日経BP社, 日経BP出版センター (発売)　2007
Browne, Des　ブラウン, デズ
　㊙イギリス　国防相
Browne, Eileen　ブラウン, アイリーン
　㊗「ハンダのめんどりさがし」光村教育図書　2007
Browne, E.Janet　ブラウン, ジャネット
　1950～　㊗「ダーウィンの『種の起源』」ポプラ社　2007
Browne, Gaston　ブラウン, ガストン
　1967～　㊙アンティグア・バーブーダ　政治家　アンティグアバーブーダ首相　本名=Browne, Gaston Alphonso
Browne, Hester　ブラウン, ヘスター
　㊗「逃げ出したプリンセス」東京創元社　2016
Browne, Ian　ブラウン, イアン
　1971～　㊗「1億ドルの男 松坂大輔の1年」ランダムハウス講談社　2007
Browne, Jackson　ブラウン, ジャクソン
　1948～　㊙アメリカ　シンガー・ソングライター
Browne, Jill Conner　ブラウン, ジル・コナー
　㊗「スイートポテト・クイーン式悪女入門」二見書房　2005
Browne, John　ブラウン, ジョン
　1948～　㊙イギリス　実業家　ファーウェイUK独立社外取締役会議長　ブリティッシュ・ペトロリアム (BP) CEO
Browne, Kevin　ブラウン, ケヴィン
　㊗「家族間暴力防止の基礎理論」明石書店　2004
Browne, Kevin D.　ブラウン, ケヴィン・D.
　㊗「保健師・助産師による子ども虐待予防「CAREプログラム」」明石書店　2012
Browne, Kingsley　ブラウン, キングズレー
　1950～　㊗「女より男の給料が高いわけ」新潮社　2003
Browne, Luke　ブラウン, ルーク
　㊙セントビンセント・グレナディーン　保健・健康・環境相
Browne, Malcolm Wilde　ブラウン, マルコム
　1931～2012　㊙アメリカ　ジャーナリスト, 写真家　「ニューヨーク・タイムズ」記者, AP通信記者
Browne, Marcus　ブラウン, マーカス
　㊙イングランド　サッカー選手
Browne, Michael　ブラウン, マイケル
　㊙セントビンセント・グレナディーン　国民動員・社会開発・非政府組織 (NGO) 関係・家族・男女平等・障害者対策相
Browne, Michael　ブラウン, マイケル
　㊙アンティグア・バーブーダ　教育・科学・技術相
Browne, M.Neil　ブラウン, M.ニール
　1944～　㊗「質問力を鍛えるクリティカル・シンキング練習帳」PHP研究所　2004
Browne, Robert　ブラウン, ロバート
　㊙セントビンセント・グレナディーン　保健・健康・環境相
Browne, Roscoe Lee　ブラウン, ロスコー・リー
　1925～2007　㊙アメリカ　俳優　㊙ブラウン, ロスコウ・リー
Browne, Scott G.　ブラウン, S.G.
　1965～　㊗「ぼくのゾンビ・ライフ」太田出版　2011
Browne, S.G.　ブラウン, S.G.
　1965～　㊙アメリカ　作家　㊙文学, ユーモア
Browne, Sylvia　ブラウン, シルビア
　1936～　㊗「天国にいったペットたち」ハート出版　2011
Browne, Thom　ブラウン, トム
　㊙アメリカ　ファッションデザイナー
Browne, Thomas R.　ブラウン, トーマス・R.
　㊗「てんかんハンドブック」メディカル・サイエンス・インターナショナル　2004
Brownell, Patricia J.　ブラウネル, パトリシア
　1943～　㊗「世界の高齢者虐待防止プログラム」明石書店　2004
Browner, Brandon　ブラウナー, ブランドン
　㊙アメリカ　アメフト選手
Browner, Keith　ブラウナー, キース
　㊙アメリカ　アメフト選手
Browner, Warren S.　ブラウナー, ウォーレン・S.
　㊗「EBM医学英語論文の書き方・発表の仕方」医学書院　2001
Browning, Amanda　ブラウニング, アマンダ
　㊗「それぞれの愛し方」ハーレクイン　2010
Browning, David M.　ブラウニング, デービッド・M.
　㊗「医療事故後の情報開示」シーニュ　2015
Browning, Dixie　ブラウニング, ディクシー
　㊗「華麗なる紳士たち」ハーレクイン　2008
Browning, Geil　ブラウニング, ゲイル
　㊗「エマジェネティックス」ヴィレッジブックス　2008
Browning, Guy　ブラウニング, ガイ
　㊗「成功のタネを蒔く人」幻冬舎　2009
Browning, John　ブラウニング, ジョン
　1933～2003　㊙アメリカ　ピアニスト
Browning, Mary Grace　ブラウニング, メアリー・グレース
　㊙イギリス　元・五年会コーディネーター
Browning, Michael　ブラウニング, マイケル
　㊗「9デイズ」メディアファクトリー　2002
Browning, Pamela　ブラウニング, パメラ
　㊗「あなたとベイビーを」ハーレクイン　2002
Browning, Tyias　ブラウニング, タイアス
　㊙イングランド　サッカー選手
Browning, Tyson R.　ブラウニング, タイソン・R.
　1971～　㊗「デザイン・ストラクチャー・マトリクスDSM」慶応義塾大学出版会　2014
Brownlee, Alistair　ブラウンリー, アリステア
　1988～　㊙イギリス　トライアスロン選手　㊙ブラウンリー, アリスター
Brownlee, Gerry　ブラウンリー, ゲリー
　㊙ニュージーランド　広域クライストチャーチ再生支援担当相兼国防相兼民間整備相
Brownlee, Jonathan　ブラウンリー, ジョナサン
　1990～　㊙イギリス　トライアスロン選手
Brownlee, Nick　ブラウンリー, ニック
　㊗「アルコール」太田出版　2005
Brownlee, Shannon　ブラウンリー, シャノン
　㊗「サイエンスライティング」地人書館　2013
Brownless, Peter　ブラウンレス, ピーター

Brownlow, Kevin　ブラウンロー, ケヴィン
　アカデミー賞 名誉賞(第83回(2010年))
Brownstein, David　ブラウンスタイン, D.
　著「関節痛・リウマチは完治する」中央アート出版社　2002
Brown-Trafton, Stephanie　ブラウン・トラフトン, ステファニー
　1979〜　アメリカ　円盤投げ選手
Broxton, Jarell　ブロクストン, ジャレル
　アメリカ　アメフト選手
Broxton, Jonathan　ブロクストン, ジョナサン
　アメリカ　野球選手
Broxton, Keon　ブロクストン, ケオン
　アメリカ　野球選手
Broyd, Richard　ブロイド, リチャード
　著「グリーン・バリュー経営への大転換」NTT出版　2013
Brozek, Gary　ブロゼック, ゲイリー
　著「アイラブエルモ」アメリカン・ブック＆シネマ, 英治出版(発売)　2008
Brozman, Bob　ブロズマン, ボブ
　1954〜2013　アメリカ　ギタリスト, 民族音楽研究家　異ブロッズマン, ボブ
Brozovic, Marcelo　ブロゾヴィッチ, マルセロ
　クロアチア　サッカー選手
Brubaker, Ed　ブルベイカー, エド
　著「ジョーカーアンソロジー」パイインターナショナル　2016
Brubaker, Rogers　ブルーベイカー, ロジャース
　1956〜　著「グローバル化する世界と「帰属の政治」」明石書店　2016
Brubeck, Dave　ブルーベック, デイブ
　1920〜2012　アメリカ　ジャズ・ピアニスト, 作曲家　本名＝Brubeck, David Warren
Bručan, Andrej　ブルチャン, アンドレイ
　スロベニア　保健相
Bruccoli, Matthew Joseph　ブラッコリ, マシュー・J.
　1931〜2008　ブルッコリ, マシュー・J.　著「ゼルダ・フィッツジェラルド全作品」新潮社　2001
Bruce, Alex　ブルース, アレックス
　北アイルランド　サッカー選手
Bruce, Alexandra　ブルース
　カナダ　バドミントン選手
Bruce, Alexandra　ブルース, アレクサンドラ
　著「ビヨンド・ザ・シークレット」ゴマブックス　2008
Bruce, Anne　ブルース
　1952〜　著「北極星を見つけよう！」サンマーク出版　2005
Bruce, Carlos　ブルセ, カルロス
　ペルー　住宅・建設・上下水道相　異ブルセ, カルロス・リカルド
Bruce, Colin　ブルース, コリン
　著「量子力学の解釈問題」講談社　2008
Bruce, Jack　ブルース, ジャック
　1943〜2014　イギリス　ミュージシャン　本名＝Bruce, John Symon Asher
Bruce, Jay　ブルース, ジェイ
　アメリカ　野球選手
Bruce, Robert Bowman　ブルース, ロバート・B.
　1963〜　著「戦闘技術の歴史」創元社　2013
Bruce-Mitford, Miranda　ブルース＝ミットフォード, ミランダ
　著「サイン・シンボル大図鑑」三省堂　2010
Bruch, Heike　ブルック, ハイケ
　著「アクション・バイアス」東洋経済新報社　2015
Bruch, Michael　ブルック, マイケル
　著「認知行動療法ケースフォーミュレーション入門」金剛出版　2006
Bruchfeld, Stephane　ブルッフフェルド, S.
　1955〜　著「語り伝えよ, 子どもたちに」みすず書房　2002
Bruck, Anthony　ブルック, アントニー
　著「アドラーの思い出」創元社　2007
Brucker, Gene A.　ブラッカー, ジーン・A.
　著「ルネサンス都市フィレンツェ」岩波書店　2011
Bruckheimer, Jerry　ブラッカイマー, ジェリー
　1945〜　アメリカ　映画プロデューサー　異ブラックハイマー, ジェリー
Bruckheimer, Linda　ブラッカイマー, リンダ
　著「ルート66」DHC　2001
Bruckner, Pascal　ブリュックネール, パスカル

　著「世界で一番美しい愛の歴史」藤原書店　2004
Bruder, Melissa　ブルーダー, メリッサ
　著「俳優のためのハンドブック」フィルムアート社　2012
Brüderle, Rainer　ブリューデレ, ライナー
　ドイツ　経済技術相
Brudick, Lydia　バーディック, リディア
　著「わたし大好き」童話屋　2006
Brueckner, Keith Allan　ブリュックナー, キース・アラン
　1924〜2014　アメリカ　物理学者　カリフォルニア大学サンディエゴ校物理学科主任
Brueggeman, William B.　ブルーグマン, ウィリアム
　著「リアルエステート・ファイナンス」日経BP社, 日経BP出版センター(発売)　2006
Brueggemann, Walter　ブルッゲマン, W.
　1933〜　著「サムエル記」日本キリスト教団出版局　2015
Brueggemann, William G.　ブルーグマン, ウィリアム・G.
　1940〜　ブルーグマン, ウィリアム・G.　著「マクロ・ソーシャルワークの実践法」トムソンラーニング, 成美堂(発売)　2004
Bruel, Nick　ブリュエル, ニック
　著「きみのすきなどうぶつなあに？」ポプラ社　2014
Bruen, Ken　ブルーウン, ケン
　1951〜　アメリカ　ミステリー作家　異ミステリー, スリラー, 文学ほか
Brueton, Diana　ブルートン, ダイアナ
　著「月世界大全」青土社　2014
Bruffy, Charles　ブルフィー, チャールズ
　グラミー賞 最優秀クラシック合唱(2012年(第55回))ほか
Bruford, Bill　ブルーフォード, ビル
　1950〜　イギリス　ドラマー　異ブラッフォード, ビル／ブラフォード, ビル
Bruford, Walter Horace　ブリュフォード, W.H.
　著「十八世紀のドイツ」三修社　2001
Brugada, Josep　ブルガダ, J.
　著「ブルガダ三兄弟の心電図リーディング・メソッド82」医学書院　2012
Brugada, Pedro　ブルガダ, P.
　著「ブルガダ三兄弟の心電図リーディング・メソッド82」医学書院　2012
Brugada, Ramón　ブルガダ, R.
　著「ブルガダ三兄弟の心電図リーディング・メソッド82」医学書院　2012
Brugère, Fabienne　ブルジェール, ファビエンヌ
　1964〜　著「ケアの社会」風間書房　2016
Bruges, James　ブリュージェ, ジェームス
　1933〜　著「小さな地球の守り方」祥伝社　2005
Brüggemann, Anna　ブリュッグマン, アンナ
　ベルリン国際映画祭 銀熊賞 脚本賞(第64回(2014年))　"Kreuzweg"
Brüggemann, Dietrich　ブリュッグマン, ディートリヒ
　ベルリン国際映画祭 銀熊賞 脚本賞(第64回(2014年))　"Kreuzweg"
Brüggemeier, Franz-Josef　ブリュックゲマイアー, フランツ＝ヨゼフ
　1951〜　著「ドイツ環境史」リーベル出版　2007
Brüggen, Frans　ブリュッヘン, フランス
　1934〜2014　オランダ　古楽指揮者, リコーダー奏者　18世紀オーケストラ主宰
Brugger, Nathalie　ブルガー, ナタリー
　スイス　セーリング選手　異ブルガー
Brugman, Gaston　ブルグマン, ガストン
　ウルグアイ　サッカー選手
Brugman, Jaycob　ブラグマン, ジェイコブ
　アメリカ　野球選手
Brugnetti, Ivano　ブルニェッティ
　イタリア　陸上選手
Bruhin, Ursula　ブルーイン
　スイス　スノーボード選手
Brühl, Daniel　ブリュール, ダニエル
　1978〜　ドイツ　俳優　本名＝Brühl Gonzalez Domingo, Daniel Cesar Martin
Brühl, P.　ブリュール, P.
　著「現代軸受の誕生」新樹社　2003
Bruhns, Nina　ブルーンス, ニーナ
　著「異星のプリンス」ハーレクイン　2009
Bruhns, Wibke　ブルーンス, ヴィプケ
　1938〜　著「父の国ドイツ・プロイセン」慧文社　2006
Bruice, Paula Yurkanis　ブルース, P.Y.

1941～ 著「ブルース有機化学概説」化学同人 2016
Bruil-jonathans, Lotte　ブロイル・ヨナサンズ
国オランダ　バドミントン選手
Brukner, Josef　ブルクネル, ヨゼフ
著「もぐらくん、おはよう」偕成社 2002
Brûlé, Michel　ブリューレ, ミシェル
1965～　著「空を取り戻した日」日本ライトハウス 2005
Brûlé, Tyler　ブリュレ, タイラー
著「日本の未来について話そう」小学館 2011
Bruley, Yves　ブリュレ, イヴ
1968～　著「カトリシスムとは何か」白水社 2007
Bruma, Jeffrey　ブルマ, ジェフリー
国オランダ　サッカー選手
Brume, Ese　ブルーメ, エセ
国ナイジェリア　陸上選手
Brumel, Valery Nikolaevich　ブルメリ, ワレリー
1942～2003　国ロシア　走り高跳び選手　異ブルメル, ワレリー
Brumfitt, J.H.　ブラムフィット, J.H.
著「フランス啓蒙思想入門」白水社 2004
Brummig, Volker　ブルミッヒ, フォルカー
1956～　著「テディ・ミュージアム」中央公論新社 2003
Brumont, Maryse　ブリュモン, マリーズ
著「『星の王子さま』を学ぶ人のために」世界思想社 2007
Brun, Kristoffer　ブルン, クリストファー
国ノルウェー　ボート選手
Bruna, Dick　ブルーナ, ディック
1927～2017　国オランダ　画家, 絵本作家, グラフィックデザイナー　本名＝ブルーナ, ヘンドリック・マフダレヌス
Brun-Cosme, Nadine　ブラン・コム, ナディーヌ
1960～　著「ちいさいきみとおおきいぼく」ポプラ社 2013
Brundage, Anthony　ブランデイジ, アンソニー
1938～　著「エドウィン・チャドウィック」ナカニシヤ出版 2002
Brundtland, Gro Harlem　ブルントラント, グロ・ハルレム
1939～　国ノルウェー　政治家, 医師　世界保健機関(WHO)事務局長, ノルウェー首相, 国連気候変動に関する事務総長特使　異ブルントラン
Brunel, Charlotte　ブリュネル, シャルロット
著「T-SHIRT」アシェット婦人画報社 2003
Brunel, Henri　ブリュネル, アンリ
1928～　著「ネコに見習え」創元社 2007
Brunel, Jacques　ブリュネル, ジャック
国フランス　ラグビーコーチ
Brunel, Patrick　ブリュネル, パトリック
著「ウラディーミル・ホロヴィッツ」ヤマハミュージックメディア 2001
Brunel, Pierre　ブリュネル, ピエール
1939～　著「変身の神話」人文書院 2004
Brunelli, Roberto　ブルネリ, R.
著「52のとびらをあける聖書物語」ドン・ボスコ社 2001
Brunello, Mario　ブルネロ, マリオ
1960～　国イタリア　チェロ奏者, 指揮者
Bruner, Edward M.　ブルーナー, エドワード・M.
著「観光と文化」学文社 2007
Bruner, Jerome　ブルーナー, ジェローム
1915～2016　国アメリカ　心理学者　ニューヨーク大学教授　認知科学　本名＝Bruner, Jerome Seymour
Bruner, Kurt D.　ブルーナー, カート
著「子供をゲーム依存から救うための本」文芸春秋 2007
Bruner, Olivia　ブルーナー, オリヴィア
著「子供をゲーム依存から救うための本」文芸春秋 2007
Bruner, Robert F.　ブルナー, ロバート・F.
1949～　著「金融恐慌1907」東洋経済新報社 2016
Brunet, Caroline　ブルネット
国カナダ　カヌー選手
Brunet, Manon　ブルネ, マノン
国フランス　フェンシング選手
Brunet, Marie Laure　ブルネ
国フランス　バイアスロン選手
Brunet, Michel　ブリュネ, ミシェル
1940～　著「人類の原点を求めて」原書房 2012
Brunetta, Gian Piero　ブルネッタ, ジャン・ピエロ
1942～　著「ヨーロッパ視覚文化史」東洋書林 2010
Brunetta, Leslie　ブルネッタ, レスリー
1960～　著「クモはなぜ糸をつくるのか?」丸善出版 2013
Brunetta, Renato　ブルネッタ, レナート
国イタリア　行政・イノベーション担当相
Brunetti, Argentina　ブルネッティ, アルジェンティナ
1907～2005　国アメリカ　女優　異ブルネティ, アルジェンティナ
Brun Hacheme, Véronique　ブラン・アシェメ, ベロニック
国ベナン　地方分権・地方政府・行政・国土整備相
Brunhammer, Yvonne　ブリュナメール, イヴォンヌ
著「ルネ・ラリック」創元社 2009
Brunhoff, Cécile de　ブリュノフ, セシル・ド
1903～2003　国フランス　童話作家
Brunhoff, Laurant de　ブリュノフ, ロラン・ド
1925～　国フランス　絵本作家　異ブリュノフ, ローラン・ド
Bruni, Carla　ブルーニ, カーラ
1967～　国フランス　シンガー・ソングライター, ファッションモデル　本名＝Bruni Sarkozy, Carla
Bruni, Rachele　ブルーニ, ラケーレ
国イタリア　水泳選手
Bruni, Sergio　ブルーニ, セルジオ
?～2003　国イタリア　歌手　異ブルーニ, セルジョ
Bruning, John R.　ブルーニング, J.R.
著「クリムゾンスカイ」光人社 2001
Brunious, John　ブルニアス, ジョン
1940～2008　国アメリカ　ジャズトランペット奏者
Brunkert, Ola　ブルンケット, オーラ
?～2008　国スウェーデン　ドラム奏者
Brunkhorst, Hauke　ブルンクホルスト, ハウケ
著「人権への権利」大阪大学出版会 2015
Brun-Lambert, David　ブラン＝ランベール, ダヴィッド
著「エレクトロショック」河出書房新社 2006
Brun-lie, Celine　ブルンリー
国ノルウェー　クロスカントリースキー選手
Brunner, Bernd　ブルンナー, ベアント
1964～　異ブルンナー, ベルント　著「水族館の歴史」白水社 2013
Brunner, Conrad　ブランナー, コンラッド
著「アディダス」ソフトバンククリエイティブ 2006
Brunner, David　ブラナー, デヴィッド
著「子犬とはじめるハッピーライフ」イースト・プレス 2005
Brunner, David J.　ブルナー, デイビッド・J.
著「起業特区で日本経済の復活を!」日本経済新聞社 2002
Brunner, Henri　ブルンナー, ヘンリ
1935～　著「右? 左? のふしぎ」丸善出版 2013
Bruno, A.Anthony　ブルーノ, アンソニー
著「CCDA self-study : CCDA DESGN試験認定ガイド」ソフトバンクパブリッシング 2004
Bruno, Alessandro　ブルーノ, アレッサンドロ
国イタリア　サッカー選手
Bruno, Dave　ブルーノ, デーブ
著「100個チャレンジ」飛鳥新社 2011
Bruno, Ferrero　ブルーノ, フェッレーロ
著「現代親子辞典」ドン・ボスコ社 2002
Bruno, Gonzalez　ブルーノ・ゴンサレス
国スペイン　サッカー選手
Bruno, Josh　ブルーノ, ジョシュ
国アメリカ　HOMETEAM共同創業者
Bruno, Kimberley M.　ブルーノ, キンバリー・M.
著「量子論の果てなき境界」共立出版 2015
Bruno, Luca　ブルーノ, ルカ
国イタリア　サッカー選手
Bruno, Marco　ブルーノ, マルコ
著「幸せな捨て犬ウォリ」ハート出版 2001
Bruno, Soriano　ブルーノ・ソリアーノ
国スペイン　サッカー選手
Bruno Alves　ブルーノ・アルヴェス
国ポルトガル　サッカー選手
Bruno Cesar　ブルーノ・セーザル
国ブラジル　サッカー選手
Bruno Fernandes　ブルーノ・フェルナンデス
国ポルトガル　サッカー選手
Bruno Gama　ブルーノ・ガマ
国ポルトガル　サッカー選手
Bruno Henrique　ブルーノ・エンリケ
国ブラジル　サッカー選手
Bruno Paulista　ブルーノ・パウリスタ
国ブラジル　サッカー選手
Bruno Peres　ブルーノ・ペレス
国ブラジル　サッカー選手

Brunot, Patrick　ブリュノー, パトリック
　1947～　著「チェチェン」白水社　2005
Bruns, Adela　ブルンシュ, アデラ
　国チェコ　射撃選手
Bruns, Bill　ブランズ, ビル
　著「Tennis 2000」学会出版センター　2001
Bruns, Roger　ブランズ, ロジャー
　1941～　著「歴史にならなかった歴史」文芸春秋　2003
Brunsman, James　ブランスマン, ジェイムズ
　著「いちばん美しいクモの巣」みすず書房　2001
Brunson, Rick　ブランソン, リック
　国アメリカ　ミネソタ・ティンバーウルブズアシスタントコーチ（バスケットボール）
Brunswic, Étienne　ブルンスウィック, エチエン
　著「途上国における複式学級」東信堂　2015
Brunt, Chris　ブラント, クリス
　国北アイルランド　サッカー選手
Brunt, Stephen　ブラント, スティーブン
　著「対角線上のモハメド・アリ」MCプレス　2004
Brunton, Finn　ブラントン, フィン
　1980～　著「スパム」河出書房新社　2015
Brunton, John　ブラントン, ジョン
　著「世界の市場めぐり」日経ナショナルジオグラフィック社, 日経BPマーケティング（発売）　2012
Brunzel, Nancy A.　ブルンツェル, ナンシー・A.
　著「尿・体液検査」西村書店　2007
Brus, Erik　ブルス, イーリック
　1964～　著「ブラックブック」エンターブレイン　2007
Brusatte, Stephen　ブルサット, スティーブ
　著「よみがえる恐竜図鑑」SBクリエイティブ　2014
Brusaw, Charles T.　ブルーソー, C.T.
　著「科学・ビジネス英語ハンドブック」研究社　2009
Brusca, Robert　ブラスカ, ロバート
　国アメリカ　エコノミスト　FAOエコノミクス主任エコノミスト
Bruscantini, Sesto　ブルスカンティーニ, セスト
　1919～2003　国イタリア　バリトン歌手
Bruschi, Arnaldo　ブルスキ, アルナルド
　1928～　著「ブラマンテ」中央公論美術出版　2002
Bruschweiler-Stern, Nadia　ブラッシュワイラー・スターン, ナディア
　著「母親になるということ」創元社　2012
Bruscia, Kenneth E.　ブルシア, ケネス・E.
　著「音楽療法ケーススタディ」音楽之友社　2004
Bruse, Claudius　ブルース, クラウディウス
　著「デジタル・レコーディングの全知識」リットーミュージック　2003
Brusewitz, Gunnar　ブルーセヴィッツ, グンナル
　1924～2004　著「G.ブルーセヴィッツが描く江戸期のスウェーデン」国際語学社　2007
Brush, Stephen G.　ブラッシュ, スティーヴン・G.
　著「宇宙の創成と進化」日本経済新聞社　2005
Brusík, Martin　ブルシーク, マルチン
　国チェコ　副首相兼環境相
Bruss, Deborah　ブラス, デボラ
　著「ごほん！ごほん！ごほん！」評論社　2005
Brussig, Thomas　ブルスィヒ, トーマス
　1965～　国ドイツ　作家
Brussino, Nicolas　ブルッシーノ, ニコラス
　国アルゼンチン　バスケットボール選手
Brussolo, Serge　ブリュソロ, セルジュ
　1951～　国フランス　作家
Brust, Andrew J.　ブラスト, アンドリュー・J.
　著「プログラミングMicrosoft SQL Server 2008」日経BPソフトプレス, 日経BP出版センター（発売）　2009
Brust, Steven　ブルースト, スティーヴン
　1955～　著「虐げられしテクラ」早川書房　2006
Brustad, Sylvia　ブルースタ, シルビア
　国ノルウェー　自治相
Brustad, Sylvia Kristin　ブルースタ, シルビア・クリスティン
　国ノルウェー　貿易・産業相
Bruton, David　ブルートン, デービッド
　国アメリカ　アメフト選手
Bruton, John Gerard　ブルートン, ジョン
　1947～　国アイルランド　政治家　アイルランド首相, 統一アイルランド党（フィニ・ゲイル）党首
Bruton, Richard　ブルートン, リチャード
　国アイルランド　教育・技能相
Bruton, Stephen　ブルートン, ステファン
　グラミー賞 最優秀映画・TV・その他映像メディア音楽コンピレーション・サウンドトラック・アルバム（2010年（第53回））"Crazy Heart"プロデューサー
Brutus, Dennis　ブルータス, デニス
　1924～2009　国南アフリカ　詩人, 社会運動家　ピッツバーグ大学名誉教授
Brutus, Duly　ブリュテュス, デュリー
　国ハイチ共和国　外務・宗教相
Brutus, Lamarcus　ブルータス, ラマーカス
　国アメリカ　アメフト選手
Bruun, Bertel　ブルーン, B.
　著「みんなで学ぶトゥレット症候群」星和書店　2003
Bruun, Erik　ブルーン, エリック
　1926～　著「エリック・ブルーン」バイインターナショナル　2015
Bruun, Frank Jarle　ブルーン, フランク・ジャール
　著「障害と文化」明石書店　2006
Bruun, Ruth Dowling　ブルーン, R.
　著「みんなで学ぶトゥレット症候群」星和書店　2003
Bruun, Staffan　ブルーン, スタファン
　著「ノキア」日経BP社, 日経BP出版センター（発売）　2001
Brüvenich, Paul　ビュルヴェニヒ, パウル
　著「小説「ハリー・ポッター」探求」而立書房　2004
Bruyneel, Johan　ブリュニール, ヨハン
　著「ツール・ド・フランス勝利の礎」アメリカン・ブック＆シネマ, 英治出版（発売）　2008
Bruzzese, Anita　ブリュジーズ, アニタ
　1959～　著「不機嫌な上司」グラフ社　2008
Bruzzese, J.Peter　ブリュジーズ, J.ピーター
　著「MCSAテキストWindows 2000 Network Environment Exam「70-218」」ソフトバンクパブリッシング　2002
Bruzzese, Sebastien　ブルッツェーゼ, セバスチャン
　国ベルギー　サッカー選手
Bryan, Ashley　ブライアン, アシュレー
　1923～　著「おひさまにうたおう」バベルプレス　2011
Bryan, Bob　ブライアン, ボブ
　1978～　国アメリカ　テニス選手　本名＝ブライアン, ロバート・チャールズ〈Bryan, Robert Charles〉　異ブライアン, B.
Bryan, Courtlandt Dixon Barnes　ブライアン, C.D.B.
　著「偉大なるデスリフ」中央公論新社　2006
Bryan, David　ブライアン, デービッド
　1962～　国アメリカ　ロック・キーボード奏者　本名＝Rashbaum, David　異ブライアン, デイヴィッド／ブライアン, デヴィッド
Bryan, Denver　ブライアン, デンバー
　著「ゴールデンの101の使い方」レッドハート　2003
Bryan, Dora　ブライアン, ドラ
　1923～2014　国イギリス　女優　本名＝Broadbent, Dora May　異ブライアン, ドラ
Bryan, Elizabeth M.　ブライアン, エリザベス
　著「不妊症」メディカ出版　2004
Bryan, Emily　ブライアン, エミリー
　著「令嬢は密かに好奇心を満たす」オークラ出版　2011
Bryan, Jenny　ブライアン, ジェニー
　著「驚異のクローン豚が人類を救う!?」清流出版　2004
Bryan, Kim　ブライアン, キム
　著「地球図鑑」化学同人　2013
Bryan, Lowell L.　ブライアン, ローウェル・L.
　著「マッキンゼー戦略の進化」ダイヤモンド社　2003
Bryan, Luke　ブライアン, ルーク
　国アメリカ　ミュージシャン
Bryan, Mike　ブライアン, マイク
　1978～　国アメリカ　テニス選手　本名＝ブライアン, マイケル・カール〈Bryan, Michael Carl〉　異ブライアン, M.
Bryan, Wayne　ブライアン, ウェイン
　著「「できる子」が育つ魔法のルール」阪急コミュニケーションズ　2005
Bryan-Brown, Adrian　ブライアン＝ブラウン, エイドリアン
　トニー賞 トニー名誉賞（2015年（第69回））
Bryant, Ann　ブライアント, アン
　国イギリス　作家　児童書
Bryant, Armonty　ブライアント, アーモンティー
　国アメリカ　アメフト選手
Bryant, Brandin　ブライアント, ブランディン

Bryant, Christian　ブライアント, クリスチャン
　国アメリカ　アメフト選手
Bryant, Corbin　ブライアント, コービン
　国アメリカ　アメフト選手
Bryant, C.R.　ブライアント, C.R.
　著「都市近郊地域における農業」農林統計協会　2007
Bryant, Dez　ブライアント, デズ
　国アメリカ　アメフト選手
Bryant, Donna M.　ブライアント, D.M.
　著「ホームビジティング」ミネルヴァ書房　2006
Bryant, Felice　ブライアント, フェリス
　1925～2003　国アメリカ　作詞家　本名＝Scaduto, Matilda Genevieve
Bryant, Geoff　ブライアント, ジェフ
　著「世界の食用植物文化図鑑」柊風舎　2010
Bryant, Gyude　ブライアント, ジュデ
　国リベリア　暫定政府議長
Bryant, Joe　ブライアント, ジョー
　1954～　国アメリカ　バスケットボール監督, 元バスケットボール選手
Bryant, John E.　ブライアント, ジョン・E.
　著「ことばの障がいってなあに？」明石書店　2007
Bryant, Johnnie　ブライアント, ジョニー
　国アメリカ　ユダ・ジャズアシスタントコーチ（バスケットボール）
Bryant, Karina　ブライアント
　国イギリス　柔道選手
Bryant, Kelci　ブライアント
　国アメリカ　飛び込み選手
Bryant, Kobe　ブライアント, コービー
　1978～　国アメリカ　バスケットボール選手　本名＝Bryant, Kobe Bean　異ブライアント, コービ／ブライアント, コビー
Bryant, Kris　ブライアント, クリス
　国アメリカ　野球選手
Bryant, Laura J.　ブライアント, ローラ・J.
　著「あかちゃんがうまれてもわたしのことすき？」いのちのことば社フォレストブックス　2002
Bryant, Mark　ブライアント, マーク
　国アメリカ　オクラホマシティ・サンダーアシスタントコーチ（バスケットボール）
Bryant, Martavis　ブライアント, マータビス
　国アメリカ　アメフト選手
Bryant, Matt　ブライアント, マット
　国アメリカ　アメフト選手
Bryant, Nick　ブライアン, ニック
　著「み～つけた！ 3D spot what！」永岡書店ホビーカルチャー部　c2006
Bryant, Ray　ブライアント, レイ
　1931～2011　国アメリカ　ジャズピアニスト　本名＝Bryant, Raphael Homer
Bryant, Red　ブライアント, レッド
　国アメリカ　アメフト選手
Bryant, Rick　ブライアント, リック
　著「NEW 52：スーパーマン／ヤング・ジャスティス」ヴィレッジブックス　2013
Bryant, Russ　ブライアン, ロス
　1966～　著「最強軍団アメリカ海兵隊」並木書房　2009
Bryant, Tamera　ブライアント, タメラ
　1955～　著「子どもに伝えたい16の価値観」サンマーク出版　2005
Bryant, Thomas　ブライアント, トーマス
　国アメリカ　バスケットボール選手
Bryant-Mole, Karen　ブライアント＝モール, カレン
　著「はずかしいなぼく」評論社　2001
Bryce, D.L.　ブライス, D.L.
　著「有機化合物のスペクトルによる同定法」東京化学同人　2016
Bryce, Quentin　ブライス, クエンティン
　国オーストラリア　総督
Bryce, Robert　ブライス, ロバート
　1960～　著「パワー・ハングリー」英治出版　2011
Bryce, Sheradon　ブライス, シェラドン
　著「宇宙を乗りこなす喜び」ナチュラルスピリット　2016
Bryce, Trevor　ブライス, トレヴァー
　著「ビジュアル版 世界の歴史都市」柊風舎　2016
Bryce Echenique, Alfredo　ブライス・エチェニケ, アルフレード
　1939～　国ペルー　作家
Brycz, Pavel　ブリッチ, パヴェル
　1968～　国チェコ　作家　著「ファンタジー」
Bryden, Christine　ブライデン, クリスティーン
　1949～　著「扉を開く人クリスティーン・ブライデン」クリエイツかもがわ　2012
Bryer, Estelle　ブライヤー, エステル
　著「もみの木のねがい」福音館書店　2016
Bryhn, Ole Kristian　ブリン, オレクリスチアン
　国ノルウェー　射撃選手　異ブリン
Brylinsky, Cynthia M.　ブリリンスキー, シンシア・M.
　著「食品・栄養・食事療法事典」産調出版, 産業調査会（発売）　2006
Bryman, Alan　ブライマン, アラン
　著「ディズニー化する社会」明石書店　2008
Brymer, Chuck　ブライマー, チャック
　著「蜂の群れに学ぶ, 新しいマーケティング」東急エージェンシー　2010
Brynjolfsson, Erik　ブリニョルフソン, エリック
　著「人工知能」ダイヤモンド社　2016
Brynjolfsson, John B.　ブリンヨルフソン, ジョン
　著「インフレ連動債ハンドブック」東洋経済新報社　2003
Brynner, Rock　ブリンナー, ロック
　1946～　著「神と悪魔の薬サリドマイド」日経BP社, 日経BP出版センター（発売）　2001
Bryron, Tanya　バイロン, ターニャ
　著「ママがしあわせになれる！ 魔法の子育てルール」メイツ出版　2007
Bryson, Bill　ブライソン, ビル
　1951～　著「アメリカを変えた夏1927年」白水社　2015
Bryson, Norman　ブライソン, ノーマン
　著「視覚論」平凡社　2007
Bryson, Peabo　ブライソン, ピーボ
　1951～　国アメリカ　歌手
Bryson, Tina Payne　ブライソン, ティナ・ペイン
　著「子どもの脳を伸ばす「しつけ」」大和書房　2016
Bryson, Valerie　ブライソン, ヴァレリー
　1948～　著「争点・フェミニズム」勁草書房　2004
Bryukhankov, Alexander　ブリュハンコフ, アレクサンドル
　国ロシア　トライアスロン選手　異ブリュハンコフ
Brzechwa, Christina　ブルジェーワ, クリスティーナ
　著「どうぶつたちのピアノ・フェスティバル」全音楽譜出版社　2001
Brzezinski, Marcin　ブジェジンスキ, マルチン
　国ポーランド　ボート選手
Brzezinski, Matthew　ブレジンスキー, マシュー
　1965～　著「レッドムーン・ショック」日本放送出版協会　2009
Brzezinski, Richard　ブレジンスキー, リチャード
　著「グスタヴ・アドルフの騎兵」新紀元社　2001
Brzezinski, Zbigniew Kazimierz　ブレジンスキー, ズビグニュー
　1928～　国アメリカ　政治学者, 政治家　ジョンズ・ホプキンズ大学教授　米国大統領補佐官　著「国際問題（ロシア・東欧・中国問題）」　異ブレジンスキー, ズビグネフ／ブレジンスキー, ツビグニュー
Brzezna, Paulina　ブレズナ
　国ポーランド　自転車選手
Brzinski, Matthew　ブレジンスキー, マシュー
　1965～　国アメリカ　ジャーナリスト　「ウォール・ストリート・ジャーナル」モスクワ特派員　著「防衛問題」
Brzostek, Monika　ブゾステク, モニカ
　国ポーランド　ビーチバレー選手
Brzostek, Tomasz　ブルツォシュテク, トマシュ
　著「病院倫理入門」丸善出版　2011
Brzostowski, Edward　ブジョストフスキ, エドワード
　著「キリスト教を生きる14のヒント」女子パウロ会　2009
Brzozowski, Krystian　ブジョゾフスキ
　国ポーランド　レスリング選手
BTB　ビーティービー
　著「子供のための教訓詩集」国書刊行会　2007
Bu, Ping　プー, ピン
　1948～2016　国中国　歴史学者　中国社会科学院近代史研究所所長　著「日中関係史, 北東アジアの国際関係史」漢字名＝歩平
Bua, Kevin　ブア, ケヴィン
　国スイス　サッカー選手
Buaas, Kjersti　ブオース
　国ノルウェー　スノーボード選手

Buah, Emmanuel Armah-Kofi　ブア、エマニュエル・アマコフィ
　国ガーナ　エネルギー・石油相
al-Buainain, Ghanim bin Fadhil　ブアイネーン、ガネム・ビン・ファデル
　国バーレーン　議会担当相
Bualong, Keerati　ブアロン、キーラティ
　国タイ　セーリング選手
Buarque, Chico　ブアルキ、シコ
　1944～　国ブラジル　シンガー・ソングライター　本名＝Buarque de Hollandas, Francisco
Buarque, Crstovam　ブアルケ、クリストバン
　国ブラジル　教育相
Buassat Djonde, Bedopassa　バサトジョンデ、ベドパサ
　国ギニアビサウ　レスリング選手
Buatsi, Joshua　バチ、ジョシュア
　国イギリス　ボクシング選手
Buba, Ismail Mahmud Hurre　ブバ、イスマイル・マフムド・フレ
　国ソマリア　外相
Bubalo, Predrag　ブバロ、プレドラグ
　国セルビア　経済相
Bubeníček, Jiří　ブベニチェク、イリ
　1974～　国チェコ　バレエダンサー、振付師　ドレスデン国立歌劇場バレエ団プリンシパル、ハンブルク・バレエ団プリンシパル
Bublan, František　ブブラン、フランティシェク
　国チェコ　内相
Buble, Michael　ブーブレ、マイケル
　1975～　国カナダ　ミュージシャン
Bubner, Rüdiger　ブブナー、リュディガー
　1941～2007　著「美的経験」法政大学出版局　2009
Bubnovich, Vitali　ブブノビッチ、ビタリ
　国ベラルーシ　射撃選手
Bucannon, Deone　ブキャノン、ディオン
　国アメリカ　アメフト選手
Bucardo Rocha, Ariel　ブカルド・ロチャ、アリエル
　国ニカラグア　農牧林業相
Bucay, Jorge　ブカイ、ホルヘ
　1949～　著「御者（エル・コチェーロ）」新曜社　2009
Buccellato, Brian　ブッチェラート、ブライアン
　著「フラッシュ：グロッドの脅威」小学館集英社プロダクション　2016
Bucciarelli, Fabio　ブッチャレッリ、ファビオ
　国イタリア　ロバート・キャパ賞（2012年度）　Battle to Death
Bucciarelli, Marina　ブッチャレッリ、マリーナ
　国イタリア　ロン・ティボー・クレスパン国際音楽コンクール　声楽　第5位（2011年（第40回））
Buceatchi, Pavel　ブチャツキ、パベル
　国モルドバ　情報開発相
Buch, Eric F.　バック、エリック・F.
　著「WM総合内科コンサルト」メディカル・サイエンス・インターナショナル　2006
Buch, Esteban　ブフ、エステバン
　1963～　著「ベートーヴェンの『第九交響曲』」鳥影社・ロゴス企画部　2004
Buchan, Elizabeth　バカン、エリザベス
　1948～　著「最良の復讐」柏艪舎、星雲社（発売）　2004
Buchan, James　バカン、ジェイムズ
　著「真説アダム・スミス」日経BP社、日経BP出版センター（発売）　2009
Buchanan, Brian　ブキャナン、ブライアン
　国アメリカ　カンザスシティ・ロイヤルズコーチ
Buchanan, Caroline　ブキャナン、キャロライン
　国オーストラリア　自転車選手　旧ブキャナン
Buchanan, Caroline　ブキャナン、キャロライン
　著「とりあえず15分から始めなさい」サンマーク出版　2013
Buchanan, Donald　ブキャナン、ドナルド
　国ジャマイカ　情報・開発相
Buchanan, Edna　ブキャナン、エドナ
　著「殺さずにはいられない」早川書房　2002
Buchanan, Heather S.　ブキャナン、ヘザー・シンクレア
　著「ジョージ・マウスのかぞくりょこう」評論社　2005
Buchanan, Jake　ブキャナン、ジェイク
　国アメリカ　野球選手
Buchanan, James McGill, Jr.　ブキャナン、ジェームズ、Jr.
　1919～2013　国アメリカ　経済学者　ジョージ・メーソン大学教授　著公共選択理論　旧ブキャナン、ジェームズ／ブキャナン、ジェイムズ
Buchanan, Mark　ブキャナン、マーク
　1961～　国アメリカ　サイエンスライター
Buchanan, Neil　ブキャナン、ニール
　1961～　著「アートアタック」フレーベル館　2008
Buchanan, Pat　ブキャナン、パット
　1938～　国アメリカ　政治評論家、政治コラムニスト　米国大統領補佐官　本名＝ブキャナン、パトリック・ジョセフ〈Buchanan, Patrick Joseph〉
Buchanan, Peter　ブキャナン、ピーター
　著「レンゾ・ピアノ・ビルディング・ワークショップ」ファイドン　2005
Buchanan, Robert Angus　ブキャナン、R.アンガス
　1930～　著「ブルネルの生涯と時代」技術史出版会、星雲社（発売）　2006
Buchanan, Sarah　ブキャナン、サラ
　著「エビデンスに基づく高齢者の作業療法」ガイアブックス　2014
Buchanan-Smith, Peter　ブキャナン・スミス、ピーター
　アート・ディレクター　グラミー賞 最優秀レコーディング・パッケージ（2004年（第47回））　"A Ghost Is Born"
Buchbauer, Robert　ブッフバウアー、ロバート
　国オーストリア　実業家　スワロフスキー共同経営者・取締役
Buchbinder, Rudolf　ブッフビンダー、ルドルフ
　1946～　国オーストリア　ピアニスト　旧ブーフビンダー／ブフビンダー
Buchel, Marcel　ビュヘル、マルセル
　国リヒテンシュタイン　サッカー選手
Buchel, Marco　ビューヒェル
　国リヒテンシュタイン　アルペンスキー選手　旧ビューヒュル
Bucher, Martin A.　ビュッヒャ、マーチン・A.
　著「宇宙の創成と進化」日本経済新聞社　2005
Bucher, Philip　ブッハー、フィリップ
　著「科学経営のための実践的MOT」日経BP社、日経BP出版センター（発売）　2005
Bucher, Reto　ブッハー
　国スイス　レスリング選手
Bucher, Ursula　ビュヒャー、ウルスラ
　著「とびっきりのおむかえ」きじとら出版　2016
Buchheim, Lothar-Günther　ブーフハイム、ロータル・ギュンター
　1918～2007　国ドイツ　作家、出版者　旧ブッフハイム、ロータル・ギュンター
Buchheim, Ralf　ブフハイム、ラルフ
　国ドイツ　射撃選手
Buchholz, Andreas　ブーフフォルツ、アンドレアス
　著「あのブランドばかり、なぜ選んでしまうのか」東洋経済新報社　2002
Buchholz, Clay　バックホルツ、クレー
　1984～　国アメリカ　野球選手　本名＝Buchholz, Clay Daniel　旧バックホルツ、クレイ
Buchholz, Horst　ブッフホルツ、ホルスト
　1933～2003　国ドイツ　俳優　本名＝ブッフホルツ、ホルストW.〈Buchholtz, Horst Werner〉　旧ブーフホルツ、ホルスト
Buchholz, Rachel　バックホルツ、レイチェル
　著「LOVE！」エクスナレッジ　2015
Buchholz, Rogene A.　ブックホルツ、ロージン・A.
　著「経営倫理学の新構想」文真堂　2001
Buchholz, Steve　バッコルツ、スティーブ
　著「アフターショック」ダイヤモンド社　2013
Buchholz, Todd G.　バックホルツ、T.G.
　著「伝説の経営者たち」日本経済新聞出版社　2008
Büchi, Christophe　ビュヒ、クリストフ
　1952～　著「もう一つのスイス史」刀水書房　2012
Buchinger, Erwin　ブヒンガー、エルビン
　国オーストリア　社会問題相
Buchler, Nicole　ビュフラー、ニコル
　国スイス　陸上選手
Buchli, Matthijs　ブフリ、マティエス
　国オランダ　自転車選手
Buchloh, Benjamin　ブクロー、ベンジャミン
　国ドイツ　ヴェネチア・ビエンナーレ 金獅子賞 美術批評家・美術史家賞（2007年（第52回））
Buchman, Peter　バックマン、ピーター
　著「ジュラシック・パーク3」講談社　2001
Buchmann, Johannes　ブーフマン、J.A.
　旧ブーフマン、ヨハネス　著「暗号理論入門」シュプリンガー・

ジャパン 2007
Buchmann, Rudolf ブッフマン, ルドルフ
国オーストリア 元・キュンストラーゼクレテリアート・ブッフマン(有)社長, 元・ウィーン室内管弦楽団バイオリニスト兼事務局長
Büchner, Barbara ビューヒナー, バルバラ
1950〜 著「17歳の悪夢」ポプラ社 2003
Buchner, Hartmut ブフナー, ハルトムート
著「ハイデッガー全集」創文社 2007
Bucht, Sven-Erik ブフト, スベンエリック
国スウェーデン 農村問題相
Buchter, Ryan ブクター, ライアン
国アメリカ 野球選手
Büchter-Römer, Ute ビュヒター=レーマー, ウテ
1946〜 著「ファニー・メンデルスゾーン=ヘンゼル」春風社 2015
Buchthal, Stanley F. バックサル, スタンリー
著「マリリン・モンロー魂のかけら」青幻舎 2012
Buchwald, Art バックウォルド, アート
1925〜2007 国アメリカ コラムニスト 異バックワルド, アート
Buchwald, Guido ブッフバルト, ギド
1961〜 国ドイツ サッカー指導者
Buci, Antoniu ブチ
国ルーマニア 重量挙げ選手
Buck, Alexy バック, アレクセイ
著「訴訟の原因:民法と社会正義」法律扶助協会 2004
Buck, Carole バック, キャロル
著「あの恋をもう一度」ハーレクイン 2003
Buck, Chris バック, クリス
1960〜 国アメリカ アニメーション監督, アニメーター
Buck, Linda B. バック, リンダ
1947〜 国アメリカ 生理学者 ワシントン大学教授, フレッド・ハッチンソンがん研究センター研究員 業動物の嗅覚システム
Buck, Math バック, M.
1948〜 著「PNFハンドブック」シュプリンガー・ジャパン 2009
Buck, Peter バック, ピーター
1956〜 国アメリカ ロック・ギタリスト 異バック, ピート
Buck, Philippa バック, フィリッパ
著「アロマダーマトロジー」フレグランスジャーナル社 2011
Buck, Ross バック, ロス
1941〜 著「感情の社会生理心理学」金子書房 2002
Buckelew, Alan B. バクルー, アラン B.
1948〜 国アメリカ 実業家 カーニバルコーポレーションCOO プリンセス・クルーズ社長・CEO 異バックルー, アラン
Buckell, Tobias S. バッケル, トバイアス・S.
1979〜 国アメリカ 作家 業SF, ファンタジー 異バッケル, トバイアス・S.
Buck-Emden, Rüdiger バック - エムデン, リューディガー
著「mySAP CRM完全ガイド」日経BPソフトプレス, 日経BP出版センター(発売) 2004
Bücker, Jutta ビュッカー, ユッタ
1970〜 著「ブッカー, ユッタ 著『はつこい』学習研究社 2006
Buckett, Chris バケット, クリス
著「プログラミング言語Dart」KADOKAWA 2014
Buckingham, Charlie バッキンガム, チャーリー
国アメリカ セーリング選手
Buckingham, David バッキンガム, D.
1954〜 著「メディア・リテラシー教育」世界思想社 2006
Buckingham, Jamie バッキンガム, ジェイミー
著「パワー・フォー・リビング」アーサーS.デモス財団 2007
Buckingham, Marcus バッキンガム, マーカス
マネジメント・コンサルタント ザ・マーカス・バッキンガム・カンパニー創業者
Buckingham, Will バッキンガム, ウィル
著「哲学大図鑑」三省堂 2012
Buckland, Bruce Stoddart バックランド, ブルース・ストッダート
国アメリカ 在セントルイス日本国名誉総領事, セントルイス日米協会理事
Buckland, Ian バックランド, イアン
著「トリプルボトムライン」創成社 2007
Buckland, Jonny バックランド, ジョニー
1977〜 国イギリス ミュージシャン 本名=バックランド, ジョナサン・マーク
Buckland, Marc バックランド, マーク

エミー賞 プライムタイム・エミー賞 最優秀監督賞(コメディシリーズ)(第58回(2006年)) "My Name Is Earl"
Buckland, Raymond バックランド, レイモンド
1934〜 著「キャンドル魔法実践ガイド」パンローリング 2016
Buckland, Rosina バックランド, ロジーナ
1974〜 著「春画」平凡社 2010
Buckland, Stephane バックランド
国モーリシャス 陸上選手
Buckland, Warren バックランド, ウォーレン
著「現代アメリカ映画研究入門」書肆心水 2014
Buckle, Jane バックル, ジェーン
著「クリニカル・アロマテラピー」エルゼビア・ジャパン, フレグランス・ジャーナル社(発売) 2015
Buckles, Frank バックルズ, フランク
1901〜2011 国アメリカ 軍人 本名=バックルズ, フランク・ウッドラフ〈Buckles, Frank Woodruff〉
Buckles, Luke バックルズ, ルーク
著「世界一わかりやすい世界の宗教」総合法令出版 2003
Buckley, Belinda バックレイ, B.
1965〜 著「0歳〜5歳児までのコミュニケーションスキルの発達と診断」北大路書房 2004
Buckley, Bruce バックリー, B.
著「気象」新樹社 2006
Buckley, Callum バックリー, カラム
国イングランド サッカー選手
Buckley, Carol バックレー, キャロル
1954〜 著「タラとベラ」産業編集センター 2010
Buckley, Christopher バックリー, クリストファー
1952〜 著「ニコチン・ウォーズ」東京創元社 2006
Buckley, David バックレー, デヴィッド
1965〜 著「バックレー, デヴィッド 著『クラフトワーク』シンコーミュージック・エンタテイメント 2013
Buckley, Julia バックレイ, ジュリア
1964〜 著「そのお鍋, 押収します!」原書房 2016
Buckley, Markino バックリー
国ジャマイカ 陸上選手
Buckley, Michael バックリー, マイケル
国アメリカ 作家 業児童書, ミステリー
Buckley, Susan Washburn バックリー, スーザン
著「セルマの進撃」汐文社 2015
Buckley, William F. バックリー, ウィリアム・F.
著「ビートルズ世界証言集」ポプラ社 2006
Buckley, William Frank, Jr. バックリー, ウィリアム, Jr.
1925〜2008 国アメリカ コラムニスト, 作家 「ナショナル・レビュー」創刊者 異バクリー, ウィリアム / バックレー, ウィリアム
Buckley-Archer, Linda バックリー・アーチャー, リンダ
国イギリス 作家 業SF, ファンタジー, 児童書
Buckman, Robert バックマン, ロバート
著「プロは語る。」アスペクト 2005
Buckman, Robert H. バックマン, ロバート・H.
著「知識コミュニティにおける経営」シュプリンガー・フェアラーク東京 2005
Buck-Morss, Susan バック=モース, スーザン
著「ベンヤミンとパサージュ論」勁草書房 2014
Buckner, DeForest バックナー, ディフォレスト
国アメリカ アメフト選手
Buckner, Greg バークナー, グレッグ
国アメリカ ヒューストン・ロケッツアシスタントコーチ(バスケットボール)
Buckner, M.M. バックナー, M.M.
国アメリカ 作家 業SF, ファンタジー 本名=Buckner, Mary M.
Bučkovski, Vlado ブチコフスキ, ブラド
国マケドニア 首相
Bucksey, Colin バックシー, コリン
エミー賞 プライムタイム・エミー賞 最優秀監督賞(ミニシリーズ・映画・ドラマスペシャル番組)(第66回(2014年)) "Fargo"
Bucumi, Moïse ブクミ, モイズ
国ブルンジ 運輸・公共事業相
Bucur, Ciprian ブクル, チプリアン
国ルーマニア 議会関係担当相
Bucyanayandi, Tress ブチャナヤンディ, トレス
国ウガンダ 農業・畜産・水産相
Buczacki, S.T. ブチャツキ, ステファン
著「ガーデニングのキーポイントQ&A」産調出版 2001

Budd, Matthew　バド, マシュー
　㊃「「思い」と「言葉」と「身体」は密接につながっている」ヴォイス　2001
Budd, Philip J.　バッド, P.J.
　㊃「レビ記」日本キリスト教団出版局　2009
Budd, Timothy　バッド, ティモシイ・A.
　1955～　㊃「オブジェクト指向プログラミング入門」ピアソン・エデュケーション　2002
Budde, Nadia　ブッデ, ナディア
　ドイツ児童文学賞 ヤングアダルト（2010年）"Such dir was aus, aber beeil dich！"
Budden, Julian　バッデン, ジュリアン
　㊃「ジャコモ・プッチーニ」春秋社　2007
Buddenberg, Susanne　ブッデンベルク, ズザンネ
　㊃「ベルリン分断された都市」彩流社　2013
Buddhadasa, Bhikkhu　ブッタタート, アーチャン
　㊃「観息正念」ブッタタート財団　2001
Budelmann, Kevin　ブーデルマン, ケビン
　㊃「Brand Identity Rule Index」ビー・エヌ・エヌ新社　2011
Budenholzer, Mike　ブデンホルツァー, マイク
　㊄アメリカ　アトランタ・ホークスヘッドコーチ（バスケットボール）
Buderi, Robert　ブーデリ, ロバート
　㊃「ビル・ゲイツ、北京に立つ」日本経済新聞出版社　2007
Budgen, Frank　バッジェン, フランク
　㊄イギリス　アヌシー国際アニメーション映画祭 TV作品および受託作品 広告または宣伝映画賞（2008年）ほか
Budhathoki, Keshab Kumar　ブダトキ, ケシャブ・クマール
　㊄ネパール　総務相
Budi, Karya Sumadi　ブディ・カルヤ・スマディ
　㊄インドネシア　運輸相
Budiansky, Stephen　ブディアンスキー, スティーブン
　㊃「犬の科学」築地書館　2004
Budiardjo, Carmel　ブディアルジョ, カルメル
　㊃「西側による国家テロ」勉誠出版　2003
Budimir, Ante　ブディミル, アンテ
　㊄クロアチア　サッカー選手
Budinger, Chase　バディンジャー, チェイス
　㊄アメリカ　バスケットボール選手
Budinsky, Frank　バディンスキー, フランク
　㊃「Eclipseモデリングフレームワーク」翔泳社　2005
Budiu, Raluca　ブディウ, ラルーカ
　㊃「モバイル・ユーザビリティ」翔泳社　2013
Budnitz, Judy　バドニッツ, ジュディ
　1973～　㊄アメリカ　作家　㊥文学, フィクション
Budras, Klaus-Dieter　ブドラス, クラウス-ディーター
　㊇バドラス, クラウス・ディティール　㊃「牛の解剖アトラス」緑書房　2013
Budrys, Algis　バドリス, アルジス
　㊃「SFベスト・オブ・ザ・ベスト」東京創元社　2004
Budtz-Jørgensen, Ejvind　ブッツ・ヨルゲンセン, E.
　㊃「高齢者の補綴治療」クインテッセンス出版　2001
Budworth, Geoffrey　バドワース, ジェフリー
　㊃「結びのテクニック」産調出版　2001
Budyko, Mikhail Ivanovich　ブディコ, ミハイル・イ
　1920～2001　㊃「地表面の熱収支」成山堂書店　2010
Budzanowski, Mikołaj　ブザノフスキ, ミコワイ
　㊄ポーランド　国有財産相
Buechele, Steve　ブーシェル, スティーブ
　㊄アメリカ　テキサス・レンジャーズコーチ
Buechler, Jud　ブシュラー, ジャド
　㊄アメリカ　ロサンゼルス・レイカーズアシスタントコーチ（バスケットボール）
Buechler, Sandra　ビューチュラー, サンドラ
　㊃「精神分析臨床を生きる」創元社　2009
Buehner, Caralyn　ビーナー, キャラリン
　㊃「ゆきだるまといつもいっしょ」バベルプレス　2013
Buehner, Mark　ビーナー, マーク
　㊇ブエナー, マーク　㊃「ゆきだるまといつもいっしょ」バベルプレス　2013
Buehrle, Mark　バーリー, マーク
　1979～　㊄アメリカ　野球選手　本名＝Buehrle, Mark Alan
Buell, Hal　ビュエル, ハル
　㊃「ピュリツァー賞受賞写真全記録」日経ナショナルジオグラフィック社, 日経BPマーケティング（発売）　2015
Buell, Lawrence　ビュエル, ローレンス

㊃「環境批評の未来」音羽書房鶴見書店　2007
Buell-Thompson, Bonita S.　ビュエル＝トンプソン, ボニータ・S.
　㊃「リーダーシップ・マスター」英治出版　2013
Buenet, Régis　ビュルネ, レジス
　1973～　㊃「新約聖書入門」白水社　2005
Bueno, Alberto　ブエノ, アルベルト
　㊄スペイン　サッカー選手
Bueno, B.J.　ブエノ, ボリバー・J.
　㊃「カルトになれ！」フォレスト出版　2005
Bueno de Mesquita, Bruce　ブエノ・デ・メスキータ, ブルース
　㊃「独裁者のためのハンドブック」亜紀書房　2013
Buergenthal, Thomas　バーゲンソール, トーマス
　1934～　法律家　国際司法裁判所判事
Buerschaper, Cornelius　ビュアシャーパー, C.
　㊃「急性期医療の危機管理」シュプリンガー・ジャパン　2009
Buettner, Dan　ビュイトナー, ダン
　1960～　㊃「ブルーゾーン」ディスカヴァー・トゥエンティワン　2010
Buettner, Robert　ブートナー, ロバート
　1947～　㊄アメリカ　作家　㊥SF, スリラー
Buff, Joe　バフ, ジョー
　㊄アメリカ　作家　㊥ミステリー, スリラー
Buffa, Dudley W.　バッファ, D.W.
　㊄アメリカ　作家　㊥ミステリー, サスペンス
Buffet, Marie-George　ビュフェ, マリジョルジュ
　㊄フランス　青年スポーツ相
Buffet, Warren Edward　バフェット, ウォーレン
　1930～　㊄アメリカ　投資家, 慈善事業家　バークシャー・ハサウェイ会長・CEO　ソロモン・ブラザーズ会長
Buffett, Astrid　バフェット, アストリッド
　ウォーレン・バフェット夫人
Buffett, Jimmy　バフェット, ジミー
　㊄アメリカ　ロック歌手
Buffett, Mary　バフェット, メアリー
　㊃「バフェットの株式ポートフォリオを読み解く」阪急コミュニケーションズ　2012
Buffon, Gianluigi　ブッフォン, ジャンルイジ
　1978～　㊄イタリア　サッカー選手　㊇ブッフォン, ジャンルイージ／ブフォン, ジャンルイジ
Buffone, Gary W.　バフォン, ガリー
　1951～　㊃「そのオモチャ、本当に買ってあげていいの？」ディスカヴァー・トゥエンティワン　2007
Buffoni, Franco　ブッフォーニ, フランコ
　㊃「地上の歌声」思潮社　2001
Buford, Bill　ビュフォード, ビル
　1954～　㊃「厨房の奇人たち」白水社　2008
Buford, Bob　ビュフォード, ボブ
　㊃「ドラッカーと私」NTT出版　2015
Buford, R.C.　ビュフォード, RC
　㊄アメリカ　サンアントニオ・スパーズGM
Bugai, Arkadii Sil'vestrovich　ブガーイ, A.S.
　㊃「世界数学者人名事典」大竹出版　2004
Bugarski, Katarina　ブガルスキー, カタリーナ
　1978～　㊃「私の戦争日記」ケイ・アイ・メディア　2001
Bugental, James F.T.　ブーゲンタール, ジェームズ・F.T.
　㊃「サイコセラピストの芸術的手腕」星和書店　2007
Bugg, Jake　バグ, ジェイク
　1994～　㊄イギリス　シンガー・ソングライター
Bugg, Rachel　バグ
　㊄オーストラリア　飛び込み選手
Bugg, Tim　バグ, T.D.H.
　㊃「入門酵素と補酵素の化学」シュプリンガー・フェアラーク東京　2006
Bugler, Caroline　バグラー, キャロライン
　㊃「ビジュアル年表で読む西洋絵画」日経ナショナルジオグラフィック社, 日経BPマーケティング（発売）　2014
Bugliosi, Vincent　バグリオーシ, ヴィンセント
　アメリカ探偵作家クラブ賞 犯罪実話賞（2008年）"Reclaiming History: The Assassination of President John F.Kennedy"
Bugnion, François　ブニョン, フランソワ
　㊃「赤十字標章の歴史」東信堂　2012
Bugnon, The-Vinh　ビニョン, テヴィン
　1974～　㊃「Tip-tap, tip-tap, 僕は走る...」テヴィンドットコムージャパン　2006
Buhari, Muhammadu　ブハリ, ムハンマドゥ

B

1942～ [国]ナイジェリア 政治家, 元軍人 ナイジェリア大統領・軍最高司令官 ナイジェリア最高軍事評議会議長(元首) [異]ブハリ, ムハマド / ブハリ, ムハマドゥ
Buhl, Philipp ビュエル, フィリップ
[国]ドイツ セーリング選手
Buhle, Paul ビュール, ポール
1944～ [著]「革命の芸術家」 こぶし書房 2014
Bühler, Dirk ビューラー, ディルク
[著]「Brückenbau」 鹿島出版会 2003
Buhler, Matias ビューラー, マティアス
[国]スイス セーリング選手
Buhler, Urs ブーラー, ウルス
1971～ [国]スイス テノール歌手
Buhlman, William L. ブールマン, ウィリアム
[著]「肉体を超えた冒険」 ナチュラルスピリット 2012
Bühlmann, Philippe ブュールマン, P.
[著]「有機化合物の構造決定」 シュプリンガー・フェアラーク東京 2004
Bühlmann, Walbert ブールマン, W.
1916～ [著]「選ばれざる人びと」 サンパウロ 2004
Buhner, Stephen Harrod ビューナー, スティーブン・H.
[異]ビューナー, スティーブン・ハロッド [著]「ハーバル・アンチバイオティクス」 フレグランスジャーナル社 2015
Buhpe, Atimeng ブフペ, アティメン
[国]パプアニューギニア 住宅相
Buhr, Manfred ブール, マンフレート
[著]「ヨーロッパ学事始め」 而立書房 2004
Bui, Kim ブイ, キム
[国]ドイツ 体操選手
Buialskyi, Vitaliy ブヤルスキー, ヴィタリー
[国]ウクライナ サッカー選手
Buikevich, Aliaksandr ブイケビッチ, アレクサンドル
[国]ベラルーシ フェンシング選手 [異]ブイケビッチ
Buin, Yves ビュアン, イヴ
1939～ [著]「ケルアック」 祥伝社 2010
Buirski, Peter バースキー, P.
[著]「間主観的アプローチ臨床入門」 岩崎学術出版社 2004
Buisman, Jantien バウスマン, ヤンティーン
[著]「ケーチェのあかちゃん」 岩崎書店 2001
Buissink, Frans バイシンク, フランス
[著]「マロリン・バスティンが描く花と鳥の四季」 マール社 2006
Buitendag, Eniell ブイテンダーク, エニール
[国]ナミビア ラグビー選手
Buitrago, Jairo ブイトラゴ, ハイロ
1973～ [著]「エロイーサと虫たち」 さ・え・ら書房 2011
Buja, Ramë ブヤ, ラメ
[国]コソボ 教育・科学・技術相
Bujold, Lois McMaster ビジョルド, ロイス・マクマスター
1941～ [国]アメリカ SF作家
Bujold, Mandy ブジョルド, マンディ
[国]カナダ ボクシング選手
Bujones, Fernando ブフォネス, フェルナンド
1955～2005 [国]アメリカ バレエダンサー アメリカン・バレエ・シアター(ABT)プリンシパル
Bujor, Flavia ビュジョール, フラヴィア
[著]「エリアドルの王国」 光文社 2003
Bukaev, Gennady I. ブカエフ, ゲンナジー・I.
[国]ロシア 国税相
Bukasa, Clément Kanku ブカサ, クレマン・カンク
[国]コンゴ民主共和国 協力・開発相
Bukasa, Martine Ntumba ブカサ, マルチヌ・ヌツンバ
[国]コンゴ民主共和国 農村開発相
Bukenya, Balibaseka ブケンヤ, バリバセカ
[国]ウガンダ 大統領担当相
Bukenya, Gilbert ブケニヤ, ギルバート
[国]ウガンダ 副大統領
Bukenya, Gilbert Balibaseka ブケニヤ, ギルバート・バリバセカ
[国]ウガンダ 副大統領
Bukhari, Emir ブカーリ, エミール
[著]「ナポレオンの元帥たち」 新紀元社 2001
Bukina, Ekaterina ブキナ, エカテリーナ
[国]ロシア レスリング選手
Bukoshi, Bujar ブコシ, ブヤル
[国]コソボ 副首相
Bukowiecki, Konrad ブコウィツキ, コンラド
[国]ポーランド 陸上選手
Buksti, Jacob ブクスティ, ヤコブ
[国]デンマーク 運輸相
Bulag, Uradyn Erden ブラク, ウラディーン
[著]「ジャンガ・ホトクト」 国際鄂爾多斯蒙古文化与経済研究協会 2003
Bulaga, Bryan ブラガ, ブライアン
[国]アメリカ アメフト選手
Bulama, Abdu ブラマ, アブドゥ
[国]ナイジェリア 科学技術相
Bulanauca, Mitieli ブラナウカ, ミティエリ
[国]フィジー 国土・鉱物資源相
Bulane, Vova ブラネ, ボバ
[国]レソト 農業・土地再利用相
Bulanti, Francisco ブランティ, フランシスコ
[国]ウルグアイ ラグビー選手
Bulard-Cordeau, Brigitte ビュラール＝コルドー, ブリジット
[著]「ねこ」 グラフィック社 2016
Bulatović, Momir ブラトヴィッチ, モミル
1956～ [国]モンテネグロ 政治家 ユーゴスラビア連邦首相, モンテネグロ共和国大統領 [異]ブラトビッチ, モミル
Bulawayo, NoViolet ブラワヨ, ノヴァイオレット
1981～ [著]「あたらしい名前」 早川書房 2016
Bulcke, Paul ブルケ, ポール
1954～ [国]ベルギー 実業家 ネスレCEO
Bule, James ブレ, ジェームス
[国]バヌアツ 気候変動適応・計画相 [異]ブレ, ジェームズ
Bulechek, Gloria M. ブレチェク, グロリア・M.
[著]「看護介入分類(NIC)」 南江堂 2006
Buley, Leah バーレイ, リア
[著]「一人から始めるユーザーエクスペリエンス」 丸善出版 2015
Bulgari, Nicola ブルガリ, ニコラ
1941～ [国]イタリア 実業家 ブルガリ・グループ副会長
Bulgari, Paolo ブルガリ, パオロ
1937～ [国]イタリア 実業家 ブルガリ・グループ会長
Buliga, Valentina ブリガ, バレンティナ
[国]モルドバ 労働・社会保障・家族相
Buljević, Josip ブリェビッチ, ヨシプ
[国]クロアチア 国防相
Bulka, Dov ブルカ, ダブ
[著]「Javaパフォーマンステクニック」 ピアソン・エデュケーション 2001
Bulkan, Ronald バルカン, ロナルド
[国]ガイアナ コミュニティー相
Bulkeley, Kelly バルクリー, ケリー
1962～ [著]「死のまぎわに見る夢」 講談社 2006
Bulkley, Patricia バルクリー, パトリシア
[著]「死のまぎわに見る夢」 講談社 2006
Bulkowski, Thomas N. バルコウスキー, トーマス・N.
1957～ [著]「チャートパターンパフォーマンスガイドブック」 エスアイビー・アクセス, 星雲社(発売) 2012
Bull, Adam ブル, アダム
1981～ [国]オーストラリア バレエダンサー オーストラリア・バレエ団プリンシパル
Bull, Alyssa ブル, アリサ
[国]オーストラリア カヌー選手
Bull, Andy ブル, アンディ
1956～ [著]「伝説のアイスレーサー」 パーソナルケア出版部 2016
Bull, David ブル, デービッド
[著]「小倉百人一首 恋の歌」 あおば出版 2006
Bull, George Anthony ブル, ジョージ
1929～2001 [国]イギリス 作家, 翻訳家 日英経済協会会長, 「インサイト・ジャパン」発行人
Bull, Jane ブル, ジェーン
1957～ [著]「はじめての手芸Made by Me」 文化学園文化出版局 2014
Bull, Peter ブゥル, P.
[著]「姿勢としぐさの心理学」 北大路書房 2001
Bull, Ray ブル, R.
[著]「犯罪心理学」 有斐閣 2010
Bulla, Clyde Robert ブラ, クライド・ロバート
1914～2007 [著]「ねことテルと王女さま」 長崎出版 2013
Bullard, Jonathan バラード, ジョナサン
[国]アメリカ アメフト選手
Bullard, Roger Aubrey ブラード, ロジャー・A.
1937～ [著]「メサイア」 イーグレープ, いのちのことば社(発売) 2008

Bullard, Steven ブラード, スティーブ
[著]「鉄条網に掛かる毛布」 オーストラリア戦争記念館 2006

Bullimore, David W. ブリモア, デビッド・W.
[著]「医学部スタディ・スキル」 西村書店 2005

Bullmore, Jeremy ブルモア, ジェレミー
1929～ [著]「"会社に行きたくない人"悩み相談室」 朝日新聞社 2002

Bullock, Alan Louis Charles ブロック, アラン
1914～2004 [国]イギリス 歴史学者, 作家 オックスフォード大学副学長 [異]バロック, アラン

Bullock, Darryl W. ブロック, ダリル・W.
[著]「フローレンス・フォスター・ジェンキンス騒音の歌姫」 キネマ旬報社 2016

Bullock, Hiram ブロック, ハイラム
1955～2008 [国]アメリカ ジャズギタリスト

Bullock, Ian ブロック, I.
[著]「医学教育の教え方ポケットガイド」 西村書店東京出版編集部 2010

Bullock, Reggie ブルロック, レジー
[国]アメリカ バスケットボール選手

Bullock, Sandra ブロック, サンドラ
1964～ [国]アメリカ 女優, 映画プロデューサー [異]バロック, サンドラ

Bullon, Alejandro ブロン, アレハンドロ
1947～ [著]「終末へのカウントダウン」 福音社, 立川 アドベンチスト・ブックセンター(発売) 2010

Bullough, Max バロー, マックス
[国]アメリカ アメフト選手

Bull Ramos ブル・ラモス
?～2006 [国]アメリカ プロレスラー

Bullrich, Esteban ブルリッチ, エステバン
[国]アルゼンチン 教育・スポーツ相

Bullrich, Patricia ブルリッチ, パトリシア
[国]アルゼンチン 治安相

Bulmahn, Edelgard ブルマーン, エーデルガルト
[国]ドイツ 教育相

Bulmahn, Jason M. バルマン, ジェイソン
[著]「ゼンドリックの秘密」 ホビージャパン 2007

Bulman, Chris バルマン, クリス
[著]「看護における反省的実践」 看護の科学社 2014

Bulmer-Thomas, V. バルマー＝トーマス, ビクター
1948～ [著]「ラテンアメリカ経済史」 名古屋大学出版会 2001

Bulnes, Felipe ブルネス, フェリペ
[国]チリ 法相

Bulut, Gamze ブルト
[国]トルコ 陸上選手

Bulut, Onur ブルト, オヌル
[国]トルコ サッカー選手

Bulygina, Anna ブルイギナ
[国]ロシア バイアスロン選手

Bumacov, Vasile ブマコフ, ヴァシレ
[国]モルドバ 駐日特命全権大使

Bumaya, André ブマヤ, アンドレ
[国]ルワンダ 公益事業労働相

Bumba, Syda ブンバ, サイダ
[国]ウガンダ エネルギー・資源開発相

Bumçi, Aldo ブンチ, アルド
[国]アルバニア 観光・文化・青年・スポーツ相 [異]ブムチ, アルド

Bumgardner, Gregory バンガードナー, グレゴリー
[著]「Javaスタイルブック」 翔泳社 2009

Bumgarner, Madison バムガーナー, マディソン
1989～ [国]アメリカ 野球選手 本名＝Bumgarner, Madison Kyle [異]バンガーナー, マディソン

Bumpers, Dale バンパーズ, デール
1925～2016 [国]アメリカ 政治家 米国上院議員(民主党) 本名＝Bumpers, Dale Leon

Bumpus, Cornelius バンプス, コーネリアス
1945～2004 [国]アメリカ サックス奏者 旧グループ名＝ドゥービー・ブラザーズ〈Doobie Brothers〉

Bumstead, Henry バムステッド, ヘンリー
?～2006 [国]アメリカ 映画美術監督 [異]バンステッド, ヘンリー

Bunanta, Murti ブナンタ, ムルティ
1946～ [著]「まめジカカンチルのさかなとり」 おはなしきゃらばんセンター 2006

Bun B バンビー
[国]アメリカ MTVアワード 最優秀R&B・ビデオ(第23回(2006年)) "Check On It"

Bunce, William K. バンス, ウィリアム
1907～2008 [国]アメリカ 連合国軍総司令部(GHQ)民間情報教育局宗教課長

Bunch, John L., Jr. バンチ, ジョン
1921～2010 [国]アメリカ ジャズピアニスト

Bundegaard, Anita Bay ブンゴー, アニタ・バイ
[国]デンマーク 開発援助相

Bunderson, C.Victor バンダーソン, C.ビクター
[著]「インストラクショナルデザインの理論とモデル」 北大路書房 2016

Bundhoo, Lormesh ブンドゥ, ロメッシュ
[国]モーリシャス 保健・生活向上相

Bundhoo, Lormus バンドゥー, ロームス
[国]モーリシャス 環境・国家開発相

Bundrage, Quenton バンドレイジ, クエントン
[国]アメリカ アメフト選手

Bundrant, Mike バンドラント, マイク
[著]「成長を助ける21の鍵」 チーム医療 2008

Bundsgaard, Lotte ブンゴー, ロッテ
[国]デンマーク 住宅建設相

Bundy, Dylan バンディ, ディラン
[国]アメリカ 野球選手

Bundy, Lorenzo バンディ, ロレンゾ
[国]アメリカ マイアミ・マーリンズコーチ

Bundy, Marquis バンディー, マーキス
[国]アメリカ アメフト選手

Bundy, Mary Lee バンディ, メアリー・リー
1927～ [著]「アメリカ図書館界と積極的活動主義」 京都大学図書館情報学研究会, 日本図書館協会(発売) 2005

Bune, Poseci ブーネ, ポセチ
[国]フィジー 公共サービス・公共部門改革相

Bungay Stanier, Michael バンゲイ・スタニエ, マイケル
[著]「極上の仕事」 サンクチュアリ出版 2011

Bunge, Mario Augusto ブーンゲ, マリオ
1919～ [著]「生物哲学の基礎」 シュプリンガー・ジャパン 2008

Bungei, Wilfred ブンゲイ, ウィルフレッド
[国]ケニア 陸上選手 [異]ブンゲイ

Bungener, Janet バンジェナー, J.
[著]「自閉症とパーソナリティ」 創元社 2006

Bungert, Niko ブンガート, ニコ
[国]ドイツ サッカー選手

Bunin, Stanislav ブーニン, スタニスラフ
1966～ ピアニスト

Bunjaki, Enis ブニャキ, エニス
[国]ドイツ サッカー選手

Bunkasem, Thavrith J. ブンカセン, サヴリス・J.
[著]「現代世界アジア詩集」 土曜美術社出版販売 2010

Bunker, Edward バンカー, エドワード
1933～2005 [国]アメリカ 作家

Bunn, Cullen バン, カレン
[異]バン, ガレン [著]「デッドプール・キラストレイテッド/デッドプール・キルズ・デッドプール」 ヴィレッジブックス 2015

Bunn, Howard Franklin バン, H.フランクリン
1935～ [著]「血液疾患の病態生理」 メディカル・サイエンス・インターナショナル 2012

Bunnag, Tej ブンナーク, テート
[国]タイ アジア太平洋障害者センター理事会議長, 元・外務大臣, 元・外務事務次官, 元・アジア工科大学理事会議長

Bunnell, David ブネル, デビッド
[著]「eBayオークション戦略」 ダイヤモンド社 2001

***al*-Bunni, Nadir** ブンニ, ナディル
[国]シリア かんがい相

Bunning, Jim バニング, ジム
1931～ [国]アメリカ 政治家, 元野球選手 米国上院議員(共和党)

Bunning, Joan バニング, ジョアン
[著]「ラーニング・ザ・タロット」 駒草出版 2007

Bunson, Matthew ブンスン, マッシュー
[著]「アガサ・クリスティ大事典」 柊風舎 2010

Bunster Betteley, Jorge ブンステル・ベットリー, ホルヘ
[国]チリ エネルギー相

Bunsuk, Tairat ブンサック, トライラット
[国]タイ 重量挙げ選手

Bunte, Frank ビュンテ, フランク
[著]「グローバリゼーションとフードエコノミー」 農林統計出版

2012
Buntic, Fabijan ブンティッチ, ファビアン
国クロアチア サッカー選手
Bunting, Eve バンティング, イヴ
1928～ 著バンチング, イヴ 著「ドールハウスから逃げだせ！」早川書房 2006
Bunting, Fred バンティング, フレッド
著「カラーマネジメント」帆風, ビー・エヌ・エヌ新社（発売）2005
Bunting, Kara バンティング, カーラ
著「アクセプタンス＆コミットメント・セラピー実践ガイド」明石書店 2014
Bunting, Peter バンティング, ピーター
国ジャマイカ 国家安全保障相 愚バンティング, ピーター
Bunwaree, Vasant Kumar ブンワリ, バサント・クマル
国モーリシャス 教育・人的資源相
Bunyan, Reem バンヤン, リーム
著「症状からみた神経内科ハンドブック」メディカル・サイエンス・インターナショナル 2003
Bunyan, Vashti バニアン, バシュティ
1945～ 国イギリス シンガー・ソングライター 愚バニアン, ヴァシュティ
Bunye, Ignacio ブニエ, イグナシオ
国フィリピン 大統領府報道官
Bunyoni, Alain Guillaume ブニョニ, アラン・ギヨム
国ブルンジ 公安相 愚ブニョニ, アラン・ギヨーム / ブニョニ, アラン・ギヨーム
Buonassisi, Vincenzo ブオナッシージ, ヴィンチェンツォ
著「決定版 新パスタ宝典」復刊ドットコム 2013
Buono, Vito ブオノ, ヴィト
著「イヌの世界」日経ナショナルジオグラフィック社, 日経BP出版センター（発売）2006
Buonomano, Dean ブオノマーノ, ディーン
1964～ 著「バグる脳」河出書房新社 2012
Buot, François ビュオ, フランソワ
1957～ 著「トリスタン・ツァラ伝」思潮社 2013
Burak, Jacob ブラーク, ヤコブ
1948～ 著「ユダヤ人大投資家の「お金と幸せ」をつかむ正しい方法」徳間書店 2010
Burale, Muhammad Meydane ブラレ, ムハマド・メイダン
国ソマリア 調停・紛争解決相
Buran, Jon ブラン, ジョン
著「アベンジャーズ：シーズンワン」小学館集英社プロダクション 2014
Buranaprasertsuk, Porntip ブラナプラサラック, ポルンティップ
国タイ バドミントン選手
Buranasilpin, Chongchetn ブラナシルビン, チョンチェン
国タイ 元・防衛大学校同窓会タイ支部長
Burbank, Patricia M. バーバンク, パトリシア・M.
著「高齢者の運動と行動変容」ブックハウス・エイチディ 2005
Burbank, Ross バーバンク, ロス
国アメリカ アメフト選手
Burbidge, Eleanor Margaret Peachey バービッジ, エレノア・マーガレット
1919～ 国アメリカ 天体物理学者 カリフォルニア大学サンディエゴ校名誉教授 王立グリニッジ天文台長 愚バービジ / バービッジ, エレナー・マーガレット
Burbidge, Geoffrey バービッジ, ジョフリー
1925～2010 国イギリス 天体物理学者 カリフォルニア大学サンディエゴ校教授, キット・ピーク国立天文台長 クエーサーの研究 愚バービッジ, ジェフリー
Burbidge, John B. バービッジ, ジョン・B.
著「ポスト・ケインズ派経済学入門」日本経済評論社 2003
Burbridge, Aaron バーブリッジ, アーロン
国アメリカ アメフト選手
Burbulis, Gennadii Eduardovich ブルブリス, ゲンナジー
1945～ 国ロシア 政治家 ロシア国際戦略政治学センター所長 ロシア国務長官
Burcea, Stelian ブルチャ, ステリアン
国ルーマニア ラグビー選手
Burcell, Robin バーセル, ロビン
国アメリカ 作家
Burch, Geoff バーチ, ジェフ
著「羊を追い回すな！」ダイヤモンド社 2008
Burch, Mary R. バーチ, メアリー
愚バーチ, メリー・R. 著「行動分析家の倫理」二瓶社 2015

Burch, Rebecca C. バーチ, レベッカ・C.
著「メキメキ上達する頭痛のみかた」メディカル・サイエンス・インターナショナル 2016
Burch, Tory バーチ, トリー
国アメリカ トリー・バーチ創業者、CEO
Burchard, Brendon バーチャード, ブレンドン
国アメリカ 作家 愚その他
Burchard, Doris ブルヒャルト, ドーリス
著「美を求める闘い」青土社 2003
Burchard, Evan バーチャード, エヴァン
1984～ 著「入門Webゲーム開発」オライリー・ジャパン, オーム社（発売）2014
Burchell, Michael バーチェル, マイケル
1967～ 著「最高の職場」ミネルヴァ書房 2012
Burchett, Jan バーチェット, ジャン
国イギリス 作家 愚歴史
Burchielli, Riccardo ブルチエリ, リカルド
著「マッドマックス怒りのデス・ロード」Graffica Novels, 誠文堂新光社（発売）2015
Burcica, Constanta ブルチカ
国ルーマニア ボート選手
Burck, Charles バーク, チャールズ
著「経営は「実行」」日本経済新聞出版社 2010
Burckle, Clark バークル
国アメリカ 競泳選手
Burdeau, Emmanuel ビュルドー, エマニュエル
著「モンテ・ヘルマン語る」河出書房新社 2012
Burden, Chris バーデン, クリス
1946～2015 国アメリカ 美術家 本名＝Burden, Christopher B.
Burden, Gary バーデン, ゲーリー
グラミー賞 最優秀ボックス, 特別限定版パッケージ（2009年（第52回））"Neil Young Archives Vol.I（1963 - 1972）" アート・ディレクター
Burden, Matthew Currier バーデン, マシュー・カリアー
著「ブログ・オブ・ウォー」メディア総合研究所 2007
Burdenko, Roman ブルデンコ, ロマン
国ロシア ロン・ティボー・クレスパン国際音楽コンクール 声楽第2位（2011年（第40回））ほか
Burdett, Lois バーデット, ロイス
1952～ 著「こどものためのマクベス」アートデイズ 2007
Burdette, Jonathan H. バーデット, ジョナサン・H.
著「MRI「超」講義」メディカル・サイエンス・インターナショナル 2003
Burdi, Zack バーディ, ザック
国アメリカ 野球選手
Burdick, Alan バーディック, アラン
著「翳りゆく楽園」ランダムハウス講談社 2009
Burdick, Eugene バーディック, ユージン
著「未確認原爆投下指令」東京創元社 2002
Burdick, Robert バーディック, ロバート
著「プロフェッショナルJSP」インプレス, インプレスコミュニケーションズ（発売）2002
Burdisso, Nicolas ブルディッソ, ニコラス
国アルゼンチン サッカー選手
Burdock, George A. バードック, ジョージ・A.
著「食品の機能性表示と世界のレギュレーション」薬事日報社 2015
Bure, Gilles de ビュウ, ジル・ドゥ
著「20プロジェ」企業組合建築ジャーナル 2010
Bure, Pavel ビュレ, パベル
1971～ 国ロシア 元アイスホッケー選手 本名＝Bure, Pavel Vladimirovich
Bureau, Loïc ビューロー, ロイク
1958～ 著「フランスの植物療法」フレグランスジャーナル社 2016
Buregren, Sassa ブーレグレーン, サッサ
1953～ 著「10歳からの民主主義レッスン」明石書店 2009
Buren, Daniel ビュラン, ダニエル
1938～ 国フランス 造形作家, 画家 愚ビュレン, ダニエル / ビュレンス, ダニエル
Buren, Mark E.Van ビューレン, マーク・E.バン
著「ウニヒピリ」サンマーク出版 2010
Burenhult, Göran ブレンフルト, ヨラン
著「先住民の現在」朝倉書店 2007
Bures, Doris ブレス, ドリス
国オーストリア 運輸・技術革新相

Bureš, Jaroslav　ブレシュ, ヤロスラフ
　㊥チェコ　立法担当相
Buresh, Bernice　ブレッシュ, バーニス
　1941〜　㊧「沈黙から発言へ」日本看護協会出版会　2002
Burfict, Vontaze　バーフィクト, ボンテズ
　㊥アメリカ　アメフト選手
Burford, Pamela　バーフォード, パメラ
　㊧「求む、フィアンセ！」ハーレクイン　2002
Burg, Bob　バーグ, ボブ
　㊧「こうすれば人は動いてくれる」サンマーク出版　2016
Burg, Sarah Emmanuelle　ブルグ, サラ
　1985〜　㊧「にわとりちゃんとこぎつねくん」瑞雲舎　2006
Burgard, Wolfram　バーガード, ウルフラム
　㊧「確率ロボティクス」毎日コミュニケーションズ　2007
Burge, Constance M.　バーグ, コンスタンス・M.
　㊧「チャームド」竹書房　2006
Bürge, Elisabeth　ブルゲ, エリザベス
　㊧「機能的運動療法 ボール・エクササイズ編」シュプリンガー・ジャパン　2010
Burge, Gary M.　バーグ, G.M.
　1952〜　㊧バーグ, ゲーリー・M.　㊧「だれもが知りたいキリスト教神学Q&A」教文館　2016
Burgelman, Robert A.　バーゲルマン, ロバート・A.
　㊧「技術とイノベーションの戦略的マネジメント」翔泳社　2007
Burger, Adolf　ブルガー, アドルフ
　1917〜2016　㊥スロバキア　ジャーナリスト, 印刷工
Burger, Corey　バーガー, コーリー
　㊧「Ubuntu徹底入門」翔泳社　2007
Burger, Edward B.　バーガー, エドワード・B.
　㊧「限界を突破する5つのセオリー」新潮社　2013
Burger, Jacques　バーガー, ジャック
　㊥ナミビア　ラグビー選手
Burger, Jeff　バーガー, ジェフ
　㊧「都会で聖者になるのはたいへんだ」スペースシャワーブックス, スペースシャワーネットワーク（発売）　2013
Burger, Schalk　バーガー, スカルク
　㊥南アフリカ　ラグビー選手
Burgess, Adrienne　バージェス, エイドリアン
　㊧「その恋の結末、90％予測できる」扶桑社　2006
Burgess, James　バージェス, ジェームス
　㊥アメリカ　アメフト選手
Burgess, Mark　バージェス, マーク
　㊧「クマのプー」KADOKAWA　2016
Burgess, Melvin　バージェス, メルヴィン
　1954〜　㊧「シャイニング・オン」理論社　2007
Burgess, Sam　バージェス, サム
　㊥イングランド　ラグビー選手
Burgess, Williams T.　バーゲス, ウィリアム・T.
　㊧「プライベート・エクイティ」中央経済社　2011
Burggraeve, Roger　ビュルグヒュラーヴ, ロジェ
　1942〜　㊧「貨幣の哲学」法政大学出版局　2014
Burghardt, Renie Szilak　バーガード, レニー・シーラク
　㊧「空っぽのくつした」光文社　2002
Burgin, Clayton　バーギン, クレイトン
　㊥セントビンセント・グレナディーン　保健・環境相　㊧バージン, クレイトン
Burgis, Tom　バージェス, トム
　㊧「喰い尽くされるアフリカ」集英社　2016
Burgman, Mark A.　バーグマン, マーク・A.
　㊧「コンピュータで学ぶ応用個体群生態学」文一総合出版　2002
Burgo, Andrés　ブルゴ, アンドレス
　1974〜　㊧「マラドーナ！」現代企画室　2006
Burgo, Carlos Augusto Duarte　ブルゴ, カルロス・アウグスト・ドゥアルテ
　㊥カボベルデ　財務・計画・地域開発相
Burgos, Ana　ブルゴス
　㊥スペイン　トライアスロン選手
Burgos, Enrique　ブルゴス, エンリケ
　㊥パナマ　野球選手
Burgos, Jorge　ブルゴス, ホルヘ
　㊥チリ　内相
Burgos Ortiz, Lely Berlitt　ブルゴス, レリー
　㊥プエルトリコ　重量挙げ選手
Burgoyne, Bernard　バゴイン, バーナード
　㊧「クライン・ラカンダイアローグ」誠信書房　2006
Burgoyne, Patrick　バーゴイン, パトリック
　㊧「インターネットデザイン」グラフィック社　2001
Burgoyne, Robert　バーゴイン, ロバート
　1949〜　㊧「映画記号論入門」松柏社　2006
Burgui　ブルギ
　㊥スペイン　サッカー選手
Burguière, André　ビュルギエール, アンドレ
　㊧ビュルギエール, A.　㊧「叢書『アナール1929-2010』」藤原書店　2015
Burgy, Nicolas　ビュルギ, ニコラス
　㊥スイス　サッカー選手
Burian, Peter K.　ブリアン, ピーター・K.
　㊧「ナショナルジオグラフィックプロの撮り方」日経ナショナルジオグラフィック社, 日経BP出版センター（発売）　2004
Burillo, Giselle　ブリジョ, ジゼル
　㊥パナマ　中小企業相
Burjanadze, Nino　ブルジャナゼ, ニノ
　1964〜　㊥ジョージア　政治家, 国際法学者　民主運動統一ジョージア党首　ジョージア大統領, ジョージア国会議長　㊧ブルジャナゼ, ニーノ
Burk, John R.　バーク, ジョン・R.
　サラウンド・プロデューサー　グラミー賞 最優秀サラウンド・サウンド・アルバム（2004年（第47回））"Genius Loves Company"
Burk, Kathleen　バーク, キャスリーン
　㊧「オックスフォード ブリテン諸島の歴史」慶応義塾大学出版会　2014
Burk, Kevin　バーク, ケヴィン
　1967〜　㊧「占星術完全ガイド」フォーテュナ, JRC（発売）2015
Burka, Gelete　ブルカ, ゲレテ
　㊥エチオピア　陸上選手
Burka, Jane B.　ブルカ, ジェーン
　㊧「グズをきっぱりやめるコツ！」PHP研究所　2005
Burkart, Erika　ブルカルト, エーリカ
　1922〜　㊧「現代スイス短篇集」鳥影社・ロゴス企画部　2003
Burke, Alafair　バーク, アラフェア
　㊧「消えた境界線」文芸春秋　2005
Burke, Alfred Michael　バーク・アルフレッド・ミカエル
　㊥アメリカ　横浜刑務所篤志面接委員, 元・神奈川医療少年院篤志面接委員
Burke, Anthony　バーク, アンソニー
　1970〜　㊧「ネットワークプラクティス」鹿島出版会　2014
Burke, Barbara　バーク, バーバラ
　1951〜　㊧「奇跡を起こす！ 3つの魔法」ダイヤモンド社　2014
Burke, Bill　バーク, ビル
　㊧「Enterprise JavaBeans 3.1」オライリー・ジャパン, オーム社（発売）　2011
Burke, Brian　バーク, ブライアン
　1959〜　㊧「動機づけ面接法の適用を拡大する」星和書店　2016
Burke, Dan　バーク, ダン
　㊥アメリカ　インディアナ・ペイサーズアシスタントコーチ（バスケットボール）
Burke, Edward　バーク, エドワード
　㊧「ダーティントン国際工芸家会議報告書」思文閣出版　2003
Burke, Evan　バーク, イヴァン
　㊧「ラブ・ヴァージョン365日」筑摩書房　2003
Burke, James Lee　バーク, ジェームズ・リー
　1936〜　㊥アメリカ　ミステリー作家
Burke, Jan　バーク, ジャン
　1953〜　㊧「私刑連鎖犯」講談社　2007
Burke, Jason　バーク, ジェイソン
　1970〜　㊧「21世紀のイスラム過激派」白水社　2016
Burke, Jim　バーク, ジム
　1973〜　㊧「よめたよ、リトル先生」岩崎書店　2010
Burke, Martha　バーク, マーサ
　㊧「振動音響療法」人間と歴史社　2003
Burke, Michael　バーク, マイケル
　1957〜　㊥フランス　実業家　ルイ・ヴィトン会長・CEO　ブルガリグループCEO
Burke, Monte　バーク, モンテ
　㊧「ザ・ギャンブルフィッシング」つり人社　2009
Burke, Nazim　バーク, ナジム
　㊥グレナダ　財務・計画・経済・エネルギー・協同組合相
Burke, Oliver　バーク, オリヴァー
　㊥スコットランド　サッカー選手
Burke, Peggy　バーク, ペギー

著「ラブ・ヴァージョン365日」筑摩書房 2003
Burke, Peter バーク, ピーター
1937〜 著「歴史を射つ」御茶の水書房 2015
Burke, Raymond V. バーク, レイ
著「親の目・子の目」トムソンラーニング 2002
Burke, Sarah バーク, サラ
1982〜2012 国カナダ スキー選手
Burke, Solomon バーク, ソロモン
1940〜2010 国アメリカ ソウル歌手
Burke, Steven バーク, スティーブン
国イギリス 自転車選手 異パーク
Burke, Tony バーク, トニー
国オーストラリア 持続可能性・環境・水・人口・コミュニティー相
Burke, Trey バーク, トレイ
国アメリカ バスケットボール選手
Burke-Gaffney, Brian バークガフニ, ブライアン
1950〜 著「リンガー家秘録1868-1940」長崎文献社 2014
Burke-Gaffney, Taka バークガフニ, タカ
1989〜 著「リンガー家秘録1868-1940」長崎文献社 2014
Burkeman, Oliver バークマン, オリバー
1975〜 著「解毒剤」東邦出版 2015
Burkenya, Daniil Sergeyevich ブルケニヤ
国ロシア 陸上選手
Burkert, Walter ブルケルト, ヴァルター
1931〜 国スイス 古代宗教史学者 チューリヒ大学名誉教授 ⑥ギリシャ神話, 西洋古典学 異ブルケルト, ワルター
Burkett, Mary Parsons バーケット, メアリ・パーソンズ
著「ポール・オースターが朗読するナショナル・ストーリー・プロジェクト」アルク 2006
Burkett, Molly バケット, モーリー
著「フクロウ物語」福音館書店 2004
Burkhalter, Didier ブルカルテル, ディディエ
1960〜 国スイス 政治家 スイス大統領 本名=Burkhalter, Didier Eric 異ブルカルテール, ディディエ
Burkhard, Gudrun ブルクハルト, グードルン
1929〜 著「バイオグラフィー・ワーク入門」水声社 2006
Burkhardt, Franziska ブルクハルト, フランツィスカ
1972〜 著「もしも, ぼくがトラになったら」光村教育図書 2013
Burkhart, John Ernest バークハート, J.E.
1927〜 著「礼拝とは何か」日本キリスト教団出版局 2003
Burkhead, Rex バークヘッド, レックス
国アメリカ アメフト選手
Burkholder, Lisanne R. バークホルダー, リサーネ・R.
著「内科クラークシップガイド」メディカル・サイエンス・インターナショナル 2004
Burki, Roman ビュルキ, ロマン
国スイス サッカー選手
Bürkner, Hans-Paul バークナー, ハンス=ポール
著「協力のリーダーシップ」ダイヤモンド社 2009
Burks, Alec バークス, アレック
国アメリカ バスケットボール選手
Burks, Brandon バークス, ブランドン
国アメリカ アメフト選手
Burks, Jewel バークス, ジュエル
PARTPIC共同創業者
Burkus, David バーカス, デビッド
1983〜 著「どうしてあの人はクリエイティブなのか?」ビー・エヌ・エヌ新社 2014
Burl, Aubrey バール, オーブリー
著「バーソロミュー・ロバーツ」原書房 2007
Burlatsky, Fedor Mikhailovich ブルラツキー, フョードル
1927〜2014 国ロシア 政治学者, 劇作家 「文学新聞」編集局長 異ブルラーツキイ
Burleigh, Michael バーリー, M.
1955〜 著「人種主義国家ドイツ」刀水書房 2001
Burleigh, Nina バーリー, ニナ
著「ナポレオンのエジプト」白揚社 2011
Burleson, Sieglien バールソン, セズリン
国スリナム 貿易・産業相
Burley, John バーレー, ジョン
1971〜 国アメリカ 作家, 医師 ⑥ミステリー, スリラー
Burley, Justine バーリー, ジャスティン
著「遺伝子革命と人権」DHC 2001
Burley, Marcus バーリー, マーカス

国アメリカ アメフト選手
Burley-Allen, Madelyn バーレイ・アレン, マデリン
1929〜 著「ビジネスマンの「聞く技術」」ダイヤモンド社 2007
Burling, Peter バーリング, ピーター
国ニュージーランド セーリング選手
Burling, Robbins バーリング, ロビンズ
著「言葉を使うサル」青土社 2007
Burlingame, Jeff バーリンゲーム, ジェフ
1971〜 著「走ることは, 生きること」晃洋書房 2016
Burlingham, Bo バーリンガム, ボー
著「Finish Big」アメリカン・ブック&シネマ, 英治出版(発売) 2016
Burliuk Holt, Mary Clare ブルリューク・ホルト, メリー
著「ブルリュークのメモ帳」木村五郎・大島農民美術資料館 2011
Burlon, Marcelo ブロン, マルセロ
1976〜 国イタリア ファッションデザイナー マルセロ・ブロンカウンティ・オブ・ミランデザイナー
Burman, Barney バーマン, バーニー
アカデミー賞 メイクアップ賞(第82回(2009年)) "Star Trek"
Burman, Ben Lucien バーマン, ベン・ルーシャン
著「アライグマ博士と仲間たち」福音館書店 2003
Burman, Erica バーマン, エリカ
異バーマン, E. 著「発達心理学の脱構築」ミネルヴァ書房 2012
Burmester, Geld-Rüdiger ブルメスター, ゲルト・リュディガー
1953〜 著「カラー図解臨床に役立つ免疫学」メディカル・サイエンス・インターナショナル 2006
Burmester, Moss ビューアメスター
国ニュージーランド 競泳選手
Burn, Doris バーン, ドリス
1923〜2011 著「アンドルーのひみつきち」岩波書店 2015
Burnard, Lou バーナード, ルー
著「人文学と電子編集」慶応義塾大学出版会 2011
Burne-Jones バーン=ジョーンズ
著「バーン=ジョーンズ 眠り姫」二玄社 2009
Burnell, Cerrie バーネル, ケリー
国イギリス タレント
Burnell, Jack バーネル, ジャック
国イギリス 水泳選手
Burnell, Mark バーネル, マーク
著「素顔なき女豹」ソニー・マガジンズ 2005
Burnes, Caroline バーンズ, キャロライン
著「失われた伝説」ハーレクイン 2005
Burnett, A.J. バーネット, A.J.
1977〜 国アメリカ 元野球選手 本名=バーネット, アレン・ジェームズ〈Burnett, Allen James〉
Burnett, Alyce バーネット, アリス
国オーストラリア カヌー選手
Burnett, Bill バーネット, ビル
著「アニメおさるのジョージめざせオリンピック」金の星社 2015
Burnett, Daniel C. バーネット, ダニエル・C.
著「WebRTC」リックテレコム 2014
Burnett, D.Graham バーネット, D.グレアム
著「ある陪審員の四日間」河出書房新社 2006
Burnett, Jason バーネット
国カナダ トランポリン選手
Burnett, Lindy バーネット, リンディ
著「魔法使いのびっくりマジック」技術評論社 2005
Burnett, Mark バーネット, マーク
国イギリス プロデューサー
Burnett, Morgan バーネット, モーガン
国アメリカ アメフト選手
Burnett, Peter バーネット, ピーター
1976〜 著「ねむれないねずみくん」KADOKAWA 2016
Burnett, Richard T. バネット, R.
著「ナノ物質のリスクアセスメント」エヌ・ティー・エス 2006
Burnett, Sean バーネット, ショーン
国アメリカ 野球選手
Burnett, Simon バーネット
国イギリス 競泳選手
Burnett, Stephen バーネット, スティーブン
著「統合マーケティング戦略論」ダイヤモンド社 2003
Burnett, T Bone バーネット, T=ボーン
作詞・曲 グラミー賞 最優秀映像メディア向け楽曲(2012年(第

55回))ほか
Burnette, Ed　バーネット, エド
　㊃「初めてのAndroid」オライリー・ジャパン, オーム社(発売) 2016
Burney, Ian　バーニー, イアン
　㊎カナダ　駐日特命全権大使
Burnham, Andy　バーンハム, アンディ
　㊎イギリス　文化・メディア・スポーツ相
Burnham, Chris　バーナム, クリス
　1977〜　㊃「バットマン・インコーポレイテッド: ゴッサムの黄昏」小学館集英社プロダクション 2015
Burnham, David H.　バーナム, デイビッド・H.
　㊃「動機づける力」ダイヤモンド社 2009
Burnham, Erick　バーナム, エリック
　㊃「ミュータントタートルズ: アニメイテッド」小学館集英社プロダクション 2015
Burnham, I.W.　バーナム, I.W.
　?〜2002　㊎アメリカ　投資銀行家　バーナム・フィナンシャルグループ創立者　別名＝Burnham, I.W.Tubby
Burnham, June　バーナム, ジューン
　㊃「イギリスの行政改革」ミネルヴァ書房 2010
Burnham, Kevin　バーナム
　㊎アメリカ　セーリング選手
Burnham, Nicole　バーナム, ニコル
　㊃「王子様に片思い」ハーレクイン 2005
Burnham, Robert　バーナム, ロバート
　1947〜　㊃「絵でわかる宇宙大地図」ネコ・パブリッシング 2005
Burnham, Terry　バーナム, テリー
　㊃「トカゲの脳と意地悪な市場」晃洋書房 2006
Burnic, Dzenis　ブルニッチ, ジェニス
　㊎ドイツ　サッカー選手
Burnie, David　バーニー, デイヴィッド
　㊃「世界の鳥たち」化学同人 2015
Burnier, Arno　ブルニエ, アーノ
　㊃「カイロプラクティックのプロフェッショナル20人が語る仕事の流儀」科学新聞社出版局 2012
Burningham, John　バーニンガム, ジョン
　1936〜　㊎イギリス　絵本作家
Burns, Artie　バーンズ, アーティー
　㊎アメリカ　アメフト選手
Burns, Billy　バーンズ, ビリー
　㊎アメリカ　野球選手
Burns, Bob　バーンズ, ボブ
　1950〜2015　㊎アメリカ　ロック・ドラム奏者　本名＝Burns, Robert Lewis (Jr.)
Burns, Chantal　バーンズ, シャンタル
　㊃「瞬間モチベーション」ダイヤモンド社 2016
Burns, Charles　バーンズ, チャールズ
　1955〜　アングレーム国際漫画祭 優秀賞(2007年)　"Black Hole"〈Delcourt〉
Burns, Conrad　バーンズ, コンラッド
　1935〜2016　㊎アメリカ　政治家　米国上院議員(共和党)　本名＝Burns, Conrad Ray
Burns, David D.　バーンズ, デビッド・D.
　㊃「孤独な人が認知行動療法で素敵なパートナーを見つける方法」星和書店 2016
Burns, Ed　バーンズ, エド
　アメリカ探偵作家クラブ賞 TVフィーチャー・ミニシリーズ賞(2007年)　"The Wire, Season 4"
Burns, Glenn　バーンズ, グレン
　1959〜　㊃「泥だらけのスローライフ」実業之日本社 2003
Burns, Jim　バーンズ, ジム
　ヒューゴー賞 プロアーティスト(2005年)
Burns, Ken　バーンズ, ケン
　1953〜　㊎アメリカ　ドキュメンタリー作家, 映画監督　本名＝Burns, Kenneth Lauren
Burns, Laura J.　バーンズ, ローラ・J.
　㊃「ふたつの顔を持つ男」文溪堂 2007
Burns, Lawrence D.　バーンズ, ローレンス・D.
　㊃「「考えるクルマ」が世界を変える」東洋経済新報社 2012
Burns, Marc　バーンズ
　㊎トリニダード・トバゴ　陸上選手
Burns, Marilyn　バーンズ, マリリン
　1941〜　㊃「考える練習をしよう」晶文社 2015
Burns, Nancy　バーンズ, ナンシー
　㊃「バーンズ&グローブ看護研究入門」エルゼビア・ジャパン 2007

Burns, Nicholas　バーンズ, ニコラス
　1956〜　㊎アメリカ　外交官　米国国務次官(政務担当), 北大西洋条約機構(NATO)大使, 駐ギリシャ米国大使
Burns, Pat　バーンズ, パット
　1952〜2010　㊎カナダ　アイスホッケー監督
Burns, Ralph　バーンズ, ラルフ
　1922〜2001　㊎アメリカ　編曲家, ジャズピアニスト
Burns, Richard　バーンズ, リチャード
　1971〜2005　㊎イギリス　ラリードライバー
Burns, Sarah　バーンズ, サラ
　㊃「看護における反省的実践」ゆみる出版 2005
Burns, Scott　バーンズ, スコット
　㊃「破産する未来」日本経済新聞社 2005
Burns, Steve　バーンズ, スティーヴ
　㊃「ニュートレーダー×リッチトレーダー完全プラス期待システム」竹書房 2016
Burns, Tom　バーンズ, トム
　㊃「ふたりの絆を深める60の言葉」ピエ・ブックス 2010
Burns, Ursula M.　バーンズ, ウルスラ
　1958〜　㊎アメリカ　実業家　ゼロックス会長・CEO
Burns, William　バーンズ, ウィリアム
　1956〜　㊎アメリカ　外交官　カーネギー国際平和財団理事長　米国国務副長官　本名＝バーンズ, ウィリアム・ジョセフ〈Burns, William Joseph〉
Burnside, Julian　バーンサイド, ジュリアン
　㊃「オーストラリア」メディアファクトリー 2004
Burnside, Robert Lee　バーンサイド, R.L.
　1926〜2005　㊎アメリカ　ブルースミュージシャン
Burokevičius, Mykolas　ブロキャビチュス, ミコラス
　1927〜2016　㊎リトアニア　政治家　リトアニア共産党第1書記　本名＝Burokevičius, Mykolas Martinovich　㊏ブロケヴィチュス
Buron, Kari Dunn　ブロン, カーリ・ダン
　㊃「レベル5は違法行為!」明石書店 2012
Burpo, Sonja　バーポ, ソーニャ
　㊃「てんごくは, ほんとうにある」かんよう出版 2015
Burpo, Todd　バーポ, トッド
　㊃「てんごくは, ほんとうにある」かんよう出版 2015
Burr, Chandler　バール, チャンドラー
　1963〜　㊃「匂いの帝王」早川書房 2003
Burr, Vivien　バー, ビビアン
　㊃「社会心理学が描く人間の姿」ブレーン出版 2005
Burrage, Alfred McLelland　バレイジ, A.M.
　㊃「ホームスイートホラー」ポプラ社 2006
Burrel, Duke　バレル, デューク
　1947〜　㊃「ネットワークビジネス強い味方」四海書房 2013
Burrell, Boz　バレル, ボズ
　1946〜2006　㊎イギリス　ミュージシャン
Burrell, Brian　バレル, ブライアン・デイヴィッド
　1955〜　㊃「こちら脳神経救急病棟」河出書房新社 2015
Burrell, Gibson　バレル, ギブソン
　㊃「経営と社会」同友館 2001
Burrell, Paul　バレル, ポール
　1958〜　㊃「ダイアナ妃 遺された秘密」ワニブックス 2003
Burrell, Roy Eric Charles　バレル, ロイ
　㊃「絵と物語でたどる古代史」晶文社 2008
Burrell, Shelia　バレル
　㊎アメリカ　陸上選手
Burrell, Ty　バーレル, タイ
　エミー賞 プライムタイム・エミー賞 最優秀助演男優賞(コメディシリーズ)(第66回(2014年))ほか
Burreson, Jay　バーレサン, ジェイ
　1942〜　㊃「スパイス, 爆薬, 医薬品」中央公論新社 2011
Burri, René　ブリ, ルネ
　1933〜2014　㊎スイス　写真家
Burridge, Rich　ブリッジ, リッチ
　㊃「Java message service導入ガイド」ピアソン・エデュケーション 2003
Burridge, Richard A.　バリッジ, リチャード
　㊃「キリスト教のスピリチュアリティ」新教出版社 2006
Burrill, G.Steven　バリル, G.スティーブン
　㊃「G.スティーブン・バリルのbiotech 2004」日経BP社, 日経BP出版センター(発売) 2004
Burris, Juston　バリス, ジャストン
　㊎アメリカ　アメフト選手
Burritt, Roger L.　バーリット, ロジャー・L.

㊃「現代環境会計」五絃舎 2003
Burro, Jose Angel ブロ, ホセ・アンヘル
㊚パラグアイ 法務労働相
Burroughs, Augusten バロウズ, オーガステン
1965〜 ㊃「これが答えだ！」CCCメディアハウス 2016
Burroughs, Franklin バロウズ, フランクリン
㊃「アメリカエッセイ傑作選」DHC 2001
Burroughs, John ボローズ, J.
1953〜 バロース, ジョン ㊃「力の支配から法の支配へ」憲法学舎, 日本評論社(発売) 2009
Burroughs, Jordan バロウズ, ジョーダン
1988〜 ㊚アメリカ レスリング選手 本名＝Burroughs, Jordan Ernest ㊛バロウズ, ジョーダン / ブローズ, ジョーダン
Burroughs, William James バロウズ, W.J.
㊃「気候変動」シュプリンガー・フェアラーク東京 2003
Burrow, Colin バロウ, コリン
㊃「スペンサーとその時代」南雲堂 2011
Burrow, John Wyon バロウ, J.
1935〜 ㊃「かの高貴なる政治の科学」ミネルヴァ書房 2005
Burrow, Rufus バロウ, R.
1951〜 ㊃「はじめてのキング牧師」教文館 2011
Burrow, Thomas バロー, T.
㊃「ドラヴィダ語語源辞典」きこ書房 2006
Burrowes, Grace バロウズ, グレース
「今宵、心惑わされ」二見書房 2015
Burrows, Annie バロウズ, アニー
㊃「伯爵と花嫁の十二夜」ハーパーコリンズ・ジャパン 2016
Burrows, Donald バロウズ, ドナルド
1945〜 ㊃「ヘンデル」春秋社 2009
Burrows, Eva バロウズ, エバ
？〜2015 ㊚アメリカ 救世軍総大将 ㊛バロウズ, エヴァ
Burrows, Gideon バロウズ, ギデオン
㊃「大量破壊兵器、カラシニコフを世界からなくす方法」合同出版 2010
Burrows, Graham D. バロウズ, グラハム・D.
㊃「パニック障害」日本評論社 2001
Burrows, Hal バロウズ, ハル
1937〜 ㊃「1分間マネジャーの時間管理」パンローリング 2013
Burrows, John バロウズ, ジョン
1939〜 ㊃「クラシック作曲家大全」日東書院本社 2013
Burrows, Mathew バロウズ, マシュー
㊃「シフト」ダイヤモンド社 2015
Burrows, Peter バロウズ, ピーター
㊃「HP(ヒューレット・パッカード)クラッシュ」PHP研究所 2004
Burrows, Terry バロウズ, テリー
㊃「ザ・ビートルズトレジャーズ」ぶんか社 2011
Burrus, Christina ビュリュス, クリスティーナ
㊃「フリーダ・カーロ」創元社 2008
Burruss, James A. バラス, ジェイムズ・A.
㊃「成功する経営リーダーチーム6つの条件」生産性出版 2009
Burry, Pamela J. バリー, パメラ・J.
1954〜 ㊃「グロリアと三人のセラピスト」とともに生きて」コスモス・ライブラリー, 星雲社(発売) 2013
Burse, Isaiah バース, イサイアー
㊚アメリカ アメフト選手
Burson, Nancy バーソン, ナンシー
1948〜 ㊃「スピリチュアル・フォーカス」ゴマブックス 2007
Burstein, Daniel バースタイン, ダン
1953〜 ㊃「インフェルノの「真実」」竹書房 2013
Burstein, Gabriel バースタイン, ガブリエル
1959〜 ㊃「マクロ裁定取引」シグマベイスキャピタル 2001
Bursten, Bruce Edward バーステン, ブルース・E.
㊃「ブラウン一般化学」丸善出版 2015
Burstone, Charles J. バーストン, C.J.
㊃「矯正治療への生体力学と生物学の基本原理」Insight 2001
Burstyn, Ellen バースティン, エレン
1932〜 ㊚アメリカ 女優 旧芸名＝マクレー, エレン
Burt, Donald Graham バート, ドナルド・グラハム
アカデミー賞 美術監督・装置賞(第81回(2008年)) "The Curious Case of Benjamin Button"
Burt, George バート, ジョージ
㊃「「入門」シナリオ・プランニング」ダイヤモンド社 2003
Burt, Guy バート, ガイ
1972〜 ㊃「ソフィー」東京創元社 2009

Burt, Michael バート, マイケル
㊃「形とシンメトリーの饗宴」森北出版 2003
Burt, Peter バート, ピーター
1955〜 ㊃「武満徹の音楽」音楽之友社 2006
Burt, Ronald S. バート, ロナルド・S.
㊃「競争の社会的構造」新曜社 2006
Burtoft, Jeff バートフ, ジェフ
㊃「HTML5 Hacks」オライリー・ジャパン, オーム社(発売) 2013
Burton, Anthony バートン, アントニー
㊃「ロマン派の音楽」音楽之友社 2006
Burton, Anwar "Flii" バートン, アンウォー・"フィル"
MTVアワード 最優秀振付(第29回(2012年)) "Turn Up The Music"
Burton, Brian バートン, ブライアン
ゴールデン・グローブ賞 映画 主題歌賞(第71回(2013年度)) 'Ordinary Love'(「マンデラ 自由への長い道」"Mandela : Long Walk to Freedom")
Burton, Christopher バートン, クリストファー
㊚オーストラリア 馬術選手
Burton, Dennis R. バートン, デニス・R.
㊃「ロアットカラー基本免疫学」西村書店東京出版編集部 2011
Burton, Euan バートン
㊚イギリス 柔道選手
Burton, Gary バートン, ゲイリー
グラミー賞 最優秀ジャズ・インストゥルメンタル即興演奏(ソロ)(2012年(第55回)) ほか
Burton, Jaci バートン, ジェイシー
㊚アメリカ 作家 ㊛ロマンス
Burton, James バートン, ジェームズ
グラミー賞 最優秀カントリー・インストゥルメンタル・アーティスト(2008年(第51回)) "Cluster Pluck"
Burton, Jessie バートン, ジェシー
1982〜 ㊚イギリス 作家, 女優 ㊛歴史, ミステリー
Burton, Joan バートン, ジョーン
㊚アイルランド 副首相兼社会保護相
Burton, Jonathan バートン, ジョナサン
㊃「投資の巨匠たち」シグマベイスキャピタル 2002
Burton, Jordan バートン, ジョーダン
㊃「ハーバードMBA合格者のエッセイを読む」オープンナレッジ 2007
Burton, Linda バートン, リンダ
1946〜 ㊃「専業主婦でなぜ悪い!?」文芸春秋 2002
Burton, Mark バートン, マーク
㊚ニュージーランド 司法相兼地方自治相兼ワイタンギ条約交渉担当相
Burton, Mark ブルトン, マーク
㊃「ウォレスとグルミット」竹書房 2006
Burton, Mary バートン, メアリー
㊃「嘘と真実」ハーレクイン 2008
Burton, Michael バートン, マイケル
㊚アメリカ アメフト選手
Burton, Michael E. バートン, ミッシェル・E.
㊃「薬物動態学と薬力学の臨床応用」メディカル・サイエンス・インターナショナル 2009
Burton, Neel L. バートン, ニール
㊃「みるよむわかる精神医学入門」医学書院 2015
Burton, Olive バートン, オリヴ
㊃「スピリチュアル・ストーリーズ」ハート出版 2007
Burton, Robert バートン, ロバート
㊃「メランコリーの垂線」関西大学出版部 2012
Burton, Robert Alan バートン, ロバート・A.
1941〜 ㊃「確信する脳」河出書房新社 2010
Burton, Robert Earl バートン, ロバート・E.
㊃「自己想起」プラトニックウェーブ, 星雲社(発売) 2005
Burton, Sandra バートン, サンドラ
？〜2004 ㊚アメリカ ジャーナリスト 「タイム」香港支局長・北京支局長
Burton, Sarah バートン, サラ
1963〜 ㊃「あの人が誰だか知っていますか？」角川書店 2001
Burton, Tim バートン, ティム
1958〜 ㊚映画監督, 脚本家, アニメーション監督 本名＝バートン, ティモシー・ウィリアム〈Burton, Timothy Walter〉
Burton, Tom バートン, トム
㊚オーストラリア セーリング選手
Burton, Trey バートン, トレイ
㊚アメリカ アメフト選手

Burton, Valorie バートン, ヴァロリー
1973～ [著]「1日5分！ 忙しすぎる毎日から抜け出す習慣術」 日本実業出版社 2009
Burton, Willie D. バートン, ウィリー・D.
アカデミー賞 音響賞(第79回(2006年)) "Dreamgirls"
Burton-Jones, Alan バートン＝ジョーンズ, アラン
[著]「知識資本主義」 日本経済新聞社 2001
Burtynsky, Edward バーティンスキー, エドワード
1955～ [国]カナダ 写真家
Buruma, Ian ブルマ, イアン
1951～ [著]「廃墟の零年1945」 白水社 2015
Burwell, Sylvia バーウェル, シルビア
[国]アメリカ 厚生長官
Burwell, Tyreek バーウェル, タイリーク
[国]アメリカ アメフト選手
Bury, Aliaksandr ブリー, アレクサンドル
[国]ベラルーシ テニス選手
Bury, Pol ビュリ, ポル
1922～2005 [国]ベルギー 彫刻家 [異]ビュリー, ポル
Burya, Viktor P. ブリャ, ビクトル・P.
[国]ベラルーシ 副首相
Buryaile, Ricardo ブルジャイレ, リカルド
[国]アルゼンチン 農産業相
Burzan, Dragisa ブルザン, ドラギシャ
[国]モンテネグロ 労働福祉相
***al*-Busairi, Mohammed Mohsen** ブセイリ, ムハンマド・ムフセン
[国]クウェート 交通通信相兼国務相(国民議会担当)
Busath, Isabelle バサス, イザベル
[著]「女の子のための人生のルール188」 ポプラ社 2014
Busby, Ailie バズビー, エイリー
[異]バズビー, アイリー [著]「ルルちゃんのくつ」 大日本絵画 2012
Busby, Christopher バズビー, クリス
1945～ [著]「封印された「放射能」の恐怖」 講談社 2012
Busby, Richard D. バスビー, リチャード・D.
[著]「インストラクショナルデザインとテクノロジ」 北大路書房 2013
Busby, Thomas L. バズビー, トーマス・L.
[著]「24時間投資大作戦」 ダイヤモンド社 2008
Buscema, John ビュッセマ, ジョン
?～2002 [国]アメリカ 漫画家, イラストレーター
Buscema, Sal ビュッセマ, サル
[著]「ガーディアンズ・オブ・ギャラクシー：プレリュード」 小学館集英社プロダクション 2014
Buscema, Stephanie ビュッセマ, ステファニー
[著]「スーペリア・スパイダーマン：ワースト・エネミー」 ヴィレッジブックス 2016
Buscemi, Steve ブシェミ, スティーブ
1957～ [国]アメリカ 俳優, 映画監督 [異]ブシェーミ, スティーヴ / ブシェミ, スティーヴ
Busch, Andrew ブッシュ, アンドリュー
1961～ [著]「イベントトレーディング入門」 パンローリング 2011
Busch, Andrew M. ブッシュ, アンドリュー・M.
[著]「認知行動療法の新しい潮流」 明石書店 2015
Busch, Eberhard ブッシュ, エーバハルト
1937～ [異]ブッシュ, エーバーハルト [著]「バルト神学入門」 新教出版社 2009
Busch, Fredric ブッシュ, フレデリック・N.
1958～ [異]ブッシュ, フレドリック・N. [著]「パニック症と不安症への精神力動的心理療法」 金剛出版 2015
Busch, Noel Fairchild ブッシュ, ノエル・F.
1906～ [著]「正午二分前」 早川書房 2005
Busch, Petra ブッシュ, ペトラ
1967～ [国]ドイツ 作家 [専]ミステリー
Busch, Werner ブッシュ, ヴェルナー
1944～ [著]「ライト《空気ポンプの実験》」 三元社 2007
Buscha, Joachim ブッシャ, J.
1929～ [著]「現代ドイツ文法」 三修社 2006
Busche, Laura ブッシェ, ローラ
[著]「リーンブランディング」 オライリー・ジャパン, オーム社(発売) 2016
Buschendorf, Christa ブッシェンドルフ, クリスタ
[著]「コーネル・ウェストが語るブラック・アメリカ」 白水社 2016
Buschman, John E. ブッシュマン, ジョン・E.
[著]「場としての図書館」 京都大学図書館情報学研究会, 日本図書館協会(発売) 2008
Buschner, Georg ブッシュナー, ゲオルク
1925～2007 [国]ドイツ サッカー監督 サッカー・東ドイツ代表監督
Buschschulte, Antje ブシュシュルテ
[国]ドイツ 競泳選手
Busen, Susan Jeffrey ブーセン, スーザン・J.
[著]「EFTタッピングセラピー」 春秋社 2009
Buser, Daniel ブーザー, ダニエル
[異]バザー, D. [著]「ITI Treatment Guide」 クインテッセンス出版 2015
Bush, Angela Cassell ブッシュ, アンゲラ・カセル
[国]リベリア 運輸相
Bush, Barbara ブッシュ, バーバラ
1925～ [国]アメリカ ブッシュ第41代米国大統領夫人
Bush, Darren ブッシュ, ダレン
[国]アメリカ オークランド・アスレティックスコーチ
Bush, Deon ブッシュ, ディオン
[国]アメリカ アメフト選手
Bush, George Herbert Walker ブッシュ, ジョージ
1924～ [国]アメリカ 政治家 米国大統領(第41代)
Bush, George Walker, Jr. ブッシュ, ジョージ, Jr.
1946～ [国]アメリカ 政治家 大統領(第43代)
Bush, Helen ブッシュ, ヘレン
[著]「海辺の宝もの」 あすなろ書房 2012
Bush, Jeb ブッシュ, ジェブ
1953～ [国]アメリカ 政治家, 実業家 フロリダ州知事(共和党) 本名＝ブッシュ, ジョン・エリス〈Bush, John Ellis〉
Bush, Kate ブッシュ, ケイト
1958～ [国]イギリス シンガー・ソングライター
Bush, Laura ブッシュ, ローラ
1946～ [国]アメリカ ブッシュ第43代米国大統領夫人 本名＝Bush, Laura Welch
Bush, Laura Welch ブッシュ, ローラ
1946～ [著]「ローラ・ブッシュ自伝」 中央公論新社 2015
Bush, Lauren ブッシュ, ローレン
1984～ [国]アメリカ モデル, ファッションデザイナー FEED創業者
Bush, Matt ブッシュ, マット
[国]アメリカ 野球選手
Bush, Michael ブッシュ, マイケル
1958～ [国]アメリカ 衣装デザイナー
Bush, M.L. ブッシュ, マイケル・L.
[著]「貧乏貴族と金持貴族」 刀水書房 2005
Bush, Rafael ブッシュ, ラファエル
[国]アメリカ アメフト選手
Bush, Reggie ブッシュ, レジー
[国]アメリカ アメフト選手
Bush, Richard C. ブッシュ, リチャード・C.
1947～ [著]「日中危機はなぜ起こるのか」 柏書房 2012
Bushati, Ditmir ブシャティ, ディトミル
[国]アルバニア 外相
Bushell, Mark ブッシェル, マーク
[著]「ワールドカップ・サッカースペシャル・コレクション」 アスペクト 2006
Bushkin, Joe ブシュキン, ジョー
1916～2004 ジャズピアニスト, トランペット奏者
Bushnell, Candace ブシュネル, キャンディス
1959～ [国]アメリカ ジャーナリスト
Bushnell, Laura ブシュネル, ローラ
[著]「幸せの魔法生活」 ベストセラーズ 2006
Bushnell, Nolan ブッシュネル, ノーラン
1943～ [著]「ぼくがジョブズに教えたこと」 飛鳥新社 2014
Bushrod, Jermon バシュロッド, ジャーモン
[国]アメリカ アメフト選手
Bushuk, Walter ブシュック, ウォルター
[著]「小麦特性の解明」 大阪公立大学共同出版会 2007
Busiek, Kurt ビュシーク, カート
[著]「アベンジャーズ/エイジ・オブ・ウルトロン：プレリュード」 小学館集英社プロダクション 2015
Busienei, Janeth Jepkosgei ブシエネイ, シェプコスゲイ
[国]ケニア 陸上選手
Busingye, Johnston ブシンゲ, ジョンストン
[国]ルワンダ 法相兼検事総長
Buskirk, Richard Hobart ブスカーク, リチャード・H.

1927〜 （著）「企業家精神」発心社, 川崎グループダイナミックス研究所（発売） 2002（第3刷）
Busnari, Alberto ブスナリ, アルベルト
　（国）イタリア　体操選手
Busquests, Sergio ブスケツ, セルヒオ
　（国）スペイン　サッカー選手
Busquets, Milena ブスケツ, ミレーナ
　1972〜　（著）「これもまた、過ぎゆく」早川書房　2016
Buss, David M. バス, デイヴィッド・M.
　（著）「科学者が徹底追究！なぜ女性はセックスをするのか？」講談社　2012
Buss, Jeanie バス, ジーニー
　（国）アメリカ　ロサンゼルス・レイカーズ共同所有者兼会長, 不動産投資家
Buss, Jerry バス, ジェリー
　1933〜2013　（国）アメリカ　実業家　ロサンゼルス・レイカーズオーナー　バス, ジェリー・H.
Bussa, Jean Lucien ブッサ, ジャン・ルシアン
　（国）コンゴ民主共和国　計画相
Busse, Gisela von ブッセ, ギーセラ・フォン
　（著）「ドイツの図書館」日本図書館協会　2008
Bussell, Darcey バッセル, ダーシー
　1969〜　（国）イギリス　バレリーナ　英国ロイヤル・バレエ団プリンシパル　本名＝Bussell, Darcey Andrea
Bussemaker, Jet ブッセマーカー, イェット
　（国）オランダ　教育・文化・科学相
Bussereau, Dominique ビュスロー, ドミニク
　（国）フランス　運輸担当相
Bussey, Cathy バッセイ, キャシー
　（著）「女性のためのサイクリングガイド」ガイアブックス　2014
Bussgang, Jeffrey バスギャング, ジェフリー
　（著）「起業GAME」道出版　2011
Bussi, Maria G.Bartolini ブッシ, マリア・G.バルトリーニ
　（著）「曲線の事典」共立出版　2009
Bussi, Michel ビュッシ, ミシェル
　1965〜　（国）フランス　作家, 地理学者　ルーアン大学地理学教授　（著）ミステリー
Bussler, Patrick ブスラー
　（国）ドイツ　スノーボード選手
Bussmann, Gaetan ブスマン, ガエタン
　（国）フランス　サッカー選手
Bussolati, Emanuela ブッソラーティ, エマヌエラ
　1946〜　（著）ブッソラーティ, エマヌエーラ　（著）「タラリタラレラ」集英社　2011
Bustamante, Fernando ブスタマンテ, フェルナンド
　（国）エクアドル　内務・警察相
Bustamante, Jayro ブスタマンテ, ジャイロ
　ベルリン国際映画祭 アルフレッド・バウアー賞（第65回（2015年））"Ixcanul"
Bustamante, Paola ブスタマンテ, パオラ
　（国）ペルー　開発・社会包摂相
Bustinza, Unai ブスティンサ, ウナイ
　（国）スペイン　サッカー選手
Bustorff, Maria João ブストルフ, マリア・ジョアン
　（国）ポルトガル　文化相
Bustos, David ブストス, ダビド
　（国）スペイン　陸上選手
Bustos, Natacha ブストス, ナターシャ
　1981〜　（著）「チェルノブイリ」朝日出版社　2012
But, Franc ブット, フランツ
　（国）スロベニア　農林・食料相
Butale, Chapson ブタレ, チャプソン
　（国）ボツワナ　厚相
Butalia, Subhadra ブタリアー, スバドラー
　（著）「ダウリーと闘い続けて」柘植書房新社　2005
Butalia, Urvashi ブターリア, ウルワシー
　1952〜　（著）「沈黙の向こう側」明石書店　2002
Butchart, Alexander ブッチャー, アレキサンダー
　（著）「エビデンスに基づく子ども虐待の発生予防と防止介入」明石書店　2011
Butchart, Andrew ブッチャート, アンドルー
　（国）イギリス　陸上選手
Butcher, A.J. ブッチャー, A.J.
　（著）「スパイ・ハイ」カプコン　2004
Butcher, Andy ブッチャー, アンディ
　（著）「P&G一流の経営者を生み続ける理由」祥伝社　2012

Butcher, Christina ブッチャー, クリスティーナ
　（著）「ヘアアレンジマスターブック」グラフィック社　2015
Butcher, Eugene C. ブッチャー, ユージン・C.
　（国）アメリカ　クラフォード賞 関節炎（2004年）
Butcher, Howard Karl ブッチャー, H.K.
　（訳）ブッチャー, ハワード　（著）「看護介入分類（NIC）」南江堂　2009
Butcher, Jim ブッチャー, ジム
　1971〜　（国）アメリカ　作家　（著）SF, ファンタジー
Butcher, Mike ブッチャー, マイク
　（国）アメリカ　アリゾナ・ダイヤモンドバックスコーチ
Butcher, Nancy ブッチャー, ナンシー
　1961〜　（著）「だれも知らない不思議な病気」太陽出版　2011
Butcher, Shannon K. ブッチャー, シャノン・K.
　（著）「戦士のほほえみに見守られて」ぶんか社　2011
Butcher, Susan ブッチャー, スーザン
　（著）「動機づける力」ダイヤモンド社　2005
Butcher, Tim ブッチャー, ティム
　1967〜　（著）「わたしは女の子だから」英治出版　2012
Butdee, Chatchai ブットディー, チャトチャイ
　（国）タイ　ボクシング選手
Buteau, Pierre ブトー, ピエール
　（国）ハイチ共和国　教育・文化相
Butel, Lucile ビュッテル, リュシル
　1929〜　（著）「あおいうま」パロル舎　2004
Butelle, Ludovic ビュテル, リュドヴィク
　（国）フランス　サッカー選手
Butera, Drew ビューテラ, ドリュー
　（国）アメリカ　野球選手
Buthe, Britta ブテ, ブリッタ
　（国）ドイツ　ビーチバレー選手
Büthe, Tim ブーテ, ティム
　（著）「IASB/ISO/IEC国際ルールの形成メカニズム」長崎県立大学経済学部学術研究会　2013
Buthelezi, Mangosuthu ブテレジ, マンゴスツ
　（国）南アフリカ　内相
Buthelezi, Mangosuthu Gatsha ブテレジ, マンゴスツ
　1928〜　（国）南アフリカ　政治家　南アフリカ内相, インカタ自由党（IFP）党首　（訳）ブテレジ, ガチャ
Buthelizi, Mangosuthu ブテレジ, マンゴスツ
　（国）南アフリカ　内相
Butime, Tom ブティメ, トム
　（国）ウガンダ　地方政府相
Butkevičius, Algirdas ブトケビチュス, アルギルダス
　（国）リトアニア　首相
Butković, Oleg ブトコビッチ, オレグ
　（国）クロアチア　海事・運輸・インフラ相
Butland, Jack バトランド, ジャック
　（国）イングランド　サッカー選手
Butler, Alan バトラー, アラン
　1951〜　（著）「神の先史文明シビライゼーション」エンターブレイン　2008
Butler, Billy バトラー, ビリー
　（国）アメリカ　野球選手
Butler, Brice バトラー, ブライス
　（国）アメリカ　アメフト選手
Butler, Charles バトラー, チャールズ
　（著）「振動音響療法」人間と歴史社　2003
Butler, Charles バトラー, チャールズ
　（著）「君もチャンピオンになれる」サンマーク出版　2016
Butler, Chris バトラー, クリス
　（著）「健康のための行動変容」法研　2001
Butler, Christopher バトラー, クリストファー・C.
　1959〜　（著）「動機づけ面接法実践入門」星和書店　2010
Butler, Crezdon バトラー, クレズドン
　（国）アメリカ　アメフト選手
Butler, Darius バトラー, ダリアス
　（国）アメリカ　アメフト選手
Butler, David バトラー, デビッド
　（著）「コカ・コーラ流100年企業の問題解決術」早川書房　2015
Butler, Donald バトラー, ドナルド
　（国）アメリカ　アメフト選手
Butler, Dori Hillestad バトラー, ドリー・ヒルスタッド
　（国）アメリカ　作家　（著）児童書
Butler, Dorothy バトラー, ドロシー
　1925〜　（著）「クシュラの奇跡」のら書店　2006

Butler, Drew　バトラー, ドリュー
　国アメリカ　アメフト選手
Butler, Eddie　バトラー, エディ
　国アメリカ　野球選手
Butler, Edgar W.　バトラー, エドガー・W.
　著「マクマーチン裁判の深層」北大路書房　2004
Butler, Erik　バトラー, エリック
　1971～　著「よみがえるヴァンパイア」青土社　2016
Butler, Gerard　バトラー, ジェラルド
　1969～　国イギリス　俳優　本名＝Butler, Gerard James　別バトラー, ジェラード
Butler, Gillian　バトラー, ジリアン
　著「心理学」岩波書店　2003
Butler, Jack　バトラー, ジャック
　1944～　著「夢の研究」角川書店　2001
Butler, Jeremy　バトラー, ジェレミー
　国アメリカ　アメフト選手
Butler, Jill　バトラー, ジル
　著「要点で学ぶ、デザインの法則150」ビー・エヌ・エヌ新社　2015
Butler, Jimmy　バトラー, ジミー
　国アメリカ　バスケットボール選手
Butler, John　バトラー, ジョン
　1952～　著「さあ、おきて、おきて！」評論社　2007
Butler, John Marshall　バトラー, J.M.
　1969～　著「DNA鑑定とタイピング」共立出版　2009
Butler, Judith　バトラー, ジュディス
　1956～　著「触発する言葉」岩波書店　2015
Butler, Katy　バトラー, ケイティ
　1949～　著「天国の扉をたたくとき」亜紀書房　2016
Butler, Keith　バトラー, キース
　国アメリカ　ピッツバーグ・スティーラーズコーチ
Butler, Malcolm　バトラー, マルコム
　国アメリカ　アメフト選手
Butler, Mario　バトラー, マリオ
　国アメリカ　アメフト選手
Butler, Mark　バトラー, マーク
　国オーストラリア　メンタルヘルス・高齢化問題相兼社会参加相
Butler, Penelope Johnson　バトラー, ペネロープ・ジョンソン
　著「振動音響療法」人間と歴史社　2003
Butler, Rasual　バトラー, ラスール
　国アメリカ　バスケットボール選手
Butler, Richard　バトラー, リチャード
　著「アメリカはなぜイラク攻撃をそんなに急ぐのか？」朝日新聞社　2002
Butler, Robert Neil　バトラー, ロバート
　1927～2010　国アメリカ　老年学者　米国国際長寿センター（ILC）創設者
Butler, Robert Olen　バトラー, ロバート・オレン
　著「奇妙な新聞記事」扶桑社　2002
Butler, Rupart　バトラー, ルパート
　著「SSヒトラーユーゲント」リイド社　2007
Butler, Ruth　バトラー, ルース
　1931～　著「ロダン天才のかたち」白水社　2016
Butler, Stephen　バトラー, スティーヴン
　1962～　著「あそび」大日本絵画　2001
Butler, Timothy　バトラー, ティモシー
　著「人間関係がうまくいく12の法則」日本経済新聞出版社　2012
Butler, Vernon　バトラー, バーノン
　国アメリカ　アメフト選手
Butler-Bowdon, Eddie　バトラー・ボードン, エディー
　著「オーストラリア」メディアファクトリー　2004
Butler-Bowdon, Tom　バトラー＝ボードン, T.
　1967～　著「世界の政治思想50の名著」ディスカヴァー・トゥエンティワン　2016
Butman, John　ブットマン, ジョン
　「なぜ安くしても売れないのか」ダイヤモンド社　2007
Butor, Michel　ビュトール, ミシェル
　1926～2016　国フランス　作家, 評論家
Butore, Joseph　ブトレ, ジョセフ
　国ブルンジ　第2副大統領　別ブトレ, ジョゼフ
Butow, Robert Joseph Charles　ビュートー, ロバート・J.C.
　著「歴代総理大臣伝記叢書」ゆまに書房　2006
Butoyi, Antoine　ブトイ, アントワヌ
　国ブルンジ　和平民族和解促進相
Butsenko, Mykola　ブツェンコ, ミコラ
　国ウクライナ　ボクシング選手
Butt, Hans-Jürgen　ブット, ハンス－ユルゲン
　著「界面の物理と化学」丸善出版　2016
Butte, Atul J.　ビュート, A.J.
　著「統合ゲノミクスのためのマイクロアレイデータアナリシス」シュプリンガー・フェアラーク東京　2004
Buttel, Frederick H.　ビュテル, フレデリック・H.
　1948～2005　著「農業の社会学」ミネルヴァ書房　2013
Butter, Andrea　バター, アンドレア
　著「シンプリー・パーム」ソフトバンクパブリッシング　2002
Butterfield, Brian　バターフィールド, ブライアン
　国アメリカ　ボストン・レッドソックスコーチ
Butterfield, Moira　バターフィールド, モイラ
　1961～　著「マックのじどうしゃしゅうりこうじょう」大日本絵画　〔2010〕
Butterick, George F.　バタリック, ジョージ・F.
　著「マクシマス詩篇」南雲堂　2012
Butterwick, Richard　バタウィック, リチャード
　著「ポーランド」ほるぷ出版　2010
Butterworth, Alex　バターワース, アレックス
　著「ポンペイ」中央公論新社　2009
Butterworth, Brian　バターワース, ブライアン
　1944～　著「なぜ数学が「得意な人」と「苦手な人」がいるのか」主婦の友社, 角川書店（発売）　2002
Butterworth, Christine　バターワース, クリス
　著「たったいっぽんのまつのきに」フレーベル館　2008
Butterworth, Nick　バトワース, ニック
　ネスレ子どもの本賞 6～8歳部門 金賞（2005年）"The Whisperer"　別バターワース, ニック
Buttiglione, Rocco　ブティリオーネ, ロッコ
　国イタリア　欧州連合（EU）政策相　別ブティリョネ, ロッコ
Buttle, Jeffrey　バトル
　国カナダ　フィギュアスケート選手
Buttmann, Günther　ブットマン, ギュンター
　1929～　著「星を追い、光を愛して」産業図書　2009
Büttner, Peter O.　ビュトナー, ペーター
　1980～　著「ハイジの原点」郁文堂　2013
Buttolph, Angela　バトルフ, アンジェラ
　著「Kate Moss style」ブルース・インターアクションズ　2009
Button, Diane　バトン, ダイアン
　1959～　著「レターボックス」アーティストハウスパブリッシャーズ, 角川書店（発売）　2003
Button, Gregory V.　バトン, グレゴリー・V.
　著「災害の人類学」明石書店　2006
Button, Jenson　バトン, ジェンソン
　1980～　国イギリス　F1ドライバー　本名＝バトン, ジェンソン・アレクサンダー・リオン〈Button, Jenson Alexander Lyons〉
Button, John　バトン, ジョン
　1932～2008　国オーストラリア　政治家, 作家　オーストラリア産業・技術・商業相　本名＝Button, John Norman
Button, Malk　バトン, マーク
　1956～　著「レターボックス」アーティストハウスパブリッシャーズ, 角川書店（発売）　2003
Buttons, Red　バトンズ, レッド
　1919～2006　国アメリカ　俳優　本名＝Chewatt, Aaron　別バトンズ, レド
Butts, Donna　バッツ, ドナ
　著「グローバル化時代を生きる世代間交流」明石書店　2008
Butts, Ellen R.　バッツ, エレン・R.
　著「サメ博士ジニーの冒険」新宿書房　2003
Butyrskaya, Maria　ブッテルスカヤ
　国ロシア　フィギュアスケート選手
Butz, Norbert Leo　バッツ, ノルベルト・レオ
　トニー賞 ミュージカル 主演男優賞（2011年（第65回））ほか
Buxani, Ram　バクサニ, ラム
　実業家　コスモスグループ会長, 国際貿易会社（ITL）グループ会長
Buxton, Byron　バクストン, バイロン
　国アメリカ　野球選手
Buxton, Ian　バクストン, イアン
　著「伝説と呼ばれる至高のウイスキー101」WAVE出版　2015
Buxton, James　バクストン, ジェームズ
　著「海底美術館」日経ナショナルジオグラフィック社, 日経BPマーケティング（発売）　2013
Buxton, R.G.A.　バクストン, リチャード
　1948～　著「ギリシア神話の世界」東洋書林　2007

B

Buxton, William A.S. バクストン, ビル
[著]「ヒューマンインターフェースの発想と展開」 ピアソン・エデュケーション 2002
Buy, Margherita ブイ, マルゲリータ
モスクワ国際映画祭 銀賞 最優秀女優賞(第30回(2008年))
"Giorni e nuvole"
Buyanjav, Batzorig ブヤンヤフ
[国]モンゴル レスリング選手
Buydens, Hubert バイデンス, ヒューバート
[国]カナダ ラグビー選手
Buydens, Mireille ビュイダン, ミレイユ
[著]「サハラ」 法政大学出版局 2001
Buyea, Rob ブイエー, ロブ
[国]アメリカ 作家, 高校教師 [専]児童書
Buyne, Ignacio ブニエ, イグナシオ
[国]フィリピン 大統領府報道官
Buyoya, Pierre ブヨヤ, ピエール
1949～ [国]ブルンジ 政治家, 軍人 ブルンジ大統領
Buyukakcay, Cagla ブユカクジャイ, ジャグラ
[国]トルコ テニス選手
Buza, Nedim ブザ, ネディム
[国]ボスニア・ヘルツェゴビナ バスケットボール選手
Buzacarini, Rafael ブザカリニ, ラファエル
[国]ブラジル 柔道選手
Buzan, Barry ブザン, バリー
[著]「ザ・マインドマップ」 ダイヤモンド社 2013
Buzan, Tony ブザン, トニー
1942～ [著]「マインドマップ・リーダーシップ」 ダイヤモンド社 2013
Buzarquis, Enrique Salyn ブサルキス, エンリケ・サリン
[国]パラグアイ 公共事業・通信相
Buzby, Jean C. バズビー, ジーン・C.
[著]「食品安全と栄養の経済学」 農林統計協会 2002
Buzek, Jerzy ブゼック, イエジ
[国]ポーランド 首相
Buzingo, Séverin ブジンゴ, セブラン
[国]ブルンジ 初等・中等教育・職業教育・専門家養成・識字教育相
Bužinskas, Gintautas ブジンスカス, ギンタウタス
[国]リトアニア 法相
Buzková, Petra ブスコバー, ペトラ
[国]チェコ 教育相
Buzlov, Alexander ブズロフ, アレクサンドル
[国]ロシア チャイコフスキー国際コンクール チェロ 第3位(2015年(第15回))
Buzo, Adrian ブゾー, エイドリアン
[著]「世界史の中の現代朝鮮」 明石書店 2007
Buzoya, Elie ブゾヤ, エリー
[国]ブルンジ 農相
Buzzetti, Dino ブッツェッティ, ディーノ
[著]「人文学と電子編集」 慶応義塾大学出版会 2011
Bvsakov, Batyr ブサコフ, バティル
[国]トルクメニスタン 国家治安相
Bwana Kawa, Nionyi ブワナカワ, ニオンイ
[国]コンゴ民主共和国 教育相
Byabagambi, John ビャバガンビ, ジョン
[国]ウガンダ 公共事業・運輸相
Byam, Michele バイアム, マイケル
[著]「武器の歴史図鑑」 あすなろ書房 2005
Byamba, Tuvshinbat ビャンバ, トブシンバト
[国]モンゴル ボクシング選手
Byambajavyn Tsenddoo ビャンバジャビーン・ツェンドドー
[著]「モンゴル文学への誘い」 明石書店 2003
Byambatsogt, Sandagiin ビャムバツォグト, サンダギン
[国]モンゴル 法務・内相
Byam Shaw, Ros バイアム・ショー, ロス
[著]「モダン・ナチュラル」 エディシオン・トレヴィル, 河出書房新社(発売) 2001
Byandaala, James ビャンダーラ, ジェームズ
[国]ウガンダ 公共事業・運輸相
Byard, Kevin バイアード, ケビン
[国]アメリカ アメフト選手
Byard, Roger W. バイアード, ロジャー・W.
[著]「小児および若年成人における突然死」 明石書店 2015
Byars, Betsy バイアーズ, ベッツィー
1928～ [国]アメリカ 児童文学作家
Byaruhanga, William ビヤルハンガ, ウィリアム
[国]ウガンダ 司法長官
Byasimova, Maral ビャシモワ, マラル
[国]トルクメニスタン 文化・テレビラジオ相
Byatt, Antonia Susan バイアット, A.S.
1936～ [国]イギリス 作家, 英文学者, 英文学批評家 本名=ダフィ, アントニア・スーザン〈Duffy, Antonia Susan〉 [異]バイアット, アントニア・スーザン / バイヤット, A.S. / バイヤット, アントニア・スーザン
Bybee, Rodger W. バイビー, ロジャー・W.
[著]「科学力のためにできること」 近代科学社 2008
Bycel, Benjamin バイセル, ベン
[著]「最終弁論」 ランダムハウス講談社 2008
Bychkov, Semyon ビシュコフ, セミヨン
1952～ [国]アメリカ 指揮者 WDR交響楽団首席指揮者 [異]ビシュコフ, セミョン / ビチコフ, セミョーン
Byeong-Joon, Hwang ビョンジュン, ファン
グラミー賞 最優秀録音技術アルバム(クラシック)(2011年(第54回)) "Aldridge: Elmer Gantry" エンジニア
Byer, Esther バイヤー, エスター
[国]バルバドス 労働・社会保障・能力開発相
Byer, Tom バイヤー, トム
1960～ [著]「トムさんのサッカーはコミュニケーション!」 健康ジャーナル社 2005
Byerly, Carolyn M. バイヤリー, キャロライン・M.
[著]「子どもが性被害をうけたとき」 明石書店 2010
Byerly, Kenny バイアリー, ケニー
[著]「ミュータントタートルズ:アニメイテッド」 小学館集英社プロダクション 2015
Byers, Aruna Rea バイヤース, アルーナ
[著]「覚醒の道」 JMA・アソシエイツステップワークス事業部〔2012〕
Byers, Dremiel バイヤーズ
[国]アメリカ レスリング選手
Byers, Stephen バイアーズ, スティーブン
[国]イギリス 貿易産業相
Byers, Thomas H. バイアース, トーマス
[著]「最強の起業戦略」 日経BP社, 日経BPマーケティング(発売) 2011
Byer-suckoo, Esther バイヤースクー, エスター
[国]バルバドス 労働・社会保障・能力開発相
Bygott, David バイゴット, デビッド
[著]「カンガ・マジック101」 ポレポレオフィス, 連合出版(発売) 2001
Bygrave, William D. バイグレイブ, ウィリアム
1937～ [著]「アントレプレナーシップ」 日経BP社, 日経BP出版センター(発売) 2009
Byham, Tacy M. バイアム, テイシー
[著]「世界基準のリーダー養成講座」 朝日新聞出版 2016
Byham, William C. バイアム, ウィリアム・C.
[著]「「AP」方式による次世代リーダーの発掘と集中的育成」 ダイヤモンド社 2006
Bykov, Dmitriĭ Lvovich ブイコフ, ドミートリー・リヴォーヴィチ
1967～ [著]「ゴーリキーは存在したのか?」 作品社 2016
Bykov, Vasilii Vladimirovich ブイコフ, ワシリー
1924～2003 [国]ベラルーシ 作家 [異]ブィコフ, ワシーリ・ウラジーミロビッチ
Bykova, Stella Artemievna ブイコワ, ステラ・アルテーミエヴナ
1944～ [国]ロシア モスクワ大学附属アジア・アフリカ諸国大学助教授 [専]日本語 [異]ブィーコワ / ブイコワ, ステーラ
Bykowski, Carter バイコウスキー, カーター
[国]アメリカ アメフト選手
Byl, Christine バイル, クリスティーン
1973～ [著]「斧・熊・ロッキー山脈」 築地書館 2013
Byler, Stephen Raleigh バイラー, スティーヴン・ラリー
[著]「海は僕を見つめた」 アーティストハウスパブリッシャーズ, 角川書店(発売) 2003
Bylin, Gunnar バイリン, グナー
[著]「環境医学入門」 中央法規出版 2003
Byman, Daniel L. バイマン, ダニエル・L.
[著]「アメリカはなぜイラク攻撃をそんなに急ぐのか?」 朝日新聞社 2002
Byndom, Carrington バインダム, キャリントン
[国]アメリカ アメフト選手
Bynes, Josh バインズ, ジョシュ
[国]アメリカ アメフト選手

Byng, Edward J. ビング, エドワド・J.
　著「ファウスト博士の再来」文芸社 2001
Byng, Georgia ビング, ジョージア
　著「だれも寝てはならぬ」ダイヤモンド社 2006
Bynghall, Steve ビンホール, スティーブ
　著「ブレーンズ2ファイアー&レスキューキャラクターパーフェクトガイド」講談社 2014
Bynum, Helen バイナム, ヘレン
　著「世界有用植物誌」柊風舎 2015
Bynum, Will バイナム, ウィル
　国アメリカ バスケットボール選手
Bynum, William F. バイナム, ウィリアム・F.
　1943～ 著「医学の歴史」丸善出版 2015
Byram, Michael バイラム, マイケル
　1946～ 著「異文化間教育とは何か」くろしお出版 2015
Byram, Sam バイラム, サム
　国イングランド サッカー選手
Byrd, Damiere バード, ダミアー
　国アメリカ アメフト選手
Byrd, Donald バード, ドナルド
　1932～2013 国アメリカ ジャズ・トランペット奏者, フリューゲルホーン奏者 ハワード大学音楽主任教授
Byrd, Elizabeth バード, エリザベス
　著「わが終わりにわが始めあり」麗沢大学出版会, 柏 広池学園事業部（発売）2006
Byrd, Jairus バード, ジェイラス
　国アメリカ アメフト選手
Byrd, James P. バード, ジェイムズ
　別バード, J.P. 著「はじめてのジョナサン・エドワーズ」教文館 2011
Byrd, LaRon バード, ラロン
　国アメリカ アメフト選手
Byrd, Michelle R. バード, ミシェル・R.
　著「アクセプタンス&コミットメント・セラピー実践ガイド」明石書店 2014
Byrd, Nicole バード, ニコル
　分ロマンス, 歴史
Byrd, Patricia バード, パトリシア
　著「英文の問題点と解決法」辞游社 2001
Byrd, Robert Carlyle バード, ロバート・カーライル
　1917～2010 国アメリカ 政治家 米国上院議員（民主党）
Byrde, Penelope バード, ペネロペ
　著「ジェイン・オースティンファッション」テクノレヴュー 2007
Byrne, Alexandra バーン, アレクサンドラ
　アカデミー賞 衣装デザイン賞（第80回（2007年））"Elizabeth: The Golden Age"
Byrne, David バーン, デービッド
　1952～ 国アメリカ ロック歌手, ギタリスト, 映画監督, 写真家
　別バーン, デイヴィッド／バーン, デヴィッド
Byrne, David S. バーン, デイヴィッド
　1947～ 著「社会的排除とは何か」こぶし書房 2010
Byrne, Gabriel バーン, ガブリエル
　1950～ 国アイルランド 俳優, 映画プロデューサー
Byrne, John バーン, ジョン
　1950～ 著「ジョーカーアンソロジー」パイインターナショナル 2016
Byrne, John A. バーン, ジョン・A.
　著「ジャック・ウェルチわが経営」日本経済新聞社 2005
Byrne, Julia バーン, ジュリア
　著「白薔薇の騎士」ハーレクイン 2009
Byrne, Kerrigan バーン, ケリガン
　国アメリカ 作家 分ロマンス, サスペンス
Byrne, Lorna バーン, ローナ
　著「エンジェル・イン・マイ・ヘア」ハート出版 2009
Byrne, Mike バーン, マイク
　1979～ 著「しってる？くりすます」女子パウロ会 2014
Byrne, Paula バーン, ポーラ
　1967～ 著「パーディタ」作品社 2012
Byrne, Rhonda バーン, ロンダ
　1945～ 国オーストラリア 作家
Byrne, Richard バーン, リチャード
　1963～ 著「いたずらえほんがたべちゃった！」ブロンズ新社 2016
Byrne, Richard W. バーン, リチャード・W.
　著「マキャベリ的知性と心の理論の進化論」ナカニシヤ出版 2004

Byrne, Robert バーン, ロバート
　1930～ 著「ロバート・バーンのビリヤードスタンダードブック」BABジャパン 2007
Byrne, Sarah バーン, サラ
　著「命令幻聴の認知行動療法」星和書店 2010
Byrne, Skye バーン, スカイ
　著「ヘンリーの想像する力」KADOKAWA 2016
Byrnes, James P. バーンズ, J.P.
　著「脳と心と教育」玉川大学出版部 2006
Byrnes, Jonathan L.S. バーンズ, ジョナサン・L.S.
　著「「赤字」の海と「利益」の小島」日本経済新聞出版社 2011
Byrnes, Michael J. バーンズ, マイケル
　1970～ 国アメリカ 作家 分スリラー 別バーンズ, マイクル
Byrnes, Robert Francis バーンズ, ロバート・F.
　1917～ 著「V・O・クリュチェフスキー」彩流社 2010
Byrnes, Robert G. バイネス, ロバート・G.
　著「Linuxセキュリティクックブック」オライリー・ジャパン, オーム社（発売）2003
Byrnes, Tricia バーンズ
　国アメリカ スノーボード選手
Byrom, Jamie バイロン, ジェイミー
　著「イギリスの歴史」明石書店 2012
Byron, John バイロン, ジョン
　著「竜のかぎ爪康生」岩波書店 2011
Byron, Vincent バイロン, ビンセント
　国セントクリストファー・ネイビス 検事総長兼司法・法務・情報相
Byster, Mike バイスター, マイク
　著「天才脳をつくる！」早川書房 2012
Bystoel, Lars ビステル, ラーシュ
　国ノルウェー スキージャンプ選手 別ビステル
Byul-byul, Polad ビュリビュリ, ポラド
　国アゼルバイジャン 文化相 別ビュリビュリ, ポラト
Byun, Do-yoon ビョン, ドユン
　国韓国 女性相 漢字名＝辺道潤

【C】

Ca, Agostinho チャ, アゴスティニョ
　国ギニアビサウ 保健・社会連帯相
Caabi El-yachroutu, Mohammed カービエルヤクローツ・モハメド
　国コモロ 副大統領（連帯・保健・人口・社会・国家制度改革担当）
Caamaño Domínguez, Francisco カアマーニョ・ドミンゲス, フランシスコ
　国スペイン 法相
Caballero, Carlos カバジェロ, カルロス
　国コロンビア 鉱業・エネルギー相
Caballero, Denia カバジェロ, デニア
　国キューバ 陸上選手
Caballero, Eugenio カバイエーロ, エウヘニオ
　アカデミー賞 美術監督・装置賞（第79回（2006年））"El laberinto del fauno"
Caballero, Gradis カバジェロ, グラディス
　国ホンジュラス 第2副大統領
Caballero, Willy カバジェロ, ウィリー
　国アルゼンチン サッカー選手
Caballero Benítez, Carmelo José カバジェロ・ベニテス, カルメロ・ホセ
　国パラグアイ 内相
Caballero Bonald, José Manuel カバジェロ・ボナルド, ホセ・マヌエル
　セルバンテス賞（2012年）
Caballero Jurado, Carlos カバリェロ・フラド, カルロス
　1957～ 著「コンドル兵団」大日本絵画 2007
Caballeros, Harold カバジェロス, アロルド
　国グアテマラ 外相
Caballeros Otero, Rómulo カバジェロス・オテロ, ロムロ
　国グアテマラ 経済相
Cabane, Olivia Fox カバン, オリビア・フォックス
　著「カリスマは誰でもなれる」KADOKAWA 2013
Cabanillas Alonso, Pio カバニリャス・アロンソ, ピオ
　国スペイン 報道官

Cabanne, Pierre　カバンヌ, ピエール
1921〜2007　著「ピカソの世紀」西村書店　2016
Cabantous, Alain　カバントゥ, アラン
著「冒瀆の歴史」白水社　2001
Cabarga, Leslie　カバーガ, レスリー
著「デザイナーのための世界の配色ガイド」グラフィック社　2003
Cabarrús, Carlos Rafael　カバルス, カルロス・ラファエル
1946〜　著「深い望みとの踊り」夢窓庵　2008
Cabaud, Jacques　カボー, ジャック
著「シモーヌ・ヴェーユ最後の日々」みすず書房　2009
Cabaye, Yohan　キャバイエ, ヨアン
国フランス　サッカー選手
Cabban, Vanessa　キャバン, バネッサ
1971〜　著「メリー・クリスマス！サンタさん」主婦の友社　2009
Cabecinha, Ana　カベシナ
国ポルトガル　陸上選手
Cabecinha, Ana　カベシナ, アナ
国ポーランド　陸上選手
Cabel, Eitan　カベル, エイタン
国イスラエル　無任所相（放送協会）
Cabello, Diosdado　カベジョ, ディオスダド
国ベネズエラ　社会基盤相
Cabello, José David　カベージョ, ホセ・ダビド
国ベネズエラ　産業相　別カベジョ, ホセ・ダビ
Cabezas, Bryan　カベサス, ブライアン
国エクアドル　サッカー選手
Cabezas, Rodrigo　カベサス, ロドリゴ
国ベネズエラ　財務相
Cabezudo, Alicia　カベスード, アリシア
「戦争をなくすための平和教育」明石書店　2005
Cabi, Dionisio　カビ, ディオニシオ
国ギニアビサウ　公共事業相
Cabibbo, Nicola　カビッボ, ニコラ
1935〜2010　国イタリア　理論物理学者　ローマ大学教授, ENEA総裁　専素粒子物理学
Cable, Vince　ケーブル, ビンス
国イギリス　民間企業・技術革新・技能相
Caboclo, Bruno　カボクロ, ブルーノ
国ブラジル　バスケットボール選手
Cabot, Meg　キャボット, メグ
1967〜　国アメリカ　作家, イラストレーター　専文学, ユーモア　筆名＝キャボット, パトリシア〈Cabot, Patricia〉, キャロル, ジェニー〈Carroll, Jenny〉
Cabot, Tracy　キャボット, トレーシー
「好きな人の気持ちがわかる本」ベストセラーズ　2001
Cabra, Raul　カブラ, ラウル
著「ジョージ・ネルソン」フレックス・ファーム　2003
Cabral, Donald　カブラル, ドナルド
国アメリカ　陸上選手
Cabral, Esperanza　カブラル, エスペランザ
国フィリピン　社会福祉開発相
Cabral, Gustavo　カブラル, グスタボ
国アルゼンチン　サッカー選手
Cabral, Johnathan　カブラル, ジョナサン
国カナダ　陸上選手
Cabral, Marcelino Simaõ Lopes　カブラル, マルセリーノ・シモン・ロペス
国ギニアビサウ　国防相
Cabral, Maria da Conceicao Nobre　カブラル, マリア・ダ・コンセイソン・ノーブレ
国ギニアビサウ　外務・国際協力・共同体相
Cabral, Sérgio　カブラル, セルジオ
著「ナラ・レオン」ブルース・インターアクションズ　2009
Cabrera, Alfredo　カブレラ, アルフレッド
1970〜　著「ファッションデザイン101のアイデア」フィルムアート社　2011
Cabrera, Angel　カブレラ, アンヘル
1969〜　国アルゼンチン　プロゴルファー
Cabrera, Asdrubal　カブレラ, アズドゥルバル
国ベネズエラ　野球選手
Cabrera, Everth　カブレラ, エバース
国ニカラグア　野球選手
Cabrera, Francisco　カブレラ, フランシスコ
国アルゼンチン　生産相
Cabrera, Jane　カブレラ, ジェーン
著「ぼくのすきなこと、なーんだ？」評論社　2002
Cabrera, José Alfonso　カブレラ, ホセ・アルフォンソ
国グアテマラ　保健相
Cabrera, Juan Carlos　カブレラ, フアンカルロス
国メキシコ　ボート選手
Cabrera, Luis　カブレラ, ルイス
国ベネズエラ　ボクシング選手
Cabrera, Mauricio　カブレラ, マウリシオ
国ドミニカ共和国　野球選手
Cabrera, Melky　カブレラ, メルキー
1984〜　国ドミニカ共和国　野球選手
Cabrera, Mercedes　カブレラ, メルセデス
国スペイン　教育・社会政策・スポーツ相
Cabrera, Miguel　カブレラ, ミゲル
1983〜　国ベネズエラ　野球選手　本名＝Cabrera, Miguel Jose　別カブレラ, ミゲール
Cabrera, Noel　カブレラ, ノエル
国フィリピン　大統領府報道官
Cabrera, Ramon　カブレラ, ラモン
国ベネズエラ　野球選手
Cabrera Bello, Rafa　カブレラベロ, ラファエル
国スペイン　ゴルフ選手
Cabrera Darquea, Javier　カブレラ・ダルケア, ハヴィエル
1924〜2001　著「人類史をくつがえす奇跡の石」徳間書店　2006
Cabrera Franco, Jafeth Ernesto　カブレラ・フランコ, ジャフェット・エルネスト
国グアテマラ　副大統領
Cabrera Infante, Guillermo　カブレラ・インファンテ, ギリェルモ
1929〜2005　作家　別カブレラ・インファンテ, ギジェルモ
Cabrisas Ruiz, Ricardo　カブリサス・ルイス, リカルド
国キューバ　閣僚評議会副議長兼経済計画相
Cabrita, Eduardo　カブリタ, エドゥアルド
国ポルトガル　首相補佐相
Cabu　カビュ
アングレーム国際漫画祭　表現の自由　シャルリー・エブド賞（2015年）
Cacciapuoti, Castrese　カッチャプオティ, カストレーゼ
1966〜　別カッチャプオティ, C.　著「抱腹!!イタリアン・ジョーク」游学社　2013
Cacciari, Massimo　カッチャーリ, マッシモ
1944〜　著「抑止する力」月曜社　2016
Cacciatore, Fabrizio　カッチャトーレ, ファブリツィオ
国イタリア　サッカー選手
Caceres, Carlos　カセレス, カルロス
国グアテマラ　環境天然資源相
Caceres, Juan Ignacio　カセレス, フアンイグナシオ
国アルゼンチン　カヌー選手
Caceres, Lucio　カセレス, ルシオ
国ウルグアイ　運輸・公共事業相
Cáceres Chávez, Juan Carlos　カセレス・チャベス, フアン・カルロス
国エルサルバドル　財務相
Cáceres Chávez, Juan Ramón Carlos Enrique　カセレス・チャベス, フアン・ラモン・カルロス・エンリケ
国エルサルバドル　財務相
Cachin, Françoise　カシャン, フランソワーズ
著「マネ」創元社　2008
Cacho Toca, Roberto　カチョ・トカ, ロベルト
著「スペイン北部の旧石器洞窟壁画」テクネ　2014
Čačić, Radimir　チャチッチ, ラディミル
国クロアチア　公共事業・復興・建設相
Cacioppo, John T.　カシオポ, ジョン・T.
著「孤独の科学」河出書房新社　2010
Cacoyannis, Michael　カコヤニス, マイケル
1922〜2011　国ギリシャ　映画監督, 脚本家, 演出家　本名＝Lacoyannis, Mihalis　別カコヤニス, マイクル
Cacuk, Sudarijanto　チャチュク・スダリヤント
国インドネシア　経済構造改革担当相
Cadbury, Adrian　キャドバリー, エイドリアン
1929〜2015　国イギリス　実業家　キャドバリー・シュウェップス会長　本名＝Cadbury, George Adrian Hayhurst　別キャドベリー, エイドリアン
Cadbury, Deborah　キャドベリー, デボラ
著「ルイ十七世の謎と母マリー・アントワネット」近代文芸社　2004
Caddick, David　カディック, デイヴィッド

プロデューサー　グラミー賞 最優秀ミュージカル・ショー・アルバム（2009年（第52回））　"West Side Story"
Caddy, Alice　キャディ, アリス
　著「アライグマ博士と仲間たち」福音館書店　2003
Caddy, Eileen　キャディ, アイリーン
　1917～　著「愛の波動を高めよう」日本教文社　2003
Cade, J.Robert　ケード, ロバート
　1927～2007　国アメリカ　医学者　フロリダ大学医学部助教授
　業腎臓　本名＝Cade, James Robert
Cade, Lance　ケイド, ランス
　1980～2010　国アメリカ　プロレスラー
Cade, Mark　ケイド, マーク
　著「Sun certified enterprise architect for J2EE technology」ピアソン・エデュケーション　2002
Cadelo, Manlio　カデロ, マンリオ
　国サンマリノ　駐日特命全権大使
Cadena, Raul Almeida　カデナ, ラウル・アルメイダ
　著「ハーバードMBA合格者のエッセイを読む」オープンナレッジ　2007
Cadena Mosquera, José Medardo　カデナ・モスケラ, ホセ・メダルド
　国エクアドル　電力・再生可能エネルギー相
Cader, A.R.M.　カーダー, A.R.M.
　国スリランカ　協同組合相
Cadet, Travaris　カデット, トラバリス
　国アメリカ　アメフト選手
Cadet, Yves　カデ, イブ
　国ハイチ共和国　環境相
Cadigan, Pat　キャディガン, パット
　ヒューゴー賞 中編（2013年）　"The Girl-Thing Who Went Out for Sushi"
Cadiot, Olivier　カディオ, オリヴィエ
　著「フランス現代詩アンソロジー」思潮社　2001
Cadiz, Stephen　ケイディーズ, スティーブン
　国トリニダード・トバゴ　運輸相
Cadot, Jeremy　カド, ジェレミー
　国フランス　フェンシング選手
Cadow, Kenneth M.　カドウ, ケネス・M.
　著「アルフィーのいえで」ほるぷ出版　2012
Cadwallader, Allen Clayton　キャドウォーラダー, アレン
　著「調性音楽のシェンカー分析」音楽之友社　2013
Cadwallader, Mike　キャドワラダー, マイク
　著「メモリーズ・オブ・ジョン」イースト・プレス　2006
Caer, Jean-Claude　カエール, ジャン＝クロード
　著「フランス現代詩アンソロジー」思潮社　2001
Caesar, Ed　シーサ, エド
　著「2時間で走る」河出書房新社　2015
Caesar, Saboto　シーザー, サボト
　国セントビンセント・グレナディーン　農林水産・地方改革相
Caeser, Sid　シーザー, シド
　1922～2014　国アメリカ　俳優, コメディアン
Caetano, Pedrito　カエタノ, ペドリート
　国モザンビーク　青年・スポーツ相
Caetano, Trisha　カエタノ, トリシア
　著「前世療法とインナーチャイルド」ヴォイス　2009
Cafaro, Debra　カファロ, デブラ
　国アメリカ　ベンタスCEO
Caffarel, Henri　カファレル, アンリ
　著「神、この、もっとも曲解された名」女子パウロ会　2001
Caffarella, Rosemary Shelly　カファレラ, ローズマリー・S.
　1946～　著「成人期の学習」鳳書房　2005
Caffarelli, Luis　カッファレリ, ルイス
　国アルゼンチン　ウルフ賞 数学部門（2012年）
Cafferty, Thomas P.　キャファティ, T.P.
　著「学校心理学」北大路書房　2005
Caforio, Maria P.　カフォーリオ, マリア・ピア
　1963～　著「かいじゅうたちがやってきた」学習研究社　2006
Cagan, Andrea　ケイガン, アンドレア
　著「ハリウッドセレブが教える愛犬を賢くする21の方法」ゴマブックス　2007
Cagan, Ibrahim Nami　チャーン, イブラヒム・ナミ
　国トルコ　森林相
Cagan, Jonathan　ケーガン, ジョナサン
　1961～　著「ヒット企業のデザイン戦略」英治出版　2006
Cagan, Leslie　ケーガン, レズリー
　著「もう戦争はさせない！」文理閣　2007

Cagé, Julia　カジェ, ジュリア
　1984～　著「なぜネット社会ほど権力の暴走を招くのか」徳間書店　2015
Cage, Nicolas　ケイジ, ニコラス
　1964～　国アメリカ　俳優　本名＝コッポラ, ニコラス〈Coppola, Nicolas〉　異ケージ, ニコラス
Caglar, Soyuncu　チャグラル・ソユンク
　国トルコ　サッカー選手
Çağlayan, Mehmet Zafer　チャーラヤン, メフメト・ザフェル
　国トルコ　経済相
Cagle, Eric　ケイグル, エリック
　著「救済の書：トゥーム・オヴ・サルヴェイション」ホビージャパン　2009
Cagle, Kurt　ケーグル, カート
　著「エキスパートから学ぶXML実践プログラミング」インプレス, インプレスコミュニケーションズ（発売）　2001
Caglioti, Giuseppe　カリオーティ, ジュゼッペ
　著「形とシンメトリーの饗宴」森北出版　2003
Cagnazzo, Alvise　カニャッツォ, アルヴィーゼ
　1987～　著「ジョカトーレ！ナガトモ」竹書房　2012
Cagnotto, Tania　カニョット, タニア
　国イタリア　水泳選手
Cagol, Andrea　カゴール, アンドレア
　著「3Dきらきらプリンセス・ストーリー」大日本絵画　2016
Caguioa, Alfredo　カグイオア, アルフレド
　国フィリピン　法相
Cahalan, Susannah　キャハラン, スザンナ
　著「脳に棲む魔物」KADOKAWA　2014
Cahen, Corinne　カエン, コリンヌ
　国ルクセンブルク　家族相
Cahierre, Armel　カイエール, アルメル
　1959～　国フランス　実業家　B4F社長　三城社長
Cahill, David　カヒル, デヴィッド
　著「不妊」一灯舎, オーム社（発売）　2008
Cahill, Gary　ケーヒル, ガリー
　国イングランド　サッカー選手
Cahill, Thomas　ケイヒル, トマス
　著「中世の秘蹟」青土社　2007
Cahill, Tim　ケーヒル, ティム
　1979～　国オーストラリア　サッカー選手　異ケイヒル, ティム
Cahill, Trevor　ケイヒル, トレバー
　国アメリカ　野球選手
Cahn, Edgar S.　カーン, エドガー・S.
　著「この世の中に役に立たない人はいない」創風社出版　2002
Cahn, John Werner　カーン, ジョン・ワーナー
　1928～2016　国アメリカ　材料科学者　米国国立標準技術研究所名誉上級研究員, ワシントン大学客員教授　異カーン, ジョンワーナー
Cahn, Miriam　カーン, ミリアム
　1949～　著「ミリアム・カーン」ワコウ・ワークス・オブ・アート　2012
Cahn, Robert W.　カーン, ロバート・W.
　1924～2007　著「激動の世紀を生きて」アグネ技術センター　2008
Cahn-Tober, Theresa　カーン・トーバ, テレサ
　1936～2004　著「死のかくれんぼう」本の風景社, ブッキング（発売）　2006
Cahoon, Heather　カフーン, ヘザー
　著「10このおもちゃのあひるちゃん」大日本絵画　〔2008〕
Cahyadi, Rusli　チャフヤディ, ルスリ
　1972～　著「地球環境問題の現場検証」八千代出版　2006
Cai, Guo-qiang　ツァイ・グオチャン
　1957～　国中国　現代美術家　漢字名＝蔡国強　異ツァイ・クオチアン／ツァイ・グオチャン／ツアイ・グオチャン
Cai, June　カイ, ジューン
　著「不安障害」日本評論社　2005
Cai, Shangjun　ツァイ・シャンチュン
　ヴェネチア国際映画祭 銀獅子賞（第68回（2011年））　"Ren Shan Ren Hai"
Cai, Wu　ツァイ・ウー
　1949～　国中国　政治家　中国文化相　漢字名＝蔡武
Cai, Xiao Ru　ツァイ・シャオルー
　中山達華智能科技股份有限公司　漢字名＝蔡小如
Cai, Yun　カイ・ユン
　1980～　国中国　バドミントン選手　漢字名＝蔡贇
Cai, Zhen-hua　ツァイ・ゼンホア

1961～ 国中国 卓球指導者，元卓球選手 中国国家体育総局副局長，中国卓球協会会長，中国バドミントン協会会長 卓球中国代表総監督 漢字名＝蔡振華
Caicara, Junior カイサラ，ジュニオール
国ブラジル サッカー選手
Caicedo, Felipe カイセド，フェリペ
国エクアドル サッカー選手
Caicedo Piedrahita, Andres Mauricio カイセド
国コロンビア 重量挙げ選手
Caid Essebsi, Béji カイドセブシ，ベジ
1926～ 国チュニジア 政治家 チュニジア大統領 異カイドエセブシ
Caillat, Colbie キャレイ，コルビー
1985～ 国アメリカ シンガー・ソングライター
Caillé, Alain カイエ，アラン
1944～ 著"経済"を審問する」せりか書房 2011
Caillou, Pierre カイユ，ピエール
著「みんなのしごと」主婦の友社 2007
Caimmi, Luca カインミ，ルーカ
1978～ 著「船を見にいく」きじとら出版 2016
Cain, Chelsea ケイン，チェルシー
1972～ 国アメリカ 作家 著ミステリー，スリラー
Cain, Herman ケイン，ハーマン
1945～ 国アメリカ 実業家，コラムニスト ゴッドファーザーズ・ピザ会長・CEO
Cain, James Hallie ケイン，ジム
著「楽しくチームビルディング」ラボ教育センター 2010
Cain, Janan ケイン，ジャナン
著「ぼくのいいとこ」少年写真新聞社 2016
Cain, Jonathan ケイン，ジョナサン
1950～ 国アメリカ ロック・キーボード奏者
Cain, Lorenzo ケイン，ロレンゾ
国アメリカ 野球選手
Cain, Madelyn ケイン，マデリン
著「子どもがいても，いなくても」ワニブックス 2001
Cain, Matt ケイン，マット
1984～ 国アメリカ 野球選手 本名＝Cain, Matthew Thomas 異キャン，マット／ケーン，マット
Cain, Michael Lee ケイン，M.L.
1956～ 異ケイン, M. 著「キャンベル生物学」丸善出版 2013
Cain, Susan ケイン，スーザン
著「内向型人間のすごい力」講談社 2015
Cain, Tom ケイン，トム
著「黒衣の処刑人」新潮社 2008
Caine, Geoffrey ケイン，ジョフリー
著「脳科学が明らかにする大人の学習」ヒューマンバリュー 2016
Caine, Michael ケイン，マイケル
1933～ 国イギリス 俳優 本名＝ミッケルホワイト，モーリス・ジョセフ〈Micklewhite, Maurice Joseph〉
Caine, Peter ケイン，ピーター
著「ダ・ヴィンチ・コードの歩き方」マックス，晋遊舎（発売） 2006
Caine, Renate Nummela ケイン，リネト・ヌメラ
著「脳科学が明らかにする大人の学習」ヒューマンバリュー 2016
Cainer, Jonathan ケイナー，ジョナサン
著「お母さんをえらべ赤ちゃん」静山社 2014
Cainero, Chiara カイネロ，キアラ
国イタリア 射撃選手
Caio, Henrique カイオ・エンリケ
国ブラジル サッカー選手
Caio Júnior カイオ・ジュニオール
1965～2016 国ブラジル サッカー指導者 本名＝サローリ，ルイス・カルロス〈Saroli, Luiz Carlos〉
Caioli, Luca カイオーリ，ルカ
1958～ 著「スアレス神憑」亜紀書房 2014
Caird, George Bradford ケアード，G.B.
1917～ 著「ルカによる福音書注解」教文館 2001
Caird, John ケアード，ジョン
1948～ 国イギリス 演出家 ロイヤル・シェイクスピア・カンパニー（RSC）名誉アソシエート・ディレクター 本名＝Caird, John Newport
Cairney, John ケアニー，ジョン
1968～ 著「医学的測定尺度の理論と応用」メディカル・サイエンス・インターナショナル 2016
Cairns, Alun ケアンズ，アラン

国イギリス ウェールズ相
Cairns, Bryan ケインズ，ブライアン
異ケインス，ブライアン 著「スーパーナチュラルオフィシャルファンブック」ACクリエイト 2010
Cairns, Geroge ケアンズ，ジョージ
著「「入門」シナリオ・プランニング」ダイヤモンド社 2003
Cairns, Kathleen A. ケアンズ，キャスリーン・A.
著「私は，死なない」現代書館 2008
Caithness, Betty ケイスネス，ベティ
著「ベティ・ケイスネスヴィンテージセレクション」サンーケイ c2005
Caiuby カイウビー
国ブラジル サッカー選手
Cajete, Gregory カヘーテ，グレゴリー
1952～ 著「インディアンの環境教育」日本経済評論社 2009
Cajuste, Devon ケイジャスト，デボン
国アメリカ アメフト選手
Çakir, Asli ジャキール，アスリ
1985～ 国トルコ 陸上選手 本名＝Çakir Alptekin, Asli
Cakir Alptekin, Asli ジャキール，アスリ
国トルコ 陸上選手
Cakmakoglu, Sabahattin チャクマクオール，サバハッティン
国トルコ 国防相
Cal, David カル，ダビド
1982～ 国スペイン カヌー選手 異カル
Calaba, Jeannine Lemare カラバ，ジェニーン・レメーア
著「感謝するということ」サンマーク出版 2005
Calabrese, Lucas カラブレーセ，ルーカス
国アルゼンチン セーリング選手
Calabrese, Omar カラブレーゼ，オマル
著「芸術という言葉」而立書房 2001
Calabrese, Veronica カラブレセ
国イタリア テコンドー選手
Calabresi, Linda カラブレシ，リンダ
著「ヒトのからだ」昭文社 2008
Calabresi, Paul カラブレイジ，ポール
著「薬理書」広川書店 2003
Calabria, Davide カラブリア，ダヴィデ
国イタリア サッカー選手
Calabria, Michael D. カラブリア，M.D.
著「真理の探究」うぶすな書院 2005
Caladima, Ousmane カラディマ，ウスマン
国ニジェール 高等教育・研究・技術相 異カラディマ，ウスマネ
Calado, Carlos カラード，カルロス
1956～ 著「トロピカリア」プチグラパブリッシング 2006
Calafeteanu, Valentin カラフェテアヌ，ヴァレンティン
国ルーマニア ラグビー選手
Calahorrano, Miguel カラオラノ，ミゲル
国エクアドル 電力・代替エネルギー相
Calais-Germain, Blandine カレージェルマン，ブランディーヌ
著「新動きの解剖学」科学新聞社 2009
Calan, Ronan de カラン，ロナン・ド
著「カール・マルクスの亡霊」ディスカヴァー・トゥエンティワン 2011
Calandrelli, Jorge カランドレリ，ホルヘ
グラミー賞 最優秀ヴォーカル伴奏編曲（2011年（第54回））ほか
Calaprice, Alice カラプリス，アリス
著「アインシュタインは語る」大月書店 2006
Calasso, Roberto カラッソ，ロベルト
1941～ 著「カドモスとハルモニアの結婚」河出書房新社 2015
Calatayud, Zulia カラタイウド
国キューバ 陸上選手
Calatrava, Santiago カラトラバ，サンチャゴ
1951～ 著「サンチャゴ・カラトラバ」丸善 2008
Calce, Antonio カルチェ，アントニオ
1967～ 国スイス 実業家 コルムCEO
Calcidise, Kathleen キャルシディス，キャスリーン
著「組織変革のジレンマ」ダイヤモンド社 2004
Calcote, Aaron S. キャルコート，アロン・S.
著「世界のスポーツマン」鷹書房弓プレス 2006
Caldara, Mattia カルダラ，マッティア
国イタリア サッカー選手
Caldarelli, Guido カルダレリ，グイド
著「ネットワーク科学」丸善出版 2014
Caldas, Julio Castro カルダス，ジュリオ・カストロ
国ポルトガル 国防相

Caldecott, Randolph　コールデコット, ランドルフ
[著]「昔なつかしいクリスマス」 三元社　2016
Caldeira Cabral, Manuel　カルデイラカブラル, マヌエル
[国]ポルトガル　経済相
Calder, Alexander　カルダー, アレクサンダー
[著]「カルダー」 Taschen　c2001
Calder, Bobby J.　カルダー, ボビー・J.
[著]「統合マーケティング戦略論」 ダイヤモンド社　2003
Calder, Ian R.　カルダー, イアン
1945～　[著]「水の革命」 築地書館　2008
Calder, Kent E.　カルダー, ケント
1948～　[国]アメリカ　日本政治研究家　ジョンズ・ホプキンズ大学高等国際問題研究大学院(SAIS)日本学部部長・教授・ライシャワー東アジア研究所長　駐日米国大使特別補佐官(経済担当)　[専]政治学, 日米関係
Calder, Nigel　コールダー, ナイジェル
1931～2014　[国]イギリス　科学ジャーナリスト　本名＝Calder, Nigel David Ritchie
Calder, Yoshiko　コールダー, Y.
[著]「2008年の日米関係」 ジャパンタイムズ　2008
Caldera, Jesús　カルデラ, ヘスス
[国]スペイン　労働・社会問題相
Caldera, Norman　カルデラ, ノルマン
[国]ニカラグア　外相
Caldera, Rafael　カルデラ, ラファエル
1916～2009　[国]ベネズエラ　政治家, 法律家　ベネズエラ大統領　本名＝カルデラ・ロドリゲス, ラファエル・アントニオ〈Caldera Rodríguez, Rafael Antonio〉
Calderano, Hugo　カルデラノ, ウーゴ
[国]ブラジル　卓球選手
Calderbank, Robert　コールダーバンク, ロバート
1954～　[著]「MIMOワイヤレス通信」 東京電機大学出版局　2009
Calderoli, Roberto　カルデロリ, ロベルト
[国]イタリア　法律簡素化相
Calderón, Felipe　カルデロン, フェリペ
1962～　[国]メキシコ　政治家, 弁護士　メキシコ大統領　本名＝カルデロン・イノホサ, フェリペ・デヘスス〈Calderón Hinojosa, Felipe de Jesús〉
Calderón, Gloria　カルデロン, グロリア
[著]「インディアンのはこぶね」 新世研　2002
Calderon, Jose　カルデロン, ホセ
[国]スペイン　バスケットボール選手
Calderón, Leonor　カルデロン, レオノル
[国]パナマ　青少年・女性・家庭問題担当相
Calderon, Rafael　カルデロン, ラファエル
[国]ドミニカ共和国　大統領府技術相
Calderon Del Valle, Juan　デルポトロ
[国]アルゼンチン　テニス選手
Calderón Hinojasa, Felipe de Jesús　カルデロン・イノホサ, フェリペ・デヘスス
[国]メキシコ　大統領
Caldicott, Helen　カルディコット, ヘレン
1938～　[国]アメリカ　反核運動家　核政策研究所(NPRI)代表　[専]核政策　[異]コルディコット, ヘレン
Caldirola, Luca　カルディローラ, ルカ
[国]イタリア　サッカー選手
Caldwell, Andre　コールドウェル, アンドレ
[国]アメリカ　アメフト選手
Caldwell, Bobby　コールドウェル, ボビー
1952～　[国]アメリカ　シンガー・ソングライター, 音楽プロデューサー
Caldwell, Gail　コールドウェル, ゲイル
1951～　[著]「哀しみが思い出に変わるとき」 柏書房　2012
Caldwell, Graham E.　コールドウェル, グラハム
[著]「身体運動のバイオメカニクス研究法」 大修館書店　2008
Caldwell, Harry M.　コールドウェル, H.ミッチェル
[著]「最終弁論」 ランダムハウス講談社　2008
Caldwell, Hilary　カルドウェル, ヒラリー
[国]カナダ　水泳選手
Caldwell, Ian　コールドウェル, イアン
1976～　[著]「フランチェスコの暗号」 新潮社　2004
Caldwell, James Hugh　コールドウェル, ジェームズ・ヒュー
[国]アメリカ　元・在アメリカ合衆国日本国大使館現地職員
Caldwell, Jim　コールドウェル, ジム
[国]アメリカ　デトロイト・ライオンズコーチ
Caldwell, J.S.　コールドウェル, ジョン・S.
[著]「持続可能な農業への道」 農林統計協会　2002
Caldwell, Laura　コールドウェル, ローラ
[著]「トラベラーズ・ショック」 ハーレクイン　2003
Caldwell, Leigh　コールドウェル, リー
[著]「価格の心理学」 日本実業出版社　2013
Caldwell, Philip　コルドウェル, フィリップ
[著]「コーポレート・ガバナンス」 ダイヤモンド社　2001
Caldwell, Richard S.　コールドウエル, リチャード・S.
[著]「神々の誕生と深層心理」 北樹出版　2013
Caldwell, Robert R.　コールドウェル, ロバート・R.
[著]「宇宙の創成と進化」 日本経済新聞社　2005
Caldwell, Sally　コールドウェル, サリー
[著]「男の嘘を見ぬく6のサイン」 イースト・プレス　2002
Caldwell, Sarah　コールドウェル, サラ
1924～2006　[国]アメリカ　オペラ指揮者　ボストン・オペラ・カンパニー創設者　[異]コールドウェル, セアラ
Caldwell, Sophie　コールドウェル
[国]アメリカ　クロスカントリースキー選手
Caldwell, Thomas　コールドウェル, トーマス
[著]「終わりのない夏」 KTC中央出版　2001
Caldwell, Trey　コールドウェル, トレイ
[国]アメリカ　アメフト選手
Caldwell-pope, Kentavious　コールドウェル・ポープ, ケンテイビアス
[国]アメリカ　バスケットボール選手
Cale, J.J.　ケール, J.J.
1938～2013　[国]アメリカ　シンガー・ソングライター　本名＝Cale, John Weldon　[異]ケイル, J.J.
Calef, Noël　カレフ, ノエル
1907～　[著]「死刑台のエレベーター」 東京創元社　2010
Calenberg, Tom　カレンバーグ, トム
[著]「ペンギンのペンギン」 中央公論新社　2003
Calenda, Carlo　カレンダ, カルロ
[国]イタリア　経済発展相
Calero, Dennis　カレロ, デニス
[著]「X-MENユニバース：シビル・ウォー」 ヴィレッジブックス　2016
Calhanoglu, Hakan　チャルハノール, ハカン
[国]トルコ　サッカー選手
Calhoun, Anne　カルフーン, アン
[著]「5つの恋と夢の時間(とき)」 ハーパーコリンズ・ジャパン　2016
Calhoun, Craig　キャルホーン, クレイグ
1952～　[著]「ハーバマスと公共圏」 未来社　2008
Calhoun, Kole　カルフーン, コール
[国]アメリカ　野球選手
Calhoun, Mary　カルホーン, メリー
[著]「ふねにのったねこのヘンリー」 リブリオ出版　2007
Calhoun, Shilique　カルホーン, シリクー
[国]アメリカ　アメフト選手
Calhoun, Taveze　カルホーン, テイベス
[国]アメリカ　アメフト選手
Calhoun, Ward　カルフーン, ウォード
[著]「Marilyn Monroe」 マガジンランド　2012
Calì, Davide　カリ, デヴィッド
1972～　[異]カリ, デイヴィッド　[著]「ビスケット・コレクション」 ディー・ティー・ジャパン　c2014
Calia, Charles Laird　カリア, チャールズ・レアード
[著]「ぼくはいつも星空を眺めていた」 ソフトバンククリエイティブ　2006
Calic, Edouard　カリック, エドワール
[著]「アムンゼン」 白水社　2002
Califia, Pat　カリフィア, パトリック
1954～　[異]カリフィア, パット　[著]「セックス・チェンジズ」 作品社　2005
Caligiuri, Daniel　カリジューリ, ダニエル
[国]イタリア　サッカー選手
Calin, Rodolphe　カラン, ロドルフ
[著]「レヴィナス著作集」 法政大学出版局　2016
Calise, Mauro　カリーゼ, マウロ
1951～　[著]「政党支配の終焉」 法政大学出版局　2012
Calishain, Tara　カリシェイン, タラ
[著]「Google hacks」 オライリー・ジャパン, オーム社(発売)　2007
Caliskan, Tuncay　カリスカン
[国]オーストリア　テコンドー選手
Calix Figueroa, Ramon　カリクス・フィゲロア, ラモン

C

Ⓝホンジュラス　教育相
Calixte, Orland　キャリクスティ, オーランド
　Ⓝドミニカ共和国　野球選手
Calixte, Pierre-Claude　カリスト, ピエールクロード
　Ⓝハイチ共和国　社会問題相
Calja, Briken　カルヤ, ブリケン
　Ⓝアルバニア　重量挙げ選手
Calkins, Lucy　カルキンズ, ルーシー
　1951～　著「リーディング・ワークショップ」新評論 2010
Call, Ken　コール, ケン
　著「ミシェル・オバマ」岩崎書店 2009
Call, Max　コール, マックス
　著「ハンド・オブ・デス」中央アート出版社 2009
Call, Naomi　コール, ナオミ・ソフィア
　著「ヨーガインベッド」ガイアブックス 2013
Calla, Davide　カラ, ダヴィデ
　Ⓝスイス　サッカー選手
Calla, Ricardo　カジャ, リカルド
　Ⓝボリビア　先住民問題担当相
Callaghan, Garth　キャラハン, ガース
　著「ナプキン・ノート」辰巳出版 2015
Callaghan, Glenn M.　キャラハン, グレン・M.
　著「糖尿病をすばらしく生きるマインドフルネス・ガイドブック」星和書店 2013
Callaghan, James　キャラハン, ジェームズ
　1912～2005　Ⓝイギリス　政治家　英国首相, 英国労働党党首　本名＝Callaghan, Leonard James　訳キャラハン, ジェームズ
Callahan, Bryce　キャラハン, ブライス
　Ⓝアメリカ　アメフト選手
Callahan, Daniel　カラハン, ダニエル
　1930～　著「自分らしく死ぬ」ぎょうせい 2006
Callahan, David　カラハン, デービッド
　1965～　著「『うそつき病』がはびこるアメリカ」日本放送出版協会 2004
Callahan, Gene　キャラハン, ジーン
　著「ソフトウェア開発のカオス」構造計画研究所, 共立出版 (発売) 2003
Callahan, James J.　キャラハン, J.J.
　著「時空の幾何学」シュプリンガー・フェアラーク東京 2003
Callahan, Joanne M.　キャラハン, ジョアン
　著「TFTとトラウマ」アイ心理研究所 2004
Callahan, Joe　キャラハン, ジョー
　Ⓝアメリカ　アメフト選手
Callahan, Kevin R.　カラハン, ケビン
　著「戦略的プロジェクト経営」鹿島出版会 2011
Callahan, Lisa P.　キャラハン, リサ
　著「脳がよろこぶ仕事術」ベストセラーズ 2010
Callahan, Maureen　キャラハン, モーリーン
　著「レディー・ガガのすべて」ソフトバンククリエイティブ 2010
Callahan, Raymond E.　キャラハン, レイモンド・E.
　著「アメリカの教育委員会と教育長」晃洋書房 2007
Callahan, Roger　キャラハン, ロジャー・J
　1925～　訳キャラハン, ロジャー・J.　著「TFTとトラウマ」アイ心理研究所 2004
Callan, Jamie Cat　キャラン, ジェイミー・キャット
　著「セクシーに生きる」小学館 2016
Callanan, Liam　キャラナン, リーアム
　Ⓝアメリカ　作家　ウィスコンシン・ミルウォーキー大学准教授
　Ⓖ文学
Callanan, Patrick　キャラナン, パトリック
　著「援助専門家のための倫理問題ワークブック」創元社 2004
Callanan, Tom　キャラナン, トム
　著「集合知の力, 衆愚の罠」英治出版 2010
Callaway, Barbara J.　キャラウェイ, バーバラ・J.
　著「ペブロウの生涯」医学書院 2008
Callaway, Ely R.　キャロウェイ, エリー
　？～2001　Ⓝアメリカ　実業家　キャロウェイゴルフ創業者
Callaway, Mickey　キャラウェイ, ミッキー
　Ⓝアメリカ　クリーブランド・インディアンスコーチ
Callaway, Phillip R.　キャラウェイ, フィリップ・R.
　著「死海文書大百科」東洋書林 2003
Callcott, Pauline　コルコット, ポーリン
　著「症例から学ぶ統合失調症の認知行動療法」日本評論社 2007
Calle, Carlos I.　カル, カルロス・I.
　著「アインシュタインとコーヒータイム」三元社 2015

Calle, Maria Luisa　カジェ
　Ⓝコロンビア　自転車選手
Calle, Sophie　カル, ソフィ
　1953～　Ⓝフランス　アーティスト
Callegari, Lorenzo　カレガリ, ロレンツォ
　Ⓝフランス　サッカー選手
Calleja, Joseph　カレヤ, ジョセフ
　1978～　Ⓝマルタ　テノール歌手
Callejon, Jose　カジェホン, ホセ
　Ⓝスペイン　サッカー選手
Calleman, Carl Johan　コールマン, カール
　1950～　著「マヤ暦が終わるのは、2011年10月28日だった！」ヴォイス 2009
Callen, Gayle　カレン, ゲイル
　著「身代わりの婚約者」ハーパーコリンズ・ジャパン 2016
Callenbach, Ernest　キャレンバッハ, アーネスト
　著「エコロジー事典」ミネルヴァ書房 2001
Callender, Jane　カレンダー, ジェーン
　著「テキスタイルの描きかたと手順がわかる2000 pattern」文化学園文化出版局 2013
Callender, Stanford　カレンダー, スタンフォード
　Ⓝトリニダード・トバゴ　国務相 (トバゴ島問題担当)
Calleri, Jonathan　カレーリ, ジョナサン
　Ⓝアルゼンチン　サッカー選手
Calle Williams, Maria Luisa　カレウィリアムズ
　Ⓝコロンビア　自転車選手
Calley, John　キャリー, ジョン
　1930～2011　Ⓝアメリカ　映画プロデューサー, 実業家　ソニー・ピクチャーズ・エンタテインメント (SPE) 会長・CEO, ワーナー・ブラザーズ社長　訳カレー, ジョン
Callias, Aurore　カリアス, オーロール
　著「動物には心があるの？　人間と動物はどうちがうの？」岩崎書店 2011
Callias, Maria　カーリアス, マリア
　著「自閉症」黎明書房 2006
Callichurn, Soodesh Satkam　カリチューン, スーデッシュ・サトゥカム
　Ⓝモーリシャス　労働・産業ネットワーク・雇用・研修相
Callicott, J.Baird　キャリコット, J.ベアード
　著「地球の洞察」みすず書房 2009
Callies, David L.　キャリーズ, デービッド・L.
　1943～　訳キャリーズ, デービット・L.　「アジア太平洋諸国の収用と補償」成文堂 2006
Calligaris, Contardo　カリガリス, コンタルド
　1948～　著「妄想はなぜ必要か」岩波書店 2008
Callingham, Glyn　カリンガム, グライン
　著「ブルーノートアルバム・カヴァー・アート」美術出版社 2005
Callinicos, Alex　カリニコス, アレックス
　1950～　著「アンチ資本主義宣言」こぶし書房 2004
Callison, Johnny　カリソン, ジョニー
　1939～2006　Ⓝアメリカ　野球選手　本名＝Callison, John Wesley
Callister, William D.　キャリスター, W.D.
　1940～　著「材料の科学と工学」培風館 2002
Callisto, Nicole　カリスト
　Ⓝオーストラリア　自転車選手
Callow, John　カロウ, ジョン
　著「魔女狩り」岩波書店 2004
Calloway, Cassidy　キャロウェイ, キャシディ
　Ⓝアメリカ　作家　Ⓖファンタジー, ロマンス　筆名＝ボルトン, アニ〈Bolton, Ani〉
Callsen-bracker, Jan-Ingwer　カールセン・ブラッカー, ヤン・イングヴァー
　Ⓝドイツ　サッカー選手
Callus, Ashley　ケラス
　Ⓝオーストラリア　競泳選手
Calm, Bill　カーム, ビル
　著「ポール・オースターが朗読するナショナル・ストーリー・プロジェクト」アルク 2006
Calmac, Octavian　カルムイク, オクタビアン
　Ⓝモルドバ　副首相兼経済相
Calman, Claire　コールマン, クレア
　著「素直に好きといえなくて」文芸春秋 2002
Calmel, Mireille　カルメル, ミレイユ
　1964～　Ⓝフランス　作家　Ⓖ歴史, ロマンス
Calmenson, Stephanie　カルメンソン, ステファニー

著「バングルスせんせいちこく！ちこく？」ひさかたチャイルド 2011
Calmes, Mary カルムス, メアリー
国アメリカ 作家 ロマンス
Calmy-Rey, Micheline カルミレイ, ミシュリン
1945〜 国スイス 政治家 スイス大統領・外相 奥カルミー＝レイ, ミシェリーヌ
Calnan, James キャルナン, J.
著「学会発表」総合医学社 2001
Calne, Roy Yorke カーン, ロイ
1930〜 国イギリス 外科医 ケンブリッジ大学名誉教授 ⊕肝臓移植, 臓器移植
Calof, Olga カロフ, オリガ
著「あなたの余命はあと何年？」飛鳥新社 2010
Calonita, Jen キャロニタ, ジェン
国アメリカ 作家 ヤングアダルト
Calonius, Erik カロニウス, エリック
著「なぜビジョナリーには未来が見えるのか？」集英社 2012
Calonne, David Stephen カロン, デイヴィッド・ステファン
1953〜 著「ワインの染みがついたノートからの断片」青土社 2016
Calthorpe, Peter カルソープ, ピーター
著「次世代のアメリカの都市づくり」学芸出版社 2004
Calvalho, Arlindo de Ceita カルバヨ, アルリンド・デセイタ
国サントメ・プリンシペ 天然資源・環境相
Calve, Caroline ケルベ
国カナダ スノーボード選手
Calvet, Corinne カルヴェ, コリンヌ
1925〜2001 国フランス 女優 本名＝Dibos, Corinne 奥カルベ, コリンヌ
Calvet, Louis Jean カルヴェ, ルイ＝ジャン
1942〜 著「言語戦争と言語政策」三元社 2010
Calvetti, Leonello カルヴェッティ, レオネッロ
著「カウディプテリクス」ポプラ社 2004
Calvetti, Paola カルヴェッティ, パオラ
国イタリア 作家 ロマンス, 文学
Calvimontes, Juan Carlos カルビモンテス, フアン・カルロス
国ボリビア 保健相
Calvin ケルビン
国台湾 歌手, 俳優 漢字名＝辰亦儒
Calvin, William H. カルヴィン, ウィリアム・H.
著「グローバル・フィーバー」一灯舎, オーム社（発売）2010
Calvo, Carmen カルボ, カルメン
国スペイン 文化相
Calvo, Giselle Goyenaga カルボ, ジセル・ゴジェナガ
国コスタリカ スポーツ相
Calvó Armengol, Silvia カルボアメンゴル, シルビア
国アンドラ 環境・農業・持続可能性相
Calvocoressi, Peter カルボコレッシ, ピーター
1912〜2010 国イギリス 法律家, 著述家 本名＝Calvocoressi, Peter John Ambrose 奥カルボコレッシ／カルヴォコレッシ, ピーター／カルヴォコレッシー
Calvocoressi, Richard カルボコレッシ, リチャード
奥カルヴォコレッシ, リチャード 著「マグリット」西村書店 2010
Calvo Gomez, Eva カルボゴメス, エバ
国スペイン テコンドー選手
Calvo Moreno, Jossimar Orlando カルボモレノ, ホシマルオルランド
国コロンビア 体操選手
Calvo-Sotelo, Leopoldo カルボ・ソテロ, レオポルド
1926〜2008 国スペイン 政治家 スペイン首相 本名＝Calvo-Sotelo y Bustelo, Leopoldo
Calypso, Gnobo A. カリプソ, ノボ
著「ミスティカル数秘術」ナチュラルスピリット 2011
Calza, Gian Carlo カルツァ, ジャン・カルロ
国イタリア ベネツィア「カ・フォスカリ」大学外国語・外国文学部正教授, 国際北斉リサーチ・センター所長
Calzada Mangues, Esteve カルサーダ, エステベ
1966〜 著「SHOW ME THE MONEY！」ソル・メディア 2013
Calzada Rovirosa, José Eduardo カルサダ・ロビロサ, ホセ・エドゥアルド
国メキシコ 農牧・農村開発・漁業・食料相
Calzadilla, Pedro カルサジジャ, ペドロ
国ベネズエラ 文化相
Cam, Nguyen Manh カム, グエン・マイン

国ベトナム 副首相
Cam, Philip キャム, フィリップ
著「共に考える」萌書房 2015
Camacho, Hector カマチョ, ヘクター
1962〜2012 国プエルトリコ プロボクサー 世界スーパーライト級・ライト級・ジュニアウエルター級チャンピオン
Camacho, Ignacio カマーチョ, イグナシオ
国スペイン サッカー選手
Camacho, José Antonio カマーチョ, ホセ・アントニオ
1955〜 国スペイン サッカー指導者, 元サッカー選手 サッカー・スペイン代表監督, サッカー中国代表監督 奥カマチョ, ホセ・アントニオ
Camacho, Jose Isidro カマチョ, ホセ・イシドロ
国フィリピン 財務相
Camacho, Keith Lujan カマチョ, キース・L.
著「戦禍を記念する」岩波書店 2016
Camagni, Jacopo カマーニ, ヤコポ
著「ホークアイVS.デッドプール」小学館集英社プロダクション 2016
Camann, William ケイマン, ウィリアム
著「幸せな出産のために」ランダムハウス講談社 2006
Camaño, Graciela カマニョ, グラシエラ
国アルゼンチン 労働・雇用・社会保障相
Camara, Abdoul Kabélé カマラ, アブドゥール・カベレ
国ギニア 治安・市民保護相
Camara, Abou カマラ, アブ
国ギニア 法相
Camara, Aboubacar Titi カマラ, アブバカル・ティティ
国ギニア スポーツ相
Camara, Albert Damantang カマラ, アルベール・ダマンタン
国ギニア 雇用・技術教育・職業訓練相兼政府報道官
Camara, Alpha Kabine カマラ, アルファ・カビネ
国ギニア 高等教育・科学研究相
Camara, Amedi カマラ, アムディ
国モーリタニア 環境・持続可能な開発担当相
Camara, Baba カマラ, ババ
国ギニア 識字教育・国語推進相
Camara, Chad カマラ, チャド
著「UXデザインのやさしい教本」エムディエヌコーポレーション, インプレス（発売）2016
Camara, Cheick Amadou カマラ, シェイク・アマドゥ
国ギニア 経済・財務相
Camara, Damantang Albert カマラ, ダマンタン・アルベール
国ギニア 雇用・技術教育・職業訓練相
Camara, Djene Saran カマラ, ジェネ・サラン
国ギニア 通産・中小企業相
Camara, Eugene カマラ, ユージェーヌ
国ギニア 計画相 奥カマラ, ユージン
Cámara, Eva Minguet カマラ, エヴァ・ミンゲット
著「アーバンバッグ・デザイン」グラフィック社 2009
Camara, Fatou Sike カマラ, ファトゥ・シク
国ギニア 社会問題・女性・児童相
Cámara, Javier カマラ, ハビエル
1967〜 国スペイン 俳優
Camara, Kandia カマラ, カンジャ
国コートジボワール 教育相
Camara, Loucény カマラ, ルセニ
国ギニア 都市・国土整備相
Camara, Lousény カマラ, ルセニ
国ギニア 漁業・養殖相
Camara, Madikaba カマラ, マディカバ
国ギニア 商工相
Camara, Mady Kaba カマラ, マディ・カバ
国ギニア 国務相（経済・財務担当）
Camara, Makalé カマラ, マカレ
国ギニア 外務・在外国民相
Camara, Mamadouba Toto カマラ, ママドゥバ・トト
国ギニア 治安・文民保護相
Camara, Mamadou Toto カマラ, ママドゥ・トト
国ギニア 治安・文民保護相
Camara, Morikè Damaro カマラ, モリケ・ダマロ
国ギニア 高等教育・科学研究相
Camara, Moussa Dadis カマラ, ムサ・ダディ
1964〜 国ギニア 軍人 ギニア陸軍大尉 奥カマラ, ムサ・ダディ
Camara, Oumou カマラ, ウム

[国]ギニア　公共事業相
Camara, Sekou Decazie　カマラ, セク・デカジー
[国]ギニア　高等教育・科学研究相
Camara, Sheik Amadou　カマラ, シェイク・アマドゥ
[国]ギニア　蔵相兼経済相
Camara, Yamoussa　カマラ, ヤムサ
[国]マリ　国防・退役軍人相
Camarasa, Victor　カマラサ, ビクトル
[国]スペイン　サッカー選手
Camargo, Daniel　カマルゴ, ダニエル
1991～　バレエダンサー　シュトゥットガルト・バレエ団プリンシパル
Camargo, Johan　カマーゴ, ヨハン
[国]パナマ　野球選手
Camargo, Milton　カマルゴ, ミルトン
[著]「おかしなおかしなじゅういさん」 新世研　2002
Camarillo, Gonzalo　カマリロ, ゴンザロ
[著]「IMS標準テキスト」 リックテレコム　2010
Cambar Rodriguez, Ivan　カンバルロドリゲス
[国]キューバ　重量挙げ選手　[異]カンバル
Cambefort, Yves　カンブフォール, イヴ
1945～　[著]「ファーブル驚異の博物学図鑑」 エクスナレッジ　2016
Cambell, William　キャンベル, ウィリアム
[著]「ブランド・マネジメント」 ダイヤモンド社　2001
Cambias, James L.　キャンビアス, ジェイムズ・L.
[国]アメリカ　作家, ゲームデザイナー　[専]SF, ファンタジー　[異]キャンビアス, ジェイムズ・L.
Cambiasso, Esteban　カンビアッソ, エステバン
1980～　[国]アルゼンチン　サッカー選手　本名＝カンビアッソ, エステバン・マティアス〈Cambiasso, Esteban Matias〉
Camboni, Mattia　カンボニ, マティア
[国]イタリア　セーリング選手
Cambras, Josep　カンブラス, ジュゼップ
1954～　[著]「西洋製本図鑑」 雄松堂出版　2008
Cambreling, Sylvain　カンブルラン, シルヴァン
1948～　[国]フランス　指揮者　読売日本交響楽団常任指揮者, シュトゥットガルト歌劇場音楽総監督
Cambron-McCabe, Nelda H.　キャンブロン＝マッケイブ, ネルダ
[著]「学習する学校」 英治出版　2014
Camdessus, Michel Jean　カムドシュ, ミシェル
1933～　[国]フランス　銀行家　フランス中央銀行名誉総裁　国際通貨基金（IMF）専務理事, フランス経済予測国際情報センター（CEPII）会長　[異]カムドゥシュ / カンドシュ
Camejo, Ibrahim　カメホ
[国]キューバ　陸上選手
Camerino, Giuliana Coen　カメリーノ, ジュリアーナ・コーエン
1920～2010　[国]イタリア　ファッションデザイナー　ロベルタ・ディ・カメリーノ創設者　[異]カメリーノ, ジュリアナ・コーエン
Cameron, David　キャメロン, デービッド
1966～　[国]イギリス　政治家　英国首相, 英国保守党党首　本名＝Cameron, David William Donald　[異]キャメロン, デビッド
Cameron, DeAnna　キャメロン, ディアーナ
[著]「誘惑のベリーダンサー」 扶桑社　2010
Cameron, Deborah　カメロン, デボラ
1958～　[異]カメロン, D.　[著]「話し言葉の談話分析」 ひつじ書房　2012
Cameron, Debra　キャメロン, デボラ
[著]「入門GNU Emacs」 オライリー・ジャパン, オーム社（発売）　2007
Cameron, Geoff　キャメロン, ジェフ
[国]アメリカ　サッカー選手
Cameron, Graeme　キャメロン, グレアム
[著]「ぼくは君を殺さない」 ハーパーコリンズ・ジャパン　2016
Cameron, James　キャメロン, ジェームズ
1954～　[国]カナダ　映画監督, 映画プロデューサー, 脚本家　ライトストーム・エンターテインメント会長・CEO　本名＝Cameron, James Francis　[異]キャメロン, ジェイムズ
Cameron, Jordan　キャメロン, ジョーダン
[国]アメリカ　アメフト選手
Cameron, Julia　キャメロン, ジュリア
[著]「あなたも作家になろう」 風雲舎　2003
Cameron, Julia　キャメロン, ジュリア
[著]「子供はみんなアーティスト！」 A-Works　2015
Cameron, Kenneth　キャメロン, ケネス
1922～2001　[著]「イングランドの地名」 春風社　2012
Cameron, Kim S.　キャメロン, キム・S.
[著]「組織文化を変える」 ファーストプレス　2009
Cameron, Kirk　キャメロン, カーク
ゴールデン・ラズベリー賞（ラジー賞） 最低男優賞（第35回（2014年））　"Kirk Cameron's Saving Christmas"
Cameron, Marc　キャメロン, マーク
[国]アメリカ　作家　[専]スリラー, ミステリー
Cameron, Michael J.　キャメロン, マイケル・J.
1957～　[著]「挑戦的行動の先行子操作」 二瓶社　2001
Cameron, Miriam E.　キャメロン, ミリアム・E.
[著]「ケアのなかの癒し」 看護の科学社　2016
Cameron, Peter　キャメロン, ピーター
1959～　[国]アメリカ　作家　[専]文学, フィクション, 性同一性障害
Cameron, Rebecca P.　キャメロン, レベッカ・P.
[著]「不安障害」 日本評論社　2005
Cameron, Rondo E.　キャメロン, ロンド
1925～2001　[著]「概説世界経済史」 東洋経済新報社　2013
Cameron, Stella　キャメロン, ステラ
[著]「愛さずにはいられない」 ハーレクイン　2009
Cameron, Susan M.　キャメロン, スーザン
[国]アメリカ　レイノルズ・アメリカンCEO
Cameron, W.Bruce　キャメロン, W.ブルース
1960～　[国]アメリカ　作家, コラムニスト　[専]文学, ユーモア
Cameron Watt, Donald　キャメロン・ワット, ドナルド
1928～2014　[国]イギリス　歴史家　ロンドン・スクール・オブ・エコノミクス（LSE）名誉教授
Camilla　カミラ
1947～　[国]イギリス　チャールズ英国皇太子夫人　称号＝コーンウォール公爵夫人〈The Duchess of Cornwall〉　[異]カミラ夫人
Camille, Michael　カミール, マイケル
[著]「美術史を語る言葉」 ブリュッケ, 星雲社（発売）　2002
Camilleri, Andrea　カミッレーリ, アンドレア
英国推理作家協会賞 インターナショナル・ダガー（2012年）　"The Potter's Field"
Camilleri, Joseph A.　カミレーリ, ジョゼフ
1944～　[著]「多国間主義と同盟の狭間」 国際書院　2006
Camilleri, Louis C.　カミレリ, ルイス
1955～　[国]イギリス　実業家　アルトリア・グループ会長・CEO, フィリップ・モリス・インターナショナル会長・CEO
Camillieri, Martine　カミリエリ, マルティーヌ
[著]「マルティーヌのおもちゃインテリア」 アスコム　2004
Camillo, Chris　カミロ, クリス
1974～　[著]「急騰株はコンビニで探せ」 阪急コミュニケーションズ　2012
Camilo, Jeannet　カミロ, ジャネット
[国]ドミニカ共和国　女性相
Camilo, Michel　カミロ, ミシェル
1954～　[国]ドミニカ共和国　ジャズ・ピアニスト, 作曲家　[異]カミロ, ミッシェル
Camilo, Tiago　カミロ, チアゴ
[国]ブラジル　柔道選手　[異]カミロ
Caminiti, Ken　カミニティ, ケン
1963～2004　[国]アメリカ　野球選手　本名＝Caminiti, Kenneth Gene　[異]カマネティ, ケン / カミニティー, ケン
Cammann, Hans-Hermann　カムマン, ハンス＝ヘルマン
[著]「第400戦闘航空団」 大日本絵画　2011
Cammarelle, Roberto　カンマレリ, ロベルト
1980～　[国]イタリア　ボクシング選手　[異]カンマレリ
Camoin, Philippe　カモワン, フィリップ
[著]「秘伝カモワン・タロット」 学習研究社　2002
Camoletti, Marc　カモレッティ, マルク
1923～2003　[国]フランス　喜劇作家
Camon, Alessandro　キャモン, アレッサンドロ
ベルリン国際映画祭 銀熊賞 脚本賞（第59回（2009年））　"The Messenger"
Camp, Brandon　キャンプ, ブランドン
[著]「コーリング」 DHC　2003
Camp, Candace　キャンプ, キャンディス
[著]「裸足の伯爵夫人」 ハーパーコリンズ・ジャパン　2016
Camp, Garrett　キャンプ, ギャレット
起業家, ウーバー・テクノロジーズ創業者
Camp, Jim　キャンプ, ジム
[著]「No！」 ダイレクト出版　2011
Camp, Joe　キャンプ, ジョー
1939～　[著]「ベンジー」 角川書店　2006

Camp, John McK.　キャンプ, ジョン
　著「図説古代ギリシア」東京書籍　2004
Campagnaro, Hugo　カンパニャーロ, ウーゴ
　国アルゼンチン　サッカー選手
Campagnaro, Michele　カンパニャーロ, ミケーレ
　国イタリア　ラグビー選手
Campana, Fernando　カンパナ, フェルナンド
　1961～　著「カンパナ・ブラザーズ展atブラジル大使館in東京」プチグラパブリッシング　2005
Campana, Humberto　カンパナ, ウンベルト
　1953～　著「カンパナ・ブラザーズ展atブラジル大使館in東京」プチグラパブリッシング　2005
Campanari, José　カンパナーリ, ホセ
　1959～　著「なにか、わたしにできることは？」西村書店東京出版編集部　2011
Campanaro, Michael　キャンパナロ, マイケル
　国アメリカ　アメフト選手
Campanella, Thomas J.　カンパネラ, トーマス・J.
　著「リジリエント・シティ」クリエイツかもがわ　2014
Campany, David　カンパニー, デヴィッド
　著「アート＆フォトグラフィー」ファイドン　2005
Campayo, Ramón　カンパーヨ, ラモン
　1965～　著「たった7日間（なのかかん）でどんな外国語でも話せるようになる！」阪急コミュニケーションズ　2011
Campbell, Alan　キャンベル, アラン
　国イギリス　ボート選手　異キャンベル
Campbell, Alastair　キャンベル, アラステア
　1947～　著「ウェブ・イメージング」グラフィック社　2002
Campbell, Alastair V.　キャンベル, アラステア・V.
　1938～　著「生命倫理学とは何か」勁草書房　2016
Campbell, Amber　キャンベル, アンバー
　国アメリカ　陸上選手
Campbell, Andrew　キャンベル, アンドリュー
　1950～　著「成長への賭け」ファーストプレス　2006
Campbell, Andrew　キャンベル, アンドリュー
　著「無脊椎動物」朝倉書店　2007
Campbell, Anna　キャンベル, アナ
　国オーストラリア　作家　題ロマンス
Campbell, Barbara W.　キャンベル, バーバラ・W.
　著「空っぽのくつした」光文社　2002
Campbell, Bebe Moore　キャンベル, ビビ・ムーア
　1950～2006　国アメリカ　作家、ジャーナリスト
Campbell, Ben Nighthorse　キャンベル, ベン・ナイトホース
　1933～　国アメリカ　政治家、柔道家　米国上院議員（共和党）
Campbell, Bethany　キャンベル, ベサニー
　著「愛をつないで」ハーレクイン　2003
Campbell, Bronte　キャンベル, ブロンテ
　国オーストラリア　水泳選手
Campbell, Calais　キャンベル, カライス
　国アメリカ　アメフト選手
Campbell, Cate　キャンベル, ケイト
　1992～　国オーストラリア　水泳選手　異キャンベル, ケート
Campbell, Chad　キャンベル, チャド
　1974～　国アメリカ　プロゴルファー　異キャンベル, チャッド
Campbell, Chellie　キャンベル, チェリー
　著「幸せなお金を引き寄せる億万長者（ジリオネア）の「超」法則」ヒカルランド　2012
Campbell, Darren　キャンベル
　国イギリス　陸上選手
Campbell, David　キャンベル, デヴィッド
　1958～　著「関係的契約理論」日本評論社　2015
Campbell, David P.　キャンベル, デビッド
　著「人生の行き先を知らなければ行くべきところには行けない」新田茂樹　2007
Campbell, De'Vondre　キャンベル, ディボンドレ
　国アメリカ　アメフト選手
Campbell, DiAndre　キャンベル, ディアンドレ
　国アメリカ　アメフト選手
Campbell, Donald Wilfred　キャンベル, ドナルド・ウィルフレッド
　国カナダ　元・駐日カナダ大使、元・カナダ外貿省外務次官、元・日加フォーラムカナダ側座長
Campbell, Don G.　キャンベル, ドン
　1946～2012　著「能力と健康を高める音、壊す音」アスキー・メディアワークス、KADOKAWA（発売）　2013
Campbell, Duncan　キャンベル, ダンカン

Campbell, Eddie　キャンベル, エディ
　1955～　アングレーム国際漫画祭　批評家賞（ACBD）（2001年）　"From Hell"〈Delcourt〉
Campbell, Elizabeth A.　キャンベル, E.A.
　著「心理臨床」垣内出版　2001
Campbell, Erica　キャンベル, エリカ
　グラミー賞　最優秀ゴスペルアルバム（2014年（第57回））　"Help"
Campbell, Fiona　キャンベル, フィオナ
　著「ウインド・ストラテジー」舵社　2008
Campbell, Fraizer　キャンベル, フレイザー
　国イングランド　サッカー選手
Campbell, Gaylon S.　キャンベル, ゲイロン・S.
　1940～　著「生物環境物理学の基礎」森北出版　2003
Campbell, Gaylon Sanford　キャンベル, ゲイロン・サンフォード
　著「生物環境物理学の基礎」森北出版　2010
Campbell, Glen　キャンベル, グレン
　1936～　国アメリカ　カントリー歌手、ギタリスト
Campbell, G.Michael　キャンベル, G.マイケル
　著「世界一わかりやすいプロジェクトマネジメント」総合法令出版　2015
Campbell, Gordon　キャンベル, ゴードン
　1942～　国アメリカ　作家　題ミステリー
Campbell, Iain　キャンベル, イアン
　1960～　著「Symbian OSコミュニケーションプログラミング」翔泳社　2008
Campbell, Ian　キャンベル, イアン
　国オーストラリア　福祉サービス相　異キャンベル, イアン
Campbell, Ibraheim　キャンベル, アイブラヘイム
　国アメリカ　アメフト選手
Campbell, Jack　キャンベル, ジャック
　国アメリカ　作家、元軍人　題SF、ファンタジー　本名＝ヘムリイ, ジョン・G.〈Hemry, John G.〉
Campbell, James W.P.　キャンベル, ジェームズ・W.P.
　著「世界の図書館」河出書房新社　2014
Campbell, Jane　キャンベル, ジェーン
　1959～　著「障害者自身が指導する権利・平等と差別を学ぶ研修ガイド」明石書店　2005
Campbell, Jean　キャンベル, ジーン
　1964～　著「スチームパンクアクセサリー」グラフィック社　2012
Campbell, Jeff　キャンベル, ジェフ
　著「スピード・クリーニング」ソフトバンククリエイティブ　2007
Campbell, Jennifer P.L.　キャンベル, J.P.L.
　著「初めてのコンピュータサイエンス」オライリー・ジャパン, オーム社（発売）　2010
Campbell, Joel　キャンベル, ジョエル
　国コスタリカ　サッカー選手
Campbell, John Creighton　キャンベル, ジョン・C.
　1941～　著「自民党政権の予算編成」勁草書房　2014
Campbell, John Dixon　キャンベル, ジョン・D.
　?～2002　著「アップタイムマネジメント」翔泳社　2009
Campbell, John E.　キャンベル, J.E.
　1943～　著「救急救命スタッフのためのITLS」メディカ出版　2013
Campbell, John Y.　キャンベル, ジョン・Y.
　著「戦略的アセットアロケーション」東洋経済新報社　2005
Campbell, Keith　キャンベル, キース
　1954～2012　国イギリス　生物学者　ノッティンガム大学教授　動動物発生学、クローン
Campbell, Keith Gordon　キャンベル, K.G.
　1966～　著「空飛ぶリストとひねくれ屋のフローラ」徳間書店　2016
Campbell, Kurt M.　キャンベル, カート
　1957～　国アメリカ　外交官　アジア・グループ会長・CEO　米国国務次官補（東アジア・太平洋担当）　異キャンベル, カート・M.
Campbell, Laurie　キャンベル, ローリー
　著「偶然のキス」ハーレクイン　2004
Campbell, Luke　キャンベル, ルーク
　1987～　国イギリス　ボクシング選手
Campbell, Magda　キャンベル, M.
　著「自閉症」黎明書房　2006
Campbell, Martin　キャンベル, マーティン
　1943～　国ニュージーランド　映画監督　異キャンベル, マー

チン
Campbell, Mary K. キャンベル, M.K.
[著]「生化学」 広川書店 2004
Campbell, Milton キャンベル, ミルトン
1934～2005 [国]アメリカ ブルースミュージシャン 通称＝リトル・ミルトン〈Little Milton〉
Campbell, Nancy Marie キャンベル, ナンシー・M.
1944～ [著]「パニック障害」 大月書店 2004
Campbell, Naomi キャンベル, ナオミ
1970～ [国]イギリス ファッションモデル
Campbell, Neil キャンベル, ニール
1957～ [著]「アメリカン・カルチュラル・スタディーズ」 萌書房 2012
Campbell, Peter Nelson キャンベル, P.N.
[著]「キャンベル・スミス図解生化学」 西村書店 2005
Campbell, Ramsey キャンベル, ラムジー
1946～ [異]キャンベル, ラムゼイ / キャンブル, ラムジイ [著]「シルヴァー・スクリーム」 東京創元社 2013
Campbell, Rod キャンベル, ロッド
[著]「どうぶつえんのおじさんへ」 大日本絵画 〔2008〕
Campbell, Ross キャンベル, ロス
1936～ [著]「ミュータントタートルズ：オムニバス」 小学館集英社プロダクション 2015
Campbell, Ruth キャンベル, ルース
1944～ [著]「認知障害者の心の風景」 福村出版 2006
Campbell, Scott キャンベル, スコット
1973～ [著]「なんでもだっこ！」 評論社 2016
Campbell, Shawna キャンベル, シャナ
1954～ [著]「虐待という迷宮」 春秋社 2004
Campbell, Stan キャンベル, スタン
[著]「世界一わかりやすい聖書入門」 総合法令出版 2004
Campbell, Stephen John キャンベル, スティーヴン・J.
1963～ [著]「イタリア・ルネサンス美術大図鑑」 柊風舎 2014
Campbell, Stuart キャンベル, スチュアート
1936～ [著]「出生前の"ワタシを見て！"」 産調出版 2005
Campbell, Susan B. キャンベル, S.B.
[著]「発達精神病理学」 ミネルヴァ書房 2006
Campbell, T.Colin キャンベル, T.コリン
1934～ [著]「チャイナ★スタディー」 グスコー出版 2016
Campbell, Terry W. キャンベル, T.W.
1949～ [著]「鳥類とエキゾチックアニマルの血液学・細胞診」 文永堂出版 2010
Campbell, Thomas Lothrop キャンベル, T.L.
[著]「家族志向のプライマリ・ケア」 シュプリンガー・フェアラーク東京 2006
Campbell, Thomas M. キャンベル, トーマス・M.
[著]「チャイナ★スタディー」 グスコー出版 2016
Campbell, Vera Leona キャンベル, ヴェラ・L.
1921～ [著]「美と力にあふれるすみの柱」 西南女学院 2014
Campbell, Verity キャンベル, ヴェリティー
[著]「オーストラリア」 メディアファクトリー 2004
Campbell, Veronica キャンベル
[国]ジャマイカ 陸上選手
Campbell, William キャンベル, ウイリアム
[国]アメリカ アメフト選手
Campbell, William C. キャンベル, ウィリアム
1930～ [国]アイルランド 生物学者 ドリュー大学名誉研究フェロー
Campbell, W.Keith キャンベル, W.キース
[著]「自己愛過剰社会」 河出書房新社 2011
Campbell-Brown, Veronica キャンベル・ブラウン, ベロニカ
1982～ [国]ジャマイカ 陸上選手
Câmpeanu, Mariana クンペアヌ, マリアナ
[国]ルーマニア 労働・家庭・社会保障相
Campello, Tereza カンペロ, テレザ
[国]ブラジル 社会開発・飢餓対策相
Campero Nava, Ariana カンペロ・ナバ, アリアナ
[国]ボリビア 保健相
Campion, Alexander キャンピオン, アレクサンダー
1944～ [国]アメリカ 作家 [専]ミステリー, スリラー
Campion, Anna カンピオン, アンナ
1952～ [著]「ホーリー・スモーク」 新潮社 2001
Campion, Jane カンピオン, ジェーン
1954～ [国]ニュージーランド 映画監督, 脚本家 [異]カンピオン, ジェイン
Campion, Nicholas キャンピオン, ニコラス
1953～ [著]「世界史と西洋占星術」 柏書房 2012
Campione, Mary カンピオーネ, メアリ
[著]「Javaチュートリアル」 ピアソン・エデュケーション 2001
Campisi, Judith キャンピス, ジュディス
[著]「老化の生命科学」 アークメディア 2007
Camplin, Alisa キャンプリン
[国]オーストラリア フリースタイルスキー選手
Campo, Eva カンポ, エヴァ
[著]「脳を育てる食べもの」 創元社 2004
Campo Baeza, Alberto カンポ・バエザ, アルベルト
1946～ [著]「アルベルト・カンポ・バエザ光の建築」 TOTO出版 2009
Campos, Eduardo カンポス, エドゥアルド
1965～2014 [国]ブラジル 政治家 ペルナンブコ州知事, ブラジル社会党（PSB）党首 本名＝Campos, Eduardo Henrique Accioly [異]カンポス, エドゥアルド
Campos, Esperanza カンポス, エスペランサ
1958～ [著]「さあ、とんでごらん！」 学習研究社 2006
Campos, Irene カンポス, イレネ
[国]コスタリカ 住宅相
Campos, Jaime カンポス, ハイメ
[国]チリ 法務・人権相
Campos, Paulo カンポス, パウロ
1937～ [著]「かしこすぎたサル」 新世研 2003
Campos, Ruben カンポス, ルベン
[国]ベリーズ 国家調整・動員相
Campos, Vicente カンポス, ビセンテ
[国]ベネズエラ 野球選手
Campo Saavedra, María Fernanda カンポ・サーベドラ, マリア・フェルナンダ
[国]コロンビア 教育相 [異]カンポ・サアベドラ, マリア・フェルナンダ
Campos Fernandes, Adalberto カンポスフェルナンデス, アダルベルト
[国]ポルトガル 保健相
Campos Rodrigues, Augusto Jorge カンポス・ロドリゲス, アウグスト・ジョルジェ
[著]「もっと悟ってもっとアセンション」 ヒカルランド 2015
Campriani, Niccoló カンプリアーニ, ニッコロ
1987～ [国]イタリア 射撃選手
Camprubi, Krystal カンプルビ, クリスタル
[著]「トールキンの魅惑の世界」 大日本絵画 2012
Camp Torres, Francesc カントレス, フランセスク
[国]アンドラ 観光・商業相
Camsell, Don キャムセル, ダン
1955～ [著]「SBS特殊部隊員」 並木書房 2001
Cam Trong カム・チョン
[著]「ベトナムの黒タイ首領一族の系譜文書」 人間文化研究機構国立民族学博物館 2007
Camuncoli, Giuseppe カムンコリ, ジュゼッペ
[著]「スーペリア・スパイダーマン：ワースト・エネミー」 ヴィレッジブックス 2016
Camus, Philippe カミュ, フィリップ
1948～ [国]フランス 実業家 アルカテル・ルーセント取締役会長・暫定CEO ヨーロピアン・エアロノーティック・ディフェンス・アンド・スペース（EADS）共同CEO
Can, Emre ジャン, エムレ
[国]ドイツ サッカー選手
Can, Yasemin キャン
[国]トルコ 陸上選手
Canaan, Isaiah カナーン, アイザイア
[国]アメリカ バスケットボール選手
Canaday, Kameron カナデイ, カメロン
[国]アメリカ アメフト選手
Canady, Maurice キャナディー, モーリス
[国]アメリカ アメフト選手
Canahuati, Mario カナワアティ, マリオ
[国]ホンジュラス 外相
Canal, Gustavo カナル, グスタボ
[国]コロンビア 運輸相
Canale, S.Terry カナリ, S.テリー
[著]「キャンベル整形外科手術書」 エルゼビア・ジャパン 2005
Canales, Juan Díaz カナレス, フアン・ディアス
アングレーム国際漫画祭 最優秀シリーズ賞（2006年）ほか
Canales, Kaleb カナレス, カルブ
[国]アメリカ ダラス・マーベリックスアシスタントコーチ（バスケットボール）
Canales, Sergio カナレス, セルヒオ

国スペイン　サッカー選手
Canales Clariond, Fernando　カナレス・クラリオン, フェルナンド
　国メキシコ　経済相
Canals, Caca　カナルス, カカ
　著「裸のマハ」徳間書店　2002
Canan, Penelope　キャナン, ペネロピ
　1946〜　著「オゾン・コネクション」日本評論社　2005
Canavan, Matt　カナバン, マット
　国オーストラリア　資源・北部担当相
Canavilhas, Gabriela　カナビリャス, ガブリエラ
　国ポルトガル　文化相
Cancellara, Fabian　カンセララ, ファビアン
　1981〜　国スイス　自転車選手　異カンチェラーラ, ファビアン
Cancellieri, Anna Maria　カンチェリエリ, アンナ・マリア
　国イタリア　内相
Cancelo, Joao　カンセロ, ジョアン
　国ポルトガル　サッカー選手
Cancilla, Dorothy Rose　キャンシラ, ドロシー
　1920〜　著「HMOに娘は殺された」集英社　2003
Câncio, João　カンシオ, ジョアン
　国東ティモール　教育相
Canda, Edward R.　カンダ, エドワード・R.
　著「ソーシャルワークにおけるスピリチュアリティとは何か」ミネルヴァ書房　2014
Candaele, Casey　カンディール, ケイシー
　国アメリカ　シアトル・マリナーズコーチ
Cande, Botche　カンデ, ボッチ
　国ギニアビサウ　内相　異カンデ, ボッチェ
Candela Garcia, Maria del Carmen　カンデラ・ガルシア, マリア・デル・カルメン
　国スペイン　元・在スペイン日本国大使館現地職員
Candelario, Jeimer　キャンデラリオ, ジェイマー
　国アメリカ　野球選手
Candi, Néstor　カンディ, ネストル
　著「イノシシをたすけて」新世研　2003
Candia, Miguel　カンディア, ミゲル
　国パラグアイ　国防相
Candland, Paul　キャンドランド, ポール
　1958〜　国アメリカ　実業家　ウォルト・ディズニー・ジャパン社長
Candreva, Antonio　カンドレーヴァ, アントニオ
　国イタリア　サッカー選手
Candrian, Sina　カンドリアン
　国スイス　スノーボード選手
Candu, Adrian　カンドゥ, アドリアン
　国モルドバ　副首相兼経済相
Canducci, Mario T.　カンドゥッチ, マリオ・T.
　1934〜　国ブラジル　カンドゥッチ, マリオ　著「聖フランシスコとその時代」サンパウロ　2009
Cane, Sam　ケイン, サム
　国ニュージーランド　ラグビー選手
Caneele, Severine　カネル, セヴリーヌ
　著「女優、セヴリーヌ・カネル絶望と漂流の果て」梛出版社　2001
Canella, Roberto　カネージャ, ロベルト
　国スペイン　サッカー選手
Canellakis, Evangelos S.　カネラキス, E.S.
　著「健康と長寿のためのユニーク栄養学講座」フジメディカル出版　2007
Canelon, Hersony　カネロン, エルソニー
　国ベネズエラ　自転車選手
Canemaker, John　ケインメーカー, ジョン
　1943〜　国アメリカ　ザグレブ国際アニメーション映画祭 アニメーション論への顕著な貢献賞（2006年）
Caner, Erkin　ジャネル・エルキン
　国トルコ　サッカー選手
Canessa, Mario　カネサ, マリオ
　国エクアドル　内務相
Canet, Guillaume　カネ, ギヨーム
　セザール賞 監督賞（第32回（2006年））　"Ne le dis à personne"
Canete, Eric　カネーテ, エリック
　国カネッティー, エリック　著「ルーク・ケイジ:無慈悲の街」ヴィレッジブックス　2016
Canfield, Jack　キャンフィールド, ジャック
　1944〜　著「あなたの潜在能力を引き出す20の原則と54の名言」ディスカヴァー・トゥエンティワン　2010

Canga, Afonso Pedro　カンガ, アフォンソ・ペドロ
　国アンゴラ　農相
Canha, Mark　カンハ, マーク
　国アメリカ　野球選手
Canham, Stefan　カナム, ステファン
　1968〜　著「香港ルーフトップ」パルコエンタテインメント事業部　2014
Cani, Shkëlqim　カニ, シュカルチム
　国アルバニア　財務相
Canikli, Nurettin　ジャニクリ, ヌレッティン
　国トルコ　副首相
Canin, Ethan　ケイニン, イーサン
　著「バースデイ・ストーリーズ」中央公論新社　2006
Cañizales, Miguel Angel　カニサレス, ミゲル・アンヘル
　国パナマ　教育相
Cañizares, Juan Manuel　カニサレス, フアン・マヌエル
　1966〜　国スペイン　フラメンコギタリスト
Canjura Linares, Carlos Mauricio　カンフラ・リナレス, カルロス・マウリシオ
　国エルサルバドル　教育相
Cankar, Stanka Setnikar　ツァンカル, スタンカ・セトニカル
　国スロベニア　教育・科学・スポーツ相
Canlas, Dante　カンラス, ダンテ
　国フィリピン　経済開発庁長官
Cann, A.J.　キャン, A.J
　国アメリカ　アメフト選手
Canna, Carlo　カンナ, カルロ
　国イタリア　ラグビー選手
Cannadine, David　キャナダイン, D.
　1950〜　著「イギリスの階級社会」日本経済評論社　2008
Cannan, Richard　カナン, リチャード
　国ベネズエラ　商業相
Cannavale, Bobby　カナヴェイル, ボビー
　エミー賞 プライムタイム・エミー賞 最優秀助演男優賞（ドラマシリーズ）（第65回（2013年））　"Boardwalk Empire"
Cannavale, Enzo　カンナバーレ, エンツォ
　1928〜2011　国イタリア　俳優
Cannavaro, Fabio　カンナヴァーロ, ファビオ
　1973〜　国イタリア　サッカー監督, 元サッカー選手　異カンナバーロ, ファビオ / カンナバロ, ファビオ / カンナヴァロ, ファビオ
Cannavaro, Paolo　カンナヴァーロ, パオロ
　国イタリア　サッカー選手
Cannell, Jon　カネル, ジョン
　著「発明家は子ども！」晶文社　2005
Cannell, Stephen　キャネル, スティーブン
　1941〜2010　国アメリカ　プロデューサー, 脚本家, 作家　本名=Cannell, Stephen Joseph　異キャネル, スティーヴン
Canning, John　キャニング, ジョン
　著「ロンドン路地裏の生活誌」原書房　2011
Cannon, Barbara　キャノン, バーバラ
　国スウェーデン, イギリス　元・スウェーデン王立科学アカデミー会長, 元・ストックホルム大学教授
Cannon, Christopher P.　キャノン, クリストファーP.
　著「エビデンス循環器病学」ライフサイエンス出版　2004
Cannon, Curt　キャノン, カート
　1926〜2005　著「酔いどれ探偵街を行く」早川書房　2005
Cannon, Dee　キャノン, ディー
　著「俳優になるということ」雄鶏堂書店　2014
Cannon, Dolores　キャノン, ドロレス
　1931〜　著「人類の保護者」ナチュラルスピリット　2016
Cannon, Jeff　キャノン, ジェフ
　著「鬼の「指導力」「決断力」「実行力」」イースト・プレス　2003
Cannon, Jon　キャノン, ジョン
　著「鬼の「指導力」「決断力」「実行力」」イースト・プレス　2003
Cannon, Joseph G.　キャノン, J.G.
　1926〜　著「化学者のための薬理学」地人書館　2001
Cannon, Lawrence　キャノン, ローレンス
　国カナダ　外相
Cannon, Marcia G.　キャノン, マーシャ
　著「プロカウンセラーが教える「怒り」を整理する技術」日本実業出版社　2013
Cannon, Marcus　キャノン, マーカス
　国アメリカ　アメフト選手
Cannon, Nick　キャノン, ニック
　1980〜　国アメリカ　歌手, 俳優

Cannon, Zander　キャノン, ザンダー
　著「トップ10」ウィーヴ, ヴィレッジブックス（発売）2009
Cannon-brookes, Mike　キャノン・ブルックス, マイク
　Atlassian
Cano, Alfonso　カノ, アルフォンソ
　1948～2011　国コロンビア　ゲリラ指導者　コロンビア革命軍（FARC）最高指導者　本名＝Sáenz Vargas, Guillermo León
Canó, Robinson　カノ, ロビンソン
　1982～　国ドミニカ共和国　野球選手　本名＝Canó, Robinson José　異カノー, ロビンソン
Cano, Victor　カノ
　国スペイン　体操選手
Cano Moreno, Oscar Pedro　カノ・モレノ, オスカル
　1972～　異カノ・モレノ, オスカル・P.　著「グアルディオラのポジショナルプレー特別講座」東邦出版 2016
Canonero, Milena　カノネロ, ミレーナ
　アカデミー賞 衣装デザイン賞（第87回（2014年））ほか
Canosa, Hans　カノーザ, ハンス
　著「カンバセーションズ」講談社 2007
Cano Sanz, Carlos Gustavo　カノ・サンス, カルロス・グスタボ
　国コロンビア　農相
Canovan, Margaret　カノヴァン, マーガレット
　1939～　著「アレント政治思想の再解釈」未来社 2004
Canseco, José　カンセコ, ホセ
　1964～　国アメリカ　元野球選手　異カンセコ, ホゼ
Cansino, Eliacer　カンシーノ, エリアセル
　1954～　著「フォスターさんの郵便配達」佑成社 2010
Cansiz, Deniz　ジャンスズ, デニス
　トルコ　元・トルコ航空客室乗務員
Cantalamessa, Raniero　カンタラメッサ, ラニエロ
　1935～　著「司祭職」サンパウロ 2014
Cantalupo, Jim　カンタルポ, ジム
　1943～2004　国アメリカ　実業家　マクドナルド会長・CEO　本名＝Cantalupo, James
Cantamessa, Gene S.　カンタメッサ, ジーンS.
　1931～2011　国アメリカ　サウンド・ミキサー　異キャンタメッサ, ジーン
Cantamessa, Steve　カンタメッサ, スティーヴ
　アカデミー賞 音響賞（第77回（2004年））"Ray"
Cantanhede, Francisco　カンタニェデ, フランシスコ
　著「ポルトガルの歴史」明石書店 2016
Cantat, Isabelle　カンタ, I.
　1974～　著「ムースの物理学」吉岡書店 2016
Cantelon, Mike　カンテロン, マイク
　著「実践Node.jsプログラミング」翔泳社 2014
Canter, Marc　カンター, マーク
　著「レックレス・ロード」道出版 2009
Cantet, Laurent　カンテ, ローラン
　1961～　国フランス　映画監督
Cantillon, Eli Aleksandersen　キャンタローン, エリ・A.
　著「ちいさなアマデウス」ワールドライブラリー 2015
Cantin, Candis　キャンティン, キャンディス
　著「ハーバルタロット」BABジャパン出版局 2006
Cantin, Marie-Anne　カンタン, マリー＝アンヌ
　著「マリー＝アンヌ・カンタンフランスチーズガイドブック」原書房 2014
Canto, Flavio　カント
　国ブラジル　柔道選手
Canto, Victor A.　キャント, ビクター・A.
　著「カクテルパーティーの経済学」ダイヤモンド社 2008
Canton, Henry　カントン, ヘンリー
　国ベリーズ　運輸・通信・かんきつ類・バナナ産業相
Canton, James　キャントン, ジェームズ
　1951～　著「極端な未来」主婦の友社 2008
Canton, Maria P.　カントン, マリア・P.
　著「15時間集中講座Java 2」コンピュータ・エージ社 2001
Cantona, Eric　カントナ, エリック
　1966～　国フランス　俳優, 元サッカー選手　異カントナ, エリク
Cantone, Anna-Laura　カントーネ, アンナ・ラウラ
　1977～　異カントーネ, アンナ・ローラ　著「しらゆきひめ」西村書店東京出版編集部 2010
Cantor, Murray　カンター, マレー
　1947～　著「ソフトウェア開発管理の要」ピアソン・エデュケーション 2002
Cantor, Norman F.　キャンター, ノーマン

1929～2004　国アメリカ　歴史学者　ニューヨーク大学教授　著中世史　異カンター／カンター, ノーマン・F.／キャンター, ノーマン・F.
Cantrell, Kat　キャントレル, キャット
　著「すり替わったフィアンセ」ハーパーコリンズ・ジャパン 2016
Cantrell, Rebecca　キャントレル, レベッカ
　国ドイツ, アメリカ　作家　著ミステリー, スリラー　異カントレル, レベッカ
Cantù, Marco　カントゥ, マルコ
　著「OBJECT PASCAL HANDBOOK」カットシステム 2016
Cantwell, Christian　キャントウェル
　国アメリカ　陸上選手
Cantwell, Dennis P.　カントウェル, デニス・P.
　著「自閉症」黎明書房 2006
Cantwell, Hendrika B.　キャントウェル, ヘンドリカ・B.
　著「虐待された子ども」明石書店 2003
Canty, Morton John　キャンティ, M.J.
　著「データ検証序説」丸善プラネット, 丸善出版（発売）2014
Canu, Ivan　カヌウ, イワン
　1970～　著「いそぎすぎたかたつむり」学習研究社 2006
Canxue　ツァンシュエ
　1953～　国中国　作家　漢字名＝残雪
Canyon, Christopher　キャニオン, クリストファー
　著「地球に生きるものたち」エヌ・ティ・エス, みくに出版（発売）2001
Cao, Lan　カオ, ラン
　1961～　著「蓮と嵐」彩流社 2016
Cao, Shun-li　ツァオ・シュンリー
　?～2014　国中国　人権活動家　漢字名＝曹順利
Cao Dai Le　カオ・ダイ・レ
　?～2002　国ベトナム　医師　ベトナムにおける化学戦争の被害調査国内委員会代表
Capa, Ander　カパ, アンデル
　国スペイン　サッカー選手
Capa, Cornell　キャパ, コーネル
　1918～2008　国アメリカ　写真家　国際写真センター（ICP）名誉館長, マグナム代表
Capaldi, Jim　キャパルディ, ジム
　?～2005　国イギリス　ロックドラム奏者
Capalini, Libor　ツァバリニ
　国チェコ　近代五種選手
Capasa, Ennio　カパサ, エンニョ
　1960～　国イタリア　ファッションデザイナー　異カパーサ, エンニョ
Capatana, Eugen　カパタナ, エウジェン
　国ルーマニア　ラグビー選手
Capatosto, Terri　カパトスト, テリ
　著「マーケティングのジレンマ」ダイヤモンド社 2004
Capatti, Alberto　カパッティ, アルベルト
　1944～　著「食のイタリア文化史」岩波書店 2011
Capatti, Bérénice　カパッティ, ベレニーチェ
　1973～　著「クリムトと猫」西村書店 2005
Capdevila, Carles　カップダビラ, カルラス
　1965～　著「三つ子のアナ・テレサ・エレナ チーズの星に行（い）く！」バベル・プレス 2010
Capdevila i Valls, Roser　カップダビラ, ルゼェ
　1939～　著「カプデビラ, ロゼール」「パルミーラまちへいく」学習研究社 c2007
Capecchi, Mario Renato　カペッキ, マリオ
　1937～　国アメリカ　生物学者　ユタ大学教授　著遺伝子学
Capek, Michael　チャペック, マイケル
　著「兵馬俑のひみつ」六耀社 2015
Capela, Clint　カペラ, クリント
　国スイス　バスケットボール選手
Capeling-Alakija, Sharon　ケイプリング・アラキジャ, シャロン
　1944～2003　国カナダ　国連ボランティア計画（UNV）事務局長
Capella, Anthony　カペラ, アンソニー
　1962～　国イギリス　作家　著文学
Capella, Roger　カペジャ, ロジャー
　国ベネズエラ　厚生・社会開発相
Capelle, Donald　カベレ, ドナルド
　国マーシャル諸島　法相
Capelletti, Franco　カペレッティ, フランコ
　国イタリア　欧州柔道連盟副会長, イタリア柔道・レスリング・空手・武道連盟副会長

Capelli, Vincenzo　カペリ, ビンチェンツォ
　㊀イタリア　ボート選手
Capello, Fabio　カペッロ, ファビオ
　1946～　㊀イタリア　サッカー指導者, 元サッカー選手　サッカー・ロシア代表監督, サッカー・イングランド代表監督　㊁カペロ, ファビオ
Caper, Robert　ケイパー, R.
　㊃「米国クライン派の臨床」岩崎学術出版社　2011
Capers, Avius　ケイパーズ, エイビアス
　㊀アメリカ　アメフト選手
Capers, Dom　ケイパーズ, ドム
　㊀アメリカ　グリーンベイ・パッカーズコーチ
Capezzi, Leonardo　カペッツィ, レオナルド
　㊀イタリア　サッカー選手
Capi, Nordly　キャビ, ノードリー
　㊀アメリカ　アメフト選手
Capicchinoni, Gian Carlo　カピッキオーニ, ジャン・カルロ
　㊀サンマリノ　財務長官
Capicik, Andy　カピシク
　㊀カナダ　フリースタイルスキー選手
Capie, David H.　カピー, デービッド
　1968～　㊃「レキシコン・アジア太平洋安全保障対話」日本経済評論社　2002
Capie, Forrest　キャピー, フォレスト
　㊃「イングランド銀行」日本経済評論社　2015
Čapilikas, Algis　チャピリカス, アルギス
　㊀リトアニア　保健相
Capiński, Marek　ツァピンスキ, M.
　1951～　㊃「測度と積分」培風館　2008
Capitanich, Jorge　カピタニッチ, ホルヘ
　㊀アルゼンチン　官房長官
Capitanio, Antonella　カピタニオ, アントネラ
　㊃「プリズナーズ・オブ・アート」マイティブック　2004
Caplan, Bryan Douglas　カプラン, ブライアン
　1971～　㊃「選挙の経済学」日経BP社, 日経BP出版センター（発売）　2009
Caplan, Elinor　キャプラン, エリノア
　㊀カナダ　歳入相
Caplan, Jeremy B.　カプラン, ジェレミー・B.
　㊃「認知や行動に性差はあるのか」北大路書房　2010
Caplan, Louis R.　カプラン, ルイス・R.
　㊃「脳卒中症候群」メディカル・サイエンス・インターナショナル　2016
Caplan, Mariana　カプラン, マリアナ
　1969～　㊃「グルと弟子の心理学」コスモス・ライブラリー, 星雲社（発売）　2015
Caplan, Neil　キャプラン, N.
　1945～　㊃「アラブ・イスラエル和平交渉」御茶の水書房　2004
Caplan, Paula J.　カプラン, ポーラ・J.
　㊃「認知や行動に性差はあるのか」北大路書房　2010
Caplan, Richard　カプラン, リチャード
　㊃「遺伝子操作時代の権利と自由」緑風出版　2012
Caplan, Stephen　カプラン, スティーヴン
　㊃「オーボエモーション」春秋社　2011
Caple, Jim　ケープル, ジム
　㊃「くたばれ！ ヤンキース」バジリコ　2005
Caple, Laurie A.　ケイプル, ローリー
　㊃「マンモスが地球を歩いていたとき」新樹社　2005
Caplin, Adam　キャプリン, アダム
　㊃「プランテッド・ジャンク」ブーマー, トランスワールドジャパン（発売）　2005
Caplin, Andrew　カプリン, アンドリュー
　㊃「金融規制のグランドデザイン」中央経済社　2011
Caplin, Robert　キャップリン, ロバート
　㊃「ジャスティン・ビーバー」ヤマハミュージックメディア　2011
Caplivski, Daniel　キャプリンスキー, ダニエル
　㊃「感染症プラクティス」メディカル・サイエンス・インターナショナル　2014
Čaplovič, Dušan　チャプロビチ, ドゥシャン
　㊀スロバキア　教育・科学・研究・スポーツ相　㊁チャプロビッチ, ドゥシャン
Capodagli, Bill　カポダイ, ビル
　1948～　㊁カポダグリ, ビル　㊃「ピクサー成功の魔法」PHP研究所　2010
Capolino, Filippo　カッポリーノ, F.
　1967～　㊃「メタマテリアルハンドブック」講談社　2015
Capolupo, Angela　カポルーポ, アンジェラ
　㊃「ちいさなプリンセスソフィア : プリンセスになるためのレッスン」大日本絵画　2014
Caponigro, Andrew　カポニーロ, アンディ
　㊃「呼吸が変われば人生が変わる」シャスタインターナショナル　2016
Caporale, Antonieta　カポラレ, アントニエタ
　㊀ベネズエラ　保健相
Capoue, Etienne　カプー, エティエンヌ
　㊀フランス　サッカー選手
Capoulas Santos, Luís　カポウラスサントス, ルイス
　㊀ポルトガル　農業・森林・地域開発相　㊁カポウラス・サントス, ルイス
Cappaert, Jeroen　カペール, ユーリン
　SPIRE GLOBAL共同創業者
Cappai, Manuel　カッパイ, マヌエル
　㊀イタリア　ボクシング選手
Capparell, Stephanie　キャパレル, ステファニー
　㊃「シャクルトン」PHP研究所　2001
Cappella, Joseph N.　カペラ, J.N.
　㊃「政治報道とシニシズム」ミネルヴァ書房　2005
Cappelli, Gari　カッペッリ, ガリ
　㊀クロアチア　観光相
Cappelli, Peter　カペッリ, ピーター
　㊁キャペリ, ピーター　㊃「インド・ウェイ飛躍の経営」英治出版　2011
Cappellini, Anna　カッペリーニ
　㊀イタリア　フィギュアスケート選手
Cappellino, Neal　カッペリーノ, ニール
　グラミー賞 最優秀録音技術アルバム（クラシック以外）（2011年（第54回））"Paper Airplane"　エンジニア
Cappello, Dominic　カペーロ, ドミニク
　㊃「大人の入口に立った子供をつまずかせないための10の方法」ヴォイス　2001
Cappello, Frank　カペロ, フランク
　㊃「コンスタンティン」竹書房　2005
Capps, Carter　キャップス, カーター
　㊀アメリカ　野球選手
Capps, Ronald Everett　キャップス, ロナルド・エヴェレット
　㊀アメリカ　作家　文学　㊁キャップス, ロナルドエベレット
　㊃「ママの遺したラヴソング」角川書店, 角川グループパブリッシング（発売）　2007
Cappy Harada　キャピー原田
　1921～2010　㊀アメリカ　戦後のプロ野球復興に貢献し, 2リーグ制導入を提唱　連合国軍総司令部経済科学局長副官, 読売巨人軍国際担当　本名＝原田恒男（ハラダ・ツネオ）
Capra, Fritjof　カプラ, フリッチョフ
　㊃「レオナルド・ダ・ヴィンチの手稿を解読する」一灯舎　2016
Capra, Greg　カプラ, グレッグ
　㊃「デイトレード」日経BP社, 日経BP出版センター（発売）　2002
Capra, Nick　カプラ, ニック
　㊀アメリカ　シカゴ・ホワイトソックスコーチ
Caprai, Luca　カプライ, ルカ
　1966～　㊀イタリア　実業家　クルチアーニCEO
Caprari, Gianluca　カプラーリ, ジャンルカ
　㊀イタリア　サッカー選手
Capretti, Elena　カプレッティ, エレーナ
　㊃「イタリア巨匠美術館」西村書店東京出版編集部　2011
Caprez, Andrea　カプレッツ, アンドレア
　1954～　㊃「スヴェン」メディカルレビュー社　2007
Capriati, Jennifer　カプリアティ, ジェニファー
　1976～　㊀アメリカ　元テニス選手　本名＝Capriati, Jennifer Maria
Caprio, Mark　カプリオ, マーク
　㊃「アジア太平洋地域における平和構築」大学教育出版　2007
Capriolo, Edward　カプリオーロ, エドワード
　㊃「プログラミングHive」オライリー・ジャパン, オーム社（発売）　2013
Caprioriu, Corina　カプリオリウ, コリナ
　㊀ルーマニア　柔道選手　㊁カプリイオリウ
Captain Beefheart　キャプテン・ビーフハート
　1941～2010　㊀アメリカ　ミュージシャン　本名＝バン・ブリート, ドン〈Van Vliet, Don〉　㊁ヴァン・ブリート, ドン
Captan, Monie　キャプタン, モニー
　㊀リベリア　外相

Captari, Dumitru カプタリ, ドゥミトル
[国]ルーマニア 重量挙げ選手
Capuana, Luigi カプアーナ, ルイジ
[著]「名作短編で学ぶイタリア語」 ベレ出版 2014
Capuano, Marco カプアーノ, マルコ
[国]イタリア サッカー選手
Capucilli, Alyssa Satin カプチーリ, アリサ・サテン
1957～ [著]「パパとふたりで」 ポプラ社 2004
Capuçon, Gautier カプソン, ゴーティエ
1981～ [国]フランス チェロ奏者
Capuçon, Renaud カプソン, ルノー
1976～ [国]フランス バイオリニスト
Capullo, Greg カプロ, グレッグ
[著]「バットマン：エンドゲーム」 小学館集英社プロダクション 2016
Capurso, Marta カプルソ
[国]イタリア ショートトラック選手
Capus, Alex カピュ, アレックス
1961～ [国]スイス 作家 [専]フィクション
Caputo, John D. カプート, ジョン・D.
[著]「デリダとの対話」 法政大学出版局 2004
Caputo, Mike カプート, マイク
[国]アメリカ アメフト選手
Caputo, Robert カプート, ロバート
1949～ [著]「ナショナルジオグラフィックプロの撮り方デジタルカメラ」 日経ナショナルジオグラフィック社, 日経BP出版センター(発売) 2007
Capuzzo, Michael カプーゾ, マイケル
1957～ [著]「未解決事件(コールド・ケース)」 柏書房 2011
Caraballo Cabrera, Erwin Jose カラバジョカブレラ, エルウィン
[国]ベネズエラ レスリング選手
Carabin, Ioana G. キャラビン, イオアナ・G.
[著]「食品の機能性表示と世界のレギュレーション」 薬事日報社 2015
Carama, Amedi カラマ, アムディ
[国]モーリタニア 財務相
Carambula Raurich, Adrian Ignacio カランブララウリク, アドリアンイグナチョ
[国]イタリア ビーチバレー選手
Caramitru, Ion カラミトル, イオン
[国]ルーマニア 俳優,「イ・レ・カラジャーレ」ブカレスト国立劇場支配人, 元・文化大臣
Caranobe, Benoit カラノベ
[国]フランス 体操選手
Carascalão, Manuel Viegas カラスカラオ, マヌエル
1933～2009 [国]東ティモール 政治家 東ティモール民族抵抗評議会(CNRT)総裁
Caratini, Victor カラティーニ, ビクター
[国]プエルトリコ 野球選手
Carax, Leos カラックス, レオス
1960～ [国]フランス 映画監督 本名＝デュポン, アレックス
Carazo, Rodrigo カラソ, ロドリゴ
1926～2009 [国]コスタリカ 政治家 コスタリカ大統領 本名＝カラソ・オディオ, ロドリゴ〈Carazo Odio, Rodrigo〉 [異]カラゾ, ロドリゴ
Carballo, María Elena カルバジョ, マリア・エレナ
[国]コスタリカ 文化・青年・スポーツ相
Carbasse, Jean-Marie カルバス, ジャン＝マリ
[著]「死刑制度の歴史」 白水社 2006
Carbaugh, John E., Jr. カーボー, ジョン, Jr.
1945～2006 [国]アメリカ 弁護士, ロビイスト マディソン・グループ代表
Carbeck, Hank カーベック, ハンク
[著]「Windows 2000 network」 翔泳社 2001
Carbone, Elisa Lynn カーボーン, エリーサ
[著]「ほんとがいちばん?!」 文研出版 2003
Carbone, Fernando カルボネ, フェルナンド
[国]ペルー 保健相
Carbonell, Ona カルボネル, オナ
[国]スペイン 水泳選手 [異]カルボネル
Carbonero, Carios カルボネーロ, カルロス
[国]コロンビア サッカー選手
Carcano, Luana カルカノ, ルアナ
[著]「ラグジュアリー時計ブランドのマネジメント」 Kadokawa 2015
Carcasses Kalosil, Moana カルカサスカロシル, モアナ
[国]バヌアツ 財務・経済企画相 [異]カルカセス, モアナ
Carcaterra, Lorenzo カルカテラ, ロレンゾ
1954～ [著]「ストリート・ボーイズ」 新潮社 2004
Carcela-gonsalez, Mehdi カルセラ・ゴンサレス, メフティ
[国]モロッコ サッカー選手
Carcelle, Yves カルセル, イヴ
1948～2014 [国]フランス 実業家 ルイ・ヴィトン会長・CEO [異]カルセル, イブ
Card, Andrew カード, アンドルー
1947～ [国]アメリカ 政治家, 実業家 米国大統領首席補佐官, 米国運輸長官, ゼネラル・モーターズ(GM)副社長 別名＝Card, Andy [異]カード, アンドリュー
Card, Gary カード, ゲイリー
[著]「クリエイティブスペース」 グラフィック社 2011
Card, Melanie カード, メラニー
[国]アメリカ 作家 [専]ヤングアダルト, ファンタジー
Card, Orson Scott カード, オースン・スコット
1951～ [国]アメリカ SF作家 [異]カード, オースン・スコット
Cardama, María Placer カルダマ, マリア・プラセール
[国]ベネズエラ 在ベネズエラ日本国大使館現地職員
Cardenal, Juan Pablo カルデナル, フアン・パブロ
1968～ [著]「進撃の華人」 講談社 2014
Cardenal, Luis カルデナル, ルイス
[国]エルサルバドル 観光相
Cárdenas, Mauricio カルデナス, マウリシオ
[国]コロンビア 財務相
Cardenas, Miguel カルデナス, ミゲル
[国]パナマ 住宅相
Cárdenas Jiménez, Alberto カルデナス・ヒメネス, アルベルト
[国]メキシコ 農業・牧畜・農村開発・漁業・食料相
Cárdenas Santa María, Mauricio カルデナス・サンタ・マリア, マウリシオ
[国]コロンビア 財務相 [異]カルデナス・サンタマリア, マウリシオ
Carder, Tank カーダー, タンク
[国]アメリカ アメフト選手
Cardiff, Jack カーディフ, ジャック
1914～2009 [国]イギリス 映画撮影監督, 映画監督
Cardiff, Janet カーディフ, ジャネット
1957～ [国]カナダ 現代美術家
Cardillo, Joseph カルディロ, ジョセフ
1951～ [著]「水のごとくあれ！」 BABジャパン 2015
Cardillo, Linda カルディロ, リンダ
[著]「運命を旅して」 ハーレクイン 2007
Cardin, Pierre カルダン, ピエール
1922～ [国]フランス ファッションデザイナー, 実業家 ピエール・カルダン社長, エスパス・ピエール・カルダン劇場ディレクター
Cardinal, Catherine カーディナル, キャサリン
[著]「あなたの恋愛が続かない10の理由」 草思社 2001
Cardinal, Louis カーディナル, ルイス
[著]「建築記録アーカイブズ管理入門」 書肆ノワール 2006
Cardinale, Claudia カルディナーレ, クラウディア
1939～ [国]イタリア 女優
Cardinale, Salvatore カルディナレ, サルバトレ
[国]イタリア 郵政・通信相
Cardinell, Cassandra カーディネル
[国]アメリカ 飛び込み選手
Cardon, Dominique カルドン, ドミニク
1965～ [著]「インターネット・デモクラシー」 トランスビュー 2012
Cardon, Laurent カルドン, ローレン
[著]「ワニと7わのアヒルのこ」 ワールドライブラリー 2015
Cardona, Christian カルドーナ, クリスティアン
[国]マルタ 経済・投資・小企業相
Cardona, Joe カードナ, ジョー
[国]アメリカ アメフト選手
Cardona, Jose カルドーナ, ホセ
[著]「ティアラはどこ？」 大日本絵画 〔2015〕
Cardona, Manuel カルドナ, マニュエル
1934～2014 [国]スペイン 物理学者 マックス・プランク固体研究所名誉所長 本名＝Cardona Castro, Manuel
Cardona, Marcel カルドナ, マルセル
[国]ベリーズ 青年・スポーツ・文化相
Cardona, Maria Celeste カルドナ, マリア・セレステ
[国]ポルトガル 法相

Cardona, Phillipe　カルドナ, フィリップ
　著「プリンセスまほうのちから」大日本絵画　2003
Cardona, Ricardo　カルドナ, リカルド
　国ホンジュラス　社会開発相
Cardona Gutiérrez, Germán　カルドナ・グティエレス, ヘルマン
　国コロンビア　運輸相
Cardoso, Alberto　カルドゾ, アウベルト
　国ブラジル　大統領府安全保障室長
Cardoso, Boaventura　カルドゾ, ボアベントゥラ
　国アンゴラ　文化相
Cardoso, Fernando Henrique　カルドゾ, フェルナンド・エンリケ
　1931〜　国ブラジル　政治家,社会学者　ブラウン大学教授　ブラジル大統領　旧カルドーゾ, フェルナンド
Cardoso, Higino　カルドゾ, ヒギノ
　国ギニアビサウ　エネルギー・天然資源相
Cardoso, Ruth　カルドゾ, ルチ
　1930〜2008　国ブラジル　人類学者　サンパウロ州立大学教授　本名＝Cardoso, Ruth Vilaça Corrêa Leite
Cardoso, Santina　カルドゾ, サンティナ
　国東ティモール　財務相
Cardozo, José Eduardo　カルドゾ, ジョゼ・エドゥアルド
　国ブラジル　法相
Cardozo Jiménez, Enzo　カルドソ・ヒメネス, エンソ
　国パラグアイ　農牧相
Cardwell, Don　カードウェル, ドン
　1935〜2008　国アメリカ　野球選手　本名₁＝Cardwell, Donald Eugene
Cardwell, Nancy　カードウェル, ナンシー
　著「リーダーシップ・サイクル」東洋経済新報社　2004
Care, Danny　ケア, ダニー
　国イングランド　ラグビー選手
Care, Esther　ケア, エスター
　著「21世紀型スキル」北大路書房　2014
Carell, Steve　カレル, スティーブ
　1962〜　国アメリカ　俳優　旧カレル, スティーヴ
Carelse, Bernadette　ケアルス, バーナデット
　著「おやすみ、ちいさなこ」竹書房　2016
Carême, Maurice　カレーム, モリス
　著「お母さんにあげたい花がある」清流出版　2007
Carew, David　カルー, デービッド
　国シエラレオネ　財務・開発相
Carew, Francis M.　カルー, フランシス・M.
　国シエラレオネ　法相兼検事総長
Carey, Andy　カーリー, アンディ
　1931〜2011　国アメリカ　野球選手　本名＝Hexem, Andrew Arthur
Carey, Benedict　キャリー, ベネディクト
　著「脳が認める勉強法」ダイヤモンド社　2015
Carey, David Leonard　キャリー, デビッド
　1952〜　著「ブラックストーン」東洋経済新報社　2011
Carey, Dennis C.　ケアリー, デニス
　旧ケアリー, デニス・C.　著「取締役会の仕事」日経BP社, 日経BPマーケティング（発売）　2014
Carey, Diane　ケアリー, ダイアン
　著「エンタープライズ発進せよ！」早川書房　2002
Carey, Don　キャリー, ドン
　国アメリカ　アメフト選手
Carey, Edward　ケアリー, エドワード
　1970〜　著「堆塵館」東京創元社　2016
Carey, Frances　ケアリー, フランシス
　著「〈図説〉樹木の文化史」柊風舎　2016
Carey, Harry, Jr.　ケーリー, ハリー, Jr.
　1921〜2012　国アメリカ　俳優　旧ケアリー, ハリー／ケリー, ハリー
Carey, Hugh　ケアリー, ヒュー
　1919〜2011　国アメリカ　政治家　ニューヨーク州知事, 米国下院議員（民主党）　本名＝Carey, Hugh Leo　旧ケーリー, ヒュー
Carey, Jacqueline　ケアリー, ジャクリーン
　1964〜　国アメリカ　作家　ファンタジー, ロマンス
Carey, James O.　ケアリー, ジェイムズ・O.
　著「はじめてのインストラクショナルデザイン」ピアソン・エデュケーション　2004
Carey, James R.　キャレイ, ジェームズ・R.
　著「老化の生命科学」アークメディア　2007
Carey, James W.　ケアリー, ジェームス・W.
　著「アメリカ・コミュニケーション研究の源流」春風社　2005
Carey, Janet Lee　ケアリー, ジャネット・リー
　国アメリカ　作家, ミュージシャン　ヤングアダルト, 児童書　旧ケアリー, J.L.
Carey, Ka'Deem　キャリー, カディーム
　国アメリカ　アメフト選手
Carey, Lois J.　キャリィ, L.J.
　著「学校ベースのプレイセラピー」北大路書房　2004
Carey, Lou　ケアリー, ルー
　著「はじめてのインストラクショナルデザイン」ピアソン・エデュケーション　2004
Carey, Maggie　ケアリー, マギー
　著「ナラティヴ・セラピーみんなのQ&A」金剛出版　2006
Carey, Mariah　キャリー, マライア
　1970〜　国アメリカ　歌手　旧ケアリー, マライア
Carey, M.R.　ケアリー, M.R.
　1959〜　著「パンドラの少女」東京創元社　2016
Carey, Nessa　キャリー, ネッサ
　著「ジャンクDNA」丸善出版　2016
Carey, Pat　キャリー, パット
　国アイルランド　コミュニティー・平等・ゲール語圏・運輸・通信・エネルギー・天然資源相
Carey, Peter Philip　ケアリー, ピーター
　1943〜　国オーストラリア　作家
Carey, Suzanne　キャレイ, スザンナ
　著「ドクターに片思い」ハーレクイン　2006
Carey, Thomas J.　キャリー, トマス
　1940〜　著「ロズウェルにUFOが墜落した」学研パブリッシング, 学研マーケティング（発売）　2010
Carey, Vincent J.　ケアリー, V.J.
　著「RとBioconductorを用いたバイオインフォマティクス」シュプリンガー・ジャパン　2007
Carey Ernestine, Gilbreth　ケアリー, アーネスティン・ギルブレス
　1908〜2006　国アメリカ　作家
Carfagna, Mara　カルファーニャ, マーラ
　1975〜　国イタリア　政治家　イタリア機会均等担当相
Carfantan, Jean Yves　カルファンタン, ジャン＝イヴ
　1948〜　著「世界食糧ショック」NTT出版　2009
Cargill, Peter　カーギル, ピーター
　1964〜2005　国ジャマイカ　サッカー選手
Cargill, Thomas F.　カーギル, トーマス
　1942〜　著「金融政策の政治経済学」東洋経済新報社　2002
Carhart, Thaddeus　カーハート, T.E.
　著「パリ左岸のピアノ工房」新潮社　2001
Carías, Durval　カリアス, ドルバル
　国グアテマラ　財務相
Carias, Euda　カリアス
　国グアテマラ　テコンドー選手
Carignani, Paolo　カリニャーニ, パオロ
　1961〜　国イタリア　指揮者　フランクフルト歌劇場音楽総監督
Carini, Patricia F.　カリーニ, パトリシア
　著「描写レヴューで教師の力量を形成する」ミネルヴァ書房　2002
Cariolato, Alfonso　カリオラート, アルフォンソ
　1963〜　著「神の身振り」水声社　2013
Carion, Christian　カリオン, クリスチャン
　著「戦場のアリア」竹書房　2006
Cariou, A.　カリウ, アンドレ
　著「ブルターニュの海と空」読売新聞社　c2001
Cariou, Marie　カリウ, マリー
　著「ベルクソンとバシュラール」法政大学出版局　2005
Carius, Otto　カリウス, オットー
　1922〜2015　国ドイツ　軍人　ドイツ陸軍戦車長
Carl, Joanna　カール, ジョアンナ
　著「チョコ猫で町は大騒ぎ」ヴィレッジブックス　2005
Carl, Klaus H.　カール, クラウス・H.
　著「世界の素描1000の偉業」二玄社　2015
Carl, William J., Jr.　カール, W.J., Jr.
　著「恵みにあふれて」日本基督教団出版局　2001
Carl XVI　カール16世
　1946〜　国スウェーデン　国王　スウェーデン国王　カール16世グスタフ, 別称＝グスタフ7世〈Gustaf Ⅶ〉
Carlat, Daniel J.　カラット, ダニエル・J.
　著「精神科面接マニュアル」メディカル・サイエンス・インター

ナショナル 2013
Carle, Eric カール, エリック
1929〜 🏳アメリカ 絵本作家
Carle, Shane カール, シェーン
🏳アメリカ 野球選手
Carleen, Sally カーリーン, サリー
著「王家のロマンス」ハーレクイン 2003
Carlen, John カーレン, ジョン
訳「ソニー」竹書房 2004
Carles, Eduardo Enrique カルレス, エドゥアルド・エンリケ
🏳パナマ 農牧開発相
Carles, Luis Ernesto カルレス, ルイス・エルネスト
🏳パナマ 労働開発相
Carlescu-badea, Laura バデア, カルレスク
🏳ルーマニア フェンシング選手
Carles Gil カルレス・ヒル
🏳スペイン サッカー選手
Carleson, J.C. カールソン, J.C.
著「CIA諜報員が駆使するテクニックはビジネスに応用できる」東洋経済新報社 2014
Carleson, Lennart カルレソン, レオナルト
🏳スウェーデン アーベル賞(2006年)
Carletti, Luigi カルレッティ, ルイージ
1960〜 著「スーパーノート」河出書房新社 2015
Carlevaro, Abel カルレバーロ, アベル
1918〜2001 🏳ウルグアイ ギタリスト, 作曲家
Carley, Kathleen M. カーリー, キャスリーン・M.
著「ディジタル・エコノミーを制する知恵」東洋経済新報社 2002
Carlgren, Andreas カールグレン, アンドレアス
🏳スウェーデン 環境相
Carlin, George カーリン, ジョージ
1937〜2008 🏳アメリカ コメディアン, ミュージシャン
Carlin, Jazz カーリン, ジャズ
🏳イギリス 水泳選手
Carlin, John カーリン, ジョン
1956〜 著「二人のマンデラ」潮出版社 2014
Carlin, John W. カーリン, ジョン・W.
著「入門・アーカイブズの世界」日外アソシエーツ 2006
Carlin, Laura カーリン, ローラ
著「ローラとつくるあなたのせかい」BL出版 2016
Carlin, Peter Ames カーリン, ピーター・エイムズ
著「ブルース・スプリングスティーン」アスペクト 2013
Carlin, Robert カーリン, ロバート
1947〜 著「二つのコリア」共同通信社 2015
Carline, Jan D. カーリン, ジャン・D.
著「山でのファーストエイド」山洋社 2002
Carliner, Saul カーライナー, サウル
著「研修プログラム開発の基本」ヒューマンバリュー 2013
Carlis, Zamir カーリス, ザミール
🏳アメリカ アメフト選手
Carlisle, Amir カーリスリー, アミアー
🏳アメリカ アメフト選手
Carlisle, Bill カーライル, ビル
1908〜2003 🏳アメリカ カントリー歌手 本名=カーライル, ウィリアム〈Carlisle, William〉
Carlisle, James B. カーライル, ジェームズ・B.
🏳アンティグア・バーブーダ 総督
Carlisle, Kate カーライル, ケイト
1951〜 著「危険な恋人契約」ハーパーコリンズ・ジャパン 2016
Carlisle, Liz カーライル, リズ
著「豆農家の大革命」築地書館 2016
Carlisle, Rick カーライル, リック
🏳アメリカ ダラス・マーベリックスヘッドコーチ(バスケットボール)
Carlo, George Louis カーロ, ジョージ
著「携帯電話」集英社 2001
Carlock, Randel S. カーロック, ランデル
1948〜 著「ファミリービジネス最良の法則」ファーストプレス 2015
Carlon, Patricia カーロン, パトリシア
1927〜 著「雨が降りつづく夜」扶桑社 2003
Carlos, Bun E. カルロス, バーニー
🏳アメリカ ロック・ドラマー
Carlos, Roberto カルロス, ロベルト
1973〜 著「ちいさくても大丈夫」集英社 2007

Carlos Fernandez カルロス・フェルナンデス
🏳スペイン サッカー選手
Carlos Hugo, Duke of Perma and Piacenza カルロス・ウーゴ公
1930〜2010 ブルボン・パルマ家当主
Carlos Martinez カルロス・マルティネス
🏳スペイン サッカー選手
Carlos Sanchez カルロス・サンチェス
🏳コロンビア サッカー選手
Carlos Soler カルロス・ソレール
🏳スペイン サッカー選手
Carlot, Alfred カルロット, アルフレド
🏳バヌアツ 法務・社会福祉相
Carlow, Emma カーロウ, エマ
著「キティひめのへんてこなドレス」徳間書店 2009
Carlowicz, Michael J. カーロヴィッツ, マイケル
1969〜 著「月の歩きかた」二見書房 2008
Carlsen, Magnus カールセン, マグナス
🏳ノルウェー チェス棋士
Carlson, Barbara Z. カールソン, バーバラ・Z.
著「家族の時間」講談社 2005
Carlson, Bruce M. カールソン, B.M.
著「カールソン人体発生学」西村書店 2002
Carlson, Curtis Ray カールソン, カーティス・R.
著「イノベーション5つの原則」ダイヤモンド社 2012
Carlson, David A. カールソン, デビッド
著「UMLによるXMLアプリケーションモデリング」ピアソン・エデュケーション 2002
Carlson, Ed カールソン, エド
1959〜 著「相場の黄金ルール」パンローリング 2012
Carlson, Jeff カールソン, ジェフ
1969〜 🏳アメリカ 作家 🏳SF
Carlson, Jon カールソン, ジョン
著「ダイニングテーブルのミイラ セラピストが語る奇妙な臨床事例」福村出版 2011
Carlson, Karen K. カールソン, キャレン・K.
著「AACN(米国クリティカルケア看護師協会)クリティカルケア看護マニュアル」エルゼビア・ジャパン 2007
Carlson, Kristine カールソン, クリスティーン
1963〜 🏳カールソン, クリスティン 著「君に贈る最後の手紙」日本実業出版社 2009
Carlson, Lucas カールソン, ルーカス
著「Rubyクックブック」オライリー・ジャパン, オーム社(発売) 2007
Carlson, Matthew カールソン, マシュー
1972〜 著「アジアの政治と民主主義」西村書店 2008
Carlson, Melody カールソン, メロディー
著「クリスマス・バス」バベルプレス 2009
Carlson, Nancy L. カールソン, ナンシー
著「わたしとなかよし」瑞雲舎 2007
Carlson, Natalie Savage カールソン, ナタリー=サベッジ
著「橋の下のこどもたち」フェリシモ, [神戸] フェリシモ出版(発売) 2002
Carlson, Neil R. カールソン, N.R.
著「カールソン神経科学テキスト」丸善出版 2013
Carlson, Nicholas カールソン, ニコラス
著「FAILING FAST」KADOKAWA 2015
Carlson, Richard カールソン, リチャード
1961〜 🏳アメリカ セラピスト, 心理学者
Carlson, Sam カールソン, サム
🏳アメリカ アメフト選手
Carlson, Stephan C. カールソン, S.C.
著「曲面・結び目・多様体のトポロジー」培風館 2003
Carlson, Timothy H. カールソン, ティモシー・H.
著「食品・栄養・食事療法事典」産調出版, 産業調査会(発売) 2006
Carlsson, Arvid カールソン, アーヴィド
1923〜 🏳スウェーデン 薬理学者 イェーテボリ大学名誉教授 🏳神経精神薬理学 🏳カールソン, アービド
Carlsson, Gunilla カールソン, グニラ
🏳スウェーデン 国際開発協力担当相
Carlsson, Gunnar E. カールソン, G.E.
著「インプラント評価基準の新しいコンセンサス」クインテッセンス出版 2001
Carlstrom, Nancy White カールストロム, ナンシー・ホワイト
1948〜 著「カンジキウサギは白夜におどる」新樹社 2006

Carlton, Larry　カールトン，ラリー
　1948〜　 Ⓝアメリカ　ジャズ・ギタリスト　本名＝カールトン，ラリー・ユージン〈Carlton, Larry Eugene〉
Carlton, Vanessa　カールトン，バネッサ
　1980〜　Ⓝアメリカ　シンガー・ソングライター
Carlyle, Liz　カーライル，リズ
　Ⓝアメリカ　作家　Ⓢロマンス
Carlyle, Marie-Claire　カーライル，マリー＝クレール
　Ⓦ「お金はこうして引き寄せる」日本文芸社　2013
Carlyle, Robert　カーライル，ロバート
　1961〜　Ⓝイギリス　俳優
Carlyle, Warren　カーライル，ウォーレン
　トニー賞 ミュージカル 振付賞（2014年（第68回））　"After Midnight"
Carlyon, Julian　カーライオン，ジュリアン
　Ⓦ「ホメオパシーの哲学」春秋社　2008
Carman, Patrick　カーマン，パトリック
　Ⓝアメリカ　作家　Ⓢヤングアダルト，児童書
Carmel Sou, Ngarbatina　カルメルス，ヌガルバティナ
　Ⓝチャド　保健相
Carmi, Daniella　カルミ，ダニエラ
　Ⓦ「六号病室のなかまたち」さ・え・ら書房　2001
Carmi, Eugenio　カルミ，エウジェニオ
　1920〜　Ⓦ「ニュウの星のノームたち」六耀社　2016
Carmi, Tali　カーミ，タリ
　Ⓦ「テリー・ツリートップあたらしいおともだちをみつける」〔Tali Carmi〕　c2015
Carmichael, Alistair　カーマイケル，アリステア
　Ⓝイギリス　スコットランド相
Carmichael, Chris　カーマイケル，クリス
　1960〜　Ⓦ「ミラクルトレーニング」未知谷　2002
Carmichael, Clay　カーミッシェル，クレイ
　Ⓦ「さびしいくま」BL出版　2004
Carmichael, Emily　カーマイケル，エミリー
　Ⓦ「恋は天から舞いおりて」宙出版　2009
Carmichael, Jesse　カーマイケル，ジェシー
　Ⓝアメリカ　ミュージシャン
Carmichael, John　カーマイケル，ジョン
　Ⓝスワジランド　教育相
Carmichael, Liz　カーマイケル，リズ
　Ⓦ「キリスト教のスピリチュアリティ」新教出版社　2006
Carmichael, Pete　カーマイケル，ピート
　Ⓝアメリカ　ニューオーリンズ・セインツコーチ
Carmichael, Rachel　カーマイケル，レイチェル
　Ⓦ「Oracle 9i PL/SQLスクリプトライブラリ」翔泳社　2004
Carmignola, Giuliano　カルミニョーラ，ジュリアーノ
　1951〜　Ⓝイタリア　バイオリニスト　ベニス・バロック・オーケストラ（VBO）独奏バイオリニスト
Carminati, Marco　カルミナーティ，マルコ
　1961〜　Ⓦ「ピエロ・デッラ・フランチェスカ」西村書店東京出版編集部　2016
Carminati Molina, Emanuele　カルミナーティモリーナ，エマヌエーレ
　1952〜　Ⓝイタリア　実業家　ヴァレクストラ・オーナー
Carmody, Isobelle　カーモディー，イゾベル
　Ⓦ「ミスフィットの秘密」小学館　2007
Carmona, Adriana　カルモナ
　Ⓝベネズエラ　テコンドー選手
Carmona, Anthony　カルモナ，アンソニー
　1953〜　Ⓝトリニダード・トバゴ　政治家，法律家　トリニダード・トバゴ大統領　本名＝Carmona, Anthony Thomas Aquinas
Carmona, Carlos　カルモナ，カルロス
　Ⓝチリ　サッカー選手
Carmona Heredia, Samuel　カルモナエレディア，サミュエル
　Ⓝスペイン　ボクシング選手
Carnap, Rudolf　カルナップ，ルドルフ
　Ⓦ「論理的構文論：哲学する方法」晃洋書房　2007
Carneiro, Francisco Higino Lopes　カルネイロ，フランシスコ・イジーノ・ロペス
　Ⓝアンゴラ　公共事業相　Ⓔカルネイロ，フランシスコ・イジノ
Carnes, Bruce A.　カーンズ，ブルース・A.
　Ⓦ「長生きするヒトはどこが違うか？」春秋社　2002
Carnes, Patrick　カーンズ，パトリック
　1944〜　Ⓦ「「問題社員」の管理術」ダイヤモンド社　2007
Carnesi, Mônica　カルネシ，モニカ
　Ⓦ「バルト」徳間書店　2014

Carney, Art　カーニー，アート
　1918〜2003　Ⓝアメリカ　俳優
Carney, Colleen　カーニィ，コリーン・E.
　Ⓦ「不眠症の認知行動療法」日本評論社　2009
Carney, Elizabeth　カーニー，エリザベス
　1981〜　Ⓦ「チーター」ほるぷ出版　2012
Carney, John　カーニー，ジョン
　1970〜　Ⓝアイルランド　映画監督
Carney, Mark　カーニー，マーク
　1965〜　Ⓝカナダ　銀行家　イングランド銀行（BOE）総裁　カナダ銀行総裁
Carney, Michael　カーニー，マイケル
　アート・ディレクター　グラミー賞 最優秀レコーディング・パッケージ（2010年（第53回））　"Brothers"
Carney, Rodney　カーニー，ロドニー
　Ⓝアメリカ　バスケットボール選手
Carney, Scott　カーニー，スコット
　1978〜　Ⓦ「レッドマーケット」講談社　2012
Carnicero, Susan　カルニセロ，スーザン
　Ⓦ「交渉に使えるCIA流真実を引き出すテクニック」創元社　2015
Čarnogurský, Ján　チャルノグルスキー，ヤーン
　Ⓝスロバキア　法相
Carnot, Nicolas Leonard Sadi　カルノー，サジ
　Ⓔカルノー，サヂ　Ⓦ「カルノー・熱機関の研究」みすず書房　2007
Carnoy, Martin　カーノイ，マーティン
　Ⓦ「グローバリゼーションと教育改革」東信堂　2014
Caro, Anthony　カロ，アンソニー
　1924〜2013　Ⓝイギリス　彫刻家　Ⓔカーロ，アントニー／カロ，アントニー
Caro, Dan　カロ，ダン
　1979〜　Ⓦ「そして生かされた僕にできた、たった1つのこと」ダイヤモンド社　2012
Caro, Isabelle　カロ，イザベル
　1982〜2010　Ⓝフランス　モデル　Ⓔカーロ，イザベル
Caro, Robert A.　カーロ，ロバート・A.
　全米書評家協会賞 伝記（2012年）　"The Passage of Power: The Years of Lyndon Johnson"
Carofiglio, Gianrico　カロフィーリオ，ジャンリーコ
　1961〜　Ⓝイタリア　作家，検察官　Ⓢ文学，フィクション，ミステリーほか
Caro Hinojosa, Elba Viviana　カロ・イノホサ，エルバ・ビビアナ
　Ⓝボリビア　企画開発相
Caroline, Hau　カロライン，ハウ
　Ⓦ「中国は東アジアをどう変えるか」中央公論新社　2012
Carolis, Patrick de　カロリス，パトリック・ド
　1953〜　Ⓦ「私はただあるがままに」扶桑社　2005
Carollo, Jeff　キャローロ，ジェフ
　1982〜　Ⓦ「テストから見えてくるグーグルのソフトウェア開発」日経BP社，日経BPマーケティング（発売）　2013
Carolyn Eve Kanjuro　キャロリン・イヴ・カンジュウロウ
　Ⓦ「異界のものたちと出遭って」アイルランドフューシャ奈良書店　2015
Caron, Ann F.　キャロン，アン
　Ⓦ「息子を一人前の男に育てる母親の心得」ジャパンタイムズ　2001
Caron, Gérard　キャロン，ジェラール
　1938〜　Ⓝフランス　デザイナー　カレ・ノアール社創業者
Caron, Joseph　キャロン，ジョゼフ
　Ⓝカナダ　ジョゼフ・キャロン社代表，マニュライフ・ファイナンシャル社取締役，バンクーバー国際空港社取締役，元・駐日カナダ大使，元・カナダ外務・国際貿易省次官補（アジア太平洋・アフリカ担当）
Caron, Leslie　キャロン，レスリー
　1931〜　Ⓝフランス　女優，ダンサー　本名＝キャロン，レスリー・クレール・マーガレット〈Caron, Leslie Claire Margaret〉
Caron, Romi　キャロン，ロミ
　Ⓦ「どうぶつフムフムずかん」玉川大学出版部　2009
Caron, Samuel R.　カーロン，サミュエル・R.
　Ⓦ「発達障害の子どもたちのための生活ガイド」文芸社　2008
Caroselli, Marlene　カロセリ，マリーン
　Ⓦ「図解初めて部下を持つ人のためのリーダーシップ10のルール」ディスカヴァー・トゥエンティワン　2006
Carothers, Merlin R.　キャロザース，マーリン
　Ⓦ「心にひそむ罪」雲の間にある虹出版　2005

C

Carpaccio, Federico カルパッチョ, フェデリコ
㊎「フェデリコ・カルパッチョの旅は、微笑む。」 光文社 2003
Carpelan, Bo Gustaf Bertelsson カルペラン, ボ
1926～2011 ㊐フィンランド 作家, 詩人 ㊜カルペラン, ボー / カルペラン, ボゥ
Carpenito-Moyet, Lynda Juall カルペニート, リンダ・J.
㊜カルペニート＝モイエ, リンダ・J. ㊎「看護診断ハンドブック」 医学書院 2014
Carpenter, Aaron カーペンター, アーロン
㊐カナダ ラグビー選手
Carpenter, Amanda カーペンター, アマンダ
㊎「気まぐれレディ」 ハーレクイン 2003
Carpenter, Cameron カーペンター, キャメロン
1981～ ㊐アメリカ オルガン奏者
Carpenter, Chris カーペンター, クリス
1975～ ㊐アメリカ 元野球選手 本名＝Carpenter, Christopher John
Carpenter, Christopher R. カーペンター, C.R.
㊎「EBM救急医学」 西村書店 2016
Carpenter, Dan カーペンター, ダン
㊐アメリカ アメフト選手
Carpenter, David カーペンター, デビッド
㊐アメリカ 野球選手
Carpenter, Dona Rinaldi カーペンター, ドナ・リナルディ
㊎「エビデンスに基づく看護学教育」 医学書院 2003
Carpenter, Edmund Snow カーペンター, エドマンド
1922～ ㊎「マクルーハン理論」 平凡社 2003
Carpenter, Gregory S. カーペンター, グレゴリー・S.
㊎「マーケティング戦略論」 ダイヤモンド社 2001
Carpenter, Humphrey カーペンター, ハンフリー
1946～ ㊎「インクリングズ」 河出書房新社 2011
Carpenter, James カーペンター, ジェームス
㊐アメリカ アメフト選手
Carpenter, James Wyman カーペンター, ジェームス・W.
1945～ ㊎「エキゾチックアニマルの治療薬ガイド」 エルゼビア・ジャパン, 緑書房(発売) 2016
Carpenter, Jennifer N. カーペンター, ジェニファー・N.
㊎「金融規制のグランドデザイン」 中央経済社 2011
Carpenter, John カーペンター, ジョン
1948～ ㊐アメリカ 映画監督, 脚本家 本名＝Carpenter, John Howard
Carpenter, John T. カーペンター, ジョン・T.
㊎「天皇の詩歌と消息」 立命館大学21世紀COEプログラム「京都アート・エンタテインメント創成研究」 2006
Carpenter, Judith M. カーペンター, ジュディス
㊎「ボディ＆ソウルの魔を祓うスピリチュアル完全ブック」 ヒカルランド 2012
Carpenter, Kenneth John カーペンター, ケニス・J.
1923～ ㊎「脚気・白米・ビタミンB」 北村二朗 2005
Carpenter, Kim カーペンター, キム
1965～ ㊎「君への誓い」 いのちのことば社 2012
Carpenter, Kip カーペンター
㊐アメリカ スピードスケート選手
Carpenter, Krickitt カーペンター, クリキット
1969～ ㊎「君への誓い」 いのちのことば社 2012
Carpenter, Lea カーペンター, リー
㊐アメリカ 作家 ㊛文学
Carpenter, Matt カーペンター, マット
㊐アメリカ 野球選手
Carpenter, Murray カーペンター, マリー
㊎「カフェインの真実」 白揚社 2016
Carpenter, Nancy カーペンター, ナンシー
㊎「わいわい文庫」 伊藤忠記念財団(製作) 〔2016〕
Carpenter, Phil カーペンター, フィル
1967～ ㊎「eブランド」 ダイヤモンド社 2001
Carpenter, Richard カーペンター, リチャード
1945～ ㊐アメリカ 音楽プロデューサー, 歌手
Carpenter, Scott カーペンター, スコット
1925～2013 ㊐アメリカ 軍人, 宇宙飛行士 本名＝Carpenter, Malcom Scott
Carpenter, Stephanie L. カーペンター, ステファニー・L.
㊎「ステップ式で考えるセルフ・マネージメントの指導」 学苑社 2005
Carpenter, Ted Galen カーペンター, テッド・G.
㊎「2013年、米中戦争勃発す！」 河出書房新社 2007
Carpenter, Teresa カーペンター, テレサ
㊎「せつない献身」 ハーパーコリンズ・ジャパン 2016
Carpenter, Thomas H. カーペンター, T.H.
㊎「図像で読み解くギリシア神話」 人文書院 2013
Carper, Jean カーパー, ジーン
㊐アメリカ 医療ジャーナリスト ㊛栄養学, 衛生学
Carpi, Lúcia カルピ, ルシア
㊎「ブラジルの歴史」 明石書店 2003
Carpo, Daniel カルポ, ダニエル
㊐ルーマニア ラグビー選手
Carpo, Mario カルポ, マリオ
㊎「アルファベットそしてアルゴリズム」 鹿島出版会(発売) 2014
Carpov, Eugen カルポフ, エウジェン
㊐モルドバ 副首相(国家再統合担当)
Carr, Albert H.Zolatkoff カー, アルバート・H.ゾロトコフ
㊎「「幸運の人」になる技術」 成甲書房 2003
Carr, Alistair カー, アリステア
㊐イギリス ファッションデザイナー McQヘッド・デザイナー
Carr, Allen カー, アレン
1934～2006 ㊐イギリス 禁煙活動家
Carr, Amanda カー, アマンダ
㊐タイ 自転車選手
Carr, Bob カー, ボブ
㊐オーストラリア 外相
Carr, Brandon カー, ブランドン
㊐アメリカ アメフト選手
Carr, Caleb カー, ケイレブ
1955～ ㊎「シャーロック・ホームズメアリ女王の個人秘書殺人事件」 学習研究社 2006
Carr, Caroline カー, キャロライン
1955～ ㊎「不安な気持ちをしずめる方法」 PHP研究所 2011
Carr, Charmian カー, シャーミアン
1942～2016 ㊐アメリカ 女優, インテリアデザイナー 本名＝Farnon, Charmian Anne ㊜カー, チャーミャン
Carr, Derek カー, デレック
㊐アメリカ アメフト選手
Carr, Deveron カー, デベロン
㊐アメリカ アメフト選手
Carr, G.Lloyd カー, G.ロイド
㊎「自殺者の遺族として生きる」 新教出版社 2010
Carr, Glyn カー, グリン
1908～2005 ㊎「黒い壁の秘密」 東京創元社 2013
Carr, Gwendolyn C. カー, グウェンドリン・C.
㊎「自殺者の遺族として生きる」 新教出版社 2010
Carr, Henry カー, ヘンリー
1942～2015 ㊐アメリカ 陸上選手, アメフト選手 本名＝Carr, Henry William
Carr, James カー, ジェイムズ
㊎「総統はヒップスター」 共和国 2014
Carr, James E. カー, ジェームズ・E.
㊎「入門・問題行動の機能的アセスメントと介入」 二瓶社 2002
Carr, James Gordon カー, ジェームズ・ゴードン
㊐カナダ 天然資源相
Carr, Johnnie カー, ジョニー
？～2008 ㊐アメリカ 公民権運動家
Carr, Kim カー, キム
㊐オーストラリア 技術革新・産業・科学・研究相
Carr, Kris カー, クリス
㊎「ジュースダイエットをはじめよう！」 JMA・アソシエイツステップワークス事業部 2016
Carr, Lucien カー, ルシアン
1925～2005 ㊐アメリカ ジャーナリスト 「ユナイテッド・プレス・インターナショナル」副編集長
Carr, Margaret カー, マーガレット
1941～ ㊎「保育の場で子どもの学びをアセスメントする」 ひとなる書房 2013
Carr, Nicholas G. カー, ニコラス・G.
1959～ ㊐イギリス 著述家
Carr, Norman カー, ノーマン
㊎「自己評価型病理学ノート」 西村書店東京出版編集部 2011
Carr, Paul カー, ポール
1979～ ㊎「セカンドライフ非公式まるわかりガイド」 徳間書店 2007
Carr, Robert K. カー, ロバート・K.
㊎「ケント脊椎動物の比較解剖学」 緑書房 2015
Carr, Sally カー, サリー
㊎「エグゼクティブ・コーチング」 日本能率協会マネジメントセ

ンター 2005
Carr, Sasha　カー, サッシャ
　㊆「あんしん介護アドバイス」 中央法規出版 2008
Carr, Sean D.　カー, ショーン・D.
　㊆「金融恐慌1907」 東洋経済新報社 2016
Carr, Shelly Dickson　カー, シェリー・ディクソン
　㊇アメリカ　作家　㊈ミステリー, ヤングアダルト　㊄カー, シェリー・ディクソン
Carr, Susanna　カー, スザンナ
　㊆「嘘つきな婚約指輪」 ハーパーコリンズ・ジャパン 2016
Carr, Thomas K.　カー, トーマス・K.
　㊆「株式超短期売買法」 パンローリング 2013
Carr, Tony　カー, トニー
　1950～　㊆「プレミア流サッカー・コーチング」 ランダムハウス講談社 2007
Carr, Viola　カー, ヴィオラ
　㊆「二重人格探偵エリザ」 ハーパーコリンズ・ジャパン 2016
Carrada, Giovanni　カッラーダ, ジョヴァンニ
　1963～　㊆「女でよかった, 男でよかった」 アーティストハウス 2001
Carradine, David　キャラダイン, デービッド
　1936～2009　㊇アメリカ　俳優　本名＝Carradine, John Arthur　㊄キャラダイン, デイヴィッド／キャラダイン, デビッド／キャラディン, デイヴィド
Carradine, Tank　キャラダイン, タンク
　㊇アメリカ　アメフト選手
Carranza, Andreu　カランサ, アンドレウ
　1956～　㊇スペイン　作家, ジャーナリスト　㊈文学
Carranza, Fermin A.　カランザ, F.A.
　㊆「Carranza'sクリニカルペリオドントロジー」 クインテッセンス出版 2005
Carranza, Jorge　カランサ, ホルヘ
　㊇ホンジュラス　公共事業・運輸・住宅相
Carranza, Victor　カランサ, ビクトル
　1935～2013　㊇コロンビア　実業家
Carranza Saroli, Cecilia　カランザサロリ, セシリア
　㊇アルゼンチン　セーリング選手
Carranza Ugarte, Luis　カランサ・ウガルテ, ルイス
　㊇ペルー　経済・財政相
Carrara, Vera　カラーラ
　㊇イタリア　自転車選手
Carrarini, Rose　カッラリーニ, ローズ
　㊆「HOW TO BOIL AN EGG」 アールアンドケーフードサービス, ファイドン（発売） 2014
Carrasco, Carlos　カラスコ, カルロス
　㊇ベネズエラ　野球選手
Carrasco, Carlos Marx　カラスコ, カルロス・マルクス
　㊇エクアドル　労相
Carrasco, Jesús　カラスコ, ヘスス
　1972～　㊆「太陽と痛み」 早川書房 2016
Carrasco, Marta　カラスコ, マルタ
　1939～　㊆「むこう岸には」 ほるぷ出版 2009
Carrasco, Yannick Ferreira　カラスコ, ヤニック・フェレイラ
　㊇ベルギー　サッカー選手
Carrascosa, Ana　カラスコサ
　㊇スペイン　柔道選手
Carrasquel, Chico　カラスケル, チコ
　1928～2005　㊇ベネズエラ　野球選手　本名＝Colon, Alfonso Carrasquel
Carrasquilla Barrera, Alberto　カラスキジャ・バレラ, アルベルト
　㊇コロンビア　財務相
Carrau, Bob　カロウ, ボブ
　㊆「シェ・パニースへようこそ」 京阪神エルマガジン社 2013
Carr-Chellman, Alison A.　カー＝シェルマン, アリソン・A.
　㊆「インストラクショナルデザインの理論とモデル」 北大路書房 2016
Carre, Cyrille　カレ, シリル
　㊇フランス　カヌー選手
Carré, Guillaume　カレ, ギヨーム
　㊆「伝統都市を比較する」 山川出版社 2011
Carré, Isabelle　カレ, イザベル
　セザール賞 主演女優賞（第28回（2002年））　"Se souvenir des belles choses"
Carrell, Jennifer Lee　キャレル, ジェニファー・リー
　1962～　㊇アメリカ　作家　㊈歴史, ミステリー
Carreño, José Manuel　カレーニョ, ホセ・マヌエル
　1968～　㊇キューバ　バレエダンサー　バレエ・サンノゼ芸術監督　アメリカン・バレエ・シアター（ABT）プリンシパル　㊄カレーニョ, ホセ
Carreño, Pedro　カレニョ, ペドロ
　㊇ベネズエラ　内務・法務相
Carreno King, Tania　カレニョ＝キング, タニア
　㊆「メキシコの歴史」 明石書店 2009
Carrer, Chiara　カッレル, キアラ
　㊆「エステバンとカブトムシ」 BL出版 2014
Carrera, Ezequiel　カレラ, イゼキエル
　㊇ベネズエラ　野球選手
Carrera, Pablo　カレラ, パブロ
　㊇スペイン　射撃選手　㊄カレラ
Carreras, Genís　カレーラス, ジェニス
　1987～　㊆「フィログラフィックス」 フィルムアート社 2015
Carreras, José　カレーラス, ホセ
　1946～　㊇スペイン　テノール歌手　本名＝カレーラス, ホセ・マリア〈Carreras, José María〉　㊄カレラス, ホセ
Carrère, Emmanuel　キャレール, エマニュエル
　1957～　㊄カレール, エマニュエル　㊆「リモノフ」 中央公論新社 2016
Carrere, Tia　カレル, ティア
　グラミー賞 最優秀ハワイアン・ミュージック・アルバム（2010年（第53回））ほか
Carrère d'Encausse, Hélène　カレール・ダンコース, エレーヌ
　1929～　㊇フランス　歴史学者　㊈ロシア政治史, ロシア外交政策
Carrethers, Ryan　カレサース, ライアン
　㊇アメリカ　アメフト選手
Carrey, Jim　キャリー, ジム
　1962～　㊇アメリカ　俳優　本名＝キャリー, ジェームズ・ユージーン〈Carrey, James Eugene〉
Carr-Gomm, Philip　カー＝ゴム, フィリップ
　㊆「「裸」の文化史」 河出書房新社 2012
Carr-Gomm, Sarah　カー＝ゴム, サラ
　㊆「西洋美術鑑賞解読図鑑」 東洋書林 2004
Carr-Gregg, Michel　カー＝グレッグ, マイケル
　㊆「思春期という時限爆弾」 オープンナレッジ 2006
Carr-Hill, Micah　カー＝ヒル, ミカ
　㊆「究極のチョコレートレシピ」 ガイアブックス, 産調出版（発売） 2012
Carrick, Michael　キャリック, マイケル
　1981～　㊇イギリス　サッカー選手
Carrico, Daniel　カリーソ, ダニエル
　㊇ポルトガル　サッカー選手
Carrie, Allan　カリー, アラン
　㊆「業績評価の理論と実務」 東洋経済新報社 2004
Carrié, Jean　カリエ, ジャン
　1922～　㊆「石油の歴史」 白水社 2006
Carrie, T.J.　キャリー, T.J.
　㊇アメリカ　アメフト選手
Carrier, Chubby　キャリア, チャビー
　グラミー賞 最優秀ザディコ, ケイジャン・ミュージック・アルバム（2010年（第53回））　"Zydeco Junkie"
Carrier, Derek　キャリア, デレック
　㊇アメリカ　アメフト選手
Carrier, James　キャリア, ジェイムズ
　㊆「ベリーのデザート・ブック」 フレックス・ファーム 2008
Carrier, L.Mark　キャリア, L.マーク
　㊆「毒になるテクノロジー」 東洋経済新報社 2012
Carrière, Beate　カリエール, B.
　1943～　㊆「スイスボール」 シュプリンガー・フェアラーク東京 2003
Carrière, Jean-Claude　カリエール, ジャン・クロード
　1931～　㊇フランス　脚本家
Carrigan, Sara　キャリガン
　㊇オーストラリア　自転車選手
Carriger, Gail　キャリガー, ゲイル
　㊇アメリカ　作家　㊈SF, ファンタジー
Carril, Pete　キャリル, ピート
　㊆「賢者は強者に優る」 晃洋書房 2011
Carrillo, Andre　カリージョ, アンドレ
　㊇ペルー　サッカー選手
Carrillo, Edna　カリージョ, エドナ
　㊇メキシコ　柔道選手
Carrillo, Federico　カリジョ, フェデリコ

国コスタリカ　財務相
Carrillo, Guido　カリージョ, グイド
国アルゼンチン　サッカー選手
Carrillo, Santiago　カリリョ, サンティアゴ
1915〜2012　国スペイン　政治家　スペイン共産党書記長　異カリーリョ, サンティアゴ / カリリョ, サンティアーゴ
Carrillo Flórez, Fernando　カリジョ・フロレス, フェルナンド
国コロンビア　内相
Carrin, Charles　キャリン, チャールズ
著「栄光の頂き」生ける水の川　2008

C

Carrington, Leonora　キャリントン, レオノーラ
1917〜2011　国イギリス　作家, 画家　異カリントン, レオノーラ / カリントン, レオノラ
Carrington, Lisa　キャリントン, リサ
1989〜　国ニュージーランド　カヌー選手
Carrington, Lloyd　キャリングトン, ロイド
国アメリカ　アメフト選手
Carrington, Lucinda　キャリントン, ルシンダ
著「危険なゲーム」光文社　2002
Carrington, Patricia　キャリントン, パトリシア
著「悩んだら、タッピング」駒草出版　2014
Carrington, Terri Lyne　キャリントン, テリ・リン
1965〜　国アメリカ　ジャズ・ドラマー
Carrington, Tori　キャリントン, トーリ
著「欲しいのはあなた」ハーレクイン　2008
Carrión, Raúl　カリオン, ラウル
国エクアドル　スポーツ相
Carrisi, Donato　カッリージ, ドナート
1973〜　国イタリア　作家　専ミステリー
Carrison, Dan　キャリソン, ダン
著「デッドラインを守れ！」ダイヤモンド社　2004
Carrizales, Ramon Alonzo　カリサレス, ラモン・アロンソ
国ベネズエラ　社会基盤相
Carrizales Rengifo, Ramón　カリサレス・レンヒフォ, ラモン
国ベネズエラ　副大統領
Carrizo, Juan Pablo　カリーソ, ファン・パブロ
国アルゼンチン　サッカー選手
Carrol, Aileen　キャロル, アイリーン
国カナダ　国際協力相
Carrol, Eugene J.　キャロル, ユージン
？〜2003　国アメリカ　反核運動家, 元・海軍少将　米国国防情報センター(CDI)副所長, 空母ミッドウェー艦長　専防衛問題
Carrol, John　キャロル, ジョン
著「いばらの生け垣」ホームスクーリング・ビジョン　2005
Carroll, Aaron E.　キャロル, アーロン・E.
著「からだと健康の解体新書」春秋社　2013
Carroll, Alice　キャロル, アリス
著「クエスチョンクエスト : ランゲージカードゲーム」アールアイシー出版　2013
Carroll, Amber　キャロル, アンバー
著「トゥレット症候群の子どもの理解とケア」明石書店　2007
Carroll, Andy　キャロル, アンディ
1989〜　国イギリス　サッカー選手　本名＝キャロル, アンドルー〈Carroll, Andrew〉　異キャロル, アンドリュー
Carroll, Bernadette　キャロル, バーナデッテ
著「旅行の健康管理」一灯舎, オーム社(発売)　2008
Carroll, Cynthia　キャロル, シンシア
国アメリカ　実業家, 地質学者　アングロ・アメリカンCEO
Carroll, Deborah　キャロル, デボラ
著「ナニー911：お父さんお母さんのための子育て110番！」メディア総合研究所　2008
Carroll, DeMarre　キャロル, デマーレイ
国アメリカ　バスケットボール選手
Carroll, Don　キャロル, ドン
1938〜　著「ハッピーバースデイ」アーティストハウスパブリッシャーズ　2003
Carroll, Douglas　キャロル, D.
著「ストレスマネジメントと職場カウンセリング」川島書店　2002
Carroll, Heidi　キャロル, ハイディ
著「価値に基づく診療」メディカル・サイエンス・インターナショナル　2016
Carroll, James　キャロル, ジェームズ
著「戦争の家」緑風出版　2009
Carroll, Jenny　キャロル, ジェニー
著「呪われた転校生」集英社　2004
Carroll, Jim　キャロル, ジム
1950〜2009　国アメリカ　詩人, ロック歌手
Carroll, John　キャロル, ジョン
1942〜2015　国アメリカ　ジャーナリスト　「ロサンゼルス・タイムズ」編集主幹　本名＝Caroll, John Sawyer
Carroll, John D.　キャロル, ジョン・D.
著「SHDインターベンションコンプリートテキスト」医学書院　2013
Carroll, John Millar　キャロル, ジョン・ミラー
1950〜　著「シナリオに基づく設計」共立出版　2003
Carroll, Jonathan　キャロル, ジョナサン
1949〜　国アメリカ　作家
Carroll, Judy　キャロル, ジュディ
著「アセンションものがたり」アーバンプロ出版センター　2010
Carroll, Kathleen M.　キャロル, キャスリーン・M.
著「リラプス・プリベンション」日本評論社　2011
Carroll, Kevin　キャロル, ケビン
著「ビジネスは30秒で話せ！」すばる舎　2015
Carroll, Lara　キャロル
国オーストラリア　競泳選手
Carroll, Lee　キャロル, リー
著「グレート・シフト」ナチュラルスピリット・パブリッシング80　2010
Carroll, Marisa　キャロル, マリサ
著「テサ・悲しみのマドンナ」ハーレクイン　2001
Carroll, Michael　キャロル, マイケル
1953〜　著「マインドフル・リーダー」SBクリエイティブ　2016
Carroll, Nancy　キャロル, ナンシー
ローレンス・オリヴィエ賞 プレイ 女優賞(2011年(第35回))“After The Dance”
Carroll, Nolan　キャロル, ノーラン
国アメリカ　アメフト選手
Carroll, Paul B.　キャロル, ポール
1957〜　著「7つの危険な兆候」海と月社　2011
Carroll, Pete　キャロル, ピート
国アメリカ　シアトル・シーホークスコーチ
Carroll, Peter James　キャロル, ピート・J.
1953〜　著「無の書」国書刊行会　2003
Carroll, Robert G.　キャロル, R.G.
著「生理学」東京化学同人　2010
Carroll, Robert Todd　キャロル, ロバート・トッド
1945〜　著「懐疑論者の事典」楽工社　2008
Carroll, Rory　キャロル, ローリー
1972〜　著「ウーゴ・チャベス」岩波書店　2014
Carroll, Sean B.　キャロル, ショーン・B.
著「シマウマの縞蝶の模様」光文社　2007
Carroll, Sean M.　キャロル, ショーン
1966〜　国アメリカ　理論物理学者　カリフォルニア工科大学教授　専宇宙論　異キャロル, ショーン・M.
Carroll, Susan　キャロル, スーザン
1952〜　著「太陽の乙女と古の影」ヴィレッジブックス　2013
Carroll, Tom　キャロル, トム
国イングランド　サッカー選手
Carroo, Leonte　カーロー, レオンテ
国アメリカ　アメフト選手
Carrot, Béatrice　キャロ, ベアトリス
著「フランス式整理術」エクスナレッジ　2015
Carrozzo, Mario　カッロッツォ, マリオ
1961〜　著「西洋音楽の歴史」シーライトパブリッシング　2011
Carruth, Hayden　カルース, ヘイデン
1921〜2008　国アメリカ　詩人, 作家　シラキュース大学名誉教授
Carry, David　キャリー
国イギリス　競泳選手
Cars, Jane　キャッシュ, ジェーン
著「認知症ケアの自我心理学入門」クリエイツかもがわ　2015
Carson, Ben　カーソン, ベン
1951〜　国アメリカ　元神経外科医　本名＝Carson, Benjamin Solomon Sr.
Carson, Ciaran　カーソン, キアラン
1948〜　国イギリス　詩人, 作家, フルート奏者, 歌手　クイーンズ大学シェイマス・ヒーニー記念ポエトリー・センター所長
Carson, Clayborne　カーソン, クレイボーン
1944〜　著「真夜中に戸をたたく」日本キリスト教団出版局　2007
Carson, David　カーソン, デイビッド
1937〜　著「心の平和を取り戻すスピリット・アニマルの見つけ

方」 飛鳥新社 2013
Carson, Iain カーソン, イアン
[著]「自動車産業の終焉」 二見書房 2008
Carson, Johnny カーソン, ジョニー
1925～2005 [国]アメリカ 司会者, コメディアン 本名＝カーソン, ジョン・ウィリアム〈Carson, John William〉
Carson, Lillian カーソン, リリアン
1933～ [著]「孫に好かれる人孫に無視される人」 日本放送出版協会 2002
Carson, Mary Kay カーソン, メアリー・ケイ
[著]「宇宙探査の歴史」 丸善出版 2016
Carson, Mike カーソン, マイク
[著]「ザ・マネージャー」 ソフトバンククリエイティブ 2013
Carson, Paul カースン, ポール
[著]「氷の刃」 二見書房 2002
Carson, Rae カーソン, レイ
1973～ [国]アメリカ 作家 [専]ヤングアダルト, ファンタジー
Carson, Ron カーソン, ロン
[著]「山頂から本当の富を見わたすために」 早川書房 2008
Carson, Tra カーソン, トラ
[国]アメリカ アメフト選手
Carson, Wayne カーソン, ウェイン
1943～2015 [国]アメリカ 作曲家 本名＝Head, Wayne Carson
Carstens, Agustin カルステンス, アグスティン
1958～ [国]メキシコ エコノミスト メキシコ中央銀行総裁 メキシコ財務相, 国際通貨基金(IMF)副専務理事 本名＝Carstens Carstens, Agustín Guillermo
Carstens, E. カーステンス, E.
[著]「動物実験における人道的エンドポイント」 アドスリー, 丸善出版事業部(発売) 2006
Carstens Carstens, Agustín カルステンス・カルステンス, アグスティン
[国]メキシコ 財務相
Carstens Salceda, Carolena カルステンス
[国]パナマ テコンドー選手
Carston, Robyn カーストン, ロビン
[著]「思考と発話」 研究社 2008
Carta, Fabio カルタ
[国]イタリア ショートトラック選手
Cărtărescu, Mircea カルタレスク, ミルチャ
1956～ [著]「ぼくらが女性を愛する理由」 松籟社 2015
Carte, Mohammed Omar アルテ, モハメド・オマル
[国]ソマリア 副首相
Carter, Aimée カーター, エメイ
1986～ [著]「薔薇と屑」 ハーパーコリンズ・ジャパン 2016
Carter, Alex カーター, アレックス
[国]アメリカ アメフト選手
Carter, Ally カーター, アリー
[国]アメリカ 作家 [専]ヤングアダルト
Carter, Ashton B. カーター, アシュトン
1954～ [国]アメリカ 政治家, 物理学者 米国国防長官
Carter, Benny カーター, ベニー
1907～2003 [国]アメリカ ジャズ・アルトサックス奏者, 作曲家 本名＝Carter, Bennett Lester
Carter, Breck カーター, ブレック
[著]「SQL Anywhere Studio 9 デベロッパーズガイド」 翔泳社 2006
Carter, Bruce カーター, ブルース
[国]アメリカ アメフト選手
Carter, Chris カーター, クリス
[国]アメリカ 野球選手
Carter, Chris カーター, クリス
1989～ [国]アメリカ アメフト選手
Carter, Chris カーター, クリス
[国]ニュージーランド 自然保護相兼住宅相
Carter, Chris カーター, クリス
1957～ [著]「X‐ファイル2016」 竹書房 2016
Carter, Cris カーター, クリス
1965～ [国]アメリカ 元アメフト選手 本名＝Carter, Christopher Darin
Carter, Dan カーター, ダン
1982～ [国]ニュージーランド ラグビー選手 本名＝Carter, Daniel William
Carter, David カーター, デヴィッド
[著]「はじめての劇作」 日本劇作家協会, ブロンズ新社(発売) 2003
Carter, David カーター, デービッド
[国]ニュージーランド 第1次産業相兼地方自治相
Carter, David A. カーター, デビッド・A.
[著]「ウィンター」 大日本絵画 〔2015〕
Carter, David E. カーター, デイヴィッド・E.
[著]「The big book of new design ideas」 グラフィック社 2003
Carter, David M. カーター, デビッド・M.
[著]「アメリカ・スポーツビジネスに学ぶ経営戦略」 大修館書店 2006
Carter, DeAndre カーター, ディアンドレ
[国]アメリカ アメフト選手
Carter, Dean Vincent カーター, ディーン・ビンセント
1976～ [国]イギリス 作家 [専]ホラー [異]カーター, ディーン・ヴィンセント
Carter, Don カーター, ドン
1926～2012 [国]アメリカ プロボウラー 米国プロボウリング協会(PBA)初代会長
Carter, Earl カーター, アール
[著]「CiscoセキュアIDS実装ガイド」 ソフトバンクパブリッシング 2003
Carter, Elliott カーター, エリオット
1908～2012 [国]アメリカ 作曲家 本名＝Carter, Elliott Cook (Jr.)
Carter, Gary Edmund カーター, ゲーリー
1954～2012 [国]アメリカ 野球選手 [異]カーター, ゲイリー／カーター, ゲリー
Carter, George カーター, ジョージ
1948～ [著]「自宅の緑化インテリア」 産調出版 2008
Carter, Gerald カーター, ジェラルド
[著]「LDAP」 オーム社 2003
Carter, Hamish カーター
[国]ニュージーランド トライアスロン選手
Carter, Harriet H. カーター, ハリエット・H.
[著]「天国を旅するスーザンからのメッセージ」 中央アート出版社 2002
Carter, Howard カーター, ハワード
[著]「ツタンカーメン王の秘密」 講談社 2001
Carter, James カーター
[国]アメリカ 陸上選手
Carter, Janette カーター, ジャネット
？～2006 [国]アメリカ カントリー歌手
Carter, Janice カーター, ジャニス
[著]「薔薇の遺産」 ハーレクイン 2001
Carter, Jimmy カーター, ジミー
1924～ [国]アメリカ 政治家 カーター・センター会長 アメリカ大統領(第39代) 本名＝カーター, ジェームズ〈Carter, James Earl Jr.〉
Carter, John カーター, ジョン
[著]「ミステリの美学」 成甲書房 2003
Carter, John F. カーター, ジョン・F.
[著]「フルタイムトレーダー完全マニュアル」 パンローリング 2007
Carter, Josh カーター, ジョシュ
[著]「プログラマのためのサバイバルマニュアル」 オライリー・ジャパン, オーム社(発売) 2012
Carter, Kyle カーター, カイル
[国]アメリカ アメフト選手
Carter, Matt カーター, マット
1978～ [著]「脳・神経科学の研究ガイド」 朝倉書店 2013
Carter, Michelle カーター, ミシェル
[国]アメリカ 陸上選手 [異]カーター
Carter, Miranda カーター, ミランダ
[著]「アントニー・ブラント伝」 中央公論新社 2016
Carter, Nell カーター, ネル
1948～2003 [国]アメリカ 女優
Carter, Nesta カーター
[国]ジャマイカ 陸上選手
Carter, Noëlle カーター, ノエル
[著]「ちびねずみとあかちゃんねずみ」 大日本絵画 2011
Carter, Philip カーター, フィリップ
1949～ [著]「骨の祭壇」 新潮社 2013
Carter, Philip カーター, フィリップ
1958～ [著]「いのちのサイコドラマ」 群馬病院出版会, 弘文堂(発売) 2013
Carter, Philip J. カーター, フィリップ
[著]「みるみる脳を活性化させる大人のIQパズル」 主婦の友社 2004

Carter, Rachel カーター, レイチェル
著「ニールズヤード式フラワーエッセンスLesson」河出書房新社 2007

Carter, Rick カーター, リック
プロダクション・デザイン アカデミー賞 美術監督・装置賞（第85回（2012年））ほか

Carter, Rita カーター, リタ
著「ブレインブック」南江堂 2012

Carter, Rob カーター, ロブ
著「カラー＆タイプ」ビー・エヌ・エヌ新社 2003

Carter, Robert Edgar カーター, ロバート・E.
1937〜 著「日本倫理思想と悟り」晃洋書房 2007

Carter, Ron カーター, ロン
1937〜 国アメリカ ジャズ・ベース奏者 本名=Carter, Ronald Levin

Carter, Rosemary カーター, ローズマリー
著「裏切りの夜明け」ハーレクイン 2004

Carter, Ruben カーター, ルーベン
国アメリカ アメフト選手

Carter, Rubin カーター, ルービン
1937〜2014 国アメリカ プロボクサー リング名=ハリケーン〈Harricane〉 愛カーター, ルービン・ハリケーン／カーター, ルビン

Carter, Sandy カーター, サンディ
1963〜 著「さあ、ソーシャル・ビジネスに乗り出そう」日経BP社, 日経BPマーケティング（発売）2012

Carter, Stephen L. カーター, スティーヴン・L.
1954〜 著「オーシャン・パークの帝王」アーティストハウスパブリッシャーズ, 角川書店（発売）2003

Carter, Steven カーター, スティーヴン
著「口だけ男と夢みる女」光文社 2003

Carter, Tom カーター, トム
著「カナダ」ほるぷ出版 2007

Carter, Tony カーター, トニー
国アメリカ アメフト選手

Carter, Vince カーター, ヴィンス
国アメリカ バスケットボール選手

Carter-Scott, Chérie カーター=スコット, シェリー
著「もっと"シンプル"に生きるための10日間レッスン」三笠書房 2009

Carter-vickers, Cameron カーター・ヴィッカース, キャメロン
国アメリカ サッカー選手

Carter-williams, Michael カーター・ウィリアムズ, マイケル
国アメリカ バスケットボール選手

Cartes Jara, Horacio Manuel カルテス・ハラ, オラシオ・マヌエル
1956〜 国パラグアイ 政治家, 実業家 パラグアイ大統領

Cartier-Bresson, Henri カルティエ・ブレッソン, アンリ
1908〜2004 国フランス 写真家

Cartland, Barbara カートランド, バーバラ
著「愛と自由を求めて」サンリオ 2001

Cartledge, Paul カートリッジ, ポール
1947〜 著「古代ギリシア」白水社 2011

Cartlidge, Katrin カートリッジ, カトリン
1961〜2002 国イギリス 女優

Cartlidge, Michelle カートリッジ, ミシェル
1950〜 著「ゆうかんなねずみくん」評論社 2008

Cartmel, Fred カートメル, フレッド
1952〜 著「若者と社会変容」大月書店 2009

Carton, Rick カートン, リック
著「観光客をねらえ」理論社 2006

Cartwright, John カートライト, ジョン・H.
1953〜 著「進化心理学入門」新曜社 2005

Cartwright, Kivon カートライト, キボン
国アメリカ アメフト選手

Cartwright, Lawrence カートライト, ローレンス
国バハマ 農業・海洋資源相

Cartwright, Peter カートライト, P.
1968〜 著「金融サービスにおける消費者保護」九州大学出版会 2002

Cartwright, Silvia カートライト, シルビア
国ニュージーランド 総督

Cartwright, Stephen カートライト, スティーブン
著「のうじょうのクリスマス」大日本絵画 〔2001〕

Cartwright, Sue カートライト, S.
著「ストレスマネジメントと職場カウンセリング」川島書店 2002

Cartwright, Thomas C. カートライト, トーマス
1924〜2015 国アメリカ 農学者 テキサス農業工科大学名誉教授

Cartwright, Thomas Campbell カートライト, トーマス・C.
1924〜 著「爆撃機ロンサムレディー号」日本放送出版協会 2004

Carty, Nigel カーティー, ナイジェル
国セントクリストファー・ネイビス 教育・情報・農業・海洋資源・協同組合相 愛カーティー, ニゲル

Caruana, Wally カルアナ, ウォーリー
著「アボリジナルアート」〔館由紀子〕 2013

Caruso, Alex カルソ, アレックス
国アメリカ バスケットボール選手

Caruso, Anthony カルーソ, アンソニー
1916〜2003 国アメリカ 俳優

Caruso, David R. カルーソ, デイビッド・R.
著「EQマネージャー」東洋経済新報社 2004

Caruth, Cathy カルース, キャシー
1955〜 著「トラウマ・歴史・物語」みすず書房 2005

Carvajal, Daniel カルバハル, ダニエル
国スペイン サッカー選手

Carvajal, Hugo カルバハル, ウゴ
国ボリビア 農相

Carvajal, Paola カルバハル, パオラ
国エクアドル 運輸・公共事業相

Carvajal, Víctor Hugo カルバハル, ビクトル・ウゴ
国ボリビア 教育文化スポーツ相

Carvalho, Arlindo de カルバリョ, アルリンド・デ
国サントメ・プリンシペ 保健相

Carvalho, Bernardo カルヴァーリョ, ベルナルド
1973〜 著「すきすきパパ」光村教育図書 2012

Carvalho, Celestino de カルバリョ, セレスティノ・デ
国ギニアビサウ 国防相

Carvalho, Ernesto カルバリョ, エルネスト
国ギニアビサウ 内相

Carvalho, Evaristo カルバリョ, エバリスト
国サントメ・プリンシペ 大統領

Carvalho, Joao de カルワリョ, ヨアン・デ
国ギニアビサウ 農業・地方発展相

Carvalho, Maria da Graça カルバリョ, マリア・ダグラサ
国ポルトガル 科学・技術革新・高等教育相

Carvalho, Maria de Cristo da Costa カルバリョ, マリア・デ・クリスト・ダ・コスタ
国サントメ・プリンシペ 国務相（報道・青年・スポーツ担当）

Carvalho, Paulo カルバリョ
国ブラジル ボクシング選手

Carvel, Bertie カーヴェル, バーティー
ローレンス・オリヴィエ賞 ミュージカル・エンテインメント男優賞（2012年（第36回）） "Matilda The Musical"

Carvell, Kermit J. カーベル, カーミット・J.
著「カルロス・ゴーン」IBCパブリッシング, 日本洋書販売（発売）2007

Carven, Marie-Louise カルヴェン, マリー・ルイーズ
1909〜2015 国フランス ファッションデザイナー 本名=Grog-Carven, Marie-Louise 愛カルバン, マリールイーズ

Carver, Dante カーヴァー, ダンテ
1977〜 著「Who's that guy？ダンテ・カーヴァーデス。」ゴマブックス 2009

Carver, Robert カーバー, ロバート
著「システマティックトレード」パンローリング 2016

Carver, Terrell カーヴァー, テレル
著「マルクス事典」未来社 2002

Carwardine, Mark カーワディン, マーク
1956〜 国イギリス 動物学者, 作家, 写真家 愛カーワーディン, マーク

Cary, Frank T. ケアリー, フランク
？〜2006 国アメリカ 実業家 IBM会長

Cary, Otis ケーリ, オーティス
1921〜2006 国アメリカ 日本文化研究家 同志社大学名誉教授, アーモスト大学名誉教授 著「日米交渉史・比較文化論」 愛ケーリ, オーテス／ケーリー, オーティス／ケリー, オーティス

Cary, Phoebe カーリー, フォーブ
著「大人が楽しむイングリッシュ・ポエチュリー」リーベル出版 2007

Caryl, Christian カリル, クリスチャン
著「すべては1979年から始まった」草思社 2015

Carzan, Carlo　カルザン, カルロ
1967～　国イタリア　作家　専児童書
Casadio, Mariuccia　カサーディオ, マウリッチャ
著「マルレーネ・デュマス」 ファイドン　2006
Casado Cañeque, Fernando　カサード・カニェーケ, フェルナンド
著「BoPビジネス3.0」 英治出版　2016
Casale, Giovanni Nicola　カサーレ
国イタリア　柔道選手
Casaleggio, Gianroberto　カザレッジョ, ジャンロベルト
1954～2016　国イタリア　IT企業家　五つ星運動共同創設者
異カサレッジョ
Casali, Curt　カサリ, カート
国アメリカ　野球選手
Casamayor, Joel　カサマヨル, ホエル
1971～　プロボクサー　WBA世界スーパーフェザー級チャンピオン　異カサマヨル, ヨエル
Casamayor, Pierre　カザマヨール, ピエール
著「ワインを楽しむ58のアロマガイド」 原書房　2012
Casamayou, Maureen Hogan　カサマユウ, M.H.
著「乳がんの政治学」 早稲田大学出版部　2003
Casamiquela, Carlos　カサミケラ, カルロス
国アルゼンチン　農牧・漁業相
Casanas, Frank　カサニャス
国スペイン　陸上選手　異カサナス
Casandra, Cristina　カサンドラ
国ルーマニア　陸上選手
Casanova, Pascale　カザノヴァ, パスカル
1959～　著「世界文学空間」 藤原書店　2002
Casanova, Sarah　カサノバ, サラ
1965～　国カナダ　実業家　日本マクドナルドホールディングス社長
Casarett, David J.　カサレット, デイヴィッド
著「蘇生科学があなたの死に方を変える」 白揚社　2016
Casarosa, Enrico　カサローザ, エンリコ
著「ルナ」 講談社　2013
Casas, Julio　カサス, フリオ
1936～2011　国キューバ　政治家　キューバ国家評議会副議長, キューバ国防相　本名＝カサス・レゲイロ, フリオ〈Casas Regueiro, Julio〉
Casas, Kevin　カサス, ケビン
国コスタリカ　第2副大統領兼国家計画・経済政策相
Casas, Lola　カサス, ローラ
1951～　著「はらぺこライオンエルネスト」 ワールドライブラリー　2016
Casas Regueiro, Julio　カサス・レゲイロ, フリオ
国キューバ　国家評議会副議長兼国防相
Casati, Giulio　カザーティ, G.
1942～　著「量子計算と量子情報の原理」 シュプリンガー・ジャパン　2009
Casaus, Victor　カサウス, ビクトル
1944～　著「チェ・ゲバラわが生涯」 原書房　2007
Cascio, Frank　カシオ, フランク
著「マイ・フレンド・マイケル」 飛鳥新社　2012
Cascioli, Gianluca　カシオーリ, ジャンルカ
1979～　国イタリア　ピアニスト, 指揮者, 作曲家
Cascioli, Riccardo　カショーリ, リッカルド
1958～　著「環境活動家のウソ八百」 洋泉社　2008
Case, Andy　ケース, アンディー
著「ビューティフルピッグ」 スタジオタッククリエイティブ　2011
Case, Dan　ケース, ダン
？～2002　国アメリカ　投資銀行家　JPモルガンH&Q会長, ハンブレクト・アンド・クイスト（H&Q）会長・CEO
Case, David E.　ケース, ディビッド・E.
著「日英対訳 USPQ米国商標審判決百選」 経済産業調査会　2011
Case, Frances　ケース, フランシス
著「死ぬ前に味わいたい1001食品」 ガイアブックス, 産調出版（発売）　2009
Case, George　ケイス, ジョージ
1967～　著「ジミー・ペイジ」 東邦出版　2008
Case, John　ケース, ジョン
専スリラー, サスペンス　単独筆名＝ホーガン, ジム〈Hougan, Jim〉, ホーガン, キャロリン〈Hougan, Carolyn〉
Case, John　ケース, ジョン
著「人材育成のジレンマ」 ダイヤモンド社　2004
Case, Mary　ケイス, メアリ
著「人文学と電子編集」 慶応義塾大学出版会　2011
Case, Richard　ケース, リチャード
著「プロフェッショナルVB.NET」 インプレス, インプレスコミュニケーションズ（発売）　2002
Case, Steve　ケース, スティーブ
1958～　著「サードウェーブ」 ハーパーコリンズ・ジャパン　2016
Casella, George　カセーラ, ジョージ
著「Rによるモンテカルロ法入門」 丸善出版　2012
Caselli, Stefano　カセッリ, ステファノ
著「マイティ・アベンジャーズ：シークレット・インベージョン」 ヴィレッジブックス　2014
Casement, Ann　ケースメント, アン
1938～　著「ユングの13人の弟子が今考えていること」 ミネルヴァ書房　2001
Casement, Patrick　ケースメント, パトリック
著「人生から学ぶ」 岩崎学術出版社　2009
Casemiro　カゼミーロ
国ブラジル　サッカー選手
Cases, Zoé de Las　カズ, ゾエ・ドゥ・ラス
著「ニューヨークの小さな夢」 ポプラ社　2015
Casey, Aggie　ケイシー, アギー
著「今すぐできる！ 高血圧を下げる方法」 エクスナレッジ　2010
Casey, Albert V.　ケーシー, アルバート
1920～2004　国アメリカ　実業家　アメリカン航空会長
Casey, Andrew　ケイシー, アンドリュー
著「よくわかる認知行動カウンセリングの実際」 金子書房　2016
Casey, Dwane　ケーシー, ドゥエイン
1957～　国アメリカ　バスケットボール監督　異ケーシー, ドエン／ケイシー, ドゥエイン
Casey, Edward S.　ケーシー, エドワード
1939～　著「場所の運命」 新曜社　2008
Casey, Jane　ケーシー, ジェーン
国アイルランド　作家　専ミステリー, スリラー
Casey, Jo　ケイシー, ジョー
著「Disney・PIXAR Carsマテルコンプリートガイド」 講談社　2012
Casey, Joan Frances　ケイシー, ジョーン・フランシス
著「わたしは多重人格だった」 白揚社　2006
Casey, Joe　ケイシー, ジョー
著「アイアンマン ： エンター・ザ・マンダリン」 小学館集英社プロダクション　2013
Casey, John　ケイシー, ジョン
1939～　著「アメリカ新進作家傑作選」 DHC　2005
Casey, Jurrell　ケーシー, ジャーレル
国アメリカ　アメフト選手
Casey, Kochmer　ケイシー, コチマー
著「プロフェッショナルJSP」 インプレス, インプレスコミュニケーションズ（発売）　2002
Casey, Meghan　キャシー, ミーガン
著「コンテンツストラテジー」 ビー・エヌ・エヌ新社　2016
Casey, Neil　ケーシー, ニール
著「禁煙バイブル」 双葉社　2005
Casey, Patricia　ケージー, パトリシア
著「フィッシュ臨床精神病理学」 星和書店　2010
Casey, Richard Conway　ケーシー, リチャード・コンウェー
1933～2007　国アメリカ　法律家　米国連邦判事
Cash, Jeremy　キャッシュ, ジェレミー
国アメリカ　アメフト選手
Cash, Johnny　キャッシュ, ジョニー
1932～2003　国アメリカ　カントリー歌手, ギタリスト, 作詞・作曲家　本名＝Cash, John R.
Cash, Kevin　キャッシュ, ケビン
国アメリカ　タンパベイ・レイズ監督
Cash, Michaelia　キャッシュ, ミケイリア
国オーストラリア　女性担当相兼雇用相
Cash, Rosanne　キャッシュ, ロザンヌ
グラミー賞 最優秀アメリカン・ルーツ・ソング（2014年（第57回））ほか
Cash, Wiley　キャッシュ, ワイリー
1977～　国アメリカ　作家　専ミステリー, スリラー
Cash, William　キャッシュ, ウイリアム
1966～　著「グレアム・グリーンと第三の女」 彩流社　2010
Cashdan, Sheldon　キャッシュダン, シェルドン
著「おとぎ話と魔女」 法政大学出版局　2003
Cashford, Jules　キャシュフォード, ジュールズ

C

[著]「図説月の文化史」 柊風舎 2010
Cashin, Cheryl キャッシン, シェリル
[著]「包括的で持続的な発展のためのユニバーサル・ヘルス・カバレッジ」 日本国際交流センター 2014
Cashman, Brian キャッシュマン, ブライアン
1967～ [国]アメリカ ニューヨーク・ヤンキースGM
Cashman, Kevin キャッシュマン, ケヴィン
[著]「優れたリーダーは、なぜ「立ち止まる」のか」 英治出版 2014
Cashmore, Ellis カシュモア, エリス
[著]「ベッカム神話」 日本放送出版協会 2003
C
Cashner, Andrew キャッシュナー, アンドリュー
[国]アメリカ 野球選手
Cashore, Kristin カショア, クリスティン
[国]アメリカ 作家 [専]ファンタジー, ヤングアダルト
Casilla, Santiago カシーヤ, サンティアゴ
[国]ドミニカ共和国 野球選手
Casillas, Iker カシージャス, イケル
1981～ [国]スペイン サッカー選手 本名=カシージャス・フェルナンデス, イケル〈Casillas Fernández, Iker〉 [異]カシジャス, イケル / カシリャス, イケル
Casillas, Jonathan カシヤス, ジョナサン
[国]アメリカ アメフト選手
Casilli, Antonio A. カッシーリ, アントニオ
[著]「イタリア式エログロマンガ館」 アスペクト 2001
Casimir, Richard カジミール, リシャール
[国]ハイチ共和国 法務・公安相
Casini, Barbara Palmer カシーニ, バーバラ
[著]「公共図書館員のための消費者健康情報提供ガイド」 日本図書館協会 2007
Casiraghi, Andrea カシラギ, アンドレア
[国]モナコ モナコ公国王子
Casiraghi, Tatiana カシラギ, タチアナ
アンドレア・カシラギ王子夫人
Caskey, John カスケイ, J.
[著]「金融不安定性と景気循環」 日本経済評論社 2007
Caskie, Kathryn カスキー, キャスリン
[著]「いにしえの婚約指南」 ヴィレッジブックス 2008
Caslaru, Beatrice カシュラル
[国]ルーマニア 競泳選手
Čáslavská, Věra チャスラフスカ, ベラ
1942～2016 [国]チェコ 体操選手 チェコ五輪委員会委員長, 国際オリンピック委員会(IOC)委員 [異]チャスラフスカ, ベラ / チャスラフスカ, ヴィエラ
Caslione, John A. キャスリオーネ, ジョン・A.
[著]「カオティクス」 東洋経済新報社 2009
Casnocha, Ben カスノーカ, ベン
1988～ [著]「ALLIANCE」 ダイヤモンド社 2015
Casoar, Phil カゾアール, フィル
[著]「ロング・エンゲージメント」 ソニー・マガジンズ 2005
Casona, Alejandro カソナ, アレハンドロ
[著]「立ち枯れ 陸に上がった人魚」 行路社 2002
Caspari, John A. カスパーリ, ジョン・A.
[著]「TOCマネジメント・ダイナミクス」 同友館 2007
Caspari, Pamela カスパーリ, パメラ
[著]「TOCマネジメント・ダイナミクス」 同友館 2007
Caspe, David カスペ, デヴィッド
ゴールデン・ラズベリー賞(ラジー賞) 最低脚本賞(第33回(2012年)) "That's My Boy!"
Casper, Billy キャスパー, ビリー
1931～2015 [国]アメリカ プロゴルファー
Casper, Drew キャスパー, ドリュー
[著]「ハリウッド白熱教室」 大和書房 2015
Cass, Kiera キャス, キーラ
1981～ [著]「永遠交響曲(シンフォニー)」 ポプラ社 2016
Cassaday, John カサディ, ジョン
1971～ [異]キャサデイ, ジョン [著]「アンキャニィ・アベンジャーズ：レッドシャドウ」 ヴィレッジブックス 2016
Cassama, Cipriano カサマ, シプリアノ
[国]ギニアビサウ 内相
Cassano, Antonio カッサーノ, アントニオ
1982～ [国]イタリア サッカー選手 [異]カッサノ, アントニオ
Cassano, Franco カッサーノ, フランコ
1943～ [著]「南の思想」 講談社 2006
Cassano, Silvano カッサーノ, シルヴァーノ
1956～ [国]イタリア 実業家 アリタリア航空CEO ベネトンCEO [異]カッサーノ, シルバーノ
Cassar, Joe カッサー, ジョー
[国]マルタ 保健・老人問題・地域相
Cassar, Jon カサー, ジョン
エミー賞 プライムタイム・エミー賞 最優秀監督賞(ドラマシリーズ)(第58回(2006年)) "24" [著]「『24』の舞台裏」 小学館 2007
Cassar, May ケイサー, メイ
[著]「歴史的楽器の保存学」 音楽之友社 2002
Cassara, Andrea カッサーラ, アンドレア
[国]イタリア フェンシング選手
Casse, Pierre カッセ, ピエール
[著]「「問題社員」の管理術」 ダイヤモンド社 2007
Cassel, Frédéric カッセル, フレデリック
1967～ [国]フランス ショコラティエ ルレ・デセール会長
Cassel, Guilherme カセル, ギリェルメ
[国]ブラジル 農村開発相
Cassel, Jean-Pierre カッセル, ジャン・ピエール
1932～2007 [国]フランス 俳優, 歌手 本名=クロション, ジャン・ピエール〈Crochon, Jean-Pierre〉
Cassel, Matt キャッセル, マット
[国]アメリカ アメフト選手
Cassel, Vincent カッセル, ヴァンサン
1966～ [国]フランス 俳優 [異]カッセル, バンサン
Cassell, Eric J. キャッセル, エリック・J.
[著]「新たな全人的ケア」 日本ホスピス・緩和ケア研究振興財団, 青海社(発売) 2016
Cassell, Sam キャセール, サム
[国]アメリカ ロサンゼルス・クリッパーズアシスタントコーチ(バスケットボール)
Cassels, Alan カッセルズ, アラン
1963～ [著]「怖くて飲めない！」 ヴィレッジブックス 2008
Casserly, Michael キャサリー, M.
[著]「格差社会アメリカの教育改革」 明石書店 2007
Casserly, Peter キャサリー, ピーター
?～2005 [国]オーストラリア 軍人
Cassese, Antonio カッセーゼ, A.
1937～ [著]「東京裁判とその後」 中央公論新社 2009
Cassidy, Anne キャシディ, アン
1953～ [著]「JJをさがして」 ランダムハウス講談社 2005
Cassidy, Carla Bracale キャシディ, カーラ
[著]「冬を宿した瞳」 ヴィレッジブックス 2008
Cassidy, Cathy キャシディ, キャシー
1962～ [国]イギリス 作家 [専]ヤングアダルト, ユーモア [異]キャシディー, キャシー
Cassidy, Dawn キャシディ, ドーン
[著]「家族生活教育」 南方新社 2013
Cassidy, J.J. キャシディー, J.J.
[著]「水理工学概論」 技報堂出版 2001
Cassidy, John カシディー, ジョン
1963～ [著]「「世界大不況」は誰が引き起こしたか」 講談社 2009
Cassidy, Laura キャシディ, ローラ
[著]「愛を賭けて」 ハーレクイン 2007
Cassidy, Virginia R. キャシディ, バージニア
[著]「エビデンスに基づく看護学教育」 医学書院 2003
Cassidy, Wanda キャシディ, ワンダ
[著]「小学校で法を語ろう」 成文堂 2015
Cassierra, Mateo カシエラ, マテオ
[国]コロンビア サッカー選手
Cassim, Ahmed Mumtaz Masoon カセム, アホメッド・ムムターズ・マスーン
[国]スリランカ スリランカ首相特別アドバイザー, 元・立命館アジア太平洋大学長
Cassim, Julia カセム, ジュリア
[著]「「インクルーシブデザイン」という発想」 フィルムアート社 2014
Cassin, Riccardo カシン, リカルド
1909～2009 [国]イタリア 登山家
Cassina, Igor カッシーナ
[国]イタリア 体操選手
Cassinelli, Attilio カッシネリ, アッティリオ
1923～ [著]「おひさまはどこから？」 ひかりのくに 2001
Cassinelli, Juan Carlos カシネッリ, フアン・カルロス
[国]エクアドル 貿易相
Cassingham, Randy C. カッシンガム, ランディ
[著]「訴えてやる！ 大賞」 早川書房 2006
Cassini, Oleg カッシーニ, オレグ
1913～2006 [国]アメリカ ファッションデザイナー

Cassino, Mark　カッシーノ, マーク
　著「雪の結晶ノート」あすなろ書房　2009
Cassin-Scott, Jack　キャシン＝スコット, ジャック
　著「古代ギリシアとペルシア戦争」新紀元社　2001
Casson, Lionel　カッソン, ライオネル
　1914〜　著「図書館の誕生」刀水書房　2007
Casson, Mark　カソン, M.
　1945〜　カッソン, マーク　著「国際ビジネス・エコノミクス」文眞堂　2005
Casson, Sophie　カーソン, ソフィ
　著「あるアーティストと悪がきだったぼくのこと」六耀社　2016
Casspi, Omri　カスピ, オムリ
　国イスラエル　バスケットボール選手
Casssese, Silvia Fano　キャセッセ, S.F.
　著「入門メルツァーの精神分析論考」岩崎学術出版社　2005
Cast, Kristin　キャスト, クリスティン
　著「ハウス・オブ・ナイト」角川書店, 角川グループパブリッシング（発売）　2011
Cast, P.C.　キャスト, P.C.
　著「ハウス・オブ・ナイト」角川書店, 角川グループパブリッシング（発売）　2011
Castagna, Vanessa J.　カスターニャ, バネッサ
　国アメリカ　実業家　マービンズ会長　別カスターニャ, ヴァネッサ
Castagnetto, Jesus M.　カスタニェット, ジーザス
　著「プロフェッショナルPHPプログラミング」インプレス, インプレスコミュニケーションズ（発売）　2001
Castaignos, Luc　カスタイニョス, ルク
　国オランダ　サッカー選手
Castaldo, Meg　カスタルド, メグ
　著「恋人たちのマンハッタン」DHC　2002
Castañeda, Jorge　カスタニェダ, ホルヘ
　国メキシコ　外相
Castaneda, Jorge　カスタニェーダ, ホルヘ
　著「世界の作家32人によるワールドカップ教室」白水社　2006
Castaño, Crescencio Tamarite　カスタニョ, クレセンシオ・タマリテ
　国赤道ギニア　環境・漁業相
Castano, Rose-Marie　カスターノ, ローズマリー
　著「おうちでできる神の手エステ」朝日新聞出版　2011
Casta-Rosaz, Fabienne　カスタ＝ローザ, ファビエンヌ
　著「「恋」の世紀」原書房　2002
Casteel, Seth　キャスティール, セス
　1981〜　著「水中犬」サンマーク出版　2013
Casteels, Koen　カステールス, クーン
　国ベルギー　サッカー選手
Castel, Alexianne　カステル
　国フランス　競泳選手
Castel, Anissa　カステル, アニッサ
　著「自由ってなに？　人間はみんな自由って, ほんとう？」岩崎書店　2010
Castel, Robert　カステル, ロベール
　1933〜　著「社会喪失の時代」明石書店　2015
Castelbajac, Jean-Charles de　カステルバジャック, ジャン・シャルル・ドゥ
　1949〜　国フランス　ファッションデザイナー　別カステルバジャック, ジャン・シャルル・ド
Castelen, Guno Henry George　カステレン, フノ・ヘンリー・ショーシ
　国スリナム　運輸・通信・観光相
Castell, Dianne　カステル, ダイアン
　著「ラブレスキューは迅速に」ぶんか社　2010
Castella, Pierre　カステラ, ピエール
　著「持続可能な農業と環境」食料・農業政策研究センター, 農山漁村文化協会（発売）　2001
Castellà i Pujols, Maria Betlem　カステラ＝イ＝プジョルス, マリア＝ベトレム
　著「見えざるフランス革命」一橋大学社会科学古典資料センター　2012
Castellani, Enrico　カステラーニ, エンリコ
　1930〜　国イタリア　美術家
Castellano, Philippe　カステラーノ, フィリップ
　1958〜　著「星の王子さまの眠る海」ソニー・マガジンズ　2005
Castellanos, Edwin J.　カステジャノス, エドウィン・J.
　国グアテマラ　ほるぷ出版　2011
Castellanos, María　カステジャノス, マリア
　1984〜　著「たちあがる言語・ナワト語」グローバル社会を歩く研究会, 新泉社（発売）　2012
Castellanos, Nick　カステヤノス, ニック
　国アメリカ　野球選手
Castellanos, Plutarco　カステジャノス, プルタルコ
　国ホンジュラス　厚相
Castellanos, Rosario　カステリャノス, ロサリオ
　著「バルン・カナン」行路社　2002
Castellanos Moya, Horacio　カステジャーノス・モヤ, オラシオ
　1957〜　著「無分別」白水社　2012
Castelli, Roberto　カステリ, ロベルト
　国イタリア　法相
Castellini, Jean　カステリーニ, ジャン
　国モナコ　財務経済相
Castellini, Robert H.　カステリーニ, ロバート
　国アメリカ　シンシナティ・レッズオーナー
Castello-Cortes, Ian　カステロ・コルテス, イアン
　著「ギネス・ワールド・レコーズ」きこ書房　2002
Castellon, Fernando　カステロン, フェルナンド
　著「ラルース新カクテル事典」ランダムハウス講談社　2006
Castells, Manuel　カステル, マニュエル
　1942〜　社会学者　南カリフォルニア大学教授　専都市社会学
Castellucci, Cecil　カステルーチ, セシル
　1969〜　別カステルッチ, セシル　著「STAR WARSジャーニー・トゥ・フォースの覚醒反乱軍の危機を救え！」講談社　2015
Castelly, Asnage　キャステリー, アスナゲ
　国ハイチ共和国　レスリング選手
Castelo David, Adelino　カステロダビッド, アデリノ
　国サントメ・プリンシペ　計画・財務相　別カステロ・ダビッド, アデリノ
Castera, Georges　キャストラ, ジョルジュ
　著「ミラクルバナナ」学習研究社　2001
Casterman, Geneviève　カスターマン, ジュヌヴィエーヴ
　1958〜　著「とても温かでとてもせつないきみの絵本」千倉書房　2016
Casterton, Peter　カスタートン, ピーター
　著「ポップアップ・うみのモンスター」大日本絵画　〔2007〕
Casti, John L.　キャスティ, ジョン
　著「Xイベント」朝日新聞出版　2013
Castiglioni, Achille　カスティリオーニ, アキッレ
　1918〜2002　国イタリア　インテリアデザイナー, 建築家, 工業デザイナー　別カスティリョーニ
Castiglioni, Arianna　カスティリオニ, アリアナ
　国イタリア　水泳選手
Castiglioni, Consuelo　カスティリオーニ, コンスエロ
　国イタリア　ファッションデザイナー
Castiglioni, Luis　カスティグリオニ, ルイス
　国パラグアイ　副大統領
Castilla, Denise　カスティーラ, ドゥニーズ・ドゥ
　著「バウムテスト活用マニュアル」金剛出版　2002
Castilla, Emilio J.　カスティーヤ, エミリオ・J.
　著「シリコンバレー」日本経済新聞社　2001
Castilla Rubio, Luis Miguel　カスティジャ・ルビオ, ルイス・ミゲル
　国ペルー　経済・財政相
Castillo, Arnaldo　カスティジョ, アルナルド
　国ホンジュラス　経済開発相
Castillo, Carmen　カスティジョ, カルメン
　国チリ　保健相
Castillo, Carolina　カスティージョ, カロリナ
　国コロンビア　レスリング選手
Castillo, David Diaz　カスティロ, デビッド・ディアス
　著「プロジェクト・マネジャーが知るべき97のこと」オライリー・ジャパン, オーム社（発売）　2011
Castillo, Eduardo　カスティジョ, エドゥアルド
　国グアテマラ　通信・住宅相
Castillo, Gonzalo　カスティジョ, ゴンサロ
　国ドミニカ共和国　公共事業・通信相
Castillo, José Enrique　カスティジョ, ホセ・エンリケ
　国コスタリカ　外相
Castillo, Lauren　カスティーヨ, ローレン
　著「たびネコさん」きじとら出版　2016
Castillo, Linda　カスティーロ, リンダ
　別カスティロ, リンダ　著「もう一度だけ熱いキスを」二見書房　2007
Castillo, Luis　カスティーヨ, ルイス
　国ドミニカ共和国　野球選手

Castillo, Michel del　カスティーヨ, ミシェル・デル
　1933〜　国フランス　作家　本名＝Castillo, Michel Xavier Janicot del
Castillo, Pelegrín　カスティジョ, ペレグリン
　国ドミニカ共和国　エネルギー・鉱業相
Castillo, Randy　カスティロ, ランディー
　?〜2002　国アメリカ　ロックドラム奏者
Castillo, Rusney　カスティーヨ, ルスネイ
　国キューバ　野球選手
Castillo, Santiago　カスティロ, サンチャゴ
　国ベリーズ　国務相（経済開発担当）
Castillo, Valdemar　カスティロ, バルデマル
　国ベリーズ　雇用・自治・砂糖産業相　異カスチーロ, バルデマラ
Castillo, Welington　カスティーヨ, ウェリントン
　国ドミニカ共和国　野球選手
Castillo, Yahel　カスティーリョ
　国メキシコ　飛び込み選手
Castillo, Yalennis　カスティーリョ, ヤレニス
　国キューバ　柔道選手　異カスティーリョ
Castillo Cruz, Bosco Martín　カスティジョ・クルス, ボスコ・マルティン
　国ニカラグア　青年相
Castillo Cuesta, Barbara　カスティジョ・クエスタ, バルバラ
　国キューバ　国内通商相
Castillo Huerta, Yahel　カスティーリョ
　国メキシコ　飛び込み選手　異カスティージョ
Castillon, Claire　カスティヨン, クレール
　1975〜　国フランス　作家　著文学
Castillo Ruano, Guillermo　カスティジョ・ルアノ, ギジェルモ
　国グアテマラ　通信・インフラ・住宅相
Castillo Vera, Pilar del　カスティリョ・ベラ, ピラール・デル
　国スペイン　教育・文化相
Castioni, Nicole　カスティオーニ, ニコル
　1958〜　著「代議士になったパリの娼婦」草思社　2002
Castle, Barbara Anne　カースル, バーバラ
　1910〜2002　国イギリス　政治家　英国社会保障相, 英国労働党議長
Castle, Caroline　キャッスル, キャロライン
　著「すべての子どもたちのために」ほるぷ出版　2003
Castle, Frances　キャッスル, フランシス
　1966〜　著「ポップアップ」主婦の友社　2011
Castle, Jayne　キャッスル, ジェイン
　著「ミッドナイト・クリスタル」ヴィレッジブックス　2014
Castle, J.R.　キャッスル, J.R.
　著「ドラゴン・ナイト」KADOKAWA　2016
Castle, Lana R.　キャッスル, ラナ・R.
　著「双極性障害のすべて」誠信書房　2011
Castle, Richard　キャッスル, リチャード
　国アメリカ　作家　著ミステリー・スリラー
Castles, Stephen　カースルズ, スティーブン
　著「国際移民の時代」名古屋大学出版会　2011
Castlin, Kristi　カストリン, クリスティ
　国アメリカ　陸上選手
Castner, Brian　キャストナー, ブライアン
　著「ロングウォーク」河出書房新社　2013
Castonzo, Anthony　キャストンゾ, アンソニー
　国アメリカ　アメフト選手
Castor, Harriet　キャスター, ハリエット
　1970〜　著「ガリヴァー旅行記」大日本絵画　2011
Castrignano, Daniela　カストリニャーノ
　国イタリア　テコンドー選手
Castro, Adam-Troy　カストロ, アダム＝トロイ
　1960〜　著「シリンダー世界111」早川書房　2011
Castro, Angela　カストロ, アンヘラ
　?〜2012　国キューバ　カストロ国家評議会議長の実姉
Castro, B.Rey De　カストロ, B.レイ・ド
　著「環境医学入門」中央法規出版　2003
Castro, Carlos　カストロ, カルロス
　国スペイン　サッカー選手
Castro, Cesar　カストロ, セザール
　国ブラジル　水泳選手
Castro, Dana　カストロ, ダナ
　著「あなたは、子どもに「死」を教えられますか？」作品社　2002
Castro, Edmond　カストロ, エドモンド
　国ベリーズ　運輸・国家緊急事態管理相
Castro, Eduardo Batalha Viveiros de　カストロ, エドゥアルド・ヴィヴェイロス・デ
　著「インディオの気まぐれな魂」水声社　2015
Castro, Elizabeth　カストロ, エリザベス
　著「HTML5 & CSS3ビジュアル・クイック・スタートガイド」ピアソン桐原　2012
Castro, Elliot　カストロ, エリオット
　1982〜　著「アザー・ピープルズ・マネー」日之出出版　2009
Castro, Eve de　カストロ, エーヴ・ド
　著「王は踊る」白水社　2001
Castro, Fidel　カストロ, フィデル
　1926〜2016　国キューバ　革命家, 政治家　キューバ国家評議会議長（元首）, キューバ閣僚評議会議長, キューバ革命軍最高司令官　本名＝カストロ・ルス, フィデル〈Castro Ruz, Fidel Alejandro〉
Castro, Gonzalo　カストロ, ゴンサロ
　国ドイツ　サッカー選手
Castro, Jason　カストロ, ジェイソン
　国アメリカ　野球選手
Castro, Jose　カストロ, ホゼ
　国アメリカ　アトランタ・ブレーブスコーチ
Castro, Julián　カストロ, フリアン
　1974〜　国アメリカ　政治家　米国住宅都市開発長官
Castro, Lucas　カストロ, ルーカス
　国アルゼンチン　サッカー選手
Castro, Luis Joel　カストロ, ルイスホエル
　国プエルトリコ　陸上選手
Castro, Marcelo　カストロ, マルセロ
　国ブラジル　保健相
Castro, Mariela　カストロ, マリエラ
　1962〜　国キューバ　キューバ国立性教育センター（CENESEX）所長
Castro, Miguel　カストロ, ミゲル
　国ドミニカ共和国　野球選手
Castro, Miranda　カストロ, ミランダ
　著「お母さんと子どものためのホメオパシー」ホメオパシー出版　2009
Castro, Ramón　カストロ, ラモン
　1924〜2016　国キューバ　フィデル・カストロ国家評議会議長の兄　愛称＝モンゴ〈Mongo〉
Castro, Raúl　カストロ, ラウル
　1931〜　国キューバ　政治家, 革命家　キューバ国家評議会議長（元首）, キューバ閣僚評議会議長, キューバ共産党第1書記　本名＝カストロ・ルス, ラウル〈Castro Ruz, Raúl Modesto〉
Castro, René　カストロ, レネ
　国コスタリカ　環境・エネルギー・通信相
Castro, Ruy　カストロ, ルイ
　1948〜　著「赤と黒」雲母書房　2006
Castro, Starlin　カストロ, スターリン
　国ドミニカ共和国　野球選手
Castro, Wilmar　カストロ, ウィルマル
　国ベネズエラ　生産・通商相
Castro Fernández, Pedro　カストロ・フェルナンデス, ペドロ
　国コスタリカ　公共事業・運輸相
Castro Fonseca, Rodrigo　カストロ・フォンセカ, ロドリゴ
　国コスタリカ　観光相
Castrogiovanni, Martin　カストロジョヴァンニ, マルティン
　国イタリア　ラグビー選手
Castro González, Sonia　カストロ・ゴンサレス, ソニア
　国ニカラグア　保健相
Castro Mendes, Luís　カストロメンデス, ルイス
　国ポルトガル　文化相
Castro-Neves, Helio　カストロネヴェス, エリオ
　1975〜　国ブラジル　レーシングドライバー　異カストロ・ネベス, エリオ／カストロネベス, エリオ
Castronova, Edward　カストロノヴァ, エドワード
　著「「仮想通貨」の衝撃」KADOKAWA　2014
Castronovo, Deen　カストロノバ, ディーン
　国アメリカ　ロック・ドラマー　異カストロノヴァ, ディーン
Castro Rocha, Joao Cezar de　カストロ・ロチャ, ジョアン・セザール・デ
　著「ブラジル」ほるぷ出版　2010
Castro Ruz, Juanita　カストロ, フアーナ
　1933〜　著「カストロ家の真実」中央公論新社　2012
Castro Soteldo, Willmar　カストロ・ソテルド, ウィルマル
　国ベネズエラ　農業生産性・土地相
Castroviejo Nicolas, Jonathan　カストロビエホ

国スペイン　自転車選手
Casty, Gian　カスティ, ギアン
1914～　著「ほんとうのサーカス」 BL出版　2011
Caswell, Julie A.　カズウェル, ジュリー・A.
著「食品安全と栄養の経済学」 農林統計協会　2002
Caswell-Chen, Edward P.　カスウェル - チェン, エドワード
著「IPM総論」 築地書館　2006
Cat, Carlos　カト, カルロス
国ウルグアイ　住宅・環境相
Catalá, Rafael　カタラ, ラファエル
国スペイン　法相
Catalano, Ellen Mohr　カタラノ, E.M.
著「慢性痛のセルフコントロール」 創元社　2005
Catalano, Nick　カタラーノ, ニック
著「クリフォード・ブラウン」 音楽之友社　2003
Cataldi, Danilo　カタルディ, ダニーロ
国イタリア　サッカー選手
Catania, Enzo　カターニア, エンツォ
1940～　著「王者ロナウド」 潮出版社　2003
Catania, Mario　カターニア, マリオ
国イタリア　農林相
Catanzaro, Chandler　カタンザロ, チャンドラー
国アメリカ　アメフト選手
Catanzaro, Michele　カタンツァロ, ミケーレ
著「ネットワーク科学」 丸善出版　2014
Catapano, Mike　カタパーノ, マイク
国アメリカ　アメフト選手
Catchings, Tamika　キャッチングス, タミカ
1979～　国アメリカ　バスケットボール選手
Catchpool, Michael　キャッチプール, マイケル
著「空のおくりもの」 ブロンズ新社　2012
Cate, Annette　ケイト, アネット・ルブラン
著「マジック・ラビット」 BL出版　2009
Cate, Marijke ten　カーテ, マライケ・テン
1974～　著「ぼくのくつしたはどこ？」 ほるぷ出版　2014
Catephores, George　カテフォレス, G.
著「森嶋通夫著作集」 岩波書店　2004
Cater, Douglass　カーター, ダグラス
著「アメリカ―コミュニケーション研究の源流」 春風社　2005
Cater, Gordon R.　カーター, G.R.
著「知っておきたいDNA, 遺伝子, 遺伝子工学の基礎知識」 宝酒造, 丸善(発売)　2001
Cater, Jay　カーター, ジェイ
著「どこにでもいる「イヤな奴」とのつきあい方」 集英社インターナショナル, 集英社(発売)　2004
Cateriano Bellido, Pedro　カテリアノ・ベジド, ペドロ
国ペルー　首相
Cates, Bailey　ケイツ, ベイリー
国アメリカ　作家　専ミステリー, スリラー　別筆名=McRae, Cricket, McRAE, K.C.
Catford, John Cunnison　キャットフォード, ジョン・カニソン
1917～　著「実践音声学入門」 大修館書店　2006
Cathcart, Craig　キャスカート, クレイグ
国北アイルランド　サッカー選手
Cathcart, Thomas　カスカート, トーマス
1940～　著「「正義」は決められるのか？」 かんき出版　2015
Cathelin, Bernard　カトラン, ベルナール
1919～2004　国フランス　画家
Catherine　キャサリン妃
1982～　国イギリス　ウィリアム英国王子夫人　別称=ケンブリッジ公夫人〈Duchess of Cambridge〉, 旧愛称=ケイト〈Kate〉
Catherwood, Frederick　キャサーウッド, フレデリック
1925～2014　国イギリス　実業家, 政治家　英国経営者連盟会長, 欧州議会副議長　通称=キャサーウッド, フレッド〈Catherwood, Fred〉
Cathey, Jack M.　キャシー, J.M.
著「財務会計の理論と応用」 中央経済社　2004
Cathy, Dan　キャシー, ダン
チック・フィル・エー会長兼CEO
Catlin, George　キャトリン, ジョージ
著「アメリカの環境主義」 同友館　2004
Catlin, Katherine　カトリン, キャサリン
著「あなたが伸びれば、会社も伸びる！」 翔泳社　2001
Catlin, Pamela A.　カトリン, パメラ・A.
著「園芸療法メソッド」 東京教学社　2011
Catmull, Ed　キャットムル, エド
1945～　国アメリカ　コンピューター・グラフィックス・デザイナー　ピクサー・アニメーション・スタジオ社長・共同創業者, ディズニー・アニメーション・スタジオ社長　本名=キャットムル, エドウィン〈Catmull, Edwin〉
Cato, Ken　ケイトー, ケン
著「グラフィックデザイン・ファーストチョイス」 グラフィック社　2003
Catoir, Barbara　カトィヤー, バルバラ
著「マジョルカのミロ」 岩波書店　2011
Caton, Helen　ケイトン, ヘレン
著「「赤ちゃんがほしい」自然療法」 産調出版　2002
Caton, Thomas　ケイトン, トーマス
著「英語で楽しむ福岡の郷土料理」 海鳥社　2015
Caton-Jones, Michael　ケイトン・ジョーンズ, マイケル
1957～　国イギリス　映画監督
Catret, Juan　カトレット, ホアン
1937～　著「イグナチオの心を悩ませた2人の仲間」 教友社　2015
Catricalà, Antonio　カトリカラ, アントニオ
国イタリア　官房長官
Catrinici, Larisa　カトリニチ, ラリサ
国モルドバ　保健相
Catrow, David　キャトロウ, デイビッド
著「ぼくの、ぼくの、ぼくのー！」 ポプラ社　2008
Catsos, Patsy　キャッソス, パッツィー
著「過敏性腸症候群は食事で治る！」 弘文堂　2016
Catta, Hervé-Marie　カッタ, エルヴェ・マリー
著「炎と希望」 サンパウロ　2003
Cattaneo, Hernan　カタネオ, エルナン
国アルゼンチン　DJ
Cattaneo, Marco　カッターネオ, マルコ
1963～　著「世界遺産」 ポプラ社　2015
Cattelan, Maurizio　カテラン, マウリツィオ
1960～　著「マウリツィオ・カテラン」 ファイドン　2006
Cattell, Roderic Geoffrey Galton　カトル, リック
著「実践J2EEテクノロジ」 ピアソン・エデュケーション　2002
Cattermole, Lee　キャタモール, リー
国イングランド　サッカー選手
Cattermole, Peter John　カッターモール, ピーター
著「地球と惑星探査」 朝倉書店　2008
Catto, Henry Edward　キャトー, ヘンリー
1930～2011　国アメリカ　外交官　米国広報文化交流庁長官, 駐英米国大使
Catton, Eleanor　カットン, エレノア
1985～　国ニュージーランド　作家
Cattrall, Kim　キャトラル, キム
ゴールデン・ラズベリー賞(ラジー賞) 最低女優賞(第31回(2010年))　"Sex & The City #2"
Catty, Suzanne　カティ, スーザン
著「新訳ハイドロゾル」 フレグランスジャーナル社　2006
Catz, Safra　キャッツ, サフラ
1961～　国アメリカ　実業家　オラクル共同社長・共同CEO　本名=Catz, Safra Ada
Caucau, Asenaca　ザウザウ, アセナザ
国フィジー　女性・社会福祉・貧困対策相
Cauchon, Martin　コション, マルタン
国カナダ　司法相兼法務長官
Cauchon, Rose　コーション, ローズ
著「日本の細道」 コングレガシオン・ド・ノートルダム修道会　2011
Caudwell, Sarah　コードウェル, サラ
著「女占い師はなぜ死んでゆく」 早川書房　2001
Cauley-stein, Willie　コーリー・スタイン, ウィリー
国アメリカ　バスケットボール選手
Caulfield, Patrick Joseph　コールフィールド, パトリック
1936～2005　国イギリス　画家
Caulfield, Tom　コールフィールド, トム
グラミー賞 最優秀録音技術アルバム(クラシック)(2012年(第55回))　"Life & Breath - Choral Works By René Clausen"　エンジニア
Cauna, Aleksandr　カウナ, アレクサンドル
国ラトビア　サッカー選手
Caune, Jean　コーヌ, ジャン
著「コミュニケーションの美学」 白水社　2004
Caunt, John　カウント, ジョン
1946～　著「100のノウハウよりただ一つの自信」 ナナ・コーポレート・コミュニケーション　2008

Causey, Jennifer　コージー, ジェニファー
　1973～　著「BROOKLYN MAKERS」エクスナレッジ　2015
Causic, Goran　チャウシッチ, ゴラン
　国セルビア　サッカー選手
Causley, Charles　コウスリー, チャールズ
　著「動物たちの謝肉祭」BL出版　2007
Causley, Charles Stanley　コーズリー, チャールズ
　1917～2003　国イギリス　詩人
Caussade, Jean-Pierre de　コッサード, J.P.
　著「み旨のままに」ドン・ボスコ社　2013
Causse, Jean-Gabriel　コース, ジャン＝ガブリエル
　1969～　著「色の力」CCCメディアハウス　2016
Cauuet, Paul　コエ, ポール
　アングレーム国際漫画祭 キュルチュラ読者賞（2015年）　"Les Vieux Fourneaux T1 - Ceux Qui Restent"
Cauvin, Patrick　コーヴァン, パトリック
　1932～2010　国フランス　作家　別筆名＝レイネ　異コーバン, パトリック
Cauwelaert, Didier van　コウヴァルト, ディディエ・ヴァン
　1960～　異コーヴラール, ディディエ・ヴァン　著「聖骸布の仔」中央公論新社　2006
Caux, Jacqueline　コー, ジャクリーヌ
　著「リュック・フェラーリとほとんど何もない」現代思潮新社　2006
Cava, Roberta　カバ, ロベルタ
　著「厄介な人たちの上手な扱い方」すばる舎　2005
Cavaco-Silva, Anibal　カバコ・シルバ, アニバル
　1939～　国ポルトガル　政治家, 経済学者　ポルトガル大統領　ポルトガル首相, ポルトガル社会民主党（PSD）党首　本名＝Cavaco-Silva, Anibal António　異カバコシルバ, アニバル
Cavaglià, Gianfranco　カヴァリア, ジャンフランコ
　1945～　著「石造りのように柔軟な」鹿島出版会　2015
Cavagnoud, Regine　キャバニュー, レジーヌ
　1970～2001　国フランス　スキー選手
Cavalcante, Wilson　カヴァルカンテ, ウィルソン
　1950～　著「しあわせを運ぶ牛」新世研　2003
Cavalier, Philippe　カヴァリエ, フィリップ
　1966～　著「図説パリ魔界伝説」原書房　2012
Cavalier, Stephen　キャヴァリА, スティーヴン
　著「世界アニメーション歴史事典」ゆまに書房　2012
Cavalieri, Paola　カヴァリエリ, パオラ
　異ガヴァリエリ, パオラ　著「大型類人猿の権利宣言」昭和堂　2001
Cavallaro, Brittany　カヴァッラーロ, ブリタニー
　1986～　著「女子高生探偵シャーロット・ホームズの冒険」竹書房　2016
Cavallaro, Gina　キャヴァラーロ, ジーナ
　著「ザ・スナイパー」並木書房　2013
Cavalli, Roberto　カヴァリ, ロベルト
　1940～　国イタリア　ファッションデザイナー
Cavallino, Paola　カバリノ
　国イタリア　競泳選手
Cavalli-Sforza, Luigi Luca　キャヴァリ＝スフォルツア, ルイジ・ルカ
　著「文化インフォマティックス」産業図書　2001
Cavallo Jhlos, Maurizio　カヴァーロ・ヒーロス, マオリッツオ
　1952～　著「地球「超」アンダーワールド「内部次元」への侵入」ヒカルランド　2012
Cavanagh, John　カバナ, ジョン
　1955～　著「ポストグローバル社会の可能性」緑風出版　2006
Cavanagh, Roland R.　カバナー, ローランド・R.
　著「シックスシグマ・ウエイ実践マニュアル」日本経済新聞社　2003
Cavanagh, Steve　キャバナー, スティーブ
　国イギリス　作家　著ミステリー, スリラー　異キャヴァナー, スティーヴ
Cavani, Edinson　カバーニ, エディンソン
　国ウルグアイ　サッカー選手
Cavanna, Francois　カヴァナ, フランソワ
　著「ジュテーム」青山出版社　2004
Cavazza, José Luis　カバッサ, ホセ・ルイス
　1957～　著「カンタ・エン・エスパニョール！」新評論　2012
Cavazzuti, Cinzia　カパズッティ
　国イタリア　柔道選手
Cave, Darren　ケイブ, ダレン
　国アイルランド　ラグビー選手
Cave, Lucie　ケイヴ, ルーシー
　著「世界一おバカなセレブ語録」ブルース・インターアクションズ　2007
Cave, Patrick　ケイヴ, パトリック
　1965～　著「シャープ・ノース」カプコン　2005
Cave, Roderick　ケイヴ, ロデリック
　著「世界を変えた100の本の歴史図鑑」原書房　2015
Cave, Susan　ケイヴ, スーザン
　1949～　著「心の問題への治療的アプローチ」新曜社　2007
Cavelius, Alexandra　カヴェーリウス, アレクサンドラ
　1967～　著「ウイグルの母ラビア・カーディル自伝」ランダムハウス講談社　2009
Cavell, Stanley　カヴェル, スタンリー
　1926～　著「悲劇の構造」春秋社　2016
Cavendish, Lucy　キャベンディッシュ, ルーシー
　著「魔女の手引き」アールズ出版　2015
Cavendish, Mark　カベンディッシュ, マーク
　1985～　国イギリス　自転車選手　異カヴェンディッシュ, マーク
Cavero, Arturo　カベロ, アルトゥロ
　1940～2009　国ペルー　歌手　愛称＝サンボ〈Zambo〉　異カヴェロ, アルトゥロ
Caves, Richard E.　ケイブズ, リチャード・E.
　1931～　著「国際経済学入門」日本経済新聞社　2003
Cavet, Benjamin　カベ
　国フランス　フリースタイルスキー選手
Cavezas, Hugo　カベスサ, ウゴ
　国ベネズエラ　大統領府相
Cavic, Milorad　カビッチ
　国セルビア　競泳選手
Cavicchia, Daniele　カヴィッキャ, ダニエーレ
　著「風と一緒の愛」思潮社　2013
Caviezel, Giovanni　カヴィエゼル, G.
　異カヴィエゼル, ジョバンニ / カビエゼル, G.　著「ノアものがたり」ドン・ボスコ社　2009
Caviezel, Jim　カビーゼル, ジム
　1968～　国アメリカ　俳優　本名＝Caviezel, James Patrick　異カヴィーゼル, ジム
Caviness, Madeline Harrison　キャヴィネス, マデリン・H.
　1938～　著「中世における女性の視覚化」ありな書房　2008
Cavo, Arlina　カボ, アーリナ
　1958～　著「ボリスのふゆじたく」学習研究社　2001
Cavoukian, Ann　カブキアン, アン
　著「プライバシー・バイ・デザイン」日経BP社, 日経BPマーケティング（発売）　2012
Cavubati, Tevita　カブバティ, テビタ
　国フィジー　ラグビー選手
Cavusgil, S.Tamer　カブスギル, S.ターマー
　著「ボーングローバル企業論」八千代出版　2013
Çavuşoğlu, Mevlüt　チャブシオール, メブリュト
　国トルコ　外相
Cavuto, Neil　カヴート, ニール
　1958～　著「どん底でつかんだ人生最高の教訓」アスペクト　2007
Cawson, Pat　コーソン, パット
　著「児童の施設養護における仲間による暴力」筒井書房　2009
Cawthorn, Rachel　カーソーン, レーチェル
　国イギリス　カヌー選手　異コーソーン
Cawthorne, Nigel　カウソーン, ナイジェル
　1951～　著「〈図説〉公開処刑の歴史」原書房　2013
Cawthray, Richard　コースレイ, リチャード
　著「箱の本」ビー・エヌ・エヌ新社　2005
Cayetana　カイエターナ
　1926～2014　国スペイン　世界で最も多い称号を持つ貴族　称号＝アルバ公爵夫人〈Duchess of Alba〉
Cayetano Toherida, Ernesto Maria　カイエタノ・トエリダ, エルネスト・マリア
　国赤道ギニア　労働・社会振興相
Caygill, Howard　ケイギル, ハワード
　1958～　著「ベンヤミン」筑摩書房　2009
Caygill, Marjorie　ケイギル, マージョリー
　著「大英博物館のAからZまで」ミュージアム図書　〔2001〕
Cayley, David　ケイリー, デイヴィッド
　著「生きる希望」藤原書店　2006
Caymmi, Dorival　カイミ, ドリバル
　1914～2008　国ブラジル　歌手, 作曲家
Cayrol, Jean　ケロール, ジャン
　1910～2005　国フランス　詩人, 作家　異ケーロール, ジャン

Cazals, Jean カザルス, ジーン
[著]「ザ・サヴォイ・クックブック」 パーソナルメディア 2004
Cazan, Gheorghe Romeo Leonard カザン, ゲオルゲ・ロメオ・レオナルド
[国]ルーマニア 開発計画相 [異]カザン, ゲオルゲロメオレオナルド
Cazanciuc, Robert カザンチウク, ロベルト
[国]ルーマニア 法相
Cazeneuve, Bernard カズヌーブ, ベルナール
[国]フランス 首相
Cazeneuve, Jean カズヌーヴ, ジャン
[著]「本ものの幸福の、ありか」 ジャン・ジャック書房 2005
Cazor, Anne カゾール, アンヌ
[著]「美しいフランス菓子の教科書」 パイインターナショナル 2016
Cazorla, Santi カソルラ, サンティ
1984～ [国]スペイン サッカー選手 別称＝カソルラ, サンチャゴ〈Cazorla, Santiago〉
Cazziolato, Flavia カッジオラト
[国]ブラジル 競泳選手
C'de Baca, Janet セデバカ, ジャネット
[著]「クォンタム・チェンジの心理学」 ブレーン出版 2006
Ceaser, James W. シーザー, ジェームズ・W.
[著]「反米の系譜学」 ミネルヴァ書房 2010
Ceballos Fuentes, Pedro Francisco セバージョスフエンテス, ペドロ
[国]ベネズエラ レスリング選手
Ceban, Nicolae チュバン, ニコライ
[国]モルドバ レスリング選手
Cebanu, Ion チョバヌ, ヨン
[国]モルドバ 青年・スポーツ相
Cebi, Selcuk チェビ, セルチュク
[国]トルコ レスリング選手
Cebotari, Vladimir チェボタリ, ウラディミル
[国]モルドバ 法相
Ceccaldi, Hubert Jean セカルディ, ユベール・ジャン
[国]フランス 元・日仏会館フランス学長, 元・国立高等研究院海洋無脊椎動物生化学生態学研究所長
Ceccarelli, Daniela チェカレリ
[国]イタリア アルペンスキー選手
Ceccherini, Federico チェッケリーニ, フェデリコ
[国]イタリア サッカー選手
Cecchi d'Amico, Suso チェッキ・ダミーコ, スーゾ
1914～2010 [国]イタリア 脚本家 本名＝ダミーコ, ジョヴァンナ・チェッキ [異]チェッキ, スーゾ
Cecchini, Elena チェッキーニ, エレナ
[国]イタリア 自転車選手
Cecchini, Garin チェキーニ, ギャリン
[国]アメリカ 野球選手
Cecchini, Gavin チェキーニ, ギャビン
[国]アメリカ 野球選手
Ceccoli, Nicoletta チェッコリ, ニコレッタ
[異]セコリ, ニコレッタ [著]「はくぶつかんのおしろのおんなのこ」 バベルプレス 2016
Ceceri, Kathy シセリ, キャシー
[著]「ギークマム」 オライリー・ジャパン, オーム社(発売) 2013
Cech, Petr チェフ, ペトル
1982～ [国]チェコ サッカー選手 [異]ツェフ, ペトル
Cech, Thomas Robert チェック, トーマス・ロバート
1947～ [国]アメリカ 化学者 コロラド大学教授
Cechir, Serghei チチル, セルゲイ
[国]モルドバ 重量挙げ選手
Ceci, Stephen J. セシ, スティーブン・J.
[著]「なぜ理系に進む女性は少ないのか？」 西村書店 2013
Cecil, Ben セシル, ベン
[著]「カナダ」 ほるぷ出版 2007
Cecil, Brett シーセル, ブレット
[国]アメリカ 野球選手
Cecil, Laura セシル, ローラ
[著]「おもちゃの時間のはじまりだ」 評論社 2002
Cecil, Randy セシル, ランディ
[著]「ブロントリーナ」 新書館 2010
Ceciliani, Darrell セシリアーニ, ダレル
[国]アメリカ 野球選手
Ceco, Makbule チェコ, マクブレ
[国]アルバニア 副首相兼労働社会問題相
Cedar, Howard シーダー, ハワード
[国]イスラエル ウルフ賞 医学部門(2008年)
Cedar, Joseph シダー, ジョセフ
カンヌ国際映画祭 脚本賞(第64回(2011年))ほか
Cedar, Sally シーダー, サリー
[著]「もりにきょじんがいる」 学習研究社 2003
Cedenio, Machel セデニオ, マチェル
[国]トリニダード・トバゴ 陸上選手
Cedeño, Cesar セデニョ, セサル
[国]ドミニカ共和国 スポーツ・体育教育・余暇相
Cedeno, Xavier セデーニョ, ゼイビア
[国]プエルトリコ 野球選手
Cedeno, Yudel Jhonson セデニョ
[国]キューバ ボクシング選手
Cedeño de Fernández, Margarita セデニョ・デ・フェルナンデス, マルガリタ
[国]ドミニカ共和国 副大統領
Ceder, Naomi セダー, ナオミ
[著]「空飛ぶPython即時開発指南書」 翔泳社 2013
Cederborg, Ann-Christin セーデルボリ, アン - クリスティン
1952～ [著]「知的障害・発達障害のある子どもの面接ハンドブック」 明石書店 2014
Cedric セドリック
[国]ポルトガル サッカー選手
Ceelen, Vicky セーレン, ヴィッキー
[著]「仲良しだから」 グラフィック社 2004
Ceesay, Sulayman シセイ, スレイマン
[国]ガンビア 内務・宗教相
Ceita Batista, Maria セイタバチスタ, マリア
[国]サントメ・プリンシペ 経済相
Cejka, Alex チェイカ, アレックス
[国]ドイツ ゴルフ選手
Cejudo, Henry セジュード
[国]アメリカ レスリング選手
Çeku, Agim チェク, アギム
[国]コソボ 治安維持部隊相
Cela, Camilo José セラ, カミロ・ホセ
1916～2002 [国]スペイン 作家 スペイン上院議員 本名＝Cela Trulock, Camilo José [異]セーラ, カミーロ・ホセ / セーラ, カミロ・ホセ / セラ, カミーロ・ホセ
Celarc, Marija Milojka Kolar ツェラルツ, マリヤ・ミロイカ・コラル
[国]スロベニア 保健相
Celebi, Muge チェレビ, ミュゲ
[国]トルコ 元・トルコ航空客室乗務員
Celek, Brent セレク, ブレント
[国]アメリカ アメフト選手
Celek, Garrett セレク, ギャレット
[国]アメリカ アメフト選手
Celente, Gerald セレンテ, ジェラルド
1946～ [著]「ジジの贈りもの」 文芸春秋 2002
Celenza, Anna Harwell セレンザ, アンナ・H.
[著]「ゴルトベルク変奏曲」 評論社 2010
Celestin, Ray セレスティン, レイ
英国推理作家協会賞 ジョン・クリーシー記念賞(2014年) "The Axeman's Jazz"
Celi, Lia チェリ, リア
[著]「フィギュア・ドリーム」 メディアファクトリー 2010
Çelik, Faruk チェリキ, ファルク
[国]トルコ 食糧・農業・畜産相
Çelik, Hüseyin チェリキ, フセイン
[国]トルコ 国家教育相
Celik, Omer チェリキ, オメル
[国]トルコ 欧州連合(EU)相
Celis, Guillermo セリス, ギジェルモ
[国]コロンビア サッカー選手
Celko, Joe セルコ, ジョー
[著]「プログラマのためのSQLグラフ原論」 翔泳社 2016
Cellario, Patrice チェラリオ, パトリス
[国]モナコ 内相
Celletti, Rodolfo チェレッティ, ロドルフォ
1917～ [著]「テノールの声」 本の風景社, 東京文献センター(発売) 2003
Celli, Simone チェッリ, シモーネ
[国]サンマリノ 財務・予算・郵便・運輸・経済企画長官
Celmer, Michelle セルマー, ミシェル

C

[著]「シンデレラと氷の王子」 ハーレクイン 2015
Cels, Johan セルス, ヨハン
[著]「人間としての尊厳を守るために」 聖学院大学出版会 2012
Celski, J.R. セルスキー
[国]アメリカ ショートトラック選手
Cem, Ismail ジェム, イスマイル
1940～2007 [国]トルコ 政治家 トルコ外相, 新トルコ党党首
Cenac, Wyatt セナック, ワイアット
[著]「ルーク・ケイジ：無慈悲の街」 ヴィレッジブックス 2016
Cenckiewicz, Sławomir ツェンツキェヴィッチ, スワヴォミール
1971～ [著]「アンナのポーランド「連帯」」 同時代社 2012
Cendrowski, Harry チェンドロフスキー, ハリー
[著]「プライベート・エクイティ」 中央経済社 2011
Cenk, Tosun ジェンク・トスン
[国]トルコ サッカー選手
Centeno, Juan センテーノ, ホアン
[国]プエルトリコ 野球選手
Centeno, Mário センテーノ, マリオ
[国]ポルトガル 財務相
Centeno, Pavel センテノ, パベル
[国]グアテマラ 財務相
Centeno Gadea, Edward Francisco センテノ・ガデア, エドワルド・フランシスコ
[国]ニカラグア 農牧相
Centeno Najarro, Humberto センテノ・ナハロ, ウンベルト
[国]エルサルバドル 労働・社会保障相
Center, Allen H. センター, アレン・H.
[著]「体系パブリック・リレーションズ」 ピアソン・エデュケーション 2008
Centner, James L. センツナー, ジェームズ・L.
[著]「ナチの対米隠密作戦・マグパイ」 産経新聞出版 2008
Centofanti, Martina チェントファンティ, マルティナ
[国]イタリア 新体操選手
Centrowitz, Matthew セントロウィッツ, マシュー
[国]アメリカ 陸上選手 [異]セントロウィッツ
Century, Douglas センチュリー, ダグラス
[著]「潜入工作員」 原書房 2008
Čepaitis, Virgilijus Juozas チェパイティス, ヴィルギリウス
1937～ [著]「リトアニア」 中央公論新社 2006
Cepeda, Frederich セペダ, フレデリック
1980～ [国]キューバ 野球選手
Cepeda, María Cristina García セペダ, マリア・クリスティナ・ガルシア
[国]メキシコ 文化相
Cepeda, Orlando セペダ, オーランド
1937～ [著]「オーランド・セペダ自伝」 潮出版社 2006
Cepede Royg, Veronica セペデロイグ, ベロニカ
[国]パラグアイ テニス選手
Ceplak, Jolanda チェプラク
[国]スロベニア 陸上選手
Cepollaro, Biagio チェポッラーロ, ビアージョ
[著]「地上の歌声」 思潮社 2001
Ceppi, Carlo チェッピィ, カルロ
[著]「ラグジュアリー時計ブランドのマネジメント」 Kadokawa 2015
Ceppitelli, Luca チェッピテッリ, ルカ
[国]イタリア サッカー選手
Cerami, Vincenzo チェラーミ, ヴィンチェンツォ
1940～2013 [国]イタリア 脚本家, 作家 [異]チェラーミ, ビンチェンツォ
Cerar, Miro ツェラル, ミロ
1963～ [国]スロベニア 政治家, 法学者 スロベニア首相 本名＝Cerar, Miroslav
Cerasini, Marc A. セラシーニ, マーク
1952～ [異]セラシーニ, マーク・A. [著]「24 twenty four CTU機密記録」 竹書房 2008
Cerasoli, Anna チェラゾーリ, アンナ
[著]「さむらいの刀はどうして折れない？」 世界文化社 2006
Cerasoli, Pasquale セラソリ, パスクワーリ
[著]「カイロプラクティックのプロフェッショナル20人が語る仕事の流儀」 科学新聞社出版局 2012
Cerato, Mattia セラト, マッティア
[著]「めいろでめちゃめちゃあそぶっくどきどきタイム」 ポプラ社 2016
Ceratti, Miriam Kaipper セラッチ, ミリアン・カイッペル
[国]ブラジル 元・在ポルトアレグレ日本国総領事館現地職員, 元・在ポルトアレグレ出張駐在官事務所現地職員
Cercas, Javier セルカス, ハビエル
1962～ [国]スペイン 作家
Cerci, Alessio チェルチ, アレッシオ
[国]イタリア サッカー選手
Ceresna, Jake セレスナ, ジェイク
[国]アメリカ アメフト選手
Cerezo, Celso David セレソ, セルソ・ダビッド
[国]グアテマラ 保健相
Cerezo, Toninho セレーゾ, トニーニョ
1955～ [国]ブラジル サッカー指導者, 元サッカー選手 本名＝セレーゾ, アントニオ・カルロス〈Cerezo, Antonio Carlos〉
Cerf, Vinton Gray サーフ, ビントン
1943～ [国]アメリカ 実業家, コンピューター科学者 グーグル・インターネット・エバンゲリストチーフ MCIデジタル・インフォメーション・サービシーズ上席副社長, インターネット・ソサエティ代表 [専]インターネット [異]サーフ, ビント / サーフ, ヴィント / サーフ, ヴィントン
Cerfon, Osman セルフォン, オスマン
[国]フランス アヌシー国際アニメーション映画祭 その他の賞 “CANAL+creative aid”賞（短編作品）(2011年) “Chroniques de la poisse”
Ceric, Larisa ツェリッチ, ラリサ
[国]ボスニア・ヘルツェゴビナ 柔道選手
Cerisier, Alban スリジエ, アルバン
[著]「星の王子さまの美しい物語」 飛鳥新社 2015
Cerisola, Pedro セリソラ, ペドロ
[国]メキシコ 運輸・通信相
Cerisola Weber, Pedro セリソラ・ウェベル, ペドロ
[国]メキシコ 通信・運輸相
Cerkovskis, Deniss チェルコフスキス
[国]ラトビア 近代五種選手
Cermeño, Antonio セルメニョ, アントニオ
1969～2014 [国]ベネズエラ プロボクサー WBA世界スーパーバンタム級・フェザー級チャンピオン
Černač, Zvonko チェルナチ, ズボンコ
[国]スロベニア 国土形成計画相
Cernogoraz, Giovanni ツェルノゴラズ, ジョバンニ
1982～ [国]クロアチア 射撃選手 [異]チェルノゴラズ, ジョバンニ
Cernomaz, Nikolae チェルノマズ, ニコラエ
[国]モルドバ 外相
Cernuda, Luis セルヌダ, ルイス
[著]「ロルカと二七年世代の詩人たち」 土曜美術社出版販売 2007
Cerny, Vaclav チェルニー, ヴァツラフ
[国]チェコ サッカー選手
Cerovski, Valentin ツェロフスキ, バレンティン
[国]ブルガリア 地域開発相
Cerqueira, Carolina セルケイラ, カロリナ
[国]アンゴラ 文化相
Cerrat, Hector セラト, エクトル
[国]ホンジュラス 第3副大統領
Cerrato, Wilfredo セラト, ウィルフレド
[国]ホンジュラス 財務相
Cerrato, Wilfredo Rafael セラト, ウィルフレド・ラファエル
[国]ホンジュラス 財務相
Cerrato Valladares, Fredis Alonso セラト・バジャダレス, フレディ・アロンソ
[国]ホンジュラス 商工相
Cerro, Manuel Del セーロ, マヌエル・デル
[著]「スペイン語会話クイックレファレンス」 第三書房 2004
Cerruti, Linda チェルッティ, リンダ
[国]イタリア 水泳選手
Cerruto, Oscar セルート, オスカール
[著]「ゆうれいにあげたおみやげ」 新世研 2004
Cerutti, Alison セルッティ, アリソン
[国]ブラジル ビーチバレー選手
Ceruzzi, Paul E. セルージ, ポール・E.
[著]「コンピュータって」 東洋経済新報社 2013
Cervantes Andrade, Raúl セルバンテス・アンドラデ, ラウル
[国]メキシコ 連邦検察庁長官
Cervellati, Pier Luigi チェルヴェッラーティ, ピエル・ルイジ
1936～ [著]「都市を癒す術」 シーライトパブリッシング 2007
Cervelli, Francisco セベリ, フランシスコ
[国]ベネズエラ 野球選手
Cervenka, Hunter サーベンカ, ハンター

[国]アメリカ　野球選手
Cerveris, Michael　セルヴェリス, マイケル
トニー賞 ミュージカル 主演男優賞(2015年(第69回))　"Fun Home"
Cervero, Fernando　サーベロ, フェルナンド
1949～　[著]「痛みを知るために」真興交易(株)医書出版部　2015
Cervi, Antonio　チェルヴィ, アントニオ
1930～2002　[国]イタリア　映画プロデューサー, 映画監督　[異]チェルビ, アントニオ
Cervi, Franco　セルビ, フランコ
[国]アルゼンチン　サッカー選手
Césaire, Aimé Fernand　セゼール, エメ
1913～2008　[国]フランス　詩人, 政治家　フランス国民議会(下院)議員　[異]セゼール, エーメ
Cesana, Andreas　チェザーナ, アンドレアス
1951～　[著]「地球時代を生きる感性」東信堂　2007
Cesar, Bostjan　チェサル, ボシュティアン
[国]スロベニア　サッカー選手
Cesar, Menothy　セザール, メノティ
ヴェネチア国際映画祭 マルチェロ・マストロヤンニ賞(第62回(2005年))　"Vers le sud"
Cesarini, Claudia　チェザリニ, クラウディア
[国]イタリア　近代五種選手
Cesati, Marco　セサティ, マルコ
[著]「詳解Linuxカーネル」オライリー・ジャパン, オーム社(発売)　2007
Cesc　セスク
1987～　[国]スペイン　サッカー選手　本名＝ファブレガス, フランセスク〈Fabregas, Francesc〉　[異]セスク・ファブレガス / ファブレガス, セスク
Cesc Fabregas　セスク・ファブレガス
[国]スペイン　サッカー選手
Ceserani, Gian Paolo　チェゼラーニ, ジアン・パオロ
1939～　[著]「マザーテレサの冒険」女子パウロ会　2009
Česna, Petras　チェスナ, ペトラス
[国]リトアニア　経済相
Céspedes, Derlis　セスペデス, デルリス
[国]パラグアイ　法務・労働相
Céspedes, Luis Felipe　セスペデス, ルイス・フェリペ
[国]チリ　経済・振興・観光相
Cespedes, Yoenis　セスペデス, ヨエニス
1985～　[国]キューバ　野球選手
Cessa, Luis　セッサ, ルイス
[国]メキシコ　野球選手
Cestari, Matteo　チェスターリ, マッテオ
[著]「日本哲学の国際性」世界思想社　2006
Cevallos, José Francisco　セバジョス, ホセ・フランシスコ
[国]エクアドル　スポーツ相
Ceylan, Nuri Bilge　ジェイラン, ヌリ・ビルゲ
カンヌ国際映画祭 パルムドール(第67回(2014年))ほか
Cha, Kum Chol　チャ・グムチョル
[国]北朝鮮　重量挙げ選手
Cha, Sung Sook　チャ・ソンスク
[国]韓国　元・在大韓民国日本国大使館現地職員　漢字名＝車聖淑
Cha, Sung-won　チャ・スンウォン
1970～　[国]韓国　俳優　漢字名＝車勝元
Cha, Tae-hyun　チャ・テヒョン
1976～　[国]韓国　俳優　漢字名＝車太鉉　[異]チヤ・テヒョン
Cha, Victor D.　チャ, ビクター
1961～　[国]アメリカ　政治学者　ジョージタウン大学教授, 米国戦略国際問題研究所(CSIS)韓国部長　米国国家安全保障会議(NSC)アジア部長　[専]東アジア政治, 安全保障論　[異]チャ, ヴィクター・D. / チャ, ビクター・D.
Chaabane, Sadok　シャーバン, サドク
[国]チュニジア　高等教育・科学研究技術相　[異]シャーバヌ, サドク
Chabal, Sébastien　シャバル, セバスチャン
1977～　[国]フランス　ラグビー選手　[異]シャヴァル, セバスチャン
Chabane, Collins　チャバネ, コリンズ
[国]南アフリカ　公共サービス・管理相
Chabane, Ohm Collins　チャバネ, オーム・コリンズ
[国]南アフリカ　大統領府相(モニタリング・検証・管理担当)
Chabbert, Sabine　シャベール, サビーヌ
[著]「レアパフューム」原書房　2015
Chabert, Alexis　シャベール, アレクシ
1962～　[著]「セルジュ・ゲンズブール」Du Books, ディスクユニオン(発売)　2016
Chabert, Antoine　チェバート, アントニー
グラミー賞 最優秀録音技術アルバム(クラシック以外)(2013年(第56回))　"Random Access Memories"　マスタリング・エンジニア
Chabert, Catherine　シャベール, カトリーヌ
1947～　[著]「フランス精神分析における境界性の問題」星和書店　2015
Chabon, Michael　シェーボン, マイケル
1963～　[国]アメリカ　作家　[異]シェイボン, マイケル
Chabot, Jean-Phillipe　シャボ, ジャン＝フィリップ
[著]「インターネットの本」岳陽舎　2001
Chabot, Steve　シャボー, スティーブ
[著]「本当に「中国は一つ」なのか」草思社　2005
Chabouté, Christophe　シャブテ, クリストフ
1967～　[著]「ひとりぼっち」国書刊行会　2010
Chabris, Christopher F.　チャブリス, クリストファー
[著]「錯覚の科学」文芸春秋　2014
Chabrol, Claude　シャブロル, クロード
1930～2010　[国]フランス　映画監督, 俳優　[異]シャブロール, クロード
Chachev, Evgeni　チャチェフ, エフゲニー
[国]ブルガリア　地域開発・建設相
Chacin, Jhoulys　チャシーン, ユーリス
[国]ベネズエラ　野球選手
Chacko, George　チャッコ, ジョージ
[著]「クレジットデリバティブ」ピアソン・エデュケーション　2008
Chacon, Coralie　シャコン
[国]フランス　体操選手
Chacon, Gloria　チャコン, グローリア
[著]「ありがとうマカ 19人の不妊症克服報告」ハート出版　2003
Chacón, Jesse　チャコン, ジェシー
[国]ベネズエラ　電力相　[異]チャコン, ヘセ
Chacon, Michael　チャコーン, マイケル
[著]「直前必修問題集MCP/MCSA/MCSE試験番号70-218 Windows 2000 Network Management」IDGジャパン　2002
Chacón Echeverría, Ana Helena　チャコン・エチェベリア, アナ・エレナ
[国]コスタリカ　第2副大統領
Chacón Piqueras, Carme　チャコン・ピケラス, カルメ
[国]スペイン　国防相
Chadbourn, Mark　チャドボーン, マーク
1960～　[国]イギリス　作家
Chadchart, Sittipunt　チャチャート・シティパン
[国]タイ　運輸相
Chadda, Sarwat　チャダ, サルワット
[著]「デビルズ・キステンプル騎士団の少女」メディアファクトリー　2010
Chaddha, Navin　チャダ, ナビン
投資家　[異]チャダ, ナヴィン
Chaderton, Roy　チャデルトン, ロイ
[国]ベネズエラ　外相
Chadha, Gurinder　チャーダ, グリンダ
[著]「ベッカムに恋して」愛育社　2003
Chadi, Abdelkader　チャディ
[国]アルジェリア　ボクシング選手
Chadli, Bendjedid　シャドリ, ベンジェディド
1929～2012　[国]アルジェリア　政治家, 軍人　アルジェリア大統領・軍最高司令官・国防相, アルジェリア民族解放戦線(FLN)書記長　[異]シャドリー
Chadli, Nacer　シャドリ, ナセル
[国]ベルギー　サッカー選手
Chadraabalyn Lodoidamba　チャドラーバリーン・ロドイダンバ
[著]「モンゴル文学への誘い」明石書店　2003
Chadwick, Alice　チャドウィック, アリス
[著]「ひみつのロンドン」世界文化社　2016
Chadwick, Andrés　チャドウィック, アンドレス
[国]チリ　内相
Chadwick, Henry　チャドウィック, ヘンリー
1920～2008　[国]イギリス　神学者　ケンブリッジ大学名誉教授　[専]古代キリスト教史　[異]チャドウィック, H.
Chadwick, Lynn　チャドウィック, リン
1914～2003　[国]イギリス　彫刻家　本名＝Chadwick, Lynn Russell
Chadwick, Owen　チャドウィック, オーウェン

C

1916～2015 ⓘイギリス 教会史家 ケンブリッジ大学教授 本名＝Chadwick, William Owen
Chadwick, Paul D. チャドウィック, ポール
著「妄想・幻声・パラノイアへの認知行動療法」星和書店 2012
Chae, Dong-ha チェ・ドンハ
1981～2011 ⓘ韓国 歌手
Chae, Yung-bok チェ・ヨンボク
ⓘ韓国 科学技術相 漢字名＝蔡永福
Chaet, Mike チート, マイク
著「ループ」マグロウヒル・エデュケーション, 日本出版貿易（発売）2009
Chafee, Lincoln チェイフィー, リンカーン
1953～ ⓘアメリカ 政治家 米国上院議員（共和党）, ロードアイランド州知事 通称＝Chafee, Line
Chaffee, Todd チェイフィー, トッド
投資家
Chafin, Andrew チェイフィン, アンドリュー
ⓘアメリカ 野球選手
Chagger, Bardish チャガー, バーディッシュ
ⓘカナダ 中小企業・観光相
Chagnoux, Herve シャニュー, エルヴェ
著「コモロ諸島」白水社 2001
Chahar, Digambar チャハル, ディガンバール
著「食品の機能性表示と世界のレギュレーション」薬事日報社 2015
Chahechouhe, Aatif シャヘシュヘ, アーティフ
ⓘモロッコ サッカー選手
Chahed, Youssef シャヘド, ユスフ
ⓘチュニジア 首相
Chahine, Youssef シャヒーン, ユーセフ
1926～2008 ⓘエジプト 映画監督 異シャヒーン, ユセフ
Chai, Ling ツアイ・リン
1966～ ⓘ中国 人権活動家, 民主化運動家, 実業家 漢字名＝柴玲
Chai, R.Makana Risser チャイ, R.マカナ・リサー
1953～ 著「ロミロミとハワイアン・ヒーリングの教科書」BABジャパン 2015
Chaïbou, Laouali シェブ, ラウアリ
ⓘニジェール 公務・行政改革相
Chaibou, Yahaya シャイブ, ヤハイヤ
ⓘニジェール 公務・雇用相
Chaica, Alberto シャイカ
ⓘポルトガル 陸上選手
Chaidez, Natalie チャイデス, ナタリー
著「ペテロの手紙第2, ユダの手紙」いのちのことば社 2009
Chaifou, Ada シャイフ, アダ
ⓘニジェール 環境・都市衛生・持続的開発相
Chaika, Viktoria チャイカ, ビクトリア
ⓘベラルーシ 射撃選手
Chaika, Yuri Y. チャイエ, ユーリー・Y.
ⓘロシア 法相
Chaillet, Jilles シャイエ, J.
1946～ 著「永遠の都ローマ物語」西村書店東京出版編集部 2009
Chailly, Riccardo シャイー, リッカルド
1953～ ⓘイタリア 指揮者 ライプツィヒ・ゲヴァントハウス管弦楽団首席指揮者, ライプツィヒ歌劇場音楽総監督 アムステルダム・コンセルトヘボウ管弦楽団首席指揮者
Chain, B.M. チェーン, B.M.
著「一目でわかる免疫学」メディカル・サイエンス・インターナショナル 2007
Chaipong Pongpanich チャイポン・ポンパニッチ
著「タイビジネスと日本企業」同友館 2012
Chairasmisak, Korsak チャイラスミサック, コルサック
著「東洋的CEO」JDC出版 2010
Chait, Galit チャイト
ⓘイスラエル フィギュアスケート選手
Chait, Norman チャイト, ノーマン
著「実践ヘッジファンド投資」日本経済新聞社 2001
Chaitin, Gregory J. チャイティン, グレゴリー
1947～ 著「「偶然」と「運」の科学」SBクリエイティブ 2016
Chaitow, Leon チャイトー, レオン
著「膜・筋膜」医歯薬出版 2015
Chaiwuti, Bannawat チャイウット・バンナワット
ⓘタイ 工業相
Chaiyarose, Sunee チャイヤロット, スニー

1954～ 著「フェミニストが語るタイ現代史」明石書店 2007
Chaiyawan, Vanich チャイヤワン, ワニット
ⓘタイ 実業家
Chaka Chaka, Yvonne チャカチャカ, イボンヌ
ⓘ南アフリカ 歌手
Chakarov, Dzhevdet チャカロフ, ジェフデット
ⓘブルガリア 環境・水利相
Chakela, Ts'ele チャケラ, ツェレ
ⓘレソト 運輸・公共事業相
Chaker, Slim シャケル, スリム
ⓘチュニジア 財務相
Chakhari, Mohamed Lamine シャハリ, モハメド・ラミン
ⓘチュニジア 産業相
Chakhkiev, Rakhim チャフケフ, ラヒム
1983～ ⓘロシア プロボクサー 異チャフケフ
Chakma, Kalpa Ranjan チャクマ, カルパ・ランジャン
ⓘバングラデシュ チッタゴン丘陵問題相
Chakrabarti, Nina チャクラバーティ, ニナ
著「わたし色のファッション」早川書房 2016
Chakrabarti, Rajesh チャクラバルティ, ラジェッシ
著「インド金融・資本市場の現状と課題」野村資本市場研究所 2008
Chakramon, Phasukavanich チャカモン・パースックワニット
ⓘタイ 工業相
Chakrapong, Norodom チャクラポン, ノロドム
1945～ ⓘカンボジア 政治家 カンボジア副首相 異チャクラポン殿下
Chaktami, Hassen シャフタミ, ハッセン
ⓘチュニジア ボクシング選手
Chakvetadze, Davit チャクベタゼ, ダビト
ⓘロシア レスリング選手
Chalabi, Ahmad Abdel Hadi チャラビ, アフマド
1944～2015 ⓘイラク 政治家, 銀行家 イラク副首相, イラク国民会議(INC)代表, ペトラ銀行頭取 異チャラビ, アハマド
Chalabiyev, Javid チャラビエフ, ジャビド
ⓘアゼルバイジャン ボクシング選手
Chalayan, Hussein チャラヤン, フセイン
1970～ ⓘイギリス ファッションデザイナー, 現代美術家
Chaleff, Ira チャレフ, アイラ
著「ザ・フォロワーシップ」ダイヤモンド社 2009
Chaleo Yoovidhya チャリアオ・ユーウィッタヤー
1922～2012 ⓘタイ 実業家
Chalerm, Ubumrung チャルーム・ウーバムルン
ⓘタイ 副首相
Chalermchai, Sri-on チャルームチャイ・シーオーン
ⓘタイ 労相
Chaleun, Yapaoher チャルーン・ヤパオフー
ⓘラオス 法相 異チャルアン・ヤパオフー
Chalfie, Martin チャルフィー, マーティン
1947～ ⓘアメリカ 生物学者 コロンビア大学教授 専発光生物学
Chalier, Catherine シャリエ, カトリーヌ
著「レヴィナス著作集」法政大学出版局 2016
Chaliha, Jaya チャリハ, ジャヤ
著「日々のことば」女子パウロ会 2009
Chaline, Eric シャリーン, エリック
著「図説世界史を変えた50の機械」原書房 2013
Chalk, Gary チョーク, ゲリー
著「海から来たマリエル」徳間書店 2006
Chalk, Rosemary A. チョーク, ローズマリー
著「家庭内暴力の研究」福村出版 2011
Chalker, Jack Bridger チョーカー, ジャック
1918～2014 著「歴史和解と泰緬鉄道」朝日新聞出版 2008
Challender, Jeff チャレンダー, ジェフ
著「異星文明の巨大証拠群」徳間書店 2003
Challenger, James E. チャレンジャー, ジェームス・E.
1925～ 著「再就職支援」ティビーエス・ブリタニカ 2003
Challinor, Joan R. チャリナー, ジョーン・R.
著「ブルーシールド」日本図書館協会 2007
Challoner, Jack チャロナー, ジャック
著「大図解 人体・ミクロの旅」絵本塾出版 2016
Chalmers, A.F. チャルマーズ, A.F.
著「科学論の展開」恒星社厚生閣 2013
Chalmers, David John チャーマーズ, デイヴィッド・J.
1966～ 異チャーマーズ, デイヴィッド・J. 著「意識の諸相」春秋社 2016

Chalmers, Emily　チャルマーズ, エミリー
　㊕「テーブル・インスピレーション」エディシオン・トレヴィル, 河出書房新社(発売)　2003
Chalmers, Keryn　チャルマーズ, ケルン
　1961～　㊕「会計基準のグローバリゼーション」同文舘出版　2009
Chalmers, Kyle　チャルマーズ, カイル
　㊇オーストラリア　水泳選手
Chalmers, Mary　チャルマーズ, メアリー
　㊕「こねこのハリー」福音館書店　2012
Chalobah, Nathaniel　チャロバー, ナサニエル
　㊇イングランド　サッカー選手
Chaloner, John　シャロン, ジョン
　1924～　㊕「みどりいろのバス」ほるぷ出版　2002
Chalsen, Christopher E.　チャルセン, クリストファー・E.
　㊕「米国特許判例解説」アイ・エル・エス出版　2005
Chalupa, Tomáš　ハルパ, トマーシュ
　㊇チェコ　環境相
Chalupa, Vaclav　ハルパ
　㊇チェコ　ボート選手
Chalykh, Elena　チャルイフ
　㊇ロシア　自転車選手
Cham, Alhaji Abdoulie　チャム, アルハジ・アブドゥライ
　㊇ガンビア　情報・通信インフラ相
Cham, Momodou Kotu　チャム, モモドゥ・コトゥ
　㊇ガンビア　森林・環境相
Cham, Ugala Uriat　チャム・ウガラ・ウリヤトゥ
　㊇エチオピア　駐日特命全権大使
Chama, Davis　チャマ, デイビス
　㊇ザンビア　国防相
Chamberlain, Benedicta　チェンバレン, ベネディクタ
　㊇イギリス　実業家
Chamberlain, David Barnes　チェンバレン, デーヴィッド
　㊕「誕生を記憶する子どもたち」春秋社　2002
Chamberlain, Diane　チェンバレン, ダイアン
　1950～　㊕「癒しの木」文芸春秋　2005
Chamberlain, Joba　チェンバレン, ジャバ
　㊇アメリカ　野球選手
Chamberlain, John Angus　チェンバレン, ジョン
　1927～2011　㊇アメリカ　彫刻家　㊗ジャンク・アート
Chamberlain, Margaret　チェンバレン, マーガレット
　㊕「ピンクになっちゃった!」1万年堂出版　2013
Chamberlain, Owen　チェンバレン, オーエン
　1920～2006　㊇アメリカ　物理学者　カリフォルニア大学名誉教授　本名=Chanberlain, Owen Cheng Heng　㊗チェンバレン, オーウェン
Chamberlain, Trevor　チェンバレン, トレバー
　1933～　㊕「チェンバレン水彩画集」日貿出版社　2011
Chamberland, Marc　チャンバーランド, マーク
　1964～　㊕「ひとけたの数に魅せられて」岩波書店　2016
Chamberlin, J.Edward　チェンバリン, J.エドワード
　1943～　㊇カナダ　文学者　トロント大学名誉教授　㊗チェンバレン, J.エドワード
Chamberlin, Jimmy　チェンバレン, ジミー
　1964～　㊇アメリカ　ロック・ドラマー
Chambers, Aidan　チェンバーズ, エイダン
　1934～　㊗チェインバーズ, エイダン　㊕「二つの旅の終わりに」日本ライトハウス　2004
Chambers, Anna　チェンバーズ, アンナ
　㊗チェンバーズ, アン　㊕「ようこそおばけやしきへ」大日本絵画　〔2015〕
Chambers, Anne Cox　チェンバーズ, アン・コックス
　㊇アメリカ　コックス・エンタープライズ取締役, 元ベルギー大使
Chambers, Calum　チェンバーズ, カラム
　㊇イングランド　サッカー選手
Chambers, Catherine　チャンバーズ, キャサリン
　1954～　㊕「池上彰のニュースに登場する世界の環境問題」さ・え・ら書房　2011
Chambers, Deborah　チェンバース, デボラ
　1954～　㊕「友情化する社会」岩波書店　2015
Chambers, Harry E.　チェンバーズ, ハリー・E.
　㊕「あの上司はなぜあなたに干渉したがるのか?」日本文芸社　2005
Chambers, John　チェンバース, ジョン
　シスコシステムズCEO
Chambers, John B.　チェンバーズ, ジョン・B.
　㊕「内科救急プロトコール」メディカル・サイエンス・インターナショナル　2003
Chambers, John M.　チェンバーズ, J.M.
　㊕「データによるプログラミング」森北出版　2002
Chambers, John T.　チェンバース, ジョン
　㊇アメリカ　実業家　シスコシステムズ会長・CEO　㊗チェンバース, ジョン
Chambers, Marilyn　チェンバース, マリリン
　1952～2009　㊇アメリカ　女優　本名=Briggs, Marilyn Ann
Chambers, Mark　チェンバーズ, マーク
　1980～　㊕「ちっちゃなジェニー」辰巳出版　2013
Chambers, Nicky　チェンバース, ニッキー
　㊕「エコロジカル・フットプリントの活用」インターシフト, 合同出版(発売)　2005
Chambers, Paul　チェンバーズ, ポール
　1968～　㊕「ゾウのジャンボ物語」柊風舎　2009
Chambers, Richard　チェンバース, リチャード
　㊇イギリス　ボート選手
Chambers, Robert　チェンバース, ロバート
　1932～　㊕「開発調査手法の革命と再生」明石書店　2011
Chambers, S.J.　チャンバース, S.J.
　㊕「スチームパンク・バイブル」小学館集英社プロダクション　2015
Chambers, William Nisbet　チェンバース, ウィリアム・N.
　1916～　㊕「アメリカ近代政党の起源」志学社　2013
Chambeshi, Abel　チャンベシ, アベル
　㊇ザンビア　科学技術・職業訓練相
Chambliss, Daniel F.　チャンブリス, ダニエル・F.
　㊕「ケアの向こう側」日本看護協会出版会　2002
Chambliss, Maxie　チャンブリス, マキシー
　㊕「ぼく, おにいちゃんになったんだ」バベルプレス　2009
Chami, Ahmed　シャミ, アハメド
　㊇モロッコ　商工業・ニューテクノロジー相
Chami, Cyril Agust　チャミ, チリル・アグスト
　㊇タンザニア　産業・貿易相
Chamillionaire　カミリオネア
　㊇アメリカ　MTVアワード　最優秀ラップ・ビデオ(第23回(2006年))ほか
Chamine, Shirzad　チャミン, シャザド
　㊕「実力を100%発揮する方法」ダイヤモンド社　2013
Chamisa, Nelson　チャミサ, ネルソン
　㊇ジンバブエ　情報通信技術相
Chamizo Marquez, Frank　チャミゾマルケス, フランク
　㊇イタリア　レスリング選手
Chamo　シャモ
　㊕「かたちシールアクティビティブック」学研プラス　2016
Chamoiseau, Patrick　シャモワゾー, パトリック
　1953～　㊇フランス　作家
Chamorro-Premuzic, Tomas　チャモロ・プリミュージク, トマス
　㊕「自信がない人は一流になれる」PHP研究所　2015
Chamoux, François　シャムー, フランソワ
　1915～2007　㊕「ヘレニズム文明」論創社　2011
Chamovitz, Daniel　チャモヴィッツ, ダニエル
　1963～　㊕「植物はそこまで知っている」河出書房新社　2013
Champ, Heather　チャンプ, ヘザー
　㊕「ウェブオペレーション」オライリー・ジャパン, オーム社(発売)　2011
Champ, Janet　チャンプ, ジャネット
　㊕「スマート・エイジング」ブルース・インターアクションズ　2007
Champagne, Delight　シャンペーン, ディライト
　㊕「スポーツ選手のためのキャリアプランニング」大修館書店　2005
Champagne, François-Philippe　シャンバーニュ, フランソワ フィリップ
　㊇カナダ　国際貿易相
Champagne, Keith　シャンパン, キース
　㊕「バットマン：ラーズ・アル・グールの復活」小学館集英社プロダクション　2012
Champagne, Patrick　シャンパーニュ, パトリック
　1945～　㊕「世論をつくる」藤原書店　2004
Champion, David　チャンピオン, デイビッド
　㊕「営業チームの強化法」ダイヤモンド社　2007
Champion, Janice　チャンピオン, ジャニス
　㊕「英国ボバース講師会議によるボバース概念」ガイアブックス　2013
Champion, Will　チャンピオン, ウィル

1978～ [国]イギリス　ミュージシャン　本名＝チャンピオン, ウィリアム
Cham Prasidh　チャム・プラシット
[国]カンボジア　工業・手工芸相
Champy, James　チャンピー, ジェイムズ
1942～ [異]チャンピー, ジム [著]「顧客感動マーケティング」 日本経済新聞出版社　2009
Chamsidine, Anissi　シャムシディン, アニシ
[国]コモロ　農水・環境相
Chamusca, Pericles　シャムスカ, ペリクレス
1965～ [国]ブラジル　サッカー監督　本名＝シャムスカ, ペリクレス・レイモンド・オリベイラ〈Chamusca, Pericles Raimundo Oliveira〉
Chan, Alan　チャン, アラン
1932～ [著]「フォー・フラッグズ・プラス・ワン」 碧天舎　2004
Chan, Anita　チャン, アニタ
[著]「次の超大国・中国の憂鬱な現実」 朝日新聞社　2003
Chan, Benny　チャン, ベニー
1961～ [国]香港　映画監督　漢字名＝陳木勝
Chan, Byron　チャン, バイロン
[国]パプアニューギニア　鉱業相
Chan, Christine　チャン, クリスティーヌ
1974～ [著]「スーパー恋愛風水術」 春日出版　2008
Chan, Chun Sing　チャン・チュンシン
[国]シンガポール　首相府相　漢字名＝陳振声
Chan, Francis　チャン, フランシス
1967～ [著]「クレイジーラブ」 いのちのことば社　2016
Chan, Fred　チャン, フレッド
[著]「理科の先生のための新しい評価方法入門」 北大路書房　2007
Chan, Fruit　チャン, フルーツ
1959～ [国]香港　映画監督, 脚本家　漢字名＝陳果
Chan, In-pyo　チャ・インピョ
1967～ [国]韓国　俳優　漢字名＝車仁杓
Chan, Jackie　チェン, ジャッキー
1954～ [国]香港　俳優, 映画監督, 映画プロデューサー　漢字名＝成龍〈Sing, Lung〉, 旧芸名＝元樓, 陳元龍
Chan, Ka Wah　チャン, K.W.
1949～ [著]「小児がん」 シュプリンガー・ジャパン　2008
Chan, Kong Choy　チャン・コンチョイ
[国]マレーシア　運輸相
Chan, Koon-chung　チェン・コワンチョン
1952～ [国]中国　作家　漢字名＝陳冠中
Chan, Kylie　チャン, カイリー
[国]オーストラリア　作家　[専]SF, ファンタジー
Chan, Laiwa　チャン・ライワー
[国]中国　実業家　漢字名＝陳麗華
Chan, Laurie　チャン, ローリー
[国]ソロモン諸島　外相
Chan, Margaret　チャン, マーガレット
1947～ [国]中国　医師　世界保健機関（WHO）事務局長　漢字名＝陳馮富珍
Chan, Norma P.　チャン, ノーマ・P.
[国]イギリス　元・国際連合安全保障理事会部部長
Chan, Otto　チャン, オットー
[著]「救急放射線診断のABC」 メディカル・サイエンス・インターナショナル　2009
Chan, Patrick　チャン, パトリック
1990～ [国]カナダ　フィギュアスケート選手 [異]チャン
Chan, Peng Soon　チャン・ペンスン
[国]マレーシア　バドミントン選手
Chan, Peter　チャン, ピーター
1962～ [国]香港　映画監督, 映画プロデューサー　電影人製作有限公司（UFO）主宰　漢字名＝陳可辛
Chan, Priscilla　チャン, プリシラ
マーク・ザッカーバーグ夫人, 小児科医
Chan, Ronald W.　チャン, ロナルド・W.
[著]「バフェット合衆国」 パンローリング　2012
Chan, Sucheng　チャン, スーチェン
[著]「アジア系アメリカ人の光と陰」 大学教育出版　2010
Chan, Teddy　チャン, テディ
1958～ [国]香港　映画監督　漢字名＝陳徳森
Chan, Tommy Koh　チャン, トミー・コー
[国]ソロモン諸島　森林・環境保全相
Chan, Victor　チャン, ビクター
1945～ [著]「素顔のダライ・ラマ」 春秋社　2006
Chan, Vincent W.S.　チャン, ヴィンセント・W.S.
[著]「超音波ガイド下末梢神経ブロック実践ガイドブック」〔末梢神経ブロック研究会〕 c2004
Chan, Vivien　チャン, ヴィヴィアン
[国]香港　実業家　漢字名＝陳慧慧
Chanaratsopon, Charlie　チャナラソポン, チャーリー
起業家, チャーミング・チャーリー創業者
Chance, Britton　チャンス, ブリトン
1913～2010 [国]アメリカ　生物物理学者, 生化学者, ヨットマン　ペンシルベニア大学教授 [専]ミトコンドリアの電子伝達系 [異]チャンス, ブリットン
Chance, Jane　チャンス, ジェーン
1945～ [著]「指輪の力」 早川書房　2003
Chance, Jeremy　チャンス, ジェレミー
1955～ [著]「ひとりでできるアレクサンダー・テクニーク」 誠信書房　2006
Chancellor, Henry　チャンセラー, ヘンリー
1968～ [著]「博物館の秘密」 東京書籍　2009
Chancellor, Kam　チャンスラー, カム
[国]アメリカ　アメフト選手
Chancy, Adeline Magloire　シャンシー, アデリーヌ・マグロワール
[国]ハイチ共和国　女性問題担当相
Chand, Lokendra Bahadur　チャンド, ロケンドラ・バハドル
[国]ネパール　首相兼国防相兼宮内相
Chanda, Nayan　チャンダ, ナヤン
[著]「グローバリゼーション人類5万年のドラマ」 NTT出版　2009
Chandara, Boualy　チャンダラ, ブアリー
[国]ラオス　元・在ラオス日本国大使館現地職員
Chandarpal, Indranie　チャンダルパル, インドラニー
[国]ガイアナ　人的サービス・社会保障相
Chandarpal, Navin　チャンダルパル, ナビン
[国]ガイアナ　農相
Chande, Isac　シャンデ, イザック
[国]モザンビーク　司法・憲法・宗教相
Chandela, Apurvi　チャンデラ, アプルビ
[国]インド　射撃選手
Chandernagor, Françoise　シャンデルナゴール, フランソワーズ
[著]「無冠の王妃マントノン夫人」 中央公論新社　2007
Chan Dinh Hoang　チャン・ディン・ホアン
1939～2010 [国]ベトナム　政治家　ベトナム共産党政治局員, ベトナム日本友好議員連盟会長
Chandio, Moula Bakhsh　チャンディオ, モウラ・バクシュ
[国]パキスタン　政務相
Chandler, Adam　チャンドラー, アダム
米司法省, 弁護士
Chandler, Alfred Dupont, Jr.　チャンドラー, アルフレッド・D., Jr.
[著]「組織は戦略に従う」 ダイヤモンド社　2004
Chandler, Charlotte　チャンドラー, シャーロット
[著]「ビリー・ワイルダー」 アルファベータ　2006
Chandler, Clay　チャンドラー, クレイ
[著]「日本の未来について話そう」 小学館　2011
Chandler, David　チャンドラー, デヴィッド
[著]「飛び込んでみよう！ JETプログラム」 東洋館出版社　2002
Chandler, David G.　チャンドラー, デイヴィッド・ジェフリ
1934～ [異]チャンドラー, デイヴィッド・ジェフリー [著]「ナポレオン戦争」 信山社, 信山社販売（発売）　2003
Chandler, David P.　チャンドラー, デーヴィッド
1933～ [著]「ポル・ポト死の監獄S21」 白揚社　2002
Chandler, Gary G.　チャンドラー, ギャリー・G.
[著]「クレジット・スコアリング」 シグマベイスキャピタル　2001
Chandler, Karen　チャンドラー, カレン
1958～ [著]「エイズ事典」 明石書店　2007
Chandler, Kyle　チャンドラー, カイル
エミー賞 プライムタイム・エミー賞 最優秀主演男優賞（ドラマシリーズ）（第63回（2011年）） "Friday Night Lights"
Chandler, Murray　チャンドラー, マレイ
1960～ [著]「どうしたらチェスできみのパパに勝てるか」 デイリー子供クラブ　2009
Chandler, Otis　チャンドラー, オーティス
1927～2006 [国]アメリカ　新聞人　ロサンゼルス・タイムズ発行人
Chandler, P.J.　チャンドラー, P.J.
[著]「イオン注入の光学的効果」 吉岡書店　2004
Chandler, Steve　チャンドラー, スティーヴ

1944～ 㗊「自分を変える89の方法」ディスカヴァー・トゥエンティワン 2013
Chandler, Timothy チャンドラー, ティモシー
 国アメリカ サッカー選手
Chandler, Tyson チャンドラー, タイソン
 国アメリカ バスケットボール選手
Chandler, Wilson チャンドラー, ウィルソン
 国アメリカ バスケットボール選手
Chandna, Asheem チャンドゥナ, アーシム
 投資家
Chandra, Bipan チャンドラ, ビパン
 1928～ 㗊「近代インドの歴史」山川出版社 2001
Chandra, Lokesh チャンドラ, ロケッシュ
 1927～ 㗊「わが心の師池田大作」鳳書院 2005
Chandra, Ramesh チャンドラ, ラメシュ
 1938～ 㗊「核医学の基本パワーテキスト」メディカル・サイエンス・インターナショナル 2013
Chandra, Sheila チャンドラ, シーラ
 㗊「歯ブラシの法則」飛鳥新社 2011
Chandra, Vikram A. チャンドラ, ヴィクラム・A.
 㗊「カシミールから来た暗殺者」角川書店 2002
Chandra Muzaffar チャンドラ・ムザファ
 㗊「多国間主義と同盟の狭間」国際書院 2006
Chandrasekaran, Rajiv チャンドラセカラン, ラジブ
 1973～ 㗊「グリーン・ゾーン」集英社インターナショナル, 集英社(発売) 2010
Chandrasena, S.M. チャンドラセナ, S.M.
 国スリランカ 農耕サービス・野生生物相
Chandrasonic チャンドラソニック
 国イギリス ギタリスト 本名＝Savale, Steve Chandra
Chaney, Lisa チェイニー, リサ
 㗊「シャネル、革命の秘密」ディスカヴァー・トゥエンティワン 2014
Chang, Angelin チャン, アンジェリン
 グラミー賞 最優秀クラシック器楽独奏(オーケストラつき)(2006年(第49回)) "Messiaen: Oiseaux Exotiques (Exotic Birds)" ソリスト
Chang, Ben チャン, ベン
 㗊「Oracle XMLハンドブック」翔泳社 2001
Chang, Ben-hang ザン・ビンホアン
 1949～ 国台湾 書家 淡江大学文学部教授, 中華民国書学会会長 漢字名＝張炳煌 別チャン・ビンファン / チャン・ベンファン
Chang, Bernard チャン, バーナード
 㗊「NEW 52：ジャスティス・リーグ」ヴィレッジブックス 2013
Chang, Byoung-wan チャン, ビョンワン
 国韓国 企画予算庁長官 漢字名＝張秉浣
Chang, Caroline チャン, カロリナ
 国エクアドル 厚生相
Chang, Chen チャン・チェン
 1976～ 国台湾 俳優 漢字名＝張震
Chang, Dae-whan チャン・デファン
 1952～ 国韓国 新聞人 毎日経済新聞会長 漢字名＝張大煥 別ジャン・デファン
Chang, Dong-Hwa チャン・ドンファ
 国韓国 元・在大韓民国日本国大使館現地職員 漢字名＝張東華
Chang, Do-yeong チャン・ドヨン
 1923～2012 国韓国 軍人 韓国国家再建最高会議議長・首相, 韓国陸軍参謀総長 漢字名＝張都暎 別ジャン・ドヨン
Chang, Eileen チャン, アイリーン
 㗊「ラスト、コーション」集英社 2007
Chang, Gordon G. チャン, ゴードン・G.
 1951～ 国チャン, ゴードン 㗊「人口から読み解く国家の興亡」ビジネス社 2013
Chang, Gordon H. チャン, ゴードン・H.
 㗊「抑留まで」彩流社 2013
Chang, Ha-Joon チャン, ハジュン
 㗊「経済学の95％はただの常識にすぎない」東洋経済新報社 2015
Chang, Hanna チャン, ハンナ
 1982～ 国韓国 チェロ奏者
Chang, Horace チャン, ホレイス
 国ジャマイカ 水利・住宅相
Chang, Hsueh-liang ザン・シュエリャン
 1901～2001 国台湾 軍人, 政治家 中国東北大学校董会名誉主席 漢字名＝張学良, 字＝漢卿, 号＝毅庵 別チャン・シュエリャン

Chang, Iris チャン, アイリス
 1968～2004 国アメリカ ジャーナリスト, 作家 中国名＝張純如
Chang, Jeff チャン, ジェフ
 㗊「ヒップホップ・ジェネレーション」リットーミュージック 2016
Chang, Je-kuk チャン・ジェグク
 1964～ 国韓国 政治学者 東西大学総長 漢字名＝張済国
Chang, Jennifer チャン, ジェニファー
 㗊「次の超大国・中国の憂鬱な現実」朝日新聞社 2003
Chang, Jenny チャン, ジェニー
 1956～ 国台湾 実業家 トレンドマイクロCCO 漢字名＝陳怡蓁 別ジェニー・チャン
Chang, Jin チャン, ジン
 国アメリカ 実業家 Forever21共同創業者 本名＝Chang, Jin Sook
Chang, Jin チャン・ジン
 1971～ 国韓国 映画監督, 演出家, 脚本家
Chang, Jung チアン, ジュン
 1952～ 国イギリス 作家 漢字名＝張戎 別ザン・ロン / チャン・ロン
Chang, Jung-chi チャン・ロンジー
 1980～ 国台湾 映画監督 漢字名＝張栄吉
Chang, Kelly チャン, ケリー
 1973～ 国香港 歌手, 女優 漢字名＝陳彗琳(チャン・ワイラム) 別ケリー・チャン / チン・ケイリン
Chang, Kenneth チャン, ケネス
 㗊「サイエンスライティング」地人書館 2013
Chang, Ken T. チャン, ケン・T.
 㗊「Disney・PIXAR Carsマテルコンプリートガイド」講談社 2012
Chang, Kwang-chih チャン, クワンチー
 1931～2001 国アメリカ 人類学者 エール大学名誉教授, ハーバード大学教授 漢字名＝張光直(ザン・グワンズー)
Chang, Kyung Suk チャン, ギョン・ソク
 㗊「グローバル化と言語能力」明石書店 2015
Chang, Leonard チャン, レナード
 㗊「アンダーキル」アーティストハウス, 角川書店(発売) 2003
Chang, Leslie T. チャン, レスリー・T.
 㗊「現代中国女工哀史」白水社 2010
Chang, Manuel シャン, マヌエル
 国モザンビーク 財務相
Chang, Michael チャン, マイケル
 1972～ 国アメリカ テニス指導者, 元テニス選手
Chang, Morris チャン, モリス
 1931～ 国台湾 実業家 台湾積体電路製造(TSMC)会長・創業者 漢字名＝張忠謀〈チョウ・チュウボウ〉 別チャン, モーリス
Chang, Norman H. チャン, N.H.
 㗊「LSI配線の解析と合成」培風館 2003
Chang, Raymond チャン, レイモンド
 㗊「化学基本の考え方を学ぶ問題と解答」東京化学同人 2011
Chang, Richard Y. チャン, リチャード
 㗊「パッション・カンパニー」春秋社 2001
Chang, Rigoberto チャン, リゴベルト
 国ホンジュラス 人権・司法・ガバナンス・地方分権相
Chang, Sarah チャン, サラ
 1980～ 国アメリカ バイオリニスト
Chang, Seung-woo チャン・スンウ
 国韓国 企画予算庁長官 漢字名＝張丞玗
Chang, Shin-feng チャン・シンフォン
 国中国 文筆家 漢字名＝張鑫鳳
Chang, Song-taek チャン・ソンテク
 1946～2013 国北朝鮮 政治家 北朝鮮国防委員会副委員長, 朝鮮労働党行政部長・政治局員・中央軍事委員, 朝鮮人民軍大将 漢字名＝張成沢 別ジャン・ソンテク
Chang, Steve チャン, スティーブ
 1954～ 国台湾 実業家, コンピューター技術者 トレンドマイクロ会長 漢字名＝張明正(チャン・ミンジャン), 別名＝チャン, M.J.
Chang, Steven C. チャン, スティーブン・C.
 㗊「自毛植毛はどこも同じ、ではない」国書刊行会 2006
Chang, Sylvia チャン, シルビア
 1953～ 国香港 女優, 映画監督 漢字名＝張艾嘉 別チェン, シルビア / チャン, シルヴィア
Chang, Tae-pyong チャン・テピョン
 国韓国 農林水産食品相 漢字名＝張太平

Chang, Terence　チャン, テレンス
1949～　⒤香港　映画プロデューサー
Chang, Tso-chi　チャン, ツォチー
1961～　⒤台湾　映画監督　漢字名＝張作驥　㉟チャン・ツォーチ
Chang, Ung　ジャン, ウン
1938～　⒤北朝鮮　元バスケットボール選手　国際オリンピック委員会（IOC）委員, 北朝鮮オリンピック委員会副会長　漢字名＝張雄
Chang, Winston　チャン, ウィンストン
㊀「Rグラフィックスクックブック」オライリー・ジャパン, オーム社（発売）2013
Chang, Xiang-yu　ツアン・シャンユイ
1923～2004　⒤中国　豫劇女優　河南豫劇院院長, 中国全国人民代表大会（全人代）代表　漢字名＝常香玉
Chang, Yung-fa　チャン・ロンファー
1927～2016　⒤台湾　実業家　長栄集団創業者　漢字名＝張栄発　㉟ザン・ロンファ
Changchien, Louis Ozawa　チャンチェン, ルイ・オザワ
1975～　⒤アメリカ　俳優　漢字名＝塱尾沢　㉟チャンチェン, ルイス・オザワ
Change, Manuel　シャンゲ, マヌエル
⒤モザンビーク　財務相
Chang Escobedo, José Antonio　チャン・エスコベド, ホセ・アントニオ
⒤ペルー　首相兼教育相　㉟チャン・エスクデロ, ホセ・アントニオ
Changeux, Jean-Pierre　シャンジュー, J.-P.
1936～　㊀「脳と心」みすず書房　2008
Chang Hao　ツアン・ハオ
1976～　⒤中国　棋士　囲碁9段（中国棋院）　中国天元　漢字名＝常昊　㉟チャン・ハオ
Changizi, Mark A.　チャンギージー, マーク
1969～　㊀「〈脳と文明〉の暗号」講談社　2013
Changmin　チャンミン
1988～　⒤韓国　歌手, 俳優　別名＝MAX（マックス）
Chang Navarro, Luis Alfonso　チャン・ナバロ, ルイス・アルフォンソ
⒤グアテマラ　エネルギー・鉱山相
Changson Chang, Gabriel　チャンソン・チャン, ガブリエル
⒤南スーダン　野生保護・観光相
Chanjavanakul, Natpat　チャニャヴァナクル, ナットパット
㊀「グローバル化と言語能力」明石書店　2015
Chankrachangwong, Sathinee　チャンクラチャンウォン
⒤タイ　バドミントン選手
Chanmugam, Arjun S.　チャンムガム, アージャン・S.
㊀「ERエラーブック」メディカル・サイエンス・インターナショナル　2012
Channell, Carolyn E.　チャンネル, キャロリン・E.
「大学で学ぶ議論の技法」慶応義塾大学出版会　2004
Channial, Phillippe　シャニアル, フィリップ
㊀「欧州サードセクター」日本経済評論社　2007
Channing, Stockard　チャニング, ストッカード
エミー賞 プライムタイム・エミー賞 最優秀助演女優賞（ドラマシリーズ）（第54回（2002年））ほか
Channon, John　チャノン, ジョン
㊀「ロシア」河出書房新社　2014
Channon, Paul Guinness　チャノン, ポール・ギネス
1935～2007　⒤イギリス　政治家　英国運輸相　別名＝Kelvedon of Ongar, Lord
Chan Nyein　チャン・ニェイン
⒤ミャンマー　教育相　㉟チャン・ニン
Chanos, James S.　カノス, ジェームズ
㊀「実践ヘッジファンド投資」日本経済新聞社　2001
Chansamone, Chanyalath　チャンサモーン・チャンニャーラート
⒤ラオス　国防相
Chan Sarun　チャン・サルン
⒤カンボジア　農林水産相　㉟チャン・サルン
Chansiri, Kraisorn　チャンシリ, クライソン
⒤タイ　実業家　タイ・ユニオン・グループ会長・創業者　㉟クライソン・チャンシリ
Chansiri, Thiraphong　チャンシリ, ティラポン
1965～　⒤タイ　実業家　タイ・ユニオン・グループ社長・CEO　㉟ティラポン・チャンシリ
Chanson, Hubert　チャンソン, H.
1961～　㊀「エコロジストのための流れ学」アイピーシー　2002

Chansy, Phosikham　チャンシ・ポシカム
⒤ラオス　財務相
Chanter, Catherine　チャンター, キャサリン
㊀「泉」東京創元社　2016
Chanthasone Inthavong　チャンタソン・インタヴォン
㊀「ラオスの布を楽しむ」アートダイジェスト　2006
Chantler, Marcia L.　チャントラー, マーシャ・L.
㊀「WM血液・腫瘍内科コンサルト」メディカル・サイエンス・インターナショナル　2005
Chantrell, Glynnis　チャントレル, グリニス
㊀「オックスフォード英単語由来大辞典」柊風舎　2015
Chanu Ngangbam, Soniya　チャヌヌガンバム
⒤インド　重量挙げ選手
Chan-Wook, Park　チャヌク, パク
カンヌ国際映画祭 審査員賞（第62回（2009年））"Bak-Jwi（Thirst）"
Chao, Chi　ツァオ, チー
⒤中国　バレエダンサー　バーミンガム・ロイヤル・バレエ団（BRB）プリンシパル　㉟ツァオ・チー
Chao, David　チャオ, デビッド
投資家
Chao, Elaine L.　チャオ, イレーン
1953～　⒤アメリカ　政治家　米国労働長官, 米国運輸副長官　漢字名＝趙小蘭（チョウ・ショウラン）　㉟チャオ, アイリーン
Chao, Mark　チャオ, マーク
1984～　⒤台湾　俳優　漢字名＝趙又廷
Chao, Ramón　チャオ, ラモン
1935～　㊀「チェのさすらい」トランジスター・プレス　2011
Chao, Ronald Kee Young　チャオ, ロナルド・キー・ヨン
⒤香港, イギリス　永新企業有限公司副会長兼取締役, 百賢教育基金創設者兼会長　漢字名＝曹其鏞
Chaouch, Ali　シャウシュ, アリ
⒤チュニジア　社会・連帯・在外チュニジア人問題相
Chaouech, Ezzedine Bach　シャウエシュ, エゼディン・バッシュ
⒤チュニジア　文化相
Chapin, Miles　チェイピン, マイルズ
㊀「88 keys」小峰書店　2001
Chapin, Rosemary Kennedy　チャピン, ローズマリー, K.
㊀「高齢者・ストレングスモデルケアマネジメント」筒井書房　2005
Chapin, Tom　チャピン, トム
グラミー賞 最優秀子供向け朗読アルバム（2004年（第47回））"The Train They Call The City Of New Orleans"
Chaplet, Anne　シャプレ, アンネ
1952～　⒤ドイツ　ミステリー作家, 政治学者, 現代史家　㊙ミステリー　本名＝シュテファン, コーラ〈Stephan, Cora〉
Chaplin, Geraldine　チャップリン, ジェラルディン
1944～　⒤アメリカ　女優
Chaplin, L.Tarin　チャプリン, L.タリン
㊀「舞踊創作の技法」新宿書房　2005
Chaplin, Sarah　チャップリン, サラ
㊀「ヴィジュアル・カルチャー入門」晃洋書房　2001
Chaplin, Sydney　チャップリン, シドニー
1926～2009　⒤アメリカ　俳優　㉟チャプリン, シドニー
Chapman, Alexander Lawrence　チャップマン, アレクサンダー・L.
㊀「境界性パーソナリティ障害サバイバル・ガイド」星和書店　2009
Chapman, Allan　チャップマン, アラン
1946～　㊀「ビクトリア時代のアマチュア天文家」産業図書　2006
Chapman, Anna　チャップマン, アンナ
⒤ロシア　元美人スパイ　ファンド・サービス・バンク取締役　㉟チャプマン, アンナ
Chapman, Aroldis　チャップマン, アロルディス
⒤キューバ　野球選手
Chapman, Aroldis Albertin　チャップマン, アロルディス
1987～　野球選手　㉟チャップマン
Chapman, Bill G.　チャプマン, ビル・G.
㊀「ロービジョンはここまで見える」大活字　2005
Chapman, Brenda　チャップマン, ブレンダ
㊀「メリダとおそろしの森」竹書房　2012
Chapman, Charles C.　チャップマン, C.C.
1973～　㊀「お客が集まるオンライン・コンテンツの作り方」ダイレクト出版　2013
Chapman, Chris　チャップマン, クリス

[著]「業績評価の理論と実務」 東洋経済新報社 2004
Chapman, Christopher S. チャップマン, クリストファー
[著]「戦略をコントロールする」 中央経済社 2008
Chapman, David W., Jr. チャプマン, ディビッド・W., Jr.
[著]「Cisco PIX Firewall実装ガイド」 ソフトバンクパブリッシング 2003
Chapman, Davis Howard チャップマン, デイビス
[著]「Visual Basicセキュリティプログラミング」 ピアソン・エデュケーション 2001
Chapman, Drew チャップマン, ドルー
[国]アメリカ 作家, 脚本家 [専]スリラー, サスペンス
Chapman, Gary D. チャップマン, ゲーリー
1938～ [異]チャップマン, ゲーリー・D. [著]「愛という名の贈り物」 いのちのことば社 2010
Chapman, Herb チャップマン, ハーブ
1951～ [著]「カインの檻」 文芸春秋 2005
Chapman, Jane チャップマン, ジェーン
1970～ [著]「モティマークリスマスのおひっこし」 いのちのことば社フォレストブックス 2009
Chapman, Jason チャップマン, ジェーソン
[著]「いびきをかいているのはだあれ？」 大日本絵画 〔2010〕
Chapman, Jenny チャップマン, ジェニー
[著]「ウェブ・アニメーション」 グラフィック社 2002
Chapman, Judi チャップマン, ジュディ
[著]「空っぽのくつした」 光文社 2002
Chapman, Kevin チャップマン, ケビン
[国]アメリカ 野球選手
Chapman, Laura-Kate チャップマン, ローラ＝ケイト
[著]「色彩を楽しみながらリラックスできるぬり絵カラーセラピー」 オークラ出版 2016
Chapman, Linda チャップマン, リンダ
1969～ [国]イギリス 作家 [専]児童書 筆名＝Cliff, Alex
Chapman, Lynne チャップマン, リン
1960～ [著]「はいしゃさんにきたのはだれ？」 小峰書店 2008
Chapman, Marina チャップマン, マリーナ
1950？～ [著]「失われた名前」 駒草出版 2013
Chapman, Mark David チャップマン, マーク
1960～ [著]「聖公会物語」 かんよう出版 2013
Chapman, Matt チャップマン, マット
[国]アメリカ 野球選手
Chapman, Merrill R. チャップマン, メリル・R.
1953～ [著]「アホでマヌケな米国ハイテク企業」 インプレス, インプレスコミュニケーションズ(発売) 2004
Chapman, Robert G. チャップマン, R.G.
[著]「再生医学」 エヌ・ティー・エス 2002
Chapman, Simon チャプマン, サイモン
1951～ [著]「タバコを歴史の遺物に」 篠原出版新社 2009
Chapman, S.Michael チャップマン, S.マイケル
[著]「自閉症スペクトラムの移行アセスメントプロフィール」 川島書店 2010
Chapman, Steven Curtis チャップマン, スティーブン・カーティス
グラミー賞 最優秀ポップ/コンテンポラリー・ゴスペル・アルバム(2004年(第47回)) “All Things New”
Chapman, Ysanne チャップマン, イザーネ
[著]「看護における反省的実践」 ゆみる出版 2005
Chapo, El チャポー, エル
グラミー賞 最優秀バンダ・アルバム(2007年(第50回)) “Te Va A Gustar”
Chaponda, George チャポンダ, ジョージ
[国]マラウイ 法相
Chaponda, George Thapatula チャポンダ, ジョージ・タパトゥラ
[国]マラウイ 農業・水開発・灌漑相
Chappel, Tim チャペル, ティム
トニー賞 ミュージカル 衣装デザイン賞(2011年(第65回))ほか
Chappelet, Jean-Loup シャペレ, ジャン＝ルー
[著]「オリンピックマーケティング」 スタジオタッククリエイティブ 2013
Chappelhow, Mary チャペロウ, マリー
[著]「陶芸ろくろのテクニック」 グラフィック社 2002
Chappell, A.Paul チャペル, A.ポール
[著]「実践ヘッジファンド投資」 日本経済新聞社 2001
Chappell, David A. チャペル, デビッド・A.
[著]「エンタープライズサービスバス」 オライリー・ジャパン, オーム社(発売) 2005
Chappell, David W. チャペル, デイビッド・W.
1940～ [著]「文明間の対話」 潮出版社 2004
Chappell, J. チャペル, ジョン
[著]「アコースティック・ギターの極意」 シンコー・ミュージック 2003
Chappelow, Craig チャップロー, クレイグ
[著]「「問題社員」の管理術」 ダイヤモンド社 2007
Chapsal, Madeleine シャプサル, マドレーヌ
[著]「この世でいちばん美しい愛の手紙」 ソニー・マガジンズ 2003
Chapuis, Jean-Frédéric シャピュイ, ジャン・フレデリク
1989～ [国]フランス スキー選手
Charalambous, Charis ハラランブス, ハリス
[国]キプロス 保健相
Charalambous, Sotiroula ハラランブス, ソティルーラ
[国]キプロス 労働・社会保険相 [異]ハラランボス, ソティルーラ
Charan, Ram チャラン, ラム
[著]「取締役会の仕事」 日経BP社, 日経BPマーケティング(発売) 2014
Charbe シャルブ
アングレーム国際漫画祭 表現の自由 シャルリー・エブド賞(2015年)
Charbel, Marwan シャルベル, マルワン
[国]レバノン 内相
Charbin, Alice シャルバン, アリス
1969～ [著]「ねがいごと」 駿河台出版社 2008
Charbonier, Jean-Jacques シャルボニエ, ジャン＝ジャック
[著]「「あの世」が存在する7つの理由」 サンマーク出版 2013
Charbonnet, Gabrielle シャーボネ, ガブリエル
[著]「あの頃、ティファニーで」 ゴマブックス 2008
Chard, Sylvia C. チャード, シルビア・C.
[著]「幼児教育と小学校教育の連携と接続」 光生館 2006
Chardin, Germain シャルダン, ジェルマン
[国]フランス ボート選手
Charest, Isabelle シャレ
[国]カナダ ショートトラック選手
Charfi, Mohamed シャルフィ, モハメド
[国]アルジェリア 法相
Charfreitag, Libor ハルフレイタグ
[国]スロバキア 陸上選手
Chargaff, Erwin シャルガフ, アーウィン
1905～2002 [国]アメリカ 生化学者 コロンビア大学名誉教授 [専]分子生物学, 分子遺伝学, DNA [異]シャルガフ, エルウィン / シャルガフ, エルヴィン
Chargois, J.T. チャーゴイス, JT.
[国]アメリカ 野球選手
Charheika, Illia チャルハイカ, イリア
[国]ベラルーシ 射撃選手
Charice シャリース
1992～ [国]フィリピン 歌手 本名＝ペンペンコ, シャリース〈Pempengco, Charice〉
Charif, Maoulana シャリフ, マウラナ
[国]コモロ 経済・通商・産業相
Charinda, Mohamed チャリンダ, モハメッド
1947～ [著]「しんぞうとひげ」 ポプラ社 2015
Charisse, Cyd チャリース, シド
1922～2008 [国]アメリカ 女優, ダンサー 旧芸名＝ノーウッド, リリー [異]シャリース, シド / チャリシー, シド
Charkashyna, Liubou チャルカシナ
[国]ベラルーシ 新体操選手
Charkham, Jonathan P. チャーカム, ジョナサン
[著]「株主の力と責任」 日本経済新聞社 2001
Charle, Christophe シャルル, クリストフ
1951～ [著]「大学の歴史」 白水社 2009
Charlene シャルレーン公妃
1978～ [国]モナコ 元水泳選手 モナコ公国王妃 [異]シャーリーン / シャルレーヌ
Charles シャルレス
[国]ブラジル サッカー選手
Prince **Charles** チャールズ皇太子
1948～ [国]イギリス エリザベス女王の第一王子 称号＝ウェールズ公〈The Prince of Wales〉 [異]チャールズ
Charles, Benoît シャルル, ブノワ
[著]「どうぶつのあかちゃん」 世界文化社 2011
Charles, Claris チャールズ, クラリス
[国]グレナダ 教育・労働相
Charles, C.Leslie チャールズ, レスリー
[著]「どうしてそんなにイライラするの？」 ダイヤモンド社 2002

C

Charles, Daniel チャールズ, ダニエル
㈉「バイテクの支配者」東洋経済新報社 2003
Charles, Edward チャールズ, エドワード
㈉「テロ対策ハンドブック」ブルース・インターアクションズ 2005
Charles, Jamaal チャールズ, ジェイマール
㈲アメリカ アメフト選手
Charles, Julia チャールズ, ジュリア
㈉「シンプルな最初の一品」ガイアブックス, 産調出版(発売) 2011
Charles, Justina チャールズ, ジャスティナ
㈲ドミニカ共和国 青少年・スポーツ・文化・選挙区相
Charles, Kate チャールズ, ケイト
㈉「死のさだめ」東京創元社 2001
Charles, Mary Eugenia チャールズ, メアリー・ユージニア
1919〜2005 ㈲ドミニカ共和国 政治家 ドミニカ首相 ㈴チャールズ, メアリ・ユージニア / チャールズ, ユージニア
Charles, Maxwell チャールズ, マックスウェル
㈲セントビンセント・グレナディーン 国民和解・公共サービス・労働・情報・教会問題相
Charles, Nicola チャールズ, ニコラ
㈉「くらしの法律小百科Q&A」南雲堂 2001
Charles, Orson チャールズ, オーソン
㈲アメリカ アメフト選手
Charles, Pearnel チャールズ, ペアネル
㈲ジャマイカ 労働・社会保障相
Charles, Pierre チャールズ, ピエール
1954〜2004 ㈲ドミニカ共和国 政治家 ドミニカ首相
Charles, Ray チャールズ, レイ
1930〜2004 ㈲アメリカ ソウル・ミュージシャン 本名=ロビンソン, レイ・チャールズ〈Robinson, Ray Charles〉
Charles, Stefan チャールズ, ステファン
㈲アメリカ アメフト選手
Charles, Victoria チャールズ, ヴィクトリア
㈉「世界の素描1000の偉業」二玄社 2015
Charles-Edwards, T.M. チャールズ=エドワーズ, トマス
㈉「オックスフォードブリテン諸島の歴史」慶応義塾大学出版会 2010
Charleson, Susannah チャールソン, スザンナ
㈉「災害救助犬ものがたり」ハート出版 2011
Charles-Roux, Edmonde シャルル・ルー, エドモンド
1920〜2016 ㈲フランス 作家 ㈉ココ・シャネル研究
Charlesworth, Brian チャールズワース, ブライアン
㈉「進化」岩波書店 2005
Charlesworth, Chris チャールズワース, クリス
㈉「LOOKING THROUGH YOU ザ・ビートルズ写真集」シンコーミュージック・エンタテイメント 2016
Charlesworth, Deborah チャールズワース, デボラ
㈉「進化」岩波書店 2005
Charlesworth, James H. チャールズワース, J.H.
㈉「これだけは知っておきたい史的イエス」教文館 2012
Charlier, Jean-Michel シャルリエ, ジャン=ミシェル
㈉「ブルーベリー」エンターブレイン, 角川グループパブリッシング(発売) 2012
Charlier, Philippe シャルリエ, フィリップ
1977〜 ㈉「死体が語る歴史」河出書房新社 2008
Charlip, Remy シャーリップ, レミー
1929〜 ㈉「シャーリップ, レミイ ㈉「てくとこずんずん」集英社 2012
Charlish, Anne チャーリッシュ, アン
㈉「実践レイキ」産調出版 2006
Charlton, Andrew Henry George チャールトン, アンドリュー
1978〜 ㈉「フェアトレード」日本経済新聞出版社 2007
Charlton, Ann チャールトン, アン
㈉「蟹座の花嫁」ハーレクイン 2003
Charlton, Bobby チャールトン, ボビー
1937〜 ㈲イギリス 元サッカー選手 本名=チャールトン, ロバート〈Charlton, Robert〉 ㈴チャールストン
Charlton, James I. チャールトン, ジェームズ・I.
㈉「私たちぬきで私たちのことは何も決めるな」明石書店 2003
Charlton-Jones, Richard チャールトン・ジョーンズ, リチャード
㈉「ヨーロピアンアンティーク大百科」西洋堂 2004
Charly, Isabelle シャルリ, イザベル
㈉「ルーシーと宝さがしの旅」アシェット婦人画報社 2004
Charlyyev, Charygeldi チャルルイエフ, チャルイゲルディ
㈲トルクメニスタン 農相
Charmasson, Thérèse シャルマソン, テレーズ
1950〜 ㈉「フランス中世史年表」白水社 2007
Charmatz, Bill シャルメッツ, ビル
1925〜2005 ㈉「くるくるかわるねこのひげ」文溪堂 2014
Charmaz, Kathy シャーマズ, キャシー
1939〜 ㈉「グラウンデッド・セオリーの構築」ナカニシヤ出版 2008
Charmel, Patrick A. チャーメル, パトリック・A.
㈉「「患者中心」で成功する病院大改造」医学書院 2016
Charnchai, Chairoongruang チャーンチャイ・チャイルンルアン
㈲タイ 工業相
Charnchai, Likhitjittha チャーンチャイ・リキチッタ
㈲タイ 法相
Charness, Neil チャーネス, ニール
㈉「高齢者のためのデザイン」慶応義塾大学出版会 2013
Charney, Dennis S. チャーニー, デニス・S.
㈉「レジリエンス」岩崎学術出版社 2015
Charney, Noah チャーニー, ノア
1979〜 ㈲アメリカ 作家, 美術史家 ㈲ミステリー ㈴チャーニィ, ノア
Charnvit Kasetsiri チャーンウィット・カセートシリ
1941〜 ㈲タイ 歴史学者, 政治学者 タマサート大学学長 ㈲アユタヤ史, タイ近現代史 ㈴カセートシリ, チャーンウィット
Charon, Rita シャロン, リタ
㈉「ナラティブ・メディスン」医学書院 2011
Charpak, Georges シャルパック, ジョルジュ
1924〜2010 ㈲フランス 物理学者 フランス物理化学高等学院教授, 欧州合同原子核研究機構(CERN)研究員 ㈲高エネルギー物理学 ㈴シャルパク, ジョルジュ
Charpak, Nathalie シャルパック, ナタリー
㈉「小さく生まれた赤ちゃんのカンガルーケア」メディカ出版 2009
Charpy, Elisabeth シャルピー, エリザベス
㈉「聖ルイーズ・ド・マリヤック」ドン・ボスコ社 2002
Charrette, Mark N. シュレット, マーク
㈉「シュレット・アジャスティング・プロトコール」科学新聞社 2006
Chart, David チャート, デイビット
㈉「救済の書:トゥーム・オヴ・サルヴェイション」ホビージャパン 2009
Charteris, Luke チャータリス, ルーク
㈲ウェールズ ラグビー選手
Charters, Samuel チャーターズ, サミュエル
1929〜2015 ㈲アメリカ 黒人音楽研究家, 音楽プロデューサー, 作家 本名=Charters, Samuel Barclay
Chartier, Roger シャルティエ, ロジェ
㈴シャルチエ, ロジェ ㈉「「アナール」とは何か」藤原書店 2003
Chartoff, Robert チャートフ, ロバート
1933〜2015 ㈲アメリカ 映画プロデューサー
Chartrand, Gary チャートランド, ゲアリー
㈉「グラフ理論の魅惑の世界」青土社 2015
Chartrand, Judy チャルトラン, ジュディ
㈉「スポーツ選手のためのキャリアプランニング」大修館書店 2005
Chartrand, Lili シャルトラン, リリ
㈉「えほんをよんで、ローリーポーリー」ポプラ社 2006
Charuca チャルカ
1974〜 ㈉「アイ・ラブ・カワイイ・イラストレーション」グラフィック社 2012
Charupakorn, Joe チャルパコーン, ジョー
㈉「ギター・エクササイズ・パーフェクト・ブック」シンコー・ミュージック 2002
Charushin, Nikita チャルーシン, ニキータ
1934〜 ㈉「北の森の十二か月」福音館書店 2005
Charvet, Shelle Rose シャーベイ, シェリー・ローズ
㈉「NLPイノベーション」春秋社 2013
Charyshina-Kapystina, Natalia チャルーシナ, ナターリャ
1964〜 ㈉「どうぐはなくても」福音館書店 2007
Charyyev, Begench チャルイエフ, ベゲンチ
㈲トルクメニスタン 法相
Chase, Adam W. チェイス, アダム・W.
㈉「トレイルランニング徹底ガイド」インテグラ, サンクチュアリ出版(発売) 2013
Chase, Clifford チェイス, クリフォード

㊄アメリカ　作家　㊈文学
Chase, David　チェイス, デヴィッド
　アメリカ探偵作家クラブ賞 スペシャルエドガー（2005年）
Chase, Emma　チェイス, エマ
　㊉「もつれた関係」オークラ出版　2015
Chase, Heather　チェイス, ヘザー
　㊉「平和をつくった世界の20人」岩波書店　2009
Chase, Jamie　チェイス, ジェイミー
　㊉「超効率的！笑って覚えるイラスト英単語」朝日出版社　2011
Chase, Katie　チェイス, ケイティ
　㊉「リトル・プリンセス」ポプラ社　2013
Chase, Loretta　チェイス, ロレッタ
　1949〜　㊉「花嫁になるための4つの恋物語」竹書房　2015
Chase, Marilyn　チェイス, マリリン
　㊉「サイエンスライティング」地人書館　2013
Chase, Richard X.　チェース, リチャード・X.
　㊉「ポスト・ケインズ派経済学入門」日本経済評論社　2003
Chasek, Pamela　チャセク, パメラ
　㊉「地球公共財の政治経済学」国際書院　2005
Chasemore, Richard　チェイスモア, リチャード
　㊉「スター・ウォーズ旧3部作の主要舞台完全ガイド」シーボルトブックス, 展望社（発売）　2005
Chase-Riboud, Barbara　チェイス・リボウ, バーバラ
　1939〜　㊄アメリカ　作家, 詩人, 彫刻家
Chashemov, Mansurbek　チャシエモフ
　ウズベキスタン　重量挙げ選手
Chasins, Abram　チェイシンズ, エイブラム
　㊉「ビートルズ世界証言集」ポプラ社　2006
Chaskalson, Michael　チャスカルソン, マイケル
　㊉「今日からはじめるマインドフルネス」春秋社　2016
Chasse, Betsy　チャッセ, ベッツィー
　㊉「超次元の成功法則」ビジネス社　2008
Chasseuil, Michel-Jack　シャスイユ, ミシェル=ジャック
　1941〜　㊉「幻のワイン100」河出書房新社　2013
Chast, Roz　チャスト, ロズ
　全米書評家協会賞 自伝（2014年）　"Can't We Talk About Something More Pleasant？"
Chastain, Jessica　チャステイン, ジェシカ
　1977〜　㊄アメリカ　女優
Chastanet, Allen　シャスネ, アレン
　㊄セントルシア　首相兼財務・経済成長・雇用創出・外務・公共サービス相
Chastel, Olivier　シャステル, オリビエ
　㊄ベルギー　予算・簡素化相
Chat, Kobjitti　チャート, コープチッティ
　1954〜　㊉「時」大同生命国際文化基金　2003
Chatat, Clobert　シャタ, クロベール
　㊄カメルーン　都市開発・住宅相
Chataurayn aud, Francis　シャトーレイノ, F.
　1960〜　㊉「科学技術をめぐる言説論的アプローチの展望」国際基督教大学　2007
Chatchai, Sarikulya　チャッチャイ・サリガンヤ
　㊄タイ　農業協同組合相　㊈チャッチャイ・サリガラヤ
Chatel, Luc　シャテル, リュク
　㊄フランス　国民教育・青年相
Châtelet, Noëlle　シャトレ, ノエル
　1944〜　㊄フランス　作家, 女優　パリ第5大学コミュニケーション学教授, フランス文芸家協会副会長
Chatelier, Denis　シャトリエ, ドニ
　1966〜　㊉「神さまがくれた手」清流出版　2010
Chatelin, Francoise　シャトラン, F.
　㊉「行列の固有値」シュプリンガー・フェアラーク東京　2003
Chatelus, Gautier　シャトリュス, ゴーティエ
　㊉「インフラと公共サービスの財政」国際建設技術協会　2001
Chatten, Cathy　チャトゥン, キャシー
　㊉「パーソン・センタード・ケア」クリエイツかもがわ, 京都 かもがわ出版（発売）　2007
Chatterjee, Partha　チャタジー, パルタ
　1947〜　㊄インド　政治学者, 歴史学者　コルカタ社会科学研究センター（CSSS）政治学教授
Chatterjee, Pria　チャタジー, プリア
　㊉「アメリカ超一流大学完全入試マニュアル」講談社　2016
Chatterji, Somnath　チャタジー, S.
　㊉「うつ病という時限爆弾」日本評論社　2003
Chatterji, Susanta Kumar　チャタジー, S.
　㊉「コンクリートの材料科学」森北出版　2002

Chatto, Beth　チャトー, ベス
　㊉「ベス・チャトー奇跡の庭」清流出版　2010
Chaturon, Chaisang　チャトゥロン・チャイサーン
　㊄タイ　副首相
Chatwood, Tyler　チャットウッド, タイラー
　㊄アメリカ　野球選手
Chatzidakis, Kostantinos　ハジダキス, コンスタンディノス
　㊄ギリシャ　地域開発・競争政策・社会基盤・運輸・通信相
Chatzisarantis, Nikos　ハズィザランティス, ニコス
　㊉「スポーツ社会心理学」北大路書房　2007
Châu, Ngô Bào　ゴ・バオ・チャウ
　㊄フランス　フィールズ賞（2010年）
Chau, Solina　チャウ, ソリナ
　㊄香港　ホライゾン・ベンチャーズ共同創業者　漢字名=周凱旋
Chauchard, Claude　ショーシャ, クロード
　1945〜　㊉「カラダの中から美しく痩せる〈ショーシャ式〉体内リズムダイエット」永岡書店　2010
Chaud, Benjamin　ショー, バンジャマン
　1975〜　㊈ショ, ベンジャマン　㊉「うみべの生きもの」少年写真新聞社　2008
Chaudhari, Gauri Shankar　チョーダリー, ガウリ・シャンカル
　㊄ネパール　農業開発相
Chaudhari, Ram Janam　チョーダリ, ラム・ジャナム
　㊄ネパール　保健・人口相
Chaudhry, Mahendra　チョードリー, マヘンドラ
　㊄フィジー　財務・国家計画・公営企業・砂糖改革相
Chaudhuri, Arjun　チョードリー, アルジュン
　㊉「感情マーケティング」千倉書房　2007
Chaudhuri, Kiran　ショーフリ, キラン
　㊉「描写レヴューで教師の力量を形成する」ミネルヴァ書房　2002
Chaudron, Craig　ショードロン, クレイグ
　1946〜　㊉「第2言語クラスルーム研究」リーベル出版　2006
Chaulagain, Kamal Prasad　チョウラガイン, カマル・プラシャド
　㊄ネパール　労働・運輸管理相兼人口・環境相
Chaumaz, Benjamin　ショマーズ, ベンジャミン
　1977〜　㊉「チャーリーと9999にんのサンタクロース」らくだ出版　2002
Chaumiere, Jean François　ショウミエール, ジーン・フランソワ
　㊄モーリシャス　労働・労使関係雇用相
Chauncey, Dan　チョンシー, ダン
　㊉「企業研修トレーナーのためのインストラクショナルデザイン」大学教育出版　2008
Chauncey, George　チョーンシー, ジョージ
　1954〜　㊉「同性婚」明石書店　2006
Chaunu, Pierre　ショーニュー, ピエール
　1923〜2009　㊄フランス　歴史学者　ソルボンヌ大学名誉教授　㊉現代史, ラテンアメリカ史　㊈ショーニュ, ピエール
Chaúque Oliveria, Cidália Manuel　シャウーケ・オリベイラ, シダリア・マヌエル
　㊄モザンビーク　ジェンダー・子ども・社会福祉相
Chaurette, Normand　ショーレット, ノルマン
　カナダ総督文学賞 フランス語 ノンフィクション（2012年）ほか
Chausson, Anne-Caroline　ショソン, アンヌカロリン
　㊄フランス　自転車選手
Chauvin, Yves　ショーヴァン, イヴ
　1930〜2015　㊄フランス　化学者　フランス国営石油研究所名誉研究部長　㊉有機合成におけるメタセシス反応の開発　㊈ショーバン, イブ／ショバン, イブ／ショヴァン, イブ
Chauviré, Yvette　ショヴィレ, イヴェット
　1917〜2016　㊄フランス　バレリーナ　パリ・オペラ座バレエ団エトワール, パリ・オペラ座バレエ団教授　㊈ショビレ, イベット
Chauvy, Michel　シェヴィ, ミシェル
　1933〜　㊉「大指揮者カール・シューリヒト」アルファベータ　2009
Chavagneux, Christian　シャヴァニュー, クリスチアン
　㊉「タックスヘイブン」作品社　2013
Chavalit, Yongchaiyudh　チャワリット・ヨンチャイユット
　㊄タイ　副首相
Chavance, Bernard　シャバンス, ベルナール
　㊉「入門制度経済学」ナカニシヤ出版　2007
Chavarat, Charnvirakul　チャワラット・チャーンウィラクン
　㊄タイ　内相
Chavarría, Daniel　チャヴァリア, ダニエル
　1933〜　㊉「バイク・ガールと野郎ども」早川書房　2002

C

Chavarro, Jorge チャヴァロ, ジョージ・E.
[著]「妊娠しやすい食生活」 マグロウヒル・エデュケーション, 日本経済新聞出版社(発売) 2013

Chavel, Marie-Pierre シャヴァル, マリー＝ピエール
[著]「フランスの馬肉」 日本馬事協会 2009

Chaverri, Danilo チャベリ, ダニロ
[国]コスタリカ 国家企画・経済政策相

Chaves, Henrique シャベス, エンリケ
[国]ポルトガル 首相補佐担当相

Cháves, Javier チャベス, ハビエル
[国]コスタリカ 公共事業運輸相

Chaves de Mendonça, Antônio Aureliano シャベス・デ・メンドンサ, アントニオ・アウレリアノ
1929〜2003 [国]ブラジル 政治家 ブラジル副大統領, ブラジル鉱業動力相

Chaves González, Manuel チャベス・ゴンサレス, マヌエル
[国]スペイン 第3副首相兼地方政策相

Chávez, Adán チャベス, アダン
[国]ベネズエラ 文化相

Chávez, Asdrúbal チャベス, アスドゥルバル
[国]ベネズエラ 石油・鉱業相

Chávez, Hernán Humberto Rosa チャベス, エルナン・ウンベルト・ロサ
[国]エルサルバドル 環境・天然資源相

Chávez, Hugo チャベス, ウゴ
1954〜2013 [国]ベネズエラ 政治家, 軍人 ベネズエラ大統領 本名＝チャベス・フリアス, ウゴ〈Chávez Frías, Hugo Rafael〉 [異]チャベス, ウーゴ

Chavez, Jesse チャベス, ジェシー
[国]アメリカ 野球選手

Chavez, Julio チャベス, フリオ
ベルリン国際映画祭 銀熊賞 男優賞(第57回(2007年)) "El otro"

Chavez, Julio Cesar チャベス, フリオ・セサール
1962〜 [国]メキシコ 元プロボクサー WBC世界ジュニア・ウエルター級チャンピオン 本名＝チャベス・ゴンザレス, フリオ・セサール

Chavez Bietti, Ángela María de Lourdes チャベス・ビエティ, アンヘラ・マリア・デ・ロウルデス
[国]グアテマラ 駐日特命全権大使

Chávez Chávez, Arturo チャベス・チャベス, アルトゥロ
[国]メキシコ 連邦検察庁長官

Chávez Frías, Adan チャベス・フリアス, アダン
[国]ベネズエラ 教育相

Chávez Gómez, Jeannette チャベス・ゴメス, ジャネッテ
[国]ニカラグア 労相 [異]チャベス・ゴメス, ジャネス

Chaviano, Daina チャヴィアノ, ダイナ
1957〜 [国]アメリカ 作家

Chavira, Denise A. キャビラ, デニース・A.
[著]「不安障害」 日本評論社 2005

Chavis, Melody Ermachild チャビス, メロディ・アーマチルド
[著]「ミーナ」 耕文社 2005

Chavouet, Florent シャヴエ, フロラン
1980〜 アングレーム国際漫画祭 フランス国鉄サスペンス(ミステリー)作品賞(2015年) "Petites Coupures à Shioguni"

Chawarska, Katarzyna ハヴァースカ, カタルツィナ
[著]「乳幼児期の自閉症スペクトラム障害」 クリエイツかもがわ, 京都 かもがわ出版(発売) 2010

Chawla, Kalpana チャウラ, カルパナ
1961〜2003 [国]アメリカ 宇宙飛行士

Chawla, Navin チャウラ, ナヴィン
[著]「マザー・テレサ愛の軌跡」 日本教文社 2001

Chawla, Neharika チャウラ, ネーハ
[著]「マインドフルネスに基づく嗜癖行動の再発予防」 日本評論社 2016

Chayhane, Said Ali チャイハン, サイード・アリ
[国]コモロ 財務・予算相

Chayka, Doug チャーカ, ダーグ
[著]「ともだちのしるしだよ」 岩崎書店 2009

Chaykin, Howard チェイキン, ハワード
[著]「スター・ウォーズ：砕かれた帝国」 ヴィレッジブックス 2016

Chazal, Martine シャザル, マルティーヌ
[著]「アール・デコ・ジュエリー」 アートコンサルタントインターナショナル c2007

Chazelle, Celia Martin シャゼル, シーリア
[著]「現代を読み解くための西洋中世史」 明石書店 2014

Chazin, Suzanne チェイズン, スザンヌ
[著]「欺く炎」 二見書房 2004

Chbosky, Stephen チョボウスキー, スティーブン
1970〜 [国]アメリカ 作家, 映画監督 [専]ヤングアダルト [異]チョボウスキー, スティーヴン / チョボスキー, スティーブン

Che, Chew Chan チェ
[国]マレーシア テコンドー選手

Chea, Chan Nakry チア・チャン・ナクリー
[国]カンボジア 元・在カンボジア日本国大使館現地職員

Chea, Daniel チェア, ダニエル
[国]リベリア 国防相

Chea, Kimtha チア・キムター
[国]カンボジア 駐日特命全権大使

Chea, Sim チア・シム
[国]カンボジア 上院議長, カンボジア人民党党首, 元・国民議会議長

Cheadle, Don チードル, ドン
1964〜 [国]アメリカ 俳優 本名＝Cheadle, Donald Frank

Cheah, Pheng チャー, フェン
[著]「デリダ」 岩波書店 2012

Cheal, David J. チール, デイヴィド・J.
[著]「家族ライフスタイルの社会学」 ミネルヴァ書房 2006

Chearavanont, Dhanin ジアラワノン, タニン
[国]タイ CPグループ

Chea Savoeun チア・サボン
[国]カンボジア 宗教問題相

Chea Sim チア・シム
1932〜2015 [国]カンボジア 政治家 カンボジア上院議長, カンボジア人民党党首

Chea Sophara チア・ソパラ
[国]カンボジア 建設相

Cheatham, Jimmy チータム, ジミー
1924〜2007 [国]アメリカ ジャズ・トロンボーン奏者 本名＝チータム, ジェームズ〈Cheatham, James R.〉 [異]チーサム, ジミー

Cheatham, Lillian チーザム, リリアン
[著]「いつわりのハネムーン」 ハーレクイン 2011

Chea Urruela, José Luis チェアウルエラ, ホセ・ルイス
[国]グアテマラ 文化・スポーツ相

Cheban, Iurii チェバン, イウリ
[国]ウクライナ カヌー選手

Cheban, Yuri チェバン, ユーリー
1986〜 [国]ウクライナ カヌー選手 [異]チェバン, ユーリ

Chebbi, Ahmed Nejib シェビ, アハメド・ネジブ
[国]チュニジア 地方開発相

Chebbi, Lazhar Karoui シェビ, ラズハル・カロウイ
[国]チュニジア 法相

Chebel, Malek シェベル, マレク
1953〜 [著]「イスラーム・シンボル事典」 明石書店 2014

Checchetto, Marco ケケィト, マルコ
1975〜 [著]「スター・ウォーズ：砕かれた帝国」 ヴィレッジブックス 2016

Chechi, Yuri ケキ
[国]イタリア 体操選手

Checketts, Darby チェケッツ, ダービー
[著]「自分の人生に「レバレッジ」をかけなさい！」 三笠書房 2009

Checkland, Olive チェックランド, オリーブ
1920〜2004 歴史家 慶応義塾大学福沢研究センター客員所員 [異]チェックランド, オリーヴ

Chedid, Andrée シェディド, アンドレ
[著]「フランス現代詩アンソロジー」 思潮社 2001

Chedzoy, Sue チェゾイ, スー
[著]「英国初等学校の創造性教育」 ITSC静岡学術出版事業部 2009

Chee, Alexander チー, アレグザンダー
1967〜 [著]「エディンバラ・埋められた魂」 扶桑社 2004

Cheek, Bryce チーク, ブライス
[国]アメリカ アメフト選手

Cheek, Joey チーク, ジョーイ
[国]アメリカ スピードスケート選手 [異]チーク

Cheek, Joseph チーク, ジョセフ
[国]アメリカ アメフト選手

Cheeks, Maurice チークス, モーリス
[国]アメリカ オクラホマシティ・サンダーアシスタントコーチ(バスケットボール)

Cheema, Anwar Ali　チーマ, アンワル・アリ
㊐パキスタン　生産相
Cheema, Mushtaq Ali　チーマ, ムシュタク・アリ
㊐パキスタン　繊維産業相
Cheesman, John　チーズマン, ジョン
1962～　㊞「UMLコンポーネント設計」ピアソン・エデュケーション　2002
Cheetham, Craig　チータム, クレイグ
㊞「図説世界の「最悪」クルマ大全」原書房　2010
Cheetham, Dominic John　チータム, ドミニク・J.
1960～　㊞「成長するハリー・ポッター」洋泉社　2005
Cheetham, Nicolas　チータム, ニコラス
㊞「宇宙」河出書房新社　2014
Cheever, Nancy A.　チーバー, ナンシー・A.
㊞「毒になるテクノロジー」東洋経済新報社　2012
Cheffers, Mark　チェファーズ, マーク
㊞「会計倫理の基礎と実践」同文館出版　2011
Chehibi, Mouhssin　シェヒビ
㊐モロッコ　陸上選手
Cheika, Michael　チェイカ, マイケル
㊐オーストラリア　ラグビーコーチ
Cheikh, Mohamed Lemine Ould　シェイフ, モハメド・レミーン・ウルド
㊐モーリタニア　文化・伝統産業相
Cheikh, Moumin Ahmed　シェイク, ムーミン・アハメド
㊐ジブチ　法相
Cheikhachiraf, Abdourahamane Ben　シェイクアキラフ, アブドゥラハマネ・ベン
㊐コモロ　選挙担当相
Cheïkhrouhou, Héla　シェイフルーフー, ハーラ
㊐チュニジア　エネルギー・鉱山・再生可能エネルギー相
Cheikh Rouhou, Nihel　チェフロウウ, ニヒル
㊐チュニジア　柔道選手
Cheiro　キロ
㊞「手は物語る キロ 手相の書」ディスカヴァー・トゥエンティワン　2011
Chekanov, Valentin S.　チェカノフ, ワレンチン・S.
㊐ベラルーシ　貿易相
Chekwa, Chimdi　チェクワ, チムディ
㊐アメリカ　アメフト選手
Chelaru, Marius　チェラル, マリウス
1961～　㊞「風の二重奏」Japan Universal Poets Association　2014
Chelbi, Afif　シェルビ, アフィフ
㊐チュニジア　工業・エネルギー・中小企業相
Chelbi, Mohamed Afif　シェルビ, モハメド・アフィフ
㊐チュニジア　産業・技術相
Chelghoum, Abdesslam　シャルガム, アブデサレム
㊐アルジェリア　漁業・農業・地方開発相
Chelimo, Paul Kipkemoi　チェリモ, ポールキプケモイ
㊐アメリカ　陸上選手
Chelimo, Rose　チェリモ, ローズ
㊐バーレーン　陸上選手
Chelimsky, David　ケリムスキ, デビッド
㊞「The RSpec Book」翔泳社　2012
Chellis, James　チェリス, ジェイムズ
㊞「直前必修問題集MCP/MCSA/MCSE試験番号70-218 Windows 2000 Network Management」IDGジャパン　2002
Chelo, Alessandro　ケーロ, アレッサンドロ
1958～　㊞「リーダーは、ピーターパンの心を持って！」ダイヤモンド社　2004
Chelsea, David　チェルシー, デヴィッド
㊞「パース！」マール社　2013
Chemama, Roland　シェママ, ロラン
㊞「精神分析事典」弘文堂　2002
Chemetoff, André　シェメトフ, アンドレ
MTVアワード 最優秀撮影（第29回（2012年））"Bad Girls"
Chen, Anthony　チェン, アンソニー
1984～　㊐シンガポール　映画監督
Chen, Anthony　チェン, アンソニー
㊞「ソフトウェア要求のためのビジュアルモデル」日経BP社, 日経BPマーケティング（発売）　2013
Chen, Arvin　チェン, アービン
1978～　㊐台湾　映画監督
Chen, Bo-lin　チェン・ボーリン
1983～　㊐台湾　俳優　漢字名＝陳柏霖
Chen, Cheer　チェン, チア
㊐台湾　シンガー・ソングライター　漢字名＝陳綺貞
Chen, Ding　チェン・ディン
1992～　㊐中国　競歩選手　漢字名＝陳定
Chen, Ehan　チン・ガアン
㊐台湾　台湾原住民陳俄安博物館館長　漢字名＝陳俄安
Chen, Eva　チェン, エバ
1959～　㊐台湾　実業家　トレンドマイクロ社長　別名＝E.チェン　㊊チェン, エヴァ
Chen, Hao-su　ツン・ハオシュー
1942～　㊐中国　中国放送・映画・テレビ省次官, 中国人民対外友好協会会長　漢字名＝陳昊蘇
Chen, Herbert　チェン, ハーバート
㊞「外科エラーブック」メディカル・サイエンス・インターナショナル　2010
Chen, Ivy　チェン, アイビー
㊞「台湾カフェ漫遊」情報センター出版局　2005
Chen, Jie　チェン, ジー
1955～　㊞「中国の中間層と民主主義」NTT出版　2015
Chen, Jin-hua　ツン・ジンホワ
1929～　㊐中国　政治家, 実業家　中国全国政治協商会議副主席, 中国国家計画委員会主任, 中国石油化工総公司社長　漢字名＝陳錦華
Chen, Joan　チェン, ジョアン
1961～　㊐アメリカ　女優　漢字名＝陳冲（チェン・チョン）〈Chen, Chong〉　㊊チェン・ツォン
Chen, Jun-sheng　ツン・ジュインセン
1927～2002　㊐中国　政治家　中国共産党中央委員, 中国国務委員　漢字名＝陳俊生
Chen, Kai-ge　チェン・カイコー
1952～　㊐中国　映画監督　漢字名＝陳凱歌　㊊チェン・カイガー／チェン・カイゴー／チン・ガイカ／ツン・カイゴー
Chen, Kevin　チェン, ケヴィン
㊞「コスチュームデザイン」ボーンデジタル　2014
Chen, Kuei-Min　チェン, クエイ‐ミン
㊞「ケアのなかの癒し」看護の科学社　2016
Chen, Kun　チェン・クン
1976～　㊐中国　俳優　漢字名＝陳坤, 英語名＝Aloys
Chen, Li-fu　ツン・リーフー
1900～2001　㊐中国　政治家　中国国民党秘書長　漢字名＝陳立夫　㊊チェン・リーフー／チン・リツフ
Chen, Mu-hua　ツン・ムーホワ
1921～2011　㊐中国　政治家　中国副首相, 中国全国人民代表大会（全人代）常務委員会副委員長, 中華全国婦女連合会名誉主席　漢字名＝陳慕華
Chen, Pauline W.　チェン, ポーリーン・W.
㊞「人はいつか死ぬものだから」河出書房新社　2009
Chen, Qian-wu　ツン・チェンウー
1922～2012　㊐台湾　詩人, 作家　漢字名＝陳千武, 別筆名＝陳桓夫　㊊チェン・チェンウー
Chen, Ran　チェン・ラン
1962～　㊐中国　作家　漢字名＝陳染
Chen, Ray　チェン, レイ
1989～　㊐オーストラリア　バイオリニスト
Chen, Sean　チェン, ショーン
㊞「ルーク・ケイジ：無慈悲の街」ヴィレッジブックス　2016
Chen, Shiatzy　チェン, シャッツィ
1951～　㊐台湾　ファッションデザイナー　漢字名＝陳夏姿
Chen, Shui-bian　チェン・シュイビェン
1951～　㊐台湾　政治家　台湾総統, 台北市長, 台湾民主進歩党主席　漢字名＝陳水扁, 愛称＝阿扁（アーピエン）　㊊チェン・ショイピェン
Chen, Stephen T.　チェン, スティーフン
㊞「ITI Treatment Guide」クインテッセンス出版　2015
Chen, Tyen-Po　チン・デンハク
㊐台湾　高雄日本人学校校医, 元・高雄医学大学教授　漢字名＝陳田柏
Chen, Wei-huan　チェン, W.H.
㊞「微分幾何学講義」培風館　2005
Chen, Wei-Yin　チェン・ウェイン
㊐台湾　野球選手
Chen, Xi-tong　ツン・ツートン
1930～2013　㊐中国　政治家　中国共産党政治局員, 北京市党委書記, 北京市長　漢字名＝陳希同
Chen, Yi-bing　チェン・イービン
1984～　㊐中国　体操選手　漢字名＝陳一氷
Chen, Yi-zi　ツン・イーズー

C

1940〜2014　国中国　趙紫陽共産党総書記の政策ブレーン　プリンストン大学現代中国研究センター副理事長, 中国経済体制改革研究所所長　漢字名=陳一諮　愛チェン・イーチ
Chen, Yuan　ツン・ユアン
　1945〜　国中国　銀行家　BRICS開発銀行中国側準備責任者　中国国家開発銀行董事長, 中国人民銀行副行長　漢字名=陳元　愛チェン・ユアン／チャン・ユアン
Chen, Yu-hsun　チェン・ユーシュン
　1962〜　国台湾　映画監督　漢字名=陳玉勲
Chen, Yunjie　チェン・ユンジェ
　国中国　ロン・ティボー・クレスパン国際音楽コンクール　ピアノ第4位（2009年（第38回））ほか
Chen, Yun-lin　ツン・ユンリン
　1941〜　国中国　政治家　海峡両岸関係協会会長, 中国国務院台湾事務弁公室主任　漢字名=陳雲林
Chen, Zhen　ツン・ズン
　1932〜2005　国中国　アナウンサー　中国放送学会副会長, 国際放送学会理事　愛翻訳学, 放送学　漢字名=陳真　愛チェン・チェン
Chen, Zhi-li　ツン・ズーリー
　1942〜　国中国　政治家　中国全国人民代表大会常務副委員長, 中国国務委員, 中国共産党中央委員　漢字名=陳至立
Chen, Zhong-shi　チェン・チョンシイ
　1942〜2016　国中国　作家　中国作家協会副主席　漢字名=陳忠実
Chen, Zhong-wei　ツン・ゾンウェイ
　1929〜2004　国中国　整形外科医　上海第二医科大学中山医院整形外科主任　漢字名=陳中偉
Chen, Zi-ming　チェン・ズーミン
　1952〜2014　国中国　民主活動家　漢字名=陳子明
Chen, Zu-de　チェン・ツートー
　1944〜2012　国中国　棋士（囲碁）　中国棋院院長, 中国囲碁協会主席　漢字名=陳祖徳　愛ツン・チューデー
Chenaille, Louis　シュナイユ, ルイ
　1969〜　著「情熱」日本放送出版協会　2001
Chenal, Joel　シュナル
　国フランス　アルペンスキー選手
Chenda, Emmanuel　チェンダ, エマニュエル
　国ザンビア　農業・畜産相
Chendi, Patricia　ケンディ, パトリチア
　1970〜　著「王子シッダールタ」ホーム社, 集英社（発売）　2003
Chénel, Pascale　シェネル, パスカル
　著「おおかみの兄弟」ワールドライブラリー　c2014
Che'nelle　シェネル
　歌手　愛シャネル
Cheney, Annie　チェイニー, アニー
　著「死体闇取引」早川書房　2006
Cheney, Dick　チェイニー, ディック
　1941〜　国アメリカ　政治家, 実業家　米国副大統領, 米国国防長官　本名=チェイニー, リチャード〈Cheney, Richard Bruce〉
Cheney, Elizabeth Lynne　チェイニー, リズ
　1966〜　著「心臓」国書刊行会　2014
Cheney, Richard B.　チェイニー, ディック
　著「心臓」国書刊行会　2014
Cheney, Sally　チーニー, サリー
　著「売り渡された娘」ハーレクイン　2011
Cheney, Tom　チェイニー, トム
　1934〜2001　国アメリカ　野球選手　本名=Cheney, Thomas Edger
Cheng, Adam　チェン, アダム
　著「トロント小児病院外傷マニュアル」メディカル・サイエンス・インターナショナル　2008
Cheng, Anne　チャン, アンヌ
　1955〜　著「中国思想史」知泉書館　2010
Cheng, Chung-kuan　チェン, C.
　著「LSI配線の解析と合成」培風館　2003
Cheng, Chu Sian　チェン
　国マレーシア　アーチェリー選手
Cheng, Ekin　チェン, イーキン
　1967〜　国香港　俳優, 歌手　漢字名=鄭伊健
Cheng, Eugenia　チェン, ユージニア
　著「数学教室πの焼き方」原書房　2016
Cheng, François　チェン, フランソワ
　1929〜　国フランス　作家　漢字名=程抱一
Cheng, Gloria　チェン, グローリア
　グラミー賞 最優秀クラシック器楽独奏（オーケストラなし）（2008年（第51回））　"Piano Music Of Salonen, Stucky, And Lutoslawski" ソリスト
Cheng, Hsiao　チェン, シャオ
　著「ミクロ計量経済学の方法」東洋経済新報社　2007
Cheng, Joseph　チェン, ジョセフ
　1982〜　国台湾　俳優　漢字名=鄭元暢
Cheng, Patrick S.　チェン, パトリック・S.
　著「ラディカル・ラブ」新教出版社　2014
Cheng, Ron　チェン, ロン
　著「Autodesk Inventor 9：実践入門」トムソンラーニング, ビー・エヌ・エヌ新社（発売）　2005
Cheng, Si-yuan　ツン・スーユアン
　1908〜2005　国中国　政治家　中国全国人民代表大会常務副委員長, 中国平和統一促進会会長　漢字名=程思遠
Cheng, Victor　チェン, ビクター
　著「戦略コンサルティング・ファームの面接攻略法」ダイヤモンド社　2016
Cheng, Wei　チョン・ウェイ
　滴滴快適　漢字名=程偉
Cheng, Wei-gao　ツン・ウェイガオ
　1933〜2010　国中国　政治家　中国共産党中央委員, 河北省党委書記　漢字名=程維高
Cheng, Yong-hua　チョン・ヨンホワ
　1954〜　国中国　外交官　駐日中国大使　漢字名=程永華
Cheng, Yu-chieh　チェン・ヨウチェー
　1977〜　国台湾　映画監督　漢字名=鄭有傑　愛チェン・ヨウチェ
Cheng, Yu-tung　チェン・ユートン
　国香港　実業家　漢字名=鄭裕彤
Chenge, Andrew　チェンゲ, アンドルー
　国タンザニア　国土開発相
Chénieux-Gendron, Jacqueline　シェニウー=ジャンドロン, ジャクリーヌ
　1940〜　著「シュルレアリスム, あるいは作動するエニグマ」水声社　2015
Chenillo, Mariana　チェニーリョ, マリアナ
　モスクワ国際映画祭 銀賞 監督賞（第31回（2009年））　"Cinco dias sin Nora"（メキシコ）
Chenn, Eric　チェン, エリック
　1964〜　著「車りんのウィリー」コンセル　2006
Chennoth, Joseph　チェノットゥ, ジョセフ
　国バチカン　駐日特命全権大使
Chenoweth, Emily　チェノウェス, エミリー
　著「女友だちの賞味期限」プレジデント社　2006
Chenoweth, Florence　チェノウェス, フローレンス
　国リベリア　農相　愛チェノウエス, フローレンス
Chenoweth, Kristin　チェノウェス, クリスティン
　エミー賞 プライムタイム・エミー賞 最優秀助演女優賞（コメディシリーズ）（第61回（2009年））　"Pushing Daisies"
Chente Barrera y Taconazo　センテ・バレラ・イ・タコナーゾ
　グラミー賞 最優秀テハノ・アルバム（2006年（第49回））　"Sigue El Taconazo"
Cheong, Jun Hoong　チョン・ジュンフーン
　国マレーシア　水泳選手
Cheong, Otfried　チョン, O.
　著「コンピュータ・ジオメトリ」近代科学社　2010
Cheong, Robin　チョン
　国ニュージーランド　テコンドー選手
Chepalova, Yuliya Anatolyevna　チェパロワ
　国ロシア　距離スキー選手
Chepchugov, Sergei　チェプチュゴフ, セルゲイ
　国ロシア　サッカー選手
Chepkoech, Beatrice　チェプコエチ, ベアトリス
　国ケニア　陸上選手
Cheplick, Gregory Paul　チュウプリック, G.P.
　1957〜　著「グラスエンドファイト」東海大学出版会　2012
Cheptegei, Joshua Kiprui　チェプテゲイ, ジョシュア
　国ウガンダ　陸上選手
Cheptoris, Sam　シェフトリス, サム
　国ウガンダ　水資源・環境相
Cher　シェール
　1946〜　歌手, 女優　本名=Sarkisian, Cherilyn Lapierre
Cherchève, Perrine　シェルシェーヴ, ペリーヌ
　著「体位の文化史」作品社　2006
Chercover, Sean　チャーコーバー, シーン
　英国推理作家協会賞 短編ダガー（2009年）　"One Serving of Bad Luck"

Cherdivara-esanu, Mariana　チェルディワラエサヌ, マリアナ
　国モルドバ　レスリング選手
Cherd Songsri　チュート・ソンスィー
　？〜2006　国タイ　映画監督　異チャート・ソンスィー / チャード・ソンスィー
Chéreau, Patrice　シェロー, パトリス
　1944〜2013　国フランス　映画監督, 演出家, 俳優　ナンテール・アマンディエ劇場芸術監督
Cheremisinov, Alexey　チェレミシノフ, アレクセイ
　国ロシア　フェンシング選手　異チェレミシノフ
Cheren, Mel　シェレン, メル
　著「パラダイス・ガラージの時代」ブルース・インターアクションズ　2006
Cherepanov, Alexei　チェレパノフ, アレクセイ
　1989〜2008　国ロシア　アイスホッケー選手
Cherif, Mustapha　シェリフ, ムスタファ
　1950〜　著「イスラームと西洋」駿河台出版社　2007
Chérif, Nanténin　シェリフ, ナンテニン
　国ギニア　社会問題・女性・児童地位向上相
Cherif, Slaheddine　シェルフ, スラヘディン
　国チュニジア　大統領府官房長
Cherif, Walid　シェリフ
　国チュニジア　ボクシング選手
Cherif-abbas, Mohamed　シェリフアッバス, モハメド
　国アルジェリア　退役軍人相
Cherilus, Gosder　チェリラス, ゴスダー
　国アメリカ　アメフト選手
Cherkaoui, Moulay Tayeb　シェルカウイ, ムーライ・タイエブ
　国モロッコ　内相
Cherkaoui, Sidi Larbi　シェルカウイ, シディ・ラルビ
　1976〜　国ベルギー　振付師, ダンサー　国コンテンポラリーダンス
Cherkasova, Alla　チェルカソワ, アラ
　国ウクライナ　レスリング選手
Cherkasskiĭ, Sergeĭ　チェルカッスキー, セルゲイ
　著「スタニスラフスキーとヨーガ」未来社　2015
Cherkos, Abreham　チェルコス
　国エチオピア　陸上選手
Chermayeff, Ivan　チャマイエフ, アイヴァン
　著「お日さまお月さまお星さま」国書刊行会　2009
Chermoshanskaya, Yuliya　チェルモシャンスカヤ
　国ロシア　陸上選手
Chern, Shiing-shen　チャーン, S.S.
　1911〜2004　国アメリカ　数学者　カリフォルニア大学バークレー校名誉教授, 数理諸科学研究所名誉所長, 南開大学数理研究所名誉所長　幾何学　中国名＝陳省身
Chern, Wen S.　チャーン, ウェン・S.
　著「食品安全と栄養の経済学」農林統計協会　2002
Chernaik, Judith　チャーネイク, ジュディス
　著「動物たちの謝肉祭」BL出版　2007
Chernecky, Cynthia C.　チェルネッキー, シンシア　異ケルネッキー, シンシア・C.　著「これだけはおさえておきたいクリティカルケア看護」ガイアブックス　2013
Chernetskyi, Oleksandr　チェルネツキー, オレクサンドル
　国ウクライナ　レスリング選手
Cherni, Majdouline　シャルニ, マジュドゥーリン
　国チュニジア　青年・スポーツ相
Cherniak, Christopher　チャーニアク, クリストファー
　1945〜　著「最小合理性」勁草書房　2009
Cherniak, Maryna　チェルニャク, マリナ
　国ウクライナ　柔道選手
Chernomyrdin, Viktor Stepanovich　チェルノムイルジン, ヴィクトル
　1938〜2010　国ロシア　政治家, 外交官, 実業家　ロシア首相, ガスプロム会長　異チェルノムイルジン, ビクトル
Chernousov, Ilia　チェルノウソフ
　国ロシア　クロスカントリースキー選手
Chernov, Alexei　チェルノフ, アレクセイ
　国ロシア　チャイコフスキー国際コンクール　ピアノ　第5位（2011年（第14回））
Chernova, Natalia　チェルノワ
　国ロシア　トランポリン選手
Chernova, Tatyana　チェルノワ
　国ロシア　陸上選手
Chernow, Ron　チャーナウ, ロン
　国アメリカ　ピュリッツァー賞　文学・音楽　伝記・自伝（2011年）"Washington A Life"

Cherny, Anatoly B.　チェルヌイ, アナトリー・B.
　国ベラルーシ　設計・建設相
Chernysh, Vadym　チェルニシュ, ワジム
　国ウクライナ　被占領地域・国内避難民問題相
Cherono, Mercy　チェロノ, マーシー
　国ケニア　陸上選手
Chéroux, Clément　シェルー, クレマン
　著「アンリ・カルティエ＝ブレッソン」創元社　2009
Cherry, Brittainy C.　チェリー, ブリタニー・C.
　著「奇跡が舞いおりた日に」原書房　2016
Cherry, Damu　チェリー
　国アメリカ　陸上選手
Cherry, Demetrius　チェリー, デメトリアス
　国アメリカ　アメフト選手
Cherry, Don　チェリー, ドン
　国アメリカ　アメフト選手
Cherry, Edith　チェリー, エディス
　著「建築プログラミング」彰国社　2003
Cherry, Georgia　チェリー, ジョージア
　著「シティ・アトラス」日本文芸社　2016
Cherry, Neil James　チェリー, ニール・J.
　著「携帯電話タワー周辺に及ぼす電磁波の健康影響」中継塔問題を考える九州ネットワーク　2005
Chertoff, Michael　チャートフ, マイケル
　1953〜　国アメリカ　法律家　米国国土安全保障長官, 米国連邦高裁判事　異チェートフ / チェルトフ, マイケル
Chertok, Boris　チェルトク, ボリス
　1912〜2011　国ロシア　航空技術者, ロケット設計者　本名＝Chertok, Boris Yevseyevich　異チェルトック, ボリス
Cherue, Frederick　チェル, フレデリック
　国リベリア　法相兼検事総長
Cheruiyot, Vivian Jepkemoi　チェルイヨット, ビビアン
　国ケニア　陸上選手　異チェルイヨット
Chervonenko, Yevgen　チェルボネンコ, エブゲン
　国ウクライナ　運輸・通信相
Cheryshev, Denis　チェリシェフ, デニス
　国ロシア　サッカー選手
Chesbro, George C.　チェスブロ, ジョージ・C.
　著「摩天楼のサファリ」扶桑社　2006
Chesbrough, Henry William　チェスブロウ, ヘンリー
　著「オープン・サービス・イノベーション」阪急コミュニケーションズ　2012
Cheshire, Gerard　チェシャー, ジェラード
　1965〜　著「進化論の世界」創元社　2011
Chesky, Brian　チェスキー, ブライアン
　起業家, エアビーアンドビー創業者
Chesla, Catherine A.　チェスラ, キャサリン
　著「ベナー看護実践における専門性」医学書院　2015
Chesler, Ellen　チェスラー, エレン
　著「マーガレット・サンガー」日本評論社　2003
Chesnais, Francois　シェスネ, フランソワ
　著「別のダボス」柘植書房新社　2002
Chesney, Denise　チェスニー, デニーズ
　1965〜　著「車いすの選び方」医学書院　2001
Chesney, Kenny　チェズニー, ケニー
　国アメリカ　ミュージシャン
Chessa, Francesca　ケッサ, フランチェスカ
　1964〜　著「すてきなともだち」学習研究社　c2008
Chessman, Harriet Scott　チェスマン, ハリエット・スコット
　国アメリカ　作家　文学
Chester, Andrew　チェスター, アンドリュー
　著「公同書簡の神学」新教出版社　2003
Chester, Chris　チェスター, クリス
　国アメリカ　アメフト選手
Chester, Darren　チェスター, ダレン
　国オーストラリア　インフラ・運輸相
Chester, Jonathan　チェスター, ジョナサン
　著「ペンギンがおしえてくれる幸せのヒント」二見書房　2008
Chesterfield, Sadie　チェスタフィールド, サディー
　著「かいじゅうたちのいるところ」河出書房新社　2009
Chestnut, Terrell　チェストナット, テレル
　国アメリカ　アメフト選手
Chesworth, Niki　チェスワーズ, ニキ
　著「お金持ちになる」トランスワールドジャパン　2003
Chetcuti, William　チェトクチ, ウィリアム
　国マルタ　射撃選手　異チェトゥーチ

C

Cheuang, Sombounkhanh チュアン・ソムブーンカン
[国]ラオス 首相府相兼官房長官
Cheung, Aaron チャン, アーロン
ホームジョイ
Cheung, Adora チャン, アドーラ
ホームジョイCEO
Cheung, Cecilia チャン, セシリア
1980～ [国]香港 女優, 歌手 漢字名＝張柏芝
Cheung, Corjena K. チャン, コリーナ・K.
[著]「ケアのなかの癒し」 看護の科学社 2016
Cheung, Jacky チュン, ジャッキー
1961～ [国]香港 歌手, 俳優 漢字名＝張学友 [異]チョン, ジャッキー
Cheung, Jim チャン, ジム
[異]チェン, ジム [著]「シージ」 ヴィレッジブックス 2015
Cheung, Ka Wai チャン, カー・ワイ
[著]「Developer's Code」 アスキー・メディアワークス, 角川グループパブリッシング(発売) 2012
Cheung, King-Kok チャン, キンコック
1954～ [著]「アジア系女性作家論」 彩流社 2015
Cheung, Leslie チャン, レスリー
1956～2003 俳優, 歌手 中国名＝張国栄(ザン・グオロン) [異]チェン, レスリー
Cheung, Lilian W.Y. チェン, リリアン
1951～ [著]「味わう生き方」 木楽舎 2011
Cheung, Maggie チャン, マギー
1964～ [国]香港 女優 漢字名＝張曼玉〈Cheung, Man-yuk〉 [異]チェン, マギー / チョン, マギー
Cheung, Rickey チャン, リッキー
[著]「トレーディング・エッジ」 レーヴック, 星雲社(発売) 2007
Cheung, Vincent チューン, ヴィンセント
[著]「ハーバードMBA合格者のエッセイを読む」 オープンナレッジ 2007
Cheung, William チョン, ウィリアム
1953～ [国]香港 映画美術監督, 衣装デザイナー 漢字名＝張叔平 [異]チョウ・シュクヘイ
Chevalier, Jean-Marie シュヴァリエ, ジャン＝マリー
[著]「21世紀エネルギー革命の全貌」 作品社 2013
Chevalier, Louis シュヴァリエ, ルイ
1911～2001 [著]「三面記事の栄光と悲惨」 白水社 2005
Chevalier, Roger シュバリエ, ロジャー
[著]「リーダーシップ・マスター」 英治出版 2013
Chevalier, Tracy シュバリエ, トレイシー
1962～ [国]アメリカ 作家 [専]歴史 [異]シュヴァリエ, トレイシー
Chevallaz, Georges-Andre シュヴァラ, ジョルジュアンドル
1915～2002 [国]スイス 政治家 スイス大統領 [異]シュバラ, ジョルジュアンドル
Chevallier, Marielle シュヴァリエ, マリエル
[著]「フランスの歴史」 明石書店 2011
Chevallier, Raymond シュヴァリエ, レモン
1929～2004 [著]「ハドリアヌス帝」 白水社 2010
Chevénement, Jean-Pierre シュベーヌマン, ジャン・ピエール
1939～ [国]フランス 政治家 共和派市民運動(MRC)党首 フランス内相, フランス上院議員 [異]シュベヌマン / シュヴェヌマン / シュヴェヌマン, ジャン＝ピエール
Cheverton, Peter シェバートン, ピーター
[著]「グローバルアカウントマネジメント入門」 英治出版 2009
Chevreau-Kandel, Clotilde シュヴロー＝カンデル, クロティルド
[著]「刺しゅうのステッチ」 日本ヴォーグ社 2003
Chevrel, Yves シュヴレル, イヴ
[著]「比較文学入門」 白水社 2009
Chew, Alex L. チュウ, アレックス・L.
[著]「アドラー心理学への招待」 金子書房 2004
Chew, Choon Seng チュウ・チュン・セン
[国]シンガポール 実業家 シンガポール航空CEO
Chew, Hélène シュー, エレーヌ
[著]「ケルト文明とローマ帝国」 創元社 2004
Chew, Phillip チュー, フィリップ
[国]アメリカ バドミントン選手
Chew, Ruth チュウ, ルース
1920～2010 [国]アメリカ 児童文学作家, イラストレーター
Chew, Tai Soo チュー・タイスー
[国]シンガポール 元・駐日シンガポール大使, 元・東日本大震災対日支援担当特命大使
Chey, Tae-won チェ・テウォン
1961～ [国]韓国 実業家 SKグループ会長・共同CEO 漢字名＝崔泰源
Cheyfitz, Kirk チェイフィッツ, カーク
[著]「「型はまり経営」のすすめ」 阪急コミュニケーションズ 2004
Cheyo, Gideon チェヨ, ギデオン
[国]タンザニア 国土開発相
Cheysson, Claude シェイソン, クロード
1920～2012 [国]フランス 政治家 欧州議会議員, EC委員, フランス外相
Cheywa, Milcah Chemos チェイワ
[国]ケニア 陸上選手
Chhabra, Anikar Bobby チャブラ, A.ボビー
[著]「スポーツ診療ビジュアルブック」 メディカル・サイエンス・インターナショナル 2016
Chhay Than チャイ・タン
[国]カンボジア 計画相 [異]チャイ・タン
Chhea Song チア・ソン
[国]カンボジア 農林水産相
Chhetri, Neelam Khadka チェトリ, ニーラム・カドカ
[国]ネパール 女性児童・社会福祉相
Chhi, Khiam-sin チィ・キャムシン
1917～2010 [国]台湾 神学者, 教会史家 東京神学大学教授 [専]台湾教会史, カルヴァン研究 漢字名＝徐謙信
Chhim Seak Leng チム・シエク・レン
[国]カンボジア 地域開発相
Chhor, Heang ショー, エアン
[著]「日本の未来について話そう」 小学館 2011
Chi, Chang-hoon チ・チャンフン
1953～ [国]韓国 実業家 大韓航空統括社長 漢字名＝智昌薫
Chi, Myong-kwan チ・ミョングァン
1924～ [国]韓国 宗教哲学者 翰林大学翰林科学院教授・日本学研究所所長, 東京女子大学教授 漢字名＝池明観, 旧筆名＝T・K生 [異]ジ・ミョンクワン / ジ・ミョングァン / ジ・ミョングワン / チ・ミョンクワン
Chi, Po-lin チー・ポーリン
[国]台湾 写真家, ドキュメンタリー監督 [専]航空写真 漢字名＝斉柏林
Chia, Maneewan チャ, マニーワン
[著]「ラブメイキングのすべて」 講談社 2004
Chia, Siow Yue チア, シオユエ
[著]「開発のための政策一貫性」 明石書店 2006
Chiabra, Robert チアブラ, ロベルト
[国]ペルー 国防相
Chiang, Alpha C. チャン, A.C.
1927～ [著]「現代経済学の数学基礎」 シーエーピー出版 2010
Chiang, Cliff チャン, クリフ
[著]「ニール・ヤングーグリーンデイルー」 ジュリアンパブリッシング 2015
Chiang, Doug チャン, ダグ
[国]アメリカ アヌシー国際アニメーション映画祭 広告映画 広告または宣伝映画賞(2003年) "Robota"
Chiang, Ping-kun ジャン・ピンクン
1932～ [国]台湾 政治家 東京スター銀行会長 台湾立法院副院長(国会副議長), 海峡交流基金会理事長 漢字名＝江丙坤
Chiang, Renee チアン, ルネー
[著]「趙紫陽極秘回想録」 光文社 2010
Chiang, Ted チャン, テッド
1967～ [国]アメリカ SF作家
Chiapello, Ève シャペロ, エヴ
1965～ [著]「資本主義の新たな精神」 ナカニシヤ出版 2013
Chiarabini, Andrea キアラビーニ, アンドレア
[国]イタリア 水泳選手
Chiaraviglio, German チアラビグリオ, ヘルマン
[国]アルゼンチン 陸上選手
Chiarelli, Cosimo キアレッリ, コジモ
[著]「イル・ミラモンドーレンズの向こうの世界」 パリアイ・ポリスタンパ 〔2001〕
Chiarello, Michael チャレロ, マイケル
[著]「カジュアル・クッキング」 フレックス・ファーム 2005
Chiarini, Marco キアリーニ, マルコ
[著]「芸術の都フィレンツェ大図鑑」 西村書店 2015
Chibana, Charles チバナ, シャルレス
[国]ブラジル 柔道選手
Chibingu, Paul チビング, ポール

[国]マラウイ　内相
Chibisova, Ksenia　チビソワ, クセニア
[国]ロシア　柔道選手
Chic, Suzy　シック, スージー
1973～　[著]「もうすこしまってくれたら…」 アシェット婦人画報社　2006
Chiccarelli, Joseph　チカレッリ, ジョセフ
グラミー賞 最優秀録音技術アルバム(クラシック以外)(2008年(第51回)) "Consolers Of The Lonely"
Chicha, Marie-Thérèse　チチャ, マリー・テレーズ
1943～　[著]「衡平の促進」 一灯舎　2014
Chichava, Jose　チチャバ, ジョゼ
[国]モザンビーク　国家行政相　[異]シシャバ, ジョゼ
Chiche, Alain　シッシュ, アラン
1966～　[著]「ひみつ」 評論社　2004
Chicherova, Anna　チチェロワ, アンナ
1982～　[国]ロシア　走り高跳び選手　[異]チチェロワ
Chichester Clark, Emma　チチェスター・クラーク, エンマ
[著]「いたずらロバート」 復刊ドットコム　2016
Chichin, Fred　シシャン, フレッド
?～2007　[国]フランス　ギタリスト
Chick, Jonathan　チック, ジョナサン
[著]「飲酒とアルコール依存症」 一灯舎, オーム社(発売)　2008
Chick, Victoria　チック, V.
[著]「ケインズとケインジアンのマクロ経済学」 日本経済評論社　2003
Chickillo, Anthony　チキロ, アンソニー
[国]アメリカ　アメフト選手
Chicks, Dixie　チックス, ディクシー
グラミー賞 最優秀レコード(2006年(第49回))ほか
Chicoine, Brian　チコイン, ブライアン
[著]「ダウン症のある成人に役立つメンタルヘルス・ハンドブック」 遠見書房　2013
Chicoti, Georges Rebelo Pinto　シコティ, ジョルジス・レベロ・ピント
[国]アンゴラ　外相　[異]シコティ, ジョルジ・レベロ
Chidambaram, P.　チダムバラム, P.
[国]インド　財務相　[異]チダムバラル, P.
Chidambaram, Palaniappan　チダムバラム, パラニアパン
1945～　[国]インド　政治家　インド財務相　[異]チダムバラム, パラニアッパン
Chidester, David　チデスター, デイヴィッド
1952～　[著]「サベッジ・システム」 青木書店　2010
Chidhakwa, Walter　チダクワ, ウォルター
[国]ジンバブエ　鉱山・鉱業開発相
Chidler, Sue　チドラー, スー
[著]「キャス・キッドソンのつくり方」 パイインターナショナル　2013
Chidoka, Ositadinma　チドカ, オシタディンマ
[国]ナイジェリア　航空相
Chidozie　チドジー
[国]ナイジェリア　サッカー選手
Chiedchai Chomtawat　チューチャイ・チョムタワット
?～2016　[国]タイ　クンユアム郡第二次大戦博物館設立者　[異]チャチャイ・チョムタワット
Chiel, Deborah　チール, デボラ
[著]「モナリザ・スマイル」 角川書店　2004
Chiellini, Giorgio　キエッリーニ, ジョルジョ
[国]イタリア　サッカー選手
Chien, Catia　チエン, カティア
[著]「ジャガーとのやくそく」 あかね書房　2015
Chien, Do Van　チエン, ドー・バン
[国]ベトナム　少数民族委員長
Chien, Tran Thi Trung　チエン, チャン・ティ・チュン
[国]ベトナム　保健相
Chieng, André　チェン, アンドレ
1953～　[異]チエン, アンドレ　[著]「100語でわかる中国」 白水社　2011
Chierighini, Marcelo　チエリギーニ, マルセロ
[国]ブラジル　水泳選手
Chiesa, Bruno della　キエザ, ブルーノ・デラ
[著]「グローバル化と言語能力」 明石書店　2015
Chiesa, Federico　キエーザ, フェデリコ
[国]イタリア　サッカー選手
Chiesura, Fabrizio　キエスーラ, ファブリツィオ
[著]「ぶどう酒色の海」 イタリア文芸叢書刊行委員会　2013
Chigireva, Vlada　チギレワ, ウラダ
[国]ロシア　水泳選手
Chigwedere, Aeneas　チグウェデレ, アエネアス
[国]ジンバブエ　教育・スポーツ・文化相
Chihana, Enoch Chakufwa　チハナ, イノック・チャコファ
[国]マラウイ　青年育成・スポーツ相　[異]チハナ, チャクフワ
Chikaonda, Mathews　チカオンダ, マシューズ
[国]マラウイ　蔵相
Chikawe, Mathias　チカウェ, マティアス
[国]タンザニア　内相
Chikawe, Mathias Meinrad　チカウェ, マチアス・メインラッド
[国]タンザニア　駐日特命全権大使　[異]チカウェ, マティアス・メインラド
Chikelu, Chukwuemeka　チケル, チュクウェメカ
[国]ナイジェリア　情報相
Chiklis, Michael　チクリス, マイケル
エミー賞 プライムタイム・エミー賞 最優秀主演男優賞(ドラマシリーズ)(第54回(2002年)) "The Shield"
Chikwanda, Alexander　チクワンダ, アレクサンダー
[国]ザンビア　財務相
Chikwanine, Michel　チクワニネ, ミシェル
[著]「ぼくが5歳の子ども兵士だったとき」 汐文社　2015
Chikwe, Kema　チクウェ, ケマ
[国]ナイジェリア　航空相
Chikwinya, Nyasha　チクウィニャ, ニャシャ
[国]ジンバブエ　女性・ジェンダー・コミュニティー開発相
Chilachava, Levan　チラチャヴァ, レバン
[国]ジョージア　ラグビー選手
Chilavert, Jose Luis　チラベルト, ホセ・ルイス
1965～　[著]「激突」 ワニブックス　2002
Child, Greg　チャイルド, グレッグ
[著]「クライミング・フリー」 光文社　2006
Child, John　チャイルド
[国]カナダ　ビーチバレー選手
Child, Julia　チャイルド, ジュリア
1912～2004　[国]アメリカ　料理研究家
Child, Lauren　チャイルド, ローレン
1967～　[国]イギリス　絵本作家
Child, Lee　チャイルド, リー
1954～　[国]イギリス　作家　[専]文学, フィクション, ミステリーほか
Child, Lincoln　チャイルド, リンカーン
1957～　[著]「フェイスオフ対決」 集英社　2015
Child, Maureen　チャイルド, モーリーン
[著]「億万長者の残酷な求婚」 ハーパーコリンズ・ジャパン　2016
Childress, Brad　チルドレス, ブラッド
[国]アメリカ　カンザスシティ・チーフスコーチ
Childress, James F.　チルドレス, ジェイムズ・F.
[著]「生命医学倫理」 麗沢大学出版会, 柏 広池学園事業部(発売)　2009
Childs, Billy　チャイルズ, ビリー
グラミー賞 最優秀ヴォーカル伴奏編曲(2014年(第57回))ほか
Childs, Karen　チャイルズ, カレン
[著]「子育ての問題をPBSで解決しよう!」 金剛出版　2014
Childs, Laura　チャイルズ, ローラ
[国]アメリカ　作家, シナリオライター　[専]文学, フィクション, ミステリーほか　本名=Schmitt, Gerry
Childs, Marshall R.　チャイルズ, マーシャル・R.
[著]「バイリンガルな日本を目指して」 学樹書院　2011
Childs, Peter　チャイルズ, ピーター
1962～　[著]「イギリスの今」 世界思想社　2013
Chilemme, Guillaume　シレム, ギヨーム
[国]フランス　ロン・ティボー・クレスパン国際音楽コンクール ヴァイオリン 第3位(2010年(第39回))ほか
Chiles, James R.　チャイルズ, ジェイムズ・R.
[異]チャイルズ, ジェームズ・R.　[著]「機械仕掛けの神」 早川書房　2009
Chiles, John　チャイルズ, ジョン・A.
[著]「自殺予防臨床マニュアル」 星和書店　2008
Chiligati, John　チリガティ, ジョン
[国]タンザニア　土地・住宅・定住相
Chilima, Saulos Klaus　チリマ, サウロス・クラウス
[国]マウライ　副大統領
Chill, Julia　チル, ジュリア
[著]「女性の人権とジェンダー」 明石書店　2007
Chillida, Eduardo　チリーダ, エドゥアルド
1924～2002　[国]スペイン　彫刻家　本名=Chillida Juantegui,

Chilmanov, Arman　チルマノフ
　国カザフスタン　テコンドー選手
Chilton, David　チルトン, デービッド
　著「金持ちの床屋さん」主婦の友社　2007
Chiluba, Frederick　チルバ, フレデリック
　1943〜2011　国ザンビア　政治家　ザンビア大統領
Chilufya, Chitaru　チルフヤ, チタル
　国ザンビア　保健相
Chilumpha, Cassim　チルンパ, カシン
　国マラウイ　エネルギー・鉱業相　異チルンファ, カシム
Chilvers, Ian　チルヴァーズ, イアン
　異シルヴァーズ, イアン　著「ビジュアル年表で読む西洋絵画」日経ナショナルジオグラフィック社, 日経BPマーケティング（発売）　2014
Chilwell, Ben　チルウェル, ベン
　国イングランド　サッカー選手
Chimegbaatar, Ch.　チメグバータル, Ch.
　著「モンゴルのむかし話」PHP研究所　2009
Chimombo, Chapola　チモンボ, チャポラ
　国マラウイ　観光・野生動物相
Chin, Curtis S.　チン, カーティス
　1965〜　国アメリカ　コミュニケーション・コンサルタント　アジア開発銀行（ADB）理事　異チン, カーティス・S.
Chin, Dae-je　チン・デジェ
　国韓国　情報通信相　漢字名=陳大済
Chin, Elias　チン, エリアス
　国パラオ　副大統領兼法相
Chin, Hsiao-i　チン・シャオイー
　1921〜2007　国台湾　故宮博物院院長, 台湾大学三民主義研究所教授　関儒家思想, 中国思想　漢字名=秦孝儀, 字=心波
Chin, Jason　チン, ジェイソン
　1978〜　著「ガラパゴス」講談社　2013
Chin, Peter　チン, ピーター
　国マレーシア　エネルギー・環境技術・水資源相
Chin, Siat Yoon　チン・シアットユーン
　国シンガポール　駐日特命全権大使
Chin, Soo-hee　チン・スヒ
　国韓国　保健福祉相　漢字名=陳寿姫
Chin, Steven A.　チン, スティーヴン・A.
　1959〜　著「正義をもとめて」日本ライトハウス　2002
Chin, Yam Chin　チン・ヤム・チン
　国ブルネイ　ブルネイ帰国留学生の会会長　漢字名=陳炎清
Chinamasa, Patric　チナマサ, パトリック
　国ジンバブエ　財務・経済開発相
Chin Beng, Lim　チンベン, リム
　国シンガポール　シンガポール・プレス・ホールディングス会長, 元・駐日シンガポール国大使, 元・観光振興庁長官
Chinchilla, Laura　チンチジャ, ラウラ
　1959〜　国コスタリカ　政治家　コスタリカ大統領　本名=チンチジャ・ミランダ, ラウラ〈Chinchilla Miranda, Laura〉
Chinchilla Miranda, Laura　チンチジャ・ミランダ, ラウラ
　国コスタリカ　大統領
Chinen, Allan B.　チネン, アラン・B.
　1952〜　著「熟年のための童話セラピー」早川書房　2008
Ching, Julia　チン, ジュリア
　1934〜2001　著「中国宗教とキリスト教の対話」刀水書房　2005
Ching, Siu-tung　チン・シウトン
　1952〜　国香港　映画監督, アクション監督, 武術指導家　漢字名=程小東　異チン・シュータン / チン・シュウタン
Ching, Tang　チン・タン
　国中国　ウルフ賞 化学部門（2011年）
Ching Hai　チンハイ
　著「即刻開悟の鍵」スプリームマスターチンハイインターナショナルアソシエーション出版社　2004
Ching Po, Wong　ジンボー, ウォン
　国香港　モスクワ国際映画祭 銀賞 監督賞（第33回（2011年））"Fuk Sau Che Chi Sei"（香港）
Chingunji, Eduardo Jonatão　チングンジ, エドゥアルド・ジョナタン
　国アンゴラ　ホテル・観光相
Chininga, Edward Chindori　チニンガ, エドワード・チンドリ
　国ジンバブエ　鉱業・鉱山開発相
Chin Lee, Haward　チンリー, ハワード
　国トリニダード・トバゴ　観光相
Chinman, Matthew　チンマン, M.
　著「プログラムを成功に導くGTOの10ステップ」風間書房　2010
Chinmoy, Sri　チンモイ, シュリ
　1931〜2007　国アメリカ　瞑想家, 音楽家, 平和運動家　本名=チンモイ・クマル・ゴシュ〈Chinmoy Kumar Ghose〉　異チンモイ, スリ / チンモイシ
Chinn, Menzie D.　チン, メンジー・D.
　著「開発のための政策一貫性」明石書店　2006
Chinn, Peggy L.　チン, ペギー・L.
　著「チン＆クレイマー・看護学の総合的な知の構築に向けて」エルゼビア・ジャパン　2007
Chinnawong, Chatuphum　チンナウォン, チャトプム
　国タイ　重量挙げ選手　異チャトゥパム
Chinnaworn, Boonyakiat　チナウォン・ブンヤキアット
　国タイ　教育相
Chinnery, Patrick　チネリー, パトリック
　著「ゲノム医学」メディカル・サイエンス・インターナショナル　2016
Chinoy, Mike　チノイ, マイク
　著「メルトダウン」本の泉社　2012
Chinoy, Sujan R.　チノイ, スジャン・R.
　国インド　駐日特命全権大使
Chin Peng　チン・ペン
　1924〜2013　国マレーシア　共産ゲリラ指導者　マラヤ共産党（CPM）書記長　漢字名=陳平
Chinshanlo, Zulfiya　チンシャンロ, ズルフィヤ
　1993〜　国カザフスタン　重量挙げ選手　漢字名=趙常玲（ジャオ・チャンリン）〈Zhao, Chang-ling〉　異チンシャン, ズルフィヤ / チンシャンロ, ズルフィヤ
Chinzorig, Sodonom　チンゾリグ, ソドノム
　国モンゴル　労相
Chiola, Martin　チオラ, マルティン
　国パラグアイ　厚生社会福祉相
Chion, Michel　シオン, ミシェル
　1947〜　著「ジャック・タチ映画の研究ノート」愛育社　2003
Chiong Gutiérrez, María Auxiliadora　チオング・グティエレス, マリア・アウキシリアドラ
　国ニカラグア　家族・コミュニティー・協同組合経済相
Chioro, Arthur　キオロ, アルトゥル
　国ブラジル　保健相
Chipashvili, Vladimir　チバシビリ, ウラジーミル
　国ジョージア　労働・保健・福祉相
Chipchase, Jan　チップチェイス, ヤン
　著「変革の知」KADOKAWA　2015
Chipman-Evans, Carolyn　チップマン - エヴァンズ, キャロリン
　著「ネイチャーセンター」人文書院　2012
Chipperfield, David　チッパーフィールド, デービッド
　1953〜　国イギリス　建築家, インテリアデザイナー　本名=Chipperfield, David Alan　異チッパーフィールド, デイヴィッド
Chipungu, Kenneth　チプング, ケネス
　国ザンビア　スポーツ・青少年育成相
Chiquet, Maureen　シケット, モーレン
　1963〜　実業家　シャネル・グローバルCEO
Chirac, Bernadette Chodron de Courcel　シラク, ベルナデット
　著「私はただあるがままに」扶桑社　2005
Chirac, Jacques René　シラク, ジャック
　1932〜　国フランス　政治家　ジャック・シラク財団代表　フランス大統領, パリ市長
Chiranjeevi, K.　チランジービ, K.
　国インド　観光相
Chirazi, Steffan　チラーズィ, スティーヴン
　著「メタリカso what！」シンコーミュージック・エンタテイメント　2005
Chirchir, Davis　チルチル, デービス
　国ケニア　エネルギー・石油相
Chireh, Yile　チレー, イーレ
　国ガーナ　保健相
Chiriaco, Sonia　キリアコ, ソニア
　著「稲妻に打たれた欲望」誠信書房　2016
Chiriches, Vlad　キリケシュ, ヴラド
　国ルーマニア　サッカー選手
Chirif, Micaela　チリフ, ミカエラ
　著「いいこにして, マストドン！」ワールドライブラリー　2015
Chirinciuc, Iurie　キリンチュク, ユリエ
　国モルドバ　運輸・交通インフラ相
Chirino, Willy　チリーノ, ウィリー

グラミー賞 最優秀サルサ/メレンゲ・アルバム (2005年 (第48回)) "Son Del Alma"
Chirinos, Robinson チリノス, ロビンソン
国ベネズエラ 野球選手
Chirivella, Pedro チリベジャ, ペドロ
国スペイン サッカー選手
Chirwa, Khumbo チルワ, クンボ
国マラウイ 土地・天然資源相
Chisale, Benard チサレ, ベナード
国マラウイ 観光相
Chisenhall, Lonnie チゼンホール, ロニー
国アメリカ 野球選手
Chisholm, Alastair チザム, アラステア
著「ナンプレ200問」竹書房 2006
Chisholm, Daniel チザム, D.
著「うつ病という時限爆弾」日本評論社 2003
Chisholm, Marie-Helene チショーム
国カナダ 柔道選手
Chisholm, Penny チザム, ペニー
著「海のひかり」評論社 2014
Chisholm, Roderick M. チザム, ロデリック・ミルトン
1916~ 著「知識の理論」世界思想社 2003
Chisholm, Shirley チザム, シャーリー
1924~2005 国アメリカ 政治家 米国連邦下院議員 異チゾム
Chisholm, Wendy チスホルム, W.
著「ウェブアプリケーションのためのユニバーサルデザイン」オライリー・ジャパン, オーム社 (発売) 2009
Chisnall, David チズナール, デイビッド
著「Objective-Cフレーズブック」ピアソン桐原 2012
Chissano, Joaquim Alberto シサノ, ジョアキム・アルベルト
1939~ 国モザンビーク 政治家 モザンビーク大統領 異シサノ, ジョアキン / シサノ, ジョアキン・アルベルト
Chistolini, Dario キストリーニ, ダリオ
国イタリア ラグビー選手
Chitchian, Hamid チトチア, ハミド
国イラン エネルギー相 異チトチアン, ハミド
Chitham, Edward チタム, エドワード
著「ブロンテ姉妹の作家としての生涯」英宝社 2009
Chitoiu, Daniel キツォイユ, ダニエル
国ルーマニア 経済・貿易・経営環境相
Chitotela, Ronald チトテラ, ロナルド
国ザンビア 公共事業・調達相
Chitra Bahadur K.C. チトラ・バハドゥル・K.C.
国ネパール 副首相兼協同組合・貧困緩和相
Chitra Soundar チトラ・サウンダー
1972~ 著「いちばんにいくファルガさん」光村教育図書 2015
Chitty, Alison キッティ, アリソン
ローレンス・オリヴィエ賞 衣裳デザイン賞 (2007年 (第31回)) "The Voysey Inheritance"
Chitu, Andreea キトゥ, アンドレア
国ルーマニア 柔道選手
Chituwo, Brian チトゥウォ, ブライアン
国ザンビア 地方自治・住宅相
Chiu, Lisa Seachrist チウ, リサ・シークリスト
著「もしかしたら, 遺伝子のせい!?」白揚社 2009
Chiume, Ephraim Mganda チウメ, エフレイム・ムガンダ
国マラウイ 外相
Chiumia, Grace Obama チウミア, グレース・オバマ
国マラウイ 内務・国内保安相
Chiusano, Paul キウザーノ, ポール
著「Scala関数型デザイン&プログラミング」インプレス 2015
Chivers, Natasha シヴァーズ, ナターシャ
ローレンス・オリヴィエ賞 照明デザイン賞 (2007年 (第31回)) "Sunday In The Park With George"
Chiwaya, Clement チワヤ, クレメント
国マラウイ 社会開発・障害者相
Chiyembekeza, Allan チエンベケザ, アラン
国マウライ 農業・水開発・かんがい相
Chiza, Christopher チザ, クリストファー
国タンザニア 農相
Chkhaidze, Gennady チャイゼ
国キルギス レスリング選手
Chkhaidze, Giorgi シュハイゼ, ギオルギ
国ジョージア ラグビー選手
Chkhartishvili, Ivane チハルティシビリ, イワネ
国ジョージア 経済・産業・貿易相

Chkheidze, Giorgi ツヘイゼ, ギオルギ
国ジョージア 重量挙げ選手
Chkheidze, Rezo チヘーイゼ, レゾ
1926~2015 国ジョージア 映画監督 ジョージア・フィルム社長 本名=チヘイーゼ, レワス〈Chkheidze, Revaz Davidovich〉
Chkhenkeli, Merab チヘンケリ, メラブ
国ジョージア 都市整備・建設相
Chkhobadze, Nino チホバゼ, ニノ
国ジョージア 環境・天然資源保護相
Chládek, Marcel フラーデク, マルチェル
国チェコ 教育・青少年・スポーツ相
Chlan, Linda L. クラン, リンダ・L.
著「ケアのなかの癒し」看護の科学社 2016
Chmakova, Svetlana シマコヴァ, スヴェトラナ
1979~ 著「ドラマコン」ソフトバンククリエイティブ 2009
Chmel, Rudolf フメル, ルドルフ
国スロバキア 副首相 (人権少数民族問題担当)
Chmela, Kristin クメラ, クリスティン・A.
著「吃音のある学齢児のためのワークブック」学苑社 2015
Chmelik, Stefan クムリク, ステファン
著「漢方生薬を活かす」産調出版 2005
Chmielewska, Iwona フミェレフスカ, イヴォナ
1960~ 著「フミエレフスカ, イヴォナ「ブルムカの日記」石風社 2012
Cho, Alan チョー, アラン
著「ワールドシリーズ」汐文社 2009
Cho, Chang-in チョ・チャンイン
国韓国 作家 著フィクション 漢字名=趙昌仁 異ジョ・チャンイン
Cho, Choong-hoon チョ・チュンフン
1920~2002 国韓国 実業家 韓進グループ会長, 大韓航空 (KAL) 会長, 韓国全国経済人連合会副会長 漢字名=趙重勲 異ジョ・ジュンフン / チョウ・チュンフン
Cho, Dong-il チョ・ドンイル
1939~ 国韓国 韓国文学者 ソウル大学名誉教授 漢字名=趙東一
Cho, Esther Yoona チョー, エスター・ユナ
著「グローバル化と言語能力」明石書店 2015
Cho, Eun-Hwa チョ・ユンファ
国韓国 エリザベート王妃国際コンクール 作曲 (2008年)
Cho, Frank チョウ, フランク
著「AVX:アベンジャーズ VS X-MEN」ヴィレッジブックス 2015
Cho, Ha-ri チョ・ヘリ
1986~ 国韓国 スピードスケート選手 漢字名=趙海利
Cho, Hyun チョ・ヒュン
国韓国 韓国国際原子力機関 (IAEA) 大使, 駐オーストリア大使 漢字名=趙顕
Cho, hyun-jae チョ・ヒョンジェ
1980~ 国韓国 俳優 漢字名=趙顕宰
Cho, Jea-hyun チョ・ジェヒョン
1965~ 国韓国 俳優
Cho, Kyeung-kyu チョ・ギョンギ
国韓国 環境相 漢字名=曺京圭
Cho, Kyung-hwan チョ・ギョンファン
1945~2012 国韓国 俳優 漢字名=趙卿煥 異ジョ・キョンファン
Cho, Lee-jay チョー・リージェイ
1936~ 国アメリカ 国際政治学者 北東アジア経済フォーラム議長 米国東西センター副総長・人口研究所長 漢字名=趙利済 異チョウ・リージェイ
Cho, Linda チョー, リンダ
トニー賞 ミュージカル 衣装デザイン賞 (2014年 (第68回)) "A Gentleman's Guide to Love & Murder"
Cho, Mahama チョ, マハマ
国イギリス テコンドー選手
Cho, Myong-chol チョ・ミョンチョル
1959~ 国韓国 経済学者 韓国統一教育院長 金日成総合大学経済学部教授 漢字名=趙明哲 異ジョ・ミョンチョル
Cho, Nam-chul チョ・ナムチョル
1923~2006 国韓国 棋士 囲碁9段, 韓国棋院名誉理事長 漢字名=趙南哲
Cho, Rich チョー, リッチ
国アメリカ シャーロット・ホーネッツGM
Cho, Se-hyung チョ・セヒョン
1931~2009 国韓国 政治家 駐日韓国大使, 韓国国会議員 漢字名=趙世衡 異ジョ・セヒョン

Cho, Seong Jin　チョ・ソンジン
　㊀韓国　チャイコフスキー国際コンクール ピアノ 第3位（2011年（第14回））
Cho, Seung-woo　チョ・スンウ
　1980〜　㊀韓国　俳優　漢字名＝曺承佑
Cho, Seung-Yeon　チョ、スンヨン
　㊂「合格したけりゃ勉強するな！」講談社　2003
Cho, Suck-rai　チョ・ソクレ
　1935〜　㊀韓国　実業家　暁星グループ会長, 韓日経済協会会長　漢字名＝趙錫来　㊋ジョ・ソクネ / ジョ・ソクレ / チョー・ソクレ / チョ・ソンネ
Cho, Sung-min　チョ・ソンミン
　1973〜2013　㊀韓国　野球選手　漢字名＝趙成珉　㊋ジョ・ソンミン / チョー・ソンミン
Cho, Sung-tae　チョ・ソンテ
　㊀韓国　国防相　漢字名＝趙成台
Cho, Tat-wah　チョウ・ダッワー
　？〜2007　㊀香港　俳優　漢字名＝曹達華
Cho, Yang-ho　チョ・ヤンホ
　1949〜　㊀韓国　実業家　韓進グループ会長, 大韓航空会長・CEO　漢字名＝趙亮鎬　㊋ジョ・ヤンホ
Cho, Yong-pil　チョー・ヨンピル
　1950〜　㊀韓国　歌手　漢字名＝趙容弼　㊋ジョ・ヨンピル / チョ・ヨンピル / チョウ・ヨウヒツ
Cho, Yoon-Ho　チョ、ユン・ホ
　㊂「現代世界アジア詩集」土曜美術社出版販売　2010
Choate, Pat　チョート, パット
　㊂「模倣社会」税務経理協会　2006
Chochev, Ivaylo　チョチェフ, イヴァイロ
　㊀ブルガリア　サッカー選手
Chochinov, Harvey Max　チョチノフ, ハーベイ・マックス
　㊂「ディグニティセラピー」北大路書房　2013
Chochoshvili, Shota Samsonovich　チョチョシヴィリ, ショータ
　1950〜2009　㊀ジョージア　柔道家　㊋チョチョシビリ, ショータ
Chochua, Irakli　チョチュア
　㊀ジョージア　レスリング選手
Chock, Madison　チョック
　㊀アメリカ　フィギュアスケート選手
Choden, Dorji　チョデン, ドルジ
　㊀ブータン　公共事業定住相
Choden, Kunzang　チョデン, クンサン
　㊂「ダワの巡礼」段々社, 星雲社（発売）　2011
Chodoff, Paul　ショドフ, ポール
　㊂「精神科臨床倫理」星和書店　2011
Chodos-Irvine, Margaret　カドス＝アーヴィン, マーガレット
　㊋チョドス‐アーヴァイン, マーガレット　㊂「おひさまみたいに」ほるぷ出版　2012
Chödrön, Pema　チュードゥン, ペマ
　㊋チョドロン, ペマ　㊂「すべてがうまくいかないとき」めるくまーる　2004
Choe, Chang-sik　チェ・チャンシク
　㊀北朝鮮　保健相　漢字名＝崔昌植
Choe, Gyu-ha　チェ・ギュハ
　1919〜2006　㊀韓国　政治家　韓国大統領　漢字名＝崔圭夏　㊋チェ・キュハ
Choe, Hyo Sim　チェ・ヒョシム
　㊀北朝鮮　重量挙げ選手
Choe, Ik-gyu　チェ・イクキュ
　㊀北朝鮮　文化相　漢字名＝崔翼珪
Choe, Il-ryong　チェ・イルリョン
　㊀北朝鮮　軽工業相　漢字名＝崔日竜
Choe, Jae-chun　チェ・ジェチョン
　㊀韓国　生態学者, 動物行動学者　韓国生態院創設院長, 気候変動センター共同代表　漢字名＝崔在天
Choe, Jong-gon　チェ・ジョンゴン
　㊀北朝鮮　都市経営相　漢字名＝崔宗健
Choe, Jon Wi　チェ・ジョンウィ
　㊀北朝鮮　重量挙げ選手
Choe, Kum-Hui　チェ・グムヒ
　㊀北朝鮮　飛び込み選手
Choe, Kwang-jin　チェ・グァンジン
　㊀北朝鮮　財政相　漢字名＝崔光鎮
Choe, Kwang-rae　チェ・グァンレ
　㊀北朝鮮　国家品質監督委員長　漢字名＝崔光来
Choe, Kwang-shik　チェ・グァンシク
　㊀韓国　文化体育観光相　漢字名＝崔光植
Choe, Nam-gyong　チェ・ナムギョン
　㊀北朝鮮　購買糧政相　漢字名＝崔ナムギョン
Choe, Nam-gyun　チェ・ナムギュン
　㊀北朝鮮　収買糧政相　漢字名＝崔南均
Choe, Pu-il　チェ・プイル
　1944〜　㊀北朝鮮　軍人, 政治家　朝鮮労働党政治局員候補・中央軍事委員, 北朝鮮国防委員会委員・人民保安部長　漢字名＝崔富一
Choe, Ryong-hae　チェ・リョンへ
　1950〜　㊀北朝鮮　政治家, 軍人　朝鮮労働党政治局員・書記, 北朝鮮国家体育指導委員長, 次帥　朝鮮人民軍総政治局長　漢字名＝崔竜海　㊋チェ・ヨンへ
Choe, Sang-gon　チェ・サイゴン
　㊀北朝鮮　国家科学技術委員長　漢字名＝崔相建　㊋チェ・サンゴン
Choe, Sung-ho　チェ・スンホ
　㊀北朝鮮　中央統計局長　漢字名＝崔勝浩
Choe, Thae-bok　チェ・テボク
　1930〜　㊀北朝鮮　政治家　北朝鮮最高人民会議議長　漢字名＝崔泰福
Choe, Un Sim　チェ・ウンシム
　㊀北朝鮮　重量挙げ選手
Choe, U-ram　チェ, ウラム
　1970〜　㊂「チェ・ウラム」森美術館　2006
Choe, Wan-gyu　チェ・ワンギュ
　1964〜　㊀韓国　脚本家
Choe, Yong-gon　チェ・ヨンゴン
　㊀北朝鮮　副首相　漢字名＝崔英建
Choe, Yong-rim　チェ・ヨンリム
　1930〜　㊀北朝鮮　政治家　北朝鮮首相, 朝鮮労働党政治局常務委員　漢字名＝崔永林
Choeël, Raphaëlle　ショエル, ラファエル
　1977〜　㊂「トーキョー・シスターズ」小学館　2011
Choi, Chang-kwon　チェ・チャングォン
　？〜2008　㊀韓国　作曲家　漢字名＝崔彰権
Choi, Dong-hun　チェ・ドンフン
　1971〜　㊀韓国　映画監督, 俳優
Choi, Francis　ツォイ, フランシス
　㊀香港　実業家　漢字名＝蔡志明
Choi, Hong-hi　チェ・ホンヒ
　1918〜2002　テコンドー創始者　国際テコンドー連盟総裁　漢字名＝崔泓熙
Choi, Hong-man　チェ・ホンマン
　1980〜　㊀韓国　格闘家, 俳優, 元韓国相撲力士　漢字名＝崔洪万
Choi, Hyun-myung　チョイ・ヒュンミョン
　㊀韓国　アヌシー国際アニメーション映画祭 卒業制作 審査員賞特別賞（2006年）　"Walking in the Rainy Day"
Choi, In-ho　チェ・インホ
　1945〜　㊀韓国　作家　漢字名＝崔仁浩　㊋チェ・イノ
Choi, In-kee　チェ・インギ
　㊀韓国　行政自治相　漢字名＝崔仁基
Choi, Ji-Man　チェ・ジマン
　㊀韓国　野球選手
Choi, Jin-hyuk　チェ・ジニョク
　1985〜　㊀韓国　俳優　本名＝キム・テホ
Choi, Jin-sil　チェ・ジンシル
　1968〜2008　㊀韓国　女優　漢字名＝崔真実
Choi, Ji-woo　チェ・ジウ
　1975〜　㊀韓国　女優　漢字名＝崔志宇
Choi, Joong-kyung　チェ・ジュンギョン
　㊀韓国　知識経済相　漢字名＝崔重卿
Choi, Kyoung-hwan　チェ・ギョンファン
　㊀韓国　経済副首相兼企画財政相　漢字名＝崔炅煥
Choi, Kyung-ju　チェ・キョンジュ
　1970〜　㊀韓国　プロゴルファー　漢字名＝崔京周, 通称＝Choi, K.J.
Choi, Kyung-nok　チェ・キョンロク
　1920〜2002　㊀韓国　外交官, 政治家, 軍人　駐日韓国大使, 韓国国会議員　漢字名＝崔慶禄　㊋チェ・キョンノク / チェ・ギョンノク / チェ・ギョンロク
Choi, Min-ho　チェ・ミンホ
　1980〜　㊀韓国　柔道選手　漢字名＝崔敏浩
Choi, Min-kyong　チェ・ミンギョン
　1974〜　㊀韓国　作家　㊍文学, 児童書
Choi, Min-sik　チェ・ミンシク

1962〜 国韓国 俳優 漢字名＝崔岷植 別チェ・ミンスク
Choi, Min-soo チェ・ミンス
1962〜 国韓国 俳優 漢字名＝崔民秀
Choi, Na-yeon チェ・ナヨン
1987〜 国韓国 プロゴルファー
Choi, Pat Tai チョイ・パッタイ
国中国 百勝旅運有限公司董事長、海外邦人安全対策連絡協議会委員、元・香港日本人旅客手配業社協会会長 漢字名＝蔡百泰
Choi, Sang-yong チェ・サンヨン
1942〜 国韓国 政治学者 法政大学特任教授 高麗大学教授、駐日韓国大使 日本政治、アジア問題、国際政治ほか 漢字名＝崔相龍 別チェ・サンリョン
Choi, Sook Ja チェ・スクジャ
国韓国 元・在大韓民国日本国大使館現地職員 漢字名＝崔淑子
Choi, Sung-bong チェ・ソンボン
国韓国 声楽家
Choi, Sung-hong チェ・ソンホン
国韓国 外交通商相 漢字名＝崔成泓
Choi, Sun-jung チェ・ソンジョン
国韓国 保健福祉相 漢字名＝崔善政
Choi, Won-shik チェ・ウォンシク
1949〜 国韓国 韓国文学者,文芸評論家 仁荷大学校人文学部教授 漢字名＝崔元植
Choi, Yang-hee チェ・ヤンヒ
国韓国 未来創造科学相 漢字名＝崔陽熙
Choi, Yo-sam チェ・ヨサム
1972〜2008 国韓国 プロボクサー WBC世界ライトフライ級チャンピオン 漢字名＝崔堯三、別名＝崔堯森
Choijiliin Chinid チョイジリーン・チミド
著「モンゴル文学への誘い」明石書店 2003
Choijilsuren, Battogtohyin チョイジルスレン, バトトグトヒン
国モンゴル 財務相
Chojecka, Lidia チョエツカ
国ポーランド 陸上選手
Choksy, K.N. チョクシー, K.N.
国スリランカ 財務相
Cholak, Moose ショーラック, ムース
1930〜2002 国アメリカ プロレスラー 本名＝Cholak, Edward
Cholakov, Velichko チョラコフ
国ブルガリア 重量挙げ選手
Choldenko, Gennifer チョールデンコウ, ジェニファ
1957〜 国アメリカ 作家 児童書,ヤングアダルト
Cholodenko, Lisa チョロデンコ, リサ
国アメリカ 映画監督
Chombo, Ignatius チョムボ, イグネシャス
国ジンバブエ 内相 別チョンボ, イグナティウス
Chomera, Lucas ショメラ, ルーカス
国モザンビーク 行政管理相
Chomet, S. ショメ, シルヴァン
著「レオン・ラ・カム」エンターブレイン, 角川グループパブリッシング(発売) 2012
Chomsky, Noam チョムスキー, ノーム
1928〜 国アメリカ 言語学者,思想家 マサチューセッツ工科大学特別名誉教授 本名＝Chomsky, Avram Noam
Chomtawet, Chiedchai チョムタワット, チャチャイ
国タイ 平和財団理事長, クンユアム郡第二次世界大戦旧日本軍博物館館長 別ションタワッ, チェーチャイ
Chon, Wol-son チョン・ウォルソン
1958〜 国韓国 声楽家 ソプラノ 漢字名＝田月仙 別ジョン・ウォルソン
Chon, Yo-ok ジョン・ヨオク
1959〜 国韓国 政治家,元ジャーナリスト 韓国国会議員(ハンナラ党) 漢字名＝田麗玉 別チョン・ヨオク
Chondrokoukis, Dimitrios コンドロコウキス, ディミトリオス
国キプロス 陸上選手
Chong, Curtis R. チョン, カーティス・R.
著「プライマリ・ケア ポケットレファランス」メディカル・サイエンス・インターナショナル 2015
Chong, Denise チョン, デニス
著「ベトナムの少女」文芸春秋 2001
Chong, Hyon-suk チョン・ヒョンスク
国韓国 韓国スミダ電機労組委員長 漢字名＝鄭賢淑 別ジョン・ヒョンスク
Chong, Jong-sup チョン・ジョンソプ

国韓国 行政自治相 漢字名＝鄭宗燮
Chong, Jun-gi チョン・ジュンギ
1924〜2007 国北朝鮮 政治家 北朝鮮副首相,朝鮮労働党中央委員,祖国平和統一委員会副委員長 漢字名＝鄭浚基 別ジョン・ジュンギ
Chong, Leighton K. チョン, ライトン・K.
著「食品の機能性表示と世界のレギュレーション」薬事日報社 2015
Chong, Te-se チョン・テセ
1984〜 国北朝鮮 サッカー選手 漢字名＝鄭大世
Chong, Vincent チョン, ヴィンセント
世界幻想文学大賞 アーティスト(2013年)
Chong Wong, William チョン・ウォン, ウィリアム
国ホンジュラス 財務相
Chonko, Jon チョンコ, ジョン
著「LOVE・サンドィッチ」グラフィック社 2012
Chontey, Arli チョンテイ, アルリ
国カザフスタン 重量挙げ選手
Choo, Hyunjoo チョー・ヒュンジョ
国韓国 パガニーニ国際ヴァイオリン・コンクール エンリコ・コスタ記念賞(2006年(第51回))
Choo, Jimmy チュー, ジミー
1954〜 国イギリス 靴デザイナー 別チュウ, ジミー
Choo, Leanne シュー, リアン
国オーストラリア バドミントン選手 別チョー
Choo, Shin-soo チュウ・シンス
1982〜 国韓国 野球選手 漢字名＝秋信守 別チュー・シンスー / チュウ・シンソ
Chookiat Sakveerakul チューキアット・サックウィーラクン
1981〜 国タイ 映画監督 英名＝マシュー
Choonee, Mookhesswur チョーニー, ムーケスウル
国モーリシャス 芸術・文化相
Choong, Joseph チューン, ジョセフ
国イギリス 近代五種選手
Chope Paljor Tsering チョペ・ペルジョル・ツェリン
1948〜 著「万物の本質」オープンセンス。2008
Choppin, Gregory R. ショパン, G.R.
著「放射化学」丸善 2005
Chopra, Deepak チョプラ, ディーパック
1947〜 著「あなたの運命は「意識」で変わる」フォレスト出版 2016
Chopra, Gotham チョプラ, ゴータマ
1975〜 著「夜明けの子供」風雲舎 2007
Chopra, Yash チョプラ, ヤシュ
1932〜2012 国インド 映画監督,映画プロデューサー ヤシュ・ラージ・フィルムズ会長
Chopyak, Christine チョピアク, クリスティーン
著「戦略をイラスト化するグラフィック・ファシリテーション・スキル」CCCメディアハウス 2014
Choquehuanca Céspedes, David チョケワンカ・セスペデス, ダビド
国ボリビア 外相
Choquet, Maria ショケ, マリー
著「飲酒文化の社会的役割」アサヒビール, 紀伊国屋書店(発売) 2007
Choquette, Sonia ショケット, ソニア
著「不安や恐れを手放す瞑想CDブック」ダイヤモンド社 2012
Chor, Chee Heung チョー・チーフン
国マレーシア 住宅・地方自治相
Chorale, Phoenix コラール, フェニックス
グラミー賞 最優秀クラシック小編成演奏(2008年(第51回))
"Spotless Rose: Hymns To The Virgin Mary" アンサンブル
Choriev, Dilshod チョリエフ
国ウズベキスタン 柔道選手
Chorieva, Mavzuna チョリエワ
国タジキスタン ボクシング選手
Choroma, Aboubakar Assidik チョロマ, アブバカル・アシディク
国チャド 国民教育相
Choron, Sandra コーロン, サンドラ
著「あんしん介護アドバイス」中央法規出版 2008
Chorost, Michael コロスト, マイケル
著「サイボーグとして生きる」ソフトバンククリエイティブ 2006
Chosak, Anne チョサック, アン
著「パニック障害」日本評論社 2001
Chossudovsky, Michel チョスドスキー, ミシェル

[著]「アメリカの謀略戦争」 本の友社 2003
Chou, Jay チョウ, ジェイ
1979～ [国]台湾 歌手, 俳優 漢字名＝周杰倫
Chou, Joey チョウ, ジョーイ
[著]「ファインディング・ニモおねがい！ ドリー」 講談社 2016
Chou, Kap-che ジョ・カプジェ
1945～ [国]韓国 ジャーナリスト, ノンフィクションライター 「月刊朝鮮」編集長 漢字名＝趙甲済 [異]チョー・カプチェ／チョ・カプチェ／チョ・ガプチェ／チョウ・カッチェ／チョウ・ガプチェ
C
Chouchan, Lionel シュシャン, リオネル
[著]「感動のマドレーヌ現象」 エディテ100, あいであ・らいふ（発売） 2002
Choudhry, Moorad ショウドリー, モーラッド
[著]「イールドカーブ分析」 東洋経済新報社 2010
Choudhury, Bikram チョードリー, ビクラム
1946～ [著]「ビクラムヨガ」 ガイアブックス 2014
Choudhury, Humayun Rashid チョウドリ, フマユン・ラシド
？～2001 [国]バングラデシュ 政治家 バングラデシュ国会議長, バングラデシュ外相
Choudhury, Surendra Prasad チョードリ, スレンドラ・プラサド
[国]ネパール 科学技術相
Choudhury, Zubayer Pasha チョードリー, ズバエル・パシャ
[国]バングラデシュ 元・在バングラデシュ日本国大使館現地職員
Chouinard, Yvon シュイナード, イボン
1938～ [国]アメリカ 実業家 パタゴニア創業者 [異]シュイナード, イヴォン
Chouk, Houcine シューク, フシン
[国]チュニジア 運輸相
Chouket, Khaled シュケット, ハレド
[国]チュニジア 国民代表議会関係相兼政府広報官
Choukou, Mahamat Ahmat シュク, マハマット・アハマット
[国]チャド 文化・青年・スポーツ相
Choules, Claude チョールズ, クロード
1901～2011 [国]オーストラリア 軍人 本名＝Choules, Claude Stanley
Chouly, Damien シュリ, ダミアン
[国]フランス ラグビー選手
Choummaly Sayasone チュンマリ・サイニャソーン
1936～ [国]ラオス 政治家 ラオス国家主席（大統領）, ラオス人民革命党書記長 [異]チュンマリ, サイニャソーン
Choung, Byoung-guk チョン・ビョングク
[国]韓国 文化体育観光相 漢字名＝鄭柄国
Choupo-moting, Eric Maxim チュポ・モティング, エリック・マキシム
[国]カメルーン サッカー選手
Chouraqui, André シュラキ, アンドレ
1917～2007 [国]イスラエル ヘブライ学者, 作家 エルサレム副市長 本名＝シュラキ, アンドレ・ナタナエル〈Chouraqui, André Natanaël〉 [異]シュラキ, アンドレー
Chourraut, Maialen コラント, マイアレン
[国]スペイン カヌー選手
Choux, Nathalie シュー, ナタリー
[著]「イルカとクジラ」 少年写真新聞社 2008
Chovanec, Milan ホバネツ, ミラン
[国]チェコ 内相
Chow, Sing-chi チャウ・シンチー
1962～ [国]香港 俳優, 映画監督, 脚本家 漢字名＝周星馳, 英語名＝Chow, Stephen [異]チャウ・シンチー／チャウ・センチー
Chow, Yuen-fat チョウ・ユンファ
1955～ [国]香港 俳優 漢字名＝周潤発 [異]チョウ・ユンファ
Chowdhry, Anwar チョードリー, アンワル
1923～2010 [国]パキスタン 国際アマチュアボクシング連盟（AIBA）会長 [異]チョードリー, アンワール
Chowdhury, Abdul Matin チョードリ, アブドゥル・マティン
[国]バングラデシュ 繊維相
Chowdhury, Altaf Hossain チョードリ, アルタフ・フセイン
[国]バングラデシュ 商業相
Chowdhury, Anwarul Karim チョードリ, アンワルル
1943～ [国]バングラデシュ 国連事務次長 [異]チョウドリ, アンワルル
Chowdhury, Begum Matia チョードリ, ベガム・マチア
[国]バングラデシュ 農業・食糧相
Chowdhury, Bernie チョードゥリー, バーニー
[著]「沈黙の海へ還る」 光文社 2006
Chowdhury, Iftekhar Uddin チョドリ, I.U.
1955～ [著]「ヴィレッジフォン」 御茶の水書房 2010
Chowdhury, Mahmud チョードリ, マフムド
[国]バングラデシュ 商業相
Chowdhury, Matia チョードリー, マチア
[国]バングラデシュ 農相
Chowdhury, Naren チョウドリー, ナレン
[国]インド 在コルカタ日本国総領事館現地職員
Chowdhury, Subir チョウドリ, シビル
[著]「なぜおいしいアイスクリームが売れないの？」 講談社 2006
Chowdhury, Syeda Sajeda チョードリ, サイダ・サジェダ
[国]バングラデシュ 環境・林業相
Chown, Marcus チャウン, マーカス
1960～ [著]「世界一素朴な質問、宇宙一美しい答え」 河出書房新社 2013
Chrapkowski, Edward チュラポウスキー, エドワード
？～2011 [国]アメリカ 軍人
Chrbet, Ján フルベット, ヤーン
[国]スロバキア 環境相
Chrestman, Kelly R. クレストマン, ケリー・R.
[著]「青年期PTSDの持続エクスポージャー療法」 星和書店 2014
Chrétien, Jean クレティエン, ジャン
[国]カナダ 首相
Chretien, Margaux クレティアン
[国]フランス 水泳選手
Chriboga, David チリボガ, ダビ
[国]エクアドル 厚生相
Chrilstensen, Clyde クリステンセン, クライド
[国]アメリカ マイアミ・ドルフィンズコーチ
Chris, Salim クリス, サリム
[著]「材料科学」 朝倉書店 2013
Chrisochoidis, Michalis フリソフォイディス, ミハリス
[国]ギリシャ 地域開発・競争政策相
Chrisp, Peter クリスプ, ピーター
[著]「ヒラメキ公認ガイドブック世界中を探検しよう」 化学同人 2012
Chriss, Marquese クリス, マーキューズ
[国]アメリカ バスケットボール選手
Chrissis, Mary Beth クリシス, メアリー・ベス
[著]「CMMI標準教本」 日経BP社, 日経BP出版センター（発売） 2009
Christ, Renate クリスト, レナーテ
1953～ [国]オーストリア 気候変動に関する政府間パネル（IPCC）事務局長 [専]生物学, 地球科学
Christ, Wolfram クリスト, ウォルフラム
1955～ [国]ドイツ ビオラ奏者 フライブルク音楽大学教授 ベルリン・フィルハーモニー管弦楽団首席ビオラ奏者 [異]クリスト, ヴォルフラム
Christakis, Nicholas A. クリスタキス, ニコラス・A.
[著]「つながり」 講談社 2010
Christe, Ian クライスト, イアン
1970～ [著]「魔獣の鋼鉄黙示録」 早川書房 2008
Christen, Lesley クリステン, レスリー
[著]「ドラマ・スキル」 新評論 2003
Christen, Nina クリステン, ニナ
[国]スイス 射撃選手
Christenberry, Judy クリスンベリ, ジュディ
[著]「プルメリアに誓う恋」 ハーレクイン 2009
Christensen, Andreas クリステンセン, アンドレアス
[国]デンマーク サッカー選手
Christensen, Bente Lis クリステンセン, ベンテ・L.
[著]「エネルギーと私たちの社会」 新評論 2002
Christensen, Bonnie クリステンセン, ボニー
[著]「小さなたね」 さ・え・ら書房 2013
Christensen, Carina クリステンセン, カリーナ
[国]デンマーク 文化相
Christensen, Carl Roland クリステンセン, C.ローランド
1919～ [著]「ケース・メソッド教授法」 ダイヤモンド社 2010
Christensen, Clayton M. クリステンセン, クレイトン
1952～ [国]アメリカ 経営学者 ハーバード大学ビジネススクール教授 [専]企業経営論
Christensen, Dana N. クリスチャンセン, ダナ・N.
1950～ [著]「解決志向ケースワーク」 金剛出版 2002
Christensen, Doris クリステンセン, ドリス
1944～ [著]「保育学入門」 ミネルヴァ書房 2010
Christensen, Hayden クリステンセン, ヘイデン
ゴールデン・ラズベリー賞（ラジー賞） 最低助演男優賞（第26回

（2005年）） "Star Wars: Episode III - Revenge of the Sith"
Christensen, Inger　クリステンセン, インゲ
　1935〜2009　国デンマーク　詩人
Christensen, John　クリステンセン, ジョン
　1959〜　著「フィッシュ！ おかわり」早川書房　2003
Christensen, John Asmus　クリステンセン, ジョン・A.
　著「会計情報の理論」中央経済社　2007
Christensen, John F.　クリステンセン, ジョン・F.
　著「実践行動医学」メディカル・サイエンス・インターナショナル　2010
Christensen, Joss　クリステンセン, ジョス
　1991〜　国アメリカ　スキー選手
Christensen, Loren W.　クリステンセン, ローレン・W.
　著「「戦争」の心理学」二見書房　2008
Christensen, Max　クリスチャンセン, マックス
　著「クンルンネイゴン」ヴォイス出版事業部　2005
Christensen, Pernille Fischer　クリステンセン, ペルニレ・フィッシャー
　ベルリン国際映画祭 銀熊賞 審査員グランプリ（第56回（2006年））ほか
Christensen, Peter　クリステンセン, ピーター
　国デンマーク　国防相兼北欧協力相
Christensen, Ralph　クリステンセン, ラルフ
　1951〜　著「戦略人事マネジャー」生産性出版　2008
Christensen, Richard M.　クリステンセン, リチャード・M.
　著「複合材料の力学」共立出版　2015
Christensen, Simone　クリステンセン, シモーネ
　国デンマーク　自転車選手
Christenson, Amy Beth　クリステンソン, エイミー・ベス
　著「クリーチャーハンター」ボーンデジタル　2014
Christer, Sam　クリスター, サム
　1957〜　国イギリス　作家　著ミステリー、スリラー　別筆名＝トレース, ジョン〈Trace, Jon〉
Christerson, Magnus　クリスターソン, M.
　著「オブジェクト指向ソフトウェア工学OOSE」エスアイビー・アクセス　2003
Christersson, Gunilla　クリスターソン, グニラ
　著「バイリンガルろう教育の実践」全日本ろうあ連盟出版局　2003
Christgau, Robert　クリスゴー, ロバート
　著「ビートルズ世界証言集」ポプラ社　2006
Christian, Brian　クリスチャン, ブライアン
　1984〜　著「機械より人間らしくなれるか？」草思社　2014
Christian, Cindy W.　クリスチャン, シンディー・W.
　著「子ども虐待医学」明石書店　2013
Christian, David　クリスチャン, デヴィッド
　1946〜　著「ビッグヒストリー」明石書店　2016
Christian, Debbie　クリスティアン, デビー
　著「パーソン・センタード・ケア」クリエイツかもがわ, 京都 かもがわ出版（発売）　2007
Christian, Gerald　クリスチャン, ジェラルド
　国アメリカ　アメフト選手
Christian, Linda　クリスチャン, リンダ
　1923〜2011　国アメリカ　女優　本名＝Welter, Blanca Rosa
Christian, Marqui　クリスチャン, マーキ
　国アメリカ　アメフト選手
Christian, Mary Blount　クリスチャン, メアリ・ブラウント
　1933〜　著「フェイタルフィクション」南雲堂フェニックス　2003
Christian, Mike　クリスチャン, マイク
　著「ウェブオペレーション」オライリー・ジャパン, オーム社（発売）　2011
Christian, Nick　クリスティアン, ニック
　著「ベルリン・デザイン・ハンドブックはデザインの本ではない！」ベアリン出版, 新宿書房（発売）　2013
Christian, Peter　クリスチャン, ピーター
　国ミクロネシア連邦　大統領
Christian, Shannon L.O'Connor　クリスチャン, シャノン・オコーナー
　著「睡眠障害に対する認知行動療法」風間書房　2015
Christian, Tom　クリスティアン, トム
　著「英語で読むスティーブ・ジョブズ」IBCパブリッシング　2012
Christiana, David　クリスチアナ, デイビッド
　著「ラニーと魔法の杖」講談社　2009
Christiansen, Henrik　クリスチャンセン
　国ノルウェー　スピードスケート選手
Christiansen, Henrik　クリスチャンセン, ヘンリク
　国ノルウェー　水泳選手
Christiansen, Max　クリスティアンゼン, マックス
　国ドイツ　サッカー選手
Christiansen, Tom　クリスチャンセン, トム
　著「Perlクックブック」オライリー・ジャパン, オーム社（発売）　2004
Christianson, Gale E.　クリスティアンソン, ゲイル・E.
　著「ニュートン」大月書店　2009
Christie, Bunny　クリスティ, バニー
　トニー賞 プレイ 舞台デザイン賞（2015年（第69回））ほか
Christie, Chris　クリスティ, クリス
　1962〜　国アメリカ　政治家, 法律家　ニュージャージー州知事　本名＝Christie, Christopher James
Christie, Elise　クリスティ
　国イギリス　ショートトラック選手
Christie, Gregory　クリスティ, グレゴリー
　1971〜　国アメリカ　イラストレーター, 絵本作家　異クリスティー, グレゴリー
Christie, Ian　クリスティ, イアン
　1945〜　著「スコセッシ・オン・スコセッシ」フィルムアート社　2002
Christie, Julie　クリスティ, ジュリー
　1940〜　国イギリス　女優　本名＝Christie, Julie Frances　異クリスティ, ジュリー
Christie, Nils　クリスティ, ニルス
　1928〜　国クリスティーエ, ニルス　著「人が人を裁くとき」有信堂高文社　2006
Christie, Perry Gladstone　クリスティ, ペリー・グラッドストン
　1943〜　国バハマ　政治家, 弁護士　バハマ首相・財務相
Christie, R.Gregory　クリスティ, R.グレゴリー
　1971〜　著「ハーレムの闘う本屋」あすなろ書房　2015
Christie, William Lincorn　クリスティ, ウィリアム
　1944〜　国フランス　指揮者, チェンバロ奏者　レ・ザール・フロリサン主宰者
Christin, Anne Marie　クリスタン, アンヌ＝マリー
　著「絵を書く」水声社　2012
Christine, Mari　クリスティーヌ, マリ
　著「地球大交流」東急エージェンシー　2006
Christmas, Bobbie　クリスマス, ボビー
　著「空っぽのくつした」光文社　2002
Christmas, Rakeem　クリスマス, ラキーム
　国アメリカ　バスケットボール選手
Christo　クリスト
　1935〜　国アメリカ　環境芸術家　共同名＝クリスト＆ジャンヌ・クロード〈Christo and Jeanne-Claude〉
Christodoulakis, Nikolaos　クリストドゥラキス, ニコラオス
　国ギリシャ　財務経済相　異クリストゥラキス, ニコス
Christodoulidis, Emilios A.　クリストドゥリディス, エミリオス・A.
　著「共和主義法理論の陥穽」晃洋書房　2002
Christodoulos　フリストドゥロス
　1939〜2008　国ギリシャ　聖職者　ギリシャ正教大主教
Christodoulou, Christodoulos　クリストドゥル, クリストドゥロス
　国キプロス　内相
Christoffersson, Britt-Marie　クリストッフェション, ブリット・マリー
　著「スウェーデンの伝統ニット模様集」日本ヴォーグ社　2009
Christofias, Demetris　フリストフィアス, ディミトリス
　1946〜　国キプロス　政治家　キプロス大統領, キプロス労働人民進歩党（AKEL）党首, キプロス国会議長
Christoforou, Christina　クリストフォロウ, クリスティナ
　著「僕はダ・ヴィンチ」パイインターナショナル　2016
Christon, Semaj　クリストン, セマジ
　国アメリカ　バスケットボール選手
Christoph, Jamey　クリストフ, ジェイミー
　著「ゴードン・パークス」光村教育図書　2016
Christoph, Vanessa　クリストフ, ヴァネッサ
　著「グローバル化と言語能力」明石書店　2015
Christopher, Elphis　クリストファー, E.
　著「ユングの世界」培風館　2003
Christopher, John　クリストファー, ジョン
　1922〜2012　国イギリス　SF作家, 児童文学作家　別筆名＝ヨード, C.S.
Christopher, Michael S.　クリストファー, ミシェル・S.

[著]「ケアのなかの癒し」 看護の科学社 2016
Christopher, Warren Minor クリストファー, ウォーレン
1925〜2011 [国]アメリカ 政治家, 法律家 米国国務長官, オメルベニー・アンド・メイヤーズ・シニア・パートナー
Christophersen, Alf クリストファーセン, アルフ
1968〜 [著]「精神の自己主張」 未来社 2014
Christophersen, Claudia シュルゼ, クラウディア
1967〜 [著]「アーレントとティリッヒ」 法政大学出版局 2008
Christou, Andreas フリストゥ, アンドレアス
[国]キプロス 内相 [異]フリストウ, アンドレアス

C

Christou, Ioannis クリストウ, イオアニス
[国]ギリシャ ボート選手
Christova, Christina クリストワ, クリスティナ
[国]ブルガリア 労働・社会問題相
Christy, Jana クリスティ, ジャナ
[著]「いちばんのおくすり」 金の星社 2011
Christy, Martha M. クリスティ, マーサ
[著]「尿療法バイブル」 論創社 2004
Christy, Robert クリスティ, ロバート
1916〜2012 [国]アメリカ 理論物理学者 カリフォルニア工科大学学長 本名＝Christy, Robert Frederick
Chronowski, Andrzej フロノフスキ, アンジェイ
[国]ポーランド 民営化担当相
Chrougha, Nani Ould シュルーカ, ナーニ・ウルド
[国]モーリタニア 漁業・水産経済相
Chrysochoidis, Michalis クリソホイディス, ミハリス
[国]ギリシャ 公安相
Chrysostomides, Kypros フリソストミデス, キプロス
[国]キプロス 法務・公安相
Chryssa クリッサ
1933〜2013 [国]アメリカ 彫刻家 別名＝クリッサ, ヴァルダ〈Chrissa, Varda〉
Chryssicas, Mary Kaye クリシカス, メアリー・ケイ
[著]「ヨガ大好き！」 文園社 2006
Chrystal, K.Alec クリスタル, アレック
[著]「経済政策の公共選択分析」 勁草書房 2002
Chshmaritian, Karen チシマリチャン, カレン
[国]アルメニア 経済相
Chu, Dang Vu チュー, ダン・ブ
[国]ベトナム 工業相
Chu, Ernest D. チュー, アーネスト・D.
[著]「本当のお金持ちが知っているスピリチュアルな知恵」 ランダムハウス講談社 2009
Chu, Pollyanna チュー, ポリアナ
[国]香港 キングストン・ファイナンシャル共同創業者、CEO 漢字名＝朱李月華 [異]チュー, ポリアンナ
Chu, Steven チュー, スティーブン
1948〜 [国]アメリカ 物理学者 スタンフォード大学教授 米国エネルギー長官 [専]気候変動
Chu, Tien-hsin チュ・ティエンシン
1958〜 [国]台湾 作家 漢字名＝朱天心 [異]チュー・ティエンシン
Chu, Tien-wen チュ・ティエンウェン
1956〜 [国]台湾 作家, 脚本家 漢字名＝朱天文 [異]チュー・ティェンウェン
Chua, Amy チュア, エイミー
1962〜 [国]アメリカ 法学者 エール大学ロースクール教授 [専]国際ビジネス法, グローバル化
Chua, Jui Meng チュア・ジュイメン
[国]マレーシア 保健相
Chua, Mui Hoong チュア, ムイフーン
[著]「リー・クアンユー未来への提言」 日本経済新聞出版社 2014
Chua, Nam-hai チュア, ナム・ハイ
1944〜 [国]シンガポール 植物分子生物学者 ロックフェラー大学植物分子生物学教授
Chua, Soi Lek チュア・ソイレク
[国]マレーシア 保健相
Chuang, Isaac L. チャン, アイザック・L.
1968〜 [著]「量子コンピュータとアルゴリズム」 オーム社 2005
Chuang Aloung, Gier チュアン・アロン, ギエル
[国]南スーダン 道路相
Chuayffet Chemor, Emilio チュアイフェット・チェモル, エミリオ
[国]メキシコ 教育相
Chubais, Anatolii Borisovich チュバイス, アナトリー
1955〜 [国]ロシア 実業家, 政治家 ロシア・ナノテクノロジーCEO ロシア統一エネルギー機構(UES)会長・CEO, ロシア第1副首相
Chubb, Brandon チュブ, ブランドン
[国]アメリカ アメフト選手
Chubb, Kit チャブ, キット
1936〜 [著]「箱船にのった鳥たち」 福音館書店 2005
Chubbuck, Ivana チャバック, イヴァナ
[著]「イヴァナ・チャバックの演技術」 白水社 2015
Chu-Carroll, Mark C. シュー＝キャロル, マーク・C.
[著]「グッド・マス」 オーム社 2016
Chucheep, Hansawat チュチープ・ハンサワット
[国]タイ 農業・共同組合相
Chuck, Delroy チャック, デロイ
[国]ジャマイカ 法相
Chudacoff, Howard P. チュダコフ, ハワード・P.
[著]「年齢意識の社会学」 法政大学出版局 2015
Chudin, Semyon チュージン, セミョーン
1985〜 [国]ロシア バレエダンサー ボリショイ・バレエ団プリンシパル
Chudinov, Igor V. チュジノフ, イーゴリ・V.
[国]キルギス 首相
Chudinov, Sergei チュジノフ
[国]ロシア スケルトン選手
Chudzinski, Daniela シュジンスキー, ダニエラ
1972〜 [著]「哲学するゾウフィレモンシワシワ」 BL出版 2006
Chudzinski, Rob チャジンスキー, ロブ
[国]アメリカ インディアナポリス・コルツコーチ
Chueca, Pilar チュエカ, ピラール
[異]チュエカ, ピラー [著]「オフィス・インテリア」 グラフィック社 2007
Chuenrudeemol, Chatpong チュエンルディーモル, チャトポン
1972〜 [著]「アジアの日常から」 TOTO出版 2015
Chugh, Dolly チュー, ドリー
[著]「組織行動論の実学」 ダイヤモンド社 2007
Chugoshvili, Ioseb チュゴシュビリ
[国]ベラルーシ レスリング選手
Chui, Glennda チュウイ, グレンダ
[著]「サイエンスライティング」 地人書館 2013
Chui, Sai-on ツオイ・シーアン
1957〜 [国]中国 政治家 マカオ特別行政区行政長官 漢字名＝崔世安, 英語名＝Chui, Fernando
Chukhrai, Grigorii Naumovich チュフライ, グリゴリー
1921〜2001 [国]ロシア 映画監督 [異]チュフライ, グリゴーリー
Chuku, Christiam チュク, クリスチャン
[国]ナイジェリア 保健相
Chukwu, Onyebuchi チュク, オヌエブチ
[国]ナイジェリア 保健相
Chukwumerije, Chika Yagazie チュクメリジェ
[国]ナイジェリア テコンドー選手
Princess **Chulabhorn** チュラポーン王女
1957〜 [国]タイ プミポン国王の第三王女 チュラポーン研究所所長
Chuluunbat Jargalsaikhany チュルンバト・ジャルガルサイハン
[国]モンゴル レスリング選手
Chumachenko, Ana チュマチェンコ, アナ
バイオリニスト ミュンヘン音楽大学教授
Chumak, Dmytro チュマク, ドゥミトロ
[国]ウクライナ 重量挙げ選手
Chumakov, Aleksandr P. チュマコフ, アレクサンドル・P.
[国]ベラルーシ 国防相
Chumpol, Silpa-archa チュムポン・シンラパアーチャ
[国]タイ 副首相兼観光・スポーツ相
Chun, Clarissa Kyoko Mei Ling チャン
[国]アメリカ レスリング選手
Chun, Doo-hwan チョン・ドゥファン
1931〜 [国]韓国 政治家, 元軍人 韓国大統領 漢字名＝全斗煥, 雅号＝日海 [異]ジョン・ドゥファン／チョン・ドファン／チョン・ドホアン
Chun, Hanbong チョン・ハンボン
[国]韓国 陶芸家 漢字名＝千漢鳳
Chun, Jeong-myoung チョン・ジョンミョン
1980〜 [国]韓国 俳優 漢字名＝千正明
Chun, Kam Fong チュン, カム・フォン
1918〜2002 [国]アメリカ 俳優
Chun, Kwang-young チョン・クァンヨン

1944〜 ⓝ韓国 現代美術家 漢字名=全光栄
Chun, Shu チュン, シュー
　1983〜 ⓝ中国 作家 ⓙフィクション 漢字名=春樹 ⓔチュン・シュ
Chun, Woo-hee チョン・ウヒ
　1987〜 ⓝ韓国 女優
Chun, Yung-woo チョン・ヨンウ
　ⓝ韓国 外交官 韓国大統領外交安保首席秘書官 漢字名=千英宇
Chunayev, Rasul チュナエフ, ラスル
　ⓝアゼルバイジャン レスリング選手
Chung, Angela E. チュン, アンジェラ・E.
　ⓐ「現代世界アジア詩集」土曜美術社出版販売 2010
Chung, Chien-peng チュン, チェン・ペン
　ⓐ「次の超大国・中国の憂鬱な現実」朝日新聞社 2003
Chung, Ching-wen チョン・チンウェン
　1932〜 ⓝ台湾 児童文学作家 漢字名=鄭清文 ⓔズン・チンウェン
Chung, Chin-youb チョン・ジンヨプ
　ⓝ韓国 保健福祉相 漢字名=鄭鎮燁
Chung, Chung-kil チョン・ジョンギル
　1942〜 ⓝ韓国 行政学者 ソウル大学行政大学院教授, 蔚山大学総長, 韓国大統領室長 漢字名=鄭正佶 ⓔジョン・ジョンギル
Chung, Dong-chea チョン・ドンチェ
　ⓝ韓国 文化観光相 漢字名=鄭東采
Chung, Dong-young チョン・ドンヨン
　1953〜 ⓝ韓国 政治家 韓国統一相, ウリ党議長 漢字名=鄭東泳 ⓔジョン・ドンヨン
Chung, Doo-ri チャン, ドゥー・リー
　1973〜 ⓝアメリカ ファッションデザイナー
Chung, Erin Aeran チャン, エリン・エラン
　ⓐ「在日外国人と市民権」明石書店 2012
Chung, Hong-won チョン・ホンウォン
　1944〜 ⓝ韓国 政治家, 法律家 韓国首相 漢字名=鄭烘原
Chung, Jae-jeong チョン・ジェジョン
　1951〜 ⓝ韓国 歴史学者 ソウル市立大学国史学科教授 ⓙ韓国近現代史, 韓日関係史, 歴史教育学 漢字名=鄭在貞 ⓔジョン・ジェジョン / ジョン・ゼジョン / チョン・ゼチョン
Chung, Jong-hwan チョン・ジョンファン
　ⓝ韓国 国土海洋相 漢字名=鄭鍾煥
Chung, Joon-yang チョン・ジュンヤン
　1948〜 ⓝ韓国 実業家 ポスコ会長 漢字名=鄭俊陽
Chung, Ju-yong チョン・ジュヨン
　1915〜2001 ⓝ韓国 実業家, 政治家 現代グループ創業者, 韓国全国経済人連合会(全経連)会長 漢字名=鄭周永, 号=峨山 ⓔジョン・ジュヨン
Chung, Ku-chong ジョン・クジョン
　1944〜 ⓝ韓国 ジャーナリスト 東西大学日本研究センター所長, 韓日文化交流会議韓国側委員長 「東亜日報」編集局長, 韓日未来フォーラム代表 漢字名=鄭求宗 ⓔジョン・クジョン / ジョン・グジョン / チョン・クチョン / チョン・グジョン
Chung, Kyung-wha チョン・キョンウァ
　1948〜 ⓝ韓国 バイオリニスト 漢字名=鄭京和 ⓔジョン・キョンファ / チョン, キョンホア / チョン・キュンファ / チョン・キョンファ
Chung, Mong-hun チョン・モンホン
　1948〜2003 ⓝ韓国 実業家 現代峨山会長, 現代グループ会長 漢字名=鄭夢憲 ⓔジョン・モンホン
Chung, Mong-joon チョン・モンジュン
　1951〜 ⓝ韓国 政治家, 実業家 韓国サッカー協会名誉会長, 国際サッカー連盟(FIFA)名誉副会長, 現代重工業会長, ハンナラ党代表 漢字名=鄭夢準 ⓔジョン・モンジュン
Chung, Mong-koo チョン・モンク
　1938〜 ⓝ韓国 実業家 現代・起亜自動車グループ会長・CEO 漢字名=鄭夢九 ⓔジョン・モング / チョン・モング
Chung, Myung-whun チョン・ミョンフン
　1953〜 ⓝ韓国 指揮者, ピアニスト ソウル・フィルハーモニー管弦楽団音楽監督, アジア・フィルハーモニー管弦楽団音楽監督, フランス国立放送フィルハーモニー管弦楽団音楽監督 漢字名=鄭明勲 ⓔジョン・ミョンフン / チョン, ミョンフン / チョン・ミュンフム / チョン・ミョンフン / チョン・ミョンフム
Chung, Ook チャング, ウーク
　1963〜 ⓝカナダ 作家 ⓙ文学
Chung, Patrick チャン, パトリック
　ⓝアメリカ アメフト選手
Chung, Se-rang チョン・セラン
　1984〜 ⓝ韓国 作家 ⓙ文学 漢字名=鄭世朗
Chung, Se-Yung ジョン・セヨン
　1928〜2005 ⓝ韓国 実業家 現代産業開発名誉会長, 現代自動車名誉会長, 現代グループ会長 漢字名=鄭世永 ⓔチョン・セヨン
Chung, Sye-kyun チョン・セギュン
　1950〜 ⓝ韓国 政治家 韓国民主党代表 ウリ党議長 漢字名=丁世均
Chung, Ui-Hwa チョン・ウィファ
　ⓝ韓国 元・国会議員, 元・韓日議員連盟顧問, 元・韓日議員連盟朝鮮通信使特別委員会委員長 漢字名=鄭義和
Chung, Un-chan チョン・ウンチャン
　1946〜 ⓝ韓国 政治家, 経済学者 韓国首相, ソウル大学総長・教授 漢字名=鄭雲燦
Chung, Won-shik チョン・ウォンシク
　1928〜 ⓝ韓国 政治家, 教育学者 ソウル大学名誉教授 韓国首相, 韓国教育相 漢字名=鄭元植 ⓔジョン・ウォンシク
Chupack, Cindy チュパック, シンディー
　ⓐ「王子さまに出会える36のステップ」PHP研究所 2004
Chupkov, Anton チュプコフ, アントン
　ⓝロシア 水泳選手
Chupp, Sam チャップ, サム
　ⓐ「ノド書」アトリエサード, 書苑新社(発売) 2004
Churavy, Pavel フラビ
　ⓝチェコ ノルディック複合選手
Church, Barry チャーチ, バリー
　ⓝアメリカ アメフト選手
Church, Brian T. チャーチ, ブライアン
　ⓐ「ディズニー「感動」のプロフェッショナルを育てる5つの教え」朝日新聞出版 2016
Church, Caroline チャーチ, キャロライン・ジェイン
　ⓐ「がんばれ! グレイビー」小学館 2009
Church, Caroline Jayne チャーチ, キャロライン・ジェイン
　ⓐ「ぶたのトントン」大日本図書 2011
Church, Charlotte チャーチ, シャルロット
　1986〜 ⓐ「天使の歌声」ヤマハミュージックメディア 2001
Church, David B. チャーチ, デビット・B.
　ⓐ「小動物臨床における診断推論」緑書房 2016
Church, James チャーチ, ジェイムズ
　ⓐ「「北」の迷宮」早川書房 2007
Church, Mark チャーチ, マーク
　1970〜 ⓐ「子どもの思考が見える21のルーチン」北大路書房 2015
Church, Thomas Haden チャーチ, トーマス・ヘイデン
　エミー賞 プライムタイム・エミー賞 最優秀助演男優賞(ミニシリーズ・映画)(第59回(2007年)) "Broken Trail"
Church, W.H. チャーチ, W.H.
　ⓐ「魂の進化」中央アート出版社 2003
Churchill, Don W. チャーチル, ドン・W.
　ⓐ「自閉症」黎明書房 2006
Churchill, Elmer Richard チャーチル, E.リチャード
　ⓐ「たのしい科学実験365日」飛鳥新社 2010
Churchill, Jill チャーチル, ジル
　作家 本名=ブルックス, ジャニス・ヤング〈Brooks, Janice Young〉
Churchill, Rob チャーチル, ロブ
　ⓐ「ヴォイニッチ写本の謎」青土社 2006
Churchland, Patricia Smith チャーチランド, パトリシア・S.
　ⓔチャーチランド, P.S. ⓐ「脳がつくる倫理」化学同人 2013
Churchland, Paul M. チャーチランド, ポール
　1942〜 ⓔチャーチランド, ポール・M. ⓐ「物質と意識」森北出版 2016
Churikova, Inna チュリコワ, インナ
　モスクワ国際映画祭 スタニスラフスキー賞(第36回(2014年))
Churnin, Nancy チャーニン, ナンシー
　ⓐ「耳の聞こえないメジャーリーガー ウィリアム・ホイ」光村教育図書 2016
Chushcoff, Jennifer Preston シュシュコフ, ジェニファー・プレストン
　ⓐ「雪の結晶」グラフィック社 2016
Chusovitina, Oksana チュソヴィチナ, オクサナ
　1975〜 ⓝドイツ 体操選手 ⓔチュソビチナ, オクサナ
Chutchawal Khawlaor チュチャワル
　ⓝタイ テコンドー選手
Chuter, David チューター, デイヴィッド
　ⓐ「国防の変容と軍事の管理」朝雲新聞社 2003
Chuth, Khay カイ, チュット

1940〜 ㊋「追憶のカンボジア」東京外国語大学出版会 2014
Chuti, Krairiksh チュティ・クライルーク
　㊌タイ　情報通信技術相
Chuvakin, Anton チュバキン, アントン
　㊋「セキュリティウォリア」オライリー・ジャパン, オーム社（発売）2004
Chuyen, Pham Thi Hai チュエン, ファム・ティ・ハイ
　㊌ベトナム　労働・傷病軍人・社会事業相
Chwe, Michael Suk-Young チウェ, マイケル・S.-Y.
　1965〜 ㊋「儀式は何の役に立つか」新曜社 2003
Chyau, Carol チャウ, キャロル
　1982〜 ㊋「世界を変えるオシゴト」講談社 2010
Chyrmashyev, Satybaldy チルマシェフ, サトイバルディ
　㊌キルギス　環境保護・非常事態相
Chytilová, Věra ヒティロヴァ, ヴェラ
　1929〜2014　㊌チェコ　映画監督　㊍ヒティロバ, ベラ
Cialdini, Robert B. チャルディーニ, ロバート・B.
　㊋「影響力の武器」誠信書房 2016
Ciampi, Carlo Azeglio チャンピ, カルロ・アゼリョ
　1920〜2016　㊌イタリア　政治家　イタリア大統領, イタリア首相, イタリア中央銀行総裁　㊍チャンピ, カルロ・アゼーリオ／チャンピ, カルロ・アゼリオ
Ciancio, Oscar シアンシオ, オスカル
　1948〜 ㊋「ゆうれいとたたかって」新世研 2003
Cianciolo, Susan チャンチオロ, スーザン
　㊋「Workshop」プチグラパブリッシング 2004
Cianfrance, Derek シアンフランス, デレク
　1974〜 ㊌アメリカ　映画監督
Ciannella, Giuliano チャンネッラ, ジュリアーノ
　1943〜2008　㊌イタリア　テノール歌手
Ciapparoni La Rocca, Teresa チャッパローニ・ラ・ロッカ, テレザ
　㊌イタリア　元・ローマ大学「サピエンツァ」文学哲学科講師
Ciara シアラ
　1985〜 ㊌アメリカ　歌手, ダンサー　本名＝Harris, Ciara
Ciardi, Michel シアルディ, ミシェル
　㊋「絵とき精神医学の歴史」星和書店 2002
Ciarrochi, Joseph チャロッキ, ジョセフ・V.
　㊋「セラピストが10代のあなたにすすめるACT〈アクセプタンス＆コミットメント・セラピー〉ワークブック」星和書店 2016
Ciaschini, Giorgio チャスキーニ, ジョルジョ
　1947〜 ㊋「アンチェロッティの完全戦術論」河出書房新社 2014
Cibas, Edmund S. シーバス, E.S.
　㊋「甲状腺細胞診ベセスダシステム」シュプリンガー・ジャパン 2011
Ciboul, Adèle シブール, アデル
　㊋シブル, アデル ㊋「せかいの国ぐに」主婦の友社 2007
Cicciolina チッチョリーナ
　1951〜 ㊌イタリア　女優　イタリア下院議員　本名＝スタッレル, イローナ〈Staller, Elena Anna〉　㊍チチョリーナ
Ciccolini, Aldo チッコリーニ, アルド
　1925〜2015　㊌フランス　ピアニスト　パリ高等音楽院教授
Ciccone, Angelo チコネ
　㊌イタリア　自転車選手
Ciccone, Christopher チコーネ, クリストファー
　㊋「マドンナの素顔」ぶんか社 2009
Ciccotti, Serge シコッティ, セルジュ
　㊋「急いでいるときにかぎって信号が赤になるのはなぜ？」東京書籍 2006
Çiçek, Cemil チチェキ, ジェミル
　㊌トルコ　副首相兼国務相
Cichocki, Jacek チホツキ, ヤチェク
　㊌ポーランド　内相
Cicip, Sharif Sutardjo チチップ・シャリフ・スタルジョ
　㊌インドネシア　海洋・水産相
Cicolari, Greta チコラリ
　㊌イタリア　ビーチバレー選手
Cid, Almudena シド
　㊌スペイン　新体操選手
Ciechanover, Aaron チェカノバー, アーロン
　1947〜 ㊌イスラエル　分子生物学者, 医師　イスラエル工科大学教授　㊋「たんぱく質分解」チェハノバ, アーロン／チカノバー, アーロン
Cielo Filho, Cesar シエロフィリョ, セザール
　1987〜 ㊌ブラジル　水泳選手　㊍シエロフィリョ

Ciencin, Scott シエンシン, スコット
　㊋シェンシン, スコット ㊋「レジェンド・オブ・ゾロ」竹書房 2006
Cienfuegos Gorriarán, Osmany シエンフエゴス・ゴリアラン, オスマニ
　㊌キューバ　閣僚評議会副議長
Cienfuegos Zepeda, Salvador シエンフエゴス・セペダ, サルバドル
　㊌メキシコ　国防相
Ciesko, Martin チエシュコ, マルティン
　1973〜 ㊋「古典ギリシア語文典」白水社 2016
Cieutat, Michel スィユタ, ミシェル
　1945〜 ㊋「ミヒャエル・ハネケの映画術」水声社 2015
Cifire, Angela シフィレ, アンジェラ
　㊌ザンビア　保健相
Cifu, Adam S. シーフー, アダム
　㊍シーフー, A.S.　㊋「考える技術」日経BP社, 日経BPマーケティング（発売）2015
Cifuentes, Vincete シフエント, ヴィンセント
　㊋「フラッシュポイント : バットマン」ヴィレッジブックス 2012
Ciganda, Carlota シガンダ, カルロタ
　㊌スペイン　ゴルフ選手
Cigarini, Luca チガリーニ, ルカ
　㊌イタリア　サッカー選手
Ciglic, Boris チグリッチ, ボリス
　㊋「クロアチア空軍のメッサーシュミットBf109エース」大日本絵画 2004
Cikel, Lubos チケル
　㊌オーストリア　レスリング選手
Cikotić, Selmo チコティッチ, セルモ
　㊌ボスニア・ヘルツェゴビナ　国防相
Cikuli, Maksim チクリ, マクシム
　㊌アルバニア　保健相
Cilento, Diane シレント, ダイアン
　1933〜2011　㊌オーストラリア　女優
Cilic, Marin チリッチ, マリン
　1988〜 ㊌クロアチア　テニス選手　㊍チリッチ
Cillessen, Jasper シレッセン, ヤスパー
　㊌オランダ　サッカー選手
Cimagalli, Cristina チマガッリ, クリスティーナ
　1961〜 ㊋「西洋音楽の歴史」シーライトパブリッシング 2011
Ciment, Jill シメント, ジル
　1953〜 ㊋「眺めのいい部屋売ります」小学館 2015
Ciminera, Siobhan シミネラ, シボン
　㊋「ハッピーフィートいつまでもともだち」近代映画社 2007
Cimino, Michael チミノ, マイケル
　1943〜 ㊌アメリカ　映画監督, 脚本家　㊍チミノ, マイクル
Cimmino, Marco Amedeo チミーノ, M.A.
　㊋「手のリウマチの画像診断」シュプリンガー・フェアラーク東京 2005
Cimoli, Gino シモリ, ジノ
　1929〜2011　㊌アメリカ　野球選手　本名＝Cimoli, Gino Nicholas
Cimoszewicz, Włodzimierz チモシェビッチ, ウォジミエシュ
　㊌ポーランド　外相
Cîmpeanu, Sorin クンペアーヌ, ソリン
　㊌ルーマニア　教育・科学相
Cin, Luigi Dal チン, ルイジ・ダル
　1966〜 ㊋「おおおとこのすむおか」学習研究社 c2009
Cinar, Ates シナル, デニス
　㊌トルコ　セーリング選手
Cinar, Deniz シナル, アテス
　㊌トルコ　セーリング選手
Cinar, Yildiray シナー, イルディレイ
　㊋「NEW 52 : ジャスティス・リーグ」ヴィレッジブックス 2013
Cinca Mateos, Jordi シンカマテオス, ジョルディ
　㊌アンドラ　財務・公務員制度相
Cinelli, Amanda チネッリ, アマンダ
　㊋「天使のための契約結婚」ハーパーコリンズ・ジャパン 2016
Cingrani, Tony シングラニ, トニー
　㊌アメリカ　野球選手
Çinici, Can チニジ, ジャン
　㊋「Anytime」NTT出版 2001
Cink, Ondrej ツィンク, オンジェイ
　㊌チェコ　自転車選手

Cink, Stewart　シンク, スチュワート
　1973〜　国アメリカ　プロゴルファー　異シンク, スチュアート
Cinotti, Eric　シノッティ, エリック
　1966〜　著「ヨーロッパの超特急」白水社　2001
Cinquetti, Nicola　チンクエッティ, ニコラ
　1965〜　著「とびっきりのおむかえ」きじとら出版　2016
Cinteză, Mircea　チンテーザ, ミルチェア
　国ルーマニア　保健相
Cintra Frías, Leopoldo　シントラ・フリアス, レオポルド
　国キューバ　国防相
Cintron Ocasio, Jeyvier　シントロン
　国プエルトリコ　ボクシング選手
Cintura, Iolanda　シントゥーラ, ヨランダ
　国モザンビーク　女性・社会活動相
Ciobanu, Gennadie　チョバヌ, ジェンナディエ
　国モルドバ　文化相
Ciobo, Steven　チオボー, スティーブン
　国オーストラリア　貿易・投資相
Ciochon, Russell L.　ショホーン, ラッセル・L.
　著「北京原人物語」青土社　2005
Ciofi, Patrizia　チョーフィ, パトリツィア
　1967〜　国イタリア　ソプラノ歌手
Cioloș, Dacian　チョロシュ, ダチアン
　国ルーマニア　首相
Ciompi, Luc　チオンピ, ルック
　1929〜　著「基盤としての情動」学樹書院　2005
Cioncan, Maria　チオンカン
　国ルーマニア　陸上選手
Cionek, Thiago　チョネク, チアゴ
　国ブラジル　サッカー選手
Ciornei, Silvia　チョルネイ, シルビア
　国ルーマニア　中小企業・協同組合相
Ćiplić, Svetozar　チプリッチ, スベトザル
　国セルビア　人権・少数民族権利相
Cipolla, Carlo M.　チポッラ, カルロ・マリア
　著「経済史への招待」国文社　2001
Ciprì, Daniele　チプリ, ダニエーレ
　ヴェネチア国際映画祭　技術貢献賞(第69回(2012年))　"È Stato Il Figlio"
Cipriano, Joseph J.　シプリアーノ, ジョセフ・J.
　著「写真で学ぶ整形外科テスト法」医道の日本社　2004
Ciraolo, Simona　チラオロ, シモーナ
　著「だれかぼくをぎゅっとして!」徳間書店　2016
Circene, Ingrīda　チルツェネ, イングリーダ
　国ラトビア　保健相
Cirendini, Olivier　シロンディニ, オリヴィエ
　著「ある日, あなたが陪審員になったら…」信山社出版　2005
Ciricu, Anatolie　チリク
　国モルドバ　重量挙げ選手
Cirincione, Diane V.　シリンシオーネ, ダイアン・V.
　シリンシォーネ, ダイアン・V. 著「心のサプリメント」ランダムハウス講談社　2009
Cirjenics, Miklos　ツィリエニチュ, ミクロシュ
　国ハンガリー　柔道選手
Ciroma, Adamu　シロマ, アダム
　国ナイジェリア　財務相
Ciroma, Maryan　シロマ, マリアン
　国ナイジェリア　女性・青年相
Cishek, Steve　シーシェック, スティーブ
　国アメリカ　野球選手
Čislák, Viliam　チスラーク, ビリアム
　国スロバキア　保健相
Cisneros, Gustavo A.　シスネロス, グスタボ
　1947〜　国ベネズエラ　実業家　シスネロス・グループ会長・CEO
Cisneros, Henry G.　シスネロス, ヘンリー
　1947〜　国アメリカ　政治家　アメリカン・シティ・ビスタ会長・CEO　米国住宅都市開発長官
Cisneros, Jesús　シスネロス, ヘスス
　1969〜　国スペイン　絵本作家
Cisney, Jennifer S.　シズニー, ジェニファー・S.
　著「危機対応最初の48時間」いのちのことば社　2014
Cisse, Abdoudrahmane　シセ, アブドゥラマン
　国コートジボワール　予算・国有財産担当首相府相
Cisse, Abdoulaye Abdoulkader　シセ, アブドゥラエ・アブドゥルカデル

Cissé, Abdoulaye Abdoulkader　シセ, アブドゥラエ・アブドゥルカデル
　国ブルキナファソ　鉱物・エネルギー相　異シス, アブドゥラエ・アブドゥルカデル／シセ, アブドゥラエ・アブドゥルカデル
Cissé, Ahmed Tidiane　シセ, アーメド・ティディアネ
　国ギニア　文化・芸術・遺産相　異シセ, アーメド・ティジャン
Cissé, Amadou Boubacar　シッセ, アマドゥ・ブバカール
　国ニジェール　計画・国土整備・共同体開発相
Cisse, Amara　シセ, アマラ
　国ギニア　保健相
Cissé, Boubou　シセ, ブブ
　国マリ　経済・財政相
Cisse, Cheick Sallah, Jr.　シセ, シェイクサラ
　国コートジボワール　テコンドー選手
Cissé, Djibril　シセ, ジブリル
　1981〜　国フランス　サッカー選手
Cisse, Ibrahim　シセ, イブラヒム
　国コートジボワール　高等教育・科学研究相　異シセ, イブラヒマ
Cissé, Mahmoud　シセ, マフムド
　国ギニア　治安・市民保護相
Cisse, Mamadaou　シセ, ママドゥ
　国ギニア　運輸相
Cissé, Mouramani　シセ, ムラマニー
　国ギニア　治安・市民保護相
Cisse, Ousmane　シッセ, ウスマン
　国ニジェール　内務・公安・地方分権・宗教関係相
Cissé, Souleymane　シセ, スレイマン
　国ギニア　計画相
Cisse, Soumaila　シセ, スマイラ
　国マリ　国土利用・都市計画相
Cisse Bacongo, Ibrahima　シセバコンゴ, イブラヒマ
　国コートジボワール　公務・行政改革相
Cissna, Kenneth N.　シスナ, ケネス・N.
　著「ブーバーーロジャーズ対話」春秋社　2007
Cissokho, Issa　シソコ, イサ
　国セネガル　サッカー選手
Cissokho, Souleymane Diop　シソコ, スレイマンディオプ
　国フランス　ボクシング選手
Cissoko, Diango　シソコ, ディアンゴ
　国マリ　首相
Cissouma, Mamadou　シスマ, ママドゥ
　国マリ　国防相　異シスーマ, ママドゥ
Çitaku, Vlora　チタク, ブロラ
　国コソボ　欧州統合相
Citrin, James M.　シトリン, ジェームズ・M.
　著「CEO最高経営責任者」アスペクト　2005
Citrin, M.　シトリン, M.
　国アメリカ　作家　ミステリー　本名＝シトリン, マイケル〈Citrin, Michael〉
Citron, Lana　シトロン, ラナ
　1969〜　国アイルランド　作家, 女優　異ユーモア, ミステリー
Cittadini, Lorenzo　チッタディーニ, ロレンツォ
　国イタリア　ラグビー選手
Citti, Sergio　チッティ, セルジオ
　?〜2005　国イタリア　映画監督, 脚本家　異チッティ, セルジョ
City, Elizabeth A.　シティ, エリザベス・A.
　著「教育における指導ラウンド」風間書房　2015
Ciucci, Giorgio　チュッチ, ジョルジョ
　1939〜　著「建築家とファシズム」鹿島出版会　2014
Ciuffoletti, Luca　チュフォレッティ, ルカ
　1963〜　著「ベートーヴェン交響曲第九番ヴァイオリン解説 決定版」壮神社　2013
Ciulei, Liviu　チュレイ, リヴィウ
　1923〜2011　国ルーマニア　映画監督, 演出家　異チウレイ, リヴィウ／テュレイ, リヴィウ
Ciulla, Joanne B.　キウラ, ジョアン・B.
　著「仕事の裏切り」翔泳社　2003
Ciullo, Jeremy R.　シウロ, ジェロミー・ライアン
　著「肩のスポーツ傷害」三輪書店　2012
Ciullo, Jerome V.　シウロ, ジェローム・ヴィンセント
　著「肩のスポーツ傷害」三輪書店　2012
Ciullo, Peter A.　キウロ, ピーター
　1954〜　著「重曹で暮らすナチュラル・ライフ」ブロンズ新社　2002
Civardi, Giovanni　チヴァルディ, ジョヴァンニ
　1947〜　著「人体デッサンのための美術解剖学ノート」マール社　2014
Cixous, Hélène　シクスー, エレーヌ

1937～ [国]フランス　フェミニズム研究者, 劇作家, 作家, 評論家　パリ第8大学英文学教授　[専]女性学, フェミニズム　[異]シクスス, エレーヌ
Ciza, Virginie　シザ, ビルジニー
[国]ブルンジ　運輸・公共事業・設備相
Cizmar, Paula　シズマー, ポーラ
[著]「SEVEN・セブン」 而立書房　2016
C'kurui, James Kwalia　チェプクルイ
[国]カタール　陸上選手
Clackstone, Josh　クラックストーン, ジョシュ
[国]イングランド　サッカー選手
Clady, Ryan　クレイディー, ライアン
[国]アメリカ　アメフト選手
Claeson, Bonnie　クラーソン, ボニー
アメリカ探偵作家クラブ賞 大鴉賞(2006年)
Claesson, Stig　クラーソン, スティーグ
1928～2008 [著]「棕梠の葉とバラの花」 北欧文化通信社　2009
Claeys, Gregory　クレイズ, グレゴリー
[著]「ユートピアの歴史」 東洋書林　2013
Claiborne, Liz　クレイボーン, リズ
1929～2007 [国]アメリカ　ファッションデザイナー　本名=クレイボーン, エリザベス〈Claiborne, Elisabeth〉
Claiborne, Morris　クレイボーン, モリス
[国]アメリカ　アメフト選手
Clair, Alicia Ann　クレア, アリシア・アン
[著]「高齢者のための療法的音楽活用」 一麦出版社　2001
Clair, Daphne　クレア, ダフネ
[著]「悪魔のような求婚者」 ハーレクイン　2010
Clair, Jean　クレール, ジャン
1940～ [著]「クリムトとピカソ、一九〇七年」 水声社　2009
Clair, Merven　クレアー, メルベン
[国]モーリシャス　ボクシング選手
Clair, Sandie　クレール, サンディー
[国]フランス　自転車選手
Claire, Elizabeth　クレア, エリザベス
[著]「アメリカ人が怒りだす日本人がつい話してしまう危険な英語」 講談社　2001
Claire, Hirary　クレア, ヒラリー
[著]「英国初等学校の創造性教育」 ITSC静岡学術出版事業部　2009
Claire, Roger W.　クレイア, ロジャー
?～2007 [著]「イラク原子炉攻撃！」 並木書房　2007
Claiton　クライトン
[国]ブラジル　サッカー選手
Claman, Liz　クラマン, リズ
[著]「本物の投資家たちからの夢をかなえる贈り物」 エクスナレッジ　2007
Clammer, J.R.　クラマー, J.
[著]「都市と消費の社会学」 ミネルヴァ書房　2001
Clanchy, Kate　クランチィ, ケイト
1965～ [著]「ブランコあそびにいくんだい！」 評論社　2005
Clancy, Deirdre　クランシー, ディードル
ローレンス・オリヴィエ賞 衣装デザイン賞(2005年(第29回))"All's Well That Ends Well"
Clancy, Ed　クランシー
[国]イギリス　自転車選手
Clancy, Edward　クランシー, エドワード
[国]イギリス　自転車選手
Clancy, Eva　クランシー, エヴァ
[著]「6つの密かなおとぎの恋」 ハーレクイン　2014
Clancy, John　クランシー, ジョン
[著]「クローズアップ人体のしくみ図鑑」 創元社　2013
Clancy, Susan A.　クランシー, スーザン・A.
[著]「なぜ人はエイリアンに誘拐されたと思うのか」 早川書房　2006
Clancy, Taliqua　クランシー, タリカ
[国]オーストラリア　ビーチバレー選手
Clancy, Tom　クランシー, トム
1947～2013 [国]アメリカ　作家　本名=Clancy, Thomas Leo (Jr.)
Clandinin, D.Jean　クランディニン, D.ジーン
[著]「子どもと教師が紡ぐ多様なアイデンティティ」 明石書店　2011
Clante, Iben　クランテ, イーベン
[著]「ピクシーえほん」 フェリシモ,〔神戸〕 フェリシモ出版(発売)　2001
Clapcich, Francesca　クラプチチ, フランチェスカ
[国]イタリア　セーリング選手
Clapham, Caroline　クラッファム, キャロライン
?～2009 [著]「言語テストの作成と評価」 春風社　2010
Clapham, Michael John Sinclair　クラッパム, マイケル
1912～2002 [国]イギリス　実業家　インペリアル・メタル・インダストリーズ社会長
Clapin, Jérémy　クラパン, ジェレミー
[国]フランス　アヌシー国際アニメーション映画祭 短編映画 観客賞(2008年)ほか
Clapp, Jennifer　クラップ, ジェニファー
1963～ [著]「地球環境の政治経済学」 法律文化社　2008
Clapp, Nicholas　クラップ, ニコラス
1936～ [著]「シバの女王」 紀伊国屋書店　2003
Clapton, Eric　クラプトン, エリック
1945～ [国]イギリス　ロック・ギタリスト, ロック歌手　本名=Clapp, Eric Patrick
Clare, Cassandra　クレア, カサンドラ
[国]アメリカ　作家　[専]SF, ファンタジー
Clare, John　クレア, ジョン
[著]「驚異のクローン豚が人類を救う!?」 清流出版　2004
Clare, Pamela　クレア, パメラ
[著]「荒野の花に囚われて」 ヴィレッジブックス　2015
Clare, Peter　クレア, ピーター
カーライル・グループ最高投資責任者代理
Clare, Tiffany　クレア, ティファニー
[著]「家庭教師の秘めやかな悦び」 扶桑社　2014
Claremont, Chris　クレアモント, クリス
1950～ [著]「ウルヴァリン」 ヴィレッジブックス　2013
Claremont, Máire　クレアモント, モイラ
[著]「愛と悲しみの貴婦人」 扶桑社　2014
Claret, Jacques　クラレ, ジャック
[著]「語の選択」 白水社　2001
Claretti, Clarissa　クラレッティ
[国]イタリア　陸上選手
Clari, Anna　クラーリ, アンナ
[著]「イタリアから届いたスモッキングバッグ」 文化出版局　2006
Claridge, Timothy D.W.　クラリッジ, T.D.W.
[著]「有機化学のための高分解能NMRテクニック」 講談社　2004
Claringbould, Michael John　クラーリングボールド, マイケル・ジョン
[著]「台南海軍航空隊」 大日本絵画　2016
Clark, Andy　クラーク, アンディ
[著]「XMLとJavaによるWebアプリケーション開発」 ピアソン・エデュケーション　2002
Clark, Andy　クラーク, アンディ
1957～ [著]「生まれながらのサイボーグ」 春秋社　2015
Clark, Angus　クラーク, アンガス
[著]「気功」 産調出版　2006
Clark, Anne K.　クラーク, アン・K.
[著]「1年をとおしてよむせいしょ」 サンパウロ　2016
Clark, Aoife　クラーク
[国]アイルランド　馬術選手
Clark, Bob　クラーク, ボブ
1941～2007 [国]アメリカ　映画監督　別名=クラーク, ベンジャミン
Clark, Bruce　クラーク, ブルース
[著]「業績評価の理論と実務」 東洋経済新報社　2004
Clark, Burton R.　クラーク, バートン・R.
1921～ [著]「大学院教育の国際比較」 玉川大学出版部　2002
Clark, Carol Higgins　クラーク, キャロル・H.
[著]「誘拐犯はそこにいる」 新潮社　2003
Clark, Chris　クラーク, クリス
[国]アメリカ　アメフト選手
Clark, Colin　クラーク, コリン
1932～2002 [著]「マリリン・モンロー7日間の恋」 新潮社　2012
Clark, Dave　クラーク, デーブ
[国]アメリカ　デトロイト・タイガースコーチ
Clark, David　クラーク, デビッド
1955～ [著]「バフェットの株式ポートフォリオを読み解く」 阪急コミュニケーションズ　2012
Clark, David A.　クラーク, ディヴィッド・A.
1954～ [異]クラーク, デイビッド・A. [著]「認知行動療法に基づいた気分改善ツールキット」 金剛出版　2015
Clark, David H.　クラーク, デイヴィッド・H.
[著]「専制君主ニュートン」 岩波書店　2002
Clark, David Hazell　クラーク, デヴィッド・H.
[著]「21世紀の精神医療への挑戦」 「新樹会」創造出版　2002

Clark, David M.　クラーク, デイヴィッド・M.
[異]クラーク, デイビッド・M.　[著]「子どもと家族の認知行動療法」誠信書房　2013
Clark, David P.　クラーク, D.P.
[著]「クラーク 分子生物学」 丸善　2007
Clark, Dick　クラーク, ディック
1929～2012　[国]アメリカ　テレビ司会者, テレビプロデューサー　本名＝Clark, Richard Wagstaff
Clark, Donavon　クラーク, ドナボン
[国]アメリカ　アメフト選手
Clark, E.Gillian　クラーク, ジリアン
[著]「古代末期のローマ帝国」 白水社　2015
Clark, Emma Chichester　クラーク, エマ・チチェスター
[著]「いたずらロバート」 ブッキング　2003
Clark, Eric　クラーク, エリック
1956～　[著]「スウェーデン」 ほるぷ出版　2010
Clark, Frank　クラーク, フランク
[国]アメリカ　アメフト選手
Clark, Gary　クラーク, ゲーリー
1954～　[著]「スワンプ・ツアー」 講談社　2005
Clark, Gary, Jr.　クラーク, ゲイリー, Jr.
グラミー賞 最優秀トラディショナルR&B歌手（2013年（第56回））　"Please Come Home"
Clark, Gillian　クラーク, ジリアン
[国]イギリス　歴史学者　ブリストル大学名誉教授
Clark, Greg　クラーク, グレッグ
[国]イギリス　民間企業・エネルギー・産業戦略相
Clark, Gregory　クラーク, グレゴリー
1957～　[著]「格差の世界経済史」 日経BP社, 日経BPマーケティング（発売）　2015
Clark, Guy　クラーク, ガイ
グラミー賞 最優秀フォーク・アルバム（2013年（第56回））　"My Favorite Picture Of You"
Clark, Helen　クラーク, ヘレン
1950～　[国]ニュージーランド　政治家　国連開発計画（UNDP）総裁　ニュージーランド首相, ニュージーランド労働党党首　本名＝Clark, Helen Elizabeth
Clark, Howard, Sr.　クラーク, ハワード, Sr.
？～2001　[国]アメリカ　実業家　アメリカン・エキスプレス会長・CEO
Clark, Ian　クラーク, イアン
[国]アメリカ　バスケットボール選手
Clark, Ian　クラーク, イアン
1949～　[著]「グローバリゼーションと国際関係理論」 中央大学出版部　2010
Clark, James J.J.　クラーク, ジェイムス・J.J.
[著]「食品に含まれる合成化学物質の安全性」 ガイアブックス, 産調出版（発売）　2008
Clark, Jan　クラーク, ジャン
[著]「HRT更年期の選択」 産調出版　2004
Clark, Jane Osborn　クラーク, ジェーン
[著]「人生の鏡」 見坊澄　2012
Clark, Jeffrey　クラーク, ジェフリー
[著]「AMERICAN KALEIDOSCOPE」 日本放送出版協会　2008
Clark, Jim　クラーク, ジム
ネットスケープ共同創業者
Clark, John　クラーク, ジョン
[著]「社会政策の国際的展開」 晃洋書房　2003
Clark, John　クラーク, ジョン
[著]「ロンドン歴史図鑑」 原書房　2015
Clark, John Earl　クラーク, ジョン・アール
[著]「Sencha TouchでつくるHTML5モバイルアプリ」 翔泳社　2014
Clark, John F.M.　クラーク, ジョン・F.M.
[著]「ヴィクトリア朝の昆虫学」 東洋書林　2011
Clark, John Owen Edward　クラーク, ジョン・O.E.
1937～　[著]「物質とエネルギー」 朝倉書店　2007
Clark, Josh　クラーク, ジョシュ
[著]「iPhoneアプリ設計の極意」 オイラリー・ジャパン, オーム社（発売）　2011
Clark, Judith Freeman　クラーク, ジュディス・フリーマン
[著]「詳解子ども虐待事典」 福村出版　2009
Clark, Julie　クラーク, ジュリー
[著]「みつけてごらんのうじょうのどうぶつ」 フレーベル館　2006
Clark, Katie　クラーク, ケイティ
[国]イギリス　水泳選手
Clark, Kelly　クラーク, ケリー
1983～　[国]アメリカ　スノーボード選手　[異]クラーク
Clark, Kenny　クラーク, ケニー
[国]アメリカ　アメフト選手
Clark, Kim B.　クラーク, キム・B.
[著]「製品開発力」 ダイヤモンド社　2009
Clark, Laurel　クラーク, ローレル
[著]「あなたのイメージがあなたの現実をクリエイトする」 ランダムハウス講談社　2008
Clark, Laurel Blair Salton　クラーク, ローレル
1961～2003　[国]アメリカ　宇宙飛行士　米国海軍大佐
Clark, Le'Raven　クラーク, リレイブン
[国]アメリカ　アメフト選手
Clark, Linda　クラーク, リンダ
[著]「エキスパートナースとの対話」 照林社　2004
Clark, Linda A.　クラーク, リンダ
[著]「あなたを変えるカラーセラピー」 中央アート社　2001
Clark, Lynn　クラーク, リン
1938～　[著]「親子感情マネジメント」 東京図書　2006
Clark, Margery　クラーク, マージェリー
[著]「けしつぶクッキー」 童話館出版　2013
Clark, Mark　クラーク, マーク
1966～　[著]「STAR WARS FAQ 『スター・ウォーズ』のすべて」 キネマ旬報社　2016
Clark, Martin　クラーク, マーティン
1959～　[国]アメリカ　作家　[専]スリラー
Clark, Mary Higgins　クラーク, メアリ・ヒギンズ
1929～　[国]アメリカ　サスペンス作家　[異]クラーク, メアリー
Clark, Mary Jane Behrends　クラーク, メアリ・ジェイン
[著]「緊急報道」 講談社　2002
Clark, Mary Jo Dummer　クラーク, メリー・ジョー
[著]「コミュニティヘルスナーシングハンドブック」 日本看護協会出版会　2001
Clark, M.Carolyn　クラーク, M.キャロリン
1944～　[著]「成人のナラティヴ学習」 福村出版　2012
Clark, Michael　クラーク, マイケル
[著]「ハワイ」 メディアファクトリー　2005
Clark, Mike　クラーク, マイク
[著]「RailsによるアジャイルWebアプリケーション開発」 オーム社　2007
Clark, Myrtle　クラーク, M.W.
[著]「財務会計の理論と応用」 中央経済社　2004
Clark, Neil　クラーク, ニール・D.L.
[著]「恐竜博物館」 大日本絵画　2010
Clark, Paul　クラーク, ポール
1954～　[著]「買うべき旅客機とは？」 イカロス出版　2013
Clark, Ramsey　クラーク, ラムゼイ
[国]アメリカ　人権擁護家, 元アメリカ合衆国司法長官
Clark, Richard　クラーク, リチャード
監督　ネビュラ賞 レイ・ブラッドベリ賞（2011年）　"Doctor Who: "The Doctor's Wife""
Clark, Richard E.　クラーク, リチャード・E.
[著]「インストラクショナルデザインとテクノロジ」 北大路書房　2013
Clark, Richard K.　クラーク, リチャード・K.
[国]アメリカ　在デンバー日本国総領事館顧問弁護士, 元・コロラド日米協会会長
Clark, Robert　クラーク, ロバート
[著]「記憶なき嘘」 講談社　2001
Clark, Robert　クラーク, ロバート
[著]「ナショナルジオグラフィックプロの撮り方デジタルカメラ」 日経ナショナルジオグラフィック社, 日経BP出版センター（発売）　2006
Clark, Robin E.　クラーク, ロビン・E.
[著]「詳解子ども虐待事典」 福村出版　2009
Clark, Ron　クラーク, ロン
1971～　[著]「ムーブユアバス」 SBクリエイティブ　2016
Clark, Ruth Colvin　クラーク, ルース・コルビン
[著]「インストラクショナルデザインとテクノロジ」 北大路書房　2013
Clark, Saskia　クラーク, サスキア
[国]イギリス　セーリング選手
Clark, Scott　クラーク, スコット
[著]「バットマン：インコーポレイテッド」 小学館集英社プロダクション　2014
Clark, Simon　クラーク, サイモン
1958～　[著]「地獄の世紀」 扶桑社　2004
Clark, Simon　クラーク, サイモン

C

1958～ [著]「イギリス知的財産法」 レクシスネクシス・ジャパン, 雄松堂出版(発売) 2007
Clark, Stephen P.H. クラーク, S.P.H.
[著]「専制君主ニュートン」 岩波書店 2002
Clark, Stephen R.L. クラーク, スティーブン・R.L.
1945～ [著]「ポリス的動物」 春秋社 2015
Clark, Steven クラーク, スティーヴン
1973～ [著]「ディズニークロニクル1901-2001」 講談社 2001
Clark, Stuart G. クラーク, スチュアート
[著]「ビッグクエスチョンズ」 ディスカヴァー・トゥエンティワン 2014
Clark, Taylor クラーク, テイラー
1979～ [著]「スターバックス」 二見書房 2009
Clark, Terry N. クラーク, テリー・ニコルス
1940～ [著]「地方自治の国際比較」 慶応義塾大学出版会 2001
Clark, Tim クラーク, ティム
1959～ [国]イギリス 学芸員 大英博物館日本セクション長 [専]日本美術史, 浮世絵 本名＝クラーク, ティモシー〈Clark, Timothy〉
Clark, Tim クラーク, ティム
1956～ [著]「ビジネスモデルYOU」 翔泳社 2012
Clark, Timothy クラーク, ティモシー
1958～ [著]「マルティン・ハイデガー」 青土社 2006
Clark, Timothy クラーク, ティモシー
1959～ [著]「大英博物館春画」 小学館 2015
Clark, Tom クラーク, トム
1947～ [著]「IP SAN」 ソフトバンクパブリッシング 2003
Clark, Tony クラーク, トニー
1972～ [国]アメリカ 元野球選手 大リーグ選手会専務理事 本名＝Clark, Anthony Christopher
Clark, Tony クラーク, トニー
[著]「ポストグローバル社会の可能性」 緑風出版 2006
Clark, Victoria クラーク, ヴィクトリア
トニー賞 ミュージカル 主演女優賞(2005年(第59回)) "The Light in the Piazza"
Clark, Willard G. クラーク, ウィラード
1930～2015 [国]アメリカ 日本美術収集家 クラーク日本美術・日本文化研究センター創設者 通称＝Clark, Bill
Clark, William クラーク, ウィリアム
[著]「レコーディング・スタジオの伝説」 ブルース・インターアクションズ 2009
Clark, William, Jr. クラーク, ウィリアム
1930～2008 [国]アメリカ 外交官 ニューヨーク・ジャパン・ソサエティ理事長, 米国国務次官補(東アジア・太平洋担当)
Clark, William C. クラーク, ウィリアム・C.
[著]「グローバル化で世界はどう変わるか」 英治出版 2004
Clark, William P. クラーク, ウィリアム
1931～2013 [国]アメリカ 政治家, 裁判官 米国大統領補佐官, カリフォルニア州最高裁判事
Clark, William R. クラーク, W.R.
1938～ [著]「生命はどのようにして死を獲得したか」 共立出版 2003
Clark, William R. クラーク, ウィリアム・R.
[著]「ペトロダラー戦争」 作品社 2013
Clarke, Ali クラーク, アリー
[著]「ランナーのキミへ」 グラフィック社 2016
Clarke, Alicia クラーク, アリシア
[著]「なぜ自分を傷つけるの？」 大月書店 2005
Clarke, Andy クラーク, アンディ
[著]「ジョーカーアンソロジー」 パイインターナショナル 2016
Clarke, Ardy S. クラーク, アーディ・S.
[異]クラーク, アーディ・シックスキラー [著]「SKY PEOPLE」 ヒカルランド 2015
Clarke, Arthur Charles クラーク, アーサー・C.
1917～2008 [国]イギリス SF作家, 科学評論家, 電子工学者
Clarke, Boyd クラーク, ボイド
[著]「リーダーの「伝える力」」 ダイヤモンド社 2006
Clarke, Bryan R. クラーク, ブライアン・R.
[著]「聴覚障害児の読み書き能力を育てる」 明石書店 2009
Clarke, Charles クラーク, チャールズ
[国]イギリス 内相
Clarke, Darren クラーク, ダレン
1968～ [国]イギリス プロゴルファー [異]クラーク, ダーレン
Clarke, Davian クラーク
[国]ジャマイカ 陸上選手
Clarke, Ellis Emmanuel Innocent クラーク, エリス・エマヌエル・イノセント
1917～2010 [国]トリニダード・トバゴ 政治家 トリニダード・トバゴ大統領
Clarke, Finn クラーク, フィン
英国推理作家協会賞 デビュー・ダガー(2013年) "Call Time"
Clarke, Gill クラーク, ジル
[著]「みんな大切！」 新科学出版社 2011
Clarke, Gillian クラーク, ジリアン
[著]「動物たちの謝肉祭」 BL出版 2007
Clarke, Gline クラーク, グライン
[国]バルバドス 公共事業相
Clarke, Graham クラーク, グラハム
1941～ [著]「グラハム・クラーク作品集」 阿部出版 2004
Clarke, Gregory クラーク, グレゴリー
トニー賞 プレイ 音響デザイン賞(2009年(第63回)) "Equus"
Clarke, Gus クラーク, ガス
[著]「ドライブにいこう！」 大日本絵画 2011
Clarke, Helen クラーク, ヘレン
[異]クラーク, H. [著]「ヴァイキングの世界」 朝倉書店 2008
Clarke, Hugh Denis Blake クラーク, ヒュー・デニス・ブレイク
[国]オーストラリア シドニー大学名誉教授, 元・シドニー大学言語文化学部教授, 元・シドニー大学言語文化学部アジア研究学科長
Clarke, Isabel クラーク, イザベル
[著]「症例から学ぶ統合失調症の認知行動療法」 日本評論社 2007
Clarke, Jane クラーク, ジェーン
1964～ [著]「成功するオフィス・ポリティクス」 ダイヤモンド社 2002
Clarke, Jason クラーク, ジェイソン
[著]「アホでマヌケなマイケル・ムーア」 白夜書房 2004
Clarke, Joseph クラーク, ジョセフ
[国]イギリス カヌー選手
Clarke, Juanne Nancarrow クラーク, ジュアン・ナンカロー
1944～ [著]「小児がんとたたかうこと」 医学書院 2005
Clarke, Judith クラーク, ジュディス・ホームス
1943～ [異]クラーク, ジュディス・ホームズ [著]「ラニーと謎ときゲーム」 講談社 2009
Clarke, Kenneth クラーク, ケネス
[国]イギリス 司法相兼大法官
Clarke, Lauren Nancarrow クラーク, ローレン・ナンカロー
[著]「小児がんとたたかうこと」 医学書院 2005
Clarke, Lawrence クラーク
[国]イギリス 陸上選手
Clarke, Michaela クラーク, ミカエラ
[著]「アシュタンガヨーガ入門」 産調出版 2007
Clarke, Miranda クラーク, ミランダ
[著]「1000人のボーイフレンド」 ブルース・インターアクションズ 2004
Clarke, Neil クラーク, ニール
世界幻想文学大賞 特別賞(ノンプロ)(2014年)
Clarke, Peter Hugh クラーク, ピーター
1933～2014 [著]「ミハイル・タリ名局集」 チェストランス出版 2016
Clarke, Peter T. クラーク, P.T.
[著]「ストレスマネジメントと職場カウンセリング」 川島書店 2002
Clarke, P.F. クラーク, ピーター
1942～ [著]「イギリス現代史」 名古屋大学出版会 2004
Clarke, Phil クラーク, フィル
[著]「めいろでめちゃめちゃあそぶっくわくわくタイム」 ポプラ社 2013
Clarke, Pippa クラーク, ピッパ
[著]「カイロの熱い砂」 ハーレクイン 2003
Clarke, Richard A. クラーク, リチャード
1951～ [著]「世界サイバー戦争」 徳間書店 2011
Clarke, Robert W. クラーク, ロバート・W.
1956～2004 [著]「一目でわかる生理学」 メディカル・サイエンス・インターナショナル 2006
Clarke, Robin クラーク, ロビン
[著]「水の世界地図」 丸善 2006
Clarke, Roger クラーク, ロジャー
[国]ジャマイカ 農業・漁業相
Clarke, Roger クラーク, ロジャー
[著]「幽霊とは何か」 国書刊行会 2016
Clarke, Ron クラーク, ロン
1937～2015 [国]オーストラリア 陸上選手, 政治家 ゴールドコースト市長 本名＝Clarke, Ronald William

Clarke, Ronald V. クラーク, ロナルド・V.
[著]「犯罪分析ステップ60」 成文堂 2015
Clarke, Sean クラーク, ショーン
[著]「ケアの複雑性」 エルゼビア・ジャパン 2007
Clarke, Sharon D. クラーク, シャロン・D.
ローレンス・オリヴィエ賞 プレイ 助演女優賞 (2014年 (第38回)) "The Amen Corner"
Clarke, Shirley クラーク, シャーリー
[著]「アクティブラーニングのための学習評価法」 関西大学出版部 2016
Clarke, Stanley クラーク, スタンリー
1951〜 [国]アメリカ ジャズ・ベース奏者
Clarke, Stephen クラーク, スティーブン
1958〜 [国]イギリス 作家, ジャーナリスト [専]ユーモア [異]クラーク, スティーヴン
Clarke, Sue クラーク, スー
[著]「アロマテラピー・精油のなかの分子の素顔」 じほう 2004
Clarke, Susanna クラーク, スザンナ
1959〜 [国]イギリス 作家 [専]SF, ファンタジー, 歴史改変
Clarke, Thurston クラーク, サーストン
[著]「ケネディ時代を変えた就任演説」 彩流社 2006
Clarke, Tony クラーク, トニー
[著]「「水」戦争の世紀」 集英社 2003
Clarke, Will クラーク, ウィル
[国]アメリカ アメフト選手
Clarkson, Adrienne クラークソン, エイドリアン
[国]カナダ 総督
Clarkson, Janet クラークソン, ジャネット
1947〜 [著]「スープの歴史」 原書房 2014
Clarkson, Jordan クラークソン, ジョーダン
[国]アメリカ バスケットボール選手
Clarkson, Kelly クラークソン, ケリー
グラミー賞 最優秀ポップ・アルバム (2012年 (第55回)) ほか
Clarkson, Mark Alan クラークソン, マーク
1960〜 [著]「Flashアニメーターズ・ガイド」 エムディエヌコーポレーション, インプレスコミュニケーションズ (発売) 2001
Clarkson, Michael クラークスン, マイケル
1948〜 [著]「グレン・グールド シークレット・ライフ」 道出版 2011
Clarkson, Wensley クラークソン, ウェンズリー
[著]「ロナウド光と影」 新紀元社 2003
Clary, Tyler クラリー, タイラー
1989〜 [国]アメリカ 水泳選手 [異]クラリー
Clash, Kevin クラッシュ, ケヴィン
[著]「アイラブエルモ」 アメリカン・ブック&シネマ, 英治出版 (発売) 2008
Clasie, Jordy クラーシ, ヨルディ
[国]オランダ サッカー選手
Classen, Catherine クラッセン, キャサリン
1955〜 [著]「がん患者と家族のためのサポートグループ」 医学書院 2003
Clatworthy, Simon クラットワージー, サイモン
[著]「This is service design thinking.」 ビー・エヌ・エヌ新社 2013
Claudel, Philippe クローデル, フィリップ
1962〜 [国]フランス 作家, 脚本家 [専]文学, フィクション
Claudemir クラウジミール
[国]ブラジル サッカー選手
Claudio, Alex クラウディオ, アレックス
[国]プエルトリコ 野球選手
Prince **Claus** クラウス殿下
1926〜2002 [国]オランダ 外交官 本名＝アムスベルク, クラウス・フォン〈Amsberg, Clause George Willem Otto Frederik Geert von〉
Claus, Hugo Maurice Julien クラウス, ヒューホ
1929〜2008 [国]ベルギー 作家, 劇作家
Clausell, Blaine クローゼル, ブレイン
[国]アメリカ アメフト選手
Clausen, Alden Winship クローセン, オルデン
1923〜2013 [国]アメリカ 銀行家 バンカメリカ会長・CEO, 世界銀行総裁
Clausen, John A. クローセン, ジョン・A.
[著]「ライフコース研究の方法」 明石書店 2003
Clauser, John F. クラウザー, ジョン・F.
[国]アメリカ ウルフ賞 物理学部門 (2010年)
Claussen, Claus クラウセン, クラウス・D.
1945〜 [著]「わかる！ 心臓画像診断の要点」 メディカル・サイエンス・インターナショナル 2009
Claussen, Johann Hinrich クラウセン, ヨハン・ヒンリヒ
1964〜 [著]「キリスト教の主要神学者」 教文館 2014
Clavé, Antoni クラベ, アントニ
1913〜2005 [国]スペイン 画家 [異]クラベ, アントーニ / クラヴェー, アントニ
Claveloux, Nicole クラヴルー, ニコル
1940〜 [著]「薔薇と嵐の王子」 柏艪舎, 星雲社 (発売) 2004
Claverie, Élisabeth クラヴリ, エリザベート
[著]「ルルドの奇跡」 創元社 2010
Clavier, Jerome クラビエ
[国]フランス 陸上選手
Clavin, Thomas クラヴィン, トマス
[著]「オブラー博士の危険な患者」 早川書房 2001
Clawson, Calvin C. クロースン, カルヴィン・C.
[著]「みんなの数学超入門」 青土社 2008
Claxton, Sarah クラックストン
[国]イギリス 陸上選手
Claxton, William クラクストン, ウィリアム
1927〜2008 [国]アメリカ 写真家, デザイナー, 映画監督
Clay, Bryan クレイ, ブライアン
[国]アメリカ 陸上選手 [異]クレイ
Clay, Charles クレイ, チャールズ
[国]アメリカ アメフト選手
Clay, Kaelin クレイ, カーリン
[国]アメリカ アメフト選手
Clayborn, Adrian クレイボーン, エイドリアン
[国]アメリカ アメフト選手
Claybourne, Anna クレイボーン, アンナ
[著]「シェイクスピアはどこ？」 東京美術 2015
Clayburgh, Jill クレイバーグ, ジル
1944〜2010 [国]アメリカ 女優
Clayderman, Richard クレイダーマン, リチャード
1953〜 [国]フランス ピアニスト 本名＝パジェス, フィリップ〈Pagés, Philippe〉
Claye, Will クレイ, ウィル
[国]アメリカ 陸上選手 [異]クレイ
Clayson, Alan クレイソン, アラン
1951〜 [著]「ヤードバーズ」 東邦出版 2009
Clayton, Adam クレイトン, アダム
[国]イングランド サッカー選手
Clayton, Adam Charles クレイトン, アダム
1960〜 [国]イギリス ロック・ベース奏者
Clayton, Custio クレイトン
[国]カナダ ボクシング選手
Clayton, Donna クレイトン, ドナ
[著]「私が愛したのは誰？」 ハーレクイン 2009
Clayton, Gary E. クレイトン, ゲーリー・E.
[著]「アメリカの高校生が学ぶ経済学」 WAVE出版 2014
Clayton, John クレイトン, ジョン
グラミー賞 最優秀ヴォーカル伴奏編曲 (2007年 (第50回)) "I'm Gonna Live Till I Die"
Clayton, Martin クレイトン, マーティン
[著]「音楽のカルチュラル・スタディーズ」 アルテスパブリッシング 2011
Clayton, Max クレイトン, マックス
1935〜2013 [著]「ロールトレーニング・マニュアル」 二瓶社 2013
Clayton, Paul クレイトン, ポール
[著]「自然免疫の強化」 癌と化学療法社 2008
Clayton, Vicki クレイトン, ヴィッキ
[著]「G8」 ブーマー, トランスワールドジャパン (発売) 2005
Clear, Jacob クリア, ジェイコブ
[国]オーストラリア カヌー選手
Cleary, Anna クリアリー, アンナ
[著]「ためらいの花嫁」 ハーパーコリンズ・ジャパン 2016
Cleary, Beverly クリアリー, ビバリー
1916〜 [国]アメリカ 児童文学作家 [異]クリアリー, ベバリー / クリアリー, ベバリイ
Cleary, Emmett クリアリー, エメット
[国]アメリカ アメフト選手
Cleary, Jon クリアリー, ジョン
1917〜2010 [国]オーストラリア ミステリー作家 本名＝Cleary, Jon Stephen
Cleary, Noelle クリアリー, ノエル
[著]「お嬢さま練習帳」 竹書房 2002

C

Cleave, Chris　クリーブ, クリス
　1973～　国イギリス　作家　㊙文学　㊙クリーヴ, クリス
Cleave, Maureen　クリーブ, モーリーン
　著「ビートルズ世界証言集」ポプラ社　2006
Cleave, Paul　クリーブ, ポール
　1974～　国ニュージーランド　作家　㊙ミステリー, スリラー, ホラー　㊙クリーヴ, ポール
Cleber　クレーベル
　国ブラジル　サッカー選手
Cleese, John　クリーズ, ジョン
　1939～　著「モンティ・パイソンができるまで」早川書房　2016
Cleeton, David L.　クリートン, デーヴィッド・L.
　著「現代ファイナンス論」ピアソン桐原　2011
Cleeves, Ann　クリーブス, アン
　1954～　国イギリス　作家　㊙クリーヴス, アン
Clegg, Brian　クレッグ, ブライアン
　1955～　著「もしも, アインシュタインが間違っていたら?」すばる舎リンケージ, すばる舎(発売)　2015
Clegg, Nick　クレッグ, ニック
　1967～　国イギリス　政治家　英国副首相, 英国自由民主党(LDP)党首　本名＝Clegg, Nicholas William Peter
Clegg, Stewart　クレグ, スチュワート
　著「日本的経営の変革」有斐閣　2002
Cleland, Jane K.　クリーランド, ジェーン・K.
　国アメリカ　作家　㊙ミステリー
Cleland, John G.F.　クレランド, ジョン
　著「よくわかる心不全」一灯舎, オーム社(発売)　2009
Clemence, Christianna　クレメンス, クリスチアナ
　著「Little Tim and the Brave Sea Captain」こぐま社　2011
Clémenceau, Jean-Pierre　クレマンソー, ジャン＝ピエール
　著「ストレッチングアナトミィ」ガイアブックス　2016
Clemens, Christian　クレメンス, クリスティアン
　国ドイツ　サッカー選手
Clemens, Helmut　クレメンス, ヘルムート
　1957～　国オーストリア　金属物理学者　レオーベン鉱山業大学教授・金属物理・材料試験学部長　㊙金属間材料(γ－TiAl基合金)
Clemens, Kellen　クレメンス, ケレン
　国アメリカ　アメフト選手
Clemens, Paul　クレメンス, ポール
　国アメリカ　野球選手
Clemens, Roger　クレメンス, ロジャー
　1962～　国アメリカ　元野球選手　本名＝Clemens, William Roger
Clement, Arnaud　クレマン
　国フランス　テニス選手
Clément, Bruno　クレマン, ブリュノ
　1952～　著「サミュエル・ベケットと批評の遠近法」未知谷　2016
Clément, Catherine　クレマン, カトリーヌ
　1939～　著「レヴィ＝ストロース」白水社　2014
Clément, Claire　クレマン, クレール
　著「ルウとおじいちゃん」講談社　2008
Clément, Gilles　クレマン, ジル
　1943～　著「動いている庭」みすず書房　2015
Clement, Hal　クレメント, ハル
　1922～2003　著「一千億の針」東京創元社　2016
Clément, Jérôme　クレメント, ジェローム
　ベルリン国際映画祭 ベルリナーレ・カメラ賞(第61回(2011年))　㊙クレマン, ジェローム
Clement, Kerron　クレメント, ケロン
　国アメリカ　陸上選手　㊙クレメント
Clément, Pascal　クレマン, パスカル
　国フランス　法相
Clement, Peter　クレメント, ピーター
　作家, 医師　㊙ミステリー, スリラー
Clément, Philippe　クレマン, フィリップ
　著「イヴリー・ギトリス」春秋社　2013
Clement, Stephanie Jean　クレメント, ステファニー
　著「癒しの意識変容」心交社　2007
Clement, Tony　クレメント, トニー
　国カナダ　北部オンタリオ州連邦経済開発相
Clement, Wolfgang　クレメント, ウォルフガング
　1940～　国ドイツ　政治家, ジャーナリスト　ドイツ経済相・労働相, ドイツ社会民主党(SPD)副党首
Clement-Davies, David　クレメント＝デイヴィーズ, デイヴィッド
　1961～　著「預言の子ラノッホ」徳間書店　2001
Clemente, Francesco　クレメンテ, フランチェスコ
　1952～　国イタリア　画家　㊙クレメンテ, フランシスコ
Clementi, David Cecil　クレメンティ, デービッド
　1949～　国イギリス　銀行家　イングランド銀行(BOE)副総裁　㊙クレメンティ, デビッド
Clementi, Gian Luca　クレメンティ, ジャン・ルカ
　著「金融規制のグランドデザイン」中央経済社　2011
Clémentine　クレモンティーヌ
　1963～　国フランス　歌手
Clements, Alan　クレメンツ, アラン
　1951～　著「ダルマ・ライフ」春秋社　2009
Clements, Andrew　クレメンツ, アンドリュー
　アメリカ探偵作家クラブ賞 ジュヴナイル賞(2007年)　"Room One: A Mystery or Two"
Clements, David Mark　クレメンツ, デビッド・マーク
　著「Nodeクックブック」オライリー・ジャパン, オーム社(発売)　2013
Clements, Kevin P.　クレメンツ, ケビン
　1946～　著「平和の世紀へ 民衆の挑戦」潮出版社　2016
Clements, M.Susan　クレメンツ, M.スーザン
　著「児童虐待の発見と防止」慶応義塾大学出版会　2003
Clements, Ron　クレメンツ, ロン
　1953～　著「プリンセスと魔法のキス」竹書房　2010
Clements, Ronald Ernest　クレメンツ, R.E.
　1929～　著「エレミヤ書」日本キリスト教団出版局　2005
Clements, Rory　クレメンツ, ロリー
　英国推理作家協会賞 エリス・ピーターズ・ヒストリカル・ダガー(2010年)　"Revenger"
Clements, Stewart R.　クレメンツ, スチュワート
　著「CFOインサイト」東洋経済新報社　2005
Clements, Vassar　クレメンツ, バッサー
　?～2005　国アメリカ　フィドル奏者
Clemet, Kristin　クレメット, クリスティン
　国ノルウェー　教育・研究相
Cleminson, Katie　クレミンソン, ケイティ
　著「くまのオットーとえほんのおうち」岩崎書店　2011
Clemmer, Jim　クレマー, ジム
　1956～　著「居心地の悪い職場から脱出する方法」辰巳出版　2013
Clemmings, T.J.　クレミングス, T.J.
　国アメリカ　アメフト選手
Clemons, Chris　クレモンズ, クリス
　国アメリカ　アメフト選手
Clemons, Clarence　クレモンズ, クラレンス
　1942～2011　国アメリカ　サックス奏者　愛称＝ビッグマン 〈Big Man〉
Clemons, Steven　クレモンズ, スティーブン
　1962～　国アメリカ　日本研究家　ニューアメリカ財団シニアフェロー　㊙国際政治学　㊙クレモンス, スティーブン／クレモンズ, スティーブン・C.
Clendenon, Donn Alvin　クレンデノン, ドン
　1935～2005　国アメリカ　野球選手
Clenow, Andreas F.　クレノー, アンドレアス・F.
　1975～　著「トレンドフォロー白書」パンローリング　2014
Clerc, Carlos　クレルク, カルロス
　国スペイン　サッカー選手
Clerc, Olivier　クレール, オリヴィエ
　1961～　著「裁かない」創元社　2016
Clergeaud, Chantal　クレルジョウ, シャンタル
　著「美容と健康のための植物オイル・ハンドブック」東京堂出版　2012
Clergeaud, Lionel　クレルジョウ, リオネル
　著「美容と健康のための植物オイル・ハンドブック」東京堂出版　2012
Clergue, Lucien　クレルグ, ルシアン
　1934～2014　国フランス　写真家　本名＝Clergue, Lucien Georges
Cleri, Valerio　クレリ
　国イタリア　オープンウォーター選手
Clerici, Umberto　クレリチ, ウンベルト
　国イタリア　チャイコフスキー国際コンクール チェロ 第5位(2011年(第14回))
Clerides, Glafcos　クレリデス, グラフコス
　1919～2013　国キプロス　政治家　キプロス大統領
Clerides, Takis　クレリデス, タキス

㊗キプロス　財務相
Clerisme, Jean Reynald　クレリスメ, ジャン・レイナルド
　㊗ハイチ共和国　外務・宗務相
Clerk, Christian　クラーク, クリスチャン
　㊗「オセアニア」朝倉書店　2008
Clermont, Kevin M.　クラーモント, ケヴィン・M.
　㊗「アメリカ民事訴訟法の理論」商事法務　2006
Cleveland, Asante　クリーブランド, アサンテ
　㊗アメリカ　アメフト選手
Cleveland, Ashley　クリーブランド, アシュレー
　グラミー賞 最優秀ロック, ラップ・ゴスペル・アルバム（2007年（第50回））　"Before The Daylight's Shot"
Cleveland, Brad　クリーブランド, ブラッド
　㊗「戦略的顧客応対「理論と実践」」ファーストプレス　2008
Clevenger, Craig　クレベンジャー, クレイグ
　1965〜　㊗アメリカ　作家　㊗文学　㊗クレヴェンジャー, クレイグ
Cleverley, Tom　クレヴァリー, トム
　㊗イングランド　サッカー選手
Clevinger, Mike　クレビンジャー, マイク
　㊗アメリカ　野球選手
Clewlow, Les　クルーロー, レス
　㊗「エネルギーデリバティブ」シグマベイスキャピタル　2004
Cliburn, Van　クライバーン, バン
　1934〜2013　㊗アメリカ　ピアニスト, 指揮者　本名＝クライバーン, ハービー・ラバン（Jr.）〈Cliburn, Harvey Lavan（Jr.）〉　㊗クライバーン, ヴァン / クライバン
Clichy, Gael　クリシー, ガエル
　㊗フランス　サッカー選手
Clidaras, Jimmy　クライダラス, ジミー
　㊗「クラウドを支える技術」技術評論社　2014
Clidat, France　クリダ, フランス
　1932〜2012　㊗フランス　ピアニスト
Cliett, Reshard　クリート, レシャード
　㊗アメリカ　アメフト選手
Cliff, Jimmy　クリフ, ジミー
　1948〜　㊗ジャマイカ　レゲエ歌手　本名＝Chambers, James
Cliff, Nigel　クリフ, ナイジェル
　1969〜　㊗「ヴァスコ・ダ・ガマの「聖戦」」白水社　2013
Cliff, Stafford　クリフ, スタッフォード
　㊗クリフ, スタンフォード　㊗「ホームデザインブック」ガイアブックス, 産調出版（発売）　2010
Cliffe, Sarah　クリフ, サラ
　㊗「「問題社員」の管理術」ダイヤモンド社　2007
Clifford, Herbert John　クリフォード, H.J.
　㊗「クリフォード訪日記」不二出版　2015
Clifford, Jackie　クリフォード, J.
　㊗「コーチングマニュアル」ディスカヴァー・トゥエンティワン　2005
Clifford, James　クリフォード, ジェームズ
　1945〜　㊗アメリカ　文化人類学者, 文化批評家　カリフォルニア大学サンタクルーズ校特別功労教授　㊗クリフォード, ジェイムズ
Clifford, McCarthy　クリフォード, マッカーシー
　1921〜2003　㊗アメリカ　軍人　オハイオ大学教授
Clifford, Richard M.　クリフォード, リチャード・M.
　㊗「新・保育環境評価スケール」法律文化社　2016
Clifford, Sandy　クリフォード, サンディ
　㊗「ロックフォール団のねずみたち」日本ライトハウス　2001
Clifford, Steve　クリフォード, スティーブ
　㊗アメリカ　シャーロット・ホーネッツヘッドコーチ（バスケットボール）
Clift, Simon　クリフト, サイモン
　㊗「マーケティングのジレンマ」ダイヤモンド社　2004
Clifton, Christopher W.　クリフトン, C.W.
　㊗「プライバシー保護データマイニング」シュプリンガー・ジャパン　2010
Clifton, Claire　クリフトン, クレア
　1941〜　㊗「世界食文化図鑑」東洋書林　2003
Clifton, Donald O.　クリフトン, ドナルド・O.
　1924〜2003　㊗「心のなかの幸福のバケツ」日本経済新聞社　2005
Clifton, Lucille　クリフトン, ルシール
　1936〜　㊗「三つのお願い」あかね書房　2003
Clifton, Mark　クリフトン, マーク
　㊗「SFベスト・オブ・ザ・ベスト」東京創元社　2004
Clifton-Brown, Holly　クリフトン-ブラウン, ホリー
　㊗「みみずくミミーのあみもののたび」徳間書店　2010
Clifton-Mogg, Caroline　クリフトン・モグ, キャロライン
　㊗「マイ・スペース・インテリア」グラフィック社　2012
Clijsters, Kim　クライシュテルス
　㊗ベルギー　テニス選手
Clijsters, Leo　クライシュテルス, レオ
　1956〜2009　㊗ベルギー　サッカー選手　別名＝Clijsters, Lei
Clima, Gabriele　クリーマ, ガブリエーレ
　㊗「あおいよるのゆめ」ワールドライブラリー　c2014
Climo, Liz　クリモ, リズ
　㊗「リズ・クリモのちいさなセカイ」飛鳥新社　2015
Cline, Elizabeth L.　クライン, エリザベス・L.
　㊗「ファストファッション」春秋社　2014
Cline, Ernest　クライン, アーネスト
　1972〜　㊗アメリカ　作家　㊗SF
Cline, Foster　クライン, フォスター
　㊗「子育て「愛ことば」」三笠書房　2007
Clingman, Stephen　クリングマン, スティーヴン
　㊗「いつか月曜日に、きっと」みすず書房　2005
Clini, Corrado　クリニ, コラド
　㊗イタリア　環境相
Clink, Tony　クリンク, トニー
　㊗「確実に女をオトす法則」主婦の友社　2005
Clinton, Bill　クリントン, ビル
　1946〜　㊗アメリカ　政治家　米国大統領（第42代）　本名＝クリントン, ウィリアム・ジェファーソン〈Clinton, William Jefferson〉
Clinton, George　クリントン, ジョージ
　1940〜　㊗「ファンクはつらいよ」DU BOOKS, ディスクユニオン（発売）　2016
Clinton, Harry　クラントン, アリ
　㊗ハイチ共和国　公共事業運輸・通信相
Clinton, Hillary　クリントン, ヒラリー
　1947〜　㊗アメリカ　政治家　米国国務長官, 米国上院議員（民主党）　本名＝クリントン, ヒラリー・ロダム〈Clinton, Hillary Rodham〉　㊗クリントン, ヒラリー・ローダム
Clinton-dix, Ha Ha　クリントン・ディックス, ハハ
　㊗アメリカ　アメフト選手
Clippard, Tyler　クリッパード, タイラー
　㊗アメリカ　野球選手
Clippinger, Karen S.　クリッピンガー, カレン
　㊗「図説ダンスの解剖・運動学大事典」西村書店東京出版編集部　2013
Clissold, Tim　クリソルド, ティム
　㊗「ミスター・チャイナ」日本経済新聞社　2006
Clive, Eric M.　クライブ, エリック
　㊗クライブ, エリック　㊗「ヨーロッパ私法の原則・定義・モデル準則」法律文化社　2013
Cloarec, Françoise　クロアレク, フランソワーズ
　㊗「セラフィーヌ」未知谷　2010
Clodumar, Kinza　クロドゥマー, キンザ
　㊗ナウル　観光・民間航空・ビジネス・消費者問題相
Cloete, Hestrie　クルーテ
　㊗南アフリカ　陸上選手
Clogg, Richard　クロッグ, リチャード
　1939〜　㊗「ギリシャの歴史」創土社　2004
Cloney, William T.　クローニー, ウィリアム
　1911〜2003　㊗アメリカ　ボストン体育協会（BAA）会長　㊗クローニー, ウイリアム
Cloonan, Becky　クルーナン, ベッキー
　㊗「ゴッサム・アカデミー」小学館集英社プロダクション　2016
Cloonan, Paula　クルーナン, ポーラ
　㊗「もしも地球が…？」評論社　2010
Clooney, George　クルーニー, ジョージ
　1961〜　㊗アメリカ　俳優, 映画監督, 映画プロデューサー　本名＝Clooney, George Timothy
Clooney, Rosemary　クルーニー, ローズマリー
　1928〜2002　㊗アメリカ　歌手, 女優
Cloquet, Louis　クロケ, ルイ
　㊗「浮彫（立体感）の遠近法」油彩画技術修復研究所　2010
Clos, Joan　クロス, ホアン
　㊗スペイン　工業・観光・商務相
Close, Frank E.　クローズ, フランク
　1945〜　㊗クロース, フランク　㊗「ヒッグス粒子を追え」楓書店, ダイヤモンド社（発売）　2012

Close, Glenn　クローズ, グレン
　1947～　国アメリカ　女優　異クロース, グレン
Close, Marvin　クローズ, マービン
　著「サッカーが勝ち取った自由」白水社　2010
Closs, David J.　クロス, D.J.
　著「サプライチェーン・ロジスティクス」朝倉書店　2004
Closs, S.José　クロス, ホセ
　1956～　著「看護実践における睡眠管理」コメディカルエディター, ブレーン出版(発売)　2003
Clot, Andre　クロー, アンドレ
　著「ムガル帝国の興亡」法政大学出版局　2001
Clottes, Jean　クロット, ジャン
　著「人類のいちばん美しい物語」筑摩書房　2002
Cloud, Henry　クラウド, ヘンリー
　著「クラウド&タウンゼント博士の二人がひとつとなるために」あめんどう　2013
Clouder, Christopher　クラウダー, クリストファー
　著「シュタイナー教育」イザラ書房　2015
Cloudsley-Thompson, John Leonard　クラウズリー・トンプソン, ジョン・レオナード
　1921～2013　国イギリス　動物学者　ロンドン大学バークベック・カレッジ名誉教授　専動物生態学
Clough, Nick　クラフ, ニック
　著「グローバル・ティーチャーの理論と実践」明石書店　2011
Clough, Roger　クロウ, ロジャー
　著「これからの施設福祉を考える」久美　2002
Cloutier, Claude　クルティエル, クロード
　国カナダ　オタワ国際アニメーション映画祭 CFI賞(最優秀カナダ作品)(2007年)ほか
Cloutier, Marissa　クラウティア, マリッサ
　著「狂牛病時代に何をどう食べるか」ベストセラーズ　2002
Clouvel, Elodie　クルベル, エロディ
　国フランス　近代五種選手
Clouzot, Marianne　クルーゾ, マリアンヌ
　1908～2007　著「人魚姫」Atelier du Lys　2006
Clover, Charles　クローヴァー, チャールズ
　1968～　著「ユーラシアニズム」NHK出版　2016
Clover, Charles　クローバー, チャールズ
　著「飽食の海」岩波書店　2006
Clow, Barbara Hand　クロウ, バーバラ・ハンド
　1943～　著「プレアデス銀河の夜明け」太陽出版　2004
Clowes, Daniel　クロウズ, ダニエル
　1961～　著「ゴーストワールド」Presspop gallery　c2001
Clowney, Jadeveon　クロウニー, ジェイデビオン
　国アメリカ　アメフト選手
Clubb, Barbara　クラブ, バーバラ
　著「公立図書館・文書館・博物館：協同と協力の動向」京都大学図書館情報学研究会　2008
Clucas, Sam　クルーカス, サム
　国イングランド　サッカー選手
Cluett, Elizabeth R.　クルエ, エリザベス・R.
　著「助産師の意思決定」エルゼビア・ジャパン　2006
Clum, Gerard W.　クラム, ジェラルド・W.
　著「カイロプラクティックのプロフェッショナル20人が語る仕事の流儀」科学新聞社出版局　2012
Clunas, Craig　クルナス, クレイグ
　1954～　著「明代中国の庭園文化」青土社　2008
Clute, John　クルート, ジョン
　ヒューゴー賞 関連図書(2012年)　"The Encyclopedia of Science Fiction, Third Edition"
Clutton-Brock, Juliet　クラットン=ブロック, ジュリエット
　著「馬の百科」あすなろ書房　2008
Cluzet, Francois　クリュゼ, フランソワ
　セザール賞 主演男優賞(第32回(2006年))　"Ne le dis à personne"
Clyburn, Danny, Jr.　クライバーン, ダニー
　1974～2012　国アメリカ　野球選手
Clymer, Eleanor Lowenton　クライマー, エリナー
　1906～　著「ねこのホレイショ」日本ライトハウス　2001
Clyne, Nathaniel　クライン, ナサニエル
　国イングランド　サッカー選手
Clyne, T.W.　クライン, T.W.
　著「複合材料入門」培風館　2003
Cneut, Carll　クヌート, カール
　1969～　異クヌート, カルル　著「モルフ君のおかしな恋の物語」BL出版　2005

Cnu　シヌウ
　1991～　国韓国　歌手
Coady, Margaret　コーディ, マーガレット
　著「精神科臨床倫理」星和書店　2011
Coakley, Jay J.　コークリー, ジェイ
　1944～　著「現代スポーツの社会学」南窓社　2013
Coar, Ken A.L.　コール, ケン
　著「Apacheクックブック」オライリー・ジャパン, オーム社(発売)　2004
Coase, Ronald　コース, ロナルド
　1910～2013　国アメリカ　経済学者　シカゴ大学名誉教授　専法経済学　本名＝Coase, Ronald Harry　異コーズ, ロナルド
Coat, Janik　コート, ジャニック
　著「ふしぎなあかいはこ」大日本絵画　〔2015〕
Coates, Dorothy Love　コーツ, ドロシー・ラブ
　1928～2002　国アメリカ　ゴスペル歌手, 作詞・作曲家　旧グループ名＝オリジナル・ゴスペル・ハーモネッツ〈Original Gospel Harmonettes〉
Coates, John　コーツ, ジョン
　1950～　国オーストラリア　法律家　国際オリンピック委員会(IOC)副会長, オーストラリア・オリンピック委員会会長　本名＝Coates, John Dowling
Coates, John　コーツ, ジョン
　著「トレーダーの生理学」早川書房　2013
Coates, Sammie　コーツ, サミー
　国アメリカ　アメフト選手
Coates, Sebastian　コアテス, セバスティアン
　国ウルグアイ　サッカー選手
Coates, Timothy J.　コーテス, ティモシー・J.
　著「ポルトガル」ほるぷ出版　2010
Čobanković, Petar　チョバンコビッチ, ペタル
　国クロアチア　副首相兼農業・漁業・農村開発相
Cobast, Éric　コバスト, エリック
　著「100の神話で身につく一般教養」白水社　2012
Cobb, Alex　カップ, アレックス
　国アメリカ　野球選手
Cobb, Carlene　コブ, カーリーン
　著「傷つけられていませんか？」大月書店　2008
Cobb, Cathy　コブ, キャシー
　著「化学の魔法」ソフトバンククリエイティブ　2006
Cobb, David　カップ, デービッド
　国アメリカ　アメフト選手
Cobb, Grace　コップ, グレイス
　著「クリエイティブスペース」グラフィック社　2011
Cobb, James Henry　コップ, ジェームズ
　1953～2014　国アメリカ　作家　専ミステリー, スリラー　異コップ, ジェイムズ
Cobb, John B., Jr.　カブ, ジョン・B., Jr.
　著「教会の再生」三恵社　2014
Cobb, Linda　コブ, リンダ
　著「そうじの女王が教える世界一のそうじ術」エクスナレッジ　2008
Cobb, Nancy　コップ, ナンシー
　著「花束のかわりに」PHP研究所　2003
Cobb, Randall　カップ, ランドール
　国アメリカ　アメフト選手
Cobb, Rebecca　コップ, レベッカ
　著「あなのなかには…」フレーベル館　2016
Cobb, Vicki　コップ, ヴィッキー
　異コブ, ヴィッキイ　著「かぜにおされる」あづき　2005
Cobbi, Jane　コビー, ジャーヌ
　国フランス　民族学者, 日本文化研究家　フランス国立科学研究センター(CNRS)主任研究員　異コビ, ジャーヌ
Cobbing, Andrew　コビング, A.
　1965～　著「サムライに恋した英国娘」藤原書店　2005
Cobbold, Richard　コボルド, リチャード
　国イギリス　元軍人　王立統合防衛研究所(RUSI)所長　英国海軍少将　専国防, 防衛
Cobbs, Tasha　コブス, ターシャ
　グラミー賞 最優秀ゴスペル/コンテンポラリー・クリスチャン・ミュージック(2013年(第56回))　"Break Every Chain [Live]"
Coben, Harlan　コーベン, ハーラン
　1962～　国アメリカ　ミステリー作家
Cobo, Yohana　コボ, ヨアンナ
　カンヌ国際映画祭 女優賞(第59回(2006年))　"Volver"
Cobos, Julio César Cleto　コボス, フリオ・セサル・クレト

国アルゼンチン　副大統領
Coburn, Ann　コバーン, アン
　著「ドリーム☆チーム」偕成社　2011
Coburn, Broughton　コバーン, ブロートン
　1951〜　著「エベレスト50年の挑戦」広済堂出版　2003
Coburn, Emma　コバーン, エマ
　国アメリカ　陸上選手
Coburn, James　コバーン, ジェームズ
　1928〜2002　国アメリカ　俳優　異コバーン, ジェームス
Coca, Imogene　コウカ, イモジェン
　1908〜2001　国アメリカ　女優
Coca, Óscar　コカ, オスカル
　国ボリビア　公共事業相
Coca Antezana, Óscar　コカ・アンテサナ, オスカル
　国ボリビア　大統領府相
Cocarico Yana, César　コカリコ・ヤナ, セサル
　国ボリビア　農村開発・土地相
Cocco, Gaetano　ココ, ガエターノ
　著「モーターサイクルの設計と技術」スタジオタッククリエイティブ　2010
Coce, María Victoria　コセ, マリア・ビクトリア
　1968〜　著「あくまとかけをした男」新世研　2003
Cochran, David Lee　コクラン, デービッド・L.
　1952〜　著「ITIコンセンサス会議議事録」クインテッセンス出版　2015
Cochran, Gregory　コクラン, グレゴリー
　著「一万年の進化爆発」日経BP社, 日経BP出版センター（発売）2010
Cochran, Johnnie L., Jr.　コクラン, ジョニー
　1937〜2005　国アメリカ　弁護士
Cochran, Larry　コクラン, ラリー
　著「ナラティブ・キャリアカウンセリング」生産性出版　2016
Cochran, Robert　コクラン, ロバート
　著「24 リブ・アナザー・デイ」竹書房　2015
Cochrane, Jenny　コクレーン, ジェニー
　著「BIG BOOK」チャイルド本社　2005
Cochrane, Ryan　コクラン, ライアン
　国カナダ　水泳選手　異コクラン／コクレーン
Cockburn, Alistair　コーバーン, アリスター
　著「アジャイルプロジェクト管理」ピアソン・エデュケーション　2002
Cockburn, Andrew　コバーン, アンドリュー
　1947〜　著「ラムズフェルド」緑風出版　2008
Cockburn, Cynthia　コウバーン, シンシア
　著「紛争下のジェンダーと民族」明石書店　2004
Cockburn, Karen　コクバーン
　国カナダ　トランポリン選手
Cockburn, Patrick　コバーン, パトリック
　1950〜　国アイルランド　ジャーナリスト
Cockcroft, Jason　コッククロフト, ジェイソン
　著「ちいさなもののやすらぐところ」評論社　2004
Cockell, Charles　コケル, チャールズ・S.
　著「不都合な生命」麗澤大学出版会, 柏 広池学園事業部（発売）2009
Cocker, James Cecil　コッカー, ジェームズ・セシル
　国トンガ　副首相兼内相　異コッカー, セシル
Cocker, Joe　コッカー, ジョー
　1944〜2014　国イギリス　ロック歌手　本名＝Cocker, John Robert
Cockerell, Lee　コッカレル, リー
　著「小さなサプライズから始めよう」新潮社　2014
Cockerham, William C.　コッカハム, ウィリアム・C.
　著「高齢化社会をどうとらえるか」ミネルヴァ書房　2008
Cockfield, Francis Arthur　コーフィールド, フランシス・アーサー
　1916〜2007　国イギリス　政治家, 実業家　欧州共同体（EC）副委員長　別名＝Cockfield, Lord
Cockle, George Maralious　カックル, ジョージ
　1956〜　訳カックル, ジョージ・マラリアス　著「Surf is where you find it」パタゴニア　2016
Cockrall-King, Jennifer　コックラル＝キング, ジェニファー
　1971〜　著「シティ・ファーマー」白水社　2014
Cockran, Theiren　コックラン, セイレン
　国アメリカ　アメフト選手
Cockrell, Alan　コックレル, アラン
　国アメリカ　ニューヨーク・ヤンキースコーチ
Cockrell, Ross　コックレル, ロス

Cockrill, Pauline　コックリル, ポーリーン
　著「テディベア図鑑」ネコ・パブリッシング　2002
Cock-Starkey, Claire　コック・スターキー, クレア
　著「1秒でわかる世界の「今」」ディスカヴァー・トゥエンティワン　2012
Cocos, Roxana Daniela　ココス
　国ルーマニア　重量挙げ選手　異ココシュ
Cocu, Phillip　コクー, フィリップ
　1970〜　国オランダ　サッカー監督, 元サッカー選手　異コク, フィリップ
Coda, Andrea　コーダ, アンドレア
　国イタリア　サッカー選手
Coddington, Grace　コディントン, グレース
　1941〜　国イギリス　ファッションエディター, スタイリスト　「アメリカン・ヴォーグ」クリエイティブ・ディレクター
Codell, Esmé Raji　コデル, エズメイ・ラジー
　1968〜　著「本を読むっておもしろい」白水社　2003
Coderch, Anna Maria　コデルク, アンナ・マリア
　著「ゴヤ」白水社　2003
Coderre, Denis　コデール, デニス
　国カナダ　市民権・移民相
Codjo, Dossou Simplice　コジョ, ドス・サンプリス
　国ベナン　内務・公安・宗教相
Cody, Diabro　コディ, ディアブロ
　1978〜　国アメリカ　脚本家
Coe, Jeffrey T.　コウ, ジェフリー・T.
　著「CCNA」翔泳社　2004
Coe, Michael D.　コー, マイケル・D.
　1929〜　著「ビジュアル版 世界の歴史都市」柊風舎　2016
Coe, Peter N.　コー, ピーター
　1919〜　著「中長距離ランナーの科学的トレーニング」大修館書店　2001
Coe, Rodney　コー, ロドニー
　国アメリカ　アメフト選手
Coe, Sebastian　コー, セバスチャン
　1956〜　国イギリス　政治家, 元陸上選手　国際陸上競技連盟（IAAF）副会長, 英国オリンピック委員会会長　英国下院議員（保守党）, 2012年夏季五輪ロンドン招致委員会委員長　本名＝Coe, Sebastian Newbold
Coedes, George　セデス, G.
　著「東南アジア文化史」大蔵出版　2002
Coelho, Hernâni　コエリョ, エルナニ
　国東ティモール　外相
Coelho, Jorge　コエリョ, ジョルジェ
　国ポルトガル　公共事業相
Coelho, Luis Pedro　コエーリョ, ルイス・ペドロ
　著「実践機械学習システム」オライリー・ジャパン, オーム社（発売）2014
Coelho, Paulo　コエーリョ, パウロ
　1947〜　国ブラジル　作家, 作詞家
Coelho, Pedro Passos　コエリョ, ペドロ・パソス
　1964〜　国ポルトガル　政治家　ポルトガル社会民主党（PSD）党首　ポルトガル首相　本名＝Passos Coelho, Pedro Manuel Mamede　異コエリョ, ペドロ・パソス／パソス・コエリョ／パソス・コエリョ, ペドロ
Coelho Filho, Fernando　コエリョ・フィリョ, フェルナンド
　国ブラジル　鉱業・エネルギー相
Coen, Ethan　コーエン, イーサン
　1957〜　国アメリカ　映画監督, 映画プロデューサー, 脚本家
Coen, Joel　コーエン, ジョエル
　1954〜　国アメリカ　映画監督, 映画プロデューサー, 脚本家　異コーエン, ジョール
Coenen, Harry　クーネン, ハリー
　著「ヨーロッパの労働組合」生活経済政策研究所　2004
Coenraads, Robert Raymond　コンラーズ, ロバート・R.
　1956〜　著「岩石・化石」新樹社　2007
Coentrao, Fabio　コエントラン, ファビオ
　国ポルトガル　サッカー選手
Coerr, Eleanor　コア, エレノア
　1922〜2010　国アメリカ　児童文学作家　異コア, エリナー
Coester, Michael　ケスター, ミヒャエル
　1942〜　著「ドイツとヨーロッパの私法と手続法」日本評論社　2013
Coester-Waltjen, Dagmar　ケスター＝ヴァルチェン, ダグマール
　1945〜　著「ドイツとヨーロッパの私法と手続法」日本評論社

2013
Coetzee, Aranos クッツェー, アラノス
　㊨ナミビア　ラグビー選手
Coetzee, Felix コーツィー, フェリックス
　1959～　㊨南アフリカ　騎手
Coetzee, J.M. クッツェー, J.M.
　1940～　㊨オーストラリア　作家, 批評家　本名＝クッツェー, ジョン・マクスウェル〈Coetzee, John Maxwell〉　㊨クツェー／コーツェ／コツィ
Coffee, Peter コーヒー, ピーター
　㊨「ソフトウェア開発のカオス」構造計画研究所, 共立出版（発売）2003
Coffey, Lisa Marie コフィー, リサ・マリー
　㊨「恋するアーユルヴェーダ」春秋社　2006
Coffey, Lucy コーフィー, ルーシー
　1906～2015　㊨アメリカ　日本でも勤務した米女性退役軍人
Coffey, Wayne R. コフィー, ウェイン
　㊨「クローザー」作品社　2015
Coffie, Raymonde コフィ, レイモンド
　㊨コートジボワール　家族・女性・児童相
Coffin, William Sloane コフィン, ウィリアム・スローン
　1924～2006　㊨アメリカ　牧師, 平和活動家
Coffman, Chase コフマン, チェイス
　㊨アメリカ　アメフト選手
Coffman, Curt コフマン, カート
　㊨「これが答えだ！」日本経済新聞社　2003
Coffman, Elaine コフマン, エレイン
　㊨「赤い髪の淑女」ハーレクイン　2008
Cofie, Isaac コフィ, アイザック
　㊨ガーナ　サッカー選手
Cofield, Takoby コフィールド, タコビー
　㊨アメリカ　アメフト選手
Cogan, Jim コーガン, ジム
　㊨「レコーディング・スタジオの伝説」ブルース・インターアクションズ　2009
Cogan, Robert コーガン, ロバート
　1930～　㊨「ソニック・デザイン」朔北社　2009
Cogdell, Corey コグデル, コーリー
　㊨アメリカ　射撃選手　㊨コグデル
Cogeval, Guy コジュヴァル, ギー
　1955～　㊨フランス　オルセー美術館館長　㊨コジュバル, ギー
Coggan, Andrew コーガン, アンドリュー
　㊨「パワー・トレーニング・バイブル」Overlander　c2011
Coggan, Philip コガン, フィリップ
　㊨「紙の約束」日本経済新聞出版社　2012
Coghill, Roger コッヒル, ロジャー
　1940～　㊨コッグヒル, ロジャー　㊨「驚異的な癒しのパワー プラチナフォトン」芙蓉書房出版　2008
Coghlan, Chris コグラン, クリス
　1985～　㊨アメリカ　野球選手　本名＝Coghlan, Christopher B.
Cogianu, Roxana コジアヌ, ロクサナ
　㊨ルーマニア　ボート選手
Coglianese, Cary コグリアニーズ, ケイリー
　㊨「グローバル化で世界はどう変わるか」英治出版　2004
Cogswell, David コグズウェル, デイヴィッド
　㊨「チョムスキー」現代書館　2004
Cogswell, Jeff コグズウェル, ジェフ
　㊨「C++クックブック」オライリー・ジャパン, オーム社（発売）2006
Cogswell, Theodore R. コグズウェル, シオドア・R.
　㊨「グラックの卵」国書刊行会　2006
Cohan, Malcolm コーハン, マルコム
　㊨「運命を変える聖なる言葉」PHP研究所　2005
Cohat, Elisabeth コア, エリザベス
　㊨「海辺にすむ生き物の本」岳陽舎　2006
Cohen, Aaron コーエン, アーロン
　㊨「潜入工作員」原書房　2007
Cohen, Abby Joseph コーエン, アビー
　1952～　㊨アメリカ　金融家　ゴールドマン・サックス主任投資ストラテジスト
Cohen, Abraham E. コーエン, エイブラハム
　1936～2012　㊨アメリカ　実業家　中外製薬取締役
Cohen, Adam コヘン, アダム
　㊨「臨床試験ガイドブック」じほう　2003
Cohen, Akiba コーエン, アキバ
　㊨「絶え間なき交信の時代」NTT出版　2003
Cohen, Alan コーエン, アラン
　㊨アメリカ　自己啓発家
Cohen, Albert Diamond コーエン, アルバート・ダイアモンド
　㊨カナダ　元・ソニー・カナダ社長, 元・ジャパン・ソサエティ理事
Cohen, Alex コーエン, A.
　㊨「うつ病という時限爆弾」日本評論社　2003
Cohen, Alexandra コーエン, アレクサンドラ
　㊨アメリカ　SACキャピタル・アドバイザーズ共同創業者
Cohen, Allan R. コーエン, アラン・R.
　㊨「POWER UP」税務経理協会　2010
Cohen, Almog コーヘン, アルモグ
　㊨イスラエル　サッカー選手
Cohen, Andrew コーエン, アンドルー
　㊨「ブライアン・コックス生命の不思議」創元社　2014
Cohen, Andrew D. コーエン, アンドリュー・D.
　㊨「多文化理解の語学教育」研究社　2015
Cohen, Andy コーエン, アンディー
　1952～　㊨「マジシャンの教え」マックス, 晋遊舎（発売）2007
Cohen, Annabel J. コーエン, アナベル・J.
　㊨「音楽的コミュニケーション」誠信書房　2012
Cohen, Anthony Paul コーエン, A.P.
　1946～　㊨「コミュニティは創られる」八千代出版　2005
Cohen, Ari Seth コーエン, アリ・セス
　㊨「Advanced Style」大和書房　2013
Cohen, Barbara コーエン, バーバラ
　㊨「AD/HD&body」花風社　2003
Cohen, Barry M. コーエン, バリー・M.
　㊨「多重人格者の心の内側の世界」作品社　2003
Cohen, Ben R. コーエン, ベン
　㊨「ソーシャルビジネス入門」日経BP社, 日経BP出版センター（発売）2009
Cohen, Betsy コーエン, ベツィー
　㊨「『嫉妬』の心理学」三笠書房　2006
Cohen, Calvin J. コーエン, カルバン・J.
　㊨「本質のHIV」メディカル・サイエンス・インターナショナル　2015
Cohen, Carl M. コーエン, カール・M.
　㊨「ラボ・ダイナミクス」メディカル・サイエンス・インターナショナル　2007
Cohen, Cathi コーエン, キャシー
　1960～　㊨「子どもの社会性づくり10のステップ」金子書房　2005
Cohen, Claudine コーエン, クローディーヌ
　1951～　㊨「マンモスの運命」新評論　2003
Cohen, Daniel コーエン, ダニエル
　1953～　㊨「経済は、人類を幸せにできるのか？」作品社　2015
Cohen, David コーエン, デヴィッド
　1946～　㊨「フロイトの脱出」みすず書房　2014
Cohen, David S. コーエン, デビッド・S.
　1959～　㊨コーエン, デイヴィッド・S.　㊨「パシフィック・リム ビジュアルガイド」小学館集英社プロダクション　2016
Cohen, Dean S. コーエン, ダン・S.
　㊨「8段階モデルによる企業変革実践マニュアル」中央経済社　2007
Cohen, Don コーエン, ドン
　1946～　㊨「人と人の『つながり』に投資する企業」ダイヤモンド社　2003
Cohen, Donald コーエン, ドナルド
　1930～　㊨「アメリカ流7歳からの行列」講談社　2001
Cohen, Dov コーエン, D.
　㊨「名誉と暴力」北大路書房　2009
Cohen, Edward M. コーエン, エドワード
　1936～　㊨「困った母親たち」三笠書房　2015
Cohen, Edward S. コーエン, E.S.
　㊨「審美再建歯周外科カラーアトラス」西村書店東京出版編集部　2009
Cohen, Eli コーヘン, エリ
　1949～　㊨イスラエル　外交官　駐日イスラエル大使
Cohen, Eliot A. コーエン, エリオット
　㊨コーエン, エリオット・A.　㊨「戦略論」勁草書房　2012
Cohen, Frederick コーエン, フレデリック
　1945～　㊨「ブルーノート・レコード」DU BOOKS, ディスクユニオン（発売）2011
Cohen, Gabriel コーエン, ガブリエル
　1961～　㊨「贖いの地」新潮社　2003
Cohen, Gene D. コーエン, ジーン・D.
　1945～　㊨「いくつになっても脳は若返る」ダイヤモンド社

2006
Cohen, Gerald Allan　コーエン, G.A.
　1941～　著「あなたが平等主義者なら, どうしてそんなにお金持ちなのですか」こぶし書房　2006
Cohen, Gili　コーヘン, ギリ
　国イスラエル　柔道選手
Cohen, Harold　コーエン, ハロルド
　1928～2016　国イギリス　画家　カリフォルニア大学サンディエゴ校名誉教授
Cohen, Herb　コーエン, ハーブ
　1938～　著「FBIアカデミーで教える心理交渉術」日本経済新聞出版社　2015
Cohen, I.Bernard　コーエン, I.バーナード
　著「数が世界をつくった」青土社　2007
Cohen, Isaac　コーエン, イツハク
　国イスラエル　無任所相 (宗教委員会)
Cohen, Jared　コーエン, ジャレッド
　1981～　著「第五の権力」ダイヤモンド社　2014
Cohen, Jean-Louis　コーエン, ジャン=ルイ
　著「ル・コルビュジエ」Taschen　c2006
Cohen, Jon　コーエン, ジョン
　1958～　著「チンパンジーはなぜヒトにならなかったのか」講談社　2012
Cohen, Judith A.　コーエン, ジュディス・A.
　著「子どものためのトラウマフォーカスト認知行動療法」岩崎学術出版社　2015
Cohen, Julie　コーエン, ジュリー
　著「謎めいた相続人」ハーレクイン　2008
Cohen, Juliet　コーエン, ジュリエット
　著「Vogueメイクアップ百科」ガイアブックス, 産調出版 (発売)　2008
Cohen, Larry　コーエン, ラリー
　1941～　著「セルラー」メディアファクトリー　2005
Cohen, Lawrence J.　コーエン, ローレンス・J.
　著「子ども社会の心理学」創元社　2003
Cohen, Leonard　コーエン, レナード
　1934～2016　国カナダ　シンガー・ソングライター, 詩人, 作家　本名＝Cohen, Leonard Norman
Cohen, Martin　コーエン, マーティン
　1964～　著「哲学101問」筑摩書房　2008
Cohen, Michael D.　コーエン, マイケル・D.
　著「複雑系組織論」ダイヤモンド社　2003
Cohen, Michele Andree　コーエン, ミシェル・アンドレ
　著「フレンチ＆イタリアン今日の"おうちごはん"」ワイン王国, ステレオサウンド (発売)　2010
Cohen, Mikal R.　コーエン, M.
　著「精神科リハビリテーション」三輪書店　2012
Cohen, Mitch　コーエン, ミッチ
　著「10億ドルを自力で稼いだ人は何を考え, どう行動し, 誰と仕事をしているのか」ダイヤモンド社　2016
Cohen, Morris　コーエン, モーリス
　1911～2005　国アメリカ　金属材料学者　マサチューセッツ工科大学名誉教授　材料科学
Cohen, Nathan　コーエン, ネーサン
　1986～　国ニュージーランド　ボート選手
Cohen, Norman A.　コーエン, ノーマン・A.
　著「麻酔科エラーブック」メディカル・サイエンス・インターナショナル　2010
Cohen, Oded　コーエン, オデッド
　著「二大博士から経営を学ぶ」生産性出版　2005
Cohen, Paula　コーエン, ポーラ
　1949～　著「シャーロック・ホームズベイカー街の幽霊」原書房　2006
Cohen, Paul Joseph　コーエン, ポール・ジョセフ
　1934～2007　国アメリカ　数学者　スタンフォード大学教授　数学基礎論, 公理論的集合論
Cohen, Pete　コーエン, ピート
　著「3週間で, スパッと禁煙！」PHP研究所　2005
Cohen, Randy　コーエン, ランディ
　著「私のしたことまちがってる？」ソニー・マガジンズ　2004
Cohen, Rob　コーエン, ロブ
　1949～　国アメリカ　映画監督, 映画製作者
Cohen, Robin　コーエン, ロビン
　1944～　著「グローバル・ディアスポラ」明石書店　2012
Cohen, Ronald D.　コーエン, ロナルド・D.
　著「アラン・ローマックス選集」みすず書房　2007
Cohen, Sacha Baron　コーエン, サシャ・バロン

1971～　国イギリス　俳優, 脚本家
Cohen, Samuel　コーエン, サミュエル
　1921～2010　国アメリカ　物理学者　本名＝Cohen, Samuel Theodore
Cohen, Sasha　コーエン, サーシャ
　1984～　国アメリカ　フィギュアスケート選手　本名＝Cohen, Alexandra Pauline　コーエン
Cohen, Sheldon　コーエン, シェルドン
　国カナダ　ザグレブ国際アニメーション映画祭 子ども向け作品コンペティション スペシャルメンション (2004年)　"I Want a Dog"
Cohen, Sheldon　コーエン, シェルドン
　1947～　著「ソーシャルサポートの測定と介入」川島書店　2005
Cohen, Shoshanah　コーエン, ショシャナ
　著「戦略的サプライチェーンマネジメント」英治出版　2015
Cohen, Solomon Ibrahim　コーヘン, スレイマン・イブラヒム
　1941～　著「国際比較の経済学」NTT出版　2012
Cohen, Stanley　コーエン, スタンレー
　1922～　国アメリカ　生化学者　バンダービルト大学医学部名誉教授　Ⓝコーエン, スタンリー
Cohen, Stephen P.　コーエン, スティーヴン・フィリップ
　1936～　著「アメリカはなぜインドに注目するのか」明石書店　2003
Cohen, Stephen Philip　コーエン, スティーブン・フィリップ
　著「インドの軍事力近代化」原書房　2015
Cohen, Stephen S.　コーエン, スティーブン・S.
　著「シリコンバレーは死んだか」日本経済評論社　2002
Cohen, Steve　コーエン, スティーブ
　国アメリカ　SACキャピタル・アドバイザーズ共同創業者
Cohen, Steve　コーエン, スティーブ
　著「マジシャンだけが知っている最強の心理戦略」ディスカヴァー・トゥエンティワン　2015
Cohen, Steven　コーエン, スティーブン
　国アメリカ　ポイント72アセット・マネジメント
Cohen, Susan Simon　コーエン, スーザン
　著「困った母親たち」三笠書房　2015
Cohen, Suzanne Liberman　コーエン, スザンヌ・L.
　1946～　著「ラボ・ダイナミクス」メディカル・サイエンス・インターナショナル　2007
Cohen, Warren I.　コーエン, ウォーレン・I.
　著「アメリカと北朝鮮」朝日新聞社　2003
Cohen, William A.　コーエン, ウィリアム・A.
　1937～　著「プラクティカル・ドラッカー」CCCメディアハウス　2015
Cohen, William S.　コーエン, ウィリアム
　1940～　国アメリカ　政治家, 作家　米国国防長官　Ⓝコーエン, ウィリアム・S. / コーエン, ウイリアム
Cohen-Addad, S.
　著「ムースの物理学」吉岡書店　2016
Cohen Greene, Cheryl T.　コーエン・グリーン, シェリル・T.
　1944～　著「性の悩み, セックスで解決します。」イースト・プレス　2014
Cohen-Janca, Irène　コーエン=ジャンカ, イレーヌ
　1954～　著「アンネの木」くもん出版　2010
Cohen-Posey, Kate　コーエン・ポージー, ケイト
　著「いじめられっ子の流儀」学苑社　2016
Cohen-Solal, Annie　コーエン＝ソラル, アニー
　1948～　著「サルトル伝」藤原書店　2015
Cohen-Tannoudji, Claude Nessim　コーエンタヌジ, クロード
　1933～　国フランス　物理学者　コレージュ・ド・フランス名誉教授　Ⓝコーエンタヌージ / コーエンタノージュ, クロード
Cohler, Matt　コーラー, マット
　国アメリカ　投資家
Cohn, Jonathan　コーン, ジョナサン
　著「ルポアメリカの医療破綻」東洋経済新報社　2011
Cohn, Lee Michael　コーン, リー・マイケル
　著「俳優のためのハンドブック」フィルムアート社　2012
Cohn, Nik　コーン, ニック
　著「ビートルズ世界証言集」ポプラ社　2006
Cohn, Norman　コーン, ノーマン
　1915～2007　国イギリス　歴史家　サセックス大学名誉教授
Cohn, Norman Rufus Colin　コーン, ノーマン
　1915～2007　著「千年王国の追求」紀伊国屋書店　2008
Cohn, Robin　コーン, ロビン
　著「マーケティングのジレンマ」ダイヤモンド社　2004
Cohn, Ronald H.　コーン, ロナルド・H.

Cohnen, Mathias　コーネン, マティアス
　㊀「わかる！頭頸部画像診断の要点」メディカル・サイエンス・インターナショナル　2009
Cohn-Sherbok, Dan　コンシャーボク, ダン
　㊀コーン＝シャーボク, ダン　㊀「双方の視点から描くパレスチナ／イスラエル紛争史」岩波書店　2011
Cohn-Sherbok, Lavinia　コーン・シェルボク, ラヴィナ
　㊀「ユダヤ人名事典」東京堂出版　2010
Cohon, Rhody　コーホン, ローディ
　㊀「くもりときどきミートボール」メディアファクトリー　2009
Coicaud, Jean-Marc　クワコウ, ジャン＝マルク
　1957〜　㊀「国連の限界／国連の未来」藤原書店　2007
Coiley, John　コイリー, ジョン
　㊀「世界の鉄道事典」あすなろ書房　2008
Cointot, Jean-Philippe　コアント, ジャン・フィリップ
　1961〜　㊀「異端児トルシエ」角川書店　2001
Coipel, Olivier　コワペル, オリビア
　㊀コワペル, オリビエ　㊀「スパイダーバース」ヴィレッジブックス　2016
Coirault, Christine　コワロー, クリスティン
　㊀「ようじからはじめるみんななかよしマナーのえほん」絵本塾出版　2014
Coixet, Isabel　コイシェ, イサベル
　1962〜　㊁スペイン　映画監督
Cojocaru, Alina　コジョカル, アリーナ
　1981〜　バレリーナ　イングリッシュ・ナショナル・バレエ団（ENB）リード・プリンシパル　英国ロイヤル・バレエ団プリンシパル
Cojuangco, Eduardo, Jr.　コファンコ, エドアルド, Jr.
　1935〜　㊁フィリピン　実業家, 政治家　コファンコ財閥当主, サンミゲル会長・CEO　フィリピン下院議員　㊀コファンコ, エドワルド
Čok, Lucija　チョク, ルチヤ
　㊁スロベニア　教育・スポーツ相兼科学技術相
Cokanasiga, Joketani　ゾカナシンガ, チョケタニ
　㊁フィジー　第1次産業相兼国家安全・入国管理相兼国防相代行　㊀ゾカナシンガ, ジョケタニ
Coke　コケ
　㊁スペイン　サッカー選手
Coker, Jake　コカー, ジェイク
　㊁アメリカ　アメフト選手
Coker, Newton J.　コーカー, ニュートン・J.
　㊀「耳科手術アトラス」エルゼビア・ジャパン　2003
Cokins, Gary　コーキンス, ゲーリー・M.
　㊀「パフォーマンス・マネジメント」東洋経済新報社　2007
Colabello, Chris　コラベロ, クリス
　㊁アメリカ　野球選手
Colacce, Carlos　コラチェ, カルロス
　㊁ウルグアイ　住宅・環境相
Colak, Antonio　チョーク, アントニオ
　㊁クロアチア　サッカー選手
Čolak, Bariša　チョーラック, バリシャ
　㊁ボスニア・ヘルツェゴビナ　法相
Colamarco, Benjamín　コラマルコ, ベンハミン
　㊁パナマ　公共事業相
Colander, LaTasha　コランダー
　㊁アメリカ　陸上選手
Colangelo, Bryan　コランジェロ, ブライアン
　㊁アメリカ　フィラデルフィア・セブンティシクサーズGM
Colapinto, John　コラピント, ジョン
　1958〜　㊀「無実」早川書房　2016
Colarizi, Simona　コラリーツィ, シモーナ
　1944〜　㊀「イタリア20世紀史」名古屋大学出版会　2010
Colas, Guilbaut　コラ
　㊁フランス　フリースタイルスキー選手
Colasse, Bernard　コラス, ベルナルド
　㊀「世界の会計学者」中央経済社　2007
Colasuonno, Francesco　コラスオンノ, フランチェスコ
　1925〜2003　㊁イタリア　カトリック枢機卿, 外交官　駐モスクワ・バチカン大使
Colati, Isei　コラティ, イセイ
　㊁フィジー　ラグビー選手
Colberg, Sheri R.　コルバーグ, シェリ
　1963〜　㊀「糖尿病と運動」大修館書店　2002
Colbert, Curt　コルバート, カート
　1947〜　㊁アメリカ　作家　㊀ミステリー, スリラー
Colbert, David　コルバート, デヴィッド
　㊀「ミシェル・オバマ愛が生んだ奇跡」アートデイズ　2009
Colbert, Don　コルバート, ドン
　㊀「キリストは何を食べていたのか？」ビジネス社　2007
Colbert, Edwin Harris　コルバート, エドウィン・H.
　1905〜2001　㊀「恐竜の発見」早川書房　2005
Colbert, Gregory　コルベール, グレゴリー
　1960〜　㊁カナダ　写真家
Colbert, Stephen　コルバート, ステファン
　グラミー賞 最優秀朗読アルバム（2013年（第56回））ほか
Colborn, Theo　コルボーン, シーア
　㊀「自然と人間」有斐閣　2005
Colborn, Theodora E.　コルボーン, ティオドラ
　1927〜2014　㊁アメリカ　動物学者, 環境活動家　フロリダ大学名誉教授, 世界自然保護基金（WWF）科学顧問　通称＝コルボーン, シーア〈Colborn, Theo〉　㊀コルボーン, ティオ
Colby, Anne　コルビィ, アン
　1946〜　㊀「アメリカの法曹教育」中央大学出版部　2013
Colby, Lynn Allen　コルビー, リン・アラン
　㊀「最新運動療法大全」ガイアブックス　2016
Colby, Mark A.　コルビー, マーク・A.
　㊀「日本の医療制度討論」薬事日報社　2007
Colby, William H.　コルビー, ウィリアム・H.
　1955〜　㊀「死ぬ権利はだれのものか」西村書店東京出版編集部　2012
Coldwell, Pedro Joaquín　コルドウェル, ペドロ・ホアキン
　㊁メキシコ　エネルギー相
Cole, Adrian　コール, エイドリアン
　㊀「インスマス年代記」学習研究社　2001
Cole, A.J.　コール, AJ.
　㊁アメリカ　野球選手
Cole, Ashley　コール, アシュリー
　1980〜　㊁イギリス　サッカー選手　㊀コール, アッシュリー
Cole, Audie　コール, オーディー
　㊁アメリカ　アメフト選手
Cole, August　コール, オーガスト
　㊁アメリカ　ライター, アナリスト　㊀スリラー, SF
Cole, Babette　コール, バベット
　㊀「だから、ここにいるのさ！」評論社　2007
Cole, Briony　コール
　㊁オーストラリア　飛び込み選手
Cole, Brock　コール, ブロック
　㊀「メイヴィスのふしぎな赤ちゃん」あすなろ書房　2002
Cole, Cheryl　コール, シェリル
　1983〜　㊁イギリス　歌手
Cole, Chloe　コール, クロエ
　㊀「ファースト・ラブ」主婦の友社　2013
Cole, Dan　コール, ダン
　㊁イングランド　ラグビー選手
Cole, Emily　コール, エミリー
　㊀「世界の建築様式」ガイアブックス, 産調出版（発売）　2009
Cole, Freddie　コール, フレディ
　1931〜　㊁アメリカ　歌手
Cole, George　コール, ジョージ
　1925〜2015　㊁イギリス　俳優
Cole, Gerrit　コール, ゲリット
　1990〜　㊁アメリカ　野球選手
Cole, Henry　コール, ヘンリー
　1955〜　㊀「タンタンタンゴはパパふたり」ポット出版　2008
Cole, Holly　コール, ホリー
　1963〜　㊁カナダ　ジャズ歌手
Cole, Ian　コール, イアン
　㊀「南米サッカーのすべて」DAI-X出版　2002
Cole, Joanna　コール, ジョアンナ
　1944〜　㊀「ぼく、おにいちゃんになったんだ」バベルプレス　2009
Cole, Joe　コール, ジョー
　1981〜　㊁イギリス　サッカー選手
Cole, Jonathan　コール, ジョナサン
　1951〜　㊀「スティル・ライヴズ」法政大学出版局　2013
Cole, K.C.　コール, K.C.
　㊀「おしゃべりな宇宙」白揚社　2006
Cole, Kresley　コール, クレスリー
　㊀「約束の海に舞う天使と」原書房　2013
Cole, Lily　コール, リリー

Cole, Martina　コール, マルティナ
1988～　国イギリス　女優, ファッションモデル
著「コール, マーティナ」「フェイス」早川書房　2008
Cole, Michael　コール, マイケル
著「文化心理学」新曜社　2002
Cole, Michael Wayne　コール, マイケル・W.
1969～　著「イタリア・ルネサンス美術大図鑑」柊風舎　2014
Cole, Natalie　コール, ナタリー
1950～2015　国アメリカ　ジャズ歌手
Cole, Neil　コール, ニール
1960～　著「互いに罪を言い表し, 互いのために祈りなさい」いのちのことば社　2010
Cole, R.Alan　コール, R.アラン
1923～　著「ガラテヤ人への手紙」いのちのことば社　2011
Cole, Robert E.　コール, ロバート・E.
著「リメイド・イン・アメリカ」中央大学出版部　2005
Cole, Roger　コール, ロジャー
1955～　著「ミッション・オブ・ラブ」ビイング・ネット・プレス　2004
Cole, Stephen　コール, スティーブン
訳コール, スティーヴン　著「マダガスカル」英知出版　2005
Cole, Stu　コール, ステュ
国アメリカ　コロラド・ロッキーズコーチ
Cole, Tom Clohosy　コール, トム・クロージー
著「壁」汐文社　2015
Cole, Trent　コール, トレント
国アメリカ　アメフト選手
Cole, Trevor　コール, トレバー
著「ピア・サポート実践マニュアル」川島書店　2002
Colebrook, Claire　コールブルック, クレア
著「ジル・ドゥルーズ」青土社　2006
Colegrove, Clare Lee　コールグローブ, クレア・リー
国アメリカ　東京女子大学名誉教授, 元・東京女子大学教授, 元・日本アジア協会会長
Coleiro Preca, Marie-Louise　コレイロプレカ, マリー・ルイーズ
国マルタ　大統領
Coleite, Aron Eli　コレティ, アーロン・エリ
著「ヒーローズシーズン2」角川書店, 角川グループパブリッシング（発売）　2009
Coleman, Benjamin John　コールマン, ベンジャミン・ジョン
著「Origami Bonsai」チャールズ・イー・タトル出版　2010
Coleman, Bill　コールマン, ビル
1925～　著「"シンプル"という贈りもの」フレックス・ファーム　2002
Coleman, Brandon　コールマン, ブランドン
国アメリカ　アメフト選手
Coleman, Brian　コールマン, ブライアン
1970～　著「チェック・ザ・テクニーク」シンコーミュージック・エンタテイメント　2010
Coleman, Brian D.　コールマン, ブライアン・ディー
著「ヴィンテージ紙もの雑貨コレクション」グラフィック社　2015
Coleman, Cedric　コールマン, セドリック
アカデミー賞 主題歌賞 (第78回 (2005年))　'It's Hard Out Here for a Pimp' ("Hustle & Flow")
Coleman, Charlotte　コールマン, シャーロット
1968～2001　国イギリス　女優
Coleman, Corey　コールマン, コリー
国アメリカ　アメフト選手
Coleman, Cy　コールマン, サイ
1929～2004　国アメリカ　ピアニスト, 作曲家　本名＝Kaufman, Seymour
Coleman, David　コールマン, デイビッド
著「エグゼクティブ・コーチング」日本能率協会マネジメントセンター　2005
Coleman, Davon　コールマン, ダボン
国アメリカ　アメフト選手
Coleman, Deandre　コールマン, ディーンドレ
国アメリカ　アメフト選手
Coleman, Douglas　コールマン, ダグラス
1931～2014　国アメリカ　生化学者　ジャクソン研究所名誉上級研究員
Coleman, Emily　コールマン, エミリー
著「粘土で作るファンタジーフィギュア」ボーンデジタル　2015
Coleman, Gary　コールマン, ゲーリー
1968～2010　国アメリカ　俳優
Coleman, Irwin　コールマン, アーウィン
国リベリア　公共事業相
Coleman, Janet　コールマン, ジャネット
1942～　著「ミンガス/ミンガス」ブルース・インターアクションズ　2010
Coleman, Jerry　コールマン, ジェリー
？～2014　野球実況キャスター, 野球選手
Coleman, John　コールマン, ジョン
1935～　国アメリカ　元軍人　「ワールド・イン・レビュー」発行者　英国諜報部将校
Coleman, John C.　コールマン, ジョン・C.
1940～　著「青年期の本質」ミネルヴァ書房　2003
Coleman, Jonathan　コールマン, ジョナサン
国ニュージーランド　保健相兼スポーツ・娯楽相
Coleman, Justin　コールマン, ジャスティン
国アメリカ　アメフト選手
Coleman, Kurt　コールマン, カート
国アメリカ　アメフト選手
Coleman, Kyle　コールマン, カイル
国アメリカ　アメフト選手
Coleman, Lori　コールマン, ロリ
著「スイス」国土社　2002
Coleman, Louis　コールマン, ルイス
国アメリカ　野球選手
Coleman, Lucien E., Jr.　コールマン, ルシアン・E., Jr.
著「なぜ教会は教えるのか」日本キリスト教団出版局出版サービス, 日本キリスト教団出版局（発売）　2007
Coleman, Mary　コールマン, メアリー
著「自閉症」黎明書房　2006
Coleman, Michelle　コールマン, ミシェル
国スウェーデン　水泳選手
Coleman, Ornette　コールマン, オーネット
1930～2015　国アメリカ　ジャズサックス奏者, 作曲家　奏アルトサックス
Coleman, Paul　コールマン, ポール
著「こんなときどう言えばいいの!?」小学館プロダクション　2003
Coleman, Peter　コールマン, ピーター
国リベリア　厚生相
Coleman, Peter T.　コールマン, ピーター・T.
1959～　著「紛争管理論」日本加除出版　2009
Coleman, Reed Farrel　コールマン, リード・ファレル
1956～　著「BIBLIO MYSTERIES」ディスカヴァー・トゥエンティワン　2014
Coleman, Robert Emerson　コールマン, ロバート・E.
著「キリストの血潮」福音文書刊行会, 八王子　いのちのことば社（発売）　2001
Coleman, Samuel　コールマン, サミュエル
1946～　著「検証・なぜ日本の科学者は報われないのか」文一総合出版　2002
Coleman, Seamus　コールマン, シェイマス
国アイルランド　サッカー選手
Coleman, Shon　コールマン, ション
国アメリカ　アメフト選手
Coleman, Stuart Holmes　コールマン, スチュアート・ホルムス
著「エディ・ウッド・ゴー!!」梛出版社　2006
Coleman, Tevin　コールマン, テビン
国アメリカ　アメフト選手
Coleman, Vernon　コールマン, ヴァーノン
著「医者を見限る勇気」神宮館　2014
Coleridge, Sara　コールリッジ, サラ
著「大人が楽しむイングリッシュ・ポエチュリー」リーベル出版　2007
Coles, Alex　コールズ, アレックス
1971～　著「ベンヤミン」筑摩書房　2009
Coles, B.H.　コールズ, B.H.
著「バード・クリニック・プラクティス」メディカルサイエンス社　2002
Coles, Catherine M.　コールズ, C.M.
著「割れ窓理論による犯罪防止」文化書房博文社　2004
Coles, Dane　コールズ, ダン
国ニュージーランド　ラグビー選手
Coles, Darnell　コールズ, ダーネル
国アメリカ　ミルウォーキー・ブルワーズコーチ
Coles, Meredith E.　コールズ, メリディス・E.

㊐「不安障害」日本評論社 2005
Cole-Whittaker, Terry コール・ウィッタカー, テリー
1939〜 ㊐「私がわたしになれる本」ベストセラーズ 2001
Coley, Noel コーリ, N.
㊐「理性と信仰」すぐ書房 2003
Coley, Stephen コーレー, スティーブン
㊐「マッキンゼー戦略の進化」ダイヤモンド社 2003
Coley, Trevon コリー, トレボン
㊚アメリカ アメフト選手
Colfer, Chris コルファー, クリス
ゴールデン・グローブ賞 テレビ 助演男優賞（ミニシリーズ）（第68回（2010年度））"Glee"
Colfer, Eoin コルファー, オーエン
1965〜 ㊚アイルランド 作家 ㊐文学, フィクション, SFほか
㊛コルファー, オーウェン
Colferai, Luca コルフェライ, ルカ
1962〜 ㊐「図説ヴェネツィア」河出書房新社 2001
Colgan, Jenny コルガン, ジェニー
㊐「幸せになるルームシェア」アーティストハウス 2002
Colglazier, Elmer William, Jr. コルグレイザー, エルマー・ウィリアム, Jr.
㊚アメリカ 元・全米科学アカデミー事務局長, 元・全米研究評議会最高運営責任者, 元・国務長官科学技術顧問
Colick, Lewis コリック, ルイス
㊐「炎のメモリアル」竹書房 2005
Colijn, Helen コレイン, ヘレン
1920〜 ㊐「歌の力」木犀社 2001
Colimon-féthière, Josseline コリモン・フェティエール, ジョスリン
㊚ハイチ共和国 通産相
Colin, Daniel コラン, ダニエル
1941〜 ㊚フランス アコーディオン奏者
Colins, Phil コリンズ, フィル
1951〜 ㊚イギリス ミュージシャン
Coll, Elizabeth コール, エリザベス
1976〜 ㊐「老いと幼なの言うことには」小沢昔ばなし研究所 2015
Coll, Steve コール, スティーブ
1958〜 ㊚アメリカ ジャーナリスト ニューアメリカ財団会長「ワシントン・ポスト」編集局長 ㊛コル, スティーブ
Colla, Enrico コッラ, エンリコ
㊐「ヨーロッパの大規模流通業」ミネルヴァ書房 2004
Çollaku, Bekim チョラク, ベキム
㊚コソボ 欧州統合相
Collard, Anna コラード, アンナ
㊐「保健専門職のためのNBMワークブック」金剛出版 2004
Collard, Franck コラール, フランク
㊐「毒殺の世界史」原書房 2009
Collard, Jean-Philippe コラール, ジャン・フィリップ
1948〜 ㊚フランス ピアニスト
Collard, Patrizia コラード, パトリツィア
㊐「瞑想を始める人の小さな本」プレジデント社 2015
Collasse, Richard コラス, リシャール
1953〜 ㊐「波」集英社 2012
Collay, Michelle コレイ, M.
㊐「構成主義的な学びのデザイン」青山ライフ出版 2015
Collazo, William コジャソ, ウィリアム
㊚キューバ 陸上選手
Collcutt, Martin コルカット, マーティン
1939〜 ㊚アメリカ 日本史研究家 プリンストン大学東洋学部教授 ㊐日本中世文化史, アジア学 ㊛コルカット, マーチン
Colle, Eric Benjamin コル, エリク・バンジャマン
㊚ギニア 観光・ホテル・手工業相
Collen, Alanna コリン, アランナ
㊐「あなたの体は9割が細菌」河出書房新社 2016
Collen, Phil コリン, フィル
1957〜 ㊚イギリス ロック・ギタリスト
Collendavelloo, Ivan Leslie コレンダベルー, イバン・レスリー
㊚モーリシャス 副首相兼エネルギー・公共事業相
Collenette, David コルネット, デービッド
㊚カナダ 運輸相
Collett, Cary コレット, ケアリー
㊐「Linuxシステム管理ハンドブック」ピアソン・エデュケーション 2001
Collett, Peter コレット, ピーター
㊐「うなずく人ほど, うわの空」ソニー・マガジンズ 2004

Collette, Sandrine コレット, サンドリーヌ
1970〜 ㊐「ささやかな手記」早川書房 2016
Collette, Toni コレット, トニ
エミー賞 プライムタイム・エミー賞 最優秀主演女優賞（コメディシリーズ）（第61回（2009年））ほか
Colletti, Jerome A. コレッティ, ジェローム・A.
㊐「営業チームの強化法」ダイヤモンド社 2007
Colley, Angela コリー, アンジェラ
㊚ガンビア 観光文化相
Colley, Jan コリー, ジャン
㊐「ジャスミンの秘密」ハーレクイン 2010
Colley, Linda コリー, リンダ
㊐「虜囚」法政大学出版局 2016
Colli, Andrea コリー, アンドレーア
1966〜 ㊐「ビジネス・ヒストリー」ミネルヴァ書房 2014
Collie, Craig コリー, クレイグ
1946〜 ㊐「ココダ」ハート出版 2012
Collier, Aine コリア, アーニェ
㊐「コンドームの歴史」河出書房新社 2010
Collier, Bruce コリアー, ブルース
㊐「チャールズ・バベッジ」大月書店 2009
Collier, Bryan コリアー, ブライアン
㊚アメリカ 画家, 絵本作家
Collier, David コリアー, デヴィッド
1942〜 ㊐「社会科学の方法論争」勁草書房 2014
Collier, Paul コリアー, ポール
㊐「収奪の星」みすず書房 2012
Collier, Richard コリヤー, リチャード
1924〜 ㊐「インフルエンザ・ウイルススペインの貴婦人」清流出版 2005
Collier, Simon コリアー, サイモン
㊐「ピアソラ」アルファベータ 2006
Collin, Catherine コーリン, キャサリン
㊐「心理学大図鑑」三省堂 2013
Collin, Françoise コラン, F.
1928〜 ㊐「サラ・コフマン讃」未知谷 2005
Collin, Renaud コリン, レナウド
㊐「ミニオンズ」汐文社 2016
Collina, Pierluigi コッリーナ, ピエルルイジ
1960〜 ㊐「ゲームのルール」日本放送出版協会 2003
Collinge, William コリンジ, ウィリアム
㊐「見えない力サトル・エネルギー」太陽出版 2001
Collinger, Tom コリンジャー, トム
㊐「統合マーケティング戦略論」ダイヤモンド社 2003
Collingham, Elizabeth M. コリンガム, リジー
㊐「インドカレー伝」河出書房新社 2016
Collings, Timothy コリングス, ティモシー
㊐「ピラニア・クラブ」二玄社 2003
Collini, Stefan コリーニ, ステファン
1947〜 批評家 ケンブリッジ大学教授
Collins, Alex コリンズ, アレックス
㊚アメリカ アメフト選手
Collins, Allan コリンズ, アラン
1937〜 ㊐「デジタル社会の学びのかたち」北大路書房 2012
Collins, Andrew コリンズ, アンドルー
1957〜 ㊐「ツタンカーメンと出エジプトの謎」原書房 2004
Collins, Andy コリンズ, アンディ
㊐「ルールズ・コンペンディウム」ホビージャパン 2011
Collins, Art コリンズ, アート
㊐「株価指数先物必勝システム」パンローリング 2008
Collins, Ashlinn コリンズ, アシュリーン
1927〜 ㊛コリンズ, アシュリン ㊐「バースデイ・ブック」楓書店, サンクチュアリ・パブリッシング（発売） 2012
Collins, Billy コリンズ, ビリー
1941〜 ㊐「キャロライン・ケネディが選ぶ「心に咲く名詩115」」早川書房 2014
Collins, Carolyn Strom コリンズ, C.S.
㊐「ようこそローラの小さな家へ」東洋書林 2006
Collins, Catherine コリンズ, キャスリン
㊐「核のジハード」作品社 2009
Collins, Charlie E. コリンズ, チャーリー
㊐「コードからわかるAndroidプログラミングのしくみ」日経BP社, 日経BP出版センター（発売） 2010
Collins, Christopher Herbert コリンズ, C.H.
㊐「コリンズとラインの微生物学実験法」緑風出版 2013
Collins, Colleen コリンズ, コリーン

[著]「ビーナスの野望」 ハーレクイン 2004
Collins, Dani コリンズ, ダニー
[著]「暴かれた愛の素顔」 ハーパーコリンズ・ジャパン 2016
Collins, Daniel Joseph コリンズ・ダニエル・ジョセフ
[国]アメリカ 上智大学外国語学部名誉教授, 元・上智短期大学長, 元・京都聖母女学院短期大学長
Collins, Daryl コリンズ, ダリル
[著]「最底辺のポートフォリオ」 みすず書房 2011
Collins, David コリンズ, デビッド
[国]キリバス 女性・青年・社会問題相
Collins, Dobson コリンズ, ドブソン
[国]アメリカ アメフト選手
Collins, Doris コリンズ, ドリス
1918〜2003 [著]「私はなぜスピリチュアリストとして生きるのか」 ハート出版 2008
Collins, Edwyn コリンズ, エドウィン
1959〜 [国]イギリス ミュージシャン
Collins, Eileen Marie コリンズ, アイリーン
1956〜 [国]アメリカ 宇宙飛行士, 軍人 ディスカバリー船長, 米国空軍大佐
Collins, Evangeline コリンズ, エヴァンジェリン
[著]「罪深き七つの夜に」 幻冬舎 2011
Collins, Francis S. コリンズ, フランシス・S.
1950〜 [国]アメリカ 遺伝学者 米国国立衛生研究所(NIH)所長 [専]ヒトゲノム解読
Collins, Fred コリンズ, フレッド
[著]「マイバイブルフレンズ」 福音社 2006
Collins, Harry M. コリンズ, H.
[著]「迷路のなかのテクノロジー」 化学同人 2001
Collins, Hugh コリンズ, ヒュー
1953〜 [著]「法創造の比較法学」 日本評論社 2010
Collins, Jackie コリンズ, ジャッキー
1937〜2015 [国]イギリス ロマンス作家
Collins, Jalen コリンズ, ジェイレン
[国]アメリカ アメフト選手
Collins, James コリンズ, J.
1936〜 [著]「GPS」 シュプリンガー・フェアラーク東京 2005
Collins, James コリンズ, ジェームズ
[国]ウェールズ サッカー選手
Collins, James Charles コリンズ, ジム
1958〜 [著]「ビジョナリーカンパニー」 日経BP社, 日経BPマーケティング(発売) 2012
Collins, Jamie コリンズ, ジェイミー
[国]アメリカ アメフト選手
Collins, Jannette コリンズ, ジャネット
[著]「胸部画像診断エッセンシャル」 西村書店東京出版編集部 2011
Collins, Jarron コリンズ, ジャロン
[国]アメリカ ゴールデンステイト・ウォリアーズアシスタントコーチ(バスケットボール)
Collins, Jeff コリンズ, ジェフ
[著]「デリダ」 筑摩書房 2008
Collins, Jerry コリンズ, ジェリー
1980〜2015 [国]ニュージーランド ラグビー選手
Collins, Joan コリンズ, ジョーン
1933〜 [国]イギリス 女優 本名=Collins, Joan Henrietta
Collins, John コリンズ, ジョン
[国]イギリス ボート選手
Collins, John Elbert コリンズ, ジョン
1913〜2001 [国]アメリカ ジャズギタリスト
Collins, Josephine コリンズ, ジョセフィン
[著]「サンタさんのてがみ」 ひさかたチャイルド 2010
Collins, Judith コリンズ, ジュディス
[国]ニュージーランド 歳入相兼エネルギー資源相兼民族問題相
Collins, Kim コリンズ, キム
1976〜 [国]セントクリストファー・ネイビス 陸上選手
Collins, La'el コリンズ, レイエル
[国]アメリカ アメフト選手
Collins, Landon コリンズ, ランドン
[国]アメリカ アメフト選手
Collins, Larry コリンズ, ラリー
1929〜2005 [国]アメリカ 作家
Collins, Lily コリンズ, リリー
1989〜 [国]アメリカ 女優
Collins, Lynn コリンズ, リン
1979〜 [国]アメリカ 女優
Collins, Maliek コリンズ, マリーク
[国]アメリカ アメフト選手
Collins, Manda コリンズ, マンダ
[著]「公爵と愛のワルツを」 扶桑社 2013
Collins, María Antonieta コリンズ, マリーア=アントニエタ
1952〜 [著]「カストロ家の真実」 中央公論新社 2012
Collins, Max Allan コリンズ, マックス・アラン
1948〜 [国]アメリカ 作家
Collins, Michael コリンズ, マイケル
1924〜2005 [国]アメリカ ミステリー作家 筆名=クロウ, ジョン〈Crowe, John〉, ハリディ, ブレット〈Halliday, Brett〉, サドラー, マーク〈Sadler, Mark〉, アーデン, ウィリアム [異]コリンズ, マイクル
Collins, Michael コリンズ, マイケル
1960〜 [著]「ビジュアル大百科聖書の世界」 明石書店 2016
Collins, Michael Patrick コリンズ, マイケル
[著]「データ分析によるネットワークセキュリティ」 オライリー・ジャパン, オーム社(発売) 2016
Collins, Mike コリンズ, マイク
[著]「カラーリングブックSHERLOCKマインド・パレス」 KADOKAWA 2016
Collins, Nancy A. コリンズ, ナンシー・A.
[著]「ヒー・イズ・レジェンド」 小学館 2010
Collins, Nicolas コリンズ, ニコラス
[著]「Handmade Electronic Music」 オライリー・ジャパン, オーム社(発売) 2013
Collins, Paul コリンズ, ポール
1969〜 [著]「バンヴァードの阿房宮」 白水社 2014
Collins, Philip コリンズ, フィリップ
1967〜 [著]「成功する人の「語る力」」 東洋経済新報社 2013
Collins, R.A. コリンズ, R.A.
[著]「知の歴史」 徳間書店 2002
Collins, Randall コリンズ, ランドル
1941〜 [著]「脱常識の社会学」 岩波書店 2013
Collins, R.Douglas コリンズ, R.ダグラス
[著]「コリンズのVINDICATE鑑別診断法」 メディカル・サイエンス・インターナショナル 2014
Collins, Rebecca Grace コリンズ, レベッカ・グレイス
[著]「正気を失くした介護者の日記」 イーグレープ 2013
Collins, R.Lorraine コリンズ, R.ロレーン
[著]「リラプス・プリベンション」 日本評論社 2011
Collins, Sophie コリンズ, ソフィー
[著]「"遊んでしつける"愛犬トレーニング80」 主婦と生活社 2016
Collins, Susan コリンズ, スーザン
[著]「ダウジング・プロトコル」 JSD日本ダウジング協会, ホノカ社(門真)(発売) 2016
Collins, Suzanne コリンズ, スーザン
1962〜 [国]アメリカ 作家 [専]フィクション, SF, ファンタジーほか
Collins, Tantum コリンズ, タントゥム
[著]「TEAM OF TEAMS」 日経BP社, 日経BPマーケティング(発売) 2016
Collins, Terry コリンズ, テリー
[著]「E.T.」 ソニー・マガジンズ 2002
Collins, Terry Lee コリンズ, テリー
1949〜 [国]アメリカ 大リーグ監督 野球・中国代表監督
Collins, Timothy Clark コリンズ, ティモシー
1956〜 [国]アメリカ 金融家 リップルウッド・ホールディングス創業者 通称=コリンズ, ティム〈Collins, Tim〉
Collins, Toni コリンズ, トニ
[著]「NYバンパイア伝説」 ハーレクイン 2002
Collins, Tyler コリンズ, タイラー
[国]アメリカ 野球選手
Collinson, Gill コリンソン, ジル
[著]「最善の医療をめざして」 エルゼビア・ジャパン 2004
Collinson, Patrick コリンソン, パトリック
[著]「オックスフォード ブリテン諸島の歴史」 慶応義塾大学出版会 2010
Collins-Sussman, Ben コリンス・サスマン, ベン
[著]「Team Geek」 オライリー・ジャパン, オーム社(発売) 2013
Collinsworth, Kyle コリンズワース, カイル
[国]アメリカ バスケットボール選手
Collis, David J. コリス, デビッド・J.
[著]「資源ベースの経営戦略論」 東洋経済新報社 2004
Collison, Darren コリソン, ダレン
[国]アメリカ バスケットボール選手

C

Collison, John　コリソン, ジョン
起業家, ストライプ創業者
Collison, Nick　コリソン, ニック
[国]アメリカ　バスケットボール選手
Collison, Patrick　コリソン, パトリック
起業家, ストライプ創業者
Colllinet, Clementine　コリネ, クレモンティン
1970～　[著]「ごかん」 文化出版局　2002
Collmenter, Josh　コールメンター, ジョシュ
[国]アメリカ　野球選手
Collonville, Marie　コロンビル
[国]フランス　陸上選手
Coll-seck, Awa Marie　コール・セック, アワ・マリー
[国]セネガル　保健・社会活動相　[異]コルセク, アワ・マリ
Collymore, Clinton　コリモア, クリントン
[国]ガイアナ　地方自治担当相
Collymore, Peter　コリーモァ, ピーター
1929～　[著]「ラルフ・アースキンの建築」 鹿島出版会　2008
Colman, Alan　コールマン, アラン
[著]「遺伝子革命と人権」 DHC　2001
Colman, Audrey　コールマン, オードリー
[著]「おなら犬ウォルターのみの市で大さわぎ！」 サンマーク出版　2008
Colman, Carol　コールマン, キャロル
[著]「アンチオキシダント ミラクル」 講談社　2002
Colman, Neil　コールマン, N.
[著]「フレイザー呼吸器病学エッセンス」 西村書店東京出版編集部　2009
Colman, Peter　コールマン, ピーター
[国]リベリア　厚生相
Colmenares Arandi, Rodolfo　コルメナレス・アランディ, ロドルフォ
[国]グアテマラ　労相
Cologna, Dario　コロニャ, ダリオ
1986～　[国]スイス　スキー選手　本名=Cologna, Dario Alonzo　[異]コローニャ, ダリオ / コログナ, ダリオ
Colom, Álvaro　コロン, アルバロ
1951～　[国]グアテマラ　政治家, 実業家　グアテマラ大統領　本名=コロン・カバジェロス, アルバロ〈Colom Caballeros, Álvaro〉
Colom, Francesc　コロン, フランセスク
[異]コロム, フランセスク　[著]「双極うつ病」 星和書店　2013
Coloma Nicolas, Carlos　コロマニコラス, カルロス
[国]スペイン　自転車選手　[異]コロマニコラス
Colomb, Gregory G.　コロンブ, グレゴリー・G.
[著]「シカゴ・スタイル研究論文執筆マニュアル」 慶応義塾大学出版会　2012
Colombani, Jean-Marie　コロンバニ, ジャン・マリー
1948～　[国]フランス　ジャーナリスト　ルモンド社長　[異]コロンバーニ, ジャンマリ / コロンバニ, ジャンマリ
Colombani, Marie-Françoise　コロンバニ, マリー＝フランソワーズ
[著]「ミレニアムと私」 早川書房　2011
Colombani, Pascal　コロンバニ, パスカル
[国]フランス　ヴァレオ名誉会長, STSフォーラム評議員, 元・原子力庁長官
Colombier, Michel　コロンビエ, ミシェル
1939～2004　[国]フランス　映画音楽家, 作曲家
Colombo, Chrystian　コロンボ, クリスティアン
[国]アルゼンチン　首相
Colombo, Emilio　コロンボ, エミリオ
1920～2013　[国]イタリア　政治家　イタリア終身上院議員, イタリア首相・外相・財務相
Colombo, Luann　コロンボ, ルアン
[著]「人のからだ」 講談社　2005
Colombo, Roberto　コロンボ, ロベルト
[国]イタリア　サッカー選手
Colome, Alex　コロメ, アレックス
[国]ドミニカ共和国　野球選手
Colome, Delfin　コロメ, デルフィン
[著]「グローバル化とジェンダー」 日本国際交流センター　2002
Colomé Ibarra, Abelardo　コロメ・イバラ, アベラルド
[国]キューバ　内相
Colon, Bartolo　コローン, バートロ
1973～　[国]ドミニカ共和国　野球選手　[異]コロン, バートロ / コロン, バルトロ
Colon, Christian　コローン, クリスチャン
[国]プエルトリコ　野球選手
Colón, Ernie　コロン, アーニー
[著]「9.11オフィシャル・レポート」 イースト・プレス　2007
Colon, Joseph　コローン, ジョセフ
[国]プエルトリコ　野球選手
Colón, Raúl　コローン, ラウル
[著]「サリバン先生とヘレン」 光村教育図書　2016
Colonia, Nestor　コロニア, ネスター
[国]フィリピン　重量挙げ選手
Colonna, Catherine　コロナ, カトリーヌ
[国]フランス　欧州問題担当相
Colonne, Guido delle　コロンネ, グイド・デッレ
[著]「トロイア滅亡史」 国文社　2003
Colony, The Lost　コロ, ロスト
トニー賞 トニー名誉賞 (2013年 (第67回))
Coloroso, Barbara　コロローソ, バーバラ
[著]「子どもの力を引き出すシンプルな習慣」 カンゼン　2015
Colosimo, Jennifer　コロシモ, ジェニファー
[著]「グレート・キャリア」 キングベアー出版　2010
Colpi, Henri　コルピ, アンリ
1921～2006　[国]スイス　映画編集者, 映画監督
Colquhoun, Arjen　コークホーン, アージェン
[国]アメリカ　アメフト選手
Colquhoun, Ian　カフーン, イアン
1940～　[著]「デザイン・アウト・クライム」 鹿島出版会　2007
Colquhoun, Margaret　コフーン, マーガレット
[著]「植物への新しいまなざし」 涼風書林　2006
Colquitt, Britton　コルキット, ブリットン
[国]アメリカ　アメフト選手
Colquitt, Dustin　コルキット, ダスティン
[国]アメリカ　アメフト選手
Colsaerts, Nicolas　コルサールツ, ニコラス
[国]ベルギー　ゴルフ選手
Colson, Aurélien　コルソン, オウレリアン
[著]「交渉のメソッド」 白桃書房　2014
Colson, Charles　コルソン, チャールズ
1931～2012　[国]アメリカ　政治家, 宗教活動家　米国大統領特別顧問, プリズン・フェローシップ代表　通称=コルソン, チャック〈Colson, Chuck〉
Colson, Mary　コルソン, メアリー
[著]「信じられない「原価」」 講談社　2015
Colson, Rob　コルソン, ロブ
1971～　[著]「旗のほん」 六耀社　2016
Colston, Valerie　コルストン, ヴァレリー
[著]「アートの基礎を極める知識とテクニック200」 グラフィック社　2009
Coltart, David　コルタート, デービッド
[国]ジンバブエ　教育・スポーツ・芸術・文化相
Colter, Cara　コールター, カーラ
[著]「プリンスは踊れない」 ハーレクイン　2012
Colter, Kain　コルター, ケイン
[国]アメリカ　アメフト選手
Colting, Fredrik　コルティング, F.
1976～　[著]「意外な「はじめて」物語」 扶桑社　2009
Coltman, Leycester　コルトマン, レイセスター
1938～2002　[著]「カストロ」 大月書店　2005
Colton, David　コールトン, デビッド
[著]「世界の頭脳集団MENSA式超「右脳」ドリル」 三笠書房　2005
Colton, M.J.　コルトン, マシュー
1955～　[著]「世界のフォスターケア」 明石書店　2008
Coltorti, Fabio　コルトルティ, ファビオ
[国]スイス　サッカー選手
Coltrane, Alice　コルトレーン, アリス
1937～2007　[国]アメリカ　ジャズ・ピアニスト　[異]コルトレイン, アリス
Coltrane, John　コルトレーン, ジョン
[国]アメリカ　ピュリッツアー賞 特別賞 特別表彰 (2007年)
Coltrane, Robbie　コルトレーン, ロビー
1950～　[国]イギリス　俳優
Columbus, Chris　コロンバス, クリス
1958～　[国]アメリカ　映画監督, 脚本家
Colville-Andersen, Mikael　クールビル・アンデルセン, ミカエル
[著]「サイクルスタイル」 グラフィック社　2012

Colvin, Aaron　コルビン, アーロン
　㊉アメリカ　アメフト選手
Colvin, Geoffrey　コルヴァン, ジョフ
　㊉「究極の鍛錬」サンマーク出版　2010
Colvin, Richard Lee　コルヴィン, R.L.
　㊉「格差社会アメリカの教育改革」明石書店　2007
Colvin, Zach　コルビン, ザック
　㊉アメリカ　アメフト選手
Colwell, Eileen　コルウェル, アイリーン
　1904〜2002　㊉「おはなしのろうそく」東京子ども図書館　2014
Colwell, Rita　コルウェル, リタ
　㊉アメリカ　メリーランド大学教授, 元・メリーランド大学微生物学研究所長, 元・米国国立科学財団長官
Colwell, Rita Rossi　コールウェル, リタ・ロッシ
　1934〜　㊉アメリカ　微生物学者　全米科学財団（NSF）総裁　㊉コルウェル, リタ
Colwill, Chris　コルウェル, クリス
　㊉アメリカ　飛び込み選手
Colzani, Anselmo　コルツァーニ, アンセルモ
　1918〜2006　㊉イタリア　バリトン歌手
Comaford-Lynch, Christine　コマフォード・リンチ, クリスティン
　㊉「マイクロソフトを飛び出して億万長者になった, 私」インデックス・コミュニケーションズ　2008
Coman, Dragos　コマン
　㊉ルーマニア　競泳選手
Coman, Kingsley　コマン, キングスレイ
　㊉フランス　サッカー選手
Comăneci, Nadia　コマネチ, ナディア
　1961〜　㊉アメリカ　元体操選手
Comănescu, Lazăr　コマネスク, ラザル
　㊉ルーマニア　外相
Comastri Montanari, Danila　コマストリ＝モンタナーリ, ダニーラ
　1948〜　㊉「剣闘士に薔薇を」国書刊行会　2015
Comay, Joan　コメイ, ジョアン
　㊉「ユダヤ人名事典」東京堂出版　2010
Combeau, Yvan　コンボー, イヴァン
　㊉「パリの歴史」白水社　2002
Comberbach, Stuart Harold　コンバーバッハ, スチュワート・ハロルド
　㊉ジンバブエ　大統領府セクレタリー, 元・駐日ジンバブエ大使
Combet, Greg　コンベット, グレッグ
　㊉オーストラリア　気候変動・エネルギー効率化相兼産業・技術革新相
Combley, Margaret　コームリー, M.
　㊉「LD児の英語指導」北大路書房　2005
Comboni Salinas, Javier　コンボニ・サリナス, ハビエル
　㊉ボリビア　財務相
Combot, Sebastien　コンボ, セバスチャン
　㊉フランス　カヌー選手
Combs, Dennis R.　コームズ, デニス
　㊉「社会認知ならびに対人関係のトレーニング（SCIT）」星和書店　2011
Comby, Bruno　コンビ, ブルーノ
　1960〜　㊉「仕事も勉強もはかどる15分間昼寝術」草思社　2004
Comden, Betty　カムデン, ベティ
　1917〜2006　㊉アメリカ　ミュージカル脚本家, 作詞家　本名＝コーエン, エリザベス〈Cohen, Elizabeth〉　㊉コムデン, ベティ／コムドン, ベティー
Comeau, Mehdi　コモ, メディ
　㊉「We Own The City」フィルムアート社　2015
Comeaux, Zachary　コモー, ザカリー
　㊉「サトル・オステオパシー」たにぐち書店　2004
Comellini, Franca　コメリーニ, フランカ
　1954〜　㊉「エミリア・ロマーニャの美味な食材」東京農業大学出版会　2012
Comencini, Luigi　コメンチーニ, ルイジ
　1916〜2007　㊉イタリア　映画監督　チネテカ・イタリアーナ副会長　㊉コメンチーニ, ルイージ
Comer, Douglas E.　カマー, ダグラス・E.
　㊉「コンピュータネットワークとインターネット」翔泳社　2015
Cometti, Gilles　コメッティ, ジル
　1949〜　㊉「サッカーの筋力トレーニング」大修館書店　2002
Comey, James Brien, Jr.　コミー, ジェームズ
　1960〜　㊉アメリカ　法律家　米国連邦捜査局（FBI）長官

Comfort, Alex　カンフォート, アレックス
　1920〜　㊉「ジョイ・オブ・セックス」河出書房新社　2003
Comfort, Louise　コンフォート, ルイーズ
　㊉「ようせいのゆめのおしろ」大日本絵画　2012
Comín Comín, Francisco　コミン・コミン, フランシスコ
　㊉「タバカレラ」山愛書院, 星雲社（発売）　2005
Comins, Neil F.　カミンズ, ニール・F.
　1951〜　㊉カミンズ, ニール「もしも月が2つあったなら」東京書籍　2010
Comiskey, Eugene E.　コミスキー, ユージーン・E.
　㊉「投資家のための粉飾決算入門」パンローリング　2004
Comley, Nancy R.　カムリー, N.R.
　㊉「ヘミングウェイのジェンダー」英宝社　2001
Comm, Joel　コム, ジョエル
　1964〜　㊉「「ツイッター」でビジネスが変わる！」ディスカヴァー・トゥエンティワン　2009
Commaille, Jacques　コマイユ, ジャック
　1937〜　㊉「家族の政治社会学」御茶の水書房　2002
Commandeur, Jacques J.F.　コマンダー, J.J.F.
　㊉「状態空間時系列分析入門」シーエーピー出版　2008
Comment, Bernard　コマン, ベルナール
　1960〜　㊉「マリリン・モンロー魂のかけら」青幻舎　2012
Commentz, Carlos Encina　コンメンツ, カルロス・エンシナ
　㊉「ゆるしの秘跡と内的法廷」教友社　2015
Commère, Hervé　コメール, エルヴェ
　1974〜　㊉フランス　作家　ミステリー
Commerford, Tim　コマーフォード, ティム
　㊉アメリカ　ロック・ベース奏者　通称＝Tim（ティム）
Common　コモン
　ゴールデン・グローブ賞 映画 主題歌賞（第72回（2014年度））ほか
Commoner, Barry　コモナー, バリー
　1917〜2012　㊉アメリカ　植物生理学者, 生態学者, 環境問題研究者　クイーンズ・カレッジ名誉教授, ワシントン大学教授・自然系生物学センター所長
Commons, Anne　コモンズ, アン
　㊉「越境する日本文学研究」勉誠出版　2009
Como, Perry　コモ, ペリー
　1912〜2001　㊉アメリカ　歌手　本名＝Como, Pierino Roland
Compagnon, Antoine Marcel Thomas　コンパニョン, アントワーヌ
　1950〜　㊉フランス　コレージュ・ド・フランス教授, コロンビア大学教授　㊉文学, 美術
Compaore, Benjamin　コンパオレ, バンジャマン
　㊉フランス　陸上選手　㊉コンパオレ
Compaoré, Blaise　コンパオレ, ブレーズ
　1951〜　㊉ブルキナファソ　政治家, 軍人　ブルキナファソ大統領・国防相
Compaoré, Jean Baptiste　コンパオレ, ジャン・バティスト
　㊉ブルキナファソ　財務相　㊉コンパオレ, ジャン・バティスト・マリ・パスカル
Compaore, Simon　コンパオレ, シモン
　㊉ブルキナファソ　内務・国土行政・分権相
Compay Segundo　コンパイ・セグンド
　1907〜2003　㊉キューバ　歌手, ギタリスト　本名＝レピラード, フランシスコ　㊉コンパイ
Compère, Daniel　コンペール, ダニエル
　㊉「大衆小説」国文社　2014
Compoint, Stéphane　コンポワン, ステファヌ
　㊉「世界の発掘現場と冒険家たち」西村書店東京出版編集部　2013
Compper, Marvin　コンパー, マーヴィン
　㊉ドイツ　サッカー選手
Compri, Gaetano　コンプリ, ガエタノ
　1930〜　㊉「チマッティ神父」ドン・ボスコ社　2012
Compton, Anne　コンプトン, アン
　カナダ総督文学賞 英語 詩（2005年）　"Processional"
Compton, Erik　コンプトン, エリック
　1979〜　㊉アメリカ　プロゴルファー
Compton, John　コンプトン, ジョン
　㊉セントルシア　首相兼財務相
Compton, John George Melvin　コンプトン, ジョン
　1925〜2007　㊉セントルシア　政治家　セントルシア首相
Compton, Petros　コンプトン, ペトロス
　㊉セントルシア　検事総長兼公共サービス相
Compton, Petrus　コンプトン, ペトラス
　㊉セントルシア　外相兼貿易・航空相　㊉コンプトン, ペトラス
Compton, Tom　コンプトン, トム

[国]アメリカ　アメフト選手
Compton, Will　コンプトン, ウィル
[国]アメリカ　アメフト選手
Comrie, Bernard　コムリー, バーナード
1947～　[著]「テンス」 開拓社　2014
Comstock, Beth　コムストック, ベス
[国]アメリカ　ゼネラル・エレクトリックビジネス・イノベーション社長兼CEO
Comte, Fernand　コント, フェルナン
1932～　[著]「ラルース世界の神々・神話百科」 原書房　2006
Comte-Sponville, André　コント・スポンヴィル, アンドレ
1952～　[国]フランス　哲学者
Comtois, Philippe　コムトア
[国]カナダ　飛び込み選手
Conable, Barbara　コナブル, バーバラ
[著]「音楽家ならだれでも知っておきたい「呼吸」のこと」 誠信書房　2004
Conable, Barbar B., Jr.　コナブル, バーバー, Jr.
1922～2003　[国]アメリカ　銀行家, 政治家　世界銀行総裁, 米国下院議員(共和党)
Conaghan, Dan　コナハン, ダニエル
[著]「図説お金と人生」 悠書館　2014
Conant, Douglas R.　コナン, ダグラス
1951～　[著]「リーダーの本当の仕事とは何か」 ダイヤモンド社　2012
Conati, Marcello　コナーティ, マルチェッロ
[著]「ヴェルディ」 河合楽器製作所・出版事業部　2001
Conaty, Bill　コナティ, ビル
[著]「人材管理のすすめ」 辰巳出版　2014
Conaway, James　コナウェイ, ジェームズ
[著]「カリフォルニアワイン物語ナパ」 JTB　2001
Concannon, Jack　コンキャノン, ジャック
?～2005　[国]アメリカ　フットボール選手, 俳優　本名＝Concannon, John (Jr.)
Conceição, Albino José Da　コンセイサン, アルビノ・ジョゼ・ダ
[国]アンゴラ　青年・スポーツ相
Conceição, Pedro　コンセイソン, ペドロ
[著]「地球公共財の政治経済学」 国際書院　2005
Conceicao, Robson　コンセイサン, ホブソン
[国]ブラジル　ボクシング選手
Conceicao, Rosangela　コンセイソン
[国]ブラジル　レスリング選手
Concepción González, María del Carmen　コンセプシオン・ゴンサレス, マリア・デルカルメン
[国]キューバ　食料産業相　[異]コンセプシオン・ゴンサレス, マリア・デルカルメ
Conchie, Barry　コンチー, バリー
[著]「ストレングスリーダーシップ」 日本経済新聞出版社　2013
Condé, Alhassane　コンデ, アラサンヌ
[国]ギニア　国土・地方分権相
Conde, Allou　コンデ, アリュ
[国]ギニア　運輸相
Condé, Alpha　コンデ, アルファ
1938～　[国]ギニア　政治家　ギニア大統領
Conde, Amara　コンデ, アマラ
[国]ドイツ　サッカー選手
Condé, Boureima　コンデ, ブレイマ
[国]ギニア　国土・地方分権相
Conde, H.Victor　コンデ, H.ビクター
1947～　[著]「人権用語辞典」 明石書店　2001
Conde, Mamady　コンデ, ママディ
[国]ギニア　国務相(外務担当)
Condé, Maryse　コンデ, マリーズ
1937～　[著]「風の巻く丘」 新水社　2008
Condé, Moussa　コンデ, ムサ
[国]ギニア　ホテル業・観光・手工業相
Conder, Michelle　コンダー, ミシェル
[著]「秘密の小さな姫君」 ハーパーコリンズ・ジャパン　2016
Conder, Shane　コンダー, シェーン
1975～　[著]「Androidワイヤレスアプリケーション開発」 ピアソン桐原　2012
Condie, Ally　コンディ, アリー
[国]アメリカ　作家　[専]ヤングアダルト, SF, ファンタジー　本名＝Condie, Allyson Braithwaite
Condit, Phil　コンディット, フィル
[著]「われわれに不況はない」 扶桑社　2002
Condo, Jon　コンドー, ジョン
[国]アメリカ　アメフト選手
Condon, Bill　コンドン, ビル
1955～　[国]アメリカ　映画監督, 脚本家
Condon, Judith　コンドン, ジュディス
[著]「学びにくいってどんなこと」 ゆまに書房　2001
Condor, Sam　コンドー, サム
[国]セントクリストファー・ネイビス　副首相兼外務・安全保障・労働・入国管理・社会保障相
Condorelli, Santo　コンドレリ, サント
[国]カナダ　水泳選手
Condry, Ian　コンドリー, イアン
1965～　[国]アメリカ　マサチューセッツ工科大学外国語・文学部日本文化研究准教授　[専]文化人類学, 現代日本の文化
Cone, James H.　コーン, ジェイムズ・H.
1938～　[著]「十字架とリンチの木」 日本キリスト教団出版局　2014
Cone, Steve　コーン, スティーブ
1950～　[異]コーン, スティーヴ　[著]「できるマーケッターの成功アイデア大全」 ダイレクト出版　2013
Conee, Earl Brink　コニー, アール
1950～　[著]「形而上学レッスン」 春秋社　2009
Conefrey, Mick　コンフリー, ミック
[著]「ヒマラヤ探検史」 東洋書林　2015
Conesa, Pierre　コネサ, ピエール
[著]「敵をつくる」 風行社　2016
Coney, Michael　コーニイ, マイケル
1932～2005　[国]イギリス　SF作家　[異]コニイ, マイクル
Confalonieri, Diego　コンファロニエリ
[国]イタリア　フェンシング選手
Confente, Alessandro　コンフェンテ, アレッサンドロ
[国]イタリア　サッカー選手
Confiant, Raphael　コンフィアン, ラファエル
1951～　[著]「クレオールとは何か」 平凡社　2004
Conford, Ellen　コンフォード, エレン
1942～2015　[国]アメリカ　児童文学作家
Conforto, Michael　コンフォート, マイケル
[国]アメリカ　野球選手
Congdon, Lisa　コンドン, リサ
[著]「まねして描こう花いっぱいの図案集」 マール社　2016
Conger, Jay A.　コンガー, ジェイ・A.
[著]「人材マネジメント」 ダイヤモンド社　2002
Congleton, Roger D.　コングルトン, ロジャー・D.
[異]コングレトン, ロジャー　[著]「議会の進化」 勁草書房　2015
Congue, Constantino　コング, コンスタンティノ
[国]赤道ギニア　雇用・社会保障相
Coningham, Robin　カニンガム, ロビン
[著]「ビジュアル版 世界の歴史都市」 柊風舎　2016
Coninx, Dorian　コニン, ドリアン
[国]フランス　トライアスロン選手
Conkle, Gina　コンクル, ジーナ
[著]「謎伯爵は花嫁を求める」 オークラ出版　2015
Conklin, Bob　コンクリン, ボブ
[著]「人を惹きつける人間力」 創元社　2003
Conklin, Jack　コンクリン, ジャック
[国]アメリカ　アメフト選手
Conklin, Robert　コンクリン, R.
[著]「100人に1人も実行していない「成功地図」の読み方」 三笠書房　2004
Conlan, Michael John　コンラン
[国]アイルランド　ボクシング選手
Conlan, Thomas D.　コンラン, トマス・D.
[著]「図説戦国時代」 原書房　2013
Conlee, Robert S.　コンリー, ロバート・S.
[著]「崖っぷちネットワークビジネスの真実」 幻冬舎メディアコンサルティング, 幻冬舎(発売)　2009
Conley, Adam　コンリー, アダム
[国]アメリカ　野球選手
Conley, Amy　コンリー, エイミー
[著]「ソーシャルワークと社会開発」 丸善出版　2012
Conley, Chip　コンリー, チップ
[著]「ザ・ピーク」 ダイレクト出版　2011
Conley, Chris　コンリー, クリス
[国]アメリカ　アメフト選手
Conley, Mike　コンリー, マイク
[国]アメリカ　バスケットボール選手

Conlin, Jonathan　コンリン, ジョナサン
[著]「フランスが生んだロンドン、イギリスが作ったパリ」 柏書房 2014
Conlon, Christopher　コンロン, クリストファー
[著]「ヒー・イズ・レジェンド」 小学館 2010
Conlon, Edward　コンロン, エドワード
1965～ [国]アメリカ 作家 [専]ミステリー, スリラー
Conlon, James　コンロン, ジェームズ
1950～ [国]アメリカ 指揮者 ロサンゼルス歌劇場音楽監督 パリ・オペラ座首席指揮者 本名＝Conlon, James Joseph [異]コンロン, ジェイムズ
Conly, Jane Leslie　コンリー, ジェイン・レズリー
1948～ [著]「ほとばしる夏」 福音館書店 2008
Conn, Charles　コン, チャールズ
[著]「マッキンゼー戦略の進化」 ダイヤモンド社 2003
Conn, David K.　コーン, D.K.
[著]「お年寄りの心のケアハンドブック」 創元社 2002
Conn, Peter J.　コン, ピーター
1942～ [著]「パール・バック伝」 舞字社, 星雲社（発売） 2001
Connally, Nellie　コナリー, ネリー
1919～2006 [国]アメリカ 政治家ジョン・コナリーの妻
Connaughton, James L.　コノートン, ジェームズ
[国]アメリカ 米国環境評議会議長 [異]コノートン, ジェームス
Connaughton, Pat　コノートン, パット
[国]アメリカ バスケットボール選手
Conneeley, Serene　コネリー, セレーン
[著]「マーメイド・マジック」 アールズ出版 2013
Connell, Andrew　コネル, アンドリュー
1976～ [著]「インサイドMicrosoft SharePoint 2010」 日経BP社, 日経BPマーケティング（発売） 2012
Connell, Evan S.　コネル, エバン・S.
1924～2013 [国]アメリカ 作家, 編集者 本名＝Connell, Evan Shelby [異]コネル, イバン・S. / コネル, エヴァン・S., Jr.
Connell, Jo　コネル, ジョウ
[異]コーネル, ジョー [著]「カラーリング・クレイ」 ヒュース・テン 2013
Connell, R.W.　コンネル, R.
[著]「ジェンダー学の最前線」 世界思想社 2008
Connell, Tom　コネル, トム
[著]「からだというふしぎな「機械」」 小峰書店 2002
Connellan, Thomas K.　コネラン, トム
1942～ [著]「ディズニー7つの法則」 日経BP社, 日経BPマーケティング（発売） 2014
Connelly, Ana Paula　アナパウラ
[国]ブラジル ビーチバレー選手
Connelly, Cara　コネリー, カーラ
[著]「大富豪の婚前契約書」 ハーパーコリンズ・ジャパン 2016
Connelly, Jennifer　コネリー, ジェニファー
1970～ [国]アメリカ 女優
Connelly, Kevin　コネリー, ケビン
1974～ [著]「How to nose ride」 マリン企画 2004
Connelly, Michael　コナリー, マイケル
1956～ [国]アメリカ ミステリー作家 米国探偵作家クラブ（MWA）会長 [異]コナリー, マイクル
Connelly, Tim　コネリー, ティム
[国]アメリカ デンバー・ナゲッツGM
Conner, Amanda　コナー, アマンダ
[著]「ハーレイ・クイン：パワー・アウテイジ」 小学館集英社プロダクション 2016
Conner, Kavell　コナー, ケイベル
[国]アメリカ アメフト選手
Conner, Marcia L.　コナー, マーシャ
1965～ [著]「「ソーシャルラーニング」入門」 日経BP社, 日経BPマーケティング（発売） 2012
Conners, C.Keith　コナーズ, C.キース
[著]「ADHD」 金子書房 2004
Connerton, Paul　コナトン, ポール
[著]「社会はいかに記憶するか」 新曜社 2011
Connery, Sean　コネリー, ショーン
1930～ [国]イギリス 俳優 本名＝Connery, Thomas Sean
Connes, Alain　コンヌ, アラン
[国]フランス クラフォード賞 数学（2001年） [異]コンヌ, A.
Connick, Harry, Jr.　コニック, ハリー, Jr.
1967～ [国]アメリカ ジャズ・ピアニスト, ジャズ歌手, 俳優
Conniff, Ray　コニフ, レイ
1916～2002 [国]アメリカ トロンボーン奏者, 編曲家
Conniff, Richard　コニフ, リチャード
1951～ [著]「新種発見に挑んだ冒険者たち」 青土社 2012
Connolly, Billy　コノリー, ビリー
1942～ [国]イギリス コメディアン, 俳優
Connolly, Derek　コノリー, デレク
[著]「ジュラシック・ワールド」 竹書房 2015
Connolly, Fergal　コノリー, フィアガル
[著]「500カップケーキのレシピ集」 グラフィック社 2008
Connolly, J.J.　コノリー, J.J.
[著]「レイヤー・ケーキ」 角川書店 2006
Connolly, John　コノリー, ジョン
1968～ [国]アイルランド 作家 [専]ミステリー, スリラー [異]コナリー, ジョン
Connolly, Kieron　コノリー, キーロン
1961～ [著]「世界の廃墟図鑑」 原書房 2016
Connolly, Marie　コノリー, マリー
1954～ [著]「ファミリー・グループ・カンファレンス（FGC）」 有斐閣 2005
Connolly, Mickey　コノリー, M.
[著]「会話のマネジメント」 ディスカヴァー・トゥエンティワン 2004
Connolly, Peter　コノリー, ピーター
[著]「絵と物語でたどる古代史」 晶文社 2008
Connolly, Ray　コノリー, レイ
[著]「ビートルズ世界証言集」 ポプラ社 2006
Connolly, Sara　コナリー, サラ
[著]「関係性の学び方」 晃洋書房 2010
Connolly, Sean　コノリー, ショーン
1956～ [著]「2階から卵を割らずに落とす方法」 ディスカヴァー・トゥエンティワン 2014
Connolly, Sean　コノリー, シーン
[著]「アパルトヘイト問題」 文渓堂 2003
Connolly, Suzanne M.　コノリー, スザンヌ・M.
[著]「TFT思考場療法臨床ケースブック」 金剛出版 2011
Connolly, William E.　コノリー, ウィリアム・E.
[著]「プルーラリズム」 岩波書店 2008
Connon, Derek F.　コノン, デレク
[著]「人生の鏡」 見坊澄 2012
Connor, Adam　コナー, アダム
[著]「みんなではじめるデザイン批評」 ビー・エヌ・エヌ新社 2016
Connor, Chris　コナー, クリス
1927～2009 [国]アメリカ ジャズ歌手
Connor, Daniel F.　コナー, ダニエル・F.
[著]「子どもと青年の攻撃性と反社会的行動」 明石書店 2008
Connor, F.R.　コナー, F.R.
[著]「信号入門」 森北出版 2006
Connor, Ian　コナー, イアン
[著]「フローラ」 産調出版 2005
Connor, Leslie　コナー, レスリー
[著]「ブライディさんのシャベル」 BL出版 2005
Connor, Richard A.　コナー, ディック
[著]「「入門」コンサルティング営業」 ダイヤモンド社 2007
Connor, Tim　コナー, ティム
1942～ [著]「営業が苦手な人のための営業入門」 PHP研究所 2005
Connors, Barry W.　コノーズ, B.W.
[著]「神経科学」 西村書店 2007
Connors, Gerard Joseph　コナーズ, ジェラード・J.
1952～ [著]「アルコール使用障害」 金剛出版 2013
Connors, Jimmy　コナーズ, ジミー
1952～ [国]アメリカ テニス指導者, 元テニス選手 本名＝Connors, James Scott
Connors, Laurence A.　コナーズ, ローレンス・A.
[著]「コナーズRSI入門」 パンローリング 2014
Connors, Roger　コナーズ, ロジャー
[著]「主体的に動く」 ディスカヴァー・トゥエンティワン 2009
Connors, Rose　コナーズ, ローズ
[著]「霧のとばり」 二見書房 2005
Conort, Benoît　コノール, ブノワ
[著]「フランス現代詩アンソロジー」 思潮社 2001
Conover, Chris　コノヴァー, クリス
[著]「つばさをもらったライオン」 ほるぷ出版 2007
Conquest, Robert　コンクエスト, ロバート
1917～2015 [国]アメリカ 作家, 詩人, 歴史家 スタンフォード大学フーバー研究所上級研究員 [専]旧ソ連研究 本名＝コンクエスト, ジョージ・ロバート・アックワース〈Conquest, George

C

Robert Acworth〉 [異]コンクェスト / コンケスト
Conrad, Barnaby, Ⅲ コンラッド, バーナビー, 3世
1953～ [著]「マティーニ」 早川書房 2010
Conrad, Heinrich コンラッド, ハインリッヒ
[国]ドイツ 元・青梅ボッパルト友好協会会長(初代)
Conrad, Hy コンラッド, ハイ
[著]「名探偵はきみだ推理旅行へgo！」 早川書房 2004
Conrad, Jon M. コンラッド, J.M.
1945～ [著]「資源経済学」 岩波書店 2002
Conrad, Lauren コンラッド, ローレン
[著]「スイート・リトル・ライズ」 マーブルトロン, 三交社(発売) 2012
Conrad, Linda コンラッド, リンダ
[著]「悲しき愛人」 ハーレクイン 2006
Conrad, Pam コンラッド, パム
[著]「1492年海のかなたへの旅」 くもん出版 2004
Conrad, Parker コンラッド, パーカー
起業家, ゼネフィッツ創業者
Conrad, Paul コンラッド, ポール
1924～2010 [国]アメリカ 風刺漫画家 本名＝Conrad, Paul Francis
Conrad, Peter コンラッド, ピーター
1945～ [著]「逸脱と医療化」 ミネルヴァ書房 2003
Conrad, Peter コンラッド, ピーター
1947～ [著]「オペラを読む」 白水社 2003
Conrad, Sheree D. コンラッド, シェリー
[著]「セクシュアル・インテリジェンス」 原書房 2002
Conrad, Susan コンラッド, スーザン
[著]「コーパス言語学」 南雲堂 2003
Conradi, Peter コンラディ, ピーター
[著]「英国王のスピーチ」 岩波書店 2012
Conradie, Wian コンラディー, ヴィアン
[国]ナミビア ラグビー選手
Conrady, Karl Otto コンラーディ, カール・オットー
1926～ [著]「ゲーテ」 南窓社 2012
Conran, Shirley コンラン, シャーリー
[著]「レース百合が咲いたあの時から」 ヴィレッジブックス 2008
Conran, Terence Orby コンラン, テレンス
1931～ [国]イギリス インテリアデザイナー, 建築家, 実業家 コンラン・ホールディングス会長
Conrick, John コンリック, ジョン
[著]「ニーム」 フレグランスジャーナル社 2003
Conroy, Frank コンロイ, フランク
1936～2005 [著]「しみじみ読むアメリカ文学」 松柏社 2007
Conroy, Pat コンロイ, パット
1945～2016 [国]アメリカ 作家 本名＝Conroy, Donald Patrick
Conroy, Stephen コンロイ, スティーブン
[国]オーストラリア ブロードバンド・通信・デジタル経済相
Consedine, Jim コンセディーン, ジム
[著]「修復的司法」 関西学院大学出版会 2001
Conseil, Dominique コンセイユ, ドミニク
1956～ [国]フランス 実業家 アヴェダ社長
Consentius, Ernst コンゼンツィウス, E.
[著]「ヨーハン・ディーツ親方自伝」 白水社 2001
Consigli, Andrea コンシーリ, アンドレア
[国]イタリア サッカー選手
Consort, Paul Winter ポール・ウィンター・コンソート
グラミー賞 最優秀ニュー・エイジ・アルバム(2010年(第53回))ほか
Constable, Giles コンスタブル, ジャイルズ
1929～ [著]「十二世紀宗教改革」 慶応義塾大学出版会 2014
Constable, Kate コンスタブル, ケイト
1966～ [国]オーストラリア 作家 [専]SF, ファンタジー
Constable, Nick コンスタブル, ニック
1960～ [著]「ギャンブル」 太田出版 2005
Constable, Patrick コンスタブル, パトリック
[国]オーストラリア 自転車選手
Constable, Paule コンスタブル, ポール
トニー賞 プレイ 照明デザイン賞(2015年(第69回))ほか
Constable, Simon コンスタブル, サイモン
1968～ [著]「ウォールストリート・ジャーナル式経済指標読み方のルール」 かんき出版 2012
Constable, Trevor J. コンスタブル, トレバー・J.
[著]「不屈の鉄十字エース」 学習研究社 2008
Constance, Debrah コンスタンス, デブラ
1947～ [著]「心の家を求めて」 オープンナレッジ 2006
Constans, Claire コンスタン, クレール
[著]「ヴェルサイユ宮殿の歴史」 創元社 2004
Constant, Horace コンスタン, オラス
[国]マダガスカル 民営化相
Constant, Jules コンスタント, ジュリース
[著]「Bedside cardiology」 総合医学社 2002
Constant, Paule コンスタン, ポール
1944～ [著]「うちあけ話」 人文書院 2015
Constantin, Daniel コンスタンティン, ダニエル
[国]ルーマニア 農業・地方開発相
Constantine, Barbara コンスタンティーヌ, バルバラ
1955～ [著]「何度でも、おかえりを言おう」 ポプラ社 2016
Constantine, Larry コンスタンチン, ラリー
[著]「ソフトウェア開発のカオス」 構造計画研究所, 共立出版(発売) 2003
Constantine, Peter コンスタンチン, ピーター
1963～ [著]「メイキング・アウト・イン・コリアン」 チャールズ・イー・タトル出版 2005
Constantinides, Anthony コンスタンティニデス, アントニー
[著]「MIMOワイヤレス通信」 東京電機大学出版局 2009
Constantino, Fiel Domingos コンスタンティノ, フィエル・ドミンゴス
[国]アンゴラ 商務相
Constantinos Ⅱ コンスタンチノス2世
1940～ [国]ギリシャ 国王 [異]コンスタンティノス / コンスタンディノス
Cont, Jacques Lu コント, ジャック・ル
グラミー賞 最優秀リミックス・レコーディング(クラシック以外)(2006年(第49回))ほか
Contador, Alberto コンタドール
[国]スペイン 自転車選手
Contamine, Philippe コンタミーヌ, フィリップ
[著]「百年戦争」 白水社 2003
Conte, Antonio コンテ, アンテニオ
1969～ [国]イタリア サッカー指導者, 元サッカー選手 サッカー・イタリア代表監督 [異]コンテ, アントニオ
Conte, Arthur コント, アルチュール
1920～ [著]「ヤルタ会談世界の分割」 二玄社 2009
Conte, Chris コンテ, クリス
[国]アメリカ アメフト選手
Conté, Lansana コンテ, ランサナ
1934～2008 [国]ギニア 政治家, 軍人 ギニア大統領
Conte, Nicola コンテ, ニコラ
[国]イタリア ギタリスト, 音楽プロデューサー, DJ
Conte, Patrizia コンテ, パトリツィア
[著]「ともだちになったフランシスコとオオカミ」 女子パウロ会 2010
Conteh, Alfred Palo コンテ, アルフレット・パロ
[国]シエラレオネ 内相 [異]コンテ, アルフレッド・パオロ / コンテ, アルフレッド・パロ
Conteh, Paolo コンテ, パオロ
[国]シエラレオネ 国防相
Conteh, Richard コンテ, リチャード
[国]シエラレオネ 貿易・産業相
Conterno Martinelli, Elena コンテルノ・マルティネリ, エレナ
[国]ペルー 生産相
Contessa, Fabrizio コンテッサ, ファブリツィオ
[著]「受難のしるしを受けた司祭」 ドン・ボスコ社 2002
Conti, Andrea コンティ, アンドレア
[国]イタリア サッカー選手
Conti, Beppe コンティ, ベッペ
[著]「マルコ・パンターニ」 未知谷 2009
Conti, Giulia コンティ, ジュリア
[国]イタリア セーリング選手
Conti, Joe Bova コンティ, ジョー・ボバ
[著]「児童虐待の発見と防止」 慶応義塾大学出版会 2003
Contin, Alexis コンティン
[国]フランス スピードスケート選手
Contreras, Bret コントレラス, ブレット
1976～ [著]「自重筋力トレーニングアナトミィ」 ガイアブックス 2014
Contreras, Carlos Francisco コントラレス, カルロス・フランシスコ
[国]グアテマラ 労働・社会保障相 [異]コントレラス, カルロス・フランシスコ
Contreras, Dalia コントレラス

Contreras
 国ベネズエラ　テコンドー選手
Contreras, Edgar　コントレラス，エドガル
 国ベネズエラ　テコンドー選手
Contreras, Erwin　コントレラス，アーウィン
 国ベリーズ　経済開発・商業・貿易・投資・石油相
Contreras, Loren　コントレラス，ローレン
 著「光の妖精イリデッサ」講談社　2014
Contreras, Manuel　コントレラス，マヌエル
 1929〜2015　国チリ　軍人　チリ国家情報局（DINA）長官　本名＝Contreras Sepulveda, Juan Manuel Guillermo
Contreras, Marleny　コントレラス，マルレニ
 国ベネズエラ　観光相
Contreras, Rina　コントレラス，リナ
 国コスタリカ　大統領府相
Contreras, William Antonio　コントレラス，ウィリアン・アントニオ
 国ベネズエラ　軽工業・貿易相
Contreras, Willson　コントレラス，ウィルソン
 国ベネズエラ　野球選手
Contreras, Yuderqui Maridalia　コントレラス
 国ドミニカ共和国　重量挙げ選手　国マリダリン
Contreras Reyes, Nancy　コントレラス
 国メキシコ　自転車選手
Conunova, Alexandra　コヌノーヴァ，アレクサンドラ
 国モルドバ　チャイコフスキー国際コンクール ヴァイオリン 第3位（2015年（第15回））
Converse, Philip E.　コンバース，P.E.
 著「リーディングス政治コミュニケーション」一芸社　2002
Conway, Anthony　コンウェイ，トニー
 著「リレーションシップ・マーケティング」同友館　2012
Conway, Damian　コンウェイ，ダミアン
 1964〜　著「Perl hacks」オライリー・ジャパン，オーム社（発売）　2007
Conway, David　コンウェイ，デイヴィッド
 1970〜　著「きらきらきららおつきさま」評論社　2007
Conway, Drew　コンウェイ，ドルー
 著「入門機械学習」オライリー・ジャパン，オーム社（発売）　2012
Conway, Erik M.　コンウェイ，エリック・M.
 1965〜　著「こうして、世界は終わる」ダイヤモンド社　2015
Conway, Flo　コンウェイ，フロー
 1941〜　著「情報時代の見えないヒーロー」日経BP社，日経BP出版センター（発売）　2006
Conway, Gerry　コンウェイ，ジェリー
 著「スパイダーマン：ステイシーの悲劇」小学館集英社プロダクション　2014
Conway, Hugh Graham　コンウェイ，ヒュー・G.
 1914〜　著「グランプリ・ブガッティ」二玄社　2003
Conway, Joe　コンウェイ，ジョー
 著「iOSプログラミング」ピアソン桐原　2011
Conway, John Horton　コンウェイ，J.H.
 1937〜　著「四元数と八元数」培風館　2006
Conway, Martha　コンウェイ，マーサ
 著「快楽通り12番地」早川書房　2005
Conway, Peter　コンウェイ，ピーター
 著「Tree medicine」BABジャパン出版局　2007
Conway, Ron　コンウェイ，ロン
 投資家，SVエンジェル共同創業者
Conway, Sally　コンウェー，サリー
 国イギリス　柔道選手
Conway, Simon　コンウェイ，サイモン
 英国推理作家協会賞 イアン・フレミング・スティール・ダガー（2010年）"A Loyal Spy"
Conway, Susan　コンウェイ，スーザン
 著「タイの染織」めこん　2007
Conway, William　コンウェイ，ウィリアム
 国アメリカ　カーライル・グループ
Conway Morris, Simon　コンウェイ＝モリス，サイモン
 著「進化の運命」講談社　2010
Conwell, Charles Albert Shone　コンウェル，チャールズ
 国アメリカ　ボクシング選手
Con Wong, Gil Reinaldo　コン・ウォン，ヒル・レイナルド
 国コスタリカ　コン消化器センター所長，コスタリカ・日本文化友好協会会長
Conyon, Martin　コンヨン，マーティン
 著「会計職業倫理の基礎知識」中央経済社，中央経済グループパブリッシング（発売）　2016

Cooder, Ry　クーダー，ライ
 1947〜　国アメリカ　ギタリスト　略スライドギター
Coogan, Steve　クーガン，スティーヴ
 ヴェネチア国際映画祭 脚本賞（第70回（2013年））"Philomena"
Coogler, Ryan　クーグラー，ライアン
 1986〜　国アメリカ　映画監督
Cook, Aaron　クック，アロン
 国ナウル　商業・産業・環境相兼ナウルリン鉱石公社相兼ナウル復興公社相
Cook, Aaron　クック，アーロン
 国モルドバ　テコンドー選手
Cook, Bernadine　クック，バーナディン
 1924〜　著「かしこいちいさなさかな」福音館書店　2001
Cook, Bruce　クック，ブルース
 1932〜2003　著「トランボ」世界文化社　2016
Cook, Christopher　クック
 国カナダ　セーリング選手
Cook, Christopher　クック，クリストファー
 1959〜　著「ベスト・アメリカン・ミステリジュークボックス・キング」早川書房　2005
Cook, Christopher D.　クック，クリストファー・D.
 著「動物工場」緑風出版　2016
Cook, Claire　クック，クレア
 1955〜　著「理想の恋人」竹書房　2005
Cook, Connor　クック，コナー
 国アメリカ　アメフト選手
Cook, Curtis R.　クック，カーティス・R.
 著「実務で役立つプロジェクトマネジメント」翔泳社　2006
Cook, Dane　クック，デイン
 1972〜　国アメリカ　コメディアン，俳優　クック，デーン
Cook, Douglas S.　クック，ダグラス
 ？〜2015　国アメリカ　脚本家　オーロラ・プロダクション副社長
Cook, Elgin　クック，エルジン
 国アメリカ　バスケットボール選手
Cook, Emily　クック
 国アメリカ　フリースタイルスキー選手
Cook, Frank D.　クック，フランク・D.
 著「Pro Tools 101入門」センゲージラーニング，ビー・エヌ・エヌ新社（発売）　2012
Cook, Gareth　クック，ギャレス
 著「サイエンスライティング」地人書館　2013
Cook, Guy W.D.　クック，ガイ
 著「英語教育と「訳」の効用」研究社　2012
Cook, James R.　クック，ジェイムズ・R.
 国アメリカ　ウルフ賞 農業部門（2011年）
Cook, Jared　クック，ジャレッド
 国アメリカ　アメフト選手
Cook, Jonathan　クック，ジョナサン
 1963〜　著「DB2レプリケーションオフィシャルガイド」ピアソン・エデュケーション　2001
Cook, Kassidy　クック，キャシディー
 国アメリカ　水泳選手
Cook, Katherine Tapscott　クック，キャサリーン・タプスコット
 著「アスペルガー症候群と感覚敏感性への対処法」東京書籍　2004
Cook, Katie　クック，ケイティ
 著「ワールド・オブ・スパイダーバース」ヴィレッジブックス　2016
Cook, Kenny　クック，ケニー
 国アメリカ　アメフト選手
Cook, Kerry　クック，ケリー
 著「Love affairs」ポプラ社　2006
Cook, Kristina　クック
 国イギリス　馬術選手
Cook, Lee　クック，リー
 1957〜　著「天使のガーデニング」ナチュラルスピリット　2002
Cook, Lewis　クック，ルイス
 国イングランド　サッカー選手
Cook, Linda Zarda　クック，リンダ
 1958〜　国アメリカ　実業家　ロイヤル・ダッチ・シェル・グループ・エグゼクティブディレクター
Cook, Luis　クック，ルイス
 国イギリス　ザグレブ国際アニメーション映画祭 グランド・コンペティション 大賞（最優秀短編作品）（2008年）ほか
Cook, M.A.　クック，マイケル

C

1940～ [著]「コーラン」 岩波書店 2005
Cook, Malcolm クック, マルコム
1943～ [著]「ジュニアサッカーイングランドのドリル集101」 カンゼン 2005
Cook, Marion Belden クック, マリオン・ベルデン
[著]「しろいいぬ？ くろいいぬ？」 大日本図書 2011
Cook, Michael クック, マイケル
[著]「記録史料記述の国際標準」 北海道大学図書刊行会 2001
Cook, Minnie コック, ミニィ
[著]「Erotique digitale」 トムソンラーニング, ビーエヌエヌ新社（発売） 2007
Cook, Monte クック, モンテ
[著]「モンスターマニュアル」 ホビージャパン 2005
Cook, Natalie クック, ナタリー
1975～ [国]オーストラリア ビーチバレー選手 [異]クック
Cook, Quinn クック, クイン
[国]アメリカ バスケットボール選手
Cook, Randy クック, ランディ
[著]「ハック・プルーフィングSolaris 8対クラッカー防衛大全」 秀和システム 2002
Cook, Richard クック, リチャード
1957～ [著]「ブルーノート・レコード」 朝日新聞社 2002
Cook, Richard クック, リチャード
[著]「ウェブオペレーション」 オライリー・ジャパン, オーム社（発売） 2011
Cook, Richard W. クック, リチャード
[国]アメリカ 実業家 ウォルト・ディズニー・スタジオ会長
Cook, Rick クック, リック
1944～ [著]「大魔導師の召喚」 早川書房 2011
Cook, Robin クック, ロビン
1946～2005 [国]イギリス 政治家 英国外相, 英国下院院内総務 本名＝Cook, Robert Finlayson
Cook, Robin クック, ロビン
1940～ [国]アメリカ ミステリー作家, 眼科医 ハーバード大学医学部講師
Cook, Scott D. クック, スコット
1952～ [国]アメリカ 実業家 インテュイット経営委員会会長
Cook, Steve クック, スティーヴ
[国]イングランド サッカー選手
Cook, Steve クック, スティーブ
[著]「ソフトウェアファクトリー」 日経BPソフトプレス, 日経BP出版センター（発売） 2005
Cook, Susan コック, スーザン
1948～ [著]「クラシックバレエテクニック」 大修館書店 2008
Cook, Tamsin クック, タムシン
[国]オーストラリア 水泳選手
Cook, Terry クック, テリー
[著]「入門・アーカイブズの世界」 日外アソシエーツ 2006
Cook, Thomas H. クック, トーマス
1947～ [国]アメリカ ミステリー作家 [異]クック, トマス / クック, トマス・H.
Cook, Tim クック, ティム
1960～ [国]アメリカ 実業家 アップルCEO 本名＝クック, ティモシー〈Cook, Timothy D.〉
Cook, Troy クック, トロイ
[国]アメリカ 作家, 映画監督 [専]ユーモア
Cook, Vivian James クック, ビビアン
1940～ [著]「英語の書記体系」 音羽書房鶴見書店 2008
Cook, William H. クック, ウイリアム・H.
1913～ [著]「ライト兄弟から707への道」 宇佐美照子 2003
Cook, William J. クック, ウィリアム・J.
1957～ [著]「驚きの数学巡回セールスマン問題」 青土社 2013
Cook, Yvonne クック, Y.
[著]「ARISを活用したシステム構築」 シュプリンガー・フェアラーク東京 2005
Cooke, Alistair クック, アリステア
1908～2004 [国]アメリカ 放送ジャーナリスト, 著述家 本名＝Cooke, Alfred Alistair [異]クック, アリスター / クック, アレスター
Cooke, Anne クック, アン
[著]「精神病と統合失調症の新しい理解」 北大路書房 2016
Cooke, Charlie クック, チャーリー
[著]「ジュニアサッカー クーバ・コーチング キッズの一人でできる練習メニュー集」 カンゼン 2014
Cooke, Claire クック, C.
[著]「犯罪心理学」 有斐閣 2010
Cooke, C.W. クック, C.W.
[著]「スティーブ・ジョブズ グラフィックノベル」 アチーブメント出版 2012
Cooke, Darwyn クック, ダーウィン
[著]「DC：ニューフロンティア」 ヴィレッジブックス 2015
Cooke, David J. コーク, ダビッド・J.
[著]「サイコパシー・ハンドブック」 明石書店 2015
Cooke, Derek, Jr. クック, デリック, Jr.
[国]アメリカ バスケットボール選手
Cooke, Dominic クック, ドミニク
ローレンス・オリヴィエ賞 演出賞（2007年（第31回）） “The Crucible”
Cooke, Fred クック, フレッド
[著]「地球動物図鑑」 新樹社 2006
Cooke, Howard クック, ハワード
[国]ジャマイカ 総督
Cooke, Jamie クック, ジェームズ
[国]イギリス 近代五種選手
Cooke, Nicole クック, ニコール
1983～ [国]イギリス 自転車選手 本名＝Cooke, Nicole Denise [異]クック / クック, ニコル
Cooke, Pauline クッキー, ポーライン
[著]「助産師の意思決定」 エルゼビア・ジャパン 2006
Cooke, Rebecca クック
[国]イギリス 競泳選手
Cooke, Robin A. クック, ロビン・A.
[著]「カラーアトラスマクロ病理学」 西村書店 2005
Cooke, Roger M. クック, R.
[著]「確率論的リスク解析」 シュプリンガー・ジャパン 2006
Cooke, Sasha クック, サーシャ
グラミー賞 最優秀クラシック・オペラ録音（2011年（第54回）） “Adams: Doctor Atomic” ソリスト
Cooke, Stephanie クック, ステファニー
[著]「原子力その隠蔽された真実」 飛鳥新社 2011
Cooke, Tim クーク, ティム
[著]「世界史図鑑」 主婦の友社 2012
Cook-Greuter, Susanne クック＝グロイター, スザンヌ
[著]「行動探求」 英治出版 2016
Cooking, Rodney R. クッキング, ロドニー・R.
[著]「授業を変える」 北大路書房 2002
Cooks, Brandin クックス, ブランディン
[国]アメリカ アメフト選手
Cookson Smith, Peter クックソン・スミス, ピーター
[著]「We Own The City」 フィルムアート社 2015
Cool, Tracy Britt クール, トレイシー・ブリット
バークシャー・ハサウェイ, 投資家
Cool, Tre クール, トレ
1972～ ミュージシャン
Coolbaugh, Mike クールボー, マイク
1972～2007 [国]アメリカ 野球選手・コーチ 本名＝Coolbaugh, Michael Robert
Coolbaugh, Scott クールボー, スコット
[国]アメリカ ボルティモア・オリオールズコーチ
Cooley, John K. クーリー, ジョン・K.
1927～ [著]「非聖戦」 筑摩書房 2001
Cooley, Thomas F. クーリー, トーマス・F.
[著]「金融規制のグランドデザイン」 中央経済社 2011
Cooling, J.E. クーリング, ジム
[著]「組込みシステムのためのソフトウェアエンジニアリング」 アイテック 2008
Cooling, Wendy クーリング, ウェンディ
[著]「「ダ」ったらダールだ！」 評論社 2007
Cools, Dion クールス, ディオン
[国]ベルギー サッカー選手
Cools, Sammy クールズ
[国]カナダ 自転車選手
Coomaraswamy, Radhika クマラスワミ, ラディカ
[著]「女性に対する暴力をめぐる10年」 明石書店 2003
Coomber, Alex クーンバー
[国]イギリス スケルトン選手
Coombs, Kate クームズ, ケイト
[著]「きかせてアクア海のおはなし」 バベルプレス 2014
Coombs, Mark クームズ, マーク
[著]「メルセデス・ベンツW124シリーズ1986～1993」 ヴィンテージ・パブリケーションズ 2002
Cooms, Rod クームズ, ロッド

Coonan, Helen　クーナン, ヘレン
　国オーストラリア　通信・情報技術・芸術相
Cooney, Caroline B.　クーニー, キャロライン・B.
　1947〜　著「闇のダイヤモンド」評論社　2011
Cooney, Doug　コーネイ, ダッグ
　著「ちいさなプリンセスソフィア クローバーをさがして」講談社　2015
Cooney, Eleanor　クーニー, エレノア
　著「夕光の中でダンス」オープンナレッジ　2006
Cooney, Ned L.　クーニー, ネッド・L.
　著「リラプス・プリベンション」日本評論社　2011
Cooney, Ray　クーニー, レイ
　1932〜　著「レイ・クーニー笑劇集」劇書房　2001
Cooney, Tim　クーニー, ティム
　国アメリカ　野球選手
Coonradt, Charles A.　クーンラット, チャールズ・A.
　著「仕事はゲームだ」PHP研究所　2009
Coons, Travis　クーンズ, トラビス
　国アメリカ　アメフト選手
Coonts, Deborah　クーンツ, デボラ
　国アメリカ　作家　裏ユーモア
Coonts, Stephen　クーンツ, スティーブン
　1946〜　国アメリカ　作家　裏クーンツ, スティーヴン
Coontz, Stephanie　クーンツ, ステファニー
　著「家族に何が起きているのか」筑摩書房　2003
Cooper, Abraham　クーパー, ラビ・アブラハム
　1950〜　クーパー, アブラハム　著「「シオン長老の議定書」の大嘘」徳間書店　2008
Cooper, Adam　クーパー, アダム
　1971〜　国イギリス　ダンサー　英国ロイヤル・バレエ団プリンシパル
Cooper, Al　クーパー, アル
　著「性犯罪者の治療と処遇」日本評論社　2010
Cooper, Alan　クーパー, アラン
　著「ソフトウェアの未来」翔泳社　2001
Cooper, Alex　クーパー, アレックス
　国アメリカ　アメフト選手
Cooper, Alice　クーパー, アリス
　1948〜　国アメリカ　ロック歌手　本名＝ファーニア, ビンセント・デイモン〈Furnier, Vincent Damon〉
Cooper, Alison　クーパー, アリソン
　著「アトラス世界地図絵本」学習研究社　2005
Cooper, Amari　クーパー, アマリ
　国アメリカ　アメフト選手
Cooper, Ann Nixon　クーパー, アン・ニクソン
　1902〜2009　国アメリカ　オバマ大統領が大統領選挙の勝利演説で言及した黒人女性
Cooper, Arnold M.　クーパー, アーノルド・M.
　著「不安障害」日本評論社　2005
Cooper, Artemis　クーパー, アーテミス
　1953〜　著「パリ解放1944-49」白水社　2012
Cooper, Barbara　クーパー, バーバラ
　1953〜　著「人づきあいが苦手な人のためのワークブック」日本評論社　2016
Cooper, Barry　クーパー, バリー
　著「古典派の音楽」音楽之友社　2014
Cooper, Barry J.　クーパー, バリー・J.
　1942〜　著「自動車排気の触媒による浄化」本田財団〔2002〕
Cooper, Besse　クーパー, ベシー
　1896〜2012　国アメリカ　世界最高齢者（116歳）
Cooper, Bradley　クーパー, ブラッドリー
　1975〜　国アメリカ　俳優　本名＝Cooper, Bradley Charles
Cooper, Brant　クーパー, ブラント
　著「リーン・アントレプレナー」翔泳社　2014
Cooper, Cary L.　クーパー, C.L.
　著「ストレスの心理学」北大路書房　2006
Cooper, Chris　クーパー, クリス
　1951〜　国アメリカ　俳優　本名＝Cooper, Christopher
Cooper, Chris　クーパー, クリス
　著「最後までやりきる力」クロスメディア・パブリッシング, インプレス（発売）　2016
Cooper, Christopher　クーパー, クリストファー
　著「太陽大図鑑」緑書房　2015
Cooper, Claudia　クーパー, クラウディア
　著「図説精神医学入門」日本評論社　2011
Cooper, Dan　クーパー, ダン
　著「エンリコ・フェルミ」大月書店　2007
Cooper, Daniel　クーパー, ダニエル
　コンピレーション・プロデューサー　グラミー賞 最優秀ヒストリカル・アルバム（2004年（第47回））"Night Train To Nashville: Music City Rhythm & Blues, 1945 - 1970"
Cooper, Daniel H.　クーパー, ダニエル・H.
　著「ワシントンマニュアル」メディカル・サイエンス・インターナショナル　2008
Cooper, David Edward　クーパー, デイヴィッド・E.
　1942〜　著「教育思想の50人」青土社　2012
Cooper, David K.C.　クーパー, デイヴィッド・K.C.
　著「異種移植とはなにか」岩波書店　2001
Cooper, Diana　クーパー, ダイアナ
　1940〜　著「大天使パーフェクトアセンションガイド」三雅, 星雲社（発売）　2016
Cooper, Don　クーパー, ドン
　国アメリカ　シカゴ・ホワイトソックスコーチ
Cooper, Elisha　クーパー, エリシャ
　1971〜　著「うみべのいえの犬ホーマー」徳間書店　2013
Cooper, Emmanuel　クーパー, エマニュエル
　1938〜2012　国イギリス　陶芸家, 著述家
Cooper, Fahn　クーパー, ファーン
　国アメリカ　アメフト選手
Cooper, Floyd　クーパー, フロイド
　著「おじいちゃんの手」光村教育図書　2011
Cooper, George　クーパー, ジョージ
　著「大人が楽しむイングリッシュ・ポエチュリー」リーベル出版　2007
Cooper, Glenn　クーパー, グレン
　1953〜　著「奇跡の書の守り人」オークラ出版　2016
Cooper, Gordon　クーパー, ゴードン
　1927〜2004　国アメリカ　宇宙飛行士
Cooper, Grosvenor W.　クーパー, G.W.
　著「音楽のリズム構造」音楽之友社　2001
Cooper, Gwen　クーパー, グウェン
　著「幸せは見えないけれど」早川書房　2010
Cooper, Helen F.　クーパー, ヘレン
　1963〜　著「うさぎのボロリンどーこだ」ひさかたチャイルド　2008
Cooper, Ian　クーパー, イアン
　著「ビジネスデベロップメント」ピアソン桐原　2012
Cooper, Jack R.　クーパー, ジャック・R.
　1924〜　著「神経薬理学」メディカル・サイエンス・インターナショナル　2005
Cooper, Jacqui　クーパー
　国オーストラリア　フリースタイルスキー選手
Cooper, James William　クーパー, ジェイムズ・W.
　1943〜　著「C# デザインパターン」日経BP社, 日経BP出版センター（発売）　2003
Cooper, Jeane　クーパー, ジーン
　1928〜2013　国アメリカ　女優
Cooper, John Frederick　クーパー, J.F.
　1954〜　著「ブリーフ・セラピーの原則」金剛出版　2001
Cooper, John O.　クーパー, ジョン・O.
　著「応用行動分析学」明石書店　2013
Cooper, Jonathan　クーパー, ジョナサン
　国アメリカ　アメフト選手
Cooper, Judy　クーパー, ジュディ
　著「精神分析的心理療法の現在」岩崎学術出版社　2007
Cooper, Laura　クーパー, ローラ
　著「おやすみなさい」日本キリスト教団出版局　2011
Cooper, Leon N.　クーパー, レオン
　1930〜　国アメリカ　物理学者　ニューラル・サイエンス研究所所長　裏超電導, ニューラルネットワーク（神経回路網）
Cooper, Marcus　クーパー, マーカス
　国アメリカ　アメフト選手
Cooper, Mariel　クーパー, マリエル
　国アメリカ　アメフト選手
Cooper, Mark　クーパー, マーク
　著「ネットワーク侵入解析ガイド」ピアソン・エデュケーション　2001
Cooper, M.Bixby　クーパー, M.B.
　著「サプライチェーン・ロジスティクス」朝倉書店　2004
Cooper, Merian C.　クーパー, メリアン・C.
　著「キング・コング」偕成社　2005
Cooper, Michael　クーパー, マイケル

国アメリカ　アメフト選手
Cooper, Mick　クーパー，ミック
著「心理臨床への多元的アプローチ」岩崎学術出版社　2015
Cooper, Mimi　クーパー，ミミ
著「なぜこの色が売れるのか」ジャパンタイムズ　2001
Cooper, Musleng　クーパー，ムスレング
国リベリア　男女平等問題相
Cooper, Pharoh　クーパー，ファロー
国アメリカ　アメフト選手
Cooper, Quade　クーパー，クェイド
国オーストラリア　ラグビー選手
Cooper, Rachel Valerie　クーパー，レイチェル
著「精神医学の科学哲学」名古屋大学出版会　2015
Cooper, Richard Newell　クーパー，リチャード
1934～　国アメリカ　経済学者　ハーバード大学教授　米国国務次官
Cooper, Robert　クーパー，ロバート
1947～　国イギリス　外交官　欧州連合（EU）対外活動庁顧問
Cooper, Robert Gravlin　クーパー，ロバート・G.
1943～　著「ステージゲート法」英治出版　2012
Cooper, Rose　クーパー，ローズ
著「ハチミツと代替医療」フレグランスジャーナル社　2002
Cooper, Sally　クーパー，サリー・J.
著「「ノー」をいえる子どもに」童話館出版　2005（第12刷）
Cooper, Sarah　クーパー，サラ
著「会議でスマートに見せる100の方法」早川書房　2016
Cooper, Scot J.　クーパー，スコット・J.
著「会話・協働・ナラティヴ」金剛出版　2015
Cooper, Scott　クーパー，スコット
著「いじめに負けない強い子を育てる本」PHP研究所　2001
Cooper, Sharon W.　クーパー，シャロン・W.
著「子どもの性虐待に関する医学的評価」診断と治療社　2013
Cooper, Simon　クーパー，サイモン
1945～　国イギリス　実業家　ザ・リッツ・カールトン社長・COO
Cooper, Stephanie　クーパー，ステファニー
著「子どもと楽しむシュタイナー教育の手作りおもちゃ」学陽書房　2005
Cooper, Stephen Andrew　クーパー，S.A.
1958～　著「はじめてのアウグスティヌス」教文館　2012
Cooper, Susan　クーパー，スーザン
1935～　世界幻想文学大賞　生涯功労賞（2013年）
Cooper, Suzanne Fagence　クーパー，スザンヌ・フェイジェンス
著「エフィー・グレイ」岩波書店　2015
Cooper, Thea　クーパー，シア
著「ミラクル」日経メディカル開発，日経BPマーケティング（発売）　2013
Cooper, Tom　クーパー，トム
1970～　著「イラン空軍のF-14トムキャット飛行隊」大日本絵画　2016
Cooper, Xavier　クーパー，エグゼビアー
国アメリカ　アメフト選手
Cooper, Yvette　クーパー，イベット
国イギリス　財務担当相
Cooper, Zafra　クーパー，ザフラ
著「肥満の認知行動療法」金剛出版　2006
Cooper-Posey, Tracy　クーパー・ポージー，トレイシー
1962～　国オーストラリア　作家　著ロマンス　共同筆名＝ブラック，アナスタシア〈Black, Anastasia〉
Cooperrider, David L.　クーパーライダー，デビッド・L.
著「AI「最高の瞬間」を引きだす組織開発」PHPエディターズ・グループ，PHP研究所（発売）　2006
Cooray, Anton　クーレイ，アントン
著「アジア太平洋諸国の収用と補償」成文堂　2006
Cooray, Dulanya　クレイ，ドゥランヤ
著「自由の風」日本歯科新聞社　2016
Cooray, Reginald　クーレイ，レジノルド
国スリランカ　小規模穀物輸出振興相　国クーレイ，レジナルド
Cooter, Jim Bob　クーター，ジム・ボブ
国アメリカ　デトロイト・ライオンズコーチ
Coover, Robert　クーヴァー，ロバート
1932～　著「ようこそ、映画館へ」作品社　2016
Cop, Duje　チョプ，ドゥイェ
国クロアチア　サッカー選手
Copa Condori, Nilda　コパ・コンドリ，ニルダ
国ボリビア　法相

Cope, Andrew　コープ，アンドリュー
1966～　国イギリス　作家　著児童書
Cope, David　コープ，デイヴィッド
1941～　著「現代音楽キーワード事典」春秋社　2011
Cope, David　コープ，デビッド
国イギリス　同志社大学教授，元・英国議会科学技術局事務局長
Cope, David　コープ，デビッド
著「数理法務概論」有斐閣　2014
Cope, Denys　コープ，デニー
著「大切な人の看取り方」飛鳥新社　2011
Cope, Haley　コープ
国アメリカ　競泳選手
Copé, Jean-François　コペ，ジャンフランソワ
国フランス　予算・国家改革担当相兼政府報道官
Cope, Julian　コープ，ジュリアン
著「ジャップロックサンプラー」白夜書房　2008
Cope, Lewis　コープ，ルイス
著「サイエンスライティング」地人書館　2013
Cope, Wendy　コープ，ウェンディ
著「動物たちの謝肉祭」BL出版　2007
Copeland, B.Jack　コープランド，B.ジャック
1950～　著「チューリング」NTT出版　2013
Copeland, Brandon　コープランド，ブランドン
国アメリカ　アメフト選手
Copeland, Chris　コープランド，クリス
国アメリカ　バスケットボール選手
Copeland, Cynthia L.　コープランド，シンシア・L.
著「犬が教えてくれたほんとうに大切なこと。」ディスカヴァー・トゥエンティワン　2014
Copeland, Cyrus M.　コープランド，サイラス・M.
著「友よ　弔辞という詩」河出書房新社　2007
Copeland, David　コープランド，デイビッド
1963～　著「モテる技術」SBクリエイティブ　2014
Copeland, Edna D.　コープランド，エドナ・D.
著「教師のためのLD・ADHD教育支援マニュアル」明石書店　2004
Copeland, Edwin Luther　コープランド，エドウィン・ルーサー
1916～2011　国アメリカ　宣教師　西南学院院長，西南学院大学学長　著神学
Copeland, E.Luther　コープランド，E.ルーサー
著「アメリカ南部バプテスト連盟と歴史の審判」新教出版社　2003
Copeland, Katherine　コープランド，キャサリン
1990～　国イギリス　ボート選手　通称＝Copeland, Kat
Copeland, Lee　コープランド，リー
著「はじめて学ぶソフトウェアのテスト技法」日経BP社，日経BP出版センター（発売）　2005
Copeland, Mary Ellen　コップランド，メアリー・E.
1941～　著「うつ・躁回復ワークブック」保健同人社　2001
Copeland, Misty　コープランド，ミスティ
国アメリカ　バレリーナ　アメリカン・バレエ・シアター（ABT）プリンシパル
Copeland, Peter　コープランド，ピーター
1957～　著「遺伝子があなたをそうさせる」草思社　2002
Copeland, Peter F.　コープランド，ピーター
1927～2007　著「図説初期アメリカの職業と仕事着」悠書館　2016
Copeland, Thomas E.　コープランド，トム
著「企業価値評価」ダイヤモンド社　2002
Copello, Alexis　コペリョ
国キューバ　陸上選手
Copello, Yasmani　コペリョ，ヤスマニ
国トルコ　陸上選手
Copelton, Denise A.　コプルトン，デニス
著「食の社会学」NTT出版　2016
Copenhaver, Brian P.　コーペンヘイヴァー，ブライアン・P.
著「ルネサンス哲学」平凡社　2003
Copernicus, Nicolaus　コペルニクス，ニコラウス
著「コペルニクス・天球回転論」みすず書房　2012
Copjec, Joan　コプチェク，ジョアン
著「〈女〉なんていないと想像してごらん」河出書房新社　2004
Coplan, Jeremy D.　コプラン，ジェレミー・D.
著「不安障害」日本評論社　2005
Coplan, Robert J.　コプラン，ロバート・J.
1967～　著「子どもの社会的ひきこもりとシャイネスの発達心理学」明石書店　2013

Coplans, John コプランス, ジョン
1920〜2003 [国]アメリカ 写真家, 美術評論家 [異]ジョン・コプランス

Coples, Quinton コプルズ, クイントン
[国]アメリカ アメフト選手

Copley, Sharlto コプリー, シャルト
1973〜 [国]南アフリカ 俳優, 映画監督, 映画プロデューサー

Coplien, James O. コプリエン, ジム
[著]「組織パターン」 翔泳社 2013

Coplien, Jim コプリエン, ジム
[著]「ソフトウェアの未来」 翔泳社 2001

Copos, Gheorghe コポス, ジョルジュ
[国]ルーマニア 副首相(企業活動調整担当)

Copp, Martha A. コップ, M.A.
[著]「感情とフィールドワーク」 世界思想社 2006

Coppee, Francois Ferdinand Joacim コッペ, フランソワ
[著]「謎のギャラリー」 新潮社 2002

Coppens, Patrick コペンズ, パトリック
[著]「食品の機能性表示と世界のレギュレーション」 薬事日報社 2015

Coppens, Yves コパンス, イヴ
1934〜 [異]コパン, イブ [著]「世界でいちばん美しい物語」 筑摩書房 2006

Copper, Basil コパー, バジル
1924〜2013 [国]イギリス 怪奇小説作家 本名=Copper, Basil Frederick Albert [異]カパー, ベイザル / コッパー / コパー, ベイジル

Copperfield, David カッパーフィールド, デービッド
1956〜 [国]アメリカ マジシャン, イリュージョニスト 本名=Kotkin, David [異]カッパーフィールド, デイヴィッド / カッパーフィールド, デビッド / カパーフィールド, デビッド

Copperman, E.J. コッパーマン, E.J.
1957〜 [国]アメリカ 作家 [専]ミステリー, スリラー 別筆名=コーエン, ジェフリー〈Cohen, Jeffrey〉

Coppieters, Bernice コピエテルス, ベルニス
[国]ベルギー 元バレリーナ モナコ公国モンテカルロ・バレエ団エトワール

Copping, Peter コッピング, ピーター
1966〜 [国]イギリス ファッションデザイナー オスカー・デ・ラ・レンタ・クリエイティブ・ディレクター

Coppinger, Raymond コッピンジャー, レイモンド
[著]「イヌに「こころ」はあるのか」 原書房 2016

Coppola, Eleanor コッポラ, エレノア
[著]「『地獄の黙示録』撮影全記録」 小学館 2002

Coppola, Francis Ford コッポラ, フランシス・フォード
1939〜 [国]アメリカ 映画監督, 映画プロデューサー, 脚本家

Coppola, Sofia コッポラ, ソフィア
1971〜 [国]アメリカ 映画監督, 映画プロデューサー, 脚本家, 女優

Coppolino, Andrea コッポリーノ
[国]イタリア 体操選手

Copps, Sheila コップス, シーラ
[国]カナダ 民族遺産相

Coprich, Marshaun コップリッチ, マーショーン
[国]アメリカ アメフト選手

Copti, Scandar コプティ, スカンダル
カンヌ国際映画祭 カメラドール(特別賞)(第62回(2009年)) "Ajami"

Coquard, Bryan コカル
[国]フランス 自転車選手

Coquart, Julie コカール, ジュリー
[著]「不思議で美しいミクロの世界」 世界文化社 2016

Coquelin, Francis コクラン, フランシス
[国]フランス サッカー選手

Cora, Alex コーラ, アレックス
[国]アメリカ ヒューストン・アストロズコーチ

Cora, Joey コーラ, ジョーイ
[国]アメリカ ピッツバーグ・パイレーツコーチ

Corace, Jen カラーチー, ジェン
[著]「でんごんでーす」 講談社 2015

Corado Valdez, Victor Enrique コラード・バルデス, ビクトル・エンリケ
[国]グアテマラ 通信・社会基盤・住宅相

Coraggio, José Luis コラッジオ, ホセ・ルイス
[著]「21世紀の豊かさ」 コモンズ 2016

Coraggio, Peter コラジオ, ピーター
[異]コラッジオ, ピーター [著]「ピアノ・テクニックの基本」 音楽之友社 2005

Cora-Locatelli, Gabriela コラ=ロカテリ, ガブリエラ
[著]「不安障害」 日本評論社 2005

Coran, Pierre コラン, ピエール
[著]「しろくまボビーとはじめてのゆき」 講談社 2006

Corbacho Chaves, Celestino コルバチョ・チャベス, セレスティノ
[国]スペイン 労働・移民相

Corballis, Michael C. コーバリス, マイケル
[著]「意識と無意識のあいだ」 講談社 2015

Corbat, Michael L. コルバット, マイケル
[国]アメリカ 実業家 シティグループCEO

Corbellini, Erica コルベリーニ, エリカ
[著]「ファッション&ラグジュアリー企業のマネジメント」 東洋経済新報社 2013

Corben, Richard コーベン, リチャード
1940〜 [著]「ヘルボーイ：捻じくれた男」 ヴィレッジブックス 2015

Corberó, Ana コルベロ, アナ
1961〜 [著]「未来は小さい」 セルバンテス文化センター東京 2008

Corbet, Jonathan コルベット, ジョナサン
[著]「Linuxデバイスドライバ」 オライリー・ジャパン, オーム社(発売) 2005

Corbett, Brad コーベット, ブラッド
1937〜2012 [国]アメリカ 実業家 テキサス・レンジャーズオーナー 本名=Corbett, Bradford Gary

Corbett, David コーベット, デイヴィッド
1953〜 [著]「悪魔の赤毛」 新潮社 2005

Corbett, Jennifer Marjorie コルベット, ジェニファー・マージョーリー
[国]オーストラリア 豪州国立大学副学長, 元・豪州国立大学豪日研究センター所長

Corbett, Sara コーベット, サラ
[著]「人質460日」 亜紀書房 2015

Corbett, Thomas コーベット, トーマス
[著]「TOCスループット会計」 ダイヤモンド社 2005

Corbett, William コーベット, ウィリアム
[著]「アイスクリームの皇帝」 河出書房新社 2014

Corbiau, Andree コルビオ, アンドレ
[著]「王は踊る」 白水社 2001

Corbiau, Gerard コルビオ, ジェラール
[著]「王は踊る」 白水社 2001

Corbijn, Anton コーバイン, アントン
カンヌ国際映画祭 カメラドール(特別賞)(第60回(2007年)) "Control"

Corbin, Alain コルバン, アラン
1936〜 [国]フランス 歴史学者 パリ第1大学教授 [専]19世紀史

Corbin, Hubert コルバン, ユベール
1951〜 [著]「屍肉の聖餐」 集英社 2001

Corbin, Juliet M. コービン, ジュリエット
1942〜 [著]「質的研究の基礎」 医学書院 2012

Corbin, Patrick コービン, パトリック
[国]アメリカ 野球選手

Corbin, Tyrone コービン, タイロン
[国]アメリカ フェニックス・サンズアシスタントコーチ(バスケットボール)

Corbiniere, Victor コルビニエル, ビクター
[国]セントルシア 検事総長兼法相

Corbould, Chris コーボールド, クリス
アカデミー賞 特殊効果賞(第83回(2010年)) "Inception"

Corbould, Neil コーボールド, ニール
アカデミー賞 特殊効果賞(第86回(2013年)) "Gravity"

Corboz, Michel コルボ, ミシェル
1934〜 [国]スイス 指揮者 [専]合唱指揮

Corby, Brian コービー, ブライアン
[著]「子ども虐待の歴史と理論」 明石書店 2002

Corbyn, Jeremy Bernard コービン, ジェレミー
1949〜 [国]イギリス 政治家 英国労働党党首, 英国下院議員 通称=Corbyn, Jelly

Corcoran, Barbara Ann コーコラン, バーバラ
[著]「ゼロから出発！」 ソニー・マガジンズ 2004

Corcoran, Judy コーコラン, ジュディ
[著]「離婚後の共同養育と面会交流実践ガイド」 北大路書房 2013

Corcoran, Kevin J. コーコラン, ケヴィン
1953〜 [著]「精神保健に問題を抱える人への介入の構造化」 西日

本法規出版　2005
Corcoran, Louise　コーコラン, ルイス
MTVアワード 最優秀アート・ディレクション（第27回（2010年））　“Dog Days Are Over”
Corcoran, Neil　コーコラン, ニール
[著]「シェイマス・ヒーニーの詩」 国文社　2009
Corcuff, Stéphane　コルキュフ, ステファン
1971～　[著]「台湾外省人の現在」 風響社　2008
Cordaz, Alex　コルダツ, アレックス
[国]イタリア　サッカー選手
Cordeiro, Paula A.　コルデイロ, ポーラ・A.
[著]「多文化・人権教育学校をつくる」 明石書店　2003
Cordell, Bruce R.　コーデル, ブルース・R.
[著]「プレイヤーズ・ハンドブック」 ホビージャパン　2010
Cordell, Larry　コーデル, ラリー
[著]「クレジット・スコアリング」 シグマベイスキャピタル　2001
Cordell, Matthew　コーデル, マシュー
1975～　[著]「じまんのマフラー」 あすなろ書房　2016
Cordell, Ryan　コーデル, ライアン
[国]アメリカ　野球選手
Corden, James　コーデン, ジェームズ
トニー賞 プレイ 主演男優賞（2012年（第66回））　“One Man, Two Guvnors”
Cordeo, Mikaelah　コルドー, ミケーラ
[著]「新しい黄金時代への鍵」 太陽出版　2012
Corder, Zizou　コーダー, ジズー
[著]「ライオンボーイ」 PHP研究所　2005
Cordero, Fernando　コルデロ, フェルナンド
[国]エクアドル　国防相
Cordero, Franchy　コーデロ, フランチー
[国]ドミニカ共和国　野球選手
Cordero, Hernesto　コルデロ, エルネスト
[国]メキシコ　財務相
Cordero, Jimmy　コーデロ, ジミー
[国]ドミニカ共和国　野球選手
Cordero, Santiago　コルデロ, サンチャゴ
[国]アルゼンチン　ラグビー選手
Cordero Arroyo, Ernesto　コルデロ・アロジョ, エルネスト
[国]メキシコ　社会開発相
Corderoy, Tracey　コーデュロイ, トレーシー
1955～　[著]「なんで？」 ブロンズ新社　2015
Cordes, Joseph J.　コーデス, ジョセフ・J.
[著]「NPOと政府」 ミネルヴァ書房　2007
Cordes, Kevin　コルデス, ケビン
[国]アメリカ　水泳選手
Cordes, Ron　コルデス, ロナルド
1959～　[著]「資産設計の黄金比率」 パンローリング　2009
Cordesman, Anthony H.　コーデスマン, アンソニー・H.
[著]「21世紀のサウジアラビア」 明石書店　2012
Cordier, Severine　コルディエ, セヴリン
[著]「はじめてのいろのほん」 ワールドライブラリー　2015
Cordina, Joseph　コーディナ, ジョセフ
[国]イギリス　ボクシング選手
Cordoba, Allen　コードバ, アレン
[国]パナマ　野球選手
Cordoba, Jhon　コルドバ, ジョン
[国]コロンビア　サッカー選手
Cordoba, Marlene Yadira　コルドバ, マルレネ・ヤディラ
[国]ベネズエラ　科学技術相
Cordock, Richard Parkes　コードック, リチャード・パークス
[著]「夢をかなえるお金持ちの法則」 アスペクト　2007
Cordon, Kevin　コルドン, ケビン
[国]グアテマラ　バドミントン選手
Cordova, Marlene Yadira　コルドバ, マルレネ・ヤディラ
[国]ベネズエラ　科学技術相
Córdova, Yadira　コルドバ, ヤディラ
[国]ベネズエラ　大学教育相
Córdova Aguilar, Hildegardo　コルドヴァ・アグィラー, ヒルデガルド
[著]「ペルー」 ほるぷ出版　2008
Córdova González, Boris Sebastián　コルドバ・ゴンサレス, ボリス・セバスティアン
[国]エクアドル　運輸・公共事業相
Córdova Unda, Javier　コルドバ・ウンダ, ハビエル
[国]エクアドル　鉱業相
Córdova Villalobos, José Ángel　コルドバ・ビジャロボス, ホセ・アンヘル
[国]メキシコ　保健相
Cordray, Terrie L.　コードレイ, テリー
[著]「クリスマス・クラッカー」 サンーケイ（製作）　2002
Cordy, Michael　コーディ, マイクル
1960～　[著]「メサイア・コード」 早川書房　2005
Core, Cody　コーア, コディー
[国]アメリカ　アメフト選手
Corea, Chick　コリア, チック
1941～　[国]アメリカ　ジャズ・ピアニスト　本名＝Corea, Armando Anthony
Corella, Angel　コレーラ, アンヘル
1975～　[国]スペイン　バレエダンサー　ペンシルベニア・バレエ団芸術監督　アメリカン・バレエ・シアター（ABT）プリンシパル
Corelli, Franco　コレッリ, フランコ
1921～2003　[国]イタリア　テノール歌手　[異]コレリ, フランコ / コレルリ, フランコ / フランコ・コレッリ
Coremans, Danny　コレマンズ, ダニー
[著]「ロッキードマーチンF-16 A/B/C/D」 大日本絵画　2014
Coren, Michael　コーレン, マイケル
1959～　[著]「トールキン」 原書房　2001
Coren, Stanley　コレン, スタンレー
1942～　[国]カナダ　心理学者　ブリティッシュ・コロンビア大学教授
Corentin　コランタン
1983～　[著]「ミラン・K」 ユマノイド, パイインターナショナル（発売）　2015
Corentin, Philippe　コランタン, フィリップ
1936～　[著]「ポッチャーン！」 朔北社　2006
Corera, Gordon　コレーラ, ゴードン
[著]「核を売り捌いた男」 ビジネス社　2007
Corey, Elias James　コーリー, エリアス・ジェームス
1928～　[国]アメリカ　化学者　ハーバード大学名誉教授　[専]有機合成化学　[異]コーリ / コーリー, イライアス
Corey, Gerald　コーレイ, ジェラルド
[異]コーリィ, ジェラルド / コウリー, ジェラルド　[著]「コーレイ教授の統合的カウンセリングの技術」 金子書房　2011
Corey, James S.A.　コーリィ, ジェイムズ・S.A.
[専]SF, ファンタジー　単独筆名＝エイブラハム, ダニエル〈Abraham, Daniel〉, フランク, タイ〈Franck, Ty〉　[異]コーリイ, ジェイムズ・S.A.
Corey, Jeff　コーリー, ジェフ
1914～2002　[国]アメリカ　俳優
Corey, Marianne Schneider　コーリィ, マリアン
1942～　[異]コウリー, マリアンネ・シュナイダー　[著]「心理援助の専門職として働くために」 金剛出版　2004
Corey, Michael J.　コーリー, マイケル
[著]「Oracle9iビギナーズガイド」 翔泳社　2003
Corey, Ryanne　コリー, ライアン
[著]「秘密の休日」 ハーレクイン　2003
Corfield, David　コーフィールド, デイヴィッド
[著]「本当のところ、なぜ人は病気になるのか？」 早川書房　2008
Corfield, Richard M.　コーフィールド, リチャード
1962～　[著]「太陽系はここまでわかった」 文芸春秋　2011
Corfield, Robin Bell　コーフィールド, ロビン・ベル
[著]「おばあちゃんのはねまくら」 評論社　2006
Corgan, Billy　コーガン, ビリー
1967～　[国]アメリカ　ロック・ギタリスト, ロック歌手　本名＝コーガン, ウィリアム・パトリック〈Corgan, William Patrick〉
Corgiat, Sylviane　コルジア, シルヴィアーヌ
[著]「ガラスの剣」 ユマノイド, パイインターナショナル（発売）　2015
Cori, Jasmin Lee　コリ, ジャスミン・リー
[著]「母から受けた傷を癒す本」 さくら舎　2015
Cori, Patricia　コーリ, パトリシア
[異]コリ, パトリシア　[著]「あなたはいまスターシードとして目覚める」 徳間書店　2011
Coriat, Laurence　コリアト, ローレンス
[著]「ミー・ウィズアウト・ユー」 DHC　2003
Ćorić, Tomislav　チョリッチ, トミスラブ
[国]クロアチア　労働・年金相
Coriell, Shelley　コレール, シェリー
[国]アメリカ　作家　[専]ロマンス, サスペンス
Corigliano, John　コリグリアーノ, ジョン
グラミー賞 最優秀現代音楽作曲（2008年（第51回））　“Mr. Tambourine Man: Seven Poems Of Bob Dylan”

Corino, Karl コリーノ, カール
1942～ [著]「ムージル伝記」 法政大学出版局 2015
Cork, Adam コルク, アダム
ローレンス・オリヴィエ賞 音楽デザイン賞(2011年(第35回)) ほか
Cork, Jack コーク, ジャック
[国]イングランド サッカー選手
Cork, John コーク, ジョン
[著]「007大百科」 AC Books 2009
Corke, Estelle コーク, エステル
[著]「はじめてのクリスマス」 いのちのことば社CS成長センター 2012
Corkin, Suzanne コーキン, スザンヌ
[著]「ぼくは物覚えが悪い」 早川書房 2014
Corlatean, Titus コルラツェアン, ティトゥス
[国]ルーマニア 外相
Corlett, Richard T. コーレット, リチャード・トーマス
1951～ [著]「アジアの熱帯生態学」 東海大学出版会 2013
Corley, Theresa コーリー, テレサ
[著]「7つの館の7人の天使」 ベストセラーズ 2004
Cormack, Peter コーマック, ピーター
[著]「モリスが先導したアーツ・アンド・クラフツ」 アーツ・アンド・クラフツ出版委員会, 梧桐書院(発売) 2008
Cormack, Ronald Sidney コーマック, ロナルド・シドニィー
[著]「麻酔の偉人たち」 総合医学社 2016
Corman, Avery コーマン, エイヴリー
[著]「理想的な結婚の後始末」 求竜堂 2007
Corman, Roger William コーマン, ロジャー・ウィリアム
1926～ [国]アメリカ 映画プロデューサー, 映画監督 ニューホライズン・コーポレーション社長 [異]コーマン, ロジャー
Cormann, Enzo コルマン, エンゾ
1953～ [著]「天使達の叛逆 ギブアンドテイク」 れんが書房新社 2013
Cormann, Mathias コールマン, マシアス
[国]オーストラリア 金融相
Cormen, Thomas H. コルメン, トーマス・H.
[著]「アルゴリズムの基本」 日経BP社, 日経BPマーケティング(発売) 2016
Cormier, Daniel コーミアー
[国]アメリカ レスリング選手
Cormier, Jean コルミエ, ジャン
[著]「チェ・ゲバラ」 創元社 2004
Cormier, Robert コーミア, ロバート
[著]「心やさしく」 徳間書店 2002
Corn, Laura コーン, ローラ
[著]「百一夜」 アーティストハウスパブリッシャーズ 2004
Cornaille, Alain コルナイユ, アラン
1933～ [著]「幕末のフランス外交官」 ミネルヴァ書房 2008
Cornall, Catherine コーナル, キャサリン
[著]「英国ボバース講師会議によるボバース概念」 ガイアブックス 2013
Cornbleet, Jennifer コーンブリート, ジェニファー
1972～ [著]「ローフードBASICS」 高木書房 2012
Corne, David コーン, デヴィッド・W.
[著]「ソフトコンピューティングとバイオインフォマティクス」 東京電機大学出版局 2004
Corneau, Alain コルノー, アラン
1943～2010 [国]フランス 映画監督
Corneille コルネイユ
1977～ [国]カナダ シンガー・ソングライター
Cornejo, Francis コルネホ, フランシス
?～2008 [国]アルゼンチン サッカー指導者
Cornejo, René コルネホ, レネ
[国]ペルー 住宅・建設・上下水道相
Cornejo Ramírez, Enrique コルネホ・ラミレス, エンリケ
[国]ペルー 運輸・通信相
Cornel-Avendano, Beverly コーネル＝アヴェンダーノ, ビヴァリー
[異]コーネル‐アベンダーニョ, ビバリー [著]「OSCE/CSAによる外来診察マスターブック」 医学書院 2002
Cornelissen, Adelinde コルネリセン, アデリンデ
[国]オランダ 馬術選手 [異]コルネリセン
Cornelius, Don コーネリアス, ドン
1936～2012 [国]アメリカ テレビ司会者・プロデューサー
Cornell, Ann Weiser コーネル, アン・ワイザー
[著]「フォーカシング」 金剛出版 2014
Cornell, Chris コーネル, クリス
1964～ [国]アメリカ ミュージシャン
Cornell, Drucilla コーネル, ドゥルシラ
1950～ [著]「自由の道徳的イメージ」 御茶の水書房 2015
Cornell, Eric Allin コーネル, エリック
1961～ [国]アメリカ 物理学者 コロラド大学ボルダー校物理学教授, 米国国立標準技術研究所(NIST)研究員
Cornell, Gary コーネル, ゲーリー
[著]「コアJava 2」 アスキー 2002
Cornell, Joseph Bharat コーネル, ジョセフ
1950～ [著]「シェアリングネイチャー」 日本ネイチャーゲーム協会 2012
Cornell, Laura コーネル, ローラ
[著]「きょうそうってなあに?」 バベルプレス 2010
Cornell, Tim コーネル, ティム
[著]「古代のローマ」 朝倉書店 2008
Corner, Donald コーナー, ドナルド
[著]「パタン・ランゲージによる住宅の生産」 鹿島出版会 2013
Cornes, Ollie コーン, オリー
[著]「プロフェッショナルC#」 インプレス, インプレスコミュニケーションズ(発売) 2002
Cornet, Alize コルネ, アリーゼ
[国]フランス テニス選手
Cornet, Maxwel コルネ, マクスウェル
[国]フランス サッカー選手
Cornford, James コーンフォード, ジェームズ
[著]「現代イギリスの政治算術」 北海道大学図書刊行会 2003
Cornforth, John Warcup コーンフォース, ジョン
1917～2013 [国]イギリス 化学者 北京医科大学名誉教授, オックスフォード大学セント・キャサリンズ・カレッジ名誉研究員 [専]天然物化学, 酵素化学 本名＝Cornforth, John Warcup
Cornick, Nicola コーニック, ニコラ
[著]「今宵、聖夜の花嫁に」 ハーパーコリンズ・ジャパン 2016
Cornish コーニッシュ
[著]「アスペルガー流人間関係」 東京書籍 2011
Cornish, Jody コーニッシュ, ジョディ
[著]「ラーニング・レボリューション」 英治出版 2014
Cornish, Joe コーニッシュ, ジョー
1968～ [著]「小説タンタンの冒険」 角川書店, 角川グループパブリッシング(発売) 2011
Cornthwaite, Julie コーンスウェイト, ジュリー
[著]「新しい、美しいペンギン図鑑」 エクスナレッジ 2014
Cornwall, John コーンウォール, ジョン
[著]「一般理論―第二版」 多賀出版 2005
Cornwall, Lecia コーンウォール, レシア
[著]「放蕩公爵と嘘つきな花嫁」 オークラ出版 2014
Cornwell, Bernard コーンウェル, バーナード
[著]「巨石神殿ストーンヘンジ」 ソニー・マガジンズ 2005
Cornwell, Jessica コーンウェル, ジェシカ
1986～ [著]「蛇の書」 早川書房 2016
Cornwell, John コーンウェル, ジョン
1940～ [著]「ヒトラーの科学者たち」 作品社 2015
Cornwell, Nicki コーンウェル, ニキ
[著]「君の話をきかせてアーメル」 文研出版 2016
Cornwell, Patricia Daniels コーンウェル, パトリシア
1957～ [国]アメリカ ミステリー作家
Cornwell, Ross コーンウェル, ロス
1945～ [著]「成功哲学」 アチーブメント出版 2016
Corona, Jesus コロナ, ヘスス
[国]メキシコ サッカー選手
Coronel Kinloch, María Amelia コロネル・キンロック, マリア・アメリア
[国]ニカラグア 内相
Corpet, Olivier コルペ, オリヴィエ
[著]「精神分析講義」 作品社 2009
Corr, Andrea コアー, アンドレア
[国]アイルランド ミュージシャン
Corr, Caroline コアー, キャロライン
[国]アイルランド ミュージシャン
Corr, Christopher コー, クリストファー
[著]「そらとぶじゅうたんでせかいいっしゅう」 ほるぷ出版 2015
Corr, Jim コアー, ジム
[国]アイルランド ミュージシャン
Corr, O.Casey コー, O.ケイシー
[著]「実録大企業vsベンチャー」 ネットイヤー・パブリッシング, 花風社(発売) 2001
Corr, Sharon コアー, シャロン

C

[国]アイルランド　ミュージシャン
Corral, Alejo　コラル, アレホ
[国]ウルグアイ　ラグビー選手
Corral Barron, Daniel　コラルバロン
[国]メキシコ　体操選手
Corrales, Arturo Geraldo　コラレス, アルトゥロ・ヘラルド
[国]ホンジュラス　外相
Corrales, Cesar　コラレス, セザール
[国]カナダ　ローザンヌ国際バレエコンクール 5位・スカラシップ（第41回（2013年））
C
Corrales, Maria Mercedes M.　コラーレス, マリア・メルセデス
1949～　[国]フィリピン　実業家　スターバックス・コーヒージャパン取締役　スターバックス・コーヒージャパン代表取締役CEO
Corrales, William　コラレス, ウィリアム
[国]コスタリカ　スポーツ相
Corrales Álvarez, Arturo　コラレス・アルバレス, アルトゥロ
[国]ホンジュラス　外相
Corrales Díaz, Daisy　コラレス・ディアス, デイシ
[国]コスタリカ　保健相
Correa, Angel　コレア, アンヘル
[国]アルゼンチン　サッカー選手
Correa, Arnaldo　コレア, アルナルド
1938～　[著]「キューバ・コネクション」 文芸春秋　2007
Correa, Carlos　コレア, カルロス
[国]プエルトリコ　野球選手
Correa, Carlos M.　コレア, カルロス・M.
[著]「地球公共財の政治経済学」 国際書院　2005
Correa, Charles　コレア
[国]ブラジル　カヌー選手
Correa, Charles M.　コレア, チャールズ
1930～2015　[国]インド　建築家　[異]コリア, チャールズ
Correa, Javier　コレア
[国]アルゼンチン　カヌー選手
Correa, Joaquin　コレア, ホアキン
[国]アルゼンチン　サッカー選手
Correa, Kamalei　コレア, カマレイ
[国]アメリカ　アメフト選手
Correa, Rafael　コレア, ラファエル
1963～　[国]エクアドル　政治家, 経済学者　エクアドル大統領　本名＝コレア・デルガド, ラファエル・ビセンテ〈Correa Delgado, Rafael Vicente〉
Correa Bayeaux, Emilio　コレアバエアウ
[国]キューバ　ボクシング選手
Correa Delgado, Rafael Vicente　コレア・デルガド, ラファエル・ビセンテ
[国]エクアドル　大統領
Corrêa do Lago, André　コヘーア・ド・ラーゴ, アンドレ
[著]「パウロ・メンデス・ダ・ローシャ メンデス・ダ・ローシャ・ハウス ブラジル、サンパウロ 1964 - 66」 エーディーエー・エディタ・トーキョー　2016
Correa Palacio, Ruth Stella　コレア・パラシオ, ルス・ステラ
[国]コロンビア　法相
Corredor Sierra, Beatriz　コレドール・シエラ, ベアトリス
[国]スペイン　住宅相
Correia, Carlos　コレイア, カルロス
[国]ギニアビサウ　首相
Correia, Celso Ismael　コレイア, セルソ・イスマエル
[国]モザンビーク　土地・環境・農村開発相
Correia, Clara Pinto　コレイア, クララ・ピント
1960～　[著]「イヴの卵」 白揚社　2003
Correia, Jorge Salgado　コレイア, ホルヘ・サルガド
[著]「演奏を支える心と科学」 誠信書房　2011
Correia, José Carlos Lopes　コレイア, ジョゼ・カルロス・ロペス
[国]カボベルデ　法相
Correia, Julio　コレイア, ジュリオ
[国]カボベルデ　内相
Correia Campos, António　コレイア・カンポス, アントニオ
[国]ポルトガル　保健相
Correia E Silva, Antònio Leão　コレイアイシルバ, アントニオ・レアオン
[国]カボベルデ　高等教育・科学・イノベーション相
Correia E Silva, José Ulisses de Pina　コレイアイシルバ, ジョゼ・ウリセス・デ・ピナ
[国]カボベルデ　首相
Correira, Telmo　コレイラ, テルモ
[国]ポルトガル　観光相
Correll, Gemma　コーレル, ジェマ
[異]コレル, ジェンマ　[著]「イヌのお絵かき帳」 玄光社　2016
Corrente, Trio　コヘンチ, トリオ
グラミー賞 最優秀ラテン・ジャズ・アルバム（2013年（第56回））"Song For Maura"
Corrie, Heather　コリー
[国]アメリカ　カヌー選手
Corrie, Marcus　コーリー, マーカス
[著]「ヴァイオリンマニュアル」 ヤマハミュージックメディア　2015
Corrigan, Dorothy D.　コリガン, ドロシー
[著]「頭をよくする簡単トレーニング法」 三笠書房　2002
Corrigan, Gerald　コリガン, ジェラルド
1941～　[国]アメリカ　銀行家, エコノミスト　ゴールドマン・サックスパートナー&マネージングディレクター　ニューヨーク連邦準備銀行総裁　本名＝Corrigan, Edward Gerald
Corrigan, Gina　コリガン, ジーナ
[著]「中国ミャオ族の織」 デザインエクスチェンジ　2003
Corrigan, Patrick B.　コリガン, パトリック・B.
[著]「ちびむしくん」 岩崎書店　2003
Corrigan, Patrick W.　コリガン, パトリック・W.
[著]「IST協働型スタッフ研修法」「新樹会」創造出版　2002
Corrigan-Maguire, Mairead　コリガン・マグワイア, メイリード
1944～　[国]イギリス　平和運動家　[異]コリガン・マグアイア, メイリード / コリガン・マグワイアー, メアリード / マグワイヤ, メイリード
Corsi, Cristiana　コルシ
[国]イタリア　テコンドー選手
Corsi, Giancarlo　コルシ, ジャンカルロ
[著]「GLU」 国文社　2013
Corsini, Claudia　コルシーニ
[国]イタリア　近代五種選手
Corsini, Raymond J.　コルシニ, レイモンド・J.
1914～　[異]コーシーニ, レイモンド・J.　[著]「アドラーの思い出」 創元社　2007
Corso, Gregory Nunzio　コーソ, グレゴリー
1930～2001　[国]アメリカ　詩人　[異]コルソ, グレゴリー
Cort, Ben　コート, ベン
[著]「きょうりゅうもうちゅうじんもパンツがだいすき」 講談社　2016
Cort, Errol　コート, エロル
[国]アンティグア・バーブーダ　国家安全保障相
Cort, John　コート, ジョン
[著]「ちいさなオレグ」 BL出版　2015
Cort, Margaret　コート, マーガレット
[著]「ちいさなオレグ」 BL出版　2015
Cortassa, Nadia　コルタッサ
[国]イタリア　トライアスロン選手
Cortázar Sanz, René　コンタサル・サンス, レネ
[国]チリ　運輸・通信相
Cortazzi, Hugh　コータッツィ, ヒュー
1924～　[異]コータッツィ, サー・ヒュー　[著]「歴代の駐日英国大使」 文真堂　2007
Corteggiani, Jean Pierre　コルテジアーニ, ジャン＝ピエール
[著]「ギザの大ピラミッド」 創元社　2008
Cortens, Theolyn　コルテンス, セオリン
[著]「大天使に出会える本」 ベストセラーズ　2008
Corte-real, Rosaria　コルテリアル, ロザリア
[国]東ティモール　教育・文化相
Cortés, Alma　コルテス, アルマ
[国]パナマ　労働開発相
Cortés, Carlos E.　コルテス, カルロス・E.
[著]「民主主義と多文化教育」 明石書店　2006
Cortés, Joaquín　コルテス, ホアキン
1969～　[国]スペイン　フラメンコダンサー
Cortes, Mario　コルテス, マリオ
[著]「くまのプーさん」 うさぎ出版, インフォレスト（発売）　2011
Cortes, Ricardo　コルテス, リカルド
1973～　[著]「とっととおやすみ」 辰巳出版　2011
Cortés Delgado, José Luis　コルテス・デルガド, ホセ・ルイス
[国]メキシコ　メキシコ建築家協会会長, 元・メトロポリタン自治大学デザイン芸術科学部教授, 元・日本大学芸術学部客員教授, 元・メキシコ市建築学会会長, 元・国際建築家連合（UIA）副会長
Cortez, Donn　コルテス, ドン

㊐「CSI：マイアミ」角川書店，角川グループパブリッシング（発売）2009
Corthron, Kia コースロン，キア
アメリカ探偵作家クラブ賞 TVフィーチャー・ミニシリーズ賞（2007年）"The Wire, Season 4"
Corti, Eugenio コルティ，エウジェニオ
1921～ ㊐「赤い馬」南窓社 2004
Cortina Lacerra, Javier コルティナラセラ，ハビエル
㊐キューバ レスリング選手
Cortizo, Laurentino コルティソ，ラウレンティノ
㊐パナマ 農牧開発相
Cortner, Hanna コートナー，ハンナ・J.
1945～ ㊐「エコシステム・マネージメントの政治学」青山社 2014
Corveloni, Sandra コルヴェローニ，サンドラ
カンヌ国際映画祭 女優賞（第61回（2008年）） "Linha de Passe"
Corwin, Norman コーウィン，ノーマン
㊐「バースディ・ラブレター」講談社 2006
Corwin, Tom コーウィン，トム
㊐「ぼくのだいじなボブ」講談社 2007
Corydon, Bjarne コリドン，ビャーネ
㊐デンマーク 財務相
Corzine, Jon Stevens コーザイン，ジョン
1947～ ㊐アメリカ 投資家，政治家 ゴールドマン・サックス会長・CEO，米国上院議員（民主党），ニュージャージー州知事 ㊐コージン，ジョン
Cosarciuc, Valeriu コサルチウク，バレリウ
㊐モルドバ 副首相
Cosart, Jarred コザート，ジャレッド
㊐アメリカ 野球選手
Cosby, Bill コスビー，ビル
㊐「バースディ・ラブレター」講談社 2006
Cosentino, Marc コゼンティーノ，マーク
㊐「戦略コンサルティング・ファームの面接試験」ダイヤモンド社 2008
Cosenza Jiménez, Luis コセンサ・ヒメネス，ルイス
㊐ホンジュラス 大統領府相
Coseriu, Eugenio コセリウ，エウジェニオ
1921～2002 言語学者 テュービンゲン大学教授
Cosgrave, Bronwyn コスグレーヴ，ブロンウィン
㊐コスグレーブ, B. ㊐「VOGUE ONココ・シャネル」ガイアブックス，産調出版（発売）2013
Cosgrov, Brian コスグローブ，ブライアン
1926～ ㊐「天気のしくみ事典」あすなろ書房 2007
Cosgrove, Clayton コスグローブ，クレイトン
㊐ニュージーランド 建築問題相兼統計相
Cosgrove, Denis E. コスグローブ，デニス・E.
㊐コスグローヴ，デニス ㊐「風景の図像学」地人書房 2001
Cosgrove, Ellen Mary コズグローブ，エレン・M.
㊐「21世紀米国医学教育の最前線」金原出版 2007
Cosgrove, Peter コスグローブ，ピーター
㊐オーストラリア 総督
Cosgrow, Wallace コスグロウ，ウォレス
㊐セーシェル 雇用・企業開発・ビジネス革新相
Ćosić, Dobrica チョシッチ，ドブリツァ
1921～2014 ㊐セルビア 作家，政治家 ユーゴスラビア連邦大統領 ㊐チョーシッチ，ドブリツァ
Cosic, Uros コシッチ，ウロシュ
㊐セルビア サッカー選手
Coşkun, Ali ジョスクン，アリ
㊐トルコ 商工相
Cosma, Viorel コズマ，ヴィオレル
1923～ ㊐「ジョルジェ・エネスク」ショパン 2005
Cosman, Madeleine Pelner コズマン，マドレーヌ・P.
㊐「ヨーロッパの祝祭と年中行事」原書房 2015
Cosmatos, George Pan コスマトス，ジョルジュ・パン
1941～2005 ㊐アメリカ 映画監督 本名＝Cosmatos, Yorgo Pan ㊐コスマトス，ジョージ／コスマトス，ジョージ・P.／コスマトス，ジョルジ・パン
Cosneau, Olivia コスノー，オリビア
㊐「なにをしているの？」大日本絵画 〔2016〕
Cosper, Darcy コスパー，ダーシー
㊐アメリカ 作家，書評家 ㊐ロマンス
Cosse, Carolina コッセ，カロリナ
㊐ウルグアイ 産業・エネルギー・鉱業相
Cosse, Emmanuelle コス，エマニュエル

㊐フランス 住宅・持続的居住相
Cosseron, Serge コスロン，セルジュ
1949～ ㊐「第三帝国の嘘」原書房 2009
Cossery, Albert コスリー，アルベール
1913～2008 作家
Cossiga, Francesco コシガ，フランチェスコ
1928～2010 ㊐イタリア 政治家 イタリア大統領，イタリア終身上院議員
Cossins, Peter コシンズ，ピーター
㊐「ツール・ド・フランス100レース激闘と栄光の記憶」ソフトバンククリエイティブ 2013
Costa, Alberto コスタ，アルベルト
㊐ポルトガル 法相
Costa, Andrea コスタ，アンドレア
㊐イタリア サッカー選手
Costa, António コスタ，アントニオ
㊐ポルトガル 首相
Costa, Brenda コスタ，ブレンダ
1982～ ㊐「沈黙の美女」阪急コミュニケーションズ 2010
Costa, Carlos コスタ，カルロス
㊐ギニアビサウ 行政改革相
Costa, Desidério da Graça Veríssimo da コスタ，デシデリオ・ダ・グラサ・ベリッシモ・ダ
㊐アンゴラ 石油相
Costa, Diego コスタ，ディエゴ
1988～ ㊐スペイン サッカー選手 ㊐コスタ，ジエゴ
Costa, Eduardo コスタ
㊐アルゼンチン 柔道選手
Costa, Eduardo Moreira da コスタ，エデュアルド・ダ
㊐「小さな会社のIT戦略」コンピュータ・エージ社 2002
Costa, Enrico コスタ，エンリコ
㊐イタリア 州問題・自治担当相
Costa, Filippo コスタ，フィリッポ
㊐イタリア サッカー選手
Costa, Francesco コスタ，フランチェスコ
1946～ ㊐「鏡の中のアンジェリカ」文研出版 2007
Costa, Gal コスタ，ガル
㊐ブラジル 歌手
Costa, Gino コスタ，ヒノ
㊐ペルー 内相
Costa, Hélio コスタ，エリオ
㊐ブラジル 通信相
Costa, Humberto コスタ，ウンベルト
㊐ブラジル 保健相
Costa, Januaria Tavares Silva Moreira コスタ，ジャヌアリア・タバレス・シルバ・モレイラ
㊐カボベルデ 法相
Costa, J.M. コスタ，J.M.
㊐「トマトオランダの多収技術と理論」農山漁村文化協会 2012
Costa, João コスタ，ジョアン
㊐ポルトガル 射撃選手
Costa, Jose コスタ，ジョゼ
㊐ポルトガル セーリング選手
Costa, Marianne コスタ，マリアンヌ
㊐「タロットの宇宙」国書刊行会 2016
Costa, Monte コスタ，モンティ
㊐「ホクレア号が行く」ブロンズ新社（発売）2004
Costa, Nicoletta コスタ，ニコレッタ
1953～ ㊐「くものオルガとものぐさなおひさま」成美堂出版 2013
Costa, Pedro コスタ，ペドロ
1959～ ㊐ポルトガル 映画監督，ドキュメンタリー作家
Costa, Rebecca D. コスタ，レベッカ
㊐「文明はなぜ崩壊するのか」原書房 2012
Costa, Susana コスタ，スザナ
㊐ポルトガル 陸上選手
Costa, Thomas コスタ，トーマス
㊐「フォーゴトン・レルム年代記」ホビージャパン 2008
Costa De Boa Esperanca, Deolindo コスタデボアエスペランサ，ジオリンド
㊐サントメ・プリンシペ 公共事業相
Costa De Carvalho, Maria de Cristo Hilario Dos Santos Raposo コスタデカルバリョ，マリア・デ・クリスト・イラリオ・ドスサントス・ラポソ
㊐サントメ・プリンシペ 労働・雇用・連帯相
Costa-Gavras, Constantin コスタ・ガヴラス，コンスタンタン
1933～ ㊐フランス 映画監督 本名＝ガヴラス，コンスタン

ティノス 異コスタ・ガブラス
Costales, Bryan コステールス, ブライアン
　著「Sendmail」オライリー・ジャパン, オーム社（発売） 2004
Costantini, Costanzo コスタンティーニ, コスタンツォ
　著「バルテュスとの対話」白水社 2003
Costanza, Stephen コスタンザ, ステファン
　著「モーツァルトとビムスさんのコンチェルト」バベルプレス 2010
Costanzo, Charlene コスタンゾ, シャーリーン
　著「12の贈り物」ポプラ社 2003
Costanzo, Linda S. コスタンゾ, L.
　1947〜　著「症例問題から学ぶ生理学」丸善 2009
Costazza, Chiara コスタッツァ
　国イタリア　アルペンスキー選手
Coste, Daniel コスト, ダニエル
　著「異文化間教育とは何か」くろしお出版 2015
Coste, Joanne Koenig コステ, ジョアン・コーニグ
　著「アルツハイマーのための新しいケア」誠信書房 2007
Costea, Claudia-Ana コステア, クラウディア・アナ
　国ルーマニア　労働・家庭・社会保障・高齢者相
Costello, Elvis コステロ, エルビス
　1954〜　国イギリス　ロック歌手　本名＝マクマナス, デクラン・パトリック〈McManus, Declan Patrick Aloysius〉 異コステロ, エルヴィス
Costello, Joan コステロ, ホアン
　著「パーソン・センタード・ケア」クリエイツかもがわ, 京都 かもがわ出版（発売） 2007
Costello, Matt コステロ, マット
　国アメリカ　バスケットボール選手
Costello, Peter コステロ, ピーター
　国オーストラリア　財務相
Costello, Sarah コステロ, セーラ
　著「世界の彫刻1000の偉業」二玄社 2009
Costello, Tim コステロ, ティム
　著「新世紀の労働運動」緑風出版 2001
Costelloe, Marina コステロ, マリーナ
　著「誕生日別パワーストーン事典」主婦の友社 2008
Costemalle, Bruno コストゥマル, ブリュノ
　著「だけど, 誰がディジーのトランペットをひん曲げたんだ？」うから 2011
Coster, Theo コステル, テオ
　著「アンネ, わたしたちは老人になるまで生き延びられた。」清流出版 2012
Coster-Lucas, Jacqueline コースター・ルーカス, ジャクリーン
　著「アドラーの思い出」創元社 2007
Costescu, Dan Marian コステスク, ダン・マリアン
　国ルーマニア　運輸相
Costin, Carolyn コスティン, キャロリン
　著「摂食障害から回復するための8つの秘訣」星和書店 2015
Costley-white, Roberto コストリーホワイト, ロベルト
　国モザンビーク　公共事業・住宅相
Costner, Kevin コスナー, ケビン
　1955〜　国アメリカ　俳優, 映画監督　異コスナー, ケヴィン
Costolo, Dick コストロ, ディック
　1963〜　国アメリカ　実業家　ツイッターCEO　本名＝Costro, Richard W.
Cotan, Antonio コタン, アントニオ
　国スペイン　サッカー選手
Côté, Denis コート, ドゥニ
　ベルリン国際映画祭 アルフレッド・バウアー賞（第63回（2013年）） "Vic+Flo ont vu un ours"
Cote, François コート, フランソワ
　著「真実の告白水の記憶事件」ホメオパシー出版 2006
Côté, Geneviève コテ, ジュヌヴィエーヴ
　著「シャロットの姫」バベルプレス 2009
Cote, Kaizon コート, カイゾン
　著「ペンタゴン式ハードワークでも折れない心のつくり方」KADOKAWA 2015
Cotgrove, Mark'Snowboy' コットグローヴ, マーク "スノウボーイ"
　著「UKジャズ・ダンス・ヒストリー」K&Bパブリッシャーズ 2009
Cotillard, Marion コティヤール, マリオン
　1975〜　国フランス　女優
Cotler, Amy コトラー, エイミー
　著「秘密の花園クックブック」東洋書林 2007
Cotler, Emily コトラー, エミリィ
　著「ウェブ・リデザイン」エムディエヌコーポレーション, インプレスコミュニケーションズ（発売） 2002
Cotler, Irwin コトラー, アーウィン
　国カナダ　法相
Coto, Rodolfo コト, ロドルフォ
　国コスタリカ　農牧相
Cotoner, Kate コトナー, ケイト
　著「美しい獣たち」ハーレクイン 2014
Cotroneo, Roberto コトロネーオ, ロベルト
　1961〜　著「オートラント綺譚」而立書房 2013
Cott, Jonathan コット, ジョナサン
　著「スーザン・ソンタグの『ローリング・ストーン』インタヴュー」河出書房新社 2016
Cotta, Elena コッタ, エレナ
　ヴェネチア国際映画祭 最優秀女優賞（第70回（2013年）） "Via Castellana Bandiera"
Cotte, Olivier コット, オリビエ
　1963〜　ザグレブ国際アニメーション映画祭 フェスティバル協議会の選考によるアニメーション研究への特別貢献賞（2012年）
Cotte, Pascal コット, パスカル
　著「美しき姫君」草思社 2010
Cotter, Kevin コッター, ケヴィン
　著「教皇フランシスコとともに日々の内省」女子パウロ会 2016
Cotter, Vern コッター, ヴァーン
　国ニュージーランド　ラグビーコーチ
Cotterell, Arthur コットレル, アーサー
　著「写真でたどる中国の文化と歴史」あすなろ書房 2006
Cotterill, Colin コッタリル, コリン
　1952〜　国イギリス　作家　著ミステリー, スリラー
Cottingham, W.Noel コッティンガム, W.N.
　著「素粒子標準模型入門」丸善出版 2013
Cottom, Brandon コットム, ブランドン
　国アメリカ　アメフト選手
Cotton, Charlotte コットン, シャーロット
　著「現代写真論」晶文社 2016
Cotton, C.M. コットン, C.M.
　著「民族植物学」八坂書房 2004
Cotton, Jharel コットン, ジャレル
　国米領ヴァージン諸島　野球選手
Cotton, Katie コットン, ケイティ
　著「ヴィヴァルディの四季」大日本絵画 〔2016〕
Cotton, Ronald コットン, ロナルド
　著「とらわれた二人」岩波書店 2013
Cottrell, David コットレル, デビッド
　1953〜　著「マンデー・モーニング・リーダーシップ」東洋経済新報社 2009
Cottrell, Sue コトレル, スー
　1965〜　著「わかって私のハンディキャップ」大月書店 2016
Cottrell, William コットレル, ウィリアム
　異コトレル, ビル　著「ふしぎの国のアリス」竹書房 2003
Cottrell Boyce, Frank コットレル・ボイス, フランク
　著「ミリオンズ」新潮社 2005
Cottret, Bernard コトレ, ベルナール
　1951〜　著「カルヴァン歴史を生きた改革者」新教出版社 2008
Cottrill, Torah コットリル, トーラー
　著「ダンジョン・マガジン年鑑」ホビージャパン 2010
Cotts, David G. コッツ, デビッド・G.
　著「ザ・ファシリティマネジメントハンドブック」産業情報センター社 2010
Cotza, Elio コッツァ, エリオ
　1958〜　著「伝説のイタリアン, ガルガのクチーナ・エスプレッサ」武田ランダムハウスジャパン 2010
Couch, Dick カウチ, ディック
　1943〜　著「ネイビーシールズ」竹書房 2012
Couch, Greg カウチ, グレッグ
　異コーチ, グレッグ　著「テレビを発明した少年」さ・え・ら書房 2015
Couch, Sue コウチ, S.
　著「スキルズ・フォア・ライフ」家政教育社 2002
Couch, Tonia カウチ, トニア
　国イギリス　水泳選手　異クーチ
Couchepin, Pascal クシュパン, パスカル
　1942〜　国スイス　政治家　スイス大統領
Coudenhove-Kalergi, Michael クーデンホーフ・カレルギー, ミヒャエル
　1937〜　国オーストリア　画家

Coudert, Jo　クーデア, ジョー
　著「ねこ的人生のススメ」早川書房 2007
Coudert, Stephanie　クデール, ステファニー
　1975〜　国フランス　ファッションデザイナー
Coudray, Jean-Luc　クードレイ, ジャン＝リュック
　1960〜　異クードレイ, ジャン＝リュック　著「すすめ！皇帝ペンギン」理論社 2009
Coudray, Philippe　クードレイ, フィリップ
　1960〜　著「すすめ！皇帝ペンギン」理論社 2009
Coudy, René　クーディー, ルネ
　1908〜　著「アウシュヴィッツの音楽隊」音楽之友社 2009
Coughlan, Anne T.　コグラン, アン・T.
　著「マーケティング戦略論」ダイヤモンド社 2001
Coughlan, Mary　カクラン, メアリー
　国アイルランド　副首相兼教育・技能・保険・児童相
Coughlin, Bruce　コーリン, ブルース
　トニー賞 ミュージカル 編曲賞（2005年（第59回））"The Light in the Piazza"
Coughlin, Con　コクリン, コン
　1955〜　著「サダム」幻冬舎 2003
Coughlin, Jack　コフリン, ジャック
　1966〜　国アメリカ　作家　創スリラー　異コグリン, ジャック
Coughlin, Natalie　コーグリン, ナタリー
　1982〜　国アメリカ　水泳選手　異コーグリン／コグリン／コフリン, ナタリー
Coughlin, Patricia　コグリン, パトリシア
　著「祝祭の季節」ハーレクイン 2003
Couldiaty, Jean　クルディアティ, ジャン
　国ブルキナファソ　環境・持続可能成長相
Couldrette　クードレット
　著「妖精メリュジーヌ物語」講談社 2010
Coulibaly, Abdou Latif　クリバリ, アブドゥ・ラティフ
　国セネガル　政府報道官
Coulibaly, Aboubacary　クリバリ, アブバカリ
　国マリ　鉱業・エネルギー・水資源相
Coulibaly, Alizatou Rosine　クリバリ, アリザトゥ・ロジン
　国ブルキナファソ　財務・経済・開発相
Coulibaly, Ally　クリバリ, アリ
　国コートジボワール　アフリカ統一・在外国民相
Coulibaly, Gnénéma Mamadou　クリバリ, ニェネマ・ママドゥ
　国コートジボワール　法相　異クリバリ, ネネマ
Coulibaly, Ismael　クリバリ, イスマエル
　国マリ　テコンドー選手
Coulibaly, Issa　クリバリ, イッサ
　国コートジボワール　水・森林相
Coulibaly, Jean-Martin　クリバリ, ジャンマルタン
　国ブルキナファソ　国民教育・識字相
Coulibaly, Malick　クリバリ, マリク
　国マリ　法相
Coulibaly, Mamadou Sangafowa　クリバリ, ママドゥ・サンガフォワ
　国コートジボワール　農業・農林開発相　異クリバリ, ママドゥ
Coulibaly, Moussa Sinko　クリバリ, ムサ・サンコ
　国マリ　国土・地方分権相
Coulibaly, N'diaye Fatoumata　クリバリ, ヌジャイ・ファトゥマタ
　国マリ　社会発展・連帯相
Coulibaly, Pascal Daba　クリバリ, パスカル・ダバ
　国マリ　文化相
Coulibaly, Samadou　クリバリ, サマドゥ
　国ブルキナファソ　国民教育・識字相
Coulibaly, Tiéman Hubert　クリバリ, ティエマン・ユベール
　国マリ　国防・退役軍人相
Coulibaly, Tiénan　クリバリ, ティエナン
　国マリ　経済・財務・予算相
Coulier, Mark　クーリア, マーク
　アカデミー賞 メイクアップ・ヘアスタイリング賞（第87回（2014年））ほか
Coulling, Anna　クーリング, アナ
　著「出来高・価格分析の完全ガイド」パンローリング 2015
Coulman, Valerie　コールマン, ヴァレリー
　1969〜　著「バレリーナになりたい」コンセル 2008
Coulmas, Florian　クルマス, フロリアン
　1949〜　国ドイツ　ドイツ日本研究所長　創社会言語学
Coulombe, Daniel　コローム, ダニエル
　国アメリカ　野球選手

Couloumbis, Audrey　コルンビス, オードリー
　著「屋根にのぼって」白水社 2001
Coulshed, Veronica　クールシェッド, ベロニカ
　1945〜　著「今求められるソーシャルワーク・マネジメント」久美 2009
Coulson, Arlene　クールソン, A.
　著「犬と猫のX線解剖アトラス」メディカルサイエンス社, インターズー（発売）2003
Coulter, Ann H.　コールター, アン
　著「リベラルたちの背信」草思社 2004
Coulter, Catherine　コールター, キャサリン
　著「シャーブルックの御曹司」ハーパーコリンズ・ジャパン 2016
Coulter, Daniel　カルター, ダニエル
　著「世界の海上交通網の現状とその安全性」シップ・アンド・オーシャン財団海洋政策研究部 2002
Coulter, Jacqueline　クルター, ジャクリーヌ
　著「絨毯のある暮らし」千趣館 2005
Coulter, James　コールター, ジェームズ
　国アメリカ　TPGキャピタル共同創業者
Coulter, Kevin　コルター, ケビン
　著「児童虐待とネグレクト対応ハンドブック」明石書店 2012
Coulter, Mary K.　コールター, メアリー
　著「マネジメント入門」ダイヤモンド社 2014
Coulthart, John　クルサート, ジョン
　世界幻想文学大賞 アーティスト（2012年）
Counsel, June　カウンスル, ジューン
　著「一組のドラゴンとまほうの山！」日本標準 2010
Counsell, Craig　カウンセル, クレイグ
　国アメリカ　ミルウォーキー・ブルワーズ監督
Counter, Ben　カウンター, ベン
　著「略奪品の貯蔵庫」ホビージャパン 2007
Countess, Blake　カウンテス, ブレイク
　国アメリカ　アメフト選手
Couper, Heather　クーパー, ヘザー
　著「天文学の歴史」東洋書林 2008
Couplan, François　クープラン, フランソワ
　著「ナチュラリストのための食べる植物栄養学」フレグランスジャーナル社 2014
Coupland, Douglas　クープランド, ダグラス
　著「神は日本を憎んでる」角川書店 2001
Coupland, Ken　クープランド, ケン
　著「Webサイトナビゲーションプロフェッショナルガイド」IDGジャパン 2001
Couples, Fred　カプルス, フレッド
　1959〜　国アメリカ　プロゴルファー　本名＝Couples, Frederick Stephen　異カプルズ, フレッド
Couplet, English　カプレット, イングリッシュ
　著「大人が楽しむイングリッシュ・ポエチュリー」リーベル出版 2007
Courage, Katherine Harmon　カレッジ, キャサリン・ハーモン
　著「タコの才能」太田出版 2014
Courbage, Youssef　クルバージュ, ユセフ
　1946〜　著「文明の接近」藤原書店 2008
Courbet-Viron, Lionelle　クールベ＝ヴィロン, リオネル
　著「「アートになった動物たち」展」「アートになった動物たち」展実行委員会 2001
Courcoult, Jean-Luc　クールクー, ジャン＝リュック
　著「スルタンの象と少女」文遊社 2010
Courdray, Marlene　コードゥライ, マーリーン
　国トリニダード・トバゴ　地方自治相
Courgeon, Rémi　クルジョン, レミ
　著「3日ずつのおくりもの」文渓堂 2016
Couric, Katie　コーリック, ケイティー
　1957〜　国アメリカ　テレビ司会者, ジャーナリスト　本名＝コーリック, キャサリン〈Couric, Katherine〉
Courier, Robert　クーリエ, ロバート
　著「炎のワーストロック・バイブル」21世紀BOX, 太陽出版（発売）2004
Courlander, Harold　クーランダー, ハロルド
　1908〜　著「山の上の火」日本ライトハウス 2011
Cournoyer, Charle　クルノワイエ, C.
　国カナダ　ショートトラック選手
Courrèges, André　クレージュ, アンドレ
　1923〜2016　国フランス　ファッションデザイナー
Court, Hazel　コート, ヘイゼル

1926～2008 国イギリス 女優
Court, Richard Fairfax コート, リチャード・フェアファックス
国オーストラリア 駐日特命全権大使
Court, Sibella コート, シベラ
著「エトセトラ」グラフィック社 2012
Courtad, Jeanette Flannery コータッド, ジャネット・フラナリー
著「歯のおはなしをしよう」クインテッセンス出版 2014
Courtauld, Sarah コートールド, サラ
著「遊んで学べるシールブック西洋の美術」東京美術 2015
Courtenay, Eamon コトネー, イーマン
国ベリーズ 外務・貿易相 参コートネイ, イーモン
Courtenay, Molly コートニー, モリー
著「独立処方と補助的処方」薬事日報社 2015
Courtenay, Tom コートネイ, トム
1937～ 国イギリス 俳優 本名＝Courtenay, Thomas Daniel
参コートニー, トム
Courtin, Jean クルタン, ジャン
著「世界で一番美しい愛の歴史」藤原書店 2004
Courtin, Sophie クルタン, ソフィー
著「おもちゃはぼくのもの」リーガル出版 2006
Courtin, Thierry クルタン, ティエリー
1954～ 参クールタン, チィエリ 著「おもちゃはぼくのもの」リーガル出版 2006
Courtine, Jean-Jacques クルティーヌ, ジャン＝ジャック
1946～ 参クルティーヌ, J.-J. 著「男らしさの歴史」藤原書店 2016
Courtine-Denamy, Sylvie クルティーヌ＝ドゥナミ, シルヴィ
著「シモーヌ・ヴェイユ」萌書房 2013
Courtnall, Roy コートナル, ロイ
著「メイキング・マスター・ギター」現代ギター社 2013
Courtney, Dave コートニー, デイヴ
著「悪党！」徳間書店 2001
Courtney, Hugh G. コートニー, ヒュー・G.
著「マッキンゼー戦略の進化」ダイヤモンド社 2003
Courtney, Mark E. コートニー, マーク・E.
著「施設で育つ世界の子どもたち」筒井書房 2010
Courtney, Michael コートニー, マイケル
1945～2003 バチカン カトリック大司教, 外交官 駐ブルンジ・バチカン大使
Courtney-Clarke, Margaret コートニー＝クラーク, マーガレット
1949～ 著「ぼくはまほうつかい」アートン 2006
Courtney-Tickle, Jessica コートニー・ティックル, ジェシカ
著「ヴィヴァルディの四季」大日本絵画 〔2016〕
Courtois, Gaston クルトワ, ガストン
著「少年ドメニコ・サヴィオ」ドン・ボスコ社 2004
Courtois, Stéphane クルトワ, ステファヌ
1947～ 著「共産主義黒書」筑摩書房 2016
Courtois, Thibaut クルトワ, ティボー
1992～ 国ベルギー サッカー選手 本名＝Courtois, Thibaut Nicolas Marc 参クルトゥワ, ティボ / クロトワ, ティボー
Courtwright, David T. コートライト, デイヴィッド・T.
1952～ 著「ドラッグは世界をいかに変えたか」春秋社 2003
Cousin, Ertharin カズン, アーサリン
国アメリカ 国連世界食糧計画(WFP)事務局長
Cousin, Mathias クザン, マティアス
？～2002 著「マシーンズ・メロディ」DU BOOKS, ディスクユニオン(発売) 2014
Cousin, Pierre Jean クーザン, ピエール・ジャン
著「指圧つぼ＆アロマオイルで若々しい顔のハリを取りもどす」産調出版 2003
Cousineau, Julien クジノー
国カナダ アルペンスキー選手
Cousins, A.D. カズンズ, A.D.
著「シェイクスピア百科図鑑」悠書館 2010
Cousins, DeMarcus カズンズ, デマーカス
国アメリカ バスケットボール選手
Cousins, Farquharson クーシンズ, ファーカーソン
著「ホルン演奏の技巧・解釈・実践」シンフォニア 2005
Cousins, Isaiah カズンズ, アイザイア
国アメリカ バスケットボール選手
Cousins, Kirk カズンズ, カーク
国アメリカ アメフト選手
Cousins, Lucy カズンズ, ルーシー
1964～ 国イギリス 絵本作家

Coussoud-mavoungou, Martin Parfait Aimé クスーマブング, マルタン・パルフェ・エメ
国コンゴ共和国 土地問題・公用地相
Coutansais, Cyrille P. クタンセ, シリル・P.
著「ヴィジュアル版海から見た世界史」原書房 2016
Coutinho, Alex G. コウティーノ, アレックス
1959～ 国ウガンダ 医学者, 医師 マケレレ大学感染症研究所(IDI)所長 専HIV感染症
Coutinho, Philippe コウチーニョ, フィリペ
国ブラジル サッカー選手
Coutinho, S.C. コウチーニョ, S.C.
著「暗号の数学的基礎」シュプリンガー・フェアラーク東京 2001
Couto, C.Guillermo コート, C.G.
著「スモールアニマル・インターナルメディシン」メディカルサイエンス社, インターズー(発売) 2001
Couto, Pedro Conceição コウト, ペドロ・コンセイサオン
国モザンビーク 鉱物資源・エネルギー相
Coutrot, Thomas クトロ, トマ
著「世界をダメにした経済学10の誤り」明石書店 2012
Coutts, Alicia クーツ, アリシア
1987～ 国オーストラリア 水泳選手
Coutu, Diane L. クーツ, ダイアン・L.
著「組織行動論の実学」ダイヤモンド社 2007
Couture, Amélie クーテュール, アメリー
著「あたしが部屋から出ないわけ」文研出版 2008
Couture, Randy クートゥア, ランディ
1963～ 国アメリカ 格闘家
Couvin, Yann クヴァン, ヤン
著「どこだか見つけてみよう！」大日本絵画 〔2015〕
Covaliu, Mihai コバリウ
国ルーマニア フェンシング選手
Covel, Michael コベル, マイケル・W.
著「規律とトレンドフォロー売買法」パンローリング 2010
Coveney, James コブネイ, ジェームズ
1920～2013 国イギリス フランス語学者 バース大学名誉教授 専近代言語学, フランス語 参コヴネイ, ジェームズ
Coveney, Simon コベニー, サイモン
国アイルランド 住宅・計画・地方自治相
Coventry, Kirsty コベントリー, カースティ
1983～ 国ジンバブエ 水泳選手 IOC委員
Covert, Abby コバート, アビー
著「今日からはじめる情報設計」ビー・エヌ・エヌ新社 2015
Covert, Brian コバート, ブライアン
著「アメリカの市民生活」ひつじ書房 2005
Covert, Jack コヴァート, ジャック
著「アメリカCEOのベストビジネス書100」講談社 2009
Covey, Dylan コビー, ディラン
国アメリカ 野球選手
Covey, Sean コヴィー, ショーン
著「実行の4つの規律」キングベアー出版 2016
Covey, Stephen M.R. コヴィー, スティーブン・M.R.
著「スピード・オブ・トラスト」キングベアー出版 2008
Covey, Stephen R. コビー, スティーブン
1932～ 国アメリカ 企業コンサルタント フランクリン・コビー社共同創設者・副会長 専リーダーシップ 参コービー, スティーブン / コーヴィー, スティーヴン / コヴィー, スティーブン
Cović, Dragan チョヴィッチ, ドラガン
1956～ 国ボスニア・ヘルツェゴビナ 政治家 ボスニア・ヘルツェゴビナ幹部会員(クロアチア人代表) 参チョビッチ, ドラガン
Covic, Nebojsa チョビッチ, ネボイシャ
国セルビア 副首相
Covici, Ann コビシー, アン
著「大人が楽しむイングリッシュ・ポエチュリー」リーベル出版 2007
Coville, Andrea コーヴィル, アンドレア
著「レレバンス・イノベーション」マグロウヒル・エデュケーション, 日本経済新聞出版社(発売) 2014
Coville, Bruce コービル, ブルース
1950～ 国アメリカ 児童文学作家 参コーヴィル, ブルース / コウヴィル, ブルース
Covington, Christian コビントン, クリスチャン
国アメリカ アメフト選手
Covington, Joey コビントン, ジョーイ
1945～2013 国アメリカ ロック・ドラマー 参コヴィントン,

ジョーイ
Covington, Robert コビントン, ロバート
[国]アメリカ バスケットボール選手
Cowan, Carolyn Pape コーワン, キャロリン
[著]「カップルが親になるとき」 勁草書房 2007
Cowan, Catherine コーワン, キャサリン
[著]「ぼくのうちに波がきた」 岩波書店 2003
Cowan, Charlotte コーワン, シャーロット
[著]「マイルスのゆるゆるうんち」 サイエンティスト社 2011
Cowan, Debra コーアン, デブラ
[著]「蒼空のミラージュ」 ハーレクイン 2004
Cowan, Denys コーワン, デニス
[著]「バットマン : ラバーズ&マッドメン」 小学館集英社プロダクション 2011
Cowan, Douglas E. コーワン, D.E.
[著]「カルトと新宗教」 キリスト新聞社 2010
Cowan, George コーワン, ジョージ
1920～2012 [国]アメリカ 化学者 サンタフェ研究所初代所長 本名=Cowan, George Arthur
Cowan, Judith コーワン, ジュディス
カナダ総督文学賞 英語 翻訳(仏文英訳)(2004年) "Mirabel"
Cowan, Philip A. コーワン, フィリップ
[著]「カップルが親になるとき」 勁草書房 2007
Cowan, Ruth Schwartz コーワン, ルース・シュウォーツ
1941～ [著]「お母さんは忙しくなるばかり」 法政大学出版局 2010
Coward, Noel カワード, ノエル
[著]「ビートルズ世界証言集」 ポプラ社 2006
Cowart, Kaleb コワート, ケイレブ
[国]アメリカ 野球選手
Cowdery, William カウデリー, ウィリアム
[著]「モーツァルト全作品事典」 音楽之友社 2006
Cowell, Cresida コーウェル, クレシッダ
1966～ [国]イギリス 作家 [専]ユーモア, 児童書
Cowell, Simon コーウェル, サイモン
1959～ [国]イギリス 音楽プロデューサー [異]カウェル, サイモン
Cowen, Brian カウエン, ブライアン
1960～ [国]アイルランド 政治家 アイルランド首相, アイルランド共和党党首
Cowen, Elle コウエン, エル
[著]「ワン・ダイレクション」 マガジンハウス 2013
Cowen, Tyler コーエン, タイラー
1962～ [国]アメリカ 経済学者 ジョージ・メイソン大学教授
Cowens, Al コーウェン, アル
1951～2002 [国]アメリカ 野球選手
Cowie, A.P. カウイー, A.P.
[著]「学習英英辞書の歴史」 研究社 2003
Cowie, Helen コウイー, ヘレン
[著]「ピア・サポート」 大学教育出版 2009
Cowles, Libby コウレス, リビー
[著]「対立がちからに」 C.S.L.学習評価研究所, みくに出版(発売) 2001
Cowley, Joy カウリー, ジョイ
1936～ [国]ニュージーランド 児童文学作家
Cowley, Stewart コウリー, スチュワート
[著]「5ひきのこねこちゃん」 学習研究社 2004
Cowling, Graham コーリング, グラハム
[著]「細胞」 東京化学同人 2012
Cowne, Elizabeth A. カウン, エリザベス
[著]「インクルーシブ教育とコーディネーターの仕事」 田研出版 2008
Cowser, James カウサー, ジェームス
[国]アメリカ アメフト選手
Cowsill, Alan カウシル, アラン
[著]「マーベル・アベンジャーズ事典」 小学館集英社プロダクション 2011
Cox, Alan J. コックス, アラン・J.
[著]「競争政策の経済学」 NERA 2005
Cox, Archibald コックス, アーチボルド
1912～2004 [国]アメリカ 法律家 ハーバード大学教授, カール・M・ローブ大学名誉教授
Cox, Barbara コックス, バーバラ
[著]「世界恐怖図鑑」 文渓堂 2016
Cox, Bobby コックス, ボビー
1941～ [国]アメリカ 元大リーグ監督, 元野球選手 本名=Cox, Robert Joseph
Cox, Brad J. コックス, B.J.
1944～ [著]「オブジェクト指向のプログラミング」 新紀元社 2004
Cox, Brian コックス, ブライアン
エミー賞 プライムタイム・エミー賞 最優秀助演男優賞(ミニシリーズ・映画)(第53回(2001年)) "Nuremberg"
Cox, Brian コックス, ブライアン
1968～ [著]「クオンタムユニバース量子」 ディスカヴァー・トゥエンティワン 2016
Cox, Britteny コックス
[国]オーストラリア フリースタイルスキー選手
Cox, Charlie コックス, チャーリー
1982～ [国]イギリス 俳優 本名=Cox, Charlie Thomas
Cox, Christopher コックス, クリストファー
1952～ [国]アメリカ 政治家 米国証券取引委員会(SEC)委員長, 米国下院議員
Cox, C.Jay コックス, C.ジェイ
[著]「メラニーは行く!」 竹書房 2003
Cox, Danny コックス, ダニー
1934～ [著]「仕事力がダントツに伸びる7つの冴えた方法」 PHP研究所 2003
Cox, David コックス, デビッド
[著]「グレブナ基底と代数多様体入門」 丸善出版 2016
Cox, David A. コックス, デイヴィッド・A.
[著]「ガロワ理論」 日本評論社 2010
Cox, Eleanor Worthington コックス, エレノア・ワーシントン
ローレンス・オリヴィエ賞 ミュージカル・エンタテインメント 女優賞(2012年(第36回)) "Matilda The Musical"
Cox, Fletcher コックス, フレッチャー
[国]アメリカ アメフト選手
Cox, Greg コックス, グレッグ
1959～ [著]「ゴジラ」 KADOKAWA 2014
Cox, Harvey コックス, ハービー
[異]コックス, ハーヴェイ [著]「説教黙想集成」 教文館 2008
Cox, Howard コックス, ハワード
1954～ [著]「グローバル・シガレット」 山愛書院, 星雲社(発売) 2002
Cox, J'den コックス, ジェイデン
[国]アメリカ レスリング選手
Cox, Jeff コックス, ジェフ
1951～ [著]「ザ・ゴール コミック版」 ダイヤモンド社 2014
Cox, Jennifer コックス, ジェニファー
[著]「世界で探す、わたしの恋人」 ソニー・マガジンズ 2006
Cox, Jill コックス, ジル
[著]「世界の食材図鑑」 グラフィック社 2010
Cox, Jo コックス, ジョー
1974～2016 [国]イギリス 政治家 英国下院議員(労働党)
Cox, John コックス, J.
[著]「うつ病という時限爆弾」 日本評論社 2003
Cox, John コックス, ジョン
[著]「ガンステッド・カイロプラクティックの真髄」 医道の日本社 2005
Cox, John D. コックス, ジョン・D.
[著]「異常気象の正体」 河出書房新社 2006
Cox, Lionel コックス
[国]ベルギー 射撃選手
Cox, Lynne コックス, リン
1957～ [著]「赤ちゃんクジラと泳いだ海」 講談社 2008
Cox, Maggie コックス, マギー
[著]「禁じられた罪の味」 ハーパーコリンズ・ジャパン 2016
Cox, Michael コックス, マイケル
1948～2009 [国]イギリス 作家, 編集者
Cox, Michael M. コックス, M.M.
[異]コックス, マイケル・M. [著]「レーニンジャーの新生化学」 広川書店 2015
Cox, Michele コックス, ミッシェル
1968～ [著]「サッカー少女サミー」 学研教育出版, 学研マーケティング(発売) 2014
Cox, Morgan コックス, モーガン
[国]アメリカ アメフト選手
Cox, Neil コックス, ニール
[著]「キュビスム」 岩波書店 2003
Cox, P.A. コックス, P.A.
[著]「無機化学キーノート」 シュプリンガー・フェアラーク東京 2004
Cox, Paul コックス, ポール
1940～2016 [国]オーストラリア 映画監督 本名=Cox, Paulus

Henricus Benedictus
Cox, Paul コックス, ポール
1959～ [著]「えのはなし」 青山出版社 2008
Cox, Paul Alan コックス, ポール・アラン
[国]アメリカ 植物学者 シーコロジー創設者 米国国立熱帯植物園園長, ブリガム・ヤング大学教授・教養学部名誉学部長 [異]コックス, ポール・アラン
Cox, Perrish コックス, ペリッシュ
[国]アメリカ アメフト選手
Cox, Peter コックス, ピーター
1918～ [著]「ダーティントン国際工芸家会議報告書」 思文閣出版 2003
Cox, Quinn コックス, クイン
[著]「Sextrology占星術大全」 晋遊舎 2007
Cox, Rakim コックス, ラキム
[国]アメリカ アメフト選手
Cox, Robert コックス, ロバート・M.
1964～ [著]「PHPパーフェクトリファレンス」 ピアソン・エデュケーション 2001
Cox, Rosamund Kidman コックス, ロザムンド・キッドマン
[著]「世界一の動物写真」 日経ナショナルジオグラフィック社, 日経BPマーケティング(発売) 2015
Cox, Simon コックス, サイモン
[著]「ダ・ヴィンチ・コードの謎を解く」 PHP研究所 2006
Cox, Stella M. カックス, ステラ
[著]「主の御手の中に」 いのちのことば社 2014
Cox, Steve コックス, スティーブ
[著]「ノアのはこぶね」 CS成長センター, いのちのことば社(発売) 2004
Cox, Sue コックス, スー
1946～ [著]「これならだいじょうぶ私の赤ちゃんおっぱいノート」 メディカ出版 2002
Cox, Tom コックス, T.
[著]「ストレスマネジメントと職場カウンセリング」 川島書店 2002
Cox, Tracey コックス, トレイシー
[著]「Hot sex」 ぶんか社 2003
Cox, Trevor J. コックス, トレヴァー
[著]「世界の不思議な音」 白揚社 2016
Coxe, Paula Peisner コックス, ポーラ・P.
1956～ [著]「自分の時間を手に入れられるシンプルな考え方」 ダイヤモンド社 2002
Coxeter, Harold Scott Macdonald コクセター, H.S.M.
1907～2003 [著]「幾何学入門」 筑摩書房 2009
Coxon, Graham コクソン, グラハム
[国]イギリス ロック・ギタリスト [異]コクソン, グレアム
Coye, José コイエ, ホセ
[国]ベリーズ 保健・地方政府・運輸・通信相
Coyle, Andrew コイル, アンドリュー
[著]「国際準則からみた刑務所管理ハンドブック」 矯正協会 2004
Coyle, Brian コイル, ブライアン
[著]「現金回収と送金」 後藤宏行 2005
Coyle, Brock コイル, ブロック
[国]アメリカ アメフト選手
Coyle, Cleo コイル, クレオ
[専]ミステリー, スリラー 単独筆名＝セラシーニ, マーク〈Cerasini, Marc〉, アルフォンシ, アリス〈Alfonsi, Alice〉, 別共同筆名＝キンバリー, アリス〈Kimberly, Alice〉
Coyle, Daniel コイル, ダニエル
[著]「才能を伸ばすシンプルな本」 サンマーク出版 2013
Coyle, Diane コイル, ダイアン
[著]「GDP」 みすず書房 2015
Coyle, Frank P. コイル, フランク
1945～ [著]「図解ワイヤレスWeb入門」 ピアソン・エデュケーション 2001
Coyle, Natalya コイル, ナタリア
[国]アイルランド 近代五種選手
Coyne, Jerry A. コイン, ジェリー・A.
1949～ [著]「進化のなぜを解明する」 日経BP社, 日経BP出版センター(発売) 2010
Coyne, Kevin P. コイン, ケビン・P.
[異]コーン, ケビン [著]「ブレーンステアリング」 阪急コミュニケーションズ 2012
Coyne, Lisa W. コイン, リサ・W.
[著]「やさしいみんなのペアレント・トレーニング入門」 金剛出版 2014
Coyne, Shawn T. コイン, ショーン・T.
[著]「ブレーンステアリング」 阪急コミュニケーションズ 2012
Coyoy Echeverría, Erick Haroldo コヨイ・エチェベリア, エリック・アロルド
[国]グアテマラ 経済相
Cozad, Amy コザド, エイミー
[国]アメリカ 水泳選手
Cozart, Zack コザート, ザック
[国]アメリカ 野球選手
Cozens, Dylan カズンズ, ディラン
[国]アメリカ 野球選手
Cozens, Sheila コーゼンズ, シータ
[著]「刷新してほしい患者移動の技術」 日本看護協会出版会 2003
Cozens, Simon カズンズ, サイモン
[著]「実用Perlプログラミング」 オライリー・ジャパン, オーム社(発売) 2006
Cozma, Artur コズマ, アルトゥル
[国]モルドバ 文化観光相
Cozmâncă, Octav コズムンカ, オクタブ
[国]ルーマニア 公共行政相
Cozolino, Louis コゾリーノ, ルイス
[著]「脳科学が明らかにする大人の学習」 ヒューマンバリュー 2016
Cozzens, James Gould カズンズ, ジェイムズ・グールド
[著]「書物愛」 晶文社 2005
Cozzi, Luigi コッツィ, ルイジ
[著]「ラストコンサート」 竹書房 2004
Cozzolino, Angelo コッツォリーノ, アンジェロ
[著]「ちょっと一皿、イタリアン」 文化出版局 2001
Cozzolino, Carmine コッツォリーノ, カルミネ
[著]「カルミネさんのイタリアン」 世界文化社 2009
Craats, Rennay クラツ, レナー
[著]「マサイ」 汐文社 2008
Crabb, Jason クラブ, ジェイソン
グラミー賞 最優秀サザン, カントリー, ブルーグラス・ゴスペル・アルバム(2009年(第52回)) "Jason Crabb"
Crabb, Lawrence J. クラブ, ラリー
[著]「アダムの沈黙」 いのちのことば社 2005
Crabb, Stephen クラブ, スティーブン
[国]イギリス ウェールズ相
Crabbe, Allen クラブ, アレン
[国]アメリカ バスケットボール選手
Crabtree, Caroline クラブトゥリー, キャロライン
[著]「世界のキルト文化図鑑」 柊風舎 2008
Crabtree, Margo クラブトゥリー, マーゴ
[著]「食育菜園」 家の光協会 2006
Crabtree, Michael クラブトゥリー, マイケル
[国]アメリカ アメフト選手
Crabtree, Sally クラブツリー, サリー
[著]「はちゃめちゃ・ぶたさん」 小学館 2007
Crace, Jim クレイス, ジム
1946～ [国]イギリス 作家, 劇作家
Craddock, Fred B. クラドック, フレッド・B.
[著]「権威なき者のごとく」 教文館 2002
Cradock, Percy クラドック, パーシー
1923～2010 [国]イギリス 外交官 駐中国英国大使
Cradock, Steve クラドック, スティーブ
1969～ [国]イギリス ロック・ギタリスト [異]クラドック, スティーヴ
Crafford, Danielle クロフォード, ダニエル
[国]南アフリカ 元・いけばなインターナショナル・プレトリア支部長
Craft, Anna クラフト, アンナ
[著]「英国初等学校の創造性教育」ITSC静岡学術出版事業部 2009
Craft, Kathryn A. クラフト, キャサリン・A.
[異]クラフト, キャサリン [著]「先生、その英語は使いません！」 DHC 2016
Craft, Kinuko Y. クラフト, キヌコ・Y.
世界幻想文学大賞 アーティスト(2011年)
Craft, Melanie クラフト, メラニー
ラリー・エリソン前夫人, 恋愛小説家
Craft, Melissa クラフト, メリッサ
[著]「MCSEスキルチェック問題集Microsoft Windows Server 2003 active directory infrastructure」 日経BPソフトプレス, 日経BP出版センター(発売) 2004
Craft, Morgan クラフト, モーガン
[国]アメリカ 射撃選手
Craft, Shanice クラフト, シャニース

㊖ドイツ　陸上選手
Crafti, Stephen　クラフティ, スティーブン
㊔「スモールスペースのアイデア」 グラフィック社　2004
Crafton, Donald　クラフトン, ドナルド
㊖アメリカ　ザグレブ国際アニメーション映画祭 アニメーション論への顕著な貢献賞(2004年)
Cragg, Amy　クラッグ, エイミー
㊖アメリカ　陸上選手
Cragg, Dan　クラッグ, ダン
1939〜　㊔「スター・ウォーズ」 ソニー・マガジンズ　2005
Cragg, Tony　クラッグ, トニー
1949〜　㊖イギリス　彫刻家　本名＝Cragg, Anthony Douglas
Cragoe, Carol Davidson　クラゴー, キャロル・デイヴィッドスン
㊔「建築物を読みとく鍵」 ガイアブックス, 産調出版(発売)　2009
Cragun, Richard　クラガン, リチャード
1944〜2012　㊖アメリカ　バレエダンサー　ベルリン・ドイツ・オペラ・バレエ監督, シュトゥットガルト・バレエ団プリンシパル　㊙クレイガン, リチャード
Craig, Albert M.　クレイグ, アルバート・M.
㊔「文明と啓蒙」 慶応義塾大学出版会　2009
Craig, Allen　クレイグ, アレン
㊖アメリカ　野球選手
Craig, Cameron　クレイグ, キャメロン
グラミー賞 最優秀録音技術アルバム(クラシック以外)(2007年(第50回)) "Beauty & Crime"
Craig, Catherine L.　クレイグ, キャサリン・L.
㊔「クモはなぜ糸をつくるのか?」 丸善出版　2013
Craig, Daniel　クレイグ, ダニエル
1968〜　㊖イギリス　俳優
Craig, David　クレイグ, デイヴィド
㊔「コンサルタントの危ない流儀」 日経BP社, 日経BP出版センター(発売)　2007
Craig, Emily A.　クレイグ, エミリー
㊔「死体が語る真実」 文芸春秋　2005
Craig, Gary　クレイグ, ゲアリー
1940〜　㊔「1分間ですべての悩みを解放する!」 春秋社　2011
Craig, Gary　クレイグ, ゲイリー
㊔「社会政策の国際的展開」 晃洋書房　2003
Craig, Gordon Alexander　クレイグ, ゴードン・A.
1913〜2005　㊔「軍事力と現代外交」 有斐閣　2009
Craig, Helen　クレイグ, ヘレン
1934〜　㊔「消えた犬と野原の魔法」 徳間書店　2014
Craig, J.Marshall　クレイグ, J.マーシャル
㊔「ロック・アンド・ホーム・プレイス」 レインボウブリッジ, 星雲社(発売)　2007
Craig, John William　クレイグ, ジョン・ウィリアム
㊖カナダ　ジャパン・ソサエティ会長, 在トロント日本国総領事館顧問弁護士, 元・マクミラン法律事務所顧問
Craig, Peter　クレイグ, ピーター
1969〜　㊔「ホット・プラスティック」 アーティストハウスパブリッシャーズ, 角川書店(発売)　2004
Craighead, Christopher W.　クレーグヘッド, クリストファー・W.
㊔「サプライチェーンリスクマネジメント入門」 日科技連出版社　2010
Craigie, Peter C.　クレイギ, ピーター・C.
㊔「聖書と戦争」 すぐ書房　2001
Crain, Brooke　クレイン, ブルック
㊖アメリカ　自転車選手　㊙クレイン
Crain, S.R.　クレイン, S.R.
㊔「Mr.Soulサム・クック」 ブルース・インターアクションズ　2002
Craine, Debra　クレイン, デブラ
㊔「オックスフォードバレエダンス事典」 平凡社　2010
Craine, Leslie E.　クレイン, L.E.
㊔「ハート基礎有機化学」 培風館　2002
Crainer, Stuart　クレイナー, スチュアート
㊔「イノベーション」 プレジデント社　2014
Crais, Robert　クレイス, ロバート
1953〜　㊖アメリカ　作家
Cram, Donald James　クラム, ドナルド・ジェームス
1919〜2001　㊖アメリカ　化学者　カリフォルニア大学ロサンゼルス校名誉教授　㊕有機化学, 分子合成
Cramer, Dettmar　クラマー, デットマール
1925〜2015　㊖ドイツ　サッカー指導者　国際サッカー連盟(FIFA)専任コーチ, サッカー米国代表監督　㊙クラーマー, デットマール / クラマー, デットマル
Cramer, Friedrich　クラマー, フリードリッヒ
1923〜　㊔「カオスと秩序」 学会出版センター　2001
Cramér, Ivo　クラメール, イーヴォ
1921〜2009　㊖スウェーデン　バレエダンサー, 振付師　クラメール・バレエ団監督　㊙クラメル, イーヴォ
Cramer, Jacqueline　クラーマー, ジャクリーン
㊖オランダ　国土開発・環境相
Cramer, Jim　クレイマー, ジム
1955〜　㊔「ジム・クレイマーの"ローリスク"株式必勝講座」 宝島社　2015
Cramer, Konrad　クラーマー, コンラッド
1933〜2013　㊖ドイツ　哲学者　ゲッティンゲン大学教授　㊕カント研究
Cramm, Dagmar von　クラム, ダグマール・フォン
㊔「「もっと単純に!」で人生はうまくいく」 中経出版　2012
Cramp, Bradley　クランプ, ブラッドリー
㊔「サイボーグ009USAエディション」 小学館集英社プロダクション　2013
Crampton, Alexandra Lee　クランプトン, アレクサンドラ・リー
㊔「ソーシャルワークと修復的正義」 明石書店　2012
Crampton, David S.　クランプトン, ディビッド・S.
㊔「ソーシャルワークと修復的正義」 明石書店　2012
Crampton, R.J.　クランプトン, R.J.
㊔「ブルガリアの歴史」 創土社　2004
Cran, William　クラン, ウィリアム
㊔「BBCの英語物語」 講談社出版サービスセンター(製作)　2001
Crandall, Robert W.　クランドール, ロバート・W.
㊔「テレコム産業の競争と混沌」 NTT出版　2006
Crandall, Susan　クランダル, スーザン
㊖アメリカ　作家　㊕ロマンス
Crane, Alberto　クレーン, アルバート
㊔「ブラジリアン柔術マキシマム」 愛隆堂　2006
Crane, Anna　クレイン, アナ
㊔「モーズレイ・モデルによる家族のための摂食障害こころのケア」 新水社　2008
Crane, Caprice　クレイン, カプリス
㊖アメリカ　作家　㊕ロマンス, ヤングアダルト
Crane, Greg　クレイン, グレッグ
㊔「人文学と電子編集」 慶応義塾大学出版会　2011
Crane, Hart　クレイン, ハート
㊔「橋」 河本静夫　2002
Crane, Jim　クレイン, ジム
㊖アメリカ　ヒューストン・アストロズオーナー
Crane, Nicholas　クレイン, ニック
1954〜　㊔「世界をぼうけん! 地図の絵本」実業之日本社　2013
Crane, Peter Robert　クレーン, ピーター
1954〜　㊖イギリス　古生物学者, 植物学者　エール大学教授　英国王立キュー植物園園長, シカゴ大学教授　㊕植物分類学　㊙クレイン, ピーター
Crane, Rebecca　クレーン, レベッカ
1964〜　㊔「30のキーポイントで学ぶマインドフルネス認知療法入門」 創元社　2010
Crane, Stephen　クレイン, スティーヴン
㊔「アイスクリームの皇帝」 河出書房新社　2014
Crane, Stephen W.　クレーン, S.W.
㊔「小動物の臨床栄養学」 マーク・モーリス研究所　2001
Crane, Susan A.　クレイン, スーザン・A.
㊔「ミュージアムと記憶」 ありな書房　2009
Crane, Tim　クレイン, ティム
1962〜　㊔「心の哲学」 勁草書房　2010
Cranfield, Bill　クランフィールド, ビル
㊔「ビューティフルストリームライン」 システム・デザイン・リミテッド, グラフィック社(発売)　2005
Cranfield, Charles Ernest Burland　クランフィールド, チャールズ・アーネスト・バーランド
1915〜2015　㊖イギリス　新約学者　ダーラム大学名誉教授
Crangle, Maeve Byrne　クラングル, ミーヴ・バーン
㊔「もう飛行機はこわくない!」 主婦の友社　2002
Cranmer, Kathryn　クランマー, キャサリン
㊔「輝ける秋」 ハーレクイン　2014
Cranston, Bryan　クランストン, ブライアン
エミー賞 プライムタイム・エミー賞 最優秀主演男優賞(ドラマシリーズ)(第66回(2014年))ほか

Cranston, Edwin A. クランストン, エドウィン
1932～ 國アメリカ 日本文学研究家 ハーバード大学日本文学教授 著和歌, 古代和歌の翻訳と解説 風クランストン, エドウィン・A.

Cranton, Elmer M. クラントン, エルマー・M.
著「キレーション治療の真実」メディカルレビュー社 2016

Cranton, Patricia クラントン, パトリシア・A.
著「おとなの学びを創る」鳳書房 2004

Cranz, Christl クランツ, クリストル
？～2004 國ドイツ アルペンスキー選手

Crary, Elizabeth クレアリー, エリザベス
1942～ 著「叩かず甘やかさず子育てする方法」築地書館 2010

Crary, Jonathan クレーリー, ジョナサン
著「24/7」NTT出版 2015

Crasher Bam Bam Bigelow クラッシャー・バンバン・ビガロ
1961～2007 國アメリカ プロレスラー 本名=ビガロ, スコット〈Bigelow, Scott〉

Craste, Marc クラステ, マーク
國イギリス オタワ国際アニメーション映画祭 最優秀宣伝用アニメーション（2007年）"The Big Win"（National Lottery）〈Studio AKA〉

Crato, Nuno クラート, ヌーノ
國ポルトガル 教育・科学相

Craughwell, Thomas J. クローウェル, トマス・J.
風クローウェル, トマス 著「戦争と科学者」原書房 2012

Crausaz, Anne クロザ, アンヌ
1970～ 著「みずたまのたび」西村書店東京出版編集部 2015

Craven, John クラーヴェン, ジョン
1949～ 著「社会的選択理論」勁草書房 2005

Craven, Philip クレーヴン, フィリップ
1950～ 國イギリス 元いすバスケットボール選手, 元車いす水泳選手 国際パラリンピック委員会（IPC）会長

Craven, Sara クレイヴン, サラ
1938～ 著「侯爵と見た夢」ハーパーコリンズ・ジャパン 2016

Craven, Wes クレイヴン, ウェス
1939～2015 國アメリカ 映画監督, 脚本家 本名=クレーベン, ウェスリー・アール 風クレーヴン, ウェス／クレイブン, ウェス／クレイヴン, ウェス

Cravens, Jesse クレイベンス, ジェシー
著「HTML5 Hacks」オライリー・ジャパン, オーム社（発売）2013

Cravens, Su'a クレイベンズ, スーア
國アメリカ アメフト選手

Craver, William クレイヴァー, ウィリアム
トニー賞 トニー名誉賞（2013年（第67回））

Cravid, Raul Antonio da Costa クラビド, ラウル・アントニオ・ダ・コスタ
國サントメ・プリンシペ 内務・文民保護相

Craviotto, Saúl クラビオット, サウル
1984～ 國スペイン カヌー選手 本名=Craviotto Rivero, Saul 風クラビオット／クラビオトリベロ

Craviotto Rivero, Saul カラビオット, サウル
國スペイン カヌー選手 風クラビオトリベロ

Cravy, Tyler クレイビー, タイラー
國アメリカ 野球選手

Crawford, Andy クロフォード, アンディ
著「写真でたどるロシアの文化と歴史」あすなろ書房 2007

Crawford, Brandon クロフォード, ブランドン
國アメリカ 野球選手

Crawford, Bryce Low, Jr. クロフォード, ブライス
1914～2011 國アメリカ 物理化学者 ミネソタ大学教授 風クローフォード, ブライス

Crawford, Carl クロフォード, カール
1981～ 國アメリカ 野球選手 本名=Crawford, Carl Demonte

Crawford, Chandra クロフォード, チャンドラ
1983～ 國カナダ スキー選手

Crawford, Chris クロフォード, クリス
國アメリカ バスケットボール選手

Crawford, Chris クロフォード, クリス
著「ヒューマンインターフェースの発想と展開」ピアソン・エデュケーション 2005

Crawford, Cindy クロフォード, シンディ
1966～ 國アメリカ ファッションモデル, 女優 本名=Crawford, Cynthia Ann

Crawford, Corey クロフォード, コリー
國アメリカ アメフト選手

Crawford, Dorothy H. クローフォード, ドロシー・H.
著「ウイルス」丸善出版 2014

Crawford, Drew クロフォード, ドリュー
國アメリカ バスケットボール選手

Crawford, Frederick A. クロフォード, フレッド
著「競争優位を実現するファイブ・ウェイ・ポジショニング戦略」イースト・プレス 2013

Crawford, Holly クロフォード
國オーストラリア スノーボード選手

Crawford, Jack クロフォード, ジャック
國アメリカ アメフト選手

Crawford, Jamal クロフォード, ジャマール
國アメリカ バスケットボール選手

Crawford, Jeremy クローフォード, ジェレミィ
著「モルデンカイネンの魔法大百貨」ホビージャパン 2012

Crawford, John Fort クロフォード, ジョン・フォート
國アメリカ パリ・アメリカン病院理事長, 弁護士

Crawford, J.P. クロフォード, JP.
國アメリカ 野球選手

Crawford, Michael クロフォード, マイケル
ローレンス・オリヴィエ賞 ミュージカル・エンタテインメント助演俳優賞（2005年（第29回））"The Woman In White"

Crawford, Michael A. クロフォード, マイケル
國イギリス 栄養学者 英国脳栄養化学研究所所長 風クロフォード, マイケル・A.

Crawford, Peter Alan クロフォード, ピーター
1969～ 著「WM循環器内科コンサルト」メディカル・サイエンス・インターナショナル 2005

Crawford, Randy クロフォード, ランディ
1952～ 國アメリカ 歌手

Crawford, Richard クロフォード, リチャード
國アメリカ アメフト選手

Crawford, Roger クロフォード, ロジャー
1960～ 著「こんな『きっかけ』を待っていた！」三笠書房 2006

Crawford, Saffi クロフォード, サッフィ
著「誕生日大全」主婦の友社 2016

Crawford, Sharon クロフォード, シャロン
著「Microsoft Windows Server 2003オフィシャルマニュアル」日経BPソフトプレス, 日経BP出版センター（発売）2003

Crawford, Shawn クロフォード
國アメリカ 陸上選手

Crawford, Steve クロフォード, スティーブ
著「世界の主力軍艦」アリアドネ企画, 三修社（発売）2003

Crawford, Ted クロフォード, テッド
著「幸せなカップルになるために」ダイヤモンド社 2002

Crawford, Tony クロフォード, トニー
著「Cクイックリファレンス」オライリー・ジャパン, オーム社（発売）2016

Crawford, T.S. クローフォード, T.S.
1945～ 著「アンブレラ」八坂書房 2002

Crawford, Tyrone クロフォード, タイロン
國アメリカ アメフト選手

Crawford, William クロフォード, ウイリアム
1978～ 風クロフォード, ウィリアム 著「J2EEデザインパターン」オライリー・ジャパン, オーム社（発売）2004

Crawford, Yunaika クロフォード
國キューバ 陸上選手

Crawley, Ken クロウリー, ケン
國アメリカ アメフト選手

Crawley, Talitiga クローリー
國サモア テコンドー選手

Crawshaw, Alwyn クローショー, アルウィン
1934～ 著「アルウィン夫妻の日本スケッチ紀行」エム・ピー・シー 2003

Crawshaw, June クローショー, ジュン
1936～ 著「アルウィン夫妻の日本スケッチ紀行」エム・ピー・シー 2003

Crawshay, David クローシェイ
國オーストラリア ボート選手

Cray, David クレイ, デイヴィッド
著「裁きを待つ女」ソニー・マガジンズ 2002

Cray, Jordan クレイ, ジョーダン
著「いたずらメールの代償」青春出版社 2001

Crayton, Carolyn クレイトン, キャロリン
國アメリカ 元・ジョージア州メーコン国際桜祭り会長兼最高経

営責任者(創立者)
Crayton, Gary E.　クレイトン, ゲーリー・E.
　著「アメリカの高校生が学ぶ経済学」WAVE出版　2005
Craze, Richard　クレイズ, リチャード
　1950〜2006　著「煙草のささやき」バジリコ　2006
Creach, Jerome Frederick Davis　クリーチ, J.F.D.
　1962〜　国アメリカ　著クリーチ, ジェローム・F.D.　著「詩編」日本キリスト教団出版局　2011
Cready, Gwyn　クレディ, グウィン
　国アメリカ　作家　著ロマンス
Creamer, Mark　クリーマー, マーク
　著「不安障害の認知行動療法」星和書店　2005
Creamer, Paula　クリーマー, ポーラ
　1986〜　国アメリカ　プロゴルファー
Crean, Simon　クリーン, サイモン
　国オーストラリア　地域開発・地方行政相兼芸術相
Crease, Robert P.　クリース, ロバート・P.
　著「平和、戦争と平和」丸善プラネット, 丸善出版(発売)　2016
Crebbin-Bailey, Jane　クレビン・ベイリー, ジェーン
　著「スパ・ブック」センゲージラーニング, BABジャパン出版局(発売)　2009
Cree, Ann Elizabeth　クリー, アン・エリザベス
　著「水都の夜に」ハーレクイン　2007
Creech, Sharon　クリーチ, シャロン
　1945〜　国イギリス　作家
Creed, John　クリード, ジョン
　1961〜　著「ブラック・ドッグ」新潮社　2007
Creed, Michael　クリード, マイケル
　国アイルランド　農業・食料・海洋相
Creel, Gavin　クリール, ギャヴィン
　ローレンス・オリヴィエ賞 ミュージカル・エンタテインメント男優賞(2014年(第38回))　"The Book Of Mormon"
Creeley, Robert White　クリーリー, ロバート
　1926〜2005　国アメリカ　詩人, 作家, 英語学者　ニューヨーク州立大学教授
Creel Miranda, Santiago　クレール・ミランダ, サンティアゴ
　国メキシコ　内相
Creevy, Agustin　クレービ, アグスティン
　国アルゼンチン　ラグビー選手
Creightmore, Richard　クレイトモア, リチャード
　著「風水」創元社　2013
Creighton, Christopher　クライトン, クリストファー
　著「ナチスを売った男」光文社　2002
Creighton, Kathleen　クレイトン, キャスリーン
　著「反逆のプリンス」ハーレクイン　2007
Creighton, Thomas E.　クレイトン, T.E.
　著「分子生物学大百科事典」朝倉書店　2010
Crelinsten, Gordon L.　クレリンステン, ゴードン・L.
　著「新たな全人的ケア」日本ホスピス・緩和ケア研究振興財団, 青海社(発売)　2016
Crema, Katya　クレマ
　国オーストラリア　フリースタイルスキー選手
Creme, Benjamin　クレーム, ベンジャミン
　1922〜　著「マイトレーヤの使命」シェア・ジャパン出版　2016
Crémer, Bruno　クレメール, ブルーノ
　1929〜2010　国フランス　俳優　訳クレメール, ブルーノ / クレメル, ブルーノ
Cremonesi, Alessandro　クレモネージ, アレッサンドロ
　1968〜　実業家　ジル・サンダーグループCEO
Crenna, Richard　クレンナ, リチャード
　1926〜2003　国アメリカ　俳優
Crennel, Romeo　クレンネル, ロメオ
　国アメリカ　ヒューストン・テキサンズコーチ
Crenshaw, Charles A.　クレンショー, チャールズ
　？〜2001　国アメリカ　外科医
Crenshaw, Russell Sydnor　クレンシャウ, ラッセル
　1920〜　著「ルンガ沖の閃光」大日本絵画　2008
Crepaldi, Gabriele　クレパルディ, ガブリエレ
　著「ゴーギャン」昭文社　2007
Crepax, Guido　クレパクス, グイド
　1933〜　著「O嬢の物語」エディシオン・トレヴィル, 河出書房新社(発売)　2007
Crépon, Marc　クレポン, マルク
　1962〜　著「文明の衝突という欺瞞」新評論　2004
Crescenzi, Alessandro　クレシェンツィ, アレッサンドロ
　国イタリア　サッカー選手

Creschenzo, Luciano De　クレシェンツォ, ルチアーノ・デ
　1928〜　国イタリア　作家, 映画監督, 脚本家, 俳優　訳クレシェンツォ, ルチャーノ・デ / デ・クレシェンツォ, ルチアーノ
Crespi, Francesca　クレスピ, フランチェスカ
　著「ノアの箱舟」大日本絵画　〔2014〕
Crespin, Régine　クレスパン, レジーヌ
　1927〜2007　国フランス　ソプラノ歌手
Crespo, Hernan　クレスポ, エルナン
　1975〜　国アルゼンチン　サッカー選手　本名=クレスポ, エルナン・ホルヘ<Crespo, Hernan Jorge>　訳クレスポ, ヘルナン
Crespo, Manuel　クレスポ, マヌエル
　国ドミニカ共和国　青年問題相
Crespo Villate, Mercedes Tania　クレスポ・ビジャテ, メルセデス・タニア
　国キューバ　アジア文化研究者, キューバ作家・芸術家協会会員
Crespy, Michel　クレスピ, ミシェル
　1946〜　著「首切り」早川書房　2002
Cresswell, Aaron　クレスウェル, アーロン
　国イングランド　サッカー選手
Cresswell, Helen　クレスウェル, ヘレン
　1934〜　著「村はおおきなパイつくり」岩波書店　2003
Cresswell, Jasmine　クレスウェル, ジャスミン
　著「最高の花嫁候補」ハーレクイン　2008
Cresti, Carlo　クレスティ, カルロ
　著「芸術の都フィレンツェ大図鑑」西村書店　2015
Cresti, Renzo　クレスティ, レンツォ
　著「音楽の都ルッカとオペラの天才プッチーニ」一芸社　2011
Crestin-Billet, Frédérique　クレスタン=ビエ, フレデリック
　著「フレデリック・クレスタン=ビエのフランス・アンティーク糸の世界」カラーフィールド　2009
Cresswell, John W.　クレスウェル, J.W.
　著「人間科学のための混合研究法」北大路書房　2010
Cretier, Claude　クレティエ
　国フランス　アルペンスキー選手
Cretin, Thierry　クルタン, ティエリ
　著「世界のマフィア」緑風出版　2006
Creveld, Martin van　クレフェルト, マーチン・ファン
　著「エア・パワーの時代」芙蓉書房出版　2014
Crewe, Bob　クルー, ボブ
　1930〜2014　国アメリカ　音楽プロデューサー, 作詞家
Crews, Caitlin　クルーズ, ケイトリン
　著「純潔の未亡人」ハーパーコリンズ・ジャパン　2016
Crews, John E.　クルーズ, ジョン・E.
　著「高齢化社会と視覚障害」日本盲人福祉委員会　2003
Crialese, Emanuele　クリアレーゼ, エマヌエル
　1965〜　国イタリア　映画監督　訳クリアレーゼ, エマヌエーレ
Cribb, Joe　クリブ, ジョー
　著「コインと紙幣の事典」あすなろ書房　2006
Cribb, Julian　クリブ, ジュリアン
　著「90億人の食糧問題」シーエムシー出版　2011
Cribb, Reg　クリップ, レグ
　著「リターン ダーウィンへの最後のタクシー」オセアニア出版社　2007
Crichlowcockburen, Cherrie-Ann　クリックロウコックバーン, チェリーアン
　国トリニダード・トバゴ　社会開発・家族相
Crichton, Margaret　クリチトゥン, マーガレット
　著「現場安全の技術」海文堂出版　2012
Crichton, Michael　クライトン, マイケル
　1942〜2008　国アメリカ　作家, 映画監督　別名=ハドソン, ジェフリー<Hudson, Jeffery>, ラング, ジョン<Lange, John>, ダグラス, マイケル<Douglas, Michael>　訳クライトン, マイクル
Crichton, Robert R.　クライトン, R.R.
　著「クライトン生物無機化学」東京化学同人　2016
Crichton, Scott　クリチトン, スコット
　国アメリカ　アメフト選手
Crick, Bernard　クリック, バーナード
　1929〜2008　国イギリス　政治学者　ロンドン大学バークベック・カレッジ名誉教授, エディンバラ大学名誉研究員
Crick, Debbie　クリック, デビー
　著「トランプの秘密」リトルモア　2005
Crick, Francis Harry Compton　クリック, フランシス
　1916〜2004　国イギリス　分子生物学者　ソーク生物学研究所(米国)名誉所長
Crick, Jared　クリック, ジャレッド
　国アメリカ　アメフト選手

C

Crick, Kyle クリック, カイル
[国]アメリカ 野球選手
Crick, Thomas K. クイック, トーマス・K.
[著]「ソーシャルワークと修復的正義」 明石書店 2012
Criddle, Craig クリドル, クレイグ
[著]「マンガ化学が驚異的によくわかる」 白揚社 2006
Crider, Bill クライダー, ビル
[著]「シャーロック・ホームズベイカー街の幽霊」 原書房 2006
Crigler, Ann N. クリグラー, アン・N.
[著]「ニュースはどのように理解されるか」 慶応義塾大学出版会 2008
Crile, George Ⅲ クライル, ジョージ
1945〜2006 [国]アメリカ 作家, テレビプロデューサー
Crillo, Patrick シリーロ, パトリック
[著]「ティアーズ・オブ・ザ・サン」 竹書房 2003
Crilly, A.J. クリリー, トニー
[著]「ビッグクエスチョンズ」 ディスカヴァー・トゥエンティワン 2014
Crimlis, Roger クリムリス, ロジャー
[著]「カルト・ロック・ポスター集」 ブルース・インターアクションズ 2007
Crimmins, C.E. クリミンス, キャシー
[著]「パパの脳が壊れちゃった」 原書房 2001
Crinella, Francis M. クリネラ, フランシス・M.
[著]「記憶脳」 PHP研究所 2007
Cringely, Robert X. クリンジリー, ロバート
1953〜 [著]「倒れゆく巨象」 祥伝社 2015
Crino, Rocco クリーノ, ロッコ
[著]「不安障害の認知行動療法」 星和書店 2005
Crippa, Luca クリッパ, ルーカ
1964〜 [著]「アウシュヴィッツの囚人写真家」 河出書房新社 2016
Crippa, Maria Antonietta クリッパ, マリア・アントニエッタ
[著]「アントニ・ガウディ」 Taschen c2006
Crippen, Fran クリッペン, フラン
1984〜2010 [国]アメリカ 水泳選手
Cripps, Peter クリップス, ピーター
1958〜 [著]「システムアーキテクチャ構築の実践手法」 翔泳社 2010
Crisafulli, Patricia クリサフリ, パトリシア
[著]「ロビンスカップの魔術師たち」 パンローリング 2006
Crisan, Adrian クリザン, アドリアン
[国]ルーマニア 卓球選手 [異]クリシャン
Crisan, Marian クリサン, マリアン
カンヌ国際映画祭 短編映画パルムドール(第61回(2008年)) "Megatron"
Criscuolo, C.Clark クリスクオーロ, C.C.
[著]「マフィアに恋して」 集英社 2001
Crisetig, Lorenzo クリセティグ, ロレンツォ
[国]イタリア サッカー選手
Crisfulla, Karen クリスフラ, カレン
[著]「最強のモニター心電図」 ガイアブックス 2013
Crismanich, Sebastián クリスマニッチ, セバスティアン
1986〜 [国]アルゼンチン テコンドー選手 本名=Crismanich, Sebastián Eduardo
Crisp, Coco クリスプ, ココ
[国]アメリカ 野球選手
Crisp, Dan クリスプ, ダン
[著]「マジックバルーン」 大日本絵画 2012
Crisp, Jessica クリスプ
[国]オーストラリア セーリング選手
Crisp, Rob クリスプ, ロブ
[国]アメリカ アメフト選手
Crisp, Roger クリスプ, ロジャー
[著]「遺伝子革命と人権」 DHC 2001
Crispin, A.C. クリスピン, A.C.
[著]「パイレーツ・オブ・カリビアン/自由の代償」 竹書房 2011
Crispin, Lisa クリスピン, リサ
[著]「実践アジャイルテスト」 翔泳社 2009
Crist, Michael K. クリスト, マイケル
[著]「認知パターン」 ピアソン・エデュケーション 2001
Crist, Steven G. クリスト, スチーブン
[異]クリスト, スティーヴン [著]「ハーバード式3連単必勝法」 集英社インターナショナル, 集英社(発売) 2008
Cristalin, Yves クリスタラン, イブ
[国]ハイチ共和国 社会問題・労働相
Cristante, Bryan クリスタンテ, ブライアン
[国]イタリア サッカー選手
Cristas, Assunção クリスタス, アスンサオン
[国]ポルトガル 農業・海洋相
Cristea, Valerian クリステア, バレリアン
[国]モルドバ 副首相
Cristianini, Nello クリスティアニーニ, ネロ
[著]「サポートベクターマシン入門」 共立出版 2005
Cristiano Ronaldo クリスティアーノ・ロナウド
1985〜 [国]ポルトガル サッカー選手 本名=ドス・サントス・アヴェイロ, クリスティアーノ・ロナウド〈Dos Santos Aveiro, Cristiano Ronaldo〉 [異]クリスチアーノ, ロナウド / クリスチャーノ・ロナウド / クリスティアーノ・ロナルド / ロナルド
Cristin, Renato クリスティン, レナート
1958〜 [著]「現象学とライプニッツ」 晃洋書房 2008
Cristina, Dolores クリスティナ, ドロレス
[国]マルタ 教育・雇用相
Cristo Bustos, Juan Fernando クリスト・ブストス, フアン・フェルナンド
[国]コロンビア 内相
Cristofaro, Rob クリストファロ, ロブ
[著]「クリエイティブスペース」 グラフィック社 2011
Cristoforo, Sebastian クリストフォロ, セバスティアン
[国]ウルグアイ サッカー選手
Cristol, Steven M. クリストル, スティーブン・M.
[著]「シンプリシティ・マーケティング」 ダイヤモンド社 2002
Cristóvão, Cirilo クリストバン, シリロ
[国]東ティモール 国防相
Critchell, Mary King クリッチェル, メアリー・キング
1914〜2011 [国]アメリカ 鹿児島の民主主義の母 連合国軍総司令部(GHQ)教育担当官
Critchley, Simon クリッチリー, サイモン
1960〜 [著]「哲学者たちの死に方」 河出書房新社 2009
Critser, Greg クライツァー, グレッグ
[著]「デブの帝国」 バジリコ 2003
Crittendon, Robert クリトンドン, ロバート
[著]「マネジャーになったら読む本」 ダイヤモンド社 2003
Crittle, Simon クリトル, サイモン
1970〜 [著]「ラスト・ゴッドファーザー」 東洋経済新報社 2007
Crivella, Marcelo クリベラ, マルセロ
[国]ブラジル 漁業・養殖相
Crkvenac, Mato ツルクベナツ, マト
[国]クロアチア 財務相
Crnadak, Igor ツルナダク, イゴル
[国]ボスニア・ヘルツェゴビナ 外相
Crnogorac, Jovana クルノゴラッチ, ヨバナ
[国]セルビア 自転車選手
Crnoja, Mijo ツルノヤ, ミヨ
[国]クロアチア 退役軍人相
Croce, Augusto クローチェ, アウグスト
1960〜 [著]「イタリアン・プログ・ロック」 マーキー・インコーポレイティド, 星雲社(発売) 2009
Croce, Daniele クローチェ, ダニエレ
[国]イタリア サッカー選手
Crocetti, Venanzo クロチェッティ, ヴェナンツォ
1913〜2003 [国]イタリア 彫刻家 [異]クロチェッティ, ベナンツォ
Crocetto, Leah クロチェット, リア
1980〜 [国]アメリカ ソプラノ歌手
Crocker, Ian クロッカー
[国]アメリカ 競泳選手
Crocker, Richard L. クロッカー, リチャード・L.
[著]「グレゴリオ聖歌の世界」 音楽之友社 2006
Crocket, Kathie クロケット, キャシー
[著]「ナラティヴ・アプローチの理論から実践まで」 北大路書房 2008
Crockett, Aldene "Scruffie" クロケット, オルディーン
[著]「乳幼児精神保健ケースブック」 金剛出版 2007
Crockett, Andrew Duncan クロケット, アンドルー
1943〜2012 [国]イギリス 銀行家 国際決済銀行(BIS)総支配人, JPモルガン・チェース・インターナショナル社長 [異]クロケット, アンドリュー
Crockett, Barbara A. クロケット, バーバラ・A.
[著]「不安障害」 日本評論社 2005
Crockett, John クロケット, ジョン
[国]アメリカ アメフト選手
Crockett, Kyle クロケット, カイル
[国]アメリカ 野球選手

Crockett, William R.　クロケット, ウィリアム・R.
　㊐「ユーカリスト」聖公会出版　2014
Crockett, Wyatt　クロケット, ワイアット
　㊌ニュージーランド　ラグビー選手
Croddy, Eric　クロディー, E.
　1966～　㊐「生物化学兵器の真実」シュプリンガー・フェアラーク東京　2003
Croenen, Louis　クローネン, ルイス
　㊌ベルギー　水泳選手
Croft, James　クロフト, ジェームズ
　1970～　㊐「クンちゃんのクレーンしゃ」ひさかたチャイルド　2008
Croft, John J., IV　クロフト, ジョン・J., 4世
　㊐「Monoプログラミング」アスキー・メディアワークス, 角川グループパブリッシング(発売)　2012
Croft, Sydney　クロフト, シドニー
　㊐ロマンス　単独筆名＝イオーネ, ラリッサ〈Ione, Larissa〉, ジェイクス, S.E.〈Jakes, S.E.〉
Croibier, Alain　クロワビエ, アラン
　㊐クロアビエ, アラン　㊐「新マニピュレーションアプローチ《下肢》」科学新聞社　2014
Croiter, Jeff　クロイター, ジェフ
　トニー賞 プレイ 照明デザイン賞(2012年(第66回))　"Peter and the Starcatcher"
Croitoru, Tal　クロイトル, タル
　㊐「EMDR革命：脳を刺激しトラウマを癒す奇跡の心理療法」星和書店　2015
Croll, Alistair　クロール, アリステア
　㊐「Lean Analytics」オライリー・ジャパン, オーム社(発売)　2015
Crom, J.Oliver　クロム, J.オリバー
　㊐「セールス・アドバンテージ」創元社　2005
Crom, Michael A.　クロム, マイケル
　㊐「セールス・アドバンテージ」創元社　2005
Cromartie, Marcus　クロマティー, マーカス
　㊌アメリカ　アメフト選手
Cromatie, Antonio　クロマティ, アントニオ
　㊌アメリカ　アメフト選手
Crombac, Gérard　クロンバック, ジェラール
　1929～2005　「ジャビーズ・コラム最終章」二玄社　2009
Crombé, Véronique　クロンベ, ヴェロニック
　㊐「ブッダ」大東出版社　2003
Crombie, David　クロンビー, デヴィッド
　1951～　㊐「世界一くだらない法律集」ブルース・インターアクションズ　2007
Crombie, Deborah　クロンビー, デボラ
　㊌アメリカ　作家
Crombie, I.K.　クロンビー, イアン・K.
　㊐「医療専門職のための研究論文の読み方」金剛出版　2007
Cromey, Felix　クローミー, フィーリクス
　㊐「ブルーノートアルバム・カヴァー・アート」美術出版社　2005
Cromwell, James　クロムウェル, ジェームズ
　1940～　㊌アメリカ　俳優
Cromwell, Peter R.　クロムウェル, P.R.
　1964～　㊐クロムウェル, ピーター・R.　㊐「多面体」数学書房　2014
Cron, C.J.　クロン, CJ.
　㊌アメリカ　野球選手
Cron, Lisa　クロン, リサ
　㊐「脳が読みたくなるストーリーの書き方」フィルムアート社　2016
Cronberg, Tarja　クリーンバリ, タルヤ
　㊌フィンランド　労相
Cronce, Jessica M.　クロンス, ジェシカ・M.
　㊐「リラプス・プリベンション」日本評論社　2011
Crone, Deanne A.　クローン, ディアンヌ・A.
　㊐「スクールワイドPBS」二瓶社　2013
Crone, Rainer　クローン, レイナー
　1942～　㊐「スタンリー・キューブリック」ファイドン　2005
Cronenberg, David　クローネンバーグ, デービッド
　1943～　㊌カナダ　映画監督, 脚本家　㊐クローネンバーグ, デイヴィッド / クローネンバーグ, デビッド / クロネンバーグ
Cronin, Doreen　クローニン, ドリーン
　㊐「クモくんのにっき」朔北社　2010
Cronin, Helena　クローニン, ヘレナ
　㊐「哲学者は何を考えているのか」春秋社　2006
Cronin, James　クローニン, ジェームス
　1931～2016　㊌アメリカ　物理学者　シカゴ大学名誉教授　本名＝Cronin, James Watson　㊐クローニン, ジェイムズ・ウォトソン
Cronin, Michael　クローニン, マイケル
　1960～　㊐「翻訳とグローバリゼーション」大阪教育図書　2010
Cronin, Patricia　クローニン, パトリシア
　㊐「ナースのための医療処置マニュアル」医学書院　2001
Cronin, Patrick M.　クローニン, パトリック
　1958～　㊌アメリカ　安全保障研究家　新米国安全保障研究所(CNAS)上級顧問　米国戦略国際問題研究所(CSIS)上級副所長　㊐「アジアの安全保障と軍事外交戦略」
Cronin, Sean　クロニン, ショーン
　㊌アイルランド　ラグビー選手
Cronkhite, Cathy　クロンカイト, キャシー
　㊐「不正アクセスの予防とリスク管理」ソシム　2003
Cronkite, Walter, Jr.　クロンカイト, ウォルター, Jr.
　1916～2009　㊌アメリカ　ジャーナリスト, ニュースキャスター　CBSテレビニュースキャスター　本名＝クロンカイト, ウォルター・リーランド〈Cronkite, Walter Leland (Jr.)〉
Cronon, William　クロノン, ウィリアム
　㊐「アメリカの環境主義」同友館　2004
Cronyn, Hume　クローニン, ヒューム
　1911～2003　俳優
Crook, Christina　クルック, クリスティーナ
　㊐「スマホをやめたら生まれ変わった」幻冬舎　2016
Crook, Colin　クルック, コリン
　㊐「インポッシブル・シンキング」日経BP社, 日経BP出版センター(発売)　2006
Crook, G.T.　クルック, G.T.
　㊐「ニューゲイト・カレンダー大全」大阪教育図書　2006
Crook, Thomas　クルーク, トーマス・H.
　㊐「こうすれば記憶力は回復する！」同朋舎, 角川書店(発売)　2001
Crooke, Pamela　クルーク, パメラ
　㊐「きみはソーシャル探偵！」金子書房　2016
Cropp, Robert　クロップ, ロバート
　㊐「アメリカ新世代農協の挑戦」家の光協会　2003
Cropper, Maureen L.　クロッパー, モーリーン・L.
　㊐「食品安全と栄養の経済学」農林統計協会　2002
Cropper, William H.　クロッパー, ウィリアム・H.
　㊐「物理学天才列伝」講談社　2009
Cros, Charles　クロス, シャルル
　㊐「怪奇小説傑作集」東京創元社　2006
Crosby, Alfred W.　クロスビー, アルフレッド・W.
　1931～　㊐「史上最悪のインフルエンザ」みすず書房　2009
Crosby, Daniel　クロスビー, ダニエル
　1979～　㊐「ゴールベース資産管理入門」日本経済新聞出版社　2016
Crosby, Ian　クロスビー, イアン
　BENCH共同創立者
Crosby, Lori E.　クロスビー, ローリー・E.
　㊐「子どものための認知療法練習帳ガイドブック」創元社　2008
Crosby, Mason　クロズビー, メイソン
　㊌アメリカ　アメフト選手
Crosby, Philip　クロズビー, フィリップ
　?～2001　㊌アメリカ　経営コンサルタント, 実業家　フィリップ・クロズビー協会(PCA)創設者, キャリアIV会長　㊐品質管理
Crosby, Robbin　クロスビー, ロビン
　1959～2002　㊌アメリカ　ロックギタリスト　旧グループ名＝ラット〈Ratt〉
Crosby, Robert Clifton　クロスビー, ロバート・クリフトン
　㊌アメリカ　国防省職員
Crosby, Sidney Patrick　クロスビー, シドニー
　1987～　㊌カナダ　アイスホッケー選手
Crosby, Susan　クロスビー, スーザン
　㊐「富豪一族の花嫁」ハーレクイン　2009
Crosetti, Frank　クロセッティ, フランク
　1910～2002　㊌アメリカ　野球選手　通称＝クロセッティ, フランキー〈Crosetti, Frankie〉
Crosland, Margaret　クロスランド, マーガレット
　1920～　㊐「侯爵夫人ポンパドゥール」原書房　2001
Cross, Alan　クロス, アラン
　㊌アメリカ　アメフト選手
Cross, Amanda　クロス, アマンダ
　㊐「殺さずにはいられない」早川書房　2002
Cross, Caroline　クロス, キャロライン

[著]「華麗なる紳士たち」 ハーレクイン　2008
Cross, Charles R.　クロス, チャールズ・R.
[著]「Cobain unseen」 ソフトバンククリエイティブ　2009
Cross, Daphne　クロス, ダフニ
[著]「ネガティブな気持ちが消える方法」 サンマーク出版　2012
Cross, David　クロス, デイビッド
1962～　[著]「Perlデータマンジング」 ピアソン・エデュケーション　2003
Cross, Donna Woolfolk　クロス, ドナ・W.
[著]「女教皇ヨハンナ」 草思社　2005

C

Cross, Ethan　クロス, イーサン
[著]「羊飼いのルール」 オークラ出版　2016
Cross, Gillian　クロス, ジリアン
1945～　[著]「7つの怖い夜ばなし」 ロクリン社　2016
Cross, Ian　クロス, イアン
[著]「音楽的コミュニケーション」 誠信書房　2012
Cross, John　クロス, ジョン
[著]「アーセン・ヴェンゲル」 東洋館出版社　2016
Cross, Kady　クロス, ケイディ
1971～　[国]カナダ　作家　[専]ヤングアダルト, SF　別筆名＝スミス, キャスリン〈Smith, Kathryn〉, クロス, ケイト〈Cross, Kate〉, ロック, ケイト〈Locke, Kate〉
Cross, Kathryn Patricia　クロス, パトリシア
1926～　[著]「協同学習の技法」 ナカニシヤ出版　2009
Cross, Neil　クロス, ニール
アメリカ探偵作家クラブ賞 TVエピソード賞 (2011年) "Episode 1"
Cross, Neville　クロス, ネヴィル
[著]「コーチと選手のためのコーチング戦略」 八千代出版　2008
Cross, Nigel　クロス, ナイジェル
1942～　[著]「エンジニアリングデザイン」 培風館　2008
Cross, Rodney　クロス, ロッド
[著]「テクニカル・テニス」 丸善プラネット, 丸善出版 (発売)　2011
Cross, Tom　クロス, トム
アカデミー賞 編集賞 (第87回 (2014年))　"Whiplash"
Crossan, John Dominic　クロッサン, ジョン・ドミニク
[著]「イエスとは誰か」 新教出版社　2013
Crossfield, Scott　クロスフィールド, スコット
1921～2006　[国]アメリカ　パイロット
Crossick, Matt　クロジック, マット
[著]「デヴィッド・ベッカム・アカデミー」 主婦の友社　2010
Crossingham, Adam　クロシンガム, アダム
[著]「クトゥルフ神話TRPGクトゥルフ・フラグメント」 KADOKAWA　2015
Crossland, Jonathan　クロスランド, ジョナサン
[著]「プロフェッショナルVB.NET」 インプレス, インプレスコミュニケーションズ (発売)　2002
Crossland, Ron　クロスランド, ロン
[著]「リーダーの「伝える力」」 ダイヤモンド社　2006
Crossley, Michele L.　クロスリー, ミシェル・L.
[著]「ナラティブ心理学セミナー」 金剛出版　2009
Crossley, Nick　クロスリー, ニック
1968～　[著]「社会的身体」 新泉社　2012
Crossley, Pamela Kyle　クロスリー, パミラ・カイル
1955～　[著]「グローバル・ヒストリーとは何か」 岩波書店　2012
Crossley, Paul　クロスリー, ポール
1945～　[著]「ゴシック建築大成」 中央公論美術出版　2011
Crossley-Holland, Kevin　クロスリー＝ホランド, ケビン
1941～　[著]「ハートソング」 BL出版　2016
Crossman, A.R.　クロスマン, A.R.
[著]「神経解剖カラーテキスト」 医学書院　2008
Crosswell, Kathy　クロスウェル, キャシー
[著]「宇宙の扉を開く50の鍵」 三雅, 星雲社 (発売)　2012
Crother, Cyndi　クラザー, シンディ
1970～　[著]「まず心の声を「キャッチ」せよ！」 英治出版　2004
Crotty, David A.　クロティ, デーヴィッド・A.
[著]「DNAサイエンス」 医学書院　2006
Crouch, Adele　クラウチ, アデル・マリー
[著]「木のあなに住むノーム」 〔Creations by Crouch〕　c2011
Crouch, Blake　クラウチ, ブレイク
1978～　[国]アメリカ　作家　[専]ミステリー, スリラー
Crouch, Cathy　クラウチ, キャシー
[著]「物質使用障害のグループ治療」 星和書店　2012
Crouch, Colin　クラウチ, コリン
1944～　[著]「いまこそ民主主義の再生を！」 岩波書店　2015
Crouch, Peter　クラウチ, ピーター
1981～　[国]イギリス　サッカー選手
Crouhy, Michel　クルーイ, ミシェル
1944～　[著]「リスクマネジメントの本質」 共立出版　2015
Crouser, Ryan　クルーザー, ライアン
[国]アメリカ　陸上選手
Crouter, Richard　クルーター, リチャード
[著]「キリスト教の主要神学者」 教文館　2014
Crouwel, Wim　クロウエル, ウィム
1928～　[著]「ウィム・クロウエル」 ビー・エヌ・エヌ新社　2012
Crovetto, Francisca　クロベット, フランシスカ
[国]チリ　射撃選手　[異]クロベト
Crow, Ben　クロー, ベン
[著]「格差の世界地図」 丸善出版　2012
Crow, Bill　クロウ, ビル
1927～　[著]「ジャズ・アネクドーツ」 新潮社　2005
Crow, Kim　クロー
[国]オーストラリア　ボート選手
Crow, Sheryl　クロウ, シェリル
1962～　[国]アメリカ　ロック歌手
Crowby, Patrick　クロウビ, パトリック
[国]バヌアツ　内相
Crowder, Carolyn Zoe　クラウダー, キャロリン
[著]「子供の「口ごたえ」と上手につきあう法」 PHP研究所　2004
Crowder, Jae　クラウダー, ジェイ
[国]アメリカ　バスケットボール選手
Crowder, Jamison　クロウダー, ジェイミソン
[国]アメリカ　アメフト選手
Crowder, Robert　クラウダー, ロバート
1911～2010　[国]アメリカ　日本画家, インテリアデザイナー　[専]屏風絵
Crowdy, Terry　クラウディ, テリー
1970～　[著]「スパイの歴史」 東洋書林　2010
Crowe, Cameron　クロウ, キャメロン
1957～　[国]アメリカ　映画監督, 脚本家
Crowe, David　クローウェ, デーヴィッド
[著]「ジプシーの歴史」 共同通信社　2001
Crowe, Jeanne P.　クロウ, ジーン・P.
[著]「食品・栄養・食事療法事典」 産調出版, 産業調査会 (発売)　2006
Crowe, Judith　クロウ, ジュディス
[著]「ジュエラーのための宝石のすべて」 スタジオタッククリエイティブ　2007
Crowe, Lauren Goldstein　クロウ, ローレン・ゴールドスタイン
[著]「ジミーチュウ ストーリー」 マーブルトロン, 中央公論新社 (発売)　2011
Crowe, Michael J.　クロウ, マイケル・J.
1958～　[著]「地球外生命論争1750-1900」 工作舎　2001
Crowe, Russell　クロウ, ラッセル
1964～　[国]オーストラリア　俳優
Crowe, William James, Jr.　クロウ, ウィリアム
1925～2007　[国]アメリカ　外交官, 元・軍人　駐英米国大使, 米国統合参謀本部議長
Crowell, Beverly　クロウェル, ビバリー
[著]「リーダーシップ・マスター」 英治出版　2013
Crowell, Isaiah　クローウェル, イサイアー
[国]アメリカ　アメフト選手
Crowell, Rodney　クローウェル, ロドニー
グラミー賞 最優秀アメリカーナ・アルバム (2013年 (第56回))　"Old Yellow Moon"
Crowley, Bob　クローレイ, ボブ
トニー賞 ミュージカル 舞台デザイン賞 (2015年 (第69回)) ほか
Crowley, Chris　クロウリー, クリス
[著]「若返る女性」 エクスナレッジ　2006
Crowley, David　クラウリー, デイヴィッド
1966～　[著]「ポーランドの建築・デザイン史」 彩流社　2006
Crowley, John　クロウリー, ジョン
1942～　[国]アメリカ　SF作家
Crowley, John F.　クラウリー, ジョン・F.
[著]「奇跡は起こせる」 宝島社　2010
Crowley, Kieran　クローリー, キーラン
[国]ニュージーランド　ラグビーコーチ
Crowns, Casting　クラウンズ, キャスティング
グラミー賞 最優秀ポップ/コンテンポラリー・ゴスペル・アルバム (2005年 (第48回))　"Lifesong"
Crowson, Andrew　クロウソン, アンドリュー

Crowther, Kiesha　クローサー, キーシャ
　㊃「迫り来る地球大変容で《レインボー・トライブ/虹の民》に生まれ変わるあなたへ」ヒカルランド　2013
Crowther, Kitty　クローザー, キティ
　1970〜　絵本作家
Crowther, Nicky　クローザー, ニッキー
　㊃「英国」メディアファクトリー　2003
Crowther, Peter　クラウザー, ピーター
　世界幻想文学大賞 特別賞(プロ)(2008年)
Crowther, Robert　クラウサー, ロバート
　㊃「Pop-up cars」二玄社　2009
Crowther, Yasmin　クラウザー, ヤスミン
　㊇イギリス　作家　㊕文学
Croy, Anita　クロイ, アニタ
　㊃「スペイン」ほるぷ出版　2011
Croy, Elden　クロイ, エルデン
　㊃「アメリカ」ほるぷ出版　2011
Crozier, Lesley　クロジア, レスリー
　㊃「刷新してほしい患者移動の技術」日本看護協会出版会　2003
Crozier, Michel　クロジエ, ミシェル
　1922〜2013　㊇フランス　社会学者　パリ政治学院教授　㊕組織社会学
Crozon, Alain　クロゾン, アラン
　㊃「クリスマス」大日本絵画　〔2001〕
Crudelli, Chris　クルデリ, クリス
　㊃「世界武道格闘技大百科」東邦出版　2010
Crudup, Billy　クラダップ, ビリー
　トニー賞 プレイ 助演男優賞(2007年(第61回))　"The Coast of Utopia"
Cruess, Richard L.　クルーズ, リチャード・L.
　㊇クルーズ, リチャード　㊃「新たな全人的ケア」日本ホスピス・緩和ケア研究振興財団, 青海社(発売)　2016
Cruess, Sylvia R.　クルーズ, シルヴィア・R.
　㊃「新たな全人的ケア」日本ホスピス・緩和ケア研究振興財団, 青海社(発売)　2016
Cruess, Sylvia Robinson　クルーズ, シルヴィア
　1930〜　㊃「医療プロフェッショナリズム教育」日本評論社　2012
Cruickshank, Allan　クルックシャンク, アラン
　㊇セントビンセント・グレナディーン　外務・観光・情報相
Cruickshank, Dan　クリュックシャンク, ダン
　㊃「フレッチャー図説世界建築の歴史大事典」西村書店東京出版編集部　2012
Cruickshank, Paul　クルックシャンク, ポール
　㊃「イスラム過激派二重スパイ」亜紀書房　2016
Cruikshank, Jeffrey L.　クルックシャンク, ジェフリー・L.
　㊇クルクシャンク, ジェフリー・L. / クルークシャンク, ジェフリー・L.　㊃「ジョブズはなぜ天才集団を作れたか」講談社　2008
Cruise, Robin　クルーズ, ロビン
　1951〜　㊃「あなたがだいすき」コンセル　2008
Cruise, Tom　クルーズ, トム
　1962〜　㊇アメリカ　俳優, 映画プロデューサー　本名＝クルーズ・マパサー, トーマス(4世)〈Cruise Mapother, Thomas〉
Crum, Dan　クラム, ダン
　㊃「恋愛ウソ発見器」祥伝社　2012
Crum, Gert　クラム, ゲルト
　㊃「ル・ドメーヌ・ド・ラ・ロマネ・コンティ」ワイン王国, ステレオサウンド(発売)　2008
Crum, Steven James　クラム, スティーブン・J.
　1950〜　㊃「アメリカ先住民ウエスタン・ショショニの歴史」明石書店　2001
Crumb, Robert　クラム, ロバート
　1943〜　㊇アメリカ　漫画家　㊈クラム, R.
Crume, Eric　クルーム, エリック
　㊇アメリカ　アメフト選手
Crume, Jeff　クルーム, ジェフ
　㊃「ハッカーの秘密」ピアソン・エデュケーション　2002
Crumey, Andrew　クルミー, アンドルー
　1961〜　㊇イギリス　作家
Crumley, James　クラムリー, ジェームズ
　1939〜2008　㊇アメリカ　推理作家　㊈クラムリー, ジェイムズ
Crump, John　クランプ, ジョン
　1944〜2005　㊃「市場なき社会主義の系譜」現代思潮新社　2014
Crump, Martha L.　クランプ, マーティ
　㊃「生きものたちの奇妙な生活」青土社　2009
Crumpacker, Bunny　クラムパッカー, バニー
　㊃「数のはなし」東洋書林　2008
Crupi, John　クルーピ, ジョン
　㊃「J2EEパターン」日経BP社, 日経BP出版センター(発売)　2005
Cruse, Alan　クルーズ, アラン
　㊃「言語における意味」東京電機大学出版局　2012
Crusie, Jennifer　クルージー, ジェニファー
　㊇アメリカ　作家　㊕ロマンス
Crusius, Timothy W.　クルーシアス, ティモシー・W.
　1950〜　㊃「大学で学ぶ議論の技法」慶応義塾大学出版会　2004
Crutcher, Chris　クラッチャー, クリス
　1946〜　㊃「彼女のためにぼくができること」日本ライトハウス　2012
Crutchfield, Leslie R.　クラッチフィールド, レスリー・R.
　1968〜　㊃「世界を変える偉大なNPOの条件」ダイヤモンド社　2012
Crutchfield, Stephen　クラッチフィールド, ステフェン
　㊃「食品安全と栄養の経済学」農林統計協会　2002
Cruttenden, Pete　クラッテンデン, ピート
　㊃「オーストラリア」メディアファクトリー　2004
Crutzen, Paul Josef　クルッツェン, パウル
　1933〜　㊇オランダ　化学者　マックス・プランク化学研究所名誉教授, ユトレヒト大学名誉教授　㊕大気化学　㊈クルッツェン, ポール
Cruver, Brian　クルーバー, ブライアン
　1972〜　㊃「内部告発エンロン」集英社　2003
Cruver, Daniel　クルーバー, ダン
　㊃「殉教」ホームスクーリング・ビジョン　2005
Cruyff, Johan　クライフ, ヨハン
　1947〜2016　㊇オランダ　サッカー選手, サッカー指導者　本名＝クライフ, ヘンドリク・ヨハネス〈Cruyff, Hendriku Johannes〉
Cruz, A.J.　クルーズ, A.J.
　㊇アメリカ　アメフト選手
Cruz, Avelino　クルス, アベリノ
　㊇フィリピン　国防相
Cruz, Benjamin Vera　クルス, ベンジャミン・ベラ
　㊇サントメ・プリンシペ　公共事業・社会基盤・都市開発・運輸・通信相
Cruz, Carlos　クルス, カルロス
　㊇チリ　公共事業・運輸・通信相
Cruz, Celia　クルース, セリア
　1924〜2003　㊇アメリカ　サルサ歌手
Cruz, Claudina Augusto　クルス, クローディナ・アウグスト
　㊇サントメ・プリンシペ　保健相
Cruz, Francisco Gaspar　クルーズ, F.G.
　㊃「虐待サバイバーの心理療法」金剛出版　2001
Cruz, Gaspar da　クルス, ガスパール・ダ
　㊃「クルス「中国誌」」講談社　2002
Cruz, Ilidio Alexandre　クルス, イリディオ・アレクサンドル
　㊇カボベルデ　公共行政相
Cruz, Isabel de la　クルーズ, イザベル・デ・ラ
　㊃「シャヒード、100の命」「シャヒード、100の命」展実行委員会, インパクト出版会(発売)　2003
Cruz, Jose　クルース, ホセ
　㊃「傑作から学ぶ映画技法完全レファレンス」フィルムアート社　2002
Cruz, Lidio Alexandre　クルス, リディオ・アレシャンドレ
　㊇カボベルデ　国家改革・行政相
Cruz, Nelson　クルーズ, ネルソン
　1980〜　㊇ドミニカ共和国　野球選手　本名＝Cruz, Nelson Ramon　㊈クルス, ネルソン
Cruz, Penélope　クルス, ペネロペ
　1974〜　㊇スペイン　女優
Cruz, Ray　クルツ, レイ
　㊃「おおきなおとしもの」ほるぷ出版　2002
Cruz, Roger　クルーズ, ロジャー
　㊃「X-MEN：ファーストクラス」小学館集英社プロダクション　2011
Cruz, Ted　クルーズ, テッド
　1970〜　㊇アメリカ　政治家　米国上院議員(共和党)　本名＝Cruz, Rafael Edward Ted
Cruz, Victor　クルーズ, ビクター
　㊇アメリカ　アメフト選手
Cruz, Zoe　クルス, ゾー

1955〜　国アメリカ　銀行家　モルガン・スタンレー共同社長
Cruz-coke, Luciano　クルスコケ, ルシアノ
　国チリ　文化相
Cruz Molina, Alejandro　クルス・モリナ, アレハンドロ
　国コスタリカ　科学技術相
Crvenkovski, Branko　ツルベンコフスキ, ブランコ
　1962〜　国マケドニア　政治家　マケドニア大統領, マケドニア首相
Cryan, Dan　クライアン, ダン
　著「ロジックの世界」講談社　2015
Cryer, Debby　クレア, デビイ
　著「新・保育環境評価スケール」法律文化社　2016
Cryer, Jon　クライアー, ジョン
　エミー賞 プライムタイム・エミー賞 最優秀主演男優賞（コメディシリーズ）（第64回（2012年））ほか
Cryer, Robert　クライアー, R.
　著「東京裁判を再評価する」日本評論社　2012
Cryns, Frederik　クレインス, フレデリック
　1970〜　著「十七世紀のオランダ人が見た日本」臨川書店　2010
Crystal, Billy　クリスタル, ビリー
　1947〜　国アメリカ　コメディアン, 俳優, 司会者
Crystal, David　クリスタル, デイヴィッド
　1941〜　著「聖書起源のイディオム42章」慶応義塾大学出版会　2012
Crystal, Shawn　クリスタル, ショーン
　著「デッドプール：デッド・ヘッド・リデンプション」小学館集英社プロダクション　2015
Csáky, Pál　チャーキ, パール
　国スロバキア　副首相（欧州統合、人権、少数民族担当）　異ツァキ, パル
Csampai, Attila　チャンパイ, アッティラ
　著「グレン・グールド」アルファベータ　2004
Csatary, Laszlo　チャタリ, ラスロ
　1915〜2013　国ハンガリー　第二次大戦におけるナチス戦犯被告
Cseh, László　チェー, ラースロ
　1985〜　国ハンガリー　水泳選手　異シェー, ラースロー / チェー / チェー, ラースロー
Csehák, Judit　チェハーク, ユディット
　国ハンガリー　社会・家族・保健相
Csergo, Julia　セルゴ, ジュリア
　1954〜　著「ビデの文化史」作品社　2007
Csérmák, József　チェルマク, ヨゼフ
　?〜2001　国ハンガリー　ハンマー投げコーチ, 元・ハンマー投げ選手
Csernoviczki, Eva　チェルノビチュキー
　国ハンガリー　柔道選手
Csik, Michaela　チック, ミハエラ
　著「ビジネスモデル・ナビゲーター」翔泳社　2016
Csikszentmihalyi, Mihaly　チクセントミハイ, ミハイ
　1934〜　著「クリエイティヴィティ」世界思想社　2016
Csillag, István　チッラグ・イシュトバーン
　国ハンガリー　経済・運輸相
Csipes, Tamara　チペス, タマラ
　国ハンガリー　カヌー選手
Csizinszky, A.A.　シジンスキー, A.A.
　著「トマトオランダの多収技術と理論」農山漁村文化協会　2012
Csizmár, Gábor　チスマール・ガーボル
　国ハンガリー　労相
Csoknyai, Laszlo　チョクニャイ, ラスロ
　国ハンガリー　柔道選手
Csoma, Gergely　チョマ, ゲルゲイ
　1954〜　著「図説ブダペスト都市物語」河出書房新社　2001
Csonka, Zsofia　チョンカ, ゾフィア
　国ハンガリー　射撃選手　異チョンカ
Ctvrtek, Vaclav　チトゥヴルテック, ヴァーツラフ
　著「コブタくんとコヤギさんのおはなし」福音館書店　2003
Cuadrado, Juan　クアドラド, フアン
　国コロンビア　サッカー選手
Cuan Machado, Juana Maritza　クアン・マチャド, フアナ・マリツァ
　国ニカラグア　保健相
Cuarón, Alfonso Orozco　キュアロン, アルフォンソ
　1961〜　国メキシコ　映画監督, 脚本家　異クアロン, アルフォンソ
Cuarón, Jonás　キュアロン, ホナス
　脚本　ネビュラ賞 レイ・ブラッドベリ賞（2013年）　"Gravity"

Cuban, Larry　キューバン, L.
　著「学校にコンピュータは必要か」ミネルヴァ書房　2004
Cuban, Mark　キューバン, マーク
　1958〜　国アメリカ　起業家　ダラス・マーベリクス・オーナー, ブロードキャスト・ドット・コム創設者
Cubeiro, Juan Carlos　クベイロ, フアン・カルロス
　著「メッシとロナウドから学ぶ才能の伸ばし方」フロムワン, 朝日新聞出版（発売）　2014
Cubelli, Tomas　クベッリ, トマス
　国アルゼンチン　ラグビー選手
Cubelos Sanchez, Francisco　クベロス
　国スペイン　カヌー選手
Cubitt, Allan　キュービット, アラン
　アメリカ探偵作家クラブ賞 TVエピソード賞（2014年）"Episode 1"
Çubukçu, Nimet　チュブクチュ, ニメト
　国トルコ　国家教育相
Cucari, Attilio　ククーリ, アティリオ
　著「船の歴史事典」原書房　2002
Cucci, Mary　クッチ, メアリー
　著「エキスパートナースとの対話」照林社　2004
Cuche, Didier　キュシュ
　国スイス　アルペンスキー選手
Cucherat, Yann　キュシェラ
　国フランス　体操選手
Çuçi, Bledi　ツチ, ブレド
　国アルバニア　地方問題担当相
Cucinelli, Brunello　クチネリ, ブルネロ
　1953〜　国イタリア　実業家　ブルネロ・クチネリ社長　異クチネリ, ブルネロ
Cucu, Andrei　クク, アンドレイ
　国モルドバ　第1副首相兼経済改革相
Cuculich, Phillip S.　ククーリッチ, フィリップ・S.
　著「ワシントンマニュアル循環器内科アップグレード」メディカル・サイエンス・インターナショナル　2010
Cucullu, Santiago　ククル, サンティアゴ
　1969〜　著「サンティアゴ・ククル」森美術館　2004
Cuddihy, Tim　カディヒー
　国オーストラリア　アーチェリー選手
Cuddy, Amy Joy Casselberry　カディ, エイミー
　1972〜　著「〈パワーポーズ〉が最高の自分を創る」早川書房　2016
Cuddy, Robin　カディ, ロビン
　著「プリンセスまほうのちから」大日本絵画　2003
Cudi, Kid　カディ, キッド
　グラミー賞 最優秀ラップ/サング・コラボレーション（2011年（第54回））"All Of The Lights"
Cudjo, Jermelle　クジョー, ジャメリー
　国アメリカ　アメフト選手
Cudjoe, Shamfa　クジョー, シャムファ
　国トリニダード・トバゴ　観光相
Cudmore, Jamie　カドモア, ジェイミー
　国カナダ　ラグビー選手
Cueff, Virginie　クエフ, ビルジニー
　国フランス　自転車選手
Cuellar, Ivan　クエジャル, イバン
　国スペイン　サッカー選手
Cuéllar, Rigoberto　クエジャル, リゴベルト
　国ホンジュラス　天然資源・環境相
Cuenca, Isaac　クエンカ, イサーク
　国スペイン　サッカー選手
Cuentas, Guillermo　クエンタス, ギジェルモ
　国ボリビア　保健相
Cuereneia, Aiuba　クエレネイア, アイウバ
　国モザンビーク　企画・開発相
Cuervo De Jaramillo, Elvira　クエルボ・デハラミジョ, エルビラ
　国コロンビア　文化相
Cuesta Rubio, Miguel　クエスタ, ミゲル
　著「サッカー代理人ジョルジュ・メンデス」ソル・メディア　2015
Cueto, Johnny　クエイト, ジョニー
　国ドミニカ共和国　野球選手
Cuevas, Marcio　クエバス, マルシオ
　国グアテマラ　経済相
Cuevas, Pablo　クエバス, パブロ
　国ウルグアイ　テニス選手

Cuffie, Maxie カフィー, マクシー
　国トリニダード・トバゴ　総務・情報相
Cufí, Carles カフィ, カルレス
　著「Bluetooth Low Energyをはじめよう」オライリー・ジャパン、オーム社（発売）　2015
Cui, Tian-kai ツイ・ティエンカイ
　1952～　国中国　外交官　駐米中国大使　駐日中国大使　漢字名＝崔天凱
Cui, Yang-uang ツイ・イェングワン
　1957～　国日本　ソプラノ歌手　国ココラチュウラ・ソプラノ　漢字名＝崔岩光　国サイ・イェングワン／ツイ・イェングァン／ツイ・イェングワン
Cuito, Aurora クイート, オーローラ
　著「アントニ・ガウディの自然・技術・芸術」デザインエクスチェンジ　2002
Cukier, Kenneth クキエ, ケネス
　著「ビッグデータの正体」講談社　2013
Culberson, Charlie カルバーソン, チャーリー
　国アメリカ　野球選手
Culbert, Timothy カルバート, ティモシー
　著「ぐっすり眠るために」東京書籍　2008
Culianu-Petrescu, Tereza クリアーヌ＝ペトレスク, テレザ
　著「エリアーデ＝クリアーヌ往復書簡」慶応義塾大学出版会　2015
Cull, Brian カル, ブライアン
　著「南方進攻航空戦1941-1942」大日本絵画　2002
Cullen, Cheryl Dangel カレン, チェリル・ダングル
　著「アイデア＆プロセスの法則プロダクトデザイン」毎日コミュニケーションズ　2005
Cullen, Dave カリン, デイヴ
　1961～　アメリカ探偵作家クラブ賞 犯罪実話賞（2010年）"Columbine"
Cullen, Francis T. カレン, フランシス・T.
　著「犯罪学」金剛出版　2013
Cullen, Heidi カレン, ハイディ
　著「ウェザー・オブ・ザ・フューチャー」シーエムシー出版　2011
Cullen, Julie カレン, ジュリー
　著「ジュリー・カレンの英国伝統のホームメイドお菓子」河出書房新社　2006
Cullen, Lizzie Mary カレン, リジー・メアリ
　著「まほうのまち」学研プラス　2016
Cullen, Martin クレン, マーティン
　国アイルランド　芸術・スポーツ・観光相
Cullen, Mathew カレン, マシュー
　監督　グラミー賞 最優秀短編ビデオ作品（2009年（第52回））ほか
Cullen, Michael カレン, マイケル
　国ニュージーランド　副首相兼財務相兼高等教育相兼法相
Cullen, Robert カレン, ロバート
　著「子供たちは森に消えた」早川書房　2009
Cullenberg, Stephen カレンバーグ, スティーブン
　著「経済学と知」御茶の水書房　2007
Culler, Jonathan カラー, ジョナサン
　1944～　国アメリカ　コーネル大学教授　国近現代フランスの思想・文学
Cullin, Mitch カリン, ミッチ
　1968～　国アメリカ　作家　国フィクション
Cullis-Suzuki, Severn カリス・スズキ, セバン
　1979～　国カナダ　環境活動家　国カリス＝スズキ, セヴァン
Culliver, Chris カリバー, クリス
　国アメリカ　アメフト選手
Cullum, Jamie カラム, ジェイミー
　1979～　国イギリス　ジャズ歌手
Culnan, Mary J. カルナン, M.J.
　著「新リレーションとモデルのためのIT企業戦略とデジタル社会」ピアソン・エデュケーション　2002
Culp, Andrew カルプ, アンドリュー
　著「ダーク・ドゥルーズ」河出書房新社　2016
Culp, Christopher L. カルプ, クリストファー・L.
　著「リスクバジェッティング」パンローリング　2002
Culp, Robert カルプ, ロバート
　1930～2010　国アメリカ　俳優、映画監督
Culpepper, R.Alan カルペッパー, R.A.
　1946～　国カルペパー, R.A.　著「ヨハネ福音書文学的解剖」日本キリスト教団出版局　2005
Culpi, Levir クルピ, レヴィル
　1953～　国ブラジル　サッカー指導者　国クルピ, レビール／ク

ルピ, レヴィル
Culpin, Christopher カルピン, クリストファー
　著「イギリスの歴史」明石書店　2012
Culson, Javier クルソン, ハビエル
　国プエルトリコ　陸上選手　国クルソン
Culver, Bruce カルバー, ブルース
　1940～　著「Sd.Kfz.251ハーフトラック」大日本絵画　2004
Culver, Gary カルバー, ギャリー
　著「クジラの歌が聞こえるよ」学習研究社　2002
Culwell, Christopher カルウェル, クリストファー
　著「ダ・ヴィンチ・コード謎の旅ガイド」バベル・プレス　2006（第2刷）

Cumart, Eray チュマルト, エライ
　国スイス　サッカー選手
Cumba, Yumileidi クンバ
　国キューバ　陸上選手
Cumberbatch, Benedict カンバーバッチ, ベネディクト
　1976～　国イギリス　俳優
Cumberland, Jeff カンバーランド, ジェフ
　国アメリカ　アメフト選手
Cumenal, Frédéric キュメナル, フレデリック
　1959～　国フランス　実業家　ティファニー社長・CEO　モエ・エ・シャンドン社長・CEO
Cumine, Val クミン, バル
　著「教師のためのアスペルガー症候群ガイドブック」中央法規出版　2005
Cumings, Bruce カミングス, ブルース
　1943～　著「朝鮮戦争論」明石書店　2014
Cumming, Andrew カミング, アンドリュー
　著「SQL Hacks」オライリー・ジャパン、オーム社（発売）　2007
Cumming, Catherine カミング, キャサリン
　著「住まいのカラーヒーリング」産調出版　2001
Cumming, Charles カミング, チャールズ
　1971～　国イギリス　作家　国ミステリー、スリラー
Cumming, Hannah カミング, ハンナ
　著「おほしさま、きえちゃった」コスモピア　2014
Cumming, Heather カミング, ヘザー
　著「ジョン・オブ・ゴッド」ダイヤモンド社　2011
Cumming, Robert カミング, ロバート
　著「臨床のためのEBM入門」医学書院　2003
Cumming, Robert カミング, ロバート
　1945～　著「世界美術家大全」日東書院本社　2015
Cummings, Constance カミングス, コンスタンス
　1910～2005　国イギリス　女優
Cummings, E.Mark カミングス, E.M.
　著「発達精神病理学」ミネルヴァ書房　2006
Cummings, Joe カミングズ, ジョー
　著「タイ」メディアファクトリー　2003
Cummings, John Hedley カミングス, J.H.
　著「栄養と疾病における大腸の役割」ダノン健康・栄養普及協会　2001
Cummings, Lindsay カミングス, リンゼイ
　国アメリカ　作家　国ヤングアダルト、SF
Cummings, Phil カミングス, フィル
　著「おじいちゃん、おぼえてる？」光村教育図書　2016
Cummings, Priscilla カミングズ, プリシラ
　1951～　著「旅立ちの翼」徳間書店　2002
Cummings, Rhoda Woods カミングス, ローダ
　著「LD・学び方が違う子どものためのサバイバルガイド」明石書店　2009
Cummings, Steven R. カミングス, スティーブン・R.
　著「医学的研究のデザイン」メディカル・サイエンス・インターナショナル　2014
Cummins, Jim カミンズ, ジム
　1949～　著「言語マイノリティを支える教育」慶応義塾大学出版会　2011
Cumpton, Brandon カンプトン, ブランドン
　国アメリカ　野球選手
Cundall, Arthur Ernest カンダル, アーサー・E.
　著「士師記 ルツ記」いのちのことば社　2006
Cundey, Angus カンディ, アンガス
　1937～　国イギリス　実業家　ヘンリープール社長
Cunek, Jiří チュネク, イジー
　国チェコ　副首相兼地域開発相
Cunha, Ana Marcela クーニャ, アナマルセラ
　国ブラジル　水泳選手　国クナ

Cunha, Arlind　クーニャ，アルリンド
　㊃「EU共通農業政策改革の内幕」農林統計出版　2014
Cunha, Pedro　クーニャ
　㊄ブラジル　ビーチバレー選手
Cunhal, Alvaro　クニャル，アルヴァロ
　1913～2005　㊄ポルトガル　政治家　ポルトガル共産党（PCP）書記長　㊅クニャル，アルバロ
Cuniberti, Pier Achille　クニベルティ，ピッロ
　1923～　㊃「オオカミの話キツネの話」ワールドライブラリー　2015
Cunin, Olivier　クニン，オリヴィエ
　㊃「幻都バンティアイ・チュマールの神々」梧桐書院　2005
Cunliffe, Bill　カンリフ，ビル
　グラミー賞 最優秀インストゥルメンタル編曲（2009年（第52回））"West Side Story Medley"
Cunliffe, David　カンリフ，デービッド
　㊄ニュージーランド　移民相兼通信相兼情報技術相
Cunnally, John　カナリー，ジョン
　1948～　㊃「古代ローマの肖像」白水社　2012
Cunnane, Kelly　クネイン，ケリー
　㊃「あたし，メラハファがほしいな」光村教育図書　2014
Cunningham, Alison J.　カニングハム，A.J.
　㊃「ドメスティック・バイオレンスから子どもを守るために」培風館　2009
Cunningham, Benny　カニングハム，ベニー
　㊄アメリカ　アメフト選手
Cunningham, Bill　カニンガム，ビル
　1929～2016　㊄アメリカ　写真家　㊅ファッションポートレート
　本名＝Cunningham, William John（Jr.）
Cunningham, Charles E.　カニンガム，チャールス・E.
　㊃「場面緘黙児への支援」田研出版　2007
Cunningham, Chet　カニングハム，チェット
　㊃「線維筋痛症こうすれば楽になる」保健同人社　2007
Cunningham, Dante　カニングハム，ダンテ
　㊄アメリカ　バスケットボール選手
Cunningham, Elaine　カニンガム，エレイン
　㊃「スター・ウォーズ」ソニー・マガジンズ　2002
Cunningham, Floyd Timothy　カニンガム，フロイド・T.
　1954～　㊃「ホーリネスを生きる神の民」日本聖化協力会出版委員会　2014
Cunningham, Frank　カニンガム，フランク
　1940～　㊃「民主政の諸理論」御茶の水書房　2004
Cunningham, Hugh　カニンガム，ヒュー
　1949～　㊃「概説子ども観の社会史」新曜社　2013
Cunningham, Jack　カニンガム，ジャック
　㊄イギリス　上院議員，元・日英21世紀委員会英国側座長，元・ランカスター公領大臣兼内閣府大臣，元・下院議員
Cunningham, Janet　カニンガム，ジャネット
　㊃「シルバー・イーグル」太陽出版　2001
Cunningham, Jerome　カニングハム，ジェローム
　㊄アメリカ　アメフト選手
Cunningham, Justice　カニングハム，ジャスティス
　㊄アメリカ　アメフト選手
Cunningham, Laura Shaine　カニンガム，ローラ・シェイン
　㊃「すべての女は美しい」ヴィレッジブックス　2006
Cunningham, Lawrence　カニンガム，L.S.
　㊃「カトリック入門」教文館　2013
Cunningham, Lawrence A.　カニンガム，ローレンス・A.
　1962～　㊃「バフェットからの手紙」パンローリング　2016
Cunningham, Mark　カニンガム，マーク
　㊃「イラストでわかるビジネスの英語表現」IBCパブリッシング，洋販（発売）　2007
Cunningham, Merce　カニンガム，マース
　1919～2009　㊄アメリカ　現代舞踊家，振付師　マース・カニングハム・ダンス・カンパニー芸術監督　㊅モダンダンス　㊅カニングハム，マース
Cunningham, Michael　カニンガム，マイケル
　1952～　㊄アメリカ　作家　㊅カニングハム，マイケル
Cunningham, Michael J.　カニンガム，マイケル・J.
　㊃「図解B2B戦略入門」日本経済新聞社　2001
Cunningham, Peter　カニンガム，ピーター
　1948～　㊃「イギリスの初等学校カリキュラム改革」つなん出版　2006
Cunningham, Stace　カニンガム，ステイス
　㊃「Windows 2000セキュリティ新技術」翔泳社　2001
Cunningham, Stuart　カニンガム，スチュアート
　㊃「メディア理論の脱西欧化」勁草書房　2003
Cunningham, Suki　カニンハム，スーキ
　㊃「好きにさせて」光文社　2002
Cunningham, Todd　カニンガム，トッド
　㊄アメリカ　野球選手
Cunningham, Vashti　カニンガム，バシュティ
　㊄アメリカ　陸上選手
Cuno, James　クノー，ジェームズ
　㊃「ビジュアル版 世界の歴史都市」柊風舎　2016
Cuno, James B.　クノー，ジェイムズ
　㊃「美術館は誰のものか」ブリュッケ，星雲社（発売）　2008
Cuno, Sabine　クノ，ザビネ
　㊃「ちいさなあひるさん」世界文化社　2005
Cuoco, Kaley　クオコ，ケイリー
　㊄アメリカ　女優
Cuoghi, Roberto　クオーギ，ロベルト
　㊄イタリア　ヴェネチア・ビエンナーレ 特別賞 国際展示部門（2013年（第55回））ほか
Cuomo, Giuseppe　クオーモ，ジュゼッペ
　㊄イタリア　サッカー選手
Cuomo, Mario Matthew　クオモ，マリ
　1932～2015　㊄アメリカ　政治家，弁護士　ニューヨーク州知事　㊅クオーモ，マリオ
Cuomo, Rivers　クオモ，リバース
　㊄アメリカ　ミュージシャン　㊅クオモ，リヴァース
Cuong, Ha Hung　クオン，ハー・フン
　㊄ベトナム　法相
Cuong, Nguyen Xuan　クオン，グエン・スアン
　㊄ベトナム　農業・地方開発相
Cupac, Petar　クパチ，ペタル
　㊄クロアチア　セーリング選手
Cupach, William R.　キューパック，W.R.
　㊃「親密な関係のダークサイド」北大路書房　2008
Cúper, Héctor　クーペル，エクトル
　1955～　㊄アルゼンチン　サッカー指導者，元サッカー選手　サッカー・グルジア代表監督　本名＝クーペル，エクトル・ラウル〈Cúper, Héctor Raul〉
Cuperus, René　クーペルス，ルネ
　㊃「EU時代の到来」未来社　2009
Čupić, Simona　チュビチ，シモナ
　㊃「アート×ポリティックス×ナショナル・アイデンティティ」埼玉大学教養学部・文化科学研究科　2010
Cupido, Alberto　クピード，アルベルト
　㊄イタリア　テノール歌手
Cupitt, Don　キューピット，ドン
　1934～　㊃「未来の宗教」春秋社　2008
Cuppy, Will　カッピー，ウィル
　㊃「ミステリの美学」成甲書房　2003
Cuq, Henri　キュック，アンリ
　㊄フランス　国会対策担当相
Cura, José　クーラ，ホセ
　1962～　㊄アルゼンチン　テノール歌手，指揮者　シンフォニア・ヴァルソヴィア首席客演指揮者
Curaj, Adrian　クラジュ，アドリアン
　㊄ルーマニア　教育・科学研究相
Curci, Gianluca　クルチ，ジャンルカ
　㊄イタリア　サッカー選手
Curelli, Augusta　キュレリ，オーギュスタ
　㊃「聖ルイーズ・ド・マリヤック」ドン・ボスコ社　2002
Curíace, Gísmonde　キュリアス，ジスモンド
　1960～　㊃「パリたんけん」岳陽舎　2007
Curie, Eve　キュリー，エーヴ
　1904～2007　㊃「キュリー夫人伝」白水社　2014
Curien, Hubert　キュリアン，ユベール
　?～2005　㊄フランス　鉱物学者　フランス国立宇宙研究センター所長，フランス科学技術相　㊅結晶学
Curl, R.F.　カール，R.F.
　㊃「知の歴史」徳間書店　2002
Curlee, Pamela　カーリー，パメラ
　㊃「トラウマからの回復」星和書店　2013
Curley, Christopher　カーリー，C.
　㊃「消化器癌」シュプリンガー・ジャパン　2007
Curley, Marianne　カーリー，メアリアン
　1959～　㊅カーリー，マリアン　㊃「だれも寝てはならぬ」ダイヤモンド社　2006
Curley, Steven A.　カーリー，S.A.

著「消化器癌」シュプリンガー・ジャパン 2007
Curley, Thomas カーリー, トマス
　アカデミー賞 音響賞(第87回(2014年)) "Whiplash"
Curley, Tom カーリー, トム
　1948〜　国アメリカ　AP通信社長・CEO　「USA TODAY」社長・発行人　本名=カーリー, トーマス〈Curley, Thomas〉
Curnick, Pippa カーニック, ピッパ
　著「ほっきょくのクリスマス」大日本絵画　〔2016〕
Curran, Bob カラン, ボブ
　著「アイリッシュ・ヴァンパイア」早川書房 2003
Curran, Charles E. カラン, チャールズ・E.
　著「現代カトリック倫理の伝統」サンパウロ 2008
Curran, Colleen カラン, コリーン
　1974〜　国アメリカ　作家　専文学, ヤングアダルト
Curran, James カラン, ジェームズ
　1945〜　著「メディアと権力」論創社 2007
Curran, Jim カラン, ジム
　1943〜　著「冒険の達人」茗溪堂 2003
Curran, John カラン, ジョン
　1954〜　著「アガサ・クリスティーの秘密ノート」早川書房 2010
Curran, Paul カラン, ポール
　演出家　ノルウェー国立歌劇場芸術監督　専オペラ演出
Curran, Peter Ferguson カラン, ピーター・F.
　著「生物物理学における非平衡の熱力学」みすず書房 2002
Curran, Robert カラン, ロバート
　「恐怖のオオカミ男」学研教育出版, 学研マーケティング(発売) 2015
Curran, Tina カラン, ティナ
　著「ダンスの言語」大修館書店 2015
Currell, Christopher カレル, クリストファー
　著「カレルエフェクト」トランスフォーメーション・ツールズ 2016
Currey, Anna カリー, アンナ
　著「おやすみなさいをするまえに」ほるぷ出版 2011
Currey, Mason カリー, メイソン
　著「天才たちの日課」フィルムアート社 2014
Currie, Justin カリー, ジャスティン
　国アメリカ　アメフト選手
Currie, Lauren カーリー, ローレン
　著「This is service design thinking.」ビー・エヌ・エヌ新社 2013
Currie, Ron, Jr. カリー, ロン
　1975〜　国アメリカ　作家　専文学　カリー, ロン, Jr.
Currivan, Jude カリヴァン, ジュード
　著「コスモス」講談社 2008
Currivan, Jude カリヴァン, ジュード
　著「シンプルに生きる。シンプルに考える。」アスペクト 2015
Currutt, Brian カラット
　国アメリカ　フリースタイルスキー選手
Curry, Adam カリー, アダム
　1964〜　著「カスタマー・マーケティング・メソッド」東洋経済新報社 2001
Curry, Constance カリー, コンスタンス
　1933〜　著「アメリカ公民権の炎」彩流社 2014
Curry, Jay カリー, ジェイ
　1939〜　著「カスタマー・マーケティング・メソッド」東洋経済新報社 2001
Curry, Jeffrey E. カリー, ジェフリー
　1953〜　著「ビジネスマンのための台湾入門」新潮社 2001
Curry, Seth カリー, セス
　国アメリカ　バスケットボール選手
Curry, Stephen カリー, ステフィン
　国アメリカ　バスケットボール選手
Curry, Vinny カリー, ビニー
　国アメリカ　アメフト選手
Curtan, Patricia カータン, パトリシア
　著「シェ・パニースへようこそ」京阪神エルマガジン社 2013
Curti, Anna クルチ, アンナ・マリア
　1957〜　圏クルティ, アンナ・M.　著「ペンギンくんのたからさがし」学習研究社 c2008
Curtin, Philip D. カーティン, フィリップ・D.
　著「異文化間交易の世界史」NTT出版 2002
Curtin, Thomas G. カーティン, トーマス・G.
　国アメリカ　元・マサチューセッツ・北海道協会長, 元・コンコード・七飯・ネットワーク会長
Curtis, Alan カーティス, アラン

1934〜2015　国アメリカ　ハープシコード奏者, 指揮者, 音楽学者　カリフォルニア大学教授
Curtis, Anthony James カーティス, アンソニー・J.
　1963〜　著「健康心理学入門」新曜社 2006
Curtis, Ben カーティス, ベン
　1977〜　国アメリカ　プロゴルファー
Curtis, Bill カーティス, ビル
　著「People CMM」日刊工業新聞社 2003
Curtis, Chris カーティス, クリス
　?〜2005　国イギリス　ドラム奏者　本名=クラミー, クリストファー
Curtis, Christopher Paul カーティス, クリストファー・ポール
　著「バドの扉がひらくとき」徳間書店 2003
Curtis, Deborah カーティス, デボラ
　著「タッチング・フロム・ア・ディスタンス」蒼氷社, 星雲社(発売) 2006
Curtis, Gerald L. カーティス, ジェラルド
　1940〜　国アメリカ　政治学者, 日本研究家　コロンビア大学政治学部教授　専現代日本政治, 国際関係学, 比較政治学　圏カーチス, ジェラルド
Curtis, Hillman カーティス, ヒルマン
　著「ヒルマン・カーティス:ウェブ時代のショート・ムービー」フィルムアート社 2006
Curtis, Jamie Lee カーティス, ジェイミー・リー
　1958〜　著「きょうそうってなあに?」バベルプレス 2010
Curtis, Keene カーティス, キーン
　1923〜2002　国アメリカ　俳優
Curtis, Keith E. カーティス, キース・E.
　著「組込みマルチタスクプログラミング実践講座」翔泳社 2007
Curtis, Mark カーティス, マーク
　著「G8」ブーマー, トランスワールドジャパン(発売) 2005
Curtis, Neil カーティス, ニール
　著「ネコとサカナ」アールアイシー出版 2007
Curtis, Richard カーティス, リチャード
　1937〜　著「原子力その神話と現実」紀伊國屋書店 2011
Curtis, Richard カーティス, リチャード
　1956〜　国イギリス　脚本家, 映画監督　圏カーチス, リチャード
Curtis, Susan カーティス, スーザン
　著「メー メー ねるじかんですよ」大日本絵画 2008
Curtis, Susan カーティス, スーザン
　著「ニールズヤードレメディーズBEAUTY BOOK」緑書房 2016
Curtis, Tony カーティス, トニー
　1925〜2010　国アメリカ　俳優　本名=Schwartz, Bernard　圏カーチス, トニー
Curtis, Vesta Sarkhosh カーティス, ヴェスタ・サーコーシュ
　著「ペルシャの神話」丸善 2002
Curtis, Zac カーティス, ザック
　国アメリカ　野球選手
Curtiss, Kendra カーティス, ケンドラ
　著「乳幼児精神保健ケースブック」金剛出版 2007
Curtius, Ernst Robert クルツィウス, E.R.
　著「ヨーロッパ文学とラテン中世」みすず書房 2005
Curto, Rosa Maria クルト, ロサ・マリア
　1951〜　著「おしばいにいこう!」日本劇作家協会, ブロンズ新社(発売) 2006
Curuchet, Juan クルチェト, フアン
　国アルゼンチン　自転車選手
Curwen, Bernie カーウェン, B.
　著「認知行動療法入門」金剛出版 2004
Cury, Augusto クリ, アウグスト
　著「人間イエスを科学する」サンマーク出版 2006
Cury, Augusto Jorge クリ, アウグスト・ジョルジェ
　著「生きている、ただそれだけで美しい」アーティストハウスパブリッシャーズ, 角川書店(発売) 2003
Cury, Philippe キュリー, フィリップ
　著「魚のいない海」NTT出版 2009
Cusack, Joan キューザック, ジョーン
　1962〜　国アメリカ　女優　圏キューサック, ジョーン
Cusack, John キューザック, ジョン
　1966〜　国アメリカ　俳優　圏キューサック, ジョン
Cushing, Brian クッシング, ブライアン
　国アメリカ　アメフト選手
Cushing, Lincoln クッシング, リンカーン
　1953〜　著「革命! キューバ・ポスター集」ブルース・イン

ターアクションズ 2004
Cushing, Steven カッシング, スティーブン
1948〜 (著)「空の上のトラブル」 プレアデス出版, 京都 現代数学社（発売） 2001
Cushman, Doug クシュマン, ダグ
(著)「さんすうサウルス」 福音館書店 2011
Cushman, Karen クシュマン, カレン
1942〜 (著)「ロジーナのあした」 徳間書店 2009
Cusi, Alfonso クシ, アルフォンソ
(国)フィリピン エネルギー相

Cusick, Richie Tankersley クジック, リッチー・タンカスレイ
(著)「聖少女バフィー」 早川書房 2001
Cusimano, Maryann K. ラブ, マリアン・クシマノ
(著)「せんせいといっしょ」 BL出版 2013
Cusset, Catherine キュッセ, カトリーヌ
1963〜 (著)「ジェーンに起きたこと」 東京創元社 2004
Cusset, François キュセ, フランソワ
1969〜 (著)「フレンチ・セオリー」 NTT出版 2010
Cussiánovich, Alejandro クシアノビッチ, アレハンドロ
(著)「子どもと共に生きる」 現代企画室 2016
Cussler, Clive Eric カッスラー, クライブ
1931〜 (国)アメリカ 冒険小説作家
Cussler, Dirk カッスラー, ダーク
(著)「ステルス潜水艦を奪還せよ」 新潮社 2015
Cusumano, Michael A. クスマノ, マイケル
1954〜 (国)アメリカ マサチューセッツ工科大学スローン経営大学院教授 (専)経営学
Cutchlow, Tracy カチロー, トレーシー
(著)「最高の子育てベスト55」 ダイヤモンド社 2016
Cuthbert, Alex カーバート, アレックス
(国)ウェールズ ラグビー選手
Cuthbert, Cheslor カスバート, チェスラー
(国)ニカラグア 野球選手
Cuthbertson, Keith カットバートソン, キース
(著)「ファイナンスの基礎理論」 慶応義塾大学出版会 2013
Cutler, Alan カトラー, アラン
(著)「なぜ貝の化石が山頂に？」 清流出版 2005
Cutler, Brian L. カトラー, B.L.
(著)「目撃証人への反対尋問」 北大路書房 2007
Cutler, Chris カトラー, クリス
1947〜 (国)イギリス ミュージシャン, 批評家
Cutler, Jane カトラー, ジェイン
1936〜 (異)カトラー, ジェーン (著)「カーリーさんの庭」 ポプラ社 2012
Cutler, Jay カトラー, ジェイ
(国)アメリカ アメフト選手
Cutler, Joel カルター, ジョエル
投資家
Cutler, Judy Goffman カトラー, ジュディ・ゴフマン
(著)「アートオブJ.C.ライエンデッカー」 マール社 2016
Cutler, Laurence S. カトラー, ローレンス
(著)「アートオブJ.C.ライエンデッカー」 マール社 2016
Cutler, Lloyd カトラー, ロイド
1917〜2005 (国)アメリカ 弁護士 米国大統領首席法律顧問
Cutler, Paul カトラー, P.
(著)「カトラー臨床診断学」 丸善 2007
Cutler, Ronald カトラー, ロナルド
(国)アメリカ ラジオプロデューサー, 脚本家, 作家 (専)スリラー
Cutler, Sam カトラー, サム
1943〜 (著)「ザ・ローリング・ストーンズ オルタモントの真実」 マーブルトロン, 中央公論新社（発売） 2011
Cutler, Tony カトラー, トニー
(著)「内部告発」 丸善 2003
Cutlip, Scott M. カトリップ, スコット・M.
(著)「体系パブリック・リレーションズ」 ピアソン・エデュケーション 2008
Cutshall, Susanne M. カットホール, スザンヌ・M.
(著)「ケアのなかの癒し」 看護の科学社 2016
Cuttaree, Jaya キュタリー, ジャヤ
(国)モーリシャス 産業・商業・国際貿易相
Cuttaree, Jaya Krishna カタリ, ジャヤクリシュナ
(国)モーリシャス 外務・貿易・地域協力相
Cutter, Nick カッター, ニック
(著)「スカウト52」 早川書房 2014
Cuttler, Ian カトラー, イアン
アート・ディレクター グラミー賞 最優秀ボックス, 特別限定版パッケージ（2005年（第48回）） “The Legend”
Cutts, Dominique C. カッツ, D.C.
(著)「Webサイトエンジニアリング入門」 東京電機大学出版局 2001
Cuvellier, Vincent キュヴェリエ, ヴァンサン
1969〜 (著)「よくいうよ、シャルル！」 くもん出版 2005
Cuverlier, Jean キュヴリエ, ジャン
(著)「イヌ大好き！」 グラフィック社 2014
Cuyler, Margery カイラー, マージェリー
(著)「ダンプのちびトラ」 偕成社 2011
Cuzin, Jean-Pierre キュザン, ジャン＝ピエール
(著)「ジョルジュ・ド・ラ・トゥール」 創元社 2005
Cvetkov, Mihail ツベトコフ, ミハイル
(国)マケドニア 農林水資源相
Cvetković, Mirko ツベトコヴィッチ, ミルコ
1950〜 (国)セルビア 政治家, エコノミスト セルビア首相 (異)ツベトコビッチ, ミルコ / ツベトコヴィッチ, ミルコ
Cvetkovikj, Andrijana ツヴェトコビッチ, アンドリヤナ
(国)マケドニア 駐日特命全権大使
Cvitešić, Zrinka ツヴィテシッチ, ズリンカ
ローレンス・オリヴィエ賞 ミュージカル・エンタテインメント女優賞（2014年（第38回）） “Once”
Cwele, Siyabonga クウェレ, シヤボンガ
(国)南アフリカ 電気通信・郵便事業相 (異)クウェレ, シアボンガ
Cwele, Siyabonga Cyprian クウェレ, シアボンガ・サイプリアン
(国)南アフリカ 情報相
Cwiertka, Katarzyna J. チフィエルトカ, カタジーナ
1968〜 (著)「秘められた和食史」 新泉社 2016
Cyclone Negro サイクロン・ネグロ
1932〜2013 プロレスラー 別名＝カリプス・ハリケーン〈Caripus Hurricane〉
Cyl, Agnieszka チル
(国)ポーランド バイアスロン選手
Cymbala, Jim シンバラ, ジム
1943〜 (著)「グラウンド・ゼロからの神の恵み」 新生宣教団 2002
Cyna, Allan M. サイナ, アラン・M.
(著)「周術期コミュニケーション技法」 メディカル・サイエンス・インターナショナル 2012
Cypert, Samuel A. サイパート, サミュエル・A.
(著)「ナポレオン・ヒルの人生が確実に変わる習慣」 きこ書房 2008
Cyphers, Christopher J. サイファース, クリストファー・J.
1965〜 (著)「全国市民連盟の研究」 関西大学出版部 2016
Cyphers, Eric サイファーズ, エリック
(著)「SEX AND THE CITY 2」 宝島社 2010
Cyprien, Johnathan サイプリーン, ジョナサン
(国)アメリカ アメフト選手
Cyr, Donald シュール, ドナルド
1949〜 (著)「グローバルに考える」 麗沢大学出版会, 柏 広池学園事業部（発売） 2004
Cyrén, Karin スレーン, カーリン
(著)「キムのふしぎなかさのたび」 徳間書店 2012
Cyrulnik, Boris シリュルニック, ボリス
1937〜 (国)フランス 作家, 精神科医 (専)行動心理学 (異)シリュルニク, ボリス
Cyrus, Billy Ray サイラス, ビリー・レイ
ゴールデン・ラズベリー賞（ラジー賞） 最低助演男優賞（第30回（2009年）） “Hannah Montana: The Movie”
Cyrus, Miley サイラス, マイリー
1992〜 (国)アメリカ 歌手
Cytowic, Richard E. サイトウィック, リチャード・E.
(異)シトーウィック, リチャード・E. (著)「脳のなかの万華鏡」 河出書房新社 2010
Cytrycki, Sławomir チトリツキ, スワウォミル
(国)ポーランド 国務相
Czaja, Sara J. サージャ, サラ・J.
(著)「高齢者のためのデザイン」 慶応義塾大学出版会 2013
Czarnecki, Krzysztof チャルネッキ, クシシュトフ
1970〜 (著)「ジェネレーティブプログラミング」 翔泳社 2008
Czarra, Fred Raymon ツァラ, フレッド
1937〜 (著)「スパイスの歴史」 原書房 2014
Czerner, Thomas B. チェルナー, T.B.
1938〜 (著)「心の棲である脳」 東京図書 2003
Czerniak, Konrad チェルニアク
(国)ポーランド 競泳選手

Czerny-Stefanska, Halina　チェルニー・ステファンスカ, ハリーナ
　1922〜2001　⒩ポーランド　ピアニスト　クラクフ音楽学校教授, 東京芸術大学音楽学部客員教授　⒫ツェルニー・ステファンスカ, ハリーナ
Czeschin, Tommy　チェスチン
　⒩アメリカ　スノーボード選手
Czinkota, Michael R.　ツィンコウタ, ミカエル
　ⒶⒶ「マーケティング戦略」同文舘出版 2002
Czuchlewski, David　チャクルースキー, デイヴィッド
　1976〜　Ⓐ「詩神たちの館」早川書房 2002
Czuma, Andrzej　チュマ, アンジェイ
　⒩ポーランド　法相

【D】

Da, Tou-chun　ダア・トウチュン
　1957〜　⒩台湾　作家　漢字名=大頭春, 別筆名=張大春〈Zhang, Da-chun〉
Daalder, Hans　ダールダー, ハンス
　Ⓐ「西欧比較政治」一芸社 2004
Daalen, Gelske van　ダーレン, ヘルスケ・ファン
　1966〜　Ⓐ「オランダの社会住宅」ドメス出版 2009
Daalhuizen, Jaap　ダールハウゼン, ヤープ
　Ⓐ「デザイン思考の教科書」日経BP社, 日経BPマーケティング（発売） 2015
Daan, Sarge　ダアン, サージ
　1940〜　⒩オランダ　時間生物学者　グローニンゲン大学ニコ・ティンバーゲン行動生物学教室主任教授
Daanaa, Henry Seidu　ダアナア, ヘンリー・セイドゥ
　⒩ガーナ　チーフ制・伝統相
Dab, Moukhtar Wawa　ダブ, ムクタル・ワワ
　⒩チャド　通信相
Dabadie, Florent　ダバディー, フローラン
　1974〜　Ⓐ「「タンポポの国」の中の私」祥伝社 2001
Dabanga, Theodore　ダバンガ, テオドル
　⒩中央アフリカ　蔵相
Dabashi, Hamid　ダバシ, ハミッド
　1951〜　Ⓐ「イラン, 背反する民の歴史」作品社 2008
Dabaya Tientcheu, Vencelas　ダバヤティアンチュ
　⒩フランス　重量挙げ選手　⒫ダバヤティエンチェ
Dabbas, Osama　ダッバス, ウサマ
　⒩ヨルダン　観光遺跡相
Dabbas, Rabehah　ダッバス, ラベハ
　⒩ヨルダン　自治相
Dabba Smith, Frank　ダバ・スミス, フランク
　Ⓐ「シークレット・カメラ」BL出版 2001
Dabbs, James McBride　ダブス, ジェイムズ・M.
　Ⓐ「テストステロン」青土社 2001
Dabbs, Mary Godwin　ダブス, メアリー・G.
　Ⓐ「テストステロン」青土社 2001
Dabie, Ali Souleymane　ダビエ, アリ・スレイマン
　⒩チャド　環境・水・漁業資源相
Dabilougou, Vincent T.　ダビルグ, バンサン・T.
　⒩ブルキナファソ　住宅・都市計画相
Dable, Anthony　デイブル, アンソニー
　⒩アメリカ　アメフト選手
Dabner, David　ダブナー, デビッド
　Ⓐ「グラフィックデザイン・スクール」グラフィック社 2005
Dabney, Alan　ダブニー, アラン
　1976〜　Ⓐ「この世で一番おもしろい統計学」ダイヤモンド社 2014
D'Abo, Christine　ダーボ, クリスティン
　Ⓐ「ハートに火をつけて」主婦の友社 2013
Dabonne, Zoulehia Abzetta　ダボンヌ, ズルイアアブゼッタ
　⒩コートジボワール　柔道選手
Daboub, Juan José　ダボウブ, フアン・ホセ
　⒩エルサルバドル　財務相兼官房長官
D'abreu, Osvaldo Cravid Viegas　ダブレオ, オズバルドゥ・クラビッド・ビエガシュ
　⒩サントメ・プリンシペ　公共事業・社会基盤・天然資源・環境相
Dabrowski, Gabriela　ダブロウスキー, ガブリエラ
　⒩カナダ　テニス選手
Dąbrowski, Waldemar　ドンブロフスキ, ワルデマル
　⒩ポーランド　文化相
Dabu, Anna　ダブ, アンナ
　Ⓐ「超音波ガイド下末梢神経ブロック実践ガイドブック」〔末梢神経ブロック研究会〕c2004
Dabwido, Sprent　ダブウィド, スプレント
　⒩ナウル　大統領兼公務員相兼警察・緊急業務相兼内相兼気候変動相
Dabydov, Ilyas　ダブイドフ, イリヤス
　⒩キルギス　産業・エネルギー相
Dacher, Elliott S.　ダッチャー, エリオット・S.
　1944〜　Ⓐ「ベーシックテキスト補完・代替医療」じほう 2007
Dachy, Marc　ダシー, マルク
　1952〜　Ⓐ「ダダ追想」萌書房 2008
Dačić, Ivica　ダチッチ, イヴィツァ
　1966〜　⒩セルビア　政治家　セルビア外相・第1副首相　セルビア首相　⒫ダチッチ, イビツァ
Dacko, Bruno　ダッコ, ブリュノ
　⒩中央アフリカ　観光促進・環境相
Dacko, David　ダッコ, デービッド
　1930〜2003　⒩中央アフリカ　政治家　中央アフリカ初代大統領
Da Coasta, Manuel Pinto　ダコスタ, マヌエル・ピント
　⒩サントメ・プリンシペ　大統領
Da Conceição, António　ダコンセイソン, アントニオ
　⒩東ティモール　社会調整相兼教育相　⒫ダコンセイサオ, アントニオ
Da Conceição E Silva, José António　ダコンセイサンイシルバ, ジョゼ・アントニオ
　⒩アンゴラ　都市計画・住宅相
Da Conceição Pinto, Constâncio　ダコンセイソン・ピント, コンスタンシオ
　⒩東ティモール　商工・環境相
Daconta, Michael C.　ダコンタ, マイケル・C.
　Ⓐ「Java 2によるXML開発技法」ピアソン・エデュケーション 2001
Da Costa, Angelo　ダ・コスタ, アンジェロ
　⒩ブラジル　サッカー選手
DaCosta, Barbara　ダ・コスタ, バーバラ
　Ⓐ「よふかしにんじゃ」光村教育図書 2013
Da Costa, Celia Maria　ダコスタ, セリア・マリア
　⒩サントメ・プリンシペ　行政・議会長官
Da Costa, Danny　ダ・コスタ, ダニー
　⒩ドイツ　サッカー選手
Da Costa, Desiderio da Graca Verissimo　ダコスタ, デシデリオ・ダグラサ・ベリシモ
　⒩アンゴラ　石油相
Da Costa, Edeltrudes Maurício Fernandes Gaspar　ダコスタ, エデルトゥルデス・マウリシオ・フェルナンデス・ガスパール
　⒩アンゴラ　官房長官
Da Costa, Gabriel Arcanjo Ferreira　ダコスタ, ガブリエル・アルカンジョ・フェレイラ
　⒩サントメ・プリンシペ　首相
Da Costa, Manuel Pinto　ダコスタ, マヌエル・ピント
　1937〜　⒩サントメ・プリンシペ　政治家, 軍人　サントメプリンシペ大統領, サントメプリンシペ国軍最高司令官　⒫ダ・コスタ, マヌエル・ピント
Da Costa, Maria do Céu Pina　ダコスタ, マリア・ドセウ・ピナ
　⒩東ティモール　保健相
Da Costa, Peregrino　ダコスタ, ペレグリノ
　⒩サントメ・プリンシペ　教育・文化・青年相
Da Costa, Portia　ダ・コスタ, ポーシャ
　Ⓐ「6つの密かなおとぎの恋」ハーレクイン 2014
Da Costa, Zacarias　ダコスタ, ザカリアス
　⒩東ティモール　外相
Dacosta Pina, Maria do Céu　ダコスタ・ピナ, マリア・ドセウ
　⒩東ティモール　保健相
Da Costa Tebus Torres, Maria dos Santos Lima　ダコスタ テブストレス, マリア ドスサントス・リマ
　⒩サントメ・プリンシペ　副首相兼計画・財務相
Da Cruz, António Martins　ダクルス, アントニオ・マルチンス
　⒩ポルトガル　外相
Da Cruz, Arlindo Rangel　ダクルス, アルリンド・ランゲル
　⒩東ティモール　商工業担当国務相
Dada, Héctor Miguel Antonio　ダダ, エクトル・ミゲル・アントニオ
　⒩エルサルバドル　経済相

Dadabaev, Timur ダダバエフ, ティムール
 ㊟「記憶の中のソ連」筑波大学出版会, 丸善（発売）2010
Dadae, Bob ダダエ, ボブ
 ㊐パプアニューギニア 国防相
D'Adamo, Francesco ダダモ, フランチェスコ
 1949～ ㊟「イクバルの闘い」鈴木出版 2004
D'Adamo, Peter J. ダダモ, ピーター・J.
 ㊟「ダダモ博士のnew血液型健康ダイエット」集英社 2004
Daddah, Brahim Ould ダッダ, ブラヒム・ウルド
 ㊐モーリタニア 法相
Daddah, Mokhtar Ould ダッダ, モクタル・ウルド
 1924～2003 ㊐モーリタニア 政治家 モーリタニア大統領, モーリタニア人民党（PPM）書記長
Daddo, Andrew ダッド, アンドリュー
 ㊟「おやすみ、ぼく」クレヨンハウス 2009
Dade, Arta ダデ, アルタ
 ㊐アルバニア 文化青年スポーツ相
Dadfar, Ahzam ダドファル, アザム
 ㊐アフガニスタン 高等教育相
Dadfar, Mohammad Azam ダドファル, モハマド・アザム
 ㊐アフガニスタン 難民相
Dadman, Rahman ダドマン, ラフマン
 ㊐イラン 道路交通相
Dadnadji, Djimrangar ダドナジ, ジムランガー
 ㊐チャド 計画・開発・協力相
Daehli, Mats Moller デーリ, マッツ・メラー
 ㊐ノルウェー サッカー選手
Dae-hyun デヒョン
 1993～ ㊐韓国 歌手
Daems, Rik ダムス, リック
 ㊐ベルギー 通信・公営事業相
Daeninckx, Didier デナンクス, ディディエ
 ㊟「カニバル」青土社 2003
Daerden, Michel ダールデン, ミシェル
 ㊐ベルギー 年金・大都市相
al-Dafaee, Abdullah Hussein ダファイー, アブドラ・フセイン
 ㊐イエメン 建設・住宅都市計画相兼公共事業・道路相 ㊙アル・ダファイ, アブダラ・フサイン／アル・ダファイー, アブドラ・フセイン
Dafoe, Willem デフォー, ウィレム
 1955～ ㊐アメリカ 俳優 ㊙ダフォー, ウィレム
Da Fonseca, Fernando Alberto Soares ダフォンセカ, フェルナンド・アルベルト・ソアレス
 ㊐アンゴラ 建設相 ㊙ダ・フォンセカ, フェルナンド・アルベルト・ソアレス
Dafovska, Ekaterina ダフォフスカ
 ㊐ブルガリア バイアスロン選手
Dafreville, Yves-Matthieu ダフルビル
 ㊐フランス 柔道選手
Daft, Richard L. ダフト, リチャード・L.
 ㊟「組織の経営学」ダイヤモンド社 2002
Dagan, Avicdor ダガン, アヴィグドル
 1912～2006 ㊐イスラエル 作家 チェコ語名＝フィシュル, ヴィクトル
Dagban-zonvide, Patricia ダグバンゾンビデ, パトリシア
 ㊐トーゴ 女性地位向上相
Dageförde, Klaus ダーゲフェアデ, クラウス
 ㊟「ベルリン・デザイン・ハンドブックはデザインの本ではない！」ベアリン出版, 新宿書房（発売）2013
Dagens, Bruno ダジャンス, ブリュノ
 ㊟「アンコール・ワットの時代」連合出版 2008
Dagevos, J.C. ダーフホス, ハンス
 1964～ ㊟「グローバリゼーションとフードエコノミー」農林統計出版 2012
Daggash, Sanusi ダガシュ, サヌシ
 ㊐ナイジェリア 公共事業相
Daghr, Ahmed Obaid bin ビンダグル, アハマド・オバイド
 ㊐イエメン 首相 ㊙ダッグリ, アハマド・オバイド・ビン
Dagleish, John ダグリーシュ, ジョン
 ローレンス・オリヴィエ賞 ミュージカル・エンタテインメント男優賞（2015年（第39回）） "Sunny Afternoon"
Dagman, Nurideen Abdulhamid ダグマン, ヌールッディン・アブドルハミド
 ㊐リビア 保健相
D'Agnese, Joseph ダグニーズ, ジョセフ
 ㊟「フィボナッチ」さ・え・ら書房 2010

Dagnino, Fernando ダグニーノ, フェルナンド
 1973～ ㊟ダニーノ, フェルナンド「スーサイド・スクワッド：バジリスク・ライジング」小学館集英社プロダクション 2016
Dagognet, François ダゴニェ, フランソワ
 1924～2015 ㊐フランス 哲学者 パリ第1大学科学技術史研究所教授 ㊟認識論
Dagostino, Abbey ダゴスティノ, アビー
 ㊐アメリカ 陸上選手
D'Agostino, Gregory ダゴスティーノ, グレゴリー
 ㊐アメリカ オルガン奏者
D'Agostino, Maria-Antonietta ダゴスティーノ, マリア・アントニエッタ
 ㊟「EULARリウマチ性疾患超音波検査テキスト」メディカル・サイエンス・インターナショナル 2012
Dagostino, Mark ダゴスティーノ, マーク
 ㊟「MY LIFE OUTSIDE THE RINGわが人生の転落」双葉社 2010
Dagridiabate, Henriette ダグリディアバテ, アンリエット
 ㊐コートジボワール 法相
Dagys, Rimantas Jonas ダギース, リマンタス・ヨナス
 ㊐リトアニア 社会保障・労働相
Dah, Hyppolite ダウ, イポリト
 ㊐ブルキナファソ 工業・商業・手工業相
Dahaba, Abubacar Demba ダハバ, アブバカー・デンバ
 ㊐ギニアビサウ 財務相
Dahabi, Nader al ダハビ, ナデル
 1946～ ㊐ヨルダン 政治家 ヨルダン首相・国防相
Dahak, Driss ダハク, ドリス
 ㊐モロッコ 内閣官房長官
Dahal, Pushpa Kamal ダハル, プスパ・カマル
 1954～ ㊐ネパール 政治家 ネパール共産党毛沢東主義派（毛派）書記長 ネパール首相 別名＝プラチャンダ〈Prachanda〉
Dahalob, Hamid Mahamat ダハロ, アミド・マハマト
 ㊐チャド 法務・人権相 ㊙ダハロップ, ハミドゥ・マハマト
Dahan, André ダーハン, アンドレ
 1935～ ㊐フランス イラストレーター, 絵本作家 国立パリ装飾美術学校
Dahan, Nissim ダハン, ニシム
 ㊐イスラエル 厚生相
Dahan, Olivier ダアン, オリヴィエ
 1967～ ㊐フランス 映画監督 ㊙ダアン, オリビエ
Dahan, Udi ダハン, ウディ
 ㊟「プロジェクト・マネジャーが知るべき97のこと」オライリー・ジャパン, オーム社（発売）2011
al-Dahar, Munib Saim ダハル, ムニブ・サイム
 ㊐シリア 電力相 ㊙アル・ダハル, ムニブ
Daher, Ibrahim ダヘル, イブラヒム
 ㊐レバノン 国民教育相
Dahir, C.A. ダヒア, C.A.
 ㊟「スクールカウンセリングの新しいパラダイム」風間書房 2007
Dahir, Fahad Yasin Haji ダヒル, ファハド・ヤシン・ハジ
 ㊐ソマリア 港湾・海運相
Dahir, Savid Ahmad Sheikh ダイル, サビド・アーマド・シェイク
 ㊐ソマリア 畜産相 ㊙ダイル, サイド・アーマド・シャイク
Dahl, Anders ダール, アナス
 ㊐デンマーク 馬術選手
Dahl, Arne ダール, アルネ
 1963～ ㊟「霧の旋律」集英社 2012
Dahl, David ダール, デビッド
 ㊐アメリカ 野球選手
Dahl, Erling ダール, アーリング
 1946～ ㊟「グリーグ」音楽之友社 2012
Dahl, Felicity ダール, フェリシティー
 ㊟「ダールのおいしい!? レストラン」評論社 2016
Dahl, Hans Normann ダール, ハンス・ノルマン
 1937～ ㊟「トロルのなみだ」偕成社 2001
Dahl, JoAnne ダール, ジョアン
 ㊟「アクセプタンス＆コミットメント・セラピー実践ガイド」明石書店 2014
Dahl, Joe ダール, ジョー
 ㊐アメリカ アメフト選手
Dahl, Robert Alan ダール, ロバート
 1915～2014 ㊐アメリカ 政治学者 エール大学名誉教授 ㊟民主政治研究

Dahl, Shawn ダール, ショーン
[著]「ブルックリン・ストリート・スタイル」 DU BOOKS, ディスクユニオン(発売) 2016
Dahl, Sophie ダール, ソフィー
1979～ [著]「ダンシング・アイズ」 アーティストハウスパブリッシャーズ 2004
Dahl, Victoria ダール, ヴィクトリア
[著]「彼女たちの可憐な恋愛白書」 ハーレクイン 2014
Dahlberg, Anna ダールベリ
[国]スウェーデン 距離スキー選手
Dahlberg, Anton ダールベリ, アントン
[国]スウェーデン セーリング選手
Dahlby, Hakan ダールビー, ハカン
[国]スウェーデン 射撃選手
Dahle, Gro ダーレ, グロー
1962～ [国]ノルウェー 詩人, 作家
Dahle-Flesjå, Gunn-Rita ダーレ・フレショ, グン・リタ
1973～ [国]ノルウェー 自転車選手 [異]ダーレ, グンリタ
Dahlén, Torbjörn ダーレン, トゥルビョン
[著]「J2EEレガシーインテグレーション」 コンピュータ・エージ社 2004
Dahlgren, Lars Owe ダールグレン, L.O.
1946～ [著]「北欧スウェーデン発森の教室」 北大路書房 2016
Dahlke, Ruediger ダールケ, リューディガー
1951～ [著]「運命には法則がある、幸福にはルールがある」 柏書房 2010
Dahlstrom, Emma ダールストレム
[国]スウェーデン フリースタイルスキー選手
Dahlvig, Anders ダルヴィッグ, アンダッシュ
1957～ [著]「IKEAモデル」 集英社クリエイティブ, 集英社(発売) 2012
Dahn, Bernice ダーン, バーニス
[国]リベリア 保健・社会福祉相
Dahoud, Mahmoud ダフード, マフムド
[国]ドイツ サッカー選手
Dahrendorf, Ralf Gustav ダーレンドルフ, ラルフ
1929～2009 [国]イギリス 社会学者, 哲学者, 政治家 英国上院議員, オックスフォード大学セント・アントニーズ・カレッジ長, ドイツ外務次官
Dahy, Hany ダーヒー, ハニ
[国]エジプト 運輸相
Dai, Ai-lian タイ・アイレン
?～2006 [国]中国 舞踊家 中国舞踏家協会名誉主席 漢字名＝戴愛蓮, 原名＝愛蘭
Dai, Bing-guo ダイ・ビンクオ
1941～ [国]中国 政治家, 外交官 済南大学学長 中国国務委員, 中国筆頭外務次官, 中国共産党中央委員・中央外事弁公室主任 漢字名＝戴秉国 [異]タイ・ビングオ
Dai, Sijie ダイ, シージエ
1954～ [著]「孔子の空中曲芸」 早川書房 2010
Dai, Sijie ダイ・シージエ
1954～ [国]中国 作家, 映画監督 漢字名＝戴思傑 [異]ダイ・ジージエ / ダイ・スージエ
Dai, Tobias ダイ, トビアス
[国]モザンビーク 国防相
Dai, Weili ダイ, ウェイリー
[国]アメリカ マーベル・テクノロジー・グループ共同創業者
Dai, Xiang-long ダイ・シャンロン
1944～ [国]中国 政治家, 銀行家 全国社会保障基金理事会理事長 中国人民銀行総裁, 天津市長 漢字名＝戴相龍 [異]タイ・ショウリュウ
Daichman, Lia Susana ダイチマン, リア・スザナ
[著]「世界の高齢者虐待防止プログラム」 明石書店 2004
Daigneau, Robert デイノー, ロバート
[著]「サービスデザインパターン」 アスキー・メディアワークス, 角川グループパブリッシング(発売) 2012
Daij, bin Khalifa al-Khalifa ダイジ・ビン・ハリファ・アル・ハリファ
[国]バーレーン 電力・水資源相
Dailami, Mansoor ダイラミ, マンスール
[著]「経済成長の「質」」 東洋経済新報社 2002
Dailey, Janet デイリー, ジャネット
1944～2013 [国]アメリカ ロマンス作家
Daille, Etienne ダイユ
[国]フランス カヌー選手
Daily, Gretchen デイリー, グレッチェン
1964～ [国]アメリカ 生物学者 スタンフォード大学生物科学学部ビング環境科学教授 本名＝デイリー, グレッチェン・カーラ 〈Daily, Gretchen Cara〉
Daily, Gretchen C. デイリー, グレッチェン・C.
[著]「樹の力」 中部大学, 風媒社(名古屋)(発売) 2014
Daily, LaVerl デイリー, ラバール
[国]アメリカ 元・いけばなインターナショナル・ヒューストン支部会長
Daim, Zainuddin ダイム・ザイヌディン
[国]マレーシア 蔵相兼特命相
Dain, Phyllis デイン, フィリス
[著]「シビックスペース・サイバースペース」 勉誠出版 2013
Dainelli, Dario ダイネッリ, ダリオ
[国]イタリア サッカー選手
Daintith, John ディンティス, ジョン
[著]「オックスフォード科学辞典」 朝倉書店 2009
Daio, Olinto Da Silva E Sousa ダイオ, オリント・ダ・シルバ・エ・ソウサ
[国]サントメ・プリンシペ 教育・文化相
al-**Dairi, Mohamed** ダイリ, ムハンマド
[国]リビア 外務国際協力相 [異]ダーイリ, ムハンマド
Daïssala, Dakolé ダイサラ, ダコレ
[国]カメルーン 運輸相
D'Aiuto, Giuliano ダイウト, ジュリアーノ
[著]「どうして弾けなくなるの?」 音楽之友社 2012
Daix, Pierre デックス, ピエール
1922～ [著]「ブローデル伝」 藤原書店 2003
Dajomes, Neisi ダホメス, ネイシ
[国]エクアドル 重量挙げ選手
Daka, Peter ダカ, ピーター
[国]ザンビア 科学・技術・職業訓練相
Dakar, Djiri ダカール, ジリ
[国]ブルキナファソ 環境相
al-**Dakhil, Azzam bin Mohammed** ダヒリ, アザム・ビン・ムハンマド
[国]サウジアラビア 教育相
Dakhil, Rafaâ ダヒル, ラフィア
[国]チュニジア 社会・連帯・在外チュニジア人問題相
Dakhlallah, Mahdi ダフララ, マフディ
[国]シリア 情報相
Dakin, Glenn デイキン, グレン
[異]デーキン, グレン [著]「モンスターズユニバーシティキャラクターパーフェクトガイド」 講談社 2013
Dako, Nestor ダコ, ネスター
[国]ベナン 法相
Dakole, Daissala ダコレ, ダイサラ
[国]カメルーン 運輸相
Dako Tamadaho, Nadine ダコ・タマダオ, ナディヌ
[国]ベナン 青年雇用・中小企業担当相
Dakoury-tabley, André ダグリタブレ, アンドレ
[国]コートジボワール 国家統合・戦争被害者相 [異]ダクリタブレ, アンドレ
Dala, Nanyak ダラ, ナニャク
[国]カナダ ラグビー選手
Dalabih, Yousef ダラビ, ヨセフ
[国]ヨルダン 議会担当国務相
Dalager, Stig ダレヤー, スティ
1952～ [著]「ワルキューレ」 原書房 2009
Dalai Lama XIV ダライ・ラマ14世
1935～ 宗教指導者 チベット仏教(ラマ教)最高指導者 本名＝テンジン・ギャツォ(丹増嘉措)〈Tenzin Gyatso〉
Dalakliev, Detelin ダラクリエフ
[国]ブルガリア ボクシング選手
Dalal, A.Kamala ダラル, A.カマラ
[著]「ラオス」 ほるぷ出版 2010
Dalal, Anita ダラル, アニタ
[著]「古代インド」 BL出版 2014
Dal Balcon, Isabella ダルバルコン
[国]イタリア スノーボード選手
Dalberto, Michel ダルベルト, ミシェル
1955～ [国]フランス ピアニスト
Dal Bo, Daniel ダルボ, ダニエル
[国]アルゼンチン カヌー選手
Dalby, Andrew ドルビー, アンドリュー
1947～ [著]「〈図説〉朝食の歴史」 原書房 2014
Dalby, C.Reginald ダルビー, レジナルド
[著]「汽車のえほんコレクション」 ポプラ社 2013

Dalby, Liza Crihfield　ダルビー, ライザ・C.
　1950〜　㊟「紫式部物語」光文社　2005
Dalby, Richard　ダルビー, リチャード
　㊟「〈子どもの本〉黄金時代の挿絵画家たち」西村書店　2006
Dal Co, Francesco　ダル・コ, フランチェスコ
　1945〜　㊟ダル・コォ, フランチェスコ　㊟「ミース再考」鹿島出版会　2006
Daldry, Stephen　ダルドリー, スティーブン
　1960〜　㊐イギリス　演出家, 映画監督　ロイヤル・コート劇場芸術監督　㊟ダルドリー, スティーヴン
Dale, Angela　デイル, A.
　㊟「現代イギリスの政治算術」北海道大学図書刊行会　2003
Dale, Anna　デール, アンナ
　1971〜　㊐イギリス　作家　㊟ファンタジー, 児童書　㊟デイル, アンナ
Dale, Jim　デール, ジム
　グラミー賞 最優秀子供向け朗読アルバム（2007年（第50回））"Harry Potter And The Deathly Hallows"
Dale, Jon Georg　ダーレ, ヨン・ゲオルグ
　㊐ノルウェー　農業・食料相
Dale, Kenneth J.　デール, ケネス・J.
　㊟「求道者の旅」リトン　2009
Dale, M.Maureen　デール, M.M.
　㊟「ラング・デール薬理学」西村書店　2011
Dale, Paulette　デール, ポーレット
　㊟「思ったことがはっきり言える人言えない人」二見書房　2002
Dale, Rodney　デイル, ロドニー
　1933〜　㊟「ネコ・猫・ねこin Books」ミュージアム図書　c2012
Dale, Ruth Jean　デイル, ルース・J.
　㊟「トップシークレット」ハーレクイン　2002
al-Dalee, Abdelmonem Abdullah Mansur　ダーリー, アブドルモネム・アブドラ・マンスール
　㊐リビア　副首相
D'alema, Massimo　ダレーマ, マッシモ
　㊐イタリア　副首相兼外相
Dalemont, Etienne　ダルモン, エティエンヌ
　1910〜　㊟「石油の歴史」白水社　2006
Dalence, José Guillermo　ダレンセ, ホセ・ギジェルモ
　㊐ボリビア　鉱業・金属相
Dale Oen, Alexander　ダーレオーエン, アレクサンドル
　1985〜2012　㊐ノルウェー　水泳選手　㊟ダーレオーエン, アレクサンダー／ダーレオーエン, アレクサンデル
Dales, Douglas J.　デイルズ, ダグラス・J.
　㊟「キリスト教のスピリチュアリティ」新教出版社　2006
D'Alessandro, David F.　ダレッサンドロ, デービッド
　㊟ダレッサンドロ, デイヴィッド・F.　㊟「会社で「ブランド人」になれ！」阪急コミュニケーションズ　2010
D'Alessandro, Jacquie　ダレッサンドロ, ジャッキー
　㊟ダレッサンドロ, ジャッキー　㊟「聖なる夜に愛されて」ハーレクイン　2011
Dalessandro, James　ダレッサンドロ, ジェイムズ
　1948〜　㊟「激震」早川書房　2004
D'alessandro, Marco　ダレッサンドロ, マルコ
　㊐イタリア　サッカー選手
Daley, Dennis C.　デイリー, デニス・C.
　㊟「統合失調症とアルコール・薬物依存症を理解するためのセルフ・ワークブック」金剛出版　2014
Daley, Jennifer　デイリー, ジェニファー
　㊟「ペイシェンツ・アイズ」日経BP社, 日経BP出版センター（発売）　2001
Daley, Kevin　デーリー, ケビン
　1931〜　㊟「デーリー先生の「話し方」コーチング」東洋経済新報社　2004
Daley, Tom　デーリー, トム
　1994〜　㊐イギリス　飛び込み選手　本名＝デーリー, トーマス〈Daley, Thomas〉　㊟デイリー, トム
Daley, William M.　デーリー, ウィリアム
　1948〜　㊐アメリカ　実業家　米国大統領首席補佐官, 米国商務長官, J.P.モーガン・チェース中西部部門会長　㊟デイリー, ウィリアム
Daley-Caravella, Laura　デーリー・カラベラ, ローラ
　㊟「デーリー先生の「話し方」コーチング」東洋経済新報社　2004
Dalglish, Kenny　ダルグリッシュ, ケニー
　1951〜　㊐イギリス　サッカー指導者, 元サッカー選手　本名＝Dalglish, Kenneth Mathieson
Dalhausser, Phil　ダルハウサー

　㊐アメリカ　ビーチバレー選手
Dali, Amira　ダリ, アミーラ
　㊐ネパール　ラブ・グリーン・ネパール（LGN）代表
Dalić, Martina　ダリッチ, マルティナ
　㊐クロアチア　副首相兼経済・中小企業相
Daligga, Bonnie　ダリガ, ボニー
　㊟「乳幼児精神保健ケースブック」金剛出版　2007
Dalil, Suraya　ダリル, スラヤ
　㊐アフガニスタン　保健相
Dalio, Ray　ダリオ, レイ
　㊐アメリカ　投資家
Dalla Costa, Mariarosa　ダラ・コスタ, マリアローザ
　㊟「医学の暴力にさらされる女たち」インパクト出版会　2002
Dallaire, Roméo　ダレール, ロメオ
　1946〜　㊟「なぜ、世界はルワンダを救えなかったのか」風行社　2012
D'Allancé, Mireille　ダランセ, ミレイユ
　㊟「イゴールの金のすず」評論社　2003
Dallape, Francesca　ダラッペ, フランチェスカ
　㊐イタリア　水泳選手　㊟ダラッペ
Dallara, Charles H.　ダラーラ, チャールズ
　1948〜　㊐アメリカ　国際金融協会（IIF）専務理事, 米国財務次官補
Dallas-Conte, Juliet　ダラス＝コンテ, ジュリエット
　㊟「コッケモーモー！」徳間書店　2001
Dalla Vecchia, Fabio Marco　ダラ・ヴェッキア, ファビオ・マルコ
　㊟「カウディプテリクス」ポプラ社　2004
Dalle, Béatrice　ダル, ベアトリス
　1964〜　㊐フランス　女優
Dalle, Francois　ダル, フランソワ
　1918〜2005　㊐フランス　実業家　ロレアル名誉会長
Dallek, Robert　ダレク, ロバート
　㊐アメリカ　歴史学者　ボストン大学名誉教授
Dalley, Arthur F.　デイリー, アーサー・F.
　㊟「ムーア臨床解剖学」メディカル・サイエンス・インターナショナル　2016
Dalley, Horace　ダリー, ホラス
　㊐ジャマイカ　保健相　㊟ダリー, ホレス
Dalley, Stephanie Mary　ダリー, ステファニー
　1943〜　㊟「バビロニア都市民の生活」同成社　2010
Dalli, Helena　ダッリ, ヘレナ
　㊐マルタ　社会対話・消費者・市民の自由担当相
Dalli, John　ダッリ, ジョン
　㊐マルタ　社会政策相
Dallmayr, Fred Reinhard　ダルマイヤー, F.
　1928〜　㊟「オリエンタリズムを超えて」新評論　2001
Dallocchio, Federico　ダロッチオ, フェデリコ
　㊟「スーサイド・スクワッド：悪虐の狂宴」小学館集英社プロダクション　2016
Dalloz, Danielle　ダローズ, ダニエル
　㊟「なぜ子どもはやきもちを焼くの？」毎日新聞社　2004
Dalmais, Irénée Henri　ダルメ, アンリ＝イレネー
　1914〜　㊟「秘義と象徴」新世社　2002
D'almeida, Damiao Vaz　ダルメイダ, ダミアオ・バズ
　㊐サントメ・プリンシペ　首相　㊟アルメイダ, ダミアーノ・バズ
D'almeida, Hélio Silva Vaz　ダルメイダ, エリオ・シルバ・バズ
　㊐サントメ・プリンシペ　計画・財務相
d'Almeida, Komlangan Mawutoé　ダルメイダ, コムランガン・マウトエ
　㊐トーゴ　議会担当相
Dalmeida, Michael　ダルメイダ, ミカエル
　㊐フランス　自転車選手
Dalmia, Aryaman　ダルミア, アリヤマン
　1997〜　㊟「バフェットとグレアムとぼく」阪急コミュニケーションズ　2011
Dalong, Solomon　ダロン, ソロモン
　㊐ナイジェリア　青年スポーツ相
Dalrymple, Jane　ダリンプル, ジェーン
　1951〜　㊟「イギリスの子どもアドボカシー」明石書店　2011
Dalrymple, Mark　ダリンプル, マーク
　㊟「入門Objective-C2.0」翔泳社　2012
Dalson, Harold　ダルソン, ハロルド
　㊐セントルシア　社会変革・地方自治・地域開発相
D'Altan, Paolo　ダルタン, パオロ
　㊟「釈迦」鈴木出版　2001

Dalton, Andy　ダルトン, アンディー
　⓪アメリカ　アメフト選手
Dalton, Annie　ドルトン, アニー
　⓪ダルトン, アニー　⓪「今夜はだれも眠れない」ダイヤモンド社　2006
Dalton, Burt　ダルトン, バート
　アカデミー賞 特殊効果賞（第81回（2008年））　"The Curious Case of Benjamin Button"
Dalton, Cindy　ダルトン, シンディー
　1963〜　⓪「協働的パートナーシップによるケア」エルゼビア・ジャパン　2007
Dalton, David　ドールトン, デイヴィッド
　1945〜　⓪「ボブ・ディランという男」シンコーミュージック・エンタテイメント　2013
Dalton, David J.　ドールトン, デヴィッド・J.
　⓪「プリムローズの『ヴィオラ奏法』」音楽之友社　2006
Dalton, Jacob　ダルトン, ジェイコブ
　⓪アメリカ　体操選手　⓪ダルトン
Dalton, James H.　ダルトン, ジェームス・H.
　⓪「コミュニティ心理学」トムソンラーニング, 金子書房（発売）　2007
Dalton, Katharina　ダルトン, K.
　1916〜2004　⓪「PMSバイブル」学樹書院　2007
Dalton, Lily　ダルトン, リリー
　⓪「雨の夜のキスはふたりの秘密」竹書房　2014
Dalton, Margot　ダルトン, マーゴット
　⓪「私という名の他人」ハーレクイン　2008
Dalton, Maxine A.　ダルトン, マキシン・A.
　⓪「仕事を通じたリーダーシップ開発」英治出版　2004
Dalton, Pamela　ドルトン, パメラ
　⓪「たいようもつきも」日本キリスト教団出版局　2013
Dalton, Peter　ドルトン, ピーター
　1948〜　⓪「ラフガイド・トゥ・レゲエ」河出書房新社　2011
Dalton, Ray　ダルトン, レイ
　MTVアワード 最優秀ヒップホップ・ビデオ（第30回（2013年））ほか
Dalton, Richard　ダルトン
　⓪カナダ　カヌー選手
Dalton, Timothy Peter　ダルトン, ティモシー
　1946〜　⓪イギリス　俳優
Dalton, Tony　ダルトン, トニー
　1947〜　⓪「レイ・ハリーハウゼン大全」河出書房新社　2009
Daltrey, Roger　ダルトリー, ロジャー
　1944〜　⓪イギリス　ロック歌手, 俳優　本名＝ダルトリー, ロジャー・ハリー〈Daltrey, Roger Harry〉
D'Aluisio, Faith　ダルージオ, フェイス
　1957〜　⓪「地球のごはん」TOTO出版　2012
Daly, Babara　デーリー, バーバラ
　1939〜　⓪「誘惑はマンハッタンで」ハーレクイン　2008
Daly, Glyn　デイリー, グリン
　⓪「ジジェク自身によるジジェク」河出書房新社　2005
Daly, Herman E.　デーリー, ハーマン
　1938〜　⓪アメリカ　経済学者　メリーランド大学上級研究員　世界銀行本部環境局上級エコノミスト, ルイジアナ州立大学教授　⓪エコロジー経済学, 環境政策　⓪デイリー, ハーマン／デイリィ, ハーマン
Daly, Joe　ダリー, ジョー
　アングレーム国際漫画祭 審査員特別賞（2010年）　"Dungeon quest（T1）"〈L'Association〉
Daly, John　デーリー, ジョン
　1937〜2008　⓪アメリカ　映画プロデューサー　⓪デイリー, ジョン
Daly, John　デーリー, ジョン
　1966〜　⓪アメリカ　プロゴルファー　⓪デイリー, ジョン
Daly, Jude　ダリー, ジュード
　1951〜　⓪「はるかな島」光村教育図書　2008
Daly, Kate　デリー, ケイト
　⓪「バリ島」メディアファクトリー　2003
Daly, Martin　デイリー, マーティン
　⓪「シンデレラがいじめられるほんとうの理由」新潮社　2002
Daly, Mary　デイリー, メリー
　1952〜　⓪「ジェンダーと福祉国家」ミネルヴァ書房　2009
Daly, Niki　ダリー, ニキ
　1949〜　⓪「ビートのスケートレース」福音館書店　2011
Daly, Peter Maurice　デイリー, ピーター・M.
　⓪「エンブレムの宇宙」ありな書房　2013
Daly, Tyne　デイリー, タイン
　エミー賞 プライムタイム・エミー賞 最優秀助演女優賞（ドラマシリーズ）（第55回（2003年））　"Judging Amy"
Daly-Weir, Catherine　ダリー, キャサリン・R.
　⓪「ファインディング・ニモおねがい！ ドリー」講談社　2016
Dalzel-Job, Patrick　ダルゼルジョブ, パトリック
　1913〜2003　⓪イギリス　軍人　英国海軍少佐
Dalzell, Frederick　ダルゼル, フレデリック
　⓪「P&Gウェイ」東洋経済新報社　2013
Dalziel, Lianne　ダルジール, リアン
　⓪ニュージーランド　商業相兼女性問題相　⓪ダルジル, リアン
Dalziel, Paul　ダルジール, ポール
　⓪「ニュージーランド福祉国家の再設計」法律文化社　2004
Dalziel, Trina　ダルジール, トリーナ
　⓪「まねして描こう海のなかまの図案集」マール社　2015
Dam, Julie　ダム, ジュリー
　⓪「ラブ・ファッショニスタ」ランダムハウス講談社　2004
Dam, Vu Duc　ダム, ブー・ドク
　⓪ベトナム　副首相
Damadian, Raymond V.　ダマディアン, レイモンド
　1936〜　⓪アメリカ　医学者　フォナーCEO　⓪核磁気共鳴
Damaj, Marwan Ahmed　ダマージュ, マルワン・アハメド
　⓪イエメン　文化相
al-Damalooji, Omar　ダマルージ, オマル
　⓪イラク　住宅相
Damani, Nizam N.　ダマーニ, ニザーム
　⓪「感染予防, そしてコントロールのマニュアル」メディカル・サイエンス・インターナショナル　2013
Damasio, Antonio R.　ダマシオ, アントニオ・R.
　⓪「自己が心にやってくる」早川書房　2013
D'Amato, Barbara　ダマート, バーバラ
　⓪「アメリカミステリ傑作選」DHC　2002
el-Damaty, Mamdouh　ダマティ, マムドゥフ
　⓪エジプト　考古相
al-Damaty, Mamduh　ダマティ, マムドゥフ
　⓪エジプト　考古相
D'amaud, Travis　ダーノウ, トラビス
　⓪アメリカ　野球選手
Damba, Maiga Sina　ダンバ, マイガ・シナ
　⓪マリ　女性・子供・家族相
Dambazzau, Abdularahman Bello　ダンバザウ, アブドラマン・ベロ
　⓪ナイジェリア　内相
Dambendzet, Jeanne　ダンベンゼ, ジャンヌ
　⓪コンゴ共和国　商業・消費・供給相
Dambenzet, Jeanne　ダンベンゼ, ジャンヌ
　⓪コンゴ共和国　農業・畜産・漁業・女性問題相
Damberg, Mikael　ダンベリ, ミカエル
　⓪スウェーデン　企業・イノベーション相
D'ambrosio, Danilo　ダンブロージオ, ダニーロ
　⓪イタリア　サッカー選手
D'Ambrosio, Marcellino　デ・アンブロジオ, マルセリーノ
　⓪「パッションガイドブック100のQ&A」ドン・ボスコ社　2004
Dambyn Törbat　ダンビーン, トゥルバト
　⓪「モンゴル文学への誘い」明石書店　2003
Damdinsuren, Nyamkhuu　ダマディンスレン
　⓪モンゴル　柔道選手
Damehane, Yark　ダメアン, ヤーク
　⓪トーゴ　治安相
Damens, Leneve　ダーメンス, レネフェ
　⓪ナミビア　ラグビー選手
Damerval, Jaime　ダメルバル, ハイメ
　⓪エクアドル　内務・警察相
Damian, Anca　ダミアン, アンカ
　アヌシー国際アニメーション映画祭 長編映画 クリスタル賞（最優秀長編作品）（2012年）　"Crulic - drumul spre dincolo"〈製作国：ルーマニア／ポーランド〉
Damian, Georgeta　ダミアン
　⓪ルーマニア　ボート選手
Damian, Kate　ダミアン, ケイト
　⓪「アロマテラピーハンドブック」中央アート出版社　2006
Damian, Peter　ダミアン, ピーター
　⓪「アロマテラピーハンドブック」中央アート出版社　2006
Damiani, Damiano　ダミアーニ, ダミアーノ
　1922〜2013　⓪イタリア　映画監督

D

Damiani, Ludovica ダミアーニ, ルドヴィカ
[著]「オードリーのローマ」 六耀社 2014
Damiani, Salvatore ダミアーニ, サルヴァトーレ
?～2011 [国]イタリア 伊日財団事務局次長, 元・愛・地球博イタリア館館長 伊日財団事務総長 [異]ダミアーニ, サルバトーレ
Damiano, Cesare ダミアーノ, チェーザレ
[国]イタリア 労働・社会保障相
Damiano, Gerard ダミアーノ, ジェラルド
1928～2008 [国]アメリカ 映画監督 本名＝Damiano, Gerardo Rocco [異]ダミアノ, ジェラルド
D'Amico, Carmela ダミコ, カルメラ
[著]「エラのがくげいかい」 小学館 2011
D'Amico, Steven ダミコ, スティーブン
[著]「エラのがくげいかい」 小学館 2011
Damisch, Hubert ダミッシュ, ユベール
1928～ [著]「雲の理論」 法政大学出版局 2008
Damm, Antje ダム, アンティエ
1965～ [著]「どんどんきいて！」 小学館 2004
Damm, Sigrid ダム, ジークリット
1940～ [著]「クリスティアーネとゲーテ」 法政大学出版局 2011
Damme, Dirk Van ダム, ダーク・ヴァン
[著]「グローバル化と言語能力」 明石書店 2015
Dammipi, Noupokou ダンミピ, ヌポク
[国]トーゴ 鉱業・エネルギー・水利相
Damodaran, Aswath ダモダラン, アスワス
[異]ダモダラン, A. [著]「資産価値測定総論」 パンローリング 2008
Damon, Johnny デーモン, ジョニー
1973～ [国]アメリカ 野球選手 本名＝デーモン, ジョニー・デービッド〈Damon, Johnny David〉 [異]デイモン, ジョニー
Damon, Matt デイモン, マット
1970～ [国]アメリカ 俳優 [異]デーモン, マット
Damon, William デイモン, ウィリアム
1944～ [著]「グッドワークとフロー体験」 世界思想社 2016
D'Amour, Denis ダムール, デニス
?～2005 [国]カナダ ギタリスト 愛称＝ピギー〈Piggy〉
Dampier, Phil ダンピェール, フィル
[著]「王室の秘密は女王陛下のハンドバッグにあり」 R.S.V.P., 丸善出版(発売) 2011
Dampierre, Florence de ダンピエール, フローレンス・ド
[著]「椅子の文化図鑑」 東洋書林 2009
Damrau, Diana ダムラウ, ディアナ
1971～ [国]ドイツ ソプラノ歌手 [専]コロラトゥーラ・ソプラノ
Damrosch, David ダムロッシュ, デイヴィッド
[異]ダムロッシュ, デーヴィッド [著]「世界文学史はいかにして可能か」 成美堂 2011
Damrosch, Leopold ダムロッシュ, レオ
1941～ 全米書評家協会賞 伝記(2013年) "Jonathan Swift: His Life And His World"
Damsgård, Puk ダムスゴー, プク
1978～ [著]「ISの人質」 光文社 2016
Damyanov, Igor ダミャノフ, イゴル
[国]ブルガリア 教育科学技術相
Dan, Matei Agathon ダン, マティ・アガトン
[国]ルーマニア 観光相 [異]ダン, マテイアガトン
Dana, Barbara ダナ, バーバラ
[著]「空よりも広く」 彩流社 2012
Dana, Paul ダナ, ポール
1975～2006 [国]アメリカ レーシングドライバー
Dana, Thierry ダナ, ティエリー
[国]フランス 駐日特命全権大使
Danagogo, Tamuno ダナゴゴ, タムノ
[国]ナイジェリア スポーツ相
Danaher, Simon ダナハー, サイモン
[著]「サンタクロースの秘密」 今人舎 2006
Danailov, Stefan ダナイロフ, ステファン
[国]ブルガリア 文化相
Danalis, John ダナリス, ジョン
[著]「クッツさんのくつ」 岩崎書店 2011
Danalis, Stella ダナリス, ステラ
[著]「クッツさんのくつ」 岩崎書店 2011
Dance, S.Peter ダンス, S.ピーター
1932～ [著]「博物誌」 東洋書林 2014
Dancer, Faye ダンサー, フェイ
?～2002 [国]アメリカ 女子野球選手
Dancer, Rex ダンサー, レックス
[著]「天使は夜を翔べ」 講談社 2001
Dancey, Charlie ダンシー, チャーリー
[著]「ボールジャグリング百科」 遊戯社 2003
Dancey, Ryan S. ダンセイ, ライアン・S.
[著]「ダンジョンズ&ドラゴンズサプリメントキャラクター作成ガイド」 ホビージャパン 2004
Danchev, Alex ダンチェフ, アレックス
[著]「セザンヌ」 みすず書房 2015
Dâncu, Vasile ドゥク, バシレ
[国]ルーマニア 公共情報相 [異]ダンク, バシレ
Dancy, Rahima Baldwin ダンシー, ラヒマ・ボールドウィン
[著]「赤ちゃんからのシュタイナー教育」 学陽書房 2014
Danda, Mahamadou ダンダ, マハマドゥ
[国]ニジェール 首相
Dan Dah, Mahaman Laouali ダンダ, マハマン・ラウアリ
[国]ニジェール 中等・高等教育・科学研究相
Dandjinou, Rémis Fulgance ダンジヌ, レミ・フルガンス
[国]ブルキナファソ 通信・国民議会関係相
d'Andlau, Guillaume ダンドロー, ギョーム
1962～ [著]「NGOと人道支援活動」 白水社 2005
Dando, Malcolm ダンドー, マルコム
[著]「バイオテロと生物戦争」 へるす出版 2011
Dandobi, Maïkibi Kadidiatou ダンドビ, マイキビ・カディディアトゥ
[国]ニジェール 人口・女性地位向上・児童保護相
Dane, Jordan デイン, ジョーダン
[著]「秘められた愛」 オークラ出版 2009
Dane, Lance デイン, ランス
[著]「カーマストートラの世界」 東洋書林 2009
Dane, Lauren デイン, ローレン
[著]「異なる愛のかたち」 オークラ出版 2013
Danelek, J.Allan ダネレク, アラン
1958～ [著]「アトランティスは未来を語る」 成甲書房 2009
Danelia, Otar ダネリア, オタル
[国]ジョージア 農相
Danenberg, Anne ダネンバーグ, A.
[著]「格差社会アメリカの教育改革」 明石書店 2007
Danermark, Berth ダナーマーク, バース
1951～ [著]「社会を説明する」 ナカニシヤ出版 2015
Danes, Claire デーンズ, クレア
1979～ [国]アメリカ 女優 本名＝Danes, Claire Catherine [異]ディンズ, クレア / デインズ, クレア
Danesh Ashtiani, Fakhroddinn ダネシュアシティアニ, ファハラディン
[国]イラン 教育相
Danesh Jafari, Davoud ダネシュジャファリ, ダブード
[国]イラン 経済財務相
Daneshjoo, Kamran ダネシュジュー, カムラン
[国]イラン 科学技術相
Danesi, Marcel ダネージ, マーセル
1946～ [著]「パズル本能」 白揚社 2007
Danfa, Wasna Papai ダンファ, ワスナ・パパイ
[国]ギニアビサウ エネルギー相
Danford, Haward S. ダンフォード, ハワード・S.
1962～ [著]「不合理な地球人」 朝日新聞出版 2010
Danford, Natalie ダンフォード, ナタリー
[著]「アメリカ新進作家傑作選」 DHC 2009
Dang, Thuy Hien ダン・トォイ・ヒエン
[国]ベトナム 元・在ベトナム日本国大使館現地職員
Dang, Ye-seo タン・イェソ
1981～ [国]韓国 卓球選手 漢字名＝唐汭序
Dangel, Jacqueline ダンジェル, ジャクリーヌ
[著]「ラテン語の歴史」 白水社 2001
D'angelo, Adam ダンジェロ, アダム
起業家, クオラ創業者
D'Angelo, Edward デーンジェロ, エド
1932～ [著]「公立図書館の玄関に怪獣がいる」 京都大学図書館情報学研究会, 日本図書館協会(発売) 2009
Dangerfield, Jared デンジャーフィールド, ジャレッド
[国]アメリカ アメフト選手
Dangerfield, Jordan デンジャーフィールド, ジョーダン
[国]アメリカ アメフト選手
Dangerfield, Rodney デンジャーフィールド, ロドニー
1921～2004 [国]アメリカ コメディアン
d'Anglejan, Geoffroy ダングルジャン, ジョフロア
1956～ [国]フランス 実業家 ラ・メゾン・デュ・ショコラ代表

取締役社長 ドゥ・ヌーヴィル社長
Dangote, Aliko ダンゴート, アリコ
[国]ナイジェリア ダンゴート・グループ [異]ダンゴテ, アリコ
Dang Thai Son ダン・タイ・ソン
1958～ [国]カナダ ピアニスト
Dani Castellano ダニ・カステジャーノ
[国]スペイン サッカー選手
Dani Ceballos ダニ・セバージョス
[国]スペイン サッカー選手
Daniel, Amas ダニエル, アマス
[国]ナイジェリア レスリング選手
Daniel, Antoine B. ダニエル, アントワーヌ・B.
[著]「マチュピチュの光」 河出書房新社 2003
Daniel, Antonio Salvador ダニエル, トニー・S.
[著]「デスストローク」 小学館集英社プロダクション 2016
Daniel, Catherine ダニエル, キャサリン
[国]ドミニカ共和国 社会事業・家族・ジェンダー問題相
Daniel, Chase ダニエル, チェイス
[国]アメリカ アメフト選手
Daniel, David Edwin ダニエル, ダビッド・E.
1949～ [著]「ガンドシールデザインマニュアル」 技報堂出版 2004
Daniel, Fielding ダニエル, フィールディング
[著]「アメリカ発オーガニックタバコと地球に優しい農業」 ワッカ, 新泉社(発売) 2009
Daniel, Jean ダニエル, ジャン
1920～ [国]フランス ジャーナリスト, 作家 「ル・ヌーヴェル・オブセルヴァトゥール」編集主幹
Daniel, Jennifer ダニエル, ジェニファー
[著]「人類は宇宙の果てを見られるか?」 主婦と生活社 2016
Daniel, John Morgan ダニエル, ジョン・M.
1941～ [著]「極短小説」 新潮社 2004
Daniel, Matt"Boom" ダニエル, マット・"ブーン"
[著]「プロジェクト・マネジャーが知るべき97のこと」 オライリー・ジャパン, オーム社(発売) 2011
Daniel, Montgomery ダニエル, モンゴメリー
[国]セントビンセント・グレナディーン 住宅・不法移住対策・国土計画・土地・測量相
Daniel, Patricia ダニエル, パトリシア
[著]「グローバル・ティーチャーの理論と実践」 明石書店 2011
Daniel, Pete ダニエル, ピート
1938～ [著]「失われた革命」 青土社 2005
Daniel, Robertson ダニエル, ロバートソン
[国]アメリカ アメフト選手
Daniel, Roh ダニエル, ロー
1954～ [国]韓国 実業家, 作家 東アジア平和投資プログラムソウル代表
Daniel, Thomas ダニエル
[国]オーストリア 近代五種選手
Daniel, Timothy P. ダニエル, ティモシー・P.
[著]「競争政策の経済学」 NERA 2005
Daniel, Toara ダニエル, トアラ
[国]バヌアツ 保健相
Daniel, Werner G. ダニエル, W.G.
[著]「塞栓症ハンドブック」 西村書店 2003
Daniel, Willmoth ダニエル, ウィルマス
[国]アンティグア・バーブーダ 保健・社会改革・消費者問題相
Daniel Alves ダニエウ・アウヴェス
[国]ブラジル サッカー選手
Daniele, Pino ダニエーレ, ピノ
1955～2015 [国]イタリア シンガー・ソングライター 本名=Daniele, Giuseppe
Danielewski, Mark Z. ダニエレブスキー, マーク・Z
1966～ [著]「紙葉の家」 ソニー・マガジンズ 2002
Daniell, David ダニエル, デイヴィド
[著]「ウィリアム・ティンダル」 勁草書房 2001
Daniell, John ダニエル, ジョン
1972～ [著]「傭兵の告白」 論創社 2012
Daniel-Lesur, J.Y. ダニエル・ルシュール, J.Y.
1908～2002 [国]フランス 作曲家, オルガン奏者, ピアニスト 本名=ルシュール, ダニエル〈Lesur, Daniel〉
D'aniello, Francesco ダニエロ
[国]イタリア 射撃選手
Danielmeyer, Hans Gunter ダニエルマイヤー, ハンス・ギュンター
[国]ドイツ 元・ベルリン日独センター副総裁, 元・シーメンス上級副社長
Daniélou, Alain ダニエルー, アラン
1907～ [著]「シヴァとディオニュソス」 講談社 2008
Daniel Raby, Lucy ダニエル・レイビー, ルーシー
1958～ [国]イギリス 作家 [専]ヤングアダルト, ファンタジー
Daniels, Andrew ダニエルズ, アンドリュー
[著]「Windows 2000 DNS管理者ガイド」 ピアソン・エデュケーション 2001
Daniels, B.J. ダニエルズ, B.J.
[国]アメリカ アメフト選手
Daniels, B.J. ダニエルズ, B.J.
[著]「消えた愛人」 ハーレクイン 2005
Daniels, Charlie ダニエルズ, チャーリー
[国]イングランド サッカー選手
Daniels, Christian ダニエルス, クリスチャン
1952～ [著]「東南アジア大陸部 山地民の歴史と文化」 言叢社 2014
Daniels, Elle ダニエルズ, エル
[著]「やさしき野獣と花嫁」 原書房 2015
Daniels, Gordon ダニエルズ, ゴードン
[著]「日英交流史」 東京大学出版会 2001
Daniels, Harry ダニエルズ, ハリー
[著]「ヴィゴツキーと教育学」 関西大学出版部 2006
Daniels, Jack ダニエルズ, ジャック
1933～ [著]「ダニエルズのランニング・フォーミュラ」 ベースボール・マガジン社 2016
Daniels, Jeff ダニエルズ, ジェフ
1955～ [国]アメリカ 俳優
Daniels, Jill ダニエルズ, ジル
[著]「ハリー・ポッターと賢者の石」 静山社, 大日本絵画(発売) 2001
Daniels, John ダニエルズ, ジョン
1956～ [著]「UMLコンポーネント設計」 ピアソン・エデュケーション 2002
Daniels, Joleen ダニエルズ, ジョリーン
[著]「花嫁を奪って」 ハーレクイン 2003
Daniels, Jon ダニエルズ, ジョン
1977～ [国]アメリカ テキサス・レンジャーズGM
Daniels, Ken ダニエルズ, ケン
1940～ [著]「家族をつくる」 人間と歴史社 2010
Daniels, Lee ダニエルズ, リー
1959～ [国]アメリカ 映画監督
Daniels, Lucy ダニエルズ, ルーシー
[著]「フェレット迷路」 ほるぷ出版 2014
Daniels, Martha Catalina ダニエルス, マルタ・カタリナ
?～2002 [国]コロンビア 政治家 コロンビア上院議員
Daniels, Maygene ダニエル, メイジーン
[著]「建築記録アーカイブズ管理入門」 書肆ノワール 2006
Daniels, Michael ダニエルス, マイケル
1950～ [著]「「私」を見つける心理テスト」 視覚障害者支援総合センター 2003
Daniels, Mike ダニエルズ, マイク
[国]アメリカ アメフト選手
Daniels, Mitchell E. ダニエルズ, ミッチェル
1949～ [国]アメリカ 政治家, 実業家 インディアナ州知事, 米国行政管理予算局(OMB)局長 [異]ダニエルズ, ミッチ / ダニエルズ, ミッチェル・アライアス, Jr.
Daniels, Neil Andrew ダニエルズ, ニール
[著]「メタリカ ヘヴィ・メタル革命」 シンコーミュージック・エンタテイメント 2012
Daniels, Norman ダニエルズ, ノーマン
1942～ [著]「精神科臨床倫理」 星和書店 2011
Daniels, Ray ダニエルズ, レイ
[著]「メイキング・アウト・イン・チャイニーズ」 チャールズ・イー・タトル出版 2005
Daniels, Rebecca ダニエルズ, レベッカ
1949～ [著]「ずっと好きだから」 ハーレクイン 2001
Daniels, Robert Vincent ダニエルズ, R.
[著]「ロシア共産党党内闘争史」 現代思潮新社 2008
Daniels, Stephen ダニエルズ, スティーヴン
[著]「風景の図像学」 地人書房 2001
Daniels, Steven ダニエルズ, スティーブン
[国]アメリカ アメフト選手
Daniels, Troy ダニエルズ, トロイ
[国]アメリカ バスケットボール選手
Daniels, Val ダニエルズ, ヴァル
[著]「パーフェクトな結婚?」 ハーレクイン 2002
Daniels-Mohring, Debbie ダニエルズ=モーリング, デビ

1953〜　㉿「教育カウンセリングと家族システムズ」現代書林 2002
Danielson, Dennis Richard　ダニエルソン, デニス
1949〜　㉿「コペルニクスの仕掛人」東洋書林 2008
Danielsson, Maria　ダニエルソン
㊅スウェーデン　スノーボード選手
Daniel Tabet, Joumana　ダニエル・タベット, ジョマナ
㊅レバノン　元・公安総局情報部長
Daniel Torres　ダニエル・トーレス
㊅コロンビア　サッカー選手
Danielyan, Edgar　ダニエリアン, エドガー
㊅ダニーリャン, エドガー　㉿「ハック・プルーフィングLinux対クラッカー防衛大全」秀和システム 2002
Danielyan, Gevorg　ダニエリャン, ゲボルク
㊅アルメニア　法相
Dani Garcia　ダニ・ガルシア
㊅スペイン　サッカー選手
Dani Gimenez　ダニ・ヒメネス
㊅スペイン　サッカー選手
Dani Iglesias　ダニ・イグレシアス
㊅スペイン　サッカー選手
Däniken, Erich von　デニケン, エーリッヒ・フォン
1935〜　㉿「失われた未来の記憶」学研パブリッシング, 学研マーケティング（発売） 2011
Danilin, Igor Mikhailovich　ダニリン, I.M.
1957〜　㉿「シベリアの森林」日本林業調査会 2004
Danilishin, Bohdan　ダニリシン, ボグダン
㊅ウクライナ　経済相
Danilo　ダニーロ
㊅ブラジル　サッカー選手
Danilo, Barbosa　ダニーロ・バルボサ
㊅ブラジル　サッカー選手
Danilo, Pereira　ダニーロ・ペレイラ
㊅ポルトガル　サッカー選手
Danilo Silva　ダニーロ・シウヴァ
㊅ブラジル　サッカー選手
Danilov, Aleksandr Anatol'evich　ダニロフ, アレクサンドル
㉿「ロシアの歴史」明石書店 2011
Danilova, Olga　ダニロワ
㊅ロシア　クロスカントリースキー選手
Danilovski, Dragan　ダニロフスキ, ドラガン
㊅マケドニア　保健相
Daninos, Pierre　ダニノス, ピエール
1913〜2005　㊅フランス　作家, ジャーナリスト
Danioth, David　ダニオス, デイビット
1956〜　㉿「ちいさなあなたとのやくそく」TOブックス 2013
Daniotti, Tiziano　ダニオッティ, ティッツィアーノ
1961〜　㉿「あしあと」ドン・ボスコ社 2012
Danis, Daniel　ダニス, ダニエル
カナダ総督文学賞 フランス語 戯曲（2007年）"Le chant du Dire-Dire"
Danish, Mohammad Sarwar　ダニシュ, モハマド・サルワル
㊅アフガニスタン　法相
Danish, Sarwar　ダニシュ, サルワル
㊅アフガニスタン　第2副大統領
Danish, Steven　デニッシュ, スティーブン
㉿「スポーツ選手のためのキャリアプランニング」大修館書店 2005
Danish, Tyler　デニッシュ, タイラー
㊅アメリカ　野球選手
D'Anjou, Jim　ダンジュー, ジム
㉿「Java開発者のためのEclipseエキスパートガイド」コンピュータ・エージ社 2004
Danjuma, Yakubu　ダンジュマ, ヤクブ
㊅ナイジェリア　国防相
Danker, Uwe　ダンカー, ウーヴェ
1956〜　㉿「盗賊の社会史」法政大学出版局 2005
Dankers, Arne　ダンカース
㊅カナダ　スピードスケート選手
Danko, Taras　デンコ
㊅ウクライナ　レスリング選手　㊅ダンコ
Danko, William D.　ダンコ, ウィリアム・D.
㉿「となりの億万長者」早川書房 2013
Danks, Denise　ダンクス, デニーズ
㉿「ベイビー・ラブ」早川書房 2006
Danks, John　ダンクス, ジョン
㊅アメリカ　野球選手

Danks, Rabindra　ダンクス, ラビンドラ
1939〜　㉿「フォーエバーハーツ」小学館スクウェア 2006
Dann, Colin　ダン, コリン
㉿「ハーモニカふきとのら犬ディグビー」PHP研究所 2006
Dann, Penny　ダン, ペニー
1964〜2014　㊅イギリス　絵本作家, イラストレーター
Dann, Scott　ダン, スコット
㊅イングランド　サッカー選手
Danna, Mychael　ダナ, マイケル
アカデミー賞 作曲賞（第85回（2012年））ほか
Dannelley, Richard　ダネリー, リチャード
㉿「2012年にパワーをもらう生き方」徳間書店 2009
Danner, Blythe　ダナー, ブライス
1943〜　㊅アメリカ　女優
Dannheisser, Ilana　ダンハイサー, イラーナ
㉿「ホメオパシー入門」産調出版 2007
Danny, Budiman Widjaja　ダニー・ブディマン・ウィジャヤ
㊅インドネシア　元・在インドネシア日本国大使館現地職員
Dano, Paul　ダノ, ポール
1984〜　㊅アメリカ　俳優　本名＝Dano, Paul Franklin
Dano, Sébastien　ダノ, セバスチャン
㊅コートジボワール　国民和解担当相
Dano Djédjé, Sébastien　ダノジェジェ, セバスチアン
㊅コートジボワール　農業・地方開発相　㊅ダノ・ジェジェ
Danon-Boileau, Laurent　ダノン＝ボワロー, ロラン
1946〜　㉿「子どものコミュニケーション障害」白水社 2007
Dános, Judit　ダーノシュ, ユディット
㉿「びょういんにおとまり」風濤社 2009
Danowski, Sonja　ダノウスキ, ソーニャ
㉿「はじまりのはな」くもん出版 2014
Danqua, Fernando　ダンクア, フェルナンド
㊅サントメ・プリンシペ　国防相
Dansby, Karlos　ダンズビー, カーロス
㊅アメリカ　アメフト選手
d'Ansembourg, Thomas　ダンサンブール, トーマ
㉿「「なんでわかってくれないの！」と思ったときに読む本」紀伊國屋書店 2004
Dansokho, Amath　ダンソコ, アマト
㊅セネガル　都市開発・住宅相
Dansou, Felix Essou　ダンス, フェリックス・エス
㊅ベナン　鉱業・エネルギー相
Dansou, Gnimbere　ダンソ, グニムベレ
㊅ベナン　家庭・児童相
Dansou, Jean　ダンス, ジャン
㊅ベナン　通信・情報通信技術相
Dansua, Akua　ダンスア, アクア
㊅ガーナ　観光相
Dantec, Maurice G.　ダンテック, モーリス・G.
㉿「バビロン・ベイビーズ」太田出版 2009
Dantes, Edmond　ダンテス, エドモンド
1950〜2009　㉿「メイド・イン・マンハッタン」竹書房 2003
Danticat, Edwidge　ダンティカ, エドウィージ
1969〜　㊅アメリカ　作家　㊅ダンティカ, エドウィージュ / ダンティカ, エドウィッジ
Danto, Arthur C.　ダント, アーサー・コルマン
㉿「哲学者としてのニーチェ」風濤社 2014
D'Antona, Rosanna　ダントナ, ロザンナ
㉿「科学技術とジェンダー」明石書店 2004
D'antoni, Mike　ダントーニ, マイク
㊅アメリカ　ヒューストン・ロケッツヘッドコーチ（バスケットボール）
D'Antonio, Michael　ダントーニオ, マイケル
㊅アメリカ　ジャーナリスト　㊅ド・アントニオ, マイケル
Dantzig, Rudi van　ダンツィヒ, ルディ・ファン
1933〜2012　㊅オランダ　バレエ振付師・監督, 作家　オランダ国立バレエ団芸術監督　㊅ダンツィヒ, ルディ・ヴァン
Danulle, Ahmad Muhammad　ダヌレ, アハマド・ムハマド
㊅ソマリア　鉱物・水資源相
Danvers, Dennis　ダンヴァーズ, デニス
㉿「エンド・オブ・デイズ」早川書房 2001
Danvers-smith, Natasha　タンバーズスミス
㊅イギリス　陸上選手
Danyliuk, Olexandr　ダニリュク, オレクサンドル
㊅ウクライナ　財務相
Danza, Andrés　ダンサ, アンドレス
1976〜　㉿「ホセ・ムヒカ世界でいちばん貧しい大統領」

KADOKAWA　2016
Danzer, Klaus　ダンツァー, K.
[著]「分析化学と情報理論」 培風館　2003
Danziger, Kurt　ダンジガー, カート
1926～　[著]「心を名づけること」 勁草書房　2005
Danziger, Lucy S.　ダンジガー, ルーシー
[著]「心の部屋の片付けかた」 講談社　2011
Danziger, Paula　ダンジガー, ポーラ
1944～2004　[国]アメリカ　作家　[異]ダンツィガー, ポーラ
Dao, Kathryn H.　ダオ, キャスリン・H.
[著]「WMリウマチ科コンサルト」 メディカル・サイエンス・インターナショナル　2006
Daoud, Ahmed Ould Ahil　ダウド, アフメド・ウルド・エヒル
[国]モーリタニア　イスラム・宗教教育相
Daoud, Ali Mohamed　ダウド, アリ・モハメド
[国]ジブチ　農水畜産相
Daouda, Abdou　ダウダ, アブドゥ
[国]ニジェール　競争・物価対策相
Daouda, Idriss　ダウダ, イドゥリス
[国]ベナン　経済・財務相
Daoudi, Lahcen　ダウディ, ラハセン
[国]モロッコ　高等教育・科学研究相
Daoudou, Mohamed　ダウドゥ, モハメド
[国]コモロ　内務・情報・社会保護・ジェンダー推進相
Daouk, Walid　ダウク, ワリド
[国]レバノン　情報相
Daoussa, Bichara Cherif　ダウサ, ビシャラ・シェリフ
[国]チャド　公共事業・運輸相
Dapong, Ratanasuwan　ダポン・ラターナスワン
[国]タイ　教育相　[異]ダーポン・ラッタナスワン
D'Aquili, Eugene G.　ダギリ, ユージーン
1940～　[著]「脳はいかにして〈神〉を見るか」 PHPエディターズ・グループ, PHP研究所(発売)　2003
Dar, Muhammad Ishaq　ダール, ムハンマド・イスハク
[国]パキスタン　財務・歳入・経済問題・統計・民営化相
Darabont, Frank　ダラボン, フランク
[著]「映画監督という仕事」 フィルムアート社　2001
Darabos, Norbert　ダラボシュ, ノルベルト
[国]オーストリア　国防・スポーツ相　[異]ダラボス, ノルベルト
***Al*-daradji, Mohamed**　アルダラジー, モハメド
1978～　映画監督
Daragan, Oleksandr　ダラガン
[国]ウクライナ　レスリング選手
***al*-Daraji, Muhammed Sahib**　ダッラージ, ムハンマド・サーヒブ
[国]イラク　産業相　[異]ダラジ, ムハンマド
Darakhvelidze, David　ダラフベリゼ, ダビド
[国]ジョージア　難民定住相
Daramy, Mohamed　ダラミー, モハメド
[国]シエラレオネ　開発・経済計画相　[異]ダラミー, モハメド・B.
Dara Singh　ダラ・シン
1928～2012　[国]インド　プロレスラー, 俳優　本名＝Randhawa, Dara Singh
Darbelet, Benjamin　ダルベレ
[国]フランス　柔道選手
Darby, Alden　ダービー, アルデン
[国]アメリカ　アメフト選手
Darby, Ronald　ダービー, ロナルド
[国]アメリカ　アメフト選手
Darby, Sabrina　ダービー, サブリナ
[著]「また会える日を夢見て」 ぶんか社　2011
Darbyshiere, Philip　ダルビシャー, フィリップ
[著]「ベナー解釈的現象学」 医歯薬出版　2006
Darbyshire, Carolyn　ダービーシャー
[国]カナダ　カーリング選手
D'Arc, Joan　ダーク, ジョン
[著]「トンデモ陰謀大全」 成甲書房　2006
D'Arcangelo, Ildebrando　ダルカンジェロ, イルデブランド
1969～　[国]イタリア　バス・バリトン歌手
Darcey, Lauren　ダーシー, ローレン
1977～　[著]「Androidワイヤレスアプリケーション開発」 ピアソン桐原　2012
Darch, Ahmed Mahrous　ダルシュ, アハメド・マフルス
[国]エジプト　企画国際協力相
Darcos, Xavier　ダルコス, グザビエ
[国]フランス　国民教育相
Darcy, Emma　ダーシー, エマ
[著]「夢がかなう日」 ハーパーコリンズ・ジャパン　2016
Darcy, Lilian　ダーシー, リリアン
[著]「オールドローズの恋」 ハーレクイン　2009
D'Arcy, Yvonne M.　ダーシィ, イボンヌ
[著]「高齢者の痛みケア」 名古屋大学出版会　2013
Dardai, Pal　ダルダイ, パル
[国]ハンガリー　ヘルタ・ベルリン監督
***al*-Dardari, Abdullah**　ダルダリ, アブドラ
[国]シリア　副首相(経済担当)
Dardenne, Jean-Pierre　ダルデンヌ, ジャン・ピエール
1951～　[国]ベルギー　映画監督, 映画プロデューサー, 脚本家　本名＝イガン, カール〈Higgans, Carl〉
Dardenne, Luc　ダルデンヌ, リュック
1954～　[国]ベルギー　映画監督, 映画プロデューサー, 脚本家　本名＝イガン, エリック〈Higgans, Eric〉　[異]ダルデンヌ, ルック
Dardenne, Sabine　ダルデンヌ, サビーヌ
1983～　[著]「ここから出して！」 ヴィレッジブックス, ソニー・マガジンズ(発売)　2007
Darder, Sergi　ダルデル, セルジ
[国]スペイン　サッカー選手
Dardhishta, Ismail　ダルジシュタ, イスマイル
[国]マケドニア　法相
Dare, Christopher　デア, クリストファー
[著]「患者と分析者」 誠信書房　2008
Dare, Tessa　デア, テッサ
[著]「夢見るキスの続き」 集英社クリエイティブ, 集英社(発売)　2016
Dareus, Marcell　ダリアス, マーセル
[国]アメリカ　アメフト選手
Dargatz, Jan Lynette　ダーガッツ, ジャン
[著]「子どもが育つ！ 簡単で大切な50の方法」 サンマーク出版　2010
D'Arge, Ralph C.　ダージュ, R.C.
[著]「自然と人間」 有斐閣　2005
Dargel', Olga B.　ダルゲリ, オリガ・B.
[国]ベラルーシ　社会保障相
D'Argenio, David Z.　ダルジーニオ, デイビッド・Z.
[著]「進化と遺伝」 朝倉書店　2007
Darguste, Josette　ダルグスト, ジョゼット
[国]ハイチ共和国　文化相
Darian-Smith, Kate　ダリアン＝スミス, ケイト
[著]「ダイヤモンド・ドッグ」 現代企画室　2008
Darida, Vladimir　ダリダ, ウラジミール
[国]チェコ　サッカー選手
Darikwa, Tendayi　ダリクワ, テンダイ
[国]イングランド　サッカー選手
Dario, Ruben　ダリオ, ルベン
[著]「マルガリータ」 新世研　2002
Daris, Ahmed Abdullah　ダリス, アハマド・アブドラ
[国]イエメン　石油・鉱物資源相
Dark, Alvin Ralph　ダーク, アルビン
1922～2014　[国]アメリカ　野球選手, 大リーグ監督　[異]ダーク, アルヴィン
Dark, K.　ダーク, ケイ
[著]「真夜中の配達人」 ゴマブックス　2010
Darkins, Ellie　ダーキンズ, エリー
[著]「置き去りにされた天使」 ハーパーコリンズ・ジャパン　2016
Darko, Kwadjo Adjei　ダルコ, クワジョ・アジェイ
[国]ガーナ　地域統括相
Darkoh, Ernest　ダルコー, アーネスト
[著]「アーネスト・ダルコー」 日本放送出版協会　2007
Darkwa, Orleans　ダークワ, オーリンズ
[国]アメリカ　アメフト選手
Darley, Andrew　ダーリー, アンドリュー
[著]「デジタル・カルチャー」 晃洋書房　2002
Darley, Emmanuel　ダルレ, エマニュエル
1963～　[著]「隠れ家　火曜日はスーパーへ」 れんが書房新社　2012
Darling, Alistair　ダーリング, アリステア
[国]イギリス　財務相
Darling, Andrew　ダーリン, アンドリュー
1974～　[著]「サンダーバード映画版the official movie companion」 ジャイブ　2004
Darling, Angela　ダーリン, アンジェラ
1965～　[著]「ナツ恋。」 KADOKAWA　2015
Darling, David　ダーリング, デイヴィッド

D

グラミー賞 最優秀ニュー・エイジ・アルバム（2009年（第52回））“Prayer For Compassion”

Darling, David J. ダーリング, デヴィッド・J.
[著]「テレポーテーション」 光文社 2006

Darling, Kathy ダーリング, キャシー
[著]「科学でゲーム・ためしてごらん」 さ・え・ら書房 2002

Darling, Louis ダーリング, ルイス
[著]「ヘンリーくんと秘密クラブ」 学研教育出版, 学研マーケティング（発売） 2013

Darling, Patrick ダーリング, パトリック
[著]「ビジュアル版 世界の歴史都市」 柊風舎 2016

Darling, Peter ダーリン, ピーター
ローレンス・オリヴィエ賞 振付賞（2012年（第36回））ほか

Darling-Hammond, Linda ダーリング＝ハモンド, リンダ
1951～ [異]ダーリング−ハモンド, リンダ [著]「21世紀型スキル」 北大路書房 2014

Darlington, Steve ダーリントン, スティーブ
[著]「ウォーハンマーRPGサプリメント スケイブンの書」 ホビージャパン 2010

Darlton, Clark ダールトン, クラーク
1920～ [国]ドイツ SF作家 本名＝エルンスティング, ワルター

Darlu, Pierre ダルリュ, ピエール
[著]「遺伝子の帝国」 中央公論新社 2014

Darman, Richard Gordon ダーマン, リチャード
1943～2008 [国]アメリカ 米国行政管理予算局（OMB）局長

Darmanin, Lisa ダーマニン, リサ
[国]オーストラリア セーリング選手

Darmian, Matteo ダルミアン, マッテオ
[国]イタリア サッカー選手

Darmon, Jean-Charles ダルモン, ジャン＝シャルル
[著]「平和と和解」 旬報社 2015

Darmon, Pierre ダルモン, ピエール
1939～ [著]「人と細菌」 藤原書店 2005

D'arnaud, Chase ダーノウ, チェイス
[国]アメリカ 野球選手

Darnell, James E. ダーネル, J.E.
[著]「分子細胞生物学」 東京化学同人 2001

Darnil, Sylvain ダルニル, シルヴァン
1980～ [著]「未来を変える80人」 日経BP社, 日経BP出版センター（発売） 2006

Darnovsky, Marcy ダーノフスキー, マーシー
[著]「SQL実践ガイド」 ピアソン・エデュケーション 2002

Darnovsky, Marcy ダルノフスキー, マーシー
[著]「遺伝子操作時代の権利と自由」 緑風出版 2012

Darnton, John ダーントン, ジョン
1941～ [著]「打ち砕かれた昏睡」 ソニー・マガジンズ 2005

Darnton, Robert ダーントン, ロバート
1939～ [著]「革命前夜の地下出版」 岩波書店 2015

Daro, Deborah ダロー, デボラ
[著]「虐待された子ども」 明石書店 2003

Da Rocha, José de Carvalho ダロシャ, ジョゼ・デ・カルバリョ
[国]アンゴラ 通信・情報技術相 [異]ダロシャ, ジョゼ・カルバリョ

Da Rocha, Paulo Mendes ダ・ロシャ, パウロ・メンデス
[国]ブラジル ブリッカー賞（2006年）

da Rocha Camargo, Paulo ダ・ロッシャ・カマルゴ, パウロ
[国]ブラジル 元・サンパウロ州農務長官

Da Rosa, Mário Lopes ダロザ, マリオ・ロペス
[国]ギニアビサウ 外務・国際協力相

Darr, Matt ダー, マット
[国]アメリカ アメフト選手

Darr, Mike ダール, マイク
1976～2002 [国]アメリカ 野球選手 本名＝Darr, Michael Curtis [異]ダー, マイク

Darragi, Kais ダラジ, カイス
[国]チュニジア 駐日特命全権大使

Darragon, Roddy ダラゴン
[国]フランス 距離スキー選手

Darret, Mathieu Babaud ダレ, マチュー・バボ
[国]コートジボワール 水・森林相 [異]ダレ, マチュー

Darrieussecq, Marie ダリュセック, マリー
1969～ [国]フランス 作家

D'Arrigo, Angelo ダリーゴ, アンジェロ
1961～2006 [国]イタリア ハンググライダー冒険家

Darroux, Cassius ダルー, カシアス
[国]ドミニカ共和国 カリブ問題相

Darroux, Kelvar ダルー, ケルバー
[国]ドミニカ共和国 情報・科学・通信・技術相

Darroux, Kenneth ダルー, ケニス
[国]ドミニカ共和国 保健・環境相 [異]ダルー, ケネス

Dars, Jean François ダース, ジャン＝フランソワ
[著]「謎を解く人びと」 シュプリンガー・ジャパン 2008

Dart, Jocelyn ダート, ジョセリン
[著]「SAP実践ワークフロー」 日経BP社, 日経BP出版センター（発売） 2003

Dart, Justin ダート, ジャスティン
？～2002 [国]アメリカ 人権活動家

Dart, Raymond A. ダート, レイモンド・A.
[著]「知の歴史」 徳間書店 2002

Dartnell, Julie ダートネル, ジュリー
アカデミー賞 メイクアップ・ヘアスタイリング賞（第85回（2012年）） “Les Misérables”

Dartnell, Lewis ダートネル, ルイス
[著]「この世界が消えたあとの科学文明のつくりかた」 河出書房新社 2015

Darvas, Gyorgy ダルヴァス, ジョルジュ
[著]「形とシンメトリーの饗宴」 森北出版 2003

Darvas, Nicolas ダーバス, ニコラス
[著]「私は株で200万ドル儲けた」 パンローリング 2008

Darvic, Stevie Creo ダービック, スティービー・クレオ
[著]「新 自分を磨く方法」 ディスカヴァー・トゥエンティワン 2006

Darville, Michael ダービル, マイケル
[国]バハマ グランドバハマ島相

Darwazeh, Said ダルワゼ, サイド
[国]ヨルダン 保健相

Darwin, Ian F. ダーウィン, イアン・F.
[著]「Tomcatハンドブック」 オライリー・ジャパン, オーム社（発売） 2003

Darwin, Leah Marasigan ダーウィン, リア・マラシガン
[著]「はい、私は牧師夫人」 いのちのことば社 2009

Darwin, Saleh ダルウィン・サレ
[国]インドネシア エネルギー・鉱物相

Darwish, Ahmed ダルウィーシュ, アハマド
[国]エジプト 国務相（行政開発担当） [異]ダルウィーシュ, アフマド

Darwish, bin Ismail al-Balushi ダルウィーシュ・ビン・イスマイル・バルシ
[国]オマーン 財務相

Darwīsh, Mahmūd ダルウィーシュ, マフムード
1941～2008 [国]パレスチナ 詩人, 政治家, ジャーナリスト [異]マフムード・ダルウィーシュ

Darwish, Ramadan ダルビッシュ, ラマダン
[国]エジプト 柔道選手

Dary, Mario ダリ, マリオ
[国]グアテマラ 環境・天然資源相

Das, Amitava ダス, アミタヴァ
[著]「食品の機能性表示と世界のレギュレーション」 薬事日報社 2015

Das, Ashok ダス, A.
1953～ [著]「素粒子・原子核物理学の基礎」 共立出版 2011

Das, Gurcharan ダース, グルチャラン
[著]「インド解き放たれた賢い象」 集広舎, 福岡 中国書店（発売） 2009

Das, Jagannath Prasad ダス, J.P.
[著]「読みに困難がある子どもの理解と指導」 日本文化科学社 2014

Das, Jibanananda ダーシュ, ジボナノンド
[著]「もうひとつの夢」 大同生命国際文化基金 2013

Das, Mouma ダス, モウマ
[国]インド 卓球選手

Das, Satyajit ダス, サティアジット
[著]「トレーダー、デリバティブ、そして金」 エナジクス 2009

Das, Veena ダス, ヴィーナ
1945～ [著]「他者の苦しみへの責任」 みすず書房 2011

Dascalescu, Constantin ダスカレスク, コンスタンチン
1923～2003 [国]ルーマニア 政治家 ルーマニア首相 [異]ダスカレスク, コンスタンティン

Daschle, Thomas Andrew ダシュル, トーマス
1947～ [国]アメリカ 政治家 米国民主党上院院内総務 通称＝ダシュル, トム〈Daschle, Tom〉 [異]ダッシュル, トーマス / ダッシュル, トム

Dasdelen, Aylin ダスデレン

国トルコ　重量挙げ選手
Dasgupta, Ajit Kumar　ダースグプタ, アジット・K.
1926〜　著「ガンディーの経済学」作品社　2010
Dasgupta, Partha Sarathi　ダスグプタ, パーサ
1942〜　国イギリス　経済学者　ケンブリッジ大学経済学部フランク・ラムゼイ名誉教授
Dasgupta, Rana　ダスグプタ, ラーナ
1971〜　国イギリス, インド　作家　受文学
Dasgupta, Sunil　ダスグプタ, スニル
著「インドの軍事力近代化」原書房　2015
Dash, Mike　ダッシュ, マイク
著「難破船バタヴィア号の惨劇」アスペクト　2003
Dash, Phil　ダッシュ, フィル
著「ビジュアルでわかる細胞の世界」東京書籍　2016
Dash, Shobha Rani　ダシュ, ショバ・ラニ
著「マハーバジャーパティー」法蔵館　2015
Dashdondog Gerelmaa　ダシュドング・ゲレルマ
著「夢と希望の大国！モンゴル」日本地域社会研究所　2013
Dashdorj, Tsedeviin　ダシドルジ, ツェデビン
国モンゴル　鉱業・重工業相
Dashdorjiin Natsagdorj　ダシドルジーン・ナツァグドルジ
著「モンゴル文学への誘い」明石書店　2003
Dashinski, Dmitri　ダシンスキー
国ベラルーシ　フリースタイルスキー選手
Dashner, James　ダシュナー, ジェイムズ
1972〜　国アメリカ　作家　受ヤングアダルト
Dashpurëv, Danzankhorloogiin　ダシプルブ, D.
著「モンゴルの政治的支配と民衆抑圧の歴史」デザインエッグ社　2013
Dashti, Rola Abdullah　ダシュティ, ローラ・アブドラ
国クウェート　国務相（計画・開発問題・議会担当）
Dashzevegiin Banzragch　ダシゼベギーン・バンズラグチ
著「モンゴル文学への誘い」明石書店　2003
Dasidongdog, Jambaa iin　ダシドンドグ, ジャンビーン
1941〜　受ダシドンドグ, ジャンビーン　著「モンゴルの木」森のおしゃべり文庫, 長崎出版（発売）　2008
da Silva, Adhemar　ダシルバ, アデマル
？〜2001　国ブラジル　三段跳び選手
Da Silva, Altobeli　ダシルバ
国ブラジル　陸上選手
Da Silva, António Heriques　ダシルバ, アントニオ・エンリケス
国アンゴラ　公共事業・都市問題相
Da Silva, Arcanjo　ダシルバ, アルカンジョ
国東ティモール　開発相
Da Silva, Bernarda Gonçalves Martins Henriques　ダシルバ, ベルナルダ・ゴンサルベス・マルティンス・エンリケス
国アンゴラ　工業相　受ダ・シルバ, ベルナルダ・ゴンサルベス・マルティンス・エンリケス
Da Silva, Cândida Celeste　ダシルバ, カンディダ・セレステ
国アンゴラ　家族・女性問題相
Da Silva, Estanislau　ダシルバ, エスタニスラウ
国東ティモール　経済調整相兼農業・漁業相
Da Silva, Geoffrey　ダシルバ, ジョフリー
国ガイアナ　通産・観光相
Da Silva, Joice Souza　ダシルバ, ジョイス・ソウザ
国ブラジル　レスリング選手
Da Silva, Julio Lopes Lima　ダシルバ, ジュリオ・ロペス・リマ
国サントメ・プリンシペ　農漁業・地方開発相
Da Silva, Luís Filipe　ダシルバ, ルイス・フィリペ
国アンゴラ　エネルギー・水資源相
Da Silva, Mauro Vinicius　ダシルバ, M.
国ブラジル　陸上選手
Da Silva, Pedro　ダシルバ
国ブラジル　カヌー選手
da Silva, Rui Gomes　ダシルバ, ルイ・ゴメス
国ポルトガル　国会対策相
Da Silva, Thiago Braz　ダシルバ, チアゴブラス
国ブラジル　陸上選手
Da Silva, Wellington L.S.　ダ＝シルバ, ウェリントン
著「JSP＆タグライブラリ」ピアソン・エデュケーション　2002
Da Silva Ahouanto, Evelyne　ダルシバ・アウアント, エブリヌ
国ベナン　司法・法制・人権相
Da Silva Ferreira, Aline　ダシルバフェレイラ, アリーネ
国ブラジル　レスリング選手
Daskalos　ダスカロス

著「エソテリック・ティーチング」ナチュラルスピリット　2006
Dasmunsi, Priyaranjan　ダスムンシ, プリヤランジャン
国インド　情報・放送相
Das Neves, Delfim Santiago　ダスネベス, デルフィン・サンティアゴ
国サントメ・プリンシペ　公共事業相
Das Neves, Maria　ダスネベス, マリア
国サントメ・プリンシペ　首相
Dasquié, Guillaume　ダスキエ, ギョーム
著「ぬりつぶされた真実」幻冬舎　2002
Dass, Veena　ダス, ヴィーナ
国インド　元・いけばなインターナショナルデリー支部長
Dassanayake, D.M.　ダサナイカ, D.M.
？〜2008　国スリランカ　政治家　スリランカ国家建設担当閣外相
Dassigli, Barnabé　ダシグリ, バルナベ
国ベナン　地方分権・地方行政相
Dassin, Jules　ダッシン, ジュールス
1911〜2008　国アメリカ　映画監督, 俳優　受ダーシン, ジュールス／ダッシン, ジュールズ
Dastis Quecedo, Alfonso María　ダスティス・ケセド, アルフォンソ・マリア
国スペイン　外相
Dastur, Françoise　ダステュール, フランソワーズ
1942〜　著「死ってなんだろう。死はすべての終わりなの？」岩崎書店　2016
Daswani, Kavita　ダスワーニ, カヴィータ
1964〜　著「アンジュのハッピーウェディング」早川書房　2003
Datan, Merav　ダータン, メラフ
著「地球の生き残り」日本評論社　2008
Date, C.J.　デイト, C.J.
著「C.J.Dateのデータベース実践講義」オライリー・ジャパン, オーム社（発売）　2006
Dati, Rachida　ダティ, ラシダ
1965〜　国フランス　政治家　パリ第7区長, 欧州議会議員　フランス法相　受ダチ, ラシダ
Datis, Tony "Truand"　ダティス, トニー・T.
MTVアワード　最優秀視覚効果（第29回（2012年））　"First Of The Year（Equinox）"
Datlow, Ellen　ダトロウ, エレン
世界幻想文学大賞　生涯功労賞（2014年）ほか
Datnow, Amanda　ダトナウ, A.
著「格差社会アメリカの学校改革」明石書店　2009
Datta, Bidhan　ダッタ, ビドハン
著「現代世界アジア詩集」土曜美術社出版販売　2010
Datta, E.Kyle　ダッタ, E.カイル
著「スモール・イズ・プロフィタブル」省エネルギーセンター　2005
Datta, Sanjay　ダッタ, S.
著「ハイリスク妊婦の産科的・麻酔科的管理」シュプリンガー・ジャパン　2008
Datta, Saugato　ダッタ, サウガト
著「英エコノミスト誌のいまどき経済学」日本経済新聞出版社　2014
Dattatreya, Bandaru　ダッタトレヤ, バンダル
国インド　労働・雇用相
Dattatreya, Ravi E.　ダッタトレーヤ, ラビ・E.
著「仕組債入門」シグマベイスキャピタル　2001
Dattilio, Frank M.　ダッティリオ, フランク・M.
著「カップルの認知療法」星和書店　2012
Dattoli, Michael　ダットリ, マイケル
著「前立腺小線源照射療法」篠原出版新社　2003
Datumanong, Simeon　ダトゥマノン, シメオン
国フィリピン　法相　受ダトマノン, シミオン
Datunashvili, Levan　ダトゥナシヴィリ, レヴァン
国ジョージア　ラグビー選手
Datunashvili, Zurabi　ダトゥナシビリ, ズラビ
国ジョージア　レスリング選手　受ダツナシビリ
Dau, Stephen Dhieu　ダウ, スティーブン・ディエウ
国南スーダン　石油・鉱物・産業相
Daubechies, Ingrid　ドブシー, イングリッド
1954〜　国アメリカ　数学者　デューク大学教授, 国際数学連合会長　受ドブシー, I.
d'Aubert, François　ドベール, フランソワ
国フランス　研究担当相
Däubler-gmelin, Herta　ドイブラーグメリン, ヘルタ
国ドイツ　法相

Daubney, Kate　ドーブニー, ケイト
　㈄「おばけのおうち」 大日本絵画　2012
Daubresse, Marc-Philippe　ドブレス, マルクフィリップ
　㈲フランス　住宅・都市問題担当相
Daud, Aden Haji Ibrahim　ダウド, アデン・ハジ・イブラヒム
　㈲ソマリア　保健・福祉サービス相
Daud, Razzaq　ダウド, ラザク
　㈲パキスタン　商工業相
Dauda, Collins　ダウダ, コリンズ
　㈲ガーナ　地方政府・地域開発相
Dauda, Joseph　ダウダ, ジョセフ
　㈲シエラレオネ　内相　㊟ダウダ, ジョセフ・バンダブラ
Daudet, Joris　ドーデ, ジョリス
　㈲フランス　自転車選手
Dauer, Rich　ダウアー, リッチ
　㈲アメリカ　ヒューストン・アストロズコーチ
Dauer, Sheila　ドワー, シーラ
　㈄「女性の人権とジェンダー」 明石書店　2007
Daugherty, Evan　ドハーティ, エヴァン
　1982〜　㈄「スノーホワイト」 竹書房　2012
Daugherty, Leo J., Ⅲ　ドーアティー, レオ・J., 3世
　㈄「アメリカ海兵隊の戦闘技術」 リイド社　2008
Daugherty, Michael　ドアティ, マイケル
　グラミー賞 最優秀現代音楽作品(2010年(第53回))
　"Daugherty, Michael: Deus Ex Machina"
Daugirdas, John T.　ダーガダス, ジョン・T.
　㊟ドーガダス, J.T.　㈄「CKDブック」 メディカル・サイエンス・インターナショナル　2013
Douglas, Jamil　ダグラス, ジャミル
　㈲アメリカ　アメフト選手
Dault, Adhyaksa　ダウルト, アディヤクサ
　㈲インドネシア　国務相(青年スポーツ担当)
d'Aunay, Arnaud le Peletier　ドネー, アルノー
　1947〜　㈄「ナポレオン」 東方出版　2005
Daura, Alhaji Sani Zango　ダウラ, アラジ・サニ・ザンゴ
　㈲ナイジェリア　環境相
Daureeawoo, Fazila　ダウレアウー, ファジラ
　㈲モーリシャス　社会保障・国民連帯・機構改革相
Daurov, Soslan　ダウロフ, ソスラン
　㈲ベラルーシ　レスリング選手
Dauser, Lukas　ドーザー, ルカス
　㈲ドイツ　体操選手
Dausset, Jean　ドーセ, ジャン
　1916〜2009　㈲フランス　医師, 免疫学者　コレージュ・ド・フランス教授, 科学の責任に関する世界会議会長　免疫血液学, 人体移植免疫学　本名=Dausset, Jean-Baptiste Gabriel　㊟ドウセ, ジャン
Dauten, Dale　ドーテン, デイル
　1950〜　㈄「まんがで変わる 仕事は楽しいかね?」 きこ書房　2016
Dautremer, Rébecca　ドートゥルメール, レベッカ
　1971〜　㈄「だれも知らなかったお姫さま図鑑」 講談社　2011
d'Auvergne, Ausbert　ドーベルニュ, アウスベルト
　㈲セントルシア　経済問題・経済企画・開発・公共サービス相
Dauvergne, Peter　ドーヴァーニュ, ピーター
　㈄「地球環境の政治経済学」 法律文化社　2008
Dauzet, Dominique-Marie　ドゼ, ドミニク・マリー
　㈄「聖フォアの小さな生涯」 フリープレス, 星雲社(発売)　2004
Davaa, Byambasuren　ダバー, ビャンバスレン
　1971〜　㈄「天空の草原のナンサ」 アーティストハウスパブリッシャーズ　2005
Davaadorj, Tumurkhuleg　ダワドルジ, トゥムルフレグ
　㈲モンゴル　柔道選手
Davaagiin Batbayar　ダバーギーン・バトバヤル
　1973〜　㈲モンゴル　政治家, 元力士(小結)　モンゴル大統領補佐官　モンゴル国民大会議議員　四股名=旭鷲山昇〈キョクシュウザン・ノボル〉　㊟ダバー・バトバヤル
Davanzo Poli, Doretta　ダヴァンツォ=ポーリ, ドレッタ
　㈄「糸の箱舟」 悠書館　2012
Dave, Anil Madhav　ダベ, アニル・マダブ
　㈲インド　環境・森林・気候変動相
Dave, Subodh　デイブ, スボー
　㈄「心の診療100ケース」 メディカル・サイエンス・インターナショナル　2012
Da Veiga, Pimenta　ダベイガ, ピメンタ
　㈲ブラジル　通信相

D'Aveni, Richard A.　ダベニー, リチャード・A.
　㈄「脱「コモディティ化」の競争戦略」 中央経済社　2011
Davenport, Deborah J.　ダベンポート, D.J.
　㈄「小動物の臨床栄養学」 マーク・モーリス研究所　2001
Davenport, Fionn　ダベンポート, フィオン
　㈄「英国」 メディアファクトリー　2003
Davenport, Guy　ダヴェンポート, ガイ
　㈄「紙の空から」 晶文社　2006
Davenport, Jim　ダベンポート, ジム
　1933〜2016　㈲アメリカ　野球選手, 大リーグ監督　本名=Davenport, James Houston　㊟ダヴェンポート, ジム
Davenport, John　ダベンポート, ジョン
　㈄「ラリー・フォトグラフス」 DRH, DRH.D-Station(発売)　2009
Davenport, Kiana　ダヴェンポート, キアナ
　㈄「エグザイルズ」 幻冬舎　2008
Davenport, Lindsay　ダベンポート, リンゼイ
　1976〜　㈲アメリカ　テニス選手　㊟ダベンポート
Davenport, Liz　ダベンポート, リズ
　㈄「気がつくと机がぐちゃぐちゃになっているあなたへ」 ソフトバンククリエイティブ　2010
Davenport, Nigel　ダベンポート, ナイジェル
　1928〜2013　㈲イギリス　俳優　㊟ダヴェンポート, ナイジェル
Davenport, Noa　ダベンポート, ノア
　㈄「職場いびり」 緑風出版　2007
Davenport, Thomas H.　ダベンポート, トーマス・H.
　1954〜　㈄「人工知能」 ダイヤモンド社　2016
Davenport, Willie　ダベンポート, ウィリー
　1943〜2002　㈲アメリカ　陸上選手, ボブスレー選手　㊟ダヴンポート
Da Veracruz, Tome Soares　ダベラクルス, トメ・ソアレス
　㈲サントメ・プリンシペ　首相
Davey, Andrew Paul　ディヴィー, アンドリュー・P.
　㈄「都市の挑戦」 基金運営委員会　2006
Davey, Edward　デービー, エドワード
　㈲イギリス　エネルギー・気候変動相　㊟デービー, エド
Davey, Miyoko　デイヴィー, ミヨコ
　㊟デイヴィー美代子　㈄「肖像画家犬飼恭平」 吉備人出版　2013
Davey, Patrick　デーヴィ, パトリック
　㈄「一目でわかる内科学」 メディカル・サイエンス・インターナショナル　2004
Davey, Steve　デイヴィ, スティーヴ
　㈄「世界のお祭り百科」 柊風舎　2015
Davice, Valentine　デイヴィス, ヴァレンタイン
　㈄「34丁目の奇跡」 あすなろ書房　2002
Davich, Victor N.　ダヴィッチ, ビクター
　1952〜　㈄「瞑想トレーニングで人生が変わる」 ダイヤモンド社　2005
David, Ann Rosalie　デイヴィッド, ロザリー
　㈄「ミイラ全身解剖」 講談社　2001
David, Craig　デービッド, クレイグ
　1981〜　㈲イギリス　歌手　㊟デイヴィッド, クレイグ
David, David Mathayo　デビド, デビド・マサヨ
　㈲タンザニア　家畜・漁業開発相
David, Erica　デイビッド, エリカ
　㈄「アナと雪の女王」 KADOKAWA　2016
David, Evelyn　デイヴィッド, イヴリン
　㈄ミステリー, ユーモア
David, Fred R.　デイビッド, フレッド・R.
　㈄「経営戦略ケース集」 中央経済社　2007
David, Hal　デービッド, ハル
　?〜2012　㈲アメリカ　作詞家　㊟デイヴィッド, ハル / デビッド, ハル
David, Houdeingar　ダビド, ウドゥインガー
　㈲チャド　国土整備・都市化・住宅相
Dávid, Ibolya　ダビド, イボヤ
　㈲ハンガリー　法相
David, James Burty　ダビド, ジェームズ・バーティー
　㈲モーリシャス　地方自治・ロドリゲス島・離島相
David, James F.　デイヴィッド, ジェイムズ・F.
　㈄「叫びの館」 東京創元社　2016
David, Joaquim Duarte Da Costa　ダビッド, ジョアキン・ドゥアルテ・ダ・コスタ
　㈲アンゴラ　地質鉱物・工業相　㊟ダビッド, ジョアキン・ドゥアルテ・ダコスタ / デービッド, ジョアキン・ドゥアルテ・ダ・コスタ

David, Joshua　デイヴィッド, ジョシュア
1963～　[著]「HIGH LINE」アメリカン・ブック＆シネマ, 英治出版(発売)　2013
David, Juliet　デイビッド, ジュリエット
[異]デービッド, ジュリエット　[著]「クリスマスのおきゃくさま」いのちのことば社CS成長センター　2016
David, Kay　デイヴィッド, ケイ
[著]「離婚宣言」ハーレクイン　2003
David, Laurie　デイヴィッド, ローリー
[著]「ぼくたち・わたしたちの地球温暖化問題」小学館　2008
David, Lavonte　デービッド, ラボンテ
[国]アメリカ　アメフト選手
David, Lawrence　デイヴィッド, ローレンス
1963～　[著]「サンタさんのいたずらっこリスト」小学館　2003
David, Leonard　デイヴィッド, レオナード
[著]「マーズ」日経ナショナルジオグラフィック社, 日経BPマーケティング(発売)　2016
David, Matthew　デイビッド, マシュー
1971～　[著]「入門HTML5プログラミング」翔泳社　2011
David, Olivier　ダヴィド, オリヴィエ
1965～　[著]「100の地点でわかる地政学」白水社　2011
David, Ophelie　ダビド
[国]フランス　フリースタイルスキー選手
David, Paul A.　デーヴィッド, ポール・A.
[著]「ディジタル・エコノミーを制する知恵」東洋経済新報社　2002
David, Peter　デイビッド, ピーター
1956～　[異]デビッド, ピーター　[著]「X-MENユニバース：シビル・ウォー」ヴィレッジブックス　2016
David, Peter　デービッド, ピーター
[国]グレナダ　観光・民間航空相
David, Russ　デービッド, ラス
1913～2003　[国]アメリカ　ジャズピアニスト
David, Stuart　デイヴィッド, スチュアート
1969～　[著]「ナルダが教えてくれたこと」アーティストハウス, 角川書店(発売)　2001
David Concha　ダビド・コンチャ
[国]スペイン　サッカー選手
David Costas　ダビド・コスタス
[国]スペイン　サッカー選手
Daviddi, Evelyn　ダヴィッディ, エヴェリン
[著]「ビスケット・コレクション」ディー・ティー・ジャパン　c2014
David Garcia　ダビド・ガルシア
[国]スペイン　サッカー選手
Davidian, Norair　ダビジャン, ノライル
[国]アルメニア　保健相
David Lopez　ダビド・ロペス
[国]スペイン　サッカー選手
David Luiz　ダヴィド・ルイス
[国]ブラジル　サッカー選手
David-Ménard, Monique　ダヴィド＝メナール, モニク
1947～　[著]「ドゥルーズと精神分析」河出書房新社　2014
Davidoff, Jules　デビドフ, ジュルズ
[異]ダビドフ, ジュール　[著]「認知障害者の心の風景」福村出版　2006
Davidovich, Maayan　ダビドビッチ, マーヤン
[国]イスラエル　セーリング選手
Davidovits, Paul　ダヴィドヴィッツ, ポール
[著]「生物学と医学のための物理学」共立出版　2015
Davidow, William H.　ダビドウ, ウィリアム・H.
[著]「つながりすぎた世界」ダイヤモンド社　2012
David Ramirez　ダビド・ラミレス
[国]スペイン　サッカー選手
Davids, Edgar　ダーヴィッツ, エドハー
1973～　[国]オランダ　サッカー選手　[異]ダービッツ, エドガー / ダーヴィッツ, エドガー / ダビッツ, エドガー / ダビッツ, エドハー
Davids, Kenneth　デーヴィッズ, ケネス
[著]「コーヒー」いなほ書房, 旭屋出版(発売)　2010
David Simon　ダビド・シモン
[国]スペイン　サッカー選手
Davidson, Alan　ディビドソン, A.
[著]「初年次教育」丸善　2006
Davidson, Alexander　デビッドソン, アレクサンダー
1957～　[著]「金融神話」ピアソン桐原　2012
Davidson, Andrew　デービッドソン, アンドルー
1969～　[国]カナダ　作家　[専]文学　[異]デービッドソン, アンドリュー / デイビッドソン, アンドリュー
Davidson, Ann　デヴィッドソン, アン
1938～　[著]「アルツハイマーある愛の記録」新潮社　2002
Davidson, Art　デイヴィッドソン, アート
[著]「山頂に立つ」扶桑社　2003
Davidson, Basil Risbridger　デビッドソン, バシル
1914～2010　[国]イギリス　ジャーナリスト, 歴史家　[専]アフリカ史　[異]ダビッドソン / ダヴィドソン / デービッドソン / デーヴィドソン
Davidson, Carli　ダビッドソン, カルリ
[著]「ぶるにゃん」日経ナショナルジオグラフィック社, 日経BPマーケティング(発売)　2015
Davidson, Carolyn　デイビッドソン, キャロリン
[著]「誇り高き花婿たち」ハーレクイン　2007
Davidson, Craig　デビッドソン, クレイグ
1976～　[国]カナダ　作家　[専]文学, ホラー　筆名＝Lestewka, Patrick　[異]デイヴィッドソン, クレイグ
Davidson, Cynthia C.　デイヴィッドソン, シンシア・C.
[著]「Anytime」NTT出版　2001
Davidson, Diane Mott　デビッドソン, ダイアン
[国]アメリカ　作家　[異]デヴィッドソン, ダイアン
Davidson, Donald Herbert　デビッドソン, ドナルド
1917～2003　[国]アメリカ　哲学者　カリフォルニア大学バークレー校教授　[異]デイヴィドソン, ドナルド
Davidson, H.Christian　ダビドソン, H.クリスチャン
[著]「頭頸部top100診断」メディカル・サイエンス・インターナショナル　2005
Davidson, Howard A.　デイヴィドソン, ハワード・A.
[著]「虐待された子ども」明石書店　2003
Davidson, James Duncan　デビッドソン, ジェームズ・デゥカン
[著]「RailsによるアジャイルWebアプリケーション開発」オーム社　2007
Davidson, Jane W.　デイヴィッドソン, ジェーン・W.
[異]デヴィッドソン, ジェーン・W.　[著]「音楽的コミュニケーション」誠信書房　2012
Davidson, Jeffrey P.　デヴィッドソン, ジェフ・P.
[異]ダビッドソン, ジェフ　[著]「「入門」コンサルティング営業」ダイヤモンド社　2007
Davidson, Jonathan　デイビッドソン, ジョナサン
[著]「Cisco VoIPソリューション導入ガイド」ソフトバンクパブリッシング　2002
Davidson, Jonathan R.T.　デイビッドソン, ジョナサン・R.T.
1943～　[著]「PTSD」アルタ出版　2005
Davidson, Kate M.　デヴィッドソン, ケイト
[著]「臨床が変わる！　PT・OTのための認知行動療法入門」医学書院　2014
Davidson, Lionel　デヴィッドスン, ライオネル
[著]「大統領の遺産」扶桑社　2008
Davidson, MaryJanice　デビッドソン, メアリジャニス
[国]アメリカ　作家　[専]ロマンス　[異]デヴィッドスン, メアリジャニス
Davidson, Matt　デビッドソン, マット
[国]アメリカ　野球選手
Davidson, Matthew　デイビッドソン, マシュー
1971～　[著]「優秀で善良な学校」慶応義塾大学出版会　2012
Davidson, Ogunlade　デビッドソン, オグンレイド
[国]シエラレオネ　エネルギー・水資源相
Davidson, Paul　デヴィッドソン, ポール
1930～　[著]「ケインズ」一灯舎　2014
Davidson, R.　デヴィドソン, R.
[著]「古代イスラエルの世界」リトン　2002
Davidson, Richard J.　デビッドソン, リチャード
[異]デビッドソン, リチャード・J.　[著]「心を整えれば、シンプルに生きられる」三笠書房　2016
Davidson, Robert　デイヴィッドソン, ロバート
[著]「Bluetooth Low Energyをはじめよう」オライリー・ジャパン, オーム社(発売)　2015
Davidson, Stephanie Goddard　デイヴィドソン, ステファニー・ゴダード
[著]「仕事力が楽しく身につく、とっておきのルール101」ディスカヴァー・トゥエンティワン　2003
Davidson, Susanna　デイヴィッドソン, スザンナ
[著]「バレエものがたり」小学館　2015
David Soria　ダビド・ソリア
[国]スペイン　サッカー選手

D

D

Davidts, Jean-Pierre ダヴィッド, ジャン＝ピエール
1950～ [著]「帰ってきた星の王子さま」 メディアファクトリー 2005
David Villa ダビド・ビジャ
1981～ [国]スペイン サッカー選手 本名＝サンチェス, ダビド・ビジャ〈Sanchez, David Villa〉 [異]ダビ・ビリヤ / ダビド・ビージャ
Davie, Alan デービー, アラン
1920～2014 [国]イギリス 画家, ジャズ・ミュージシャン
Davie, Daniel デービー, ダニエル
[国]アメリカ アメフト選手
Davie, Helen デイヴィー, ヘレン・K.
[著]「ペンギンのヒナ」 福音館書店 2008
Davies, Andrew デイヴィス, アンドリュー
[著]「三銃士王妃の首飾りとダ・ヴィンチの飛行船」 竹書房 2011
Davies, Anthea デイビス, アンシア
[著]「サー・オルフェオ」 ほるぷ出版 2004
Davies, Barry デイヴィス, バリー
1944～ [著]「実戦スパイ技術ハンドブック」 原書房 2007
Davies, Ben デイヴィス, ベン
[国]ウェールズ サッカー選手
Davies, Benjamin デービス, ベンジャミン
[国]シエラレオネ 土地計画・環境相
Davies, Benji デイヴィス, ベンジー
1980～ [著]「おじいちゃんのゆめのしま」 評論社 2016
Davies, Bradley デーヴィス, ブラッドリー
[国]ウェールズ ラグビー選手
Davies, Brenda デーヴィス, ブレンダ
[著]「過去世ソウルヒーリング」 徳間書店 2008
Davies, Carl A. デイビス, カール
[著]「ボーイング747はこうして空中分解する」 成甲書房 2002
Davies, Cath デービス, キャス
[著]「看護における反省的実践」 ゆみる出版 2005
Davies, Christie デイビス, クリスティ
[著]「エスニックジョーク」 講談社 2003
Davies, Clarice Stella Spencer デイヴィス, C.S.S.
[著]「英語史でわかるイギリスの地名」 英光社 2005
Davies, Colin デイヴィース, コリン
1929～ [著]「20世紀名住宅選集」 丸善 2007
Davies, Craig デイビース, クレイグ
[著]「ゴルフ解剖学」 ベースボール・マガジン社 2012
Davies, Curtis デイヴィス, カーティス
[国]イングランド サッカー選手
Davies, Dan デイヴィス, ダン
[著]「英国初等学校の創造性教育」ITSC静岡学術出版事業部 2009
Davies, David デービス
[国]イギリス 競泳選手
Davies, David Stuart デイヴィーズ, デイヴィッド・スチュアート
1946～ [著]「シャーロック・ホームズ大図鑑」 三省堂 2016
Davies, Dominic デイヴィス, ドミニック
[著]「Dancing skeleton」 アスペクト 2001
Davies, Douglas James デイヴィス, D.J.
[著]「死の文化史」 教文館 2007
Davies, Emma デービス
[国]イギリス 自転車選手
Davies, Gareth デーヴィス, ガレス
[国]ウェールズ ラグビー選手
Davies, Georgia デービス, ジョージア
[国]イギリス 水泳選手
Davies, Gill デイヴィス, ジル
1945～ [著]「編集者の仕事」 日本エディタースクール出版部 2002
Davies, Glyn デービース, グリン
[国]アメリカ 外交官 北朝鮮政策担当米国政府特別代表 [異]デービーズ, グリン
Davies, Howard John デービス, ハワード
1951～ [国]イギリス 銀行家 英国金融サービス機構(FSA)初代理事長, ロンドン・スクール・オブ・エコノミクス学長 [異]デイビス, ハワード
Davies, H.T.O. デイヴィス, ヒュー・T.O.
[著]「研究活用の政策学」 明石書店 2015
Davies, Hunter デイヴィス, ハンター
1936～ [異]デイビス, ハンター [著]「ジョン・レノンレターズ」 角川書店, 角川グループホールディングス(発売) 2013
Davies, Hywel デイヴィス, ハイウェル
1974～ [著]「ファッション・デザイナーの創作スケッチブック」 ブルース・インターアクションズ 2011
Davies, Ian デイヴィス, イアン
[著]「欧州統合とシティズンシップ教育」 明石書店 2006
Davies, Jacqueline デービーズ, ジャクリーヌ
1962～ [国]アメリカ 作家 [専]児童書 [異]デイヴィーズ, ジャクリーヌ / デビース, ジャックリーン
Davies, Jane Carola デイヴィス, ジェーン・カローラ
[著]「そらかくれろ！」 大日本絵画 〔2003〕
Davies, John デイビス, ジョン
[著]「プロフェッショナルJavaサーバープログラミング」 インプレス, インプレスコミュニケーションズ(発売) 2002
Davies, John H. デイヴィス, J.H.
[著]「低次元半導体の物理」 丸善出版 2015
Davies, Kate デイヴィス, ケイト
[著]「どうなってるの？ うみのなか」 ひさかたチャイルド 2016
Davies, Kevin デイヴィーズ, ケヴィン
1960～ [著]「1000ドルゲノム」 創元社 2014
Davies, Laura デービース, ローラ
1963～ [国]イギリス プロゴルファー 本名＝Davies, Laura Jane [異]デービーズ, ローラ / デービス, ローラ
Davies, Matt デイヴィス, M.
1960～ [著]「メコン地域経済開発論」 古今書院 2012
Davies, Merryl Wyn デイヴィズ, メリル・ウィン
[異]デービス, メリル・ウィン [著]「ダーウィンと原理主義」 岩波書店 2006
Davies, Mike デーヴィス, マイク
[著]「元帳の締め切り」 〔川島貞一〕 2002
Davies, Murray デービス, マレー
1947～ [国]イギリス 作家 [専]ミステリー, スリラー [異]デービス, マリ / デイヴィス, マリ / デイヴィス, マレー
Davies, Neal デイヴィス, ニール
グラミー賞 最優秀クラシック・オペラ録音(2009年(第52回)) "Britten：Billy Budd"
Davies, Nicholas B. デイヴィス, ニック
1952～ [著]「カッコウの托卵」 地人書館 2016
Davies, Nicola デービス, ニコラ
1958～ [国]イギリス 作家, テレビプロデューサー [専]児童書, ノンフィクション [異]デイビス, ニコラ
Davies, Nicolas Jack デイヴィス, ニコラス・ジャック
グラミー賞 最優秀長編ビデオ作品(2013年(第56回)) "The Road To Red Rocks"
Davies, Norman デイヴィス, ノーマン
1939～ [著]「ワルシャワ蜂起1944」 白水社 2012
Davies, Omar デービス, オマル
[国]ジャマイカ 運輸・公共事業・住宅相 [異]デービス, オマール
Davies, Owen デイビーズ, オーウェン
1969～ [著]「世界で最も危険な書物―グリモワールの歴史」 柏書房 2010
Davies, Patricia M. デービス, P.M.
[著]「ステップス・トゥ・フォロー」 シュプリンガー・フェアラーク東京 2005
Davies, Patrick デイヴィーズ, P.T.
[著]「発達精神病理学」 ミネルヴァ書房 2006
Davies, Paul C.W. デイヴィス, ポール
1946～ [著]「生命の起源」 明石書店 2014
Davies, Paul Lyndon デイビス, ポール
[著]「会社法の解剖学」 レクシスネクシス・ジャパン, 雄松堂出版(発売) 2009
Davies, Pete デイヴィス, ピート
1959～ [著]「四千万人を殺した戦慄のインフルエンザの正体を追う」 文芸春秋 2007
Davies, Peter Ho デイヴィーズ, ピーター・ホー
[著]「世界の作家32人によるワールドカップ教室」 白水社 2006
Davies, Peter Maxwell デービス, ピーター・マクスウェル
1934～2016 [国]イギリス 作曲家 [異]デイビス, ピーター・マクスウェル / デイヴィス, ピーター・マックスウェル
Davies, Phil デーヴィス, フィル
[国]ウェールズ ラグビーコーチ
Davies, Philip John デイヴィス, フィリップ
1948～ [著]「北アメリカ大陸歴史地図」 東洋書林 2002
Davies, Philippa デイヴィーズ, フィリッパ
[著]「絶対魅力」 アーティストハウス 2001
Davies, Philip R. デイヴィス, フィリップ・R.
[著]「死海文書大百科」 東洋書林 2003
Davies, Ray デイヴィス, レイ
ローレンス・オリヴィエ賞 ミュージカル・エンタテインメント

音楽功績賞（2015年（第39回））　"Sunny Afternoon"
Davies, Rhoda　ディビス, ロナ
　㋓「エブリデイバイブル」いのちのことば社CS成長センター　2009
Davies, R.L.　デービス, ロス
　1940〜　㋓「アジア発グローバル小売競争」日本経済新聞社　2001
Davies, Rob　デービス, ロブ
　㋷南アフリカ　貿易・産業相
Davies, Robertson　デイヴィス, ロバートソン
　㋓「エソルド座の怪人」早川書房　2007
Davies, Roy　デイヴィス, R.
　㋓「現代イギリスの政治統治」北海道大学図書刊行会　2003
Davies, Stephen　デイヴィーズ, スティーヴン
　1976〜　㋓「ミルクこぼしちゃだめよ！」ほるぷ出版　2013
Davies, Stephen G.　デイヴィス, スティーブン・G.
　㋓「所見から考える画像鑑別診断ガイド」メディカル・サイエンス・インターナショナル　2012
Davies, Steve　デイビス, スティーブ
　1975〜　㋓「F-16完全マニュアル」イカロス出版　2015
Davies, Steven Paul　デイヴィーズ, スティーヴン・ポール
　㋓「アレックス・コックス」エスクァイアマガジンジャパン　2002
Davies, Tom　デイヴィス, トム
　㋷イングランド　サッカー選手
Davies, Valerie　デイビス, バレリー
　㋓「サバンナ」大日本絵画　2012
Davies, Wendy　デイヴィス, ウェンディ
　1942〜　㋓「オックスフォード ブリテン諸島の歴史」慶応義塾大学出版会　2015
Davies, Zack　デビース, ザック
　㋷アメリカ　野球選手
Davignon, Etienne　ダヴィニョン, エティエンヌ
　㋷ベルギー　元・日・EUビジネス・ダイアログ・ラウンドテーブルEU側共同議長, 元・欧州共同体委員会副委員長
Dávila, Amanda　ダビラ, アマンダ
　㋷ボリビア　通信相
Dávila, Claudia　ダビラ, クローディア
　㋓「ぼくが5歳の子ども兵士だったとき」汐文社　2015
Dávila, Luis　ダビラ, ルイス
　㋷ベネズエラ　外相
Davila, Tony　ダビラ, トニー
　㋓「イノベーション・マネジメント」英治出版　2007
Davinić, Prvoslav　ダビニッチ, プルボスラブ
　㋷セルビア・モンテネグロ　国防相
Davis, Al　デービス, アル
　1929〜2011　㋷アメリカ　アメフト監督　オークランド・レイダーズオーナー・GM　愛称＝コーチ・デービス
Davis, Alan　デイビス, アラン
　1956〜　㋓「ジョーカーアンソロジー」パイインターナショナル　2016
Davis, Alan Michael　デービス, アラン・M.
　1949〜　㋓「成功する要求仕様失敗する要求仕様」日経BP社, 日経BP出版センター（発売）　2006
Davis, Alison Bonnie　デイビス, アリソン
　1957〜　㋓「多忙な人に伝える技術」PHP研究所　2009
Davis, Alison T.　デーヴィス, アリソン・T.
　㋓「音楽家の手」協同医書出版社　2006
Davis, Andre　デービス, アンドレ
　㋷アメリカ　アメフト選手
Davis, Andrew　デイヴィス, アンドリュー
　㋓「映画監督という仕事」フィルムアート社　2001
Davis, Angela Yvonne　デイヴィス, アンジェラ
　1944〜　㋓「監獄ビジネス」岩波書店　2008
Davis, Ann　デイヴィス, アン
　㋓「境界を超える看護」エルゼビア・ジャパン　2006
Davis, Ann　デイヴィス, アン
　㋓「ポール・オースターが朗読するナショナル・ストーリー・プロジェクト」アルク　2006
Davis, Anna　デイヴィス, アンナ
　1971〜　㋓「チート」新潮社　2003
Davis, Ann B.　デービス, アン
　1926〜2014　㋷アメリカ　女優　㋻デイヴィス, アン
Davis, Anne　デイビス, アン
　㋓「犬デリレシピ」マーブルトロン, 中央公論新社（発売）　2004
Davis, Anne J.　デーヴィス, アン・J.
　1931〜　㋻デービス, アン・J.　㋓「看護倫理」日本看護協会出版会　2002

Davis, Anthony　デイビス, アンソニー
　㋷アメリカ　バスケットボール選手
Davis, Anthony　デービス, アンソニー
　㋷アメリカ　アメフト選手
Davis, Austin　デービス, オースティン
　㋷アメリカ　アメフト選手
Davis, Barbara Gross　デイビス, バーバラ・グロス
　㋓「授業の道具箱」東海大学出版会　2002
Davis, Barbee　デイビス, バービー
　㋓「プロジェクト・マネジャーが知るべき97のこと」オライリー・ジャパン, オーム社（発売）　2011
Davis, Bart　デービス, バート
　1950〜　㋓「忘れられない脳」ランダムハウス講談社　2009
Davis, Bret W.　デービス, ブレット・W.
　㋓「日本哲学の国際性」世界思想社　2006
Davis, Carl　デービス, カール
　㋷アメリカ　アメフト選手
Davis, Carol Anne　デイヴィス, キャロル・アン
　㋓「少年たちはなぜ人を殺すのか」文芸春秋　2008
Davis, Caroline　デイヴィス, キャロライン
　1961〜　㋓「ドッグトレーニング」ペットライフ社, 緑書房（発売）　2005
Davis, Chili　デービス, チリ
　㋷アメリカ　ボストン・レッドソックスコーチ
Davis, Chris　デービス, クリス
　㋷アメリカ　野球選手
Davis, Chris　デービス, クリス
　㋷アメリカ　アメフト選手
Davis, Clive　デイビス, クライブ
　1932〜　㋷アメリカ　実業家　ソニーBMGワールドワイド・チーフ・クリエイティブ・オフィサー　RCAミュージックグループ社長・CEO　㋻デイビス, クライブ
Davis, Cody　デービス, コディー
　㋷アメリカ　アメフト選手
Davis, Colin　デービス, コリン
　1927〜2013　㋷イギリス　指揮者　ロンドン交響楽団総裁・首席指揮者　本名＝Davis, Colin Rex　㋻デーヴィス, コリン／デイビス, コリン／デイヴィス, コリン
Davis, Daglas　デービス, ダグラス
　㋓「風景の図像学」地人書房　2001
Davis, David　デービス, デービッド
　㋷イギリス　欧州連合（EU）離脱担当相
Davis, David Brion　デイヴィス, デヴィッド・ブライオン
　全米書評家協会賞ノンフィクション（2014年）"The Problem of Slavery in the Age of Emancipation"
Davis, Demario　デービス, デマリオ
　㋷アメリカ　アメフト選手
Davis, Denise　デイビス, D.
　㋓「パーソナリティ障害の認知療法」岩崎学術出版社　2011
Davis, Dennis K.　デービス, デニス・K.
　1945〜　㋓「マス・コミュニケーション理論」新曜社　2007
Davis, Dennis Russell　デービス, デニス・ラッセル
　1944〜　㋷アメリカ　指揮者　リンツ・ブルックナー管弦楽団首席指揮者・音楽監督, バーゼル交響楽団首席指揮者　㋻デイヴィス, デニス・ラッセル
Davis, Devra Lee　デイヴィス, デヴラ
　㋻デイヴィス, デヴラ・L.　㋓「携帯電話隠された真実」東洋経済新報社　2011
Davis, Deyonta　デイビス, ディオンテ
　㋷アメリカ　バスケットボール選手
Davis, Dominique　デービス, ドミニク
　㋷アメリカ　アメフト選手
Davis, Don　デイヴィス, ドン
　1939〜　㋓「暗黒水域」文芸春秋　2004
Davis, Donald A.　デーヴィス, ドナルド・A.
　1939〜　㋓「狙撃手の使命」早川書房　2014
Davis, Ed　デイビス, エド
　㋷アメリカ　バスケットボール選手
Davis, Edmond　デービス, エドモンド
　1960〜　㋓「コビトが案内する楽しい人体図鑑」エクスナレッジ　2013
Davis, Ellen F.　デイヴィス, エレン・F.
　㋓「聖書を読む技法」新教出版社　2007
Davis, Erik　デイヴィス, エリック
　1967〜　㋓「レッド・ツェッペリン4」水声社　2013

Davis, Francis デービス, フランシス
　グラミー賞 最優秀ライナー・ノーツ（2008年（第51回）） "Kind Of Blue: 50th Anniversary Collector's Edition" ライター
Davis, Geena デービス, ジーナ
　1957〜 国アメリカ 女優 本名＝Davis, Virginia 異デイビス, ジーナ／デイヴィス, ジーナ
Davis, Geremy デービス, ジェレミー
　国アメリカ アメフト選手
Davis, Glenn デイビス, グレン
　1946〜 著「軍隊なき占領」講談社 2003
Davis, Glenn D. デイビス, グレン・D.
　著「JFK暗殺は日本の謀略だった」KADOKAWA 2016
Davis, Graeme デイビス, グレーム
　著「ミドンヘイムの灰燼」ホビージャパン 2008
Davis, Greg デービス, グレッグ
　1948〜2003 国アメリカ フォトジャーナリスト 異デイビス, グレッグ
Davis, Harry デイヴィス, ハリー
　著「ターシャ・テューダーの人生」文芸春秋 2001
Davis, Hope デイヴィス, ホープ
　ニューヨーク映画批評家協会賞 主演女優賞（第69回（2003年））
Davis, Howard デービス, ハワード
　著「パタン・ランゲージによる住宅の生産」鹿島出版会 2013
Davis, Ike デービス, アイク
　国アメリカ 野球選手
Davis, James-Andrew デービス, ジェームズアンドルー
　国イギリス フェンシング選手
Davis, James Cushman デイヴィス, ジェイムズ・C.
　著「人間ものがたり」日本放送出版協会 2005
Davis, J.D. デービス, JD
　国アメリカ 野球選手
Davis, J.E. デイヴィス, J.E.
　著「インプラント評価基準の新しいコンセンサス」クインテッセンス出版 2001
Davis, Jeff デイヴィス, ジェフ
　1975〜 著「クリミナル・マインドFBI行動分析課」ヴィレッジブックス 2012
Davis, Jesse デービス, ジェシー
　国アメリカ アメフト選手
Davis, Jill デイビス, ジル・A.
　1949〜 著「ガールズ・ポーカー・ナイト」文芸春秋 2003
Davis, Jim デイビス, ジム
　1958〜 著「分析力のマネジメント」ダイヤモンド社 2007
Davis, Joann デービス, ジョアン
　1953〜 著「愛を発見する本」マガジンハウス 2002
Davis, Jonathan デービス, ジョナサン
　著「カリスマ・ファンド・マネージャーの投資極意」東洋経済新報社 2008
Davis, Josh デイヴィス, ジョシュ
　1974〜 著「成功する人は、2時間しか働かない」徳間書店 2015
Davis, Joshua デイビス, ジョシュア
　1974〜 著「負け組ジョシュアのガチンコ5番勝負！」早川書房 2006
Davis, Judy デービス, ジュディ
　1955〜 国オーストラリア 女優 異デイビス, ジュディ／デイヴィス, ジュディ
Davis, Julie L. デービス, ジュリー・L.
　著「役員室にエジソンがいたら」かんき出版 2003
Davis, Justine デイビス, ジャスティン
　著「気高き獅子におぼれて」オークラ出版 2010
Davis, Kate デイヴィス, ケイト
　エミー賞 プライムタイム・エミー賞 最優秀監督賞（ノンフィクション番組）（第56回（2004年）） "Jockey"
Davis, K.E. デイビス, キャシー・E.
　著「ディズニーウィスカー・ヘイブン」KADOKAWA 2016
Davis, Keith デイヴィス, キース
　著「ドッグトレーニング」ペットライフ社, 緑書房（発売） 2005
Davis, Kellen デービス, ケレン
　国アメリカ アメフト選手
Davis, Kendall B. デービス, ケンダル・B.
　著「マッキンゼーITの本質」ダイヤモンド社 2005
Davis, Khris デービス, クリス
　国アメリカ 野球選手
Davis, Knile デービス, ナイル
　国アメリカ アメフト選手
Davis, Krista デイヴィス, クリスタ
　著「ジューンブライドはてんてこまい」東京創元社 2013
Davis, Kristin デービス, クリスティン
　1965〜 国アメリカ 女優 異デイビス, クリスティン／デイヴィス, クリスティン
Davis, Kyle デイヴィス, カイル
　国アメリカ ローザンヌ国際バレエコンクール 4位・プロ研修賞（第36回（2008年））
Davis, Kyra デービス, キーラ
　国アメリカ 作家 異ロマンス, ミステリー 異デイヴィス, キーラ
Davis, Laura デイヴィス, ローラ
　1956〜 著「生きる勇気と癒す力」三一書房 2007
Davis, Lenard J. デイヴィス, レナード・J.
　著「不健康は悪なのか」みすず書房 2015
Davis, Lindsey デービス, リンゼイ
　1949〜 国イギリス 作家 異デイヴィス, リンゼイ
Davis, Lori J. デイビス, ロリー・J.
　著「Paint Shop Pro 7Jでウェブデザイン」エムディエヌコーポレーション, インプレスコミュニケーションズ（発売） 2001
Davis, Lydia デービス, リディア
　1947〜 国アメリカ 作家, 翻訳家 異デイヴィス, リディア
Davis, Mark William デイヴィス, マーク
　1955〜 著「サイバー社会に殺される」ヴィレッジブックス 2012
Davis, Martin デイヴィス, マーティン
　1928〜 著デイヴィス, マーティン 著「万能コンピュータ」近代科学社 2016
Davis, Marvin デービス, マービン
　?〜2004 国アメリカ 投資家 異デイビス, マービン
Davis, Meryl デービス, メリル
　1987〜 国アメリカ フィギュアスケート選手 異デービス／デイヴィス, メリル
Davis, Michael H. デービス, マイケル・H.
　1946〜 著「アメリカ知的財産権法」八朔社 2008
Davis, Mike デイヴィス, M.
　1947〜 著「医学教育の教え方ポケットガイド」西村書店東京出版編集部 2010
Davis, Mike デイビス, マイク
　1946〜 著「スラムの惑星」明石書店 2010
Davis, Mike デービス, マイク
　国アメリカ アメフト選手
Davis, Monte デイビス, モンテ
　著「プロジェクト・マネジャーが知るべき97のこと」オライリー・ジャパン, オーム社（発売） 2011
Davis, Myrna デイヴィス, マーナ
　著「ポテト・ブック」河出書房新社 2014
Davis, Nancy デイビス, ナンシー
　1949〜 著「ちかちかびかり」福音館書店 2013
Davis, Nancy Yaw デーヴィス, ナンシー・Y.
　1936〜 著「ズニ族の謎」筑摩書房 2004
Davis, Natalie Zemon デーヴィス, ナタリー・ゼーモン
　1928〜 著「歴史叙述としての映画」岩波書店 2007
Davis, Ossie デービス, オジー
　1917〜2005 国アメリカ 俳優, 映画監督, 公民権運動家 異デイビス, オジー／デイヴィス, オシー
Davis, Patricia デービス, パトリシア
　著「パトリシア・デーヴィスのサトル・アロマテラピー」BABジャパン 2008
Davis, Patti デイヴィス, パティ
　1952〜 著「長い長いさようなら」竹書房 2005
Davis, Pauline デイビス, P.
　著「現代イギリスの政治算術」北海道大学図書刊行会 2003
Davis, Philip E. Brave デービス, フィリップ・E.ブレーブ
　国バハマ 副首相兼公共事業・都市開発相 異デービス, フィリップ・エドワード
Davis, Philip J. デイビス, フィリップ・J.
　1923〜 著「ケンブリッジの哲学する猫」早川書房 2003
Davis, Philip Maurice デイビス, フィリップ
　著「ある作家の生」英宝社 2015
Davis, Phyllis K. デイビス, フィリス・K.
　1938〜 著「わたしにふれてください」大和出版 2004
Davis, Quinshad デービス, クィンシャッド
　国アメリカ アメフト選手
Davis, Rajai デービス, ラジェイ
　国アメリカ 野球選手
Davis, Rankin デイヴィス, ランキン

[著]「デッドリミット」 文芸春秋　2001
Davis, Ray C.　デービス, レイ
[国]アメリカ　テキサス・レンジャーズオーナー
Davis, Rayford Lee　デイヴィス, レイフォード・リー
[著]「ハーバードMBA合格者のエッセイを読む」 オープンナレッジ　2007
Davis, Raymond, Jr.　デービス, レイモンド
1914～2006 [国]アメリカ　天体物理学者　ペンシルベニア大学名誉教授　[専]ニュートリノ
Davis, Richard A.　デービス, R.A.
[著]「入門時系列解析と予測」 シーエーピー出版　2004
Davis, Richard Franklin　デーヴィス, リチャード・F.
1947～ [著]「人工心肺その原理と実際」 メディカル・サイエンス・インターナショナル　2010
Davis, Robert　デイヴィス, ロバート
[著]「ポルコさまちえばなし」 日本ライトハウス　2012
Davis, Robert Charles　デイヴィス, ロバート・C.
1948～ [著]「ルネサンス人物列伝」 悠書館　2012
Davis, Robin　デイビス, ロビン
1950～ [著]「アニーとクララベル」 小学館　2008
Davis, Ronald Dell　デイビス, ロナルド・D.
1942～ [著]「ディスレクシアなんか怖くない！」 エクスナレッジ　2004
Davis, Rookie　デービス, ルーキー
[国]アメリカ　野球選手
Davis, R.W.　デイヴィス, R.W.
[著]「西洋における近代的自由の起源」 慶応義塾大学出版会　2007
Davis, Ryan　デービス, ライアン
[国]アメリカ　アメフト選手
Davis, Sammy, Jr.　デイヴィス, サミー, Jr.
[著]「インタヴューズ」 文芸春秋　2014
Davis, Sarah　デイビス, サラ
1971～ [著]「みつけてごらん！ どうぶつ」 主婦の友社　2012
Davis, Scott　デイビス, スコット
[著]「プロジェクト・マネジャーが知るべき97のこと」 オライリー・ジャパン, オーム社(発売)　2011
Davis, Scott M.　デイビス, スコット・M.
1964～ [著]「ケロッグ経営大学院ブランド実践講座」 ダイヤモンド社　2006
Davis, Sean　デービス, ショーン
[国]アメリカ　アメフト選手
Davis, Shane　デイビス, シェーン
[著]「バットマン : アンダー・ザ・レッドフード」 小学館集英社プロダクション　2013
Davis, Shani　デービス, シャニー
1982～ [国]アメリカ　スピードスケート選手　本名＝Davis, Shani Earl
Davis, Shiro　デービス, シャイロ
[国]アメリカ　アメフト選手
Davis, Skeeter　デービス, スキーター
？～2004 [国]アメリカ　ポップス歌手　[異]デイヴィス, シスターズ / デイヴィス, スキーター
Davis, Stan　デイビス, スタン
[著]「ネットワーク戦略論」 ダイヤモンド社　2001
Davis, Stephen M.　デイビス, スティーブン
1955～ [著]「新たなる資本主義の正体」 ランダムハウス講談社　2008
Davis, Stephen T.　デイヴィス, スティーヴン・T.
1940～ [著]「神は悪の問題に答えられるか」 教文館　2002
Davis, Steven　デイヴィス, スティーヴン
[国]北アイルランド　サッカー選手
Davis, Susan　デイヴィス, スーザン
1956～ [著]「社会起業家になりたいと思ったら読む本」 ダイヤモンド社　2012
Davis, Thomas　デービス, トーマス
[国]アメリカ　アメフト選手
Davis, Thomas E.　デービス, トーマス・E.
[著]「学校を変えるカウンセリング」 金剛出版　2001
Davis, Titus　デービス, タイタス
[国]アメリカ　アメフト選手
Davis, Todd　デービス, トッド
[国]アメリカ　アメフト選手
Davis, Tom　デイビス, トム
[著]「OpenGLプログラミングガイド」 ピアソン・エデュケーション　2006
Davis, Trevor　デービス, トレバー
[国]アメリカ　アメフト選手
Davis, Vernon　デービス, バーノン
[国]アメリカ　アメフト選手
Davis, Viola　デービス, ビオラ
1955～ [国]アメリカ　女優　[異]デーヴィス, ヴィオラ / デイビス, ビオラ / デイヴィス, ヴァイオラ / デイヴィス, ヴィオラ
Davis, Vontae　デービス, ボンタエ
[国]アメリカ　アメフト選手
Davis, Wade　デイヴィス, ウェイド
1953～ [著]「沈黙の山嶺(いただき)」 白水社　2015
Davis, Wade　デービス, ウェイド
[国]アメリカ　野球選手
Davis, Will　デービス, ウイル
[国]アメリカ　アメフト選手
Davis, William　デイビス, ウイリアム
1957～ [著]「小麦は食べるな！」 日本文芸社　2013
Davis, William Barron　デイビス, ウィリアム・B.
[異]デイビス, ウイリアム・B. [著]「音楽療法入門」 一麦出版社　2016
Davis, Willie　デービス, ウィリー
1940～2010 [国]アメリカ　野球選手　本名＝Davis, William Henry　[異]デイヴィス, ウィリー
Davis-Floid, Robbie　デービス・フロイド, ロビー
[著]「助産の文化人類学」 日本看護協会出版会　2001
Davison, Bryce　デービソン
[国]カナダ　フィギュアスケート選手
Davison, C.　デイヴィソン, C.
[著]「知の歴史」 徳間書店　2002
Davison, Gerald C.　デビソン, G.C.
[著]「テキスト臨床心理学」 誠信書房　2007
Davison, John　ダヴィソン, ジョン
1953～ [著]「写真で見るヒトラー政権下の人びとと日常」 原書房　2010
Davison, Lang　デイヴソン, ラング
[著]「『PULL』の哲学」 主婦の友社　2011
Davison, Lea　デービソン, リー
[国]アメリカ　自転車選手
Davison, Peter Hobley　デイヴィソン, ピーター
1926～ [著]「ジョージ・オーウェル書簡集」 白水社　2011
Davison, Tyeler　デービソン, タイラー
[国]アメリカ　アメフト選手
Davis-russell, Elizabeth　デービスラッセル, エリザベス
[国]リベリア　教育相
Davitaia, Mirza　ダビタイア, ミルザ
[国]ジョージア　国務相(在外国民問題担当)
Davitashvili, Levan　ダビタシビリ, レワン
[国]ジョージア　農相
Davlatov, Matlubkhon　ダブラトフ, マトルブホン
[国]タジキスタン　第1副首相
Davlin, Bennett Joshua　ダヴリン, ベネット
[著]「夢で殺した少女」 ヴィレッジブックス　2009
Davodeau, Étienne　ダヴォドー, エティエンヌ
アングレーム国際漫画祭 5つの優秀作品賞(2009年)ほか
Davoud, Mokhtari　ダヴィッド, モクタリ
1963～ [著]「イラン・ジョーク集」 青土社　2004
Davoudi, Parviz　ダバーディ, パルビズ
[国]イラン　第1副大統領
Dåvøy, Laila　ドーボイ, ライラ
[国]ノルウェー　児童・家族問題相
Davrieux, Ariel　ダブリエ, アリエル
[国]ウルグアイ　予算企画庁長官
Davtyan, Gevorg　ダフチャン
[国]アルメニア　重量挙げ選手
Davtyan, Hovhannes　ダフヤン, ホブハンネス
[国]アルメニア　柔道選手　[異]ダフチャン
Davtyan, Tigran　ダブチャン, チグラン
[国]アルメニア　経済相
Davudov, Yusup　ダブドフ, ユスプ
[国]トルクメニスタン　副首相兼エネルギー相
Davutoğlu, Ahmet　ダウトオール, アフメト
1959～ [国]トルコ　政治家, 国際政治学者　トルコ首相, トルコ公正発展党(AKP)党首　トルコ外相
Davydenko, Nikolay　ダビデンコ
[国]ロシア　テニス選手
Davydova, Anastasia　ダビドワ, アナスタシア
1983～ [国]ロシア　シンクロナイズドスイミング選手　[異]ダビドワ / ダビドワ, アナスターシャ

D

Davydova, Natalya ダビドワ
　㋐ウクライナ　重量挙げ選手
al-Dawalab, Mashaer Mohammed al-Amin ダワラブ, マシャエル・ムハンマド・アミン
　㋐スーダン　社会福祉・保健相
Dawaleh, Ilyas Moussa ダワレ, イリヤス・ムーサ
　㋐ジブチ　経済・財務相
Dawani, Nadin ダワニ
　㋐ヨルダン　テコンドー選手
Dawel, Akoli ダウエル, アコリ
　㋐ニジェール　水資源相兼政府報道官
Dawes, Chip ダウズ, チップ
　㋐「Oracle PL/SQLデスクトップリファレンス」オライリー・ジャパン, オーム社(発売) 2004
Dawidowicz, Aleksandra ダビドビッチ
　㋐ポーランド　自転車選手
Dawisha, Adeed ダウィシャ, アディード
　1944～　㋐「民主化かイスラム化か」風行社 2013
Dawkins, Edward ドーキンス, エドワード
　㋐ニュージーランド　自転車選手
Dawkins, Kristin ドウキンズ, クリスティン
　㋐「遺伝子戦争」新評論 2006
Dawkins, Marian Stamp ドーキンス, マリアン・S.
　㋐ドーキンズ, マリアン・S.　㋐「動物行動の観察入門」白揚社 2015
Dawkins, Richard ドーキンス, リチャード
　1941～　㋐イギリス　生物学者　オックスフォード大学ニューカレッジ特別研究員　㋐動物行動学　本名=Dawkins, Clinton Richard
al-Dawlah, Izz al-Din ダウラハ, イザディン
　㋐イラク　農相
El-Dawlatly, Nadeen エルダラトリー, ナディーン
　㋐エジプト　卓球選手
Dawley, Evan N. ドーリー, エバン・N.
　㋐「不朽のパートナーシップ」在日米国大使館 2010
Dawood, Hayel ダウード, ハエル
　㋐ヨルダン　寄進財産・イスラム問題相
Dawood, Qasim ダウード, カシム
　㋐イラク　国務相
Dawson, Andre ドーソン, アンドレ
　1954～　㋐アメリカ　元野球選手　本名=Dawson, Andre Fernando
Dawson, Ann ドーソン, アン
　㋐「うつ病という時限爆弾」日本評論社 2003
Dawson, Barry ドーソン, バリー
　㋐「ストリートグラフィックス・エジプト」グラフィック社 2003
Dawson, Branden ドーソン, ブランデン
　㋐アメリカ　バスケットボール選手
Dawson, Chester ドーソン, チェスター
　㋐「レクサス」東洋経済新報社 2005
Dawson, Craig ドーソン, クレイグ
　㋐イングランド　サッカー選手
Dawson, Eric ドーソン, エリック
　㋐アメリカ　バスケットボール選手
Dawson, George ドーソン, ジョージ
　1898～2001　㋐アメリカ　作家
Dawson, Geraldine ドーソン, ジェラルディン
　㋐「自閉症と発達障害研究の進歩」星和書店 2006
Dawson, James ドーソン, ジェームズ
　㋐「ジェームズ・ドーソンの下半身入門」太郎次郎社エディタス 2015
Dawson, Janet ドーソン, ジャネット
　㋐「子猫探偵ニックとノラ」光文社 2004
Dawson, Jodi ドーソン, ジョーディ
　㋐「条件のない愛」ハーレクイン 2005
Dawson, John A. ドーソン, ジョン
　㋐「グローバル・ポートフォリオ戦略」千倉書房 2015
Dawson, John William, Jr. ドーソン, ジョン・W., Jr.
　㋐「ロジカル・ディレンマ」新曜社 2006
Dawson, Jonathan ドーソン, ジョナサン
　1955～　㋐「世界のエコビレッジ」日本経済評論社 2010
Dawson, Karl ドーソン, カール
　1966～　㋐「マトリックス・リインプリンティング」ナチュラルスピリット 2012
Dawson, Luke ドーソン, ルーク
　㋐「シャッター」メディアファクトリー 2008

Dawson, Michael ドーソン, マイケル
　㋐イングランド　サッカー選手
Dawson, Mike ドーソン
　㋐ニュージーランド　カヌー選手
Dawson, Pamela ドーソン, パム
　㋐「痴呆性高齢者の残存能力を高めるケア」医学書院 2002
Dawson, Peter ドーソン, ピーター
　1969～　㋐「街で出会った欧文書体実例集」ビー・エヌ・エヌ新社 2015
Dawson, Phil ドーソン, フィル
　㋐アメリカ　アメフト選手
Dawson, P.J. ドーソン, P.J.
　㋐アメリカ　アメフト選手
Dawson, Roger ドーソン, ロジャー
　1940～　㋐「週末でお金持ちになる！」アスペクト 2006
Dawson, Shawn ドーソン, ショーン
　㋐イスラエル　バスケットボール選手
Dawson, Terry ドーソン, テリー
　㋐「Linuxネットワーク管理」オライリー・ジャパン, オーム社(発売) 2005
Dawson, Toby ドーソン
　㋐アメリカ　フリースタイルスキー選手
Dawson-Hughes, Bess ドーソン-ヒューズ, B.
　㋐「骨の健康と栄養科学大事典」西村書店 2009
Dawson-Saunders, Beth ドーソン-サンダース, ベス
　㋐「医学統計データを読む」メディカル・サイエンス・インターナショナル 2006
Day, Christopher デー, クリストファー
　1943～　㋐「教師と学校のレジリエンス」北大路書房 2015
Day, Christopher E.I. デイ, クリストファー
　㋐デイ, クリストファー・E.I.　㋐「牛のためのホメオパシー」ホメオパシー出版 2008
Day, David デイ, デイヴィッド
　1947～　㋐「ホビット一族のひみつ」東洋書林 2004
Day, David デイ, デヴィド
　1944～　㋐「正確な接ぎ手技能」ガイアブックス, 産調出版(発売) 2010
Day, Dillon デイ, ディロン
　㋐アメリカ　アメフト選手
Day, Dominic デイ, ドミニク
　㋐ウェールズ　ラグビー選手
Day, Doris デイ, ドリス
　1924～　㋐アメリカ　歌手, 女優　本名=カペルホフ, ドリス・フォン〈Kappelhoff, Doris Mary Anne von〉
Day, George S. デイ, ジョージ・S.
　㋐「強い会社は「周辺視野」が広い」ランダムハウス講談社 2007
Day, Hervey デイ, エルベ
　㋐ハイチ共和国　通産相
Day, Jeni Pollack デイ, ジェニ・ポラック
　㋐「本を読んで語り合うリテラチャー・サークル実践入門」渓水社 2013
Day, John Michael デイ, ジョン・マイケル
　㋐「聴覚障害者に対する図書館サービスのためのIFLA指針」日本図書館協会 2003
Day, Jonathan D. デイ, ジョナサン・D.
　㋐「マッキンゼー事業再生」ダイヤモンド社 2004
Day, Laraine デイ, ラレイン
　?～2007　㋐アメリカ　女優　本名=Johnson, Laraine
Day, Laura デイ, ローラ
　㋐「人生の危機は宇宙からの贈り物」ダイヤモンド社 2008
Day, Malcolm デイ, マルコム
　㋐「図説ギリシア・ローマ神話人物記」創元社 2011
Day, Marele デイ, マーレル
　㋐デイ, マレール　㋐「破滅への舞踏」文芸春秋 2002
Day, Mary デイ, メアリー
　1910～2006　㋐アメリカ　バレエ監督, バレエ教師　ワシントン・スクール・オブ・バレエ(WSB)創設者, ワシントン・バレエ団(WB)創設者・芸術監督
Day, Michael デイ, マイケル
　1954～　㋐「奪還」ソニー・マガジンズ 2005
Day, Mike デイ
　㋐アメリカ　自転車選手
Day, Richard Hollis デイ, R.H.
　㋐「金融不安定性と景気循環」日本経済評論社 2007
Day, Richard Jasper デイ, リチャード

著「理学療法士のための臨床測定ガイド」 ガイアブックス, 産調出版(発売) 2011

Day, Richard R. デイ, リチャード・R.
著「多読で学ぶ英語」 松柏社 2006

Day, Robert A. デイ, R.A.
1924～ 著「科学英語表現19のツボ」 丸善出版事業部 2010

Day, Sheldon デイ, シェルドン
国アメリカ アメフト選手

Day, Stockwell デイ, ストックウェル
国カナダ 予算庁長官兼アジア太平洋担当相

Day, Sylvia デイ, シルヴィア
1973～ 国アメリカ 作家 専ロマンス 別筆名＝Day, S.J., Dare, Livia 異デイ, シルビア

Day, Terry Jean デイ, テリー・ジーン
著「基本がわかるビジュアル聖書ガイド」 いのちのことば社 2015

Day, Third デイ, サード
グラミー賞 最優秀ポップ/コンテンポラリー・ゴスペル・アルバム(2006年(第49回)) "Wherever You Are"

Day, Thomas デイ, トマス
著「ウィカ」 Euromanga, 飛鳥新社(発売) 2015

Day, Trevor デイ, トレーバー
1955～ 異デイ, トレバー / デイ, トレヴァー 著「ザ・ホエールウォッチング」 昭文社 2007

Dayal, Jayeshwur Raj ダヤル, ジャイエシュウール・ラジ
国モーリシャス 環境・持続的開発・防災・海岸当局相

Dayal, Suren ダヤル, スレン
国モーリシャス 社会統合・経済力強化相

Dayan, Assi ダヤン, アッシ
1945～2014 国イスラエル 俳優, 映画監督 本名＝ダヤン, アサフ〈Dayan, Assaf〉

Dayan, Daniel ダイアン, ダニエル
著「リーディングス政治コミュニケーション」 一芸社 2002

Dayan, Max ダヤン, マックス
著「Mayaビジュアルエフェクト」 ボーンデジタル 2014

Dayanita Sing ダヤニタ・シン
1961～ 著「インド第三の性を生きる」 青土社 2006

Dayaratna, P. ダヤラトナ, P.
国スリランカ 食料安全保障相

Dayhoff, Judith E. デイホフ, J.
著「ニューラルネットワークアーキテクチャ入門」 森北出版 2013

Day-Lewis, Daniel Michael Blake デイ・ルイス, ダニエル
1957～ 国イギリス 俳優

Daynes, Katie デインズ, ケイティ
著「てんきはどうしてかわるの？」 大日本絵画 〔2016〕

Dayre, Valérie デール, ヴァレリー
1958～ 国フランス 作家

Dayrit, Manuel ダイリット, マヌエル
国フィリピン 保健相

Dayton, Gail デイトン, ゲイル
著「魅惑のシーク」 ハーレクイン 2007

Dayton, Grant デイトン, グラント
国アメリカ 野球選手

Dayton, Linnea デイトン, リネア
著「Photoshop WOW！ ブック日本語版」 アスペクト 2002

Daywalt, Drew デイウォルト, ドリュー
著「かえってきたクレヨン」 WAVE出版 2016

Dazieri, Sandrone ダツィエーリ, サンドローネ
1964～ 著「パードレはそこにいる」 早川書房 2016

Dazo, Bong ダゾ, ボン
著「デッドプール ： マーク・ウィズ・ア・マウス」 小学館集英社プロダクション 2013

DBC Pierre DBCピエール
1961～ 国イギリス 作家 専文学 本名＝フィンレー, ピーター・ウォーレン〈Finlay, Peter Warren〉

dbyans can dga'blo ヤンチェン・ガロ
著「チベット死者の書」 学習研究社 2001

De, Claude Issac デ, クロード・イサック
国コートジボワール 建設・住宅・衛生・都市計画相

De, Sankar ディ, サンカール
著「インド金融・資本市場の現状と課題」 野村資本市場研究所 2008

Dé, Yéro デ, イェロ
国セネガル 公務員・労働・雇用・職業団体相

Dea, Racheal デア, ラシェル
国中央アフリカ 家族・社会事業相

De Abreu, Alcinda António デアブレウ, アルシンダ・アントニオ
国モザンビーク 環境活動調整相

Deacon, Alexis ディーコン, アレクシス
著「ぼくたちのいえはどこ？」 徳間書店 2012

Deacon, John ディーコン, ジョン
1951～ 国イギリス ロック・ギタリスト 本名＝ディーコン, ジョン・リチャード

Deaderick, Brandon デアデリック, ブランドン
国アメリカ アメフト選手

Deadmaus デッドマウス
国アメリカ DJ

Deak-bardos, Mihaly デアクバルドシュ
国ハンガリー レスリング選手

Deakes, Nathan ディークス
国オーストラリア 陸上選手

Deakin, Frederick William ディーキン, F.W.
1913～ 著「ゾルゲ追跡」 岩波書店 2003

Deakin, Roger ディーキン, ロジャー
？～2006 著「イギリスを泳ぎまくる」 亜紀書房 2008

Deal, Richard A. ディール, リチャード・A.
著「CCNP」 翔泳社 2004

Deal, Terrence E. デール, テレンス・E.
著「学校文化を創るスクールリーダー」 風間書房 2002

De Allende, Damian デアリエンディ, ダミアン
国南アフリカ ラグビー選手

De Alwis, Chandra Lal デ・アルウィス, チャンドラ・ラル
国スリランカ 元・日本スリランカ技術文化協会会長, 元・スリランカ全国商工会議所会頭

Deamer, Bill ディーマー, ビル
ローレンス・オリヴィエ賞 振付賞(2013年(第37回)) "Top Hat"

Dean, Alyssa ディーン, アリッサ
著「クリスマスの妖精」 ハーレクイン 2005

Dean, Anthony ディーン, アンソニー
国オーストラリア 自転車選手

Dean, Bradley P. ディーン, ブラッドレイ・P.
著「野生の果実」 松柏社 2002

Dean, Carolyn ディーン, キャロリン
著「奇蹟のマグネシウム」 熊本出版文化会館, 創流出版(発売) 2009

Dean, Catherine ディーン, キャサリン
著「クリムト」 西村書店東京出版編集部 2011

Dean, David ディーン, デービッド
国アメリカ アメフト選手

Dean, David ディーン, デビッド
1976～ 著「世界をぼうけん！ 地図の絵本」 実業之日本社 2013

Dean, Debra ディーン, デブラ
1957～ 国アメリカ 作家 専文学

Dean, Geoff ディーン, ジェフ
1967～ 著「英語の話せる子の育て方」 中経出版 2010

Dean, Hartley ディーン, ハートレー
1949～ 著「ニーズとは何か」 日本経済評論社 2012

Dean, Howard ディーン, ハワード
1948～ 国アメリカ 政治家 米国民主党全国委員長, バーモント州知事

Dean, Ian ディーン, イアン
1974～ 著「アート・オブ・フィルム」 アーキテクト, ほるぷ出版(発売) 2015

Dean, Jacqui ディーン, ジャッキー
国ニュージーランド 商業・消費者相兼中小企業相

Dean, James ディーン, ジェームス
1957～ 著「ねこのピート」 ひさかたチャイルド 2016

Dean, Jenny ディーン, ジェニー
著「世界の草木染めワイルドカラーの魅力」 ガイアブックス 2013

Dean, Jeremy ディーン, ジェレミー
1974～ 著「良い習慣、悪い習慣」 東洋経済新報社 2014

Dean, Jimmy ディーン, ジミー
1928～2010 国アメリカ カントリー歌手

Dean, John C. ディーン, ジョン・C.
著「シリコンバレー」 日本経済新聞社 2001

Dean, Johnny ディーン, ジョニー
著「ザ・ベスト・オブ・ザ・ビートルズ・ブック」 リットーミュージック 2005

Dean, Ken ディーン, ケン

Dean, Liz　ディーン, リズ
1965〜　㊧「運命のルノルマンカード占い」二見書房　2016
Dean, Lorraine　ディーン, L.
㊧「ソーシャル・キャピタルと健康政策」日本評論社　2013
Dean, Melanie A.　ディーン, メラニー・A.
㊧「BPD」金子書房　2005
Dean, Millvina　ディーン, ミルビナ
1912〜2009　㊺イギリス　タイタニック号沈没事故の最後の生存者　本名＝Dean, Elizabeth Gladys
Dean, Peter B.　ディーン, ピーター・B.
㊧「マンモグラフィ読影アトラス」メディカル・サイエンス・インターナショナル　2014
Dean, Roger　ディーン, ロジャー
1944〜　㊧「ドラゴンズドリーム」ブルース・インターアクションズ　2009
Dean, Sarah　ディーン, サラ
㊧「忙しいあなたのためのシンプルアロマセラピー」産調出版　2005
Dean, Susan　ディーン, スーザン
㊧「イラストでわかるオフィスの英語表現」IBCパブリッシング, 洋販（発売）　2007
Dean, Winton　ディーン, ウィントン
1916〜2013　㊧「ヘンデルオペラ・セリアの世界」春秋社　2005
Dean, Zoey　ディーン, ゾーイ
㊧「A‐リスト」ヴィレッジブックス　2006
Dean, Zoe Z.　ディーン, ゾーイ・Z.
アメリカ探偵作家クラブ賞 ロバート・L.フィッシュ賞（2015年）"Getaway Girl"
DeAndrea, William L.　デアンドリア, ウィリアム・L.
㊧「ホッグ連続殺人」早川書房　2005
Deane, Bonnie St.John　ディーン, ボニー・サンジョン
㊧「「ハムスター」から「スーパースター」になる方法」PHP研究所　2002
Deane, Seamus　ディーン, シェイマス
1940〜　㊧「アイルランド文学小史」国文社　2011
Deane, Seamus Francis　ディーン, シェイマス
1940〜　㊺アイルランド　作家, 詩人, 批評家, 文学史家　ノートルダム大学名誉教授　㊙英米文学, アイルランド文学史
Deane, William　ディーン, ウィリアム
㊺オーストラリア　総督
De Angelis, Therese　デ・アンジェリス, テレーゼ
㊧「女優ジョディ・フォスター」未来社　2002
De Angelo, Terri　デ・アンジェロ, T.
㊧「Webサイトユーザビリティ入門」東京電機大学出版局　2002
Deans, Graeme K.　ディーンズ, グレアム・K.
㊧「ストレッチ・カンパニー」東洋経済新報社　2005
Deans, Robbie　ディーンズ, ロビー
1959〜　ニュージーランド　ラグビー監督, 元ラグビー選手　ラグビー・オーストラリア代表監督
Dear, John　ディア, ジョン
1959〜　㊧「平和への道」聖公会出版　2002
Dear, Peter　ディア, ピーター
1958〜　㊧「知識と経験の革命」みすず書房　2012
De Araújo, Fernando La Sama　デアラウジョ, フェルナンド・ラ・サマ
㊺東ティモール　社会問題調整相
De Araújo, Rui Maria　デアラウジョ, ルイ・マリア
1964〜　㊺東ティモール　政治家, 医師　東ティモール首相　㊙デアラウジョ, ルイ／デアラウジョ, ルイ・マリア
Dearborn, Mary V.　ディアボーン, メアリー・V.
㊧「この世で一番幸せな男」水声社　2004
Dearden, James S.　ディアダン, ジェイムズ・S.
㊧「ラスキンの多面体」野に咲くオリーブの会　2001
Dearing, Ronda L.　ディアリング, ロンダ・L.
㊧「アルコール使用障害」金剛出版　2013
Dearlove, Des　ディアラブ, デス
㊧「イノベーション」プレジデント社　2014
Dearmun, Nettie　ディアマン, ネッティ
㊧「看護における反省的実践」ゆみる出版　2005
Deary, Ian J.　ディアリ, イアン
㊧「知能」岩波書店　2004
Deary, Vincent　ディアリー, ヴィンセント
㊧「習慣力」早川書房　2016
De Assuncao Carvalho, Arlindo Vicente　デアスンカオカルバリョ, アリンド・ビセンテ
㊺サントメ・プリンシペ　保健相
Deaton, Angus　ディートン, アンガス
1945〜　㊺アメリカ　経済学者　プリンストン大学経済学部教授　㊙健康と豊かさ, 経済成長の研究
Deaton, Wendy　ディートン, ウェンディ・スーザン
㊧「ドメスティック・バイオレンスサバイバーマニュアル」明石書店　2005
Deaucourt, Jean-Louis　ドクール, ジャン＝ルイ
㊧「初期の管理人小屋」創英社, 三省堂書店（発売）　2008
Deaver, Braxton　ディーバー, ブラクストン
㊺アメリカ　アメフト選手
Deaver, Jeffery　ディーバー, ジェフリー
1950〜　㊺アメリカ　作家　㊙ディーヴァー, ジェフリー
Deaver, Julie Reece　ディーヴァー, ジュリー・R.
㊧「わたしが消えた夜」集英社　2003
Deaver, Michael Keith　ディーバー, マイケル
1938〜2007　㊺アメリカ　実業家　米国大統領次席補佐官
Deavilés, Victoria Marina Velásquez　デアビレス, ビクトリア・マリナ・ベラスケル
㊺エルサルバドル　労働・社会保障相
Deayon, Donte　ディーヨン, ドンテ
㊺アメリカ　アメフト選手
Deaza, Alejandro　ディアザ, アレハンドロ
㊺ドミニカ共和国　野球選手
DeBaggio, Thomas　デバッジオ, トマス
1942〜　㊧「アルツハイマーと闘う」原書房　2003
Debagha, Slim Tahar　デバガ, スリム・タハール
㊺アルジェリア　元・駐日アルジェリア大使
DeBakey, Michael Ellis　ドベーキ, マイケル
1908〜2008　㊺アメリカ　医師　ベイラー医科大学名誉総長　㊙心臓外科　㊙ド・ベーキ／ドゥベーキ／マイケル／ドベイキー, マイケル・エリス
Debargue, Lucas　デバルグ, リュカ
㊺フランス　チャイコフスキー国際コンクール ピアノ 第4位（2015年（第15回））
De Barros, Bruno　デバロス, ブルーノ
㊺ブラジル　陸上選手
De Barros, Carlos Alberto Kenedy　デバロス, カルロス・アルベルト・ケネディ
㊺ギニアビサウ　女性・家族・社会統合相
Débat, Aurélien　デバ, オーレリアン
1979〜　㊧「自分って, なに？」朝日出版社　2007
Debaty, Vincent　ドゥバティ, ヴァンサン
㊺フランス　ラグビー選手
Debauve, Marine　ドボーブ
㊺フランス　体操選手
Debbouze, Jamel　ドゥブーズ, ジャメル
カンヌ国際映画祭 男優賞（第59回（2006年））"Indigènes"
Debeche, Smail　デベシュ, スマイル
㊧「日本・アルジェリア友好の歩み」千倉書房　2014
Debecker, Benoit　ドゥベッケール, ブノア
㊧「みどりのネコとあかいワニ」ソニー・マガジンズ　2004
De Beer, Hans　デ・ビア, ハンス
1957〜　㊧「おさるのボーボたこをあげる」ノルドズッド・ジャパン　2003
Debeljački, Tatjana　デベリャスキー, タチアナ
1967〜　㊧「紅の二重奏」Japan Universal Poets Association　2016
De Bellis, Jack　ドベリス, ジャック
㊧「ジョン・アップダイク事典」雄松堂出版　2006
De Benito Secades, Gonzalo　デ・ベニート・セカデス, ゴンサロ
㊺スペイン　駐日特命全権大使
de Berg, Mark　ドバーグ, M.
㊧「コンピュータ・ジオメトリ」近代科学社　2010
De Bernieres, Louis　ド・ベルニエール, ルイ
1954〜　㊧「コレリ大尉のマンドリン」東京創元社　2001
De Beukelaer, Edward　ドゥ・ブーケラー, エドワード
㊺ベルギー　白日協会兼商工会議所理事・出版委員会委員長
Debeurme, Ludovic　ドバーム, リュドヴィック
1971〜　㊧「ジキル博士とハイド氏」小峰書店　2010
Debevec, Rajmond　デベベッチ, ライモンド
1963〜　㊺スロベニア　射撃選手　㊙デベベッ
de Bever, Leo　デ・ビーバー, レオ
㊧「リスクバジェッティング」パンローリング　2002
de Bie, Erik Scott　デ・ビー, エリック・スコット
㊧「ネヴァーウィンター・キャンペーン・セッティング」ホビー

ジャパン 2013
De Billy, Bertrand　ド・ビリー, ベルトラン
　1965〜 国フランス 指揮者 ウィーン放送交響楽団音楽監督・首席指揮者 異ドゥ・ビリー, ベルトラン
DeBlank, Ricco　ドゥブランク, リコ
　1964〜 著「リッツ・カールトン20の秘密」オータパブリケイションズ 2007
De Blasi, Marlena　デ・ブラージ, マリーナ
　著「ヴェネツィアふたり暮らし」河出書房新社 2005
DeBlasio, Allison　デブラシオ, アリソン
　著「1000コスプレ＆コスチュームアイデア」グラフィック社 2015
Deblasio, Bill　デブラシオ, ビル
　1961〜 国アメリカ 政治家 ニューヨーク市長
De Blasis, Pablo　デ・ブラシス, パブロ
　国アルゼンチン サッカー選手
Deblinger, Esther　デブリンジャー, エスター
　著「子どものためのトラウマフォーカスト認知行動療法」岩崎学術出版社 2015
De Block, Maggie　デブロック, マヒー
　国ベルギー 社会問題・保健相
DeBlois, Dean　デュボア, ディーン
　国カナダ 映画監督, アニメーション監督, 脚本家, アニメーター
De Board, Robert　デ・ボード, ロバート
　著「ヒキガエル君、カウンセリングを受けたまえ。」阪急コミュニケーションズ 2014
De Bock, Laurens　デ・ボック, ローラン
　国ベルギー サッカー選手
De Boer, Frank　デ・プール, フランク
　1970〜 国オランダ サッカー監督, 元サッカー選手 異デブール, フランク
De Boer, Roelf　デボワ, ロルフ
　国オランダ 副首相兼運輸・公共事業・水利相
Debois, Patrick　デボイス, パトリック
　著「ウェブオペレーション」オライリー・ジャパン, オーム社（発売） 2011
Debolini, Francesca　デボリーニ, フランチェスカ
　著「ダ・ヴィンチ」昭文社 2007
De Bono, Edward　デ・ボノ, エドワード 著「6つの帽子思考法」パンローリング 2016
　1933〜
Debono, Giovanna　デボノ, ジョバンナ
　国マルタ ゴゾ島担当相 異デボノ, ジョバーナ
Debord, Clay　ディボード, クレイ
　国アメリカ アメフト選手
Debose, Andre　ディボース, アンドレ
　国アメリカ アメフト選手
Debost, Michel　デボスト, ミシェル
　1934〜 著「フルート演奏の秘訣」音楽之友社 2003
De Botton, Alain　ド・ボトン, アラン
　1969〜 著「もうひとつの愛を哲学する」集英社 2005
De Brabander, Ellen　デ・ブラバンダー, エレン
　著「科学技術とジェンダー」明石書店 2004
Debrah, Ernest　デブラー, アーネスト
　国ガーナ 食糧・農業相
Debrah, Julius　デブラ, ジュリアス
　国ガーナ 地方政府・地域開発相
Debray, Régis　ドブレ, レジス
　1940〜 国フランス 作家, 評論家, 革命家 異ドゥブレ, レジス
Debré, Jean Louis　ドブレ, ジャン＝ルイ
　1944〜 著「フランスを目覚めさせた女性たち」パド・ウィメンズ・オフィス 2016
Debretsion, Gebremichael　デブレツィオン・ゲブレミカエル
　国エチオピア 通信相
Debreu, Gerard　ドブリュー, ジェラール
　1921〜2004 国アメリカ 経済学者 カリフォルニア大学バークリー校教授 著「数理経済学」 異デブリュー, ジェラール / ドブルー, ジェラール
De Broca, Philippe　ド・ブロカ, フィリップ
　1933〜2004 国フランス 映画監督
De Broe, Marc E.　デブレ, M.E.
　著「臨床家のための腎毒性物質のすべて」シュプリンガー・ジャパン 2008
Debru, Claude　ドゥブリュ, クロード
　著「平和と和解」旬報社 2015
De Bruijn, Inge　デブルーイン

　国オランダ 競泳選手
Debrum, Tony　デブルム, トニー
　国マーシャル諸島 外務・貿易相
De Bruyne, Kevin　デ・ブライネ, ケヴィン
　国ベルギー サッカー選手
Debschitz, Uta von　ドブシッツ, ウータ・フォン
　著「ビジュアル科学大事典」日経ナショナルジオグラフィック社, 日経BP出版センター（発売） 2009
Debuchy, Mathieu　ドゥビュシー, マチュー
　国フランス サッカー選手
De Burgh, Jane　ダ・バーグ, ジェーン
　著「カラー人体図鑑」西村書店 2010
Debus, Michael　デーブス, ミヒャエル
　1943〜 著「ルドルフ・シュタイナーの『魂の暦』とオイリュトミー」ルドルフ・シュタイナー芸術アカデミー 2014
DeBusk, Ruth M.　デバスク, ルース・M.
　著「食品・栄養・食事療法事典」産調出版, 産業調査会（発売） 2006
De Busscher, Jacques F.　ド・ビュッシェ, ジャック・F.
　著「アドラーの思い出」創元社 2007
DeBusschere, Dave　デバッシャー, デーブ
　1940〜2003 国アメリカ バスケットボール選手, 野球選手 本名＝DeBusschere, David Albert 異デブッシャー, デイヴ
De Buyst, Jasper　デビュイスト, ヤスパー
　国ベルギー 自転車選手
Déby, Idriss　デビ, イドリス
　1952〜 国チャド 政治家, 軍人 チャド大統領 チャド陸軍最高司令官 本名＝Déby Into, Idriss 異デビー, イドリス
Debye, Kristina E.　デバイ, クリスティーナ・E.
　著「あなたに伝えたいこと」誠信書房 2015
De Campos, Teodorico　デカンポス, テオドリコ
　国サントメ・プリンシペ 農業・地方開発相
DeCandido, Keith R.A.　デカンディード, キース・R.A.
　著「バイオハザード3」角川書店, 角川グループパブリッシング（発売） 2007
de Capovilla, Maria Esther　デカポビジャ, マリア・エステル
　1889〜2006 国エクアドル 世界最高齢者（116歳）
DeCarlo, Neil　デカーロ, ニール
　著「発想を事業化するイノベーション・ツールキット」英治出版 2015
De Carlo, Yvonne　デ・カルロ, イボンヌ
　1922〜2007 国アメリカ 女優 本名＝ミドルトン, ペギー・イボンヌ〈Middleton, Peggy Yvonne〉異デ・カーロ, イヴォン / デ・カーロ, イヴォンヌ / デ・カルロ, イヴォンヌ
De Caro, Stefano　デ・カーロ, ステーファノ
　著「ポンペイの壁画」岩波書店 2001
De Castilla Urbina, Miguel　デカスティジャ・ウルビナ, ミゲル
　国ニカラグア 教育・文化・スポーツ相
de Castries, Henri　ドゥ・キャストゥル, アンリ
　1954〜 国フランス 実業家 アクサグループ会長・CEO 本名＝ドゥラクロワ・ドゥ・キャストゥル, アンリ・ルネ・マリ・オーグスティン〈de La Croix de Castries, Henri René Marie Augustin〉異ドカストル, アンリ / ドカストレ, アンリ
Decastro, David　デカストロ, デービッド
　国アメリカ アメフト選手
De Castro, Luciano Andre　デカストロ, ルシアーノ・アンドレ
　国モザンビーク 環境活動調整相
De Castro, Noli　デカストロ, ノリ
　国フィリピン 副大統領
De Castro, Paolo　デカストロ, パオロ
　国イタリア 農林相
DeCatanzaro, Denys　デカタンザロ, デニス・A.
　1951〜 著「動機づけと情動」協同出版 2005
Decaux, Alain　ドゥコー, アラン
　1925〜2016 国フランス 歴史家, テレビプロデューサー 異ドコー, アラン
DeCenzo, David A.　ディチェンゾ, デービッド・A.
　著「マネジメント入門」ダイヤモンド社 2014
De Certeau, Michel　ド・セルトー, ミシェル
　著「歴史と精神分析」法政大学出版局 2003
De Cesaris, Andrea　デ・チェザリス, アンドレア
　1959〜2014 国イタリア F1ドライバー
Decety, Jean　デセティ, ジャン
　異ディセティ, ジーン 著「共感の社会神経科学」勁草書房 2016
Dechau, Wilfried　デヒャオ, ヴィルフリート

1944〜 [著]「Footbridges」 鹿島出版会 2011
De Chene, Brent Eugene デ・シェン, ブレント・E.
1948〜 [著]「First steps in English linguistics」 くろしお出版 2003
Dechow, Doug デチャウ, ダグ
[著]「Squeakプログラミング入門」 エスアイビー・アクセス, 星雲社(発売) 2004
Dechy, Nathalie ドシー
[国]フランス テニス選手
Decker, Charles R. デッカー, チャールズ・R.
1952〜 [著]「シアトルの伝説のカフェ」 ランダムハウス講談社 2006
Decker, Eric デッカー, エリック
[国]アメリカ アメフト選手
Decker, Jesse デッカー, ジェシー
[著]「石の種族」 ホビージャパン 2006
Decker, Kerstin デッカー, ケルスティン
1962〜 [著]「愛犬たちが見たリヒャルト・ワーグナー」 白水社 2016
Decker, Rainer デッカー, ライナー
1949〜 [著]「教皇と魔女」 法政大学出版局 2007
Decker, Ray Thomas デッカー, レイ・トーマス
[国]アメリカ 南カリフォルニア日米協会名誉会長, 元・南カリフォルニア日米協会理事長, 元・全米日系人博物館執行委員会会長, 元・バンク・オブ・アメリカ上級副社長
Decker, Steve デッカー, スティーブ
[国]アメリカ サンフランシスコ・ジャイアンツコーチ
Decker, Steven デッカー, スティーブン
1946〜 [著]「ホメオパシールネサンス」 ホメオパシー出版 2008
Decker, Taylor デッカー, テイラー
[国]アメリカ アメフト選手
Deckers, Erik デッカーズ, エリック
[著]「セルフブランディング」 ピアソン桐原 2012
Deckers, J.A. デッカース, J.A.
[著]「世界の土壌資源」 古今書院 2002
Deckert, Torsten デッカート, トルステン
1927〜 [著]「ハーゲドン情熱の生涯」 時空出版 2007
Decker-Voigt, Hans-Helmut デッカー＝フォイクト, ハンス＝ヘルムート
1944〜 [著]「音楽療法事典」 人間と歴史社 2004
Deckker, Zilah デッカー, ザイラ
[著]「ブラジル」 ほるぷ出版 2010
DeClaire, Joan デクレア, ジョアン
[著]「「感情シグナル」がわかる心理学」 ダイヤモンド社 2004
Declerck, Gilbert デクラーク, ギルバート
[国]ベルギー 白日協会兼商工会議所会長, 元・ルーヴェン・カトリック大学教授, 元・アイメック代表兼最高経営責任者
De Clerck, Stefaan デクレルク, ステファン
[国]ベルギー 法相
De Clercq, Willy ドクレルク, ウィリー
1927〜2011 [国]ベルギー 政治家 欧州議会外交委員会委員長, ベルギー蔵相 [異]ド・クレルク, ウィリー / デ・クエルク, ウィリー
Deco デコ
1977〜 [国]ポルトガル 元サッカー選手 本名＝ソウザ, アンデルソン・ルイス・ジ〈Souza, Anderson Luis de〉
De Cock, Michael デコック, ミヒャエル
1972〜 [国]ベルギー 作家, ジャーナリスト [専]児童書
De Comarmond, Simone ドコマルモン, シモーヌ
[国]セーシェル 観光運輸相
De Coninck, Monica デコニンク, モニカ
[国]ベルギー 雇用相
De Corte, Erik ディコルテ, エリック
1941〜 [著]「子どもの論理を活かす授業づくり」 北大路書房 2009
De Cospedal García, María Dolores デコスペダル・ガルシア, マリア・ドロレス
[国]スペイン 国防相
Décosse, Lucie デコス, リュシ
1981〜 [国]フランス 元柔道選手 [異]ドコス, リュシ
DeCoste, Barbara デコステ, バーバラ
[著]「エキスパートナースとの対話」 照林社 2004
De Coteau, Clifton ドゥコトゥー, クリフトン
[国]トリニダード・トバゴ 男女平等・青少年・児童発育相
Decouflé Philippe ドゥクフレ, フィリップ
1961〜 [国]フランス 演出家, ダンサー, 振付師, 映像作家 カンパニーDCA主宰 [専]コンテンポラリーダンス
Decourchelle, Agnès ドクールシェル, アニエス
1978〜 [著]「僕はマティス」 パイインターナショナル 2015
de Crécy, Hervé ドゥ・クレシー, エルヴェ
[国]フランス ザグレブ国際アニメーション映画祭 グランド・コンペティション 審査員特別賞(2010年) “Logorama”
De Crécy, Nicolas ド・クレシー, ニコラ
1966〜 [国]フランス 漫画家
De Crem, Pieter デクレム, ピーター
[国]ベルギー 国防相
De Crescenzo, Luciano デ・クレシェンツォ, ルチャーノ
1928〜 [著]「楽しいギリシャ神話ものがたり」 文芸社 2013
De Crescenzo, Renato デ・クレシェンツォ, レナート
1958〜 [著]「まいごのひよこ」 学習研究社 2001
De Cristoforo, Violet Kazue ドクリストフォロ, バイオレット・カズエ
1917〜2007 [国]アメリカ 俳人
De Croo, Alexander デクロー, アレクサンダー
[国]ベルギー 副首相兼開発協力・デジタル・通信・郵政相
Decsi, Tamas デチ, タマシュ
[国]ハンガリー フェンシング選手
De Cuéllar, Javier Pérez デクエヤル, ハビエル・ペレス
1920〜 [国]ペルー 政治家, 外交官 ペルー首相・外相, 国連事務総長 [異]デ・クエアル, ハビエル・ペレス
Dede, Daniel Emery デデ, ダニエル・エムリ
[国]中央アフリカ 農相
Dedeaux, Raoul Martial デドー, ラウル
1914〜2006 [国]アメリカ 大学野球監督 南カリフォルニア大学野球部名誉監督 本名＝通称＝デドー, ロッド〈Dedeaux, Rod〉
Dedecker, Armand ドゥデッケール, アルマン
[国]ベルギー 開発協力相
Dede Korkut デデ・コルクト
[著]「デデ・コルクトの書」 平凡社 2003
Dedera, Don デデラ, ドン
1929〜 [著]「ナバホラグ」 生活書院 2016
Dedeyan, Abraham デディアン, アブラハム
[国]レバノン 工業相
Dedeyan, Claire デデヤン, クレール
1959〜 [著]「ブリュー」 産業編集センター 2003
De Deyn, P.P. デ・ダイン, P.P.
[著]「偽薬効果」 春秋社 2002
Dedieu, Thierry デデュー, ティエリー
1955〜 [著]「そらいろ男爵」 主婦の友社 2015
Dedieu, Virginie ドデュ
[国]フランス シンクロナイズド・スイミング選手
Dedmon, Dewayne デッドモン, ドゥエイン
[国]アメリカ バスケットボール選手
De Duve, Christian ド・デューブ, クリスティアン
[著]「進化の特異事象」 一灯舎 2007
De Duve, Christian René ド・デューヴ, クリスチャン
1917〜2013 [国]ベルギー 生化学者 ロックフェラー大学名誉教授, ルーベン大学医学部名誉教授 [専]細胞学 本名＝De Duve, Christian René Marie Joseph [異]ド・デューブ, クリスチャン / ド・デューヴ, クリスティアン
Dee, Bonnie ディー, ボニー
[著]「マイ・ディア・マスター」 新書館 2016
Dee, Dave ディー, デーブ
？〜2009 [国]イギリス ポップ歌手 本名＝ハーマン, デービッド〈Harman, David〉 [異]ディー, デイブ
Dee, Frances ディー, フランシス
1909〜2004 [国]アメリカ 女優
Dee, Jess ディー, ジェス
[著]「ヴェールド・デザイアー―年下彼氏とのつきあい方 モア・ザン・フレンズ―友達のまま」 主婦の友社 2013
Dee, Jonathan ディー, ジョナサン
[著]「カラーセラピー」 産調出版 2006
Dee, Ruby ディー, ルビー
1922〜2014 [国]アメリカ 女優, 公民権運動家 本名＝Davis, Ruby Dee
Dee, Sandra ディー, サンドラ
1942〜2005 [国]アメリカ 女優 本名＝ザック, アレクサンドラ〈Zuck, Alexandra〉
Deech, Ruth ディーチ, ルース
[著]「遺伝子革命と人権」 DHC 2001
Deecke, Lüder デーケ, リューダー
[著]「意志と脳」 総合医学社 2011
Deedy, Carmen Agra ディーディ, カーメン・アグラ

Deegan, Marilyn　ディーガン, マリリン
　㊃「人文学と電子編集」慶応義塾大学出版会　2011
Deegan, Mildred　ディーガン, ミルドレッド
　？〜2002　㊀アメリカ　女子野球選手, ソフトボール選手　通称＝ディーガン, ミリー〈Deegan, Millie〉
Deeken, Alfons　デーケン, アルフォンス
　1932〜　㊃「おとなのいのちの教育」河出書房新社　2006
Deeken, Anneliese　デーケン, アンネリーゼ
　1939〜2014　㊀ドイツ　聖霊女子短期大学教授　㊁デーケン, アグネーゼ
Deen, Alhaji Mohamed Swarray　ディーン, アルハジ・モハメド・スワリー
　㊀シエラレオネ　鉱物資源相　㊁ディーン, アルハジ・モハメド／ディーン, モハメド・スワリー
Deen, Mohamed Waheed　ディーン, モハメド・ワヒード
　㊀モルディブ　副大統領
Deeney, Troy　ディーニー, トロイ
　㊀イングランド　サッカー選手
Deenihan, Jimmy　ディーニハン, ジミー
　㊀アイルランド　芸術・遺産・ゲール語圏相
Deep, Samuel D.　ディープ, サム・D.
　㊃「ザ・リーダー」ディスカヴァー・トゥエンティワン　2003
Dees, Bowen Causey　ディーズ, ボーエン・C.
　1917〜　㊃「占領軍の科学技術基盤づくり」河出書房新社　2003
Dees, Catherine　ディーズ, キャサリン
　㊃「転生者オンム・セティと古代エジプトの謎」学習研究社　2008
Dees, Cindy　ディーズ, シンディ
　㊃「プリンスをさがせ」ハーレクイン　2007
De Escobar, Ana Vilma　デエスコバル, アナ・ビルマ
　㊀エルサルバドル　副大統領
Deess, Perry　ディース, ペリー
　㊃「市民の司法参加と民主主義」日本評論社　2016
Deetz, Stanley　ディーツ, スタンレー
　㊃「経営と社会」同友館　2001
Défago, Didier　デファゴ, ディディエ
　1977〜　㊀スイス　スキー選手　㊁デファゴ, Di.
DeFalco, Tom　デファルコ, トム
　㊃「アントマン：シーズンワン」小学館集英社プロダクション　2015
Defallah, Khayar Oumar　デファッラ, カヤル・ウマル
　㊀チャド　文化相
Defar, Meseret　デファー, メセレト
　1983〜　㊀エチオピア　陸上選手　㊁デファー／デファル, メセレト
DeFelice, Jim　デフェリス, ジム
　1956〜　㊃「アメリカン・スナイパー」早川書房　2015
Defendi, Claudia　ディフェンディ, クローディア
　㊃「アンディ・ウォーホル全版画」美術出版社　2003
Defensor, Michael　ディフェンソール, マイケル
　㊀フィリピン　大統領首席補佐官　㊁デフェンソール, マイケル
De Fer, Thomas M.　ドゥ・フェル, トマス・M.
　㊁デ・ファー, トーマス・M.　㊃「ワシントンマニュアル」メディカル・サイエンス・インターナショナル　2012
Deferr, Gervasio　デフェル
　㊀スペイン　体操選手
Deffeyes, Kenneth S.　ディフェイス, ケネス・S.
　㊃「石油が消える日」パンローリング　2007
de Filippis, Maria Teresa　デフィリッピス, マリア・テレザ
　1926〜2016　㊀イタリア　F1ドライバー
D'Efilippo, Valentina　デフィリッポ, ヴァレンチナ
　㊃「インフォグラフィックで見る138億年の歴史」創元社　2014
Defoe, Jermain　デフォー, ジャーメイン
　㊀イングランド　サッカー選手
Defonseca, Misha　デフォンスカ, ミーシャ
　㊃「ミーシャ」ミュゼ, アム・プロモーション（発売）　2009
Deforges, Régine　デフォルジュ, レジーヌ
　1935〜2014　㊀フランス　作家, 出版者　㊁ドフォルジュ, レジーヌ
Defour, Steven　デフール, スティーヴン
　㊀ベルギー　サッカー選手
Defourny, Jacques　ドゥフルニ, ジャック
　㊃「欧州サードセクター」日本経済評論社　2007
De France, Cecile　ド・フランス, セシル
　1975〜　㊀ベルギー　女優　㊁ドゥ・フランス, セシル

Defrance, Helene　デフランス, エレネ
　㊀フランス　セーリング選手
DeFranco, Anthony L.　デフランコ, アンソニー・L.
　㊃「免疫」メディカル・サイエンス・インターナショナル　2009
DeFranco, Buddy　デフランコ, バディ
　1923〜2014　㊀アメリカ　ジャズ・クラリネット奏者　本名＝De Franco, Boniface Ferdinand Leonardo
De Franco, Mario　デフランコ, マリオ
　㊀ニカラグア　大統領府相
De Franco, Silvio　デフランコ, シルビオ
　㊀ニカラグア　教育・文化・スポーツ相
Defrantz, Anita L.　デフランツ, アニタ
　1952〜　㊀アメリカ　元ボート選手　国際オリンピック委員会（IOC）委員
Defrasne, Vincent　ドフラスン
　㊀フランス　バイアスロン選手　㊁ドフラスン, バンサン
De Freij, Nabil　ドフレージ, ナビル
　㊀レバノン　行政改革担当相
De Freitas, Juan　デ・フレイタス, フアン
　㊀ウルグアイ　ラグビー選手
Defrel, Gregoire　デフレル, グレゴワール
　㊀フランス　サッカー選手
DeFries, Ruth S.　ドフリース, ルース
　㊃「食糧と人類」日本経済新聞出版社　2016
De Frutos, Javier　デ・フルトス, ハビエル
　ローレンス・オリヴィエ賞 振付賞（2007年（第31回））"Cabaret"
al-Degair, Jalal Yousif　デガイル, ジャラル・ユーセフ
　㊀スーダン　国際協力相
Degale, James　デゲール, ジェームズ
　1986〜　㊀イギリス　プロボクサー　IBF世界スーパーミドル級チャンピオン　㊁デゲール
de Gaulle, Charles　ド・ゴール, シャルル
　㊃「剣の刃」文芸春秋　2015
de Gaulle-Anthonioz, Genevieve　ド・ゴール・アントニオズ, ジュヌヴィエーヴ
　1920〜2002　㊀フランス　人道活動家　第四世界の貧困全面救済設立者　㊁ド・ゴール・アントニオズ, ジュヌヴィエーブ／ドゴール・アントニオズ, ジュヌビエーブ
De Gavidia, Yolanda Mayora　デガビディア, ヨランダ・マヨラ
　㊀エルサルバドル　経済相
Degbe, Jocelyn　デグベ, ジョスリン
　㊀ベナン　鉱業・エネルギー・水資源相
Degbo, Clément　デボ, クレマン
　㊀ベナン　中小企業相
Dégé, Guillaume　デジェ, ギヨーム
　1967〜　㊃「人がいじわるをする理由はなに？」岩崎書店　2016
De Gea, David　デ・ヘア, ダビデ
　㊀スペイン　サッカー選手
Degen, Michael　デーゲン, ミヒャエル
　1932〜　㊃「みんなが殺人者ではなかった」影書房　2005
Degen, Rolf　デーゲン, ロルフ
　1953〜　㊃「オルガスムスのウソ」文芸春秋　2006
DeGeneres, Ellen　デジェネレス, エレン
　1958〜　㊀アメリカ　コメディアン, 女優, 司会者
De Gennaro, Giovanni　デジェンナーロ, ジョバンニ
　㊀イタリア　カヌー選手
de Gennes, Pierre-Gilles　ド・ジャンヌ, ピエール・ジル
　1932〜2007　㊀フランス　物理学者　コレージュ・ド・フランス教授, パリ物理化学大学校校長　㊂高分子物理学　㊁ド・ゲネス／ド・ジェンヌ, ピエール・ジル／ドゥ・ジェンヌ
De Gerez, Toni　デ・ゲレツ, トニ
　㊃「北の魔女ロウヒ」あすなろ書房　2003
Degering, Etta B.　デゲリング, エタ・B.
　㊃「マイバイブルフレンズ」福音社　2006
De Geus, Aart-Jan　デヘウス, アールトヤン
　㊀オランダ　社会問題・雇用相
De Geus, Lilian　デヘウス, リリアン
　㊀オランダ　セーリング選手
DeGioia, John J.　デジョイア, ジョン
　1957〜　㊀アメリカ　ジョージタウン大学学長
De Giorgio, Pietro　デ・ジョルジョ, ピエトロ
　㊀イタリア　サッカー選手
De Girolami, Umberto　ジロラーミ, U. デ
　㊃「エスクロール基本神経病理学」西村書店　2009

Degla, Benoît Assounan デグラ, ブノワ・アスアン
 ㉻ベナン　内相
Deglaire, Roselyne ドグレール, R.
 ㊟「神と親しく生きるいのりの道」聖母の騎士社　2009
Dego, Francesca デゴ, フランチェスカ
 ㊟イタリア　パガニーニ国際ヴァイオリン・コンクール エンリコ・コスタ記念賞(2008年(第52回))
Degos, Laurent ドゴース, ローラン
 1945〜　㊟「なぜエラーが医療事故を減らすのか」NTT出版　2015
De Graaf, Christian デグラーフ, クリスティアン
 ㉻ボツワナ　農相
De Graaf, John デ・グラーフ, ジョン
 ㊟「経済成長って、本当に必要なの？」早川書房　2013
De Graaf, Thom デフラーフ, トム
 ㉻オランダ　副首相兼行政改革相兼王室関係相
De Graaff, Christian デグラーフ, クリスチャン
 ㉻ボツワナ　農相　㊨デグラーフ, クリスチェン
Degras, Jane デグラス, ジェーン
 ㊟「コミンテルン・ドキュメント」現代思潮新社　2008
De Grasse, Andre デグラッセ, アンドレ
 ㉻カナダ　陸上選手
De Grave, Frank デフラーフェ, フランク
 ㉻オランダ　国防相
DeGraw, Gavin デグロウ, ギャビン
 1977〜　㉻アメリカ　シンガー・ソングライター　㊨デグロウ, ギャヴィン
DeGrazia, David ドゥグラツィア, デヴィッド
 ㊟「1冊でわかる動物の権利」岩波書店　2003
Degre, Alain ドゥグレ, アラン
 ㊟「ティッピ野生のことば」小学館　2001
Degre, Tippi ドゥグレ, ティッピ
 1990〜　㊟「ティッピ野生のことば」小学館　2001
De Gregorio, José デグレゴリオ, ホセ
 ㉻チリ　経済・エネルギー・鉱業相
De Grey, Aubrey D.N.J. デグレイ, オーブリー
 1963〜　㊟「老化を止める7つの科学」日本放送出版協会　2008
DeGroff, Dale デグロフ, デール
 ㊟「プロは語る。」アスペクト　2005
Degrom, Jacob デグロム, ジェイコブ
 ㉻アメリカ　野球選手
De Gruchy, John W. デ・グルーチー, ジョン・W.
 ㊟「キリスト教と民主主義」新教出版社　2010
Deguara, Louis デグアラ, ルイス
 ㉻マルタ　保健・高齢者・地域福祉相
De Gucht, Karel デフフト, カレル
 ㉻ベルギー　副首相兼外相
De Guillaume, André ド・ギヨーム, アンドレ
 ㊟「独裁者になる方法」マガジンランド　2008
Deguillaume, Martine ドギオーム, マルチーヌ
 1954〜　㊟「核廃棄物は人と共存できるか」緑風出版　2001
De Guindos Jurado, Luis デギンドス・フラード, ルイス
 ㉻スペイン　経済・産業・競争力相　㊨デギンドス, ルイス
Deguy, Michel ドゥギー, ミシェル
 1930〜　㉻フランス　詩人, 哲学者, 文学評論家　パリ大学教員　㊨ドゥギ／ドゥギ, ミシェル／ドゥギー, ミッシェル
De Guzman, Jonathan デ・グズマン, ジョナサン
 1987〜　㉻オランダ　サッカー選手　㊨デ・グズマン, ジョナタン
De Guzman, Michael ド・ガズマン, マイケル
 ㊟「シドニーの選択」草炎社　2007
Deh, Yéro デ, イェロ
 ㉻セネガル　公務員・労働・雇用・職業団体相
De Haan, Michelle デ・ハーン, ミッシェル
 1969〜　㊟「発達認知神経科学」東京大学出版会　2014
De Habich Rospigliosi, Midori デハビッチ・ロスピグリオシ, ミドリ
 ㉻ペルー　保健相
Dehaene, Jean-Luc デハーネ, ジャン・リュック
 1940〜2014　㉻ベルギー　政治家　ベルギー首相　本名=Dehaene, Jean-Luc Joseph Marie
Dehaene, Stanislas ドゥアンヌ, スタニスラス
 1965〜　㊟「意識と脳」紀伊國屋書店　2015
De Hamel, Christopher ド・ハメル, クリストファー
 1950〜　㊟「聖書の歴史図鑑」東洋書林　2004
De Hart, Jane Sherron ドゥハート, ジェーン・シェロン
 ㊟「ウィメンズ・アメリカ」ドメス出版　2002
DeHart, Robyn デハート, ロビン
 ㊟「淑女の鑑と呼ばれて」オークラ出版　2014
de Hartog, Jan デハルトグ, ヤン
 1914〜2002　㉻オランダ　作家　㊨ハルトグ, ヤン・デ
Dehasse, Joel デハッス, ジョエル
 ㊟「うちの子犬は悪い子」中央公論新社　2002
Deheeger, Jean-Sébastien ドエジェル, ジャン・セバスチャン
 ㊟「みつけて！タイムトラベル」理論社　2015
Dehejia, Vidya デヘージア, ヴィディヤ
 ㊟「インド美術」岩波書店　2002
DeHoff, Jessica Niles デホフ, ジェシカ・ナイルズ
 ㊟「We Own The City」フィルムアート社　2015
De Hollanda, Anna Maria Buarque デオランダ, アナ・マリア・ブアルキ
 ㉻ブラジル　文化相
De Hoop Scheffer, Jaap デホープスヘッフェル, ヤープ
 1948〜　㉻オランダ　政治家, 外交官　北大西洋条約機構(NATO)事務総長, オランダ外相　本名=De Hoop Scheffer, Jakob Gijsbert　㊨デホープスヘッフェル, ヤーブ
Dehqan, Hossein デフガン, ホセイン
 ㉻イラン　国防軍需相
Dehs, Volker デース, フォルカー
 1964〜　㉻ドイツ　ヴェルヌ研究家, 翻訳家
Dei, George Jerry Sefa デイ, ジョージ・J.セファ
 1954〜　㊟「人種差別をこえた教育」明石書店　2003
Deibert, Richard I. ダイバート, R.I.
 ㊟「マルコによる福音書」日本キリスト教団出版局　2016
D'eibes, Khouloud デイベス, フルード
 ㉻パレスチナ　観光・遺跡担当相
Deibler, Markus ダイブラー, M.
 ㉻ドイツ　競泳選手
Deibler, Steffen ダイブラー, シュテフェン
 ㉻ドイツ　水泳選手　㊨ダイブラー, S.
Deibold, Alex ディーボールド
 ㉻アメリカ　スノーボード選手
Deicher, Susanne ダイヒャー, スザンネ
 1959〜　㊟「ピート・モンドリアン」Taschen　c2005
Deida, David ディーダ, デイビッド
 1958〜　㊟「一流の男」への道」PHP研究所　2009
Deidda, Francesca デイッダ, フランチェスカ
 ㉻イタリア　水泳選手
Deighton, John デイトン, ジョン
 ㊟「顧客を知り尽くし顧客を満足させる法」ダイヤモンド社　2006
Deignan, Alice ダイグナン, アリス
 ㊟「コーパスを活用した認知言語学」大修館書店　2010
Deignan, Charles Francis ディグナン, チャールズ・フランシス
 ㉻アメリカ　在日米軍周波数管理部門代表, 日米合同委員会周波数分科委員会米側代表
Deiko, Anna K. デイコ, アンナ・K.
 ㉻ベラルーシ　税務相
Deimann, Markus ダイマン, マルクス
 ㊟「インストラクショナルデザインとテクノロジ」北大路書房　2013
Deimler, Michael S. ダイムラー, マイケル
 ㊟「BCG未来をつくる戦略思考」東洋経済新報社　2013
Deimling, Barbara ダイムリング, バルバラ
 ㊟「サンドロ・ボッティチェッリ」Taschen　c2001
Deiq, Ismail デイク, イスマイル
 ㉻パレスチナ　農相
De Ishtar, Zohl デ・イシュター, ゾール
 1953〜　㊟「非核と先住民族の独立をめざして」現代人文社, 大学図書(発売)　2001
Deiss, Joseph ダイス, ヨゼフ
 1946〜　㉻スイス　政治家, 経済学者　スイス大統領, スイス経済相　㊨ダイス, ジョゼフ
Deitel, Abbey ダイテル, アビー
 ㊟「プログラマーのためのANDROID」ピアソン桐原　2012
Deitel, Harvey M. ダイテル, ハーベイ
 1945〜　㊟ダイテル, ハーベイ・M.　㊟「プログラマーのためのANDROID」ピアソン桐原　2012
Deitel, Paul J. ダイテル, ポール
 ㊨ダイテル, ポール・J.　㊟「プログラマーのためのANDROID」ピアソン桐原　2012

Dej, Boonlong　デート・ブーンロン
　国タイ　副首相兼労働・社会福祉相
De Jager, Jan Kees　デヤーヘル、ヤン・ケース
　国オランダ　財務相
De Jager, Lodewyk　デヤガー、ルーダヴェイク
　国南アフリカ　ラグビー選手
Dejean-Jones, Bryce　デジーン・ジョーンズ、ブライス
　1992～2016　国アメリカ　バスケットボール選手
De Jesus, Edilberto　デヘスス、エディルベルト
　国フィリピン　教育相
De Jesus, Ivan, Jr.　デヘスス、イバン、Jr.
　国プエルトリコ　野球選手
De Jesus, Jose　デヘスス、ホセ
　国フィリピン　運輸通信相
De Jesus, Maria　デ・ジェズス、マリア
　1893～2009　国ポルトガル　世界最高齢者（115歳）　異デジェズス、マリア
De Jesus Trovoada Dos Santos, Maria　デ・ジェズス・トロボアダ・ドス・サントス、マリア
　国サントメ・プリンシペ　保健相
Dejevsky, Nikolai J.　デエフスキー、ニコライ
　著「ロシア・ソ連史」朝倉書店　2008
Dejmek, Kazimierz　デイメク、K.
　1924～2002　国ポーランド　演出家、俳優　ポルスキ劇場総支配人・芸術監督
De Johnette, Jack　デ・ジョネット、ジャック
　1942～　国アメリカ　ジャズ・ドラマー　異ディジョネット、ジャック
De Jong, Antoinette　デヨング
　国オランダ　スピードスケート選手
De Jong, Bob　デヨング、ボブ
　1976～　国オランダ　スピードスケート選手　本名＝De Jong, Bob Johannes Carolus
De Jong, Chase　デヨン、チェイス
　国アメリカ　野球選手
De Jong, Frenkie　デ・ヨング、フランキー
　国オランダ　サッカー選手
De Jong, Luuk　デ・ヨング、ルーク
　国オランダ　サッカー選手
De Jong, Peter　デイヤング、ピーター
　1945～　著「解決のための面接技法」金剛出版　2016
De Jong, Siem　デ・ヨング、シーム
　国オランダ　サッカー選手
De Jong, Tonny　デヨング
　国オランダ　スピードスケート選手
De Jonge, Mark　デヨング、マーク
　国カナダ　カヌー選手　異デヨンゲ
De Jour, Belle　ドゥ・ジュール、ベル
　著「私は高級コールガール、休日はムダ毛を忘れる」ソニー・マガジンズ　2006
De Juniac, Alexandre　ドジュニアック、アレクサンドル
　1962～　国フランス　実業家　エールフランスKLM会長・CEO
De Keijzer, Arne J.　デ・カイザー、アーン
　著「インフェルノの「真実」」竹書房　2013
de Kemp-Everts, Christa　デ・ケンプ・エーヴェルツ、クリスタ
　国オランダ　アムステルダム・イン・ビジネス日本デスク部長、元・アムステルフェーン市経済部会計課長兼海外投資部長
Dekena, Lucas Dava　ディケナ、ルーカス・ダバ
　国パプアニューギニア　土地計画相
De Kerangat, Mathilde　デクランガ、マチルド
　国フランス　セーリング選手
De Ketele, Kenny　デケトレ
　国ベルギー　自転車選手
Dekha, Iryna　デハ、イリーナ
　国ウクライナ　重量挙げ選手
al-Dekhairi, Ibrahim Adam Ahmed　ドヘイリ、イブラヒム・アダム・アフマド
　国スーダン　農業・森林相
Dekhil, Rafaa　ダヒール、ラーフィウ
　国チュニジア　議会担当相
De Kinder, Jan　デ・キンデル、ヤン
　1964～　著「あかいほっぺた」光村教育図書　2013
Dekiss, Jean-Paul　ドキス、ジャン＝ポール
　著「ジュール・ヴェルヌの世紀」東洋書林　2009
Dekker, Desmond　デッカー、デズモンド
　1941～2006　国ジャマイカ　レゲエ歌手

Dekker, Inge　デッカー、インヘ
　国オランダ　水泳選手　異デッカー
Dekker, Paul　デッカー、ポール
　著「欧州サードセクター」日本経済評論社　2007
Dekker, Rudolf M.　デッカー、ルドルフ・M.
　著「兵士になった女性たち」法政大学出版局　2007
Dekker, Sam　デッカー、サム
　国アメリカ　バスケットボール選手
Dekker, Sidney　デッカー、シドニー
　著「ヒューマンエラーを理解する」海文堂出版　2010
Dekker, Sybilla　デッカー、シビラ
　国オランダ　住宅・国土開発・環境相
Dekker, Ted　デッカー、テッド
　1962～　国アメリカ　作家　専サスペンス
Dekker, Thomas　ディカー、トーマス
　著「大人が楽しむイングリッシュ・ポエチュリー」リーベル出版　2007
Dekker, Wisse　デッカー、ワイス
　1924～2012　国オランダ　実業家　フィリップス会長　異デッカー、ビッセ
De Klerk, AJ　デ・クラーク、AJ
　国ナミビア　ラグビー選手
De Klerk, Frederik Willem　デクラーク、フレデリク
　1936～　国南アフリカ　政治家　南アフリカ大統領、南アフリカ国民党（NP）党首
De Klerk-Rubin, Vicki　デクラーク・ルビン、ビッキー
　著「バリデーションファイル・メソッド」全国コミュニティライフサポートセンター　2016
De Kluyver, Cornelis A.　デ・クルイヴァー、コーネリス・A.
　著「戦略とは何か」東洋経済新報社　2004
Dekoninck, Dieter　デコニンク、ディーター
　国ベルギー　水泳選手
De Koning, Coen　デコニング、コーエン
　国オランダ　セーリング選手
Dekoven, Marianne　デコーヴァン、マリアンヌ
　著「モダニズムとは何か」松柏社　2002
Delabar, Steve　デラバー、スティーブ
　国アメリカ　野球選手
De la Bédoyère, Camilla　ド・ラ・ベドワイエール、カミラ
　著「デラ・ベドイエール、カミラ」「図説知っておきたい！スポット50 いぬ」六耀社　2016
De La Bigne, Antoine Lepetit　ド・ラ・ビーニュ、アントワーヌ・ルプティ
　著「ビオディナミ・ワイン35のQ&A」白水社　2015
Delabruyère, Stéphane　ドゥラブリエール、ステファン
　1956～　著「ハートの本」ソニー・マガジンズ　2005
De La Calle, Humberto　デラカジェ、ウンベルト
　国コロンビア　内相
De Lacey, Gerald　ドゥ・レイシー、ジェラルド
　著「シェーマでわかる胸部単純X線写真パーフェクトガイド」メディカル・サイエンス・インターナショナル　2012
Delacorte, Shawna　デラコート、ショーナ
　著「プレイボーイの困惑」ハーレクイン　2006
Delacourt, Grégoire　ドラクール、グレゴワール
　1960～　国フランス　作家　専文学
Delacroix, Claire　デラクロワ、クレア
　著「想いを秘めたプリンセス」扶桑社　2011
De La Cruz, Eglys Yahima　クルス
　国キューバ　射撃選手
De la Cruz, Melissa　デ・ラ・クルーズ、メリッサ
　1971～　著「ガールズ！」ポプラ社　2005
De Lacy, Hugh　ドレーシー、ヒュー
　著「タイガー・ウッズのスーパーキャディが明かすゾーンメンタルトレーニング」日本文芸社　2006
Deladrière, Jean-Luc　ドラドリエール、ジャン＝リュック
　著「できる人のマップ思考」PHP研究所　2007
Delaet, Graham　デュレット、グラハム
　国カナダ　ゴルフ選手
Delafon, Marie　ドラフォン、マリ
　著「クマ」少年写真新聞社　2008
Delafosse, Claude　デラフォス、クロード
　著「クリスマスたんけん」岳陽舎　2007
De La Fuente, Jeronimo　デ・ラ・フエンテ、ヘロニモ
　国アルゼンチン　ラグビー選手
De La Fuente, Juan　デラフエンテ、フアン
　国アルゼンチン　セーリング選手
Delage-Calvet, Agnès　ドゥラージュ＝カルヴェ、アニエス

1960～ [異]ドゥラージュ＝カルヴェ, アニェス [著]「刺繍のアトリエから」 文化学園文化出版局 2012
De La Guardia, Dulcidio デラグアルディア, ドゥルシディオ
[国]パナマ 経済財務相
Del Águila, Cynthia Carolina デルアギラ, シンシア・カロリナ
[国]グアテマラ 教育相
De La Harpe, Darryl デ・ラ・ハープ, ダリル
[国]ナミビア ラグビー選手
De La Haye, Amy デ・ラ・ヘイ, エイミー
[著]「おしゃれなクララとおばあちゃんのぼうし」 徳間書店 2015
Delahaye, Jean-Paul ドゥラエ, ジャン＝ポール
[著]「π」 朝倉書店 2001
de La Hougue, Catherine ドゥ＝ラ＝ウーグ, カトリーヌ
[著]「フランスのお菓子めぐり」 グラフィック社 2013
DeLaHoya, Oscar デラホーヤ, オスカー
1973～ [国]アメリカ 元プロボクサー WBA・WBC統一世界スーパーウエルター級チャンピオン [異]デ・ラ・ホーヤ, オスカー / デラ・ホーヤ, オスカー
De La Hoz, Cindy デ・ラ・ホズ, シンディー
[著]「オードリー・ヘプバーン59のエレガンスルール」 ACクリエイト株式会社/AC Books 2015
De la Iglesia, Álex デ・ラ・イグレシア, アレックス
ヴェネチア国際映画祭 銀獅子賞(第67回(2010年))ほか
Delailomaloma, Nelson デライロマロマ, ネルソン
[国]フィジー 教育相
Delaine, Alison デライン, アリソン
[著]「愛と復讐の航海」 オークラ出版 2015
Delaire, Ryan デレアー, ライアン
[国]アメリカ アメフト選手
Delalex, Hélène ドラレクス, エレーヌ
[著]「麗しのマリー・アントワネット」 グラフィック社 2016
De La Madrid Cordero, Engique デラマドリ・コルデロ, エンリケ
[国]メキシコ 観光相
De la Madrid Hurtado, Miguel デ・ラ・マドリ, ミゲル
1934～2012 [国]メキシコ 政治家 メキシコ大統領 [異]デ・ラ・マドリ・ウルタード / デラマドリ・ウルタド / デラマドリード・ウルタド
Delamare, François ドラマール, フランソワ
[著]「色彩」 創元社 2007
DeLaMater, Douglas Charles デラマター, ダグラス・チャールズ
[国]アメリカ 元・在日アメリカ合衆国空軍第374空輸航空団司令官(大佐)
de la Motte, Anders デ・ラ・モッツ, アンデシュ
1971～ [国]スウェーデン 作家 [専]ミステリー
Delamotte, Guibourg ドラモット, ギブール
1975～ [国]フランス 国際政治学者 フランス国立東洋言語文化研究院(INALCO)日本学部准教授
De Landa, Manuel デランダ, マヌエル
1952～ [著]「社会の新たな哲学」 人文書院 2015
Delaney, Ashley デラニー
[国]オーストラリア 競泳選手
Delaney, Damien ディレイニー, ダミアン
[国]アイルランド サッカー選手
Delaney, Gayle M.V. デラニー, ゲイル
[著]「なりたい自分を探す夢の見かた入門」 PHP研究所 2004
Delaney, John デラニー, ジョン
[国]バハマ 法相
Delaney, Joseph ディレーニー, ジョゼフ
1945～ [国]イギリス 児童文学作家 [専]ヤングアダルト, ホラー, SFほか [異]ディレイニー, ジョゼフ
Delaney, Kalen デラニー, カレン
[著]「インサイドMicrosoft SQL Server 2005」 日経BPソフトプレス, 日経BP出版センター(発売) 2007
Delaney, Luke デラニー, ルーク
[国]イギリス 作家 [専]ミステリー
Delaney, Malcolm ディレイニー, マルコム
[国]アメリカ バスケットボール選手
Delaney, Matthew B.J. ディレイニー, マシュー・B.J.
1977～ [著]「虐殺魔〈ジン〉」 早川書房 2003
Delaney, Shelagh ディレーニー, シーラ
1939～2011 [国]イギリス 劇作家 [異]ディレイニー, シーラ
De Lange, Nicholas Robert Michael デ・ランジュ, ニコラス
1944～ [著]「ジューイッシュ・ワールド」 朝倉書店 2008
Delank, Claudia デランク, クラウディア
1952～ [著]「ドイツにおける〈日本＝像〉」 思文閣出版 2004
Delannoy, Jean ドラノワ, ジャン
1908～2008 [国]フランス 映画監督 [異]ドラノア, ジャン / ドランノア
Delano, James Whitlow デラノ, ジェイムズ・ウィットロー
[著]「マーシー・プロジェクト 命」 窓社 2010
Delanoe, Bertrand ドラノエ, ベルトラン
1950～ [国]フランス 政治家 パリ市長, フランス上院議員 本名＝Delanoë, Bertrand Jacques Marie [異]ドゥラノエ
Delanoe, Pierre ドラノエ, ピエール
1918～2006 [国]フランス 作詞家 フランス音楽著作権協会(SACEM)会長 本名＝ルロワイエ, ピエール
Delanty, Gerard デランティ, ジェラード
1960～ [著]「コミュニティ」 NTT出版 2006
De La Nuez Ramírez, Raúl デラヌエス・ラミレス, ラウル
[国]キューバ 貿易相
Delany, Pat ディレィニー, パット
[国]アメリカ シャーロット・ホーネッツアシスタントコーチ(バスケットボール)
Delany, Samuel R. ディレイニー, サミュエル・R.
ネビュラ賞 グランド・マスター(2013年)
Delany, Samuel Ray ディレーニー, サミュエル・レイ
1942～ [国]アメリカ SF作家 [異]ディレイニー, サミュエル
de la Parra, Alondra デ・ラ・パーラ, アロンドラ
1980～ [国]メキシコ 指揮者 フィルハーモニック・オーケストラ・オブ・ジ・アメリカス(OPA)主宰
De La Peña, Fortunato デラペニャ, フォートナト
[国]フィリピン 科学技術相
De La Peña, Matt デ・ラ・ペーニャ, マット
[著]「おばあちゃんとバスにのって」 鈴木出版 2016
de la Renta, Oscar デ・ラ・レンタ, オスカー
1932～2014 [国]アメリカ ファッションデザイナー オスカー・デ・ラ・レンタCEO 本名＝Renta Fiallo, Oscar Aristides
de la Rocha, Zack デ・ラ・ロッチャ, ザック
1970～ [国]アメリカ ロック歌手 通称＝Zack(ザック)
De La Rosa, Jorge デラロサ, ホーヘイ
[国]アメリカ 野球選手
de la Rosa, Pedro デラロサ, ペドロ
1971～ [国]スペイン F1ドライバー [異]デ・ラ・ロサ / ペドロ・デ・ラ・ロサ / ロサ, ペドロ・デ・ラ
De La Rosa, Rubby デラロサ, ルビー
[国]ドミニカ共和国 野球選手
Delarosa, Siquio デラロサ, シキオ
[国]ドミニカ共和国 大統領府官房長官
Delarosiere, Jacques ドラロジエール, ジャック
1929～ [国]フランス 金融家 欧州復興開発銀行(EBRD)総裁, フランス中央銀行総裁, 国際通貨基金(IMF)専務理事
De Larrabeiti, Michael デ・ララベッティ, マイケル
1934～ [著]「ボリブル」 白水社 2004
De La Rúa, Fernando デラルア, フェルナンド
[国]アルゼンチン 大統領
De La Rúa, Jorge デラルア, ホルヘ
[国]アルゼンチン 法相
De La Rupelle, Guy ドゥ・ラ・ルペル, ギー
[異]ド・ラ・ルペル, ギー [著]「私の体をつくった美味しい料理とワイン」 風詠社, 星雲社(発売) 2016
De Las Cuevas, Miguel デ・ラス・クエバス, ミゲル
[国]スペイン サッカー選手
De La Serna Hernáiz, Íñigo デラセルナ・エルナイス, イニゴ
[国]スペイン 公共事業相
De Las Salas, Habib デラスサラス, アビブ
[国]コロンビア 重量挙げ選手
Delassus, Jean-Marie デラシュー, ジャン＝マリ
1938～ [著]「母子関係障害という"病気"」 光文社 2001
De La Torre, Robert デ・ラ・トーレ, ロベルト
[著]「アイアンマン : ホーンテッド」 ヴィレッジブックス 2013
De La Torre, Teófilo デラトレ, テオフィロ
[国]コスタリカ 環境エネルギー相
De La Torre Gimeno, Sergio デラトレ・ヒメノ, セルヒオ
[国]グアテマラ 経済相
Delatour, Calixte ドラトゥール, カリクスト
[国]ハイチ共和国 法相
De la Tour, Frances デ・ラ・トゥーア, フランシス
トニー賞 プレイ 助演女優賞(2006年(第60回)) "The History Boys"

Delatour, Patrick　ドゥラトゥール, パトリック
[国]ハイチ共和国　観光相
Delaunay, Eric　デロネ, エリク
[国]フランス　射撃選手
De Laurentiis, Dino　デ・ラウレンティス, ディノ
1919～2010　[国]イタリア　映画プロデューサー　本名＝De Laurentiis, Agostino　[異]デ・ラウレンティース, ディーノ / デ・ラウレンティス, ディーノ
De Laurentiis, Martha　デ・ラウレンティス, マーサ
1954～　[国]イタリア　映画プロデューサー
DeLauriers, Austin M.　デラウライヤー, オースティン・M.
[著]「自閉症」黎明書房　2006
Delavaux, Céline　ドゥラヴォー, セリーヌ
1972～　[著]「不可能美術館」ユーキャン　2014
De La Vega, María Teresa Fernández　デラベガ, マリア・テレサ・フェルナンデス
[国]スペイン　第1副首相兼首相府相　[異]フェルナンデスデラベガ, マリア・テレサ
Delavier, Frédéric　ドラヴィエ, フレデリック
[著]「ストレッチングアナトミィ」ガイアブックス　2016
Delay, Dorothy　ディレイ, ドロシー
？～2002　[国]アメリカ　バイオリン指導者　ジュリアード音楽院教授　[異]ディレー
Delay, Florence　ドゥレ, フロランス
1941～　[国]フランス　作家, 比較文学者, 元女優　[異]ドレイ, フロランス
Delbanco, Thomas L.　デルバンコ, トーマス・L.
[著]「ペイシェンツ・アイズ」日経BP社, 日経BP出版センター(発売)　2001
Delbonis, Federico　デルボニス, フェデリコ
[国]アルゼンチン　テニス選手
Delbosco, Christopher　デルボスコ
[国]カナダ　フリースタイルスキー選手
Del Bosque, Vicente　デル・ボスケ, ビセンテ
1950～　[国]スペイン　サッカー指導者, 元サッカー選手　サッカー・スペイン代表監督　[異]デル・ボスケ, ヴィセンテ / デルボスケ, ヴィセンテ
Del Bravo, Carlo　デル・ブラーヴォ, カルロ
1935～　[著]「美の顕現」中央公論美術出版　2016
Delbruck, Emmy　デルブリュック, エミー
[著]「回想のマックス・ウェーバー」岩波書店　2005
Delbrück, Matthias　デルブリュック, マティアス
[著]「ビジュアル科学大事典」日経ナショナルジオグラフィック社, 日経BPマーケティング(発売)　2016
Delcambre, Anne-Marie　デルカンブル, アンヌ＝マリ
[著]「ムハンマドの生涯」創元社　2003
Del Castillo, Jorge　デルカスティージョ, ホルヘ
1950～　[国]ペルー　政治家　ペルー首相, ペルー・アプラ党(PAP)幹事長　本名＝Del Castillo Gálves, Jorge Alfonso Alejandro　[異]デル・カスティーリョ / デルカスティジョ
Del Castillo, José　デルカスティジョ, ホセ
[国]ドミニカ共和国　商工相
Del Castillo Gálvez, Jorge Alfonso　デルカスティジョ・ガルベス, ホルヘ・アルフォンソ
[国]ペルー　首相
Del Castillo Vera, Pilar　デルカスティリョ・ベラ, ピラール
[国]スペイン　教育文化相
Del Cid Bonilla, Maria Antonieta　デルシド・ボニジャ, マリア・アントニエタ
[国]グアテマラ　財務相
De Leeuw, Jan　デ・レーウ, ヤン
1968～　[国]ベルギー　作家　[専]児童書
Deleg, Tumurbaatar　デレグ, トゥムルバートル
[国]モンゴル　日本文学研究家, ジャーナリスト　モンゴル日本文化文学センター代表
Delehanty, Hugh　ディールハンティー, ヒュー
1949～　[著]「イレブンリングス勝利の神髄」スタジオタッククリエイティブ　2014
De Leo, Maryann　デレオ, マリアン
[著]「チェルノブイリ・ハート」合同出版　2011
De León, Eneida　デレオン, エネイダ
[国]ウルグアイ　住宅・土地整備・環境相
De León, Joanne　デ・レオン, ジョアン
[異]デレオン, ジョアン　[著]「お月さまをのみこんだドラゴン」新世研　2003
De Leon, Jose　デレオン, ホゼ
[国]プエルトリコ　野球選手
De León, Juan Alfonso　デレオン, フアン・アルフォンソ
[国]グアテマラ　農牧・食料相
De Leon Carpio, Ramiro　デレオン・カルピオ, ラミロ
1942～2002　[国]グアテマラ　政治家, 法学者　グアテマラ大統領　[専]憲法学　[異]デレオン, ラミロ
Delerm, Philippe　ドレルム, フィリップ
[著]「しあわせの森をさがして」広済堂出版　2002
Delerue, Paul-Henri　ドルリュ
[国]フランス　スノーボード選手　[異]ドルリュー, P.
Deletaille, Albertine　ドゥルタイユ, アルベルティーヌ
1902～　[著]「つきねこ」パロル舎　2004
Delevoye, Jean-Paul　ドルボワ, ジャンポール
[国]フランス　公務員・国家改革・領土整備相
Delf, Brian　デルフ, ブライアン
[著]「世界がみえる地図の絵本」あすなろ書房　2003
Delfini, Pablo　デルフィニ, パブロ
1959～　[著]「ピューマをたすけたむすめ」新世研　2003
Delfour, Lucien　デルフォー, ルシエン
[国]オーストラリア　カヌー選手
Delfs, Hans　デルフス, H.
[著]「暗号と確率的アルゴリズム入門」シュプリンガー・フェアラーク東京　2003
Delgadillo Terceros, Wálter　デルガディジョ・テルセロス, ウォルテル
[国]ボリビア　公共事業相　[異]デルガディジョ, ウォルテル
Delgado, Antonio Jorge　デルガド, アントニオ・ジョルジェ
[国]カボベルデ　文化相
Delgado, Daniel　デルガド, ダニエル
[国]パナマ　内務・法務相
Delgado, Isabel　デルガド, イサベル
[国]ベネズエラ　商業相
Delgado, Maria Filomena De Fátima Lobão Telo　デルガド, マリア・フィロメナ・デ・ファティマ・ロバン・テロ
[国]アンゴラ　農村開発担当相
Delgado, Maria.Filomena de Lobão Telo　デルガド, マリア・フィロメナ・デ・ロバン・テロ
[国]アンゴラ　家族・女性相
Delgado, Matias　デルガド, マティアス
[国]アルゼンチン　サッカー選手
Delgado, Norberto　デルガド, ノルベルト
[国]パナマ　経済財務相
Delgado, Randall　デルガド, ランドール
[国]パナマ　野球選手
Delgado, Ricardo　デルガード, リカルド
1964～　[著]「恐竜たちの時代」青心社　2001
Del Giudice, Daniele　デル・ジュディチェ, ダニエレ
[著]「ラストコンサート」竹書房　2004
D'Elia, Toshiko　デリア, トシコ
1930～2014　[国]アメリカ　マラソン選手　[異]デリア/俊子
Delibes, Miguel　デリベス, ミゲル
1920～2010　[国]スペイン　作家, ジャーナリスト　バリャドリード大学教授, 「ノルテ・デ・カスティリヤ」編集長　[異]デリーベス, ミゲル
Deliège, Robert　ドリエージュ, ロベール
[著]「ガンジーの実像」白水社　2002
Deligne, Pierre　ドリーニュ, ピエール
[国]アメリカ　アーベル賞(2013年)ほか
DeLillo, Don　デリーロ, ドン
1936～　[国]アメリカ　作家
De Lima, Frank　デリマ, フランク
[国]パナマ　経済財務相
De Lima, Leila　デリマ, レイラ
[国]フィリピン　法相
de Lima, Lilia Bagaporo　デ・リマ, リリア・バガポロ
[国]フィリピン　フィリピン経済区庁長官
De Lima, Vanderlei　デリマ
[国]ブラジル　陸上選手
Delinsky, Barbara　デリンスキー, バーバラ
[著]「夜のとばりがおりて」扶桑社　2007
DeLisa, Michael C.　デリーサ, マイケル・C.
[異]デリーサ, マイケルC.　[著]「シンデレラマン」竹書房　2005
DeLisi, Lynn E.　デリシ, リン・E.
[著]「統合失調症100のQ&A」星和書店　2008
DeLisi, Peter S.　ディリシー, ピーター・S.
[著]「DECの興亡」亀田ブックサービス　2007
Delisle, Guy　ドゥリール, ギィ

D

1966〜　アングレーム国際漫画祭 最優秀作品賞（2012年）"Chroniques de Jérusalem"〈Delcourt〉
deLisser, Peter　ドリッサー、ピーター
　㊋「「仕事ができる人」の会話術」PHP研究所　2004
Dell, Christopher　デル、クリストファー
　1976〜　㊋「テーマ別世界神話イメージ大百科」東洋書林　2013
Dell, Diana L.　デル、ダイアナ・L.
　㊋「本当にママになりたいの？」小学館プロダクション　2004
Dell, Michael S.　デル、マイケル
　1965〜　㊨アメリカ　起業家　デル会長・CEO・創業者
Dell, Susan　デル、スーザン
　マイケル・デル夫人、慈善家
Della Casa, Lisa　デラ・カーザ、リーザ
　1919〜2012　㊨スイス　ソプラノ歌手　本名＝Casa-Debeljevic, Lisa Della　㊋デッラ・カーザ、リーザ／デラ・カーザ、リーザ
Della Maggiora, Paul L.　デラ・マッジョーラ、ポール
　㊋「図解Ciscoネットワーク技術」ソフトバンクパブリッシング　2004
Della Pergola, Massimo　デラ・ペルゴラ、マッシモ
　1912〜2006　㊨イタリア　新聞記者, 実業家
Dellaportas, Steven　デラポータス、スティーブン
　㊋「会計職業倫理の基礎知識」中央経済社, 中央経済グループパブリッシング（発売）　2016
Dellasega, Cheryl　デラセガ、シェリル
　㊋「母親にしかできないこと」イースト・プレス　2007
Della Valle, Diego　デッラ・ヴァッレ、ディエゴ
　1953〜　㊨イタリア　実業家　トッズ会長・CEO
Della Valle, Valeria　デッラ・ヴァッレ、ヴァレリア
　㊋「イタリア語の歴史」白水社　2008
Dellavedova, Matthew　デラヴェドバ、マシュー
　㊨オーストラリア　バスケットボール選手
Delle, Moana　デレ
　㊨ドイツ　セーリング選手
Delle Karth, Nico　デレカース、ニコ
　㊨オーストリー　セーリング選手
Deller, Jeremy　デラー、ジェレミー
　㊨イギリス　ターナー賞（2004年）
Deller, Nicole　デラー、N.
　㊋「力の支配から法の支配へ」憲法学舎, 日本評論社（発売）　2009
Delli Colli, Tonino　デリ・コリ、トニノ
　1923〜2005　㊨イタリア　映画撮影監督　㊋デリ・コリ、トニーノ／デリコリ、トニノ
Delling, Gerhard　デリンク、G.
　㊋「イエスの復活の意味」新教出版社　2005
Dellinger, Susan　デリンジャー、スーザン
　㊋「サイコ・ジオメトリック人間学」主婦と生活社　2003
Dell'Isola, Alphonse J.　デリソーラ、アルフォンス・J.
　㊋「建設プロジェクトにおけるVEの活用」産能大学出版部　2001
Del Litto, Victor　デル・リット、ヴィクトル
　1911〜2004　㊋「スタンダールの生涯」法政大学出版局　2007
Dello, Jean　デロ、ジャン
　㊨コンゴ共和国　郵政相
Dell'orco, Cristian　デッロルコ、クリスティアン
　㊨イタリア　サッカー選手
Dello Russo, Anna　デッロ・ルッソ、アンナ
　1962〜　㊨イタリア　編集者　「ヴォーグ・ジャパン」ファッションディレクター
Delloye-Betancourt, Lorenzo　デロア・ベタンクール、ロレンソ
　㊋「ママンへの手紙」新曜社　2009
Delloye-Betancourt, Mélanie　デロア・ベタンクール、メラニー
　㊋「ママンへの手紙」新曜社　2009
Del Mar, Chris　デルマー、クリス
　㊋「EBM楽しい演習帳」金芳堂　2004
Delmas-Marty, Mireille　デルマ＝マルティ、ミレイユ
　㊋「ヒト・クローン未来への対話」青土社　2001
Delmonte, Patti　デルモンテ、パティー
　㊋「猫デリレシピ」マーブルトロン, 中央公論新社（発売）　2003
Del Neri, Luigi　デル・ネーリ、ルイジ
　1950〜　㊨イタリア　サッカー指導者, 元サッカー選手　㊋デルネリ、ルイジ
Delo, Jean　デロ、ジャン
　㊨コンゴ共和国　郵政相
Deloach, Janay　デローチ
　㊨アメリカ　陸上選手
Delobel, Isabelle　デロベル
　㊨フランス　フィギュアスケート選手
Deloffre, Frederic　ドゥロッフル、フレデリック
　㊋「フランス語の文」駿河台出版社　2002
Delon, Alain　ドロン、アラン
　1935〜　㊨フランス　俳優, 映画プロデューサー
Delon, Michel　ドゥロン、ミシェル
　㊋「享楽と放蕩の時代」原書房　2002
De Londjet, Liano　ドゥ・ロンジェ、リヤノ
　㊋「Picturesque People」芸術環境研究所, リム出版新社（発売）　2002
DeLong, Candice　ディロン、キャンディス
　㊋「FBI特別捜査官キャンディス」文芸社　2005
DeLong, G.Robert　デロング、G.R.
　㊋「自閉症」黎明書房　2006
Delong, Lisa　デロング、リサ
　㊋「美しい曲線の幾何学模様」創元社　2014
DeLong, Thomas J.　ドゥロング、トーマス・J.
　㊋「いかに「問題社員」を管理するか」ダイヤモンド社　2005
De'Longhi, Giuseppe　デロンギ、ジュゼッペ
　1939〜　㊨イタリア　実業家　デロンギ会長
De Loor, Barbara　デロール
　㊨オランダ　スピードスケート選手
De Lopez Contreras, Armida Villela　デロペス・コントレラス、アルミダ・ビジェラ
　㊨ホンジュラス　副大統領
Delorean, John Z.　デロリアン、ジョン
　1925〜2005　㊨アメリカ　実業家, 自動車開発者　ゼネラル・モーターズ（GM）副社長, デロリアン・モーター・カンパニー社長
De Lorenzi, Christian　デロレンツィ
　㊨イタリア　バイアスロン選手
Deloria, Vine, Jr.　デロリア、バイン、Jr.
　1933〜2005　㊨アメリカ　インディアン指導者, 歴史家　全米アメリカ・インディアン会議常務理事
Delorme, Pierre-Gilles　ドゥロルム、ピエール・ジル
　㊋「大丈夫」スーパーエディション　2008
Delors, Jacque　ドロール、ジャック
　㊋「欧州サードセクター」日本経済評論社　2007
Delors, Jacques Lucien Jean　ドロール、ジャック
　1925〜　㊨フランス　政治家, 労組市民活動家　我々のヨーロッパ会長　EU欧州委員会委員長
Delort, Robert　ドロール、ロベール
　㊋「中世ヨーロッパ生活誌」論創社　2014
De Los Reyes, Virgilio　デロスレイエス、ビルヒリオ
　㊨フィリピン　農地改革相
De Los Santos, Marisa　デ・ロス・サントス、マリサ
　1966〜　㊋「あなたと出会った日から」ソフトバンククリエイティブ　2008
Déloye, Yves　デロワ、イヴ
　1963〜　㊋「国民国家構築と正統化」吉田書店　2013
DeLozier, Judith　ディロージャ、ジュディス
　㊋「ミルトン・エリクソンの催眠テクニック」春秋社　2012
Delp, Brad　デルプ、ブラッド
　1951〜2007　㊨アメリカ　ロック歌手
Delpech, Noe　デルペシュ、ノエ
　㊨フランス　セーリング選手
Delpech, Thérèse　デルペシュ、テレーズ
　㊋「イランの核問題」集英社　2008
Delph, Fabian　デルフ、ファビアン
　㊨イングランド　サッカー選手
Delpiano, Adriana　デルピアノ、アドリアナ
　㊨チリ　教育相
Del Piero, Alessandro　デルピエロ、アレッサンドロ
　1974〜　㊨イタリア　元サッカー選手　㊋デル・ピエロ／デルピエーロ、アレッサンドロ
Del Pino, Eulogio　デルピノ、エウロヒオ
　㊨ベネズエラ　石油鉱業相
Delpire, Robert　デルピール、ロベール
　㊋「アンリ・カルティエ＝ブレッソン写真集成」岩波書店　2004
Delponte, Carla　デルポンテ、カルラ
　1947〜　㊨スイス　検察官, 外交官　旧ユーゴスラビア国際戦争犯罪法廷（ICTFY）主任検事, スイス検事総長
Delpopolo, Nicholas　デルポポロ、ニコラス
　㊨アメリカ　柔道選手
Del Potro, Juan Martin　デル・ポトロ、フアン・マルティン

Delpy, Julie　デルピー, ジュリー
　1969〜　国アメリカ　女優, 映画監督
Del Real, diego　デルレアル, ディエゴ
　国メキシコ　陸上選手
Del Rey, Lana　デル・レイ, ラナ
　1986〜　国アメリカ　歌手　本名＝グラント, エリザベス・ウールリッジ〈Grant, Elizabeth Woolridge〉
Delrio, Graziano　デルリオ, グラツィアーノ
　国イタリア　インフラ・運輸相
Del Rio, Jack　デルリオ, ジャック
　国アメリカ　オークランド・レイダースコーチ
Delrosario, Albert　デルロサリオ, アルバート
　国フィリピン　外相
Del Rosario, María　デルロサリオ, マリア
　国コロンビア　通信相
Delsaux, Cédric　デルソー, セドリック
　著「ダーク・レンズ」エクスナレッジ　2013
Del Solar, Matias　デルソラル, マティアス
　国チリ　セーリング選手
Del Solar Labarthe, Salvador Alejandro Jorge　デルソラル・ラバルテ, サルバドル・アレハンドロ・ホルヘ
　国ペルー　文化相
Delson, Brad　デルソン, ブラッド
　国アメリカ　ロック・ギタリスト
Delton, Judy　デルトン, ジュディ
　1931〜　著「エンジェル翼をひろげる」朔北社　2004
Del Toro　デルトロ
　1972〜2001　国メキシコ　野球選手　本名＝デルトロ, ミゲール〈Del Toro, Miguel〉
Del Toro, Benicio　デル・トロ, ベニシオ
　1967〜　国アメリカ　俳優　異デル・トロ, ベニチオ／デル・トロ, ベネチオ
Del Toro, Guillermo　デル・トロ, ギレルモ
　1964〜　国メキシコ　映画監督, 映画プロデューサー, 脚本家　異デル・トロ, ギジェルモ／デルトロ, ギジェルモ／デルトロ, ギレルモ
Del Turco, Ottaviano　デルトゥルコ, オタビアノ
　国イタリア　財務相
De Luca, Daniela　デ・ルカ, ダニエラ
　著「トラのテレサ」新樹社　2008
DeLuca, Fred　デルーカ, フレッド
　1947〜2015　国アメリカ　実業家　サブウェイ共同創業者　本名＝DeLuca, Frederik Adrian
De Luca, Riccardo　デルカ, リッカルド
　国イタリア　近代五種選手
DeLuca, Steve Adrien　デルカ, スティーブ・エイドリアン
　著「Microsoft SQL Server 2000オフィシャルマニュアル」日経BPソフトプレス, 日経BP出版センター（発売）　2001
De Lucca, Joao　デルッカ, ジョアン
　国ブラジル　水泳選手
DeLuce, Daniel　デルース, ダニエル
　？〜2002　国アメリカ　ジャーナリスト　AP通信記者　異デルース, ダニエル
DeLuise, Dom　デルイーズ, ドム
　1933〜2009　国アメリカ　俳優, コメディアン　本名＝DeLuise, Dominick
Delumeau, Jean　ドリュモー, ジャン
　1923〜　国フランス　歴史家　フランス社会科学高等研究院院長, コレージュ・ド・フランス教授　著フランス心性史
Delury, John　デルリー, ジョン
　著「野望の中国近現代史」ビジネス社　2014
Delval, Marie-Hélène　デルヴァル, マリー・エレーヌ
　異ドルバル, マリ＝エレーヌ　著「詩編」至光社　c2006
Delvalle, Eric　デルバイエ, エリカ
　1937〜2015　国パナマ　政治家　パナマ大統領　本名＝Delvalle, Eric Arturo
Delvaux, Catherine　ドゥルヴォー, カトリーヌ
　著「フランスの菜園から」グラフィック社　2014
Delvaux-stehres, Mady　デルボステレス, マディ
　国ルクセンブルク　国民教育・職業訓練相
Del Vecchio, Claudio　デル・ベッキオ, クラウディオ
　1957〜　実業家　ブルックス・ブラザーズ会長・CEO
Del Vecchio, Janina　デルベッキオ, ジャニナ
　国コスタリカ　公安相
Del Vecchio, Leonardo　デルヴェッキオ, レオナルド

国イタリア　実業家
Del Vento, Elena　デル・ヴェント, エレナ
　1980〜　著「ゼロくんのかち」岩波書店　2013
Delvert, Jean　デルヴェール, ジャン
　1921〜　著「カンボジアの農民」風響社　2002
Delves, Peter J.　デルヴス, ピーター・J.
　デルヴィス, P.J.　著「ロアットカラー基本免疫学」西村書店東京出版編集部　2011
Demafouth, Jean-Jacques　デマフ, ジャン・ジャック
　国中央アフリカ　国防相
Demaine, Erik D.　ドメイン, エリック・D.
　著「ゲームとパズルの計算量」近代科学社　2011
De Maio, Sebastian　ドゥ・マイオ, セバスチアン
　国フランス　サッカー選手
De Maizière, Thomas　デメジエール, トマス
　国ドイツ　内相
Demakova, Helēna　デマコワ, ヘレナ
　国ラトビア　文化相
De Malherbe, Virginia Arraga　ド・マレルブ, ヴィルジニア・アラガ
　著「漣」創元社　2016
Demand, Thomas　デマンド, トーマス
　1964〜　国ドイツ　現代美術家
Demanov, Andrey　デマノフ
　国ロシア　重量挙げ選手
Demarais, Ann　デマレイス, アン
　著「「うん」と言わせる社交術」ヴィレッジブックス　2007
De Marchi, Alessandro　デマルキ, アレッサンドロ
　国イタリア　自転車選手
Demarco, Chris　デマルコ, クリス
　国アメリカ　ゴールデンステイト・ウォリアーズアシスタントコーチ（バスケットボール）
De Marco, Guido　デマルコ, グイド
　1931〜2010　国マルタ　政治家, 刑法学者　マルタ大統領　異デマルコ, ギド／マルコ, ギ・デ
DeMarco, Kathleen　デマーコ, キャスリーン
　著「クランベリー・クイーン」早川書房　2002
De Marco, Mario　デマルコ, マリオ
　国マルタ　観光・文化・環境相
de Marco, Michael　デ・マルコ, マイケル
　著「リスクバジェッティング」パンローリング　2002
DeMarco, M.J.　デマルコ, エムジェー
　著「ファストレーンのお金持ち」花泉社　2013
DeMarco, Tom　デマルコ, トム
　著「ピープルウエア」日経BP社, 日経BPマーケティング（発売）　2013
De Marcos, Oscar　デ・マルコス, オスカル
　国スペイン　サッカー選手
De Margerie, Christophe　ドマルジュリ, クリストフ
　1951〜2014　国フランス　実業家　トタルCEO　本名＝De Margerie, Christophe Gabriel Jean Marie　異ドマージュリー／ドマルジェリー
De Mari, Silvana　デ・マーリ, シルヴァーナ
　1953〜　著「ひとりぼっちのエルフ」早川書房　2005
De Maria, Walter　デ・マリア, ウォルター
　1935〜2013　国アメリカ　現代美術家, 彫刻家
DeMarini, David M.　デマリーニ, デイビッド・M.
　著「環境医学入門」中央法規出版　2003
DeMark, Thomas R.　デマーク, トーマス・R.
　1947〜　異デマーク, トム　著「デマークのチャート分析テクニック」パンローリング　2002
Demartini, John F.　ディマティーニ, ジョン・F.
　著「ドクター・ディマティーニの逆境がチャンスに変わるゴールデンルール」WAVE出版　2015
De Martinis, Massimo　デ・マルチニス, マシーノ
　著「老化の生命科学」アークメディア　2007
DeMarzo, Peter M.　デマーゾ, ピーター
　著「コーポレートファイナンス」丸善出版　2014
De Masi, Francesco　デ・マージ, フランチェスコ
　1930〜2005　国イタリア　作曲家, 指揮者
Dematons, Charlotte　デマトーン, シャルロット
　1957〜　異デーマートンス, シャーロッテ　著「きいろいふうせん」西村書店東京出版編集部　2013
De Matos, José Luís　デマトス, ジョゼ・ルイス
　国アンゴラ　マスコミュニケーション相
De Matos, Rosa Pedro Pacavira　デマトス, ロザ・ペドロ・パカビラ

㋑アンゴラ　商務相　㋙パカビラデマトス, ロザ・ペドロ
DeMatteis, Bob　マシウス, ボブ
　㋒「特許の真髄」発明協会　2005
Dematteis, J.M.　デマティーズ, J.M.
　㋒「スーペリア・スパイダーマン：ワースト・エネミー」ヴィレッジブックス　2016
De Mauro, Tullio　デマウロ, トゥリオ
　㋑イタリア　教育相
Demaziere, Didier　ドマジエール, ディディエ
　1961〜　㋒「行動する失業者」法律文化社　2003
Demba, Ba Ibrahima　デンバ, バ・イブラヒマ
　㋑モーリタニア　設備・運輸相
Dembeck, Mary Grace　デンベック, メアリー・グレース
　㋒「ポール・オースターが朗読するナショナル・ストーリー・プロジェクト」アルク　2006
Dembélé, Dramane　ダンブレ, ドラマヌ
　㋑マリ　都市化・住宅政策相
Dembélé, Manga　デンベレ, マンガ
　㋑マリ　通信相兼政府報道官
Dembele, Mousa　デンベレ, ムサ
　㋑ベルギー　サッカー選手
Dembele, Nango　ダンベレ, ナンゴ
　㋑マリ　畜産・漁業相
Dembele, Ousmane　デンベレ, ウスマン
　㋑フランス　サッカー選手
Dembele, Salifou　ダンベレ, サリフォ
　㋑ブルキナファソ　青年・職業訓練・雇用相
Demberel, Sanj　デムベレル, サンジ
　㋑モンゴル　モンゴル日本関係促進協会理事長, モンゴル人文大学講師
Dembo, Tidjani Harouna　デンボ, ティジャニ・アルナ
　㋑ニジェール　職業訓練・識字相
Demby, Albert Joe　デンビー, アルバート・ジョー
　㋑シエラレオネ　副大統領
Demchak, MaryAnn　デムチャック, メリーアン
　1957〜　㋒「問題行動のアセスメント」学苑社　2004
Demchuk, Mikhail　デムチュク, ミハイル
　㋑ベラルーシ　副首相
Demchyshyn, Volodymyr　デムチシン, ウォロディミル
　㋑ウクライナ　エネルギー・石炭産業相
Deme, Victor　デメ, ヴィクター
　㋑ブルキナファソ　シンガー・ソングライター
De Medeiros, Michael　ド・メディロス, マイケル
　㋒「NBA」汐文社　2009
Demeersman, Dirk　デメールスマン
　㋑ベルギー　馬術選手
Demeke, Mekonnen　デメケ・メコネン
　㋑エチオピア　副首相
Demelash, Yigrem　デメラシュ, イグレム
　㋑エチオピア　陸上選手
De Mello, Sergio Vieira　デメロ, セルジオ・ビエイラ
　1948〜2003　㋑ブラジル　国連事務総長イラク特別代表, 国連人権高等弁務官　㋙デ・メロ, セルジオ・ビエラ／デメロ, セルジオ・ビエラ／デ・メロ, セルジオ・ヴィエイラ
De Menezes, Fradique　デメネゼス, フラディケ
　1942〜　㋑サントメ・プリンシペ　政治家　大統領　㋙デ・メネゼス, フラディケ
De Menezes, Jean Charles　デメネゼス, ジェアン・シャルレス
　？〜2005　㋑ブラジル　電気技師
Dement, William C.　デメント, ウィリアム・C.
　1928〜　㋒「ヒトはなぜ人生の3分の1も眠るのか？」講談社　2002
De Mente, Boye　デ・メンテ, ボイエ・ラファイエット
　㋒「宮本武蔵に学ぶサムライ精神」日新報道　2008
Dementiev, Eugeniy　デメンティエフ, エフゲニー
　㋑ロシア　距離スキー選手　㋙デメンティエフ
Dementieva, Elena　デメンチェワ
　㋑ロシア　テニス選手
DeMeo, Albert　デメイオ, アルバート
　1966〜　㋒「マイ・ゴッドファーザー」アスペクト　2003
Demessine, Michèle　ドメシーヌ, ミシェル
　㋑フランス　観光担当相
Demet-barry, Deirdre　バリー, デメト
　㋑アメリカ　自転車選手
Demeter, Bence　デメテル, ベンツェ
　㋑ハンガリー　近代五種選手

Demeter, Ervin　デメター, エルビン
　㋑ハンガリー　国務相（国家安全保障担当）
Demetriades, Marios　ディミトリアディス, マリオス
　㋑キプロス　通信・公共事業相
Démetrios, Eames　デミトリオス, イームズ
　㋒「イームズ入門」日本文教出版,〔大阪〕三晃書房（発売）　2004
Demetriou, Andreas　ディミトリウ, アンドレアス
　㋑キプロス　教育・文化相
Demetriou, Cleo　デメトリュー, クレオ
　ローレンス・オリヴィエ賞　ミュージカル・エンタテインメント女優賞（2012年（第36回））　"Matilda The Musical"
De Meuron, Pierre　ド・ムーロン, ピエール
　1950〜　㋑スイス　建築家
Demez, Colette　ドメ, コレット
　1932〜　㋒「おんがくずきのさんぞく」学習研究社　2006
Demi　デミ
　1942〜　㋒「フローレンス・ナイチンゲール」光村教育図書　2016
Demian, Hany Kadry　デミヤン, ハニ・カドリ
　㋑エジプト　財務相
DeMicco, Kirk　デミッコ, カーク
　㋒「しまうまストライプス」ソニー・マガジンズ　2005
De Michele, Girolamo　デ・ミケーレ, ジローラモ
　㋒「美の歴史」東洋書林　2005
Demichelis, Martin　デミチェリス, マルティン
　㋑アルゼンチン　サッカー選手
Demick, Barbara　デミック, バーバラ
　ジャーナリスト　㋒「ロサンゼルス・タイムズ」北京支局長
Demidova, Nataliia　デェミードヴァ, ナターリャ
　㋒「可愛い女」未知谷　2006
DeMille, Nelson　デミル, ネルソン
　1943〜　㋑アメリカ　作家　㋙ドミル, ネルソン
Deming, A.G.　デミング, A.G.
　㋒「大人が楽しむイングリッシュ・ポエチュリー」リーベル出版　2007
Deming, Richard　デミング, リチャード
　㋒「ミニ・ミステリ100」早川書房　2005
Deming, Rust　デミング, ラスト
　1941〜　㋑アメリカ　外交官　駐日米国首席公使　本名＝デミング, ラスト・マクファーレン　㋙デミング, ラスト・マクファーソン
Demir, Mustafa　デミル, ムスタファ
　㋑トルコ　公共事業住宅相
Demirbay, Kerem　デミルバイ, ケレム
　㋑ドイツ　サッカー選手
Demirel, Erol　デミレル, エロル
　㋑トルコ　元・在トルコ日本国大使館現地職員
Demirel, Süleyman　デミレル, スレイマン
　1924〜2015　㋑トルコ　政治家　トルコ大統領・首相
Demireva, Mirela　デミレワ, ミレラ
　㋑ブルガリア　陸上選手
Demirezen, Ali Eren　デミレゼン, アリエレン
　㋑トルコ　ボクシング選手
Demirović, Alex　デミロヴィッチ, アレックス
　1952〜　㋒「非体制順応的知識人」御茶の水書房　2011
Demirtaş, Aslihan　デミルタシュ, アスルハン
　㋒「Anytime」NTT出版　2001
Demirtas, Soner　デミルタス, ソネル
　㋑トルコ　レスリング選手
de Mistura, Staffan　デミストゥラ, スタファン
　1947〜　㋑イタリア, スウェーデン　外交官　シリア和平担当国連特使　国連世界食糧計画（WFP）事務局次長
Demitu, Hambissa　ダミトゥ・ハンビサ
　㋑エチオピア　児童・女性問題相
Demme, Diego　デンメ, ディエゴ
　㋑ドイツ　サッカー選手
Demme, Jonathan　デミ, ジョナサン
　1944〜　㋑アメリカ　映画監督　㋙デム, ジョナサン
Demme, Ted　デミ, テッド
　1963〜2002　㋑アメリカ　映画監督
Demois, Agathe　デモワ, アガット
　㋒「ルージュベックのだいぼうけん」KTC中央出版　2016
De Molina, Ana Ordóññez　デモリーナ, アナ・オルドニェス
　㋑グアテマラ　教育相
Demolli, Haki　デモリ, ハキ
　㋑コソボ　治安維持部隊相

Demon, Franco Rudy　デーモン, フランコ・ルディ
　🏴スリナム　天然資源相
Demong, Bill　デモン, ビル
　1980〜　🏴アメリカ　スキー選手　通称=デモン, ビリー
　〈Demong, Billy〉　🔀デモング / デモング, ビル
De Montbrial, Thierry　ド・モンブリアル, ティエリ
　1943〜　🏴フランス　経済学者　フランス国際関係研究所
　(IFRI)所長　🔀ドモンブリアル, ティエリ / ドゥ・モンブリアール, ティエリー
Demonte, Violeta　デモンテ, ビオレタ
　📖「イグナシオ・ボスケ, ビオレタ・デモンテ編(1999)『スペイン語記述文法』章別和文要約」関西スペイン語学研究会　2001
De Moraes, Marcus Pratini　デモラエス, マルクス・プラチニ
　🏴ブラジル　農相
De Moraes, Ron　デ・モラエス, ロン
　エミー賞 プライムタイム・エミー賞 最優秀監督賞（バラエティ・音楽番組）（第54回(2002年)）"Opening Ceremony Salt Lake 2002 Olympic Winter Gam"
Demos, Gary　デモス, ゲーリー
　アカデミー賞 ゴードン・E.ソーヤー賞（第78回(2005年)）
DeMoss, Nancy Leigh　デモス, ナンシー・リー
　📖「信頼を勝ち取る言葉」日経BPコンサルティング, 日経BPマーケティング（発売）　2014
Demosthenous, Giorgos　デモステヌス, ヨルゴス
　🏴キプロス　教育・文化相
Demotte, Rudy　デモット, ルディ
　🏴ベルギー　社会問題・保健相
Demoustier, Anaïs　ドゥムースティエ, アナイス
　1987〜　🏴フランス　女優
Demouy, Patrick　ドゥムイ, パトリック
　1951〜　📖「大聖堂」白水社　2010
Dempf, Peter　デンプ, ペーター
　1959〜　🏴ドイツ　作家　🔀デンプフ, ペーター
Demps, Dell　デンプス, デル
　🏴アメリカ　ニューオリンズ・ペリカンズGM
Demps, Quintin　デンプス, クィンティン
　🏴アメリカ　アメフト選手
Dempsey, Clint　デンプシー, クリント
　🏴アメリカ　サッカー選手, シアトル・サウンダーズ, アメリカ代表
Dempsey, John V.　デンプシー, J.V.
　📖「インストラクショナルデザインとテクノロジ」北大路書房　2013
Dempsey, Martin E.　デンプシー, マーティン
　1952〜　🏴アメリカ　軍人　米国統合参謀本部議長
Dempsey, Nick　デンプシー, ニック
　🏴イギリス　セーリング選手
Dempsey, Noel　デンプシー, ノエル
　🏴アイルランド　運輸相
Dempster, Al　デンプスター, アル
　📖「ふしぎの国のアリス」うさぎ出版, 大誠社（発売）　2008
Demski, Joel S.　デムスキィ, ジョール・S.
　📖「会計情報の理論」中央経済社　2007
Demsky, Andrew　デムスキー, アンディ
　1965〜　📖「ナパ奇跡のぶどう畑」阪急コミュニケーションズ　2014
Demsky, Terry　デムスキー, テリ
　1952〜　📖「教育政策立案の国際比較」東信堂　2014
Demtschenko, Albert　デムツチェンコ
　🏴ロシア　リュージュ選手
De Murias, Ramon　ディミュリアス, ラモン
　1916〜2004　📖「国際航空輸送の経済規制」広島修道大学学術交流センター　2011
Demuro, Mirco　デムーロ, ミルコ
　1979〜　🏴イタリア　騎手
Demus, Jörg　デームス, イェルク
　1928〜　🏴オーストリア　ピアニスト　🔀デムス, イェルク / デムス, イエルク
Demus, Lashinda　ディーマス
　🏴アメリカ　陸上選手
DeMuth, Phil　デムース, フィル
　1950〜　📖「あなたもマーケットタイミングは読める！」パンローリング　2004
Demyanenko, Valentin　デミヤネンコ, バレンティン
　🏴アゼルバイジャン　カヌー選手
DeMyer, Marian K.　デマイヤー, マリアン・K.

📖「自閉症」黎明書房　2006
Denard, Bob　ドナール, ボブ
　1929〜2007　🏴フランス　傭兵　別名=ドナール, ロベール
　〈Denard, Robert〉　🔀デナール, ボブ / デナール, ロベール / ドナールタイサ / ボブドナールタイサ
DeNardis, Laura　デナルディス, ローラ
　1966〜　📖「インターネットガバナンス」河出書房新社　2015
Denayer, Jason　デナイヤー, ジェイソン
　🏴ベルギー　サッカー選手
Denborough, David　デンボロウ, デイヴィッド
　📖「ふだん使いのナラティヴ・セラピー」北大路書房　2016
Denborough, Michael A.　デンボロー, マイケル
　📖「麻酔の偉人たち」総合医学社　2016
Denbow, James Raymond　デンボー, ジェイムズ
　1946〜　📖「古代アフリカ」BL出版　2013
Denby, Joolz　デンビー, ジュールズ
　📖「ストーン・ベイビー」早川書房　2002
Dench, Judi　デンチ, ジュディ
　1934〜　🏴イギリス　女優　本名=Dench, Judith Olivia
Denchfield, Nick　デンチフィールド, ニック
　📖「きけんな動物大集合！」大日本絵画　2007
Den Dekker, Matt　デンデッカー, マット
　🏴アメリカ　野球選手
Dendeviin Pürevdorj　デンデビーン・プレブドルジ
　📖「モンゴル文学への誘い」明石書店　2003
Dendias, Nikolaos　デンディアス, ニコラオス
　🏴ギリシャ　市民擁護相
Dendy, Leslie A.　デンディ, レスリー
　1946〜　📖「自分の体で実験したい」紀伊国屋書店　2007
Deneen, Patrick　デニーン
　🏴アメリカ　フリースタイルスキー選手
Denekamp, Nienke　デーネカンプ, ニーンケ
　1967〜　📖「ゴッホの地図帖」講談社　2016
Deneriaz, Antoine　ドヌリアズ, アントワヌ
　🏴フランス　アルペンスキー選手
Deneroff, Harvey　デネロフ, ハーヴィー
　📖「アニメが「anime」になるまで」NTT出版　2010
Denes, Nagy　デーネシュ, ナジ
　📖「形とシンメトリーの饗宴」森北出版　2003
Deneuve, Catherine　ドヌーヴ, カトリーヌ
　1943〜　🏴フランス　女優　本名=ドルレアック, カトリーヌ
　〈Dorleac, Catherine〉　🔀ドヌーブ, カトリーヌ
Deneux, Xavier　ドゥヌ, グザビエ
　🔀ドヌー, グザヴィエ　📖「さわれるまなべるぼくじょうのどうぶつ」パイインターナショナル　2015
Denezhkina, Irina　ジェーネシキナ, イリーナ
　1981〜　📖「恋をしたら, ぜんぶ欲しい！」草思社　2005
Deng, Beda Machar　デン, ベダ・マシャール
　🏴南スーダン　農相
Deng, Galwak　デン, ガルワク
　🏴スーダン　動物資源相
Deng, Lin-lin　デン・リンリン
　1992〜　🏴中国　体操選手　漢字名=鄧琳琳
Deng, Li-qun　デン・リーチュイン
　1915〜2015　🏴中国　政治家　中国共産党中央宣伝部長　漢字名=鄧力群
Deng, Lual　デン, ルアル
　🏴スーダン　石油相
Deng, Luol　デン, ルオー
　1985〜　🏴イギリス　バスケットボール選手　🔀デン, ルオル / デン, ルエオン
Deng, Nan　デン・ナン
　1945〜　🏴中国　中国科学技術省次官, 中国共産党中央委員　漢字名=鄧楠
Deng, Pu-fang　デン・プーファン
　1944〜　🏴中国　政治家　中国身体障害者連合会主席, 中国全国政治協商会議（政協）副主席　漢字名=鄧樸方
Deng, Ya-ping　デン・ヤーピン
　1973〜　🏴中国　元卓球選手　漢字名=鄧亜萍　🔀トン・ヤーピン
Deng, You-mei　デン・ユーメイ
　1931〜　🏴中国　作家　漢字名=鄧友梅　🔀トン・ヨウメイ
Deng Ajak, Oyai　デン・アジャク, オヤイ
　🏴南スーダン　国家安全保障担当相
Deng Alor, Kuol　デンアロール・クオル
　🏴南スーダン　外相　🔀デン・アロル・コル / デン・アロル・ク

オル
Deng Athorbei, David デン・アトルベイ、デビッド
　国南スーダン　電気ダム相
Deng Deng Hoc, Yai デンデンホッチ・ヤイ
　国南スーダン　一般教育相
Deng Hoc, Deng デン・ホック、デン
　国南スーダン　環境相
Deng Nhial, Nhial デン・ニアル、ニアル
　国南スーダン　外相
Denham, Anthony デンハム、アンソニー
　国アメリカ　アメフト選手
Denham, John デナム、ジョン
　国イギリス　技術革新・大学・技能相
Denham, Margery デンハム、マージェリー
　著「アドラーの思い出」創元社 2007
Denham, Robert D. デナム、ロバート・D.
　著「神話とメタファー」法政大学出版局 2004
Denham, Sam デナム、サム
　著「大図解サンダーバードテクニカルマニュアル」マール社 2013
De Nicolo, Marco デニコロ、マルコ
　国イタリア　射撃選手
de Niese, Danielle ド・ニース、ダニエル
　1979～　国アメリカ　ソプラノ歌手
de Nigris, Antonio デニグリス、アントニオ
　1978～2009　国メキシコ　サッカー選手
De Niro, Robert デ・ニーロ、ロバート
　1943～　国アメリカ　俳優、映画監督　本名＝De Diro, Robert Jr.　愛デニーロ、ロバート
Denis, Gaëlle デニス、ガエル
　国イギリス　アヌシー国際アニメーション映画祭 短編映画 審査員特別賞（2005年）ほか
Denis, Jean-Claude ドゥニ、ジャン＝クロード
　アングレーム国際漫画祭 アングレーム市グランプリ（2012年）
Denis, Paul ドゥニ、ポール
　国ハイチ共和国　法務・公安相
Denise, Christopher デニス、クリストファー
　著「ぶくぶくしげみをくるーり」評論社 2002
Denisenko, Alexey デニセンコ、アレクセイ
　国ロシア　テコンドー選手　愛デニセンコ
Denison, Edward デニソン、エドワード
　著「橋の形を読み解く」ガイアブックス、産調出版（発売）2012
Denison, Janelle デニソン、ジャネール
　著「彼女たちの可憐な恋愛白書」ハーレクイン 2014
Denisov, Kirill デニソフ、キリル
　国ロシア　柔道選手　愛デニソフ
Denisov, Valeriĭ Iosifovich デニソフ、ワレリー・ヨシフォビッチ
　著「現代朝鮮の興亡」明石書店 2013
Denisov, Vitaly デニソフ
　国ロシア　クロスカントリースキー選手
Denisova, Lyudmila デニソワ、リュドミラ
　国ウクライナ　労働・社会政策相
Denis Sánchez, Amancio Óscar デニス・サンチェス、アマンシオ・オスカル
　国パラグアイ　副大統領
Denis Suarez デニス・スアレス
　国スペイン　サッカー選手
Denisyev, Alexandr デニシェフ
　国ロシア　リュージュ選手
Denker, Bradley M. デンカー、ブラッドリー・M.
　著「体液異常と腎臓の病態生理」メディカル・サイエンス・インターナショナル 2015
Denker, Henry デンカー、ヘンリー
　著「復讐法廷」早川書房 2009
Denkova, Albena デンコワ
　国ブルガリア　フィギュアスケート選手
Denktas, Rauf デンクタシュ、ラウフ
　1924～2012　国キプロス　政治家　北キプロス・トルコ共和国大統領
Denmark, Leila デンマーク、レイラ
　1898～2012　国アメリカ　小児科医
Dennard, Darqueze デナード、ダークジ
　国アメリカ　アメフト選手
Dennard, Robert Heath デナード、ロバート・ヒース
　1932～　国アメリカ　電子工学者　IBMトーマス・J・ワトソン研究所・IBM名誉フェロー　別名＝デナード、ボブ〈Dennard, Bob〉

Dennehy, Brian デネヒー、ブライアン
　ローレンス・オリヴィエ賞 プレイ 男優賞（2006年（第30回））"Death Of A Salesman"
Denneman, Frank デンネマン、フランク
　著「VMware vSphereクラスタ構築/運用の技法」翔泳社 2013
Dennerstein, Lorraine ダナシュタイン、ローレイン
　著「ホルモン補充療法ガイドブック」丸善 2003
Dennett, Daniel Clement デネット、ダニエル・C.
　1942～　著「心はどこにあるのか」筑摩書房 2016
Denney, John デニー、ジョン
　国アメリカ　アメフト選手
Denning, Dorothy Elizabeth Robling デニング、D.E.R.
　1945～　著「ネット情報セキュリティ」オーム社 2002
Denning, Stephen デニング、ステファン
　著「デニング、スティーブン」著「ストーリーテリングのリーダーシップ」白桃書房 2012
Denning, Troy デニング、トロイ
　1963～　著「スター・ウォーズ」ヴィレッジブックス、ソニー・マガジンズ（発売）2007
Dennis, Craig デニス、クレイグ
　著「CCNP self-study：CCNP BCRAN試験認定ガイド」ソフトバンクパブリッシング 2004
Dennis, Daniel デニス
　国アメリカ　レスリング選手
Dennis, Don デニス、ドン
　著「蘭のフラワーエッセンス」フレグランスジャーナル社 2011
Dennis, Everette E. デニス、E.E.
　著「アメリカーコミュニケーション研究の源流」春風社 2005
Dennis, Kane デニス、ケイン
　2007～　著「Kane Dennis」宝島社 2016
Dennis, Marie デニス、マリー
　著「オスカル・ロメロ」聖公会出版 2005
Dennis, Matt デニス、マット
　1914～2002　国アメリカ　作曲家、歌手　本名＝Dennis, Matthew Loveland
Dennis, Melvin B., Jr. デニス、M.B., Jr.
　著「動物実験における人道的エンドポイント」アドスリー、丸善出版事業部（発売）2006
Dennis, Pascal デニス、パスカル
　1957～　著「アンディ先生と私」センゲージラーニング、同友館（発売）2007
Dennis, Rohan デニス、ロハン
　国オーストラリア　自転車選手
Dennis, Steve デニス、スティーヴ
　著「ブリトニー・スピアーズ」トランスメディア 2011
Dennis, Zach デニス、ザック
　著「The RSpec Book」翔泳社 2012
Dennison, Gail E. デニッソン、ゲイル・E.
　著「ビジネスマンのためのブレインジム」日本キネシオロジー総合学院、市民出版社（発売）2008
Dennison, Paul Ehrlich デニッソン、ポール・E.
　著「ブレインジムと私」日本キネシオロジー総合学院、市民出版社（発売）2010
Dennison, Rich デニソン、リック
　国アメリカ　デンバー・ブロンコスコーチ
Denny, Mark W. デニー、マーク・W.
　1951～　著「生物学のための水と空気の物理」エヌ・ティー・エス 2016
DeNomme, Donna デノーム、ダナ
　著「あなたにしかできない」ライトワークス、ステップワークス（発売）2010
Denon, Kassoum デノン、カスン
　国マリ　農相
de Nooy, Wouter デノーイ、ウオウター
　1962～　著「Pajekを活用した社会ネットワーク分析」東京電機大学出版局 2009
Denord, François ドゥノール、フランソワ
　著「欧州統合と新自由主義」論創社 2012
Denorfia, Chris デノーフィア、クリス
　国アメリカ　野球選手
Denos, Julia デーノス、ジュリア
　愛ディノス、ジュリア　著「かようびのドレス」ほるぷ出版 2015
DeNosky, Kathie ディノスキー、キャシー
　著「よみがえる熱い夜」ハーパーコリンズ・ジャパン 2016
Denove, Chris ディノーヴィ、クリス

[著]「J.D.パワー顧客満足のすべて」 ダイヤモンド社 2006
Denrell, Jerker デンレル, ジャーカー
[著]「組織行動論の実学」 ダイヤモンド社 2007
Denselow, Robin デンスロウ, ロビン
[著]「ビートルズ世界証言集」 ポプラ社 2006
Densham, Erin デンシャム, エリン
[国]オーストラリア トライアスロン選手 [異]デンシャム
Densley, Moriah デンスリー, モライア
[著]「あきらめられぬ想いに」 オークラ出版 2016
Denswil, Stefano デンスウィル, ステファノ
[国]オランダ サッカー選手
Dent, Akeem デント, アキーム
[国]アメリカ アメフト選手
Dent, Fiona Elsa デント, フィオナ・エルサ
[著]「「人を動かす」リーダーになるための本」 ピアソン桐原 2012
Dent, Harry S., Jr. デント, ハリー・S., Jr.
1950～ [著]「最悪期まであと2年! 次なる大恐慌」 ダイヤモンド社 2010
Dent, Kyle D. デント, カイル・D.
[著]「Postfix実用ガイド」 オライリー・ジャパン, オーム社(発売) 2004
Dent, Taylor デント
[国]アメリカ テニス選手
Denton, David ダントン, デヴィッド
[国]スコットランド ラグビー選手
Denton, Gregory A. デントン, グレッグ
1964～ [著]「ホテルアセットマネジメント」 立教大学出版会, 有斐閣(発売) 2014
Denton, Jamie デントン, ジェイミー
[著]「ボディガードの恋のルール」 オークラ出版 2014
Denton, Kady MacDonald デントン, ケイディ・マクドナルド
[著]「おみまい、おことわり?」 岩崎書店 2013
Denton, Terry デントン, テリー
[著]「13階だてのツリーハウス」 ポプラ社 2016
Dent-zeledon, Alberto デントセレドン, アルベルト
[国]コスタリカ 農牧相
Denver, Bob デンバー, ボブ
?～2005 [国]アメリカ コメディアン
Denzin, Norman K. デンジン, ノーマン・K.
[著]「質的研究資料の収集と解釈」 北大路書房 2006
Deo, Kishore デオ, キショール
[国]インド 部族問題相兼農村自治相
Deodato, Mike デオダート, マイク
[異]デオダート, マイク, Jr. [著]「スター・ウォーズ:ベイダー・ダウン」 ヴィレッジブックス 2016
De Oliveira, Gilda Maria デオリベイラ, ジルダ
[国]ブラジル レスリング選手
De Oliveira, Luís Valente デオリベイラ, ルイス・バレンテ
[国]ポルトガル 公共事業・運輸・住宅相
De Oliveira Ramos, Américo デオリベイララモス, アメリコ
[国]サントメ・プリンシペ 財務・公共機関相
Déon, Michel デオン, ミシェル
1919～ [国]フランス 作家
Deora, Murli デオラ, ムルリ
[国]インド 石油・天然ガス相
De Osa, Veronica デ・オーサ, ヴェロニカ
1909～ [著]「図説動物シンボル事典」 八坂書房 2016
Deossie, Zak デオジー, ザク
[国]アメリカ アメフト選手
de Padova, Thomas デ・パドヴァ, トーマス
[著]「ケプラーとガリレイ」 白水社 2014
De Padt, Guido デパット, ヒド
[国]ベルギー 内相
De Palacio, Ana デパラシオ, アナ
[国]スペイン 外相
De Palma, Brian デ・パルマ, ブライアン
1940～ [国]アメリカ 映画監督 [異]デ・パーマ, ブライアン
Depalma, John デパルマ, ジョン
[国]アメリカ アメフト選手
DePalma, Mary Newell デパルマ, メアリ・ニューウェル
[著]「おおきな木のおはなし」 ひさかたチャイルド 2012
DePalo, Anna デパロー, アンナ
[著]「罪深い契約」 ハーレクイン 2010
DePandi, Giuliana デパンディ, ジュリアナ
1975～ [著]「恋愛セレブ、ジュリアナが教えるloveテク66」 阪急コミュニケーションズ 2007
DePanfilis, Diane デパンフィリス, ダイアン
[著]「子ども虐待対応ハンドブック」 明石書店 2005
Depaola, Andrew デパオラ, アンドリュー
[国]アメリカ アメフト選手
de Paola, Tomie デ・パオラ, トミー
1934～ [国]アメリカ 絵本作家
Depaoli, Fabio デパオリ, ファビオ
[国]イタリア サッカー選手
Depardieu, Gérard ドパルデュー, ジェラール
1948～ [国]フランス 俳優, 脚本家 本名=Depardieu, Gérard Xavier Marcel [異]デパルデュー, ジェラール
Depardieu, Guillaume ドパルデュー, ギヨーム
1971～2008 [国]フランス 俳優 [異]ドパルデュー, ギョーム
Depardon, Raymond ドパルドン, レイモン
1942～ [国]フランス 写真家, 映画監督 [異]デパルドン, レイモン / ドゥパルドン, レイモン
De Paul, Lynsey ディ・ポール, リンジー
1948～2014 [国]イギリス 歌手 本名=Rubin, Lynsey Monckton
De Paul, Rodrigo デ・パウル, ロドリゴ
[国]アルゼンチン サッカー選手
de Paula, Julio デ・ポーラ, ジュリオ
[著]「アトキンス物理化学要論」 東京化学同人 2016
DePauli-Schimanovich, Werner デパウリ, ヴェルナー
[著]「ゲーデルの世界」 青土社 2003
De Paume, Jeu ドゥ・ポゥム, ジュウ
[著]「パリのテラス」 エディシォン・ドゥ・パリ, アシェット婦人画報社(発売) 2003
Depay, Memphis デパイ, メンフィス
[国]オランダ サッカー選手
De Pena, Carlos デ・ペナ, カルロス
[国]ウルグアイ サッカー選手
De Pierrefeu, Thierry デピエレフ, ティエリ
[国]ホンジュラス 観光相
De-pina, Jose デピナ, ジョゼ
[国]ギニアビサウ 閣議議長
De Pins, Arthur ド・パンス, アルチュール
1977～ [国]フランス アングレーム国際漫画祭 子ども向け作品賞(2012年)ほか
Depken, Kristen L. デプケン, クリステン・L.
[著]「3Dトイ・ストーリーのおはなし」 大日本絵画 2016
Depoitre, Laurent ドゥポワトル, ローラン
[国]ベルギー サッカー選手
de Polanco, Jesús デポランコ, ヘスス
1929～2007 [国]スペイン 実業家 PRISA社主 本名=de Polanco Gutiérrez, Jesús
Depondt, Luk デュポン, ルク
1952～ [著]「ゆきがたくさんつもったら」 フレーベル館 2002
DePorter, Vince ディポーター, ヴィンス
[著]「スクープ反対!」 ゴマブックス 2007
Depp, Daniel デップ, ダニエル
1953～ [国]アメリカ 作家 [専]ミステリー
Depp, Johnny デップ, ジョニー
1963～ [国]アメリカ 俳優 本名=デップ, ジョン・クリストファー〈Depp, John Christopher〉
De Pree, Max デプリー, マックス
[著]「響き合うリーダーシップ」 海と月社 2009
De Preist, James デプリースト, ジェームズ
1936～2013 [国]アメリカ 指揮者 オレゴン交響楽団音楽監督・桂冠指揮者, 東京都交響楽団常任指揮者 [異]デプリースト, ジェームス / デプリースト, ジェイムズ / デプレイスト, ジェームズ
DePrince, Elaine デプリンス, エレーン
[著]「夢へ翔けて」 ポプラ社 2015
DePrince, Michaela デプリンス, ミケーラ
1995～ [著]「夢へ翔けて」 ポプラ社 2015
Deprost, Michel ドゥプロスト, ミシェル
[著]「ボージョレの真実」 河出書房新社 2006
Depue, Roger L. デピュー, ロジャー・L.
[著]「善と悪」 PHP研究所 2006
De Pulford, Nicola ドゥ・ピュルフォール, ニコラ
[異]デ・パルフォード, ニコーラ [著]「世界のヒーリング魔術」 産調出版 2003
De Puy, Candace デュ・ピュイ, キャンダス
[著]「癒しのカウンセリング」 平凡社 2003
d'Équainville, David デカンヴィル, ダヴィッド
[著]「愉しみは最後に」 春風社 2014

D

D

Dequenne, Emilie ドゥケンヌ, エミリー
1981～ [国]ベルギー 女優 [異]デュケンヌ, エミリー
de Quercize, Stanislas ド・ケルシズ, スタニスラス
1957～ [国]フランス 実業家 カルティエ・インターナショナル社長・CEO
Derakhshani, Dariush デラカシャニ, ダリウシュ
[著]「Autodesk Mayaセルフトレーニング」 ボーンデジタル 2011
De Rato y Figaredo, Rodrigo デラト・イ・フィガレド, ロドリゴ
[国]スペイン 第2副首相兼経済相
Deravy, Echan デラヴィ, エハン
1952～ [著]「ルーミー"その友"に出会う旅」 ヴォイス 2010
Deray, Jacques ドレー, ジャック
1929～2003 [国]フランス 映画監督 本名=ドレー・デレイヨ, ジャック〈Deray-Desrayaud, Jacques〉
Derbal, Abdelwahab デルバル, アブデルワハブ
[国]アルジェリア 議会関係担当相
Derbas, Rashid デルバス, ラシド
[国]レバノン 社会問題相
Derbenev, Vitaly デルベニエフ
[国]ベラルーシ 重量挙げ選手
Derbez, Luis Ernesto デルベス, ルイス・エルネスト
[国]メキシコ 外相
Derby, A.J. ダービー, A.J.
[国]アメリカ アメフト選手
Derby, Susan ダービー, スーザン
[著]「インド」 メディアファクトリー 2004
Derbyshire, John ダービーシャー, ジョン
[著]「代数に惹かれた数学者たち」 日経BP社, 日経BP出版センター(発売) 2008
Derdevet, Michel デルデヴェ, ミッシェル
[著]「21世紀エネルギー革命の全貌」 作品社 2013
Derdouri, Zohra デルドゥリ, ゾラ
[国]アルジェリア 郵便・情報技術・通信相
Derefinko, Karen J. デレフィンコ, カレン・J.
[著]「サイコパシー・ハンドブック」 明石書店 2015
Deresiewicz, William デレズウィッツ, ウィリアム
1964～ [著]「優秀なる羊たち」 三省堂 2016
Deresz, Weronika デレシュ, ウェロニカ
[国]ポーランド ボート選手
De Reyna, Rudy デ・レイナ, ルディ
1914～ [著]「初めてのデッサン教室」 エムディエヌコーポレーション, インプレスコミュニケーションズ(発売) 2012
Derge, Gillmer J. ダージ, ギルマー・J.
[著]「STL標準テンプレートライブラリによるC++プログラミング」 ピアソン・エデュケーション 2001
Deri, Aryeh デリ, アリエ
[国]イスラエル 内相兼ネゲブ・ガリラヤ開発相
Deriaz, Anne ドゥリア, アンヌ
1939～ [著]「いとしのエラ」 BOC出版部 2009
De Ridder, Dirk デ・リデル, ディルク
[著]「モーラルブレイン」 麗沢大学出版会, 広池学園事業部(柏)(発売) 2013
de Ridder, Michael デ・リッダー, ミヒャエル
[著]「わたしたちはどんな死に方をしたいのか?」 教文館 2016
Deriglazova, Inna デリグラゾワ, イナ
[国]ロシア フェンシング選手
Deripaska, Oleg デリパスカ, オレグ
1968～ [国]ロシア 実業家 UCルサールCEO 本名=Deripaska, Oleg Vladimirovich
Deris, Andi デリス, アンディ
1964～ [国]ドイツ ロック歌手
DeRisi, William J. デリシ, ウィリアム・J.
[著]「生活技能訓練基礎マニュアル」 新樹会創造出版 2005
Deriugin, V.A. デリューギン, V.A.
1963～ [著]「サハリンと千島の擦文文化の土器」 函館工業高等専門学校 2012
Derksen, Rob ダークセン, ロブ
1960～2004 [国]アメリカ 野球監督 野球ギリシャ代表監督 別名=ダークセン, ボブ〈Derksen, Bob〉
Derman, Emanuel ダーマン, エマニュエル
[著]「物理学者、ウォール街を往く。」 東洋経済新報社 2005
Dermane, Bamba Ould デルマン, バンバ・ウルド
[国]モーリタニア 商業・手工芸・観光相
Dermody, Brenda ダーモディ, ブレンダ
[著]「ニュー・レトロ」 ピエ・ブックス 2009
Dermody, Matt ダーモディ, マット
[国]アメリカ 野球選手
Dern, Bruce ダーン, ブルース
1936～ [国]アメリカ 俳優 [異]デーン, ブルース
Dern, Laura ダーン, ローラ
1967～ [国]アメリカ 女優
Dernovoy, Anatoly デルノボイ, アナトリー
[国]カザフスタン 保健相
Déroche, François デロッシュ, フランソワ
1952～ [著]「コーラン」 白水社 2009
Derocher, Andrew E. デロシェール, アンドリュー・E.
[著]「ホッキョクグマ」 東京大学出版会 2014
de Romilly, Jacqueline ド・ロミイ, ジャクリーヌ
1913～2010 [国]フランス ギリシャ古典学者 コレージュ・ド・フランス名誉教授 [異]ド・ロミーイ, ジャクリーヌ
de Rond, Mark デュ・ロンド, マーク
[著]「協力のリーダーシップ」 ダイヤモンド社 2009
De Roon, Marten デ・ローン, マルテン
[国]オランダ サッカー選手
De Roos, Dolf デ・ルース, ドルフ
[著]「世界の不動産投資王が明かすお金持ちになれる「超」不動産投資のすすめ」 東洋経済新報社 2006
De Rossi, Daniele デ・ロッシ, ダニエレ
1983～ [国]イタリア サッカー選手
Derouiche, Nejib ダルウィーシュ, ネジブ
[国]チュニジア 環境・持続的開発相 [異]ダルイシュ, ネジブ
De Roux Rengifo, Francisco Jose デ・ルー・レンヒフォ, フランシスコ・ホセ
[国]コロンビア ハベリアーナ大学副総長, 元・マグダレナ川中流域開発・和平評議会代表
Derozan, Demar デローザン, デマー
[国]アメリカ バスケットボール選手
Derr, Mark デア, マーク
[著]「美しい犬、働く犬」 草思社 2001
Derrick, Colin デリック, コリン
[国]アンティグア・バーブーダ 司法・公共安全相
Derrick, Robin デリック, ロビン
[著]「ヴォーグ・モデル」 Pヴァイン・ブックス, ブルース・インターアクションズ(発売) 2011
Derrickson, Bryan デリクソン, ブライアン
[著]「トートラ人体解剖生理学」 丸善出版 2014
Derrickson, Scott デリクソン, スコット
[著]「エミリー・ローズ」 竹書房 2006
D'Errico, Camilla デルリコ, カミラ
[著]「アヴリル・ラヴィーン5つの願いごと」 ゴマブックス 2007
Derrida, Jacques デリダ, ジャック
1930～2004 [国]フランス 哲学者, 思想家 フランス社会科学高等研究院教授
Derry, Gregory Neil デリー, グレゴリー・N.
1952～ [著]「科学とその働き」 大学教育出版 2009
Dershowitz, Alan M. ダーショウィッツ, アラン
1938～ [著]「ケース・フォー・イスラエル」 ミルトス 2010
Dershwitz, Eli ダーシュウィッツ, エリ
[国]アメリカ フェンシング選手
al-**Dersi, Mustafa Muftah Belied** ダルスィ, ムスタファ・ミフターハ・ベルイード
[国]リビア 青少年・スポーツ書記(青少年・スポーツ相)
Dertouzos, Michael L. ダートウゾス, マイケル
?～2001 [国]アメリカ コンピューター科学者 マサチューセッツ工科大学教授・コンピューターサイエンス研究所所長 [専]計算機科学, 電気工学 [異]ダートゥゾス, マイケル / デルトゥゾー, マイケル
Deru, Myriam デルー, ミリアム
1954～ [著]「ポーリーおはなのたねをまく」 PHP研究所 2010
DeRue, D.Scott デリュ, D.スコット
[著]「経験学習によるリーダーシップ開発」 日本能率協会マネジメントセンター 2016
De Ruiter, John デ・ライター, ジョン
1959～ [著]「ベールを脱ぐ実在(リアリティ)」 ナチュラルスピリット 2014
Derungs, Isabel デルングス
[国]スイス スノーボード選手
Deru-Renard, Béatrice デル・ルナール, ベア
1962～ [著]「ちび魔女さん」 ひさかたチャイルド 2011
DeRuvo, Silvia L. デルヴォ, シルヴィア・L.
[著]「学校におけるADHD臨床」 誠信書房 2012
De Ruyver, Dirk デルイベル, ディルク

㊚「在横浜ベルギー公使館」〔駐日ベルギー大使館〕2009
Derviş, Kemal デルビシュ, ケマル
1949〜 ㊧トルコ 政治家, 経済学者 トルコ財務相, 国連開発計画(UNDP)総裁
Dervishaj, Sokol デルビシャイ, ソコル
㊧アルバニア 運輸・インフラ相
Dervishi, Besnik デルビシ, ベスニク
㊧アルバニア 国土整備観光相
Derwent, Henry ダーウェント, ヘンリー
1951〜 ㊧イギリス 国際排出量取引協会(IETA)社長・CEO
Deryayev, Annaguly デリヤエフ, アンナグルイ
㊧トルクメニスタン 石油ガス産業・鉱物資源相
Deryzemlya, Andriy デルイゼムリャ
㊧ウクライナ バイアスロン選手
Derzhavin, Gavriil Romanovich デルジャービン, ガブリール・ロマノビッチ
㊚「訳詩集 平和の天使」文芸社 2002
Desai, Anil デサイ, アニル
㊚「直前必修問題集MCP/MCSA/MCSE試験番号70-218 Windows 2000 Network Management」IDGジャパン 2002
Desai, Anita デサイ, アニタ
1937〜 ㊧インド 作家 マサチューセッツ工科大学名誉教授
㊚デサイ, アニター
Desai, Kiran デサイ, キラン
1971〜 ㊧インド 作家 ⓛ文学
Desai, Meghnad Jagdishchandra デサイ, メグナッド
1940〜 ㊧イギリス 経済学者 ロンドン・スクール・オブ・エコノミクス名誉教授 ㊚デサイ, メグナド
Desai, Pooran デサイ, プーラン
㊚「バイオリージョナリズムの挑戦」群青社, 星雲社(発売) 2004
Desai, Priya Giri デサイ, プリヤ・ギリ
㊚「アニメおさるのジョージはるよこい」金の星社 2013
Desai, Suresh デサイ, スレシュ
㊧ザンビア 農水・食糧相
DeSain, Carol デセイン, キャロル
㊚「医療・医薬品業界のためのリスクマネジメント入門」薬事日報社 2006
DeSaix, Debbi Durland デセイ, デボラ・ダーランド
㊚「パリのモスク」彩流社 2010
De Salle, Marie ドゥ・サール, マリー
1976〜 ㊧「ドレミ」講談社 2009
DeSalle, Robert デーサル, ロバート
㊚ドゥサーレ, ロブ / デサール, ロブ ㊚「マイクロバイオームの世界」紀伊国屋書店 2016
DeSalvo, Debra デサルボ, デブラ
㊚「世界一わかりやすいプロのように投資する講座」総合法令出版 2002
DeSanctis, Gerardine デサンクティス, ジェラルディン
㊚「新リレーションとモデルのためのIT企業戦略とデジタル社会」ピアソン・エデュケーション 2002
De Sanctis, Morgan デ・サンクティス, モルガン
㊧イタリア サッカー選手
de Santiago Hernandez, Santiago デ・サンティアゴ・エルナンデス, サンティアゴ
㊧スペイン 彫刻家, 元・スペイン画家彫刻家協会副会長
DeSanto, F.J. デサント, F.J.
㊚「サイボーグ009USAエディション」小学館集英社プロダクション 2013
De Sart, Julien デ・サール, ジュリアン
㊧ベルギー サッカー選手
De Saulles, Tony デ・ソーレス, トニー
㊚「からだの秘密」PHP研究所 2004
Desaulniers, Robert デソルニエ, ロベルト
㊚「建築記録アーカイブズ管理入門」書肆ノワール 2006
Desbordes, Astrid デボルド, アストリッド
㊚「ポルカとオルタンスのだいぼうけん」ロクリン社 2015
Descalso, Daniel デスカルソ, ダニエル
㊧アメリカ 野球選手
Descamps, Remy デシャン, レミー
㊧フランス サッカー選手
Des Cars, Jean デ・カール, ジャン
1943〜 ㊚「麗しの皇妃エリザベト」中央公論新社 2003
Des Cars, Laurence デ・カール, ローランス
㊚「ラファエル前派」創元社 2001
D'Escatha, Yannick デスカタ, ヤニック

㊧フランス フランス国立宇宙研究センター(CNES)理事長
Deschamps, Didier デシャン, ディディエ
1968〜 ㊧フランス サッカー指導者, 元サッカー選手 サッカー・フランス代表監督 本名=Deschamps, Didier Claude
Deschanel, Zooey デシャネル, ズーイー
㊧アメリカ 女優
Descharnes, Robert デシャルヌ, ロベール
㊚「サルヴァドール・ダリ」Taschen c2007
De Schrijver, Jelle デ・シュリーファー, イェレ
㊚「モーラルブレイン」麗沢大学出版会, 広池学園事業部(柏)(発売) 2013
De Sciglio, Mattia デ・シリオ, マッティア
㊧イタリア サッカー選手
Desclafani, Anthony デスクラファニ, アンソニー
㊧アメリカ 野球選手
Descola, Philippe デスコラ, フィリップ
1949〜 ㊧フランス 文化人類学者 コレージュ・ド・フランス教授 ⓛ自然人類学, 社会人類学
D'Escoto デスコト
1933〜 ㊧ニカラグア 外交官, 政治家, 司祭 国連大使 ニカラグア外相, 国連総会議長(第63回) 本名=ブロックマン, ミゲル・デスコト〈Brockman, Miguel D'Escoto〉
Descouleurs, Bernard デクルー, ベルナール
㊚「み心の信心のすすめ」ドン・ボスコ社 2009
De Sena, Erica デセナ, エリカ
㊧ブラジル 陸上選手
Desha, Cheryl デーシャ, シェリル
㊚「ファクター5」明石書店 2014
Deshannon, Jackie デシャノン, ジャッキー
㊚「メモリーズ・オブ・ジョン」イースト・プレス 2006
Deshayes, Laurent デエ, ロラン
1959〜 ㊚「チベット史」春秋社 2005
Deshields, Delino デシールズ, デライノ
㊧アメリカ 野球選手
Deshmukh, Hanumant デシュムーク, ハヌマント
㊚「サン技術者認定資格テキスト&問題集 Java Webコンポーネントデベロッパ」アスキー 2003
Deshmukh, Vilasrao デシュムク, ビラスラオ
㊧インド 重工業・公共事業相
Deshpande, Niyanta デシュパンデ, ニヤンタ
1973〜 ㊚「インド式かんたん計算法」三笠書房 2007
Deshpande, Salil デシュパンデ, サリル
投資家
Deshpande, Vijay M. デシュパンデ, ヴィジェイ・M.
㊚「え!? ここまでわかるの? 人工呼吸器グラフィックス」メディカル・サイエンス・インターナショナル 2015
Designer X. デザイナー エックス
㊚「Violence」雷鳴, 書苑新社(発売) 2004
De Signoribus, Eugenio デ・シニョリブス, エウジェニオ
㊚「地上の歌声」思潮社 2001
De Silguy, Yves-Thibault ドシルギ, イブチボー
1948〜 ㊧フランス 実業家 バンシ副会長 EU欧州委員会委員 本名=De Silguy, Count Yves-Thibault Christian Marie
De Silva, Amilra Prasanna デシルバ, A.P.
㊚「分子論理ゲート」講談社 2014
DeSilva, Bruce ダシルバ, ブルース
1946〜 ㊧アメリカ ミステリー作家 ⓛミステリー, スリラー ㊚ダシルヴァ, ブルース
De Silva, Nimal Siripala デシルバ, ニマル・シリパラ
㊧スリランカ 交通・民間航空相
De Silvestri, Lorenzo デ・シルヴェストリ, ロレンツォ
㊧イタリア サッカー選手
Desimini, Lisa デジミニ, リーザ
㊚「しょうほう犬ドット」国土社 2005
Desio, Ardito デジオ, アルディト
?〜2001 ㊧イタリア 登山家, 地質学者
Désir, Harlem デジール, アルレム
1959〜 ㊧フランス 政治家 フランス社会党第1書記
Desir, Pierre デシアー, ピエール
㊧アメリカ アメフト選手
DesJardins, Joseph R. デ・ジャルダン, ジョゼフ・R.
㊚デジャルダン, ジョゼフ・R. ㊚「ビジネス倫理学入門」文京学院大学総合研究所, 冨山房インターナショナル(発売) 2014
Desmaison, René デメゾン, ルネ
?〜2007 ㊧フランス 登山家
Desmarest, Thierry デマレ, ティエリー

1945～ ㊀フランス 実業家 トタル会長 本名＝Desmarest, Thierry Jean Jacques
Desmarquet, Michel デマルケ, ミシェル
1931～ ㊃「ネイチャーズ・リベンジ」新日本文芸協会, 星雲社（発売）2011
Desmarteau, Claudine デマルト, クロディーヌ
1963～ ㊃「子どものホン・ネ辞典」ブロンズ新社 2003
Desmazières, Sandra デマズィエール, サンドラ
㊃「アリョーシャと風のひみつ」BL出版 2007
Desmoinaux, Christel デモワノー, クリステル
1967～ ㊃デムワノー, クリステル／デスモワノー, クリステル ㊃「ハロウィーンってなぁに？」主婦の友社 2006
Desmond, Adrian J. デズモンド, エイドリアン
1947～ ㊀イギリス 古生物学者, 生物進化学者, 作家 ロンドン大学ユニバーシティ・カレッジ生物学科名誉研究員 ㊃デズモンド, アドリアン
Desmond, Ian デズモンド, イアン
㊀アメリカ 野球選手
Desmond, Jenni デズモンド, ジェニ
㊃「シロナガスクジラ」BL出版 2016
Desmond-Hellmann, Susan デズモンド・ヘルマン, スーザン
㊀アメリカ 実業家, 医学者 ビル・アンド・メリンダ・ゲイツ財団CEO
Desmoulins, Marthe デムラン, マルト
㊃「マルトの冒険」アッシュ・ペー・フランス 2007
Desnoes, Edmundo デスノエス, エドムンド
1930～ ㊀アメリカ 作家
Desnoëttes, Caroline デノエット, カロリーヌ
㊃「自然の美術館」河合楽器製作所・出版部 2004
Desormeaux, Kent デザーモ, ケント
1970～ ㊀アメリカ 騎手
de Sosa, Eugenio デソーサ, エウヘニオ
？～2002 ㊀アメリカ カストロ・キューバ国家評議会議長を人道に対する罪で告発した亡命キューバ人
El-desouki, Nagwa エルデスーキ
㊀スイス カヌー選手
De Sousa, Gastão デソウザ, ガスタン
㊀東ティモール 公共事業・交通・通信相 ㊃デソウザ, ガスタオ・フランシスコ
De Sousa, Gregorio デソウサ, グレゴリオ
㊀東ティモール 閣議担当国務相
De Sousa, Mauricio デ・ソウザ, マウリシオ
1935～ ㊀ブラジル 漫画家 マウリシオ・スタジオ代表 ㊃ソウザ, マウリシオ
De Sousa, Rui Dia デソーザ, ルイ・ディア
㊀ギニアビサウ 大統領府・広報・議会担当相
De Sousa Almeida, Maria de Fatima Leite デソーザアルメイダ, マリア・デ・ファティマ・レイテ
㊀サントメ・プリンシペ 教育・文化・青年・スポーツ相
de Souza, Marcel Alain ドスザ, マルセル・アラン
㊀ベナン 開発・経済分析・未来計画相 ㊃ドゥ・ソウザ, マルセル
De Souza, Vibert デソウサ, ビバート
㊀ガイアナ 先住民問題相
Despaigne, Odrisamer デスパイネ, オドリサマー
㊀キューバ 野球選手
Despaigne, Robelis デスパイグネ
㊀キューバ テコンドー選手
Despaigne, Yordanis デスパイネ
㊀キューバ ボクシング選手
Despatie, Alexandre ディスパティエ
㊀カナダ 飛び込み選手
DeSpelder, Lynne Ann デスペルダー, リン・アン
㊃「おとなのいのちの教育」河出書房新社 2006
Desplat, Alexandre デスプラ, アレクサンドル
アカデミー賞 作曲賞（第87回（2014年））ほか
Desplechin, Arnaud デプレシャン, アルノー
1960～ ㊀フランス 映画監督 ㊃デプルシャン, アルノー
Desplechin, Marie デプルシャン, マリー
1959～ ㊃「ナディアおばさんの予言」文研出版 2007
Despommier, Dickson D. デポミエ, ディクソン
㊃「垂直農場」NTT出版 2011
Despopoulos, Agamemnon デスプロス, アガメムノン
1924～ ㊃「カラー図解よくわかる生理学の基礎」メディカル・サイエンス・インターナショナル 2005
Desportes, Francoise デポルト, フランソワーズ

㊃「中世のパン」白水社 2004
Despotovic, Ranko デスポトヴィッチ, ランコ
1983～ ㊀セルビア サッカー選手 ㊃デスポトビッチ, ランコ
Després, Jacques デプレ, ジャック
1966～ ドイツ児童文学賞 ノンフィクション（2012年）"Was, wenn es nur so aussieht, als wäre ich da？"
Desprez, Michaël デプレ, ミカエル
㊃「テオフィル・ゴーチエと19世紀芸術」Sophia University Press上智大学出版, ぎょうせい（制作・発売） 2014
Desquiron, Lilas デキロン, リラ
㊀ハイチ共和国 文化・情報相
Desroches-Noblecourt, Christiane デローシュ＝ノブルクール, クリスチアヌ
㊃「エジプト神話の図像学」河出書房新社 2001
Dessain, Vincent ダッサン, ヴィンセント
㊃「クレジットデリバティブ」ピアソン・エデュケーション 2008
Dessants, Betty Abrahamsen デッサンツ, ベティ・A.
㊃「シカゴ大学教授法ハンドブック」玉川大学出版部 2005
Dessart, Francis デッサルト, フランシス
㊃「APL教育原論」シオン出版社 2010
Dessay, Natalie デセイ, ナタリー
1965～ ㊀フランス ソプラノ歌手
Desse, Dalke デッセ・ダルケ
㊀エチオピア 科学・技術相
Desseauve, Thierry ドゥソーヴ, ティエリー
㊃「フランスワイン格付け」ワイン王国, ステレオサウンド（発売）2010
Dessen, Sarah デッセン, サラ
1970～ ㊀アメリカ 作家 ㊅文学
Dessena, Daniele デッセーナ, ダニエレ
㊀イタリア サッカー選手
Desserich, Brooke デザリック, ブルック
㊃「パパ, ママ, あいしてる」早川書房 2010
Desserich, Keith デザリック, キース
㊃「パパ, ママ, あいしてる」早川書房 2010
Dessi, Daniela デッシー, ダニエラ
1957～2016 ㊀イタリア ソプラノ歌手
Dessources, Anthony デスルス, アントニー
㊀ハイチ共和国 計画・対外協力相
Dessuart, Annick デスアール, アニク
㊃「透視術」白水社 2003
Dessuart, Joseph デスアール, ジョゼフ
1944～ ㊃「透視術」白水社 2003
Dessus, Benjamin ドゥスュ, バンジャマン
㊃「フランス発「脱原発」革命」明石書店 2012
Desta, Amare デスタ・アマレ
㊀エチオピア 国務相（国税担当）
D'Este, Carlo デステ, カルロ
㊃「ヒトラーが勝利する世界」学習研究社 2006
De Stefani, Renzo デ・ステファニ, レンツォ
1948～ ㊃「イタリア精神医療への道」日本評論社 2015
DeStefano, Anthony ディステファーノ, アンソニー
㊃「天国に行く前に読むと楽しくなる不思議なフシギな天国ガイド」主婦の友社 2005
De Steiguer, Joseph Edward ド・スタイガー, J.E.
㊃「環境保護主義の時代」多賀出版 2001
DeSteno, David デステノ, デイヴィッド
㊃「信頼はなぜ裏切られるのか」白揚社 2015
De St.Jorre, John ディ・セイント・ジョア, ジョン
1936～ ㊃「オリンピア・プレス物語」河出書房新社 2001
Destouches, Lucette デトゥーシュ, リュセット
1912～ ㊃「セリーヌ」河出書房新社 2003
Destro, Mattia デストロ, マッティア
㊀イタリア サッカー選手
Désveaux, Benoît デヴォー, ブノア
㊃「感動のマドレーヌ現象」エディテ100, あいであ・らいふ（発売）2002
De Swaef, Emma ドゥ・スワーフ, エマ
オタワ国際アニメーション映画祭 最優秀短編物語アニメーション（2013年）ほか
De Taramond, Guy デタラモン, グイ
㊀コスタリカ 科学技術相
Dethlefsen, Thorwald デトレフゼン, トアヴァルト
1946～ ㊃「病気が教えてくれる, 病気の治し方」柏書房 2004
Déthoua, Janette デトゥワ, ジャネット

Dethurens, Pascal　ドゥテュランス, パスカル
1965〜　圏「ヨーロッパ紋切型小事典」作品社　2011

Detienne, Marcel　ドゥティエンヌ, マルセル
1935〜　国フランス　宗教学者, 神話学者　ジョンズ・ホプキンズ大学教授　圏ギリシャ宗教

Detkov, Stanislav　デトコフ
国ロシア　スノーボード選手

De Tonnac, Jean-Philippe　ド・トナック, ジャン＝フィリップ
圏「ギリシア・ローマの奇人たち」紀伊国屋書店　2003

De Torres, Pablo　デトーレス, パブロ
国アルゼンチン　カヌー選手

Detrick, Bruce　ディートリック, ブルース
？〜2001　国アメリカ　作曲家, 俳優, 詩人

Detti, Gabriele　デッティ, ガブリエレ
国イタリア　水泳選手

Dettke, Bodo　デッケ, ボド
国ソロモン諸島　森林・研究相　圏デッケ, ホスト・ヘインツ・ボド

Dettmer, H.William　デトマー, H.ウィリアム
圏デットマー, H.ウィリアム　圏「ゴールドラット博士の論理思考プロセス」同友館　2006

Dettori, Lanfranco　デットーリ, ランフランコ
1970〜　国イタリア　騎手　英語名＝デットーリ, フランキー〈Dettori, Frankie〉

Dettwiler, Fritz　デットヴィラー, フリッツ
国スイス　スイス剣道・居合道名誉会長, 元・スイス柔道連盟剣道部部長

Detwiler, Ross　デトワイラー, ロス
国アメリカ　野球選手

Deuchars, Marion　デュシャーズ, マリオン
圏「おえかきレッスンべたぺたワーク」グラフィック社　2013

Deulofeu, Gerard　デウロフェウ, ジェラール
国スペイン　サッカー選手

Deumling, Christoph　ドイムリンク, クリストフ
圏「ドイツ流家事の裏ワザ便利帳」PHP研究所　2002

Deurloo, Bart　ドゥーロー, バート
国オランダ　体操選手

Deus Lima, Manuel De　デウスリマ, マヌエル
国サントメ・プリンシペ　天然資源・環境相

Deusser, Daniel　ドイザー, ダニエル
国ドイツ　馬術選手

Deutermann, Peter T.　デューターマン, P.T.
1941〜　圏「闇の狩人を撃て」二見書房　2003

Deutsch, Danica　ドイッチュ, ダニカ
圏「アドラーの思い出」創元社　2007

Deutsch, David　ドイッチュ, デイヴィッド
1953〜　圏「無限の始まり」インターシフト, 合同出版（発売）2013

Deutsch, Erwin　ドイチュ, E.
1929〜　圏「ドイツ不法行為法」日本評論社　2008

Deutsch, Jean　ドゥーシュ, ジャン
圏「進化する遺伝子概念」みすず書房　2015

Deutsch, Karl Wolfgang　ドイッチュ, K.W.
1912〜　圏「サイバネティクスの政治理論」早稲田大学出版部　2002

Deutsch, Lorànt　ドゥッチ, ロラン
1975〜　圏「メトロにのって」晋遊舎　2012

Deutsch, Morton　ドイッチ, モートン
1920〜　圏「紛争管理論」日本加除出版　2009

Deutsch, Stacia　ドイッチェ, ステイシア
国ドイチェ, ステーシー　圏「くもりときどきミートボール」メディアファクトリー　2009

Deutscher, Guy　ドイッチャー, ガイ
1969〜　圏「言語が違えば, 世界も違って見えるわけ」インターシフト, 合同出版（発売）2012

Deutscher, Penelope　ドイッチャー, ペネロペ
1966〜　圏「デリダを読む」富士書店　2008

Deutschkron, Inge　ドイチュクローン, インゲ
1922〜　圏「私を救ったオットー・ヴァイト」汐文社　2016

Deutschman, Alan　デウッチマン, アラン
1965〜　圏「スティーブ・ジョブズの再臨」毎日コミュニケーションズ　2001

Deutschmann, David　ドイチマン, デイビッド
圏「フィデル・カストロ20世紀最後の提言」VIENT, 現代書館（発売）2005

Dev, Sontosh Mohan　デブ, サントシュ・モハン
国中央アフリカ　国民和解・政治対話・市民文化振興相

Deva, Bigamudre Chaitanya　デーヴァ, B.C.
圏「楽聖たちの肖像」穂高書店　2001

De Valera, Sile　デバレラ, シル
国アイルランド　芸術・伝統・ゲール語圏・諸島相

Devalier, Warren J.　デバリエ, ウォーレン・J.
圏「日本人のためのMBA（エムビーエ）エッセイインタビューキャリア対策」翔泳社　2010

de Valk, Jeroen　ドフォルク, J.
圏「チェット・ベイカー」現代図書, 星雲社（発売）2005

De Valois, Ninette　ド・バロア, ニネット
1898〜2001　国イギリス　振付師, 元・バレリーナ　英国ロイヤル・バレエ団創立者　本名＝スタナス, エドリス〈Stannus, Edris〉　圏ド・ヴァロラ／ドバロワ, ニネット／ドヴァロワ

Devalve, Seth　ディバルブ, セス
国アメリカ　アメフト選手

Devananda, Douglas　デーワーナンダ, ダグラス
国スリランカ　伝統産業・小規模企業振興相

DeVane, C.Lindsay　ドゥヴェーン, リンゼイ
圏「リタリンを飲むなら, 知っておきたいこと」花風社　2004

Devaney, Adam　デバニー, アダム
圏「いないいないブー」大日本絵画　2003

Devaney, Robert L.　デバニー, ロバート・L.
1948〜　圏ドゥヴェイニー, ロバート・L.　圏「カオス力学系の基礎」ピアソン・エデュケーション　2007

Devan Nair, Chengara Veetil　デバン・ナイア, C.V.
1923〜2005　国シンガポール　労働運動家, 政治家　シンガポール大統領, シンガポール全国労働組合会議書記長　圏デバン・ネア／デヴァン・ナイア／デヴァン・ネア

De Vargas, Francisco　デバルガス, フランシスコ
国パラグアイ　内相

De Vasconcelos, José Maria Botelho　デバスコンセロス, ジョゼ・マリア・ボテリョ
国アンゴラ　石油相

DeVault, Christine　デヴォールト, クリスティン
圏「マンガセックスのすべて教えます」白揚社　2002

Devaux, Clément　ドゥヴォー, クレマン
1979〜　圏「よいこととわるいことって, なに？」朝日出版社　2006

Deveaux, Earl　デュボー, アール
国バハマ　環境相

De Vecchi, Pierluigi　デ・ヴェッキ, ピエルルイージ
圏「ミケランジェロ」西村書店　2009

Devedjian, Patrick　デブジャン, パトリック
国フランス　産業担当相　圏ドベジャン, パトリック

Develin, James　デベリン, ジェームス
国アメリカ　アメフト選手

De Venecia, Jose　デベネシア, ホセ
1936〜　国フィリピン　政治家　アジア政党国際会議（ICAPP）議長　フィリピン下院議長　本名＝De Venecia, Jose Claveria Jr.

Devenski, Chris　デベンスキー, クリス
国アメリカ　野球選手

Deventer, Donald R.van　デヴェンター, ドナルド・ヴァン
1951〜　圏「信用リスクモデル入門」東洋経済新報社　2007

Deveraux, Jude　デヴロー, ジュード
圏「誘惑は夜明けまで」二見書房　2016

Deverell, Doré　デヴェレル, ドレ
1923〜　圏「闇に光を見出して」イザラ書房　2008

Deverell, Julian　デバレル, ジュリアン
圏「ポップアップ・シー」大日本絵画　〔2002〕

Deverell, Richard　デバレル, リチャード
圏「ポップアップ・きょうりゅう」大日本絵画　〔2002〕

Devers, Rafael　ディーバス, ラファエル
国ドミニカ共和国　野球選手

Deverson, Martine　ドベルソン, マルティヌ
国ハイチ共和国　観光相

Devetzi, Hrysopiyi　デベツィ
国ギリシャ　陸上選手

Devey, Jordan　デビー, ジョーダン
国アメリカ　アメフト選手

Devi, Indra　デビ, インドラ
1899〜2002　国アメリカ　ヨガ行者, 元・女優　本名＝Peterson, Eugenie Vasilievna

Devi, Phoolan　デビ, プーラン
？〜2001　国インド　政治家　インド下院議員　圏デヴィ, プーラン

De Vido, Julio　デビド, フリオ
　国アルゼンチン　企画・公共投資相
De Villa, Renato　デビリヤ, レナト
　国フィリピン　官房長官
Deville, Nancy　ドヴィル, ナンシー
　著「疲れることに疲れたら」ネコ・パブリッシング　2003
Deville, Patrick　ドヴィル, パトリック
　1957～　国フランス　作家　愛ドゥヴィル, パトリック
De Villepin, Dominique　ド・ヴィルパン, ドミニク
　1953～　国フランス　外交官　フランス首相　本名＝De Villepin, Dominique Marie François René Galouzeau　愛ド・ヴィルパン, ドミニック／ドビルパン, ドミニク
De Villiers, Jean　デヴィリアス, ジャン
　国南アフリカ　ラグビー選手
De Villiers, Marq　ド・ヴィリエ, マルク
　著「ウォーター」共同通信社　2002
De Vincenti, Claudio　デビンチェンティ, クラウディオ
　国イタリア　官房長官
De Vincentiis, Fiammetta Positano　ディ・ヴィンチェンティス, フィアンメッタ・ポジターノ
　1921～　著「二隻のイタリア巡洋艦」中川義昭　2013
Devincentis, D.V.　デヴィンセンティス, D.V.
　著「ハイ・フィデリティ」新潮社　2001
Devine, Angela　ディヴァイン, アンジェラ
　著「喝采をあびて」ハーレクイン　2001
Devine, Carol　ディヴァイン, キャロル
　著「愛は落札ずみ」ハーレクイン　2007
Devine, Dan　デバイン, ダン
　?～2002　国アメリカ　アメリカンフットボール監督
Devine, Elizabeth　ディヴァイン, E.
　著「20世紀思想家事典」誠信書房　2001
Devine, Thea　ディヴァイン, シーア
　著「暗闇のゲーム」ハーレクイン　2001
Devine, Tony　ディヴァイン, トニー
　著「「人格教育」のすすめ」コスモトゥーワン　2003
DeVita, Carol J.　デビータ, キャロル・J.
　著「NPOと政府」ミネルヴァ書房　2007
De Vita, Sharon　デ・ヴィータ, シャロン
　著「シークとの取り引き」ハーレクイン　2004
DeVita, Vincent T., Jr.　デヴィータ, ビンセント・T., Jr.
　1935～　著「デヴィータがんの分子生物学」メディカル・サイエンス・インターナショナル　2012
DeVito, Basil V., Jr.　デヴィート, ベイシル・V., Jr.
　著「WWEレッスルマニアオフィシャル・インサイダーストーリー」角川書店　2003
DeVito, Chris　デヴィート, クリス
　著「ジョン・コルトレーン インタヴューズ」シンコーミュージック・エンタテイメント　2011
DeVito, Danny　デ・ビート, ダニー
　1944～　国アメリカ　俳優, 映画監督, 映画プロデューサー　本名＝DeVito, Daniel Michael Jr.　愛デヴィート, ダニー
Devjatiarov, Mickail Jun.　デフジャティアロフ
　国ロシア　クロスカントリースキー選手
Devkota, Upendra　デブコタ, ウペンドラ
　国ネパール　保健相兼科学技術相
Devlieger, Patrick　デヴリーガー, パトリック
　著「障害と文化」明石書店　2006
Devlin, Dean　デヴリン, ディーン
　著「バミューダ・トライアングル」エンターブレイン　2007
Devlin, Delilah　デブリン, デリラ
　著「テキサスの夜に抱かれて」早川書房　2011
Devlin, Es　デヴリン, エス
　ローレンス・オリヴィエ賞 装置デザイン賞（2015年（第39回））ほか
Devlin, John　デヴリン, ジョン
　著「イングランドプレミアシップユニフォームヒストリーカタログ」枻出版社　2006
Devlin, Keith J.　デブリン, キース
　1947～　愛デブリン, キース・J.　著「スタンフォードが最初に教える本当の答えを見抜く力」徳間書店　2013
Devlin, Thomas M.　デブリン, T.M.
　著「デブリン生化学」丸善出版　2012
Devold, Kristin Krohn　デーボル, クリスティン・クローン
　国ノルウェー　国防相
Devold, Simon Flem　デーヴォル, シーモン・フレム
　1929～　著「大人になったら失われてしまうもの」青山出版社

2002
Devon, Georgina　デボン, ジョージーナ
　1952～　著「ふたりの愛人」ハーレクイン　2010
Devonish, Marlon　デボニッシュ
　国イギリス　陸上選手
DeVorkin, David H.　デボーキン, デビッド
　1944～　著「ビジュアルハッブル望遠鏡が見た宇宙」日経ナショナルジオグラフィック社, 日経BPマーケティング（発売）　2011
Devos, Betsy　デボス, ベッツィ
　国アメリカ　教育長官
Devos, Emmanuelle　ドゥヴォス, エマニュエル
　セザール賞 主演女優賞（第27回（2001年））　"Sur mes lèvres"
Devos, Jodie　ドゥヴォス, ジョディ
　国ベルギー　エリザベート王妃国際コンクール 声楽 第2位（2014年）
Devos, Richard　デボス, リッチ
　国アメリカ　オーランド・マジックオーナー　愛デヴォス, リチャード・M.
De Vosjoli, Philippe　ド・ヴォージョリ, フィリップ
　著「ヒョウモントカゲモドキマニュアル」一剣堂　2012
DeVoto, Mark　デヴォート, マーク
　1940～　著「ピストン／デヴォート和声法」音楽之友社　2006
Devoyon, Pascal　ドゥヴァイヨン, パスカル
　1953～　国フランス　ピアニスト　ベルリン国立芸術大学教授
Devreese, Frederic　ドゥヴリース, フレデリック
　1929～　著「ヴァイオリンとギターのためのディヴェルティメンティ・ア・デュエ」現代ギター社　2001
De Vries, Brian　ドゥ・フリース, B.
　著「人生の終焉」北大路書房　2005
De Vries, Jan　ド・フリース, J.
　1943～　著「最初の近代経済」名古屋大学出版会　2009
DeVries, Kelly　デヴリース, ケリー
　著「戦闘技術の歴史」創元社　2009
De Vries, Klaas　デフリース, クラース
　国オランダ　内相
de Vries, Sophia　デ・フリース, ソフィア
　著「アドラーの思い出」創元社　2007
De Vrij, Stefan　デ・フライ, ステファン
　国オランダ　サッカー選手
DeVrye, Catherine　デブリー, キャサリン
　著「…動物園だった。」PHPエディターズ・グループ, PHP研究所（発売）　2002
Devyatovskiy, Maxim　デビアトフスキ
　国ロシア　体操選手
Devyatovskiy, Vadim　デビヤトフスキー
　国ベラルーシ　陸上選手
Devynck, Thierry　ドゥヴァンク, ティエリー
　著「レイモン・サヴィニャック」ピエ・ブックス　2006
Dewa, Eri　デワ, エリ
　国日本　ファエンツァ国際陶芸展大賞（2011年）　漢字名＝出和絵理
De Waal, Edmund　ドゥ・ヴァール, エドマンド
　1964～　愛ドゥ・ヴァール, エドモンド　著「琥珀の眼の兎」早川書房　2011
de Waal, Frans B.M.　ドゥ・ヴァール, フランス
　1948～　国オランダ　動物行動学者　エモリー大学心理学部教授　愛デ・ヴァール／ド・ヴァール
De Waart, Edo　デ・ワールト, エド
　1941～　国オランダ　指揮者　香港フィルハーモニー管弦楽団芸術監督・首席指揮者　シドニー交響楽団芸術監督・首席指揮者　愛デ・ヴァールト, エド
Dewachter, Michel　ドヴァシュテール, ミシェル
　著「ヒエログリフの謎をとく」創元社　2001
Dewael, Patrick　デワール, パトリック
　国ベルギー　副首相兼内相　愛デュワル, パトリック
DeWalt, Benjamin　デウォルト, ベンジャミン
　著「Marilyn Monroe」マガジンランド　2012
Dewar, Andrew　デュアー, アンドリュー
　著「日食が観測できる本」二見書房　2012
Dewdney, A.K.　デュードニー, A.K.
　1941～　著「科学者と数学者が頭をかかえる8つの難問」青土社　2008
Dewe, Philip　デューイ, P.
　愛ディユー, P.　著「ストレスの心理学」北大路書房　2006
de Weck, Olivier L.　デ・ヴェック, オリヴィエ・L.
　著「エンジニアリングシステムズ」慶応義塾大学出版会　2014
Dewes, Kate　デュース, ケイト

㊄「非核と先住民族の独立をめざして」現代人文社, 大学図書（発売）2001
Dewey, Ariane デューイ, アリアンヌ
1937～ ㊄「カモさん, なんわ？」徳間書店 2012
Dewhurst, Stephen C. デューハスト, ステファン・C.
㊄「C++標準的コーディング技法」日経BPソフトプレス, 日経BP出版センター（発売）2005
De Wijs, Jordy デ・ワイス, ヨルディ
㊄オランダ サッカー選手
De Windt, Reginald デビント, レギナルド
1983～ 柔道選手
Dewis, Glyn デウィス, グリン
㊄「Photoshop」ボーンデジタル 2016
Dewit, Andrew デウィット, アンドリュー
1959～ ㊄「環境エネルギー革命」アスペクト 2007
DeWitt, Dave デ・ウィット, デイヴ
㊄「ルネサンス料理の饗宴」原書房 2009
Dewitt, Lincoln デウィット
㊄アメリカ スケルトン選手
deWitt, Patrick デウィット, パトリック
1975～ ㊄カナダ 作家 ㊄文学
Dewitt, William O., Jr. デウィット, ウィリアム, Jr.
㊄アメリカ セントルイス・カーディナルスオーナー
de Wolfe, Patricia デ・ウォルフ, P.
㊄「看護とヘルスケアの社会学」医学書院 2005
De Woot, Emma ド・ウート, エマ
1960～ ㊄「ちび魔女さん」ひさかたチャイルド 2011
Dewsbury, Ryan デュースバリー, ライアン
㊄「Google Web Toolkitアプリケーション」ピアソン・エデュケーション 2008
Dexter, Brad デクスター, ブラッド
1917～2002 ㊄アメリカ 俳優, 映画製作者
Dexter, Colin デクスター, コリン
㊄「悔恨の日」早川書房 2002
Dexter, Pete デクスター, ピート
1943～ ㊄「ペーパーボーイ」集英社 2013
Deyalsingh, Terrence デヤルシン, テレンス
㊄トリニダード・トバゴ 保健相
Deybe, Daniel デイビー, ダニエル
㊄「持続可能な農業と環境」食料・農業政策研究センター, 農山漁村文化協会（発売）2001
Deygas, Florence デガ, フローランス
オタワ国際アニメーション映画祭 ステーションIDまたはタイトルシークエンス(2004年) "Catch Me If You Can"〔のタイトルシークエンス〕〈アメリカ/イギリス〉
Deyne, Wim de デデイン
㊄ベルギー ショートトラック選手
Deyo, Richard A. ディヨ, リチャード・A.
㊄「Primary care collection from The New England journal of medicine」南江堂 2002
Deysel, Johan デイゼル, ヨハン
㊄ナミビア ラグビー選手
Deyverson デイヴェルソン
㊄ブラジル サッカー選手
Dezei, Bayan デゼイ, バヤン
㊄イラク 住宅建設相
De Zirkoff, Boris デ・ジルコフ, ボリス
㊄「ベールをとったイシス」竜王文庫 2015
de Zoysa, Tilak デ・ソイザ, ティラック
㊄スリランカ スリランカ中央銀行金融政策委員会委員, 元・スリランカ・日本友好協会会長, アソシエイティッド・モーターウェイズ社副会長兼社長
De Zurko, Edward Robert デ・ザーコ, エドワード・R.
㊄「機能主義理論の系譜」鹿島出版会 2011
al-Dhaheri, Hadef bin Jawa'an ダーヒリ, ハーディフ・ビン・ジャワーン
㊄アラブ首長国連邦 法相 ㊄ダーヒリ, ハーディフ・ビン・ジュアーン
al-Dhahiri, Muhammad Nukhaira ダーヒリ, ムハンマド・ヌハイラ
㊄アラブ首長国連邦 司法相
Dhakal, Ek Nath ダカル, エクナト
㊄ネパール 協同組合・貧困撲滅相
Dhakal, Tanka ダカル, タンカ
㊄ネパール 情報通信相
Dhaliwal, Herb ダリワル, ハーブ
㊄カナダ 天然資源相

Dhami, Narinder ダミ, ナリンダー
㊄「ベッカムに恋して」角川書店 2003
Dhammananda, K.Sri ダンマナンダ, K.スリ
1919～2006 ㊄「Why worry！」日本テーラワーダ仏教協会 2007
Dhar, Mainak ダル, マイナク
㊄インド 作家 ㊄SF
D'Harcourt, Claire ダルクール, クレール
㊄「アート・アップ・クロース」フレックス・ファーム 2007
Dhareshwar, Ashok ダレシュワー, アショク
㊄「経済成長の「質」」東洋経済新報社 2002
d'Harnoncourt, Anne ダノンコート, アン
？～2008 アメリカ 美術史家 フィラデルフィア美術館館長
Dhennin, Didier ダナン
㊄フランス 馬術選手
D'Heur, Valérie ダール, ヴァレリー
1969～ ㊄「くもをおいかけてごらん, ピープー」文渓堂 2007
Dhiabu, Tarek ディアブ, タレク
㊄チュニジア 青少年・スポーツ相
Dhieu Dau, Stephen ディエウ・ダウ, スティーブン
㊄南スーダン 財務・経済計画相
Dhieu Mathok, Diing ディエウ・マソック, ディーン
㊄南スーダン エネルギー相
Dhindsa, Sukhdev Singh ディンドサ, スクデブ・シン
㊄インド 化学・肥料相
Dhir, Krishna S. ディア, クリシナ・S.
㊄「大学学部長の役割」中央経済社 2011
Dhoinine, Ikililou ドイニン, イキリル
1962～ ㊄コモロ 政治家 コモロ大統領 ㊄ドイニン, イキリロウ
D'Hooge, R. ドゥーヘ, R.
㊄「偽薬効果」春秋社 2002
Dhoore, Jolien ドール, ヨリエン
㊄ベルギー 自転車選手 ㊄ドーレ
Dhuhulow, Mustafa Sheikh Ali ドゥフロウ, ムスタファ・シェイク・アリ
㊄ソマリア 農業・水・土地開発相
Dhuibhne, Éilis Ní グウィヴナ, エリシュ・ニ
㊄「レディたちのフィンバーズ・ホテル」東京創元社 2001
Dhungyel, D.N. ドンゲル, D.N.
㊄ブータン 情報通信相
Dhunnoo, Mayuri ドゥノー, マユリ
㊄「食品の機能性表示と世界のレギュレーション」薬事日報社 2015
Dhuoda ドゥオダ
㊄「母が子に与うる遺訓の書」知泉書館 2010
Dhussa, Ramesh C. ドゥサ, ラメシュ・C.
㊄「インド」ほるぷ出版 2008
Dia, Bacar ディア, バカル
㊄セネガル スポーツ相
Dia, Haoua ディア, ハウア
㊄セネガル 議会担当相
Dia, Oumar Khassimou ディア, ウマル・カシム
㊄セネガル 国外在留者相
Diab, Assad ディアブ, アサド
㊄レバノン 社会問題相
Diab, Hassan ディアブ, ハッサン
㊄レバノン 教育相
Diab, Rabiha ディアブ, ラビハ
㊄パレスチナ 女性問題担当相
Diabate, Fatoumata Guindo ディアバテ・ファトゥマタ・ギンド
㊄マリ 内閣官房長官
Diabate, Mamadou ジャバテ, ママドゥ
グラミー賞 最優秀トラディショナル・ワールド・ミュージック・アルバム(2009年(第52回)) "Douga Mansa"
Diabaté, Toumani ジャバテ, トゥマニ
㊄マリ グラミー賞 最優秀トラディショナル・ワールド・ミュージック・アルバム(2010年(第53回)) ほか
Diaby, Abdoulay ディアビ, アブドゥレイ
㊄マリ サッカー選手
Diaby, Abdoulaye Cherif ディアビ, アブドゥラエ・シェリフ
㊄ギニア 保健・公衆衛生相
Diaby, Kalifa Gassama ディアビ, カリファ・ガサマ
㊄ギニア 国民統合・市民権相
Diaby, Moustapha Mamy ディアビー, ムスタファ・マミー
㊄ギニア 通信・郵便・情報技術相

Diaconescu, Cristian ディアコネスク, クリスティアン
[国]ルーマニア 外相
Diaconis, Persi ダイアコニス, パーシ
[著]「数学で織りなすカードマジックのからくり」 共立出版 2013
Diaconu, Eusebiu Iancu ディアコヌ
[国]ルーマニア レスリング選手
Diaconus, Paulus ディアコヌス, パウルス
[著]「ランゴバルドの歴史」 知泉書館 2016
Diacu, Florin ディアク, フロリン
1959〜 [異]ディアク, F. [著]「科学は大災害を予測できるか」 文芸春秋 2012
Diagne, Assne ディアニュ, アサン
[国]セネガル 都市化・国土整備相
Diagne, Fallou ディアニェ, ファル
[国]セネガル サッカー選手
Diagne, Modou Fada ディアーニュ, モドゥ・ファダ
[国]セネガル 青年相
Diagne, Moussa ディアニュ, モウザ
[国]セネガル バスケットボール選手
Diakité, Hadja Diaka ディアキテ, ハジャ・ディアカ
[国]ギニア 社会問題・女性・児童地位向上相
Diakite, Issa ディアキテ, イッサ
[国]コートジボワール 国土相
Diakite, Koumba ディアキテ, クンバ
[国]ギニア 観光・ホテル・手工業相
Diakité, Modibo ディアキテ, モディボ
[国]マリ 労働・公務相
Diakite, Moussa Balla ディアキテ, ムーサ・バラ
[国]マリ 青年・スポーツ相
Diakite, Naby ディアクテ, ナビ
[国]ギニア 地方分権・地方開発相
Diakite, Sékou ディアキテ, セク
[国]マリ 社会発展・連帯・高齢者相 [異]ディアキテ, セコ
Diakite, Souleymane ディアキテ, スリマン
[国]コートジボワール 広報相
Diakite, Sylla Koumba ディアキテ, シラ・クンバ
[国]ギニア 観光相
Dial, Quinton ディアル, クイントン
[国]アメリカ アメフト選手
Diallo, Abdou ディアロ, アブドゥ
[国]フランス サッカー選手
Diallo, Abdoulaye Daouda ジャロ, アブドゥライ・ダウダ
[国]セネガル 内務・公安相
Diallo, Abdourahmane ディアロ, アブドゥラマヌ
[国]ギニア 保健相
Diallo, Ahmadou Abdoulaye ディアロ, アハマドゥ・アブドゥラエ
[国]マリ 産業・投資・商業相
Diallo, Ahmed el Madani ジャロ, アーメド・エル・マダニ
[国]マリ 農村開発相
Diallo, Aisattou Bella ディアロ, アイサトゥ・ベラ
[国]ギニア 情報相
Diallo, Aliou ディアロ, アリウ
[国]ギニア 運輸相
Diallo, Alpha ディアロ, アルファ
[国]ギニア 労働・行政改革・公務相
Diallo, Alpha Ousmane ディアロ, アルファ・ウスマン
[国]ギニア 都市計画・住宅相
Diallo, Anthony ディアロ, アンソニー
[国]タンザニア 家畜開発相
Diallo, Bailo Téliwel ディアロ, バイロ・テリウェル
[国]ギニア 高等教育・科学研究相
Diallo, Boubacar Yacine ディアロ, ブバカル・ヤシン
[国]ギニア 情報相
Diallo, Cellou Dalein ディアロ, セル・ダーレン
[国]ギニア 首相
Diallo, Cheick ディアロ, シェイク
[国]マリ バスケットボール選手
Diallo, Dédia Mahamane Kattra ディアロ・デディア・マハマヌ・カトゥラ
[国]マリ 雇用・職業訓練相
Diallo, Diarra Mariam Flantié ディアロ, ディアラ・マリアム・フランティエ
[国]マリ 通信・新技術相
Diallo, Dioubate Binta ディアロ, ディウバテ・ビンタ
[国]ギニア 水力・エネルギー相
Diallo, Fatoumata Binta ディアロ, ファトマタ・バンタ
[国]ギニア 産業・中小企業相
Diallo, Kalidou ディアロ, カリドゥ
[国]セネガル 初等・中等教育・国語相
Diallo, Kanny ディアロ, カニー
[国]ギニア 計画・国際協力相
Diallo, Korka ディアロ, コルカ
[国]ギニア 商工相
Diallo, Madeleine Ba ディアロ・マドレーヌ・バ
[国]マリ 畜産・漁業相
Diallo, Mamadou Cellou ディアロ, ママドゥ・セル
[国]ギニア 計画・協力相
Diallo, Mamadou Korka ディアロ, ママドゥ・コルカ
[国]ギニア 畜産相
Diallo, Mamadou Saliou ディアロ, ママドゥ・サリウ
[国]ギニア 保健相
Diallo, Mamadou Youba ディアロ, ママドゥ・ユバ
[国]ニジェール 高等教育・科学研究相
Diallo, N'Diaye Ramatoulaye ジャロ, ヌジャイ・ラマトゥライ
[国]マリ 文化相
Diallo, Salif ディアロ, サリフ
[国]ブルキナファソ 農業・水産資源相
Diallo, Sambel Bana ジャロ, サンベル・バナ
[国]マリ 国土整備・人口相
Diallo, Sidibe Aminata ディアロ, シディベ・アミナタ
[国]マリ 識字教育・国語相
Diallo, Téliwel Bailo ディアロ, テリウェル・バイロ
[国]ギニア 高等教育・科学研究相
Diallo, Thierno Habib ディアロ, ティエルノ・ハビブ
[国]ギニア 水力・エネルギー相
Diallo, Thierno Ousmane ディアロ, ティエルノ・ウスマン
[国]ギニア ホテル業・観光・手工業相
Diallo, Tierno Amadou Omar Hass ジャロ, ティエルノ・アマドゥ・オマル・ハス
[国]マリ 宗務・信仰相
Diallo, Yaia ディアロ, ヤイア
[国]ギニアビサウ 外相
Diamand, Emily ダイアモンド, エミリー
[国]イギリス 作家 [専]児童書, ファンタジー
Diamandis, Peter ディアマンディス, ピーター
[国]アメリカ 起業家 [異]ディアマンディス, ピーター・H.
Diamant, Anita ディアマント, アニータ
1951〜 [著]「赤い天幕」 早川書房 2001
Diamanti, Alessandro ディアマンティ, アレッサンドロ
[国]イタリア サッカー選手
Diamanti, Paula Ann ディアマンティ, ポーラ・アン
[国]ニュージーランド 元・在英国日本国大使館現地職員
Diamantidis, Yannis ディアマンティディス, ヤニス
[国]ギリシャ 海事・島しょ・漁業相
Diamantopoulou, Anna ディアマントプル, アンナ
[国]ギリシャ 教育・宗教相
Diamond, Cora ダイアモンド, コーラ
1937〜 [著]「ウィトゲンシュタインの講義」 講談社 2015
Diamond, David ダイアモンド, デビッド
1952〜 [異]ダイアモンド, デヴィッド / ダイヤモンド, デイビッド [著]「ニューノーマル」 東洋経済新報社 2008
Diamond, David J. ダイアモンド, デービット・J.
[著]「子守唄が唄いたくて」 バベルプレス 2007
Diamond, Diana ダイアモンド, ダイアナ
[著]「カンヌ、羨望の陰で」 ヴィレッジブックス, ソニー・マガジンズ(発売) 2007
Diamond, Hanna ダイアモンド, ハンナ
1962〜 [著]「脱出」 朝日新聞出版 2008
Diamond, Harvey ダイアモンド, ハーヴィー
1945〜 [著]「からだの力が目覚める食べ方」 ディスカヴァー・トゥエンティワン 2012
Diamond, Ian ダイアモンド, I.
[著]「現代イギリスの政治算術」 北海道大学図書刊行会 2003
Diamond, Jacqueline ダイアモンド, ジャックリーン
[著]「シークの復讐」 ハーレクイン 2010
Diamond, Jared ダイアモンド, ジャレド
1937〜 [国]アメリカ 進化生物学者 カリフォルニア大学ロサンゼルス校教授 [専]生物地理学, 生理学, 人類史ほか 本名＝ダイアモンド, ジャレド・メイスン〈Diamond, Jared Mason〉
Diamond, Jed ダイアモンド, ジェド
1943〜 [著]「男の更年期」 新潮社 2002

Diamond, Jessica Z. ダイヤモンド, ジェシカ・Z.
　憲「オードリー・ヘップバーン・トレジャーズ」講談社　2006
Diamond, Larry Jay ダイアモンド, L.J.
　1951〜　憲「シビリアン・コントロールとデモクラシー」刀水書房　2006
Diamond, Louise ダイヤモンド, ルイーズ
　1944〜　憲「平和への勇気」コスモス・ライブラリー, 星雲社（発売）　2002
Diamond, Marilyn ダイアモンド, マリリン
　憲「フィット・フォー・ライフ」グスコー出版　2006
Diamond, Martha Ourieff ダイアモンド, マーサ・O.
　憲「子守唄が唄いたくて」バベルプレス　2007
Diamond, Michael ダイアモンド, マイケル
　1972〜　国オーストラリア　射撃選手　本名＝Diamond, Michael Constantine　訳ダイヤモンド, マイケル
Diamond, Peter A. ダイアモンド, ピーター
　1940〜　国アメリカ　経済学者　マサチューセッツ工科大学教授
　件労働市場　訳ダイヤモンド, ピーター
Diamond, Ronald J. ダイアモンド, R.J.
　憲「新薬で変わる統合失調症治療」ライフサイエンス　2003
Diamond, Stuart ダイアモンド, スチュアート
　憲「ウォートン流人生のすべてにおいてもっとトクをする新しい交渉術」集英社　2012
Diamond, Susan ダイアモンド, スーザン
　1961〜　憲「子どもに必要なソーシャルスキルのルールBEST99」黎明書房　2012
Diamond, Timothy ダイアモンド, ティモシー
　憲「老人ホームの錬金術」法政大学出版局　2004
Diané, Mariam Koné ディアネ・マリアム・コネ
　国マリ　畜産・漁業相
Diane, Mohamed ディアネ, モハメド
　国ギニア　国防担当相
Diangana, Grady ディアンガナ, グレイディ
　国イングランド　サッカー選手
Diao, Yi-nan ディアオ・イーナン
　1969〜　国中国　映画監督, 脚本家　漢字名＝刁亦男
Diar, Adoum ディアル, アドゥム
　国チャド　環境・水利相
Diare, Mohamed ディアレ, モハメド
　国ギニア　経済・財務相
Diarra, Bocar Moussa ディアラ, ボカル・ムサ
　国マリ　教育・識字・国語推進相
Diarra, Mamadou ジアラ, ママドゥ
　国マリ　司法・人権・国璽証書相
Diarra, Mamadou Gaoussou ジアラ, ママドゥ・ガウス
　国マリ　投資・民間セクター促進相
Diarra, Mamadou Igor ジアラ, ママドゥ・イゴール
　国マリ　経済・財政相　訳ディアラ, ママドゥ・イゴル
Diarra, Mamdou ディアラ, ママドゥ
　国マリ　エネルギー・水利相
Diarra, Mariam Flantié Diallo ディアラ・マリアム・フランティエ・ディアロ
　国マリ　通信・新技術相
Diarra, Marimantia ディアラ, マリマンティア
　国マリ　計画・国家地域開発相　訳ディアラ, マリマンシア
Diarra, Seydou ディアラ, セイドゥ
　国コートジボワール　首相
Diarrassouba, Souleymane ディアラスバ, スレイマン
　国コートジボワール　商業・手工業・中小企業振興相
Dias, António Álvaro Da Graça ディアシュ, アントニオ・アルバロ・ダ・グラサ
　国サントメ・プリンシペ　農業・漁業・地方開発相
Dias, Celio ディアス, セリオ
　国ポルトガル　柔道選手
Dias, Cristina ディアス, クリスティナ
　国サントメ・プリンシペ　石油相
Dias, Manoel ジアス, マノエル
　国ブラジル　労働・雇用相
Dias, Orlando ディアス, オルランド
　国カボベルデ　閣僚評議会議長
Dias Abeysinghe, Ian ダイアス・アベイシンハ, イアン
　国スリランカ　元・アジア文化協会（ABKD-AOTS同窓会）会長, 元・日本スリランカ技術文化協会（JASTECA）創設会長
Días-canel Bermúdez, Miguel ディアスカネル・ベルムデス, ミゲル
　国キューバ　国家評議会第1副議長

Dias Júnior, Manuel Hélder Vieira ディアス・ジュニオル, マヌエル・エルデル・ビエイラ
　国アンゴラ　武官長
Diasseny, Dorank Assifat ディアセニ, ドランク・アシファト
　国ギニア　国防相
Diatta, Adama ディアタ, アダマ
　国セネガル　レスリング選手
Diatta, Christhian Sina ジャタ, クリスチャン・シナ
　国セネガル　バイオ燃料・再生可能エネルギー・科学研究相
Diatta, Faustin ディア, フォスタン
　国セネガル　スポーツ相
Diaw, Boris ディアーオウ, ボリス
　国フランス　バスケットボール選手
Diaw, Diakaria ジャオ, ザカリア
　国セネガル　公務員・雇用相
Diawara, Amadou ディアワラ, アマドゥ
　国ギニア　サッカー選手
Diawara, Cheickna Seydi Ahamady ジャワラ, シェイクナ・セイディ・アハマディ
　国マリ　鉱山相
Diay, Mokhtar Ould ジャイ, モフタール・ウルド
　国モーリタニア　経済・財務相
Diaz, Aledmys ディアズ, アレドミーズ
　国キューバ　野球選手
Diaz, Antonello Madau ディアツ, アントネッロ・マダウ
　憲「オペラと美しき女性たち展」NHKプロモーション　c2001
Diaz, Cameron ディアス, キャメロン
　1972〜　国アメリカ　女優　本名＝Diaz, Cameron Michelle
Díaz, Danilo ディアス, ダニロ
　国ドミニカ共和国　スポーツ・レクリエーション相
Diaz, David ディアス, ディヴィッド
　憲「スモーキーナイト」岩崎書店　2002
Diaz, Edwin ディアス, エドウィン
　国プエルトリコ　野球選手
Diaz, Einar ディアス, エイナー
　国アメリカ　ボルティモア・オリオールズコーチ
Diaz, Elias ディアス, エリアス
　国ベネズエラ　野球選手
Diaz, Felipe ディアス, フェリペ
　国チリ　臨時代理大使, 参事官
Diaz, Felix ディアス
　国ドミニカ共和国　ボクシング選手
Diaz, Francesca ダイアズ, フランチェスカ
　憲「どうぶつはんたいことばあそび」大日本絵画　2012
Diaz, Gabriela Maria ディアス, マリアガブリエラ
　国アルゼンチン　自転車選手
Diaz, Hidilyn ディアス, ヒディリン
　国フィリピン　重量挙げ選手
Diaz, Ineabelle ディアス
　国プエルトリコ　テコンドー選手
Diaz, Jairo ディアズ, ジャイロ
　国ベネズエラ　野球選手
Diaz, James ディアス, ジェイムズ
　憲「J.K.ローリングの魔法界魔法がとび出す！ ポップアップ・ギャラリー」静山社　2016
Díaz, Javier Antonio ディアス, ハビエル・アントニオ
　国パナマ　保健相
Díaz, José ディアス, ホセ
　国ウルグアイ　内相
Diaz, Jumbo ディアズ, ジャンボ
　国ドミニカ共和国　野球選手
Diaz, Junot ディアス, ジュノ
　1968〜　国アメリカ　作家
Diaz, J.W. ディアス, J.W.
　1949〜　憲「クラップ」角川書店　2001
Diaz, Lena ディアス, リナ
　憲「愛の弾丸にうちぬかれて」二見書房　2016
Díaz, Marcelo ディアス, マルセロ
　国チリ　官房長官
Diaz, Matias ディアス, マティアス
　国アルゼンチン　ラグビー選手
Diaz, Miguel ディアズ, ミゲル
　国ドミニカ共和国　野球選手
Díaz, Miguel Ángel ディアス, ミゲル・アンヘル
　1974〜　憲「ラ・ロハ スペイン代表の秘密」ソル・メディア　2012

D

Diaz, Nivaldo　ディアス
[国]キューバ　ビーチバレー選手
Diaz, Ruben　ディアズ, ルービン
[著]「ヤング・マーベル：リトルアベンジャーズVSリトルX-MEN」ヴィレッジブックス　2015
Díaz, Simón　ディアス, シモン
1928～2014　[国]ベネズエラ　歌手, 作曲家　本名＝Márquez, Simón Díaz
Diaz, Tony　ディアズ, トニー
[国]アメリカ　コロラド・ロッキーズコーチ
Diaz-Abaya, Marilou　ディアス・アバヤ, マリルー
1955～2012　[国]フィリピン　映画監督　[異]ディアズ・アバヤ, マリル / ディアスアバヤ, マリル
Diaz-Balart, Fidel Castro　ディアスバラールト, フィデル・カストロ
1949～　[国]キューバ　科学者　キューバ国家評議会科学顧問, 京都外国語大学名誉教授
Díazcanel Bermúdez, Miguel　ディアスカネル・ベルムデス, ミゲル
[国]キューバ　国家評議会第1副議長, 閣僚評議会第1副議長
Diaz Gomez, Ritter Nobel　ディアス・ゴメス, リッテル・ノベル
[国]パナマ　駐日特命全権大使
Díaz Granados Guida, Sergio　ディアスグラナドス・ギダ, セルヒオ
[国]コロンビア　商業・産業・観光相
Díaz Lobo, Alberto　ディアス・ロボ, アルベルト
[国]ホンジュラス　副大統領
Díaz-Ortiz, Claire　ディアス＝オーティス, クレア
1982～　[著]「社会を動かす、世界を変える」阪急コミュニケーションズ　2012
Diaz Robertti, Jose Daniel　ディアスロベルディ, ホセダニエル
[国]ベネズエラ　レスリング選手
Díaz Rúa, Víctor　ディアス・ルア, ビクトル
[国]ドミニカ共和国　公共事業・通信相
Díaz Sotolongo, Roberto　ディアス・ソトロンゴ, ロベルト
[国]キューバ　法相
Diaz Suarez, Adolfo　ディアス・スアレス, アドルフォ
[国]キューバ　閣僚評議会副議長
Dibaba, Genzebe　ディババ, ゲンゼベ
[国]エチオピア　陸上選手
Dibaba, Mare　ディババ, マレ
[国]エチオピア　陸上選手
Dibaba, Tirunesh　ディババ, ティルネッシュ
1985～　[国]エチオピア　陸上選手　[異]ディババ, ティルネシュ
Di Bartolomeo, Mars　ディバルトロメオ, マルス
[国]ルクセンブルク　保健相兼社会保障相
Dibben, Damian　ディベン, ダミアン
[国]イギリス　作家, 脚本家　[専]児童書, SF
Dibben, Nicola　ディベン, ニコラ
[著]「音楽アイデンティティ」北大路書房　2011
Dibble, Peter　ディブル, ピーター・C.
[著]「リアルタイムJavaプログラミング」ピアソン・エデュケーション　2003
Dibdin, Michael John　ディブディン, マイケル
1947～2007　[国]イギリス　作家　[異]ディブディン, M. / ディブディン, マイクル
Dibowski, Andreas　ディボウスキ
[国]ドイツ　馬術選手
Diby, Charles Koffi　ディビ, シャルル・コフィ
[国]コートジボワール　外相
DiCamillo, Kate　ディカミロ, ケイト
1964～　[国]アメリカ　作家　[専]児童書
DiCaprio, Leonardo　ディカプリオ, レオナルド
1974～　俳優　本名＝DiCaprio, Leonardo Wilhelm
Di Carli, Marco　ディカルリ
[国]ドイツ　競泳選手
Dicciani, Nance K.　ディキアニ, ナンス
[国]アメリカ　実業家　スペシャルティ・マテリアルズ社長・CEO, ハネウェル・インターナショナル社長・CEO
Di Centa, Giorgio　ディ・チェンタ, ジョルジョ
1972～　[国]イタリア　スキー選手
Dichristina, Mariette　ディクリスティナ, マリエッテ
[著]「サイエンスライティング」地人書館　2013
Dichter, Avi　ディヒテル, アビ
[国]イスラエル　民間防衛担当相
Dichy, Albert　ディシィ, アルベール
1952～　[著]「公然たる敵」月曜社　2011
DiCicco, Sue　ディシコ, スー
[著]「プーさんの「うそつきはだ～れ！」」新和, たちばな出版(発売)〔2001〕
Dicillo, Tom　ディチロ, トム
監督　グラミー賞 最優秀長編ビデオ作品（2010年（第53回））“When You're Strange”
Dick, Jonathan　ディック, ジョナサン
[著]「Monoプログラミング」アスキー・メディアワークス, 角川グループパブリッシング(発売)　2012
Dick, Walter　ディック, ウォルター
1937～　[著]「インストラクショナルデザインとテクノロジ」北大路書房　2013
Dicke, Thomas S.　ディッキー, トーマス・S.
1955～　[著]「フランチャイジング」まほろば書房　2002
Dickel, Hans　ディッケル, ハンス
[著]「自然の知覚」三元社　2014
Dicken, Leslie　ディケン, レスリー
[著]「美女は野獣を誘惑する」オークラ出版　2011
Dicken, Peter　ディッケン, ピーター
1938～　[著]「グローバル・シフト」古今書院　2001
Dickens, Chris　ディケンズ, クリス
アカデミー賞 編集賞（第81回（2008年））“Slumdog Millionaire”
Dickens, Little Jimmy　ディケンズ, リトル・ジミー
1920～2015　[国]アメリカ　シンガー・ソングライター　本名＝ディケンズ, ジェームズ・セシル〈Dickens, James Cecil〉
Dickens, Peggy　ディケンス
[国]フランス　カヌー選手
Dickenson, Donna　ディケンソン, ドナ
[著]「ボディショッピング」河出書房新社　2009
Dicker, Joël　ディケール, ジョエル
1985～　[国]スイス　作家　[専]文学
Dicker, Katie　ディッカー, ケイティ
[著]「信じられない「原価」」講談社　2015
Dickerson, Alex　ディッカーソン, アレックス
[国]アメリカ　野球選手
Dickerson, Bobby　ディッカーソン, ボビー
[国]アメリカ　ボルティモア・オリオールズコーチ
Dickerson, Chris　ディッカーソン, クリス
[国]アメリカ　野球選手
Dickerson, Corey　ディッカーソン, コリー
[国]アメリカ　野球選手
Dickey, Clyde　ディッキー, クライド
[国]アメリカ　元・シカゴ日米協会理事長
Dickey, Eric Jerome　ディッキー, エリック・ジェローム
[著]「ミルク・イン・コーヒー」角川書店　2002
Dickey, Jean L.　ディッキー, ジーン・L.
[著]「エッセンシャル・キャンベル生物学」丸善出版　2016
Dickey, Lisa　ディッキー, リサ
[著]「未来政府」東洋経済新報社　2016
Dickey, R.A.　ディッキー, RA.
[国]アメリカ　野球選手
Dick-forde, Emily　ディックフォード, エミリー
[国]トリニダード・トバゴ　計画・開発・住宅・環境相
Dickheiser, Michael　ディックハイザー, マイケル
[著]「ゲームプログラマのためのC++」ソフトバンククリエイティブ　2012
Dickie, Iain　ディッキー, イアン
[著]「戦闘技術の歴史」創元社　2013
Dickie, Jim　ディッキー, ジム
[著]「営業チームの強化法」ダイヤモンド社　2007
Dickins, Rosie　ディキンズ, ロージー
[著]「みつけた！ 名画の楽しみ方と描き方」あかね書房　2015
Dickinson, Alasdair　ディッキンソン, アラスデア
[国]スコットランド　ラグビー選手
Dickinson, Bruce　ディッキンソン, ブルース
[国]イギリス　ロック歌手
Dickinson, Frederick R.　ディキンソン, フレドリック・R.
1961～　[著]「大正天皇」ミネルヴァ書房　2009
Dickinson, H.T.　ディキンスン, H.T.
[著]「自由と所有」ナカニシヤ出版　2006
Dickinson, Ian　ディキンソン, イアン
[著]「危機管理ハンドブック」へるす出版　2014
Dickinson, Ian　ディッキンソン, イアン

ローレンス・オリヴィエ賞 音楽デザイン賞（2013年（第37回））
"The Curious Incident Of The Dog In The Night-Time"
Dickinson, Matt ディキンソン, マット
著「エベレスト・ファイル」小学館 2016
Dickinson, Peter ディキンソン, ピーター
1927〜2015 国イギリス 推理作家, ファンタジー作家, 児童文学作家 本名＝Dickinson, Peter Malcolm de Brissac 異ディキンスン, ピーター / ディッキンソン, ピーター
Dickinson, Terence ディキンソン, テレンス
著「ナイトウォッチ」化学同人 2012
Dickinson, Trevor ディキンソン, トレバー
著「キティひめのへんてこなドレス」徳間書店 2009
Dicko, Moustapha ジコ, ムスタファ
国マリ 教育相
Dicko, Oumar Hamadoun ディッコ, ウマル・ハマドゥーン
国マリ アフリカ統合相
Dicks, Andrew ディックス, アンドリュー
著「解説燃料電池システム」オーム社 2004
Dicks, Matthew ディックス, マシュー
国アメリカ 作家 著ミステリー
Dicks, Terrance ディックス, テランス
著「とびきりお茶目な英文学入門」筑摩書房 2001
Dickson, Anne ディクソン, アン
1946〜 著「働く女性のためのアサーティブ・コミュニケーション」クレイン 2009
Dickson, Ed ディクソン, エド
国アメリカ アメフト選手
Dickson, Gary W. ディクソン, ゲイリー
著「新リレーションとモデルのためのIT企業戦略とデジタル社会」ピアソン・エデュケーション 2002
Dickson, Gordon Rupert ディクソン, ゴードン・ルパート
1923〜2001 国アメリカ SF作家 アメリカSF作家協会会長 異ディクスン / ディクソン, ゴードン
Dickson, Helen ディクソン, ヘレン
著「公爵と家なきシンデレラ」ハーパーコリンズ・ジャパン 2016
Dickson, Louise ディクソン, L.
1959〜 著「スポーツ大好き！ な子どもを育てる「62」の方法」西村書店 2009
Dickson, Paul ディクソン, ポール
著「メジャーリーグの書かれざるルール」朝日新聞出版 2010
Dickson, S.A. ディクソン, サラ・オーガスタ
著「万能の薬か高貴な毒か」山愛書院, 星雲社（発売） 2002
DiClemente, Carlo C. ディクレメンテ, カルロ・C.
著「動機づけ面接法」星和書店 2012
DiConsiglio, John ディコンシーリョ, ジョン
著「池上彰のなるほど！ 現代のメディア」文渓堂 2011
Dicum, Gregory ディカム, グレゴリー
著「コーヒー学のすすめ」世界思想社 2008
Dida ジダ
？〜2002 国ブラジル サッカー選手 本名＝Alves de Santa Rosa, Edvaldo
Didato, Salvatore V. ディダート, サルバトーレ・V.
著「自分がわかる909の質問」宝島社 2012
Didavi, Daniel ディダヴィ, ダニエル
国ドイツ サッカー選手
Diddy ディディ
国アメリカ ヒップホップ・ミュージシャン 本名＝コムズ, ショーン
Dideriksen, Amalie ディデリクセン, アマリー
国デンマーク 自転車選手
Didi ジジ
1928〜2001 国ブラジル サッカー選手, サッカー監督 サッカー・ペルー代表監督 本名＝ペレイラ, バウジール〈Pereira, Waldir〉異ディディ / パレイラ, バウジル / ペレイラ, ワルディル
Didi, Ibrahim ディディ, イブラヒム
国モルディブ 漁業・農業相
Didi, Sidi Ould ディディ, シディ・ウルド
国モーリタニア 財務相
Didi-Huberman, Georges ディディ＝ユベルマン, ジョルジュ
1953〜 著「イメージが位置をとるとき」ありな書房 2016
Didion, Joan ディディオン, ジョーン
1934〜 国アメリカ 作家, 脚本家, コラムニスト
Didiza, Angela Thoko ディディサ, アンジェラ・トーコ
国南アフリカ 公共事業相

Di Doménico, Cristina ディ・ドメニコ, クリスティーナ
著「メディチ家の墓をあばく」白水社 2006
DiDonato, Joyce ディドナート, ジョイス
グラミー賞 最優秀クラシック声楽・ソロ（2011年（第54回））
"Diva Divo"
di Donna, Annie ディ・ドンナ, アニー
著「ロジ・コミックス」筑摩書房 2015
Didrickson, Betsy ディドリクソン, ベッツィ
著「鶴の品格」国際鶴財団 2011
Didzbalis, Aurimas ディジバリス
国リトアニア 重量挙げ選手
Die, Serey ディエ, セレイ
国コートジボワール サッカー選手
Dieck, Martin tom ディーク, マルティン・トム
1963〜 著「ハロー, ドゥルーズ！」東北ドイツ文学会・日本独文学会東北支部 2005
Dieckmann, Christoph ディークマン, C.
国ドイツ ビーチバレー選手
Dieckmann, Maijaliisa ディークマン, マイヤリーサ
1934〜 著「暗やみの中のきらめき」汐文社 2013
Diederen, Suzanne ディーデレン, スザンネ
1974〜 著「ぼくとバブーン」ソニー・マガジンズ 2006
Diedrich, Karen K. ディートリヒ, カレン・K
著「幸福な人生をおくる思考術」ディスカヴァー・トゥエンティワン 2002
Diedrich, Monica ディードリッヒ, モニカ
著「ペットのことばが聞こえますか」たま出版 2005
Diego, Gerardo ディエゴ, ヘラルド
著「ロルカと二七年世代の詩人たち」土曜美術社出版販売 2007
Diego Alves ジエゴ・アウヴェス
国ブラジル サッカー選手
Diego Lopez ディエゴ・ロペス
国スペイン サッカー選手
Diego Reyes ディエゴ・レジェス
国メキシコ サッカー選手
Diego Rico ディエゴ・リコ
国スペイン サッカー選手
Diegues, Carlos ディエギス, カルロス
1940〜 国ブラジル 映画監督, 映画評論家 異ジエギス, カルロス
Diehl, Digby ディール, ディグビィ
著「グレース・ケリー写真集」講談社 2009
Diehl, Kay ディール, ケイ
著「グレース・ケリー写真集」講談社 2009
Diehl, Larry ディエル, ラリー
著「Delphi Win32 Graphics APIリファレンス」アスキー 2001
Diekelmann, Nancy L. ディッケルマン, ナンシーL.
異ディーケルマン, ナンシー・L. 著「あなたが患者を傷つけるとき」エルゼビア・ジャパン 2009
Dieken, Connie ディーケン, コニー
1959〜 著「人を動かす3つのスイッチ」主婦の友社 2010
Diekman, Jake ディークマン, ジェイク
国アメリカ 野球選手
Diekmeier, Dennis ディークマイアー, デニス
国ドイツ サッカー選手
Dieltiens, Kristien ディールティエンス, クリスティヌ
著「おとうとのビー玉」大月書店 2008
Diem, Nguyen Khoa ディエム, グエン・コア
国ベトナム 文化・情報相
Dienel, Peter C. ディーネル, ペーター・C.
1923〜2006 著「市民討議による民主主義の再生」イマジン出版 2012
Diener, Alexander C. ディーナー, アレクサンダー・C.
著「境界から世界を見る」岩波書店 2015
Diener, Christian ディーナー, クリスティアン
国ドイツ 水泳選手
Diener, Joan ディーナー, ジョーン
1930〜2006 国アメリカ 女優
Dieng, Gorgui ジェン, ゴーギー
国セネガル バスケットボール選手
Dienstbier, Jiří ディーンストビーア, イジー
1937〜2014 国チェコ 政治家, ジャーナリスト チェコスロバキア外相 異ディーストビール, イジー / ディーンストビール / ディーンスビーア / ディンストビール
Dienstfrey, H. ディーンストフライ, ハリス
著「偽薬効果」春秋社 2002
Dierdonck, Roland Van ディードンク, ローランド・ヴァン

㊤「サービス・マネジメント」ピアソン・エデュケーション 2004
Dierken, Jörg ディールケン, イェルク
㊤「キリスト教の主要神学者」教文館 2014
Dierker, Joachim ダーカー, J.
㊤「診断X線の基礎」オーム社 2004
Diermeier, Daniel ディアマイアー, ダニエル
㊤「『評判』はマネジメントせよ」阪急コミュニケーションズ 2011
Dierssen, Andreas ディールセン, アンドレアス
㊤「ルディのゆうき」ノルドズッド・ジャパン 2003
Diesbrock, Tom ディースブロック, トム
1963〜 ㊤「人はなぜ『死んだ馬』に乗り続けるのか？」アスキー・メディアワークス, 角川グループパブリッシング（発売）2012
Dieschbourg, Carole ディシュブール, カロル
㊨ルクセンブルク 環境相
Diesel, Vin ディーゼル, ヴィン
㊨アメリカ 俳優
Dieterlé, Nathalie ディエテルレ, ナタリー
㊤「ちいさなゼケイよ」大日本絵画 2011
Diethart, Thomas ディートハルト
㊨オーストリア スキージャンプ選手
Diethe, Carol ディース, キャロル
1943〜2013 ㊤「ニーチェと女性たち」風濤社 2015
Diethelm Gerber, Heidi ディーテルムジャーバー, ハイジ
㊨スイス 射撃選手
Dietl, Helmut Max ディートル, ヘルムート・M.
1961〜 ㊤「新制度派経済学による組織入門」白桃書房 2007
Dietrich, Derek ディートリック, デレク
㊨アメリカ 野球選手
Dietrich, Guillermo ディエトリッチ, ギジェルモ
㊨アルゼンチン 運輸相
Dietrich, William ディートリヒ, ウィリアム
1951〜 ㊨アメリカ 作家, ジャーナリスト ㊥歴史, スリラー ㊥ディートリッチ, ウィリアム
Dietsch, Jean-Claude ディーチ, ジャン・クロード
1940〜 ㊤「ペドロ・アルペーイエズス会士の霊的な旅」教友社 2015
Dietz, Adolf ディーツ, アドルフ
㊤「権利管理団体の文化的役割」日本芸能実演家団体協議会実演家著作隣接権センター 2010
Dietz, Steven ディーツ, スティーブン
アメリカ探偵作家クラブ賞 演劇賞（2007年） "Sherlock Holmes: The Final Adventure"
Dietz, Thomas ディーツ, トーマス
㊤「コモンズのドラマ」知泉書館 2012
Dietz, William C. ディーツ, ウィリアム・C.
1945〜 ㊤「ヘイロー」TOブックス 2012
Dietze, Tina ディッツェ, ティナ
1988〜 ㊨ドイツ カヌー選手
Dietzsch, Steffen ディーチュ, シュテフェン
1943〜 ㊤「超越論哲学の次元」知泉書館 2013
Dieudonné, Cléa デュドネ, クレア
1988〜 ㊤「メガロポリス」NHK出版 2016
Dièye, Cheikh Mamadou Abiboulaye ディエイ, シェイク・ママドゥ・アビブライ
㊨セネガル 通信・デジタル経済相
Diez, Gabriel ディエス, ガブリエル
㊨パナマ 住宅相
Diez, Manuel ディエス, マヌエル
1924〜2005 ㊨スペイン 上智大学名誉教授 ㊥イスパニア語, イスパニア思想史
Diez, Thomas ディーズ, トマス
1970〜 ㊤「ヨーロッパ統合の理論」勁草書房 2010
Diez Canseco Terry, Raúl ディエス・カンセコ・テリ, ラウル
㊨ペルー 第1副大統領兼貿易観光相
Díez Hochleitner, Ricardo ディエス=ホフライトネル, リカルド
1928〜 ㊤「見つめあう西と東」第三文明社 2005
Diffenbaugh, Vanessa ディフェンバー, バネッサ
㊨アメリカ 作家 ㊥文学 ㊥ディフェンバー, ヴァネッサ
Di Filippo, Paul ディ・フィリポ, ポール
㊤「エクスプローリング・ザ・マトリックス」小学館プロダクション 2003
Di Fiori, Lawrence ディ・フィオリ, ローレンス
㊤「SOS！あやうし空の王さま号」評論社 2008
Difo, Wilmer ディフォ, ウィルマー
㊨ドミニカ共和国 野球選手
DiFonzo, Nicholas ディフォンツォ, ニコラス
㊤「うわさとデマ」講談社 2011
Di Francesco, Eusebio ディ・フランチェスコ, エウゼビオ
㊨イタリア サッスオーロ監督
Di Francesco, Federico ディ・フランチェスコ, フェデリコ
㊨イタリア サッカー選手
Di Francisca, Elisa ディフランチスカ, エリザ
1982〜 ㊨イタリア フェンシング選手 ㊥ディフランチェスカ, エリーゼ
Di Fulvio, Luca ディ・フルヴィオ, ルカ
1957〜 ㊤「ディオニュソスの階段」早川書房 2007
Digambaram, Palani ディガンバラム, パラニ
㊨スリランカ インフラ・地域開発相
Digard, Didier ディガール, ディディエ
㊨フランス サッカー選手
Digard, Nicolas ディガー, ニコラ
㊤「学校へいきたい！」六耀社 2016
Digby, Anne ディグビー, A.
㊤「社会史と経済史」北海道大学出版会 2007
Digby, Marena ディグビー, マリーナ
㊤「ピラティス・マスタリー」スキージャーナル 2006
Digby, Marie ディグビー, マリエ
1983〜 ㊨アメリカ シンガー・ソングライター
Di Gennaro, Davide ディ・ジェンナーロ, ダヴィデ
㊨イタリア サッカー選手
DiGeorgio, Carmen R. ディジョージオ, カーメン・R.
㊤「結婚テスト」ブックマン社 2005
Diggins, Christopher ディギンズ, クリストファ
㊤「C++クックブック」オライリー・ジャパン, オーム社（発売）2006
Diggins, Jessica ディギンズ
㊨アメリカ クロスカントリースキー選手
Diggle, Andy ディグル, アンディ
㊤「グリーンアロー：イヤーワン」小学館集英社プロダクション 2016
Diggs, Quandre ディッグス, クアンドレ
㊨アメリカ アメフト選手
Diggs, Reggie ディッグス, レジー
㊨アメリカ アメフト選手
Diggs, Stefon ディッグス, ステフォン
㊨アメリカ アメフト選手
Digh, Patricia ダイ, パトリシア
㊤「グローバル・リテラシー」光文社 2001
Dighton, John ダイトン, ジョン
㊤「ローマの休日」ソニー・マガジンズ 2001
DiGiuseppe, Raymond デジサッピ, レイモンド
㊤「論理療法トレーニング」東京図書 2004
Digman, Kristina ディーグマン, クリスティーナ
1959〜 ㊤「ぼくのかわいいおさるちゃん」岩波書店 2010
Digne, Lucas ディニュ, リュカ
㊨フランス サッカー選手
Diguimbaye, Christian Georges ディギンバイエ, クリスティアン・ジョルジュ
㊨チャド 財務・予算相
Diing Akuong, Garang ディン・アクオン, ギャラン
㊨南スーダン 商工投資相
Dijck, Peter Van ディジック, ピーター・ヴァン
㊤「Webデザイナーのための情報アーキテクチャ入門」翔泳社 2005
Dijk, Geke van ダイク, ジーク・ファン
㊤「This is service design thinking.」ビー・エヌ・エヌ新社 2013
Dijk, Willibrord Chr.van デック, W.ヴァン
㊤「フランシスカン・カリスマの誕生」教友社 2008
Dijks, Mitchell ダイクス, ミッチェル
㊨オランダ サッカー選手
Dijk-silos, Jeniffer デイクシロス, ジェニファー
㊨スリナム 司法・警察相
Dijksma, Sharon ダイクスマ, シャロン
㊨オランダ 農相
Dijkstra, Edsger W. ダイクストラ, エッズガー
？〜2002 ㊨オランダ コンピューター科学者 テキサス大学名誉教授 ㊥プログラミング ㊥ダイクストラ, エズガー
Dijkstra, Lida ダイクストラ, リダ
㊤「パレード」コクヨS&T 2008

Dijkstra, M. デイクストラ, M.
　著「エゼキエル書」教文館　2006
Dijkstra, Peter ダイクストラ, ペーター
　1978～　国オランダ　指揮者
Dijkstra, Pieternel ダイクストラ, ピーターナル
　著「ワーク・エンゲイジメント入門」星和書店　2012
Djsselbloem, Jeroen ダイセルブルーム, イェルーン
　1966～　国オランダ　政治家　オランダ財務相, ユーロ圏財務相会合議長　本名＝ダイセルブルーム, イェルーン・ルネ・ヴィクター・アントン〈Dijsselbloem, Jeroen René Victor Anton〉
Dikan, Edgar ディカン, エドガー
　国スリナム　地域開発相
Dikau, Richard ディカウ, R.
　著「GISと地球表層環境」古今書院　2004
Dikec, Yusuf ディケチュ, ユスフ
　国トルコ　射撃選手
Dikiciyan, Aram ディキチャン, アラム
　著「クリエイティブスペース」グラフィック社　2011
Dikkers, Scott ディッカーズ, スコット
　著「毒舌精神科医の愛の言葉」東京書籍　2001
Dikme, Mehmed ディクメ, メフメド
　国ブルガリア　農林相
Diko, Linus ディコ, リナス
　国スリナム　地域開発相
Dikötter, Frank ディケーター, フランク
　1961～　歴史学者　ロンドン大学東洋・アフリカ研究学院教授
Diks, Kevin ダイクス, ケヴィン
　国オランダ　サッカー選手
Dikshit, Sudhakar S. ディクシット, スダカール・S.
　著「私は在る」ナチュラルスピリット　2005
DiLallo, Richard ディラロ, リチャード
　著「クリスマス・ウェディング」ヴィレッジブックス　2012
Dildabekov, Mukhtarkhan ディルダベコフ
　国カザフスタン　ボクシング選手
Dilday, Thaddeus ディルディ, サディアス
　著「ディズニーウィスカー・ヘイブン」KADOKAWA　2016
Dileita, Dileita Mohamed ディレイタ, ディレイタ・モハメド
　国ジブチ　首相
Dilello, Richard ディレロ, リチャード
　著「ビートルズ世界証言集」ポプラ社　2006
Dileo, Cheryl ディレオ, チェリル
　著「振動音響療法」人間と歴史社　2003
Di Leo, Joseph H. ディ・レオ, J.H.
　著「子どもの絵を読む」誠信書房　2002
Diliberto, Oliviero ディリベルト, オリヴィエーロ
　1956～　著「悪魔に魅入られた本の城」晶文社　2004
Dill, Valery ディリ, ワレリー
　国キルギス　副首相（経済・投資担当）
Dillabough, Jo-Anne ディラボー, ジョアンヌ
　1963～　著「グローバル化・社会変動と教育」東京大学出版会　2012
Dillah, Lucienne ディラー, ルシエンヌ
　国チャド　文化相
Dillard, Annie ディラード, アニー
　著「アメリカエッセイ傑作選」DHC　2001
Dillard, Jeanne M. ディラード, J.M.
　著「バレットモンク」竹書房　2004
Dillard, Sarah ディラード, サラ
　著「きらきらねがいぼし」大日本絵画　2004
Dillard, Sherrie ディラード, シェリー
　1958～　著「タイプ別超能力開発法」道出版　2010
Dillard, William T. ディラード, ウィリアム
　1914～2002　国アメリカ　実業家　ディラード創業者　㉑ディラード, ウイリアム
Dillenburger, Karola ディレンバーガー, カローラ
　1956～　著「自閉症児の親を療育者にする教育」二瓶社　2005
Diller, Barry ディラー, バリー
　1942～　国アメリカ　実業家　IAC会長　シルバー・キング・コミュニケーションズ会長
Diller, Phyllis ディラー, フィリス
　1917～2012　国アメリカ　喜劇女優
Dilli, Ahmad ディリ, アハマド
　国イラク　産業相
Dilling, H. ディリング, H.
　著「ICD-10ケースブック」医学書院　2012
Dillman, Erika ディルマン, エリカ

　著「足からキレイになれる本」三笠書房　2001
Dillo, Yaya ディロ, ヤヤ
　国チャド　鉱業・エネルギー相
Dillon, Brian ディロン, ブライアン
　1955～　著「危機管理ハンドブック」へるす出版　2014
Dillon, C.Douglas ディロン, ダグラス
　1909～2003　国アメリカ　銀行家, 外交官, 政治家　米国財務長官, ディロン・リード頭取　本名＝Dillon, Clarence Douglas　㉑ジロン／ディロン, クラレンス
Dillon, Danny ディロン, ダニー
　国アメリカ　アメフト選手
Dillon, Diane ディロン, ダイアン
　世界幻想文学大賞　生涯功労賞（2008年）
Dillon, Edmund ディロン, エドモンド
　国トリニダード・トバゴ　国家安全保障相
Dillon, Glyn ディロン, グリン
　アングレーム国際漫画祭 審査員特別賞（2013年）　"Le Nao de Brown"
Dillon, Jo C. ディロン, ジョー・C.
　著「学校や家庭で教えるソーシャルスキル実践トレーニングバイブル」明石書店　2010
Dillon, Karen ディロン, カレン
　著「イノベーション・オブ・ライフ」翔泳社　2012
Dillon, Katherine V. ディロン, キャサリン・V.
　著「ゾルゲ・東京を狙え」原書房　2005
Dillon, K.J. ディロン, K.J.
　国アメリカ　アメフト選手
Dillon, Leo ディロン, レオ
　1933～2012　国アメリカ　絵本作家, 挿絵画家
Dillon, Matt ディロン, マット
　1964～　国アメリカ　俳優
Dillon, Michelle ディロン
　国イギリス　トライアスロン選手
Dillon, Patricia ディロン, パトリシア・A.
　著「血液クライシス」現代人文社, 大学図書（発売）　2003
Dillon, Roxy ディロン, ロキシー
　著「「ずっと若い体」をつくるロキシープログラム」大和書房　2016
Dillon, Stephanie W. ディロン, ステファニー・W.
　1943～　著「女性のためのセルフ・エスティーム」ヴォイス　2013
Dillon, Thomas ディラン, トム
　著「神様の次に大切なものは海賊デス」East publications　c2001
Dills, Ralph C. ディルズ, ラルフ
　1910～2002　国アメリカ　政治家　カリフォルニア州上院議員, カリフォルニア州下院議員
Dilnot, Andrew ディルノット, A.
　著「統計数字にだまされるな」化学同人　2010
Diiorio, Colleen ディローリオ, コリーン
　著「看護アウトカムの測定」エルゼビア・ジャパン　2006
Dilou, Samir ディロウ, サミール
　国チュニジア　人権・移行期の正義担当相兼政府報道官
Dilts, Robert ディルツ, ロバート
　1955～　著「信じるチカラの、信じられない健康効果」ヴォイス　2015
Diltz, Henry ディルツ, ヘンリー
　著「Unpainted Faces」Pヴァイン・ブックス, スペースシャワーネットワーク（発売）　2012
Dilworth, Lee ディルワース, L.
　著「DB2 UDBパフォーマンス・チューニングガイド」ピアソン・エデュケーション　2001
Dimanche, Jayson ディマンチ, ジェイソン
　国アメリカ　アメフト選手
Dimarco, Federico ディマルコ, フェデリコ
　国イタリア　サッカー選手
Dimarco, Patrick ディマルコ, パトリック
　国アメリカ　アメフト選手
Di Maria, Angel ディ・マリア, アンヘル
　1988～　国アルゼンチン　サッカー選手
DiMarzio, J.F. ディマジオ, ジェローム
　㉑ディマジオ, J.F.　著「初めてのGoogle Androidプログラミング」日経BP社, 日経BP出版センター（発売）　2009
Dimas, Pyrros ディマス
　国ギリシャ　重量挙げ選手
Dimas, Stavros ディマス, スタブロス
　1941～　国ギリシャ　政治家　ギリシャ新民主主義党（ND）副党首　ギリシャ外相, EU欧州委員会委員

DiMattia, Dominic J. ディマティア, ドミニク
　㊗「認知行動療法に学ぶビジネス教育」文教大学出版事業部　2010
Dimebag Darrell ダイムバッグ・ダレル
　1966〜2004　㊨アメリカ　ロックギタリスト　本名＝Abbott, Dimebag Darrell
Dimech, Francis Zammit ディメク, フランシス・ザミット
　㊨マルタ　観光・文化相
Dimeff, Linda A. ディメフ, リンダ・A.
　㊗「弁証法的行動療法の上手な使い方」星和書店　2014
Dimidjian, Sona ディミジアン, ソナ
　㊗「セラピストのための行動活性化ガイドブック」創元社　2013
Dimitri, Simona ディミトリ, シモーナ
　㊗「うちゅうをのぞいてみよう」大日本絵画　〔2016〕
Dimitriadis, Greg ディミトリアディス, グレッグ
　㊗「グローバル化・社会変動と教育」東京大学出版会　2012
Dimitriev, Emil ディミトリエフ, エミル
　㊨マケドニア　首相
Dimitrijević, Bojan ディミトリイェビッチ, ボヤン
　㊨セルビア　通商観光相
Dimitrius, Jo-Ellan ディミトリアス, ジョーエレン
　㊥ディミトリアス, ジョー＝エレン　㊗「この人はなぜ自分の話ばかりするのか」ヴィレッジブックス　2005
Dimitrov, Dimiter ディミトロフ, ディミテル
　㊨ブルガリア　教育・科学技術相
Dimitrov, Grigor ディミトロフ, グリゴル
　㊨ブルガリア　テニス選手
Dimitrov, Petar ディミトロフ, ペタル
　㊨ブルガリア　経済・エネルギー相
Dimitrova, Ghena ディミトローヴァ, ゲーナ
　1941〜2005　㊨ブルガリア　ソプラノ歌手　㊥ディミトローバ, ゲーナ
Dimizas, Constantine ディミーザス, コンスタンティン
　㊗「ハーバードMBA合格者のエッセイを読む」オープンナレッジ　2007
Dimock, Wai-chee ディモック, ワイ・チー
　1953〜　㊥ディモク, ワイ・チー　㊗「階級を再考する」松柏社　2001
Dimon, James ダイモン, ジェームズ
　JPモルガン・チェース
Dimon, Jamie ダイモン, ジェイミー
　1956〜　㊨アメリカ　金融家　JPモルガン・チェース会長・CEO　シティグループ社長　本名＝ダイモン, ジェームズ　〈Dimon, James L.〉
Dimond, Bridgit ダイモンド, B.
　㊗「看護の法的側面」ミネルヴァ書房　2006
Dimov, Vladimir ディモフ, ウラジミル
　㊨マケドニア　保健相
Dimovska, Dosta ディモフスカ, ドスタ
　㊨マケドニア　内相
Dimovski, Ljupcho ディモフスキ, リュプチョ
　㊨マケドニア　農林水資源相
Dimovski, Vlado ディモウスキ, ブラド
　㊨スロベニア　労働・家庭・社会問題相
Dimson, Elroy ディムソン, エルロイ
　1947〜　㊗「証券市場の真実」東洋経済新報社　2003
Dinallo, Gregory S. ディナロ, グレッグ・S.
　1941〜　㊗「秘宝・青銅の蛇を探せ」扶桑社　2005
DiNapoli, Joe ディナポリ, ジョー
　㊗「ディナポリの秘数フィボナッチ売買法」パンローリング　2004
Dinarello, Charles ディナレロ, チャールズ
　㊨アメリカ　クラフォード賞　関節炎（2009年）
Dinçer, Ömer ディンチェル, オメル
　㊨トルコ　国家教育相
Dinchev, Kaloyan ディンチェフ
　㊨ブルガリア　レスリング選手
Dincin, Jerry ディンシン, ジェリー
　㊗「スレッシュホールズ・プログラム」へるす出版　2002
Dîncu, Vasile ドゥンク, バシレ
　㊨ルーマニア　副首相兼地域開発・公共行政相
Di Ndinge, Didjob Divungi ディヌディング, ディジョブ・ディブンギ
　㊨ガボン　副大統領
Dindjić, Zoran ジンジッチ, ゾラン
　㊨セルビア　首相
Dindo, Lilian ディンド, リリアン
　㊗「サイコパシー・ハンドブック」明石書店　2015
Dine, Jim ダイン, ジム
　1935〜　㊨アメリカ　画家, 版画家　本名＝Dine, James
Dineen, Tom ディニーン, トム
　㊗「きこえの障がいってなあに？」明石書店　2007
Dinelaris, Alexander, Jr. ディネラリス, アレクサンダー, Jr.
　アカデミー賞 オリジナル脚本賞（第87回（2014年））ほか
Ding, Bing ディン・ビン
　㊨中国　漫画家　漢字名＝丁冰
Ding, Guan-gen ティン・コワンケン
　1929〜2012　㊨中国　政治家　中国共産党政治局員・中央宣伝部長, 中国鉄道相　漢字名＝丁関根　㊥ディン・グアンゲン
Ding, Ning ディン・ニン
　1990〜　㊨中国　卓球選手　漢字名＝丁寧
Ding, William ディン, ウィリアム
　㊨中国　実業家　漢字名＝丁磊
Dinga, Ene ディンガ, エネ
　㊨ルーマニア　欧州統合相
Dinga Djondo, Antoinette ディンガジョンド, アントワネット
　㊨コンゴ共和国　社会問題・人権活動・連帯相
Dinger, Klaus ディンガー, クラウス
　1946〜2008　㊨ドイツ　ミュージシャン
Dingle, Adrian ディングル, エイドリアン
　1967〜　㊗「周期表」玉川大学出版部　2015
Dingley, Oliver ディングリー, オリバー
　㊨アイルランド　水泳選手
Dingus, Lowell ディンガス, ローウェル
　㊗「恐竜ハンター」ソフトバンククリエイティブ　2008
Dinh, Linh ディン, リン
　1963〜　㊨アメリカ　詩人, 作家, 翻訳家　㊛文学
Dini, Abdulkadir Sheikh Ali ディニ, アブドルカディル・シェイク・アリ
　㊨ソマリア　国防相
Dini, Houmed Mohamed ディニ, フメド・モハメド
　㊨ジブチ　雇用・国家連帯相
Dini, Lamberto ディーニ, ランベルト
　1931〜　㊨イタリア　政治家, エコノミスト　イタリア首相・外相・財務相
Dini, Paul ディニ, ポール
　㊗「バットマン：マッドラブ完全版」小学館集英社プロダクション　2016
Diniz, Luciana ディニシュ, ルシアナ
　㊨ポルトガル　馬術選手
Diniz, Yohann ディニ, ヨアン
　㊨フランス　陸上選手
Dink, Hrant ディンク, フラント
　1954〜2007　㊨トルコ　ジャーナリスト　「アゴス」発行人
Dinka, Tesfaye ディンカ, テスファイエ
　㊨エチオピア　アフリカのためのグローバル連合上級顧問, 元・外務大臣, 元・首相
Dinkić, Mlađan ディンキッチ, ムラジャン
　㊨セルビア　財務・経済相
Dinklage, Peter ディンクレイジ, ピーター
　ゴールデン・グローブ賞　テレビ 助演男優賞（ミニシリーズ）（第69回（2011年度））ほか
Dinnie, Keith ディニー, キース
　㊗「国家ブランディング」中央大学出版部　2014
Dinoša, Ferhat ディノシャ, フェルハト
　㊨モンテネグロ　人権・少数民族権利相
DiNoto, Andrea ディノト, アンドレア
　㊗「星どろぼう」ほるぷ出版　2011
Dinsmore, Paul C. ディンスモア, ポール・C.
　㊗「エンタープライズ・プロジェクトマネジメント」ダイヤモンド社　2002
Dintzis, H.M. ディンツイス, H.M.
　㊗「知の歴史」徳間書店　2002
Dinwiddie, Robert ディンウィディ, ロバート
　㊥ディンウィディー, ロバート　㊗「恒星と惑星」化学同人　2014
Dinwiddie, Spencer ディンウィディ, スペンサー
　㊨アメリカ　バスケットボール選手
Dinzelbacher, Peter ディンツェルバッハー, ペーター
　1948〜　㊥ディンツェルバッハー, P.　㊗「修道院文化史事典」八坂書房　2014
Dio, Ronnie James ディオ, ロニー・ジェームズ
　1942〜2010　㊨アメリカ　ロック歌手　本名＝パタヴォナ, ロナ

ルド〈Padavona, Ronald〉 裏ディオ, ロニー・ジェームス／ディオ, ロニー・ジェイムス／ディオ, ロニー・ジェイムズ
Diodato, Virgil Pasquale ディオダート, ヴァージル
1945〜 著「計量書誌学辞典」日本図書館協会 2008
Diogo, Bornito De Sousa Baltazar ディオゴ, ボルニト・デ ソウザ・バルタザル
国アンゴラ 国土行政相
Diogo, Luisa ディオゴ, ルイザ
国モザンビーク 首相
Diogo, Vitória ディオゴ, ビトリア
国モザンビーク 公共監督相
Diogo, Vitoria Dias ディオゴ, ビトーリア・ディアス
国モザンビーク 労働・雇用・社会保障相
Diokno, Benjamin ジョクノ, ベンハミン
国フィリピン 予算管理相
Dioma, Jean-Claude ディオマ, ジャンクロード
国ブルキナファソ 文化・観光相
Diomande, Adama ディオマンデ, アダマ
国ノルウェー サッカー選手
Diombar, Thiam ディオムバール, チアム
国モーリタニア 財務相
Diome, Fatou ディオム, ファトゥ
1968〜 作家
Dion, Céline ディオン, セリーヌ
1968〜 国カナダ 歌手 本名＝Dion, Marie Claudette Céline
Dion, Dan ディオン, ダン
著「ぼくは、チューズデー」ほるぷ出版 2015
Dion, Franck ディオン, フランク
国フランス アヌシー国際アニメーション映画祭 短編映画 審査員特別賞（2012年）ほか
Dion, Leo ディオン, レオ
国パプアニューギニア 副首相兼政府間関係相
Dion, Roger ディオン, ロジェ
著「フランスワイン文化史全書」国書刊行会 2001
Dion, Stéphane ディオン, ステファン
国カナダ 外相
Dionisi, David J. ディオニシ, デイビッド・J.
1963〜 裏ディオニシ, デイヴィド・J. 著「原爆と秘密結社」成甲書房 2015
Dionne, Deidra ディオン
国カナダ フリースタイルスキー選手
Dionne, Mohammed Boun Abdallah ディオヌ, モハメド・ブン・アブダラ
国セネガル 首相
Diop, Abdoulaye ジョップ, アブドゥライ
国マリ 外務・アフリカ統合・国際協力相
Diop, Abdoulaye ディオプ, アブドゥラエ
国セネガル 経済・財務相
Diop, Abdou Malal ディオプ, アブドゥ・マラル
国セネガル 国外在留者相
Diop, Awa Fall ディオプ, アワ・ファル
国セネガル 調整相
Diop, Bécaye ディオプ, ベカイユ
国セネガル 国防相
Diop, Fatou ディオプ, ファトゥ
国セネガル 情報通信技術相
Diop, Khadim ディオプ, ハディム
国セネガル 洪水被災地復興相
Diop, Mamadou ディオプ, ママドゥ
国セネガル 商業相
Diop, Moctar ディオプ, モクター
国セネガル 経済財政相
Diop, Ndèye Khady ディオプ, ヌデイ・ハディ
国セネガル 家族・女性企業・乳児相
Diop, Pape Kouly ディオプ, パパクリ
国セネガル サッカー選手
Diop, Safiétou Ndiaye ディオプ, サフィエトゥ・ヌディアイエ
国セネガル 文化相
Diop, Serigne ディオプ, スリーニュ
国セネガル 法相
Diop, Thérèse Coumba ディオプ, テレーズ・クンバ
国セネガル 社会運動・国家連帯相
Diop, Traoré Seynabou ディオプ, トラオレ・セイナブ
国マリ 設備・運輸・交通整備相
Dios, Olga de ディオス, オルガ・デ
1979〜 著「ピンクーにじのでるばしょ」ワールドライブラリー

c2014
Diosdado Garcia, Nuria Lidon ディオスダド, ヌリアリドン
国メキシコ 水泳選手
Dioubate, Elhadi Abdul Karim デュバテ, エラジ・アブドル カリム
国ギニア 国家イスラム連盟長官
Diouf, Abdou ディウフ, アブド
1935〜 国セネガル 政治家 セネガル大統領, アフリカ統一機構（OAU）議長, 国際フランス語圏機構（OIF）事務総長 裏ジウフ, アブド
Diouf, Bouna Semou ディウフ, ボウナ・セモウ
国セネガル 元・国連開発計画（UNDP）アフリカ局TICAD部長
Diouf, El Hadj ディウフ, エル・ハジ
国セネガル 水上交通相
Diouf, Jacques ディウフ, ジャック
1938〜 国セネガル 外交官, 作物学者 国連食糧農業機関（FAO）事務局長
Diouf, Madieyna ディウフ, マディエナ
国セネガル 設備・運輸相
Diouf, Madior ディウフ, マディオル
国セネガル 高等教育相
Diouf, Mame Biram ディウフ, マメ・ビラム
国セネガル サッカー選手
Diouf, Mame Birame ディウフ, マメ・ビラメ
国セネガル 文化・国語・フランス語圏相
Diouf, Pape ディウフ, パップ
国セネガル 漁業・海洋相 裏ディウフ, パペ
Diouf, Sylviane Anna ディウフ, シルヴィアン・A.
1952〜 著「おしゃれがしたいビントゥ」アートン 2007
Diousse, Assane ディウセ, アサン
国セネガル サッカー選手
Di Paola, Giampaolo ディパオラ, ジャンパオロ
国イタリア 国防相
DiPasqua, Lila ディパスカ, リラ
著「黒髪の王子とダンスを」オークラ出版 2013
DiPasquale, Denise ディパスクェル, D.
著「都市と不動産の経済学」創文社 2001
Dipendra Bir Bikram ディペンドラ・ビル・ビクラム
1971〜2001 国ネパール ネパール国王 裏ディペンドラ皇太子
Di Pietro, Antonio ディピエトロ, アントニオ
国イタリア 建設相
DiPietro, Joe ディピエトロ, ジョー
トニー賞 ミュージカル 楽曲賞（2010年（第64回））ほか
DiPietro, Michele ディピエトロ, ミケーレ
著「大学における「学びの場」づくり」玉川大学出版部 2014
Dipoto, Jerry ディポート, ジェリー
国アメリカ シアトル・マリナーズGM
Dipper, Frances ディッパー, フランシス
1951〜 著「深海」リブリオ出版 2001
Di Prima, Diane ディ・プリマ, ダイアン
1934〜 著「現代アメリカ女性詩集」思潮社 2012
DiPucchio, Kelly ディプッチオ, ケリー
裏ディプキオ, ケリー 著「ガストン」講談社 2016
Dipu Moni ディプモニ
国バングラデシュ 外相
Dir, Etenesh ディロ, エテネシュ
国エチオピア 陸上選手
Dirado, Madeline ディラド, マヤ
国アメリカ 水泳選手
Dirar, Nabil ディラル, ナビル
国モロッコ サッカー選手
Dirceu, José ジルセウ, ジョゼ
国ブラジル 官房長官 裏ジルセウ, ジョセ
Dirda, Michael ディルダ, マイケル
1948〜 国アメリカ 書評家, エッセイスト
Dirgo, Craig ダーゴ, クレイグ
国アメリカ 作家 裏スリラー
Diriba, Kuma ディリバ・クマ
国エチオピア 運輸相
d'Iribarne, Philippe ディリバルヌ, フィリップ
著「現代の資本主義制度」NTT出版 2001
Dirie, Waris ディリー, ワリス
著「砂漠の女ディリー」草思社 2011
Diringer, Michael N. ディリンジャー, マイケル・N.
著「神経救急・集中治療ガイドライン」メディカル・サイエンス・インターナショナル 2006

Diriye, Khadijo Mohamed　ディリエ, カディジョ・モハメド
　国ソマリア　女性開発・家族相
Dirkes, Lisa Mann　ダークス, リサ・M.
　著「リトルターン」集英社　2006
Dirksen, Jos　ディルクセン, ヨス
　著「初めてのThree.js」オライリー・ジャパン, オーム社 (発売) 2016
Dirnt, Mike　ダーント, マイク
　1972～　国アメリカ　ミュージシャン
Diro, Etenesh　ディロ
　国エチオピア　陸上選手
Di Robilant, Andrea　ディ・ロビラント, アンドレア
　1957～　著「ヴェネツィアのチャイナローズ」原書房　2015
Di Rocco, Michele　ディロッコ
　国イタリア　ボクシング選手
Dirrell, Andre　ディレル
　国アメリカ　ボクシング選手
Di Rupo, Elio　ディ・ルポ, エリオ
　1951～　国ベルギー　政治家　ベルギー首相
Di Russo, Marisa　ディ・ルッソ, マリーサ
　国イタリア　元・東京外国語大学客員教授　別ディ・ルッソ, マリサ
DiSaia, Vince　ディサイア, ヴィンス
　著「ゴルフ解剖学」ベースボール・マガジン社　2012
Disalvo, Ryan　ディサルボ, ライアン
　国アメリカ　アメフト選手
Disanayake, Dhammika Ganganath　ディサーナーヤカ, ダンミカ・ガンガーナート
　国スリランカ　駐日特命全権大使
Di Santo, Franco　ディ・サント, フランコ
　国アルゼンチン　サッカー選手
Di Santo, Michael　ディサント, マイケル
　国アメリカ　ボート選手
Disarcina, Gary　ディサシーナ, ゲリー
　国アメリカ　ボストン・レッドソックスコーチ
Discepolo, Thierry　ディセポロ, Th.
　著「介入」藤原書店　2015
Disch, Thomas Michael　ディッシュ, トーマス
　1940～2008　国アメリカ　SF作家　別名 (ファンタスティック誌) =ソープ, ドビン, ハーグレイブ, レオニー
Dische, Irene　ディーシェ, イレーネ
　1952～　著「お父さんの手紙」新教出版社　2014
Diski, Jenny　ディスキー, ジェニー
　1947～2016　国イギリス　作家　本名=Simmonds, Jenny
Disl, Uschi　ディスル
　国ドイツ　バイアスロン選手
Dislam, Wiam　ディスラム, ウィアム
　国モロッコ　テコンドー選手
Dismukes, Reese　ディスミュークス, リース
　国アメリカ　アメフト選手
Disnadda Diskul　ディスナダ・ディッサクン
　国タイ　メーファールアン財団事務局長
Disney, Richard　ディズニー, リチャード
　著「消費者信用の経済学」東洋経済新報社　2008
Disney, Roy Edward　ディズニー, ロイ・E.
　1930～2009　国アメリカ　映画プロデューサー, 実業家　ウォルト・ディズニー・カンパニー取締役副会長
Dispenza, Joe　ディスペンザ, ジョー
　1962～　著「あなたという習慣を断つ」ナチュラルスピリット　2015
Di Spigno, Daniele　ディスピニョ
　国イタリア　射撃選手
Dispot, Laurent　ディスポ, ローラン
　1950～　著「テロル機械」現代思潮新社　2002
Dissa, Alpha Omar　ディッサ, アルファ・オマル
　国ブルキナファソ　鉱山・エネルギー・採石相
Dissanayake, Anura Kumara　ディサナヤケ, アヌラ・クマラ
　国スリランカ　農業・畜産・土地・かんがい相
Dissanayake, D.M.S.B.　ディサナヤケ, D.M.S.B.
　国スリランカ　サムルディ開発・農村開発・国会対策・高地開発相
Dissanayake, Duminda　ディサナヤケ, ドゥミンダ
　国スリランカ　農相
Dissanayake, Navin　ディサナヤケ, ナビン
　国スリランカ　プランテーション産業相
Dissanayake, Salinda　ディサナヤケ, サリンダ
　国スリランカ　伝統医療相

Dissanayake, S.B.　ディサナヤケ, S.B.
　国スリランカ　社会進出促進・福祉相
Di Stéfano, Alfredo　ディ・ステファノ, アルフレッド
　1926～2014　国スペイン　サッカー選手　レアル・マドリード名誉会長　本名=ディステファノ・ラウテ, アルフレッド・ステファノ〈Di Stéfano Lauthe, Alfredo Stefano〉　別ディステファノ, アルフレッド
Di Stefano, Giuseppe　ディ・ステファノ, ジュゼッペ
　1921～2008　国イタリア　テノール歌手　別ステファーノ/ステファーノ/ディ・ステファーノ, ジュゼッペ
Distel, Sacha　ディステル, サッシャ
　1933～2004　国フランス　ギタリスト, 歌手, 俳優
Dita von Teese　ディタ・フォン・ティース
　1972～　国アメリカ　モデル, ダンサー　本名=Sweet, Heather Renée　別ディータ・ヴォン・ティース
Ditchburn, Ted　ディッチバーン, テッド
　1921～2005　国イギリス　サッカー選手
Di Tella, Guido　ディテラ, ギド
　1931～2001　国アルゼンチン　政治家, 外交官　アルゼンチン外相, 駐米アルゼンチン大使　本名=ディテラ, ギド・ホセ・マリオ〈Di Tella, Guido José Mario〉　別テラ, ギド
DiTerlizzi, Tony　ディテルリッジ, トニー
　1969～　国アメリカ　絵本作家
Dith Pran　ディス・プラン
　1942～2008　フォト・ジャーナリスト　「ニューヨーク・タイムズ」カメラマン, 国連難民高等弁務官事務所 (UNHCR) 親善大使　別ディト・プラン/ディット・プラン/プラン
Ditko, Steve　ディッコ, スティーブ
　著「スパイダーマン：ウィズ・グレート・パワー」ヴィレッジブックス　2012
Ditmar, Mark F.　ディトマー, マーク・F.
　著「小児科シークレット」メディカル・サイエンス・インターナショナル　2007
Ditmarsch, Hans van　ディトマーシュ, ハンス・ファン
　1959～　著「100人の囚人と1個の電球」日本評論社　2016
DiTomasso, Robert A.　ディタマソ, ロバート・A.
　著「不安障害」日本評論社　2005
Di Trana, Caterina Gromis　ディ・トラナ, カテリーナ・グロミス
　1962～　著「ネコの本」日経ナショナルジオグラフィック社, 日経BP出版センター (発売) 2005
D'Itri, Frank M.　ディトリ, フランク・M.
　著「ミシガン100の素顔」東京農業大学出版会　2007
D'Itri, Patricia Ward　ディトリ, パトリシア・W.
　著「ミシガン100の素顔」東京農業大学出版会　2007
Dittmer, Andreas　ディトマー
　国ドイツ　カヌー選手
Dittmer, Janet　ディットマー, ジャネット
　1951～　著「専業主婦でなぜ悪い!?」文芸春秋　2002
Dittrich, Boris　ディトリッヒ, ボリス
　1955～　国オランダ　社会活動家　ヒューマン・ライツ・ウォッチLGBT権利プログラムアドボカシーディレクター　オランダ下院議員
Ditzler, Jinny S.　ディッツラー, ジニー・S.
　著「こころのリミットをはずせば！」アリーフ一葉舎　2002
Di Vaio, Marco　ディ・ヴァイオ, マルコ
　1976～　国イタリア　サッカー選手　別ディバイオ, マルコ
Divakaruni, Chitra Banerjee　ディヴァカルニー, チットラ・バネルジー
　1956～　別ディヴァーカルニ, チトラ・バーネルジー　著「現代アメリカアジア系詩集」土曜美術社出版販売　2003
Divanidova, Elizaveta Petrovna　ジワニードワ, エリザヴェータ
　著「わたしの歩んだ道」成文社　2009
Divas, Mariachi　ディーヴァス, マリアッチ
　グラミー賞 最優秀リージョナル・メキシカン・アルバム (2008年 (第51回))　"Canciones De Amor"
Divekar, Rameshchandra Raghunath　ディベカール, ラメッシュチャンドラ・ラグーナット
　国インド　元・AOTSプーネ同窓会会長, プーネ印日協会会長
Divine, Mark　ディヴァイン
　著「アメリカ海軍が実戦している「無敵の心」のつくり方」クロスメディア・パブリッシング, インプレス (発売)　2016
Divinyi, Joyce E.　ディビニ, ジョイス
　著「子どもの問題行動への効果的な対応」田研出版　2010
Di Vito, Andrea　ディ・ヴィト, アンドレア
　著「アベンジャーズ：シーズンワン」小学館集英社プロダクショ

Divulsky, Vasily Fyodoruvich　ジヴリスキー, ワシリー・フョードロヴィチ
　囲ロシア　元・在サンクトペテルブルク日本国総領事館現地職員
Diwan, Audrey　ディワン, オドレイ
　著「パリジェンヌのつくりかた」早川書房　2014
Dix, Alan　ディックス, A.
　著「人工知能入門」サイエンス社　2006
Dix, Isabel　ディックス, イザベル
　著「結婚代理人」ハーレクイン　2014
Dix, Shane　ディックス, シェーン
　1960〜　著「銀河の覇者」早川書房　2005
Dix, Walter　ディックス
　囲アメリカ　陸上選手
Dixit, Avinash K.　ディキシット, アビナッシュ・K.
　1944〜　囲ディキスト　著「戦略的思考をどう実践するか」阪急コミュニケーションズ　2010
Dixit, Jyotindra Nath　ディキシット, ジョティンドラ・ナート
　1936〜2005　囲インド　外交官　インド首相顧問（国家安全保障問題担当）
Dixon, Anna　ディクソン, アンナ
　著「医療財源論」光生館　2004
Dixon, Bill　ディクソン, ビル
　1925〜2010　囲アメリカ　ジャズ・トランペット奏者　本名＝Dixon, William Robert
Dixon, Brandon　ディクソン, ブランドン
　囲アメリカ　アメフト選手
Dixon, Brian　ディクソン, ブライアン
　囲アメリカ　アメフト選手
Dixon, Chuck　ディクソン, チャック
　著「ジョーカーアンソロジー」バイインターナショナル　2016
Dixon, C.Scott　ディクソン, C.スコット
　著「ドイツ宗教改革」岩波書店　2009
Dixon, Dougal　ディクソン, ドゥーガル
　1947〜　囲イギリス　サイエンスライター, 地質学者, 古生物学者
Dixon, E.　ディクソン, E.
　著「6年生の読みもの」学校図書　2005
Dixon, Ellen B.　ディクソン, エレン・B.
　著「きみもきっとうまくいく」東京書籍　2007
Dixon, Gail　ディクソン, ゲイル
　著「3分でわかるホーキング」エクスナレッジ　2013
Dixon, Gerald　ディクソン, ジェラルド
　囲アメリカ　アメフト選手
Dixon, Kenneth　ディクソン, ケネス
　囲アメリカ　アメフト選手
Dixon, Larry　ディクスン, L.
　1966〜　囲ディクスン, ラリー　著「白き鷲獅子（グリフォン）」東京創元社　2015
Dixon, Leslie　ディクソン, レスリー
　著「ヘアスプレー」ゴマブックス　2007
Dixon, Matthew　ディクソン, マシュー
　1972〜　著「チャレンジャー・セールス・モデル」海と月社　2015
Dixon, Nancy M.　ディクソン, ナンシー・M.
　1937〜　著「ナレッジ・マネジメント5つの方法」生産性出版　2003
Dixon, Philip　ディクソン, フィリップ
　1945〜　著「騎士と城」昭文社　2008
Dixon, Riley　ディクソン, ライリー
　囲アメリカ　アメフト選手
Dixon, Robert M.W.　ディクソン, R.M.W.
　1939〜　著「言語の興亡」岩波書店　2001
Dixon, Thomas　ディクソン, トマス
　著「科学と宗教」丸善出版　2013
Dixon, Thomas, Jr.　ディクソン, トマス, Jr.
　著「クー・クラックス・クラン革命とロマンス」水声社　2006
Dixon, Travell　ディクソン, トラベル
　囲アメリカ　アメフト選手
Dixon-barnes, Wheatonia　ディクソンバーンズ, ウィートニア
　囲リベリア　青年・スポーツ相
Dixon-Cooper, Hazel　ディクソン＝クーパー, ヘイゼル
　1947〜　著「悪魔の恋占い」角川書店　2004
DiZazzo, Raymond　ディザージョ, レイ
　著「グロリアの憂鬱」産業編集センター　2005
Djá, Baciro　ジャ, バシロ
　囲ギニアビサウ　大統領府閣僚・議会担当相
Dja, Blé Joseph　ジャ, ブレジョセフ

　囲コートジボワール　内相
Djaaboub, Hachemi　ジャーブーブ, ハシュミ
　囲アルジェリア　商務相
Djadallah, Bichara Issa　ジャダラ, ビシャラ・イッサ
　囲チャド　国防・退役軍人担当相　囲ジャダラ, ビシャラ・イサ
Dja Djedje, Brice　ジャ・ジェジェ, ブリス
　囲コートジボワール　サッカー選手
Djaffar, Ahmed Ben Said　ジャファール, アフメド・ベン・サイード
　囲コモロ　外務・国際協力相
Djalim, Ahmed Ali　ジャリム, アフメド・アリ
　囲コモロ　内相兼地方分権相
Djalo, Tcherno　ジャロ, ティエルノ
　囲ギニアビサウ　教育相
Djaló Nandigna, Adiatu　ジャロ・ナンディーニャ, アディアトゥ
　囲ギニアビサウ　国防相
Djama, Osman Idriss　ジャマ, オスマン・イドリス
　囲ジブチ　施設運輸相
Djamal, Jusman Syafii　ジャマル, ユスマン・シャフィ
　囲インドネシア　運輸相
Djang, Sam　ジャン, サム
　著「チンギス・ハーン」早稲田出版　2002
Djangabaev, Rustam　ジャンガバエフ
　囲ウズベキスタン　重量挙げ選手
Djankov, Simeon　ジャンコフ, シメオン
　囲ブルガリア　副首相兼財務相
Djasnabaille, Abderamane　ドジャスナバイユ, アブデラマネ
　囲チャド　法相
Djavann, Chahdortt　ジャヴァン, シャードルト
　1967〜　作家, 批評家, 人類学者　囲文学
Djebar, Assia　ジェバール, アシア
　1936〜2015　囲アルジェリア　作家, 映像作家　ニューヨーク大学教授　本名＝イマライエーヌ, ファーティマ・ゾフラー〈Imalhayene, Fatima-Zohra〉
Djedje, Alcide Irahiri　ジェジェ, アルシッド・イライリ
　囲コートジボワール　外相
Djelić, Božidar　ジェリッチ, ボジダル
　囲セルビア　副首相（欧州統合担当）兼科学技術開発相
Djelkhir, Khedafi　ジェルキル
　囲フランス　ボクシング選手
Djellab, Mohamed　ジェラブ, モハメド
　囲アルジェリア　財務相
Djenontin-agossou, Valentin　ジェノンタンアゴス, バランタン
　囲ベナン　司法・法制・人権相兼政府報道官　囲ジェノンタンアゴス, バレンタン
Djerassi, Carl　ジェラッシ, カール
　1923〜2015　囲アメリカ　有機化学者, 作家, 詩人　スタンフォード大学名誉教授　囲ジェラシー, カール
Djhone, Leslie　ジョーヌ
　囲フランス　陸上選手
Djiar, Hachemi　ジアール, ハシュミ
　囲アルジェリア　青年・スポーツ相
Djibo, Abdoulaye　ジボ, アブドゥライ
　囲ニジェール　法務・人権相
Djibo, Salou　ジボ, サル
　1965〜　囲ニジェール　軍人　ニジェール民主主義復興最高評議会（CSRD）議長
Djibril, Ibrahim Idriss　ジブリル, イブラヒム・イドリス
　囲ジブチ　法相兼人権相
Djiguemde, Amedee Prosper　ジゲムデ, アメデ・プロスペル
　囲ブルキナファソ　保健相
Djilobodji, Papy　ジロボジ, パピ
　囲セネガル　サッカー選手
Djimrangar Dadnadji, Joseph　ジンランガーダドナジ・ジョゼフ
　囲チャド　国土整備・都市計画・住宅相
Djina, Abdoulaye　ジナ, アブドゥライエ
　囲ニジェール　動物資源相　囲ジナ, アブドゥレイ
Djindjić, Zoran　ジンジッチ, ゾラン
　1952〜2003　囲セルビア・モンテネグロ　政治家　セルビア共和国首相
Djoenaid, Denny A.　ジョナイド, デニー・A.
　著「まめジカカンチルとハリマオだいおう」おはなしきゃらばんセンター　2006
Djogbenou, Joseph　ジョベヌ, ジョゼフ

[国]ベナン　法相
Djohar, Said Mohamed　ジョハル, サイド・モハメド
?～2006　[国]コモロ　政治家　コモロ大統領
Djokovic, Novak　ジョコヴィッチ, ノヴァク
1987～　[国]セルビア　テニス選手　[異]ジョコビッチ, ノバク / ジョコビッチ, ノヴァーク / ジョコビッチ, ノヴァク / ジョコヴィッチ, ノバク / ジョコヴィッチ, ノヴァーク
Djombo, Henri　ジョンボ, アンリ
[国]コンゴ共和国　農業・牧畜・漁業相
Djona, Avocksouma　ジョナ, アボクスマ
[国]チャド　保健相
Djoni Becoba, Vidal　ジョニ・ベコバ, ビダル
[国]赤道ギニア　商工・中小企業相
Djonodjidou-ahabo, Gontran　ジョノジドゥアアボ, ゴントラン
[国]中央アフリカ　住宅相　[異]ジョノジドゥ
Djordjevic, Filip　ジョルジェヴィッチ, フィリップ
[国]セルビア　サッカー選手
Djordjević, Zoran　ジョルジェビッチ, ゾラン
[国]セルビア　国防相
Djossou, Mamatou　ジョスウ, ママトゥ
[国]ベナン　家族・連帯相
Djotodia, Michel　ジョトディア, ミシェル
1949～　[国]中央アフリカ　反政府勢力指導者, 政治家　民主統一戦線連合(UFDR)創設者　中央アフリカ大統領　本名＝Djotodia, Michel Am Nondroko
Djoubaye Abazène, Arnaud　ジュバイエアバゼヌ, アルノー
[国]中央アフリカ　運輸・民間航空相
Djoudi, Karim　ジュディ, カリム
[国]アルジェリア　財務相
Djoumbe, Maïtine　デュムベ, マイティネ
[国]チャド　鉱業・地質相
Djourou, Johan　ジュルー, ヨハン
[国]スイス　サッカー選手
Djourova, Axinia D.　ジュロヴァ, A.D.
[著]「池田大作全集」 聖教新聞社　2004
Djoussab, Abba Koi　ジュサブ, アバ・コイ
[国]チャド　観光相
DJ Snake　DJスネイク
MTVアワード 最優秀監督(第31回(2014年))　"Turn Down For What"
Djuhar Sutanto　ジュハル・スタント
1928～　[国]インドネシア　実業家　漢字名=林文鏡〈Liem, Oen-kian〉
Djukanović, Milo　ジュカノヴィッチ, ミロ
1962～　[国]モンテネグロ　政治家　モンテネグロ首相, モンテネグロ民主社会党党首　モンテネグロ共和国大統領　[異]ジュカノビッチ, ミロ / ジュカノヴィチ
Djupedal, Øystein Kåre　ユペダール, オイスタイン・コーレ
[国]ノルウェー　教育相
Djurberg, Nathalie　ユールベリ, ナタリー
[国]スウェーデン　ヴェネチア・ビエンナーレ 銀獅子賞(2009年(第53回))
Djurdjevic, Marko　ジュルジェヴィッチ, マルコ
[著]「ニューアベンジャーズ：シージ」 ヴィレッジブックス　2015
Djuricic, Filip　ジュリチッチ, フィリップ
[国]セルビア　サッカー選手
Djurović, Dragan　ジュロビッチ, ドラガン
[国]モンテネグロ　副首相(政治)
Djurović, Dragan　ジュロビッチ, ドラガン
[国]モンテネグロ　内相
Djurović, Gordana　ジュロビッチ, ゴルダナ
[国]モンテネグロ　副首相(欧州統合担当)
Dlabola, Otto　ドラボラ
[国]チェコ　フィギュアスケート選手
D'Lacey, Chris　ダレーシー, クリス
[著]「闇の炎」 竹書房　2016
Dlagnev, Tervel　ドラグネフ, ターベル
[国]アメリカ　レスリング選手　[異]ドラグネフ
Dlamani, Lutfo　ドラマニ, ルトフォ
[国]スワジランド　外相
Dlamini, Absalom　ドラミニ, アブサロム
[国]スワジランド　経済計画開発相
Dlamini, Barnabas Sibusiso　ドラミニ, バーナバス・シブシソ
[国]スワジランド　首相
Dlamini, Bathabile　ドラミニ, バサビレ
[国]南アフリカ　社会開発相
Dlamini, Bathabile Olive　ドラミニ, バサビレ・オリーブ
[国]南アフリカ　社会開発相
Dlamini, Clement　ドラミニ, クレメント
[国]スワジランド　農業相
Prince **Dlamini, David**　ドラミニ, デービッド(王子)
[国]スワジランド　法務・憲法問題相
Dlamini, Gideon　ドラミニ, ギデオン
[国]スワジランド　通産相
Dlamini, Lindiwe　ドラミニ, リンディウェ
[国]スワジランド　公共事業・運輸相
Dlamini, Lutfo　ドラミニ, ルトフォ
[国]スワジランド　労働・社会保障相
Dlamini, Mabili　ドラミニ, マビリ
[国]スワジランド　住宅・都市開発相
Dlamini, Martin　ドラミニ, マーティン
[国]スワジランド　財務相
Dlamini, Mathendele　ドラミニ, マテンデーレ
[国]スワジランド　外務・貿易相
Dlamini, Mduduzi　ドラミニ, ムドゥドゥジ
[国]スワジランド　地方行政・開発相
Dlamini, Mntonzima　ドラミニ, ムントンジマ
[国]スワジランド　公務・情報相
Dlamini, Ntuthuko　ドラミニ, ヌトゥトゥコ
[国]スワジランド　公共事業・運輸相
Dlamini, Paul　ドラミニ, ポール
[国]スワジランド　副首相
Dlamini, Phetsile　ドラミニ, フェツィル
[国]スワジランド　厚生相
Dlamini, Sibusiso　ドラミニ, シブシソ
1942～　[国]スワジランド　政治家　スワジランド首相　本名＝Dlamini, Barnabas Sibusiso
Dlamini, Themba　ドラミニ, セムバ
1950～　[国]スワジランド　政治家　スワジランド首相　本名＝Dlamini, Absalom Themba
Dlamini-Zuma, Nkosazana　ドラミニ・ズマ, ヌコサザナ
1949～　[国]南アフリカ　政治家　アフリカ連合(AU)委員長　南アフリカ外相
D-LITE　ディライト
1989～　[国]韓国　歌手　本名＝カン・デソン
Dlouhý, Vladimír　ドロウヒ, ウラジミール
1953～　[国]チェコ　経済学者, 政治家　チェコ経済相・通商産業相, チェコ市民民主党副議長　[異]ドローヒー, ウラディミール
Dmitriev, Denis　ドミトリエフ, デニス
[国]ロシア　自転車選手
Dmitriev, Nikolai　ドミィトリエフ, ニコライ
1960～　[著]「きっとわかりあえる！ ロシア人・日本人」 ボロンテ　2001
Dmitriev, Valentine　ドミトリーヴ, ヴァレンタイン
[著]「頭がよくなる赤ちゃん体操・すくすく遊び」 PHP研究所　2004
Dmitrieva, Daria　ドモトリエワ
[国]ロシア　新体操選手
Dmitrieva, Liudmila　ドミトリエワ, リュドミラ
[国]ロシア　セーリング選手
Dmitriyenko, Mariya　ドミトリエンコ, マリア
[国]カザフスタン　射撃選手
Dmitruk, Valeri　ドミトリューク, ワレーリー
1940～　[著]「細菌ペーチカ」 東宣出版　2011
Dmochowski, Piotr　ドモホフスキ, ピョートル
1942～　[著]「ベクシンスキー1929-2005」 エディシオン・トレヴィル, 河出書房新社(発売)　2016
Dmytrash, Olena　ドミトラシュ, オレナ
[国]ウクライナ　新体操選手
Dnes, Antony W.　ドゥネス, アントニィ・W.
[著]「結婚と離婚の法と経済学」 木鐸社　2004
Doak, Kevin Michael　ドーク, ケヴィン・M.
[著]「大声で歌え「君が代」を」 PHP研究所　2009
Doan, Nguyen Thi　ゾアン, グエン・ディ
[国]ベトナム　国家副主席(副大統領)
Doane, Darren　ドーン, ダーレン
ゴールデン・ラズベリー賞(ラジー賞) 最低脚本賞(第35回(2014年))　"Kirk Cameron's Saving Christmas"
Doane, Deborah　ドーネ, デボラ
[著]「トリプルボトムライン」 創成社　2007
Doane, Dudley J.　ドーン, ダッドリー・J.
[著]「ビジネスとしての高等教育」 出版研, 人間の科学新社(発売)

Dobadh, R.Emerson　ドバッシュ, R.エマーソン
㊃「ジェンダーと暴力」明石書店　2001
Dobash, Russell P.　ドバッシュ, ラッセル・P.
㊃「ジェンダーと暴力」明石書店　2001
Dobbert, Tim　ドバート, ティム
㊃「ズレないバレない動画合成」ボーンデジタル　2013
Dobbin, Shane　ドビン
㊄ニュージーランド　スピードスケート選手
Dobbs, Barbara　ドップ, バルバラ
㊃「人生の重荷のほどき方」PHP研究所　2006
Dobbs, Horace　ドブス, ホレイス
㊃「ドルフィン・ヒーリング」コスモ・テン, 太陽出版（発売）2001
Dobbs, Michael　ドブズ, マイケル
1948〜　㊄イギリス　作家, ジャーナリスト　英国保守党副議長, サーチ＆サーチ副会長　本名＝Dobbs, Michael John
Dobbs, Richard　ドッブス, リチャード
㊃「企業価値経営」ダイヤモンド社　2012
Dobbs-Allsopp, F.W.　ダブス＝オルソップ, F.W.
1962〜　㊃「哀歌」日本キリスト教団出版局　2013
Dobelli, Rolf　ドベリ, ロルフ
1966〜　㊃「なぜ、間違えたのか？」サンマーク出版　2013
Dobeš, Josef　ドベシュ, ヨゼフ
㊄チェコ　教育相
Dobias, Frank　ドビアス, フランク
㊃「ちびくろサンボ」径書房　2008
Dobic, Mina　ドビック, ミナ
1942〜　㊃「ミラクル」洋泉社　2011
Dobinick, Susan　ドビニック, スーザン
㊃「時代をきりひらくIT企業と創設者たち」岩崎書店　2013
Dobkin, Larry　ドブキン, ラリー
1919〜2002　㊄アメリカ　俳優　本名＝Dobkin, Lawrence
Dobkin, Patricia L.　ドブキン, パトリシア・L.
㊃「新たな全人的ケア」日本ホスピス・緩和ケア研究振興財団, 青海社（発売）2016
Dobler, Tobias K.　ドブラー, トビアス・K.
㊃「クラニオセイクラル・オステオパシー」ガイアブックス　2014
Dobles, Roberto　ドブレス, ロベルト
㊄コスタリカ　環境エネルギー相
Dobre, Gheorghe　ドブレ, ゲオルゲ
㊄ルーマニア　運輸相
Dobrev, Dellian　ドブレフ, デリャン
㊄ブルガリア　経済・エネルギー・観光相
Dobrev, Milen　ドブレフ
㊄ブルガリア　重量挙げ選手
Dobrich, Anette　デブリッヒ, アネッテ
㊃「皇帝の魔剣」扶桑社　2004
Dobrin, Arthur　ドブリン, アーサー
1943〜　㊃「幸福の秘密」イースト・プレス　2011
Dobrindt, Alexander　ドブリント, アレクサンダー
㊄ドイツ　運輸相
Dobriskey, Lisa　ドブリスキー
㊄イギリス　陸上選手
Dobritoiu, Corneliu　ドブリツォイユ, コルネリウ
㊄ルーマニア　国防相
Dobroskok, Alexander　ドブロスコク, A.
㊄ロシア　飛び込み選手　㊄ドブロスコク
Dobroskok, Dmitriy　ドブロスコク
㊄ロシア　飛び込み選手　㊄ドブロスコク, D.
Dobrović, Slaven　ドブロビッチ, スラベン
㊄クロアチア　環境保護・エネルギー相
Dobrovolskis, Konstantinas　ドブロボルスキス, コンスタンティナス
㊄リトアニア　保健相
Dobrygin, Grigori　ドブリギン, グレゴリー
ベルリン国際映画祭　銀熊賞 男優賞（第60回（2010年））"Kak ya provel etim letom"
Dobrynin, Anatolii Fedorovich　ドブルイニン, アナトリー
1919〜2010　㊄ロシア　外交官, 政治家　駐米ソ連大使　㊄ドブルィニン／ドブルイニン, アナトーリイ
Dobrynska, Natallia　ドブルインスカ, ナタリア
1982〜　㊄ウクライナ　七種競技選手　㊄ドブルインスカ
Dobrzyński, Roman　ドブジンスキ, ロマン
㊃「ザメンホフ通り」原書房　2005
Dobson, Aaron　ドブソン, アーロン

㊄アメリカ　アメフト選手
Dobson, Andrew　ドブソン, アンドリュー
1957〜　㊃ドブソン, A.「シチズンシップと環境」日本経済評論社　2006
Dobson, Annette J.　ドブソン, A.J.
1945〜　㊃「一般化線形モデル入門」共立出版　2008
Dobson, Charlotte　ドブソン, シャーロット
㊄イギリス　セーリング選手
Dobson, Christopher M.　ドブソン, C.M.
㊃「ケミカルバイオロジーの基礎」化学同人　2004
Dobson, Hugo　ドブソン, ヒューゴ
1971〜　㊃「戦争と和解の日英関係史」法政大学出版局　2011
Dobson, James C.　ドブソン, ジェームス・C.
1936〜　㊃「男の子を育てる」ファミリー・フォーラム・ジャパン　2008
Dobson, Linda　ドブソン, リンダ
㊃「ホームスクーリングに学ぶ」緑風出版　2008
Dobson, Pat　ドブソン, パット
1942〜2006　㊄アメリカ　野球選手　ジャイアンツGM特別補佐　本名＝ドブソン, パトリック・エドワード〈Dobson, Patrick Edward〉
Dobson, Tamara　ドブソン, タマラ
1947〜2006　㊄アメリカ　女優　㊄ドブスン, タマラ
Doby, Larry　ドビー, ラリー
1924〜2003　㊄アメリカ　野球選手　本名＝Doby, Lawrence Eugene　㊄ドービー, ラリー
Dobyns, Emery　ドビンズ, エメリー
グラミー賞 最優秀録音技術アルバム（クラシック以外）（2007年（第50回））"Beauty & Crime"
Dobyns, Jay　ドビンズ, ジェイ
㊃「ノー・エンジェル」メディア総合研究所　2010
Dobyns, Stephen　ドビンズ, スティーヴン
㊃「アメリカ短編小説傑作選」DHC　2001
Dobzynski, Charles　ドブジンスキー, シャルル
㊃「フランス現代詩アンソロジー」思潮社　2001
Do Carmo, Allan　ドコルモ, アラン
㊄ブラジル　水泳選手
Docdjengar, Ngarlenan　ドクジュンガー, ヌガーレナン
㊄チャド　財務・予算省
Docherty, Bevan　ドカティ
㊄ニュージーランド　トライアスロン選手
Docherty, Helen　ドカティ, ヘレン
㊃「モラッチャホンがきた！」光村教育図書　2013
Docherty, Iain　ドハティ, イアン
㊃「地方鉄道の再生」日本経済評論社　2006
Docherty, Thomas　ドカティ, トーマス
㊃「モラッチャホンがきた！」光村教育図書　2013
Dochterman, Joanne McCloskey　ドクターマン, ジョアンヌ・マクロスキー
㊃「看護介入分類（NIC）」南江堂　2006
Dock, Lennart　ドック, レナート
㊃「環境医学入門」中央法規出版　2003
Dockendorff, Eduardo　ドッケンドルフ, エドゥアルド
㊄チリ　大統領府長官
Dockrell, Hazel M.　ドックレル, H.M.
㊃「ミムス微生物学」西村書店　2012
Dockrill, Michael L.　ドックリル, マイケル・L.
㊃「冷戦」岩波書店　2009
Dockwray, Ruth　ドックレー, ルース
1978〜　㊃「国歌になったクイーン」牧歌舎, 星雲社（発売）2005
Docter, Pete　ドクター, ピート
1968〜　㊄アメリカ　アニメーション監督, 脚本家　本名＝ドクター, ピーター〈Docter, Peter〉
Doctor, Marcio　ドクター, マルシオ
グラミー賞 最優秀ジャズ・ビッグバンド・アルバム（2006年（第49回））"Some Skunk Funk"
Dr.Dot　ドクター・ドット
㊃「プロは語る。」アスペクト　2005
Dr.Dre　ドクター・ドレー
1965〜　㊄アメリカ　ミュージシャン, 実業家　ビーツ・エレクトロニクス共同創業者　本名＝ヤング, アンドレ〈Young, Andre〉㊄ドレー
Dr.John　ドクター・ジョン
1940〜　㊄アメリカ　ミュージシャン　別名＝レベナック, ジョン・マック〈Rebennack, John Mac〉
Dr.K　ドクター・ケイ

㊗「ハッカー・ハンドブック」三修社 2002
Dr.Licks ドクター・リックス
㊗「ジェームス・ジェマーソン」リットーミュージック 2004
Doctorow, Cory ドクトロウ, コリー
1971～ ㊀カナダ 作家 ㊗SF, ファンタジー, ヤングアダルトほか ㊟ドクトロウ, コリイ
Doctorow, Edgar Laurence ドクトロウ, E.L.
1931～2015 ㊀アメリカ 作家
Doctson, Josh ドックソン, ジョシュ
㊀アメリカ アメフト選手
Doczi, György ドーチ, ジョージ
1909～ ㊗「デザインの自然学」青土社 2014
Doda, Viktor ドダ, ビクトル
㊀アルバニア 産業エネルギー相
Dodangoda, Amarasiri ドダンゴダ, アマラシリ
㊀スリランカ 法相
Dodd, Annabel Z. ドッド, アナベル・Z.
㊗「通信ネットワーク標準講座」ソフトバンクパブリッシング 2002
Dodd, Christina ドット, クリスティーナ
㊗「泥棒伯爵にハートを盗まれて」竹書房 2011
Dodd, Christopher ドッド, クリストファー
1944～ ㊀アメリカ 政治家 米国上院議員(民主党), 米国上院銀行住宅都市委員長 本名＝Dodd, Christopher John
Dodd, Christopher ドッド, クリストファー
㊗「世界漕艇物語」東北大学出版会 2009
Dodd, Emma ドッド, エマ
1969～ ㊗「いつまでも」バベルプレス 2015
Dodd, James L. ドッド, ジェームズ・L.
1947～ ㊗「アメリカ会計学」同友館 2013
Dodd, Johnny ドッド, ジョニー
1963～ ㊗「モーツァルトとクジラ」日本放送出版協会 2007
Dodd, Judith L. ドッド, ジュディス・L.
㊗「食品・栄養・食事療法事典」産調出版, 産業調査会(発売) 2006
Dodd, Kevin ドッド, ケビン
㊀アメリカ アメフト選手
Dodd, Lynley ドッド, リンリー
1941～ ㊗「くまくんおきて！」PHP研究所 2005
Dodd, Philip ドッド, フィリップ
1957～ ㊗「アコーディング・トゥ・ザ・ローリング・ストーンズ」ぴあ 2004
Dodd, Ray ドッド, レイ
㊗「「思いグセ」を変える7つの鍵」講談社 2007
Dodd, Sarah J. ドッド, サラ・J.
㊗「せいしょから10のおはなし」女子パウロ会 2012
Dodd, Stephen ドッド, スティーヴン
㊀ドッド, スティーブン ㊗「谷崎潤一郎」笠間書院 2009
Dodds, James ドッズ, ジェイムズ
1957～ ㊗「図説・英国の帆船軍艦」原書房 2011
Dodds, Klaus ドッズ, クラウス
㊗「地政学とは何か」NTT出版 2012
Dodds, Sarah ドッズ, サラ
グラミー賞 最優秀レコーディング・パッケージ(2013年(第56回)) "Long Night Moon" アート・ディレクター
Dodds, Shauna ドッズ, シャウナ
グラミー賞 最優秀レコーディング・パッケージ(2013年(第56回)) "Long Night Moon" アート・ディレクター
Dodge, David A. ドッジ, デービッド
㊀カナダ 銀行家, 経済学者 カナダ銀行総裁
Dodge, Edwin Newton ドッジ, エドウィン・ニュートン
㊀ニュージーランド 元・クライストチャーチ市議会議員, 元・クライストチャーチ・倉敷 姉妹都市委員会委員長
Dodge, Kenneth A. ダッジ, K.A.
㊗「子どもの仲間関係」北大路書房 2013
Dodge, Mark ドッジ, マーク
㊗「Microsoft Office Excel 2003オフィシャルマニュアル」日経BPソフトプレス, 日経BP出版センター(発売) 2004
Dodge, Toby ドッジ, トビー
㊗「イラク戦争は民主主義をもたらしたのか」みすず書房 2014
Dodgson, Mark ドジソン, M.
1957～ ㊗「ニュー・イノベーション・プロセス」晃洋書房 2008
Dodier, Alain ドディエ, アラン
アングレーム国際漫画祭 シリーズ賞(2010年) "Jérome K. Jérôme Bloche(T21)：Déni de fuite"〈Dupuis〉
Dodier, Bernard ドディエ, ベルナルド
㊗「インターネット・カウンセリング」ほんの森出版 2007
Dodig, Ivan ドディグ
㊀クロアチア テニス選手
Dodin, Lev ドージン, レフ
1944～ ㊀ロシア 演出家 レニングラード・マールイ・ドラマ劇場(MDT)首席演出家
Dodiya, Atul ドディヤ, アトゥール
1969～ ㊗「アトゥール・ドディヤ展」国際交流基金アジアセンター 2001
Dodman, Nicholas H. ドッドマン, ニコラス
㊗「問題行動における薬物療法」学窓社 2002
Dodo ドド
㊀ブラジル サッカー選手
Dodon, Igor ドドン, イーゴリ
㊀モルドバ 大統領
Dodovski, Marjan ドドフスキ, マリヤン
㊀マケドニア 環境・都市計画相
Dodson, Aidan ドドソン, エイダン
1962～ ㊗「全系図付エジプト歴代王朝史」東洋書林 2012
Dodson, James ダッドソン, ジェームズ
㊗「父が遺してくれた大切なこと」ソニー・マガジンズ 2002
Dodson, Regilio ドッドソン, レヒリオ
㊀スリナム 天然資源相
Dodson, Terry ダドソン, テリー
㊀ドットソン, テリー ㊗「スター・ウォーズ：プリンセス・レイア」ヴィレッジブックス 2016
Doe, Jackson ドウ, ジャクソン
㊀リベリア 運輸相
Doe, Juan ドウ, ホアン
㊗「アイデンティティ・ウォー：デッドプール/スパイダーマン/ハルク」小学館集英社プロダクション 2015
Doerflein, Thomas デルフライン, トーマス
？～2008 ㊀ドイツ 飼育員
Doerge, Rebecca W. ダーギー, R.W.
㊗「アット・ザ・ベンチバイオ実験室の統計学」メディカル・サイエンス・インターナショナル 2011
Doeringer, Peter B. ドーリンジャー, P.B.
㊗「内部労働市場とマンパワー分析」早稲田大学出版部 2007
Doernberg, Richard L. ドーンバーグ, リチャード・L.
㊗「アメリカ国際租税法」清文社 2001
Doerr, Anthony ドーア, アンソニー
1973～ ㊀アメリカ 作家 ㊗文学, フィクション, ノンフィクション
Doerr, Harriet ドウア, ハリエット
1910～2002 ㊀アメリカ 作家
Doerr, John ドーア, ジョン
1951～ ㊀アメリカ 投資家 クライナー・パーキンス・コーフィールド・アンド・バイヤーズ(KPCB)パートナー 本名＝Doerr, L.John
Doerry, Martin デリー, マルティン
1955～ ㊗「リリ・ヤーンの手紙」シュプリンガー・フェアラーク東京 2006
Doerum, Odd Einar ドゥールム, オッド・アイナル
㊀ノルウェー 法務・警察相
Doescher, Ian ドースチャー, イアン
㊗「ジェダイ, 帰還せり」講談社 2016
Doetsch, Richard ドイチ, リチャード
㊀アメリカ 作家 ㊗ミステリー, スリラー
D'Offay, Tim ドフェイ, ティム
㊗「究極の紅茶をいれるために」ソフトバンククリエイティブ 2009
Doga, María Nélida ドガ, マリア・ネリダ
㊀アルゼンチン 社会発展相
Dogadin, Sergey ドガーディン, セルゲイ
㊀ロシア チャイコフスキー国際コンクール ヴァイオリン 第2位(2011年(第14回))
Dogan, Erdal ドーガン, エルダル
1974～ ㊗「私の人生, これなに？」雨宮剛 2006
Dogan, Mattei ドガン, マテイ
1920～2010 ㊀フランス 政治社会学者 フランス国立科学研究センター(CNRS)研究部長 ㊟ドガン, マティ
Doganis, Rigas ドガニス, リーガス
㊗「21世紀の航空ビジネス」中央経済社 2003
Doganov, Boyan ドガノフ, B.
㊗「ARISを活用したチェンジマネジメント」シュプリンガー・フェアラーク東京 2003

Dogar, Sharon　ドガー, シャロン
[著]「隠れ家」 岩崎書店　2011
Dogbe, Kokuvi　ドグベ, コクビ
[国]トーゴ　郵政相
Doggett, Peter　ドゲット, ピーター
1957～　[著]「ザ・ビートルズ解散の真実」 イースト・プレス　2014
Dogley, Didier　ドグリー, ディディエール
[国]セーシェル　環境・エネルギー・気候変動相
Dogojo, Joan　ドゴヨ, ジョアン
[国]スリナム　社会問題・住宅相
Dogonadze, Anna　ドゴナゼ, アンナ
1973～　[国]ドイツ　トランポリン選手
Dogou, Alain　ドグ, アラン
[国]コートジボワール　国防相
Dogra, Chander Suta　ドグラ, チャンダー・スータ
[著]「インドの社会と名誉殺人」 柘植書房新社　2015
Dogra, Nisha　ドグラ, ニーシャ
1963～　[著]「心の診療100ケース」 メディカル・サイエンス・インターナショナル　2012
Dogue, Patrick　ドゲ, パトリック
[国]ドイツ　近代五種選手
Doherty, Berlie　ドハーティ, バーリー
1943～　[国]イギリス　児童文学作家　[異]ドハティ, バーリー
Doherty, Fraser　ダハティ, フレイザー
1988～　[著]「スーパービジネス」 毎日新聞社　2012
Doherty, Gerard M.　ドハーティ, ジェラルド・M.
[著]「ワシントン外科マニュアル」 メディカル・サイエンス・インターナショナル　2004
Doherty, Gillian　ドハーティ, ジリアン
[著]「たのしい農場1001のさがしもの」 PHP研究所　2016
Doherty, Glen　ドハルティ, グレン
[著]「最新スナイパーテクニック」 並木書房　2012
Doherty, Jim　ドハーティ, ジム
1968～　[著]「図解Ciscoネットワーク技術」 ソフトバンクパブリッシング　2004
Doherty, Neil A.　ドハーティ, ニール・A.
[著]「統合リスクマネジメント」 中央経済社　2012
Doherty, P.C.　ドハティー, ポール
[異]ドハティ, ポール / ドハティー, ポール・C.　[著]「神の家の災い」 東京創元社　2008
Doherty, Peter Charles　ドハティ, ピーター
1940～　[国]オーストラリア　免疫学者　メルボルン大学名誉教授　[専]免疫病理学
Doherty, Tom　ドーティ, トム
世界幻想文学大賞 生涯功労賞(2005年)
Doherty, William Joseph　ドアティ, ウィリアム・J.
1945～　[異]ドハティ, ウィリアム・J.　[著]「メディカルファミリーセラピー」 金剛出版　2016
Dohm, James M.　ドーム, ジェームス
[著]「火星の生命と大地46億年」 講談社　2008
Dohnányi, Christoph von　ドホナーニ, クリストフ・フォン
1929～　[国]ドイツ　指揮者　北ドイツ放送交響楽団首席指揮者, クリーブランド管弦楽団音楽監督
Do Hoang Dieu　ドー・ホアン・ジュウ
1976～　[国]ベトナム　作家
Do Hong Ngoc　ドー・ホン・ゴック
1940～　[著]「ベトナム老人はなぜ元気なのか」 草思社　2001
Dohou, Frédéric　ドウ, フレデリク
[国]ベナン　文化・手工業・観光相
Doidge, Geoffrey　ドイジ, ジェフリー
[国]南アフリカ　公共事業相
Doidge, Norman　ドイジ, ノーマン
[著]「脳はいかに治癒をもたらすか」 紀伊国屋書店　2016
Doig, Ivan　ドイグ, アイバン
1939～　[国]アメリカ　作家　[異]ドイグ, アイヴァン
Doillon, Jacques　ドワイヨン, ジャック
1944～　[国]フランス　映画監督
Doiron, Paul　ドイロン, ポール
[国]アメリカ　作家　[専]ミステリー, スリラー
Doje Cering　ドジェツェリン
[国]中国　民政相　[異]ドジェ・ツェリン
Dokes, Michael　ドークス, マイケル
1958～2012　[国]アメリカ　プロボクサー　WBA世界ヘビー級チャンピオン　本名=Dokes, Michael Marshall
Dokić, Branko　ドキッチ, ブランコ
[国]ボスニア・ヘルツェゴビナ　通信運輸相
Dokic, Jelena　ドキッチ, エレナ
1983～　[国]オーストラリア　テニス選手　[異]ドキック, エレナ
Dokle, Namik　ドクレ, ナミク
[国]アルバニア　副首相
Doko, Dragan　ドコ, ドラガン
[国]ボスニア・ヘルツェゴビナ　貿易経済問題相
Doko, Michel　ドコ, ミシェル
[国]中央アフリカ　文化・国会関係相
Dokora, Lazarus　ドコラ, ラザラス
[国]ジンバブエ　初等・中等教育相
Dokovic, Novak　ジョコビッチ, ノバク
テニス選手
Doktor, Martin　ドクトル
[国]チェコ　カヌー選手
Dokturishvili, Aleksandr　ドクトゥリシビリ
[国]ウズベキスタン　レスリング選手
Doky, Chris Minh　ドーキー, クリス・ミン
1969～　[国]デンマーク　ジャズ・ベース奏者
Dolan, Alan　ドーラン, アラン
[著]「よくわかるネットワークのアルゴリズム」 日本評論社　2003
Dolan, Cam　ドラン, キャメロン
[国]アメリカ　ラグビー選手
Dolan, James　ドーラン, ジェームズ
[国]アメリカ　ニューヨーク・ニックス所有者, マディソン・スクエア・ガーデン所有会社CEO
Dolan, John Lawrence　ドーラン, ジョン・ローレンス
[国]アメリカ　元・在日アメリカ合衆国軍司令官兼第5空軍司令官(中将)
Dolan, Lawrence　ドーラン, ローレンス
[国]アメリカ　クリーブランド・インディアンスオーナー
Dolan, Paul　ドーラン, ポール
1968～　[著]「幸せな選択、不幸な選択」 早川書房　2015
Dolan, Robert J.　ドーラン, ロバート・J.
[著]「価格戦略論」 ダイヤモンド社　2002
Dolan, Xavier　ドラン, グザヴィエ
1989～　[国]カナダ　映画監督
Dolan, Yvonne M.　ドラン, イボンヌ・M.
1951～　[異]ドラン, イボンヌ　[著]「解決志向アプローチ再入門」 金剛出版　2008
Dolar, Mladen　ドラー, ムラデン
[著]「オペラは二度死ぬ」 青土社　2003
Dolberg, Kasper　ドルベルグ, カスパー
[国]デンマーク　サッカー選手
Dolby, Ray M.　ドルビー, レイ
1933～2013　[国]アメリカ　音響技術者　ドルビーラボラトリーズ創設者
Dolce, Domenico　ドルチェ, ドメニコ
1958～　[国]イタリア　ファッションデザイナー　ドルチェ&ガッバーナCEO
Dolce, Lucia　ドルチェ, ルチア
1964～　[著]「「神仏習合」再考」 勉誠出版　2013
Dole, Elizabeth Hanford　ドール, エリザベス
1936～　[国]アメリカ　政治家　米国労働長官, 米国上院議員(共和党), 米国赤十字社総裁
Dole, George F.　ドール, ジョージ・F.
[著]「スヴェーデンボリのラテン語」 ぶどうの木出版　2002
Doleac, Charles B.　ドレアック, チャールズ・B.
[国]アメリカ　ニューハンプシャー日米協会会長
Dolega, Marcin　ドレガ, M.
[国]ポーランド　重量挙げ選手
Dolega, Robert　ドレガ, R.
[国]ポーランド　重量挙げ選手
Dolghieru, Vasile　ドルギエル, バシレ
[国]モルドバ　法相
Dolgikh, Maria　ドルギフ, マリア
[国]ロシア　卓球選手
Dolgolev, Vasily B.　ドルゴレフ, ワシリー・B.
[国]ベラルーシ　副首相　[異]ドルゴリョフ, ワシリー・B.
Dolgor, Badraagiin　ドルゴル, バドラーギン
[国]モンゴル　官房長官
Dolgorsürengiin Dagvadorj　ドルゴルスレン・ダグワドルジ
1980～　[国]モンゴル　元力士(第68代横綱)　四股名=朝青龍明徳(アサショウリュウ・アキノリ)
Dolgova, Irina　ドルゴワ, イリーナ
[国]ロシア　柔道選手

D

Dolhov, Maksym　ドルゴフ, マクシム
　国ウクライナ　水泳選手
Dolidovich, Sergei　ドリドビッチ
　国ベラルーシ　クロスカントリースキー選手
Dolidze, Victor　ドリゼ, ビクトル
　国ジョージア　国務相（欧州統合担当）
Dolin, Eric Jay　ドリン, エリック・ジェイ
　1961〜　著「クジラとアメリカ」原書房　2014
Dolin, Tim　ドリン, ティム
　1959〜　著「ジョージ・エリオット」彩流社　2013
Doliner, Roy　ドリナー, ロイ
　1954〜　著「ミケランジェロの暗号」早川書房　2008
Doling, Tim　ドリン, ティム
　著「ヴィエトナム北西部」世界出版社　2001
D'oliveira Ramos, Américo　ドリベイララモス, アメリコ
　国サントメ・プリンシペ　財務・公共機関相
Doljintseren, B.O.　ドルジンツレン, バダム・O.
　1944〜　著「わが愛する青空と風と大地」自由社　2005
Dölken, Mechthild　デルケン, メヒトヒルト
　著「整形外科における理学療法」ガイアブックス　2014
Doll, Beth　ドール, ベス
　1952〜　著「自分で決めるゴール設定と意思決定の指導」学苑社　2006
Doll, Richard　ドール, リチャード
　1912〜2005　国イギリス　疫学者　オックスフォード大学名誉教授　本名＝Doll, William Richard Shaboe　国ドル, リチャード
Dolles, Harald　ドレス, ハラルド
　1961〜　著「スポーツ・マネジメントとメガイベント」文真堂　2012
Dolling, Beate　デリング, ベアーテ
　1961〜　著「ジム・ボタンのたびだち」長崎出版　2010
Dolman, Everett Carl　ドルマン, エヴァレット・カール
　1958〜　著「21世紀の戦争テクノロジー」河出書房新社　2016
Dolniceanu, Tiberiu　ドルニチャス, ティベリウ
　国ルーマニア　フェンシング選手
Dolnick, Edward　ドルニック, エドワード
　1952〜　アメリカ探偵作家クラブ賞 犯罪実話賞（2006年）　"Rescue Artist: A True Story of Art, Thieves, and the Hunt for a Missing Masterpiece"
Dolo, Lamine　ドロ, ラミン
　1958〜　著「バオバブのきのうえで」福音館書店　2005
Dologuele, Anicet Georges　ドロゲル, アニセ・ジョルジュ
　国中央アフリカ　首相兼大蔵・計画・国際協力相
Dolor, Ernesta　ドロール, エルネスタ
　国セーシェル　社会問題・人材開発相
Dolovich, Jerry　ドロビッチ, ジェリー
　1936〜　著「あなたは咳、喘鳴および息切れをコントロールできる」メディカルレビュー社　2001
Dolšak, Nives　ドルジャーク, ニーヴェス
　著「コモンズのドラマ」知泉書館　2012
Dolto, Francoise　ドルト, フランソワーズ
　著「無意識の花人形」青山社　2004
Dolto-Tolitch, Catherine　ドルト, カトリーヌ
　1946〜　著「おこる」エスコアール出版部　2012
Dolwick, William　ドルウィック, ウィリアム
　著「マイバイブルフレンズ」福音社　2006
Doma, Damir　ドーマ, ダミール
　1981〜　ファッションデザイナー
Domalpalli, Rajnesh　ドーマラパッリ, ラージネーシュ
　ベルリン国際映画祭 審査員新人賞（第57回（2007年））　"Vanaja"
Doman, Alex　ドーマン, アレックス
　著「能力と健康を高める音、壊す音」アスキー・メディアワークス, KADOKAWA（発売）　2013
Doman, Douglas　ドーマン, ダグラス
　著「赤ちゃんを泳がせよう」ドーマン研究所　2008
Doman, Glenn　ドーマン, グレン
　1919〜2013　国アメリカ　理学療法士　人間能力開発研究所創始者
Doman, Glenn J.　ドーマン, グレン・J.
　著「赤ちゃんはいかに賢いか」ドーマン研究所　2007
Doman, Janet　ドーマン, ジャネット
　著「赤ちゃんはいかに賢いか」ドーマン研究所　2007
Domanski, Don　ドマンスキー, ドン
　カナダ総督文学賞 英語 詩（2007年）　"All Our Wonder Unavenged"

Domash, Harry　ドマッシュ, ハリー
　著「プロの銘柄選択法を盗め！」パンローリング　2003
Domashenko, Marina　ドマシェンコ, マリーナ
　グラミー賞 最優秀オペラ録音（2005年（第48回））　"Verdi: Falstaff" ソリスト
Domazet, Dragan　ドマゼト, ドラガン
　国セルビア　科学相
Dombi, Rudolf　ドンビ, ルドルフ
　1986〜　国ハンガリー　カヌー選手
Dombret, Andreas　ドンブレット, アンドレアス
　国ドイツ　ドイツ連邦銀行理事
Dombrovskis, Valdis　ドムブロフスキス, ヴァルディス
　1971〜　国ラトビア　政治家, エコノミスト　EU欧州委員会副委員長（ユーロ・社会対話担当）　ラトビア首相
Dombrovsky, Pavel　ドンブロフスキー, パーヴェル
　国ロシア　ロン・ティボー・クレスパン国際音楽コンクール ピアノ モーツァルト友の会賞（2004年（第34回））ほか
Dombrowski, Dave　ドンブロウスキ, デーブ
　国アメリカ　ボストン・レッドソックス編成総責任者
Domecq Garcia, Manuel　ドメック・ガルシア, マヌエル
　著「日本海海戦から100年」鷹書房弓プレス（発売）　2005
Domenech, Jaume　ドメネク, ジャウメ
　国スペイン　サッカー選手
Domenech, Raymond　ドメネク, レイモン
　1952〜　著「独白」G.B.　2014
Domenici, Pete V.　ドメニチ, ピート・V.
　著「ブライター・トゥモロー」ERC出版　2005
Domin, Hilde　ドミーン, ヒルデ
　著「とき放されて」花神社　2013
Dominelli, Lena　ドミネリ, レナ
　著「フェミニストソーシャルワーク」明石書店　2015
Domingo, Gregory　ドミンゴ, グレゴリー
　国フィリピン　貿易産業相
Domingo, Plácido　ドミンゴ, プラシド
　1941〜　国スペイン　テノール歌手　ロサンゼルス・オペラ総監督
Domingos, Wagner　ドミンゴス
　国ブラジル　陸上選手
Domingues, Ernesto Horacio　ドミンゲス, オラシオ
　著「アントマン：シーズンワン」小学館集英社プロダクション　2015
Domingues, Leticia　ドミンゲス, レティシア
　国ブラジル　ローザンヌ国際バレエコンクール 4位・スカラシップ（第41回（2013年））
Dominguez, Alvaro　ドミンゲス, アルバロ
　国スペイン　サッカー選手
Dominguez, Carlos　ドミンゲス, カルロス
　国フィリピン　財務相
Dominguez, Julián　ドミンゲス, フリアン
　国アルゼンチン　農牧・漁業相
Domínguez, Marco　ドミンゲス, マルコ
　著「プレミアムテキーラ」駒草出版ダンク出版事業部　2012
Dominguez, Matt　ドミンゲス, マット
　国アメリカ　野球選手
Domínguez Ariosa, Estela Marta　ドミンゲス・アリオサ, エステラ・マルタ
　国キューバ　軽工業相
Dominguez Asensio, Nuria　ドミンゲス
　国スペイン　ボート選手
Domínguez Brito, Francisco　ドミンゲス・ブリト, フランシスコ
　国ドミニカ共和国　環境・天然資源相
Dominguez Lara, Monica Patricia　ドミンゲス
　国メキシコ　重量挙げ選手
Domínguez Ortiz, Antonio　ドミンゲス・オルティス, アントニオ
　1909〜2003　著「スペイン三千年の歴史」昭和堂　2006
Dominguez Rodriguez, Hector Paulino　ロドリゲス, エクトル・パウリーノ・ドミンゲス
　国ドミニカ共和国　駐日特命全権大使
Domínguez Viguera, Carlos　ドミンゲス・ビゲラ, カルロス
　国スペイン　EFE通信社副編集長（夜間担当）, 元・EFE通信社日本支局長
Domini, Amy L.　ドミニ, エイミー
　著「社会的責任投資」木鐸社　2002
Domino, Fats　ドミノ, ファッツ
　1928〜　国アメリカ　ロック歌手　本名＝Domino, Antoine

Dominique
Domke, Todd　ドムク, トッド
　㊗「なぜ、嫌な奴ほどいい目にあうのか？」PHP研究所　2002
Domnina, Oksana　ドムニナ
　国ロシア　フィギュアスケート選手
Dompok, Bernard　ドンポック, ベルナルド
　国マレーシア　プランテーション産業・商品相　㊛ドンポック, ブルナルド
Domracheva, Darya　ドムラチェワ, ダリア
　1986〜　国ベラルーシ　バイアスロン選手　本名＝Domracheva, Darya Vladimirovna　㊛ドムラチェワ, ダリヤ
Domscheit-Berg, Daniel　ドムシャイトベルク, ダニエル
　1978〜　国ドイツ　オープンリークス代表　変名＝シュミット, ダニエル〈Schmitt, Daniel〉　㊛ドムシャイト‐ベルク, ダニエル
Do Muoi　ド・ムオイ
　1917〜　国ベトナム　政治家　ベトナム首相、ベトナム共産党書記長　本名＝グエン・ズイ・コン〈Nguyen Duy Cong〉　㊛ドー・ムオイ
Don, Pramudwinai　ドン・ポラマットウィナイ
　国タイ　外相
Dona, Klaus　ドナ, クラウス
　1949〜　㊗「オーパーツ大全」学習研究社　2005
Donadoni, Roberto　ドナドーニ, ロベルト
　1963〜　国イタリア　サッカー監督、元サッカー選手　サッカー・イタリア代表監督　㊛ドナドニ, ロベルト
Donaghy, Marie　ダナヒー, マリー
　㊗「臨床が変わる！ PT・OTのための認知行動療法入門」医学書院　2014
Donahue, Ann　ドナヒュー, アン
　㊗「アグリー・ベティ オフィシャルブックthe book」AC Books 2009
Donahue, Bill　ドナヒュー, ビル
　1958〜　㊗「小グループで教会は変わる」福音社　2004
Donahue, Claire　ドナヒュー
　国アメリカ　競泳選手
Donahue, Gary A.　ドナヒュー, ゲイリー・A.
　㊗「ネットワークウォリア」オライリー・ジャパン, オーム社 (発売)　2007
Donahue, John D.　ドナヒュー, ジョン・D.
　㊗「グローバル化で世界はどう変わるか」英治出版　2004
Donahue, Jonathan　ドナヒュー, ジョナサン
　国アメリカ　ロック歌手, ロック・ギタリスト
Donahue, Mark　ドナヒュー, マーク
　グラミー賞 最優秀録音技術アルバム (クラシック) (2012年 (第55回)) ほか
Donahue, Neal　ドナヒュー, ニール
　㊗「ラーニング・レボリューション」英治出版　2014
Donahue, Troy　ドナヒュー, トロイ
　1936〜2001　国アメリカ　俳優　本名＝Johnson, Merle (Jr.)
Donald, Aaron　ドナルド, アーロン
　国アメリカ　アメフト選手
Donald, Anna　ドナルド, アンナ
　㊗「ナラティブ・ベイスト・メディスン」金剛出版　2001
Donald, Graeme　ドナルド, グレイム
　㊗「〈図説〉偽科学・珍学説読本」原書房　2013
Donald, Howard　ドナルド, ハワード
　国イギリス　歌手
Donald, Lisa　ドナルド, リサ
　㊗「直前必修問題集MCP/MCSA/MCSE試験番号70-270 Windows XP Professional」IDGジャパン　2002
Donald, Luke　ドナルド, ルーク
　1977〜　国イギリス　プロゴルファー
Donald, Robyn　ドナルド, ロビン
　㊗「恋盗人」ハーパーコリンズ・ジャパン　2016
Donaldson, Denis　ドナルドソン, デニス
　1950〜2006　国イギリス　政治家, スパイ　シン・フェイン党幹部
Donaldson, Emma　ドナルドソン, エマ
　㊗「豪華客船」光文社　2003
Donaldson, Gordon　ドナルドソン, ゴードン
　㊗「コーポレート・ガバナンス」ダイヤモンド社　2001
Donaldson, J.Ana　ドナルドソン, J.アナ
　㊗「インストラクショナルデザインとテクノロジ」北大路書房　2013
Donaldson, Jean　ドナルドソン, ジーン
　1962〜　㊗「ザ・カルチャークラッシュ」レッドハート　2013
Donaldson, Josh　ドナルドソン, ジョシュ
　国アメリカ　野球選手
Donaldson, Julia　ドナルドソン, ジュリア
　1948〜　国イギリス　絵本作家　㊛ドナルドソン, ジューリア
Donaldson, Julianne　ドナルドソン, ジュリアン
　㊗「籠の中の鳥のように」オークラ出版　2015
Donaldson, Mary　ドナルドソン, マリー
　1921〜2003　国イギリス　政治家　ロンドン市長　本名＝Donaldson, Dorothy Mary
Donaldson, Roger　ドナルドソン, ロジャー
　1945〜　国ニュージーランド　映画監督　㊛ドナルドスン
Donaldson, Sue　ドナルドソン, スー
　1962〜　㊗「人と動物の政治共同体」尚学社　2016
Donaldson, Thomas　ドナルドソン, トーマス
　㊗「戦略と経営」ダイヤモンド社　2001
Donaldson, William H.　ドナルドソン, ウィリアム
　1931〜　国アメリカ　金融家　米国証券取引委員会 (SEC) 委員長、ニューヨーク証券取引所 (NYSE) 会長
Donard, Isabelle　ドナルド, イザベル
　国バヌアツ　包括的改革相
Do Nascimento, Adão　ドナシメント, アダン
　国アンゴラ　高等教育相
Donati, Angela　ドナーティ, アンジェラ
　㊗「碑文が語る古代ローマ史」原書房　2010
Donati, Danilo　ドナーティ, ダニーロ
　1926〜2001　国イタリア　衣裳デザイナー　㊛ドナティ, ダニロ
Donati, Giulio　ドナーティ, ジュリオ
　国イタリア　サッカー選手
Donati, Umberto　ドナーティ, ウンベルト
　国イタリア　実業家　在京イタリア文化会館館長
Donato, Fabrizio　ドナート
　国イタリア　陸上選手
Donbavand, Tommy　ドンババンド, トミー
　国イギリス　作家　㊥児童書　㊛ドンバヴァンド, トミー
Doncaster, Patrick　ドンカスター, パトリック
　㊗「ビートルズ世界証言集」ポプラ社　2006
Donchev, Tomislav　ドンチェフ, トミスラフ
　国ブルガリア　副首相 (欧州連合＝EU‐基金、経済政策担当)
Donckers, Karin　ドンケルス, カリン
　国ベルギー　馬術選手
Dondey, Marc　ドンデ, マルク
　㊗「タチ」国書刊行会　2002
Dondra, Henri Marie　ドンラ, アンリ・マリー
　国中央アフリカ　財務・予算相
Dondukov, Aleksandr N.　ドンドゥコフ, アラクサンドル・N.
　国ロシア　産業科学技術相
Doner, Richard F.　ドナー, リチャード・F.
　㊗「レント、レント・シーキング、経済開発」出版研, 人間の科学新社 (発売)　2007
Doney, Meryl　ドウニー, メリル
　㊗「ああどうしようのスズキさん」女子パウロ会　2002
Donfack, Lekene　ドンファック, レケネ
　国カメルーン　都市計画相
Donfried, Karl P.　ドンフリード, K.P.
　㊗「叢書新約聖書神学」新教出版社　2016
Dong, Dong　ドン・ドン
　1989〜　国中国　トランポリン選手　漢字名＝董棟
Dong, Fu-reng　ドン・フーレン
　1927〜2004　国中国　経済学者　中国社会科学院経済研究所名誉所長、全国政治協商会議委員　漢字名＝董輔礽
Dong, Joseph Malwal　ドン, ジョセフ・マルワル
　国スーダン　環境・森林・都市開発相
Dong, Ming-zhu　ドン・ミンジュ
　1954〜　国中国　実業家　珠海格力電器薫事長　漢字名＝董明珠　㊛ドン・ミンジュー
Dongen, Ron van　ドンゲン, ロン・ヴァン
　1961〜　㊗「わたしの一花」グラフィック社　2012
Dongier, Philippe　ドンジェ, フィリッペ
　㊗「協力のリーダーシップ」ダイヤモンド社　2009
Dongmo, Auriole　ドングム, アウリオル
　国カメルーン　陸上選手
Donguzashvili, Tea　ドングザシビリ
　国ロシア　柔道選手
Dönhoff, Marion　デンホフ, マリオン
　1909〜2002　国ドイツ　政治・外交評論家, ジャーナリスト　「ツァイト」共同発行人　本名＝デンホフ, グレフィン・マリオン〈Dönhoff, Gräfin Marion〉

D

Doniyorov, Tulashboy ドニヨロフ
[国]ウズベキスタン ボクシング選手
Donk, Ryan ドンク, ライアン
[国]オランダ サッカー選手
Donk, Wim B.H.J.van de ドンク, ウィム・ファン・デ
[著]「サイバープロテスト」 晧星社 2009
Donkin, Andrew ドンキン, アンドリュー
1965～ [著]「ターミナルマン」 バジリコ 2005
Donkor, Anton ドンコル, アントン
[国]ドイツ サッカー選手
Donkov, Samuil ドンコフ, サムイル
[国]ブルガリア 射撃選手
Donlan, Jane ドンラン, ジェーン
1966～ [著]「ほめて伸ばそうアスペルガーの子」 東京書籍 2009
Donley, Richard ダンリー, リチャード
[著]「左利きで行こう！」 北星堂書店 2002
Don Malabo, Estanislao ドンマラボ, エスタニスラオ
[国]赤道ギニア 漁業・水産資源相
Donnadieu, Jean-Louis ドナディウー, ジャン＝ルイ
1961～ [著]「黒いナポレオン」 えにし書房 2015
Donnai, Dian ドンナイ, ダイアン
1945～ [著]「症例でわかる新しい臨床遺伝学」 メディカル・サイエンス・インターナショナル 2008
Donnal, Andrew ドナル, アンドリュー
[国]アメリカ アメフト選手
Donnan, Kristin ドナン, クリスティン
[著]「Sue」 朝日新聞社 2005
Donnarumma, Gianluigi ドンナルンマ, ジャンルイジ
[国]イタリア サッカー選手
Donnedieu de Vabres, Renaud ドヌデュードバーブル, ルノー
[国]フランス 文化・通信相
Donnell, Larry ドネル, ラリー
[国]アメリカ アメフト選手
Donnellan, Michael A. ドネラン, マイケル・A.
[著]「CFOインサイト」 東洋経済新報社 2005
Donnellon, Anne ドネロン, アン
1949～ [著]「チーム内の「イライラ」を「達成感」に変える」 ファーストプレス 2008
Donnelly, Anne Cohn ドネリー, アン・コーン
[著]「虐待された子ども」 明石書店 2003
Donnelly, Elfie ドネリ, エルフィー
[著]「女の子はサンタクロースになれないの？」 日本ライトハウス 2002
Donnelly, Jane ドネリー, ジェイン
[著]「十七歳の純情」 ハーパーコリンズ・ジャパン 2016
Donnelly, Jennifer ドネリー, ジェニファー
[著]「薔薇の宿命」 ヴィレッジブックス 2007
Donnelly, Judith K. ドネリー, ジュデイス・K.
1958～ [著]「食品と栄養サプリメント」 エヌ・ティー・エス 2003
Donnelly, Michael ドネリー, マイケル
1939～ [国]カナダ 政治学者 トロント大学名誉教授 [専]日本政治 本名＝ドネリー, マイケル・ウェイド〈Donnelly, Michael Wade〉 [異]ドネリー, マイケル・ウェイド
Donnelly, Peter ドネリー, ピーター
[著]「現代スポーツの社会学」 南窓社 2013
Donnelly, Steven Gerard ドネリー, スティーブンジェラード
[国]アイルランド ボクシング選手
Donnelly, Thomas ドネリー, トーマス
[著]「本当に「中国は一つ」なのか」 草思社 2005
Donner, Christophe ドネール, クリス
1956～ [著]「わたしの世界一ひどいパパ」 福音館書店 2010
Donner, Clive ドナー, クライブ
1926～2010 [国]イギリス 映画監督 [異]ドナー, クライヴ
Donner, Fred McGraw ドナー, フレッド・マグロウ
1945～ [著]「イスラームの誕生」 慶応義塾大学出版会 2014
Donner, Irah H. ドナー, アイラ・エイチ
[著]「合衆国特許機能的クレームの実務」 経済産業調査会 2008
Donner, Piet Hein ドネル, ピートヘイン
[国]オランダ 内務・王室関係相 [異]ドネル, ピートヘイン / ドネル, ピットハイン
Donner, Richard ドナー, リチャード
[著]「スーパーマン ： ラスト・サン」 小学館集英社プロダクション 2013
Donner, Robert ドナー, ロバート
1931～2006 [国]アメリカ 俳優
Donnersmarck, Florian Henckel von ドナースマルク, フロリアン・ヘンケル・フォン
1973～ [国]ドイツ 映画監督
Donnet, Jean-Luc ドネ, ジャン＝リュック
1932～ [著]「フランス精神分析における境界性の問題」 星和書店 2015
Donnet, Pierre-Antoine ドネ, ピエール＝アントワーヌ
[著]「チベット受難と希望」 岩波書店 2009
Donnio, Sylviane ドニオ, シルヴィアン
[著]「きょうはこどもをたべてやる！」 ほるぷ出版 2004
Donnithorne, Larry R. ドニソーン, L.R.
[著]「ウエスト・ポイントはリーダーシップをどう教えているか」 三笠書房 2001
Donofrio, Beverly ドノフリオ, ビバリー
1950～ [国]アメリカ 作家
Donoghue, Daniel ドナヒュー, ダニエル
1956～ [著]「貴婦人ゴディヴァ」 慶応義塾大学出版会 2011
Donoghue, Emma ドナヒュー, エマ
1969～ [異]ドノヒュー, エマ [著]「現代アイルランド女性作家短編集」 新水社 2016
Donoghue, John ドナヒュー, J.
[著]「うつ病という時限爆弾」 日本評論社 2003
Donoghue, Paul J. ドナヒュー, ポール・J.
[著]「スーパーカウンセラーの「聞く力」で、運がこわいほどついてくる！」 イースト・プレス 2011
Donoghue, Susan ドノヒュー, スーザン
[著]「フトアゴヒゲトカゲマニュアル」 京都マグネティクス 2010
Donohoe, Paschal ドナフー, パスカル
[国]アイルランド 公共支出・改革相
Donohue, Keith ドノヒュー, キース
1960～ [国]アメリカ 作家 [専]文学
Donovan, Alan A.A. ドノバン, アラン
[著]「プログラミング言語Go」 丸善出版 2016
Donovan, Anne ドノバン, アン
1961～ [国]アメリカ バスケットボール指導者, 元バスケットボール選手 バスケットボール女子米国代表監督
Donovan, Billy ドノバン, ビリー
[国]アメリカ オクラホマシティ・サンダーヘッドコーチ（バスケットボール）
Donovan, Dale ドノヴァン, デイル
[著]「銀竜の騎士団」 アスキー・メディアワークス, 角川グループパブリッシング（発売） 2008
Donovan, Dennis Michael ドノバン, デニス・M.
[著]「リラプス・プリベンション」 日本評論社 2011
Donovan, Derec ドノバン, デレク
[著]「バットマン：ゲート・オブ・ゴッサム」 小学館集英社プロダクション 2014
Donovan, Eddie ドノバン, エディー
？～2001 [国]アメリカ ニックス・ゼネラル・マネジャー
Donovan, Jeremey ドノバン, ジェレミー
[著]「TEDトーク世界最高のプレゼン術」 新潮社 2015
Donovan, Jim ドノヴァン, ジム
[著]「何をしてもうまくいく人のシンプルな習慣」 ディスカヴァー・トゥエンティワン 2016
Donovan, John J. ドノバン, ジョン・J.
[著]「システム・プログラム」 科学技術出版 2002
Donovan, Kevin ドノバン, ケビン
[著]「化粧品の真実」 はまの出版 2006
Donovan, Landon ドノバン, ランドン
1982～ [国]アメリカ 元サッカー選手
Donovan, Mary ドノヴァン, メアリ
1937～ [著]「世界食文化図鑑」 東洋書林 2003
Donovan, Robert J. ドノバン, ロバート
[著]「ケネディのいちばん長い日」 毎日ワンズ 2014
Donovan, Shaun ドノバン, ショーン
[国]アメリカ 住宅都市開発長官
Donovan, Susan ドノヴァン, スーザン
[著]「彼女たちの麗しき恋事情」 ハーレクイン 2012
Donovan, William J. ドノバン, ウィリアム・J.
[著]「達人たちの投資秘術」 日本短波放送 2001
Donsah, Godfred ドンサー, ゴッドフレッド
[国]ガーナ サッカー選手
Donskoi, Sergei Ye. ドンスコイ, セルゲイ・Ye.
[国]ロシア 天然資源環境相
Donwahi, Alain Richard ドンワイ, アラン・リシャール
[国]コートジボワール 国防担当大統領府相
Donwood, Stanley ドンウッド, スタンリー

グラミー賞 最優秀ボックス, 特別限定版パッケージ(2008年(第51回)) "In Rainbows" アート・ディレクター
Donzé, Pierre-Yves ドンゼ, ピエール＝イヴ
　1973〜　圏「「機械式時計」という名のラグジュアリー戦略」世界文化社　2014
Donzelli, Valerie ドンゼッリ, ヴァレリー
　1973〜　国フランス　映画監督, 女優
Donzelot, Jacques ドンズロ, ジャック
　1943〜　圏「都市が壊れるとき」人文書院　2012
Donzo, Luseni ドンゾ, ルセニ
　国リベリア　公共事業相
Doob, Joseph Leo ドゥーブ, ジョセフ
　1910〜2004　国アメリカ　数学者　イリノイ大学名誉教授　圏確率論
Doodlers, Artful ドッドラーズ, アートフル
　圏「くまのプーさんみんなどこにいるの?」大日本絵画　2006
Doody, Margaret Anne ドゥーディ, M.A.
　圏ドゥーディ, マーガレット・A.　圏「赤毛のアン」原書房　2014
Doohan, James ドゥーハン, ジェームズ
　1920〜2005　国アメリカ　俳優　圏ドゥーアン, ジェームズ
Dookeran, Winston ドゥークラン, ウィンストン
　国トリニダード・トバゴ　外相
Dookunluchoomun, Leela Devi ドゥカンルチュマン, リラ・デビ
　国モーリシャス　教育・人材・高等教育・科学研究相
Doolen, Gary D. ドーレン, ゲーリー・D.
　圏「入門量子コンピュータ」パーソナルメディア　2002
Dooley, Anne ドゥーリー, アン
　圏「シルバー・バーチの霊訓」潮文社　2004
Dooley, Dolores ドゥーリー, ドローレス
　1940〜　圏「看護倫理」みすず書房　2007
Dooley, Jim ドーリー, ジム
　?〜2008　国アメリカ　アメフト監督　圏ドゥーリー, ジム
Dooley, Joseph F. ドゥーリー, ジョセフ・F.
　圏「男は東に女は右に」主婦の友社　2008
Dooley, Mike ドゥーリー, マイク
　1961〜　圏「宇宙からの手紙」角川書店, 角川グループホールディングス(発売)　2013
Dooley, Roger ドゥーリー, ロジャー
　1952〜　圏「脳科学マーケティング100の心理技術」ダイレクト出版　2013
Dooling, Richard ドゥーリング, リチャード
　圏「ブレイン・ストーム」講談社　2003
Doolittle, Nancy K. ドリトル, ナンシーD.
　圏「ベナー解釈的現象学」医歯薬出版　2006
Doolittle, Sean ドゥーリトル, ショーン
　国アメリカ　野球選手
Doonan, Jane ドゥーナン, ジェーン
　圏「絵本の絵を読む」玉川大学出版部　2013
Doonan, Simon ドゥーナン, サイモン
　1952〜　圏「ワッキー・チックス」青土社　2004
Doorley, Scott ドーリー, スコット
　圏「メイク・スペース」阪急コミュニケーションズ　2012
Doornik, Jurgen A. ドーニック, J.A.
　圏「PcGiveによる時系列分析入門」日本評論社　2006
Dopfer, Fritz ドプファー
　国ドイツ　アルペンスキー選手
Doppert, Monika ドペルト, モニカ
　圏「道はみんなのもの」さ・え・ら書房　2013
Doppler, Clemens ドップラー, クレメンス
　国オーストリア　ビーチバレー選手
Doppmann, Priska ドップマン
　国スイス　自転車選手
Dora, Vontarrius ドラ, ボンタリアス
　国アメリカ　アメフト選手
Dorais, M.A. ドライ, M.A.
　圏「トマトオランダの多収技術と理論」農山漁村文化協会　2012
Doran, Gregory ドーラン, グレゴリー
　1959〜　国イギリス　舞台演出家　ロイヤル・シェイクスピア・カンパニー(RSC)芸術監督
Doran, Jamie ドーラン, ジェイミー
　圏「ガガーリン」河出書房新社　2013
Doran, Rodney L. ドラン, ロドニー・L.
　圏「理科の先生のための新しい評価方法入門」北大路書房　2007
Doran, Teresa ドラン, テレサ

1958〜　国アイルランド, アメリカ　作家　圏ヤングアダルト
Dorantes ドランテ
　ピアニスト　本名＝ドランテ, ダビ・ペーニャ〈Dorantes, David Pena〉
Doray, Malika ドレ, マリカ
　1974〜　圏「だっこだっこ」クレヨンハウス　2016
D'Orazio, Costantino ドラッツィオ, コスタンティーノ
　1974〜　圏「レオナルド・ダ・ヴィンチの秘密」河出書房新社　2016
Dorbani, Lakhdar ドルバニ, ラハダル
　国アルジェリア　観光工芸相
Dorcas, Phil ドーカス, フィル
　圏「Delphi Win32 Graphics APIリファレンス」アスキー　2001
Dore, Domani ドレ, ドマニ
　国ギニア　スポーツ相
Doré, Durus Yalé ドレ, デュリュス・ヤレ
　国ギニア　情報相
Dore, Ronard Philip ドーア, ロナルド
　1925〜　国イギリス　社会学者, 日本研究家　ロンドン大学名誉教授
Doreal, M. ドリール, M.
　1901〜　圏ドウリル, M.　圏「全人類への愛の光の生命のメッセージ五〇二」ドニエブル出版, 大阪 新風書房(発売)　2008
Dorelli, Peter ドレーリ, ピーター
　圏「サヴォイ・カクテルブック」パーソナルメディア　2002
Dorémus, Gaëtan ドレムス, ガエタン
　1976〜　圏「あいつはトラだ!」講談社　2010
Doren, Dennis M. ドーレン, デニス・M.
　圏「性犯罪者の治療と処遇」日本評論社　2010
Doren, Kim ドレン, キム
　圏「それは「ボートの外」のこと」メディアファクトリー　2002
Dorenbos, Jon ドレンボス, ジョン
　国アメリカ　アメフト選手
Dorensky, Sergey L. ドレンスキー, セルゲイ・L.
　国ロシア　チャイコフスキー記念国立モスクワ音楽院教授, 元・チャイコフスキー記念国立モスクワ音楽院ピアノ学部長
Dorf, Bob ドーフ, ボブ
　圏「スタートアップ・マニュアル」翔泳社　2012
Dorf, Richard C. ドーフ, リチャード
　圏「最強の起業戦略」日経BP社, 日経BPマーケティング(発売)　2011
Dorfan, Jonathan ドーファン, ジョナサン
　物理学者　沖縄科学技術大学院大学学長, スタンフォード大学スタンフォード線形加速器センター名誉所長　圏素粒子物理学, 加速器科学
Dörfler, Herbert デェルフラー, ヘルベルト
　圏「ウルム」Schoning GmbH & Co.KG　〔200-〕
Dorfman, Ariel ドルフマン, アリエル
　1942〜　国チリ　文学評論家, 作家, 劇作家, 詩人　デューク大学教授　圏ラテンアメリカ文学　圏ドーフマン, アリエル
Dorfman, Lisa ドーフマン, リサ
　圏「食品・栄養・食事療法事典」産調出版, 産業調査会(発売)　2006
Dorfman, Peter William ドーフマン, P.W.
　1945〜　圏「文化を超えるグローバルリーダーシップ」中央経済社, 中央経済グループパブリッシング(発売)　2016
Dorfmeister, Michaela ドルフマイスター, ミヒャエラ
　国オーストリア　アルペンスキー選手
Dorfsman, Louis ドーフスマン, ルウ
　1918〜　圏「ハーブ・ルバリン」ギンザ・グラフィック・ギャラリー, トランスアート(発売)　2002
Dorian, Jean Pierre ドリアン, ジャン・ピエール
　圏「ヴァイオリンは語る」フランス音楽文化愛好会, 星雲社(発売)　2008
Dorian, Marguerite ドリアン, マーガリット
　圏「わにのはいた」日本ライトハウス　2011
Dorichenko, Sergeĭ Aleksandrovich ドリチェンコ, セルゲイ
　1973〜　圏「ロジカルな思考を育てる数学問題集」岩波書店　2014
Dorin, Francoise ドラン, フランソワーズ
　圏「現代フランス演劇傑作選」演劇出版社　2001
Dorin Habert, Marie ドラン
　国フランス　バイアスロン選手
Dorion, Christiane ドリオン, クリスチアーナ
　圏「地球のひみつをさぐる」ひさかたチャイルド　2015
Doris, Troy ドリス, トロイ
　国ガイアナ　陸上選手

Dorji, Chenkyab　ドルジ, チェンキャブ
[国]ブータン　計画相
Dorji, Damcho　ドルジ, ダムチョ
[国]ブータン　外相
Dorji, Kinzang　ドルジ, キンザン
[国]ブータン　公共事業相
Dorji, Leki　ドルジ, レキ
[国]ブータン　経済相
Dorji, Minjur　ドルジ, ミンジュル
[国]ブータン　内務文化相
Dorji, Namgay　ドルジ, ナムゲイ
[国]ブータン　財務相
Dorji, Nedup　ドルジ, ニドゥプ
[国]ブータン　保健教育相
Dorji, Rinzin　ドルジ, リンジン
[国]ブータン　外相
Dorji, Yeshey　ドルジ, イエシェイ
[国]ブータン　農相
Dorji, Yeshi　ドルジ, イエーシ
[国]ブータン　農相
Dorjiin Garmaa　ドルジーン・ガルマー
[著]「モンゴル文学への誘い」 明石書店　2003
Dorjnyambuu, Otgondalai　ドルジニャンブオトゴンダライ
[国]モンゴル　ボクシング選手
Dorjsuren, Munkhbayar　ドリスレン
[国]ドイツ　射撃選手
Dorjsuren, Sumiya　ドルジスレンスミヤ
[国]モンゴル　柔道選手
Dorleant, Makinton　ドーリアント, マキントン
[国]アメリカ　アメフト選手
Dorligjav, Dambii　ドルリグジャブ, ダンビー
[国]モンゴル　法相
Dorling, Daniel　ドーリング, ダニー
[異]ドーリング, D. / ドーリング, ダニエル　[著]「ヨーロッパ社会統計地図」 柊風舎　2015
Dormal, Alexis　ドルマル, アレクシ
1977～　[著]「アナ！　アナ！」 ポプラ社　2014
Dorman, Brandon　ドーマン, ブランドン
[著]「「そこにいる」ってわかります」 トリーハウス　2011
Dorman, Colin Cresswell　ドーマン, コーリン・クレスウェル
1911～　[著]「スティーブンソンと蒸気機関車」 玉川大学出版部　2015
Dorman, David W.　ドーマン, デービッド
1954～　[国]アメリカ　実業家　CVSケアーマーク社会長　モトローラ会長, AT&T会長・CEO, ポイントキャスト会長・社長・CEO　[異]ドーマン, デイビッド / ドーマン, デビッド
Dorman, Gary J.　ドーマン, ゲーリー・J.
[著]「競争政策の経済学」 NERA　2005
Dorman, Sam　ドーマン, サム
[国]アメリカ　水泳選手
Dormann, Jürgen　ドルマン, ユルゲン
1940～　[国]ドイツ　実業家　ABB会長, アベンティス会長
Dormans, Joris　ドーマンズ, ヨリス
[著]「ゲームメカニクス」 ソフトバンククリエイティブ　2013
Dorn, Ludwik　ドルン, ルドウィク
[国]ポーランド　副首相
Dorn, Thea　ドルン, テア
[著]「殺戮の女神」 扶桑社　2001
Dornan, Jim　ドーナン, ジム
[著]「求心力人を動かす10の鉄則」 三笠書房　2007
Dornan, Tim　ドーナン, ティム
[著]「基本臨床技能試験のコアスキル」 西村書店　2004
Dornbusch, Rudiger　ドーンブッシュ, ラディーガー
1942～2002　[国]アメリカ　経済学者　マサチューセッツ工科大学教授　[専]マクロ経済学, 国際経済学　[異]ドーンブッシュ, ルーディガー / ドーンブッシュ, ルディ / ドーンブッシュ, ルディガー
Dornelles, Francisco　ドルネレス, フランシスコ
[国]ブラジル　労相
Dornfest, Rael　ドーンフェスト, ラエル
[著]「Google hacks」 オライリー・ジャパン, オーム社(発売)　2007
Dornford-May, Mark　ドーンフォード＝メイ, マーク
ベルリン国際映画祭 金熊賞(第55回(2005年))　"U-Carmen eKhayelitsha"
Dornhelm, Robert　ドーンヘルム, ロバート
1947～　映画監督
Dornin, Laird　ドーニン, ライアード
[著]「プログラミングAndroid」 オライリー・ジャパン, オーム社(発売)　2012
Dörnyei, Zoltán　ドルニェイ, ゾルタン
[著]「外国語教育学のための質問紙調査入門」 松柏社　2006
Dorodjatun Kuntjoro-Jakti　ドロジャトゥン・クンチョロヤクティ
1939～　[国]インドネシア　経済学者　インドネシア経済担当調整相　[異]ドロジャトン・クンチョロジャクティ / ドロジャトン・クンチョロジャクティ
Dorofeyev, Dmitry　ドロフェエフ
[国]ロシア　スピードスケート選手
Do Rosario, Antonio Gualberto　ド・ロザリオ, アントニオ・グァルベルト
[国]カボベルデ　首相
Dorosário, Arlindo Nascimento　ドロザリオ, アーリンド・ナシメント
[国]カボベルデ　保健・社会保障相
Dorr, Michael K.　ドーア, マイケル
[著]「マイルス・オン・マイルス」 宝島社　2011
Dorr, Robert F.　ドア, ロバート・F.
[著]「朝鮮戦争航空戦のエース」 大日本絵画　2003
Dorrestein, Renate　ドレスタイン, レナーテ
1954～　[著]「石のハート」 新潮社　2002
Dorrian, Michael　ダリアン, マイケル
[著]「世界の名刺」 パイインターナショナル　2009
Dörrie, Doris　デリエ, ドリス
1955～　[国]ドイツ　映画監督, 演出家　ミュンヘン・テレビ映画大学教授　[異]デリー, ドリス / デリエ, ドーリス
Dorros, Arthur　ドロス, アーサー
[著]「水のぼうけん」 リブリオ出版　2002
Dorsainvil, Daniel　ドルサンビル, ダニエル
[国]ハイチ共和国　経済・財政相
Dorsch, Niklas　ドルシュ, ニクラス
[国]ドイツ　サッカー選手
Dorsett, Kenred　ドーセット, ケンレッド
[国]バハマ　環境・住宅相
Dorsett, Phillip　ドーセット, フィリップ
[国]アメリカ　アメフト選手
Dorsey, David　ドーシー, デイヴィッド
1952～　[著]「リアル・リーダーシップ」 中央公論新社　2007
Dorsey, Gary　ドルシー, ゲーリー
[著]「衛星ビジネス・ウォーズ」 日経BP社, 日経BP出版センター(発売)　2001
Dorsey, Glenn　ドーシー, グレン
[国]アメリカ　アメフト選手
Dorsey, Jack　ドーシー, ジャック
1976～　[国]アメリカ　起業家, 技術者　ツイッターCEO・創業者, スクエアCEO
Dorsey, James　ドーシー, ジェームス
1961～　[著]「日本文化に何をみる？」 共和国　2016
Dorsey, Pat　ドーシー, パット
[著]「千年投資の公理」 パンローリング　2009
Dorsey, Thomas J.　ドーシー, トーマス・J.
[著]「最強のポイント・アンド・フィギュア分析」 パンローリング　2004
Dorst, Tankred　ドルスト, タンクレート
1925～　[著]「私、フォイアーバッハ」 論創社　2006
Dorta, Kristen Pollack　ドルタ, クリステン・P.
[著]「思春期うつ病の対人関係療法」 創元社　2016
Dosa, David　ドーサ, デイヴィッド
[著]「オスカー」 早川書房　2010
Dosanjh, Ujjal　ドサンジュ, ウジャル
[国]カナダ　保健相
Dos Anjos, Carlos Gustavo　ドスアンジョス, カルロス・グスタボ
[国]サントメ・プリンシペ　外務・協力相
Dos Anjos, Felipe　ドス・アンジョス, フェリペ
[国]ブラジル　バスケットボール選手
Dosayev, Erbolat　ドサエフ, エルボラト
[国]カザフスタン　経済発展貿易相
Doshi, Balkrishna　ドーシ, バルクリシュナ
[著]「Anytime」 NTT出版　2001
Doshi, Neel　ドシ, ニール
[著]「マッキンゼー流最高の社風のつくり方」 日経BP社, 日経BPマーケティング(発売)　2016
Doskaliyev, Zhakcylyk　ドスカリエフ, ジャクスイルイク

国カザフスタン　保健相　異ドスカリエフ, ジャクシルイク
Doski, Dindar　ドスキ, ディンダル
　国イラク　移民相
Doskochrová, Hana　ドスコチロヴァー, ハナ
　1936〜　著「もぐらくんとみどりのほし」偕成社　2012
Doskozil, Hans Peter　ドスコツィル, ハンス・ペーター
　国オーストリア　国防・スポーツ相
Dosmukhanbetov, Temirkhan　ドスムハンベトフ, テミルハン
　国カザフスタン　観光スポーツ相
Dos Prazeres, Arzemiro　ドスプラゼレス, アルゼミロ
　国サントメ・プリンシペ　産業・商業・観光相
Dos Prezeres, Luis Alberto Carneiro　ドスプレゼレス, ルイス・アルベルト・カルネイロ
　国サントメ・プリンシペ　社会基盤・天然資源相
Dos Reis Santos, Rosane　ドスレイスサントス
　国ブラジル　重量挙げ選手
Doss, Lorenzo　ドス, ロレンゾ
　国アメリカ　アメフト選手
Doss, Mohan　ドス, モハン
　1951〜　著「放射線0の危険」医療科学社　2014
Dos Santos, Alberto Manuel　ドスサントス, アルベルト・マニュエル
　国サントメ・プリンシペ　保健相
Dos Santos, Daiane　ドスサントス
　国ブラジル　体操選手
Dos Santos, Fernando Da Piedade Dias　ドスサントス, フェルナンド・ダ・ピエダデ・ディアス
　国アンゴラ　副大統領
Dos Santos, José Eduardo　ドス・サントス, ジョゼ・エドゥアルド
　1942〜　国アンゴラ　政治家　アンゴラ大統領, アンゴラ解放人民運動(MPLA)議長　異ドスサントス, ジョゼ・エドゥアルド
Dos Santos, Marilson　ドスサントス
　国ブラジル　陸上選手
Dos Santos, Mauro　ドス・サントス, マウロ
　国アルゼンチン　サッカー選手
Dos Santos, Nicolau　ドスサントス, ニコラウ
　国ギニアビサウ　農林畜産相
Dos Santos, Norberto Fernando　ドスサントス, ノルベルト・フェルナンド
　国アンゴラ　国会担当相
Dos Santos Morais, Davilson　モライス, ダビルソン
　国カボベルデ　ボクシング選手
Dossar, Mohamed Bacar　ドサール, モハメド・バカール
　国コモロ　外務・国際協力・在外コモロ人担当相　異バカルドサール, モハメド
Dossayev, Yerbolat　ドサエフ, エルボラト
　国カザフスタン　国民経済相
Dosse, François　ドス, フランソワ
　1950〜　異ドッス, フランソワ　著「ドゥルーズとガタリ交差的評伝」河出書房新社　2009
Dossehanyron, Gabriel Sassouvi　ドセアニロン, ガブリエル・サスビ
　国トーゴ　文化・観光・レジャー相
Dossetor, John　ドセッター, ジョン
　著「境界を超える看護」エルゼビア・ジャパン　2006
Dossey, Barbara Montgomery　ドッシー, バーバラ・M.
　著「ホリスティック・ナーシング」エルゼビア・ジャパン　2006
Dossey, Larry　ドッシー, ラリー
　1940〜　著「平凡な事柄の非凡な治癒力」日本教文社　2006
Dossi, Moses　ドッシ, モーゼズ
　国マラウイ　スポーツ・文化相
Dosso, Moussa　ドッソ, ムーサ
　国コートジボワール　雇用・社会問題・職業訓練相
Dossou Naki, Honorine　ドスナキ, オノリン
　国ガボン　副首相兼国家管理・汚職対策相
Dossou Togbe, Pascal　ドストベ, パスカル
　国ベナン　保健相
Dost, Bas　ドスト, バス
　国オランダ　サッカー選手
Dostal, Josef　ドスタル, ヨセフ
　国チェコ　カヌー選手
Dostál, Pavel　ドスタール, パベル
　国チェコ　文化相
Dostaler, Gilles　ドスタレール, ジル
　1946〜　著「ケインズの闘い」藤原書店　2008
Dostam, Abdul Rashid　ドスタム, アブドル・ラシド

国アフガニスタン　副大統領兼総司令官
Dostum, Abdul Rashid　ドスタム, アブドゥラシド
　国アフガニスタン　第1副大統領
Doté, Elie　ドテ, エリ
　国中央アフリカ　首相兼財務相
Doti, 'Matebatso　ドティ, マテバツォ
　国レソト　社会開発相
Dotres Martínez, Carlos　ドトレス・マルティネス, カルロス
　国キューバ　保健相
Dotson, Demar　ドットソン, デマー
　国アメリカ　アメフト選手
Dotson, Jeff　ドットソン, ジェフ
　MTVアワード　最優秀特殊効果(第28回(2011年))　"E.T."
Dotterweich, Kass Perry　ドッターウィック, キャス・P.
　異ドッターウィック, キャス・ベリー　著「友情セラピー」サンパウロ　2015
Dotti, Andrea　ドッティ, アンドレア
　1938〜2007　国イタリア　精神医学　本名=Dotti, Andrea Paolo Mario
Dotti, Luca　ドッティ, ルカ
　1970〜　著「オードリーat Home」フォーインスクリーンプレイ事業部(発売)　2016
Dottino, Tony　ドッティーノ, トニー
　著「マインドマップ・リーダーシップ」ダイヤモンド社　2013
Doty, Gwen　ドティ, グウェン
　著「「こころの知性」を育む」東信堂　2004
Doty, James Robert　ドゥティ, ジェームズ
　1955〜　著「スタンフォードの脳外科医が教わった人生の扉を開く最強のマジック」プレジデント社　2016
Doty, Mark　ドーティ, マーク
　全米図書賞 詩(2008年)　"Fire to Fire: New and Selected Poems"
Dotz, Warren　ドッツ, ウォーレン
　著「アメリカン広告キャラクター図鑑」グラフィック社　2015
Doualamou, Germain　ドゥアラム, ジェルマン
　国ギニア　大学準備・市民教育相
Doua Lee　ドゥア・リー
　著「サルとトラ」福音館書店　2005
Douangchay, Phichit　ドゥアンチャイ・ピチット
　国ラオス　副首相兼国防相
Douangdeuane Bounyavong　ドゥアンドゥアン・ブンニャヴォン
　著「カンパーとピーノイ」おはなしきゃらばんセンター　2007
Douati, Alphonse　ドゥアティ, アルフォンス
　国コートジボワール　畜産・水産資源相
Douayoua, Lia Bi　ドゥアユア, リア・ビ
　国コートジボワール　電気通信相
Doubane, Charles Armel　ドゥバンヌ, シャルル・アーメル
　国中央アフリカ　外務・アフリカ統合・在外国民相　異ドゥバン, シャルル・アーメル
Doubilet, David　デュビレ, デビッド
　1946〜　異デュビレ, デヴィッド　著「海に生きるいのち」日経ナショナルジオグラフィック社, 日経BPマーケティング(発売)　2014
Doubleday, Nelson, Jr.　ダブルデイ, ネルソン, Jr.
　1933〜2015　国アメリカ　実業家　ニューヨーク・メッツ共同オーナー
Doubleday, Simon R.　ダブルデイ, サイモン
　著「現代を読み解くための西洋中世史」明石書店　2014
Doucet, Dominique　ドゥーセ, ドミニク
　著「ドミニクドゥーセのおいしいパン」日本教育研究センター　2008
Doucet, Julie　デュウシエー, ジュリー
　1965〜　著「マイニューヨークダイアリー」プレスポップギャラリー　c2002
Doucet, Michael　デューセ, マイケル
　グラミー賞 最優秀ザデコ, ケイジャン・ミュージック・アルバム(2008年(第51回))　"Live At The 2008 New Orleans Jazz & Heritage Festival"
Doucette, Paul　ドウセット, ポール
　国アメリカ　ミュージシャン
Douchev-janic, Natasa　ドゥチェフヤニツ, ナターシャ
　国ハンガリー　カヌー選手
Doucoure, Abdoulaye　ドゥクレ, アブドゥライェ
　国フランス　サッカー選手
Doucoure, Ladji　ドゥクレ
　国フランス　陸上選手　異ドゥクール

Doucoure, Mamadou　ドゥクレ, ママドゥ
[国]フランス　サッカー選手
Doudet, Sophie　ドゥデ, ソフィー
[著]「チャーチル」 祥伝社　2015
Doudou Ndiaye Rose　ドゥドゥ・ニジャエ・ローズ
？～2015　[国]セネガル　打楽器奏者　ドゥドゥ・ニジャエ・ローズ・パーカッション・オーケストラ団長　[興]サバール太鼓（タム・タム）　[異]ドゥドゥ・ンジャイ・ローズ
Dougall, Alastair　ダゴール, アラステア
[著]「ジェームズボンド007シークレットファイル」 東邦出版　2006
Dougan, Andy　ドゥーガン, アンディ
[著]「ディナモ」 晶文社　2004
Dougan, Brady W.　ドゥーガン, ブレイディ
1959～　[国]アメリカ　銀行家　クレディ・スイス・グループCEO　[異]ドゥーガン, ブレイディー / ドゥーガン, ブレディ
Dougan, Terrell Harris　ドゥーガン, テレル・ハリス
[著]「アイリーンといっしょに」 ポプラ社　2012
Dougherty, Brandi　ドハティ, ブランディ
[著]「幽霊白書」 ポプラ社　2014
Dougherty, James　ドハティ, ジェームズ
1921～2005　[国]アメリカ　女優マリリン・モンローの最初の夫　[異]ドアティ, ジェームズ / ドハティー, ジェームズ
Dougherty, Kerrie　ドハティ, ケリー
[著]「きみは、知っているか!? スター・ウォーズはやわかりデータブック」 講談社　2016
Dougherty, Martin J.　ドハティ, マーティン・J.
[著]「世界の無人航空機図鑑」 原書房　2016
Dougherty, Ned　ドハティ, ネッド
[著]「臨死」 ヴォイス　2003
Dougherty, Steve　ドハーティ, スティーブ
1948～　[著]「〔オバマ大統領就任記念コンプリートboxバラク・オバマのすべて〕」 ゴマブックス　2009
Doughty, Andrew　ダウティー, アンドリュー
[著]「カウアイ島ネイチャー・ガイドブック」 Pヴァイン・ブックス, スペースシャワーネットワーク（発売）　2012
Doughty, Brandon　ドーアティー, ブランドン
[国]アメリカ　アメフト選手
Doughty, Caitlin　ドーティ, ケイトリン
1984～　[著]「煙が目にしみる」 国書刊行会　2016
Doughty, Rebecca　ドーティ, レベッカ
1955～　[著]「さよならなんてだいきらい」 ほるぷ出版　2012
Douglas　ダグラス
[国]オランダ　サッカー選手　[異]ドウグラス
Douglas, Alan　ダグラス, アラン
エンジニア　グラミー賞 最優秀録音技術アルバム（クラシック以外）（2005年（第48回））　“Back Home”
Douglas, Alfred　ダグラス, アルフレッド
1942～　[著]「タロット」 河出書房新社　2005
Douglas, Barry　ダグラス, バリー
1960～　[国]イギリス　ピアニスト
Douglas, Buck　ダグラス, バック
[著]「グレーシャーの子やぎ」 学研パブリッシング, 学研マーケティング（発売）　2009
Douglas, Carole Nelson　ダグラス, キャロル・ネルソン
1944～　[著]「おめざめですか、アイリーン」 東京創元社　2013
Douglas, Claire　ダグラス, クレア
[著]「ヴィジョン・セミナー」 創元社　2011
Douglas, David　ダグラス, デーヴィッド
1949～　[著]「マヤの予言2012」 ガイアブックス, 産調出版（発売）　2009
Douglas, Denzil Llewellyn　ダグラス, デンジル
1953～　[国]セントクリストファー・ネイビス　政治家　セントクリストファーネビス首相
Douglas, Diana　ダグラス, ダイアナ
1923～2015　[国]アメリカ　女優
Douglas, Donna　ダグラス, ドナ
1933～2015　[国]アメリカ　女優　本名＝Smith, Doris
Douglas, Emory　ダグラス, エモリー
[著]「ブラック・パンサー」 ブルース・インターアクションズ　2008
Douglas, Eric　ダグラス, エリック
1958～2004　[国]アメリカ　俳優
Douglas, Gabrielle　ダグラス, ガブリエル
1995～　[国]アメリカ　体操選手
Douglas, Harry　ダグラス, ハリー
[国]アメリカ　アメフト選手
Douglas, Ian　ダグラス, イアン
[国]ドミニカ共和国　貿易・エネルギー・雇用相
Douglas, Jerry　ダグラス, ジェリー
グラミー賞 最優秀カントリー・インストゥルメンタル・アーティスト（2004年（第47回））　“Earl's Breakdown”
Douglas, Jo　ダグラス, ジョー
1950～　[著]「保健師・助産師による子ども虐待予防「CAREプログラム」」 明石書店　2012
Douglas, John E.　ダグラス, ジョン・E.
[異]ダグラス, ジョン　[著]「ザ・ネット・サイコ」 インフォバーン　2004
Douglas, Kane　ダグラス, ケーン
[国]オーストラリア　ラグビー選手
Douglas, Kevin S.　ダグラス, ケビン・S.
[著]「サイコパシー・ハンドブック」 明石書店　2015
Douglas, Kirk　ダグラス, カーク
1916～　[国]アメリカ　俳優, 映画プロデューサー　本名＝デムスキー, イサー〈Demsky, Issur Danielovitch〉
Douglas, Kym　ダグラス, キム
[著]「ハリウッド女優おすすめの美しくなるためのダイエット」 近代映画社　2009
Douglas, Lincoln　ダグラス, リンカーン
[国]トリニダード・トバゴ　芸術・多文化相
Douglas, Mark J.　ダグラス, マーク・J.
[異]ダグラス, マーク　[著]「規律とトレーダー」 パンローリング　2007
Douglas, Mary　ダグラス, メアリー
1921～2007　[異]ダグラス, メアリ　[著]「儀礼としての消費」 講談社　2012
Douglas, Michael　ダグラス, マイケル
1944～　[国]アメリカ　俳優, 映画プロデューサー　マーキュリー・プロダクション設立者　本名＝Douglas, Michael Kirk　[異]ダグラス, マイクル
Douglas, Michelle　ダグラス, ミシェル
[著]「ボスはクリスマス嫌い」 ハーパーコリンズ・ジャパン　2015
Douglas, Mike　ダグラス, マイク
1925～2006　[国]アメリカ　テレビ司会者, 歌手
Douglas, Scott　ダグラス, スコット
[著]「アドバンスト・マラソントレーニング」 ベースボール・マガジン社　2010
Douglas, Scott　ダグラス, スコット
1978～　[著]「どうか、お静かに」 文芸社　2012
Douglas, Tom　ダグラス, トム
[著]「ベーシック・グループワーク」 晃洋書房　2003
Douglas Costa　ドウグラス・コスタ
[国]ブラジル　サッカー選手
Douglass, Bruce Powel　ダグラス, ブルース
[著]「リアルタイムUMLワークショップ」 翔泳社　2009
Douglass, Donna N.　ダグラス, ドナ・N.
[著]「「ダラダラ癖」から抜け出すための10の法則」 日本経済新聞出版社　2012
Douglass, James W.　ダグラス, ジェイムズ・W.
1936～　[著]「ジョン・F.ケネディはなぜ死んだのか」 同時代社　2014
Douglass, Keith　ダグラス, キース
[著]「チェイン・オブ・コマンド」 光人社　2007
Douglass, Merrill E.　ダグラス, メリル・E.
[著]「「ダラダラ癖」から抜け出すための10の法則」 日本経済新聞出版社　2012
Douglas Santos　ドウグラス・サントス
[国]ブラジル　サッカー選手
Douillet, David　ドイエ, ダビド
1969～　[国]フランス　政治家, 柔道家　フランス・スポーツ相, フランス下院議員（国民運動連合）　[異]ドイエ, ダビッド / ドイエ, ダビト
Douiri, Adil　ドゥイリ, アディル
[国]モロッコ　観光・手工芸・社会経済相
Douiri, Fouad　ドゥイリ, ファド
[国]モロッコ　エネルギー・鉱山・水資源・環境相
Douma, S.W.　ダウマ, スィッツェ・W.
[著]「組織の経済学入門」 文眞堂　2007
Doumba, Emile　ドゥンバ, エミール
[国]ガボン　森林経済・水利・漁業相
Doumbia, Seydou　ドゥンビア, セイドゥ
1987～　[国]コートジボワール　サッカー選手　[異]ドゥンビア, セイドゥー
Doumbia, Tiecoura　ドゥンビア, ティエクラ

国マリ　自治・治安相
Doumbouya, Mohamed Dorval　ドゥンブヤ, モハメド・ドルバル
国ギニア　通商相
Doumbouya, Mohamed Lamine　ドゥンブヤ, モハメド・ラミーヌ
国ギニア　予算相
Doumet, Christian　ドゥメ, クリスチャン
1953〜　著「日本のうしろ姿」水声社　2013
Doumgor, Hourmadji Moussa　ドゥムゴル, フルマジ・ムサ
国チャド　通信相兼政府報道官
Dounia, Sanjima　ドゥニア, サンジマ
国チャド　土地開発相
Dououya, Sandjima　ドゥーヤ, サンジマ
国チャド　国家行政相
Dousa, Mohammed Bushara　ドーサ, ムハンマド・ブシャラ
国スーダン　法相
al-Dousari, Hassan Dhabit　ドサリ, ハッサン・ダビト
国カタール　労働相
Doussouhoui, Cossi Gaston　ドスフイ, コシ・ガストン
国ベナン　農業・漁業相
Douste-blazy, Philippe　ドストブラジ, フィリップ
国フランス　外相
Douthitt, Robin　ドゥシット, ロビン
著「食品安全と栄養の経済学」農林統計協会　2002
Douthwaite, R.J.　ダウスウェイト, リチャード
1942〜　著「貨幣の生態学」北斗出版　2001
Doutre-Roussel, Chloé　ドゥートレ・ルーセル, クロエ
著「チョコレート・バイブル」青志社　2009
Douzable, Leger　ドゥザブル, レジャー
国アメリカ　アメフト選手
Douzinas, Costas　ドゥズィーナス, コスタス
1951〜　著「共産主義の理念」水声社　2012
Dove, Anthea　ダブ, アンシア
著「心打たれて生きる112の物語」聖公会出版　2014
Dove, Rita　ダヴ, リータ
著「キャロライン・ケネディが選ぶ「心に咲く名詩115」」早川書房　2014
Dove, Roja　ダブ, ロジャ
著「香水の歴史」原書房　2010
Dover, Gabriel A.　ドーヴァー, ガブリエル
著「拝啓ダーウィン様」光文社　2001
Dover, Kenneth James　ドーヴァー, ケネス・ジェームズ
1920〜2010　国イギリス　古典学者　セント・アンドルーズ大学総長, オックスフォード大学コルプス・クリスティ・カレッジ学長　専ギリシャ文学, ギリシャ語　異ドーヴァー, K.J.
Dover, Robert　ドーバー
国アメリカ　馬術選手
Dovgalyuk, Mikhail　ドブガリュク, ミハイル
国ロシア　水泳選手
Dovgun, Olga　ドフグン
国カザフスタン　射撃選手　異ゾフグン
Dovhal, Yuliya　ドブハル
国ウクライナ　重量挙げ選手
Dovitch, Dana　ドヴィチ, デイナ
著「癒しのカウンセリング」平凡社　2003
Dovonou, Roger　ドボヌ, ロジェ
国ベナン　農業・水利・漁業相
Dovydeniene, Roma　ドビデニエネ, ロマ
国リトアニア　文化相
Dow, David R.　ダウ, デイヴィッド
著「死刑囚弁護人」河出書房新社　2012
Dow, Kirstin　ダウ, カースチン
1963〜　著「温暖化の世界地図」丸善出版　2012
Dow, Patsy Busby　ダウ, パッツィー・バズビー
著「24時間投資大作戦」ダイヤモンド社　2008
Dow, Unity　ダウ, ユニティ
国ボツワナ　基礎教育相
Dowd, Dara　ダウド, ドラ
著「Amazon Web Servicesプログラミング」オライリー・ジャパン, オーム社（発売）　2012
Dowd, John　ダウド, ジョン
1945〜　著「シーカヤッキング」山と渓谷社　2002
Dowd, Siobhan　ダウド, シボーン
1960〜2007　国イギリス　作家　専ヤングアダルト　異ダウド, シヴォーン

Dowd, Tom　ダウド, トム
1925〜2002　国アメリカ　レコード制作者, 録音技師
Dowden, Joe　ダウデン, ジョー
著「水辺の風景」グラフィック社　2003
Dowell, Anthony　ダウエル, アンソニー
1943〜　国イギリス　振付師, 元バレエダンサー　英国ロイヤル・バレエ団芸術監督　本名＝Dowell, Anthony James　異ダウエル, アントニー
Dowell, Kieran　ダウエル, キーラン
国イングランド　サッカー選手
Dower, John W.　ダワー, ジョン・W.
1938〜　国アメリカ　歴史学者　マサチューセッツ工科大学名誉教授　専日本近・現代史, 日米関係史
Dower, Laura　ダウアー, ローラ
著「ブロッコリーの逆襲」イースト・プレス　2002
Dowiyogo, Bernard　ドウイヨゴ, バーナード
1946〜2003　国ナウル　政治家　ナウル大統領　異ドウイヨゴ, バーナード
Dowiyogo, Valdon　ドウイヨゴ, バルドン
国ナウル　保健相兼スポーツ相兼水産相
Dowlding, William J.　ダウルディング, ウィリアム・J.
著「ビートルソングス」ソニー・マガジンズ　2009
Dowley, Tim　ダウリー, ティム
著「聖書地図」いのちのことば社　2016
Dowling, Cindy　ダウリング, シンディ
著「わが子と歩む道」オープンナレッジ　2007
Dowling, Faye　ダウリング, フェイ
著「ザ・スカル」グラフィック社　2012
Dowling, John E.　ダウリング, ジョン・E.
著「脳は生まれか育ちか」青土社　2006
Dowling, Jonathan　ダウリング, ジョナサン
国アメリカ　アメフト選手
Dowling, Mike C.　ダウリング, マイク
1979〜　著「レックス」並木書房　2013
Dowling, Peter A.　ダウリング, ピーター・A.
著「フライトプラン」メディアファクトリー　2006
Downer, Alexander　ダウナー, アレクサンダー
1951〜　国オーストラリア　政治家, 外交官　駐英オーストラリア高等弁務官（大使）　オーストラリア外相　本名＝Downer, Alexander John Gosse　異ダウナー, アレグザンダー
Downer, Lesley　ダウナー, レズリー
国イギリス　作家, 日本文化研究家
Downes, Alice　ダウンズ, アリス
著「102」偕成社　2001
Downes, Belinda　ダウンズ, ベリンダ
著「ようこそあかちゃん」評論社　2005
Downes, John　ダウンズ, ジョン
1936〜　著「バロンズ金融用語辞典」日経BP社, 日経BP出版センター（発売）　2009
Downes, Larry　ダウンズ, ラリー
1959〜　著「ビッグバン・イノベーション」ダイヤモンド社　2016
Downey, Allen B.　ダウニー, アレン・B.
著「Think Stats」オライリー・ジャパン, オーム社（発売）　2015
Downey, Robert, Jr.　ダウニー, ロバート, Jr.
1965〜　国アメリカ　俳優
Downey, Roger　ダウニー, ロジャー
？〜2007　上智大学名誉教授　異ダウニィ, ロジャー
Downham, Jenny　ダウンハム, ジェニー
1964〜　国イギリス　作家　専ヤングアダルト, 文学
Downie, Elissa　ダウニー, エリッサ
国イギリス　体操選手
Downie, Rebecca　ダウニー, レベッカ
国イギリス　体操選手
Downing, Carolyn　ダウニング, キャロリン
ローレンス・オリヴィエ賞 音楽デザイン賞（2014年（第38回））　"Chimerica"
Downing, David C.　ダウニング, デヴィッド・C.
著「「ナルニア国物語」の秘密」バジリコ　2008
Downing, Stewart　ダウニング, スチュワート
国イングランド　サッカー選手
Downing, Thomas E.　ダウニング, トーマス
著ダウニング, トーマス・E.　「温暖化の世界地図」丸善出版　2012
Downs, Alan　ダウンズ, アラン
著「その他大勢から抜け出すただ1つの方法」きこ書房　2012

Downs, Bernard W. ダウンズ, バーナード・W.
㊐「食品の機能性表示と世界のレギュレーション」薬事日報社 2015

Downs, Chuck ダウンズ, チャック
㊐「ワシントン北朝鮮人権委員会拉致報告書」自由社 2011

Downs, Julie Suzanne ダウンズ, ジュリー・S.
1967〜 ㊐「FDAリスク＆ベネフィット・コミュニケーション」丸善出版 2015

Downs, Lila ダウンズ, リラ
グラミー賞 最優秀リージョナル・メキシカン・アルバム（テハノ含む）（2012年（第55回）） "Pecados Y Milagros"

Downs, Michael ダウンズ, マイケル
㊐「アメリカミステリ傑作選」DHC 2003

Downs, Timothy Edward ダウンズ, ティモシー・エドワード
㊐「コンピューター＆テクノロジー解体新書」SBクリエイティブ 2015

Dowson, Nick ドーソン, ニック
㊐「北をめざして」福音館書店 2016

Dowswell, Paul ダウズウェル, ポール
㊐「Spy」ポプラ社 2009

Doxiadis, Apostolos ドクシアディス, アポストロス
1953〜 ドキアディス, アポストロス ㊐「ロジ・コミックス」筑摩書房 2015

Doyal, Len ドイヨル, L.
1944〜 ㊐「必要の理論」勁草書房 2014

Do-yeon, Jeon チョン・ドヨン
カンヌ国際映画祭 女優賞（第60回（2007年）） "Milyang"

Doyle, Bob ドイル, ボブ
㊐「もう悩まない！「引き寄せの法則」」ソフトバンククリエイティブ 2012

Doyle, Brian ドイル, ブライアン
㊐「アメリカエッセイ傑作選」DHC 2001

Doyle, Christopher ドイル, クリストファー
1952〜 映画撮影監督, 写真家 漢字名＝杜可風

Doyle, Craig ドイル, クレイグ
1970〜 ㊐「世界のベストシーズン＆プラン」日経ナショナルジオグラフィック社, 日経BPマーケティング（発売） 2010

Doyle, Debra ドイル, デブラ
1952〜 ㊐「サークル・オブ・マジック」小学館 2007

Doyle, Donal ドイル, ドナル
㊐日本 元・上智大学教授, 元・広島学院理事長, 上智大学名誉教授

Doyle, Eilidh ドイル, エイリー
㊐イギリス 陸上選手

Doyle, Hilary Louis ドイル, ヒラリー・L.
1943〜 ㊐ドイル, ヒラリー ㊐「4号中戦車G/H/J型」大日本絵画 2004

Doyle, Jack ドイル, ジャック
㊐アメリカ アメフト選手

Doyle, John ドイル, ジョン
トニー賞 ミュージカル 演出賞（2006年（第60回）） "Sweeney Todd"

Doyle, Laura ドイル, ローラ
㊐「サレンダード・ワイフ賢い女は男を立てる」三笠書房 2010

Doyle, Malachy ドイル, マラキー
1954〜 ㊐イギリス 児童文学作家

Doyle, Marilyn ドイル, マリリン
㊐「エグゼクティブ・コーチング」日本能率協会マネジメントセンター 2005

Doyle, Michael ドイル, マイケル
㊐「会議が絶対うまくいく法」日本経済新聞社 2003

Doyle, Michael ドイル, マイケル
㊐「アンプ大名鑑」スペースシャワーネットワーク 2014

Doyle, Ming ドイル, ミン
㊐「クァンタム＆ウッディ：あぶないヒーロー、荒野に散る!?」小学館集英社プロダクション 2016

Doyle, Paddy ドイル, パディ
1951〜 ㊐「それでも、ぼくは死ななかった」アーティストハウスパブリッシャーズ, 角川書店（発売） 2003

Doyle, Peter ドイル, ピータ
1960〜 ㊐「データで見る第二次世界大戦」柊風舎 2014

Doyle, Roddy ドイル, ロディ
1958〜 ㊐アイルランド 作家

Doyle, Sandra ドイル, サンドラ
㊐「骨の博物館」辰巳出版 2015

Doyle, Tom ドイル, トム
1967〜 ㊐「ポール・マッカートニー」TOブックス 2014

Doyle, Ursula ドイル, ウルスラ
㊐「Love letters」青山出版社 2009

Doyle, Virginia ドイル, ヴァージニア
㊐「皇帝の魔剣」扶桑社 2004

Doyle, William ドイル, ウィリアム
1942〜 ㊐「アンシャン・レジーム」岩波書店 2004

Doyon, Patrick ドヨン, パトリック
㊐カナダ オタワ国際アニメーション映画祭 カナダ映画協会（最優秀カナダ作品）選外佳作（2011年） "Dimanche"（英題：Sunday）

Doz, Yves L. ドーズ, イブ・L.
㊐「競争優位のアライアンス戦略」ダイヤモンド社 2001

Dozier, Brian ドージャー, ブライアン
㊐アメリカ 野球選手

Dozier, Dakota ドジアー, ダコタ
㊐アメリカ アメフト選手

Dozier, Hunter ドージャー, ハンター
㊐アメリカ 野球選手

Dozier, Rush W., Jr. ドージア, ラッシュ・W., Jr.
㊐「人はなぜ「憎む」のか」河出書房新社 2003

Dozois, Gardner ドゾワ, ガードナー
世界幻想文学大賞 アンソロジー（2014年） "Dangerous Women"

Draaisma, Douwe ドラーイスマ, ダウエ
㊐「アルツハイマーはなぜアルツハイマーになったのか」講談社 2014

Draanen, Wendelin Van ドラーネン, ウェンデリン・V.
㊐「少女探偵サミー・キーズと小さな逃亡者」集英社 2005

Drabble, Margaret ドラブル, マーガレット
1939〜 ㊐イギリス 作家

Drábek, Jaromír ドラーベク, ヤロミール
㊐チェコ 労働社会相

Drabo, Gaoussou ドラボ, ガウス
㊐マリ 通信・新技術相

Drachman, Virginia G. ドラックマン, バージニア・G.
1948〜 ㊐「ホスピタル・ウィズ・ア・ハート」明石書店 2002

Draeger, Heinz-Joachim ドレーガー, ハインツ＝ヨアヒム
1935〜 ㊐「中世ハンザ都市のすがた」朝日出版社 2016

Draffan, George ドラファン, ジョージ
1954〜 ㊐「破壊される世界の森林」明石書店 2006

Draganja, Duje ドラガンヤ
㊐クロアチア 競泳選手

Dragasakis, Yannis ドラガサキス, ヤニス
㊐ギリシャ 副首相

Draghi, Mario ドラギ, マリオ
1947〜 ㊐イタリア エコノミスト 欧州中央銀行（ECB）総裁, 金融安定理事会（FSB）議長

Draghici, Marina ドラジッチ, マリナ
トニー賞 ミュージカル 衣装デザイン賞（2010年（第64回）） "Fela！"

Dragic, Goran ドラギッチ, ゴラン
㊐スロベニア バスケットボール選手

Dragin, Dimitri ドラジャン
㊐フランス 柔道選手

Dragin, Saša ドラギン, サーシャ
㊐セルビア 農林水資源相

Dragnea, Liviu ドラグネア, リビウ
㊐ルーマニア 地域開発・公共行政相

Dragneva, Izabela ドラグネバ
㊐ブルガリア 重量挙げ選手

Dragoi, Gabriela ドラゴイ
㊐ルーマニア 体操選手

Dragonwagon, Crescent ドラゴンワゴン, クレセント
㊐「コーンブレッド賛歌」旭屋出版 2010

Dragovic, Aleksandar ドラゴヴィッチ, アレクサンダル
㊐オーストリア サッカー選手

Dragowski, Bartlomiej ドラゴフスキ, バルトウォミェイ
㊐ポーランド サッカー選手

Dragset, Ingar ドラッグセット, インガー
㊐デンマーク ヴェネチア・ビエンナーレ 特別賞（2009年（第53回））

Dragt, Tonke ドラフト, トンケ
1930〜 ㊐オランダ 作家

Dragulescu, Marian ドラグレスク, マリアン
㊐ルーマニア 体操選手 ㊐ドラグレスク

Dragun, Andrew K. ドラーグン, アンデリュー・K.

Dragu Paliu, Anca Dana　ドラグ・パリウ、アンカ・ダナ
　国ルーマニア　公共財務相
Dragutinović, Diana　ドラグティノビッチ、ディアナ
　国セルビア　財務相
Drahotova, Anezka　ドラホトバ、アネシュカ
　国チェコ　陸上選手
Drahotta, Felix　ドラオッタ、フェリックス
　国ドイツ　ボート選手
Drajat, Ben Perkasa　ドラジャット、ベン・ペーカサ
　国インドネシア　臨時代理大使、公使
Drake　ドレイク
　国カナダ　ヒップホップ・ミュージシャン
Drake, Dian　ドレイク、ダイアン
　著「ハート・オブ・ウーマン」講談社　2001
Drake, Hal　ドレイク、ハル・A.
　1930〜　著「日本の戦後はアメリカにどう伝えられていたのか」PHP研究所　2009
Drake, Kenyan　ドレイク、ケンヤン
　国アメリカ　アメフト選手
Drake, Marjorie　ドレイク、マージョリ
　著「グローバル・ティーチャーの理論と実践」明石書店　2011
Drake, Oliver　ドレイク、オリバー
　国アメリカ　野球選手
Drake, Olivia　ドレイク、オリヴィア
　著「魔法がとける前に公爵と」原書房　2016
Drake, Robert E.　ドレイク、ロバート・E.
　1949〜　著「精神障害をもつ人たちのワーキングライフ」金剛出版　2004
Drake, Salamanda　ドレイク、サラマンダ
　著「ドラゴンの谷」学研教育出版、学研マーケティング（発売）2010
Drake, Shannon　ドレイク、シャノン
　著「エメラルドの誘惑」扶桑社　2012
Drakova, Anastasiia　ドラコヴァ、アナスターシャ
　著「むくむくこねこちゃん」大日本絵画　〔2016〕
Draksal, Michael　ドラクザル、ミヒャエル
　著「ワークとドリルで学ぶサッカー実戦メンタル強化法」大修館書店　2007
Draksic, Rok　ドラクシッチ、ロク
　国スロベニア　柔道選手
Dramane, Koné　ドラマン、コネ
　国コートジボワール　文化相　訳ドラマネ、コネ
Dramane, Sangare Abou　ドラマネ、サンガレ・アブ
　国コートジボワール　外相
Dramani, Dama　ドラマニ、ダマ
　国トーゴ　運輸・水利資源相
Dramani, Dama　ドラマニ、ダマ
　国トーゴ　工業・商業・運輸・自由貿易地区開発相
Drame, Boukary　ドラメ、ブカリ
　国セネガル　サッカー選手
Drame, Kandioura　ドラメ、カンデュラ
　国ギニア　保健相
Drane, John　ドレイン、ジョン
　著「総説・図説 旧約聖書大全」講談社　2003
Drango, Spencer　ドランゴ、スペンサー
　国アメリカ　アメフト選手
Dranikoff, Lee　ドラニコフ、リー
　著「「選択と集中」の戦略」ダイヤモンド社　2003
Dranove, David　ドラノブ、デイビッド
　著「戦略の経済学」ダイヤモンド社　2002
Drape, Joe　ドレイプ、ジョー
　著「黒人ダービー騎手の栄光」アスペクト　2007
Drapeau, Anne Seibold　ドラボウ、アン・シーボルト
　著「組織行動論の実学」ダイヤモンド社　2007
Draper, Jennifer-Lynn　ドレイパー、ジェニファー・リン
　著「公立図書館・文書館・博物館：協同と協力の動向」京都大学図書館情報学研究会　2008
Draper, Robert　ドレイパー、ロバート
　著「ビジュアル新生バチカン」日経ナショナルジオグラフィック社、日経BPマーケティング（発売）2016
Draper, Sharon Mills　ドレイパー、シャロン・M.
　著「わたしの心のなか」鈴木出版　2014
Draper, Warwick　ドレーパー
　国オーストラリア　カヌー選手

Draps, Pierre　ドラップス、ピエール
　1919〜2012　国ベルギー　チョコレート職人　ゴディバ創業者
Drašković, Vuk　ドラシュコビッチ、ブク
　国セルビア・モンテネグロ　外相
Draskovics, Tibor　ドラシュコビッチ・チボ
　国ハンガリー　法相　訳ドラシュコビッチ・チボル
Drate, Spencer　ドレート、スペンサー
　著「45RPM」デザインエクスチェンジ　2002
Dratfield, Jim　ドラットフィールド、ジム
　著「パグショット」ダイヤモンド社　2004
Drattsev, Evgeny　ドラツェフ
　国ロシア　オープンウォーター選手
Draucker, Claire Burke　ドロウカー、クレア・バーク
　著「あなたが患者を傷つけるとき」エルゼビア・ジャパン　2006
Draughn, Shaun　ドローン、ショーン
　国アメリカ　アメフト選手
Draunidalo, Savenaca　ドラウニンダロ、サベナザ
　国フィジー　公共事業・エネルギー相
Draxl, Ernst　ドラクスル、エルンスト
　1961〜　著「オシムが語る」集英社インターナショナル、集英社（発売）2006
Draxler, Julian　ドラクスラー、ユリアン
　国ドイツ　サッカー選手
Draxler, Juraj　ドラクスレル、ユライ
　国スロバキア　教育・科学・研究・スポーツ相
Dray, Jim　ドレイ、ジム
　国アメリカ　アメフト選手
Drayton, Bill　ドレイトン、ビル
　1943〜　国アメリカ　実業家　アショカ創設者・CEO　米国環境保護局（EPA）行政補佐官　本名＝ドレイトン、ウィリアム〈Drayton, William〉
Drayton, Spencer　デイトン、スペンサー
　著「メルセデス・ベンツW124シリーズ1986〜1993」ヴィンテージ・パブリケーションズ　2002
Drazhin, Vladimir N.　ドラジン、ウラジーミル・N.
　国ベラルーシ　副首相
Dreaver, Jim　ドリーヴァー、ジム
　著「あなたのストーリーを棄てなさい。あなたの人生が始まる。」ナチュラルスピリット　2012
Drecoll, Volker Henning　ドレコール、フォルカー・ヘニング
　著「キリスト教の主要神学者」教文館　2014
Dreesen, Jaak　ドレーセン、ヤーク
　1934〜　訳ドレーセン、ヤーク　著「おもいでをなくしたおばあちゃん」朝日学生新聞社　2011
Dreger, Alice Domurat　ドレガー、アリス・ドムラット
　著「私たちの仲間」緑風出版　2004
Dregni, Michael　ドレーニ、マイケル
　1961〜　著「ジャンゴ・ラインハルトの伝説」シンコーミュージック・エンタテイメント
Dreher, Anna Ursula　ドレーヤー、アンナ・アーシュラ
　著「患者と分析者」誠信書房　2008
Dreher, Henry　ドレイアー、ヘンリー
　著「覇者の条件」実業之日本社　2003
Dreher, Walther　ドレーアー、ヴァルター
　著「重障児の現象学」川島書店　2003
Dreifuss, Ruth　ドライフス、ルート
　1940〜　国スイス　政治家　スイス大統領　訳ドレフュス、ルート
Dreikurs, Rudolf　ドライカース、ルドルフ
　著「アドラーの思い出」創元社　2007
Dreikurs, Sadie　ドライカース、サディー
　著「アドラーの思い出」創元社　2007
Dreiling, Vicky　ドライリング、ヴィッキー
　著「誘惑の秘訣」オークラ出版　2012
Drell, Sidney David　ドレル、シドニー
　1926〜　国アメリカ　物理学者、軍備管理専門家　スタンフォード大学線形加速器センター名誉教授　専素粒子物理学、量子論
Dreman, David N.　ドレマン、デビッド・N.
　著「株式投資は心理戦争」パンローリング　2006
Drengson, Alan R.　ドレングソン、アラン
　著「ディープ・エコロジー」昭和堂　2001
Drenth, Jan　ドレント、J.
　著「タンパク質のX線結晶解析法」シュプリンガー・ジャパン　2008
Drenth, Jelto　ドレント、イェルト
　1946〜　著「ヴァギナの文化史」作品社　2005
Drescher, John M.　ドレッシャー、ジョン・M.

Drescher, Justin　ドリーシャー, ジャスティン
　国アメリカ　アメフト選手
Dress, Robert　ドレス, ロバート
　著「アートコンテスト」ゴマブックス　2008
Dressel, Caeleb　ドレセル, ケイレブ
　国アメリカ　水泳選手
Dressel, Holly Jewell　ドレッセル, ホリー・J.
　著「グッド・ニュース」ナチュラルスピリット　2006
Dresselhaus, Mildred Spiewak　ドレッセルハウス, ミルドレッド
　1930〜　国アメリカ　物理学者　マサチューセッツ工科大学終身教授　米国科学振興協会（AAAS）会長, 米国物理学会会長　異ドレッセルハウス, M.S.
Dressino, Giulio　ドレシーノ, ジュリオ
　国イタリア　カヌー選手
Dressler, Joshua　ドレスラー, ヨシュア
　異ドレスラー, ジョシュア　著「アメリカ刑法」レクシスネクシス・ジャパン　2014
Dressler, Larry　ドレスラー, ラリー
　1961〜　著「プロフェッショナル・ファシリテーター」ダイヤモンド社　2014
Dressler, Stephan　ドレスレル, ステファン
　著「血液クライシス」現代人文社, 大学図書（発売）　2003
Dretske, Fred I.　ドレツキ, フレッド・I.
　著「心を自然化する」勁草書房　2007
Drévillon, Hervé　ドレヴィヨン, エルヴェ
　1963〜　著「ノストラダムス」創元社　2004
Drew, David　ドリュー, デービッド
　1938〜2015　国イギリス　バレエダンサー, 振付師　サドラーズ・ウェルズ・バレエ団プリンシパル　異ドリュー, デイヴィッド／ドリュー, デヴィッド
Drew, Jennifer　ドルー, ジェニファー
　著「運命のウエディング・シークはお断り！」ハーレクイン　2005
Drew, John　ドゥルー, ジャン
　1939〜　著「鎌倉の大仏」創англ社, 三省堂書店（発売）　2001
Drew, Larry　ドリュー, ラリー
　国アメリカ　クリーブランド・キャバリアーズアシスタントコーチ（バスケットボール）
Drew, Naomi　ドリュー, ナオミ
　著「幸せあふれる子どもに育てる」主婦の友社　2004
Drew, Ray　ドリュー, レイ
　国アメリカ　アメフト選手
Drew, Robert Lincoln　ドリュー, ロバート
　1924〜2014　国アメリカ　映画プロデューサー　国ドキュメンタリー映画
Drew, Ronnie　ドリュー, ロニー
　?〜2008　国アイルランド　歌手
Drew, Stephen　ドリュー, スティーブン
　国アメリカ　野球選手
Drewe, Sheryle Bergmann　ドゥルー, シェリル・ベルクマン
　1964〜　著「スポーツ哲学の入門」ナカニシヤ出版　2012
Drewes, Athena A.　ドゥルーズ, A.A.
　1948〜　著「学校ベースのプレイセラピー」北大路書房　2004
Drewett, Brad　ドルーエット, ブラッド
　1958〜2013　国オーストラリア　テニス選手　男子プロテニス協会（ATP）会長　異ドレウェット
Drexler, Jorge　ドレクスレ, ジョルジ
　アカデミー賞 主題歌賞（第77回（2004年））'Al Otro Lado Del Río'（「モーターサイクル・ダイアリーズ」）
Dreyer, Danny　ドライヤー, ダニー
　著「無理なく走れる〈気〉ランニング」大修館書店　2008
Dreyer, Eileen　ドライアー, アイリーン
　著「見えざる報復者」ヴィレッジブックス, ソニー・マガジンズ（発売）　2007
Dreyer, Katherine　ドライヤー, キャサリン
　著「無理なく走れる〈気〉ランニング」大修館書店　2008
Dreyfus, Hubert L.　ドレイファス, ヒューバート
　1929〜　国ドレイファス, ヒューバード・L.　著「実在論を立て直す」法政大学出版局　2016
Dreyfus, Suelette　ドレイファス, スーレット
　著「アンダーグラウンド」春秋社　2012
Dreyfuss, Richard　ドレイファス, リチャード
　1947〜　国アメリカ　俳優　本名=Dreyfuss, Richard Stephan　異ドライファス
Drèze, Jean　ドレーズ, ジャン
　1959〜　著「開発なき成長の限界」明石書店　2015
Drezner, Daniel W.　ドレズナー, ダニエル
　1968〜　著「ゾンビ襲来」白水社　2012
Driedger, Crystal　ドリッジャー, クリスタル
　著「マックのじどうしゃしゅうりこうじょう」大日本絵画〔2010〕
Dries, Luk van den　ドリス, ルック・ファン・デン
　著「ヤン・ファーブルの世界」論創社　2010
Driesen, Steffen　ドリーゼン
　国ドイツ　競泳選手
Driessen, Paul　ドリエセン, ポール
　国オランダ, カナダ　ザグレブ国際アニメーション映画祭 生涯功労賞（2002年）ほか
Drife, James Owen　ドライフ, ジェームズ・オーエン
　著「ナラティブ・ベイスト・メディスン」金剛出版　2001
Drifte, Collette　ドリフテ, コレット
　著「特別支援教育の理念と実践」ナカニシヤ出版　2006
Drifte, Reinhard　ドリフテ, ラインハルト
　1951〜　著「冷戦後の日中安全保障」ミネルヴァ書房　2004
Drigo, Johnson　ドリゴ, ジョンソン
　国ドミニカ共和国　農業・水産相
Drilon, Alexander E.　ドリロン, アレクサンダー・E.
　著「がん診療ポケットレファランス」メディカル・サイエンス・インターナショナル　2016
Drilon, Franklin M.　ドリロン, フランクリン・M.
　国フィリピン　上院副議長, 比日友好議員連盟会長, 元・上院議長
Drimmelen, J.van　ドリムレン, J.バン
　著「ICD-10ケースブック」医学書院　2012
Drinkhall, Paul　ドリンクホール, ポール
　国イギリス　卓球選手
Drinkwater, Danny　ドリンクウォーター, ダニー
　国イングランド　サッカー選手
Drinnenberg, Julia　ドリネンベルク, ユリア
　著「愛する犬猫（ワンニャン）のためのホメオパシー自然療法」ガイアブックス　2016
Driscoll, Amy　ドリスコル, A.
　著「社会参画する大学と市民学習」学文社　2015
Driscoll, Dawn-Marie　ドリスコル, ドーン＝マリー
　著「ビジネス倫理10のステップ」生産性出版　2001
Driscoll, Jon　ドリスコル, ジョン
　ローレンス・オリヴィエ賞 照明デザイン賞（2014年（第38回））"Charlie And The Chocolate Factory"
Driscoll, Katherine　ドリスコル, キャサリン
　国イギリス　トランポリン選手
Driscoll, Laura　ドリスコール, ローラ
　著「ロゼッタはおしゃれ番長さん」講談社　2013
Driscoll, Marcy P.　ドリスコル, マーシー・P.
　著「インストラクショナルデザインとテクノロジ」北大路書房　2013
Driscoll, Michael　ドリスコール, マイケル
　著「ビューティフルビジュアライゼーション」オライリージャパン, オーム社（発売）　2011
Driscoll, M.J.　ドリスコル, M.J.
　著「人文学と電子編集」慶応義塾大学出版会　2011
Drisdelle, Rosemary　ドリスデル, ローズマリー
　1959〜　著「パラサイト」地人書館　2013
Driskel, Jeff　ドリスケル, ジェフ
　国アメリカ　アメフト選手
Dritsas, Thodoris　ドリツァス, ソドリス
　国ギリシャ　海運・離島政策相
Driver, Adam　ドライバー, アダム
　ヴェネチア国際映画祭 最優秀男優賞（第71回（2014年））"Hungry Hearts"
Driver, Janine　ドライヴァー, ジャニーン
　著「FBIトレーナーが教える相手の嘘を99％見抜く方法」宝島社　2012
Driver, Michael J.　ドライバー, マイケル・J.
　著「人材育成の戦略」ダイヤモンド社　2007
D'Rivera, Paquito　デリヴェラ, パキート
　グラミー賞 最優秀ラテン・ジャズ・アルバム（2013年（第56回））ほか
Drizin, Steven A.　ドリズィン, スティーヴン・A.
　著「なぜ無実の人が自白するのか」日本評論社　2008
Drmic, Josip　ドルミッチ, ヨシップ
　国スイス　サッカー選手
Drnovšek, Janez　ドルノウシェク, ヤネズ

1950～2008 [国]スロベニア　政治家　スロベニア大統領, スロベニア自由民主主義党(LDS)党首
Drobiazko, Margarita　ドロビアズコ
[国]リトアニア　フィギュアスケート選手
Drobnič, Janez　ドロブニチ, ヤネズ
[国]スロベニア　労働・家庭・社会問題相
Drobny, Jaroslav　ドロブニー, ヤロスラフ
1921～2001 [国]イギリス　テニス選手, アイスホッケー選手
Drobny, Jaroslav　ドロブニー, ヤロスラフ
[国]チェコ　サッカー選手
Drobny, Steven　ドロブニー, スティーブン
[著]「市場成功者たちの内幕物語」晃洋書房　2007
Drogba, Didier　ドログバ, ディディエ
1978～ [国]コートジボワール　サッカー選手
Drogin, Bob　ドローギン, ボブ
[著]「カーブボール」産経新聞出版　2008
Droit, Roger-Pol　ドロワ, ロジェ＝ポル
1949～ [著]「哲学ってなに?」現代企画室　2005
Drolet, Marie-Eve　ドロレ
[国]カナダ　ショートトラック選手
Dromberg, Kaarina　ドロンベリ, カーリナ
[国]フィンランド　文化相
Dromgoole, Glenn　ドロムグール, グレン
[著]「いぬのちえ」ぺんぎん書房　2004
Dronfield, Jeremy　ドロンフィールド, ジェレミー
1965～ [著]「サルバドールの復活」東京創元社　2005
Dronke, Peter　ドロンケ, ピーター
1934～ [国]ニュージーランド　英文学者　ケンブリッジ大学名誉教授　本名＝Dronke, Ernest Peter Michael
Dronzek, Laura　ドロンゼック, ローラ
[著]「とりとわたし」あすなろ書房　2009
Droogenbroodt, Germain　ドルーゲンブロート, ジャーメイン
1944～ [異]ドルーゲンブルート, ジャーメイン　[著]「露の珠」Japan Universal Poets Association　〔2016〕
Droop, Constanza　ドロープ, コンスタンツァ
[著]「世界の子どもに会いにいく」ブロンズ新社　2006
Dror, Yehezkel　ドロア, イェヘッケル
1928～ [著]「統治能力」ミネルヴァ書房　2012
Drosnin, Michael　ドロズニン, マイケル
[異]ドロズニン, マイクル　[著]「聖書の暗号」アーティストハウスパブリッシャーズ, 角川書店(発売)　2003
Drösser, Christoph　ドレッサー, クリストフ
1958～ [著]「数学の誘惑」講談社　2016
Droste, Magdalena　ドロステ, マグダレーナ
1948～ [異]ドロステ, マクダレーナ　[著]「バウハウス」Taschen　c2002
Drotter, Stephen J.　ドロッター, ステファン・J.
[著]「リーダーを育てる会社・つぶす会社」英治出版　2004
Drought, Theresa S.　ドロート, テリーサ・S.
[著]「看護倫理」日本看護協会出版会　2002
Drouin, Derek　ドルーイン, デレク
[国]カナダ　陸上選手　[異]ドルアン
Drouin, Jean-Marc　ドルーアン, ジャン＝マルク
1948～ [著]「昆虫の哲学」みすず書房　2016
Droutsas, Dimitris　ドルツァス, ディミトリス
[国]ギリシャ　外相
Drozdov, Maksim　ドロズドフ, マキシム
ヴェネチア国際映画祭 オゼッラ賞(技術貢献賞)(第65回(2008年))　"Bumaznyj soldat"
Drozdovskaya, Tatiana　ドロズドフスカヤ, タチアナ
[国]ベラルーシ　セーリング選手
Drubin, Daniel T.　ドルービン, ダニエル・T.
[著]「腐ったバナナを捨てる法」サンマーク出版　2007
Druce, Duncan　ドルース, ダンカン
[著]「古典派の音楽」音楽之友社　2014
Druce, Madeline　ドルース, マデリン
[著]「WEDDING STORIES」ジュウ・ドゥ・ポゥム, 主婦の友社(発売)　2015
Drucker, Doris　ドラッカー, ドリス
1911～ [著]「ドラッカーの妻」アース・スターエンターテイメント, 泰文堂(発売)　2011
Drucker, Marie　ドリュケール, マリー
1974～ [著]「神」春秋社　2013
Drucker, Peter Ferdinand　ドラッカー, ピーター
1909～2005 [国]アメリカ　経営学者, 経営コンサルタント　クレアモント大学大学院特別教授, ニューヨーク大学名誉教授
Drucker, Tomáš　ドゥルッケル, トマーシュ
[国]スロバキア　保健相
Druckerman, Pamela　ドラッカーマン, パメラ
[著]「フランス人は子どもにふりまわされない」CCCメディアハウス　2015
Druet, Isabelle　ドルエ, イザベル
[国]フランス　エリザベート王妃国際コンクール 声楽 第2位(2008年)
Druillet, Philippe　ドリュイエ, フィリップ
1944～ [著]「ローン・スローン」小学館集英社プロダクション　2014
Drüke, Milda　ドリューケ, ミルダ
1949～ [著]「海の漂泊民族バジャウ」草思社　2003
Druker, Brian J.　ドラッカー, ブライアン
1955～ [国]アメリカ　医学者　オレゴン健康科学大学教授・ナイトがん研究所所長　[専]がん研究
Druker, Steven M.　ドルーカー, スティーブン・M.
[著]「遺伝子組み換えのねじ曲げられた真実」日経BP社, 日経BPマーケティング(発売)　2016
Drum, Mary　ドラム, メアリー
[著]「こころ」サンパウロ　2007
Drummond, Allan　ドラモンド, アラン
[著]「風の島へようこそ」福音館書店　2012
Drummond, Andre　ドラモンド, アンドレ
[国]アメリカ　バスケットボール選手
Drummond, Bill　ドラモンド, ビル
1953～ [著]「45」Pヴァイン, 日販アイ・ピー・エス(発売)　2013
Drummond, Kurtis　ドラモンド, カーティス
[国]アメリカ　アメフト選手
Drummond, Laurie Lynn　ドラモンド, ローリー・リン
1956～ [国]アメリカ　作家　[専]文学, フィクション, ノンフィクションほか
Drummond, Mary Jane　ドラモンド, メリー・ジェーン
[著]「イギリス教育の未来を拓く小学校」大修館書店　2015
Drummond, Michael　ドラモンド, マイケル
1964～ [著]「マイクロソフト帝国の反逆者たち」徳間書店　2002
Drummond, Michael F.　ドラモンド, マイケル・F.
[著]「保健医療の経済的評価」じほう　2003
Drummond, Richard Henry　ドラモンド, リチャード・ヘンリー
1916～ [著]「エドガー・ケイシーのキリストの秘密」たま出版　2003
Drummond, Sarah　ドラモンド, サラ
[著]「This is service design thinking.」ビー・エヌ・エヌ新社　2013
Drumonnd, Richard Henry　ドラモンド, リチャード・H.
[著]「ブッダとイエス・キリスト」法蔵館　2007
Druon, Maurice　ドリュオン, モーリス
1918～2009 [国]フランス　作家, 政治家　フランス文化相, アカデミー・フランセーズ終身幹事　本名＝Druon, Maurice Samuel Roger Charles
Drury, Brandon　デュルーリー, ブランドン
[国]アメリカ　野球選手
Drury, Fritz　ドルリー, フリッツ
[著]「サティスファクション」ロングセラーズ　2010
Drury, Susan　ドゥルーリー, スーザン
1948～ [著]「ティートゥリーオイル」BABジャパン出版局　2006
Druskat, Vanessa Urch　ドリュスカット, バネッサ・アーク
[著]「協力のリーダーシップ」ダイヤモンド社　2009
Druvert, Hélène　ドゥルヴェール, エレーヌ
[著]「くるみ割り人形」大日本絵画　〔2015〕
Druviete, Ina　ドゥルビエテ, イナ
[国]ラトビア　教育・科学相
Drvenkar, Zoran　ドヴェンカー, ゾラン
1967～　作家
Dry, Sarah　ドライ, セアラ
1974～ [著]「科学者キュリー」青土社　2005
Dryansky, Gerry　ドリアンスキー, ジェリー
1938～ [著]「ファティマの幸運」小学館　2007
Dryansky, Joanne　ドリアンスキー, ジョーン
[著]「ファティマの幸運」小学館　2007
Dryburgh, Alastair　ドライバーグ, アラステア
[著]「ビジネスについてあなたが知っていることはすべて間違っている」阪急コミュニケーションズ　2012
Dryden, Delphine　ドライデン, デルフィーン
[著]「ザ・セオリー・オブ・アトラクション—恋愛学入門講座

D

ツー・ステップ・テンプテーション―素直になれなくて」 主婦の友社 2013
Dryden, Ken ドライデン, ケン
[国]カナダ 社会開発相
Dryden, Spencer ドライデン, スペンサー
1938～2005 [国]アメリカ ロックドラム奏者
Dryden, Windy ドライデン, ウィンディ
1950～ [著]「認知行動療法の新しい潮流」 明石書店 2016
Drys, Georgios ドリス, ヨルギオス
[国]ギリシャ 農相
Drysdale, John ドライスデイル, ジョン
[著]「フォーエバー・フレンズ」 祥伝社 2001
Drysdale, Mahé ドライスデール, マー
[国]ニュージーランド ボート選手

Drysdale, Peter ドライスデール, ピーター
1938～ [国]オーストラリア 経済学者 オーストラリア国立大学名誉教授・東アジア経済研究所所長 [専]国際貿易, 国際経済政策, 日本経済
Dryzek, John S. ドライゼク, J.S.
1953～ [著]「地球の政治学」 風行社 2007
Drzewiecki, Mirosław ドゥジェビエツキ, ミロスワフ
[国]ポーランド スポーツ・観光相
D'Souza, Steven デスーザ, スティーブン
[著]「「無知」の技法」 日本実業出版社 2015
Du, Qing-lin ドゥー・チンリン
1946～ [国]中国 政治家 中国全国政治協商会議（政協）副主席 漢字名＝杜青林
Du, Run-sheng ドゥー・ルンセン
1913～2015 [国]中国 政治家, 農業・農政専門家 中国共産党中央委員会農村政策研究室主任 漢字名＝杜潤生
Duah, Kwadwo ドゥアー, クワドゥオ
[国]スイス サッカー選手
Duane, Diane デュエイン, ダイアン
1952～ [国]アメリカ 作家
Duane, William デュアン, ウィリアム
[著]「PKI」 翔泳社 2002
Duarte, Anselmo デュアルテ, アンセルモ
1920～2009 [国]ブラジル 映画監督, 俳優
Duarte, Cristina ドゥアルテ, クリスティナ
[国]カボベルデ 財務・計画相
Duarte, Emerson ドゥアルテ, エメルソン
[国]ブラジル 射撃選手
Duarte, Isaias ドゥアルテ, イサイアス
1939～2002 [国]コロンビア カトリック大司教 カリ大司教
Duarte, Judy デュワーティ, ジュディ
[著]「愛と友情のあいだ」 ハーレクイン 2007
Duarte, María de los Ángeles ドゥアルテ, マリア・デ・ロス・アンヘレス
[国]エクアドル 住宅都市開発相 [異]ドゥアルテ, マリア・デロス アンヘレス
Duarte, Nancy デュアルテ, ナンシー
[著]「イルミネート：道を照らせ。」 ビー・エヌ・エヌ新社 2016
Duarte, Thomas デュアルテ, トーマス
[国]アメリカ アメフト選手
Duarte, Vera ドゥアルテ, ベラ
[国]カボベルデ 教育・高等教育相
Duarte Durán, José Napoleón ドゥアルテ・ドゥラン, ホセ・ナポレオン
[国]エルサルバドル 観光相
Duarte Frutos, Nicanor ドゥアルテ・フルトス, ニカノル
[国]パラグアイ 大統領
Duato, Nacho ドゥアト, ナチョ
1957～ [国]スペイン 振付師, バレエダンサー レニングラード国立バレエ団芸術監督・首席振付師 [専]コンテンポラリー・バレエ 本名＝Duato Barcia, Juan Ignacio [異]デュアト, ナチョ
Dub, Tomas ドゥブ, トマーシュ
[国]チェコ 駐日特命全権大使
Dubal, David デュバル, デヴィッド
[著]「ホロヴィッツの夕べ」 青土社 2001
Duban, Nixon デュバン, ニクソン
[国]パプアニューギニア 石油エネルギー相 [異]ドゥバン, ニクソン
Dubbeldam, Jeroen デュベルダム, イェルーン
[国]オランダ 馬術選手
Dubbin, William ダビン, ウィリアム
[著]「土壌学入門」 古今書院 2009
Dubcovsky, Jorge ダブコフスキー, ジョージ
[国]アメリカ ウルフ賞 農業部門（2014年）
Dube, Jessica デュベ
[国]カナダ フィギュアスケート選手
Dube, Tshinga ドゥベ, ツィンガ
[国]ジンバブエ 退役軍人等福祉サービス相
Dubee, Rich デュービー, リッチ
[国]アメリカ デトロイト・タイガースコーチ
Dubet, François デュベ, フランソワ
1946～ [著]「教えてデュベ先生、社会学はいったい何の役に立つのですか？」 新泉社 2014
Dubin, Dale デュービン, デイル
1940～ [著]「図解心電図テキスト」 文光堂 2007
Dubin, Jon C. デュビン, ジョン・C.
[著]「ロースクール臨床教育の100年史」 現代人文社, 大学図書（発売） 2005
Dubinin, Yurii Vladimirovich ドゥビニン, ユーリー
1930～2013 [国]ロシア 外交官 駐米ソ連大使, モスクワ国際関係研究所教授 [異]ドゥビーニン / ドビニン
Dubitskaya, Aliona ドゥビツカヤ, アリョーナ
[国]ベラルーシ 陸上選手
Dubner, Ronald ダブナー, R.
[著]「口腔顔面痛」 クインテッセンス出版 2001
Dubner, Stephen J. ダブナー, スティーヴン・J.
[著]「ヤバすぎる経済学」 東洋経済新報社 2016
DuBois, Allison デュボア, アリソン
1972～ [著]「あの世から届く愛のメッセージ」 徳間書店 2007
Dubois, Bastien デュボア, バスティアン
[国]フランス アヌシー国際アニメーション映画祭 その他の賞 "CANAL+creative aids"賞（2009年）ほか
DuBois, Brendan デュボイズ, ブレンダン
[国]アメリカ 作家 [異]デュボイス, ブレンダン
Dubois, Claude K. デュボワ, クロード・K.
ドイツ児童文学賞 絵本（2014年） "Akim rennt"
DuBois, Ellen Carol デュボイス, エレン・キャロル
1947～ [著]「女性の目からみたアメリカ史」 明石書店 2009
Du Bois, Francois デュボワ, フランソワ
[異]デュ・ボワ, フランソワ [著]「デュボワ思考法」 ダイヤモンド社 2008
Dubois, Gérard デュボワ, ジェラール
1968～ [著]「レ・ミゼラブル」 小峰書店 2012
Dubois, Jacques デュボア, ジャック
[異]デュボワ, ジャック [著]「ヨガエクスタシー」 アーティストハウスパブリッシャーズ 2006
Dubois, Jacques デュボア, ジャック
1933～ [著]「現実を語る小説家たち」 法政大学出版局 2005
Dubois, Jean-Paul デュボワ, ジャン＝ポール
1950～ [著]「フランス的人生」 筑摩書房 2009
Dubois, Marie デュボア, マリー
1937～2014 [国]フランス 女優 本名＝Huzé, Claudine [異]デュボワ, マリー
DuBois, Paul デュボワ, ポール
1956～ [著]「MySQLクックブック」 オライリー・ジャパン, オーム社（発売） 2004
Dubois, Pierre デュボア, ピエール
1945～ [著]「妖精図鑑」 文渓堂 2002
Du Bois, William Pène デュボア, ペネ
[異]デュボア, ウィリアム・ペーン [著]「おじいちゃんがだっこしてくれたよ」 童話屋 2007
Dubosarsky, Ursula デュボサルスキー, ウルスラ
1961～ [著]「くまさんとことりちゃん、また」 BL出版 2003
Duboscq, Hugues デュボス
[国]フランス 競泳選手
Dubose, Lou デュボーズ, ルー
[著]「ブッシュには、もううんざり！」 阪急コミュニケーションズ 2004
Dubost, Michel デュボ, ミシェル
1942～ [著]「絵で見るはじめてのキリスト教」 ドン・ボスコ社 2013
Dubost, Paulette デュボスト, ポーレット
1910～2011 [国]フランス 女優 本名＝Deplanque, Paulette Emma Marie
Du Bouchet, André デュ・ブーシェ, アンドレ
1924～2001 [国]フランス 詩人 [異]デュブーシェ, アンドレ
Du Boulay, Clair デュ・ブーレイ, クレール
[著]「自己評価型病理学ノート」 西村書店東京出版編集部 2011
Du Boulay, Shirley ドゥブレイ, シャーリー

[著]「シシリー・ソンダース」 日本看護協会出版会 2016
Dubov, Vladimir デュボフ, ウラジーミル
[国]ブルガリア レスリング選手
Dubovaya, N.F. ドゥボバヤ, N.F.
[著]「放射性セシウムが生殖系に与える医学的社会学的影響」 合同出版 2013
Dubowitz, Howard ドゥボヴィッツ, ハワード
[著]「子ども虐待対応ハンドブック」 明石書店 2005
Dubowski, Cathy East ドゥボウスキ, キャシー・E.
[異]デュボウスキー, キャシー [著]「フルハウス」 マッグガーデン 2007
Duboy, Carlos ドゥボイ, カルロス
[国]パナマ 住宅相
Dubrawsky, Ido ダブロースキー, イド
[著]「ハッキング対策マニュアル」 ソフトバンクパブリッシング 2003
Dubro, Alec デュブロ, アレック
[著]「ヤクザが消滅しない理由」 不空社 2006
Dubro, Peggy Phoenix ドゥブロ, ペギー・フェニックス
[著]「エレガント・エンパワーメント」 ナチュラルスピリット 2015
DuBrock, A. ダブロック, アンドリュー
[著]「アコースティック・ギターの極意」 シンコー・ミュージック 2003
Dubrow, Kevin ダブロー, ケビン
?～2007 [国]アメリカ 歌手 [異]ダブロー, ケヴィン
Du Brul, Jack B. ダブラル, ジャック
[国]アメリカ 作家 [専]スリラー
Dubugnon, Richard デュビュニョン, リシャール
[国]フランス ロン・ティボー・クレスパン国際音楽コンクール ピアノ シェヴィヨン・ボノー財団賞(2004年(第34回))
Dubus, Andre, Ⅲ デビュース, アンドレ, 3世
[著]「砂と霧の家」 DHC 2001
Duca, Gheorghe ドゥカ, ゲオルゲ
[国]モルドバ 環境・建設・国土開発相
Ducarme, Alain デュカルム, アラン
[国]ベルギー 国際剣道連盟副会長, 欧州剣道連盟会長
Ducasse, Alain デュカス, アラン
1956～ [国]フランス 料理人, レストランプロデューサー
Ducasse, Vladimir デュカシー, ブラディミール
[国]アメリカ アメフト選手
Ducatteau, Florence デュカトー, フロランス
1961～ [著]「美術館ってどんなところ?」 西村書店東京出版編集部 2013
Duchatelet, Bernard デュシャトレ, ベルナール
[著]「ロマン・ロラン伝」 みすず書房 2011
Duchaussoy, Michel デュショーソワ, ミシェル
1938～2012 [国]フランス 俳優 [異]デュショソワ, ミシェル
Duché, Didier Jacques デュシェ, ディディエ - ジャック
[著]「小児精神医学の歴史」 そうろん社 2005
DuChemin, David ドゥチェミン, デイビッド
[著]「深味のある写真を撮るためのフォトクリエイティブテクニック」 ピアソン桐原 2012
Duchovny, David ドゥカブニー, デービッド
1960～ [国]アメリカ 俳優 [異]ドゥカブニー, デイヴィッド / ドゥカブニー, デビッド / ドゥカブニー, デヴィッド / ドゥカヴニー, デイヴィッド
Düchting, Hajo デュヒティング, ハーヨ
[著]「パウル・クレー絵画と音楽」 岩波書店 2009
Duck, Jeanie Daniel ダック, ジーニー
[著]「チェンジモンスター」 東洋経済新報社 2001
Duck, Steve ダック, スティーヴ
[著]「パーソナルな関係の社会心理学」 北大路書房 2004
Duckworth, Angela ダックワース, アンジェラ
[著]「やり抜く力」 ダイヤモンド社 2016
Duckworth, Bruce ダックワース, ブルース
グラミー賞 最優秀レコーディング・パッケージ(2008年(第51回)) "Death Magnetic" アート・ディレクター
Duckworth, Katie ダックワース, ケイティー
[著]「元気でいたい」 鈴木出版 2004
Duckworth, Ruth ダックワース, ルース
1919～2009 彫刻家, 陶芸家, 壁画家
Duclert, Vincent デュクレール, ヴァンサン
1961～ [著]「ジャン・ジョレス1859-1914」 吉田書店 2015
Duclos, Jean-Yves デュクロ, ジャンイブ
[国]カナダ 家庭・子ども・社会開発相
Duco, Natalia ドゥコ
[国]チリ 陸上選手
Ducoudray, Aurélien デュクードレ, オーレリアン
アングレーム国際漫画祭 サスペンス(ミステリー)作品部門 審査員特別賞(2012年) "La faute aux chinois"〈Futuropolis〉
Ducre, Greg デュクリ, グレッグ
[国]アメリカ アメフト選手
Ducret, Diane デュクレ, ディアーヌ
1982～ [異]デュクレ, ディアンヌ [著]「五人の権力者(カリスマ)と女たち」 原書房 2013
Ducros, Michel デュクロ, ミシェル
1949～ [国]フランス 実業家 フォション会長・CEO
Duda ドゥダ
[国]ポルトガル サッカー選手
Duda, Andrzej ドゥダ, アンジェイ
1972～ [国]ポーランド 政治家 ポーランド大統領 [異]ドゥダ, アンジャイ
Duda, Lucas デューダ, ルーカス
[国]アメリカ 野球選手
Duda, Ondrej ドゥダ, オンドレイ
[国]スロバキア サッカー選手
Dudamel, Gustavo ドゥダメル, グスターボ
1981～ [国]ベネズエラ 指揮者 ロサンゼルス・フィルハーモニック音楽監督・首席指揮者, イェーテボリ交響楽団首席指揮者 [異]デュダメル, グスタボ / ドゥダメル, グスタボ
Dudas, Miklos ドゥダシュ
[国]ハンガリー カヌー選手
Dudau, Nicolae ドゥデウ, ニコライ
[国]モルドバ 外相
Dudden, Faye E. ダッデン, フェイ・E.
[著]「女たちのアメリカ演劇」 論創社 2012
Duddle, Jonny ダドル, ジョニー
1971～ [著]「かいぞくゴックン」 ポプラ社 2013
Duden, Barbara ドゥーデン, バーバラ
[著]「女の皮膚の下」 藤原書店 2001
Dudgeon, Gus ダジョン, ガス
1942～2002 [国]イギリス 音楽プロデューサー
Dudi, Nadia Arop ドゥディ, ナディア・アロプ
[国]南スーダン 文化・青年・スポーツ相
Dudinskaya, Nataliya Mikhailovna ドゥジンスカヤ, ナタリヤ
1912～2003 [国]ロシア バレリーナ [異]ドジンスカヤ, ナタリヤ
Dudley, George Austin ダドリー, ジョージ
1914～2005 [国]アメリカ 建築家
Dudley, Jared ダドリー, ジャレッド
[国]アメリカ バスケットボール選手
Dudley, Michael Kioni ダドリー, マイケル・キオニ
[著]「人と神々と自然の共生する世界」 たちばな出版 2004
Dudley, Robert ダッドリー, ロバート
[著]「認知行動療法におけるレジリエンスと症例の概念化」 星和書店 2012
Dudley, Robert Warren ダドリー, ロバート
1955～ [国]アメリカ 実業家 BP CEO 通称=Dudley, Bob
Dudley, Underwood ダッドリー, アンダーウッド
1937～ [著]「数秘術大全」 青土社 2010
Dudley, William C. ダドリー, ウィリアム
1952～ [国]アメリカ エコノミスト ニューヨーク連邦準備銀行総裁
Dudney, Bill ダドニー, ビル
1967～ [著]「J2EEアンチパターン」 日経BP社, 日経BP出版センター(発売) 2004
Dudoit, Sandrine ドュドイト, S.
[著]「RとBioconductorを用いたバイオインフォマティクス」 シュプリンガー・ジャパン 2007
Dudok de Wit, Michael デュドク・ドゥ・ヴィット, マイケル
1953～ [著]「レッドタートル」 岩波書店 2016
Dudou, Emile Boga ドゥドゥ, エミール・ボガ
[国]コートジボワール 内務・地方分権相
Dudzenkova, Hanna ドゥジェンコワ, アンナ
[国]ベラルーシ 新体操選手
Due, Reidar デュー, ライダー
[著]「ドゥルーズ哲学のエッセンス」 新曜社 2009
Duell, Donna デュエル, ドナ
1938～ [著]「看護技術目でみる事典」 西村書店 2006
Duenas, Cremencio Manso デュエナス, クレメンシオ・マンソ
[国]スペイン 観音寺聖母幼稚園長

D

Duenas, Crispin　ジュナス、クリスピン
　⒤カナダ　アーチェリー選手
Dueñas, Lola　ドゥエニャス、ロラ
　カンヌ国際映画祭 女優賞（第59回（2006年））　"Volver"
Dueñas, María　ドゥエニャス、マリーア
　1964〜　⒤スペイン　作家　⒥歴史、ロマンス
Dueñas, Tomás　ドゥエニャス、トマス
　⒤コスタリカ　貿易相
Duenez, Samir　デュエネス、サミエル
　⒤ベネズエラ　野球選手
Duening, Thomas N.　デューニング、トーマス・N.
　⒦「優秀なオタク社員の上手な使い方」ダイヤモンド社　2002
Duensing, Brian　ダンシング、ブライアン
　⒤アメリカ　野球選手
Duerden, Jean M.　デュエルダン、ジーン・M.
　⒦「助産師の意思決定」エルゼビア・ジャパン　2006
Duerr, Hans Peter　デュル、ハンス・ペーター
　1943〜　⒦「〈未開〉からの反論」法政大学出版局　2008
Duerr, Johannes　デュアー
　⒤オーストリア　クロスカントリースキー選手
Duesberg, Peter H.　デューズバーグ、ピーター
　1936〜　⒤アメリカ　ウイルス学者　カリフォルニア大学バークレー校教授　⒥細胞生物学　⒣デュースバーグ、ピーター
Duesenberry, James Stemble　デューゼンベリー、ジェームズ
　1918〜2009　⒤アメリカ　経済学者　ハーバード大学教授、米国大統領経済諮問委員会（CEA）委員　⒥貨幣論、銀行論　⒣デューゼンベリ
Duey, Kathleen　デューイ、キャスリーン
　⒤アメリカ　作家　⒥ヤングアダルト、歴史
Dufau, Guillaume　デュフォー、ギヨーム
　1974〜　⒦「Teahupoo」日之出出版　2008
Dufaud, Marc　デュフォー、マルク
　⒦「ボリス・ヴィアンと脱走兵の歌」国書刊行会　2009
Duff, Annis　ダフ、アニス
　⒦「つばさの贈り物」京都修学社　2009
Duff, Jeremy　ダフ、ジェレミー
　1971〜　⒦「エレメンツ」新教出版社　2016
Duff, Jim　ダフ、ジム
　⒦「登山者・トレッカーのためのサバイバル救急・処置読本」本の泉社　2005
Duff, Russell Gordon　ダフ、ラッセル・ゴードン
　⒤ニュージーランド　元・ダニーデン・小樽姉妹都市協会会長、元・ニュージーランド姉妹都市協会理事
Düffel, John von　デュッフェル、ジョン・フォン
　1966〜　⒤ドイツ　作家、劇作家
Duffey, Tyler　ダフィー、タイラー
　⒤アメリカ　野球選手
Duffie, Darrell　ダフィー、ダレル
　⒦「巨大銀行はなぜ破綻したのか」NTT出版　2011
Duffour, Michel　デュフール、ミシェル
　⒤フランス　文化遺産・文化的地方分権担当相
Duffy　ダフィー
　グラミー賞 最優秀ポップ・アルバム（2008年（第51回））　"Rockferry"
Duffy, Carol Ann　ダフィ、キャロル・アン
　1955〜　⒦「魔女にとられたハッピーエンド」新樹社　2012
Duffy, Danny　ダフィー、ダニー
　⒤アメリカ　野球選手
Duffy, David　ダフィ、デービッド
　1957〜　⒤アメリカ　作家　⒥ミステリー、スリラー　⒣ダフィ、デイヴィッド
Duffy, Flora　ダフィー、フローラ
　⒤バミューダ　トライアスロン選手
Duffy, James D.　ダフィー、ジェームズ・D.
　⒦「MDアンダーソンサイコソーシャル・オンコロジー」メディカル・サイエンス・インターナショナル　2013
Duffy, Kate　ダフィー、ケイト
　1953〜　⒦「アスペルガー症候群・高機能自閉症の人のハローワーク」明石書店　2008
Duffy, Margaret Gooch　ダフィー、マーガレット・グーチ
　?〜2006　⒤アメリカ　ボランティア活動家　米国赤十字社ボランティア局長
Duffy, Mary Grace　ダフィー、メアリー・グレース
　⒦「プロジェクトは、なぜ円滑に進まないのか」ファーストプレス　2007
Duffy, Matt　ダフィー、マット

⒤アメリカ　野球選手
Duffy, Michael　ダフィー、マイケル
　1958〜　⒦「オックスフォード ブリテン諸島の歴史」慶応義塾大学出版会　2013
Duffy, Patricia Lynne　ダフィー、パトリシア・リン
　1952〜　⒦「ねこは青、子ねこは黄緑」早川書房　2002
Duffy, Peter　ダフィ、ピーター
　1969〜　⒦「ビエルスキ・ブラザーズ」ソニー・マガジンズ　2005
Duffy, Stella　ダフィ、ステラ
　英国推理作家協会賞 短編ダガー（2013年）　"Come Away With Me"
Duflo, Esther　デュフロ、エスター
　1972〜　⒦「貧乏人の経済学」みすず書房　2012
Duflot, Cécile　デュフロ、セシル
　1975〜　⒤フランス　政治家　フランス地域間平等・住宅相
Dufour, Daniel　デュフール、ダニエル
　⒦「ツリーハウスで夢をみる」二見書房　2007
Dufour, Francois　デュフール、フランソワ
　1953〜　⒦「地球は売り物じゃない！」紀伊国屋書店　2001
Dufour, Jean-Frederic　デュフール、ジャン・フレデリック
　1967〜　実業家　ゼニスCEO
Dufour, Mathieu　デュフォー、マチュー
　1972〜　⒤フランス　フルート奏者　ベルリン・フィルハーモニー管弦楽団首席ソロ奏者　⒣デュフール／デュフォー、マティアス
Dufour, Simon　デュフール
　⒤フランス　競泳選手
Dufour-lapointe, Chloe　デュフールラポワント、C.
　⒤カナダ　フリースタイルスキー選手　⒣デュフールラポワント
Dufour-Lapointe, Justine　デュフール・ラポワント、ジュスティーヌ
　1994〜　⒤カナダ　スキー選手
Dufraisse, Roger　デュフレス、ロジェ
　⒦「ナポレオンの生涯」白水社　2004
Dufresne, Didier　デュフレーヌ、ディディエ
　⒣デュフレーヌ、ディディエ　⒦「おいしゃさん」佼成出版社　2005
Dufresne, Todd　デュフレーヌ、トッド
　1966〜　⒦「〈死の欲動〉と現代思想」みすず書房　2010
Dufton, Jennifer　ダフトン、ジェニファー
　⒦「ピラーティス」ネコ・パブリッシング　2004
Dufuor, Kwabena　ドゥフォー、クワベナ
　⒤ガーナ　財務・経済計画相
Dugain, Marc　デュガン、マルク
　1957〜　⒦「沈黙するロシア」河出書房新社　2008
al-Dugair, Jalal Yousef　ドゥガイル、ジャラル・ユーセフ
　⒤スーダン　産業相
Dugan, David　デュガン、デイヴィッド
　⒦「巨大生物解剖図鑑」スペースシャワーネットワーク　2016
Dugan, Dennis　デューガン、デニス
　ゴールデン・ラズベリー賞（ラジー賞）最低監督賞（第32回（2011年））　"Jack and Jill" "Just Go with It"
Dugan, Marcia B.　デューガン、マーシャ・B.
　⒦「難聴者・中途失聴者のためのサポートガイドブック」明石書店　2007
Dugan, Robert E.　ダガン、ロバート・E.
　1952〜　⒦「図書館の価値を高める」丸善　2005
Dugard, Jaycee Lee　デュガード、ジェイシー
　1980〜　⒦「誘拐監禁」講談社　2016
Dugard, Martin　デュガード、マーティン
　⒦「ケネディ暗殺50年目の真実」講談社　2013
Dugas, Florence　デュガ、フローランス
　⒦「サクリファイス」河出書房新社　2004
Dugasse, Jacquelin　デュガス、ジャクラン
　⒤セーシェル　土地利用・住宅相
Dugatkin, Lee Alan　ドガトキン、リー・A.
　1962〜　⒦「吸血コウモリは恩を忘れない」草思社　2004
Du Gay, Paul　ドゥ・ゲイ、ポール
　⒦「カルチュラル・アイデンティティの諸問題」大村書店　2001
Dugdall, Ruth　ダグダル、ルース
　英国推理作家協会賞 デビュー・ダガー（2005年）　"The Woman Before Me"
Duggan, Christopher　ダガン、クリストファー
　⒦「イタリアの歴史」創土社　2005
Duggan, Gerry　ダガン、ジェリー
　⒦「デッドプール」小学館集英社プロダクション　2016

Duggan, Hoyt N.　ダッガン、ホイット・N.
　著「人文学と電子編集」慶応義塾大学出版会　2011
Duggan, William R.　ダガン、ウィリアム
　著「ナポレオンの直観」慶応義塾大学出版会　2015
Dugin, Andrej　ドゥギン、アンドレイ
　著「アブディーの冒険物語」ホーム社, 集英社 (発売)　2005
Dugina, Olga　ドゥギナ、オルガ
　著「アブディーの冒険物語」ホーム社, 集英社 (発売)　2005
Dugmore, Jenny　ダグモア、ジェニー
　著「マネージャのためのサービスマネジメント・ガイド」テクノ　2006
Dugrand, Alain　デュグラン、アラン
　1946〜　著「約束の旅路」集英社　2007
Dugrenier, Martine　ダグレニアー
　国カナダ　レスリング選手
Duguid, Paul　ドゥグッド、ポール
　1954〜　著「なぜITは社会を変えないのか」日本経済新聞社　2002
Duhachek, Adam　ドゥハチェク、アダム
　著「統合マーケティング戦略論」ダイヤモンド社　2003
Duhalde, Eduardo　ドゥアルデ、エドゥアルド
　国アルゼンチン　大統領
Duhamel, Meagan　デュアメル
　国カナダ　フィギュアスケート選手
Duhamel, Ronald　デュアメル、ロナルド
　国カナダ　復員軍人相
Duhem, Pierre　デュエム、ピエール
　「物理理論の目的と構造」勁草書房　2007
Duhème, Jacqueline　デュエーム、ジャクリーヌ
　「みどりのゆび」岩波書店　2009
Duhigg, Charles　デュヒッグ、チャールズ
　1974〜　著「習慣の力」講談社　2016
Duignan, Rene　ダイグナン、レネ
　1971〜　国アイルランド　映画監督　駐日欧州連合 (EU) 代表部経済担当官
Duisenberg, Wim　ドイセンベルク、ウィム
　1935〜2005　国オランダ　銀行家, エコノミスト　欧州中央銀行 (ECB) 初代総裁, オランダ中央銀行総裁　本名=ドイセンベルク、ウィレム〈Duisenberg, Willem Frederik〉ダウゼンベルヒ、ウィレム / デューゼンバーグ / デューゼンベルク
Duisit, Bernard　デュイジット、ベルナール
　著「なにをしているの?」大日本絵画　〔2016〕
Duissenova, Tamara　ドゥイセノワ、タマラ
　国カザフスタン　保健社会発展相　関ドイセノワ、タマラ
Dujardin, Charlotte　ジュジャルディン、シャルロット
　1985〜　国イギリス　馬術選手
Dujardin, Jean　デュジャルダン、ジャン
　1972〜　国フランス　俳優
Dujarric, Robert　デュジャリック、ロバート
　1961〜　国アメリカ　国際関係学者　テンプル大学日本校現代アジア研究所所長　関東アジア問題
Dujmovits, Julia　デュモヴィッツ、ユリア
　1987〜　国オーストリア　スノーボード選手　関デュモビッツ、ユリア / デュモヴィッツ、ジュリア / デュモビッツ、ユリア
Dujovne Ortiz, Alicia　ドゥジョブヌ・オルティス、アリシア
　著「エビータの真実」中央公論新社　2001
Duka, Agron　ドゥカ、アグロン
　国アルバニア　農業食糧相
Dukakis, Michael Stanley　デュカキス、マイケル
　1933〜　国アメリカ　政治家　ノースイースタン大学特任教授　マサチューセッツ州知事 (民主党)
Dukan, Pierre　デュカン、ピエール
　1941〜　著「パリジェンヌ流デュカン・ダイエット」講談社　2014
Đukanović, Milo　ジュカノビッチ、ミロ
　国モンテネグロ　首相
Dukas, Chuck　デューカス、チャック
　1949〜　著「株は6パターンで勝つ」パンローリング　2007
Dukatova, Jana　ジュカトバ、ヤナ
　国スロバキア　カヌー選手　関ドゥカトバ
Duke, Annie　デューク、アニー
　1965〜　著「ステップアップポーカー」パンローリング　2016
Duke, Edem　ドゥケ、エデム
　国ナイジェリア　文化観光相
Duke, Elizabeth　デューク、エリザベス
　著「契約結婚と呼ばないで」ハーレクイン　2002
Duke, George　デューク、ジョージ

1946〜2013　国アメリカ　ジャズ・キーボード奏者
Duke, James　デューク、ジェームズ
　1957〜　著「麻酔科シークレット」メディカル・サイエンス・インターナショナル　2007
Duke, James　デューク、ジェームズ
　著「シュライエルマッハーの神学」ヨベル　2008
Duke, James A.　デューク、ジェームズ・A.
　1929〜　著「デュークグリーンファーマシィ」健康産業新聞社　2001
Duke, Mike　デューク、マイク
　国アメリカ　実業家　ウォルマート・ストアーズCEO　本名=デューク、マイケル〈Duke, Michael T.〉
Duke, Patty　デューク、パティ
　1946〜2016　国アメリカ　女優　本名=デューク、アナ・マリー〈Duke, Anna Marie〉
Duke, Sue　デューク、スー
　著「看護における反省的実践」ゆみる出版　2005
Duke, Zach　デューク、ザック
　国アメリカ　野球選手
Đukić-Dejanović, Slavica　ジューキッチ・デヤノビッチ、スラビツァ
　国セルビア　保健相
Dūklavs, Jānis　ドゥークラウス、ヤーニス
　国ラトビア　農相　関ドゥクラウス、ヤニス
Dukpa, Mingbo　ドゥクパ、ミンボ
　国ブータン　教育相
Dukpa, Zangley　ドゥクパ、ザングレイ
　国ブータン　保健相
Dukuly, Morris　ドゥクリィ、モリス
　国リベリア　内相
Dukurs, Martins　ドゥクルス、M.
　国ラトビア　スケルトン選手
Dukurs, Tomass　ドゥクルス、T.
　国ラトビア　スケルトン選手
al-Dulaimi, Mezher　ドレイミ、マザハル
　?〜2005　国イラク　政治活動家　イラク人権擁護協会代表
al-Dulaimi, Sadun　ドゥライミ、サドゥン
　国イラク　文化相兼国防相代行
Dulam, Sendenjav　ドラム、センデンヤフ
　「現代世界アジア詩集」土曜美術社出版販売　2010
Dulanto, Alfonso　ドゥラント、アルフォンソ
　国チリ　鉱業相
Dulbecco, Renato　ダルベッコ、レナト
　1914〜2012　国アメリカ　ウイルス学者, 分子生物学者　カリフォルニア大学教授, 英国王立がん研究所所長　関ダルベッコ、レナート / ドゥルベッコ、レナート / ドゥルベッコ、レナート
Dulcan, Mina K.　ダルカン、ミナ
　著「児童青年精神医学大事典」西村書店　2012
Dulfer, Candy　ダルファー、キャンディ
　1969〜　国オランダ　ジャズ・サックス奏者　関アルトサックス
Dulić, Oliver　ドゥリチ、オリベル
　国セルビア　環境・国土計画相
Dulić-marković, Ivana　ジュリチマルコビッチ、イワナ
　国セルビア　農相
Dulin, Brice　デュラン、ブリス
　国フランス　ラグビー選手
Dulko, Gisela　ドゥルコ
　国アルゼンチン　テニス選手
Dull, Ryan　ドゥル、ライアン
　国アメリカ　野球選手
Dulloo, Madan Murlidhar　ドゥルー、マダン・マリドハル
　国モーリシャス　外務・貿易相
Dully, Howard　ダリー、ハワード
　1948〜　著「ぼくの脳を返して」WAVE出版　2009
Dulohery, Shawn　デュロヘリー
　国アメリカ　射撃選手
Duluc, Vincent　デュリュック、ヴァンサン
　著「レ・ブルー黒書」講談社　2012
Dulull, Mohammed Asraf Ally　ドゥリュル、モハメド・アスラフ・アリ
　国モーリシャス　情報技術相
Dulworth, Mike　ダルワース、マイケル
　1962〜　著「NQネットワーク指数」東洋経済新報社　2009
Duly, Leila　デュリー、レイラ
　著「世界一美しい「花」のぬり絵BOOK」二見書房　2016
Duma, William　デュマ、ウィリアム

Dumaine, Deborah　デュメーヌ, デボラ
　圏パプアニューギニア　運輸相
Dumaine, Deborah　デュメーヌ, デボラ
　著「読み手志向の「書く技術」で成果をつかみ取る」ファーストプレス　2008
Dumais, Justin　デュメーズ, J.
　国アメリカ　飛び込み選手
Dumais, Troy　デュメーズ
　国アメリカ　飛び込み選手　異デュメーズ, T.
Dumala, Piotr　ドゥマラ, ピョトル
　国ポーランド　オタワ国際アニメーション映画祭 ネルバナ社グランプリ（最優秀インディペンデント短編アニメーション）(2014年) ほか
Dumanoski, Dianne　ダマノスキ, ダイアン
　著「自然と人間」有斐閣　2005
Dumanyan, Derenik　ドゥマニャン, デレニク
　国アルメニア　保健相
Dumas, Axel　デュマ, アクセル
　国フランス　実業家 エルメス・インターナショナルCEO
Dumas, Charlotte　デュマ, シャルロット
　著「Stay」赤々舎　2016
Dumas, Lynne S.　デュマ, リン・S.
　著「子どもの心がうつになるとき」エクスナレッジ　2005
Dumas, Margaret　デュマス, マーガレット
　著「上手に人を殺すには」東京創元社　2010
Dumas, Marlene　デュマス, マルレーネ
　1953〜　国オランダ　画家
Dumas, Philippe　デュマ, フィリップ
　著「およばれのテーブルマナー」西村書店東京出版編集部　2016
Dumas, Rennie　デュマス, レニー
　国トリニダード・トバゴ　労働・中小企業開発相
Dumas-Hermés, Jean-Louis Robert Frédéric　デュマ・エルメス, ジャン・ルイ
　1938〜2010　国フランス　実業家 エルメス・インターナショナル社長　異デュマ, ジャンルイ
Dumas Rodrígues, Edgardo　ドゥマス・ロドリゲス, エドガルド
　国ホンジュラス　国防相
Dumay, Augustin　デュメイ, オーギュスタン
　1949〜　国フランス　バイオリニスト 関西フィルハーモニー管弦楽団音楽監督
Dumbadze, Gela　ドゥンバゼ, ゲラ
　国ジョージア　国務相（在外国民問題担当）
Dumbill, Edd　ダンビル, エド
　著「Mono」オライリー・ジャパン, オーム社（発売）　2005
Dumbrava, Danut　ドゥンブラヴァ, ダヌート
　国ルーマニア　ラグビー選手
Dumcius, Vytautas　ドゥムチュス, ビタウタス
　国リトアニア　マルティナス・マジュビダス初等・中等学校校長, 元・クライペダ大学東洋学センター日本学教師, 元・クライペダ市議会議員
Duménil, Gérard　デュメニル, ジェラール
　1942〜　国ドゥメニル, G.　著「100語でわかるマルクス主義」白水社　2015
Dumenil, Lynn　デュメニル, リン
　1950〜　著「女性の目からみたアメリカ史」明石書店　2009
Dumervil, Elvis　デュマービル, エルビス
　国アメリカ　アメフト選手
Dumézil, Georges　デュメジル, ジョルジュ
　著「叢書 アナール1929-2010」藤原書店　2010
Dumezweni, Noma　ドゥメズウェニ, ノーマ
　ローレンス・オリヴィエ賞 プレイ 助演俳優賞（2006年（第30回））"A Raisin In The Sun"
Duminica, Valeriu　ドゥニミカ, ワレリー
　国モルドバ　柔道選手
Dumitrescu, Rares　ドゥミトレスク
　国ルーマニア　フェンシング選手
Dumitru, Alina　ドゥミトル, アリナ
　1982〜　国ルーマニア　柔道家　本名＝Dumitru, Alina Alexandra　異ドゥミトル
Dumler Cuya, Francisco　ドゥムレル・クヤ, フランシスコ
　国ペルー　住宅・建設・上下水道相
Dummett, Michael Anthony Eardley　ダメット, マイケル
　1925〜2011　国イギリス　哲学者 オックスフォード大学名誉教授
Dumont, Bruno　デュモン, ブリュノ
　1958〜　国フランス　映画監督

Dumont, François　デュモン, フランソワ
　国フランス　フレデリック・ショパン国際ピアノコンクール 第5位（2010年（第16回））
Dumont, Guylaine　デュモン
　国カナダ　ビーチバレー選手
Dumont, Ivy　デュモント, アイビー
　国バハマ　総督　異デュモン, アイビー・レオナ
Dumont, Louis　デュモン, ルイ
　著「ホモ・ヒエラルキクス」みすず書房　2001
Du Mont, Rosemary Ruhig　ドゥモント, ローズマリー・R.
　著「改革と反応」京都図書館情報学研究会, 日本図書館協会（発売）　2014
Dumon Tak, Bibi　デュモン・タック, ビビ
　1964〜　著「ショッピングカートのぼうけん」徳間書店　2016
Dumont d'Ayot, Catherine　デュモン・ダヨ, カトリーヌ
　著「ジャン・プルーヴェ」TOTO出版　2004
Dumouchel, Paul　デュムシェル, ポール
　1951〜　著「正義への挑戦」晃洋書房　2011
Dumoulin, Alexandre　デュムラン, アレクサンドル
　国フランス　ラグビー選手
Dumoulin, Franck　デュムラン, フランク
　1973〜　国フランス　射撃選手
Dumoulin, Tom　デュムラン, トム
　国オランダ　自転車選手
Dun, David　ダン, デービッド
　1949〜　国アメリカ　作家　著スリラー, サスペンス　異ダン, デイヴィッド
Dunagan, Deanna　デュナガン, ディアナ
　トニー賞 プレイ 主演女優賞（2008年（第62回））"August: Osage County"
Dunant, Sarah　デュナント, サラ
　1950〜　著「地上のヴィーナス」河出書房新社　2005
Dunaway, Faye　ダナウェイ, フェイ
　1941〜　国アメリカ　女優　本名＝ダナウェイ, ドロシー・フェイ〈Dunaway, Drothy Faye〉
Dunaway, Michele　ダナウェイ, ミシェル
　著「憂鬱なプロポーズ」ハーレクイン　2009
Dunayev, Arman　ドゥナエフ, アルマン
　国カザフスタン　財務相
Dunaytsev, Vitaly　ドゥナイツェフ, ビタリー
　国ロシア　ボクシング選手
Dunbar, Anthony P.　ダンバー, トニイ
　著「判事の桃色な日々」早川書房　2002
Dunbar, Christopher, Jr.　ダンバー, C., Jr.
　著「格差社会アメリカの教育改革」明石書店　2007
Dunbar, Fiona　ダンバー, フィオナ
　1961〜　国イギリス　作家　著児童書
Dunbar, Geoff　ダンバー, ジェフ
　著「あの雲のむこうに」大和書房　2005
Dunbar, Ian　ダンバー, イアン
　1947〜　著「ドッグトレーニングバイブル」レッドハート　2007
Dunbar, Jenkins　ダンバー, ジェンキンズ
　国リベリア　土地・鉱業・エネルギー相
Dunbar, Joyce　ダンバー, ジョイス
　著「くっくちゃん」フレーベル館　2005
Dunbar, Lance　ダンバー, ランス
　国アメリカ　アメフト選手
Dunbar, Nicholas　ダンバー, ニコラス
　著「悪魔のデリバティブ」光文社　2013
Dunbar, Polly　ダンバー, ポリー
　著「パパはバードマン」フレーベル館　2011
Dunbar, Quinton　ダンバー, クイントン
　国アメリカ　アメフト選手
Dunbar, Robin Ian MacDonald　ダンバー, ロビン
　1947〜　著「ことばの起源」青土社　2016
Dunbar, Sly　ダンバー, スライ
　1952〜　国ジャマイカ　ミュージシャン　本名＝ダンバー, ローウェル〈Dunbar, Lowell〉
Duncan, Alfred　ダンカン, アルフレッド
　国ガーナ　サッカー選手
Duncan, Andy　ダンカン, アンディ
　世界幻想文学大賞 中編（2014年）ほか
Duncan, Arne　ダンカン, アーン
　国アメリカ　教育長官
Duncan, Barry L.　ダンカン, バリー・L.
　著「「治療不能」事例の心理療法」金剛出版　2001

Duncan, Carol　ダンカン, キャロル
　簿「美術館という幻想」水声社　2011
Duncan, Dan　ダンカン, ダン
　1982〜　簿「ミュータントタートルズ」小学館集英社プロダクション　2015
Duncan, Daniel Kablan　ダンカン, ダニエル・カブラン
　国コートジボワール　副大統領　外ダンカン, ダニエル
Duncan, David Douglas　ダンカン, デイヴィッド・ダグラス
　1916〜　簿「ピカソと愛犬ランプ」ランダムハウス講談社　2007
Duncan, John　ダンカン, ジョン
　国カナダ　先住民問題・北部開発相
Duncan, John　ダンカン, ジョン
　簿「知性誕生」早川書房　2011
Duncan, Judith　ダンカン, ジュディス
　1963〜　簿「「子育て先進国」ニュージーランドの保育」福村出版　2015
Duncan, Kevin　ダンカン, ケヴィン
　1961〜　簿「クリエイティブコンサルタントの思考の技術」かんき出版　2015
Duncan, Kieren　ダンカン, キーレン
　国アメリカ　アメフト選手
Duncan, Kirsty　ダンカン, カースティー
　国カナダ　科学相
Duncan, Lois　ダンカン, ロイス
　1934〜　アメリカ探偵作家クラブ賞 巨匠賞(2015年)
Duncan, Michael Clarke　ダンカン, マイケル・クラーク
　1957〜2012 国アメリカ　俳優
Duncan, Ray　ダンカン, レイ・H.
　簿「バイナリ・プラン」ぱる出版　2002
Duncan, Richard　ダンカン, リチャード
　1960〜　簿「ドル暴落から、世界不況が始まる」日本経済新聞社　2004
Duncan, Robert　ダンカン, ロバート
　1942〜　簿「イノベーションと組織」創成社　2012
Duncan, Stuart　ダンカン, スチュアート
　グラミー賞 最優秀フォーク・アルバム(2012年(第55回))"The Goat Rodeo Sessions"
Duncan, Susan K.　ダンカン, スーザン・K.
　簿「空っぽのくつした」光文社　2002
Duncan, Sylvia　ダンカン, シルヴィア
　1948〜　簿「子どもが虐待で死ぬとき」明石書店　2005
Duncan, Tim　ダンカン, ティム
　1976〜　国アメリカ　バスケットボール選手　本名=Duncan, Timothy
Duncan, Tina　ダンカン, ティナ
　簿「脅迫された愛人契約」ハーレクイン　2014
Duncan, Todd　ダンカン, トッド
　1957〜　簿「誰でも必ず売上が上がる営業の黄金セオリー」ディスカヴァー・トゥエンティワン　2007
Duncan-cassell, Julia　ズンカンカッセル, ジュリア
　国リベリア　ジェンダー・子ども・社会福祉相　外ダンカンキャッセル, ジュリア
Duncan-Jones, Katherine　ダンカン=ジョーンズ, キャサリン
　簿「廷臣詩人サー・フィリップ・シドニー」九州大学出版会　2010
Duncan Smith, Iain　ダンカン・スミス, イアン
　1954〜　国イギリス　政治家　英国下院議員, 英国雇用・年金相　英国保守党党首　外ダンカンスミス
Dunckel, Jean Benoit　デュンケル, ジャン・ブノワ
　国フランス　ミュージシャン　外ダンケル, ジャン・ブノア
Dundee, Angelo　ダンディー, アンジェロ
　1921〜2012 国アメリカ　ボクシングトレーナー
Dundes, Alan　ダンデス, アラン
　1934〜　簿「竜の中の燃える火」新曜社　2005
Dunduro, Silva Armando　ドゥンドゥーロ, シルバ・アルマンド
　国モザンビーク　文化・観光相
Dunfee, Evan　ダンフィー, エバン
　国カナダ　陸上選手
Dunford, Jason　ダンフォード, ジェイソン
　国ケニア　競泳選手
Dunford, Michael　ダンフォード, マイケル
　簿「イギリス」ほるぷ出版　2009
Dung, Dao Ngoc　ズン, ダオ・ゴック
　国ベトナム　労働・傷病軍人・社会事業相
Dung, Dinh Tien　ズン, ディン・ティーン
　国ベトナム　財務相

Dung, Ho Nghia　ズン, ホー・ギア
　国ベトナム　運輸相
Dung, Mai Tien　ズン, マイ・ティエン
　国ベトナム　政府官房長官
Dung, Nguyen Chi　ズン, グエン・チ
　国ベトナム　計画投資相
Dung, Trinh Dinh　ズン, チン・ディン
　国ベトナム　副首相
Dunga　ドゥンガ
　1963〜　国ブラジル　サッカー指導者, 元サッカー選手　サッカー・ブラジル代表監督　本名=ヴェーリ, カルロス・カエタノ・ブレドルン〈Verri, Carlos Caetano Bledorn〉
Dungworth, Richard　ダンワース, リチャード
　簿「あかちゃんのいちにち」ブロンズ新社　2013
Dunham, Katherine　ダンハム, キャサリン
　1910〜2006 国アメリカ　ダンサー, 振付師　ダンハム舞踊演劇学校校長
Dunham, Lena　ダナム, レナ
　1986〜　ゴールデン・グローブ賞 テレビ 女優賞(ミュージカル・コメディ)(第70回(2012年度))"Girls"
Dunham, Mikel　ダナム, マイケル
　簿「中国はいかにチベットを侵略したか」講談社インターナショナル　2006
Dunham, M.L.　ダンハム, M.L.
　簿「ディズニー全キャラクター大事典250」講談社　2011
Dunham, William　ダンハム, ウィリアム
　1947〜　国アメリカ　数学者　ミューレンバーグ大学教授　外ダンハム, W. / ダンハム, ウイリアム
Dunicz-Niwińska, Helena　ドゥニチ・ニヴィンスカ, ヘレナ
　簿「強制収容所のバイオリニスト」新日本出版社　2016
Dunkel, Arthur　ドンケル, アルツール
　1932〜2005 国スイス　関税貿易一般協定(GATT)事務局長　外ダンケル, アーサー / ドゥンケル, アルツール / ドンケル, アルトゥール
Dunkelman, Celia　ダンケルマン, セリア
　簿「この瞬間を生きる」創森社　2001
Dunker, Elisabeth　デュンケル, エリーサベット
　簿「ファイン・リトル・デイ」誠文堂新光社　2015
Dunlap, Carlos　ダンラップ, カルロス
　国アメリカ　アメフト選手
Dunlap, Glen　ダンラップ, グレン
　簿「挑戦的行動の先行子操作」二瓶社　2001
Dunlap, Julie　ダンラップ, ジュリー
　簿「ルイーザ・メイとソローさんのフルート」BL出版　2006
Dunlap, Richard A.　ダンラップ, R.A.
　簿「黄金比とフィボナッチ数」日本評論社　2003
Dunlap, Susanne Emily　ダンラップ, スザンヌ
　簿「消えたヴァイオリン」小学館　2010
Dunleavey, M.P.　ダンリービィー, エムピー
　簿「幸せになれるお金の使いかた」ダイヤモンド社　2008
Dunleavy, Mike　ダンリービー, マイク
　国アメリカ　バスケットボール選手
Dunlop, Andy　ダンロップ, アンディ
　1972〜　国イギリス　ロック・ギタリスト　本名=Dunlop, Andrew Thomas
Dunlop, Barbara　ダンロップ, バーバラ
　簿「この想いは秘密」ハーレクイン　2014
Dunlop, Fiona　ダンロップ, フィオナ
　1952〜　簿「ポルトガル」日経ナショナルジオグラフィック社, 日経BP出版センター(発売)　2006
Dunlop, Margaret J.　ダンロップ, マーガレット・J.
　簿「ベナー解釈的現象学」医歯薬出版　2006
Dunlop, Storm　ダンロップ, ストーム
　簿「気象大図鑑」産調出版　2007
Dunlosky, John　ダンロスキー, J.
　簿「メタ認知基礎と応用」北大路書房　2010
Dunmore, Helen　ダンモア, ヘレン
　1952〜　国イギリス　詩人, 作家
Dunmur, David　ダンマー, デービッド
　1940〜　国イギリス　物理学者　サウザンプトン大学化学部研究教授　外ダンマー, デイヴィッド
Dunn, Albert H., III　ダン, アルバート・H., 3世
　簿「「問題社員」の管理術」ダイヤモンド社　2007
Dunn, Beverley　ダン, ビヴァリー
　アカデミー賞 美術監督・装置賞(第86回(2013年))"The Great Gatsby"

D

D

Dunn, Brandon ダン, ブランドン
[国]アメリカ アメフト選手
Dunn, Christopher ダン, クリストファー
1964〜 [著]「トロピカーリア」 音楽之友社 2005
Dunn, Donald Duck ダン, ドナルド・ダック
1941〜2012 ベース奏者
Dunn, Elizabeth ダン, エリザベス
1977〜 [著]「「幸せをお金で買う」5つの授業」 KADOKAWA 2014
Dunn, Hank ダン, ハンク
[著]「終末期医療、いのちの終わりを受け容れる」 河出書房新社 2013
Dunn, James D.G. ダン, J.D.G.
1939〜 [異]ダン, ジェームズ・D.G. [著]「叢書新約聖書神学」 新教出版社 2016
Dunn, Jancee ダン, ジャンシー
[著]「トゥルー・カラーズ シンディ・ローパー自伝」 白夜書房 2013
Dunn, Katherine デューン, キャサリーン
1945〜 [著]「死体のある光景」 第三書館 2006
Dunn, Kris ダン, クリス
[国]アメリカ バスケットボール選手
Dunn, Michael ダン, マイケル
[著]「ブランド価値を高めるコンタクト・ポイント戦略」 ダイヤモンド社 2004
Dunn, Mike ダン, マイク
[国]アメリカ 野球選手
Dunn, Opal ダン, オパール
1929〜 [著]「おしゃべりレオくんやってきた！」 評論社 2003
Dunn, Opal Lydia ダン, オパル・リディア
[国]イギリス 国際児童文庫協会名誉会長
Dunn, Peter F. ダン, ピーター・F.
[著]「MGH麻酔の手引」 メディカル・サイエンス・インターナショナル 2010
Dunn, Rae ダン, レイ
[著]「賢い犬の正しいアドバイス」 クロニクルブックス・ジャパン, 徳間書店(発売) 2015
Dunn, Rob R. ダン, ロブ
[著]「心臓の科学史」 青土社 2016
Dunn, Ryan ダン, ライアン
?〜2011 [国]アメリカ タレント
Dunn, Sarah ダン, サラ
1969〜 [著]「恋愛市場」 ポプラ社 2005
Dunn, Shannon ダン
[国]アメリカ スノーボード選手
Dunn, T.R. ダン, TR
[国]アメリカ ヒューストン・ロケッツアシスタントコーチ(バスケットボール)
Dunn, Walter S., Jr. ダン, ウォルター・S., Jr.
[著]「ヒトラーが勝利する世界」 学習研究社 2006
Dunne, Anthony ダン, アンソニー
1964〜 [著]「スペキュラティヴ・デザイン」 ビー・エヌ・エヌ新社 2015
Dunne, John Gregory ダン, ジョン・グレゴリー
?〜2003 [国]アメリカ 作家, 脚本家
Dunne, Paul ダン, P.
[著]「現代イギリスの政治算術」 北海道大学図書刊行会 2003
Dunne, Timothy ダン, T.
1965〜 [著]「衝突を超えて」 日本経済評論社 2003
Dunnichay, Mary Beth ダニチェー
[国]アメリカ 飛び込み選手
Dunning, Donna ダニング, ドナ
1955〜 [著]「MBTIタイプ入門」 金子書房 2009
Dunning, Eric ダニング, エリック
[著]「スポーツと文明化」 法政大学出版局 2010
Dunning, John ダニング, ジョン
1942〜 [国]アメリカ 作家
Dunning, Ted ダニング, テッド
1956〜 [著]「Mahoutイン・アクション」 オライリー・ジャパン, オーム社(発売) 2012
Du Noyer, Paul デュ・ノイヤー, ポール
[著]「ポール・マッカートニー告白」 DU BOOKS, ディスクユニオン(発売) 2016
Dunrea, Olivier ダンリー, オリビア
[異]ダンレイ, オリビエ / ダンレイ, オリヴィエ [著]「ゲルティーのあおいながぐつ」 小峰書店 2007
Dunst, Kirsten ダンスト, キルスティン
1982〜 [国]アメリカ 女優 本名＝Dunst, Kirsten Caroline [異]ダンスト, キルステン
Dunstan, Marcus ダンスタン, マーカス
[著]「ソウ」 角川書店, 角川グループパブリッシング(発売) 2008
Dunster, Bill ダンスター, ビル
[著]「ZED Book」 鹿島出版会 2010
Dunton-Downer, Leslie ダントン＝ダウナー, レスリー
[著]「シェイクスピアヴィジュアル事典」 新樹社 2006
Duoangchay, Phichit ドゥアンチャイ・ピチット
[国]ラオス 副首相兼国防相
Duong Thu Huong ズオン・トゥー・フオン
1947〜 [国]ベトナム 作家
Duong Van Minh ズオン・バン・ミン
1916〜2001 [国]ベトナム 政治家, 軍人 南ベトナム大統領 別名＝ビッグ・ミン
DuPaul, George J. デュポール, ジョージ・J.
[著]「診断・対応のためのADHD評価スケール」 明石書店 2008
Duperey, Anny デュペレ, アニー
[著]「運命の猫」 人文書院 2002
Duperval Guillaume, Florence デュペルバル・ギヨーム, フロランス
[国]ハイチ共和国 保健・人口相
Dupeyron, François デュペイロン, フランソワ
1950〜2016 [国]フランス 映画監督, 脚本家 [異]デュペロン, フランソワ
Dupin, Jacques デュパン, ジャック
1927〜2012 [国]フランス 詩人, 美術評論家
Du Plessis, Bismarck デュプレッシー, ビスマルク
[国]南アフリカ ラグビー選手
Du Plessis, Erik デュ・プレシス, エリック
[著]「ブランドと脳のパズル」 中央経済社, 中央経済グループパブリッシング(発売) 2016
Du Plessis, Jannie デュプレッシー, ヤニー
[国]南アフリカ ラグビー選手
Du Plessis, Tinus デュ・プレッシー, ティナス
[国]ナミビア ラグビー選手
Du Plessix Gray, Francine デュ・プレシックス・グレイ, フランシーヌ
全米書評家協会賞 自伝(2005年) “Them: A Memoir of Parents” [異]グレイ, フランシーヌ・デュ・プレシックス
Duplitzer, Imke デュプリッツァー
[国]ドイツ フェンシング選手 [異]デュプリッツアー
Dupond, Patrick デュポン, パトリック
1959〜 [国]フランス バレエダンサー パリ・オペラ座バレエ団エトワール・芸術監督
Dupond, Patrick デュポン, パトリック
[著]「超禁煙術」 ワニブックス 2003
Dupont, Ambroise デュポン, アンブロワーズ
[国]フランス ヴィクト・ポンフォル市長, 元・上院議員, 元・上院仏日友好議員連盟副会長
Dupont, Aurélie デュポン, オーレリ
1973〜 [国]フランス バレリーナ パリ・オペラ座バレエ団エトワール [異]デュポン, オレリー
DuPont, Caroline M. デュポン, キャロライン・M.
[著]「不安障害」 日本評論社 2005
Dupont, Christian デュポン, クリスチャン
[国]ベルギー 公務員・社会統合・都市政策・機会均等相
Dupont, Jean-Michel デュポン, ジャン・ミッシェル
[著]「LOVE IN VAIN」 ジュリアンパブリッシング 2015
duPont, Margaret Osborne デュポン, マーガレット・オズボーン
1918〜2012 [国]アメリカ テニス選手
DuPont, Robert L. デュポン, ロバート・L.
[著]「不安障害」 日本評論社 2005
Dupont-Beurier, Pierre-François デュポン・ブリエ, P.
[著]「哲学のおやつ ヘンとふつう」 汐文社 2010
Dupoux, Emmanuel デュプー, エマニュエル
1964〜 [著]「赤ちゃんは知っている」 藤原書店 2003
Duprat, Guillaume デュプラ, ギヨーム
[著]「地球のかたちを哲学する」 西村書店東京出版編集部 2010
Duprat, Pierre ドゥプラ, ピエール
[国]フランス 柔道選手
Duprat, Rogério ドゥプラ, ロジェリオ
1932〜2006 [国]ブラジル 作曲家, 編曲家
DuPrau, Jeanne デュープロ, ジェニー
[著]「エンバー」 集英社 2004

Dupré, Ben デュプレ, ベン
[著]「人生に必要な哲学50」 近代科学社 2009
Dupré, Dirk デュピュレ, ディルク
[著]「チョコたまご」 トランスワールドジャパン 2005
Dupré, Judith デュプレ, ジュディス
1956～ [著]「死ぬまでに見たい世界の超高層ビル」 エクスナレッジ 2014
Dupree, Bud デュプリー, バド
[国]アメリカ アメフト選手
Dupree, Cornell デュプリー, コーネル
1942～2011 [国]アメリカ ギタリスト
Du Preez, Fourie デュプレア, フーリー
[国]南アフリカ ラグビー選手
Dupuis, Mélanie デュピュイ, メラニー
[著]「美しいフランス菓子の教科書」 パイインターナショナル 2016
Dupuy, Jean-Pierre デュピュイ, ジャン・ピエール
1941～ [国]フランス 科学哲学者 スタンフォード大学教授, エコール・ポリテクニク名誉教授
Dupuy, Mario デュピュイ, マリオ
[国]ハイチ共和国 情報相
Dupuy, Philippe デュピィ
アングレーム国際漫画祭 アングレーム市グランプリ (2008年)
al-**Du-qayr, Jalal Yousif Mohamed** ドカイル, ジャラル・ユーシフ・モハメド
[国]スーダン 産業相 [異]アル・ドカイル, ジャラル・ユーシフ・モハメド
Duque, Francisco デュッケ, フランシスコ
[国]フィリピン 保健相
Duque, Gabriel ドゥケ, ガブリエル
[国]コロンビア 駐日特命全権大使
Duque Estrada, Esteban ドゥケ・エストラダ, エステバン
[国]ニカラグア 蔵相
Duquennoy, Jacque デュケノワ, ジャック
1953～ [国]フランス 絵本作家
Duquesne, Antoine デュケンヌ, アントワーヌ
[国]ベルギー 内相
Duquette, Anne Marie デュケット, アン・マリー
[著]「カスティロの花嫁」 ハーレクイン 2002
Duquette, Dan デュケット, ダン
[国]アメリカ ボルティモア・オリオールズ編成総責任者
Duquette, Donald N. ドゥケット, ドナルド・N.
[著]「虐待された子ども」 明石書店 2003
Duquoc, Christian デュコック, クリスチャン
1926～2008 [著]「自由人イエス」 ドン・ボスコ社 2009
Duraku, Sadula ドゥラク, サドゥラ
[国]マケドニア 農林水資源相
Duran デュラン
MTVアワード 最優秀編集 (第19回 (2002年)) "Fell in Love with A Girl"
Duran, Alejo ドゥラン, アレホ
[国]ウルグアイ ラグビー選手
Duran, Jacques デュラン, J.
[著]「粉粒体の物理学」 吉岡書店 2002
Durán, José Luis デュラン, ホセ・ルイス
1964～ [国]スペイン 実業家 ドゥバンレイグループ会長・CEO
Duran, Khalid デュラン, ハリド
[著]「オサマ・ビンラディン野望と実像」 日本文芸社 2001
Duran, Meredith デュラン, メレディス
[著]「愛の扉を解き放つ日に」 原書房 2016
Duran, Oscar ドゥラン, オスカル
[国]ウルグアイ ラグビー選手
Duran, Rosa Maria デュラン, ロザ・マリア
[著]「最新リーディング総合演習」 南雲堂フェニックス 2003
Duran, Rudy デュラン, ルディ
1949～ [著]「タイガー・ウッズの不可能を可能に変える「5ステップ・ドリル」」 講談社 2005
Durán, Sylvie ドゥラン, シルビエ
[国]コスタリカ 文化相
Duran, Teresa ドゥラン, テレサ
1948～ [著]「あくまくん」 アルファポリス, 星雲社 (発売) 2013
Durand, Delphine デュラン, デルフィーヌ
1972～ [異]デュラーンド, デルフィーン [著]「サンタさんのいたずらっこリスト」 小学館 2003
Durand, Elodie デュラン, エロディ
アングレーム国際漫画祭 新人賞 (Révélation賞) (2011年) "La Parenthèse" 〈Delcourt〉
Durand, Jannic デュラン, ジャニック
[著]「美術から見る中世のヨーロッパ」 原書房 2005
Durand, Jean-Nicolas-Louis デュラン, ジャン・ニコラ・ルイ
[著]「建築講義要録」 中央公論美術出版 2014
Durand, Marc デュラン, M.
[著]「体育教師のための心理学」 大修館書店 2006
Durand, Rodolphe デュラン, ロドルフ
[著]「海賊と資本主義」 阪急コミュニケーションズ 2014
Durano, Joseph ドゥラノ, ジョゼフ
[国]フィリピン 観光相
Durano, Joseph Ace ドゥラノ, ジョゼフ・エース
[国]フィリピン 観光相 [異]ドゥラノ, ジョセル・エース
Durant, Alan デュラント, アラン
[著]「メリー・クリスマス! サンタさん」 主婦の友社 2009
Durant, David N. デュラント, デイヴィッド・N.
[著]「ハードウィック館のベス」 松柏社 2004
Durant, Isabelle ドゥラン, イザベル
[国]ベルギー 副首相兼運輸相
Durant, Justin デュラント, ジャスティン
[国]アメリカ アメフト選手
Durant, Kevin デュラント, ケビン
1988～ [国]アメリカ バスケットボール選手
Durant, Sam デュラン, サム
1961～ [著]「ブラック・パンサー」 ブルース・インターアクションズ 2008
Durant, Stuart デュラント, スチュアート
[著]「イングリッシュ・ガーデン」 求竜堂 2014
Durante, Viviana デュランテ, ヴィヴィアナ
1967～ [国]イタリア バレリーナ 英国ロイヤル・バレエ団プリンシパル 本名=Durante, Viviana Paola [異]デュランテ, ビビアナ
Durber, Matt ダーバー, マット
[著]「はたらくおおきなくるま」 大日本絵画 2012
Durbiano, Lucie デュルビアーノ, リュシー
[異]デュルビアーノ, ルーシー [著]「ルルちゃんのペットとおわかれ」 ジャパンマシニスト社 2014
Durbin, Deanna ダービン, ディアナ
1921～2013 [国]アメリカ 女優, 歌手 本名=ダービン, エドナ・メイ〈Durbin, Edna Mae〉
Durbin, James ダービン, J.
1923～ [著]「状態空間モデリングによる時系列分析入門」 シーエーピー出版 2004
Durbin, Richard ダービン, R.
[著]「バイオインフォマティクス」 医学出版 2001
Durcal, Rocio ドゥルカル, ロシオ
1945～2006 [国]スペイン 歌手, 女優 [異]デュルカル, ロシオ
Durce, Maguy ドュルセ, マギー
[国]ハイチ共和国 通産相
Durden, Kenneth ダーデン, ケネス
[国]アメリカ アメフト選手
Durdylyyev, Samuhammed ドゥルディルイエフ, シャムハメト
[国]トルクメニスタン 官房長 [異]ドゥルドイルイエフ, シャムハメト
Durdynets, Vasyl ドゥルディネツ, ワシル
[国]ウクライナ 非常事態相
Duret, Paul デュレ, ポール
[国]ハイチ共和国 計画・対外協力相
Durfee, Michael ダーフィー, マイケル
[著]「児童虐待とネグレクト対応ハンドブック」 明石書店 2012
Durga Bai デュンガ・バイ
[著]「1・2・3インドのかずのえほん」 アートン 2005
Durgin, Doranna ダージン, ドラナ
[著]「さまよえる女神たち」 ハーレクイン 2007
Durham, Laura ダラム, ローラ
[国]アメリカ 作家
Durham, Leon デューラム, レオン
[国]アメリカ デトロイト・タイガースコーチ
Durham, Michael Schelling ダラム, マイケル・S.
1935～ [著]「ニューヨーク」 日経ナショナルジオグラフィック社, 日経BP出版センター (発売) 2002
Düriegl, Günter デュリーゲル, ギュンター
[著]「19世紀ウィーンへの旅」 名古屋市博物館 2003
Duriez, Colin ドゥーリエ, コリン
[著]「トールキンとC.S.ルイス友情物語」 柊風舎 2011
During, Elie デューリング, エリー

D

1972～ [国]フランス 哲学者 パリ第10大学准教授
During, Lloyd デュアリング, ロイド
[国]シエラレオネ エネルギー・電力相
Durkin, James F. ダーキン, ジェームズ・F.
[著]「データ/音声統合ネットワーク技術プロトコル概説」 ソフトバンクパブリッシング 2004
Durkovic, Bojan ドゥルコビッチ
[国]クロアチア 射撃選手
Durlesteanu, Mariana ドゥルレシチャヌ, マリアナ
[国]モルドバ 財務相
Durm, Erik ドゥルム, エリック
[国]ドイツ サッカー選手
Durmisi, Riza ドゥルミシ, リザ
[国]デンマーク サッカー選手

Durmus, Osman ドルムシュ, オスマン
[国]トルコ 保健相
Durning, Charles ダーニング, チャールズ
1923～2012 [国]アメリカ 俳優
Durning, Steven J. ダーニング, スティーブン・J.
[著]「診断推論のバックステージ」 メディカル・サイエンス・インターナショナル 2016
Duro, Anastas ドゥロ, アナスタス
[国]アルバニア 労働・社会問題相
Durov, Sergei Fedorovich ズーロフ, セルゲイ・フョードロビッチ
[異]ヅーロフ, セルゲイ・フョードロビッチ [著]「訳詩集 平和の天使」 文芸社 2002
Durphy, Michael ダーフィ, マイケル
[著]「脱暴力のプログラム」 青木書店 2003
Dürr, Hans-Peter デュル, ハンス・ペーター
1929～2014 [国]ドイツ 物理学者 マックス・プランク物理学研究所名誉教授, ミュンヘン大学名誉教授 [専]核物理学, 素粒子工学, 素粒子重力学ほか 本名=Dürr, Hans-Peter Emil
Dürr, Walther デュル, ヴァルター
[著]「声楽曲の作曲原理」 音楽之友社 2009
Durran, Jacqueline デュラン, ジャクリーン
アカデミー賞 衣装デザイン賞(第85回(2012年)) "Anna Karenina"
Durrani, Akram Khan ドゥラニ, アクラム・カーン
[国]パキスタン 住宅・公共事業相 [異]ドゥラーニ, アクラム・カーン
Durrani, Muhammado Ali ドゥラニ, ムハンマド・アリ
[国]パキスタン 情報相
Durrani, Nasir Ahmad ドゥラニ, ナシル・アフマド
[国]アフガニスタン 地方開発相
Durrant, Joan E. デュラント, ジョーン・E.
[著]「ポジティブ・ディシプリンのすすめ」 明石書店 2009
Durrant, S.E. デュラント, S.E.
[著]「青空のかけら」 鈴木出版 2016
Durrett, Richard デュレット, リック
1951～ [異]デュレット, R. [著]「ランダムグラフダイナミクス」 産業図書 2011
Durschmied, Erik ドゥルシュミート, エリック
1930～ [著]「ウェザー・ファクター」 東京書籍 2002
Durual, Christophe デュリュアル, クリストフ
1968～ [著]「湖の騎士ランスロット」 小峰書店 2013
Duru-Bellat, Marie ドュリュ=ベラ, マリー
[著]「フランスの学歴インフレと格差社会」 明石書店 2007
Durunda, Marina ドルンダ, マリナ
[国]アゼルバイジャン 新体操選手
Durusau, Patrick ドゥルソー, パトリック
[著]「人文学と電子編集」 慶応義塾大学出版会 2011
Durutalo, Andrew ドゥルタロ, アンドリュー
[国]アメリカ ラグビー選手
Duşa, Mircea ドゥシャ, ミルチャ
[国]ルーマニア 国防相
Dusapin, Pascal デュサパン, パスカル
1955～ [著]「作曲のパラドックス」 パンオフィス 2008
Dusautoir, Thierry デュサトワール, ティエリ
[国]フランス ラグビー選手
Du Sautoy, Marcus デュ・ソートイ, マーカス
1965～ [国]イギリス 数学者 オックスフォード大学数学研究所教授 [専]素数 本名=Du Sautoy, Marcus Peter Francis
Dusava, Gabriel John Klero ドゥサバ, ガブリエル・ジョン・クレロ
[国]パプアニューギニア 駐日特命全権大使
Dusenbery, Susan M. デューゼンベリー, スーザン・M.
[著]「ワシントン小児科マニュアル」 メディカル・サイエンス・インターナショナル 2011
Dusev-Janics, Natasa ドゥチェブヤニクシュ
[国]ハンガリー カヌー選手
Dushebayev, Keneshbek ドゥシェバエフ, ケネシベク
[国]キルギス 国家保安庁長官
Dushimiyimana, Abel ドゥシミイマナ, アベル
[国]ルワンダ 保健相
Dushkes, Laura S. ダシュクス, ローラ・S.
1960～ [著]「the ARCHITECT says」 ビー・エヌ・エヌ新社 2013
Dusi, Detlev ドゥジ, デートレフ
1961～ [著]「怒りのコントロール」 ブレーン出版 2004
Dusik, Jiri デューシック, イァリー
[著]「効果的なSEAと事例分析」 環境省 2003
Dusíková, Maja ドゥシコウワ, マヤ
[異]デュシコーヴァ, マーヤ [著]「クリスマスのちいさなかね」 女子パウロ会 2015
Dusk, Matt ダスク, マット
1978～ [国]カナダ ジャズ歌手
Dusmatov, Hasanboy ドゥスマトフ, ハッサンボーイ
[国]ウズベキスタン ボクシング選手
Dussenne, Noe デュセンヌ, ノエ
[国]ベルギー サッカー選手
Dussey, Robert ドゥセ, ロベール
[国]トーゴ 外務・協力・アフリカ統合相
Dustin, Elfriede ダスティン, エルフリード
[著]「ソフトウェアテストを改善する50の実践手法」 日経BP社, 日経BP出版センター(発売) 2008
Dustmurotov, Sardorbek ドゥスムロトフ, サルドルベク
[国]ウズベキスタン 重量挙げ選手
Dusty, Slim ダスティー, スリム
1927～2003 [国]オーストラリア カントリー歌手 本名=カークパトリック, デービッド・ゴードン〈Kirkpatrick, David Gordon〉
Dutcher, Jamie ダッチャー, ジェイミー
[著]「オオカミたちの隠された生活」 エクスナレッジ 2014
Dutcher, Jim ダッチャー, ジム
1943～ [著]「オオカミたちの隠された生活」 エクスナレッジ 2014
Dutch Savage ダッチ・サベージ
1935～2013 [国]アメリカ プロレスラー 本名=Stewart, Frank Lionel
Duterte, Rodrigo ドゥテルテ, ロドリゴ
[国]フィリピン 大統領
Duteurtre, Benoît デュトゥルトル, ブノワ
1960～ [異]デュトゥールトゥル, ブノワ [著]「フランス紀行」 早川書房 2014
Dutfield, Graham ダットフィールド, グラハム
[著]「遺伝子操作時代の権利と自由」 緑風出版 2012
Duthie, Torquil ダシー, トークィル
[著]「越境する日本文学研究」 勉誠出版 2009
Duthu, François デュトゥ, フランソワ
[著]「王のパティシエ」 白水社 2010
Dutilleux, Henri デュティユー, アンリ
1916～2013 [国]フランス 作曲家 パリ音楽院教授 [異]デュティユー, H.
Dutka, Jacques ダトカ, ジャック
[著]「数学を語ろう！」 シュプリンガー・フェアラーク東京 2003
Dutkina, Galina ドゥートキナ, ガリーナ
1952～ [著]「転換期の肖像」 東洋書店 2001
Dutoit, Charles E. デュトワ, シャルル
1936～ [国]スイス 指揮者 ロンドン・フィルハーモニー管弦楽団音楽監督・首席指揮者, NHK交響楽団名誉音楽監督 フランス国立管弦楽団音楽監督・指揮者, モントリオール交響楽団音楽監督 [異]デュトア
Du Toit, Natalie デュトワ, ナタリー
1984～ [国]南アフリカ 元水泳選手 [異]デュトイト, ナタリー
Du Toit, Pieter-Steph デュトイ, ピーター=ステフ
[国]南アフリカ ラグビー選手
Dutra, Olívio ドゥトラ, オリビオ
[国]ブラジル 都市相
Dutrail, Renaud デュトレイユ, ルノー
[国]フランス 中小企業・小売店・職人・自由業相 [異]デュトルイユ, ルノー
Dutt, Sunil ダット, スニル
[国]インド 青年問題・スポーツ相
Dutt, Yogeshwar ドゥット, ヨゲシュワル

[国]インド　レスリング選手　[異]ドット
Düttmann, Alexander García　デュットマン, アレクサンダー・ガルシア
1961～　哲学者　ロンドン大学ゴールドスミス校教授　[専]西欧現代思想
Dutto, Giovanni　デュットー, ジョヴァンニ
[著]「レクチオ・ディヴィナ」 夢窓庵　2009
Dutton, Garrett　ダットン, ギャレット
1972～　[国]アメリカ　ミュージシャン　通称＝Gラブ〈G.Love〉
Dutton, Janis　ダットン, ジャニス
[著]「学習する学校」 英治出版　2014
Dutton, Judy　ダットン, ジュディ
[著]「理系の子」 文芸春秋　2014
Dutton, June　ダットン, ジューン
[著]「スヌーピーのおべんとう絵本」 復刊ドットコム　2014
Dutton, Kevin　ダットン, ケヴィン
1967～　[著]「サイコパスに学ぶ成功法則」 竹書房　2016
Dutton, Mary Ann　ドゥットン, マリー・アン
[著]「パートナー暴力」 北大路書房　2011
Dutton, Peter　ダットン, ピーター
[国]オーストラリア　移民・国境警備相
Dutton, Phillip　ダットン, フィリップ
[国]アメリカ　馬術選手
Dutton, William H.　ダットン, ウィリアム・H.
1947～　[著]「オンライン社会の情報政治学」 東海大学出版会　2002
Duus, Peter　ドウス, ピーター
1933～　[国]アメリカ　スタンフォード大学名誉教授, 元・スタンフォード大学ウィリアム・H・ボンソール歴史学教授　[専]近代日本史　[異]デゥース, P. / ドゥウス, ピーター
Duval, Charles Gaëtan Xavier-Luc　デュバル, シャルル・ガエタン・グザビエリュック
[国]モーリシャス　副首相兼観光・対外コミュニケーション相　[異]デュバル, シャルル・ガエタン・グザビエ・リュック
Duval, David　デュバル, デービッド
1971～　[国]アメリカ　プロゴルファー　[異]デュバル, デビッド / デュヴァル, デービッド
Duval, Loïc　デュヴァル, ロイック
1982～　[国]フランス　レーシングドライバー　[異]デュバル, ロイック
Duval, Michelle　デュヴァル, ミシェル
[著]「メタ・コーチング」 ヴォイス　2010
Duval, Thomas　デュヴァル, トマ
[著]「ル・クルーゼでつくる基本のフランスビストロ料理」 地球丸　2006
Duvalier, Jean-Claude　デュバリエ, ジャン・クロード
1951～2014　[国]ハイチ共和国　政治家　ハイチ大統領　通称＝ベイビー・ドク〈Baby Doc〉　[異]デュヴァリエ, ジャン・クロード
Duvall, Adam　デュバル, アダム
[国]アメリカ　野球選手
Duvall, Daniel　デュヴァル, ダニエル
1944～2013　[国]フランス　俳優, 映画監督
Duvall, Paul M.　デュバル, ポール・M.
[著]「継続的インテグレーション入門」 日経BP社, 日経BP出版センター (発売)　2009
Duvall, Robert　デュバル, ロバート
1931～　[国]アメリカ　俳優, 映画監督　本名＝Duvall, Robert Selden　[異]デュボール, ロバート / デュヴァル, ロバート / デュヴォール, ロバート
Duvall, Sylvanus Milne　デューバル, S.
1900～　[著]「対人関係の技術」 創元社　2008
Duvarnay-taidif, Laurent　デュバニー・ターディフ, ローレント
[国]アメリカ　アメフト選手
Duve, Thierry de　デューヴ, ティエリー・ド
1944～　[著]「ジェフ・ウォール」 ファイドン　2006
Duverger, Maurice　デュヴェルジェ, モーリス
1917～2014　[国]フランス　政治学者　パリ第1大学名誉教授　[専]憲法　[異]デュベルジェ, モーリス
Duverney, Daniel　ドゥヴェルネ, ダニエル
[著]「数論」 森北出版　2006
Duvillard, Robin　デュビラール
[国]フランス　クロスカントリースキー選手
al-**Duwaihi al-Duwaihi, Shuwaish**　ドワイフィ・ドワイフィ, シュワイシュ
[国]サウジアラビア　住宅相
al-**Duwaila, Bader Fahad Ali**　ドウェイラ, バドル・ファハド・アリ
[国]クウェート　社会問題・労働相
Duxbury, Joy　ダクスベリー, ジョイ
[著]「難しい患者さんとのコミュニケーション・スキル」 金芳堂　2003
Duxfield, Stephen　ダックスフィールド, スティーブン
[国]ニュージーランド　オークランド・ニュージーランド日本協会会長
D'Vari, Marisa　デュバリ, マリサ
[著]「書きたい！ 書けない！ なぜだろう？」 ストーリーアーツ&サイエンス研究所, 愛育社 (発売)　2002
Dvorak, Filip　ドボジャーク, フィリップ
[国]チェコ　カヌー選手
Dvořák, Marta　ドヴォルザーク, マルタ
[著]「ケンブリッジ版カナダ文学史」 彩流社　2016
Dvorkovich, Arkady Vladimirovich　ドヴォルコヴィッチ, アルカジー
1972～　[国]ロシア　政治家　副首相　[異]ドゥボルコビッチ, アルカジー・V. / ドボルコビッチ
Dvorovenko, Irina　ドヴォロヴェンコ, イリーナ
1973～　バレリーナ　アメリカン・バレエ・シアター (ABT) プリンシパル　[異]ドボロベンコ, イリーナ
Dweck, Carol S.　ドゥエック, キャロル・S.
1946～　[著]「マインドセット」 草思社　2016
Dweihi, Haitham　ドウェイヒ, ハイタム
[国]シリア　大統領担当相
Dwima-bakana, Fulgence　ディマバカナ, フルジャンス
[国]ブルンジ　公安相
Dworkin, Andrea　ドウォーキン, アンドレア
1946～2005　[国]アメリカ　フェミニスト哲学者, 作家, 女権拡張活動家
Dworkin, Ronald Myles　ドゥオーキン, ロナルド
1931～2013　[国]アメリカ　法哲学者, 政治哲学者　オックスフォード大学名誉教授　[異]ドゥウォーキン, ロナルド / ドウォーキン, ロナルド
Dworkin, Susan　ドゥオーキン, スーザン
作家, 脚本家　[異]ドウォーキン, スーザン
Dworsky, Alan L.　ドゥオルスキー, アラン・L.
[著]「法律文献の簡易引用法」 三浦書店　2001
Dwoskin, Hale　ドゥオスキン, ヘイル
[著]「人生を変える一番シンプルな方法」 主婦の友社　2014
Dwyer, Conor　ドワイヤー, コナー
1989～　[国]アメリカ　水泳選手　[異]ドワイヤー
Dwyer, Jim　ドワイヤー, ジム
1957～　[著]「無実を探せ！ イノセンス・プロジェクト」 現代人文社, 大学図書 (発売)　2009
Dwyer, Judith　ドワイヤー, ジューディス
[著]「ビジネスコミュニケーションハンドブック」 社会経済生産性本部生産性労働情報センター　2007
Dyachenko, Alexander　ディヤチェンコ, アレクサンドル
1990～　[国]ロシア　カヌー選手　[異]ジーチェンコ, アレクサンドル / ジヤチェンコ, アレクサンドル / ディアチェンコ, アレクサンダー
Dyachenko, Ekaterina　ディヤチェンコ, エカテリーナ
[国]ロシア　フェンシング選手
D'yakonov, I gor'Mikhailovich　デイヤコノフ, I.M.
[著]「アイハヌム」 東海大学出版会　2009
Dyatchin, Vladimir　ディヤチン
[国]ロシア　競泳選手
Dybala, Paulo　ディバラ, パウロ
[国]アルゼンチン　サッカー選手
Dybek, Nick　ダイベック, ニック
[国]アメリカ　作家　[専]文学
Dybek, Stuart　ダイベック, スチュアート
1942～　[国]アメリカ　作家, 詩人　ウェスタン・ミシガン大学教授
Dyche, Sean　ダイチェ, ショーン
[国]イングランド　バーンリー監督
Dychko, Ivan　ディチコ, イワン
[国]カザフスタン　ボクシング選手　[異]ディチコ
Dychtwald, Maddy　ダイトワルド, マディ
1952～　[著]「スパイラルライフ」 光文社　2005
Dyck, Bevery　ダイク, ベバリー
[著]「エキスパートナースとの対話」 照林社　2004
Dye, Dan　ダイ, ダン
[著]「体にいいわんこのごはん」 講談社　2004
Dye, Donteea　ダイ, ドンティーア

D

Dyens, Dominique　ディアンス, ドミニク
　㊟「プティ・べーゼ」早川書房　2003
Dyer, Alan　ダイヤー, アラン
　1953〜　㊟「宇宙」昭文社　2008
Dyer, Chris　ダイアー, クリス
　㊟「Hadoop MapReduceデザインパターン」オライリー・ジャパン, オーム社（発売）　2011
Dyer, Christopher L.　ダイヤー, クリストファー・L.
　㊟「災害の人類学」明石書店　2006
Dyer, Davis　ダイヤー, デーヴィス
　㊟ダイヤー, ディヴィス　㊟「P&Gウェイ」東洋経済新報社　2013
Dyer, Geoff　ダイヤー, ジェフ
　1958〜　㊟イギリス　作家
Dyer, Gwynne　ダイヤー, グウィン
　㊟「地球温暖化戦争」新潮社　2009
Dyer, Hadley　ダイアー, ハドリー
　㊟カナダ　作家, 編集者　㊟ヤングアダルト
Dyer, Heather　ダイヤー, ヘザー
　1970〜　㊟イギリス　作家　㊟児童書　㊟ダイアー, ヘザー
Dyer, Henry　ダイヤー, ヘンリー
　㊟ドミニカ共和国　法務・移民・労働相
Dyer, Jane　ダイヤー, ジェーン
　㊟「かわいいかわいいわたしのぼうや」岩崎書店　2002
Dyer, Jeffrey M.　ダイアー, ジェフリー
　㊟「成功するイノベーションは何が違うのか？」翔泳社　2015
Dyer, Kathleen　ダイヤー, キャスリーン
　1951〜　㊟「実際に使えるコミュニケーション・スキルの指導」学苑社　2004
Dyer, Lois Faye　ダイアー, ロイス・フェイ
　㊟「初めての誘惑」ハーレクイン　2006
Dyer, Marcelene　ダイアー, マーセリン
　㊟「眠りながら奇跡を起こす少女」三笠書房　2003
Dyer, Nathan　ダイアー, ネイサン
　㊟イングランド　サッカー選手
Dyer, Richard　ダイアー, リチャード
　1945〜　㊟「映画スターの〈リアリティ〉」青弓社　2006
Dyer, Russell J.T.　ダイアー, ラッセル・J.T.
　㊟「MySQLクイックリファレンス」オライリー・ジャパン, オーム社（発売）　2005
Dyer, Sarah　ダイヤー, サラ
　1978〜　㊟ダイアー, サラ　㊟「もしゃもしゃあたまのおんなのこ」小学館　2009
Dyer, Serena J.　ダイアー, セリーナ・J.
　㊟「「自分のための人生」に目覚めて生きるDVDブック」ダイヤモンド社　2016
Dyer, Wayne W.　ダイアー, ウエイン・W.
　1940〜2015　㊟「準備が整った人に, 奇跡はやってくる」三笠書房　2016
Dyhr, Pia　デュア, ピア
　㊟デンマーク　貿易・投資相
Dyjas, Jakub　ディヤス, ヤクブ
　㊟ポーランド　卓球選手
Dyk, Walter　ダイク, ウォルター
　㊟「オールド・マン・ハットの息子」新思索社　2006
Dyke, Greg　ダイク, グレッグ
　1947〜　㊟イギリス　放送人　イングランド・サッカー協会会長　BBC社長　本名＝Dyke, Gregory
Dykstra, John　ダイクストラ, ジョン
　アカデミー賞 特殊効果賞（第77回（2004年））　"Spider-Man 2"
Dylan, Bob　ディラン, ボブ
　1941〜　㊟アメリカ　シンガー・ソングライター　本名＝ツィマーマン, ロバート・アレン〈Zimmerman, Robert Allen〉
Dym, Barry　ディム, バリー
　㊟「エグゼクティブ・コーチング」日本能率協会マネジメントセンター　2005
Dymski, Gary　ディムスキ, ゲーリー
　㊟ディムスキー, ゲーリー　㊟「アメリカ金融システムの転換」日本経済評論社　2005
Dynkin, Lev　ディンキン, レヴ
　1957〜　㊟「債券ポートフォリオの計量分析」東洋経済新報社　2010
Dyrason, Orri　レイソン, オーリー
　㊟アイスランド　ミュージシャン
Dysart, Joshua　ダイサート, ジョシュア
　㊟「ヘルボーイ：捻じくれた男」ヴィレッジブックス　2015
Dysart, Richard　ダイサート, リチャード
　1929〜2015　㊟アメリカ　俳優
Dysert, Zac　ダイサート, ザック
　㊟アメリカ　アメフト選手
Dyson, Freeman J.　ダイソン, フリーマン
　1923〜　㊟「叛逆としての科学」みすず書房　2008
Dyson, George　ダイソン, ジョージ
　1953〜　㊟「チューリングの大聖堂」早川書房　2013
Dyson, James　ダイソン, ジェームズ
　1947〜　㊟イギリス　デザイナー　ダイソン創業者・会長・最高技術責任者
Dyson, Jarrod　ダイソン, ジャロッド
　㊟アメリカ　野球選手
Dyson, Michael Eric　ダイソン, マイケル・エリック
　1958〜　㊟「プライド」築地書館　2011
Dyson, Ruth　ダイソン, ルース
　㊟ニュージーランド　労働相兼事故補償公社担当相兼高齢者相
Dyson, Sam　ダイソン, サム
　㊟アメリカ　野球選手
Dyudya, Volodymyr　デュドヤ
　㊟ウクライナ　自転車選手
Dzaferi, Valdet　ジャフェリ, バルデト
　㊟マケドニア　法相
Dzagoev, Alan　ザゴエフ, アラン
　㊟ロシア　サッカー選手
Dzeinichenka, Tsimafei　ジェニチェンカ, チマフェ
　㊟ベラルーシ　レスリング選手　㊟ジェイニチェンカ
Džeko, Edin　ジェコ, エディン
　1986〜　㊟ボスニア・ヘルツェゴビナ　サッカー選手　㊟ゼコ, エディン
Dzemaili, Blerim　ジェマイリ, ブレリム
　㊟スイス　サッカー選手
Dzhaksybekov, Adilbek　ジャクスイベコフ, アディリベク
　㊟カザフスタン　国防相　㊟ジャクスイベコフ, アディルベク
Dzhaparov, Akylbek　ジャパロフ, アクイルベク
　㊟キルギス　経済発展貿易相
Dzharty, Vasyl　ジャルティ, ワシリ
　㊟ウクライナ　環境相
Dzhekshenkulov, Alikbek　ジェクシェンクロフ, アリクベク
　㊟キルギス　外相
Dzhemilev, Mustafa　ジェミレフ, ムスタファ
　1943〜　㊟ウクライナ　民族運動指導者, 政治家　ウクライナ最高会議代議員　本名＝Dzhemilev, Mustafa Abdul-Dzhemil
Dzhienbekov, Sadriddin　ジエンベコフ, サドリディン
　㊟キルギス　通産相
Dzhugashvili, Galina　ジュガシヴィリ, ガリーナ
　？〜2007　㊟ロシア　作家　㊟ジュガシビリ, ガリーナ
Dzhurayev, Turobzhon　ジュラエフ, トゥロブジョン
　㊟ウズベキスタン　国民教育相
Dzhyma, Juliya　ジマ, ユリア
　1990〜　㊟ウクライナ　バイアスロン選手　本名＝Dzhyma, Juliya Valentynivna　㊟ジマ
Dziechciaruk-Maj, Bogna Barbara　ジェフチャルク＝マイ, ボグナ・バルバラ
　㊟ポーランド　日本美術・技術博物館館長
Dzingai, Brian　ジンガイ
　㊟ジンバブエ　陸上選手
Dzinotyiwei, Heneri　ジノティウェイ, ヘネリー
　㊟ジンバブエ　科学技術相
Dziub, Ivan　ジューブ, イワン
　1934〜　㊟ウクライナ　物理学者, 翻訳家, 日本文学研究家　ソ連科学アカデミー理論物理学研究所上級研究員　㊟半導体物理学, 日本近現代文学
Dzon, Mathias　ドゥゾン, マティアス
　㊟コンゴ共和国　経済財政相
Dzoro, Morris　ドゾロ, モーリス
　㊟ケニア　観光相
Dzubnar, Nick　ザブナー, ニック
　㊟アメリカ　アメフト選手
Dzumhur, Damir　ジュムール, ダミル
　㊟ボスニア・ヘルツェゴビナ　テニス選手
Dzurinda, Mikuláš　ズリンダ, ミクラーシュ
　㊟スロバキア　外相　㊟ジュリンダ, ミクラシュ
Dzyub, Ivan　ジューブ, イワン
　㊟ウクライナ　元・ウクライナ科学アカデミー理論物理学研究所

上級研究員, 元・在日ウクライナ大使館科学技術担当参事官

【E】

Eades, Keith M. イーズ, キース・M.
㊞「ニュー・ソリューション・セリング」コンピュータ・エージ社 2005
Eadie, Jo イーディー, ジョー
㊞「セクシュアリティ基本用語事典」明石書店 2006
Eagan, Ed イーガン, エド
㊇アメリカ アメフト選手
Eager, Allen イーガー, アレン
1927〜2003 ㊇アメリカ ジャズサックス奏者
Eagle, Alan イーグル, アラン
㊞「How Google Works」日本経済新聞出版社 2014
Eagle, Jake イーグル, ジェイク
㊞「成長を助ける21の鍵」チーム医療 2008
Eagle, Nathan イーグル, ネイサン
1976〜 ㊞「みんなのビッグデータ」NTT出版 2015
Eagleburger, Lawrence Sidney イーグルバーガー, ローレンス
1930〜2011 ㊇アメリカ 外交専門家 米国国務長官
Eagleman, David イーグルマン, デイヴィッド
㊞「あなたの知らない脳」早川書房 2016
Eagleman, David M. イーグルマン, デイヴィッド・M.
㊞「脳神経学者の語る40の死後のものがたり」筑摩書房 2010
Eagles, Paul F.J. イーグルズ, ポール・F.J.
1949〜 ㊞「自然保護とサステイナブル・ツーリズム」平凡社 2005
Eaglesham, Dale イーグルシャム, デール
㊞「スパイダーマン：アメリカン・サン」小学館集英社プロダクション 2013
Eaglestone, Robert イーグルストン, ロバート
1968〜 ㊞「ホロコーストとポストモダン」みすず書房 2013
Eagleton, Terry イーグルトン, テリー
1943〜 ㊇イギリス 文芸批評家, 思想家, 英文学者 ランカスター大学特任教授 オックスフォード大学教授 本名＝Eagleton, Terence Francis
Eagleton, Thomas Francis イーグルトン, トーマス
1929〜2007 ㊇アメリカ 政治家 米国上院議員（民主党）㊋イーグルトン, トマス
Eales-White, Rupert イールズ＝ホワイト, ルパート
㊞「コーチングのプロが使っている質問力ノート」ディスカヴァー・トゥエンティワン 2004
Ealy, Kony イーリー, コニー
㊇アメリカ アメフト選手
Eames, Anne イームズ, アン
㊞「ダーリンに夢中」ハーレクイン 2001
Earey, Mark イーリー, マーク
㊞「学び直すリタジー」聖公会出版 2015
Eargle, John アーグル, ジョン・M.
㊞「ハンドブック・オブ・レコーディング・エンジニアリング」ステレオサウンド 2001
Earhart, Kristin イアハート, クリスティン
㊞「サバイバル・レース」KADOKAWA 2016
Earith, Simon アーリス, サイモン
グラミー賞 最優秀ボックス, 特別限定版パッケージ（2013年（第56回））"Wings Over America（Deluxe Edition）"アート・ディレクター
Earl, Robert アール, ロバート
㊞「食品・栄養・食事療法事典」産調出版, 産業調査会（発売）2006
Earle, Jonathan Halperin アール, ジョナサン
㊞「地図でみるアフリカ系アメリカ人の歴史」明石書店 2011
Earle, Martyn J. アール, M.J.
㊞「グリーンケミストリー」化学同人 2001
Earle, Rebecca アール, R.
㊞「南アメリカ大陸歴史地図」東洋書林 2001
Earle, Roger W. アール, R.W.
1967〜 ㊞「ストレングストレーニング＆コンディショニング」ブックハウス・エイチディ 2002
Earle, Steve アール, スティーヴ
グラミー賞 最優秀コンテンポラリー・フォーク・アルバム（2009年（第52回））ほか ㊋アール, スティーブ

Earle, Sylvia A. アール, シルビア
1935〜 ㊇アメリカ 海洋生物学者, 海洋探検家 ㊋アール, シルヴィア
Earley, Dave アーリー, デイブ
1959〜 ㊞「最も祝福された21人の祈り」福音社 2009
Earley, P.Christopher アーリー, P.クリストファー
㊞「EQを鍛える」ダイヤモンド社 2005
Earls, Keith アールズ, キース
㊇アイルランド ラグビー選手
Earnest, Peter アーネスト, ピーター
㊞「最強スパイの仕事術」ディスカヴァー・トゥエンティワン 2012
Earnhardt, Dale アーンハート, デール
1951〜2001 ㊇アメリカ レーシングドライバー
Earnhart, Philip アーンハート, フィリップ
1965〜 ㊞「人生を決断できるフレームワーク思考法」講談社 2016
Earns, Lane R. アーンズ, レイン
㊞「長崎居留地の西洋人」長崎文献社 2002
Earnshaw, Christopher アーンショー, クリストファー
㊞「聖なる"黙示録"タロットカード」BABジャパン 2010
Easley, David イースリー, デイビッド
㊞「ネットワーク・大衆・マーケット」共立出版 2013
Easley, Dominique イーズリー, ドミニク
㊇アメリカ アメフト選手
Easley, Marcus イーズリー, マーカス
㊇アメリカ アメフト選手
East, Andrew イースト, アンドリュー
㊇アメリカ アメフト選手
East, Marjorie イースト, マージョリー
㊞「家政学再考」近代文芸社 2002
East, Michael イースト
㊇イギリス 陸上選手
Eastaway, Robert イースタウェイ, ロブ
㊞「わくわくする数学」ソフトバンククリエイティブ 2009
Eastcott, John イーストコット, ジョン
1952〜 ㊞「ペンギン」ほるぷ出版 2011
Easter, Wayne イースター, ウェイン
㊇カナダ 警察長官
Easterby-Smith, Mark イースターバイ＝スミス, M.
㊞「マネジメント・リサーチの方法」白桃書房 2009
Easterling, Ed イースタリング, エド
1959〜 ㊞「わが子と考えるオンリーワン投資法」パンローリング 2006
Easterly, William Russell イースタリー, ウィリアム
1957〜 ㊞「傲慢な援助」東洋経済新報社 2009
Eastham, John H. イースタム, J.K.
㊞「アメリカのDI」大滝武雄 2002
Eastman イーストマン
ローレンス・オリヴィエ賞 ダンス 作品賞（2014年（第38回））"Puz/zle"
Eastman, Ben イーストマン, ベン
1911〜2002 ㊇アメリカ 陸上選手
Eastman, Brian イーストマン, ブライアン
1949〜 ㊞「ローズマリー＆タイム」講談社 2008
Eastman, Kevin イーストマン, ケビン
㊞「ミュータントタートルズ」小学館集英社プロダクション 2016
Eastmond, Lynette イーストモンド, リネット
㊇バルバドス 商業・消費者問題・開発相
Eastmond, Rawle イーストモンド, ロール
㊇バルバドス 労働・社会保障相
Eastoe, Madeleine イーストー, マドレーヌ
㊇オーストラリア バレリーナ オーストラリア・バレエ団プリンシパル
Easton, David イーストン, デービッド
1917〜2014 ㊇アメリカ 政治学者 シカゴ大学名誉教授, 米国政治学会会長 ㊞政治体系分析 ㊋イーストン, デイビッド
Easton, K. イーストン, K.
㊞「味とにおい」フレグランスジャーナル社 2002
Easton, Nick イーストン, ニック
㊇アメリカ アメフト選手
Easton, Roger イーストン, ロジャー
1921〜2014 ㊇アメリカ 科学者, 発明家 本名＝Easton, Roger Lee（Sr.）
Eastwood, Clint イーストウッド, クリント
1930〜 ㊇アメリカ 俳優, 映画監督, 映画プロデューサー 本

名＝Eastwood, Clinton Jr.
Eastwood, Kyle　イーストウッド, カイル
　1968〜　⑬アメリカ　ジャズ・ベース奏者
Easwaran, Eknath　イーシュワラン, エクナット
　1911〜　㊛「スローライフでいこう」早川書房　2001
Eathipol Srisawaluck　エアシポール・スリサワラック
　㊛「アジア太平洋諸国の収用と補償」成文堂　2006
Eaton, Adam　イートン, アダム
　⑬アメリカ　野球選手
Eaton, Ashton　イートン, アシュトン
　1988〜　⑬アメリカ　十種競技選手
Eaton, C.B.　イートン, C.B.
　㊛「最新スポーツ医学ハンドブック」ナップ　2001
Eaton, Cliff van　イートン, クリフ・ヴァン
　㊛「ハチミツと代替医療」フレグランスジャーナル社　2002
Eaton, Jan　イートン, ジャン
　㊛「英国刺繡バイブルステッチ408」マリア書房　2008
Eaton, Jason Carter　イートン, ジェイソン・カーター
　⑬アメリカ　作家　㊚児童書, ユーモア
Eaton, Katherine Bliss　イートン, キャサリン・ブリス
　㊛「メイエルホリドとブレヒトの演劇」玉川大学出版部　2016
Eaton, Michael A.　イートン, マイケル・A.
　1942〜　㊛「伝道者の書」いのちのことば社　2004
Eaton, Nanette J.　イートン, ナネット
　㊛「Microsoft Office Visio 2003オフィシャルマニュアル」日経BPソフトプレス, 日経BP出版センター（発売）　2005
Eatwell, John　イートウェル, ジョン
　㊛「金融グローバル化の危機」岩波書店　2001
Eaves, Edward　イーブス, エドワード
　㊛「ゆめみるきょうりゅう」大日本絵画　2011
Eaves, Morris　イーヴズ, モリス
　㊛「人文学と電子編集」慶応義塾大学出版会　2011
Ebadi, Shirin　エバディ, シリン
　1947〜　⑬イラン　人権活動家, 弁護士
Eban, Abba　エバン, アバ
　1915〜2002　⑬イスラエル　政治家, 外交官　イスラエル外相, イスラエル・ワイズマン科学研究所長　幼名＝ソロモン, オーブリー〈Solomon, Aubrey〉　㊚エバン, アッバ
al-E'ban, Musa'ed bin Muhammad　エイバン, ムサエド・ビン・ムハンマド
　⑬サウジアラビア　国務相
Ebb, Fred　エップ, フレッド
　1928〜2004　⑬アメリカ　ミュージカル作詞家　㊚エブ, フレッド　㊛「シカゴ」角川書店　2003
Ebbinghaus, Heinz-Dieter　エビングハウス, H.-D.
　1939〜　㊛「数」シュプリンガー・フェアラーク東京　2004
Ebbutt, Blanche　エバット, ブランチ
　㊛「イギリス人の知恵に学ぶ「これだけはしてはいけない」夫婦のルール」筑摩書房　2012
Ebbutt, Sheila　エバット, シーラ
　㊛「幾何学」創元社　2012
Ebdane, Hermogenes　エブダネ, ヘルモヘネス
　⑬フィリピン　公共事業道路相
Ebel, Dino　エベル, ディーノ
　⑬アメリカ　ロサンゼルス・エンジェルスコーチ
Ebeling, Bob　エベリング, ボブ
　？〜2016　⑬アメリカ　技術者
Ebell, Mark H.　エベル, M.H.
　㊛「EBM実践診断ハンドブック」シュプリンガー・フェアラーク東京　2002
Ebeltoft, Paul　エベルトフト, ポール
　㊛「ポール・オースターが朗読するナショナル・ストーリー・プロジェクト」アルク　2006
Ebenois, William　エベノイス, ウィリアム
　⑬パプアニューギニア　内相
Ebenstein, Alan O.　エーベンシュタイン, ラニー
　㊛「最強の経済学者ミルトン・フリードマン」日経BP社, 日経BP出版センター（発売）　2008
Ebenstein, Lanny　エーベンシュタイン, ラニー
　㊛「フリードリヒ・ハイエク」春秋社　2012
Eberhart, Mark E.　エバハート, マーク・E.
　㊛「ものが壊れるわけ」河出書房新社　2004
Eberhart, Richard Ghormley　エバハート, リチャード
　1904〜2005　⑬アメリカ　詩人　㊚エイバーハート, リチャード
Eberharter, Stephan　エベルハルター
　⑬オーストリア　アルペンスキー選手

Eberle, Henrik　エーベルレ, H.
　1970〜　㊛「ヒトラー・コード」講談社　2006
Eberlein, Johann Konrad　エーバーライン, ヨハン・コンラート
　1948〜　㊛「堀典子」求竜堂　2006
Ebershoff, David　エバーショフ, デービッド
　1969〜　⑬アメリカ　編集者, 作家　㊚文学　㊚エバーショフ, デイヴィッド／エバーショフ, デビッド
Ebersole, Christine　エバーソール, クリスティーン
　トニー賞 ミュージカル 主演女優賞（2007年（第61回））　"Grey Gardens"
Ebersole, Priscilla　エバーソール, プリシラ
　㊛「ヘルシー・エイジング」エルゼビア・ジャパン　2007
Eberstadt, Nicholas　エバースタット, ニコラス
　1955〜　㊛「アメリカと北朝鮮」朝日新聞社　2003
Ebert, Alex　イーバート, アレクサンダー
　ゴールデン・グローブ賞 映画 作曲賞（第71回（2013年度））　"All Is Lost"
Ebert, Gabriel　エバート, ガブリエル
　トニー賞 ミュージカル 助演男優賞（2013年（第67回））　"Matilda The Musical"
Ebert, Roger　イーバート, ロジャー
　1942〜2013　⑬アメリカ　映画評論家　本名＝Ebert, Roger Joseph　㊚エバート, ロジャー
Eberts, Jake　エバーツ, ジェーク
　1941〜2012　⑬カナダ　映画プロデューサー　㊚エバーツ, ジェイク
Eberwein, Jane Donahue　エバウェイン, ジェイン・D.
　1943〜　㊛「エミリ・ディキンスン事典」雄松堂出版　2007
Ebiaka Mohote, Aniceto　エビアカモホテ, アニセト
　⑬赤道ギニア　第1副首相（経済・財政担当）
Ebiaka Muete, Aniceto　エビアカムエテ, アニセト
　⑬赤道ギニア　第1副首相（人権問題担当）
Ebinger, Charles　エビンジャー, チャールズ
　㊛「日本の未来について話そう」小学館　2011
Ebke, Werner F.　エプケ, ヴェルナー・F.
　㊛「国際関係私法の挑戦」中央大学出版部　2014
Ebner, Nate　エブナー, ネイト
　⑬アメリカ　アメフト選手
Eboch, Douglas J.　エボック, ダグラス・J.
　㊛「メラニーは行く！」竹書房　2003
Ebondza, Cathérine　エボンザ, カテリーヌ
　⑬コンゴ共和国　女性向上・女性開発統合相　㊚エボンザ, キャテリーヌ
Ebouka Babakas, Ingrid Olga　エブカババカス, イングリッド・オルガ
　⑬コンゴ共和国　計画・統計・地域統合相
e Braganca, Joao Maria de Orleans　エブラガンサ, ジョアン マリア・デオルレアンス
　1916〜2005　⑬ブラジル　実業家
Ebrahim, Karam Mohamed Gaber　イブラヒム
　⑬エジプト　レスリング選手
Ebrahim, Zak　エブラヒム, ザック
　1983〜　㊛「テロリストの息子」朝日出版社　2015
Ebrahimi, Ja'afar　エブラーヒーミー, ジャアファル
　1951〜　㊛「フルーツちゃん！」ブルース・インターアクションズ　2006
Ebrahimi, Kobra　イブラヒミ, コブラ
　㊛「さよなら、おばあちゃん」新世研　2002
Ebrahimi Farbod Kamachali, Asghar　エブラヒミ
　⑬イラン　重量挙げ選手
Ebron, Eric　エブロン, エリック
　⑬アメリカ　アメフト選手
Ebsen, Buddy　エブセン, バディ
　1908〜2003　⑬アメリカ　俳優　本名＝Ebsen, Christian Rudolph　㊚イブセン, バディ
Ebtekar, Masomeh　エブテカール, マソメ
　⑬イラン　副大統領（環境庁長官）
Ebtekar, Masoumeh　エプテカール, マスーメ
　1960〜　⑬イラン　科学者, ジャーナリスト, 政治家　テヘラン市議, 平和と環境センター理事長　イラン副大統領・環境庁長官　㊚エブティカール, マスメー／エプテカー, マスーメ
Ebtekar, Masumeh　エプテカール, マスメ
　⑬イラン　副大統領（兼環境庁長官）　㊚エプテカール, マスーメ
Eccles, Robert G.　エクレス, ロバート・G.
　㊛「統合報告の実際」日本経済新聞出版社　2015
Eccleshare, Julia　エクルスシェア, ジュリア

作家, ブロードキャスター　覡エクルズヘア, ジュリア　著「世界の絵本・児童文学図鑑」柊風舎　2011
Ecclestone, Bernie　エクレストン, バーニー
1930〜　国イギリス　実業家　フォーミュラワン・マネージメントCEO　本名＝エクレストン, バーナード〈Ecclestone, Bernard〉
Ecevit, Bülent　エジェビット, ビュレント
1925〜2006　国トルコ　政治家, ジャーナリスト　トルコ首相, トルコ民主左派党 (DLP) 党首　覡エジェビト / エジェヴィト / エチェビット
Echard, Clayton　エカード, クレイトン
国アメリカ　アメフト選手
Echavarri, Fernando　エサバリ
国スペイン　セーリング選手
Echavarri, Luis　エチャバリ, ルイス
1949〜　国スペイン　経済協力開発機構原子力機関 (NEA) 事務局長, 元・スペイン原子力安全委員会委員　経済協力開発機構原子力機関 (OECD/NEA) 事務局長
Echazú, Luis Alberto　エチャス, ルイス・アルベルト
国ボリビア　鉱業・金属相
Echenoz, Jean Maurice Emmanuel　エシュノーズ, ジャン
1947〜　国フランス　作家　覡エシュノー, ジャン
Echevarria, René　エシェヴァリア, レネ
著「THE 4400FORTY FOUR HUNDRED SEASON 3」竹書房　2007
Echeverria, Regina　エシェヴェヒア, レジーナ
1951〜　著「台風エリス」東京書籍　2002
Echeverry Garzón, Juan Carlos　エチェベリ・ガルソン, フアン・カルロス
国コロンビア　財務相
Echigo, Sergio　エチゴ, セルジオ
国ブラジル　日本アンプティサッカー協会 (JAFA) 最高顧問, 元・「さわやかサッカー教室」特別コーチ
Echikson, William　エチクソン, ウィリアム
著「スキャンダラスなボルドーワイン」ヴィノテーク　2006
Eck, Diana L.　エック, ダイアナ・L.
著「宗教に分裂するアメリカ」明石書店　2005
Eck, John E.　エック, ジョン・E.
著「犯罪分析ステップ60」成文堂　2015
Eck, Thomas　エック, トーマス
著「ADSIスクリプトによるWindows 2000システム管理」ピアソン・エデュケーション　2002
Eckardstein, Severin von　エッカードシュタイン, セヴェリン・フォン
1978〜　国ドイツ　ピアニスト
Eckardt, Ralph　エッカート, ラルフ
著「インビジブル・エッジ」文芸春秋　2010
Eckart, Wolfgang Uwe　エッカルト, ヴォルフガング
1952〜　著「医学の歴史」東信堂　2014
Eckel, Sara　エッケル, サラ
著「あなたは何も悪くない」すばる舎リンケージ, すばる舎 (発売)　2014
Ecker, Daniel　エッカー
国ドイツ　陸上選手
Eckersley, Robyn　エッカースレイ, ロビン
1958〜　著「緑の国家」岩波書店　〔2010〕
Eckert, Carter J.　エッカート, カーター・J.
著「日本帝国の申し子」草思社　2004
Eckert, Michael　エッケルト, ミヒャエル
1949〜　著「ハインリッヒ・ヘルツ」東京電機大学出版局　2016
Eckert, Rinde　エッカート, リンド
グラミー賞 最優秀クラシック小編成演奏 (2011年 (第54回))　"Mackey: Lonely Motel - Music From Slide"
Eckert, Robert A.　エッカート, ロバート・A.
著「動機づける力」ダイヤモンド社　2005
Eckes, George　エッケス, ジョージ
1954〜　著「ファシリテーション・リーダーシップ」ダイヤモンド社　2004
Eckhardt, Maik　エクハルト
国ドイツ　射撃選手　覡エックハルト
Eckhoff, Tiril　エクホフ, ティリル
1990〜　国ノルウェー　バイアスロン選手　覡エックホフ / エクホフ, ティリル
Eckschlager, Karel　エックシュラーガー, K.
著「分析化学と情報理論」培風館　2003
Eckstein, Robert　エクスタイン, ロバート
著「XMLデスクトップリファレンス」オライリー・ジャパン, オーム社 (発売)　2001

Eckstein, Warren　エクスタイン, ウォレン
著「プロは語る。」アスペクト　2005
Eckstut, Arielle　エクスタット, アリエル
著「世界で一番美しい色彩図鑑」創元社　2015
Eckstut, Joann　エクスタット, ジョアン
著「世界で一番美しい色彩図鑑」創元社　2015
Eckton, Chip　エクトン, チップ
?〜2007　著「黒いTシャツと青い人生相談」広報社　2008
Eco, Umberto　エーコ, ウンベルト
1932〜2016　国イタリア　作家, 哲学者, 記号論学者　ボローニャ大学教授
Ecob, Simon　イーコブ, サイモン
著「みつけて！ ミーアキャット」辰巳出版　2012
Economy, Elizabeth　エコノミー, エリザベス
1962〜　著「中国環境リポート」築地書館　2005
Economy, Peter　エコノミー, ピーター
著「オルフェウス・プロセス」角川書店　2002
Ecoro, Mari Carmen　エコロ, マリ・カルメン
国赤道ギニア　社会問題・女性進出相
Edberg, Stefan　エドベリ, ステファン
1966〜　国スウェーデン　テニス指導者, 元テニス選手　覡エドバーグ, ステファン
Eddalia, Ghania　エダラ, ガニア
国アルジェリア　議会担当相
Eddery, Pat　エデリー, パット
1952〜2015　国アイルランド　騎手　本名＝Eddery, Patrick James John
Eddie, Jarell　エディ, ジャレル
国アメリカ　バスケットボール選手
Eddings, David　エディングス, デービッド
1931〜2009　国アメリカ　ファンタジー作家　覡エディングス, デイヴィッド
Eddings, Leigh　エディングス, リー
?〜2007　著「アルサラスの贖罪」早川書房　2010
Eddington, Roderick　エディントン, ロデリック
国オーストラリア　豪日経済委員会会長, 日豪会議議長, 元・ブリティッシュ・エアウェイズ最高経営責任者, 元・インフラストラクチャー・オーストラリア会長
Eddy, Celia　エディー, セリア
著「キルトブロック事典」日本ヴォーグ社　2004
Eddy, J.Mark　エディ, J.マーク
著「行為障害」金子書房　2002
Eddy, John A.　エディ, ジョン
著「太陽活動と地球」丸善出版　2012
Eddy, Paul　エディ, ポール
1944〜　著「フリント」新潮社　2003
Edebali, Kasim　エデバリ, カシーム
国アメリカ　アメフト選手
Edeburn, Carl　エデバーン, カール
著「リーダーシップ行動の源泉」ダイヤモンド社　2009
Edelman, Gerald Maurice　エーデルマン, ジェラルド・M.
1929〜2014　国アメリカ　生化学者　ロックフェラー大学教授
Edelman, Gwen　エイデルマン, グウェン
著「夜を抱いて」文芸春秋　2003
Edelman, Julian　エデルマン, ジュリアン
国アメリカ　アメフト選手
Edelman, Marek　エデルマン, マレク
1921〜2009　国ポーランド　政治家, 医師
Edelman, Murray Jacob　エーデルマン, マーレー
1919〜2001　著「政治スペクタクルの構築」青弓社　2013
Edelman, Ric　イーデルマン, リック
著「世界一頭のいい資産の殖やし方」青春出版社　2009
Edelmann, Anton　エイデルマン, アントン
1952〜　著「ザ・サヴォイ・クックブック」パーソナルメディア　2004
Edelmann, Friedrich　エーデルマン, フリードリヒ
著「チェリビダッケの音楽と素顔」アルファベータ　2009
Edelmann, Otto Karl　エーデルマン, オットー
1917〜2003　国オーストリア　バスバリトン歌手
Edelmann, Sergei　エーデルマン, セルゲイ
1960〜　国ベルギー　ピアニスト　リボフ音楽院名誉教授　覡エデルマン, セルゲイ
Edelson, Burton I.　エデルソン, バートン
?〜2002　国アメリカ　米国航空宇宙局 (NASA) 副局長, ジョージワシントン大学教授　専宇宙科学
Edelson, Edward　イーデルソン, エドワード
1932〜　著「クリックとワトソン」大月書店　2011

Edelstein, David エデルスタイン, デイヴィッド
　著「インディーズ映画が世界を変える」アーティストハウスパブリッシャーズ　2004
Edelstein, Michael Royce エデルシュタイン, M.R.
　1944〜　著「論理療法による三分間セラピー」誠信書房　2005
Edelstein, Yuli エーデルシュタイン, ユリ
　国イスラエル　広報・離散民相
Edelwich, Jerry エーデルウィッチ, ジェリー
　著「糖尿病のケアリング」医学書院　2002
Edem, Offiong エデム, オフィオング
　国ナイジェリア　卓球選手
Eden, Cynthia イーデン, シンシア
　著「真夜中の罪はひそやかに」早川書房　2011
Eden, Donna イーデン, ドナ
　著「エネルギー・メディスン」ナチュラルスピリット　2012
Eden, Jeremy イーデン, ジェレミー
　著「背伸びしない上司がチームを救う」扶桑社　2015
Eden, Patrick エデン, パトリック
　英国推理作家協会賞デビュー・ダガー（2010年）"A Place of Dying"
Eden, Paul E. エデン, ポール・E.
　著「第二次大戦世界の軍用機図鑑」イカロス出版　2014
Edenilson エデニウソン
　国ブラジル　サッカー選手
Edens, Cooper エデンズ, クーパー
　著「もしも暗闇がこわかったら夜空に星をくわえましょう」ほるぷ出版　2006
Edens, Eleana エデンズ, E.
　「危機のマネジメント」ミネルヴァ書房　2007
Edens, John F. エデンズ, ジョン・F.
　著「サイコパシー・ハンドブック」明石書店　2015
Edens, Wesley エデンズ, ウェスリー
　国アメリカ　ミルウォーキー・バックスオーナー
Eder エデル
　国イタリア　サッカー選手
Eder, Klaus エーダー, クラウス
　「スポーツ筋損傷 診断と治療法」ガイアブックス　2014
Eder, Simon エダー
　国オーストリア　バイアスロン選手
Ederaine, Ejiro エデレイン, エハイロ
　国アメリカ　アメフト選手
Ederle, Gertrude エダール, ガートルード
　1905〜2003　国アメリカ　水泳選手
Edersheim, Elizabeth Haas イーダスハイム, エリザベス・ハース
　著「P.F.ドラッカー」ダイヤモンド社　2007
Ederson エデルソン
　国ブラジル　サッカー選手
Edery, Jacob エデリー, ヤコブ
　国イスラエル　無任所相（国会対策）
Edgar, Andrew エドガー, アンドリュー
　著「現代思想芸術事典」青土社　2002
Edgar, Blake エドガー, ブレイク
　著「5万年前に人類に何が起きたか?」新書館　2004
Edgar, Frank エドガー, フランク
　1981〜　国アメリカ　格闘家　通称＝エドガー, フランキー〈Edgar, Frankie〉, 愛称＝ジ・アンサー〈The Answer〉
Edgar, James Jennings エドガー, ジム
　著「Bad cat」竹書房　2005
Edgar, Morton エドガア, モルトン
　著「ピラミッドの正体」八幡書店　2001
Edgar, Ross エドガー
　国イギリス　自転車選手
Edgar Mendez エドガル・メンデス
　国スペイン　サッカー選手
Edge エッジ
　1961〜　国イギリス　ロック・ギタリスト　本名＝エバンス, デーブ　国ジ・エッジ
Edgell, Stephen エジェル, スティーヴン
　著「階級とは何か」青木書店　2002
Edgerton, Leslie エジャートン, レスリー
　著「アメリカミステリ傑作選」DHC　2003
Edgewood, Paula エッジウッド, ポーラ
　著「サイレントヒル」角川書店　2006
Edgin, Josh エジン, ジョシュ
　国アメリカ　野球選手
Edgington, David W. エジントン, デビッド・W.

　1950〜　著「よみがえる神戸」海青社　2014
Edginton, Ian エジントン, イアン
　著「ヴィクトリアン・アンデッド シャーロック・ホームズvs.ゾンビ」小学館集英社プロダクション　2012
Edgman-Levitan, Susan エッジマン・レヴィタン, スーザン
　著「ペイシェンツ・アイズ」日経BP社, 日経BP出版センター（発売）　2001
Edgson, Alison エッジソン, アリソン
　著「ただしい?!クマのつかまえかた」ひさかたチャイルド　2010
Edima, Ferdinand Koungou エディマ, フェルディナンド・コング
　国カメルーン　内相
Edinburgh, The Duke of エジンバラ公
　1921〜　国イギリス　エリザベス女王の夫　世界自然保護基金（WWF）名誉総裁　称号＝フィリップ殿下〈Pince Philip〉　国エジンバラ公
Edinger, Jack D. エディンガー, ジャック・D.
　著「不眠症の認知行動療法」日本評論社　2009
Edison, Cornelius エディソン, コーネリアス
　国アメリカ　アメフト選手
Edjoa, Augustin エドジョア, オーギュスタン
　国カメルーン　スポーツ・体育教育相
Edkins, Diana エドキンズ, ダイアナ
　著「People & pearls」PHPエディターズ・グループ, PHP研究所（発売）　2003
Edlis, Stefan T. エドリス, ステファン
　慈善家
Edlund, Matthew エドランド, マシュー
　1954〜　著「パワー・オブ・レスト」飛鳥新社　2011
Edlund, Richard エドランド, リチャード
　1940〜　国アメリカ　映画特撮監督　デジタル・ピラミッド会長　ボス・フィルム・スタジオ代表
Edmaier, Bernhard エドマイヤー, ベルンハルト
　「地球の歌」ファイドン　2005
Edmans, Judi エドマンス, ジュディ
　著「脳卒中の回復期から生活期へつなぐ作業療法」ガイアブックス　2015
Edmonds, David エドモンズ, デイヴィッド
　1964〜　著エドモンズ, デヴィッド　著「ポパーとウィトゲンシュタインとのあいだで交わされた世上名高い10分間の大激論の謎」筑摩書房　2016
Edmonds, Genevieve エドモンズ, ジュネヴィエーヴ
　著エドモンド, ジェネビー　著「アスペルガー恋愛読本」人文書院　2013
Edmonds, M.E. エドモンド, M.E.
　著「糖尿病フットケアハンドブック」シュプリンガー・ジャパン　2006
Edmondson, Amy C. エドモンドソン, エイミー・C.
　著エドモンドソン, エイミー　著「チームが機能するとはどういうことか」英治出版　2014
Edmondson, Annette エドモンドソン, アネット
　国オーストラリア　自転車選手　著エドモンドソン
Edmondson, Ray エドモンドソン, レイ
　著「視聴覚アーカイビング」放送番組センター　2007
Edmund, Kyle エドムンド, カイル
　国イギリス　テニス選手
Edmunds, Francis エドマンズ, フランシス
　著「考えることから, 生きることへ」麗沢大学出版会, 柏 広池学園事業部（発売）　2005
Edney, Samuel エドニー
　国カナダ　リュージュ選手
Edoh, Antoine Agbéwanou エドー, アントワーヌ・アベワヌ
　国トーゴ　技術教育・職業訓練相
Edou, Raphaël エドゥ, ラファエル
　国ベナン　環境相
Edouard, Alidina エドアード, アリディナ
　国マダガスカル　科学研究相
Edris, Muktar エドリス, ムクタル
　国エチオピア　陸上選手
Edsel, Robert M. エドゼル, ロバート・M.
　著「ミケランジェロ・プロジェクト」KADOKAWA　2015
Edson, Margaret エドソン, マーガレット
　1961〜　著「ウィット」白水社　2001
Edson, Russell エドソン, ラッセル
　著「アイスクリームの皇帝」河出書房新社　2014
Eduardo エドゥアルド
　国ポルトガル　サッカー選手

Eduardo, Leigh　エドゥワルド, レイ
?～2009　[著]「ミストレス」 近代文芸社　2015
Edu Ndong, Eugenio　エデュヌドン, エウジェニオ
[国]赤道ギニア　産業・エネルギー相
Prince **Edward**　エドワード王子
1964～　[国]イギリス　エリザベス女王の第三王子　称号＝ウェセックス伯爵〈The Earl of Wessex〉
Edward, Alonso　エドワード, アロンソ
[国]パナマ　陸上選手
Edward, John J.　エドワード, ジョン
[著]「神さまは太陽のあたたかさ」 ヴォイス　2002
Edward, Julia　エドワード, ジュリア
[国]ニュージーランド　ボート選手
Edward, Mark　エドワード, マーク
[著]「米国公認会計士(U.S.CPA)ビジネスロー」 アルク　2002
Edward, Shawn　エドワード, ショーン
[国]セントルシア　青年・スポーツ相
Edward, Wade　エドワーズ, ウェイド
[著]「Cisco CCNP認定ガイド」 日経BP社, 日経BP出版センター(発売)　2004
Edwards, Amelia B.　エドワーズ, アメリア・B.
[著]「鼻のある男」 鳥影社　2006
Edwards, Andrea　エドワーズ, アンドリア
[著]「ママがほしいの」 ハーパーコリンズ・ジャパン　2015
Edwards, Andrew　エドワーズ, アンドリュー
[国]アメリカ　野球選手
Edwards, Anne　エドワーズ, アン
[著]「ジェンダーと暴力」 明石書店　2001
Edwards, Anne　エドワーズ, アン
1927～　[著]「マリア・カラスという生きかた」 音楽之友社　2003
Edwards, Anthony　エドワーズ, アンソニー
1962～　[国]アメリカ　俳優
Edwards, Ben　エドワーズ, ベン
[国]アメリカ　アメフト選手
Edwards, Betty　エドワーズ, ベティ
[著]「内なる創造性を引きだせ」 河出書房新社　2014
Edwards, Blake　エドワーズ, ブレーク
1922～2010　[国]アメリカ　映画監督, 脚本家　本名＝マクエドワーズ, ウィリアム・ブレーク〈McEdwards, William Blake〉
[異]エドワーズ, ブレイク
Edwards, Bradley C.　エドワーズ, ブラッドリー・C.
[著]「宇宙旅行はエレベーターで」 オーム社　2013
Edwards, Bruce L.　エドワーズ, ブルース
[著]「C.S.ルイスのリーディングのレトリック」 彩流社　2007
Edwards, Carl, Jr.　エドワーズ, カール, Jr.
[国]アメリカ　野球選手
Edwards, Carolyn McVickar　エドワーズ, キャロリン・マックヴィッカー
[著]「月の光のなかで」 ぺんぎん書房　2004
Edwards, Carolyn P.　エドワーズ, C.
[著]「子どもたちの100の言葉」 世織書房　2001
Edwards, Chris　エドワーズ, クリス
[国]アメリカ　アメフト選手
Edwards, Clive　エドワーズ, クリブ
1947～　[国]トンガ　警察・消防・刑務相　[異]エドワーズ, クライブ
Edwards, David "Honeyboy"　エドワーズ, デビッド "ハニーボーイ"
グラミー賞 最優秀トラディショナル・ブルース・アルバム(2007年(第50回)) "Last Of The Great Mississippi Delta Bluesmen: Live In Dallas"
Edwards, Dorothy　エドワーズ, ドロシー
[著]「いたずらハリー」 日本ライトハウス　2008
Edwards, Elizabeth　エドワーズ, エリザベス
1949～2010　[国]アメリカ　元副大統領候補ジョン・エドワーズの妻　本名＝Edwards, Elizabeth Anania
Edwards, Elwyn Hartley　エドワーズ, エルウィン・ハートリー
[著]「新アルティメイトブック馬」 緑書房　2005
Edwards, Frank John　エドワーズ, フランク・J.
[著]「ER・救急のトラブルファイル」 メディカル・サイエンス・インターナショナル　2007
Edwards, Gareth　エドワーズ, ギャレス
1975～　[国]イギリス　映画監督　[異]エドワーズ, ガレス
Edwards, Gareth Owen　エドワーズ, ギャレス
1947～　[国]イギリス　実業家, テレビ解説者, 元ラグビー選手　ハムデン会長　[異]エドワーズ, ガレス
Edwards, Gene　エドワーズ, ジーン
1932～　[著]「砕かれた心の輝き」 あめんどう　2002
Edwards, George　エドワーズ, ジョージ
[国]アメリカ　ミネソタ・バイキングスコーチ
Edwards, Gunvor　エドワーズ, ガンバー
[著]「汽車のえほんコレクション」 ポプラ社　2013
Edwards, Harold M.　エドワーズ, ハロルド・M.
[著]「明解ゼータ関数とリーマン予想」 講談社　2012
Edwards, Hugh　エドワーズ, H.
1933～　[著]「蒼海の財宝」 東洋出版　2003
Edwards, Jahwan　エドワーズ, ジャーワン
[国]アメリカ　アメフト選手
Edwards, Jane　エドワーズ, ジェーン
[著]「精神疾患早期介入の実際」 金剛出版　2003
Edwards, Jeffery S.　エドワーズ, ジェフ
[国]アメリカ　作家　[専]スリラー
Edwards, Jon　エドワーズ, ジョン
[国]アメリカ　野球選手
Edwards, Jorge　エドワーズ, ホルヘ
1931～　[著]「ペルソナ・ノン・グラータ」 現代企画室　2013
Edwards, Judith　エドワーズ, J.
[著]「自閉症とパーソナリティ」 創元社　2006
Edwards, Kadeem　エドワーズ, カディーム
[国]アメリカ　アメフト選手
Edwards, Kim　エドワーズ, キム
1958～　[国]アメリカ　作家　ケンタッキー大学准教授　[専]文学
Edwards, Lac　エドワーズ, ラク
[国]アメリカ　アメフト選手
Edwards, Laura Jane　エドワード, ジェイン
[著]「ロンドンスタイル」 タッシェン・ジャパン, 洋販(発売)　2002
Edwards, Lavar　エドワーズ, ラバー
[国]アメリカ　アメフト選手
Edwards, Lee　エドワーズ, リー
[著]「現代アメリカ保守主義運動小史」 明成社　2008
Edwards, Leigh　エドワーズ, レイ
1953～　[著]「Symbian OS/C++プログラマのためのNokia Series 60アプリケーション開発ガイド」 翔泳社　2004
Edwards, Leonard John　エドワーズ, レオナード・ジョン
[国]カナダ　元・駐日カナダ大使, 元・外務国際貿易省外務次官, 元・外務国際貿易省国際貿易次官
Edwards, Linda　エドワーズ, リンダ
[著]「探し絵ツアー世界地図」 文渓堂　2013
Edwards, Lynn　エドワーズ, リン
[著]「ナチュラルペイントブック」 産調出版　2003
Edwards, Margaret J.A.　エドワーズ, マーガレット・J.A.
[著]「看護情報学への招待」 中山書店　2002
Edwards, Marilyn　エドワーズ, マリリン
1946～　[著]「ムーン・コテージの猫たち」 研究社　2005
Edwards, Mario　エドワーズ, マリオ
[国]アメリカ　アメフト選手
Edwards, Mark　エドワーズ, マーク
[著]「英国式図解のアイデア」 ダイヤモンド社　2016
Edwards, Martin　エドワーズ, マーティン
英国推理作家協会賞 短編ダガー(2008年) "The Bookbinder's Apprentice"
Edwards, Michael　エドワーズ, マイケル
[著]「シャンパン」 ガイアブックス, 産調出版(発売)　2010
Edwards, Michael　エドワーズ, マイケル
1957～　[著]「「市民社会」とは何か」 麗沢大学出版会, 柏 広池学園事業部(発売)　2008
Edwards, Michelle　エドワーズ, ミシェル
[著]「ソフィアのとってもすてきなぼうし」 BL出版　2016
Edwards, Michelle Claire　エドワーズ
[国]南アフリカ　バドミントン選手
Edwards, Mike　エドワーズ, マイク
?～2010　[国]イギリス　チェロ奏者
Edwards, Nicola　エドワーズ, ニコラ
[著]「意見を聞いてほしい」 鈴木出版　2004
Edwards, Nina　エドワーズ, ニーナ
[著]「モツの歴史」 原書房　2015
Edwards, Nokie　エドワーズ, ノーキー
[国]アメリカ　「ザ・ベンチャーズ」メンバー
Edwards, Owen Dudley　エドワーズ, オーウェン・ダドリー
[著]「恐怖の谷」 河出書房新社　2001
Edwards, Paul　エドワーズ, ポール
1940～　[著]「認知症と共に生きる人たちのためのパーソン・セン

E

Edwards, Paul N. エドワーズ, P.N.
　著「クローズド・ワールド」日本評論社　2003
Edwards, Penny エドワーズ, ペニー
　著「ホメオパシー入門」産調出版　2007
Edwards, Perrie エドワーズ, ペリー
　1993〜　国イギリス　歌手
Edwards, Pete エドワーズ, ピート
　著「サッカー上達マニュアル」産調出版　2001
Edwards, Peter エドワーズ, ピーター
　1934〜　著「汽車のえほんコレクション」ポプラ社　2013
Edwards, Richard エドワーズ, リチャード
　1949〜　著「まねっこくまくん」PHP研究所　2010
Edwards, Robert エドワーズ, ロバート
　1955〜　著「アストン・マーティン」二玄社　2007
Edwards, Roberta エドワーズ, ロバータ
　1947〜　著「ミシェル・オバマ」岩崎書店　2009
Edwards, Robert Geoffrey エドワーズ, ロバート・G.
　1925〜2013　国イギリス　生理学者　ケンブリッジ大学名誉教授
　働体外受精
Edwards, Russell エドワーズ, ラッセル
　1966〜　著「切り裂きジャック127年目の真実」KADOKAWA　2015
Edwards, Ruth エドワーズ, ルース
　著「薬剤師による症候からの薬学判断」じほう　2013
Edwards, SaQwan エドワーズ, サクワン
　国アメリカ　アメフト選手
Edwards, Sarah A. エドワーズ, サラ
　著「変化を乗り越える人、つまずく人」PHP研究所　2002
Edwards, Steve エドワーズ, スティーブ
　1950〜　著「安全のサインを求めて」金剛出版　2004
Edwards, Susan S.M. エドワーズ, スーザン・S.M.
　著「ジェンダーと暴力」明石書店　2001
Edwards, Teddy エドワーズ, テディ
　1924〜2003　国アメリカ　ジャズテナーサックス奏者　本名＝Edwards, Theodore Marcus
Edwards, Teresa エドワーズ, テレサ
　1964〜　国アメリカ　元バスケットボール選手
Edwards, Todd M. エドワーズ, トッド・M.
　著「家族面接・家族療法のエッセンシャルスキル」星和書店　2013
Edwards, tommy Lee エドワーズ, トミー・リー
　著「マッドマックス怒りのデス・ロード」Graffica Novels, 誠文堂新光社（発売）2015
Edwards, Torri エドワーズ
　国アメリカ　陸上選手
Edwards, Vincent エドワーズ, ヴィンセント
　1947〜　著「市場経済移行諸国の企業経営」昭和堂　2007
Edwards, Wallace エドワーズ, ウォーレス
　著「だまし絵サーカス」講談社　2009
Edwards, William Clive エドワーズ, ウィリアム・クリーブ
　国トンガ　法務・公営企業相　旧エドワーズ, ウィリアム・クリブ
Edwards-Jones, Imogen エドワーズ・ジョーンズ, イモジェン
　著「高級ホテルのとんでもない人々」ヴィレッジブックス, ソニー・マガジンズ（発売）2007
Edye, Dave エディ, デイヴ
　著「欧州統合とシティズンシップ教育」明石書店　2006
Edzoa, Augustin エドゾア, オーギュスタン
　国カメルーン　スポーツ・体育教育相
Eeckhout, Emmanuelle エーコート, エマヌエル
　1976〜　国エカウト, エマニュエル　著「おばけなんていないよ！」偕成社　2010
Eeghen, Idzard van イーゲン, イドザード・ファン
　著「「考えるリスク管理」の実践」金融財政事情研究会, きんざい（発売）2011
Eekhout, Blanca エカウト, ブランカ
　国ベネズエラ　女性・ジェンダー相
Eeles, Peter イールズ, ピーター
　1962〜　旧イールズ, P.　著「システムアーキテクチャ構築の実践手法」翔泳社　2010
Eelich, Leandro エルリッヒ, レアンドロ
　1973〜　国アルゼンチン　現代美術家
Eeuwens, Adam エーヴェンス, アダム
　著「False flat」ファイドン　2005
Efendiyev, Elchin エフェンディエフ, エリチン
　国アゼルバイジャン　副首相
Effendi, Norwawi エフェンディ・ノルワウィ
　国マレーシア　農相
Effendi, Taufiq エフェンディ, タウフィク
　国インドネシア　国務相（行政改革担当）
Effinger, George Alec エフィンジャー, ジョージ・アレック
　1947〜2002　国アメリカ　SF作家
Efford, Ruben John エフォード, ルーベン・ジョン
　国カナダ　天然資源相
Efimov, Boris エフィーモフ, ボリス
　1899〜2008　国ロシア　政治漫画家
Efimova, Yulia エフィモワ, ユリア
　国ロシア　水泳選手
Efland, Arthur D. エフランド, アーサー・D.
　1929〜　著「美術と知能と感性」日本文教出版　2011
Eflin, Zach エフリン, ザック
　国アメリカ　野球選手
Efole, Hubert エフォレ, ユベール
　国コンゴ民主共和国　労働・社会保障相
Efremov, Ivan エフレモフ, イワン
　国ウズベキスタン　重量挙げ選手　旧エフレモフ
Efrim, Oleg エフリム, オレグ
　国モルドバ　法相
Efron, Zac エフロン, ザック
　1987〜　国アメリカ　俳優
Efthymiou, Efthymios エフシミウ, エフシミオス
　国キプロス　農業・天然資源・環境相
Efua Asangono, Teresa エフア・アサンゴノ, テレサ
　国赤道ギニア　社会事業女性相
Egal, Mohamed Ibrahim エガル, モハメド
　1928〜2002　国ソマリア　政治家　ソマリランド大統領, ソマリア共和国首相・外相
Egan, Caroline LaVelle イーガン, キャロライン・ラヴェル
　著「カーズ2」大日本絵画　〔2014〕
Egan, Greg イーガン, グレッグ
　1961〜　国オーストラリア　SF作家
Egan, Jennifer イーガン, ジェニファー
　1962〜　国アメリカ　作家
Egan, Kate イーガン, ケイト
　働イーガン, ケート　著「トイ・ストーリー」KADOKAWA　2016
Egan, Kenny イーガン
　国アイルランド　ボクシング選手
Egan, Kieran イーガン, キエラン
　著「深い学びをつくる」北大路書房　2016
Egan, Sean イーガン, ショーン
　著「キース・リチャーズ、かく語りき」音楽専科社　2014
Egan, Tim イーガン, ティム
　著「ニューヨークぐるぐる」ひさかたチャイルド　2013
Egan, Timothy イーガン, ティモシー
　全米図書賞ノンフィクション（2006年）"The Worst Hard Time: The Untold Story of Those Who Survived the Great American Dust Bowl"
Egan, Vicky イーガン, ビッキー
　著「トラのテレサ」新樹社　2008
Egas, Eduardo エガス, エドゥアルド
　国エクアドル　工業・生産性相
Egbe Achuo, Hillman エグベアチュオ, ヒルマン
　国カメルーン　森林・野生動物相
Egbenda, Pascal エグベンダ, パスカル
　国シエラレオネ　内相
Egbor, Gahoun エグボ, ガウン
　国トーゴ　通信・国民教育相
Egeland, Tom エーゲラン, トム
　1959〜　国ノルウェー　作家　働スリラー, ホラー
Egelberg, Jan エーゲルバーグ, J.
　1936〜　著「J.エーゲルバーグ/Q&A方式で知る歯周治療のEBM」クインテッセンス出版　2003
Eggebrecht, Harald エッゲブレヒト, ハラルド
　1946〜　著「ヴァイオリンの巨匠たち」アルファベータ　2004
Egger, Max エッガー, マックス
　1916〜2008　国スイス　ピアニスト　東京芸術大学教授
Egger, Norbert エッガー, ノルベルト
　著「SAP BW構築・分析技法」日経BPソフトプレス, 日経BP出版センター（発売）2004
Egger, Reinhard エッガー
　国オーストリア　リュージュ選手
Eggerichs, Emerson エグリッチ, エマソン
　1951〜　著「愛されたい妻と尊敬されたい夫」ファミリー・

フォーラム・ジャパン　2010
Eggermann, Vera　エッガーマン, ヴェラ
1967～　[著]「イワシダラケはどこにある？」 ソニー・マガジンズ　2005
Eggers, Dave　エガーズ, デーブ
1970～　[国]アメリカ　作家　[専]伝記, 回顧録, ノンフィクションほか　[異]エガーズ, デイヴ
Eggers, Helga　エガース, ヘルガ
[国]オーストリア　元・在ハンブルク出張駐在官事務所現地職員
Eggers, William D.　エッガース, ウィリアム・D.
[著]「ネットワークによるガバナンス」 学陽書房　2006
Eggert, Paul　エガート, ポール
[著]「人文学と電子編集」 慶応義塾大学出版会　2011
Eggert, Toni　エッゲルト
[国]ドイツ　リュージュ選手
Eggestein, Maximilian　エッゲシュタイン, マキシミリアン
[国]ドイツ　サッカー選手
Eggleston, William　エグルストン, ウィリアム
1939～　[国]アメリカ　写真家
Eggleton, Arthur　エグルトン, アーサー
[国]カナダ　国防相
Egholm, Elsebeth　イーホルム, エルスベツ
1960～　[国]デンマーク　作家　[専]ミステリー
Egielski, Richard　エギエルスキー, リチャード
[著]「めでたしめでたしからはじまる絵本」 あすなろ書房　2008
Egli, Diego　エグリ, ディエゴ
1978～　[著]「おうむのしかえし」 新世研　2003
Eglitis, Ivars　エグリティス, イワルス
[国]ラトビア　保健相
Egloff, Joël　エグロフ, ジョエル
1970～　[著]「めまい」 近代文芸社　2016
Egnolff, Sandra　エグノルフ, サンドラ
[著]「フリーダ・カーロとディエゴ・リベラ」 岩波書店　2010
Egorian, Yana　エゴリアン, ヤナ
[国]ロシア　フェンシング選手
Egorov, Vasilii　エゴロフ, ワシリー
[国]ロシア　ボクシング選手
Egoscue, Pete　エゴスキュー, ピート
1945～　[著]「驚異のエゴスキュー」 ロングセラーズ　2008
Egoyan, Atom　エゴヤン, アトム
1960～　[国]カナダ　映画監督
Eguaras, Louis　エグアラス, ルイス
[著]「料理スクールで学ぶ101のアイデア」 フィルムアート社　2011
Eguibar, Lucas　エギバル
[国]スペイン　スノーボード選手
Egwake, Omer　エグワケ, オマール
[国]コンゴ民主共和国　青年・スポーツ相
Egwake Yangembe, Omer　エグワケヤンゲベ, オメール
[国]コンゴ民主共和国　国土整備・都市計画・住宅相
Egwu, Sam　エグ, サム
[国]ナイジェリア　教育相
Ehate Tomi, Vicente　エアテトミ, ビセンテ
[国]赤道ギニア　首相
Ehin, Andres　エヒン, アンドレス
1940～2011　[著]「黄金虫が月にキスする」 吟遊社, 七月堂（発売）　2008
Ehinger, Parker　エーインガー, パーカー
[国]アメリカ　アメフト選手
Ehle, Jennifer　エール, ジェニファー
トニー賞 プレイ 助演女優賞（2007年（第61回））　"The Coast of Utopia"
Ehlers, Anke　エーラーズ, アンケ
[著]「対人恐怖とPTSDへの認知行動療法」 星和書店　2008
Ehlers, Dirk　エーラース, ディルク
1945～　[著]「ヨーロッパ・ドイツ行政法の諸問題」 中央大学出版部　2008
Ehlers, Freddy　エレルス, フレディ
[国]エクアドル　観光相
Ehlers, John F.　エーラース, ジョン・F.
1933～　[著]「ロケット工学投資法」 パンローリング　2002
Ehlert, Lois　エイラト, ロイス
1934～　[著]「野菜とくだもののアルファベット図鑑」 あすなろ書房　2003
Ehmcke, Franziska　エームケ, フランツィスカ
[国]ドイツ　元・ケルン大学人文学部日本学科教授, 元・日独文化学術交流振興協会事務局長
Ehmer, Josef　エーマー, ヨーゼフ
1948～　[著]「近代ドイツ人口史」 昭和堂　2008
Ehnes, James　エーネス, ジェームス
グラミー賞 最優秀クラシック器楽独奏（オーケストラつき）（2007年（第50回））　"Barber / Korngold / Walton: Violin Concertos"　ソリスト
Ehouzu, Jean-Marie　エウズ, ジャンマリ
[国]ベナン　外相
Ehrenberg, John　エーレンベルク, ジョン
1944～　[著]「市民社会論」 青木書店　2001
Ehrenfeld, Jesse M.　アーレンフェルド, ジェス・M.
[著]「麻酔科ポケットレファランス」 メディカル・サイエンス・インターナショナル　2012
Ehrenhaft, Daniel　エーレンハフト, ダニエル
1970～　[異]アーランハフト, ダニエル　[著]「ラスト・ドッグ」 ほるぷ出版　2006
Ehrenhalt, Alan　エーレンハルト, アラン
1947～　[著]「失われたまち」 ぎょうせい（印刷）　2002
Ehrenreich, Barbara　エーレンライク, バーバラ
1941～　[国]アメリカ　コラムニスト
Ehrhardt, Jana U.　エーアハルト, ウーテ
1956～　[著]「「生意気な女」になるための20の方法」 講談社　2005
Ehrhardt, Michael C.　エアハルト, マイケル
1955～　[著]「資本コストの理論と実務」 東洋経済新報社　2001
Ehrhart, William Daniel　エアハート, W.D.
1948～　[著]「ある反戦ベトナム帰還兵の回想」 刀水書房　2015
Ehrich, Dieter　エーリヒ, ディーター
[著]「スポーツ外傷・障害のアウフバウトレーニング」 文光堂　2003
Ehrlich, Amy　エアリク, エイミー
1942～　[著]「レイチェル」 BL出版　2005
Ehrlich, Anne H.　エーリック, アン・H.
[異]エーリック, アン　[著]「支配的動物」 新曜社　2016
Ehrlich, Fred　エールリヒ, フレッド
[著]「だれがはみがきをするの？」 学習研究社　2008
Ehrlich, Paul R.　エーリック, ポール・R.
1932～　[異]エーリック, ポール　[著]「支配的動物」 新曜社　2016
Ehrlich, Ricardo　エルリッチ, リカルド
[国]ウルグアイ　教育文化相
Ehrlich, Robert　アーリック, ロバート
1938～　[著]「怪しい科学の見抜きかた」 草思社　2007
Ehrlin, Carl-Johan　エリーン, カール＝ヨハン
1978～　[著]「おやすみ、ロジャー」 飛鳥新社　2015
Ehrling, Sixten　エールリンク, シクステン
1918～2005　[国]スウェーデン　指揮者　ストックホルム王立歌劇場音楽監督, デトロイト交響楽団音楽監督, ジュリアード音楽院指揮科主任教授　[異]エールリング, シクステン
Ehrman, Bart D.　アーマン, バート・D.
[著]「キリスト教の創造」 柏書房　2011
Ehrman, Mark　アーマン, マーク
[著]「「ちょっと寝」があなたの人生を変える！」 サンマーク出版　2008
Ehsa, John　エーサ, ジョン
[国]ミクロネシア連邦　財務・行政相
Eibl-Eibesfeldt, Irenaus　アイブル・アイベスフェルト, イレノイス
[著]「ヒューマン・エソロジー」 ミネルヴァ書房　2001
Eibner, Brett　エイブナー, ブレット
[国]アメリカ　野球選手
Eichel, Hans　アイヘル, ハンス
1941～　[国]ドイツ　政治家　ドイツ財務相, ヘッセン州首相　[異]アイヒェル, ハンス
Eichenbaum, Luise　アイケンバウム, ルイーズ
[著]「女性心理療法を学ぶ」 新水社　2002
Eichengreen, Barry　アイケングリーン, バリー
1952～　[国]アメリカ　経済学者　カリフォルニア大学バークレー校教授　[専]国際通貨史, 欧州統合史　[異]アイケングリーン, バーリー
Eichfeld, Casey　アイチフェルド, ケーシー
[国]アメリカ　カヌー選手
Eichhorn, Jan　アイヒホルン
[国]ドイツ　リュージュ選手
Eichinger, Bernd　アイヒンガー, ベルント
1949～2011　[国]ドイツ　映画プロデューサー, 映画監督
Eichler, Wolfgang　アイヒラー, W.
1935～　[著]「フレーベル生涯と活動」 玉川大学出版部　2006

Eichwald, Maria　アイヒヴァルト, マリア
[国]カザフスタン　バレリーナ　シュトゥットガルト・バレエ団プリンシパル
Eick, Stephen G.　エイック, ステファン・G.
[著]「ソフトウェアの未来」 翔泳社　2001
Eickhoff, Jerad　アイコフ, ジェラード
[国]アメリカ　野球選手
Eid, Said Hussein　イード, サイド・フセイン
[国]ソマリア　畜産・山林相
Eide, Espen Barth　アイデ, エスペン・バート
[国]ノルウェー　外相
Eide, Lita　エイダ, リタ
1957～　[著]「ダイアナ」 三雅, 星雲社(発売)　2003
Eidelberg, J.　アイデルバーグ, ヨセフ
1916～　[著]「日本書紀と日本語のユダヤ起源」 徳間書店　2005
Eidelman, Polina　エイデルマン, ポリーナ
[著]「睡眠障害に対する認知行動療法」 風間書房　2015
Eidelson, Meyer　アイドルソン, マイヤー
1951～　[著]「グラニー」 今西佑子　2007
Eidinow, John　エーディナウ, ジョン
[著]「ポパーとウィトゲンシュタインとのあいだで交わされた世上名高い10分間の大激論の謎」 筑摩書房　2016
Eidrigevicius, Stasys　エイドリゲビシウス, スタシス
[著]「ペロー童話 ながぐつをはいたねこ」 ほるぷ出版　2003
Eidson, Tom　イードソン, トーマス
1944～　[著]「ミッシング」 ソニー・マガジンズ　2004
Eifel, Patricia J.　アイフェル, P.J.
[著]「婦人科癌」 シュプリンガー・ジャパン　2007
Eifert, Georg H.　アイファート, ゲオルグ・H.
1952～　[著]「不安障害のためのACT〈アクセプタンス&コミットメント・セラピー〉」 星和書店　2012
Eifert, Tyler　アイファート, タイラー
[国]アメリカ　アメフト選手
Eifman, Boris Yakovlevich　エイフマン, ボリス
1946～　[国]ロシア　振付師　サンクトペテルブルク・バレエ・シアター(SPBT)芸術監督　[専]モダン・バレエ
Eifrem, Emil　エイフレム, エミール
[著]「グラフデータベース」 オライリー・ジャパン, オーム社(発売)　2015
Eigeldinger, Jean Jacques　エーゲルディンゲル, ジャン＝ジャック
1940～　[著]「ショパンの響き」 音楽之友社　2007
Eigen, Manfred　アイゲン, マンフレッド
[著]「生命とは何か」 培風館　2001
Eigler, Florian　アイグラー
[国]ドイツ　フリースタイルスキー選手
Eiland, Dave　イーランド, デーブ
[国]アメリカ　カンザスシティ・ロイヤルズコーチ
Eilers, Joachim　エイラーズ, ジョアキム
[国]ドイツ　自転車選手
Eilers, Justin　アイレルス, ユスティン
[国]ドイツ　サッカー選手
Eilertsen, Trond　エイラーツセン, トロン
[国]ノルウェー　元・日・ノルウェー協会会長, 在ノルウェー日本国大使館顧問弁護士
Eimbcke, Fernando　エインビッケ, フェルナンド
ベルリン国際映画祭 アルフレッド・バウアー賞(第58回(2008年))　"Lake Tahoe"
Einar Galilea　エイナル・ガリレア
[国]スペイン　サッカー選手
Einaudi, Jean-Luc　エイノーディ, ジャン＝リュク
1951～　[著]「裁かれる非行少年たち」 文芸社　2003
Einaudi, Ludovico　エイナウディ, ルドヴィコ
1955～　[国]イタリア　ピアニスト, 作曲家　[異]エイナウディ, ルドビコ
Einhorn, Amy　アインホーン, エイミー
[著]「ママになるあなたへ」 アーティストハウス, 角川書店(発売)　2001
Einhorn, David　アインホーン, デビッド
[国]アメリカ　投資家
Einhorn, Eddie　アインホーン, エディ
1936～2016　[国]アメリカ　シカゴ・ホワイトソックス共同オーナー　本名＝Einhorn, Edward Martin　[異]アインホーン, エディー
Einhorn, Stefan　アインホルン, ステファン
1955～　[著]「「やさしさ」という技術」 飛鳥新社　2015
Einon, Dorothy　エイノン, ドロシー
[異]アイノン, ドロシー　[著]「0歳からの「育脳ゲーム」」 二見書房　2007
Einziger, Michael　アインジガー, マイケル
1976～　[国]アメリカ　ロック・ギタリスト　[異]アインジガー, マイク
***al*-Eisa, Muhammad**　イーサ, ムハンマド
[国]サウジアラビア　法相　[異]アル・イーサ, ムハンマド
Eisberg-'t Hooft, Saskia　アイスバーグ＝トホーフト, サスキア
[著]「タイム・イン・パワーズ・オブ・テン」 講談社　2015
Eisele, Petra　アイゼレ, ペトラ
[著]「消えた古代文明都市」 アリアドネ企画, 三修社(発売)　2001
Eiselein, Gregory　アイスレイン, グレゴリー.
1965～　[著]「ルイザ・メイ・オルコット事典」 雄松堂出版　2008
Eiseley, Loren C.　アイズリー, ローレン
[著]「星投げびと」 工作舎　2001
Eiseman, Leatrice　アイズマン, リアトリス
[著]「色彩センス」 パイ インターナショナル　2014
Eisen, Cliff　アイゼン, クリフ
[著]「古典派の音楽」 音楽之友社　2014
Eisen, Jane L.　アイゼン, ジェーン・L.
[著]「不安障害」 日本評論社　2005
Eisen, Jonathan　アイゼン, ジョナサン・A.
[著]「進化」 メディカル・サイエンス・インターナショナル　2009
Eisen, Peter J.　アイゼン, ピーター・J.
[著]「簿記会計序論」 創成社　2007
Eisen, Roland　アイゼン, ローラント
1941～　[著]「保険均衡理論」 生命保険文化研究所　2001
Eisenbarth, Pia　アイゼンバート, ピーア
[著]「六つの魔法のおはなし」 小峰書店　2008
Eisenberg, Arlene　アイゼンバーグ, A.
[著]「すべてがわかる妊娠と出産の本」 アスペクト　2004
Eisenberg, David　アイゼンバーグ, デーヴィド
[著]「水の構造と物性」 みすず書房　2001
Eisenberg, Jesse　アイゼンバーグ, ジェシー
1983～　[国]アメリカ　俳優
Eisenberg, Laura Zittrain　アイゼンバーグ, L.Z.
[著]「アラブ・イスラエル和平交渉」 御茶の水書房　2004
Eisenberg, Melvin Aron　アイゼンバーグ, メルヴィン・A.
[著]「コモンローの本質」 木鐸社　2001
Eisenburger, Doris　アイゼンブルガー, ドリス
[著]「シューベルト」 河合楽器製作所・出版部　2006
Eisendrath, Craig R.　アイゼンドラス, クレイグ
1936～　[著]「宇宙開発戦争」 作品社　2009
Eisenecker, Ulrich　アイセンアッカー, ウールリシュ・W.
[著]「ジェネレーティブプログラミング」 翔泳社　2008
Eisenhardt, Kathleen M.　アイゼンハート, キャサリン・M.
[著]「MITスローン・スクール 戦略論」 東洋経済新報社　2003
Eisenhauer, Peggy　アイゼンハワー, ペギー
トニー賞 プレイ 照明デザイン賞(2013年(第67回))　"Lucky Guy"
Eisenhower, Dwight David　アイゼンハワー, ドワイト・D.
[異]アイゼンハウアー, ドワイト　[著]「資料：戦後米国大統領の「一般教書」」 大空社　2006
Eisenhower, John　アイゼンハワー, ジョン
1922～2013　[国]アメリカ　軍人, 軍事史家　米国陸軍准将　本名＝Eisenhower, John Sheldon Doud
Eisenman, Peter　アイゼンマン, ピーター
[国]アメリカ　ウルフ賞 芸術部門(建築)(2010年)
Eisenstadt, Shmuel Noah　アイゼンシュタット, シュモール
1923～2010　[国]イスラエル　社会学者　ヘブライ大学名誉教授　[専]比較政治社会学　[異]アイゼンスタット
Eisenstat, Russell A.　アイゼンスタット, ラッセル・A.
[異]アイゼンシュタット, ラッセル　[著]「動機づける力」 ダイヤモンド社　2009
Eisenstein, Bernice　アイゼンシュタイン, バニース
1949～　[著]「わたしはホロコーストから生まれた」 原書房　2009
Eisenstein, Elizabeth L.　アイゼンステイン, エリザベス・L.
[著]「印刷革命」 みすず書房　2001
Eisenstein, Zillah R.　アイゼンステイン, ジーラー
[著]「フェミニズム・人種主義・西洋」 明石書店　2008
Eisler, Barry　アイスラー, バリー
1964～　[国]アメリカ　作家, 弁護士　[専]ミステリー, スリラー
Eisler, Riane Tennenhaus　アイスラー, リーアン
1931～　[異]アイスラー, ライアン　[著]「ゼロから考える経済学」 英治出版　2009
Eisley, Anthony　アイズリー, アンソニー

1925～2003 [国]アメリカ 俳優
Eisman, Kathryn アイズマン, キャスリーン
[著]「靴で男を見分ける法」 文芸春秋 2003
Eisner, Michael Dammann アイズナー, マイケル
1942～ [国]アメリカ 実業家 ウォルト・ディズニー会長・CEO [異]アイスナー, マイケル
Eisner, Thomas アイスナー, トーマス
1929～2011 [国]アメリカ 化学生態学者 コーネル大学名誉教授 [専]昆虫学
Eisner, Will アイズナー, ウィル
1917～2005 [国]アメリカ 漫画家 本名＝アイズナー, ウィリアム・アーウィン〈Eisner, William Erwin〉 [異]エイスナー, ウィリアム・アーウィン / エイスナー, ウィル
Eiswert, David アイスワート, デビッド
Tロウ・プライスバイス・プレジデント
Eitam, Efraim エイタム, エフライム
[国]イスラエル 国家基盤相
Eitan, Michael エイタン, ミハエル
[国]イスラエル 政府サービス向上相
Eitan, Rafi エイタン, ラフィ
[国]イスラエル 年金問題担当相
Eitan, Raphael エイタン, ラファエル
1929～2004 [国]イスラエル 政治家, 軍人 イスラエル軍参謀総長
Eiteman, David K. アイトマン, デビッド・K.
[著]「国際ビジネスファイナンス」 麗沢大学出版会, 広池学園事業部（柏）（発売） 2011
Eiyubov, Yagub エイユボフ, ヤグブ
[国]アゼルバイジャン 第1副首相
EJFD, Thomas エージーエフデー, トマ
1973～ [国]フランス 作家 [専]その他
Ejiofor, Chiwetel イジョフォー, キウェテル
ローレンス・オリヴィエ賞 プレイ 男優賞（2008年（第32回））“Othello”
Ek, Daniel エク, ダニエル
[国]スウェーデン Spotify
Ek, Lena エーク, レーナ
[国]スウェーデン 環境相
Ek, Mats エック, マッツ
1945～ [国]スウェーデン ダンサー, 振付師 クルベリー・バレエ団芸術監督 [専]バレエ
Ekaette, Ufot エカエテ, ウフォト
[国]ナイジェリア ニジェール川デルタ問題相
Eka Kurniawan エカ・クルニアワン
1975～ [国]インドネシア 作家 [専]文学
Ekanayake, T.B. エカナヤケ, T.B.
[国]スリランカ 文化・芸術相
Ekandjo, Jerry エカンジョ, ジェリー
[国]ナミビア スポーツ・青年支援サービス相
Ekangaki, Nzo エカンガキ, ンゾ
1934～2005 [国]カメルーン 政治家 アフリカ統一機構（OAU）事務総長, カメルーン民族民主党（KNDP）書記長
Ekberg, Anita エクバーグ, アニタ
1931～2015 [国]スウェーデン 女優
Ekberg, Peo エクベリ, ペオ
[著]「うちエコ入門」 宝島社 2007
Ekberg, Peter エクベリ, ペーテル
1972～ [著]「自分で考えよう」 晶文社 2016
Ekdal, Albin エクダル, アルビン
[国]スウェーデン サッカー選手
Eke, Aisake エケ, アイサケ
[国]トンガ 財務計画相
Ekeland, Ivar エクランド, イーヴァル
1944～ [著]「数学は最善世界の夢を見るか？」 みすず書房 2009
Ekeng, Patrick エケング, パトリック
1990～2016 [国]カメルーン サッカー選手 本名＝エケング・エケング, パトリック・クロード〈Ekeng-Ekeng, Patrick Claude〉
Eker, Mehmet Mehdi エケル, メフメト・メフディ
[国]トルコ 食糧・農業・畜産相
Eker, T.Harv エッカー, ハーブ
[著]「ミリオネア・マインド大金持ちになれる人」 三笠書房 2009
Ekholm, Matilda エクホルム, マチルダ
[国]スウェーデン 卓球選手
Ekholm, Sven エクホルム, S.
[著]「脳の拡散強調MRI」 シュプリンガー・フェアラーク東京 2005
Ekiel, Jan エキエル, ヤン
1913～2014 [国]ポーランド ピアニスト, 作曲家, ショパン研究家 ショパン国際ピアノコンクール審査委員長
Ekimov, Leonid エキモフ
[国]ロシア 射撃選手
Ekimov, Viatcheslav エキモフ
[国]ロシア 自転車選手
Ekins, Bud エキンズ, バド
1930～2007 [国]アメリカ スタントマン, オートバイレーサー
Ekirch, A.Roger イーカーチ, ロジャー
1950～ [著]「失われた夜の歴史」 インターシフト, 合同出版（発売） 2015
Ekker, Ernst A. エッカー, エルンスト・A.
[著]「シューベルト」 河合楽器製作所・出版部 2006
Ekman, Paul エクマン, ポール
[著]「子どもはなぜ嘘をつくのか」 河出書房新社 2009
Eko, Putro Sandjoyo エコ・プトロ・サンジョヨ
[国]インドネシア 村落・途上地域開発移住相
Ekong Nsue, Constantino エコン・ヌセ, コンスタンチノ
[国]赤道ギニア 商工・中小企業相
Ekonomi, Milva エコノミ, ミルバ
[国]アルバニア 経済相
Eko Nsue, Constantine エコ・ヌセ, コンスタンチン
[国]赤道ギニア 農業・漁業・畜産相
Ekoro, Maria del Carmen エコロ, マリア・デル・カルメン
[国]赤道ギニア 教育・科学相
Ekoué, Dédé Ahoéfa エクエ, デデ・アオエファ
[国]トーゴ 女性地位向上相 [異]エクエ, デベ・アオエファ
Ekpo, Felix エクポ
[国]ナイジェリア 重量挙げ選手
Ekpre-olomu, Ifo エプリ・オロム, イフォ
[国]アメリカ アメフト選手
Ekren, Nazim エクレン, ナーズム
[国]トルコ 副首相兼国務相
Eksavang, Vongvichit エクサワン・ウォンウィチット
[国]ラオス 保健相
Eksell, Olle エクセル, オーレ
1918～2007 [著]「エドワードとうま」 岩波書店 2015
Eksteins, Modris エクスタインズ, モードリス
[著]「春の祭典」 みすず書房 2009
Ekstrand, Jan エクストラント, ヤン
[著]「スポーツ筋損傷 診断と治療法」 ガイアブックス 2014
Ekström, Anna エクストロム, アンナ
[国]スウェーデン 中等・成人教育相
Ekström, Mats エクストローム, マッツ
1961～ [著]「社会を説明する」 ナカニシヤ出版 2015
Ekwensi, Cyprian エクェンシー, シプリアン
1921～2007 [国]ナイジェリア 作家 [異]イクェンシ / エクウェンシ / エクエンシー
Elad, Michael エラド, マイケル
[著]「スパースモデリング」 共立出版 2016
Elaine Teo エライネ
[国]マレーシア テコンドー選手
El Aissami, Tareck エルアイサミ, タレク
[国]ベネズエラ 副大統領
El Alami, Dawoud Sudqi アラミー, ダウド
1953～ [著]「双方の視点から描くパレスチナ/イスラエル紛争史」 岩波書店 2011
Elam, Jack エラム, ジャック
？～2003 [国]アメリカ 俳優 [異]イーラム, ジャック / ジャック・エラム
Elam, Kimberly イーラム, キンバリー
1951～ [著]「Balance in Design」 ビー・エヌ・エヌ新社 2012
Elam, Matt イーラム, マット
[国]アメリカ アメフト選手
Elam, Richard M. イーラム, R.M.
[著]「宇宙の密航少年」 岩崎書店 2006
Ela Mangue, Julio Ndong エラ・マング, フリオ・ヌドン
[国]赤道ギニア 国土・地方行政相
Ela Mifumu, Hermes エラミフム, エルメス
[国]赤道ギニア 中小企業促進相
Elamine, Soeuf Mohamed エラミヌ, スーフ・モハメド
[国]コモロ 外務・協力相
Elan, Maika エラン, マイカ
1986～ [国]ベトナム 写真家 本名＝Nguyen Thanh Hai
Ela Ndong, Jaime エラヌドング, ハイメ

[国]赤道ギニア　経済・商業相
Ela Ntugu Nsa, Atanasio　エラヌツグヌザ, アタナジオ
[国]赤道ギニア　鉱工業・エネルギー相
Ela Oyana, Jose　エラオヤナ, ホセ
[国]赤道ギニア　計画・経済開発相　[異]エラオヤマ, ホセ
Elazary, Yuval　エルアザリィ, ユバル
1958～　[著]「空から見れば」 ワールドライブラリー　2016
Elba, Idris　エルバ, イドリス
ゴールデン・グローブ賞 テレビ 男優賞(ミニシリーズ)(第69回(2011年度))　"Luther"
El Bacha, Abdel Rahman　エル・バシャ, アブデル・ラーマン
1958～　[国]レバノン　ピアニスト, 指揮者
Elbakh, Fares Ibrahim E.H.　エルバフ
[国]カタール　重量挙げ選手
Elbakkali, Soufiane　エルバカリ, スフィアネ
[国]モロッコ　陸上選手

E

ElBaradei, Mohamed　エルバラダイ, ムハンマド
[国]エジプト　ノーベル賞 平和賞(2005年)
Elbaradei, Muhammad Mostafa　エルバラダイ, ムハンマド・モスタファ
1942～　[国]エジプト　外交官, 国際法学者　国際原子力機関(IAEA)事務局長　[異]エルバラダイ, モハメド・モスタファ / バラダイ
Elbaz, Alber　エルバス, アルベール
1961～　[国]モロッコ　ファッションデザイナー　ランバン・アーティスティック・ディレクター　[異]エルバズ, アルベール
Elbe, Frank　エルベ, フランク
1941～　[著]「ドイツ統一の舞台裏で」 中央公論事業出版　2003
Elbegdorj, Tsakhiagiin　エルベグドルジ, ツァヒャギン
1963～　[国]モンゴル　政治家　モンゴル大統領　モンゴル首相
Elberfeld, Rolf　エルバーフェルト, ロルフ
[著]「日本哲学の国際性」 世界思想社　2006
Elberling, Claus　エルバリング, クラウス
[著]「よい聞こえのために」 海文堂出版　2008
Elberse, Anita　エルバース, アニータ
[異]エルバース, アニタ　[著]「ブロックバスター戦略」 東洋経済新報社　2015
Elbert, Thomas　エルバート, トマス
[著]「ナラティヴ・エクスポージャー・セラピー」 金剛出版　2010
Elbling, Peter　エルブリング, ピーター
[著]「毒味役」 早川書房　2002
Elbow, Gary S.　エルボウ, ゲーリー・S.
[著]「メキシコ」 ほるぷ出版　2007
Elby, Andrew　エルビィ, アンドリュー
[著]「電磁気学の考え方」 ピアソン桐原　2011
Elcar, Dana　エルカー, ダナ
1927～2005　[国]アメリカ　俳優
Elcock, W.D.　エルコック, W.D.
[著]「ロマン語」 学術出版会, 日本図書センター(発売)　2009
Elde, Anna-Karin　エルデ, アンナ=カーリン
[著]「ねえ、アタシに火をつけるなら…」 サンマーク出版, サンマーク(発売)　2001
Elder, Alexander　エルダー, アレキサンダー
1950～　[著]「利食いと損切りのテクニック」 パンローリング　2012
Elder, Glen H., Jr.　エルダー, グレン・H., Jr.
[著]「ライフコース研究の技法」 明石書店　2013
Elder, Linda　エルダー, リンダ
1962～　[著]「クリティカル・シンキング 実践編」 東洋経済新報社　2003
Elder, R.A.　エルダー, R.A.
[著]「水理工学概論」 技報堂出版　2001
Elderkin, Susan　エルダーキン, スーザン
1968～　[国]イギリス　作家　[専]文学
El Din, Hamza　エルディーン, ハムザ
1929～2006　[国]エジプト　ウード奏者　[異]エッディーン, ハムザ
Eldredge, John　エルドリッジ, J.
1960～　[著]「目を醒ませ、死者の中から」 教文館　2012
Eldredge, Niles　エルドリッジ, ナイルズ
1943～　[著]「ダーウィンと現代」 麗沢大学出版会, 広池学園事業部(柏)(発売)　2012
Eldredge, Todd　エルドリッジ
[国]アメリカ　フィギュアスケート選手
Eldridge, Barbara　エルドリッジ, バーバラ
[著]「食品・栄養・食事療法事典」 産調出版, 産業調査会(発売)　2006
Eldridge, Kiki　エルドリッジ, キキ
[著]「ブローシャー・デザイン」 グラフィック社　2010
Eldridge, Robert D.　エルドリッジ, ロバート・D.
1968～　[著]「次の大震災に備えるために」 近代消防社　2016
Electra, Carmen　エレクトラ, カーメン
ゴールデン・ラズベリー賞(ラジー賞) 最低助演女優賞(第27回(2006年))　"Date Movie" "Scary Movie 4"
Eleftheriou, Andri　エレフトエリウ, アンドリ
[国]キプロス　射撃選手　[異]エレフトエリウ
Elegant, Linda　エレガント, リンダ
[著]「ポール・オースターが朗読するナショナル・ストーリー・プロジェクト」 アルク　2005
Elegbe, Amos　エグベ, アモス
[国]ベナン　文化・手工業・観光相
Elemba, Franck　エレンバ, フランクリン
[国]コンゴ共和国　陸上選手
Elemba, Michel Lokola　エレンバ, ミシェル・ロコラ
[国]コンゴ民主共和国　予算相
Elengue-okongo, Marc　エレンゲ・オコンゴ, マーク
[国]コンゴ共和国　臨時代理大使, 参事官
Ēlerte, Sarmīte　エーレルテ, サルミーテ
[国]ラトビア　文化相
Elewa, Kaba Ould　エレワ, カバ・ウルド
[国]モーリタニア　国防相
Eley, Jon　エリー
[国]イギリス　ショートトラック選手
Elezi, Shurete　エレズィ, シレト
[国]マケドニア　自治相
Elfenbein, Stefan W.　エルフェンバイン, ステファン
1964～　[著]「ニューヨークタイムズ」 木鐸社　2001
Elfferding, Susanne　エルファディング, ズザンネ
[著]「シェアする道路」 技報堂出版　2012
Elffers, Joost　エルファーズ, ユースト
[著]「権力(パワー)に翻弄されないための48の法則」 パンローリング　2016
Elfgren, Sara Bergmark　エルフグリエン, サラ・B.
1980～　[国]スウェーデン　脚本家, 作家　[専]ヤングアダルト, ファンタジー　本名=Elfgren, Sara Bergmark
El Fisgón　エル・フィスゴン
[著]「グローバリゼーションとは何か?」 明石書店　2005
Elfman, Danny　エルフマン, ダニー
1953～　[国]アメリカ　作曲家　[専]映画音楽
Elfont, Edna A.　エルフォント, エドナ
[著]「モノクロ×Photoshop」 ボーンデジタル　2014
El Frutas　エル・フルータス
1930～2008　[国]メキシコ　プロサッカークラブ・パチューカの熱狂的サポーター　本名=ディアス, エンリケ〈Diaz, Enrique〉
Elfutina, Stefaniya　エルフチナ
[国]ロシア　セーリング選手
Elgar, Rebecca　エルガー, レベッカ
[著]「ねがいごとをしてごらん」 評論社　2004
Elgarhi, Amr　エルガルヒ, アレム
[国]エジプト　財務相
Elger, Dietmar　エルガー, ディートマー
1958～　[著]「ダダイスム」 Taschen　c2006
Elgert, Norbert　エルゲルト, ノルベルト
[著]「ドイツ流攻撃サッカーで点を取る方法」 講談社　2009
El Ghazi, Anwar　エル・ガジ, アンワル
[国]オランダ　サッカー選手
El Gigante　エル・ヒガンテ
1966～2010　[国]アルゼンチン　プロレスラー　リングネーム=ジャイアント・ゴンザレス〈Giant González〉
Elgin, Catherine Z.　エルギン, C.Z.
1948～　[著]「記号主義」 みすず書房　2001
El Guerrouj, Hicham　エルゲルージ
[国]モロッコ　陸上選手
Elhadi Moussa, Maty　エルハジ・ムサ, マティ
[国]ニジェール　法相
El Hady, Ameen　ハダイ
[国]エジプト　柔道選手
Elhaïk, Serge　エライク, セルジュ
[著]「ポール・モーリア」 審美社　2008
Elham, Gholamhossein　エルハム, ゴラムホセイン
[国]イラン　法相
Elhodhod, Afaf　エルハドハド, アファフ
[国]エジプト　射撃選手

Eli, Ilana エリ, I.
[著]「バイオロジーに基づいた実践歯内療法学」 クインテッセンス出版 2007
Eliacheff, Caroline エリアシェフ, キャロリーヌ
[著]「だから母と娘はむずかしい」 白水社 2005
Eliades, Demetris エリアーデス, ディミトリス
[国]キプロス 国防相 [興]エリアーデス, デメトリス
Eliakim, Philippe エリアキム, フィリップ
[著]「禿頭礼讃」 河出書房新社 2008
Eliane イリアーヌ
[国]ブラジル 歌手, ジャズ・ピアニスト 本名=イライアス, イリアーヌ〈Elias, Eliane〉 [興]イリアス, イリアーヌ
Elias エリアス
[国]ブラジル サッカー選手
Elias, Buddy エリアス, バディ
1925~2015 [国]スイス 俳優 本名=Elias, Bernhard
Elias, Cassius エリアス, カシアス
[国]セントルシア 農水相
Elias, F. エリア, F.
[著]「ムースの物理学」 吉岡書店 2016
Elias, Gastao エリアス, ガスタン
[国]ポルトガル テニス選手
Elias, Jamal J. エリアス, ジャマール・J.
[著]「イスラーム」 春秋社 2005
Elias, Maurice J. イライアス, モーリス
[著]「コミュニティ心理学」 トムソンラーニング, 金子書房(発売) 2007
Elias, Roenis エリアス, ロエニス
[国]キューバ 野球選手
Elias, Thomas イライアス, トーマス
[国]アメリカ 元・米国国立樹木園園長兼農務省シニア・エグゼクティブ・サービス
Eliasson, Olafur エリアソン, オラファー
1967~ [国]デンマーク 現代美術家
Elicker, Brett M. エリッカー, ブレット・M.
[著]「肺HRCTエッセンシャルズ」 メディカル・サイエンス・インターナショナル 2014
Elie, Daniel エリー, ダニエル
[国]ハイチ共和国 文化・情報相
Elimi, Ousmane Mahamat Nour エリミ, ウスマン・マハマット・ヌール
[国]チャド 石油相
Elinder, Carl-Gustaf エリンダー, カール・グスタッフ
[著]「環境医学入門」 中央法規出版 2003
Eliopoulos, Charlotte イリオパウロス, シャーロット
[著]「現代医療の治療効果を高める補完代替療法」 産調出版 2006
Eliopoulos, Chris エリオプロス, クリス
[著]「ホークアイ:リオ・ブラボー」 小学館集英社プロダクション 2016
Eliot, George Fielding エリオット, ジョージ・フィールディング
[著]「新・幻想と怪奇」 早川書房 2009
Eliot, Lise エリオット, リーズ
[著]「女の子脳男の子脳」 日本放送出版協会 2010
Eliot, Marc エリオット, マーク
[著]「クリント・イーストウッド」 早川書房 2010
Eliot, Peter B. エリオット, ピーター
[国]ロシア シティグループ・ジャパン・ホールディングス社長 シティバンク銀行社長
Elisabeth エリザベト(ボヘミア王女)
[著]「デカルト=エリザベト往復書簡」 講談社 2001
Elisdottir, Thorey Edda エリスドッティル
[国]アイスランド 陸上選手
Eliseu エリゼウ
[国]ポルトガル サッカー選手
Eliška, Radomil エリシュカ, ラドミル
1931~ [国]チェコ 指揮者 札幌交響楽団名誉指揮者 カルロヴィヴァリ交響楽団首席指揮者・音楽監督
Elison, Jennifer エリソン, ジェニファー
[著]「夫の死に救われる妻たち」 飛鳥新社 2010
Elisseeff, Danielle エリセーエフ, ダニエル
1938~ [著]「日本文明」 論創社 2013
Elisseeff, Vadime エリセーエフ, ヴァディム
1918~2002 [国]フランス 歴史家, 東洋言語学者, 日本研究家 フランス美術館博物館局名誉総監, ギメ東洋美術館名誉館長 [興]エリセーエフ, バジム / エリセーエフ, バディム
Elitaş, Mustafa エリタシュ, ムスタファ
[国]トルコ 経済相
Elizabeth, the Queen Mother エリザベス皇太后
1900~2002 [国]イギリス ジョージ6世王妃 本名=Elizabeth Angela Margurite
Elizabeth Ⅱ エリザベス2世
1926~ [国]イギリス 女王 本名=エリザベス・アレクサンドラ・メアリー〈Elizabeth Alexandra Mary〉 [興]エリザベス女王
Elizalde, Álvaro エリサルデ, アルバロ
[国]チリ 官房長官
Elizarov, Mikhail エリザーロフ, ミハイル
1973~ [国]ロシア 作家 [専]文学
Elizondo Barragán, Fernando エリソンド・バラガン, フェルナンド
[国]メキシコ エネルギー相
Elizondo Torres, Rodolfo エリソンド・トレス, ロドルフォ
[国]メキシコ 観光相
Eljuri, Gladys エルフリ, グラディス
[国]エクアドル 観光相
Elk, Black エルク, ブラック
[著]「アメリカの環境主義」 同友館 2004
El Kaddouri, Omar エル・カドゥーリ, オマル
[国]モロッコ サッカー選手
Elkann, John エルカン, ジョン
[国]イタリア エクソール会長
El Khomri, Myriam エルコムリ, ミリアム
[国]フランス 労働・雇用・職業教育・労使対話相
Elkin, Zeev エルキン, ゼエブ
[国]イスラエル 環境保護相兼エルサレム相
Elkind, David エルカインド, デイヴィッド
[著]「急がされる子どもたち」 紀伊国屋書店 2002
Elkington, John エルキントン, ジョン
[著]「クレイジーパワー」 英治出版 2008
Elkins, Aaron J. エルキンズ, アーロン
1935~ [国]アメリカ ミステリー作家
Elkins, Caroline エルキンス, キャロライン
[国]アメリカ ピュリッツアー賞 文学・音楽 一般ノンフィクション(2006年) "Imperial Reckoning: The Untold Story of Britain's Gulag in Kenya"
Elkins, Charlotte エルキンズ, シャーロット
[国]アメリカ 作家 別筆名=スペンサー, エミリー
Elkins, Debra エルキンス, デブラ
[著]「サプライチェーンリスクマネジメント入門」 日科技連出版社 2010
Elkjer, Thom エルクジャー, トム
[著]「一粒のブドウが生んだ、奇跡のオーガニック経営」 ランダムハウス講談社 2005
El'konin, Daniil Borisovich エリコニン, D.B.
[著]「遊びの心理学」 新読書社 2002
Ellahi, Pervez エラヒ, ペルベズ
[国]パキスタン 副首相兼産業相
Ellard, Colin エラード, コリン
1958~ [著]「イマココ」 早川書房 2010
Ellard, Kristen K. エラード, クリステン・K.
[著]「不安とうつの統一プロトコル」 診断と治療社 2012
Elle エル
[著]「Hunting season」 講談社 2010
Ellefson, Dave エレフソン, デイヴ
1964~ [国]アメリカ ロック・ベース奏者 本名=エレフソン, デービッド〈Ellefson, David〉 [興]エレフソン, デーブ / エレフソン, デイヴ
Ellegård, Kajsa エッレゴード, カイサ
[著]「ボルボの研究」 柘植書房新社 2002
Elleman, Barbara エルマン, バーバラ
[著]「ヴァージニア・リー・バートン」 岩波書店 2004
Ellemann, Karen エレマン, カーレン
[国]デンマーク 社会・内務相 [興]エレマン, カレン
Ellen, Richard P. エレン, R.P.
[著]「インプラント評価基準の新しいコンセンサス」 クインテッセンス出版 2001
Ellena, Jean-Claude エレナ, ジャン=クロード
[著]「調香師日記」 原書房 2011
Ellenbecker, Todd S. エレンベッカー, T.S.
1962~ [著]「エレンベッカー肩関節検査法」 西村書店 2008
Ellenberg, Jordan エレンバーグ, ジョーダン
1971~ [著]「データを正しく見るための数学的思考」 日経BP社, 日経BPマーケティング(発売) 2015

Ellenby, John　エレンビー, ジョン
1941〜2016　国イギリス　技術者, 起業家　グリッド・システムズ社長
Ellenshaw, Peter　エレンショウ, ピーター
1913〜2007　国イギリス　特殊効果アーティスト
Ellenson, Henry　エレンソン, ヘンリー
国アメリカ　バスケットボール選手
Eller, Helmut　エラー, ヘルムート
1935〜　著「4つの気質と個性のしくみ」トランスビュー　2005
Eller, Walton Glenn　エラー, ウォルトン
国アメリカ　射撃選手
Ellerbe, Dannell　エラービー, ダネル
国アメリカ　アメフト選手
Ellerbe, Helen　エラーブ, ヘレン
著「キリスト教暗黒の裏面史」徳間書店　2004
Ellers, Kevin L.　エラーズ, ケビン・L.
著「危機対応最初の48時間」いのちのことば社　2014
Ellersick, Raymond　イラーシック, レイモンド
著「Eclipseモデリングフレームワーク」翔泳社　2005
Ellet, William　エレット, ウィリアム
著「入門ケース・メソッド学習法」ダイヤモンド社　2010
Elling, Kurt　エリング, カート
1967〜　国アメリカ　ジャズ歌手
Ellington, Andre　エリントン, アンドレ
国アメリカ　アメフト選手
Ellington, Brian　エリントン, ブライアン
国アメリカ　野球選手
Ellington, Bruce　エリントン, ブルース
国アメリカ　アメフト選手
Ellington, Wayne　エリントン, ウェイン
国アメリカ　バスケットボール選手
Ellingwood, Ken　エリングウッド, ケン
著「不法越境を試みる人々」パーソナルケア出版部　2006
Elliot, Adam　エリオット, アダム
アヌシー国際アニメーション映画祭 長編映画 クリスタル賞(最優秀長編作品)(2009年)ほか
Elliot, Bob　エリオット, ボブ
著「ビジネスは30秒で話せ!」すばる舎　2015
Elliot, David　エリオット, デヴィッド
1952〜　著「三千と一羽がうたえる卵の歌」さ・え・ら書房　2014
Elliot, Jay　エリオット, ジェイ
国アメリカ　起業家　ヌーベル創設者・CEO　アップル上級副社長
Elliott, Anthony　エリオット, アンソニー
1964〜　著「モバイル・ライブズ」ミネルヴァ書房　2016
Elliott, Bill　エリオット, ビル
トニー賞 ミュージカル 編曲賞(2015年(第69回))　"An American in Paris"
Elliott, Bronwen　エリオット, ブロンウェン
著「家族のカウンセリング」ブレーン出版　2005
Elliott, Cara　エリオット, カーラ
1951〜　著「伯爵のハートを盗むには」幻冬舎　2011
Elliott, Carl　エリオット, カール
著「不健康は悪なのか」みすず書房　2015
Elliott, Clark Davidson　エリオット, クラーク
著「脳はすごい」青土社　2015
Elliott, David　エリオット, デービッド
1949〜　国イギリス　キュレーター　国際美術館会議(CIMAM)名誉会長　森美術館館長, ストックホルム近代美術館館長　専現代美術　エリオット, デイヴィッド / エリオット, デヴィッド
Elliott, DeAndre　エリオット, ディアンドレ
国アメリカ　アメフト選手
Elliott, Donald R.　エリオット, ドナルド・R.
アカデミー賞 特殊効果賞(第85回(2012年))　"Life of Pi"
Elliott, Ezekiel　エリオット, エゼキエル
国アメリカ　アメフト選手
Elliott, Gail Pursell　エリオット, ゲイル・パーセル
著「職場いびり」緑風出版　2002
Elliott, Geroge　エリオット, ジョージ
?〜2003　国アメリカ　軍人
Elliott, James　エリオット, ジェイムス
著「入門GNU Emacs」オライリー・ジャパン, オーム社(発売)　2007
Elliott, Jane　エリオット, J.
著「現代イギリスの政治算術」北海道大学図書刊行会　2003
Elliott, Jane　エリオット, ジェーン
著「囚われの少女ジェーン」ヴィレッジブックス　2007
Elliott, Javien　エリオット, ジャビエン
国アメリカ　アメフト選手
Elliott, Jay　エリオット, ジェイ
国アメリカ　アメフト選手
Elliott, Jennifer A.　エリオット, ジェニファー
1962〜　著「持続可能な開発」古今書院　2003
Elliott, Joe　エリオット, ジョー
1959〜　国イギリス　ロック歌手
Elliott, John Huxtable　エリオット, J.H.
1930〜　著エリオット, ジョン・H.「スペイン帝国の興亡」岩波書店　2009
Elliott, Larry　エリオット, ラリー
1955〜　著「市場原理主義の害毒イギリスからの眺め」PHP研究所　2009
Elliott, Lorraine M.　エリオット, ロレイン
著「環境の地球政治学」法律文化社　2001
Elliott, Marianne　エリオット, マリアンヌ
トニー賞 プレイ 演出賞(2015年(第69回))ほか
Elliott, Mark W.　エリオット, マーク
1965〜　著「人生を聖書と共に」新教出版社　2016
Elliott, Missy　エリオット, ミッシー
国アメリカ　MTVアワード 最優秀特殊効果(第23回(2006年))ほか
Elliott, Peter　エリオット, ピーター
1970〜　著「まっくろヒヨコ」偕成社　2003
Elliott, Ralph Warren Victor　エリオット, ラルフ・W.V.
1921〜　著「ルーン文字の探究」春風社　2009
Elliott, Ramblin' Jack　エリオット, ランブリン・ジャック
グラミー賞 最優秀トラディショナル・ブルース・アルバム(2009年(第52回))　"A Stranger Here"
Elliott, Rebecca　エリオット, レベッカ
著「レタスをたべたのはだれ?」大日本絵画　2013
Elliott, Robert　エリオット, ロバート
1950〜　著「感情に働きかける面接技法」誠信書房　2006
Elliott, Sam　エリオット, サム
1944〜　国アメリカ　俳優　本名=Elliott, Samuel Pack
Elliott, Sara　エリオット, サラ
著「イタリア・ルネサンス絵画」西村書店　2009
Elliott, Ted　エリオット, テッド
著「ローン・レンジャー」竹書房　2013
Elliott, William I.　エリオット, ウィリアム・I.
1931〜　著「谷川俊太郎を想像する」港の人　2015
Ellis, A.J.　エリス, AJ.
国アメリカ　野球選手
Ellis, Albert　エリス, アルバート
1913〜2007　国アメリカ　臨床心理学者　アルバート・エリス研究所所長
Ellis, Alex　エリス, アレックス
国アメリカ　アメフト選手
Ellis, Bret Easton　エリス, ブレット・イーストン
1964〜　国アメリカ　作家
Ellis, Carson　エリス, カーソン
1975〜　著「わたしのいえ」偕成社　2016
Ellis, Charles D.　エリス, チャールズ
1937〜　国アメリカ　投資コンサルタント　グリニッジ・アソシエーツ取締役
Ellis, Cliff　エリス, クリフ
著「ゾーンプレスバリエーション」ジャパンライム, 社会評論社(発売)
Ellis, Craig　エリス, クレイグ
著「ハーバードMBA合格者のエッセイを読む」オープンナレッジ　2007
Ellis, Dana　エリス
国カナダ　陸上選手
Ellis, David　エリス, デービッド
1967〜　国アメリカ　作家　専ミステリー, スリラー　異エリス, デイヴィッド
Ellis, Deborah　エリス, デボラ
1960〜　国カナダ　作家, 平和運動家　専児童書, 歴史, 女性学
Ellis, Gail　エリス, ゲイル
著「先生, 英語のお話を聞かせて!」玉川大学出版部　2008
Ellis, Geoffrey James　エリス, ジェフリー
著「ナポレオン帝国」岩波書店　2008
Ellis, Harold　エリス, ハロルド
1926〜　著エリス, H.「外科の足跡」バベルプレス　2008
Ellis, Janice Rider　エリス, ジャニス・ライダー

[著]「看護ケアのマネジメント」 メディカ出版 2005
Ellis, John エリス, ジョン
1945〜 [著]「機関銃の社会史」 平凡社 2008
Ellis, Jonathan エリス, ジョナサン
[著]「凝縮の美学」 INAX出版 2011
Ellis, Joseph H. エリス, ジョセフ・H.
[著]「ウォール街流米国景気予測の方法」 エナジクス 2008
Ellis, Joyce M. エリス, ジョイス・M.
[著]「長い18世紀のイギリス都市」 法政大学出版局 2008
Ellis, Justin エリス, ジャスティン
[国]アメリカ アメフト選手
Ellis, K.C. エリス, K.C.
[著]「パリー・ホッター」 バジリコ 2005
Ellis, Keith エリス, キース
1927〜 [著]「エジソンと電灯」 玉川大学出版部 2015
Ellis, Kenrick エリス, ケンリック
[国]アメリカ アメフト選手
Ellis, Lauren エリス, ローレン
[国]ニュージーランド 自転車選手
Ellis, Lauren エリス, ローレン
[著]「めいろでめちゃめちゃあそぶっくどきどきタイム」 ポプラ社 2016
Ellis, Libby エリス, リビー
[著]「しまうまジギー」 大日本絵画 〔2001〕
Ellis, Lucy エリス, ルーシー
[著]「白夜の大富豪」 ハーレクイン 2014
Ellis, Lyn エリス, リン
[著]「罪深き変身」 ハーレクイン 2007
Ellis, Marcus エリス, マーカス
[国]イギリス バドミントン選手
Ellis, Monta エリス, モンタ
[国]アメリカ バスケットボール選手
Ellis, Neenah エリス, ニーナ
[著]「100歳まで生きてしまった」 新潮社 2003
Ellis, Perry エリス, ペリー
[国]アメリカ バスケットボール選手
Ellis, Robert エリス, ロバート
1954〜 [著]「ロミオ」 早川書房 2008
Ellis, Rod エリス, ロッド
1944〜 [著]「第2言語習得のメカニズム」 筑摩書房 2003
Ellis, Shaun エリス, ショーン
1964〜 [著]「狼の群れと暮らした男」 築地書館 2012
Ellis, Susan J. エリス, スーザン
[著]「なぜボランティアか?」 海象社 2001
Ellis, Thomas E. エリス, トーマス・E.
[著]「自殺予防の認知療法」 日本評論社 2005
Ellis, Warren エリス, ウォーレン
[著]「アベンジャーズ:エンドレス・ウォータイム」 ヴィレッジブックス 2016
Ellison, Brady エリソン, ブレイディ
[国]アメリカ アーチェリー選手
Ellison, Brooke エリソン, ブルック
1978〜 [著]「ミラクル!」 文芸春秋 2002
Ellison, Harlan エリスン, ハーラン
ネビュラ賞 短編(2010年)ほか
Ellison, James M. エリソン, ジェームズ・M.
[著]「不安障害」 日本評論社 2005
Ellison, James W. エリソン, ジェームズ・W.
[著]「すべては愛のために」 竹書房 2003
Ellison, Jean エリソン, ジーン
1951〜 [著]「ミラクル!」 文芸春秋 2002
Ellison, J.T. エリソン, J.T.
[国]アメリカ 作家 [専]スリラー, サスペンス
Ellison, Katherine エリソン, キャサリン
1957〜 [著]「生態系サービスという挑戦」 名古屋大学出版会 2010
Ellison, Larry エリソン, ラリー
1944〜 [国]アメリカ 実業家 オラクル会長・CTO・創業者 本名=エリソン, ローレンス・ジョセフ〈Ellison, Lawrence J.〉
Ellison, Rhett エリソン, レット
[国]アメリカ アメフト選手
Ellison, Sarah エリソン, サラ
[著]「ウォール・ストリート・ジャーナル陥落の内幕」 プレジデント社 2011
Ellison, Sheila エリソン, シーラ
[著]「シングルマザーの勇気と情熱」 グラフ社 2003
Elliston, Ben エリストン, ベン
[著]「GNU Autoconf/Automake/Libtool」 オーム社 2001
Ellman, Ira Mark エルマン, アイラ
1945〜 [著]「アメリカ医事法」 木鐸社 2005
Ellory, Roger Jon エロリー, R.J.
[著]「静かなる天使の叫び」 集英社 2009
Ellroy, James エルロイ, ジェームズ
1948〜 [国]アメリカ ミステリー作家 本名=Ellroy, Lee Earle [異]エルロイ, ジェイムズ
Ellsberg, Daniel エルズバーグ, ダニエル
1931〜 [国]アメリカ 核戦略分析家, 平和運動家 マンハッタン・プロジェクト2主宰・ランド研究所所員, 米国国防次官補補佐官
Ellsbury, Jacoby エルズブリー, ジャコビー
1983〜 [国]アメリカ 野球選手 本名=Ellsbury, Jacoby McCabe [異]エルスベリー / エルズバリー, ジャコビー / エルズベリー, ジャコビー
Ellston, Peter エルストン, ピーター
[著]「みんな大切!」 新科学出版社 2011
Ellsworth, Loretta エルスワース, ロレッタ
[国]アメリカ 作家 [専]ヤングアダルト, 歴史
Ellwood, Wayne エルウッド, ウェイン
[著]「グローバリゼーションとはなにか」 こぶし書房 2003
Ellys, Indirayanthi エリス・インディラヤンティ
[国]インドネシア 元・在インドネシア日本国大使館現地職員
Elman, Benjamin A. エルマン, B.A.
1946〜 [著]「哲学から文献学へ」 知泉書館 2014
Elman, Colin エルマン, コリン
[著]「国際関係研究へのアプローチ」 東京大学出版会 2003
Elman, Miriam Fendius エルマン, ミリアム・フェンディアス
[著]「国際関係研究へのアプローチ」 東京大学出版会 2003
Elman, R.Amy エルマン, エイミー
1961〜 [著]「国家は女性虐待を救えるか」 文化書房博文社 2002
Elmandjra, Mahdi エルマンジャ, マフディ
1933〜2014 [国]モロッコ 国際政治経済学者 世界未来研究連合会長, モハマンド5世大学教授 [専]未来研究 [異]エルマンジュラ, マフディ
Elmer, Ruth M. エルマー, R.
?〜2008 [著]「主の愛の宣教師エルマー先生の祈りと勧め」 三本木健治 2008
Elmgreen, Michael エルムグリーン, マイケル
[国]デンマーク ヴェネチア・ビエンナーレ 特別賞(2009年(第53回))
El Mhenaoui, Hamadi エル・ムヘナウイ, ハマディ
[国]チュニジア 元・在チュニジア日本国大使館現地職員
Elmhirst, Tom エルムハースト, トム
グラミー賞 最優秀録音技術アルバム(クラシック以外)(2014年(第57回)) "Morning Phase" エンジニア
Elmi Bouh, Yacin エルミブー, ヤシン
[国]ジブチ 内務・地方分権相
Elmiger, Jean エルミガー, ジャン
[著]「真の医学の再発見」 ホメオパシー出版 2006
El Moctar, Mohamed エルモクタル, モハメド
[国]マリ 文化相 [異]エル・モクタール, モハメド
Elmohamady, Ahmed エルモハマディ, アーメド
[国]エジプト サッカー選手
Elmont, Dex エルモント, デクス
[国]オランダ 柔道選手 [異]エルモント
Elmont, Guillaume エルモント
[国]オランダ 柔道選手
Elmore, Richard F. エルモア, リチャード・F.
[異]エルモア, リチャード [著]「教育における指導ラウンド」 風間書房 2015
Elmore, Tim エルモア, ティム
[著]「ウチの子って最高!」 主婦と生活社 2003
Elmosnino, Eric エルモスニーノ, エリック
セザール賞 主演男優賞(第36回(2010年)) "Gainsbourg (vie héroïque)"
Elmoustaphe, Yahya Ould Sid エルムスタフ, ヤフヤ・ウルド・シド
[国]モーリタニア 識字教育・イスラム指導・伝統教育相
Elmsätersvärd, Catharina エルムセーテルスベード, キャサリーナ
[国]スウェーデン 社会基盤担当相
Elmslie, Brittany エルムスリー, ブリタニー
1994〜 [国]オーストラリア 水泳選手 [異]エルムズリー
Elmwood, Emelia エルムウッド, エメリア

E

著「秘密の扉、恋のルール」ハーレクイン　2014
Elneny, Mohamed　エルネニー, モハメド
　国エジプト　サッカー選手
Elofsson, Per　エロフソン
　国スウェーデン　クロスカントリースキー選手
Elon, Amos　エロン, アモス
　1926〜2009　著「ドイツに生きたユダヤ人の歴史」明石書店　2013
Elo Ndong Nsefumu, Demetrio　エロヌドングヌセフム, デメトリオ
　国赤道ギニア　第2副首相(内政担当)
Elosegi, Ander　エルセギ, アンデル
　国スペイン　カヌー選手
Elphick, Jonathan　エルフィック, ジョナサン
　著「図説哺乳動物百科」朝倉書店　2007
Elrington, Wilfred　エルリントン, ウィルフレッド
　国ベリーズ　外相
Els, Ernie　エルス, アーニー
　1969〜　国南アフリカ　プロゴルファー　本名=Els, Theodore Ernest
Elsa, María　エルサ, マリア
　国エクアドル　財務相
Elsaesser, Thomas　エルセサー, トマス
　1943〜　著「現代アメリカ映画研究入門」書肆心水　2014
Elsässer, Jürgen　エルゼサー, ユルゲン
　1957〜　著「敗戦国ドイツの実像」昭和堂　2005
Elsawalhy, Seham　エルサワリ, セハム
　国エジプト　テコンドー選手
Elsayed, Mohamed　エルサエド
　国エジプト　ボクシング選手
Elsberg, Marc　エルスベルグ, マルク
　1967〜　国オーストリア　作家　スリラー
Elsdale, Bob　エルスデール, ボブ
　著「プリティ・イン・ピンク」グラフィック社　2007
Else, David　エルス, デイビッド
　著「英国」メディアファクトリー　2003
Elseify, Ashraf Amgad　エルセイフィ, アシュラフアムガド
　国カタール　陸上選手
Elsey, Dave　エルジー, デイヴ
　アカデミー賞 メイクアップ賞(第83回(2010年))　"The Wolfman"
El Shaarawy, Stephan　エル・シャーラウィ, ステファン
　1992〜　国イタリア　サッカー選手　エル・シャーラウィ, ステファン
El Shehaby, Islam　エルシェハビ, イスラム
　国エジプト　柔道選手
Elsherif, Mahmud Ahmad　エルシェリフ, マハムド・アハマド
　国エジプト　地方開発相
Elshtain, Jean Bethke　エルシュテイン, ジーン・ベスキー
　著「衝突を超えて」日本経済評論社　2003
Elson, Diane　エルソン, ダイアン
　著「猫とイギリス」光文社　2011
Elson, Richard　エルソン, リチャード
　著「スーペリア・スパイダーマン：ワースト・エネミー」ヴィレッジブックス　2016
Elster, Allen D.　エルスター, アレン・D.
　著「MRI「超」講義」メディカル・サイエンス・インターナショナル　2012
Elster, Jon　エルスター, ヤン
　1940〜　著「合理性を圧倒する感情」勁草書房　2008
Elston, Trae　エルストン, トラエ
　国アメリカ　アメフト選手
Elswit, Robert　エルスウィット, ロバート
　アカデミー賞 撮影賞(第80回(2007年))　"There Will Be Blood"
Eltazarov, Juliboy　エルタザロフ, ジュリボイ
　1960〜　著「ソヴィエト後の中央アジア」大阪大学出版会　2010
Eltchaninoff, Michel　エルチャニノフ, ミシェル
　著「死のテレビ実験」河出書房新社　2011
El Texano　エル・テハノ
　?〜2006　国メキシコ　プロレスラー　本名=Aguilar, Juan
Eltis, David　エルティス, デイヴィッド
　1940〜　著「環大西洋奴隷貿易歴史地図」東洋書林　2012
Elton, Chester　エルトン, チェスター
　著「「一緒に仕事できて良かった！」と部下が喜んで働くチームをつくる52の方法」日本経済新聞出版社　2013
El Troudi, Haiman　エルトゥルディ, ハイマン

国ベネズエラ　陸上輸送・公共事業相　エルトロウディ, ハイマン
Eluay, Theys Huyo　エルアイ, テイス・フヨ
　1937〜2001　国インドネシア　西パプア(イリアンジャヤ)独立運動家, 政治家　西パプア国民評議会(DNPB)議長　本名=Eluay, Theodorus Huyo　エルワイ, テイス
Elustondo, Aritz　エルストンド, アリツ
　国スペイン　サッカー選手
Elustondo, Gorka　エルストンド, ゴルカ
　国スペイン　サッカー選手
Elvan, Lütfi　エルバン, リュトフィ
　国トルコ　開発相
Elvedi, Nico　エルヴェディ, ニコ
　国スイス　サッカー選手
Elvehøi, Ole-Martin　エルヴェホイ, オーレ・マルチン
　著「社会ケアサービス」本の泉社　2003
Elvin, Mark　エルヴィン, マーク
　著「中国」朝倉書店　2008
Elvira Quesada, Juan Rafael　エルビラ・ケサダ, フアン・ラファエル
　国メキシコ　環境・天然資源相
Elwenspoek, Miko　エルベンスポーク, M.
　1948〜　著「シリコンマイクロ加工の基礎」シュプリンガー・フェアラーク東京　2001
Elwes, Richard　エルウィス, リチャード
　1978〜　著「マスペディア1000」ディスカヴァー・トゥエンティワン　2016
Elwing, Jill E.　エルウィング, ジル・E.
　著「外来診療」メディカル・サイエンス・インターナショナル　2005
Elwood, Ann　エルウッド, アン
　著「有名人の子ども時代」文芸春秋　2001
Elwood, Christopher　エルウッド, C.
　1960〜　著「はじめてのカルヴァン」教文館　2007
Elworthy, Scilla　エルワージー, シーラ
　著「内なる平和が世界を変える」ディスカヴァー・トゥエンティワン　2016
Elwyn, Glyn　エルウィン, グリン
　著「ナラティブ・ベイスト・メディスン」金剛出版　2001
Ely, Cheyakh Ould　エリ, シェヤフ・ウルド
　国モーリタニア　情報・議会関係相
Ely, David　イーリイ, デービッド
　1927〜　国アメリカ　作家　本名=リリエンソール, デービッド・イライ, ジュニア　イーリ／イーリー／イーリイ, デイヴィッド
Ely, Hacenna Ould　エリー, ハセナ・ウルド
　国モーリタニア　漁業・海洋経済相
Ely, Jack　エリー, ジャック
　1943〜2015　国アメリカ　ミュージシャン
Ely, Lesley　エリー, レスリー
　著「おいでよルイス！」フレーベル館　2009
Ely, Rodrigo　エリー, ロドリゴ
　国ブラジル　サッカー選手
Elyasov, Gurbanmammet　エリヤソフ, グルバンマンメト
　国トルクメニスタン　駐日特命全権大使　エリヤソフ, グルバンマムメト
Elyounoussi, Mohamed　エルユヌシ, モハメド
　国ノルウェー　サッカー選手
Elzbieta　エルズビエタ
　著「ちいさなふたり」小峰書店　2002
El Zeini, Hanny　エル・ゼイニ, ハニー
　1918〜　著「転生者オンム・セティと古代エジプトの謎」学習研究社　2008
El Zhar, Nabil　エル・ザール, ナビル
　国モロッコ　サッカー選手
Elzinga, Kenneth G.　エルジンガ, K.G.
　著「現代アメリカ産業論」創風社　2002
al-Emadi, Ali Sherif　エマディ, アリ・シャリフ
　国カタール　財務相
Emam, Ahmed　イマム, アハメド
　国エジプト　電力・エネルギー相
Emam, Khaled El　エマン, カハレ・エル
　著「データ匿名化手法」オライリー・ジャパン, オーム社(発売)　2015
Emami, Houman　エマミ, フーマン
　1964〜2005　著「エンライトメント」アルテ, 星雲社(発売)　2011

Emane, Gevrise　エマヌ, ジブリズ
　国フランス　柔道選手　愛エマヌ
Emanuel, Kyle　エマニュエル, カイル
　国アメリカ　アメフト選手
Emanuel, Louise　エマニュエル, ルイーズ
　1953～　著「子どもを理解する」岩崎学術出版社　2013
Emanuel, Rahm　エマニュエル, ラーム
　1959～　国アメリカ　政治家, 銀行家　シカゴ市長　米国大統領首席補佐官　本名＝Emanuel, Rahm Israel
Emanuele, Pietro　エマヌエーレ, ピエトロ
　1948～　著「この哲学者を見よ」中央公論新社　2009
Emard, Jeanne　エマール, ジャンヌ
　著「花と典礼」オリエンス宗教研究所　2013
Embach, Carsten　エンバッハ
　国ドイツ　ボブスレー選手
Embacher, Michael　エンバッハー, マイケル
　1963～　著「サイクルペディア自転車事典」ガイアブックス, 産調出版（発売）　2012
Embalo, António Sirifo　エムバロ, アントニオ・シリフォ
　国ギニアビサウ　環境・持続的開発相　愛エンバロ, アントニオ・セリフォ
Embalo, Braima　エンバロ, ブライマ
　国ギニアビサウ　国土行政相
Embalo, Carlos　エンバロ, カルロス
　国ギニアビサウ　サッカー選手
Embalo, Daniel Suleimane　エンバロ, ダニエル・スレイマン
　国ギニアビサウ　農業・養殖・林業・狩猟相
Embalo, Helena Nosolini　エンバロ, エレナ・ノソリーニ
　国ギニアビサウ　経済・計画・地域統合相　愛エンバロ, ヘレナ
Embalo, Serifo Antonio　エンバロ, セリフォ・アントニオ
　国ギニアビサウ　保健相
Embalo, Umaro Sissoco　エムバロ, ウマロ・シソコ
　国ギニアビサウ　首相
Embaresh, El Mahdie Moftah　エンバレシュ, エル・マフディ・モフタ
　国リビア　文化書記（文化相）
Embas, Douglas Uggah　エンバス, ダグラス・ウガ
　国マレーシア　プランテーション産業・商品相
Embel, Philemon　エンベル, フィレモン
　国パプアニューギニア　スポーツ相
Emberley, Barbara　エンバリー, バーバラ
　著「よるのえほん」あすなろ書房　2011
Emberley, Ed　エンバリー, エド
　1931～　著「よるのえほん」あすなろ書房　2011
Emberley, Michael　エンバリー, マイケル
　著「ほんなんてだいきらい！」主婦の友社　2011
Emberlin, Randy　エンバリン, ランディ
　著「R.I.P.D.」小学館集英社プロダクション　2013
Emberton, David J.　エンバートン, デビッド・J.
　著「フラッシュ5アクションスクリプト・マジック」エムディエヌコーポレーション, インプレスコミュニケーションズ（発売）　2001
Embiid, Joel　エンビード, ジョエル
　国カメルーン　バスケットボール選手
Embleton, Chris　エンブルトン, クリス
　著「のりもの」世界文化社　2006
Embleton, Gerry A.　エンブルトン, ゲーリー
　エンブルトン, G.A.　著「中世兵士の服装」マール社　2013
Embolo, Breel　エンボロ, ブリール
　国スイス　サッカー選手
Embree, Lester E.　エンブリー, レスター
　1938～　著「使える現象学」筑摩書房　2007
Embrey, Sue Kunitomi　エンブレイ, スー・クニトミ
　1923～2006　国アメリカ　市民運動家
Embrich, Irina　エンブリッチ, イリーナ
　国エストニア　フェンシング選手
Emde, Robert N.　エムディ, R.N.
　著「早期関係性障害」岩崎学術出版社　2003
Emeneau, Murray Barnson　エメノー, M.B.
　1904～2005　著「ドラヴィダ語源辞典」きこ書房　2006
Emenike, Emmanuel　エメニケ, エマヌエル
　国ナイジェリア　サッカー選手
Emerick, Geoff　エメリック, ジェフ
　1946～　著「ザ・ビートルズ・サウンド最後の真実」河出書房新社　2016
Emerle, Henry F.　エマール, ヘンリー・F.

著「老化の生命科学」アークメディア　2007
Emerlye, Cynthia　エマリー, シンシア
　著「flower mandalas」日本文芸社　2016
Emerson　エメルソン
　1978～　国ブラジル　サッカー選手　本名＝アルブケルケ, マルシオ・パッソス・ジ〈Albuquerque, Márcio Passos de〉　愛アルバカーキ, マルシオ・パッソス・デ／エメルソン・パッソス, マルシオ／エメルソン・パッソス, マルシオ／エメルソン・パッソフ, マルシオ
Emerson, Carolyn J.　エマーソン, キャロリン
　著「実践リーダーをめざすひとの仕事術」新水社　2005
Emerson, Claudia　エマーソン, クラウディア
　国アメリカ　ピュリッツァー賞 文学・音楽 詩（2006年）　"Late Wife"
Emerson, Craig　エマーソン, クレイグ
　国オーストラリア　貿易・競争力担当相
Emerson, David　エマーソン, デービッド
　国カナダ　貿易相兼太平洋地域・バンクーバー五輪担当相　愛エマーソン, デイヴィッド
Emerson, Keith　エマーソン, キース
　1944～2016　国イギリス　キーボード奏者
Emerson, Ken　エマーソン, ケン
　1948～　著「魔法の音楽」シンコーミュージック・エンタテイメント　2012
Emerson, Michael　エマーソン, マイケル
　エミー賞 プライムタイム・エミー賞 最優秀助演男優賞（ドラマシリーズ）（第61回（2009年））　"Lost"
Emerson, Sandra L.　エマーソン, サンドラ・L.
　1947～　著「SQL実践ガイド」ピアソン・エデュケーション　2002
Emerson, Scott　エマーソン, スコット
　国アメリカ　オークランド・アスレティックスコーチ
Emery, Andrew　エメリー, アンドリュー
　1973～　著「Hip hop cover art」トランスワールドジャパン　2006
Emery, Gary　エメリィ, ゲアリィ
　著「うつを克服する10のステップ」金剛出版　2010
Emery, James　エメリー, ジェームズ
　著「ソフトウェア開発のカオス」構造計画研究所, 共立出版（発売）　2003
Emery, Stewart　エメリー, スチュワート
　1941～　著「ビジョナリー・ピープル」英治出版　2007
Emery, Unai　エメリ, ウナイ
　国スペイン　パリ・サンジェルマン監督
Emesiochel, Masa-Aki　エメシオール, マサアキ
　国パラオ　教育相
Emilia, Reggio　エミリア, レッジョ
　著「驚くべき学びの世界」東京カレンダー　c2011
Emilianidou, Georgia　エミリアニドゥ, ヨルギア
　国キプロス　労働・社会保険相
Emílio, Paulo　エミリオ, パウロ
　1936～2016　国ブラジル　サッカー指導者
Emilson, Peje　エミルソン, ペイエ
　実業家　クレアブ・ギャビン・アンダーソン会長
Emin, Tracey　エミン, トレイシー
　1963～　国イギリス　アーティスト　愛エミン, トレーシー
Eminem　エミネム
　1972～　国アメリカ　ミュージシャン　本名＝マザーズ, マーシャル・ブルース（3世）〈Mathers, Marshall Bruce Ⅲ〉
Emison, Patricia A.　エミソン, パトリシア
　著「レオナルド・ダ・ヴィンチ」西村書店　2014
Emlen, Douglas John　エムレン, ダグラス・J.
　1967～　著「カラー図解進化の教科書」講談社　2016
Emler, Nicolas　エムラー, ニコラス
　著「仕事の社会心理学」ナカニシヤ出版　2001
Emma　エマ
　1978～　国イギリス　歌手　本名＝Bunton, Emma Lee
Emmanuel, Clive　エマヌエル, クライブ
　著「業績評価の理論と実務」東洋経済新報社　2004
Emmanuelli, Xavier　エマヌエリ, グザビエ
　1938～　国フランス　医師　サミュ・ソシアル理事長, 国境なき医師団（MSF）共同創設者
Emmelkamp, Paul M.G.　エンメルカンプ, パウル
　1949～　著「アルコール・薬物依存（いぞん）臨床ガイド」金剛出版　2010
Emmerich, Lothar　エメリッヒ, ローター
　1941～2003　国ドイツ　サッカー選手　愛ローター・エメリッヒ

E

Emmerich, Michael エメリック, マイケル
1975～ [国]アメリカ 翻訳家 カリフォルニア大学ロサンゼルス校上級准教授 [専]日本文学
Emmerich, Roland エメリッヒ, ローランド
1955～ [国]ドイツ 映画監督, 映画プロデューサー
Emmerling, Leonhard エマリング, レオンハルト
1961～ [著]「ジャクソン・ポロック」 Taschen c2006
Emmerová, Milada エムメロバー, ミラダ
[国]チェコ 保健相
Emmett, Jonathan エメット, ジョナサン
1965～ [著]「ゆめみるきょうりゅう」 大日本絵画 2011
Emmett, Rita エメット, リタ
[著]「ストレスフリーの時間術」 日本経済新聞出版社 2013
Emmins, Alan エミンズ, アラン
1974～ [著]「死体まわりのビジネス」 バジリコ 2005
Emmons, Katerina エモンシュ
[国]チェコ 射撃選手
Emmons, Matthew エモンズ, マシュー
1981～ [国]アメリカ 射撃選手 [異]エモンズ
Emmons, Michael L. エモンズ, マイケル・L.
[著]「自己主張トレーニング」 東京図書 2009
Emmons, Robert A. エモンズ, ロバート・A.
[著]「ありがとうの小さな練習帳」 プレジデント社 2016
Emmons, Shirlee エモンズ, シャーリー
[著]「声楽家のための本番力」 音楽之友社 2007
Emmons, Willis エモンズ, ウィリス・M.
[著]「規制改革下のチャンスとリスク」 ユー・エム・ディー・エス研究所 2001
Emmott, Bill エモット, ビル
1956～ [国]イギリス ジャーナリスト 「エコノミスト」編集長 本名＝Emmott, William John
Emmott, Shelagh D. エモット, シェラーフ・D.
[著]「過敏性腸症候群の認知行動療法」 星和書店 2011
Emmott, Stephen エモット, スティーブン
[著]「世界がもし100億人になったなら」 マガジンハウス 2013
Emmott, William John エモット, ウィリアム・ジョン
[国]イギリス 日英21世紀委員会メンバー, 元・エコノミスト誌編集長 ペンネーム＝ビル・エモット
Emmrich, Peter エムリヒ, ペーター
[著]「シュスラー博士の顔診断」 ホメオパシー出版 2010
Emms, Gail エムズ
[国]イギリス バドミントン選手
Emre Colak エムレ・チョラク
[国]トルコ サッカー選手
Emsellem, Helene A. エムセレム, ヘレン・A.
[著]「ニューロ・ロジック」 メディカル・サイエンス・インターナショナル 2015
Emshwiller, Carol エムシュウィラー, キャロル
1921～ [国]アメリカ 作家
Emsley, John エムズリー, ジョン
1938～ [著]「殺人分子の事件簿」 化学同人 2010
Emunah, Renée エムナー, R.
[著]「ドラマセラピーのプロセス・技法・上演」 北大路書房 2007
Ename, Samson Ename エナメ, サムソン・エナメ
[国]カメルーン 国土行政相
Énard, Mathias エナール, マティアス
1972～ [国]フランス 作家 [専]文学
Encarnacion, Edwin エンカーナシオン, エドウィン
[国]ドミニカ共和国 野球選手
Endacott, Jan エンダコット, ジャン
[著]「身体が芯から生まれ変わるフィットボール」 ネコ・パブリッシング 2005
Endang, Rahayu Sedyaningsih エンダン・ラハユ・スディアニンシ
[国]インドネシア 保健相
Endara, Guillermo エンダラ, ギジェルモ
1936～2009 [国]パナマ 政治家 パナマ大統領 本名＝エンダラ・ガリマニ, ギジェルモ〈Endara Galimani, Guillermo〉
Endara, Mirei エンダラ, ミレイ
[国]パナマ 環境相
Enderica Salgado, Xavier エンデリカ・サルガド, ハビエル
[国]エクアドル スポーツ相
Enders, Giulia エンダース, ジュリア
1990～ [著]「おしゃべりな腸」 サンマーク出版 2015
Enders, Jill エンダース, ジル
[著]「おしゃべりな腸」 サンマーク出版 2015
Enders, Walter エンダーズ, ウォルター
1948～ [著]「RATSによる経済時系列分析入門」 シーエーピー出版 2003
Endersby, Frank エンダースビィ, フランク
[著]「いつもありがとうのウサギくん」 女子パウロ会 2011
Endicott, Josephine Ann エンディコット, ジョー・アン
1950～ [著]「さよならピナ、ピナバイバイ」 叢文社 2016
Endler, Franz エンドラー, フランツ
1937～2002 [国]オーストリア 音楽評論家
Endon Mahmood エンドン・マフムード
？～2005 [国]マレーシア アブドラ・バダウィ首相夫人 [異]エンドン・マムード
Endrekson, Tonu エンドレクソン, トヌ
[国]エストニア ボート選手
Endres, Albert エンドレス, アルバート
[著]「ソフトウェア工学・システム工学ハンドブック」 コンピュータ・エージ社 2005
Enebish, Lhamsurengiin エネビシ, ラムスレンギン
1947～2001 [国]モンゴル 政治家 モンゴル国民大会議議長, モンゴル人民革命党書記長
Enelamah, Okechukwu エネラマウ, オケチュク
[国]ナイジェリア 産業・貿易・投資相
Enemkpali, IK エネンパリ, イク
[国]アメリカ アメフト選手
Enersen, Adele エナーセン, アデル
1978～ [著]「おやすみの魔法」 双葉社 2012
Enerunga, Anselme エネルンガ, アンセルム
[国]コンゴ民主共和国 環境相
Enestam, Jan-Erik エネスタム, ヤンエリック
[国]フィンランド 環境相 [異]エネスタム, ヤンエーリック
Enfield, Nicholas James エンフィールド, N.J.
1966～ [著]「やりとりの言語学」 大修館書店 2015
Engammare, Max アンガマル, M.
[著]「霊性の飢饉」 教文館 2001
Engbanda, Joseph エングバンダ, ジョゼフ
[国]コンゴ民主共和国 観光相
Engdahl, William イングドール, ウィリアム
1944～ [著]「ペンタゴン戦慄の完全支配」 徳間書店 2011
Engeham, Vicki エンゲハム, ヴィッキー
[著]「オーラソーマチャクラバランストリートメント」 モデラート 2008
Engel, Adam エンゲル, アダム
[国]アメリカ 野球選手
Engel, Beverly エンゲル, ビヴァリー
[著]「人はなぜ謝れないのか」 日本教文社 2006
Engel, Cindy エンジェル, シンディ
[著]「動物たちの自然健康法」 紀伊国屋書店 2003
Engel, Elliot エンゲル, エリオット
1948～ [著]「世界でいちばん面白い英米文学講義」 草思社 2006
Engel, Friedrich エンゲル, フリードリヒ
？～2006 [国]ドイツ 軍人 ナチス親衛隊将校
Engel, Gerhard エンゲル, ゲルハルト
1906～ [著]「第三帝国の中枢にて」 バジリコ 2008
Engel, Howard エンゲル, ハワード
1931～ [著]「メモリーブック」 柏艪舎, 星雲社（発売） 2010
Engel, Joel エンゲル, ジョエル
1952～ [著]「オールド・ルーキー」 文芸春秋 2002
Engel, Joyce エンゲル, ジョイス
[著]「小児の看護アセスメント」 医学書院 2001
Engel, Jules エンゲル, ジュールズ
1909～2003 [国]アメリカ アニメーション作家 [異]ジュールズ・エンゲル
Engel, Richard エンゲル, リチャード
1973～ [著]「中東の絶望、そのリアル」 朝日新聞出版 2016
Engelbart, Douglas Carl エンゲルバート, ダグラス
1925～2013 [国]アメリカ コンピューター工学者, 発明家 ブートストラップ研究所所長, スタンフォード研究所（SRI）人間知性拡張研究センター所長
Engelberg, Ernst エンゲルベルク, エルンスト
1909～2010 [国]ドイツ 歴史家 ドイツ歴史家協会会長
Engelberg, Morris エンゲルバーグ, モリス
[著]「ジョー・ディマジオ」 ネコ・パブリッシング 2003
Engelberg, Stephen エンゲルバーグ, スティーヴン
1958～ [著]「バイオテロ！」 朝日新聞社 2002
Engelberg, Tom エンゲルバーグ, トム
[著]「間違いだらけのソフトウェア・アーキテクチャ」 技術評論社 2010

Engelbrecht, Benny　エンゲルブレヒト, ベニー
　国デンマーク　税務相
Engelhardt, Dietrich von　エンゲルハルト, ディートリヒ・フォン
　1941～　著「医学と哲学の対話」新樹会創造出版　2005
Engelhardt, Lisa O.　エンゲルハート, リサ
　1953～　著「エンジェルハート, リサ」「怒りセラピー」サンパウロ　2012
Engelking, Barbara　エンゲルキング, バルバラ
　著「ポーランドのユダヤ人」みすず書房　2006
Engelland, Chip　インゲランド, チップ
　国アメリカ　サンアントニオ・スパーズアシスタントコーチ（バスケットボール）
Engellau, Elisabet　エンゲラウ, エリザベト
　著「アレキサンダーに学ぶ100戦100勝の成功法則」イースト・プレス　2005
Engelman, Peter G.　エンゲルマン, ピーター・G.
　国アメリカ　作家　異ミステリー
Engelmann, Ines　エンゲルマン, イネス・ジャネット
　著「ジャクソン・ポロックとリー・クラズナー」岩波書店　2009
Engelmann, Kai　エンゲルマン, カイ
　著「サービス・サイエンスの展開」生産性出版　2009
Engels, Bjorn　エンゲルス, ビェルン
　国ベルギー　サッカー選手
Engels, Gert　エンゲルス, ゲルト
　1957～　国ドイツ　サッカー指導者, 元サッカー選手　サッカー・モザンビーク代表監督
Engels, Jaco　エンヘルス, ヤコ
　国ナミビア　ラグビー選手
Engels, Mary-Louise　エンゲルス, メアリー=ルイーズ
　著「反核シスター」緑風出版　2008
Engelschall, Ralf S.　エンゲルシャル, ラルフ・S.
　著「Apache詳解リファレンス」ピアソン・エデュケーション　2001
Engelsman, Michelle　エンゲルスマン
　国オーストラリア　競泳選手
Engen, Alexandra　エンゲン
　国スウェーデン　自転車選手
Enger, Leif　エンガー, レイフ
　著「ギボンの月の下で」ソニー・マガジンズ　2003
Enger, Thomas　エンゲル, トマス
　1973～　国ノルウェー　作家　異ミステリー, スリラー
Engerer, Brigitte　エンゲラー, ブリジット
　1952～2012　国フランス　ピアニスト　異アンジェレ, ブリジット
Engeseth, Stefan　エンジェシス, ステファン
　1965～　著「シャークノミクス」日本文芸社　2013
Engeström, Yrjö　エンゲストロム, ユーリア
　1948～　著「ノットワークする活動理論」新曜社　2013
Enghag, Per　エングハグ, ペル
　著「元素大百科事典」朝倉書店　2014
Engin, A.Ege　エンゲン, A.エゲ
　著「パワーインテグリティのすべて」翔泳社　2010
Enginger, Véronique　アンジャンジェ, ヴェロニク
　著「フランスの裁縫箱でみつけたちいさなクロスステッチ600」マール社　2016
Englade, Ken　イングレイド, ケン
　著「死のレッスン」中央アート出版社　2002
England, Breck　イングランド, ブレック
　著「第3の案」キング・ベアー出版　2012
Englander, Israel　イングランダー, イスラエル
　ミレニアム・マネジメント
Englander, Nathan　イングランダー, ネイサン
　1970～　国アメリカ　作家　異文学, フィクション, 短編ほか
Englander, Otto　イングランダー, オットー
　著「ダンボ」竹書房　2003
Englard, Baruch　イングラード, B.
　著「700点突破BATICパーフェクト攻略」中央経済社　2005
Engle, Ed　イングル, エド
　1950～　著「Bamboo makers」つり人社　2003
Engle, Margarita　エングル, マーガリタ
　著「おおきくなりたいの」岩崎書店　2014
Engle, Patricia M.　エングル, P.M.
　著「アメリカのDI」大滝武雄　2001
Engle, Robert F.　エングル, ロバート
　1942～　国アメリカ　経済学者　ニューヨーク大学スターン経営大学院教授　著「アーチモデル」異エンゲル, ロバート・F.

Engle, Ryan　イングル, ライアン
　著「フライト・ゲーム」竹書房　2014
Englebert, Clear　イングレバート, クリア
　著「ハワイアン風水」太玄社, ナチュラルスピリット（発売）2014
Englebert, Jean-Luc　アングルベール, ジャン=リュック
　1968～　著「きめてよ、おじいちゃん！」光村教育図書　2015
Engleder, Barbara　エングレーダー, バーバラ
　国ドイツ　射撃選手　異エングレダー
Engler, Henry　エングラー, ヘンリー
　著「激動期の金融戦略」シュプリンガー・フェアラーク東京　2002
Engler, Wolfgang　エングラー, ヴォルフガング
　1952～　著「東ドイツのひとびと」未来社　2010
Englert, Berthold-Georg　エングラート, B.-G.
　1953～　著「シュウィンガー量子力学」シュプリンガー・フェアラーク東京　2003
Englert, François　アングレール, フランソワ
　1932～　国ベルギー　物理学者　ブリュッセル自由大学名誉教授
Englert, J.F.　イングラート, J.F.
　国アメリカ　作家　異ミステリー, スリラー
Englich, Mirko　エングリッヒ
　国ドイツ　レスリング選手
English, Bill　イングリッシュ, ビル
　国ニュージーランド　首相兼国家安全情報相
English, Christy　イングリッシュ, クリスティ
　著「伯爵とじゃじゃ馬花嫁」オークラ出版　2013
English, Deirdre　イングリッシュ, ディアドリー
　著「魔女・産婆・看護婦」法政大学出版局　2015
English, Manalani　イングリッシュ, マナラニ
　1989～　国アメリカ　フラダンサー　本名＝English, Manalani Mili Hokoana
English, Richard　イングリッシュ, R.
　1963～　著「経済衰退の歴史学」ミネルヴァ書房　2008
English, T.J.　イングリッシュ, T.J.
　1957～　著「マフィア帝国ハバナの夜」さくら舎　2016
Englmaier, Tobias　エングルマイアー, トビアス
　国ドイツ　柔道選手
Englund, Magnus　イングルンド, マグナス
　著「スカンジナビアン・モダン」ブーマー, トランスワールドジャパン（発売）2005
Engman, Camilla　イングマン, カミラ
　著「北欧のアーティスト, カミラ・イングマン」グラフィック社　2013
Engonga Edjo, Baltasar　エンゴンガエジョ, バルタサル
　国赤道ギニア　首相府相（地域統合担当）　異エンゴンガ・エジョ, バルタザール／エンゴンガ・エジョ, バルタサール
Engonga Ndong, Jesus　エンゴンガヌドン, イエス
　国赤道ギニア　教育・科学相
Engonga Nguema Onguene, Clemente　エンゴンガ・ヌゲマ・オンゲネ, クレメンテ
　国赤道ギニア　第1副首相（政治・民主主義担当）兼内相・地方自治体相　異エンゴンガヌゲマオンゲネ, クレメンテ
Engonga Obiang Eyang, Miguel　エンゴンガオビアンエヨン, ミゲル
　国赤道ギニア　財務・予算相
Engquist, Bjorn　エンクウィスト, B.
　1945～　著「数学の最先端21世紀への挑戦」シュプリンガー・フェアラーク東京　2002
Engqvist, Lars　エングクビスト, ラーシュ
　国スウェーデン　保健・社会問題相
Engström, Hillevi　エングストローム, ヒレビ
　国スウェーデン　雇用相
Enhager, Kjell　イエンハーゲル, シェール
　1958～　著「クォンタム・ゴルフ」春秋社　2004
Enhco, Thomas　エンコ, トーマス
　国フランス　ジャズ・ピアニスト
Enill, Conrad　エニル, コンラッド
　国トリニダード・トバゴ　エネルギー相
Enke, Robert　エンケ, ロベルト
　1977～2009　国ドイツ　サッカー選手
Enkelmann, Nikolaus B.　エンケルマン, ニコラウス
　著「膨大な知識とノミの心臓を持つあなたへ」長崎出版　2005
Enkhbat, Badar-Uugan　エンクバット
　国モンゴル　ボクシング選手
Enkhbayar, Nambaryn　エンフバヤル, ナンバリン
　1958～　国モンゴル　政治家, 作家　モンゴル大統領, モンゴル

首相
Enkhbold, Miegombyn エンフボルド, ミエゴムビーン
1964～ 国モンゴル 政治家 モンゴル人民党(MPP)党首 モンゴル首相
Enkhbold, Nyamaagiin エンフボルド, ニャマーギーン
国モンゴル 外相
Enkhjargal, Tsogtbazaryn エンフジャルガル
国モンゴル レスリング選手
Enkhsaihan, Mendsaihany エンフサイハン, メンドサイハニー
国モンゴル 副首相
Enkhtuvshin, Ulziisaihany エンフトブシン, ウルジーサイハニー
国モンゴル 教育・文化・科学相 他エンフトブシン, ウルジーサイハンイ
Enkntuvshin, Olziisaihany エンフトブシン, ウルジーサイハンイ
国モンゴル 内閣官房長官
Enloe, Cynthia H. エンロー, シンシア
1938～ 著「策略」岩波書店 2006
Ennab, Lina エンナブ, リナ
国ヨルダン 観光遺跡相
Ennaoui, Sofia エナウイ, ソフィア
国ポーランド 陸上選手
En-nesyri, Yousef エン・ネシリ, ユセフ
国モロッコ サッカー選手
Ennis, Garth エニス, ガース
著「パニッシャーMAX：ビギニング」ヴィレッジブックス 2016
Ennis, James エニス, ジェームズ
国アメリカ バスケットボール選手
Ennis, Jessica エニス, ジェシカ
1986～ 国イギリス 七種競技選手
Ennis, Susan エニス, スーザン
著「エグゼクティブ・コーチング」日本能率協会マネジメントセンター 2005
Ennis, Tyler エニス, タイラー
国カナダ バスケットボール選手
Ennis-hill, Jessica エニスヒル, ジェシカ
国イギリス 陸上選手
Ennis-london, Delloreen ロンドン, エニス
国ジャマイカ 陸上選手
Enns, Dietrich エンス, ディートリック
国アメリカ 野球選手
Eno, Brian イーノ, ブライアン
1948～ 国イギリス ミュージシャン, 音楽プロデューサー 本名＝Eno, Brian Peter George St.John Baptiste de la Salle
Enoch, Dayang Menwa エノク, ダヤン・メンワ
国チャド 職業訓練相
Enoch, Suzanne イーノック, スーザン
著「運命の扉をあけて」原書房 2016
Enoch, Wesley イノック, ウェスリー
1969～ 国オーストラリア 演出家, 劇作家 クイーンズランド・シアター・カンパニー芸術監督
Enochs, Susan イノックス, スーザン
国アメリカ 作家 国ロマンス
Enoksen, Lars Magnar エーノクセン, ラーシュ・マーグナル
1960～ 著「ルーンの教科書」アルマット, 国際語学社(発売) 2012
Enoksen, Odd Roger エーノクセン, オッド・ローゲル
国ノルウェー 石油・エネルギー相
Enquist, Per Olov エンクヴィスト, ペール・ウーロヴ
1934～ 国スウェーデン 作家, 劇作家 他エーンクヴィスト／エンクイスト, ペール・オーロフ
Enrico, Robert アンリコ, ロベール
1931～2001 国フランス 映画監督
Enright, Amanda エンライト, アマンダ
著「かみさまきいて」いのちのことば社CS成長センター 2013
Enright, Anne エンライト, アン
ブッカー賞(2007年) "The Gathering"
Enright, Dennis Joseph エンライト, D.J.
1920～2002 国イギリス 詩人, 文学者 シンガポール大学英語教授 号＝猿来都(エンライト) 他エンライト, デニス・ジョセフ
Enright, Dominique エンライト, ドミニク
著「男の子の品格」ゴマブックス 2008
Enright, Robert D. エンライト, ロバート・D.
著「ゆるしの選択」河出書房新社 2007
Enrique, Luis エンリケ, ルイス

グラミー賞 最優秀トロピカル・ラテン・アルバム(2009年(第52回)) "Ciclos"
Enrique Martin エンリケ・マルティン
国スペイン オサスナ監督
Enriquez, Barbara エンリケス, バルバラ
ベルリン国際映画祭 銀熊賞 芸術貢献賞(プロダクションデザイン)(第61回(2011年)) "El premio"
Ensikat, Klaus エンジカット, クラウス
1937～ ドイツ児童文学賞 ノンフィクション(2009年) "Das Rätsel der Varusschlacht" 他エンジカート, クラウス
Ensler, Eve エンスラー, イブ
1953～ トニー賞 イザベラ・スティーブン賞(2011年(第65回))
Ensour, Abdullah ヌスール, アブドラ
1939～ 国ヨルダン 政治家 ヨルダン首相・国防相 他エンスール, アブドラ
Ensour, Fahd Abul-Athem エンスール, ファハド・アブルアセム
国ヨルダン 国務相(立法問題担当)
Enström, Karin エンストローム, カリーン
国スウェーデン 国防相
Entcha-ebia, Gabriel エンチャエビア, ガブリエル
国コンゴ共和国 公務員・行政改革相 他エンチャ・エビア, ガブリエル
Entine, Jon エンタイン, ジョン
著「黒人アスリートはなぜ強いのか？」創元社 2003
Entiope, Gabriel アンチオープ, ガブリエル
1947～ 著「ニグロ, ダンス, 抵抗」人文書院 2001
Entremont, Philippe アントルモン, フィリップ
1934～ 国フランス ピアニスト, 指揮者
Entwistle, Basil エントウィッスル, バズル
著「日本の進路を決めた10年」ジャパンタイムズ 2016
Entwistle, Joanne エントウィスル, ジョアン
著「ファッションと身体」日本経済評論社 2005
Entwistle, John エントウィッスル, ジョン
1946～2002 国イギリス ロックベース奏者 グループ名＝ザ・フー〈The Who〉
Entwistle, Noel James エントウィスル, ノエル
著「学生の理解を重視する大学授業」玉川大学出版部 2010
Enunwa, Quincy エナムウェイ, クインシー
国アメリカ アメフト選手
Envo Bela, Eulalia エンボベラ, エウラリア
国赤道ギニア 社会問題・女性進出相
Enwezor, Okwui エンヴェゾー, オクウィ
著「What is OMA」TOTO出版 2005
Enya エンヤ
1961～ 国アイルランド 歌手, 作曲家 本名＝Bhraonáin, Eithne Ni
Enzensberger, Hans Magnus エンツェンスベルガー, ハンス・マグヌス
1929～ 国ドイツ 詩人, 評論家 他エンツェンベルガー
Enzensberger, Ulrich エンツェンスベルガー, ウルリヒ
著「ゲオルク・フォルスター」関西大学出版部 2002
Enzinger, Gerald エンツィンガー, ゲラルト
1971～ 著「イビチャ・オシムの真実」エンターブレイン 2006
Enzio, Mario Bellio エンジオ, マリオ
著「未来からの警告」たま出版 2007
Enzo Perez エンソ・ペレス
国アルゼンチン サッカー選手
Eötvös, Peter エトヴェシュ, ペーテル
1944～ 国ドイツ 指揮者, 作曲家 アンサンブル・アンテルコンタンポラン音楽監督 他エートヴェーシュ, ペーテル／エトヴェシュ／エトペシュ
Eovaldi, Nathan イオバルディ, ネイザン
国アメリカ 野球選手
Epam Biribe, María Leonor エパムビリベ, マリア・レオノール
国赤道ギニア 社会問題・女性進出相
Epangue, Gwladys エパンゲ, グラディス
国フランス テコンドー選手 他エパンゲ
Epanya, Christian エパンニャ, クリスチャン
1956～ 著「おじさんのブッシュタクシー」アートン 2007
Epatha Merkerson, S. マーカーソン, S.エパサ
エミー賞 プライムタイム・エミー賞 最優秀主演女優賞(ミニシリーズ・映画)(第57回(2005年))ほか
Epaye, Emilie Béatrice エパイエ, エミリーベアトゥリス
国中央アフリカ 商工相 他エパイエ, エミリーベアトゥリス
Epel, David イーペル, デイビッド

㊗「生態進化発生学」東海大学出版会 2012
Epel, Naomi エペル, ナオミ
㊗「夢をみる作家たち」バベル・プレス 2001
Ephram, Georges エフラム, ジョルジュ
㊀レバノン 工業相
Ephron, Nora エフロン, ノーラ
1941〜2012 ㊀アメリカ 作家, 脚本家, 映画監督 ㊋エフロン, ノラ
Ephthimiou, Petros エフシミウ, ペトロス
㊀ギリシャ 教育宗教相
Epley, Nicholas エプリー, ニコラス
㊗「人の心は読めるか?」早川書房 2015
Epperly, Elizabeth R. エパリー, E.R.
㊗「赤毛のアンスクラップブック」河出書房新社 2013
Epperson, Tom エパーソン, トム
㊗「ギフト」講談社 2001
Epping, Charles エッピング, チャールズ
1952〜 ㊀アメリカ 作家 ㊌ミステリー
Epping, Duncan エッピング, ダンカン
㊗「VMware vSphereクラスタ構築/運用の技法」翔泳社 2013
Epping, Randy Charles エッピング, チャールズ
1952〜 ㊋エッピング, ランディ・チャールズ ㊗「闇の秘密口座」扶桑社 2008
Eppinger, Steven D. エッピンジャー, スティーブン・D.
㊋エッピンガー, スティーブン・D. ㊗「デザイン・ストラクチャー・マトリクスDSM」慶応義塾大学出版会 2014
Eppler, Billy エプラー, ビリー
㊀アメリカ ロサンゼルス・エンジェルスGM
Eppler, Mark エプラー, マーク
1946〜 ㊗「その無意識の習慣が部下とあなたをダメにする」ダイヤモンド社 2006
Eppridge, Bill エプリッジ, ビル
㊗「メモリーズ・オブ・ジョン」イースト・プレス 2006
Epps, Aaron エップス, アーロン
㊀アメリカ アメフト選手
Eppstein, Chris エプスタイン, クリス
㊗「Sass & Compass徹底入門」翔泳社 2014
Epstein, Adam Jay エプスタイン, アダム・ジェイ
㊀アメリカ 脚本家, 作家 ㊌ヤングアダルト, 児童書
Epstein, Barbara エプスタイン, バーバラ
1929〜2006 ㊀アメリカ 編集者 「ニューヨーク書評」創刊者・共同編集人
Epstein, Brian エプスタイン, ブライアン
㊗「ビートルズ世界証言集」ポプラ社 2006
Epstein, David J. エプスタイン, デイヴィッド
1983〜 ㊗「スポーツ遺伝子は勝者を決めるか?」早川書房 2016
Epstein, Donny エプステイン, ドニー
㊗「カイロプラクティックのプロフェッショナル20人が語る仕事の流儀」科学新聞社出版局 2012
Epstein, Edward Jay エプスタイン, エドワード・J.
1935〜 ㊗「ビッグ・ピクチャー」早川書房 2006
Epstein, Eugene エプスタイン, ユージーン
㊗「キング・アーサー」岩崎書店 2007
Epstein, Fred エプスタイン, フレッド
1937〜2006 ㊗「もし五歳になったら」ゆみる出版 2009
Epstein, Gerald A. エプシュタイン, ジェラルド・A.
㊗「アメリカ金融システムの転換」日本経済評論社 2005
Epstein, Hans G. エプスタイン, ハンス・G.
㊗「麻酔の偉人たち」総合医学社 2016
Epstein, Israel エプスタイン, イスラエル
1915〜2005 ㊀中国 ジャーナリスト, 作家 「今日中国」名誉編集長, 中国人民政治協商会議全国委員会(全国政協)常務委員 漢字名=愛潑斯坦, 伊斯雷爾 ㊋エプシュタイン, イスラエル
Epstein, Jason エプスタイン, ジェイスン
1928〜 ㊗「出版, わが天職」新曜社 2001
Epstein, Joseph エプスタイン, ジョゼフ
1937〜 ㊗「嫉妬の力で世界は動く」築地書館 2009
Epstein, Lawrence L.J. エプスタイン, ローレンス・J.
㊗「今すぐできる!最高の快眠が得られる方法」エクスナレッジ 2010
Epstein, Marc J. エプスタイン, マーク・J.
㊗「社会的インパクトとは何か」英治出版 2015
Epstein, Mark エプスタイン, マーク
1953〜 ㊗「ブッダのサイコセラピー」春秋社 2009
Epstein, Richard A. エプスタイン, リチャード・A.

㊗「テレコム・メルトダウン」NTT出版 2005
Epstein, Samuel S. エプスタイン, サミュエル・S.
㊋エプスティーン, サミュエル・S. ㊗「医者はなぜ, 乳がんの「予防法」を教えないのか」中央アート出版社 2010
Epstein, Steven エプスタイン, スティーブン
グラミー賞 最優秀ミュージカル・シアター・アルバム(2012年(第55回))ほか
Epstein, Theo エプスタイン, セオ
1973〜 ㊀アメリカ シカゴ・カブス編成総責任者 レッドソックスGM ㊋エプスタイン, テオ / エプスティーン, セオ
Epston, David エプストン, デイヴィッド
㊗「ナラティヴ・アプローチの理論から実践まで」北大路書房 2008
Epting, Steve エプティング, スティーブ
㊗「ニューアベンジャーズ:エブリシング・ダイ」ヴィレッジブックス 2016
Epworth, Paul エプワース, ポール
グラミー賞 最優秀映像メディア向け楽曲(2013年(第56回))ほか
Eraliev, Arsen エラリエフ, アルセン
㊀キルギス レスリング選手
Eramo, Mirko エラーモ, ミルコ
㊀イタリア サッカー選手
Erard, Robert E. エラード, ロバート・E.
㊗「ロールシャッハ・アセスメントシステム」金剛出版 2014
Eraso, Javier エラソ, ハビエル
㊀スペイン サッカー選手
Erazo Latorre, Álvaro エラソ・ラトレ, アルバロ
㊀チリ 保健相
Erbakan, Necmettin エルバカン, ネジメティン
1926〜2011 ㊀トルコ 政治家 トルコ首相, イスラム福祉党党首
Erbanova, Marcela エルバノバ
㊀スロバキア カヌー選手
Erbey, William アービー, ウィリアム
㊀アメリカ オクウェン・フィナンシャル元会長
Erbschloe, Michael アーブシュロー, マイケル
1951〜 ㊗「ディザスタリカバリ入門」トムソンラーニング, ビー・エヌ・エヌ新社(発売) 2005
Erchul, William P. アーチュル, ウィリアム・P.
㊗「学校コンサルテーション」学苑社 2008
Ercolini, David エルコリーニ, デイヴィッド
㊗「おうちにいれちゃだめ!」フレーベル館 2013
Erdan, Gilad エルダン, ギラド
㊀イスラエル 警察相兼情報相兼戦略担当相
Erdberg, Philip エルドバーグ, フィリップ
㊗「ロールシャッハ・アセスメントシステム」金剛出版 2014
Erdély, Gábor エルデーイ, ガボール
ベルリン国際映画祭 銀熊賞 芸術貢献賞(音響デザイン)(第59回(2009年)) "Katalin Varga"
Erdene, Sodnomzundui エルデネ, ソドノムゾンドイ
㊀モンゴル 人口開発・社会保障相
Erdenebaator, Ichinhorloogiin エルデネバートル, イチンホルローギーン
㊀モンゴル 自然環境相
Erdenebat, Badarchiin エルデネバト, バダルチーン
㊀モンゴル エネルギー相
Erdenebat, Dondogdorj エルデネバト, ドンドグドルジ
㊀モンゴル 産業相
Erdenebat, Jargaltulgyin エルデネバト, ジャルガルトラギン
㊀モンゴル 首相 ㊋エルデネバト, ジャルガルトルガ
Erdenebat, Tsendbaatar エルデネバト ツェンバータル
㊀モンゴル ボクシング選手
Erdenechuluun, Luvsangiin エルデンチュルーン, ルブサンギーン
㊀モンゴル 外相
Erdmann, Mojca エルトマン, モイツァ
1975〜 ㊀ドイツ ソプラノ歌手
Erdmann, Terry J. アードマン, テリー・J.
㊗「フォーティー・フォー・ハンドレッド〜未知からの生還者〜season 1 and 2オフィシャルエピソードガイドブック」AC Books 2008
Erdniev, B.P. エルドニエフ, B.P.
㊗「数学の統合的指導法」ユーラシア数学教育研究会 2001
Erdniev, P.M. エルドニエフ, P.M.
㊗「数学の統合的指導法」ユーラシア数学教育研究会 2001
Erdoes, Mary Callahan アードス, メアリー・キャラハン
1967〜 ㊀アメリカ 銀行家 JPモルガン・チェース・アセッ

Erdoes, Richard　アードス, リチャード
　1912～2008　㊞「死ぬには良い日だ」三五館　2010
Erdogan, Recep Tayyip　エルドアン, レジェプ・タイップ
　1954～　㊞トルコ　政治家　トルコ大統領　トルコ首相, トルコ公正発展党 (AKP) 党首　㊞エルドアン, タイップ／エルドアン, レジェプ・タイップ
Erdos, Thomas　エルドス, トマ
　1924～2004　㊞フランス　芸術プロデューサー
Erdrich, Louise　アードリック, ルイーズ
　1954～　㊞アメリカ　作家, 詩人　本名＝Erdrich, Karen Louise
Ereateiti, Temate　エレアタイシ, テマテ
　㊞キリバス　通信・運輸・観光開発相
Erekat, Saeb　アリカット, サエブ
　㊞パレスチナ　交渉相
Erekat, Saib　アリカット, サエブ
　㊞パレスチナ　地方行政相
Erelle, Anna　エレル, アンナ
　㊞「ジハーディストのベールをかぶった私」日経BP社, 日経BPマーケティング (発売)　2015
Erem, Suzan　エレム, スーザン
　㊞「本当にママになりたいの？」小学館プロダクション　2004
Eremenko, Roman　エレメンコ, ロマン
　㊞フィンランド　サッカー選手
Eremia, Alexandra　エレミア
　㊞ルーマニア　体操選手
Eresov, Batyr　エレショフ, バティル
　㊞トルクメニスタン　副首相
Ergen, Charlie　アーゲン, チャールズ
　ディッシュ・ネットワーク
Ergezen, Zeki　エルゲゼン, ゼキ
　㊞トルコ　公共事業・住宅相
Ergian, Sadullah　エルギン, サドラ
　㊞トルコ　法相
Ergün, Nihat　エルギュン, ニハト
　㊞トルコ　科学産業技術相
Erhardt, Jean　エアハルト, ジャン
　㊞スイス　元・ジュネーブ市長官房長, 元・ジュネーブ品川友好協会理事, 元・「日本文化の秋」執行委員長
Erian, Alicia　エリアン, アリシア
　1967～　㊞アメリカ　作家, 脚本家　㊞文学
El-Erian, Mohamed A.　エラリアン, モハメド
　1958～　エコノミスト　アリアンツ・チーフエコノミック・アドバイザー　ピムコCEO
Eribon, Didier　エリボン, ディディエ
　㊞「遠近の回想」みすず書房　2008
Eric　エリック
　1979～　㊞韓国　歌手, 俳優　本名＝ムン・ジョンヒョク
Eric Dier　エリック・ダイアー
　㊞イングランド　サッカー選手
Erice, Victor　エリセ, ビクトル
　1940～　㊞スペイン　映画監督, 脚本家　本名＝エリセ・アラス, ビクトル〈Erice Aras, Victor〉　㊞エリセ, ヴィクトル
Erichsen, Fie Udby　エリクセン, フィエウドビ
　㊞デンマーク　ボート選手　㊞エリクセン
Erickson, Alex　エリクソン, アレックス
　㊞アメリカ　アメフト選手
Erickson, Betty Alice　エリクソン, ベティ・アリス
　㊞「ミルトン・エリクソン心理療法」春秋社　2014
Erickson, Carolly　エリクソン, キャロリー
　1943～　㊞「イギリス摂政時代の肖像」ミネルヴァ書房　2013
Erickson, Chris　エリクソン, クリス
　㊞オーストラリア　陸上選手
Erickson, Gary　エリクソン, ゲーリー
　㊞「レイジング・ザ・バー」エイアンドエフ　2014
Erickson, Jim　エリクソン, ジム
　アカデミー賞 美術監督・装置賞 (第85回 (2012年))　"Lincoln"
Erickson, Jon Mark　エリクソン, ジョン
　1977～　㊞「HACKING：美しき策謀」オライリー・ジャパン, オーム社 (発売)　2011
Erickson, Millard J.　エリクソン, ミラード・J.
　1932～　㊞「キリスト教神学」いのちのことば社　2006
Erickson, Richard B.　エリクソン, リチャード・B.
　㊞「ガンドシールデザインマニュアル」技報堂出版　2004
Erickson, Russell E.　エリクソン, ラッセル・E.
　㊞「SOS！あやうし空の王さま号」日本ライトハウス　2011
Erickson, Sheryl　エリクソン, シェリル
　㊞「集合知の力, 衆愚の罠」英治出版　2010
Erickson, Steve　エリクソン, スティーブ
　1950～　㊞アメリカ　作家　㊞エリクソン, スティーヴ
Erickson, Tamara J.　エリクソン, タマラ・J.
　㊞「動機づける力」ダイヤモンド社　2009
Erickson, Thomas D.　エリクソン, トーマス・D.
　㊞「ヒューマンインターフェースの発想と展開」ピアソン・エデュケーション　2002
Erickson-Klein, Roxanna　エリクソン-クライン, ロキサンナ
　㊞「ミルトン・エリクソン心理療法」春秋社　2014
Ericson, Lisa　エリクソン, リサ
　㊞スウェーデン　セーリング選手
Ericsson, Ingvar　エリクソン, イングヴァール
　㊞「インプラント審美歯科」クインテッセンス出版　2002
Ericsson, Karl Anders　エリクソン, アンダース
　1947～　㊞「超一流になるのは才能か努力か？」文芸春秋　2016
Ericsson, Kent　エリクソン, ケント
　1943～2009　㊞「スウェーデンにおける施設解体と地域生活支援」現代書館　2012
Ericsson, Maria　エリクソン, M.
　㊞「MBA税務工学入門」中央経済社　2001
Erikkson, John　エリクソン, ジョン
　㊞スウェーデン　ミュージシャン
Eriksen, Christian　エリクセン, クリスティアン
　1992～　㊞デンマーク　サッカー選手
Eriksen, Jens　エリクセン
　㊞デンマーク　バドミントン選手
Eriksen, John　エリクセン, ヨン
　？～2002　㊞デンマーク　サッカー選手
Eriksen, Michael P.　エリクセン, マイケル
　㊞「たばこアトラス」日本公衆衛生協会　2003
Eriksen, Odd　エーリクセン, オッド
　㊞ノルウェー　通産相
Eriksen, Rolf　エリクセン, ロルフ
　1944～　㊞デンマーク　実業家　H&M CEO
Eriksen, Thomas Hylland　エリクセン, トーマス・ヒランド
　1962～　㊞エリクセン, トーマス・ハイランド　㊞「人類学とは何か」世界思想社　2008
Eriksen Søreide, Ine　エリクセン・スールアイデ, イネ
　㊞ノルウェー　国防相
Erikson, Duke　エリクソン, デューク
　1953～　㊞アメリカ　ミュージシャン
Erikson, Joan Mowat　エリクソン, ジョーン・M
　㊞「ライフサイクル, その完結」みすず書房　2001
Erikson, Kai　エリクソン, カイ・T.
　1931～　㊞「あぶれピューリタン逸脱の社会学」現代人文社, 大学図書 (発売)　2014
Erikson, Robert　エリクソン, ロバート
　㊞「クオリティー・オブ・ライフ」里文出版　2006
Erikson, Steven　エリクスン, スティーヴン
　1959～　㊞「砂塵の魔門」早川書房　2011
Eriksson, Bengt G.　エリクソン, ベンクト・G.
　㊞「ソーシャル・インクルージョンへの挑戦」明石書店　2007
Eriksson, Christina Wyss　エリクソン, C.W.
　㊞「ようこそローラの小さな家へ」東洋書林　2006
Eriksson, Eva　エリクソン, エヴァ
　1949～　㊞スウェーデン　絵本作家, イラストレーター
Eriksson, Hans-Erik　エリクソン, H.E.
　㊞「UMLによるビジネスモデリング」ソフトバンクパブリッシング　2002
Eriksson, Kimmo　エリクソン, キムモ
　1967～　㊞「整数の分割」数学書房, 白揚社 (発売)　2006
Eriksson, Per　エリクソン, ペール
　1952～　㊞「聾の人びとの歴史」明石書店　2003
Eriksson, Peter　エリクソン, ペーテル
　㊞スウェーデン　住宅相　㊞フレデリクソン
Eriksson, Robert　エリクソン, ロベルト
　㊞ノルウェー　労働・社会問題相
Eriksson, Sven Goran　エリクソン, スヴェン・ゴラン
　1948～　㊞スウェーデン　サッカー監督　サッカー・イングランド代表監督, サッカー・メキシコ代表監督　㊞エリクソン, スベン・イエラン／エリクソン, スベン・ゴラン／エリクソン, ヨラン・スベン
Ering, Timothy B.　エリング, ティモシー・バジル
　㊞「ねずみの騎士デスペローの物語」ポプラ社　2016

Erisman, Porter エリスマン, ポーター
[著]「アリババ中国eコマース覇者の世界戦略」 新潮社 2015
Erjavec, Karl エリヤベツ, カルル
[国]スロベニア 副首相兼外相
Erkin, Mukrem エルキン, ミュクレム
[国]トルコ トルコ日本文化研究連帯協会会長, 元・土日基金理事, 元・STFAエネルギー通信運営役員、社長
Erlaf, Mohamed Ag エルラフ, モハメド・アグ
[国]マリ 国土管理・地方分権化・国家改革相
Erlande-Brandenburg, Alain エルランド＝ブランダンブルグ, アラン
[著]「大聖堂ものがたり」 創元社 2008
Erlandson, Eddie アーランドソン, エディ
[著]「部下の心をつかむセルフ・コーチング」 ダイヤモンド社 2009
Erlandsson, Eskil エーランソン, エスキル
[国]スウェーデン 農相
Erlbach, Arlene アールバック, アーリン
[著]「「リスク」の教科書」 花風社 2001
Erlbruch, Wolf エァルブルッフ, ヴォルフ
[国]ドイツ 国際アンデルセン賞 画家賞(2006年)
Erle, Schuyler アール, スカイラー
[著]「Google Maps hacks」 オライリー・ジャパン, オーム社(発売) 2007
Erler, Michael エルラー, ミヒャエル
1953～ [著]「プラトン」 講談社 2015
Erlhoff, Michael アルホフ, マイケル
[著]「現代デザイン事典」 鹿島出版会 2012
Erlich, Gloria C. アーリッヒ, グロリア・C.
[著]「蜘蛛の呪縛」 開文社出版 2001
Erlich, Jonathan アーリック, ジョナサン
[国]イスラエル テニス選手 [異]エルリッチ
Erlih, Devy エルリ, ドヴィ
1928～2012 [国]フランス バイオリニスト エコール・ノルマル音楽院教授 [異]エルリ, ドゥヴィ / エルリー, ドゥビ
Erlin, Robbie アーリン, ロビー
[国]アメリカ 野球選手
Erlinder, C.Peter アーリンダー, ピーター
1948～ [著]「えひめ丸事件」 新日本出版社 2006
Erling, Elizabeth J. アーリング, エリザベス・J.
[著]「英語と開発」 春風社 2015
Erlinger, Rainer エアリンガー, ライナー
1965～ [著]「なぜウソをついちゃいけないの?」 KKベストセラーズ 2006
Erlingsson, Ulf エルリンソン, ウルフ
[著]「アトランティスは沈まなかった」 原書房 2005
Erman, Darren アーマン, ダレン
[国]アメリカ ニューオリンズ・ペリカンズアシスタントコーチ(バスケットボール)
Erman, Mateja Vraničar エルマン, マテヤ・ブラニチャル
[国]スロベニア 財務相
Erman, Suparno エルマン・スパルノ
[国]インドネシア 労働・移住相
Ermela Doukaga, Destinée エルメラドゥカガ, デスティネ
[国]コンゴ共和国 青年・市民教育相
Ermita, Eduardo エルミタ, エドゥアルド
[国]フィリピン 官房長官 [異]エルミタ, エドアルド
Ermler, Mark エルムレル, マルク
1932～2002 [国]ロシア 指揮者 ボリショイ劇場首席指揮者
Ermolenko, Boris エルモレンコ, ボリス
[著]「Спецодежда」 淡交社 2004
Ernani, Francesco エルナーニ, フランチェスコ
1937～ [国]イタリア ボローニャ市立歌劇場総監督, 元・ローマ歌劇場総監督, 元・アレーナ・ディ・ヴェローナ歌劇場総監督, 元・ミラノ・スカラ座事務総長
Ernault, Romuald エルノー
[国]フランス 重量挙げ選手
Ernaux, Annie エルノー, アニー
1940～ [著]「嫉妬」 早川書房 2004
Erne, Andrea エルネ, アンドレア
[著]「めくってしらべるめくってわかる宇宙のひみつ」 講談社 2016
Ernest, Paul アーネスト, ポール
[著]「数学教育の哲学」 東洋館出版社 2015
Ernestus, Horst エルネストゥス, ホルスト
[著]「ドイツの図書館」 日本図書館協会 2008
Erni, Hans エルニ, ハンス
1909～2015 [国]スイス 画家, 版画家 [異]エルニー, ハンス
Ernst, Bruno エルンスト, ブルーノ
[著]「不可能な世界」 Taschen c2006
Ernst, Edzard エルンスト, エツァート
[著]「代替医療解剖」 新潮社 2013
Ernst, Gerhard エルンスト, ゲルハルト
1971～ [著]「あなたを変える七日間の哲学教室」 早川書房 2014
Ernst, Lisa Campbell エルンスト, リサ・キャンベル
[著]「ステラのえほんさがし」 童心社 2006
Ernst, Richard Robert エルンスト, リヒャルト
1933～ [国]スイス 化学者 スイス連邦工科大学名誉教授
Eröd, Adrian エレート, アドリアン
[国]オーストリア バリトン歌手
Eroğlu, Dervis エロール, デルウィシュ
1938～ [国]キプロス 政治家 北キプロス・トルコ共和国大統領 [異]エロール, デルヴィシュ
Eroglu, Seref エロウル
[国]トルコ レスリング選手
Eroğlu, Veysel エロール, ベイセル
[国]トルコ 森林・水相 [異]エロウル, ベイセル
Erokhin, Igor エロヒン
[国]ロシア 陸上選手
Eronn, Gisela エロン, ギセラ
1948～ [著]「リサ・ラーション作品集」 Pヴァイン・ブックス, スペースシャワーネットワーク(発売) 2011
Erpenbeck, Jenny エルペンベック, ジェニー
1967～ [著]「年老いた子どもの話」 河出書房新社 2004
Errando, Tono エランド, トノ
[国]スペイン アヌシー国際アニメーション映画祭 その他の賞 Fnac賞(長編作品)(2011年) "Chico & Rita"
Errani, Sara エラニ, サラ
1987～ [国]イタリア テニス選手 [異]エラーニ, サラ / エラニ
Errázuriz, Pedro エラスリス, ペドロ
[国]チリ 運輸・通信相
Erre, Jean-Marcel エール, ジャン・マルセル
1971～ [国]フランス 作家 [専]ミステリー
Errigo, Arianna エリーゴ, アリアンナ
[国]イタリア フェンシング選手 [異]エリゴ
Erskine, Kathryn アースキン, キャスリン
[国]オランダ, アメリカ 作家 [専]ヤングアダルト
Erskine, Peter アースキン, ピーター
グラミー賞 最優秀ジャズ・ビッグバンド・アルバム(2006年(第49回)) "Some Skunk Funk"
Erslan, Talal アルスラン, タラール
[国]レバノン 避難民問題相
Erstad, Ola アースタッド, オラ
[著]「21世紀型スキル」 北大路書房 2014
Ersumer, Mustafa Cumfur エルシュメル, ムスタファ・ジュムフル
[国]トルコ エネルギー・天然資源相
Ertegun, Ahmet M. アーティガン, アーメット
1923～2006 [国]アメリカ アトランティック・レコード創設者
Ertel, Danny アーテル, ダニー
[著]「「交渉」からビジネスは始まる」 ダイヤモンド社 2005
Ertl, Gerhard エルトゥル, ゲルハルト
1936～ [国]ドイツ 化学者 マックス・プランク研究協会フリッツ・ハーバー研究所名誉教授 [専]触媒化学 [異]エルトル
Ertl-renz, Martina レンツ, エルトル
[国]ドイツ アルペンスキー選手 [異]エルトル
Ertl-Wagner, Birgit エルトル＝ヴァグナー, ビルギット
1970～ [著]「アインシュタインとヒトラーの科学者」 原書房 2016
Ertuğrul, İlter エルトゥールル, イルテル
1961～ [著]「現代トルコの政治と経済」 世界書院 2011
Ertugrul, Taskiran エルトゥールル・タシュクラン
[国]トルコ サッカー選手
Ertur, Omer S. エルトゥール, オメル
1944～ [著]「トルコ軍艦エルトゥールル号の海難」 彩流社 2015
Ertz, Zach アーツ, ザック
[国]アメリカ アメフト選手
Erudenebaatar, Ichinhorloogiin エルデネバートル, イチンホルローギーン
[国]モンゴル 国務相
Ervasti, Jenni エバスティ, J.
[著]「ソーシャル・キャピタルと健康政策」 日本評論社 2013
Ervin, Anthony アービン, アンソニー

1981～ 圏アメリカ 水泳選手 異アービン／アーヴィン, アンソニー
Ervin, Diane Lang アービン, D.L.
　著「子どもの面接ガイドブック」日本評論社 2003
Ervin, Phillip アービン, フィリップ
　圏アメリカ 野球選手
Ervin, Tyler アービン, タイラー
　圏アメリカ アメフト選手
Erving, Cameron アービング, キャメロン
　圏アメリカ アメフト選手
Erwin, Alec エルウィン, アレック
　圏南アフリカ 通産相
Erwin, Alexander エルウィン, アレクサンダー
　圏南アフリカ 公営企業相
Erwin, Ellen アーウィン, エレン
　著「オードリー・ヘップバーン・トレジャーズ」講談社 2006
Erwin, Steve アーウィン, スティーヴ
　1959～ 著「薔薇の祈り」女子パウロ会 2015
Erwitt, Elliott アーウィット, エリオット
　1928～ 圏アメリカ 写真家 マグナム会長
al-Eryani, Muammar イリヤーニ, ムアマル
　圏イエメン 情報相 異エルヤニ, ムアマル
Erzan, Ayşe エルザン, アイシェ
　著「Anytime」NTT出版 2001
Erzen, Jale エルゼン, ジャーレ
　著「Anytime」NTT出版 2001
Erzinçlioglu, Zakaria エルジンチリオール, ザカリア
　1951～2002 著「犯罪科学捜査」三修社 2004
Esagui, Veronica エサギ, ベロニカ
　著「自分で治す側弯症」科学新聞社 2012
Esau, Bernhard エサウ, バーナード
　圏ナミビア 漁業・海洋資源相
Esaw, Koffi エサオ, コフィ
　圏トーゴ 法相
Esaw, Kofi エソー, コフィ
　圏トーゴ 外相
Escaith, Hubert エスカット, ユベール
　著「東アジアの貿易構造と国際価値連鎖」アジア経済研究所 2011
Escalante, Amat エスカランテ, アマト
　カンヌ国際映画祭 監督賞（第66回（2013年）） "Heli"
Escalante, Gonzalo エスカランテ, ゴンサロ
　圏アルゼンチン サッカー選手
Escalante, Oscar エスカランテ, オスカル
　圏ホンジュラス 商工相
Escalona, Arnulfo エスカロナ, アルヌルフォ
　圏パナマ 内務・法務相
Escarra, Consol エスカーラ, コンソール
　1944～ 著「やっぱりおうさまだね」学習研究社 2005印刷
Esch, Jake エシュ, ジェイク
　圏アメリカ 野球選手
Eschbach, Andreas エシュバッハ, アンドレアス
　1959～ 著「ハロウィン」白水社 2005
Eschenbach, Christoph エッシェンバッハ, クリストフ
　1940～ 圏ドイツ 指揮者, ピアニスト パリ管弦楽団音楽監督, フィラデルフィア管弦楽団音楽監督 異エッシェンバハ, クリストフ
Escher, Jean-Philippe エッシャー, ジャン・フィリップ
　異エッシャー, ジャン・フィリップ 著「科学経営のための実践的MOT」日経BP社, 日経BP出版センター（発売）2005
Escher, Katalin エッシェー, カタリン
　著「アッティラ大王とフン族」講談社 2011
Escher, Peter エッシャー, ピーター
　著「MBAの誓い」アメリカン・ブック＆シネマ, 英治出版（発売）2011
Escher, Sandra エッシャー, サンドラ
　1945～ 著「まわりには聞こえない不思議な声」日本評論社 2016
Eschtruth, Andrew D. エストゥルース, アンドリュー
　著「老後資金がショートする」中央経済社, 中央経済グループパブリッシング（発売）2016
Escobar, Alcides エスコバー, アルシデス
　圏ベネズエラ 野球選手
Escobar, Arturo エスコバル, アルトゥーロ
　著「帝国への挑戦」作品社 2005
Escobar, Eduardo エスコバー, エデュアルド

圏ベネズエラ 野球選手
Escobar, Flora Marina エスコバル, フロラ・マリナ
　圏グアテマラ 通信住宅相
Escobar, Gavin エスコバー, ギャビン
　圏アメリカ アメフト選手
Escobar, Leonardo エスコバル, レオナルド
　圏エクアドル 農牧相
Escobar, Mario エスコバル, マリオ
　1971～ 著「教皇フランシスコ」新教出版社 2013
Escobar, Sergi エスコバル
　圏スペイン 自転車選手
Escobar, Yunel エスコバー, ユネル
　圏キューバ 野球選手
Escobar Guerrero, Maria Alexandra エスコバルゲレロ, マリアアレクサンドラ
　圏エクアドル 重量挙げ選手 異エスコバル
Escobar Prieto, Abelardo エスコバル・プリエト, アベラルド
　圏メキシコ 農地改革相
Escoffier, Jean-Yves エスコフィエ, ジャン・イヴ
　1950～2003 圏フランス 映画撮影監督
Escoffier, Michaël エスコフィエ, ミカエル
　1970～ 著「れいぞうこにマンモス!?」光村教育図書 2012
Escot, Pozzi エスコット, ポッツィ
　著「ソニック・デザイン」朔北社 2009
Escoto, Marlon エスコト, マルロン
　圏ホンジュラス 教育相
Escott, Colin エスコット, コリン
　グラミー賞 最優秀ヒストリカル・アルバム（2014年（第57回））"The Garden Spot Programs, 1950" コンピレーション・プロデューサー
Escott-Stump, Sylvia エスコット・スタンプ, シルビア
　著「栄養学と食事療法大事典」ガイアブックス 2015
Escribano, Francesc エスクリバーノ, フランセスク
　1958～ 著「サルバドールの朝」現代企画室 2007
Escritt, Stephen エスクリット, スティーヴン
　著「アール・ヌーヴォー」岩波書店 2004
Escudero, Sergio エスクデロ, セルヒオ
　圏スペイン サッカー選手
Escuredo, Jose Antonio エスクレド
　圏スペイン 自転車選手
Esebua, Kristine エセブア, クリスティン
　圏ジョージア アーチェリー選手
Esekia, Teagi エセキア, テアギ
　圏ツバル 教育・スポーツ・文化相兼保健・女性・社会問題相
Eselu, O'brian エセル, オブライエン
　?～2012 圏アメリカ フラダンサー
Esenamanov, Zamirbek エセナマノフ, ザミルベク
　圏キルギス 天然資源相
Esenbel, Ayse Selcuk エセンベル, アイシェ・セルチュク
　圏トルコ ボスポラス大学教授, 日本研究学会会長
Esenbel, Selcuk エセンベル, セルチュク
　1946～ 圏トルコ 歴史学者 ボアジチ大学教授 圏日本近代史 本名＝エセンベル, アイシェ・セルチュク〈Esenbel, Ayse Selcuk〉
Eser, Albin エーザー, アルビン
　著「浅田和茂先生古稀祝賀論文集」成文堂 2016
Esgaio, Ricardo エスガイオ, リカルド
　圏ポルトガル サッカー選手
Esham, Barbara エシャム, バーバラ
　著「ボクはじっとできない」岩崎書店 2014
Eshete, Shitaye エシェテ
　圏バーレーン 陸上選手
Eshimova, Zhuldyz エシモワ, ジュルジズ
　圏カザフスタン レスリング選手
Eshleman, Clayton エシュルマン, クレイトン
　著「ポール・オースターが朗読するナショナル・ストーリー・プロジェクト」アルク 2006
Esimov, Akhmetzhan エシモフ, アフメトジャン
　圏カザフスタン 農相
Eskandari, Mohammad Reza エスキャンダリ, モハマドレザ
　圏イラン 農相
Eskridge, Durell エスクリッジ, デュレル
　圏アメリカ アメフト選手
Esmaeilpoorjouybari, Masoud エスマイルプルジュイバリ
　圏イラン レスリング選手
Esmahan, Ricardo エスマハン, リカルド
　圏エルサルバドル 経済相

Esman, Aaron H. エスマン、アーロン・H.
　㊉「若者の心理と文化」富士書房 2006
Esono Ava, Tomas エソノアバ、トマス
　㊁赤道ギニア　官房長官
Esono Edjo, Melchor エソノエジョ、メルショール
　㊁赤道ギニア　財務相
Esono Eyang, Faustino Ndong エソノエヨン、ファウスティノ・ヌドン
　㊁赤道ギニア　官房長官
Esono Oworonfono, Baltasar エソノオウォロヌフォノ、バルタサル
　㊁赤道ギニア　官房長官
Espada, Joe エスパーダ、ジョー
　㊁アメリカ　ニューヨーク・ヤンキースコーチ
Espada, Rafael エスパダ、ラファエル
　㊁グアテマラ　副大統領
Espaillat, Rhina P. エスパイジャット、リナ・P.
　㊉「キャロライン・ケネディが選ぶ「心に咲く名詩115」」早川書房 2014
Esparza, Marlen エスパルザ
　㊁アメリカ　ボクシング選手
Espat, Jorge エスパット、ジョージ
　㊁ベリーズ　国家安全・経済開発相
Espat, Mark エスパット、マーク
　㊁ベリーズ　国家開発・投資・文化相
Espat, Michael エスパット、マイケル
　㊁ベリーズ　公共事業相
Espejo, Sergio エスペホ、セルヒオ
　㊁チリ　運輸・通信相
Espeland, Pamela エスペランド、パメラ
　1951～　㊉「強い自分になる方法」筑摩書房 2005
Esperanza エスペランサ
　1984～　㊁アメリカ　ジャズ・ベース奏者　バークリー音楽大学講師　本名＝スポルディング、エスペランサ〈Spalding, Esperanza〉
Espersen, Lene エスパセン、レーネ
　㊁デンマーク　外相　㊥エスパーセン、レネ
Espie, Colin A. エスピー、コリン
　㊉「睡眠障害に対する認知行動療法」風間書房 2015
Espie, Linda エスピー、リンダ
　㊉「私たちの先生は子どもたち！」青海社 2005
Espin, Salva エスピン、サルバ
　1982～　㊉「デッドプール」小学館集英社プロダクション 2016
Espinal, Jaime エスピナル、ハイメ
　㊁プエルトリコ　レスリング選手　㊥エスピナル
Espinal, José エスピナル、ホセ
　㊁エルサルバドル　労働・社会保障相
Espinel, Ramón エスピネル、ラモン
　㊁エクアドル　農牧水産相
Espineli, Gilbert C. エスピネリ、ギルバート・C.
　1964～　㊉「Baby Talkからはじめる英会話」光進社 2001
Esping-Andersen, Gøsta エスピン＝アンデルセン、イエスタ
　1947～　㊉「グローバル化・社会変動と教育」東京大学出版会 2012
Espinosa, Albert エスピノーザ、アルベルト
　1974～　㊉「幸せが見つかる23のヒント」日本能率協会マネジメントセンター 2014
Espinosa, Alberto Garzón エスピノサ、アルベルト・ガルソン
　㊉「もうひとつの道はある」柏植書房新社 2013
Espinosa, Augusto Xavier エスピノサ、アウグスト・ハビエル
　㊁エクアドル　教育相
Espinosa, Danny エスピノーザ、ダニー
　㊁アメリカ　野球選手
Espinosa, Elena エスピノサ、エレナ
　㊁スペイン　環境・農村・海洋相
Espinosa, Geovanni エスピノサ、ジョバンニ
　㊉「ホリスティック家庭の医学療法」ガイアブックス、産調出版（発売）2010
Espinosa, María Fernanda エスピノサ、マリア・フェルナンダ
　㊁エクアドル　国防相　㊥エスピノサ、マリア
Espinosa, Maricet エスピノサ、マリセト
　㊁キューバ　柔道選手
Espinosa, Oscar エスピノサ、オスカル
　1940～2013　㊁キューバ　エコノミスト　本名＝Espinosa Chepe, Oscar
Espinosa, Paola エスピノサ、パオラ
　㊁メキシコ　水泳選手　㊥エスピノサ
Espinosa, Richard エスピノサ、リチャルド
　㊁エクアドル　労相
Espinosa, Yaniuska エスピノサ、ヤニウスカ
　㊁ベネズエラ　重量挙げ選手
Espinosa Cantellano, Patricia エスピノサ・カンテジャノ、パトリシア
　㊁メキシコ　外相
Espinoza, Cristian エスピノサ、クリスティアン
　㊁アルゼンチン　サッカー選手
Espinoza, Maria エスピノサ、マリア
　1987～　㊁メキシコ　テコンドー選手　本名＝Espinoza, Maria del Rosario　㊥エスピノサ
Espinoza, Maurice H. エスピノザ、モーリス・H.
　㊉「最強のモニター心電図」ガイアブックス 2013
Espinoza Cruz, Marisol エスピノサ・クルス、マリソル
　㊁ペルー　副大統領
Espín Tobar, Augusto エスピン・トバル、アウグスト
　㊁エクアドル　戦略部門調整相
Esponda, Hector エスポンダ、ヘクター
　㊉「霊性入門」〔ラダ・ソアミ・サッサング・ベアース〕〔2003〕
Esposito, Chloe エスポジト、クロイ
　㊁オーストラリア　近代五種選手　㊥エスポジト
Esposito, Dino エスポシト、ディノ
　1965～　㊉「.NETのエンタープライズアプリケーションアーキテクチャ」日経BP社、日経BPマーケティング（発売）2015
Esposito, Elena エスポジト、エレーナ
　㊉「GLU」国文社 2013
Esposito, John L. エスポジト、ジョン・L.
　㊉「地球規模的政治における宗教の役割と未来」同志社 2012
Esposito, Max エスポジト
　㊁オーストラリア　近代五種選手
Esposito, Roberto エスポジト、ロベルト
　1950～　㊉「三人称の哲学」講談社 2011
Espot Zamora, Xavier エスポットサモーラ、ジャビエ
　㊁アンドラ　司法・内務相
Espy, Duane エスビー、デュアン
　㊁アメリカ　コロラド・ロッキーズコーチ
Esquerda Bifet, Juan エスケルダ・ビフェト、フアン
　㊥エスケルダ・ビフェト、ホアン　㊉「婚宴の杯」ドン・ボスコ社 2004
Esquith, Rafe エスキス、レイフ
　㊉「教師としていちばん大切なこと」PHP研究所 2009
Esquivel Mora, Laura Maria エスキベル・モラ、ラウラ・マリア
　㊁コスタリカ　駐日特命全権大使
Ess, Margarete van エス、マルガリータ・ファン
　㊉「ビジュアル版 世界の歴史都市」柊風舎 2016
al-**Essa, Khalid bin Abdulrahman** イーサ、ハリド・ビン・アブドルラフマン
　㊁サウジアラビア　国務相兼王宮府長官
Essam, bin Abdulla Khalaf イーサム・ビン・アブドラ・ハラフ
　㊁バーレーン　公共事業相
Essam, Jean Pierre Biyiti Bi エサム、ジャン・ピエール・ビエティ・ビ
　㊁カメルーン　郵政・通信相
al-**Essawi, Rafa** エサウィ、ラファ
　㊁イラク　国務相（外務担当）
Esselborn-Krumbiegel, Helga エッセルボルン＝クレムビーゲル、ヘルガ
　1947～　㊉「書けない状況を克服するヒントとトリック―慶応義塾大学教養研究センター2008年度公開セミナー　共生？それとも無知？―SF文学・科学・技術 宇宙開発を一例として 慶応義塾大学教養研究センター2008年度公開セミナー」慶応義塾大学教養研究センター 2008
Esselstyn, Caldwell B., Jr. エセルスティン、コールドウェル・B., Jr.
　㊉「心臓病は食生活で治す」角川学芸出版角川出版企画センター、角川グループパブリッシング（発売）2009
Essen, Laura エッセン、L.
　㊉「虐待サバイバーの心理療法」金剛出版 2001
Essene, Virginia エッセン、ヴァージニア
　㊉「ハトホルの書」ナチュラルスピリット 2011
Esser, Caietanus エッサー、カエタン
　㊉「聖フランシスコの会則と遺言」教友社 2009

E

Esser, Michael エッサー, ミヒャエル
[国]ドイツ サッカー選手
Esser, Otto エッサー, オットー
1917～2004 [国]ドイツ 実業家 E・メルク・パートナー, ドイツ使用者連盟(BDA)会長
Essers, Volkmar エッサース, フォルクマール
1944～ [著]「アンリ・マティス」 Taschen c2001
Essex, Elizabeth エセックス, エリザベス
[著]「男装の令嬢は海風にのって」 竹書房 2014
Essex, Karen エセックス, カレン
[国]アメリカ 作家, 脚本家, ジャーナリスト [専]文学, 歴史
Essex, Nathan L. エセックス, ネイサン
[著]「スクール・ロー」 学事出版 2009
Essex, Susie エセックス, スージー
[著]「児童虐待を認めない親への対応」 明石書店 2008
Essid, Habib シド, ハビブ
1949～ [国]チュニジア 政治家 チュニジア首相
Essien, Michael エッシェン, マイケル
1982～ [国]ガーナ サッカー選手 [異]エシエン, マイケル
Essien, Nduese エシエン, ヌデセ
[国]ナイジェリア 土地住宅都市開発相
Essig, Don エシッグ, ドン
[著]「1分間でやる気が出る146のヒント」 ディスカヴァー・トゥエンティワン 2013
Essig, Terry Parent エッシグ, テリー
[著]「降ってきたロマンス」 ハーレクイン 2004
Essimi Menye, Lazare エシミメンイ・ラザル
[国]カメルーン 農業・農村開発相
Essinger, James エッシンガー, ジェームス
1957～ [著]「激動期の金融戦略」 シュプリンガー・フェアラーク東京 2002
Esslinger, Hartmut エスリンガー, ハルトムット
1944～ [著]「形態は感情にしたがう」 ボーンデジタル 2014
Esso, Laurent エッソ, ローラン
[国]カメルーン 法相 [異]エソ, ローラン
Esso, Solitoki Magnim エソ, ソリトキ・マニム
[国]トーゴ 初等・中等・識字教育相
Essombe Tiako, Joseph Emilienne エソンベティアコ, ジョセフ
[国]カメルーン レスリング選手
Esson, Louis エソン, ルイス
[著]「現代世界アジア詩集」 土曜美術社出版販売 2010
Essono Mengue, Vincent エソネ・メンゲ, バンサン
[国]ガボン 中小企業相
Esswein, Alexander エッスヴァイン, アレクサンダー
[国]ドイツ サッカー選手
Essy, Amara エシー, アマラ
1944～ [国]コートジボワール 政治家 アフリカ連合(AU)暫定委員長, コートジボワール外相
Establet, Roger エスタブレ, ロジェ
1938～ [著]「豊かさのなかの自殺」 藤原書店 2012
Estanguet, Tony エスタンゲ, トニ
1978～ [国]フランス カヌー選手 [異]エスタンゲ / エスタンゲ, トニー
Esteban, Ángel エステバン, アンヘル
1963～ [著]「絆と権力」 新潮社 2010
Esteban, Claude エステバン, クロード
[著]「フランス現代詩アンソロジー」 思潮社 2001
Estefanos, Habte エステファノス・ハブテ
[国]エリトリア 貿易産業相
Estelle エステル
グラミー賞 最優秀ラップ/サング・コラボレーション(2008年(第51回)) "American Boy"
Estellon, Pascale エステロン, パスカル
[著]「ちいさないきもの」 少年写真新聞社 2007
Estemirova, Natalia エステミロワ, ナタリヤ
?～2009 [国]ロシア 人権活動家 メモリアルチェチェン共和国支部長
Estenne, Luc エステンヌ, ルク
[著]「実践ヘッジファンド投資」 日本経済新聞社 2001
Estephane, Edmund エステファン, エドムンド
[国]セントルシア 労働・情報・放送相
Ester, Ralf Martin エスター, R.M.
[著]「ARISを活用したチェンジマネジメント」 シュプリンガー・フェアラーク東京 2003
Esterházy, Péter エステルハージ, ペーテル
1950～ [国]ハンガリー 作家, エッセイスト
Estes, Billie Sol エステス, ビリー・ソル
1925～2013 [国]アメリカ 実業家
Estes, Evgenia エステス, エヴゲーニヤ
1975～ [国]ロシア バレーボール選手 本名=アルタモノワ・エステス, エヴゲーニヤ〈Artamonova Estes, Evgenia〉
Estes, Kenneth W. エステス, ケネス・W.
1947～ [著]「第二次大戦の超重戦車」 大日本絵画 2015
Esteva, Gustavo エステバ, グスタボ
[著]「学校のない社会への招待」 現代書館 2004
Estève, Maurice エステーヴ, モーリス
1904～2001 [国]フランス 抽象画家 [異]エステーブ, モーリス
Esteve-Coll, Elizabeth Anne Loosemore エスティブ・コール, エリザベス・アン・ルースモア
[国]イギリス セインズベリー日本芸術研究所理事, 元・イースト・アングリア大学学長, 元・ビクトリア・アンド・アルバート博物館館長
Estéves, Carlos エステベス, カルロス
1951～ [著]「反グローバリゼーションの声」 晃洋書房 2013
Estévez, Ángel エステベス, アンヘル
[国]ドミニカ共和国 農相
Estevez, Carlos エステベス, カルロス
[国]ドミニカ共和国 野球選手
Estevez, Emilio エステベス, エミリオ
1962～ [国]アメリカ 映画監督, 俳優 [異]エステヴェス, エミリオ
Estevez, Reyes エステベス
[国]スペイン 陸上選手
Estifanos Afeworki Haile エスティファノス・アフォワキ・ハイレ
[国]エリトリア 駐日特命全権大使
Estil, Frode エスティル
[国]ノルウェー 距離スキー選手
Estivill, Eduard エスティビル, エドゥアール
[著]「1週間で、子どもがぐっすり眠れる!」 主婦の友社 2004
Estleman, Loren D. エスルマン, ローレン・D.
1952～ [著]「BIBLIO MYSTERIES」 ディスカヴァー・トゥエンティワン 2014
Estleman, Loren Daniel エスルマン, ローレン
1952～ [国]アメリカ ミステリー作家
Estrada, Jason エストラダ
[国]アメリカ ボクシング選手
Estrada, Joseph エストラダ, ジョセフ
1937～ [国]フィリピン 政治家, 元俳優 マニラ市長 フィリピン大統領 別名=Estrada, Erap [異]エストラーダ
Estrada, Julio エストラーダ, フリオ
1943～ [国]メキシコ 作曲家, 音楽学者
Estrada, Julio Héctor エストラダ, フリオ・エクトル
[国]グアテマラ 財務相
Estrada, Marco エストラーダ, マルコ
[国]メキシコ 野球選手
Estrada, Pau エストラーダ, ポー
[著]「変わり者ピッポ」 光村教育図書 2010
Estrada, Rita Clay エストラーダ, リタ・C.
[著]「夫買います」 ハーレクイン 2013
Estrada Falcon, Yunior エストラダファルコン
[国]キューバ レスリング選手
Estrosi, Christian エストロジ, クリスチャン
[国]フランス 国土開発担当相
Estulin, Daniel エスチューリン, ダニエル
1966～ [著]「世界を牛耳る洗脳機関タヴィストック研究所の謎」 TOブックス 2013
Estwick, David エストウィック, デービッド
[国]バルバドス 農業・食料・漁業・水資源管理相
Esty, Daniel C. エスティ, ダニエル・C.
[著]「グリーン・トゥ・ゴールド」 アスペクト 2008
Esuene, Helen エスエネ, ヘレン
[国]ナイジェリア 環境相
Eszterhas, Suzi エスターハス, スージー
[著]「ゾウ」 さ・え・ら書房 2014
Etah, Jerome エタ, ジェローム
[国]カメルーン 公共事業相
Étaix, Pierre エテックス, ピエール
1928～ [著]「ぼくの伯父さんの休暇」 中央公論新社 2008
Etcheberry, Javier エチェベリ, ハビエル
[国]チリ 公共事業・運輸・通信相
Etchegoin, Marie-France エトシュゴワン, マリ=フランス

[著]「ダ・ヴィンチ・コード実証学」 イースト・プレス 2006

Etchelecu, Mario エチェレク, マリオ
[国]パナマ 住宅相

Etchemendy, John エチメンディ, ジョン
1952〜 [著]「論理学の基礎と演習」 慶応義塾大学出版会 2006

Etchemendy, Nancy エチメンディ, ナンシー
[著]「時間をまきもどせ！」 徳間書店 2008

Etcheverry, Jeronimo エチェベリ, ヘロニモ
[国]ウルグアイ ラグビー選手

Ete, Douglas エテ, ダグラス
[国]ソロモン諸島 副首相兼内相

Etem, Emel エテム, エメル
[国]ブルガリア 副首相兼非常事態相

Etgen, Fernand エッチェン, フェルナン
[国]ルクセンブルク 農業・消費者保護・国会担当相

Etheridge, Alison イーサリッジ, アリソン
[著]「ファイナンスの数理」 東京電機大学出版局 2005

Etheridge, Melissa エスリッジ, メリッサ
1961〜 [国]アメリカ シンガー・ソングライター

Ethier, Andre イーシアー, アンドレ
[国]アメリカ 野球選手

Ethier, Kay イーシア, ケイ
[著]「15時間集中講座XML」 コンピュータ・エージ社 2002

Ethridge, Shannon エスリッジ, シャノン
[著]「あなたはどこに愛を探していますか？」 いのちのことば社 2007

Etiemble, René エティヤンブル, ルネ
1909〜2002 [国]フランス 作家, 比較文学者 ソルボンヌ大学比較文学研究所教授 [専]中国文学 [異]エチアンブル, ルネ / エチヤンブル, ルネ

Etienne, Bruno エチエンヌ, ブリュノ
1937〜 [著]「政治学とはどのような学問か」 中央大学出版部 2005

Etienne, Marie エティエーヌ, マリ
[著]「フランス現代詩アンソロジー」 思潮社 2001

Etienne, Ophelie-Cyrielle エティエンヌ
[国]フランス 競泳選手

Eto, Ken エトー, ケン
1919〜2004 [国]アメリカ "東京ジョー"と呼ばれた日系人マフィア 漢字表記=衛藤健(エトウ・ケン)

Eto, Kinbo Ishii エトウ, キンボウ・イシイ
指揮者 マグデブルク劇場音楽総監督

Eto'o, Samuel エトオ, サミュエル
1981〜 [国]カメルーン サッカー選手 [異]エトー, サミュエル / エトオ, サムエル

Etoundi Ngoa, Laurent エトゥンディヌゴア, ローラン
[国]カメルーン 中小企業・社会経済・手工業相

Etoundi Ngoa, Laurent Serge エトゥンディンゴア, ローラン・セルジュ
[国]カメルーン 中小企業・社会経済・手工業相 [異]エトゥンディヌゴア, ローラン・セルジュ

Etro, Gimmo エトロ, ジーモ
1940〜 [国]イタリア 実業家, デザイナー エトロ創業者 本名=Etro, Gerolamo

Ettaieb, Samir タイエブ, サミル
[国]チュニジア 農業・水資源・漁業相

Ettedgui, Edouard エテギー, エドワード
1951〜 実業家 マンダリンオリエンタルCEO

Ettenberg, Elliott エッテンバーグ, エリオット
[著]「ネクストエコノミー」 東急エージェンシー出版部 2002

Etter, D.M. エッター, デローレス・M.
[著]「MATLABビギナーズガイド」 山海堂 2001

Ettinger, Dan エッティンガー, ダン
1971〜 [国]イスラエル 指揮者, ピアニスト シュトゥットガルト・フィルハーモニー管弦楽団音楽監督, マンハイム州立歌劇場音楽総監督, 東京フィルハーモニー交響楽団桂冠指揮者, イスラエル交響楽団首席客演指揮者

Ettinger, Robert エッティンガー, ロバート
1918〜2011 [国]アメリカ 人体冷凍術研究所創設者 [専]遺体の冷凍保存 本名=Ettinger, Robert Chester Wilson

Ettinger, Susan エッティンガー, スーザン
[著]「食品・栄養・食事療法事典」 産調出版, 産業調査会(発売) 2006

Ettus, Samantha エトゥス, サマンサ
[著]「プロは語る。」 アスペクト 2005

Etxarri, Mikel エチャリ, ミケル
1946〜 [著]「日本サッカースカウティング127選手」 東邦出版 2013

Etxeita, Xabier エチェイタ, シャビエル
[国]スペイン サッカー選手

Etxepare, Bernat エチェパレ, ベルナト
[著]「バスク初文集」 平凡社 2014

Etzebeth, Eben エツベス, エベン
[国]南アフリカ ラグビー選手

Etzioni, Amitai エツィオーニ, アミタイ
1929〜 [異]エチオーニ, アミタイ [著]「意思決定の技術」 ダイヤモンド社 2006

Etzkowitz, Henry エツコウィッツ, ヘンリー
1940〜 [著]「トリプルヘリックス」 芙蓉書房出版 2009

Euchi, Hatem El ウシ, ハテム
[国]チュニジア 国有財産・国土相

Eugelhardt, Dietrich von エンゲハルト, ディートリヒ・フォン
[著]「啓蒙主義から実証主義に至るまでの自然科学の歴史意識」 理想社 2003

Eugene, Tabe ユジェーヌ, タベ
[国]チャド 石油・エネルギー相

Eugenides, Jeffrey ユージェニデス, ジェフリー
1960〜 [国]アメリカ 作家 [専]フィクション

Eulau, Heinz ユーロー, ハインツ
[著]「アメリカ政治学を創った人たち」 ミネルヴァ書房 2001

Eulls, Kaleb ユールズ, ケイレブ
[国]アメリカ アメフト選手

Eulo, Ken ユーロ, ケン
1939〜 [著]「Claw「爪」」 早川書房 2007

Eun, Hee-kyung ウン・ヒギョン
1959〜 [国]韓国 作家 [専]文学, フィクション 漢字名=殷熙耕

Eunson, Baden ユンソン, バーデン
1948〜 [著]「ロジカル・ネゴシエーション」 PHPエディターズ・グループ, PHP研究所(発売) 2002

Euranie, Annabelle ウラニ
[国]フランス 柔道選手

Euren, Johan オレイン, ヨハン
[国]スウェーデン レスリング選手 [異]オイレン

Eurlings, Camiel ユーリングス, カミール
[国]オランダ 運輸・公共事業・水利相

Eusebio エウゼビオ
1942〜2014 [国]ポルトガル サッカー選手 本名=エウゼビオ・フェレイラ・ダ・シルバ〈Eusebio Ferreira da Silva〉

Eusebio, Sacristan エウゼビオ・サクリスタン
[国]スペイン レアル・ソシエダ監督

Euske, Ken エウスク, ケン
[著]「業績評価の理論と実務」 東洋経済新報社 2004

Eustace, Arnhim Ulric ユスタス, アーンヒム
1946〜 [国]セントビンセント・グレナディーン 政治家 セントビンセントグレナディーン首相

Evandro エヴァンドロ
[国]ブラジル サッカー選手

Evangelista, Lucas エヴァンゲリスタ, ルーカス
[国]ブラジル サッカー選手

Evangelista, Mauro エバンゲリスタ, M.
[著]「ニュートン」 鈴木出版 2001

Evangelisti, Giorgio エヴァンジェリスティ, ジョルジョ
1933〜 [著]「飛行伝説」 ソニー・マガジンズ 2004

Evanghelatos, Kostas エバンゲラトス, コスタス
[著]「ソクラテスの裁判」 Ant・N.サクラス出版社 2001

Evanier, David エヴァニアー, デイヴィッド
[著]「歌声でマフィアを黙らせた男」 早川書房 2001

Evanovich, Janet イヴァノヴィッチ, ジャネット
作家 筆名=ホール, ステッフィー〈Hall, Steffie〉 [異]イバノビッチ, ジャネット

Evans エバンス
[国]イギリス 上院院内総務・王璽尚書

Evans, Andy エヴァンス, アンディ
[著]「音楽家の手」 協同医書出版社 2006

Evans, Brent エヴァンズ, ブレント
[著]「ネイチャーセンター」 人文書院 2012

Evans, Cadel エバンス
[国]オーストラリア 自転車選手

Evans, Cambria エバンズ, カンブリア
[著]「大食いフィニギンのホネのスープ」 BL出版 2011

Evans, Chris エヴァンズ, クリス
俳優

Evans, Chris エバンズ, クリス

E

[国]カナダ 作家 [専]ファンタジー, 歴史 [異]エヴァンズ, クリス
Evans, Chris エバンズ, クリス
[国]オーストラリア 大学教育・技能・科学研究相
Evans, Christopher エヴァンズ, クリストファー
[国]アメリカ ローザンヌ国際バレエコンクール 6位・スカラシップ(第38回(2010年))
Evans, Christopher エバンス, クリストファー
[著]「ITIコンセンサス会議議事録」 クインテッセンス出版 2015
Evans, Colin エヴァンス, コリン
1948～ [著]「不完全犯罪ファイル」 明石書店 2006
Evans, Dale エバンズ, デール
1912～2001 [国]アメリカ 女優, カントリー歌手 [異]エバンス, デール / エヴァンズ, デイル
Evans, Daniel エヴァンス, ダニエル
ローレンス・オリヴィエ賞 ミュージカル・エンタテインメント 男優賞(2007年(第31回)) "Sunday In The Park With George"
Evans, David E. エバンス, D.E.
[著]「植物科学キーノート」 シュプリンガー・フェアラーク東京 2002
Evans, Don エバンズ, ドン
[国]アメリカ 商務長官
Evans, Douglas エバンズ, ダグラス
1953～ [国]アメリカ 作家 [専]児童書 [異]エバンス, ダグラス
Evans, Douglas K. エヴァンズ, ダグラス・K.
[著]「F-86セイバー空戦記」 光人社 2003
Evans, Dylan エヴァンス, ディラン
1966～ [著]「ラカンは間違っている」 学樹書院 2010
Evans, Emma エヴァンズ, エマ
1975～ [著]「自傷と自殺」 金剛出版 2008
Evans, Eric エヴァンス, エリック
1962～ [著]「エリック・エヴァンスのドメイン駆動設計」 翔泳社 2011
Evans, F.J. エヴァンズ, フレデリック
[著]「偽薬効果」 春秋社 2002
Evans, Freddie エバンス
[国]イギリス ボクシング選手
Evans, Gail エバンス, ゲイル
1941～ [著]「有能な女はなぜ、無能な男ほど評価されないのか」 角川書店 2001
Evans, Gareth エバンス, ギャレス
[国]インドネシア 映画監督, 脚本家 [異]エヴァンス, ギャレス
Evans, Gareth John エバンス, ギャレス・ジョン
1944～ [国]オーストラリア 政治家 オーストラリア国立大学学長 オーストラリア労働党副党首, オーストラリア外相 [異]エバンス, ゲリス / エバンズ, ギャリス / エバンズ, ギャレス / エバンズ, ゲリス / エヴァンス, ギャレス
Evans, Gil エヴァンス, ギル
グラミー賞 最優秀インストゥルメンタル編曲(2012年(第55回)) "How About You"
Evans, Gillian Rosemary エヴァンズ, ギリアン
[著]「キリスト教史」 朝倉書店 2008
Evans, Glen エヴァンズ, グレン
[著]「自殺予防事典」 明石書店 2006
Evans, Huw エバンス, ヒュー
[著]「英国キルト紀行」 パッチワーク通信社 2007
Evans, Ianto エヴァンス, イアント
[著]「ロケットストーブ」 日本ロケットストーブ普及協会 2012
Evans, Isabel エバンス, イザベル
[著]「ソフトウェアテストの基礎」 センゲージラーニング, ビー・エヌ・エヌ新社(発売) 2008
Evans, Jahri エバンス, ジャーリ
[国]アメリカ アメフト選手
Evans, Jason エヴァンス, ジェイソン
[著]「LOST AND FOUND」 ADP 2013
Evans, Jeff エヴァンズ, J.
[著]「現代イギリスの政治算術」 北海道大学図書刊行会 2003
Evans, Jeremy エバンス, ジェレミー
[国]アメリカ バスケットボール選手
Evans, J.M. エヴァンス, ジム
[著]「愛犬のトラブル解決ブック」 ペットライフ社, 緑書房(発売) 2007
Evans, Jodie エヴァンス, ジョディ
[著]「もう戦争はさせない!」 文理閣 2007
Evans, John M. エヴァンズ, ジョン・M.
[著]「おとなのいのちの教育」 河出書房新社 2006
Evans, Jon エバンズ, ジョン
1973～ [国]カナダ 作家 [異]エヴァンズ, ジョン
Evans, Jonathan Duane エヴァンズ, ジョナサン
1954～ [著]「ドラゴン神話図鑑」 柊風舎 2009
Evans, Jonny エヴァンズ, ジョニー
[国]北アイルランド サッカー選手
Evans, Josh エバンス, ジョシュ
[国]アメリカ アメフト選手
Evans, Josh Ryan エバンス, ジョシュ・ライアン
1982～2002 [国]アメリカ 俳優
Evans, Katarina エヴァンス, カタリーナ
[著]「スウェーデンのあたたかい暮らし」 ピエ・ブックス 2007
Evans, Katie エバンズ, ケイティ
[著]「虐待サバイバーとアディクション」 金剛出版 2007
Evans, Kyle エバンス, カイル
[国]イギリス 自転車選手
Evans, Lloyd T. エヴァンス, ロイド
[著]「100億人への食糧」 学会出版センター 2006
Evans, Lois K. エヴァンス, ルイス・K.
[著]「アカデミック・ナーシング・プラクティス」 看護の科学社 2009
Evans, Mandy エヴァンス, マンディ
[著]「感情は、ひとを動かす」 ヴォイス 2005
Evans, Mark エヴァンス, マーク
1962～ [著]「「ヴィクトリア&アルバート美術館所蔵英国ロマン主義絵画展」カタログ」 「ヴィクトリア&アルバート美術館所蔵英国ロマン主義絵画展」カタログ委員会 c2002
Evans, Marsha J. エヴァンズ, マーシャ・J.
[著]「プロは語る。」 アスペクト 2005
Evans, Martin John エバンズ, マーティン
1941～ [国]イギリス 医学者 カーディフ大学総長 [異]エバンス, マーチン / エバンス, マーティン / エバンズ, マーティン・J.
Evans, Marwin エバンス, マーウィン
[国]アメリカ アメフト選手
Evans, Matt エヴァンス, マット
[国]カナダ ラグビー選手
Evans, Matthew エヴァンス, マシュー
[著]「オーストラリア」 メディアファクトリー 2004
Evans, M.G. エバンス, M.G.
[著]「図説食品汚染病原微生物」 広川書店 2003
Evans, Michael エバンズ, マイケル
1920～2007 [国]アメリカ 俳優 本名=Evans, John Michael [異]エバンス, マイケル / エヴァンス, マイケル / エヴァンズ, マイケル
Evans, Michael エバンズ, マイケル
[著]「シュタイナー医学入門」 群青社, 星雲社(発売) 2005
Evans, Michele M. エバンス, ミケーレ・M.
[著]「ケアのなかの癒し」 看護の科学社 2016
Evans, Mike エヴァンズ, マイク
[著]「ボウイ・トレジャーズ」 スペースシャワーネットワーク 2016
Evans, Mike エバンス, マイク
[国]アメリカ アメフト選手
Evans, Nicholas エバンス, ニコラス
1950～ [国]イギリス 作家 [異]エヴァンス, ニコラス
Evans, Nicola エヴァンス, N.
[著]「司法精神看護」 真興交易医書出版部 2003
Evans, Patricia エバンス, パトリシア
[著]「夫の言葉にグサリときたら読む本」 PHP研究所 2004
Evans, Paul M. エバンス, ポール
[著]「レキシコン・アジア太平洋安全保障対話」 日本経済評論社 2002
Evans, Peter エヴァンス, ピーター
[著]「デザイナーのための建築構造入門」 エクスナレッジ 2014
Evans, Phil エバンス, フィル
1946～2014 [国]イギリス 風刺画家 本名=Evans, Philip James
Evans, Phillip エバンス, フィリップ
[国]アメリカ 野球選手
Evans, Randall エバンス, ランドール
[国]アメリカ アメフト選手
Evans, Ray エバンズ, レイ
1915～2007 [国]アメリカ 作詞家 [異]エヴァンズ, ライ
Evans, Rebecca エバンズ, レベッカ
グラミー賞 最優秀オペラ録音(2007年(第50回)) "Humperdinck: Hansel & Gretel" ソリスト
Evans, Richard エヴァンズ, リチャード
1939～ [著]「ヴェンゲル・コード」 カンゼン 2013
Evans, Richard Mark エバンス, リチャード

1928～2012 ⓘイギリス 外交官 駐中国英国大使 ⓥエヴァンス, リチャード
Evans, Richard Paul エヴァンズ, リチャード・ポール
 ⓑ「クリスマス・ボックス」講談社 2005
Evans, Richard W. エバンズ, リチャード
 1968～ ⓑ「オーストラリア建国物語」明石書店 2011
Evans, Robert エヴァンズ, ロバート
 1930～ ⓑ「くたばれ！ハリウッド」文芸春秋 2003
Evans, Robert John Weston エヴァンズ, R.J.W.
 1943～ ⓥエヴァンズ, ロバート・J.W. ⓑ「バロックの王国」慶応義塾大学出版会 2013
Evans, Ronald M. エヴァンス, ロナルド・M.
 ⓘアメリカ ウルフ賞 医学部門（2012年）
Evans, Ruth Dudley エヴァンス, ルース・ダッドリー
 英国推理作家協会賞 ゴールド・ダガー（ノン・フィクション）（2010年） "Aftermath: The Omagh Bombing and the Families' Pursuit of Justice"
Evans, Sara Margaret エヴァンズ, サラ・M.
 1943～ ⓑ「アメリカの女性の歴史」明石書店 2005
Evans, Scott エバンズ, スコット
 ⓘアイルランド バドミントン選手
Evans, Shane W. エヴァンズ, シェーン・W.
 ⓥエヴァンス, シェーン・W. ⓑ「じゆうをめざして」ほるぷ出版 2012
Evans, Shaq エバンズ, シャック
 ⓘアメリカ アメフト選手
Evans, Shelley エヴァンズ, シェリー
 ⓑ「〈原色・原寸〉世界きのこ大図鑑」東洋書林 2012
Evans, Siân エヴァンズ, シャーン
 ⓑ「英国の幽霊伝説」原書房 2015
Evans, Susan Toby エヴァンス, スーザン・トビィ
 ⓑ「ビジュアル版 世界の歴史都市」柊風舎 2016
Evans, Suzanne エバンス, スザンヌ
 1957～ ⓑ「伸びる子が育つ家族のつくり方」かんき出版 2014
Evans, Tyreke エバンス, タイリク
 ⓘアメリカ バスケットボール選手
Evans, Vaughan エバンス, ボーガン
 1951～ ⓥエヴァンス, ボーガン ⓑ「戦略フレームワーク25」ダイヤモンド社 2016
Evans, Vyvyan エバンズ, ビビアン
 ⓑ「英語前置詞の意味論」研究社 2005
Evans, William E. エバンズ, ウィリアム・E.
 ⓑ「薬物動態学と薬力学の臨床応用」メディカル・サイエンス・インターナショナル 2009
Evans-Pritchard, Edward Evan エヴァンズ＝プリチャード, E.E.
 ⓑ「アザンデ人の世界」みすず書房 2001
Evatt, Alison エヴァット, アリソン
 ⓑ「みんな大切！」新科学出版社 2011
Evdaev, Nobert エフダーエフ, ノベルト
 ⓑ「ブリュリューク、フィアラの頃の小笠原」Design-ER 2006
Evdokimova, Eva エフドキモワ, エバ
 1948～2009 ⓘロシア バレリーナ ⓥエフドキモバ, エバ / エフドキモヴァ, エヴァ / エフドキモヴァ, エヴァ
Eve イヴ
 ⓘアメリカ MTVアワード 最優秀女性アーティスト・ビデオ（第18回（2001年）） "Let Me Blow Ya Mind"
Eve, Laverne イブ
 ⓘバハマ 陸上選手
Eveland, Dana イブランド, ダナ
 ⓘアメリカ 野球選手
Evenett, Simon.J. イバネット, S.J.
 ⓑ「東アジアの競争力」シュプリンガー・フェアラーク東京 2003
Evens, Brecht エヴェンス, ブレヒト
 アングレーム国際漫画祭 大胆な作品賞（2011年） "Les Noceurs"〈Actes Sud BD〉
Evenson, B.K. エヴェンソン, B.K.
 ⓑ「ロード・オブ・セイラム」TOブックス 2013
Evenson, Brian エブンソン, ブライアン
 1966～ ⓘアメリカ 作家 ブラウン大学文芸科主任教授 ⓥエヴンソン, ブライアン
Evenson, Norma エヴァンソン, ノーマ
 ⓑ「ル・コルビュジエの構想」井上書院 2011
Everall, Nayera エヴァーロール, ナエラ
 ⓑ「めいろでめちゃめちゃあそぶっくわくわくタイム」ポプラ社 2013

Everest, D.D. エヴェレスト, D.D.
 ⓑ「アーチー・グリーンと魔法図書館の謎」あすなろ書房 2015
Everett, Antoine エベレット, アントイン
 ⓘアメリカ アメフト選手
Everett, Craig A. エベレット, クレッグ・A.
 ⓑ「家族療法のスーパーヴィジョン」金剛出版 2011
Everett, Daniel Leonard エベレット, ダニエル・L.
 1951～ ⓑ「ピダハン」みすず書房 2012
Everett, David エヴァレット, デイヴィッド
 ⓑ「サイエンスライティング」地人書館 2013
Everett, Deshazor エベレット, デシャザー
 ⓘアメリカ アメフト選手
Everett, Douglas Hugh エベレット, ダグラス・ヒュー
 1916～2002 ⓘイギリス 物理化学者 ブリストル大学名誉教授, 国際コロイド科学界面科学者協会会長 ⓑコロイド科学, 面科学, 表面科学 ⓥエヴェレット, ダグラス・ヒュー
Everett, Jeffrey エヴェレット, ジェフリー
 ⓑ「カジュアルウェア・グラフィックス1000mini」グラフィック社 2011
Everett, William エヴァレット, ウィリアム
 1921～ ⓑ「生きることと愛すること」新世社 2006
Everette, Mikell エベレット, マイケル
 ⓘアメリカ アメフト選手
Everhart, Emerald エバーハート, エメラルド
 1976～ ⓑ「魔法の国のかわいいバレリーナ」学研教育出版, 学研マーケティング（発売）2011
Everitt, Anthony エヴァリット, アントニー
 1940～ ⓑ「キケロ」白水社 2015
Everitt, Brian S. エヴェリット, ブライアン・S.
 ⓑ「RとS-PLUSによる多変量解析」シュプリンガー・ジャパン 2007
Everly, George S., Jr エヴァリー, ジョージ・S., Jr.
 1950～ ⓑ「STRONGER「超一流のメンタル」を手に入れる」かんき出版 2016
Everly, Phil エバリー, フィル
 1939～2014 ⓘアメリカ カントリー歌手 ⓥエヴァリー, フィル
Evernham, Ray エバーンハム, レイ
 ⓑ「協力のリーダーシップ」ダイヤモンド社 2009
Everret, Chad エベレット, チャド
 1936～2012 ⓘアメリカ 俳優 本名＝Cramton, Raymond Lee ⓥイヴェレット, チャド / エヴェレット, チャド
Evers, Adalbert エバース, アダルベルト
 ⓑ「欧州サードセクター」日本経済評論社 2007
Evers, Lucas エバーズ, ルーカス
 ⓑ「オープンデザイン」オライリー・ジャパン, オーム社（発売）2013
Evers-swindell, Caroline エバース, C.
 ⓘニュージーランド ボート選手 ⓥエバーズ, C.
Evers-swindell, Georgina エバース, G.
 ⓘニュージーランド ボート選手 ⓥエバーズ, G.
Eversz, Robert M. エバーツ, ロバート
 ⓘアメリカ 作家, 脚本家 ⓑミステリー ⓥエヴァーツ, ロバート
Evert, Chris エバート, クリス
 1954～ ⓘアメリカ 元テニス選手 本名＝Evert, Christine Marie ⓥエヴァート, クリス
Evert, Lori エベルト, ロリ
 ⓑ「サンタクロースのおてつだい」ポプラ社 2014
Evitt, Gisela Cloos エヴィット, ジゼラ・クルーズ
 ⓑ「ポール・オースターが朗読するナショナル・ストーリー・プロジェクト」アルク 2006
Évora, Cesária エヴォラ, セザリア
 1941～2011 ⓘカボベルデ 歌手 ⓥエボラ, セザリア
Evora, Nelson エボラ, ネルソン
 ⓘポルトガル 陸上選手
Evra, Patrice エヴラ, パトリス
 1981～ ⓘフランス サッカー選手 ⓥエブラ, パトリス
Evrard, Jacques エヴァラール, ジャック
 ⓑ「音楽家の家」西村書店東京出版編集部 2012
Evrard, Jane エブラール, ジャン
 ⓑ「フランスの博物館と図書館」玉川大学出版部 2003
Evren, Kenan エヴレン, ケナン
 1918～2015 ⓘトルコ 政治家, 軍人 トルコ大統領, トルコ国軍参謀総長 ⓥエブレン, ケナン
Evstyukhina, Nadezda エフシュキナ

[国]ロシア　重量挙げ選手
Evuna Owono Asangono, Alejandro　エブナ・オウォノ・アサンゴノ, アレハンドロ
[国]赤道ギニア　大統領府相(特命事項担当)　[異]エブナオウォノアサンゴノ, アレハンドロ
Ewa, Ita Okon Bassey　エワ, イタ・オコン・バシィ
[国]ナイジェリア　科学技術相
Ewald, Axel　エウォルド, アクセル
[著]「植物への新しいまなざし」 涼風書林　2006
Ewald, Manfred　エバルト, マンフレート
1926～2002　[国]ドイツ　東ドイツ・オリンピック委員会会長
Ewald, Paul W.　イーワルド, ポール・W.
[著]「病原体進化論」 新曜社　2002
Ewald, Timothy　イワルド, ティム
[著]「Microsoft.NET実践プログラミング」 アスキー　2002
Ewan, Chris　イーワン, クリス
1976～　[国]イギリス　作家, 弁護士　[専]ミステリー, スリラー
Ewandro　エヴァンドロ
[国]ブラジル　サッカー選手
Ewans, Martin　ユアンズ, マーティン
1928～　[著]「アフガニスタンの歴史」 明石書店　2002
Ewart, Gavin　ユアート, ガヴィン
[著]「動物たちの謝肉祭」 BL出版　2007
Ewbank, Tim　ユーバンク, ティム
[著]「デイヴィッド・ベッカム」 ぶんか社　2002
Ewen, Stuart　ユーウェン, スチュアート
[著]「PR！」 法政大学出版局　2003
Ewers, H.G.　エーヴェルス, H.G.
1930～　[著]「テラナー抹殺指令」 早川書房　2016
Ewert, Hansjörg　エーヴェルト, ハンスイェルク
1965～　[著]「絵本で読むモーツァルト」 ヤマハミュージックメディア　2007
Ewin, Dabney M.　ユーウィン, ダブニー
[著]「催眠をはじめるときに知っておきたかった101のこと」 金剛出版　2016
Ewing, Alexander Crum　ユーイング, アレクサンダー・クラム
[著]「こだわりの万年筆」 ネコ・パブリッシング　2006
Ewing, Heather　ユーイング, ヘザー
[著]「スミソニアン博物館の誕生」 雄松堂書店　2010
Ewing, Jim Path Finder　ユーイング, ジム
[著]「スペース・クリアリング」 ビイング・ネット・プレス　2011
Ewing, Patrick　ユーイング, パトリック
[国]アメリカ　シャーロット・ホーネッツアシスタントコーチ(バスケットボール)
Ewing, William A.　ユーイング, ウィリアム・A.
1944～　[著]「エドワード・スタイケン写真集成」 岩波書店　2013
Ewon, Ebin　エウォン・イビン
[国]マレーシア　科学技術相
Ewovor, Kossi Messan　エウォボル, コシ・メサン
[国]トーゴ　農業・畜産・水産相
Exarchopoulos, Adèle　エグザルコプロス, アデル
1993～　[国]フランス　女優
Exeler, Steffen　エグゼラー, S.
[著]「ARISを活用したチェンジマネジメント」 シュプリンガー・フェアラーク東京　2003
Exley, Helen　エクスレイ, ヘレン
[著]「簡素に生きることば」 偕成社　2003
Exner, John E.　エクスナー, ジョン・E.
1929～2006　[異]エクスナー, ジョン・E., Jr.　[著]「ロールシャッハ・テスト」 金剛出版　2009
Exon, James, Jr.　エクソン, ジェームス, Jr.
1921～2005　[国]アメリカ　政治家　米国上院議員(民主党)　本名＝Exon, John James(Jr.)　[異]エクソン, ジェームズ
Exum, Antone　イグザム, アントン
[国]アメリカ　アメフト選手
Exum, Dante　エクサム, ダンテ
[国]オーストラリア　バスケットボール選手
Eyadéma, Gnassingbe　エヤデマ, ニャシンベ
1937～2005　[国]トーゴ　政治家　トーゴ大統領　本名＝Eyadéma, Etienne Gnassingbe　[異]エヤデマ, グヤシンベ
Eyakenyi, Akon　エヤケニィ, アコン
[国]ナイジェリア　土地・住宅・都市開発相
Eyal, Nir　イヤール, ニール
[著]「ハマるしかけ」 翔泳社　2014
Eya Olomo, Vicente　エヤオロモ, ビセンテ
[国]赤道ギニア　国防相
Eydal, Guðný　アイデル, グズニィ
[著]「社会ケアサービス」 本の泉社　2003
Eydeland, Alexander　アイデランド, アレキサンダー
[著]「電力取引の金融工学」 エネルギーフォーラム　2004
Eydelsteyn, Gustavo　エイデルステイン, ガスターボ
[著]「ソフトウェアの未来」 翔泳社　2001
Eydoux, Anne　エドゥ, アンヌ
[著]「食べもの」 主婦の友社　2007
Eyebe Ayissi, Henri　エイベアイシ・アンリ
[国]カメルーン　農業・農村開発相　[異]エイベアイシ, アンリ
Eyebe Ayssi, Henri　エイベアイシ, アンリ
[国]カメルーン　高等監査担当相
Eyeghe Ndong, Jean　イエゲヌドン, ジャン
[国]ガボン　首相
Eyer, Diane E.　アイヤー, ダイアン
1944～　[著]「子どもの「遊び」は魔法の授業」 アスペクト　2006
Eygel, Pavel　エイゲル
[国]ロシア　カヌー選手
Eyih, Ghdafna Ould　エイー, ガダフナ・ウルド
[国]モーリタニア　漁業・海洋経済相
Eymard-Duvernay, François　エイマール‐デュヴルネ, フランソワ
[著]「企業の政治経済学」 ナカニシヤ出版　2006
Eymooy, Mohamed Omar　エイモーイ, モハメド・オマル
[国]ソマリア　漁業相
Eymoy, Mohamed Omar　エイモイ, モハメド・オマル
[国]ソマリア　漁業相
Eynte, Abdirahman Yusuf Ali　アインテ, アブディラフマン・ユスフ・アリ
[国]ソマリア　計画・国際協力相
Eyre, Linda　アイヤー, リンダ
[著]「ライフバランス」 キングベアー出版　2005
Eyre, Lucy　エア, ルーシー
[国]イギリス　作家　[専]文学
Eyre, Richard　エア, リチャード
1943～　[国]イギリス　演出家, 映画監督, テレビ監督　ロイヤル・ナショナル・シアター芸術監督　本名＝Eyre, Richard Charles Hasting　[異]アール, リチャード / エアー, リチャード
Eyre, Richard M.　アイヤー, リチャード
[著]「ライフバランス」 キングベアー出版　2005
Eysenck, Michael W.　アイゼンク, マイケル・W.
[著]「アイゼンク教授の心理学ハンドブック」 ナカニシヤ出版　2008
Eyster, M.Elaine　アイスター, M.E.
[著]「カラーアトラスAIDS」 サイエンスプレス, テクノミック(発売)　2002
Eyton, Wendy　イートン, ウェンディ
[著]「しんせつなかかし」 福音館書店　2012
Eyzaguirre, Nicolás　エイサギレ, ニコラス
[国]チリ　大統領府長官
Ezekwesili, Obiageli　エゼクウェシリ, オビアゲリ
[国]ナイジェリア　教育相
Ezeli, Festus　エジーリ, フェスタス
[国]ナイジェリア　バスケットボール選手
Ezer, Sini　エゼル, シニ
1964～　[国]フィンランド　作家　[専]ファンタジー, ヤングアダルト
Ezerskis, Mindaugas　エゼルスキス
[国]リトアニア　レスリング選手
Ezilhaslinda Ngah　エジハスリンダ・ガー
[著]「スケッチパースの教室」 ビー・エヌ・エヌ新社　2013
Ezor, Jonathan　エゾール, ジョナサン
[著]「Eコマースはリスクがいっぱい」 日経BP社, 日経BP出版センター(発売)　2001
Ezra, Gideon　エズラ, ギデオン
[国]イスラエル　環境相
Ezz, Khaled el-Enany　エズ, ハレド・イナニ
[国]エジプト　考古相
Ez Zahraoui, Zohra　エザラウイ, ゾラ
[国]モロッコ　ボクシング選手
Ezzamel, Mahmoud　エザメル, マムード
[著]「分権政治の会計」 中央経済社　2010
Ezzaouia, Khalil　エザウイア, ハリル
[国]チュニジア　社会問題相
Ezzine, Ali　エジーヌ
[国]モロッコ　陸上選手
Ezzine, Hamid　エジーヌ, ハミド

[国]モロッコ　陸上選手　[異]エジーヌ

【F】

Fa'afunua, Daniel　ファアフヌア, ダニエル
[国]ソロモン諸島　経済改革相
Faal, Samba　ファル, サンバ
[国]ガンビア　青年・スポーツ・文化相
Faamoetauloa, Ulaitino Faale Tumaalii　ファアモエタウロア・ウライティノ・ファアレ・ツマアリイ
[国]サモア　資源・環境相
Fa'apale, Patrick　ファアッペル, パトリック
[国]サモア　ラグビー選手
Faas, Horst　ファース, ホースト
1933～2012　[国]ドイツ　写真家　AP通信上席編集者　[専]戦争写真
Faas, Patrick　ファース, パトリック
[著]「古代ローマの食卓」 東洋書林　2007
Fa'asavalu, Maurie　ファアサヴァル, マルリー
[国]サモア　ラグビー選手
Fabbri, Davidé　ファッブリ, ダヴィデ
[著]「ヴィクトリアン・アンデッド シャーロック・ホームズvs.ゾンビ」 小学館集英社プロダクション　2012
Fabbrizi, Massimo　ファブリッツィ, マッシモ
[国]イタリア　射撃選手　[異]ファブリツィ
Fabella, Virginia　ファベリア, ヴァージニア
[著]「〈第三世界〉神学事典」 日本キリスト教団出版局　2007
Faber, Adele　フェイバ, アデル
[著]「やさしいママになりたい！」 筑摩書房　2014
Faber, Amanda　フェイバー, アマンダ
[著]「ヒマラヤ探検史」 東洋書林　2015
Faber, Anne　ファーバー, アン
[著]「ダルクローズのリトミック」 ドレミ楽譜出版社　2002
Faber, Gustav　ファーバー, グスタフ
[著]「ノルマン民族の謎」 アリアドネ企画, 三修社(発売)　2001
Faber, Lee　フェイバー, リー
[著]「イギリスのおばあちゃんの知恵袋」 阪急コミュニケーションズ　2010
Faber, Liz　ファーバー, リズ
[著]「インターネットデザイン」 グラフィック社　2001
Faber, Marc　ファーバー, マーク
[著]「トゥモローズゴールド」 パンローリング　2003
Faber, Michel　フェイバー, ミッシェル
1960～　[国]イギリス　作家　[専]SF, 歴史
Faber, Patrick　ファバー, パトリック
[国]ベリーズ　副首相兼教育・文化・青年・スポーツ相　[異]ファーバー, パトリック / フェーバー, パトリック
Faber, Polly　フェイバー, ポリー
[著]「バクのバンバン、町にきた」 徳間書店　2016
Faber, Toby　フェイバー, トビー
1965～　[著]「ストラディヴァリウス」 白揚社　2008
Fabian, A.C.　フェビアン, アンドリュー
1948～　[著]「コンフリクト」 培風館　2007
Fabian, Alessandro　ファビアン, アレサンドロ
[国]イタリア　トライアスロン選手
Fabian, Douglas　ファビアン, ダッグ
[著]「マベリック投資法」 パンローリング　2002
Fabian, Marco　ファビアン, マルコ
[国]メキシコ　サッカー選手
Fabian, Ruiz　ファビアン・ルイス
[国]スペイン　サッカー選手
Fabian, Stephen　ファビアン, ステファン
世界幻想文学大賞 生涯功労賞(2006年)
Fabiano　ファビアーノ
[国]ブラジル　サッカー選手
Fabiano, Anthony　ファビアーノ, アンソニー
[国]アメリカ　アメフト選手
Fabiano, Emmanuel　ファビアノ, エマヌエル
[国]マウライ　教育・科学・技術相
Fabianski, Lukasz　ファビアンスキ, ウカシュ
[国]ポーランド　サッカー選手
Fabien, John　フェビエン, ジョン
[国]ドミニカ共和国　保健・環境相　[異]ファビエン, ジョン
Fabing, Robert　フェイビング, ロバート
[著]「イエスの食卓」 ドン・ボスコ社　2005
Fabinho　ファビーニョ
[国]ブラジル　サッカー選手
Fabio, Da Silva　ファビオ・ダ・シウヴァ
[国]ブラジル　サッカー選手
Fabiola　ファビオラ王妃
1928～2014　[国]ベルギー　王妃　本名=Fabiola Fernanda Maria-de-las-Victorias Antonia Adelaida
Fabius, Laurent　ファビウス, ローラン
1946～　[国]フランス　政治家　フランス外相　フランス首相, フランス国民議会議長
Fabjan, Vesna　ファブヤン
[国]スロベニア　クロスカントリースキー選手
Fabok, Jason　ファボック, ジェイソン
[著]「ジャスティス・リーグ：ダークサイド・ウォー」 小学館集英社プロダクション　2016
Fabozzi, Frank J.　ファボッツィ, フランク・J.
[著]「インフレ連動債ハンドブック」 東洋経済新報社　2003
Fabre, Jan　ファーブル, ヤン
1958～　[国]ベルギー　現代美術家, 演出家, 劇作家, 詩人
Fabre, Moumouni　ファーブル, ムムニ
[国]ブルキナファソ　国土行政・地方分権相
Fabre, Paul-Henri　ファーブル, ポール＝.H.
[著]「昆虫」 新樹社　2008
Fábrega, Jorge Ricardo　ファブレガ, ホルヘ・リカルド
[国]パナマ　内相
Fàbregas i Molas, Sílvia　ファブレガス・イ・モラス, シルビア
[著]「どうして弾けなくなるの？」 音楽之友社　2012
Fabri　ファブリ
[国]スペイン　サッカー選手
Fabricius, Johannes　ファブリキウス, ヨハンネス
[著]「錬金術の世界」 青土社　2016
Fabricius, Julia　ファブリシアス, J.
[著]「精神分析入門講座」 岩崎学術出版社　2006
Fabris, Enrico　ファブリス
[国]イタリア　スピードスケート選手　[異]ファブリス, エンリコ
Facchetti, Giacinto　ファケッティ, ジャシント
1942～2006　[国]イタリア　サッカー選手　インテル会長
Facchinetti, Paolo　ファッチネッティ, パオロ
[著]「自転車競技の歴史を"変速"した革新のパーツたち」 枻出版社　2009
Facci, Loris　ファッキ
[国]イタリア　競泳選手
Faccio, Leonardo　ファチオ, レオナルド
1971～　[著]「情熱を秘めて」 東邦出版　2012
Facella, Paul　ファセラ, ポール
[著]「マクドナルド7つの成功原則」 出版文化社　2009
Fachi, Peter　ファチ, ピーター
[国]マラウイ　法相
Faciane, Isame　ファシアネ, アイサミ
[国]アメリカ　アメフト選手
Fackrell, Kyler　ファックレル, カイラー
[国]アメリカ　アメフト選手
Fada, Modou Diagne　ファダ, モドゥ・ディアニュ
[国]セネガル　保健・予防相　[異]ファダ, モドゥ・ディアーニュ
Faddeev, Ludwig D.　ファデーエフ, L.D.
[著]「ソリトン理論とハミルトン形式」 シュプリンガー・ジャパン　2011
Fadel, Charles　ファデル, C.
[著]「21世紀の学習者と教育の4つの次元」 北大路書房　2016
Fadel, Muhammad　ファデル・ムハマド
[国]インドネシア　海洋・水産相
Faden, Ruth R.　フェイドン, ルース・R.
[著]「インフォームド・コンセント」 みすず書房　2007
Fadeyev, Gennady M.　ファデーエフ, ゲンナジー・M.
[国]ロシア　鉄道相
*al-*Fadhel, Abdulaziz　ファデル, アブドルアジズ
[国]バーレーン　国務相(議会担当)　[異]アル・ファドヘル, アブドルアジズ・ビン・モハメド
*al-*Fadhli, Abdulrahman bin Abdulmohsen　ファドリ, アブドルラフマン・ビン・アブドルモフセン
[国]サウジアラビア　環境・水資源・農相
*al-*Fadhli, Ahmed Obaid　ファドリ, アハメド・オバイド
[国]イエメン　財務相
Fadia, Ankit　ファディア, アンキット
1985～　[著]「ハッキング非公式ガイド」 トムソンラーニング,

Fadia, Joao　ファディア, ヨアン
　国ギニアビサウ　経済・財務相
Fadigua, Elhadj Ibrahima Sory　ファディグア, エラジ・イブライマ・ソリ
　国ギニア　国家イスラム連盟長官
Fadillah, Yusof　ファディラ・ユソフ
　国マレーシア　公共事業相
al-Fadil Mohamed Ahmed, Amira　ファディル・モハメド・アハメド, アミラ
　国スーダン　福祉・社会保険相
Fadiman, Anne　ファディマン, アン
　1953〜　著「本の愉しみ、書棚の悩み」草思社　2004
Fadlallah, Mohammed Hussein　ファドララ, ムハンマド
　1935〜2010　国レバノン　イスラム教シーア派指導者　イスラム教シーア派組織ヒズボラ最高指導者　別ファドラッラー, ムハンマド／ファドラッラー師／ファドララ師
Fadoul, Abdoulaye Sabre　ファドゥール, アブドゥライエ・サブレ
　国チャド　国民議会担当内閣官房長官　別ファドゥル, アブドライエ・サブレ
Fadul, José Ramón　ファドゥル, ホセ・ラモン
　国ドミニカ共和国　労相　別ファドゥル, ホセ
Faeth, Stanley H.　フェイス, S.H.
　1951〜　著「グラスエンドファイト」東海大学出版会　2012
Faez, Sharif　ファエズ, シャリフ
　国アフガニスタン　高等教育相
Fafi　ファフィ
　著「クリエイティブスペース」グラフィック社　2011
Fagan, Brian M.　フェイガン, ブライアン
　人類学者　カリフォルニア大学サンタバーバラ校名誉教授　別フェーガン, ブライアン
Fagan, Robert　フェーガン
　国カナダ　スノーボード選手
Fagen, Donald　フェーゲン, ドナルド
　1948〜　国アメリカ　歌手, キーボード奏者　別フェイゲン, ドナルド
Fagerstrom, Derek　ファーガストローム, デレク
　著「図解!!やりかた大百科」パイインターナショナル　2011
Faget, Maxime　ファジェット, マキシム
　1921〜2004　国アメリカ　宇宙技術者
Fagin, Claire M.　フェイガン, クレア・M.
　著「フェイガンリーダーシップ論」日本看護協会出版会　2002
Fagin, Dan　ファジン, ダン
　国アメリカ　ピュリッツァー賞 文学・音楽 一般ノンフィクション（2014年）　"Toms River: A Story of Science and Salvation"
Fagone, Jason　ファゴニー, ジェイソン
　著「闘う胃袋」ランダムハウス講談社　2006
Fahad bin Mahmoud Al-Said　ファハド・ビン・マハムード・アル・サイド
　1940〜　国オマーン　政治家　オマーン副首相　別ファハド・ビン・マフムード・アール・サイード
Fahd, bin Jasim al-Thani　ファハド・ビン・ジャシム・サーニ
　国カタール　ビジネス・通商相
Fahd, bin Mahmoud al-Said　ファハド・ビン・マハムード・サイド
　国オマーン　内閣担当副首相　別ファハド・ビン・マハムード・アル・サイド
Fahd, Rashid Ahmed bin　ファハド, ラシド・アフメド・ビン
　国アラブ首長国連邦　環境・水資源相　別ファハド, ラシド・アフマド・ビン
al-Fahdawi, Qasim　ファハダウィ, カシム
　国イラク　電力相
Fahd bin Abdul-Aziz　ファハド・ビン・アブドル・アジズ
　1923〜2005　国サウジアラビア　国王（第5代）　別ファハド・イブン・アブドルアジズ／ファハド・ブン・アブド・アル・アジーズ／ファハド国王／ファハド
Faherty, Catherine　フェハティ, キャサリン
　著「自閉症スペクトラム クラスメートに話すとき」エンパワメント研究所　2015
Fahey, Ciarán　ファーヘイ, キアラン
　著「ベルリン廃墟大全」青土社　2016
Fahey, Frank　ファーヒー, フランク
　国アイルランド　海事・天然資源相
Fahey, John　フェイ, ジョン
　国オーストラリア　財政相
Fahey, Trish　ファーヘイ, トリッシュ
　著「タイプ別メタボリック食事法」リヨン社, 二見書房（発売）　2008
Fahim, Makhdoom Amin　ファヒム, マクドゥーム・アミン
　国パキスタン　商業相　別ファヒム, マフドゥーム・アミン
Fahim, Mohammad Qassim　ファヒム, ムハマド・カシム
　1957〜2014　国アフガニスタン　政治家, 軍人　アフガニスタン第1副大統領, 北部同盟最高指導者　本名＝Fahim Khan, Mohammad Qassim　別ファヒーム, ムハマド・カシム／ファヒーム, モハマド
Fahiye, Hussein Eelaabe　ファイエ, フセイン・エラベ
　国ソマリア　国際協力相
Fahiye, Hussein Elabe　ファハイエ, フセイン・エラベ
　国ソマリア　商業・産業・観光相　別ファイエ, フセイン・エラベ
Fahmi, Amin Sameh Samir　ファハミ, アミン・サメハ・サミル
　国エジプト　石油相　別ファハミ, アミン・サメ・サミル
Fahmi, bin Ali Jowder　ファハミ・ビン・アリ・ジョウデル
　国バーレーン　公共事業相
Fahmi, Idris　ファーミ・イドリス
　国インドネシア　産業相
Fahmi, Raed　ファハミ, ラエド
　国イラク　科学技術相
Fahmi, Said Ibrahim　ファミ・サイード・イブラヒム
　国コモロ　法務・イスラム問題・公共行政・人権相
Fahmy, Amin Sameh　ファハミ, アミン・サメハ
　国エジプト　石油相　別ファハミ, アミン・サメハ・サミル
Fahmy, Khaled　ファハミ, ハリド
　国エジプト　環境相
Fahrenbach, Helmut　ファーレンバッハ, ヘルムート
　著「現代の哲学的人間学」白水社　2002
Fahrmann, Ralf　フェアマン, ラルフ
　国ドイツ　サッカー選手
Fahrni, Linda　ファルニ, リンダ
　国スイス　セーリング選手
Fahy, Christopher　フェイ, クリストファー
　著「猫」ポプラ社　2006
Fahy, Warren　フェイ, ウォーレン
　国アメリカ　作家　別スリラー, SF
Faiella, Federica　ファイエラ
　国イタリア　フィギュアスケート選手
Faigin, Gary　フェイジン, ゲーリー
　1950〜　著「表情」マール社　2005
Failla, Don　フェイラ, ドン
　著「ネットワークビジネスはじめ方の始め方」四海書房　2014
Failla, Donatella　ファイッラ, ドナテッラ
　国イタリア　ジェノヴァ市立キヨッソーネ東洋美術館館長, ジェノヴァ大学東アジア美術史教授
Failla, Nancy　フェイラ, ナンシー
　著「ネットワークビジネスはじめ方の始め方」四海書房　2014
Fainaru, Steve　ファイナル, スティーヴ
　著「戦場の掟」早川書房　2015
Fairbairn, Brett　フェアバーン, ブレット
　1959〜　著「カナダ農村開発政策史」農政調査委員会　2001
Fairbairn, John　フェアバーン
　国カナダ　スケルトン選手
Fairbairn, Ka'imi　フェアバリン, ケイミ
　国アメリカ　アメフト選手
Fairbairn, William Ronald Dodds　フェアベーン, W.R.D.
　著「人格の精神分析学的研究」文化書房博文社　2002
Fairbrother, Scott　フェアブラザー, スコット
　著「Java開発者のためのEclipseエキスパートガイド」コンピュータ・エージ社　2004
Fairburn, Christopher G.　フェアバーン, クリストファ・G.
　著フェアバーン, C.G.「肥満の認知行動療法」金剛出版　2006
Fairclough, Norman　フェアクラフ, ノーマン
　1941〜　別フェアクロー, ノーマン　著「ディスコースを分析する」くろしお出版　2012
Fairechild, Diana　フェアチャイルド, ディアナ
　著「ノニってなに？」柏艪舎, 星雲社（発売）　2002
Fairfax, John　フェアファクス, ジョン
　1937〜2012　国イギリス　海洋冒険家
Fairfield, Julian　フェアフィールド, ジュリアン
　著「成果責任は、誰にある？」きこ書房　2003
Fairholme, Christopher P.　フェアホルム, クリストファー・P.
　著「不安とうつの統一プロトコル」診断と治療社　2012

Fairley, Josephine フェアリー, ジョゼフィーン
[著]「ナチュラルビューティ・ブック」 産調出版 2005
Fairley, Nick フェアリー, ニック
[国]アメリカ アメフト選手
Fairman, Tarine K. フェアマン, タリーン
[著]「「通勤ラッシュ大爆破」の恐怖」 徳間書店 2004
Fairouz ファイルーズ
1935～ [国]レバノン 歌手 本名＝ハッタード, ヌハード〈Haddad, Nouhad〉 [異]フェイルーズ
Fairstein, Linda A. フェアスタイン, リンダ
1947～ [国]アメリカ 作家 [専]ミステリー, スリラー
Faisal, Ameen ファイサル, アミーン
[国]モルディブ 国防・治安相
Faisal, bin Abdullah bin Muhammad ファイサル・ビン・アブドラ・ビン・ムハンマド
[国]サウジアラビア 教育相
Faison, Christian フェゾン, クリスチャン
[著]「虐待記」 主婦の友社 2007
Faiss, Robert D. フェイス, ロバート・D.
1934～ [著]「ネバダ州のゲーミング規制とゲーミング法」 幻冬舎メディアコンサルティング, 幻冬舎(発売) 2012
Fait, Vigilio フィアット
[国]イタリア 射撃選手
Faitchou, Etienne ファイチュウ・エティエンヌ
[国]チャド 初等・公民教育相
Faith, Curtis M. フェイス, カーティス
[著]「タートル流投資の黄金律」 徳間書店 2009
Faithfull, Marianne フェイスフル, マリアンヌ
1946～ [国]イギリス 歌手, 女優
Faiti, David ファイチ, デービッド
[国]マラウイ 経済計画・開発相
Faitouri, Muftah M.H. ファイトゥーリ, ムフタ
?～2008 [国]リビア 外交官 駐日リビア大使 [異]フェトゥーリ, ムフタハ・M.H.
Faivre, Virginie フェーブル
[国]スイス フリースタイルスキー選手
Faizulloyev, Nusratullo ファイズロエフ, ヌスラトゥロ
[国]タジキスタン 保健相
Fajar, Abdul Malik ファジャル, アブドゥル・マリク
[国]インドネシア 教育相
Fajr, Faycal ファジル, ファイサル
[国]モロッコ サッカー選手
Fak, Jakov ファク
[国]スロベニア バイアスロン選手
Fakafanua, Tutoatasi ファカファヌア, ツトアタシ
[国]トンガ 財務相
Fakahau, Semisi ファカハウ, セミシ
[国]トンガ 農業・食料・林業・水産相
Fakaira, Jalal Ibrahim ファキーラ, ジャラール・イブラヒム
[国]イエメン 農業・かんがい相
Fakeih, Adel ファキーフ, アデル
[国]サウジアラビア 労相
al-**Fakhari, Saleh** ファハリ, サレハ
[国]リビア 高等教育相
Fakhfakh, Elyes ファハファハ, エリエス
[国]チュニジア 財務相兼観光相
Fakhoury, Imad ファフリ, イマド
[国]ヨルダン 計画・国際協力相
al-**Fakhri, Abdul-Kabeer Mohamed** ファクリー, アブドルカビル・ムハンマド
[国]リビア 教育・研究書記(教育・研究相)
Fakhri, Mohamed Madni ファフリ, ムハンマド・マドニ
[国]リビア 内相
Fakhro, Hassan bin Abdullah ファハロ, ハッサン・ビン・アブドラ
[国]バーレーン 工業相
Fakirah, Jalal ファキーラ, ジャラール
[国]イエメン 官房長官
Fakodze, Mtiti ファクッゼ, ムティティ
[国]スワジランド 公務相
Fakta, Bonnier ファクタ, ボニーヤ
[著]「世界でいちばんしあわせになれる大人のぬりえ」 あさ出版 2016
Fakudze, Mtiti ファクゼ, ムティティ
[国]スワジランド 外相
Falah, bin Jassim bin Jabral-Thani ファラハ・ビン・ジャシム・ビン・ジャブル・サーニ
[国]カタール 住宅行政相
Falahen, Amir ファラヘン, アミル
[国]パレスチナ サッカー選手
Falardeau, Philippe ファラルドー, フィリップ
1968～ [国]カナダ 映画監督
Falavigna, Natalia ファラビーニャ
[国]ブラジル テコンドー選手
Falay, Georges Buse ファレ, ジョルジュ・ビュゼ
[国]コンゴ民主共和国 エネルギー相
Falcam, Leo ファルカム, レオ
[国]ミクロネシア連邦 大統領
Falcão ファルカン
1977～ [国]ブラジル フットサル選手 本名＝ビエイラ, アレサンドロ・ホーザ〈Vieira, Alessandro Rosa〉
Falcao, Paulo Roberto ファルカン, パウロ・ロベルト
1953～ [国]ブラジル サッカー指導者, 元サッカー選手 サッカー日本代表監督
Falcao, Radamel ファルカオ, ラダメル
[国]コロンビア サッカー選手
Falcao Florentino, Esquiva フロレンティノ, E.
[国]ブラジル ボクシング選手
Falcao Florentino, Yamaguchi フロレンティノ, Y.
[国]ブラジル ボクシング選手
Falchuk, Brad ファルチャック, ブラッド
[著]「アメリカン・ホラー・ストーリー」 竹書房 2013
Falciani, Hervé ファルチャーニ, エルヴェ
1972～ [著]「世界の権力者が寵愛した銀行」 講談社 2015
Falcinelli, Diego ファルチネッリ, ディエゴ
[国]イタリア サッカー選手
Falco, Edie ファルコ, エディ
エミー賞 プライムタイム・エミー賞 最優秀主演女優賞(コメディシリーズ)(第62回(2010年))ほか
Falco, Hubert ファルコ, ユベール
[国]フランス 高齢者担当相
Falco, Mark ファルコ, マーク
[著]「Oracle Coherence入門」 アスキー・メディアワークス, 角川グループパブリッシング(発売) 2011
Lord **Falconer** フォークナー卿
[国]イギリス 憲法問題相兼大法官 [異]ファルコナー卿
Falconer, Daniel ファルコナー, ダニエル
[著]「ホビット決戦のゆくえ」 ボーンデジタル 2014
Falconer, Ian ファルコナー, イアン
1959～ [国]アメリカ 画家, イラストレーター, 絵本作家
Falconer, K.J. ファルコナー, K.
1952～ [著]「フラクタル幾何学の技法」 シュプリンガー・フェアラーク東京 2002
Falconer, Tom ファルコナー, トム
[著]「Original Chevrolet Corvette」 二玄社 2001
Falcones, Ildefonso ファルコネス, イルデフォンソ
1958～ [国]スペイン 作家 [専]歴史, 文学
Falconi, Fabrizio ファルコーニ, ファブリツィオ
[著]「インタビューオサマ・ビンラディン」 ダイヤモンド社 2001
Falconi, Fander ファルコニ, ファンデル
[国]エクアドル 外務・貿易統合相
Falcón Paradí, Arístides ファルコン・パラディ, アリスティデス
詩人, 劇作家
Faldbakken, Knut ファルバッケン, クヌート
1941～ [著]「くまのバルデマール」 文研出版 2010
al-**Faleh, Khalid bin Abdulaziz** ファリハ, ハリド・ビン・アブドルアジズ
[国]サウジアラビア エネルギー産業鉱物資源相
Fales, David フォーレス, デービッド
[国]アメリカ アメフト選手
Faletau, Taulupe(Toby) ファレタウ, タウルペ(トビー)
[国]ウェールズ ラグビー選手
Faletti, Giorgio ファレッティ, ジョルジョ
1950～2014 [国]イタリア 作家, コメディアン, 俳優, シンガー・ソングライター [専]ミステリー, スリラー
Faletto, Enzo ファレット, エンソ
1935～2003 [著]「ラテンアメリカにおける従属と発展」 東京外国語大学出版会 2012
Faligot, Roger ファリゴ, ロジェ
1952～ [著]「永遠の旅のはじまり」 小学館 2005
Falise, Thierry ファリーズ, ティエリー
[著]「銃とジャスミン」 ランダムハウス講談社 2008

Falk, Dan フォーク, ダン
[著]「万物理論への道」 青土社 2005
Falk, Dean フォーク, ディーン
[著]「音楽の起源」 人間と歴史社 2013
Falk, Florence Arlene フォーク, フローレンス
[著]「ひとりを選んだ女性たち」 パーソナルケア出版部 2008
Falk, Nick フォーク, ニック
[国]イギリス 作家, 実験心理学者 [専]児童書
Falk, Peter フォーク, ピーター
1927〜2011 [国]アメリカ 俳優
Falk, Richard A. フォーク, リチャード
1930〜 [国]アメリカ 国際法学者 プリンストン大学名誉教授, カリフォルニア州立大学サンタバーバラ校客員教授
Falk, Ulrich ファルク, ウルリッヒ
1957〜 [著]「ヨーロッパ史のなかの裁判事例」 ミネルヴァ書房 2014
Falken, Linda ファルケン, リンダ
[著]「野生動物の声」 大日本絵画 〔2010〕
Falkenhausen, Lothar von ファルケンハウゼン, ロータール・フォン
[著]「周代中国の社会考古学」 京都大学学術出版会 2006
Falkinham, J.O., Ⅲ ファルキンハム, J.O., 3世
[著]「コリンズとラインの微生物学実験法」 緑風出版 2013
Falkner, Brian フォークナー, ブライアン
1962〜 [国]ニュージーランド 作家 [専]児童書, ファンタジー
Falkner, Jayson フォークナー, ジェイソン
[著]「プロフェッショナルJSP」 インプレス, インプレスコミュニケーションズ(発売) 2002
Falkowski, Paul G. フォーコウスキー, ポール・G.
[著]「微生物が地球をつくった」 青土社 2015
Fall, Abdou ファル, アブドゥ
[国]セネガル 保健相 [異]ファル, アブドゥル
Fall, François Lounsény ファール, フランソワ・ルンセニ
[国]ギニア 大統領府相 [異]ファール, フランソワ・ロンスニ
Fall, Ibrahima ファル, イブライマ
[国]セネガル 教育問題担当相
Fall, Khady ファル, カディ
[国]セネガル 国土・地方分権相
Fall, Loncény ファル, ロンセニー
[国]ギニア 外務・在外国民相
Falla, Maiken Caspersen ファラ, マイケン・カスペルセン
1990〜 [国]ノルウェー スキー選手 [異]ファッラ, マイケンカスペルセン / ファラ, マイケンカスペシェン / ファラ, マイケンカスペルシェン
Fallaci, Oriana ファラーチ, オリアーナ
1929〜2006 [国]イタリア ジャーナリスト, 作家 [異]ファッラーチ, オリアーナ
Fallas, Helio ファジャス, エリオ
[国]コスタリカ 住宅相
Fallas Venegas, Helio ファジャス・ベネガス, エリオ
[国]コスタリカ 第1副大統領, 財務相
Falle, Sam フォール, サム
1919〜 [著]「ありがとう武士道」 麗沢大学出版会, 柏 広池学園事業部(発売) 2009
Faller, Adolf ファッラー, アドルフ
[異]ファーラー, アドルフ [著]「解剖生理学図鑑」 ガイアブックス, 産調出版(発売) 2013
Faller, Bryan A. フォーラー, ブライアン・A.
[著]「ワシントン初期研修医必携マニュアル」 メディカル・サイエンス・インターナショナル 2009
Faller, Régis ファレル, レジス
[著]「ポロとリリ」 ひさかたチャイルド 2006
Fallin, Taylor フォーリン, テイラー
[国]アメリカ アメフト選手
Fallon, Craig ファロン
[国]イギリス 柔道選手
Fallon, James H. ファロン, ジェームス
[著]「サイコパス・インサイド」 金剛出版 2015
Fallon, Jane ファロン, ジェーン
1960〜 [国]イギリス 作家, テレビプロデューサー [専]ロマンス, ユーモア
Fallon, Jimmy ファロン, ジミー
グラミー賞 最優秀コメディ・アルバム (2012年 (第55回))
"Blow Your Pants Off"
Fallon, Joe ファロン, ジョー
[著]「アニメおさるのジョージ ハロウィーンのおばけ」 金の星社 2014
Fallon, Michael ファロン, マイケル
[国]イギリス 国防相
Fallon, Richard H., Jr. ファロン, リチャード・H., Jr.
1952〜 [著]「アメリカ憲法への招待」 三省堂 2010
Fallon, Steve ファロン, スティーブ
[著]「パリ」 メディアファクトリー 2007
Fallows, Dorothy ファローズ, ドロシー
1956〜 [著]「グローバル・エイズ」 明石書店 2005
Fallows, Mike ファローズ, マイク
アヌシー国際アニメーション映画祭 TVシリーズ TVシリーズ特別優秀賞 (2001年) "Pecola" 各話タイトル：Detective Pecola 〈製作国：日本〉
Falls, Caroline E. フォールズ, キャロライン・E.
[著]「コミュニケーション」 日本看護協会出版会 2007
Falls, Kat フォールズ, カット
[国]アメリカ 作家 [専]ヤングアダルト, SF
al-**Falouji, Imad** アル・ファルージ, イマド
[国]パレスチナ 通信相
Falt'an, L'ubomír ファルチャン, リュボミール
[著]「グローバル化と地域社会の変容」 中央大学出版部 2016
Falú, Eduardo ファルー, エドゥアルド
1923〜2013 [国]アルゼンチン フォルクローレ・ギター奏者・歌手・作曲家
Faludi, Robert ファルディ, ロバート
[著]「XBeeで作るワイヤレスセンサーネットワーク」 オライリー・ジャパン, オーム社(発売) 2011
Falvai, Sandor ファルヴァイ, シャーンドル
[国]ハンガリー 元・リスト・フェレンツ音楽大学学長
Falvey, Derek ファルビー, デレク
[国]アメリカ ミネソタ・ツインズCBO
Falwell, Jerry L. フォールウェル, ジェリー
1933〜2007 [国]アメリカ 宗教家 モラル・マジリョリティ指導者, リバティ大学総長 [異]フォルウェル, ジェリ
Fama, Eugene F. ファーマ, ユージン
1939〜 [国]アメリカ 経済学者 シカゴ大学財政学教授 [専]ファイナンス理論 [異]ファーマ, ユージン・F.
Famba, Macaire Mwangu ファンバ, マケール・ムワング
[国]コンゴ民主共和国 初中等・職業教育相
Fame, George フェイム, ジョージ
1943〜 [国]イギリス ロック・ピアニスト, ジャズ歌手 本名＝パウエル, クライブ〈Powell, Clive〉 [異]フェイム, ジョージィ
Fame Ndongo, Jacques ファメヌドンゴ, ジャック
[国]カメルーン 高等教育相 [異]ファム・ヌドンゴ, ジャック
Familia, Jeurys ファミリア, ユーリス
[国]ドミニカ共和国 野球選手
Familiar, Bob ファミリア, ボブ
[著]「Microservices on Azure」 翔泳社 2016
Fan, Bing-bing ファン・ビンビン
1981〜 [国]中国 女優 漢字名＝范冰冰 [異]ファン・ピンピン
Fan, Gang ファン・ガン
1953〜 [国]中国 経済学者 中国経済改革研究基金会国民経済研究所所長 漢字名＝樊綱
Fan, Rong-kang ファン・ロンカン
1929〜2001 [国]中国 「人民日報」副編集長 漢字名＝范栄康, 原名＝梁達
Fan, You-chen ファン・イーチェン
1978〜 [国]台湾 シンガー・ソングライター, 俳優 漢字名＝范逸臣
Fanaika, Jason ファナイカ, ジェイソン
[国]アメリカ アメフト選手
Fanaro, Barry ファナロ, バリー
[著]「メン・イン・ブラック」 ソニー・マガジンズ 2002
Fanaroff, Avroy A. ファナロフ, エイブロイ・A.
[著]「ハイリスク新生児の臨床」 エルゼビア・ジャパン 2005
Fancher, Lou ファンチャー, ルー
ネスレ子どもの本賞 5歳以下部門 銀賞 (2005年) "The Dancing Tiger"
Fanchini, Nadia ファンキーニ, N.
[国]イタリア アルペンスキー選手
Fanego, Julio Cesar ファネゴ, フリオ・セサル
[国]パラグアイ 内相兼国防相
Fanelli, Sara ファネリ, サラ
[著]「オニオンの大脱出」 ファイドン 2012
Fanetri, Lindaweni ファネトリ, リンダウェニ
[国]インドネシア バドミントン選手

Fang, Leslie S.T. ファン, レスリー・S.T.
㊟「口腔内科学シークレット」 メディカル・サイエンス・インターナショナル 2004
Fang, Li-zhi ファン・リーズー
1936～2012 ㊐中国 天体物理学者, 民主化運動家 アリゾナ大学物理学天文学教授, 中国科学技術大学副学長 漢字名＝方励之 ㊠ファン・リーチ / ファン・リーチー / ファン・リチー
Fanget, Frédéric ファンジェ, フレデリック
㊟「自信をもてない人のための心理学」 紀伊国屋書店 2014
Fangio, Vic ファンジオ, ビック
㊐アメリカ シカゴ・ベアーズコーチ
Fani, Aliasqar ファニ, アリアスガル
㊐イラン 教育相
Fani-kayode, Femi ファニカヨデ, フェミ
㊐ナイジェリア 文化・観光相
Fannemel, Anders ファンネメル
㊐ノルウェー スキージャンプ選手
Fanning, Dakota ファニング, ダコタ
1994～ ㊐アメリカ 女優
Fanning, Elle ファニング, エル
1998～ ㊐アメリカ 女優
Fanning, Jim ファニング, ジム
㊟「The Disney BOOK」 講談社 2016
Fanourakis, Roy ファノラキス, ロイ
㊐スワジランド 農業・協同組合相
Fansten, Maïa ファンステン, マイア
㊟「「ひきこもり」に何を見るか」 青土社 2014
Fant, George ファント, ジョージ
㊐アメリカ アメフト選手
Fantasia ファンタジア
㊐アメリカ グラミー賞 最優秀女性R&B歌手 (2010年 (第53回)) "Bittersweet"
Fantasma, Grupo ファンタズマ, グルーポ
グラミー賞 最優秀ラテン・ロック, オルタナティヴ, アーバン・アルバム (2010年 (第53回)) "El Existential"
Fante, Dan ファンテ, ダン
1944～ ㊐アメリカ 作家
Fantela, Sime ファンテラ, シメ
㊐クロアチア セーリング選手
Fantini, Norma ファンティーニ, ノルマ
㊐イタリア ソプラノ歌手
Fantino, Julian ファンティノ, ジュリアン
㊐カナダ 国際協力相
Fantoli, Annibale ファントリ, アンニバレ
1924～ ㊟「ガリレオ」 みすず書房 2010
Fanton, Jude ファントン, ジュード
㊟「自家採種ハンドブック」 現代書館 2002
Fanton, Michel ファントン, ミシェル
㊟「自家採種ハンドブック」 現代書館 2002
Faosiliva, Alafoti ファオシリヴァ, アラフォティ
㊐サモア ラグビー選手
Fa'otusia, Vuna ファオトゥシア, ブナ
㊐トンガ 法相
Faqih, Adel bin Mohammed ファキーフ, アデル・ビン・ムハンマド
㊐サウジアラビア 経済企画相 ㊠ファキーフ, アーデル・ビン・ムハンマド・ビン・アブドルカディル
***al*-Faqih, Nabil Hasan** ファキー, ナビル・ハサン
㊐イエメン 観光相
Faqikh, Osma Bin Jafar Bin Ibrahim ファキフ, ウサマ・ビン・ジャファール・ビン・イブラヒム
㊐サウジアラビア 商業相
Farage, Nigel Paul ファラージ, ナイジェル
1964～ ㊐イギリス 政治家 英国独立党 (UKIP) 党首
Farago, Andrew ファラゴ, アンドリュー
㊟「ミュータントタートルズ大全」 小学館集英社プロダクション 2015
Farah, Abdishakur Sheikh Hassan ファラ, アブディシャクール・シェイク・ハッサン
？～2011 ㊐ソマリア 政治家 ソマリア暫定政府内相
Farah, Ali Abdi ファラ, アリ・アブディ
㊐ジブチ 外務・国際協力相
Farah, Douglas ファラー, ダグラス
㊟「テロ・マネー」 日本経済新聞社 2004
Farah, Hassan Abshir ファラ, ハッサン・アブシール
㊐ソマリア 水産相
Farah, Mahmud Umar ファラ, マフムド・ウマル
㊐ソマリア 法務・宗教相
Farah, M.J. ファーラー, M.J.
㊟「視覚の認知神経科学」 協同出版 2003
Farah, Mohamed ファラ, モハメド
1983～ ㊐イギリス 陸上選手 ㊠ファラー, モハメド
Farah, Robert ファラ, ロベルト
㊐コロンビア テニス選手
Farah, Saalah Ali ファラ, サラ・アリ
㊐ソマリア 労相
Farahani, Golshifteh ファラハニ, ゴルシフテ
1983～ ㊐イラン 女優
Farah Assoweh, Ali ファラアソウェー, アリ
㊐ジブチ 法相 ㊠ファラーアソウェー, アリ
Farah Miguil, Hassan ファラーミギル, ハッサン
㊐ジブチ 青年・スポーツ・レジャー・観光相
Farahnejad, Hamid ファラネジャド, ハミド
モスクワ国際映画祭 銀賞 最優秀俳優賞 (第27回 (2005年)) "Tabl-e Bozorg Zir-e Pai-e Chap" (イラン)
Faraone, Stephen V. ファラオーネ, S.V.
㊟「子どものメンタルヘルスがわかる本」 明石書店 2007
Faraoni, Davide ファラオーニ, ダヴィデ
㊐イタリア サッカー選手
Farau, Alfred ファラウ, アルフレッド
㊟「アドラーの思い出」 創元社 2007
Faraut, Charisse ファラウト, チャリシー
㊟「フィギュアスカルプティング」 ボーンデジタル 2016
Faraut, Philippe ファラウト, フィリップ
㊟「フィギュアスカルプティング」 ボーンデジタル 2016
Faravelli, Carlo ファラベッリ, カルロ
㊟「パニック障害」 日本評論社 2001
Farber, Norma ファーバー, ノーマ
㊟「どうぶつたちのクリスマス」 日本キリスト教団出版局 2006
Farber, Steve ファーバー, スティーブ
㊟「Leap！」 ディスカヴァー・トゥエンティワン 2004
Farberow, Norman L. ファーブロウ, ノーマン・L.
㊟「自殺予防事典」 明石書店 2006
Farchione, Todd J. ファーキオーニ, トッド・J.
㊟「不安とうつの統一プロトコル」 診断と治療社 2012
Fardell, John ファーデル, ジョン
1967～ ㊟「ルイスがたべられちゃったひ」 ブロンズ新社 2014
Fardy, Scott ファーディー, スコット
㊐オーストラリア ラグビー選手
Faree, Waheeba ファリー, ワヒバ
㊐イエメン 国務相 (人権担当)
Faremo, Grete ファーレモ, グレーテ
㊐ノルウェー 法務・公安相
Farentino, James ファレンティーノ, ジェームズ
1938～2012 ㊐アメリカ 俳優 ㊠ファレンティノ, ジェームズ
Farentinos, Robert C. ファレンチノス, R.C.
1941～ ㊟「爆発的パワー養成プライオメトリクス」 大修館書店 2004
Fares, Issam ファレス, イサム
㊐レバノン 副首相
***al*-Fares, Mohammad Abdulatif** ファーレス, ムハンマド・アブドラティフ
㊐クウェート 教育相兼高等教育相
Fares, Qadoura ファレス, カドゥラ
㊐パレスチナ 国務相
Farey, Pat ファレイ, パット
㊟「図説狙撃手大全」 原書房 2011
Farfor, Susannah ファーフォー, スザンナ
㊟「オーストラリア」 メディアファクトリー 2004
Fargas i Fernández, Josep ファルガス・イ・フェルナンデス, ジョセップ
㊟「どうして弾けなくなるの？」 音楽之友社 2012
Fargason, James Scott ファーガソン, ジェームス・S.
㊟「知的財産監査」 日本内部監査協会 2016
Farge, Arlette ファルジュ, アルレット
㊟「「アナール」とは何か」 藤原書店 2003
Farhadi, Asghar ファルハディ, アスガー
1972～ ㊐イラン 映画監督 ㊠ファルハーディー, アスガル
Farhadi, Mohammad ファルハディ, モハンマド
㊐イラン 科学技術相 ㊠ファルハディ, モハマド
Farhan, Amal ファルハン, アマル
㊐ヨルダン 自治相
Farhang, Mohammad Amin ファルハング, モハマド・アミン

F

[国]アフガニスタン　通商相　[異]ファルハング, アミン
Farhi, Donna　ファーリ, ドナ
1960～　[著]「自然呼吸法の本」 河出書房新社　2011
Faría, Carlos　ファリア, カルロス
[国]ベネズエラ　産業・商業相
Faria, César　ファリア, セーザル
？～2007　[国]ブラジル　ギタリスト
Faria, Jacob　ファリア, ジェイコブ
[国]アメリカ　野球選手
Faría, Jesús　ファリア, ヘスス
[国]ベネズエラ　貿易・国際投資相
Faria, Rosana　ファリア, ロサナ
[著]「くろってかわいい」 新世研　2001
Faria Da Costa, Rui Alberto　ファリアダコスタ, ルイアルベルト
[国]ポルトガル　自転車選手
HRH Princess **Farial Farouk**　フェリアル王女
1938～2009　[国]エジプト　最後の国王ファールーク1世の長女
Farías, Carolina　ファリアス, キャロリーナ
1968～　[異]ファリアス, キャロライナ　[著]「ジーザス・コーリング」 アイシーメディックス, 星雲社(発売)　2015
Farias, Diego　ファリアス, ディエゴ
[国]ブラジル　サッカー選手
Farías, Erika　ファリアス, エリカ
[国]ベネズエラ　都市近郊農業相
Farias, Juan　ファリアス, フアン
1935～2011　[著]「日ざかり村に戦争がくる」 福音館書店　2013
Farid, Ahmed　ファリード, アハメド
[国]エジプト　保健相
Farid, Hilmar　ファリド, ヒルマル
[著]「インドネシア九・三〇事件と民衆の記憶」 明石書店　2009
Faried, Kenneth　ファリード, ケネス
[国]アメリカ　バスケットボール選手
Farin, Gerald E.　ファリン, G.E.
[著]「NURBS」 共立出版　2001
Farina, Dennis　ファリーナ, デニス
1944～2013　[国]アメリカ　俳優
Farinella, Matteo　ファリネッラ, マテオ
[著]「天才学者がマンガで語る脳」 西村書店　2016
Farinetti, Oscar　ファリネッティ, オスカー
[国]イタリア　実業家　イータリー創業者
Faris, Issam　ファリス, イサム
[国]レバノン　副首相
Faris, Shihab　ファーリス, シハーブ
[国]エジプト　キング・サウード大学言語翻訳学部近代言語学科教授
Faris, Stephan　ファリス, スティーヴン
[著]「壊れゆく地球」 講談社　2009
Farish, Terry　ファリッシュ, テリー
[著]「ポテト・スープが大好きな猫」 講談社　2008
Fariz, Ziad　ファリズ, ジアド
[国]ヨルダン　副首相兼財務相
Farkas, Bart　ファーカス, バート
[著]「ウォークラフト3公式ガイド」 ソフトバンクパブリッシング　2003
Farkas, Charles M.　ファーカス, チャールズ・M.
[著]「リーダーシップ」 ダイヤモンド社　2002
Farkas, Marianne D.　ファルカス, M.
1948～　[著]「精神科リハビリテーション」 三輪書店　2012
Farkhutdinov, Igor Pavlovich　ファルフトジーノフ, イーゴリ
1950～2003　[国]ロシア　政治家　サハリン州知事
Farland, David　ファーランド, デイヴィッド
1957～　[著]「狼の絆」 富士見書房　2006
Farley, Alan S.　ファーレイ, アラン
[著]「スイングトレード大学」 パンローリング　2011
Farley, Christopher John　ファーリー, クリストファー・ジョン
[著]「ザ・ブルース」 白夜書房　2004
Farley, David　ファーリー, デヴィッド
ローレンス・オリヴィエ賞 装置デザイン賞(2007年(第31回))
"Sunday In The Park With George"
Farley, David　ファーレイ, デイビッド
1959～　[著]「継続的デリバリー」 アスキー・メディアワークス, 角川グループパブリッシング(発売)　2012
Farley, Jim　フィーリィ, ジム
[著]「J2EEクイックリファレンス」 オライリー・ジャパン, オーム社(発売)　2001
Farley, Joshua C.　ファーレイ, ジョシュア
1963～　[著]「エコロジー経済学」 NTT出版　2014
Farley, Matthias　ファーリー, マシアス
[国]アメリカ　アメフト選手
Farley, Reginald　ファーリー, レジナルド
[国]バルバドス　住宅・土地相
Farman, J.C.　ファルマン, J.C.
[著]「知の歴史」 徳間書店　2002
Farman, John　ファーマン, ジョン
[著]「これならわかるアートの歴史」 東京書籍　2011
Farman, Joseph　ファーマン, ジョセフ
1930～2013　[国]イギリス　地球物理学者　[専]オゾン層　通称＝Farman, Joe
Farmar, Jordan　ファーマー, ジョーダン
[国]アメリカ　バスケットボール選手
Farmelo, Graham　ファーメロ, グレアム
[著]「量子の海、ディラックの深淵」 早川書房　2010
Farmer, Anne　ファーマー, アン
[著]「精神科臨床倫理」 星和書店　2011
Farmer, Buck　ファーマー, バック
[国]アメリカ　野球選手
Farmer, David H.　ファーマー, デイヴィド
[著]「キリスト教のスピリチュアリティ」 新教出版社　2006
Farmer, George　ファーマー, ジョージ
[国]アメリカ　アメフト選手
Farmer, Jerrilyn　ファーマー, ジェリリン
[著]「殺人現場で朝食を」 早川書房　2003
Farmer, Kyle　ファーマー, カイル
[国]アメリカ　野球選手
Farmer, Nancy　ファーマー, ナンシー
1941～　[著]「砂漠の王国とクローンの少年」 DHC　2005
Farmer, Paul　ファーマー, ポール
1959～　[著]「世界を治療する」 新評論　2016
Farmer, Philip José　ファーマー, フィリップ・ホセ
1918～2009　[国]アメリカ　SF作家　筆名＝トラウト, キルゴア, チェイピン, ポール, マンダース, ハリイ, ソマーズ, ジョナサン・スウィフト
Farmer-Knowles, Helen　ファーマー＝ノウルズ, ヘレン
[著]「ヒーリング植物バイブル」 ガイアブックス, 産調出版(発売)　2010
Farndon, John　ファーンドン, ジョン
[著]「シャーロック・ホームズ大図鑑」 三省堂　2016
Farnell, Kim　ファーネル, キム
[著]「「図説」星の象徴事典」 東洋書林　2008
Farnese, A.　ファーニス, A.
[著]「誰も書けなかった死後世界地図」 コスモ21　2014
Farniev, Irbek　ファルニエフ
[国]ロシア　レスリング選手
Farnik, Thomas　ファーニク
[国]オーストリア　射撃選手
Farnoux, Alexandre　ファルヌー, アレクサンドル
[著]「ホメロス」 創元社　2011
Farnsworth, Dee　ファーンズワース, ディー
[著]「光の妖精イリデッサ」 講談社　2014
Farnsworth, Edward Allan　ファーンズワース, E.アラン
1928～2005　[著]「アメリカ法への招待」 勁草書房　2014
Farocki, Harun　ファロッキ, ハルン
[国]ドイツ　ヴェネチア・ビエンナーレ 特別賞 国際展示部門(2015年(第56回))
Farouk, El-Amry　ファルーク, アマリ
[国]エジプト　国務相(スポーツ担当)
Al-**farouk, Oumar Idriss**　ファルク, ウマル・イドリス
[国]チャド　高等教育・科学研究・職業訓練相
Farquhar, Danny　ファークアー, ダニー
[国]アメリカ　野球選手
Farquhar, Peter H.　ファーカー, ピーター・H.
[著]「ブランド・マネジメント」 ダイヤモンド社　2001
Farquhar, Scott　ファークワー, スコット
Atlassian
Farquharson, Vanessa　ファーカーソン, ヴァネッサ
[著]「おしゃれとエコって、両立するの？」 講談社　2010
Farr, Amanda　ファー, アマンダ
[著]「ラーニングFlash 5」 エムディエヌコーポレーション, インプレスコミュニケーションズ(発売)　2001
Farr, Diane　ファー, ダイアン
[著]「禁断のワルツをあなたと」 オークラ出版　2012
Farr, Michael　ファー, マイクル

1953〜 [著]「タンタンの冒険」 サンライズライセンシングカンパニー 2002
Farrachi, Armand ファラシ, アルマン
[著]「がんを産み出す社会」 本の泉社 2013
Farrah, David Lee ファラ, ディビッド
1959〜 [著]「布引の滝のうた」 審美社 2003
Farrakhan, Louis ファラカン, ルイス
1933〜 [国]アメリカ イスラム教指導者 ネーション・オブ・イスラム議長 本名＝ウォルコット, ルイス・ユージン〈Wolcott, Louis Eugene〉 [異]ファラカーン, ルイス
Farrar, Jon ファラー, ジョン
[著]「クリスマスを楽しみに待つ25のお話とヒント」 CS成長センター, いのちのことば社(発売) 2002
Farrell, Colin ファレル, コリン
1976〜 [国]アイルランド 俳優 本名＝Farrell, Collin James
Farrell, Diana ファレル, ダイアナ
[著]「2010年の「マネジメント」を読み解く」 ダイヤモンド社 2005
Farrell, Dillon ファーレル, ディロン
[国]アメリカ アメフト選手
Farrell, Eileen ファレル, アイリーン
1920〜2002 [国]アメリカ ソプラノ歌手
Farrell, Gilda ファレル, ジルダ
[著]「脱成長の道」 コモンズ 2011
Farrell, Gordon ファレル, ゴードン
[著]「現代戯曲の設計」 日本劇作家協会, ブロンズ新社(発売) 2004
Farrell, J.G. ファレル, J.G.
ブッカー賞 ロストマンブッカー賞(2010年) "Troubles"
Farrell, Joan M. ファレル, ジョアン・M.
[著]「グループスキーマ療法」 金剛出版 2016
Farrell, John ファレル, ジョン
1962〜 [国]アメリカ 大リーグ監督, 元野球選手 本名＝Farrell, John Edward [異]ファーレル, ジョン
Farrell, John ファレル, ジョン
1961〜 [著]「ビッグバンの父の真実」 日経BP社, 日経BP出版センター(発売) 2006
Farrell, John D. ファレル, ジョン・D.
1960〜 [著]「サンタ社長のファシリテーション3つのステップ」 ソフトバンクパブリッシング 2004
Farrell, Michael ファレル, マイケル
1948〜 [著]「特別なニーズ教育ハンドブック」 田研出版 2001
Farrell, Nicholas Burgess ファレル, ニコラス
[著]「ムッソリーニ」 白水社 2011
Farrell, Owen ファレル, オーウェン
[国]イングランド ラグビー選手
Farrell, Peter T. ファレル, ピーター・T.
[著]「世界の学校心理学事典」 明石書店 2013
Farrell, Roger ファレル, ロジャー
[著]「アジアの自動車産業と中国の挑戦」 創文社 2005
Farrell, Shawn O. ファーレル, S.O.
[著]「生化学」 広川書店 2010
Farrell, Suzanne ファレル, スザンヌ
1945〜 [国]アメリカ バレリーナ スザンヌ・ファレルバレエ団芸術監督 ニューヨーク・シティ・バレエ団(NYCB)プリンシパル
Farrell, Terry ファレル, テリー
1938〜 [国]イギリス 建築家 テリー・ファレル&パートナーズ代表 本名＝Farrell, Terence
Farrell, Warren ファレル, ワレン
[著]「男性権力の神話」 作品社 2014
Farrell, William R. ファレル, ウィリアム
1944〜 [国]アメリカ 全米日米協会連合(NAJAS)会長 元・海軍大学校教授, 元・在日米国商工会議所専務理事 [異]ファレル, ウィリアム・R.
Farrelly, Bobby ファレリー, ボビー
1958〜 [国]アメリカ 映画監督
Farrelly, Elizabeth ファレリー, エリザベス
[著]「ビジュアル版 世界の歴史都市」 柊風舎 2016
Farrelly, Liz ファルリー, リズ
[著]「世界の名刺」 パイインターナショナル 2009
Farrelly, Peter ファレリー, ピーター
1956〜 [国]アメリカ 映画監督
Farrelly, Ross ファレリー, ロス
[国]アイルランド ミュージシャン
Farren, Mick ファレン, ミック
[著]「名盤ロックポスター1952 - 2012」 グラフィック社 2013
Farrer-Halls, Gill ファラー・ホールズ, ジル
[著]「カルマを活かす」 産調出版 2007
Farr-Fahncke, Susan ファー・ファンキー, スーザン
[著]「空っぽのくつした」 光文社 2002
Farrington, David P. ファリントン, ダビッド・P.
[異]ファリントン, ディビッド・P. [著]「サイコパシー・ハンドブック」 明石書店 2015
Farrington, Kaitlyn ファリントン, ケイトリン
1989〜 [国]アメリカ 元スノーボード選手
Farrington, Karen ファーリントン, カレン
[異]ファリントン, カレン [著]「セックス」 太田出版 2005
Farrington, Kent ファリントン
[国]アメリカ 馬術選手
Farrington, Martha ファリントン, マーサ
アメリカ探偵作家クラブ賞 大鴉賞(2005年)
Farris, Chase ファリス, チェイス
[国]アメリカ アメフト選手
Farris, Kendrick ファリス
[国]アメリカ 重量挙げ選手
Farris, Mike ファリス, マイク
グラミー賞 最優秀ルーツ・ゴスペル・アルバム(2014年(第57回)) "Shine For All The People"
Farris, Pamela J. ファリス, パメラ・J.
[著]「ランゲージアーツ」 玉川大学出版部 2016
Farris, Paul W. ファリス, ポール・W.
[著]「マーケティング・メトリクス」 ピアソン桐原 2011
Farris, Vickie ファリス, ビッキー
[著]「母なるあなたへ」 ホームスクーリング・ビジョン 2005
Farrow, Kenneth ファロウ, ケネス
[国]アメリカ アメフト選手
Farrow, Mia ファロー, ミア
1945〜 [国]アメリカ 女優 本名＝Farrow, Mia Villiers
Farrugia, Michael ファッルッジャ, マイケル
[国]マルタ 家族・社会連帯相 [異]ファルージャ, マイケル
Farshidi, Mahmoud ファルシディ, マハムード
[国]イラン 教育相
Farshtey, Greg ファーシュティ, グレッグ
[著]「バイオニクル」 主婦の友社 2005
Farsi, Fuad bin Abdul-Salam Bin Muhammad ファルシ, ファド・ビン・アブドル・サラム・ビン・ムハンマド
[国]サウジアラビア 情報相
Farson, Richard ファーソン, リチャード
[著]「組織行動論の実学」 ダイヤモンド社 2007
Farson, Richard Evans ファーソン, リチャード
1926〜 [異]ファースン, リチャード [著]「たくさん失敗した人ほどうまくいく」 角川書店 2003
Farstad, Arthur L. ファースタッド, アーサー
[著]「新約聖書注解」 伝道出版社 2008
al-**Farsy, Fouad bin Abdul-Salaam bin Muhammad** ファルシ, ファド・ビン・アブドルサラム・ビン・ムハンマド
[国]サウジアラビア 巡礼相
Fartak, Sayed Ali Tamin ファルタク, サイド・アリ・タミン
[国]スーダン 電気相
Farthing, Pen ファージング, ペン
[著]「犬たちを救え！」 作品社 2014
Farthing, Stephen ファージング, スティーヴン
1950〜 [著]「世界アート鑑賞図鑑」 東京書籍 2015
Faruq, Osman ファルーク, オスマン
[国]バングラデシュ 教育相 [異]ファルク, オスマン・D.
Faruque Mohammad, Mostafa ファルーク・モハマッド, モスタファ
[国]バングラデシュ 情報通信技術相
Farwell, Nick ファーウェル, ニック
[著]「Minecraft公式レッドストーンハンドブック」 技術評論社 2015
Farzat, Hussein ファルザト, フセイン
[国]シリア 住宅・都市開発相
Farzat, Hussein Mahmoud ファルザト, フセイン・マハムード
[国]シリア 国務相
Fasana, Erika ファザーナ, エリカ
[国]イタリア 体操選手
Fasano, Anthony ファサーノ, アンソニー
[国]アメリカ アメフト選手
Fashola, Babatunde Raji ファショラ, ババトゥンデ・ラジ
[国]ナイジェリア 電力・公共事業・住宅相
Fasianos, Nicolaos ファシアノス, ニコラオス

Fass, Paula S. ファス、ポーラ・S.
1947〜　㈲「世界子ども学大事典」原書房 2016
Fassassi, Kamarou ファサッシ、カマル
　㊀ベナン　鉱業・エネルギー・水資源相
Fassbender, Michael ファスベンダー、マイケル
　ヴェネチア国際映画祭 最優秀男優賞（第68回（2011年））"Shame"
el-**Fassi, Abbas** ファシ、アッバス
　㊀モロッコ　首相　㊁ファーシ、アッバース・エル
Fassie, Brenda ファッシー、ブレンダ
　1964〜2004　㊀南アフリカ　歌手
Fassi-fihri, Taieb ファシフィフリ、タイエブ
　㊀モロッコ　外務協力相
Fassina, Jean ファシナ、ジャン
　㈲「若いピアニストへの手紙」音楽之友社 2004
Fassino, Piero ファシノ、ピエロ
　㊀イタリア　法相
Fassler, David ファスラー、デビッド
　㈲「子どもの心がうつになるとき」エクスナレッジ 2005
Fast, Becky ファスト、ベッキー
　㈲「高齢者・ストレングスモデルケアマネジメント」筒井書房 2005
Fast, Edward ファスト、エドワード
　㊀カナダ　国際貿易相
Fast, Howard Melvin ファースト、ハワード・メルビン
　1914〜2003　㊀アメリカ　作家、平和運動家　別筆名＝カニンガム、E.V.　㊁ファースト、ハワード
Fast, Julie A. ファスト、ジュリー・A.
　㈲「あの人が躁うつになったら」オープンナレッジ 2006
Fastovsky, David E. ファストフスキー、デイヴィッド・E.
　㈲「恐竜の進化と絶滅」青土社 2001
Fastrich, Lorenz ファストリッヒ、ローレンツ
　㈲「ロクシン刑事法学への憧憬」信山社出版 2005
Fatboy Slim ファットボーイ・スリム
　㊀イギリス　ミュージシャン、DJ　別名＝ピッツアマン〈Pizzaman〉、フライド・ファンク・フード〈Fried Funk Food〉
Fate, John フェイト、ジョン
　㈲「女が好きになる男」PHP研究所 2003
Fatemi, Sayed Mohammad Amin ファテミ、サイド・モハマド・アミン
　㊀アフガニスタン　保健相
Fatfat, Ahmad ファトファト、アハマド
　㊀レバノン　青年スポーツ相
Fath, Abdulrakib ファトフ、アブドルラキーブ
　㊀イエメン　地方行政相
Fathi, Sherif ファティ、シェリフ
　㊀エジプト　民間航空相
Fathy, Safaa ファティ、サファー
　1958〜　㈲「言葉を撮る」青土社 2008
Fati, Sandji ファティ、サンジ
　㊀ギニアビサウ　教育・高等教育相
Fatica, Massimiliano ファティカ、マッシミリアーノ
　㈲「GPU computing gems」ボーンデジタル 2011
Fatima, Mohammed al-Beloushi ファティマ・モハメド・ベルシ
　㊀バーレーン　社会開発相
Fatima, Rabab ファティマ、ラバブ
　㊀バングラデシュ　駐日特命全権大使
Fatima, Trapsida ファティマ、トラプシダ
　㊀ニジェール　民営化相
Fatimie, Sayed Mohammad Amin ファテミ、セイエド・ムハンマド・アミーン
　㊀アフガニスタン　駐日特命全権大使　㊁ファテミ、モハマド・アミン
Fatkulina, Olga ファトクリナ、オルガ
　㊀ロシア　スピードスケート選手
Fat Man Scoop ファット・マン・スクープ
　㊀アメリカ　MTVアワード 最優秀ヒップホップ・ビデオ（第22回（2005年））ほか
Fattah, Parviz ファッタフ、パルビス
　㊀イラン　エネルギー相
Fattoruso, Hugo ファトルーソ、ウゴ
　1943〜　㊀ウルグアイ　ミュージシャン、パーカッション奏者、キーボード奏者
Fattouh, Hamdy Mohamed ファトゥーフ、ハグーハムディ・モハンメッド
　㊀ギリシャ　在ギリシャ日本国大使館現地職員
Fattoush, Nicolas ファットゥッシュ、ニコラ
　㊀レバノン　国務相（国民議会担当）
Fatus, Sophie ファタス、ソフィー
　1957〜　㈲「バブーシュカのおくりもの」日本キリスト教団出版局 2009
Fau, Sebastian ファウ、セバスチャン
　MTVアワード 最優秀特殊効果（第19回（2002年））"Fell in Love with a Girl"
Fau, Yamandu ファウ、ヤマンドゥ
　㊀ウルグアイ　国防相
Fauchard, Pierre フォシャール、ピエール
　㈲「歯科外科医」時空出版 2016
Faucher, Wayne フォーシェ、ウェイン
　㈲「NEW 52：ジャスティス・リーグ」ヴィレッジブックス 2013
Fauchereau, Serge フォーシュロー、セルジュ
　1939〜　㈲「印象派絵画と文豪たち」作品社 2004
Fauci, Anthony S. ファウチ、アンソニー・S.
　㈲「ハリソン内科学」メディカル・サイエンス・インターナショナル 2009
Faucompré, Quentin フォコンプレ、カンタン
　1979〜　㈲「スルタンの象と少女」文遊社 2010
Faugoo, Satya Veyash フォゴー、サティア・ベヤシュ
　㊀モーリシャス　農工・食料安全保障相
Faulds, Richard フォールズ
　㊀イギリス　射撃選手
Faulds, Richard フォールズ、リチャード
　㈲「クリパルヨガ」インフォレストパブリッシング、インフォレスト（発売） 2011
Faulhaber, Gerald R. フォールハーバー、ジェラルド・R.
　㈲「ブロードバンドの発展と政策」NTT出版 2005
Faulk, Marshall フォーク、マーシャル
　1973〜　㊀アメリカ　元アメフト選手　本名＝Faulk, Marshall William
Faulk, Martha フォーク、マーサ
　㈲「法律英語文章読本」プロスパー企画 2003
Faulk, Rick フォーク、リック
　㈲「チーム・オバマ勝利の戦略」PHP研究所 2009
Faulkner, Andrew フォークナー、アンドリュー
　㊀アメリカ　野球選手
Faulkner, Christine フォークナー、クリスティン
　1953〜　㈲「人のためのコンピュータデザイン」英宝社 2004
Faulkner, John フォークナー、ジョン
　㊀オーストラリア　国務特別相
Faulkner, Judith フォークナー、ジュディ
　㊀アメリカ　エピック・システムズ創業者、CEO
Faulkner, Keith フォークナー、キース
　1948〜　㈲「ごちゃまぜうみのいきもの」大日本絵画 2007
Faulkner, Newton フォークナー、ニュートン
　1985〜　㊀イギリス　シンガー・ソングライター
Faulkner, Rebecca フォークナー、レベッカ
　㈲「化石」文渓堂 2008
Faulks, Keith フォークス、キース
　㈲「シチズンシップ」日本経済評論社 2011
Faulks, Sebastian フォークス、セバスティアン
　1953〜　㊀イギリス　作家　㊁フォークス、セバスチャン
Faulstich-Wieland, Hannelore ファウルシュティッヒ＝ヴィーラント、ハンネローレ
　1948〜　㈲「ジェンダーと教育」青木書店 2004
Faumuia, Liuga ファウムイア、リウガ
　㊀サモア　公共事業・運輸・社会基盤相
Faumuina, Beatrice フォームイナ
　㊀ニュージーランド　陸上選手
Faumuina, Charlie フォーマイーナ、チャーリー
　㊀ニュージーランド　ラグビー選手
Faumuina, Tiatia Liuga ファウムイナ・ティアティア・リウガ
　㊀サモア　財務相　㊁ファウムイナ・リウガ
Faupel, Adrian フォーベル、A.
　㈲「子どもをキレさせないおとなが逆ギレしない対処法」北大路書房 2003
Faure, Bernard フォール、ベルナール
　㈲「仏教の仮面を剥ぐ」トランスビュー 2016
Faure, Danny フォール、ダニー
　㊀セーシェル　大統領
Faure, Gilbert C. フォーレ、G.C.
　㈲「再生医学」エヌ・ティー・エス 2002

Faure, Maurice Henri フォーレ, モーリス
1922～2014 [国]フランス 政治家
Faure, Philippe フォール, フィリップ
1950～ [国]フランス 外交官 駐日フランス大使
Faure-Poirée, Colline フォール=ポワレ, コリーヌ
[著]「おこる」 エスコアール出版部 2012
Faus, Francisco ファウス, フランシスコ
1931～ [著]「聖ホセマリア・エクスリバーへの家族のための九日間の祈り」 教友社 2015
Faust, Anselm ファウスト, アンゼルム
1943～ [著]「ドイツ社会史」 有斐閣 2001
Faust, Aushor ファウスト, アーサー
[著]「カジノの法則」 データハウス 2004
Faust, Drew Gilpin ファウスト, ドリュー・ギルピン
1947～ [国]アメリカ 歴史学者 ハーバード大学学長 [専]南北戦争, 南部史 本名=Faust, Catharine Drew Gilpin [異]ファウスト, ドルー・ギルピン
Faust, Isabelle ファウスト, イザベル
1972～ [国]ドイツ バイオリニスト
Faust, Lou ファウスト, ルー
[著]「マザー・テレサCEO」 集英社 2012
Faust, Michael ファウスト, マイケル
ザグレブ国際アニメーション映画祭 学生コンペティション 審査員スペシャルメンション(2008年)ほか
Faust, Ron ファウスト, ロン
[著]「死人は二度と目覚めない」 早川書房 2006
Fausti, Silvano ファウスティ, シルヴァノ
[著]「思い起こし、物語れ」 女子パウロ会 2001
Fausto, Boris ファウスト, ボリス
1930～ [著]「ブラジル史」 明石書店 2008
Fausto Tienza ファウスト・ティエンサ
[国]スペイン サッカー選手
Fauvet, Jacques フォベ, ジャック
1914～2002 [国]フランス ジャーナリスト 「ル・モンド」社長 [異]フォーベ, ジャック / フォーヴェ, ジャック / フォヴェ, ジャック
Favaretto, Lara ファヴァレット, ララ
[国]イタリア ヴェネチア・ビエンナーレ 若手イタリア人作家最優秀賞(2005年(第51回))
Favaro, Simone ファヴァーロ, シモーネ
[国]イタリア ラグビー選手
Favazza, Armando R. ファヴァッツァ, アルマンド・R.
[著]「自傷の文化精神医学」 金剛出版 2009
Faverón Patriau, Gustavo ファベロン・パトリアウ, グスタボ
1966～ [国]ペルー 作家, 文芸批評家, ジャーナリスト ボードウィン大学准教授 [専]文学
Favez, Isabelle ファベ, イザベル
[国]スイス オタワ国際アニメーション映画祭 最優秀子ども向け短編アニメーション 選外佳作(2012年)ほか
Favier, Jean ファヴィエ, ジャン
1932～2014 [国]フランス 歴史家, 図書館員 ソルボンヌ大学教授, フランス国立図書館館長 [専]中世経済史
Favila, Peter B. ファビラ, ピーター・B.
[国]フィリピン 元・貿易産業大臣, 元・ビジネス環境整備小委員会議長 [異]ファビラ, ピーター
Favoreu, Louis ファヴォルー, ルイ
1936～2004 [著]「法にとらわれる政治」 中央大学出版部 2016
Favorin, Yury ファヴォリン, ユーリイ
[国]ロシア エリザベート王妃国際コンクール ピアノ 第4位(2010年)
Favors, Derrick フェイバーズ, デリック
[国]アメリカ バスケットボール選手
Favre, Benoît ファーヴル, ブノワ
[国]スイス ローザンヌ国際バレエコンクール ベスト・スイス賞(第39回(2011年))
Favre, Henri ファーヴル, アンリ
1937～ [著]「インディヘニスモ」 白水社 2002
Favreau, Jon ファブロー, ジョン
1966～ [国]アメリカ 俳優, 映画監督 本名=ファブロー, ジョナサン・コリア〈Favreau, Jonathan Kolia〉
Favreau, Julien ファヴロー, ジュリアン
1977～ [国]フランス バレエダンサー モーリス・ベジャール・バレエ団プリンシパル
Fawaz, bin Mohammed al-Khalifa ファワズ・ビン・モハメド・ハリファ
[国]バーレーン 国務相(通信担当)
Fawcett, Don フォーセット, ドン
1917～2009 [国]アメリカ 解剖学者 ハーバード大学医学部名誉教授 本名=Fawcett, Donald Wayne
Fawcett, Farrah フォーセット, ファラ
1947～2009 [国]アメリカ 女優
Fawcett, Jacqueline フォーセット, J.
[著]「看護理論の分析と評価」 医学書院 2008
Fawcett, Quinn フォーセット, クイン
[著]「フライジング条約事件」 光文社 2007
Fawcett, Tom フォーセット, トム
[著]「戦略的データサイエンス入門」 オライリー・ジャパン, オーム社(発売) 2014
Fawcett-Tang, Roger フォーセット・タン, ロジャー
[著]「世界の最新タイポグラフィック・デザイン」 ピエ・ブックス 2007
Fawdah, Yusrī フーダ, ユスリー
[著]「危険な道」 白水社 2016
Fawer, Adam ファウアー, アダム
1970～ [国]アメリカ 作家 [専]スリラー, サスペンス
Fawkes, L.T. フォークス, L.T.
[著]「ピザマンの事件簿」 ヴィレッジブックス 2011
Fawkes, Sara フォークス, サラ
[著]「CEOはスナイパー」 集英社クリエイティブ, 集英社(発売) 2013
Fawzia, Hashim ファウジア・ハシム
[国]エリトリア 法相
Princess **Fawzia Fuād** ファウジア・ファード王女
1921～2013 [国]エジプト パーレビ国王の元妻 [異]ファウジア・ファド王女 / ファジア・ファード
Fawzy, Samiha ファウジ, サミーハ
[国]エジプト 通商産業相
Faxon, Brad ファクソン, ブラッド
1961～ [国]アメリカ プロゴルファー
Faxon, Nat ファクソン, ナット
アカデミー賞 脚色賞(第84回(2011年)) "The Descendants"
Fay, Brad フェイ, ブラッド
[著]「フェイス・トゥ・フェイス・ブック」 有斐閣 2016
Fay, Gail フェイ, ゲイル
[著]「メサ・ヴェルデのひみつ」 六耀社 2015
Fay, Jim フェイ, ジム
[著]「子育て「愛ことば」」 三笠書房 2007
Fay, Laurel E. ファーイ, ローレル・E.
[著]「ショスタコーヴィチ」 アルファベータ 2005
Fay, Martha フェイ, マーサ
[著]「理想のキッチン&ダイニング」 グラフィック社 2013
Fáy, Miklós ファーイ, ミクローシュ
1964～ [著]「コチシュ・ゾルターン」 現代思潮新社 2007
Faÿ, Olivier ファイ, オリヴィエ
1966～ [著]「パリ地下都市の歴史」 東洋書林 2009
Faye, El Hadj Daouda ファイエ, エル・ハジ・ダウダ
[国]セネガル スポーツ相
Faye, Éric ファーユ, エリック
1963～ [国]フランス 作家
Faye, Fatou Lamin ファイ, ファトウ・ラミン
[国]ガンビア 初等中等教育相
Faye, Jean-Pierre ファイユ, ジャン・ピエール
1925～ [国]フランス 作家, 詩人
Faye, Jennifer フェイ, ジェニファー
[著]「キリアカスの花嫁」 ハーパーコリンズ・ジャパン 2016
Faye, Lyndsay フェイ, リンジー
[国]アメリカ 作家, 女優 [専]ミステリー
Faye, Mansour ファイ, マンスール
[国]セネガル 水力・衛生相
Faye, Sabina フェイ, サビーナ
[著]「スロウ・ハンド」 角川書店 2002
Faye, Sheikh Omar ファイ, シェイク・オマル
[国]ガンビア 青年・スポーツ・宗教相
Fayed, Essam ファイド, イサム
[国]エジプト 農業・土地開拓相
Fayemi, Federick Kayode ファエミ, フェデリック・カヨデ
[国]ナイジェリア 鉱業相
Fayer, Michael D. フェイヤー, マイケル・ディビット
[著]「絶対微小」 化学同人 2013
Fayers, Peter M. フェイヤーズ, ピーター・M.
[著]「QOL評価学」 中山書店 2005
Fayez, Eid ファエズ, イード
[国]ヨルダン 内相 [異]ファイーズ, イード

al-Fayez, Faisal　ファエズ, ファイサル
　国ヨルダン　首相兼国防相
al-Fayez, Muhammad bin Ali　ファエズ, ムハンマド・ビン・アリ
　国サウジアラビア　人事相
Fayez, Nayef al　ファイズ, ナイフ
　国ヨルダン　観光遺跡相
Fayez, Nayef Hmeidi　ファエズ, ナエフ・フメイディ
　国ヨルダン　観光遺跡相兼環境相
al-Fayez, Trad　アル・ファイズ, トラド
　国ヨルダン　農業相
Faymann, Werner　ファイマン, ウェルナー
　1960〜　国オーストリア　政治家　オーストリア首相, オーストリア社会民主党党首
Faynot, Martin　フェノ, マルタン
　著「ポルトガルのごはん」農山漁村文化協会　2010
Faysal, bin Ali al-Said　ファイサル・ビン・アリ・アル・サイド
　国オマーン　文化相
Fayyad, Salam　ファイヤド, サラム
　1952〜　国パレスチナ　政治家　パレスチナ自治政府首相　本名＝Fayyad, Salam Khaled Abdullah　異ファイヤード, サラーム
Fazekas, Andrew　ファゼーカス, アンドリュー
　著「スター・トレックオフィシャル宇宙ガイド」日経ナショナルジオグラフィック社, 日経BPマーケティング（発売）　2016
Fazekas, Nick　ファージカス, ニック
　国アメリカ　バスケットボール選手
Fazekas, Robert　ファゼカシュ
　国ハンガリー　陸上選手
Fazekas, Sándor　ファゼカシュ・シャーンドル
　国ハンガリー　農相
Fazel, Christopher　フェイゼル, クリストファー
　著「エドガー・ケイシーに学ぶ幸せの法則」たま出版　2003
Fazel, Mohammad　ファゼル, モハマド
　国アフガニスタン　保安相
Fazi, Thomas　ファツィ, トーマス
　1982〜　国イタリア　映画監督
Fazio, Federico　ファシオ, フェデリコ
　国アルゼンチン　サッカー選手
Fazio, Ferruccio　ファツィオ, フェルッチョ
　国イタリア　保健相
Fazio, Robert　ファジオ, ロバート・C.
　著「口腔内科学シークレット」メディカル・サイエンス・インターナショナル　2004
Fazioli, Paolo　ファツィオリ, パオロ
　1944〜　国イタリア　ピアノ職人　ファツィオリ創業者
Fazli, Abdolreza Rahmani　ファズリ, アブドルレザ・ラハマニ
　国イラン　内相
Fazzani, Linda　ファッツァーニ, リンダ
　著「イギリス知的財産法」レクシスネクシス・ジャパン, 雄松堂出版（発売）　2007
Fazzari, Michelle　ファザリ, ミシェル
　国カナダ　レスリング選手
Fazzari, Steven M.　ファツァーリ, S.
　著「金融不安定性と景気循環」日本経済評論社　2007
Fazzi, Nicolo　ファッツィ, ニコロ
　国イタリア　サッカー選手
Fearn, Nicholas　ファーン, ニコラス
　著「考える道具」角川書店　2003
Fearnley, Jan　ファーンリー, ジャン
　異フィアンリー, ジャン　著「ちっちゃくたっておっきな愛」小峰書店　2004
Fearnow, Matt　フィルノウ, マット
　著「ネットワーク侵入解析ガイド」ピアソン・エデュケーション　2001
Fearon, Margaret　フィアロン, マーガレット
　著「X‐ファイル2016」竹書房　2016
Fearon, Tim　フィアロン, ティム
　著「話す力」ピアソン桐原　2012
Feast, Julia　フィースト, ジュリア
　著「実親に会ってみたい」明石書店　2007
Feaster, Sharon A.　フィースター, シャロン・A.
　著「シャム猫ココの調査報告」早川書房　2002
Feather, Jane　フェザー, ジェーン
　著「雪降る夜をあなたと」扶桑社　2013
Feather, Robert　フェザー, ロバート
　著「死海文書の謎を解く」講談社　2002

Feathers, Michael C.　フェザーズ, マイケル・C.
　著「レガシーコード改善ガイド」翔泳社　2009
Featherstone, Carolyn　フェザーストーン, C.
　著「看護とヘルスケアの社会学」医学書院　2005
Featherstone, Charlotte　フェザーストーン, シャーロット
　著「恋に溺れる5つの理由」ハーパーコリンズ・ジャパン　2016
Featherstone, Mike　フェザーストン, M.
　1946〜　著「自動車と移動の社会学」法政大学出版局　2015
Feaver, William　フィーヴァー, ウィリアム
　1943〜　著「イングランド炭鉱町の画家たち」みすず書房　2015
Febbraro, Flavio　フェブラロ, フラヴィオ
　著「エロティック美術の読み方」創元社　2015
Febres Cordero, León　フェブレス・コルデロ, レオン
　1931〜2008　国エクアドル　政治家　エクアドル大統領, グアヤキル市長　本名＝Febres Cordero Rivadeneira, León　異フェブレス, レオン
Febrianti, Citra　フェブリヤンティ
　国インドネシア　重量挙げ選手
Fechner, Carl A.　フェヒナー, カール・A.
　1953〜　国ドイツ　映画監督, ジャーナリスト　フェヒナーメディアCEO
Fechner, Christian　フェシュネール, クリスチャン
　1944〜2008　国フランス　映画プロデューサー
Feck, Stephan　フェク, シュテファン
　国ドイツ　水泳選手
Fecker, Andreas　フェッカー, アンドリアス
　1950〜　著「世界の民間航空図鑑」原書房　2013
Fedaczynski, Rafal　フェダチンスキ
　国ポーランド　陸上選手
Fedak, Jolanta　フェダク, ヨランタ
　国ポーランド　労働・社会政策相
Feddal, Zouhair　フェダル, ズハイル
　国モロッコ　サッカー選手
Fedde, Erick　フェッド, エリック
　国アメリカ　野球選手
Fede, Terrence　フィード, テレンス
　国アメリカ　アメフト選手
Fede Cartabia　フェデ・カルタビア
　国アルゼンチン　サッカー選手
Fedeli, Valeria　フェデリ, バレリア
　国イタリア　教育相
Feder, Kenneth L.　フィーダー, ケネス・L.
　著「幻想の古代史」楽工社　2009
Federer, Roger　フェデラー, ロジャー
　1981〜　国スイス　テニス選手
Federici, Adam　フェデリチ, アダム
　国オーストラリア　サッカー選手
Federighi, Paolo　フェデリーギ, パオロ
　著「国際生涯学習キーワード事典」東洋館出版社　2001
Federle, Michael P.　フェデリー, マイケル・P.
　著「腹部top100診断」メディカル・サイエンス・インターナショナル　2005
Federman, Rachel　フェダーマン, レイチェル
　著「ワンちゃんIQ検定」日之出出版　2009
Federman, Raymond　フェダマン, レイモンド
　1928〜2009　国アメリカ　作家, 批評家　ニューヨーク州立大学教授
Fedetskyy, Artem　フェデツキー, アルテム
　国ウクライナ　サッカー選手
Fedi, Peter F., Jr.　フェディ, P.F., Jr.
　著「ペリオドンティックシラバス」ゼニス出版　2001
Fédida, Pierre　フェディダ, ピエール
　著「フランス精神分析における境界性の問題」星和書店　2015
Fedor, Emelianenko　ヒョードル, エミリヤーエンコ
　1976〜　国ウクライナ　格闘家
Fedorchuk, Sergei　フェドルチューク, セルゲイ・ペトロヴィチ
　1963〜　著「樺太に生きたロシア人」日本ユーラシア協会北海道連合会「サハリン研究会」, ナウカ（発売）　2004
Fedorchuk, Valery　フェドルチュク, ヴァレリー
　国ウクライナ　サッカー選手
Fedorenko, Nikita　フェドレンコ
　国ロシア　トランポリン選手
Fedoriva, Aleksandra　フェドリワ
　国ロシア　陸上選手
Fedoroff, Nina Vsevolod　フェドロフ, ニーナ
　著「食卓のメンデル」日本評論社　2013

Fedorov, Boris Grigorievich　フョードロフ, ボリス
　1958〜2008　国ロシア　政治家, エコノミスト　ロシア国家会議（下院）議員, 前進ロシア党首, ロシア副首相・蔵相
Fedorova, Mariana　フェドロバ, マリアナ
　著「老ピエロレオ」ノルドズッド・ジャパン　2003
Fedorova, Olena　フェドロワ, オレーナ
　国ウクライナ　水泳選手　異フェドロワ
Fedoryshyn, Myron Semenovych　フェドリーシン, ミロン・セメーノヴィチ
　国ウクライナ　リヴィウ工科大学人文・社会科学部准教授
Fedoryshyn, Vasyl　フェドルイシン
　国ウクライナ　レスリング選手
Fedoseev, Vladimir　フェドセーエフ, ウラディーミル
　1932〜　国ロシア　指揮者　チャイコフスキー・アカデミー交響楽団音楽監督・首席指揮者　本名=Fedoseev, Vladimir Ivanovich　異フェドセーエフ, ウラジーミル / フェドセイエフ
Fedotov, Victor　フェドートフ, ヴィクトル
　1933〜2001　国ロシア　指揮者　マリインスキー劇場（キーロフ・オペラ）指揮者, サンクトペテルブルク音楽院教授　異フェドトフ, ヴィクトル
Fedotova, Irina　フェドトワ
　国ロシア　ボート選手
Fedrov-Davidov, G.A.　ヒョドロフ・ダビドフ, G.A.
　著「アイハヌム」東海大学出版会　2011
Feduccia, J.Alan　フェドゥーシア, アラン
　著「鳥の起源と進化」平凡社　2004
Fee, Gordon D.　フィー, ゴードン・D.
　1934〜　異フィー, G.D.　著「聖書を正しく読むために〈総論〉」いのちのことば社　2014
Feehan, Christine　フィーハン, クリスティン
　国アメリカ　作家　異ロマンス, ファンタジー
Feek, Joey　フィーク, ジョーイ
　1975〜2016　国アメリカ　カントリー歌手　本名=Feek, Joey Martin
Feeley, Nancy　フィーリー, ナンシー
　著「協働的パートナーシップによるケア」エルゼビア・ジャパン　2007
Feely, Debbie　フィーリー, デビー
　著「だれにでもできる！6歳までの子育てレッスン」ホームスクーリング・ビジョン　2006
Feeman, Mary E.Wilkins　フリーマン, メアリー・E.W.
　著「大人が楽しむイングリッシュ・ポエチュリー」リーベル出版　2007
Feeman, Timothy G.　フィーマン, ティモシー・G.
　1956〜　著「数学者は地球をこのように見ている」日本評論社　2014
Feenberg, Andrew　フィーンバーグ, アンドリュー
　1943〜　著「技術への問い」岩波書店　2004
Feeney, Charles　フィーニー, チャールズ
　DFSグループ共同創業者
Feeney, Chuck　フィーニー, チャック
　慈善家
Feeney, Floyd　フィーニー, フロイド
　著「1つの事件 2つの制度」成文堂　2010
Feeney, Ray　フィーニー, レイ
　アカデミー賞 ゴードン・E.ソーヤー賞（第79回（2006年））
Feeney, Stephanie　フィーニー, ステファニー
　著「保育学入門」ミネルヴァ書房　2010
Feeney, Travis　フィーニー, トラビス
　国アメリカ　アメフト選手
Feertchak, Helene　フェートチャック, エレーヌ
　著「欧州統合とシティズンシップ教育」明石書店　2006
Feertchak, Sonia　フェールチャック, ソニア
　著「これから女の子になるための女の子大事典」主婦の友社　2004
Feffer, John　フェッファー, ジョン
　著「アメリカの悪夢」耕文社　2004
Fegan, James Edward　フィーガン・ジェームズ・エドワード
　国イギリス　元・早稲田大学語学教育研究所教授
Feger, Hans　フェガー, ハンス
　1956〜　著「カントとシラーにおける構想力」大学教育出版　2002
Fegerl, Stefan　フェガール, シュテファン
　国オーストリア　卓球選手
Feghouli, Sofiane　フェグリ, ソフィアン
　国アルジェリア　サッカー選手
Fegredo, Duncan　フィグレド, ダンカン

　著「ヘルボーイ：捻じくれた男」ヴィレッジブックス　2015
Feher, George　フェーヘル, ジョージ
　国アメリカ　ウルフ賞 化学部門（2006/2007年）
Fehér, György　フェール, ギュルジイ
　1928〜　著「イラストで学ぶ美術解剖学」グラフィック社　2009
Fehner, Léa　フェネール, レア
　1981〜　国フランス　映画監督
Fehr, Donald　フェア, ドナルド
　国アメリカ　弁護士　大リーグ選手会専務理事
Fehri, Noomane　フェヘリ, ノーマン
　国チュニジア　通信技術・デジタル経済相　異フェフリ, ノーマン
Fei, Xiao-tong　フェイ, シャオトン
　1910〜2005　国中国　社会学者, 民族学者　中国社会科学院社会学研究所長, 中国全国人民代表大会（全人代）常務委員副委員長　漢字名=費孝通, 筆名=費北
Feibel, Bruce J.　フィーベル, ブルース・J.
　著「グローバル投資パフォーマンス基準のすべて」東洋経済新報社　2013
Feibelman, Peter J.　ファイベルマン, ピーター・J.
　1942〜　著「博士号だけでは不十分！」白揚社　2015
Feichter, Walter　ファイヒター
　国イタリア　スノーボード選手
Feichtinger, Frederic　ファイヒティンガー, フレデリック
　著「アドラーの思い出」創元社　2007
Feichtinger, Thomas　ファイヒティンガー, トーマス
　1946〜　著「シュスラーティッシュソルトで体内ミネラルのバランスを整える」ガイアブックス　2016
Feiffer, Jules　ファイファー, ジュールズ
　異フェイファー, ジュールス　著「あたしのくまちゃんみなかった？」石風社　2010
Feigenbaum, Aaron　フェイゲンバウム, アーロン
　著「WWEトリビアブック」エンターブレイン　2003
Feigenbaum, Edward A.　ファイゲンバウム, エドワード・A.
　著「起業特区で日本経済の復活を！」日本経済新聞社　2002
Feight, Curtis　フェイト, カーティス
　国アメリカ　アメフト選手
Feigl, Erich　ファイグル, エーリッヒ
　1931〜2007　著「ハプスブルク帝国, 最後の皇太子」朝日新聞出版　2016
Feijó, Carlos Maria Da Silva　フェイジョ, カルロス・マリア・ダ・シルバ
　国アンゴラ　官房長官
Feil, Ernst　ファイル, エルンスト
　1932〜　著「ボンヘッファーの神学」新教出版社　2001
Feil, Naomi　ファイル, ナオミ
　著「バリデーションファイル・メソッド」全国コミュニティライフサポートセンター　2016
Feiler, Bruce S.　ファイラー, ブルース
　著「聖書を歩く」原書房　2004
Feiler, Matt　ファイラー, マット
　国アメリカ　アメフト選手
Feiler, Thomas　ファイラー, トーマス
　著「スモール・イズ・プロフィタブル」省エネルギーセンター　2005
Fein, Ellen　ファイン, エレン
　1957〜　著「ルールズ・ベスト」青春出版社　2015
Fein, G.　ファイン, ジョージ
　著「偽薬効果」春秋社　2002
Feinberg, Jonathan　ファインバーグ, ジョナサン
　著「ビューティフルビジュアライゼーション」オライリー・ジャパン, オーム社（発売）　2011
Feinberg, Kenneth R.　ファインバーグ, ケネス・R.
　1945〜　著「大惨事後の経済的困窮と公正な補償」中央大学出版部　2016
Feinberg, Margaret　ファインバーグ, マーガレット
　1976〜　著「ハートウォーミングストーリーwithノーマン・ロックウェル」いのちのことば社フォレストブックス　2005
Feinberg, Todd E.　ファインバーグ, トッド・E.
　著「自我が揺らぐとき」岩波書店　2002
Feiner, Michael　ファイナー, マイケル
　著「リーダーになったら悪口は家のネコに話せ！」中経出版　2005
Feinman, Jay M.　ファインマン, ジェイ・M.
　著「アメリカ市民の法律入門」自由国民社　2004
Feinmann, Jane　ファインマン, ジェーン
　著「生理の悩みをハッピーセラピー」オークラ出版　2005
Feinstein, Andrew　ファインスタイン, アンドルー

1964〜　㊃「武器ビジネス」原書房　2015
Feinstein, Barry　ファインスタイン、バリー
　㊃「追憶のハリウッド'60s」青土社　2010
Feinstein, C.H.　ファインスティーン、C.
　㊃「社会史と経済史」北海道大学出版会　2007
Feinstein, David　ファインスタイン、デイヴィッド
　㊃「エネルギー・メディスン」ナチュラルスピリット　2012
Feinstein, John　ファインスタイン、ジョン
　アメリカ探偵作家クラブ賞 YA賞(2006年)　"Last Shot"
Feinstein, Mark H.　ファインスタイン、マーク
　㊃「イヌに「こころ」はあるのか」原書房　2012
Feinstein, Steve　ファインスタイン、ステファン・C.
　㊃「中国」国土社　2001
Feintuch, David　ファインタック、デイヴィッド
　㊃「襲撃！異星からの侵入者」早川書房　2003
Feireiss, Lukas　ファイライス、ルーカス
　㊃「クリエイティブスペース」グラフィック社　2011
Feirer, Martina　ファイラー、マティーナ
　㊃「みんなでパッシブハウスをたてよう！」いしずえ　2014
Feissner, Clinton　ファイスナー、クリントン
　?〜2010　連合国軍総司令部(GHQ)民間通信局調査課長
Feist, Peter H.　フェイスト、ピーター・H.
　1928〜　㊃「印象派絵画」Taschen　c2010
Feist, Raymond E.　フィースト、レイモンド・E.
　㊃「公子の帰還」早川書房　2008
Feisty, Lillian　フィースティ、リリアン
　㊃「5つの恋と夢の時間(とき)」ハーバーコリンズ・ジャパン　2016
Feixas, Jean　フェクサス、ジャン
　1934〜　㊃「図説尻叩きの文化史」原書房　2012
Feizoure, Honoré　フェイズーレ、オノレ
　㊚中央アフリカ　農業・開発相
Fejedelem, Clayton　フィージデレム、クレイトン
　㊚アメリカ　アメフト選手
Fejsa, Ljubomir　フェイサ、リュボミール
　㊚セルビア　サッカー選手
Fejzulahu, Ernad　フェイズラフ、エルナド
　㊚マケドニア　無任所相
Feka, Dren　フェカ、ドレン
　㊚ドイツ　サッカー選手
Fekadu, Beyene　フィカドゥ・ベイエナ
　㊚エチオピア　畜産・漁業資源開発相
Fekete, Thomas　フェケテ、トマス
　㊚スイス　サッカー選手
Fekir, Nabil　フェキル、ナビル
　㊚フランス　サッカー選手
Fekitoa, Malakai　フェキトア、マラカイ
　㊚ニュージーランド　ラグビー選手
Fekkai, Frédéric　フェッカイ、フレデリック
　㊃「プロは語る。」アスペクト　2005
Fekki, Anas Al　フェキ、アナス
　㊚エジプト　情報相
Fekter, Maria　フェクター、マリア
　㊚オーストリア　財務相
Felaj, Ermonela　フェライ、エルモネラ
　㊚アルバニア　議会担当相
Felbinger, Helga　フェルビンガー、ヘルガ
　1944〜　㊃「だいじょうぶ！ひとりでも生きられる」講談社　2002
Felce, David　フェルス、デビッド
　㊃「障害をもつ人にとっての生活の質」相川書房　2002
Feld, Eliot　フェルド、エリオット
　1942〜　㊚アメリカ　バレエダンサー・振付師・監督
Feldbauer, Peter　フェルトバウアー、ペーター
　1945〜　㊃「喜望峰が拓いた世界史」中央公論新社　2016
Feldenkrais, Moshe　フェルデンクライス、モーシェ
　㊃「心をひらく体のレッスン」一光社　2001
Felder, Christophe　フェルデール、クリストフ
　1966〜　㊚フランス　パティシエ
Felder, Don　フェルダー、ドン
　㊃「ドン・フェルダー自伝」東邦出版　2011
Felder, Kay　フェルダー、ケイ
　㊚アメリカ　バスケットボール選手
Felder, Leonard　フェルダー、レナード
　㊃「身も心も幸福になる結婚力」不空社　2005
Felder, Naoko　フェルダー、ナオコ
　㊃「入門マイクロファイナンス」ダイヤモンド社　2005
Feldhaus, Hans-Jürgen　フェルダウス、ハンス＝ユルゲン
　㊃「これから大人になる10代のあなたへ」ノルディック出版, 海象社(発売)　2007
Feldman, Allan M.　フェルドマン、A.M.
　㊃「厚生経済学と社会選択論」シーエーピー出版　2009
Feldman, Bernard Frank　フェルドマン、B.F.
　㊃「犬と猫の輸血」インターズー　2007
Feldman, David　フェルドマン、デイヴィッド
　1950〜　㊃「アメリカン・トリビア」朝日出版社　2003
Feldman, Eric A.　フェルドマン、エリック・A.
　㊃「日本における権利のかたち」現代人文社, 大学図書(発売)　2003
Feldman, Frayda　フェルドマン、フレイダ
　㊃「アンディ・ウォーホル全版画」美術出版社　2003
Feldman, Jack　フェルドマン、ジャック
　トニー賞 ミュージカル 楽曲賞(2012年(第66回))　"Newsies"
Feldman, Jane　フェルドマン、ジェーン
　㊃「大統領ジェファソンの子どもたち」晶文社　2004
Feldman, Jon Harmon　フェルドマン、ジョン・ハーモン
　㊃「トゥルー・コーリング」竹書房　2005
Feldman, Kenneth Wayne　フェルドマン、ケニス・ウェイン
　㊃「虐待された子ども」明石書店　2003
Feldman, Martha S.　フェルドマン、マーサ
　1953〜　㊃「法廷における〈現実〉の構築」日本評論社　2007
Feldman, Michael　フェルドマン、M.
　1938〜　㊃「心的平衡と心的変化」岩崎学術出版社　2005
Feldman, Mitchell D.　フェルドマン、ミッチェル・D.
　㊃「実践行動医学」メディカル・サイエンス・インターナショナル　2010
Feldman, Richard　フェルドマン、リチャード
　㊃「入門React」オライリー・ジャパン, オーム社(発売)　2015
Feldman, Robert　フェルドマン、ロバート
　1953〜　㊚アメリカ　エコノミスト　モルガン・スタンレーMUFG証券チーフエコノミスト　㊃マクロ経済, 金融構造論　本名＝フェルドマン、ロバート・アラン〈Feldman, Robert Aran〉
Feldman, Robert Alan　フェルドマン、ロバート・アラン
　㊃「日本経済起死回生のストーリー」PHP研究所　2012
Feldman, Robert Stephen　フェルドマン、ロバート
　1947〜　㊃「なぜ人は10分間に3回嘘をつくのか」講談社　2010
Feldman, Ronen　フェルドマン、ローネン
　1962〜　㊃「テキストマイニングハンドブック」東京電機大学出版局　2010
Feldman, Ron H.　フェルドマン、R.H.
　㊃「ユダヤ論集」みすず書房　2013
Feldman, Scott　フェルドマン、スコット
　㊚アメリカ　野球選手
Feldman, Stephen M.　フェルドマン、スティーブン
　1955〜　㊃「アメリカ法思想史」信山社出版　2005
Feldman, Thea　フェルドマン、テア
　㊃「ロイヤルペットぼうけんものがたり」大日本絵画　〔2015〕
Feldmann, Evelyn　フェルドマン、エヴリン
　㊃「アドラーの思い出」創元社　2007
Feldmann, Tobias　フェルドマン、トビアス
　㊚ドイツ　エリザベート王妃国際コンクール ヴァイオリン 第4位(2015年)
Feldstein, Martin Stuart　フェルドスタイン、マーティン
　1939〜　㊚アメリカ　経済学者　ハーバード大学教授　全米経済研究所(NBER)所長, 米国大統領経済諮問委員会(CEA)委員長　㊃マクロ経済学, 公共経済学　別名＝Feldstein, Marty　㊁フェルドシュタイン、マーティン / フェルドスタイン、マーチン
Felgoise, Stephanie H.　フェルゴワーズ、ステファニー・H.
　㊃「認知行動療法事典」日本評論社　2010
Felicetti, Cinzia　フェリチェッティ、チンツィア
　㊃「ミラノ発 真のファッショニスタになる法」講談社　2007
Felici, Emanuela　フェリーチ
　㊚サンマリノ　射撃選手
Feliciano, Cheo　フェリシアーノ、チェオ
　1935〜2014　サルサ歌手
Feliciano, Jon　フェリシアーノ、ジョン
　㊚アメリカ　アメフト選手
Feliciano, José　フェリシアーノ、ホセ
　グラミー賞 最優秀トロピカル・ラテン・アルバム(2008年(第51回))　"Señor Bachata"
Felicien, Perdita　フェリシアン
　㊚カナダ　陸上選手

Felicio, Cristiano フェリシオ, クリスチアーノ
　国ブラジル　バスケットボール選手
Felipe フェリペ
　国ブラジル　サッカー選手
Felipe VI フェリペ6世
　1968～　国スペイン　国王　異フェリペ
Felipe Anderson フェリペ・アンデルソン
　国ブラジル　サッカー選手
Felipe Gutierrez フェリペ・グティエレス
　国チリ　サッカー選手
Felipe Melo フェリペ・メロ
　国ブラジル　サッカー選手
Felisberta da Silva, Juliana フェリスベルタダシルバ
　国ブラジル　ビーチバレー選手
Felisie, Michel フェリジー, ミッシェル
　国スリナム　地域開発相
Felix, Allyson フェリックス, アリソン
　1985～　国アメリカ　陸上選手　本名＝Felix, Allyson Michelle
　異フェリックス
Felix, Ana Dulce フェリックス, アナドゥルス
　国ポルトガル　陸上選手
Felix, Antonia フェリックス, アントニア
　著「プライドと情熱」角川学芸出版, 角川グループパブリッシング (発売)　2007
Felix, António Bagão フェリクス, アントニオ・バガン
　国ポルトガル　財務相
Félix, Bagão フェリクス, バガン
　国ポルトガル　社会保障・労働相
Felix, Heriberto フェリクス, エリベルト
　国メキシコ　社会開発相
Felix, Kurt フェリックス, カート
　国グレナダ　陸上選手
Félix, María フェリックス, マリア
　1915～2002　国メキシコ　女優　本名＝Félix Guereña, María de Los Angeles　異フェリクス, マリア
Félix, Marie Mimose フェリックス, マリ・ミモーズ
　国ハイチ共和国　農家支援担当相
Felix, Stanley フェリックス, スタンリー
　国セントルシア　物質の発展・住宅・都市再開発相
Feliz, Neftali フェリス, ネフタリ
　1988～　国ドミニカ共和国　野球選手　異フェリース, ネフタリ／フェリース, マイケル／フェリーズ, ネフタリ
Fell, Heather フェル
　国イギリス　近代五種選手
Fellaini, Marouane フェライニ, マルアン
　国ベルギー　サッカー選手
Fellegi, Tamás フェッレギ・タマーシュ
　国ハンガリー　国家開発相
Feller, Bob フェラー, ボブ
　1918～2010　国アメリカ　野球選手　本名＝Feller, Robert William Andrew
Fellers, Richard フェラーズ
　国アメリカ　馬術選手
Fellesson, Markus フェレッソン, マークス
　著「マーケティング・ディスコース」学文社　2010
Fellke, Jens フェリッカ, イエンス
　1961～　著「ワルドナー伝説」卓球王国　2004
Fellman, Wilma フェルマン, ウィルマ
　著「AD/HD&body」花風社　2003
Fellmann, Emil Alfred フェルマン, E.A.
　1927～　著「オイラー」シュプリンガー・フェアラーク東京　2002
Fellner, Eric フェルナー, エリック
　1959～　国イギリス　映画プロデューサー　ワーキング・タイトル・フィルムズ共同経営者
Fellner, Till フェルナー, ティル
　1972～　国オーストリア　ピアニスト
Fellowes, Jessica フェローズ, ジェシカ
　著「ダウントン・アビー・クロニクル」早川書房　2015
Fells, Darren フェルズ, ダレン
　国アメリカ　アメフト選手
Felmery, Lili フェルメリ, リリ
　国ハンガリー　ローザンヌ国際バレエコンクール2位・スカラシップ（第36回（2008年））
Felscherinow, Christiane Vera フェルシェリノ, クリスチアーネ・V.
　1962～　著「クリスチアーネの真実」中央公論新社　2015
Fel'shtinskii, IUrii フェリシチンスキー, ユーリー
　1956～　著「ロシア闇の戦争」光文社　2007
Felsing, John M. フェルシング, ジョン・M.
　著「アジャイル開発手法FDD」ピアソン・エデュケーション　2003
Felson, Marcus フェルソン, マーカス
　1947～　著「日常生活の犯罪学」日本評論社　2005
Felstehausen, Ginny フェルステハウセン, G.
　著「スキルズ・フォア・ライフ」家政教育社　2002
Felt, Mark フェルト, マーク
　？～2008　国アメリカ　ウォーターゲート事件の取材源となった人物　米国連邦捜査局（FBI）副長官　通称＝ディープ・スロート〈Deep Throat〉
Felten, Edward フェルテン, エドワード・W.
　1963～　著「仮想通貨の教科書」日経BP社, 日経BPマーケティング（発売）　2016
Felten, Eric フェルテン, エリック
　1964～　著「忠誠心、このやっかいな美徳」早川書房　2011
Felten, Franz J. フェルテン, フランツ
　1946～　著「中世ヨーロッパの教会と俗世（ぞくせ）」山川出版社　2010
Felton, Jerome フェルトン, ジェローム
　国アメリカ　アメフト選手
Felton, Raymond フェルトン, レイモンド
　国アメリカ　バスケットボール選手
Feltrinelli, Carlo フェルトリネッリ, カルロ
　1962～　著「フェルトリネッリ」晶文社　2011
Feltsman, Vladimir フェルツマン, ウラディーミル
　1952～　国ロシア　ピアニスト　異フェルツマン, ウラジーミル
Fenchel, Michael フェンケル, ミヒャエル
　著「わかる！心臓画像診断の要点」メディカル・サイエンス・インターナショナル　2009
Fenchel, Tom フェンチェル, T.
　著「微生物の地球化学」東海大学出版部　2015
Fencl, Jan フェンツル, ヤン
　国チェコ　農相
Fender, Freddy フェンダー, フレディ
　1937～2006　国アメリカ　歌手
Fendrick, Lauren フェンドリック, ローレン
　国アメリカ　ビーチバレー選手
Fenech, Karen フェネック, カレン
　著「裏切りは愛ゆえに」扶桑社　2008
Fenech, Tonio フェネク, トーニオ
　国マルタ　財務・経済・投資相
Fenech-adami, Edward フェネクアダミ, エドワード
　国マルタ　大統領
Feneet, Salem Ahmed フェニート, サレム・アハメド
　国リビア　社会基盤・都市計画・環境書記（社会基盤・都市計画・環境相）
Feng, Cong-de フォン・ツォンデー
　1967～　国中国　元民主化運動家　天安門広場総指揮部副総指揮　漢字名＝封従徳
Feng, Ji-cai フォン・ジーツァイ
　1942～　国中国　作家, 画家　馮驥才芸術文学研究所所長, 中国作家協会会長, 中国文学芸術界連合会副主席　漢字名＝馮驥才　異ヒョウ・キサイ／フウ・キサイ
Feng, Mei フェン, メイ
　カンヌ国際映画祭 脚本賞（第62回（2009年））"Chun Feng Chen Zui De Ye Wan（Spring Fever）"
Feng, Shanshan フォン・シャンシャン
　国中国　ゴルフ選手
Feng, Tianwei フェン・ティアンウェイ
　国シンガポール　卓球選手
Feng, Xiao-gang フォン・シャオガン
　1958～　国中国　映画監督　漢字名＝馮小剛
Feng, Yan フォン・イェン
　1962～　国中国　ドキュメンタリー映画監督　漢字名＝馮艶
Feng, Zheng-hu フォン・チョンフー
　国中国　人権活動家　漢字名＝馮正虎
Fenianos, Yussef フィニアノス, ユースフ
　国レバノン　公共事業・運輸相
Fenin, Martin フェニン, マルティン
　1987～　国チェコ　サッカー選手
Fenjves, Pablo F. フェンジェブス, パブロ・F.
　著「ヒットマン」ブルース・インターアクションズ　2009

Fenley, Molissa フェンレイ, モリッサ
1954〜 国アメリカ 舞踊家,振付師 裔フェンレイ, モリサ
Fenn, Donna フェン, ドナ
著「アルファドッグ・カンパニー」講談社 2007
Fenn, Elizabeth A. フェン, エリザベス・A.
国アメリカ ピュリッツアー賞 文学・音楽 歴史(2015年) "Encounters at the Heart of the World: A History of the Mandan People"
Fenn, John B. フェン, ジョン
1917〜2010 国アメリカ 化学者 バージニア・コモンウエルス大学教授,エール大学名誉教授 専分析化学
Fennand, Bernadette フェナンド, ベルナデット
1976〜 著「ねむれないねずみくん」KADOKAWA 2016
Fennell, Frederick フェネル, フレデリック
1914〜2004 国アメリカ 指揮者 東京佼成ウィンドオーケストラ桂冠指揮者
Fennell, Jan フェネル, ジャン
著「犬のことばがきこえる」ぶんか社 2006
Fennell, Melanie J.V. フェネル, メラニー
著「自信をもてないあなたへ」阪急コミュニケーションズ 2004
Fennelly, Beth Ann フェンリイ, ベス・アン
1971〜 著「たとえ傾いた世界でも」早川書房 2014
Fennelly, Tony フェンリー, トニー
著「壁のなかで眠る男」新潮社 2003
Fenner, Frank John フェナー, フランク
1914〜2010 国オーストラリア 生物学者 オーストラリア国立大学名誉教授,国際保健機構(WHO)天然痘根絶確認委員会委員長 専微生物学,環境衛生学
Fenninger, Anna フェニンガー, アナ
1989〜 国オーストリア スキー選手 裔フェニンガー
Fenoglio, Zach フィノグリオ, ザック
国アメリカ ラグビー選手
Fenske, Mark フェンスク, マーク
著「IQより大切な「頭の使いかた」」三笠書房 2010
Fenster, Julie M. フェンスター, ジュリー・M.
著「エーテル・デイ」文芸春秋 2002
Fensterheim, Herbert フェンスターヘイン, ハーバート
著「イヤなら態度で示そうよ」翔泳社 2002
Fenton フェントン
著「バウチャー無歯顎患者の補綴治療」医歯薬出版 2008
Fenton, Eileen Gifford フェントン, アイリーン・ギフォード
著「人文学と電子編集」慶応義塾大学出版会 2011
Fenton, Marcy フェントン, マーシー
著「食品・栄養・食事療法事典」産調出版,産業調査会(発売) 2006
Fenton, Nicole フェントン, ニコル
著「伝わるWebライティング」ビー・エヌ・エヌ新社 2015
Fenton, Peter フェントン, ピーター
投資家
Fenton, Steve フェントン, スティーブ
著「TypeScript実践プログラミング」翔泳社 2015
Fenton-O'Creevy, Mark フェントン・オクリーヴィ, マーク
裔フェントン=オクリービー, マーク 著「ピープルマネジメント」日経BP社 2002
Fenwick, Ian フェンウィック, イアン
1949〜 著「次世代メディアマーケティング」ソフトバンククリエイティブ 2009
Fenwick, Lex フェンウィック, レックス
国アメリカ 実業家 ブルームバーグCEO,ダウ・ジョーンズCEO 裔フェニック, レックス
Feofanova, Svetlana フェオファノワ
国ロシア 陸上選手
Feoktistov, Lev Petrovich フェオクチストフ, レフ
1928〜2002 国ロシア 核物理学者 専水爆
Fer, Émilie フェール, エミリ
1983〜 国フランス カヌー選手 裔フェル
Fer, Leory フェル, レロイ
国オランダ サッカー選手
Feraoun, Iman Houda フェラウン, イマン・フダ
国アルジェリア 郵便・情報通信技術相 裔フェラウン, イマン フダ
Férat, Laurence フェラ, ローランス
著「レアパフューム」原書房 2015
Ferati, Sadri フェラーティ, サドゥリ
国コソボ 地方自治相
Ferbel, Thomas ファーベル, T.

著「素粒子・原子核物理学の基礎」共立出版 2011
Ferber, Christine フェルベール, クリスティーヌ
著「小さなジャムの家」ワニマガジン社 2006
Ferber, Michael ファーバー, マイケル
著「文学シンボル事典」東洋書林 2005
Ferbos, Lionel ファーボス, ライオネル
1911〜2014 国アメリカ ジャズ・トランペット奏者 本名=Ferbos, Lionel Charles
Fercu, Catalin フェルク, カタリン
国ルーマニア ラグビー選手
Ferdinand, Rio ファーディナンド, リオ
1978〜 国イギリス 元サッカー選手
Ferdjoukh, Malika フェルジュク, M.
1957〜 著「ベルドレーヌ四季の物語」ポプラ社 2007
Ferdowsi, Arash フェルドーシ, アラシュ
起業家,ドロップボックス創業者
Ferenczi, Sándor フェレンツィ, S.
著「精神分析への最後の貢献」岩崎学術出版社 2007
Ferentz, James フェレンツ, ジェームス
国アメリカ アメフト選手
Féret, René フェレ, ルネ
1945〜2015 国フランス 映画監督,俳優
Férey, Caryl フェレ, カリル
1967〜 著「マプチェの女」早川書房 2016
Fergie ファーギー
国アメリカ グラミー賞 最優秀ラップ/サング・コラボレーション(2011年(第54回))ほか
Fergo, Tove フェアゴ, トーベ
国デンマーク 宗教相
Fergus, Maureen ファーガス, モーリーン
著「「やだ」っていったら,どうする?」ワールドライブラリー 2015
Ferguson, Alex ファーガソン, アレックス
1941〜 国イギリス サッカー指導者,元サッカー選手 サッカー・スコットランド代表監督 本名=Ferguson, Alexander Chapman
Ferguson, Bill ファーガソン, ビル
著「VMware vSphere5」翔泳社 2013
Ferguson, Charles H. ファーガソン, チャールズ
1955〜 国アメリカ ハイテク・アナリスト 全米科学者連盟会長
Ferguson, Eamom ファーガソン, E.
著「ストレスマネジメントと職場カウンセリング」川島書店 2002
Ferguson, Ego ファーガソン, エゴ
国アメリカ アメフト選手
Ferguson, Eugene S. ファーガソン, E.S.
1916〜2004 著「技術屋(エンジニア)の心眼」平凡社 2009
Ferguson, Eva Dreikurs ファーガソン, エヴァ・ドライカース
著「アドラー心理学へのいざない」日本アドラー心理学会 2013
Ferguson, Fenton ファーグソン, フェントン
国ジャマイカ 労働・社会保障相
Ferguson, Ian ファーガソン, イアン
1959〜 国カナダ 脚本家,ユーモア作家 裔ファーガスン, イアン
Ferguson, Josh ファーガソン, ジョシュ
国アメリカ アメフト選手
Ferguson, Kitty ファーガソン, キティ
国アメリカ サイエンスライター 専数学,物理学,宇宙論 裔ファーガソン, キティー
Ferguson, Kyle E. ファーガソン, カイル・E.
著「スキナーの心理学」二瓶社 2005
Ferguson, Lee ファーガソン, リー
著「シビル・ウォー/キャプテン・アメリカ:プレリュード」小学館集英社プロダクション 2016
Ferguson, Linda ファーガソン, リンダ
著「意味とメッセージ」リーベル出版 2002
Ferguson, Martin ファーガソン, マーティン
1953〜 国オーストラリア 政治家,労働運動家 オーストラリア資源・エネルギー・観光相,全オーストラリア労働組合評議会(ACTU)議長
Ferguson, Maynard ファーガソン, メイナード
1928〜2006 国カナダ ジャズ・トランペット奏者
Ferguson, Niall ファーガソン, ニーアル
1964〜 国イギリス 歴史学者 ハーバード大学歴史学教授 専経済・金融史 本名=Ferguson, Niall Campbell

Ferguson, Reid ファーガソン, リード
[国]アメリカ　アメフト選手
Ferguson, Richard ファーガソン, リチャード
[著]「コズミック！ 宇宙への旅」 大日本絵画　2011
Ferguson, Sarah ファーガソン, セーラ
1959～ [国]イギリス　ヨーク公(アンドルー王子)元夫人 [異]セーラ妃
Ferguson, Steven ファーガソン
[国]ニュージーランド　カヌー選手
Ferguson, Will ファーガソン, ウィル
[著]「ハピネス」 アーティストハウス　2002
Ferguson-mckenzie, Debbie ファーガソンマッケンジー
[国]バハマ　陸上選手 [異]ファーガソン
Fergusson, Adam ファーガソン, アダム
1932～ [著]「ハイパーインフレの悪夢」 新潮社　2011
Fergusson, David ファーガソン, D.
[著]「共同体のキリスト教的基礎」 教文館　2002
Feri, Attila フェリ
[国]ハンガリー　重量挙げ選手
Ferketich, Sandra ファーケッチ, サンドラ
[著]「ベナー解釈的現象学」 医歯薬出版　2006
Ferla, Joe フェルラ, ジョー
グラミー賞 最優秀録音技術アルバム(クラシック以外)(2010年(第53回)) “Battle Studies” エンジニア
Ferlinghetti, Lawrence ファーリンゲティ, ローレンス
1919～ [国]アメリカ　詩人　シティライツ社創立者　本名＝ファーリング, ローレンス〈Ferling, Lawrence〉 [異]ファーリンゲッティ
Ferlito, Carlotta フェルリト, カルロッタ
[国]イタリア　体操選手
Ferman, Edward L. ファーマン, エドワード・L.
[著]「究極のSF」 東京創元社　2002
Fermi, Sarah フェルミ, サラ
1935～ [著]「エミリ・ブロンテの日記」 大阪教育図書　2013
Fermine, Maxence フェルミーヌ, マクサンス
1968～ [著]「蜜蜂職人」 角川書店　2002
Fermor, Patrick Leigh ファーマー, パトリック・リー
1915～2011 [国]イギリス　作家　本名＝ファーマー, パトリック・マイケル・リー〈Fermor, Patrick Michael Leigh〉 [異]ファーマー, パトリック・レイ / ファーモー, パトリック・リー / ファーモア, パトリック・マイケル・リー
Fern, Tracey E. ファーン, トレイシー・E.
[著]「バーナムの骨」 光村教育図書　2013
Fernald, Ivan フェルナルド, アイファン
[国]スリナム　国防相
Fernand, Bayani フェルナンド, バヤニ
[国]フィリピン　公共事業道路相
Fernandão フェルナンドン
1978～2014 [国]ブラジル　サッカー選手　本名＝ルッシオ・ダ・コスタ, フェルナンド〈Lúcio da Costa, Fernando〉
Fernandes, Agostinho Quaresma Dos Santos Afonso フェルナンデス, アゴスティーニョ・クアレズマ・ドス・サントス・アフォンソ
[国]サントメ・プリンシペ　計画・開発相
Fernandes, Daniel フェルナンデス
[国]フランス　柔道選手
Fernandes, Desmond フェルナンデス, デスモンド
1942～ [著]「Dr.フェルナンデスのスキンケアのすべて」 幻冬舎メディアコンサルティング, 幻冬舎(発売)　2011
Fernandes, Edimilson フェルナンデス, エジミウソン
[国]スイス　サッカー選手
Fernandes, George フェルナンデス, ジョージ
[国]インド　国防相
Fernandes, Luis Anibal Vaz フェルナンデス, ルイス・アニバル・バス
[国]ギニアビサウ　公務員・労働相
Fernandes, Maria フェルナンデス, マリア
[国]カボベルデ　共同体相
Fernandes, Mario Gomes フェルナンデス, マリオ・ゴメス
[国]カボベルデ　内相
Fernandes, Tony フェルナンデス, トニー
1964～ [国]マレーシア　実業家　エア・アジアCEO　本名＝Fernandes, Anthony Francis
Fernandes, Ulpio Napoleãn フェルナンデス, ウルピオ・ナポレオン
[国]カボベルデ　国防相兼首相補佐
Fernandes, Vanessa フェルナンデス
[国]ポルトガル　トライアスロン選手
Fernandes, Vicente フェルナンデス, ビセンテ
[国]ギニアビサウ　商業・産業相
Fernandes Barbosa, Jade バルボザ
[国]ブラジル　体操選手
Fernandesdias, Cristina Maria フェルナンデスディアス, クリスティーナ・マリア
[国]サントメ・プリンシペ　経済相
Fernandez, Alberto フェルナンデス, アルベルト
[国]スペイン　射撃選手
Fernández, Alberto Angel フェルナンデス, アルベルト
1959～ [国]アルゼンチン　政治家　アルゼンチン首相
Fernandez, Alvaro フェルナンデス, アルバロ
[著]「脳を最適化する」 CCCメディアハウス　2015
Fernández, Aníbal フェルナンデス, アニバル
[国]アルゼンチン　首相
Fernández, Aníbal Domingo フェルナンデス, アニバル・ドミンゴ
[国]アルゼンチン　生産相
Fernandez, Antonio フェルナンデス, アントニオ
[国]スペイン　アーチェリー選手
Fernández, Carlos Rafael フェルナンデス, カルロス・ラファエル
[国]アルゼンチン　経済財務相
Fernandez, Charles フェルナンデス, チャールズ
[国]アンティグア・バーブーダ　外務・国際貿易・出入国管理相
Fernandez, Charles フェルナンデス, チャールズ
[国]グアテマラ　近代五種選手
Fernández, Damián J. フェルナンデス, ダミアン
[著]「キューバ」 ほるぷ出版　2009
Fernandez, Dominique フェルナンデス, ドミニック
1929～ [国]フランス　作家, 評論家, イタリア文学研究家
Fernandez, Enrique Fabian フェルナンデズ, エンリケ・ファビアン
[著]「ディープティシュー・マッサージ療法」 ガイアブックス, 産調出版(発売)　2008
Fernandez, Federico フェルナンデス, フェデリコ
[国]アルゼンチン　サッカー選手
Fernandez, Francisco Javier フェルナンデス
[国]スペイン　陸上選手
Fernández, Gonzalo フェルナンデス, ゴンサロ
[国]ウルグアイ　外相
Fernandez, Guillermo フェルナンデス, ギジェルモ
[国]コロンビア　外相
Fernandez, Horacio フェルナンデス, オラシオ
[国]ウルグアイ　厚生相
Fernandez, Hubert H. フェルナンデス, ヒューバート
[著]「運動障害診療マニュアル」 医学書院　2013
Fernandez, Isabel フェルナンデス
[国]スペイン　柔道選手
Fernández, Jaime David フェルナンデス, ハイメ・ダビ
[国]ドミニカ共和国　スポーツ・体育教育相
Fernandez, Javier フェルナンデス, ハビエル
1991～ [国]スペイン　フィギュアスケート選手 [異]フェルナンデス
Fernandez, Jordi フェルナンデス, ジョルディ
[国]アメリカ　デンバー・ナゲッツアシスタントコーチ(バスケットボール)
Fernández, José フェルナンデス, ホセ
1992～2016 [国]アメリカ　野球選手
Fernandez, Jose Antonio Diaz フェルナンデス, ホセ・アントニオ・ディアス
1945～2003 [国]スペイン　フラメンコ歌手
Fernandez, Juan Antonio フェルナンデス, ジュアン・アントニオ
1956～ [著]「チャイナCEO」 バベルプレス　2008
Fernandez, Leandro フェルナンデス, レアンドロ
[著]「マッドマックス怒りのデス・ロード」 Graffica Novels, 誠文堂新光社(発売)　2015
Fernández, Leonel フェルナンデス, レオネル
1953～ [国]ドミニカ共和国　政治家　ドミニカ共和国大統領　本名＝フェルナンデス・レイナ, レオネル〈Fernández Reyna, Leonel Antonio〉
Fernandez, Lydia フェルナンデス, リュディア
[著]「樹木画テストの読みかた」 金剛出版　2006
Fernández, Manuel フェルナンデス, マヌエル
[国]ベネズエラ　大学教育・科学技術相

F

Fernández, Mario　フェルナンデス, マリオ
　国チリ　大統領府長官
Fernandez, Miguel　フェルナンデス, ミゲル
　著「振動音響療法」人間と歴史社　2003
Fernandez, Obie　フェルナンデス, オービー
　訳フェルナンデス, オビー　著「リーン・スタートアップを駆使する企業」日経BP社, 日経BPマーケティング（発売）　2015
Fernandez, Oscar Edward　フェルナンデス, オスカー・E.
　著「微分、積分、いい気分。」岩波書店　2016
Fernandez, Robert　フェルナンデス, ロベルト
　グラミー賞 最優秀録音技術アルバム（クラシック以外）（2004年（第47回））"Genius Loves Company"
Fernandez, Santiago　フェルナンデス
　国アルゼンチン　ボート選手
Fernandez, Silvio　フェルナンデス, シルビオ
　国ベネズエラ　フェンシング選手　訳フェルナンデス
Fernandez, Tomas Mecheba　フェルナンデス, トマス・メチェバ
　国赤道ギニア　首相府相（エイズ・性感染症予防対策担当）
Fernández, Vicente　フェルナンデス, ビンセント
　グラミー賞 最優秀リージョナル・メキシカン・アルバム（テハノ含む）（2014年（第57回））ほか
Fernandez, Victor　フェルナンデス, ビクトル
　1960～　国スペイン　サッカー指導者　訳フェルナンデス, ヴィクトル
Fernandez, Xavier　フェルナンデス, グザビエ
　著「調香師が語る香料植物の図鑑」原書房　2013
Fernandez, Xavier　フェルナンデス, ハビエル
　1976～　国スペイン　セーリング選手
Fernandez, Yolanda M.　フェルナンデス, ヨーランダ・M.
　著「性犯罪者の治療と処遇」日本評論社　2010
Fernández Álvarez, José Ramón　フェルナンデス・アルバレス, ホセ・ラモン
　国キューバ　閣僚評議会副議長
Fernandez Araoz, Claudio　フェルナンデス・アラオス, C.
　著「人選力」日本経済新聞出版社　2009
Fernandez-Armesto, Felipe　フェルナンデス・アルメスト, フェリペ
　著「ビジュアル版 世界の歴史都市」柊風舎　2016
Fernández Baeza, Mario　バエサ, マリオ・フェルナンデス
　国チリ　内相
Fernandez Briceno, Silvio　フェルナンデス
　国ベネズエラ　フェンシング選手
Fernandez-Castañeda, Alvarez-Ossorio Jaime　フェルナンデス・カスタニェダ・アルバレス・オソリオ・ハイメ
　国スペイン　上智大学名誉教授, 元・上智大学文学部教授, 元・上智短期大学長
Fernández de Kirchner, Cristina Elisabet　フェルナンデス・デ・キルチネル, クリスティナ
　1953～　国アルゼンチン　政治家　アルゼンチン大統領　訳キルチネル, クリスティナ／フェルナンデス, クリスティナ
Fernández Díaz, Jorge　フェルナンデス・ディアス, ホルヘ
　国スペイン　内相
Fernández Estigarribia, José Félix　フェルナンデス・エスティガリビア, ホセ・フェリックス
　国パラグアイ　外相
Fernández Fagalde, Luis　フェルナンデス・ファガルデ, ルイス
　国ボリビア　労相
Fernandez Figueroa, Rosario del Pilar　フェルナンデス・フィゲロア, ロサリオ・デルピラル
　国ペルー　法相　訳フェルナンデス・フィゲロア, ロサリオ
Fernandez Lobbe, Juan Martin　フェルナンデス・ロッベ, ファン・マルティン
　国アルゼンチン　ラグビー選手
Fernandez Steiner, Liliana　フェルナンデスシュタイナー, リリアナ
　国スペイン　ビーチバレー選手
Fernández-Vidal, Sonia　フェルナンデス＝ビダル, ソニア
　1978～　著「3つの鍵の扉」晶文社　2013
Fernandinho　フェルナンジーニョ
　国ブラジル　サッカー選手　訳フェルナンド
Fernando, António　フェルナンド, アントニオ
　国モザンビーク　通産相
Fernando, Chandrasiri　フェルナンド, チャンドラシリ
　国スリランカ　スリランカ警察庁上級副長官
Fernando, Francisco Jose, Jr.　フェルナンド, フランシスコ・ホセ, Jr.
　国ギニアビサウ　資源・環境相
Fernando, Harin　フェルナンド, ハリン
　国スリランカ　通信・デジタルインフラ相
Fernando, Iranganie H.　ファーナンド, アイランガニー・H.
　著「よくばりのうふ天国へのたび」新世研　2002
Fernando, Johnston　フェルナンド, ジョンストン
　国スリランカ　協同組合・国内貿易相
Fernando, Milroy　フェルナンド, ミルロイ
　国スリランカ　社会福祉相
Fernando, Tyronne　フェルナンド, ティロン
　国スリランカ　外相
Fernando Navarro　フェルナンド・ナバーロ
　国スペイン　サッカー選手
Fernando Pacheco　フェルナンド・パチェコ
　国スペイン　サッカー選手
Fernandopulle, Jeyaraj　フェルナンドプレ, ジェヤラジ
　国スリランカ　貿易・商業・消費者問題相　訳フェルナンドプッレ, ジャヤラジ
Fernando Torres　フェルナンド・トーレス
　1984～　国スペイン　サッカー選手　本名＝サンス, フェルナンド・ホセ・トーレス〈Sanz, Fernando Jose Torres〉
Fernán Gómes, Fernand　フェルナン・ゴメス, フェルナンド
　1921～2007　国スペイン　俳優, 映画監督, 小説家　本名＝フェルナンデス・ゴメス, フェルナンド〈Fernández Gómes, Fernand〉
Fernex, Michel　フェルネクス, ミシェル
　1929～　著「終りのない惨劇」緑風出版　2012
Fernex, Solange　フェルネクス, ソランジュ
　1934～2006　著「チェルノブイリ人民法廷」緑風出版　2013
Ferney, Alice　フェルネ, アリス
　1961～　訳フェルネー, アリス　著「本を読むひと」新潮社　2016
Fernie, John　ファーニィ, ジョン
　1948～　著「ロジスティクスと小売経営」白桃書房　2008
Ferns, Lyndon　ファーンズ
　国南アフリカ　競泳選手
Feronato, Emanuele　フェロナート, エマヌエーレ
　著「JavaScript版Cocos2d-xかんたんゲーム開発」リックテレコム　2015
Feroz, Ferozuddin　フェロズ, フェロズディン
　国アフガニスタン　保健相
Ferradaz García, Ibrahim　フェラダス・ガルシア, イブライム
　国キューバ　観光相
Ferragamo, Ferruccio　フェラガモ, フェルッチオ
　1945～　国イタリア　実業家　フェラガモグループ会長・CEO　訳フェラガモ, フェルッチョ
Ferragamo, Govanna Gentile　フェラガモ, ジョヴァンナ・ジェンティーレ
　国イタリア　実業家　フェラガモグループ副社長
Ferragamo, James　フェラガモ, ジェームス
　1971～　国イタリア　実業家　フェラガモ・グループゼネラルマーチャンダイザー・レディスレザープロダクト＆シューズ部門ディレクター
Ferragamo, Leonardo　フェラガモ, レオナルド
　1953～　国イタリア　実業家　パラッツォ・フェローニ金融SpA・CEO　フェラガモ・ジャパン社長
Ferragamo, Wanda Miletti　フェラガモ, ワンダ・ミレッティ
　国イタリア　実業家　フォンダツィオーネ・フェラガモ会長　フェラガモ会長
Ferraiolo, Jack D.　フェレイオロ, ジャック・D.
　アメリカ探偵作家クラブ賞 ジュヴナイル賞（2013年）"The Quick Fix"
Ferrand, Alain　フェラン, アラン
　1952～　著「オリンピックマーケティング」スタジオタッククリエイティブ　2013
Ferrand, Franck　フェラン, フランク
　著「Bordeaux」ワイン王国, ステレオサウンド（発売）　2005
Ferrandez-Castro, Pablo　フェルナンデス, パブロ
　国スペイン　チャイコフスキー国際コンクール チェロ 第4位（2015年（第15回））
Ferrando, Roseline　フェランド, ロズリーヌ
　1950～　著「南仏の香りクラーヌ（オレンジの皮）」フレグランスジャーナル社　2001
Ferrand Prevot, Pauline　フェランプルボ, ポーリーヌ
　国フランス　自転車選手
Ferrante, Louis　フェランテ, ルイス
　著「切れ者マフィアに学ぶ「できる男」88の知恵」サンマーク出版　2012

Ferrão, Luis Jorge Manuel T.A. フェラオン, ルイス・ジョルジ・マヌエル・T.A.
国モザンビーク 教育・人間開発相
Ferrara, Abel フェラーラ, アベル
ヴェネチア国際映画祭 審査員特別大賞(第62回(2005年)) "Mary"
Ferrara, America フェラーラ, アメリカ
1984〜 国アメリカ 女優 本名＝Ferrera, America Georgine
Ferrara, Napoleone フェラーラ, ナポレオン
国アメリカ 分子生物学者 カリフォルニア大学サンディエゴ校教授
Ferrarella, Marie フェラレーラ, マリー
著「大富豪の小さな天使」ハーパーコリンズ・ジャパン 2016
Ferrari, Alessandro Q. フェラーリ, アレサンドロ
著「カーズ2」ソフトバンククリエイティブ 2011
Ferrari, Alex フェラーリ, アレックス
国イタリア サッカー選手
Ferrari, Andrea フェラーリ, アンドレア
著「サメガイドブック」ティビーエス・ブリタニカ 2001
Ferrari, Antonella フェラーリ, アントネッラ
著「サメガイドブック」ティビーエス・ブリタニカ 2001
Ferrari, Antongionata フェラーリ, アントンジョナータ
1960〜 著「13歳までにやっておくべき50の冒険」太郎次郎社エディタス 2016
Ferrari, Bruno フェラリ, ブルノ
国メキシコ 経済相
Ferrari, Federico フェラーリ, フェデリコ
1969〜 著「作者の図像学」筑摩書房 2008
Ferrari, Giammarco フェラーリ, ジャンマルコ
国イタリア サッカー選手
Ferrari, Jérôme フェラーリ, ジェローム
ゴンクール賞(2012年) "Le sermon sur la chute de Rome"
Ferrari, León フェラーリ, レオン
国アルゼンチン ヴェネチア・ビエンナーレ 金獅子賞 国際展示部門(2007年(第52回))
Ferrari, Luc フェラリ, リュック
1929〜2005 国フランス 作曲家 異フェラーリ／フェラーリ, リュック
Ferrari, Vanessa フェラーリ, バネッサ
1990〜 国イタリア 体操選手 異フェラーリ／フェラーリ, ヴァネッサ
Ferraro, Fernando フェラロ, フェルナンド
国コスタリカ 法相
Ferraro, Geraldine Anne フェラーロ, ジェラルディン
1935〜2011 国アメリカ 政治家 米国連邦下院議員(民主党)
Ferraro, Pier Miranda フェルラーロ, ピエール・ミランダ
1924〜2008 国イタリア テノール歌手 本名＝フェルラーロ, ピエートロ 異フェラーロ, ピエール・ミランダ／フェラーロ, ピエルミランダ
Ferraro, Sandra フェラロ, サンドラ
著「ひとりじゃないよ, オットくん」三学出版 2001
Ferrat, Jean フェラ, ジャン
1930〜2010 国フランス シャンソン歌手 本名＝トナンボーン, ジャン〈Tenenbaum, Jean〉
Ferraté, Luis フェラテ, ルイス
国グアテマラ 環境・天然資源相
Ferrazzi, Keith フェラッジ, キース
著「一生モノの人脈力」ポンローリング 2012
Ferré, Gianfranco フェレ, ジャンフランコ
1944〜2007 国イタリア ファッションデザイナー
Ferré, Rosario フェレ, ロサリオ
1938〜 著「呪われた愛」現代企画室 2004
Ferreira, Elisa フェレイラ, エリザ
国ポルトガル 企画相
Ferreira, Jaqueline フェレイラ
国ブラジル 重量挙げ選手
Ferreira, Juca フェレイラ, ジュカ
国ブラジル 文化相
Ferreira, Marcelo フェレイラ
国ブラジル セーリング選手
Ferreira, Marina フェレイラ, マリナ
著「ピアニストの筋肉と奏法」音楽之友社 2015
Ferreira, Paulo André フェヘイラ, パウロ・アンドレ
著「ファッションぬり絵」文化学園文化出版局 2016
Ferreira, Pedro G. フェレイラ, ペドロ・G.
著「パーフェクト・セオリー」NHK出版 2014

Ferreira, Silvio フェレイラ, シルビオ
国パラグアイ 法務・労働相
Ferreira Brusquetti, Manuel フェレイラ・ブルスケティ, マヌエル
国パラグアイ 財務相
Ferreira Justiniano, Reymi フェレイラ・フスティニアノ, レイミ
国ボリビア 国防相
Ferreiro, Alejandro フェレイロ, アレハンドロ
国チリ 経済相
Ferrell, David フェレル, デイヴィッド
1956〜 著「殺人豪速球」二見書房 2003
Ferrell, Will フェレル, ウィル
1967〜 国アメリカ 俳優 本名＝Ferrell, John William
Ferrell, Yogi フェレル, ヨギ
国アメリカ バスケットボール選手
Ferrer, Alejandro フェレル, アレハンドロ
国パナマ 商工相
Ferrer, David フェレール, ダビド
1982〜 国スペイン テニス選手 異フェレール／フェレール, ダビッド／フェレーエス, ダヴィド
Ferrer, Ibrahim フェレール, イブライム
1927〜2005 国キューバ サルサ歌手
Ferrer, Mel ファラー, メル
1917〜2008 国アメリカ 俳優, 映画プロデューサー 本名＝Ferrer, Melchior Gaston 異フェラー, メル／フェラー, メル
Ferrer, Melchor G. フェラー, メルコール・G.
著「チトのぼうし」童話館出版 2011
Ferrer, Sean Hepburn ファーラー, ショーン・ヘプバーン
1960〜 異フェラー, ショーン・ヘップバーン 著「オードリー物語」二見書房 2011
Ferrera, America フェレーラ, アメリカ
エミー賞 プライムタイム・エミー賞 最優秀主演女優賞(コメディシリーズ)(第59回(2007年))ほか
Ferreras, Francisco フェレーラス, ピピン
1962〜 著「ダイブ」ソニー・マガジンズ 2005
Ferreras, Ignacio フェレラス, イグナシオ
国イギリス アヌシー国際アニメーション映画祭 長編映画 特別賞(2012年)ほか
Ferrero, Alfredo フェレロ, アルフレド
国ペルー 貿易・観光相
Ferrero, Carlos フェレロ, カルロス
国ペルー 首相
Ferrero, Elisabetta フェレーロ, エリザベッタ
著「海の中へ」理論社 2004
Ferrero, Michele フェレーロ, ミケーレ
1925〜2015 国イタリア 実業家 フェレロ社長
Ferrero, Paolo フェレーロ, パオロ
国イタリア 社会連帯相
Ferrero, Pietro フェレロ, ピエトロ
?〜2011 国イタリア 実業家 フェレロ・インターナショナル CEO
Ferrer Obiols, Maria Rosa フェレオビオル, マリア・ロザ
国アンドラ 制度関係・社会・雇用相
Ferrero-waldner, Benita フェレロワルトナー, ベニタ
国オーストリア 外相
Ferrer-salat, Beatriz フェレルサラト, ベアトリス
国スペイン 馬術選手 異フェレルサラト
Ferretti, Dante フェレッティ, ダンテ
1943〜 国イタリア 映画美術監督
Ferreyros Küppers, Eduardo フェレイロス・クーペルス, エドゥアルド
国ペルー 貿易・観光相 異フェレイロス・クペルス, エドゥアルド
Ferri, Francesca フェッリ, フランチェスカ
著「いないいないにゃあ！」世界文化社 2009
Ferri, Giuliano フェリー, ジュリアーノ
1965〜 著「いないいないばあ！」小学館 2015
Ferri, Jordan フェリ, ジョルダン
国フランス サッカー選手
Ferriell, Jeffrey Thomas フェリエル, ジェフ
1953〜 著「アメリカ倒産法」レクシスネクシス・ジャパン 2014
Ferrier, Bertrand フェリエ, ベルトラン
1977〜 著「トゥー・ブラザーズヴィジュアル・ブック」評論社 2004
Ferrier, Michaël フェリエ, ミカエル

著「フクシマ・ノート」新評論 2013
Ferrigno, Robert フェリーニョ, ロバート
英国推理作家協会賞 短編ダガー（2010年）"Can You Help Me Out Short Story"
Ferrigno, Vance フェリーニョ, V.
1961〜 著「イラストでみるSAQトレーニングドリル180」大修館書店 2003
Ferrini, Armeda F. フェリィニ, アルミダ・F.
著「高齢期の健康科学」メディカ出版 2001
Ferrini, Paul フェリーニ, ポール
著「無条件の愛」ナチュラルスピリット 2002
Ferrini, Rebecca L. フェリィニ, レベッカ・L.
著「高齢期の健康科学」メディカ出版 2001
Ferris, Amy Schor フェリス, エイミー・ショア
著「グレーター・グッド」潮出版社 2006
Ferris, Jean フェリス, ジェーン
1939〜 著「マリゴールドの願いごと」小峰書店 2014
Ferris, Joshua フェリス, ジョシュア
1974〜 国アメリカ 作家 他文学, フィクション, ユーモアほか
Ferris, Julie フェリス, ジュリー
著「ひらめきが世界を変えた！発明大図鑑」岩崎書店 2011
Ferris, Kenneth R. フェリス, ケネス・R.
著「企業価値評価」ピアソン・エデュケーション 2003
Ferris, Michael フェリス, マイケル
ゴールデン・ラズベリー賞（ラジー賞）最低脚本賞（第25回（2004年））"Catwoman"
Ferris, Paul フェリス, ポール
1929〜 著「ディラン・トマス書簡集」東洋書林 2010
Ferris, Timothy フェリス, ティモシー
1944〜 著「サイエンスライティング」地人書館 2013
Ferriss, Timothy フェリス, ティモシー
1977〜 著「「週4時間」だけ働く。」青志社 2011
Ferro, Costanza フェロ, コスタンツァ
国イタリア 水泳選手
Ferro, Laura フェッロ, ラウラ
1975〜 著「ヴェネツィア恋物語」三修社 2005
Ferro, Marc フェロー, マルク
1924〜 著「戦争を指導した七人の男たち」新評論 2015
Ferronnière, Erlé フェロニエール, エルレ
著「星降る夜のお化けたち」東洋書林 2004
Ferroukhi, Sid Ahmed フェルキ, シド・アハメド
国アルジェリア 漁業・農業・地方開発相
Ferrufino, Guillermo フェルフィノ, ギジェルモ
国パナマ 社会開発相
Ferry, Bjorn フェリ, ビョルン
1978〜 国スウェーデン バイアスロン選手
Ferry, Bryan フェリー, ブライアン
1945〜 国イギリス ロック歌手
Ferry, David フェリー, デヴィッド
全米図書賞 詩（2012年）"Bewilderment: New Poems and Translations"
Ferry, David K. フェリー, D.K.
著「詳説半導体物性」コロナ社 2016
Ferry, Georgina フェリー, ジョージナ
著「ヒトゲノムのゆくえ」秀和システム 2003
Ferry, Luc フェリー, リュック
国フランス 青年・国民教育・研究相
Ferry, Michelle フェリー, ミシェル
著「笑って愛して生きよう！」JMA・アソシエイツステップワークス事業部 2014
Ferry, Mursyidan Baldan フェリ・ムルシダン・バルダン
国インドネシア 農地・都市計画相
Ferry, Pasqual フェリー, パスカル
著「A＋X：アベンジャーズ＋X-MEN＝最強」小学館集英社プロダクション 2015
Fersht, Alan R. ファーシュト, A.R.
著「タンパク質のフォールディング」シュプリンガー・フェアラーク東京 2002
Fert, Albert フェール, アルベール
1938〜 国フランス 物理学者 パリ南大学名誉教授 他巨大磁気抵抗効果(GMR)
Ferté, Bruno フェルテ, ブルーノ
著「夜の画家ジョルジュ・ド・ラ・トゥール」二玄社 2005
Fertik, Michael ファーティック, マイケル
著「勝手に選別される世界」ダイヤモンド社 2015
Fertitta, Lorenzo フェティータ, ロレンゾ

1969〜 国アメリカ 実業家 ステーション・カジノ社長, ズッファ社会長・CEO
Ferziger, Joel H. ファーツィガー, J.H.
著「コンピュータによる流体力学」シュプリンガー・フェアラーク東京 2003
Ferzli, Elie フェルズリ, エリ
国レバノン 情報相
Fesler, Rene A. フェスラー, ルネ・A.
著「アリシア」幻冬舎ルネッサンス 2014
Fessel, Karen-Susan フェッセル, カーレン・スーザン
1964〜 著「ルイーゼの星」求竜堂 2004
Fest, Joachim フェスト, ヨアヒム
1926〜2006 国ドイツ 歴史家, 作家, 編集者
Festa, Marco フェスタ, マルコ
国イタリア サッカー選手
Fet, Afanasii Afanasievich フェト, アハナシイ・アハナシェビッチ
著「訳詩集 平和の天使」文芸社 2002
Fetai, Besnik フェタイ, ベスニク
国マケドニア 経済相
Fetherling, Dale S. フェザーリング, デール
著「セカンドライフを愉しむ」ファーストプレス 2006
Fetherling, George フェザリング, ジョージ
1949〜 著「世界暗殺者事典」原書房 2003
Fetjaine, Jean-Louis フェトジェンヌ, ジャン＝ルイ
1956〜 著「ペンドラゴンと王者の剣」ワニブックス 2004
Fetscher, Iring フェッチャー, イーリング
1922〜2014 国ドイツ 政治学者, 哲学者 フランクフルト大学教授 他マルクス主義研究
Fetterman, David M. フェターマン, デイビッド・M.
著「エンパワーメント評価の原則と実践」風間書房 2014
Fetterolf, Monty L. フェタロフ, モンティ・L.
著「化学の魔法」ソフトバンククリエイティブ 2006
Fetters, Mike フェターズ, マイク
国アメリカ アリゾナ・ダイヤモンドバックスコーチ
Fetter-Vorm, Jonathan フェッター・ヴォーム, ジョナサン
1983〜 著「私は世界の破壊者となった」イースト・プレス 2013
Fettmann, Eric フェットマン, エリック
著「ルーズベルトの死の秘密」草思社 2015
Fetzer, Amy J. フェッツァー, エイミー・J.
著「やさしい闇」ハーレクイン 2011
Feuer, Cy フォイヤー, サイ
1911〜2006 国アメリカ ミュージカルプロデューサー 他フォイアー, サイ／フューアー, サイ
Feuerherd, Karl-Heinz フォイヤヘアト, カール・ハインツ
1947〜 著「この国にとっての脱原発とは？」技報堂出版 2012
Feuerstein, Georg フォイヤーシュタイン, ゲオルグ
著「考えるヨガ」ロハスインターナショナル, アンドリュース・プレス（発売）2005
Feuerstein, Steven フォウアスタイン, スティーブン
著「Oracle PL/SQLデスクトップリファレンス」オライリー・ジャパン, オーム社（発売）2004
Feuillet, Michel フイエ, ミシェル
1949〜 著「イタリア美術」白水社 2012
Feulner, Markus フォイルナー, マルクス
国ドイツ サッカー選手
Feverman, Alexander フィーバー, アレックス
著「ポーカー教本」データハウス 2007
Fevre, R. フェーブル, R.
著「グローバル化・社会変動と教育」東京大学出版会 2012
Few, Roger ヒュー, ロジャー
著「動物をまもろう」丸善出版事業部 2002
Fewster, Mark フュースター, マーク
1959〜 著「システムテスト自動化標準ガイド」翔泳社 2014
Fexeus, Henrik フェキセウス, ヘンリック
1971〜 著「影響力の心理」大和書房 2016
Fey, Tina フェイ, ティナ
エミー賞 プライムタイム・エミー賞 最優秀主演女優賞（コメディシリーズ）（第60回（2008年））ほか
Feydeau, Elisabeth de フェドー, エリザベット・ド
著「ルパルファンある感覚」フレグランスジャーナル社 2015
Feynman, Michelle ファインマン, ミシェル
著「ファインマン語録」岩波書店 2016
Fforde, Jasper フォード, ジャスパー
1961〜 国イギリス 作家 他SF, ファンタジー

Ffoulkes, Fiona　フォルクス, フィオーナ
[著]「ファッションの意図を読む」 ガイアブックス, 産調出版（発売） 2011
Fiala, Karel　フィアラ, カレル
[国]チェコ　福井県立大学教授
Fiala, Václav　フィアラ, バーツラフ
[異]フィアラ, バツラフ　[著]「上野公園」 木村五郎・大島農民美術資料館　2008
Fialho, Fátima　フィアリョ, ファティマ
[国]カボベルデ　観光・産業・エネルギー相
Fialkov, Joshua　フィオーコフ, ジョシュア
[著]「パシフィック・リム：ドリフト」 小学館集英社プロダクション　2016
Fialli, Joseph　フィアリ, ジョゼフ
[著]「Java message service導入ガイド」 ピアソン・エデュケーション　2003
Fiame, Naomi Mataafa　フィアメ・ナオミ・マタアファ
[国]サモア　法相　[異]フィアメ・ナオミ
Fiamengo, Janice　フィアメンゴ, ジャニス
[著]「ケンブリッジ版カナダ文学史」 彩流社　2016
Fiamingo, Rossella　フィアミンゴ, ロセッラ
[国]イタリア　フェンシング選手　[異]フィアミンゴ
Fiammante, Marc　フィアマンテ, マーク
[著]「SOA実践ガイドブック」 翔泳社　2006
Fiamozzi, Riccardo　フィアモッツィ, リッカルド
[国]イタリア　サッカー選手
Fiarman, Sarah Edith　フィアマン, サラ・E.
[著]「教育における指導ラウンド」 風間書房　2015
Fiasco, Lupe　フィアスコ, ルーペ
グラミー賞 最優秀アーバン/オルタナティヴ・アーティスト（2007年（第50回）） “Daydreamin'”
Fiat, Christophe　フィアット, クリストフ
1966～　[著]「フクシマ・ゴジラ・ヒロシマ」 明石書店　2013
Ficacci, Luigi　フィカッチ, ルイジ
[著]「フランシス・ベーコン」 Taschen　c2007
Fichera, Marco　フィケラ, マルコ
[国]イタリア　フェンシング選手
Fichtelberg, Grace　フィクテルバーグ, グレース
[著]「ポール・オースターが朗読するナショナル・ストーリー・プロジェクト」 アルク　2005
Ficken, Sam　フィッケン, サム
[国]アメリカ　アメフト選手
Fickes, Bob　フィックス, ボブ
[著]「ある瞑想家の冒険」 ナチュラルスピリット　2014
Fickou, Gaël　フィクー, ガエル
[国]フランス　ラグビー選手
Fico, Robert　フィツォ, ロベルト
1964～　[国]スロバキア　政治家　スロバキア首相, スメル党首
Ficowski, Jerzy　フィツォフスキ, イェジー
[著]「太陽の木の枝」 福音館書店　2002
Fida, Cyrille　フィダ, シリル
[国]マダガスカル　内田弘四基金副理事長, 元・駐日マダガスカル大使, 元・外相顧問
Fidelia, Bernice　フィドリア, ベルニス
[国]ハイチ共和国　在外ハイチ人相
Fidler, Gail S.　フィドラー, ゲイル
1916～2005　[著]「フィドラーのアクティビティ論」 医学書院　2007
Fiedler, Irmi　フィードラー, イルミ
1967～　[著]「どこにいるのシュヌッフェル？」 四月社, 木魂社（発売） 2007
Fiedler, Johanna　フィードラー, ジョアンナ
[著]「帝国・メトロポリタン歌劇場」 河合楽器製作所・出版部　2003
Fiedler, Jorg　フィードラー
[国]ドイツ　フェンシング選手
Fiedler, Kurt　フィードラー, クルト
[著]「写真とイラストでみるポイント組織学」 メディカグローブ　c2002
Fiedler, Leslie Aaron　フィードラー, レスリー
1917～2003　[国]アメリカ　文芸評論家, 作家　ニューヨーク州立大学バッファロー校教授
Fiedorowicz, C.J.　フィードローウィックス, C.J.
[国]アメリカ　アメフト選手
Fieger, Doug　ファイガー, ダグ
？～2010　[国]アメリカ　歌手
Fielakepa　フィエラケパ
[国]トンガ　国土・調査・天然資源相
Field, Barry C.　フィールド, バリー・C.
[著]「入門自然資源経済学」 日本評論社　2016
Field, Colin Peter　フィールド, コリン・ピーター
1961～　[著]「リッツ・パリのカクテル物語」 里文出版　2003
Field, Eugene　フィールド, ユージン
[著]「大人が楽しむイングリッシュ・ポエチュリー」 リーベル出版　2007
Field, Jacob F.　フィールド, ジェイコブ・F.
[著]「戦争と演説」 原書房　2014
Field, Jim　フィールド, ジム
1980～　[著]「あかいきしゃはどうぶつえんいき」 大日本絵画　2013
Field, John　フィールド, ジョン
1949～　[著]「ソーシャルキャピタルと生涯学習」 東信堂　2011
Field, Lynda　フィールド, リンダ
[著]「幸せ体質になれる週末48時間の過ごし方」 主婦の友社　2005
Field, Mary Lee　フィールド, メアリ・リー
[著]「読みの学習者から読みの教師へ」 英宝社　2010
Field, Norma　フィールド, ノーマ
1947～　[国]アメリカ　日本文学研究家　シカゴ大学名誉教授　[専]日本文学, 日本近代文化
Field, Peggy-Anne　フィールド, ペギー・アン
[著]「モース＆フィールドの看護研究」 日本看護協会出版会　2012
Field, Sally　フィールド, サリー
1946～　[国]アメリカ　女優　本名＝マホニー, サリー
Field, Sam　フィールド, サム
[国]イングランド　サッカー選手
Field, Sandra　フィールド, サンドラ
[著]「まだ見ぬ面影」 ハーパーコリンズ・ジャパン　2015
Field, Simon Quellen　フィールド, サイモン・クェレン
[著]「世界で一番美しい元素図鑑」 創元社　2013
Field, Syd　フィールド, シド
[著]「素晴らしい映画を書くためにあなたに必要なワークブック」 フィルムアート社　2012
Field, Tiffany　フィールド, ティファニー
[著]「タッチ」 二瓶社　2008
Prince **Fielder**　フィルダー, プリンス
1984～　[国]アメリカ　野球選手　本名＝Fielder, Prince Semien　[異]フィールダー, プリンス
Fielder, Cecil　フィルダー, セシル
1963～　[国]アメリカ　元野球選手, 元プロ野球選手　本名＝Fielder, Cecil Grant　[異]フィールダー, セシル
Fielding, Betty　フィールディング, B.
1918～　[著]「記憶力が面白いほどつく本」 三笠書房　2007
Fielding, Helen　フィールディング, ヘレン
1958～　[国]イギリス　作家, ジャーナリスト
Fielding, Joy　フィールディング, ジョイ
[著]「マッド・リバー・ロード」 集英社　2007
Fielding, Liz　フィールディング, リズ
[著]「真夏のシンデレラ・ストーリー」 ハーパーコリンズ・ジャパン　2015
Field-Lewis, Jane　フィールド＝ルイス, ジェイン
[著]「可笑しな小屋」 二見書房　2014
Fields, Carlos　フィールズ, カルロス
[国]アメリカ　アメフト選手
Fields, Connor　フィールズ, コナー
[国]アメリカ　自転車選手　[異]フィールズ
Fields, Debbi　フィールズ, デビー
[著]「プロは語る。」 アスペクト　2005
Fields, Freddie　フィールズ, フレディ
1923～2007　[国]アメリカ　映画プロデューサー
Fields, George　フィールズ, ジョージ
1928～2008　[国]オーストラリア　国際ビジネスコンサルタント　ASIサーベイ・リサーチ・グループ社長
Fields, Jeantet　フィールズ, ジャンテ
[著]「VMware vSphere 4（フォー）」 翔泳社　2011
Fields, Josh　フィールズ, ジョシュ
[国]アメリカ　野球選手
Fields, Mark　フィールズ, マーク
1961～　[国]アメリカ　実業家　フォード・モーターCEO　マツダ社長
Fields-Babineau, Miriam　フィールズ - バビノ, ミリアム
[著]「かしこい猫を育てるキャットトレーニング」 ペットライフ社, 緑書房（発売） 2007
Fiell, Charlotte　フィール, シャーロット

1965～ [異]フィール, シャーロットー [著]「デザインハンドブック」 Taschen c2006
Fiell, Peter フィール, ピーター
1958～ [著]「デザインハンドブック」 Taschen c2006
Fiemeyer, Isabelle フィメイエ, イザベル
[著]「素顔のココ・シャネル」 河出書房新社 2016
Fien, Casey フィーン, ケイシー
[国]アメリカ 野球選手
Fien, John フィエン, ジョン
[著]「環境のための教育」 東信堂 2001
Fienberg, Anna ファインバーグ, アナ
1956～ [国]オーストラリア 児童文学作家
Fienenana, Richard フィエネナナ, リシャール
[国]マダガスカル 経済・工業相
Fienieg, Annette フィーニフ, アンネッテ
1959～ [著]「ママにあかちゃんうまれるよ」 童心社 2002
Fiennes, Joseph ファインズ, ジョセフ
1970～ [国]イギリス 俳優
Fiennes, Ranulph ファインズ, ラヌルフ
1944～ [著]「キラー・エリート」 早川書房 2012
Fienns, Ralph ファインズ, レイフ
1962～ [国]イギリス 俳優 本名＝Fiennes, Ralph Nathaniel Twisleton Wykeham
Fierlinger, Paul フィアーリンジャー, ポール
[国]アメリカ ザグレブ国際アニメーション映画祭 グランド・コンペティション部門 グランプリ（2011年）ほか
Fierlinger, Sandra フィアーリンジャー, サンドラ
[国]アメリカ オタワ国際アニメーション映画祭 グランプリ（最優秀長編アニメーション）選外佳作（2009年）ほか
Fierro, Alfred フィエロ, アルフレッド
[著]「パリ歴史事典」 白水社 2011
Fierro, Aurelio フィエロ, アウレリオ
1923～2005 [国]イタリア 歌手
Fiers, Mike ファイアーズ, マイク
[国]アメリカ 野球選手
Fiess, Jean-marc フィス, ジャン・マルク
[著]「生まれるまでの9か月」 大日本絵画 〔2015〕
Fiévet, Cyril フィエヴェ, シリル
1967～ [著]「ロボットの新世紀」 白水社 2003
Fife, Bruce ファイフ, ブルース
1952～ [著]「ココナッツ癒しパワー」 医道の日本社 2015
Fiffer, Sharon フィファー, シャロン
1951～ [国]アメリカ 作家 [専]ミステリー, スリラー
Fifield, Mitch ファイフィールド, ミッチ
[国]オーストラリア 通信相兼芸術相
Fifita, Penisimani フィフィタ, ペニシマニ
[国]トンガ 教育訓練相
50CENT 50セント
[国]アメリカ ラップ歌手 本名＝ジャクソン, カーティス
Figal, Günter フィガール, ギュンター
1949～ [著]「ハイデガー入門」 世界思想社 2003
Figallo, Daniel フィガロ, ダニエル
[国]ペルー 法相
Figel', Ján フィゲル, ヤーン
[国]スロバキア 副首相兼交通・建設・地域開発相
Figes, Orlando ファイジズ, オーランド
1959～ [異]ファイジズ, オーランドー [著]「ビジュアル版 世界の歴史都市」 柊風舎 2016
Figgis, Mike フィギス, マイク
1948～ [著]「デジタル・フィルムメイキング」 フィルムアート社 2010
Fight, Andrew ファイト, A.
[著]「格付ゲーム」 シュプリンガー・フェアラーク東京 2003
al-**Figi, Muftah Ali Muftah** ファギー, ムフタフ・アリ・ムフタフ
[国]リビア 経済相
Figlewski, Stephen フィゲルスキー, スティーブン
[著]「金融規制のグランドデザイン」 中央経済社 2011
Fignon, Laurent フィニョン, ローラン
1960～2010 [国]フランス 自転車選手
Figo, Luis フィーゴ, ルイス
1972～ [国]ポルトガル 元サッカー選手 本名＝フィーゴ, ルイス・フェリペ・マデイラ・カエイロ〈Figo, Luis Filipe Madeira Caeiro〉 [異]ルイス・フィーゴ
Figueiredo, André フィゲイレド, アンドレ
[国]ブラジル 通信相
Figueiredo, Cristina フィギュエイレド, クリスチーナ
[著]「「ひきこもり」に何を見るか」 青土社 2014
Figueras, Josep フィゲラス, ジョセフ
[著]「医療財源論」 光生館 2004
Figueras, Montserrat フィゲーラス, モンセラート
1942～2011 [国]スペイン 古楽歌手 [異]フィゲラス, モンセラット
Figueres, Christiana フィゲレス, クリスティアナ
1956～ [国]コスタリカ 外交官 国連気候変動枠組み条約事務局長
Figueres, José Maria フィゲレス, ホセ・マリア
1951～ [国]コスタリカ 政治家, 実業家 コンコーディア21CEO コスタリカ大統領 本名＝Figueres Olsen, José Maria
Figueroa, Julia フィゲロア, フリア
[国]スペイン 柔道選手
Figueroa, René フィゲロア, レネ
[国]エルサルバドル 治安・法務相
Figueroa De La Paz, Fidel Fernando フィゲロア・デラパス, フィデル・フェルナンド
[国]キューバ 建設相 [異]フィゲロアデラパス, フィデル・フェルナンド
Figueroa Mosquera, Oscar Albeiro フィゲロアモスケラ, オスカル
[国]コロンビア 重量挙げ選手
Figues, Solenne フィーグ
[国]フランス 競泳選手
Fihri, Taieb Fassi フィフリ, タイエブ・ファシ
[国]モロッコ 外務協力相
Fijal, Jarrett フィジャル, ジャレット
MTVアワード 最優秀編集（第30回（2013年））ほか
Fijalek, Grzegorz フィヤレク, グジェゴジュ
[国]ポーランド ビーチバレー選手 [異]フィヤウェク
Fijneman, Rob ファイヌマン, ロブ
[著]「IT監査の基礎と応用」 中央経済社 2010
Filali, Abdellatif フィラリ, アブデルラティフ
1928～2009 [国]モロッコ 政治家, 外交官 モロッコ首相・外相
Fila Sainteudes, Nicephore Antoine Thomas フィランサンユード, ニスフォール・アントワーヌ・トマ
[国]コンゴ共和国 技術・職業訓練・雇用相
Filat, Vladimir フィラト, ウラジーミル
[国]モルドバ 首相
Filatov, Leonid フィラトフ, レオニード
1946～2003 [国]ロシア 俳優 [異]フィラートフ, レオニード
Filatov, Tarja フィラトフ, タルヤ
[国]フィンランド 労相
Filatova, Elena Vladimirovna フィラトワ, エレナ・ウラジーミロヴナ
1974～ [著]「ゴーストタウン」 集英社 2011
Filbin, Dan フィルビン, ダン
[著]「シリア」 国土社 2002
Filbrich, Jens フィルブリヒ
[国]ドイツ クロスカントリースキー選手
Fildebrandt, Christoph フィルデブラント, クリストフ
[国]ドイツ 水泳選手
Filho, Esmir フィーリョ, エズミール
1982～ [国]ブラジル 映画監督 [異]フィリォ / フィリオ / フィリョ
Filho, José Viegas フィリョ, ジョゼ・ビエガス
[国]ブラジル 国防相
Fili, Louise フィリ, ルイーズ
[著]「シャドウ・タイプ」 グラフィック社 2016
Fili, Sunia Manu フィリ, スニア・マヌ
[国]トンガ 財務相
Filimonov, Sergey フィリモノフ
[国]カザフスタン 重量挙げ選手
Filin, Sergei フィーリン, セルゲイ
1970～ [国]ロシア バレエダンサー ボリショイ・バレエ団芸術監督 ボリショイ・バレエ団プリンシパル
Filion, Roseline フィリオン, ロズリン
[国]カナダ 水泳選手 [異]フィリオン
Filip, Ota フィリップ, オタ
1930～ [著]「お爺ちゃんと大砲」 春風社 2015
Filip, Pavel フィリプ, パベル
[国]モルドバ 首相
Filipchuk, Heorhy フィリプチュク, ゲオルギー
[国]ウクライナ 環境相
Filipe Luis フィリペ・ルイス

[国]ブラジル　サッカー選手
Filipovski, Ilija　フィリポフスキ, イリヤ
[国]マケドニア　経済相
Filippetti, Aurélie　フィリペティ, オレリー
[国]フランス　文化・通信相
Filippi, Adam　フィリッピー, アダム
[著]「バスケットボール シュート大全」 スタジオタッククリエイティブ　2012
Filippi, Alessia　フィリッピ
[国]イタリア　競泳選手
Filippi, Denis-Pierre　フィリッピ, ドニ＝ピエール
[著]「Songes夢でキスして」 パイインターナショナル　2015
Filippidis, Konstadinos　フィリピディス, コンスタディノス
[国]ギリシャ　陸上選手　[異]フィリピディス
Filippini, Carlo　フィリッピーニ, カルロ
[国]イタリア　ボッコーニ商科大学教授
Filippo, Eduardo De　フィリッポ, エドゥアルド・デ
[著]「エドゥアルド・デ・フィリッポ戯曲集」 イタリア会館出版部　2013
Filippou, Efthimis　フィリッポウ, エフティミス
ヴェネチア国際映画祭 オゼッラ賞（脚本賞）（第68回（2011年）） “Alpis（Alps）”
Filippov, Vladimir M.　フィリポフ, ウラジーミル・M.
[国]ロシア　教育相
Filis, Nikos　フィリス, ニコス
[国]ギリシャ　教育・宗教相
Filizzola Serra, Rafael Augusto　フィリソラ・セラ, ラファエル・アウグスト
[国]パラグアイ　内相
Filkins, Dexter　フィルキンス, デクスター
1961～　全米書評家協会賞 ノンフィクション（2008年） “The Forever War”
Fill, Peter　フィル
[国]イタリア　アルペンスキー選手
Filler, Aaron G.　フィラー, アーロン・G.
[著]「類人猿を直立させた小さな骨」 東洋経済新報社　2008
Fillie-faboe, Sahr Randolph　フィリーファボー, サハル・ランドルフ
[国]シエラレオネ　東部地域担当相
Fillingham, Lydia Alix　フィリンガム, リディア・アリックス
[著]「フーコー」 筑摩書房　2011
Fillion, Kate　フィリオン, ケイト
[著]「その彼と別れて幸せになりなさい」 飛鳥新社　2004
Filliozat, Isabelle　フィリオザ, イザベル
[著]「心のインテリジェンス」 PHP研究所　2008
Filliozat, Pierre-Sylvain　フィリオザ, ピエール＝シルヴァン
[著]「サンスクリット」 白水社　2006
Filliquet, Etsuko　フィリケ, エツコ
[著]「へんてこサーカス」 ほるぷ出版　2012
Fillon, François　フィヨン, フランソワ
1954～　[国]フランス　政治家　フランス首相　本名=Fillon, François-Charles Amand
Filloux, Catherine　フィロウ, キャサリン
[著]「SEVEN・セブン」 而立書房　2016
Filloux, Jean Claude　フィユー, J.-C.
[著]「デュルケムの教育論」 行路社　2001
Filmus, Daniel　フィルムス, ダニエル
[国]アルゼンチン　教育・科学技術相
Filo, David　ファイロ, デービッド
1966～　[国]アメリカ　起業家, コンピューター技術者　ヤフー共同創業者　[異]ファイロ, デビッド
Filzmoser, Sabrina　フィルツモザー, サブリナ
[国]オーストリア　柔道選手　[異]フィルツモザー
Finaldi, Gabriele　フィナルディ, ガブリエーレ
[著]「プラド美術館展」 読売新聞東京本社　2006
Finander, Lisa　フィナンダー, リサ
[著]「Disney占い」 アルファポリス, 星雲社（発売）　2011
Finando, Donna　フィナンド, ドナ
[著]「子供のためのトリガーポイントマッサージ＆タッチ」 緑書房　2014
Finch, Brian　フィンチ, ブライアン
1953～　[著]「マネジャーのための財務管理術」 ピアソン桐原　2012
Finch, Carol　フィンチ, キャロル
[著]「孤独な魂」 ハーレクイン　2001
Finch, Chris　フィンチ, クリス
[国]アメリカ　ヒューストン・ロケッツアシスタントコーチ（バスケットボール）
Finch, Chris　フィンチ, クリス
[国]アメリカ　デンバー・ナゲッツアシスタントコーチ（バスケットボール）
Finch, Christopher　フィンチ, クリストファー
[著]「ディズニーの芸術」 講談社　2001
Finch, David　フィンチ, デイビッド
1972～　[異]フィンチ, デビッド　[著]「フォーエバー・イービル」 小学館集英社プロダクション　2015
Finch, Frederic E.　フィンチ, フレッド
[著]「カスタマー・マニア！」 ダイヤモンド社　2010
Finch, Keith　フィンチ, キース
1966～　[著]「ポップアップ・デザイナー入門」 大日本絵画〔2014〕
Finch, Paul　フィンチ, ポール
[国]イギリス　作家　[専]ホラー, ミステリー
Finch, Peter　フィンチ, ピーター
1960～　[著]「スマートマネー流株式選択術」 パンローリング　2002
Finch, Steven R.　フィンチ, スティーヴン・R.
[著]「数学定数事典」 朝倉書店　2010
Fincher, David　フィンチャー, デービッド
1962～　[国]アメリカ　映画監督　本名＝Fincher, David Leo　[異]フィンチャー, デイヴィッド / フィンチャー, デビッド / フィンチャー, デヴィッド
Fincher, Susanne F.　フィンチャー, スザンヌ・F.
[著]「フィンチャーのマンダラ塗り絵プレミアム」 春秋社　2016
Finchum, Thomas　フィンチャム
[国]アメリカ　飛び込み選手
Finck, August von, Jr.　フィンク, アウグスト・フォン, Jr.
[国]ドイツ　投資家
Finco, Antonio　フィンコ, アントニオ
1958～　[著]「監督ザッケローニの本質」 光文社　2014
Finder, Joseph　フィンダー, ジョゼフ
1958～　[異]フィンダー, ジョセフ　[著]「最高処刑責任者」 新潮社　2008
Findlay, Christopher Charles　フィンドレー, クリストファー
[著]「開発のための政策一貫性」 明石書店　2006
Findlay, John Malcolm　フィンドレイ, J.M.
1942～　[著]「アクティヴ・ビジョン」 北大路書房　2006
Findlay, Kathryn E.　フィンドレイ, キャサリン
1953～2014　[国]イギリス　建築家　東京大学大学院工学系研究科助教授
Findlay, Kerry　フィンレー, ケリー
[国]カナダ　歳入相
Findlay, Michael　フィンドレー, マイケル
1945～　[著]「アートの価値」 美術出版社　2014
Findlay, Susan　フィンドレイ, スーザン
1956～　[著]「スポーツマッサージ」 ガイアブックス　2014
Findlen, Paula　フィンドレン, ポーラ
[著]「自然の占有」 ありな書房　2005
Findley, Timothy　フィンドリー, ティモシー
1930～2002　[国]カナダ　作家
Findling, Rhonda　フィンドリング, ロンダ
[著]「上手な恋の忘れ方」 PHP研究所　2006
Findling, Robert L.　フィンドリング, ロバート・L.
[著]「児童青年期の双極性障害」 東京書籍　2008
Findsen, Owen　フィンセン, オウエン
[著]「『怪談』以前の怪談」 同時代社　2004
Fine, Anne　ファイン, アン
1947～　[国]イギリス　児童文学作家
Fine, Aubrey H.　ファイン, オーブレイ・H.
[著]「アニマルアシステッドセラピー」 インターズー　2007
Fine, Charles H.　ファイン, トニ・M.
[著]「入門アメリカ法制度と訴訟実務」 レクシスネクシス・ジャパン, 雄松堂出版（発売）　2007
Fine, Cordelia　ファイン, コーデリア
[著]「脳は意外とおバカである」 草思社　2007
Fine, Gary Alan　ファイン, ゲイリー・アラン
1950～　[著]「リトルリーグの社会学」 九州大学出版会　2009
Fine, Susan B.　ファイン, スーザン
[著]「フィドラーのアクティビティ論」 医学書院　2007
Fineberg, Harvey V.　ファインバーグ, ハーヴェイ・V.
[著]「豚インフルエンザ事件と政策決断」 時事通信出版局, 時事通信社（発売）　2009
Finegold, David　ファインゴールド, デイビッド
[著]「コーポレート・ガバナンス」 ダイヤモンド社　2001

F

Fineman, Martha Albertson　ファインマン, マーサ・アルバートソン
　著「ケアの絆」岩波書店　2009
Finessi, Beppe　フィネッシ, ベッペ
　著「マンジャロッティの世界」建築技術　2004
Fingado, Monika　フィンガドー, モニカ
　著「シュタイナー・リズミカルアインライブング」イザラ書房　2016
Fingleton, Eamonn　フィングルトン, エーモン
　1948～　著「巨竜・中国がアメリカを喰らう」早川書房　2008
Fini, Gianfranco　フィーニ, ジャンフランコ
　1952～　国イタリア　政治家　イタリア下院議員, イタリア副首相・外相, イタリア国民同盟（AN）党首　異フィニ／フィニー
Finikaso, Taukelina　フィニカソ, タウケリナ
　国ツバル　外務・貿易・観光・環境・労働相
Finisterre, Felix　フィニステール, フェリックス
　国セントルシア　通信・運輸・公共事業相
Fink, Bruce　フィンク, ブルース
　1956～　著「「エクリ」を読む」人文書院　2015
Fink, Galit　フィンク, ガリト
　著「友だちになれたら, きっと。」鈴木出版　2007
Fink, Laurence　フィンク, ローレンス
　1952～　国アメリカ　投資家　ブラックロック会長・CEO　本名＝Fink, Laurence Douglas
Fink, L.Dee　フィンク, L.ディー
　1940～　著「学習経験をつくる大学授業法」玉川大学出版部　2011
Fink, Michael　フィンク, マイケル
　アカデミー賞 特殊効果賞（第80回（2007年））　"The Golden Compass"
Fink, Richard Paul　フィンク, リチャード・ポール
　グラミー賞 最優秀クラシック・オペラ録音（2011年（第54回））　"Adams: Doctor Atomic"　ソリスト
Fink, Sheri　フィンク, シェリ
　国アメリカ　作家, ネット記者, 医師　プロパブリカ記者
Fink, Thomas　フィンク, トマス
　1972～　著「ネクタイの数学」新潮社　2001
Finkbeiner, Brad　フィンクバイナー, ブラッド
　著「ハーバードMBA合格者のエッセイを読む」オープンナレッジ　2007
Finke, Volker　フィンケ, フォルカー
　1948～　国ドイツ　サッカー指導者　サッカー・カメルーン代表監督
Finkel, David　フィンケル, デービッド
　1955～　国アメリカ　ジャーナリスト　異フィンケル, デイヴィッド
Finkel, Martin A.　フィンケル, マーティン・A.
　著「子ども虐待医学」明石書店　2013
Finkelhor, David　フィンケルホー, デイビッド
　異フィンケラー, デイヴィド　著「子ども被害者学のすすめ」岩波書店　2010
Finkelstein, David M.　フィンケルスタイン, デービッド・M.
　著「中国が戦争を始める」恒文社21, 恒文社（発売）　2002
Finkelstein, Israel　フィンケルシュタイン, I.
　著「発掘された聖書」教文館　2009
Finkelstein, Joanne　フィンケルシュタイン, ジョアン
　著「ファッションの文化社会学」せりか書房　2007
Finkelstein, Maggie M.　フィンケルスティーン, マギー・M.
　著「ソーリー・ワークス！」医学書院　2011
Finkelstein, Michael O.　フィンケルスタイン, マイクル・O.
　著「法統計学入門」木鐸社　2014
Finkelstein, Norman G.　フィンケルスタイン, ノーマン・G.
　著「イスラエル擁護論批判」三交社　2007
Finkelstein, Sydney　フィンケルシュタイン, シドニー
　異フィンケルスティーン, S.　著「スーパーボス」日経BP社, 日経BPマーケティング（発売）　2016
Finkielkraut, Alain　フィンケルクロート, アラン
　著「発言」朝日出版社　2002
Finkov, Bojidar　フィンコフ, ボジダル
　国ブルガリア　保健相
Finlay, Ian Hamilton　フィンレイ, イアン・ハミルトン
　1925～2006　国イギリス　詩人, 造形作家　異フィンリー, イアン・ハミルトン／フィンレー
Finlay, Janet　フィンレー, J.
　著「人工知能入門」サイエンス社　2006
Finlay, Lizzie　フィンレイ, リズィ
　1976～　著「ダンディーライオン」幻冬舎エデュケーション, 幻冬舎（発売）　2009
Finlay, Victoria　フィンレー, ビクトリア
　著「地球環境を救う聖なる言葉」あ・うん　2005
Finlayson, Christopher　フィンレイソン, クリストファー
　国ニュージーランド　司法長官兼ワイタンギ条約交渉担当相
Finlayson, Clive　フィンレイソン, クライブ
　1955～　著「そして最後にヒトが残った」白揚社　2013
Finlayson, James Gordon　フィンリースン, ジェームズ・ゴードン
　1964～　著「ハーバーマス」岩波書店　2007
Finley, Diane　フィンリー, ダイアン
　国カナダ　公共事業・政府サービス相
Finley, Gerald　フィンレー, ジェラルド
　グラミー賞 最優秀クラシック・オペラ録音（2011年（第54回））　"Adams: Doctor Atomic"　ソリスト
Finley, Guy　フィンリー, ガイ
　1949～　著「嫌なことは手放してみよう。成功と幸せを引き寄せる真実の法則」エンターブレイン　2008
Finley, Mark　フィンレー, マーク
　1945～　異フィンレー, マーク・A.　著「笑顔で暮らそう！」福音社　2016
Finley, Mason　フィンリー, メーソン
　国アメリカ　陸上選手
Finmark, Sharon　フィンマーク, シャロン
　著「花の水彩画入門」エム・ピー・シー　2001
Finn, Adharanand　フィン, アダーナン
　著「駅伝マン」早川書房　2015
Finn, Chester E., Jr.　フィン, チェスター・E., Jr.
　著「格差社会アメリカの教育改革」明石書店　2007
Finn, Larry　フィン, ラリー
　著「演奏能力開発エクササイズ」リットーミュージック　2002
Finn, Mickey　フィン, ミッキー
　1947～2003　国イギリス　ロックミュージシャン　グループ名＝T・レックス〈T.Rex〉
Finn, Stephen Edward　フィン, スティーブン・E.
　1956～　異フィン, スティーヴン・E.　著「治療的アセスメントの理論と実践」金剛出版　2014
Finnamore, Suzanne　フィナモア, スーザン
　著「婚約したけれど」新潮社　2002
Finnbogadóttir, Vigdís　フィンボガドチル, ビグジス
　1930～　国アイスランド　政治家　アイスランド大統領　異フィンボーガドゥッティル／フィンガドッティル, ヴィグディス／フィンボガドティル, ビグディス
Finnbogason, Alfred　フィンボガソン, アルフレズ
　国アイスランド　サッカー選手
Finnegan, Brandon　フィネガン, ブランドン
　国アメリカ　野球選手
Finnegan, Cortland　フィネガン, コートランド
　国アメリカ　アメフト選手
Finnegan, Michael　フィネガン, マイケル
　国ベリーズ　住宅・都市開発相
Finnegan, Ruth H.　フィネガン, ルース
　1933～　著「隠れた音楽家たち」法政大学出版局　2011
Finnegan, William　フィネガン, ウィリアム
　著「世界の作家32人によるワールドカップ教室」白水社　2006
Finneran, Katie　フィナラン, ケイティ
　トニー賞 ミュージカル 助演女優賞（2010年（第64回））　"Promises, Promises"
Finnerty, John D.　フィナーティ, J.D.
　著「プロジェクト・ファイナンス」朝倉書店　2002
Finney, Albert　フィニー, アルバート
　1936～　国イギリス　俳優
Finney, B.J.　フィニー, B.J.
　国アメリカ　アメフト選手
Finney, Kathryn Kunz　フィニー, キャサリン・クンツ
　1960～　著「いまは話したくないの」大月書店　2007
Finney, Nikky　フィニー, ニッキー
　全米図書賞 詩（2011年）　"Head Off & Split"
Finney, Patricia　フィニー, パトリシア
　1958～　著「ダメ犬ジャックは今日もごきげん」徳間書店　2012
Finney, Tom　フィニー, トム
　1922～2014　国イギリス　サッカー選手　本名＝フィニー, トーマス〈Finney, Thomas〉
Finney-smith, Dorian　フィニー・スミス, ドリアン
　国アメリカ　バスケットボール選手
Fino, Bashkim　フィノ, バシュキム

[国]アルバニア 国土整備観光相
Fino, Catherine フィノ, カトリーヌ
[著]「聖フランシスコ・サレジオ」 ドン・ボスコ社 2001
Finocchiaro, Anna フィノッキアロ, アンナ
[国]イタリア 議会関係担当相
Finol, Yoel Segundo フィノル, ヨエルセグンド
[国]ベネズエラ ボクシング選手
Finsterbusch, Monika フィンスターブッシュ, モニカ
[著]「プリンセス・リリーのちいさなバレリーナ」 ブロンズ新社 2007
Fintelmann, Volker フィンテルマン, フォルカー
1935～ [著]「植物療法(フィトセラピー)事典」 ガイアブックス, 産調出版(発売) 2014
Fiodorov, Michael フィオドロフ, M.
[著]「52のとびらをあける聖書物語」 ドン・ボスコ社 2001
Fiodorow, Joanna フィオドロフ, ヨアンナ
[国]ポーランド 陸上選手
Fiona, Melanie フィオナ, メラニー
グラミー賞 最優秀トラディショナルR&B歌手(2011年(第54回)) "Fool For You"
Fior, Manuele フィオル, マヌエレ
アングレーム国際漫画祭 最優秀作品賞(2011年) "Cinq mille kilomètres par seconde"〈Atrabile〉
Fioraso, Geneviève フィオラゾ, ジュヌビエーブ
[国]フランス 高等教育・研究相
Fiorato, Marina フィオラート, マリーナ
[国]イギリス 作家 [専]文学
Fiore, Mauro フィオーレ, マウロ
アカデミー賞 撮影賞(第82回(2009年)) "Avatar"
Fiore, Neil A. フィオーレ, ネイル・A.
[著]「戦略的グズ克服術」 河出書房新社 2008
Fiore, Quentin フィオーレ, クエンティン
1920～ [著]「メディアはマッサージである」 河出書房新社 2015
Fiore, Rob フィオーレ, ロブ
[著]「野生動物の声」 大日本絵画 〔2010〕
Fiorentino, Fabrizio フィオレンティーノ, ファブリツィオ
[著]「スパイダーマン : エレクション・デイ」 小学館集英社プロダクション 2013
Fiorentino, Marc フィオレンティーノ, マルク
[著]「強欲(トレーダー)は死なず」 徳間書店 2009
Fiorenza, Elisabeth Schussler フィオレンツァ, エリザベス・シュスラー
[著]「知恵なる神の開かれた家」 新教出版社 2005
Fiorenza, Francis Schüssler フィオレンツァ, フランシス・S.
[著]「シュライエルマッハーの神学」 ヨベル 2008
Fiorenza, Letizia フィオレンツァ, レティツィア
[著]「美しい響きの飛翔」 音楽之友社 2014
Fiorenza, Stephanie フィオレンツァ, S.
[著]「ファイトレメディエーション」 シュプリンガー・フェアラーク東京 2001
Fiori, Christine フィオリ, クリスティン
[著]「建設マネジメントの基礎〈土木・建築〉」 全国土木施工管理技士会連合会 2012
Fiorillo, Vincenzo フィオリッロ, ヴィンチェンツィオ
[国]イタリア サッカー選手
Fiorina, Carly フィオリーナ, カーリー
1954～ [国]アメリカ 実業家 ヒューレット・パッカード(HP)会長・CEO 本名=フィオリーナ, カールトン〈Fiorina, Carleton S.〉 [異]フィオリーナ, カーレトン / フィオリナ, カールトン
Fiorino, Gioacchino フィオリノ, ジョアッキーノ
[国]イタリア 元・在ミラノ日本国総領事館現地職員
Fioroni, Giuseppe フィオロニ, ジュゼッペ
[国]イタリア 教育相
Fiorucci, Elio フィオルッチ, エリオ
1935～2015 [国]イタリア ファッションデザイナー
Fiqi, Abdihakin Mahamud フィキ, アブディハキン・マハムド
[国]ソマリア 国防相
Fire, Andrew Z. ファイアー, アンドルー
1959～ [国]アメリカ 微生物学者 スタンフォード大学医学部教授 [専]病理学, 遺伝学 [異]ファイアー, アンドルー・Z.
Fire, Arcade ファイア, アーケイド
グラミー賞 最優秀アルバム(2010年(第53回)) "The Suburbs"
Firestein, Stuart ファイアスタイン, S.
[著]「イグノランス」 東京化学同人 2014
Firestien, Roger L. ファイアスティン, R.
[著]「創造的リーダーシップ」 北大路書房 2007
Firestone, Andrew ファイアストーン, アンドリュー
[著]「プロは語る。」 アスペクト 2005
Firman, Dorothy ファーマン, ドロシー
[著]「母と娘ふたりの風景」 オープンナレッジ 2006
Firman, Ralph, Jr. ファーマン, ラルフ, Jr.
1975～ [国]イギリス レーシングドライバー, 元F1ドライバー
Firmin, Josie ファーミン, ジョシー
[著]「ことばずかん」 世界文化社 2002
Firmino, Roberto フィルミーノ, ロベルト
[国]ブラジル サッカー選手
Firmo, Dawidh di フィルモ, ダビッド・ディ
1974～ [国]イタリア ファッションデザイナー バランタイン・クリエイティブ・ディレクター
Firova, Dan フィローバ, ダン
[国]アメリカ ワシントン・ナショナルズコーチ
Firova, Tatiana フィロワ
[国]ロシア 陸上選手
Firshein, Richard ファーシャイン, リチャード
[著]「医者に頼るか、サプリメントで治すか」 ネコ・パブリッシング 2001
First, Michael B. ファースト, M.
1956～ [異]ファースト, M.B. [著]「精神科診断面接マニュアルSCID」 日本評論社 2010
Firstman, Richard ファーストマン, リチャード
[著]「赤ちゃんは殺されたのか」 文芸春秋 2002
Firth, Barbara ファース, バーバラ
1928～2013 [国]イギリス 絵本画家
Firth, Colin ファース, コリン
1960～ [国]イギリス 俳優 本名=Firth, Colin Andrew
Firth, Raymond William ファース, レイモンド
1901～2002 [国]イギリス 社会人類学者 ロンドン大学名誉教授
Firtman, Maximiliano R. ファートマン, マクシミリアーノ
[著]「実践jQuery Mobile」 オライリー・ジャパン, オーム社(発売) 2013
Fisac Badell, Taciana フィサック・バデル, タシアナ
[国]スペイン マドリード自治大学哲学文学科教授, マドリード自治大学東アジア研究センター所長
Fisbach, Frédéric フィスバック, フレデリック
1966～ [国]フランス 演出家
Fisch, Liam フィッシュ, リアム
[国]ドイツ サッカー選手
Fisch, Richard フィッシュ, リチャード
1926～ [著]「解決が問題である」 金剛出版 2011
Fischbacher, Andrea フィッシュバハー, アンドレア
1985～ [国]オーストリア スキー選手 [異]フィッシュバハー
Fischbein, Nancy J. フィッシュバイン, ナンシー・J.
[著]「脳神経」 西村書店 2014
Fischel, Astrid フィチェル, アストリド
[国]コスタリカ 教育相 [異]フィスチェル, アストリ
Fischer, Ádám フィッシャー, アダム
1949～ [国]ハンガリー 指揮者 オーストリア・ハンガリー・ハイドン管弦楽団(AHHO)音楽監督 ハンガリー国立歌劇場音楽監督 [異]フィッシェル, アダム
Fischer, Alain フィッシャー, アラン
1949～ [国]フランス 免疫学者, 小児科医 コレージュ・ド・フランス教授, イマジン研究所所長 [専]小児免疫学, 遺伝子治療
Fischer, Bill フィッシャー, ビル
[著]「ビジネスモデル・エクセレンス」 日経BP社, 日経BPマーケティング(発売) 2014
Fischer, Bobby フィッシャー, ボビー
1943～2008 [国]アイスランド チェス棋士 本名=フィッシャー, ロバート・ジェームズ〈Fischer, Robert James〉
Fischer, Clare フィッシャー, クレア
グラミー賞 最優秀インストゥルメンタル作曲(2013年(第56回)) ほか
Fischer, Claude S. フィッシャー, クロード・S.
1948～ [著]「友人のあいだで暮らす」 未来社 2002
Fischer, David Hackett フィッシャー, デイビッド・ハケット
[国]アメリカ ピュリッツアー賞 文学・音楽 歴史(2005年) "Washington's Crossing"
Fischer, Edmond H. フィッシャー, エドモンド
1920～ [国]アメリカ 生化学者 ワシントン大学名誉教授
Fischer, Eileen フィッシャー, アイリーン
1959～ [著]「消費者理解のための定性的マーケティング・リサーチ」 碩学舎, 中央経済グループパブリッシング(発売) 2016
Fischer, Ernst Otto フィッシャー, エルンスト

1918～2007 [国]ドイツ 化学者 ミュンヘン工科大学名誉教授 [専]無機化学
Fischer, Felice フィッシャー, フェリス
[国]アメリカ フィラデルフィア美術館日本美術キュレーター/東アジア美術部長, フィラデルフィア日米協会理事
Fischer, Gerhard フィッシャー, ゲールハルト
1965～ [著]「ナチス第三帝国とサッカー」 現代書館 2006
Fischer, Hank フィッシャー, ハンク
[著]「ウルフ・ウォーズ」 白水社 2015
Fischer, Heike フィッシャー
[国]ドイツ 飛び込み選手
Fischer, Heinz フィッシャー, ハインツ
1938～ [国]オーストリア 政治家, 政治学者 オーストリア大統領, インスブルック大学教授
Fischer, Iván フィッシャー, イヴァン
1951～ [国]ハンガリー 指揮者 ブダペスト祝祭管弦楽団音楽監督 [異]フィッシェル, イヴァン
Fischer, Jan フィシェル, ヤン
1951～ [国]チェコ 政治家, 経済学者 チェコ首相
Fischer, John F. フィッシャー, ジョン・F.
[著]「オカルト探偵ニッケル氏の不思議事件簿」 東京書籍 2001
Fischer, Joschka フィッシャー, ヨシュカ
1948～ [国]ドイツ 政治家 ドイツ外相・副首相, 緑の党指導者
Fischer, Julia フィッシャー, ユリア
1984～ [国]ドイツ バイオリニスト
Fischer, Julia フィッシャー, ユリア
[国]ドイツ 陸上選手
Fischer, Kathleen R. フィッシャー, キャスリン
1940～ [著]「もっとうまく怒りたい!」 学陽書房 2002
Fischer, Kurt W. フィッシャー, カート・W.
[著]「成人の知的発達のダイナミクス」 丹精社, 明文書房 (発売) 2008
Fischer, Marcel フィッシャー
[国]スイス フェンシング選手
Fischer, Nancy フィッシャー, ナンシー
[著]「子供の可能性を引き出すマインド・パワー子育て法」 春秋社 2003
Fischer, Robert フィッシャー, ローベルト
1954～ [著]「ファスビンダー、ファスビンダーを語る」 boid, JRC (発売) 2015
Fischer, Rusty フィッシャー, ラスティ
[著]「空っぽのくつした」 光文社 2002
Fischer, Simon フィッシャー, サイモン
[著]「ヴァイオリンBasics」 音楽之友社 2016
Fischer, Stanley フィッシャー, スタンリー
1943～ [国]アメリカ 経済学者, 銀行家 米国連邦準備制度理事会 (FRB) 副議長 イスラエル中央銀行総裁, 国際通貨基金 (IMF) 筆頭副専務理事, マサチューセッツ工科大学教授 [専]金融論, マクロ経済政策 [異]フィッシャー, スタンレー
Fischer, Steven R. フィッシャー, スティーヴン・ロジャー
1947～ [著]「文字の歴史」 研究社 2005
Fischer, Sven フィッシャー, スベン
[国]ドイツ バイアスロン選手 [異]フィッシャー
Fischer, Thierry フィッシャー, ティエリー
1957～ [国]スイス 指揮者 ユタ交響楽団音楽監督
Fischer, Tibor フィッシャー, ティボール
1959～ [著]「部屋の向こうまでの長い旅」 ヴィレッジブックス 2008
Fischer, Urs フィッシャー, ウルス
[国]スイス バーゼル監督
Fischer, Uwe フィッシャー, ウヴェ
[著]「わかる! 乳腺画像診断の要点」 メディカル・サイエンス・インターナショナル 2009
Fischer, Viktor フィッシャー, ヴィクトル
[国]デンマーク サッカー選手
Fischer, Wolfgang Georg フィッシャー, ヴォルフガング・ゲオルグ
1933～ [異]フィッシャー, ヴォルフガング・ゲオルク [著]「エゴン・シーレ」 Taschen c2005
Fischer-Dieskau, Dietrich フィッシャー・ディースカウ, ディートリヒ
1925～2012 [国]ドイツ バリトン歌手 ベルリン音楽大学教授 [異]フィッシャー・ディースカウ, ディートリッヒ
Fischer-Fabian, S. フィッシャー＝ファビアン, S.
[著]「原始ゲルマン民族の謎」 アリアドネ企画, 三修社 (発売) 2001
Fischer-Hunold, Alexandra フィッシャー＝フーノルト, アレクサンドラ
1966～ [著]「アマーリア姫と黄金大作戦」 さ・え・ら書房 2003
Fischer-Lichte, Erika フィッシャー＝リヒテ, エリカ
1943～ [著]「演劇学へのいざない」 国書刊行会 2013
Fischer Nielsen, Joachim フィッシャーニールセン, ヨアヒム
[国]デンマーク バドミントン選手 [異]フィシャニルセン
Fischer-Wright, Halee フィッシャー＝ライト, ハリー
[著]「トライブ」 ダイレクト出版 2011
Fischetti, Mark フィシェッティ, マーク
[著]「新型・殺人感染症」 日本放送出版協会 2004
Fischhoff, Baruch フィッシュホフ, バルーク
1946～ [著]「FDAリスク&ベネフィット・コミュニケーション」 丸善出版 2015
Fischli, Peter フィッシュリ, ペーター
1952～ [国]スイス 現代美術家
Fischnaller, Dominik フィシュナラー, D.
[国]イタリア リュージュ選手
Fischnaller, Roland フィシュナラー
[国]イタリア スノーボード選手
Fish, Mardy フィッシュ
[国]アメリカ テニス選手
Fish, Robert L. フィッシュ, ロバート・L.
[著]「贈る物語terror」 光文社 2006
Fish, Sharon フィッシュ, シャロン
[著]「スピリチュアルケアにおける看護師の役割」 いのちのことば社 (発売) 2014
Fish, William フィッシュ, ウィリアム
1972～ [著]「知覚の哲学入門」 勁草書房 2014
Fishburne, Laurence フィッシュバーン, ローレンス
1961～ [国]アメリカ 俳優 別名＝フィッシュバーン, ラリー 〈Fishburne, Larry〉
Fishel, Catharine フィッシェル, キャサリン
[著]「ロゴラウンジ・マスター・ライブラリー」 グラフィック社 2011
Fishelson-Holstine, Hollis フィシェルソン＝ホルスタイン, ホリス
[著]「クレジット・スコアリング」 シグマベイスキャピタル 2001
Fisher, Aaron フィッシャー, アロン
[著]「アロン・フィッシャーカードマジック」 東京堂出版 2012
Fisher, Adrian フィッシャー, エイドリアン
[著]「迷路の秘密図鑑」 青娥書房 2013
Fisher, Aileen Lucia フィッシャー, アイリーン
1906～2002 [著]「うさぎにもクリスマスはくるかしら?」 バベルプレス 2012
Fisher, Alec フィッシャー, アレク
[著]「クリティカル・シンキング入門」 ナカニシヤ出版 2005
Fisher, Anastasia フィッシャー, アナスターシャ
[著]「看護倫理」 日本看護協会出版会 2002
Fisher, Ann フィッシャー, アン
[著]「食品安全と栄養の経済学」 農林統計協会 2002
Fisher, Antwone Quenton フィッシャー, アントワン
1959～ [著]「きみの帰る場所」 ソニー・マガジンズ 2003
Fisher, Carrie フィッシャー, キャリー
1956～2016 [国]アメリカ 女優, 作家
Fisher, Catherine フィッシャー, キャサリン
1957～ [国]イギリス 作家, 詩人
Fisher, Catherine Jane フィッシャー, キャサリン・ジェーン
[著]「涙のあとは乾く」 講談社 2015
Fisher, Craig W. フィッシャ, クレイグ・W.
[著]「情報品質管理」 中央経済社 2008
Fisher, Dalmar フィッシャー, ダルマー
[著]「行動探求」 英治出版 2016
Fisher, Danyel フィッシャー, ダニエル
[著]「ビューティフルビジュアライゼーション」 オライリー・ジャパン, オーム社 (発売) 2011
Fisher, David フィッシャー, デヴィッド
1946～ [異]フィッシャー, デーヴィッド / フィッシャー, デイヴィッド [著]「スエズ運河を消せ」 柏書房 2011
Fisher, Dawn フィッシャー, ドーン
[著]「性加害行動のある少年少女のためのグッドライフ・モデル」 誠信書房 2015
Fisher, Deborah C. フィッシャー, デボラ
1955～ [著]「プリンセス・オヴ・ウェールズ」 創元社 2007
Fisher, Derek フィッシャー, デレク
[国]アメリカ 野球選手
Fisher, Donald George フィッシャー, ドナルド

1928〜2009　🇺🇸アメリカ　実業家　ギャップ共同創業者
Fisher, Doris　フィッシャー, ドリス
　1915〜2003　🇺🇸アメリカ　作曲家
Fisher, Doris F.　フィッシャー, ドリス
　1931〜　🇺🇸アメリカ　実業家　ギャップ共同創業者
Fisher, Eddie　フィッシャー, エディ
　1928〜2010　🇺🇸アメリカ　歌手　本名＝Fisher, Edwin Jack　🇺🇸フィッシャー, エディー
Fisher, Elizabeth A.　フィッシャー, エリザベス
　📖「図説古代ギリシア」東京書籍　2004
Fisher, Eric　フィッシャー, エリック
　🇺🇸アメリカ　アメフト選手
Fisher, Gary L.　フィッシャー, ゲイリー
　🇺🇸フィッシャー, ゲーリー　📖「LD・学び方が違う子どものためのサバイバルガイド」明石書店　2009
Fisher, Helen　フィッシャー, ヘレン
　1945〜　🇺🇸アメリカ　人類学者　ラトガーズ大学研究員　🇺🇸自然人類学
Fisher, Henry　フィッシャー, ヘンリー
　📖「ABCのゆめみてる」ワールドライブラリー　2015
Fisher, Jake　フィッシャー, ジェイク
　🇺🇸アメリカ　アメフト選手
Fisher, Jane E.　フィッシャー, ジェーン・E.
　📖「認知行動療法という革命」日本評論社　2013
Fisher, Jeff　フィッシャー, ジェフ
　🇺🇸アメリカ　ロサンゼルス・ラムズコーチ
Fisher, Jeffrey D.　フィッシャー, ジェフリー・D.
　📖「収益不動産評価の理論と実務」東洋経済新報社　2006
Fisher, John　フィッシャー, ジョン
　🇺🇸アメリカ　オークランド・アスレティックスオーナー
Fisher, John　フィッシャー, ジョン
　1945〜　📖「アリスの国の不思議なお料理」河出書房新社　2015
Fisher, Jude　フィッシャー, ジュード
　📖「エルダ混沌の〈市〉」早川書房　2005
Fisher, Judith　フィッシャー, ジュディス
　📖「化学物質による災害管理」メディカルレビュー社　2001
Fisher, Jules　フィッシャー, ジュールス
　トニー賞 プレイ 照明デザイン賞（2013年（第67回））　"Lucky Guy"
Fisher, Kenneth L.　フィッシャー, ケン
　📖「金融詐欺の巧妙な手口」一灯舎, オーム社（発売）　2012
Fisher, Len　フィッシャー, レン
　1942〜　📖「群れはなぜ同じ方向を目指すのか？」白揚社　2012
Fisher, M.　フィッシャー, M.
　📖「小動物獣医看護学」インターズー　2005
Fisher, Marc　フィッシャー, マーク
　📖「トランプ」文芸春秋　2016
Fisher, Mark　フィッシャー, マーク
　1947〜2013　🇬🇧イギリス　舞台美術家, ステージデザイナー
Fisher, Mark　フィッシャー, マーク
　🇬🇧イギリス　ミュージシャン
Fisher, Mark　フィッシャー, マーク
　1953〜　📖「16歳」ダイヤモンド社　2007
Fisher, Mark B.　フィッシャー, マーク・B.
　📖「ロジカルトレーダー」パンローリング　2009
Fisher, Mary Pat　フィッシャー, メアリー・パット
　1943〜　📖「21世紀の宗教」春秋社　2005
Fisher, Murray　フィッシャー, マレー
　？〜2002　🇺🇸アメリカ　編集者
Fisher, Peter　フィッシャー, ピーター
　📖「関節炎とリウマチ」産調出版　2003
Fisher, Philip A.　フィッシャー, フィリップ・A.
　📖「株式投資で普通でない利益を得る」パンローリング　2016
Fisher, Rick　フィッシャー, リック
　トニー賞 ミュージカル 照明デザイン賞（2009年（第63回））　"Billy Elliot The Musical"
Fisher, Robert　フィッシャー, ロバート
　1922〜　📖「ナイト」アスペクト　2002
Fisher, Roger　フィッシャー, ロジャー
　1922〜　📖「ハーバード流交渉術」三笠書房　2011
Fisher, Ronald J.　フィッシャー, R.J.
　📖「紛争管理論」日本加除出版　2003
Fisher, Ronald P.　フィッシャー, ロナルド
　📖「認知面接」関西学院大学出版会　2012
Fisher, Ryan　フィッシャー
　🇦🇺オーストラリア　トライアスロン選手

Fisher, Sara E.　フィッシャー, サラ
　📖「アーミッシュの学校」論創社　2004
Fisher, Saul　フィッシャー, ソール
　📖「ビジネスとしての高等教育」出版研, 人間の科学新社（発売）　2011
Fisher, Scott　フィッシャー, スコット
　アカデミー賞 特殊効果賞（第87回（2014年））　"Interstellar"
Fisher, Scott S.　フィッシャー, スコット
　📖「ヒューマンインターフェースの発想と展開」ピアソン・エデュケーション　2002
Fisher, Sibyl　フィッシャー, シビル
　📖「みんな大切！」新科学出版社　2011
Fisher, Simon　フィッチャー, サイモン
　📖「音楽家の手」協同医書出版社　2006
Fisher, Susan　フィッシャー, スーザン
　📖「ケンブリッジ版カナダ文学史」彩流社　2016
Fisher, William F.　フィッシャー, ウィリアム・F.
　📖「もうひとつの世界は可能だ」日本経済評論社　2003
Fisher-davis, Matthew　フィッシャー・デイビス, マシュー
　🇺🇸アメリカ　バスケットボール選手
Fishkin, James S.　フィシュキン, ジェームズ・S.
　1948〜　🇺🇸アメリカ　政治学者　スタンフォード大学教授・熟議民主主義センター所長　🇺🇸熟議民主主義　🇺🇸フィシュキン, ジェイムズ・S.
Fishman, Charles　フィッシュマン, チャールズ
　1961〜　📖「ウォルマートに呑みこまれる世界」ダイヤモンド社　2007
Fishman, Elliot K.　フィッシュマン, エリオット
　📖「腹部top100診断」メディカル・サイエンス・インターナショナル　2005
Fishman, Luis　フィッシュマン, ルイス
　🇨🇷コスタリカ　第2副大統領
Fishman, Scott　フィッシュマン, スコット
　1959〜　📖「心と体の「痛み学」」原書房　2003
Fishman, Ted C.　フィッシュマン, テッド・C.
　📖「中国がアメリカを超える日」ランダムハウス講談社　2006
Fisiak, Jacek　フィシャク, ヤツェク
　1936〜　📖「英語史概説」青山社　2006
Fisilau, Samisoni　フィシラウ, サミソニ
　🇹🇴トンガ　ラグビー選手
Fisk, Arthur D.　フィスク, アーサー・D.
　📖「高齢者のためのデザイン」慶応義塾大学出版会　2013
Fisk, Pauline　フィスク, ポーリン
　1948〜2015　🇬🇧イギリス　児童文学作家　本名＝Fisk, Pauline Millicent
Fisk, Raymond P.　フィスク, R.P.
　📖「サービス・マーケティング入門」法政大学出版局　2005
Fiske, John　フィスク, ジョン
　📖「現代批評理論」平凡社　2001
Fiske, Neil　フィスク, ニール
　📖「価格戦略を知る者が「利益」を制す」ダイヤモンド社　2005
Fiske, Susan T.　フィスク, スーザン・T.
　📖「社会的認知研究」北大路書房　2013
Fisman, Raymond　フィスマン, レイモンド
　🇺🇸フィスマン, レイ　📖「悪い奴ほど合理的」NTT出版　2014
Fison, Josie　ファイソン, ジョウジー
　📖「ダールのおいしい!? レストラン」評論社　2016
Fiss, Mary S.　フィス, メアリー・S.
　📖「営業チームの強化法」ダイヤモンド社　2007
Fisslinger, Johannes R.　フィスリンガー, ヨハネス・R.
　📖「メタヘルス」ナチュラルスピリット　2014
Fissolo, Maria Franca　フィッソロ, マリア・フランカ
　🇮🇹イタリア　フェレロ創業者未亡人
Fister, Doug　フィスター, ダグ
　🇺🇸アメリカ　野球選手
Fitch, Val Logsdon　フィッチ, バル
　1923〜2015　🇺🇸アメリカ　物理学者
Fitikides, T.J.　フィチキデス, T.J.
　📖「英語「誤」法ノート555」ピアソン・エデュケーション　2002
Fitoussi, Jean-Paul　フィトゥシ, ジャン＝ポール
　1942〜　📖「繁栄の呪縛を超えて」新泉社　2013
Fitschen, Jüergen　フィッチェン, ユルゲン
　1948〜　🇩🇪ドイツ　銀行家　ドイツ銀行共同頭取・CEO
Fitschen, Keith　フィッチェン, キース
　📖「トレードシステムの法則」パンローリング　2014
Fitterling, Thomas　フィッタリング, T.
　1947〜　📖「セロニアス・モンク生涯と作品」勁草書房　2002

Fitting, Elizabeth M. フィッティング, エリザベス
1969～ 㲒「壊国の契約」農山漁村文化協会 2012
Fitto, Raffaele フィット, ラファエレ
㕣イタリア 州問題担当相
Fitts, Robert K. フィッツ, ロバート・K.
1965～ 㲒「大戦前夜のベーブ・ルース」原書房 2013
al-Fituri, Suleiman Ali Lteef フィトリ, スレイマン・アリ・ラティフ
㕣リビア 工業相
Fitz-Earle, Malcolm フィッツアール, マルコム
㲒「マルコム先生の書いて身につく科学英語ライティング」京都大学学術出版会 2015
Fitzek, Sebastian フィツェック, セバスチャン
1971～ 㕣ドイツ 作家, 放送作家 ⦿スリラー
Fitz-enz, Jac フィッツエンツ, ジャック
㲒「人的資本のROI」生産性出版 2010
Fitzgerald, Catherine フィッツジェラルド, キャサリン
1946～ 㲒「エグゼクティブ・コーチング」日本能率協会マネジメントセンター 2005
Fitzgerald, Conor フィッツジェラルド, コナー
1964～ 㕣イギリス 作家 ⦿ミステリー, スリラー
Fitzgerald, Edmund Bacon フィッツジェラルド, エドモンド
1926～2013 㕣アメリカ 実業家 ノーザン・テレコム会長・CEO, ミルウォーキー・ブルワーズ会長
Fitzgerald, Frances フィッツジェラルド, フランシス
㕣アイルランド 副首相兼司法・平等相
Fitzgerald, Garret フィッツジェラルド, ギャレット
1926～2011 㕣アイルランド 政治家 アイルランド首相
Fitzgerald, Geraldine フィッツジェラルド, ジェラルディン
1914～2005 女優
Fitzgerald, Helen フィッツジェラルド, ヘレン
1940～ 㲒「文化と会話スタイル」ひつじ書房 2010
Fitzgerald, Jerome フィッツジェラルド, ジェローム
㕣バハマ 教育・科学技術相
Fitzgerald, Joan フィッツジェラルド, ジョーン
㲒「キャリアラダーとは何か」勁草書房 2008
Fitzgerald, Joanne フィッツジェラルド, ジョアン
1956～ 㲒「ここがぼくのいるところ」ほるぷ出版 2011
Fitzgerald, John フィッツジェラルド, ジョン
1965～ 㲒フィッツジェラルド, J. 㲒「VDM++（ブイディーエムプラスプラス）によるオブジェクト指向システムの高品質設計と検証」翔泳社 2010
Fitzgerald, Judith フィッツジェラルド, ジュディス
1951～ 㲒「インディアン・スピリット」めるくまーる 2011
Fitzgerald, Karen フィッツジェラルド, カレン
㲒「窒素の物語」大月書店 2006
Fitzgerald, Larry フィッツジェラルド, ラリー
1983～ 㕣アメリカ アメフト選手
Fitzgerald, Laura Marx フィッツジェラルド, ローラ・マークス
㲒「スピニー通りの秘密の絵」あすなろ書房 2016
Fitzgerald, Luke フィッツジェラルド, ルーク
㕣アイルランド ラグビー選手
FitzGerald, Mary フィッツジェラルド, メアリー
㲒「看護における反省的実践」ゆみる出版 2005
Fitzgerald, Maura フィッツジェラルド, マウラ
㲒「ケアのなかの癒し」看護の科学社 2016
Fitzgerald, Michael フィッツジェラルド, マイケル
1957～ 㲒「XML hacks」オライリー・ジャパン, オーム社（発売）2005
Fitzgerald, Michael フィッツジェラルド, マイケル
1946～ 㲒「天才の秘密」世界思想社 2009
Fitzgerald, Michael Oren フィッツジェラルド, マイケル・オレン
1949～ 㲒「インディアン・スピリット」めるくまーる 2011
Fitzgerald, M.J.T. フィッツジェラルド, M.J.T.
㲒「カラー臨床神経解剖学」西村書店 2006
Fitzgerald, Randall フィッツジェラルド, ランディ
㲒「幸運を導くスピリチュアル・ガイド」主婦の友社 2005
Fitzgerald, Rebecca フィッツジェラルド, レベッカ
1948～ 㲒「イルカへの夢癒される心」経済界 2003
Fitzgerald, Robert フィッツジェラルド, ロバート
1959～ 㲒「イギリス企業福祉論」白桃書房 2001
Fitzgerald, Sally フィッツジェラルド, サリー
㲒「存在することの習慣」筑摩書房 2007
Fitzgerald, Sarah Moore フィッツジェラルド, セアラ・ムーア
1965～ 㲒「キミがくれた希望のかけら」フレーベル館 2016

Fitzgibbon, Dermot R. フィッツギボン, ダーモット
㲒「がんの痛み」メディカル・サイエンス・インターナショナル 2013
Fitzgibbon, Joel フィッツギボン, ジョエル
㕣オーストラリア 国防相
Fitzgibons, Mark フィッツギボンズ, マーク
㲒「オリヴァー・ツイスト 二都物語」玉川大学出版部 2008
Fitzmaurice, Laura フィッツモーリス, L.
㲒「小児救急学習用テキスト」診断と治療社 2006
Fitzpatrick, Becca フィッツパトリック, ベッカ
1979～ 㕣アメリカ 作家 ⦿ヤングアダルト, ミステリー
Fitzpatrick, Brian W. フィッツパトリック, ブライアン・W.
㲒「Team Geek」オライリー・ジャパン, オーム社（発売）2013
Fitzpatrick, Freya H. フィッツパトリック, フレーア・H.
㲒「スウェーデンボルグ小伝」アルカナ出版 2002
Fitzpatrick, Jennifer フィッツパトリック, ジェニファー
㲒「新たな全人的ケア」日本ホスピス・緩和ケア研究振興財団, 青海社（発売）2016
Fitzpatrick, Joyce J. フィッツパトリック, ジョイス・J.
㲒「看護研究百科」照林社 2009
Fitzpatrick, Kylie フィッツパトリック, カイリー
1964～ 㕣デンマーク, イギリス 作家 ⦿歴史
Fitzpatrick, Lisa フィッツパトリック, リサ
㲒「The art of Avatar」小学館集英社プロダクション 2009
Fitzpatrick, Marie-Louise フィッツパトリック, マリー＝ルイーズ
㲒フィッツパトリック, マリー・ルイーズ 㲒「ふくろうおやこおやここうもり」BL出版 2016
Fitzpatrick, Mark フィッツパトリック, マーク
㲒「日本・韓国・台湾は「核」を持つのか？」草思社 2016
Fitzpatrick, Owen フィッツパトリック, オーウェン
㲒「リチャード・バンドラーの3日で人生を変える方法」ダイヤモンド社 2012
Fitzpatrick, Peter フィッツパトリック, ピーター
1941～ 㲒「フーコーの法」勁草書房 2014
Fitzpatrick, Ryan フィッツパトリック, ライアン
1982～ 㕣アメリカ アメフト選手
Fitzpatrick, Sonya フィッツパトリック, ソニア
㲒「ヒトは本当に猫と話せるのか？」アーティストハウスパブリッシャーズ 2002
Fitzpatrick, Thomas Bernard フィッツパトリック, T.
1919～2003 㲒フィッツパトリック, トーマス・B. 㲒「フィッツパトリック皮膚科学アトラス」丸善 2008
Fitzpatrick, Tony フィッツパトリック, トニー
1966～ 㲒「自由と保障」勁草書房 2005
Fitzrandolph, Casey フィッツランドルフ
㕣アメリカ スピードスケート選手
FitzRoy, Charles フィッツロイ, チャールズ
㲒「ビジュアル版 世界の歴史都市」柊風舎 2016
Fiulaua, Jackson フィウラウア, ジャクソン
㕣ソロモン諸島 社会基盤相
Fiuza, Guilherme フィウーザ, ギリェルメ
1965～ 㲒「俺の名はジョニーじゃない」青山出版社 2006
Five, Kaci Kullmann フィーベ, カーシ・クルマン
㕣ノルウェー ノルウェー・ノーベル委員会委員長
Fives, Carole フィブ, キャロル
㲒「ママのスカート」千倉書房 2013
Fix, James D. フィックス, ジェームス・D.
㲒「神経解剖集中講義」医学書院 2012
Fixel, Lee フィクセル, リー
投資家
Fizdale, David フィッツデール, デイビッド
㕣アメリカ メンフィス・グリズリーズヘッドコーチ（バスケットボール）
Fižulić, Goranko フィジュリッチ, ゴランコ
㕣クロアチア 経済相
Fjelland, Ragnar フィエナンド, ラグナル
㲒「ベナー解釈的現象学」医歯薬出版 2006
Flabouraris, Alekos フラブラーリス, アレコス
㕣ギリシャ 首相府相
Flacco, Joe フラッコ, ジョー
1985～ 㕣アメリカ アメフト選手
Flacke, Uschi フラッケ, ウシ
㲒「ママにあかちゃんうまれるよ」童心社 2002
Flade, Becky フレイド, ベッキー
㲒「6つの密かなおとぎの恋」ハーレクイン 2014

Flagor, Robin フラゴー, R.
　㊃「子どもの面接ガイドブック」日本評論社 2003
Flahault, Jean-Francois フラオー, ジャン＝フランソワ
　㊃「感動のマドレーヌ現象」エディテ100, あいであ・らいふ(発売) 2002
Flahaut, Andre フラオー, アンドレ
　㊀ベルギー　国防相
Flaherty, Alice フラハティ, アリス・W.
　㊃「書きたがる脳」ランダムハウス講談社 2006
Flaherty, Jack フラハティ, ジャック
　㊀アメリカ　野球選手
Flaherty, James フラーティ, ジェームズ
　㊃「コーチング5つの原則」ディスカヴァー・トゥエンティワン 2004
Flaherty, James Michael フレアティ, ジェームズ
　1949～2014　㊀カナダ　政治家　カナダ財務相　通称=フレアティ, ジム〈Flaherty, Jim〉
Flaherty, Ryan フライハティ, ライアン
　㊀アメリカ　野球選手
Flaim, Denise フレイム, デニース
　㊃「ありがとう。ラッキー」竹書房 2006
Flair, Reid フレアー, リード
　1988～2013　㊀アメリカ　プロレスラー
Flair, Ric フレアー, リック
　1949～　㊀アメリカ　プロレスラー　本名=フレアー, リチャード〈Flair, Richard M.〉
Flamant, Ludovic フラマン, リュドヴィック
　1978～　㊃「めちゃくちゃはずかしかったこと」あすなろ書房 2007
Flambert, Mathilde フランベール, マチルド
　㊀ハイチ共和国　労働・社会問題相
Flamholtz, Eric フラムホルツ, エリック・G.
　㊃「アントレプレナーマネジメント・ブック」ダイヤモンド社 2001
Flamini, Mathieu フラミニ, マテュー
　1984～　㊀フランス　サッカー選手
Flamm, Michael W. フラム, マイケル
　1964～　㊃「シカゴ大学教授法ハンドブック」玉川大学出版部 2005
Flammer, Josef フラマー, ジョセフ
　1948～　㊃「緑内障と眼の病気」メディカルレビュー社 2006
Flanagan, Bill フラナガン, ビル
　㊃「A&R」新潮社 2002
Flanagan, Cara フラナガン, カーラ
　㊃「ワークブック心理学」新曜社 2001
Flanagan, Catherine フラナガン, キャサリン
　㊃「自己愛の障害」金剛出版 2003
Flanagan, Charles フラナガン, チャールズ
　㊀アイルランド　外務・貿易相
Flanagan, Damian フラナガン, ダミアン
　1969～　㊃「世界文学のスーパースター夏目漱石」講談社インターナショナル 2007
Flanagan, David フラナガン, デイビッド
　㊁フラナガン, デイビット　㊃「JavaScript」オライリー・ジャパン, オーム社(発売) 2012
Flanagan, Dawn P. フラナガン, ドーン・P.
　㊃「エッセンシャルズWISC-IVによる心理アセスメント」日本文化科学社 2014
Flanagan, John フラナガン, ジョン
　1944～　㊀オーストラリア　作家　㊁ファンタジー, ヤングアダルト
Flanagan, Jon フラナガン, ジョン
　㊀イングランド　サッカー選手
Flanagan, Liz フラナガン, リズ
　㊃「10ぴきよるのかたつむり」大日本絵画 〔2010〕
Flanagan, Mike フラナガン, マイク
　1951～2011　㊀アメリカ　野球選手　ボルティモア・オリオールズ球団副社長　本名=Flanagan, Michael Kendall
Flanagan, Richard フラナガン, リチャード
　1961～　ブッカー賞(2014年) "The Narrow Road to the Deep North"
Flanagan, Richard Miller フラナガン, リチャード
　1961～　㊀オーストラリア　作家
Flanagan, Shalane フラナガン, シャレーン
　㊀アメリカ　陸上選手　㊁フラナガン
Flanagan, Thomas フラナガン, トマス
　1923～2002　㊃「アデスタを吹く冷たい風」早川書房 2015
Flanagan, Tommy Lee フラナガン, トミー
　1930～2001　㊀アメリカ　ジャズピアニスト
Flander, Rok フランデル
　㊀スロベニア　スノーボード選手
Flanders, Julia フランダース, ジュリア
　㊃「人文学と電子編集」慶応義塾大学出版会 2011
Flanders, Rebecca フランダース, レベッカ
　㊃「ワインとばらと…」ハーレクイン 2001
Flandrin, Jean Louis フランドラン, J-L.
　1931～2001　㊃「食の歴史」藤原書店 2006
Flandrois, Isabelle フランドロワ, I.
　1949～　㊃「「アナール」とは何か」藤原書店 2003
Flanigan, Bob フラニガン, ボブ
　1926～2011　㊀アメリカ　ジャズ歌手　本名=フラニガン, ロバート・リー〈Flanigan, Robert Lee〉
Flannelly, John フラネリー, ジョン
　㊃「ポール・オースターが朗読するナショナル・ストーリー・プロジェクト」アルク 2006
Flannery, Daniele D. フラネリー, ダニエル・D.
　㊃「成人女性の学習」鳳書房 2009
Flannery, David フラナリー, D.
　1952～　㊀フラナリー, デイヴィッド　㊃「ルート2の森とアンドリュー少年」シュプリンガー・ジャパン 2008
Flannery, Sarah フラナリー, セアラ
　1982～　㊃「16歳のセアラが挑んだ世界最強の暗号」日本放送出版協会 2001
Flannery, Tim Fridtjof フラナリー, ティム
　1956～　㊃「地球を殺そうとしている私たち」ヴィレッジブックス, ソニー・マガジンズ(発売) 2007
Flanquart, Alexandre フランカール, アレクサンドル
　㊀フランス　ラグビー選手
Flasch, Kurt フラッシュ, クルト
　1930～　㊃「キリスト教の主要神学者」教文館 2014
Flassbeck, Heiner フラスベック, ハイナー
　㊃「ギリシアデフォルト宣言」河出書房新社 2015
Flatland, Ann Kristin Aafedt フラットラン
　㊀ノルウェー　バイアスロン選手
Flatley, Jay フラットレー, ジェイ
　㊀アメリカ　Illumina
Flatow, Ido フラトー, イド
　㊃「C# プログラマのための.NETアプリケーション最適化技法」翔泳社 2013
Flatt, Rachael フラット
　㊀アメリカ　フィギュアスケート選手
Flatts, Rascal フラッツ, ラスカル
　グラミー賞 最優秀カントリー楽曲(2005年(第48回)) "Bless The Broken Road"
Flaum, Jonathon A. フロ-ム, ジョナサン・A.
　㊃「父と息子の歩いて語るリーダーシップ」講談社 2008
Flaum, Mechele フロ-ム, ミシェル
　1950～　㊃「父と息子の歩いて語るリーダーシップ」講談社 2008
Flaum, Sander A. フロ-ム, サンダー・A.
　㊃「父と息子の歩いて語るリーダーシップ」講談社 2008
Flaumane-Jachens, Anda フラウマーネ＝ヤッヘンス, アンダ
　1961～　㊃「アントロポゾフィー医学から観た子どもの発達について」SAKS-BOOKS, イザラ書房(〔上里町〕)(発売) 2015
Flaumenbaum, Danièle フロメンボーム, ダニエル
　㊃「なぜ私たちは歓べないの？」春秋社 2010
Flavier, Juan M. フラビエ, フアン・M.
　1935～　㊃「村を癒す人達」一灯舎 2013
Flavin, Christopher フレイビン, クリストファー
　1955～　㊀アメリカ　ワールドウォッチ研究所名誉所長　㊁国際エネルギー問題　㊁フレービン, クリストファー / フレイヴィン
Flaxman, Larry フラクスマン, ラリー
　㊃「あなたは「時空飛行士」になる」ヒカルランド 2014
Flaxman, Paul Edward フラックスマン, ポール・E.
　㊃「マインドフルにいきいき働くためのトレーニングマニュアル」星和書店 2015
Flea フリー
　1962～　㊀アメリカ　ロック・ベース奏者　本名=バルザリー, マイケル〈Balzary, Michael〉　㊁フレア
Fleck, Béla フレック, ベラ
　グラミー賞 最優秀インストゥルメンタル作曲(2011年(第54回)) ほか
Fleckenstein, William A. フレッケンシュタイン, ウィリアム・A.

㉜「グリーンスパンの正体」エクスナレッジ 2008
Fleecs, Tony フリークス, トニー
㉜「マイリトルポニー：ポニーテールズ」ヴィレッジブックス 2014
Fleener, Coby フリーナー, コビー
㊧アメリカ アメフト選手
Fleet, Bruce フリート, ブルース
㉜「幸せな億万長者になる賢者ソロモン王の教え」メトロポリタンプレス 2011
Fleet, Jon "Apestyles" van フリート, ジョン・エイプスタイルズ・ヴァン
㉜「オンラインポーカーで稼ぐ技術」パンローリング 2012
Fleetwood, Steve フリートウッド, スティーヴ
1955〜 ㉜「ハイエクのポリティカル・エコノミー」法政大学出版局 2006
Flego, Gvozden フレゴ, グボズデン
㊧クロアチア 科学・技術相
Fleig, Dieter フレイグ, ディーター
㉜「犬のブリーディングテクニック」ペットライフ社, 緑書房（発売）
Fleihan, Basel フレイハン, バセル
㊧レバノン 経済貿易相
Fleisch, Daniel A. フライシュ, ダニエル
㉜「波動」岩波書店 2016
Fleischer, Richard.O フライシャー, リチャード
1916〜2006 ㊧アメリカ 映画監督
Fleischer, Sebastian フライシャー, セバスチャン
㊧デンマーク セーリング選手
Fleischhauer, Wolfram フライシュハウアー, ヴォルフラム
1961〜 ㊧ドイツ ミステリー作家 ㊨ミステリー
Fleischman, Paul フライシュマン, ポール
1952〜 ㊧アメリカ 児童文学作家
Fleischman, Sid フライシュマン, シド
1920〜2010 ㊧アメリカ 児童文学作家
Fleischman, Tom フライシュマン, トム
アカデミー賞 音響賞（第84回（2011年）） "Hugo"
Fleischmann, Martin フライシュマン, マーティン
1927〜2012 ㊧イギリス 電気化学者 サウザンプトン大学教授 ㊨フライシュマン, マーチン
Fleischmann, Wim フライシュマン, W.
㉜「マゴットセラピー」大阪公立大学共同出版会 2006
Fleisher, Leon フライシャー, レオン
1928〜 ㊧アメリカ ピアニスト, 指揮者
Fleiss, Joseph L. フライス, J.L.
1937〜 ㉜「臨床試験のデザインと解析」アーム 2004
Fleissnerova, Kristyna フレイスネロバ, クリスティナ
㊧チェコ ボート選手
Flem, Lydia フレム, リディア
㉜「親の家を片づけながら」ヴィレッジブックス 2014
Flem-Ath, Rand フレマス, ランド
㉜「アトランティス・ブループリント」学習研究社 2002
Fleming, Alejandro フレミング, アレハンドロ
㊧ベネズエラ 観光相
Fleming, Anne Taylor フレミング, アン・テイラー
㉜「結婚入門」アーティストハウスパブリッシャーズ, 角川書店（発売） 2004
Fleming, Cameron フレミング, キャメロン
㊧アメリカ アメフト選手
Fleming, Candace フレミング, キャンデス
㉜「ブルくんのだいじなひ」講談社 2016
Fleming, Carolyn フレミング, キャロライン
㉜「偉大なアイディアの生まれた場所」清流出版 2011
Fleming, Charles フレミング, チャールズ
㉜「ぼくの脳を返して」WAVE出版 2009
Fleming, Chris フレミング, クリス
㊧アメリカ ブルックリン・ネッツアシスタントコーチ（バスケットボール）
Fleming, Colin フレミング, コリン
㊧イギリス テニス選手
Fleming, Denise フレミング, デニース
1950〜 ㉜「むかし森があったころ」小学館 2006
Fleming, Fergus フレミング, ファーガス
1959〜 ㉜"Spy" ポプラ社 2009
Fleming, Garry フレミング, ギャリー
㉜「恐竜のふしぎ」大日本絵画 〔2014〕
Fleming, Graham Lewis フレミング, グラハム・ルイス
㉜「くまのリッキーとにじいろのたまご」イーブック出版 2012
Fleming, Jack W. フレミング, ジャック
㉜「偉大なアイディアの生まれた場所」清流出版 2011
Fleming, Jamell フレミング, ジャメル
㊧アメリカ アメフト選手
Fleming, James Rodger フレミング, ジェイムズ・ロジャー
㉜「気象を操作したいと願った人間の歴史」紀伊国屋書店 2012
Fleming, John フレミング, ジョン
㉜「金持ち父さんの21世紀のビジネス」筑摩書房 2011
Fleming, John Howland フレミング, ジョン・H.
㉜「ヒューマン・シグマ」東洋経済新報社 2010
Fleming, Mark フレミング, マーク
グラミー賞 最優秀録音技術アルバム（クラシック以外）（2004年（第47回）） "Genius Loves Company"
Fleming, Peter フレミング, ピーター
㉜「ビジネスで「Yes！」を引き出すネゴシエーションテクニック」スリーエーネットワーク 2001
Fleming, Peter フレミング, ピーター
㉜「贈る物語terror」光文社 2006
Fleming, Quentin W. フレミング, クウォンティン
㉜「アーンド・バリューによるプロジェクトマネジメント」日本能率協会マネジメントセンター 2004
Fleming, Runée フレミング, ルネ
1959〜 ㊧アメリカ ソプラノ歌手
Flerlage, Raeburn フレーラッジ, レイバーン
㉜「シカゴ・ブルース」ブルース・インターアクションズ 2001
Flerx, Vicki Crocker フラークス, ヴィッキー・C.
㉜「オルヴェウス・いじめ防止プログラム」現代人文社, 大学図書（発売） 2013
Flessel-Colovic, Laura フレセル・コロビク, ローラ
1971〜 ㊧フランス フェンシング選手 ㊨フレセル, ローラ
Fletcher, Adlene フレッチャー, アドレーヌ
㉜「花の描き方」グラフィック社 2003
Fletcher, Ashley フレッチャー, アシュリー
㊧イングランド サッカー選手
Fletcher, Benjamin フレッチャー
㊧イギリス 柔道選手
Fletcher, Brenden フレッチャー, ブレンデン
㉜「バットガール：バーンサイド」小学館集英社プロダクション 2016
Fletcher, Brian フレッチャー, ブライアン
㉜「刷新してほしい患者移動の技術」日本看護協会出版会 2003
Fletcher, Charlie フレッチャー, チャーリー
1960〜 ㉜「シルバータン」理論社 2009
Fletcher, Chris フレッチャー, クリス
1967〜 ㉜「図説『ジョウゼフ・コンラッド』」ミュージアム図書（発売） c2002
Fletcher, Claire フレッチャー, クレア
㉜「ねがいごとをしてごらん」評論社 2004
Fletcher, Colin フレッチャー, コリン
1922〜2007 ㉜「遊歩大全」山と渓谷社 2012
Fletcher, Corina フレッチャー, コリーナ
㉜「ぜったいぜったいたべないからね！」大日本絵画 〔2010〕
Fletcher, Daisy フレッチャー, ディジー
㉜「世界の美しい鳥と花のぬり絵ブック」パイインターナショナル 2016
Fletcher, Darren フレッチャー, ダレン
㊧スコットランド サッカー選手
Fletcher, David フレッチャー, デイヴィッド
1942〜 ㉜「ドイツ4号戦車ティーガー1 Eのすべて」大日本絵画 2011
Fletcher, Geoffrey フレッチャー, ジェフリー
アカデミー賞 脚色賞（第82回（2009年）） "Precious: Based on the Novel 'Push' by Sapphire"
Fletcher, Gordon A. フレッチャー, ゴードン
1942〜 ㉜「デニス・ロバートソン」勁草書房 2015
Fletcher, Grant S. フレッチャー, グラント・S.
㉜「臨床疫学」メディカル・サイエンス・インターナショナル 2016
Fletcher, Hugh L. フレッチャー, H.L.
㉜「遺伝学キーノート」シュプリンガー・フェアラーク東京 2003
Fletcher, James フレッチャー, ジェームス
㊧セントルシア 公共サービス・持続可能な発展・エネルギー・科学技術・情報・放送相
Fletcher, James J. フレッチャー, ジェイムズ・J.
㉜「あなたが患者を傷つけるとき」エルゼビア・ジャパン 2006

Fletcher, Joann　フレッチャー, ジョアン
[著]「図解古代エジプト」 東京書籍　2005
Fletcher, Joseph Francis　フレッチャー, J.
1905～ [著]「状況倫理」 新教出版社　2005
Fletcher, Kate　フレッチャー, ケイト
1971～ [著]「循環するファッション」 文化学園文化出版局　2014
Fletcher, Kingsley A.　フレッチャー, キングスレイ
[著]「サタンの策略をあばく」 マルコーシュ・パブリケーション　2002
Fletcher, Lynne　フレッチャー, リンネ
[著]「英国ボバース講師会議によるボバース概念」 ガイアブックス　2013
Fletcher, Martin　フレッチャー, マーティン
1947～ [著]「戦場からスクープ！」 白水社　2010
Fletcher, Meredith　フレッチャー, メレディス
[著]「さまよえる女神たち」 ハーレクイン　2007
Fletcher, Neville Horner　フレッチャー, ネビル・H.
[著]「楽器の物理学」 シュプリンガー・フェアラーク東京　2002
Fletcher, Nichola　フレッチャー, ニコラ
1951～ [著]「プロのための肉料理大事典」 誠文堂新光社　2016
Fletcher, Ralph　フレッチャー, ラルフ
1953～ [国]アメリカ　作家, 教育コンサルタント
Fletcher, Robert H.　フレッチャー, ロバート・H.
[著]「臨床疫学」 メディカル・サイエンス・インターナショナル　2016
Fletcher, Ron A.　フレッチャー, ロン
[著]「Every body is beautiful」 万来舎　2007
Fletcher, Rosey　フレッチャー
[国]アメリカ　スノーボード選手
Fletcher, Seth　フレッチャー, セス
1979～ [著]「瓶詰めのエネルギー」 シーエムシー出版　2013
Fletcher, Susan　フレチャー, スーザン
1951～ [異]フレッチャー, スーザン　[著]「星が導く旅のはてに」 徳間書店　2010
Fletcher, Suzanne W.　フレッチャー, スザンヌ・W.
[異]フレッチャー, スーザン・W.　[著]「臨床疫学」 メディカル・サイエンス・インターナショナル　2016
Fletcher, Tony　フレッチャー, トニー
[著]「ザ・クラッシュ」 シンコーミュージック・エンタテイメント　2006
Fletcher, William Miles　フレッチャー, マイルズ
1946～ [国]アメリカ　歴史学者　ノースカロライナ大学教授　[専]近代日本政治史・経済史
Flett, Christopher V.　フレット, クリストファー・V.
[著]「働きウーマン成功のルール」 実業之日本社　2009
Flew, Terry　フルー, テリー
[著]「メディア理論の脱西欧化」 勁草書房　2003
Flewelling, Lynn　フルエリン, リン
1958～ [国]アメリカ　作家, ジャーナリスト　[専]SF, ファンタジー
Flexen, Chris　フレクセン, クリス
[国]アメリカ　野球選手
Flichy, Patrice　フリッシー, パトリス
1945～ [著]「メディアの近代史」 水声社　2005
Flick, Uwe　フリック, ウヴェ
1956～ [著]「質的研究におけるビジュアルデータの使用」 新曜社　2016
Flickenger, Rob　フリッケンガー, ロブ
[著]「Wireless hacks」 オライリー・ジャパン, オーム社(発売)　2004
Flicker, Barry　フリッカー, バリー
1949～ [著]「仕事2倍速4つのルール」 ダイヤモンド社　2003
Flicket, Roland　フリケット, ローランド
1934～ [著]「鼻ほじり論序説」 バジリコ　2006
Flickinger, Hali　フリッキンガー, ハリ
[国]アメリカ　水泳選手
Fliedl, Gottfried　フリードゥル, ゴットフリート
1948～ [著]「グスタフ・クリムト」 Taschen　c2003
Fliegauf, Bence　フリーガオフ, ベンス
ベルリン国際映画祭 銀熊賞 審査員グランプリ(第62回(2012年))　"Csak a szél"
Flin, Rhona H.　フィリン, ローナ
[著]「現場安全の技術」 海文堂出版　2012
Flinde, Albert　フランデ, アルベール
[国]コートジボワール　技術教育・職業訓練相
Flindt, Flemming　フリン, フレミン
1936～2009 [国]デンマーク　バレエダンサー・振付師・監督　デンマーク・ロイヤル・バレエ団(RDB)芸術監督・プリンシパル　本名＝Flindt, Flemming Ole　[異]フリント, フレミング
Flindt, Rainer　フリント, R.
[著]「数値でみる生物学」 シュプリンガー・ジャパン　2007
Flinn, Alex　フリン, アレックス
[国]アメリカ　作家　[専]ヤングアダルト
Flinn, Kathleen　フリン, キャスリーン
[著]「36歳、名門料理学校に飛び込む！」 柏書房　2012
Flint, Anthony　フリント, アンソニー
1962～ [著]「ジェイコブズ対モーゼス」 鹿島出版会　2011
Flint, Colin　フリント, コーリン
1965～ [著]「現代地政学」 原書房　2014
Flint, Garry A.　フリント, ギャリー・A.
[著]「EFTマニュアル」 春秋社　2002
Flintham, Thomas　フリンタム, トーマス
[異]フリンタム, トマス　[著]「ひとりぼっちのおさかなくん」 大日本絵画　〔2016〕
Flipkens, Kirsten　フリプケンス, キルステン
[国]ベルギー　テニス選手
Flisar, Filip　フリサル
[国]スロベニア　フリースタイルスキー選手　[異]フリシャル
Flissi, Mohamed　フリシ, モハメド
[国]アルジェリア　ボクシング選手
Flitcroft, Ian　フリットクロフト, イアン
[著]「アインシュタイン痛快！ 宇宙論」 集英社インターナショナル, 集英社(発売)　2013
Fliter, Ingrid　フリッター, イングリット
1973～ [国]アルゼンチン　ピアニスト　[異]フリッター, イングリッド
Flitterman-Lewis, Sandy　フリッタマン＝ルイス, サンディ
1946～ [著]「映画記号論入門」 松柏社　2006
Floca, Brian　フロッカ, ブライアン
コルデコット賞(2014年)　"Locomotive"
Floccari, Sergio　フロッカリ, セルジオ
[国]イタリア　サッカー選手
Flock, Agneta　フロック, アグネータ
1941～ [著]「光のアトリエ北欧切り絵」 日本放送出版協会　2009
Flocker, Michael　フロッカー, マイケル
1963～ [著]「メトロセクシャル」 ソフトバンクパブリッシング　2004
Flockhart, Calista　フロックハート, キャリスタ
1964～ [国]アメリカ　女優
Floirac, Charles Andre　フロアラック, シャール・アンドレ
[著]「一世紀一代」 サンパウロ　2008
Flomo, Richard　フロモ, リチャード
[国]リベリア　内相
Flon, Suzanne　フロン, シュザンヌ
1918～2005 [国]フランス　女優
Flood, David　フラッド, D.
[著]「フランシスカン・カリスマの誕生」 教友社　2008
Flood, Elizabeth Clair　フラッド, エリザベス・クレール
1967～ [著]「カウボーイ」 ワールドフォトプレス　2001
Flood, Jorgen Kornelius　フロード, ヨルゲン・コーネリウス
[国]ノルウェー　元・日本・ノルウェー協会会長
Flood, Kellie　フラッド, ケリー
[著]「ワシントン・マニュアル」 メディカル・サイエンス・インターナショナル　2002
Flood, Naomi　フラッド, ナオミ
[国]オーストラリア　カヌー選手
Flood-beaubrun, Sarah　フラッドボーブラン, サラ
[国]セントルシア　内務・女性問題相　[異]フラッド, サラ
Flook, Richard　フルック, リチャード
[著]「なぜ私は病気なのか？」 ナチュラルスピリット　2014
Flora, Carlin　フローラ, カーリン
1975～ [著]「あなたはなぜ「友だち」が必要なのか」 原書房　2013
Florand, Laura　フローランド, ローラ
[著]「真夜中のショコラは恋の味」 ヴィレッジブックス　2014
Florea, Razvan Ionut　フロレア
[国]ルーマニア　競泳選手
Florea, Sandu　フロレア, サンデュ
[著]「デスストローク」 小学館集英社プロダクション　2016
Florence, Afonso Bandeira　フロレンセ, アフォンソ・バンデイラ
[国]ブラジル　農村開発相
Florence, David　フローレンス, デービッド
[国]イギリス　カヌー選手　[異]フローレンス

Florent, Guillaume フローラン
[国]フランス セーリング選手
Florent-Treacy, Elizabeth フローレント‐トレーシー, エリザベス
1960～ [著]「エグゼクティブコーチング」 ファーストプレス 2008
Florenzano, Eric フロレンザーノ, エリック
[著]「ウェブオペレーション」 オライリー・ジャパン, オーム社(発売) 2011
Florenzi, Alessandro フロレンツィ, アレッサンドロ
[国]イタリア サッカー選手
Flores, Carlos フロレス, カルロス
[国]ホンジュラス 大統領
Flores, Carmelo フロレス, カルメロ
1890～2014 [国]ボリビア 世界最高齢の可能性のあった男性 本名＝Flores Laura, Carmelo
Flores, Eugenia フロレス, エウヘニア
[国]コスタリカ 科学技術相
Flores, Fernando フロレス, フェルナンド
1954～ [著]「「信頼」の研究」 シュプリンガー・フェアラーク東京 2004
Flores, Francisco フロレス, フランシスコ
1959～2016 [国]エルサルバドル 政治家 エルサルバドル大統領 本名＝フロレス・ペレス, フランシスコ〈Flores Pérez, Francisco〉 [異]フローレス, フランシスコ
Flores, Francisco フローレス, フランシスコ
1981～ [国]ベネズエラ トランペット奏者
Flores, Ignacio フローレス, イグナシオ
1953～2011 [国]メキシコ サッカー選手 通称＝Flores, Nacho
Flores, Jacob フローレス, ジェイコブ
[国]アメリカ アメフト選手
Flores, Roberto フロレス, ロベルト
[国]ホンジュラス 外相
Flores, Sylvia フロレス, シルビア
[国]ベリーズ 人的資源開発相
Flores, Wilmer フローレス, ウィルマー
[国]ベネズエラ 野球選手
Flores Alemán, José Armando フロレス・アレマン, ホセ・アルマンド
[国]エルサルバドル 経済相
Flores-aráos, Ántero フロレスアラオス, アンテロ
[国]ペルー 国防相
Flores Galarza, Javier フロレス・ガラルサ, ハビエル
[国]コスタリカ 農牧相
Flores Lanza, Enrique フロレス・ランサ, エンリケ
[国]ホンジュラス 大統領府相
Flores Moya, Allan フロレス・モジャ, アラン
[国]コスタリカ 観光相
Flores Valeriano, Enrique フロレス・バレリアノ, エンリケ
[国]ホンジュラス 内務・法務相
Flórez, Juan Diego フローレス, フアン・ディエゴ
1973～ [国]ペルー テノール歌手
Florian, Douglas フロリアン, ダグラス
[著]「こぶたは大きい」 BL出版 2005
Flo Rida フロー・ライダー
1979～ [国]アメリカ ラップ歌手
Florida, Richard フロリダ, リチャード
1957～ [国]アメリカ 都市経済学者 トロント大学ロットマン・スクール・オブ・マネジメント教授 [専]地域経済開発論 [異]フロリダ, R.
Florimon, Pedro フロリモン, ペドロ
[国]ドミニカ共和国 野球選手
Floro Flores, Antonio フローロ・フローレス, アントニオ
[国]イタリア サッカー選手
Floros, Constantin フローロス, コンスタンティン
1930～ [著]「マーラー交響曲のすべて」 藤原書店 2005
Florschuetz, Andre フロルシュッツ
[国]ドイツ リュージュ選手
Flory, Denis フローリー, デニス
[国]フランス 国際原子力機関(IAEA)事務次長
Floud, Jean Esther フロウド, ジーン
1915～2013 [国]イギリス 社会学者 ケンブリッジ大学ニューンハム・カレッジ学長 [異]フラウド, J.E.
Flourentzos, Efthymios フルレンゾス, エフシミオス
[国]キプロス 通信・公共事業相
Flournoy, Don M. フラノイ, ドン・M.
[著]「CNN世界を変えたニュースネットワーク」 NTT出版 2001
Flournoy, Michele フロノイ, ミシェル
[国]アメリカ 米国国防次官
Floury, Marie-France フルーリー, マリー＝フランス
[著]「ちびうさくんおじいちゃんおばあちゃんのいえにいく」 PHP研究所 2006
Flouzat, Denise フルザ, ドニーズ
[著]「日本経済「永続」再生論」 彩流社 2005
Flower, Derek Adie フラワー, デレク
[著]「知識の灯台」 柏書房 2003
Flower, R.J. フラワー, R.J.
[著]「ラング・デール薬理学」 西村書店 2011
Flowers, Betty Sue フラワーズ, ベティー・スー
[著]「出現する未来」 講談社 2006
Flowers, Brandon フラワーズ, ブランドン
1981～ [国]アメリカ ミュージシャン
Flowers, Brandon フラワーズ, ブランドン
[国]アメリカ アメフト選手
Flowers, Ereck フラワーズ, エレック
[国]アメリカ アメフト選手
Flowers, Marquis フラワーズ, マーキス
[国]アメリカ アメフト選手
Flowers, Trey フラワーズ, トレイ
[国]アメリカ アメフト選手
Flowers, Tyler フラワーズ, タイラ
[国]アメリカ 野球選手
Flowers, Vonetta フラワーズ
[国]アメリカ ボブスレー選手
Floyd, Bill フロイド, ビル
1968～ [国]アメリカ 作家 アメリカ探偵作家クラブ賞 メアリ・ヒギンズ・クラーク賞(2009年) "The Killer's Wife"
Floyd, Chris フロイド, クリス
[著]「経営と技術」 英治出版 2008
Floyd, Donald W. フロイド, ドナルド・W.
1951～ [著]「森林の持続可能性」 日本林業調査会 2004
Floyd, Gavin フロイド, ギャビン
[国]アメリカ 野球選手
Floyd, Leonard フロイド, レナード
[国]アメリカ アメフト選手
Floyd, Madeleine フロイド, マドレーヌ
[著]「ねこのせんちょう」 セーラー出版 2006
Floyd, Michael フロイド, マイケル
[国]アメリカ アメフト選手
Floyd, Michael フロイド, マイケル
[著]「交渉に使えるCIA流真実を引き出すテクニック」 創元社 2015
Floyd, Sharrif フロイド, シャーリフ
[国]アメリカ アメフト選手
Floyd, Susan フロイド, スーザン
[著]「悲しみはブルーの空に」 ハーレクイン 2002
Flu, Melvin Brand フルー, メルヴィン・ブランド
1966～ [著]「ビジネスで活かすサービスデザイン」 ビー・エヌ・エヌ新社 2016
Fluck, Gabi フルック, ガービ
[著]「クリスマスをわすれたサンタクロース」 評論社 2005
Fluckey, Eugene フラッケイ, ユージン
1913～2007 [国]アメリカ 軍人 潜水艦ハーブ艦長 本名＝フラッケイ, ユージン・ベネット〈Fluckey, Eugene Bennett〉
Fluckiger, Mathias フルッキガー, マティアス
[国]スイス 自転車選手
Flueck, Martin フリュック, マルティン
[著]「スポーツ筋損傷 診断と治療法」 ガイアブックス 2014
Flueckiger, Peter フルッキガー, ピーター
[著]「越境する日本文学研究」 勉誠出版 2009
Fluellen, David フルーレン, デービッド
[国]アメリカ アメフト選手
Fluggen, Lars フリュゲン, ラース
[国]ドイツ ビーチバレー選手
Fluhr, Joachim フルール, ヨアヒム・W.
[著]「敏感肌の科学」 フレグランスジャーナル社 2007
Fluke, Joanne フルーク, ジョアン
1943～ [国]アメリカ ミステリー作家
Fluker, D.J. フルーカー, D.J.
[国]アメリカ アメフト選手
Flum, Johannes フルム, ヨハネス
[国]ドイツ サッカー選手

Flur, Wolfgang　フリューア, ヴォルフガング
　1947～　著「クラフトワーク・ロボット時代」シンコー・ミュージック　2001
Fluri, Philipp　フルーリ, フィリップ
　1960～　著「議会による安全保障部門の監視」国立国会図書館調査及び立法考査局　2008
Flury, Dieter　フルーリー, ディーター
　1952～　国スイス　フルート奏者
Flusin, Bernard　フリューザン, ベルナール
　著「ビザンツ文明」白水社　2009
Fluss, Donna　フラス, ドナ
　著「実践！「顧客感動」を生むコールセンター」イースト・プレス　2006
Flusser, David　フルッサー, ダヴィド
　異フルッサー, ダーフィト　著「ユダヤ人イエス」教文館　2001
Flutur, Cristina　フルトゥル, クリスティーナ
　カンヌ国際映画祭 女優賞（第65回（2012年））　"După Dealuri"
Flutur, Gheorghe　フルトゥル, ゲオルゲ
　国ルーマニア　農相
Flygind-Larsen, Mikael　フリギン・ラルセン
　国ノルウェー　スピードスケート選手
Flynn, Anthony　フリン, アンソニー
　1983～　著「カスタマイズ」CCCメディアハウス　2014
Flynn, Brian　フリン, ブライアン
　国アメリカ　野球選手
Flynn, Brian J.　フリン, ブライアン・J.
　著「アウトソーシングのためのビジネス英文メール入門」オーム社　2010
Flynn, Christine　フリン, クリスティーン
　著「王冠の行方」ハーレクイン　2010
Flynn, Dennis Owen　フリン, デニス
　1945～　著「グローバル化と銀」山川出版社　2010
Flynn, Don　フリン, D.
　1928～　著「ハドソン川殺人事件」講談社　2001
Flynn, Gillian　フリン, ギリアン
　1971～　国アメリカ　作家　ミステリー, スリラー
Flynn, Hal　フリン, ハル
　著「ハッキング対策マニュアル」ソフトバンクパブリッシング　2003
Flynn, James Robert　フリン, ジェームズ・ロバート
　1934～　著「知能と人間の進歩」新曜社　2016
Flynn, Kevin　フリン, ケヴィン
　1956～　著「9.11生死を分けた102分」文芸春秋　2005
Flynn, Laura　フリン, ローラ
　1966～　著「統合失調症の母と生きて」みすず書房　2014
Flynn, Matt　フリン, マット
　国アメリカ　ミュージシャン
Flynn, Michael F.　フリン, マイクル
　1947～　著「異星人の郷（さと）」東京創元社　2010
Flynn, Nick　フリン, ニック
　1960～　著「路上の文豪, 酔いどれジョナサンの「幻の傑作」」イースト・プレス　2012
Flynn, Noriko　フリン, ノリコ
　1923～2003　国アメリカ　日系女性の地位向上に尽力　本名＝フリン, ノリコ・サワダ・ブリッジズ〈Flynn, Noriko Sawada Bridges〉
Flynn, Robert M.　フリン, ロバート
　1920～2009　国アメリカ　カトリック司祭, 英語教師　津和野カトリック教会司祭
Flynn, Vince　フリン, ヴィンス
　1966～2013　国アメリカ　作家　異フリン, ヴィンス
Fneish, Mohammed　フネイシュ, ムハンマド
　国レバノン　青年・スポーツ相　異フネイシュ, モハメド
Fo, Dario　フォ, ダリオ
　1926～2016　国イタリア　劇作家, 俳優, 演出家　異フォー, ダリオ
Foa, Edna B.　フォア, エドナ・B.
　著「PTSDハンドブック」金剛出版　2014
Fobih, Dominic　フォビー, ドミニク
　国ガーナ　土地・森林相　異フォビ, ドミニク
Fock, Jeno　フォック, イェネー
　1916～2001　国ハンガリー　政治家　ハンガリー首相
Focken, Aline　フォケン, アリネ
　国ドイツ　レスリング選手
Focken, Ulrich　フォッケン, ウルリッヒ
　著「風力発電出力の短期予測」オーム社　2012
Focsa, Boris　フォクサ, ボリス
　国モルドバ　文化相
Foden, Giles　フォーデン, ジャイルズ
　1967～　国イギリス　作家　著文学
Fodi, Ibrahim Binta　フォディ, イブラヒム・ビンタ
　国ニジェール　共同体開発・国土整備相
Fodor, Zoltan　フォドル
　国ハンガリー　レスリング選手
Foe, Marc-Vivien　フォエ, マルク・ヴィヴィアン
　1975～2003　国カメルーン　サッカー選手　異フォエ, マルク・ビビアン／フォエ, マルクビビアン
Foenkinos, David　フェンキノス, ダヴィド
　1974～　国フランス　作家, 映画監督　著ロマンス
Foer, Franklin　フォア, フランクリン
　著「サッカーが世界を解明する」白水社　2006
Foer, Jonathan Safran　フォア, ジョナサン・サフラン
　1977～　国アメリカ　作家　著フィクション
Foer, Joshua　フォア, ジョシュア
　著「ごく平凡な記憶力の私が1年で全米記憶力チャンピオンになれた理由（わけ）」エクスナレッジ　2011
Foerster, Paul　ファースター
　国アメリカ　セーリング選手
Fofana, Adama　フォファナ, アダマ
　国ブルキナファソ　議会対策相兼政府スポークスマン
Fofana, Bakalawa　フォフォナ, バカラワ
　国トーゴ　産業・技術革新相　異フォファナ, バカラワ
Fofana, Gakou Salimata　フォファナ, ガコ・サリマタ
　国マリ　住宅・都市開発相
Fofana, Gueida　フォファナ, グエイダ
　国フランス　サッカー選手
Fofana, Mohamed Lamine　フォファナ, モハメド・ラミン
　国ギニア　鉱山・地質相
Fofana, Mohamed Saïd　フォファナ, モハメド・サイド
　国ギニア　首相
Fofana, Seko　フォファナ, セコ
　国フランス　サッカー選手
Fofana, Siandou　フォファナ, シアンドゥ
　国コートジボワール　観光相
Fofana, Wesley　フォファーナ, ウェルスレイ
　国フランス　ラグビー選手
Fofanah, Abubakarr　フォファナ, アブ・バカー
　国シエラレオネ　保健・衛生相　異フォファナー, アブバカリ
Fogarty, Miko　フォーガッティー, ミコ
　国スイス　ローザンヌ国際バレエコンクール ベスト・スイス賞（第41回（2013年））
Fogaš, L'ubomír　フォガシュ, リュボミル
　国スロバキア　副首相（議会担当）
Fogden, Michael　フォグデン, マイケル
　1941～　著「美しいハチドリ図鑑」グラフィック社　2015
Fogel, Gary　フォーゲル, ゲーリー・B.
　1968～　著「ソフトコンピューティングとバイオインフォマティクス」東京電機大学出版局　2004
Fogel, Robert William　フォーゲル, ロバート
　1926～2013　国アメリカ　経済学者　シカゴ大学教授・人口経済学センター所長　著計量経済史学
Fogelberg, Dan　フォーゲルバーグ, ダン
　？～2007　国アメリカ　シンガー・ソングライター
Fogelin, Adrian　フォゲリン, エイドリアン
　国アメリカ　作家　著児童書, ヤングアダルト
Fogelin, Robert J.　フォグリン, ロバート
　1932～　著「理性はどうしたって綱渡りです」春秋社　2005
Fogerty, John　フォガティ, ジョン
　著「メモリーズ・オブ・ジョン」イースト・プレス　2006
Fogg, B.J.　フォッグ, B.J.
　著「人を動かすテクノロジ」日経BP社, 日経BP出版センター（発売）　2005
Fogg, Daniel　フォッグ
　国イギリス　競泳選手
Fogg, John Milton　フォッグ, ジョン・ミルトン
　1948～　著「噂の鉄人」四海書房　2005
Fogg, Marnie　フォッグ, マーニー
　著「FASHION」東京堂出版　2016
Fogle, Bruce　フォーグル, ブルース
　1944～　著「新犬種コンパクト図鑑」緑書房　2015
Fogler, Dan　フォグラー, ダン
　トニー賞 ミュージカル 助演男優賞（2005年（第59回））　"The

25th Annual Putnam County Spelling Bee"
Foglia Costa, Alejandro　フォグリアコスタ, アレハンドロ
　国ウルグアイ　セーリング選手
Foglia Costa, Andrea　フォグリア
　国ウルグアイ　セーリング選手
Fogliano, Julie　フォリアーノ, ジュリー
　著「あ、はるだね」講談社　2015
Fognini, Fabio　フォニーニ, ファビオ
　国イタリア　テニス選手
Fogus, Michael　フォーガス, マイケル
　著「JavaScriptで学ぶ関数型プログラミング」オライリー・ジャパン, オーム社（発売）　2014
Foh, Victor Bockarie　フォ, ビクター・ボカリエ
　国シエラレオネ　副大統領
Fohrenbach, Jonas　フェーレンバッハ, ヨナス
　国ドイツ　サッカー選手
Fois, Marcello　フォイス, マルチェロ
　1960～　著「弁護士はぶらりと推理する」早川書房　2004
Foissy, Guy　フォアシィ, ギー
　著「現代フランス演劇傑作選」演劇出版社　2001
Fokaides, Christoforos　フォカイディス, フリストフォロス
　国キプロス　国防相
Fokeev, Vitaly　フォキエフ, ビタリー
　国ロシア　射撃選手　邦フォキエフ
Fokin, Anton　フォキン
　国ウズベキスタン　体操選手
Folan-Curran, Jean　フォラン＝カーラン, ジーン
　著「カラー臨床神経解剖学」西村書店　2006
Folau, Israel　フォラウ, イズラエル
　国オーストラリア　ラグビー選手
Folauhola, Lynda　フォラウホラ
　国オーストラリア　飛び込み選手
Foldhazi, Zsofia　フォルハジ, ゾフィア
　国ハンガリー　近代五種選手
Földi, Mihály　フェルディ, M.
　1920～　著「リンパドレナージュの基礎知識」キベプランニング　2008
Foldy, Erica　フォルディー, エリカ
　著「行動探求」英治出版　2016
Foles, Nick　フォールズ, ニック
　国アメリカ　アメフト選手
Foley, Andrew　フォーリー, アンドリュー
　著「カウボーイ＆エイリアン」小学館集英社プロダクション　2011
Foley, Bernard　フォーリー, バーナード
　国オーストラリア　ラグビー選手
Foley, Caroline　フォーリー, キャロライン
　著「ハーブ活用百科事典」産調出版　2006
Foley, Charles　フォーリー, チャールズ
　1955～　アメリカ探偵作家クラブ賞 批評・評伝賞（2008年）
　"Arthur Conan Doyle: A Life in Letters"
Foley, Duncan K.　フォーリー, ダンカン
　1942～　国アメリカ　経済学者　ニュースクール大学大学院教授
　著マルクス経済学, 資本論
Foley, Edward　フォーリー, エドワード
　著「時代から時代へ」聖公会出版　2006
Foley, Gaelen　フォリー, ガーレン
　著「愛の旋律を聴かせて」原書房　2010
Foley, Greg E.　フォリー, グレッグ
　1969～　著「ドントウォーリーベア」マガジンハウス　2008
Foley, James D.　フォーリー, J.D.
　1942～　著「コンピュータグラフィックス理論と実践」オーム社　2001
Foley, Mark D.　フォーレー, マーク・D.
　著「サロンマネジメント」同友館　2002
Foley, Mary Jo　フォリー, メアリー・ジョー
　1961～　著「マイクロソフトビル・ゲイツ不在の次の10年」翔泳社　2008
Foley, Thomas A.　フォーリー, トーマス・A.
　1961～　著「One to oneマーケティングを超えた戦略的webパーソナライゼーション」日経BP社, 日経BP出版センター（発売）　2002
Foley, Thomas Stephen　フォーリー, トーマス
　1929～2013　国アメリカ　政治家, 弁護士　駐日米国大使, 米国下院議長（民主党）　邦フォーレー
Foley, Tom　フォーリー, トム
　国アメリカ　タンパベイ・レイズコーチ

Folì, Gianluca　フォリ, ジャンルカ
　1978～　著「絵のすきなライオン」ディー・ティー・ジャパン　c2014
Foli-bazi, Katari　フォリバジ, カタリ
　国トーゴ　労働・雇用・公務員相
Foljanty-Jost, Gesine　フォリヤンティ・ヨースト, ゲジーネ
　1952～　国ドイツ　マルティン・ルターハレ・ヴィッテンベルク大学副学長, 元・ハレ・ザーレ郡独日協会会長（初代）　邦フォリャンティ＝ヨースト, ゲジーネ
Folk, Nick　フォーク, ニック
　国アメリカ　アメフト選手
Folkard, Claire　フォルカード, クレア
　著「ギネス世界記録」ポプラ社　2004
Folkard, Naomi　フォルカード, ナオミ
　国イギリス　アーチェリー選手
Folkenberg, Judith　フォルケンバーグ, ジュディス
　著「人体解剖図」二見書房　2007
Folkerts, Brian　フォルカーツ, ブライアン
　国アメリカ　アメフト選手
Folkestad, Göran　フォークスタッド, ヨラン
　著「音楽アイデンティティ」北大路書房　2011
Folkman, Judah　フォークマン, ジューダ
　?～2008　国アメリカ　がん研究者　ハーバード大学医学部外科学教室教授　著解剖学, 細胞生物学
Follese, Jamie　フォレセー, ジェイミー
　1991～　国アメリカ　ミュージシャン　本名＝Follese, Jamie Christian
Follese, Ryan　フォレセー, ライアン
　1987～　国アメリカ　ミュージシャン　本名＝Follese, Ryan Keith　邦フォリース, ライアン
Follett, Ken　フォレット, ケン
　1949～　国イギリス　作家　筆名＝マイルズ, サイモン〈Myles, Symon〉
Follette, Victoria M.　フォレット, ヴィクトリア・M.
　邦フォレット, V.M.　著「アクセプタンス＆コミットメント・セラピー実践ガイド」明石書店　2014
Folliet, Luc　フォリエ, リュック
　1979～　著「ユートピアの崩壊ナウル共和国」新泉社　2011
Follini, Marco　フォリーニ, マルコ
　国イタリア　副首相
Follis, Arianna　フォリス, アリ
　国イタリア　距離スキー選手
Folman, Ari　フォルマン, アリ
　1962～　国イスラエル　映画監督
Folon, Jean-Michel　フォロン, ジャン・ミシェル
　1934～2005　国ベルギー　画家, 彫刻家　邦フォロン, ジャン・ミッシェル／フォロン, ジャンミッシェル
Folotalu, Walter　フォロタル, ワルター
　国ソロモン諸島　通信・航空相
Folscheid, Dominique　フォルシェー, ドミニク
　1944～　著「年表で読む哲学・思想小事典」白水社　2014
Folse, Keith S.　フォルス, キース
　著「語彙の神話」学文社　2009
Folsgaard, Mikkel Boe　フォルスガール, ミケル・ボー
　ベルリン国際映画祭 銀熊賞 男優賞（第62回（2012年））　"En Kongelig Affære"
Folsom, Allan　フォルサム, アラン
　1941～　著「皇帝の血脈」新潮社　2005
Folsom, James P.　フォールサム, ジェームズ・P.
　国アメリカ　ハンティントンライブラリー植物園園長
Folsom, Ralph Haughwout　フォルソン, ラルフ・H.
　著「アメリカ国際商取引法」木鐸社　2003
Folstein, Susan　フォルスタイン, スーザン
　著「自閉症と発達障害研究の進歩」星和書店　2006
Foltynewicz, Mike　フォルティネビッチ, マイク
　国アメリカ　野球選手
Foltz, Richard C.　フォルツ, R.C.
　1961～　著「シルクロードの宗教」教文館　2003
Fombelle, Timothée de　フォンベル, ティモテ・ド
　1973～　国フランス　作家　著児童書
Fombrun, Charles J.　フォンブラン, チャールズ・J.
　著「コーポレート・レピュテーション」東洋経済新報社　2005
Fomenko, Pyotr Naumovich　フォメンコ, ピョートル
　1932～2012　国ロシア　演出家　ソ連国立演劇大学教授
Fomičev, Valerij　フォミチョフ, V.
　1946～　著「ポートレートで読むマルクス」極東書店　2005

Fomin, Dmitrii Vladimirovich　フォミーン，ドミトリイ
　㊂「やわらかな思考を育てる数学問題集」岩波書店　2012
Fomina, Nina Lutfalievna　フォミナ・ニーナ・リュトファリエヴナ
　㊂ロシア　ハバロフスク対外友好協会副会長
Fonagy, János　フォナジ，ヤーノシュ
　㊂ハンガリー　運輸・通信・水利相
Fonagy, Peter　フォナギー，P.
　1952～　㊂「メンタライジングの理論と臨床」北大路書房　2014
Fonda, Jane　フォンダ，ジェーン
　1937～　㊂アメリカ　女優　本名＝Fonda, Jayne Seymour　㊂フォンダ，ジェイン
Fonda, Peter　フォンダ，ピーター
　1939～　㊂アメリカ　俳優、映画監督
Fondecave, Audrey　フォンドゥカヴ，オードリー
　1974～　㊂「Grain-d'aile」エクリ　2009
Foner, Eric　フォーナー，エリック
　1943～　㊂アメリカ　歴史家　コロンビア大学教授
Fong, Chan Onn　フォン・チャンオン
　㊂マレーシア　人的資源相
Fong, Kevin A.　フォン，ケビン・A.
　㊂「シリコンバレー」日本経済新聞社　2001
Fong, Siu Yan　フォン・シュウヤン・ウイニー
　㊂中国　元・在香港日本国総領事館現地職員　漢字名＝方紹欣
Fono, Fred　フォノ，フレッド
　㊂ソロモン諸島　副首相兼農村開発相
Fonotoe, Nuafesili Pierre Lauofo　フォノトエ・ヌアフェシリ・ピエーレ・ラウオフォ
　㊂サモア　副首相兼商業・産業・労働相
Fonseca, Clotilde　フォンセカ，クロティルデ
　㊂コスタリカ　科学技術相
Fonseca, Elizabeth　フォンセカ，エリサベス
　㊂コスタリカ　文化相
Fonseca, Francis　フォンセカ，フランシス
　㊂ベリーズ　検事総長兼教育・労働相
Fonseca, Gautama　フォンセカ，ガウタマ
　㊂ホンジュラス　治安相
Fonseca, Jorge Carlos　フォンセカ，ジョルジ・カルロス
　1950～　㊂カボベルデ　政治家　カボベルデ大統領　本名＝Fonseca, Jorge Carlos de Almeida　㊂フォンセカ，ジョルジュカルロス
Fonseca, Mabel　フォンソカ
　㊂プエルトリコ　レスリング選手
Fonseca, Ralph　フォンセカ，ラルフ
　㊂ベリーズ　内相
Fonseca, Roberto　フォンセカ，ロベルト
　1975～　㊂キューバ　ミュージシャン
Fonseka, Sarath　フォンセカ，サラト
　㊂スリランカ　地方開発相
Fonstad, Karen Wynn　フォンスタッド，カレン・ウィン
　1945～　㊂「「中つ国」歴史地図」評論社　2002
Font, Jordi　フォント
　㊂スペイン　スノーボード選手
Fontaine, André　フォンテーヌ，アンドレ
　1921～2013　㊂フランス　ジャーナリスト　「ル・モンド」社長・主筆　本名＝Fontaine, André Lucien Georges
Fontaine, Anne　フォンテーヌ，アンヌ
　1959～　㊂フランス　映画監督、元女優
Fontaine, Jessica　フォンテーヌ，ジェシカ
　㊂「Design Voyage」技術評論社　2013
Fontaine, Joan　フォンテイン，ジョーン
　1917～2013　㊂アメリカ　女優　旧芸名＝バーフィールド，ジョーン　㊂フォンテーヌ，ジョーン／フォンティーヌ
Fontaine, Juan Andrés　フォンタイネ，フアン・アンドレス
　㊂チリ　経済・復興・観光相
Fontaine, Nicole　フォンテーヌ，ニコル
　1942～　㊂フランス　政治家、弁護士　フランス産業担当相、欧州議会議長
Fontaine, Pascal　フォンテーヌ，パスカル
　㊂「EUを知るための12章」駐日欧州連合代表部広報部　2013
Fontana, Antonia Ida　フォンタナ，アントニア＝イーダ
　㊂「ブルーシールド」日本図書館協会　2007
Fontana, Arianna　フォンタナ
　㊂イタリア　ショートトラック選手
Fontana, Ellen　フォンタナ，エレン
　㊂「オードリー物語」二見書房　2011
Fontana, Joseph Frank　フォンタナ，ジョセフ・フランク
　㊂カナダ　労相
Fontana, Marco Aurelio　フォンタナ，マルコアウレリオ
　㊂イタリア　自転車選手　㊂フォンタナ
Fontana, Micol　フォンターナ，ミコル
　1913～2015　㊂イタリア　スタイリスト
Fontana, Nolan　フォンタナ，ノーラン
　㊂アメリカ　野球選手
Fontana, Tom　フォンタナ，トム
　アメリカ探偵作家クラブ賞　スペシャルエドガー（2005年）
Fontanel, Sophie　フォンタネル，ソフィー
　㊂「フォネルのE-mail」祥伝社　2003
Fontanet, Xavier　フォンタネ，グザヴィエ
　㊂フランス　エシロール・インターナショナル社、ロレアル社、シュネデール・エレクトリック社役員、元・エシロール・インターナショナル社取締役会長、元・仏経団連（MEDEF）執行役員
Fontas, Andreu　フォンタス，アンドレウ
　㊂スペイン　サッカー選手
Fontcuberta, Joan　フォンクベルタ，ジョアン
　1955～　㊂「秘密の動物誌」筑摩書房　2007
Fonte, Jose　フォンテ，ジョゼ
　㊂ポルトガル　サッカー選手
Fontenay, Elisabeth de　フォントネ，エリザベート・ド
　1934～　㊂フランス　哲学者、エッセイスト　㊂フォントネ，エリザベット・ド
Fontes, Cristina　フォンテス，クリスティナ
　㊂カボベルデ　法務・地方行政相
Fontes, Justine　フォンテス，ジャスティン
　㊂「アーサー・クリスマスの大冒険」メディアファクトリー　2011
Fontes, Ron　フォンテス，ロン
　㊂「アーサー・クリスマスの大冒険」メディアファクトリー　2011
Fontes Lima, Cristina　フォンテスリマ，クリスティナ
　㊂カボベルデ　副首相兼保健相　㊂フォンテス・リマ，クリスティナ
Fontijn, Nouchka　フォンティン，ヌーカ
　㊂オランダ　ボクシング選手
Fonton, Noël　フォントン，ノエル
　㊂ベナン　都市計画・住宅・衛生相
Fonua, Opeti　フォウナ，オペティ
　㊂トンガ　ラグビー選手
Foo, Jixun　フー，ジシュン
　投資家
Foot, Michael Mackintosh　フット，マイケル
　1913～2010　㊂イギリス　政治家、作家　英国労働党党首　㊂フート，マイケル
Foot, Philippa Ruth　フット，フィリッパ
　1920～2010　㊂イギリス　哲学者　カリフォルニア大学ロサンゼルス校名誉教授　㊂フート，フィリッパ
Foot, Robert　フット，ロバート
　1964～　㊂「「見えない星」を追え！」PHP研究所　2003
Foote, Daniel H.　フット，ダニエル・H.
　1954～　㊂「名もない顔もない司法」NTT出版　2007
Foote, Horton　フート，ホートン
　1916～2009　㊂アメリカ　劇作家、脚本家　本名＝Foote, Albert Horton (Jr.)　㊂フッテ，ホルトン
Foote, Judy M.　フット，ジュディ・M.
　㊂カナダ　公共サービス・調達相
Foote, Kenneth E.　フット，ケネス・E.
　1955～　㊂「記念碑の語るアメリカ」名古屋大学出版会　2002
Foote, Nathaniel　フット，ナサニエル
　㊂フート，ナサニエル　㊂「動機づける力」ダイヤモンド社　2009
Footman, Tim　フットマン，ティム
　㊂「ギネスブック」きこ書房　2001
Foppe, John　フォッピ，ジョン
　㊂「「答え」はあなたの中に在る」成甲書房　2006
Foran, Bill　フォラン，ビル
　㊂アメリカ　マイアミ・ヒートアシスタントコーチ（バスケットボール）　㊂フォーラン，ビル
Forau, Clay　フォラウ，クレイ
　㊂ソロモン諸島　外務・貿易相
Forbath, Kai　フォーバス，カイ
　㊂アメリカ　アメフト選手
Forbeck, Matt　フォーベック，マット
　㊂「銀竜の騎士団」アスキー　2007

Forbes, Bryan　フォーブス, ブライアン
　1926〜2013　国イギリス　映画監督, 映画プロデューサー, 脚本家, 俳優, 作家
Forbes, Bryn　フォーブス, ブライアン
　国アメリカ　バスケットボール選手
Forbes, Damar　フォーブス
　国ジャマイカ　陸上選手
Forbes, Fidélis　フォルブス, フィデリス
　国ギニアビサウ　交通・通信相
Forbes, Leslie　フォーブス, レスリー
　著「ボンベイ・アイス」角川書店　2003
Forbes, Nancy　フォーブス, ナンシー
　著「物理学を変えた二人の男」岩波書店　2016
Forbes, Peter　フォーブズ, ピーター
　1947〜　著「ナノサイエンス図鑑」河出書房新社　2015
Forbes, Scott　フォーブス, スコット
　著「世界恐怖図鑑」文渓堂　2016
Forbes, Steve　フォーブス, スティーブ
　1947〜　国アメリカ　出版人　「フォーブス」社主　本名=フォーブス, マルコム・スティーブンソンJr.〈Forbes, Malcolm Stevenson Jr.〉　愛フォーブズ
Forbis, Amanda　フォービス, アマンダ
　国イギリス　オタワ国際アニメーション映画祭 カナダ映画協会（最優秀カナダ作品）(2011年) ほか
Force, Marie Sullivan　フォース, マリー
　著「女刑事サム・ホランド」集英社クリエイティブ, 集英社（発売）　2015
Forcier, Chad　フォーシャー, チャド
　国アメリカ　オーランド・マジックアシスタントコーチ（バスケットボール）
Forciniti, Rosalba　フォルチニティ
　国イタリア　柔道選手
Forczyk, Robert　フォーチェック, ロバート
　著「ドイツ戦車猟兵vs KV-1重戦車」大日本絵画　2013
Ford, A.G.　フォード, A.G.
　著「バラク・オバマ」PHP研究所　2009
Ford, Amanda　フォード, アマンダ
　著「ほしいと思った服が全部買えない自分をかわいそうに思っているあなたへ」ディスカヴァー・トゥエンティワン　2005
Ford, Ann　フォード, アン
　著「パッケージ＆ラベル」グラフィック社　2011
Ford, Arielle　フォード, アリエール
　著「ソウルメイト・シークレット」ランダムハウス講談社　2009
Ford, Ber　フォード, ベヴ
　著「ポール・オースターが朗読するナショナル・ストーリー・プロジェクト」アルク　2006
Ford, Bernette G.　フォード, バーネット
　著「おむつのガーガとおまるのブータ」評論社　2007
Ford, Betty　フォード, ベティ
　1918〜2011　国アメリカ　フォード第38代大統領の妻　ベティ・フォード・センター会長
Ford, Brent　フォード, ブレント
　著「トイ・ストーリー おもちゃのじかん」大日本絵画　2003
Ford, Charles V.　フォード, チャールズ・V.
　著「うそつき」草思社　2002
Ford, David　フォード
　国カナダ　カヌー選手
Ford, David　フォード, デビット
　著「リレーションシップ・マネジメント」白桃書房　2001
Ford, Debbie　フォード, デビー
　1955〜　著「シャドウ・エフェクト」ヴォイス　2011
Ford, Dee　フォード, ディー
　国アメリカ　アメフト選手
Ford, Edward R.　フォード, エドワード・R.
　著「巨匠たちのディテール」丸善　2005
Ford, Eileen　フォード, アイリーン
　1922〜2014　国アメリカ　実業家　フォード・モデル創設者　本名=Ford, Eileen Cecile Otte
Ford, George　フォード, ジョージ
　国イングランド　ラグビー選手
Ford, Gerald Rudolph　フォード, ジェラルド
　1913〜2006　国アメリカ　政治家　米国大統領（第38代）　本名=Ford, Gerald Rudolph (Jr.)　愛フォード, ジェラルド・R.
Ford, Gina　フォード, ジーナ
　1960〜　著「カリスマ・ナニーが教える1週間でおむつにさよなら! トイレトレーニング講座」朝日新聞出版　2012
Ford, Glenn　フォード, グレン
　1916〜2006　国アメリカ　俳優　本名=フォード, グウィリン〈Ford, Gwylin〉
Ford, Glyn　フォード, グリン
　1950〜　著「北朝鮮」第一法規　2008
Ford, G.M.　フォード, G.M.
　国アメリカ　作家　愛ミステリー, スリラー
Ford, Harrison　フォード, ハリソン
　1942〜　国アメリカ　俳優　本名=Ford, Harrison J.
Ford, Jaime José　フォード, ハイメ・ホセ
　国パナマ　公共事業相
Ford, Jamie　フォード, ジェイミー
　1968〜　国アメリカ　作家　愛文学
Ford, Jeffrey　フォード, ジェフリー
　1955〜　世界幻想文学大賞 長編（2009年）ほか
Ford, Josephine Clay　フォード, ジョセフィン
　1923〜2005　国アメリカ　慈善活動家
Ford, Judy　フォード, ジュディ
　1944〜　著「シングル・シングル」オープンナレッジ　2005
Ford, Justin　フォード, ジャスティン
　著「「とみのなる木」の育て方」ガイア出版, ジュピター出版（発売）　2005
Ford, Katie　フォード, ケイティ
　著「プロは語る。」アスペクト　2005
Ford, Kenneth Willian　フォード, ケネス・W.
　1926〜　愛フォード, ケネス　著「量子的世界像101の新知識」講談社　2014
Ford, Laura　フォード, ローラ
　1953〜　著「日米ボディトーク」三省堂　2016
Ford, Marsha　フォード, M.
　著「外傷患者の初期診療」メディカル・サイエンス・インターナショナル　2005
Ford, Martin R.　フォード, マーティン
　著「ロボットの脅威」日本経済新聞出版社　2015
Ford, Michael　フォード, ミッシェル
　1956〜　著「傷ついた預言者」聖公会出版　2009
Ford, Nancy　フォード, ナンシー
　著「恋のたわむれ」カモミール社　2007
Ford, Neal　フォード, ニール
　著「プロジェクト・マネジャーが知るべき97のこと」オライリー・ジャパン, オーム社（発売）　2011
Ford, Quincy　フォード, クインシー
　国アメリカ　バスケットボール選手
Ford, Rachel　フォード, レイチェル
　著「情熱の香り」ハーレクイン　2003
Ford, Richard　フォード, リチャード
　著「月曜日は最悪だとみんなは言うけれど」中央公論新社　2006
Ford, Richard B.　フォード, R.B.
　著「小動物の臨床栄養学」マーク・モーリス研究所　2001
Ford, Rob　フォード, ロブ
　1969〜2016　国カナダ　政治家　トロント市長　本名=Ford, Robert
Ford, Robert Clayton　フォード, ロバート・C.
　1945〜　著「不機嫌な職場を楽しい職場に変えるチーム術」日本能率協会マネジメントセンター　2010
Ford, Roger　フォード, ロジャー
　著「船の百科事典」東洋書林　2005
Ford, Ross　フォード, ロス
　国スコットランド　ラグビー選手
Ford, Tom　フォード, トム
　1961〜　国アメリカ　ファッションデザイナー, 映画プロデューサー　トム・フォード・インターナショナル社長・CEO　グッチ・クリエイティブ・ディレクター
Ford, Warwick　フォード, ウォーウィック
　著「ディジタル署名と暗号技術」ピアソン・エデュケーション　2001
Ford, Wendel Hampton　フォード, ウェンデル・ハンプトン
　1924〜2015　国アメリカ　政治家　米国上院議員（民主党）
Ford, William Clay　フォード, ウィリアム・クレイ
　1925〜2014　国アメリカ　実業家　フォード・モーター副会長, デトロイト・ライオンズ社長・オーナー
Ford, William Cray, Jr　フォード, ウィリアム・クレイ, Jr
　1957〜　国アメリカ　実業家　フォード・モーター会長, デトロイト・ライオンズ副会長　別称=フォード, ビル〈Ford, Bill〉
Forde, Barry　フォード
　国バルバドス　自転車選手

Forde, Ralph Quinlan フォード, ラルフ・クィンラン
[著]「チベット医学の真髄」 ガイアブックス, 産調出版(発売) 2009

Forden, Sara Gay フォーデン, サラ・ゲイ
[著]「ザ・ハウス・オブ・グッチ」 講談社 2004

Fordice, Kirk, Jr. フォーダイス, カーク, Jr.
1934〜2004 [国]アメリカ 政治家, 実業家 ミシシッピ州知事, フォーダイス建設社長・CEO 本名＝Fordice, Daniel Kirkwood

Fordyce, W.D. フォーダイス, ウィルバート・E.
[著]「偽薬効果」 春秋社 2002

Forehand, Joe W., Jr. フォーハンド, ジョー, Jr.
1948〜 [国]アメリカ 経営コンサルタント アリセント会長 アクセンチュア会長・CEO [異]フォアハンド, ジョー

Forehand, Rex Lloyd フォアハンド, レックス
1945〜 [著]「困った子が5週間で変わる」 日本評論社 2003

Foreman, George Edward フォアマン, ジョージ
1949〜 [国]アメリカ 元プロボクサー WBA・IBF統一世界ヘビー級チャンピオン

Foreman, Jack フォアマン, ジャック
1986〜 [著]「あ、そ、ぼ」 小学館 2007

Foreman, Michael フォアマン, マイケル
1938〜 [著]「時をつなぐおもちゃの犬」 あかね書房 2013

Foreman, Nigel フォアマン, ナイジェル
[著]「空間認知研究ハンドブック」 二瓶社 2001

Foren, Robert ホーレン, R.
[著]「ソーシャルケースワークと権威」 書肆彩光 2013

Forest, Philippe フォレスト, フィリップ
1962〜 [国]フランス 批評家, 作家 ナント大学文学部教授 [専]象徴主義詩人, シュルレアリスム文学, 日本文学ほか

Forester, Amanda フォレスター, アマンダ
[著]「デビュタントは放蕩者に破滅させられる」 オークラ出版 2015

Forester, John フォレスター, ジョン
[著]「経営と社会」 同友館 2001

Forester, Lutz フェルスター, ルッツ
1953〜 [国]ドイツ ダンサー ピナ・バウシュ・ヴッパタール舞踊団芸術監督

Forestier, Sara フォレスティエ, サラ
セザール賞 主演女優賞(第36回(2010年)) “Le nom des gens”

Forestier, Sylvie フォレスティエ, シルヴィー
[著]「シャガール」 二玄社 2006

Forgas, Joseph P. フォーガス, ジョセフ・P.
[著]「エモーショナル・インテリジェンス」 ナカニシヤ出版 2005

Forgash, Carol フォーガッシュ, キャロル
[著]「EMDRによる解離性障害・複雑性PTSDの治療」 二瓶社 2014

Forge, John フォージ, ジョン
1946〜 [著]「科学者の責任」 産業図書 2013

Forgeard, Noël フォルジャール, ノエル
1946〜 [国]フランス 実業家 エアバス・インダストリー社長・CEO

Forgey, Bill フォーゲイ, ビル
[著]「プロフェッショナルVB.NET」 インプレス, インプレスコミュニケーションズ(発売) 2002

Forinash, Michele フォーリナッシュ, ミシェル
[著]「音楽療法スーパービジョン」 人間と歴史社 2007

Forissier, Nicolas フォリシエ, ニコラ
[国]フランス 農業・食糧・漁業・農村問題担当相

Forlán, Diego フォルラン, ディエゴ
1979〜 [国]ウルグアイ サッカー選手 本名＝フォルラン・コラソ, ディエゴ〈Forlán Corazo, Diego〉

Forman, Gar フォーマン, ガー
[国]アメリカ シカゴ・ブルズGM

Forman, Gayle フォアマン, ゲイル
[国]アメリカ 作家 [専]ヤングアダルト

Forman, George E. フォアマン, G.
[著]「子どもたちの100の言葉」 世織書房 2001

Forman, Janis フォーマン, ジャニス
[著]「コーポレート・コミュニケーションの時代」 日本評論社 2004

Forman, Milos フォアマン, ミロス
1932〜 [国]アメリカ 映画監督 チェコ名＝フォルマン, ミロシュ〈Forman, Miloš〉

Formby, Bent フォーンビー, ベント
[著]「眠らない人は太る、病気になる」 はまの出版 2001

Formell, Juan フォルメル, ファン
1942〜2014 [国]キューバ ミュージシャン 本名＝Formell Cortina, Juan Climaco

Formichetti, Nicola フォルミケッティ, ニコラ
[著]「クリエイティブスペース」 グラフィック社 2011

Formiguera, Pere フォルミゲーラ, ペレ
1952〜 [著]「秘密の動物誌」 筑摩書房 2007

Formisano, Roger A. フォルミザーノ, ロジャー・A.
[著]「経営戦略の定石を学ぶ!」 ディスカヴァー・トゥエンティワン 2007

Formo, Ivar フォルモ, イヴァル
1951〜2006 [国]ノルウェー スキー選手 [異]フォルモ, イバル

Fornals, Pablo フェルナルス, パブロ
[国]スペイン サッカー選手

Fornari, Giuliano フォルナーリ, ジュリアーノ
[著]「人体を旅する」 理論社 2004

Fornari, Sonia フォルナーリ, ソニア
1963〜 [著]「「認知を生きる」ことの意味」 協同医書出版社 2003

Fornaris, Erick フォルナリス
[国]キューバ 飛び込み選手

Fornas, Bernard フォーナス, ベルナール
1947〜 [国]フランス 実業家 リシュモングループ共同CEO

Fornasier, Michele フォルナシエール, ミケーレ
[国]イタリア サッカー選手

Fornefeld, Barbara フォルネフェルト, バルバラ
[著]「重障児の現象学」 川島書店 2003

Fornero, Elsa フォルネロ, エルサ
[国]イタリア 労働・社会政策・機会均等相

Forney, Ellen フォーニー, エレン
1968〜 [著]「はみだしインディアンのホントにホントの物語」 小学館 2010

Forni, Pier Massimo フォルニ, P.M.
[著]「礼節「再」入門」 ディスカヴァー・トゥエンティワン 2012

Foromo, Blaise フォロモ, ブレズ
[国]ギニア 都市計画・住宅相 [異]フォロモ, ブレーズ

Forouzandeh, Lotfollah フォルーザンデ, ロトフォラ
[国]イラン 副大統領(国会担当)

Forov, Denis フォロフ
[国]アルメニア レスリング選手

Forrer, Isabelle フォラー, イザベル
[国]スイス ビーチバレー選手

Forrer, Matthi フォラー, マティ
日本美術研究家 ライデン国立民族学博物館特任研究員 ライデン大学文学部特任教授 本名＝フォラー, マティアス・フランシスカス・マリア〈Forrer, Matthias Franciscus Maria〉 [異]フォーラー, マティ

Forrest, Andrew フォレスト, アンドリュー
[国]オーストラリア 実業家

Forrest, Brett フォレスト, ブレット
1973〜 [著]「サッカー界の巨大な闇」 作品社 2015

Forrest, Emma フォレスト, エマ
[著]「ルビー」 アーティストハウスパブリッシャーズ, 角川書店(発売) 2003

Forrest, Josh フォレスト, ジョシュ
[国]アメリカ アメフト選手

Forrest, Margot Silk フォレスト, マーゴット・シルク
[著]「トラウマからの解放:EMDR」 二瓶社 2006

Forrest, Steve フォレスト, スティーブ
1925〜2013 [国]アメリカ 俳優 本名＝アンドルース, ウィリアム・フォレスト〈Andrews, William Forrest〉 [異]フォーレスト, スティーヴ / フォレスト, スティーヴ

Forrester, Duncan B. フォレスター, ダンカン・B.
1933〜 [著]「神との出会い」 一麦出版社 2012

Forrester, Maureen フォレスター, モーリーン
1930〜2010 [国]カナダ アルト歌手 [異]フォレスター, モーリン

Forrester, Owen フォレスター, オーウェン・“バガ”
[著]「リンパティック・システムの誕生」 今日の話題社 2004

Forrester, Paul フォレスター, ポール
[著]「木工技法バイブル」 ガイアブックス, 産調出版(発売) 2010

Forrester, Sandra フォレスター, サンドラ
1949〜 [著]「大蛇ヒスフィットと海竜の入り江」 ソフトバンククリエイティブ 2005

Forrester, Viviane フォレステル, ヴィヴィアンヌ
1925〜 [著]「経済の独裁」 光芒社 2003

Forristal, Jeff フォリスタル, ジェフ
[著]「セキュアなWebアプリケーション開発」 ソフトバンクパブリッシング 2002

Fors, Mats フォーシュ, マーツ

Forsberg, Aaron　フォースバーグ, アーロン
1964〜　㊗「アメリカと日本の奇跡」世界思想社　2001
Forsberg, Emil　フォルスベリ, エミル
㊇スウェーデン　サッカー選手
Forsberg, Hans G.　フォシュベリ, ハンス・G.
㊇スウェーデン　元・王立工学アカデミー会長, 元・瑞日基金会長
Forsberg(wallin), Magdalena　フォシュベリ
㊇スウェーデン　バイアスロン選手
Forsberg, Ralph P.　フォースバーグ, ラルフ・P.
㊗「48のケースで学ぶ職業倫理」センゲージラーニング, 同友館(発売)　2014
Forsberg, Randall　フォースバーグ, ランダル
㊗「もう戦争はさせない！」文理閣　2007
Forsch, Bob　フォーシュ, ボブ
1950〜2011　㊇アメリカ　野球選手　本名＝Forsch, Robert Herbert
Forsell, Jacob　フォシェッル, ヤコブ
㊗「愛蔵版アルバム アストリッド・リンドグレーン」岩波書店　2007
Forsett, Justin　フォーセット, ジャスティン
㊇アメリカ　アメフト選手
Forshaw, Adam　フォーショー, アダム
㊇イングランド　サッカー選手
Forshaw, Andy　フォーショー, アンディ
㊗「ビジュアル大年表137億年の物語」文芸春秋　2013
Forshaw, Barry　フォーショー, バリー
㊗「シャーロック・ホームズ大図鑑」三省堂　2016
Forshaw, Jeffrey Robert　フォーショー, ジェフ
1968〜　㊗「クオンタムユニバース量子」ディスカヴァー・トゥエンティワン　2016
Forshaw, Louise　フォーショウ, ルイーズ
㊗「きょうりゅうサファリ」大日本絵画　〔2014〕
Forsman, Sven Erik　フォルスマン, スヴェン・エリク
㊇フィンランド　元・フィンランド産業雇用者連盟貿易政策・国際関係局長
Forstater, Mark　フォステイター, マーク
㊗「自分の人生に出会うための言葉」草思社　2002
Forstater, Mathew　フォーステイター, マシュー
1961〜　㊗「図説世界を変えた50の経済」原書房　2014
Forstemann, Robert　フォルステマン
㊇ドイツ　自転車選手
Forster, Fraser　フォースター, フレイザー
㊇イングランド　サッカー選手
Forster, Marc　フォースター, マーク
1969〜　映画監督, 脚本家　㊇フォスター, マーク
Forster, Margaret　フォースター, マーガレット
1938〜2016　㊇イギリス　作家　㊇フォスター, マーガレット
Forster, Mark　フォースター, マーク
㊗「仕事に追われない仕事術」ディスカヴァー・トゥエンティワン　2016
Forster, Suzanne　フォースター, スザンヌ
㊗「一晩だけの結婚」ハーレクイン　2005
Forsterling, H.D.　フェルスターリンク, H.
㊗「クーン・フェルスターリンク物理化学」丸善　2002
Forsterling, Karsten　フォスターリング, カーステン
㊇オーストラリア　ボート選手
Forstinger, Monika　フォルスティンガー, モニカ
㊇オーストリア　社会基盤相
Forsyth, Adam　フォーサイス
㊇オーストラリア　ボクシング選手
Forsyth, Allison　フォーサイス
㊇カナダ　アルペンスキー選手
Forsyth, Frederick　フォーサイス, フレデリック
1938〜　㊇イギリス　作家, ジャーナリスト
Forsyth, Harold W.　フォルサイト, ハロルド・W.
㊇ペルー　駐日特命全権大使
Forsyth, John P.　フォーサイス, ジョン・P.
㊗「不安障害のためのACT〈アクセプタンス＆コミットメント・セラピー〉」星和書店　2012
Forsyth, Kate　フォーサイス, ケイト
1966〜　㊇オーストラリア　ファンタジー作家　㊇歴史, 児童書, ファンタジー
Forsyth, LeighAnn　フォーサイス, リーアン・H.
1967〜　㊗「行動科学を活かした身体活動・運動支援」大修館書店　2006

Forsyth, Neil　フォーサイス, ニール
1944〜　㊗「古代悪魔学」法政大学出版局　2001
Forsyth, Neil　フォーサイス, ニール
㊗「アザー・ピープルズ・マネー」日之出出版　2009
Forsyth, Patrick　フォーサイス, パトリック
㊗「書くスキルを学べ!!」ディスカヴァー・トゥエンティワン　2006
Forsyth, Robert　フォーサイス, ロバート
㊗「Fw190シュトゥルムボックvs B-17フライング・フォートレス」大日本絵画　2010
Forsythe, John　フォーサイス, ジョン
1918〜2010　㊇アメリカ　俳優　本名＝Freund, John Lincoln
Forsythe, Logan　フォーサイス, ローガン
㊇アメリカ　野球選手
Forsythe, Michael　フォーサイス, マイケル
㊗「チャイナズ・スーパーバンク」原書房　2014
Forsythe, Patricia　フォーサイス, パトリシア
㊗「ターゲットはプリンセス」ハーレクイン　2004
Forsythe, William　フォーサイス, ウィリアム
1949〜　㊇アメリカ　振付師, 元バレエダンサー　フランクフルト・バレエ団芸術監督
Fort, L.J.　フォート, L.J.
㊇アメリカ　アメフト選手
Fort, Patrick　フォール, パトリック
㊗「ジダン」阪急コミュニケーションズ　2010
Forta, Ben　フォータ, ベン
㊇フォルタ, ベン　㊗「Macromedia COLDFUSION MX認定デベロッパー試験公式ガイド」ソフトバンクパブリッシング　2004
Fortanasce, Vincent　フォーテネイス, ヴィンセント
㊗「認知症にならないための決定的予防法」河出書房新社　2010
Forte, Allen　フォート, アレン
㊗「無調音楽の構造」音楽之友社　2012
Forte, Antonino　フォルテ, アントニーノ
？〜2006　㊇イタリア　歴史学者　イタリア国立東方学研究所所長　㊇唐代仏教社会史
Forte, Charles　フォルテ, チャールズ
1908〜2007　㊇イギリス　実業家　フォルテグループ創業者　別名＝Forte, Lord
Forte, Matt　フォーティ, マット
㊇アメリカ　アメフト選手
Forte, Trudy M.　フォルテ, トルーディ・M.
㊗「老化の生命科学」アークメディア　2007
Fortes, Leonesa　フォルテス, レオネサ
㊇カボベルデ　観光・投資・企業開発相
Fortes, Márcio　フォルテス, マルシオ
㊇ブラジル　都市相
Forte-Trammell, Sheila　フォート・トラメル, シェイラ
1948〜　㊗「IBMのキャリア開発戦略」同友館　2014
Fortey, Richard A.　フォーティ, リチャード
1946〜　㊗「〈生きた化石〉生命40億年史」筑摩書房　2014
Fortgang, Laura Berman　フォートガング, ローラ・バーマン
㊗「生き方のコーチング」PHP研究所　2005
Fortgang, Ron S.　フォートガング, ロン・S.
㊗「「交渉」からビジネスは始まる」ダイヤモンド社　2005
Fortich, Antonio Y.　フォルティッチ, アントニオ
1913〜2003　㊇フィリピン　カトリック司教　フィリピンカトリック教会名誉司教　㊇フォーティッチ／フォルティチ
Fortier, Anne　フォーティア, アン
1971〜　㊇デンマーク, アメリカ　作家　㊇ミステリー, ロマンス
Fortier, Michael　フォルティエ, マイケル
㊇カナダ　公共事業・政府サービス相
Fortier, Natali　フォルチェ, ナタリー
1959〜　㊗「スキ…」くもん出版　2005
Fortin, Ariane　フォーティンブローチュ, アリアン
㊇カナダ　ボクシング選手
Fortin, François　フォルタン, フランソワ
㊗「図解スポーツ大百科」悠集館, 八峰出版(発売)　2006
Fortini-Campbell, Lisa　フォルティーニ＝キャンベル, リサ
㊗「統合マーケティング戦略論」ダイヤモンド社　2003
Fortner, John D.　フォルトナー, J.D.
㊗「ナノ毒性学」エヌ・ティー・エス　2007
Fortnow, Lance　フォートナウ, ランス
1963〜　㊗「P≠NP予想とはなんだろう」日本評論社　2014
Fortnum, Peggy　フォートナム, ペギー
1919〜2016　㊇イギリス　イラストレーター　本名＝Fortnum, Margaret Emily Noel

Fortosis, Stephen　フォートシス, ステファン
1953〜　㊗「動乱の中国にキリストの愛をたずさえて」 いのちのことば社 2008

Fortún, Guillermo　フォルトゥン, ギジェルモ
㊁ボリビア　内相

Fortunati, Leopoldina　フォーチュナティ, レオポルディーナ
㊗「絶え間なき交信の時代」NTT出版 2003

Fortunati, Taeko　フォルトゥナーティ, タエコ
㊗「うちの食卓」講談社 2009

Fortunato, Artur Carlos Andrade　フォルトゥナト, アルトゥル・カルロス・アンドラデ
㊁アンゴラ　建設相

Fortuyn, Pim　フォルタイン, ピム
1948〜2002　㊁オランダ　政治家, 社会学者　フォルタイン党党首, エラスムス大学教授　㊙フォルタイン, ピン / フォルトゥイン, ピム

Forty, Adrian　フォーティー, エイドリアン
1948〜　㊗「メディアとしてのコンクリート」鹿島出版会 2016

Forward, David C.　フォワード, デイビッド・C.
1952〜　㊗「奉仕の一世紀」Rotary International c2003

Forward, Robert L.　フォワード, ロバート
?〜2002　㊁アメリカ　SF作家, 物理学者

Forward, Simon A.　フォワード, サイモン
1967〜　㊁イギリス　作家　㊗SF

Forward, Susan　フォワード, スーザン
㊗「毒親の棄て方」新潮社 2015

Forward, Toby　フォワード, トビー
1950〜　㊗「魔法がくれた時間」金の星社 2012

Forzani, Silvia　フォルツァーニ, シルビア
1964〜　㊗「くろいちょうちょ」講談社 2002

Fosita, Latiume　フォシタ, ラティウメ
㊁トンガ　ラグビー選手

Fosl, Peter S.　フォスル, ピーター
㊗「倫理学の道具箱」共立出版 2012

Foss, Craig　フォス, クレッグ
㊁ニュージーランド　中小企業相兼統計相兼退役軍人問題相

Foss, Joe　フォス, ジョー
?〜2003　㊁アメリカ　政治家, 軍人　サウスダコタ州知事, 米国空軍大佐

Foss, Lukas　フォス, ルーカス
1922〜2009　㊁アメリカ　作曲家, 指揮者　ボストン大学作曲科教授

Foss, Per-Kristian　フォス, ペールクリスティアン
㊁ノルウェー　財務相

Foss, Rene　フォス, レネ
1962〜　㊗「フライトアテンダントのちっとも優雅じゃない生活」ソニー・マガジンズ 2004

Fosse, Jon　フォッセ, ヨン
ドイツ児童文学賞 (2007年)　児童書　"Schwester"

Fossella, Frank V.　フォッセラ, F.V.
㊗「肺癌」シュプリンガー・ジャパン 2006

Fosset, Steve　フォセット, スティーブ
1944〜2008　㊁アメリカ　冒険家, 実業家　㊙フォセット, スティーブ

Fossey, Dian　フォッシー, ダイアン
1932〜　㊗「霧のなかのゴリラ」平凡社 2002

Fosshage, James L.　フォサーギ, ジェームズ・L.
㊗「自己心理学の臨床と技法」金剛出版 2006

Fossum, Karin　フォッスム, カーリン
1954〜　㊙フォッスム, カリン　㊗「晴れた日の森に死す」東京創元社 2016

Fosten, Bryan　フォッスン, ブライアン
㊗「フリードリヒ大王の歩兵」新紀元社 2001

Foster, Adriance S.　フォスター, エイドリアンス・S.
1901〜　㊗「維管束植物の形態と進化」文一総合出版 2002

Foster, Alan Dean　フォスター, アラン・ディーン
1946〜　㊁アメリカ　作家　㊙フォスター, アラン・D.

Foster, Alethea V.M.　フォスター, A.V.M.
㊗「糖尿病フットケアハンドブック」シュプリンガー・ジャパン 2006

Foster, Arian　フォスター, アリアン
㊁アメリカ　アメフト選手

Foster, Ben　フォスター, ベン
㊁イングランド　サッカー選手

Foster, Brad W.　フォスター, ブラッド・W.
ヒューゴー賞ファンアーティスト (2011年) ほか　㊙フォスター, ブラッド

Foster, Chris　フォスター, クリストファー
1932〜　㊗「ヨシュアよ, 高く翔べ!」主婦の友社 2006

Foster, Corey　フォスター, コーリー
㊗「ワシントンマニュアル」メディカル・サイエンス・インターナショナル 2011

Foster, Cynthia Ewell　フォスター, シンシア・E.
㊗「十代の自殺の危険」金剛出版 2016

Foster, Devid　フォスター, デービッド
1949〜　音楽プロデューサー　㊙フォスター, デイヴィッド / フォスター, デビッド / フォスター, デヴィッド

Foster, D.J.　フォスター, D.J.
㊁アメリカ　アメフト選手

Foster, Donte　フォスター, ドンテ
㊁アメリカ　アメフト選手

Foster, Graça　フォステル, グラサス
1953〜　㊁ブラジル　実業家　ペトロブラスCEO　本名=Foster, Maria das Graças Silva

Foster, Greg　フォスター, グレッグ
㊁アメリカ　ミルウォーキー・バックスアシスタントコーチ (バスケットボール)

Foster, Hal　フォスター, ハル
1955〜　㊁アメリカ　美術史家　プリンストン大学美術史考古学科教授

Foster, Harold D.　フォスター, ハロルド・D.
㊗「統合失調症本当の理由」中央アート出版社 2008

Foster, Jack　フォスター, ジャック
1930〜　㊗「アイデアのヒント」ティビーエス・ブリタニカ 2003

Foster, Jeff　フォスター, ジェフ
㊗「もっとも深いところで, すでに受け入れられている」ナチュラルスピリット 2015

Foster, Jodie　フォスター, ジョディ
1962〜　㊁アメリカ　女優, 映画監督, 映画プロデューサー　本名=フォスター, アリシア・クリスチャン〈Foster, Alicia Christian〉　㊙フォスター, ジョディー

Foster, John　フォスター, ジョン
1941〜　㊗「インディー・ポスター1000」グラフィック社 2011

Foster, John Bellamy　フォスター, ジョン・ベラミー
1953〜　㊗「裸の帝国主義」こぶし書房 2009

Foster, Jonathan K.　フォスター, ジョナサン・K.
㊗「記憶」星和書店 2013

Foster, Juliana　フォスター, ジュリアナ
㊗「女の子の品格」ゴマブックス 2008

Foster, Karen　フォースター, カレン
㊗「からだ」PHP研究所 2003

Foster, Kay　フォスター, ケイ
㊗「ヒーローズシーズン2」角川書店, 角川グループパブリッシング (発売) 2009

Foster, Ken　フォスター, ケン
㊗「ぼくを見つけてくれた犬たち」朝日新聞出版 2009

Foster, L.L.　フォスター, L.L.
㊗「真夜中のサーバント」ヴィレッジブックス 2012

Foster, Lori　フォスター, ローリー
1958〜　㊗「ハートの奥まで触れないで」ハーパーコリンズ・ジャパン 2016

Foster, Marilynne E.　フォスター, マリリン・E.
㊗「日々, 聖霊に満たされて」いのちのことば社 2009

Foster, Mason　フォスター, メイソン
㊁アメリカ　アメフト選手

Foster, Nancilea　フォスター
㊁アメリカ　飛び込み選手

Foster, Norman　フォスター, ノーマン
1935〜　㊁イギリス　建築家　本名=Foster, Norman Robert

Foster, Ramon　フォスター, ラモン
㊁アメリカ　アメフト選手

Foster, Richard J.　フォスター, リチャード・J.
㊗「スピリチュアリティ成長への道」日本キリスト教団出版局 2006

Foster, Richard N.　フォスター, リチャード・N.
㊗「マッキンゼー組織の進化」ダイヤモンド社 2003

Foster, Rick　フォスター, リック
1949〜　㊗「ハッピーな人々の秘密」総合法令出版 2004

Foster, Russell G.　フォスター, ラッセル
㊗「生物時計はなぜリズムを刻むのか」日経BP社, 日経BP出版センター (発売) 2006

Foster, Sally　フォスター

国オーストラリア　競泳選手
Foster, Shirley　フォスター, シャーリー
　著「本を読む少女たち」柏書房　2002
Foster, Steve　フォスター, スティーブ
　国アメリカ　コロラド・ロッキーズコーチ
Foster, Steven　フォスター, スティーブン
　1957〜　著「メディカルハーブ事典」日経ナショナルジオグラフィック社, 日経BPマーケティング(発売)　2014
Foster, Sutton　フォスター, サットン
　トニー賞 ミュージカル 主演女優賞(2011年(第65回))　"Anything Goes"
Foster, Terry　フォスター, テリー
　著「フェンダー大名鑑1946 - 1970」Pヴァイン・ブックス, スペースシャワーネットワーク(発売)　2012
Foster, Thomas C.　フォスター, トーマス・C.
　著「大学教授のように小説を読む方法」白水社　2010
Foster-Cohen, Susan H.　フォスター＝コーエン, スーザン・H.
　1954〜　著「子供は言語をどう獲得するのか」岩波書店　2001
Foster-hylton, Brigitte　フォスターヒルトン
　国ジャマイカ　陸上選手
Foster-Johnson, Eric　フォスター・ジョンソン, エリック
　著「Red Hat RPM Guide」ソフトバンクパブリッシング　2003
Fosu-mensah, Timothy　フォス・メンサー, ティモシー
　国オランダ　サッカー選手
Fothergill, Alastair　フォザギル, アラステア
　著「プラネットアース」日本放送出版協会　2007
Fotiou, Fotis　フォティウ, フォティス
　国キプロス　農業・資源・環境相
Fottorino, Eric　フォトリーノ, エリック
　1960〜　国フランス　作家, ジャーナリスト　ルモンド社長　異フォトリノ, エリック
Fotuali'i, Kahn　フォトゥアリ, カーン
　国サモア　ラグビー選手
Fotyga, Anna　フォティガ, アンナ
　国ポーランド　外相
Fou, Ts'ong　フー・ツォン
　1934〜　国中国　ピアニスト　異フー, ツォン / フー・ツォン
Fouchard, Dominique　フシャール, ドミニク
　著「最新地図で読む世界情勢」CCCメディアハウス　2015
Foucher, Trevor　フォシェ, トレバー
　著「リーダブルコード」オライリー・ジャパン, オーム社(発売)　2012
Fouci, Anthony　フォーシ, アンソニー
　国アメリカ　医学者　米国立アレルギー感染症研究所長　異エイズ
Fouda, André Mama　フダ, アンドレ・ママ
　国カメルーン　保健相
Fouére, Barbara　フュージェ, バーバラ
　著「ペットの自然療法事典」ガイアブックス, 産調出版(発売)　2010
Fougère, Martin　フゲール, マーチン
　著「マーケティング・ディスコース」学文社　2010
Fougeroux, Nicolas de　フージュルー, ニコラ・ド
　著「世界は希望に満ちている」パジリコ　2004
Fouhy, Ben　フォーイ
　国ニュージーランド　カヌー選手　異ファウヒ
Foulds, Brooke　フォールズ, ブルック
　著「乳幼児精神保健ケースブック」金剛出版　2007
Foulkes, Andrea S.　フォルクス, アンドレア・S.
　著「実践でわかる！ Rによる統計遺伝学」丸善出版　2016
Foulkes, Arthur　フォークス, アーサー
　国バハマ　総督
Foulkes, Bill　フォークス, ビル
　1932〜2013　国イギリス　サッカー選手　本名＝Foulkes, William Anthony
Foulkes, Dion　フォークス, ディオン
　国バハマ　労働・社会開発相　異フォールクス, ディオン
Foulkes, Francis　フォールケス, フランシス
　著「エペソ人への手紙」いのちのことば社　2006
Foulkes, Fred K.　フォウルクス, フレッド・K.
　著「組織変革のジレンマ」ダイヤモンド社　2004
Foulquier, Dimitri　フルキエ, ディミトリ
　国フランス　サッカー選手
Foumakoye, Nana Aicha　フマコイ, ナナ・アイチャ
　国ニジェール　社会開発・人口・女性・児童相
Fountain, Hyleas　ファウンテン

国アメリカ　陸上選手
Fountain, Jane E.　ファウンティン, ジェーン・E.
　著「仮想国家の建設」一芸社　2005
Fouquet, Gerhard　フーケー, ゲルハルト
　1952〜　著「災害と復興の中世史」八坂書房　2015
Fourcade, Martin　フールカデ, マルタン
　1988〜　国フランス　バイアスロン選手　異フールカデ, M. / フォルカード, マルタン
Fourie, Lehann　フーリエ
　国南アフリカ　陸上選手
Fournel, Emilie　フォーネル, エミリー
　国カナダ　カヌー選手
Fournet, Jean　フルネ, ジャン
　1913〜2008　国フランス　指揮者　東京都交響楽団名誉指揮者, オランダ放送フィルハーモニー管弦楽団終身指揮者
Fourneyron, Valérie　フルネロン, バレリー
　国フランス　スポーツ・青年・社会教育・市民活動相
Fournier, Evan　フォーニエ, エバン
　国フランス　バスケットボール選手
Fournier, Helene　フルニエ, エレン
　1971〜　著「Parisのヨガ」高橋書店　2006
Fournier, Jean-Louis　フルニエ, ジャン＝ルイ
　1938〜　著「どこ行くの, パパ？」白水社　2011
Fournier, Steven　フォーニア, スティーヴン
　著「アメリカ最優秀教師が教える相対論＆量子論」講談社　2011
Fournier Rodriguez, Angel　フォルニエル, アンヘル
　国キューバ　ボート選手　異フォルニエル
Fournier-Rosset, Jany　フルニエ＝ロッセ, ジャニー
　1934〜　著「聖女ヒルデガルトと喜びのレシピ」視覚障害者支援総合センター　2013
Fournies, Ferdinand F.　フォーニーズ, F.
　著「だから部下は言われたことをやらない」ディスカヴァー・トゥエンティワン　2005
Fouroux, Jacques　フールー, ジャック
　？〜2005　国フランス　ラグビー監督, ラグビー選手　ラグビー・フランス代表監督　異フルー, ジャック
Fourquet, Francois　フルケ, フランソワ
　著「開かれた歴史学」藤原書店　2006
Fourtou, Jean-René　フルトゥ, ジャンルネ
　1939〜　国フランス　実業家　ビベンディ名誉会長　ビベンディ・ユニバーサル会長・CEO
Fouzia, Hashim　フージア・ハシム
　国エリトリア　法相　異ファウジア・ハシム
Fovel, J.Tyler　フォーベル, J.タイラー
　著「ABAプログラムハンドブック」明石書店　2012
Fowdar, Sangeet　フォーダー, サンギー
　国モーリシャス　技術開発・生産性相
Fowkes, Andrew　フォクス, アンドリュー
　著「移動の制約の解消が社会を変える」近代文芸社　2004
Fowler, Adrian　ファウラー, エイドリアン
　著「ケンブリッジ版カナダ文学史」彩流社　2016
Fowler, Antony　ファウラー, アントニー
　国イギリス　ボクシング選手
Fowler, Bennie　ファウラー, ベニー
　国アメリカ　アメフト選手
Fowler, Chad　ファウラー, チャド
　著「Railsレシピ」オライリー・ジャパン, オーム社(発売)　2006
Fowler, Christopher　ファウラー, クリストファー
　著「白昼の闇」東京創元社　2006
Fowler, Connie May　ファウラー, コニー・メイ
　著「翼があるなら」青山出版社　2003
Fowler, Dante　ファウラー, ダンテ
　国アメリカ　アメフト選手
Fowler, David Robert　ファウラー, デイビッド
　著「統合失調症を理解し支援するための認知行動療法」金剛出版　2011
Fowler, Dexter　ファウラー, デクスター
　国アメリカ　野球選手
Fowler, Edward　ファウラー, エドワード
　1947〜　著「山谷ブルース」新潮社　2002
Fowler, Eleri　ファウラー, エレーリ
　著「マイ・リトル・ガーデン」ハーパーコリンズ・ジャパン　2016
Fowler, Ernest M.　ファウラー, アーネスト・M.
　著「潮だまり」信山社, 星雲社(発売)　2013
Fowler, Frances C.　ファウラー, F.C.

著「スクールリーダーのための教育政策研究入門」東信堂 2008
Fowler, Jalston　ファウラー, ジャルストン
　国アメリカ　アメフト選手
Fowler, James H.　ファウラー, ジェイムズ・H.
　1970～　著「つながり」講談社 2010
Fowler, Karen Joy　ファウラー, カレン・ジョイ
　1950～　国アメリカ　作家
Fowler, Katherine A.　ファウラー, キャサリン・A.
　著「サイコパシー・ハンドブック」明石書店 2015
Fowler, Marsha　ファウラー, マーシャ
　著「看護倫理」日本看護協会出版会 2002
Fowler, Martin　ファウラー, マーチン
　1963～　著「リファクタリング」オーム社 2014
Fowler, Richard　ファウラー, リチャード
　著「ねんねのおかお」大日本絵画 〔2010〕
Fowler, Rickie　ファウラー, リッキー
　1988～　国アメリカ　プロゴルファー
Fowler, Ron　ファウラー, ロン
　国アメリカ　サンディエゴ・パドレスオーナー
Fowler, Sally　ファウラー, サリー
　著「交渉の戦略スキル」ダイヤモンド社 2002
Fowler, Simon　ファウラー, サイモン
　1965～　国イギリス　ロック歌手
Fowler, Susan　ファウラー, S.
　1951～　著「1分間セルフ・リーダーシップ」ダイヤモンド社 2005
Fowler, Theres Anne　ファウラー, テレーズ
　国アメリカ　作家　分文学
Fowler, Tom　ファウラー, トム
　1974～　著「クァンタム＆ウッディ：俺たちには明日がある！」小学館集英社プロダクション 2016
Fowler, Will　ファウラー, ウィル
　1947～　著「SAS実戦敵地脱出マニュアル」原書房 2007
Fowler, Wyche, Jr.　フォーラー, ワイチュ, Jr.
　著「アメリカはなぜイラク攻撃をそんなに急ぐのか？」朝日新聞社 2002
Fowles, Don C.　ファウルズ, ドン・C.
　著「サイコパシー・ハンドブック」明石書店 2015
Fowles, John　ファウルズ, ジョン
　1926～2005　国イギリス　作家　本名＝Fowles, John Robert
Fowzie, A.H.M.　ファウジー, A.H.M.
　国スリランカ　都市問題相
Fox, Alan C.　フォックス, アラン
　著「アメリカの老富豪が贈る超（リアル）・処世訓」ディスカヴァー・トゥエンティワン 2015
Fox, Andrew Jay　フォックス, アンドルー
　1964～　著「ニューオリンズの白デブ吸血鬼」アンドリュース・プレス 2004
Fox, Andy　フォックス, アンディ
　著「Cisco PIX Firewall実装ガイド」ソフトバンクパブリッシング 2003
Fox, Anthony Mark　フォックス, M.
　著「量子光学」丸善出版 2012
Fox, Candice　フォックス, キャンディス
　著「邂逅」東京創元社 2016
Fox, Charles M.　フォックス, チャールズ・M.
　1955～　著「米国人弁護士が教える英文契約書作成の作法」商事法務 2012
Fox, Charlotte Kate　フォックス, シャーロット・ケイト
　1985～　国アメリカ　女優
Fox, Chloe　フォックス, クロエ
　著「VOGUE ONアレキサンダー・マックイーン」ガイアブックス, 産調出版（発売） 2013
Fox, Christyan　フォックス, クリスチャン
　著「クマですが、イヌです」光村教育図書 2016
Fox, Claudine　フォックス, クローディーン
　著「ハンドブック青年期における自傷行為」明石書店 2009
Fox, Cynthia　フォックス, シンシア
　著「幹細胞wars」一灯舎, オーム社（発売） 2009
Fox, De'Aaron　フォックス, デアーロン
　国アメリカ　バスケットボール選手
Fox, Diane　フォックス, ダイアン
　著「クマですが、イヌです」光村教育図書 2016
Fox, Dieter　フォックス, ディーター
　著「確率ロボティクス」毎日コミュニケーションズ 2007
Fox, Elaine　フォックス, エレーヌ
　1963～　著「脳科学は人格を変えられるか？」文芸春秋 2014
Fox, Erica Ariel　フォックス, エリカ・アリエル
　著「内面から勝つ交渉術」講談社 2014
Fox, Harry Robert　ファックス, ハリー・R.
　1921～　著「無条件の愛」常陸太田キリストの教会八十周年記念誌編集委員会 2005
Fox, Helen　フォックス, ヘレン
　1962～　国イギリス　作家　別SF, ファンタジー
Fox, Howard　フォックス, ハワード
　？～2011　国アメリカ　実業家　ミネソタ・ツインズ球団社長
　別ホックス, ハワード
Fox, James Alan　フォックス, ジェームズ・アラン
　著「「問題社員」の管理術」ダイヤモンド社 2007
Fox, Jeffrey J.　フォックス, ジェフリー・J.
　1945～　著「ビジネスで必要なことはみんなディナー・テーブルで学んだ」徳間書店 2009
Fox, Jenifer　フォックス, ジェニファー
　著「子供の強みを見つけよう」日本経済新聞出版社 2009
Fox, Jeremy　フォックス, ジェレミー
　著「チョムスキーとグローバリゼーション」岩波書店 2004
Fox, Jessica　フォックス, ジェシカ
　国オーストラリア　カヌー選手　別フォックス
Fox, John　フォックス, ジョン
　国アメリカ　シカゴ・ベアーズコーチ
Fox, John A.　フォックス, ジョン・A.
　著「食品安全と栄養の経済学」農林統計協会 2002
Fox, John Edward　フォックス, ジョン
　1950～　著「理学療法士のための臨床測定ガイド」ガイアブックス, 産調出版（発売） 2011
Fox, Josh　フォックス, ジョシュ
　エミー賞 プライムタイム・エミー賞 最優秀監督賞（ノンフィクション番組）（第63回（2011年））　"Gasland"
Fox, Justin　フォックス, ジャスティン
　1964～　著「合理的市場という神話」東洋経済新報社 2010
Fox, Kerry　フォックス, ケリー
　1966～　国ニュージーランド　女優
Fox, Liam　フォックス, リアム
　国イギリス　国際貿易相
Fox, Lyle　フォックス, ライル
　著「鏡が教えてくれること」ディスカヴァー・トゥエンティワン 2014
Fox, Matthew　フォックス, マシュー
　1966～　国アメリカ　俳優　本名＝Fox, Matthew Chandler
Fox, Megan　フォックス, ミーガン
　1986～　国アメリカ　女優　本名＝フォックス, ミーガン・デニス〈Fox, Megan Denise〉
Fox, Mem　フォックス, メム
　1946～　国オーストラリア　児童文学作家
Fox, Michael J.　フォックス, マイケル・J.
　1961～　国アメリカ　俳優　本名＝フォックス, マイケル・アンドルー〈Fox, Michael Andrew〉
Fox, Michael W.　フォックス, マイケル・W.
　1937～　著「幸せな犬の育て方」白揚社 2015
Fox, Morgan　フォックス, モーガン
　国アメリカ　アメフト選手
Fox, Natalie　フォックス, ナタリー
　著「カリブの娘」ハーレクイン 2003
Fox, Paula　フォックス, ポーラ
　ドイツ児童文学賞 児童部門（2008年）　"Ein Bild von Ivan"
Fox, Renée Claire　フォックス, レネー・C.
　1928～　著「国境なき医師団」みすず書房 2015
Fox, Robin　フォックス, ロビン
　1934～　著「人類学の挑戦」法政大学出版局 2002
Fox, Roz Denny　フォックス, ロズ・D.
　著「DNAの迷宮」ハーレクイン 2001
Fox, Scott C.　フォックス, スコット
　著「クリック・ミリオネア」北辰堂 2013
Fox, Sherry W.　フォックス, シェリー・W.
　著「脳神経外科臨床看護マネジメント」メディカ出版 2003
Fox, Steve　フォックス, スティーブ
　著「OBA開発入門」日経BPソフトプレス, 日経BP出版センター（発売） 2008
Fox, Steve　フォックス, スティーブ
　1964～　著「マリファナはなぜ非合法なのか？」築地書館 2011
Fox, Susan　フォックス, スーザン
　1952～　著「白いベールは偽りの色」ハーパーコリンズ・ジャパ

ン　2016
Fox, Tina　フォックス, ティナ
[著]「Cisco VoIPソリューション導入ガイド」 ソフトバンクパブリッシング　2002
Fox, Vicente　フォックス, ビセンテ
1942～　[国]メキシコ　政治家, 実業家　メキシコ大統領, グアナフアト州知事, コカ・コーラ・メキシコ社長　本名＝フォックス・ケサダ, ビセンテ〈Fox Quesada, Vicente〉
Foxall, James　フォックソール, ジェームス
[著]「独習Visual Basic.NET」 翔泳社　2003
Fox-Davies, Sarah　フォックス・デービス, サラ
1956～　[国]イギリス　挿絵画家　[異]フォックス・デービス, セーラ / フォックス・デイビス
Foxes　フォクシーズ
グラミー賞 最優秀ダンス・レコーディング作品（2013年（第56回））　"Clarity"
Foxley, Alejandoro　フォックスレイ, アレハンドロ
[国]チリ　外相
Foxley, Janet　フォクスレイ, ジャネット
[著]「マンクル・トロッグ」 小学館　2013
Fox-pitt, William　フォックスピット, ウィリアム
[国]イギリス　馬術選手
Fox Quesada, Vicente　フォックス・ケサダ, ビセンテ
[国]メキシコ　大統領
Foxx, Anthony　フォックス, アンソニー
1971～　[国]アメリカ　政治家　運輸長官　シャーロット市長
Foxx, Deshon　フォックス, デション
[国]アメリカ　アメフト選手
Foxx, Jamie　フォックス, ジェイミー
1967～　[国]アメリカ　俳優, コメディアン　本名＝Bishop, Eric Marlon
Foy, Barry　フォイ, バリー
[著]「ポール・オースターが朗読するナショナル・ストーリー・プロジェクト」 アルク　2006
Foy, Brian D.　フォイ, ブライアン・D.
[著]「Effective Perl」 翔泳社　2015
Foy, Mackenzie　フォイ, マッケンジー
ゴールデン・ラズベリー賞（ラジー賞） 最低カップル賞（第33回（2012年））　"Twilight Saga：Breaking Dawn Part 2"
Foye, Randy　フォイ, ランディ
[国]アメリカ　バスケットボール選手
Fozia, Hashim　フォージア・ハシム
[国]エリトリア　法相
Fozie, Tuo　フォジエ, トゥオ
[国]コートジボワール　青年問題担当相
Fozza, Jean-Claude　フォザ, ジャン＝クロード
[著]「イメージ・リテラシー工場」 フィルムアート社　2006
Fraassen, Bas C.van　フラーセン, B.C.ファン
[著]「科学的世界像」 紀伊国屋書店　2008
Fraccaro, Walter　フラッカーロ, ヴァルテル
[国]イタリア　テノール歌手
Fraction, Matt　フラクション, マット
[著]「パニッシャー・ウォージャーナル：シビル・ウォー」 ヴィレッジブックス　2016
Fradkov, Mikhail Yefimovich　フラトコフ, ミハイル
1950～　[国]ロシア　政治家　ロシア対外情報局（SVR）長官　ロシア首相　[異]フラトコーフ, ミハイル / フラトコフ, ミハイル・E.
Frady, Marshall　フレイディ, マーシャル
[著]「マーティン・ルーサー・キング」 岩波書店　2004
Fraga, Manuel　フラガ, マヌエル
1922～2012　[国]スペイン　政治家, 憲法学者　スペイン国民党（PP）党首, マドリード大学教授　本名＝フラガ・イリバルネ, マヌエル〈Fraga Iribarne, Manuel〉
Fraga Adrio Gonzalez Maquieira Valcarce de Lis, Cesar Adolfo　フラガ, セサール
1929～　[著]「フラガ神父の料理帳」 文化出版局　2001
Fragapane, Claudia　フラガパネ, クラウディア
[国]イギリス　体操選手
Fragel, Reid　フレイジェル, リード
[国]アメリカ　アメフト選手
Fragoso, Margaux　フラゴソ, マーゴ
1979～　[著]「少女の私を愛したあなた」 原書房　2013
Frahim, Erum　フライム, エルム
[著]「CCNP self-study：BCMSN認定テキスト」 ソフトバンクパブリッシング　2005
Frailey, Dennis J.　フレイリー, デニス・J.
[著]「ソフトウェア開発のカオス」 構造計画研究所, 共立出版（発売）　2003
Fraistat, Neil　フレイスタット, ニール
[著]「人文学と電子編集」 慶応義塾大学出版会　2011
Fraix-Burnet, Thibaut　フレ＝ビュルネ, チボー
[著]「ジダン」 白水社　2007
Fraizer, Colin　フレイザー, コリン
[著]「仕事の社会心理学」 ナカニシヤ出版　2001
Fraker, Benn　フレーカー
[国]アメリカ　カヌー選手
Fraker, William Ashman　フレイカー, ウィリアム・A.
1923～2010　[国]アメリカ　映画撮影監督　[異]フレーカー, ウィリアム・A.
Frakes, Mary H.　フレイクス, メアリー・H.
[著]「成功遺伝子」 サンマーク出版　2006
Framberger, Raphael　フランベルガー, ラファエル
[国]ドイツ　サッカー選手
Frame, Janet　フレイム, ジャネット
1924～2004　[国]ニュージーランド　作家　[異]フレーム, ジャネット
Frame, J.Davidson　フレーム, J.デビッドソン
[著]「プロジェクトマネジメントオフィス」 生産性出版　2002
Frame, Roddy　フレーム, ロディ
1964～　[国]イギリス　ミュージシャン
Frampton, Kenneth　フランプトン, ケネス
1930～　[著]「現代建築入門」 青土社　2016
Frampton, Megan　フランプトン, ミーガン
[著]「公爵と家庭教師」 ハーパーコリンズ・ジャパン　2016
Frampton, Peter　フランプトン, ペーター
グラミー賞 最優秀ポップ・インストゥルメンタル・アルバム（2006年（第49回））　"Fingerprints"
Frampton, Susan B.　フランプトン, スーザン・B.
[著]「「患者中心」で成功する病院大改造」 医学書院　2016
Franca, Eliardo　フランサ, エリアルド
[著]「はらぺこヒョウくん」 新世研　2003
Franca, Felipe　フランサ, フェリペ
[国]ブラジル　水泳選手
Franca, Mary　フランサ, マリー
1948～　[著]「はらぺこヒョウくん」 新世研　2003
Francavilla, Francesco　フランカビラ, フランチェスコ
[著]「ホークアイ：リオ・ブラボー」 小学館集英社プロダクション　2016
France, Anthony　フランス, アンソニー
[著]「ともだちからともだちへ」 理論社　2003
France, Dan　フランス, ダン
[国]アメリカ　アメフト選手
France, Melissa Dorfman　フランス, メリッサ・ドーフマン
[著]「クマのプーさんエチケット・ブック」 筑摩書房　2012
France, Michael　フランス, マイケル
[著]「ハルク」 角川書店　2003
France, R.T.　フランス, R.T.
[著]「マタイの福音書」 いのちのことば社　2011
Frances, Allen　フランセス, アレン
1942～　[著]「精神疾患診断のエッセンス」 金剛出版　2014
Frances, Craig　フランシス, クレーグ
[著]「セイントとフランシスの総合外来診療ガイド」 メディカル・サイエンス・インターナショナル　2009
Francescato, Donata　フランチェスカート, ドナータ
1944～　[著]「人生を変えられる人、変えられない人」 広済堂出版　2002
Franceschelli, Christopher　フランチェスチェッリ, クリストファー
[著]「ABCのかくれんぼ」 大日本絵画　〔2016〕
Franceschini, Dario　フランチェスキーニ, ダリオ
[国]イタリア　文化・観光相
Francesco, Bellissimo　フランチェスコ, ベリッシモ
[著]「おうちでイタリアごはん」 ぶんか社　2010
Franchetti, Raymond　フランケッティ, レイモン
1921～2003　[国]フランス　バレエ演出家　パリ・オペラ座バレエ団芸術監督
Franchina, Basilio　フランキナ, バジリオ
1914～2003　[国]イタリア　脚本家　[異]フランキーナ, バジリオ
Franchitti, Dario　フランキッティ, ダリオ
1973～　[国]イギリス　レーシングドライバー
Francione, Gianni　フランチョーネ, ジャンニ
[著]「パリ・ハウス」 チャールズ・イー・タトル出版　2004
Franciosa, Anthony　フランシオサ, アンソニー
1928～2006　[国]アメリカ　俳優　通称＝フランシオサ, トニー

〈Franciosa, Tony〉
Francique, Alleyne フランシク
　国グレナダ　陸上選手
Francis, A.J. フランシス, A.J.
　国アメリカ　アメフト選手
Francis, Anne フランシス, アン
　1930～2011　国アメリカ　女優
Francis, Arlene フランシス, アーリン
　1908～2001　国アメリカ　女優
Francis, Brian フランシス, ブライアン
　著「プロフェッショナルASP.NET」インプレス, インプレスコミュニケーションズ（発売）2002
Francis, Charlie フランシス, チャーリー
　1948～2010　国カナダ　陸上コーチ
Francis, Cindy フランシス, シンディ
　著「幸福をつかむ明日への言葉」PHP研究所　2002
Francis, Colin フランシス, コリン
　著「大人が楽しむイングリッシュ・ポエチュリー」リーベル出版　2007
Francis, David A. フランシス, デイヴィッド・A.
　著「直前対策Project Management Professional」翔泳社　2004
Francis, Dick フランシス, ディック
　1920～2010　国イギリス　作家, 騎手　英国推理作家協会（CWA）会長　本名＝フランシス, リチャード・スタンリー
　〈Francis, Richard Stanley〉
Francis, D.W. フランシス, デイヴィッド
　著「エスノメソドロジーへの招待」ナカニシヤ出版　2014
Francis, Felix フランシス, フェリックス
　1953～　国イギリス　作家　働ミステリー, スリラー
Francis, Frank フランシス, フランク
　著「おばあちゃんのぼうし」クレイン　2012
Francis, George K. フランシス, G.K.
　著「トポロジーの絵本」シュプリンガー・フェアラーク東京　2005
Francis, Graham フランシス, グラハム
　著「業績評価の理論と実務」東洋経済新報社　2004
Francis, Hermangild フランシス, ハーマンギルド
　国セントルシア　内務・法務・国家安全保障相
Francis, H.G. フランシス, H.G.
　著「回転海綿との邂逅」早川書房　2016
Francis, James フランシス, ジェイムズ
　著「原潜を救助せよ」二見書房　2003
Francis, Javon フランシス, ジャボン
　国ジャマイカ　陸上選手
Francis, John フランシス, ジョン
　1950～　著「プラネットウォーカー」日経ナショナルジオグラフィック社, 日経BP出版センター（発売）2009
Francis, Julian フランシス, ジュリアン
　国セントビンセント・グレナディーン　運輸・公共事業・都市開発・地方自治相
Francis, Kirk フランシス, カーク
　アカデミー賞 音響賞（第80回（2007年））"The Bourne Ultimatum"
Francis, Leslie J. フランシス, レスリー
　著「おやすみなさい」日本キリスト教団出版局　2011
Francis, Lorenzo フランシス, ロレンゾ
　国セントルシア　法相兼検事総長
Francis, Lowell フランシス, ローウェル
　著「フラッシュポイント：バットマン」ヴィレッジブックス　2012
Francis, Mickey フランシス, ミッキー
　1960～　著「フーリガン」飛鳥新社　2001
Francis, Phyllis フランシス, フィリス
　国アメリカ　陸上選手
Francis, Richard C. フランシス, リチャード・C.
　1953～　著「エピジェネティクス操られる遺伝子」ダイヤモンド社　2011
Francis, Simon フランシス, サイモン
　国イングランド　サッカー選手
Francis, Suzanne フランシス, スーザン
　著「ファインディングドリー」偕成社　2016
Francis, Tomas フランシス, トーマス
　国ウェールズ　ラグビー選手
Francis Ⅰ フランシスコ1世
　1936～　国アルゼンチン　ローマ法王（第266代）　本名＝ベルゴリオ, ホルヘ・〈Bergoglio, Jorge Mario〉　働フランキスクス
Francis-Bryden, Selena フランシス＝ブライデン, セレナ

　著「リメイクファッション」ガイアブックス, 産調出版（発売）2012
Francis-Cheung, Theresa チャン, テレサ
　著「第6感を活かす」ガイアブックス, 産調出版（発売）2008
Franciscis, Alfonso de フランチシス, アルフォンソ・デ
　著「ポンペイの壁画」岩波書店　2001
Francisco, Ruth フランシスコ, ルース
　国アメリカ　作家　働ミステリー
Francis-West, Philippa H. フランシス・ウェスト, P.H.
　著「ラーセン人体発生学」西村書店東京出版編集部　2013
Franck, Didier フランク, ディディエ
　1947～　著「フランス現象学の現在」法政大学出版局　2016
Franck, Egon フランク, エゴン
　著「新制度派経済学による組織入門」白桃書房　2007
Franck, Julia フランク, ユリア
　1970～　国ドイツ　作家　働文学, フィクション
Franck, Martine フランク, マルティーヌ
　著「スクラップブック」岩波書店　2009
Franck, Mikko フランク, ミッコ
　1979～　国フィンランド　指揮者　フランス放送フィルハーモニー管弦楽団首席指揮者
Franck, Sebastian フランク, セバスティアン
　著「キリスト教神秘主義著作集」教文館　2014
Franckh, Pierre フランク, ピエール
　1953～　著「宇宙に上手にお願いしてダイエットする法」サンマーク出版　2011
Francks, Penelope フランクス, ペネロピ
　1949～　著「歴史のなかの消費者」法政大学出版局　2016
Franco, Itamar フランコ, イタマル
　1930～2011　国ブラジル　政治家　ブラジル大統領　本名＝Franco, Itamar Augusto Cautiero
Franco, Jess フランコ, ジェス
　1930～2013　国スペイン　映画監督　別名＝フランク, ジェス, マネラ, フランコ, フランク, ジョン, バウム, アンリ
Franco, Jorge フランコ, ホルヘ
　1962～　国コロンビア　作家　働文学, フィクション
Franco, Julio フランコ, フリオ
　1958～　国ドミニカ共和国　プロ野球指導者, 元野球選手　本名＝Franco, Julio Cesar
Franco, Julio Cesar フランコ, フリオ・セサル
　国パラグアイ　副大統領
Franco, Maikel フランコ, マイケル
　国ドミニカ共和国　野球選手
Franco, Michel フランコ, ミシェル
　カンヌ国際映画祭 脚本賞（第68回（2015年））"Chronic"
Franco, Peter フランコ, ピーター
　グラミー賞 最優秀録音技術アルバム（クラシック以外）（2013年（第56回））"Random Access Memories" エンジニア
Franco, Sammy フランコ, S.
　著「ザ・街闘術」第三書館　2005
Franco Badia, Pedro フランコ・バディア, ペドロ
　国ドミニカ共和国　内務警察相
Franco Gómez, Luis Federico フランコ・ゴメス, ルイス・フェデリコ
　1962～　国パラグアイ　政治家　パラグアイ大統領　働フランコ, フェデリコ
François, Déborah フランソワ, デボラ
　1987～　国ベルギー　女優
Francois, Ricky Jean フランコイス, リッキー・ジーン
　国アメリカ　アメフト選手
François, Rotchild, Jr. フランソワ, ロチルド, Jr.
　国ハイチ共和国　情報相
François, Walter フランソワ, ウォルター
　国セントルシア　計画・開発・環境・住宅相
François, Zoë フランソワ, ゾイ
　著「1日5分かけるだけで本格パンが焼ける！」楽工社　2015
Francoise フランソワーズ
　著「まりーちゃんとおおあめ」福音館書店　2008
François-Poncet, Jean André フランソワ・ポンセ, ジャン・アンドレ
　1928～2012　国フランス　政治家　フランス外相, フランス上院議員　働フランソア・ポンセ
Francomano, Clair A. フランコマーノ, クレア・A
　著「遺伝看護の実践」日本看護協会出版会　2001
Francon, Mellie フランコン
　国スイス　スノーボード選手

Francona, Terry フランコナ, テリー
1959〜 国アメリカ 大リーグ監督, 元野球選手 本名=Francona, Terry Jon 別フランコーナ, テリー / フランコーナー, テリー

Franco Ramos, Jorge フランコ, ホルヘ
1962〜 著「パライソ・トラベル」河出書房新社 2012

Francq, Isabelle フランク, イザベル
著「わたしの土地から大地へ」河出書房新社 2015

Fran Escriba フラン・エスクリバ
国スペイン ビジャレアル監督

Frang, Vilde フラング, ヴィルデ
1986〜 国ノルウェー バイオリニスト

Frangilli, Michele フランジィーリ, ミケーレ
1976〜 著「異端のアーチャー」市田印刷出版 2011

Frangilli, Vittorio フランジィーリ, ヴィットリオ
1950〜 著「異端のアーチャー」市田印刷出版 2011

Franjieh, Suleiman フランジエ, スレイマン
国レバノン 内務・地方自治相

Frank, Adam フランク, アダム
1962〜 著「時間と宇宙のすべて」早川書房 2012

Frank, Adrian フランク, アドリアン
著「環境医学入門」中央法規出版 2003

Frank, Arthur W. フランク, アーサー・W.
著「傷ついた物語の語り手」ゆみる出版 2002

Frank, Barney フランク, バーニー
1940〜 国アメリカ 政治家 米国下院議員(民主党), 米国下院金融委員長

Frank, Betsy フランク, ベッツィー
著「エビデンスに基づく看護学教育」医学書院 2003

Frank, Chuck フランク, チャック
著「ロビンスカップの魔術師たち」パンローリング 2006

Frank, Dorothea Benton フランク, ドロシア・ベントン
著「愛しき海辺の家」集英社 2002

Frank, Ellen フランク, エレン
1944〜 著「双極性障害の対人関係社会リズム療法」星和書店 2016

Frank, E.R. フランク, E.R.
国アメリカ 作家 分文学

Frank, Gary フランク, ゲイリー
1969〜 別フランク, ゲーリー 著「シャザム！ :魔法の守護者」小学館集英社プロダクション 2015

Frank, Jacquelyn フランク, ジャクリーン
著「銀色の運命が満ちるとき」竹書房 2010

Frank, Jerome David フランク, ジェローム・D.
1909〜 著「説得と治療」金剛出版 2007

Frank, John P. フランク, ジョン
?〜2002 国アメリカ 弁護士

Frank, Julia B. フランク, ジュリア・B.
著「説得と治療」金剛出版 2007

Frank, Kim Tip フランク, キム・ティップ
著「ネット依存から子どもを守る本」大月書店 2014

Frank, Lawrence K. フランク, ローレンス・K.
著「マクルーハン理論」平凡社 2003

Frank, Milo O. フランク, ミロ・O.
1928〜 著「結果を出す人の30秒で話を伝える技術」青春出版社 2013

Frank, Mitch フランク, ミッチ
著「同時多発テロがわかる11のQ&A」原書房 2002

Frank, Pamera フランク, パメラ
1967〜 国アメリカ バイオリニスト

Frank, Robert フランク, ロバート
1968〜 著「ザ・ニューリッチ」ダイヤモンド社 2007

Frank, Robert H. フランク, ロバート・H.
著「日常の疑問を経済学で考える」日本経済新聞出版社 2013

Frank, Sergei O. フランク, セルゲイ・O.
国ロシア 運輸相

Frank, Suso フランク, K.S.
1933〜 著「修道院の歴史」教文館 2002

Frank, Tibor ティボル, フランク
1948〜 著「ハンガリー西欧幻想の罠」彩流社 2008

Franke, John R. フランク, J.R.
著「はじめてのバルト」教文館 2007

Franke, Reiner フランケ, R.
著「金融不安定性と景気循環」日本経済評論社 2007

Franke, Rolf フランケ, ロルフ
著「カモミール事典」フレグランスジャーナル社 2007

Frankel, Alexandra フランケル, アレクサンドラ
著「みんなでパッシブハウスをたてよう！」いしずえ 2014

Frankel, Alona フランケル, アローナ
著「おうじょさまとなかまたち」鈴木出版 2008

Frankel, Arthur J. フランケル, アーサー・J.
著「ケースマネジメントの技術」金剛出版 2006

Frankel, David フランケル, デービッド
1959〜 国アメリカ 映画監督, 映画プロデューサー, 脚本家 別フランケル, デーヴィッド / フランケル, デビッド / フランケル, デヴィッド

Frankel, David フランケル, デビッド・S.
1950〜 著「MDAマニフェスト」エスアイビー・アクセス, 星雲社(発売) 2005

Frankel, Ellen フランケル, エレン
1951〜 著「図説ユダヤ・シンボル事典」悠書館 2015

Frankel, Fred H. フランクル, フレッド
著「なぜ, あの子は「友だちづくり」がうまいのか」PHP研究所 2002

Frankel, Glenn フランクル, グレン
著「捜索者」新潮社 2015

Frankel, Jeffrey Alexander フランケル, ジェフリー
1952〜 国アメリカ エコノミスト ハーバード大学教授 米国大統領経済諮問委員会(CEA)委員, カリフォルニア大学バークレー校教授 分国際経済学, 金融論

Frankel, Laurie フランケル, ローリー
国アメリカ 作家 分文学

Frankel, Lois P. フランケル, ロイス・P.
1953〜 著「大人の女はどう働くか？」海と月社 2014

Frankel, Martha フランクル, マーサ
著「セクシー&ハッピーな生き方」サンマーク出版 2012

Frankel, Max フランケル, マックス
1930〜 国アメリカ ジャーナリスト 「ニューヨーク・タイムズ」編集局長

Fränkel, Rolf フレンケル, ロルフ
著「矯正治療への生体力学と生物学の基本原理」Insight 2001

Frankel, Susannah フランケル, スザンナ
著「ヴィジョナリーズ」Pヴァイン・ブックス, スペースシャワーネットワーク(発売) 2012

Frankel, Tamar フランケル, タマール
著「フィデューシャリー」弘文堂 2014

Frankel, Valerie Estelle フランケル, ヴァレリー・エステル
1980〜 著「世界を創る女神の物語」フィルムアート社 2016

Franken, Al フランケン, アル
1951〜 国アメリカ コメディアン, 脚本家, 政治家 米国上院議員(民主党) 本名=Franken, Alan Stuart

Frankenberg, Ronald フランケンバーグ, ロナルド
著「障害と文化」明石書店 2006

Frankenberger, Karolin フランケンバーガー, カロリン
著「ビジネスモデル・ナビゲーター」翔泳社 2016

Frankenheimer, John Michael フランケンハイマー, ジョン
1930〜2002 国アメリカ 映画監督

Frankenthaler, Helen フランケンサーラー, ヘレン
1928〜2011 国アメリカ 画家

Frankeny, Frankie フランキニー, フランキー
著「ミエッテのお菓子」クロニクルブックス・ジャパン, 徳間書店(発売) 2016

Franketienne フランケチエンヌ
著「月光浴」国書刊行会 2003

Frankfort, Lew フランクフォート, ルー
1946〜 国アメリカ 実業家 コーチ会長・CEO

Frankfurt, Harry G. フランクファート, ハリー・G.
著「ウンコな議論」筑摩書房 2016

Frankiewicz, Wioletta フランケビッチ
国ポーランド 陸上選手

Frankl, Peter フランクル, ピーター
1953〜 著「学力を伸ばす「親力(オヤヂカラ)」」実業之日本社 2005

Frankland, E.Gene フランクランド, E.ジーン
著「変貌する世界の緑の党」緑風出版 2013

Franklin, Anna フランクリン, アンナ
著「図説妖精百科事典」東洋書林 2004

Franklin, Aretha フランクリン, アレサ
1942〜 国アメリカ ソウル歌手 本名=Franklin, Aretha Louise 別フランクリン, アリサ

Franklin, Ariana フランクリン, アリアナ
英国推理作家協会賞 ダガー・イン・ザ・ライブラリ(2010年)ほか

Franklin, Bob フランクリン, ボブ
1949〜 著「ジャーナリズム用語事典」国書刊行会 2009

Franklin, Bonnie　フランクリン, ボニー
　1944～2013　国アメリカ　女優　本名＝Franklin, Bonnie Gail
Franklin, Caryn　フランクリン, キャリン
　著「FASHION世界服飾大図鑑」河出書房新社　2013
Franklin, Colin　フランクリン, コリン
　著「英国の私家版」創文社（発売）　2001
Franklin, Cynthia　フランクリン, シンシア
　著「解決志向ブリーフセラピーハンドブック」金剛出版　2013
Franklin, Derek　フランクリン, デレク
　著「充実解説 トレーニング形式で学ぶMacromedia Flash MX 2004 ActionScript」ソフトバンクパブリッシング　2005
Franklin, Eric N.　フランクリン, エリック
　著「首のリラックス、肩の解放」スキージャーナル　2012
Franklin, Howard Bruce　フランクリン, H.ブルース
　1934～　著「最終兵器の夢」岩波書店　2011
Franklin, Jeff　フランクリン, ジェフ
　著「フルハウス」竹書房　2006
Franklin, John Hope　フランクリン, ジョン・ホープ
　1915～2009　国アメリカ　歴史家　デューク大学名誉教授　専アメリカ史、アメリカ南部史、黒人史
Franklin, Jon　フランクリン, ジョン
　著「子犬に脳を盗まれた！」青土社　2013
Franklin, Jonathan　フランクリン, ジョナサン
　1964～　著「チリ33人」共同通信社　2011
Franklin, Kirk　フランクリン, カーク
　グラミー賞 最優秀ゴスペル楽曲（2011年（第54回））ほか
Franklin, Melissa　フランクリン, メリッサ
　1995～　国アメリカ　水泳選手　通称＝フランクリン, ミッシー〈Franklin, Missy〉
Franklin, Nick　フランクリン, ニック
　国アメリカ　野球選手
Franklin, Orlando　フランクリン, オーランド
　国アメリカ　アメフト選手
Franklin, Paul　フランクリン, ポール
　アカデミー賞 特殊効果賞（第87回（2014年））ほか
Franklin, Stephen T.　フランクリン, ステパノ
　1945～　著「キリスト教世界観とリベラルアーツ」東京基督教大学, いのちのことば社（発売）　2006
Franklin, Tom　フランクリン, トム
　1963～　国アメリカ　作家　専文学, フィクション
Franklin, William E.　フランクリン, ウィリアム
　1933～　国アメリカ　実業家　ウェアーハウザー・ファーイースト・リミテッド社長, 在日米国商工会議所会頭
Frank-McNeil, Julia　フランク・マクニール, ジュリア
　著「心理療法の構造」誠信書房　2003
Franks, Andrew　フランクス, アンドリュー
　国アメリカ　アメフト選手
Franks, Ben　フランクス, ベン
　国ニュージーランド　ラグビー選手
Franks, Bill　フランクス, ビル
　1968～　著「最強のビッグデータ戦略」日経BP社, 日経BPマーケティング（発売）　2012
Franks, Felix　フランクス, フェリックス
　1926～2016　国イギリス　生物学者　バフラ社生物保存部門長, ケンブリッジ大学植物学科主任研究員　本名＝Frankfurther, Felix
Franks, Lynne　フランクス, リン
　1948～　著「輝く自分になるための10の法則」広済堂出版　2001
Franks, Owen　フランクス, オーウェン
　国ニュージーランド　ラグビー選手
Fran Merida　フラン・メリダ
　国スペイン　サッカー選手
Franquemont, Sharon　フランケモント, シャロン
　著「21世紀を生きるために」世界聖典刊行協会　2003
Franquet, Sonia　フランケト, ソニア
　国スペイン　射撃選手
Franqui, Carlos　フランキ, カルロス
　1921～2010　国キューバ　作家, 政治活動家
Fran Rico　フラン・リコ
　国スペイン　サッカー選手
Frans, Hendrickx　フランス, ヘンドリックス
　国ベルギー　元・育英工業高等専門学校校長
Franscoviak, Chad　フランスコービアク, チャド
　グラミー賞 最優秀録音技術アルバム（クラシック以外）（2010年（第53回））"Battle Studies"　エンジニア
Franssen, Emile　フランセン, エミール

Fransson, Alexander　フランソン, アレクサンダー
　国スウェーデン　サッカー選手
Fransson, Anna Jenny　フランソン, アンナイエンニュ
　国スウェーデン　レスリング選手
Frantová, Eva　フラントヴァー, エヴァ
　1960～　著「ペロー昔話・寓話集」西村書店東京出版編集部　2008
Frantz, Douglas　フランツ, ダグラス
　著「核のジハード」作品社　2009
Frantz, Mike　フランツ, マイク
　国ドイツ　サッカー選手
Franz, Christian　フランツ, クリスティアン
　1968～　国ドイツ　テノール歌手　異フランツ, クリスチャン
Franz, James K.　フランツ, ジェームズ・K.
　著「トヨタ経営大全」日経BP社, 日経BPマーケティング（発売）　2012
Franz, Marion J.　フランツ, マリオン・J.
　著「食品・栄養・食事療法事典」産調出版, 産業調査会（発売）　2006
Franz, Max　フランツ
　国オーストリア　アルペンスキー選手
Franz, Raymond　フランズ, レイモンド
　著「良心の危機」せせらぎ出版　2001
Franz, Rudolf　フランツ, ルドルフ
　国ドイツ　在ドイツ日本国大使館顧問弁護士, 在デュッセルドルフ日本国総領事館顧問弁護士, ニーダーライン独日協会会長
Franz, Stephen　フランツ, スティーヴン
　著「21世紀の比較教育学」福村出版　2014
Franz, Steve　フランツ, スティーヴ
　著「伝エルモア・ジェイムズ」ブルース・インターアクションズ　2006
Franzen, Jonathan　フランゼン, ジョナサン
　1959～　国アメリカ　作家
Franzén, Torkel　フランセーン, トルケル
　1950～2006　著「ゲーデルの定理」みすず書房　2011
Franzese, Michael　フランゼーゼ, マイケル
　著「最強マフィアの仕事術」ディスカヴァー・トゥエンティワン　2011
Franzki, Harald　フランツキー, ハラルド
　著「ユダヤ出自のドイツ法律家」中央大学出版部　2012
Frapié, Léon　フラピエ, レオン
　著「父」ポプラ社　2002
Frare, Michela　フレア, ミシェラ
　1976～　著「ちいさなプリンセスソフィア：プリンセスになるためのレッスン」大日本絵画　2014
Frary, Carol D.　フラリー, キャロル・D.
　著「食品・栄養・食事療法事典」産調出版, 産業調査会（発売）　2006
Frary, Mark　フレアリー, マーク
　著「図説世界を変えた50の科学」原書房　2014
Frasca, Erminio　フラスカ
　国イタリア　射撃選手
Frasca, Gabriele　フラスカ, ガブリエーレ
　著「地上の歌声」思潮社　2001
Frascino, Edward　フラシーノ, エドワード
　著「白鳥のトランペット」福音館書店　2010
Frase, H.Michael　フレイズ, マイケル
　著「天使の悪夢」講談社　2004
Fraser, Alison　フレイザー, アリソン
　著「いつか素顔で」ハーレクイン　2003
Fraser, Andy　フレーザー, アンディ
　1952～2015　国イギリス　ロック・ベース奏者, 作曲家　本名＝Fraser, Andrew McLan　異フレーザー, アンディー／フレイザー, アンディ
Fraser, Angus M.　フレーザー, アンガス
　1928～2001　著「ジプシー」平凡社　2002
Fraser, Antonia Pakenham　フレイザー, アントニア
　1932～　著「マリー・アントワネット」早川書房　2006
Fraser, Arvonne S.　フレイザー, アーヴォン・S.
　著「女性の人権とジェンダー」明石書店　2007
Fraser, Brendan　フレーザー, ブレンダン
　1968～　国アメリカ　俳優　異フレイザー, ブレンダン
Fraser, Bruce　フレイザー, ブルース
　国アメリカ　ゴールデンステイト・ウォリアーズアシスタントコーチ（バスケットボール）
Fraser, Bruce　フレイザー, ブルース

[著]「カラーマネジメント」 帆風, ビー・エヌ・エヌ新社（発売） 2005
Fraser, Campbell フレイザー, キャンベル
[著]「ターボコーチ」 バベル・プレス 2012
Fraser, Clare フレサー, クレア
[著]「英国ボバース講師会議によるボバース概念」 ガイアブックス 2013
Fraser, Douglas Andrew フレーザー, ダグラス
1916〜2008 [国]アメリカ 労働運動家 全米自動車労働組合（UAW）名誉委員長 [異]フレイザー, ダグラス
Fraser, Evan D.G. フレイザー, エヴァン・D.G.
[著]「食糧の帝国」 太田出版 2013
Fraser, Flora フレイザー, フローラ
[著]「ナポレオンの妹」 白水社 2010
Fraser, George MacDonald フレーザー, ジョージ・マクドナルド
1925〜2008 [国]イギリス 作家, 脚本家
Fraser, Gordon フレーザー, G.
1943〜 [著]「反物質」 シュプリンガー・フェアラーク東京 2002
Fraser, Jill Andresky フレイザー, ジル・A.
1956〜 [著]「窒息するオフィス」 岩波書店 2003

F

Fraser, Karen Riese フレイザー, カレン・リース
[国]アメリカ オリンピア・加東姉妹都市協会委員, 元・ワシントン州上院議員, 元・ワシントン州・兵庫県友好提携50周年記念事業準備委員会委員長
Fraser, Lindsey フレーザー, L.
[異]フレーザー, リンゼイ [著]「ハリー・ポッター裏話」 静山社 2009
Fraser, Malcolm フレーザー, マルコム
1930〜2015 [国]オーストラリア 政治家 オーストラリア首相 本名＝フレーザー, ジョン・マルコム〈Fraser, John Malcolm〉 [異]フレイザー, マルコム
Fraser, Marcus フレーザー, マーカス
[国]オーストラリア ゴルフ選手
Fraser, Mark W. フレイザー, マーク・W.
1946〜 [著]「子どものリスクとレジリエンス」 ミネルヴァ書房 2009
Fraser, Mary Ann フレイザー, メアリー・アン
[著]「ずっとまもっているよ」 福音館書店 2013
Fraser, Max フレーザー, マックス
[著]「デザイナーズ・オン・デザイン」 ブーマー, トランスワールドジャパン（発売） 2005
Fraser, Nancy フレイザー, ナンシー
1947〜 [著]「正義の秤（スケール）」 法政大学出版局 2013
Fraser, Richard S. フレイザー, R.S.
[著]「フレイザー呼吸器病学エッセンス」 西村書店東京出版編集部 2009
Fraser, Robin フレーザー, ロビン
1941〜 [著]「脱予算経営」 生産性出版 2005
Fraser, Roderick D. フレーザー, ロデリック D.
[国]カナダ 元・アルバータ州立大学学長, 元・クイーンズ大学副学長
Fraser, Romy フレイザー, ロミー
[著]「ニールズヤードの自然療法」 フレグランスジャーナル社 2005
Fraser, Ronald フレーザー, ロナルド
1930〜2012 [著]「壁に隠れて」 平凡社 2001
Fraser, Ryan フレイザー, ライアン
[国]スコットランド サッカー選手
Fraser, Tara フレーザー, タラ
[著]「ヨーガ」 産調出版 2006
Fraser-holmes, Thomas フレーザーホームズ, トーマス
[国]オーストラリア 水泳選手 [異]フレーザーホームズ
Fraser-moleketi, Geraldine フレーザーモレケティ, ジェラルディン
[国]南アフリカ 行政管理相
Fraser-pryce, Shelly-Ann フレーザー・プライス, シェリー・アン
1986〜 [国]ジャマイカ 陸上選手 [異]フレーザー, シェリーアン / フレーザープライス, シェリーアン
Frasier, Anne フレイジャー, アン
1954〜 [著]「擬死」 ランダムハウス講談社 2005
Frasier, Debra フレイジャー, デブラ
[著]「海へさがしに」 福音館書店 2002
Frasier, Lori D. フレイザー, ローリー・D.
[著]「子ども虐待医学」 明石書店 2013
Frasnelli, Loris フラスネリ
[国]イタリア 距離スキー選手
Frater, Joel フレイター, ジョエル
[著]「ジャマイカ」 ほるぷ出版 2010
Frater, Michael フラーター, マイケル
[国]ジャマイカ 陸上選手
Frattini, Franco フラティニ, フランコ
1957〜 [国]イタリア 政治家, 弁護士 イタリア外相, EU欧州委員会副委員長 [異]フラッティーニ
Frattini, Stéphane フラッティーニ, ステファヌ
[異]フラッティーニ, ステファーヌ [著]「白くまになりたかった子ども」 晶文社 2004
Fratus, Bruno フラトゥス, ブルーノ
[国]ブラジル 水泳選手 [異]フラトゥス
Frauchiger, Urs フラウヒガー, ウルス
1936〜 [著]「モーツァルトとの対話24景」 白水社 2001
Frauenfelder, Mark フラウエンフェルダー, マーク
[異]フローエンフェルダー, マーク [著]「Made by Hand」 オライリー・ジャパン, オーム社（発売） 2011
Frawley, David フローリー, デイヴィッド
[著]「アーユルヴェーダとマルマ療法」 ガイアブックス, 産調出版（発売） 2009
Frawley-Holler, Janis フラウリー＝ホラー, ジャニス
1949〜 [著]「アイランド・ワイズ」 東京書籍 2004
Frawley-O'Dea, Mary Gail フローリー＝オーディ, メアリー・ゲイル
1950〜 [著]「新しいスーパービジョン関係」 福村出版 2010
Frayer, David W. フレイヤー, デイビッド
[著]「音楽の起源」 人間と歴史社 2013
Frayling, Christopher フレイリング, クリストファー
[著]「セルジオ・レオーネ」 フィルムアート社 2002
Frayn, Michael フレイン, マイケル
1933〜 [国]イギリス 作家, 劇作家, コラムニスト
Frayn, Rebecca フレイン, レベッカ
1962〜 [著]「The Ladyアウンサンスーチー」 竹書房 2012
Frayne, Henry フレイン, ヘンリー
[国]オーストラリア 陸上選手
Frazee, Marla フレイジー, マーラ
[著]「あかちゃん社長がやってきた」 講談社 2012
Frazelle, Edward フレーゼル, エドワード・H.
[著]「物流担当者のための世界水準のウェアハウジング理論とマテハンのすべて」 ダイヤモンド・リテイルメディア, ダイヤモンド社（発売） 2016
Frazer, Dan フレーザー, ダン
1921〜2011 [国]アメリカ 俳優 本名＝Frazer, Daniel Thomas [異]フレイザー, ダン
Frazer, Ian フレーザー, イアン
1953〜 [国]オーストラリア 産婦人科医 クイーンズランド大学教授 [専]月経障害, 避妊, 不妊 [異]フレイザー, イアン
Frazier, Adam フレイジャー, アダム
[国]アメリカ 野球選手
Frazier, Amy フレイジャー, エイミ
[著]「永遠を誓って」 ハーレクイン 2001
Frazier, Charles フレイジャー, チャールズ
1950〜 [著]「コールドマウンテン」 新潮社 2004
Frazier, Clint フレイジャー, クリント
[国]アメリカ 野球選手
Frazier, Joe フレージャー, ジョー
1944〜2011 [国]アメリカ プロボクサー WBA世界ヘビー級チャンピオン 愛称＝スモーキン・ジョー〈Smokin'Joe〉 [異]フレイジャー, ジョー
Frazier, Joe フレージャー, ジョー
1922〜2011 [国]アメリカ 大リーグ監督 本名＝Frazier, Joseph Filmore [異]フレイザー, ジョー
Frazier, John フレイザー, ジョン
アカデミー賞 特殊効果賞（第77回（2004年）） "Spider-Man 2"
Frazier, Kavon フレイジアー, ケイボン
[国]アメリカ アメフト選手
Frazier, Mose フレイジアー, モース
[国]アメリカ アメフト選手
Frazier, Tim フレイジャー, ティム
[国]アメリカ バスケットボール選手
Frazier, Todd フレイジャー, トッド
[国]アメリカ 野球選手
Frears, Stephen フリアーズ, スティーヴン
[著]「クィーン」 講談社 2007
Freccero, Carla フレチェロウ, カーラ

1956〜　㉑「映画でわかるカルチュラル・スタディーズ」フィルムアート社　2001
Frèches, Claire　フレーシュ, クレール
　㉑「ロートレック」創元社　2007
Frèches, José　フレーシュ, ジョゼ
　1950〜　㊀フランス　作家　㊁歴史, ロマンス
Fréchet, Jean M.J.　フレシィエ, ジャン
　1944〜　㊀フランス　化学者　アブドラ国王科学技術大学副学長, カリフォルニア大学バークレー校名誉教授　㊁有機化学, 半導体
Fréchette, Carole　フレチェット, キャロル
　カナダ総督文学賞　フランス語　戯曲（2014年）　"Small Talk"
Fréchette, Louise　フレシェット, ルイーズ
　1946〜　㊀カナダ　外交官　国連副事務総長　㊂フレシェット, ルイズ
Fredberg, Tobias　フレッドバーグ, トビアス
　㉑「動機づける力」ダイヤモンド社　2009
Freddy, Numberi　フレディ・ヌンベリ
　㊀インドネシア　運輸相
Frederick, Jim　フレデリック, ジム
　㉑「世界の作家32人によるワールドカップ教室」白水社　2006
Frederick, Matthew　フレデリック, マシュー
　㉑「エンジニアに学ぶ101のアイデア」フィルムアート社　2013
Frederick, Nicholas　フレデリック, ニコラス
　㊀セントルシア　法相兼検事総長
Frederick, Richard　フレデリック, リチャード
　㊀セントルシア　国土計画・住宅・都市再開発・地方自治・環境相
Frederick, Travis　フレデリック, トラビス
　㊀アメリカ　アメフト選手
Fredericks, Clayton　フレデリクス, C.
　㊀オーストラリア　馬術選手
Fredericks, Frank　フレデリクス, フランク
　1967〜　㊀ナミビア　陸上選手　国際オリンピック委員会（IOC）委員　㊂フレデリクス, フランク
Fredericks, Matthew M.　フレデリックス, マシュー・M.
　㉑「キャロライン・ケネディが選ぶ「心に咲く名詩115」」早川書房　2014
Fredericks, Neal L.　フレデリクス, ニール
　1969〜2004　㊀アメリカ　映画監督　㊂フレデリックス, ニール
Fredericq, Simon　フレデリック, シモン
　㉑「現代危険と傷害被害者の補償」成文堂　2004
Prince Frederik　フレデリック皇太子
　1968〜　㊀デンマーク　デンマーク皇太子　本名＝Frederik André Henrik Christian　㊂フレデリク皇太子
Frederik, Karen　フレデリック, カレン
　㉑「ネットワーク侵入解析ガイド」ピアソン・エデュケーション　2001
Frederiksen, Claus Hjort　フレデリクセン, クラウス・ヨート
　㊀デンマーク　財務相
Frederiksen, Mette　フレデリクセン, メッテ
　㊀デンマーク　法相
Fredette, Jimmer　フレデッテ, ジマー
　㊀アメリカ　バスケットボール選手
Fredinburg, Dan　フレディンバーグ, ダン
　1981〜2015　㊀アメリカ　冒険家　グーグル幹部　本名＝Fredinburg, Daniel Paul
Fredrick, Richard　フレドリック, リチャード
　㊀セントルシア　都市再開発・地方自治・環境相
Fredrickson, Barbara L.　フレドリクソン, バーバラ・L.
　1964〜　㉑「ヒルガードの心理学」金剛出版　2015
Fredrickson, George M.　フレドリクソン, ジョージ・M.
　1934〜2008　㉑「人種主義の歴史」みすず書房　2009
Fredricson, Peder　フレドリクソン
　㊀スウェーデン　馬術選手
Fredriksson, Gert　フレドリクソン, イエルト
　1919〜2006　㊀スウェーデン　カヌー選手　㊂フレドリクソン, ヤット
Fredriksson, Thobias　フレドリクソン, T.
　㊀スウェーデン　距離スキー選手
Fredsti, Dana　フレズティ, ダナ
　㊀アメリカ　作家, 脚本家, 女優　㊁ホラー, ミステリー　筆名＝LaVey, Inara
Free, Doug　フリー, ダグ
　㊀アメリカ　アメフト選手
Free, Duncan　フリー
　㊀オーストラリア　ボート選手
Freed, James Ingo　フリード, ジェームズ

　1930〜2005　㊀アメリカ　建築家
Freed, Jan　フリード, ジャン
　㉑「ターゲットはボス」ハーレクイン　2003
Freed, Stanley A.　フリード, スタンリー・A.
　㉑「写真でみるアメリカ・インディアンの世界」あすなろ書房　2007
Freedheim, Donald K.　フリードハイム, ドナルド・K.
　㉑「心理療法の構造」誠信書房　2003
Freedland, Jonathan　フリードランド, ジョナサン
　1967〜　㊀イギリス　ジャーナリスト, 作家　作家名＝ボーン, サム〈Bourne, Sam〉
Freedman, Claire　フリードマン, クレア
　㉑「きょうりゅうもうちゅうじんもパンツがだいすき」講談社　2016
Freedman, David H.　フリードマン, デイヴィッド・H.
　1954〜　㉑フリードマン, デビド・H.「だらしない人ほどうまくいく」文芸春秋　2007
Freedman, Estelle B.　フリードマン, エステル
　1947〜　㉑「F-GENSジャーナル」お茶の水女子大学21世紀COEプログラムジェンダー研究のフロンティア　2005
Freedman, Ezra　フリードマン, イズラ
　㉑「Flashクックブック」オライリー・ジャパン, オーム社（発売）　2007
Freedman, Françoise Barbira　フリードマン, フランソワーズ・バービラ
　㉑「お母さんと赤ちゃんが楽しむベビーヨーガ」ガイアブックス, 産調出版（発売）　2012
Freedman, Lawrence David　フリードマン, ローレンス
　1948〜　㊀イギリス　国際政治学者　ロンドン大学キングス・カレッジ戦争学部教授　㊁安全保障, 危機管理, 欧州政治
Freedman, Lisa　フリードマン, リサ
　㉑「Living modern」デザインエクスチェンジ　2002
Freedman, Marc　フリードマン, マーク
　㉑「熟年人間力, 若者を救う」花風社　2002
Freedman, Mike　フリードマン, マイク
　1942〜　㉑「経営リーダーシップの技術」生産性出版　2004
Freedman, Paul H.　フリードマン, ポール
　1949〜　㉑「〈世界〉食事の歴史」東洋書林　2009
Freedman, Ralph　フリードマン, ラルフ
　1920〜　㉑「評伝ヘルマン・ヘッセ」草思社　2004
Freedman, Robert　フリードマン, ロバート
　1946〜　㉑「我々の内なる狂気」星和書店　2011
Freedman, Robert L.　フリードマン, ロバート・L.
　トニー賞　ミュージカル　脚本賞（2014年（第68回））　"A Gentleman's Guide to Love & Murder"
Freedman, Rory　フリードマン, ロリー
　㉑「スキニービッチ世界最新最強！オーガニックダイエット」ディスカヴァー・トゥエンティワン　2008
Freeh, Louis J.　フリー, ルイス
　1950〜　㊀アメリカ　法律家　米国連邦捜査局（FBI）長官　㊂フリー, ルイス・J.
Freel, Ryan　フリール, ライアン
　1976〜2012　㊀アメリカ　野球選手
Freeland, Alison　フリーランド, アリソン
　㉑「母親になるということ」創元社　2012
Freeland, Chrystia　フリーランド, クライスティア
　1968〜　㉑「世紀の売却」新評論　2005
Freeland, Chrystia　フリーランド, クリスティア
　1968〜　㊀カナダ　外相
Freeland, Claire A.B.　フリーランド, クレア・A.B.
　㉑「子どもの認知行動療法」明石書店　2016
Freeland, Cynthia　フリーランド, シンシア
　㉑「でも, これがアートなの？」ブリュッケ, 星雲社（発売）　2012
Freeland, Kyle　フリーランド, カイル
　㊀アメリカ　野球選手
Freeling, Nicolas　フリーリング, ニコラス
　1927〜2003　㊀イギリス　作家
Freely, John　フリーリ, ジョン
　1926〜　㉑「イスタンブール」NTT出版　2005
Freeman, Adam　フリーマン, アダム
　1972〜　㉑「Swiftデザインパターン」翔泳社　2015
Freeman, Al, Jr.　フリーマン, アル, Jr.
　1934〜2012　㊀アメリカ　俳優　ハワード大学演劇学部教授
Freeman, Alan　フリーマン, A.
　㉑「現代イギリスの政治算術」北海道大学図書刊行会　2003
Freeman, Allyn　フリーマン, アリン

Freeman, Angela Beasley　フリーマン, アンジェラ・B.
㊐「とびきり聡明な女たち」 大和書房　2002
Freeman, Arthur　フリーマン, アーサー
㊐「臨床実践を導く認知行動療法の10の理論」 星和書店　2012
Freeman, Barbara K.　フリーマン, バーバラ・K.
㊐「カラーリングで覚える神経解剖学」 西村書店　2007
Freeman, B.J.　フリーマン, B.J.
㊐「自閉症」 黎明書房　2006
Freeman, Brian　フリーマン, ブライアン
1963～　㊐アメリカ　作家　㊐ミステリー, サスペンス
Freeman, Charles　フリーマン, チャールズ
㊐「セカンド・パスポートを合法的に手に入れる方法」 オルタ・インベスト・コム, パンローリング（発売）　2002
Freeman, Dalton　フリーマン, ダルトン
㊐アメリカ　アメフト選手
Freeman, Dena　フリーマン, ディーナ
㊐「写真で見る世界の人びと」 ポプラ社　2005
Freeman, Devonta　フリーマン, デボンタ
㊐アメリカ　アメフト選手
Freeman, Elisabeth　フリーマン, エリザベス
㊐「Head firstデザインパターン」 オライリー・ジャパン, オーム社（発売）　2005
Freeman, Eric T.　フリーマン, エリック・T.
㊐フリーマン, エリック　㊐「iPadプログラミング」 翔泳社　2011
Freeman, Freddie　フリーマン, フレディ
㊐アメリカ　野球選手
Freeman, Houghton　フリーマン, ホートン
1921～2010　㊐アメリカ　実業家　AIG副会長, AIUジャパン社長
Freeman, Jane　フリーマン, ジェイン
㊐「わたし大好き」 童話屋　2006
Freeman, Jerrell　フリーマン, ジェレル
㊐アメリカ　アメフト選手
Freeman, Kathleen　フリーマン, キャスリーン
?～2001　㊐アメリカ　女優
Freeman, Laurie Anne　フリーマン, ローリー・アン
1957～　㊐「記者クラブ」 緑風出版　2011
Freeman, Linton C.　フリーマン, リントン・C.
㊐「社会ネットワーク分析の発展」 NTT出版　2007
Freeman, Lydia　フリーマン, リディア
1907～　㊐「オペラハウスのなかまたち」 BL出版　2008
Freeman, Mark Philip　フリーマン, マーク
1955～　㊐「後知恵」 新曜社　2014
Freeman, Martha　フリーマン, マーシャ
1956～　㊐アメリカ　作家　㊐児童書, ヤングアダルト
Freeman, Martin　フリーマン, マーティン
1971～　㊐イギリス　俳優　本名＝Freeman, Martin John Christopher
Freeman, Mason W.　フリーマン, メイソン・W.
㊐「今すぐできる！コレステロール値を下げる方法」 エクスナレッジ　2010
Freeman, Michael　フリーマン, マイケル
1945～　㊐「コンセプトとしての人権」 現代人文社, 大学図書（発売）　2016
Freeman, Mike　フリーマン, マイク
㊐アメリカ　野球選手
Freeman, Mona　フリーマン, モナ
1926～2014　㊐アメリカ　女優　本名＝Freeman, Monica
Freeman, Morgan　フリーマン, モーガン
1937～　㊐アメリカ　俳優
Freeman, Orville Lothrop　フリーマン, オービル
1918～2003　㊐アメリカ　弁護士, 政治家　米国農務長官　㊐農業政策
Freeman, Paul K.　フリーマン, ポール
㊐「環境リスク管理」 勁草書房　2001
Freeman, Ray　フリーマン, R.
㊐「「日米比較」企業行動と労働市場」 日本経済新聞社　2001
Freeman, R.Edward　フリーマン, R.E.
1951～　㊐「利害関係者志向の経営」 白桃書房　2010
Freeman, Roy　フリーマン, ロイ
㊐「ドングリさがして」 BL出版　2012
Freeman, Russ　フリーマン, ラス
1926～2002　㊐アメリカ　ジャズピアニスト　本名＝Freeman, Russell Donald
Freeman, Sam　フリーマン, サム
㊐アメリカ　野球選手
Freeman, Samuel Richard　フリーマン, サミュエル
㊐「ロールズ政治哲学史講義」 岩波書店　2011
Freeman, Steve　フリーマン, スティーブ
1958～　㊐「実践テスト駆動開発」 翔泳社　2012
Freeman, Tor　フリーマン, トール
㊐イギリス　絵本作家, イラストレーター
Freeman, Trey　フリーマン, トレイ
㊐アメリカ　バスケットボール選手
Freeman, Walter J.　フリーマン, ウォルター・J.
㊐「脳はいかにして心を創るのか」 産業図書　2011
Freemantle, Brian　フリーマントル, ブライアン
1936～　㊐イギリス　作家　筆名＝ウィンチェスター, ジャック〈Winchester, Jack〉, エバンズ, ジョナサン, マクスウェル, ジョン〈Maxwell, John〉
Freemantle, Glenn　フリーマントル, グレン
アカデミー賞 音響効果賞（第86回（2013年））　"Gravity"
Freeney, Dwight　フリーニー, ドワイト
㊐アメリカ　アメフト選手
Freeny, Jonathan　フリーニー, ジョナサン
㊐アメリカ　アメフト選手
Freer, Amelia　フレア, アミリア
㊐「世界一予約のとれない栄養療法士の「食べて美しくなる」10のルール」 主婦と生活社　2016
Freese, David　フリーズ, デビッド
㊐アメリカ　野球選手
Freese, Katherine　フリース, キャサリン
㊐「宇宙を創るダークマター」 日本評論社　2015
Freestone, Peter　フリーストーン, ピーター
㊐「フレディ・マーキュリー」 DHC　2001
Freethy, Barbara　フリーシー, バーバラ
㊐「あの夏の秘密」 二見書房　2009
Freezailah, Che Yeom　フリーザイラー, チェ・イェヨム
㊐マレーシア　元・国際熱帯木材機関事務局長, マレーシア木材認証協議会会長
Frega, Muriel　フレガ, ムリエル
1972～　㊐「仮面のまちがい」 新世研　2003
Fréger, Charles　フレジェ, シャルル
1975～　㊐「WILDER MANN」 青幻舎　2013
Fregolent, Alessandra　フレゴレント, アレッサンドラ
㊐「万能の天才レオナルド・ダ・ヴィンチ」 ランダムハウス講談社　2007
Fregosi, Jim　フレゴシ, ジム
1942～2014　㊐アメリカ　大リーグ監督, 野球選手　ブレーブスGM特別補佐　本名＝Fregosi, James Louis
Frei, David　フレイ, デービッド
㊐「介助犬ダコタの奇跡」 PHP研究所　2004
Frei, Eduardo　フレイ, エドゥアルド
1942～　㊐チリ　政治家　チリ大統領, チリ上院議長　本名＝フレイ・ルイス・タグレ, エドゥアルド〈Frei Ruiz-Tagle, Eduardo〉　㊐フレイ, エドアルド
Frei, Fabian　フライ, ファビアン
㊐スイス　サッカー選手
Frei, Frances　フレイ, フランセス
㊐「ハーバード・ビジネススクールが教える顧客サービス戦略」 日経BP社, 日経BPマーケティング（発売）　2013
Frei, Kerim　フライ, ケリム
㊐トルコ　サッカー選手
Frei, Norbert　フライ, ノルベルト
1955～　㊐「1968年」 みすず書房　2012
Frei, Pierre　フライ, ピエール
1930～　㊐「占領都市ベルリン, 生贄たちも夢を見る」 長崎出版　2010
Freiberg, H.Jerome　フライバーグ, H.ジェローム
㊐「学習する自由」 コスモス・ライブラリー, 星雲社（発売）　2006
Freiberg, Jackie　フライバーグ, ジャッキー
1963～　㊐「人を動かす人の習慣」 日経BP社, 日経BP出版センター（発売）　2007
Freiberg, Kevin　フライバーグ, ケビン
1958～　㊐「人を動かす人の習慣」 日経BP社, 日経BP出版センター（発売）　2007
Freiberger, Fred　フリーバーガー, フレッド
1915～2003　㊐アメリカ　脚本家, テレビ制作者
Frei-Borchers, Martin　フライ・ボルヒャース, マルティン

㊃「マウスとあそぼう」プチグラパブリッシング　2006
Freidel, Louis Henri Jean Raymond　フレデル, ルイ・アンリ・ジャン・レイモン
㊄フランス　元・パスツール・メリュー血清ワクチン株式会社（日本）社長, 元・ビーエムディーパック（日本）社長, 元・在リヨン日本国名誉領事
Frei Gerlach, Franziska　フライ・ゲアラッハ, フランツィスカ
1965〜　㊃「ヨーロッパ・ジェンダー研究の現在」御茶の水書房　2001
Freiherr Von Werthern, Hans Carl　フライヘア・フォン・ヴェアテルン, ハンス・カール
㊄ドイツ　駐日特命全権大使
*al-***Freij, Fahd Jassem**　フレイジ, ファハド・ジャセム
㊄シリア　副首相兼国防相兼軍副司令官　㊗フレイジ, ファハド・ジャム
Freimuth, Rico　フライムート
㊄ドイツ　陸上選手
Freire, Nelson　フレイレ, ネルソン
1944〜　㊄ブラジル　ピアニスト
Freire, Roberto　フレイレ, ロベルト
㊄ブラジル　文化相
Freirich, Roy　フライリッチ, ロイ
㊄アメリカ　脚本家, 作家　㊗サスペンス
Freitag, Eberhard　フライターグ, E.
1946〜　㊃「ジーゲルモジュラー関数論」共立出版　2014
Freitag, Uschi　フライターク, ウシ
㊄オランダ　水泳選手
Freitas, Acelino　フレイタス, アセリノ
1975〜　㊄ブラジル　プロボクサー　WBO世界ライト級チャンピオン, WBA・WBO世界スーパーフェザー級チャンピオン　㊗フレイタス, アセリーノ
Freitas, Bendito　フレイタス, ベンディト
㊄東ティモール　教育相
Freitas, Marcos　フレイタス, マルコス
㊄ポルトガル　卓球選手
Freitas, Patricia　フレイタス, パトリシア
㊄ブラジル　セーリング選手
Freitas, Robert A., Jr.　フレータス, ロバート・A., Jr.
㊃「ナノメディシン」薬事日報社　2007
Freitas Da Silva, Edson Isaias　フレイタスダシルバ, エドソン イザイアス
㊄ブラジル　カヌー選手
Fréitez, Lorena　フレイテス, ロレナ
㊄ベネズエラ　都市近郊農業相
Freivalds, Laila　フレイバルス, ライラ
㊄スウェーデン　外相
Freke, Timothy　フリーク, ティモシー
1959〜　㊃「神秘体験」ナチュラルスピリット　2013
Frelich, Phyllis　フレリック, フィリス
1944〜2014　㊄アメリカ　女優　本名＝Frelich, Phyllis Annetta
Fremlin, Celia　フレムリン, シーリア
㊗フレムリン, シリア　㊃「溺愛」論創社　2006
Fremont, Eleanor　フレモント, エレノール
㊗フリーモント, エレノア　㊃「ティンカー・ベルのチャレンジ」講談社　2006
French, Christy Tillery　フレンチ, クリスティ・ティリーレ
1952〜　㊃「凍える瞳」二見書房　2005
French, Emily　フレンチ, エミリー
㊃「アイアンハート」ハーレクイン　2003
French, Gina　フレンチ, ジーナ
1973〜　㊃「役立たずのジーナ」イースト・プレス　2007
French, Howard W.　フレンチ, ハワード・W.
㊃「中国第二の大陸アフリカ」白水社　2016
French, Jackie　フレンチ, ジャッキー
㊃「ダンスのすきなジョセフィーヌ」鈴木出版　2009
French, Karl　フレンチ, カール
㊃「『地獄の黙示録』完全ガイド」扶桑社　2002
French, Kate　フレンチ, ケート
㊄イギリス　近代五種選手
French, Marilyn　フレンチ, マリリン
1929〜2009　㊄アメリカ　作家, 評論家
French, Nicci　フレンチ, ニッキ
㊗ミステリー, スリラー
French, Paul　フレンチ, ポール
1966〜　アメリカ探偵作家クラブ賞　犯罪実話賞（2013年）ほか
French, Philip　フレンチ, フィリップ
1933〜2015　㊄イギリス　映画批評家　本名＝French, Philip Neville
French, Sally　フレンチ, サリー
㊃「イギリス障害学の理論と経験」明石書店　2010
French, Sean　フレンチ, ショーン
1959〜　㊃「『ターミネーター』解剖」扶桑社　2003
French, Simon　フレンチ, サイモン
1957〜　㊃「そして, ぼくの旅はつづく」福音館書店　2012
French, Tana　フレンチ, タナ
㊄アイルランド　作家　アメリカ探偵作家クラブ賞　処女長編賞（2008年）　"In the Woods"
French, Vivian　フレンチ, ヴィヴィアン
㊃「世界でいちばんすばらしいもの」BL出版　2015
Frendl, Gyorgy　フレンドル, ジェルジュ
㊃「ICUポケットレファランス」メディカル・サイエンス・インターナショナル　2014
Frendo, Michael　フレンド, マイケル
㊄マルタ　外相
Freney, Jean　フレネ, ジャン
㊃「細菌と人類」中央公論新社　2008
Freni, Mirella　フレーニ, ミレッラ
㊃「わたしのヴェルディ」音楽之友社　2001
Frenkel, Edward　フレンケル, エドワード
1968〜　㊃「数学の大統一に挑む」文芸春秋　2015
Frenkel, Jacob Aharon　フレンケル, ジェーコブ
1943〜　㊄イスラエル　経済学者, 銀行家　JPモルガン・チェース・インターナショナル会長, テルアビブ大学教授　イスラエル銀行総裁　㊗国際経済学, 金融政策　㊗フレンケル, ジェイコブ／フレンケル, ジャコブ
Frenk Mora, Julio　フレンク・モラ, フリオ
㊄メキシコ　保健相　㊗フレンク・モラ, フリオ・ホセ
Frenzel, Eric　フレンツェル, エリック
1988〜　㊄ドイツ　スキー選手
Frère, Paul　フレール, ポール
1917〜　㊃「ポルシェ911ストーリー」二玄社　2009
Frerichs, Courtney　フレリッチ
㊄アメリカ　陸上選手
Freschet, Berniece　フレシェット, バーニース
㊃「年をとったひきがえる」童話館出版　2001
Fresco, Nadine　フレスコ, ナディーヌ
㊃「ヒト・クローン未来への対話」青土社　2001
Frese, Erich　フレーゼ, エーリッヒ
1938〜　㊃「組織デザインの原理」文真堂　2010
Frese, Nolan　フリース, ノーラン
㊄アメリカ　アメフト選手
Fresh, Bankroll　フレッシュ, バンクロール
？〜2016　㊄アメリカ　ラップ歌手　本名＝ホワイト, トレンテイビアス〈White, Trentavious〉
Fresneda, Pilar Martinez　フレスネダ, ピラール・マルチネス
㊃「花とボーダー」文化出版局　2004
Fresney, Catherine Duboys　フレズネ, C.D.
㊃「看護職とは何か」白水社　2005
Fresno, Juan Francisco　フレスノ, ファン
1914〜2004　㊄チリ　カトリック枢機卿　㊗フレスノ, フアン
Fressange, Ines de la　フレサンジュ, イネス・ド・ラ
1957〜　㊄フランス　ファッションデザイナー, ファッションモデル
Fresson, Bernard　フレッソン, ベルナール
1931〜2002　㊄フランス　俳優
Freston, Tom　フレストン, トム
㊃「われわれに不況はない」扶桑社　2002
Freud, Lucian　フロイト, ルシアン
1922〜2011　㊄イギリス　画家　㊗フロイト, ルツィアン／フロイド, ルシアン
Freud, Martin　フロイト, マルティン
㊃「父フロイトとその時代」白水社　2007
Freudenberger, Herbert J.　フロイデンバーガー, ハーバート
㊃「会社と上司のせいで燃え尽きない10の方法」日本経済新聞出版社　2014
Freuler, Remo　フロイレル, レモ
㊄スイス　サッカー選手
Freund, Ken　フロイント, ケン
㊃「VWビートル＆カルマン・ギア1954〜1979メンテナンス＆リペア・マニュアル」三樹書房　2013
Freund, Peter　フロイント, ペーター
1952〜　㊄ドイツ　作家, 脚本家, 映画プロデューサー　㊗SF,

ファンタジー
Freund, Severin　フロイント, ゼヴェリン
　1988〜　国ドイツ　スキー選手　異フロイント／フロイント, セベリン／フロイント, セヴェリン
Freund, Werner　フロイント, ヴェルナー
　1933〜　著「オオカミと生きる」白水社　2008
Freund, Winfried　フロイント, ヴィンフリート
　1938〜　著「冒険のバロック」法政大学出版局　2011
Frevel, Christian　フレーフェル, C.
　1962〜　著「旧約新約聖書神学事典」教文館　2016
Frey, Bruce　フレイ, ブルース
　著「Statistics Hacks」オライリー・ジャパン, オーム社（発売）2007
Frey, Bruno S.　フライ, ブルーノ・S.
　1941〜　著「幸福度をはかる経済学」NTT出版　2012
Frey, Charles H.　フレイ, チャールズ
　著「子どもの本を読みなおす」原書房　2006
Frey, Darcy　フレイ, ダーシー
　著「最後のシュート」福音館書店　2004
Frey, Friedrich　フライ, フリードリッヒ
　国オーストリア　トヨタ・フライ・オーストリア有限会社社長, 墺日協会会員
Frey, Glenn　フライ, グレン
　1948〜2016　国アメリカ　ロック歌手
Frey, Isaiah　フレイ, イサイアー
　国アメリカ　アメフト選手
Frey, James　フレイ, ジェイムズ
　1969〜　著「エンドゲーム」学研パブリッシング, 学研マーケティング（発売）2014
Frey, Jana　フライ, ヤーナ
　1969〜　著「14歳, 妊娠, あともどりできない。」小学館　2009
Frey, Jörg　フライ, イェルク
　著「キリスト教の主要神学者」教文館　2014
Frey, Karl-Richard　フレイ, カールリヒャルト
　国ドイツ　柔道選手
Frey, Lonny　フレイ, ロニー
　1910〜2009　国アメリカ　野球選手　本名=Frey, Linus Reinhard (Jr.)
Frey, Michael　フライ, ミヒャエル
　国スイス　サッカー選手
Frey, Nicolas　フレイ, ニコラ
　国フランス　サッカー選手
Frey, Walter J.　フライ, ヴァルター・J.
　国スイス　エコノミースイス理事, スイス自動車輸入協会理事, エミール・フライ・グループオーナー兼会長, 元・国民議会議員
Freyd, Jennifer J.　フレイド, ジェニファー
　1957〜　著「人はなぜ裏切りに目をつぶるのか」亜紀書房　2015
Freydont, Shelley　フレイドント, シェリー
　著「数独パズル殺人事件」ヴィレッジブックス, ソニー・マガジンズ（発売）
Freyeisen, Astrid　フライアイゼン, アストリート
　1969〜　著「ピアフのためにシャンソンを」中央公論新社　2012
Freyer, Greg A.　フライヤー, グレッグ・A.
　著「DNAサイエンス」医学書院　2006
Freyer, John D.　フレイヤー, ジョン・D.
　著「僕の人生全て売ります」ブルース・インターアクションズ　2005
Freymann, Saxton　フライマン, サクストン
　著「ひとりぼっちのタツノオトシゴ」小峰書店　2002
Freymann-Weyr, Garret　フレイマン・ウェア, ギャレット
　国アメリカ　作家　異児童書, ヤングアダルト　異フライマン・ウェア
Friaa, Ahmed　フリアー, アフメド
　国チュニジア　通信相
Friaca　フリアカ
　1924〜2009　国ブラジル　サッカー選手　本名=Friaca Cardoso, Albino　異フリアサ
Friary, Ned　フライアリ, ネッド
　著「ハワイ」メディアファクトリー　2005
Frias, Carlos　フリアス, カルロス
　国ドミニカ共和国　野球選手
Friberg, Anders　フリーベリ, アンデシュ
　著「演奏を支える心と科学」誠信書房　2011
Fricchione, Gregory　フリッキオーネ, グレゴリー
　著「新たな全人的ケア」日本ホスピス・緩和ケア研究振興財団, 青海社（発売）2016
Frichot, Sylvette　フリショー, シルベット

国セーシェル　地方行政・スポーツ・文化相
Frick, Aurelia　フリック, アウレリア
　国リヒテンシュタイン　外務・教育・文化相
Frick, Paul J.　フリック, ポール・J.
　著「サイコパシー・ハンドブック」明石書店　2015
Fricker, Janet　フリッカー, ジャネット
　著「ヒプノセラピー」産調出版　2004
Frickhinger, Karl Albert　フリックヒンガー, K.A.
　1924〜　著「ゾルンホーフェン化石図譜」朝倉書店　2007
Frid, Martin J.　フリッド, マーティン
　1966〜　著「ニッポン食の安全ランキング555」講談社　2009
Frida　フリーダ
　1945〜　国スウェーデン　歌手　本名=ルングスタッド, アンニ・フリッド〈Lyngstad, Anni-Frid〉　異アンニ・フリッド
Friden, Bertil　フレーデン, B.
　著「ルソーの経済哲学」日本経済評論社　2003
Fridenson, Patrick　フリダンソン, パトリック
　1944〜　著「グローバル資本主義の中の渋沢栄一」東洋経済新報社　2014
Fridleifsdottir, Siv　フリズレイフスドッティル, シブ
　国アイスランド　保健・社会保障相　異フリドレイフスドッティル, シブ
Fridman, Gal　フリードマン
　国イスラエル　セーリング選手
Fridman, Mikhail Maratovich　フリードマン, ミハイル
　国ロシア　実業家
Fridmann, Dave　フリードマン, デーブ
　グラミー賞 最優秀録音技術アルバム（クラシック以外）（2006年（第49回））"At War With The Mystics"
Fridolfs, Derek　フライドルフス, デレク
　著「バットマン：リル・ゴッサム」小学館集英社プロダクション　2015
Fridolin, Gustav　フリドリン, グスタフ
　国スウェーデン　教育相
Fridono, Judy　フリドーノ, ジュディ
　著「波乗り介助犬リコシェ」辰巳出版　2015
Fried, Bradley　フリード, ブラッドリー
　著「全米最強のFXコーチ ロブ・ブッカーとZAiが作った「米国式FX」DVD BOOK」ダイヤモンド社　2011
Fried, Dinah　フリード, ダイナ
　著「ひと皿の小説案内」マール社　2015
Fried, Jason　フリード, ジェイソン
　著「小さなチーム, 大きな仕事」早川書房　2016
Fried, Max　フリード, マックス
　国アメリカ　野球選手
Fried, Seth　フリード, セス
　1983〜　国アメリカ　作家　異文学
Friedan, Betty Naomi Goldstein　フリーダン, ベティ
　1921〜2006　国アメリカ　女性解放運動家, 作家　全米女性機構（NOW）初代会長
Friedberg, Aaron L.　フリードバーグ, アーロン・L.
　1956〜　プリンストン大学教授　国際関係, 外交・防衛政策, 東アジアの安全保障
Friedberg, Anne　フリードバーグ, アン
　1952〜2009　著「ヴァーチャル・ウィンドウ」産業図書　2012
Friedberg, Barbara A.　フリードバーグ, バーバラ・A.
　1954〜　著「子どものための認知療法練習帳」創元社　2006
Friedberg, Erhard　フリードベルグ, エアハルト
　1942〜　著「組織の戦略分析」新泉社　2005
Friedberg, Errol C.　フリードバーグ, エロル・C.
　著「著作から見たジェームズ・D・ワトソン」丸善　2005
Friedberg, Rebecca J.　フリードバーグ, レベッカ・J.
　著「子どものための認知療法練習帳」創元社　2006
Friedberg, Robert D.　フリードバーグ, ロバート・D.
　著「子どものための認知療法練習帳ガイドブック」創元社　2008
Friedbichler, Ingrid　フリードビヒレル, イングリッド
　著「DVD-ROMステッドマンEX (extreme pack)」メジカルビュー社　2012
Friedbichler, Michael　フリードビヒレル, ミハエル
　著「DVD-ROMステッドマンEX (extreme pack)」メジカルビュー社　2012
Frieden, Luc　フリーデン, リュック
　国ルクセンブルク　財務相
Frieden, Tanja　フリーデン, ターニャ
　国スイス　スノーボード選手
Friedenberg, Jay　フリーデンバーグ, ジェイ
　著「1,001 幾何学模様パターン・パーツ集」グラフィック社

2010
Friedenthal, Sanford　フリーデンタール, サンフォード
[著]「システムズモデリング言語SysML」 東京電機大学出版局 2012
Friedkin, William　フリードキン, ウィリアム
1939～ [国]アメリカ　映画監督
Friedland, Jerold A.　フリードランド, ジェロルド・A.
[著]「アメリカ国際商取引法・金融取引法」 レクシスネクシス・ジャパン, 雄松堂出版(発売) 2007
Friedländer, Saul　フリードレンダー, サユル
[国]アメリカ, イスラエル　ピュリッツアー賞 文学・音楽 一般ノンフィクション(2008年) "The Years of Extermination: Nazi Germany and the Jews, 1939-1945" [異]フリードランダー, ソール
Friedman, Abigail　フリードマン, アビゲール
[著]「私の俳句修行」 岩波書店 2010
Friedman, Adena　フリードマン, アデナ
[国]アメリカ　ナスダック社長兼COO
Friedman, Andrew　フリードマン, アンドリュー
1967～ [国]アメリカ　ロサンゼルス・ドジャース編成総責任者
Friedman, Art　フリードマン, アート
[著]「スタンフォード物理学再入門量子力学」 日経BP社, 日経BPマーケティング(発売) 2015
Friedman, Benjamin M.　フリードマン, ベンジャミン
1944～ [国]アメリカ　経済学者　ハーバード大学経済学部教授 [専]金融政策, 経済政策, マクロ経済学
Friedman, Bill　フリードマン, ビル
[著]「競争に打ち勝つ勝者、敗者の創造」 しののめ出版, 星雲社(発売) 2003
Friedman, Daniel　フリードマン, ダニエル
1981～ [国]アメリカ　作家 [専]ミステリー, スリラー
Friedman, David M.　フリードマン, デビッド
1949～ [著]「ペニスの歴史」 原書房 2004
Friedman, Ellen　フリードマン, エレン
[著]「Mahoutイン・アクション」 オライリー・ジャパン, オーム社(発売) 2012
Friedman, Eric　フリードマン, エリック
起業家, フィットビット創業者
Friedman, George　フリードマン, ジョージ
1949～ [国]アメリカ　ストラトフォーCEO　ルイジアナ州立大学附属地政学センター所長 [専]政治哲学, 安全保障問題, 国際関係論
Friedman, Grant　フリードマン, グラント
[著]「レトロ・スタイル・グラフィックス」 グラフィック社 2011
Friedman, Howard S.　フリードマン, ハワード・S.
[著]「長寿と性格」 清流出版 2012
Friedman, Jeffrey M.　フリードマン, ジェフリー
1954～ [国]アメリカ　生化学者　ロックフェラー大学教授
Friedman, Jerome Isaac　フリードマン, ジェローム
1930～ [国]アメリカ　物理学者　マサチューセッツ工科大学名誉教授 [専]素粒子論 [異]フリードマン, ジェローム・アイザック
Friedman, Kinky　フリードマン, キンキー
1944～ [著]「マンハッタンの中心でアホと叫ぶ」 新風舎 2004
Friedman, Laurie B.　フリードマン, ローリー
1964～ [著]「おばけやしきなんてこわくない」 国土社 2008
Friedman, Lawrence　フリードマン, ローレンス
1930～ [国]アメリカ　法史学者　スタンフォード大学ロースクール教授 [専]憲法, 法社会学, 法制史　本名=Friedman, Lawrence Meir [異]フリードマン, ロレンス
Friedman, Lawrence Jacob　フリードマン, ローレンス・J.
1940～ [著]「エリクソンの人生」 新曜社 2003
Friedman, Lawrence Meir　フリードマン, ローレンス・M.
1930～ [著]「NIH臨床研究の基本と実際」 丸善出版 2016
Friedman, Marty　フリードマン, マーティ
1962～ [国]アメリカ　ロック・ギタリスト, 音楽プロデューサー
Friedman, Matthew J.　フリードマン, マシュー・J.
[著]「PTSDハンドブック」 金剛出版 2014
Friedman, Meyer　フリードマン, メイヤー
[異]フリードマン, マイヤー [著]「タイプA行動の診断と治療」 金子書房 2001
Friedman, Michael　フリードマン, マイケル
グラミー賞 最優秀サラウンド・サウンド・アルバム(2012年(第55回)) "Modern Cool" サラウンド・プロデューサー
Friedman, Michael Jan　フリードマン, マイケル・ジャン
[著]「ハリウッド・ハルク・ホーガン」 エンターブレイン 2003
Friedman, Mildred S.　フリードマン, ミルドレッド
[著]「フランク・O.ゲーリー」 鹿島出版会 2008
Friedman, Milton　フリードマン, ミルトン
1912～2006 [国]アメリカ　経済学者　スタンフォード大学フーバー研究所上級研究員, シカゴ大学名誉教授
Friedman, Neil　フリードマン, ニール
[著]「フォーカシングとともに」 コスモス・ライブラリー, 星雲社(発売) 2005
Friedman, Nelson　フリードマン, ネルソン
[著]「美術春秋」 芸術書院, 星雲社(発売) 2007
Friedman, Philip　フリードマン, フィリップ
[著]「殺さずにはいられない」 早川書房 2002
Friedman, Robert I.　フリードマン, ロバート・I.
[著]「レッド・マフィア」 毎日新聞社 2001
Friedman, Robert Lawrence　フリードマン, ロバート・ローレンス
1957～ [著]「ドラミング」 音楽之友社 2003
Friedman, Robert S.　フリードマン, ロバート・S.
[著]「ミルトンズ・シークレット」 マキノ出版 2011
Friedman, Ron　フリードマン, ロン
1977～ [著]「最高の仕事ができる幸せな職場」 日経BP社, 日経BPマーケティング(発売) 2015
Friedman, Ron J.　フリードマン, ロン・J.
[著]「チキン・リトル」 竹書房 2005
Friedman, Rose D.　フリードマン, ローズ
[著]「選択の自由」 日本経済新聞出版社 2012
Friedman, Russell P.　フリードマン, ラッセル
[著]「子どもの悲しみによりそう」 大月書店 2014
Friedman, Stephen　フリードマン, スティーブン
1937～ [国]アメリカ　金融家　ストーン・ポイント・キャピタル会長　ゴールドマン・サックス会長, 米国大統領補佐官
Friedman, Steve　フリードマン, スティーヴ
1955～ [著]「EAT & RUN」 NHK出版 2013
Friedman, Stewart D.　フリードマン, スチュワート・D.
[著]「トータル・リーダーシップ」 講談社 2013
Friedman, Thomas　フリードマン, トム
[著]「もの忘れの達人たち」 集英社 2007
Friedman, Thomas Lauren　フリードマン, トーマス
1953～ [国]アメリカ　ジャーナリスト 「ニューヨーク・タイムズ」外交コラムニスト [異]フリードマン, トマス
Friedmann, Daniel　フリードマン, ダニエル
[国]イスラエル　法相
Friedmann, Harriet　フリードマン, ハリエット
[著]「フード・レジーム」 こぶし書房 2006
Friedmann, John　フリードマン, ジョン
1926～ [著]「中国都市への変貌」 鹿島出版会 2008
Friedmann, Theodore　フリードマン, セオドア
1935～ [国]アメリカ　遺伝学者, 生化学者　カリフォルニア大学サンディエゴ校医学部小児科教授 [専]小児科学, 遺伝子治療, 生命倫理
Friedrich, Ariane　フリードリヒ
[国]ドイツ　陸上選手
Friedrich, Christian　フリードリック, クリスチャン
[国]アメリカ　野球選手
Friedrich, Hans-Peter　フリードリヒ, ハンスペーター
[国]ドイツ　内相
Friedrich, Joachim　フリードリヒ, ヨアヒム
1953～ [国]ドイツ　児童文学作家
Friedrich, Jörg　フリードリヒ, イェルク
1944～ [著]「ドイツを焼いた戦略爆撃」 みすず書房 2011
Friedrich, Marvin　フリードリヒ, マーヴィン
[国]ドイツ　サッカー選手
Friedrich, Mike　フリードリヒ, マイク
[著]「ガーディアンズ・オブ・ギャラクシー：プレリュード」 小学館集英社プロダクション 2014
Friedrich, Otto　フリードリック, オットー
1929～ [著]「グレン・グールドの生涯」 青土社 2002
Friedrich, Walter Ludwig　フレードリヒ, ワルター・L.
1938～ [著]「海のなかの炎」 古今書院 2002
Friel, Brian　フリール, ブライアン
1929～2015 [国]アイルランド　劇作家, 作家 [異]フリエル, ブライアン
Friel, Howard　フリール, ハワード
1955～ [著]「『ニューヨークタイムズ』神話」 三交社 2005
Friel, John C.　フリール, ジョン
[著]「もうだいじょうぶ！ 子育て7つの処方箋」 研究社 2001
Friel, Linda D.　フリール, リンダ
[著]「もうだいじょうぶ！ 子育て7つの処方箋」 研究社 2001
Friel, Thomas J.　フリール, トーマス・J.

Frieman, Wendy　フリーマン, ウェンディ
　㊃「シリコンバレー」日本経済新聞社　2001
　㊃「中国が戦争を始める」恒文社21, 恒文社（発売）　2002
Friend, George　フレンド, ジョージ
　㊊イングランド　サッカー選手
Friend, Kyle　フレンド, カイル
　㊊アメリカ　アメフト選手
Friend, Trudy　フレンド, トゥルーディー
　㊃「スケッチ・イラストのための鉛筆ドローイングレッスン」マール社　2016
Frier, Raphaële　フリエル, ラファエル
　1970〜　㊃「キング牧師とローザ・パークス」汐文社　2015
Frieros, Toni　フリエロス, トニー
　1963〜　㊃「フランク・ライカールト」東邦出版　2008
Fries, Brant E.　フリーズ, B.E.
　㊃「日本版MDS-HC 2.0在宅ケアアセスメントマニュアル」医学書院　2004
Friese, Kurt Michael　フリーズ, カート・マイケル
　㊃「トウガラシの叫び」春秋社　2012
Friesen, Jeff　フリーゼン, ジェフ
　㊃「Androidプログラミングレシピ」インプレスジャパン, インプレスコミュニケーションズ（発売）　2013
Frieser, Karl-Heinz　フリーザー, カール＝ハインツ
　1949〜　㊃「電撃戦という幻」中央公論新社　2003
Friesike, Sascha　フリージケ, サシャ
　1983〜　㊃「33の法則」さくら舎　2014
Friesinger, Anni　フリージンガー, アンニ
　1977〜　㊊ドイツ　元スピードスケート選手　本名＝Friesinger-Postma, Anni
Friesner, Esther M.　フリーズナー, エスター・M.
　㊕フライスナー, エスター・M.　㊃「メン・イン・ブラック」ソニー・マガジンズ　2002
Friestad, Marian　フリースタッド, マリアン
　㊃「市場における欺瞞的説得」誠信書房　2011
Friev Naskidaeva, Taimuraz　フリエフナスキダエワ, タイムラス
　㊊スペイン　レスリング選手
Frieze, Jennifer　フリーズ, ジェニファー
　㊃「内部告発」丸善　2003
Friga, Paul N.　フリガ, ポール・N.
　㊃「マッキンゼー式世界最強の問題解決テクニック」ソフトバンククリエイティブ　2006
Frigerio, Luciana　フリジェリオ, ルチアナ
　㊃「ウォルトからの贈りもの」大日本絵画　〔2015〕
Frigerio, Rogelio　フリヘリオ, ロヘリオ
　㊊アルゼンチン　内務・公共事業・住居相
Friis, Agnete　フリース, アニタ
　1974〜　㊊デンマーク　作家　㊥ヤングアダルト, ファンタジー
Friis, Lotte　フリース, ロッテ
　㊊デンマーク　水泳選手
Friis, Lykke　フリース, リュッケ
　㊊デンマーク　気候変動・エネルギー相兼男女平等相
Frimansson, Inger　フリマンソン, インゲル
　1944〜　㊊スウェーデン　ミステリー作家
Frintova, Vendula　フリントワ, ベンドゥラ
　㊊チェコ　トライアスロン選手
Fripp, Robert　フリップ, ロバート
　1946〜　㊊イギリス　ロック・ギタリスト
Fris, Kristijan　フリス, クリスティアン
　㊊セルビア　レスリング選手
Frisch, Aaron　フリッシュ, アーロン
　1975〜　㊃「ガール・イン・レッド」西村書店　2013
Frisch, Bertha　フリッシュ, バーサ
　㊃「骨粗鬆症」メディカル・サイエンス・インターナショナル　2007
Frisch, Otto Robert　フリッシュ, オットー
　㊃「何と少ししか覚えていないことだろう」吉岡書店　2003
Frisch, Wolfgang　フリッシュ, ヴォルフガング
　㊃「量刑法の基本問題」成文堂　2011
Frischknecht, Thomas　フリシュクネヒト
　㊊スイス　自転車選手
Frisell, Bill　フリゼール, ビル
　グラミー賞　最優秀コンテンポラリー・ジャズ・アルバム（2004年（第47回））　"Unspeakable"
Frishman, Austin M.　フリッシュマン, オースチン・M.
　㊃「こうすればゴキブリの退治ができる」新風舎　2004

Frissen, Jerry　フリッセン, ジェリー
　㊃「覆面戦隊ルチャドーレス・ファイブ」ユマノイド, パイインターナショナル（発売）　2014
Frist, Thomas, Jr.　フリスト, トマス
　㊊アメリカ　実業家
Frisvold, Melissa H.　フリスボールド, メリッサ・H.
　㊃「ケアのなかの癒し」看護の科学社　2016
Frith, Alex　フリス, アレックス
　㊃「1001のクリスマスをさがせ！」PHP研究所　2016
Frith, Christopher D.　フリス, クリス
　㊃「心をつくる」岩波書店　2009
Frith, Simon　フリス, サイモン
　㊃「ビートルズ世界証言集」ポプラ社　2006
Frith, Uta　フリス, ウタ
　㊃「ウタ・フリスの自閉症入門」中央法規出版　2012
Fritsch, Thierry　フリッチ, ティエリー
　1955〜　㊊フランス　実業家　ショーメ社長
Fritsch, Toni　フリッチ, トニ
　？〜2005　㊊オーストラリア　サッカー選手, アメフト選手
Fritthum, Karl Michael　フリットフム, カール・ミヒャエル
　1953〜　㊃「カラヤンとウィーン国立歌劇場」アルファベータ　2006
Frittoli, Barbara　フリットリ, バルバラ
　1967〜　㊊イタリア　ソプラノ歌手
Frittoli, Mario　フリットリ, マリオ
　㊃「ボナペティート」インフォレスト, ローカス（発売）　2008
Fritz, Clemens　フリッツ, クレメンス
　㊊ドイツ　サッカー選手
Fritz, Harry　フリッツ, ハリー
　㊊パラオ　資源・環境・観光相
Fritz, Jean　フリッツ, ジーン
　1915〜　㊃「合衆国憲法のできるまで」あすなろ書房　2002
Fritz, John　フリッツ, ジョン
　㊊ミクロネシア連邦　駐日特命全権大使
Fritz, Robert　フリッツ, ロバート
　1943〜　㊃「最強リーダーシップの法則」徳間書店　2010
Fritz, Sandy　フリッツ, サンディ
　1953〜　㊕フリッツ, S.　㊃「クリニカルマッサージ」ガイアブックス, 産調出版（発売）　2012
Fritz, Wolfgang　フリッツ, W.
　1951〜　㊃「ディスカウント化する社会」同文舘出版　2010
Fritze, Ronald H.　フリッツェ, ロナルド・H.
　1951〜　㊃「捏造される歴史」原書房　2012
Fritzon, Thorbiörn　フリッツォン, トゥルビョン
　㊃「J2EEレガシーインテグレーション」コンピュータ・エージ社　2004
Frizot, Michel　フリゾ, ミシェル
　㊃「スクラップブック」岩波書店　2009
Frode, Lukas　フレデ, ルーカス
　㊊ドイツ　サッカー選手
Frodeno, Jan　フロデノ, ヤン
　㊊ドイツ　トライアスロン選手　㊕フロデノ
Frodon, Jean-Michel　フロドン, ジャン＝ミシェル
　1953〜　㊃「映画と国民国家」岩波書店　2002
Froeb, Lori C.　フローブ, ロリ・C.
　㊕フローブ, ローリー　㊃「おやすみ, オラフ！」大日本絵画〔2016〕
Froehlich, Susanne　フレーリッヒ, スザンネ
　㊃「彼氏がバカにみえる理由」駒草出版　2006
Froeschels, Emil　フローシェルズ, エミール
　㊃「アドラーの思い出」創元社　2007
Froese, Edgar　フローゼ, エドガー
　1944〜2015　㊊ドイツ　作曲家, ミュージシャン　㊥電子音楽, 映画音楽
Froger, Jae　フロジェ, ジェ
　㊃「フィロとポンポン」パイインターナショナル　2016
Froger, Stéphane　フロジェ, ステファン
　㊃「フィロとポンポン」パイインターナショナル　2016
Froggatt, Cynthia C.　フロガート, シンシア
　1960〜　㊃「さよなら満員電車, さよなら社内の悪口。」花風社　2001
Froggatt, Joanne　フロガット, ジョアン
　ゴールデン・グローブ賞　テレビ　助演女優賞（ミニシリーズ）（第72回（2014年度））　"Downton Abbey（Masterpiece）"
Frohde, Liv　フローデ, リブ
　1940〜　㊃「キングゆうかい大作戦」文研出版　2004

Fröhlich, Uwe　フレーリヒ、ウーベ
　1964〜　国ドイツ　ポツダム・ヒロシマ広場をつくる会会長
Froissart, Lionel　フロワサール、リオネル
　1958〜　著「アイルトン・セナ」文芸春秋　2004
Frolich, Cornelia　フローリッヒ
　国スイス　射撃選手
Frolova, Olga　フロロバ、オリガ
　国ロシア　ノボシビルスク国立総合大学外国語学部教授
Froman, Michael　フロマン、マイケル
　1962〜　国アメリカ　米国通商代表部（USTR）代表　愛フロマン、マイク
Froman, Robert　フローマン、ロバート
　著「このよでいちばんはやいのは」福音館書店　2011
Froment, Pascale　フロマン、パスカル
　著「ロベルト・スッコ」太田出版　2002
Fromental, Jean-Luc　フロマンタル、ジャン=リュック
　著「10ぴきのペンギンくん」学研教育出版, 学研マーケティング (発売)　2011
Fromkin, David　フロムキン、デイヴィッド
　著「平和を破滅させた和平」紀伊国屋書店　2004
Fromm, Helena　フロム
　国ドイツ　テコンドー選手
Frommann, Holger　フロマン、ホルガー
　1954〜　著「ベンチャーと自己資本」神戸ベンチャー研究会, 神戸 一灯館 (発売)　2002
Frommel, Christoph Luitpold　フロンメル、クリストフ・ルイトポルト
　1933〜　著「イタリア・ルネサンスの建築」鹿島出版会　2011
Fronc, Martin　フロンツ、マルチン
　国スロバキア　教育相
Frontera, Walter R.　フロンテラ、W.R.
　1955〜　国スロバキア　教育相　愛フロンツ、マルチン　著「リハビリテーションと理学療法エッセンシャル」西村書店　2012
Frontoni, Angelo　フロントニ、アンジェロ
　?〜2002　国イタリア　写真家
Fronty, Aurélia　フロンティ、オーレリア
　著「ワンガリ・マータイ」汐文社　2015
Froom, Richard　フルーム、リチャード
　著「CCNP self-study：BCMSN認定テキスト」ソフトバンクパブリッシング
Froome, Christopher　フルーム、クリストファー
　国イギリス　自転車選手
Frossard, Claire　フロッサール、クレール
　著「エマのたび」福音館書店　2016
Frossard, Etienne　フロッサール、エティエンヌ
　著「エマのたび」福音館書店　2016
Frost, Alfred John　フロスト、A.J.
　著「エリオット波動入門」パンローリング　2009
Frost, David　フロスト、デービッド
　1939〜2013　国イギリス　テレビ司会者　本名=Frost, David Paradine　愛フロスト、デイヴィッド／フロスト、デビッド
Frost, Frank J.　フロスト、フランク
　1929〜　著「フランクリンを盗め」早川書房　2002
Frost, Jack　フロスト、ジャック
　1952〜　著「父なる神に抱かれて」生ける水の川　2005
Frost, Jo　フロスト、ジョー
　1970〜　著「あなたが変われば子どもは変わる！」主婦の友社　2008
Frost, Julie　フロスト、ジュリー
　ゴールデン・グローブ賞 映画 主題歌賞（第69回（2011年度））"Masterpiece"（「ウォリスとエドワード 英国王冠をかけた恋」"W.E."）
Frost, Katie　フロスト、ケイティー
　著「サファリでかくれんぼ」ディー・ティー・ジャパン　c2014
Frost, Kenneth D.　フロスト、ケネス・D.
　1917〜2006　著「ザ・ヤンキー・サムライ」那珂書房　2007
Frost, Lori　フロスト、ロリ
　著「自閉症児と絵カードでコミュニケーション」二瓶社　2006
Frost, Mark　フロスト、マーク
　1953〜　国アメリカ　作家, 脚本家
Frost, Nick　フロスト、ニック
　1972〜　国イギリス　俳優
Frost, Orcutt William　フロスト、O.W.
　1926〜　著「若き日のラフカディオ・ハーン」みすず書房　2003
Frost, Peter　フロスト、ピーター
　著「インカ帝国」日経ナショナルジオグラフィック社, 日経BP出版センター (発売)　2008

Frost, Randy O.　フロスト、ランディ・O.
　著「ホーディングへの適切な理解と対応認知行動療法的アプローチ」金子書房　2013
Frost, Scott　フロスト、スコット
　国アメリカ　脚本家, 作家　愛ミステリー、スリラー
Frostig, Marianne　フロスティッグ、マリアンヌ
　著「フロスティッグのムーブメント教育・療法」日本文化科学社　2007
Froud, Brian　フラウド、ブライアン
　1947〜　国イギリス　美術デザイナー, 挿絵画家, 絵本作家
Froud, Wendy　フラウド、ウェンディ
　1954〜　著「トロール」グラフィック社　2014
Froyliche, Dan　フロイリシャ、ダン
　国イスラエル　セーリング選手
Froymovich, Riva　フロイモビッチ、リヴァ
　著「僕たちが親より豊かになるのはもう不可能なのか」阪急コミュニケーションズ　2014
Fruechte, Isaac　フルーチト、アイザック
　国アメリカ　アメフト選手
Frugoni, Chiara　フルゴーニ、キアーラ
　1940〜　著「ヨーロッパ中世ものづくし」岩波書店　2010
Frühbeck de Burgos, Rafael　フリューベック・デ・ブルゴス、ラファエル
　1933〜2014　国スペイン　指揮者　スペイン国立管弦楽団音楽監督・首席指揮者, ドレスデン・フィルハーモニー管弦楽団首席指揮者　通称=デ・ブルゴス
Frühstück, Sabine　フリューシュトゥック、サビーネ
　1965〜　著「日本人の「男らしさ」」明石書店　2013
Fruin, W. Mark　フルーイン、W.マーク
　1943〜　著「リメイド・イン・アメリカ」中央大学出版部　2005
Frulla, Liza　フルラ、リザ
　国カナダ　民族遺産相兼女性の地位担当相
Frumkin, Peter　フラムキン、ピーター
　著「グローバル化で世界はどう変わるか」英治出版　2004
Frunzăverde, Sorin　フルンザベルデ、ソリン
　国ルーマニア　国防相
Frusciante, John　フルシアンテ、ジョン
　国アメリカ　ロック・ギタリスト
Fruth, Eduard　フルート、エドワード
　1939〜　著「Christmas book from Wien」新風舎　2006
Frutiger, Adrian　フルティガー、アドリアン
　1928〜　著「図説サインとシンボル」研究社　2015
Fruzzetti, Alan E.　フォレンゼティ、アラン・E.
　著「パートナー間のこじれた関係を修復する11のステップ」明石書店　2012
Fry, Andrew C.　フライ、アンドリュー・C.
　1956〜　著「スポーツのオーバートレーニング」大修館書店　2001
Fry, Ben　フライ、ベン
　著「未来を築くデザインの思想」ビー・エヌ・エヌ新社　2016
Fry, Carolyn　フライ、キャロリン
　著「キューガーデンの植物誌」原書房　2015
Fry, Christopher　フライ、クリストファー
　1907〜2005　国イギリス　劇作家, 脚本家　本名=ハリス, クリストファー〈Harris, Christopher〉
Fry, Colin　フライ、コリン
　1962〜　著「あの世の「天使」に助けられて生きよう！」徳間書店　2010
Fry, Eric　フライ、エリック
　国アメリカ　ラグビー選手
Fry, Gareth　フライ、ガレス
　ローレンス・オリヴィエ賞 音楽デザイン賞（2009年（第33回））ほか
Fry, Graham　フライ、グラハム
　1949〜　国イギリス　外交官　駐日英国大使　愛フライ、グレアム
Fry, Jason　フライ、ジェイソン
　1969〜　著「スター・ウォーズ/フォースの覚醒クロス・セクション」講談社　2016
Fry, Paul　フライ、ポール
　国アメリカ　野球選手
Fry, Sara T.　フライ、セアラ・T.
　著「看護実践の倫理」日本看護協会出版会　2010
Frydenberg, Josh　フライデンバーグ、ジョシュ
　国オーストラリア　資源・エネルギー・北部担当相
Frydman, Monique　フリードマン、モニーク
　1943〜　著「モニーク・フリードマン」赤々舎　2012

Frydrych, Petr フリドリヒ, ペトル
　国チェコ　陸上選手
Frye, Barbara フライ, バーバラ
　1961〜　著「マニュアルセラピストのためのボディメカニクス」産学社エンタプライズ出版部　2008
Frye, Channing フライ, チェニング
　国アメリカ　バスケットボール選手
Frye, Curt フライ, カート
　著「Excelポケットガイド」オライリー・ジャパン, オーム社（発売）　2004
Frye, Curtis フライ, カーティス
　著「MOUS攻略Microsoft Excel Version2002応用レッスン」日経BPソフトプレス, 日経BP出版センター（発売）　2002
Frye, Don フライ, ドン
　1965〜　国アメリカ　元格闘家
Frye, Mary Elizabeth フライ, マリー・エリザベス
　?〜2004　国アメリカ　ヒット曲「千の風になって」の原詩作者とされる主婦
Frye, Richard Nelson フライ, リチャード
　1920〜2014　国アメリカ　イラン学者　ハーバード大学名誉教授
Fryer, Bronwyn フライヤー, ブロンウィン
　著「「問題社員」の管理術」ダイヤモンド社　2007
Fryer, Eric フライヤー, エリック
　国アメリカ　野球選手
Fryer, Peter フライヤー, ピーター
　1927〜2006　著「大英帝国の黒人」本の泉社　2007
Fryers, Zeki フライアーズ, ゼキ
　国イングランド　サッカー選手
Fryman, Woody フライマン, ウッディ
　1940〜2011　国アメリカ　野球選手　本名＝Fryman, Woodrow Thompson
Frymark, Sue Lynne フライマーク, スー・L.
　著「がん看護コアカリキュラム」医学書院　2007
Ftáčnik, Milan フタチュニク, ミラン
　国スロバキア　教育相
Fu, Biao フー・ビアオ
　1963〜2005　国中国　俳優　漢字名＝傳彪　異フー・ピアオ
Fu, Hai-feng フー・ハイフェン
　1984〜　国中国　バドミントン選手　漢字名＝傅海峰　異フ・ハイフェン
Fu, Hao フー・ハオ
　1916〜2016　国中国　外交官　駐日中国大使　漢字名＝符浩
Fu, Peter P. フュ, ピーター・P.
　漢字名＝傅必成　著「食品の機能性表示と世界のレギュレーション」薬事日報社　2015
Fu, Quan-you フー・チュアンユー
　1930〜　国中国　軍人　中国人民解放軍総参謀長・上将, 中国共産党中央軍事委員　漢字名＝傅全有
Fu, Tie-shan フー・ティエサン
　1931〜2007　国中国　カトリック神父　中国天主教愛国会主席, 中国全人代常務副委員長　漢字名＝傅鉄山, 別名＝符鉄山, ミカエル傳鉄山〈Fu Tieshan, Michael〉
Fua, Alani フア, アラニ
　国アメリカ　アメフト選手
Fuad-Luke, Alastair ファード＝ルーク, アラステア
　著「エコ・デザイン・ハンドブック」六耀社　2003
Fubini, David フビーニ, デビッド
　1954〜　著「ポストM&A」ファーストプレス　2007
Fuche, Karl フシュ, カール
　著「カール・フシュ 花のある大地に生きる」誠文堂新光社　2015
Fuchs, Bernie フュークス, バーニー
　著「バーニー・フュークス アメリカンオリジナル」シングルカット　2014
Fuchs, Catherine フックス, カトリーヌ
　著「現代言語学の諸問題」三修社　2003
Fuchs, Christian フクス, クリスティアン
　国オーストラリア　サッカー選手
Fuchs, Dmitry フックス, D.
　著「本格数学練習帳」岩波書店　2013
Fuchs, Ernst フックス, エルンスト
　1930〜2015　国オーストリア　画家
Fuchs, Ingrid フックス, イングリード
　著「ウィーン楽友協会二〇〇年の輝き」集英社　2013
Fuchs, John フックス, ジョン
　著「グルジェフから40年」アトリエHB　2002
Fuchs, Ken フクス, ケン

Fuchs, Mario フクス
　著「カードカウンティング入門」パンローリング　2012
Fuchs, Mario フクス
　国オーストリア　スノーボード選手
Fuchs, Michael フックス, ミハエル
　国ドイツ　バドミントン選手　異フクス
Fuchs, Michael フックス, ミヒャエル
　著「科学技術研究の倫理入門」知泉書館　2013
Fuchs, Radovan フクス, ラドバン
　国クロアチア　教育・科学・スポーツ相
Fuchs, Sarah Katherine フックス, サラ
　著「グローバル化と言語能力」明石書店　2015
Fuchs, Susan フックス, スーザン
　著「小児救急学習用テキスト」診断と治療社　2006
Fuchsberger, Joachim フックスベルガー, ヨアヒム
　1927〜2014　国ドイツ　俳優
Fucito, Salvatore フチート, サルバトーレ
　著「カルーゾの歌唱法の秘訣」シンフォニア　2007
Fuehne, Adam フューン, アダム
　国アメリカ　アメフト選手
Fuente, Alejandro de la フエンテ, アレハンドロ・デ・ラ
　1963〜　著「キューバ」ほるぷ出版　2009
Fuentes, Andrea フエンテス
　国スペイン　シンクロナイズド・スイミング選手
Fuentes, Carlos フエンテス, カルロス
　1928〜2012　国メキシコ　作家, 評論家
Fuentes, Gregorio フエンテス, グレゴリオ
　1897〜2002　国キューバ　「老人と海」のモデル
Fuentes, Juan フエンテス, フアン
　国スペイン　サッカー選手
Fuentes, Juan Alberto フエンテス, フアン・アルベルト
　国グアテマラ　財務相
Fuentes, Nick フエンテス, ニック
　著「ソフトウェアの未来」翔泳社　2001
Fuentes Bustamante, Jose Luis フエンテス
　国ベネズエラ　体操選手
Fuentes-pila, Iris フエンテスピラ
　国スペイン　陸上選手
Fuerth, Leon S. ファース, レオン・S.
　著「アメリカはなぜイラク攻撃をそんなに急ぐのか?」朝日新聞社　2002
Fuest, Robert フュースト, ロバート
　1927〜2012　国イギリス　映画監督
Fugard, Athol フガード, アソール
　1932〜　国南アフリカ　劇作家, 俳優, 演出家　本名＝Fugard, Athol Harold Lanigan　異フーガード, アソル／フガード, アソル／フュガード, アソール
Fuge, Charles フュージ, チャールズ
　著「ゾクゾク・ストリート」大日本絵画　〔2010〕
Fuggetta, Rob フュジェッタ, ロブ
　著「アンバサダー・マーケティング」日経BP社, 日経BPマーケティング（発売）　2013
Fuglsang, Jakob フグルサング, ヤコブ
　国デンマーク　自転車選手
Fugui, John Moffat フグイ, ジョン・モファット
　国ソロモン諸島　教育・人的資源開発相　異フグイ, モフェット
Fu Hai Yien, Grace グレース・フー・ハイイェン
　国シンガポール　文化・地域・青年相　漢字名＝伝海燕　異グレース・フー・ハイ・イェン
Fuhr, Arlan ファー, A.W.
　著「アクティベータ・メソッド」産学社エンタプライズ　2011
Fuhr, Ute フュール, ウテ
　著「くじらの本」岳陽舎　2004
Fuhrer, Marcus J. フューラー, マーカス・J.
　1933〜　著「リハビリテーション医療の評価」医学書院　2003
Fuhrman, Chris ファーマン, クリス
　1960〜　著「放課後のギャング団」早川書房　2001
Fuhrman, Joel ファーマン, ジョエル
　著「スーパー免疫力レシピ」日本文芸社　2012
Fuhrmann, Geri S.W. フールマン, ジェリ・S.W.
　著「離婚と子どもの司法心理アセスメント」金剛出版　2016
Fuhrmann, Matthew ファーマン, マシュー
　1980〜　著「原子力支援」太田出版　2015
Fujimori, Alberto フジモリ, アルベルト
　1938〜　国ペルー　政治家　ペルー大統領　日本名＝藤森謙也（フジモリ・ケンヤ）, 片岡謙也（カタオカ・ケンヤ）
Fujimoto, Masakazu Jack フジモト, マサカズ・ジャック

Fujimoto, Michi　フジモト, ミチ
　国アメリカ　元・ウェスト・ロサンゼルス短期大学学長, 元・ロサンゼルス・ミッション短期大学学長, 元・サクラメント市立短期大学学長
　著「アリエルのゆめ」講談社　2007
Fujita, Edmundo Sussumu　フジタ, エジムンド・ススム
　国ブラジル　外交官　駐韓国・ブラジル大使
Fujita, Kazu　フジタ, カズ
　著「囚われない生き方がかんたんにできる方法」東邦出版　2014
Fujitani, T.　フジタニ, T.
　著「岩波講座 アジア・太平洋戦争」岩波書店　2006
Fujitani, Yoshiaki　フジタニ, ヨシアキ
　国アメリカ　元・仏教伝道協会ハワイ支部長, 元・ハワイ国際仏教協会会長, 元・本派本願寺ハワイ教団開教総長
Fuks, Abraham　フックス, エイブラハム
　著「新たな全人的ケア」日本ホスピス・緩和ケア研究振興財団, 青海社（発売）　2016
Fuksa, Ivan　フクサ, イバン
　国チェコ　農相
Fuksa, Martin　フクサ, マルティン
　国チェコ　カヌー選手
Fuksas, Massimiliano　フクサス, マッシミリアーノ
　1944～　国イタリア　建築家
Fukuda, keiji　フクダ, ケイジ
　国アメリカ　医師　世界保健機関（WHO）事務局長補
Fukuhara, Harry Katsuji　フクハラ, ハリー・カツジ
　1920～2015　国アメリカ　軍人　米国陸軍情報将校, 全米日系人博物館顧問　日本名＝福原克治（フクハラ・カツジ）
Fukumoto, Benjamin Iwao　フクモト, ベンジャミン イワオ
　国アメリカ　元・ホノルル日本人商工会議所会頭, 元・ハワイ日系人連合協会会長　漢字名＝福本ベンジャミン巌
Fukunaga, Cary Joji　フクナガ, キャリー・ジョージ
　1977～　国アメリカ　映画監督　別フクナガ, ケイリー・ジョージ
Fukurai, Hiroshi　フクライ, ヒロシ
　著「マクマーチン裁判の深層」北大路書房　2004
Fukushima, Glen S.　フクシマ, グレン
　1949～　国アメリカ　実業家, 弁護士　米国先端政策研究所（CAP）上席研究員　在日米国商工会議所会頭, 米国通商代表部（USTR）日本部長, エアバス・ジャパン社長・CEO　別フクシマ, グレン・S.
Fukuyama, Francis　フクヤマ, フランシス
　1952～　国アメリカ　国際政治学者　スタンフォード大学フリーマン・スポグリ国際関係研究所シニア・フェロー　ジョンズ・ホプキンズ大学高等国際問題研究大学院（SAIS）教授, 米国国務省政策企画局次長
Fularczyk-kozlowska, Magdalena　フラルチク, マグダレナ
　国ポーランド　ボート選手
Fulbrook, Mary　フルブルック, メアリー
　1951～　別フルブロック, メアリー　著「二つのドイツ」岩波書店　2009
Fulcanelli　フルカネリ
　「大聖堂の秘密」国書刊行会　2002
Fuld, Richard S., Jr.　フルド, リチャード, Jr.
　1946～　国アメリカ　金融家　リーマン・ブラザーズ会長・CEO　通称＝フルド, ディック〈Fuld, Dick〉　別ファルド, リチャード
Fulda, Hans Friedrich　フルダ, ハンス・フリードリヒ
　1930～　別フルダ, ハンス・フリードリッヒ　著「ヘーゲル」梓出版社　2013
Fulenwider, David　フーレンワイダー, デービッド
　国アメリカ　メイン日米協会会長
Fulford, Benjamin　フルフォード, ベンジャミン
　1961～　国カナダ　ジャーナリスト, ノンフィクション作家　「フォーブス」アジア太平洋支局長
Fulford, K.W.M.　フルフォード, K.W.M.（ビル）
　著「価値に基づく診療」メディカル・サイエンス・インターナショナル
Fulghum, Hunter Samuel　フルガム, ハンター・S.
　著「タフガイ用語の基礎知識」早川書房　2005
Fulghum, Robert　フルガム, ロバート
　1937～　著「人生に必要な知恵はすべて幼稚園の砂場で学んだ」河出書房新社　2016
Fulignati, Andrea　フリニャーティ, アンドレア
　国イタリア　サッカー選手
Fullam, Scott　フラム, スコット
　著「ハードウェアハッキング大作戦」オライリー・ジャパン, オーム社（発売）　2004

Fullan, Michael　フラン, マイケル
　著「The Principal」東洋館出版社　2016
Fuller, Bryan　フーラー, ブライアン
　著「ヒーローズ」角川書店, 角川グループパブリッシング（発売）　2009
Fuller, Christa　フラー, クリスタ・ラング
　1943～　著「サミュエル・フラー自伝」boid, JRC（発売）　2015
Fuller, Corey　フラー, コリー
　国アメリカ　アメフト選手
Fuller, Devin　フラー, デビン
　国アメリカ　アメフト選手
Fuller, DicQie　フュラー, ディッキー
　1942～　著「病気を癒し, 老化を防ぐ酵素の治癒力」現代書林　2011
Fuller, Edwin D.　フラー, エドウィン・D.
　1945～　著「最高のサービスを実現するリーダーシップ」日本経済新聞出版社　2012
Fuller, Elizabeth A.　フラー, エリザベス
　1957～　著「BIG BOOK」チャイルド本社　2005
Fuller, H.W.C.　フラー, H.W.C.
　著「医学とキリスト教の連携」すぐ書房　2002
Fuller, Keith　フラー, キース
　1923～2002　国アメリカ　実業家　AP通信社長　本名＝Fuller, Edwin Keith
Fuller, Kendall　フラー, ケンドール
　国アメリカ　アメフト選手
Fuller, Kyle　フラー, カイル
　国アメリカ　アメフト選手
Fuller, Millard　フラー, ミラード
　1935～2009　国アメリカ　社会運動家　ハビタット・フォー・ヒューマニティー創設者　別フラー, マーク・B.
Fuller, Ray　フラー, レイ
　1943～　著「心理学の7人の開拓者」法政大学出版局　2002
Fuller, Steve　フラー, スティーヴ
　1959～　著「ナレッジマネジメントの思想」新曜社　2009
Fuller, Thomas　フラー, トマス
　1954～　著「地球温暖化スキャンダル」日本評論社　2010
Fuller, Timothy　フラー, ティモシー
　1914～　著「ハーバード同窓会殺人事件」論創社　2015
Fuller, Will　フラー, ウィル
　国アメリカ　アメフト選手
Fullerton, Carol S.　フラートン, C.S.
　著「バイオテロリズム」シュプリンガー・フェアラーク東京　2006
Fullerton, Judith　フラートン, ジュディス
　著「エビデンスに基づく看護学教育」医学書院　2003
Fullerton, R.Donald　フラートン, R.ドナルド
　1931～2011　国カナダ　銀行家　カナダ・コマース銀行（CIBC）会長
Fullick, Ann　フリック, アン
　1956～　著「臓器移植」文渓堂　2004
Fullington, John　フリントン, ジョン
　国アメリカ　アメフト選手
Fullman, Joe　フルマン, ジョー
　著「世界の音楽なんでも事典」岩崎書店　2015
Fulmer, Carson　フルマー, カーソン
　国アメリカ　野球選手
Fulmer, David　フルマー, デイヴィッド
　著「快楽通りの悪魔」新潮社　2004
Fulmer, Michael　フルマー, マイケル
　国アメリカ　野球選手
Fulmer, Terry T.　フルマー, テリー
　著「高齢者アセスメントマニュアル」メディカ出版　2006
Fülop, C.V.Ralph　フュロップ, ラルフ
　著「ドイツ環境都市モデルの教訓」エネルギーフォーラム　2011
Fulst, Guido　フルスト
　国ドイツ　自転車選手
Fulton, Charlie　フルトン, チャーリー
　1949～2016　国アメリカ　プロレスラー
Fulton, Hal Edwin　フルトン, ハル
　1961～　著「The Ruby way」翔泳社　2002
Fulton, Jay　フルトン, ジェイ
　国スコットランド　サッカー選手
Fulton, Jeff　フルトン, ジェフ
　著「HTML5 Canvas」オライリー・ジャパン, オーム社（発売）　2012
Fulton, Steve　フルトン, スティーブ

[著]「HTML5 Canvas」 オライリー・ジャパン, オーム社(発売) 2012

Fulton, Zach フルトン, ザック
[国]アメリカ アメフト選手

Fultz, Markelle フルツ, マーケル
[国]アメリカ バスケットボール選手

Fulvimari, Jeffrey フルビマーリ, ジェフリー
1962～ [著]「イングリッシュローズィズ」 ホーム社, 集英社(発売) 2003

Fumagalli, Andrea フマガッリ, アンドレア
[著]「金融危機をめぐる10のテーゼ」 以文社 2010

Fumagalli Beonio Brocchieri, Mariateresa フマガッリ=ベオニオ=ブロッキエーリ, マリアテレーザ
1933～ [著]「エロイーズとアベラール」 法政大学出版局 2004

Fumaroli, Marc フュマロリ, マルク
1932～ [国]フランス 歴史家

Fumic, Manuel フミッチ, マヌエル
[国]ドイツ 自転車選手

Funaki, Fineasi フナキ, フィネアシ
[国]トンガ 観光相

Funchess, Devin ファンチェス, デビン
[国]アメリカ アメフト選手

Funck, Carolin フンク, カロリン
1961～ [著]「瀬戸内観光地域の形成と変容」 広島大学総合地誌研究資料センター 2001

Funcke, Liselotte フンケ, リーゼロッテ
1918～2012 [国]ドイツ 政治家 西ドイツ外国人労働者担当長官, 西ドイツ連邦議会議員

Funder, Anna ファンダー, アナ
1966～ [著]「監視国家」 白水社 2005

Funder-Nielsen, Jens ファンダー・ニルセン, イェンス
[著]「北欧の切り紙インテリア・モビール」 池田書店 2008

Fundora, Ivan フンドラ
[国]キューバ レスリング選手

Funeriu, Daniel フネリウ, ダニエル
[国]ルーマニア 教育・研究・青年・スポーツ相

Funes, Mauricio フネス, マウリシオ
1959～ [国]エルサルバドル 政治家 エルサルバドル大統領 本名=フネス・カルタヘナ, カルロス・マウリシオ〈Funes Cartagena, Carlos Mauricio〉

Funes Mori, Ramiro フネス・モリ, ラミロ
[国]アルゼンチン サッカー選手

Fung, Kaiser ファング, カイザー
[著]「ナンバーセンス」 CCCメディアハウス 2015

Fung, Khun Yee ファン, クン・イー
[著]「XSLT Web開発者ガイド」 ピアソン・エデュケーション 2001

Fung-on, George フンゴン, ジョージ
[国]ガイアナ 公共サービス相

Funicello, Annette ファニセロ, アネット
1942～2013 [国]アメリカ 女優

Funk, Dory, Jr. ファンク, ドリー, Jr.
1941～ [国]アメリカ プロレスラー PWF会長

Funk, McKenzie ファンク, マッケンジー
[著]「地球を「売り物」にする人たち」 ダイヤモンド社 2016

Funk, Terry ファンク, テリー
1944～ [国]アメリカ プロレスラー 本名=ファンク, テレンス

Funke, Cornelia Caroline フンケ, コルネーリア
1958～ [国]ドイツ 児童文学作家, イラストレーター

Funnell, Martha Mitchell ファンネル, マーサ・M.
[著]「糖尿病1000年の知恵」 医歯薬出版 2011

Funnell, Philippa ファンネル
[国]イギリス 馬術選手 [異]ファネル, ピパ

Fuqua, Harvey フクア, ハーベイ
1929～2010 [国]アメリカ シンガー・ソングライター, 音楽プロデューサー

Furber, Stephen Bo フーバー, S.B.
1953～ [著]「ARMプロセッサ」 CQ出版 2001

Furberg, Bengt ファーバーグ, B.
[著]「臨床研究を正しく評価するには」 ライフサイエンス出版 2013

Furberg, Curt ファーバーグ, C.
[著]「臨床研究を正しく評価するには」 ライフサイエンス出版 2013

Furche, Carlos フルチェ, カルロス
[国]チリ 農相

Furchgott, Robert Francis ファーチゴット, ロバート
1916～2009 [国]アメリカ 薬理学者 ニューヨーク州立大学健康科学センター名誉教授

Furey, John フューレイ, ジョン
[著]「マインドタイム」 ディスカヴァー・トゥエンティワン 2015

Furick, Jack フューリック, ジャック
[著]「ポール・オースターが朗読するナショナル・ストーリー・プロジェクト」 アルク 2006

Furlan, Luiz Fernando フルラン, ルイス・フェルナンド
[国]ブラジル 開発・工業・貿易相

Furlanetto, Ferruccio フルラネット, フェルッチョ
1949～ [国]イタリア バス歌手

Furlanetto, Giovanna フルラネット, ジョバンナ
[国]イタリア 実業家 フルラ社長

Furlong, Andy ファーロング, アンディ
[著]「若者と社会変容」 大月書店 2009

Furlong, J. ファーロング, J.
[著]「グローバル化・社会変動と教育」 東京大学出版会 2012

Furlong, Jim ファーロング, ジム
[著]「ポール・オースターが朗読するナショナル・ストーリー・プロジェクト」 アルク 2006

Furlong, Lisa ファーロン, リサ
[著]「対立がちからに」 C.S.L.学習評価研究所, みくに出版(発売) 2001

Furlong, Tadhg ファーロング, ティーグ
[国]アイルランド ラグビー選手

Furman, Ben ファーマン, ベン
[著]「フィンランド式叱らない子育て」 ダイヤモンド社 2013

Furman, Irv ファーマン, アーヴ
[著]「エブリデイマジック」 アーティストハウスパブリッシャーズ, 角川書店(発売) 2003

Furman, Leola Dyrud ファーマン, レオラ・ディラッド
[著]「ソーシャルワークにおけるスピリチュアリティとは何か」 ミネルヴァ書房 2014

Furman, Simon ファーマン, サイモン
[著]「トランスフォーマームービーガイド」 ヴィレッジブックス, ソニー・マガジンズ(発売) 2007

Furmanavičius, Gintaras フルマナビチウス, ギンタラス
[国]リトアニア 内相

Furnas, Doug ファーナス, ダグ
1961～2012 [国]アメリカ プロレスラー 本名=Feely, Dwayne

Furnham, Adrian ファーナム, エイドリアン
1953～ [異]ファーナム, A. [著]「補完医療の光と影」 北大路書房 2012

Fürniss, Tilman フュルニス, ティルマン
[著]「エビデンスに基づく子ども虐待の発生予防と防止介入」 明石書店 2011

Furno, Joshua フルノ, ジョシュア
[国]イタリア ラグビー選手

Furr, Nathan R. ファー, ネイサン
[著]「成功するイノベーションは何が違うのか?」 翔泳社 2015

Furse, Clara ファース, クララ
1957～ [国]イギリス 金融家 野村ホールディングス社外取締役 ロンドン証券取引所(LSE)社長・CEO 本名=Furse, Clara Hedwig Frances

Fursenko, Andrei A. フルセンコ, アンドレイ・A.
[国]ロシア 教育科学相

Furst, Alan ファースト, アラン
1941～ [著]「影の王国」 講談社 2005

Furst, Lilian R. ファースト, L.R.
[著]「ヨーロッパ・ロマン主義」 創芸出版 2002

Fürst, Walther フュルスト, W.
[著]「イエスの十字架の意味」 新教出版社 2005

Furstenberg, Diane von ファステンバーグ, ダイアン・フォン
[国]アメリカ ダイアン・フォン・ファステンバーグ創業者

Furstenberg, Egon von フュステンベルク, エゴン・フォン
?～2004 [国]イタリア ファッションデザイナー

Furstenberg, Harry ファステンバーグ, ハリー
[国]イスラエル ウルフ賞 数学部門(2006/2007年)

Furtado, Peter ファタードー, ピーター
[異]ファータド, ピーター [著]「世界の歴史を変えた日1001」 ゆまに書房 2013

Furth, Gregg M. ファース, グレッグ・M.
1944～ [著]「絵が語る秘密」 日本評論社 2001

Fürweger, Wolfgang ヒュアヴェーガー, ヴォルフガング
1971～ [著]「レッドブルはなぜ世界で52億本も売れるのか」 日経BP社, 日経BPマーケティング(発売) 2013

Fury, Dalton フュアリー, ドルトン

国アメリカ　作家　著スリラー　著「極秘偵察」早川書房　2014
Furyk, Jim　フューリク, ジム
　1970～　国アメリカ　プロゴルファー　本名＝Furyk, James Michael　異フューリック, ジム
Fusaro, Peter C.　フサロ, ピーター・C.
　著「エンロン崩壊の真実」税務経理協会　2002
Fusar-poli, Barbara　ポリ, フーザル
　国イタリア　フィギュアスケート選手
Fusco, Brandon　フスコ, ブランドン
　国アメリカ　アメフト選手
Fusco, John　フスコ, ジョン
　著「パラダイス・サルヴェージ」角川書店　2001
Fusein, Adilah　フサイン, アディラ
　国イラク　保健・環境相
Fuseini, Inusah　フセイニ, イヌサ
　国ガーナ　道路相
Fuser, Marco　フーゼル, マルコ
　国イタリア　ラグビー選手
Fusilli, Jim　フジーリ, ジム
　1953～　著「ペット・サウンズ」新潮社　2011
Fussein, Qusay　フセイン, ティフ
　1966～2003　国イラク　政治家, 軍人　バース党副司令官　異クサイ・フセイン
Fussell, Chris　ファッセル, クリス
　著「TEAM OF TEAMS」日経BP社, 日経BPマーケティング(発売)　2016
Fussell, Paul　ファッセル, ポール
　1924～2012　国アメリカ　英文学者　ペンシルベニア大学名誉教授, ラトガース大学教授　著英文学
Fussell, Tif　ファッセル, ティフ
　著「ドッティ・エンジェルとテッド＆アグネスのグラニースタイル・クラフトBOOK」グラフィック社　2014
Fussenegger, Gertrud　フーセネガー, ゲルトルート
　著「とき放されて」花神社　2013
Fusu, Corina　フス, コリナ
　国モルドバ　教育相
Futa, André Philippe　フタ, アンドレ・フィリップ
　国コンゴ民主共和国　経済・商業相　異フタ, アンドレフィリップ
al-Futaisi, Ahmed bin Mohammed bin Salim　フタイシ, アハメド・ビン・ムハンマド・ビン・サリム
　国オマーン　運輸通信相
Futch, Eddie　ファッチ, エディー
　1911～2001　国アメリカ　ボクシング・トレーナー　異ファッチ, エディ
Futerman, Samantha　フォーターマン, サマンサ
　1987～　著「他人のふたご」太田出版　2016
Futia, Carl　フティーア, カール
　1948～　著「逆張りトレーダー」パンローリング　2011
Futrelle, Jacques　フットレル, ジャック
　著「人間消失ミステリー」ポプラ社　2002
Fuyuume, John　フユウメ, ジョン
　国アメリカ　日系市民連盟(JACL)東部地区副地区長, シーブルック教育文化センター理事, 全米日系人博物館名誉理事
Fyfield, Frances　ファイフィールド, フランセス
　1948～　英国推理作家協会賞 ダンカン・ローリー・ダガー(2008年) "Blood From Stone"
Fyk, Jannina　フューク, ヤニーナ
　著「演奏を支える心と科学」誠信書房　2011
Fynes-Clinton, Christine　ファインズ・クリントン, クリスティーン
　著「子どもと楽しむシュタイナー教育の手作りおもちゃ」学陽書房　2005
Fyodorov, Nikolai V.　フョードロフ, ニコライ・V.
　国ロシア　農相
Fyrstenberg, Mariusz　フィルステンベルグ
　国ポーランド　テニス選手

【G】

Gaa, James C.　ガー, ジェームス・C.
　著「会計倫理」同文舘出版　2005
Gaag, Nikki van der　ガーグ, ニキ・ヴァン・デ
　著「ダイヤモンドはほんとうに美しいのか？」合同出版　2008

Gaarder, Jostein　ゴルデル, ヨースタイン
　1952～　国ノルウェー　哲学者
Gabaccia, Donna R.　ガバッチア, ダナ・R.
　1949～　著「移民からみるアメリカ外交史」白水社　2015
Gabai, Avi　ガバイ, アビ
　国イスラエル　環境相
Gabaix, Xavier　ガバイ, ザビエル
　著「金融規制のグランドデザイン」中央経済社　2011
Gabaldon, Diana　ガバルドン, ダイアナ
　国アメリカ　作家
Gabaldon, Guy　ガバルドン, ガイ
　1926～2006　国アメリカ　元・軍人
El-**gabaly, Hatem Mostafa**　ガバリ, ハーテム・ムスタファ
　国エジプト　保健・人口相
Al-**gabaly, Hatem Mostafa**　ガバリ, ハーテム・ムスタファ
　国エジプト　保健・人口相
Gabas, Carlos Eduardo　ガバス, カルロス・エドゥアルド
　国ブラジル　社会保障相
Gabashvili, Georgi　ガバシビリ, ゲオルギ
　国ジョージア　文化・記念碑保護・スポーツ相
Gabbana, Stefano　ガッバーナ, ステファノ
　1962～　国イタリア　ファッションデザイナー　ドルチェ＆ガッバーナ社長
Gabbard, Glen O.　ギャバード, グレン・O.
　1949～　著「精神力動的精神療法基本テキスト」岩崎学術出版社　2012
Gabbay, Tom　ギャベイ, トム
　1953～　国アメリカ　作家　著ミステリー, スリラー
Gabbert, Blaine　ギャバート, ブレイン
　国アメリカ　アメフト選手
Gabbiadini, Manolo　ガッビアディーニ, マノーロ
　国イタリア　サッカー選手
Gaber, Omar　ガベル, オマル
　国エジプト　サッカー選手
Gaber, Slavko　ガベル, スラウコ
　国スロベニア　教育・科学・スポーツ相
Gaber, Susan　ゲイバー, スーザン
　著「ねないこのこ」フレーベル館　2004
Gaberson, Kathleen B.　ゲイパーソン, キャスリーン・B.
　著「臨地実習のストラテジー」医学書院　2002
Gabetta, Sol　ガベッタ, ソル
　1981～　国アルゼンチン　チェロ奏者
Gabhart, Kyle　ガバート, カイル
　著「プロフェッショナルEJB」インプレス, インプレスコミュニケーションズ(発売)　2002
Prince **Gabheni**　ガブエニ王子
　国スワジランド　内相
Gabi　ガビ
　国スペイン　サッカー選手
Gabier, Shane　ガビエ, シェーン
　国アメリカ　ファッションデザイナー　クリーチャーズオブザウィンドデザイナー, シカゴ美術館附属美術大学教授
Gabilliet, Jean-Paul　ガブリエ, ジャン＝ポール
　著「ケンブリッジ版カナダ文学史」彩流社　2016
Gabilondo Pujol, Ángel　ガビロンド・プジョル, アンヘル
　国スペイン　教育相
Gabler, Hans Walter　ガーブラー, ハンス・ヴァルター
　著「人文学と電子編集」慶応義塾大学出版会　2011
Gabler, Milt　ゲイブラー, ミルト
　?～2001　国アメリカ　ジャズ・プロデューサー　コモドア創業者
Gabler, Neal　ゲイブラー, ニール
　著「創造の狂気ウォルト・ディズニー」ダイヤモンド社　2007
Gabobe, Ahmed Hassan　ガボベ, アハメド・ハッサン
　国ソマリア　農相　異ガボーベ, アハメド・ハッサン
Gabor, Don　ガボー, ドン
　著「一瞬で相手の心を開かせる超会話術」講談社　2008
Gabor, Zsa Zsa　ガボール, ザ・ザ
　1917～2016　国アメリカ　女優　本名＝ガボール, シャーリ〈Gabor, Sari〉　異ガーボーア, ジャ・ジャ
Gaboriau, Linda　ガボリオ, リンダ
　カナダ総督文学賞 英語 翻訳(仏文訳)(2010年)　"Forests"
Gaborit-Chopin, Danielle　ガボリ＝ショパン, ダニエル
　著ガボリ, ジャン＝ルネ「ルーヴル美術館展」新潟県立近代美術館　2004
Gabo Sabo, Maman Sani　ガボサボ, ママン・サニ

[国]ニジェール　都市計画・住居・国土開発相
Gabova, Elena　ガボワ, エレーナ
1952～　[著]「あいさつはいつも“なまけんぼう”」 学習研究社 2002
Gabree, Jon　ギャブリー, ジョン
[著]「ビートルズ世界証言集」 ポプラ社　2006
Gabriel　ガブリエウ
[国]ブラジル　サッカー選手
Gabriel, Barbosa　ガブリエウ・バルボーザ
[国]ブラジル　サッカー選手
Gabriel, Eberhard　ガブリエル, エーベルハルト
1939～　[著]「写真が語るウィーン精神医学史」 現代書林　2002
Gabriel, Jacques　ガブリエル, ジャック
[国]ハイチ共和国　公共事業・運輸・通信相
Gabriel, J.C.　ガブリエル, J.C.
[異]デラヴィ, エハン　[著]「日本を襲うテロ経済の本質」 ヒカルランド　2013
Gabriel, Jon　ガブリエル, ジョン
[著]「やせたがる体のつくり方」 ベストセラーズ　2009
Gabriel, Kristin　ガブリエル, クリスティン
[著]「真夜中のジンクス」 ハーレクイン　2004
Gabriel, Markus　ガブリエル, マルクス
1980～　[著]「神話・狂気・哄笑」 堀之内出版　2015
G
Gabriel, Mike　ガブリエル, マイク
[国]アメリカ　アヌシー国際アニメーション映画祭 短編映画 アヌシークリスタル賞 (2004年)　“Lorenzo”
Gabriel, Peter　ガブリエル, ピーター
1950～　[国]イギリス　ロック歌手
Gabriel, Sigmar　ガブリエル, ジグマル
[国]ドイツ　副首相兼外相
Gabriel, Silva　ガブリエウ・シウヴァ
[国]ブラジル　サッカー選手
Gabriel, Taylor　ゲイブリエル, テイラー
[国]アメリカ　アメフト選手
Gabriel, Wenyen　ガブリエル, ウェニエン
[国]アメリカ　バスケットボール選手
Gabrielli, Gabrielle K.　ガブリエリ, ガブリエル・K.
[著]「インストラクショナルデザインとテクノロジ」 北大路書房 2013
Gabriels, Jaak　ガブリエル, ジャック
[国]ベルギー　農業・中小企業相
Gabrielsen, Ansgar　ガブリエルセン, アンスガール
[国]ノルウェー　保健・介護サービス相
Gabrielsson, Alf　ガブリエルソン, アルフ
[著]「演奏を支える心と科学」 誠信書房　2011
Gabrielsson, Eva　ガブリエルソン, エヴァ
1953～　[著]「ミレニアムと私」 早川書房　2011
Gabrielyan, Vache　ガブリエリャン, ワチェ
[国]アルメニア　副首相兼国際経済統合・改革相
Gabus, Pierre　ガビュス, ピエール
アングレーム国際漫画祭 シリーズ賞 (2012年)　“Cité14 saison 2 (T1)”〈Les Humanoïdes Associés〉
Gabuza, Joel　ガブーザ, ジョエル
[国]ジンバブエ　公共事業相
Gaccione, Angelo　ガッチョーネ, アンジェロ
[著]「ぶどう酒色の海」 イタリア文芸叢書刊行委員会　2013
Gachchhadar, Bijaya Kumar　ガッチャダール, ビザヤ・クマル
[国]ネパール　副首相兼内相　[異]ガッチャダル, ビジャイ・クマール
Gachechiladze, Georgi　ガチェチラゼ, ゲオルギ
[国]ジョージア　経済・産業・貿易相
Gachet, Sophie　ガシェ, ソフィ
[著]「大人のパリ イネスのおしゃれガイド」 集英社　2011
Gachhedar, Bijaya Kumar　ガッチャダール, ビジャヤ・クマール
[国]ネパール　副首相兼インフラ交通相
Gachkar, Andrew　ガチカー, アンドリュー
[国]アメリカ　アメフト選手
Gacina, Andrej　ガチーナ, アンドレイ
[国]クロアチア　卓球選手
Gacinovic, Mijat　ガチノヴィッチ, ミヤト
[国]セルビア　サッカー選手
Gacioch, Rose M.　ゲイソッチ, ローズ
1915～2004　[国]アメリカ　野球選手　別名＝Gacioch, Rosie
Gaciyubwenge, Pontien　ガシユブウェンゲ, ポンティアン
[国]ブルンジ　国防・退役軍人相
Gacroglou, Konstantinos　ガブログル, コンスタンディノス
[国]ギリシャ　教育・学術・宗教相
Gad, Josh　ギャッド, ジョシュ
グラミー賞 最優秀ミュージカル・シアター・アルバム (2011年(第54回))　“The Book Of Mormon”
Gada, Bello　ガダ, ベロ
[国]ナイジェリア　文化観光相
Gada, Hemal　ガダ, ヘマル
[著]「ワシントン初期研修医必携マニュアル」 メディカル・サイエンス・インターナショナル　2009
Gadabadze, Shalva　ガダバゼ
[国]アゼルバイジャン　レスリング選手
Gadalla, Ulaya　ガダラ, ウラヤ
[著]「はじめてのヘナタトゥー」 岳陽舎　2002
Gadamer, Hans Georg　ガダマー, ハンス・ゲオルク
1900～2002　[国]ドイツ　哲学者　ハイデルベルク大学名誉教授, ライプツィヒ大学学長　[異]ガーダマー, ハンス・ゲオルク
Gadanov, Alim　ガダノフ
[国]ロシア　柔道選手
Gadd, Ben　ガッド, ベン
1946～　[著]「Raven's end」 創栄出版, 星雲社 (発売)　2006
Gadd, Carl-Johan　ガッド, C.
1979～　[著]「意外な「はじめて」物語」 扶桑社　2009
Gadd, Steve　ガッド, スティーブ
1945～　[国]アメリカ　ジャズ・ドラマー　[異]ガッド, スティーヴ
Gaddam, Sai　ガダム, サイ
[著]「性欲の科学」 阪急コミュニケーションズ　2012
Gaddis, John Lewis　ギャディス, ジョン・ルイス
1941～　[国]アメリカ　ピュリッツアー賞 文学・音楽 伝記・自伝 (2012年) ほか
Gaddor, Abdul-Latif　ガッドール, アブドルラティフ
[国]リビア　内相
Gaddy, Clifford G.　ガディ, クリフォード・G.
1946～　[著]「プーチンの世界」 新潮社　2016
Gade, Peter　ゲード
[国]デンマーク　バドミントン選手
Gade, Søren　ゲーデ, ソアン
[国]デンマーク　国防相
Gadea, Kevin　ガデア, ケビン
[国]ニカラグア　野球選手
Gades, Antonio　ガデス, アントニオ
1936～2004　[国]スペイン　舞踊家, 振付師　アントニオ・ガデス舞踊団主宰, スペイン国立バレエ団芸術監督　[専]フラメンコ
Gadiesh, Orit　ガディッシュ, オリット
[著]「プライベートエクイティ6つの教訓」 ファーストプレス 2008
Gadio, Cheikh Tidiane　ガディオ, シェイク・テディアン
[国]セネガル　外相
Gadkari, Nitin Jairam　ガドカリ, ニティン・ジャイラム
[国]インド　道路交通・高速道路相兼船舶相
Gado, Foumakoye　ガド, フマクワイ
[国]ニジェール　石油相
Gadour, Ali　ガドール, アリ
[国]リビア　殉教相・不明者相
Gadzhiev, Rizvan　ガジエフ
[国]ベラルーシ　レスリング選手
Gadzić, Mila　ガジッチ, ミラ
[国]ボスニア・ヘルツェゴビナ　貿易経済問題相
Gadzik, Jonathan P.　ガジック, J.P.
[著]「Javaプログラマのためのwebサービス大全」 コンピュータ・エージ社　2003
Gaede, Daniel　ゲーデ, ダニエル
1969～　[国]ドイツ　バイオリニスト　ニュルンベルク音楽大学教授　ウィーン・フィルハーモニー管弦楽団 (VPO) コンサートマスター
Gaens, Bart　ガーンス, バルト
[著]「長者の山」 国際日本文化研究センター　2002
Gaensler, Bryan M.　ゲンスラー, ブライアン
[著]「とてつもない宇宙」 河出書房新社　2012
Gaertner, Wulf　ガートナー, ウルフ
[著]「クオリティー・オブ・ライフ」 里文出版　2006
Gaetjen, Scott　ゲージェン, スコット
[著]「Oracleデータベースセキュリティ」 翔泳社　2015
Gafa, Ioelu Elisara　ガファ・イオエル・エリサラ
[国]サモア　公共サービス・国庫歳入・関税相
Gaffney, Tyler　ギャフニー, タイラー
[国]アメリカ　アメフト選手

Gafner, George　ガフナー, ジョージ
　1947〜　著「新催眠の誘導技法」誠信書房　2005
Gafter, Neal　ガフター, ニール
　著「Java puzzlers」ピアソン・エデュケーション　2005
Lady Gaga　レディー・ガガ
　1986〜　国アメリカ　歌手　本名＝Germanotta, Stefan Joanne Angelina
Gagarimabu, Gabia　ガガリマブ, ガビア
　国パプアニューギニア　警察相
Gagauzov, Assen　ガガウゾフ, アセン
　国ブルガリア　地域開発・公共事業相
Gage, Christos N.　ゲイジ, クリストス・N.
　訳著「エッジ・オブ・スパイダーバース」ヴィレッジブックス　2016
Gager, John G.　ゲイジャー, ジョン・G.
　著「古代世界の呪詛板と呪縛呪文」京都大学学術出版会　2015
Gaghan, Stephen　ギャガン, スティーヴン
　アメリカ探偵作家クラブ賞 映画賞(2006年) "Syriana"　既ギャガン, スティーブン
Gagliano, Alfonso　ガグリアーノ, アルフォンソ
　国カナダ　公共事業相
Gagliardini, Roberto　ガリャルディーニ, ロベルト
　国イタリア　サッカー選手
Gagliardo, Antonio　ガリアルド, アントニオ
　国エクアドル　労働・雇用相
Gagné, David　ガニェ, デイヴィッド
　著「調性音楽のシェンカー分析」音楽之友社　2013
Gagné, Lori Saint-Martin Paul　ガニエ, ロリ・サンマルタン・ポール
　カナダ総督文学賞 フランス語 翻訳(英文仏訳)(2007年) "Dernières notes"
Gagne, Philippe　ガニエ, フィリップ
　国カナダ　水泳選手
Gagne, Raphael　ガニエ, ラファエル
　国カナダ　自転車選手
Gagné, Robert Mills　ガニェ, ロバート・M.
　1916〜2002　著「インストラクショナルデザインの原理」北大路書房　2007
Gagne, Verne　ガニア, バーン
　1926〜2015　国アメリカ　プロレスラー　AWA世界ヘビー級チャンピオン　本名＝ガニア, ラバーン・クラレンス〈Gagne, LaVerne Clarence〉
Gagnepain, Bernard　ガニュパン, ベルナール
　著「西洋音楽史年表」白水社　2012
Gagnon, Alain-G.　ガニョン, アラン＝G.
　1954〜　著「マルチナショナル連邦制」彩流社　2015
Gagnon, Claude　ガニョン, クロード
　1949〜　国カナダ　映画監督, 脚本家, 映画プロデューサー　既ガニョン, クロード／ガニヨン, クロード
Gagnon, Elisa　ギャニオン, アイリーサ
　著「パワーカード」明石書店　2011
Gagnon, George W.　ギャニオン, G.W.
　著「構成主義的な学びのデザイン」青山ライフ出版　2015
Gagnon, Marc　ガニョン
　国カナダ　ショートトラック選手
Gagnon, Marc-Antoine　ガニョン
　国カナダ　フリースタイルスキー選手
Gago, José Mariano　ガゴ, ジョゼ・マリアノ
　国ポルトガル　科学・技術・高等教育相
Gago, Mariano　ガゴ, マリアノ
　国ポルトガル　科学・技術・高等教育相
Gagoshidze, Iulon　ガゴシゼ, ウロン
　国ジョージア　国務相(在外国民問題担当)
Gahakwa, Daphrose　ガハクワ, ダフロズ
　国ルワンダ　教育相
Gahiru, Rose　ガイル, ローズ
　国ブルンジ　初等・中等教育・職業教育・専門家養成・識字教育相
Gahse, Frank　ガーセ, F.
　著「ARISを活用したシステム構築」シュプリンガー・フェアラーク東京　2005
Gahungu, Athanase　ガフング, アタナセ
　国ブルンジ　財務相
Gai, Mass Axi　ガイ, マス・アクシ
　国ガンビア　漁業相
Gai, Sofia　ガイ, ソフィア
　国南スーダン　水資源・灌漑相

Gaiba, Francesca　ガイバ, フランチェスカ
　著「ニュルンベルク裁判の通訳」みすず書房　2013
Gaibnazarov, Fazliddin　ガイブナザロフ, ファズリディン
　国ウズベキスタン　ボクシング選手　既ガイブナザロフ
Gaiciuc, Victor　ガイチュク, ビクトル
　国モルドバ　国防相
Gaidar, Egor Timurovich　ガイダル, エゴール
　1956〜2009　国ロシア　政治家, 経済学者　ロシア第1副首相　既ガイダール
Gaidarov, Murad　ガイダロフ
　国ベラルーシ　レスリング選手
Gailey, Chan　ゲイリー, チャン
　国アメリカ　ニューヨーク・ジェッツコーチ
Gaillard, Jean Marc　ジェラール, J.
　国フランス　クロスカントリースキー選手
Gaillardet, Frédéric　ガイヤルデ, フレデリック
　著「ネールの塔」デジタルエステイト　2016
Gaillemin, Jean-Louis　ガイユマン, ジャン＝ルイ
　著「エゴン・シーレ」創元社　2010
Gailly, Christian　ガイイ, クリスチャン
　1943〜　著「風にそよぐ草」集英社　2011
Gailly, Pierre-Antoine　ガイイ, ピエール・アントワーヌ
　国フランス　パリ・イル・ド・フランス地方商工会議所名誉会頭, 元・日仏経済交流委員会会長
Gaiman, Neil　ゲイマン, ニール
　1960〜　国イギリス　ファンタジー作家
Gaina, Tino　ガイナ・ティノ
　国サモア　歳入相
Gaines, Alice　ゲインズ, アリス
　著「5つの恋と夢の時間(とき)」ハーパーコリンズ・ジャパン　2016
Gaines, Boyd　ゲインズ, ボイド
　トニー賞 ミュージカル 助演男優賞(2008年(第62回)) "Gypsy"
Gaines, Charles　ゲインズ, チャールズ
　国アメリカ　アメフト選手
Gaines, E.J.　ゲインズ, E.J.
　国アメリカ　アメフト選手
Gaines, James R.　ゲインズ, ジェイムズ・R.
　1947〜　著「「音楽の捧げもの」が生まれた晩」白水社　2014
Gaines, Phillip　ゲインズ, フィリップ
　国アメリカ　アメフト選手
Gaines, Rohan　ゲインズ, ローアン
　国アメリカ　アメフト選手
Gaines, Stanley O., Jr.　ゲインズ, スタンレー・O., Jr.
　著「パーソナルな関係の社会心理学」北大路書房　2004
Gaines-Ross, Leslie　ゲインズ＝ロス, レスリー
　著「企業の名声(レピュテーション)」一灯舎, オーム社(発売)　2009
Gainsbourg, Charlotte　ゲンズブール, シャルロット
　1971〜　国フランス　女優
Gaipov, Batyr　ガイポフ, バティル
　国トルクメニスタン　建設相
Gair, Angela　ゲイアー, アンジェラ
　1954〜　著「チェンバレン水彩画集」日貿出版社　2011
Gaisah, Ignisious　ガイサー
　国ガーナ　陸上選手
Gaitan, Nicolas　ガイタン, ニコラス
　国アルゼンチン　サッカー選手
Gaiter, Dorothy J.　ゲイター, ドロシー・J.
　著「人気ワインコラムニストはなぜ生まれたか？」清流出版　2005
al-Gaith, Saif Khalfan　ガイス, サイフ・ハルファン
　国アラブ首長国連邦　国務相(内閣担当)
Gai Yoah, John　ガイ・ヨア, ジョン
　国南スーダン　教育・科学技術相
Gajadeera, Chandrasiri　ガジャディーラ, チャンドラシリ
　国スリランカ　社会復帰・刑務所改革相
Gajan, Olivier　ガジャン, オリヴィエ
　国フランス　MTVアワード 最優秀編集(第20回(2003年)) "Seven Nation Army"
Gajda, Wlodzimierz　ガジャ, ウラジミール
　著「Gitで困ったときに読む本」翔泳社　2014
Gajdoš, Peter　ガイドシュ, ペテル
　国スロバキア　国防相
Gajdusek, Daniel Carleton　ガイジュセク, ダニエル・カールトン

1923～2008 [国]アメリカ 小児科医, ウイルス学者, 文化人類学者 米国国立衛生研究所(NIH)神経系研究所所長
Gajek, Bernhard ガイェック, ベルンハルト
1929～ [著]「神への問い」 土曜美術社出版販売 2009
Gajic, Milan ガイッチ, ミラン
[国]セルビア サッカー選手
Gajiyev, Danyal ガジエフ
[国]カザフスタン レスリング選手
Gajraj, Ronald ガジラジ, ロナルド
[国]ガイアナ 内相
Gajurel, Haribol Prasad ガジュレル, ハリボル・プラサド
[国]ネパール 農業開発相
Gakharia, Giorgi ガハリア, ギオルギ
[国]ジョージア 経済・持続発展相
Gakosso, Jean-Claude ガコソ, ジャンクロード
[国]コンゴ共和国 外務・協力・在外コンゴ人相
Gakou, El Hadji Malick ガク, エル・ハジ・マリク
[国]セネガル 商工相
Gakou, Salimata Fofana ガク・サリマタ・フォファナ
[国]マリ 住宅・都市開発相
Gakpe, Serge ガクペ, セルジュ
[国]トーゴ サッカー選手
Gakwaya, Theobold Lwaka ガクワヤ, テオバルド・ルワカ
[国]ルワンダ 内相
Gal, Csaba ガル, チャバ
[国]ルーマニア ラグビー選手
Gal, Edward ハル, エドワルト
[国]オランダ 馬術選手
Gal, Robert ガル
[国]ハンガリー 体操選手
Gal, Sandra ガル, ザンドラ
[国]ドイツ ゴルフ選手
Gal, Uziel ガル, ウジ
？～2002 [国]イスラエル 銃器開発者
Gala, Antonio ガラ, アントニオ
1936～ [国]スペイン 詩人, 劇作家, 作家, ジャーナリスト
Galai, Dan ガライ, ダン
[著]「リスクマネジメントの本質」 共立出版 2015
Galaid, Ali Khalif ガライド, アリ・カリフ
[国]ソマリア 首相
Galambos, George ガラボス, ジョージ
[著]「Webシステムのデザインパターン」 翔泳社 2003
Galan, Giancarlo ガラン, ジャンカルロ
[国]イタリア 農林相
Galán, Rafael ガラン, ラファエル
[著]「タフガイの仕事術」 阪急コミュニケーションズ 2012
Galandarov, Bashimklych ガランダロフ, バシムキリチ
[国]トルクメニスタン 水資源相
Galant, Jacqueline ガラン, ジャクリーヌ
[国]ベルギー 交通・航空管制企業・国鉄相
Galant, Yoav ガラント, ヨアブ
[国]イスラエル 建設相
Galante, Cecilia ガランテ, セシリア
1971～ [著]「ラブリーキューピッド」 小学館 2013
Galapo, Ronit ガラーポ, ローニット
[著]「四つの風、四つの旅」 ソニー・マガジンズ 2005
Galarza, Mariano ガラルサ, マリアーノ
[国]アルゼンチン ラグビー選手
Galarza Contreras, Elsa Patricia ガラルサ・コントレラス, エルサ・パトリシア
[国]ペルー 環境相
Galas, Judith C. ガラス, ジュディス・C.
1946～ [著]「友だちに「死にたい」といわれたとき、きみにできること」 ゴマブックス 2007
Galasso, Francis S. ガラッソー, F.S.
[著]「図解ファインセラミックスの結晶化学」 アグネ技術センター 2002
Galati, Simon Bulupiy ガラチ, シモン・ブルピー
[国]コンゴ民主共和国 副首相兼郵政相
Galatopoulos, Stelios ガラトプーロス, ステリオス
[著]「マリア・カラス聖なる怪物」 白水社 2004
Galaxy, Jackson ギャラクシー, ジャクソン
[著]「ぼくが猫の行動専門家になれた理由」 パンローリング 2015
Galbán, Manuel ガルバン, マヌエル
1931～2011 [国]キューバ ギタリスト
Galbraith, Benjamin Layne ガルブレイス, ベン
[著]「実践Ajax」 オライリー・ジャパン, オーム社(発売) 2006
Galbraith, James K. ガルブレイス, ジェームス・K.
1952～ [著]「格差と不安定のグローバル経済学」 明石書店 2014
Galbraith, Jay R. ガルブレイス, ジェイ・R.
[著]「顧客中心組織のマネジメント」 生産性出版 2006
Galbraith, John Kenneth ガルブレイス, ジョン・ケネス
1908～2006 [国]アメリカ 経済学者 ハーバード大学名誉教授 [異]ガルブレース, ジョン・ケネス / ガルブレイス, ケネス
Galbraith, Judy ガルブレイス, ジュディ
[著]「ひょっとしてうちの子って、天才？」 祥伝社 2002
Galbraith, Robert ガルブレイス, ロバート
[著]「カイコの紡ぐ嘘」 講談社 2015
Galbraith, Stuart, Ⅳ ガルブレイス, ステュアート, 4世
1965～ [著]「黒沢明と三船敏郎」 亜紀書房 2015
Galbur, Andrei ガルブル, アンドレイ
[国]モルドバ 副首相兼外務・欧州統合相
Gal'chenko, Ekaterina Mikhailovna ガリチェンコ, エカチェリーナ・M.
1930～ [著]「カチヤ！」 エスジーエヌ 2003
Galdámez, José Antonio ガルダメス, ホセ・アントニオ
[国]ホンジュラス エネルギー・天然資源・環境・鉱業相
Galdorisi, George ガルドリシ, ジョージ
1948～ [著]「ネイビーシールズ」 竹書房 2012
Gale, Bob ゲイル, ボブ
[著]「スパイダーマン ： ブランニュー・デイ」 小学館集英社プロダクション 2013
Gale, Catharine R. ゲイル, キャサリン・R.
[著]「もの忘れと認知症」 一灯舎, オーム社(発売) 2007
Gale, Cathy ゲイル, キャシー
[著]「おしゃべりレオくんやってきた！」 評論社 2003
Gale, Harold ゲール, ハロルド
[著]「世界の頭脳集団Mensa脳に“効く”IQパズル」 三笠書房 2005
Gale, Karen Buhler ゲイル, カレン・ブーラー
1961～ [著]「子どもにできる応急手当」 晶文社 2007
Gale, Robert L. ゲイル, ロバート・L.
1919～ [著]「F・S・フィッツジェラルド事典」 雄松堂出版 2010
Gale, Robert Peter ゲイル, ロバート・ピーター
1945～ [著]「放射線と冷静に向き合いたいみなさんへ」 早川書房 2013
Gale, Tristan ゲール
[国]アメリカ スケルトン選手
Galea, Censu ガリア, チェンス
[国]マルタ 競争・通信相
Galea, Louis ガリア, ルイス
[国]マルタ 教育・青少年・雇用相
Galeano, Eduardo ガレアーノ, エドゥアルド
1940～2015 [国]ウルグアイ ジャーナリスト, 作家 [異]ガレアノ, エドゥアルド
Galeano Perrone, Horacio ガレアノ・ペロネ, オラシオ
[国]パラグアイ 教育・文化相 [異]ガレアノ・ペロネ, オラシオ・エンリケ・エドゥアルド
Galen, Shana ガレン, シャーナ
[著]「月夜にささやきを」 二見書房 2015
Galeron, Henri ガレロン, アンリ
[著]「いぬの本」 岳陽舎 2002
Galfetti, Gustau Gili ガルフェッティ, グスタフ・ジリ
[著]「建築家の小屋」 鹿島出版会 2008
Galford, Robert ギャルフォード, ロバート
[異]ガルフォード, ロバート [著]「組織行動論の実学」 ダイヤモンド社 2007
Galford, Robert M. ガルフォード, ロバート・M.
[著]「プロフェッショナル・アドバイザー」 東洋経済新報社 2010
Galiazzo, Marco ガリアッツォ, マルコ
[国]イタリア アーチェリー選手 [異]ガリアッツォ
Galilea, José Antonio ガリレア, ホセ・アントニオ
[国]チリ 農相
Galilea, Thomás Mecheba Fernández ガリレア, トマス・メチェバ・フェルナンデス
[国]赤道ギニア 観光相
Galimberti, Gabriele ガリンベルティ, ガブリエーレ
1977～ [著]「世界のおばあちゃん料理」 河出書房新社 2016
Galimberti, Umberto ガリンベルティ, ウンベルト
1942～ [著]「七つの大罪と新しい悪徳」 青土社 2004
Galin, Alexander ガーリン, アレクサンドル
1947～ [著]「ジャンナ」 群像社 2006
Galindo, José Antonio ガリンド, ホセ・アントニオ

[国]ボリビア 大統領府相
Galindo, Regina José ガリンド, レージナ・ホセ
[国]グアテマラ ヴェネチア・ビエンナーレ 金獅子賞 35歳以下部門(2005年(第51回))
Galinsky, Ellen ガリンスキー, エレン
[著]「ピープルマネジメント」 日経BP社 2002
Galison, Peter ギャリソン, ピーター
1955～ [著]「アインシュタインの時計ポアンカレの地図」 名古屋大学出版会 2015
Galite, John La ガリット, ジョーン・ラ
1952～ [国]フランス 作家 [専]サスペンス, スリラー
Galitskaya, Elena ガリツカヤ, エレナ
[国]ロシア エリザベート王妃国際コンクール 声楽 第3位(2011年)
Galitz, Cathleen ガリッツ, キャスリーン
[著]「秘書の片想い」 ハーレクイン 2006
Galitzine, Irene ガリツィン, イレーネ
1916～2006 [国]イタリア 服飾デザイナー
Galkina, Gulnara ガルキナ, グルナラ
1978～ [国]ロシア 陸上選手 本名=サミトワ・ガルキナ, グルナラ〈Samitova-Galkina, Gulnara〉
Galkina, Lioubov ガルキナ
[国]ロシア 射撃選手
Galko, L'ubomír ガルコ, リュボミール
[国]スロバキア 国防相
Galkoma, Haider ガルコーマ, ハイダル
[国]スーダン 青年・スポーツ相
Gall, Chris ゴール, クリス
[著]「きょうりゅう、えらいぞ」 いそっぷ社 2012
Gall, Michel ガル, ミシェル
[著]「味覚の巨匠エスコフィエ」 白水社 2004
Gallagher, Ann ギャラガー, アン
[著]「看護と人権」 エルゼビア・ジャパン 2006
Gallagher, Cam ギャラガー, キャム
[国]アメリカ 野球選手
Gallagher, Christopher ギャラガー, クリストファー
[著]「指導医いらずの実践麻酔手技免許皆伝」 メディカル・サイエンス・インターナショナル 2014
Gallagher, Fred ギャラガー, フレッド
1968～ [著]「メガトーキョー」 講談社 2009
Gallagher, Hugh ギャラガー, ヒュー
[著]「ティース」 東京創元社 2003
Gallagher, James P. ギャラガー, ジェイムズ・P.
1920～2002 [著]「ゼロの残照」 イカロス出版 2014
Gallagher, John, Jr. ギャラガー, ジョン, Jr.
トニー賞 ミュージカル 助演男優賞(2007年(第61回)) "Spring Awakening"
Gallagher, Liam ギャラガー, リアム
1972～ [国]イギリス ロック・ミュージシャン 本名=Gallagher, Liam William John Paul
Gallagher, Margaret ギャラファー, マーガレット
[著]「エビデンスに基づく高齢者の作業療法」 ガイアブックス 2014
Gallagher, Margie Lee ギャラガー, マージ・リー
[著]「食品・栄養・食事療法事典」 産調出版, 産業調査会(発売) 2006
Gallagher, Noel ギャラガー, ノエル
1967～ [国]イギリス ロック・ミュージシャン 本名=Gallagher, Noel David Thomas
Gallagher, Paul Richard ギャラガー, ポール・リチャード
[国]バチカン 外務局長(外相)
Gallagher, Shaun ギャラガー, ショーン
1948～ [著]「現象学的な心」 勁草書房 2011
Gallagher, Tess ギャラガー, テス
1943～ [著]「代表質問」 新書館 2009
Gallagher, Thomas H. ギャラガー, トーマス・H.
[著]「医療事故後の情報開示」 シーニュ 2015
Gallagher, Thomas P. ガラハー, T・パーカー
[著]「株は6パターンで勝つ」 パンローリング 2007
Gallagher, Vincent A. ギャラガー, V.A.
[著]「豊かさの向こうに」 連合出版 2010
Gallagher Hateley, Barbara J. ギャラガー, B.J.
1949～ [異]ギャラガー, BJ. [著]「ブッダが職場の上司だったら」 日本文芸社 2013
Gallagher-Mundy, Chrissie ギャラガー＝マンディー, クリッシー
[著]「自宅でできるボールエクササイズ」 産調出版 2005
Gallamallah, Bouabdellah ガラマラ, ブアブデラ
[国]アルジェリア 宗教問題・宗教財産相
Galland, Jonathan ギャランド, ジョナサン
[著]「ギャランド博士のメタボリック・ダイエット」 講談社 2007
Galland, Leo ギャランド, レオ
[著]「ギャランド博士のメタボリック・ダイエット」 講談社 2007
Galland, Richard Wolfrik ガランド, R.W.
[著]「アリスとキャロルのパズルランド」 グラフィック社 2014
Gallant, David ギャラント, デヴィッド
[著]「エイジアヒート・オブ・ザ・モーメント」 マーキー・インコーポレイティド, 星雲社(発売) 2008
Gallant, Janet ギャラント, ジャネット
[著]「意地悪な世の中で好かれる人になる簡単な方法」 PHP研究所 2001
Gallantree, Rebecca ガラントリー, レベッカ
[国]イギリス 水泳選手
Gallardo, Jorge ガジャルド, ホルヘ
[国]グアテマラ 労相
Gallardo, Juan Ignacio ガジャルド, ファン・イグナシオ
1970～ [著]「クリスティアーノ・ロナウドの「心と体をどう磨く？」」 三五館 2015
Gallardo, Leonor ガジャルド, レオノール
[著]「メッシとロナウドから学ぶ才能の伸ばし方」 フロムワン, 朝日新聞出版(発売) 2014
Gallardo, Roberto Javier ガジャルド, ロベルト・ハビエル
[国]コスタリカ 国家計画・経済政策相
Gallardo, Yovani ガヤード, ヨバニ
[国]メキシコ 野球選手
Gallardo Ku, José ガジャルド・ク, ホセ
[国]ペルー 運輸・通信相 [異]ガジャルド・クー, ホセ
Gallardón, Alberto Ruiz ガリャルドン, アルベルト・ルイス
[国]スペイン 法相
Gallardo Núñez, Roberto カジャルド・ヌニェス, ロベルト
[国]コスタリカ 国家計画・経済政策相
Gallay, Ana ガリャイ, アナ
[国]アルゼンチン ビーチバレー選手
Gallays, Jillian Alice ギャレイズ, ジリアンアリス
[国]カナダ レスリング選手
Gallea, Anthony ガレア, アンソニー・M.
[著]「カウンターゲーム」 パンローリング 2001
Gallego, Fernando ガレゴ, フェルナンド
1963～ [国]スペイン 実業家 リヤドロCEO
Gallego García, Laura ガジェゴ・ガルシア, ラウラ
1977～ [著]「この世のおわり」 偕成社 2010
Gallego Henao, Andrés Uriel ガジェゴ・エナオ, アンドレス・ウリエル
[国]コロンビア 運輸相
Gallegos, Giovanny ガレゴス, ジオバニー
[国]メキシコ 野球選手
Gallehugh, Allen ギャラハグ, アレン
1967～ [著]「名作童話に学ぶ上手な生き方」 ワニブックス 2002
Gallehugh, D.Sue ギャラハグ, スー
1937～ [著]「名作童話に学ぶ上手な生き方」 ワニブックス 2002
Gallen, Joses ギャレン, ジョセス
[国]ミクロネシア連邦 法相
Gallen, Ron ガレン, ロン
[著]「マネー中毒」 光文社 2006
Gallenberger, Joseph ギャレンバーガー, ジョー
[著]「富と成功の秘訣」 ハート出版 2013
Gallenkamp, Charles ガレンカンプ, チャールズ
[著]「ドラゴンハンター」 技術評論社 2006
Galler, Edward ゲラー, E.
[著]「自閉症」 黎明書房 2006
Galletti, Gianluca ガレッティ, ジャンルーカ
[国]イタリア 環境・国土保全相
Galletti, Marina ガレッティ, マリナ
1948～ [著]「聖なる陰謀」 筑摩書房 2006
Galley, François Agbéviadé ガレイ, フランソワ・アグベビアデ
[国]トーゴ 産業・技術革新相
Galli, Mauro ガリ, マウロ
1957～ [著]「セルライトケアで下半身がスッキリやせる！」 現代書林 2003
Galli, Richard ガリー, リチャード
[著]「ジェフリー」 PHP研究所 2002
Galliano, John ガリアーノ, ジョン
1960～ [国]イギリス ファッションデザイナー 本名=ガリアー

ノ, ホアン・カルロス・アントニオ〈Galliano Guillén, Juan Carlos Antonio〉
Gallicchio, Marc S. ガリキオ, マーク
1954～ [著]「アメリカ黒人から見た日本、中国」 岩波書店 2013
Gallienne, Guillaume ガリエンヌ, ギヨーム
1972～ [国]フランス 俳優, 映画監督 [異]ガリエンヌ, ギョーム
Galliez, Roxane Marie ギャイエ, ロクサヌ・マリー
[著]「くるみ割り人形」 大日本絵画 〔2015〕
Gallik, Andy ガリク, アンディー
[国]アメリカ アメフト選手
Gallinari, Danilo ガリナリ, ダニロ
[国]イタリア バスケットボール選手
Gallissot, Romain ガリソ, ロマン
[著]「かたちシールアクティビティブック」 学研プラス 2016
Gallo, Carmine ガロ, カーマイン
[著]「ビジネスと人を動かす驚異のストーリープレゼン」 日経BP社, 日経BPマーケティング(発売) 2016
Gallo, David ガロ, デイビッド
トニー賞 ミュージカル 舞台デザイン賞(2006年(第60回))
"The Drowsy Chaperone"
Gallo, David A. ギャロ, D.A.
[著]「虚記憶」 北大路書房 2010
Gallo, Ernest ガロ, アーネスト
1909～2007 [国]アメリカ 実業家 アーネスト・アンド・ジュリオ・ワイン醸造所創業者 [異]ガロー, アーネスト / ギャロ, アーネスト
Gallo, Irene ギャロ, アイリーン
世界幻想文学大賞 特別賞(プロ)(2014年)
Gallo, Joey ギャロ, ジョーイ
[国]アメリカ 野球選手
Gallo, Joseph J. ガロ, ジョセフ・J.
[著]「高齢者アセスメントマニュアル」 メディカ出版 2006
Gallo, Lucio ガッロ, ルチオ
1958～ [国]イタリア バリトン歌手 [異]ガッロ, ルーチョ
Gallo, Max Louis ガロ, マックス
1932～ [国]フランス 歴史家, 作家, 政治家
Gallo, Vincent ギャロ, ビンセント
1962～ [国]アメリカ 俳優, 映画監督, ミュージシャン, 画家 [異]ギャロ, ヴィンセント
Gallois, Louis ガロワ, ルイ
1944～ [国]フランス 実業家 プジョーシトロエングループ(PSA)監査会議長 フランス国鉄(SNCF)総裁, EADS・CEO
Gallois, Patrick ガロワ, パトリック
1956～ [国]フランス フルート奏者, 指揮者 ユヴァスキュラ・シンフォニア音楽監督
Gallois, Pierre ガロワ, ピエール
1911～2010 [国]フランス 軍人 北大西洋条約機構(NATO)欧州連合軍副司令官, フランス空軍参謀長 本名＝ガロワ, ピエール・マリ〈Gallois, Pierre Marie〉
Gallotta, Jean-Claude ガロッタ, ジャン・クロード
1950～ [国]フランス 舞踊家, 振付師 グルノーブル国立ダンスセンター創設者 [専]モダンダンス
Galloux, Patrick ガルウ, パトリック
[著]「総合馬術競技」 恒星社厚生閣 2011
Galloway, Brendan ギャロウェイ, ブレンダン
[国]イングランド サッカー選手
Galloway, Jackie ギャロウェー, ジャッキー
[国]アメリカ テコンドー選手
Galloway, Jeff ギャロウェイ, ジェフ
1945～ [著]「ギャロウェイのランニングブック」 大修館書店 2015
Galloway, Joseph L. ギャロウェイ, ジョセフ・L.
1941～ [著]「ワンス・アンド・フォーエバー」 角川書店 2002
Galloway, Langston ギャロウェイ, ラングストン
[国]アメリカ バスケットボール選手
Galloway, Matt ギャラウェイ, マット
[著]「Effective Objective-C 2.0」 翔泳社 2013
Galloway, Ruth ギャロウェイ, ルース
1973～ [著]「10ぴきぶんぶんむしむしちゃん」 大日本絵画 2011
Galloway, Steven ギャロウェイ, スティーブン
1975～ [国]カナダ 作家 [専]文学 [異]ギャロウェイ, スティーヴン
Gallup, Gordon G., Jr. ギャラップ, ゴードン, Jr.
[著]「うぬぼれる脳」 日本放送出版協会 2006
Galluzzi, Paolo ガルッツィ, パオロ
[著]「レオナルド・ダ・ヴィンチ」 朝日新聞社 2007
Gallwey, W.Timothy ガルウェイ, ティモシー
1938～ [著]「インナーゲーム オブ ストレス」 日刊スポーツ出版社 2010
Gally ギャリ
アングレーム国際漫画祭 読者賞(Fnac-SNCF賞)(2009年)
"Mon gras et moi"
Galmarini, Nevin ガルマリーニ
[国]スイス スノーボード選手
Galoyan, Mane ガロヤン, マネ
[国]アルメニア チャイコフスキー国際コンクール 声楽(女声) 第3位(2015年(第15回))
Galperin, Gleb ガルペリン
[国]ロシア 飛び込み選手
Galstyan, Arsen ガルストヤン, アルセン
1989～ [国]ロシア 柔道選手 [異]ガルスチャン, アルセン
Galstyan, Vaghinak ガルスチャン
[国]アルメニア レスリング選手
Galtieri, Leopoldo Fortunato ガルティエリ, レオポルド・フォルトナト
1926～2003 [国]アルゼンチン 政治家, 軍人 アルゼンチン大統領 [異]ガルチエリ, レオポルド
Galton, Jeremy ギャルトン, ジェレミー
[著]「混色の実践テクニック」 グラフィック社 2002
Galtung, Johan ガルトゥング, ヨハン
1930～ [著]「ガルトゥング紛争解決学入門」 法律文化社 2014
Galuinadi, Jonetani ガルイナンディ, チョネタニ
[国]フィジー 農業・砂糖・定住相 [異]ガルイナンディ, ジョネタニ
Galushka, Alexander S. ガルシカ, アレクサンドル・S.
[国]ロシア 極東発展相
Galustian, Alfred ガルスティアン, アルフレッド
[著]「ジュニアサッカー クーバ・コーチング キッズの一人でできる練習メニュー集」 カンゼン 2014
Galustyan, Karen ガルスチャン, カレン
[国]アルメニア エネルギー相
Galván, Guillermo ガルバン, ギジェルモ
[国]メキシコ 国防相
Galvez, Alejandro ガルベス, アレハンドロ
[国]スペイン サッカー選手
Galvez, Fatima ガルベス, ファティマ
[国]スペイン 射撃選手 [異]ガルベス
Galvez, Felicity ガルベス
[国]オーストラリア 競泳選手
Galvez, Isaac ガルベス, イサーク
1975～2006 [国]スペイン 自転車選手
Galvez Mamani, Santiago Alex ガルベス・ママニ, サンティアゴ・アレックス
[国]ボリビア 労相
Gálvez-taroncher, Miguel ガルベス・タロンシェール, ミゲル
[国]スペイン エリザベート王妃国際コンクール 作曲(2006年)
Galvin, Matthew ガルヴァン, マシュー
[著]「ひとりじゃないよ、オットくん」 三学出版 2001
Galvin, Robert William ガルビン, ロバート
1922～2011 [国]アメリカ 実業家 モトローラ会長・CEO [異]ガルヴィン, ロバート
Galvis, Freddy ギャルビス, フレディ
[国]ベネズエラ 野球選手
Galwak, Deng ガルワ・デン
[国]スーダン 動物資源相
Galway, James ゴールウェイ, ジェームズ
1939～ [国]イギリス フルート奏者, 指揮者 [異]ゴールウェイ, ジェイムズ
Galyani Vadhana ガラヤニ・ワッタナ
1923～2008 [国]タイ プミポン国王の姉 [異]ガラヤニ・ワッタナー / ワッタナ王女
Galysheva, Yulia ガリシェワ
[国]カザフスタン フリースタイルスキー選手
Gama, Jaime ガマ, ジャイメ
[国]ポルトガル 外相
Gamage, David Thenuwara ガマゲー, D.
[著]「高等教育機関の発展」 大学教育出版 2012
Gamage, Daya ガマゲ, ダヤ
[国]スリランカ 第1次産業相
Gamage, Piyasena ガマゲ, ピヤセナ
[国]スリランカ 国家資産相
***Al*-gamal, Yousry Sabry** ガマル, ユースリ・サブリ
[国]エジプト 教育相

Gamarra, Carlos ガマラ, カルロス
[国]ペルー 法相

***al*-Gamassi, Mohamed Abdul Ghani** ガマシー, モハメド
1921〜2003 [国]エジプト 軍人, 政治家 エジプト国防相 [異]ガマーシー, ムハンマド / ガマシ

Gamatié, Ali Badjo ガマティエ, アリ・バジョ
[国]ニジェール 財務相 [異]ガマティー, アリ・バジョ

Gamawan, Fauzi ガマワン・ファウジ
[国]インドネシア 内相

Gambaccini, Sciascia ガンバッチーニ, シャーシャ
[著]「オードリーのローマ」 六耀社 2014

Gambale, Frank ギャンバレ, フランク
1958〜 [国]オーストラリア ジャズ・ギタリスト

Gambari, Ibrahim Agboola ガンバリ, イブラヒム・アッボーラ
1944〜 [国]ナイジェリア 外交官 ナイジェリア外相, 国連事務次長

Gambarini, Roberta ガンバリーニ, ロバータ
[国]イタリア ジャズ歌手

Gamberini, Alessandro ガンベリーニ, アレッサンドロ
[国]イタリア サッカー選手

Gambi, Antoine ガンビ, アントワーヌ
[国]中央アフリカ 外相

Gambini, Cécile ギャンビニ, セシール
[著]「食べもの」 主婦の友社 2007

Gambini, Rodolfo ガムビーニ, R.
[著]「初級講座ループ量子重力」 丸善プラネット, 丸善出版(発売) 2014

Gambino, Christopher J. ガンビーノ, クリストファー
[国]アメリカ 作家, 実業家 [専]フィクション [異]ガンビーノ, クリストファー・J.

Gamble, Andrew ギャンブル, アンドルー
1947〜 [異]ギャンブル, アンドリュー [著]「資本主義の妖怪」 みすず書房 2009

Gamble, Clive ギャンブル, C.
[異]ギャンブル, クライヴ [著]「入門現代考古学」 同成社 2004

Gamble, Kim ギャンブル, キム
1952〜 [著]「タシと王様の墓」 朝日学生新聞社 2013

Gamble, William ギャンブル, ウィリアム
[著]「次の超大国・中国の憂鬱な現実」 朝日新聞社 2003

Gamblin, Jacques ガンブラン, ジャック
1957〜 [国]フランス 俳優

Gambling, John Alfred ギャンブリング, ジョン
1930〜2004 [国]アメリカ ラジオパーソナリティー

Gamboa, Celso ガンボア, セルソ
[国]コスタリカ 内務・公安警察相

Gamboa, Jaime ガンボア, ハイメ
[著]「まぼろしのおはなし」 ワールドライブラリー c2014

Gamboa, Yuriorkis ガンボア, ユリオルキス
1981〜 [国]キューバ プロボクサー WBA・IBF世界フェザー級チャンピオン 本名＝Gamboa Toledano, Yuriorkis [異]ガンボア

Gamboni, Dario ガンボーニ, ダリオ
1954〜 [著]「ルドン《アモンティラードの酒樽》」 三元社 2013

Gambordella, Theodore L. ガンボーデラ, T.
[著]「ザ・秒殺術」 第三書館 2002

Gambrelle, Fabienne ガンブレル, ファビエンヌ
1964〜 [著]「100%パン」 毎日新聞社 2005

Gamedze, Christopher ガメゼ, クリストファー
[国]スワジランド 観光・環境相

Gamedze, Mgwagwa ガメッゼ, ムグワグワ
[国]スワジランド 内相

Gameiro, Kevin ガメイロ, ケヴィン
[国]フランス サッカー選手

Gamel, Ben ギャメル, ベン
[国]アメリカ 野球選手

Gamera-shmyrko, Tetyana ガメラシュムイルコ
[国]ウクライナ 陸上選手

Games, Alexander ゲイムス, アレクサンダー
[著]「マン・レイ」 二玄社 2007

Gaminara, Juan Manuel ガミナラ, フアン・マヌエル
[国]ウルグアイ ラグビー選手

Gamkrelidze, Amiran ガムクレリゼ, アミラン
[国]ジョージア 保健・社会保障相

Gamliel, Gila ガムリエル, ギラ
[国]イスラエル 社会平等相

Gamm, Annett ガム
[国]ドイツ 飛び込み選手

Gamma, Erich ガンマ, エリック
[著]「Eclipseプラグイン開発」 ソフトバンクパブリッシング 2004

Gammel, Irene ガメル, アイリーン
[著]「ケンブリッジ版カナダ文学史」 彩流社 2016

Gammeltoft, Lone ガメルトフト, ローネ
1951〜 [著]「自閉症と遊び」 クリエイツかもがわ, 京都 かもがわ出版(発売) 2008

Gamon, David ギャモン, デイヴィッド
1960〜 [異]ギャモン, デイビッド [著]「あなたの知らない脳の使い方・育て方」 誠文堂新光社 2002

Gamoneda, Antonio ガモネダ, アントニオ
1931〜 セルバンテス賞(2006年)

Gamos, Albert E. ガモス, アルベルト・E.
[著]「アリとキリギリス」 新世研 2003

Gampp, Josua Leander ガンプ, ヨシュア・レアンダー
[著]「Aとアドベントの光」 小さな絵本美術館 2004

Gamurari, Boris ガムラリ, ボリス
[国]モルドバ 国防相

Gamzatov, Rasul Gamzatovich ガムザートフ, ラスール
1923〜2003 [国]ロシア 詩人 ソ連最高会議幹部会員 [異]ガムザトフ, ラスル

Gan, Kim Yong ガン・キムヨン
[国]シンガポール 保健相 漢字名＝顔金勇

Gana, Jerry ガナ, ジェリー
[国]ナイジェリア 情報相

Ganassi, Sonia ガナッシ, ソニア
1966〜 [国]イタリア メゾソプラノ歌手

Ganbaatar, Ichinnorov ガンバートル, イチンノロブ
1980〜 [著]「ぼくうまにのりたい」 学研教育みらい 2010

Ganbaatar, Odbayar ガンバータル, オドバヤル
[国]モンゴル 柔道選手

Ganbar, Ron ガンバー, ロン
[著]「Nuke 101」 ボーンデジタル 2011

Ganbat, D. ガンバット, D.
[著]「田川の白馬 フフー・ナムジル―馬頭琴というがっきのお話」 岩佐佳子 2010

Ganbat, Dangaagiin ガンバト, ダンガーギン
[国]モンゴル 道路・運輸相

Ganbold, Sh. ガンボルド, Sh.
[著]「ひとりぼっちの白い子ラクダ」 ネット武蔵野 2005

Gancos, James ガンコス, ジェイムズ
[著]「ハーバードMBA合格者のエッセイを読む」 オープンナレッジ 2007

Gandalovic, Petr ガンダロビッチ, ペトル
[国]チェコ 農相

Gándara, Salvador ガンダラ, サルバドル
[国]グアテマラ 内相

Gandel, Pauline ガンデル, ポーリン
[国]オーストラリア 日本美術専門家

Ganderton, Lucinda ガンダートン, ルシンダ
[著]「LIBERTYファブリックのクラフトづくり」 ガイアブックス, 産調出版(発売) 2012

Gandhi, Manek Sanjay ガンジー, マネカ・サンジャイ
1956〜 [国]インド 政治家 インド女性・児童育成相 [異]ガンディー, マネカ

Gandhi, Rahul ガンジー, ラフル
1970〜 [国]インド 政治家 インド下院議員, インド国民会議派副総裁

Gandhi, Ramchandra ガンジー, ラムチャンドラ
?〜2007 [国]インド 哲学者, 作家 プリンストン大学教授 [専]比較宗教学

Gandhi, Sameer ガンディー, サミュエル
投資家 [異]ガンディー, サミール

Gandhi, Sonia ガンジー, ソニア
1946〜 [国]インド 政治家 インド国民会議派総裁, ラジブ・ガンジー財団総裁 [異]ガンディー, ソニア

Gandi, Togsjargalyn ガンディ, トグスジャルガルイン
[国]モンゴル 社会福祉・労働相 [異]ガンディ, トグソジャルガリン

Gandillot, Clémence ガンディヨ, クレマンス
[著]「数学はあなたのなかにある」 河出書房新社 2013

Gandini, Lella ガンディーニ, L.
[著]「子どもたちの100の言葉」 世織書房 2001

Gando, Alphonse ガンド, アルフォンス
[国]コンゴ共和国 保健・人口相

Gandolfi, Giorgio ガンドルフィ, ジョルジオ

G

1949〜　㊃「NBAバスケットボール コーチングプレイブック」スタジオタッククリエイティブ　2013
Gandolfi, Silvana　ガンドルフィ, シルヴァーナ
1940〜　㊆イタリア　児童文学作家
Gandolfini, James　ガンドルフィーニ, ジェームズ
1961〜2013　㊆アメリカ　俳優　㊔ギャンドルフィーニ, ジェームズ
Gandt, Robert L.　ガンツ, ロバート
㊃「200X年、緊迫のイラク上空戦」扶桑社　2003
Gandulam, U.　ガンドラム, U.
㊃「ひともっこ山―かたりくらべ日本とモンゴルの昔話　フブスグル湖―かたりくらべ日本とモンゴルの昔話」NGO21世紀のリーダー　2007
Gandy, Ellen　ガンディ
㊆イギリス　競泳選手
Gandymov, Seitbay　ガンドイモフ, セイトバイ
㊆トルクメニスタン　副首相
Gane, Laurent　ガネ
㊆フランス　自転車選手
Ganem, Lawrence　ゲイネム, ローレンス
㊃「プルトニウム・ブロンド」早川書房　2006
Ganeri, Anita　ガネリ, アニータ
1961〜　㊃「とびだす世界地図帳」大日本絵画　〔2013〕
Ganesan, Mano　ガネサン, マノ
㊆スリランカ　国民対話相
Ganesan, Sivaji　ガネーサン, シヴァージ
1928〜2001　㊆インド　俳優, 政治家　㊔ガネーシャン, シヴァージ
Ganev, Mihail　ガネフ, ミハイル
㊆ブルガリア　レスリング選手
Ganev, Stoyan　ガネフ, ストヤン
1955〜2013　㊆ブルガリア　政治家　ブルガリア副首相・外相
Ganeyev, Renal　ガネーフ
㊆ロシア　フェンシング選手
Ganfoud, Badi Ould　ガンフード, バディ・ウルド
㊆マリ　公益事業・国家改革相　㊔ガンフォード, バディ・ウルド
Gang, Dong-won　カン・ドンウォン
1981〜　㊆韓国　俳優　漢字名＝姜棟元
Gang, Hae-jeong　カン・ヘジョン
1982〜　㊆韓国　女優　漢字名＝姜蕙姃
Gäng, Marianne　ゲング, M.
1934〜　㊃「老後を動物と生きる」みすず書房　2006
Gangaji　ガンガジ
㊃「ポケットの中のダイヤモンド」ナチュラルスピリット　2012
Gangarampanday, Geetapersad　ガンガラムパンダイ, ギータパサド
㊆スリナム　農業・畜産・漁業相　㊔ガンガラム・パンダイ, ギータパサド
Gangbo, Flore　ガンボ, フロル
㊆ベナン　保健相
Gangjee, Dev　ガンジー, デイヴ
㊃「団体商標としての地理的表示保護」知的財産研究所　2006
Gangler, Bernard　ガングレール, ベルナール
㊃「香水瓶の図鑑」原書房　2014
Gangloff, Mark　ギャングロフ
㊆アメリカ　競泳選手
Gangwish, Jack　ギャングウィッシュ, ジャック
㊆アメリカ　アメフト選手
Ganiev, Eler　ガニエフ, エレル
㊆ウズベキスタン　副首相
Ganiev, Elyor　ガニエフ, エリヨル
㊆ウズベキスタン　対外経済関係・投資・貿易相
Ganilau, Epeli　ガニラウ, エペリ
㊆フィジー　防衛・安全保障・入国管理相
Ganio, Mathieu　ガニオ, マチュー
1984〜　㊆フランス　バレエダンサー　パリ・オペラ座バレエ団エトワール
Ganis, Giorgio　ガニス, G.
㊃「心的イメージとは何か」北大路書房　2009
Ganiyev, Elyor　ガニエフ, エリョル
㊆ウズベキスタン　外国経済関係・投資・貿易相
Ganiyu, Muideen　ガニユ
㊆ナイジェリア　ボクシング選手
Ganjalzoda, Sherali　ガンジャルゾダ, シェラリ
㊆タジキスタン　運輸相
Ganji, Pariyoush　ギャンジー, パリユーシュ
Gankhuu, Purevjavyin　ガンフー, プレブジャビン
㊆モンゴル　エネルギー相
Gankhuyag, Davaajav　ガンホヤッグ, ダワージャブ
㊆モンゴル　モンゴル帰国留学生のJUGAMOの会会長, 元・国家大会議モンゴル日本議員連盟会長, 元・鉱業大臣　㊔ガンホヤグ, ダワージャブ
Gankhuyag, Gan-Erdene　ガンフヤグ, ガンエルデネ
㊆モンゴル　ボクシング選手
Gankou, Jean-Marie　ガンク, ジャン・マリ
㊆カメルーン　安定化計画担当相
Gann, Alexander　ガン, アレクサンダー
1954〜　㊔ガン, アレクザンダー　㊃「二重螺旋」新潮社　2015
Gann, David　ガン, D.
㊃「ニュー・イノベーション・プロセス」晃洋書房　2008
Gannett, Ruth Stiles　ガネット, ルース・スタイルス
1923〜　㊃「〔エルマーのぼうけん〕」福音館書店　2008
Gannon, Jack R.　ギャノン, ジャック・R.
㊃「アメリカのろう者の歴史」明石書店　2014
Gannon, Michael　ギャノン, マイケル
1927〜　㊃「ドラムビート」光人社　2002
Gano, Graham　ガノ, グラハム
㊆アメリカ　アメフト選手
Ganong, Travis　ギャノン
㊆アメリカ　アルペンスキー選手
Ganong, William F.　ギャノング, ウイリアム・F.　㊃「ギャノング生理学」丸善　2011
Ganongo, Calixte　ガノンゴ, カリクスト
㊆コンゴ共和国　財政・計画・公共資産相
Ganoo, Alan　ガヌー, アラン
㊆モーリシャス　公益事業相
Ganor, Solly　ガノール, ソリー
㊃「命のロウソク」祥伝社　2002
Gans, Christophe　ガンズ, クリストフ
1960〜　㊃「美女と野獣」竹書房　2014
Gans, Danny　ガンズ, ダニー
1956〜2009　㊆アメリカ　タレント
Gans, Herbert J.　ガンズ, ハーバート・J.
㊃「都市の村人たち」ハーベスト社　2006
Gans, Joshua　ガンズ, ジョシュア
1968〜　㊃「子育ての経済学」日経BP社, 日経BPマーケティング（発売）　2010
Gans, Roma　ガンズ, ローマ
㊃「石はしっている」リブリオ出版　2002
Gansa, Alex　ガンサ, アレックス
アメリカ探偵作家クラブ賞 TVエピソード賞（2012年）"Pilot"
Gansch, Christian　ガンシュ, クリスティアン
1960〜　㊃「オーケストラ・モデル」阪急コミュニケーションズ　2014
Gansky, Alton　ガンスキー, アルトン
㊃「幸せな億万長者になる賢者ソロモン王の教え」メトロポリタンプレス　2011
Gansky, Lisa　ガンスキー, リサ
㊃「メッシュ」徳間書店　2011
Gansler, Laura Leedy　ガンスラー, ロラー・リーディー
1958〜　㊃「集団訴訟」竹書房　2006
Ganso　ガンソ
㊆ブラジル　サッカー選手
Gansukh, Amarjargal　ガンスフ, アマルジャルガル
㊆モンゴル　道路・運輸相
Gansukh, Luimediin　ガンスフ, ルイメディーン
㊆モンゴル　環境・観光相
Gant, John　ギャント, ジョン
㊆アメリカ　野球選手
Gantar, Pavel　ガンタル, パベル
㊆スロベニア　情報社会相
Gantar, Tomáž　ガルタル, トマーシュ
㊆スロベニア　保健相
Gantman, Marcelo　ガントマン, マルセロ
1965〜　㊃「マラドーナ！」現代企画室　2006
Gantos, Jack　ギャントス, ジャック
ニューベリー賞（2012年）"Dead End in Norvelt"
Gants, David　ガンツ, デイヴィド
㊃「人文学と電子編集」慶応義塾大学出版会　2011
Gantschev, Ivan　ガンチェフ, イワン
1925〜　㊃「ちっちょのだいすきなき」学習研究社　c2007

Gantumur, Luvsannyam　ガントゥムル, ロブサンニャム
　国モンゴル　教育・文化・科学相　愛ガントゥモル, ロブサンニャム
Ganus, Jake　ギャナス, ジェイク
　国アメリカ　アメフト選手
Ganwar, Santosh Kumar　ガンワール, サントシュ・クマール
　国インド　繊維相
Ganz, Bruno　ガンツ, ブルーノ
　1941～　国スイス　俳優
Ganz, Nicholas　ガンツ, ニコラス
　著「グラフィティ・ワールド」グラフィック社　2004
Ganzorig, Chimiddorjiin　ガンゾリグ, チミドドルジーン
　国モンゴル　商工業相
Ganzorigiin Mandakhnaran　ガンゾリグマンダフナラン
　国モンゴル　レスリング選手
Gao, Isabelle　ガオ, イザベッレ
　著「ゲームで学ぶ子どものせいしょ」サンパウロ　2016
Gao, Ning　ガオ・ニン
　国シンガポール　卓球選手
Gao, Sabiou Dadi　ガオ, サビウ・ダディ
　国ニジェール　地域開発相　愛ガオ, サビオ・ダディ
Gao, Xing-jian　ガオ・シンジェン
　1940～　国フランス　劇作家,作家,画家　北京人民芸術劇院創作員　漢字名＝高行健
Gaojia, Stephen　ガオジア, スティーブン
　国シエラレオネ　社会福祉・男女同権・子ども担当相
Gaolathe, Baledzi　ハオラテ, バレジ
　国ボツワナ　財務・開発計画相
Gaombalet, Célestin　ガオムバレ, セレスタン
　国中央アフリカ　首相
Gaood, Abdul Majeed　ガウード, アブドル・マジード
　国リビア　農業・生物・水資源書記(農水相)
Gaou, Djimnaye　ガウ, ジムナイ
　国チャド　法相
Gapaillard, Laurent　ガパイヤール, ロラン
　1980～　著「ヤーク」朝日学生新聞社　2012
Gapeev, Vasily I.　ガペエフ, ワシリー・I.
　国ベラルーシ　副首相
Gaponenko, Konstantin　ガポネンコ, コンスタンチン
　1932～　著「樺太・瑞穂村の悲劇」花乱社　2012
Gappah, Petina　ガッパ, ペティナ
　1971～　国ジンバブエ　作家　⑨文学
Gara, Larry　ガラ, ラリー
　著「反戦のともしび」明石書店　2010
Gara, Lenna Mae　ガラ, レナ・メイ
　1926～　著「反戦のともしび」明石書店　2010
Garagiola, Joe　ガラジオラ, ジョー
　1926～2016　国アメリカ　野球選手,野球解説者　本名＝Garagiola, Joseph Henry　愛グラジオラ, ジョー
Garagnon, Françoise　ギャラニヨン, フランソワ
　1957～　著「ジャッド」ことば出版, 河出書房新社(発売)　2009
Garai, Romola　ガライ, ロモーラ
　1982～　国イギリス　女優　本名＝Garai, Romola Sadie
Garaizabal, Cristina　ガライサバル, クリスティーナ
　著「女性のアイデンティティの再建を目指して」柘植書房新社　2003
Garajayev, Annageldi　ガラジャエフ, アンナゲルディ
　国トルクメニスタン　文化相
Garana, Zoheir　ガラーナ, ゾヘイル
　国エジプト　観光相
Garanča, Elīna　ガランチャ, エリーナ
　1976～　国ラトビア　メゾソプラノ歌手
Garang, John　ガラン, ジョン
　?～2005　国スーダン　スーダン南部黒人反体制指導者,軍人　スーダン第1副大統領, スーダン人民解放軍(SPLA)最高司令官, スーダン人民解放運動(SPLM)議長
Garanichev, Evgeniy　ガラニチェフ
　国ロシア　バイアスロン選手
Garano, Lorna　ガラーノ, ローナ
　愛ガラノ, ローナ　著「性の悩み, セックスで解決します。」イースト・プレス　2014
Garapon, Antoine　ガラポン, アントワーヌ
　1952～　著「司法が活躍する民主主義」勁草書房　2002
Garard, Charles　ガラード, チャールズ
　1944～　著「ジョン・ファウルズの小説と映画」松柏社　2002
Garat, Anne-Marie　ギャラ, アンヌ＝マリ

1946～　著「イメージ・リテラシー工場」フィルムアート社　2006
Garaudy, Roger Jean Charles　ガロディ, ロジェ
　1913～2012　国フランス　哲学者,政治家　フランス共産党政治局員, ポワティエ大学文学部教授　愛ガロディ, ロジェー
Garavano, Germán　ガラバノ, ヘルマン
　国アルゼンチン　法務・人権相
Garavoglia, Rosa Anna　ガラヴォッリャ, ローザ
　国イタリア　実業家
Garay, Ezequiel　ガライ, エセキエル
　国アルゼンチン　サッカー選手
Garay, Ricardo　ガライ, リカルド
　国パラグアイ　農牧相
Garayev, Abulfaz　カラエフ, アブリファズ
　国アゼルバイジャン　文化・観光相
Garayeva, Aliya　ガラエワ
　国アゼルバイジャン　新体操選手
Garb, Howard N.　ガーブ, ハワード・N.
　著「臨床心理学における科学と疑似科学」北大路書房　2007
Garb, Tamar　ガーブ, タマール
　著「絵筆の姉妹たち」ブリュッケ, 星雲社(発売)　2006
Garba, Almoustapha　ガルバ, アルムスタファ
　国ニジェール　環境・持続的開発相
Garba, Joseph Nanven　ガルバ, ジョゼフ
　1943～2002　国ナイジェリア　外交官　国連総会議長(第44回)
Garba, Salibou　ガルバ, サリブ
　国チャド　商工相
Garba-jahumpa, Bala　ガルバジャフンパ, バラ
　国ガンビア　運輸・工事・インフラ相
Garbarek, Jan　ガルバレク, ヤン
　1947～　国ノルウェー　ジャズ・サックス奏者
Garbarino, James　ガルバリーノ, ジェームズ
　著「虐待された子ども」明石書店　2003
Garbarz, Elie　ガルバーズ, エリ
　1939～　著「ビルケナウからの生還」緑風出版　2010
Garbarz, Moshè　ガルバーズ, モシェ
　1913～2010　著「ビルケナウからの生還」緑風出版　2010
Garbe, Suzanne　ガーブ, スザンヌ
　著「マチュ・ピチュのひみつ」六耀社　2015
Garben, Cord　ガーベン, コード
　1943～　著「ミケランジェリ」アルファベータ　2004
Garber, Joseph R.　ガーバー, ジョセフ
　?～2005　作家,文芸評論家,ビジネスアナリスト　愛ガーバー, ジョセフ
Garber, Roland　ガーバー
　国オーストリア　自転車選手
Garbera, Katherine　ガーベラ, キャサリン
　著「王子様と人魚姫」ハーパーコリンズ・ジャパン　2016
Garbett, Lee　ガーベット, リー
　著「アイデンティティ・ウォー：デッドプール/スパイダーマン/ハルク」小学館集英社プロダクション　2015
Garbrecht-enfeldt, Monique　エンフェルト, ガルブレヒト
　国ドイツ　スピードスケート選手
Garcea, Nicky　ガルセア, ニッキー
　著「リーダーシップ・マスター」英治出版　2013
Garcés Córdoba, Mariana　ガルセス・コルドバ, マリアナ
　国コロンビア　文化相
Garcés Da Silva, Francisco　ガルセス・ダシルバ, フランシスコ
　国ベネズエラ　交通・通信相
Garcia, Adonis　ガルシア, アドニス
　国キューバ　野球選手
Garcia, Alejandro L.　ガルシア, アレハンドロ
　1959～　著「MATLAB/C++で学ぶ物理学のための数値法」ピアソン・エデュケーション　2004
Garcia, Alejandro Ramirez　ガルシア, アレハンドロ・ラミレス
　国ベネズエラ　国立ベネズエラ交響楽団長
García, Alvaro　ガルシア, アルバロ
　国ウルグアイ　経済・財務相
Garcia, Andy　ガルシア, アンディ
　1956～　国アメリカ　俳優,映画プロデューサー　本名＝Garcia Menendez, Andres Arturo
Garcia, Anier　ガルシア
　国キューバ　陸上選手
Garcia, Anthony　ガルシア, アンソニー
　国プエルトリコ　野球選手

Garcia, Anthony　ガルシア, アンソニー
　国トリニダード・トバゴ　教育相
Garcia, Avisail　ガルシア, アビザイル
　国ベネズエラ　野球選手
Garcia, Caroline　ガルシア, キャロリン
　国フランス　テニス選手
Garcia, Catherine　ガルシア, カトリーヌ
　著「レメディオス・バロ」水声社　2014
Garcia, Cesar　ガルシア, セサル
　国フィリピン　国家安全保障会議議長
Garcia, Charles Patrick　ガルシア, チャールズ・P.
　著「ホワイトハウス・フェロー」ダイヤモンド社　2010
Garcia, Clóvis　ガルシア, クロヴィス
　著「カーニバルの終わりに」新世研　2003
García, Cristina　ガルシア, クリスティーナ
　1958～　著「ユミとソールの10か月」作品社　2011
Garcia, Dave　ガルシア, デイブ
　著「ミュータントタートルズ：アドベンチャーズ」小学館集英社プロダクション　2016
Garcia, Dolores Balderamos　ガルシア, ドロレス・バルデラモス
　国ベリーズ　人的資源開発・女性相
Garcia, Elniery　ガルシア, エルニアリー
　国ドミニカ共和国　野球選手
Garcia, Eric　ガルシア, エリック
　1973～　国アメリカ　作家　分SF, ファンタジー
García, Francisco Javier　ガルシア, フランシスコ・ハビエル
　国ドミニカ共和国　観光相
García, Fravía　ガルシア, フラビア
　国ドミニカ共和国　女性問題相
García, Genaro　ガルシア, ヘナロ
　国メキシコ　治安相
Garcia, Gonzalo　ガルシア, ゴンサロ
　国イタリア　ラグビー選手
Garcia, Greg　ガルシア, グレッグ
　国アメリカ　野球選手
Garcia, Hanser　ガルシア
　国キューバ　競泳選手
Garcia, Jaime　ガルシア, ハイミー
　国メキシコ　野球選手
Garcia, Jarlin　ガルシア, ハーリン
　国ドミニカ共和国　野球選手
Garcia, Jason　ガルシア, ジェイソン
　国アメリカ　野球選手
Garcia, Jon　ガルシア
　国スペイン　テコンドー選手
García, Jorge　ガルシア, ホルヘ
　国ベネズエラ　国防相
Garcia, Kami　ガルシア, カミ
　国アメリカ　作家　分ファンタジー
Garcia, Keith S.　ガルシーア, キース・S.
　著「精神科」メディカル・サイエンス・インターナショナル　2005
García, Laura Gallego　ガルシア, ラウラ・ガジェゴ
　1977～　国スペイン　作家　分ファンタジー, ヤングアダルト
Garcia, Leury　ガルシア, ルーリー
　国ドミニカ共和国　野球選手
Garcia, Lucas　ガルシア, ルカス
　1924～2006　国グアテマラ　政治家　グアテマラ大統領　本名＝Garcia, Romeo Lucas
Garcia, Luis　ガルシア, ルイス
　国ドミニカ共和国　野球選手
Garcia, Manuel　ガルシア, マヌエル
　著「ヴァンパイアの大地」ユマノイド, バイインターナショナル（発売）2015
Garcia, Marc　ガルシア, マーク
　国スペイン　バスケットボール選手
Garcia, Marci Frohock　ガルシア, マルシ・フロホック
　著「Microsoft SQL Server 2000オフィシャルマニュアル」日経BPソフトプレス, 日経BP出版センター（発売）2001
Garcia, Marcilina S.　ガルシア, マルシリナ
　著「Microsoft SQL Server 2005オフィシャルマニュアル」日経BPソフトプレス, 日経BP出版センター（発売）2007
García, Marco Tulio　ガルシア, マルコ・トゥリオ
　国グアテマラ　国防相
Garcia, Max　ガルシア, マックス

　国アメリカ　アメフト選手
Garcia, Nina　ガルシア, ニーナ
　著「ワンハンドレッド」宝島社　2015
García, Norman　ガルシア, ノルマン
　国ホンジュラス　商工相
Garcia, Paulina　ガルシア, パウリーナ
　1960～　国チリ　女優, 演出家, 劇作家
García, Pedro　ガルシア, ペドロ
　国チリ　保健相
Garcia, Rodrigo　ガルシア, ロドリゴ
　1959～　映画監督, 脚本家
Garcia, Rudi　ガルシア, ルディ
　1964～　国フランス　サッカー監督, 元サッカー選手　別ガルシーア, ルディ
Garcia, Samuel Ruiz　ガルシア, サムエル・ルイス
　1924～2011　国メキシコ　人権擁護活動家, カトリック司教　チアパス州サンクリストバルデラスカサス教区名誉司教　別ガルシア, サミュエル・ルイス
Garcia, Santiago　ガルシア, サンティアゴ
　国アルゼンチン　サッカー選手
Garcia, Sergio　ガルシア, セルヒオ
　1980～　国スペイン　プロゴルファー　別ガルシア, セルジオ
Garcia, Ulisses　ガルシア, ウリセス
　国スイス　サッカー選手
Garcia, Willy　ガルシア, ウィリー
　国ドミニカ共和国　野球選手
Garcia, Yimi　ガルシア, イミ
　国ドミニカ共和国　野球選手
Garcia-Acosta, Virginia　ガルシア＝アコスタ, バージニア
　著「災害の人類学」明石書店　2006
García Belaúnde, José Antonio　ガルシア・ベラウンデ, ホセ・アントニオ
　国ペルー　外相
García-Berlanga, Luis　ガルシア・ベルランガ, ルイス
　1921～2010　国スペイン　映画監督, 脚本家　本名＝García-Berlanga Martí, Luis
Garcia Bragado, Jesus Angel　ガルシア
　国スペイン　陸上選手
Garcia Brito, Luis Alberto　ガルシアブリト
　国ドミニカ共和国　重量挙げ選手
García Cedeño, Walter　ガルシア・セデニョ, ウォルター
　国エクアドル　環境相
García Cochagne, Manuela Esperanza　ガルシア・コチャグネ, マヌエラ・エスペランサ
　国ペルー　労働雇用促進相
García Correia, Olavo Avelino　ガルシアコレイア, オラボ・アベリノ
　国カボベルデ　財務相
García de Arnold, María Liz　ガルシア・デ・アルノルド, マリア・リス
　国パラグアイ　国防相
Garcia de la Cruz, Berenice　ガルシア・デ・ラ・クルス, ベレニス
　著「リラプス・プリベンション」日本評論社　2011
Garcia Forés, David　ガルシア・フォレス, ダビッド
　著「ポー怪奇幻想集」原書房　2014
García Funegra, Patricia　ガルシア・フネグラ, パトリシア
　国ペルー　保健相
Garcia Hemme, Nicolas　ガルシア
　国スペイン　テコンドー選手
García-Legaz Ponce, Jaime　ガルシア・レガス・ポンセ, ハイメ
　国スペイン　スペイン輸出信用公社社長, 元・経済・競争力省商務長官
García Linera, Álvaro Marcelo　ガルシア・リネラ, アルバロ・マルセロ
　国ボリビア　副大統領
García-margallo, José Manuel　ガルシアマルガリョ, ホセ・マヌエル
　国スペイン　外務・協力相
García Márquez, Gabriel　ガルシア・マルケス, ガブリエル
　1928～2014　国コロンビア　作家　別名＝García Márquez, Gabo
García-Martín, Miguel A.　ガルシア・マーチン, ミゲール・A.
　別ガルシア・マーチン, ミゲール・A.　著「IMS標準テキスト」リックテレコム　2010
Garcia Mendoza, Alex Maxell　ガルシアメンドーサ, アレッ

クス
　🏴キューバ　柔道選手
García Morales, Adelaida　ガルシア・モラレス, アデライダ
　1945～　🏴スペイン　作家
García Morales, Aldo Estuardo　ガルシア・モラレス, アルド・エストゥアルド
　🏴グアテマラ　通信・インフラ・住宅相
Garcia Navarro, Ivan　ガルシア, イバン
　🏴メキシコ　水泳選手
García Pérez, Alan Gabriel　ガルシア・ペレス, アラン・ガブリエル
　1949～　🏴ペルー　政治家　ペルー大統領　本名＝García Pérez, Alan Gabriel Ludwig　㊙ガルシア, アラン
García Puigcerver, Héctor　ガルシア, エクトル
　著「コモエスタ・ニッポン！」宝島社　2015
García Ramírez, Orlando Celso　ガルシア・ラミレス, オルランド・セルソ
　🏴キューバ　砂糖産業相
García Sayán, Diego　ガルシアサヤン, ディエゴ
　🏴ペルー　法相
García Sebastián, M.　ガルシア・セバスティアン, M.
　著「スペインの歴史」明石書店　2014
García Tejerina, Isabel　ガルシア・テヘリーナ, イサベル
　🏴スペイン　農業・漁業・食料・環境相　㊙ガルシアテヘリーナ, イサベル
García Toma, Víctor Oscar Shiyin　ガルシア・トオマ, ビクトル・オスカル・シジン
　🏴ペルー日系人協会幹事長, 元・憲法裁判所長官, 元・法務大臣, 元・リマ大学法学部学部長
García Toussaintt, Juan　ガルシア・トゥサン, フアン
　🏴ベネズエラ　陸上輸送相
García Vera, Yadira　ガルシア・ベラ, ジャディラ
　🏴キューバ　基幹産業相
Garcin, Jérôme　ガルサン, ジェローム
　1956～　🏴フランス　編集者, テレビ司会者, 作家
Garcon, Pierre　ガーコン, ピエール
　🏴アメリカ　アメフト選手
Gardeck, Ian　ガーデック, イアン
　🏴アメリカ　野球選手
Garde Due, Ulrik　ガーデ・ドゥエ, ウルリック
　1963～　🏴デンマーク　実業家　ジョージ・ジェンセン社長・CEO
Gardella, André Antoine　ガルデラ, アンドレ・アントワーヌ
　🏴フランス　元・外務省研修所フランス語特別主任講師
Gardella, Danny　ガルデラ, ダニー
　1920～2005　🏴アメリカ　野球選手
Garden, Jo　ガーデン, ジョー
　著「てんとうむしくん」主婦の友社　2013
Garden, Timothy　ガーデン, ティモシー
　1944～2007　🏴イギリス　英国王立国際問題研究所所長　㊙国際問題, 安全保障　別名＝Garden, Lord
Gardener, Hilary　ガードナー, ヒラリー
　著「ファットレディス・クラブ」主婦の友社　2003
Gardener, Jason　ガードナー
　🏴イギリス　陸上選手
Gärdenfors, Peter　ヤーデンフォシュ, ペーテル
　1949～　著「ヒトはいかにして知恵者となったのか」研究社　2005
Gardenhire, Ron　ガーデンハイアー, ロン
　1957～　🏴アメリカ　大リーグ監督　本名＝Gardenhire, Ronald Clyde　㊙ガーデンハイアー, ロン／ガーデンハイヤー, ロン
Gardev, Javor　ガルデフ, ヤヴォル
　モスクワ国際映画祭　銀賞 監督賞（第30回（2008年））　"Zift"
Gardiner, B.G.　ガーディナー, B.G.
　著「知の歴史」徳間書店　2002
Gardiner, Deirdre　ガーディナ, デアドール
　著「BIG BOOK」チャイルド本社　2005
Gardiner, John Eliot　ガーディナー, ジョン・エリオット
　1943～　🏴イギリス　指揮者　モンテベルディ合唱団責任指揮者
Gardiner, John Reynolds　ガーディナー, ジョン・レイノルズ
　1944～　著「犬ぞりの少年」文研出版　2004
Gardiner, Lindsey　ガーディナー, リンジー
　1971～　著「むくいぬローラのへんしんごっこ」小学館　2007
Gardiner, Lizzy　ガーディナー, リジー
　トニー賞 ミュージカル 衣装デザイン賞（2011年（第65回））ほか
Gardiner, Meg　ガーディナー, メグ
　🏴アメリカ　作家　㊙ミステリー, スリラー

Gardiner, Michael　ガーデナ, マイケル
　1970～　著「トマス・グラバーの生涯」岩波書店　2012
Gardiner, Robin　ガーディナー, ロビン
　1948～　著「なぜタイタニックは沈められたのか」集英社　2003
Gardini, Ubaldo　ガルディーニ, ウバルド
　?～2011　🏴イタリア　オペラコーチ　東京芸術大学客員教授, ジュリアード音楽学校客員教授
Gardini, Walter　ガルディーニ, ワルテル
　著「宣教者パウロのメッセージ」女子パウロ会　2008
Gardner, Andrew　ガードナー, アンドリュー
　🏴アメリカ　アメフト選手
Gardner, Ben　ガードナー, ベン
　🏴アメリカ　アメフト選手
Gardner, Bill　ガードナー, ビル
　著「ロゴラウンジ・マスター・ライブラリー」グラフィック社　2011
Gardner, Brett　ガードナー, ブレット
　🏴アメリカ　野球選手
Gardner, Brian　ガードナー, ブライアン
　著「戦時中のチャーチル称賛と非難」浜本正夫　2002
Gardner, Chris P.　ガードナー, クリス
　1954～　著「幸せのちから」アスペクト　2006
Gardner, Craig　ガードナー, クレイグ
　🏴イングランド　サッカー選手
Gardner, Craig Shaw　ガードナー, クレイグ・ショー
　著「魔術師エベネザムと禁断の都」早川書房　2006
Gardner, Dan　ガードナー, ダン
　1968～　著「超予測力」早川書房　2016
Gardner, David　ガードナー, デイビッド
　著「人生を楽しむためのモトリー・フール流「お金の育て方」」ソフトバンクパブリッシング　2003
Gardner, Dede　ガードナー, デデ
　🏴アメリカ　映画プロデューサー　プランBエンターテインメント社長
Gardner, Edward　ガードナー, エドワード
　ローレンス・オリヴィエ賞 オペラ 功績賞（2009年（第33回））　"Boris Godunov" "Cavalliera Rusticana" "Der Rosenkavalier" "I Pagliacci" "Riders To The Sea" "Punch And Judy"
Gardner, Ella　ガードナー, エラ
　著「Life in Japan」大阪女学院　2009
Gardner, English　ガードナー, イングリッシュ
　🏴アメリカ　陸上選手
Gardner, Floyd Martin　ガードナー, フロイド・M.
　1929～　著「PLL位相同期化技術」産業図書　2009
Gardner, Gary　ガードナー, ゲーリー
　著「地球と環境」同友館　2002
Gardner, Hayley　ガードナー, ヘイリー
　著「招かれざる花婿」ハーレクイン　2003
Gardner, Howard　ガードナー, ハワード
　1943～　著「グッドワークとフロー体験」世界思想社　2016
Gardner, James Alan　ガードナー, ジェイムズ・アラン
　著「90年代SF傑作選」早川書房　2002
Gardner, James C.　ガードナー, ジェームズ・C.
　著「心に薬をあげましょう」デジキューブ　2003
Gardner, James N.　ガードナー, ジェイムズ
　著「バイオコスム」白揚社　2008
Gardner, John N.　ガードナー, ジョン
　著「初年次教育ハンドブック」丸善　2007
Gardner, John William　ガードナー, ジョン・ウィリアム
　1912～2002　🏴アメリカ　著述家, 市民運動指導者　スタンフォード大学ビジネススクール顧問教授, コモン・コーズ創設者　㊙ガードナー, ジョン・W.
Gardner, Karen M.　ガードナー, カレン
　著「認知パターン」ピアソン・エデュケーション　2001
Gardner, Katy　ガードナー, ケイティ
　1964～　著「ロスト・フレンド」アーティストハウス, 角川書店（発売）　2002
Gardner, Laurence　ガードナー, ローレンス
　?～2010　著「聖杯王たちの創世記」清流出版　2011
Gardner, Lisa　ガードナー, リサ
　著「棺の女」小学館　2016
Gardner, Lloyd C.　ガードナー, ロイド・C.
　1934～　著「アメリカ帝国とは何か」ミネルヴァ書房　2008
Gardner, Mark　ガードナー, マーク
　🏴アメリカ　サンフランシスコ・ジャイアンツコーチ
Gardner, Martin　ガードナー, マーティン

1914～2010 [国]アメリカ 数学者, 科学ライター, 文芸評論家, パズル作家 [異]ガードナー, マーチン
Gardner, Nicole ガードナー, ニコール
[著]「人材育成のジレンマ」 ダイヤモンド社 2004
Gardner, Nuala ガードナー, ヌアラ
[著]「ありがとう、ヘンリー」 早川書房 2008
Gardner, Pierce ガードナー, ピアース
[著]「ロスト・ソウルズ」 徳間書店 2001
Gardner, R.H. ガードナー, ロバート・H.
[著]「景観生態学」 文一総合出版 2004
Gardner, Richard A. ガードナー, リチャード・A.
[著]「宗教と宗教学のあいだ」 上智大学出版, ぎょうせい(発売) 2015
Gardner, R.L. ガードナー, リチャード
[著]「遺伝子革命と人権」 DHC 2001
Gardner, Roy S. ガードナー, ロイ・S.
[著]「心不全エッセンシャルガイド」 メディカル・サイエンス・インターナショナル 2009
Gardner, Rulon ガードナー
[国]アメリカ レスリング選手
Gardner, Sally ガードナー, サリー
カーネギー賞(2013年)ほか
Gardner, Steve ガードナー, スティーブ
1956～ [著]「わが心のディープサウス」 河出書房新社 2004
Gardner, W.Booth ガードナー, ブース
1936～2013 [国]アメリカ 政治家 ワシントン州知事, 米国通商代表部(USTR)次席代表
Gardner, Zoë E. ガードナー, ゾーイ
[著]「メディカルハーブ安全性ハンドブック」 東京堂出版 2016
Gardos, Florin ガルドシュ, フローリン
[国]ルーマニア サッカー選手
Gardos, Robert ガルドス, ロベルト
[国]オーストリア 卓球選手
Garel, Béatrice ギャレル, ベアトリス
[著]「こぐまのクリスマス」 小峰書店 2007
Garelli, Cristina ギャレリ, クリスティーナ
[著]「いちばんうれしいプレゼント」 学習研究社 2006印刷
Gareppolo, Jimmy ガロポロ, ジミー
[国]アメリカ アメフト選手
Garesché, Juliette ガルシェ, ジュリエット
[著]「対立を解決するセラピー」 サンパウロ 2015
Garety, Philippa A. ガレティ, フィリッパ
[異]ガレティ, P. [著]「統合失調症を理解し支援するための認知行動療法」 金剛出版 2011
Garfa, Mahamat ガルファ, マハマト
[国]チャド 郵政・新通信技術相
Garfein, Herschel ガーファイン, ハーシャル
グラミー賞 最優秀現代音楽作曲(2011年(第54回)) "Aldridge, Robert: Elmer Gantry"
Garfias, Robert ガルフィアス, ロベルト
[国]アメリカ カリフォルニア大学アーバイン校教授, 元・米国芸術評議会委員
Garfield, Andrew ガーフィールド, アンドルー
1983～ [国]イギリス 俳優 [異]ガーフィールド, アンドリュー
Garfield, Bob ガーフィールド, ボブ
1955～ [著]「カオス・シナリオ」 ダイレクト出版, インデックス・コミュニケーションズ(発売) 2012
Garfield, Patricia L. ガーフィールド, パトリシア
[著]「夢でわかる本当のあなた」 角川書店 2002
Garfield, Simon ガーフィールド, サイモン
1960～ [著]「手紙」 柏書房 2015
Garfinkel, Harold ガーフィンケル, ハロルド
1917～2011 [国]アメリカ 社会学者 カリフォルニア大学ロサンゼルス校名誉教授
Garfinkel, Paul E. ガーフィンケル, P.E.
1946～ [著]「摂食障害治療ハンドブック」 金剛出版 2004
Garfinkel, Simson ガーフィンケル, シムソン
1965～ [著]「Webセキュリティ, プライバシー&コマース」 オライリー・ジャパン, オーム社(発売) 2002
Garfoot, Katrin ガーフット, カトリン
[国]オーストラリア 自転車選手
Garfunkel, Art ガーファンクル, アート
1941～ [国]アメリカ シンガー・ソングライター, 俳優 本名=Garfunkel, Arthur
Garg, Gaurav ガーグ, ガウラフ
投資家 [異]ガーグ, ゴーラヴ
Garg, Mridula ガルグ, ムリドゥラー
1938～ [著]「ウッドローズ」 現代企画室 2011
Garg, Vijay Kumar ガルグ, V.K.
1938～ [著]「CDMAセルラー移動通信システム」 科学技術出版 2001
Gargano, Reynaldo ガルガノ, レイナルド
[国]ウルグアイ 外相
Gargash, Anwar Mohammed ガルガーシュ, アンワル・ムハンマド
[国]アラブ首長国連邦 国務相(外務担当) [異]ガルガーシュ, アンワール・ムハンマド
Gargaud Chanut, Denis ガルガウシャヌ, デニス
[国]フランス カヌー選手
Gargiani, Roberto ガルジャーニ, ロベルト
[著]「レム・コールハース|OMA驚異の構築」 鹿島出版会 2015
Gargoum, Adoum ガルグム, アドゥム
[国]カメルーン イスラム担当相
Garia, Adrian ガリア, アドリアン
1965～ 舞踊家 アドリアン・ガリア・フラメンコ・カンパニー芸術監督
Garibashvili, Irakli ガリバシビリ, イラクリー
1982～ [国]ジョージア 政治家 ジョージア首相
Garibay, Victor Manuel Estrada ガリバラ
[国]メキシコ テコンドー選手
Garibov, Emin ガリボフ
[国]ロシア 体操選手
Gariff, David ギャリフ, デヴィッド
[著]「名画鑑賞事典美の系譜」 ゆまに書房 2009
Garilli, Alessia ガリッリ, アレッシア
[著]「びっくりポピー」 講談社 2002
Garin, Eugenio ガレン, エウジェニオ
1909～2004 [著]「ルネサンス文化史」 平凡社 2011
Garin Nugroho ガリン・ヌグロホ
1961～ [国]インドネシア 映画監督
Garino, Patricio ガリーノ, パトリシオ
[国]アルゼンチン バスケットボール選手
Garitano, Gaizka ガリターノ, ガイスカ
[国]スペイン デポルティーボ監督
Garland, Alex ガーランド, アレックス
1970～ [著]「昏睡」 アーティストハウスパブリッシャーズ, 角川書店(発売) 2004
Garland, Ben ガーランド, ベン
[国]アメリカ アメフト選手
Garland, Brent ガーランド, ブレント
[著]「脳科学と倫理と法」 みすず書房 2007
Garland, Caroline ガーランド, キャロライン
[著]「トラウマを理解する」 岩崎学術出版社 2011
Garland, David ガーランド, デービッド
1955～ [著]「処罰と近代社会」 現代人文社, 大学図書(発売) 2016
Garland, Hank ガーランド, ハンク
?～2004 [国]アメリカ ギタリスト
Garland, Michael ガーランド, マイケル
1952～ [著]「スミス先生ときょうりゅうの国」 新日本出版社 2011
Garland, Robert ガーランド, ロバート
1947～ [国]イギリス 古典学者 コルゲート大学教授 [専]古典学, 古代史
Garland, Sarah ガーランド, サラ
[著]「エディのごちそうづくり」 福音館書店 2012
Garlaschi, Giacomo ガーラスキ, G.
1947～ [著]「骨軟部の超音波診断」 シュプリンガー・ジャパン 2008
Garlick, Mark Antony ガーリック, マーク・A.
1968～ [著]「天文」 新樹社 2006
Garlicki, Andrzej ガルリツキ, アンジェイ
1935～ [著]「ポーランドの高校歴史教科書」 明石書店 2005
Garmany, Tami Hutton ガーマニー, タミ・H.
[著]「小児科」 メディカル・サイエンス・インターナショナル 2005
Garmash, Denys ガルマシュ, デニス
[国]ウクライナ サッカー選手
Garmendia Mendizábel, Christina ガルメンディア・メンディサバル, クリスティナ
[国]スペイン 科学・技術革新相
Garment, Leonard ガーメント, レオナルド
1924～2013 [国]アメリカ 法律家 ニクソン米国大統領法律顧問

Garmus, David　ガーマス、デービッド
　㊄「ファンクションポイントの計測と分析」ピアソン・エデュケーション　2002
Garn, Randy　ガーン、ランディ
　㊄「実践幸福な「繁栄」への6つの成功法則」マグロウヒル・エデュケーション,日本経済新聞出版社(発売)　2012
Garneau, Dustin　ガーノウ、ダスティン
　㊎アメリカ　野球選手
Garneau, Marc　ガルノー、マルク
　㊎カナダ　運輸相
Garner, Alan　ガーナー、アラン
　1950～　世界幻想文学大賞 生涯功労賞(2012年)
Garner, David M.　ガーナー、D.M.
　1947～　㊄「摂食障害治療ハンドブック」金剛出版　2004
Garner, Helen　ガーナー、ヘレン
　1942～　㊄「セクシュアル・ハラスメント」明石書店　2008
Garner, James　ガーナー、ジェームズ
　1928～2014　㊎アメリカ　俳優　本名＝Baumgarner, James Scott
Garner, Jennifer　ガーナー、ジェニファー
　1972～　㊎アメリカ　女優
Garner, Judith　ガーナー、ジュディス
　㊄「ミニ・ミステリ100」早川書房　2005
Garner, Manasseh　ガーナー、マナセ
　㊎アメリカ　アメフト選手
Garner, Margaret　ガーナー、マーガレット
　1923～2001　㊎アメリカ　宮城学院女子大学名誉教授　㊙神学
Garner, Montell　ガーナー、モンテル
　㊎アメリカ　アメフト選手
Garner, Perci　ガーナー、パーシー
　㊎アメリカ　野球選手
Garner, Philippe　ガーナー、フィリップ
　1947～　㊄「60sデザイン」Taschen　c2008
Gârnet, Ilian　ガーネット、イリアン
　㊎モルドバ　エリザベート王妃国際コンクール ヴァイオリン 第3位(2009年)
Garnett, John　ガーネット、ジョン
　㊄「戦略論」勁草書房　2012
Garnett, Joshua　ガーネット、ジョシュア
　㊎アメリカ　アメフト選手
Garnett, Kevin　ガーネット、ケビン
　1976～　㊎アメリカ　バスケットボール選手
Garnett, Marlon　ガーネット、マーロン
　㊎アメリカ　フェニックス・サンズアシスタントコーチ(バスケットボール)
Garney, Ron　ガーニー、ロン
　㊄「アメイジング・スパイダーマン：シビル・ウォー」ヴィレッジブックス　2016
Garnier, Laurent　ガルニエ、ロラン
　㊄「エレクトロショック」河出書房新社　2006
Garnier, Leonardo　ガルニエル、レオナルド
　㊎コスタリカ　教育相
Garnier, Marie Josée　ガルニエ、マリー・ジョゼ
　㊎ハイチ共和国　通産相
Garnier, Red　ガルニエ、レッド
　㊄「危険な愛の事件簿」オークラ出版　2014
Garofalo, Gianluca　ガロファロ、ジャンルカ
　1968～　㊄「ここはみんなのばしょだから」ノルドズッド・ジャパン　2002
Garófoli, Viviana　ガロフォリ、ヴィヴィアナ
　㊄「ママ！たいくつきゅうくつなんにもな～い！」バベルプレス　2016
Garoua, Adoum　ガルア、アドウム
　㊎カメルーン　スポーツ・体育教育相
Garozzo, Daniele　ガロッツォ、ダニエレ
　㊎イタリア　フェンシング選手
Garozzo, Enrico　ガロッツォ、エンリコ
　㊎イタリア　フェンシング選手
Garr, Sherry B.　ガール、シェリー・B.
　㊄「ガムふんじゃった」白泉社　2005
Garrabé, Jean　ガラベ、ジャン
　㊄「アンリ・エー入門」新樹会創造出版　2012
Garrard, Judith　ガラード、ジュディス
　㊄「看護研究のための文献レビュー」医学書院　2012
Garratt, Chris　ギャラット、クリス
　㊄「ビギナーズ倫理学」筑摩書房　2014
Garratt, James　ガラット、ジェームズ
　㊄「デザインとテクノロジー」コスモス　2004
Garratt, John　ギャラット、J.
　㊄「化学するアタマ」化学同人　2002
Garré, Nilda　ガレ、ニルダ
　㊎アルゼンチン　治安相
Garrel, Philippe　ガレル、フィリップ
　1948～　㊎フランス　映画監督、脚本家
Garrett, Amir　ギャレット、アミール
　㊎アメリカ　野球選手
Garrett, Betty　ギャレット、ベティ
　1919～2011　㊎アメリカ　女優
Garrett, Brad　ギャレット、ブラッド
　エミー賞 プライムタイム・エミー賞 最優秀助演男優賞(コメディシリーズ)(第57回(2005年))ほか
Garrett, Bradley L.　ギャレット、ブラッドリー・L.
　㊎イギリス　文化人類学者,都市研究家,ライター,写真家　オックスフォード大学研究員
Garrett, Brandon　ギャレット、ブランドン・L.
　1975～　㊄「冤罪を生む構造」日本評論社　2014
Garrett, David　ギャレット、デービッド
　1980～　㊎ドイツ　バイオリニスト　㊙ギャレット、デイビッド／ギャレット、デイヴィッド／ギャレット、デイヴィド
Garrett, Diante　ギャレット、ディアンテ
　㊎アメリカ　バスケットボール選手
Garrett, Jason　ギャレット、ジェイソン
　㊎アメリカ　ダラス・カウボーイズコーチ
Garrett, Keyarris　ギャレット、キーアリス
　㊎アメリカ　アメフト選手
Garrett, Laurie　ギャレット、ローリー
　㊄「崩壊の予兆」河出書房新社　2003
Garrett, Mary Ann　ギャレット、メアリ・アン
　㊄「ポール・オースターが朗読するナショナル・ストーリー・プロジェクト」アルク　2006
Garrett, Peter　ギャレット、ピーター
　1953～　㊎オーストラリア　政治家,環境保護運動家,ロック歌手　オーストラリア環境相　本名＝Garrett, Peter Robert
Garrett, Siedah　ギャレット、サイーダ
　ソング・ライター　グラミー賞 最優秀映画・TV・その他ヴィジュアルメディア音楽作品(2007年(第50回))　"Love You I Do"
Garrett, William E., Jr.　ギャレット、ウィリアム・E.、Jr.
　㊄「スポーツ筋損傷 診断と治療法」ガイアブックス　2014
Garrett, Zach　ギャレット、ザック
　㊎アメリカ　アーチェリー選手
Garrick-Steele, Rodger　ギャリック＝スティール、ロジャー
　㊄「コナン・ドイル殺人事件」南雲堂　2002
Garrido, Paulo Ivo　ガリード、パウロ・イボ
　㊎モザンビーク　保健相
Garrido Lecca, Hernán　ガリドレカ、エルナン
　㊎ペルー　住宅・建設・上下水道相
Garrier, Gilbert　ガリエ、ジルベール
　1935～　㊄「ワインの文化史」筑摩書房　2004
Garrigue, Anne　ガリグ、アンヌ
　1958～　㊄「自分らしさとわがままの境で」日本点字図書館(製作)　2002
Garrison, Barbara　ガリソン、バーバラ
　㊄「ひとつ」福音館書店　2010
Garrison, Paul　ギャリスン、ポール
　1952～　㊄「死の航海」扶桑社　2011
Garrison, Susan J.　ギャリソン、S.J.
　㊄「リハビリテーション実践ハンドブック」シュプリンガー・フェアラーク東京　2005
Garrix, Martin　ギャリックス、マーティン
　DJ
Garro, Elena　ガーロ、エレナ
　1920～　㊄「未来の記憶」現代企画室　2001
Garrofé, Josep M.　ガロフェ、ジョゼップ・M.
　1967～　㊄「ディスプレイのデザイン」ビー・エヌ・エヌ新社　2009
Garrone, Matteo　ガローネ、マッテオ
　カンヌ国際映画祭 グランプリ(第65回(2012年))ほか
Garrone, Riccardo　ガローネ、リカルド
　1936～2013　㊎イタリア　実業家　サンプドリア会長　㊙ガッローネ、リッカルド
Garryyev, Myrat　ガルルイエフ、ムイラト
　㊎トルクメニスタン　法相　㊙ガッルイエフ、ムイラト
Garske, John P.　ガースク、ジョン・P.
　㊄「臨床心理学における科学と疑似科学」北大路書房　2007

Garştea, Mihail　ガルステア, ミハイル
　国モルドバ　産業相
Garten, Jeffrey E.　ガーテン, ジェフリー
　著「世界企業のカリスマたち」日本経済新聞社　2001
Gartner, Alan　ガートナー, アラン
　著「障害、人権と教育」明石書店　2003
Gartner, Leslie P.　ガートナー, レスリー・P.
　1943～　著「ガートナー/ハイアット組織学アトラスとテキスト」メディカル・サイエンス・インターナショナル　2014
Gartner, Richard B.　ガートナー, リチャード・B.
　著「少年への性的虐待」作品社　2005
Garton, Alison　ガートン, A.F.
　著「認知発達を探る」北大路書房　2008
Garton, Ray　ガートン, レイ
　1962～　著「ライヴ・ガールズ」文芸春秋　2001
Garton, Ryan　ガートン, ライアン
　国アメリカ　野球選手
Garton-Ash, Timothy　ガートン・アッシュ, ティモシー
　1955～　著「ダンシング・ウィズ・ヒストリー」風行社　2013
Garu, Moses　ガル, モーゼス
　ソロモン諸島　国土・住宅・調査相　愛ガル, モセス
Garun, Abdullahi Abdi　ガルン, アブドラヒ・アブディ
　国ソマリア　国家安全保障相
Garve, Andrew　ガーブ, アンドルー
　1908～2001　国イギリス　推理作家　別名＝バックス, ロジャー, ソマーズ, ポール　愛ガーブ, アンドリュー/ガーヴ, アンドリュウ/ガーヴ, アンドルー
Garver, Mitch　ガーバー, ミッチ
　国アメリカ　野球選手
Garvey, Amy　ガーヴェイ, エイミー
　著「キス・キス・キス」ヴィレッジブックス　2008
Garvey, James　ガーヴェイ, ジェイムズ
　1967～　著「30秒で学ぶ哲学思想」スタジオタッククリエイティブ　2013
Garvin, David A.　ガービン, デービッド・A.
　愛ガービン, デイビッド・A.　著「アクション・ラーニング」ダイヤモンド社　2002
Garvin, Elaine　ガルビン, エレーヌ
　?～2004　著「お耳がいたくなったエディ」サイエンティスト社　2010
Garvin, Johnny　ウィア
　国アメリカ　フィギュアスケート選手
Garvin, Terence　ガービン, テレンス
　国アメリカ　アメフト選手
Garwin, Laura　ガーウィン, ローラ
　著「知の歴史」徳間書店　2002
Garwood, Dave　ガーウッド, デイブ
　著「製造業のBOM入門」日経BP社, 日経BP出版センター（発売）　2006
Garwood, Duncan　ガーウッド, ダンカン
　著「イタリア」メディアファクトリー　2007
Garwood, Julie　ガーウッド, ジュリー
　著「きらめく翼に守られて」ヴィレッジブックス　2016
Gary, Roba　ガリ
　国エチオピア　陸上選手
Gary, Roberta　ゲイリー, ロバータ
　著「ピアニストならだれでも知っておきたい「からだ」のこと」春秋社　2006
Gary, Shamiel　ゲーリー, シャミエル
　国アメリカ　アメフト選手
Garza, David Lee　ガーザ, デイヴィッド・リー
　グラミー賞 最優秀テハノ・アルバム（2004年（第47回））
Garza, Matt　ガーザ, マット
　1983～　国アメリカ　野球選手　本名＝Garza, Matthew Scott
Garzón, Angelino　ガルソン, アンヘリノ
　国コロンビア　副大統領
Garzon, Geandry　ガルソン
　国キューバ　レスリング選手
Garzón, Luis Eduardo　ガルソン, ルイス・エドゥアルド
　国コロンビア　労相
Gasch, Robert　ガッシュ, R.
　著「回転体の力学」森北出版　2004
Gasché, Rodolphe　ガシェ, ロドルフ
　1938～　著「いまだない世界を求めて」月曜社　2012
Gascoigne, Marc　ガスコイン, マーク
　世界幻想文学大賞 特別賞（プロ）（2011年）

Gascoigne, Paul　ガスコイン, ポール
　1967～　著「ガッザの涙」カンゼン　2006
Gasdby-dolly, Nyan　ギャッビードリー, ナイアン
　国トリニダード・トバゴ　地域開発・文化・芸術相
Gasdia, Cecilia　ガスディア, チェチーリア
　1960～　国イタリア　ソプラノ歌手
Gase, Adam　ゲース, アダム
　国アメリカ　マイアミ・ドルフィンズコーチ
Gashi, Alush　ガーシ, アルシュ
　国コソボ　保健相
Gashi, Dardan　ガシ, ダルダン
　国コソボ　環境・都市計画相
Gashumba, Diane　ガシュンバ, ディアンヌ
　国ルワンダ　保健相
Gashyna, Kevin　ガシャイナ, ケビン
　著「DB2ユニバーサル・データベースアプリケーション開発オフィシャルガイド」ピアソン・エデュケーション　2002
Gašić, Bratislav　ガシッチ, ブラティスラブ
　国セルビア　国防相
Gasimov, Elmar　ガシモフ, エルマル
　国アゼルバイジャン　柔道選手　愛ガシモフ
Gasinzigwa, Oda　ガシンジグワ, オダ
　国ルワンダ　ジェンダー・家族計画相
Gasiorowicz, Stephen　ガシオロウィッツ, S.
　著「量子力学」丸善出版　2011
Gaskill, William　ギャスキル, ウィリアム
　1930～　著「俳優を動かす言葉」白水社　2013
Gaskin, Dominic　ガスキン, ドミニク
　国ガイアナ　ビジネス相
Gaskin, Ina May　ガスキン, アイナ・メイ
　著「アイナ・メイの自然出産ガイド」メディカ出版　2009
Gaskins, Kendall　ガスキンズ, ケンドール
　国アメリカ　アメフト選手
Gasoi, Jennifer　ガソイ, ジェニファー
　グラミー賞 最優秀子供向けアルバム（2013年（第56回））"Throw A Penny In The Wishing Well"
Gasol, Marc　ガソル, マーク
　国スペイン　バスケットボール選手
Gasol, Pau　ガソル, パウ
　国スペイン　バスケットボール選手
Gaspar, Acsinte　ガスパル, アクシンテ
　国ルーマニア　議会担当相　愛ガシュパル, アクシンテ
Gaspar, Vítor　ガスパール, ビトル
　国ポルトガル　財務相
Gaspard, John　ガスパード, ジョン
　1958～　国アメリカ　作家　愛ミステリー
Gasparetto, Zibia　ガスパレット, ジビア
　1926～　著「永遠の絆」ソフトバンククリエイティブ　2009
Gaspari, Antonio　ガスパリ, アントニオ
　1955～　著「環境活動家のウソ八百」洋泉社　2008
Gaspari, Mitja　ガスパリ, ミテヤ
　国スロベニア　開発・欧州問題担当相
Gasparin, Elisa　ガスパリン, E.
　国スイス　バイアスロン選手
Gasparin, Selina　ガスパリン, S.
　国スイス　バイアスロン選手
Gasparino, Charles　ガスパリーノ, チャールズ
　著「投資家よ、騙されるな！ ウォール街欺瞞の血筋」東洋経済新報社　2005
Gašparovič, Ivan　ガシュパロヴィッチ, イヴァン
　1941～　国スロバキア　政治家　スロバキア大統領　愛ガシュパロビッチ, イバン/ガスパロビッチ, イバン/ガスパロヴィッチ, イヴァン
Gasparri, Maurizio　ガスパリ, マウリツィオ
　国イタリア　通信相
Gasperini, Gian Piero　ガスペリーニ, ジャン・ピエロ
　1958～　国イタリア　サッカー監督
Gašperšič, Peter　ガシュペルシッチ, ペテル
　国スロベニア　社会基盤相
Gasquet, Bernadette de　ガスケ, ベルナデット・ド
　1946～　著「理論にもとづくペリネのケア」メディカ出版　2016
Gasquet, Richard　ガスケ
　国フランス　テニス選手
Gassama, Alhaji Yankuba　ガサマ, アルハジ・ヤンクバ
　国ガンビア　保健・社会福祉相
Gassama, Sadio　ガサマ, サディオ

[国]マリ　治安・市民保護相
Gassama Dia, Yaye Kene　ガサマディア, ヤイエ・ケネ
[国]セネガル　科学技術研究相
Gassée, Jean-Louis　ガセ, ジャン-ルイ
[著]「ヒューマンインターフェースの発想と展開」 ピアソン・エデュケーション　2002
Gassman, Julie　ギャスマン, ジュリー
[著]「エレノアのひとりじめ」 辰巳出版　2013
Gassmann, Oliver　ガスマン, オリヴァー
1967～　[著]「ビジネスモデル・ナビゲーター」 翔泳社　2016
Gasson, Sam　ガッソン, サム
1983～　[著]「猫は殺人事件がお好き」 ハーパーコリンズ・ジャパン　2016
Gasston, Peter　ガストン, ピーター
[著]「CSS3開発者ガイド」 オライリー・ジャパン, オーム社(発売)　2015
Gast, Matthew　ガスト, マシュー
[著]「802.11無線ネットワーク管理」 オライリー・ジャパン, オーム社(発売)　2006
Gastaldello, Daniele　ガスタルデッロ, ダニエレ
[国]イタリア　サッカー選手
Gastaldi, Silvia　ガスタルディ, シルヴィア
[著]「マンガ聖書の時代の人々と暮らし」 バベルプレス　2007
Gastaut, Charlotte　ガスト, シャルロット
1974～　[著]「白鳥のみずうみ」 グラフィック社　2014
Gasté, Éric　ガステ, エリック
1969～　[著]「ぼくは青ねこ」 ディー・ティー・ジャパン　c2014
Gastel, Barbara　ガステル, B.
[著]「世界に通じる科学英語論文の書き方」 丸善　2010
Gaster, Moses　ガスター, M.
[著]「りこうなおきさき」 講談社　2005
Gastil, John　ガスティル, ジョン
[異]ギャスティル, ジョン　[著]「市民の司法参加と民主主義」 日本評論社　2016
Gaston, Bruce　ガストン, ブルース
[国]アメリカ　アメフト選手
Gaston, Diane　ガストン, ダイアン
1948～　[著]「愛は永遠に」 ハーレクイン　2015
Gaston Silva　ガストン・シルバ
[国]ウルグアイ　サッカー選手
Gat, Azar　ガット, アザー
1959～　[著]「文明と戦争」 中央公論新社　2012
Gatare, Francis　ガタレ, フランシス
[国]ルワンダ　ルワンダ開発庁総裁
Gate　ゲート
1960～　[著]「神秘の門」 ナチュラルスピリット　2013
Gate, Aaron　ゲート, アーロン
[国]ニュージーランド　自転車選手
Gatell Arimont, Cristina　ガテル・アリモント, C.
[著]「スペインの歴史」 明石書店　2014
Gately, Iain　ゲートリー, イアン
1965～　[著]「通勤の社会史」 太田出版　2016
Gately, Stephen　ゲイトリー, スティーブン
1976～2009　[国]アイルランド　ミュージシャン
Gater, Will　ゲイター, ウィル
[著]「恒星と惑星」 化学同人　2014
Gaters, Ivars　ガテルス, イワルス
[国]ラトビア　地域開発・自治担当特命相
Gates, Antonio　ゲイツ, アントニオ
[国]アメリカ　アメフト選手
Gates, Bill　ゲイツ, ビル
1955～　[国]アメリカ　実業家, 慈善活動家　マイクロソフト共同創業者・取締役技術担当アドバイザー, ビル・アンド・メリンダ・ゲイツ財団共同会長　マイクロソフト会長　[専]パソコンソフト　本名＝ゲイツ, ウィリアム・ヘンリー〈Gates, William Henry Ⅲ〉　[異]ゲーツ, ビル / ゲイツ, ウィリアム
Gates, Bryan　ギャテ, ブライアン
[国]アメリカ　サクラメント・キングスアシスタントコーチ(バスケットボール)
Gates, Evalyn　ゲイツ, エヴァリン
[著]「アインシュタインの望遠鏡」 早川書房　2009
Gates, Henry Louis, Jr.　ゲイツ, ヘンリー・ルイス, Jr.
1950～　[著]「シグニファイング・モンキー」 南雲堂フェニックス　2009
Gates, Melinda　ゲイツ, メリンダ
1964～　[国]アメリカ　慈善活動家　ビル・アンド・メリンダ・ゲイツ財団共同会長　本名＝ゲイツ, メリンダ・フレンチ〈Gates, Melinda French〉　[異]ゲーツ, メリンダ
Gates, Olivia　ゲイツ, オリヴィア
[著]「氷の王に奪われた天使」 ハーパーコリンズ・ジャパン　2016
Gates, Robert Michael　ゲーツ, ロバート
1943～　[国]アメリカ　ウィリアム・アンド・メアリー大学総長　米国国防長官, 米国中央情報局(CIA)長官, テキサスA&M大学学長　[異]ゲイツ, ロバート
Gates, Sterling　ゲイツ, スターリング
[著]「NEW 52 ： スーパーマン/ヤング・ジャスティス」 ヴィレッジブックス　2013
Gates, William H.　ゲイツ, ビル, Sr.
[著]「人生で大切にすること」 日本経済新聞出版社　2010
Gatete, Claver　ガテテ, クラベール
[国]ルワンダ　財務・経済計画相
Gatewood, Warren　ゲイトウッド, ウォーレン
[国]アメリカ　アメフト選手
Gathen, Joachim von zur　ガテン, J.フォン・ツァ
[著]「コンピュータ代数ハンドブック」 朝倉書店　2006
Gathercole, Susan E.　ギャザコール, S.E.
[著]「ワーキングメモリと学習指導」 北大路書房　2009
Gathers, Rico　ギャザーズ, リコ
[国]アメリカ　アメフト選手
Gatius, Alfredo　ガティウス, アルフレード
[著]「なぜレアルとバルサだけが儲かるのか？」 ベースボール・マガジン社　2012
Gatland, Warren　ガトランド, ウォーレン
[国]ニュージーランド　ラグビーコーチ
Gatlif, Tony　ガトリフ, トニー
1948～　[国]フランス　映画監督
Gatlin, Justin　ガトリン, ジャスティン
1982～　[国]アメリカ　陸上選手
Gatluak, Kuong Danhier　ガトゥルアク, クオン・ダンヒエル
[国]南スーダン　運輸・道路・橋相
Gatmaitan, Luis P.　ガトマイタン, ルイス・P.
[著]「おじいさんのぼうし」 ひくまの出版　2010
Gatoloaifaana, Amataga Alesana Gidlow　ガトロアイファアナ・アマタガ・アレサナ・ギドロウ
[国]サモア　保健相
Gatsalov, Khadjimourat　ガツァロフ, ハジムラト
1982～　[国]ロシア　レスリング選手　[異]ガツァロフ
Gatsinzi, Marcel　ガチンジ, マーセル
[国]ルワンダ　災害対策・難民問題相　[異]ガチンジ, マルセル
Gatson, Frank, Jr.　ガットソン, フランク, Jr.
[国]アメリカ　MTVアワード 最優秀振付(第28回(2011年))ほか　[異]ガットソン, フランク
Gatt, Austin　ガット, オースティン
[国]マルタ　社会基盤・運輸・通信相
Gattegno, Jean-Pierre　ガッテーニョ, ジャン・ピエール
[著]「青い夢の女」 扶桑社　2001
Gattelli, Christopher　ガタリ, クリストファー
トニー賞 ミュージカル 振付賞(2012年(第66回))　"Newsies"
Gattelli, Daniela　ガテリ
[国]イタリア　ビーチバレー選手
Gatti, Arturo　ガッティ, アルツロ
1972～2009　[国]カナダ　プロボクサー　WBCスーパーライト級チャンピオン, IBFスーパーフェザー級チャンピオン　[異]ガッティ, アーツロ
Gatti, Daniele　ガッティ, ダニエレ
1961～　[国]イタリア　指揮者　フランス国立管弦楽団音楽監督　チューリヒ歌劇場首席指揮者・音楽監督　[異]ガッティ, ダニエル
Gatti, Francesco　ガッティ, フランチェスコ
[国]イタリア　元・ヴェネツィア大学副学長
Gattiker, Urs E.　ガッティカー, ウルス・E.
[著]「ウィルス対策マニュアル」 ソフトバンクパブリッシング　2003
Gattini, Jorge　ガティニ, ホルヘ
[国]パラグアイ　農牧相
Gattis, Evan　ギャティス, エバン
[国]アメリカ　野球選手
Gatto, John Taylor　ガット, ジョン・テイラー
[著]「バカをつくる学校」 成甲書房　2006
Gatto, Lorenzo　ガット, ロレンツォ
[国]ベルギー　エリザベート王妃国際コンクール ヴァイオリン 第2位(2009年)
Gattsiev, Soslan　ガツィエフ
[国]ベラルーシ　レスリング選手

Gattung, Theresa　ガットゥング, テレサ
1962〜　国ニュージーランド　実業家　テレコム・ニュージーランドCEO
Gattuso, Joan M.　ガトゥーソ, ジョーン
著「聖なる愛を求めて」ナチュラルスピリット　2001
Gatz, Jean　ガッツ, ジャン
著「勝ち抜く人の8つの習慣」ディスカヴァー・トゥエンティワン　2009
Gau, John　ガウ, ジョン
著「戦いの世界史」原書房　2014
Gauch, Patricia Lee　ゴーチ, パトリシア・リー
著「クリスティーナとおおきなはこ」偕成社　2014
Gaucheron, Jacques H.　ゴーシュロン, ジャック
1920〜　著「不寝番」光陽出版社　2003
Gauchet, Marcel　ゴーシェ, マルセル
1946〜　国フランス　哲学者, 編集者　フランス社会科学高等研究院教授
Gauchon, Pascal　ゴーション, パスカル
著「100の地点でわかる地政学」白水社　2011
Gauck, Joachim　ガウク, ヨアヒム
1940〜　国ドイツ　政治家, 牧師, 人権活動家　ドイツ大統領　東ドイツ国家公安局資料委員会人機関代表
Gauckler, Geneviève　ゴクレール, ジュヌビエーブ
1967〜　著「ジュヌビエーブ・ゴクレールの天才の家系図」ランダムハウス講談社　2008
Gaude, Laurent　ゴデ, ロラン
1972〜　国フランス　作家, 劇作家　圏文学, 歴史
Gauder, Áron　ガウダー, アーロン
国ハンガリー　ザグレブ国際アニメーション映画祭　長編アニメ作品コンペティション ゴールデン・ザグレブ賞(2005年)ほか
Gauder, Hartwig　ガウダー, ハートヴィッヒ
1954〜　国ドイツ　元競歩選手　圏ガウダー, ハートビッヒ
Gaudesi, Andrea Ricciardi di　ガウデシ, アンドレア・リッチャルディ・ディ
著「宇宙から原子へ・原子から宇宙へ」理論社　2004
Gaudeuille, Isabelle　ゴドゥイユ, イザベル
国中央アフリカ　水・森林・漁業相
Gaudiano, Emanuele　ガウディアノ, エマヌエレ
国イタリア　馬術選手
Gaudino, Stefano　ガウディアーノ, ステファノ
著「キャプテン・アメリカ：シビル・ウォー」ヴィレッジブックス　2016
Gaudin, Christian　ゴーダン, クリスチャン
著「猫が教えるヨガ」日本出版社　2004
Gaudin, Claire　ゴーダン, クレール
1957〜　著「猫が教えるヨガ」日本出版社　2004
Gauding, Madonna　ゴーディング, マドンナ
著「マンダラバイブル」ガイアブックス, 産調出版(発売)　2012
Gaudiosi, Gaetano　ガウディオージ, ガエターノ
著「洋上風力発電」鹿島出版会　2011
Gaudrat, Marie-Agnès　ゴドラ, マリ＝アニエス
1954〜　著「オニのぼうやがっこうへいく」平凡社　2004
Gaudreault, Noella Marie　ゴードロー, ノエラ・マリー
国カナダ　八戸聖ウルスラ学院理事長, 元・聖ウルスラ学院理事長, 元・白菊学園(現八戸聖ウルスラ学院)高等学校長
Gaughan, Richard　ゴーガン, リチャード
著「天才科学者のひらめき36」創元社　2012
Gaul, Hans Friedhelm　ガウル, ハンス・フリードヘルム
1927〜　著「ドイツ既判力理論」信山社出版, 大学図書(発売)　2003
Gauld, Alan　ゴールド, アラン
著「Pythonで学ぶプログラム作法」ピアソン・エデュケーション　2001
Gauld, Tom　ゴールド, トム
1976〜　著「ゴリアテ」パイインターナショナル　2013
Gaulden, Albert Clayton　ゴールデン, アルバート
著「あなたは, あなたの思うあなたではない」毎日新聞社　2014
Gaulden, Ray　ゴールデン, レイ
1914〜　著「5枚のカード」早川書房　2005
Gaultier, Jean-Paul　ゴルチエ, ジャン・ポール
1952〜　国フランス　ファッションデザイナー
Gaulunic, D.Charles　ゴルニック, D.シャルル
著「「選択と集中」の戦略」ダイヤモンド社　2003
Gaun, Albert　ガウン, アルベルト
国ロシア　テコンドー選手
Gauntner, John　ゴントナー, ジョン

1962〜　著「日本の酒」IBCパブリッシング　2014
Gaus, Valerie L.　ガウス, ヴァレリー・L.
著「成人アスペルガー症候群の認知行動療法」星和書店　2012
Gausche-Hill, Marianne　ゴーシェ・ヒル, マリアン
著「小児救急学習用テキスト」診断と治療社　2006
Gause, F.Gregory, Ⅲ　ゴーズ, F.グレゴリー, 3世
著「アメリカはなぜイラク攻撃をそんなに急ぐのか？」朝日新聞社　2002
Gause, Quentin　ゴース, クエンティン
国アメリカ　アメフト選手
Gausman, Kevin　ガウスマン, ケビン
国アメリカ　野球選手
Gaustad, Edwin Scott　ガウスタッド, エドウィン・S.
1923〜　著「アメリカの政教分離」みすず書房　2007
Gautam, Bamdev　ゴータム, バムデブ
国ネパール　副首相兼内相
Gauthier, Alain　ゴーチエ, アラン
著「行動探求」英治出版　2016
Gauthier, Jacques　ゴティエ, ジャック
1951〜　著「イエスの渇き」女子パウロ会　2007
Gauthier, Marie Bénédicte　ゴーティ, マリ・ベネディクト
著「世界の香水」原書房　2013
Gauthier, Ursula　ゴーティエ, ウルスラ
著「父という檻の中で」WAVE出版　2016
Gauthier, Xavière　ゴーチェ, グザヴィエル
著「シュルレアリスムと性」平凡社　2005
Gautrand, Jean-Claude　ゴートラン, ジャン＝クロード
著「ロベール・ドアノー」タッシェン・ジャパン, 洋販(発売)　2003
Gautreaux, Tim　ガトロー, ティム
著「アメリカ短編小説傑作選」DHC　2001
Gautschi, Peter　ガウチ, ペーター
著「スイスの歴史」明石書店　2010
Gauvin, Bernard　ゴバーン, ベルナール
国フランス　国連自動車基調和世界フォーラム(WP29)議長, 元・エコロジー・持続可能な開発・エネルギー省自動車技術部長
Gauzy, Simon　ゴズィー, シモン
国フランス　卓球選手
Gavaggio, Enak　ガバジオ
国フランス　フリースタイルスキー選手
Gavalda, Anna　ガヴァルダ, アンナ
1970〜　圏文学, 児童書　著「恋するよりも素敵なこと」学習研究社　2007
Gavander, Kerstin　ガヴァンデル, シェシュティン
1969〜　著「エヴァ先生のふしぎな授業」新評論　2005
Gavezou, Artemi　ガベソウ
国スペイン　新体操選手
Gavin, Francesca　ガビン, フランチェスカ
著「クリエイティブスペース」グラフィック社　2011
Gavin, James　ギャビン, ジェイムズ
1964〜　著「終わりなき闇」河出書房新社　2006
Gavin, Jamila　ガヴィン, ジャミラ
1941〜　著「その歌声は天にあふれる」徳間書店　2005
Gavins, Joanna　ゲイヴィンス, ジョアンナ
著「実践認知詩学」鳳書房　2008
Gavira Collado, Adrian　ガビラコリヤド, アドリアン
国スペイン　ビーチバレー選手
Gaviria, Herman　ガビリア, エルマン
1969〜2002　国コロンビア　サッカー選手　本名＝Gaviria Carvajal, Herman
Gaviria, Simon Muñoz　ガビリア, シモン
国コロンビア　政治家　コロンビア自由党党首
Gaviria Rendon, Fernando　ガビリアレンドン, フェルナンド
国コロンビア　自転車選手
Gaviria Uribe, Alejandro　ガビリア・ウリベ, アレハンドロ
国コロンビア　保健・社会保障相
Gavnholt, Kristina　ガフンホルト, クリスティナ
国チェコ　バドミントン選手
Gavras, Romain　ガヴラス, ロマン
MTVアワード 最優秀監督(第29回(2012年))　"Bad Girls"
Gavriilidis, Ioannis　ガブリリディス
国ギリシャ　飛び込み選手
Gavrilescu, Graţiela　ガブリレスク, グラツィエラ
国ルーマニア　環境・水利・森林相
Gavriljuk, Nina　ガブリリュク
国ロシア　クロスカントリースキー選手

Gavrilova, Daria　ガブリロワ, ダリア
　国オーストラリア　テニス選手
Gavron, Robert　ガブロン, ロバート
　1930〜2015　国イギリス　実業家　ガーディアン・メディア・グループ会長, フォリオ・ソサエティ会長　通称＝Gavron, Bob
Gavrylyuk, Alexander　ガブリリュク, アレクサンダー
　1984〜　国ドイツ　ピアニスト　異ガヴリリュク, アレクサンダー
Gawain, Shakti　ガワイン, シャクティ
　1948〜　異ガーウェイン, シャクティー　著「すべての夢をかなえる宇宙の力」ぶんか社　2009
Gawande, Atul　ガワンデ, アトゥール
　1965〜　著「死すべき定め」みすず書房　2016
Gawer, Annabelle　ガワー, アナベル
　1969〜　著「プラットフォーム・リーダーシップ」有斐閣　2005
Gawesworth, Simon　ゴーズワス, サイモン
　著「スペイキャスティング」つり人社　2005
Gawler, Ian　ゴウラー, イアン
　1950〜　著「私のガンは私が治す」春秋社　2003
Gawlikowska, Sylwia　チウォイジンスカ
　国ポーランド　近代五種選手
Gay, Gabriel　ゲ, ガブリエル
　1981〜　著「あかくんとあおくん」岩崎書店　2014
Gay, Jordan　ゲイ, ジョーダン
　国アメリカ　テニス選手
Gay, Marie-Louise　ゲイ, メアリー＝ルイーズ
　1952〜　著「ステラがうんとちいさかったころ」光村教育図書　2010
Gay, Michel　ゲイ, ミシェル
　1947〜　国フランス　絵本作家, イラストレーター　異ゲ, ミシェル／ゲ, ミッシェル
Gay, Peter　ゲイ, ピーター
　1923〜2015　国アメリカ　歴史学者　エール大学名誉教授　専比較思想史　本名＝Fröhlich, Peter Joachim
Gay, Richard　ゲ
　国フランス　フリースタイルスキー選手
Gay, Rudy　ゲイ, ルディ
　国アメリカ　バスケットボール選手
Gay, Tyson　ゲイ, タイソン
　1982〜　国アメリカ　陸上選手　異ゲイ
Gay, William　ゲイ, ウイリアム
　国アメリカ　アメフト選手
Gay, William　ゲイ, ウィリアム
　著「アメリカミステリ傑作選」DHC　2003
Gaya, Jose Luis　ガヤ, ホセ・ルイス
　国スペイン　サッカー選手
Gayan, Anil Kumarsingh　ガイヤン, アニル・クマルシン
　国モーリシャス　保健・生活向上相
Gaydarbekov, Gaydarbek　ガイダルベコフ
　国ロシア　ボクシング選手
Gaydarski, Radoslav　ガイダルスキ, ラドスラフ
　国ブルガリア　保健相
Gaydos, Michael　ゲイドス, マイケル
　著「ジェシカ・ジョーンズ：エイリアスAKA謎の依頼者」ヴィレッジブックス　2016
Gaye, Abu Bakarr　ゲイ, アブバカル
　国ガンビア　保健・社会福祉相
Gaye, Fatou Ndeye　ゲイ, ファトゥ・ヌデイ
　国ガンビア　森林・環境相
Gayflor, Vada　ガイフロー, バダ
　国リベリア　男女平等問題相
Gayflor, Varbah　ゲイフロー, バーバ
　国リベリア　労相
Gayle, Jackie　ゲイル, ジャッキー
　1926〜2002　国アメリカ　俳優
Gayle, Losksley Beanny　ゲイル, ロスクスリー・ビーニー
　著「リンパティック・システムの誕生」今日の話題社　2004
Gayle, Mike　ゲイル, マイク
　著「サーティブルー」ソニー・マガジンズ　2002
Gayler, Paul　ゲイラー, ポール
　著「ポール・ゲイラーのほんとうにおいしい血圧を下げる100のレシピ」ガイアブックス, 産調出版（発売）　2011
Gayler, Winnie　ガイラー, ウィニー
　1929〜　著「小さい水の精」徳間書店　2003
Gaylin, Alison　ゲイリン, アリソン
　国アメリカ　作家, ジャーナリスト　専ミステリー, スリラー

Gaylin, Willard　ゲイリン, ウィラード
　著「憎悪」アスペクト　2004
Gaymard, Hervé　ゲマール, エルベ
　国フランス　経済・財務・産業相
Gaynor, Mitchell L.　ゲイナー, ミッチェル
　1956〜2015　著「なぜ音で治るのか？」ヒカルランド　2016
Gayoom, Maumoon Abdul　ガユーム, マウムーン・アブドル
　1937〜　国モルディブ　政治家　モルディブ進歩党（PPM）党首　モルディブ大統領
Gayoso, Romulo Werran　ガイオソ, ロムロ・ウェイラン
　著「戦略のためのシナリオ・プランニング」フォレスト出版　2015
Gayraud, Jean-François　ゲイロー, J=F.
　1964〜　著「テロリズム」白水社　2008
Gayssot, Jean-Claude　ゲソー, ジャンクロード
　国フランス　設備・運輸・住宅相
Gazale, Alberto　ガザーレ, アルベルト
　1968〜　国イタリア　バリトン歌手
Gazalé, Midhat J.　ガザレ, ミッドハット
　1929〜　著「〈数〉の秘密」青土社　2002
Gazard, Akoko Kinde　ガザル, アココ・カンデ
　国ベナン　保健相
Gazarek, Sara　ガザレク, サラ
　国アメリカ　ジャズ歌手
Gazizullin, Farit R.　ガジズリン, ファリト・R.
　国ロシア　資産関係相
Gazmin, Voltaire　ガズミン, ボルテア
　国フィリピン　国防相
Gaztanaga, Jon　ガスタニャガ, ジョン
　国スペイン　サッカー選手
Gazyumov, Khetag　ガジュモフ, ヘタグ
　国アゼルバイジャン　レスリング選手
Gazzaniga, Michael S.　ガザニガ, マイケル・S.
　1939〜　著「右脳と左脳を見つけた男」青土社　2016
Gazzara, Ben　ギャザラ, ベン
　1930〜2012　国アメリカ　俳優　本名＝Gazzarra, Biago　異ガザーラ, ベン
Gazzi, Alessandro　ガッツィ, アレッサンドロ
　国イタリア　サッカー選手
Gazzola, Marcello　ガッツォーラ, マルチェッロ
　国イタリア　サッカー選手
Gbagbi, Ruth Marie Christelle　グバグビ
　国コートジボワール　テコンドー選手
Gbagbo, Laurent　バグボ, ローラン
　1945〜　国コートジボワール　政治家　コートジボワール大統領, イボワール人民党（FPI）党首
Gbamin, Jean-Philippe　グバミン, ジャン・フィリップ
　国フランス　サッカー選手
Gbedji Vyaho, Christine　ベジ・ビアオ, クリスティヌ
　国ベナン　水利相
Gbedo, Marie-Elise　ベド, マリ・エリーズ
　国ベナン　法務・人権相兼政府報道官
Gbezera-bria, Michel　グベゼラブリア, ミシェル
　国中央アフリカ　大統領府相
Gbian, Jonas Aliou　ビアン, ジョナス・アリウ
　国ベナン　経済・財務相
Gbinije, Michael　ビニジェ, マイケル
　国ナイジェリア　バスケットボール選手
Gbowee, Leymah Roberta　ボウイー, リーマ
　1972〜　国リベリア　平和運動家　ボウイー平和財団アフリカ創設者・代表　異ボウィ, レイマ
Gbujama, Shirley　ブジャマ, シャーリー
　国シエラレオネ　社会福祉・児童問題相
Prince Gcokoma　ゴコマ王子
　国スワジランド　地方行政・開発相
G-DRAGON　ジードラゴン
　1988〜　国韓国　歌手　本名＝クォン・ジヨン
Ge, Zhao-guang　ゴー・ザオグワン
　1950〜　国中国　中国史学者　上海復旦大学文史研究院院長　専中国古代思想・宗教史　漢字名＝葛兆光　異コー・チャオクワン
Geach, James　ギーチ, ジェームズ
　著「銀河」筑摩書房　2015
Geach, Peter Thomas　ギーチ, ピーター・トーマス
　1916〜2013　国イギリス　哲学者　リーズ大学名誉教授　本名＝Geach, Piotr Tomasz
Gear, Felice D.　ギア, フェリース・D.

㊢「女性の人権とジェンダー」 明石書店 2007
Gearin-Tosh, Michael ギアリン‐トッシュ, マイケル
㊢「闘癌記」 原書房 2003
Gearrin, Cory ギアリン, コリー
㊖アメリカ 野球選手
Gearty, Eugene ギアーティ, ユージーン
アカデミー賞 音響効果賞（第84回（2011年）） "Hugo"
Geary, Brent B. ギアリー, ブレント・B.
㊢「ミルトン・H・エリクソン書簡集」 二瓶社 2008
Geary, David ゲーリー, デビッド
㊢「プログラミングHTML5 Canvas」 オライリー・ジャパン, オーム社（発売） 2014
Geary, David C. ギアリー, D.C.
㊢「心の起源」 培風館 2007
Geary, David M. ギアリー, デビッド
㊫ゲーリー, デビッド・M. ㊢「Google Web Toolkitソリューション」 ピアソン・エデュケーション 2008
Geary, Patricia ギアリー, パトリシア
1951～ ㊢「ストレンジ・トイズ」 河出書房新社 2011
Geary, Patrick J. ギアリ, パトリック・J.
1948～ ㊢「ネイションという神話」 白水社 2008
Geary, P.T. ゲアリー, P.T.
㊢「森嶋通夫著作集」 岩波書店 2004
G **Geary, Valerie** ギアリ, ヴァレリー
㊢「蜂のざわめき」 ハーパーコリンズ・ジャパン 2016
Geathers, Clayton ギーサーズ, クレイトン
㊖アメリカ アメフト選手
Gebas, Vitezslav ゲバス, ビテスラフ
㊖チェコ カヌー選手
Gebbia, Joe ゲビア, ジョー
起業家, エアビーアンドビー創業者
Gebel, Reinhard ゲーベル, ラインハルト
㊢「スポーツ外傷・障害のアウフバウトレーニング」 文光堂 2003
Gebhardt, Lisette ゲーパルト, リゼット
1963～ ㊢「現代日本のスピリチュアリティ」 岩波書店 2013
Gebhardt, Steffen ゲブアルト
㊖ドイツ 近代五種選手 ㊫ゲブハルト
Gebreab, Newayechristos ゲブレアブ, ネワイクリストス
㊖エチオピア 首相経済顧問, エチオピア国立銀行会長, エチオピア開発研究所所長
Gebremariam, Gebregziabher ゲブレマリアム
㊖エチオピア 陸上選手
Gebremeskel, Dejen ゲブレメスケル, デジェン
㊖エチオピア 陸上選手 ㊫ゲブレメスケル
Gebre Selassie, Theodor ゲブレ・セラシェ, テオドール
㊖チェコ サッカー選手
Gebreselassie, Yoseph ゲブレセラシエ・ヨセフ
㊖エリトリア 蔵相
Gebrhiwet, Hagos ゲブルヒウェト, ハゴス
㊖エチオピア 陸上選手
Gebrselassie, Haile ゲブレシラシエ, ハイレ
1973～ ㊖エチオピア マラソン選手, 陸上選手 ㊫ゲブレセラシエ, ハイレ
Geck, Martin ゲック, マルティン
1936～ ㊢「ワーグナー」 岩波書店 2014
Geda, Fabio ジェーダ, ファビオ
1973～ ㊢「海にはワニがいる」 早川書房 2011
Geddes, Barbara Bel ゲデス, バーバラ・ベル
1922～2005 ㊖アメリカ 女優 本名＝Lewis, Barbara Geddes ㊫ゲッデス, バーバラ・ベル
Geddes, John ゲデス, J.
㊢「オックスフォード・精神医学」 丸善 2007
Geddes, Keith ゲッデス, キース
1926～ ㊢「グリエルモ・マルコーニ」 開発社 2002
Geddes, Linda ゲッデス, リンダ
㊢「妊娠・出産・育児の不思議がわかる103の話」 KADOKAWA 2014
Geddes-Ward, Alicen ゲッデス‐ワード, アリセン
㊢「フェアリートレジャリー」 ライトワークス, ステップワークス（発売） 2010
Gedeon, Mickaëlle Amëdée ジュデオン, ミカエル・アメデ
㊖ハイチ共和国 保健・人口相
Gedi, Ali Mohamed ゲディ, アリ・モハメド
㊖ソマリア 首相
Gediman, Corinne L. ゲディマン, コリーヌ・L.
㊢「記憶脳」 PHP研究所 2007
Gedoz, Felipe ジェドス, フェリペ
㊖ブラジル サッカー選手
Geduev, Aniuar ゲドゥエフ, アニュアル
㊖ロシア レスリング選手
Gee, Alonzo ジー, アロンゾ
㊖アメリカ バスケットボール選手
Gee, Dillon ジー, ディロン
㊖アメリカ 野球選手
Gee, Henry ジー, ヘンリー
1962～ ㊫ジー, H. ㊢「恐竜野外博物館」 朝倉書店 2006
Geens, Jelle ヘーンズ, イエレ
㊖ベルギー トライアスロン選手
Geens, Koen ヒーンス, クーン
㊖ベルギー 司法相
Geertz, Clifford James ギアツ, クリフォード
1926～2006 ㊖アメリカ 文化人類学者 プリンストン高等科学研究所名誉教授 ㊥解釈人類学 ㊫ギアーツ
Gees, Michael ゲース, ミヒャエル
1953～ ㊖ドイツ ピアニスト, 作曲家
Geesink, Anton ヘーシンク, アントン
1934～2010 ㊖オランダ 柔道家 国際オリンピック委員会（IOC）委員, 欧州柔道連合終身名誉会長 本名＝ヘーシンク, アントニウス・ヨハネス〈Geesink, Antonius J.〉
Geeslin, Campbell ギースリン, キャンベル
㊢「エレーナのセレナーデ」 BL出版 2004
Geest, Yuri van ギースト, ユーリ・ファン
㊢「シンギュラリティ大学が教える飛躍する方法」 日経BP社, 日経BPマーケティング（発売） 2015
Geete, Anant ギーテ, アナント
㊖インド 重工業・公企業相
Gefen, Gérard ジュファン, ジェラール
㊢「音楽家の家」 西村書店東京出版編集部 2012
Gefenas, Eugenijus ゲフェナス, ユージニアス
㊢「病院倫理入門」 丸善出版 2011
Geffen, David ゲッフェン, デビッド
㊖アメリカ ドリームワークス共同創業者
Geffen, Shira ゲフェン, シーラ
カンヌ国際映画祭 カメラドール（新人監督賞）（第60回（2007年）） "Meduzot"
Geffenblad, Lotta ゲッフェンブラード, ロッタ
1962～ ㊢「アストンの石」 小峰書店 2006
Geffin, David ゲフィン, デビッド
㊢「メモリーズ・オブ・ジョン」 イースト・プレス 2006
Geffrotin, Thierry ジュフロタン, ティエリー
㊢「100語でわかるクラシック音楽」 白水社 2015
Gegeshidze, Vladimer ゲゲシゼ
㊖ジョージア レスリング選手
Geghamyan, Levon ガガニャン
㊖アルメニア レスリング選手
Gehl, Jan ゲール, ヤン
1936～ ㊢「パブリックライフ学入門」 鹿島出版会 2016
Gehlot, Thaawar Chand ゲロート, タワル・チャンド
㊖インド 社会正義・能力開発相
Gehman, Richard ゲーマン, リチャード
㊢「SFベスト・オブ・ザ・ベスト」 東京創元社 2004
Gehrer, Elisabeth ゲーラー, エリザベート
㊖オーストリア 教育・科学・文化相
Gehring, Walter J. ゲーリング, ワルター・J.
1939～ ㊢「ホメオボックス・ストーリー」 東京大学出版会 2002
Gehring, Walter Jakob ゲーリング, ヴァルター・ヤコブ
1939～2014 ㊖スイス 遺伝学者 バーゼル大学教授 ㊥発生生物学, 分子生物学 ㊫ゲーリング, ウォルター / ゲーリング, ワルター
Gehrman, Philip R. ゲアマン, フィリップ
㊢「睡眠障害に対する認知行動療法」 風間書房 2015
Gehrmann, Katja ゲーアマン, カーチア
1968～ ㊢「すてられたいぬ」 講談社 2003
Gehry, Frank Owen ゲーリー, フランク
1929～ ㊖アメリカ 建築家 ㊫ゲーリー, フランク・O.
Gehtland, Justin ゲットランド, ジャスティン
㊫ガートランド, ジャスティン ㊢「RailsによるアジャイルWebアプリケーション開発」 オーム社 2007
Geidman, Boris Petrovich ゲイドマン, B.P.
㊢「面積・体積・トポロジー」 海鳴社 2007

Geig, Mike ゲイグ,マイク
　㊞「24時間で学ぶ！ Unity5」ボーンデジタル　2016
Geigel, Bob ガイゲル,ボブ
　1924〜2014　㊦アメリカ　プロレスラー　NWA会長　本名＝Geigel, Robert Frederick
Geiger, Arno ガイガー,アルノ
　1968〜　㊞「サリーのすべて」作品社　2015
Geiger, Dennis ガイガー,デニス
　㊦ドイツ　サッカー選手
Geiger, John ガイガー,ジョン
　1960〜　㊞「サードマン」新潮社　2014
Geiger, Reinold ガイガー,レイノルド
　1947〜　実業家　ロクシタン会長・CEO
Geim, Andre ガイム,アンドレ
　1958〜　㊦オランダ　物理学者　ラドバウド大学教授　本名＝Geim, Andre Konstantinovich
Geingob, Hage ガインゴブ,ヘイジ
　1941〜　㊦ナミビア　政治家　ナミビア大統領　本名＝Geingob, Hage Gottfried　㊥ガインコブ,ヘイジ／ゲインゴブ,ハーゲ
Geis, Georgia ガイス,ジョージア
　㊞「サブプライム危機はこうして始まった」ランダムハウス講談社　2008
Geis, Johannes ガイス,ヨハネス
　㊦ドイツ　サッカー選手
Geis, Oliver ガイス,オリバー
　㊦ドイツ　射撃選手
Geiselman, R.Edward ガイゼルマン,エドワード
　㊞「認知面接」関西学院大学出版会　2012
Geisen, Cynthia ガイゼン,シンシア
　㊞「虐待の傷を癒やすセラピー」サンパウロ　2014
Geisenberger, Natalie ガイゼンベルガー,ナタリー
　㊦ドイツ　リュージュ選手
Geisert, Arthur ガイサート,アーサー
　㊞「あかりをけして」BL出版　2006
Geisert, Bonnie ガイサート,ボニー
　㊞「デザートタウン」BL出版　2003
Geisler, Bruce ガイスラー,ブルース
　1932〜2001　㊦アメリカ　京都ノートルダム女子大学教授
Geisler, Dagmar ガイスラー,ダグマール
　㊞「ロビンソンの島、ひみつの島」徳間書店　2001
Geisler, Donald ゲイズラー
　㊦フィリピン　テコンドー選手
Geisreiter, Moritz ガイスライター
　㊦ドイツ　スピードスケート選手
Geiss, Peter ガイス,ペーター
　㊞「ドイツ・フランス共通歴史教科書」明石書店　2016
Geissler, Uwe ガイスラー,ウヴェ
　㊞「風景を描く」美術出版社　2002
Geissmann, Thomas ガイスマン,トーマス
　㊞「音楽の起源」人間と歴史社　2013
Geisst, Charles R. ガイスト,チャールズ・R.
　㊞「ウォール街の歴史」フォレスト出版　2010
Geist, Richard A. ガイスト,リチャード・A.
　㊞「投資の心理学」東洋経済新報社　2001
Geithner, Carole ガイトナー,キャロル
　㊞「さよなら,ママ」早川書房　2016
Geithner, Timothy ガイトナー,ティモシー
　1961〜　㊦アメリカ　エコノミスト　ウォーバーグ・ピンカス社長　米国財務長官、ニューヨーク連邦準備銀行総裁　本名＝Geithner, Timothy Franz
Gekić, Kemal ゲキチ,ケマル
　1962〜　㊦アメリカ　ピアニスト
Gekiere, Madeleine ゲキエア,マデリン
　1919〜　㊞「夜のスイッチ」晶文社　2008
Gekoski, R.A. ゲコスキー,リック
　1944〜　㊞「トールキンのガウン」早川書房　2008
Gelabert, Jorge ギルバート,ジョージ
　㊞「プロジェクト・マネジャーが知るべき97のこと」オライリー・ジャパン,オーム社（発売）2011
Gelabert, María José ヘラベール,M.J.
　㊞「スペイン語会話表現事典」三修社　2011
Gelabert Fàbrega, Olga ゲラベルファブレガ,オルガ
　㊦アンドラ　文化・若者・スポーツ相　㊥ジェラベールファブレガ,オルガ
Gelana, Tiki ゲラナ,ティキ
　1987〜　㊦エチオピア　陸上選手

Gelant, Elroy ゲラント,エルロイ
　㊦南アフリカ　陸上選手
Gelardi, Thom ジェラルディ,トム
　㊞「カイロプラクティックのプロフェッショナル20人が語る仕事の流儀」科学新聞社出版局　2012
Gelb, Michael ゲルブ,マイケル・J.
　㊞「ダ・ヴィンチ7つの法則」中経出版　2007
Gelb, Peter ゲルブ,ピーター
　1953〜　㊦アメリカ　音楽プロデューサー,映画・テレビプロデューサー　メトロポリタン歌劇場総裁　ソニー・クラシカル社長
Gelbart, Larry ゲルバート,ラリー
　1928〜2009　㊦アメリカ　脚本家,映画プロデューサー
Gelber, Bruno-Leonardo ゲルバー,ブルーノ・レオナルド
　1941〜　㊦アルゼンチン　ピアニスト　㊥ヘルベル,ブルーノ・レオナルド
Gelbert, Marsh ゲルバート,マーシュ
　㊞「イスラエル軍現用戦車と兵員輸送車」大日本絵画　2005
Geldart, William ゲルダート,ウィリアム
　㊞「ああどうしようのスズメさん」女子パウロ会　2002
Geldenhuys, Quintin ゲルデンフイス,クィンティン
　㊦イタリア　ラグビー選手
Gelder, Michael ゲルダー,マイケル
　㊞「認知行動療法の科学と実践」星和書店　2003
Geldimyradov, Khodzhamyrat ゲルディミイラドフ,ホジャムイラト
　㊦トルクメニスタン　副首相
Geldof, Bob ゲルドフ,ボブ
　1954〜　㊦アイルランド　ロック歌手,慈善活動家
Geldof, Peaches ゲルドフ,ピーチズ
　1989〜2014　㊦イギリス　タレント　㊥ゲルドフ,ピーチーズ
Gelehrter, Thomas D. ゲレーター,トーマス
　㊞「ヒトゲノムの分子遺伝学」医学書院　2001
Geleto, Mohammed Aman アマン
　㊦エチオピア　陸上選手
Gelfand, Izrail Moiseevich ゲルファント,イズライル
　1913〜2009　㊦ロシア　数学者　モスクワ大学教授,ラトガース大学名誉客員教授　㊞関数解析学　㊥ゲリファンド,イズライリ／ゲルファント,I.M.／ゲルファント,イズラエル／ゲルファンド
Gelfant, Blanche Housman ゲルファント,ブランチ・H.
　㊞「小説のなかに見る異文化」玉川大学出版部　2002
Gélin, Daniel ジェラン,ダニエル
　1921〜2002　㊦フランス　俳優
Gélinet, Patrice ジェリネ,パトリス
　1946〜　㊞「美食の歴史2000年」原書房　2011
Gelios, Ioannis ゲリオス,ヨアニス
　㊦ギリシャ　サッカー選手
Gelisio, Deborah ジェリシオ
　㊦イタリア　射撃選手
Gelissen, Rena Kornreich ゲリッセン,レナ・K.
　1920〜2006　㊞「レナの約束」中央公論新社　2011
Gellar, Sarah Michelle ゲラー,サラ・ミシェル
　1977〜　㊦アメリカ　女優
Gellately, Robert ジェラトリー,ロバート
　1943〜　㊥ジェラテリー,ロバート　㊞「ヒトラーを支持したドイツ国民」みすず書房　2008
Gellatly, Angus ゲラトゥリ,アングス
　㊞「マンガ脳科学入門」講談社　2001
Gelle, Peter ゲレ,ペテル
　㊦スロバキア　カヌー選手
Geller, Dmitry ゲラー,ドミトリー
　㊦ロシア　アヌシー国際アニメーション映画祭　短編映画デビュー作品 Jean-Luc Xiberras賞（2001年）"Privet is Kislovodska"
Geller, Evelyn ゲラー,イーヴリン
　㊞「アメリカ公立図書館で禁じられた図書」京都大学図書館研究会,日本図書館協会（発売）2003
Geller, Margaret J. ゲラー,マーガレット・ジョーン
　㊞「科学力のためにできること」近代科学社　2008
Geller, Paul Edward ゲラー,ポール・エドワード
　㊞「アメリカ著作権法とその実務」雄松堂出版　2004
Geller, Tamar ゲラー,タマル
　㊞「ハリウッドセレブが教える愛犬を賢くする21の方法」ゴマブックス　2007
Geller, Uri ゲラー,ユリ
　1946〜　㊦イスラエル　超能力者

Gelles, David　ゲレス, デイヴィッド
　魯「マインドフル・ワーク」NHK出版　2015
Gelles, Richard J.　ゲレス, リチャード・J.
　魯「パートナー暴力」北大路書房　2011
Gellman, Barton　ゲルマン, バートン
　1960〜　魯「策謀家チェイニー」朝日新聞出版　2010
Gellman, Marc　ゲルマン, マーク
　魯「うしなうたびに、何かが見つかる」サンマーク出版　2001
Gell-Mann, Murray　ゲル・マン, マリー
　1929〜　国アメリカ　理論物理学者　サンタフェ研究所特別フェロー, カリフォルニア工科大学名誉教授　魯素粒子論　異ゲルマン, マレー／ゲルマン, マレイ
Gellrich, Martin　ゲルリッヒ, マーティン
　魯「演奏を支える心と科学」誠信書房　2011
Gelman, Alexander　ゲルマン, アレクサンダー
　1967〜　国アメリカ　アーティスト, グラフィックデザイナー
Gelman, Debra Levin　ゲルマン, デブラ・レヴィン
　魯「子どものUXデザイン」ビー・エヌ・エヌ新社　2015
Gelman, Juan　ヘルマン, フアン
　1930〜2014　国アルゼンチン　詩人
Gelman, Sheldon　ゲルマン, シェルダン・R.
　魯「ケースマネジメントの技術」金剛出版　2006
Gelmetti, Gianluigi　ジェルメッティ, ジャンルイジ
　1945〜　国イタリア　指揮者　シドニー交響楽団首席指揮者, シュトゥットガルト放送交響楽団首席指揮者
Gelmini, Mariastella　ジェルミニ, マリアステラ
　国イタリア　教育相
Gelmon, Sherril B.　ゲルモン, S.
　1955〜　魯「社会参画する大学と市民学習」学文社　2015
Gelson Martins　ジェルソン・マルティンス
　国ポルトガル　サッカー選手
Geltner, David　ゲルトナー, デビッド
　1951〜　魯「不動産投資分析」プログレス　2006
Gelūnas, Arūnas　ゲルーナス, アルーナス
　国リトアニア　文化相
Geman, Hélyette　ジュマン, エリエッテ
　魯「コモディティ・ファイナンス」日経BP社, 日経BP出版センター（発売）2007
Gemayel, Pierre　ジェマイエル, ピエール
　1972〜2006　国レバノン　政治家　レバノン工業相　異ガマエル, ピエール
Gembris, Heiner　ゲンブリス, ハイナー
　魯「演奏を支える心と科学」誠信書房　2011
Gemedo, Dale　ゲメド・ダレ
　国エチオピア　環境・森林・気候変動相
Gemili, Adam　ジェミリ, アダム
　国イギリス　陸上選手
Gemma, Giuliano　ジェンマ, ジュリアーノ
　1938〜2013　国イタリア　俳優　本名＝ジェンマ, ジュリアーノ・ロベルト・アルマンド
Gemme, Kathryn　ジェム, キャスリン
　1894〜2006　国アメリカ　大リーグ・レッドソックスの応援を約100年続けた名物おばあさん　本名＝モロー, キャスリン〈Moreau, Kathryn R.〉
Gemmel, Paul　ゲンメル, ポール
　魯「サービス・マネジメント」ピアソン・エデュケーション　2004
Gemmel, Stefan　ゲンメル, シュテファン
　魯「ほんをよむのにいいばしょは？」新日本出版社　2013
Gemmell, Jim　ゲメル, ジム
　1965〜　魯「ライフログのすすめ」早川書房　2010
Gempt, Volker　ゲンプト, フォルカー
　国ドイツ　フランクフルト独日協会会長, 元・バーデン・ヴュルテンベルク独日協会会長
Genatios, Carlos　ヘナティオス, カルロス
　国ベネズエラ　科学技術相
Genazino, Wilhelm　ゲナツィーノ, ヴィルヘルム
　1943〜　魯「そんな日の雨傘に」白水社　2010
Genberg, Ira　ゲンバーグ, アイラ
　魯「終身刑」講談社　2001
Gendre, Esther Le　ラジェンダー, エスター
　国トリニダード・トバゴ　教育相
Genechten, Guido van　ヘネヒテン, ヒド・ファン
　1957〜　魯「それいけ、スーパーてんとうむし！」ワールドライブラリー　c2014
Geneder, Jeff M.　ジェネンダ, ジェフ

魯「エンタープライズJavaサーブレット」ピアソン・エデュケーション　2002
Geneen, Harold Sydney　ジェニーン, ハロルド・シドニー
　異ジェニーン, ハロルド・S.　魯「超訳・速習・図解 プロフェッショナルマネジャー・ノート」プレジデント社　2015
Genefort, Laurent　ジュヌフォール, ロラン
　1968〜　魯「オマル」早川書房　2014
Genelin, Michael　ジェネリン, マイケル
　国アメリカ　作家, 法律家　魯ミステリー, スリラー
Genesio, Bruno　ジェネシオ, ブルーノ
　国フランス　リヨン監督
Genesis, Mercy　ジェネシス, ミエシネイ
　国ナイジェリア　レスリング選手
Genet, Zewdie　ゲネト・ゼウディ
　国エチオピア　教育相
Genett, Donna M.　ジェネット, ダナ
　1955〜　魯「そんな仕事は部下にまかせろ！」ランダムハウス講談社　2003
Genette, Gérard　ジュネット, ジェラール
　1930〜　魯「芸術の作品」水声社　2013
Geneus, Jean　ジェネユス, ジャン
　国ハイチ共和国　在外ハイチ人相　異ジュヌ, ジャン
Genge, Ngaire　ゲンジ, N.E.
　魯「犯罪現場は語る完全科学捜査マニュアル」河出書房新社　2003
Genia, Kilroy　ゲニア, キロイ
　国パプアニューギニア　国防相
Genia, Mahdi al-Taher　グニア, マハディ・タヘル
　国リビア　計画相
Genia, Will　ゲニア, ウィル
　国オーストラリア　ラグビー選手
Geniesse, Jane Fletcher　ジェニス, ジェーン・フレッチャー
　魯「情熱のノマド」共同通信社　2002
Geniet, Rémi　ジェニエ, レミ
　国フランス　エリザベート王妃国際コンクール ピアノ 第2位（2013年）
Genieva, Ekaterina Yurievna　ゲニエヴァ, エカテリーナ・ユーリエヴナ
　国ロシア　全ロシア国立外国文献図書館館長
Genis, Aleksandr　ゲニス, アレクサンドル
　1953〜　魯「亡命ロシア料理」未知谷　2014
Geniušas, Lukas　ゲニューシャス, ルーカス
　国ロシア, リトアニア　チャイコフスキー国際コンクール ピアノ 第2位（2015年（第15回））ほか
Genjac, Halid　ゲニャツ, ハリド
　国ボスニア・ヘルツェゴビナ　幹部会員
Genkin, Sergei Aleksandrovich　ゲンキン, セルゲイ
　魯「やわらかな思考を育てる数学問題集」岩波書店　2012
Genna, Giuseppe　ジェンナ, ジュゼッペ
　1969〜　魯「イスマエルの名のもとに」角川書店　2004
Gennett, Scooter　ジェネット, スクーター
　国アメリカ　野球選手
Gennick, Jonathan　ジェニック, ジョナサン
　魯「SQLハンドブック」オライリー・ジャパン, オーム社（発売）2005
Genova, Lisa　ジェノヴァ, リサ
　魯「アリスのままで」キノブックス　2015
Genoways, Ted　ジェノウェイズ, テッド
　魯「屠殺」緑風出版　2016
Genro, Tarso　ジェンロ, タルソ
　国ブラジル　法相
Gens, I.IU.　ゲンス＝カタニャン, インナ・ユリウーソヴナ
　魯「家と幻影」未知谷　2011
Gens, Véronique　ゲンズ, ヴェロニク
　グラミー賞 最優秀オペラ録音（2004年（第47回））"Mozart: Le Nozze Di Figaro" ソリスト
Genscher, Hans-Dietrich　ゲンシャー, ハンス・ディートリヒ
　1927〜2016　国ドイツ　政治家　ドイツ自由民主党（FDP）名誉党首　ドイツ外相, ドイツ自由民主党（FDP）名誉党首
Gensler, Lianne S.　ゲンスラー, リアンヌ・S.
　魯「セイントとフランシスの総合外来診療ガイド」メディカル・サイエンス・インターナショナル
Gentempo, Patrick　ジンテンポ, パトリック
　魯「カイロプラクティックのプロフェッショナル20人が語る仕事の流儀」科学新聞社出版局　2012
Gentil, Pascal　ジャンティ
　国フランス　テコンドー選手

Gentiletti, Santiago　ヘンティレッティ, サンティアゴ
　国アルゼンチン　サッカー選手
Gentiloni, Paolo　ジェンティローニ, パオロ
　国イタリア　首相
Gentle, Ashleigh　ジェントル, アシュリー
　国オーストラリア　トライアスロン選手
Gentleman, Robert　ジェントルマン, R.
　1959〜　著「RとBioconductorを用いたバイオインフォマティクス」シュプリンガー・ジャパン　2007
Gentry, Alvin　ジェントリー, アルビン
　国アメリカ　ニューオリンズ・ペリカンズヘッドコーチ（バスケットボール）
Gentry, Marshall Bruce　ジェントリー, ブルース
　著「フラナリー・オコーナーとの和やかな日々」新評論　2014
Gentry, Matthew Judah　ジェントリー
　国カナダ　レスリング選手
Genty, Philippe　ジャンティ, フィリップ
　国フランス　舞台芸術家, 人形師　フィリップ・ジャンティ・カンパニー主宰
Genuin, Magda　ジェヌイン
　国イタリア　クロスカントリースキー選手
Genzel, Reinhard　ゲンゼル, ラインハルト
　国ドイツ　クラフォード賞 天文学（2012年）
Geoana, Mircea Dan　ジョアナ, ミルチャ
　1958〜　国ルーマニア　政治家　ルーマニア外相, ルーマニア社会民主党（PSD）党首
Geoffrion, Bernie　ジェフリオン, バーニー
　1931〜2006　国カナダ　アイスホッケー選手
Geoffron, Patrice　ジョフロン, パトリス
　著「21世紀エネルギー革命の全貌」作品社　2013
Geoffroy, Richard　ジェフロワ, リシャール
　1954〜　国フランス　シャンパン醸造家　モエ・エ・シャンドン社ドン・ペリニヨン最高醸造責任者
Geogaris, Dean　ゲオルガリス, ディーン
　著「ゴーストライダー」メディアファクトリー　2007
Geoghegan, John J.　ゲヘーガン, ジョン・J.
　著「伊四〇〇型潜水艦最後の航跡」草思社　2015
Geoghegan, Michael F.　ゲーガン, マイケル
　1953〜　国イギリス　銀行家　HSBCグループCEO
Geoklenova, Jemal　ゲオクレノバ, ジェマル
　国トルクメニスタン　副首相
Georgakopoulos, Harry　ゲオルガコプロス, ハリー
　著「Rとトレード」パンローリング　2016
Georgaris, Dean　ゲオギャリス, ディーン
　著「トリスタンとイゾルデ」竹書房　2006
Georgatou, Diamantina　ヨルガトゥ
　国ギリシャ　飛び込み選手
George, Adrian　ジョージ, エイドリアン
　著「THE CURATOR'S HANDBOOK」フィルムアート社　2015
George, Alexander L.　ジョージ, アレキサンダー
　1920〜2006　著「社会科学のケース・スタディ」勁草書房　2013
George, Ambrose　ジョージ, アンブローズ
　国ドミニカ共和国　情報・通信・権限拡大相
George, Anju Bobby　ジョージ
　国インド　陸上選手
George, Anne　ジョージ, アン
　1927〜2001　著「さわらぬ先祖にたたりなし」原書房　2016
George, Bill　ジョージ, ビル
　著「リーダーへの旅路」生産性出版　2007
George, Calixte　ジョージ, カリクスト
　国セントルシア　内務・治安相
George, Catherine　ジョージ, キャサリン
　著「忘れられない初恋」ハーパーコリンズ・ジャパン　2016
George, Demetra　ジョージ, デメトラ
　著「あなたのための占星術」コスモス・ライブラリー, 星雲社（発売）　2010
George, Donny　ジョージ, ドニー
　著「イラク秘宝と遺跡」講談社　2004
George, Edward Alan John　ジョージ, エドワード
　1938〜2009　国イギリス　銀行家　イングランド銀行（BOE）総裁　別ジョージ, エディー
George, Elizabeth　ジョージ, エリザベス
　1944〜　著「神のこころにかなう妻」ホームスクーリング・ビジョン　2006
George, Emmanuel　ジョージ, エマニュエル
　国トリニダード・トバゴ　司法相

George, Jamie　ジョージ, ジェイミー
　国イングランド　ラグビー選手
George, Jean Craighead　ジョージ, ジーン・クレイグヘッド
　1919〜2012　国アメリカ　作家
George, Jeremiah　ジョージ, ジェレミアー
　国アメリカ　アメフト選手
George, Julia B.　ジョージ, ジュリア・B.
　著「看護理論集」日本看護協会出版会　2013
George, Karen　ジョージ, カレン
　著「もじゃもじゃヒュー・シャンプー」鈴木出版　2014
George, Kathleen　ジョージ, キャスリーン
　1943〜　著「誘拐工場」新潮社　2003
George, Kristine O'Connell　ジョージ, クリスティン・オコンネル
　著「だいすきなほんくん」評論社　2006
George, Lars　ジョージ, ラース
　著「HBase」オライリー・ジャパン, オーム社（発売）　2012
George, Maged　ジョルジュ, マギード
　国エジプト　国務相（環境問題担当）
George, Melanie　ジョージ, メラニー
　著「あなたに愛を描いて」原書房　2011
George, Nelson　ジョージ, ネルソン
　1955〜　著「JB論」スペースシャワーブックス, スペースシャワーネットワーク（発売）　2013
George, Nic　ジョージ, ニック
　著「ヘンリーの想像する力」KADOKAWA　2016
George, Paul　ジョージ, ポール
　国アメリカ　バスケットボール選手
George, Phylicia　ジョージ, フィリシア
　国カナダ　陸上選手
George, Phyllis　ジョージ, フィリス
　著「「できない自分」を「できる自分」に変える方法」PHP研究所　2003
George, Pullattu Abraham　ジョージ, プラット・アブラハム
　1959〜　著「日印関係とインドにおける日本研究」国際日本文化研究センター　2007
George, Robert Lloyd　ジョージ, ロバート・ロイド
　1952〜　著「東西の振り子」コンシャスプレス　2006
George, Roger　ジョージ, ロジャー
　著「戦略論」勁草書房　2012
George, Rose　ジョージ, ローズ
　1969〜　著「トイレの話をしよう」日本放送出版協会　2009
George, Sheba Mariam　ジョージ, シバ・マリヤム
　1966〜　著「女が先に移り住むとき」有信堂高文社　2011
George, Susan　ジョージ, スーザン
　1934　政治経済学者　トランスナショナル研究所フェロー, ATTAC（アタック）名誉会長　著アグリビジネス
George, Timothy S.　ジョージ, ティモシー
　国アメリカ　ロードアイランド大学教授　日本史, 土呂久砒素公害, 水俣病事件史　別ジョージ, ティモシー・S. ／ ジョージ, ティモシ
George, William　ジョージ, ウィリアム
　著「EQを鍛える」ダイヤモンド社　2005
George, William H.　ジョージ, ウィリアム・H.
　著「リラプス・プリベンション」日本評論社　2011
George, William W.　ジョージ, ビル
　著「難局を乗り切るリーダーシップ」生産性出版　2010
George, Wilma B.　ジョージ, ウィルマ
　著「メンデルと遺伝」玉川大学出版部　2016
George, Yosiwo　ジョージ, ヨシオ
　国ミクロネシア連邦　副大統領
Georgen, Alec　ジョルジャン, アレク
　国フランス　サッカー選手
Georger, Lucie　ジョルジェ, リュシー
　1979〜　著「すききらい, とんでいけ！ もぐもぐマシーン」西村書店東京出版編集部　2016
Georges, Michel A.J.　ジョージズ, ミシェル・A.J.
　国ベルギー　ウルフ賞 農業部門（2006/2007年）
Georgescu, Florin　ジョルジェスク, フロリン
　国ルーマニア　副首相兼財務相
Georgescu, Peter　ジョージェスク, ピーター
　著「リアル・リーダーシップ」中央公論新社　2007
Georgescu-Roegen, Nicholas　ジョージェスク＝レーゲン, ニコラス
　著「エントロピー法則と経済過程」みすず書房　2006
Georges-hunt, Marcus　ジョージズ・ハント, マーカス

㊀アメリカ　バスケットボール選手
George-Warren, Holly　ジョージ・ウォーレン, ホリー
　㊃「ウッドストックへの道」小学館　2012
Georgi, Howard　ジョージャイ, H.
　㊃「物理学におけるリー代数」吉岡書店　2010
Georgiades, Harris　ヨルヤディス, ハリス
　㊀キプロス　財務相
Georgiades, Pefkios　ヨルギアデス, ペフキオス
　㊀キプロス　教育・文化相
Georgian, Linda M.　ジョージアン, リンダ
　㊃「恋愛方法論」中央アート出版社　2002
Georgiev, Boris　ゲオルギエフ
　㊀ブルガリア　ボクシング選手
Georgiev, Georgi　ゲオルギエフ
　㊀ブルガリア　柔道選手
Georgiev, Maksim　ゲオルギエフ, マクシム
　㊃「大空からの手紙」新読書社　2003
Georgievski, Ljupco　ゲオルギエフスキ, リュプチョ
　㊀マケドニア　首相
Georgschelling, Johann　ゲオルグシェリング, ヨハン
　㊀オーストリア　財務相
Geossel, Peter　ゲッセル, P.
　1956〜　㊃「20世紀の家具のデザイン」タッシェン・ジャパン, 洋販(発売)　2002
Geppert, Denis　ゲッペルト
　㊀ドイツ　リュージュ選手
Geppert, T.　ゲッペルト, テオドール
　1904〜2002　㊀ドイツ　上智大学名誉教授, 西江大学(韓国)名誉教授　㊄経済学史
Geragos, Mark　ゲラゴス, マーク
　1957〜　㊀アメリカ　弁護士
Gerard, Cindy　ジェラード, シンディ
　㊃「その瞳を信じて」ソフトバンククリエイティブ　2009
Gérard, Jean-Pierre　ジェラール, ジャン＝ピエール
　1940〜　㊃「雇用・利子・収益率とジェラール曲線」慶応義塾大学出版会　2003
Gerard, Moreno　ジェラール・モレノ
　㊀スペイン　サッカー選手
Gerard, Robert Vincent　ジェラルド, ロバート・V.
　1945〜　㊃「人生を変えるDNAアクティベーション」ナチュラルスピリット・パブリッシング80　2010
Gérard, Valérie　ジェラール, ヴァレリー
　㊃「したがう？　したがわない？　どうやって判断するの？」岩崎書店　2016
Geras, Adèle　ジェラス, アデル
　1944〜　㊃「バレエものがたり」岩波書店　2011
Gerasimenya, Aleksandra　グラシメニャ
　㊀ベラルーシ　競泳選手
Gerber, Craig　ガーバー, クレイグ
　㊃「ちいさなプリンセスソフィアふたごのおたんじょうび」講談社　2016
Gerber, David　ガーバー, デービッド
　1923〜2010　㊀アメリカ　テレビプロデューサー　㊛ガーバー, デイヴィッド
Gerber, Hans U.　ゲルバー, H.U.
　㊃「生命保険数学」シュプリンガー・ジャパン　2007
Gerber, Michael　ガーバー, マイケル
　1969〜　㊃「バリー・トロッターと誰も望まない続編」アップリンク, 河出書房新社(発売)　2004
Gerber, Michael E.　ガーバー, マイケル・E.
　㊃「あなたの中の起業家を呼び起こせ！　普通の人がすごい会社をつくる方法」エレファントパブリッシング　2013
Gerberding, Julie Louise　ガーバーディング, ジュリー・ルイーズ
　1955〜　㊀アメリカ　薬学者　メルク社ワクチン部門統括責任者　米国疾病対策予防センター(CDC)所長　㊄感染症, 公衆衛生学　㊛ガバーディング, ジュリー
Gerber-Eckard, Lisa N.　ガーバー＝エッカード, リサ・N.
　㊃「アスペルガー症候群の教室での支援」東京書籍　2009
Gerbert, Philipp　ガーバート, フィリップ
　㊃「顧客をつかむe-テール戦略」東洋経済新報社　2001
Gerbi, Yarden　ジェルビ, ヤーデン
　㊀イスラエル　柔道選手
Gerbod, Paul　ジェルボ, ポール
　1925〜　㊃「ヘアスタイルと美容師の歴史」日美学園日本美容専門学校　2004
Gerdom, Susanne　ゲルドム, ズザンネ

1958〜　㊀ドイツ　作家　㊄SF, ファンタジー　別筆名＝ヒル, フランセス・G.〈Hill, Frances G.〉
Géré, François　ジェレ, フランソワ
　㊃「地図で読む現代戦争事典」河出書房新社　2003
Gere, Richard　ギア, リチャード
　1949〜　㊀アメリカ　俳優
Gerea, Andrei　ジェレア, アンドレイ
　㊀ルーマニア　エネルギー・中小企業・ビジネス環境相
Gerek, William M.　ゲレック, ウィリアム・M.
　㊃「世界の優れた人材を獲得する役員報酬制度設計・運用の実務」中央経済社　2014
Gerell, Par　イェレル, パル
　㊀スウェーデン　卓球選手
Geremek, Bronisław　ゲレメク, ブロニスワフ
　1932〜2008　㊀ポーランド　政治家, 歴史学者　ポーランド外相, 欧州議会議員
Geren, Bob　ゲレン, ボブ
　㊀アメリカ　ロサンゼルス・ドジャースコーチ
Geretschläger, Robert　ゲレトシュレーガー, ロベルト
　1957〜　㊃「折紙の数学」森北出版　2014
Gerevini, Alessandro G.　ジェレヴィーニ, アレッサンドロ
　1969〜　㊀イタリア　日本学者, 翻訳家　東京経済大学講師　㊛ジェレビーニ, アレッサンドロ
Gerezgiher, Joel　ゲレツガイアー, ジョエル
　㊀ドイツ　サッカー選手
Gerg, Annemarie　ゲルク, A.
　㊀ドイツ　アルペンスキー選手
Gerg, Hilde　ゲルク
　㊀ドイツ　アルペンスキー選手
al-Gergawi, Mohammed Abdullah　ガルガーウィ, ムハンマド・アブドラ
　㊀アラブ首長国連邦　内閣・未来相
Gergen, David　ガーゲン, デイビッド
　㊃「EQを鍛える」ダイヤモンド社　2005
Gergen, Kenneth J.　ガーゲン, ケネス・J.
　㊃「ダイアローグ・マネジメント」ディスカヴァー・トゥエンティワン　2015
Gergiev, Valery Abesalovich　ゲルギエフ, ヴァレリー
　1953〜　㊀ロシア　指揮者　マリインスキー劇場管弦楽団芸術総監督・総裁, ミュンヘン・フィルハーモニー管弦楽団首席指揮者　㊛ゲルギエフ, ワレリー
Gergov, Nikolay　ゲオルギエフ
　㊀ブルガリア　レスリング選手
Gergova, Diana　ゲルゴヴァ, ディアナ
　㊃「ゲタイ族と黄金遺宝」愛育社　2016
Gerhaher, Christian　ゲルハーヘル, クリスティアン
　1969〜　㊀ドイツ　バリトン歌手
Gerhard, Jürgen　ゲルハルト, J.
　1967〜　㊃「コンピュータ代数ハンドブック」朝倉書店　2006
Gerhards, Kaspars　ゲルハルツ, カスパルス
　㊀ラトビア　環境保護・地域開発相　㊛ゲルハルドス, カスパルス
Gerhardsen, Carin　イェルハルドセン, カーリン
　1962〜　㊃「子守唄」東京創元社　2015
Gerhardt, Yannick　ゲルハルト, ヤニック
　㊀ドイツ　サッカー選手
Gerhart, Garth　ジャーハート, ガース
　㊀アメリカ　アメフト選手
Gerhart, John　ゲルハルト, ジョン・C.
　1936〜　㊃「ダーウィンのジレンマを解く」みすず書房　2008
Gerima, Haile　ゲリマ, ハイレ
　ヴェネチア国際映画祭　オゼッラ賞(脚本賞)(第65回(2008年))ほか
Geringas, David　ゲリンガス, ダヴィド
　1946〜　㊀ドイツ　チェロ奏者, 指揮者　九州交響楽団首席客演指揮者　㊛ゲリンガス, タヴィート／ゲリンガス, ダーヴィト／ゲリンガス, ダビッド／ゲリンガス, ダヴィッド
Geringer, Laura　ゲリンジャー, ローラ
　㊃「ぼうしの上にまたぼうし」文化出版局　2003
Geritzer, Andreas　ゲリツァー
　㊀オーストリア　セーリング選手
Gerken, Till　ガーケン, ティル
　㊃「PHP 4でつくるWebアプリケーション」ピアソン・エデュケーション　2001
Gerkin, Charles V.　ガーキン, チャールズ・V.
　1922〜　㊃「牧会学入門」日本キリスト教団出版局　2012
Gerland, Gunilla　ガーランド, グニラ

Germain, Anne　ジェルマン、アン
　著「睡眠障害に対する認知行動療法」風間書房　2015
Germain, Gérald　ジェルマン、ジェラール
　国ハイチ共和国　社会問題相
Germain, Jean-Marie Claude　ジェルマン、ジャン・マリ・クロード
　国ハイチ共和国　環境相
Germain, Pierrette　ジェルマン、ピエレット
　著「西洋音楽史年表」白水社　2012
Germain, Sylvie　ジェルマン、シルヴィー
　1954～　国フランス　作家　ジェルマン、シルビー
Germain, Valere　ジェルマン、ヴァレール
　国フランス　サッカー選手
Germán, Alejandrina　ヘルマン、アレハンドリナ
　国ドミニカ共和国　高等教育・科学技術相
German, Aleksei　ゲルマン、アレクセイ
　1938～2013　国ロシア　映画監督　本名＝German, Aleksei Georgievich
German, Aleksei, Jr.　ゲルマン、アレクセイ、Jr.
　1976～　国ロシア　映画監督
German, Arkadii Adol'fovich　ゲルマン、アルカージー・A.
　1948～　著「ヴォルガ・ドイツ人」彩流社　2008
German, Domingo　ヘルマン、ドミンゴ
　国ドミニカ共和国　野球選手
German, J.Bruce　ジャーマン、ブルース
　著「健康と脂質摂取」建帛社　2006
German, Lindsey　ジャーマン、リンゼイ
　著「G8」ブーマー、トランスワールドジャパン(発売)　2005
Germanika, Valeriya Gai　ゲルマニカ、ヴァレリヤ・ガイ
　カンヌ国際映画祭 カメラドール(特別賞)(第61回(2008年)) "Vse umrut, a ya ostanus"
Germano, Elio　ジェルマーノ、エリオ
　カンヌ国際映画祭 男優賞(第63回(2010年))　"La Nostra Vita"
Germano, William P.　ジャマーノ、ウィリアム
　1950～　著「ジャマーノ編集長学術論文出版のすすめ」慶応義塾大学出版会　2012
Germanovich, Svetlana　ゲルマノビッチ、スベトラーナ
　国カザフスタン　ボート選手
Germer, L.H.　ジャーマー、L.H.
　著「知の歴史」徳間書店　2002
Germon, Jennifer　ジャーモン、ジェニファー
　著「ジェンダーの系譜学」法政大学出版局　2012
Gerndt, Alexander　ゲルント、アレクサンダー
　国スウェーデン　サッカー選手
Gerner, Jochen　ジェルネール、ジョシャン
　1970～　訳ギャルネール、ジョシェン　著「世界一おもしろい数の本」ポプラ社　2015
Gernhardt, Robert　ゲルンハルト、ローベルト
　1937～2006　著「トゥーリリのアメリカりょこう」ワールドライブラリー　2015
Gerold, Ulrike　ゲロルト、ウルリケ
　1956～　著「もしも歯医者がなかったら」童心社　2002
Geron, Scott　ジェロン、スコット
　1952～　著「長期ケアの満足度評価法」中央法規出版　2002
Gerou, Tom　ゲルー、トム
　1959～　著「楽器の音域・音質・奏法」ヤマハミュージックメディア　2016
Geroudet, Tiffany　ゲルーデ、ティファニー
　国スイス　フェンシング選手
Geroulanos, Pavlos　ゲルラノス、パブロス
　国ギリシャ　文化・観光相
Gerow, Aaron Andrew　ジェロー、アーロン
　著「日本映画研究へのガイドブック」ゆまに書房　2016
Gerrard, Juliet A.　ジェラード、J.A.
　著「ケミカルバイオロジーの基礎」化学同人　2004
Gerrard, Mike　ジェラード、マイク
　著「ギリシャ」日経ナショナルジオグラフィック社, 日経BP出版センター(発売)　2001
Gerrard, Nicci　ゲラルド、ニッキ
　著「愛に気づくまで」角川書店　2003
Gerrard, Steven　ジェラード、スティーブン
　1980～　国イギリス　サッカー選手　訳ジェラード、スティーヴン
Gerrard, Tandi　ジェラード
　国イギリス　飛び込み選手

Gerrell, Spike　ゲレル、スパイク
　著ガーレル、スパイク　著「ジェームズ・ドーソンの下半身入門」太郎次郎社エディタス　2015
Gerrits, Travis　ゲリッツ
　国カナダ　フリースタイルスキー選手
Gerritsen, Annette　ゲリットソン
　国オランダ　スピードスケート選手
Gerritsen, Paula　ヘリッツェン、パウラ
　著「なにももたないくまの王さま」ソニー・マガジンズ　2006
Gerritsen, Tess　ジェリッツェン、テス
　著「真夜中に電話が鳴って」ハーレクイン　2007
Gerry, Christopher C.　ジェリー、クリストファー・C.
　著「量子論の果てなき境界」共立出版　2015
Gershator, Phillis　ゲイシャイトー、フィリス
　1942～　国アメリカ　児童文学作家
Gershe, Leonard　ガーシュ、レナード
　1922～2002　国アメリカ　脚本家
Gershenfeld, Neil A.　ガーシェンフェルド、ニール
　著「Fab」オライリー・ジャパン、オーム社(発売)　2012
Gershenson, David Marc　ガーシェンソン、D.M.
　1946～　著「婦人科癌」シュプリンガー・ジャパン　2007
Gershon, David　ガーション、デービッド
　著「あなたにもすぐにできるダイエットCO_2」PHP研究所　2008
Gershon, Freddie　ガーション、フレディ
　トニー賞 トニー名誉賞(2012年(第66回))
Gershuny, Grace　ガーシャニー、グレイス
　著「家庭でできる堆肥づくり百科」家の光協会　2004
Gershwin, M.Eric　ガーシュウィン、M.エリック
　1946～　著「アレルギー・免疫学シークレット」メディカル・サイエンス・インターナショナル　2006
Gerson　ジェルソン
　国ブラジル　サッカー選手
Gerson, Carole　ガーソン、キャロル
　著「ケンブリッジ版カナダ文学史」彩流社　2016
Gerson, Charlotte　ガーソン、シャルロッテ
　著「ゲルソン療法」地湧社　2009
Gerson, Daniel　ガーソン、ダニエル
　著「モンスターズ・ユニバーシティ」竹書房　2013
Gerson, Joseph　ガーソン、ジョセフ
　著「帝国と核兵器」新日本出版社　2007
Gerson, Randy　ガーソン、R.
　著「ジェノグラム(家系図)の臨床」ミネルヴァ書房　2009
Gerstad, Harry W., Ⅱ　ガースタッド、ハリー
　1909～2002　国アメリカ　映画編集者　本名＝Gerstad, Harry Donald
Gerstein, David　ガースティン、デイヴィッド
　1974～　「ウォルト・ディズニーミッキーマウスコミックス」うさぎ出版, メディアパル(発売)　2016
Gerstein, Mordicai　ガースティン、モーディカイ
　1935～　著「綱渡りの男」小峰書店　2005
Gersten, Bernard　ガーステン、バーナード
　トニー賞 特別賞(2013年(第67回))
Gerstle, C.Andrew　ガーストル、C.アンドリュー
　1951～　著「大英博物館春画」小学館　2015
Gerstle, Gary　ガーストル、ゲーリー
　著「帝国/グローバル化時代のデモクラシー」北海道大学大学院法学研究科附属高等法政教育研究センター　2005
Gerstman, Bradley　ガーストマン、B.
　著「だから、彼女の恋はうまくいく」三笠書房　2005
Gerstner, Karl　ゲルストナー、カール
　著「色の形」朝倉書店　2010
Gerstner, Louis, Jr.　ガースナー、ルイス、Jr.
　1942～　国アメリカ　実業家　IBM会長・CEO、アメリカン・エキスプレス会長・CEO　通称＝ガースナー、ルー〈Gerstner, Lou〉　訳ゲストナー、ルイス
Gerteis, Margaret　ガータイス、マーガレット
　著「ペイシェンツ・アイズ」日経BP社, 日経BP出版センター(発売)　2001
Gerth, Hans Heinrich　ガース、H.H.
　1908～　著「性格と社会構造」青木書店　2005
Gerth, Jeff　ガース、ジェフ
　著「大統領への道」バジリコ　2008
Gerth, Melanie　ガース、メラニー
　著「たのしいきょうりゅうずかん」大日本絵画　〔2008〕
Gertner, Jon　ガートナー、ジョン
　著「世界の技術を支配するベル研究所の興亡」文藝春秋　2013

Gertsev, Alexandr Victorovich ゲルツェフ・アレクサンドル・ヴィクトロヴィッチ
[国]ロシア イツモ社代表, 露日友好協会理事
Gertz Manero, Alejandro ヘルツ・マネロ, アレハンドロ
[国]メキシコ 治安相
Gerum, Philippe ゲルム, フィリップ
[著]「組み込みLinuxシステム構築」 オライリー・ジャパン, オーム社(発売) 2009
Gervais, Bernadette ジェルヴェ, ベルナデット
[著]「かわいいどうぶつぬりえブック」 グラフィック社 2014
Gervais, Cedric ガーベ, セドリック
グラミー賞 最優秀リミックス・レコーディング(クラシック以外)(2013年(第56回)) "Summertime Sadness (Cedric Gervais Remix)"
Gervais, Ricky ジャーヴェイス, リッキー
エミー賞 プライムタイム・エミー賞 最優秀主演男優賞(コメディシリーズ)(第59回(2007年)) "Extras"
Gerval, Olivier ジェルヴァル, オリヴィエ
[著]「ファッションデザイナーの世界」 グラフィック社 2008
Gervasi, Sacha ガバシ, サーシャ
1966〜 脚本家, 映画監督 [異]ガヴァシ, サーシャ
Gervasio, Paola ジェルヴァシオ, パオラ
[著]「MATLABとOctaveによる科学技術計算」 丸善出版 2014

Gervaso, Roberto ジェルヴァーゾ, R.
[著]「ルネサンスの歴史」 中央公論新社 2016
Gerwarth, Robert ゲルヴァルト, ロベルト
1976〜 [著]「ヒトラーの絞首人ハイドリヒ」 白水社 2016
Gerz, Ferdinand ゲルツ, フェルディナンド
[国]ドイツ セーリング選手
Gerzema, John ガーズマ, ジョン
1961〜 [著]「女神的リーダーシップ」 プレジデント社 2013
Gerzmava, Khibla ゲルズマーワ, ヒブラ
1970〜 [国]ジョージア ソプラノ歌手 スタニスラフスキー＆ネミロヴィチ・ダンチェンコ劇場プリマドンナ [異]ゲルズマバ / ゲルズマワ / ゲルズマヴァ
Gerzon, Mark ガーゾン, マーク
[国]アメリカ ファシリテーター, リーダーシップトレーナー メディエーターズ財団代表
Gesang Martohartono グサン・マルトハルトノ
1917〜2010 [国]インドネシア シンガー・ソングライター
Gesbert, Stephane ゲシュベルト, シュテファン
[著]「クトゥルフ・ダークエイジ」 新紀元社 2005
Gescheider, George A. ゲシャイダー, G.A.
1936〜 [著]「心理物理学」 北大路書房 2003
Geschke, Charles M. ゲシュケ, チャールズ
1939〜 [国]アメリカ 実業家 アドビシステムズ共同会長 [異]ゲシキ, チャールズ
Geschke, Simon ゲシュケ, ジモン
[国]ドイツ 自転車選手
Geshe Thupten Jinpa トゥプテン・ジンパ
[著]「ダライ・ラマ般若心経入門」 春秋社 2004
Gęsicka, Grażyna ゲンシツカ, グラジナ
[国]ポーランド 地域開発相
Geske, Mary ジェスク, メアリ
[著]「女性の人権とジェンダー」 明石書店 2007
Gessen, Masha ゲッセン, マーシャ
1967〜 [異]ガッセン, マーシャ [著]「そいつを黙らせろ」 柏書房 2013
Gessler, Tatjana ゲスラー, タチアナ
1973〜 [国]ドイツ 作家, テレビ司会者, ジャーナリスト [専]児童書
Gest, Thomas R. ジェスト, トーマス・R.
[異]ゲスト, トーマス・R. [著]「解剖学」 西村書店東京出版編集部 2016
Gestakovski, Aleksandar ゲスタコフスキ, アレクサンダル
[国]マケドニア 自治相
Getachew, Ambaye ゲタチョウ・アンバイェ
[国]エチオピア 法相
Getachew, Belay ガタチュ・ベライ
[国]エチオピア 税務相
Getahun, Mukuria ゲタフン・メクリア
[国]エチオピア 科学技術相
Getalova, Olga ゲターロワ, O.
[著]「はじめの一歩」 音楽之友社 2015
Gethin, Amorey ゲッシン, エイモリー
[著]「言語・思考・権威」 未知谷 2004
Gethmmann-Siefert, Annemarie ゲートマン＝ジーフェルト, アンネマリー
1945〜 [異]ゲートマン＝ジーフェルト, アンネ‐マリー [著]「医の倫理課題」 富士書店 2002
Getting, Ivan A. ゲティング, イバン
1912〜2003 [国]アメリカ 宇宙物理学者 マサチューセッツ工科大学教授 [専]全地球測位システム(GPS)
Gettis, Adam ゲティス, アダム
[国]アメリカ アメフト選手
Getty, Donald ゲティー, ドナルド
1933〜2016 [国]カナダ 政治家 アルバータ州首相 通称＝Getty, Don
Getty, Estelle ゲティ, エステル
1923〜2008 [国]アメリカ 女優
Getty, Gordon ゲッティ, ゴードン
[国]アメリカ 実業家
Getty, John Arch ゲッティ, アーチ
1950〜 [著]「大粛清への道」 大月書店 2001
Getz, David ゲッツ, デイビッド
[著]「インフルエンザ感染爆発」 金の星社 2005
Getz, Gary ゲッツ, ゲイリー
1955〜 [著]「顧客資産のマネジメント」 ダイヤモンド社 2002
Geulen, Eva ゴイレン, エファ
1962〜 [著]「アガンベン入門」 岩波書店 2010
Geus, Arie P.de グース, アリー・P.デ
[著]「企業生命力」 日経BP社, 日経BP出版センター(発売) 2002
Geus, Mireille ヘウス, ミレイユ
1964〜 [国]オランダ 作家 [専]児童書
Geuss, Raymond ゴイス, レイモンド
1946〜 [著]「公と私の系譜学」 岩波書店 2004
Gevaert, Kim ゲバールト
[国]ベルギー 陸上選手
Gevinson, Tavi ゲヴィンソン, タヴィ
1996〜 [著]「ROOKIE YEARBOOK」 DU BOOKS, ディスクユニオン(発売) 2015
Gevorgyan, Arayik ケボルギャン
[国]アルメニア レスリング選手
Gevorgyan, Armen ゲボルギャン, アルメン
[国]アルメニア 副首相兼自治相
Gevorgyan, Zaven ゲヴォルギャン, ザベン
[国]アルメニア 農相
Gewirtz, Russell ジェウィルス, ラッセル
[著]「インサイド・マン」 メディアファクトリー 2006
Geyelin, Philip L. ゲイリン, フィリップ
1923〜2004 [国]アメリカ ジャーナリスト [異]ゲイエリン, フィリップ
Geyoushi, Saad el グユーシ, サアド
[国]エジプト 運輸相
Gezi, Border ゲジ, ボーダー
[国]ジンバブエ 青年・開発・雇用創出相
Gfeller, Kate E. グフェラー, ケイト・E.
[著]「音楽療法入門」 一麦出版社 2016
Ggagnaire, Pierre ガニェール, ピエール
1950〜 [国]フランス 料理人
***al*-Ghaban, Ali Faik** ガバン, アリ・ファイク
[国]イラク スポーツ青年相
***al*-Ghabban, Muhammad** ガッバーン, ムハンマド
[国]イラク 内相
***Al*-Ghadhban, Thamir Abbas Ghadhban** アル・ガドバーン, サーミル・アッバース・ガドバーン
[国]イラク エネルギー問題担当首相顧問, 元・石油大臣, 元・首相顧問会議議長 [異]ガドバン, サミル
Ghadirian, Abdu'l-Missagh カディリアン, アブドゥル＝ミサク
[著]「新たな全人的ケア」 日本ホスピス・緩和ケア研究振興財団, 青海社(発売) 2016
Ghaemi, S.Nassir ガミー, ナシア
1966〜 [著]「一流の狂気」 日本評論社 2016
Ghaesalli, Mohamed Najem ガルッサリ, モハメド・ナジェム
[国]チュニジア 内相
***al*-Ghafis, Ali bin Nasser** ガフィス, アリ・ビン・ナセル
[国]サウジアラビア 労働・社会発展相
Ghafoor, Ahmed Adheeb Abdul ガフール, アハメド・アディーブ・アブドル
[国]モルディブ 観光・芸術・文化相
***al*-Ghafri, Muhammad** ガフリ, ムハンマド
[国]シリア 法相
Ghalamallah, Bouabdellah ガラマラ, ブアブデラ

国アルジェリア　宗教相
Ghalawanji, Omar Ibahim　ガラワンジ, オマル・イブラヒム
　国シリア　副首相兼地方自治相
Ghali, Amin　ガーリー, A.
　著「構造解析の基礎と応用」技報堂出版　2001
Ghali, Boutros Boutros　ガリ, ブトロス・ブトロス
　1922〜2016　国エジプト　政治家, 政治学者　国連事務総長, エジプト国民人権会議長
Ghali, Nadia Youssef　ガーリ, ナディア・ユーセフ
　国エジプト　元・在エジプト日本国大使館現地職員
Ghali, Youssef Boutros　ガリ, ユーセフ・ブトロス
　国エジプト　財務相
Ghalib, Habibullah　ガリブ, ハビブラ
　国アフガニスタン　法相　異ガリブ, ハビブッラ
Ghaliyah, bint Muhammad al-Thani　ガリヤ・ビント・ムハンマド・サーニ
　国カタール　保健相
Ghandhi, Maneka Sanjay　ガンジー, マネカ・サンジャイ
　国インド　女性・児童育成相
Ghandour, Ibrahim　ガンドゥール, イブラヒム
　国スーダン　外相
Ghanem, Abdullah Ahmed　ガネム, アブドラ・アハメド
　国イエメン　立法問題相
Ghanem, Ali　ガーニム, アリ
　国シリア　石油鉱物資源相
al-Ghanem, Hassan bin Abdullah　ガネム, ハッサン・ビン・アブドラ
　国カタール　法相
Ghanem, Shukri　ガネム, シュクリ
　1942〜2012　国リビア　政治家　リビア全人民委員会書記(首相), リビア国営石油会社総裁　本名＝ガネム, シュクリ・ムハンマド〈Ghanem, Shukri Muhammad〉
Ghanem, Shukuri Muhammad　ガネム, シュクリ・ムハンマド
　国リビア　全人民委員会書記(首相)
Ghani, Ashraf　ガニ, アシュラフ
　1949〜　国アフガニスタン　政治家, 人類学者　アフガニスタン大統領　本名＝Ghani Ahmadzai, Ashraf
al-Ghanim, Abdallah Ahmad　アル・ガニム, アブダラ・アハマド
　国イエメン　法務・議会問題相
Ghanim, Faraj Said bin　ガネム, ファラジ・ビン
　1937〜2007　国イエメン　政治家　イエメン首相　異ガーニム
Ghannouchi, Mohamed　ガンヌーシ, モハメド
　1941〜　国チュニジア　政治家　チュニジア首相　異ガンヌーシ, モハマド
Gharaira, Al-Mabrouk　ガライラ, マブルーク
　国リビア　司法相
al-Gharbi, Abdullah　ガルビ, アブドラ
　国シリア　国内取引・消費者保護相
Gharbi, Jameleddine　ガルビ, ジャメレッディン
　国チュニジア　地方開発・計画相
Gharib, Jaouad　ガリブ
　国モロッコ　陸上選手
Gharib, Riyad　ガリーブ, リアド
　国イラク　自治相
Ghartey, Joe　ガーティ, ジョー
　国ガーナ　法相
Ghasemi, Komeil Nemat　ガセミ, コメイルネマト
　国イラン　レスリング選手　異ガセミ
Ghasemi, Rostam　ガセミ, ロスタム
　国イラン　石油相
Ghatowar, Paban Singh　ガトワール, パバン・シン
　国インド　北東部開発相
al-Ghaul, Muhammad bn Shahāda　アル＝ガウル, ムハンマド・ブン・シャハーダ
　著「ブグヤ・イバード・アル＝ラフマーン」ムスリム新聞社　2003
Ghauri, Babar Khan　ガウリ, バーバル・カーン
　国パキスタン　港湾・海運相　異ゴーリ, ババル・カーン
Ghazal, Majd Eddin　ジャザル, マジェドエディン
　国シリア　陸上選手
Ghazal, Muhammad Walid　ガザル, ムハンマド・ワリド
　国シリア　住宅・都市開発相
Ghazanfar, Husn Banu　ガザンファル, ホスン・バヌ
　国アフガニスタン　女性問題相
Ghazanfari, Mehdi　ガザンファリ, メヘディ
　国イラン　商業・鉱工業相
Ghazaryan, Armen　ガザリャン
　国アルメニア　重量挙げ選手
Ghazaryan, Eduard　グハザリャン, エドルアド
　国アルメニア　教育科学相
Ghazaryan, Gabriel　ガザリャン, ガブリエル
　国アルメニア　スポーツ・青年相
Ghazi, Mahmood Ahmad　ガジ, マームド・アーマド
　国パキスタン　宗教問題相
Ghazi, Mohamed el　ガジ, モハメド
　国アルジェリア　労働・雇用・社会保障相
Ghazi, Polly　ガジ, ポリー
　著「ペンギン君が教える環境問題の本」ゴマブックス　2007
Ghebreslassie, Ghirmay　ゲブレスラシエ, ギルメイ
　国エリトリア　陸上選手
Ghedira, Anis　ゲディラ, アニ
　国チュニジア　運輸相
Gheete, Anant G.　ギーテ, アナント・G.
　国インド　電力相
Ghelfi, Brent　ゲルフィ, ブレント
　国アメリカ　作家　異スリラー
Ghellab, Karim　ゲラブ, カリム
　国モロッコ　設備・運輸相
Ghemawat, Pankaj　ゲマワット, パンカジ
　異ゲマワット, パンカジュ　著「コークの味は国ごとに違うべきか」文芸春秋　2009
Gheorghe, Ionut　ゲオルゲ
　国ルーマニア　ボクシング選手
Gheorghitoaia, Catalina　ゴルギトアイア
　国ルーマニア　フェンシング選手
Gheorghiu, Angela　ゲオルギウ, アンジェラ
　1965〜　国ルーマニア　ソプラノ歌手　異ゲオルギュ, アンジェラ／ゲオルギュー, アンジェラ
Gheorghiu, Constantin Virgil　ゲオルギウ, ビルジル
　著「マホメットの生涯」河出書房新社　2002
Gherardi, Sylvianne　ジェラルディ, シルヴィアンヌ
　国フランス　元・軍縮会議日本政府代表部現地職員
Gherghel, Ioan　ゲルゲル
　国ルーマニア　競泳選手
Gherman, Andrei　ゲルマン, アンドレイ
　国モルドバ　保健相
Gherman, Natalia　ゲルマン, ナタリア
　国モルドバ　副首相兼外務・欧州統合相
Gherman, Simona　ゲルマン, シモーナ
　国ルーマニア　フェンシング選手　異ゲルマン
Ghez, Andrea　ゲッズ, アンドレア
　国アメリカ　クラフォード賞　天文学(2012年)
Ghez, Didier　ゲズ, ディディエ
　著「ディズニーミュージカルアート作品集」CLASSIX MEDIA, 徳間書店(発売)　2016
Ghezawi, Ali　ガザウィ, アリ
　国ヨルダン　労相
Ghezzal, Rachid　ゲザル, ラシド
　国アルジェリア　サッカー選手
Ghezzi, Piero　ゲッシ, ピエロ
　国ペルー　生産相
Ghiaurov, Nicolai　ギャウロフ, ニコライ
　1929〜2004　国ブルガリア　バス歌手
Ghiggia, Alcides　ギジャ, アルシデス
　1926〜2015　国ウルグアイ　サッカー選手　本名＝ギジャ, アルシデス・エドガルド〈Ghiggia, Alcides Edgardo〉
Ghiglieri, Michael Patrick　ギグリエリ, マイケル・P.
　1946〜　著「男はなぜ暴力をふるうのか」朝日新聞社　2002
Ghiglione, Michael　ギリョーニ, マイケル
　著「外資系企業に入るための履歴書と面接の英語」アルク　2004
Ghiraldini, Leonardo　ギラルディーニ, レオナルド
　国イタリア　ラグビー選手
Ghiro, Alfred　ギロ, アルフレッド
　国ソロモン諸島　漁業・海洋資源相
Ghlamallah, Bouabdellah　グラマラ, ブアブデラ
　国アルジェリア　宗教相
Ghnassia, Virginia Jill Dix　グナッシア, ジル・ディックス
　1947〜　著「エミリ・ブロンテ神への叛逆」彩流社　2003
Gheim, Maher　グネイム, マーヘル
　国パレスチナ　公共事業・住宅相
Ghobadi, Bahman　ゴバディ, バフマン

1968〜 ⓘイラン 映画監督,脚本家
Gholston, William ゴールストン,ウイリアム
　ⓘアメリカ アメフト選手
Ghoneim, Ibrahim Ahmed ゴネイム,イブラヒム・アハメド
　ⓘエジプト 教育相
Ghorayeb, Antoine ゴライエブ,アントワーヌ
　ⓘレバノン レバノンJICA帰国研修員同窓会会長
Ghori, Babar Khan ゴーリ,ババル・カーン
　ⓘパキスタン 港湾船舶相
Ghosananda コーサナンダ
　?〜2007 ⓘカンボジア 僧侶,平和活動家 ㊙マハ・コーサナンダ/マハ・ゴサナンダ/マハゴサナンダ
Ghosh, Amitav ゴーシュ,アミタヴ
　1956〜 作家
Ghosh, Debasish ゴーシュ,デバシィシュ
　1953〜 ㊃「実践プログラミングDSL」翔泳社 2012
Ghosh, Dilip ゴーシュ,ディリップ
　㊃「食品の機能性表示と世界のレギュレーション」薬事日報社 2015
Ghosh, Sankha ゴーシュ,ションコ
　㊃「もうひとつの夢」大同生命国際文化基金 2013
Ghosh, Soumyajit ゴーシュ,ソウミャジト
　ⓘインド 卓球選手
Ghoshal, Sumantra ゴシャール,スマントラ
　1946〜2004 ㊃「自分を成長させる極意」ダイヤモンド社 2016
Ghosheh, Samir ゴシェハ,サミル
　ⓘパレスチナ エルサレム担当相
Ghosn, Carlos ゴーン,カルロス
　1954〜 ⓘフランス 実業家 日産自動車社長・会長・CEO,ルノー会長・CEO 本名=Ghosn Bichara
Ghosn, Fayez ゴスン,ファイズ
　ⓘレバノン 国防相
Ghosn, Rita ゴーン,リタ
　1965〜 ㊃「ゴーン家の家訓」集英社 2006
Ghotbi, Afshin ゴトビ,アフシン
　1964〜 ⓘアメリカ サッカー指導者 サッカー・イラン代表監督
Ghoul, Amar グール,アマル
　ⓘアルジェリア 国土整備・観光・手工業相
Ghoul, Omar グール,オマル
　ⓘアルジェリア 公共事業相 ㊙グール,オマール
Ghoul, Tamam グール,タマム
　ⓘヨルダン 社会開発相
Ghoulam, Faouzi グラム,ファウジ
　ⓘアルジェリア サッカー選手
Ghozland, F. ゴズラン,フレディ
　?〜2014 ㊃「ルパルファンある感覚」フレグランスジャーナル社 2015
Ghozland, Freddy ゴズラン,フレディ
　?〜2014 ㊃「調香師が語る香料植物の図鑑」原書房 2013
Ghribi, Habiba グリビ,ハビバ
　ⓘチュニジア 陸上選手 ㊙グリビ
Ghubash, Saqr Ghubash Saeed グバーシュ,サクル・グバーシュ・サイード
　ⓘアラブ首長国連邦 人的資源・自国民化相
Ghuiselev, Iassen ギゼレフ,I.
　㊃「ソクラテス」鈴木出版 2001
Ghurki, Samina Khalid グルキ,サミナ・カリド
　ⓘパキスタン 国家遺産・統合相
Ghwell, Khalifa グウェル,ハリファ
　ⓘリビア 首相兼国防相
Ghyczy, Tiha von ギーツィー,ティーハ・フォン
　㊃「クラウゼヴィッツの戦略思考」ダイヤモンド社 2002
Gia, Tran Xuan ザー,チャン・スアン
　ⓘベトナム 計画投資相
Giaccherini, Emanuele ジャッケリーニ,エマヌエレ
　ⓘイタリア サッカー選手
Giacchetti, Igino ジャッケッティ,イジーノ
　ⓘイタリア 元・在イタリア日本国大使館現地職員
Giacchino, Michael ジアッキノ,マイケル
　グラミー賞 最優秀インストゥルメンタル作曲(2009年(第52回))ほか
Giacconi, Ricardo ジャッコーニ,リカルド
　1931〜 ⓘアメリカ 天体物理学者 ジョンズ・ホプキンス大学研究教授 ヨーロッパ南半球天文台台長,ハーバード大学教授 ㊙ジャッコーニ,リカルド/ジャコーニ,リカルド
Giacobazzi, Leonardo ジャコバッツィ,レオナルド

㊃「バルサミコ酢のすべて」中央公論新社 2009
Giacobbe, Giulio Cesare ジャコッベ,ジュリオ・チェーザレ
　㊃「いい女はちょっぴり悪女」主婦の友社 2007
Giacobone, Nicolás ヒアコボーネ,ニコラス
　ゴールデン・グローブ賞 映画 脚本賞(第72回(2014年度))ほか
Giacometti, Eric ジャコメッティ,エリック
　ⓘフランス 作家 ㊍スリラー,ミステリー
Giacomini, Breno ジアコミニ,ブレノ
　ⓘアメリカ アメフト選手
Giai Pron, Cristina ジャイプロン
　ⓘイタリア カヌー選手
Giallini, Lio ジャッリーニ,リオ
　1956〜 ㊃「聡明なのに、なぜか幸福になれない日本人」扶桑社 2010
Giamatti, Paul ジアマッティ,ポール
　ゴールデン・グローブ賞 映画 主演男優賞(ミュージカル・コメディ)(第68回(2010年度))ほか
Giambanco, V.M. ジャンバンコ,V.M.
　ⓘイタリア 作家 ㊍ミステリー
Giambi, Jason ジアンビー,ジェイソン
　1971〜 ⓘアメリカ 元野球選手 本名=Giambi, Jason Gilbert ㊙ジアンビ,ジェイソン/ジオムビー,ジェイソン/ジオンビ,ジェイソン/ジオンビー,ジェイソン
Giammalvo, Paul ギアンマルヴォ,ポール
　㊃「プロジェクト・マネジャーが知るべき97のこと」オライリー・ジャパン,オーム社(発売) 2011
Giampaglia, Corinne ジャンパグリア,コリン
　㊃「ティンカー・ベルとダンスパーティー」大日本絵画 2007
Giampaolo, Marco ジャンパオロ,マルコ
　ⓘイタリア サンプドリア監督
Giampietri, Luis Alejandro Rojas ジャンピエトリ,ルイス・アレハンドロ・ロハス
　ⓘペルー 第一副大統領,元・ペルー海洋研究所理事長 ㊙ジャンピエトリ,ルイス/ジャンピエトリ・ロハス,ルイス・アレハンドロ
Giampino, Sylviane ジャンピノ,シルヴィアンヌ
　㊃「仕事を持つのは悪い母親?」紀伊国屋書店 2002
Giancola, Donato ジャコラ,ドナート
　ヒューゴー賞 プロアーティスト(2009年)ほか
Gianforte, Greg ジアンフォルテ,グレッグ
　㊃「製造業のための感動体験(エクスペリエンス)」日経BP社,日経BPマーケティング(発売) 2012
Giangreco, D.M. ジャングレコ,D.M.
　㊃「太平洋戦争の研究」PHP研究所 2002
Giannetasio, Graciela ジャネタシオ,グラシエラ
　ⓘアルゼンチン 教育相
Giannetti, Eduardo ジアネッティ,エドゥアルド
　1957〜 ㊃「人は嘘なしでは生きられない」角川書店 2002
Giannetti, Louis D. ジアネッティ,ルイス
　㊃「物語とクリティック」フィルムアート社 2004
Giannetti, Niccolo ジャンネッティ,ニッコロ
　ⓘイタリア サッカー選手
Giannini, Frida ジャンニーニ,フリーダ
　1972〜 ⓘイタリア ファッションデザイナー グッチ・クリエイティブ・ディレクター
Giannini, John ジアニーニ,ジョン
　1962〜 ㊃「バスケットボールの"コートセンス"」大修館書店 2012
Giannini, Stefania ジャンニーニ,ステファニア
　ⓘイタリア 教育相
Gianniotis, Spyridon ヤニオティス
　ⓘギリシャ 水泳選手
Giannoli, Xavier ジャノリ,グザヴィエ
　1972〜 ⓘフランス 映画監督
Gianotti, Fabiola ジャノッティ,ファビオラ
　1962〜 ⓘイタリア 物理学者 欧州合同原子核研究機関次期(CERN)所長,エディンバラ大学名誉教授 ㊍素粒子物理学
Giansanti, Gianni ジャンサンティ,ジャンニ
　1956〜 ㊃「Del Piero」エクスナレッジ 2002
Giant, Nikki ジャイアント,ニッキー
　1982〜 ㊃「ネット・セーフティー」クリエイツかもがわ 2015
Giao, Doan Manh ザオ,ドアン・マイン
　ⓘベトナム 政府官房長官
Giaquinto, Marcus ジャキント,M.
　㊃「確かさを求めて」培風館 2007
Giard, Agnès ジアール,アニエス
　1969〜 ㊃「〈図説〉"特殊性欲"大百科」作品社 2015

Giardino, Angelo P.　ジャルディーノ，アンジェロ・P.
　著「子どもの性虐待に関する医学的評価」診断と治療社　2013
Giardino, Eileen R.　ジャルディーノ，アイリーン・R.
　著「子どもの性虐待に関する医学的評価」診断と治療社　2013
Giau, Nguyen Van　ザウ，グエン・バン
　国ベトナム　国家銀行（中央銀行）総裁
Giaufret, Benedetta　ジオフレット，ベネディッタ
　著「はじめてのたのしいかけざん」小学館　2014
Giavarini, Adalberto Rodoríguez　ジャバリニ，アダルベルト・ロドリゲス
　国アルゼンチン　外相
Giavotella, Johnny　ジオボテラ，ジョニー
　国アメリカ　野球選手
Giazzon, Davide　ジャッツオン，ダヴィデ
　国イタリア　ラグビー選手
Gibaldi, Joseph　ジバルディ，ジョゼフ
　1942～　著「MLA英語論文の手引」北星堂書店　2005
Gibara, Samir G.　ジバラ，サミール
　1939～　国フランス　実業家　グッドイヤー会長・CEO　異ジバラ，サミア
Gibb, Andrea　ギブ，アンドレア
　著「Dearフランキー」竹書房　2005
Gibb, Camilla　ギブ，カミーラ
　著「セルマ」アーティストハウス　2001
Gibb, Fiona　ギブ，フィオナ
　著「コマッテル？」太陽出版　2003
Gibb, Jakob　ギブ，ジェーコブ
　国アメリカ　ビーチバレー選手
Gibb, Maurice　ギブ，モーリス
　1949～2003　国オーストラリア　ミュージシャン　グループ名＝ビージーズ〈Bee Gees〉
Gibb, Mike　ギブ，マイク
　著「ドイツ4号戦車ティーガー1 Eのすべて」大日本絵画　2011
Gibb, Robin　ギブ，ロビン
　1949～2012　国イギリス　ミュージシャン
Gibb, Sarah　ギブ，サラ
　著「ねむりひめ」文化学園文化出版局　2015
Gibba, Momodou Lamin　ギバ，モモドゥ・ラミン
　国ガンビア　土地・地方政府相
Gibbes, E.B.　ギブス，E.B.
　著「個人的存在の彼方」スピリチュアリズム普及会　2012（第3刷）
Gibbie, Mike　ギビー，マイク
　著「わすれんぼ・ちびくん」小学館　2001
Gibbins, David　ギビンズ，デービッド
　1962～　国カナダ　作家　異スリラー，歴史　異ギビンズ，デイヴィッド
Gibbon, David　ギボン，デイビッド
　著「持続可能な農業と環境」食料・農業政策研究センター，農山漁村文化協会（発売）　2001
Gibbon, Miriam　ギボン，M.
　著「精神科診断面接マニュアルSCID」日本評論社　2003
Gibbon, Piers　ギボン，ピアーズ
　著「世界の少数民族文化図鑑」柊風舎　2011
Gibbons, Alan　ギボンズ，アラン
　1953～　著「テリーの恋」主婦と生活社　2003
Gibbons, Andrew S.　ギボンズ，アンドリュー・S.
　著「インストラクショナルデザインの理論とモデル」北大路書房　2016
Gibbons, Ann　ギボンズ，アン
　著「最初のヒト」新書館　2007
Gibbons, Barry J.　ギボンズ，バリー・J.
　著「みんな変わり者だった」ディスカヴァー・トゥエンティワン　2005
Gibbons, Dave　ギボンズ，デイブ
　著「キングスマン：ザ・シークレット・サービス」小学館集英社プロダクション　2015
Gibbons, Eugenia　ギボンズ，ユージーニア
　著「ハーバードMBA合格者のエッセイを読む」オープンナレッジ　2007
Gibbons, Gemma　ギボンズ
　国イギリス　柔道選手
Gibbons, James F.　ギボンズ，ジェームズ・F.
　著「シリコンバレー」日本経済新聞社　2001
Gibbons, John　ギボンズ，ジョン
　1929～2015　国アメリカ　物理学者　米国大統領補佐官（科学技術担当）　本名＝Gibbons, John Howard

Gibbons, John　ギボンズ，ジョン
　国アメリカ　トロント・ブルージェイズ監督
Gibbons, John　ギボンズ，ジョン
　1946～　国パラオ　法相　異ギボンズ，ジョン
Gibbons, Kaye　ギボンズ，ケイ
　1960～　著「エレン・フォスター」大阪教育図書　2006
Gibbons, Tony　ギボンズ，トニー
　著「船の百科事典」東洋書林　2005
Gibbs, Andy　ギブス，アンディ
　著「特許の真髄」発明協会　2005
Gibbs, Edward　ギブス，エドワード
　著「どんぐり」光村教育図書　2014
Gibbs, Georgia　ギブス，ジョージア
　1919～2006　国アメリカ　歌手　本名＝リプシッツ，フリーダ〈Lipschitz, Frieda〉
Gibbs, Kieran　ギブス，キーラン
　国イングランド　サッカー選手
Gibbs, Lois Marie　ギブス，ロイス・マリー
　著「ラブキャナル」せせらぎ出版　2009
Gibbs, May　ギブス，メイ
　著「スナグルポットとカドルパイ」メディアファクトリー　2002
Gibbs, Megan　ギブス，ミーガン
　著「キツネがキツネいろになるまで」〔Creations by Crouch〕c2010
Gibbs, Nancy　ギブス，ナンシー
　著「プレジデント・クラブ」柏書房　2013
Gibbs, Nick　ギブス，ニック
　著「木材活用ハンドブック」産調出版　2005
Gibbs, Raymond W., Jr.　ギブズ，レイモンド・W., Jr.
　著「比喩と認知」研究社　2008
Gibbs, Stuart　ギブス，スチュアート
　1969～　国アメリカ　作家，脚本家　異ヤングアダルト
Gibbs, Terri　ギブス，テリー
　著「笑って愛して生きよう！」JMA・アソシエイツステップワークス事業部　2014
Gibbs, Tony　ギブス，トニー
　著「営業の神様」アルファポリス，星雲社（発売）　2013
Gibernau, Santiago　ジベルナウ，サンティアゴ
　国ウルグアイ　ラグビー選手
Gibert, Teresa　ギバート，テレサ
　著「ケンブリッジ版カナダ文学史」彩流社　2016
Gibilisco, Giuseppe　ジビリスコ
　国イタリア　陸上選手
Gibilisco, Stan　ギビリスコ，スタン
　著「独習電気/電子工学」翔泳社　2007
Giblin, Les　ギブリン，レス
　著「人望が集まる人の考え方」ディスカヴァー・トゥエンティワン　2016
Gibney, Frank Bray　ギブニー，フランク
　1924～2006　国アメリカ　ジャーナリスト，日本研究家　ポモナ大学環太平洋研究所所長，TBSブリタニカ副会長　別名＝吉布尼
Gibson, Althea　ギブソン，アルシア
　1927～2003　国アメリカ　テニス選手
Gibson, Ben　ギブソン，ベン
　国イングランド　サッカー選手
Gibson, Charles　ギブソン，チャールズ
　国ベリーズ　公共サービス・選挙相
Gibson, Clare K.　ギブソン，クレア
　1964～　著「シンボルの謎を解く」ガイアブックス，産調出版（発売）　2011
Gibson, Darron　ギブソン，ダロン
　国アイルランド　サッカー選手
Gibson, Deonte　ギブソン，ディオンテ
　国アメリカ　アメフト選手
Gibson, Don　ギブソン，ドン
　1928～2003　国アメリカ　カントリー歌手，作曲家　本名＝Gibson, Donald Eugene
Gibson, Duff　ギブソン，ダフ
　国カナダ　スケルトン選手
Gibson, Eleanor Jack　ギブソン，エレノア・J.
　1910～2002　著「アフォーダンスの発見」岩波書店　2006
Gibson, Faith　ギブソン，フェイス
　著「パーソン・センタード・ケア」クリエイツかもがわ，京都かもがわ出版（発売）　2007
Gibson, Grant　ギブソン，グラント
　著「レストラングラフィックス」ピエ・ブックス　2007

Gibson, Hugh　ギブソン, ヒュー
1946〜　国イギリス　実業家　ロイヤルクラウンダービー会長・CEO
Gibson, Ian　ギブソン, イアン
国イギリス　実業家　ウィリアム・モリソン・スーパーマーケット会長　英国日産自動車製造（NMUK）会長, 日産自動車常務
Gibson, James　ギブソン, ジェームズ
国イギリス　競泳選手
Gibson, J.N.Alastair　ギブソン, J.N.アラステア
著「足の疾患と症例65」ガイアブックス, 産調出版（発売）　2010
Gibson, Johnny Anthony　ギブソン, ジョニー
1905〜2006　国アメリカ　陸上選手
Gibson, Jonathan　ギブソン, ジョナサン
国アメリカ　バスケットボール選手
Gibson, Joyce Taylor　ギブソン, ジョイス・テイラー
著「インストラクショナルデザインの理論とモデル」北大路書房　2016
Gibson, Katherine　ギブソン, キャサリン
1951〜　著「人生のガラクタ整理術」ランダムハウス講談社　2005
Gibson, Kirk　ギブソン, カーク
1957〜　国アメリカ　元大リーグ監督, 元野球選手　本名＝Gibson, Kirk Harold
Gibson, Kyle　ギブソン, カイル
国アメリカ　野球選手
Gibson, Laurence　ギブソン, ローレンス
国アメリカ　アメフト選手
Gibson, Laurieann　ギブソン, ローリアン
MTVアワード　最優秀振付（第27回（2010年））"Bad Romance"
Gibson, L.James　ギブソン, ジェームズ
著「アメイジング・ラブ」福音社　2014
Gibson, Mathu　ギブソン, マシュー
国アメリカ　アメフト選手
Gibson, Mel　ギブソン, メル
1956〜　国オーストラリア　俳優, 映画監督　国ギブスン, メル
Gibson, Phillip　ギブソン, フィリップ
1955〜　国ニュージーランド　外務貿易省災害危機管理特使・クライストチャーチ特別アドバイザー, 元・駐日ニュージーランド大使, 元・愛知万国博覧会ニュージーランド政府代表, 元・アジア2000ニュージーランド基金事務局長
Gibson, Rachel　ギブソン, レイチェル
著「恋愛運のない理由」原書房　2010
Gibson, Rich　ギブソン, リッチ
著「Google Maps hacks」オライリー・ジャパン, オーム社（発売）　2007
Gibson, Rosemary　ギブソン, ローズマリー
著「恋人たちの街で」ハーレクイン　2003
Gibson, Rosemary　ギブソン, ローズマリー
1956〜　著「治療のわな」dZERO, インプレス（発売）　2016
Gibson, Shane　ギブソン, シェーン
国バハマ　労働・国家保険相
Gibson, Taj　ギブソン, タージ
国アメリカ　バスケットボール選手
Gibson, Warwick　ギブソン, ウォーリック
？〜2011　国イギリス　在福岡英国名誉領事
Gibson, William　ギブスン, ウィリアム
1948〜　著「スプーク・カントリー」早川書房　2008
Gibson, William　ギブソン, ウィリアム
1914〜2008　国アメリカ　劇作家　国ギブソン, ウィリアム
Gibson, William　ギブソン, ウィリアム
？〜2005　国アメリカ　映画監督, 映画プロデューサー
Gichon, Mordechai　ギホン, モルデハイ
1922〜　著「古代ユダヤ戦争史」悠書館　2014
Gick, Paulo Warth　ジッキ, パウロ・ヴァルチ
国ブラジル　元・リオグランデドスル連邦大学日本研究所所長
Gidaspov, Boris Veniaminovich　ギダスポフ, ボリス
1933〜2007　国ロシア　化学者, 政治家　ソ連国立応用化学研究所所長, ソ連共産党中央委員会書記
Giddens, Anthony　ギデンズ, アンソニー
1938〜　国イギリス　社会学者　ロンドン・スクール・オブ・エコノミクス（LSE）名誉教授　国ギデンス, アンソニー
Gideon, Melanie　ギデオン, メラニー
1963〜　国アメリカ　作家　著文学, ヤングアダルト
Gidius, Joe　ギディウス, ジョー
国ガーナ　道路相
Giefer, Fabian　ギーファー, ファビアン
国ドイツ　サッカー選手
Giefer, Rena　ギーファー, レーナ
著「冷戦の闇を生きたナチス」現代書館　2002
Giefer, Thomas　ギーファー, トーマス
著「冷戦の闇を生きたナチス」現代書館　2002
Giegerich, Wolfgang　ギーゲリッヒ, ヴォルフガング
著「ギーゲリッヒ夢セミナー」創元社　2013
Gielan, Michelle　ギラン, ミシェル
著「悪い知らせをうまく伝えるには？」草思社　2016
Giele, Janet Zollinger　ジール, ジャネット・Z.
著「ライフコース研究の技法」明石書店　2013
Gier, Kerstin　ギア, ケルスティン
1966〜　国ドイツ　作家　著ロマンス, ヤングアダルト
Gierach, John　ギーラック, ジョン
1946〜　著「トラウト・バム」つり人社　2007
Gierek, Edward　ギエレク, エドワルト
1913〜2001　国ポーランド　政治家　ポーランド統一労働者党第1書記　国ギェレク, エドヴァルト／ギエレク, エドワルド
Gierisch, Kristin　ギーリシュ, クリスティン
国ドイツ　陸上選手
Gierlich-Burgin, Marisa　ゲーリッヒ＝バーギン, マリサ
著「ロンリープラネットの自由旅行ガイド カリフォルニア」メディアファクトリー　2003
Giersz, Adam　ギエルシュ, アダム
国ポーランド　スポーツ・観光相
Giertych, Roman　ギエルティフ, ロマン
国ポーランド　副首相兼教育相
Gies, Frances　ギース, フランシス
1915〜　著「中世ヨーロッパの家族」講談社　2013
Giès, Jacques　ジェス, ジャック
1950〜　国フランス　ギメ東洋美術館館長　著中国美術史, 中国語, 中国文明
Gies, Jean-Pierre　ギース, J.
著「最新創薬化学」テクノミック　2004
Gies, Joseph　ギース, ジョゼフ
1916〜2006　著「中世ヨーロッパの家族」講談社　2013
Gies, Miep　ヒース, ミープ
1909〜2010　国オランダ　アンネ・フランク（「アンネの日記」の著者）の生き証人
Giesbert, Franz-Olivier　ジズベール, フランツ＝オリヴィエ
1949〜　著「105歳の料理人ローズの愛と笑いと復讐」河出書房新社　2015
Giesbrecht, Gordon G.　ギースブレヒト, ゴードン・G.
著「低体温症と凍傷」海山社　2014
Giesbrecht, Martin Gerhard　ギーゼブレヒト, マーティン・ゲルハルト
1933〜　著「アメリカ経済がわかる「経済指標」の読み方」マグロウヒル・エデュケーション, 日本経済新聞出版社（発売）　2011
Giesecke, Johan　ギセック, ヨハン
著「感染症疫学」昭和堂　2006
Giesen, Jonathan Van　ギーソン, J.V.
1974〜　著「40代なんて怖くない！」晶文社　2005
Gietzen, Jean　ジェッツェン, ジーン
著「二人の赤ちゃんイエスさま」燦葉出版社　2002
Giff, Patricia Reilly　ギフ, パトリシア・ライリー
国アメリカ　児童文学作家
Giffard, Charles Sydney Rycroft　ジファード, チャールズ・シドニー・ライクロフト
国イギリス　元・駐日英国大使, 元・日英交流史プロジェクト日英合同委員会議長
Giffen, Keith　ギッフェン, キース
著「LOBO」ジュリアンパブリッシング　2015
Giffin, Emily　ギフィン, エミリー
1972〜　国アメリカ　作家　著文学
Gifford, Barry　ギフォード, バリー
著「ベイビィ・キャットフェイス」文芸春秋　2001
Gifford, Clive　ギフォード, クライブ
1966〜　著ギフォード, クライヴ　著「だまされる脳」ゆまに書房　2016
Gifford, Elizabeth V.　ギフォード, エリザベス・V.
著「アクセプタンス＆コミットメント・セラピー実践ガイド」明石書店　2014
Gifford, Ernest M.　ギフォード, アーネスト・M.
著「維管束植物の形態と進化」文一総合出版　2002
Gifford, Jane　ギフォード, ジェーン
著「ケルトの木の知恵」東京書籍　2003

Gifford, Robert ギフォード, R.
[著]「環境心理学」 北大路書房 2007
Giffords, Gabrielle ギフォーズ, ガブリエル
1970～ [国]アメリカ 政治家 米国下院議員(民主党)
Giffort, Daniel W. ギフォート, ダニエル・W.
[著]「チームを育てる」 金剛出版 2002
Gift, Knowlson ギフト, ノウルソン
[国]トリニダード・トバゴ 外相
Gigaba, Malusi ギガバ, マルシ
[国]南アフリカ 内相
Gigante, Vincent ジガンテ, ビンセント
1928～2005 [国]アメリカ ニューヨークのマフィアのボス
Gigantes ギガンテス
1978～2003 [国]アメリカ プロレスラー 別名＝サージャント・A.ウォール
Giger, H.R. ギーガー, H.R.
1940～2014 [国]スイス 画家, デザイナー 本名＝ギーガー, ハンス・ルドルフ〈Giger, Hans Rudolf〉 [異]ギーガー, HR
Gigerenzer, Gerd ギーゲレンツァー, ゲルト
1943～ [著]「賢く決めるリスク思考」 インターシフト, 合同出版(発売) 2015
Giggs, Ryan ギッグス, ライアン
1973～ [国]イギリス 元サッカー選手 [異]ギグス
Gigon, Marie-Laure ジゴン
[国]フランス 射撃選手
Gigov, Nikola ギゴフ, ニコラ
1936～ [著]「赦しの日」 七月堂 2011
Giguére, Eric ギグレ, エリック
[著]「入門Java 2 micro edition」 インプレス, インプレスコミュニケーションズ(発売) 2001
Giguère, Sylvain ジゲール, S.
[著]「地域の雇用戦略」 日本経済新聞社 2005
Giha, Yaneth ジハ, ジャネス
[国]コロンビア 教育相
Gikiewicz, Rafal ギキエヴィツ, ラファウ
[国]ポーランド サッカー選手
Gikoro, Emmanuel ギコロ, エマヌエル
[国]ブルンジ 保健相
Gikow, Louise ギカウ, ルイーズ
[著]「森のリトル・ギャング」 角川書店 2006
Gil, Carmen ヒル, カルメン
[著]「あくびばかりしていたおひめさま」 光村教育図書 2009
Gil, Eliana ギル, エリアナ
[著]「虐待とトラウマを受けた子どもへの援助」 創元社 2013
Gil, Federico ヒル, フェデリコ
[国]アルゼンチン 射撃選手
Gil, Gilberto ジル, ジルベルト
1942～ [国]ブラジル ミュージシャン, 政治家 ブラジル文化相 [異]ジルベルト・ジル
Gil, Jennifer ヒル, ジェニフェル
[国]ベネズエラ 教育相
Gil, Jordi ヒル, ジョルディ
1975～ [著]「アンドレス・イニエスタはなぜ"バルサイズム"の伝道者なのか」 ベースボール・マガジン社 2013
Gil, Melisa ヒル
[国]アルゼンチン 射撃選手
Gil, Paulo Roberto Do Nascimento ジル, パウロ・ロベルト・ド・ナシメント
[国]ブラジル 在マナウス日本国総領事館現地職員
Gil, Rosalía ヒル, ロサリア
[国]コスタリカ 国務相(児童問題担当)
Gilad, Benjamin ギラッド, ベン
[著]「「リスク」を「チャンス」に変える競争戦略」 アスペクト 2006
Gilani, Syed Yousuf Raza ギラニ, サイヤド・ユサフ・ラザ
1952～ [国]パキスタン 政治家 パキスタン首相 [異]ギラニ, ユーサフ・ラザ / ギラニ, ユサフ / ギラニ, ユスフ
Gilardino, Alberto ジラルディーノ, アルベルト
1982～ [国]イタリア サッカー選手 [異]ジラルディノ, アルベルト
Gilauri, Nika ギラウリ, ニカ
[国]ジョージア 首相
Gilauri, Nikoloz ギラウリ, ニコロズ
[国]ジョージア エネルギー相
Gilb, Dagoberto ヒルフ, ダゴベルト
1950～ [著]「木版画のマリア」 角川書店 2004
Gilberry, Wallace ギルベリー, ウォーラス
[国]アメリカ アメフト選手
Gilbers, Harald ギルバース, ハラルト
1969～ [国]ドイツ 作家 [専]ミステリー
Gilbert, Adrian Geoffrey ギルバート, エイドリアン
[著]「2012古代マヤ文明の暗号」 学習研究社 2008
Gilbert, Alan ギルバート, アラン
1967～ [国]アメリカ 指揮者 本名＝ギルバート, アラン・タケシ
Gilbert, Alyce ギルバート, アリス
トニー賞 トニー名誉賞(2007年(第61回))
Gilbert, Anne Yvonne ギルバート, アン・イボンヌ
[著]「魔術学入門」 金の星社 2007
Gilbert, Avery N. ギルバート, エイヴリー
[著]「匂いの人類学」 ランダムハウス講談社 2009
Gilbert, Bobby ギルバート, ボビー
[著]「ZED Book」 鹿島出版会 2010
Gilbert, Brad ギルバート, ブラッド
[著]「俺がついている」 日本文化出版 2009
Gilbert, Dan ギルバート, ダン
[国]アメリカ クリーブランド・キャバリアーズオーナー
Gilbert, Daniel Todd ギルバート, ダニエル
[著]「明日の幸せを科学する」 早川書房 2013
Gilbert, David ギルバート, デヴィッド
[著]「スウィンギン・シックスティーズ」 ブルース・インターアクションズ 2006
Gilbert, Dorothée ジルベール, ドロテ
1983～ [国]フランス バレリーナ パリ・オペラ座バレエ団エトワール
Gilbert, Elizabeth ギルバート, エリザベス
1969～ [国]アメリカ 作家, ジャーナリスト [専]文学
Gilbert, Elizabeth Steep ギルバート, エリザベス・S.
[著]「ハイリスク妊娠・出産看護マニュアル」 じほう 2005
Gilbert, Elizabeth T. ギルバート, エリザベス・T.
[著]「立体パズルぬりえ」 グラフィック社 2016
Gilbert, François ジルベール, フランソワ
[国]マダガスカル 漁業・水産資源相
Gilbert, Gérard ジルベール, ジェラール
[著]「ティティはパリでお留守番」 評言社 2013
Gilbert, G.Nigel ギルバート, ナイジェル
[著]「社会シミュレーションの技法」 日本評論社 2003
Gilbert, Helen ギルバート, ヘレン
[著]「ケンブリッジ版カナダ文学史」 彩流社 2016
Gilbert, Ian ギルバート, イアン
[著]「人生はだれのもの？」 サンマーク出版 2006
Gilbert, Jacqueline ギルバート, ジャクリーヌ
[著]「ポピー咲く丘」 ハーレクイン 2003
Gilbert, James L. ギルバート, ジェームズ・L.
[著]「「選択と集中」の戦略」 ダイヤモンド社 2003
Gilbert, John K. ギルバート, ジョン・K.
[著]「現代の事例から学ぶサイエンスコミュニケーション」 慶応義塾大学出版会 2015
Gilbert, Joseph ギルバート, ジョセフ
[国]グレナダ 公共事業・国土開発・公益事業相
Gilbert, Justin ギルバート, ジャスティン
[国]アメリカ アメフト選手
Gilbert, Kei ギルバート, ケイ
1946～ [著]「悲しみから思い出に」 日本医療企画 2005
Gilbert, Keon ギルバート, K.
[著]「ソーシャル・キャピタルと健康政策」 日本評論社 2013
Gilbert, Lucia Albino ギルバート, ルシア・A.
[著]「カウンセリングとジェンダー」 新水社 2004
Gilbert, Marcus ギルバート, マーカス
[国]アメリカ アメフト選手
Gilbert, Martin ギルバート, マーティン
1936～2015 [国]イギリス 歴史家 オックスフォード大学マートン・カレッジ特別研究員 本名＝Gilbert, Martin John
Gilbert, Melissa ギルバート, メリッサ
1964～ [国]アメリカ 女優
Gilbert, Michael Francis ギルバート, マイケル・フランシス
1912～2006 [国]イギリス ミステリー作家, 弁護士
Gilbert, Paul ギルバート, ポール
1966～ [国]アメリカ ギタリスト
Gilbert, Philippe ジルベール, フェリペ
[国]ベルギー 自転車選手
Gilbert, Reggie ギルバート, レジー
[国]アメリカ アメフト選手

G

Gilbert, Sandra　ギルバート, サンドラ
　全米書評家協会賞　イヴァン・サンドロフ賞（2012年）
Gilbert, Scott F.　ギルバート, スコット・F.
　1949〜　㊈「ギルバート発生生物学」メディカル・サイエンス・インターナショナル　2015
Gilbert, Shirli　ギルバート, シルリ
　㊈「ホロコーストの音楽」みすず書房　2012
Gilbert, Susan　ギルバート, スーザン
　1956〜　㊈「今すぐできる！記憶力を強くする方法」エクスナレッジ　2010
Gilbert, Walter　ギルバート, ウォルター
　1932〜　㊉アメリカ　生化学者　㊋遺伝子生物学
Gilberto, João　ジルベルト, ジョアン
　1931〜　㊉ブラジル　ボサノバ歌手, ギタリスト
Gilbertson, Ashley　ギルバートソン, アシュリー
　㊉オーストラリア　ロバート・キャパ賞（2004年度）　The Battle for Fallujah
Gilboa, Amos　ギルボア, アモス
　㊈「イスラエル情報戦史」並木書房　2015
Gilboa, Itzhak　ギルボア, イツァーク
　1963〜　㊈「不確実性下の意思決定理論」勁草書房　2014
Gilboa-Schechtman, Eva　ギルボア＝シェヒトマン, エヴァ
　㊈「青年期PTSDの持続エクスポージャー療法」星和書店　2014
Gilboy, George　ギルボーイ, ジョージ
　㊈「次の超大国・中国の憂鬱な現実」朝日新聞社　2003
Gilchrist, Cherry　ギルクリスト, チェリー
　㊈「黄金の人生をつくる12の秘法」主婦の友社　2007
Gilchrist, Don　ギルクリスト, ダン
　㊈「聖書が教える親の道」ホームスクーリング・ビジョン　2004
Gilchrist, Gary　ギルクリスト, ゲイリー
　㊈「基本を見直せばゴルフが変わる！究極のゴルフ上達法」中録サービス　2006
Gil Christ, Grant　ジルクリスト, グラント
　㊉スコットランド　ラグビー選手
Gilchrist, Iain D.　ギルクリスト, I.D.
　㊈「アクティヴ・ビジョン」北大路書房　2006
Gilchrist, Marcus　ギルクリスト, マーカス
　㊉アメリカ　アメフト選手
Gilder, Anne-Lee　ギルダー, アン・リー
　㊈「ケプラー疑惑」地人書館　2006
Gilder, George F.　ギルダー, ジョージ
　1939〜　㊈「テレコズム」ソフトバンクパブリッシング　2001
Gilder, Joshua　ギルダー, ジョシュア
　1954〜　㊈「ケプラー疑惑」地人書館　2006
Gilder, Louisa　ギルダー, ルイーザ
　㊈「宇宙は「もつれ」でできている」講談社　2016
Gil Díaz, Francisco　ヒル・ディアス, フランシスコ
　㊉メキシコ　財務相
Gilds, Siegfried Franklin　ヒルズ, シクフリッド・フランクリン
　㊉スリナム　法務・警察相
Gile, Daniel　ジル, ダニエル
　㊈「通訳翻訳訓練」みすず書房　2012
Giles, Bridget　ジャイルズ, ブリジット
　㊈「ナイジェリア」ほるぷ出版　2009
Giles, Harry　ジャイルズ, ハリー
　㊉アメリカ　バスケットボール選手
Giles, Howard　ガイルズ, ハワード
　㊈「グローバル化時代を生きる世代間交流」明石書店　2008
Giles, Jeff　ジャイルズ, ジェフ
　㊈「テロリストの息子」朝日出版社　2015
Giles, Jennifer St.　ジャイルズ, ジェニファー・セント
　㊉アメリカ　作家　㊋ロマンス　別筆名＝セインツ, ジェニファー〈Saints, Jennifer〉, セイント, J.L.〈Saint, J.L.〉
Giles, Ken　ジャイルズ, ケン
　㊉アメリカ　野球選手
Giles, Stephen　ジャイルズ
　㊉カナダ　カヌー選手
Giligashvili, Roland　ギリガシビリ, ロランド
　㊉ジョージア　法相
Gilkey, Garrett　ギルキー, ギャレット
　㊉アメリカ　アメフト選手
Gill, Andy　ギル, アンディ
　㊈「歌が時代を変えた10年/ボブ・ディランの60年代」シンコー・ミュージック　2001
Gill, Bates　ギル, ベイツ
　㊋ジル, ベイツ　㊈「巨竜・中国の新外交戦略」柏書房　2014

Gill, Bob　ギル, ボブ
　1931〜　㊋ジル, ボブ　㊈「プレゼント」ほるぷ出版　2012
Gill, Denis　ギル, デニス
　㊈「たのしい小児科診察」メディカル・サイエンス・インターナショナル　2008
Gill, Frank B.　ギル, フランク・B.
　㊈「鳥類学」新樹社　2009
Gill, Graeme J.　ギル, グレイム
　㊈「スターリニズム」岩波書店　2004
Gill, Jacko　ジル, ジャッコ
　㊉ニュージーランド　陸上選手
Gill, Jerry H.　ギル, ジェリー・H.
　㊈「学びへの学習」青木書店　2003
Gill, Margery　ギル, マージェリー
　㊈「コーンウォールの聖杯」学習研究社　2002
Gill, Mel　ギル, メル
　㊈「ザ・メタ・シークレット」角川書店, 角川グループパブリッシング（発売）　2012
Gill, Michael Gates　ギル, マイケル・ゲイツ
　㊈「ラテに感謝！」ダイヤモンド社　2010
Gill, M.S.　ギル, M.S.
　㊉インド　青年スポーツ相
Gill, Nathan　ギル, ネイサン
　1960〜2014　㊈「すでに目覚めている」ナチュラルスピリット　2015
Gill, Paramjit　ジル, パラミット
　㊈「ナラティブ・ベイスト・メディスン」金剛出版　2001
Gill, Simryn　ギル, シムリン
　1959〜　㊈「パワーステーション」資生堂企業文化部　2004
Gill, Tom　ギル, トム
　?〜2005　㊉アメリカ　漫画家　㊋ジル, トム
Gill, Tom　ギル, トム
　1960〜　㊈「東日本大震災の人類学」人文書院　2013
Gill, Vince　ギル, ヴィンス
　グラミー賞　最優秀カントリー・インストゥルメンタル・アーティスト（2008年（第51回））ほか
Gillain, Anne　ジラン, アンヌ
　㊈「トリュフォーの映画術」水声社　2006
Gillam, Frederick　ギラム, フレデリック
　㊈「毒のある美しい植物」創元社　2012
Gillan, Cheryl　ジラン, シェリル
　㊉イギリス　ウェールズ相
Gillan, Ian　ギラン, イアン
　1945〜　㊉イギリス　ロック歌手
Gilland, Joseph　ジランド, ジョセフ
　㊈「特殊効果アニメーションの世界」ボーンデジタル　2010
Gillanders, Ann　ギランダース, アン
　㊈「足と手のリフレクソロジー」産調出版　2007
Gillani, Pir Aftab Hussain Shah　ギラニ, ピール・アフタブ・フセイン・シャー
　㊉パキスタン　スポーツ相
Gillani, Syed Mumtaz Alam　ギラニ, サイヤド・ムムターズ・アーラム
　㊉パキスタン　人権相
Gillard, Julia　ギラード, ジュリア
　㊉オーストラリア　首相
Gillaspie, Casey　ガレスピー, ケイシー
　㊉アメリカ　野球選手
Gillaspie, Conor　ガレスピー, コナー
　㊉アメリカ　野球選手
Gillberg, Christopher　ギルバーグ, クリストファー
　㊈「アスペルガー症候群がわかる本」明石書店　2003
Gillborn, David　ギルボーン, デービッド
　㊈「グローバル化・社会変動と教育」東京大学出版会　2012
Gille, Christian　ジレ
　㊉ドイツ　カヌー選手
Gillen, Kieron　ギレン, キーロン
　㊈「スター・ウォーズ：ベイダー・ダウン」ヴィレッジブックス　2016
Giller, Esther　ギラー, エスター
　㊈「多重人格者の心の内側の世界」作品社　2003
Giller, Pinchas　ギラー, ピンカス
　1953〜　㊈「カバラー」講談社　2014
Gilles, Baillet　ジル, バイエ
　㊉ニジェール　財務相
Gilles, Peter　ギレス, ペーター
　1938〜　㊈「民事司法システムの将来」中央大学出版部　2005

Gillespie, Angus K. ギレスピー，アンガス・K.
1942〜 ㊂「世界貿易センタービル」ベストセラーズ 2002
Gillespie, Gilbert W., Jr. ギレスピー，G.W.，Jr.
㊂「農業の社会学」ミネルヴァ書房 2013
Gillespie, Ian ギレスピー，イアン
㊂「ハワイでみっけ！」二見書房 2005
Gillespie, Jacquelyn ジレスピー，ジャクリーン
㊂「母子画の臨床応用」金剛出版 2001
Gillespie, John Kinsey ギレスピー，ジョン
1945〜 ㊂ギレスピー，ジョン・K.「日本人がグローバルビジネスで成功するためのヒント」IBCパブリッシング 2014
Gillespie, Lisa Jane ギレスピー，リサ・ジェーン
㊂「イラストでわかる！ジュニア科学辞典」成美堂出版 2013
Gillespie, S.H. ガレスピー，スティーブン
㊂「一目でわかる微生物学と感染症」メディカル・サイエンス・インターナショナル 2009
Gillespie-Sells, Kath ギャレスピー＝セルズ，キャス
㊂「障害者自身が指導する権利・平等と差別を学ぶ研修ガイド」明石書店 2005
Gillet, Raphael ジレット，ラファエル
㊂「空間認知研究ハンドブック」二瓶社 2001
Gillett, Charlie ジレット，チャーリー
㊂「ビートルズ世界証言集」ポプラ社 2006
Gillette, Lindsay ジレット，リンゼイ
㊂トリニダード・トバゴ 動力相
Gilley, Bruce ギリ，ブルース
1966〜 ㊂「中国権力者たちの身上調書」阪急コミュニケーションズ 2004
Gilley, Sheridan ギリー，シェリダン
㊂「イギリス宗教史」法政大学出版局 2014
Gilli, Éric ジッリ，エリック
㊂「洞窟探検入門」白水社 2003
Gilliam, Garry ギリアム，ゲーリー
㊂アメリカ アメフト選手
Gilliam, Terry ギリアム，テリー
1940〜 ㊂イギリス 映画監督，アニメーター，俳優 本名＝Gilliam, Terry Vance
Gilliam, Walter S. ギリアム，ウォルター・S.
㊂「みんなの幼児教育の未来予想図」ナカニシヤ出版 2013
Gillick, Pat ギリック，パット
1937〜 ㊂アメリカ 大リーグGM マリナーズGM，フィリーズGM
Gillies, Donald ギリーズ，D.
1944〜「確率の哲学理論」日本経済評論社 2004
Gilligan, James ギリガン，ジェームズ
1935〜「男が暴力をふるうのはなぜか」大月書店 2011
Gilligan, Stephen ギリガン，スティーヴン
1954〜 ㊂アメリカ 心理療法家 ギリガン，スティーヴン
Gilliland, Ben ギリランド，ベン
㊂「宇宙のつくり方」丸善出版 2016
Gillingham, Sara ギリンガム，サラ
㊂「くまちゃんあそぼうよ」世界文化社 2010
Gillings, Bev ギリングス，ベブ
㊂「看護における反省的実践」ゆみる出版 2005
Gillings, Zoe ギリングス
㊂イギリス スノーボード選手
Gillion, Colin ギリオン，C.
㊂「社会保障年金制度」法研 2001
Gillis, Alec ギリス，アレック
㊂「AVP2エイリアンズvs.プレデターメイキングブック」エフエックス，星雲社（発売） 2007
Gillis, Deborah ギリス，デボラ
㊂カナダ 社会活動家 カタリストプレジデント・CEO
Gillis, Eric ギリス，エリック
㊂カナダ 陸上選手
Gillis, Jennifer ギリス，ジェニファー
㊂「臨床心理学における科学と疑似科学」北大路書房 2007
Gillis, John R. ギリス，ジョン・R.
1939〜 ㊂「沿岸と20万年の人類史」一灯舎 2016
Gillis, Tracy Knippenburg ギリス，トレイシー・K.
㊂「事業継続マネジメントBCM」NTT出版 2007
Gillislee, Mike ジリスリー，マイク
㊂アメリカ アメフト選手
Gillison, Karen ギリソン，カレン
㊂「プロジェクト・マネジャーが知るべき97のこと」オライリー・ジャパン，オーム社（発売） 2011

Gillispie, Charles Coulston ギリスピー，チャールズ・C.
1918〜2015 ㊂ギリスピー，チャールズC.「創世記と地質学」晃洋書房 2016
Gillispie, Kay J. ガレスピー，ケイ・J.
㊂「FDガイドブック」玉川大学出版部 2014
Gillman, Peter ギルマン，ピーター
㊂「ヒマラヤ探検史」東洋書林 2015
Gillman, Sid ギルマン，シド
1911〜2003 ㊂アメリカ アメフト監督
Gillman, Steve ギルマン，スティーヴ
㊂「いますぐ「ラッキー！な人」になれる」サンマーク出版 2009
Gillmor, Dan ギルモア，ダン
1951〜 ㊂アメリカ ジャーナリスト
Gillmore, Crockett ギルモア，クロケット
㊂アメリカ アメフト選手
Gillot, Dominique ジロー，ドミニク
㊂フランス 高齢者・身障者担当相
Gillot, Laurence ジロー，ローランス
㊂「ルルちゃんのペットとおわかれ」ジャパンマシニスト社 2014
Gillow, John ギルロー，ジョン
㊂ギロウ，ジョン「アフリカの染色」デザインエクスチェンジ 2003
Gilly, Cécile ジリー，セシル
1925〜「ブーレーズは語る」青土社 2003
Gilman, Alfred Goodman ギルマン，アルフレッド
1941〜2015 ㊂アメリカ 薬理学者 テキサス大学サウスウエスタン医学センター名誉教授 ㊂ギルマン，アルフレド
Gilman, Alfred Zack ギルマン，A.Z.
1908〜 ㊂「薬理書」広川書店 2007
Gilman, Cheryl ギルマン，シェリル
㊂「「これだ！」と思える仕事に出会うには」花風社 2001
Gilman, Dorothy ギルマン，ドロシー
アメリカ探偵作家クラブ賞 巨匠賞（2010年）
Gilman, Richard ギルマン，リチャード
1923〜2006 ㊂「現代劇の形成」論創社 2014
Gilman, Susan Jane ギルマン，スーザン
㊂「うまくいっている女の，かなり冴えた考え方」PHP研究所 2002
Gilmartin, Rene ギルマーティン，レネ
㊂アイルランド サッカー選手
Gilmartin, Sean ギルマーティン，ショーン
㊂アメリカ 野球選手
Gilmer, Maureen ギルマー，モーリン
㊂「プロは語る。」アスペクト 2005
Gilmore, Alec ギルモア，A.
㊂「英語聖書の歴史を知る事典」教文館 2002
Gilmore, Eamon ギルモア，エイモン
㊂アイルランド 副首相兼外務・貿易相
Gilmore, James H. ギルモア，ジェームズ・H.
1959〜「ほんもの」東洋経済新報社 2009
Gilmore, Jennifer ギルモア，ジェニファー
㊂「女友だちの賞味期限」プレジデント社 2006
Gilmore, Jessica ギルモア，ジェシカ
㊂「眠れぬシンデレラ」ハーパーコリンズ・ジャパン 2016
Gilmore, Jim ギルモア，ジム
1949〜 ㊂アメリカ 政治家，弁護士 Kelly Drye and Warren LLPパートナー バージニア州知事，米国共和党全国委員長 本名＝Gilmore, James Stuart Ⅲ
Gilmore, Michael T. ギルモア，マイケル・T.
㊂「階級を再考する」松柏社 2001
Gilmore, Norbert ギルモア，ノーバート
㊂「血液クライシス」現代人文社，大学図書（発売） 2003
Gilmore, Robert ギルモア，ロバート
1941〜「量子の国のアリス」オーム社 2005
Gilmore, Stephan ギルモア，ステファン
㊂アメリカ アメフト選手
Gilmour, Dave ギルモア，デーブ
1946〜 ㊂イギリス ロック・ギタリスト 本名＝ギルモア，デービッド〈Gilmour, David〉 ㊂ギルモア，デイヴ／ギルモア，デイヴィッド
Gilmour, David ギルモア，デヴィッド
1949〜 カナダ総督文学賞 英語 小説（2005年）"A Perfect Night to Go to China"
Gilmour, H.B. ギルモア，H.B.
㊂「イナフ」竹書房 2003

Gilmour, Ian　ギルモア, イアン
1926～2007　[国]イギリス　政治家　英国国防相　別名＝Gilmour of Craigmillar, Lord

Gilmour, Kyle　ギルモア, カイル
[国]カナダ　ラグビー選手

Gilomen, Heinz　ジロメン, ハインツ
[著]「キー・コンピテンシー」 明石書店　2006

Gilot, Fabien　ジロ, ファビアン
1984～　[国]フランス　水泳選手　[異]ジロ

Gilot, Françoise　ジロー, フランソワーズ
1921～　[国]フランス　画家, 著述家

Gilovich, Thomas　ギロヴィッチ, トーマス
1954～　[著]「お金で失敗しない人たちの賢い習慣と考え方」 日本経済新聞出版社　2011

Gilowska, Zyta　ギロフスカ, ズィタ
[国]ポーランド　副首相兼財務相

Gilpin, A.M.　ギルピン, A.
[著]「鍼のエビデンス」 医道の日本社　2009

Gilpin, Daniel　ギルピン, ダン
[異]ギルビン, ダニエル　[著]「地学」 玉川大学出版部　2011

Gilpin, Robert　ギルピン, ロバート
[著]「グローバル資本主義」 東洋経済新報社　2001

Gilroy, Anne M.　ギルロイ, A.
[著]「プロメテウス解剖学コア アトラス」 医学書院　2010

Gilroy, Dan　ギルロイ, ダン
[国]アメリカ　映画監督, 脚本家, 作家

Gilroy, Frank D.　ギルロイ, フランク・D.
1925～2015　[国]アメリカ　劇作家, 脚本家, 映画監督　本名＝Gilroy, Frank Daniel

Gilroy, Paul　ギルロイ, ポール
1956～　[著]「黒い大西洋と知識人の現在」 松籟社　2009

Gilroy, Tony　ギルロイ, トニー
アメリカ探偵作家クラブ賞 映画賞 (2008年)　"Michael Clayton"

Gilruth, Susan　ギルラス, スーザン
1911～　[著]「蛇は嗤う」 長崎出版　2007

Gilson, Patrick　ジルソン, パトリック
1956～　[著]「レアの星」 くもん出版　2003

Gilson, Stuart C.　ギルソン, スチュアート・C.
[著]「コーポレート・リストラクチャリングによる企業価値の創出」 パンローリング　2003

Gilstrap, John　ギルストラップ, ジョン
[著]「雪原決死行」 扶桑社　2005

Giltaij, Jeroen　ヒルタイ, イェルーン
[著]「フェルメールとレンブラント」 TBSテレビ　〔2015〕

Giltburg, Boris　ギルトブルグ, ボリス
[国]イスラエル　エリザベート王妃国際コンクール ピアノ 第1位 (2013年)

Giltrow, Helen　ギルトロウ, ヘレン
[国]イギリス　作家　[専]スリラー

Gilvan-Cartwright, Chris　ジルバン・カートライト, クリス
[著]「ポップアップ・むしたち」 大日本絵画　〔2008〕

Gimbel, Theo　ギンベル, テオ
[著]「カラー・ヒーリング&セラピー」 ガイアブックス, 産調出版 (発売)　2009

Gimbergsson, Sara　ギンバリソン, サーラ
[著]「たね」 ワールドライブラリー　2015

Gimbernat Ordeig, Enrique　ギンベルナート＝オルダイク, エンリケ
[著]「ロクシン刑事法学への憧憬」 信山社出版　2005

Gimenez, Carlos　ギメネス, カルロス
アングレーム国際漫画祭 遺産賞 (2010年)　"Paracuellos" 〈Fluide glacial〉

Gimenez, Chris　ジメネス, クリス
[国]アメリカ　野球選手

Gimenez, Jose　ヒメネス, ホセ
[国]ウルグアイ　サッカー選手

Gimenez, Juan　ヒメネス, フアン
1943～　[著]「メタ・バロンの一族」 小学館集英社プロダクション　2012

Gimeno, Gustavo　ヒメノ, グスターボ
[国]オランダ　指揮者, 打楽器奏者　ルクセンブルク・フィルハーモニー管弦楽団首席指揮者　ロイヤル・コンセルトヘボウ管弦楽団 (ROC) 首席指揮者・首席打楽器奏者

Gimpel, Erich　ギンペル, エーリヒ
1910～　[著]「Uボートで来たスパイ」 扶桑社　2006

Ginaldi, Lia　ギナルディ, リア
[著]「老化の生命科学」 アークメディア　2007

Ginandjar Kartasasmita　ギナンジャール・カルタサスミタ
1941～　[国]インドネシア　政治家　インドネシア大統領諮問会議委員　インドネシア調整相・国民協議会副議長　[異]ギナンジャール

Gindin, Alexander　ギンディン, アレクサンドル
1977～　[国]ロシア　ピアニスト　[異]ギンジン, アレクサンドル / ギンディン, アレクサンダー

Gindin, Sam　ギンディン, サム
[著]「アメリカ帝国主義と金融」 こぶし書房　2005

Gineste, Yves　ジネスト, イヴ
[著]「Humanitude」 トライアリスト東京, 舵社 (発売)　2014

Gingăraş, Georgiu　ジンガラシュ, ジョルジュウ
[国]ルーマニア　青年スポーツ相　[異]ジンガラシュ, ジョルジュ

Ginger, Serge　ジンジャー, サージ
1928～　[著]「ゲシュタルト・セラピーの手引き」 創元社　2007

Gingeras, Alison M.　ジンジャラス, アリソン・M.
[著]「ギイ・ブルダン」 ファイドン　2006

Gingerich, Owen　ギンガリッチ, オーウェン
[著]「クリックとワトソン」 大月書店　2011

Gingerich, Susan　ギンガリッチ, スーザン
[著]「わかりやすいSSTステップガイド」 星和書店　2005

Gingerich, Wallace J.　ジンジャーリッチ, ウォレス・J.
[著]「解決志向ブリーフセラピーハンドブック」 金剛出版　2013

Gingras, Sandy　ギングラス, サンディ
英国推理作家協会賞 デビュー・ダガー (2012年)　"Beached"

Gingrich, Newt　ギングリッチ, ニュート
1943～　[国]アメリカ　政治家　ギングリッチ・グループCEO　米国下院議長 (共和党)　本名＝Gingrich, Newton Leroy　[異]ギンリック, ニュート

Gini, Gianluca　ジニ, G.
1974～　[著]「ゆがんだ認知が生み出す反社会的行動」 北大路書房　2015

Ginn, Drew　ジン, ドルー
1974～　[国]オーストラリア　ボート選手

Ginn, Jay　ジン, J.
[著]「現代イギリスの政治算術」 北海道大学図書刊行会　2003

Ginn, Robert Jay, Jr.　ジン, ロバート・J., Jr.
[著]「仕事に就ける子どもを育てる」 センゲージラーニング, 同友館 (発売)　2009

Ginn, Ted　ギン, テッド
[国]アメリカ　アメフト選手

Gino, Alex　ジーノ, アレックス
1977～　[著]「ジョージと秘密のメリッサ」 偕成社　2016

Gino, Francesca　ジーノ, フランチェスカ
[著]「失敗は「そこ」からはじまる」 ダイヤモンド社　2015

Ginobili, Manu (Emanuel)　ジノビリ, マヌ
[国]アルゼンチン　バスケットボール選手

Ginott, Alice　ギノット, アリス
[著]「子どもの話にどんな返事をしてますか？」 草思社　2005

Gins, Madeline H.　ギンズ, マドリン
1941～2014　[国]アメリカ　詩人

Ginsbach, Julia　ギンスバッハ, ユーリア
1967～　[著]「アマーリア姫と黄金大作戦」 さ・え・ら書房　2003

Ginsberg, Debra　ギンズバーグ, デブラ
1962～　[国]アメリカ　作家　[専]文学

Ginsberg, Lionel　ギンズバーグ, L.
[著]「神経内科学レクチャーノート」 シュプリンガー・ジャパン　2007

Ginsberg, Robert J.　ギンズバーグ, ロバート・J.
[著]「ギンズバーグ肺癌」 西村書店　2005

Ginsberg, Steven H.　ギンズバーグ, スティーブン
[著]「指導医いらずの実践麻酔手技免許皆伝」 メディカル・サイエンス・インターナショナル　2014

Ginsburg, Dan　ギンズバーグ, ダン
[著]「OpenGL ES 2.0プログラミングガイド」 ピアソン・エデュケーション　2009

Ginsburg, David　ギンズバーグ, デイビッド
1920～　[著]「ヒトゲノムの分子遺伝学」 医学書院　2001

Ginsburg, Jane　ギンズバーグ, ジェーン
[著]「米国著作権法詳解」 信山社出版, 大学図書 (発売)　2003

Ginsburg, Mirra　ギンズバーグ, ミラ
[著]「ねんどぼうや」 徳間書店　2003

Ginsburg, Ruth Jone Bader　ギンズバーグ, ルース
1933～　[国]アメリカ　裁判官　米国最高裁判事　[異]ギンズバーグ, ルース・ベーダー

Ginter, Matthias ギンター, マティアス
[国]ドイツ サッカー選手

Gintis, Herbert ギンタス, ハーバート
1940～ [著]「ゲーム理論による社会科学の統合」 NTT出版 2011

Ginzburg, Aleksandr Ilich ギンズブルク, アレクサンドル
1936～2002 旧ソ連の反体制活動家, ジャーナリスト [異]ギンズブルグ, アレクサンドル

Ginzburg, Carlo ギンズブルグ, カルロ
1939～ [国]イタリア 歴史家 カリフォルニア大学ロサンゼルス校教授 [専]社会主義, 労働民衆史, 大衆文化ほか [異]ギンツブルグ, カルロ

Ginzburg, Lev R. ギンズバーグ, レフ・R.
[著]「コンピュータで学ぶ応用個体群生態学」 文一総合出版 2002

Ginzburg, Vitalii Lazarevich ギンズブルグ, ヴィタリー
1916～2009 [国]ロシア 理論物理学者 レベジェフ記念物理研究所教授 [専]超電導 [異]ギーンズブルク / ギンズバーグ, ビタリ / ギンズバーグ, ヴィタリー / ギンズブルグ, ビタリー / ギンツブルク, ビタリー

Giobbi, Robert ジョビー, ロベルト
[著]「ロベルト・ジョビーのカード・カレッジ」 東京堂出版 2007

Giolito, Lucas ジオリト, ルーカス
[国]アメリカ 野球選手

Gionis, Panagiotis ギオニス, パナイオティス
[国]ギリシャ 卓球選手

Giordan, Andre ジオルダン, アンドレ
1946～ [著]「私のからだは世界一すばらしい」 東京書籍 2001

Giordana, Marco Tullio ジョルダーナ, マルコ・トゥリオ
1950～ [国]イタリア 映画監督, 脚本家 [異]ジョルダーナ, マルコ・トゥーリオ

Giordani, Jorge ジョルダニ, ホルヘ
[国]ベネズエラ 企画・財務相

Giordano, Giuseppe ジョルダノ, ジュゼッペ
[国]イタリア 射撃選手

Giordano, Maria ジョルダーノ, M.
1964～ [著]「プレイセラピー実践の手引き」 誠信書房 2010

Giordano, Paolo ジョルダーノ, パオロ
1982～ [専]素粒子物理学 [著]「兵士たちの肉体」 早川書房 2013

Giordano, Philip ジョルダーノ, フィリップ
1980～ [著]「ロディとほしたち」 プレビジョン, KADOKAWA (発売) 2015

Giordano, Ralph ジョルダーノ, ラルフ
1923～ [著]「第二の罪」 白水社 2005

Giordano, Raphaëlle ジョルダノ, ラファエル
[著]「100%幸せになる！」 グラフィック社 2015

Giorgadze, Mikheil ギオルガゼ, ミヘイル
[国]ジョージア 文化相

Giorgadze, Muraz ギオルカゼ, ムラズ
[国]ジョージア ラグビー選手

Giorgelli, Pablo ジョルジェッリ, パブロ
カンヌ国際映画祭 カメラドール (第64回 (2011年)) "Las Acacias"

Giorgi, Amedeo ジオルジ, アメデオ
1931～ [著]「心理学における現象学的アプローチ」 新曜社 2013

Giorgi, Débora ジョルジ, デボラ
[国]アルゼンチン 産業相 [異]ジョルジ, デボラ・アドリアナ

Giorgianni, Massimo ジョルジアンニ, マッシモ
[著]「マッシモ・ジョルジアンニが教えるダンサーのためのメンタル・トレーニング」 白夜書房 2013

Giorgis, Teklemikael ギオルギス・テクレミカエル
[国]エリトリア 国家開発相

Gioseffi, Claudia ジョーゼフィ, クローディア
1960～ [著]「イタリアへのパスポート」 新潮社 2001

Gioura, Derog ジオウラ, デログ
[国]ナウル 海洋資源相 [異]ギオウラ, デログ

Giovanardi, Carlo ジョバナルディ, カルロ
[国]イタリア 国会担当相

Giovanca ジョヴァンカ
[国]オランダ シンガー・ソングライター, モデル [異]ジョバンカ

Giovani ジオバニ
1989～ [国]メキシコ サッカー選手 本名＝ドス・サントス, ジオバニ〈Dos Santos, Giovani〉 [異]サントス, ジオヴァニ・ドス / ドス・サントス, ジョバニ

Giovanni, José ジョヴァンニ, ジョゼ
1923～2004 [国]フランス 作家, 映画監督, 脚本家 [異]ジョバンニ, ジョゼ

Giovanni, Nikki ジョヴァンニ, ニッキー
1943～ [著]「キャロライン・ケネディが選ぶ「心に咲く名詩115」」 早川書房 2014

Giovannini, Carlotta ジョバンニ
[国]イタリア 体操選手

Giovannini, Enrico ジョバンニーニ, エンリコ
1957～ [著]「OECD国際経済統計ハンドブック」 明石書店 2010

Giovannoli, Jean-Louis ジョバンノーリ, ジャン・ルイ
[著]「インプラント周囲炎」 クインテッセンス出版 2013

Giovinco, Sebastian ジョビンコ, セバスチャン
[国]イタリア サッカー選手, トロントFC, 元イタリア代表

Gipper, Helmut ギッパー, ヘルムート
1919～ [著]「言語学の基礎概念と研究動向」 三修社 2003

Gipps, C.V. ギップス, キャロライン・V.
[著]「新しい評価を求めて」 論創社 2001

Gipson, Ken ジプソン, ケン
[国]ドイツ サッカー選手

Gipson, Tashaun ギプソン, タショーン
[国]アメリカ アメフト選手

Gira, Dennis ジラ, デンニス
1943～ [著]「ブッダかキリストか」 サンパウロ 2005

Giraldo, Javier ヒラルド, ハビエル
[著]「アンドレス・イニエスタはなぜ"バルサイズム"の伝道者なのか」 ベースボール・マガジン社 2013

Girard, Anne-Sophie ジロー, アンヌ＝ソフィー
1981～ [著]「パーフェクトな女なんて目指さない！」 早川書房 2014

Girard, Bernard ジラール, ベルナール
[著]「ザ・グーグルウェイ」 ゴマブックス 2009

Girard, Christine ジラール
[国]カナダ 重量挙げ選手 [異]ギラード

Girard, François ジラール, フランソワ
1963～ [国]カナダ 映画監督

Girard, Frédéric ジラール, フレデリック
[著]「日本哲学の国際性」 世界思想社 2006

Girard, Greg ジラード, グレッグ
1955～ [著]「九竜城探訪」 イースト・プレス 2004

Girard, Joe ジラード, ジョー
1928～ [著]「営業の神様」 アルファポリス, 星雲社 (発売) 2013

Girard, Judith L. ジラルド, ジュディス・L.
[著]「ソーシャルワーク実践における家族エンパワーメント」 中央法規出版 2001

Girard, Marie-Aldine ジロー, マリー＝アルディーヌ
1981～ [著]「パーフェクトな女なんて目指さない！」 早川書房 2014

Girard, René ジラール, ルネ
1923～ [著]「世の初めから隠されていること」 法政大学出版局 2015

Girard, René Noël ジラール, ルネ
1923～2015 評論家 スタンフォード大学名誉教授

Girard, Serge ジラール, セルジュ
1953～ [国]フランス 冒険家, 長距離走者

Girardet, Fredy ジラルデ, フレディ
[著]「新フランス料理 fg素直な料理」 柴田書店, 復刊ドットコム (発売) 2016

Girardet, Raoul ジラルデ, ラウル
1917～ [著]「現代世界とさまざまなナショナリズム」 晃洋書房 2004

Girardi, Joe ジラルディ, ジョー
1964～ [国]アメリカ 大リーグ監督, 元野球選手 本名＝Girardi, Joseph Elliott [異]ジラーディ / ジラールディ

Girardin, Annick ジラルダン, アニック
[国]フランス 公務員相

Girardin, Brigitte ジラルダン, ブリジット
[国]フランス 協力・開発・フランス語圏担当相

Girardot, Annie ジラルド, アニー
1931～2011 [国]フランス 女優 本名＝Girardot, Annie Suzanne

Girat, Arnie David ヒラルト
[国]キューバ 陸上選手

Giraud, Claude ジロー, クロード
1952～ [国]フランス 実業家 アンリ・ジロー社長

Giraud, Yvette ジロー, イヴェット
1916～2014 [国]フランス シャンソン歌手 本名＝ウーロン, イヴェット〈Houron, Yvette〉 [異]ジロー, イベット

Giraudeau, Bernard ジロドー, ベルナール
1947～2010 [国]フランス 俳優 [異]ジロドゥ

Girault, Jacques ジロー, ジャック

G

[著]「教員達と教授達フランス教職員組合運動史」 大阪大学大学院・人間科学研究科教育制度学研究室　2013

Girdley, Michael　ガードレー, マイケル
[著]「J2EE&BEA WebLogic Server開発者ガイド」 ピアソン・エデュケーション　2001

Gire, Ken　ガイア, ケン
[著]「魂の窓」 地引網出版　2005

Girerd, Jacques-Rémy　ジレール, ジャック・レミー
[国]フランス　オタワ国際アニメーション映画祭 グランプリ（長編作品）（2004年）　"La Prophétie des grenouilles"（英題：Raining Cats and Frogs）

Girgenti, Richard H.　ジジェンティ, リチャード・H.
[著]「不正・不祥事のリスクマネジメント」 日本経済新聞出版社　2012

Girginov, Vassil　ギルギノフ, ヴァシル
1956～　[著]「オリンピックのすべて」 大修館書店　2008

Giri, Deepak　ギリ, ディパク
[国]ネパール　灌漑相

Giria, Evgeniĭ IUr'evich　ギリヤ, エヴゲニー・ユリエヴィッチ
[著]「氷河期の極北に挑むホモ・サピエンス」 雄山閣　2013

Giribone, Jean-Luc　ジリボン, ジャン＝リュック
1951～　[著]「不気味な笑い」 平凡社　2010

Girke, Nikola　ガーク, ニコラ
[国]カナダ　セーリング選手

Girma, Amante　ギルマ・アメンテ
[国]エチオピア　公営企業相

Girma, Birru　ギルマ・ビル
[国]エチオピア　通産相

Girma Woldegiorgis　ギルマ・ウォルドギオルギス
1925～　[国]エチオピア　政治家　エチオピア大統領

Giro, Bernard　ジロ, バーナード
[国]ソロモン諸島　内相

Girod, Francis　ジロ, フランシス
1944～2006　[国]フランス　映画監督

Girolami, Adriana　ジローラミ, エイドリアナ
[著]「愛と復讐の天使」 オークラ出版　2014

Girolomoni, Gino　ジロロモーニ, ジーノ
1946～　[著]「イタリア有機農業の魂は叫ぶ」 家の光協会　2005

Giroud, Françoise　ジルー, フランソワーズ
1916～2003　[国]フランス　ジャーナリスト, 作家　フランス文化担当閣外相, 「レクスプレス」編集長

Giroud, J.P.　ジラウド, J.P.
[著]「ガンドシールデザインマニュアル」 技報堂出版　2004

Giroud, Olivier　ジルー, オリヴィエ
[国]フランス　サッカー選手

Giroux, Henry A.　ジルー, ヘンリー・A.
1943～　[著]「変革的知識人としての教師」 春風社　2014

Giroux, Mathieu　ジロー, マシュー
1986～　[国]カナダ　スピードスケート選手

Giry, Annick de　ジリ, アニック・ド
[著]「グランド・ルート」 西村書店東京出版編集部　2015

Girzone, Joseph F.　ガーゾーン, ジョーゼフ・F.
1930～　[著]「ヨシュア」 春秋社　2003

Giscard d'Estaing, Valéry　ジスカール・デスタン, ヴァレリー
1926～　[国]フランス　政治家　フランス大統領, フランス民主連合（UDF）議長　本名＝Giscard d'Estaing, Valéry Marie René George　[異]ジスカールデスタン, バレリー

Gischler, Victor　ギシュラー, ヴィクター
1969～　[著]「デットプール ： マーク・ウィズ・ア・マウス」 小学館集英社プロダクション　2013

Gisela Vergara, Carmen　ヒセラ・ベルガラ, カルメン
[国]パナマ　商工相

Gisele　ジゼル
1980～　[国]ブラジル　ファッションモデル　本名＝ブンチェン, ジゼル〈Bü undchen, Gisele〉

Gisin, Dominique　ギザン, ドミニク
[国]スイス　アルペンスキー選手

Giske, Trond　ギスケ, トロン
[国]ノルウェー　貿易・産業相

Gissing, Vera　ギッシング, ヴェラ
1928～　[著]「キンダートランスポートの少女」 未来社　2008

Gist, Richard　ギスト, リチャード
[著]「臨床心理学における科学と疑似科学」 北大路書房　2007

Gita, Irawan Wirjawan　ギタ・イラワン・ウィルヤワン
[国]インドネシア　貿易相

Giteau, Matt　ギタウ, マット
[国]オーストラリア　ラグビー選手

Gitelman, Zvi Y.　ギテルマン, ツヴィ
1940～　[著]「ロシア・ソヴィエトのユダヤ人100年の歴史」 明石書店　2002

Giteruji, Dieudonné　ギテルジ, デュードネ
[国]ブルンジ　地域開発相

Githae, Njeru　ギタエ, ニジェル
[国]ケニア　ナイロビ首都圏開発相

Githiora, Chege J.　ギシオラ, チェゲ
[著]「ケニア」 ほるぷ出版　2008

Gitinov, Arsen　ギチノフ
[国]キルギス　レスリング選手

Gitlin, Todd　ギトリン, トッド
[著]「アメリカの文化戦争」 彩流社　2001

Gitomer, Jeffrey H.　ギトマー, ジェフリー
[著]「ポジティブ思考」 日経BP社, 日経BP出版センター（発売）　2010

Gitt, Werner　ギット, ヴェルナー
1937～　[著]「初めに情報ありき」 いのちのことば社　2008

Gittell, Jody Hoffer　ギッテル, ジョディ・ホファー
[著]「業績評価の理論と実務」 東洋経済新報社　2004

Gittens, Tessa　ギトゥンズ, テッサ
1941～　[異]ギッテンズ, テッサ　[著]「自閉症スペクトラムへのソーシャルスキルプログラム」 スペクトラム出版社　2005

Gitterman, Alex　ギッターマン, A.
1938～　[著]「ソーシャルワーク実践と生活モデル」 ふくろう出版　2008

Gittines, Roger　ギティンズ, ロジャー
[著]「驚異のエゴスキュー」 ロングセラーズ　2008

Gittings, John　ギッティング, ジョン
[著]「ビジュアル版 世界の歴史都市」 柊風舎　2016

Gittins, Ian　ギッティンズ, イアン
[異]ギティンズ, イアン　[著]「ニッキー・シックスヘロイン・ダイアリーズ」 シンコーミュージック・エンタテイメント　2008

Gittleman, Ann Louise　ギトルマン, アン・ルイーズ
[著]「1日断食で、驚きの即効毒出しダイエット」 主婦の友社　2006

Giudice, Christian　ジューディージェイ, クリスチャン
1974～　[著]「ロベルト・デュラン石の拳一代記」 白夜書房　2013

Giudice, Gaspare　ジュディチェ, ガスパレ
1925～　[著]「ピランデッロ伝」 尚学社　2001

Giudice, Maria　ジュディース, マリア
[著]「CEOからDEOへ」 ビー・エヌ・エヌ新社　2014

Giuffra Monteverde, Bruno　ジウフラ・モンテベルデ, ブルノ
[国]ペルー　生産相

Giuffre, Jimmy　ジュフリー, ジミー
1921～2008　[国]アメリカ　ジャズ奏者, 作曲家　本名＝ジェフリー, ジミー・ピーター〈Giuffre, James Peter〉

Giuffrida, Odette　ジュフリダ, オデッテ
[国]イタリア　柔道選手

Giuglaris, Marcel　ジュグラリス, マルセル
1922～2010　[国]フランス　ジャーナリスト　ユニフランス・フィルム駐日代表

Giuliani, Alfredo　ジュリアーニ, A.
1924～2007　[著]「エルサレム解放」 岩波書店　2010

Giuliani, Jean-Dominique　ジュリアーニ, ジャン＝ドミニック
1956～　[著]「拡大ヨーロッパ」 白水社　2006

Giuliani, Rudolph W.　ジュリアーニ, ルドルフ
1944～　[国]アメリカ　実業家, 政治家, 法律家　ジュリアーニ・パートナーズ会長・CEO　ニューヨーク市長　別名＝Giuliani, Rudy

Giuliani, Sante L.　ジュリアーニ, サンテ・L.
[著]「バンブーロッド教書」 フライの雑誌社　2013

Giuliano, Geoffrey　ジュリアーノ, ジェフリー
[著]「ジョン・レノン アメリカでの日々」 WAVE出版　2003

Giuliano, Simone　ジュリアーノ, シモーネ
[国]イタリア　サッカー選手

Giulini, Carlo Maria　ジュリーニ, カルロ・マリア
1914～2005　[国]イタリア　指揮者　ミラノ・スカラ座首席指揮者

Giupponi, Matteo　ジュッポーニ, マテオ
[国]イタリア　陸上選手

Gius, Nicole　ジュース
[国]イタリア　アルペンスキー選手

Giusiano, Philippe　ジュジアーノ, フィリップ
1973～　[国]フランス　ピアニスト　[異]ジュジアノ, フィリップ

Giussani, Luigi　ジュッサーニ, ルイジ
1922～2005　[著]「キリストの主張の起源に」 ドン・ボスコ社　2015

Given, Shay　ギヴン, シェイ
　国アイルランド　サッカー選手
Givency, Hubert de　ジバンシー, ユベール・ド
　1927～　国フランス　ファッションデザイナー　本名＝ジバンシー, ユベール・ジェームズ・マルセル・タファン・ド〈Givenchy, Hubert James Marcel Taffin de〉　異ジバンシィ／ジヴァンシー
Givens, Chris　ギブンズ, クリス
　国アメリカ　アメフト選手
Givens, David B.　ギヴンズ, デビッド
　著「ラブ・シグナル」日本文芸社　2005
Givens, Mychal　ギブンス, マイカル
　国アメリカ　野球選手
Givhan, Robin　ギバン, ロビン
　国アメリカ　ピュリッツアー賞 ジャーナリズム 批評（2006年）
Giyasov, Shakhram　ギヤソフ, シャフラム
　国ウズベキスタン　ボクシング選手
Gizenga, Antoine　ギゼンガ, アントワーヌ
　国コンゴ民主共和国　首相
Gjana, Jemin　ジャナ, イェミン
　国アルバニア　農相
Gjelland, Egil　ジェラン
　国ノルウェー　バイアスロン選手
Gjellerup, Pia　ギェラルップ, ピア
　国デンマーク　財務相
Gjelsvik, Bente E.Bassøe　ジェルスビック, ベンテ・バッソ
　著「近代ボバース概念理論と実践」ガイアブックス, 産調出版（発売）　2011
Gjengedal, Eva　ギェンゲダル, エファ
　著「ベナー解釈的現象学」医歯薬出版　2006
Gjerlow, Kris　ジュアロウ, K.
　著「言語と脳」新曜社　2002
Gjermeni, Eglantina　ジェルメニ, エグランティナ
　国アルバニア　都市開発・観光相
Gjerskov, Mette　ゲアスコウ, メッテ
　国デンマーク　食料・農業・漁業相
Gjiknuri, Damian　ギクヌリ, ダミアン
　国アルバニア　エネルギー・産業相
Gjoemle, Ella Berg　イエムレ
　国ノルウェー　距離スキー選手
Gjoni, Ilir　ジョニ, イリル
　国アルバニア　社会秩序相
Gjorcev, Marjan　ギョルチェフ, マリャン
　国マケドニア　農林・水資源相
Gjosha, Klajda　ジョシャ, クライダ
　国アルバニア　欧州統合相
Gkiokas, Thanasis　グキオカス, タナシス
　著「数学ミステリーX教授を殺したのはだれだ！」講談社　2015
Glaberman, Martin　グラバーマン, マーティン
　1918～2001　著「戦時ストライキ」こぶし書房　2015
Gladen, Steve　グレイデン, スティーブ
　1960～　著「健康なスモールグループが教会を育てる」パーパス・ドリブン・ジャパン　2013
Gladky, Olexander　グラドキー, オレクサンドル
　国ウクライナ　サッカー選手
Gladman, Dafna D.　グラッドマン, D.
　著「the FACTS乾癬性関節炎」新興医学出版社　2010
Gladovic, Dragana　グラドビチ
　国セルビア　テコンドー選手
Gladstar, Rosemary　グラッドスター, ローズマリー
　著「メディカルハーブレシピ」東京堂出版　2012
Gladstone, Eve　グラッドストン, イブ
　著「哀しみは夕暮に」ハーレクイン　2001
Gladstone, William　グラッドストーン, ウィリアム
　著「願いを叶える7つの呪文」ソフトバンククリエイティブ　2011
Gladwell, Malcolm　グラッドウェル, マルコム
　1963～　国アメリカ　作家, ジャーナリスト　「ワシントン・ポスト」ニューヨーク支局長
Gladwin, Mark　グラッドウィン, マーク
　著「すぐわかるイラスト微生物学」丸善　2007
Glaeser, Edward Ludwig　グレイザー, エドワード
　1967～　著「都市は人類最高の発明である」NTT出版　2012
Glaesser, Dirk　グレーサー, D.
　著「危機管理理論と観光」くんぷる　2008
Glaesser, Jasmin　グレーザー, ジャスミン
　国カナダ　自転車選手
Glaetzer, Matthew　グレーツァー, マシュー
　国オーストラリア　自転車選手
Glagoleva, Elena Georgievna　グラゴレヴァ, E.G.
　1926～2015　著「座標法」筑摩書房　2016
Glagow (beck), Martina　グラゴウ
　国ドイツ　バイアスロン選手
al-Glaib, Mustafa　グライブ, ムスタファ
　国リビア　法相
Glancey, Jonathan　グランシー, ジョナサン
　著「世界建築大全」日東院本社　2016
Glania, Jan-Philip　グラニア, ヤンフィリップ
　国ドイツ　水泳選手
Glanton, Adarius　グラントン, アダリアス
　国アメリカ　アメフト選手
Glantz, David M.　グランツ, デビッド・M.
　著「ヒトラーが勝利する世界」学習研究社　2006
Glanville, Brian　グランヴィル, ブライアン
　著「ブライアン・グランヴィルのワールドカップ・ストーリー」新紀元社　2002
Glapion, Jonathan　グラピオン, ジョナサン
　著「バットマン＆ロビン」小学館集英社プロダクション　2014
Glar, Jinny　グレアー, ジニー
　著「お花と太陽のラッピング」文芸社　2007
Glas, Jorge　グラス, ホルヘ
　国エクアドル　副大統領
Glasa, Josef　グラサ, ヨゼフ
　著「病院倫理入門」丸善出版　2011
Glasauer, Willi　グラサウア, ウィリー
　1938～　著「木を植えたひと」世界文化社　2005
Glaser, Byron　グレイサー, バイロン
　著「Qカード」ソニー・マガジンズ　2003
Glaser, Christian　グラーザー, C.
　著「わかる！骨軟部画像診断の要点」メディカル・サイエンス・インターナショナル　2009
Glaser, Connie Brown　グレーザー, コニー
　著「ボスを目ざすサメとリーダーを目ざすイルカ」実業之日本社　2003
Glaser, Danya　グレイサー, ダーニャ
　著「愛着と愛着障害」北大路書房　2008
Glaser, Donald Arthur　グレーザー, ドナルド
　1926～2013　国アメリカ　物理学者, 分子生物学者　カリフォルニア大学バークレー校教授　異クレイザー, ドナルド
Glaser, Hermann　グラーザー, ヘルマン
　1928～　国ドイツ　著述家　ベルリン工業大学非常勤教授　ニュルンベルク市教育文化局長
Glaser, Linda　グレイザー, リンダ
　著「ちきゅうはみんなのいえ」くもん出版　2005
Glaser, Milton　グレーザー, ミルトン
　1929～　国アメリカ　グラフィックデザイナー, イラストレーター　異グレイザー, ミルトン
Glaser, Pernilla　グラーザー, ペルニラ
　1972～　著「薄い氷の上のダンス」メディアファクトリー　2001
Glasersfeld, Ernst von　グレーザーズフェルド, エルンスト・フォン
　1917～　著「ラディカル構成主義」NTT出版　2010
Glasgow, Graham　グラスゴウ, グラハム
　国アメリカ　アメフト選手
Glasgow, Russell E.　グラスゴー, ラッセル・E.
　著「臨床心理学における科学と疑似科学」北大路書房　2007
Glasgow, Sean C.　グラスゴー, S.
　著「ワシントン外科マニュアル」メディカル・サイエンス・インターナショナル　2009
Glaskin, Max　グラスキン, マックス
　著「サイクル・サイエンス」河出書房新社　2013
Glasman-Deal, Hilary　グラスマン・ディール, ヒラリー
　著「理系研究者のためのアカデミックライティング」東京図書　2011
Glasnovic, Josip　グラスノビッチ, ヨシプ
　国クロアチア　射撃選手
Glasnovic, Nikita　グラスノビッチ, ニキータ
　国スウェーデン　テコンドー選手
Glasnow, Tyler　グラスノー, タイラー
　国アメリカ　野球選手
Glasper, Robert　グラスパー, ロバート
　グラミー賞 最優秀トラディショナルR&B歌手（2014年（第57回））ほか
Glass, Adam　グラス, アダム
　著「ルーク・ケイジ：無慈悲の街」ヴィレッジブックス　2016

Glass, Calliope グラス, キャリオープ
[異]グラス, カリオペ [著]「雪だるまつくろう！」 講談社 2015
Glass, Cathy グラス, キャシー
[著]「ジョディ、傷つけられた子」 中央公論新社 2013
Glass, David グラス, デビッド
[国]アメリカ カンザスシティ・ロイヤルズオーナー
Glass, David J. グラース, デイビッド・J.
[異]グラース, デイビッドJ. [著]「バイオ研究のための実験デザイン」 メディカル・サイエンス・インターナショナル 2011
Glass, Graham グラス, グラハム
[著]「Webサービス入門」 ピアソン・エデュケーション 2002
Glass, Ira グラス, アイラ
[著]「プロは語る。」 アスペクト 2005
Glass, Julia グラス, ジュリア
1956～ [著]「六月の組曲」 DHC 2003
Glass, Leslie グラス, レスリー
[著]「紅唇」 講談社 2001
Glass, Lillian グラス, リリアン
[著]「相手の心を読む方法」 PHP研究所 2003
Glass, Philip グラス, フィリップ
1937～ [国]アメリカ 作曲家 [異]フィリップ・グラス
Glass, Robert L. グラス, ロバート・L.
1932～ [著]「ソフトウエア・クリエイティビティ」 日経BP社, 日経BP出版センター(発売) 2009
Glass, Stephen グラース, S.
[著]「ACSMメタボリック・カリキュレーション・ハンドブック」 ナップ 2008
Glass, Suzanne グラス, スザンヌ
[国]イギリス 作家, ジャーナリスト
Glasser, Brian グラサー, ブライアン
1958～ [著]「ザヴィヌル」 音楽之友社 2003
Glasser, Carleen グラッサー, カーリーン
[著]「幸せな結婚のための8つのレッスン」 アチーブメント出版 2007
Glasser, William グラッサー, ウイリアム
1925～2013 [著]「テイクチャージ選択理論で人生の舵を取る」 アチーブメント出版 2016
Glassie, Nandi グラッシー, ナンディ
[国]クック諸島 法相兼保健相兼議会サービス担当相
Glassner, Barry グラスナー, バリー
[著]「アメリカは恐怖に踊る」 草思社 2004
Glastra van Loon, Karel フラストラ・ファン・ローン, カレル
1962～ [異]ファン・ローン, カレル [著]「記憶の中の一番美しいもの」 講談社 2002
Glasziou, Paul P. グラシュー, ポール
1954～ [著]「EBM楽しい演習帳」 金芳堂 2004
Glatt, John グラット, ジョン
[著]「リヴァー・フェニックス」 キネマ旬報社, ブッキング(発売) 2004
Glattauer, Daniel グラッタウアー, ダニエル
1960～ [国]オーストリア 作家 [専]ロマンス, ユーモア
Glattke, Theodore J. グラック, テオドール・J.
[著]「コミュニケーション障害入門」 大修館書店 2005
Glatzer, Richard グラッツァー, リチャード
1952～2015 [国]アメリカ 映画監督
Glatzer, Robert グラッツァー, ロバート
[著]「シネマ頭脳」 フィルムアート社 2002
Glaubach, Jay グラウバック, ジェイ
[著]「ハーバードMBA合格者のエッセイを読む」 オープンナレッジ 2007
Glauber, Robert R. グラウバー, ロバート・R.
[著]「日本の金融危機」 東洋経済新報社 2001
Glauber, Roy J. グラウバー, ロイ
1925～ [国]アメリカ 物理学者 ハーバード大学教授 [専]量子光学 [異]グラウバー, ロイ・J.
Glaubman, Richard グローブマン, リチャード
[著]「101歳、人生っていいもんだ。」 飛鳥新社 2001
Glaudes, Pierre グロード, ピエール
1957～ [著]「エッセイとは何か」 法政大学出版局 2003
Glauser, Fred グラウザー, フレッド
[著]「CCNP」 翔泳社 2004
Glavan, Ruxanda グラバン, ルクサンダ
[国]モルドバ 保健相
Glavany, Jean グラバニ, ジャン
[国]フランス 農業水産相
Glavine, Tom グラビン, トム
1966～ [国]アメリカ 元野球選手 本名＝Glavine, Thomas Michael [異]グラヴィン, トム
Glavinic, Thomas グラヴィニチ, トーマス
1972～ [著]「ドローへの愛」 河出書房新社 2003
Glayman, Claude グレイマン, クロード
[著]「デュティユーとの対話」 法政大学出版局 2009
Glazer, Amihai グレーザー, A.
1950～ [著]「成功する政府失敗する政府」 岩波書店 2004
Glazer, Jonathan グレイザー, ジョナサン
1965～ [著]「記憶の棘」 ランダムハウス講談社 2006
Glazer, Malcolm グレーザー, マルコム
1928～2014 [国]アメリカ 実業家 ファースト・アライド社長・CEO, マンチェスター・ユナイテッド・オーナー
Glazer, Mitch グレイザー, ミッチ
[著]「リクルート」 角川書店 2003
Glazer, Mitchell グレイザー, ミッチェル
[著]「ビートルズ世界証言集」 ポプラ社 2006
Glazier, Sidney グラジエ, シドニー
1916～2002 [国]アメリカ 映画製作者 [異]グレージア, シドニー
Glazkov, Vyacheslav グラズコワ
[国]ウクライナ ボクシング選手
Gleadle, Jonathan グリーアドル, ジョナサン
[著]「一目でわかる患者診断学」 メディカル・サイエンス・インターナショナル 2004
Glean, Carlyle グリーン, カーライル
[国]グレナダ 総督
Gleason, Andrew M. グレアソン, アンドリュー・M.
[著]「概念を大切にする微積分」 日本評論社 2010
Gleason, Colleen グリーソン, コリーン
[国]アメリカ 作家 [専]ロマンス
Gleason, Patrick グリーソン, パトリック
[著]「ジョーカー：喪われた絆」 小学館集英社プロダクション 2014
Gleason, Ralph グリーソン, ラルフ
[著]「友よ 弔辞という詩」 河出書房新社 2007
Gleditsch, J. グレディッチュ, J.
[著]「鍼のエビデンス」 医道の日本社 2009
Gleeson, Brendan グリーソン, ブレンダン
1955～ [国]アイルランド 俳優
Gleeson, Kerry グリーソン, ケリー
1948～ [著]「なぜか、「仕事がうまくいく人」の習慣」 PHP研究所 2015
Gleeson, Libby グリーソン, リビー
1950～ [著]「みて、ほんだよ！」 光村教育図書 2012
Gleeson-White, Jane グリーソン・ホワイト, ジェーン
[著]「バランスシートで読みとく世界経済史」 日経BP社, 日経BPマーケティング(発売) 2014
Glei, Jocelyn Kendall グライ, ジョスリン・K.
[著]「いつでもどこでも結果を出せる自己マネジメント術」 サンマーク出版 2015
Gleich, Jacky グライヒ, ジャッキー
1964～ [著]「おしゃぶりがおまもり」 講談社 2003
Gleick, Beth Youman グレイク, ベス・ユーマン
[著]「チックタックじかんってなあに？」 偕成社 2006
Gleick, James グリック, ジェームズ
1954～ [国]アメリカ 作家 [異]グリック, ジェイムズ
Gleitzman, Morris グライツマン, モーリス
1953～ [著]「フェリックスとゼルダその後」 あすなろ書房 2013
Glemp, Józef グレンプ, ユゼフ
1929～2013 [国]ポーランド カトリック枢機卿 ポーランドカトリック教会首座大司教, ワルシャワ名誉大司教
Glen, Sally グレン, S.
[著]「看護とヘルスケアの社会学」 医学書院 2005
Glenday, Craig グレンディ, クレイグ
[著]「ギネス世界記録」 角川アスキー総合研究所, KADOKAWA(発売) 2016
Glendon, Kellie J. グレンドン, ケリー・J.
[著]「看護教育におけるグループ学習のすすめ方」 医学書院 2002
Glenn, Alan グレン, アラン
[著]「鷲たちの盟約」 新潮社 2012
Glenn, Andrea L. グレン, アンドレア・L.
[著]「モーラルブレイン」 麗沢大学出版会, 広池学園事業部(柏)(発売) 2013
Glenn, Cordy グレン, コーディー
[国]アメリカ アメフト選手
Glenn, Jacoby グレン, ジャコビー

㈲アメリカ　アメフト選手
Glenn, John　グレン, ジョン
　1921〜2016　㈲アメリカ　宇宙飛行士, 政治家　米国上院議員（民主党）　本名=Glenn, John Herschel（Jr.）
Glenn, Jules　グレン, ジュール
　㈲「「ねずみ男」の解読」金剛出版　2015
Glenn, Terri M.　グレン, テリ・M.
　㈲「最新運動療法大全」ガイアブックス, 産調出版（発売）　2012
Glenn, Thomas　グレン, トーマス
　グラミー賞 最優秀クラシック・オペラ録音（2011年（第54回））"Adams: Doctor Atomic" ソリスト
Glenn, Victoria　グレン, ヴィクトリア
　㈲「すてきなエピローグ」ハーレクイン　2013
Glenn, Walter J.　グレン, ウォルター
　㈲「MCDSTスキルチェック問題集70-271Microsoft Windows XP オペレーティングシステムユーザーサポート・トラブルシューティング」日経BPソフトプレス, 日経BP出版センター（発売）2005
Glennie, Evelyn　グレニー, エベリン
　1965〜　㈲イギリス　打楽器奏者　本名=Glennie, Evelyn Elizabeth Ann　㈲グレニー, エヴェリン／グレニー, エヴリン
Glennon, Dennis C.　グレノン, デニス・C.
　㈲「クレジット・スコアリング」シグマベイスキャピタル　2001
Glennon, Michael　グレノン, マイケル
　㈲「ネオコンとアメリカ帝国の幻想」朝日新聞社　2003
Glennon, Mike　グレノン, マイク
　㈲アメリカ　アメフト選手
Glenny, Misha　グレニー, ミーシャ
　㈲「ビジュアル版 世界の歴史都市」柊風舎　2016
Glenville, Marilyn　グレンビル, マリリン
　㈲「検証骨粗鬆症にならない体質」産調出版　2006
Glenwright, Jerry　グレンライト, ジェリー
　㈲「ウェブ・レイアウト」グラフィック社　2001
Gleysteen, William H., Jr.　グレイスティーン, ウィリアム, Jr.
　1926〜2002　㈲アメリカ　外交官　ジャパン・ソサエティ（ニューヨーク）理事長　㈲グライスティーン, ウィリアム
Glick, Marion E.　グリック, マリオン・E.
　㈲「サイエンスライティング」地人書館　2013
Glickman, Dan　グリックマン, ダン
　1944〜　㈲アメリカ　政治家　米国農務長官, 米国映画協会（MPAA）会長　本名=グリックマン, ダニエル・ロバート〈Glickman, Daniel Robert〉
Glickman, Marty　グリックマン, マーティ
　1917〜2001　㈲アメリカ　スポーツ中継アナウンサー, 元・陸上選手
Glickman, Michael　グリックマン, マイケル
　1941〜　㈲「クロップサークル未来暗号「超」解読」ヒカルランド　2012
Glickman, Rosalene　グリックマン, ロザリン
　㈲「考える技術オプティマル・シンキング」エレファントパブリッシング　2008
Glidden, David　グリッデン, デービッド
　㈲アメリカ　アメフト選手
Glied, Sherry　グライド, シェリー
　㈲「血液クライシス」現代人文社, 大学図書（発売）　2003
Gligorić, Tihomir　グリゴリッチ, ティホミル
　㈲ボスニア・ヘルツェゴビナ　民政・通信相
Gligorov, Kiro　グリゴロフ, キロ
　1917〜2012　㈲マケドニア　政治家　マケドニア大統領
Glik, Kamil　グリク, カミル
　㈲ポーランド　サッカー選手
Glimcher, Paul W.　グリムシャー, ポール・W.
　㈲「神経経済学入門」生産性出版　2008
Gliński, Piotr　グリンスキ, ピオトル
　㈲ポーランド　副首相兼文化・国家遺産相
Glinta, Robert　グリンタ, ロベルト
　㈲ルーマニア　水泳選手
Glinz, Hans　グリンツ, ハンス
　1913〜2008　㈲「ドイツ語文法における文肢論の歴史と批判」郁文堂　2010
Gliori, Debi　グリオリ, デビ
　1959〜　㈲イギリス　絵本作家, イラストレーター
Glisic, Nenad　グリシッチ, ネナド
　㈲セルビア　駐日特命全権大使
Glissant, Édouard　グリッサン, エドゥアール
　1928〜2011　㈲フランス　詩人, 作家, 思想家　㈲クレオール

文学
Glitschka, Von　グリッチカ, ヴォン
　㈲「みてみてゴー！」大日本絵画　〔2014〕
Glocer, Tom　グローサー, トム
　1959〜　㈲アメリカ　実業家　トムソン・ロイターCEO　本名=Glocer, Thomas Henry
Glocheux, Dominique　グロシュー, ドミニク
　㈲グロシュ, ドミニク　㈲「心の翼を休めて」河出書房新社　2005
Glock, Hans-Johann　グロック, ハンス・ヨハン
　1960〜　㈲「分析哲学の生成」晃洋書房　2003
Glöckler, Michaela　グレックラー, ミヒャエラ
　1946〜　㈲「才能と障がい」涼風書林　2009
Glodell, Evan　グローデル, エバン
　1980〜　㈲アメリカ　映画監督　㈲グローデル, エヴァン
Gloeersen, Anders　グレルシェン
　㈲ノルウェー　クロスカントリースキー選手
Glos, Michael　グロス, ミヒアエル
　㈲ドイツ　経済技術相
Glotz, Peter　グロッツ, ペーター
　1939〜2005　㈲ドイツ　政治家, コミュニケーション学者　ドイツ社会民主党（SPD）幹事長
Glouberman, Dina　グローバーマン, ディナ
　㈲「イメージワーク入門」春秋社　2002
Gloucester　グロスター公
　1944〜　㈲イギリス　ジョージ5世の孫で, エリザベス女王の従弟　称号=The Duke of Gloucester
Glovak, Sandra　グロバク, サンドラ
　㈲「乳幼児精神保健ケースブック」金剛出版　2007
Glover, Andrew　グローバー, アンドリュー
　㈲「継続的インテグレーション入門」日経BP社, 日経BP出版センター（発売）　2009
Glover, Antonio　グローバ, アントニオ
　㈲アメリカ　アメフト選手
Glover, Danny　グローバー, ダニー
　1946〜　㈲アメリカ　俳優　㈲グローヴァー, ダニー
Glover, Helen　グローバー, ヘレン
　1986〜　㈲イギリス　ボート選手　㈲グラバー, ヘレン
Glover, Jane　グラヴァー, ジェイン
　1949〜　㈲「モーツァルトと女性たち」白水社　2015
Glover, Jonathan　グラヴァー, ジョナサン
　㈲「遺伝子革命と人権」DHC　2001
Glover, Koda　グラバー, コーダ
　㈲アメリカ　野球選手
Glover, Lucas　グローバー, ルーカス
　1979〜　㈲アメリカ　プロゴルファー
Glover, Robert A.　グラバー, ロバート・A.
　㈲「「いい人」たちの憂鬱」バジリコ　2006
Glover, Savion　グローバー, セビアン
　1973〜　㈲アメリカ　振付師, タップダンサー　㈲クローヴァー, サヴィオン／グローバー, サビオン／グローバー, セイビオン／グローバー, セヴィアン／グローヴァー, セイヴィオン
Glover, Shelly　グロバー, シェリー
　㈲カナダ　民族遺産・公用語担当相
Glover-wright, Tay　グローバー・ライト, タイ
　㈲アメリカ　アメフト選手
Glovinsky, Paul B.　グロヴィンスキ, ポール
　㈲「睡眠障害に対する認知行動療法」風間書房　2015
Glowinski, Mark　グロウィンスキー, マーク
　㈲アメリカ　アメフト選手
Gluck, Carol　グラック, キャロル
　1941〜　㈲アメリカ　歴史学者　コロンビア大学教授　㈲近代日本史・思想史
Gluck, Cellin　グラック, チェリン
　1958〜　㈲アメリカ　映画監督
Gluck, Frederick W.　グラック, フレデリック・W.
　㈲「マッキンゼー戦略の進化」ダイヤモンド社　2003
Glucklich, Ariel　グルックリッチ, アリエル
　1952〜　㈲「聖地チャームンディ・ヒルへ」ソニー・マガジンズ　2005
Glucksmann, André　グリュックスマン, アンドレ
　1937〜2015　㈲フランス　哲学者　フランス国立科学研究所研究員
Glucksmann, Miriam　グラックスマン, ミリアム
　㈲「「労働」の社会分析」法政大学出版局　2014
Glukhovsky, Dmitry　グルホフスキー, ドミトリー

Glut, Donald F.　グルート, ドナルド・F.
　1944～　㊈「スター・ウォーズエピソード5帝国の逆襲」講談社 2015
Glváč, Martin　グルバーチ, マルティン
　㊋スロバキア　国防相
Glyn, Andrew　グリン, アンドルー
　1943～　㊈「狂奔する資本主義」ダイヤモンド社 2007
Glynn, Alan　グリン, アラン
　1960～　㊈「ブレイン・ドラッグ」文芸春秋 2004
Glynn, Gene　グリン, ジーン
　㊋アメリカ　ミネソタ・ツインズコーチ
Glynn, Jay　グリン, ジャイ
　㊈「プロフェッショナルC#」インプレス, インプレスコミュニケーションズ(発売) 2002
Glynn, Paul　グリン, パウロ
　1928～　㊈「蟻の街の微笑み」聖母の騎士社 2016
Glynne, Andy　グリン, アンディ
　㊈「世界の難民の子どもたち」ゆまに書房 2016
Glynne, Jess　グリン, ジェス
　グラミー賞 最優秀ダンス・レコーディング作品(2014年(第57回))　"Rather Be"
Glynne-Jones, Tim　グリン＝ジョーンズ, ティム
　㊈「「日常の偶然」の確率」原書房 2013
Gmelin, Jeannine　グメリン, イエアニー
　㊋スイス　ボート選手
Gnabry, Serge　ニャブリ, セルジュ
　㊋ドイツ　サッカー選手
Gnacadja, Luc　ニャカジャ, リュック
　㊋ベナン　環境・住宅・都市開発相
Gnahope, Eddy　ニャオレ, エディー
　㊋フランス　サッカー選手
Gnahore, Dobet　ニャオレ, ドベ
　グラミー賞 最優秀アーバン/オルタナティヴ・アーティスト(2009年(第52回))　"Pearls"
Gnamien, Konan　ニャミアン, コナン
　㊋コートジボワール　高等教育・科学研究相
Gnanasekaran, Linda　ニャナセカラン, リンダ
　㊈「エビデンスに基づく高齢者の作業療法」ガイアブックス 2014
Gnanasumana, Delduwe　ニャナスマナ, デルドゥエ
　1955～　㊈「万有聖力 心のベクトル場 上巻」ブックウェイ 2016
Gnassingbé, Kpatcha　ニャシンベ, クパチャ
　㊋トーゴ　国防相
Gnassingbe, Amah　ニャシンベ, アマ
　㊋トーゴ　国務相
Gnassingbé, Faure　ニャシンベ, フォール
　㊋トーゴ　大統領
Gnedenko, B.V.　グネジェンコ, B.V.
　㊈「19世紀の数学」朝倉書店 2008
Gneezy, Uri　ニーズィー, ウリ
　㊈「その問題、経済学で解決できます。」東洋経済新報社 2014
Gnessen, Simonne　グニーセン, シモーン
　㊈「大人の女はお金とどうつきあうか?」CCCメディアハウス 2015
Gneto, Priscilla　ニェト, プリシラ
　㊋フランス　柔道選手　㊥ニェト
Gneuss, Helmut　グノイス, ヘルムート
　1927～　㊈「英語学史を学ぶ人のために」世界思想社 2003
Gnidenko, Ekaterina　グニデンコ
　㊋ロシア　自転車選手
Gnigla, Venance　ニグラ, ベナンス
　㊋ベナン　通信・新技術担当相
Gnilka, Joachim　グニルカ, ヨアヒム
　1928～　㊈「コーランの中のキリスト教」教文館 2013
Gnininvi, Léopold Messan　ニニンビ, レオポルド・メサン
　㊋トーゴ　産業・手工業・技術刷新相
Gnofam, Ninsao　ニョファム, ニンサオ
　㊋トーゴ　インフラ・運輸相
Gnofame, Zoumaro　ニョファム, ズマロ
　㊋トーゴ　環境・森林資源相
Gnoli, Gherardo　ニョーリ, ゲラルド
　1937～2012　㊋イタリア　中近東研究家　中亜極東協会(イズメオ)会長　㊥ニョリ, ゲラルド
Gnonkonte, Désiré　ノンコンテ, デジレ
　㊋コートジボワール　宗教相
Gnonlonfoun, Isidore　ニョンロンフン, イシドール
　㊋ベナン　地方分権・地方政府・行政・国土整備相
Gnonlonfoun, Joseph　ニョンロンフン, ジョゼフ
　㊋ベナン　法務・人権相
Gnonsoa, Angèle　ノンソア, アンジェル
　㊋コートジボワール　環境相
Gnosspelius, Staffan　グノスペリウス, スタファン
　㊈「大人のための落書き帳」ディスカヴァー・トゥエンティワン 2009
Gnoukouri, Assane Demoya　ニュクリ, アサン・ドゥモヤ
　㊋コートジボワール　サッカー選手
Go, Frank M.　ゴー, フランク・M.
　㊈「ホテル産業のグローバル戦略」白桃書房 2002
Go, So-young　コ・ソヨン
　1972～　㊋韓国　女優　漢字名＝高素栄
Goan, Annabel A.　ゴアン, アナベル・A.
　㊈「友よ 弔辞という詩」河出書房新社 2007
Gobbell, John J.　ゴッベル, ジョン・J.
　㊈「レイテ史上最大の海戦」扶桑社 2009
Gobbens-Boterdael, Paule　ゴベンス・ボーテルダール, ポール
　㊋ベルギー　元・在ベルギー日本国大使館現地職員, 元・欧州連合日本政府代表部現地職員
Gobbi, Massimo　ゴッビ, マッシモ
　㊋イタリア　サッカー選手
Gobé, Marc　ゴベ, マーク
　㊈「シティズンブランド」宣伝会議 2003
Gobe, Siaka　ゴベ, シアカ
　㊋ブルキナファソ　元・在コートジボワール日本国大使館現地職員, 元・在ブルキナファソ日本国大使館現地職員
Gobel, Rachmat　ゴーベル, ラフマット
　1962～　㊋インドネシア　実業家　ゴーベル・インターナショナル総帥　インドネシア貿易相
Gobert, Rudy　ゴベール, ルディ
　㊋フランス　バスケットボール選手
Goberville, Celine　ゴベビル, セリーヌ
　㊋フランス　射撃選手　㊥ゴベルビユ
Gobi, Salou　ゴビ, サルウ
　㊋ニジェール　起業・公営企業改革相
Goble, Paul　ゴーブル, ポール
　㊈「嵐のティピー」光村教育図書 2006
Gochashvili, Besarion　ゴチャシビリ
　㊋ジョージア　レスリング選手
Goche, Nicholas　ゴチェ, ニコラス
　㊋ジンバブエ　公共サービス・労働・社会福祉相
Gochyev, Annamuhammet　ゴチュイエフ, アンナムハメト
　㊋トルクメニスタン　副首相
Gochyev, Taganmyrat　ゴチエフ, タガンミラト
　㊋トルクメニスタン　正義相
Godal, Bjorn Tore　グーダル, ビョルン・トーレ
　㊋ノルウェー　国防相
Godana, Bonaya　ゴダナ, ボナヤ
　㊋ケニア　外務国際協力相
Godara, Hemant　ゴダラ, ヘマント
　㊈「ワシントンマニュアル」メディカル・サイエンス・インターナショナル 2015
Godard, Alain　ゴダール, アラン
　㊈「スターリングラード」DHC 2001
Godard, Jean-Luc　ゴダール, ジャン・リュック
　1930～　㊋スイス　映画監督, 脚本家
Godber, Tim　ゴッドバー, ティム
　㊈「ADHD医学モデルへの挑戦」明石書店 2006
Godbersen, Anna　ゴッドバーセン, アンナ
　1980～　㊋アメリカ　作家　㊥ロマンス, 歴史
Goddar, Heinz　ゴダール, ハインツ
　㊈「ヨーロッパ特許要点ガイド」マスターリンク 2012
Goddard, Andrew W.　ゴダール, アンドリュー・W.
　㊈「不安障害」日本評論社 2005
Goddard, Angela　ゴッダード, A.
　1954～　㊈「ことばとジェンダー」英宝社 2002
Goddard, Clive　ゴダード, クライブ
　㊈「奇人・変人・大天才」偕成社 2015
Goddard, Drew　ゴッダード, ドリュー
　1975～　㊈「クローバーフィールド」竹書房 2008
Goddard, Hester　ゴダード, ヘスター
　㊈「もしも地球が…?」評論社 2010
Goddard, H.Wallace　ゴダート, ウォリス

㊈「子どもの話にどんな返事をしてますか？」草思社　2005
Goddard, J.　ゴダッド, J.
　㊈「鍼のエビデンス」医道の日本社　2009
Goddard, James　ゴッダード
　㊇イギリス　競泳選手
Goddard, Oliver　ゴダード, オリバー
　㊈「リンゴをさがせ！」ネコ・パブリッシング　2015
Goddard, Phillip　ゴダード, フィリップ
　㊇バルバドス　保健相
Goddard, Robert　ゴダード, ロバート
　アメリカ探偵作家クラブ賞 ペーパーバック賞（2011年）"Long Time Coming"
Goddart, Michael　ゴダート, マイケル
　㊈「自分のちからに気づくスピリチュアル・ブック」大和書房　2003
Goddeeris, John H.　ゴデリス, ジョン・H.
　㊈「NPOと政府」ミネルヴァ書房　2007
Goddio, Franck　ゴディオ, フランク
　1947～　㊇フランス　考古学者　フランク・ゴディオ協会主宰　㊈海洋考古学
Godeau, Eric　ゴドー, エリック
　㊈「写真で読む世界の戦後60年」魁星出版, 学灯社（発売）2007
Godeau, Vincent　ゴドー, ヴァンサン
　㊈「ルージュベックのだいぼうけん」KTC中央出版　2016
Godeaux, Jean　ゴドー, ジャン
　1922～2009　㊇ベルギー　銀行家　ベルギー中央銀行総裁, 国際決済銀行（BIS）総裁
Godec-Schmidt, Jelka　ゴデツ・シュミット, イェルカ
　1958～　㊈「みつけて！うっかりこびととカメレオン」PHP研究所　2009
Godefroid, Sebastien　ゴドフロワ
　㊇ベルギー　セーリング選手
Godefroy, Cristian　ゴドフロイ, クリスチャン
　㊈「ムズカシイ人とのカンタンなつき合い方」ディスカヴァー・トゥエンティワン　2005
Godefroy, Regine　ゴドフロワ, レジーヌ
　㊇ハイチ共和国　情報相
Godel, Armen　ゴデール, アルメン
　1941～　㊇スイス　作家, 俳優, 演出家　ジュネーブ音楽院演劇学部教授　㊉ゴデル, アルメン
Godelier, Maurice　ゴドリエ, モーリス
　1934～　㊇フランス　人類学者　社会科学高等研究院研究指導教員（教授級）　フランス国立科学研究センター（CNRS）人間社会科学部長
Godes, David　ゴーズ, デイビッド
　㊈「営業チームの強化法」ダイヤモンド社　2007
Godet, Damien　ゴデ
　㊇フランス　自転車選手
Godey, John　ゴーディ, ジョン
　1912～2006　㊈「サブウェイ123激突」小学館　2009
Godfrey, A.Blanton　ゴッドフリ, A.ブラントン
　㊈「キュアリング・ヘルスケア」中山書店　2002
Godfrey, Bob　ゴッドフリー, ボブ
　1921～2013　㊇イギリス　アニメーター, アニメ監督・プロデューサー　本名＝ゴッドフリー, ロバート〈Godfrey, Robert〉　㊉ゴドフリー, ボブ
Godfrey, Jan　ゴッドフレイ, ジャン
　㊈「かいおけにねむるあかちゃん」サンパウロ　2014
Godfrey, Jason　ゴッドフリー, ジェイソン
　㊉ゴッドフレイ, ジェイソン　㊈「世界のデザイン雑誌100」DU BOOKS, ディスクユニオン（発売）2015
Godfrey, Jayne Maree　ゴドフレイ, ジェーン・M.
　㊈「会計基準のグローバリゼーション」同文舘出版　2009
Godfrey, Laurence　ゴドフリー
　㊇イギリス　アーチェリー選手
Godfrey, Tony　ゴドフリー, トニー
　㊈「コンセプチュアル・アート」岩波書店　2001
Godin, Diego　ゴディン, ディエゴ
　㊇ウルグアイ　サッカー選手
Godin, Nicolas　ゴダン, ニコラ
　㊇フランス　ミュージシャン　㊉ゴディン, ニコラ
Godin, Seth　ゴディン, セス
　㊇アメリカ　作家, 起業家　ヤフー副社長　㊉ゴーディン／ゴディン
Godley, Zack　ゴッドリー, ザック
　㊇アメリカ　野球選手

Godlovitch, Glenys　ゴッドロビッチ, グレニス
　㊈「アジア太平洋諸国の収用と補償」成文堂　2006
Godman, David　ゴッドマン, デーヴィッド
　1953～　㊈「覚醒の炎」ナチュラルスピリット　2007
Godmanis, Ivars　ゴドマニス, イワルス
　㊇ラトビア　首相　㊉ゴッドマニス, イバルス
Godo, Anila　ゴド, アニラ
　㊇アルバニア　保健相
Godon, Ingrid　ゴドン, イングリッド
　1958～　㊈「ぼくのおばあちゃんはスター」セーラー出版　2011
Godoy, Rody Adán　ゴドイ, ロディ・アダン
　㊇パラグアイ　農牧相
Godoy, Salvador　ゴドイ, S.
　㊈「超伝導の量子統計理論」シュプリンガー・フェアラーク東京　2001
Godoy, Victor Hugo　ゴドイ, ビクトル・ウゴ
　㊇グアテマラ　労相
Godoy de Rubin, Gloria Beatriz　ゴドイ・デ・ルビン, グロリア・ベアトリス
　㊇パラグアイ　女性相
Godrej, Adi　ゴドレジ, アディ
　1942～　㊇インド　実業家　ゴドレジグループ会長　本名＝Godrej, Adi Burjor
Godrej, Dinyar　ゴドレージュ, ディンヤル
　1965～　㊈「気候変動」青土社　2004
Godsey, George　ゴドセイ, ジョージ
　㊇アメリカ　ヒューストン・テキサンズコーチ
Godsiff, Roger Duncan　ゴッシフ, ロジャー・ダンカン
　㊇イギリス　下院議員, 英日議員連盟会長
Godson, Dale L.　ゴッドソン, D.L.
　㊈「動物実験における人道的エンドポイント」アドスリー, 丸善出版事業部（発売）2006
Godtfredsen, John　ゴットフレッドセン, ジョン
　㊈「不整脈テキスト」西村書店　2008
Godtfredsen, Nuka K.　ゴッツフレッセン, ヌカ・K.
　㊈「極北の大地・グリーンランドの夜明け」清水弘文堂書房　2015
Godunko, Natalia　ゴドゥンコ
　㊇ウクライナ　新体操選手
Godwin, Gail　ゴドウィン, ゲイル
　1937～　㊇アメリカ　作家　本名＝Godwin, Gail Kathleen
Godwin, Jack　ゴドウィン, ジャック
　㊈「勝者の社内政治」アルファポリス, 星雲社（発売）2015
Godwin, Jane　ゴドウィン, ジェーン
　1964～　㊈「サラちゃんとおおきなあかいバス」光村教育図書　2009
Godwin, Joscelyn　ゴドウィン, ジョスリン
　㊈「音楽のエゾテリスム」工作舎　2001
Godwin, Laura　ゴドウィン, ローラ
　㊈「アナベル・ドールとちっちゃなティリー」偕成社　2012
Godwin, Malcolm　ゴドウィン, マルコム
　㊈「図説聖杯伝説」原書房　2010
Godwin, Marshall　ゴドウィン, マーシャル
　㊈「リアル・エビデンス」エルゼビア・ジャパン　2003
Godzik, Maren　ゴツィック, マーレン
　㊈「ライフコース選択のゆくえ」新曜社　2013
Goebel, Timothy　ゲーブル
　㊇アメリカ　フィギュアスケート選手
Goebel, Wolfgang　ゲーベル, ヴォルフガング
　1932～　㊈「小児科診察室」水声社　2006
Goeddel, Erik　ゴッデル, エリック
　㊇アメリカ　野球選手
Goeddel, Tyler　ゴッデル, タイラー
　㊇アメリカ　野球選手
Goedhart, Marc　フーカート, マーク
　㊈「企業価値評価」ダイヤモンド社　2016
Goehr, Lydia　ゲーア, リディア
　㊈「ニュー・ミュージコロジー」慶応義塾大学出版会　2013
Goeke, Reginald W.　ゴーク, レジナルド・W.
　㊈「リピーターをつかむ経営」日本経済新聞社　2003
Goel, Vijay　ゴエル, ビジャイ
　㊇インド　青年・スポーツ相
Goeminne, Siska　フーミンネ, シスカ
　㊈「あたまのなかのそのなかは？」講談社　2008
Goepper, Nicholas　ゲーパー
　㊇アメリカ　フリースタイルスキー選手

Goeppert, Alain ゲッペールト, A.
1974～ [著]「メタノールエコノミー」 化学同人 2010
Goerens, Charles グーレンス, シャルル
[国]ルクセンブルク 人道協力活動・国防相兼環境相
Goergl, Elisabeth ゲーグル, エリザベト
1981～ [国]オーストリア スキー選手
Goering, Richard V. ゲーリング, R.V.
[著]「ミムス微生物学」 西村書店 2012
Goerne, Matthias ゲルネ, マティアス
1967～ [国]ドイツ バリトン歌手
Goertz, Gary ガーツ, ゲイリー
1953～ [著]「社会科学のパラダイム論争」 勁草書房 2015
Goerzen, John ガーゼン, J.
[著]「Real world Haskell」 オライリー・ジャパン, オーム社(発売) 2009
Goethals, Raymond ゲータルス, レイモン
1921～2004 [国]ベルギー サッカー監督 サッカー・ベルギー代表監督
Goetz, Brian ゲーツ, ブライアン
[著]「Java並行処理プログラミング」 ソフトバンククリエイティブ 2006
Goetz, Hans-Werner ゲッツ, ハンス＝ヴェルナー
1947～ [著]「紛争のなかのヨーロッパ中世」 京都大学学術出版会 2006

Goetz, Jim ゲッツ, ジム
[国]アメリカ 投資家
Goetz, Rainald ゲッツ, ライナルト
1954～ [著]「ジェフ・クーンズ」 論創社 2006
Goetz, Rainer H. ゲッツ, ライナー・H.
[著]「スペイン語の社会歴史的概観」 佐藤工房(印刷) 2009
Goetzel, Sascha ゲッツェル, サッシャ
[国]オーストリア 指揮者 ボルサン・イスタンブール・フィルハーモニー管弦楽団芸術監督・首席指揮者, 神奈川フィルハーモニー管弦楽団首席客演指揮者
Goewey, Don Joseph ゴーイー, ドン・ジョセフ
[著]「脳が「やる気」を起こす魔法(ミスティック・クール)」 イースト・プレス 2009
Goff, Beth ゴフ, ベス
[著]「パパどこにいるの？」 明石書店 2006
Goff, Christine ゴフ, クリスティン
[国]アメリカ 作家 [専]ミステリー, スリラー
Goff, Jared ゴフ, ジャレッド
[国]アメリカ アメフト選手
Goff, Madison Lee ゴフ, マディソン・リー
1944～ [著]「法医昆虫学者の事件簿」 草思社 2014
Goff, Phil ゴフ, フィル
[国]ニュージーランド 国防相兼貿易交渉相兼太平洋島しょ問題相兼軍縮・軍備管理相
Goffee, Rob ゴーフィー, ロブ
[著]「DREAM WORKPLACE」 英治出版 2016
Goffee, Robert ゴーフィー, ロバート
[異]ゴフィ, ロバート [著]「なぜ、あなたがリーダーなのか？」 英治出版 2007
Goffen, Rona ゴッフェン, ローナ
1944～2004 [著]「ティツィアーノの女性たち」 三元社 2014
Goffette, Guy ゴフェット, ギ
[著]「フランス現代詩アンソロジー」 思潮社 2001
Goffin, Gerry ゴフィン, ジェリー
1939～2014 [国]アメリカ 作詞家 本名＝ゴフィン, ジェラルド〈Goffin, Gerald〉
Goffin, Josse ゴーフィン, ジョセ
1938～ [国]ベルギー イラストレーター, デザイナー, 絵本作家 [異]ゴファン, ジョス / ゴフィン, ジョス
Goffstein, Marilyn Brooke ゴフスタイン, M.B.
1940～ [国]アメリカ 絵本作家
Gofman, Alex ゴフマン, アレックス
[著]「モスコウィッツ博士のものづくり実験室」 英治出版 2008
Gofman, John W. ゴフマン, ジョン
1918～2007 [国]アメリカ カリフォルニア大学バークレー校名誉教授 [専]放射線医学
Gogarty, Jim ゴーガティ, ジム
[著]「The Mandala」 実務教育出版 2016
Gogarty, Paul ゴーガティ, ポール
[著]「トップアスリート天使と悪魔の心理学」 東邦出版 2010
Goggi, Gianluigi ゴッジ, ジャンルイジ
1944～ [著]「ドニ・ディドロ、哲学者と政治」 勁草書房 2015
Gogh, Theo Van ゴッホ, テオ・ファン
?～2004 [国]オランダ 映画監督 [異]ゴッホ, テオ・バン / ゴッホ, テオ・ヴァン
Gogiashvili, Mirian ゴジャシビリ, ミリアン
[国]ジョージア 財務相
Gogiberidze, Sesili ゴギベリゼ, セシリ
[国]ジョージア 文化相
Gógl, Árpád ゴグル, アルパード
[国]ハンガリー 厚生相
Gogoladze, Khatuna ゴゴラゼ, ハツナ
[国]ジョージア 環境保護相
Gogshelidze, George ゴグシェリゼ
[国]ジョージア レスリング選手 [異]ゴグシェリジェ
Goh, Cheng Liang ゴー・チンリャン
[国]シンガポール 実業家 漢字名＝呉清亮
Goh, Chok Tong ゴー・チョクトン
1941～ [国]シンガポール 政治家 シンガポール名誉上級相, シンガポール通貨庁上級顧問 シンガポール首相 漢字名＝呉作棟 [異]ゴー・チョクトン
Goh, Keng Swee ゴー・ケンスイ
1918～2010 [国]シンガポール 政治家 シンガポール第1副首相 中国名＝呉慶瑞
Goh, Liu Ying ゴー・リュウイン
[国]マレーシア バドミントン選手
Goh, V Shem ゴー・シェム
[国]マレーシア バドミントン選手
Göhner, Ulrich ゲーナー, ウルリヒ
1939～ [著]「スポーツ運動学入門」 不昧堂出版 2003
Going, K.L. ゴーイング, K.L.
[著]「ビッグTと呼んでくれ」 徳間書店 2007
Goins, Ryan ゴインズ, ライアン
[国]アメリカ 野球選手
Goiran, Claude ゴワラン, クロード
[著]「自由」 朔北社 2001
Goitia Caballero, Javier Torres ゴイティア・カバジェロ, ハビエル・トレス
[国]ボリビア 厚生相
Gojan, Veaceslav ゴヤン
[国]モルドバ ボクシング選手
Gojkovic, Jovan ゴイコヴィッチ, ヨヴァン
1975～2001 [国]ユーゴスラビア サッカー選手 [異]ゴイコビッチ, ヨバン
Gokalp, Hunus Yusuf ギョカルプ, ヒュヌス・ユスフ
[国]トルコ 農業・村落相
Gokberk, Koray ギョクベルク, コライ
[国]トルコ 元・トルコ航空機関士, 元・ペガスス航空パイロット
Gokhan, Gonul ギョクハン・ギョニュル
[国]トルコ サッカー選手
Gokhan Tore ギョクハン・トレ
[国]トルコ サッカー選手
Gokhool, Dharambeer ゴクール, ダラムビール
[国]モーリシャス 産業・科学研究相
Gokongwei, John ゴー, ジョン
[国]フィリピン 実業家 漢字名＝呉奕輝
Golakoti, Trimurtulu ゴラコチ, トリムルトゥル
[著]「食品の機能性表示と世界のレギュレーション」 薬事日報社 2015
Golan, David E. ゴーラン, デービッド・E.
[異]ゴーラン, デービッドE. [著]「病態生理に基づく臨床薬理学」 メディカル・サイエンス・インターナショナル 2006
Golan, Galia ゴラン, ガリア
[著]「冷戦下・ソ連の対中東戦略」 第三書館 2001
Golan, Menahem ゴーラン, メナヘム
1929～2014 [国]イスラエル 映画監督, 映画プロデューサー 本名＝Globus, Menahem
Golant, Mitch ゴラント, ミッチ
[著]「愛する人がうつ病になったときあなたはどうする？」 星和書店 2013
Golant, Susan K. ゴラント, スーザン・K.
[著]「女性が知っておくべきビジネスのオキテ」 ディスカヴァー・トゥエンティワン 2014
Golas, Katharine C. ゴラス, キャサリン・C.
[著]「インストラクショナルデザインの原理」 北大路書房 2007
Golbarnezhad, Bahman ゴルバルネジャド, バハマン
1968～2016 [国]イラン 自転車選手 [異]ゴルバルネジャド, バーマン
Golborne, Laurence ゴルボルネ, ラウレンセ

Gólcher, Olga　ゴルチェル, オルガ
　国パナマ　内務・法務相
Gold, Andrew　ゴールド, アンドルー
　1951〜2011　国アメリカ　シンガー・ソングライター, 音楽プロデューサー　異ゴールド, アンドリュー
Gold, Anne　ゴールド, A.
　著「スクール・トラウマとその支援」誠信書房　2001
Gold, Charles H.　ゴールド, チャールズ・H.
　1935〜　著「マーク・トウェインの投機と文学」彩流社　2009
Gold, Christina A.　ゴールド, クリスティーナ
　国カナダ　実業家　ウエスタン・ユニオン・フィナンシャル・サービスCEO
Gold, Gina　ゴールド, ジーナ
　著「だれかな？　プリンセス」大日本絵画　〔2014〕
Gold, Glen David　ゴールド, グレン・デイヴィッド
　1964〜　著「奇術師カーターの華麗なるフィナーレ」早川書房　2003
Gold, Gracie　ゴールド, グレーシー
　1995〜　国アメリカ　フィギュアスケート選手　異ゴールド, グレイシー
Gold, Hal　ゴールド, ハル
　著「証言・731部隊の真相」広済堂出版　2002
Gold, Jeffrey　ゴールド, ジェフリー
　著「人的資源管理」文真堂　2009
Gold, Jonathan　ゴールド, ジョナサン
　国アメリカ　ピュリッツアー賞　ジャーナリズム　批評（2007年）
Gold, Julie　ゴールド, ジュリー
　著「メモリーズ・オブ・ジョン」イースト・プレス　2006
Gold, Kristi　ゴールド, クリスティ
　著「愛なき一夜の贈り物」ハーパーコリンズ・ジャパン　2016
Gold, Reggie　ゴールド, レジー
　著「カイロプラクティックのプロフェッショナル20人が語る仕事の流儀」科学新聞社出版局　2012
Gold, Sam　ゴールド, サム
　トニー賞　ミュージカル　演出賞（2015年（第69回））　"Fun Home"
Gold, Stuart Avery　ゴールド, スチュアート・A.
　著「カエルのピング」幻冬舎　2006
Gold, Thomas　ゴールド, トーマス
　1920〜2004　国アメリカ　天文学者　コーネル大学名誉教授　異ゴールド, トマス
Gold, Todd　ゴールド, トッド
　著「ハリウッド・エンジェル」PHP研究所　2004
Goldacre, Ben　ゴールドエイカー, ベン
　1974〜　著「悪の製薬」青土社　2015
Goldaine, Louis　ゴルデーヌ, ルイ
　著「画家は語る」八坂書房　2006
Goldaniga, Edoardo　ゴルダニーガ, エドアルド
　国イタリア　サッカー選手
Goldbacher, Sandra　ゴールドバッカー, サンドラ
　著「ミー・ウィズアウト・ユー」DHC　2003
Goldberg, Adele E.　ゴールドバーグ, A.E.
　著「構文文法論」研究社出版　2001
Goldberg, Alan S.　ゴールドバーグ, アラン
　1949〜　著「ブレインスポッティング・スポーツワーク」BABジャパン　2016
Goldberg, Alicia　ゴールドバーグ, アリシア
　著「メディカルハーブ安全性ハンドブック」東京堂出版　2001
Goldberg, Bill　ゴールドバーグ, ビル
　1966〜　国アメリカ　プロレスラー, 元アメフト選手　本名＝ゴールドバーグ, ウィリアム・スコット〈Goldberg, William Scott〉
Goldberg, Billy　ゴールドバーグ, ビリー
　著「なぜ男にも乳首があるのか？」イースト・プレス　2007
Goldberg, Brad　ゴールドバーグ, ブラッド
　国アメリカ　野球選手
Goldberg, Bruce　ゴールドバーグ, B.
　1948〜　著「死を恐れずに受け入れるために」中央アート出版社　2010
Goldberg, Carey　ゴールドバーグ, ケアリー
　著「サイエンスライティング」地人書館　2013
Goldberg, Daniel　ゴールドベリ, ダニエル
　1982〜　著「マインクラフト」KADOKAWA　2014
Goldberg, Dave　ゴールドバーグ, デーブ
　1967〜2015　国アメリカ　起業家　サーベイモンキーCEO　本名＝Goldberg, David Bruce　異ゴールドバーグ, デイブ／ゴールドバーグ, デイビッド

Goldberg, David　ゴールドバーグ, デビッド
　著「ハワイ」メディアファクトリー　2005
Goldberg, David P.　ゴールドバーク, D.P.
　著「モーズレイ実地精神医学ハンドブック」新興医学出版社　2005
Goldberg, Elkhonon　ゴールドバーグ, エルコノン
　1946〜　著「脳を最適化する」CCCメディアハウス　2015
Goldberg, Eric　ゴールドバーグ, エリック
　著「トラブルシューターズ・リトル・レッド・ブック」ニューゲームズオーダー　2016
Goldberg, Harold　ゴールドバーグ, ハロルド
　著「隣に棲む連続殺人犯」ソニー・マガジンズ　2005
Goldberg, Herb　ゴールドバーグ, ハーブ
　1937〜　著「なぜ彼は本気で恋愛してくれないのか」ベストセラーズ　2004
Goldberg, Joachim　ゴールドベルグ, ヨアヒム
　1956〜　著「行動ファイナンス」ダイヤモンド社　2002
Goldberg, Lee　ゴールドバーグ, リー
　1962〜　著「名探偵モンクモンクと警官ストライキ」ソフトバンククリエイティブ　2008
Goldberg, Michael L.　ゴールドバーグ, マイケル・L.
　著「ハートウェル遺伝学」メディカル・サイエンス・インターナショナル　2010
Goldberg, Myla　ゴールドバーグ, マイラ
　著「綴り字のシーズン」東京創元社　2002
Goldberg, Natalie　ゴールドバーグ, ナタリー
　著「魂の文章術」春秋社　2006
Goldberg, Philip　ゴールドバーグ, フィリップ
　1944〜　著「やめようと思っても, つい同じことを繰り返してしまうあなたへ」ディスカヴァー・トゥエンティワン　2003
Goldberg, Richard S.　ゴールドバーグ, リチャード
　1952〜　著「ウォール街の崩壊の裏で何が起こっていたのか？」一灯舎, オーム社（発売）　2009
Goldberg, Sheryl　ゴールドバーグ, シェリル
　著「乳幼児精神保健ケースブック」金剛出版　2007
Goldberg, Stephen　ゴールドバーク, S.
　著「たのしく読めて, すぐわかる臨床神経解剖」総合医学社　2008
Goldberg, Stephen B.　ゴールドバーグ, ステファン・B.
　著「「話し合い」の技術」白桃書房　2002
Goldberg, Whoopi　ゴールドバーグ, ウーピー
　1955〜　国アメリカ　女優　本名＝ジョンソン, ケアリン〈Johnson, Caryn〉　異ゴールドバーグ, ウーピー
Goldberger, Arthur Stanley　ゴールドバーガー, A.S.
　1930〜　著「計量経済学入門」学文社　2003
Goldberger, Marvin Leonard　ゴールドバーガー, マービン
　1922〜2014　国アメリカ　理論物理学者　カリフォルニア大学サンディエゴ校名誉教授
Goldblatt, David S.　ゴールドブラット, デイヴィッド・S.
　著「グローバル・トランスフォーメーションズ」中央大学出版部　2006
Goldblum, Jeff　ゴールドブラム, ジェフ
　1952〜　国アメリカ　俳優　異ゴールドブルム, ジェフ
Golden, Arthur　ゴールデン, アーサー
　1957〜　著「さゆり」文芸春秋　2004
Golden, Brittan　ゴールデン, ブリッタン
　国アメリカ　アメフト選手
Golden, Christie　ゴールデン, クリスティ
　1963〜　著「ウォークラフト」SBクリエイティブ　2016
Golden, Christopher　ゴールデン, クリストファー
　著「遠隔機動歩兵」早川書房　2016
Golden, Eve　ゴールデン, イヴ
　1951〜　著「ナラティヴから読み解くリジリエンス」北大路書房　2011
Golden, Gale　ゴールデン, ゲール
　著「性犯罪者の治療と処遇」日本評論社　2010
Golden, Jamal　ゴールデン, ジャマル
　国アメリカ　アメフト選手
Golden, Markus　ゴールデン, マーカス
　国アメリカ　アメフト選手
Golden, Michael　ゴールデン, マイケル
　著「アベンジャーズ：ハルク・ウェーブ！」ヴィレッジブックス　2012
Golden, Renny　ゴールデン, レニー
　著「オスカル・ロメロ」聖公会出版　2005
Golden, Robert　ゴールデン, ロバート
　国アメリカ　アメフト選手

Goldenberg, Jacob　ゴールデンバーグ，ジェイコブ
　1962～　㊐「インサイドボックス」文芸春秋　2014
Goldenberg, Michael　ゴールデンバーグ，マイケル
　㊐「ピーター・パン」竹書房　2004
Goldenberg, William　ゴールデンバーグ，ウィリアム
　アカデミー賞 編集賞（第85回（2012年））　"Argo"
Golden Twomey, Emily　ゴールデン・トゥミー，エミリー
　㊐「はじめてめいろであそぶっく」ポプラ社　2016
Golder, Ben　ゴールダー，ベン
　㊐「フーコーの法」勁草書房　2014
Golder, Peter N.　ゴールダー，P.N.
　㊐「意志とビジョン」東洋経済新報社　2002
Goldfarb, Alexander　ゴールドファーブ，アレックス
　㊐「リトビネンコ暗殺」早川書房　2007
Goldfarb, Daniel A.　ゴールドファーブ，ダニエル・A.
　㊐「こんな男とつきあってはいけない」アスペクト　2001
Goldfarb, Robert W.　ゴールドファーブ，ロバート・W.
　㊐「残念な人の仕事の中身」大和書房　2011
Goldfarb, Sylvia　ゴールドファーブ，シルヴィア
　㊐「アレルギーからあなたを守る7つの方法」ネコ・パブリッシング　2002
Goldfedder, Brandon　ゴールドフェダー，ブランドン
　㊐「初級デザインパターン」ピアソン・エデュケーション　2002
Goldfeder, Steven　ゴールドフェダー，スティーヴン
　㊐「仮想通貨の教科書」日経BP社，日経BPマーケティング（発売）　2016
Goldfried, Marvin R.　ゴールドフリード，マービン・R.
　㊐「変容する臨床家」福村出版　2013
Goldhaber, Maurice　ゴールドハーバー，モーリス
　㊐「知の歴史」徳間書店　2002
Goldhagen, Daniel Jonah　ゴールドハーゲン，ダニエル・ジョナ
　1959～　㊐「普通のドイツ人とホロコースト」ミネルヴァ書房　2007
Goldhammer, Klaus　ゴルトハマー，クラウス
　㊐「インターネット・エコノミー」NTT出版　2002
Goldhawk, Emma　ゴールドホーク，エマ
　㊐「ころころコアラちゃん」大日本絵画　2013
Goldhor, Susan　ゴールドール，スーザン
　㊐「フラニー・B・クラニー，あたまにとりがすんでるよ！」PHP研究所　2006
Goldie, Daniel C.　ゴールディ，ダニエル・C.
　㊐「投資とお金について最後に伝えたかったこと」日本経済新聞出版社　2011
Goldie, Mark　ゴルディ，マーク
　㊐「ロック政治論集」法政大学出版局　2007
Goldin, Nan　ゴールディン，ナン
　1953～　㊐「悪魔の遊び場」ファイドン　2005
Golding, Anders　ゴールディング
　㊁デンマーク　射撃選手
Golding, Bruce　ゴールディング，ブルース
　1947～　㊁ジャマイカ　政治家　ジャマイカ首相
Golding, Julia　ゴールディング，ジュリア
　1969～　㊁イギリス　作家　㊥ヤングアダルト，児童書
Golding, Mark　ゴールディング，マーク
　㊁ジャマイカ　法相
Golding, Matthew　ゴールディング，マシュー
　1985～　㊁カナダ　バレエダンサー　英国ロイヤル・バレエ団プリンシパル
Golding-clarke, Lacena　クラーク，ゴールディング
　㊁ジャマイカ　陸上選手
Goldman, Aaron　ゴールドマン，アロン
　1978～　㊐「ビジネスで大切なことはすべてGoogleが教えてくれる」日本実業出版社　2011
Goldman, Benjamin A.　ゴールドマン，ベンジャミン・A.
　㊐「低線量放射線の脅威」鳥影社　2013
Goldman, Bob　ゴールドマン，ロバート
　1955～　㊐「革命アンチエイジング」西村書店　2010
Goldman, Burt　ゴールドマン，バート
　㊐「自分を変える7日間」三笠書房　2003
Goldman, Caren　ゴールドマン，カレン
　㊐「心を癒す101のキーワード」恒文社21，恒文社（発売）　2002
Goldman, Eddie　ゴールドマン，エディー
　㊁アメリカ　アメフト選手
Goldman, Edward　ゴールドマン，エドワード
　㊐「マーケティングのジレンマ」ダイヤモンド社　2004

Goldman, Elaine Eller　ゴールドマン，イレーン・イラー
　㊐「サイコドラマ」金剛出版　2003
Goldman, Howard　ゴールドマン，ハワード
　㊐「ハワード・ゴールドマンのすごい考え方」中経出版　2005
Goldman, Jay R.　ゴールドマン，ジェイ・R.
　㊐「数学の女王」共立出版　2013
Goldman, Jim　ゴールドマン，ジム
　1958～　㊁アメリカ　実業家　ゴディバ・ショコラティエ社長・CEO
Goldman, Joel　ゴールドマン，ジョエル
　㊁アメリカ　作家，弁護士　㊥ミステリー，スリラー
Goldman, Jonathan　ゴールドマン，ジョナサン
　1949～　㊐「奇跡を引き寄せる音のパワー」ベストセラーズ　2009
Goldman, Leslie　ゴールドマン，レスリー
　㊐「ナイトミュージアム」講談社　2007
Goldman, Linda　ゴールドマン，リンダ
　1946～　㊐「子どもの喪失と悲しみを癒すガイド」創元社　2005
Goldman, Lynda　ゴールドマン，リンダ
　㊐「見た目は10秒勝負！」オープンナレッジ　2006
Goldman, Marshall I.　ゴールドマン，マーシャル・I.
　1930～　㊐「石油国家ロシア」日本経済新聞出版社　2010
Goldman, Michael　ゴールドマン，マイケル
　1960～　㊐「『24』アルティメット・ガイド」竹書房　2008
Goldman, Richard　ゴールドマン，リチャード
　アメリカ探偵作家クラブ賞 大鴉賞（2010年）
Goldman, Seth　ゴールドマン，セス
　㊐「夢はボトルの中に」英治出版　2015
Goldman, Stuart Douglas　ゴールドマン，スチュアート・D.
　1943～　㊐「ノモンハン1939」みすず書房　2013
Goldman, Tamara Jaffe　ゴールドマン，タマラ・ジャフィー
　㊁アメリカ　元・在アメリカ合衆国日本国大使館現地職員
Goldman, William　ゴールドマン，ウィリアム
　1931～　㊐「マラソン・マン」早川書房　2005
Goldmann, David R.　ゴールドマン，デーヴィット・R.
　㊐「イン・ザ・クリニック」メディカル・サイエンス・インターナショナル　2012
Goldmann, Pater Gereon　ゴルドマン，ゲレオン
　1916～2003　㊐「死の影慰めの光」鳥影社・ロゴス企画　2008
Goldobina, Tatiana　ゴルドビナ
　㊁ロシア　射撃選手
Goldratt, Eliyahu M.　ゴールドラット，エリヤフ
　1948～　㊐「ザ・ゴール コミック版」ダイヤモンド社　2014
Goldratt, Rami　ゴールドラット，ラミ
　㊐「エリヤフ・ゴールドラット何が，会社の目的（ザ・ゴール）を妨げるのか」ダイヤモンド社　2013
Goldreich, Oded　ゴールトライヒ，O.
　㊐「現代暗号・確率的証明・擬似乱数」シュプリンガー・フェアラーク東京　2001
Goldrick, Emma　ゴールドリック，エマ
　㊐「不思議な遺言状」ハーパーコリンズ・ジャパン　2016
Goldring, Ellen Borish　ゴールドリング，エレン
　1957～　㊐「どうして死んじゃったの？」福村出版　2014
Goldsack, Gaby　ゴールドサック，ギャビー
　㊐「3Dでびっくり！は虫類」大日本絵画　2011
Goldschmidt, Anthony　ゴールドシュミット，アンソニー
　1942～2014　㊁アメリカ　グラフィックデザイナー　本名＝Goldschmidt, Anthony Jakob
Goldschmidt, Bjorn　ゴルトシュミット
　㊁ドイツ　カヌー選手
Goldschmidt, Ernst Philip　ゴールドシュミット，E.P.
　㊐「ルネサンスの活字本」国文社　2007
Goldschmidt, Judy　ゴールドシュミット，ジュディ
　㊐「レーズンひみつのブログ」主婦の友社　2006
Goldschmidt, Paul　ゴールドシュミット，ポール
　㊁アメリカ　野球選手
Goldschneider, Gary　ゴールドシュナイダー，ゲイリー
　㊐「誕生日事典」角川書店，角川グループパブリッシング（発売）　2007
Goldsher, Alan　ゴールドシャー，アラン
　1966～　㊐「ハード・バップ大学」ブルース・インターアクションズ　2009
Goldshtein, Sasha　ゴルドシュタイン，サシャ
　㊐「C# プログラマのための.NETアプリケーション最適化技法」翔泳社　2013
Goldsman, Akiva　ゴールズマン，アキバ
　1963～　㊁アメリカ　脚本家，映画プロデューサー，映画監督

[異]ゴールズマン, アキヴァ
Goldsmith, Andrea ゴールドスミス, アンドレア
1964〜 [著]「MIMOワイヤレス通信」 東京電機大学出版局 2009
Goldsmith, Andrew Feyk ゴールドスミス, アンドリュー・F.
[著]「カジノ教本」 データハウス 2015
Goldsmith, Barbara ゴールドスミス, バーバラ
[著]「マリー・キュリー」 WAVE出版 2007
Goldsmith, Barton ゴールドスミス, バートン
[著]「自信がつく方法」 ディスカヴァー・トゥエンティワン 2012
Goldsmith, Bruce ゴールドスミス, ブルース
1960〜 [著]「ブルース・ゴールドスミスのパラグライダーフライトの手引き」 イカロス出版 2016
Goldsmith, Donald ゴールドスミス, ドナルド
[著]「宇宙起源をめぐる140億年の旅」 早川書房 2005
Goldsmith, Douglas F. ゴールドスミス, ドグラス・F.
[著]「アタッチメントを応用した養育者と子どもの臨床」 ミネルヴァ書房 2011
Goldsmith, Edward ゴールドスミス, エドワード
[著]「ポストグローバル社会の可能性」 緑風出版 2006
Goldsmith, James J. ゴールドスミス, ジェームズ・J.
[著]「インストラクショナルデザインとテクノロジ」 北大路書房 2013
Goldsmith, Jerry ゴールドスミス, ジェリー
1929〜2004 [国]アメリカ 作曲家 [専]映画音楽 本名＝ゴールドスミス, ジェラルド・キング
Goldsmith, Joel ゴールドスミス, ジョエル
1957〜2012 [国]アメリカ 作曲家 [専]映画音楽
Goldsmith, John ゴールドスミス, ジョン
[著]「スティーヴン・スペンダー日記」 彩流社 2002
Goldsmith, Josh ゴールドスミス, ジョシュ
[著]「ハート・オブ・ウーマン」 講談社 2001
Goldsmith, Joy V. ゴールドスミス, ジョイ
[著]「緩和ケアのコミュニケーション」 新曜社 2013
Goldsmith, Malcolm ゴールドスミス, マルコム
1939〜 [著]「私の声が聞こえますか」 雲母書房 2008
Goldsmith, Marshall ゴールドスミス, マーシャル
1949〜 エグゼクティブコーチ マーシャル・ゴールドスミス・パートナーズ創業者
Goldsmith, Martin ゴールドスミス, マーティン
1952〜 [著]「交響曲・不滅」 産業編集センター 2002
Goldsmith, Mike ゴールドスミス, マイク
1962〜 [著]「騒音の歴史」 東京書籍 2015
Goldsmith, Olivia ゴールドスミス, オリビア
?〜2004 [国]アメリカ 作家 本名＝レンダル, ジャスティン [異]ゴールドスミス, オリヴィア
Goldsmith, Paul ゴールドスミス, ポール
[国]ニュージーランド 科学革新相兼高等教育・技能・雇用省兼規制改革相
Goldsmith, Stephen ゴールドスミス, スティーブン
1946〜 [著]「ネットワークによるガバナンス」 学陽書房 2006
Goldson, Edward ゴールドソン, エドワード
[著]「未熟児をはぐくむディベロプメンタルケア」 医学書院 2005
Goldstein, Barbara ゴールドシュタイン, バルバラ
1966〜2014 [国]ドイツ 作家 [専]歴史 [異]ゴールドシュタイン, バルバラ
Goldstein, David B. ゴールドステイン, デイビッド・B.
[著]「進化」 メディカル・サイエンス・インターナショナル 2009
Goldstein, Donald M. ゴールドスタイン, ドナルド・M.
[異]ゴールドスチン, ドナルド・M. [著]「ゾルゲ・東京を狙え」 原書房 2005
Goldstein, Eda ゴールドシュタイン, エダ
[著]「統合的短期型ソーシャルワーク」 金剛出版 2014
Goldstein, Elisha ゴールドステイン, エリシャ
[著]「マインドフルネス・ストレス低減法ワークブック」 金剛出版 2013
Goldstein, Gil ゴールドスタイン, ジル
グラミー賞 最優秀ヴォーカル伴奏編曲(2013年(第56回))ほか
Goldstein, Harvey ゴールドステイン, H.
[著]「現代イギリスの政治算術」 北海道大学図書刊行会 2003
Goldstein, Herbert ゴールドスタイン, H.
1922〜2005 [著]「古典力学」 吉岡書店 2009
Goldstein, Inge F. ゴールドスタイン, インゲ・F.
[著]「冷蔵庫と宇宙」 東京電機大学出版局 2003
Goldstein, Jan ゴールドスタイン, ヤン
[著]「ほんとうに大切なこと」 ヴィレッジブックス 2007
Goldstein, Janet ゴールドシュタイン, ジャネット
[著]「スターバックスを世界一にするために守り続けてきた大切な原則」 日本経済新聞出版社 2015
Goldstein, Jess ゴールドスタイン, ジェス
トニー賞 プレイ 衣装デザイン賞(2005年(第59回)) "The Rivals"
Goldstein, Joseph Leonard ゴールドスタイン, ジョゼフ・レナード
1940〜 [国]アメリカ 遺伝学者 テキサス大学サウスウエスタン医学部上席教授 [専]分子遺伝学 [異]ゴールドシュタイン / ゴールドステン
Goldstein, Kurt Julius ゴールドシュタイン, クルト・ユリウス
1914〜2007 [国]ドイツ 人権活動家 国際アウシュビッツ委員会名誉会長
Goldstein, Martin ゴールドスタイン, マーティン
1919〜 [著]「冷蔵庫と宇宙」 東京電機大学出版局 2003
Goldstein, Melissa M. ゴールドスタイン, メリッサ・M.
[著]「精神科臨床倫理」 星和書店 2011
Goldstein, Melvyn C. ゴールドスタイン, メルヴィン・C.
[著]「チベットの文化大革命」 風響社 2012
Goldstein, Michael ゴールドスタイン, マイケル
1945〜 [著]「読んで学べるADHDの理解と対応」 明石書店 2005
Goldstein, Noah J. ゴールドスタイン, ノア・J.
[異]ゴールドスタイン, N.J. [著]「影響力の武器」 誠信書房 2016
Goldstein, Rebecca ゴールドスタイン, レベッカ
[著]「夜の姉妹団」 朝日新聞社 2001
Goldstein, Robert Justin ゴールドスティーン, ロバート・ジャスティン
[著]「政治的検閲」 法政大学出版局 2003
Goldstein, Sam ゴールドスタイン, サム
1952〜 [異]ゴールドスティーン, サム [著]「読んで学べるADHDの理解と対応」 明石書店 2005
Goldstein, Tina R. ゴールドステイン, ティナ・R.
[著]「思春期・青年期のうつ病治療と自殺予防」 医学書院 2012
Goldstine, Herman Heine ゴールドスタイン, ハーマン・H.
1913〜2004 [著]「計算機の歴史」 共立出版 2016
Goldstone, Bruce ゴールドストーン, ブルース
[著]「だいたいいくつ?」 福音館書店 2010
Goldstone, Lawrence ゴールドストーン, ローレンス
[著]「旅に出ても古書店めぐり」 早川書房 2001
Goldstone, Nancy Bazelon ゴールドストーン, ナンシー
[著]「旅に出ても古書店めぐり」 早川書房 2001
Goldsworthy, Adrian Keith ゴールズワーシー, エイドリアン
1969〜 [著]「アントニウスとクレオパトラ」 白水社 2016
Goldthwait, John ゴールドスウェイト, ジョン
[著]「思考の力」 サティヤサイ出版協会 2008
Goldwag, Arthur ゴールドワグ, アーサー
[著]「カルト・陰謀・秘密結社大事典」 河出書房新社 2010
Goldwasser, Shafi ゴールドヴァッサー, S.
1958〜 [著]「暗号理論のための格子の数学」 シュプリンガー・ジャパン 2006
Goldwyn, Samuel, Jr. ゴールドウィン, サミュエル, Jr.
1926〜2015 [国]アメリカ 映画プロデューサー, 実業家 サミュエル・ゴールドウィン・カンパニー社長
Goleman, Daniel ゴールマン, ダニエル
[著]「自分を成長させる極意」 ダイヤモンド社 2016
Golembiovskii, Igor Nesterovich ゴレンビオフスキー, イーゴリ
1935〜2009 [国]ロシア ジャーナリスト 「イズベスチヤ」編集長 [異]ゴレムビオフスキー, イーゴリ
Golenishchev-Kutuzov, Arsenii Arkadievich ゴレニシチエフ＝クツゾフ, アルセニイ・アルカジェビッチ
[著]「訳詩集 平和の天使」 文芸社 2002
Goleszowski, Richard ゴルゾウスキー, リチャード
[国]イギリス オタワ国際アニメーション映画祭 大人向けテレビシリーズ(2004年)ほか
Golijov, Osvaldo ゴリジョフ, オスヴァルト
グラミー賞 最優秀現代音楽作曲(2006年(第49回)) "Golijov: Ainadamar: Fountain Of Tears"
Golikova, Tatyana A. ゴリコワ, タチヤナ・A.
[国]ロシア 保健社会発展相
Golinkoff, Roberta M. ゴリンコフ, ロバータ・ミシュニック
[著]「子どもの「遊び」は魔法の授業」 アスペクト 2006
Golisano, Tom ゴリサーノ, トム
ペイチェックス創業者
Golitzen, Alexander ゴリツェン, アレクサンダー
?〜2005 [国]アメリカ 映画美術監督 [異]ゴリッツェン, アレクサンダー
Goller, Sara ゴラー

G

㊀ドイツ　ビーチバレー選手
Golley, Gregory　ガリー, グレゴリー
　1964〜　㊃「宮沢賢治とディープエコロジー」平凡社　2014
Golliot-legrand, Lise　ゴリオルグラン
　㊀フランス　レスリング選手　㊅ルグラン
Gollner, Adam　ゴウルナー, アダム・リース
　1976〜　㊃「フルーツ・ハンター」白水社　2009
Gollub, Matthew　ゴラブ, マシュー
　㊃「蛙となれよ冷し瓜」岩波書店　2014
Gollwitzer, Heinz　ゴルヴィツァー, ハインツ
　1917〜　㊃「黄禍論とは何か」中央公論新社　2010
Gollwitzer, Helmut　ゴルヴィツァー, ヘルムート
　㊃「光の降誕祭」教文館　2004
Golobič, Gregor　ゴロビチュ, グレゴル
　㊀スロベニア　高等教育・科学技術相
Golodets, Olga Y.　ゴロデツ, オリガ・Y.
　㊀ロシア　副首相
Golom, Routouang Yoma　ゴロム, ルトゥアング・ヨマ
　㊀チャド　治安・移住相　㊅ゴロム, ルートゥアン・ヨマ
Golomb, Solomon Wolf　ゴロム, ソロモン
　1932〜　㊃「箱詰めパズル ポリオミノの宇宙」日本評論社　2014
Golomshtok, Igor　ゴロムシトク, イーゴリ
　1929〜　㊃「全体主義芸術」水声社　2007
Golon, Anne　ゴロン, アン
　㊃「アンジェリク」復刊ドットコム　2014
Goloschekin, David Semyonovich　ゴロショーキン, ダヴィド・セミョノヴィチ
　㊀ロシア　サンクトペテルブルク国立ジャズ・フィルハーモニー芸術監督(創設者)
Golotsutskov, Anton　ゴロチュツコフ
　㊀ロシア　体操選手
Golovanov, Viktor G.　ゴロワノフ, ビクトル・G.
　㊀ベラルーシ　法相
Golovin, Aleksandr　ゴロヴィン, アレクサンドル
　㊀ロシア　サッカー選手
Golovina, Luba　ゴロビナ, ルバ
　㊀ジョージア　トランポリン選手
Golovkin, Gennady　ゴロフキン
　㊀カザフスタン　ボクシング選手
Golowin, Erik　ゴロヴィン, エリック
　1961〜　㊃「アンディズム」創芸社　2002
Golowin, Sergius　ゴロウィン, セルジウス
　1930〜　㊃「世界の神話文化図鑑」東洋書林　2007
Golson, Senquez　ゴルソン, センクエズ
　㊀アメリカ　アメフト選手
Golston, Kedric　ゴルストン, ケドリック
　㊀アメリカ　アメフト選手
Golts, Natalia　ゴルツ
　㊀ロシア　レスリング選手
Golub, Bennett W.　ゴルブ, ベネット・W.
　㊃「債券投資のリスクマネジメント」金融財政事情研究会, きんざい(発売)　2001
Golub, Leon　ゴラブ, レオン
　1922〜2004　㊀アメリカ　現代美術家, 画家　㊅ゴーラブ
Golubchikova, Yuliya　ゴルブチコワ
　㊀ロシア　陸上選手
Golubitsky, Martin　ゴルビツキー, マーティン
　1945〜　㊃「対称性の破れとパターン形成の数理」丸善　2003
Golubytskyi, Carolin　ゴルビツスキ, カロリン
　㊀ドイツ　フェンシング選手
Gomaa, Muhammad Mokhtar　ゴマー, ムハンマド・ムフタール
　㊀エジプト　宗教財産相
Gomba, Alexis　ゴンバ, アレクシス
　㊀中央アフリカ　経済・計画・国際協力相
Gomboc, Adrian　ゴムボッチ, アドリアン
　㊀スロベニア　柔道選手
Gomboli, Mario　ゴンボリ, マリオ
　1947〜　㊃「いたずらルポロッソのたべようたべよう」グラフ社　2006
Gombrich, Ernst Hans Josef　ゴンブリッチ, エルンスト・ハンス
　1909〜2001　㊀イギリス　美術史家　ロンドン大学名誉教授　㊅ゴムブリッチ / ゴンブリック, エルンスト・ハンス・ヨーゼフ / ゴンブリッチ, アーネスト
Gombrich, Richard Francis　ゴンブリッチ, リチャード・F.
　1937〜　㊅ゴンブリッチ, リチャード　㊃「インド・スリランカ上座仏教史」春秋社　2005
Gomel, Bob　ゴメル, ボブ
　㊃「メモリーズ・オブ・ジョン」イースト・プレス　2006
Gomella, Leonard G.　ゴメラ, レオナード・G.
　㊃「スカット・モンキーハンドブック」メディカル・サイエンス・インターナショナル　2003
Gomersall, Stephen John　ゴマソール, スティーブン・ジョン
　1948〜　㊀イギリス　実業家, 外交官　日立ヨーロッパ副会長　駐日英国大使, 日立製作所取締役
Gomes, Antonieta Roa　ゴメス, アントニエタ・ロア
　㊀ギニアビサウ　法相
Gomes, Aristides　ゴメス, アリスティデス
　㊀ギニアビサウ　首相
Gomes, Carlos　ゴメス, カルロス
　㊀ギニアビサウ　首相
Gomes, Carolyn　ゴメス, キャロライン
　㊀ジャマイカ　NPO「Jamaicans for Justice」事務局長　国連人権賞(2008年(第8回))
Gomes, Cid　ゴメス, シジ
　㊀ブラジル　教育相
Gomes, Ciro　ゴメス, シロ
　㊀ブラジル　国家統合相
Gomes, Daniel　ゴメス, ダニエル
　㊀ギニアビサウ　天然資源相
Gomes, Fernando　ゴメス, フェルナンド
　㊀ギニアビサウ　社会基盤相
Gomes, Francisco Da Costa　ゴメス, フランシスコ
　1914〜2001　㊀ポルトガル　政治家, 軍人　ポルトガル大統領
Gomes, Heurelho　ゴメス, エウレリョ
　㊀ブラジル　サッカー選手
Gomes, Joao, Jr.　ゴメス, ジョアン
　㊀ブラジル　水泳選手
Gómes, José　ゴメス, ホセ
　㊀チリ　法相
Gomes, Marcelo　ゴメス, マルセロ
　1979〜　バレエダンサー　アメリカン・バレエ・シアター(ABT)プリンシパル
Gomes, Miguel　ゴメス, ミゲル
　ベルリン国際映画祭 アルフレッド・バウアー賞(第62回(2012年))　"Tabu"
Gomes, Namuano Dias　ゴメス, ナムアノ・ディアス
　㊀ギニアビサウ　法相
Gomes, Nilma Lino　ゴメス, ニルマ・リノ
　㊀ブラジル　女性・人種平等・人権相
Gomes, Renato　ゴメス
　㊀ジョージア　ビーチバレー選手
Gomes, Yan　ゴームズ, ヤン
　㊀ブラジル　野球選手
Gomes Junior, Carlos　ゴメス・ジュニオル, カルロス
　㊀ギニアビサウ　首相
Gomes Pereira, Victor　ゴメスペレイラ, ビトル
　㊀ギニアビサウ　社会通信相
Gomez, Alejandro　ゴメス, アレハンドロ
　㊀アルゼンチン　サッカー選手
Gomez, Alseny René　ゴメス, アルセニー・ルネ
　㊀ギニア　法相
Gomez, Ana M.　ゴメス, アナ・M.
　㊃「こわかったあの日にバイバイ!」東京書籍　2012
Gomez, Carlos　ゴメス, カルロス
　㊀ドミニカ共和国　野球選手
Gomez, Edward　ゴメス, エドワード
　㊀ガンビア　法相
Gomez, Elena　ゴメス
　㊀スペイン　体操選手
Gomez, E.T.　ゴメス, E.T.
　㊃「レント、レント・シーキング、経済開発」出版研, 人間の科学新社(発売)　2007
Gomez, Fabian　ゴメス, ファビアン
　㊀アルゼンチン　ゴルフ選手
Gomez, Gustavo　ゴメス, グスタボ
　㊀パラグアイ　サッカー選手
Gomez, Javier　ゴメス
　㊀スペイン　トライアスロン選手
Gomez, Jeanmar　ゴメス, ジャンマー
　㊀ベネズエラ　野球選手
Gomez, Joan　ゴメス, ジョアン

㊕「クローン病」 藤原書店 2007
Gomez, Joe ゴメス, ジョー
㊖イングランド サッカー選手
Gómez, José Antonio ゴメス, ホセ・アントニオ
㊖チリ 国防相
Gómez, Juan Carlos ゴメス, ファン・カルロス
1959～ ㊕「霊長類のこころ」 新曜社 2005
Gomez, Laura ゴメス, ラウラ
㊖スペイン 柔道選手
Gomez, Mario ゴメス, マリオ
1985～ ㊖ドイツ サッカー選手
Gomez, Miguel ゴメス, ミゲル
㊖ドミニカ共和国 野球選手
Gomez, Perry ゴメス, ペリー
㊖バハマ 保健相
Gomez, Preston ゴメス, プレストン
1923～2009 大リーグ監督
Gomez, Selena ゴメス, セレーナ
1992～ ㊖アメリカ 女優, 歌手
Gomez, Sheriff ゴメス, シェリフ
㊖ガンビア 青年・スポーツ相
Gomez, Silvia ゴメス, シルビア
㊖ホンジュラス 天然資源・環境相
Gómez, Sonia ゴメス, ソニア
㊖ドミニカ共和国 商工相
Gomez, Vinicio ゴメス, ビニシオ
?～2008 ㊖グアテマラ 政治家 グアテマラ内相
Gómez Cerdá, Alfredo ゴメス=セルダ, アルフレッド
1951～ ㊕「雨あがりのメデジン」 鈴木出版 2011
Gómez González, Arely ゴメス・ゴンサレス, アレリ
㊖メキシコ 公共行政相
Gómez Gutiérrez, Luis Ignacio ゴメス・グティエレス, ルイス・イグナシオ
㊖キューバ 教育相
Gómez i Oliver, Valentí ゴメス・イ・オリヴェル, ヴァレンティ
1947～ ㊕「ファラオの目」 文芸社 2012
Gómez-lobo, Andrés ゴメスロボ, アンドレス
㊖チリ 運輸・通信相 ㊍コメスロボ, アンドレス
Gomez Matos, Franklin ゴメスマトス, フランクリン
㊖プエルトリコ レスリング選手
Gómezmont Urueta, Fernando Francisco ゴメスモント・ウルエタ, フェルナンド・フランシスコ
㊖メキシコ 内相
Gomez-Palacio, Bryony ゴメス=パラシオ, ブライオニー
㊕「グラフィック・デザイン究極のリファレンス」 グラフィック社 2010
Gómez Sánchez, Valeriano ゴメス・サンチェス, バレリアーノ
㊖スペイン 労働・移民相
Gómez Silván, Sergio ゴメス・シルヴァン, セルジオ
㊕「J.K.ローリングの魔法界魔法がとび出す! ポップアップ・ギャラリー」 静山社 2016
Gomis, Alfred ゴミス, アルフレッド
㊖セネガル サッカー選手
Gomis, Anna ゴミズ
㊖フランス レスリング選手
Gomis, Kafetien ゴミス, カフェティアン
㊖フランス 陸上選手
Gomon, Yevgeniya ゴモン, エフゲニア
㊖ウクライナ 新体操選手
Gompers, Paul Alan ゴンパース, P.
㊕「ベンチャーキャピタル・サイクル」 シュプリンガー・フェアラーク東京 2002
Gomperts, Bastien D. ゴンパーツ, バスティアン・D.
㊕「シグナル伝達」 メディカル・サイエンス・インターナショナル 2011
Gon, Taikichi ゴン・タイキチ
㊖韓国 明治大学名誉教授, 元・明治大学経営学部長 漢字名=権泰吉
Gonalons, Maxime ゴナロン, マキシム
㊖フランス サッカー選手
Gonbala, Laurent ゴンバラ, ローラン
㊖中央アフリカ 公務員・雇用相
Goncalves, Antonio ゴンサルベス, アントニオ
1971～ ㊕「Beginning Java EE 6」 翔泳社 2012
Gonçalves, Davi ゴンサルベス, ダビ
1981～ ㊕「預言的世代を呼び覚ます」 イーグレープ 2013
Gonçalves, João ゴンサルベス, ジョアン
㊖東ティモール 経済・開発相
Gonçalves, José da Silva ゴンサルベス, ジョゼ・ダ・シルバ
㊖カボベルデ 経済・雇用相
Gonchar, Andrei Aleksandrovich ゴンチャール, アンドレイ
1931～2012 ㊖ロシア 数学者 モスクワ大学上級研究員・数学部長 ㊓関数論
Goncharenko, Vladimir I. ゴンチャレンコ, ウラジーミル・I.
㊖ベラルーシ 通信相
Goncharov, Andrei ゴンチャロフ, アンドレイ
?～2001 ㊖ロシア 演出家 マヤコフスキー劇場舞台監督
Goncharov, Ruslan ゴンチャロフ
㊖ウクライナ フィギュアスケート選手
Goncharov, Valeri ゴンチャロフ
㊖ウクライナ 体操選手
Goncharov, Vladimir ゴンチャロフ, ウラジーミル
㊖ロシア 射撃選手
Goncharova, Natalia ゴンチャロフ
㊖ロシア 飛び込み選手
Gonci, Jozef ゴンツィ
㊖スロバキア 射撃選手
Gon-coulibaly, Amadou ゴンクリバリ, アマドゥ
㊖コートジボワール 首相
Göncz, Árpád ゲンツ, アルパード
1922～2015 ㊖ハンガリー 政治家, 作家 ハンガリー大統領 ㊍グンツ, アルパド
Göncz, Kinga ゲンツ・キンガ
㊖ハンガリー 外相
Gonda, Cyriaque ゴンダ, シリアック
㊖中央アフリカ 通信・対話・国民和解相
Gonda, Ivett ゴンダ
㊖カナダ テコンドー選手
Gondal, Nazar Muhammad ゴンダル, ナザル・ムハンマド
㊖パキスタン 首都開発・行政相 ㊍ゴンダル, ナザル・ムハマド
Gondín, Carlos Fernández ゴンディン, カルロス・フェルナンデス
㊖キューバ 内相
Gondjout, Laure Olga ゴンジュウ, ローラ・オルガ
㊖ガボン 郵政・通信・情報技術相
Gondo, Glen Yoshiaki ゴンドー, グレン・ヨシアキ
㊖アメリカ アジア協会テキサスセンター理事, ゴンドーカンパニー社長, 元・ヒューストン日米協会会長, 元・日系米国人市民連盟ヒューストン支部副会長
Gondor, Emory ゴンドール, エモリー
㊕「アドラーの思い出」 創元社 2007
Gondor, Lillian ゴンドール, リリアン
㊕「アドラーの思い出」 創元社 2007
Gondorf, Jerome ゴンドルフ, ジェローム
㊖ドイツ サッカー選手
Gondry, Michel ゴンドリー, ミシェル
1963～ ㊖フランス 映画監督, 脚本家, CMディレクター ㊍ゴンドリー, ミッシェル
Gondry, Olivier "Twist" ゴンドリー, オリヴィエ
㊖フランス MTVアワード 最優秀特殊効果(第19回(2002年)) "Fell in Love with a Girl"
Gondwe, Goodall ゴンドウェ, グッドール
㊖マラウイ 財務相
Gondwe, Goodall Edward ゴンドウェ, ゴーダル・エドワード
㊖マウライ 財務・経済計画・開発相 ㊍ゴンドウェ, ゴダール・エドワード
Goneva, Vereniki ジェノヴァ, ヴァレニキ
㊖フィジー ラグビー選手
Gong, Hongjia ゴン・ホンジャー
㊖香港 実業家 漢字名=龔虹嘉
Gong, Ji-young コン・ジヨン
1963～ ㊖韓国 作家 漢字名=孔枝泳
Gong, Li コン・リー
1965～ ㊖シンガポール 女優 漢字名=鞏俐 ㊍コン・リー
Gong, Yoo コン・ユ
1979～ ㊖韓国 俳優 本名=コン・ジチョル
Gongar, Othello ゴンガー, オセロ
㊖リベリア 教育相
Gongarad, Celestin Nkoua ゴンガラ, セレスタン・ヌクア
㊖コンゴ共和国 農業畜産相
Gongchan ゴンチャン

G

1993～ [国]韓国 歌手
Gongora, Carlos ゴンゴーラ
[国]エクアドル ボクシング選手
Goñi Carrasco, José ゴニ・カラスコ, ホセ
[国]チリ 国防相
Gonick, Larry ゴニック, ラリー
[著]「マンガ「解析学」超入門」 講談社 2016
Gonnard, Henri ゴナール, アンリ
[著]「調性音楽を読む本」 音楽之友社 2015
Gonsalves, Camillo ゴンサルベス, カミロ
[国]セントビンセント・グレナディーン 経済計画・持続的開発・産業・国内貿易・労働・情報相
Gonsalves, Ralph E. ゴンサルベス, ラルフ
1946～ [国]セントビンセント・グレナディーン 政治家 首相・財務相 [異]ゴンサルヴェス, ラルフ
Gonsalves, Rob ゴンサルヴェス, ロブ
カナダ総督文学賞 英語 児童文学(イラストレーション)(2005年) "Imagine a Day"
Gonsalves, Stephen ゴンサルベス, スティーブン
[国]アメリカ 野球選手
Gonsalves, Theresa J. ゴンサルベス, テレサ・J.
[著]「テレサ・イン・ネバーランド」 アクセスイースト, 三オブックス(発売) 2010
Gonschior, Thomas ゴンシオア, トーマス
[著]「生きる勇気」 原書房 2015
Gonstalla, Esther ゴンスターラ, エステル
1985～ [著]「インフォグラフィクス気候変動」 岩波書店 2013
Gonta, Geshe Sonam Gyaltsen ゴンタ, ゲシェー・ソナム・ギャルツェン
1955～ [著]「ラムリム伝授録」 チベット仏教普及協会 2006
Gontiuk, Roman ゴンテュク
[国]ウクライナ 柔道選手 [異]ゴンチュク
Gönül, Vecdi ギョニュル, ベジディ
[国]トルコ 国防相
Gonzales, Alberto ゴンザレス, アルベルト
[国]アメリカ 司法長官
Gonzales, Laurence ゴンサレス, ローレンス
1947～ [著]「緊急時サバイバル読本」 アスペクト 2004
Gonzales, Manuel ゴンザレス, マヌエル
1974～ [国]アメリカ 作家 [専]SF, ファンタジー
Gonzales, Manuel G. ゴンサレス, マニュエル・G.
[著]「メキシコ系米国人・移民の歴史」 明石書店 2003
Gonzales, Marco ゴンザレス, マルコ
[国]アメリカ 野球選手
Gonzales, Norberto ゴンザレス, ノルベルト
[国]フィリピン 国家安全保障担当大統領顧問
Gonzales, Raul ゴンザレス, ラウル
[国]フィリピン 法相
Gonzales Posada, Luis Javier Eyzaguirre ゴンサレス・ポサダ, ルイス・ハビエル・エイサギレ
[国]ペルー 元・国会議長, 元・国会議員, 元・外務大臣, 元・法務大臣
Gonzalez, Adrian ゴンザレス, エイドリアン
1982～ [国]メキシコ 野球選手 [異]ゴンサレス, アドリアン
Gonzalez, Alcides Lorenzo Rial ゴンサレス, アルシデス・ロレンソ・リアル
[国]アルゼンチン 元・在ウルグアイ日本国大使館現地職員
Gonzalez, Alfredo ゴンザレス, アルフレッド
[国]ベネズエラ 野球選手
González, Anabel ゴンサレス, アナベル
[国]コスタリカ 貿易相
Gonzalez, Asley ゴンサレス, アスレイ
[国]キューバ 柔道選手 [異]ゴンサレス
Gonzalez, Carlos ゴンザレス, カルロス
[国]ベネズエラ 野球選手
González, Carlos ゴンサレス, カルロス
1960～ [著]「うちの子どうして食べてくれないの？」 ジャパンマシニスト社 2012
Gonzalez, ChiChi ゴンザレス, チチ
[国]アメリカ 野球選手
Gonzalez, Derlis ゴンサレス, デルリス
[国]パラグアイ サッカー選手
Gonzalez, Driulys ゴンサレス
[国]キューバ 柔道選手
Gonzalez, Erik ゴンザレス, エリック
[国]ドミニカ共和国 野球選手
Gonzalez, Fernando ゴンサレス
[国]チリ テニス選手
Gonzalez, Fredi ゴンザレス, フレディ
[国]アメリカ マイアミ・マーリンズコーチ
Gonzalez, Geremi ゴンザレス, ジェレミー
1975～2008 [国]ベネズエラ 野球選手
Gonzalez, Giancarlo ゴンサレス, ジャンカルロ
[国]コスタリカ サッカー選手
González, Ginés ゴンサレス, ヒネス
[国]アルゼンチン 保健相
Gonzalez, Gio ゴンザレス, ジオ
1985～ [国]アメリカ 野球選手 本名＝Gonzalez, Giovany A. [異]ゴンサレス, ジオ
Gonzalez, Gonzalo ゴンザレス, ゴンサロ
[国]ウルグアイ 農水産相 [異]ゴンサレス, ゴンサロ
González, José Luis ゴンサレス, ホセ・ルイス
1932～ [著]「ギター・テクニック・ノート」 現代ギター社 2005
González, Juan ゴンザレス, ファン
1947～ [著]「フォールアウト」 岩波書店 2003
González, Justo L. ゴンサレス, J.
1937～ [著]「これだけは知っておきたいキリスト教史」 教文館 2011
González, Karla ゴンサレス, カルラ
[国]コスタリカ 公共事業・運輸相
González, Manuel ゴンサレス, マヌエル
[国]コスタリカ 外相
Gonzalez, Maria Guadalupe ゴンサレス, マリアグアダルペ
[国]メキシコ 陸上選手
Gonzalez, Marwin ゴンザレス, マーウィン
[国]ベネズエラ 野球選手
Gonzalez, Maximo ゴンサレス, マクシモ
[国]アルゼンチン テニス選手
Gonzalez, Miguel ゴンザレス, ミゲル
[国]メキシコ 野球選手
Gonzalez, Misleydis ゴンサレス
[国]キューバ 陸上選手
Gonzalez, Pablo ゴンサレス, パブロ
1937～ [著]「にんげんの国へ行くサイ」 新世研 2003
González, Ramiro ゴンサレス, ラミロ
[国]エクアドル 工業・生産性相
Gonzalez, Rayan ゴンザレス, ライアン
[国]プエルトリコ 野球選手
Gonzalez, Richard ゴンザレス, リチャード
[著]「パーソナルな関係の社会心理学」 北大路書房 2004
González, Roberto ゴンサレス, ロベルト
[国]グアテマラ エネルギー・鉱山相
González, Roberto ゴンサレス, ロベルト
[国]パラグアイ 国防相
Gonzalez, Rodrigo ゴンサレス
[国]メキシコ トライアスロン選手
Gonzalez, Roman ゴンサレス, ローマン
1987～ [国]ニカラグア プロボクサー WBC世界フライ級チャンピオン WBA世界ライトフライ級チャンピオン, WBA世界ミニマム級チャンピオン
Gonzalez, Romulo ゴンサレス, ロムロ
[国]コロンビア 法相
Gonzalez, Rubén ゴンサレス, ルベーン
1919～2003 [国]キューバ ピアニスト [異]ゴンザレス, ルベーン
Gonzalez, Rudy ゴンザレス, ルディ
1973～ [著]「虐待を受けた子どもの愛着とトラウマの治療的ケア」 福村出版 2013
Gonzalez, Santiago ゴンサレス, サンティアゴ
[国]メキシコ テニス選手
González, Santiago Guillén ゴンサレス, サンティアゴ・ギリェン
[著]「ドイツ空軍装備大図鑑」 原書房 2014
Gonzalez, Sergio ゴンサレス
[国]キューバ ビーチバレー選手
Gonzalez, Severino ゴンザレス, セベリーノ
[国]パナマ 野球選手
Gonzalez, Tomas ゴンザレス, トマス
[国]チリ 体操選手
Gonzalez, Tony ゴンザレス, トニー
1976～ [国]アメリカ 元アメフト選手 本名＝Gonzalez, Anthony David
González, Tulio Mariano ゴンサレス, トゥリオ・マリアノ

ホンジュラス　文化・芸術・スポーツ相
González, Virginia　ゴンサレス, ヴァージニア
　著「慢性疾患自己管理ガイダンス」日本看護協会出版会　2001
Gonzalez Amorosino, Lucas　ゴンサレス・アモロジーノ, ルーカス
　アルゼンチン　ラグビー選手
Gonzalez Bonilla, Joel　ゴンサレス, ホエル
　1989〜　スペイン　テコンドー選手　㊙ゴンサレスボニリャ, ホエル
González-Crussi, F.　ゴンザレス・ルッシ, フランク
　1936〜　著「医学が歩んだ道」ランダムハウス講談社　2008
González Estrada, Tomás　ゴンサレス・エストラダ, トマス
　コロンビア　鉱山・エネルギー相
González Fernández, Margarita　ゴンサレス・フェルナンデス, マルガリタ
　キューバ　労働・社会保障相
González Ferreras, Julia　ゴンサレス, フリア
　著「欧州教育制度のチューニング」明石書店　2012
González González, Guillermo José　ゴンサレス・ゴンサレス, ギジェルモ・ホセ
　ニカラグア　保健相
Gonzalez Iglesias, Santiago　ゴンサレス・イグレシアス, サンチャゴ
　アルゼンチン　ラグビー選手
González Larraín, Santiago　ゴンサレス・ララン, サンティアゴ
　チリ　鉱業相
González López, Gustavo Enrique　ゴンサレス・ロペス, グスタボ・エンリケ
　ベネズエラ　内務・法務相
González Macchi, Luis　ゴンサレス・マキ, ルイス
　パラグアイ　大統領
Gonzalez-Mena, Janet　ゴンサレス・メーナ, J.
　著「多文化共生社会の保育者」北大路書房　2004
González Molina, Gabriel　ゴンサレス＝モリーナ, ゲイブリエル
　著「これが答えだ！」日本経済新聞社　2003
Gonzalez Moreno, M.J.　ゴンサーレス, M.
　著「鍼のエビデンス」医道の日本社　2009
Gonzalez Perez, Yoanka　ゴンサレスペレス
　キューバ　自転車選手
González Planas, Roberto Ignacio　ゴンサレス・プラナス, ロベルト・イグナシオ
　キューバ　情報科学・通信相
González Sainz, César　ゴンサーレス・サインス, セサル
　著「スペイン北部の旧石器動産美術」テクネ　2014
González Sepulveda, Enrique Tomas　ゴンサレセプルベダ
　チリ　体操選手
González-sinde Reig, Ángels　ゴンサレスシンデ・レイグ, アンヘレス
　スペイン　文化相
González Toledo, Julián　ゴンサレス・トレド, フリアン
　キューバ　文化相
González Troyano, Alberto　ゴンサレス・トゥロヤーノ, アルベルト
　著「集いと娯楽の近代スペイン」彩流社　2011
González Turmo, Isabel　ゴンサレス・トゥルモ, イサベル
　著「集いと娯楽の近代スペイン」彩流社　2011
González-Wippler, Migene　ゴンサレス・ウィプラー, ミヘネ
　著「霊魂との交流」心交社　2009
Gonzalo Castro　ゴンサロ・カストロ
　ウルグアイ　サッカー選手
Gonzalo Rodriguez　ゴンサロ・ロドリゲス
　アルゼンチン　サッカー選手
Gonzi, Lawrence　ゴンジ, ローレンス
　マルタ　首相兼内相
Gooch, Lynden　グーチ, リンデン
　アメリカ　サッカー選手
Good, Byron　グッド, バイロン・J.
　1944〜　著「医療・合理性・経験」誠信書房　2001
Good, David C.　グッド, D.C.
　著「神経リハビリテーション」医学書院　2001
Good, Denzelle　グッド, デンゼル
　アメリカ　アメフト選手
Good, Lynn　グッド, リン
　アメリカ　デューク・エナジーCEO
Good, Marion　グッド, マリオン
　著「ケアのなかの癒し」看護の科学社　2016
Good, Nancy　グッド, ナンシー
　著「「ひどい男」でも一緒にいたい」ソニー・マガジンズ　2005
Good, Nancy J.　グッド, ナンシー・J.
　著「ソーシャルワークと修復的正義」明石書店　2012
Goodacre, Charles J.　グッドエーカー, チャールズ・J.
　著「歯の形態標本ガイド」ガイアブックス　2014
Goodale, Melvyn A.　グッデイル, メルヴィン
　著「もうひとつの視覚」新曜社　2008
Goodale, Ralph　グッデイル, ラルフ
　カナダ　公安・非常時対応準備相
Goodall, Howard　グッドール, ハワード
　1958〜　著「音楽の進化史」河出書房新社　2014
Goodall, Jane　グドール, ジェーン
　1934〜　イギリス　動物行動学者, 環境保護運動家　ジェーン・グドール研究所創立者, 国連平和大使　著「野生チンパンジーの研究, 霊長類学」　㊙グッドール, ジェーン
Goodall, Nigel　グッドール, ナイジェル
　1950〜　著「Johnny Depp理由ある反抗」ビジネス社　2005
Goode, Alex　グッド, アレックス
　イングランド　ラグビー選手
Goode, David　グッド, デイヴィッド
　著「ロマン派の音楽」音楽之友社　2016
Goode, Diane　グッド, ダイアン
　1949〜　著「わたしが山おくにすんでいたころ」ゴブリン書房　2012
Goode, Greg　グッド, グレッグ
　著「ダイレクトパス」ナチュラルスピリット　2016
Goode, Jamie　グッド, ジェイミー
　著「新しいワインの科学」河出書房新社　2014
Goode, Najee　グッド, ナジー
　アメリカ　アメフト選手
Goode, Richard　グード, リチャード
　1943〜　アメリカ　ピアニスト　本名＝Goode, Richard Stephen
Gooden, Philip　グッデン, フィリップ
　著「物語英語の歴史」悠書館　2012
Gooden, Zaviar　グッデン, ゼイビアー
　アメリカ　アメフト選手
Goodenough, John　グッドイナフ, ジョン
　1922〜　アメリカ　物理学者　テキサス大学オースティン校教授　著「固体科学, 材料科学」　本名＝Goodenough, John Bannister
Goodenough, Ward Hunt　グッドイナフ, ワード・ハント
　1919〜2013　アメリカ　文化人類学者　ペンシルベニア大学名誉教授
Goodenow, Melia　グッドナウ, メリア
　1970〜　著「ハワイ島のフラワーエッセンス」ホクラニ・インターナショナル　2013
Goodeve, Thyrza Nichols　グッドイヴ, シルザ・ニコルズ
　1957〜　著「サイボーグ・ダイアローグズ」水声社　2007
Goodey, Jo　グディ, ジョー
　著「これからの犯罪被害者学」成文堂　2011
Goodfellow, Daniel　グッドフェロー, ダニエル
　イギリス　水泳選手
Goodfellow, Rob　グッドフェロー, R.
　1960〜　著「中国のビジネス文化」出版研, 人間の科学新社（発売）　2001
Goodfriend, Marvin　グッドフレンド, マービン
　著「金融の安定, デフレと金融政策」日本銀行金融研究所〔2001〕
Goodhart, Charles Albert Erie　グッドハート, チャールズ
　1936〜　イギリス　経済学者　ロンドン・スクール・オブ・エコノミクス名誉教授
Goodhart, Frances　グッドハート, フランシス
　著「ひとまずがんの治療を終えたあなたへ」国書刊行会　2015
Goodhart, Philip　グッドハート, フィリップ
　1925〜2015　イギリス　政治家, ジャーナリスト　英国下院議員（保守党）　本名＝Goodhart, Philip Carter
Goodhart, Pippa　グッドハート, ピッパ
　著「ねがいごとをしてごらん」評論社　2004
Goodhew, Jo　グッドヒュー, ジョー
　ニュージーランド　社会貢献相兼食品安全相　㊙グッドフュー, ジョー
Goodill, Sherry　グッデイル, シャロン・W.
　1956〜　著「医療現場に活かすダンス・ムーブメントセラピーの実際」創元社　2008

Gooding, Cuba Jr. グッディング, キューバ, Jr.
1968～ [国]アメリカ 俳優
Goodings, Christina グディングス, クリスティーナ
[著]「だあれ？ くりすますのおはなし」 女子パウロ会 2016
Goodish, Barbara グーディッシュ, バーバラ
[著]「ブルーザー・ブロディ私の、知的反逆児」 東邦出版 2008
Goodison, Paul グディソン, ポール
[国]イギリス セーリング選手
Goodkey, Rich グッドキー, リッチ
[著]「業績評価の理論と実務」 東洋経済新報社 2004
Goodkind, Elisa グッドカインド, エリーサ
[著]「スタイルライクユー」 グラフィック社 2012
Goodkind, Terry グッドカインド, テリー
1949～ [著]「魔宮の凶鳥」 早川書房 2009
Goodlad, John I. グッドラッド, ジョン
1920～2014 [国]アメリカ 教育学者 ワシントン大学教育学大学院名誉教授
Goodland, Robert グッドランド, ロバート
1939～2013 [国]アメリカ 環境問題専門家 世界銀行環境特別顧問
Goodley, Antwan グッドリー, アントワン
[国]アメリカ アメフト選手
Goodliffe, Pete グッドリフ, ピート
[著]「コード・クラフト」 毎日コミュニケーションズ 2007
Goodman, Alison グッドマン, アリソン
1966～ [国]オーストラリア 作家 [専]ファンタジー, ヤングアダルト
Goodman, Allegra グッドマン, アレグラ
1967～ [著]「ねじれた直感」 集英社 2012
Goodman, Amy グッドマン, エイミー
1957～ [著]「いまこそ民主主義の再生を！」 岩波書店 2015
Goodman, Barak グッドマン, バラック
エミー賞 プライムタイム・エミー賞 最優秀監督賞（ノンフィクション番組）（第62回（2010年）） "My Lai"
Goodman, Carol グッドマン, キャロル
[著]「乙女の湖」 早川書房 2003
Goodman, Danny グットマン, D.
[異]グッドマン, ダニー [著]「JavaScript & DHTMLクックブック」 オライリー・ジャパン, オーム社（発売） 2008
Goodman, David グッドマン, デイヴィッド
[著]「AD/HD&body」 花風社 2003
Goodman, David C. グッドマン, D.
[著]「理性と信仰」 すぐ書房 2003
Goodman, David Gordon グッドマン, デービッド
1946～2011 [国]アメリカ 日本文学研究家, 翻訳家 イリノイ大学教授 [専]日本近代演劇, 原爆文学, 比較文学 [異]グッドマン, デイヴィッド
Goodman, Jeremy グッドマン, ジェレミー
[著]「外科」 メディカル・サイエンス・インターナショナル 2005
Goodman, Joel B. グッドマン, ジョエル
1948～ [著]「プレイフェア」 遊戯社 2005
Goodman, John グッドマン, ジョン
1952～ [国]アメリカ 俳優
Goodman, John A. グッドマン, ジョン
[著]「顧客体験の教科書」 東洋経済新報社 2016
Goodman, Jordan Elliot グッドマン, ジョーダン・エリオット
[著]「バロンズ金融用語辞典」 日経BP社, 日経BP出版センター（発売） 2009
Goodman, Joseph W. グッドマン, ジョセフ・W.
[著]「フーリエ光学」 森北出版 2012
Goodman, Kenneth W. グッドマン, ケネス・W.
1954～ [著]「医療IT化と生命倫理」 世界思想社 2009
Goodman, Lawrence Roger グッドマン, ローレンス・R.
1943～ [著]「フェルソン読める！ 胸部X線写真」 エルゼビア・ジャパン, 診断と治療社（発売） 2007
Goodman, Lion グッドマン, ライオン
[著]「ポール・オースターが朗読するナショナル・ストーリー・プロジェクト」 アルク 2005
Goodman, Lizzy グッドマン, リジー
1980～ [著]「レディー・ガガ」 ぴあ 2010
Goodman, Malliciah グッドマン, マリシアー
[国]アメリカ アメフト選手
Goodman, Marc グッドマン, マーク
[著]「フューチャー・クライム」 青土社 2016
Goodman, Martin グッドマン, マーティン
[著]「ビジュアル版 世界の歴史都市」 柊風舎 2016
Goodman, Matthew グッドマン, マシュー
[著]「トップ記事は、月に人類発見！」 柏書房 2014
Goodman, Richard E. グッドマン, リチャード・E.
[著]「土質力学の父カール・テルツァーギの生涯」 地盤工学会, 丸善出版事業部（発売） 2006
Goodman, Robert グッドマン, R.
[著]「必携児童精神医学」 岩崎学術出版社 2010
Goodman, Robert G. グッドマン, ロベルト
[著]「エグゼクティブ・コーチング」 日本能率協会マネジメントセンター 2005
Goodman, Roger グッドマン, ロジャー
1960～ [著]「若者問題の社会学」 明石書店 2013
Goodman, Shdema グッドマン, シュデマ
[著]「ババジ」 森北出版 2007
Goodman, Steven R. グットマン, S.R.
[著]「医学細胞生物学」 東京化学同人 2009
Goodman, Victor グッドマン, V.
1943～ [著]「ファイナンス数学入門」 朝倉書店 2003
Goodman, Wayne K. グッドマン, ウェイン・K.
[著]「不安障害」 日本評論社 2005
Goodnight, Jim グッドナイト, ジム
[著]「「問題社員」の管理術」 ダイヤモンド社 2007
Goodnight, Linda グッドナイト, リンダ
[著]「午後五時の誘惑」 ハーパーコリンズ・ジャパン 2016
Goodrem, Delta グッドレム, デルタ
1984～ [国]オーストラリア シンガー・ソングライター
Goodrich, Joseph グッドリッチ, ジョゼフ
アメリカ探偵作家クラブ賞 演劇賞（2008年） "Panic"
Goodrick, Mick グッドリック, ミック
1945～ [著]「前人未到の即興を生み出すギター演奏の探求」 リットーミュージック 2012
Goodridge, Reginald グッドリッジ, レジナルド
[国]リベリア 情報・文化・観光相
Goodsell, Dan グッドセル, ダン
[著]「クレイジー・キッズ・フード！」 タッシェン・ジャパン 2004
Goodsell, David S. グッドセル, D.S.
[異]グッドセル, デイヴィッド・S. [著]「生命のメカニズム」 シナジー 2015
Goodship, Judith グッドシップ, ジュディス
[著]「ゲノム医学」 メディカル・サイエンス・インターナショナル 2016
Goodson, B.J. グッドソン, B.J.
[国]アメリカ アメフト選手
Goodson, Demetri グッドソン, デメトリ
[国]アメリカ アメフト選手
Goodson, Ivor グッドソン, アイヴァー
1943～ [異]グッドソン, アイヴァー・F. [著]「ライフヒストリーの教育学」 昭和堂 2006
Goodson, Larry P. グッドソン, ラリー・P.
[著]「アフガニスタン」 原書房 2001
Goodson, Scott グッドソン, スコット
[著]「ムーブメント・マーケティング」 阪急コミュニケーションズ 2013
Goodstein, Phyllis Kaufman グッドスタイン, フィリス・カウフマン
[著]「きみにもあるいじめをとめる力」 大月書店 2013
Goodwill, James グッドウィル, ジェームズ
[著]「マスタリングJakarta Struts」 翔泳社 2003
Goodwin, Archie グッドウィン, アーチー
[国]アメリカ バスケットボール選手
Goodwin, Brian グッドウィン, ブライアン
[国]アメリカ 野球選手
Goodwin, Bridget グッドウィン, ブリジット
[著]「太平洋戦争連合軍の化学戦実験」 原書房 2009
Goodwin, C.J. グッドウィン, C.J.
[国]アメリカ アメフト選手
Goodwin, Clive グッドウィン, クライヴ
トニー賞 ミュージカル 音響デザイン賞（2012年（第66回）） "Once"
Goodwin, Donald W. グッドウィン, ドナルド・W.
[著]「アルコールと作家たち」 現代企画室 2001
Goodwin, Doris Kearns グッドウィン, ドリス・カーンズ
[国]アメリカ 伝記作家 [異]グッドウィン, ドリス・カーンズ
Goodwin, Frederick K. グッドウィン, フレデリック・K.
[著]「双極うつ病」 星和書店 2013
Goodwin, Gordon L. グッドウィン, ゴードン・L.

Goodwin, Harold グッドウィン, ハロルド
　国アメリカ　アリゾナ・カージナルスコーチ
Goodwin, Harry グッドウィン, ハリー
　著「メモリーズ・オブ・ジョン」イースト・プレス　2006
Goodwin, Jason グッドウィン, ジェイソン
　1964～　作家
Goodwin, John B.L. グッドウィン, ジョン・B.L.
　著「幻想小説大全」北宋社　2002
Goodwin, Marquise グッドウィン, マーキス
　国アメリカ　アメフト選手
Goodwin, Prue グッドウィン, プルー
　著「英国初等学校の創造性教育」ITSC静岡学術出版事業部　2009
Goodwin, Ron グッドウィン, ロン
　1925～2003　国イギリス　作曲家　本名＝Goodwin, Ronald
Goodwin, Rosie グッドウィン, ロージー
　著「ひみつのロンドン」世界文化社　2016
Goodwin, Tali グッドウィン, タリ
　1969～　著「シークレット・オブ・ザ・タロット」フォーテュナ, JRC（発売）　2016
Goodwin, Tom グッドウィン, トム
　国アメリカ　ニューヨーク・メッツコーチ
Goodwyn, Susan グッドウィン, スーザン
　著「最新ベビーサイン」主婦の友社　2010
Goody, Jack グッディ, ジャック
　1919～2015　国イギリス　社会人類学者　ケンブリッジ大学人類学教授　本名＝Goody, John Rankine　グディ, ジャック
Goody, Jade グッディ, ジェイド
　1981～2009　国イギリス　タレント
Goody, Nick グッディ, ニック
　国アメリカ　野球選手
Goody, Peter Charles グディ, P.C.
　著「ベテリナリー・アナトミー」インターズー　2010
Goold, Rupert グールド, ルパート
　ローレンス・オリヴィエ賞 演出賞（2010年（第34回））ほか
Gooley, Tristan グーリー, トリスタン
　国イギリス　作家, 探検家　トレイルファインダーズ副会長
Goolsbee, Austan グールズビー, オースタン
　著「ブロードバンドの発展と政策」NTT出版　2005
Goonan, Michael グーナン, マイケル
　著「聖フランシスコに語りかけた十字架」サンパウロ　2001
Gooneratne, Sylvester Merrick グナラトゥナ, シルベスター・メリック
　スリランカ　スリランカ日本経済委員会副委員長, 元・スリランカ日本帰国留学生の会会長, 元・スリランカ日本友好協会事務局長
Goonesekere, Savitri グナセケラ, サビットリ
　著「アジア太平洋地域における女性の人権と法的地位」〔女性のためのアジア平和国民基金〕〔200-〕
Gooptu, Sudarshan グープトゥ, スダルシャン
　著「東アジアのイノベーション」シュプリンガー・フェアラーク東京　2005
Goossaert, Vincent ゴーサール, ヴァンサン
　訳ゴーセール, ヴァンサン　著「道教の聖地と地方神」東方書店　2016
Goossens, Dennis ゴーセン, デニス
　国ベルギー　体操選手
Goossens, Philippe ホーセンス, フィリップ
　1964～　訳ゴーサンス, フィリップ　著「いじわるないしょオバケ」文渓堂　2009
Gootman, Marilyn E. グートマン, マリリン・E.
　著「友だちが死んだとき」WAVE出版　2002
Goozner, Merrill グーズナー, メリル
　1950～　著「新薬ひとつに1000億円!?」朝日新聞出版　2009
Gopalakrishnan, Kris ゴパラクリシュナン, クリス
　国インド　実業家　インフォシス共同会長
Gopalkrishnan, Senapathy ゴパラクリシュナン, セナパティ
　著「日本の未来について話そう」小学館　2011
Gopallawa, Monti ゴパッワ, モンティ
　国スリランカ　文化相
Gopaul, Nanda ゴポール, ナンダ
　国ガイアナ　労相
Gopee-scoon, Paula ゴピスクーン, ポーラ
　国トリニダード・トバゴ　貿易・産業相
Gopeesingh, Tim ゴピーシン, ティム
　国トリニダード・トバゴ　教育相
Gopnik, Adam ゴプニック, アダム
　著「パリから月まで」アップオン, 主婦の友社（発売）　2003
Gopnik, Alison ゴプニック, アリソン
　著「哲学する赤ちゃん」亜紀書房　2010
Gopnik, Myrna ゴプニック, マーナ
　著「認知障害者の心の風景」福村出版　2006
Gorage, Sardar Al-Haaj Mohammad Umar ゴラジ, サルダール・アルハジ・ムハンマド・ウマル
　国パキスタン　郵政相
Goran, Vasilii Pavlovich ゴラン, V.P.
　1940～　著「ギリシア人の運命意識」風行社　2002
Goranov, Vladislav ゴラノ, ブラディスラフ
　国ブルガリア　財務相　訳ゴラノフ, ブラディスラフ
Goranović, Pavle ゴラノビッチ, パブレ
　国モンテネグロ　文化相
Gorard, S. ゴラード, S.
　著「グローバル化・社会変動と教育」東京大学出版会　2012
Gorbach, Hubert ゴルバハ, フーベルト
　国オーストリア　副首相兼交通・技術開発相
Gorbach, Vitalii ゴルバーチ, ヴィターリー
　1970～　著「クルスク航空戦」大日本絵画　2008
Gorbachev, Mikhail Sergeevich ゴルバチョフ, ミハイル
　1931～　国ロシア　政治家　ロシア社会民主主義者同盟議長, ゴルバチョフ基金総裁　ソ連大統領, ソ連共産党書記長
Gorbachev, Valeri ゴルバチョフ, バレリー
　1944～　絵本作家
Gorbacheva, V.V. ゴルバチョーヴァ, ヴァレンチーナ・V.
　著「ロシア民族学博物館所蔵アイヌ資料目録」草風館　2007
Gorbunov, S.V. ゴルブノーフ, S.V.
　1952～　著「サハリンと千島の擦文文化の土器」函館工業高等専門学校　2012
Gorbunovs, Anatolijs ゴルブノフス, アナトリイス
　国ラトビア　運輸相
Gorchels, Linda ゴーチェル, リンダ
　著「プロダクトマネジャーの教科書」翔泳社　2006
Gordeyev, Aleksei Vassilyevich ゴルデーエフ, アレクセイ
　1955～　国ロシア　政治家　ヴォロネジ州知事　ロシア農相
Gordhamer, Soren ゴードハマー, ソレン
　著「シンプル・ライフ」翔泳社　2014
Gordhan, Pravin Jamnadas ゴーダン, プラビン・ジャンナダス
　国南アフリカ　財務相
Gordian, Robert ゴルディアン, ローベルト
　著「皇帝の魔剣」扶桑社　2004
Gordimer, Nadine ゴーディマ, ナディン
　1923～2014　国南アフリカ　作家　訳ゴーディマ, ナディヌ／ゴーディマ, ナディーン／ゴーディマー, ナディン
Gordin, Jean ゴルダン, ジャン
　著「お尻とその穴の文化史」作品社　2003
Gordin, Michael D. ゴーディン, マイケル・D.
　著「原爆投下とアメリカ人の核認識」彩流社　2013
Gordis, Leon ゴルディス, レオン
　1934～　著「疫学」メディカル・サイエンス・インターナショナル　2010
Gordiychuk, Valentin ゴルディチューク, ワレンチン
　1947～　著「セルコ」福音館書店　2001
Gordon, Aaron ゴードン, アーロン
　国アメリカ　バスケットボール選手
Gordon, Abigail ゴードン, アビゲイル
　著「愛を誓う聖夜」ハーレクイン　2010
Gordon, Alastair ゴードン, アラステア
　著「ビートルズ写真集」ヤマハミュージックメディア　2015
Gordon, Alex ゴードン, アレックス
　1984～　国アメリカ　野球選手　本名＝Gordon, Alex Jonathan
Gordon, Andrew D. ゴードン, アンドルー
　1952～　国アメリカ　歴史学者　ハーバード大学教授　国日本近現代史　訳ゴードン, アンドリュー
Gordon, Beate Sirota ゴードン, ベアテ・シロタ
　1923～2012　国アメリカ　GHQ民政局日本国憲法起草委員会メンバー, ジャパン・ソサエティー・ディレクター
Gordon, Bernard ゴードン, バーナード
　1918～2007　国アメリカ　脚本家
Gordon, Cambria ゴードン, カンブリア
　著「ぼくたち・わたしたちの地球温暖化問題」小学館　2008
Gordon, Carl ゴードン, カール

投資家
Gordon, Carl ゴードン, カール
1972～ [著]「ボクはじっとできない」 岩崎書店 2014
Gordon, David ゴードン, D.
[著]「現代イギリスの政治算術」 北海道大学図書刊行会 2003
Gordon, David ゴードン, デイヴィッド
[著]「NLPメタファーの技法」 実務教育出版 2014
Gordon, David ゴードン, デービッド
1967～ [国]アメリカ 作家 [専]ミステリー [異]ゴードン, デイヴィッド
Gordon, David George ゴードン, デヴィッド・ジョージ
1950～ [異]ゴードン, デビッド・ジョージ [著]「ゴキブリ大全」 青土社 2014
Gordon, Deborah M. ゴードン, デボラ
[著]「アリはなぜ、ちゃんと働くのか」 新潮社 2001
Gordon, Deborah R. ゴードン, デボラ・R.
[著]「ベナー解釈的現象学」 医歯薬出版 2006
Gordon, Dee ゴードン, ディー
1988～ [国]アメリカ 野球選手 本名＝Gordon, Devaris
Gordon, Dillon ゴードン, ディロン
[国]アメリカ アメフト選手
Gordon, Eric ゴードン, エリック
[国]アメリカ バスケットボール選手
G
Gordon, Ernest ゴードン, アーネスト
?～2002 [国]アメリカ 牧師 プリンストン大学教会名誉首席牧師
Gordon, Fiona ゴードン, フィオナ
1957～ [国]カナダ 映画監督, 女優, 道化師
Gordon, Gary F. ゴードン, ゲリー・F.
[異]ゴードン, ゲーリー [著]「デトックスで治す自閉症」 中央アート出版社 2006
Gordon, Grigoriĭ Borisovich ガルドン, グリゴーリー・ボリーソヴィッチ
1935～ [著]「エミール・ギレリス」 音楽之友社 2011
Gordon, Howard ゴードン, ハワード
1961～ アメリカ探偵作家クラブ賞 TVエピソード賞 (2012年) "Pilot"
Gordon, Ilene ゴードン, アイリーン
[国]アメリカ Ingredion
Gordon, Jack ゴードン, ジャック
1921～ [著]「いやな気分を打ち消す本」 ベストセラーズ 2003
Gordon, Jaimy ゴードン, ジャイミー
全米図書賞 小説 (2010年) "Lord of Misrule"
Gordon, Jeff ゴードン, ジェフ
1971～ [国]アメリカ レーシングドライバー
Gordon, Jehue ゴードン, J.
[国]トリニダード・トバゴ 陸上選手
Gordon, Joanne ゴードン, ジョアンヌ
[著]「スターバックス再生物語」 徳間書店 2011
Gordon, Jon ゴードン, ジョン
1971～ [著]「シード」 アルマット, 国際語学社 (発売) 2013
Gordon, Josh ゴードン, ジョシュ
[国]アメリカ アメフト選手
Gordon, June A. ゴードン, ジューン・A.
1950～ [著]「変革的教育学としてのエスノグラフィ」 明石書店 2010
Gordon, Kim ゴードン, キム
1953～ [国]アメリカ ミュージシャン
Gordon, Lalonde ゴードン, L.
[国]トリニダード・トバゴ 陸上選手
Gordon, Lorraine ゴードン, ロレイン
1922～ [著]「ジャズ・レディ・イン・ニューヨーク」 DU BOOKS, ディスクユニオン (発売) 2015
Gordon, Lucy ゴードン, ルーシー
1980～2009 [国]イギリス 女優
Gordon, Lucy ゴードン, ルーシー
[著]「希望の星降るクリスマス」 ハーパーコリンズ・ジャパン 2016
Gordon, Maggi McCormick ゴードン, マギー
[著]「刺繍のすべてがわかるステッチ図鑑」 文化学園文化出版局 2013
Gordon, Marjory ゴードン, マージョリー
[著]「ゴードン看護診断マニュアル」 医学書院 2010
Gordon, Mary ゴードン, メアリー
[著]「アメリカエッセイ傑作選」 DHC 2001
Gordon, Matthew ゴードン, マシュウ・S.
[著]「イスラム教」 青土社 2004
Gordon, Mel ゴードン, メル
[著]「演技エクササイズ306」 晩成書房 2009
Gordon, Melvin ゴードン, メルビン
[国]アメリカ アメフト選手
Gordon, Michael W. ゴードン, マイケル・ウォレス
[著]「アメリカ国際商取引法」 木鐸社 2003
Gordon, Mike ゴードン, マイク
1948～ [著]「ボクはじっとできない」 岩崎書店 2014
Gordon, Neil ゴードン, ニール
1958～ ミステリー作家 [専]ミステリー
Gordon, Nick ゴードン, ニック
[国]アメリカ 野球選手
Gordon, Noah ゴードン, ノア
[著]「未来への扉」 角川書店 2002
Gordon, Pamela ゴードン, パメラ
1965～ [著]「「障害者」を生きる」 青弓社 2001
Gordon, Paul ゴードン, ポール
[著]「チョムスキー」 現代書館 2004
Gordon, Phil ゴードン, フィル
1970～ [著]「フィル・ゴードンのデジタルポーカー」 パンローリング 2013
Gordon, Philip H. ゴードン, フィリップ・H.
[著]「ネオコンとアメリカ帝国の幻想」 朝日新聞社 2003
Gordon, Richard ゴードン, リチャード
[国]フィリピン 観光相
Gordon, Richard ゴードン, リチャード
1948～ [著]「クォンタムタッチ2.0」 ヴォイス出版事業部 2014
Gordon, Robert ゴードン, ロバート
グラミー賞 最優秀アルバム・ライナーノーツ (2010年 (第53回)) "Keep An Eye On The Sky"
Gordon, Roderick ゴードン, ロデリック
1960～ [国]イギリス 作家 [専]ファンタジー
Gordon, Sarah ゴードン, サラ
1941～ [著]「フラナリー・オコナーのジョージア」 新評論 2015
Gordon, Suzanne ゴードン, スザンヌ
1945～ [著]「立ち上がる看護師たちの物語」 国書刊行会 2013
Gordon, Thomas ゴードン, トーマス
?～2002 [国]アメリカ 臨床心理学者 ゴードン国際訓練協会 (GTI) 会長 [専]しつけ, 親業 [異]ゴードン, トマス
Gordon, Tony ゴードン, トニー
1946～ [著]「保険の神様が教える最強営業メソッド」 アチーブメント出版 2009
Gordon, Tuula ゴードン, ツーラ
[著]「シングルウーマン白書」 ミネルヴァ書房 2001
Gordon, Winston ゴードン
[国]イギリス 柔道選手
Gordon, W.Terrence ゴードン, W.テレンス
1942～ [著]「マクルーハン」 筑摩書房 2001
Gordon, Yefim ゴードン, エフィーム
[著]「ソビエトXプレーン」 光栄 2001
Gordon-Levitt, Joseph ゴードン・レビット, ジョセフ
1981～ [国]アメリカ 俳優 [異]ゴードン・レビット, ジョゼフ / ゴードン・レヴィット
Gordon-Reed, Annette ゴードン・リード, アネット
[国]アメリカ ピュリッツアー賞 文学・音楽 歴史 (2009年) ほか
Gordy, Graham ゴーディ, グレアム
ゴールデン・ラズベリー賞 (ラジー賞) 最低脚本賞 (第29回 (2008年)) "The Love Guru"
Gordy, Terry ゴディ, テリー
1961～2001 [国]アメリカ プロレスラー [異]ゴーディ, テリー
Gore, Albert, Jr. ゴア, アルバート, Jr.
1948～ [国]アメリカ 政治家, 環境問題専門家 米国副大統領 愛称＝ゴア, アル〈Gore, Al〉
Gore, Amanda ゴア, アマンダ
1954～ [著]「あなたが幸せになれる64の方法」 バベル・プレス 2005
Gore, Delilah ゴア, デリラ
[国]パプアニューギニア 宗教・青年・女性・地方開発相
Gore, Frank ゴーア, フランク
[国]アメリカ アメフト選手
Gore, Kristin ゴア, クリスティン
1977～ [国]アメリカ 作家, 脚本家 [専]ユーモア, ロマンス
Gore, Leonid ゴア, レオニード
[著]「いいものみーつけた」 新日本出版社 2012
Gore, Lesley ゴーア, レスリー
1946～2015 [国]アメリカ シンガー・ソングライター 本名＝

Goldstein, Lesley Sue
Gore, Rick　ゴア, リック
著「古代エジプト」日経ナショナルジオグラフィック社, 日経BP出版センター（発売）　2008
Gore, Terrance　ゴア, テランス
国アメリカ　野球選手
Górecki, Henryk Mikołaj　グレツキ, ヘンリク・ミコワイ
1933～2010　国ポーランド　作曲家
Gorecki, Ryszard Jozef　グレツキ, リシャルド・ユゼフ
国ポーランド　上院議員, 上院ポーランド・日本友好議員連盟会長, ヴァルミンスコ・マズルスキ大学学長
Goregliad, Vladislav Nikanorovich　ゴレグリャード, ヴラディスラブ・ニカノロヴィッチ
著「鎖国時代のロシアにおける日本水夫たち」国際日本文化研究センター　2001
Gorelick, Micha　ゴアリク, ミヒャ
著「ハイパフォーマンスPython」オライリー・ジャパン, オーム社（発売）　2015
Gorenak, Vinko　ゴレナック, ビンコ
国スロベニア　内相
Gores, Joe　ゴアズ, ジョー
1931～2011　国アメリカ　ハードボイルド作家　本名＝Gores, Joseph N.
Gores, Tom　ゴアズ, トム
国アメリカ　デトロイト・ピストンズオーナー
Gorethnizigama, Marie　ゴレトニジガマ, マリ
国ブルンジ　運輸・郵政・通信相
Goretzka, Leon　ゴレツカ, レオン
国ドイツ　サッカー選手
Gorgé, Annie　ゴルジュ, A.
著「拒食症治療の手引き」岩崎学術出版社　2003
Gorgeij, Sardar Al-Haj Mohammad Umar　ゴルゲイジ, サルダール・アルハジ・ムハンマド・ウマル
国パキスタン　郵政相
Gorgelin, Mathieu　ゴルジュラン, マチュー
国フランス　サッカー選手
Görgens, Manfred　ジェルゲン, マンフレート
1954～　著「若い読者のための仏教」中央公論美術出版　2007
Görger, Kurt　ゲルガー, クルト
国ドイツ　ベルリン独日協会会長
Görgey, Gábor　ゲルゲイ・ガーボル
国ハンガリー　国家文化遺産相
Gorgodze, Mamuka　ゴルゴゼ, マムカ
国ジョージア　ラグビー選手
Gorham, Ursula　ゴーハム, アースラ
1975～　著「公立図書館・公共政策・政治プロセス」京都図書館情報学研究会, 日本図書館協会（発売）　2016
Gori, Edoardo　ゴーリ, エドアルド
国イタリア　ラグビー選手
Gori, Severino　ゴリ, セヴェリーノ
著「ふしぎな生涯」フリープレス, 星雲社（発売）　2011
Goricheva, Karina　ゴリチェワ, カリナ
国カザフスタン　重量挙げ選手
Gorin, Natalio　ゴリン, ナタリオ
1940～　著「ピアソラ自身を語る」河出書房新社　2006
Goris, Richard C.　ゴリス, リチャード
1931～　著「両生・爬虫類」学習研究社　2002
Gorka, Benjamin　ゴルカ, ベンヤミン
国ドイツ　サッカー選手
Gorke, Martin　ゴルケ, マルチン
1958～　著「越境する環境倫理学」現代書館　2010
Gorlatch, Alexej　ゴルラッチ, アレクセイ
1988～　国ウクライナ　ピアニスト
Görlich, Ernst Joseph　ゲルリヒ, エルンスト・ヨーゼフ
著「新訳オーストリア文学史」芦書房　2005
Gorman, Cliff　ゴーマン, クリフ
1936～2002　国アメリカ　俳優
Gorman, Dave　ゴーマン, デイブ
1971～　著「グーグル大冒険!!」ランダムハウス講談社　2006
Gorman, Edward　ゴーマン, エド
著「18の罪」ヴィレッジブックス　2012
Gorman, Jack M.　ゴーマン, ジャック・M.
著「不安障害」日本評論社　2005
Gorman, James　ゴーマン, ジェームズ
著「恐竜再生」日経ナショナルジオグラフィック社, 日経BPマーケティング（発売）　2010

Gorman, James P.　ゴーマン, ジェームズ
1958～　国オーストラリア　実業家　モルガン・スタンレー会長・CEO, ゴーマン, ジェームス
Gorman, Joseph Tolle　ゴーマン, ジョセフ
1937～2013　国アメリカ　実業家　TRW会長・CEO, 米日経済協議会会長
Gorman, Leon　ゴーマン, レオン
1934～2015　国アメリカ　実業家　L.L.ビーン名誉会長　本名＝Gorman, Leon Arthur　他ゴーマン, リオン
Gorman, Lou　ゴーマン, ルー
？～2011　国アメリカ　ボストン・レッドソックスGM
Gorman, Mary　ゴーマン, メアリ
著「発見から納品へ」ブックウェイ　2014
Gorman, Mary Alice　ゴーマン, メアリー・アリス
アメリカ探偵作家クラブ賞 大鴉賞（2010年）
Gorman, Michael　ゴーマン, マイケル
著「オルタナティヴ・ヴォイスを聴く」音羽書房鶴見書店　2011
Gorman, R.C.　ゴーマン, R.C.
1931～2005　国アメリカ　画家, 陶芸家　本名＝Gorman, Rudolph Carl
Gorman, Robert　ゴーマン, ロバート
1937～　著「米国著作権法詳解」信山社出版, 大学図書（発売）　2003
Gorman, Siobhan　ゴーマン, S.
著「格差社会アメリカの教育改革」明石書店　2007
Gorme, Eydie　ゴーメ, イーディー
1928～2013　国アメリカ　歌手　本名＝Gormezano, Edith
Gormley, Antony　ゴームリー, アントニー
1950～　国イギリス　彫刻家　本名＝Gormley, Antony Mark David
Gormley, Beatrice　ゴームリー, ビアトリス
著「「ナルニア国」への扉」文渓堂　2006
Gormley, John　ゴームリー, ジョン
国アイルランド　環境・遺産・地方自治相
Gormly, Peter　ゴームリー, ピーター
著「登山者・トレッカーのためのサバイバル救急・処置読本」本の泉社　2005
Gorn, Michael H.　ゴーン, マイケル
著「NASA」トランスワールドジャパン　2006
Gorodenco, Anatolie　ゴロデンコ, アナトリエ
国モルドバ　農業・食品産業相
Gorodischer, Angélica　ゴロディッシャー, アンヘリカ
世界幻想文学大賞 生涯功労賞（2011年）
Görög, Júlia　グルグ, ユリア
1931～　著「のりものにのって」風涛社　2011
Gorr, Rita　ゴール, リタ
1926～2012　国ベルギー　メゾソプラノ歌手　本名＝ヘイルネールト, マルグリート〈Geirnaert, Marguerite〉
Gorry, Conner　ゴーリー, コナー
著「ハワイ」メディアファクトリー　2005
Gorsa, Petar　ゴルサ, ペタル
国クロアチア　射撃選手
Gorschluter, Jutta　ゴアシュリューター, ユッタ
1960～　著「こねことサンタクロース」ひくまの出版　2001
Gorshin, Frank　ゴーシン, フランク
？～2005　国アメリカ　俳優
Gorshkovozov, Oleksandr　ゴルシコボゾフ
国ウクライナ　飛び込み選手
Gorski, Kazimierz　ゴルスキ, カジミエジ
1921～2006　国ポーランド　サッカー監督　サッカー・ポーランド代表監督　他ゴルスキ, カジミエシュ
Gorst, Martin　ゴースト, マーチン
1960～　著「億万年を探る」青土社　2003
Gortat, Marcin　ゴータット, マーチン
国ポーランド　バスケットボール選手
Görtemaker, Heike B.　ゲルテマーカー, ハイケ・B.
1964～　著「ヒトラーに愛された女」東京創元社　2012
Görtemaker, Manfred　ゲルテマーカー, マンフレート
1951～　著「ヴァイマル イン ベルリン」三元社　2012
Gorton, Gary　ゴートン, ゲイリー
著「商品先物の実話と神話」日経BP社, 日経BP出版センター（発売）　2006
Gorton, John Grey　ゴートン, ジョン
1911～2002　国オーストラリア　政治家　オーストラリア首相
Gorton, Julia　ゴートン, ジュリア
著「かぜにおされる」あづき　2005

Gorz, André ゴルツ, アンドレ
1923～2007 ㊁フランス 思想家, ジャーナリスト 筆名＝ボスケ, ミシェル〈Bosquet, Michel〉

Gorzelanny, Tom ゴーゼラニー, トム
㊁アメリカ 野球選手

al-Gosaibi, Ghazi bin Abdulrahman ゴサイビ, ガジ・ビン・アブドルラハマン
㊁サウジアラビア 労相

al-Gosaibi, Khalid bin Muhammad ゴサイビ, ハリド・ビン・ムハンマド
㊁サウジアラビア 経済企画相

Gosch, Florian ゴッシュ
㊁オーストリア ビーチバレー選手

Goscha, Richard Joseph ゴスチャ, リチャード・J.
㊃「ストレングスモデル」 金剛出版 2014

Gosche, Mark ゴーシュ, マーク
㊁ニュージーランド 輸送相兼住宅相兼太平洋諸島問題担当相

Goschke, Julia ゴシュケ, ユリア
1973～ ㊃「ラングリーのみみ」 ポプラ社 2007

Gosden, Roger ゴスデン, ロジャー, G.
㊃「老いをあざむく」 新曜社 2003

Gose, Anthony ゴーズ, アンソニー
㊁アメリカ 野球選手

Goševa, Petar ゴシェフ, ペタル
㊁マケドニア 財務相

Gosewisch, Tuffy ゴーズウィッシュ, タフィー
㊁アメリカ 野球選手

Gosiewski, Przemysław ゴシエフスキ, プシェミスワフ
㊁ポーランド 閣僚会議常設委員会議長

Gosling, Dan ゴスリング, ダン
㊁イングランド サッカー選手

Gosling, James ゴスリン, ジェームズ
㊃「プログラミング言語Java」 東京電機大学出版局 2014

Gosling, John ゴスリング, ジョン
㊃「ヴァイオリンマニュアル」 ヤマハミュージックメディア 2015

Gosling, Jonathan ゴスリング, ジョナサン
㊃「人材育成の戦略」 ダイヤモンド社 2007

Gosling, Patricia ゴスリング, パトリシア
1963～ ㊃「理工系＆バイオ系大学院で成功する方法」 日本評論社 2010

Gosling, Paula ゴズリング, ポーラ
1939～ ㊃「死の連鎖」 早川書房 2003

Gosling, Sam ゴズリング, サム
1968～ ㊃「スヌープ！」 講談社 2008

Gosling, Sharon ゴズリング, シャロン
㊃「バットマンvsスーパーマン ジャスティスの誕生Tech Manual」 Graffica Novels, 誠文堂新光社（発売） 2016

Gosman, Fred G. ゴスマン, フレッド
1950～ ㊃「わが子をダメにする方法」 新潮社 2003

Gosper, Kevan ゴスパー, ケバン
1933～ ㊁オーストラリア 元陸上選手 国際オリンピック委員会（IOC）名誉委員 本名＝Gosper, Richard Kevan

Goss, Mimi ゴス, ミミ
㊃「一瞬で人を動かすハーバードの技術」 日本文芸社 2012

Goss, Porter J. ゴス, ポーター
1938～ ㊁アメリカ 政治家 米国中央情報局（CIA）長官, 米国下院議員

Goss, Theodora ゴス, シオドラ
世界幻想文学大賞 短編（2008年） "Singing of Mount Abora"

Gossage, Rich ゴセージ, リッチ
1951～ ㊁アメリカ 元野球選手, 元プロ野球選手 本名＝Gossage, Richard Michael ㊂ゴッセージ

Gössel, Peter ゲーセル, ピーター
㊃「フランク・ロイド・ライト」 Taschen c2002

Gosselin, Phil ゴスリン, フィル
㊁アメリカ 野球選手

Gostick, Adrian Robert ゴスティック, エイドリアン
㊃「「一緒に仕事できて良かった！」と部下が喜んで働くチームをつくる52の方法」 日本経済新聞出版社 2013

Gostkowski, Stephen ゴスコウスキー, スティーブン
㊁アメリカ アメフト選手

Goswami, Amit ゴスワミ, アミット
㊃「驚天動地」 ヴォイス 2014

Goswami, Joy ゴーシャミ, ジョエ
㊃「もうひとつの夢」 大同生命国際文化基金 2013

Goswami, Usha ゴスワミ, ウーシャ
1960～ ㊃「子どもの認知発達」 新曜社 2003

Gosztony, Peter ゴシュトニー, ペーター
1931～ ㊃「スターリンの外人部隊」 学習研究社 2002

Gosztonyi, Alexsander ゴシュトニ, アレクサンダー
㊃「現代の哲学的人間学」 白水社 2002

Got, Yves ゴット, イヴ
㊃「ラパンくんのなつやすみ」 岩崎書店 2001

Gotaas, Thor ゴタス, トル
1965～ ㊃「なぜ人は走るのか」 筑摩書房 2011

Gotch, Karl ゴッチ, カール
1924～2007 プロレスラー

Gothe, Alexander ゴーテ, アレクサンダー
㊃「イラストでわかるホメオパシー」 産調出版 2008

Gothelf, Jeff ゴーセルフ, ジェフ
㊃「Lean UX」 オライリー・ジャパン, オーム社（発売） 2014

Goto, Hiromi ゴトー, ヒロミ
1966～ ㊃「コーラス・オブ・マッシュルーム」 彩流社 2015

Goto, Kelly ゴトウ, ケリー
㊃「ウェブ・リデザイン」 エムディエヌコーポレーション, インプレスコミュニケーションズ（発売） 2002

Götschl, Renate ゲーチル
㊁オーストリア アルペンスキー選手

Gotsis, Adam ゴットシス, アダム
㊁アメリカ アメフト選手

Gott, Barry ゴット, バリー
㊃「それゆけ！きょうりゅうベースボール大決戦」 ひさかたチャイルド 2012

Gott, J.Richard ゴット, J.リチャード
㊃「時間旅行者のための基礎知識」 草思社 2003

Gott, Trevor ゴット, トレバー
㊁アメリカ 野球選手

Gottesdiener, Ellen ゴッテスディーナー, エレン
㊃「発見から納品へ」 ブックウェイ 2014

Gottesfeld, Jeff ゴッテスフェルド, ジェフ
㊃「庭のマロニエ」 評論社 2016

Gottesman, David ゴッテスマン, デイビッド
バークシャー・ハサウェイ取締役

Gottesman, Irving ゴッテスマン, アービング
1930～2016 ㊁アメリカ 心理学者, 遺伝学者 バージニア大学心理学教室主任教授 ㊈精神医学, 精神分裂病 本名＝Gottesman, Irving Isadore ㊂ゴッテスマン, アービン／ゴッテスマン, アーヴィン／ゴッテスマン, アーヴィング

Gottfredson, Floyd ゴットフレッドソン, フロイド
㊃「ウォルト・ディズニーミッキーマウスコミックス」 うさぎ出版, メディアパル（発売） 2016

Gottfried, Heidi ゴットフリート, H.
1955～ ㊃「知識経済をジェンダー化する」 ミネルヴァ書房 2016

Gotti, John ゴッティ, ジョン
1940～2002 ㊁アメリカ マフィアの首領

Gottlieb, Annie ゴットリーブ, アニー
㊃「書きだすことから始めよう」 ディスカヴァー・トゥエンティワン 2008

Gottlieb, Benjamin H. ゴットリーブ, ベンジャミン・H.
㊃「ソーシャルサポートの測定と介入」 川島書店 2005

Gottlieb, Daniel ゴットリーブ, ダニエル
1946～ ㊃「人生という名のレッスン」 講談社 2010

Gottlieb, Laurie N. ゴットリーブ, ローリィ・N.
㊃「協働的パートナーシップによるケア」 エルゼビア・ジャパン 2007

Gottlieb, Michael A. ゴットリーブ, マイケル・A.
㊃「ファインマン流物理がわかるコツ」 岩波書店 2015

Gottlieb, William ゴットリーブ, ウィリアム
1917～2006 ㊁アメリカ 写真家 本名＝ゴットリーブ, ウィリアム ポール〈Gottlieb, William Paul〉

Gottlieb-Walker, Kim ゴットリーブ＝ウォーカー, キム
㊃「ジョン・カーペンター恐怖の裏側」 洋泉社 2016

Gottman, John Mordechai ゴットマン, ジョン・M.
㊃「結婚生活を成功させる七つの原則」 第三文明社 2007

Gottry, Steven R. ゴットリー, スティーブ
㊃「1分間自己管理」 ダイヤモンド社 2004

Gottschalk, Ben ゴッチャーク, ベン
㊁アメリカ アメフト選手

Gottschall, Jonathan ゴットシャル, ジョナサン
㊃「人はなぜ格闘に魅せられるのか」 青土社 2016

Gottschall, Karin ゴットシャル, カリン
[著]「知識経済をジェンダー化する」 ミネルヴァ書房 2016
Gottschewski, Hermann ゴチェフスキ, ヘルマン
[著]「仰げば尊し」 東京堂出版 2015
Gottwald, Felix ゴットワルト, フェリックス
1976～ [国]オーストリア 元スキー選手 [異]ゴットワルド, フェリックス / ゴットヴァルト, フェリックス
Gottwald, Peter ゴットバルト, ペーター
1944～ [著]「ドイツ・ヨーロッパ民事手続法の現在」 中央大学出版部 2015
Gotye ゴティエ
1980～ [国]オーストラリア シンガー・ソングライター
Gotz, Ashton ゲッツ, アシュトン
[国]ドイツ サッカー選手
Götz, Veruschka ゴッツ, ベルーシュカ
[著]「Girds for the internet」 オーム社 2002
Gotze, Mario ゲッツェ, マリオ
[国]ドイツ サッカー選手
Gotzen, Frank ゴッツェン, フランク
[著]「データベースの製作者に対する産業財産権保護」 知的財産研究所 2007
Götz-Neumann, Kirsten ゲッツ・ノイマン, キルステン
[著]「観察による歩行分析」 医学書院 2005
Gou, Tai-ming クオ・タイミン
1950～ [国]台湾 実業家 鴻海精密工業会長・CEO 漢字名＝郭台銘
Gou, Terry グオ, テリー
[国]台湾 鴻海精密工業創業者 漢字名＝郭台銘 [異]ゴウ, テリー
Gouandja, Claude Richard グアンジャ, クロード・リシャール
[国]中央アフリカ 公安・移民相
Gouandjika, Fidèle グアンジカ, フィデル
[国]中央アフリカ 農業・農村開発相
Goubel, Mathieu グベル
[国]フランス カヌー選手
Goubert, Pierre グベール, ピエール
1915～2012 [国]フランス 歴史学者 パリ第1大学教授 [専]歴史人口学
Goucher, Adam ガウチャー, A.
[著]「ビューティフルテスティング」 オライリー・ジャパン, オーム社（発売） 2010
Goudarzi, Mahmoud グダルジ, マハムード
[国]イラン スポーツ・青少年相
Goudarzi, Sadegh Saeed グダルジ
[国]イラン レスリング選手
Goude, Jean-Paul グード, ジャン・ポール
1940～ [国]フランス アーティスト, イラストレーター, 広告デザイナー
Goudelock, Andrew ゴーデロック, アンドリュー
[国]アメリカ バスケットボール選手
Goudge, Eileen グージ, アイリーン
1950～ [著]「ふりかえれば、愛」 扶桑社 2008
Goudou Coffie, Raymonde グドゥコフィ, レイモンド
[国]コートジボワール 保健・公衆衛生相
Goudsblom, Johan ハウツブロム, ヨハン
[著]「人間と火の文化史」 鷹書房弓プレス 2003
Gough, Alex ガフ, A.
[著]「伴侶動物医療のための鑑別診断」 文永堂出版 2010
Gough, Alex ゴフ
[国]カナダ リュージュ選手
Gough, Alfred ガフ, アルフレッド
1970～ [著]「ハムナプトラ3」 竹書房 2008
Gough, Amy ゴフ
[国]カナダ スケルトン選手
Gough, Clare ゴフ, クレア
[著]「CCNP self-study：CCNP BSCI試験認定ガイド」 ソフトバンクパブリッシング 2004
Gough, Ian ゴフ, I.
1942～ [著]「必要の理論」 勁草書房 2014
Gough, Julian ゴフ, ジュリアン
1966～ [著]「ジュノ&ジュリエット」 河出書房新社 2002
Gough, Michael ガフ, マイケル
1916～2011 [国]イギリス 俳優 [異]ゴフ, マイケル
Gough, Michael ガフ, マイケル
1939～ [著]「アメリカの政治と科学」 昭和堂 2007
Gouichoux, René グイシュー, ルネ
1950～ [異]ギシュー, ルネ [著]「みどりのおおかみ」 ワールドライブラリー 2015
Gouillart, Francis J. グイヤール, フランシス
[著]「生き残る企業のコ・クリエーション戦略」 徳間書店 2011
Goulao-henrique, Raiza ゴウランエンリケ, ライザ
[国]ブラジル 自転車選手
Goulard, François グーラール, フランソワ
[国]フランス 高等教育・研究担当相 [異]グラール, フランソワ
Goulart, Ron グーラート, ロン
1933～ [国]アメリカ 作家 筆名＝ケインズ, ジョゼフィン〈Kains, Josephine〉, Kearny, Jillian, ステファン, コン〈Steffanson, Con〉, Silva, Joseph
Gould, Anthony グールド, アンソニー
[著]「債券ポートフォリオの計量分析」 東洋経済新報社 2010
Gould, Eliga H. グールド, イリジャ・H.
[著]「アメリカ帝国の胎動」 彩流社 2016
Gould, Elliott グールド, エリオット
1938～ [国]アメリカ 俳優 本名＝Goldstein, Elliott
Gould, George M. グールド, ジョージ・M.
[著]「未完のハーン伝」 大空社 2002
Gould, Georgia グールド
[国]アメリカ 自転車選手 [異]ガウルド
Gould, Jay Martin グールド, J.M.
1915～2005 [国]アメリカ 統計学者 [異]グールド, ジェイ・マーティン
Gould, Karina グルド, カリナ
[国]カナダ 民主機構相
Gould, K.Lance グールド, K.ランス
[著]「あなたにもできる心臓病の予防・改善プログラム」 オークラ出版 2002
Gould, Patricia ゴウルド, パトリシア
1951～ [著]「描画による診断と治療」 黎明書房 2005
Gould, Peter R. グールド, ピーター
[著]「地理学の声」 古今書院 2008
Gould, Robbie ゴールド, ロビー
[国]アメリカ アメフト選手
Gould, Robert グールド, ロバート
[著]「キング・アーサー」 岩崎書店 2007
Gould, Robert Jay ゴールド, ロバート・ジェイ
[著]「戦略シミュレーションゲームの作り方」 翔泳社 2014
Gould, Stephen グールド, ステファン
[国]アメリカ テノール歌手
Gould, Stephen Jay グールド, スティーブン・ジェイ
1941～2002 [国]アメリカ 古生物学者, 科学エッセイスト ハーバード大学教授 [専]進化生物学, 科学史 [異]グールド, スティーヴン / グールド, ステファン
Gould, Steven グールド, スティーヴン
1955～ [著]「ジャンパー」 早川書房 2008
Gould, Tony グールド, トニー
[著]「世界のハンセン病現代史」 明石書店 2009
Goulden, Gavin ゴールデン, ギャヴィン
[著]「ZBrush+3ds Maxキャラクターメイキング」 ボーンデジタル 2014
Goulding, June ゴールディング, ジューン
1927～ [著]「マグダレンの祈り」 ソニー・マガジンズ 2003
Goulding, Marrack グールディング, マラック
1936～2010 [国]イギリス 外交官 国連事務次長（PKO担当） 本名＝グールディング, マラック・アービン〈Goulding, Marrack Irvine〉 [異]グールディング, マラック・アーヴィン
Goulding, Matt グールディング, マット
[著]「米、麺、魚の国から」 扶桑社 2016
Goulding, Michael グールディング, M.
1949～ [著]「恵みの洪水」 トークサロン・創造農学研究会 2001
Gouled Aptidon, Hassan グレド・アプティドン, ハッサン
1916～2006 [国]ジブチ 政治家 ジブチ大統領 [異]グレド, ハッサン
Goulet, Robert Gerard グーレ, ロバート
1933～2007 [国]アメリカ 俳優, 歌手
Goullet, Tim ゴウレット, ティム
[著]「セラピューティックヨーガ」 ガイアブックス, 産調出版（発売） 2010
Goulston, Mark ゴールストン, マーク
[異]グールストン, マーク / ゴウルストン, M. [著]「最強交渉人が使っている一瞬で心を動かす技術」 ディスカヴァー・トゥエンティワン 2012
Goulthorpe, Mark グルソープ, マーク

㊗「Anytime」NTT出版　2001
Goumba, Abel　グンバ, アベル
　㊥中央アフリカ　暫定副大統領
Gounebana, Nathalie Constance　グネバナ, ナタリー・コンスタンス
　㊥中央アフリカ　環境水利森林・狩猟漁業相　㊥グネバナ, コンスタンス・ナタリー
Gounelle, Laurent　グネル, ローラン
　㊗「バリの賢者からの教え」二見書房　2015
Gounokou, Haounaye　グノコ, アウナイ
　㊥カメルーン　運輸相
Gounou, Idrissou Sina Bio　グヌ, イドリス・シナ・ビオ
　㊥ベナン　行政改革相
Gourcuff, Yoann　グルキュフ, ヨアン
　1986〜　㊥フランス　サッカー選手
Gourdault-Montagne, Maurice　グールドモンターニュ, モーリス
　1953〜　㊥フランス　外交官　駐ドイツ・フランス大使　駐日フランス大使　㊥グルドーモンターニュ, モーリス
Gourevitch, Peter Alexis　ゴレヴィッチ, ピーター・A.
　㊗「コーポレートガバナンスの政治経済学」中央経済社　2008
Gourevitch, Philip　ゴーレイヴィッチ, フィリップ
　1961〜　㊗「ジェノサイドの丘」WAVE出版　2011
Gourgel, Abraão Pio Dos Santos　ゴルジェル, アブラウン・ピオ・ドスサントス
　㊥アンゴラ　経済相
Gournay, Chantal De　グルネー, シャンタル・ドゥ
　㊗「絶え間なき交信の時代」NTT出版　2003
Gourna Zacko, Justin　グルナザコ, ジャスティン
　㊥中央アフリカ　情報コミュニケーション新技術促進担当郵政相
Gourouza Magagi, Djibo Salamatou　グルザマガギ, ジボ・サラマトゥ
　㊥ニジェール　鉱山・エネルギー相
Gourraud, Philippe Hubert Marie　グロード・フィリッポ・ユーベア・マリー
　㊥フランス　函館カリタスの園理事長, 元・特別養護老人ホーム旭ケ岡の家園長, 元・市民創作「函館野外劇の会」会長
Gourraund, Philippe　グロード, フィリップ
　1927〜2012　㊥フランス　カトリック司祭　旭ケ岡の家園長, 函館野外劇の会理事長, パリ外国宣教会宣教師
Gourriel, Yuliesky　グリエル, ユリエスキ
　1984〜　㊥キューバ　野球選手
Gousse, Bernard　グース, ベルナール
　㊥ハイチ共和国　法相
Gousset, Marie-Therese　グセ, マリー＝テレーズ
　㊗「マルコ・ポーロ東方見聞録」岩波書店　2002
Gouthier, Leslie　ゴティエ, レスリー
　㊥ハイチ共和国　商工相
Gouweleeuw, Jeffrey　ハウウェレーウ, ジェフリー
　㊥オランダ　サッカー選手
Goux, Jean-Joseph　グー, ジャン＝ジョセフ・クロード
　1943〜　㊗「哲学者エディプス」法政大学出版局　2005
Govar, Daniel Mikah　ゴーバー, ダニエル・ミカ
　㊗「ガーディアンズ・オブ・ギャラクシー：プレリュード」小学館集英社プロダクション　2014
Gove, John　ゴーブ, ジョン
　㊗「アメリカンブランド・ストーリー」同友館　2003
Gove, Michael　ゴー, マイケル
　㊥イギリス　司法相兼大法官
Govier, Katherine　ゴヴィエ, キャサリン
　1948〜　㊥カナダ　作家　ペン・カナダ会長
Govindan, Ramaswamy　ゴーヴィンダン, ラーマスワミ
　㊗「ワシントンがん診療マニュアル」メディカル・サイエンス・インターナショナル　2010
Govindarajan, Vijay　ゴビンダラジャン, ビジャイ
　㊗「世界トップ3の経営思想家によるはじめる戦略」大和書房　2014
Govorov, Andrii　ゴボロフ, アンドリ
　㊥ウクライナ　水泳選手
Gow, Ian　ガウ, イアン
　㊗「日英交流史」東京大学出版会　2001
Gow, Melanie　ガウ, メラニー
　㊗「子どもたちにとって安全な世界を」ワールド・ビジョン・ジャパン　2001
Gow, Michael　ガウ, マイケル
　1955〜　㊗「ラブ・チャイルド　アウェイ」オセアニア出版社　2006
Gowda, Sadananda　ゴウダ, サダナンダ
　㊥インド　統計・計画実施相
Gowda, Vikas　ゴーダ
　㊥インド　陸上選手
Gowdy, Barbara　ガウディ, バーバラ
　㊗「スロウ・ハンド」角川書店　2002
Gowelo, Trasizio Thom　ゴウェロ, トランシジオ・トム
　㊥マラウイ　地方自治・農村開発相
Gower, Eric　ガワー, エリック
　㊗「エリックさんちの台所」角川書店　2001
Gower, Teri　ガウアー, テリ
　㊗「たのしい農場1001のさがしもの」PHP研究所　2016
Gowers, Andrew　ガワーズ, アンドリュー
　㊗「知的財産に関するガワーズ・レビューに関する報告書」著作権情報センター　2010
Gowers, Bruce　ガワーズ, ブルース
　エミー賞　プライムタイム・エミー賞　最優秀監督賞（バラエティ・音楽シリーズ番組）（第61回（2009年））"American Idol"
Gowers, Simon G.　ガワーズ, サイモン・G.
　㊗「子どもと家族の認知行動療法」誠信書房　2013
Gowers, Timothy　ガワーズ, ティモシー
　㊥ガウアーズ, ティモシー　㊗「プリンストン数学大全」朝倉書店　2015
Gowin, Jarosław　ゴウィン, ヤロスワフ
　㊥ポーランド　副首相兼科学・高等教育相　㊥ゴビン, ヤロスワフ
Gowler, David B.　ガウラー, デイヴィッド・B.
　1958〜　㊗「たとえ話」日本キリスト教団出版局　2013
Gowler, Kerri　ゴーラー, ケリー
　㊥ニュージーランド　ボート選手
Gowreesoo, Mahendra　ガウリスー, マヘンドラ
　㊥モーリシャス　商業・企業・協同組合相
Goyal, Piyush　ゴヤル, ピユーシュ
　㊥インド　電力相兼石炭相兼再生可能エネルギー相兼鉱山相
Goydke, Tim　ゴイトケ, ティム
　㊗「「中堅」企業における企業統治」明治大学国際連携本部　2010
Goytisolo, Juan　ゴイティソロ, フアン
　1931〜　㊥スペイン　作家　㊥ゴイティソーロ, フアン／ゴイティソロ, ファン
Gozan, Kokou　ゴザン, コク
　㊥トーゴ　通商・民営化相
Gozgec, Batuhan　ゴジェク, バトゥハン
　㊥トルコ　ボクシング選手
Gozun, Elisea　ゴソン, エリセア
　㊥フィリピン　環境天然資源相
Graabak, Jørgen　グローバク, ヨルゲン
　1991〜　㊥ノルウェー　スキー選手
Graafland, Johan J.　フラーフラント, J.J.
　㊗「市場倫理とキリスト教倫理」教文館　2014
Graat, Junko　グラート, ジュンコ
　㊗「まんがサイコセラピーのお話」金剛出版　2013
Grab, Michael　グラブ, マイケル
　1984〜　㊗「Gravity」近代文芸社　2014
Grabarczyk, Cezary　グラバルチク, ツェザリ
　㊥ポーランド　法相
Grabar-Kitarović, Kolinda　グラバルキタロヴィッチ, コリンダ
　1968〜　㊥クロアチア　政治家, 外交官　クロアチア大統領　㊥グラバルキタロビッチ, コリンダ
Grabarz, Robert　グラバーズ, ロバート
　㊥イギリス　陸上選手　㊥グラバーズ
Grabb, Gwen Schubert　グラブ, グエン・シューベルト
　㊗「摂食障害から回復するための8つの秘訣」星和書店　2015
Grabban, Lewis　グラバン, ルイス
　㊥イングランド　サッカー選手
Grabbe, Christian Dietrich　グラッベ, デ
　㊗「ユダヤの『タルムード』」ともはつよし社　2015
Grabenstein, Chris　グラベンスタイン, クリス
　㊥児童書, スリラー　㊗「図書館脱出ゲーム」KADOKAWA　2016
Graber, James M.　グラバー, ジェームズ
　㊗「コンピテンシーを活用したトレーニングの基本」ヒューマンバリュー　2016
Grabhorn, Lynn　グラブホーン, リン
　1931〜　㊗「「気分」の力で人生うまくいく！」講談社　2005
Grabias, Bernadetta　グラビアス, ベルナデッタ
　㊥ポーランド　エリザベート王妃国際コンクール　声楽　第3位

（2008年）
Grabinar, John　グラビナー, ジョン
　㊟「GP100ケース」メディカル・サイエンス・インターナショナル　2011
Grabner, Siegfried　グラブナー
　国オーストリア　スノーボード選手
Grabovetskaya, Mariya　グラボベツカヤ
　国カザフスタン　重量挙げ選手
Grabowski, Maciej　グラボフスキ, マチェイ
　国ポーランド　環境相
Grabowski, Richard　グラボウスキー, R.
　1949～　㊟「経済発展の政治経済学」日本評論社　2008
Grabsch, Bert　グラブシュ
　国ドイツ　自転車選手
Graça, Job　グラサ, ジョブ
　国アンゴラ　企画・国土開発相
Grace, Carol　グレイス, キャロル
　1936～　㊟「ボスには言えない」ハーパーコリンズ・ジャパン　2016
Grace, Catherine O'neill　グレース, キャサリン・オニール
　㊟「子ども社会の心理学」創元社　2003
Grace, Cathy　グレース, キャシー
　㊟「ポートフォリオガイド」東洋館出版社　2001
Grace, Jaclyn　グレイス, ジャックリーン
　㊟「ドリーム・ブック」中央アート出版社　2009
Grace, James　グレース, ジェームス
　㊙グレース, ジェームズ　㊟「「イヤイヤ」ばっかり言わないで！」ダイヤモンド社　2008
Grace, Jarrett　グレース, ジャレット
　国アメリカ　アメフト選手
Grace, Kate　グレース, ケート
　国アメリカ　陸上選手
Grace, Maria　グレース, マリア
　㊟「聖ジェンマ・ガルガーニ」ドン・ボスコ社　2003
Grace, Matt　グレイス, マット
　国アメリカ　野球選手
Grace, Nader Halim Kaldas　グレース, ナデル・ハリーム・カルダス
　国エジプト　アングロ・アメリカン病院名誉院長兼副理事長兼理事長代行兼外科部長
Grace, N.B.　グレース, N.B.
　㊟「フィニアスとファーブ」KADOKAWA　2015
Grachev, Pavel Sergeevich　グラチョフ, パーヴェル
　1948～2012　国ロシア　軍人, 政治家　ロシア国防相　㊙グラチョフ, パーベル／グラチョフ, パベル
Gracia Garcia, Fernando　グラシアガルシア, フェルナンド
　国パナマ　保健相
Gracie, Anne　グレイシー, アン
　㊟「不本意な婚約は冬の朝に」竹書房　2014
Gracie, Hélio　グレイシー, エリオ
　1913～2009　国ブラジル　柔術家
Gracie, Renzo　グレイシー, ヘンゾ
　1967～　国ブラジル　柔術家
Gracie, Rickson　グレイシー, ヒクソン
　1958～　国ブラジル　柔術家　㊙グレイシー柔術
Gracie, Roger　グレイシー, ホジャー
　1981～　国ブラジル　柔術家　ホジャー・グレイシー柔術アカデミー主宰　本名＝Gracie, Roger Gomes
Gracie, Royce　グレイシー, ホイス
　㊟「ブラジリアン柔術バーリ・トゥードテクニック」新紀元社　2007
Gracie, Royler　グレイシー, ホイラー
　1965～　国ブラジル　柔術家
Gracie, Ryan　グレイシー, ハイアン
　1974～2007　国ブラジル　柔術家
Gracq, Julien　グラック, ジュリアン
　1910～2007　国フランス　作家, 詩人　本名＝Poirier, Louis
Grad, Aleksander　グラド, アレクサンデル
　国ポーランド　国有財産相
Grad, Marcela　グラッド, マルセラ
　㊟「マスード」アニカ　2014
Grad, Marcia　グラッド, マルシア
　㊟「おとぎ話を信じた王女さま」竹書房　2005
Gradel, Max　グラデル, マックス
　国コートジボワール　サッカー選手
Gradkowski, Bruce　グラコウスキー, ブルース
　国アメリカ　アメフト選手

Gradkowski, Gino　グラコウスキー, ジーノ
　国アメリカ　アメフト選手
Grados Carraro, Alfonso Fernando　グラドス・カラロ, アルフォンソ・フェルナンド
　国ペルー　労働雇用促進相
Gradstein, Felix M.　グラッドシュタイン, フェリックス・M.
　㊟「要説地質年代」京都大学学術出版会　2012
Grady, James　グレイディ, ジェイムズ
　㊟「狂犬は眠らない」早川書房　2007
Grady, Robyn　グレイディ, ロビン
　㊟「消えた記憶と愛の絆」ハーパーコリンズ・ジャパン　2015
Graeber, David　グレーバー, デヴィッド
　1961～　㊟「負債論」以文社　2016
Graegin, Stephanie　グラエギン, ステファニー
　㊟「おじゃまなクマのおいだしかた」岩崎書店　2016
Grael, Martine　グラエル, マルティネ
　国ブラジル　セーリング選手
Grael, Torben　グラエル
　国ブラジル　セーリング選手
Graeub, Ralph　グロイブ, ラルフ
　1921～2008　㊟「人間と環境への低レベル放射能の脅威」あけび書房　2011
Graeve, Stan　グリーブ, スタン
　㊟「解決！いじめ撃退マニュアル」徳間書店　2007
Graf, Bernadette　グラフ, ベルナデッテ
　国オーストリア　柔道選手
Graf, Bernhard　グラーフ, ベルンハルト
　1962～　㊟「癒しの石」産調出版　2001
Graf, David　グラフ, ダビド
　国スイス　自転車選手
Graf, David　グラフ, デービッド
　1950～2001　国アメリカ　俳優　㊙グラフ, デビッド
Graf, Friedrich Wilhelm　グラーフ, フリードリヒ・ヴィルヘルム
　1948～　㊙グラフ, フリードリッヒ・ヴィルヘルム　㊟「世界はなぜ争うのか」朝倉書店　2016
Gráf, József　グラーフ・ヨージェフ
　国ハンガリー　農業・地方開発相
Graf, Karlheinz　グラフ, カールハインツ
　㊟「界面の物理と化学」丸善出版　2016
Graf, Olga　グラフ
　国ロシア　スピードスケート選手
Graf, Steffi　グラフ, シュテフィ
　1969～　国ドイツ　元テニス選手　本名＝Graf, Stefanie M.　㊙グラフ, シュテファニー
Grafe, Ogar　グラーフェ, オーガー
　㊟「ベルリン・デザイン・ハンドブックはデザインの本ではない！」ベアリン出版, 新宿書房（発売）　2013
Grafen, Alan　グラフェン, アラン
　㊟「一般線形モデルによる生物科学のための現代統計学」共立出版　2007
Graff, Cyril　グラフ, シリル
　国フランス　射撃選手　㊙文学
Graff, Laurent　グラフ, ローラン
　1968～　国フランス　作家　㊙文学
Graff, Lisa Colleen　グラフ, リサ
　国アメリカ　作家　㊙ヤングアダルト, 児童書
Graff, Mark G.　グラフ, マーク・G.
　㊟「セキュアプログラミング」オライリー・ジャパン, オーム社（発売）　2004
Graffe, Anne-Caroline　グラフ
　国フランス　テコンドー選手
Graffin, Greg　グラフィン, グレッグ
　㊟「アナーキー進化論」柏書房　2014
Grafov, Boris Vasilyevich　グラフォフ, ボリス
　㊟「ロシアのフォークアートペインティング」日本ヴォーグ社　2003
Grafton, Anthony　グラフトン, アンソニー
　1950～　㊟「テクストの擁護者たち」勁草書房　2015
Grafton, David　グラフトン, デービッド
　アカデミー賞　ゴードン・E.ソーヤー賞（第80回（2007年））
Grafton, Sue　グラフトン, スー
　1940～　国アメリカ　ミステリー作家
Gragg, Chris　グラッグ, クリス
　国アメリカ　アメフト選手
Graham, Amanda　グレアム, アマンダ

1961〜 [著]「アーサー」 アールアイシー出版 2007
Graham, Anne グラハム, アン
1958〜 [著]「空港経営」 中央経済社 2010
Graham, Bill グラハム, ビル
[国]カナダ 国防相
Graham, Billy グラハム, ビリー
1918〜 [国]アメリカ キリスト教伝道師・牧師 本名＝グラハム, ウィリアム・フランクリンJr.〈Graham, William Franklin Jr.〉 [異]グレアム, ビリー / グレイアム, ウィリアム・フランクリン
Graham, Bob グレアム, ボブ
1942〜 [著]「わたしたちのてんごくバス」 さ・え・ら書房 2013
Graham, Brandon グラハム, ブランドン
[国]アメリカ アメフト選手
Graham, Brian J. グレアム, ブライアン
[著]「モダニティの歴史地理」 古今書院 2005
Graham, Carol グラハム, キャロル
1962〜 [著]「幸福の経済学」 日本経済新聞出版社 2013
Graham, Caroline グレアム, キャロライン
1931〜 [著]「空白の一章」 論創社 2010
Graham, Carolyn グレイアム, キャロリン
[著]「うたとチャンツでおぼえるロングマン幼児向けピクチャー・ディクショナリー」 ピアソン・エデュケーション 2007
Graham, Colin グレアム, コリン
?〜2007 [国]アメリカ オペラ演出家 セントルイス・オペラ芸術監督
Graham, Corey グラハム, コリー
[国]アメリカ アメフト選手
Graham, Dan グレアム, ダン
1942〜 [著]「ダン・グレアムによるダン・グレアム」 千葉市美術館 2003
Graham, David グラハム, デービッド
1946〜 [国]オーストラリア プロゴルファー 本名＝Graham, Anthony David [異]グラハム, デビッド
Graham, Donald グレアム, ドナルド
ワシントン・ポスト誌前会長
Graham, Dorie グレアム, ドリー
[著]「夜が終わるまでに」 ハーレクイン 2008
Graham, Dorothy グラハム, ドロシー
1944〜 [著]「システムテスト自動化標準ガイド」 翔泳社 2014
Graham, Elizabeth グレアム, エリザベス
1941〜 [著]「古代マヤ」 BL出版 2014
Graham, Garrett グラハム, ギャレット
[国]アメリカ アメフト選手
Graham, Heather グラハム, ヘザー
1970〜 [国]アメリカ 女優 本名＝Graham, Heather Joan [異]グレアム, ヘザー
Graham, Heather グレアム, ヘザー
[著]「フェイスオフ対決」 集英社 2015
Graham, Helen グラハム, ヘレン
[著]「境界を超える看護」 エルゼビア・ジャパン 2006
Graham, Ian グラハム, イアン
1953〜 [異]グレイアム, イアン [著]「図説世界史を変えた50の船」 原書房 2016
Graham, James グラハム, ジェームス
[著]「プロジェクト・マネジャーが知るべき97のこと」 オライリー・ジャパン, オーム社(発売) 2011
Graham, Jay グラハム, ジェイ
[著]「動物工場」 緑風出版 2016
Graham, Jeffrey A. グラハム, ジェフリー
[著]「Windows 2000 DNS管理者ガイド」 ピアソン・エデュケーション 2001
Graham, Jimmy グラハム, ジミー
[国]アメリカ アメフト選手
Graham, Joan Bransfield グレアム, ジョアン・B.
[著]「ちかちかぴかり」 福音館書店 2013
Graham, John L. グラハム, ジョン・L.
[著]「「交渉」からビジネスは始まる」 ダイヤモンド社 2005
Graham, Karen グラハム, カレン
[著]「Diabetes meals for good health」 アンドモア, DIP(発売) 2009
Graham, Katherine Meyer グラハム, キャサリン
1917〜2001 [国]アメリカ ワシントン・ポスト会長 [異]グレアム, キャサリン
Graham, Lindsay O. グラム, リンゼー
1955〜 [国]アメリカ 政治家 米国上院議員(共和党)
Graham, Lisa グラハム, リサ
[著]「デザイン基礎講座 レイアウト＆タイポグラフィ」 センゲージラーニング, ビー・エヌ・エヌ新社(発売) 2007
Graham, Loren グレアム, ローレン
[著]「無限とはなにか?」 一灯舎 2011
Graham, Lynne グレアム, リン
1956〜 [著]「シチリア大富豪の誤算」 ハーパーコリンズ・ジャパン 2016
Graham, Margaret Bloy グレアム, マーガレット・ブロイ
1920〜2015 [著]「ハリーとうたうおとなりさん」 大日本図書 2015
Graham, Mark グレアム, マーク
[著]「黒い囚人馬車」 早川書房 2001
Graham, Matt グラハム
[国]オーストラリア フリースタイルスキー選手
Graham, Matt グレアム, マット
[著]「ぼくは原始人になった」 河出書房新社 2016
Graham, Matthew グレアム, マシュー
アメリカ探偵作家クラブ賞 TVエピソード賞(2007年) "Episode 1"
Graham, Mike グラハム, マイク
1951〜2012 [国]アメリカ プロレスラー
Graham, Oakley グラハム, オークリー
[著]「ほっきょくのいきもの」 ワールドライブラリー c2014
Graham, Otto グラハム, オットー
1921〜2003 [国]アメリカ アメフト選手
Graham, Paul グレアム, ポール
Yコンビネータ共同創業者
Graham, Rob グレアム, ロブ
[著]「シェイクスピアの世界」 ほんのしろ, 開文社出版(発売) 2008
Graham, Robert グラハム, ロバート
[著]「ハッキング対策マニュアル」 ソフトバンクパブリッシング 2003
Graham, Ron グラハム, ロン
[著]「数学で織りなすカードマジックのからくり」 共立出版 2013
Graham, Shayne グラハム, シェイン
[国]アメリカ アメフト選手
Graham, Stephen R. グラハム, スティーヴン・R.
[著]「キリスト教のスピリチュアリティ」 新教出版社 2006
Graham, Steve グレアム, スティーブ
[著]「JavaによるWebサービス構築」 ソフトバンクパブリッシング 2002
Graham, Susan グラハム, スーザン
グラミー賞 最優秀クラシック声楽(2004年(第47回)) "Ives: Songs (The Things Our Fathers Loved, The Housatonic At Stockbridge, etc.)"
Graham, T.J. グラハム, T.J.
[国]アメリカ アメフト選手
Graham, Tony グラハム, トニー
[著]「Unicode標準入門」 翔泳社 2001
Graham, Treveon グラハム, トレベオン
[国]アメリカ バスケットボール選手
Graham, William グラハム, ウィリアム
[国]カナダ 外相
Graham-Campbell, James グラハム＝キャンベル, ジェームス
[著]「ヴァイキングの世界」 朝倉書店 2008
Graham-Dixon, Andrew グレアム＝ディクソン, アンドリュー
[著]「世界の美術」 河出書房新社 2009
Grahame-Johnstone, Anne グラハム＝ジョンストン, アン
[著]「真夜中の子ネコ」 文渓堂 2008
Grahame-Johnstone, Janet グラハム＝ジョンストン, ジャネット
[著]「真夜中の子ネコ」 文渓堂 2008
Grahame-Smith, Seth グレアム・スミス, セス
1976〜 [国]アメリカ 作家, 脚本家 [専]文学, ユーモア 本名＝Jared, Seth [異]グラハム・スミス, セス
Grahm-douglass, Tonye グラハムダグラス, トニー
[国]ナイジェリア 文化・観光相
Grahn-laasonen, Sanni グラーンラーソネン, サンニ
[国]フィンランド 教育・文化相 [異]グランラーソネン, サンニ
Grah-Wittich, Claudia グラー＝ヴィティッヒ, クラウディア
[著]「シュタイナー教育基本指針」 水声社 2014
Graille, Patrick グライユ, パトリック
[著]「両性具有」 原書房 2003
Grainger, Eve グレンジャー, イブ
[著]「子どもの心理療法と調査・研究」 創元社 2012
Grainger, Katherine グレインジャー, キャサリン

1975～ [国]イギリス ボート選手
Grainger, Sally グレインジャー, サリー
[著]「古代ギリシア・ローマの料理とレシピ」 丸善 2002
Grainger, Teresa グレインジャー, テレサ
[著]「英国初等学校の創造性教育」ITSC静岡学術出版事業部 2009
Grainville, Patrick グランヴィル, パトリック
1947～ [国]フランス 作家
Grajales, Crisanto グラハレス, クリサント
[国]メキシコ トライアスロン選手
Gralla, Preston グララ, プレストン
[著]「Windows XP hacks」 オライリー・ジャパン, オーム社(発売) 2004
Gram, Dewey グラム, デューイ
[異]グラム, デュウィ [著]「ライフ・オブ・デビッド・ゲイル」 新潮社 2003
Gram, Eduard グラム, エドアルド
[国]モルドバ 農業・食品産業相
Gramaglia, Marie-Pierre グラマグリア, マリー・ピエール
[国]モナコ 設備・環境・都市開発相
Gramegna, Pierre グラメーニャ, ピエール
[国]ルクセンブルク 財務相
Gramlich-Oka, Bettina グラムリヒ＝オカ, ベティーナ
1966～ [異]グラムリヒ＝オカ, ベディーナ [著]「幕藩制転換期の経済思想」 慶応義塾大学出版会 2016
Grammer, Kelsey グラマー, ケルシー
ゴールデン・ラズベリー賞(ラジー賞) 最低助演男優賞(第35回(2014年))ほか
Grams, Rod グラムス, ロッド
1948～2013 [国]アメリカ 政治家, テレビプロデューサー 米国上院議員(共和党), サン・リッジ・ビルダーズ社長・CEO 本名＝Grams, Rodney Dwight [異]グラムズ, ロッド
Gran, Sara グラン, サラ
1971～ [国]アメリカ 作家 [専]ミステリー, スリラー
Granada, Julieta グラナダ, フリエタ
[国]パラグアイ ゴルフ選手
Granada, Luis de グラナダ, ルイス・デ
[著]「ぎやどぺかどる」 教文館 2001
Granado, Alberto グラナード, アルベルト
1922～2011 [国]キューバ 革命家チェ・ゲバラの親友 ハバナ大学教授 本名＝Granado Jiménez, Alberto [異]グラナド, アルベルト
Granados, Stefan グラナドス, ステファン
[著]「ビートルズ帝国アップルの真実」 河出書房新社 2004
Granbassi, Margherita グランバッシ
[国]イタリア フェンシング選手
Grancharova, Gergana グランチャロワ, ゲルガナ
[国]ブルガリア 欧州担当相
Grand, David グランド, デビッド
[著]「ブレインスポッティング・スポーツワーク」 BABジャパン 2016
Grand, Emmanuel グラン, エマニュエル
[著]「ヨーロッパの電力・ガス市場」 日本評論社 2014
Grand, Joseph"Kingpin" グランド, ジョセフ・キングピン
[著]「ハッキング対策マニュアル」 ソフトバンクパブリッシング 2003
Grand, Steve グランド, スティーヴ
1958～ [著]「アンドロイドの「脳」」 アスペクト 2005
Grandage, Michael グランデージ, マイケル
トニー賞 プレイ 演出賞(2010年(第64回)) "Red"
Grandal, Yasmani グランダル, ヤズマニ
[国]キューバ 野球選手
Grandazzi, Alexandre グランダッジ, アレクサンドル
[著]「ローマの起源」 白水社 2006
Grande, Ariana グランデ, アリアナ
1993～ [国]アメリカ 歌手
Granderson, Curtis グランダーソン, カーティス
[国]アメリカ 野球選手
Grandgeorge, Didier グランジョルジュ, ディディエ
[著]「急性疾患をホメオパシーで治す」 ホメオパシー出版 2010
Grandin, Greg グランディン, グレッグ
1962～ [異]グランディン, グレグ [著]「アメリカ帝国のワークショップ」 明石書店 2008
Grandin, Temple グランディン, テンプル
1947～ [著]「自閉症の脳を読み解く」 NHK出版 2014
Grandjean, Etienne グランジャン, エティエンヌ
[著]「オキュペーショナルエルゴノミックス」 ユニオンプレス 2002
Grandjean, Philippe グランジャン, フィリップ
1950～ [国]デンマーク 南デンマーク大学教授 [専]環境医学
Grandmont, Jean-Michel グランモン, ジャン－ミシェール
1939～ [著]「非線型経済動学」 知泉書館 2013
GrandPré, Mary グランプレ, メアリー
[著]「にぎやかなえのぐばこ」 ほるぷ出版 2016
Graneau, Ashton グラノウ, アシュトン
[国]ドミニカ共和国 カリブ問題相
Graneau, Kelly グラノウ, ケリー
[国]ドミニカ共和国 カリブ問題相
Granel, Gérard グラネル, ジェラール
[著]「デリダと肯定の思考」 未来社 2001
Granero, Esteban グラネロ, エステバン
[国]スペイン サッカー選手
Granet, Danièle グラネ, ダニエル
[著]「巨大化する現代アートビジネス」 紀伊国屋書店 2015
Grangé, Jean-Christophe グランジェ, ジャン＝クリストフ
1961～ [著]「狼の帝国」 東京創元社 2005
Grange, John M. グランジ, J.M.
[著]「コリンズとラインの微生物学実験法」 緑風出版 2013
Grange, Olivia グランジ, オリビア
[国]ジャマイカ 娯楽・スポーツ・文化・ジェンダー相
Granger, Bill グレンジャー, ビル
1969～ [国]オーストラリア 料理人 billsオーナーシェフ
Granger, Clive W.J. グレンジャー, クライブ
1934～2009 [国]イギリス 経済学者 カリフォルニア大学サンディエゴ校名誉教授 [専]コインテグレーション [異]グレンジャー, C.W.J.
Granger, David グレンジャー, デービッド
[国]ガイアナ 大統領
Granger, Katherine グレンジャー, キャサリン
[著]「花嫁にキスをしたら」 ハーレクイン 2002
Granger, Russell H. グレンジャー, ラッセル・H.
[著]「「Yes！」を引き出す7つのトリガー」 ダイレクト出版 2010
Granić, Goran グラニッチ, ゴラン
[国]クロアチア 副首相
Granier-Deferre, Pierre グラニエドフェール, ピエール
1927～2007 [国]フランス 映画監督, 脚本家
Graninger, Göran グラニンガー, ジョーラン
[著]「スウェーデン・ノーマライゼーションへの道」 現代書館 2007
Granite, Zach グラナイト, ザック
[国]アメリカ 野球選手
Granju, Katie Allison グランジュ, ケイティ・アリソン
[著]「赤ちゃんと心がむすばれる77の知恵」 PHP研究所 2001
Grankovskaya, Svetlana グランコフスカヤ
[国]ロシア 自転車選手
Granlund, Paul グランルンド, ポール
1925～2003 [国]アメリカ 彫刻家
Grann, David グラン, デイヴィッド
[著]「ロスト・シティZ」 日本放送出版協会 2010
Granneman, Scott グランネマン, スコット
[著]「ブラウザ選択の時代を読み解く」 オライリー・ジャパン, オーム社(発売) 2005
Granner, Daryl K. グランナー, D.K.
[著]「イラストレイテッド ハーパー・生化学」 丸善 2003
Granot, Hayim グラノット, ハイム
[著]「イスラエル式テロ対処マニュアル」 並木書房 2004
Granov, Adi グラノフ, アディ
[著]「スパイダーマン ： ニューウェイズ・トゥ・ダイ」 小学館集英社プロダクション 2013
Granovetter, Ellen グラノヴェッター, エレン
[著]「シリコンバレー」 日本経済新聞社 2001
Granovetter, Mark グラノヴェッター, マーク
[著]「シリコンバレー」 日本経済新聞社 2001
Granström, Brita グランストローム, ブリタ
1969～ [異]グランストローム, ブライタ [著]「ダーウィンが見たもの」 福音館書店 2014
Grant, Adam M. グラント, アダム
1981～ [著]「ORIGINALS誰もが「人と違うこと」ができる時代」 三笠書房 2016
Grant, Adrian グラント, エイドリアン
[著]「マイケル・ジャクソン全記録」 ユーメイド 2009
Grant, Alan グラント, アラン
[著]「BATMAN LOBO/LOBO AUTHORITY: HOLIDAY HELL」 ジュリアンパブリッシング 2016
Grant, Alexander グラント, アレグザンダー

G

1925～2011 [国]ニュージーランド バレエダンサー, バレエ監督 英国ロイヤル・バレエ団プリンシパル, カナダ・ナショナル・バレエ団芸術監督 [異]グラント, アレクサンダー
Grant, Allan グラント, アラン
？～2008 [国]アメリカ フォトジャーナリスト 「ライフ」写真記者
Grant, Allison Wynn グラント, アリソン
1961～ [著]「ロス&ウィルソン健康と病気のしくみがわかる解剖生理学」 西村書店 2008
Grant, Amy グラント, エイミー
グラミー賞 最優秀サザン, カントリー, ブルーグラス・ゴスペル・アルバム (2005年(第48回)) "Rock Of Ages...Hymns & Faith"
Grant, Anthony グラント, アンソニー
[国]アメリカ オクラホマシティ・サンダーアシスタントコーチ(バスケットボール)
Grant, Anthony M. グラント, アンソニー
[著]「8週間で幸福になる8つのステップ」 ディスカヴァー・トゥエンティワン 2012
Grant, Antwane グラント, アントウェイン
[国]アメリカ アメフト選手
Grant, Avram グラント, アブラム
1955～ [国]イスラエル サッカー指導者 サッカー・ガーナ代表監督 サッカー・イスラエル代表監督
Grant, Barbara Rosemary グラント, バーバラ・ローズマリー
1936～ [国]イギリス 生物学者 プリンストン大学名誉教授
Grant, Barry Keith グラント, バリー・キース
1947～ [著]「フィルム・スタディーズ事典」 フィルムアート社 2004
Grant, Carl A. グラント, カール・A.
[著]「多文化教育事典」 明石書店 2002
Grant, Charles Benedict グラント, チャールズ
[著]「消費者信用の経済学」 東洋経済新報社 2008
Grant, Charles L. グラント, チャールズ・L.
[異]グラント, チャールズ [著]「闇の展覧会」 早川書房 2005
Grant, Corey グラント, コリー
[国]アメリカ アメフト選手
Grant, Curtis グラント, カーティス
[国]アメリカ アメフト選手
Grant, Cynthia D. グラント, シンシア・D.
[著]「グッバイ、ホワイトホース」 光文社 2005
Grant, Donald グラント, ドナルド
[著]「宇宙たんけん」 岳陽舎 2007
Grant, Doran グラント, ドラン
[国]アメリカ アメフト選手
Grant, Edward グラント, E.
1926～ [著]「中世における科学の基礎づけ」 知泉書館 2007
Grant, Edward A. グラント, エドワード・A.
[国]アメリカ 元・シカゴ日米協会会長, 元・神戸女学院財団会長
Grant, Emmanuel グラント, エマニュエル
[国]シエラレオネ エネルギー・電力相
Grant, Frances グラント, フランシス
[著]「あなたのため特別に」 女子パウロ会 2009
Grant, Gavin J. グラント, ガヴィン・J.
世界幻想文学大賞 特別賞(プロ) (2009年)
Grant, George, Jr. グラント, ジョージ, Jr.
[著]「医療ソーシャルワーク」 晃洋書房 2008
Grant, Heather McLeod グラント, ヘザー・マクラウド
1968～ [著]「世界を変える偉大なNPOの条件」 ダイヤモンド社 2012
Grant, Hugh グラント, ヒュー
1960～ [国]イギリス 俳優 本名=Grant, Hugh John Mungo
Grant, Jakeem グラント, ハキーム
[国]アメリカ アメフト選手
Grant, Jerami グラント, ジェラミ
[国]アメリカ バスケットボール選手
Grant, Jerian グラント, ジェリアン
[国]アメリカ バスケットボール選手
Grant, Jessica C.H. グラント, ジェシカ
[著]「グローバル化と言語能力」 明石書店 2015
Grant, Joan グラント, ジョーン
[著]「ネコとサカナ」 アールアイシー出版 2007
Grant, Joe グラント, ジョー
？～2005 [国]アメリカ 芸術家, 脚本家
Grant, Johny グラント, ジョニー
？～2008 [国]アメリカ ハリウッド名誉市長
Grant, Jon E. グラント, ジョン
[著]「どうしても「あれ」がやめられないあなたへ」 文芸春秋 2003
Grant, Joy グラント, ジョイ
[国]ベリーズ エネルギー・科学技術・公益相
Grant, Kenneth L. グラント, ケニス・L.
[著]「投資家のためのリスクマネジメント」 パンローリング 2005
Grant, Kim グラント, キム
[著]「ハワイ」 メディアファクトリー 2005
Grant, Lee グラント, リー
[国]イングランド サッカー選手
Grant, Lindsay グラント, リンゼー
[国]セントクリストファー・ネイビス 観光・国際貿易・産業・商業相
Grant, Marcus グラント, マーカス
[著]「飲酒文化の社会的役割」 アサヒビール, 紀伊国屋書店(発売) 2007
Grant, Mary グラント, メアリー
[著]「エビデンスに基づく高齢者の作業療法」 ガイアブックス 2014
Grant, Melissa Gira グラント, メリッサ・ジラ
[著]「職業は売春婦」 青土社 2015
Grant, Michael グラント, マイケル
1954～ [著]「GONE」 ハーパーコリンズ・ジャパン 2016
Grant, Neko グラント, ネコ
[国]バハマ 公共事業・運輸相
Grant, Peter Raymond グラント, ピーター・レイモンド
1936～ [国]イギリス 生物学者 プリンストン大学名誉教授 [専]生態学, 進化生物学
Grant, Reg グラント, レグ
[著]「われら世界史スーパースター」 玉川大学出版部 2015
Grant, R.G. グラント, R.G.
[著]「海戦の歴史大図鑑」 創元社 2015
Grant, Robert M. グラント, ロバート・M.
[著]「グラント現代戦略分析」 中央経済社 2008
Grant, Ryan グラント, ライアン
[国]アメリカ アメフト選手
Grant, Ryan グラント, ライアン
[国]スコットランド ラグビー選手
Grant, Steven グラント, スティーブン
[著]「2ガンズ」 小学館集英社プロダクション 2013
Grant, Suzi グラント, スージー
[著]「48時間浄化法」 風雲舎 2005
Grantham, Charles E. グランサム, チャールズ
[著]「eコミュニティがビジネスを変える」 東洋経済新報社 2001
Grant-Williams, Renee グラント=ウィリアムズ, レニー
[著]「人生の勝者になる! 声の出し方・話し方」 ダイヤモンド社 2003
Granville, Gillian グランヴィル, ジリアン
[著]「グローバル化時代を生きる世代間交流」 明石書店 2008
Granz, Norman グランツ, ノーマン
1918～2001 [国]アメリカ ジャズプロデューサー
Grape, Jan グレープ, ジャン
[著]「子猫探偵ニックとノラ」 光文社 2004
Grapes, Ken グレープス, ケン
[著]「フローラ」 産調出版 2005
Grappo, Gary Joseph グラポ, ゲイリー
[著]「30日でキャリアアップする本」 ディスカヴァー・トゥエンティワン 2002
Grasdorff, Gilles van グラスドルフ, ジル・ヴァン
[著]「ダライ・ラマ」 河出書房新社 2004
Grasic, Andreja グラシッチ
[国]スロベニア バイアスロン選手
Grass, Günter Wilhelm グラス, ギュンター
1927～2015 [国]ドイツ 作家
Grassberger, Martin グラスベルガー, M.
[著]「マゴットセラピー」 大阪公立大学共同出版会 2006
Grassby, Albert Jaime グラスビー, アル
1926～ [著]「寛容のレシピ」 NTT出版 2002
Grasse, Marie-Christine グラース, マリ=クリスティーヌ
[著]「ルパルファンある感覚」 フレグランスジャーナル社 2015
Grasselli, Fabrizio グラッセッリ, ファブリツィオ
1955～ [著]「イタリア人が見た日本の「家と街」の不思議」 パブラボ, 星雲社(発売) 2016
Grasser, Karl-Heinz グラッサー, カールハインツ
[国]オーストリア 財務相
Grasset, Jules グラッセ, ジュール
1943～ [国]フランス 作家, 医師 [専]ミステリー

Grasshoff, Alex グラスホフ, アレックス
1928〜2008 [国]アメリカ 映画監督
Grassi, Alberto グラッシ, アルベルト
[国]イタリア サッカー選手
Grassi, Mitch グラッシ, ミッチ
グラミー賞 最優秀インストゥルメンタル編曲(アカペラ)(2014年(第57回)) "Daft Punk" 編曲
Grassi, Walter グラッシー, W.
[著]「骨軟部の超音波診断」 シュプリンガー・ジャパン 2008
Grassle, John Frederick グラッスル, ジョン・フレデリック
1939〜 [国]アメリカ 生物学者 ラトガース大学名誉教授 [専]深海生態学
Grasslin, Jurgen グレスリン, ユルゲン
1957〜 [著]「ユルゲン・シュレンプ」 早川書房 2001
Grasso, Patricia グラッソ, パトリシア
[著]「愛の花に抱かれて」 ソフトバンククリエイティブ 2010
Grasso, Santiago'Bou' グラッソ, サンティアゴ・ブー
[国]アルゼンチン アヌシー国際アニメーション映画祭 その他の賞 国際映画批評家連盟(FIPRESCI)賞(2009年) "El Empleo"
Grasu, Hroniss グラスユー, フロニス
[国]アメリカ アメフト選手
Grasu, Nicoleta グラス
[国]ルーマニア 陸上選手
Graterol, Juan グラテロル, ホアン
[国]ベネズエラ 野球選手
Grattan, Nick グラッタン, ニック
[著]「Windows CE 3.0アプリケーションプログラミング」 ピアソン・エデュケーション 2001
Grattan-Guinness, Ivor Owen グラッタン・ギネス, イボール
1941〜2014 [国]イギリス 数学史家 ミドルセックス大学名誉教授
Gratton, Lynda グラットン, リンダ
[国]イギリス 経営学者 ロンドン・ビジネススクール教授 [専]経営組織論 [異]グラトン, リンダ
Gratz, Dwayne グラッツ, ドウェイン
[国]アメリカ アメフト選手
Grätz, Ina グレーツ, イナ
[著]「Apple design」 ボーンデジタル 2012
Gratz, Kim L. グラッツ, キム・L.
[著]「境界性パーソナリティ障害サバイバル・ガイド」 星和書店 2009
Gratzer, Walter Bruno グラットザー, ウォルター
1932〜 [著]「栄養学の歴史」 講談社 2008
Grau, Andrée グロー, アンドレー
[著]「写真でみる世界の舞踊」 あすなろ書房 2007
Grau, François-Marie グロー, フランソワ＝マリー
1965〜 [著]「オートクチュール」 白水社 2012
Grau, Lester W. グラウ, レスター
[著]「赤軍ゲリラ・マニュアル」 原書房 2012
Grau, Philippe グラウ, フィリップ
[著]「美術春秋」 芸術書院, 星雲社(発売) 2007
Grauer, Ken グラウアー, K.
[著]「不整脈判読トレーニング」 医学書院 2001
Grauer, Lally グロウアー, ラリー
[著]「ケンブリッジ版カナダ文学史」 彩流社 2016
Grauer, Peter T. グラウアー, ピーター
1945〜 [国]アメリカ 金融家 ブルームバーグ会長
Grauert, Hans グラウエルト, ハンス
1930〜2011 [国]ドイツ 数学者 ゲッティンゲン大学名誉教授 [専]複素解析, 代数学 本名＝Grauert, Johannes Hans
Grauman, Walter E. グローマン, ウォルター・E.
1922〜2015 [国]アメリカ 映画・テレビ監督
Graupp, Patrick グラウプ, パトリック
[著]「TWI実践ワークブック」 日刊工業新聞社 2013
Grauwe, Paul de グラウエ, ポール・デ
1946〜 [異]グラウウェ, ポール・デ [著]「通貨同盟の経済学」 勁草書房 2011
Graveman, Kendall グレイブマン, ケンドール
[国]アメリカ 野球選手
Gravenstijn, Deborah フラフェンステイン
[国]オランダ 柔道選手 [異]フラベンステイン
Graver, Lawrence グレイヴァー, ローレンス
1931〜 [著]「『アンネの日記』もう一つの真実」 平凡社 2001
Graves, Bonnie グレイブス, ボニー
[著]「過食症」 大月書店 2003
Graves, Christopher グレイヴス, クリストファー
[著]「日本の未来について話そう」 小学館 2011
Graves, Don グレーヴス, ドン
[著]「ポール・オースターが朗読するナショナル・ストーリー・プロジェクト」 アルク 2006
Graves, Gregory グレイヴズ, グレゴリー
[著]「人物アメリカ史」 講談社 2007
Graves, Jane グレーヴズ, ジェーン
1958〜 [著]「10ドルチップの奇跡」 武田ランダムハウスジャパン 2010
Graves, Jared グレーブス
[国]オーストラリア 自転車選手
Graves, Jaya グレイヴス, ジャヤ
[著]「グローバル・ティーチャーの理論と実践」 明石書店 2011
Graves, Laura グレーブス, ローラ
[国]アメリカ 馬術選手
Graves, Lucia グレィヴズ, ルシア
世界幻想文学大賞 特別賞(プロ)(2013年)
Graves, Michael グレーブス, マイケル
1934〜2015 [国]アメリカ 建築家 プリンストン大学建築学科教授 [異]グレイブス, マイケル / グレイヴス, マイケル
Graves, Michael グレーブス, マイケル
[著]「チャスとリサ、台所でパンダに会う」 晶文社 2003
Graves, Morris グレーブス, モリス
1910〜2001 [国]アメリカ 画家, 彫刻家
Graves, Peter グレーブス, ピーター
1926〜2010 [国]アメリカ 俳優 本名＝Aurness, Peter [異]グレイブス, ピーター / グレイヴス, ピーター
Graves, Ryan グレイブズ, ライアン
Uber
Graves, Samantha グレイブズ, サマンサ
[著]「心を盗まれて」 二見書房 2010
Graves, Stephen C. グレィヴズ, S.
[著]「サプライチェーンハンドブック」 朝倉書店 2008
Graves, Teresa グレーブス, テレサ
1949〜2002 [国]アメリカ 女優
Graves, Tom グレイヴズ, トム
[著]「ロバート・ジョンソンクロスロード伝説」 白夜書房 2008
Gravett, Christopher グラヴェット, クリストファー
1951〜 [著]「古城事典」 あすなろ書房 2006
Gravett, Emily グラヴェット, エミリー
ケイト・グリーナウェイ賞(2008年(2007年度))ほか
Gravier, Anne グラヴィエ, アンヌ
[著]「かいばおけのまわりで」 日本キリスト教団出版局 2008
Gravlee, Glenn P. グレーヴリー, グレン・P.
[著]「心臓手術の麻酔」 メディカル・サイエンス・インターナショナル 2014
Gray, Adeline Maria グレー, アデリン
[国]アメリカ レスリング選手
Gray, Alasdair James グレイ, アラスター
1934〜 [国]イギリス 作家, 画家
Gray, Alexandra グレイ, アレクサンドラ
[著]「めぐり逢えたはずなのに」 ソニー・マガジンズ 2006
Gray, Alfred グレイ, アルフレッド
[国]バハマ 農業・海洋資源・地方政府相
Gray, Andre グレイ, アンドレ
[国]イングランド サッカー選手
Gray, Andrew グレイ, アンドリュー
[著]「C++スタイルブック」 翔泳社 2006
Gray, Carol グレイ, キャロル
1952〜 [著]「自閉症スペクトラム クラスメートに話すとき」 エンパワメント研究所 2015
Gray, Christopher グレイ, クリストファー
SCHOLLY共同創業者
Gray, Colin S. グレイ, コリン
[異]グレイ, コリン・S. [著]「現代の戦略」 中央公論新社 2015
Gray, Cyrus グレイ, サイラス
[国]アメリカ アメフト選手
Gray, Dave グレイ, デイブ
[著]「コネクト」 オライリー・ジャパン, オーム社(発売) 2013
Gray, David グレイ, ディヴィッド
[著]「ECGブック」 メディカル・サイエンス・インターナショナル 2010
Gray, David Winchester グレイ, デヴィッド・ウィンチェスター
アカデミー賞 ゴードン・E.ソーヤー賞(第87回(2014年))
Gray, Demarai グレイ, デマレイ
[国]イングランド サッカー選手

G

Gray, Denis Pereira　グレイ, D.P.
　著「うつ病という時限爆弾」日本評論社　2003
Gray, Dolores　グレイ, ドロレス
　1924～2002　国アメリカ　ミュージカル女優, 歌手　異グレー, ドロレス
Gray, Edwyn　グレイ, エドウィン
　著「ヒトラーの戦艦」光人社　2002
Gray, Elizabeth　グレイ, エリザベス
　1969～　著「骨の博物館」辰巳出版　2016
Gray, Françoise　グレイ, F.
　著「エスクロール基本神経病理学」西村書店　2009
Gray, Ginna　グレイ, ジーナ
　著「あなたの心が見えなくて」ハーレクイン　2013
Gray, Gwen　グレイ, グウェン
　著「薬剤師による症候からの薬学判断」じほう　2013
Gray, Harry B.　グレイ, ハリー・B.
　国アメリカ　ウルフ賞 化学部門(2004年)
Gray, Herbert　グレイ, ハーバート
　国カナダ　副首相
Gray, Jamie Lynn　グレイ, ジェイミーリン
　国アメリカ　射撃選手
Gray, Jeffrey A.　グレイ, J.
　著「世界のリーディングカンパニー」鷹書房弓プレス　2003
Gray, Jeffrey Alan　グレイ, ジェフリー
　?～2004　著「意識」北大路書房　2014
Gray, Jeremy J.　グレイ, ジェレミー・J.
　1947～　著「数学を語ろう!」シュプリンガー・フェアラーク東京　2006
Gray, Jim　グレイ, ジム
　1944～　著「トランザクション処理」日経BP社, 日経BP出版センター(発売)　2001
Gray, Joanna　グレイ, ジョアンナ
　1978～　著「ちいさなしずく」ワールドライブラリー　2015
Gray, John　グレイ, ジョン
　著「ゴースト～天国からのささやき」竹書房　2008
Gray, John　グレイ, ジョン
　1948～　著「ユートピア政治の終焉」岩波書店　2011
Gray, John　グレイ, ジョン
　1951～　著「ジョン・グレイ博士の「愛される女(わたし)」になれる本」三笠書房　2016
Gray, John Armstrong Muir　グレイ, ミュアー
　異グレイ, J.A.ミュア　著「スクリーニング」同人社　2009
Gray, Jon　グレイ, ジョン
　国アメリカ　野球選手
Gray, Jonathan　グレイ, ジョナサン
　国アメリカ　ブラックストーン・グループ不動産部門統括責任者
Gray, Jonny　グレイ, ジョニー
　国スコットランド　ラグビー選手
Gray, Juliana　グレイ, ジュリアナ
　1972～　著「はじめての恋は公爵と」原書房　2016
Gray, Keith　グレイ, キース
　1972～　国イギリス　作家　飯ヤングアダルト, 児童書
Gray, Kes　グレイ, ケス
　1960～　国イギリス　作家　飯児童書
Gray, Kris　グレイ, クリス
　著「プログラミングMicrosoft DirectX 9グラフィックスパイプライン」日経BPソフトプレス, 日経BP出版センター(発売)　2004
Gray, Leon　グレイ, レオン
　1974～　著「イラン」ほるぷ出版　2009
Gray, Marcy　グレイ, マーシー
　著「虹に願いを」ハーレクイン　2002
Gray, MarQueis　グレイ, マークェイス
　国アメリカ　アメフト選手
Gray, Martin　グレイ, マーティン
　著「世界の聖地」東洋書林　2009
Gray, Michael　グレイ, マイケル
　1940～　著「自然の鉛筆」赤々舎　2016
Gray, Michael D.　グレイ, マイケル・D.
　コンピレーション・プロデューサー　グラミー賞 最優秀ヒストリカル・アルバム(2004年(第47回))　"Night Train To Nashville: Music City Rhythm & Blues, 1945-1970"
Gray, Patrick　グレイ, パトリック
　1916～2005　国アメリカ　米国連邦捜査局(FBI)長官代行　異グレー, パトリック
Gray, Paul R.　グレイ, P.R.
　1942～　著「システムLSIのためのアナログ集積回路設計技術」培風館　2003
Gray, Pete　グレイ, ピート
　1915～2002　国アメリカ　野球選手　本名=Gray, Peter　異グレー, ピート
Gray, Richie　グレイ, リッチー
　国スコットランド　ラグビー選手
Gray, Rob　グレイ, ロブ
　異グレイ, R.　著「トリプルボトムライン」創成社　2007
Gray, Scott　グレイ, スコット
　著「アニメおさるのジョージとしょかんのおしごと」金の星社　2013
Gray, Scott Fitzgerald　グレイ, スコット・フィッツジェラルド
　著「恐怖の墓所」ホビージャパン　2012
Gray, Shelley Shepard　グレイ, シェリー・シェパード
　著「花園物語」ハーパーコリンズ・ジャパン　2016
Gray, S.J.　グレイ, シドニー・J.
　著「多国籍企業の会計」中央経済社　2007
Gray, Sonny　グレイ, ソニー
　国アメリカ　野球選手
Gray, Spalding　グレイ, スポルディング
　1941～2004　国アメリカ　俳優, 戯曲家
Gray, Theodore W.　グレイ, セオドア
　著「世界で一番美しい分子図鑑」創元社　2015
Gray, Thomas Cecil　グレイ, トーマス・セシル
　著「麻酔の偉人たち」総合医学社　2016
Gray, Todd　グレイ, トッド
　著「ヤング・マイケル・ジャクソン写真集」ブルース・インターアクションズ　2010
Gray, Tyler　グレイ, タイラー
　国アメリカ　アメフト選手
Gray, Tyler　グレイ, タイラー
　著「なぜ, あの「音」を聞くと買いたくなるのか」東洋経済新報社　2016
Gray, Virginia　グレイ, ヴァージニア
　著「グレイフライアーズ・ボビー」あるま書房　2011
Gray, Warren C.　グレー, ウォレン・C.
　著「「問題社員」の管理術」ダイヤモンド社　2007
Gray, W.Blake　グレイ, W.ブレイク
　著「カリフォルニアワイントピア」産業編集センター　2009
Graydon, Michael　グレイドン, マイケル
　著「ジェリーナのひと皿」クロニクルブックス・ジャパン, 徳間書店(発売)　2016
Grayken, John　グレイケン, ジョン
　国イギリス　ローンスター・ファンズ
Grayling, A.C.　グレイリング, A.C.
　1949～　著「大空襲と原爆は本当に必要だったのか」河出書房新社　2007
Grayling, Chris　グレイリング, クリス
　国イギリス　運輸相
Graysmith, Robert　グレイスミス, ロバート
　著「ゾディアック」ヴィレッジブックス　2007
Grayson, Andrew　グレイソン, アンドルー
　1963～　著「子どもの認知と言語はどう発達するか」松柏社　2010
Grayson, Garrett　グレイソン, ギャレット
　国アメリカ　アメフト選手
Grayson, Kristine　グレイソン, クリスティン
　著「おとぎの恋はいつまでも」オークラ出版　2012
Grazer, Brian　グレイザー, ブライアン
　1951～　映画プロデューサー　イマジン・エンターテインメント共同創業者, イマジン・フィルム・エンターテイメント共同会長
Grazer, Gigi Levangie　グレイザー, ジジ・L.
　国アメリカ　脚本家, 作家　飯ロマンス, ヤングアダルト
Grazia, Florence　グラジア, フロランス
　著「ルーシーと宝さがしの旅」アシェット婦人画報社　2004
Graziano, Dan　グラジアノ, ダン
　著「松井秀喜スピリット」産経新聞ニュースサービス, 扶桑社(発売)　2003
Graziano da Silva, José　グラジアノ・ダ・シルバ, ジョゼ
　1949～　国ブラジル　国連食糧農業機関(FAO)事務局長　ブラジル食料安全保障飢餓撲滅特命相
Grazzani, Roberta　グラッツァーニ, ロベルタ
　著「ともだちになったフランシスコとオオカミ」女子パウロ会　2010
Grbich, Carol　ガービッチ, キャロル
　著「保健医療職のための質的研究入門」医学書院　2003
Grčić, Branko　グルチッチ, ブランコ

[国]クロアチア　副首相兼地域開発・欧州連合(EU)基金相
Grealer, Louis　グレーラー, ルイ
1913～　[著]「ヴァイオリンはやさしく音楽はむずかしい」 全音楽譜出版社　2002
Greaney, Mark　グリーニー, マーク
1968～　[国]アメリカ　作家　[専]ミステリー, スリラー
Greanias, Thomas　グレニーアス, トマス
[著]「レイジング・アトランティス」 早川書房　2005
Great Antonio　グレート・アントニオ
1925～2003　[国]カナダ　プロレスラー　本名＝バリチェビッチ, アントニオ〈Barichievich, Antonio〉
Greathouse, William M.　グレイトハウス, ウィリアム・M.
1919～　[著]「主が聖であられるように」 いのちのことば社　2011
Greaves, Damian　グリーブス, ダミアン
[国]セントルシア　保健・福祉事業・家族問題相
Greaves, Melvyn F.　グリーブス, メル
1941～　[著]「がん」 コメディカルエディター, ブレーン出版(発売)　2002
Greavey, Nathan　グリービー, ネイサン
[著]「略奪品の貯蔵庫」 ホビージャパン　2007
Gréban, Quentin　グレバン, カンタン
1977～　[著]「マンモスとくらすには」 クレヨンハウス　2015
Gréban, Tanguy　グレバン, タンギー
1974～　[著]「カプチーヌ」 小峰書店　2003
Grebe, Camilla　グレーベ, カミラ
1968～　[著]「心理療法士ベリマンの孤独」 早川書房　2016
Grebe, Horst　グレベ, ホルスト
[国]ボリビア　経済開発相
Grebenka, Evgenii Pavlovich　グレベンカ, エフゲニイ・パブロビッチ
[著]「訳詩集 平和の天使」 文芸社　2002
Greber, Christian　グレーバー
[国]オーストリア　アルペンスキー選手
Greceanii, Zinaida　グレチャヌイ, ジナイダ
[国]モルドバ　首相
Grech, Louis　グレック, ルイス
[国]マルタ　副首相兼欧州問題・選挙公約実現相
Grechin, Andrey　グレチン, アンドレイ
[国]ロシア　水泳選手
Grechykhina, Olena　グレチヒナ, オレーナ
[国]ウクライナ　水泳選手
Grecian, Alex　グレシアン, アレックス
[国]アメリカ　作家　[専]スリラー, ミステリー
Greciani, Zinaida　グレチアニ, ジナイダ
[国]モルドバ　第1副首相
Greco, Daniele　グレコ
[国]イタリア　陸上選手
Greco, Francesca　グレコ, フランチェスカ
1974～　[著]「おひさまとくも」 学習研究社　c2009
Greco, John　グレコ, ジョン
[国]アメリカ　アメフト選手
Gréco, Juliette　グレコ, ジュリエット
1926～　[国]フランス　シャンソン歌手, 女優
Greco, Laurie A.　グレコ, ローリー・A.
[著]「子どもと青少年のためのマインドフルネス&アクセプタンス」 明石書店　2013
Greco, Thomas H.　グレコ, トーマス
[著]「地域通貨ルネサンス」 本の泉社　2001
Greder, Armin　グレーダー, アルミン
1942～　[著]「島」 飛鳥新社　2015
Gredler, Ludwig　グレドラー
[国]オーストリア　バイアスロン選手
Grée, Alain　グレ, アラン
[著]「アラン・グレのデザイン」 パイ インターナショナル　2016
Greeley, Andrew　グリーリー, アンドルー
1928～2013　[国]アメリカ　作家, カトリック司祭　シカゴ大司教区司祭　[異]グリーリー, ファーザー・アンドリュー
Green, Aaron　グリーン, アーロン
[国]アメリカ　アメフト選手
Green, Abby　グリーン, アビー
[著]「砂上の愛の城」 ハーパーコリンズ・ジャパン　2016
Green, Adolph　グリーン, アドルフ
1915～2002　[国]アメリカ　ミュージカル脚本家, 作詞家
Green, A.J.　グリーン, A.J.
[国]アメリカ　アメフト選手
Green, Al　グリーン, アル
グラミー賞 最優秀トラディショナルR&B歌手(2008年(第51回))ほか
Green, Amy Boothe　グリーン, エイミー・ブース
[著]「ウォルト・ディズニーの思い出」 竹書房　2013
Green, André　グリーン, アンドレ
[著]「フランス精神分析における境界性の問題」 星和書店　2015
Green, Andy　グリーン, アンディ
[国]アメリカ　サンディエゴ・パドレス監督
Green, Ann E.　グリーン, A.E.
[著]「現代イギリスの政治算術」 北海道大学図書刊行会　2003
Green, Barry　グリーン, バリー
1945～　[著]「演奏家のための「こころのレッスン」」 音楽之友社　2005
Green, Barry　グリーン, バリー
[著]「いそげ! きゅうきゅうたい」 大日本絵画　2012
Green, Bill　グリーン, ビル
1952～　[著]「教師とテクノ・リテラシー」 海文堂出版　2007
Green, Billie　グリーン, ビリー
[著]「ドリーム、ドリーム」 ハーレクイン　2015
Green, Brad　グリーン, ブラッド
[著]「AngularJSアプリケーション開発ガイド」 オライリー・ジャパン, オーム社(発売)　2014
Green, Carolyn W.　グリーン, キャロライン
[著]「発達障害のある人と楽しく学習」 二瓶社　2010
Green, Cecil Howard　グリーン, セシル
1900～2003　[国]アメリカ　実業家　テキサス・インスツルメンツ(TI)共同創業者
Green, Cee Lo　グリーン, シーロー
グラミー賞 最優秀R&B楽曲(2011年(第54回))ほか
Green, Chad　グリーン, チャド
[国]アメリカ　野球選手
Green, Charles H.　グリーン, チャールズ・H.
[著]「プロフェッショナル・アドバイザー」 東洋経済新報社　2010
Green, Chaz　グリーン, チャズ
[国]アメリカ　アメフト選手
Green, Christina　グリーン, クリスティナ
フィリップ・グリーン夫人
Green, Christine　グリーン, クリスティン
[著]「看護婦探偵ケイト」 扶桑社　2001
Green, Crystal　グリーン, クリスタル
[著]「ボスの誘惑」 ハーレクイン　2007
Green, Cynthia R.　グリーン, シンシア
[異]グリーン, シンシア・R.　[著]「頭が突然鋭くなる「全脳」刺激法」 イースト・プレス　2010
Green, Dale　グリーン, デール
[著]「J2EEチュートリアル」 ピアソン・エデュケーション　2002
Green, Damian　グリーン, ダミアン
[国]イギリス　雇用・年金相
Green, Dan　グリーン, ダン
[著]「NEW 52 : スーパーマン/ヤング・ジャスティス」 ヴィレッジブックス　2013
Green, Dan　グリーン, ダン
1943～　[著]「周期表」 玉川大学出版部　2015
Green, Danny　グリーン, ダニー
[国]アメリカ　バスケットボール選手
Green, David　グリーン, デイヴィド
[著]「人文学と電子編集」 慶応義塾大学出版会　2011
Green, David　グリーン, デイビッド
1952～　[著]「あすにかける」 金融財政事情研究会, きんざい(発売)　2012
Green, David Geoffrey　グリーン, デビッド
1949～　[著]「セレンディピティ・マシン」 インプレス, インプレスコミュニケーションズ(発売)　2005
Green, David Gordon　グリーン, デヴィッド・ゴードン
ベルリン国際映画祭 銀熊賞 監督賞(第63回(2013年))　"Prince Avalanche"
Green, Deborah M.　グリーン, デボラ・M.
[著]「神経救急・集中治療ガイドライン」 メディカル・サイエンス・インターナショナル　2006
Green, Douglas R.　グリーン, ダグラス・R.
[著]「結末への道筋」 メディカル・サイエンス・インターナショナル　2012
Green, Draymond　グリーン, ドレイモンド
[国]アメリカ　バスケットボール選手
Green, Eileen　グリーン, アイリーン
[著]「ジェンダーと暴力」 明石書店　2001
Green, Eleanor　グリーン, E.

G

㊐「コミュニティ・ワークス」社会安全研究財団 2008
Green, Elizabeth Salter　グリーン, エリザベス・ソルター
　㊐「家庭にひそむ有害化学物質」時事通信出版局, 時事通信社（発売）2009
Green, Fern　グリーン, フェーン
　㊐「グリーンスムージー」文響社 2016
Green, Florence　グリーン, フローレンス
　1901〜2012　㊄イギリス　第一次大戦に参加した記録のある最後の人物
Green, Georgia M.　グリーン, ジョージア・M.
　1944〜　㊐「言語分析の技法」東京大学出版会 2006
Green, Gerald　グリーン, ジェラルド
　1922〜2006　㊄アメリカ　作家, 脚本家
Green, Gerald　グリーン, ジェラルド
　㊄アメリカ　バスケットボール選手
Green, Glenda　グリーン, グレンダ
　1945〜　㊐「終わりなき愛」太陽出版 2010
Green, Gopa Bhattacharyya　グリーン, ゴーパ・B.
　㊐「WM腎臓内科コンサルト」メディカル・サイエンス・インターナショナル 2006
Green, Grace　グリーン, グレイス
　㊐「身代わりの妻」ハーレクイン 2002
Green, Guy　グリーン, ガイ
　1913〜2005　㊄イギリス　映画撮影監督, 映画監督
Green, Holly G.　グリーン, ホリー・G.
　㊐「「超」1分間マネジャー」PHP研究所 2009
Green, Howard E.　グリーン, ハワード・E.
　㊐「ウォルト・ディズニーの思い出」竹書房 2013
Green, Ilya　グリーン, イリヤ
　1976〜　㊐「うみべのいちにち」講談社 2010
Green, James R.　グリーン, ジェームス
　1944〜　㊐「歴史があなたのハートを熱くする」教育文化協会, 第一書林（発売）2003
Green, JaMychal　グリーン, ジャマイカル
　㊄アメリカ　バスケットボール選手
Green, Jane　グリーン, ジェーン
　1968〜　㊐「もっとハッピー・エンディング」文芸春秋 2003
Green, Jeff　グリーン, ジェフ
　㊄アメリカ　バスケットボール選手
Green, Jen　グリーン, ジェン
　㊐「ワールドアトラス」自由国民社 2014
Green, Jesse　グリーン, ジェシ
　1958〜　㊐「男だけの育児」飛鳥新社 2001
Green, Joel B.　グリーン, ジョエル・B.
　1956〜　㊐「叢書新約聖書神学」新教出版社 2012
Green, Joey　グリーン, ジョーイ
　㊐「怪しい科学者の実験ガイド」早川書房 2003
Green, John　グリーン, ジョン
　1977〜　㊄アメリカ　作家　㊙文学, フィクション, ヤングアダルトほか
Green, Jonathon　グリーン, ジョナサン
　㊐「名言なんか蹴っとばせ」現代書館 2001
Green, Julian　グリーン, ジュリアン
　㊄アメリカ　サッカー選手
Green, Keith Evan　グリーン, キース・イヴァン
　1963〜　㊐「ジオ・ポンティとカルロ・モリーノ」鹿島出版会 2011
Green, Ladarius　グリーン, ラダリアス
　㊄アメリカ　アメフト選手
Green, Laura　グリーン, L.
　㊐「Udder health」デーリィマン社 2009
Green, Laurie　グリーン, ローリー
　1945〜　㊐「グローバル時代の教会」聖公会出版 2003
Green, Lawrence W.　グリーン, ローレンス・W.
　㊐「実践ヘルスプロモーション」医学書院 2005
Green, Leford　グリーン
　㊄ジャマイカ　陸上選手
Green, Louise　グリーン, ルイーズ
　㊐「ニールズヤードレメディーズ」緑書房 2012
Green, Luis　グリーン, ルイス
　㊄ホンジュラス　少数民族相
Green, Lynne　グリーン, リン
　㊐「子どもと家族の認知行動療法」誠信書房 2013
Green, Martin Burgess　グリーン, マーティン
　1927〜　㊐「リヒトホーフェン姉妹」みすず書房 2003
Green, Michael　グリーン, マイケル

1943〜　㊐「ルーミー愛の詩」ナチュラルスピリット 2014
Green, Michael J.　グリーン, マイケル
　1961〜　㊄アメリカ　国際政治学者　米国戦略国際問題研究所（CSIS）上級副所長, ジョージタウン大学准教授　米国国家安全保障会議（NSC）アジア上級部長　㊙日本政治, 日米安全保障　㊗グリーン, マイケル・J.
Green, Mim　グリーン, ミム
　?〜2007　㊐「だいすきぎゅっぎゅっ」岩崎書店 2016
Green, Miranda J.　グリーン, ミランダ・J.
　㊐「ケルト神話・伝説事典」東京書籍 2006
Green, Naomi　グリーン, ナオミ
　㊐「やってみよう！アプライドドラマ」図書文化社 2010
Green, Phil　グリーン, フィル
　㊐「インストラクショナルデザインとテクノロジ」北大路書房 2013
Green, Philip　グリーン, フィリップ
　アルカディア・グループオーナー
Green, Reg　グリーン, レグ
　㊐「医者が心をひらくとき」医学書院 2002
Green, Risa　グリーン, リサ
　㊐「妊娠と夫婦とカウンセリング」ヴィレッジブックス 2011
Green, Robert D.　グリーン, ロバート
　㊐「核抑止なき安全保障へ」かもがわ出版 2010
Green, Rod　グリーン, ロッド
　㊐「巨大な乗り物」大日本絵画〔2014〕
Green, Roger　グリーン, ロジャー
　㊐「シルバーバーチのスピリチュアルな生き方Q&A」ハート出版 2002
Green, Roger Lancelyn　グリーン, ロジャー・ランスリン
　㊐「ギリシアの神々の物語」子ども文庫の会 2014
Green, S.　グリーン, S.
　㊐「鍼のエビデンス」医道の日本社 2009
Green, Sally　グリーン, サリー
　㊄イギリス　作家　㊙ファンタジー
Green, Scott　グリーン, スコット
　1962〜　㊐「SOX法による内部統制構築の実践」レクシスネクシス・ジャパン, 雄松堂出版（発売）2006
Green, Stephen　グリーン, スティーブン・K.
　1948〜　㊐「グッド・バリュー」金融財政事情研究会, きんざい（発売）2010
Green, Stephen A.　グリーン, ステファン・A.
　1945〜　㊐「精神科臨床倫理」星和書店 2011
Green, Stephen Keith　グリーン, ステファン
　1948〜　㊄イギリス　銀行家　HSBCグループ会長, 英国貿易投資相　㊗グリーン, スティーブン
Green, Susan Eikov　グリーン, スーザン・アイコブ
　㊐「いじめは, やめて！」福村出版 2014
Green, Susan M.E.　グリーン, S.
　㊐「熱力学要論」東京化学同人 2009
Green, Tami　グリーン, タミ
　㊐「自分でできる境界性パーソナリティ障害の治療」誠信書房 2012
Green, Thomas Henry　グリーン, トマス
　1932〜　㊐「花婿の友」夢窓庵 2005
Green, Tim　グリーン, ティム
　1963〜　㊐「復讐」二見書房 2006
Green, Timothy, II　グリーン, ティモシー, 2世
　㊐「ジョーカー：喪われた絆」小学館集英社プロダクション 2014
Green, T.J.　グリーン, T.J.
　㊄アメリカ　アメフト選手
Green, Toby　グリーン, トビー
　1974〜　㊐「異端審問」中央公論新社 2010
Green, Virgil　グリーン, バージル
　㊄アメリカ　アメフト選手
Green, Winifred　グリーン, ウィニフレッド
　㊐「レスター先生の生徒たち」未知谷 2014
Greenaway, David　グリーンナウェイ, D.
　㊐「産業内貿易の経済学」文真堂 2008
Greenaway, Kate　グリーナウェイ, ケイト
　㊐「大人が楽しむイングリッシュ・ポエチュリー」リーベル出版 2007
Greenaway, Peter　グリーナウェイ, ピーター
　1942〜　㊄イギリス　映画監督, 画家, 美術史家
Greenbaum, David　グリーンバウム, デヴィッド
　グラミー賞 最優秀録音技術アルバム（クラシック以外）（2014年（第57回））"Morning Phase" エンジニア

Green-beckham, Dorial グリーン・ベッカム, ドリアル
　国アメリカ　アメフト選手
Greenberg, Andrew グリーンバーグ, アンドリュー
　著「ノド書」アトリエサード, 書苑新社（発売）2004
Greenberg, Arthur グリーンバーグ, アーサー
　1946〜　著「痛快化学史」朝倉書店　2006
Greenberg, Benjamin D. グリーンバーグ, ベンジャミン・D.
　著「不安障害」日本評論社　2005
Greenberg, Cathy L. グリーンバーグ, C.L.
　著「幸せなワーキングマザーになる方法」NTT出版　2011
Greenberg, Daniel Asher グリーンバーグ, ダニエル
　1934〜　著「逆転の教育」緑風出版　2016
Greenberg, David H. グリーンバーグ, デヴィッド・H.
　著「費用・便益分析」ピアソン・エデュケーション　2004
Greenberg, David T. グリーンバーグ, デイビッド・T.
　1954〜　著「ローズとライオン」バベルプレス　2015
Greenberg, Gary グリーンバーグ, ゲイリー
　1957〜　著「「うつ」がこの世にある理由」河出書房新社　2011
Greenberg, Jay R. グリーンバーグ, J.R.
　1942〜　著「精神分析理論の展開」ミネルヴァ書房　2001
Greenberg, Jeffrey Alan グリーンバーグ, ジェフリー・アラン
　コンピレーション・プロデューサー　グラミー賞 最優秀ヒストリカル・アルバム（2005年（第48回））"The Complete Library Of Congress Recordings By Alan Lomax"
Greenberg, Jerrold S. グリーンバーグ, ジェロルド・S.
　著「包括的ストレスマネジメント」医学書院　2006
Greenberg, Joseph Harold グリーンバーグ, ジョセフ
　1915〜2001　国アメリカ　言語学者, 人類学者　スタンフォード大学人類学部長, 米国言語学会会長
Greenberg, Keith Elliot グリーンバーグ, キース・エリオット
　国アメリカ　作家, テレビプロデューサー
Greenberg, Leslie S. グリーンバーグ, レスリー・S.
　著「エモーション・フォーカスト・セラピー入門」金剛出版　2013
Greenberg, Margaret グリーンバーグ, マーガレット
　著「ポジティブ・リーダーシップ」草思社　2015
Greenberg, Mark S. グリーンバーグ, マーク・S.
　著「脳神経外科ハンドブック」金芳堂　2007
Greenberg, Martin グリーンバーグ, マーティン
　著「偽薬効果」春秋社　2002
Greenberg, Martin H. グリーンバーグ, マーティン
　1941〜2011　国アメリカ　アンソロジスト　他グリーンバーグ, マーティン・H.
Greenberg, Paul グリーンバーグ, ポール
　1967〜　著「鮭鱸鱈鮪食べる魚の未来」地人書館　2013
Greenberg, Peter グリーンバーグ, ピーター
　著「MISSION！」講談社　2007
Greenberg, Polly グリーンバーグ, ポーリー
　著「ああ神さま, わたしノスリだったらよかった」BL出版　2013
Greenberg, Ray S. グリーンバーグ, R.S.
　1926〜　著「医学がわかる疫学」新興医学出版社　2004
Greenberg, Stanley R. グリーンバーグ, スタンリー
　1928〜2002　国アメリカ　脚本家
Greenberg, Valerie D. グリーンバーグ, ヴァレリー・D.
　著「フロイトの失語症論」青土社　2003
Greenberger, Dennis グリーンバーガー, デニス
　著「うつと不安の認知療法練習帳ガイドブック」創元社　2002
Greenberger, Robert グリーンバーガー, ロバート
　著「スパイダーマン・ヴォルト」ヴィレッジブックス　2012
Greenblat, Rodney Alan グリーンブラット, ロドニー・アラン
　1960〜　著「ロドニーファン・コミック」インターリンクプランニング　2015
Greenblatt, Alan グリーンブラット, アラン
　著「プロジェクト・マネジャーが知るべき97のこと」オライリー・ジャパン, オーム社（発売）2011
Greenblatt, Bruce グリーンブラット, ブルース
　著「インターネットディレクトリ技術入門」ピアソン・エデュケーション　2001
Greenblatt, James グリーンブラット, ジェームズ
　著「薬に頼らない個々に合ったうつ病治療」コスモス・ライブラリー, 星雲社（発売）2013
Greenblatt, Joel グリーンブラット, ジョエル
　著「株デビューする前に知っておくべき「魔法の公式」」パンローリング　2006
Greenblatt, Stephen J. グリーンブラット, スティーヴン
　1943〜　国アメリカ　英文学者　ハーバード大学教授　他グリーンブラット, スティーヴン
Greenburg, Dan グリーンバーグ, ダン
　国アメリカ　作家
Greenburg, Zack O'Malley グリーンバーグ, ザック・オマリー
　1985〜　著「MICHAEL JACKSON, INC.」阪急コミュニケーションズ　2014
Greene, Anthony F. グリーン, アンソニー・F.
　著「パートナー暴力」北大路書房　2011
Greene, Bob グリーン, ボブ
　1947〜　著「父からもうすぐ逝ってしまう君へ」きこ書房　2009
Greene, Brian グリーン, ブライアン
　1963〜　国アメリカ　物理学者　コロンビア大学教授　他超ひも理論　本名＝Greene, Brian R.
Greene, Carolyn グリーン, キャロリン
　著「ウエディング狂想曲」ハーレクイン　2004
Greene, Charles S. グリーン, C.S.
　著「口腔顔面痛」クインテッセンス出版　2001
Greene, Chet グリーン, チェット
　アンティグア・バーブーダ　貿易・産業・商業・国家的祝祭・文化・スポーツ相
Greene, Darrell グリーン, ダレル
　国アメリカ　アメフト選手
Greene, David グリーン
　国イギリス　陸上選手
Greene, Dennis グリーン, デニス
　1949〜2015　国アメリカ　歌手　本名＝Greene, Frederick Dennis
Greene, Diane グリーン, ダイアン
　VMウェア共同創業者
Greene, Don グリーン, ドン
　著「本番に強くなる！」ヤマハミュージックメディア　2016
Greene, Ellin グリーン, エリン
　1927〜　著「ストーリーテリング」こぐま社　2009
Greene, Eric グリーン, エリック
　1968〜　著「〈猿の惑星〉隠された真実」扶桑社　2001
Greene, Jack P. グリーン, ジャック・P.
　著「幸福の追求」慶応義塾大学出版会　2013
Greene, Jennifer グリーン, ジェニファー
　著「富豪一族の花嫁」ハーレクイン　2009
Greene, Joshua David グリーン, ジョシュア
　1974〜　著「モラル・トライブズ」岩波書店　2015
Greene, Kate グリーン, ケイト
　1979〜　著「みんなのビッグデータ」NTT出版　2015
Greene, Khaseem グリーン, カシーム
　国アメリカ　アメフト選手
Greene, Liz グリーン, リズ
　著「神託のタロット」原書房　2014
Greene, Maurice グリーン
　国アメリカ　陸上選手
Greene, Melissa Fay グリーン, メリッサ・フェイ
　1952〜　著「あなたがいるから, わたしがいる」ソフトバンククリエイティブ　2008
Greene, Molly グリーン, モーリー
　1959〜　著「海賊と商人の地中海」NTT出版　2014
Greene, Paul グリーン, ポール
　アンティグア・バーブーダ　貿易・産業・商業・国家的祝祭・文化・スポーツ相
Greene, Rashad グリーン, ラシャド
　国アメリカ　アメフト選手
Greene, Robert グリーン, ロバート
　1959〜　著「権力（パワー）に翻弄されないための48の法則」パンローリング　2016
Greene, Roberta Rubin グリーン, ロバータ・R.
　1940〜　著「ソーシャルワークの基礎理論」みらい　2006
Greene, Robert William グリーン, R.W.
　1929〜2008　著国アメリカ　「アメリカン・ハッスル」河出書房新社　2013
Greene, Ross W. グリーン, ロス・W.
　著「教師と親のための子どもの問題行動を解決する3ステップ」日本評論社　2013
Greene, Shane グリーン, シェーン
　国アメリカ　野球選手
Greene, St.John グリーン, St.ジョン
　著「ママのリスト」イースト・プレス　2012
Greenfeld, Karl Taro グリーンフェルド, カール・タロウ
　1964〜　著「史上最悪のウイルス」文芸春秋　2007
Greenfield, Amy Butler グリーンフィールド, エイミー・B.

1968～ [著]「完璧な赤」 早川書房 2006
Greenfield, Beth グリンフィールド, ベス
[著]「ニューヨーク」 メディアファクトリー 2007
Greenfield, Bruce グリーンフィールド, ブルース
[著]「ケンブリッジ版カナダ文学史」 彩流社 2016
Greenfield, David グリーンフィールド, デビッド
[著]「すべてのネットワークユーザーのための光ネットワーク入門」 コンピュータ・エージ社 2003
Greenfield, Jack グリーンフィールド, ジャック
1957～ [著]「ソフトウェアファクトリー」 日経BPソフトプレス, 日経BP出版センター(発売) 2005
Greenfield, Kent グリーンフィールド, ケント
[著]「〈選択〉の神話」 紀伊国屋書店 2012
Greenfield, Robert グリーンフィールド, ロバート
[著]「バート・バカラック自伝」 シンコーミュージック・エンタテイメント 2014
Greenfield, Susan グリーンフィールド, スーザン
[著]「マインド・チェンジ」 KADOKAWA 2015
Greengard, Paul グリーンガード, ポール
1925～ [国]アメリカ 生理学者 ロックフェラー大学教授
Greengrass, Mark グリーングラス, マーク
1949～ [著]「ルネサンス」 朝倉書店 2008
Greengrass, Paul グリーングラス, ポール
1955～ [国]イギリス 映画監督, テレビディレクター
Greengross, Wendy グリーングロス, ウェンディ
1925～2012 [国]イギリス 医師, カウンセラー, 作家 [専]性医学
Greenhalgh, Ailsa グリーンハルシュ, エイルサ
[著]「キャッツ・ライフ」 グラフィック社 2004
Greenhalgh, Chris グリーンハルジュ, クリス
1963～ [著]「シャネル&ストラヴィンスキー」 竹書房 2009
Greenhalgh, Trisha グリーンハーフ, トリーシャ
[著]「読む技術」 日経BP社, 日経BPマーケティング(発売) 2016
Greenhouse, Steven グリーンハウス, スティーブン
[著]「大搾取！」 文芸春秋 2009
Greenidge, Carl グリーニッジ, カール
[国]ガイアナ 副大統領, 外相
Greenidge, Rudolph グリニッジ, ルドルフ
[国]バルバドス 教育スポーツ青年相
Greening, Justine グリーニング, ジャスティン
[国]イギリス 国際開発相
Greenlaw, Linda グリーンロウ, リンダ
1960～ [著]「女船長、ロブスターの島に帰る」 白水社 2003
Greenleaf, Stephen グリーンリーフ, スティーヴン
[著]「最終章」 早川書房 2002
Greenman, Ben グリーンマン, ベン
[著]「ファンクはつらいよ」 DU BOOKS, ディスクユニオン(発売) 2016
Greenspan, Alan グリーンスパン, アラン
1926～ [国]アメリカ エコノミスト 米国連邦準備制度理事会(FRB)議長
Greenspan, Bud グリーンスパン, バド
1926～2010 [国]アメリカ 映像ディレクター
Greenspan, Deborah グリーンスパン, D.
[著]「カラーアトラスAIDS」 サイエンスプレス, テクノミック(発売) 2002
Greenspan, Jacob グリーンスパン, ヤコブ
[著]「ADHDの子どもを育む」 創元社 2011
Greenspan, John S. グリーンスパン, J.S.
[著]「カラーアトラスAIDS」 サイエンスプレス, テクノミック(発売) 2002
Greenspan, Karen グリーンスパン, カレン
[著]「世界女性史年表」 明石書店 2003
Greenspan, Nancy Thorndike グリーンスパン, N.Th.
[著]「子どもの臨床アセスメント」 岩崎学術出版社 2008
Greenspan, Stanley I. グリーンスパン, スタンレー
1941～2010 [著]「こころの病への発達論的アプローチ」 創元社 2014
Greenstein, Ben グリーンスタイン, ベン
1941～ [異]グリーンスタイン, B. [著]「一目でわかる内分泌学」 メディカル・サイエンス・インターナショナル 2008
Greenstein, Elaine グリーンスタイン, イレーヌ
[著]「ガンたちとともに」 福音館書店 2013
Greenstein, George グリーンスタイン, ジョージ
1940～ [著]「量子論が試されるとき」 みすず書房 2014
Greenthal, Jill グリーンサル, ジル
[著]「組織変革のジレンマ」 ダイヤモンド社 2004
Green-thompson, Shaq グリーン・トンプソン, シャック
[国]アメリカ アメフト選手
Green Tregaro, Emma グレントレガロ
[国]スウェーデン 陸上選手
Greenwald, Anthony G. グリーンワルド, アンソニー・G.
[著]「心の中のブラインド・スポット」 北大路書房 2015
Greenwald, Bruce グリーンウォルド, ブルース
1946～ [国]アメリカ 経済学者 コロンビア大学ビジネススクール教授 [専]バリュー投資, 生産性分析, 情報経済学
Greenwald, Gerald グリンワルド, ジェラルド
1935～ [著]「アイアコッカを支えた男の体験リーダー論」 中経出版 2003
Greenwald, Glenn グリーンウォルド, グレン
1967～ [国]アメリカ ジャーナリスト, 弁護士
Greenwald, Ken グリーンウォルド, ケン
1935～ [著]「シャーロック・ホームズの失われた事件簿」 原書房 2004
Greenwald, Rachel グリーンウォルド, レイチェル
[著]「なぜ、彼は電話してこないの？」 WAVE出版 2012
Greenwald, Sheila グリーンウォルド, シーラ
1934～ [著]「わが家のバイオリンそうどう」 日本ライトハウス 2002
Greenwald, Tommy グリーンウォルド, トミー
[著]「チャーリー・ジョー・ジャクソンの本がキライなきみのための本」 フレーベル館 2013
Greenway, Chad グリーンウェイ, チャド
[国]アメリカ アメフト選手
Greenwell, Bonnie グリーンウェル, ボニー
[著]「クンダリーニ大全」 ナチュラルスピリット 2007
Greenwood, Brian グリーンウッド, ブライアン
1938～ [国]イギリス 熱帯医学者 ロンドン大学衛生・熱帯医学大学院教授
Greenwood, Colin Charles グリーンウッド, コリン
1969～ [国]イギリス ミュージシャン
Greenwood, Derek A. グリーンウッド, D.A.
[著]「素粒子標準模型入門」 丸善出版 2013
Greenwood, Ed グリーンウッド, エド
[著]「クリスタル・シャードの影」 ホビージャパン 2014
Greenwood, Jane グリーンウッド, ジェーン
トニー賞 特別賞(2014年(第68回))
Greenwood, Jonny グリーンウッド, ジョニー
1971～ [国]イギリス ミュージシャン 本名=Greenwood, Jonathan Richard Guy
Greenwood, L.B. グリーンウッド, L.B.
[著]「シャーロック・ホームズベイカー街の殺人」 原書房 2002
Greenwood, Leigh グリーンウッド, リー
[著]「命がけのハネムーン」 ハーレクイン 2003
Greenwood, Marie グリーンウッド, M.
1961～ [著]「せかいのどうぶつ」 パイ インターナショナル 2010
Greenwood, Rees グリーンウッド, リース
[国]イングランド サッカー選手
Greenwood, Ron グリーンウッド, ロン
?～2006 [国]イギリス サッカー監督 サッカー・イングランド代表監督
Greenwood, Susan グリーンウッド, スーザン
[著]「魔術の人類史」 東洋書林 2015
Greer, Andy グリアー, アンディ
[国]アメリカ ミネソタ・ティンバーウルブズアシスタントコーチ(バスケットボール)
Greer, Cassandra グリーア, カサンドラ
[著]「ビギニングXHTML」 インプレス, インプレスコミュニケーションズ(発売) 2001
Greer, Germaine グリア, ジャーメイン
1939～ [著]「更年期の真実」 パンドラ, 現代書館(発売) 2005
Greer, Jane グリーア, ジェーン
1924～2001 [国]アメリカ 女優 本名=Green, Bettejane
Greer, John Michael グリア, ジョン・マイケル
1962～ [著]「アトランティス」 徳間書店 2011
Greer, Mary Katherine グリーア, メアリー・K.
[著]「タロットワークブック」 朝日新聞出版 2012
Greer, Steven グリア, S.
[著]「がん患者の認知行動療法」 北大路書房 2016
Greer, Steven M. グリア, スチーヴン・M.
[著]「UFOテクノロジー隠蔽工作」 めるくまーる(発売) 2008
Greever, Tom グリーヴァー, トム
[著]「デザインの伝え方」 オライリー・ジャパン, オーム社(発売)

2016
Gref, Herman Oskarovich グレフ、ヘルマン
1964〜 ㈲ロシア 政治家 ズベルバンクCEO ロシア経済発展貿易相 ㈲グレフ、ゲルマン／グレフ、ゲルマン・O.
Greffe, Xavier グレフ、クサビエ
㈲『フランスの文化政策』水曜社 2007
Gregerman, Alan S. グレジャーマン、アラン
㈲『人はみな「ビジネスの天才」として生まれる』小学館 2005
Gregersen, Hal B. グレガーセン、ハル
1958〜 ㈲グレガーセン、ハル・B. ㈲『イノベーションのDNA』翔泳社 2013
Gregersen, Peter K. グレガーセン、ピーター・K.
㈲アメリカ クラフォード賞 関節炎（2013年）
Gregerson, Luke グレガーソン、ルーク
㈲アメリカ 野球選手
Gregg, Donald グレッグ、ドナルド
㈲アメリカ 外交官 駐韓米国大使
Gregg, Eric グレッグ、エリック
1951〜2006 ㈲アメリカ 大リーグ審判員
Gregg, Jamie グレグ
㈲カナダ スピードスケート選手
Gregg, Jennifer グレッグ、ジェニファー
㈲グレッグ、ジェニファー・A. ㈲『アクセプタンス＆コミットメント・セラピー実践ガイド』明石書店 2014
Gregg, Jessica グレグ
㈲カナダ ショートトラック選手
Gregg, L.B. グレッグ、L.B.
㈲『恋のしっぽをつかまえて』新書館 2013
Gregg, Susan グレッグ、スーザン
1949〜 ㈲『聖人・神々・天使図鑑』ガイアブックス 2013
Greggio, Luciano グレジオ、ルチアーノ
1934〜 ㈲『カルロ・アバルトの生涯と作品』ネコ・パブリッシング 2004
Gregor, Erika グレゴール、エリカ
ベルリン国際映画祭 ベルリナーレ・カメラ賞（第60回（2010年））
Gregor, Ulrich グレゴール、ウルリッヒ
ベルリン国際映画祭 ベルリナーレ・カメラ賞（第60回（2010年））
Gregori, Giuliana グレゴリ、ジュリアナ
㈲『ともだちさがして』学習研究社 c2007
Gregori, Jose グレゴリ、ジョゼ
㈲ブラジル 法相
Gregorin, Teja グレゴリン
㈲スロベニア バイアスロン選手
Gregorio, Jadel グレゴリオ
㈲ブラジル 陸上選手
Gregorio, Joan グレゴリオ、ホアン
㈲ドミニカ共和国 野球選手
Gregorio, Michael グレゴリオ、マイケル
㈲ミステリー
Gregorio, Rossella グレゴリオ、ロセッラ
㈲イタリア フェンシング選手
Gregoritsch, Michael グレゴリチュ、ミハエル
㈲オーストリア サッカー選手
Gregorius, Didi グレゴリアス、ディーディー
㈲オランダ 野球選手
Gregor-Smith, Bernard グレゴリ・スミス、バーナード
㈲『音楽家の手』協同医書出版社 2006
Gregory, Alex グレゴリー、アレックス
㈲イギリス ボート選手
Gregory, David グレゴリー、デービッド
1959〜 ㈲アメリカ 作家 ㈲文学 ㈲グレゴリー、デイヴィッド
Gregory, Deborah グレゴリー、デボラ
㈲『チーター・ガールズ』講談社 2008
Gregory, James グレゴリー、ジェームズ
1911〜2002 ㈲アメリカ 俳優
Gregory, Janet グレゴリー、ジャネット
1953〜 ㈲『実践アジャイルテスト』翔泳社 2009
Gregory, Jason グレゴリー、ジェイソン
1970〜 ㈲『ゲームエンジン・アーキテクチャ』SBクリエイティブ 2015
Gregory, Jonathan Thorp グレゴリー、ジョナサン・ソープ
㈲イギリス 日英音楽協会会長、日英合唱団音楽監督
Gregory, Julie グレゴリー、ジュリー
1969〜 ㈲『Sickened』竹書房 2004
Gregory, Morna E. グレゴリー、モーナ・E.
㈲『世界の変なトイレ』エクスナレッジ 2013

Gregory, Nan グレゴリー、ナン
㈲『きらきらピンク』鈴木出版 2009
Gregory, P. グレゴリー、P.
㈲『本当は恐ろしいハリー・ポッター』同朋舎, 角川書店（発売）2002
Gregory, Paul R. グレゴリー、ポール・R.
㈲『ロシア及びソ連の経済』青山社 2002
Gregory, Peter グレゴリー、ピーター
㈲『獣医のためのホメオパシー』ホメオパシー出版 2008
Gregory, Peter H. グレゴリー、ピーター・H.
㈲『Solarisセキュリティ入門』翔泳社 2001
Gregory, Philippa グレゴリー、フィリッパ
1954〜 ㈲『悪しき遺産』集英社 2011
Gregory, Richard Langton グレゴリー、リチャード・L.
㈲『鏡という謎』新曜社 2001
Gregory, Sandra グレゴリー、サンドラ
1965〜 ㈲『「バンコク・ヒルトン」という地獄』新潮社 2004
Gregory, Valiska グレゴリー、ヴァリスカ
1940〜 ㈲『ながれ星がはこんできたおはなし』偕成社 2001
Grégr, Miroslav グレグル、ミロスラフ
㈲チェコ 通産相
Gregson, Jessica グレグソン、ジェシカ
1978〜 ㈲イギリス 作家 ㈲ミステリー
Gregson, Olga グレグソン、O.
㈲『ストレスマネジメントと職場カウンセリング』川島書店 2002
Gregson, Ryan グレグソン、ライアン
㈲オーストラリア 陸上選手
Gregson, Susan R. グレグソン、スーザン・R.
㈲『ストレスのコントロール』大月書店 2004
Gregussen, Otto グレーグッセン、オットー
㈲ノルウェー 漁業相
Greiber, Peter グライバー、ペーター
㈲『サッカーのゴールキーパー育成法』大修館書店 2005
Greicus, M.S. グレイカス、マイク
㈲『パプア・ニューギニア小説集』三重大学出版会 2008
Greider, Carol W. グライダー、キャロル
1961〜 ㈲アメリカ 分子生物学者 ジョンズ・ホプキンズ大学教授 本名＝Greider, Carolyn Widney ㈲グライダー、キャロル・W.
Greif, Avner グライフ、アブナー
1955〜 ㈲『比較歴史制度分析』NTT出版 2009
Greif, R. グライフ、R.
㈲『鍼のエビデンス』医道の日本社 2009
Greif-Neill, Cole Marsden グライフ・ニール、コール・M.
グラミー賞 最優秀録音技術アルバム（クラシック以外）（2014年（第57回）） "Morning Phase" エンジニア
Greig, Geordie グレイグ、ジョーディ
1960〜 ㈲『ルシアン・フロイドとの朝食』みすず書房 2016
Greig, Martin グレイグ、マーティン
㈲『中村俊輔』集英社 2009
Greig, Tamsin グレイグ、タムジン
ローレンス・オリヴィエ賞 プレイ 女優賞（2007年（第31回）） "Much Ado About Nothing"
Greiman, Lois グレイマン、ロイス
㈲『もう一度キスを』ソフトバンククリエイティブ 2008
Greiner, Johannes グライナー、ヨハネス
㈲『アントロポゾフィー協会と精神科学自由大学』Saks-Books 2016
Greiner, Walter グライナー、ワルター
1935〜 ㈲グライナー、W. ㈲『量子力学概論』シュプリンガー・ジャパン 2011
Greinke, Zack グレインキー、ザック
1983〜 ㈲アメリカ 野球選手 本名＝Greinke, Donald Zackary ㈲グリンキー、ザック
Greis, Michael グライス、ミヒャエル
1976〜 ㈲ドイツ バイアスロン選手
Greisch, Jean グレーシュ、ジャン
1942〜 ㈲『「存在と時間」講義』法政大学出版局 2007
Greiskalns, Karlis グレイシカルンス、カルリス
㈲ラトビア 教育・科学相
Greist, John H. グリースト、ジョン・H.
㈲『不安障害』日本評論社 2005
Greive, Bradley Trevor グリーヴ、ブラッドリー・トレバー
1970〜 ㈲『ペンギンが教えてくれたこと』マガジンハウス 2016
Greive, Duncan グレイブ、ダンカン

[著]「ダン・カーター自伝」 東洋館出版社 2016
Grejniec, Michael グレイニエツ, マイケル
1955〜 [著]「こざる10ぴきがんばる!」 ポプラ社 2010
Grekin, Linda Zitomer グレキン, リンダ
[著]「方向オンチな女たち」 メディアファクトリー 2001
Grekova, Irina Nikolaevna グレーコワ, イリーナ
1907〜2002 [国]ロシア 作家 本名=ヴェンツェリ, エレーナ・セルゲーヴナ〈Venttsel, Elena Sergeevna〉
Greku, Borana グレク, ボラナ
[著]「アニメおさるのジョージ サル・ウィ・ダンス」 金の星社 2014
Grella, George, Jr. グレラ, ジョージ, Jr.
[著]「マイルス・デイヴィス ビッチェズ・ブリュー」 スモール出版 2016
Gremillion, Lee Louis グレミリオン, リー
[著]「投資信託ビジネスのすべて」 東洋経済新報社 2002
Grémillon, Hélène グレミヨン, エレーヌ
1977〜 [国]フランス 作家 [専]ミステリー
Grench, Eileen グレンチ
[国]パナマ フェンシング選手
Grene, David グリーン, デイヴィッド
1913〜2002 [著]「ギリシア政治理論」 風行社 2014
Grenier, Catherine グルニエ, カトリーヌ
[著]「クリスチャン・ボルタンスキーの可能な人生」 水声社 2010
Grenier, Christian グルニエ, クリスチャン
[著]「水曜日のうそ」 講談社 2006
Grenier, Clement グルニエ, クレマン
[国]フランス サッカー選手
Grenier, Roger グルニエ, ロジェ
1919〜 [国]フランス 作家 ガリマール書店顧問
Greninger, Richard グレニンガー, リチャード
[著]「願いを叶える7つの呪文」 ソフトバンククリエイティブ 2011
Grenning, James W. グレニング, ジェームズ・W.
[著]「テスト駆動開発による組み込みプログラミング」 オライリー・ジャパン, オーム社(発売) 2013
Grenny, Joseph グレニー, ジョセフ
[著]「自分を見違えるほど変える技術」 阪急コミュニケーションズ 2012
Grenot Martinez, Libania グレノット, リバニア
[国]イタリア 陸上選手
Grenville, Bruce グレンヴィル, ブルース
[著]「フィオナ・タン」 ワコウ・ワークス・オブ・アート 2011
Grenville, Kate グレンヴィル, ケイト
1950〜 [著]「闇の河」 現代企画室 2015
Grenz, Dagmar グレンツ, ダグマル
[著]「少女文学」 同学社 2004
Gresbeck, Heinrich グレシュベック, ハインリヒ
[著]「千年王国の惨劇」 平凡社 2002
Greschat, Martin グレシャト, マルティン
1931〜 [異]グレシャート, マルティン [著]「宗教改革者の群像」 知泉書館 2011
Grescoe, Taras グレスコー, タラス
[著]「悪魔のピクニック」 早川書房 2006
Gresh, Alain グレッシュ, アラン
[著]「中近東100のキーワード」 慈学社出版, 大学図書(発売) 2006
Gresh, Lois H. グレッシュ, ロイス
[著]「スーパーマンからバットマンまで科学すると」 清流出版 2005
Gresham, Jermaine グレシャム, ジャーメイン
[国]アメリカ アメフト選手
Gresham, Stephen D. グレシャム, スティーブ
[著]「実践SMAハンドブック」 金融財政事情研究会, きんざい(発売) 2006
Gress, Daryl R. グレス, ダリル・R.
[著]「神経救急・集中治療ガイドライン」 メディカル・サイエンス・インターナショナル 2006
Gress, Michael A. グレス, マイケル
[著]「赤軍ゲリラ・マニュアル」 原書房 2012
Gressor, Megan グレッサー, ミーガン
[著]「Love affairs」 ポプラ社 2006
Greste, Peter グレステ, ピーター
[著]「オウエンとムゼイなかよしのことば」 日本放送出版協会 2007
Grethen, Henri グレテン, アンリ
[国]ルクセンブルク 経済相兼運輸相
Gretzky, Wayne グレツキー, ウェイン
1961〜 [国]カナダ 元アイスホッケー選手
Gretzyngier, Robert グレツィンゲル, ロベルット
[著]「第二次大戦のポーランド人戦闘機エース」 大日本絵画 2001
Greuel, Gert-Martin グロイエル, G.-M.
[著]「数学が経済を動かす」 シュプリンガー・ジャパン 2009
Greuning, Hennie van グルーニング, H.バン
[著]「総説銀行リスク分析」 シュプリンガー・フェアラーク東京 2001
Greven, Alec グレーベン, アレク
1999〜 [著]「9歳の恋の教科書」 ワニブックス 2009
Greven, John グレヴェン, ジョン
1961〜 [著]「ワンネス」 ヒカルランド 2015
Grevers, Matt グレイバーズ
[国]アメリカ 競泳選手
Grevers, Matthew グレイバーズ, マシュー
[国]アメリカ 競泳選手
Grey, Alex グレイ, アレックス
1953〜 [著]「聖なる鏡」 ナチュラルスピリット・パブリッシング80 2010
Grey, Alfred グレイ, アルフレッド
[国]バハマ 農水・地方行政相
Grey, Amelia グレイ, アメリア
[著]「はじめてのダンスは公爵と」 二見書房 2013
Grey, Andrew グレイ, アンドリュー
[著]「くまのプーさんみつばちをおいかけて」 大日本絵画 2011
Grey, George グレイ
[国]カナダ クロスカントリースキー選手
Grey, India グレイ, インディア
[著]「ベッドの中の別人」 ハーレクイン 2012
Grey, Jacob グレイ, ジェイコブ
[著]「フェラルズ」 講談社 2016
Grey, Jake グレイ, ジェイク
[国]サモア ラグビー選手
Grey, Mini グレイ, ミニ
ケイト・グリーナウェイ賞(2007年(2006年度))ほか
Grey, Peter グレイ, ピーター
[国]オーストラリア 日豪経済委員会理事, 元・駐日オーストラリア大使, 元・外務貿易省副次官, 元・豪州貿易促進庁最高責任者
Grey, Stephen グレイ, スティーヴン
1968〜 [著]「CIA秘密飛行便」 朝日新聞社 2007
Grey, Tony グレイ, トニー
1975〜 ジャズ・ベース奏者
Grey, Vergeneas Alfred グレイ, バージェニーズ・アルフレッド
[国]バハマ 農水・地方行政相
Greyling, JC. グレーリング, JC.
[国]ナミビア ラグビー選手
Grgic, Filip グルギッチ, フィリプ
[国]クロアチア テコンドー選手
Grgovic, Rade グルゴビッチ, ラデ
[国]モンテネグロ 環境保護都市計画相
Gribanov, Denis グリバノフ, デニス
[国]ロシア セーリング選手
Gribbin, John R. グリビン, ジョン
1946〜 [著]「シュレーディンガーの猫、量子コンピュータになる。」 青土社 2014
Gribbin, Mary グリビン, メアリ
[異]グリビン, メアリー [著]「フィリップ・プルマン『ライラの冒険』の科学」 松柏社 2008
Gribble, Kate グリブル, ケイト
[著]「恋人たちの本」 ディスカヴァー・トゥエンティワン 2013
Grice, Charlie グリス, チャーリー
[国]イギリス 陸上選手
Grichnik, Kaj グリジニック, カジ
[著]「グローバル製造業の未来」 日本経済新聞出版社 2009
Grichuk, Randal グリチック, ランダル
[国]アメリカ 野球選手
Gridasova, Oleksandra グリダソワ, オレクサンドル
[国]ウクライナ 新体操選手
Griehl, Manfred グリール, マンフレート
1952〜 [著]「ドイツ空軍のジェット計画機」 大日本絵画 2006
Grier, Francis グリアー, フランシス
[著]「母子臨床の精神力動」 岩崎学術出版社 2011
Grier, Pam グリアー, パム
1949〜 [国]アメリカ 女優 本名=Grier, Pamela Suzette [異]グリア, パム

Gries, David　グリース, D.
　㌳「コンピュータのための数学」日本評論社　2001
Gries, Patrick　グリ, パトリック
　1959～　㌳「骨から見る生物の進化」河出書房新社　2011
Gries, Paul　グリース, P.
　㌳「初めてのコンピュータサイエンス」オライリー・ジャパン, オーム社（発売）　2010
Griese, Dietmar　グリーゼ, ディートマー
　1956～　㌳「絵本で読むシューマン」ヤマハミュージックメディア　2007
Griese, Peter　グリーゼ, ペーター
　㌳「超ヴィルス」早川書房　2016
Grieser, Dietmar　グリーザー, ディートマー
　1934～　㌹オーストリア　作家, 文芸評論家　㊗グリーザー, ディートマル
Griessman, Annette　グリスマン, アネット
　㌳「100のたいこのように」小峰書店　2010
Griesy, Paul V.　グリーシー, ポール・V.
　㌳「同志社の独立」新教出版社　2012
Griez, Eric　グリーズ, エリック
　㌳「パニック障害」日本評論社　2001
Griezmann, Antoine　グリーズマン, アントワーヌ
　㌹フランス　サッカー選手
Griffall, Preston　グリファル
　㌹アメリカ　リュージュ選手
Griffen, Everson　グリフェン, エバーソン
　㌹アメリカ　アメフト選手
Griffey, Anthony Dean　グリフィー, アンソニー・ディーン
　グラミー賞 最優秀オペラ録音（2008年（第51回））ほか
Griffey, Harriet　グリフィー, ハリエット
　㌳「ルビーはバレリーナ」大日本絵画　〔2001〕
Griffey, Ken, Jr.　グリフィー, ケン, Jr.
　1969～　㌹アメリカ　元野球選手　本名＝Griffey, George Kenneth Jr.　㊗ケン・グルフィー・ジュニア
Griffi, Giuseppe Patroni　グリッフィ, ジュゼッペ・パトローニ
　?～2005　㌹イタリア　映画監督, 舞台演出家, 脚本家
Griffin, Abbie　グリフィン, アビー
　㌳「シリアル・イノベーター」プレジデント社　2014
Griffin, Adrian　グリフィン, エイドリアン
　㌹アメリカ　オクラホマシティ・サンダーアシスタントコーチ（バスケットボール）
Griffin, A.J.　グリフィン, AJ.
　㌹アメリカ　野球選手
Griffin, Alfredo　グリフィン, アルフレッド
　㌹アメリカ　ロサンゼルス・エンジェルスコーチ
Griffin, Allan　グリフィン, アラン
　㌳「知の歴史」徳間書店　2002
Griffin, Blake　グリフィン, ブレイク
　㌹アメリカ　バスケットボール選手
Griffin, Dale　グリフィン, デイル
　㌳「パーソナルな関係の社会心理学」北大路書房　2004
Griffin, David　グリフィン, デイビッド
　㌹アメリカ　クリーブランド・キャバリアーズGM
Griffin, David Ray　グリフィン, デヴィッド・レイ
　1939～　㌳「9・11の矛盾」緑風出版　2010
Griffin, Eddie　グリフィン, エディ
　1982～2007　㌹アメリカ　バスケットボール選手
Griffin, Garrett　グリフィン, ギャレット
　㌹アメリカ　アメフト選手
Griffin, G.Edward　グリフィン, G.エドワード
　㌳「マネーを生みだす怪物」草思社　2005
Griffin, Helen　グリフィン, ヘレン
　㌳「性加害行動のある少年少女のためのグッドライフ・モデル」誠信書房　2015
Griffin, Jacqui　グリフィン, ジャッキー
　㌳「みんな大切！」新科学出版社　2011
Griffin, James　グリフィン, ジェームス
　㌳「クオリティー・オブ・ライフ」里文出版　2006
Griffin, John　グリフィン, ジョン
　㌳「プロフェッショナルEJB」インプレス, インプレスコミュニケーションズ（発売）　2002
Griffin, Johnny　グリフィン, ジョニー
　1928～2008　㌹アメリカ　テナーサックス奏者　本名＝Griffin, John Arnold（3世）　㊗グリフィン, ジョニー・アーノルド
Griffin, Kathy　グリフィン, キャシー
　グラミー賞 最優秀コメディ・アルバム（2013年（第56回））

"Calm Down Gurrl"
Griffin, Kenneth C.　グリフィン, ケネス
　1968～　㌹アメリカ　機関投資家　シタデル・インベストメント・グループCEO・創業者
Griffin, Laura　グリフィン, ローラ
　1973～　㌳「危険な夜の向こうに」二見書房　2014
Griffin, Melanie　グリフィン, メラニー
　㌹バハマ　社会サービス・コミュニティー開発相
Griffin, Merv　グリフィン, マーブ
　1925～2007　㌹アメリカ　テレビ司会者, 歌手, 実業家　㊗グリフィン, マーヴ
Griffin, Michael　グリフィン, マイケル
　㌹アメリカ　アメフト選手
Griffin, Michael　グリフィン, マイケル
　㌳「誰がタリバンを育てたか」大月書店　2001
Griffin, Michael D.　グリフィン, マイケル
　1949～　㌹アメリカ　ロケット科学者　米国航空宇宙局（NASA）長官
Griffin, Natalie Shope　グリフィン, ナタリー・ショップ
　㌳「人材育成の戦略」ダイヤモンド社　2007
Griffin, Nicholas　グリフィン, ニコラス
　1971～　㌳「ピンポン外交の陰にいたスパイ」柏書房　2015
Griffin, Patrick E.　グリフィン, P.
　㊗グリフィン, パトリック　㌳「21世紀型スキル」北大路書房　2014
Griffin, Patty　グリフィン, パティ
　グラミー賞 最優秀トラディショナル・ゴスペル・アルバム（2010年（第53回））　"Downtown Church"
Griffin, Paul　グリフィン, ポール
　1966～　㌳「魔法の箱」WAVE出版　2016
Griffin, Phil　グリフィン, フィル
　㌳「ボン・ジョヴィ／ホエン・ウィー・ワー・ビューティフル」小学館集英社プロダクション　2009
Griffin, Randall C.　グリフィン, ランダル
　㌳「ジョージア・オキーフ」青幻舎　2014
Griffin, Robert, Ⅲ　グリフィン, ロバート, 3世
　㌹アメリカ　アメフト選手
Griffin, Robert D.　グリフィン, R.D.
　㌳「カラーリングで覚える生物学」西村書店　2006
Griffin, Ryan　グリフィン, ライアン
　㌹アメリカ　アメフト選手
Griffin, Thomas　グリフィン, トーマス
　?～2013　㌹アメリカ　航空士
Griffin, Trenholme J.　グリフィン, トレン
　㌳「完全なる投資家の頭の中」パンローリング　2016
Griffith, Andy　グリフィス, アンディ
　1926～2012　㌹アメリカ　俳優　本名＝Griffith, Andrew Samuel
Griffith, Charles B.　グリフィス, チャールズ
　1930～2007　㌹アメリカ　脚本家
Griffith, Clare　グリフィス, クレア
　㌳「ツール・ド・フランス100レース激闘と栄光の記憶」ソフトバンククリエイティブ　2013
Griffith, Colin　グリフィス, コリン
　㌳「新マテリア・メディカ」ホメオパシー出版　2010
Griffith, Erskine　グリフィス, アースキン
　㌹バルバドス　農業・地方開発相
Griffith, Gary　グリフィス, ゲーリー
　㌹トリニダード・トバゴ　国家安全保障相
Griffith, Helen V.　グリフィス, ヘレン・V.
　㌳「おじいちゃんのところ」童話館出版　2007
Griffith, Jerome　グリフィス, ジェローム
　1957～　㌹アメリカ　実業家　トゥミ社長・CEO
Griffith, Johnny　グリフィス, ジョニー
　?～2002　㌹アメリカ　キーボード奏者　旧グループ名＝ファンク・ブラザーズ〈Funk Brothers〉
Griffith, John W.　グリフィス, ジョン
　㌳「子どもの本を読みなおす」原書房　2006
Griffith, Mari　グリフィス, マリ
　㌳「神話と伝説」ありな書房　2012
Griffith, Melanie　グリフィス, メラニー
　1957～　㌹アメリカ　女優
Griffith, Rupert　グリフィス, ルパート
　㌹トリニダード・トバゴ　科学・技術・スポーツ相
Griffith, Sam, Jr.　グリフィス, サム, Jr.
　㌳「JBoss」オライリー・ジャパン, オーム社（発売）　2006
Griffith, Vicoria　グリフィス, ビクトリア

[著]「MBA全1冊」 日本経済新聞社 2005
Griffith-Jones, Stephany グリフィス・ジョーンズ, ステファニー
[著]「地球公共財の政治経済学」 国際書院 2005
Griffiths, Andy グリフィス, アンディ
1961～ [著]「13階だてのツリーハウス」 ポプラ社 2016
Griffiths, Antony グリフィス, アントニー
[著]「西洋版画の歴史と技法」 中央公論美術出版 2013
Griffith's, Bill グリフィス, ビル
[著]「マーケティングのジレンマ」 ダイヤモンド社 2004
Griffiths, Chris グリフィス, クリス
[著]「ザ・マインドマップ」 ダイヤモンド社 2012
Griffiths, David グリフィス, デイビッド
[著]「コラテラル・ダメージ」 光文社 2002
Griffiths, David グリフィス, デビッド
1950～ [著]「Head First C」 オライリー・ジャパン, オーム社(発売) 2013
Griffiths, Dawn グリフィス, ドーン
[著]「Head First C」 オライリー・ジャパン, オーム社(発売) 2013
Griffiths, Elly グリフィス, エリー
アメリカ探偵作家クラブ賞 メアリ・ヒギンズ・クラーク賞(2011年) "The Crossing Places"
G
Griffiths, Eric グリフィス, エリック
1940～2005 [国]イギリス ミュージシャン グループ名＝クオリーメン〈Quarrymen〉
Griffiths, Gareth グリフィス, ガレス
1943～ [著]「ポストコロニアル事典」 南雲堂 2008
Griffiths, Ian グリフィス, イアン
1973～ [著]「プログラミングC#」 オライリー・ジャパン, オーム社(発売) 2013
Griffiths, Jay グリフィス, ジェイ
[著]「《まるい時間》を生きる女､《まっすぐな時間》を生きる男」 飛鳥新社 2002
Griffiths, Matt グリフィス, マット
[著]「独立処方と補助的処方」 薬事日報社 2015
Griffiths, Paul グリフィス, ポール
[著]「ジョン・ケージの音楽」 青土社 2003
Griffiths, Paul E. グリフィス, ポール・E.
1962～ [著]「セックス・アンド・デス」 春秋社 2009
Griffiths, Peter グリフィス, ピーター
[著]「コラテラル・ダメージ」 光文社 2002
Griffiths, Philip Jones グリフィス, フィリップ・ジョーンズ
1936～2008 [国]イギリス 写真家 マグナム会長
Griffiths, Phillip A. グリフィス, P.A.
[国]アメリカ ウルフ賞 数学部門(2008年)
Griffiths, Ralph Alan グリフィス, ラルフ
[著]「オックスフォードブリテン諸島の歴史」 慶応義塾大学出版会 2009
Griffiths, Richard グリフィス, リチャード
1947～2013 [国]イギリス 俳優
Griffiths, Sam グリフィス, サム
[国]オーストラリア 馬術選手
Griffiths, Simon グリフィス, サイモン
[著]「多元主義と多文化主義の間」 早稲田大学出版部 2013
Griffyn, Sally グリフィン, サリー
[著]「女性のためのアシュタンガ・ヨーガ」 産調出版 2005
Grifo, Vincenzo グリフォ, ヴィンチェンツォ
[国]イタリア サッカー選手
Grifol, Pedro グリフォル, ペドロ
[国]アメリカ カンザスシティ・ロイヤルズコーチ
Grigar, Jakub グリガル
[国]スロバキア カヌー選手
Grigg, David B. グリッグ, デイビッド
[著]「農業変化の歴史地理学」 二宮書店 2001
Grigòlo, Vittorio グリゴーロ, ヴィットリオ
1977～ [国]イタリア テノール歌手
Grigoras, Stela グリゴラシ, ステル
[国]モルドバ 労働・社会保障・家族相
Grigorescu, Victor Vlad グリゴレスク, ビクトル・ブラド
[国]ルーマニア エネルギー相
Grigorev, Vladimir グリゴリエフ, ウラジーミル
1982～ [国]ロシア スピードスケート選手 [異]グリゴリエフ / グリゴリエフ, ウラジミル
Grigoriev, Dmitry グリゴリエフ, ドミトリー
[国]ロシア チャイコフスキー国際コンクール 声楽(男声) 第4位(2015年(第15回))
Grigorieva, Tatiana Petrovna グリゴーリエバ, タチアーナ・ペトローブナ
[著]「超克」 鍋島素子 2013
Grigorik, Ilya グリゴリク, イリヤ
[著]「ハイパフォーマンスブラウザネットワーキング」 オライリー・ジャパン, オーム社(発売) 2014
Grigorjeva, Anastasija グリゴリエワ, アナスタシア
[国]ラトビア レスリング選手
Grigorov, Aleksandr V. グリゴロフ, アレクサンドル・V.
[国]ベラルーシ スポーツ・観光相
Grigorovich, Yurii Nikolaevich グリゴローヴィチ, ユーリー
1927～ [国]ロシア バレエ振付師・演出家 ボリショイ・バレエ団専任振付師 [異]グリゴロービチ / グリゴローヴィチ, ユーリ / グレゴロビッチ
Grigoryan, Armen グリゴリャン, アルメン
[国]アルメニア スポーツ・青年相
Grigoryan, Artur グリゴリャン, アルトゥル
[国]アルメニア 労働・社会問題相
Grigoryan, Kirill グリゴリャン, キリル
[国]ロシア 射撃選手
Grigoryeva, Lidiya グリゴリエワ
[国]ロシア 陸上選手
Grigsby, Nicholas グリグスビー, ニコラス
[国]アメリカ アメフト選手
Grill, William グリル, ウィリアム
ケイト・グリーナウェイ賞(2015年) "Shackleton's Journey"
Grillandi, Massimo グリッランディ, マッシモ
[著]「怪僧ラスプーチン」 中央公論新社 2003
Grilli, Jason グリリ, ジェイソン
[国]アメリカ 野球選手
Grilli, Vittorio グリリ, ビットリオ
[国]イタリア 経済・財務相
Grillitsch, Florian グリリッチュ, フロリアン
[国]オーストリア サッカー選手
Grillo, Beppe グリッロ, ベペ
1948～ [国]イタリア コメディアン, 政治活動家 五つ星運動創設者 本名＝Grillo, Giuseppe Piero [異]グリッロ, ベッペ
Grillo, Emiliano グリジョ, エミリアノ
[国]アルゼンチン ゴルフ選手
Grillo, Ioan グリロ, ヨアン
1973～ [著]「メキシコ麻薬戦争」 現代企画室 2014
Grim, Pamela グリム, パメラ
[著]「ひとつでも多くの命を」 角川書店 2001
Grimaldi, Martina グリマルディ
[国]イタリア 競泳選手
Grimaldo, Alejandro グリマルド, アレハンドロ
[国]スペイン サッカー選手
Grimaud, Hélène グリモー, エレーヌ
1969～ [国]フランス ピアニスト ニューヨーク・ウルフ・センター設立者
Grimbert, Philippe グランベール, フィリップ
1948～ [著]「ある秘密」 新潮社 2005
Grimble, Xavier グリンブル, エグゼビアー
[国]アメリカ アメフト選手
Grimes, Andrew J. グライムズ, アンドリュー・J.
[著]「経営と社会」 同友館 2001
Grimes, Brent グライムズ, ブレント
[国]アメリカ アメフト選手
Grimes, Jonathan グライムズ, ジョナサン
[国]アメリカ アメフト選手
Grimes, Martha グライムズ, マーサ
1931～ アメリカ探偵作家クラブ賞 巨匠賞(2012年)
Grimes, Nikki グライムズ, ニッキー
[異]グリムズ, ニッキ [著]「キャロライン・ケネディが選ぶ「心に咲く名詩115」」 早川書房 2014
Grimes, Richard グリムス, リチャード
1964～ [著]「実践C++/C#.NETプログラミング」 翔泳社 2003
Grimes, William W. グライムス, ウイリアム・W.
1965～ [異]グライムズ, ウィリアム・W. [著]「日本経済失敗の構造」 東洋経済新報社 2002
Griminelli, Andrea グリミネッリ, アンドレア
1959～ [国]イタリア フルート奏者
Grimm, Alexander グリム, アレクサンドラ
[国]ドイツ カヌー選手
Grimm, Hans-Ulrich グリム, ハンス・ウルリッヒ
1955～ [著]「ビタミンショック」 家の光協会 2003

Grimm, Justin グリム, ジャスティン
 ⓝアメリカ 野球選手
Grimm, Laurence G. グリム, L.G.
 ?〜2015 ⓒ「研究論文を読み解くための多変量解析入門」北大路書房 2016
Grimm, Peter グリム, ペーター
 ⓒ「ポケットアトラス栄養学」ガイアブックス 2014
Grimm, Peter D. グリム, ピーター・D.
 ⓒ「前立腺ガン」実業之日本社 2004
Grimme, Karin H. グリメ, カリン・H.
 ⓒ「ジャン＝オーギュスト＝ドミニク・アングル」Taschen c2008
Grimmel, Torben グリメル, トルベン
 ⓝデンマーク 射撃選手
Grimmette, Mark グリメット
 ⓝアメリカ リュージュ選手
Grimmie, Christina グリミー, クリスティーナ
 1994〜2016 ⓝアメリカ 歌手 本名＝Grimmie, Christina Victoria
Grimminger, Kris グリミンガー, クリス
 ⓒ「オリュンポス」ユマノイド, バイインターナショナル（発売）2015
Grimsey, Tom グリムジー, トム
 1960〜2014 ⓒ「ナノサイエンス図鑑」河出書房新社 2015
Grimshaw, Charlotte グリムショー, シャーロット
 ⓒ「挑発」早川書房 2001
Grimsley, Jim グリムズリー, ジム
 1955〜 ⓒ「キリス＝キリン」中央公論新社 2005
Grimsley, Ronald グリムズリ, ロナルド
 ⓒ「言語表現の起源をめぐって」北樹出版 2002
Grimsson, Olafur Ragnar グリムソン, オラフル・ラグナル
 1943〜 ⓝアイスランド 政治家 アイスランド大統領
Grimwood, Jon Courtenay グリムウッド, ジョン・コートニー
 ⓝイギリス 作家 ⓢSF, ファンタジー
Grimwood, Ken グリムウッド, ケン
 ?〜2003 ⓝアメリカ 作家 本名＝グリムウッド, ケネス
Grinde, Donald A., Jr. グリンデ, ドナルド・A., Jr.
 ⓒ「アメリカ建国とイロコイ民主制」みすず書房 2006
Grindea, Carola グリンダ, キャロラ
 ⓒ「音楽家の手」協同医書出版社 2006
Grindeanu, Sorin グリンデアーヌ, ソリン
 ⓝルーマニア 情報社会相
Grinder, John グリンダー, ジョン
 1940〜 ⓒ「ミルトン・エリクソンの催眠テクニック」春秋社 2012
Grindle, Lucretia W. グリンドル, ルクレシア
 ⓒ「夜を紡いで」集英社 2004
Grindle, Merilee S. グリンドル, メリリー・S.
 ⓒ「グローバル化で世界はどう変わるか」英治出版 2004
Grindley, Sally グリンドレー, サリー
 ネスレ子どもの本賞 9〜11歳部門 金賞（2004年）"Spilled Water" グリンドレー, サリー
Grine, Hamid グリン, ハミッド
 ⓝアルジェリア 報道相
Gringolts, Ilya グリンゴルツ, イリア
 1982〜 ⓝロシア バイオリニスト
Grinker, Roy Richard グリンカー, ロイ・リチャード
 1961〜 ⓒ「自閉症：ありのままに生きる」星和書店 2016
Grinnell, Frederick グリンネル, フレデリック
 1945〜 ⓒ「グリンネルの科学研究の進め方・あり方」共立出版 2009
Grint, Rupert グリント, ルパート
 1988〜 ⓝイギリス 俳優 本名＝Grint, Rupert Alexander Lloyd
Gripari, Pierre グリパリ, ピエール
 ⓒ「おはなしのおもちゃ箱」PHP研究所 2003
Gripe, Maria グリーペ, マリア
 1923〜 ⓒ「夜のパパとユリアのひみつ」日本ライトハウス 2006
Grip-Jansson, Patrik グリップ・ジャンソン, パトリック
 ⓒ「標準Red Hat Linuxリファレンス」インプレス, インプレスコミュニケーションズ（発売）2001
Grippando, James グリッパンド, ジェイムズ
 1958〜 ⓝグリッパンド, ジェームズ ⓒ「汚れた遺産」小学館 2003
Grippo, Daniel グリッポ, ダニエル

Grira, Ridha グリラ, リダ
 ⓝチュニジア 国有財産・不動産管理相 ⓝグリラ, リドハ
Grisbrooke, William Jardine グリズブルック, ウィリアム・ジャーディン
 ?〜2003 ⓒ「司祭の品格」聖公会出版 2011
Grisendi, Adele グリセンディ, アデレ
 1947〜 ⓒ「わたしの赤い自転車」柏艪舎, 星雲社（発売）2004
Grisham, John グリシャム, ジョン
 1955〜 ⓝアメリカ ミステリー作家
Grishchenko, Boris グリシェンコ, ボリス
 ?〜2004 ⓝロシア 実業家, ジャーナリスト インタファクス通信副社長
Grishin, Alexei グリシン, アレクセイ
 1979〜 ⓝベラルーシ スキー選手 ⓝグリシン
Griskevicius, Vladas グリスケヴィシウス, ヴラダス
 ⓒ「きみの脳はなぜ「愚かな選択」をしてしまうのか」講談社 2015
Griskonis, Mindaugas グリスコニス
 ⓝリトアニア ボート選手
Griskonis, Mindaugas グリスコニス, ミンダウガス
 ⓝリトアニア ボート選手
Grisoni, Michel グリゾニ, ミッシェル
 ⓒ「バニラのすべて」フレグランスジャーナル社 2015
Griss, Martin グリス, M.
 ⓒ「ソフトウェア再利用ガイドブック」エスアイビー・アクセス 2004
Grisso, Thomas グリッソ, トマス
 1942〜 ⓒ「研究に同意する能力を測定する」北村メンタルヘルス研究所 2012
Grissom, David グリッソム, デヴィッド
 ⓒ「ブルース/ロック・ギター・ソロ虎の巻」シンコー・ミュージック 2003
Grissom, Geneo グリッソム, ジェニオ
 ⓝアメリカ アメフト選手
Gristwood, Sarah グリストウッド, サラ
 ⓒ「ビアトリクス・ポター物語」スペースシャワーネットワーク 2016
Griswold, Eliza グリズウォルド, イライザ
 1973〜 ⓝアメリカ ジャーナリスト, 詩人
Griswold, Jerome グリスウォルド, ジェリー
 1947〜 ⓒ「誰もがみんな子どもだった」彩流社 2016
Gritsenko, Anatoly グリツェンコ, アナトリー
 ⓝウクライナ 国防相
Gritz, Larry グリッツ, ラリー
 ⓒ「Advanced RenderMan」ボーンデジタル 2003
Gritzmann, Peter グリッツマン, P.
 1954〜 ⓒ「最短経路の本」シュプリンガー・ジャパン 2007
Grizold, Anton グリゾルド, アントン
 ⓝスロベニア 国防相
Grizzly Smith グリズリー・スミス
 ?〜2010 ⓝアメリカ プロレスラー 別名＝スミス, ジェイク〈Smith, Jake〉
Groat, Diane de グロート, ディアン・ド
 ⓒ「はがぬけたときこうさぎは…」リブリオ出版 2002
Groban, Josh グローバン, ジョシュ
 1981〜 ⓝアメリカ テノール歌手
Gróbarczyk, Marek グルバルチク, マレク
 ⓝポーランド 海事経済・河川交通相
Grobe, Deana グローブ, ディアナ
 ⓒ「食品安全と栄養の経済学」農林統計協会 2002
Grobe, Fritz グローブ, フリッツ
 ⓒ「Amazing Science」オライリー・ジャパン, オーム社（発売）2015
Grobel, Lawrence グローベル, ローレンス
 ⓒ「アル・パチーノ」キネマ旬報社 2007
Groberg, D. グロバーグ, D.H.
 ⓒ「真のリーダーになるための「5つの決定的瞬間」」キングベアー出版 2003
Grobert, Helen グロベルト, ヘレン
 ⓝドイツ 自転車選手
Gröbl, Petra グレブル, ペートラ
 1968〜 ⓒ「シュロス法による側弯症治療」ガイアブックス 2015
Grobler, Piet フロブラー, ピエト
 1959〜 ⓝフロブラー, ピート ⓒ「ふしぎなボジャビのき」光村教育図書 2013

Grobler, Ursula グロブラー, ウルスラ
[国]南アフリカ ボート選手

Lord **Grocott** グロコット卿
[国]イギリス 上院院内幹事長

Grodum, Oystein グラドゥム
[国]ノルウェー スピードスケート選手

Grodzinsky, Yosef グロッズィンスキー, ヨセフ
[著]「岩波講座 言語の科学」 岩波書店 2005

Groe, Diana グロウ, ダイアナ
[著]「絹の波間に見る夢は」 オークラ出版 2010

Groe, Gerald M. グロウ, ジェラルド・M.
[著]「上司の使い方」 アスコム 2006

Groenewold, Renate フルーネウォルト
[国]オランダ スピードスケート選手

Groenewoud, Rosalind グルーネウド
[国]カナダ フリースタイルスキー選手

Groensteen, Thierry グルンステン, ティエリ
1957〜 [著]「テプフェール」 法政大学出版局 2014

Groenvold, Audun グラエンボル
[国]ノルウェー フリースタイルスキー選手

Groeschel, Craig グローシェル, クレイグ
[著]「キリストを信じる無神論者」 福音社 2012

Groetsch, C.W. グロエッチュ, チャールズ・W.
[著]「はじめての逆問題」 サイエンス社 2002

Groff, Sarah グロフ
[国]アメリカ トライアスロン選手

Grogan, Jeff グローガン, ジェフ
[著]「グリーン・バリュー経営への大転換」 NTT出版 2013

Grogan, John グローガン, ジョン
1957〜 [著]「マーリー」 早川書房 2009

Groger, Helmut グレーガー, ヘルムート
1949〜 [著]「写真が語るウィーン精神医学史」 現代書林 2002

Groh, Michael グロー, マイケル
[著]「犬と猫の耳の疾患」 文永堂出版 2002

Gröhe, Hermann グレーエ, ヘルマン
[国]ドイツ 保健相

Grohl, Dave グロール, デーブ
1969〜 [国]アメリカ ミュージシャン 本名=Grohl, David Eric [異]グロール, デイヴ

Groht, Mildred A. グロート, ミルドレッド・A.
[著]「自然法」 ジアース教育新社 2016

Grois, Boris グロイス, ボリス
1947〜 [著]「ジェフ・ウォール」 ファイドン 2006

Grol, Henk フロル, ヘンク
[国]オランダ 柔道選手 [異]フロル

Grol, Rik van グロル, リック・ファン
[著]「初期の日本の輸出パズル」 〔からくり創作研究会〕 2005

Grolee, Antoine de グロレ, アントワーヌ・ド
[国]フランス ロン・ティボー・クレスパン国際音楽コンクール ピアノ 第5位(2007年(第36回))

Grolemund, Garrett グロールマンド, ギャレット
[著]「RStudioではじめるRプログラミング入門」 オライリー・ジャパン, オーム社(発売) 2015

Grollman, Earl A. グロルマン, アール・A.
1925〜 [著]「愛する人を亡くした時」 春秋社 2011

Grollman, Sharon Hya グロルマン, シャロン・H.
1954〜 [著]「優しくしたいのにできない」 春秋社 2008

Grom, Federico グロム, フェデリコ
1973〜 [著]「世界一のジェラートをつくる」 白水社 2015

Gromala, Diane グロマラ, ダイアン
[著]「メディアは透明になるべきか」 NTT出版 2007

Gromis di Trana, Caterina グロミス・ディ・トラナ, カテリーナ
1962〜 [著]「ネコの本」 日経ナショナルジオグラフィック社, 日経BPマーケティング(発売) 2016

Gromov, Aleksei Alekseyevich グロモフ, アレクセイ
1960〜 [国]ロシア 政治家, 外交官 ロシア大統領府第1副長官

Gromov, Artem グロモフ, アルテム
[国]ウクライナ サッカー選手

Gromov, Mikhael Leonidovich グロモフ, ミハイル
1943〜 [国]フランス 数学者 フランス高等科学研究所(IHES)教授 [専]幾何学 [異]グロモフ, ミハイル・レオニドビッチ / グロモフ, ミハイル・レオニドヴィッチ

Grondin, Jean グロンダン, ジャン
1955〜 [著]「宗教哲学」 白水社 2015

Grondona, Julio グロンドーナ, フリオ
1931〜2014 [国]アルゼンチン 実業家 アルゼンチン・サッカー協会(AFA)会長, 国際サッカー連盟(FIFA)副会長

Gronefeld, Anna-Lena グローネフェルト, アンナレナ
[国]ドイツ テニス選手

Gronemeyer, Andrea グローネマイヤー, アンドレア
[著]「ワールド・シネマ・ヒストリー」 晃洋書房 2004

Grønholdt, Lars グロンホルツ, ラーズ
[著]「業績評価の理論と実務」 東洋経済新報社 2004

Gronicki, Mirosław グロニツキ, ミロスワフ
[国]ポーランド 財務相

Gröning, Philip グレーニング, フィリップ
ヴェネチア国際映画祭 審査員特別賞(第70回(2013年)) “Die Frau Des Polizisten”

Gronkowski, Glenn グロンコウスキー, グレン
[国]アメリカ アメフト選手

Gronkowski, Rob グロンコウスキー, ロブ
[国]アメリカ アメフト選手

Grönroos, Christian グルンルース, クリスチャン
1947〜 [著]「サービス・ロジックによる現代マーケティング理論」 白桃書房 2015

Groopman, Jerome グループマン, ジェローム
1952〜 [国]アメリカ 医学者 ハーバード大学医学部教授, ベス・イスラエル・ディーコネス医療センター実験医学主任

Groothuis, Stefan フロータイシュ, ステファン
1981〜 [国]オランダ スピードスケート選手

Gropp, William グロップ, ウイリアム
[著]「実践MPI-2」 ピアソン・エデュケーション 2002

Groppi, Susan Marie グロッピ, スーザン・マリー
世界幻想文学大賞 特別賞(ノンプロ)(2010年)

Gros, Frédéric グロ, フレデリック
1965〜 [著]「創造と狂気」 法政大学出版局 2014

Grosan, Crina グローサン, クリナ
[著]「群知能とデータマイニング」 東京電機大学出版局 2012

Grosbard, Ulu グロスバード, ウール
1929〜2012 [国]アメリカ 映画監督, 演出家

Grosberg, A.IU. グロスバーグ, アレクサンダー
[著]「自然世界の高分子」 吉岡書店 2016

Grose, Lynda グロース, リンダ
[著]「循環するファッション」 文化学園文化出版局 2014

Grose, Peter グロース, ピーター
1941〜 [著]「ブラディ・ダーウィン」 大隅書店 2012

Grose, Timothy J. グロース, ティモシー
[著]「Eclipseモデリングフレームワーク」 翔泳社 2005

Grosenick, Uta グロゼニック, ウータ
1960〜 [異]グロズニック, ユタ [著]「シュルレアリスム」 Taschen c2006

Groser, Tim グローサー, ティム
[国]ニュージーランド 貿易相兼気候変動問題相

Grosholz, Emily グロッショルツ, エミリー・R.
1950〜 [著]「こどもの時間」 クルミド出版 2015

Grosics, Gyula グロシチ, ジュラ
1926〜2014 [国]ハンガリー サッカー選手

Grosjean, Jean グロジャン, ジャン
[著]「フランス現代詩アンソロジー」 思潮社 2001

Grosjean, Nelly グロジャン, ネリー
[著]「アロマデトックス」 BABジャパン出版局 2007

Grosjean, Sebastien グロジャン
[国]フランス テニス選手

Groslambert, Louis グロランベール, ルイ
1947〜 [著]「交わりを求めて」 新世社 2004

Gross, Andrew グロス, アンドリュー
[著]「黒十字の騎士」 ヴィレッジブックス 2005

Groß, Benedikt グロース, ベネディクト
1950〜 [異]グロス, ベネディクト [著]「GENERATIVE DESIGN」 ビー・エヌ・エヌ新社 2016

Gross, Bill グロス, ビル
1944〜 [国]アメリカ ファンド・マネージャー ピムコ共同創業者 本名=Gross, William H.

Gross, Cynthia R. グロス, シンシア・R.
[著]「ケアのなかの癒し」 看護の科学社 2016

Gross, Daniel グロス, ダニエル
1966〜 [著]「馬鹿(ダム)マネー」 阪急コミュニケーションズ 2009

Gross, David グロス, デービッド
1941〜 [国]アメリカ 物理学者 カリフォルニア大学サンタバーバラ校カブリ理論物理学研究所所長 [専]素粒子 本名=Gross, David Jonathan [異]グロス, デビッド

Gross, Gunter F.　グロース, ギュンター・F.
[著]「人生で成功するちょっとした工夫」 PHP研究所　2003
Gross, Heinrich　グロス, ハインリッヒ
1915～2005　[国]オーストリア　精神科医　[異]グロス, ハインリヒ
Gross, Jan Tomasz　グロス, ヤン・T.
1947～　[著]「アウシュヴィッツ後の反ユダヤ主義」 白水社　2008
Gross, John　グロス, ジョン
[著]「ロンドンで本を読む」 マガジンハウス　2001
Gross, Jürgen H.　グロス, J.H.
[著]「マススペクトロメトリー」 シュプリンガー・ジャパン　2007
Gross, Ken　グロス, ケン
1938～　[著]「ソウル・サバイバー」 PHP研究所　2009
Gross, Leonard　グロス, レナード
[著]「ビートルズ世界証言集」 ポプラ社　2006
Gross, Marcus　グロス, マルクス
[国]ドイツ　カヌー選手
Gross, Michael　グロス, マイケル
1957～　[著]「ブック・オブ・エイリアン」 小学館集英社プロダクション　2012
Gross, Miriam　グロス, ミリアム
[著]「ジョージ・オーウェルの世界」 音羽書房鶴見書店　2009
Gross, Pascal　グロス, パスカル
[国]ドイツ　サッカー選手
Gross, Raphael　グロス, ラファエル
1966～　[著]「カール・シュミットとユダヤ人」 法政大学出版局　2002
Groß, Ricco　グロス
[国]ドイツ　バイアスロン選手
Gross, Richard　グロス, リチャード
1949～　[著]「臨床決断のエッセンス」 医学書院　2002
Gross, Ronald　グロス, ロナルド
[著]「脱学校化の可能性」 東京創元社　2003
Gross, Stanislav　グロス, スタニスラフ
1969～2015　[国]チェコ　政治家　チェコ首相
Gross, Stefano　グロス
[国]イタリア　アルペンスキー選手
Groß, Stephanie　グロス
[国]ドイツ　レスリング選手
Gross, Steven E.　グロス, スティーブン・E.
[著]「組織変革のジレンマ」 ダイヤモンド社　2004
Gross, T.Scott　グロス, T.スコット
[著]「「愛されるサービス」と「残念なサービス」45の法則」 ディスカヴァー・トゥエンティワン　2015
Grossarth-Maticek, Ronald　グロッサルト＝マティチェク, ロナルト
1940～　[著]「オートノミートレーニング」 星和書店　2013
Grossberg, George T.　グロスバーグ, G.T.
[著]「アメリカ成年後見ハンドブック」 勁草書房　2002
Grossberg, Jack　グロスバーグ, ジャック
？～2001　[国]アメリカ　映画プロデューサー
Grossberg, Lawrence　グロスバーグ, L.
[著]「新キーワード辞典」 ミネルヴァ書房　2011
Grossblatt, Ben　グロスブラット, ベン
[著]「乗り物の音」 大日本絵画　〔2010〕
Grosser, Manfred　グロッサー, マンフリート
[著]「テニスのスピードトレーニング」 ベースボール・マガジン社　2001
Grossfeld, Bernhard　グロスフェルト, ベルンハルト
[著]「共演ドイツ法と日本法」 中央大学出版部　2007
Grössinger, Christa　グレシンジャー, クリスタ
[著]「女を描く」 三元社　2004
Grossklaus, Ciril　グロスクラウス, シリル
[国]スイス　柔道選手
Gross-Loh, Christine　グロス＝ロー, クリスティーン
1968～　[異]グロスロー, クリスティン　[著]「ハーバードの人生が変わる東洋哲学」 早川書房　2016
Grossman, Bill　グロスマン, ビル
[著]「いもうとがウサギいっぴきたべちゃった」 徳間書店　2008
Grossman, Dave　グロスマン, デーヴ
[著]「「戦争」の心理学」 二見書房　2008
Grossman, David　グロスマン, デービッド
1954～　[国]イスラエル　作家, 平和運動家
Grossman, Debbie　グロスマン, デビー
[著]「ナショナルジオグラフィックプロの撮り方デジタルカメラ」 日経ナショナルジオグラフィック社, 日経BP出版センター（発売）　2006
Grossman, Jerome H.　グロスマン, ジェローム・H.
[著]「医療イノベーションの本質」 碩学舎, 中央経済社（発売）　2015
Grossman, Ken　グロスマン, ケン
[国]アメリカ　実業家
Grossman, Lev　グロスマン, レブ
1969～　[国]アメリカ　作家, 書評家　[専]ミステリー, サスペンス　[異]グロスマン, レヴ
Grossman, Marc　グロッスマン, マーク
[異]グロスマン, マーク　[著]「ボブのマフィン」 世界文化社　2016
Grossman, Mary　グロスマン, メアリー
[著]「新たな全人的ケア」 日本ホスピス・緩和ケア研究振興財団, 青海社（発売）　2016
Grossman, Mendel　グロスマン, メンデル
[著]「シークレット・カメラ」 BL出版　2001
Grossman, Robbie　グロスマン, ロビー
[国]アメリカ　野球選手
Grossman, Valerie G.A.　グロスマン, ヴァレリー
[異]グロスマン, ヴァレリー・G.A.　[著]「救急外来トリアージ」 西村書店　2010
Grossman, William　グロスマン, W.
[著]「心臓カテーテル検査・造影・治療法」 南江堂　2009
Grossmann, Ben　グロスマン, ベン
アカデミー賞 特殊効果賞（第84回（2011年））　"Hugo"
Grossmann-Hensel, Katharina　グロスマン・ヘンゼル, キャサリーナ
[著]「おるすばんごっこ」 BL出版　2005
Grosso, Giuseppe　グロッソ, G.
[著]「固体物理学」 吉岡書店　2005
Grosso, Ramón Moreno　グロッソ, ラモン・モレノ
？～2002　[国]スペイン　サッカー選手
Grosvenor, Gerald Cavendish　グロウブナー, ジェラルド
[国]イギリス　政治家, ウエストミンスター公爵
Grosz, Stephen　グロス, スティーブン
1952～　[著]「人生に聴診器をあてる」 中央公論新社　2015
Groteluschen, Simon　グロテリューシェン
[国]ドイツ　セーリング選手
Groth, Gary　グロス, ゲイリー
[著]「ウォルト・ディズニーミッキーマウスコミックス」 うさぎ出版, メディアパル（発売）　2016
Groth, Jonathan　グロート, ヨナタン
[国]デンマーク　卓球選手
Grothaus, Heather　グラタウス, ヘザー
[著]「いたずらな運命をあなたと」 ぶんか社　2010
Grothe, Mardy　グロース, マーディ
[著]「たった1つの言葉が人生を大きく変える」 日本文芸社　2012
Grotheer, Jan　グロテア, ヤン
[国]ドイツ　独日法律家協会会長, 元・ハンブルク財政裁判所長
Grothendieck, Alexandre　グロタンディーク, アレクサンドル
1928～2014　[著]「ある夢と数学の埋葬」 現代数学社　2016
Grothendiek, Alexander　グロタンディエク, アレキサンドル
1928～2014　数学者　フランス高等科学研究所（IHES）教授　[異]グロタンディーク / グロタンディク
Groucutt, Kelly　グルーカット, ケリー
？～2009　[国]イギリス　ベース奏者
Groult, Benoîte　グルー, ブノワット
1920～2016　[国]フランス　作家, 女性運動家　[異]グルー, ブノワト
Groult, Flora　グルー, フロラ
1924～2001　[国]フランス　作家
Ground, Ian　グラウンド, イアン
[著]「考える看護」 医学書院　2001
Grousbeck, Wyc　グラウスベック, ウィック
[国]アメリカ　ボストン・セルティックス共同所有者　[異]グロウズベック, ウィク
Grout, Pam　グラウト, パム
[著]「人生を思うように変える呼吸法」 宝島社　2015
Groux, Dominique　グルー, ドミニック
[著]「比較教育―1997年　比較教育に関する著作の草案と予備的見解―1817年」 文教大学出版事業部　2011
Groux, Pablo　グロウクス, パブロ
[国]ボリビア　文化相
Groux Canedo, Pablo　グロウクス・カネド, パブロ
[国]ボリビア　文化相
Grovdal, Karoline Bjerkeli　グロブダル, カロリーネビエルケリ
[国]ノルウェー　陸上選手

Grove, Andrew S. グローブ, アンドリュー・S.
　著「僕の起業は亡命から始まった！」日経BP社, 日経BP出版センター (発売) 2002
Grove, Andy グローブ, アンディ
　1936〜2016 国アメリカ 実業家 インテル相談役 インテル会長・CEO 本名=グローブ, アンドルー〈Grove, Andrew S.〉 関グローブ, アンドリュー / グローヴ, アンドリュー
Grove, Bernd グローヴェ, ベルント
　著「エドガー・ドガ」Taschen c2006
Grove, Eric グロウヴ, エリック・J.
　1948〜 著「コーベット海洋戦略の諸原則」原書房 2016
Grove, Hannah Shaw グローヴ, ハンナ・S.
　著「ファミリーオフィス」東洋経済新報社 2008
Grove, Linda グローブ, リンダ
　1944〜 著「シリーズ20世紀中国史」東京大学出版会 2009
Grove, S.E. グローヴ, S.E.
　作家, 歴史家, 旅行家 関SF, ヤングアダルト
Grove, Stephen John グローブ, S.J.
　1950〜 著「サービス・マーケティング入門」法政大学出版局 2005
Grove, Suzan K. グローブ, スーザン・K.
　著「バーンズ&グローブ看護研究入門」エルゼビア・ジャパン 2007
Grover, Tim S. グローバー, ティム
　1964〜 関グローバー, ティム・S. 著「リレントレス結果を出す人の13の法則」スタジオタッククリエイティブ 2014
Groves, Judy グローヴス, ジュディ
　著「チョムスキー入門」明石書店 2004
Groves, Kristina グローブス
　国カナダ スピードスケート選手
Groves, Madeline グローブス, マデリン
　国オーストラリア 水泳選手
Groves, Nicola グローブス, ニコラ
　国イギリス セーリング選手
Groves, Richard F. グローヴス, リチャード・F.
　著「実践/スピリチュアルケア」春秋社 2009
Groves, Sarah グローヴズ, セアラ
　著「ファットレディス・クラブ」主婦の友社 2003
Groy, Ryan グロイ, ライアン
　国アメリカ アメフト選手
Groys, Boris グロイス, ボリス
　1947〜 国ドイツ 批評家, 芸術理論家 本名=Groys, Boris Efimovich
Groysberg, Boris グロイスバーグ, ボリス
　著「動機づける力」ダイヤモンド社 2009
Groysman, Volodymyr グロイスマン, ウォロディミル
　国ウクライナ 首相
Grozdeva, Maria グロジェバ, マリア
　1972〜 国ブルガリア 射撃選手
Gruault, Jean グリュオー, ジャン
　1924〜2015 国フランス 脚本家
Grubač, Momčilo グルバチャ, モムチロ
　国ユーゴスラビア 法相
Grubb, Davis グラブ, デイヴィス
　1919〜 関グラブ, ディヴィス 著「闇の展覧会」早川書房 2005
Grubb, Jeff グラブ, ジェフ
　著「呪文大辞典」ホビージャパン 2007
Grubb, Thomas C., Jr. グラブ, トマス・C., Jr.
　著「野外鳥類学への招待」新思索社 2006
Grubbs, David グラブス, デイヴィッド
　1967〜 著「レコードは風景をだいなしにする」フィルムアート社 2015
Grubbs, Robert H. グラッブス, ロバート
　1942〜 国アメリカ 化学者 カリフォルニア工科大学教授 業有機合成におけるメタセシス反応の開発 関グラッブス, ロバート・H. / グラブス, ロバート
Grube, Chris グラーブ, クリス
　国イギリス セーリング選手
Grube, Nikolai グルーベ, ニコライ
　著「古代マヤ王歴代誌」創元社 2002
Grübel, Oswald J. グリューベル, オズワルド
　1943〜 国ドイツ 銀行家 USBグループCEO, クレディ・スイス・グループCEO 関グルーベル, オズワルド
Gruber, Alain Charles グルベール, アラン
　著「ヨーロッパの装飾芸術」中央公論新社 2001
Gruber, Andreas グルーバー, アンドレアス
　1968〜 国オーストリア 作家 関ミステリー, ホラー
Gruber, Bernhard グルーバー, ベルンハルト
　1982〜 国オーストリア スキー選手 関グルーバー
Gruber, Beth グルーバー, ベス
　著「古代イラク」BL出版 2013
Gruber, Christoph グルーバー
　国オーストリア アルペンスキー選手
Gruber, David F. グルーバー, デヴィッド・F.
　著「光るクラゲ」青土社 2010
Gruber, Marcia グラバー, マーシャ
　著「エキスパートナースとの対話」照林社 2004
Gruber, Michael グルーバー, M.
　国オーストリア ノルディック複合選手
Gruber, Michael グルーバー, マイケル
　1940〜 国アメリカ 作家 関ミステリー, スリラー
Gruber, Patrick グルーバー
　国イタリア リュージュ選手
Gruberger, Risa Munitz グルーバーガー, リサ・ミュニッツ
　著「これっていいこと？悪いこと？」PHP研究所 2002
Gruberová, Edita グルベローヴァ, エディタ
　1946〜 国スロバキア ソプラノ歌手 関グルベローバ, エディタ
Grubeša, Josip グルベシャ, ヨスィプ
　国ボスニア・ヘルツェゴビナ 法相
Grubješić, Suzana グルブイェシッチ, スザナ
　国セルビア 欧州統合担当副首相
Gruchala, Sylwia グルハラ
　国ポーランド フェンシング選手
Grudem, Wayne A. グルーデム, ウェイン・A.
　著「ペテロの手紙第1」いのちのことば社 2007
Gruden, Jon グルーデン, ジョン
　1963〜 国アメリカ 元アメフト監督 関グルーデン, ジェイ
Grudet, Claude グリュデ, クロード
　著「マダム・クロード愛の法則」光文社 2001
Grudin, Jonathan グルディン, ジョナサン
　著「ヒューマンインターフェースの発想と展開」ピアソン・エデュケーション 2002
Grudina, Paola Bertolini グルディーナ, パオラ・ベルトリーニ
　著「楽しく学ぶ子どものための聖書物語」サンパウロ 2015
Grudziński, Albert グルジンスキ, アルベルト
　著「ショパン」ショパン 2006
Grudziński, Antoni グルジンスキ, アントニ
　著「ショパン」ショパン 2006
Gruen, Arno グリューン, アルノ
　1923〜 著「なぜ"平和主義"にこだわるのか」いのちのことば社 2016
Gruen, Bob グルーエン, ボブ
　1945〜 著「メモリーズ・オブ・ジョン」イースト・プレス 2006
Gruen, Lori グルーエン, ローリー
　著「動物倫理入門」大月書店 2015
Gruen, Sara グルーエン, サラ
　国カナダ 作家 関歴史, 文学
Gruenecker, Michael グリュネカー, ミハエル
　国ドイツ ローザンヌ国際バレエコンクール ベスト・スイス賞 (第40回(2012年)) ほか
Gruener, Lukas グリューナー
　国オーストリア スノーボード選手
Gruenfeld, Lee グルエンフェルド, リー
　1950〜 著「宝石泥棒の告白」集英社 2006
Gruenstein, John M.L. グルーエンスタイン, ジョン・M.L.
　著「クレジット・スコアリング」シグマベイスキャピタル 2001
Gruetzner, Howard グリュツナー, ハワード
　著「アルツハイマー病」学文社 2010
Gruevski, Nikola グルエフスキ, ニコラ
　1970〜 国マケドニア 政治家 マケドニア首相, マケドニア国家統一民主党(VMRO-DPMNE)党首
Grugel, Jean グリューゲル, ジーン
　著「グローバル時代の民主化」法律文化社 2006
Grugier-hill, Kamu グルギーア・ヒル, カム
　国アメリカ アメフト選手
Gruhn, Wilfried グルーン, ヴィルフリード
　著「演奏を支える心と科学」誠信書房 2011
Gruhne, Hans グリューネ, ハンス
　国ドイツ ボート選手

Grujic, Marko　グルイッチ, マルコ
　国セルビア　サッカー選手
Grujic, Nebojsa　グルイッチ, ネボシャ
　国セルビア　カヌー選手
Grujic, Slobodan　グルイッチ
　国セルビア・モンテネグロ　卓球選手
Gruley, Bryan　グルーリー, ブライアン
　国アメリカ　作家　ミステリー, スリラー
Grullón, Sergio　グルジョン, セルヒオ
　国ドミニカ共和国　大統領府相
Grumbach, Didier　グランバック, ディディエ
　1937～　著「モードの物語」文化学園文化出版局　2013
Grumier, Gauthier　グルミエ, ゴチエ
　国フランス　フェンシング選手
Grummett, Tom　グラメット, トム
　著「バットマン：デス・イン・ザ・ファミリー」小学館集英社プロダクション　2012
Grün, Anselm　グリューン, アンゼルム
　1945～　著「聖書入門」キリスト新聞社　2013
Grun, Max　グリュン, マックス
　国ドイツ　サッカー選手
Grunbaum, Mara　グランバム, マラ
　著「進化くん」飛鳥新社　2016
Grünbein, Durs　グリューンバイン, ドゥルス
　1962～　著「詩と記憶」思潮社　2016
Grünberg, Peter　グリュンベルク, ペーター
　1939～　国ドイツ　物理学者　ユーリヒ固体物理研究所教授　異グリューンベルク
Grund, Jens　グルンド, イェンス
　著「天使に見守られて」新評論　2009
Grundy, Peter　グランディ, ピーター
　1954～　著「脳の指令は新幹線よりも速い！」主婦と生活社　2016
Grunenberg, Christoph　グリューネンベルク, クリストフ
　著「マグリット事典」創元社　2015
Gruner, Jessica　グルーナー, ジェシカ
　著「エミリーの記憶喪失ワンダーランド」理論社　2010
Gruner, Wolf D.　グルーナー, ヴォルフ・D.
　1944～　著「ヨーロッパのなかのドイツ」ミネルヴァ書房　2008
Grunfeld, Ernie　グランフェルド, アーニー
　国アメリカ　ワシントン・ウィザーズGM
Grunow, Richard　グルーノー, リヒャルト
　著「カール・バルト一日一章」日本キリスト教団出版局　2007
Grunstein, Michael　グルンスタイン, マイケル
　著「遺伝子は私たちをどこまで支配しているか」新曜社　2003
Grunsven, Anky van　ファンフルンスフェン
　国オランダ　馬術選手
Grunwald, Henry Anatole　グルンウォールド, ヘンリー
　1922～2005　国アメリカ　ジャーナリスト, 外交官　「タイム」編集長, 駐オーストリア米国大使　本名＝Grunwald, Heinz Anatole　異グランワルド, ヘンリー
Grunwald, Peter　グルンワルド, ピーター
　1958～　著「アイ・ボディ」誠信書房　2008
Grupe, Ommo　グルーペ, オモー
　1930～　著「スポーツと人間」世界思想社　2004
Grupen, Claus　グルーペン, クラウス
　著「放射線防護の実用的知識」講談社　2011
Grushina, Elena　グルシナ
　国ウクライナ　フィギュアスケート選手
Gruska, Jozef　グルスカ, ヨゼフ
　著「量子コンピューティング」森北出版　2003
Gruss, Peter　グルース, ペーター
　1949～　著「老いの探究」日本評論社　2009
Gruwell, Erin　グルーウェル, エリン
　著「フリーダム・ライターズ」講談社　2007
Grybauskaité, Dalia　グリバウスカイテ, ダリア
　1956～　国リトアニア　政治家　リトアニア大統領　異グリバウスカイテ, ダリヤ
Grylls, Bear　グリルス, ベア
　著「究極のサバイバルテクニック」朝日新聞出版　2014
Grymes, Aaron　グライムズ, アーロン
　国アメリカ　アメフト選手
Grymes, James A.　グライムズ, ジェイムズ・A.
　著「希望のヴァイオリン」白水社　2016
Gryzlov, Bolis Vyacheslavovich　グリズロフ, ボリス
　1950～　国ロシア　政治家　ロシア内相, ロシア下院議長, 統一ロシア党首　異グリズロフ, ボリス・V. / グルイズロフ, ボリス
Grzybowska-franc, Katarzyna　グジボフスカ, カタジナ
　国ポーランド　卓球選手
Gschwandtner, Selina　グシュワントナー, セリナ
　国ドイツ　射撃選手
Gsellman, Robert　グセルマン, ロベルト
　国アメリカ　野球選手
Gu, Chang-wei　クー・チャンウェイ
　1958～　国中国　映画監督, 映画撮影監督　漢字名＝顧長衛
Gu, Changwei　クー・チャンウェイ
　国中国　ベルリン国際映画祭　銀熊賞 審査員グランプリ（第55回（2005年））　"Peacock"
Gu, Chao-hao　グー・ツアオハオ
　1926～2012　国中国　数学者　中国科学技術大学学長　国偏微分学　漢字名＝谷超豪
Gu, Mu　グー・ムー
　1914～2009　国中国　政治家　中国人民政治協商会議全国委員会（全国政協）副主席, 中国国務委員, 中国副首相　漢字名＝谷牧
Gu, Qing　グー, キン
　著「教師と学校のレジリエンス」北大路書房　2015
Gu, Yue　クー・ユエ
　？～2005　国中国　俳優　漢字名＝古月　異クー・ユェ
Guadalupi, Gianni　グアダルーピ, ジアンニ
　1943～　著「再見鄭和の西方大航海」日経ナショナルジオグラフィック社, 日経BP出版センター（発売）　2008
Guaila, Abdulsalam Abdullah　グアイラ, アブドルサラム・アブドラ
　国リビア　青年スポーツ相
Guaita, Ovidio　グアイタ, オヴィディオ
　著「花の風景」日経ナショナルジオグラフィック社, 日経BP出版センター（発売）　2007
Guajardo Villarreal, Ildefonso　グアハルド・ビジャレアル, イルデフォンソ
　国メキシコ　経済相
Gual, Roger　グアル, ロジャー
　著「クリエイティブスペース」グラフィック社　2011
Guala, Francesco　グァラ, フランチェスコ
　1970～　著「科学哲学から見た実験経済学」日本経済評論社　2013
Guan, Tian-lang　グァン・ティンラン
　1998～　国中国　ゴルフ選手　漢字名＝関天朗
Guara, Ig　グアラ, イグ
　著「NEW 52：スーパーマン/ヤング・ジャスティス」ヴィレッジブックス　2013
Guardado, Andres　グアルダード, アンドレス
　国メキシコ　サッカー選手
Guardado, Eddie　グアーダド, エディ
　国アメリカ　ミネソタ・ツインズコーチ
Guardiola, Josep　グアルディオラ, ジョゼップ
　1971～　国スペイン　サッカー監督, 元サッカー選手　本名＝グアルディオラ・イ・サラ, ジョゼップ〈Guardiola i Sala, Josep〉　異グアルディオーラ, ジョセップ
Guarducci, Ilaria　グアルドゥッチ, イラリア
　1984～　著「マルヒゲーニョさんのウルトラ・マシーン」ほるぷ出版　2016
Guarente, Leonard　ガレンテ, レオナルド
　著「レオナルド・ガレンテ」日本放送出版協会　2007
Guarnaccia, Steven　グアルナッチャ, スティーブン
　著「3びきのこぶた」バナナブックス　2013
Guarneri, Andrea Bocco　ボッコ, アンドレア
　1966～　著「石造りのように柔軟な」鹿島出版会　2015
Guarneri, Mimi　ガルネリ, ミミ
　著「心臓の声を聴け」創元社　2011
Guarnido, Juanjo　ガルニド, フアーノ
　1967～　アングレーム国際漫画祭 最優秀シリーズ賞（2006年）ほか
Guarnier, Megan　ガーニアー, メーガン
　国アメリカ　自転車選手
Guarnieri, Albina　ガルニエリ, アルビナ
　国カナダ　復員軍人相
Guastaferro, John　ガスタフェロー, ジョン
　1968～　著「ONE° DEGREE」東京堂出版　2015
Guay, Erik　グアイ, エリック
　1981～　国カナダ　スキー選手
Guay, Jean-Pierre　ゲイ, ジャン＝ピエール
　著「サイコパシー・ハンドブック」明石書店　2015
Guba, Lawan Gana　グバ, ラワンガナ

[国]ナイジェリア　アフリカ統合・協力相　[異]グバ, ラワン・ガナ
Gubag, Mathew　グバグ, マシュー
[国]パプアニューギニア　国防相
Gubar, Susan　グーバー, スーザン
全米書評家協会賞 イヴァン・サンドロフ賞(2012年)
Gubarev, Vladimir　グーバレフ, ウラジーミル
[著]「石棺」リベルタ出版　2011
Gubbin, Barbara　グビン, バーバラ
[著]「IFLA公共図書館サービスガイドライン」日本図書館協会　2016
Guber, Peter　グーバー, ピーター
[国]アメリカ　ゴールデンステイト・ウォリアーズ共同所有者, 映画製作会社CEO
Guberina, Petar　グベリナ, ペタール
1913～2005　[著]「ことばと人間」Sophia University Press上智大学出版, ぎょうせい(発売)　2012
Guberman, Nancy　ガバマン, ナンシー
[著]「家族介護者のサポート」筒井書房　2005
Gubrium, Jaber F.　グブリアム, ジェイバー
[著]「アクティヴ・インタビュー」せりか書房　2004
Gubser, Steven Scott　ガブサー, スティーブン・S.
1972～　[著]「聞かせて、弦理論」岩波書店　2010
Gucci, Patrizia　グッチ, パトリツィア
1959～　[著]「シングル」世界文化社　2006
Guccione, Bob　グッチョーネ, ボブ
1930～2010　[国]アメリカ　出版者, 映画プロデューサー　「ペントハウス」創刊者　別名＝ザ・グーチ　[異]グッチオーネ, ボブ
Guccione, Chris　グシオネ
[国]オーストラリア　テニス選手
Guckenheimer, Sam　グッケンハイマー, サム
1956～　[著]「アジャイルソフトウェアエンジニアリング」日経BP社, 日経BPマーケティング(発売)　2012
Güçlü, Sami　ギュチュリュ, サミ
[国]トルコ　農業・地方問題相
Gudele, Ina　グーデル, イナ
[国]ラトビア　電子政府担当相
Gudelj, Nemanja　グデリ, ネマニャ
[国]セルビア　サッカー選手
Guderzo, Tatiana　グデルツォ
[国]イタリア　自転車選手
Gudfinnsson, Einar Kristinn　グズフィンソン, エイナル・クリスティン
[国]アイスランド　漁業相
Gudgin, Martin　ガドジン, マーティン
[著]「XMLクイックリファレンス」ピアソン・エデュケーション　2002
Gudis, Catherine　グディス, キャサリン
[著]「アメリカ」ほるぷ出版　2011
Gudjons, Herbert　グードヨンス, H.
1940～　[著]「行為する授業」ミネルヴァ書房　2005
Gudmundsson, Johann Berg　グズムンドソン, ヨーハン・ベルク
[国]アイスランド　サッカー選手
Gudnason, Laurie　グドナソン, ローリー
[著]「マザー・ローリー天使の書」SDM, SDP(発売)　2009
Gudorf, Christine E.　グドーフ, クリスティン・E.
[著]「自然への介入はどこまで許されるか」日本教文社　2008
Guduan, Reymin　グッダン, レイミン
[国]ドミニカ共和国　野球選手
Gudule　グデュル
1945～2015　[著]「ヒックゴロゴロはっくしょんひめ」らんか社　2016
Prince **Guduza**　グドゥザ王子
[国]スワジランド　経済計画・開発相
Gudym, Valeriia　グディム, ワレリア
[国]ウクライナ　新体操選手
Gudz, Boris　グジ, ボリス
1902～2006　[国]ロシア　対日諜報活動を指揮した旧ソ連のスパイ　[異]グドゥジ, ボリス
Gudzineviciute, Daina　グジネビチウテ
[国]リトアニア　射撃選手
Gudzius, Andrius　グドジウス, アンドリウス
[国]リトアニア　陸上選手
Gudzy, Nataliya　グジー, ナターシャ
1980～　[国]ウクライナ　歌手, バンドゥーラ奏者　本名＝グジー, ナターシャ・ミハイロフ　[異]グジー, ナタリア / グジー, ナタリヤ
Gué, Joanas　ゲ, ジョアナ
[国]ハイチ共和国　農業・天然資源・農村開発相
Guebuza, Armando Emílio　ゲブザ, アルマンド・エミリオ
1943～　[国]モザンビーク　政治家　FRELIMO総裁(党首)　モザンビーク大統領　[異]ゲブーザ, アルマンド・エミリオ
Guede, Karim　ゲデ, カリム
[国]スロバキア　サッカー選手
Guedes, Goncalo　グエデス, ゴンサロ
[国]ポルトガル　サッカー選手
Guedes, Luís Carlos　ゲジス, ルイス・カルロス
[国]ブラジル　農牧相
Guedes, Luís Castro　グエデス, ルイス・カストロ
[国]ポルトガル　環境・国土計画相
Guédiguian, Robert　ゲディギアン, ロベール
1953～　[国]フランス　映画監督, 映画プロデューサー, 脚本家　[異]ゲディギャン, ロベール
Guedioura, Adlene　ゲディウラ, アドレーヌ
[国]アルジェリア　サッカー選手
Guedj, Denis　ゲージュ, ドゥニ
1940～2010　[国]フランス　数学者, 作家　パリ第8大学教授　[専]科学史　[異]ゲジ, ドゥニ
Guedj, Nathalie　ゲッジ, ナタリー
1958～　カレラ・イ・カレラCEO
Guedj, Nicole　グジュ, ニコル
[国]フランス　被害者の権利担当相
Guedon, Désiré　ゲド, デジレ
[国]ガボン　都市計画・住宅相　[異]ゲドン, デジレ
Guéguen, Yves　ゲガーン, Y.
[著]「岩石物性入門」シュプリンガー・ジャパン　2008
Guéhenno, Jean-Marie　ゲーノ, ジャン・マリー
1949～　[国]フランス　国際関係学者　国際危機グループ(ICG)会長　国連事務次長(平和維持活動担当)　[異]ゲーノ, ジャン・マリ
Guei, Robert　ゲイ, ロベール
?～2002　[国]コートジボワール　政治家, 軍人　コートジボワール大統領
Gueiler, Lidia　ゲイレル, リディア
1921～2011　[国]ボリビア　政治家　ボリビア暫定大統領　本名＝Gueiler Tejada, Lydia
Guelec, Tahir　ゲレック, タヒル
[国]ドイツ　テコンドー選手
Guell, Fernando　ゲール, フェルナンド
[異]グエル, フェルナンド　[著]「だれかな？　プリンセス」大日本絵画　〔2014〕
Guelleh, Ismaïl Omar　ゲレ, イスマイル・オマル
1947～　[国]ジブチ　政治家　ジブチ大統領
Gueludio, Kamara Ali　ゲルディオ, カマラ・アリ
[国]モーリタニア　蔵相
Guemessou, Adoum　ゲムス, アドウム
[国]チャド　高等教育相
Guenaizia, Abdelmalek　ゲナイジア, アブデルマレク
[国]アルジェリア　国防相付特命相
Guénard, Tim　ゲナール, ティム
1958～　[著]「3歳で、ぼくは路上に捨てられた」ソフトバンククリエイティブ　2005
Guène, Faïza　ゲンヌ, ファイーザ
1985～　[国]フランス　作家, 映画監督, 脚本家　[専]文学
Guenée, Bernard　グネ, ベルナール
1927～　[著]「オルレアン大公暗殺」岩波書店　2010
Guéno, Jean-Pierre　ゲノ, ジャン＝ピエール
[著]「戦地からのラブレター」亜紀書房　2016
Guenot, Steeve François Fabien　ゲノ, スティーブ
1985～　[国]フランス　レスリング選手
Guenther, Doris　ギュンター
[国]オーストリア　スノーボード選手
Guenther, Paul　グエンサー, ポール
[国]アメリカ　シンシナティ・ベンガルズコーチ
Gueraseva, Stacy　ゲラセヴァ, ステイシー
[著]「デフ・ジャム物語」シンコーミュージック・エンタテイメント　2010
Guerdan, René　ゲルダン, ルネ
1912～　[著]「フランソワ一世」国書刊行会　2014
Guerdat, Steve　ゲルダ, スティーブ
1982～　[国]スイス　馬術選手
Guerette, Michelle　ギュレット
[国]アメリカ　ボート選手
Guérif, François　ゲリフ, フランソワ
1944～　[著]「不完全さの醍醐味」清流出版　2011

Guérin, Isabelle　ゲラン, イザベル
1961～ [国]フランス　バレリーナ　パリ・オペラ座バレエ団エトワール

Guerín, José Luis　ゲリン, ホセ・ルイス
1960～ [国]スペイン　映画監督

Guérin-Dalle Mese, Jeannine　ゲラン・ダッレ・メーゼ, ジャンニーヌ
[著]「西洋ルネッサンスのファッションと生活」 柏書房　2004

Guerlac, Suzanne　ゲルラク, スザンヌ
1950～ [著]「デリダ」 岩波書店　2012

Guerlain, Jean-Paul　ゲラン, ジャン - ポール
1937～ [著]「ゲラン香りの世界への旅」 フレグランスジャーナル社　2004

Guerlais, Gerald　ゲルレ, ジェラルド
[著]「みつけて！ タイムトラベル」 理論社　2015

Guerman, Mikhail　ゲールマン, ミハイル
[著]「カンディンスキー」 二玄社　2007

Guerra, Deolis　ゲラ, デオリス
[国]ベネズエラ　野球選手

Guerra, Javier　ゲラ, ハビア
[国]パナマ　野球選手

Guerra, Jose　グエラ
[国]キューバ　飛び込み選手

Guerra, José Adán　ゲラ, ホセ・アダン
[国]ニカラグア　国防相

Guerra, Juan Luis　ゲラ, ファン・ルイス
1957～ [国]ドミニカ共和国　シンガー・ソングライター　[異]ゲーラ, ファン・ルイス

Guerra, Junior　ゲラ, ジュニア
[国]ベネズエラ　野球選手

Guerra, Pia　ゲラ, ピア
[著]「Y：THE LAST MAN」 Graffica Novels, 誠文堂新光社（発売）　2016

Guerra, Simona　グエッラ, シモーナ
[著]「わが生涯のすべて」 白水社　2014

Guerra, Tonino　グエッラ, トニーノ
1920～2012 [国]イタリア　脚本家, 詩人, 小説家

Guerra Abud, Juan José　ゲラ・アブド, フアン・ホセ
[国]メキシコ　環境・資源相

Guerra de Hoyos, J.A.　ゲラ, ドゥ・ホヨス・J.A.
[著]「鍼のエビデンス」 医道の日本社　2009

Guerra de la Espriella, María del Rosario　ゲラ・デラエスプリエジャ, マリア・デルロサリオ
[国]コロンビア　通信相

Guerrand, Roger-Henri　ゲラン, ロジェ・アンリ
1923～2006 [国]フランス　歴史学者　パリ・ベルビル国立建築学校教授　[専]生活史, 社会史

Guerra Oliva, Jose Antonio　グエラ
[国]キューバ　飛び込み選手

Guerra Rodriguez, Lisandra　グエラロドリゲス, リサンドラ
[国]キューバ　自転車選手　[異]グエラロドリゲス

Guerreau-Jalabert, Anita　ゲロ＝ジャラベール, アニータ
1950～ [著]「中世フランスの文化」 論創社　2016

Guerreiro, Raphael　ゲレイロ, ラファエル
[国]ポルトガル　サッカー選手

Guerrero, Belem　ゲレロ
[国]メキシコ　自転車選手

Guerrero, Carlos　ゲレロ, カルロス
[国]エルサルバドル　環境・天然資源相

Guerrero, Donald　ゲレロ, ドナルド
[国]ドミニカ共和国　財務相

Guerrero, Eddy　ゲレロ, エディ
1967～2005 [国]アメリカ　プロレスラー　旧リングネーム＝ファレス, シウダ, ブラック・タイガー

Guerrero, Giancarlo　ゲレーロ, ジャンカルロ
グラミー賞 最優秀クラシック器楽独奏（2011年（第54回））ほか

Guerrero, Miguel Angel　ゲレーロ, ミゲル・アンヘル
[国]スペイン　サッカー選手

Guerrero, Tayron　ゲレーロ, タイロン
[国]コロンビア　野球選手

Guerrero, Vladimir　ゲレロ, ウラジミール
1976～ [国]ドミニカ共和国　元野球選手　本名＝Guerrero, Vladimir Alvino　[異]ゲレーロ, ブラディミール / ゲレロ, ブラジミール / ゲレロ, ブラディミル

Guerrero Ruiz, Jaime　ゲレロ・ルイス, ハイメ
[国]エクアドル　通信・情報社会相

Guerrier, Marc　ゲリエー, マーク
[著]「病院倫理入門」 丸善出版　2011

Guerrieri, Taylor　グリエリ, テイラー
[国]アメリカ　野球選手

Guertin, Ghyslaine　ゲルタン, ギレーヌ
1941～ [著]「グールドのシェーンベルク」 筑摩書房　2007

Guery, Jerome　ゲリー, ジェローム
[国]ベルギー　馬術選手

Guest, Ann Hutchinson　ゲスト, アン・ハッチンソン
[著]「ダンスの言語」 大修館書店　2015

Guest, Ivor Farbes　ゲスト, アイヴァ
[著]「パリ・オペラ座バレエ」 平凡社　2014

Guest, Mike　ゲスト, マイク
[著]「もう質疑応答も怖くない！ 学会発表のためのサバイバル英語術」 メジカルビュー社　2014

Guest, Robert　ゲスト, ロバート
[著]「アフリカ苦悩する大陸」 東洋経済新報社　2008

Guest, Tim　ゲスト, ティム
1975～ [著]「セカンドライフを読む。」 エンターブレイン　2007

Guest, Val　ゲスト, バル
1911～2006 [国]イギリス　映画監督, 脚本家　[異]ゲスト, ヴァル

Guetta, David　ゲッタ, デイヴィッド
グラミー賞 最優秀リミックス・レコーディング（クラシック以外）（2010年（第53回））ほか

Guettel, Adam　ゲッテル, アダム
トニー賞 ミュージカル 編曲賞（2005年（第59回））ほか

Guettier, Bénédicte　ゲチエ, ベネディクト
1962～ [異]ゲティエ, ベネディクト / ゲチエ, ベネティクト　[著]「あかちゃんたんていラプーたんじょう！」 クレヨンハウス　2011

Gueu, Michel　グー, ミシェル
[国]コートジボワール　スポーツ相

Guevara, Aleida　ゲバラ, アレイダ
1960～ [国]キューバ　小児科医

Guevara, Ana　ゲバラ
[国]メキシコ　陸上選手

Guevara, Ana Rossana　ゲバラ, アナ・ロサナ
[国]ホンジュラス　副大統領　[異]ゲバラ, アバ・ロサナ

Guevara, Margarita　ゲバラ, マルガリタ
[国]エクアドル　保健相

Guevara Manzo, Gloria　ゲバラ・マンソ, グロリア
[国]メキシコ　観光相

Guevara March, Aleida　ゲバラ, アレイダ
1960～ [著]「父ゲバラとともに, 勝利の日まで」 同時代社　2009

Guevara Obregón, Alberto José　ゲバラ・オブレゴン, アルベルト・ホセ
[国]ニカラグア　財務相

Guevara Pérez, Sandra Edibel　ゲバラ・ペレス, サンドラ・エディベル
[国]エルサルバドル　労働・社会保障相

Guey, Lun-mei　グイ・ルンメイ
1983～ [国]台湾　女優　漢字名＝桂綸鎂

Gueye, Idrissa　ゲイェ, イドリッサ
[国]セネガル　サッカー選手

Gueye, Khadim　ゲイ, ハディム
[国]セネガル　農相

Gueye, Oumar　ゲイ, ウマル
[国]セネガル　漁業・海洋経済相

Gueye, Ousseynou　ゲイ, ウセイヌ
[国]セネガル　セネガル・日本職業訓練センター校長

Gueye Seck, Oumou Khaïry　ゲイセック, ウム・カイリ
[国]セネガル　畜産相

Gugganig, Martin　グガニック, マルティン
1967～ [著]「マルティン・グガニックのスキー上達講座スペシャル」 スキージャーナル　2002

Guggenberger, Matthias　グッゲンベルガー
[国]オーストリア　スケルトン選手

Guggenbichler, S.　グッゲンビヒラー, S.
[著]「フォーム硬化療法の手引」 日本静脈学会事務局　2010

Guggenbühl, Allan　グッゲンビュール, アラン
[著]「暴力の魔力」 このはな児童学研究所　2005

Guggenbühl-Craig, Adolf　グッゲンビュール＝クレイグ, アドルフ
1923～ [著]「老愚者考」 新曜社　2007

Guggenheim, Bill　グッゲンハイム, ビル
[著]「生きがいのメッセージ」 徳間書店　2008

Guggenheim, Charles　グッゲンハイム, チャールズ

1924～2002　国アメリカ　ドキュメンタリー映画監督
Guggenheim, Judy　グッゲンハイム, ジュディ
　著「生きがいのメッセージ」徳間書店　2008
Guggenheim, Marc　グッゲンハイム, マーク
　著「ウルヴァリン：シビル・ウォー」ヴィレッジブックス　2016
Guglielmo, Anthony　グリエルモ, アンソニー
　著「マッサージ台のセイウチ」早川書房　2001
Gugliotta, Gianluca　ググリアータ, ジャンルカ
　著「NEW 52：ジャスティス・リーグ」ヴィレッジブックス　2013
Gugliotta, Guy　グリオッタ, ガイ
　著「マヤ文明」日経ナショナルジオグラフィック社, 日経BP出版センター（発売）　2008
Guha, Ramachandra　グハ, ラーマチャンドラ
　1958～　国インド　歴史学者, 社会学者　国インド現代史, 環境史, クリケット史
Guhrke, Laura Lee　ガーク, ローラ・リー
　著「公爵と見る十日間の夢」ハーパーコリンズ・ジャパン　2016
Gui, Lin　グイ, リン
　国ブラジル　卓球選手
Gui, Shi-yong　グイ・スーヨン
　？～2003 中国　経済学者　中国国家計画委員会副主任, 中国共産党中央委員候補　漢字名＝桂世鏞
Guiberson, Brenda Z.　ギバーソン, ブレンダ・Z.
　著「アイスベアー ほっきょくぐまたちは今…」バベルプレス　2011
Guibert, Emmanuel　ギベール, エマニュエル
　1964～　著「フォトグラフ」小学館集英社プロダクション　2014
Guibert, Françoise de　ギベール, フランソワーズ・ド
　著「うみべの生きもの」少年写真新聞社　2008
Guice, Butch　ガイス, ブッチ
　著「オリュンポス」ユマノイド, パイインターナショナル（発売）　2015
Guichard, Joëlle　ギシャール, J.
　著「神と親しく生きるいのりの道」聖母の騎士社　2009
Guichard, Olivier Marie Maurice　ギシャール, オリヴィエ
　1920～2004　国フランス　政治家　フランス法相, ラ・ボール市長
Guichemerre, Roger　ギシュメール, ロジェ
　1924～　著「モリエール全集」臨川書店　2002
Guichet, Yvel　ギチェット, イブル
　著「バットマン：ハーレイ・クイン」ヴィレッジブックス　2016
Guichonnet, Paul　ギショネ, ポール
　1920～　著「イタリアの統一」白水社　2013
Guida, Dean　ガイダ, ディーン
　著「ソフトウェアの未来」翔泳社　2001
Guidanian, Avedis　カドニヤン, アワディス
　国レバノン　観光相
Guiddoum, Yahia　ギドゥーム, ヤヒア
　国アルジェリア　青年・スポーツ相
Guidea, Ivan　ギデア, イバン
　国ルーマニア　レスリング選手
Guidère, Mathieu　ギデール, マテュー
　著「地図で見るアラブ世界ハンドブック」原書房　2016
Guidetti, John　グイデッティ, ヨン
　国スウェーデン　サッカー選手
Guidi, Federica　グイディ, フェデリカ
　国イタリア　経済振興相
Guidi, Guido　グイディ, グイド
　著「トランスフォーマー：オール・ヘイル・メガトロン」小学館集英社プロダクション　2015
Guido, Guilherme　ギド, ギレルミ
　国ブラジル　水泳選手
Guidolin, Francesco　グイドリン, フランチェスコ
　国イタリア　スウォンジー監督
Guidoni, Enrico　グイドーニ, エンリコ
　1939～　著「図説世界建築史」本の友社　2002
Guidoux, Valerie　ギドゥー, ヴァレリー
　著「ひるとよる」文化出版局　2002
Guigma, Gisèle　ギグマ, ジゼル
　国ブルキナファソ　女性問題相
Guigou, Élisabeth Alexandrine Marie　ギグー, エリザベート
　1946～　国フランス　政治家　フランス法相・雇用連帯相
Guihot, Hervé　ギオ, エルヴェ
　著「サクサク動く！ Androidアプリ高速化プログラミング」インプレスジャパン, インプレスコミュニケーションズ（発売）　2012
Guilaine, Jean　ギレーヌ, ジャン

著「地中海の記憶」藤原書店　2008
Guilavogui, Galema　ギラボギ, ガレマ
　国ギニア　初中等教育相
Guilavogui, Josuha　ギラヴォギ, ジョシュア
　国フランス　サッカー選手
Guilavogui, Oyé　ギラボギ, オイエ
　国ギニア　運輸相　国ギラボギ, オイエ
Guilcher, Jean-Michel　ギルシェ, ジャン＝ミシェル
　1914～　著「さるとつばめのやおやさん」パロル舎　2003
Guild, Tricia　ギルド, トリシア
　著「トリシア・ギルドのインテリア色の魔法に魅せられて」グラフィック社　2013
Guile, David　ガイル, デイヴィド
　著「グローバル化・社会変動と教育」東京大学出版会　2012
Guile, Gill　ガイル, ギル
　著「わくわくせいしょものがたり」いのちのことば社CS成長センター　2016
Guiley, Rosemary　グイリー, ローズマリ・エレン
　著「悪魔と悪魔学の事典」原書房　2016
Guilfoile, Kevin　ギルフォイル, ケヴィン
　1968～　国アメリカ　作家, ジャーナリスト　国ミステリー, ユーモア
Guilheiro, Leandro　ギルエイロ
　国ブラジル　柔道選手　別ギルヘイロ
Guilherme　ギリエルメ
　国ブラジル　サッカー選手
Guiliano, Mireille　ジュリアーノ, ミレイユ
　1946～　著「フランス人の40歳からの生きる姿勢」大和書房　2016
Guilland, Josiane　ギラン, ジョジアンヌ
　1953～　著「ひまわりさいた」学習研究社　c2007
Guillaud, Jean Louis　ギヨー, ジャンルイ
　1929～2015　国フランス　ジャーナリスト, 実業家　フランス通信（AFP）社長
Guillaume, Decaux　ドゥコー, ギヨーム
　著「人間のからだ」主婦の友社　2007
Guillebaud, John　ギルボー, ジョン
　著「ピル博士のピルブック」メディカルトリビューン　2001
Guillebeau, Chris　ギレボー, クリス
　著「自分再起動」飛鳥新社　2015
Guillem, Sylvie　ギエム, シルヴィ
　1965～　国フランス　バレリーナ　パリ・オペラ座バレエ団エトワール, 英国ロイヤル・バレエ団プリンシパル
Guilleminot, Marie-Ange　ギュミノ, マリ＝アンジュ
　1960～　著「Nevers-Hiroshima」広島市現代美術館〔2006〕
Guillem Primo, Vicent　ギリェム, ヴィセント
　1974～　著「愛の法則」ナチュラルスピリット　2015
Guillen, Ozzie　ギーエン, オジー
　1964～　国ベネズエラ　大リーグ監督, 元野球選手　本名＝Guillen, Oswaldo Jose
Guillén De Bográn, María Antonieta　ギジェンデボグラン, マリア・アントニエタ
　国ホンジュラス　副大統領兼大統領府相
Guillerey, Aurélie　ギルレー, オレリー
　1975～　訳ギュレ, オレリー　著「イヌ」少年写真新聞社　2008
Guillet, Jacques　ギエ, ジャック
　著「英雄オデュッセウス」小峰書店　2012
Guilloppé, Antoine　ギロペ, アントワーヌ
　著「キスの時間」クレヨンハウス　2010
Guillory, John　ギロリー, ジョン
　著「階級を再考する」松柏社　2001
Guillot, Olga　ギジョ, オルガ
　1922～2010　国キューバ　歌手
Guillou, Jan　ギィユー, ヤン
　1944～　著「エリックの青春」扶桑社　2006
Guilly, Rosemary Ellen　グィリー, ロウズマリー・エレン
　訳グィリー, ローズマリ・エレン　著「魔法と錬金術の百科事典」柊風舎　2009
Guilmette, Jonathan　ギルメット
　国カナダ　ショートトラック選手
Guimarães, Helder　ギマレス, ヘルダー
　1982～　著「ヘルダー・ギマレスリフレクションズ」東京堂出版　2014
Guimard, Paul　ギマール, ポール
　1921～2004　国フランス　作家, ジャーナリスト
Guinan, John　ガイナン, ジョン
　著「自殺で遺された人たちのサポートガイド」明石書店　2007

Guindi, Amina Hamza Muhammad El グインディ, アミナ・ハムザ・ムハンマド
[国]エジプト 社会問題・保険相 [異]ギンディ, アミナ・ハムザ・ムハマド / グインディ, アミナ・ハムザ・ムハンマド・エル

Guindo, Diabate Fatoumata グインド, ディアバテ・ファトマタ
[国]マリ 内閣官房長官

Guindo, Housseïni Amion ギンド, フセイニ・アミオン
[国]マリ スポーツ相

Guineau, Bernard ギノー, ベルナール
1935〜 [著]「色彩」 創元社 2007

Guiney, Eamonn ギニー, イーモン
1971〜 [著]「ユースケース導入ガイド」 ピアソン・エデュケーション 2002

Guingona, Teofisto ギンゴナ, テオフィスト
[国]フィリピン 副大統領

Guinn, Matthew グイン, マシュー
[国]アメリカ 作家 [専]ミステリー

Guiomar, Julien ギオマール, ジュリアン
1928〜2010 [国]フランス 俳優

Guion, Letroy ガイオン, レトロイ
[国]アメリカ アメフト選手

Guionet, Emmanuel ギオネ, エマニュエル
[著]「学校へいきたい!」 六耀社 2016

Guirado, Guilhem ギラド, ギレム
[国]フランス ラグビー選手

Guirassy, Moustapha ギラシ, ムスタファ
[国]セネガル 通信相兼政府報道官

Guirassy, Sehrou ギラシ, セール
[国]フランス サッカー選手

Guiraud, Charles ギロー, シャルル
[著]「ギリシア文法」 白水社 2003

Guiraud, Florence ギロー, フロランス
1957〜 [著]「めくってみよう! やさいとくだもの絵本図鑑」 ひさかたチャイルド 2014

Guiraudon, Virginie ギルドン, バージニー
[著]「流動性と多様性に満ちた大陸」 同志社 2013

Guirgis, Stephen Adly ギジス, ステファン・アドリー
[国]アメリカ ピュリッツアー賞 文学・音楽 戯曲(2015年) "Between Riverside and Crazy"

Guirieoulou, Emile ギリエウル, エミル
[国]コートジボワール 内相

Guisewite, Cathy ガイズワイト, キャシー
[著]「友よ 弔辞という詩」 河出書房新社 2007

Guitar, Barry ギター, バリー
[著]「吃音の基礎と臨床」 学苑社 2007

Guiteras, Wálter ギテラス, ワルテル
[国]ボリビア 大統領府相

Guitoune, Sofiane ギトゥン, ソフィアヌ
[国]フランス ラグビー選手

Guitton, René ギトン, ルネ
[著]「ランボーとヴェルレーヌ」 青山社 2013

Gujejiani, Lasha グゼジャニ
[国]ジョージア 柔道選手

Gujral, Inder Kumar グジュラル, インデル・クマール
1919〜2012 [国]インド 政治家 インド首相・外相 [異]グジュラール / グジュラル, インダー・クマール

Gukuna, Seth グクナ, セス
[国]ソロモン諸島 文化・観光相

Gül, Abdullah ギュル, アブドラ
1950〜 [国]トルコ 政治家 トルコ大統領

Gul, Hamid グル, ハミド
1936〜2015 [国]パキスタン 軍人 パキスタン3軍統合情報部(ISI)長官

Gul, Sherali グル, シェラリ
[国]タジキスタン エネルギー・産業相

Gulacsi, Peter グラーチ, ペーテル
[国]ハンガリー サッカー選手

Gulati, Om P. グラテイ, オム・P.
[著]「食品の機能性表示と世界のレギュレーション」 薬事日報社 2015

Gülbeyaz, Abdurrahman ギュルベヤズ, アブドゥルラッハマン
[著]「言語と人間性」 松本工房 2015

Gulbis, Māris グルビス, マリス
[国]ラトビア 内相

Gulbis, Natalie ガルビス, ナタリー
1983〜 [国]アメリカ プロゴルファー [異]グルビス, ナタリー

Gulde, Manuel グルデ, マヌエル
[国]ドイツ サッカー選手

Guled, Abdikarim Hussein グルド, アブディカリム・フセイン
[国]ソマリア 内務・国家治安相

Guled, Muhammad Mahumud グルド, ムハンマド・マフムド
[国]ソマリア 首相 [異]グリード, モメハド・マハムド

Guleghina, Maria グレギーナ, マリア
1959〜 [国]ウクライナ ソプラノ歌手

Gülen, Fethullah ギュレン, M.F.
1938〜 [著]「預言者ムハンマドを語る」 K&Kプレス 2002

Güler, Mehmet Hilmi ギュレル, メフメト・ヒルミ
[国]トルコ エネルギー・天然資源相

Gulgarayev, Ashirgeldi グルガラエフ, アシルゲルディ
[国]トルクメニスタン 法相

Gulian, Constantin Ionescu グリアン, コンスタンチン
1914〜2011 [国]ルーマニア 哲学者 ルーマニア科学アカデミー哲学研究所所長

Gulini, Faye グリーニ
[国]アメリカ スノーボード選手

Guliyev, Ramil グリエフ, ラミル
[国]トルコ 陸上選手

Guliyev, Vilayat グリエフ, ビラヤト
[国]アゼルバイジャン 外相

Gulledge, Thomas R. グレッジ, T.R.
[異]ガレッジ, T. [著]「ARISを活用したシステム構築」 シュプリンガー・フェアラーク東京 2005

Gulli, Andrew F. ガリー, アンドリュー・F.
[著]「死者は眠らず」 講談社 2015

Gulli, Lamia ガリー, ラミア・J.
[著]「死者は眠らず」 講談社 2015

Gulliksen, Øyvind Tveitereid グリクスン, オイヴィン・T.
[著]「アメリカの文化」 大阪教育図書 2012

Gullit, Ruud フリット, ルート
1962〜 [国]オランダ サッカー指導者, 元サッカー選手 [異]グーリット / グリット

Gulliver, Amanda ガリバー, アマンダ
[著]「きみのためのクリスマスものがたり」 いのちのことば社CS成長センター 2015

Gulliver, Lili ギュリヴェール, リリー
[著]「アマン・マニュアル」 木楽舎 2003

Güllüce, İdris ギュルルジェ, イドリス
[国]トルコ 環境都市相

Gulnoi, Rattikan ラッティカン
[国]タイ 重量挙げ選手

Gulomov, Asadullo グロモフ, アサドゥロ
[国]タジキスタン 第1副首相

Gulordava, Marika グローダヴァ, マリカ
[国]ジョージア チャイコフスキー国際コンクール 声楽(女声) 第3位(2007年(第13回))

Gulotta, Loreta グロッタ, ロレタ
[国]イタリア フェンシング選手

Gulov, Alisher グロフ
[国]タジキスタン テコンドー選手

Gulov, Sherali グロフ, シェラリ
[国]タジキスタン エネルギー・産業相

Guluzade, Ramin グルザデ, ラミン
[国]マルタ 通信・情報技術相

Gulyak, Sofya グリャック, ソフィア
[国]ロシア ロン・ティボー・クレスパン国際音楽コンクール ピアノ フランス国立管弦楽団賞(2007年(第36回))ほか

Gulyako, Leonid P. グリャコ, レオニード・P.
[国]ベラルーシ 文化相

Gulyamov, Kadir グリャモフ, カジル
[国]ウズベキスタン 国防相 [異]グリャモフ, コドイル

Gulyamov, Ravshan グリャモフ, ラフシャン
[国]ウズベキスタン 経済相

Gulyamov, Saidakhror グリャモフ, サイダフロル
[国]ウズベキスタン 高中等教育相

Gulyamova, Dilbar グリャモワ, ジルバル
[国]ウズベキスタン 副首相 [異]グリャモワ, ジリバル

Gulzar ガルザー
グラミー賞 最優秀映画・TV・その他ヴィジュアルメディア音楽作品(2009年(第52回)) "Jai Ho" (from「スラム・ドッグ・ミ

G

Gumbel, Dietrich　ギュンベル, ディートリッヒ
　㊟「コスモセラピー」フレグランスジャーナル社　2005
Gumbo, Joram　グンボ, ジョラム
　㊨ジンバブエ　運輸・インフラ開発相
Gumbo, Rugare　グンボ, ルガレ
　㊨ジンバブエ　農相
Gumbrecht, Hans Ulrich　グンブレヒト, ハンス・ウルリッヒ
　㊟「大学の人文学に未来はあるか?」慶応義塾大学教養研究センター　2007
Gummels, Antje　グメルス, アンティエ・エ
　1962～　㊥グメルス, アンティエ　㊟「そらをとんだこぶたのアントン」チャイルド本社　2011(第2刷)
Gummesson, Evert　グメソン, E.
　1936～　㊟「リレーションシップ・マーケティング」中央経済社　2007
Gumo, Fredrick　グモ, フレドリック
　㊨ケニア　地域開発機構相
Gumpel, Glenn　ガンペル, グレン
　1947～　㊨アメリカ　実業家　ユー・エス・ジェイ(USJ)社長
Gumpert, Clara Hellner　グンペルト, クラーラ・ヘルネル
　㊟「知的障害・発達障害のある子どもの面接ハンドブック」明石書店　2014
Gumperz, John Joseph　ガンパーズ, ジョン
　1922～　㊟「認知と相互行為の社会言語学」松柏社　2004
Gumport, Patricia J.　ガンポート, パトリシア・J.
　㊟「高等教育の社会学」玉川大学出版部　2015
Gumuchdjian, Philip　グムチジャン, フィリップ
　㊟「都市この小さな惑星の」鹿島出版会　2002
Gun, Bediha　ギュン, ベディハ
　㊨トルコ　レスリング選手
Gun, Nirmalendu　グン, ニルモレンドゥ
　㊟「バングラデシュ詩選集」大同生命国際文化基金　2007
Gunaazhavyn Aiuurzana　グンアージャビン・アヨルザナ
　㊟「モンゴル近現代短編小説選」パブリック・ブレイン　2013
Gunaratana, Bhante Henepola　グナラタナ, バンテ・ヘーネポラ
　1927～　㊟「エイトマインドフル・ステップス」サンガ　2014
Gunasekara, D.E.W.　グナセカラ, D.E.W.
　㊨スリランカ　人的資源相
Gunawan, Tony　グナワン, トニー
　1975～　㊨アメリカ　バドミントン選手
Gunawardane, Bandula　グナワルダナ, バンドゥラ
　㊨スリランカ　教育相　㊥グナワルダナ, バンドゥラ
Gunawardane, Leslie　グナワルダナ, レスリー
　㊨スリランカ　科学技術相
Gunawardena, Dinesh　グナワルダナ, ディネシュ
　㊨スリランカ　上下水道相
Gunawardena, Indika　グナワルダナ, インディカ
　㊨スリランカ　高等教育・情報技術開発相
Gunawardene, M.K.A.D.S.　グナワルダナ, M.K.A.D.S.
　㊨スリランカ　土地相　㊥グナワルダナ, M.K.D.S.
Günay, Ertuğrul　ギュナイ, エルトゥールル
　㊨トルコ　文化観光相
Gundalai, Lamjavyn　グンダライ, ラムジャビーン
　㊨モンゴル　保健相
Gundana, Feliciano Salomao　グンダナ, フェリシアーノ・サロマン
　㊨モザンビーク　退役軍人担当相
Gundegmaa Otryadyn　グンデクマー・オッティアッド
　㊨モンゴル　射撃選手
Gundersen, Arnie　ガンダーセン, アーニー
　1949～　㊟「福島第一原発─真相と展望」集英社　2012
Gunderson, John G.　ガンダーソン, ジョン・G.
　1942～　㊟「境界性パーソナリティ障害最新ガイド」星和書店　2006
Gundill, Michael　グンディル, マイケル
　㊟「ストレッチングアナトミィ」ガイアブックス　2016
Gundlach, Jeffrey　ガンドラック, ジェフリー
　㊨アメリカ　ダブルライン・キャピタル
Gundogan, Ilkay　グンドアン, イルカイ
　㊨ドイツ　サッカー選手
Gundogdyev, Begench　グンドグディエフ, ベゲンチ
　㊨トルクメニスタン　国防相　㊥グンドグドイエフ, ベゲンチ
Gunes, Senol　ギュネシュ, シェノル
　㊨トルコ　ベジクタシュ監督
Gunes, Tata　ギネス, タタ
　1930～2008　㊨キューバ　打楽器奏者　㊥グイネス, タタ
Gungah, Ashit Kumar　グナガ, アッシット・クマール
　㊨モーリシャス　産業・商業・消費者保護相　㊥グンガ, アシット・クマル
Gunkel, Joe　ガンケル, ジョー
　㊨アメリカ　野球選手
Gunn, Angus　ガン, アンガス
　㊨イングランド　サッカー選手
Gunn, Anna　ガン, アンナ
　エミー賞 プライムタイム・エミー賞 最優秀助演女優賞(ドラマシリーズ)(第66回(2014年))ほか
Gunn, Douglas　ガン, ダグラス
　㊟「ヴィンテージ・メンズウェア」スペースシャワーブックス, スペースシャワーネットワーク(発売)　2013
Gunn, Eileen　ガン, アイリーン
　1945～　ネビュラ賞 短編(2004年)　"Coming to Terms"
Gunn, Erik　ガン, エリック
　㊟「BPD(=境界性パーソナリティ障害)のABC」星和書店　2008
Gunn, James　ガン, ジェイムズ
　1970～　ネビュラ賞 レイ・ブラッドベリ賞(2014年)ほか
Gunn, James E.　ガン, ジェームズ・E.
　㊨アメリカ　クラフォード賞 天文学(2005年)
Gunn, Nathan　ガン, ネイサン
　グラミー賞 最優秀クラシック・オペラ録音(2009年(第52回))　"Britten: Billy Budd"
Gunn, Thom　ガン, トム
　1929～2004　㊨イギリス　詩人　本名=ガン, トムソン・ウィリアム〈Gunn, Thomson William〉
Gunn, Tim　ガン, ティム
　㊟「誰でも美しくなれる10の法則」宝島社　2015
Gunnarsdottir, Thora Jenny　グンナルスドッティル, ソーラ・ジェニー
　㊟「ケアのなかの癒し」看護の科学社　2016
Gunnarsdóttir, Þorgerður Katrín　グンナルスドッティ, トールゲルドゥル・カトリン
　㊨アイスランド　漁業・農業相
Gunnarson, Jón　グンナルソン, ヨン
　㊨アイスランド　交通・地方自治相
Gunnarsson, Haukur　グンナルソン, ホイクール
　1949～　㊨ノルウェー　演出家　ノルウェー国立サーミ劇場芸術監督
Gunnarsson, Illugi　グンナルソン, イルギ
　㊨アイスランド　教育・科学・文化相
Gunnarsson, Torsten　グンナション, トシュテン
　㊟「スカンディナヴィア風景画展」読売新聞社　2002
Gunnell, John G.　ガネル, ジョン・G.
　1933～　㊥ガネル, J.G.　㊟「アメリカ政治学と政治像」御茶の水書房　2007
Gunnerriusson, Wistman, Christina　グンネリウソン・ヴィストマン, クリスティーナ
　㊟「スカンディナヴィア風景画展」読売新聞社　2002
Gunning, Brett　ガニング, ブレット
　㊨アメリカ　ヒューストン・ロケッツアシスタントコーチ(バスケットボール)
Gunning, Jennifer　ガニング, J.
　㊟「21世紀の家族と法」法学書院　2007
Gunning, Stephanie　ガニング, ステファニー
　1962～　㊟「あなたのお産あなたのバースプラン」メディカ出版　2008
Gunnlaugsson, Sigmundur　グンロイグソン, シグムンドゥル
　1975～　㊨アイスランド　政治家　アイスランド首相　㊥グンラウグソン, シグムンドゥル
Gunson, Dave　ガンソン, デイヴ
　1948～　㊟「プケコの日記」文研出版　2013
Gunter, Barrie　ガンター, B.
　㊟「ペットと生きる」北大路書房　2006
Gunter, Christian　ギュンター, クリスティアン
　㊨ドイツ　サッカー選手
Günter, Ingo　ギュンター, インゴ
　1957～　㊨ドイツ　サテライトアーティスト, ビデオアーティスト
Gunter, LaDarius　ガンター, ラダリアス
　㊨アメリカ　アメフト選手
Gunter, Rodney　ガンター, ロドニー
　㊨アメリカ　アメフト選手
Gunter, Susan E.　ガンター, スーザン・E.

1947〜 著「心ひろき友人たちへ」大阪教育図書 2014
Gunther, Robert E. ガンサー, ロバート
1960〜 著「インポッシブル・シンキング」日経BP社, 日経BP出版センター（発売） 2006
Gunton, Colin E. ガントン, C.E.
1941〜2003 著「説教によるキリスト教教理」教文館 2007
Gunts, Bucky ガンツ, バッキー
エミー賞 プライムタイム・エミー賞 最優秀監督賞（バラエティ・音楽特別番組）（第62回(2010年)）ほか
Guo, Chengwu グオ・チョンウー
国中国 ローザンヌ国際バレエコンクール 2位・スカラシップ（第34回(2006年)）ほか
Guo, Feng グオ, フェン
著「アメリカ経済がわかる「経済指標」の読み方」マグロウヒル・エデュケーション, 日本経済新聞出版社（発売） 2011
Guo, Guangchang グオ・グアンチャン
国中国 復星国際（フォーソン・インターナショナル） 漢字名＝郭廣昌
Guo, Jing-jing グオ・ジンジン
1981〜 国中国 元飛び込み選手 漢字名＝郭晶晶 飜グオ・チンチン
Guo, Jing-ming クオ・チンミン
1983〜 国中国 作家, 編集者 「最小説」編集責任者 働フィクション, ファンタジー, ヤングアダルト 漢字名＝郭敬明 飜グオ・ジンミン
Guo, Pei クォ・ペイ
1967〜 国中国 ファッションデザイナー 漢字名＝郭培 飜クオー・ペイ／グオ・ペイ
Guo, Xiao-lu グオ, シャオルー
1973〜 国中国 作家, 映画監督 働文学 漢字名＝郭小櫓
Guo, Yue グオ・ユエ
1988〜 国中国 卓球選手 漢字名＝郭躍
Gupta, Anil K. グプタ, アニル・K.
1949〜 著「中国・インドの戦略的意味」同文舘出版 2010
Gupta, Desh Bandhu グプタ, デッシュ・バンドゥ
国インド 実業家
Gupta, Jay Prakash Prasad グプタ, ジャイ・プラカシュ・プラサド
国ネパール 農業協同組合相 飜グプタ, ジャヤプラカシュ・プラサド
Gupta, Parmeshwari Lal グプタ, P.L.
1914〜 著「インド貨幣史」刀水書房 2001
Gupta, Prem Chand グプタ, プレム・チャンド
国インド 企業問題相
Gupta, Ruchir グプタ, ルチル
著「ビジュアル麻酔の手引」メディカル・サイエンス・インターナショナル 2015
Gupta, Sanjay グプタ, サンジェイ
1969〜 著「マンデー・モーニング」柏書房 2015
Gupta, Sunil グプタ, スニル
1958〜 著「顧客投資マネジメント」英治出版 2005
Gupta, Suranjit Sen グプタ, スランジット・セン
国バングラデシュ 無任所相
Gupta, Udayan グプタ, ウダヤン
1950〜 著「アメリカを創ったベンチャー・キャピタリスト」翔泳社 2002
Gupta, Yash グプタ, ヤシュ
1953〜 国インド 経営学者 ジョンズ・ホプキンズ大学ビジネススクール院長 働経営学
Gupte, Amole グプテ, アモール
1962〜 国インド 映画監督, 脚本家, 俳優
Gupte, Partho グプテ, パルソー
2001〜 国インド 映画「スタンリーのお弁当箱」に主演
Guptill, Amy E. グプティル, エイミー
著「食の社会学」NTT出版 2016
Guptill, Arthur Leighton ガプティル, A.L.
著「初めてのペン教室」エルテ出版 2001
Guralnick, Peter グュラルニック, ピーター
飜グラルニック, ピーター 著「エルヴィス伝」みすず書房 2007
Guralp, Inci ギュラルプ, インジ
国トルコ 元・在トルコ日本国大使館現地職員
Gurbandurdyev, Mele グルバンドルディエフ, メレ
国トルクメニスタン 自動車運輸相代行
Gurbanmammedov, Tacmammet グルバンマメドフ, タチマメト
国トルクメニスタン 繊維工業相

Gurbanmuradov, Yolly グルバンムラドフ, ヨールイ
国トルクメニスタン 副首相 飜グルバンムラドフ, イョルイ
Gurbannazarov, Orazmyrat グルバンナザロフ, オラズムイラト
国トルクメニスタン 農相
Gurbanov, Kakageldi グルバノフ, カカゲルディ
国トルクメニスタン 公共事業相
Gurchenko, Lyudmila グルチェンコ, リュドミラ
1935〜2011 国ロシア 女優 飜グルチェンコ, リュドミーラ
Gurdián, Virgilio グルディアン, ビルヒリオ
国ニカラグア 労相 飜グルディアン, ビルヒリオ・ホセ
Gurdon, John Bertrand ガードン, ジョン・バートランド
1933〜 国イギリス 生物学者 ケンブリッジ大学教授 働細胞生物学, 発生生物学
Gurevich, Aron Yakovlevich グレーヴィチ, A.Ya.
著「マルク・ブロックの「遺言」」〈リキエスタ〉の会, トランスアート市谷分室（発売） 2001
Guri, Elis グリ, エリス
国ブルガリア レスリング選手
Gurian, Michael グリアン, マイケル
著「だからすれ違う、女心と男脳」講談社 2005
Gurib-fakim, Bibi Ameenah Firdaus グリブ・ファキム, アミーナ
国モーリシャス 大統領 飜ギュリブ・ファキム, アミーナ
Gurirab, Theo-Ben グリラブ, テオ・ベン
国ナミビア 国民議会議長, 元・国連総会議長, 元・首相, 元・外務大臣 飜グリラブ, テオベン
Gurley, Bill ガーリー, ビル
投資家
Gurley, James ガーリー, ジェームズ
1939〜2009 国アメリカ ロック・ギタリスト
Gurley, Nan ガーリー, ナン
著「シャロンの小さなバラ」いのちのことば社 2001
Gurley, Todd ガーリー, トッド
国アメリカ アメフト選手
Gurley Brown, Helen ガーリー・ブラウン, ヘレン
1922〜2012 国アメリカ 雑誌編集者, 作家 「コスモポリタン」国際版編集長
Gurlitt, Cornelius グルリット, コーネリウス
？〜2014 国ドイツ 美術品収集家 飜グルリット, コルネリウス
Gurman, Stephen グールマン, ステファン
著「水マネジメントにおけるソフトパス・アプローチ」ガイアブックス, 産調出版（発売） 2012
Gürmen, Osman Necmi ギュルメン, O.N.
著「改宗者クルチ・アリ」藤原書店 2010
Gurney, A.R. ガーニー, A.R.
著「ラヴ・レターズ」劇書房 2010
Gurney, Gene ガーネイ, ジーン
著「白色の大閃光」筑波書林 2002
Gurney, James ガーニー, ジェームス
1958〜 著「カラー＆ライト」ボーンデジタル 2012
Gurney, Jud W. ガーニィ, ジャド・W.
著「胸部top100診断」メディカル・サイエンス・インターナショナル 2006
Gurney, Stella ガーニー, ステラ
1975〜 著「白雪姫」大日本絵画 2013
Gurova, Viktoriya グロワ, バリュケビッチ
国ロシア 陸上選手 飜グロワ
Gurragchaa, Jugderdemidiin グルラグチャー, ジュグデルデミディーン
国モンゴル 国防相
Gurrentz, Sheryl グレンツ, シェリル
1965〜 著「育児に悩んでます：うちの子、どこかへんかしら？」星和書店 2014
Gurria, José Angel グリア, ホセ・アンヘル
1950〜 国メキシコ 政治家, エコノミスト 経済協力開発機構（OECD）事務総長 メキシコ財務相・外相 本名＝グリア・トレビニョ, ホセ・アンヘル〈Gurria Treviño, José Angel〉 飜グリーア, アンヘル／グリア, アンヘル
Gurriel, Lourdes グリエル, ルルデス
国キューバ 野球選手
Gurriel, Yulieski グリエル, ユリエスキ
国キューバ 野球選手
Gurrola Ortiz, Eva Alicia グロラ, エバ
国メキシコ 重量挙げ選手

Gursky, Andreas　グルスキー, アンドレアス
　1955〜　国ドイツ　写真家
Gurtler, Helga　ギュルトラー, ヘルガ
　1936〜　著「孫とかしこく付き合う法」草思社　2001
Gurtovoy, Aleksey　グルトヴォイ, アレクセイ
　著「C++テンプレートメタプログラミング」翔泳社　2010
Gurung, Dev Prasad　グルン, デブ・プラサド
　国ネパール　司法議会担当相
Gurung, Kiran　グルン, キラン
　国ネパール　森林土壌保全相
Gurung, Palten　グルン, パルテン
　国ネパール　労働・運輸相
Gurung, Prabal　グルン, プラバル
　ファッションデザイナー
Gurung, Suryaman　グルン, スリヤマン
　国ネパール　労働雇用相
Gusarov, Eevgenii　グサロフ, エフゲニー
　？〜2002　国ロシア　外交官　ロシア外務次官
Gusau, Aliyu　グソー, アリユ
　国ナイジェリア　国防相
Gusev, Oleg　グセフ, オレグ
　国ウクライナ　サッカー選手
Guseva, Elena　グシェーヴァ, エレーナ
　国ロシア　チャイコフスキー国際コンクール 声楽（女声）第3位（2011年（第14回））
Gush, Cathy　ガッシュ, キャシー
　著「グローバル化時代を生きる世代間交流」明石書店　2008
Gushchina, Yulia　グシチナ
　国ロシア　陸上選手
Gushchinskiy, Viktor　グシチンスキ
　国ロシア　陸上選手
Gusheh, Maryam　グーシェ, マリアム
　著「グレン・マーカットの建築」TOTO出版　2008
Gusmão, Xanana　グスマン, シャナナ
　1946〜　国東ティモール　独立運動家　東ティモール首相, 東ティモール大統領, 東ティモール民族抵抗評議会（CNRT）議長　本名＝グスマン, ホセ・アレクサンドル〈Gusmão, José Alexandre〉　異グスマオ, シャナナ
Gussenberg, Oliver　グッセンベルク
　国ドイツ　柔道選手
Gustafsdottir, Eyglo Osk　グスタフスドティル, エイグロ
　国アイスランド　水泳選手
Gustafson, Christine　ガスタフソン, クリスティン
　著「ホリスティック家庭の医学療法」ガイアブックス, 産調出版（発売）　2010
Gustafson, David L.　ガスタフソン, デビッド・L.
　著「ソーシャルワークと修復的正義」明石書店　2012
Gustafson, Samuel　グスタフソン, サムエル
　国スウェーデン　サッカー選手
Gustafson, Sophie　グスタフソン, ソフィー
　1973〜　国スウェーデン　プロゴルファー
Gustafsson, Anders　グスタフソン
　国スウェーデン　カヌー選手
Gustafsson, Anders　グスタフソン, アンダース
　1964〜　著「カスタマー・バリュー」ダイヤモンド社　2001
Gustafsson, Jukka　グスタフソン, ユッカ
　国フィンランド　教育相
Gustafsson, Lars　グスタフソン, ラーシュ
　1936〜2016　国スウェーデン　詩人, 作家, 文芸評論家　テキサス大学オースティン校名誉教授　本名＝Gustafsson, Lars Erik Einar　異グスタフソン, ラールス / グスタフソン, ラルス / グスタヴスン, ラーシュ / グスタヴソン, ラーシュ
Gustas, Evaldas　グスタス, エバルダス
　国リトアニア　経済相
Gustave, Faubert　ギュスターブ, フォベール
　国ハイチ共和国　経済財務相
Gustave, Jandel　ガスターベ, ヤンデル
　国ドミニカ共和国　野球選手
Gustavsen, Terje Moe　グスタフセン, タリエ・モー
　国ノルウェー　運輸・通信相
Gustavsson, Anders　グスタフソン, アンダース
　著「障害, 人権と教育」明石書店　2003
Gustavsson, Ane　グスタフソン, アネ
　著「老人と猫」エクスナレッジ　2015
Gustavsson, Per　グスタフソン, ペール
　1962〜　著「月の塔」ワールドライブラリー　2016

Gustavus Jones, Sarah　ガスタヴァス・ジョーンズ, サラ
　1961〜　著「子どもを理解する」岩崎学術出版社　2013
Gusti　グスティ
　1963〜　著「はらぺこライオンエルネスト」ワールドライブラリー　2016
Gustorf, Oliver Koerner von　グストーフ, オリヴァー・ケアナー・フォン
　著「ベルリン・デザイン・ハンドブックはデザインの本ではない！」ベアリン出版, 新宿書房（発売）　2013
Gusy, Christoph　グズィ, Ch.
　著「ヴァイマール憲法」風行社　2002
Gut, Lara　グート, ララ
　1991〜　国スイス　スキー選手　異グート
Gutas, Dimitri　グタス, ディミトリ
　1945〜　著「ギリシア思想とアラビア文化」勁草書房　2002
Gutenmacher, Victor L'vovich　グーテンマッヘル, V.
　著「直線と曲線ハンディブック」共立出版　2006
Guterl, Fred　グテル, フレッド
　著「人類が絶滅する6のシナリオ」河出書房新社　2013
Guterres, Antonio　グテーレス, アントニオ
　1949〜　国ポルトガル　国際連合　国連難民高等弁務官　ポルトガル首相　異グテーレス, アントニオ / グテレス, アントニオ
Guterres, Isabel　グテレス, イザベル
　国東ティモール　社会連帯相
Guterres, José Luís　グテレス, ジョゼ・ルイス
　国東ティモール　外相
Guth, Claus　グート, クラウス
　1964〜　国ドイツ　オペラ演出家
Gutheil, Thomas G.　グーテイル, トーマス・G.
　著「精神科臨床倫理」星和書店　2011
Guthridge, Liz　ガスリッジ, リズ
　1957〜　著「「想定外」に備える企業災害対策マニュアル」翔泳社　2011
Guthrie, Belinda　ガスリー, ベリンダ
　著「AD/HD＆セラピー」花風社　2003
Guthrie, Donald　ガスリー, ドナルド
　1916〜　異ガスリ, ドナルド　著「テモテへの手紙, テトスへの手紙」いのちのことば社　2006
Guthrie, Jeremy　ガスリー, ジェレミー
　1979〜　国アメリカ　野球選手　本名＝Guthrie, Jeremy Shane
Guthrie, Nora　ガスリー, ノラ
　グラミー賞 最優秀ヒストリカル・アルバム（2007年（第50回））"The Live Wire - Woody Guthrie In Performance 1949"　コンピレーション・プロデューサー
Guthrie, Shirley C.　ガスリー, シャーリー・C.
　1927〜　著「一冊でわかる教理」一麦出版社　2003
Guthrie, Stewart　ガスリー, スチュアート・E.
　1941〜　著「〈日本文化〉はどこにあるか」春秋社　2016
Gutierrez, Alejandro　ギテーレツ, アレハンドロ
　著「グリーン・バリュー経営への大転換」NTT出版　2013
Gutierrez, Carlos　グティエレス, カルロス
　国アメリカ　商務長官
Gutierrez, Carlos M.　グティエレス, カルロス
　1953〜　国アメリカ　実業家　米国商務長官, ケロッグ会長・CEO　異グッティエレス, カルロス
Gutierrez, Cesar Dario　グティエレス, セサール
　1943〜2005　国ベネズエラ　野球選手
Gutierrez, Claudio　グティエレス, クラウディオ
　国コスタリカ　公共教育相
Gutiérrez, David　グティエレス, ダビド
　国エルサルバドル　公共事業相
Gutiérrez, Edgar　グティエレス, エドガル
　国コスタリカ　環境・エネルギー相
Gutiérrez, Elsa　グティエレス, エルサ
　国ベネズエラ　海運・空輸相
Gutierrez, Ernesto　ギュティエレズ, アーネスト
　著「WMリウマチ科コンサルト」メディカル・サイエンス・インターナショナル　2006
Gutierrez, Franklin　グティエレス, フランクリン
　国ベネズエラ　野球選手
Gutiérrez, Gladis　グティエレス, グラディス
　国ドミニカ共和国　女性問題相
Gutierrez, Gonzalo　グティエレス, ゴンサロ
　国ペルー　外相
Gutiérrez, Gustavo　グティエレス, グスタボ
　1928〜　著「いのちのわかちあい」日本キリスト教団出版局

2006
Gutierrez, Jorge　グティエレス, ホルヘ
　国メキシコ　バスケットボール選手
Gutiérrez, José María　グチェレツ, ホセ・マリア
　1966～　著「おえかきトーマス」学習研究社　2005印刷
Gutierrez, Lucio　グティエレス, ルシオ
　1957～　国エクアドル　政治家, 元軍人　エクアドル愛国的社会党（PSP）党首　エクアドル大統領　本名＝Gutiérrez Borbúa, Lucio Edwin
Gutierrez, Luis　グティエレス, ルイス
　著「スペインリオハ＆北西部」ガイアブックス, 産調出版（発売）2012
Gutierrez, Sebastian　グチエレス, セバスチャン
　著「スネーク・フライト」メディアファクトリー　2006
Gutiérrez Longo, Víctor Manuel　グティエレス・ロンゴ, ビクトル・マヌエル
　国グアテマラ　保健相
Gutiérrez Molina, José Luis　グティエーレス・モリーナ, ホセ・ルイス
　1952～　著「忘れさせられたアンダルシア」皓星社　2005
Gutiérrez Ortiz, Fernando　グティエレス・オルティス, フェルナンド
　国コスタリカ　科学技術相
Güting, Eberhard W.　ギューティング, エーバハルト
　1934～　著「新約聖書の「本文」とは何か」新教出版社　2012
Gutman, Amy　ガットマン, エイミー
　1960～　著「死のアニバーサリー」集英社　2005
Gutman, Anne　ガットマン, アン
　1970～　絵本作家
Gutman, Claude　ギュツマン, クロード
　1946～　著「パリの保育士たち」新読書社　2013
Gutman, Dan　ガットマン, ダン
　1955～　著「マネレー先生まねーるだいすき！」ポプラ社　2008
Gutman, Natalia　グートマン, ナターリャ
　1942～　国ロシア　チェロ奏者　本名＝Gutman, Natalia Grigorievna　異グットマン, ナターリア
Gutmann, Amy　ガットマン, エイミー
　1949～　政治学者　ペンシルベニア大学総長
Gutmann, Michelle　ガットマン, M.
　著「ビギニング・コミュニケーターのためのAAC活用事例集」福村出版　2009
Gutschow, Niels　グッチョウ, ニールズ
　1941～　国ドイツ　建築史家, 修復建築家　ハイデルベルク大学先端研究拠点教授
Gutstein, Steven E.　ガットステイン, スティーブン・E.
　著「自閉症・アスペルガー症候群のRDIアクティビティ」明石書店　2009
Gutta, Jwala　グッタ, ジュワラ
　国インド　バドミントン選手
Guttag, John V.　グッターグ, ジョン・V.
　著「Python言語によるプログラミングイントロダクション」近代科学社　2014
Guttenberg, Karl-Theodor zu　グッテンベルク, カール・テオドール・ツー
　国ドイツ　政治家　ドイツ国防相・経済技術相　異グッテンベルク, カールテオドル
Gutting, Gary　ガッティング, ガリー
　著「いま哲学に何ができるのか？」ディスカヴァー・トゥエンティワン　2016
Guttman, Michael　ガットマン, マイケル
　異ガットマン, マイケル　著「MDAマニフェスト」エスアイビー・アクセス, 星雲社（発売）2005
Guttman, Peter　ガットマン, ピーター
　1954～　著「世界の果ての愛らしい子どもたち」エクスナレッジ　2016
Gutu, Ion　グツ, イオン
　国モルドバ　教育相
Gutu, Lidia　グツ, リディア
　国モルドバ　副首相
Guven, Egemen　グーベン, エゲメン
　国トルコ　バスケットボール選手
Guwara, Leon　グヴァラ, レオン
　国ドイツ　サッカー選手
Guy, Billy　ガイ, ビリー
　1936～2002　国アメリカ　歌手　旧グループ名＝コースターズ〈Coasters〉
Guy, Bradley　ガイ, ブラッドリー
　1958～　著「循環型の建築構造」技報堂出版　2008
Guy, Buddy　ガイ, バディ
　グラミー賞最優秀コンテンポラリー・ブルース・アルバム（2010年（第53回））"Living Proof"
Guy, Geoffrey　ガイ, ジェフリー
　1942～　著「ネズミ父さん大ピンチ」徳間書店　2007
Guy, James　ガイ, ジェームズ
　国イギリス　水泳選手
Guy, John Alexander　ガイ, ジョン
　著「トマス・モア」晃洋書房　2007
Guy, Lawrence　ガイ, ローレンス
　国アメリカ　アメフト選手
Guy, Nathan　ガイ, ネイサン
　国ニュージーランド　第1次産業相兼競馬担当相　異ガイ, ネーサン
Guy, Richard K.　ガイ, R.K.
　1916～　著「数学ゲーム必勝法」共立出版　2016
Guy, Robert Lincoln　ガイ, ロバート・リンカーン
　国イギリス　日本協会顧問, 元・日本協会事務局長
Guy, Romain　ガイ, ロマン
　著「Filthy Rich Clients」ピアソン・エデュケーション　2008
Guy, Rosa Cuthbert　ガイ, ローザ
　1922～2012　国アメリカ　作家　異ギー, ローザ
Guy, Winston　ガイ, ウィンストン
　国アメリカ　アメフト選手
Guyard, Virginie　ギャール, ヴィルジニー
　著「燦」創元社　2016
Guyart, Astrid　ギヤール, アストリッド
　国フランス　フェンシング選手
Guyart, Brice　ギヤール
　国フランス　フェンシング選手
Guyatt, Nicholas　ガイアット, ニコラス
　1973～　著「21世紀もアメリカの世紀か？」明石書店　2002
Guyer, Brandon　ガイヤー, ブランドン
　国アメリカ　野球選手
Guy-Manuel　ギ・マニュエル
　1974～　国フランス　ミュージシャン　本名＝Christo, Guy-Manuel de Homen
Guyon, Maxime　ギュイヨン, マキシム
　1989～　国フランス　騎手
Guyot, Celine　ギヨ, セリーヌ
　著「せかいの国ぐに」主婦の友社　2007
Guyot, Sarah　ギオ, サラ
　国フランス　カヌー選手
Guyton, Arthur C.　ガイトン, A.
　「ガイトン生理学」エルゼビア・ジャパン　2010
Guzan, Brad　グザン, ブラッド
　国アメリカ　サッカー選手
Guzanov, Vitaliy　グザノフ, ヴィタリー
　？～2006　国ロシア　作家, 歴史家　異グザーノフ, ヴィターリー／グザノフ, ビタリー
Guzauski, Mick　グゾウスキー, ミック
　グラミー賞最優秀録音技術アルバム（クラシック以外）（2013年（第56回））ほか
Guzelimian, Ara　グゼリミアン, アラ
　著「音楽と社会」みすず書房　2004
Guzenbauer, Alfred　グーゼンバウアー, アルフレッド
　国オーストリア　首相
Guzenina-richardson, Maria　グゼニナ・リカルドソン, マリア
　国フィンランド　保健・公共サービス相
Guzikowski, Aaron　グジコウスキ, アーロン
　著「プリズナーズ」竹書房　2014
Guzmán, Altagracia　グスマン, アルタグラシア
　国ドミニカ共和国　保健相
Guzman, Joel　ガズマン, ジョエル
　グラミー賞最優秀テハノ・アルバム（2004年（第47回））"Polkas, Gritos y Acordeo'nes"
Guzman, Leonardo　グズマン, レオナルド
　国ウルグアイ　教育・文化・スポーツ・青年相
Guzmán, Marta　グスマン, マルタ
　1942～　著「ゲバラの国の日本人」VIENT, 現代書館（発売）2005
Guzmán, Patricio　グスマン, パトリシオ
　ベルリン国際映画祭銀熊賞脚本賞（第65回（2015年））"El botón de nácar"
Guzman, Ronald　グーズマン, ロナルド

[国]ドミニカ共和国　野球選手
Guznac, Valentin　グズナク, バレンチン
[国]モルドバ　地方行政相
Guzowski, Mary　グゾウスキ, メアリー
[著]「先端ゼロエネルギー建築」 ガイアブックス　2013
Guzy, Carol　ガジー, キャロル
[国]アメリカ　ピュリッツアー賞 ジャーナリズム 速報写真（2011年）
Guzzetta, Cathie E.　ガゼッタ, キャシー・E.
[著]「ホリスティック・ナーシング」 エルゼビア・ジャパン　2006
Guzzoni, Alfredo　グッツオーニ, A.
1931～　[著]「ハイデッガー全集」 創文社　2007
Guzzoni, Ute　グッツォーニ, ウテ
1934～　[異]グッツォーニ, ウーテ　[著]「転回」 慶応義塾大学出版会　2005
Gvaramia, Nika　グワラミア, ニカ
[国]ジョージア　教育科学相
Gviniashvili, Beka　グビニアシビリ, ベカ
[国]ジョージア　柔道選手
Gvishiani, Jermen Mikhailovich　グヴィシアニ, ジェルメン
1928～2003　[国]ジョージア　社会学者, 哲学者, 政治家　モスクワ大学教授　[異]グビシアニ, ジェルメン
Gvozdenović, Branimir　グボズデノビッチ, ブラニミル
[国]モンテネグロ　持続可能な開発・観光相
Gvozdyk, Oleksandr　グボジディク
[国]ウクライナ　ボクシング選手

Gwacham, Obum　グワチャム, オバム
[国]アメリカ　アメフト選手
Gwadabe, Musa　グワダベ, ムサ
[国]ナイジェリア　労働生産性相
Gwajima, Josephat　ガジマ, ジョセファット
[著]「死人がよみがえる！」 マルコーシュ・パブリケーション　2010
Gwaltney, Chad　グウォルトニー, チャド
[著]「リラプス・プリベンション」 日本評論社　2011
Gwatney, Bill　グワトニー, ビル
1959～2008　[国]アメリカ　政治家　アーカンソー州上院議員, 民主党アーカンソー州委員長　[異]ガトニー, ビル
Gwebu-dlamini, Lindiwe　グウェブドラミニ, リンディウェ
[国]スワジランド　地方政府・住宅相　[異]グウェブ, リンディウェ
Gwend, Edwige　グウェンド, エドウィゲ
[国]イタリア　柔道選手
Gwenigale, Walter　グウェニゲイル, ウォルター
[国]リベリア　保健・社会福祉相
Gwillim, Linda　グウィリム, リンダ
[著]「プラセンタ」 ホメオパシー出版　2007
Gwyn, Richard　グイン, リチャード
[著]「ナラティブ・ベイスト・メディスン」 金剛出版　2001
Gwynn, M.I.　グウィン, マクスウェル・I.
[著]「偽薬効果」 春秋社　2002
Gwynn, Tony　グウィン, トニー
1960～2014　[国]アメリカ　野球選手　本名＝Gwynn, Anthony Keith　[異]グウイン, トニー
Gwynn-Brett, Kathryn A.　グウィン - ブレット, キャスリン・A.
[著]「写真とDVDでわかり易い最先端のテーピング技術」 ガイアブックス　2015
Gwynne, Samuel C.　グウィン, S.C.
1953～　[著]「史上最強のインディアンコマンチ族の興亡」 青土社　2012
Gyaltshen, Dawa　ギャルツェン, ダワ
[国]ブータン　内務文化相
Gyamtsho, Pema　ギャムツォ, ペマ
[国]ブータン　農相
Gyamtsho, Thinley　ギャムツォ, ティンレイ
[国]ブータン　教育相
Gyanendra Bir Bikram Shah Dev　ギャネンドラ・ビル・ビクラム・シャー・デブ
1947～　[国]ネパール　国王　[異]ギャネンドラ・ビル・ビクラム・シャハ・デブ
Gyawali, Deepak　ギャワリ, ディパック
[国]ネパール　水資源相
Gyawali, Radha Kumari　ギャワリ, ラダ・クマリ
[国]ネパール　エネルギー相　[異]ギャワリ, プラディプ・クマル
Gyberg, Bo-Erik　ジィベリィ, ボー＝エリック
1947～　[著]「長くつ下のピッピ」 プチグラパブリッシング　2005
Gye, Mass Axi　ガイ, マス・アクシ
[国]ガンビア　漁業・水資源相
Gyenesei, István　ジェネシェイ・イシュトバーン
[国]ハンガリー　地方自治相
Gygax, Gary　ガイギャクス, ゲーリー
1938～2008　[国]アメリカ　ゲーム制作者, ゲームデザイナー　[異]ガイギャクス, ゲイリー
Gygi, Kathleen　ギジ, キャスリン
[著]「ヒューマンインターフェースの発想と展開」 ピアソン・エデュケーション　2002
Gylfadóttir, Þórdís Kolbrún Reykfjörð　ギルバドッティ, トールディス・コールブルン・レイクフォルドゥ
[国]アイスランド　観光・産業・イノベーション相
Gyllenhaal, Jake　ギレンホール, ジェイク
1980～　[国]アメリカ　俳優
Gyllenhaal, Maggie　ギレンホール, マギー
ゴールデン・グローブ賞 テレビ 女優賞（ミニシリーズ）（第72回（2014年度））　“The Honorable Woman”
Gyllenhammar, Pehr Gustaf　ジレンハマー, ペール・グスタフ
1935～　[国]スウェーデン　実業家　ABボルボ会長・COO
Gyllensten, Lars Johan Wictor　イェーレンステン, ラーシュ
1921～2006　[国]スウェーデン　作家　ノーベル財団会長　[異]イェレンステン
Gylmar　ジルマール
1930～2013　[国]ブラジル　サッカー選手
Gynell, Donna　ガイネル, ドナ
[著]「アーサー」 アールアイシー出版　2007
Gyoerkoe, Kevin L.　ギョールコー, ケビン・L.
[著]「心配性」 創元社　2010
Gyomber, Norbert　ギョンベール, ノルベルト
[国]スロバキア　サッカー選手
Györffy, Anna F.　ジュルフィ, アンナ
1915～2006　[著]「あなたがちいさかったころってね」 風濤社　2012
Gyorffy, Maria　ジョルフィ, マリア
[著]「医師のための診療英会話」 メジカルビュー社　2002
Gyorgy, Marx　ジョルジュ, マルクス
1927～　[著]「異星人伝説」 日本評論社　2001
Gyorko, Jedd　ジョーコ, ジェド
[国]アメリカ　野球選手
Gypsy Joe　ジプシー・ジョー
1933～2016　[国]アメリカ　プロレスラー　本名＝メレンデス, ジルベルト〈Melendez, Gilberto〉
Gysbers, Norman C.　ガイスバース, ノーマン・C.
[著]「ライフキャリアカウンセリング」 生産性出版　2002
Gyss, Caroline　ジス, カロリーヌ
[著]「道教の世界」 創元社　2011
Gyulai, Istvan　ジュライ, イステヴァン
？～2006　[国]ハンガリー　陸上選手　国際陸上連盟（IAAF）事務局長　[異]ジュライ, イステバン
Gyurcsány, Ferenc　ジュルチャーニ, フェレンツ
1961～　[国]ハンガリー　政治家, 実業家　民主連合（DK）党首　ハンガリー首相, ハンガリー社会党（MSZP）党首　[異]ジュルチャーニ・フェレンツ
Gyu-ri　ギュリ
1988～　[国]韓国　歌手　本名＝パク・ギュリ〈Park, Gyu-ri〉
Gyurovszky, László　ギュロウスキ, ラースロー
[国]スロバキア　建設・公共事業相
Gyurta, Dániel　ジュルタ, ダニエル
1989～　[国]ハンガリー　水泳選手

【H】

Ha, Gene　ハ, ジーン
[異]ハー, ジーン　[著]「フラッシュポイント : バットマン」 ヴィレッジブックス　2012
Ha, Ji-won　ハ・ジウォン
1978～　[国]韓国　女優　本名＝チョン・ヘリム
Ha, Jung-woo　ハ・ジョンウ
1978～　[国]韓国　俳優　本名＝キム・ソンフン〈Kim, Seong-hun〉
Ha, Pham Hong　ハー, ファム・ホン
[国]ベトナム　建設相
Ha, Tran Hong　ハー, チャン・ホン

[国]ベトナム　天然資源・環境相
Haacke, Hans　ハーケ, ハンス
1936〜 [国]アメリカ　インスタレーション・アーティスト　クーパー・ユニオン名誉教授　本名＝Haacke, Hans Christoph Carl
Haag, Anna　ハーグ, アンナ
1986〜 [国]スウェーデン　スキー選手　本名＝Haag, Anna Margret [異]ハーグ
Haag, Michael　ハーグ, マイケル
1943〜 [著]「インフェルノ・デコーデッド」KADOKAWA　2013
Haake, Martin　ハーケ, マーティン
[著]「シティ・アトラス」日本文芸社　2016
Prince **Haakon, Crown**　ホーコン皇太子
1973〜 [国]ノルウェー　皇太子　本名＝Haakon Magnus
Haakonssen, Knud　ホーコンセン, クヌート
1947〜 [著]「立法者の科学」ミネルヴァ書房　2001
Ha'amori, Dickson　ハオモリ, ディクソン
[国]ソロモン諸島　教育・人的資源開発相
Haan, Amanda　ハーン, アマンダ
[著]「わたしの手はおだやかです」ソニー・マガジンズ　2005
Haan, Linda de　ハーン, リンダ
1965〜 [著]「王さまと王さま」ポット出版　2015
Haanaes, Knut　ハーネス, クヌート
[著]「戦略にこそ「戦略」が必要だ」日本経済新聞出版社　2016
Haanel, Charles Francis　ハアネル, チャールズ・F.
[著]「ザ・マスター・キー」河出書房新社　2012
Haapaniemi, Klaus　ハーパニエミ, クラウス
1970〜 [著]「不思議な森の紳士録」リトルモア　2012
Haar, Gert ter　ハール, ヘルト・テル
[著]「犬と猫の皮膚再建術と創傷管理」緑書房　2014
Haarde, Geir H.　ハーデ, ゲイル
1951〜 [国]アイスランド　政治家　アイスランド首相　[異]ホルデ, ゲイル
Haarder, Bertel　ホーダー, ベアテル
[国]デンマーク　文化・教会相
Haarmann, Claudia　ハーマン, クラウディア
1970〜 [著]「グローバル・ベーシック・インカム入門」明石書店　2016
Haarmann, Dirk　ハーマン, ディルク
[著]「グローバル・ベーシック・インカム入門」明石書店　2016
Haas, Charles N.　ハース, C.N.
[著]「水の微生物リスクとその評価」技報堂出版　2001
Haas, Cornelia　ハース, コルネリア
1972〜 [著]「おおきなかわのむこうへ」ひくまの出版　2005
Haas, Gary Van　ハース, ゲイリー・バン
[国]アメリカ　ジャーナリスト, 作家　[専]ミステリー, スリラー　[異]ハース, ゲイリー・ヴァン
Haas, Irene　ハース, アイリーン
[著]「あなただけのちいさないえ」童話館出版　2010
Haas, Jacqui Greene　ハース, ジャッキ・グリーン
1958〜 [著]「ダンス解剖学」ベースボール・マガジン社　2015
Haas, Jeffrey J.　ハース, ジェフリー・J.
[著]「アメリカ投資顧問法」弘文堂　2015
Haas, Jens Oliver　ハース, イェンス・オリバー
[著]「女なしのほうが幸せな57の理由」草思社　2004
Haas, Peter E.　ハース, ピーター
1918〜2005 [国]アメリカ　実業家　リーバイ・ストラウス会長・CEO
Haas, Robert B.　ハース, ロバート・B.
[著]「遥かラテンアメリカ」日経ナショナルジオグラフィック社, 日経BP出版センター(発売)　2007
Haas, Townley　ハース, タウンリー
[国]アメリカ　水泳選手
Haas, Wolf　ハース, ヴォルフ
1960〜 [著]「きたれ、甘き死よ」水声社　2001
Haase, Chet　ハーゼ, チェット
[著]「Filthy Rich Clients」ピアソン・エデュケーション　2008
Haase, Kim　ハーゼ, キム
[異]ハース, キム　[著]「Java message service導入ガイド」ピアソン・エデュケーション　2003
Haase, Robin　ハーセ, ロビン
[国]オランダ　テニス選手
Haase, Tina　ハッセ, ティナ
[著]「バランシングベビーシアツ」ガイアブックス　2016
Haase, Ulrike　ハーゼ, ウルリケ
[著]「出会いの音楽療法」風媒社　2011
Haasis, Hellmut G.　ハージス, ヘルムート・G.
1942〜 [著]「消せない烙印」松籟社　2006
Haasler, Sue　ハースラー, スー
[著]「おじゃまかしら。」新潮社　2002
Haastrecht, Rob van　ハーストレッチト, ロブ・ヴァン
[著]「すべての仕事は〈逆〉から考えるとうまくいく」日本実業出版社　2012
Haatainen, Tuula　ハータイネン, トゥーラ
[国]フィンランド　社会問題・保健相
Haatveit, Andreas　ホートベイト
[国]ノルウェー　フリースタイルスキー選手
Haavikko, Paavo Juhani　ハーヴィッコ, パーヴォ
1931〜2008 [国]フィンランド　詩人, 劇作家, 作家　[異]ハービッコ, パーボ
Haavio-Mannila, Elina　ハーヴィオ‐マンニラ, エリナ
1933〜 [著]「フィンランドにおける性的ライフスタイルの変容」大月書店　2006
Habamenshi, Patrick　ハバメンシ, パトリック
[国]ルワンダ　農林相
Habana, Bryan　ハバナ, ブライアン
[国]南アフリカ　ラグビー選手
Habarugira, Tharcisse　ハバルギラ, タルシッス
[国]コンゴ民主共和国　国防相
Habash, George　ハバシュ, ジョルジュ
1925〜2008 [国]パレスチナ　ゲリラ指導者　パレスチナ解放人民戦線(PFLP)創設者
Habashneh, Samir　ハバシュネ, サミル
[国]ヨルダン　内相
Habbard, Sherry K.　ハバード, シェリー・K.
[著]「食品・栄養・食事療法事典」産調出版, 産業調査会(発売)　2006
Habbash, Mahmoud　ハバシュ, マハムード
[国]パレスチナ　宗教相
Habeck, Fritz　ハベック, フリッツ
1916〜 [著]「ファウスト博士の行動と冒険」文芸社　2001
Habeck, Reinhard　ハベック, ラインハルト
1962〜 [著]「オーパーツ大全」学習研究社　2005
Habeeb, Mocky　ハビーブ, モッキー
1971〜 [著]「入門Amazon SimpleDBプログラミング」翔泳社　2011
Habel, Robert E.　ヘイベル, ロバート・E.
1918〜 [著]「牛の解剖アトラス」緑書房　2013
Haber, Eitan　ハーバー, アイタン
[著]「ミュンヘン」早川書房　2006
Haber, Karen　ヘイバー, カレン
[著]「エクスプローリング・ザ・マトリックス」小学館プロダクション　2003
Haber, Ludwig Fritz　ハーバー, ルッツ・F.
[著]「魔性の煙霧」原書房　2001
Haber, Tino　ハーバー
[国]ドイツ　陸上選手
Haberer, Janik　ハベラー, ヤニク
[国]ドイツ　サッカー選手
Häberle, Peter　ヘーベルレ, ペーター
[著]「多元主義における憲法裁判」中央大学出版部　2014
Habermas, Jürgen　ハーバーマス, ユルゲン
1929〜 [国]ドイツ　哲学者, 社会学者　フランクフルト大学名誉教授　[異]ハーバマス, ユルゲン
Habib, Ali　ハビブ, アリ
[国]シリア　国防相
Habib, Fatma　ハビーブ, ファティマ
[国]モーリタニア　社会問題・子ども・家族相
Habibi, Hassan Ibrahim　ハビビ, ハッサン
1937〜2013 [国]イラン　政治家　イラン第1副大統領　[異]ハビビ, ハサン / ハビビ, ハッサン
Habibie, Bachruddin Jusuf　ハビビ, バハルディン・ユスフ
1936〜 [国]インドネシア　政治家, 実業家　ハビビ・センター設立者　インドネシア大統領
Habineza, Joseph　ハビネザ, ジョセフ
[国]ルワンダ　スポーツ・文化相
Habluetzel, David　ハブリュツェル
[国]スイス　スノーボード選手
Habou, Gambo　アブ, ガンボ
[国]ニジェール　文化・芸術・余暇相
Habré, Hissène　ハブレ, ヒセーヌ
1942〜 [国]チャド　政治家　チャド大統領
Habsade, Mohamed Ibrahim Mohamed　ハブサデ, モハメド・イブラヒム・モハメド

[国]ソマリア　運輸・民間航空・港湾相
Habsburg-Lothringen, Otto von　ハプスブルク・ロートリンゲン, オットー・フォン
1912～2011　[国]ドイツ　汎欧州主義運動指導者　ハプスブルク家当主, 欧州議会議員, 汎ヨーロッパ同盟名誉会長　[異]ハプスブルク, オットー・フォン
Habumuremyi, Pierre Damien　ハバムレミ, ピエール・ダミアン
[国]ルワンダ　首相
Habyarimana, Emmanuel　ハビャリマナ, エマニュエル
[国]ルワンダ　国防相
Hached, Noureddine　ハシェッド, ヌルディーン
1944～　[国]チュニジア　外交官　駐日チュニジア大使　本名＝ハシェッド, ヌルディーン・ベン・ファルハット〈Hached, Noureddine Ben Farhat〉
Hachimou, Saidou　ハシム, サイドゥ
[国]ニジェール　アフリカ統合・在外居住者相
Hächler, Bruno　ヘクラー, ブルーノ
1960～　[異]ヘヒラー, ブルーノ　[著]「ねえくまちゃん、はやくねなくっちゃ！」 BL出版　2006
Hack, Alexander　ハック, アレクサンダー
[国]ドイツ　サッカー選手
Hacke, Axel　ハッケ, アクセル
1956～　[著]「パパにつける薬」 講談社　2007
Hackel, Sergei　ハッケル, セルゲイ
[著]「キリスト教のスピリチュアリティ」 新教出版社　2006
Hackenberg, Christian　ハッケンバーグ, クリスチャン
[国]アメリカ　アメフト選手
Hacker, Marcel　ハッカー, マルセル
[国]ドイツ　ボート選手　[異]ハッカー
Hacker, Peter Michael Stephan　ハッカー, ピーター
[異]ハッカー, P.M.S.　[著]「脳を繙く」 医学書院　2010
Hackermüller, Rotraut　ハッカーミュラー, ロートラウト
1943～　[著]「病者カフカ」 論創社　2003
Hackett, Buddy　ハケット, バディ
1924～2003　[国]アメリカ　喜劇俳優　本名＝Hacker, Leonard
Hackett, Chris　ハケット, クリス
[国]アメリカ　アメフト選手
Hackett, Grant　ハケット
[国]オーストラリア　競泳選手
Hackett, Jane　ハケット, ジェーン
[著]「Ballerina」 文園社　2008
Hackett, Jeremy　ハケット, ジェレミー
[著]「MR CLASSIC YESTERDAY & TOMORROW」 万来舎　2016
Hackett, Kathleen　ハケット, キャサリン
[著]「魅惑の白いインテリア」 グラフィック社　2012
Hackett, Michael　ハケット, マイケル
1950～　[著]「インターネットアプリケーションのためのソフトウェアテスト」 ソフトバンクパブリッシング　2003
Hackett, Pat　ハケット, パット
[著]「ポッピズム」 文遊社　2011
Hackett, Semoy　ハケット
[国]トリニダード・トバゴ　陸上選手
Hackett, Steve　ハケット, スティーブ
1950～　[国]イギリス　ロック・ギタリスト　[異]ハケット, スティーヴ
Hackford, Taylor　ハックフォード, テイラー
コンピレーション・プロデューサー　グラミー賞 最優秀映画・TV・その他ヴィジュアルメディア音楽コンピレーション・サウンドトラック・アルバム(2005年(第48回))　"Ray"
Hacking, Ian　ハッキング, イアン
1936～　[著]「表現と介入」 筑摩書房　2015
Hackl, Georg　ハックル
[国]ドイツ　リュージュ選手
Hackman, Gene　ハックマン, ジーン
1930～　[国]アメリカ　俳優　本名＝Hackman, Eugene Alden
Hackman, J.Richard　ハックマン, J.リチャード
[著]「成功する経営リーダーチーム6つの条件」 生産性出版　2009
Hackney, Ki　ハックニー, カイ
[著]「People & pearls」 PHPエディターズ・グループ, PHP研究所(発売)　2003
Hacohen, Dean　ハコエン, ディーン
[著]「おふとんかけて！」 BL出版　2011
Hada, James　ハダ, ジェームズ
[国]アメリカ　アマチ・クラブ会長, 元・コロラド日系人会会長
Hadad, Ibrahim　ハダド, イブラヒム
[国]シリア　石油鉱物資源相
Hadadi, Ehsan　ハダディ
[国]イラン　陸上選手
Hadadi, Hoda　ハッダーディ, ホダー
1977～　[著]「あたし、メラハファがほしいな」 光村教育図書　2014
Hadamard, Jacques　アダマール, J.
[著]「数学における発明の心理」 みすず書房　2002
Hadar, Dori　ハダー, ドリ
[著]「ミンガリング・マイクの妄想レコードの世界」 ブルース・インターアクションズ　2009
Hadary, Oumarou　ハダリ, ウマル
[国]ニジェール　文化・芸術相
Hadary, Sharon　ハダリィ, シャロン
[著]「リーダーをめざすあなたへ」 一灯舎　2013
Hadattan Sanady, Tchimadem　ハダッタン・サナディ, キマデム
[国]ニジェール　人口・女性地位向上・児童保護相
***al*-Hadd, Mohammed Abdelkarim**　ハッド, ムハンマド・アブドルカリム
[国]スーダン　文化財・観光・野生生物相
Haddad, Amy Marie　ハッダード, アミィ・マリー
[異]ハダッド, エイミー　[著]「ケーススタディによる薬剤師の倫理」 共立出版　2010
Haddad, Demiye Zuher　ハダッド, ディマイ・ズヘイル
[国]ヨルダン　駐日特命全権大使
Haddad, Fernando　アダジ, フェルナンド
[国]ブラジル　教育相
Haddad, Habib　ハダド, ハビブ
[国]チュニジア　農業・水資源相
Haddad, Ibrahim　ハダド, イブラヒム
[国]シリア　石油鉱物資源相
Haddad, Lahcen　ハッダド, ラハセン
[国]モロッコ　観光相
Haddad, Malek　ハッダド, マレク
[国]ヨルダン　運輸相
Haddad, Sami　ハッダード, サミ
[国]レバノン　経済貿易相
Haddad, Soraya　ハダド
[国]アルジェリア　柔道選手
Haddad, Tijani　ハダド, ティジャニ
[国]チュニジア　観光相
Haddad, Wadi D.　ハダッド, ワディ・D.
[著]「教育政策立案の国際比較」 東信堂　2014
Haddadin, Bassam　ハッダディン, バッサム
[国]ヨルダン　政治改革・議会担当相
Haddix, Margaret Peterson　ハディックス, マーガレット・ピーターソン
1964～　[著]「ぼく、悪い子になっちゃった！」 さ・え・ら書房　2014
Haddon, Chris　ハドン, クリス
[著]「素晴らしき自転車ライフ」 二見書房　2014
Haddon, Mark　ハッドン, マーク
1962～　[国]イギリス　児童文学作家, 脚本家, イラストレーター　[専]児童書, フィクション
Haddou, Marie　アドゥー, マリー
[著]「働きすぎはもうやめよう」 バベル・プレス　2006
Hadeed, Aziz　ハディド, アジズ
[国]アンティグア・バーブーダ　無任所相
Hadeed, Gerald　ハディード, ジェラルド
[国]トリニダード・トバゴ　観光相
Hademine, Yahya Ould　ハドミン, ヤヒヤ・ウルド
1953～　[国]モーリタニア　政治家　モーリタニア首相　[異]ハッダミーン
Haden, Charlie　ヘイデン, チャーリー
1937～2014　[国]アメリカ　ジャズ・ベース奏者, 作曲家　本名＝Haden, Charles Edward
Haden, Christen　ヘイデン, クリステン
[著]「ちびモン」 飛鳥新社　2013
Haden, Joe　ヘイデン, ジョー
[国]アメリカ　アメフト選手
Hadenius, Stig　ハデニウス, スティーグ
1931～　[著]「スウェーデン議会史」 早稲田大学出版部　2008
Hader, Josh　ヘイダー, ジョシュ
[国]アメリカ　野球選手
Hadergjonaj, Florent　ハデルジョナイ, フロラン

Hadfi, Daniel ハドフィ
　国スイス　サッカー選手
Hadfi, Daniel ハドフィ
　国ハンガリー　柔道選手
Hadfield, Chris ハドフィールド, クリス
　1959〜　著「宇宙飛行士が教える地球の歩き方」早川書房　2015
Hadhri, Taieb ハドリ, タイエブ
　国チュニジア　科学研究・技術・能力開発相
Hadi, Abd-Rabbo Mansur ハディ, アブドラボ・マンスール
　1945〜　国イエメン　政治家, 軍人　イエメン暫定大統領, イエメン軍最高司令官　異ハディ, アブドラブ
Hadiatmodjo, Carmen Carreon ハディアットモジョ, カルメン・カレオン
　国フィリピン　元・国際連合日本政府代表部現地職員
Hadid, Jawad ハディド, ジャワド
　国ヨルダン　計画相
Hadid, Nayef ハディド, ナエフ
　国ヨルダン　議会問題相
Hadid, Zaha ハディド, ザハ
　1950〜2016　国イギリス　建築家　異ハーディド, ザハ／ハディッド, ザハ
Hadidi, Amer ハディディ, アメル
　国ヨルダン　産業貿易相
Hadidi, Niloufar Niakosari ハディディ, ニルファー・ニアコサリ
　著「ケアのなかの癒し」看護の科学社　2016
Hadinger, Boglarka ハディンガー, ボグラルカ
　著「生きることへ勇気づける」日本教育振興センター, 佐久書房（発売）　2008
Hadise ハディセ
　1985〜　国ベルギー　歌手
al-Hadithi, Mahir Ibrahim ハディーシ, マヘル・イブラヒム
　国イラク　文化相
Hadiza, Maizama ハディザ, マイザマ
　国ニジェール　職業技術相
Hadjar, Tahar ハジャル, タハル
　国アルジェリア　高等教育・科学研究相
Hadjidakis, Kostis ハジダキス, コスティス
　国ギリシャ　開発相
Hadjigakis, Sotiris ハジガキス, ソティリス
　国ギリシャ　農村開発・食料相
Hadji-Minaglou, Francis アジミナグロウ, フランシス
　著「フィトアロマテラピー・エッセンシャル処方集」フレグランスジャーナル社　2006
Hadley, Constance N. ハドリー, コンスタンス・N.
　著「いかに「時間」を戦略的に使うか」ダイヤモンド社　2005
Hadley, Eleanor M. ハドレー, エレノア・M.
　著「財閥解体」東洋経済新報社　2004
Hadley, Jerry ハドリー, ジェリー
　1952〜2007　国アメリカ　テノール歌手
Hadley, Robert ハドリー, ロベルト
　グラミー賞 最優秀サラウンド・サウンド・アルバム（2004年（第47回））　"Genius Loves Company"
Hadley, Stephen J. ハドリー, スティーブン
　1947〜　国アメリカ　弁護士　米国大統領補佐官（国家安全保障問題担当）　異ハドレー, スティーブン
Hadnagy, Christopher ハドナジー, クリストファー
　著「ソーシャル・エンジニアリング」日経BP社, 日経BPマーケティング（発売）　2012
Hadzialic, Aida ハジアリッチ, アイーダ
　国スウェーデン　中等・成人教育相
Hadžić, Damir ハジッチ, ダミル
　国ボスニア・ヘルツェゴビナ　通信運輸相
Hadzipetros, Emmanuel ハディペトロ, E.
　著「ARISを活用したシステム構築」シュプリンガー・フェアラーク東京　2005
Haeberlin, Paul エーベルラン, ポール
　?〜2008　国フランス　料理人　オーベルジュ・ド・リル・シェフ
Haeckael, Stephen H. ヘッケル, スティーブン・H.
　異ヘッケル, スティーブ　著「適応力のマネジメント」ダイヤモンド社　2001
Haecker, Katharina ヘッカー, カタリナ
　国オーストラリア　柔道選手
Haefele, Fred ヘイフェリー, フレッド
　著「走れインディアン」和尚エンタープライズジャパン　2002
Haefelin, Sandra ヘフェリン, サンドラ
　著「甘えを捨てるドイツ女性自立生活の楽しみ」光文社　2001

Haefliger, Ernst ヘフリガー, エルンスト
　1919〜2007　国スイス　テノール歌手
Haefliger, Michael ヘフリガー, ミヒャエル
　1961〜　国スイス　ルツェルン国際音楽祭芸術総監督, ダボス国際音楽祭創設者
Haeg, Joe ハーグ, ジョー
　国アメリカ　アメフト選手
Haegert, Sandy ヘガート, サンディ
　著「境界を超える看護」エルゼビア・ジャパン　2006
Haehnel, Stefan ヘーネル, シュテファン
　著「わかる！脳画像診断の要点」メディカル・サイエンス・インターナショナル　2009
Hækkerup, Karen ヘケロップ, カーレン
　国デンマーク　社会問題・統合相
Hækkerup, Nick ヘケロップ, ニック
　国デンマーク　保健相
Haemers, Guy エメール, ギー
　著「科学技術とジェンダー」明石書店　2004
Haendel, Ida ヘンデル, イダ
　1924〜　国イギリス　バイオリニスト
Haenel, Adèle エネル, アデル
　セザール賞 主演女優賞（第40回（2014年））　"Les Combattants"
Haenel, Yannick エネル, ヤニック
　1967〜　国フランス　作家　著文学, フィクション, ノンフィクション
Haeringen, Annemarie van ハーリンゲン, アンネマリー・ファン
　1959〜　著「シラユキさんとあみあみモンスター」BL出版　2016
Hafemann, Scott J. ヘイフマン, スコット
　著「3.11以降の世界と聖書」日本キリスト教団出版局　2016
Hafez, Suleiman ハーフェズ, スレイマン
　国ヨルダン　財務相　異ハフェズ, スリマン
Hafez, Wael ハフェズ, W.
　著「ARISを活用したシステム構築」シュプリンガー・フェアラーク東京　2005
Haffke, Bernhard ハフケ, ベルンハルト
　著「ロクシン刑事法学への憧憬」信山社出版　2005
Haffner, Herbert ヘルベルト
　著「巨匠フルトヴェングラーの生涯」アルファベータ　2010
al-Hafidh, Mahdi ハフィズ, マハディ
　国イラク　計画相
Hafiz, Amin ハフェズ, アミン
　1921〜2009　国シリア　政治家, 軍人　シリア大統領・首相・国防相　異ハーフェズ, アミン
Hafner, Katie ハフナー, ケイティ
　サイエンスライター
Häfner, Peter ヘフナー, ペーター
　1966〜　著「ドイツの自然・森の幼稚園」公人社　2009
Hafs, Zahia ハフス, ザイア
　著「ラデュレダイアリー」小学館　2013
Haga, Åslaug Marie ハーガ, オースラウグ・マリーエ
　国ノルウェー　自治・地方開発相
Hagan, John ヘーガン, ジョン
　1946〜　著「戦争犯罪を裁く」NHK出版　2011
Hagan, Keith ホーガン, キース
　著「パターンライブラリー」ビー・エヌ・エヌ新社　2005
Hagan, Kenneth J. ヘーガン, ケネス・J.
　著「アメリカと戦争」大月書店　2010
Hagan, Patricia ヘイガン, パトリシア
　著「恋はすばやく」ハーレクイン　2002
Hagar, Sammy ヘイガー, サミー
　著「サミー・ヘイガー自伝」ヤマハミュージックメディア　2012
Hagara, Lubomir ハガラ
　国スロバキア　カヌー選手
Hagara, Roman ハガラ
　国オーストリア　セーリング選手
Hagberg, David ハグバーグ, デヴィッド
　著「ターミネーター3」角川書店　2003
Hagbrink, Bodil ハグブリンク, ボディル
　著「ゆきとトナカイのうた」ポプラ社　2001
Hage, Anike ハーゲ, アニケ
　1985〜　著「コミックみえない雲」小学館　2011
Hage, Ghassan ハージ, ガッサン
　1957〜　著「希望の分配メカニズム」御茶の水書房　2008
Hage, Rawi ハージ, ラウィ

1964～ [国]カナダ 作家, 写真家 [専]フィクション

Hagège, Claude アジェージュ, クロード
[著]「絶滅していく言語を救うために」 白水社 2004

Hagel, Chuck ヘーゲル, チャック
1946～ [国]アメリカ 政治家 米国国防長官, 米国上院議員(共和党) 本名＝ヘーゲル, チャールズ〈Hagel, Charles T.〉 [異]ヘイゲル, チャック

Hagel, John, Ⅲ ヘーゲル, ジョン, 3世
[著]「『PULL』の哲学」 主婦の友社 2011

Hageman, Ra'Shede ハーグマン, ラシェド
[国]アメリカ アメフト選手

Hagemann, Ludwig ハーゲマン, ルートヴィッヒ
1947～ [著]「キリスト教とイスラーム」 知泉書館 2003

Hagemann, Sigrid ハーゲマン, ジークリット
[著]「SAP R/3システム管理ガイド」 日経BPソフトプレス, 日経BP出版センター(発売) 2004

Hagen, Clemens ハーゲン, クレメンス
1966～ [国]オーストリア チェロ奏者

Hagen, Earle H. ヘーゲン, アール
1919～2008 [国]アメリカ 作曲家 [異]ヘイゲン, アール

Hagen, Erica ヘイゲン, エリカ
[著]「ポール・オースターが朗読するナショナル・ストーリー・プロジェクト」 アルク 2006

Hagen, Hans ハーヘン, ハンス
1955～ [著]「だいすき」 金の星社 2003

Hagen, Jacob ヘイジャン, ジェイコブ
[国]アメリカ アメフト選手

Hagen, Joshua ヘーガン, ジョシュア
1974～ [著]「境界から世界を見る」 岩波書店 2015

Hagen, Monique ハーヘン, モニック
1956～ [著]「だいすき」 金の星社 2003

Hagen, Rainer ハーゲン, ライナー
[著]「ピーテル・ブリューゲル」 タッシェン・ジャパン, 洋販(発売) 2002

Hagen, Rose-Marie ハーゲン, ローズ＝マリー
[著]「ピーテル・ブリューゲル」 タッシェン・ジャパン, 洋販(発売) 2002

Hagen, Silvia ハーゲン, シルビア
1965～ [著]「IPv6エッセンシャルズ」 オライリー・ジャパン, オーム社(発売) 2007

Hagen, Uta ヘーガン, ユタ
1919～2004 [国]アメリカ 女優 本名＝Hagen, Uta Thyra [異]ハーゲン / ハーゲン, ウタ / ヘイゲン

Hagen, Veronika ハーゲン, ヴェロニカ
1963～ [国]オーストリア ビオラ奏者

Hagen, William ハーゲン, ウィリアム
[国]アメリカ エリザベート王妃国際コンクール ヴァイオリン 第3位(2015年)

Hagenbach, Keith ハーゲンバック, キース
[著]「チャクラ 治癒力の目覚め」 サンマーク出版 2010

Hagenberg, Roland ハーゲンバーグ, ローランド
[著]「職業は建築家」 柏書房 2004

Hageneder, Fred ハーゲネダー, フレッド
1962～ [異]ハーゲネーダー, フレッド [著]「トゥリーエンジェルオラクル」 セントラル印刷, 学研マーケティング(発売) 2013

Hager, Bryce ヘイジャー, ブライス
[国]アメリカ アメフト選手

Hager, Leopold ハーガー, レオポルト
1935～ [国]オーストリア 指揮者 ウィーン・フォルクス・オーパー音楽監督

Hager, M.G. ヘイガー, M.G.
[著]「世界を動かすリーダーは何を学び、どう考え、何をしてきたのか？」 日本実業出版社 2016

Hager, Nicky ハーガー, ニッキー
1958～ [著]「シークレット・パワー」 リベルタ出版 2003

Hager, Thomas ヘイガー, トーマス
1953～ [著]「サルファ剤、忘れられた奇跡」 中央公論新社 2013

Hagerman, Eric ヘイガーマン, エリック
[著]「脳を鍛えるには運動しかない！」 日本放送出版協会 2009

Hagerman, Jennifer ヘイジャーマン, ジェニファー
[著]「環境教育の母」 東京書籍 2004

Hagerty, Barbara Bradley ハガティ, バーバラ・ブラッドリー
[著]「聖なる刻印」 河出書房新社 2010

Hagerup, Klaus ハーゲルップ, クラウス
1946～ [著]「ビッビ・ボッケンのふしぎ図書館」 日本放送出版協会 2002

Haggar, Sidick Abdelkerim アッガー, シディック・アブドゥルクリム
[国]チャド 水・衛生相

Haggard, Merle ハガード, マール
1937～2016 [国]アメリカ カントリー歌手 本名＝Haggard, Merle Ronald

Haggard, Stephan ハガード, ステファン
[著]「北朝鮮飢餓の政治経済学」 中央公論新社 2009

Hagger, Martin ハガー, マーティン
[著]「スポーツ社会心理学」 北大路書房 2007

Haggerty, Rosanne ハガティー, ロザンヌ
[国]アメリカ 社会事業家 コモン・グラウンド・コミュニティー理事長

Haggis, Paul ハギス, ポール
1953～ [国]カナダ 映画監督, 脚本家

Hägglund, Göran ヘグルンド, ヨーラン
[国]スウェーデン 社会問題相

Hagi, Georghe ハジ, ゲオルゲ
1965～ [国]ルーマニア サッカー指導者, 元サッカー選手 サッカー・ルーマニア代表監督 [異]ハジ, ゲオルグ

Hagi, Ianis ハジ, ヤニス
[国]ルーマニア サッカー選手

Haglund, Carl ハグルンド, カール
[国]フィンランド 国防相

Haglund, Pamela ハグランド, P.
[著]「間主観的アプローチ臨床入門」 岩崎学術出版社 2004

Hagman, Larry ハグマン, ラリー
1931～2012 [国]アメリカ 俳優

Hagmar, Lars ハマー, ラース
[著]「環境医学入門」 中央法規出版 2003

Hagner, Viviane ハーグナー, ヴィヴィアン
1976～ [国]ドイツ バイオリニスト

Hagstrom, Robert G. ハグストローム, ロバート・G.
1956～ [著]「株で富を築くバフェットの法則」 ダイヤモンド社 2014

Hague, Albert ハーグ, アルバート
1920～2001 [国]アメリカ 作曲家, 俳優

Hague, Gill ヘイグ, ジル
[著]「ドメスティック・バイオレンス」 明石書店 2009

Hague, William Jefferson ヘイグ, ウィリアム
1961～ [国]イギリス 政治家 英国外相, 英国保守党党首 [異]ヘーグ, ウィリアム

Hagwood, Scott ハグウッド, スコット
[著]「記憶脳革命」 トランスワールドジャパン 2007

Hagy, Jessica ヘイジー, ジェシカ
[著]「ビューティフルビジュアライゼーション」 オライリー・ジャパン, オーム社(発売) 2011

Hahn, Alexander ハーン, A.J.
1943～ [著]「解析入門」 シュプリンガー・フェアラーク東京 2002

Hahn, Andre ハーン, アンドレ
[国]ドイツ サッカー選手

Hahn, Carole L. ハーン, キャロル・L.
[著]「欧州統合とシティズンシップ教育」 明石書店 2006

Hahn, Ferdinand ハーン, フェルディナント
[著]「新約聖書神学」 日本キリスト教団出版局 2013

Hahn, Hilary ハーン, ヒラリー
1979～ [国]アメリカ バイオリニスト

Hahn, Jesse ハーン, ジェシー
[国]アメリカ 野球選手

Hahn, Joe ハーン, ジョー
[国]アメリカ DJ 本名＝Hahn, Joseph

Hahn, Johannes ハーン, ヨハネス
[国]オーストリア 科学相

Hahn, Kimberly ハーン, キンバリ
[著]「ローマ・スイート・ホーム」 ドン・ボスコ社 2004

Hahn, Linaya ハーン, リネヤ
[著]「PMS(月経前症候群)を知っていますか？」 朝日新聞社 2004

Hahn, Lothar ハーン, ロータル
1944～ [著]「原子力と人間の歴史」 築地書館 2015

Hahn, Mary Downing ハーン, メアリー・ダウニング
アメリカ探偵作家クラブ賞 ジュヴナイル賞(2010年) "Closed for the Season" [異]ハーン, メアリー・D.

Hahn, R.A. ハーン, ロバート・A.
[著]「偽薬効果」 春秋社 2002

Hahn, Rick ハーン, リック

Hahn, Robert W. ハーン, ロバート・W.
 ㊙アメリカ　シカゴ・ホワイトソックスGM
 ㊗「ブロードバンドの発展と政策」NTT出版 2005
Hahn, Scott ハーン, スコット
 1957〜 ㊗「オプス・デイとの出会い」エンデルレ書店 2010
Hahn, Seung-hun ハン, スンホン
 1934〜 ㊙韓国　弁護士　韓国監査院院長, 韓国著作権研究所所長　漢字名＝韓勝憲, 雅号＝山民
Hahn, Ulla ハーン, ウラ
 ㊗「とき放されて」花神社 2013
Hai, Hoang Trung ハイ, ホアン・チュン
 ㊙ベトナム　副首相
El-Hai, Jack エル＝ハイ, ジャック
 ㊗「ナチスと精神分析官」KADOKAWA 2015
Hai, M.Jalalul ハイ, M.ジャラルル
 ㊙バングラデシュ　元・投資庁海外投資促進課長, 元・在バングラデシュ日本国大使館経済・経済協力アドバイザー
Haichour, Boudjemaa ハイシュール, ブジェマー
 ㊙アルジェリア　郵便・情報技術・通信相
Haidar, Abdullatif ハイダル, アブドゥラティフ
 ㊙イエメン　教育相
Haidar, El Ali ハイダル・エル・アリ
 ㊙セネガル　環境・持続的開発相
Haider, Jörg ハイダー, イェルク
 1950〜2008 ㊙オーストリア　政治家　ケルンテン州知事, オーストリア未来同盟党首　㊙ハイダー, イエルク / ハイダー, ヨルグ
Haider, Maximilian ハイダー, マクシミリアン
 ㊙オーストリア　ウルフ賞 物理学部門（2011年）
Haider, Mian Shamin ハイダー, ミアン・シャミン
 ㊙パキスタン　スポーツ相　㊙ハイダル, ミアン・シャミーム
Haider, Moinuddin ハイダー, モイヌディン
 ㊙パキスタン　内相
Haidt, Jonathan ハイト, ジョナサン
 ㊗「嫌悪とその関連障害」北大路書房 2014
Haiduk, Vitaliy ガイドク, ビタリー
 ㊙ウクライナ　副首相
al-Haifi, Mohammad ハイフィ, ムハンマド
 ㊙クウェート　保健相
Haig, Alexander Meigs, Jr. ヘイグ, アレクサンダー
 1924〜2010 ㊙アメリカ　政治家, 軍人　米国国務長官, NATO軍最高司令官, ワールドワイド・アソシエーツ会長　㊙ヘーグ, アレクサンダー / ヘイグ, アレクザンダー / ヘイグ, アレグザンダー
Haig, Brian ヘイグ, ブライアン
 1953〜 ㊗「キングメーカー」新潮社 2004
Haig, Francesca ヘイグ, フランチェスカ
 ㊙オーストラリア　作家　㊙SF
Haig, Matt ヘイグ, マット
 1975〜 ㊙イギリス　作家, ビジネスコンサルタント　㊙文学, フィクション
Haig, Milton ヘイグ, ミルトン
 ㊙ニュージーランド　ラグビーコーチ
Haigh, John ヘイグ, ジョン
 1955〜 ㊗「確率」丸善出版 2015
Haigh, Thomas ヘイグ, T.
 1972〜 ㊗「ENIAC」共立出版 2016
Haight, Barbara K. ハイト, バーバラ・K.
 ㊗「ライフレヴュー入門」ミネルヴァ書房 2016
Haight, Barrett S. ハイト, バレット・S.
 ㊗「ライフレヴュー入門」ミネルヴァ書房 2016
Haigneré, Claudie エニュレ, クローディ
 ㊙フランス　欧州問題担当相
Häikiö, Martti ハイキオ, マルッティ
 1949〜 ㊗「フィンランド現代政治史」早稲田大学出版部 2003
Haile, Asegidie ハイレ・アセギディエ
 ㊙エチオピア　公共事業・都市開発相
Haile, Weldensae ハイレ・ウェルデンサエ
 ㊙エリトリア　通産相
Hailemariam Desalegn ハイレマリアム・デサレン
 1965〜 ㊙エチオピア　政治家　エチオピア首相
Haileselassie, Yemane ハイレセラシエ, イエマネ
 ㊙エリトリア　陸上選手
Hailey, Arthur ヘイリー, アーサー
 1920〜2004 ㊙カナダ　作家
Hails, Rosemary ヘイルズ, ロージー
 ㊗「一般線形モデルによる生物科学のための現代統計学」共立出版 2007
Lord Hailsham ヘールシャム卿
 1907〜2001 ㊙イギリス　政治家　英国大法官, 英国上院議員　本名＝ヘールシャム, クインティン・マッガレル・ホッグ〈Hailsham, Quintin McGarel Hogg〉 ㊙ヘイルシャム卿
Haim, Corey ハイム, コリー
 1971〜2010 俳優
Haimovitz, Matt ハイモビッツ, マット
 1970〜 ㊙イスラエル　チェロ奏者　㊙ハイモヴィッツ, マット
Hain, Peter ヘイン, ピーター
 ㊙イギリス　北アイルランド相兼ウェールズ相
Haindl, K. ハインドル, K.
 ㊗「水理工学概論」技報堂出版 2001
Hainer, Herbert ハイナー, ヘルベルト
 1954〜 ㊙ドイツ　実業家　アディダスCEO
Haines, Annette M. ヘインズ, アネット
 ㊗「1946年ロンドン講義録」風鳴舎 2016
Haines, Carolyn ヘインズ, キャロライン
 ㊗「ダリアハウスの困った聖夜」東京創元社 2009
Haines, Duane E. ハインズ, デュアン・E.
 ㊙ヘインズ, D. ㊗「ハインズ神経解剖学アトラス」メディカル・サイエンス・インターナショナル 2013
Haines, George ヘインズ, ジョージ
 1924〜2006 ㊙アメリカ　水泳指導者
Haines, Michael ヘインズ, マイケル
 ㊗「SolarisによるLDAP実践ガイド」ピアソン・エデュケーション 2002
Haines, Mike ヘインズ, マイク
 ㊗「プリンセスハッピーストーリー」大日本絵画 2006
Haines, Staci ヘインズ, ステイシー
 ㊗「性的虐待を受けた人のポジティブ・セックス・ガイド」明石書店 2001
Haines, Tim ヘインズ, ティム
 ㊗「図説恐竜の時代」岩崎書店 2006
Haining, Peter ヘイニング, ピーター
 1940〜 ㊗「魔法使いになる14の方法」東京創元社 2003
Hairer, Ernst ハイラー, E.
 ㊗「常微分方程式の数値解法」シュプリンガー・ジャパン 2008
Hairer, Martin ハイラー, マルティン
 ㊙オーストリア　フィールズ賞（2014年）
Hairsine, Trevor ヘアシン, トレバー
 ㊗「X-MEN：デッドリー・ジェネシス」ヴィレッジブックス 2011
Hairston, Chris ヘアーストン, クリス
 ㊙アメリカ　アメフト選手
Hairston, P.J. ヘアストン, PJ
 ㊙アメリカ　バスケットボール選手
Hairullina, Roza カイルリーナ, ローザ
 モスクワ国際映画祭 銀賞 最優秀女優賞（第34回（2012年））"The Horde"（ロシア）
Hais, Michael D. ハイス, マイケル・D.
 ㊗「アメリカを変えたM（ミレニアル）世代」岩波書店 2011
al-Haisami, Khadijah Ahmad ハイサミ, ハディージャ・アハマド
 ㊙イエメン　人権相
Haist, Steven A. ヘイスト, スティーブン・A.
 ㊙ハイスト, スティーブン・A. ㊗「内科オンコール」メディカル・サイエンス・インターナショナル 2004
Haitham, bin Tariq al-Said ハイサム・ビン・タリク・サイド
 ㊙オマーン　遺産文化相
Haitink, Bernard ハイティンク, ベルナルト
 1929〜 ㊙オランダ　指揮者　ロイヤル・コンセルトヘボウ管弦楽団名誉指揮者, ボストン交響楽団名誉指揮者　コベント・ガーデン王立歌劇場（ロイヤル・オペラハウス）音楽監督　本名＝Haitink, Bernard John Herman
Haiveta, Chris ハイベタ, クリス
 ㊙パプアニューギニア　住宅相
Hajar, Hajar bin Ahmad ハジャル, ハジャル・ビン・アハマド
 ㊙カタール　保健相
Hajdaš Dončić, Siniša ハイダシュドンチッチ, シニシャ
 ㊙クロアチア　海事・運輸・インフラ相
Hajdinaga, Gezim ハイディナガ, ゲジム
 ㊙モンテネグロ　国民民族権利擁護相
Hajdu, David ハジュー, デヴィッド
 ㊗「有害コミック撲滅！」岩波書店 2012
Hajdu, Jonatan ハイドゥ, ヨナタン
 ㊙ハンガリー　カヌー選手

Hajdu, Patricia A. ハイデュ, パトリシア・A.
　国カナダ　雇用・労働力開発・労働相
Hajek, Antonin ハエク
　国チェコ　スキージャンプ選手
Hajeski, Nancy J. ハジェスキー, ナンシー・J.
　1951～　著「ハーブ&スパイス大事典」日経ナショナルジオグラフィック社, 日経BPマーケティング（発売）2016
Haji, Morteza ハジ, モルテザ
　国イラン　教育相　別ハージー, モルテザ
Haji, Yusuf ハジ, ユスフ
　国ケニア　国防担当相
Haji, Zakariya Mahmud ハジ, ザカリヤ・マフムド
　国ソマリア　情報相
Haji Akhondzadeh, Masoud ハジアホンドザデ
　国イラン　柔道選手
Hajibabai, Hamid-Reza ハージババイ, ハミドレザ
　国イラン　教育相
Hajifaqi, Abdihakim Mohamoud ハジファキ, アブディハキム・モハムード
　国ソマリア　副首相兼国防相
al-Hajiri, Falah Fahad Muhammad ハジリ, ファラハ・ファハド・ムハンマド
　国クウェート　貿易産業相
Hajjar, Bandar bin Muhammad ハッジャル, バンダル・ビン・ムハンマド
　国サウジアラビア　巡礼相
Hajjeh, Tamir ハッジャ, タミル
　国シリア　地方自治相
al-Hajj Hassan, Hussein ハッサン, フセイン・ハッジ
　国レバノン　農相
al-Hajji Bukhadhour, Faisal Muhammad ハジ・ブハドール, ファイサル・ムハンマド
　国クウェート　副首相兼内閣担当相
al-Hajraf, Nayef Falah ハジュラフ, ナイフ・ファラフ
　国クウェート　教育相
Hajra-Lee, Felicia ハジラ=リー, フェリシア
　著「イングレス」星海社, 講談社（発売）2015
al-Hajri, Ibrahim Umar ハジュリ, イブラヒム・ウマル
　国イエメン　技術職業訓練相
Hajrovic, Izet ハイロヴィッチ, イゼト
　国ボスニア・ヘルツェゴビナ　サッカー選手
Hakamada, Irina Mutsuovna ハカマダ, イリーナ
　1955～　国ロシア　政治家　ロシア下院議員・副議長
Häkämies, Jyri ハカミエス, ユリ
　国フィンランド　国防相
Hakamies, Kari ハカミエス, カリ
　国フィンランド　内相
Hakansson, Joyce ハッカンソン, ジョイス
　著「ヒューマンインターフェースの発想と展開」ピアソン・エデュケーション　2002
Hake, Sabine ハーケ, ザビーネ
　著「ドイツ映画」鳥影社・ロゴス企画　2010
Hakeem, Rauff ハキーム, ラウフ
　国スリランカ　都市開発・上下水道相
Haken, Hermann ハーケン, ヘルマン
　1927～　国ドイツ　理論物理学者　シュトゥットガルト大学理論物理学研究所教授　著「レーザーの研究」別ハーケン, ハーマン
Hakenewerth, Quentin ハーケンワース, クェンティン
　著「マリアと祈りながらイエスの徳に学ぶ」サンパウロ　2001
Hakhnazaryan, Narek ハクナザリャン, ナレク
　国アルメニア　チャイコフスキー国際コンクール チェロ 第1位（2011年（第14回））
al-Hakim, Abdel Aziz ハキム, アブドル・アジズ
　1950～2009　国イラク　イスラム教シーア派指導者　イラク・イスラム最高評議会（SIIC）指導者　別ハキーム, アブドルアジズ
al-Hakim, Akram ハキム, アクラム
　国イラク　国務相（国民対話担当）
Hakim, Alain ハキム, アラン
　国レバノン　経済貿易相
Hakim, Catherine ハキム, キャサリン
　著「エロティック・キャピタル」共同通信社　2012
Hakim, Christine ハキム, クリスティン
　1956～　国インドネシア　女優, 映画プロデューサー
al-Hakim, Mohammad Baqil ハキム, ムハマド・バキル
　1939～2003　国イラク　イスラム教シーア派指導者　イラク革命最高評議会（SCIRI）議長　別ハキーム, ムハンマド・バーキル / ハキム, ムハマド・バクル / ハキム, ムハンマド・バキル / ハキム, モハマド・バクル
al-Hakim, Mohammed Ali ハキム, モハマド・アリ
　国イラク　通信相
Hakimi, Eklil ハキミ, エクリル
　国アフガニスタン　財務相
Hakizimana, Godefroy ハキジマナ, ゴデフロイ
　国ブルンジ　手工業職業訓練成人識字相
Hakkaoui, Bassima ハッカウイ, バッシマ
　国モロッコ　連帯・女性・家族・社会開発相
Hakkinen, Henri ハッキネン
　国フィンランド　射撃選手
Häkkinen, Mika ハッキネン, ミカ
　1968～　国フィンランド　元F1ドライバー
Hakobyan, Hranush アコピャン, ラヌシュ
　国アルメニア　在外市民相　別アコビャン, ラヌシュ
Hal, Andre ハル, アンドレ
　国アメリカ　アメフト選手
Halabi, Bassam ハラビ, バッサム
　著「インターネットルーティングアーキテクチャ」ソフトバンクパブリッシング　2001
Halabi, Warif ハラビ, ワリフ
　国シリア　臨時代理大使, 参事官
Halaifonua, David ハライフォヌア, デヴィッド
　国トンガ　ラグビー選手
Halaiqa, Mohammad ハライカ, モハマド
　国ヨルダン　副首相兼経済担当国務相
Halam, Ann ハラム, アン
　1952～　著「リンドキストの箱舟」文芸春秋　2006
Halamish, Aviva ハラミシュ, アヴィヴァ
　著「イスラエル」ほるぷ出版　2009
Halane, Hussein Abdi ハラネ, フセイン・アブディ
　国ソマリア　財務相
Halapio, Jon ハラピオ, ジョン
　国アメリカ　アメフト選手
Halaseh, Sami ハラセ, サミ
　国ヨルダン　公共事業・住宅相
Halasyamani, Lakshmi K. ハラシャマニ, ラクシミ・K.
　著「病院勤務医の技術」日経BP社, 日経BP出版センター（発売）2009
Halatine, Zakyatou Oualett アラティン, ザキアトゥ・ウレット
　国マリ　観光・工芸相
Halavais, Alexander M.Campbell ハラヴェ, アレクサンダー
　1971～　著「ネット検索革命」青土社　2009
Halawani, Hatem al ハラワニ, ハテム
　国ヨルダン　産業貿易相　別ハラワニ, ハティム
Halawlaw, Ateib Idriss ハラウラウ, アテイブ・イドリス
　国チャド　法務・人権相
Halbe-Bauer, Ulrike ハルベ・バウアー, ウルリケ
　1949～　著「マルガレーテ・シュタイフ」東京新聞出版部　2010
Halberstadt, Hans ハルバーシュタット, ハンス
　著「スナイパー」河出書房新社　2011
Halberstam, David ハルバースタム, デービッド
　1934～2007　国アメリカ　ジャーナリスト, 作家　別ハルバースタム, デイヴィッド / ハルバースタム, デビッド / ハルバスタム, デービッド
Halberstam, Joshua ハルバースタム, ジョシュア
　1946～　著「仕事と幸福, そして, 人生について」ディスカヴァー・トゥエンティワン　2009
Halbertal, Moshe ハルバータル, M.
　別ハルバータル, モッシェ　著「書物の民」教文館　2015
Halbi, Mohammad Yusuf ハルビ・モハメドユゾフ
　国ブルネイ　青年・スポーツ・文化相
Halbrendt, Catherine ハルブレント, キャサリン
　著「食品安全と栄養の経済学」農林統計協会　2002
Halcón, Linda L. ハルコン, リンダ・L.
　著「ケアのなかの癒し」看護の科学社　2016
Haldeman, Joe ホールドマン, ジョー
　1943～　国アメリカ　SF作家　筆名＝グレアム, ロバート〈Graham, Robert〉
Halder, Veronika ハルダー
　国オーストリア　リュージュ選手
Hale, Bob ヘイル, ボブ
　著「フレーゲ哲学の最新像」勁草書房　2007
Hale, Chip ヘイル, チップ

Hale, Deborah　ヘイル, デボラ
　国アメリカ　オークランド・アスレティックスコーチ
　著「華麗なる英国レディの恋」ハーレクイン　2013
Hale, DeMarlo　ヘイル, デマーロ
　国アメリカ　トロント・ブルージェイズコーチ
Hale, Fred　ヘール, フレッド
　1890〜2004　国アメリカ　男性の世界最高齢者
Hale, Ginn　ヘール, ジン
　国アメリカ　作家　訳ファンタジー　異ヘイル, ジン
Hale, Irina　ヘイル, イリーナ
　著「おもちゃの時間のはじまりだ」評論社　2002
Hale, James Graham　ヘイル, ジェームズ・グラハム
　訳ヘイル, ジェームズ・G.　訳「ほらあめだ!」福音館書店　2009
Hale, Joel　ヘイル, ジョエル
　国アメリカ　アメフト選手
Hale, J.R.　ヘイル, J.R.
　著「イタリア・ルネサンス事典」東信堂　2003
Hale, Lori Brandt　ヘイル, L.B.
　著「はじめてのボンヘッファー」教文館　2015
Hale, Nathan　アール, ナタン
　著「あおいうま」パロル舎　2004
Hale, Rachael　ヘイル, レイチェル
　著「101匹にゃんこ」学習研究社　2007
Hale, Sandra Beatriz　ヘイル, サンドラ
　著「コミュニティ通訳」文理閣　2014
Hale, Shannon　ヘイル, シャノン
　国アメリカ　作家　訳ヤングアダルト, 文学
Hale, Steve　ヘイル, スティーヴ
　著「ポール・オースターが朗読するナショナル・ストーリー・プロジェクト」アルク　2006
Hale, Tony　ヘイル, トニー
　エミー賞 プライムタイム・エミー賞 最優秀助演男優賞（コメディシリーズ）（第65回（2013年））　"Veep"
Haleem, Abdul　ハリーム, アブドゥル
　国スリランカ　郵政・イスラム教相
Hale-Evans, Ron　エール・エバンス, ロン
　著「Mindパフォーマンスhacks」オライリー・ジャパン, オーム社（発売）　2007
Hales, Dianne R.　ヘイルズ, ダイアン
　1950〜　著「モナ・リザ・コード」柏書房　2015
Hales, Jonathan　ヘイルズ, ジョナサン
　著「アート・オブスター・ウォーズエピソード2クローンの攻撃」ソニー・マガジンズ　2002
Hales, Robert E.　ヘイルス, ロバート
　著「エッセンシャル神経精神医学と臨床神経科学」西村書店東京出版編集部　2010
Halevi, Ilan　ハレヴィ, イラン
　著「フェリックス・ガタリの思想圏」大村書店　2001
Halevi, Z'ev ben Shimon　ハレヴィ, ゼヴ・ベン・シモン
　1933〜　著「アノインテッド」フィリング事務局, 出帆新社（発売）　2012
Halevy, Efraim　ハレビ, エフライム
　1934〜　国イスラエル　モサド長官　異ハレヴィ, エフライム
Haley, Amanda　ハーレイ, アマンダ
　著「うちのパパが世界でいちばん!」くもん出版　2005
Haley, Gail E.　ヘイリー, ゲイル・E.
　著「おはなしおはなし」ほるぷ出版　2002
Haley, Guy　ヘイリー, ガイ
　1973〜　著「SF大クロニクル」KADOKAWA　2016
Haley, Jack, Jr.　ヘーリー, ジャック, Jr.
　1933〜2001　国アメリカ　映画監督, 映画プロデューサー　異ヘイリー, ジャック, Jr.
Haley, Jay　ヘーリー, ジェイ
　?〜2007　国アメリカ　心理学者, 家族療法家　家族療法研究所所長, メリーランド大学精神科教授　異ヘイリー, ジェイ／ヘイリー, J.
Haley, Jocelyn　ヘイリー, ジョスリン
　著「湖畔の衝撃」ハーレクイン　2002
Haley, John O.　ヘーリー, ジョン
　国アメリカ　法学者　バンダービルト大学ロースクール教授　ワシントン大学ロースクール教授　訳日本法, アジア法, 法社会学　異ヘーリー, ジョン
Haley, Justin　ヘイリー, ジャスティン
　国アメリカ　野球選手
Haley, Todd　ヘイリー, トッド
　国アメリカ　ピッツバーグ・スティーラーズコーチ
Halfacree, Gareth　ハーフェイカー, ギャレス
　著「Raspberry Piユーザーガイド」インプレスジャパン, インプレスコミュニケーションズ（発売）　2013
Halferty, Mike　ハルファーティ, マイク
　国マーシャル諸島　運輸通信相
Halfon, Eduardo　ハルフォン, エドゥアルド
　1971〜　著「ポーランドのボクサー」白水社　2016
Halford, Rob　ハルフォード, ロブ
　1951〜　国イギリス　ロック歌手
Halfpenny, Jill　ハーフペニー, ジル
　ローレンス・オリヴィエ賞 ミュージカル・エンタテインメント 助演俳優賞（2011年（第35回））　"Legally Blonde - The Musical"
Halfpenny, Leigh　ハーフペニー, リー
　国ウェールズ　ラグビー選手
Hali, Tamba　ハリ, タンバ
　国アメリカ　アメフト選手
Halicki, Andrzej　ハリツキ, アンジェイ
　国ポーランド　行政・デジタル化相
Halifax, Joan　ハリファックス, ジョアン
　1942〜　著「愛する者は死なない」晃洋書房　2015
Halikimi, Mahamat Issa　ハリキミ, マハマト・イッサ
　国チャド　法務・人権相
Halilhodžić, Vahid　ハリルホジッチ, ヴァヒド
　1952〜　国フランス　サッカー指導者　サッカー日本代表監督　サッカー・アルジェリア代表監督, サッカー・コートジボワール代表監督　異ハリホズイク, ヴァヒド／ハリルホジッチ, バヒド／ハリルホジッチ, ヴァイド／ハリロジッチ, バヒッド
Halilovic, Alen　ハリロヴィッチ, アレン
　国クロアチア　サッカー選手
Halilović, Jasminko　ハリロビッチ, ヤスミンコ
　1988〜　著「ぼくたちは戦場で育った」集英社インターナショナル, 集英社（発売）　2015
Halilović, Safet　ハリロビッチ, サフェト
　国ボスニア・ヘルツェゴビナ　人権難民相
Halim, Atef　ハリム, アテフ
　1950〜　国フランス　バイオリニスト
Halimi, Besar　アリミ, ブサール
　国コソボ　サッカー選手
Halimi, Eduard　ハリミ, エドゥアルド
　国アルバニア　法相
Halkias, Georgios T.　ハルキアス, ゲオルギオス・T.
　著「ヒマラヤ探検史」東洋書林　2015
Halkina, Katsiaryna　ハルキナ, カツィアリーナ
　国ベラルーシ　新体操選手
Hall, Allen　ホール, アレン
　アカデミー賞 特殊効果賞（第79回（2006年））　"Pirates of the Caribbean: Dead Man's Chest"
Hall, Alvin　ホール, アルヴィン
　著「目で見る経済」さ・え・ら書房　2009
Hall, Amanda　ホール, アマンダ
　著「アンリ・ルソー」六耀社　2015
Hall, Arman　ホール
　国アメリカ　陸上選手
Hall, Benjamin　ホール, ベンジャミン
　著「なぜISISは平気で人を殺せるのか」ビジネス社　2015
Hall, Brian　ホール, ブライアン
　著「おとなが知らないこどもの秘密」角川書店　2001
Hall, Brian Keith　ホール, ブライアン・K.
　1941〜　著「進化発生学」工作舎　2001
Hall, Bruce Edward　ホール, ブルース・エドワード
　著「ポール・オースターが朗読するナショナル・ストーリー・プロジェクト」アルク　2006
Hall, Christina　ホール, クリスティーナ
　著「クリスティーナ・ホール博士の言葉を変えると, 人生が変わる」ヴォイス　2008
Hall, Conrad L.　ホール, コンラッド
　1926〜2003　国アメリカ　映画撮影監督
Hall, Constance Margaret　ホール, C.マーガレット
　著「祖父母の特別な役割」誠信書房　2001
Hall, Daryl　ホール, ダリル
　1948〜　国アメリカ　ミュージシャン
Hall, David D.　ホール, デイヴィッド・D.
　著「改革をめざすピューリタンたち」彩流社　2012
Hall, DeAngelo　ホール, ディアンジェロ

Hall, Deiondre' ホール, ディオンドレ
㋐アメリカ　アメフト選手
Hall, Donald ホール, ドナルド
1928～　㋰「アメリカ子供詩集」国文社　2008
Hall, Douglas ホール, ダグラス
1926～　㋰「クレー」西村書店　2012
Hall, Douglas T. ホール, ダグラス・ティム
1940～　㋰「プロティアン・キャリア――生涯を通じて生き続けるキャリア」プロセス・コンサルテーション, 亀田ブックサービス（新潟）（発売）　2015
Hall, Edward Twitchell ホール, エドワード
1914～2009　㋐アメリカ　文化人類学者　ノースウエスタン大学教授　㋺比較文化論, 非言語的コミュニケーション, 文化間コミュニケーション
Hall, Edwin ホール, エドウィン
㋰「アルノルフィーニの婚約」中央公論美術出版　2001
Hall, Gary, Jr. ホール
㋐アメリカ　競泳選手
Hall, Gary McLean ホール, ゲーリー・マクリーン
㋰「C#実践開発手法」日経BP社, 日経BPマーケティング（発売）　2015
Hall, George Martin ホール, G.M.
㋰「医学口頭発表のエッセンス」朝倉書店　2004
Hall, Grady ホール, グラディ
MTVアワード　最優秀視覚効果（第30回（2013年））"Safe and Sound"
Hall, Henry Edgar ホール, ヘンリー・E.
1928～2015　㋰「固体物理学入門」丸善　2002
Hall, Jacqueline ホール, ジャクリーン
㋰「刷新してほしい患者移動の技術」日本看護協会出版会　2003
Hall, James ホール, ジェイムズ
1963～　㋰「ミケランジェロとコーヒータイム」三元社　2016
Hall, James W. ホール, ジェームス
1947～　㋐アメリカ　作家　㋓ホール, ジェームス・W. / ホール, ジェイムズ・W.
Hall, Jason R. ホール, ジェイソン・R.
㋰「サイコパシー・ハンドブック」明石書店　2015
Hall, Jim ホール, ジム
1930～2013　㋐アメリカ　ジャズ・ギタリスト　本名＝Hall, James Stanley
Hall, Jimmy ホール, ジミー
㋐アメリカ　アメフト選手
Hall, John ホール, ジョン
1944～　㋰「専門職としての臨床心理士」東京大学出版会　2003
Hall, John Lewis ホール, ジョン
1934～　㋐アメリカ　物理学者　コロラド大学名誉教授, 米国国立標準技術研究所（NIST）名誉研究員　㋺レーザー光　㋓ホール, ジョン・L.
Hall, John R. ホール, ジョン・R.
㋰「マーケティングのジレンマ」ダイヤモンド社　2004
Hall, Joseph N. ホール, ジョセフ・N.
1966～　㋰「Effective Perl」翔泳社　2015
Hall, J.Storrs ホール, J.ストーズ
㋰「ナノフューチャー」紀伊国屋書店　2007
Hall, Judy ホール, ジュディ
1943～　㋰「パワーストーンの小さな事典」プレジデント社　2016
Hall, Katarzyna ハル, カタジナ
㋐ポーランド　教育相
Hall, Kenneth ホール, ケネス
㋐ジャマイカ　総督
Hall, Kenneth ホール, ケネス
1989～　㋰「ぼくのアスペルガー症候群」東京書籍　2001
Hall, Klay ホール, クレイ
㋰「ティンカー・ベルと月の石」竹書房　2009
Hall, Lee ホール, リー
トニー賞　ミュージカル脚本賞（2009年（第63回））"Billy Elliot The Musical"
Hall, Lena ホール, リナ
トニー賞　ミュージカル助演女優賞（2014年（第68回））"Hedwig and the Angry Inch"
Hall, Leon ホール, レオン
㋐アメリカ　アメフト選手
Hall, L.Michael ホール, L.マイケル
㋰「NLPイノベーション」春秋社　2013
Hall, Margaret ホール, マーガレット
1947～　㋰「おこづかい、上手につかってる？」文渓堂　2002
Hall, Margaret Ann ホール, アン
1942～　㋰「フェミニズム・スポーツ・身体」世界思想社　2001
Hall, Marie-Louise ホール, マリー・ルイーズ
㋰「裏切りの甘い香り」ハーレクイン　2007
Hall, Mark A. ホール, マーク
1955～　㋰「アメリカ医事法」木鐸社　2005
Hall, Marty ホール, マーティ
1962～　㋰「モア・サーブレット＆JSP」ソフトバンクパブリッシング　2002
Hall, Marvin ホール, マービン
㋐アメリカ　アメフト選手
Hall, Michael C. ホール, マイケル・C.
ゴールデン・グローブ賞　テレビ　男優賞（ドラマ）（第67回（2009年度））"Dexter"
Hall, Mindy ホール, ミンディー
アカデミー賞　メイクアップ賞（第82回（2009年））"Star Trek"
Hall, Nicola ホール, ニコラ
㋰「リフレクソロジー」産調出版　2004
Hall, Parnell ホール, パーネル
㋰「休暇はほしくない」早川書房　2005
Hall, Peter A. ホール, ピーター・A.
㋰「資本主義の多様性」ナカニシヤ出版　2007
Hall, Phil ホール, フィル
カナダ総督文学賞　英語　詩（2011年）"Killdeer"
Hall, Rannel ホール, ランネル
㋐アメリカ　アメフト選手
Hall, Richard ホール, リチャード
1944～　㋰「マーケティングビギナーズ」ピアソン桐原　2012
Hall, Sean ホール, ショーン
㋰「イメージと意味の本」フィルムアート社　2013
Hall, Simon W. ホール, サイモン・W.
㋰「オークニー文学史」あるば書房　2014
Hall, Stacey ホール, ステーシー
1965～　㋰「顧客は追いかけるな！」ダイヤモンド社　2006
Hall, Steven ホール, スティーブン
1975～　㋐イギリス　作家　㋺文学　㋓ホール, スティーヴン
Hall, Stuart ホール, スチュアート
1932～2014　㋐イギリス　社会学者, 著述家　オープン・ユニバーシティ名誉教授　㋺カルチュラル・スタディーズ
Hall, Thomas ホール
㋐カナダ　カヌー選手
Hall, Trish ホール, T.
㋰「セレブな整形」文芸春秋　2005
Halladay, Roy ハラデー, ロイ
1977～　㋐アメリカ　元野球選手　本名＝Halladay, Harry Leroy　㋓ハラデイ, ロイ
Hallam, Elizabeth M. ハラム, エリザベス
㋰「十字軍大全」東洋書林　2006
Hallam, Susan ハラム, スーザン
㋓ハラム, S.　㋰「演奏を支える心と科学」誠信書房　2011
Hallam, Tracey ハラム
㋐イギリス　バドミントン選手
Hallaq, Wael B. ハッラーク, ワーエル・B.
1955～　㋓ハッラーク, ワーイル　㋰「イスラーム法理論の歴史」書肆心水　2010
Hallas, James H. ハラス, ジェームス・H.
㋰「沖縄シュガーローフの戦い」光人社　2010
Hallberg, David ホールバーグ, デービッド
㋐アメリカ　バレエダンサー　ボリショイ・バレエ団プリンシパル, アメリカン・バレエ・シアター（ABT）プリンシパル　㋓ホールバーグ, デヴィッド
Hallberg, Per ホールバーグ, パー
アカデミー賞　音響効果賞（第85回（2012年））ほか
Hallbom, Tim ハルボム, ティム
㋰「信じるチカラの、信じられない健康効果」ヴォイス　2015
Halldorsdottir, Kolbrun ハルドールスドッティル, コルブルン
㋐アイスランド　環境相
Halldorson, Phyllis ホールドーソン, フィリス
㋰「傷だらけのブーケ」ハーパーコリンズ・ジャパン　2016
Hallemans, Ina ハーレマンス, イナ
㋰「車いすのおねえちゃん」大月書店　2007
Hallen, Lexie ハレン, レクシー
㋰「ハーバードMBA合格者のエッセイを読む」オープンナレッジ　2007
Hallengren, Bo ハレングレン, ボ

1951〜　[著]「スウェーデンの田舎暮し」 古今社　2007
Hallengren, Lena　ハレングレン, レナ
[国]スウェーデン　就学前教育・青少年問題・生涯教育担当相
Hallensleben, Anne　ハレンスレーベン, アン
1970〜　[著]「たからさがし」 小学館　2016
Hallensleben, Georg　ハレンスレーベン, ゲオルグ
1958〜　画家　[異]ハレンスレーベン, ゲオルク
Haller, Dorcas Woodbury　ハラー, ドーカス・ウッドバリー
[著]「これ、なあに？」 偕成社　2007
Haller, L.Michael　ハラー, L.マイケル
[著]「スター・トレジャー」 早川書房　2013
Haller, Lynn　ハラー, リン
1965〜　[著]「アイデア&プロセスの法則プロダクトデザイン」 毎日コミュニケーションズ　2005
Haller, Rebecca L.　ハラー, レベッカ・L.
[著]「園芸療法メソッド」 東京教学社　2011
Haller, Walter　ハラー, ワルター
1939〜　[著]「スイス憲法」 成文堂　2014
Halleslevens, Moisés Omar　ハレスレベンス, モイセス・オマル
[国]ニカラグア　副大統領　[異]ハレスレベン, モイセス・オマル
Hallet, Bryce　ハレット, ブライス
[著]「アニメーションでどう伝える？」 ボーンデジタル　2016
Hallett, Christine E.　ハレット, クリスティン
[著]「看護師の歴史」 国書刊行会　2014
Hallett, Lisa　ハレット, リサ
[著]「超一流のプロが教えるクルマの描き方」 スタジオタッククリエイティブ　2009
Hallett, Tom　ハレット, トム
[著]「入門React」 オライリー・ジャパン, オーム社(発売)　2015
Halley, Ned B.　ハリー, ネッド
[著]「写真でみる農耕と畜産の歴史」 あすなろ書房　2007
Halley, Paul-Auguste　アレー, ポールオーギュスト
？〜2002　[国]フランス　実業家　プロモデス創業者
Halley, Paul-Louis　アレー, ポール・ルイ
1934〜2003　[国]フランス　実業家　プロモデス共同創業者　[異]アレ, ポールルイ
Halley, Peter　ハリー, ピーター
1953〜　[国]アメリカ　アーティスト　[専]シミュレーション・アート
Hallfredsson, Emil　ハルフレドソン, エミル
[国]アイスランド　サッカー選手
Halliday, David　ハリディ, D.
1916〜　[著]「演習・物理学の基礎」 培風館　2004
Halliday, Fred　ハリデイ, フレッド
1946〜2010　[国]アイルランド　政治学者, ジャーナリスト　ロンドン・スクール・オブ・エコノミクス(LSE)教授　[専]国際関係論, 国際政治経済学　本名＝Halliday, Frederick　[異]ハリデー, フレッド
Halliday, Jon　ハリデイ, ジョン
[著]「真説 毛沢東」 講談社　2016
Halliday, Michael Alexander Kirkwood　ハリデー, M.A.K.
1925〜　[国]オーストラリア　言語学者　シドニー大学名誉教授
Halliday, Tim　ハリデイ, ティム
[著]「爬虫類と両生類の写真図鑑」 日本ヴォーグ社　2001
Halliday-Sumner, Linda　ハリディ＝サムナー, リンダ
[著]「リンダの祈り」 集英社　2003
Halligan, Brian　ハリガン, ブライアン
1967〜　[著]「グレイトフル・デッドにマーケティングを学ぶ」 日経BP社, 日経BPマーケティング(発売)　2011
Halligan, Fionnuala　ハリガン, フィオヌラ
[著]「映画美術から学ぶ「世界」のつくり方」 フィルムアート社　2015
Halligan, Peter W.　ハリガン, P.W.
[異]ハリガン, ピーター・W.　[著]「臨床神経心理学ハンドブック」 西村書店東京出版編集部　2011
Hallin, Daniel C.　ハリン, ダニエル・C.
[著]「メディア理論の脱西欧化」 勁草書房　2003
Hallinan, Camilla　ハリナン, カミラ
[著]「ピーターラビットとビアトリクス・ポターの世界」 大日本絵画　〔2002〕
Hallinan, Joseph T.　ハリナン, ジョゼフ・T.
[著]「しまった！」 講談社　2010
Hallisey, Caroline　ハリシー
[国]アメリカ　ショートトラック選手
Halliwell, Ed　ハリウェル, エド
[著]「マインドフルネス」 KADOKAWA　2015
Halliwell, Geri　ハリウェル, ジェリ
1972〜　[国]イギリス　歌手　本名＝Halliwell, Geraldine Estelle　[異]ハリウェル, ジェリー
Halliwell, Jonathan J.　ハリウェル, ジョナサン・J.
[著]「宇宙の創成と進化」 日本経済新聞社　2005
Hallman, Patsy Spurrier　ホールマン, P.
[著]「スキルズ・フォア・ライフ」 家政教育社　2002
Hallman, Tom, Jr.　ホールマン, トム, Jr.
[著]「サム」 学習研究社　2003
Hallo, William W.　ハロー, ウィリアム・W.
1928〜2015　[著]「起源」 青灯社　2015
Halloran, Edward J.　ハロラン, エドワード・J.
[著]「ヴァージニア・ヘンダーソン選集」 医学書院　2007
Halloran, Richard　ハロラン, リチャード
1930〜　[国]アメリカ　ジャーナリスト　「ニューヨーク・タイムズ」東京支局長
Halloway, Eke Ahmed　ハロウェイ, エケ・アフメド
[国]シエラレオネ　法相兼検事総長
Halloway, Stuart Dabbs　ハロウェイ, ステュアート
[著]「プログラミングClojure」 オーム社　2013
Hallowell, Edward M.　ハロウェル, エドワード・M.
[著]「ハーバード集中力革命」 サンマーク出版　2016
Hallows, Jolyon E.　ハローズ, ジョリオン
[著]「プロジェクトマネジメント・オフィス・ツールキット」 テクノ　2005
Hallows, Richard　ハロウズ, リチャード
[著]「フルタイム・ファーザー」 カナリア書房　2007
Hallström Lasse　ハルストレム, ラッセ
1946〜　[国]スウェーデン　映画監督
Hallward, Peter　ホルワード, ピーター
[著]「ドゥルーズと創造の哲学」 青土社　2010
Halman, Greg　ハルマン, グレッグ
1987〜2011　[国]オランダ　野球選手
Halman, Talât Sait　ハルマン, タラト・サイト
[著]「現代世界アジア詩集」 土曜美術社出版販売　2010
Halonen, Tarja　ハロネン, タルヤ
1943〜　[国]フィンランド　政治家　フィンランド大統領・外相　本名＝Halonen, Tarja Kaarina
Haloui, Hamza　ハルウィ, ヘムザ
[国]アルジェリア　レスリング選手
Halper, Barry　ハルパー, バリー
？〜2005　[国]アメリカ　大リーググッズ収集家
Halper, Stefan A.　ハルパー, ステファン
[著]「北京コンセンサス」 岩波書店　2011
Halperin, Bertrand I.　ハルペリン, バートランド・I.
[国]アメリカ　ウルフ賞 物理学部門(2002/2003年)
Halperin, Charles J.　ハルパリン, チャールズ・J.
[著]「ロシアとモンゴル」 図書新聞　2008
Halperin, Ian　ハルパリン, イアン
[著]「マイケル・ジャクソン仮面の真実」 早川書房　2009
Halperin, James L.　ハルペリン, ジェイムズ・L.
[著]「誰も死なない世界」 角川書店　2002
Halperin, Mark　ハルペリン, マーク
1965〜　[著]「大統領オバマは、こうしてつくられた」 朝日新聞出版　2010
Halperin, Morton H.　ハルペリン, モートン
1938〜　[国]アメリカ　政治学者, 核戦略専門家　民間のオープン・ソサエティー財団上級顧問　米国国防次官補, 米国国家安全保障会議(NSC)上級委員, ジョージ・ワシントン大学教授　[異]ハルパリン, モートン / ハルペリン, モートン・H.
Halperin, Richard W.　ハルペリン, リチャード・W.
1943〜　[著]「薔薇命日」 近代文芸社　2012
Halperin, Wendy Anderson　ハルパリン, ウェンディ・アンダスン
[著]「白い牛をおいかけて」 ゴブリン書房　2008
Halpern, Adena　ハルパーン, アディーナ
[国]アメリカ　作家　[専]文学　[著]「人生最高の10のできごと」 早川書房　2009
Halpern, Howard Marvin　ハルパーン, ハワード・M.
[著]「ラブ・アディクションと回復のレッスン」 学陽書房　2001
Halpern, Jeanne　ハルパーン, ジーン
[著]「ポール・オースターが朗読するナショナル・ストーリー・プロジェクト」 アルク　2006
Halpern, Justin　ハルパーン, ジャスティン
1980〜　[著]「父さんのsh・t(クソ)発言、つぶやきます」 阪急コ

H

ミュニケーションズ 2010
Halpern, Paul ハルパーン, ポール
1961〜 ⓐ「神の素粒子」日経ナショナルジオグラフィック社, 日経BPマーケティング(発売) 2010
Halpern, Shari ハルパン, シャーリー
ⓐ「だいすき！そらとぶひこうき」PHP研究所 2004
Halpern, Sue ハルパーン, スー
ⓐ「私が何を忘れたか、思い出せない」ウェッジ 2009
Halpert, Sam ハルパート, サム
1920〜 ⓐ「私(わたし)たちがレイモンド・カーヴァーについて語ること」中央公論新社 2011
Halpin, Brendan ハルピン, ブレンダン
1968〜 ⓐ「彼女が乳がんになって考えた」ソニー・マガジンズ 2003
al-Halqi, Wael Nadir ハラキー, ワイル・ナディル
1964〜 ⓝシリア 政治家, 医師 シリア首相
Halsall, Francesca ハルサル, フランセスカ
ⓝイギリス 水泳選手 ⓡハルサル
Halsdorf, Jean-Marie ハルスドルフ, ジャンマリ
ⓝルクセンブルク 内相兼国防相 ⓡハルスドルフ, ジャンマリー
Halsey, A.H. ハルゼー, A.H.
1923〜 ⓐ「グローバル化・社会変動と教育」東京大学出版会 2012
Halsey, Brad ハルゼー, ブラッド
1981〜2014 ⓝアメリカ 野球選手 ⓡハルジー, ブラッド
Halsey, Simon ハルゼー, サイモン
コーラス・マスター グラミー賞 最優秀クラシック合唱(2008年(第51回))ほか
Halstead, Lauro S. ハルステッド, L.S.
1936〜 ⓐ「ポストポリオ症候群」全国ポリオ会連絡会 2004
Halsted, Laurence ハルステッド, ローレンス
ⓝイギリス フェンシング選手
Halstenberg, Marcel ハルステンベルク, マルツェル
ⓝドイツ サッカー選手
Halston, Carole ホルストン, キャロル
ⓐ「孤独なハネムーン」ハーレクイン 2003
Halter, Marek アルテ, マレク
1936〜 ⓐ「悲しき恋を追う女リラ」ソニー・マガジンズ 2006
Halter, Paul アルテ, ポール
1956〜 ⓝフランス 作家
Haltmayr, Petra ハルトマイヤー
ⓝドイツ アルペンスキー選手
Haltof, Marek ハルトフ, マレク
1957〜 ⓐ「キェシロフスキ映画の全貌」水声社 2008
Halverson, Richard ハルバーソン, リチャード
ⓐ「デジタル社会の学びのかたち」北大路書房 2012
Halverstadt, Jonathan Scott ハルバースタット, ジョナサン・スコット
ⓐ「AD/HD&body」花風社 2003
Halvorsen, Andreas ハルボーセン, アンドレア
ⓝアメリカ バイキング・グローバル・インベスターズ
Halvorsen, Krsistin ハルボーシェン, クリスティン
ⓝノルウェー 教育・研究相
Halvorson, Heidi Grant ハルバーソン, ハイディ・グラント
1973〜 ⓡハルヴァーソン, ハイディ・グラント ⓐ「だれもわかってくれない」早川書房 2015
Halvorson, Michael ハーバーソン, マイケル
ⓡハルバーソン, マイケル ⓐ「Microsoft Visual Basic 2005実践講座」日経BPソフトプレス, 日経BP出版センター(発売) 2006
Halweil, Brian ハルウエイル, ブライアン
ⓐ「地球と環境」同友館 2002
Halylov, Muhammetnur ハリロフ, ムハメトヌル
ⓝトルクメニスタン 石油ガス産業・鉱物資源相
Ham, Anthony ハム, アンソニー
ⓐ「インド」メディアファクトリー 2004
Ham, C.J. ハム, C.J.
ⓝアメリカ アメフト選手
Ham, Darvin ハム, ダービン
ⓝアメリカ アトランタ・ホークスアシスタントコーチ(バスケットボール)
Ham, Ken ハム, ケン
ⓐ「進化論偽りの構図」クリエーション・リサーチ・ジャパン 2009
Hama, Baba ハマ, ババ
ⓝブルキナファソ 文化・観光相
Hamacher, Werner ハーマッハー, ヴェルナー

1948〜 ⓐ「他自律」月曜社 2007
Hamad, Abdul-Rahman ハマド, アブドルラハマン
ⓝパレスチナ 公共事業・住宅相 ⓡハマド, アブドラフマン
Hamad, Amat al-Razaq Ali ハマド, アマト・ラザク・アリ
ⓝイエメン 労働・社会問題相
Hamad, bin Faisal bin Thani al-Thani ハマド・ビン・ファイサル・ビン・サーニ・アル・サーニ
ⓝカタール 経済貿易相
Hamad, Jiloan ハマド, イロアン
ⓝスウェーデン サッカー選手
al-Hamad, Najm Hamad アフマド, ナジム・ハマド
ⓝシリア 法相
al-Hamad, Rashid Hamad Muhammad ハマド, ラシド・ハマド・ムハンマド
ⓝクウェート 教育相
Hamad, Sherif ハマド, シャリフ
ⓝエジプト 科学研究相
Hamad, Yahiya Abdallah Mohamed ハマド, ヤヒヤ・アブドラ・モハメド
ⓝスーダン 通信相
Hamad, Zakaria ハマド, ザカリア
ⓝチュニジア 産業相
Hamada, Abdallah ハマダ・アブダラ
ⓝコモロ 内務・情報・地方分権・国家機関関係相
Hamada, Nadhir ハマダ, ナジル
ⓝチュニジア 環境・持続開発相 ⓡハマダ, ナドヒル
Hamad bin Isa al-Khalifa ハマド・ビン・イサ・アル・ハリファ
1950〜 ⓝバーレーン 国王 バーレーン国防軍最高司令官, バーレーン国防相 ⓡハマド・ビン・イーサー・アール・ハリーファ
Hamad bin Jassim al-Thani ハマド・ビン・ジャシム・アル・サーニ
1959〜 ⓝカタール 政治家 カタール首相 ⓡハマド・ビン・ジャーシム / ハマド・ビン・ジャシム・ビン・ジャブル・サーニ
Hamad bin Khalifa al-Thani ハマド・ビン・ハリファ・アル・サーニ
1952〜 ⓝカタール 政治家 カタール・オリンピック委員会会長 カタール首長・国防相 ⓡハマド・ビン・ハリファ・サーニ
Hamadeh, Trad ハマデ, トラド
ⓝレバノン 労働相
Hamadi, Hamadi Ould Baba Ould ハマディ, ハマディ・ウルド・ババ・ウルド
ⓝモーリタニア 外務・協力相 ⓡハマディ, ハマディ・ウルド
Hamadi, Hassani ハマディ, ハサニ
ⓝコモロ 金融・財政・経済相
Hamadjoda, Adjoudi アマジョダ, アジュディ
ⓝカメルーン 畜産・漁業・動物産業相 ⓡハマジョダ, アジュディ
Hamadou, Baba アマドゥ, ババ
ⓝカメルーン 観光相
Hamadou, Barkat Gourad ハマドゥ, バルカト・グラド
ⓝジブチ 首相
Hamadou, Djida ハマドゥ, ジダ
ⓝニジェール 国防相
Hamadou, Yakoubou ハマドゥ, ヤクブ
ⓝトーゴ 人権・民主化相
Hamady, Maty Mint ハマディ, マティ・ミント
ⓝモーリタニア 公務・行政近代化相
Hamady, Sania ハマディ, サニア
ⓐ「アラブ人とは何か」明石書店 2001
Hamama, Faten ハマーマ, ファーテン
1931〜2015 ⓝエジプト 女優 ⓡハママ, ファーテイン
al-Hamami, Kadhim ハマミ, カディム
ⓝイラク 運輸相
Hamamoto, Howard Hiromi ハマモト, ハワード・ヒロミ
ⓝアメリカ 元・皇太子明仁親王奨学金財団理事長, 元・ハワイ日米協会会長, 元・ハワイ大学財団副会長
Haman, Adji Abdoulaye ハマン, アジ・アブドライ
ⓝカメルーン 住宅相
Hamani, Ahmed Mohamed Ag アマニ, アフメド・モハメド・アグ
ⓝマリ 首相
Hamann, Brigitte ハーマン, ブリギッテ
1940〜 ⓐ「平和のために捧げた生涯」明石書店 2016
al-Hamar, Bassem bin Yacoub ハマル, バーシム・ビン・ヤクーブ

国バーレーン　住宅相　異ハマル、バーシム・ヤクーブ
al-Hamar, Nabeel bin Yaqoob　アル・ハマル、ナビール・ビン・ヤクーブ
　国バーレーン　情報相
Hamasaki, Kengo　ハマサキ、ケンゴ
　漢字名＝濱崎健吾　著「ウェブオペレーション」オライリー・ジャパン、オーム社（発売）　2011
Hambardzumyan, Arsen　ハムバルドズミャン、アルセン
　国アルメニア　労働・社会問題相
Hamberger, Lars　ハンベルイェル、ラーシュ
　著「A Child is Born赤ちゃんの誕生」あすなろ書房　2016
Hamblin, Nikki　ハンブリン、ニッキ
　国ニュージーランド　陸上選手
Hamblyn, Richard　ハンブリン、リチャード
　1965～　著「驚くべき雲の科学」草思社　2011
Hambrey, Michael J.　ハンブリー、マイクル
　著「ビジュアル大百科氷河」原書房　2010
Hambuechen, Fabian　ハンブッヘン、ファビアン
　国ドイツ　体操選手
Hamburger, Franz　ハンブルガー、フランツ
　1946～　著「社会福祉国家の中の社会教育」有信堂高文社　2013
Hamby, Mark A.　ハンビー、マーク
　著「花かご」ホームスクーリング・ビジョン　2006
Hamdallah, Rami　ハムダラ、ラミ
　国パレスチナ　首相兼内相
Hamdan, Akram Abu　ハムダン、アクラム・アブ
　著「Anytime」NTT出版　2001
Hamdan, bin Mubarak al-Nahyan　ハムダン・ビン・ムバラク・ナハヤン
　国アラブ首長国連邦　高等教育・科学研究相
Hamdan, bin Rashid al-Maktoum　ハムダン・ビン・ラシド・マクトゥム
　国アラブ首長国連邦　財務相　異ハムダン・ビン・ラシド・アル・マクトゥム
Hamdan, bin Zayed al-Nahyan　ハムダン・ビン・ザイド・ナハヤン
　国アラブ首長国連邦　副首相
Hamdan, Ma'moun　ハムダーン、マムーン
　国シリア　財務相
Hamdan, Muhammad　ハムダン、ムハンマド
　国ヨルダン　高等教育・科学調査相
al-Hamdan, Sulaiman bin Abdullah　ハムダン、スレイマン・ビン・アブドラ
　国サウジアラビア　運輸相
Hamdillah, Abdul Wahab　ハムディラ・アブドゥル・ワハップ
　国ブルネイ　ブルネイ日本友好協会アドバイザー、元・産業一次資源副大臣、元・ブルネイ日本友好協会会長（初代）、元・ブルネイLNG社社長
Hamdou, Ykoubou Koumadjo　アムドゥ、イクブ・クマジョ
　国トーゴ　人権・民主化・社会教育相
Hamdouni, Hichem　ハムドゥニ
　国チュニジア　テコンドー選手
Hamed, Hamid　ハメッド、ハミッド
　国ニジェール　商業・工業・青年企業家促進相
Hamed, Mohammad　ハメド、ムハンマド
　国ヨルダン　エネルギー・鉱物資源相
Hamed, Muhammad Mostafa　ハメド、ムハンマド・モスタファ
　国エジプト　保健・人口相
Hamed Franco, Alejandro　ハメド・フランコ、アレハンドロ
　国パラグアイ　外相
Hameed, Abdulla　ハミード、アブドラ
　国モルディブ　環礁開発相　異ハミド、アブドラ
Hameed, Hamdoon　ハミード、ハムドゥーン
　国モルディブ　計画・国家開発相
Hameed, Syeda S.　ハメード、サイイダ・S.
　著「インドの女性たちの肖像」柘植書房新社　2007
Hameedi, Ghulam Haidar　ハミディ、グラム・ハイダル
　1945～2011　国アフガニスタン　政治家　カンダハル市長　異ハミディ、グラム・ハイデル
Hämel, Beate-Irene　ヘーメル、ベアーテ＝イレーネ
　著「文化と宗教基礎用語事典」海鳴社　2015
Hamel, Debra　ハメル、デブラ
　著「訴えられた遊女ネアイラ」草思社　2006
Hamel, Gary　ハメル、ゲイリー
　1954～　著「経営は何をすべきか」ダイヤモンド社　2013
Hamel, Sylvain　ハメル、シルヴァイン

著「ソフトウェア開発のカオス」構造計画研究所, 共立出版（発売）　2003
Hamel, Wouter　ヘメル、ウーター
　1977～　国オランダ　シンガー・ソングライター
Hamel Green, Michael　ハメル＝グリーン、マイケル
　著「多国間主義と同盟の狭間」国際書院　2006
Hamelin, Charles　アメリン、シャール
　1984～　国カナダ　スピードスケート選手　異アムラン、シャルル
Hamelin, François　アメリン、フランソワ
　1986～　国カナダ　スピードスケート選手　異アメリン、F.
Hamelin, Marc-André　アムラン、マルク・アンドレ
　1961～　国カナダ　ピアニスト
Hamelin, Tiffany T.　ハメリン、ティファニー・T.
　著「不朽のパートナーシップ」在日米国大使館　2010
Hamelman, Jeffrey　ハメルマン、ジェフリー
　著「Bread」旭屋出版　2009
Hamels, Cole　ハメルズ、コール
　1983～　国アメリカ　野球選手　本名＝Hamels, Colbert Michael
Hamengku Buwono X　ハメンク・ブオノ10世
　1946～　国インドネシア　政治家　ジョクジャカルタ特別州知事　異ハムンク・ブオノ／ハメンクブウォノ／ハメンクボウォノ
Hamer, Ben　ヘイマー、ベン
　国イングランド　サッカー選手
Hamer, Bent　ハーメル、ベント
　1956～　国ノルウェー　映画監督
Hamer, Dean H.　ヘイマー、ディーン
　著「遺伝子があなたをそうさせる」草思社　2002
Hamer, Martin　ヘイマー、マーティン
　著「ジャーナリズム用語事典」国書刊行会　2009
Hamer, Mary　ヘイマー、メアリー
　著「クレオパトラという記号」ありな書房　2003
Hamer, Susan　ヘイマー、スーザン
　著「最善の医療をめざして」エルゼビア・ジャパン　2004
Hamermesh, Daniel S.　ハマーメッシュ、ダニエル・S.
　著「美貌格差」東洋経済新報社　2015
Hamer-Monod de Froideville, Marguerite　ハーマー、マルゲリート
　1941～　著「折られた花」新教出版社　2013
Hames, B.D.　ヘイムズ、B.D.
　著「生化学キーノート」シュプリンガー・フェアラーク東京　2002
Hamiani, Réda　ハミアニ、レダ
　国アルジェリア　元・日アルジェリア合同経済委員会アルジェリア側委員長、元・経営者フォーラム会長
Hamid, Abderahim Bureme　ハミド、アブデラヒム・ブレム
　国チャド　教育相
Hamid, Abdul　ハミド、アブドル
　1944～　国バングラデシュ　政治家　バングラデシュ大統領
Hamid, Abdul-Mustapha　ハミド、アブドルムスタファ
　国トリニダード・トバゴ　社会開発相
Hamid, Adam　ハミド、アダム
　国モルディブ　臨時代理大使, 一等書記官
Hamid, Ibrahim Mahmoud　ハミド、イブラヒム・マハムード
　国スーダン　農業かんがい相　異ハミド、イブラヒム・モハメド
Hamid, Mohsin　ハミッド、モーシン
　1971～　国パキスタン　作家　文学, フィクション
Hamid, Zahid　ハミド、ザーヒド
　国パキスタン　法務・司法・気候変動相
Hamidi, Abudul Quduus　ハミディ、アブドゥル・カードゥース
　国アフガニスタン　公共事業相
al-Hamidi, Nasser bin Abdulla　ハミディー、ナセル・ビン・アブドラ
　国カタール　社会問題相兼労相
Hamidullah, Muhammad　ハミードッラー、ムハンマド
　1908～2002　著「イスラーム概説」書肆心水　2005
Hamill, Joseph　ハミル、ジョセフ
　1946～　著「身体運動のバイオメカニクス研究法」大修館書店　2008
Hamill, Pete　ハミル、ピート
　1935～　国アメリカ　ジャーナリスト, 作家　異ハミル、P.
Hamilton, Andy　ハミルトン、アンディ
　1957～　著「リー・コニッツ」Du Books, ディスクユニオン（発売）　2015
Hamilton, Anthony　ハミルトン、アンソニー
　グラミー賞 最優秀トラディショナルR&B歌手（2008年（第51

回)） "You've Got The Love I Need"
Hamilton, Antonio ハミルトン, アントニオ
　国アメリカ　アメフト選手
Hamilton, Bernie ハミルトン, バーニー
　1928〜2008　国アメリカ　俳優
Hamilton, Bethany ハミルトン, ベサニー
　1990〜　著「ソウル・サーファー」ヴィレッジブックス　2007
Hamilton, Billy ハミルトン, ビリー
　国アメリカ　野球選手
Hamilton, Carrie ハミルトン, キャリー
　1963〜2002　国アメリカ　女優
Hamilton, Celeste ハミルトン, セレステ
　著「恋は秘密の香り」ハーレクイン　2002
Hamilton, Clive ハミルトン, クライヴ
　著「経済成長神話からの脱却」アスペクト　2004
Hamilton, Cobi ハミルトン, コビ
　国アメリカ　アメフト選手
Hamilton, David ハミルトン, デービッド
　1933〜2016　国イギリス　写真家, 映画監督　異ハミルトン, デイヴィッド／ハミルトン, デビッド
Hamilton, David R. ハミルトン, デイビッド
　著「「親切」は驚くほど体にいい！」飛鳥新社　2011
Hamilton, Denise ハミルトン, デニーズ
　著「ジャスミン・トレード」早川書房　2003
Hamilton, Diana ハミルトン, ダイアナ
　？〜2009　国イギリス　ロマンス作家
Hamilton, Doug ハミルトン, ダグ
　？〜2006　国アメリカ　LAギャラクシー会長・GM
Hamilton, Emma Walton ハミルトン, エマ・ウォルトン
　グラミー賞 最優秀子供向け朗読アルバム（2010年（第53回））"Julie Andrews' Collection Of Poems, Songs, And Lullabies"
Hamilton, Eugene ハミルトン, ユージーン
　国セントクリストファー・ネイビス　農業・保健・国民健康保険・居住・地域開発・男女平等・社会福祉・国土・協同組合相
Hamilton, Geoffrey ハミルトン, ジェフリー
　国イギリス　ウェールズ開発庁長官上級顧問, 元・英国観光庁日本事務所所長
Hamilton, G.R. ハミルトン, G.
　著「鍼のエビデンス」医道の日本社　2009
Hamilton, Ian ハミルトン, イアン
　1938〜2001　国イギリス　詩人, 伝記作家, 評論家
Hamilton, James ハミルトン, ジェイムズ
　1948〜　異ハミルトン, J.　著「図説火山と人間の歴史」原書房　2013
Hamilton, James Douglas ハミルトン, J.D.
　1954〜　著「時系列解析」シーエーピー出版　2006
Hamilton, Jane ハミルトン, ジェーン
　1957〜　著「マップ・オブ・ザ・ワールド」講談社　2001
Hamilton, Janice ハミルトン, ジャニス
　著「南アフリカ」国土社　2006
Hamilton, Jason ハミルトン, ジェーソン
　MTVアワード 最優秀アート・ディレクション（第26回（2009年））"Paparazzi"
Hamilton, Josh ハミルトン, ジョシュ
　1981〜　国アメリカ　野球選手　本名＝Hamilton, Joshua Holt
Hamilton, Judy ハミルトン, ジュディ
　1956〜　著「小作人とアザラシ女」春風社　2014
Hamilton, Justin ハミルトン, ジャスティン
　国アメリカ　バスケットボール選手
Hamilton, Justin ハミルトン, ジャスティン
　国アメリカ　アメフト選手
Hamilton, Kim ハミルトン, キム
　著「入門UML 2.0」オライリー・ジャパン, オーム社（発売）2007
Hamilton, Laurell K. ハミルトン, ローレル・K.
　著「漆黒の血のダンス」ヴィレッジブックス　2010
Hamilton, Lewis ハミルトン, ルイス
　1985〜　国イギリス　F1ドライバー　本名＝ハミルトン, ルイス・カール〈Hamilton, Lewis Carl Davidson〉
Hamilton, Libby ハミルトン, リビー
　著「メロディポップアップオズの魔法使い」大日本絵画　2013
Hamilton, Mark ハミルトン, マーク
　国イギリス　ミュージシャン
Hamilton, Maurice ハミルトン, モーリス
　著「Inside Ferrari」トランスワールドジャパン　2006
Hamilton, Meredith ハミルトン, メレディス
　著「名曲を聴きながら旅するオーケストラの絵本」プレジデント社　2014
Hamilton, Michele V. ハミルトン, ミシェル・V.
　著「ソーシャルワークと修復的正義」明石書店　2012
Hamilton, Mina ハミルトン, ミナ
　著「3秒でリラックスするすっきりセラピー」ディスカヴァー・トゥエンティワン　2007
Hamilton, Pep ハミルトン, ペップ
　国アメリカ　クリーブランド・ブラウンズコーチ
Hamilton, Peter F. ハミルトン, ピーター・F.
　1960〜　著「マインドスター・ライジング」東京創元社　2004
Hamilton, Rich ハミルトン, リッチ
　著「ウォルト・ディズニーのアイデアブック」あさ出版　2007
Hamilton, Richard ハミルトン, リチャード
　1922〜2011　国イギリス　画家
Hamilton, Roger ハミルトン, ロジャー
　著「才能は開ける」フォレスト出版　2015
Hamilton, Steve ハミルトン, スティーブ
　1961〜　国アメリカ　作家　著ミステリー, スリラー　異ハミルトン, スティーヴ
Hamilton, Tom ハミルトン, トム
　1951〜　国アメリカ　ロック・ベース奏者
Hamilton, Tyler ハミルトン
　1971〜　国アメリカ　自転車選手　異ハミルトン, タイラー
Hamilton, Victoria ハミルトン, V.
　1941〜　著「分析家の前意識」岩崎学術出版社　2008
Hamilton, Virginia ハミルトン, バージニア
　1936〜2002　国アメリカ　児童文学作家　異ハミルトン, ヴァージニア
Hamilton, Woodrow ハミルトン, ウッドロウ
　国アメリカ　アメフト選手
Hamilton and Brandon, Jill Douglas-Hamilton ハミルトン, ジル
　著「ウィリアム・モリスの庭」東洋書林　2002
Hamilton-Giachritsis, Catherine ハミルトン＝ギアクリトシス, キャサリン
　著「保健師・助産師による子ども虐待予防「CAREプログラム」」明石書店　2012
Hamimid, Mohamed Nadir ハミミド, モハメド・ナディル
　国アルジェリア　住宅・都市計画相
Hamitouche, Kamel ハミタッシュ, カメル
　著「音楽家の手」協同医書出版社　2006
Hamlett, Connor ハムレット, コナー
　国アメリカ　アメフト選手
Hamley, Ian W. ハムレー, イアン・W.
　著「ソフトマター入門」シュプリンガー・フェアラーク東京　2002
al-Hamli, Mohammed bin Dha'en ハミリ, ムハンマド・ビン・ダーイン
　国アラブ首長国連邦　エネルギー相
Hamlin, Erin ハムリン
　国アメリカ　リュージュ選手
Hamlin, J.Scott ハムリン, J.スコット
　著「フラッシュ5アクションスクリプト・マジック」エムディエヌコーポレーション, インプレスコミュニケーションズ（発売）2001
Hamlish, Marvin ハムリッシュ, マービン
　1944〜2012　国アメリカ　作曲家, 指揮者　異ハムリッシュ, マーヴィン
Hamm, Bernd ハム, B.
　著「わかる！泌尿生殖器画像診断の要点」メディカル・サイエンス・インターナショナル　2009
Hamm, Harold ハム, ハロルド
　国アメリカ　実業家
Hamm, Jack ハム, ジャック
　著「風景画の描き方」嶋田出版, 建帛社（発売）　2009
Hamm, Je'Ron ハム, ジェロン
　国アメリカ　アメフト選手
Hamm, Jesse ハム, ジェシー
　著「ホークアイ：リトル・ヒッツ」小学館集英社プロダクション　2015
Hamm, Jon ハム, ジョン
　ゴールデン・グローブ賞 テレビ 男優賞（ドラマ）（第65回（2007年度））"Mad Men"
Hamm, Mia ハム, ミア
　1972〜　国アメリカ　元サッカー選手　ASローマ取締役　本名＝Hamm, Mariel Margaret

Hamm, Morgan　ハム, M.
[国]アメリカ　体操選手
Hamm, Paul　ハム, P.
[国]アメリカ　体操選手
Hamm, Steve　ハム, スティーブ
[異]ハーン, スティーブ　[著]「スマートマシンがやってくる」 日経BP社, 日経BPマーケティング(発売)　2014
al-**Hammaad, Rashed Abdul Mohsen**　ハマド, ラシド・アブドル・ムフセン
[国]クウェート　副首相兼法相兼イスラム教問題相
Hammack, Floyd M.　ハマック, F.M.
[著]「教育社会学」 東洋館出版社　2011
Hammack, Justin　ハマック, ジャスティン
[著]「The WINE」 日本文芸社　2016
Hammad, Salamah　ハンマード, サラマ
[国]ヨルダン　内相
Hammadi, Hamdi Ould　ハッマーディ, ハムディ・ウルド
[国]モーリタニア　地方開発・環境相
al-**Hammadi, Hussain bin Ibrahim**　ハマディ, フセイン・ビン・イブラヒム
[国]アラブ首長国連邦　教育相
al-**Hammadi, Isa Abdulrahman**　ハンマーディ, イーサ・アブドルラハマン
[国]バーレーン　国務相(情報・議会担当)　[異]ハンマーディ, イーサ・アブドルラフマン
al-**Hammadi, Isa bin Abdulrahman**　ハンマーディ, イーサ・ビン・アブドルラハマン
[国]バーレーン　国務相(情報・議会担当)
al-**Hammadi, Mohammed Abdul Wahed Ali**　ハンマーディ, ムハンマド・アブドルワヒド・アリ
[国]カタール　教育・高等教育相
Hammadi, Sa'adoun　ハマディ, サアドン
1930～2007　[国]イラク　政治家, 経済学者　イラク首相, イラク国民議会議長　[異]ハマディ, サアドゥン / ハマディ, サデューン / ハンマーディ
Hammah, Mike　ハマ, マイク
[国]ガーナ　土地・天然資源相
Hammaleser, Lisl　ハマレーザー, リズル
[著]「コンパクト音楽理論・考え方・解き方」 シンフォニア　2001
Hammami, Imed　ハンマミ, イマド
[国]チュニジア　職業訓練・雇用相
Hamman, Adalbert-G.　アマン, アダルベール
[著]「アウグスティヌス時代の日常生活」 リトン　2002
Hamman, Shane　ハマン
[国]アメリカ　重量挙げ選手
Hammar, M.　ハマー, M.
[著]「鍼のエビデンス」 医道の日本社　2009
Hammarqvist, Sten-Erik　ハマークヴィスト, ステン - エリク
[著]「社会ケアサービス」 本の泉社　2003
Hammat, Jub Abdoul　ハッマート, ジュブ・アブドゥール
[国]モーリタニア　貿易・手工芸・観光相
Hammeken, Peggy A.　ハメッケン, ペギー
[著]「インクルージョン」 同成社　2008
Hammel, Jason　ハメル, ジェイソン
[国]アメリカ　野球選手
Hammer, Alexander　ハンマー, アレクサンダー
MTVアワード 最優秀編集(第29回(2012年))　"Countdown"
Hammer, Armie　ハマー, アーミー
1986～　[国]アメリカ　俳優
Hammer, Bjarne　ハマー, ビャーネ
[著]「世界の図書館」 ほるぷ出版　2016
Hammer, Bonnie　ハマー, ボニー
[国]アメリカ　ケーブル・エンターテインメント会長
al-**Hammer, Faysal**　ハマル, ファイサル
[国]バーレーン　保健相
Hammer, Kristian　ハンメル
[国]ノルウェー　ノルディック複合選手
Hammer, Marc　ハマー, マーク
[著]「イェシュアの手紙」 ナチュラルスピリット　2007
Hammer, Martin　ハマー, マーティン
[著]「フランシス・ベーコン」 青幻舎　2014
Hammer, Michael　ハマー, マイケル
1948～2008　[著]「リエンジニアリング革命」 日本経済新聞社　2002
Hammer, Petra-Marina　ハンマー, ペトラマリーナ
1959～　[著]「きっと「勉強ができる子」になる本」 PHP研究所　2003
Hammer, Sarah　ハマー, サラ
[国]アメリカ　自転車選手　[異]ハマー
Hammer, William　ハマー, ウィリアム
クワイア・ディレクター　グラミー賞 最優秀クラシック合唱(2005年(第48回))ほか
Hammerbacher, Jeff　ハマーバッカー, ジェフ
[著]「ビューティフルデータ」 オライリー・ジャパン, オーム社(発売)　2011
Hammer Jacobsen, Lotte　ハマ, ロデ
1955～　[国]デンマーク　作家　[専]ミステリー
Hammer Jacobsen, Søren　ハマ, セーアン
[著]「死せる獣」 早川書房　2012
Hammerschmid, Sonja　ハマーシュミット, ソニヤ
[国]オーストリア　教育相
Hammersley, Ben　ハンマースリー, ベン
[著]「Web開発者のためのRSS & Atomフィード」 オライリー・ジャパン, オーム社(発売)　2005
Hammerstein, William　ハマースタイン, ウィリアム
？～2001　[国]アメリカ　舞台演出家, 演劇プロデューサー
Hammes, M.　ハムメス, M.
[著]「鍼のエビデンス」 医道の日本社　2009
Hammesfahr, Petra　ハメスファール, ペトラ
1951～　[著]「記憶を埋める女」 学習研究社　2002
Hammon, Becky　ハモン, ベッキー
[国]アメリカ　サンアントニオ・スパーズアシスタントコーチ(バスケットボール)
Hammond, Benjamin　ハモンド, B.
[著]「デジタル署名」 翔泳社　2003
Hammond, Chelsea　ハモンド
[国]ジャマイカ　陸上選手
Hammond, Claudia　ハモンド, クラウディア
[著]「脳の中の時間旅行」 インターシフト, 合同出版(発売)　2014
Hammond, Darell　ハモンド, ダレル
[著]「カブーム！」 英治出版　2012
Hammond, Francis　ハモンド, フランシス
[著]「素顔のココ・シャネル」 河出書房新社　2016
Hammond, Frankie　ハモンド, フランキー
[国]アメリカ　アメフト選手
Hammond, Fred　ハモンド, フレッド
グラミー賞 最優秀コンテンポラリー・R&B・ゴスペル・アルバム(2007年(第50回))　"Free To Worship"
Hammond, Jeffrey　ハモンド, ジェフリー
ゴールデン・ラズベリー賞(ラジー賞) 最低脚本賞(第28回(2007年))　"I Know Who Killed Me"
Hammond, John　ハモンド, ジョン
[国]アメリカ　ミルウォーキー・バックスGM
Hammond, John S.　ハモンド, ジョン・S.
[著]「意思決定の思考技術」 ダイヤモンド社　2001
Hammond, Karl　ハモンド, カール
[著]「世界の難民の子どもたち」 ゆまに書房　2016
Hammond, Kathleen A.　ハモンド, キャサリーン・A.
[著]「食品・栄養・食事療法事典」 産調出版, 産業調査会(発売)　2006
Hammond, Michael P.　ハモンド, マイケル
？～2002　[国]アメリカ　音楽学者, 作曲家, 指揮者　全米芸術基金(NEA)会長, ライス大学音楽学部長　[専]東南アジア音楽, 西洋中世ルネサンス期の音楽, 音楽と神経科学の関係
Hammond, Paul　ハモンド, ポール
[著]「ウェブオペレーション」 オライリー・ジャパン, オーム社(発売)　2011
Hammond, Paula　ハモンド, ポーラ
[著]「おかしな生きものミニ・モンスター」 二見書房　2009
Hammond, Philip　ハモンド, フィリップ
1955～　[国]イギリス　政治家　外相　国防相
Hammond, Richard　ハモンド, リチャード
1969～　[著]「宇宙の未解明問題」 講談社　2010
Hammond, Robert　ハモンド, ロバート
1969～　[著]「HIGH LINE」 アメリカン・ブック&シネマ, 英治出版(発売)　2013
Hammond, Roger　ハモンド
[国]イギリス　自転車選手
Hammond, Rosemary　ハモンド, ローズマリー
[著]「幸せな敗者」 ハーレクイン　2002
Hammond, Tammy R.　ハモンド, タミー・R.
[著]「臨床心理学における科学と疑似科学」 北大路書房　2007
Hammond, Wayne G.　ハモンド, ウェイン・G.

H

㊞「トールキンのホビットイメージ図鑑」原書房 2012
Hammons, A.J. ハモンズ, AJ
　㊀アメリカ　バスケットボール選手
Hammoud, Ali ハムード, アリ
　㊀シリア　運輸相
Hammoud, Mahmoud ハンムード, マハムード
　㊀レバノン　外交・移民問題相
Hamner, Jesse ハムナー, ジェシー
　㊞「国際水紛争事典」アサヒビール, 清水弘文堂書房（発売）2003
Hamnett, Brian R. ハムネット, ブライアン
　㊞「メキシコの歴史」創土社 2008
Hamnett, Katharine Eleanor ハムネット, キャサリン
　1947〜　㊀イギリス　ファッションデザイナー
*al-*Hamo, Ahmad ハムー, アハマド
　㊀シリア　工業相
Hamon, Herve アモン, エルヴェ
　㊞「「医師」像の解体」はる書房 2002
Hamood, bin Faisal al-Busaidi ハムード・ビン・ファイサル・アル・ブサイディ
　㊀オマーン　内閣官房長官
Hamou, Ahamed ハムー, アハメド
　㊀シリア　工業相
Hamoud, bin Faisal al-Busaidi ハムード・ビン・ファイサル・ブサイディ
　㊀オマーン　内相
Hamout, Mohamed ハムト, モハメド
　㊀モロッコ　ボクシング選手
Hamp, Julie ハンプ, ジュリー
　1959〜　㊀アメリカ　実業家　トヨタ自動車常務
Hampden-Turner, Charles ハムデン・ターナー, チャールズ
　㊞「ハムデン=ターナー, チャールズ　㊞「異文化間のグローバル人材戦略」白桃書房 2013
Hampe, Michael ハンペ, ミヒャエル
　1935〜　㊀ドイツ　オペラ演出家, 舞台美術家　ケルン市立歌劇場総裁
Hampicke, Ulrich ハムピッケ, ウルリヒ
　㊞「持続可能な農業と環境」食料・農業政策研究センター, 農山漁村文化協会（発売）2001
Hampshire, Mark ハンプシャー, マーク
　㊞「ペーパー・ワーク」Pie books 2008
Hampshire, Stuart ハンプシャー, スチュアート
　㊞「哲学者は何を考えているのか」春秋社 2006
Hampson, Anne ハンプソン, アン
　㊞「僧院のジュリアン」ハーパーコリンズ・ジャパン 2016
Hampson, Thomas ハンプソン, トーマス
　1955〜　㊀アメリカ　バリトン歌手　本名=Hampson, Walter Thomas　㊚ハンプソン, トマス
Hampson, Tim ハンプソン, ティム
　㊞「世界のビール図鑑」ネコ・パブリッシング 2010
Hampton, Dan ハンプトン, ダン
　㊞「F-16」柏書房 2013
Hampton, Lionel ハンプトン, ライオネル
　?〜2002　㊀アメリカ　ジャズ・ビブラフォーン奏者, ジャズドラマー, 歌手
Hampton, Michael ハンプトン, マイケル
　㊞「マイケル・ハンプトンの人体の描き方」ボーンデジタル 2016
Hampton, Mike ハンプトン, マイク
　㊀アメリカ　シアトル・マリナーズコーチ
Hampton, Slide ハンプトン, スライド
　グラミー賞 最優秀インストゥルメンタル編曲（2004年（第47回））"Past Present & Future"
Hamra, Khalil ハムラ, ハリール
　㊀パレスチナ　ピュリッツァー賞 ジャーナリズム 速報写真（2013年）ほか
Hamraliev, Farrukh ハムラリエフ, ファールフ
　㊀タジキスタン　経済発展貿易相
Hamre, John J. ハムレ, ジョン
　1950〜　㊀アメリカ　米国戦略国際問題研究所（CSIS）所長　国防副長官　㊚ハムレ, ジョン・J.
Hamsik, Marek ハムシク, マレク
　1987〜　㊀スロバキア　サッカー選手　㊚ハムシーク, マレク
Hamud, Mohamed Ali ハムド, モハメド・アリ
　㊀ソマリア　財務・企画相
Hamukuya, Albertina Julia アムクヤ, アルベルティナ・ジュリア

㊀アンゴラ　保健相　㊚ハムクヤ, アルベルティナ・ジュリア
Hamutenya, Hidipo ハムテニヤ, ヒディポ
　㊀ナミビア　外相
Hamza, Bedri ハムザ, ベドリ
　㊀コソボ　財務相
Hamza, Said ハムザ, サイド
　㊀コモロ　計画・国土整備相
Hamza, Samar Amer Ibrahim ハムザ, サマル
　㊀エジプト　レスリング選手
Hamzah, Haz ハムザ・ハス
　㊀インドネシア　副大統領
Hamzah, Isam ハムザ, イサム
　1956〜　㊀エジプト　日本研究家　カイロ大学教授　㊚近代日本思想史
Hamzah, Khidr Abd al-Abbas ハムザ, ハディル
　1939〜　㊞「私はサダム・フセインの原爆を作っていた！」広済堂出版 2002
Hamzah, Zainuddin ハムザ・ザイヌディン
　㊀マレーシア　国内取引・協同組合・消費相
Hamzah Awang Amat ハムザ・アワン・アマット
　1949〜2001　㊀マレーシア　ワヤン・クリ（影絵芝居）のダラン
Hamzatau, Javid ハムザタウ, ヤビド
　㊀ベラルーシ　レスリング選手
Hamzawy, Amr ハムザーウィ, アムル
　1967〜　㊀エジプト　政治学者　カーネギー国際平和財団主任研究員
Hamzeh, Wafaa ハムゼ, ワッファ
　㊀レバノン　国務相
Hamžík, Pavol ハムジーク, パボル
　㊀スロバキア　副首相（欧州統合担当）
Han, Byong-sam ハン・ビョンサム
　1935〜2001　㊀韓国　考古学者　韓国国立中央博物館館長, 韓国考古学研究会会長　漢字名=韓炳三
Han, Chae-young ハン・チェヨン
　1980〜　㊀韓国　女優
Han, Duck-soo ハン・ドクス
　1949〜　㊀韓国　政治家, 外交官　韓国貿易協会会長　韓国首相, 駐米韓国大使　漢字名=韓悳洙
Han, Fook Kwang ハン, フッククワン
　㊞「リー・クアンユー未来への提言」日本経済新聞出版社 2014
Han, Hwa-kap ハン・ファガプ
　1939〜　㊀韓国　政治家　韓国平民党代表　漢字名=韓和甲
Han, Hye-jin ハン・ヘジン
　1981〜　㊀韓国　女優　漢字名=韓恵軫
Han, Hyo-joo ハン・ヒョジュ
　1987〜　㊀韓国　女優
Han, Hyo-yon ハン・ヒョヨン
　㊀北朝鮮　金属工業相
Han, Kap-soo ハン・カプス
　㊀韓国　農林相　漢字名=韓甲洙
Han, Kook-young ハン・グギョン
　1990〜　㊀韓国　サッカー選手　漢字名=韓国栄
Han, Kwang-bok ハン・クァンボク
　㊀北朝鮮　副首相兼電子工業相　漢字名=韓光復
Han, Min-koo ハン・ミング
　1951〜　㊀韓国　政治家　韓国国防相　漢字名=韓民求
Han, Myeong-sook ハン・ミョンスク
　1944〜　㊀韓国　政治家, 女性学者, 社会運動家　韓国首相, 韓国民主統合党代表, 韓国女性民友会会長　漢字名=韓明淑　㊚ハン・ミュンスク
Han, Pong-chun ハン・ボンチュン
　㊀北朝鮮　電気石炭工業相　漢字名=韓鳳春
Han, Ryong-guk ハン・リョングク
　㊀北朝鮮　林業相
Han, Seo Hye ハン・ソヘ
　㊀韓国　ローザンヌ国際バレエコンクール 3位・スカラシップ（第33回（2005年））
Han, Seung-soo ハン・スンス
　1936〜　㊀韓国　政治家, 経済学者　韓国首相, 韓国外相, ソウル大学教授　漢字名=韓昇洙　㊚ハン・サンス／ハン・スンスー
Han, Soo-san ハン・スサン
　1946〜　㊀韓国　作家　漢字名=韓水山　㊚ハン・スーサン
Han, Suk-kyu ハン・ソッキュ
　1964〜　㊀韓国　俳優　漢字名=韓石圭
Han, Sung-joo ハン・スンジュ
　1940〜　㊀韓国　国際政治学者, 政治家　高麗大学名誉教授　韓

国外相, 駐米韓国大使　漢字名=韓昇洲
Han, Sungpil　ハン, スンピル
　㊚「ファザード」フォイル　2011
Han, Sun Woo　ハン, ソンウ
　㊚韓国　ローザンヌ国際バレエコンクール 2位・スカラシップ (第39回(2011年))
Han, Suyin　ハン, スーイン
　1917~2012　㊚イギリス　作家, 医師　漢字名=韓素英
Han, Tok-su　ハン, ドクス
　1907~2001　㊚北朝鮮　朝鮮総連議長　漢字名=韓徳銖
Han, Wan-sang　ハン, ワンサン
　㊚韓国　副首相兼教育人的資源相　漢字名=韓完相
Han, Woon-sa　ハン, ウンサ
　1923~2009　㊚韓国　作家, シナリオ作家　韓国放送作家協会理事長　漢字名=韓雲史　㊛ハ・ヌンサ
Han, Xiao-peng　ハン, シャオパン
　1983~　㊚中国　スキー選手　漢字名=韓暁鵬
Han, Xing　ハン, シン
　㊚コンゴ共和国　卓球選手
Han, Yaya　ハン, ヤヤ
　㊚「1000コスプレ&コスチュームアイデア」グラフィック社　2015
Han, Ying　ハン, イン
　㊚ドイツ　卓球選手
Han, Zheng　ハン, ジェン
　1954~　㊚中国　政治家　上海市党委書記, 中国共産党政治局員・中央委員　上海市長　漢字名=韓正
Hanafi, Khaled　ハナフィ, ハリド
　㊚エジプト　供給・国内通商相
Hanafin, Mary　ハナフィン, メアリー
　㊚アイルランド　観光・文化・スポーツ・企業・貿易・イノベーション相
Hanaialii, Amy　ハナイアリイ, エイミー
　㊚アメリカ　歌手　本名=Hanaialii Gilliom, Amy
Hanáková, Alena　ハナーコバー, アレナ
　㊚チェコ　文化相
Hanati, Silamu　ハナティ・スラム
　㊚中国　ボクシング選手
Hanau, Peter　ハナウ, ペーター
　1935~　㊚「ドイツ労働法」信山社出版　2015
Hanbury-Tenison, Robin　ハンベリー・テニソン, ロビン
　㊚「世界探検家列伝」悠書館　2011
Hanby, Jeannette　ハンビー, ジャネット
　㊚「カンガ・マジック101」ポレポレオフィス, 連合出版(発売)　2001
Hancharou, Uladzislau　ハンチャロウ, ウラジスラウ
　㊚ベラルーシ　トランポリン選手
Hancock, Graham　ハンコック, グラハム
　1950~　㊚イギリス　作家, ジャーナリスト　㊛ハンコック, グレーアム / ハンコック, グレアム
Hancock, Herbie　ハンコック, ハービー
　1940~　㊚アメリカ　ジャズ・ピアニスト, 作曲家, 編曲家　本名=Hancock, Herbert Jeffrey
Hancock, Ian F.　ハンコック, イアン
　1942~　㊚「ジプシー差別の歴史と構造」彩流社　2005
Hancock, James Gulliver　ハンコック, ジェームズ・G.
　㊚「まねして描こう乗り物の図案集」マール社　2015
Hancock, John Lee　ハンコック, ジョン・リー
　1957~　㊚アメリカ　映画監督, 脚本家
Hancock, Jonathan　ハンコック, ジョナサン
　1972~　㊚「老けない脳のつくりかた」交通新聞社　2009
Hancock, Josh　ハンコック, ジョシュ
　1978~2007　㊚アメリカ　野球選手
Hancock, Marguerite Gong　ハンコック, マルガリート・ゴン
　㊚「シリコンバレー」日本経済新聞社　2001
Hancock, Sheila　ハンコック, シーラ
　ローレンス・オリヴィエ賞 ミュージカル・エンタテインメント 助演俳優賞(2007年(第31回))　"Cabaret"
Hancock, Vincent　ハンコック, ビンセント
　1989~　㊚アメリカ　射撃選手
Hancox, Dan　ハンコックス, ダン
　㊚「理想の村マリナレダ」太田出版　2014
Hand, Brad　ハンド, ブラッド
　㊚アメリカ　野球選手
Hand, David J.　ハンド, デイヴィッド・J.
　1950~　㊚ハンド, デビッド・J.　㊛「「偶然」の統計学」早川書房　2015
Hand, Elizabeth　ハンド, エリザベス
　1957~　㊚アメリカ　作家
Hand, John R.M.　ハンド, ジョン
　㊚「無形資産の評価」中央経済社　2008
Hand, Michael S.　ハンド, M.S.
　㊚「小動物の臨床栄養学」マーク・モーリス研究所　2001
Hand, Richard　ハンド, リチャード
　㊚「eポートフォリオ入門」海文堂出版　2012
Hand, Thomas G.　ハンド, トーマス・G.
　1920~2005　㊚「風しずまるとき」サンパウロ　2007
Handal, Schafik Jorge　ハンダル, シャフィク
　?~2006　㊚エルサルバドル　政治家, 軍人　ファラブンド・マルティ民族解放戦線(FMLN)司令官
Hándal, William　ハンダル, ウィリアム
　㊚エルサルバドル　財務相　㊛ハンダル, ウイリアム
Handanovic, Samir　ハンダノヴィッチ, サミール
　㊚スロベニア　サッカー選手
Handel, Ari　ハンデル, アリ
　㊚「ノア約束の舟」泰文堂　2014
Handel, Michael I.　ハンデル, マイケル・I.
　?~2001　㊚「孫子とクラウゼヴィッツ」日本経済新聞出版社　2012
Handeland, Lori　ハンデランド, ローリー
　㊚「青い月夜を駆けぬけて」幻冬舎　2009
Handelman, Susan A.　ハンデルマン, スーザン・A.
　㊚「救済の解釈学」法政大学出版局　2005
Handelsman, J.B.　ハンデルスマン, J.B.
　1922~2007　㊚アメリカ　漫画家　本名=ハンデルスマン, バーナード〈Handelsman, Bernard〉
Handelsman, Leonard　ハンデルスマン, レオナルド
　㊚「不安障害」日本評論社　2005
Handelsman, Walt　ハンデルスマン, ウォルト
　㊚アメリカ　ピュリッツアー賞 ジャーナリズム 漫画(2007年)
Handfield, Robert B.　ハンドフィールド, ロバート・B.
　㊚「サプライチェーンリスクマネジメント入門」日科技連出版社　2010
Handfield-Jones, Helen　ハンドフィールド=ジョーンズ, ヘレン
　1958~　㊚「いかに「問題社員」を管理するか」ダイヤモンド社　2005
Handford, Martin　ハンドフォード, マーティン
　1956~　㊚「ウォーリーをさがせ！ THE COLOURING BOOK ぬりえブック」フレーベル館　2016
Handique, B.K.　ハンディク, B.K.
　㊚インド　鉱山相兼北東地域開発相
Handke, Danny　ハンケ, ダニー
　㊚「ディズニーテーマパークポスターコレクション」講談社　2013
Handke, Peter　ハントケ, ペーター
　1942~　㊚「アランフエスの麗しき日々」論創社　2014
Handler, David　ハンドラー, デービッド
　1952~　㊚アメリカ　作家, 脚本家　共同筆名=アンドルース, ラッセル〈Andrews, Russell〉　㊛ハンドラー, デイヴィッド
Handler, Elliot　ハンドラー, エリオット
　1916~2011　㊚アメリカ　実業家　マテル共同創業者
Handler, Lowell　ハンドラー, ロウェル
　㊚「トゥレット症候群を生きる」星和書店　2003
Handler, Ruth　ハンドラー, ルース
　?~2002　㊚アメリカ　実業家　マテル共同創業者
Handley, Ann　ハンドラー, アン
　1963~　㊚「お客が集まるオンライン・コンテンツの作り方」ダイレクト出版　2013
Handley, Caro　ハンドレイ, キャロ
　1955~　㊚「Love」恒文社21, 恒文社(発売)　2002
Handley, David　ハンドレイ, デイビット
　㊚「バレエスクール」文園社　2005
Handley, Rima　ハンドリー, リマ
　1943~　㊚「晩年のハーネマン」ホメオパシー出版　2012
Handley, Tim　ハンドレイ, ティム
　グラミー賞 最優秀プロデューサー(クラシック)(2005年(第48回))
Hands, Guy　ハンズ, ガイ
　1959~　㊚イギリス　テラ・ファーマ・キャピタル・パートナーズ会長・CIO
Hands, Marina　ハンズ, マリナ
　1975~　㊚フランス　女優

Handurdyeva, Gurbansoltan ハンドゥルディエワ, グルバンソルタン
　国トルクメニスタン　副首相
Handy, Charles ハンディ, チャールズ
　著「ネットワーク戦略論」ダイヤモンド社　2001
Handy, Phil ハンディ, フィル
　国アメリカ　クリーブランド・キャバリアーズアシスタントコーチ（バスケットボール）
Handysides, Allan ハンディサイズ, アラン・R.
　1941～　著「Celebrations」福音社　2014
Haneberg, Lisa ヘインバーグ, リサ
　著「組織開発の基本」ヒューマンバリュー　2012
Hanegbi, Tzachi ハネグビ, ツァヒ
　国イスラエル　地域協力相
Hanegraaff, Hank ハネグラフ, ハンク
　著「ダ・ヴィンチ・コードその真実性を問う」いのちのことば社　2006
Haneke, Michael ハネケ, ミヒャエル
　1942～　国オーストリア　映画監督, 脚本家　異ハーネケ, ミヒャエル／ハネケ, ミハエル
Hanekom, Derek ハネコム, デレック
　国南アフリカ　観光相　異ハネコム, デレク・アンドレ
Hänel, Wolfram ヘネル, ヴォルフラム
　1956～　著ヘネル, ヴォルフラム　著「ゆきだるまのメリークリスマス」文渓堂　2008
Hanes, Jeffrey E. ヘインズ, ジェフリー・E.
　1950～　著「主体としての都市」勁草書房　2007
Hanes, Mari ヘインズ, マリー
　著「奇跡の9か月」ファミリー・フォーラム・ジャパン　2009
Hanevold, Halvard ハーネボル, ハルワルド
　1969～　国ノルウェー　バイアスロン選手　異ハーネボル, ハルバール
Haney, Anne ハニー, アン
　？～2001　国アメリカ　女優
Haney, Eric L. ヘイニ, エリック・L.
　著「デルタ・フォース極秘任務」早川書房　2002
Haney, Tyler ヘイニー, タイラー
　国アメリカ　OUTDOOR VOICES創業者
Hang, Ann ハング, アン
　著「地球と環境」同友館　2002
Hang, Nguyen Thi ハン, グエン・ティ
　国ベトナム　労働・傷病軍人・社会事業相
Hang Chuon Naron ハン・チュウン・ナロン
　国カンボジア　教育青年スポーツ相
Hang Chuon Naron ハン・チュウン・ナロン
　国カンボジア　教育青年スポーツ相
Hanges, Paul J. ハンジェス, P.J.
　著「文化を超えるグローバルリーダーシップ」中央経済社, 中央経済グループパブリッシング（発売）　2016
Hanhart, Robert ハンハルト, R.
　1925～　著「コンパクト旧約聖書入門」教文館　2009
Hanif, Dhakiri ハニフ・ダキリ
　国インドネシア　労相
Hanig, Robert ハニグ, ロバート
　著「人材育成の戦略」ダイヤモンド社　2007
Hanigan, Ryan ハニガン, ライアン
　国アメリカ　野球選手
Hanin, Roger アナン, ロジェ
　1925～2015　国フランス　俳優, 映画監督　本名＝Lévy, Roger Paul　異ハニガー, ミッチ
Hanington, Bruce ハニントン, ブルース
　著「Research & Design Method Index」ビー・エヌ・エヌ新社　2013
Hanisch, Ernst ハーニッシュ, エルンスト
　1940～　著「ウィーン／オーストリア二〇世紀社会史」三元社　2016
Haniya, Ismail ハニヤ, イスマイル
　1963～　国パレスチナ　政治家　ハマス幹部　パレスチナ自治政府首相　本名＝Haniya, Ismail Abd as-Salam Ahmad
Hanke, John ハンキ, ジョン
　国アメリカ　実業家　グーグルアース副社長
Hankins, Johnathan ハンキンス, ジョナサン
　国アメリカ　アメフト選手
Hankison, Whitney ハンキソン, ホイットニー
　著「プロフェッショナルVB.NET」インプレス, インプレスコミュニケーションズ（発売）　2002
Hanks, Helga G.I. ハンクス, H.
　著「子どもの虐待とネグレクト」日本小児医事出版社　2008
Hanks, Tom ハンクス, トム
　1956～　国アメリカ　俳優, 映画プロデューサー　本名＝Hanks, Thomas J.
Hanley, Jesse ハンレー, ジェシー・リン
　著「疲れることに疲れたら」ネコ・パブリッシング　2003
Hanley, Nick ハンレー, N.
　著「環境経済学」勁草書房　2005
Hanley, Paul R.J. ハンリー, ポール
　？～2005　著「ゲリラ・マーケティング進化論」講談社　2007
Hanley, Susan B. ハンレー, スーザン・B.
　著「江戸時代の遺産」中央公論新社　2009
Hanley, Victoria ハンリー, ヴィクトリア
　国アメリカ　作家　著ヤングアダルト, ファンタジー　異ハンリー, ヴィクトリア
Hanlon, James A. ハンロン, ジェームズ・A.
　著「ブランド・マネジメント」ダイヤモンド社　2001
Hanlon, Kevin ハンロン, ケビン
　1958～　著「外国人司祭が観た日本のカトリック信徒」エンデルレ書店　2001
Hanlon, Thomas E. ハンロン, T.E.
　著「クオリティ・オブ・ライフ評価尺度」星和書店　2001
Hanmer, Jalna ハマー, ジャルナ
　著「ジェンダーと暴力」明石書店　2001
Hanna, Arthur ハンナ, アーサー
　国バハマ　総督
Hanna, Bassam ハンナー, バッサーム
　国シリア　水資源相
Hanna, Heidi ハナ, ハイディ
　1974～　著「いつもストレスを抱えているのは, ストレスがないと不安になるからだ」アルファポリス, 星雲社（発売）　2014
Hanna, James ハンナ, ジェームス
　国アメリカ　アメフト選手
Hanna, Lisa ハンナ, リサ
　国ジャマイカ　青年・文化相
Hanna, Mark ハンナ, マーク
　著「ジャーナリズム用語事典」国書刊行会　2009
Hanna, Roland ハナ, ローランド
　1932～2002　国アメリカ　ジャズピアニスト
Hanna, William Denby ハンナ, ウィリアム
　1910～2001　国アメリカ　アニメーション作家・プロデューサー　異ハナ, ウィリアム／ハンナ, ウィリアム
Hannachi, Salah ハンナシ, サラ
　国チュニジア　チュニジア日本友好協会会長, 元・駐日チュニジア大使
Hannafin, Michael J. ハナフィン, マイケル・J.
　著「インストラクショナルデザインとテクノロジ」北大路書房　2013
Hannaford, Carla ハンナフォード, カーラ
　1944～　著「ドミナンスファクター」永井書店　2014
Hannah ハンナ
　著「チェサピーク湾の1年」平山美枝子　2009
Hannah, Angela ハンナ, アンゲラ
　国イギリス　カヌー選手
Hannah, Daryl ハンナ, ダリル
　1960～　国アメリカ　女優　異ハナー, ダリル
Hannah, Gail Greet ハナ, ゲイル・グリート
　著「エレメンツ・オブ・デザイン」美術出版社　2006
Hannah, Kathryn J. ハンナ, キャサリン・J.
　著「看護情報学への招待」中山書店　2002
Hannah, Kristin ハナ, クリスティン
　1960～　著「ナイチンゲール」小学館　2016
Hannah, Leslie ハンナ, レズリー
　著「見えざる手の反逆」有斐閣　2001
Hannah, Sophie ハナ, ソフィー
　1971～　国イギリス　作家, 詩人　著ミステリー, スリラー
Hanna-martin, Glenys ハンナマーチン, グレニス
　国バハマ　運輸民間航空相
Hannas, William C. ハンナス, ウィリアム・C.
　1946～　著「中国の産業スパイ網」草思社　2015
Hannawald, Sven ハンナバルト
　国ドイツ　スキージャンプ選手
Hannaway, Jane ハナウェイ, J.
　著「格差社会アメリカの教育改革」明石書店　2007
*al-***Hannawi, Abdul Muttaleb** ハンナウィ, アブドルムッタレブ

[国]レバノン　青年・スポーツ相
Hannay, Barbara　ハネイ, バーバラ
[著]「夏色の恋の誘惑」ハーレクイン　2013
Hanneman, Jeff　ハンネマン, ジェフ
1964～2013　[国]アメリカ　ギタリスト
Hannemann, Jacob　ハンネマン, ジェイコブ
[国]アメリカ　野球選手
Hannemann, Robert E.　ハンネマン, ロバート・E.
[著]「アメリカで小児科にかかるとき」ジェトロ　2009
Hannesson, Gudbjartur　ハンネスソン, グズビャルトゥル
[国]アイスランド　社会福祉相
Hannibal, James R.　ハンニバル, ジェイムズ・R.
[著]「亡霊は砂塵に消えた」竹書房　2016
Hannigan, Ben　ハニガン, B.
1965～　[著]「地域精神看護の実際」世論時報社　2009
Hannigan, John A.　ハニガン, ジョン・A.
[著]「環境社会学」ミネルヴァ書房　2007
Hanning, M.　ハニング, M.
[著]「鍼のエビデンス」医道の日本社　2009
Hannington, Terry　ハニングトン, テリー
[著]「コーポレート・レピュテーション」ダイヤモンド社　2005
Hannity, Sean　ハニティ, ショーン
[国]アメリカ　ラジオ・パーソナリティ
Hannon, Frances　ハノン, フランシス
アカデミー賞 メイクアップ・ヘアスタイリング賞(第87回(2014年))　"The Grand Budapest Hotel"
Hannon, Gregory J.　ハノン, グレゴリー
1964～　[著]「RNAi」メディカル・サイエンス・インターナショナル　2004
Hanoomanjee, Santi Bai　ハノーマンジー, サンティ・バイ
[国]モーリシャス　保健・生活向上相
Hanoune, Louisa　ハヌーン, ルイザ
1954～　[著]「アルジェリアのためのもう一つの声」柘植書房新社　2002
Hanprab, Tawin　ハンプラブ, タウィン
[国]タイ　テコンドー選手
Hanratty, Malachy　ハンラッティ, マラキー
1934～　[著]「ゆるしの秘跡に戸惑うあなたへ」女子パウロ会　2012
Hans, Joachim　ハンス・ジョアチム
[国]サモア　商業・産業・労働相　[異]ハンス・ジョアシム・ケイル
Hans, Manoj　ハンス, マノージ
[著]「実践Appium」オライリー・ジャパン, オーム社(発売)　2016
Hans, Valerie P.　ハンス, ヴァレリー
[著]「アメリカの刑事陪審」日本評論社　2009
Hans Adam Ⅱ　ハンス・アダム2世
1945～　リヒテンシュタイン大公(元首)　本名＝Johannes Hans Adam Ferdinand Alois Josef Maria Maro d'Aviano　[異]アダム公
Hansard, Glen　ハンサード, グレン
アカデミー賞 主題歌賞(第80回(2007年))　'Falling Slowly'(「ONCE ダブリンの街角で」"Once")
Hansawong, Phaisan　パイサン
[国]タイ　重量挙げ選手
Hansbrough, Russell　ハンスブロー, ラッセル
[国]アメリカ　アメフト選手
Hansch, Corwin　ハンシュ, C.
？～2011　[著]「定量的構造活性相関」地人書館　2014
Hänsch, Theodor　ヘンシュ, テオドール
1941～　[国]ドイツ　物理学者　マックスプランク量子光学研究所所長　[専]レーザー光　本名＝Hänsch, Theodor Wolfgang
Hansdotter, Frida　ハンスドター
[国]スウェーデン　アルペンスキー選手
Hanse-himarwa, Katrina　ハンセ・イマルワ, カトリーナ
[国]ナミビア　教育・芸術・文化相
Hänsel, Lutz　ヘンゼル, ルッツ
[著]「スポーツ筋損傷 診断と治療法」ガイアブックス　2014
Hansell, Michael Henry　ハンセル, マイク
1940～　[著]「建築する動物たち」青土社　2009印刷
Hanselman, Eric　ハンセルマン, エリック
[著]「マーケティングのジレンマ」ダイヤモンド社　2004
Hansen, Abby J.　ハンセン, アビー・J.
1945～　[著]「ケース・メソッド教授法」ダイヤモンド社　2010
Hansen, Are　ハンセン, アレ
[国]ノルウェー　射撃選手
Hansen, Brendan　ハンセン, ブレンダン
1981～　[国]アメリカ　水泳選手
Hansen, Brian　ハンセン
[国]アメリカ　スピードスケート選手
Hansen, Carla　ハンセン, カーラ
[著]「ラスムスクルンプ さがしてあそぼう！」小学館　2016
Hansen, Carsten　ハンセン, カーステン
[国]デンマーク　都市・住宅・地方・北欧協力相
Hansen, Conrad　ハンゼン, コンラート
1906～2002　[国]ドイツ　ピアニスト, ピアノ教育者　デトモルト音楽アカデミー共同創設者
Hansen, Dave　ハンセン, デーブ
[国]アメリカ　ロサンゼルス・エンジェルスコーチ
Hansen, Eric K.　ハンセン, エリック
[著]「ラン熱中症」日本放送出版協会　2001
Hansen, Erik Fosnes　ハンセン, エリック・フォスネス
1965～　[著]「旅の終わりの音楽」新潮社　2005
Hansen, Eva Kjer　ハンセン, イバ・ケヤ
[国]デンマーク　環境・食料相　[異]ハンセン, エバ・ケア
Hansen, Flemming　ハンセン, フレミング
[国]デンマーク　運輸・エネルギー相
Hansen, Gaby　ハンセン, ギャビー
[著]「ツリーにやどったおほしさま」評論社　2003
Hansen, Gus　ハンセン, ガス
[著]「ガス・ハンセンのポーカーミリオンロード」パンローリング　2011
Hansen, Henriette Engel　ハンセン
[国]デンマーク　カヌー選手
Hansen, James E.　ハンセン, ジェームズ
1941～　[国]アメリカ　宇宙科学者, 環境科学者　米国航空宇宙局(NASA)ゴダード宇宙研究所ディレクター　[専]気候変動分析　[異]ハンセン, ジェイムズ
Hansen, James R.　ハンセン, ジェイムズ・R.
[著]「ファーストマン」ソフトバンククリエイティブ　2007
Hansen, Jesper　ハンセン, イエスパー
[国]デンマーク　射撃選手
Hansen, Joan　ハンセン, ジョアン
アメリカ探偵作家クラブ賞 大鴉賞(2006年)
Hansen, Joseph　ハンセン, ジョゼフ
[異]ハンセン, ジョセフ　[著]「探偵稼業はやめられない」光文社　2003
Hansen, Krishan　ハンセン, クリシャン
[著]「性問題行動のある知的障害者のための16ステップ」明石書店　2015
Hansen, Larry　ハンセン, ラリー
1951～　[国]カナダ　実業家　ハッセルブラッド会長・CEO
Hansen, Lars　ハンセン, ラルス
[著]「症例から学ぶ統合失調症の認知行動療法」日本評論社　2007
Hansen, Lars Peter　ハンセン, ラース
1952～　[国]アメリカ　経済学者　シカゴ大学経済学部教授　[異]ハンセン, ラース・ピーター
Hansen, Lasse Norman　ハンセン, ラッセ・ノーマン
1992～　[国]デンマーク　自転車選手　[異]ハンセン, ラセ / ハンセン, ラッセノーマン
Hansen, Marc　ハンセン, マルク
[国]ルクセンブルク　住宅相
Hansen, Mark Victor　ハンセン, マーク・ヴィクター
[異]ハンセン, マーク・ビクター　[著]「史上最高のセミナー」きこ書房　2011
Hansen, Martin　ハンセン, マルティン
[国]デンマーク　サッカー選手
Hansen, Mary　ハンセン, メアリー
1966～2002　[国]イギリス　歌手, ギタリスト　グループ名＝ステレオラブ〈Stereolab〉
Hansen, Morten T.　ハンセン, モートン・T.
[著]「ビジョナリーカンパニー」日経BP社, 日経BPマーケティング(発売)　2012
Hansen, Natasha　ハンセン, ナターシャ
[国]ニュージーランド　自転車選手
Hansen, Ron　ハンセン, ロン
[著]「ジェシー・ジェームズの暗殺」集英社　2007
Hansen, Rosanna　ハンセン, ロザンナ
[著]「野生動物の声」大日本絵画　〔2010〕
Hansen, Stan　ハンセン, スタン
1949～　[国]アメリカ　元プロレスラー
Hansen, Steve　ハンセン, スティーブ
1959～　[国]ニュージーランド　ラグビー指導者　ラグビー・ニュージーランド代表ヘッドコーチ
Hansen, Sunny Sundal　ハンセン, サニー・S.

H

㉄「キャリア開発と統合的ライフ・プランニング」福村出版 2013
Hansen, Valerie ハンセン, ヴァレリー
1958〜 ㉄「図説シルクロード文化史」原書房 2016
Hansen, Vilh. ハンセン, ヴィルヘルム
1900〜 ㉄「ラスムスクルンプ さがしてあそぼう！」小学館 2016
Hansen, Wade ハンセン, ウェイド
㊉アメリカ アメフト選手
Hansen, Walter ハンゼン, ヴァルター
1934〜 ㉄「図説ワーグナーの生涯」アルファベータ 2012
Hansen, Willy ハンセン, ウィリー
?〜2002 生物学者
Hansen, Willy ハンセン, ウィリー
?〜2002 ㉄「細菌と人類」中央公論新社 2008
Hansen-Love, Mia ハンセン・ラヴ, ミア
1981〜 ㊉フランス 映画監督, 女優
Hanser, Anders ハンセル, アンデシュ
1945〜 ㉄「ABBA『マンマ・ミーア！』への道」日之出出版 2002
Hansford, Susan J. ハンズフォード, スーザン
㉄「ポートフォリオをデザインする」ミネルヴァ書房 2001
Hanski, Ilkka ハンスキ, イルッカ
フィンランド クラフォード賞 生物学(2011年)
Hansley, Joe ハンスリー, ジョー
㊉アメリカ アメフト選手
Hansmann, Henry ハンスマン, ヘンリー
㉄「会社法の解剖学」レクシスネクシス・ジャパン 2009
Hansmann, Liselotte ハンスマン, リーゼロッテ
1917〜 ㉄「図説西洋護符大全」八坂書房 2014
Hanso, Hannes ハンソ, ハンネス
㊉エストニア 国防相
Hanson, Alen ハンソン, アレン
㊉ドミニカ共和国 野球選手
Hanson, Brooke ハンソン
㊉オーストラリア 競泳選手
Hanson, Carol ハンソン, C.
㉄「自閉症とパーソナリティ」創元社 2006
Hanson, Curtis ハンソン, カーティス
1945〜2016 ㊉アメリカ 映画監督, 脚本家 ㊙ハンソン, カーチス
Hanson, James Edward ハンソン, ジェームズ
1922〜2004 ㊉イギリス 実業家 ハンソン名誉会長
Hanson, Jason ハンソン, ジェイソン
㉄「状況認識力UPがあなたを守る」パンローリング 2016
Hanson, Jaydee ハンソン, ジェイディー
㉄「動物工場」緑風出版 2016
Hanson, Lars ハンソン, ラース
㊉アメリカ アメフト選手
Hanson, Lewis ハンソン, ルイス
?〜2005 ㊉アメリカ パイロット
Hanson, Maryann ハンソン, マリアン
㊉ベネズエラ 教育相
Hanson, Mirja P. ハンソン, ミリヤ・P.
㊉アメリカ 元・在ミネアポリス日本国名誉総領事, 元・ミネソタ日米協会会長
Hanson, Muriel ハンソン, ミュリエル
㉄「蜜と塩」イーグレープ 2015
Hanson, Neil ハンソン, ネイル
㉄「SASセキュリティ・ハンドブック」原書房 2003
Hanson, Nils ハンソン, ニルズ
㉄「調査報道実践マニュアル」旬報社 2016
Hanson, Pamela ハンソン, パメラ
㉄「ガールズ」グラフィック社 2001
Hanson, Peter ハンソン, ピーター
1969〜 ㉄「『ローマの休日』を仕掛けた男」中央公論新社 2013
Hanson, Rick ハンソン, リック
㉄「幸せになれる脳をつくる」実務教育出版 2015
Hanson, R.Karl ハンソン, R.カール
㉄「性犯罪者の治療と処遇」日本評論社 2010
Hanson, Shirley May Harmon ハンソン, S.M.ハーモン
㉄「家族看護学」医学書院 2001
Hanson, Susan ハンソン, スーザン
1943〜 ㉄「経済地理学キーコンセプト」古今書院 2014
Hanson, Thor ハンソン, ソーア
㉄「羽」白揚社 2013
Hanson, Tommy ハンソン, トミー
1986〜2015 ㊉アメリカ 野球選手 本名＝Hanson, Thomas J.
Hanson, Victor Davis ハンセン, ヴィクター・デイヴィス
㉄「図説古代ギリシアの戦い」東洋書林 2003
Hanson, Ward A. ハンソン, ワード
㉄「インターネット・マーケティングの原理と戦略」日本経済新聞社 2001
Hanson, Warren ハンソン, ウォーレン
1959〜 ㉄「いっしょに読んだものがたり」バベルプレス 2016
Hanssen, Bjarne Hakon ハンセン, ビャーネ・ホーコン
㊉ノルウェー 保健・介護サービス相 ㊙ハンセン, ビャルネ・ホーコン
Hanssen, Jan-Inge ハンセン, ヤン・インゲ
㉄「社会ケアサービス」本の泉社 2003
Hansson, David Heinemeier ハンソン, デイヴィッド・ハイネマイヤー
㉄「小さなチーム、大きな仕事」早川書房 2016
Hansson, Robert O. ハンソン, ロバート・O.
㉄「死別体験」誠信書房 2014
Hansson, Tomoko ハンスン, T.
1946〜 ㉄「自殺願望のある患者へのケア」毎日コミュニケーションズ 2008
Hanstein, Mariana ハンシュタイン, マリアナ
㉄「フェルナンド・ボテロ」Taschen c2007
Hansten, Philip D. ハンステン, フィリップ・D.
㉄「薬物相互作用トップ100」医歯薬出版 2002
Hantai, Pierre アンタイ, ピエール
1964〜 ㊉フランス チェンバロ奏者, 指揮者 コンセール・フランセ音楽監督
Hantaï, Simon アンタイ, シモン
1922〜2008 ㊉フランス 画家
Hanus, Michel アヌス, ミシェル
㉄「喪の悲しみ」白水社 2011
Hanuschek, Sven ハヌシェク, スヴェン
1964〜 ㉄「エリアス・カネッティ伝記」Sophia University Press上智大学出版, ぎょうせい(制作・発売) 2013
Hanze, Roberto アンセ, ロベルト
㊉エクアドル 教育・文化・スポーツ相
Hanzelik, Edward S. ハンゼリック, エド
㉄「インナーゲーム オブ ストレス」日刊スポーツ出版社 2010
Hanzlik, Steffi ハンツリク
㊉ドイツ スケルトン選手
Hao, Ran ハオ・ラン
1932〜2008 ㊉中国 作家 北京市作家協会名誉主席 漢字名＝浩然
Haomae, William ハオマエ, ウィリアム
㊉ソロモン諸島 外相
Haour, Georges アウー, ジョルジュ
1943〜 ㉄「イノベーション・パラドックス」ファーストプレス 2006
Hapka, Cathy ハプカ, キャサリン
㊙ハプカ, キャシー ㉄「ちいさなプリンセスソフィアひみつのとしょしつ」講談社 2016
Hapner, Mark ハプナー, マーク
㉄「Java message service導入ガイド」ピアソン・エデュケーション 2003
Happ, Ian ハップ, イアン
㊉アメリカ 野球選手
Happ, J.A. ハップ, JA.
㊉アメリカ 野球選手
Happell, Charles ハペル, チャールズ
1962〜 ㉄「ココダの約束」ランダムハウス講談社 2009
Happonen, Sirke ハッポネン, シルケ
1971〜 ㉄「ムーミンキャラクター図鑑」講談社 2014
Haptie, Charlotte ハプティー, シャルロット
㉄「オットーと空飛ぶふたご」小峰書店 2005
Haq, Abdul ハク, アブドゥル
?〜2001 アフガニスタン 反タリバン指導者 イスラム党ハリス派軍司令官 ㊙ハク, アブドル
Haq, Khurshid Jahan ハク, クルシド・ジャハン
㊉バングラデシュ 女性・子供問題相
al-Haqbani, Mufrej bin Saad ヒクバニ, ムフリジュ・ビン・サアド
㊉サウジアラビア 労相
al-Haqeel, Majid bin Abdullah ハキール, マジド・ビン・アブドラ
㊉サウジアラビア 住宅相
Haqqani, Jalaloddin ハッカニ, ジャラロディン

Haque, Aminul ハク, アミヌル
　㊗アフガニスタン　国境相
Haque, Aminul ハク, アミヌル
　㊗バングラデシュ　郵政・通信相
Haque, Khurshid Jahan ハク, クルシド・ジャハン
　㊗バングラデシュ　女性・子供問題相
Haque, Mohammed Sayedul ハク, ムハンマド・サイエドゥル
　㊗バングラデシュ　漁業・畜産相　㉺ハック, ムハンマド・サイエドゥル
Haque, Promod ハク, プロモド
　投資家
Haque, Ruhal ハック, ルハル
　㊗バングラデシュ　保健・家庭福祉相　㉺ハック, ルフル
Hara, Catherine Gotani ハラ, キャサリン・ゴタニ
　㊗マラウイ　環境・気候変動管理相
Hara, Keiichi ハラ, ケイイチ
　㊗日本　アヌシー国際アニメーション映画祭 長編映画 審査員賞（2015年）　漢字名＝原恵一
Hara, Terry Saburo ハラ, テリー・サブロー
　㊗アメリカ　元・ロサンゼルス市警副本部長, 元・南加日米協会理事長
Harabin, Štefan ハラビン, シュチェファン
　㊗スロバキア　副首相兼法相
Harach, L'ubomír ハラッハ, リュボミル
　㊗スロバキア　経済相
Harada, Tsuneo ハラダ, ツネオ
　㊗アメリカ　元・ニューヨーク・ジャイアンツ極東スカウト担当, 元・読売巨人軍国際担当　漢字名＝原田恒男
Haradzetski, Yury ハラヅェツキ, ユーリイ
　㊗ベラルーシ　エリザベート王妃国際コンクール 声楽 第5位（2008年）
Harald V ハラルド5世
　1937～　㊗ノルウェー　国王　㉺ハラルド
Harari, Oren ハラーリ, オーレン
　㊗「パウエル」ベストセラーズ 2002
Harari, Yuval Noah ハラリ, ユヴァル・ノア
　1976～　㊗「サピエンス全史」河出書房新社 2016
Harasym, Sarah ハレイシム, S.
　1957～　㊗「ポスト植民地主義の思想」彩流社 2005
Harasymowicz, Sława ハラシモヴィチ, スワヴァ
　㊗「僕はゴッホ」バイインターナショナル 2015
Haraway, Donna Jeanne ハラウェイ, ダナ
　1944～　㊗「伴侶種宣言」以文社 2013
Harazha, Dzianis ハラジャ
　㊗ベラルーシ　カヌー選手
Harb, Boutros ハルブ, ブトロス
　㊗レバノン　通信相
Harbach, Chad ハーバック, チャド
　㊗アメリカ　作家, 編集者　㊗文学
Harbah, Muhammad ハルバ, ムハマド
　㊗シリア　内相
Harbaugh, Jim ハーボー, ジム
　1963～　㊗アメリカ　フットボール監督, 元アメフト選手
Harbaugh, John ハーボー, ジョン
　1962～　㊗アメリカ　アメフト監督
Harbaugh, Karen ハーバー, カレン
　㊗「闇を駆ける女神」ソニー・マガジンズ 2005
Harberd, Nicholas ハーバード, ニコラス
　㊗「植物を考える」八坂書房 2009
Harberts, Aaron ハーバーツ, アーロン
　㊗「恋するアンカーウーマン」竹書房 2007
Harbin, Thomas J. ハービン, トーマス
　1954～　㊗「ささいなことでカッ！となる男たち」広済堂出版 2001
Harbinson, Patrick ハービンソン, パトリック
　アメリカ探偵作家クラブ賞 TVエピソード賞（2010年）ほか
Harbison, Elizabeth ハービソン, エリザベス
　㊗「未来への扉」ハーレクイン 2009
Harbison, Samuel P., Ⅲ ハービソン, サムエル・P., 3世
　㊗「S.P.ハービソン3世とG.L.スティール・ジュニアのCリファレンスマニュアル」エスアイビー・アクセス, 星雲社 (発売) 2015
Harbo, Christopher L. ハーボ, クリストファー・L.
　㊗「紙ひこうきクラフトスクール」ほるぷ出版 2016
Harbor, Clay ハーバー, クレイ
　㊗アメリカ　アメフト選手
Harbour, Elizabeth ハーバー, エリザベス
　1968～　㊗「いっしょにいたいないつまでも」徳間書店 2008

Harbour, Ivan ハーバー, アイヴァン
　㊗「世界の議事堂」ほるぷ出版 2016
Harbus, Robert ハーバス, ロバート
　1963～　㊗「DB2レプリケーションオフィシャルガイド」ピアソン・エデュケーション 2001
Harbutt, Juliet ハーバット, ジュリエット
　㊗「世界チーズ大図鑑」柴田書店 2011
Harchonak, Hanna ハルホナク, ハナ
　㊗ベラルーシ　トランポリン選手
Harclerode, Peter ハークレロード, ピーター
　1947～　㊗「謀略と紛争の世紀」原書房 2004
Harcombe, Elnora ハーコムビー, エレノラ
　㊗「科学力のためにできること」近代科学社 2008
Harcourt, Bernard E. アルクール, ベルナール・E.
　1963～　㊗「悪をなし真実を言う」河出書房新社 2015
Harcourt, Geoffrey Colin ハーコート, G.C.
　1931～　㊗「一般理論—第二版」多賀出版 2005
Harcsa, Zoltan ハルチャ
　㊗ハンガリー　ボクシング選手
Harcup, John W. ハーカップ, ジョン
　㊗「スパ・ブック」センゲージラーニング, BABジャパン出版局 (発売) 2009
Harðardóttir, Eygló ハルザルドッティル, エイグロ
　㊗アイスランド　社会問題・住宅相
Hărdău, Mihail ハルダウ, ミハイル
　㊗ルーマニア　教育相
Hardaway, Hannah ハーダウェー
　㊗アメリカ　フリースタイルスキー選手
Hardaway, Tim ハーダウェイ, ティム
　㊗アメリカ　デトロイト・ピストンズアシスタントコーチ（バスケットボール）
Hardaway, Tim, Jr. ハーダウェイ, ティム, Jr.
　㊗アメリカ　バスケットボール選手
Hardee, Trey ハーディー
　㊗アメリカ　陸上選手
Hardeep, Hardeep ハーディープ, ハーディープ
　㊗インド　レスリング選手
Harden, Blaine ハーデン, ブレイン
　1952～　㊗「金日成と亡命パイロット」白水社 2016
Harden, Elisabeth ハーデン, エリザベス
　㊗「花の描き方」グラフィック社 2003
Harden, James ハーデン, ジェームズ
　㊗アメリカ　バスケットボール選手
Harden, Marcia Gay ハーデン, マーシャ・ゲイ
　1959～　㊗アメリカ　女優
Harden, Ronald M. ハーデン, R.
　㊗「医学教育の理論と実践」篠原出版新社 2010
Hardenberg, F. ハルデンベルグ, フリードリヒ
　㊗「イバールの物語り」東洋出版 2005
Harder, Jens ハルダー, イェンス
　1970～　アングレーム国際漫画祭 大胆な作品賞（2010年）"Alpha… directions" ⟨Éditions Actes Sud⟩
Hardesty, Von ハーデスティ, フォン
　1939～　㊗「飛行機」昭文社 2009
Hardie, Andrew ハーディー, アンドリュー
　㊗「概説コーパス言語学」ひつじ書房 2014
Hardie, Bruce G.S. ハーディ, ブルース・G.S.
　㊗「ブランド・マネジメント」ダイヤモンド社 2001
Hardie, John ハーディー, ジョン
　㊗スコットランド　ラグビー選手
Hardie-boys, Michael ハーディーボーイズ, マイケル
　㊗ニュージーランド　総督
Hardin, Chad ハーディン, チャド
　㊗「ハーレイ・クイン：パワー・アウテイジ」小学館集英社プロダクション 2016
Hardin, Jeff ハーディン, J.
　㊗「細胞の世界」西村書店 2005
Hardin, Kimeron N. ハーディン, K.N.
　㊗「慢性痛のセルフコントロール」創元社 2005
Hardin, Milton Edward ハーディン, M.E.
　㊗「危機にある子を見つける」講談社 2001
Harding, Arturo ハルディング, アルトゥロ
　㊗ニカラグア　環境・天然資源相
Harding, Christpher ハーディング, クリストファー
　1978～　㊗「精神医学の歴史と人類学」東京大学出版会 2016
Harding, Daniel ハーディング, ダニエル

1975～ [国]イギリス 指揮者
Harding, David ハーディング, デイビッド
1958～ [著]「M&A賢者の意思決定」 ダイヤモンド社 2007
Harding, Deborah ハーディング, デボラ
[著]「レッド&ホワイト」 日本ヴォーグ社 2005
Harding, Douglas Edison ハーディング, ダグラス・E.
1909～2007 [著]「存在し、存在しない、それが答えだ」 ナチュラルスピリット 2016
Harding, Geoffrey ハーディング, ジェフリー
1954～ [著]「薬学と社会」 共立出版 2004
Harding, Georgina ハーディング, ジョージーナ
1955～ [著]「極北で」 新潮社 2009
Harding, Jennie ハーディング, ジェニー
[著]「ハーブ図鑑」 ガイアブックス, 産調出版(発売) 2012
Harding, Justine ハーディング, ジャスティーン
[著]「ドッグトリック」 ペットライフ社, 緑書房(発売) 2006
Harding, Kichener ハーディング, キッチナー
[著]「学校に通わず12歳までに6人が大学に入ったハーディング家の子育て」 紀伊国屋書店 2015
Harding, Luke ハーディング, ルーク
1968～ [国]イギリス ジャーナリスト, 作家 「ガーディアン」海外特派員
Harding, Matt ハーディング, マット
[国]アメリカ 独特の踊りの映像を動画投稿サイト「YouTube」に投稿して話題を呼ぶ
Harding, Mona Lisa ハーディング, モナ・リサ
[著]「学校に通わず12歳までに6人が大学に入ったハーディング家の子育て」 紀伊国屋書店 2015
Harding, Niall ハーディング, ニアル
[著]「サンタさんのプレゼント」 大日本絵画 2011
Harding, Paul ハーディング, ポール
1967～ [国]アメリカ 作家 [専]文学 別名：ドハティー, ポール〈Doherty, Paul〉
Harding, Prince ハーディング, プリンス
[国]シエラレオネ 運輸通信相 [異]ハーディング, プリンス・A.
Harding, R.R. ハーディング, R.R.
[著]「結晶・宝石図鑑」 あすなろ書房 2004
Harding, Sally ハーディング, サリー
[著]「かぎ針編みのすべてがわかるクロッシェ図鑑」 文化学園文化出版局 2014
Harding, Sandra ハーディング, サンドラ
[著]「科学と社会的不平等」 北大路書房 2009
Harding, Stephen ハーディング, スティーヴン
1952～ [著]「ドイツ・アメリカ連合作戦」 原書房 2014
Harding, Vanessa ハーディング, ヴァネッサ
[著]「自己語りと記憶の比較都市史」 勉誠出版 2015
Harding, Vincent Gordon ハーディング, ビンセント・ゴードン
[著]「希望の教育 平和の行進」 第三文明社 2013
Hardinge, Fred G. ハーディング, フレッド・G.
[著]「Celebrations」 福音社 2014
Harding-Esch, Edith ハーディング＝エッシュ, イーディス
[著]「バイリンガル・ファミリー」 明石書店 2006
Harding Lacayo, Arturo ハルディング・ラカヨ, アルトゥロ
[国]ニカラグア 内相
Hardison, Marcus ハーディソン, マーカス
[国]アメリカ アメフト選手
Hardman, Graham Peter ハードマン, グラハム・ピーター
[国]イギリス 英国日本庭園協会名誉副総裁, 元・英国日本庭園協会会長
Hardman, Kath ハードマン, キャス
[著]「愛犬とあそぶ11の芸」 二見書房 2006
Hardon, Anita ハードン, アニタ
[著]「暴走するクスリ？」 医薬ビジランスセンター 2005
Hardt, Michael ハート, マイケル
1960～ [国]アメリカ 政治哲学者, 比較文学者 デューク大学教授
Hardwick, Elizabeth ハードウィック, エリザベス
1916～2007 [国]アメリカ ジャーナリスト, 作家 コロンビア大学大学院教養学部教授
Hardwicke, Edward ハードウィック, エドワード
1932～2011 [国]イギリス 俳優 本名＝Hardwicke, Edward Cedric
Hardy, Adrien アルディ, アドリアン
1978～ [国]フランス ボート選手 [異]アルディ
Hardy, Blaine ハーディ, ブレイン
[国]アメリカ 野球選手
Hardy, Chris ハーディー, クリス
[著]「Monoプログラミング」 アスキー・メディアワークス, 角川グループパブリッシング(発売) 2012
Hardy, Chris E. ハーディ, クリス
[著]「嵐に耐えて」 保険毎日新聞社 2004
Hardy, Clarisa ハーディ, クラリサ
[国]チリ 計画・協力相
Hardy, Darel W. ハーディ, ダレル・W.
[著]「応用代数学入門」 ピアソン・エデュケーション 2005
Hardy, David B. ハーディー, デイヴィド・B.
[著]「虐待された子ども」 明石書店 2003
Hardy, David T. ハーディ, デヴィッド・T.
1951～ [著]「アホでマヌケなマイケル・ムーア」 白夜書房 2004
Hardy, Edward ハーディ, エドワード
1966～ [著]「あぶないよ、ふわふわケムちゃん！」 評論社 2016
Hardy, Françoise アルディ, フランソワーズ
1944～ [国]フランス 作詞家, 歌手, 元女優
Hardy, Henry ハーディ, ヘンリー
[著]「バーリンロマン主義講義」 岩波書店 2010
Hardy, James D. ハーディ, ジェームズ
？～2003 [国]アメリカ 外科医 ミシシッピ大学医療センター外科部長 [異]ハーディー, ジェームス / ハーディー, ジェームズ
Hardy, Jeff ハーディ, ジェフ
[著]「ザ・ハーディ・ボーイズ」 白夜書房 2003
Hardy, Jessica ハーディ, ジェシカ
1987～ [国]アメリカ 水泳選手
Hardy, J.J. ハーディ, J.J.
[国]アメリカ 野球選手
Hardy, Justin ハーディー, ジャスティン
[国]アメリカ アメフト選手
Hardy, Kate ハーディ, ケイト
[著]「3回目のキスは…」 ハーレクイン 2012
Hardy, Kristin ハーディ, クリスティン
[著]「禁断のカクテル」 ハーレクイン 2004
Hardy, Lucy ハーディ
[国]イギリス カヌー選手
Hardy, Matt ハーディ, マット
[著]「ザ・ハーディ・ボーイズ」 白夜書房 2003
Hardy, Paula ハーディ, ポーラ
[著]「イタリア」 メディアファクトリー 2007
Hardy, Phil ハーディ, フィル
1945～ [著]「ロック・エンサイクロペディア」 みすず書房 2009
Hardy, Robin ハーディ, ロビン
1929～2016 [国]イギリス 映画監督, 作家 本名＝Hardy, Robin St.Clair Rimington
Hardy, Vincent ハーディー, ヴィンセント
[著]「しろいクマちゃいろいクマ」 小峰書店 2007
Hardymon, G.Felda ハーディモン, フェルダ
[著]「プライベート・エクイティ」 東洋経済新報社 2004
Hare, Brian ヘア, ブライアン
1976～ [著]「あなたの犬は「天才」だ」 早川書房 2013
Hare, David ヘア, デービッド
1947～ [国]イギリス 劇作家 [異]ヘアー, デービッド / ヘアー, デイヴィッド
Hare, Richard Mervyn ヘア, リチャード
1919～2002 [国]イギリス 哲学者 オックスフォード大学コーパス・クリスティ・カレッジ名誉教授
Hare, Robert D. ヘア, ロバート・D.
1934～ [著]「サイコパシー・ハンドブック」 明石書店 2015
Hareide, Knut Arild ハーレイデ, クヌート・アーリル
[国]ノルウェー 環境相
Harel, Barbara アレル
[国]フランス 柔道選手
Harel, Elchanan S. ハレル, エルハナン・シムハ
[国]イスラエル 元・イスラエル日本親善商工協会会頭
Harel, Isser ハレル, イッサー
1912～2003 [国]イスラエル モサド長官 本名＝Halperin, Isser [異]ハレル, イサー
Hären, Fredrik ヘレーン, フレドリック
1968～ [著]「スウェーデン式アイデア・ブック」 ダイヤモンド社 2006
Hären, Teo ヘレーン, テオ
1968～ [著]「スウェーデン式アイデア・ブック」 ダイヤモンド社 2006
Harent, Sophie アレン, ソフィー

Harerimana, Sheikh Mussa　ハレリマナ，シーク・ムサ
　㊙「ブルターニュの海と空」読売新聞社　c2001
　㊗ルワンダ　国内治安相
Hareven, Tamara K.　ハレーブン，タマラ・K.
　㊙「家族時間と産業時間」早稲田大学出版部　2001
Harford, David K.　ハーフォード，デイヴィッド・K.
　㊙「ヴェトナム戦場の殺人」扶桑社　2002
Harford, Tim　ハーフォード，ティム
　1973〜　㊙「アダプト思考」武田ランダムハウスジャパン　2012
Harfoush, Rahaf　ハーフーシュ，ラハフ
　㊙「「オバマ」のつくり方」阪急コミュニケーションズ　2010
Hargaden, Helena　ハーガデン，ヘレナ
　㊙「交流分析」日本評論社　2007
Harger, Fern　ハージャー，ファーン
　㊗アメリカ　元・サンタローザ・鹿児島友好協会会長
Hargin, Mattias　ハルギン
　㊗スウェーデン　アルペンスキー選手
Hargitay, Mariska　ハージティ，マリスカ
　エミー賞 プライムタイム・エミー賞 最優秀主演女優賞（ドラマシリーズ）（第58回（2006年））ほか
Hargittai, István　ハルギッタイ，I.
　㊙「ノーベル賞―その栄光と真実」森北出版　2007
Hargrave, Javon　ハーグレイブ，ジャボン
　㊗アメリカ　アメフト選手
Hargreaves, Andy　ハーグリーブス，アンディ
　㊙「知識社会の学校と教師」金子書房　2015
Hargreaves, Beryl Joyce　ハーグリーヴス，ジョイス
　1932〜　㊙「ドラゴン」創元社　2009
Hargreaves, David J.　ハーグリーヴス，デイヴィッド・J.
　㊙「あなたと心理学」二瓶社　2002
Hargreaves, David John　ハーグリーヴス，デイヴィッド・J.
　1948〜　㊗ハーグリーヴス，デイヴィッド・J. / ハーグリーヴス，デーヴィッド・J.　㊙「音楽的コミュニケーション」誠信書房　2012
Hargreaves, Vernon　ハーグリーブス，バーノン
　㊗アメリカ　アメフト選手
Hargrove, Dean　ハーグローヴ，ディーン
　1938〜　㊙「死者の身代金」竹書房　2007
Hargrove, Robert A.　ハーグローブ，ロバート
　1947〜　㊙「新・錬金術」広文堂出版　2002
Hargroves, Karlson　ハーグローブス，カールソン
　1974〜　㊙「ファクター5」明石書店　2014
Hari, Badr　ハリ，バダ
　1984〜　㊗モロッコ　キックボクサー，格闘家
Hari, Daoud　ハリ，ダウド
　㊙「ダルフールの通訳」ランダムハウス講談社　2008
Hari, Sabarno　ハリ・サバルノ
　㊗インドネシア　内相
Haribou, Ali　ハリブ，アリ
　㊙「コモロ諸島」白水社　2001
Haridi, Seif　ハリディ，セイフ
　㊙「コンピュータプログラミングの概念・技法・モデル」翔泳社　2007
Haridy, Shaimaa Ahmed Khalaf　ハリディ，シャイマ
　㊗エジプト　重量挙げ選手
Hariharan, P.　ハリハラン，P.
　㊙「ホログラフィーの原理」オプトロニクス社　2004
Harika, Haroye　ハリカ・ハロイエ
　㊗エチオピア　法相
Harimann, Sierra　ハリマン，シエラ
　㊙「幽霊白書」ポプラ社　2015
Häring, Bernhard　ヘーリンク，ベルンハルト
　1912〜　㊙「教会への私の希望」サンパウロ　2009
Häring, Norbert　ヘーリング，ノルベルト
　1963〜　㊙「人はお金だけでは動かない」NTT出版　2012
Hariri, Bahia　ハリリ，バヒヤ
　㊗レバノン　教育相
al-Hariri, Fawzi　ハリリ，ファウジ
　㊗イラク　産業相
al-Hariri, Rafik　アル・ハリリ，ラフィク
　㊗レバノン　首相
Hariri, Rafik Bahaa Edinburghe　ハリリ，ラフィク
　1944〜2005　㊗レバノン　政治家，実業家　レバノン首相　㊗ハリーリー，ラフィーク / ハリリ，ラフィーク
Hariri, Saad　ハリリ，サード
　1970〜　㊗レバノン　政治家，実業家　未来運動党首　レバノン首相　本名=Hariri, Saad ed-Din　㊗ハリリ，サアド
Harito, Milena　ハリト，ミレナ
　㊗アルバニア　イノベーション・行政担当相
Harka, Haroye　ハルカ・ハロイエ
　㊗エチオピア　法相
Härkäpää, Maria　ハルカパー，マリア
　㊙「マリメッコ パターンとデザイナーたち」パイインターナショナル　2013
Harkaway, Nick　ハーカウェイ，ニック
　1972〜　㊗イギリス　作家　㊙SF，ファンタジー
Harken, Alden H.　ハーキン，オールディン・H.
　㊙「外科診療シークレット」メディカル・サイエンス・インターナショナル　2005
Harkey, Cory　ハーキー，コリー
　㊗アメリカ　アメフト選手
Harkey, Mike　ハーキー，マイク
　㊗アメリカ　ニューヨーク・ヤンキースコーチ
Harkin, James　ハーキン，ジェームズ
　1971〜　㊗ハーキン，ジェイムズ　㊙「ニッチ」東洋経済新報社　2013
Harkless, Maurice　ハークレス，モーリス
　㊗アメリカ　バスケットボール選手
Harkness, Daniel　ハークネス，ダニエル
　㊙「スーパービジョンインソーシャルワーク」中央法規出版　2016
Harkness, Deborah E.　ハークネス，デボラ
　1965〜　㊗アメリカ　作家，歴史学者　南カリフォルニア大学教授　㊙文学，歴史　㊙「魔女の血族」ヴィレッジブックス　2015
Harkup, Kathryn　ハーカップ，キャサリン
　㊙「アガサ・クリスティーと14の毒薬」岩波書店　2016
Harlan, Jan　ハーラン，ヤン
　㊙「友よ 弔辞という詩」河出書房新社　2007
Harlan, Jean Durgin　ハーレン，J.D.
　㊙「8歳までに経験しておきたい科学」北大路書房　2007
Harlan, Patrick　ハーラン，パトリック
　1970〜　㊙「トゥースフェアリーの大冒険」小学館　2006
Harland, Georgina　ハーランド
　㊗イギリス　近代五種選手
Harlaut, Henrik　ハルラウト
　㊗スウェーデン　フリースタイルスキー選手
Harle, Isabelle　ヘルレ
　㊗ドイツ　水泳選手
Harlem, Hanne　ハーレム，ハンネ
　㊗ノルウェー　法相
Harley, Bill　ハーレイ，ビル
　1954〜　グラミー賞 最優秀子供向け朗読アルバム（2008年（第51回））ほか
Harley, David　ハーレー，デビッド
　㊙「ウィルス対策マニュアル」ソフトバンクパブリッシング　2003
Harley, Madeline M.　ハーレー，マデリン
　㊙「植物の奇妙な生活」創元社　2014
Harley, Richard C.　ハーレイ，リチャード・C.
　㊙「クロムウェル巡航戦車」大日本絵画　2007
Harley, Willard F.　ハーリ，ウィラード
　㊙「パートナーと気持ちが100％通う10の法則」三笠書房　2004
Harlin, Renny　ハーリン，レニー
　1958〜　㊗フィンランド　映画監督　本名=Harjula, Lauri
Harlow, Barbara　ハーロウ，バーバラ
　㊙「女性の人権とジェンダー」明石書店　2007
Harlow, Bill　ハーロウ，ビル
　1950〜　㊙「化学兵器テロを阻止せよ」扶桑社　2002
Harlow, Joan Hiatt　ハーロウ，J.H.
　1932〜　㊙「嵐の中のシリウス」文研出版　2005
Harlow, Joel　ハーロウ，ジョエル
　アカデミー賞 メイクアップ賞（第82回（2009年））　"Star Trek"
Harman, Bob　ハーマン，ボブ
　1918〜　㊙「これでダブルスに勝てる」アイオーエム　2009
Harman, Gilbert　ハーマン，ギルバート
　㊙「信頼性の高い推論」勁草書房　2009
Harman, Harriet　ハーマン，ハリエット
　㊗イギリス　下院内総務省女性問題担当相
Harman, Jay　ハーマン，ジェイ
　㊙「自然をまねる、世界が変わる」化学同人　2014
Harman, Nigel　ハーマン，ナイジェル
　ローレンス・オリヴィエ賞 ミュージカル・エンタテインメント助演俳優賞（2012年（第36回））　"Shrek The Musical"

Harman, Oren Solomon ハーマン, オレン
㊈「親切な進化生物学者」みすず書房 2011

Harman, Patricia ハーマン, パトリシア
1943〜　㊈「ホープ川の助産婦」国書刊行会 2014

Harman, Sidney ハーマン, シドニー
1918〜2011　㊉アメリカ　実業家　「ニューズウィーク」オーナー、ハーマン・カードン創業者

Harmel, Roger Charles アルメル, ロジェ・シャルル
㊉ベルギー　元・経済協力開発機構（OECD）事務局官房理事会・執行委員会担当局長

Harmer, Jeremy ハーマー, ジェレミー
㊈「実践的英語教育の指導法」ピアソン・エデュケーション 2003

Harmer, Wendy ハーマー, ウェンディ
㊈「パークフェアリーのパーリー」講談社 2011

Harmoko ハルモコ
1939〜　㊉インドネシア　政治家　インドネシア国会議長、ゴルカル総裁

Harmon, Butch, Jr. ハーモン, ブッチ, Jr.
1943〜　㊉アメリカ　プロゴルファー（ティーチングプロ）ブッチ・ハーモン・ゴルフスクール校長・創設者　本名＝ハーモン, クロードJr.〈Harmon, Claude Jr.〉

Harmon, Claude, Jr. ハーモン, クロード, Jr.
㊈「王者のドリル」ゴルフダイジェスト社 2001

Harmon, Dick ハーモン, ディック
？〜2006　㊉アメリカ　ゴルフ指導者

Harmon, Dominic ハーモン, D.
㊈「周術期超音波診断・治療ガイド」エルゼビア・ジャパン 2010

Harmon, Duron ハーモン, ダーロン
㊉アメリカ　アメフト選手

Harmon, Joseph ハーモン, ジョセフ
㊉ガイアナ　官房長官

Harmon, Judith Smith ハーモン, ジュディス
㊈「ハイリスク妊娠・出産看護マニュアル」じほう 2005

Harmon, Kathleen A. ハーモン, カスリーン
1944〜　㊈「人は何を祝い、なぜ歌うのか」聖公会出版 2013

Harmon, Paul ハーモン, ポール
1942〜　㊈「Webアプリケーションのためのシステム開発とアーキテクチャ」日経BP社, 日経BP出版センター（発売）2001

Harms, Daniel ハームズ, ダニエル
㊈「クトゥルフ神話TRPGクトゥルフ・フラグメント」KADOKAWA 2015

Harms, Thelma ハームス, テルマ
㊈「新・保育環境評価スケール」法律文化社 2016

Harna, István ハルナ, イシュトバン
㊉スロバキア　建設・公共事業相

Harnecker, Marta ハーネッカー, マルタ
㊈「チャベス革命を語る」沢田出版, 民衆社（発売）2007

Harney, Alexandra ハーニー, アレクサンドラ
㊈「中国貧困絶望工場」日経BP社, 日経BP出版センター（発売）2008

Harney, Mary ハーニー, メアリー
㊉アイルランド　保健・児童相

Harney, Michael ハーニー, マイケル
㊈「オローニの日々」人間家族編集室, 伊東プリミティヴプランプレス, 南伊豆町スタジオ・リーフ（発売）2003

Harnischmacher, Robert ハルニッシュマッヒャー, ロベルト・F.J.
1948〜　㊈「ドイツの組織犯罪」成文堂 2002

Harnish, Verne ハーニッシュ, バーン
㊉ハーニシュ, ヴァーン　㊈「ありえない決断」阪急コミュニケーションズ 2013

Harnois, Marlene アルノワ
㊉フランス　テコンドー選手

Harnoncourt, Nikolaus アーノンクール, ニコラウス
1929〜2016　㊉オーストリア　指揮者, チェロ奏者, 古楽研究家　ウィーン・コンツェントゥス・ムジクス（CMW）主宰　㊉アルノンクール, ニコラウス

Harnoy, Ofra ハーノイ, オーフラ
1965〜　㊉カナダ　チェロ奏者

Harnsberger, H.Ric ハーンズバーガー, H.リック
㊈「頭頸部top100診断」メディカル・サイエンス・インターナショナル 2005

Harnsberger, Lindsey C. ハーンズバーガー, リンジー・C.
㊈「音楽用語 作曲家」ヤマハミュージックメディア 2016

Haróardóttir, Eygló ハロアルドッティル, エイグロ
㊉アイスランド　社会問題・住宅相

Haroche, Serge アロシュ, セルジュ
1944〜　㊉フランス　物理学者　コレージュ・ド・フランス学長　㊉量子情報科学　㊉ハロシ, セルジュ

Harold, Eli ハロルド, イーライ
㊉アメリカ　アメフト選手

Harootunian, Harry D. ハルトゥーニアン, ハリー
1929〜　㊉アメリカ　歴史学者　シカゴ大学名誉教授, ニューヨーク大学名誉教授　㊉日本近代文化史, 日本思想史

Harouchi, Abderrahim ハルシ, アブデルラヒム
㊉モロッコ　社会開発相

*al-***Haroun, Ahmad Rashed** ハルーン, アハマド・ラシド
㊉クウェート　商工相

Haroun, Baradine ハルーン, バラディン
㊉チャド　文化・青年・スポーツ相

Haroun, Mahamat-saleh ハルーン, マハマト＝サレ
カンヌ国際映画祭 ウルカヌステクニカルアーティスト賞（第66回（2013年））ほか

*al-***Haroun, Mosaed Rashed** アル・ハルーン, モサエド・ラシェド
㊉クウェート　教育・高等教育相

Harouna, Hamani ハルナ, ハマニ
㊉ニジェール　初等教育相

Harouna, Lamido Moumouni ハルナ, ラミド・ムムニ
㊉ニジェール　設備相

Harouni, Karim ハルーニ, カリム
㊉チュニジア　運輸相

Harpagès, Didier アルパジェス, ディディエ
㊈「脱成長（ダウンシフト）のとき」未来社 2014

Harpending, Henry ハーペンディング, ヘンリー
㊈「一万年の進化爆発」日経BP社, 日経BP出版センター（発売）2010

Harper, Ben ハーパー, ベン
グラミー賞 最優秀ブルース・アルバム（2013年（第56回））ほか

Harper, Bryce ハーパー, ブライス
1992〜　㊉アメリカ　野球選手

Harper, Chandler ハーパー, チャンドラー
1914〜2004　㊉アメリカ　プロゴルファー

Harper, Charise Mericle ハーパー, シャリース・メリクル
㊈「カップケーキのバニラくん」BL出版 2011

Harper, Chris ハーパー, クリス
㊉アメリカ　アメフト選手

Harper, Damian ハーパー, デイミアン
㊈ハーパー, ダミアン　㊈「北京」メディアファクトリー 2008

Harper, Dawn ハーパー, ドーン
1984〜　㊉アメリカ　陸上選手

Harper, Elizabeth ハーパー, エリザベス
1961〜　㊈「かならず願いがかなう7つの秘密」主婦の友社 2009

Harper, Fiona ハーパー, フィオナ
㊈「三つの誓いと愛の天使」ハーレクイン 2014

Harper, Harold Anthony ハーパー, H.A.
1911〜　㊈「イラストレイテッド ハーパー・生化学」丸善 2011

Harper, Jessica ハーパー, ジェシカ
㊈「ようちえんっていうところ」BL出版 2007

Harper, Jo ハーパー, ジョー
㊈「奇跡のランナーウィルマ」汐文社 2014

Harper, John ハーパー, J.
1947〜　㊈「中世キリスト教の典礼と音楽」教文館 2010

Harper, John ハーパー, ジョン
1955〜　㊈「カート・アングル」白夜書房 2002

Harper, John Lander ハーパー, ジョン
1925〜2009　㊉イギリス　植物生態学者　ウェールズ大学名誉教授

Harper, Karen ハーパー, カレン
アメリカ探偵作家クラブ賞 メアリ・ヒギンズ・クラーク賞（2006年）"Dark Angel"

Harper, Kenn ハーパー, ケン
1945〜　㊈「父さんのからだを返して」早川書房 2001

Harper, Laureen ハーパー, ローリーン
1963〜　㊉カナダ　グラフィックデザイナー　本名＝Harper, Laureen Teskey

Harper, Peter S. ハーパー, ピーター
㊈「筋強直性ジストロフィー」診断と治療社 2015

Harper, Piers ハーパー, ピアーズ
㊈「ちびうさぎ」ブロンズ新社 2007

Harper, Richard H.R. ハーパー, リチャード
　㊈「ペーパーレスオフィスの神話」創成社　2007
Harper, Roman ハーパー, ロマン
　㊈アメリカ　アメフト選手
Harper, Ruth E. ハーパー, ルース・E.
　㊈「The kissing hand」アシェット婦人画報社　2007
Harper, Stephen ハーパー, スティーブン
　1959～　㊈カナダ　政治家, 経済学者　カナダ保守党党首　カナダ首相
Harper, Steve ハーパー, スティーブ
　㊈「光に打たれて」日本聖化協力会出版委員会　2012
Harper, Timothy ハーパー, ティモシー
　1950～　㊈「イギリスへのパスポート」新潮社　2001
Harpprecht, Klaus ハープレヒト, クラウス
　1927～　㊈「トーマス・マン物語」三元社　2008
Harpur, James ハーパー, ジェイムズ
　㊈「十字軍の遠征と宗教戦争」原書房　2008
Harpur, Tom ハーパー, トム
　㊈「キリスト神話」バジリコ　2007
Harr, Jonathan ハー, ジョナサン
　㊈「消えたカラヴァッジョ」岩波書店　2007
Harrach, Péter ハラッホ, ペーテル
　㊈ハンガリー　家庭・労働相
Harraoubia, Rachid ハラウビア, ラシド
　㊈アルジェリア　高等教育・科学研究相
Harrar, George ハラ, ジョージ
　1949～　㊈ハーラー, ジョージ　㊈「悩み多き哲学者の災難」早川書房　2004
Harre, Laila ハレ, ライラ
　㊈ニュージーランド　女性相兼青年相兼統計相
Harré, Rom ハレ, ロム
　㊈「行動生物学・動物学習辞典」インデックス出版　2003
Harrell, Lynn ハレル, リン
　1944～　㊈アメリカ　チェロ奏者, 指揮者　クリーブランド管弦楽団首席奏者, ライス大学シェファード音楽学校教授
Harrell, Montrezl ハレル, モントレズ
　㊈アメリカ　バスケットボール選手
Harrell, Wilson ハーレル, ウィルソン
　1919～　㊈「起業家の本質」英治出版　2006
Harrell-Sesniak, Mary ハレル＝セスニアック, メアリー
　㊈「サンタへの手紙」クロニクルブックス・ジャパン, 徳間書店（発売）　2016
Harrellson, Josh ハレルソン, ジョシュ
　㊈アメリカ　バスケットボール選手
Harrelson, Woody ハレルソン, ウディ
　1961～　㊈アメリカ　俳優　本名＝Harrelson, Woodrow Tracy
　㊈ハレルソン, ウッディ
Harrer, Heinrich ハラー, ハインリッヒ
　1912～2006　㊈オーストリア　登山家　㊈ハラー, ハインリヒ
Harrera, Rosell ヘレーラ, ロセル
　㊈ドミニカ共和国　野球選手
Harries, Keith D. ハリス, キース
　㊈「犯罪地図」都市防犯研究センター　2003
Harrigan, Pat ハリガン, パット
　㊈「アート・オブ・クトゥルフ」新紀元社　2013
Harriman, Richard ハリマン, リチャード
　㊈「クリエイティビティ・カンパニー」ランダムハウス講談社　2004
Harrington, Adam ハリントン, アダム
　㊈アメリカ　ブルックリン・ネッツアシスタントコーチ（バスケットボール）
Harrington, Donna L. ハリントン, ダナ・L.
　㊈「CCNP self-study：CCNPトラブルシューティング実習」ソフトバンクパブリッシング　2004
Harrington, J.D. ハリントン, J.D.
　㊈「HUBBLE」インフォレスト　2010
Harrington, Joel Francis ハリントン, ジョエル・F.
　㊈「死刑執行人」柏書房　2014
Harrington, John ハリントン, ジョン
　㊈「スパ・ブック」センゲージラーニング, BABジャパン出版局（発売）　2009
Harrington, Joyce ハリントン, ジョイス
　㊈「フィリップ・マーロウの事件」早川書房　2007
Harrington, Kent A. ハリントン, ケント
　1952～　㊈「死者の日」扶桑社　2001
Harrington, Lea ハリントン, リー

Harrington, Nina ハリントン, ニーナ
　㊈「大富豪と妖精」ハーレクイン　2013
Harrington, Padraig ハリントン, パドレイグ
　1971～　㊈アイルランド　プロゴルファー　㊈ハリントン, パドレイ
Harrington, Paul ハリントン, ポール
　㊈「ザ・シークレットTO TEEN」角川書店, 角川グループパブリッシング（発売）　2010
Harrington, Scott E. ハリントン, S.E.
　㊈「保険とリスクマネジメント」東洋経済新報社　2005
Harrington, William ハリントン, ウィリアム
　㊈ザンビア　通産相
Harris, Amanda ハリス, アマンダ
　ローレンス・オリヴィエ賞 プレイ 助演俳優賞（2005年（第29回））　"Othello"
Harris, Anne ハリス, アン
　1964～　㊈「フラクタルの女神」東京創元社　2005
Harris, Anthony ハリス, アンソニー
　㊈アメリカ　アメフト選手
Harris, Bill ハリス, ビル
　1950～　㊈「賢者の言葉」ダイヤモンド社　2011
Harris, Bob ハリス, ボブ
　1963～　㊈「とりあえず分かる！世界の紛争地図」筑摩書房　2010
Harris, Bonnie ハリス, ボニー
　㊈「キレない親になる8つのレッスン」徳間書店　2006
Harris, Brandon ハリス, ブランドン
　㊈アメリカ　アメフト選手
Harris, Brian F. ハリス, ブライアン・F.
　㊈「カテゴリーマネジメント入門」商業界　2006
Harris, Bryce ハリス, ブライス
　㊈アメリカ　アメフト選手
Harris, Calvin ハリス, カルビン
　㊈イギリス　DJ　㊈ハリス, カルヴィン
Harris, Carla A. ハリス, カーラ
　㊈「モルガン・スタンレー最強のキャリア戦略」CCCメディアハウス　2016
Harris, Charlaine ハリス, シャーレイン
　1951～　㊈アメリカ　作家
Harris, Chloe ハリス, クロエ
　㊈「禁じられた愛への切符」幻冬舎　2012
Harris, Chris ハリス, クリス
　㊈アメリカ　アメフト選手
Harris, Christine ハリス, クリスティーヌ
　1955～　㊈ハリス, クリスティーン　㊈「ジャミールの新しい朝」くもん出版　2008
Harris, Clare ハリス, クレア
　1946～　㊈「職場での心のデトックス」産調出版　2007
Harris, Clark ハリス, クラーク
　㊈アメリカ　アメフト選手
Harris, Damon ハリス, デーモン
　1950～2013　㊈アメリカ　ソウル歌手
Harris, Dan ハリス, ダン
　1971～　㊈「10% HAPPIER」大和書房　2015
Harris, Darien ハリス, ダリエン
　㊈アメリカ　アメフト選手
Harris, David ハリス, デービッド
　㊈アメリカ　アメフト選手
Harris, David ハリス, デビッド
　㊈「カリグラフィー」日本ヴォーグ社　2004
Harris, David Money ハリス, デイヴィッド・マネー
　㊈ハリス, デビッド・マネー　㊈「ディジタル回路設計とコンピュータアーキテクチャ」エスアイビー・アクセス, 星雲社（発売）　2016
Harris, Demetrius ハリス, デメトリアス
　㊈アメリカ　アメフト選手
Harris, De'Vante ハリス, ディバント
　㊈アメリカ　アメフト選手
Harris, Devin ハリス, デビン
　㊈アメリカ　バスケットボール選手
Harris, DuJuan ハリス, デホアン
　㊈アメリカ　アメフト選手
Harris, Dwayne ハリス, ドウェイン
　㊈アメリカ　アメフト選手
Harris, Ed ハリス, エド

Harris, Eleanor L. ハリス, エレノア
1970〜 ㈰「ペットロスヒーリング」太陽出版 2006
Harris, Elizabeth ハリス, エリザベス
㈰「ナットとハリスのヘルスプロモーション・ガイド・ブック」垣内出版 2003
Harris, Elmer Beseler ハリス, エルマー・ビーズラー
㈱アメリカ 元・在バーミングハム日本国名誉総領事, 元・アラバマ経済開発パートナーシップ機構会長, 元・日米南東部会共同議長
Harris, Emmylou ハリス, エミルー
グラミー賞 最優秀アメリカーナ・アルバム (2013年 (第56回)) ほか ㈹ハリス, エミールー
Harris, Erik ハリス, エリック
㈱アメリカ アメフト選手
Harris, Eugene E. ハリス, ユージン・E.
㈰「ゲノム革命」早川書房 2016
Harris, Frances P. ハリス, フランシス
㈰「コミュニケーション障害入門」大修館書店 2005
Harris, Frederick ハリス, フレデリック
㈱アメリカ 日本現代墨絵画協会参事, U.S.ネイビー・リーグ日本部会会長, 元・東京アメリカンクラブ会長
Harris, Gary ハリス, ゲイリー
㈱アメリカ バスケットボール選手
Harris, Gemma Elwin ハリス, ジェンマ・エルウィン
㈰「世界一ときめく質問, 宇宙一やさしい答え」河出書房新社 2015
Harris, Godfrey ハリス, ゴッドフリー
1937〜 ㈰「祖父母業」メディアファクトリー 2007
Harris, Graham ハリス, G.
1937〜 ㈰「オーク・アイランドの埋蔵金」無頼出版 2010
Harris, Grant T. ハリス, グラント・T.
㈰「サイコパシー・ハンドブック」明石書店 2015
Harris, Gregg ハリス, グレッグ
㈰「チャーチ&ホームスクーリング入門」ホームスクーリング・ビジョン 2007
Harris, Henry ハリス, ヘンリー
1925〜2014 ㈱イギリス 細胞生物学者 オックスフォード大学名誉教授 ㈹癌, 人類遺伝学
Harris, Howard S. ハリス, ハワード・S.
㈰「ヒューマンサービス」第一出版 2009
Harris, Ian ハリス, イアン
㈰「SHORT MESSAGE SERVICE」幻冬舎ルネッサンス 2011
Harris, Ian S. ハリス, イアン・S.
㈰「ワシントンマニュアル」メディカル・サイエンス・インターナショナル 2005
Harris, Jamie O. ハリス, ジェイミー・O.
㈰「フィードバックの技術で, 職場の『気まずさ』を解消する」ファーストプレス 2008
Harris, Jason ハリス, ジェイソン
クワイア・ディレクター グラミー賞 最優秀クラシック・アルバム (2005年 (第48回)) ほか
Harris, Jeanne G. ハリス, ジェーン・G.
㈰「分析力を駆使する企業」日経BP社, 日経BPマーケティング (発売) 2011
Harris, Jeremy ハリス, ジェレミー
㈱アメリカ アメフト選手
Harris, Jet ハリス, ジェット
1939〜2011 ㈱イギリス ロック・ベース奏者 本名=ハリス, テレンス〈Harris, Terence〉
Harris, Joanne ハリス, ジョアン
1964〜 ㈱イギリス 作家
Harris, Jodie ハリス, ジョディ
㈰「睡眠障害に対する認知行動療法」風間書房 2015
Harris, Joe ハリス, ジョー
㈱アメリカ バスケットボール選手
Harris, Joe ハリス, ジョー
1951〜 ㈰「数のマジック」ピアソン・エデュケーション 2005
Harris, John ハリス, ジョン
グラミー賞 最優秀録音技術アルバム (クラシック以外) (2004年 (第47回)) "Genius Loves Company"
Harris, John ハリス, ジョン
㈰「哲学者は何を考えているのか」春秋社 2006
Harris, Jonathan ハリス, ジョナサン
1914〜2002 ㈱アメリカ 俳優
Harris, Jonathan ハリス, ジョナサン
1950〜 ㈱アメリカ 俳優 本名=Harris, Edward Allen

Harris, Jose ハリス, ジョセ
㈰「ビザンツ帝国の最期」白水社 2013
㈰「福祉国家の父ベヴァリッジ」西日本法規出版, 星雲社 (発売) 2003
Harris, Joseph ハリス, ジョセフ・R.
1951〜 ㈰「LD・学習障害事典」明石書店 2006
Harris, Josh ハリス, ジョシュ
㈱アメリカ アメフト選手
Harris, Joshua ハリス, ジョシュア
㈱アメリカ アポロ・グローバル・マネジメント取締役
Harris, Joshua ハリス, ジョシュア
㈰「誘惑に負けないためにスタディガイド」ホームスクーリング・ビジョン 2006
Harris, Julie ハリス, ジュリー
1925〜2013 ㈱アメリカ 女優 本名=Harris, Julia
Harris, Julie ハリス, ジュリー
1921〜2015 ㈱イギリス 衣裳デザイナー
Harris, Kim ハリス, キム
㈰「サービス業のマーケティング」同友館 2002
Harris, Larry ハリス, ラリー
1956〜 ㈰「市場と取引」東洋経済新報社 2006
Harris, Lynn Raye ハリス, リン・レイ
㈰「あの夏の恋のきらめき」ハーパーコリンズ・ジャパン 2016
Harris, Maria G. ハリス, マリア・G.
㈱イギリス メキシコ生まれの作家 ㈹ヤングアダルト, ファンタジー
Harris, Marvin ハリス, マービン
1927〜2001 ㈱アメリカ 文化人類学者 フロリダ大学教授, コロンビア大学教授 ㈹ハリス, マーヴィン
Harris, Maurice ハリス, モーリス
㈱アメリカ アメフト選手
Harris, Melodee ハリス, メロディー
㈰「ケアのなかの癒し」看護の科学社 2016
Harris, Michael ハリス, マイケル
㈱アメリカ アメフト選手
Harris, Michael ハリス, マイケル
1980〜 ㈰「オンライン・バカ」青土社 2015
Harris, Michael ハリス, マイケル
㈰「コ・プロダクション：公共サービスへの新たな挑戦」萌文社 2016
Harris, Michael David ハリス, マイケル
1933〜 ㈰「ぼくたちは水爆実験に使われた」文芸春秋 2006
Harris, Michelle R. ハリス, ミシェル・R.
㈰「ビジュアル1001の出来事でわかる世界史」日経ナショナルジオグラフィック社, 日経BPマーケティング (発売) 2012
Harris, M.Key ハリス, M.ケイ
㈰「ソーシャルワークと修復的正義」明石書店 2012
Harris, Nancy G. ハリス, ナンシー・G.
㈰「食品・栄養・食事療法事典」産調出版, 産業調査会 (発売) 2006
Harris, Nathaniel ハリス, ナサニエル
1937〜 ㈰「古代マヤ」BL出版 2014
Harris, Neil Patrick ハリス, ニール・パトリック
トニー賞 ミュージカル 主演男優賞 (2014年 (第68回)) "Hedwig and the Angry Inch"
Harris, Nicholas ハリス, ニコラス
1956〜 ㈰「宇宙から原子へ・原子から宇宙へ」理論社 2004
Harris, Nick ハリス, ニック
㈰「混色の実践テクニック」グラフィック社 2002
Harris, Norm ハリス, ノーム
㈰「不手際な暗殺」二見書房 2004
Harris, Oliver ハリス, オリバー
1978〜 ㈱イギリス 作家 ㈹スリラー, ミステリー ㈹ハリス, オリヴァー
Harris, Otis ハリス
㈱アメリカ 陸上選手
Harris, Patricia E. ハリス, パトリシア
㈱アメリカ ブルームバーグ・フィランソロピーズCEO
Harris, Paul ハリス, ポール
㈰「ROCK & POPの音楽理論コンパクト・ガイド」音楽之友社 2015
Harris, Paul Arthur ハリス, ポール
1971〜 ㈰「カラー」グラフィック社 2007
Harris, Rachel ハリス, レイチャル
㈰「幸せな子育ての知恵」PHP研究所 2008
Harris, Richard ハリス, リチャード
1930〜2002 ㈱アイルランド 俳優 本名=Harris, Richard R.

St.John
Harris, R.J. ハリス, R.J.
 ㋐アメリカ　アメフト選手
Harris, Robert ハリス, ロバート
 1957〜　㋒「ゴーストライター」講談社　2009
Harris, Robert ハリス, ロバート
 1948〜　㋒「人生の100のリスト」講談社　2008
Harris, Roberta L. ハリス, ロバータ・L.
 ㋒「図説聖書の大地」東京書籍　2003
Harris, Robie H. ハリス, ロビー・H.
 ㋒「さよなら、ねずみちゃん」誠信書房　2015
Harris, Ron ハリス, ロン
 1960〜　㋒「近代イギリスと会社法の発展」南窓社　2013
Harris, Rosemary ハリス, ローズマリー
 ㋐アメリカ　作家　㋓ミステリー, スリラー
Harris, Russ ハリス, ラス
 1938〜　㋒「幸福になりたいなら幸福になろうとしてはいけない」筑摩書房　2015
Harris, Ryan ハリス, ライアン
 ㋐アメリカ　アメフト選手
Harris, Sandra L. ハリス, サンドラ
 ㋒「自閉症児の「きょうだい」のために」ナカニシヤ出版　2003
Harris, Sarah Gomes ハリス, サラ・ゴメス
 ㋒「サラとダックンゆうえんちにいく！」金の星社　2015
Harris, Sarah L. ハリス, サラ・L.
 ㋒「ディジタル回路設計とコンピュータアーキテクチャ」エスアイビー・アクセス, 星雲社 (発売) 2016
Harris, Seth ハリス, セス
 ㋐アメリカ　労働長官代行
Harris, Shannon ハリス, シャノン
 ㋒「誘惑に負けないためにスタディガイド」ホームスクーリング・ビジョン　2006
Harris, Shelby ハリス, シェルビー
 ㋐アメリカ　アメフト選手
Harris, Sheldon H. ハリス, シェルダン
 ?〜2002　㋐アメリカ　歴史学者　カリフォルニア州立大学名誉教授　㋓米国史　㋑ハリス, シェルドン
Harris, Simon ハリス, サイモン
 ㋐アイルランド　保健相
Harris, Sue ハリス, スー
 ㋒「人体の不思議」大日本絵画　〔2008〕
Harris, Tamara ハリス, タマラ
 ㋒「インストラクショナルデザインの理論とモデル」北大路書房　2016
Harris, Thomas ハリス, トーマス
 1940〜　㋐アメリカ　ミステリー作家　AP通信デスク　㋑ハリス, トマス
Harris, Timothy ハリス, ティモシー
 セントクリストファー・ネイビス　首相兼財務・持続可能な開発・国家安全保障・人的資源開発・選挙区相
Harris, Tobias ハリス, トバイアス
 ㋐アメリカ　バスケットボール選手
Harris, Tony ハリス, トニー
 1969〜　㋒「スパイダーマン：ウィズ・グレート・パワー」ヴィレッジブックス　2012
Harris, Vernon ハリス, バーノン
 ㋐アメリカ　アメフト選手
Harris, Whitney ハリス, ホイットニー
 1912〜2010　㋐アメリカ　検察官
Harris, Will ハリス, ウィル
 ㋐アメリカ　野球選手
Harrison, Aaron ハリソン, アーロン
 ㋐アメリカ　バスケットボール選手
Harrison, Alan ハリソン, アラン
 1944〜　㋒「ロジスティクス経営と戦略」ダイヤモンド社　2005
Harrison, Andrew ハリソン, アンドリュー
 ㋐アメリカ　バスケットボール選手
Harrison, A.S.A. ハリソン, A.S.A.
 1948〜2013　㋐カナダ　作家　㋓スリラー
Harrison, Brian Howard ハリソン, ブライアン
 ㋒「市民と礼儀」牧歌舎, 星雲社 (発売) 2008
Harrison, Charles ハリソン, チャールズ
 ㋒「美術史を語る言葉」ブリュッケ, 星雲社 (発売) 2002
Harrison, Christopher ハリソン, クリストファー
 ㋒「社会と犯罪」松柏社　2003
Harrison, Claire ハリソン, クレア
 ㋒「愛はかなたの岸に」ハーレクイン　2014
Harrison, Colin ハリソン, コリン
 ㋒「闇に消えた女」講談社　2002
Harrison, Damon ハリソン, デイモン
 ㋐アメリカ　アメフト選手
Harrison, Edward Robert ハリソン, エドワード
 ㋒「夜空はなぜ暗い？」地人書館　2004
Harrison, Elaine ハリソン, エレイン
 1963〜　㋒「今日は、人生を変える日。」阪急コミュニケーションズ　2012
Harrison, Emma ハリソン, エマ
 ㋒「チャーリーズ・エンジェルフルスロットル」小学館　2003
Harrison, Erica ハリソン, エリカ
 ㋒「ゆびでスタンプかんたんおえかきブック」岩崎書店　2016
Harrison, George ハリソン, ジョージ
 1943〜2001　㋐イギリス　ロック・ギタリスト, シンガーソングライター　㋑ハリソン, ジョージ
Harrison, Graeme Thomas ハリソン, グラエム・トーマス
 ㋐ニュージーランド　ニュージーランド・インターナショナル・ビジネス・フォーラム会長, アンズコ・フーズ・リミテッド会長
Harrison, Guy P. ハリソン, ガイ・P.
 1963〜　㋒「Think疑え！」集英社インターナショナル, 集英社 (発売) 2014
Harrison, Harry ハリソン, ハリイ
 1925〜2012　㋐アメリカ　SF作家　本名＝Harrison, Henry Maxwell　㋑ハリスン, ハリー／ハリスン, ハリイ／ハリソン, ハリー
Harrison, Harry H. ハリソン, ハリー
 ㋒「息子が憧れる父になる方法」オープンナレッジ　2006
Harrison, Hazel ハリスン, ヘイゼル
 ㋒「すてきな風景画の手帖」グラフィック社　2009
Harrison, Howard ハリソン, ハワード
 ローレンス・オリヴィエ賞 照明デザイン賞 (2015年 (第39回)) ほか
Harrison, James ハリソン, ジェームズ
 1978〜　㋐アメリカ　元アメフト選手　㋑ハリソン, ジェームス／ハリソン, ジェイムス
Harrison, James ハリソン, ジェームズ
 1954〜　㋒「脳を鍛える最強プログラム」化学同人　2015
Harrison, Jane ハリソン, ジェーン
 1960〜　㋒「アボリジニ戯曲選」オセアニア出版社　2001
Harrison, Jarvis ハリソン, ジャービス
 ㋐アメリカ　アメフト選手
Harrison, Jean ハリソン, ジーン
 ㋒「あたたかい「家」がほしい」鈴木出版　2004
Harrison, Jeffrey D. ハリソン, ジェフリー・D.
 ㋒「10分間診断マニュアル」メディカル・サイエンス・インターナショナル　2009
Harrison, Jeffrey L. ハリソン, ジェフリー・L.
 1946〜　㋒「法と経済」ミネルヴァ書房　2003
Harrison, Jeffrey S. ハリソン, J.S.
 ㋒「利害関係者志向の経営」白桃書房　2010
Harrison, Jim ハリソン, ジム
 1937〜2016　㋐アメリカ　作家, 詩人　本名＝Harrison, James Thomas　㋑ハリソン, ジム
Harrison, Joanna ハリソン, ジョアンナ
 ㋒「スノーマンとスノードッグ」竹書房　2013
Harrison, John E. ハリソン, ジョン
 ㋒「共感覚」新曜社　2006
Harrison, John R. ハリソン, ジョン・R.
 ㋒「食品の機能性表示と世界のレギュレーション」薬事日報社　2015
Harrison, Jonotthan ハリソン, ジョナサン
 ㋐アメリカ　アメフト選手
Harrison, Josh ハリソン, ジョシュ
 ㋐アメリカ　野球選手
Harrison, Kathryn ハリソン, キャスリン
 1961〜　㋒「キス」新潮社　2007
Harrison, Kathy ハリソン, キャシー
 ㋒「またひとり「うちの子」がふえて」早川書房　2004
Harrison, Kayla ハリソン, ケイラ
 1990〜　㋐アメリカ　柔道選手　㋑ハリソン, カイラ
Harrison, K.David ハリソン, K.デイヴィッド
 ㋒「亡びゆく言語を話す最後の人々」原書房　2013
Harrison, Kenneth ハリソン, ケニス
 1918〜　㋑ハリソン, ケネス　㋒「あっぱれ日本兵」成山堂書店

2001
Harrison, Kim ハリスン, キム
1966～ [国]アメリカ 作家 [専]SF, ファンタジー 本名＝クック, ダウン〈Cook, Dawn〉
Harrison, Lindsay ハリソン, リンジー
1948～ [著]「スピリチュアル・ドリーム」 PHP研究所 2003
Harrison, Lisi ハリソン, リジー
[著]「ガールフレンズ」 ヴィレッジブックス, ソニー・マガジンズ（発売） 2007
Harrison, Lorraine ハリソン, ロレイン
[著]「植物ラテン語事典」 原書房 2014
Harrison, Lou ハリソン, ルー
1917～2003 [国]アメリカ 作曲家, 打楽器奏者, 民族音楽学者
Harrison, Mark ハリソン, マーク
[著]「風景の図像学」 地人書房 2001
Harrison, Max ハリソン, マックス
[著]「ラフマニノフ」 音楽之友社 2016
Harrison, Mike ハリソン, マイク
1945～ [国]イギリス 作家 [専]ミステリー, スリラー
Harrison, Mike John ハリスン, M.ジョン
1945～ [著]「ライト」 国書刊行会 2008
Harrison, Neil B. ハリソン, ニール
[著]「組織パターン」 翔泳社 2013
Harrison, Noel ハリソン, ノエル
1934～2013 [国]イギリス 歌手, 作曲家, 俳優 [異]ハリスン, ノエル

H

Harrison, Olivia ハリスン, オリヴィア
1948～ [著]「素顔のジョージ・ハリスン」 ヤマハミュージックメディア 2011
Harrison, Oscar ハリソン, オスカー
1965～ [国]イギリス ロック・ドラマー
Harrison, P. ハリソン, P.
[国]スリランカ 地方経済相
Harrison, Paul ハリソン, ポール
[著]「ライラの冒険黄金の羅針盤」 ゴマブックス 2007
Harrison, Paul ハリソン, ポール
1966～ [著]「ジョン・ウッド&ポール・ハリソン」 森美術館 2007
Harrison, Paula ハリソン, ポーラ
[著]「王女さまのお手紙つき」 学研プラス 2016
Harrison, Richard ハリソン, リチャード
1946～ [著]「Symbian OS C++プログラミング」 翔泳社 2007
Harrison, Rob ハンソン, ロブ
1976～ [著]「パワーとエンパワメント」 クリエイツかもがわ 2016
Harrison, Roland Kenneth ハリソン, R.K.
[著]「レビ記」 いのちのことば社 2007
Harrison, Royden John ハリスン, ロイドン
1927～2002 [著]「ウエッブ夫妻の生涯と時代」 ミネルヴァ書房 2005
Harrison, Sam ハリソン, サム
1954～ [著]「アイデアスポッティング」 二見書房 2008
Harrison, Selig S. ハリソン, セリグ・S.
[著]「アメリカと北朝鮮」 朝日新聞社 2003
Harrison, Shaquille ハリソン, シャキール
[国]アメリカ バスケットボール選手
Harrison, Shirley ハリソン, シャーリー
1935～ [著]「クマのプーさん世界一有名なテディ・ベアのおはなし」 河出書房新社 2013
Harrison, Suzanne S. ハリソン, スーザン・S.
[著]「役員室にエジソンがいたら」 かんき出版 2003
Harrison, Thomas ハリソン, トマス
1969～ [著]「世界の古代帝国歴史図鑑」 柊風舎 2011
Harrison, Thomas L. ハリソン, トーマス・L.
[著]「成功遺伝子」 サンマーク出版 2006
Harrison, Todd A. ハリソン, トッド
[著]「ウォールストリート」 朝日新聞出版 2011
Harrison, Tony ハリソン, トニー
1937～ [国]イギリス 詩人
Harrison, Walter Ashley ハリソン, ウォルター・A.
1930～ [著]「固体の電子構造と物性」 現代工学社 2001
Harrison, William ハリスン, ウィリアム
1933～ [著]「ローラーボール」 早川書房 2002
Harrison, William Burwell, Jr. ハリソン, ウィリアム, Jr.
1943～ [国]アメリカ 銀行家 JPモルガン・チェース社長・CEO, チェース・マンハッタン銀行会長・CEO [異]ハリソン, ウイリアム
Harriss, Edmund ハリス, エドマンド
[著]「世界一美しい数学塗り絵」 化学同人 2016
Harrisson, Astrid ハリソン, アストリッド
[著]「世界で一番美しい犬の図鑑」 エクスナレッジ 2016
Harrold, A.F. ハロルド, A.F.
1975～ [著]「ぼくが消えないうちに」 ポプラ社 2016
Harrold, Jess ハロルド, ジェス
[著]「アート・オブ・マーベル・シネマティック・ユニバース」 小学館集英社プロダクション 2015
Harrold, Ruby ハロルド, ルビー
[国]イギリス 体操選手
Harrop, Loretta ハロップ
[国]オーストラリア トライアスロン選手
Harry, Debra ハリー, デブラ
[著]「遺伝子操作時代の権利と自由」 緑風出版 2012
Harry, Jimmy ハリー, ジミー
ゴールデン・グローブ賞 映画 主題歌賞（第69回（2011年度））“Masterpiece”（「ウォリスとエドワード 英国王冠をかけた恋」“W.E.”）
Harry, Rebecca ハリー, レベッカ
[著]「きつねくんのもりのおともだち」 世界文化社 2016
Harry, Robert Reese ハリー, ロバート・R.
[著]「マウイ島からマノアの村へ」 丸源書店 2010
Harryhausen, Ray ハリーハウゼン, レイ
1920～2013 [国]アメリカ 特撮映画監督, アニメーション作家
Harshman, Marc ハーシュマン, マーク
[著]「ひとつ」 福音館書店 2010
Harstedt, Axel ハーステッド, アクセル
[国]スウェーデン 陸上選手
Hart, Allison ハート, アリソン
[著]「トルコ」 ほるぷ出版 2011
Hart, Annbel ハート, アナベル
[著]「パリ」 メディアファクトリー 2007
Hart, Benjamin L. ハート, B.L.
[著]「問題行動における薬物療法」 学窓社 2002
Hart, Bobby ハート, ボビー
[国]アメリカ アメフト選手
Hart, Carolyn G. ハート, キャロリン・G.
[著]「手紙と秘密」 早川書房 2006
Hart, Caryl ハート, キャリル
[著]「だってたのしくたべたいんだもん！」 バベルプレス 2016
Hart, Charles Anthony ハート, トニー
[著]「カラー臨床微生物学チャート&アトラス」 西村書店 2009
Hart, Christopher ハート, クリストファー
[著]「驚くほどかんたん動物デッサン」 グラフィック社 2008
Hart, Colin ハート, コリン
1947～ [著]「冷酷組織の真実」 バーン・コーポレーション, シンコーミュージック・エンタテイメント（発売） 2008
Hart, David J. ハート, D.J.
[著]「ハート基礎有機化学」 培風館 2002
Hart, Diane ハート, ダイアン
[著]「パフォーマンス評価入門」 ミネルヴァ書房 2012
Hart, Donna ハート, ドナ
[著]「ヒトは食べられて進化した」 化学同人 2007
Hart, Donnie ハート, ドニー
[国]アメリカ 野球選手
Hart, Dorian ハート, ドリアン
[著]「アートオブバイオショックインフィニット」 一迅社 2013
Hart, Erin ハート, エリン
1958～ [著]「アイルランドの哀しき湖」 ランダムハウス講談社 2008
Hart, George ハート, ジョージ
1945～ [著]「エジプトの神々」 学芸書林 2011
Hart, Graeme ハート, グレアム
[国]ニュージーランド 実業家
Hart, Harold ハート, H.
1922～ [著]「ハート基礎有機化学」 培風館 2002
Hart, Jessica ハート, ジェシカ
[著]「婚約のシナリオ」 ハーパーコリンズ・ジャパン 2016
Hart, Jillian ハート, ジリアン
[著]「謀反人の娘」 ハーレクイン 2009
Hart, Joe ハート, ジョー
[国]イングランド サッカー選手
Hart, John ハート, ジョン
1965～ [国]アメリカ 作家 [専]ミステリー, スリラー
Hart, John ハート, ジョン

[国]アメリカ　アトランタ・ブレーブス編成総責任者
Hart, John Fraser　ハート, ジョン・フレーザー
[著]「アメリカ」 ほるぷ出版　2011
Hart, Johnny　ハート, ジョニー
1931～2007　[国]アメリカ　漫画家　本名＝ハート, ジョン・ルイス〈Hart, John Lewis〉
Hart, Jolene　ハート, ジョリーン
[著]「イート・プリティ・エブリイ・デイ」 クロニクルブックス・ジャパン, 徳間書店(発売)　2016
Hart, Josephine　ハート, ジョゼフィン
[著]「ダメージ」 ソニー・マガジンズ　2001
Hart, Kevin　ハート, ケビン
[国]アメリカ　コメディアン
Hart, Kitty Carlisle　ハート, キティ・カーライル
1910～2007　[国]アメリカ　女優
Hart, Lizzie　ハート, リジー
1953～　[著]「ミシシッピ・シークレット」 東京創元社　2003
Hart, Louise　ハート, ルイーズ
[著]「愛される親・愛されない親」 径書房　2001
Hart, Matthew　ハート, マシュー
1945～　[著]「ダイヤモンド」 早川書房　2002
Hart, Megan　ハート, ミーガン
[著]「6つの密かなおとぎの恋」 ハーレクイン　2014
Hart, Mickey　ハート, ミッキー
グラミー賞 最優秀コンテンポラリー・ワールド・ミュージック・アルバム(2008年(第51回)) "Global Drum Project"
Hart, Oliver D.　ハート, オリバー
[著]「企業契約金融構造」 慶応義塾大学出版会　2010
Hart, Onno van der　ハート, オノ・ヴァン・デア
1941～　[異]ヴァン・ダーハート, オンノ　[著]「構造的解離」 星和書店　2011
Hart, Penny　ハート, ペニー
[著]「ウィリアム・モリスの庭」 東洋書林　2002
Hart, Stephen　ハート, スティーヴン
1968～　[著]「ティーガー1重戦車vsシャーマン・ファイアフライ」 大日本絵画　2008
Hart, Stephen D.　ハート, ステファン・D.
[著]「サイコパシー・ハンドブック」 明石書店　2015
Hart, Stuart L.　ハート, スチュアート・L.
[著]「BoPビジネス3.0」 英治出版　2016
Hart, Susan　ハート, スーザン
1947～　[著]「イギリス教育の未来を拓く小学校」 大修館書店　2015
Hart, Susan J.　ハート, S.J.
[著]「神経系のしくみと看護」 へるす出版　2001
Hart, Taylor　ハート, テイラー
[国]アメリカ　アメフト選手
Hart, Thomas N.　ハート, トーマス・N.
[著]「キリストのように聴く」 サンパウロ　2003
Hart, Tina　ハート, ティナ
[著]「イギリス知的財産法」 レクシスネクシス・ジャパン, 雄松堂出版(発売)　2007
Hart, Vaughan　ハート, ヴォーン
1960～　[著]「パラーディオのローマ」 白水社　2011
Hartarto, Airlangga　ハルタルト, アイルランガ
[国]インドネシア　産業相
Hartas, Leo　ハータス, レオ
1963～　[著]「モンスタースクール」 文渓堂　2009
Hartcher, Peter　ハーチャー, ピーター
[著]「検証グリーンスパン神話」 アスペクト　2006
Hart-Davis, Adam　ハート＝デイヴィス, アダム
1943～　[著]「パブロフの犬」 創元社　2016
Harte, John　ハート, J.
1939～　[著]「環境問題の数理科学入門」 シュプリンガー・ジャパン　2010
Harte, Lawrence　ハート, ローレンス
[異]ハーテ, ローレンス　[著]「GSM標準テキスト」 リックテレコム　2008
Hartel, Marcel　ハルテル, マルツェル
[国]ドイツ　サッカー選手
Hartel, Stefan　ハルテル
[国]ドイツ　ボクシング選手
Hartenbach, Walter　ハルテンバッハ, ワルター
[異]ハルテンバッハ, ヴァルター　[著]「コレステロールの欺瞞(うそ)」 中日出版社　2011
Hartenstein, Isaiah　ハーテンスタイン, アイザイア
[国]ドイツ　バスケットボール選手
Harter, James K.　ハーター, ジム
[著]「幸福の習慣」 ディスカヴァー・トゥエンティワン　2011
Harter, Marc　ハーター, マーク
[著]「実践Node.jsプログラミング」 翔泳社　2014
Harteros, Anja　ハルテロス, アニヤ
1972～　[国]ドイツ　ソプラノ歌手
Hartfield, Trevon　ハートフィールド, トレボン
[国]アメリカ　アメフト選手
al-**Harthy, Mohammed bin Abdullah**　ハルシ, ムハンマド・ビン・アブドラ
[国]オマーン　公務員相　[異]ハルシ, ムハンマド・ビンア・ブドラ
Hartigan, Pamela　ハーティガン, パメラ
[著]「クレイジーパワー」 英治出版　2008
Harting, Christoph　ハルティング, クリストフ
[国]ドイツ　陸上選手
Harting, Robert　ハルティング, ロベルト
1984～　[国]ドイツ　円盤投げ選手　[異]ハルティング／ハルティング, ロバート
Hartini　ハルティニ
?～2002　[国]インドネシア　スカルノ・初代インドネシア大統領第二夫人　[異]スカルノ, ハルティニ
Hartke, Stephen　ハートキ, ステファン
グラミー賞 最優秀現代音楽作曲(2012年(第55回)) "Hartke, Stephen: Meanwhile - Incidental Music To Imaginary Puppet Plays"
Hartl, Alfred　ハルトル, アルフレート
[著]「クリスマスに贈る100の言葉」 女子パウロ会　2009
Hartl, Daniel L.　ハートル, D.L.
[著]「「エッセンシャル」遺伝学」 培風館　2005
Hartl, Franz-Ulrich　ハートル, フランツウルリヒ
1957～　[国]ドイツ　生化学者　マックス・プランク生化学研究所所長
Hartl, Gabrielle　ハルトル, ガブリエレ
[著]「愛について100の言葉」 女子パウロ会　2010
Hartland, Jessie　ハートランド, ジェシー
[著]「どうして博物館に隕石が展示されたの!?」 六耀社　2016
Hart-Landsberg, Martin　ハート＝ランズバーグ, マーティン
[著]「資本主義的グローバリゼーション」 高菅出版　2015
Hartle, James B.　ハートル, ジェームズ・B.
[著]「重力」 日本評論社　2016
Hartley, Blythe　ハートリー
[国]カナダ　飛び込み選手
Hartley, Bridgitte　ハートリー
[国]南アフリカ　カヌー選手
Hartley, Celia Love　ハートレー, セリア・ラブ
[著]「看護ケアのマネジメント」 メディカ出版　2005
Hartley, Gregory　ハートリー, グレゴリー
[著]「心のウラを見抜く技術」 PHP研究所　2006
Hartley, Hal　ハートリー, ハル
1959～　[国]アメリカ　映画監督, 脚本家　本名＝Hartley, Ned Rifle
Hartley, Keef　ハートリー, キーフ
[著]「ブリックヤード・ブルース」 ブルース・インターアクションズ　2005
Hartley, Sue　ハートリー, スー
[国]イギリス　生態学者　サセックス大学教授　[専]生物学, 科学実験
Hartley, William J.　ハートリー, ウィリャム
[著]「個別化していく教育」 明石書店　2007
Härtling, Peter　ヘルトリング, ペーター
[著]「ヒルベルという子がいた」 偕成社　2005
Hartman, Bob　ハートマン, ボブ
1955～　[著]「イースター物語」 女子パウロ会　2008
Hartman, Cherry　ハートマン, チェリー
[著]「自分にやさしくなるセラピー」 サンパウロ　2009
Hartman, Kent　ハートマン, ケント
[著]「レッキング・クルーのいい仕事」 Pヴァイン・ブックス, スペースシャワーネットワーク(発売)　2012
Hartman, Thomas　ハートマン, トマス
[著]「うしなうたびに、何かが見つかる」 サンマーク出版　2001
Hartmann, Andy　ハルトマン
[国]スイス　ノルディック複合選手
Hartmann, Annabelle　ハートマン, アナベラ
[著]「おおきくおお～きくなりたいな」 小峰書店　2010
Hartmann, Eddo　ハートマン, エド
[著]「マウスマンション」 メディアファクトリー　2012

H

Hartmann, Edmund L. ハートマン, エドモンド
1911～2003 [国]アメリカ 脚本家 [異]ハートマン, エドマンド
Hartmann, Kerstin ハルトマン, ケルスティン
[国]ドイツ ボート選手
Hartmann, Moritz ハルトマン, モリッツ
[国]ドイツ サッカー選手
Hartmann, R.R.K. ハートマン, ラインハート
[著]「辞書学辞典」 研究社 2004(第2刷)
Hartmann, Sven ハルトマン, スヴェン
[著]「猫のヤーコプのすてきな一年」 メイツ出版 2001
Hartmann, Thom ハートマン, トム
1951～ [著]「叡知の学校」 日本教文社 2002
Hartmann, Thom ハートマン, トム
1951～ [著]「ADHDサクセスストーリー」 東京書籍 2006
Hartnett, Josh ハートネット, ジョシュ
1978～ [国]アメリカ 俳優
Hartnett, Sonya ハートネット, ソーニャ
1968～ 作家
Hartog, François アルトーグ, フランソワ
1946～ [著]「「歴史」の体制」 藤原書店 2008
Hartono, A.Budi ハルトノ, ブディ
1948～ [著]「インドネシア従軍慰安婦の記録」 かもがわ出版 2001
Hartono, Michael ハルトノ, マイケル
[国]インドネシア 実業家
Hartono, Robert Budi ハルトノ, ロバート・ブディ
[国]インドネシア 実業家
Hartono, Umar ハルトノ, ウマル
[国]インドネシア 「福祉友の会」顧問 日本名＝宮原永治
Hartsfield, Henry W., Jr. ハーツフィールド, ヘンリー, Jr.
1933～2014 [国]アメリカ 宇宙飛行士 スペースシャトル・ディスカバリー号初代船長
Hartsfield, Roy ハーツフィールド, ロイ
1925～2011 [国]アメリカ 野球選手, 大リーグ監督 本名＝Hartsfield, Roy Thomas
Hartshorne, Robin ハーツホーン, R.
1938～ [著]「幾何学」 シュプリンガー・ジャパン 2008
Hartung, Max ハルトゥング, マックス
[国]ドイツ フェンシング選手 [異]ハルトゥング
Hartung, William D. ハートゥング, ウィリアム
[国]アメリカ 軍事経済専門家 ニューアメリカ財団アメリカ戦略プログラム上級リサーチフェロー [異]ハートゥング, ウィリアム・D.
Hartung, Wolfgang ハルトゥング, ヴォルフガング
1946～ [著]「中世の旅芸人」 法政大学出版局 2006
Hartvig, Kirsten ハートヴィ, キアステン
[著]「良質カロリーの携帯便利帳」 ガイアブックス, 産調出版(発売) 2010
Hartwell, David G. ハートウェル, デヴィッド・G.
ヒューゴー賞 プロ編集者(長編)(2009年)ほか
Hartwell, Leland H. ハートウェル, リーランド
1939～ [国]アメリカ 遺伝学者 フレッド・ハッチンソンがん研究センター名誉所長 通称＝Hartwell, Lee [異]ハートウェル, リーランド・H.
Hartz, Paula ハーツ, ポーラ・R.
[著]「道教」 青土社 2005
Hartzband, Pamela ハーツバンド, パメラ
[著]「決められない患者たち」 医学書院 2013
Haruna, Boni ハルナ, ボニ
[国]ナイジェリア 青年開発相
Harutyunian, Davit ハルチュニャン, ダビト
[国]アルメニア 法相
Harutyunyan, Aram アルチュニャン, アラム
[国]アルメニア 環境相
Harutyunyan, Artem ヘルツニヤン, アルテム
[国]ドイツ ボクシング選手
Harutyunyan, Haik ハルチュニャン, ハイク
[国]アルメニア 内相
Harvard, Joe ハーヴァード, ジョー
[著]「ヴェルヴェット・アンダーグラウンド&ニコ」 ブルース・インターアクションズ 2010
Harvell, Richard ハーヴェル, リチャード
[著]「天使の鐘」 柏書房 2016
Harvey, Abner McGehee ハーベイ, アブナー・M.
[著]「医学生物学大辞典」 朝倉書店 2001
Harvey, Alison Phinney ハーベイ, アリソン・フィネイ
[著]「エビデンスに基づく子ども虐待の発生予防と防止介入」 明石書店 2011
Harvey, Allison G. ハーヴェイ, アリソン
[異]ハーヴェー, アリスン・G. [著]「睡眠障害に対する認知行動療法」 風間書房 2015
Harvey, Barbara F. ハーヴェー, バーバラ
[著]「オックスフォード ブリテン諸島の歴史」 慶応義塾大学出版会 2012
Harvey, Burton ハーヴェイ, バートン
[著]「プロフェッショナルC#」 インプレス, インプレスコミュニケーションズ(発売) 2002
Harvey, Charles ハーベイ, チャールズ
1950～ [著]「ブレイクアウトストラテジー」 日経BP社, 日経BP出版センター(発売) 2007
Harvey, Clay ハーヴェイ, クレイ
[著]「灰色の非武装地帯」 扶桑社 2002
Harvey, David ハーベイ, デービッド
1935～ [国]イギリス 地理学者 ニューヨーク市立大学名誉教授 [専]経済地理学 [異]ハーヴィ / ハーヴェイ, デイヴィド
Harvey, Derek ハーベイ, デレク
1921～ [著]「世界の生き物大図解」 小学館 2013
Harvey, Eleanor ハービー, エレノール
[国]カナダ フェンシング選手
Harvey, Eric Lee ハーヴェイ, エリック
1946～ [著]「「最高のリーダー」の秘訣はサンタに学べ」 文響社 2016
Harvey, Giles ハーヴィー, ジャイルズ
[著]「アスペルガー流人間関係」 東京書籍 2011
Harvey, Joan C. ハーヴェイ, ジョーン
1943～ [著]「ニューイングランドの民話」 玉川大学出版部 2003
Harvey, John ハーヴェイ, ジョン
1959～ 英国推理作家協会賞 短編ダガー(2014年)ほか
Harvey, John H. ハーヴェイ, J.H.
1943～ [異]ハーヴェイ, ジョン・H. [著]「心的外傷後成長ハンドブック」 医学書院 2014
Harvey, John Robert ハーヴェイ, ジョン
1942～ [著]「黒の文化史」 東洋書林 2014
Harvey, Jonathan ハーヴェイ, ジョナサン
1939～ [著]「インスピレーション」 春秋社 2010
Harvey, Jonathan Dear ハーベイ, ジョナサン
1939～2012 [国]イギリス 作曲家 [異]ハーヴェイ, ジョナサン
Harvey, Kenneth J. ハーヴェイ, ケネス・J.
1962～ [著]「自白の迷宮」 扶桑社 2004
Harvey, Leslie Daryl Danny ハーヴィー, L.D.ダニー
1956～ [著]「カーボンフリーエネルギー事典」 ガイアブックス 2015
Harvey, Matt ハービー, マット
[国]アメリカ 野球選手
Harvey, Michael ハービー
[国]イギリス テコンドー選手
Harvey, Michael ハーベイ, マイケル
[国]アメリカ 作家 [専]ミステリー, スリラー [異]ハーヴェイ, マイケル
Harvey, Miles ハーベイ, マイルズ
[著]「古地図に魅せられた男」 文芸春秋 2001
Harvey, Pat ハーヴェイ, パット
[著]「家庭と学校ですぐに役立つ感情を爆発させる子どもへの接し方」 明石書店 2011
Harvey, Steve ハーベイ, スティーブ
1956～ [著]「世界中の女性が幸せをつかんだ魔法の恋愛書」 中経出版 2010
Harvey, Wilson ハーベイ, ウィルソン
[著]「タイプトリートメント1000mini」 グラフィック社 2008
Harvey, Xen ハーヴェイ, クセン
[著]「友よ 弔辞という詩」 河出書房新社 2007
Harvie, Michelle ハービー, ミシェル
[著]「2Dayダイエット」 日本文芸社 2014
Harvie, Shane ハーヴィ, S.
1980～ [著]「リファクタリング：Rubyエディション」 アスキー・メディアワークス, 角川グループパブリッシング(発売) 2010
Harville, David A. ハーヴィル, D.A.
[著]「統計のための行列代数」 シュプリンガー・ジャパン 2007
Harway, Michele ハーウェイ, ミッシェル
[著]「パートナー暴力」 北大路書房 2011
Harwit, Eric ハーウィット, エリック
1962～ [著]「中国の情報通信革命」 NTT出版 2011
Harwood, Beth ハーウッド, ベス

[著]「ありがとうのてがみ」 いのちのことば社フォレストブックス 2008
Harwood, Jeremy ハーウッド, ジェレミー
[著]「近現代建築」 ゆまに書房 2011
Harwood, Jeremy ハーウッド, ジェレミー
1947～ [著]「第二次世界大戦のミステリー」 悠書館 2015
Harwood, Kerri ハーウッド, K.
[著]「ビギニング・コミュニケーターのためのAAC活用事例集」 福村出版 2009
Harwood, Louise ハーウッド, ルイーズ
[著]「スロー・ラブでいこう」 文芸春秋 2004
Harwood, Robert J. ハーウッド, ロバート・J.
[著]「え!? ここまでわかるの? 人工呼吸器グラフィックス」 メディカル・サイエンス・インターナショナル 2015
Harwood, Ronald ハーウッド, ロナルド
1934～ [著]「戦場のピアニスト」 新潮社 2003
Harzer, Jens ハーツェル, イェンス
モスクワ国際映画祭 銀賞 最優秀俳優賞(第28回(2006年)) "Der Lebensversicherer"(ドイツ)
Hasabi, Muhamad ムハマド
[国]インドネシア 重量挙げ選手
Hasan, Ali Kaldirim ハサン・アリ・カルドゥルム
[国]トルコ サッカー選手
Hasan, Asma Gull ハサン, アスマ・グル
[著]「私はアメリカのイスラム教徒」 明石書店 2002
al-**Hasan, Hani** アル・ハサン, ハニ
[国]パレスチナ 内相
Hasan, Hanif ハサン, ハニフ
[国]アラブ首長国連邦 保健相
Hasan, Malek ハサン・マレク
[国]マレーシア 国内取引・消費相
Hasan, Najwa Qassab ハサン, ナジワ・カッサブ
[国]シリア 文化相
Hasan, Wirajuda ハッサン・ウィラユダ
[国]インドネシア 外相
Hasanbegović, Zlatko ハサンベゴビッチ, ズラトコ
[国]クロアチア 文化相
al-**Hasani, Abdulmunim bin Mansour bin Said** ハサニ, アブドルムニム・ビン・マンスール・ビン・サイド
[国]オマーン 情報相
Hasanov, Ali ハサノフ, アリ
[国]アゼルバイジャン 副首相
Hasanov, Jabrayil ハサノフ, ジャブライル
[国]アゼルバイジャン レスリング選手 [異]ハサノフ
Hasanov, Sardar ハサノフ
[国]アゼルバイジャン 重量挙げ選手
Hasanov, Zakir ハサノフ, ザキル
[国]アゼルバイジャン 国防相
al-**Hasayneh, Mofeed** ハサイネ, ムフィード
[国]パレスチナ 公共事業・住宅相
Hasbani, Ghassan ハスバーニ, ガッサン
[国]レバノン 副首相兼保健相
Hasbi, Muhamad ハサビ
[国]インドネシア 重量挙げ選手
Hasbún Barake, Franzi ハスブン・バラケ, フランシ
[国]エルサルバドル 教育相
Hascoët, Guy アスコエト, ギ
[国]フランス 連帯経済担当相
Hasek, Ivan ハシェック, イワン
1963～ [国]チェコ サッカー指導者 チェコ・サッカー代表監督, チェコ・サッカー協会会長 [異]ハシェック, イバン
Haseley, Dennis ハシュレイ, デニス
1972～ [著]「わたしのくまさんに」 BL出版 2004
Haselrieder, Oswald ヘーゼルリーダー
[国]イタリア リュージュ選手
Haseney, Sebastian ハゼネイ
[国]ドイツ ノルディック複合選手
Hasenhuttl, Ralph ハーゼンヒュットル, ラルフ
[国]オーストリア ライプツィヒ監督
Hasenstab, Michael ハセンスタブ, マイケル
テンプルトン・グローバル・ファンドポートフォリオ・マネジャー
Hasheem, Kabir ハシーム, カビル
[国]スリランカ 高速道路相兼投資促進相
Hashemi, Ali ハシェミ, アリ
[国]イラン 重量挙げ選手
Hashemi, Hassan Qazizadeh ハシェミ, ハッサン・ガジザデ
[国]イラン 保健相
Hashemi, Mohammad ハシェミ, モハマド
[国]イラン 副大統領(行政担当)
Hashemi, Ray H. ハシェミ, レイ・H.
[著]「MRIの基本パワーテキスト」 メディカル・サイエンス・インターナショナル 2011
Hashemian, H.M. ハシェミアン, H.M.
[著]「原子力発電所のプロセス計装の保守」 ERC出版 2009
Hashemi-taba, Mostafa ハシェミタバ, モスタファ
[国]イラン 副大統領(兼体育庁長官)
Hashi, Abdirashid ラシ, アブディラシッド
[国]ソマリア 公共事業・復興相
Hashim, Ali ハシム, アリ
[国]モルディブ 財務相
Hashim, Kabir ハシム, カビル
[国]スリランカ 国営企業開発相
al-**Hashimi, Asad** ハシミ, アサド
[国]イラク 文化相
al-**Hashimi, Saad** ハシミ, サード
[国]イラク 国務相(地方担当)
al-**Hashimi, Tariq** ハシミ, タリク
[国]イラク 副大統領
Hashimoto, Mitchell ハシモト, ミッチェル
[著]「実践Vagrant」 オライリー・ジャパン, オーム社(発売) 2014
Hasik, James M. ヘーシク, ジェームズ・M.
[著]「測位精度の革命」 穴井誠二 2010
Hasikos, Socratis ハシコス, ソクラテス
[国]キプロス 内相
Hasina, Sheikh ハシナ, シェイク
1947～ [国]バングラデシュ 政治家 バングラデシュ首相, アワミ連盟(AL)党首 本名＝ハシナ・ワゼド, シェイク〈Hasina Wajed, Sheikh〉 [異]ハシナ・ワセド, シーク / ハシナ・ワゼド, シェイク / ハシナ・ワゼド, シェイク
Haskamp, Steve ハスカンプ, スティーブ
[著]「げんきなおさるさん」 大日本絵画 2003
Haskell, David George ハスケル, デヴィッド・ジョージ
[著]「ミクロの森」 築地書館 2013
Haskell, James ハスケル, ジェームズ
[国]イングランド ラグビー選手
Haskell, John ハスケル, ジョン
1958～ [著]「僕はジャクソン・ポロックじゃない。」 白水社 2005
Haskew, Michael E. ハスキュー, マイケル・E.
[異]ハスキュー, マイク [著]「ヴィジュアル大全火砲・投射兵器」 原書房 2014
Haski, Pierre アスキ, ピエール
[著]「中国の血」 文芸春秋 2006
Haskins, Jim ハスキンズ, ジム
[著]「アメリカ発オーガニックタバコと地球に優しい農業」 ワッカ, 新泉社(発売) 2009
Haslam, Bill ハズラム, ビル
テネシー州知事, パイロット・フラングJ
Haslam, Chris ハスラム, クリス
[国]イギリス 作家 [専]ミステリー, スリラー
Haslam, Jonathan ハスラム, ジョナサン
[著]「誠実という悪徳」 現代思潮新社 2007
Haslam Mendoza, Pedro Antonio ハスラン・メンドサ, ペドロ・アントニオ
[国]ニカラグア 家族・コミュニティー・協同組合経済相
Haslem, Udonis ハスレム, ユドニス
[国]アメリカ バスケットボール選手
Hasler, Adrian ハスラー, アドリアン
1964～ [国]リヒテンシュタイン 政治家 リヒテンシュタイン首相・財務相
Hasler, Christopher V.A. ハスラー, クリストファー
[著]「主の祈り」 スヴェーデンボリ出版 2014
Hasler, Curt ハスラー, カート
[国]アメリカ シカゴ・ホワイトソックスコーチ
Hasler, Eveline ハスラー, E.
[異]ハスラー, エヴェリーン [著]「氷河の滴」 鳥影社・ロゴス企画 2007
Hasler, Otmar ハスラー, オットマル
1953～ [国]リヒテンシュタイン 政治家 リヒテンシュタイン首相
Haslett, Adam ヘイズリット, アダム
1970～ [著]「あなたはひとりぼっちじゃない」 新潮社 2004
Hasnain, Saleem Ul ハスナイン, サリーム・ウル

al-Hasnawi, Saleh　ハスナウィ, サレハ
　国イラク　保健相
Haşotti, Puiu　ハショティ, プイウ
　国ルーマニア　文化・国有財産相
Hasouneh, Kamal　ハスーネ, カマル
　国パレスチナ　公共事業・通信・経済相
Hass, Amira　ハス, アミラ
　1956〜　著「パレスチナから報告します」筑摩書房　2005
Hass, Robert　ハス, ロバート
　国アメリカ　ピュリッツァー賞 文学・音楽 詩（2008年）ほか
Hassad, Mohamed　ハサド, モハメド
　国モロッコ　内相
Hassan, Abdella　ハッサン・アブデラ
　国エチオピア　労働・社会問題相
Hassan, Abdiqassim Salad　ハッサン, アブディカシム・サラド
　国ソマリア　暫定政府大統領　異ハッサン, アブダルカシム・サラド
Al-hassan, Aisha Jummai　ハッサン, アイシャ・ジュマイ
　国ナイジェリア　女性問題相
Hassan, bin Abdulla Fakhroo　ハッサン・ビン・アブドラ・ファハロ
　国バーレーン　通産相
Hassan, Fred　ハッサン, フレッド
　1945〜　国アメリカ　実業家　ファルマシア会長・CEO, シェリング・プラウ会長・CEO
Hassan, Hanif　ハッサン, ハニフ
　国アラブ首長国連邦　教育相
Hassan, Hussein al-Hajj　ハッサン, フセイン・ハッジ
　国レバノン　工業相
Hassan, Jafar　ハッサン, ジャファル
　国ヨルダン　計画・国際協力相
Al-hassan, Khaliru　ハッサン, カリル
　国ナイジェリア　保健相
Hassan, Mahamat Ali　ハッサン, マハマト・アリ
　国チャド　経済・計画相
Hassan, Mahamat Nasser　ハッサン, マハマト・ナセール
　国チャド　石油相　異ハッサン, マハマト・ナセル
Hassan, Mahamud Ahmed　ハッサン, マハムド・アフメド
　国ソマリア　貿易・工業化相
al-Hassan, Malik Dohan　ハッサン, マリク・ドハン
　国イラク　法相
Hassan, Mohsen　ハッサン, モサン
　国チュニジア　商務相
Hassan, Moumina Houmed　ハッサン, ムーミナ・フメド
　国ジブチ　女性地位向上・家族計画相
Hassan, Moussa Ahmed　ハッサン, ムーサ・アハメド
　国ジブチ　施設・運輸相
al-Hassan, Nabil　ハッサン, ナビール
　国シリア　水資源相
Hassan, Nouhou　ハッサン, ヌフ
　国ニジェール　保健相
al-Hassan, Osama Abdalla Mohamed　ハサン, オサマ・アブドラ・モハメド
　国スーダン　水資源・電力相
al-Hassan, Raya　ハッサン, ラヤ
　国レバノン　財務相
al-Hassan, Salah Mohamed　ハサン, サーレフ・ムハンマド
　国スーダン　貿易相
Hassan, Sifan　ハッサン, シファン
　国オランダ　陸上選手
Hassan, Steven　ハッサン, S.
　著「マインド・コントロールからの救出」教文館　2007
Hassan, Wirajuda　ハッサン・ウィラユダ
　国インドネシア　外相
Hassan, Yaël　ハッサン, ヤエル
　1952〜　国フランス, イスラエル　作家　国ヤングアダルト
Hassan, Zubeir Ahmed　ハッサン, ズベイル・アハメド
　国スーダン　エネルギー・鉱山相　異ハッサン, アル・ズベイル・アハメド
Hassan, Zubeir Mohammed　ハッサン, ズベイル・モハメド
　国スーダン　財務・国民経済相
Hassanali, Noor Mohammed　ハッサナリ, ノア
　1918〜2006　国トリニダード・トバゴ　政治家, 弁護士　トリニダード・トバゴ大統領
Hassan bin Talal　ハッサン・ビン・タラール
　1947〜　国ヨルダン　王子, ローマ・クラブ会長　異ハッサン王子
Hassane, Come　ハッサンヌ, コム
　国中央アフリカ　商工業相
Hassane, Kounou　ハッサン, クヌ
　国ニジェール　青年・スポーツ・文化相
Hassane, Souley　ハッサン, ソウリ
　国ニジェール　中小企業振興相
Hassanein, Muhammad Medhat Abdel-Atti　ハッサネイン, ムハンマド・メドハト・アブデルアッティ
　国エジプト　財務相　異ハサネイン, ムハマド・ミドハト・アブデルアティ
Hassani, Djaffar Ahmed　ハッサニ, ジャファール・アメド
　国コモロ　副大統領兼経済・計画・エネルギー・産業・工芸・観光・投資・民間セクター・不動産問題相
al-Hassani, Hachim　ハサニ, ハチム
　国イラク　産業相
Hassani, Nemat　ハサニ, ネマト
　国イラン　シャヒード・ベヘシュティ大学土木工学学部長, イラン・日本友好協会理事, 元・アッバスプール電力・水工科大学准教授, 元・文部科学省帰国留学生同窓会会長
Hassan Ibrahim, Houssein　ハッサン・イブラヒム, ウセイン
　国コモロ　内務・情報・地方分権・国家機関関係相
Hassankhan, Maurits　ハッサンカーン, モーリツ
　国スリナム　内相
Hassan Nuh, Mohamed Abdullahi　ハッサン・ヌフ, モハメド・アブドラヒ
　国ソマリア　青年・スポーツ相
Hassanyar, Amir Shah　ハサニヤル, アミル・シャー
　国アフガニスタン　高等教育相
Hassau, Lawal　ハソウ, ラワル
　国ナイジェリア　労働生産性相
Hasse, Jeanette M.　ハッセ, ジャネット・M.
　著「食品・栄養・食事療法事典」産調出版, 産業調査会（発売）2006
Hasse, Peter　ハッセ, ピーター
　1940〜　著「雷保護と接地マニュアル」東京電機大学出版局　2003
Hassell, Anthony　ハッセル, アンソニー
　著「近現代建築」ゆまに書房　2011
Hassemer, Winfried　ハッセマー, ヴィンフリート
　1940〜　著「刑罰はなぜ必要か」中央大学出版部　2012
Hassenzahl, David M.　ハッセンザール, D.M.
　著「リスク解析学入門」シュプリンガー・フェアラーク東京　2001
Hassett, Ann M.　ハセット, アン
　著「森でいちばんのクリスマス・ツリー」評論社　2008
Hassett, John　ハセット, ジョン
　著「森でいちばんのクリスマス・ツリー」評論社　2008
Hassett, Kevin A.　ハセット, ケビン
　著「バブル学」日本経済新聞社　2003
al-Hassi, Kamal　ハシ, カマル
　国リビア　財務・計画相
al-Hassi, Omar Slaiman　ハシ, オマル・スレイマン
　国リビア　首相
Hassi, Satu　ハッシ, サツ
　国フィンランド　環境相
Hassler, Jeff　ハスラー, ジェフ
　国カナダ　ラグビー選手
Hasso, Signe　ハッソ, シグニ
　1910〜2002　国アメリカ　女優, 作家　本名＝Larsson, Signe Eleonora Cecilia
Hassoumi, Massaoudou　ハスミ, マサウドゥ
　国ニジェール　財務相
Hast, Dorothea E.　ハスト, ドロシア
　著「聴いて学ぶアイルランド音楽」アルテスパブリッシング　2008
Hasted, Nick　ヘイステッド, ニック
　著「ダークストーリー・オブ・エミネム」小学館プロダクション　2003
Hastert, Dennis　ハスタート, デニス
　1942〜　国アメリカ　実業家, 政治家　米国下院議長（共和党）　本名＝Hastert, J.Dennis
Hastie, Reid　ヘイスティ, リード
　著「賢い組織は「みんな」で決める」NTT出版　2016
Hastie, Trevor　ヘイスティ, トレバー
　著「統計的学習の基礎」共立出版　2014
Hastings, Natasha　ヘイスティングズ, ナターシャ

国アメリカ　陸上選手

Hastings, Reed　ヘイスティングス, リード
1960～　国アメリカ　実業家　ネットフリックス（NF）CEO・創業者　関ヘイスティングズ, リード

Hastings, Robert L.　ヘイスティングス, ロバート
著「UFOと核兵器」環健出版社　2011

Hastings, Thomas John　ヘイスティングス, トマス・ジョン
著「ちいさな子どもたちと礼拝」一麦出版社　2009

Hastrup, Jannik　ハストラップ, ヤニック
1941～　著「白くまになりたかった子ども」晶文社　2004

Hatabu, Hiroto　ハタブ, ヒロト
著「ICUポケットレファランス」メディカル・サイエンス・インターナショナル　2014

Hatahet, Ayman　ハターヘト, アイマン
国ヨルダン　運輸相

Hatang, S.K.　ハタン, セロ
著「ネルソン・マンデラ未来を変える言葉」明石書店　2014

Hatano, Lilian Terumi　ハタノ, リリアン・テルミ
著「マイノリティの名前はどのように扱われているのか」ひつじ書房　2009

Hatch, Annia　ハッチ
国アメリカ　体操選手

Hatch, Connie　ハッチ, C.
1953～　著「断る！技術」三笠書房　2003

Hatch, David K.　ハッチ, デイビッド・K.
著「偉大なる選択」キング・ベアー出版　2008

Hatch, Frank　ハッチ, フランク
著「看護・介護のためのキネステティクス」ふくろう出版　2009

Hatch, Mark　ハッチ, マーク
1960～　著「Makerムーブメント宣言」オライリー・ジャパン, オーム社（発売）　2014

Hatch, Mary Cottam　ハッチ, メリー・C.
1912～　著「ものいうなべ」世界文化社　2015印刷

Hatch, Mary Jo　ハッチ, メアリー・ジョー
著「「ブランディング」は組織力である」ダイヤモンド社　2005

Hatcher, Billy　ハッチャー, ビリー
国アメリカ　シンシナティ・レッズコーチ

Hatcher, Chris　ハッチャー, クリス
国アメリカ　野球選手

Hatcher, Ruth　ハッチャー, R.
著「犯罪心理学」有斐閣　2010

Hatcher, Teri　ハッチャー, テリー
ゴールデン・グローブ賞 テレビ 女優賞（ミュージカル・コメディ）（第62回（2004年度））　"Desperate Housewives"

Hatcher-Rosenbauer, Wolfgang　ヘッチャー・ローゼンバウアー, ヴォルフガング
1951～　著「視力を高めるリフレッシュトレーニング」ガイアブックス　2013

Hatfield, Bobby　ハットフィールド, ボビー
1940～2003　国アメリカ　歌手　デュオ名＝ライチャス・ブラザーズ〈Righteous Brothers〉　関ボビー・ハットフィールド

Hatfield, James　ハットフィールド, J.H.
著「幸運なる二世ジョージ・ブッシュの真実」青山出版社　2001

Hatfield, Mark Odom　ハットフィールド, マーク
1922～2011　国アメリカ　政治家　米国上院議員（共和党）、オレゴン州知事

Hathaway, Anne　ハサウェイ, アン
1982～　国アメリカ　女優

Hathaway, James C.　ハサウェイ, ジェームス・C.
著「難民の権利」日本評論社　2014

Hathaway, Lalah　ハザウェイ, レイラ
1968～　国アメリカ　歌手　関ハサウェイ, レイラ

Hathaway, Robin　ハサウェイ, ロビン
著「フェニモア先生、宝に出くわす」早川書房　2003

Hathaway, Sandee E.　ハザウェイ, S.E.
著「すべてがわかる妊娠と出産の本」アスペクト　2004

Hathaway, Steve　ハサウェイ, スティーブ
国アメリカ　野球選手

Hathaway, Susan　ハサウェイ, スーザン
著「トランプの秘密」リトルモア　2005

Hathcock, John N.　ハズコック, ジョン
著「ビタミン・ミネラルの安全性」第一出版　2007

Hathway, John　ハサウェイ, ジョン
著「図書館脱出ゲーム」KADOKAWA　2016

Hatibovic, Dzemal　ハティボヴィッチ, ジェマル
国セルビア　元・国際政治経済研究所常任教授、元・ユーゴスラヴィア・日本友好協会設立役員

Hatkoff, Craig　ハトコフ, クレイグ
著「クヌート」日本放送出版協会　2007

Hatkoff, Isabella　ハトコフ, イザベラ
著「クヌート」日本放送出版協会　2007

Hatkoff, Juliana　ハトコフ, ジュリアナ
著「クヌート」日本放送出版協会　2007

Hatley, Tim　ハットリー, ティム
トニー賞 ミュージカル 衣装デザイン賞（2009年（第63回））　"Shrek The Musical"

Hatos, Gabor　ハトシュ
国ハンガリー　レスリング選手

Hatry, Harry P.　ハトリー, ハリー・P.
著「政策評価入門」東洋経済新報社　2004

Hatt, Anna-Karin　ハット, アンナカーリン
国スウェーデン　IT・エネルギー担当相

Hatta, Kayo Matano　ハッタ, カヨ・マタノ
？～2005　国アメリカ　映画監督

Hatta, Meutia　ハッタ, ムティア
国インドネシア　国務相（女性問題担当）

Hatta, Rajasa　ハッタ・ラジャサ
国インドネシア　調整相（経済）

Hattendorf, Linda　ハッテンドーフ, リンダ
著「ミリキタニの猫」パンドラ, 河出書房新社（発売）　2008

Hattersley, Michael E.　ハタズリー, マイケル・E.
著「ハーバードで学ぶマネジメント・コミュニケーション」生産性出版　2005

Hattersley, Roy　ハタズリー, ロイ
1932～　著「バスターのきもち」朝日新聞社　2002

Hattestad, Ola Vigen　ハッテスタ, オーラヴィゲン
1982～　国ノルウェー　スキー選手　関ハッテスタ, オーラ・ヴィーゲン／ハッテスタート, オーラ・ヴィーゲン／ハッテスタット, オーラヴィゲン

Hatto, Joyce　ハットー, ジョイス
1928～2006　国イギリス　ピアニスト

Hatton, Grady　ハットン, グレイディ
1922～2013　国アメリカ　大リーグ監督、野球選手　本名＝Hatton, Grady Edgebert（Jr.）　関ハットン, グレディ

Hatton-Yeo, Alan　ハットン-イオ, アラン
著「グローバル化時代を生きる世代間交流」明石書店　2008

Hattstein, Markus　ハットシュタイン, マルクス
著「ビジュアル大世界史」日経ナショナルジオグラフィック社, 日経BP出版センター（発売）　2007

Hattwick, La Berta Weiss　ハトウィック, L.B.W.
1909～　著「子どもの絵と性格」文化書房博文社　2002

Hatwood, Mark David　ハットウッド, マーク・デイビッド
1961～　著「初恋の道」小学館　2005

Hatzfeld, Jean　ハッツフェルド, ジャン
1949～　著「隣人が殺人者に変わる時」かもがわ出版　2015

Hau, Lung-bin　ハオ・ロンピン
1952～　国台湾　政治家　台北市長、台湾大学教授　漢字名＝郝龍斌

Haub, Erivan　ホープ, エリバン
国ドイツ　富豪

Haubrich, Julia　ハウブリッヒ, ユリア
著「アライナー矯正治療」丸善プラネット, 丸善出版（発売）　2015

Hauchecorne, Bertrand　オーシュコルヌ, ベルトラン
1950～　著「世界数学者事典」日本評論社　2015

Hauck, Paul A.　ホーク, ポール・A.
著「きっと、「うつ」は治る」PHP研究所　2002

Haudrère, Philippe　オドレール, フィリップ
1940～　著「フランス東インド会社とポンディシェリ」山川出版社　2006

Haudry, Jean　オードリー, ジャン
1934～　著「印欧語」白水社　2001

Hauer, Cheryl　ハウアー, シェリル
著「イスラエルの国と人々」B.F.P. Japan　2013

Hauer, K.A.　ハウアー, K.
著「鍼のエビデンス」医道の日本社　2009

Hauer, Rutger　ハウアー, ルトガー
1944～　国オランダ　俳優

Hauerwas, Stanley　ハワーワス, スタンリー
1940～　著「教会を通り過ぎていく人への福音」日本キリスト教団出版局　2016

Hauff, Michael von　ハウフ, ミヒャエル・フォン
著「後発者の利を活用した持続可能な発展」ビスタピー・エス

Hauffe, Thomas　ハウフェ,トーマス
著「近代から現代までのデザイン史入門」晃洋書房　2007
Haufiku, Bernhard　ハウフィク,バーナード
国ナミビア　保健・社会サービス相
Haug, Anne　ハウグ,アンネ
国ドイツ　トライアスロン選手
Haug, Peder　ハウグ,ペーデル
1947〜　著「インクルージョンの時代」明石書店　2004
Haugaard, Jakob　ハウゴーア,ヤコブ
国デンマーク　サッカー選手
Haugan, Gregory T.　ホーガン,グレゴリー
1931〜　著「実務で役立つWBS（Work Breakdown Structures）入門」翔泳社　2005
Hauge, Jens Christian　ハウゲ,イェンス・クリスチャン
1915〜2006　国ノルウェー　政治家　ノルウェー国防相・法相
Haugen, Robert A.　ハウゲン,ロバート・A.
著「株式投資の新しい考え方」ピアソン・エデュケーション　2005
Haugen, Tormod　ハウゲン,トールモー
1945〜　著「ヨアキム」河出書房新社　2003
Haughey, Charles James　ホーヒー,チャールズ
1925〜2006　国アイルランド　政治家　アイルランド共和党党首,アイルランド共和党党首
Haught, John F.　ホート,ジョン
1942〜　著「宇宙論と進化論とキリスト教」聖公会出版　2015
Haughton, Brian　ホートン,ブライアン
1964〜　著「超常現象大全」ガイアブックス,産調出版（発売）2012
Haughton, Chris　ホートン,クリス
1978〜　著「ぼくはちっともねむくない」BL出版　2016
Haughton, Laurence　ホートン,ローレンス
著「「強い」会社は,どこが違うか」アスペクト　2005
Haugilie, Anniken　ハウグリ,アンニケン
国ノルウェー　労働・社会問題相
Haugland, Knut　ハウグラン,クヌート
1917〜2009　国ノルウェー　無線技士　本名＝Haugland, Knut Magne
Haugland, Valgerd Svarstad　ハウグラン,バルイェル・スバーシュタ
国ノルウェー　教会・文化相
Haugli, Maren　ハウグリ
国ノルウェー　スピードスケート選手
Haugli, Sverre　ハウグリ
国ノルウェー　スピードスケート選手
Hauguel, Claire　オーゲル,クレール
著「王のパティシエ」白水社　2010
Haukenes, Havard　ハウケネス,ホーバルト
国ノルウェー　陸上選手
Haukinima, Peauafi　ハウキニマ,ピアウアフィ
国トンガ　農林水産・食糧相
Haumont, Raphaël　オーモン,ラファエル
1978〜　著「現代フランス料理科学事典」講談社　2015
Haun, Jeremy　ホーン,ジェレミー
著「レッドフード：ロスト・デイズ」小学館集英社プロダクション　2016
Hau'ofa, Epeli　ハウオファ,エペリ
1939〜　国パプアニューギニア　文化人類学者,作家　南太平洋大学スバ校教授・オセアニアセンター長
Haupt, Herbert　ハウプト,ヘルベルト
国オーストリア　社会問題相
Hauptman, Andrej　ハプトマン
国スロベニア　自転車選手
Hauptman, Herbert Aaron　ハウプトマン,ハーバート
1917〜2011　国アメリカ　物理化学者,数学者　ニューヨーク州立大学生物物理学教授,バファロー医学財団理事長
Haus, Illona　ハウス,イローナ
著「蒼い闇に抱かれて」文芸春秋　2006
Hauschild, Mike　ハウスチャイルド,マイク
国アメリカ　野球選手
Hauschka, Steven　ホーシュカ,スティーブン
国アメリカ　アメフト選手
Hausding, Patrick　ホイスディンク,パトリック
国ドイツ　水泳選手
Hause, Alfred　ハウゼ,アルフレート
1921〜2005　国ドイツ　タンゴ・バンド・リーダー　アルフレート・ハウゼ・タンゴオーケストラ・リーダー　愛ハウゼ,アルフ レッド
Hausenblas, Heather A.　ハウゼンブラス,ヘザー・A.
著「スポーツ心理学大事典」西村書店　2013
Hauser, Alan R.　ハウザー,アラン・R.
著「抗菌薬マスター戦略」メディカル・サイエンス・インターナショナル　2014
Hauser, Frank　ハウザー,フランク
1922〜2007　著「演出についての覚え書き」フィルムアート社　2011
Hauser, Janet　ハウザー,ジャネット
著「創造の12光線」ナチュラルスピリット　2005
Hauser, Julia　ハウザー
国オーストリア　トライアスロン選手
Hauser, Kitty　ハウザー,キティ
著「僕はベーコン」パイインターナショナル　2014
Hauser, Marc D.　ハウザー,マーク・D.
著「音楽の起源」人間と歴史社　2013
Hauser, Peter C.　ハウザー,ピーター・C.
著「親と教師のための聴覚障害児の学び」田研出版　2014
Hauser, Priscilla　ハウザー,プリシラ
著「ロシアのフォークアートペインティング」日本ヴォーグ社　2003
Hauser, Stjepan　ハウザー,ステファン
1986〜　国クロアチア　チェロ奏者
Hauser, Stuart T.　ハウザー,スチュアート・T.
著「ナラティヴから読み解くリジリエンス」北大路書房　2011
Hauser, Thomas　ハウザー,T.
1946〜　愛ハウザー,トマス　著「チェルノブイリ」岩波書店　2011
Hauser, Tim　ハウザー,ティム
1941〜2014　国アメリカ　ジャズ歌手
Hauser, Tim　ハウザー,ティム
著「The art ofカールじいさんの空飛ぶ家」スタジオジブリ,徳間書店（発売）2009
Hauser, Ulrike　ハウザー,U.
著「ディスカウント化する社会」同文舘出版　2010
Hausfater, Rachel　オスファテール,ラッシェル
1955〜　国フランス　作家　愛児童書
Hausiku, Marco　ハウシク,マルコ
国ナミビア　副首相
Hauskeller, Michael　ハウスケラー,ミヒャエル
1964〜　著「生の嘆き」法政大学出版局　2004
Häusler, Thomas　ホイスラー,トーマス
1968〜　著「ファージ療法とは何か」青土社　2008
Hausman, Jerry　ハウスマン,ジェリー
著「ブロードバンドの発展と政策」NTT出版　2005
Hausman, Kalani Kirk　ハウスマン,カラニ・カーク
著「Windows 2000 network environment」翔泳社　2003
Hausman, Robert E.　ハウスマン,R.
著「クーパー細胞生物学」東京化学同人　2008
Hausner, Jerzy　ハウスネル,イェジ
国ポーランド　副首相兼経済労働相
Hausner, Jessica　ハウスナー,ジェシカ
1972〜　国オーストリア　映画監督
Hauss, David　ホース
国フランス　トライアスロン選手
Hausser, Romuald　ハウサー,ロムアルド
国スイス　セーリング選手
Hauswald, Simone　ハウスワルト
国ドイツ　バイアスロン選手
Haut, Elliott R.　オウト,エリオット・R.
著「ICUエラーブック」メディカル・サイエンス・インターナショナル　2010
Hautala, Heidi　ハウタラ,ヘイディ
国フィンランド　国際開発相
Hautamaeki, Matti　ハウタマキ,M.
国フィンランド　スキージャンプ選手
Hautefeuille, Michel　オートフイユ,ミシェル
著「合成ドラッグ」白水社　2004
Hauter, Wenonah　ホーター,ウェノナ
著「動物工場」緑風出版　2016
Hautière, Régis　オーティエール,レジ
著「雲の彼方」イカロス出版　2012
Hautman, Pete　ハウトマン,ピート
全米図書賞 児童文学（2004年）　"Godless"
Hauwe, Walter van　ハウヴェ,ワルター・ファン
著「現代リコーダー教本」日本ショット　2007（第3刷）

Havas, Kató　ハヴァシュ, カトー
　著「ハヴァシュ・バイオリン奏法」ヤマハミュージックメディア 2015
Have, O.ten　ハーヴェ, O.テン
　著「会計史」税務経理協会 2001
Havel, Václav　ハヴェル, ヴァーツラフ
　1936〜2011　国チェコ　政治家,劇作家　チェコ大統領　別ハーフェル／ハベル, バツラフ
Havelange, João　アベランジェ, ジョアン
　1916〜2016　国ブラジル　法律家　国際サッカー連盟(FIFA)会長, 国際オリンピック委員会(IOC)委員　本名＝Havelange, Jean Marie Fanstin Godefroid　別アヴェランジェ, ジョアン
Havelock, Christine Mitchell　ハヴロック, クリスティーン・ミッチェル
　著「衣を脱ぐヴィーナス」アルヒーフ, すずさわ書店(発売) 2002
Haven, Anne　ヘイヴァン, アン
　著「愛がなくても」ハーレクイン 2003
Havener, Thorsten　ハーフェナー, トルステン
　1972〜　著「とっさのしぐさで本音を見抜く」サンマーク出版 2015
Havens, Leston L.　ヘイヴンズ, レストン
　1924〜　著「心理療法におけることばの使い方」誠信書房 2001
Havens, Richie　ヘブンス, リッチー
　1941〜2013　国アメリカ　フォーク歌手　本名＝Havens, Richard Pierce　別ヘイブンズ, リッチー
Havenstein, Rob　ヘブンスタイン, ロブ
　国アメリカ　アメフト選手
Havers, Richard　ヘイヴァーズ, リチャード
　著「ブルーノート・レコード」ヤマハミュージックメディア 2014
Haverty, Ann　ハヴァーティ, アン
　著「レディたちのフィンバーズ・ホテル」東京創元社 2001
Havey, Michael　ハーベイ, マイケル
　著「詳説ビジネスプロセスモデリング」オライリー・ジャパン, オーム社(発売) 2006
Havil, Julian　ハヴィル, ジュリアン
　1952〜　著「無理数の話」青土社 2012
Havukainen, Aino　ハブカイネン, アイノ
　1968〜　著「タトゥとパトゥのへんてこドリーム」猫の言葉社 2016
Haw, Brenda　ホウ, ブレンダ
　著「かいていだいぼうけん」主婦の友社 2009
Haw, Brian　ホー, ブライアン
　1949〜2011　国イギリス　反戦活動家　本名＝Haw, Brian William
Haw, Mark　ホウ, マーク
　著「ミドルワールド」紀伊国屋書店 2009
Hawas, Zahi　ハワス, ザヒ
　1947〜　国エジプト　文化財担当国務相
Hawatmeh, Nayef　ハワトメ, ナエフ
　1938〜　国パレスチナ　ゲリラ指導者　パレスチナ解放民主戦線(DFLP)議長　別ハワートメ, ナーイフ
Hawcock, David　ホーコック, デビッド
　著「サバイバルガイド恐竜」大日本絵画 2012
Hawe, Celia　ホア, シーリア
　著「スリムになるヨーガ」産調出版 2004
Hawes, Colin S.C.　ホーズ, コーリン・S.C.
　著「中国における企業文化の変容」中央大学出版部 2015
Hawes, Jason　ハウズ, ジェイソン
　著「ゴーストハンター」主婦の友社 2011
Hawes, Spencer　ホーズ, スペンサー
　国アメリカ　バスケットボール選手
Hawk, David　ホーク, デビッド
　著「北朝鮮隠された強制収容所」草思社 2004
Hawk, Rip　ホーク, リップ
　?〜2012　国アメリカ　プロレスラー
Hawke, Brett　ホーク
　国オーストラリア　競泳選手
Hawke, Ethan　ホーク, イーサン
　1970〜　国アメリカ　俳優
Hawke, Harry　ホーク, ハリー
　著「ボブ・マーリィ」シンコーミュージック・エンタテイメント 2006
Hawke, Richard　ホーク, リチャード
　1955〜　国アメリカ　作家　別ミステリー, スリラー　別名＝コッキー, ティム〈Cockey, Tim〉
Hawke, Robert　ホーク, ロバート
　1929〜　国オーストラリア　政治家, 政治評論家　オーストラリア首相　本名＝ホーク, ロバート・ジェームズ・リー〈Hawke, Robert James Lee〉　別ホーク, ロバート・ジェイムズ・リー
Hawken, Paul　ホーケン, ポール
　著「祝福を受けた不安」バジリコ 2009
Hawker, Deborah M.　ホーカー, デボラ・M.
　著「肥満の認知行動療法」金剛出版 2006
Hawker, Mark D.　ホーカー, マーク
　著「ソーシャルアプリ・プログラミング」ソフトバンククリエイティブ 2011
Hawkes, John　ホークス, ジョン
　著「ブラッド・オレンジ」彩流社 2001
Hawkes, Kevin　ホークス, ケビン
　1959〜　著「としょかんライオン」日本障害者リハビリテーション協会(製作) c2013
Hawkes, Rob　ホークス, ロブ
　著「ゲームプログラミングのためのHTML5 Canvas入門」日経BP社, 日経BPマーケティング(発売) 2012
Hawkes, Terence　ホークス, テレンス
　1932〜2014　国イギリス　英語学者, 英文学者　カーディフ大学名誉教授　著シェイクスピア学　本名＝Hawkes, Terence Frederick
Hawkey, Ian　ホーキー, イアン
　著「アフリカサッカー」実業之日本社 2010
Hawking, Lucy　ホーキング, ルーシー
　1970〜　国イギリス　作家, ジャーナリスト
Hawking, Stephen William　ホーキング, スティーブン
　1942〜　国イギリス　理論物理学者, 天体物理学者, 応用数学者　ケンブリッジ大学ルーカス記念講座教授　著宇宙論, ブラックホール理論　別ホーキング, スティーヴン
Hawkins, Alexandra　ホーキンス, アレクサンドラ
　著「真珠は偽りの調べ」原書房 2011
Hawkins, Andrew　ホーキンス, アンドリュー
　国アメリカ　アメフト選手
Hawkins, Bill　ホーキンス, ビル
　1947〜　著「だからお客に嫌われる」日本経済新聞出版社 2012
Hawkins, Bradley K.　ホーキンズ, ブラッドリー・K.
　1950〜　著「仏教」春秋社 2004
Hawkins, Brian L.　ホーキンス, ブライアン・L.
　著「デジタル時代の大学と図書館」玉川大学出版部 2002
Hawkins, Callum　ホーキンス, カラム
　国イギリス　陸上選手
Hawkins, Colin　ホーキンス, コリン
　別ホーキンズ, コリン　著「たしざんアニマル」大日本絵画 2005
Hawkins, David R.　ホーキンス, デヴィッド・R.
　1927〜　著「わたし」ナチュラルスピリット・パブリッシング80 2010
Hawkins, Donald　ホーキンス, ドナルド
　国アメリカ　アメフト選手
Hawkins, Edwin Preston, Jr.　ホーキンス, エドウィン・プレストン, Jr.
　国アメリカ　元・ハワイ日米協会専務理事, 元・えひめ丸慰霊碑管理協会理事長, 元・皇太子親王明仁親王奨学金財団専務理事
Hawkins, Emily　ホーキンス, エミリー
　著「人体の不思議」大日本絵画 〔2008〕
Hawkins, Gail　ホーキンス, ゲイル
　1964〜　著「発達障害者の就労支援ハンドブック」クリエイツかもがわ 2013
Hawkins, Gary E.　ホーキンス, ゲーリー
　著「「顧客知」経営革命」コンピュータ・エージ社 2004
Hawkins, George　ホーキンス, ジョージ
　国ニュージーランド　警察相兼内相兼民間防衛相兼退役軍人相
Hawkins, Jacqui　ホーキンス, ジャッキー
　著「なぞなぞおばけのお城」新風舎 2001
Hawkins, Jeff　ホーキンス, ジェフ
　1957〜　国アメリカ　起業家　パーム創業者
Hawkins, Jerald　ホーキンス, ジェラルド
　国アメリカ　アメフト選手
Hawkins, Jimmy　ホーキンス, ジミー
　著「すばらしきかな, 人生!」あすなろ書房 2006
Hawkins, John N.　ホーキンス, ジョン・N.
　著「転換期の教育改革」玉川大学出版部 2011
Hawkins, Josh　ホーキンス, ジョシュ
　国アメリカ　アメフト選手
Hawkins, Karen　ホーキンス, カレン

[著]「永遠(とわ)のキスへの招待状」 二見書房 2014
Hawkins, Laurence ホーキンス, L.
[著]「1分間セルフ・リーダーシップ」 ダイヤモンド社 2005
Hawkins, Lawrence E. ホーキンス, ローレンス・E.
[著]「海洋」 新樹社 2007
Hawkins, Paula ホーキンズ, ポーラ
1972〜 [国]イギリス ジンバブエ出身の作家 [専]ミステリー
Hawkins, Peter ホーキンズ, ピーター
[異]ホーキンズ, P. [著]「心理援助職のためのスーパービジョン」 北大路書房 2012
Hawkins, Ronnie ホーキンス, ロニー
[著]「メモリーズ・オブ・ジョン」 イースト・プレス 2006
Hawkins, Sally ホーキンス, サリー
ゴールデン・グローブ賞 映画 主演女優賞(ミュージカル・コメディ)(第66回(2008年度))ほか
Hawkins, Walter ホーキンス, ウォルター
1949〜2010 [国]アメリカ ゴスペル歌手, 牧師 本名＝Hawkins, Walter Lee
Hawks, John Twelve ホークス, ジョン・トウェルブ
[国]アメリカ 作家 [専]SF, ファンタジー
Hawksley, Humphrey ホークスリー, ハンフリー
[著]「北朝鮮最終決戦」 二見書房 2005
Hawksley, Lucinda ホークスリー, ルシンダ
[著]「Study of ART」 ビー・エヌ・エヌ新社 2013
Hawk Warrior ホーク・ウォリアー
1958〜2003 [国]アメリカ プロレスラー タッグ名＝ザ・ロード・ウォリアーズ〈The Road Warriors〉, 旧タッグ名＝ヘル・レイザーズ
Hawley, David ホーレー, デイビッド
[著]「Excel hacks」 オライリー・ジャパン, オーム社(発売) 2007
Hawley, Elizabeth ホーリー, エリザベス
[国]アメリカ 山岳ジャーナリスト
Hawley, Joe ハウリー, ジョー
[国]アメリカ アメフト選手
Hawley, Raina ホーレー, ライナ
[著]「Excel hacks」 オライリー・ジャパン, オーム社(発売) 2007
Hawn, Goldie ホーン, ゴールディー
1945〜 [国]アメリカ 女優, 映画プロデューサー 本名＝Hawn, Goldie Jean
Hawng, Kyo-ahn ファン・ギョアン
[国]韓国 首相 漢字名＝黄教安
Haworth, Cheryl ホーワース
[国]アメリカ 重量挙げ選手
al-**Hawshabi, Mansour Ahmad** ハウシャビ, マンスール・アハマド
[国]イエメン 農業・かんがい相
Hawthorne, David ホーソーン, デービッド
[国]アメリカ アメフト選手
Hawthorne, Fran ホーソン, フラン
[著]「FDAの正体」 篠原出版新社 2012
Hawthorne, Mike ホーソーン, マイク
[著]「デッドプール」 小学館集英社プロダクション 2016
Hawthorne, Nigel ホーソン, ナイジェル
1929〜2001 [国]イギリス 俳優 [異]ホーソーン, ナイジェル
Hawthorne, Steven C. ホーソーン, スティーブン・C.
[著]「世界宣教の展望」 いのちのことば社 2003
Hawton, Keith ホートン, キース
1942〜 [著]「ハンドブック青年期における自傷行為」 明石書店 2009
Hawtree, Christopher ホートリー, クリストファー
[著]「投書狂グレアム・グリーン」 晶文社 2001
Hax, Arnoldo C. ハックス, アーノルド・C.
[著]「デルタモデル」 ファーストプレス 2007
Hax, Herbert ハックス, ヘルベルト
?〜2005 [著]「孤立と統合」 京都大学学術出版会 2006
Haxhinasto, Edmond ハジナスト, エドモンド
[国]アルバニア 運輸・インフラ相
Hay, Colin ヘイ, コリン
1968〜 [著]「政治はなぜ嫌われるのか」 岩波書店 2012
Hay, Elizabeth ヘイ, エリザベス
1951〜 [著]「ガルボ、笑う」 文芸春秋 2004
Hay, James ヘイ, ジェイムズ
[国]イギリス ローザンヌ国際バレエコンクール 4位・スカラシップ(第35回(2007年))
Hay, Louise L. ヘイ, ルイーズ・L.
1925〜 [著]「自分を愛せば人生はうまくいくルイーズ・ヘイの鏡のワークブック」 JMA・アソシエイツステップワークス事業部 2016
Hay, Phil ヘイ, フィル
[著]「イーオン・フラックス」 竹書房 2006
Hay, Phillipa ヘイ, フィリッパ
[著]「摂食障害」 金剛出版 2011
Hayashi, Alden M. ハヤシ, オールデン・M.
[著]「戦略思考力を鍛える」 ダイヤモンド社 2006
Hayashi, Masumi ハヤシ, マスミ
?〜2006 [国]アメリカ 写真家 クリーブランド州立大学教授
Hayashi, Shigeki ハヤシ, シゲキ
[国]日本 ファエンツァ国際陶芸展大賞(2011年) 漢字名＝林茂樹
Hayashi, Shigeru ハヤシ・シゲル
[国]ブラジル 元・ブラジリア日伯文化協会会長, 元・ブラジル中西部日伯協会連合会会長 漢字名＝林繁
Hayat, Candice ハヤット, カンディス
1976〜 [異]アヤット, キャンディス [著]「かたちシールアクティビティブック」 学研プラス 2016
Hayat, Makhdoom Syed Faisal Saleh ハヤト, マフドゥーム・サイド・ファイサル・サレハ
[国]パキスタン 環境相
Hayat, Pierre アヤ, ピエール
[著]「他性と超越」 法政大学出版局 2001
Hayatou, Issa ハヤトウ, イッサ
1946〜 [国]カメルーン 元陸上選手, 元バスケットボール選手 国際サッカー連盟(FIFA)筆頭副会長, 国際オリンピック委員会(IOC)委員, アフリカ・サッカー連盟(CAF)会長 [異]ハヤトウ, イサ
Hayboeck, Michael ハイベク
[国]オーストリア スキージャンプ選手
Hayd, Mohamed Mahmud ハイド, モハメド・マハムド
[国]ソマリア 環境相
Haydar, Ali ハイダル, アリ
[国]シリア 国務相(国民和解担当)
Haydarov, Utkirbek ハイダロフ
[国]ウズベキスタン ボクシング選手
Haydée, Marcia ハイデ, マリシア
1935〜 バレリーナ, 振付師 シュトゥットガルト・バレエ団プリマ 本名＝Haydée Pereira da Silva, Marcia
Hayden (walden), Ashley ヘイデン
[国]アメリカ リュージュ選手
Hayden, Brent ヘイデン
[国]カナダ 競泳選手
Hayden, Christopher ヘイデン, クリストファー
[著]「レクチオ・ディヴィナ」 夢窓庵 2009
Hayden, D.J. ヘイデン, D.J.
[国]アメリカ アメフト選手
Hayden, Dolores ハイデン, ドロレス
[著]「場所の力」 学芸出版社 2002
Hayden, Elizabeth P. ハイデン, エリザベス・P.
[著]「双極うつ病」 星和書店 2013
Hayden, Gary ヘイデン, ゲイリー
[著]「おもしろパラドックス」 創元社 2016
Hayden, G.Miki ヘイデン, G.ミキ
[著]「ニッポン太平洋帝国」 扶桑社 2003
Hayden, Laura ヘイデン, ローラ
[著]「ノーラ・ロバーツ愛の世界」 扶桑社 2005
Hayden, Lucy ヘイデン, ルーシー
[著]「ポール・オースターが朗読するナショナル・ストーリー・プロジェクト」 アルク 2006
Hayden, Melissa ヘイドン, メリッサ
1923〜2006 [国]アメリカ バレリーナ, 振付師 ニューヨーク・シティ・バレエ団(NYCB)プリンシパル 本名＝ハーマン, ミルドレッド [異]ヘードン, メリッサ
Hayden, Michael Vincent ヘイデン, マイケル
1945〜 [国]アメリカ 軍人 米国中央情報局(CIA)長官
Hayden, Nick ヘイデン, ニック
[国]アメリカ アメフト選手
Hayden, Patrick Nielsen ヘイデン, パトリック・ニールセン
ヒューゴー賞 プロ編集者(長編)(2013年)ほか
Hayden, Tom ハイデン, トム
1939〜2016 [国]アメリカ 反戦活動家, 政治家 カリフォルニア州上院議員(民主党) [異]ヘイデン, トム / ヘイドン, トム [著]「メモリーズ・オブ・ジョン」 イースト・プレス 2006
Hayden, Torey L. ヘイデン, トリイ
1951〜 [著]「愛されない子」 早川書房 2005
Hayder, Mo ヘイダー, モー
1962〜 [国]イギリス ミステリー作家 [専]ミステリー, スリラー

Haydon, Elizabeth　ヘイドン, エリザベス
　1965〜　著「デスティニイ」早川書房　2003
Hayek, G.Nick, Jr.　ハイエック, ニック, Jr.
　1954〜　国スイス　実業家　スウォッチグループCEO
Hayek, Nicolas George　ハイエック, ニコラス
　1928〜2010　国スイス　実業家　スウォッチ・グループ創業者
　囲ハイエク, ニコラス
Hayek, Salma　ハエック, サルマ
　1965〜　女優, 映画プロデューサー
Hayes, Al　ヘイズ, アル
　?〜2005　国アメリカ　プロレスラー　リング名＝ロード・アル・ヘイズ〈Lord Al Hayes〉
Hayes, Bill　ヘイズ, ビル
　1950〜　著「ヘル・オン・ホイールズ」スタジオタッククリエイティブ　2016
Hayes, Bob　ヘイズ, ボブ
　1942〜2002　国アメリカ　陸上選手, アメフト選手　本名＝ヘイズ, ロバート〈Hayes, Robert L.〉
Hayes, Brian　ヘイズ, ブライアン
　著「ベッドルームで群論を」みすず書房　2010
Hayes, David K.　ヘイズ, デイヴィッド・K.
　著「レベニュー・マネージメント概論」流通経済大学出版会　2016
Hayes, Deborah　ヘイズ, デボラ
　著「いないいないプー」大日本絵画　2003
Hayes, Declan　ヘイズ, デクラン
　著「牙のない虎日本」鳥影社　2013
Hayes, Dermot J.　ヘイズ, ダーマット・J.
　著「食品安全と栄養の経済学」農林統計協会　2002
Hayes, Elisabeth　ヘイズ, エリザベス
　著「成人女性の学習」鳳書房　2009
Hayes, Isaac　ヘイズ, アイザック
　1942〜2008　国アメリカ　ソウル歌手
Hayes, Joanna　ヘイズ
　国アメリカ　陸上選手
Hayes, John　ヘイズ, ジョン
　著「占星術大全」主婦の友社　2009
Hayes, John Michael　ヘイズ, ジョン・マイケル
　1919〜2008　国アメリカ　脚本家
Hayes, John Phillip　ヘイズ, ジョン・P.
　1949〜　著「サブウェイ世界一への野望」きこ書房　2001
Hayes, Linda J.　ヘイズ, リンダ・J.
　著「認知行動療法という革命」日本評論社　2013
Hayes, Louise　ヘイズ, ルイーズ
　著「セラピストが10代のあなたにすすめるACT〈アクセプタンス＆コミットメント・セラピー〉ワークブック」星和書店　2016
Hayes, Nicky　ヘイズ, ニッキィ
　著「比較心理学を知る」視覚障害者支援総合センター　2004
Hayes, Patricia　ヘイズ, パトリシア
　1961〜　著「エフンドゥーラと歴史」国立民族学博物館地域研究企画交流センター　2003
Hayes, Patrick　ヘイズ, パトリック
　著「MDAマニフェスト」エスアイビー・アクセス, 星雲社（発売）　2005
Hayes, Peter　ヘイズ, ピーター
　1963〜　著「日本の養子縁組」明石書店　2011
Hayes, Philip　ヘイズ, P.
　著「ARISを活用したチェンジマネジメント」シュプリンガー・フェアラーク東京　2003
Hayes, Randall　ヘイズ, ランドール
　著「ポストグローバル社会の可能性」緑風出版　2006
Hayes, Richard E.　ヘイズ, リチャード・E.
　著「パワートゥザエッジ」東京電機大学出版局　2009
Hayes, Rob　ヘイズ, ロブ
　投資家
Hayes, Rosemary　ヘイズ, ローズマリー
　著「ステファニーハウスの秘密」PHP研究所　2004
Hayes, Samantha　ヘイズ, サマンサ
　国イギリス　作家　ミステリー, スリラー　別筆名＝ヘイズ, サム〈Hayes, Sam〉
Hayes, Samuel L.　ヘイズ, サミュエル・L.
　著「財務力」講談社　2003
Hayes, Sharon　ヘイズ, シャロン
　国アメリカ　ヴェネチア・ビエンナーレ　特別賞　国際展示部門（2013年（第55回））
Hayes, Simon　ヘイズ, サイモン

アカデミー賞　音響賞（第85回（2012年））　"Les Misérables"
Hayes, Sophie　ヘイズ, ソフィー
　著「奴隷にされたソフィー」TOブックス　2013
Hayes, Steven C.　ヘイズ, スティーブン・C.
　著「アクセプタンス＆コミットメント・セラピー〈ACT〉」星和書店　2014
Hayes, Terrance　ヘイズ, テランス
　全米図書賞　詩（2010年）　"Lighthead"
Hayes, Terry　ヘイズ, テリー
　1951〜　著「ピルグリム」早川書房　2014
Hayes, Thomas Joseph　ヘイズ, トーマス
　1953〜　著「コトラーのプロフェッショナル・サービス・マーケティング」ピアソン・エデュケーション　2002
Hayes, William　ヘイズ, ウイリアム
　国アメリカ　アメフト選手
Haygood, Wil　ヘイグッド, ウィル
　著「大統領の執事の涙」原書房　2014
Hayler, Damon　ヘイラー
　国オーストラリア　スノーボード選手
Hayles, Rob　ヘイルズ
　国イギリス　自転車選手
Hayley　ヘイリー
　1987〜　国ニュージーランド　歌手　本名＝ウェステンラ, ヘイリー〈Westenra, Hayley〉
Hayman, Dawn E.　ヘイマン, ドーン・E.
　著「どうぶつと話したい」ランダムハウス講談社　2006
Haymore, Jennifer　ヘイモア, ジェニファー
　著「公爵とメイドは恋心を隠して」竹書房　2014
Hayner, Priscilla B.　ヘイナー, プリシラ・B.
　著「語りえぬ真実」平凡社　2006
Haynes, Christopher D.　ヘインズ, クリストファー・D.
　著「自然保護とサステイナブル・ツーリズム」平凡社　2005
Haynes, Cyndi　ヘインズ, シンディー
　著「あなたを元気にする2002の方法」本の泉社　2002
Haynes, Dana　ヘインズ, デイナ
　著「クラッシャーズ」文芸春秋　2013
Haynes, Elizabeth　ヘインズ, エリザベス
　1971〜　国イギリス　作家　ミステリー
Haynes, Jasmine　ヘインズ, ジャスミン
　著「愛と情熱の契約結婚」早川書房　2010
Haynes, Jeffrey　ハインズ, ジェフリー
　1953〜　著「宗教と開発」麗沢大学出版会, 柏 広池学園事業部（発売）　2010
Haynes, John Earl　ヘインズ, ジョン・アール
　著「ヴェノナ」PHP研究所　2010
Haynes, John Harold　ヘインズ, ジョン・H.
　著「VWビートル＆カルマン・ギア1954〜1979メンテナンス＆リペア・マニュアル」三樹書房　2013
Haynes, Johnny　ヘインズ, ジョニー
　1934〜2005　国イギリス　サッカー選手　本名＝ヘインズ, ジョン〈Haynes, John Norman〉
Haynes, Roslynn Doris　ヘインズ, ロズリン・D.
　1940〜　著「図説砂漠と人間の歴史」原書房　2014
Haynes, Stephen R.　ヘインズ, S.R.
　著「はじめてのボンヘッファー」教文館　2015
Haynes, Todd　ヘインズ, トッド
　1961〜　国アメリカ　映画監督
Hays, Daniel　ヘイズ, ダニエル
　著「極短小説」新潮社　2004
Hays, R.D.　ヘイズ, R.
　著「鍼のエビデンス」医道の日本社　2009
Hays, Richard B.　ヘイズ, リチャード・B.
　1948〜　著「イエス・キリストの信仰」新教出版社　2015
Hays, Samuel P.　ヘイズ, サミュエル・P.
　著「アメリカの環境主義」同友館　2004
Hayter, Sparkle　ヘイター, スパークル
　1958〜　著「バースデー・ボックス」メタローグ　2004
Haythe, Justin　ヘイス, ジャスティン
　1973〜　著「ローン・レンジャー」竹書房　2013
Haythornthwaite, Philip J.　ヘイソーンスウェイト, フィリップ
　著「オーストリア軍の歩兵」新紀元社　2001
Hayton, Bill　ヘイトン, ビル
　著「南シナ海」河出書房新社　2015
Hayton, Darren　ヘイトン, ダレン
　著「ドイツ4号戦車ティーガー1 Eのすべて」大日本絵画　2011

Hayton, Mike ヘイトン, マイク
[著]「ドイツ4号戦車ティーガー1 Eのすべて」 大日本絵画 2011
Hayward, Casey ヘイワード, ケーシー
[国]アメリカ アメフト選手
Hayward, Francesca ヘイワード, フランチェスカ
[国]イギリス バレリーナ 英国ロイヤル・バレエ団ソリスト
Hayward, Gordon ヘイワード, ゴードン
[国]アメリカ バスケットボール選手
Hayward, Jennifer ヘイワード, ジェニファー
[著]「仕組まれた復縁」 ハーパーコリンズ・ジャパン 2016
Hayward, Peter ヘイワード, P.
1947〜 [著]「双極性障害の認知行動療法」 岩崎学術出版社 2012
Hayward, Susan ヘイワード, スーザン
[著]「心にひびく知恵の言葉」 PHP研究所 2007
Hayward, Tony ヘイワード, トニー
1957〜 [国]イギリス 実業家 グレンコア会長 BP CEO 本名＝Hayward, Anthony Bryan
Haywood, Dan ヘイウッド, ダン
[著]「標準J2EEテクノロジー」 翔泳社 2003
Haywood, Dave ヘイウッド, デーブ
1982〜 [国]アメリカ ミュージシャン [異]ヘイウッド, デイヴ
Haywood, Gar Anthony ヘイウッド, ガー・アンソニー
[著]「愚者の群れ」 早川書房 2001
Haywood, John ヘイウッド, ジョン
1956〜 [著]「世界の民族・国家興亡歴史地図年表」 柊風舎 2013
Haywood, Trevor ヘイウッド, トレバー
1943〜2014 [国]イギリス 図書館学者 セントラル・イングランド大学名誉教授 [専]情報経済学 [異]ヘイウッド, トレボー
Hayworth, Ray ヘイワース, レイ
1904〜2002 [国]アメリカ 野球選手
Haz, Hamzah ハズ, ハムザ
1940〜 [国]インドネシア 政治家 インドネシア副大統領 [異]ハス, ハムザ / ハムザ / ハムザ・ハス / ハムザ・ハズ
Hazair, Abdullah ハザイール・アブドラ
[国]ブルネイ 青年・スポーツ・文化相
Hazan, Cindy ハザン, シンディー
[著]「パーソナルな関係の社会心理学」 北大路書房 2004
Hazan, Éric アザン, エリック
1936〜 [著]「パリ大全」 以文社 2013
Hazanavicius, Michel アザナヴィシウス, ミシェル
1967〜 [国]フランス 映画監督, 脚本家 [異]アザナビシウス, ミシェル / ハザナヴィシウス, ミシェル
Hazard, David ハザード, デイヴィッド
[著]「御翼の陰に隠されて」 いのちのことば社 2016
Hazard, Eden アザール, エデン
1991〜 [国]ベルギー サッカー選手
Hazard, Thorgan アザール, トルガン
[国]ベルギー サッカー選手
Hazare, Anna ハザレ, アンナ
1938〜 [国]インド 社会運動家
Hazarika, Hemanta ハザリカ, ヘマンタ
[著]「土質力学の基礎」 共立出版 2011
Hazel, Matt ヘイゼル, マット
[国]アメリカ アメフト選手
Hazelaar, Wim ハゼラー, ウィム
1943〜 [著]「ウィムハゼラー作品集」 草土出版, 星雲社(発売) 2005
Hazelbaker, Jeremy ヘイゼルベイカー, ジェレミー
[国]アメリカ 野球選手
Hazelgrove, William Elliott ヘイゼルグローブ, ウィリアム・エリオット
1959〜 [著]「雲母の光る道」 東京創元社 2004
Hazen, Mike ヘイゼン, マイク
[国]アメリカ アリゾナ・ダイヤモンドバックス編成総責任者
Hazen, Robert M. ヘイゼン, ロバート
1948〜 [著]「地球進化46億年の物語」 講談社 2014
Hazen, Thomas Lee ハーゼン, トーマス・リー
1947〜 [著]「「最新」米国証券規制法概説」 商事法務 2003
Haziri, Lutfi ハジリ, ルトフィ
[国]コソボ 文化・青年・スポーツ相
Hazlett, Thomas W. ヘイズレット, トーマス・W.
[著]「ブロードバンドの発展と政策」 NTT出版 2005
Hazlewood, Lee ヘイズルウッド, リー
1929〜2007 [国]アメリカ 歌手, 作曲家
Hazzard, Kevin ハザード, ケビン
[著]「メタプログラミング.NET」 アスキー・メディアワークス, KADOKAWA(発売) 2013
HDR, Daniel HDR, ダニエル
[著]「アベンジャーズ : プレリュードフューリーズ・ビッグウィーク」 小学館集英社プロダクション 2012
He, Guo-qiang ホー・グオチャン
1943〜 [国]中国 政治家 中国共産党政治局常務委員・中央規律検査委員会書記 漢字名＝賀国強
He, Ke-xin ホー・カーシン
1992〜 [国]中国 体操選手 漢字名＝何可欣
He, Xiang-jian フー・シアンチエン
1941〜 [国]中国 実業家 美的集団創業者 漢字名＝何享健 [異]ホー・シャンジェン
He, Yan-xin ホー・イエンシン
[国]中国 中国女文字の伝承者 漢字名＝何艶新
He, Zhen-liang ホー・ズンリャン
1929〜2015 [国]中国 中国オリンピック委員会(COC)名誉会長, 国際オリンピック委員会(IOC)副会長 漢字名＝何振梁 [異]ホー・チェンリアン
He, Zuo-xiu ホー・ツオシウ
1927〜 [国]中国 物理学者 中国科学院理論物理研究所研究員 [専]理論物理学, 科学史, 哲学ほか 漢字名＝何祚庥 [異]ホー・ズオシュ
Head, Jenny ヘッド, J.
[著]「現代イギリスの政治算術」 北海道大学図書刊行会 2003
Head, Maaike ヘッド, マイケ
[国]オランダ ボート選手
Headley, Chase ヘッドリー, チェイス
[国]アメリカ 野球選手
Headley, Heather ヘッドリー, ヘザー
グラミー賞 最優秀コンテンポラリーR&B・ゴスペル・アルバム(2009年(第52回)) "Audience Of One"
Headley, Victor ヘッドリー, ヴィクター
[著]「ヤーディ」 トランスワールドジャパン 2010
Headrick, Daniel R. ヘッドリク, ダニエル・R.
1941〜 [異]ヘッドリク, D.R. [著]「インヴィジブル・ウェポン」 日本経済評論社 2013
Heal, G.M. ヒール, ジェフリー
1944〜 [著]「はじめての環境経済学」 東洋経済新報社 2005
Heal, M.R. ヒール, M.R.
[著]「物理化学キーノート」 シュプリンガー・フェアラーク東京 2002
Heal, Robert ヒール, R.
[著]「Symbian OSマルチメディアプログラミング」 翔泳社 2009
Healey, Denis ヒーリー, デニス
1917〜2015 [国]イギリス 政治家 英国国防相, 英国労働党副党首 本名＝ヒーリー, デニス・ウィンストン〈Healey, Denis Winston〉
Healey, Jeff ヒーリー, ジェフ
?〜2008 [国]カナダ ギタリスト
Healey, John ヒーレー, ジョン
[著]「プロの撮り方 家族の写真」 日経ナショナルジオグラフィック社, 日経BP出版センター(発売) 2008
Healey, Patsy ヒーリー, パッツィ
[著]「メイキング・ベター・プレイス」 鹿島出版会 2015
Healy, Ann Marie ヒーリー, アン・マリー
[著]「レジリエンス復活力」 ダイヤモンド社 2013
Healy, Christopher ヒーリー, クリストファー
1972〜 [著]「プリンス・チャーミングと呼ばれた王子たち」 ホーム社, 集英社(発売) 2016
Healy, Cian ヒーリー, シアン
[国]アイルランド ラグビー選手
Healy, David ヒーリー, デイヴィッド
[著]「ファルマゲドン」 みすず書房 2015
Healy, Fran ヒーリー, フラン
1973〜 [国]イギリス ロック歌手, ギタリスト 本名＝Healy, Francis [異]ヒーリィ, フラン
Healy, Jeremiah ヒーリイ, ジェレマイア
[著]「フィリップ・マーロウの事件」 早川書房 2007
Healy, Jeremiah Francis ヒーリー, ジェレマイア
1948〜2014 [国]アメリカ ミステリー作家, 法学者 ニューイングランド・スクール・オブ・ロー教授 [異]ヒーリイ, ジェレマイア
Healy, Karen ヒーリー, カレン
[著]「ソーシャルワークの方法とスキル」 みらい 2016
Healy, Kent ヒーリー, ケント
[著]「あなたの潜在能力を引き出す20の原則と54の名言」 ディスカヴァー・トゥエンティワン 2010

Healy, Mary　ヒーリー, メアリー
　1964〜　著「マルコによる福音書」サンパウロ　2014
Healy, Paul M.　ヒーリー, P.M.
　著「企業分析入門」東京大学出版会　2001
Healy, Ryon　ヒーリー, ライオン
　国アメリカ　野球選手
Heaney, Andrew　ヒーニー, アンドリュー
　国アメリカ　野球選手
Heaney, Marie　ヒーニー, マリー
　著「アイリッシュ・ハープの調べ」春風社　2007
Heaney, Seamus Justin　ヒーニー, シェイマス
　1939〜2013　国アイルランド　詩人　ハーバード大学教授
Heap, Imogen　ヒープ, イモージェン
　グラミー賞 最優秀録音技術アルバム（クラシック以外）(2009年（第52回））　"Ellipse"
Heap, Sue　ヒープ, スー
　1954〜　著「なにをまってるの?」小学館　2005
Heaps, Jake　ヒープス, ジェイク
　国アメリカ　アメフト選手
Heard, Christopher　ハード, クリストファー
　著「ジョニー・デップフォトアルバム」AC Books　2010
Heard, Heidi L.　ハード, ハイディ・L.
　著「認知行動療法の新しい潮流」明石書店　2015
Heard, Neal　ハード, ニール
　著「スニーカースタイル」ネコ・パブリッシング　2004
Hearn, Chick　ハーン, チック
　?〜2002　国アメリカ　アナウンサー　ロサンゼルス・レイカーズ専属アナウンサー　本名＝Hearn, Francis Dayle
Hearn, Ciaran　ハーン, シアラン
　国カナダ　ラグビー選手
Hearn, David　ハーン, デービッド
　国カナダ　ゴルフ選手
Hearn, Diana　ハーン, ダイアナ
　著「エボリューション・オブ・ボディ・リズム＆ダイナミック・シェイピング」高岡出版　2015
Hearn, Geoffrey　ハーン, ジェフリー
　訳ハーン, G.　著「エボリューション・オブ・ボディ・リズム＆ダイナミック・シェイピング」高岡出版　2015
Hearn, Julie　ハーン, ジュリー
　1958〜　著「チェンジリング・チャイルド」ソニー・マガジンズ　2003
Hearn, Lian　ハーン, リアン
　著「魔物の闇」主婦の友社　2006
Hearn, Loyola　ハーン, ロヨラー
　国カナダ　漁業海洋相
Hearn, Marcus　ハーン, マーカス
　著「サンダーバード完全記録」ボーンデジタル　2015
Hearn, Robert A.　ハーン, ロバート・A.
　著「ゲームとパズルの計算論」近代科学社　2011
Hearne, Kevin　ハーン, ケビン
　国アメリカ　作家　分SF, ファンタジー　訳ハーン, ケヴィン
Hearst, George　ハースト, ジョージ
　1927〜2012　国アメリカ　新聞経営者　ハースト・コーポレーション会長　本名＝Hearst, George Randolph (Jr.)
Heartfield, Marie　ハートフィールド, マリー
　著「ケアの複雑性」エルゼビア・ジャパン　2007
Hearth, Amy Hill　ハース, エイミー・ヒル
　1958〜　著「アメリカ先住民女性の現代史」彩流社　2012
Heartland, James　ハートランド, ジェームズ
　著「人生を癒すゆるしのワーク」太陽出版　2012
Heasley, Brendan　ヒースリイ, ブレンダン
　1946〜　著「コースブック意味論」ひつじ書房　2014
Heaslip, Jamie　ヒースリップ, ジェイミー
　国アイルランド　ラグビー選手
Heaslip, William　ヒースリップ, ウィリアム
　著「マイバイブルフレンズ」福音社　2006
Heasman, Michael　ヒースマン, マイケル
　1958〜　著「フード・ウォーズ」コモンズ　2009
Heater, Derek Benjamin　ヒーター, デレック
　1931〜　著「市民権とは何か」岩波書店　2012
Heath, Alan　ヒース, アラン
　著「親子でふれあうベビーマッサージ」ネコ・パブリッシング　2005
Heath, Chip　ハース, チップ
　著「決定力!」早川書房　2016
Heath, Christopher　ヒース, クリストファー

1964〜　著「主要国における特許権行使」経済産業調査会　2003
Heath, Craig　ヒース, クレイグ
　著「Symbian OSプラットフォームセキュリティ」翔泳社　2006
Heath, Dan　ハース, ダン
　1973〜　著「決定力!」早川書房　2016
Heath, Dwight B.　ヒース, デュワイト・B.
　著「世界のお酒とおもしろ文化」たる出版　2002
Heath, Edward Richard George　ヒース, エドワード
　1916〜2005　国イギリス　政治家　英国首相, 英国保守党党首　通称＝ヒース, テッド〈Heath, Ted〉
Heath, Ian　ヒース, イアン
　著「ビザンティン帝国の軍隊」新紀元社　2001
Heath, Iona　ヒース, イオナ
　著「ナラティブ・ベイスト・メディスン」金剛出版　2001
Heath, Jeff　ヒース, ジェフ
　国アメリカ　アメフト選手
Heath, Joel　ヒース, ジョエル
　国アメリカ　アメフト選手
Heath, Joseph　ヒース, ジョセフ
　1967〜　著「啓蒙思想2.0」NTT出版　2014
Heath, J.R.　ヒース, J.R.
　著「知の歴史」徳間書店　2002
Heath, Liam　ヒース, リアム
　国イギリス　カヌー選手
Heath, Lorraine　ヒース, ロレイン
　著「真夜中の壁の花」ハーパーコリンズ・ジャパン　2016
Heath, Percy　ヒース, パーシー
　1923〜2005　国アメリカ　ジャズベース奏者
Heath, Robin　ヒース, ロビン
　著「太陽, 月, そして地球」創元社　2012
Heath, Tom　ヒース, トム
　著「Linked Data」近代科学社　2013
Heathcote-James, Emma　ヒースコート・ジェームズ, エマ
　1977〜　著「天使に会いました」ハート出版　2008
Heather, Teariki　ヘザー, テアリキ
　国クック諸島　副首相兼インフラ・計画相兼文化振興相兼部族担当相兼警察相
Heath-Stubbs, John Francis Alexander　ヒース・スタッブズ, ジョン
　1918〜2006　国イギリス　詩人, 批評家　訳ヒース・スタップス
Heatley, Michael　ヒートリー, マイケル
　著「ジミ・ヘンドリックス機材名鑑」DU BOOKS, ディスクユニオン（発売）　2016
Heatley, Phil　ヒートリー, フィル
　国ニュージーランド　エネルギー資源相兼住宅相
Heat Moon, William Least　ヒート＝ムーン, ウイリアム・リースト
　著「水路アメリカ横断8500キロ」ティビーエス・ブリタニカ　2001
Heaton, John　ヒートン, ジョン・M.
　著「ウィトゲンシュタインと精神分析」岩波書店　2004
Heaton, Ken W.　ヒートン, ケン
　著「おなかの悩み」一灯舎, オーム社（発売）　2008
Heaton, Patricia　ヒートン, パトリシア
　エミー賞 プライムタイム・エミー賞 最優秀主演女優賞（コメディシリーズ）（第53回(2001年)）　"Everybody Loves Raymond"
Heaton, Tom　ヒートン, トム
　国イングランド　サッカー選手
Heavy D　ヘヴィ・D
　1967〜2011　国アメリカ　ラップ歌手, 俳優　本名＝マイヤーズ, ドワイト・アリントン〈Myers, Dwight Arrington〉
Hebb, Bobby　ヘブ, ボビー
　1938〜2010　国アメリカ　シンガー・ソングライター
Heber, David　ヒーバー, デビッド
　訳ヒーバー, デビッド　著「L.A.シェイプダイエット」ダイヤモンド・セールス編集企画, ダイヤモンド社（発売）　2005
Hebert, Anne　エベール, アンヌ
　著「フランス現代詩アンソロジー」思潮社　2001
Hebert, Ben　ヘバート
　国カナダ　カーリング選手
Hebert, Eric　エベール, エリック
　著「世界の美しいブローチ」パイインターナショナル　2016
Hébert, Fred　ハバート, フレッド
　1988〜　著「すごいErlangゆかいに学ぼう!」オーム社　2014
Hebert, Yvonne　ユベール, イヴォンヌ
　著「個別化していく教育」明石書店　2007

Hebgen, Eric ヘブゲン, エリック
1966～ 異ヘブゲン, エリック・U. 著「筋筋膜トリガーポイントポケットアトラス」 ガイアブックス 2014
Hebl, James R. ヘブル, ジェームス・R.
著「メイヨー・クリニック超音波ガイド下神経ブロックの手引」 メディカル・サイエンス・インターナショナル 2011
Hebrang, Andrija ヘブラング, アンドリヤ
国クロアチア 副首相兼厚相
Hebron, Sandra ヘブロン, サンドラ
著「ジェンダーと暴力」 明石書店 2001
Hechavarria, Adeiny エチャバリア, アデイニー
国キューバ 野球選手
Hecht, Ann ヘクト, アン
著「textiles from guatemala グアテマラの織」 デザインエクスチェンジ 2003
Hecht, Ben ヘクト, ベン
著「怪奇小説傑作集」 東京創元社 2006
Hecht, Eugene ヘクト, ユージン
異ヘクト, E. 著「ヘクト光学」 丸善 2004
Hechter, Michael ヘクター, M.
1943～ 著「連帯の条件」 ミネルヴァ書房 2003
Heck, Howard L. ヘック, H.L.
著「高速デジタル回路設計」 丸善出版 2012
Heck, Peter J. ヘック, ピーター・J.
著「銀河おさわがせ執事」 早川書房 2007
Heck, Richard Fred ヘック, リチャード
1931～2015 国アメリカ 有機化学者 デラウェア大学名誉教授 専有機合成化学 異ヘック, リチャード・F.
Heck, Stefan ヘック, ステファン
1970～ 著「リソース・レボリューションの衝撃」 プレジデント社 2015
Heckart, Eileen ヘッカート, アイリーン
1919～2001 国アメリカ 女優
Hecker, Hans-Ulrich ヘッカー, ハンス・ウルリッヒ
著「鍼療法図鑑」 ガイアブックス, 産調出版(発売) 2011
Hecking, Dieter ヘッキング, ディーター
国ドイツ ヴォルフスブルク監督
Heckmair, Anderl ヘックマイヤー, アンデルル
?～2005 国ドイツ 登山家
Heckman, James Joseph ヘックマン, ジェームズ
1944～ 国アメリカ 経済学者 シカゴ大学経済学部特別教授 専ミクロ計量経済学 異ヘックマン, ジェームズ・J.
Heckscher, Melissa ヘクシャー, メリッサ
著「ツキアウか、ワカレルか。」 小学館 2006
Hecquet, Laura エケ, ローラ
国フランス バレリーナ パリ・オペラ座バレエ団エトワール
Hector, Hernandez エクトル・エルナンデス
国スペイン サッカー選手
Hector, Jonas ヘクター, ヨナス
国ドイツ サッカー選手
Hector, Michael ヘクター, マイケル
国ジャマイカ サッカー選手
Hedderwick, Mairi ヘダーウィック, マイリー
1939～ 著「カティーにおまかせ!」 文研出版 2010
Heddle, Iris E. ヘドル, アイリス
著「少年シギー」 あるば書房 2011
Hedegaard, Connie ヘデゴー, コニー
1960～ 国デンマーク 政治家 EU欧州委員(気候変動担当) デンマーク気候変動・エネルギー相
Hedeid, Mintana Mint ヘデイド, ミンタナ・ミント
国モーリタニア 女性問題相
Heder, Stephen R. ヘダー, スティーブ
著「カンボジア大虐殺は裁けるか」 現代人文社, 大学図書(発売) 2005
Hedges, Austin ヘッジズ, オースティン
国アメリカ 野球選手
Hedges, Chris ヘッジズ, クリス
著「本当の戦争」 集英社 2004
Hedges, Kristi ヘッジス, クリスティ
著「プレゼンスのつくり方」 阪急コミュニケーションズ 2013
Hedges, Michael ヘッジス, マイケル
アカデミー賞 音響賞(第78回(2005年)) "King Kong"
Hedley, Timothy P. ヘッドリー, ティモシー・P.
著「不正・不祥事のリスクマネジメント」 日本経済新聞出版社 2012
Hedly, Carol ヘドリー, キャロル
著「リーダーシップ・マスター」 英治出版 2013
Hedman, Annalena ヘードマン, アンナレーナ
1967～ 著「のんびり村は大さわぎ!」 徳間書店 2016
Hedqvist, Olle ヘドクヴィスト, オッレ
著「危機突破の冒険者精神」 ぱるす出版 2009
Hedren, Tippi ヘドレン, ティッピ
1930～ 国アメリカ 女優 本名=ヘドレン, ナタリー・ケイ 〈Hedren, Nathalie Kay〉
Hedrick, Chad ヘドリック, チャド
1977～ 国アメリカ スピードスケート選手 本名=Hedrick, Chad Paul
Hedström, Per ヘードストレム, ペール
著「スカンディナビア風景画展」 読売新聞社 2002
Hedtke, Lorraine ヘツキ, ロレイン
1957～ 著「人生のリ・メンバリング」 金剛出版 2005
Hee, Otto ヘー, オットー
国デンマーク トヨタ・フォンデン理事長, 元・トヨタ・デンマーク社代表
Heede, Sylvia Vanden ヘーデ, シルヴィア・ヴァンデン
1961～ 著「きつねのフォスとうさぎのハース」 岩波書店 2009
Heegaard, Marge Eaton ヒーガード, マージィ
著「どんなに恐ろしかったかいいたいんだ」 法蔵館 2003
Heeger, Alan Jay ヒーガー, アラン
1936～ 国アメリカ 高分子化学者 カリフォルニア大学サンタバーバラ校教授 異ヒーゲル, アラン
Heehs, Peter ヒース, ピーター
著「評伝オーロビンド」 インスクリプト 2011
Heekeren, Hauke R. ヘーケレン, ハウケ・R.
著「モーラルブレイン」 麗沢大学出版会, 広池学園事業部(柏)(発売) 2013
Heeks, Alan ヒークス, アラン
著「ナチュラル・アドバンテージ」 ネクサスインターコム, 星雲社(発売) 2004
Heel, Werner ヘール
国イタリア アルペンスキー選手
Heeley, Desmond ヒーリー, デズモンド
トニー賞 プレイ 衣装デザイン賞(2011年(第65回)) "The Importance of Being Earnest"
Heemskerk, Femke ヘームスケルク, フェムケ
国オランダ 水泳選手 異ヘームスケルク
Heen, Sheila ヒーン, シーラ
著「ハーバードあなたを成長させるフィードバックの授業」 東洋経済新報社 2016
Heenández Calderón, José Manuel エルナンデス・カルデロン, ホセ・マヌエル
国ペルー 農相
Heeney, Ben ヒーニー, ベン
国アメリカ アメフト選手
Heens, Caroline ヒーンズ, キャロライン
著「おてんばミトフ」 フレーベル館 2004
Heerkens, Gary ヘーケンス, ゲイリー・R.
著「はじめてのプロジェクトマネジメント12のステップ」 ディスカヴァー・トゥエンティワン 2004
Heese, Mark ヒース
国カナダ ビーチバレー選手
Heesters, Johannes ヘースタース, ヨハネス
1903～2011 国ドイツ 俳優, 歌手
Heffelbower, Holly A. ヘッフルバウアー, ホリー・A.
著「ポール・オースターが朗読するナショナル・ストーリー・プロジェクト」 アルク 2006
Heffermehl, Fredrik S. ヘッファメール, フレドリック・S.
著「あなたの手で平和を!」 日本評論社 2005
Heffernan, John ヘファナン, ジョン
1949～ 異ヘファーナン, ジョン 著「スネーク・フライト」 メディアファクトリー 2006
Heffernan, Margaret ヘファーナン, マーガレット
1955～ 著「見て見ぬふりをする社会」 河出書房新社 2011
Heffernan, Richard ヘファーナン, リチャード
1963～ 著「現代イギリスの政治変動」 東海大学出版会 2005
Heffernan, Robert ヘファーナン, ロバート
国アイルランド 陸上選手
Heffington, Ryan ハフィントン, ライアン
MTVアワード 最優秀振付(第31回(2014年)) "Chandelier"
Heffner, John E. ヘフナー, ジョン・E.
著「呼吸器診療シークレット」 メディカル・サイエンス・インターナショナル 2008

Hefner, Christie　ヘフナー, クリスティ
　国アメリカ　実業家　プレイボーイエンタープライズ会長・CEO
Hefner, Hugh　ヘフナー, ヒュー
　1926～　国アメリカ　出版人, クラブ経営者　プレイボーイエンタープライズ名誉会長, 「プレイボーイ」創刊者　本名＝Hefner, Hugh Marston　別ヒュー・ヘフナー
Heft, Robert　ヘフト, ロバート
　？～2009　国アメリカ　現在の国旗のデザイン考案者
Hegarty, Jean　ヘガティ, ジーン
　著「保健師・助産師による子ども虐待予防「CAREプログラム」」明石書店　2012
Hegarty, Patricia　ヘガーティ, パトリシア
　著「にぎやかどうぶつのあかちゃん」大日本絵画　〔2016〕
Hegarty, Paul　ヘガティ, ポール
　1967～　著「ノイズ／ミュージック」みすず書房　2014
Hegazy, El-Morsi　ヘガジ, モルシ
　国エジプト　財務相
Hegde, Ramakrishna Mahabaleshwar　ヘクデ, ラムクリシュナ
　1926～2004　国インド　政治家　インド商務相
Hegedus, Louis S.　ヘゲダス, L.S.
　著「遷移金属による有機合成」東京化学同人　2001
Hegeler, Jens　ヘゲラー, イェンス
　国ドイツ　サッカー選手
Hegeman, Jamin　ヘゲマン, ジャミン
　著「This is service design thinking.」ビー・エヌ・エヌ新社　2013
Heger, Leoš　ヘゲル, レオシュ
　国チェコ　保健相
Heggan, Christiane　ヘガン, クリスティアーヌ
　著「殺意はやさしく誘う」ハーレクイン　2006
Hegi, Ashley　ヘギ, アシュリー
　1991～　著「アシュリー」フジテレビ出版, 扶桑社（発売）　2006
Hegi, Lori　ヘギ, ロリー
　著「アシュリーが教えてくれたこと」扶桑社　2009
Heginbotham, Eric　ヘジンボサム, エリック
　著「次の超大国・中国の憂鬱な現実」朝日新聞社　2003
Hegnor, Hans-Dieter　ヘグナー, ハンス・ディーター
　著「ドイツ省エネ住宅の背景」外断熱推進会議　2009
Hehomey, Hervé　ヘホメ, エルベ
　国ベナン　インフラ・運輸相
Hehr, Kent　ヘア, ケント
　国カナダ　退役軍人相
Hehre, Warren J.　ヒーリー, W.J.
　著「SpartanModelによる有機化学演習」ウェイブファンクション・インク日本支店　2007
Heiberg, Morten　ヘイバーグ, モーテン
　1970～　著「デザートサーカスのみんなで作るおいしいお菓子」武田ランダムハウスジャパン　2010
Heiberger, Richard M.　ハイバーガー, R.M.
　著「ExcelでR自由自在」シュプリンガー・ジャパン　2010
Heidari, Alireza　ヘイダリ
　国イラン　レスリング選手
Heide, Florence Parry　ハイド, フローレンス・パリー
　別ヘイド, フローレンス・パリー　著「キャロライン・ケネディが選ぶ「心に咲く名詩115」」早川書房　2014
Heidelbach, Nikolaus　ハイデルバッハ, ニコラス
　ドイツ児童文学賞 絵本（2007年）　"Königin Gisela"
Heideman, Eugene P.　ハイデマン, ユージン P.
　著「改革派神学の新しい視座」一麦出版社　2002
Heidemann, Britta　ハイデマン, ブリッタ
　1982～　国ドイツ　フェンシング選手
Heidenreich, Barbara　ハイデンライヒ, バーバラ
　著「インコ・オウムはほめてしつける」誠文堂新光社　2009
Heidenreich, Elke　ハイデンライヒ, エルケ
　1943～　著「ヌレエフの犬」三修社　2005
Heidenreich, Jerry　ハイデンライク, ジェリー
　1950～2002　国アメリカ　水泳選手, 水泳コーチ
Heiderscheit, Annie　ハイデルシャイト, アニー
　著「ケアのなかの癒し」看護の科学社　2016
Heidi　ハイジ
　1964～　著「動物と話せる女性ハイジ」ワニ・プラス, ワニブックス（発売）　2009
Heidler, Betty　ハイドラー, ベティ
　国ドイツ　陸上選手　別ハイドラー
Heidrich, Debra E.　ハイドリッヒ, D.E.

著「エンドオブライフ・ケア」医学書院　2004
Heidrich, Jens　ハイドリッヒ, イェンツ
　著「ゴール＆ストラテジ入門」オーム社　2015
Heidrich, Joana　ハイドリヒ, ジョアナ
　国スイス　ビーチバレー選手
Heidschötter, Uwe　ハイドシュッター, ウエ
　国ドイツ　アヌシー国際アニメーション映画祭 TVおよび受託作品 TVスペシャル賞（2012年）ほか
Heidsieck, Eric　ハイドシェック, エリック
　1936～　国フランス　ピアニスト　別エドシーク, エリック／ハイドシェク, エリック
Heidt, Adam　ヘイト
　国アメリカ　リュージュ選手
Heifetz, Ronald Abadian　ハイフェッツ, ロナルド・A.
　1951～　著「最前線のリーダーシップ」ファーストプレス　2007
Height, Dorothy　ハイト, ドロシー
　1912～2010　国アメリカ　公民権運動家　全米黒人女性会議議長　本名＝Height, Dorothy Irene
Heigl, Katherine　ハイグル, キャサリン
　エミー賞 プライムタイム・エミー賞 最優秀助演女優賞（ドラマシリーズ）（第59回（2007年））　"Grey's Anatomy"
Heikal, Muhammad Hassanein　ヘイカル, ムハンマド・ハッサネン
　1923～2016　国エジプト　ジャーナリスト　「アル・アハラム」編集長　別ヘイカル, ムハンマド・ハサネイン／ヘイカル, モハメド・ハサネイン
Heikkilä, Petra　ヘイッキラ, ペトラ
　1976～　著「ヒップくんのしっぽ」ブロンズ新社　2008
Heil, Erik　ハイル, エリク
　国ドイツ　セーリング選手
Heil, Jennifer　ハイル
　国カナダ　フリースタイルスキー選手　別ハイル, ジェニファー
Heilala, Katariina　ヘイララ, カタリーナ
　著「ムーミンママのハンドバッグ」講談社　2016
Heilbron, J.L.　ハイルブロン, J.L.
　1934～　著「アーネスト・ラザフォード」大月書店　2009
Heilbroner, Robert L.　ハイルブローナー, ロバート
　1919～2005　国アメリカ　経済学者　ニュースクール・フォー・ソーシャル・リサーチ名誉教授　別マルキシズム, 政治経済学
Heilbrun, Robert　ハイルブラン, ロバート
　1957～　著「死刑劇場」早川書房　2005
Heilemann, John　ハイルマン, ジョン
　1966～　著「大統領オバマは, こうしてつくられた」朝日新聞出版　2010
Heilig, Loren　ハイリヒ, ローレン
　著「SAP NetWeaver導入ガイド」日経BPソフトプレス, 日経BP出版センター（発売）　2005
Heill, Claudia　ハイル
　国オーストリア　柔道選手
Heilman, Anna　ハイルマン, アナ
　1928～　著「アウシュヴィッツを越えて」東洋書林　2005
Heilman, Kenneth M.　ハイルマン, ケネス・エム
　1938～　著「脳は創造する」新風書房　2013
Heilmeier, George Harry　ハイルマイヤー, ジョージ
　1936～2014　国アメリカ　電子工学技術者, 実業家　テルコーディア・テクノロジーズ名誉会長
Heim, Michael　ハイム, マイケル
　1944～　著「バーチャル・リアリズム」三交社　2004
Heim, Pat　ハイム, パット
　著「女性が知っておくべきビジネスのオキテ」ディスカヴァー・トゥエンティワン　2014
Heim, Scott　ハイム, スコット
　1966～　著「謎めいた肌」ハーパーコリンズ・ジャパン　2016
Heim, Theresa Marie　ハイム, テレサ・マリー
　著「空っぽのくつした」光文社　2002
Heimann, Jim　ハイマン, ジム
　1948～　著「アメリカン・アドバタイジング 50s」Taschen　c2002
Heimann, Rolf　ハイマン, ロルフ
　1940～　著「きょうりゅうめいろ」フレーベル館　2008
Heimberg, Richard G.　ハイムバーグ, リチャード・G.
　著「認知行動療法を始める人のために」星和書店　2007
Heimbucher, Christoph　ハイムブーヒャー, クリストフ
　1968～　著「絵本で読むシューマン」ヤマハミュージックメディア　2007
Heimeran, Ernst　ハイメラン, エルンスト

1902〜　圏「クヮルテットのたのしみ」アカデミア・ミュージック　2012
Heimeroth, Christofer　ハイメロート, クリストファー
　国ドイツ　サッカー選手
Heimisson, Hannes　ヘイミソン, ハンネス
　国アイスランド　駐日特命全権大使
Heims, Steve J.　ハイムズ, スティーヴ・J.
　圏「サイバネティクス学者たち」朝日新聞社　2001
Hein, Christoph　ハイン, クリストフ
　1944〜　国ドイツ　作家　ペン・センター・ドイツ会長
Hein, George E.　ハイン, ジョージ・E.
　圏「博物館で学ぶ」同成社　2010
Hein, James L.　ハイン, ジェームズ
　圏「独習コンピュータ科学基礎」翔泳社　2012
Hein, Laura Elizabeth　ハイン, ローラ
　圏「理性ある人びと力ある言葉」岩波書店　2007
Hein, Lutz　ハイン, ルッツ
　圏「カラー図解これならわかる薬理学」メディカル・サイエンス・インターナショナル　2012
Hein, Rick　ハイン, R.
　圏「父親」ドメス出版　2002
Hein, Sybille　ハイン, ジビレ
　1970〜　圏「ルティおばさん女王さまにへんしーん！」瑞雲舎　2008
Hein, Trent R.　ハイン, トレント・R.
　圏「UNIXシステム管理者ハンドブック」ソフトバンクパブリッシング　2004
Heinäluoma, Eero　ヘイナルオマ, エーロ
　国フィンランド　副首相兼財務相
Heinberg, Richard　ハインバーグ, リチャード
　圏「神を忘れたクローン技術の時代」原書房　2001
Heindel, Robert　ハインデル, ロバート
　1938〜2005　国アメリカ　画家
Heindl, Gottfried　ハインドゥル, ゴットフリート
　圏「悪魔の医学紳士録」メディカル・サイエンス・インターナショナル　2003
Heine, Ernst W.　ハイネ, E.W.
　圏「まさかの顛末」扶桑社　2008
Heine, Helme　ハイネ, ヘルメ
　1941〜　国ドイツ　絵本作家, イラストレーター
Heine, Hilda　ハイネ, ヒルダ
　国マーシャル諸島　大統領
Heine, Jan T.　ハイネ, ジャン
　圏「ハンドメイド自転車の黄金時代」グラフィック社　2011
Heine, Steven　ハイン, スティーブン
　国アメリカ　フロリダ国際大学宗教学教授, フロリダ国際大学アジア研究所所長
Heine, Thomas　ハイネ, トーマス
　国マーシャル諸島　法相
Heine, Wilbur　ハイネ, ウィルバー
　国マーシャル諸島　教育相
Heineken, Alfred Henry　ハイネケン, アルフレッド・ヘンリー
　1923〜2002　国オランダ　実業家　ハイネケン会長
Heineken, Charlene　ハイネケン, シャーリーヌ
　国オランダ　実業家
Heineman, George T.　ハイネマン, ジョージ・T.
　圏「アルゴリズムクイックリファレンス」オライリー・ジャパン, オーム社（発売）　2016
Heinemann, Erich　ハイネマン, エーリッヒ
　1929〜2002　圏「たのしいこびと村」徳間書店　2007
Heinemann, Gundi　ハイネマン, グンディ
　圏「オーブは希望のメッセージを伝える」ダイヤモンド社　2011
Heinemann, Klaus　ハイネマン, K.
　1937〜　圏「ヨーロッパ諸国のスポーツクラブ」市村出版　2010
Heinemann, Klaus W.　ハイネマン, クラウス
　1941〜　圏「オーブは希望のメッセージを伝える」ダイヤモンド社　2011
Heiner Hills, Madeline　ハイナーヒルズ
　国オーストラリア　陸上選手
Heinich, Nathalie　エニック, ナタリー
　1955〜　国フランス　社会学者　フランス国立科学研究センター（CNRS）主任研究員　圏芸術社会学, 現代美術論, 女性・作家のアイデンティティ論
Heinicke, Taylor　ハイネケ, テイラー
　国アメリカ　アメフト選手
Heinisch-hosek, Gabriele　ハイニッシュホーゼク, ガブリエレ
　国オーストリア　教育・女性問題相

Heinonen, Olli-Pekka　ヘイノネン, オッリペッカ
　1964〜　国フィンランド　運輸・通信相　圏「オッリペッカ・ヘイノネン」日本放送出版協会　2007
Heinrich, Bernd　ハインリッチ, ベルンド
　1940〜　圏「生から死へ、死から生へ」化学同人　2016
Heinrich, Elmer G.　ヘインリック, エルマー・G.
　圏「最新「ミネラルの秘密」」コスモトゥーワン　2006
Heinrich, Michael　ハインリッヒ, ミヒャエル
　1957〜　圏「『資本論』の新しい読み方」堀之内出版　2014
Heinrich, Patrick　ハインリッヒ, パトリック
　圏「東アジアにおける言語復興」三元社　2010
Heinrich, Richard　ハインリッヒ, リヒャルト
　圏「うさぎ小学校のえんそく」徳間書店　2007
Heinrichs, H.C.Helmut　ハインリッヒス, ヘルムート
　1928〜　圏ハインリッヒ, ヘルムート　圏「ユダヤ出自のドイツ法律家」中央大学出版部　2012
Heinrichs, Maurus　ハインリッヒス, マウルス
　1904〜　圏「東洋思想とカトリック神学」サンパウロ　2004
Heinsohn, Gunnar　ハインゾーン, グナル
　1943〜　圏「自爆する若者たち」新潮社　2008
Heinsoo, Rob　ハインソー, ロブ
　圏「ルールズ・コンペンディウム」ホビージャパン　2011
Heintz, Dominique　ハインツ, ドミニク
　国ドイツ　サッカー選手
Heintz, Philip　ハインツ, フィリップ
　国ドイツ　水泳選手
Heinzer, Max　ハインツァー, マックス
　国スイス　フェンシング選手
Heisecke Rivarola, Ricardo Martin　ヘイセック・リバロラ, リカルド・マルティン
　国パラグアイ　商工相
Heiser, Bryan　ヘイザー, ブライアン
　圏「移動の制約の解消が社会を変える」近代文芸社　2004
Heiser, Gemma　ハイザー, ジェンマ
　圏「ポール・ゲイラーのほんとうにおいしい血圧を下げる100のレシピ」ガイアブックス, 産調出版（発売）　2011
Heiserman, Hewitt, Jr.　ハイゼルマン, ヒューエット, Jr.
　圏「なぜ利益を上げている企業への投資が失敗するのか」パンローリング　2005
Heisey, Chris　ハイジー, クリス
　国アメリカ　野球選手
Heisig, James W.　ハイジック, ジェームズ・W.
　圏「日本哲学の国際性」世界思想社　2006
Heiskell, Andrew　ハイスケル, アンドルー
　1915〜2003　国アメリカ　実業家　「タイム」会長
Heisley, Michael　ヘイスリー, マイケル
　国アメリカ　メンフィス・グリズリーズオーナー
Heiss, Deborah Givens　ハイス, デボラ・ギブンス
　圏「最新運動療法大全」ガイアブックス, 産調出版（発売）　2012
Heiss, Hubert　ハイッス, フーベルト
　国オーストリア　駐日特命全権大使
Heissenhuber, Alois　ハイセンフーバー, アロイス
　圏「ドイツおよびヨーロッパにおけるバイオマスの現状と問題点」農村開発企画委員会　2003
Heisserer, Eric　ハイセラー, エリック
　圏「遊星からの物体X」竹書房　2012
Heister, Beate　ハイスター, ベアテ
　国ドイツ　ALDI創業者　圏ハイスター, ベアーテ
Heisterberg, Rasmus　ヘイスターバング, ラスマス
　ベルリン国際映画祭 銀熊賞 脚本賞（第62回（2012年））"En Kongelig Affære"
Heiting, Manfred　ハイティング, マンフレート
　圏「ヘルムート・ニュートン写真集」タッシェン・ジャパン, 洋販（発売）　2002
Heitkoetter, Markus　ヘイトコッター, マルクス
　圏「ボリンジャーバンドとMACDによるデイトレード」パンローリング　2016
Heitor, Manuel　エイトール, マヌエル
　国ポルトガル　科学・技術・高等教育相
Heitz, Bruno　エッツ, ブルーノ
　1957〜　圏「いいにおいのおならをうるおとこ」ロクリン社　2016
Heitz, Markus　ハイツ, M.
　1971〜　漢字名＝丸楠早逸　圏「怒矮夫（ドワーフ）風雲録」ソフトバンククリエイティブ　2009
Hejnova, Zuzana　ヘイノバ, ズザナ

[国]チェコ　陸上選手
Hek, Youp van't　ヘック, ユープ・ファン・ト
[著]「ちぐはぐソックス」 ディー・ティー・ジャパン　c2014
Hekker, Johnny　ヘッカー, ジョニー
[国]アメリカ　アメフト選手
Hekking, Brock　ヘッキング, ブロック
[国]アメリカ　アメフト選手
Helal, Hany Mahfouz　ヒラル, ハニ・マハフーズ
[国]エジプト　高等教育相兼科学研究担当国務相
Helander, Bernhard　ヘランダー, バーナード
[著]「障害と文化」 明石書店　2006
Hélard, André　エラール, アンドレ
1939～　[著]「ジョン・ラスキンと地の大聖堂」 慶応義塾大学出版会　2010
Helbig, Gerhard　ヘルビヒ, G.
1929～　[著]「現代ドイツ文法」 三修社　2006
Helbrough, Emma　ヘルブラフ, エマ
[著]「1001ぴきの虫をさがせ！」 PHP研究所　2016
Held, David　ヘルド, デヴィッド
1951～　[著]「コスモポリタニズム」 法律文化社　2011
Held, Jutta　ヘルト, ユッタ
[著]「ヴァトー《シテール島への船出》」 三元社　2004
Held, Klaus　ヘルト, クラウス
[著]「ハイデガーと実践哲学」 法政大学出版局　2001
Held, Michael　ヘルド, M.
[著]「20世紀思想家事典」 誠信書房　2001
Held, Riccardo　エルド, リッカルド
[著]「地上の歌声」 思潮社　2001
Held, Ryan　ヘルド, ライアン
[国]アメリカ　水泳選手
Held, Vera　ヘルド, ベラ
[著]「ふんすいのうた」 創風社　2001
Helder Lopes　エルデル・ロペス
[国]ポルトガル　サッカー選手
Heldman, Kim　ヘルドマン, キム
[著]「Project Management Professional」 翔泳社　2014
Heldrich, Andreas　ヘルドリヒ, アンドレアス
1935～　[著]「大学の倫理」 東京大学出版会　2003
Heldt, Gustav　ヘルト, グスタフ
[著]「越境する日本文学研究」 勉誠出版　2009
Hélé, Pierre　エレ, ピエール
[国]カメルーン　環境・自然保護・持続可能開発相
Helem, Mohamed Abdoulkader Moussa　ヘレム, モハメド・アブドゥルカデル・ムーサ
[国]ジブチ　施設・運輸相
Heley, Veronica　ヘリー, ベロニカ
[著]「ノアの箱舟」 大日本絵画　〔2014〕
Helfat, Constance E.　ヘルファット, C.
[著]「ダイナミック・ケイパビリティ」 勁草書房　2010
Helfer, Mary Edna　ヘルファ, メアリー・エドナ
[著]「虐待された子ども」 明石書店　2003
Helfer, Ray E.　ヘルファ, レイ・E.
[著]「虐待された子ども」 明石書店　2003
Helfert, Erich A.　ヘルファート, エリック・A.
1931～　[著]「ヘルファート企業分析」 中央経済社　2003
Helfgott, David　ヘルフゴット, デービッド
1947～　[国]オーストラリア　ピアニスト　[異]ヘルフゴット, デイヴィッド / ヘルフゴット, デビッド
Helgeland, Brian　ヘルゲランド, ブライアン
1961～　[国]アメリカ　映画監督, 脚本家　本名＝Helgeland, Brian Thomas
Helgesen, Barbro　ヘルゲセン, B.
1954～　[著]「新しく先生になる人へ」 新評論　2008
Helgesen, Sally　ヘルゲセン, サリー
[異]ヘルゲーセン, サリー　[著]「リーダーシップ・マスター」 英治出版　2013
Helgesen, Vidar　ヘルゲセン, ビダル
[国]ノルウェー　気候・環境相
Helgoe, Laurie A.　ヘルゴー, ローリー
1960～　[著]「内向的な人こそ強い人」 新潮社　2014
Helguera, Pablo　エルゲラ, パブロ
1971～　[著]「ソーシャリー・エンゲイジド・アート入門」 フィルムアート社　2015
Héliadore　エリアドール
1950～　[著]「どうくつたんけん」 岳陽舎　2007
Héliot, Eric　エリオ, エリック
1959～　[著]「コンスタンス、きしゅくがっこうへいく」 講談社　2009
Hell, Richard　ヘル, リチャード
[著]「Go now」 太田出版　2004印刷
Hell, Rudolf　ヘル, ルドルフ
1901～2002　[国]ドイツ　発明家
Hell, Stefan W.　ヘル, シュテファン
1962～　[国]ドイツ　物理化学者　マックス・プランク生物物理化学研究所所長　[異]ヘル, シュテファン・W.
Hellard, Susan　ヘラード, スー
[著]「こねずみトトのこわいゆめ」 徳間書店　2008
Helle, Helle　ヘレ, ヘレ
1965～　[著]「犬に堕ちても」 筑摩書房　2014
Hellebaut, Tia　エルボー, ティア
1978～　[国]ベルギー　走り高跳び選手　[異]エルボー
Helleiner, Eric　ヘライナー, エリック
1963～　[著]「国家とグローバル金融」 法政大学出版局　2015
Helleland, Linda　ヘッレラン, リンダ
[国]ノルウェー　文化相
Hellenbart, Gyula　ヘレンバルト, ジュラ
1930～　[著]「ブダペストのミダース王」 論創社　2010
Hellenbrand, Peter　ヘレンブラント
[国]オランダ　射撃選手
Heller, Ben　ヘラー, ベン
[国]アメリカ　野球選手
Heller, H.Craig　ヘラー, H.C.
[著]「カラー図解アメリカ版大学生物学の教科書」 講談社　2014
Heller, Jane　ヘラー, ジェイン
[著]「嘘つきの恋は高くつく」 扶桑社　2003
Heller, Marcel　ヘラー, マルセル
[国]ドイツ　サッカー選手
Heller, Peter　ヘラー, ピーター
1959～　[国]アメリカ　作家　[専]文学
Heller, Philip　ヘラー, フィリップ
[著]「直前必修問題集Java 2プログラマ1.4」 IDGジャパン　2003
Heller, Rachel S.F.　ヘラー, レイチェル
1970～　[著]「異性の心を上手に透視する方法」 プレジデント社　2016
Heller, Richard Ferdinand　ヘラー, リチャード
1936～　[著]「低炭水化物ダイエット」 ネコ・パブリッシング　2001
Heller, Robert　ヘラー, ロバート
1932～2012　[国]イギリス　ジャーナリスト, 経営コンサルタント「マネージメント・トゥデイ」編集長
Heller, Sarah E.　ヘラー, サラ
[著]「ティンカー・ベル サウンドブック」 講談社　2008
Heller, Steven　ヘラー, スティーヴン
[異]ヘラー, スティーブン　[著]「インフォグラフィックスができるまで」 パイインターナショナル　2016
Heller, Ted　ヘラー, テッド
[著]「エディターズ！」 角川書店　2002
Heller, Zoë　ヘラー, ゾーイ
1965～　[著]「あるスキャンダルの覚え書き」 ランダムハウス講談社　2007
Heller Korin, Ellen S.　ヘラーコリン, エレン・S.
[著]「「青年向け」生活・仕事・人間関係ワークブック」 大月書店　2010
Helleve, Torstein　ヘレヴェ, トルシュタイン
[著]「イーダ」 創元社　2015
Hellickson, Jeremy　ヘリクソン, ジェレミー
[国]アメリカ　野球選手
Hellinga, Lotte　ヘリンガ, ロッテ
[著]「初期イングランド印刷史」 雄松堂書店　2013
Hellinger, Bert　ヘリンガー, バート
1925～　[著]「いのちの営み、ありのままに認めて」 東京創作出版　2016
Hellings, Paul　ヘリングス, ポール
1957～　[著]「パソコンで宇宙物理学」 国書刊行会　2008
Hellison, Donald R.　ヘリスン, ドナルド・R.
1938～　[著]「身体活動を通した責任の教育」 青山社　2005
Helliwell, Thomas M.　ヘリウェル, T.M.
1936～　[著]「ヘリウェル特殊相対論」 丸善出版　2014
Hellman, Hal　ヘルマン, ハル
1927～　[著]「数学10大論争」 紀伊国屋書店　2009
Hellman, Lillian Florence　ヘルマン, リリアン
[著]「友よ 弔辞という詩」 河出書房新社　2007
Hellman, Monte　ヘルマン, モンテ
1932～　[国]アメリカ　映画監督

H

H

Hellmann, Kai-Uwe ヘルマン, カイ-ウーヴェ
1962〜 ㊔「プロテスト」 新泉社 2013
Hellmann, Thomas F. ヘルマン, トーマス・F.
㊔「シリコンバレー」 日本経済新聞社 2001
Hellmiss, Margot ヘルミス, マルゴット
㊔「病院でともだちになったよ」 童心社 2002
Hellmund, Carlos Eduardo ヘルムンド, カルロス・エドゥアルド
㊖ベネズエラ 日本・ベネズエラ経済委員会委員長, 元・日本・ベネズエラ商工会議所会頭
Hellmuth, Jerome ヘルムート, J.
㊔「障害乳幼児の発達研究」 黎明書房 2008
Hellner, Marcus ヘルナー, マルクス
1985〜 ㊖スウェーデン スキー選手
Hellsberg, Clemens ヘルスベルク, クレーメンス
1952〜 ㊖オーストリア バイオリニスト ウィーン・フィルハーモニー管弦楽団(VPO)楽団長 ㊣ヘルスベルク, クレメンス
Hellsing, Lennart ヘルシング, レンナート
1919〜 ㊔「にぎやかな音楽バス」 プチグラパブリッシング 2004
Hellstern, Melissa ヘルスターン, メリッサ
㊔「エレガントな女性になる方法」 集英社 2005
Hellström, Anders ヘルストレム, アンデッシュ
1962〜 ㊖スウェーデン バレエ監督, 元バレエダンサー ネザーランド・ダンス・シアター(NDT)芸術監督 ㊣ヘルシュトレーム, アンデルス
Hellström, Börge ヘルストレム, ベリエ
1957〜 ㊖スウェーデン 刑事施設・更正施設評論家, 作家
Hellstrom-Kennedy, Marika ヘルストローム=ケネディ, マリカ
㊔「あおねこちゃん」 平凡社 2012
Hellvig, Eduard ヘルビグ, エドゥアルド
㊖ルーマニア 地域開発・観光相
Hellwig, Friedemann ヘルウィッグ, フリーデマン
㊔「歴史的楽器の保存学」 音楽之友社 2002
Hellwig, Martin F. ヘルビッヒ, マルティン
㊔「銀行は裸の王様である」 東洋経済新報社 2014
Hellwig, Monika ヘルウィッグ, モニカ
1929〜2005 ㊔「悩めるあなたのためのカトリック入門」 南窓社 2012
Helm, Leslie ヘルム, レスリー
1955〜 ㊔「横浜ヤンキー」 明石書店 2015
Helm, Levon ヘルム, レボン
1940〜2012 ㊖アメリカ ロック・ミュージシャン 本名=Helm, Mark Levon ㊣ヘルム, リボン / ヘルム, リヴォン / ヘルム, レヴォン
Helm, Mathew ヘルム
㊖オーストラリア 飛び込み選手
Helm, Paul ヘルム, ポール
1940〜 ㊔「カルヴァンとカルヴァン主義者たち」 聖学院大学出版会 2003
Helman, Zofia ヘルマン, ゾフィア
㊔「ショパン全書簡」 岩波書店 2012
Helmantoler, Bill ヘルマントーラー, ビル
㊔「ポール・オースターが朗読するナショナル・ストーリー・プロジェクト」 アルク 2006
Helmering, Doris Wild ヘルマリング, ドリス・W.
1942〜 ㊔「みんなに好かれる人避けられる人」 日本教文社 2001
Helmi, Atef ヒルミ, アティフ
㊖エジプト 通信・情報技術相
Helmig, Rainer ヘルミック, ライナー
1957〜 ㊔「地下環境での多相流と輸送現象」 シュプリンガー・フェアラーク東京 2004
Helmreich, William B. ヘルムライク, ウィリアム・B
㊔「テル・モンド監獄からの手紙」 近代文芸社 2003
Helms, Antje ヘルムス, アンチェ
1974〜 ㊔「みんなこうなるの?」 講談社 2014
Helms, Clyde A. ヘルムズ, クライド・A.
㊔「骨関節画像診断入門」 エルゼビア・ジャパン 2005
Helms, Jesse ヘルムズ, ジェシー
1921〜2008 ㊖アメリカ 政治家 米国上院外交委員長, 米国上院議員(共和党)
Helms, Richard Mcgarrah ヘルムズ, リチャード
1913〜2002 ㊖アメリカ 米国中央情報局(CIA)長官, 駐イラン米国大使
Helms, Siegmund ヘルムス, S.
1938〜 ㊔「音楽教育学要論」 開成出版 2004
Helms, Tobias ヘルムス, トビアス
1968〜 ㊔「生物学的出自と親子法」 中央大学出版部 2002
Helmstetter, Richard C. ヘルムステッター, リチャード
1942〜 ㊖アメリカ 実業家 キャロウェイゴルフ副社長
Helmstetter, Shad ヘルムステッター, シャド
㊔「リップハビット」 きこ書房 2003
Heloise ヘロイーズ
㊔「ヘロイーズおばさんの暮らしのヒント」 実業之日本社 2006
Hélou, Charles ヘルー, シャルル
1912〜2001 ㊖レバノン 政治家, ジャーナリスト レバノン大統領
Helper, Susan ヘルパー, スーザン
㊔「リメイド・イン・アメリカ」 中央大学出版部 2005
Helpman, Elhanan ヘルプマン, E.
㊣ヘルプマン, エルハナン ㊔「グローバル貿易の針路をよむ」 文真堂 2012
Helprin, Mark ヘルプリン, マーク
1947〜 ㊖アメリカ 作家
Helquist, Brett ヘルキスト, ブレット
㊔「フランク・ロイド・ライトの伝言」 ヴィレッジブックス 2009
Helsby, Gill ヘルスビー, G.
㊔「国民のための教育改革とは」 学文社 2003
Helsen, Kristiaan ヘルセン, K.
㊣ヘルセン, クリスチアン ㊔「国際マーケティング」 碩学舎, 中央経済社(発売) 2010
Helstosky, Carol ヘルストスキー, キャロル
㊔「ピザの歴史」 原書房 2015
Helu, William ヘル, ウィリアム
㊖トンガ ラグビー選手
Helvacioğlu, Banu ヘルヴァジュオウル, バーヌ
㊔「Anytime」 NTT出版 2001
Hembree, Elizabeth Ann ヘンブリー, エリザベス・A.
㊔「PTSDの持続エクスポージャー療法ワークブック」 星和書店 2012
Hembree, Heath ヘンブリー, ヒース
㊖アメリカ 野球選手
Hemenway, Kevin ヘメウェイ, ケビン
㊔「Mac OS X Hacks」 オライリー・ジャパン, オーム社(発売) 2003
Hemerling, James W. ヘマリング, ジェームズ・W.
㊔「新興国発超優良企業」 講談社 2008
Hemery, David ヘメリー, デーヴィッド
1944〜 ㊔「コーチングで子どもが伸びる!」 ディスカヴァー・トゥエンティワン 2006
Hemila, Hanna ヘミラ, ハンナ
㊖フィンランド 映画監督, 映画プロデューサー
Hemila, Kalevi ヘミラ, カレビ
㊖フィンランド 農相
Hemingway, Gregory ヘミングウェイ, グレゴリー
1931〜2001 ㊖アメリカ 作家アーネスト・ヘミングウェイの息子 ㊣ヘミングウェー, グレゴリー
Hemingway, Matt ヘミングウェー
㊖アメリカ 陸上選手
Hemingway, Temarrick ヘミングウェイ, テマリック
㊖アメリカ アメフト選手
Hemion, Timothy ヘミオン, ティモシー
1961〜 ㊖イギリス 作家, 数学者 ㊫ミステリー, スリラー
Hemmer, Mari ヘンメル
㊖ノルウェー スピードスケート選手
Hemmer, Nina ヘマー, ニナ
㊖ドイツ レスリング選手
Hemmert, Martin ヘンマート, マルティン
1964〜 ㊔「俊敏・積極果敢なタイガー経営の秘密」 白桃書房 2014
Hemming, Fujiko ヘミング, フジコ
㊖スウェーデン ピアニスト 本名=ヘミング, イングリッド・フジコ〈v.Georgii-Hemming, Ingrid Fuzjko〉 ㊣ヘミング, フジ子
Hemming, James ヘミング, ジェームズ
㊔「アドラーの思い出」 創元社 2007
Hemming, John ヘミング, ジョン
1935〜 ㊔「アマゾン」 東洋書林 2010
Hemmings, David ヘミングス, デービッド
1941〜2003 ㊖イギリス 俳優, 映画監督 本名=Hemmings, David Leslie Edward ㊣ヘミングス, デイヴィッド / ヘミングス, デビッド / ヘミングズ, デイヴィド

Hemmings, Kaui Hart　ヘミングス, カウイ・ハート
[国]アメリカ　作家　[専]文学
Hemon, Aleksandar　ヘモン, アレクサンダル
1964～　作家　[専]文学, フィクション, ノンフィクション
Hempel, Sandra　ヘンペル, サンドラ
[著]「医学探偵ジョン・スノウ」 日本評論社　2009
Hempfling, Klaus Ferdinand　ヘンプフリンク, クラウス・フェルディナンド
[著]「馬と踊ろう」 日本競走馬協会　2003
Hemsath, Dave　ヘムサス, デイブ
[著]「仕事を楽しんで、最高の成果を上げる301の工夫」 PHP研究所　2002
Hemsley, David R.　ヘムズレイ, D.
[異]ヘムズリイ, R.　[著]「妄想はどのようにして立ち上がるか」 ミネルヴァ書房　2006
Hemstege, Anne　ヘムステッヘ, アンネ
[著]「死ってなんだろう。死はすべての終わりなの？」 岩崎書店　2016
Hemsworth, Chris　ヘムスワース, クリス
俳優
Henao Cardona, Luis Felipe　エナオ・カルドナ, ルイス・フェリペ
[国]コロンビア　住宅・国土開発相　[異]エナオ, ルイス
Henao Montoya, Sergio Luis　エナオモントジャ, セルヒオルイス
[国]コロンビア　自転車選手
Henare, Mānuka　ヘナレ, マーヌカ
[著]「ニュージーランド福祉国家の再設計」 法律文化社　2004
Hénart, Laurent　エナール, ローラン
[国]フランス　青年雇用相
Henbest, Nigel　ヘンベスト, ナイジェル
[著]「天文学の歴史」 東洋書林　2008
Hench, John　ヘンチ, ジョン
1908～2004　[国]アメリカ　キャラクター・デザイナー　ウォルト・ディズニー・イマジニアリング上級副社長
Hench, Thomas J.　ヘンチ, トーマス・J.
[著]「基礎概念と研究領域」 文真堂　2001
Henckmann, Wolfhart　ヘンクマン, ヴォルフハルト
[異]ヘンクマン, W.　[著]「美と芸術のシュンポシオン」 勁草書房　2002
Hende, Csaba　ヘンデ・チャバ
[国]ハンガリー　国防相
Henderson, Amy　ヘンダーソン, A.
[著]「スミソニアンは何を展示してきたか」 玉川大学出版部　2003
Henderson, Anne　ヘンダーソン, アン
[異]ヘンダースン, A.　[著]「アスペルガー流人間関係」 東京書籍　2011
Henderson, Benson　ヘンダーソン, ベンソン
1983～　[国]アメリカ　格闘家
Henderson, Beth　ヘンダーソン, ベス
[著]「天使がライバル」 ハーレクイン　2001
Henderson, Bill　ヘンダーソン, ビル
全米書評家協会賞 イヴァン・サンドロフ賞 (2005年)
Henderson, Bobby　ヘンダーソン, ボビー
1980～　[著]「反・進化論講座」 築地書館　2006
Henderson, Brooke　ヘンダーソン, ブルック
[国]カナダ　ゴルフ選手
Henderson, Bruce　ヘンダーソン, ブルース
[著]「永遠への窓」 スヴェーデンボリ出版　2011
Henderson, Bruce B.　ヘンダーソン, ブルース
1946～　[著]「タイム・トラベラー」 祥伝社　2010
Henderson, Bruce E.　ヘンダーソン, ブルース・E.
[著]「サブプライム危機はこうして始まった」 ランダムハウス講談社　2008
Henderson, Cal　ヘンダーソン, カル
[著]「スケーラブルWebサイト」 オライリー・ジャパン, オーム社 (発売)　2006
Henderson, Caspar　ヘンダーソン, カスパー
[著]「ほとんど想像すらされない奇妙な生き物たちの記録」 エクスナレッジ　2014
Henderson, Dave　ヘンダーソン, デーブ
1958～2015　[国]アメリカ　野球選手　本名＝Henderson, David Lee　[異]ヘンダーソン, デイヴ
Henderson, David　ヘンダーソン, デビッド
[著]「日本の未来について話そう」 小学館　2011
Henderson, David R.　ヘンダーソン, デイヴィッド・R.
[著]「転ばぬ先の経済学」 オープンナレッジ　2007 (第2刷)
Henderson, David Wilson　ヘンダーソン, デビッド・W.
1939～　[著]「体験する幾何学」 ピアソン・エデュケーション　2010
Henderson, Deborah A.　ヘンダーソン, デボラ・A.
[著]「認知行動療法という革命」 日本評論社　2013
Henderson, Denys　ヘンダーソン, デニス
[著]「コーポレート・ガバナンス」 ダイヤモンド社　2001
Henderson, Denys Hartley　ヘンダーソン, デニス・ハートレー
1932～2016　[国]イギリス　実業家　ICI会長
Henderson, Donald Ainslie　ヘンダーソン, ドナルド
1928～2016　[国]アメリカ　公衆衛生学者　ジョンズ・ホプキンズ大学名誉教授, 世界保健機構 (WHO) 世界天然痘根絶対策本部長
Henderson, Elizabeth　ヘンダーソン, エリザベス
1943～　[著]「CSA地域支援型農業の可能性」 家の光協会　2008
Henderson, Erin　ヘンダーソン, エリン
[国]アメリカ　アメフト選手
Henderson, Frederick A.　ヘンダーソン, フレデリック
[国]アメリカ　実業家　ゼネラル・モーターズ (GM) CEO
Henderson, Gerald　ヘンダーソン, ジェラルド
[国]アメリカ　バスケットボール選手
Henderson, Greg　ヘンダーソン
[国]ニュージーランド　自転車選手
Henderson, Hazel　ヘンダーソン, ヘイゼル
1933～　[著]「尊厳とは何か」 新教出版社　2009
Henderson, Iain　ヘンダーソン, イアン
[国]アイルランド　ラグビー選手
Henderson, Jeff　ヘンダーソン, ジェフ
[国]アメリカ　陸上選手
Henderson, Jeff　ヘンダーソン, ジェフ
1965～　[著]「人生を料理した男」 アスペクト　2008
Henderson, Jim　ヘンダーソン, ジム
[国]カナダ　野球選手
Henderson, Joe　ヘンダーソン, ジョー
1937～2001　[国]アメリカ　ジャズ・テナーサックス奏者
Henderson, Jordan　ヘンダーソン, ジョーダン
[国]イングランド　サッカー選手
Henderson, Kathy　ヘンダソン, キャシー
1949～　[著]「ルガルバンダ王子の冒険」 岩波書店　2007
Henderson, Laura　ヘンダーソン, ローラ
1948～　[著]「リーダーをめざすあなたへ」 一灯舎　2013
Henderson, Lauren　ヘンダースン, ローレン
1966～　[著]「死美人」 新潮社　2002
Henderson, Mark　ヘンダーソン, マーク
ローレンス・オリヴィエ賞 照明デザイン賞 (2010年 (第34回))ほか
Henderson, Mark　ヘンダーソン, マーク
1974～　[著]「人生に必要な遺伝50」 近代科学社　2010
Henderson, Mark C.　ヘンダーソン, マーク
[著]「聞く技術」 日経BP社, 日経BPマーケティング (発売)　2013
Henderson, Monique　ヘンダーソン
[国]アメリカ　陸上選手
Henderson, Paula　ヘンダーソン, ポーラ
[著]「ツリーハウスで遊ぶ」 二見書房　2006
Henderson, Rickey Nelson Henley　ヘンダーソン, リッキー
1958～　[国]アメリカ　元野球選手
Henderson, Seantrel　ヘンダーソン, シーントレル
[国]アメリカ　アメフト選手
Henderson, Theodore A.　ヘンダーソン, シオードー・A.
[著]「児童虐待の発見と防止」 慶応義塾大学出版会　2003
Henderson, Tracey R.　ヘンダーソン, トレイシー・R.
[著]「プロは語る。」 アスペクト　2005
Henderson, Valerie Land　ヘンダーソン, V.L.
[著]「ロジャーズ選集」 誠信書房　2001
Henderson, Vince　ヘンダーソン, ビンス
[国]ドミニカ共和国　外務・入国管理・労働相
Henderson, Virginia A.　ヘンダーソン, ヴァージニア・A.
[異]ヘンダーソン, ヴァージニア　[著]「看護の基本となるもの」 日本看護協会出版会　2016
Henderson, Wayne　ヘンダーソン, ウェイン
1939～2014　[国]アメリカ　トロンボーン奏者
Henderson, William　ヘンダーソン, ウィリアム
[著]「典型元素の化学」 化学同人　2003
Hendin, Herbert　ヘンディン, ハーバート
[著]「アメリカの自殺」 明石書店　2006
Hendren, Robert L.　ヘンドレン, ロバート・L.

Hendrick, George ヘンドリック, G.
　㊃「子どもと青年の破壊的行動障害」明石書店　2011
　㊃「ヘンリー・ソローの暮らし」風行社, 開文社出版 (発売)　2001
Hendrick, Hal W. ヘンドリック, H.W.
　㊃「マクロ人間工学」日本出版サービス　2006
Hendrick, Jeff ヘンドリック, ジェフ
　㊂アイルランド　サッカー選手
Hendrick, Willene ヘンドリック, W.
　1928～　㊃「ヘンリー・ソローの暮らし」風行社, 開文社出版 (発売)　2001
Hendricks, Barbara ヘンドリクス, バルバラ
　㊂ドイツ　環境・建設・原子力安全相
Hendricks, Barbara ヘンドリックス, バーバラ
　1948～　㊂スウェーデン　ソプラノ歌手　㊃リリックソプラノ　本名＝Hendricks, Barbara Ann
Hendricks, Elrod Jerome ヘンドリックス, エルロッド
　1940～2005　㊂アメリカ　大リーグコーチ, 野球選手　通称＝Hendricks, Ellie　㊇ヘンドリックス, エルロッド
Hendricks, Gay ヘンドリックス, ゲイ
　㊃「ダイニングテーブルのミイラ セラピストが語る奇妙な臨床事例」福村出版　2011
Hendricks, Kyle ヘンドリックス, カイル
　㊂アメリカ　野球選手
Hendricks, Lindiwe Benedicta ヘンドリックス, リンディウェ・ベネディクタ
　㊂南アフリカ　水資源・林業相
Hendricks, Shellee ヘンドリックス, シェリー
　㊃「「教える」ことの覚え書き」フィルムアート社　2013
Hendricks, Vicki ヘンドリックス, ビッキー
　1952～　㊂アメリカ　作家　㊃ミステリー　㊇ヘンドリックス, ヴィッキー
Hendrickson, Chet ヘンドリクソン, チェット
　㊃「XPエクストリーム・プログラミング導入編」ピアソン・エデュケーション　2001
Hendrickson, Halva ヘンドリクソン, ハルバ
　㊂セントクリストファー・ネイビス　公共事業・運輸相
Hendrickson, Janis ヘンドリックソン, ジャニス
　㊃「ロイ・リキテンスタイン」Taschen　c2001
Hendrickson, Sarah ヘンドリックソン, サラ
　1994～　㊂アメリカ　スキー選手
Hendrickson, Thomas ヘンドリクソン, T.
　㊃「オーソペディック・マッサージ」産学社エンタプライズ出版部　2005
Hendrickx, Sarah ヘンドリックス, サラ
　㊃「アスペルガー症候群の人の仕事観」明石書店　2010
Hendriks, Liam ヘンドリクス, リアム
　㊂アメリカ　野球選手
Hendriksen, Coenraad F.M. ヘンドリクセン, C.F.M.
　㊃「動物実験における人道的エンドポイント」アドスリー, 丸善出版事業部 (発売)　2006
Hendrix, C.Terry ヘンドリックス, C.テリー
　㊃「マルトリートメント子ども虐待対応ガイド」明石書店　2008
Hendrix, Harville ヘンドリクス, ハーヴィル
　㊃「100万人が癒された愛と結婚のカタチ」アーティストハウス, 角川書店 (発売)　2002
Hendrix, Janie ヘンドリックス, ジェイニー・L.
　㊃「ジミ・ヘンドリックス レジェンド」小学館　2008
Hendrix, Jorrit ヘンドリクス, ヨリト
　㊂オランダ　サッカー選手
Hendry, David F. ヘンドリー, D.F.
　㊃「PcGiveによる時系列分析入門」日本評論社　2006
Hendry, Diana ヘンドリー, ダイアナ
　1941～　㊃「チビねずくんのクリスマス」ポプラ社　2005
Hendry, Joy ヘンドリー, ジョイ
　㊂イギリス　オックスフォード・ブルックス大学名誉教授, 元・オックスフォード・ブルックス大学欧日研究会初代会長, 元・英国日本研究協会会長
Hendry, Leo B. ヘンドリー, レオ
　㊃「青年期の本質」ミネルヴァ書房　2003
Hendryx, James B. ヘンドリクス, ジェイムズ・B.
　㊃「謎のギャラリー」新潮社　2002
Hendy, A.J. ヘンディー, A.J.
　㊂アメリカ　アメフト選手
Hendy, Alastair ヘンディ, アラステア
　㊃「106ベジタリアン」ガイアブックス, 産調出版 (発売)　2011
al-Henedi, Ibrahim ヘニディ, イブラヒム

Heneghan, Carl ヘネガン, カール
　㊃「EBMの道具箱」中山書店　2007
Heneghan, James ヘネガン, ジェイムズ
　1930～　㊃「シーオグの祈り」ランダムハウス講談社　2007
Heneghan, Tom ヘネガン, トム
　1951～　㊃「グレン・マーカットの建築」TOTO出版　2008
Henes, Donna ヘネス, ドナ
　㊃「月の本」河出書房新社　2004
Heng, Anne ヘング, アン
　㊃「トゥリーエンジェルオラクル」セントラル印刷, 学研マーケティング (発売)　2013
Heng, Swee Keat ヘン・スイキャット
　㊂シンガポール　財務相　漢字名＝王瑞杰
Hengel, Martin ヘンゲル, マーティン
　1926～2009　㊃「サウロ」日本キリスト教団出版局　2011
Hengelbrock, Thomas ヘンゲルブロック, トーマス
　1958～　㊂ドイツ　指揮者, バイオリニスト　ハンブルク北ドイツ放送交響楽団首席指揮者
Hengge, Paul ヘンゲ, ポール
　㊂オーストリア　脚本家
Heng Samrin ヘン・サムリン
　1934～　㊂カンボジア　政治家　カンボジア下院議員, カンボジア人民党名誉党首　カンボジア国家評議会議長
Henican, Ellis ヘニカン, エリス
　㊃「薬物依存からの脱出」日本評論社　2008
Henig, Robin Marantz ヘニグ, ロビン・マランツ
　㊃「サイエンスライティング」地人書館　2013
Henin, Justine エナン, ジュスティーヌ
　1982～　㊂ベルギー　元テニス選手　㊇アーデン, エナン
Henisch, Bridget Ann ヘニッシュ, ブリジット・アン
　1932～　㊃「中世の食生活」法政大学出版局　2015
Henke, James ヘンケ, ジェームズ
　㊃「ボブ・マーリーレジェンド」ブルース・インターアクションズ　2006
Henke, Jana ヘンケ
　㊂ドイツ　競泳選手
Henke, Jim ヘンケ, ジム
　㊃「メモリーズ・オブ・ジョン」イースト・プレス　2006
Henkel, Andrea ヘンケル, アンドレア
　1977～　㊂ドイツ　バイアスロン選手
Henkel, Hans-Olaf ヘンケル, ハンス・オラフ
　1940～　㊂ドイツ　実業家　マンハイム大学名誉教授　IBMドイツ社長, ドイツ産業連盟 (BDI) 会長　㊇ヘンケル, ハンスオラーフ
Henkel, Manuela ヘンケル
　㊂ドイツ　クロスカントリースキー選手
Henkes, Kevin ヘンクス, ケビン
　1960～　㊂アメリカ　絵本作家, 児童文学作家　㊇ヘンクス, ケヴィン
Henkin, Nancy ヘンケン, ナンシー
　㊃「グローバル化時代を生きる世代間交流」明石書店　2008
Henle, James M. ヘンリー, ジム
　㊃「おいしい数学」岩波書店　2016
Henley, Bob ヘンリー, ボブ
　㊂アメリカ　ワシントン・ナショナルズコーチ
Henley, Claire ヘンリー, クレア
　㊃「いえるかな？ ABC」三起商行　2004
Henley, Don ヘンリー, ドン
　1947～　㊂アメリカ　ロック・ドラマー
Henley, Russell ヘンリー, ラッセル
　1989～　㊂アメリカ　プロゴルファー
Henn, Günter ヘン, グンター・W.
　1947～　㊃「知的創造の現場」ダイヤモンド・ビジネス企画, ダイヤモンド社 (発売)　2008
Henn, Sophy ヘン, ソフィー
　㊃「しろくまくんどこにいく？」徳間書店　2015
Hennagan, Monique ヘナガン
　㊂アメリカ　陸上選手
Henne, Chad ヘニー, チャド
　㊂アメリカ　アメフト選手
Hennecke, Susanne ヘネッケ, S.
　㊃「カール・バルト＝滝沢克己往復書簡」新教出版社　2014
Hennequin, Benjamin Didier エヌカン, ベンジャマンディディエ
　㊂フランス　重量挙げ選手　㊇アヌカン
Hennessey, Meagan ヘネシー, ミーガン

コンピレーション・プロデューサー　グラミー賞 最優秀ヒストリカル・アルバム（2006年（第49回））　"Lost Sounds: Blacks And The Birth Of The Recording Industry 1891 - 1922"
Hennessey, Sarah ヘネシー, サラ
　㊞「英国初等学校の創造性教育」ITSC静岡学術出版事業部　2009
Hennessey, Wayne ヘネシー, ウェイン
　㊞ウェールズ　サッカー選手
Hennessy, Barbara G. ヘネシー, B.G.
　㊞「くまのコードリーまいごになる」小峰書店　2010
Hennessy, Catherine Hagan ヘネシー, キャサリン・ヘイガン
　1949〜　㊞「高齢期における生活の質の探究」ミネルヴァ書房　2009
Hennessy, John L. ヘネシー, ジョン
　1952〜　㊞アメリカ　コンピューター科学者　スタンフォード大学学長　㊞最適化コンパイラ技術
Hennessy, Killian ヘネシー, キリアン
　1907〜2010　㊞フランス　実業家　ヘネシー社長
Henney, Kevlin ヘニー, ケブリン
　㊞「プログラマが知るべき97のこと」オライリー・ジャパン, オーム社（発売）　2010
Hennezel, Marie de エヌゼル, マリー・ド
　1948〜　㊞「セックス・アンド・ザ・シックスティーズ」エクスナレッジ　2016
Hennicke, Peter ヘニッケ, ペーター
　1942〜　㊞「ネガワット」省エネルギーセンター　2001
Hennicot-schoepges, Elna エニコシェプジェス, エルナ
　㊞ルクセンブルク　文化・高等教育・研究相兼公共事業相
Hennig, Benjamin ヘニッグ, ベンジャミン
　㊞「ヨーロッパ社会統計地図」柊風舎　2015
Hennig, Curt ヘニング, カート
　1958〜2003　プロレスラー　リング名＝ミスター・パーフェクト
Hennig, Jean Luc エニグ, ジャン＝リュック
　㊞「剽窃の弁明」現代思潮新社　2002
Hennigan, Rob ヘニガン, ロブ
　㊞アメリカ　オーランド・マジックGM
Henning, Alex ヘニング, アレックス
　アカデミー賞 特殊効果賞（第84回（2011年））　"Hugo"
Henning, Bob ヘニング, ボブ
　㊞「ザ・プロブック」BABジャパン出版局　2001
Henning, Joseph M. ヘニング, ジョセフ・M.
　㊞「アメリカ文化の日本経験」みすず書房　2005
Henning, Rasmus ヘニング
　㊞デンマーク　トライアスロン選手
Henningsen, Eckart ヘニングセン, E.
　1944〜　㊞「ドイツの協同組合制度」日本経済評論社　2001
Hennis Plasschaert, Jeanine ヘニス・プラスハルト, ジャニン
　㊞オランダ　国防相
Hénon, Daniel エノン, ダニエル
　㊞「ちいさなもみのき」ほるぷ出版　2006
Henri, Adrian アンリ, エイドリアン
　㊞「ビートルズ世界証言集」ポプラ社　2006
Henri, Grand Duc アンリ大公
　1955〜　㊞ルクセンブルク　大公国元首　本名＝Henri Albert Félix Marie Guillaume
Henrich, Dieter ヘンリッヒ, ディーター
　1927〜　㊞ドイツ　哲学者　ミュンヘン大学名誉教授　㊞ヘンリヒ, ディーター
Henrich, Tommy ヘンリック, トミー
　1913〜2009　㊞アメリカ　野球選手　本名＝Henrich, Thomas David
Henrichs, Benjamin ヒンリヒス, ベンヤミン
　㊞ドイツ　サッカー選手
Henrichs, Bertina ヘンリヒス, ベルティーナ
　1966〜　㊞ドイツ　作家, 脚本家　㊞文学
Henrichsen, Colleen ヘンリックセン, コリーン
　㊞「サイエンスライティング」地人書館　2013
Henriksen, Markus ヘンリクセン, マルクス
　㊞ノルウェー　サッカー選手
Henriksson, Anna-Maja ヘンリクソン, アンナ・マヤ
　㊞フィンランド　法相
Henrik Vasbanyai ヘンリク・バシュバニアイ
　㊞ハンガリー　カヌー選手
Henriot, Christian アンリオ, C.
　㊞「建国前後の上海」研文出版　2009
Henriot, Nicole アンリオ, ニコール
　1925〜2001　㊞フランス　ピアニスト　本名＝アンリオ・シュヴァイツァー, ニコール〈Henriot-Schweitzer, Nicole〉　㊞アンリオ, ニコル

Henrique, Bruno エンリケ, ブルーノ
　㊞ブラジル　サッカー選手
Henriques, Adrian ヘンリクス, エイドリアン
　1954〜　㊞「トリプルボトムライン」創成社　2007
Henriquez, Elsa アンリケ, エルザ
　㊞「おりこうでない子どもたちのための8つのおはなし」二瓶社　2004
Henríquez, Milton エンリケス, ミルトン
　㊞パナマ　内相
Henríquez, Roberto エンリケス, ロベルト
　㊞パナマ　大統領府相
Henriquez, Yadira エンリケス, ヤディラ
　㊞ドミニカ共和国　女性問題担当相
Henrot, Camille アンロ, カミーユ
　㊞フランス　ヴェネチア・ビエンナーレ 銀獅子賞 国際展示部門（2013年（第55回））ほか
Prince **Henry** ヘンリー王子
　1984〜　㊞イギリス　チャールズ皇太子の第二王子　通称＝ハリー王子〈Prince Harry〉
Henry, Alan ヘンリー, アラン
　1947〜2016　㊞イギリス　モータージャーナリスト
Henry, Amy ヘンリー, エイミー
　㊞「仕事がデキる女」二見書房　2005
Henry, Anne ヘンリー, アン
　㊞「ラヴ・アンド・ラヴ」ハーレクイン　2001
Henry, April ヘンリー, エイプリル
　㊞「ミッシング・ベイビー殺人事件」講談社　2004
Henry, Ariel アンリ, アリエル
　㊞ハイチ共和国　社会問題・労働相
Henry, Beverly ヘンリー, ビヴァリー・M.
　1939〜　㊞ヘンリー, ビバリー　㊞「国際保健看護」看護の科学社　2005
Henry, Charlie ヘンリー, チャーリー
　㊞アメリカ　シカゴ・ブルズアシスタントコーチ（バスケットボール）
Henry, Chris ヘンリー, クリス
　㊞アイルランド　ラグビー選手
Henry, Derrick ヘンリー, デリック
　㊞アメリカ　アメフト選手
Henry, Desiree ヘンリー
　㊞イギリス　陸上選手
Henry, Doug ヘンリー, ダグ
　㊞アメリカ　カンザスシティ・ロイヤルズコーチ
Henry, Gianna ヘンリー, ジアンナ
　㊞「被虐待児の精神分析的心理療法」金剛出版　2006
Henry, Guillaume アンリ, ギヨーム
　1978〜　㊞フランス　ファッションデザイナー　ニナリッチ・クリエイティブディレクター
Henry, Guy ヘンリー, ガイ
　㊞「持続可能な農業と環境」食料・農業政策研究センター, 農山漁村文化協会（発売）　2001
Henry, Hunter ヘンリー, ハンター
　㊞アメリカ　アメフト選手
Henry, Jed ヘンリー, ジェド
　1983〜　㊞「しょんぼりしないで、ねずみくん！」小学館　2013
Henry, Jodie ヘンリー
　㊞オーストラリア　競泳選手
Henry, Joe ヘンリー, ジョー
　1960〜　㊞アメリカ　シンガー・ソングライター, 音楽プロデューサー
Henry, John ヘンリー, ジョン
　1950〜　㊞「一七世紀科学革命」岩波書店　2005
Henry, John W. ヘンリー, ジョン
　1949〜　㊞アメリカ　投資家　レッドソックス筆頭オーナー
Henry, Kevin ヘンリー, ケヴィン
　㊞「プロダクトデザインのスケッチ技法」ボーンデジタル　2016
Henry, Larry ヘンリー, ラリー
　1937〜2014　㊞アメリカ　シンガー・ソングライター
Henry, Marcus ヘンリー, マーカス
　㊞アメリカ　アメフト選手
Henry, Marie-Adeline ヘンリー, マリー・アデライン
　㊞フランス　ロン・ティボー・クレスパン国際音楽コンクール 声楽 第4位（2011年（第40回））ほか
Henry, Marion ヘンリー, マリオン
　㊞ミクロネシア連邦　資源・開発相

Henry, Mark　ヘンリー, マーク
　1971〜　⑥アメリカ　プロレスラー, 元重量挙げ選手
Henry, Michael　ヘンリー, マイケル
　⑥ジャマイカ　運輸・公共事業相
Henry, Michel　アンリ, ミシェル
　1922〜2002　魯「見えないものを見る」法政大学出版局　2016
Henry, Mike　ヘンリー, マイク
　⑥ジャマイカ　交通・鉱業相
Henry, Mitchell　ヘンリー, ミッチェル
　⑥アメリカ　アメフト選手
Henry, Nancy　ヘンリー, ナンシー
　1965〜　⑥アメリカ　英文学者　テネシー州立大学ノックスビル校教授　魯ジョージ・エリオット
Henry, Nicole　ヘンリー, ニコール
　⑥アメリカ　ジャズ歌手, 女優, モデル
Henry, Patrick　ヘンリー, パトリック
　魯「アメリカを動かした演説」玉川大学出版部　2010
Henry, Rohan　ヘンリー, ローハン
　1968〜　魯「とびっきりのプレゼント」ブロンズ新社　2008
Henry, Sara J.　ヘンリー, サラ・J.
　アメリカ探偵作家クラブ賞 メアリ・ヒギンズ・クラーク賞 (2012年)　"Learning to Swim"
Henry, Thierry　アンリ, ティエリ
　1977〜　⑥フランス　元サッカー選手　本名＝Henry, Thierry Daniel　魯アンリ, ティエリー
Henry, Todd　ヘンリー, トッド
　魯「後悔せずにからっぽで死ね」サンマーク出版　2015
Henry, Tom　ヘンリー, トム
　⑥イギリス　美術史家　ケント大学教授　魯ルネッサンス美術史, ラファエロ研究
Henry, Willie　ヘンリー, ウイリー
　⑥アメリカ　アメフト選手
Henry-Stocker, Sandra　ヘンリー＝ストッカー, サンドラ
　1949〜　魯「Solaris管理ガイド」翔泳社　2001
Henry Van Thio　ヘンリー・バン・ティオ
　⑥ミャンマー　副大統領
Henry-wilson, Maxine　ヘンリーウィルソン, マキシン
　⑥ジャマイカ　教育・青年相
Henschel, Jane　ヘンシェル, ジェーン
　グラミー賞 最優秀オペラ録音 (2007年 (第50回)) ほか
Henschell, Dietrich　ヘンシェル, ディートリヒ
　1967〜　⑥ドイツ　バリトン歌手
Hense, Nathalie　オンス, ナタリー
　魯「ピンクがすきってきめないで」講談社　2010
Henseler, Thomas　ヘンゼラー, トーマス
　魯「ベルリン分断された都市」彩流社　2013
Henshaw, George B.　ヘンショー, ジョージ・B.
　1918〜2003　魯「太平洋戦争初の捕虜収容所善通寺の記録」〔名倉有一〕　2012
Henshaw, Katherine　ヘンショー, キャサリン
　魯「エビデンス眼科」銀海舎　2004
Henshaw, Mark　ヘンショウ, マーク
　魯「レッドセル」早川書房　2014
Henshaw, Robbie　ヘンショー, ロビー
　⑥アイルランド　ラグビー選手
Henshaw, Russell　ヘンショー
　⑥オーストラリア　フリースタイルスキー選手
Hensley, Frederick A.　ヘンスレー, フレデリック・A.
　魯ヘンスレー, フレデリック・A., Jr.　魯「心臓手術の麻酔」メディカル・サイエンス・インターナショナル　2014
Hensley, Joe L.　ヘンズリー, ジョー・L.
　魯「ミニ・ミステリ100」早川書房　2005
Hensley, Laura　ヘンズレー, ローラ
　魯「池上彰のなるほど！現代のメディア」文渓堂　2011
Henson, Heather　ヘンソン, ヘザー
　魯「ぼくのブック・ウーマン」さ・え・ら書房　2010
Henson, John　ヘンソン, ジョン
　⑥アメリカ　バスケットボール選手
Henson, William　ヘンソン, ウィリアム
　1924〜2002　⑥アメリカ　アニメーター
Henssler, Martin　ヘンスラー, マルティン
　魯「ドイツ弁護士法と労働法の現在」中央大学出版部　2014
Henssler, Ortwin　ヘンスラー, オルトヴィン
　1923〜　魯「アジール」国書刊行会　2010
Hentig, Hartmut von　ヘンティッヒ, H.v.
　1925〜　魯「トビアスへの26通の手紙」第三文明社　2006

Hentoff, Nat　ヘントフ, ナット
　1925〜　魯「ジャズ・イズ」白水社　2009
Henton, Doug　ヘントン, ダグ
　魯「シリコンバレー」日本経済新聞社　2001
Henton, Douglas C.　ヘントン, D.
　魯ヘントン, ダグラス　魯「市民起業家」日本経済評論社　2005
Henwood, Suzanne　ヘンウッド, スザンヌ
　魯「医療・看護・ケアスタッフのための実践NLPセルフ・コーチング」春秋社　2008
Henze, Hans Werner　ヘンツェ, ハンス・ヴェルナー
　1926〜2012　⑥ドイツ　作曲家, 指揮者　魯ヘンツェ, ハンス・ベルナー
Henzi, Petra　ヘンツィ
　⑥スイス　自転車選手
Heo, Jenice　ヘオ, ジェニス
　グラミー賞 最優秀ボックス, 特別限定版パッケージ (2009年 (第52回))　"Neil Young Archives Vol.I (1963 - 1972)"　アート・ディレクター
Heo, Jin-ho　ホ・ジノ
　1963〜　⑥韓国　映画監督, 脚本家　漢字名＝許秦豪
Hepburn, Audrey　ヘプバーン, オードリー
　魯「オードリー・ヘプバーン：私のスタイル」朝日新聞社　2001
Hepburn, Brandon　ヘップバーン, ブランドン
　⑥アメリカ　アメフト選手
Hepburn, Claire　ヘプバーン, クレア
　⑥バハマ　法相
Hepburn, Katharine　ヘプバーン, キャサリン
　1907〜2003　⑥アメリカ　女優　本名＝Hepburn, Katharine Houghton　魯ヘップバーン, キャサリン
Hepburn, Michael　ヘプバーン, マイケル
　⑥オーストラリア　自転車選手
Heppell, Michael　ヘッペル, マイケル
　魯「「ダメな私」を今すぐやめる200のアイデア」CCCメディアハウス　2015
Heppner, Ben　ヘップナー, ベン
　1956〜　⑥カナダ　テノール歌手
Heppner, Mary J.　ヘプナー, メアリー・J.
　魯「ライフキャリアカウンセリング」生産性出版　2002
Heppner, Vaughn　ヘプナー, ヴォーン
　魯「喪われた巨大戦艦」早川書房　2016
Heptulla, Najma A.　ヘプトゥラー, ナジマ・A.
　⑥インド　マイノリティー問題相
Hepworth, Dean H.　ヘプワース, ディーン・H.
　魯「ダイレクト・ソーシャルワークハンドブック」明石書店　2015
Hepworth, Jeri　ヘプワース, ジェリ
　1952〜　魯「メディカルファミリーセラピー」金剛出版　2016
Herald, Justin　ヘラルド, ジャスティン
　魯「いますぐ成功しろ！50のスローガン」ディスカヴァー・トゥエンティワン　2007
Herander, Filip　ヘランデル, フィリップ
　⑥スウェーデン　サッカー選手
Héran Hean, François　エラン, フランソワ
　1953〜　魯「移民の時代」明石書店　2008
Heras, Chema　エラス, チェマ
　魯「きみは太陽のようにきれいだよ」童話屋　2007
Herashchenko, Iryna　ゲラシチェンコ, イリーナ
　⑥ウクライナ　陸上選手
Herasimenia, Aliaksandra　ヘラシメニア, アリャクサンドラ
　⑥ベラルーシ　水泳選手
Herath, Vijitha　ヘラト, ウィジタ
　⑥スリランカ　文化・国家遺産相
Heraud, Conrad　ヘロウド, コンラッド
　魯「イノベーティブ・シンキング」ダイヤモンド社　2001
Herb, Erika　ハーブ, エリカ
　魯「マッキンゼー組織の進化」ダイヤモンド社　2003
Herbauts, Anne　エルボー, アンネ
　魯「すきまのじかん」ひくまの出版　2002
Herbecq, Jean-Martin　エルベック, ジャン＝マルタン
　魯「感動のマドレーヌ現象」エディテ100, あいであ・らいふ (発売)　2002
Herber, Keith　ハーバー, キース
　1949〜2009　魯「クトゥルフ神話TRPGアーカムのすべて」KADOKAWA　2014
Herbers, Klaus　ヘルバース, クラウス
　魯「女教皇ヨハンナ」三元社　2015
Herbert, Anne　ハーバート, アン

㊟「きままにやさしくいみなくうつくしくいきる」現代思潮新社 2012
Herbert, Brian ハーバート, ブライアン
　1947〜　㊟「公家コリノ」早川書房 2004
Herbert, Christian ハーバート, クリスチャン
　㊟リベリア　計画・経済問題相
Herbert, Cicely ハーバート, シセリー
　㊟「動物たちの謝肉祭」BL出版 2007
Herbert, David T. ハーバート, デイヴィット・T.
　㊟「マシューズ＆ハーバート地理学のすすめ」丸善出版 2015
Herbert, Jake ハーバード
　㊟アメリカ　レスリング選手
Herbert, James ハーバート, ジェームズ
　1943〜2013　㊟イギリス　作家, アートディレクター　㊟ハーバート, ジェイムズ
Herbert, James D. ハーバート, ジェームズ・D.
　㊟「アクセプタンス＆コミットメント・セラピー実践ガイド」明石書店 2014
Herbert, Martha R. ハーバート, マーサ・R.
　㊟「遺伝子操作時代の権利と自由」緑風出版 2012
Herbert, Martin ハーバート, マーティン
　㊟「家族間暴力防止の基礎理論」明石書店 2004
Herbert, Nick ハーバート, ニック
　㊟「量子の宇宙のアリス」徳間書店 2003
Herbert, Rupert ハーバート, ルパート
　㊟セントクリストファー・ネイビス　保健・地域開発・男女平等相　㊟ハーバート, ルパート・エマニュエル
Herbert, Trevor ハーバート, トレヴァー
　㊟「ロマン派の音楽」音楽之友社 2016
Herbert, Wally ハーバート, ウォーリー
　1934〜2007　㊟イギリス　冒険家　本名＝ハーバート, ウォルター・ウィリアム〈Herbert, Walter William〉　㊟ハーバート, ウォリー
Herbert, Wray ハーバート, レイ
　㊟「思い違いの法則」インターシフト, 合同出版（発売）2012
Herbert-Caesari, Edgar F. ハーバート＝チェザリー, E.
　㊟「ザヴォイスオブザマインド」アップフロントブックス, ワニブックス（発売）2001
Herbig, George Howard ハービック, ジョージ
　1920〜2013　㊟アメリカ　天文学者　ハワイ大学天文学研究所名誉天文学者, リック天文台副台長
Herbig, Günter ヘルビヒ, ギュンター
　1931〜　㊟ドイツ　指揮者　ベルリン交響楽団首席指揮者, ドレスデン・フィルハーモニー管弦楽団音楽総監督　㊟ヘルビッヒ, ギュンター
Herboly Kocsár, Ildikó ヘルボイ・コチャール, イルディコー
　1939〜　㊟「合唱指導の出発点」音楽之友社 2002
Herbst, Jaya ヘルプスト, ヤーヤ
　1955〜　㊟「どうしていつも私だけが損をするのか」阪急コミュニケーションズ 2005
Herbst, Judith ハーブスト, ジュディス
　㊟「動物の「超」ひみつを知ろう」日本ライトハウス 2003
Herbst, Reinfried ヘルプスト
　㊟オーストリア　アルペンスキー選手
Hercovicz, Anna ヘルコヴィッツ, アンナ
　㊟「血のパセーナ」水声社 2002
Herde, Ariane ヘルデ
　㊟オランダ　カヌー選手
Herdegen, Matthias ヘルデーゲン, マティアス
　1957〜　㊟ヘルデーゲン, M.　㊟「EU法」ミネルヴァ書房 2013
Herding, Klaus ヘルディンク, クラウス
　1939〜　㊟「ピカソ〈アヴィニョンの娘たち〉」三元社 2008
Herdman, Alan ハードマン, アラン
　㊟「プロフェッショナルピラーティス」ガイアブックス 2015
Herdman, T.Heather ハードマン, T.ヘザー
　㊟「知っておきたい変更点 NANDA - I看護診断」医学書院 2015
Herdt, Gilbert H. ハート, ギルバート
　1949〜　㊟「同性愛のカルチャー研究」現代書館 2002
Heredia, Guillermo ヘレディア, ギレルモ
　㊟キューバ　野球選手
Heredia, Manuel ヘレディア, マニュエル
　㊟ベリーズ　観光・民間航空相
Heredia Miranda, Nila エレディア・ミランダ, ニラ
　㊟ボリビア　保健相
Heregger, Selina ヘレガー

㊟オーストリア　アルペンスキー選手
Herer, Jack ヘラー, ジャック
　1939〜2010　㊟「大麻草と文明」築地書館 2014
Hereimana, Mussa Sheikh ヘレリマナ, ムッサ・シェイク
　㊟ルワンダ　内相
Herf, Jeffrey ハーフ, ジェフリー
　1947〜　㊟「ナチのプロパガンダとアラブ世界」岩波書店 2013
Herfkens, Eveline ヘルフケンス, エベリネ
　㊟オランダ　開発協力相
Herford, Oliver ハーフォート, オリバー
　㊟「大人が楽しむイングリッシュ・ポエチュリー」リーベル出版 2007
Hergli, Moncef ヘルグリ, モンセフ
　㊟チュニジア　民営化担当相
Hering, Sabrina ヘリング, サブリナ
　㊟ドイツ　カヌー選手
Hérisson, Pierre エリッソン, ピエール
　㊟フランス　元・上院議員, 元・上院仏日友好議員連盟副会長, 元・セヴリエール市長
Heritage, Andrew ヘリテイジ, アンドルー
　㊟「シャーロック・ホームズ大図鑑」三省堂 2016
Heritage, John ヘリテッジ, ジョン
　㊟「診療場面のコミュニケーション」勁草書房 2015
Héritier, Françoise エリチエ, フランソワーズ
　1933〜　㊟「序列を解体する」明石書店 2016
Herkert, Barbara ハーカート, バーバラ
　㊟「キルトでつづるものがたり」さ・え・ら書房 2016
Herlands, Tiffany ハーランズ, ティファニー
　㊟「「精神疾患における認知機能障害の矯正法」臨床家マニュアル」星和書店 2008
Herlitz, Gillis ヘルリッツ, イリス
　1944〜　㊟「スウェーデン人」新評論 2005
Herlitzius, Evelyn ヘルリツィウス, エヴェリン
　1963〜　㊟ドイツ　ソプラノ歌手
Herman, Amy ハーマン, エイミー・E.
　㊟「観察力を磨く名画読解」早川書房 2016
Herman, Arthur ハーマン, アーサー
　1956〜　㊟「近代を創ったスコットランド人」昭和堂 2012
Herman, Barbara ハーマン, バーバラ
　㊟「ロールズ哲学史講義」みすず書房 2005
Herman, Daniel ヘルマン, ダニエル
　㊟チェコ　文化相
Herman, David ハーマン, デビッド
　㊟「Effective JavaScript」翔泳社 2013
Herman, Edward S. ハーマン, エドワード・S.
　㊟「マニュファクチャリング・コンセント」トランスビュー 2007
Herman, Eleanor ハーマン, エレノア
　1960〜　㊟「女王たちのセックス」ベストセラーズ 2007
Herman, Gail ハーマン, ゲイル
　1959〜　㊟ヘルマン, ゲイル　㊟「ディズニープリンセスなぞ解きへようこそ」講談社 2016
Herman, Jerry ハーマン, ジェリー
　トニー賞 特別賞（2009年（第63回））
Herman, Joan ハーマン, ジョーン
　㊟「21世紀型スキル」北大路書房 2014
Herman, Richard ハーマン, リチャード
　㊟「ワルシャワ大空戦」新潮社 2003
Herman, Ronna ハーマン, ロナ
　㊟「アセンションのためのワークブック」太陽出版 2011
Herman, Yaron ヘルマン, ヤロン
　1981〜　㊟イスラエル　ジャズ・ピアニスト
Hermand, Jost ヘルマント, ヨスト
　1930〜　㊟ヘルマント, ヨースト　㊟「メンツェル《サンスーシのフルート・コンサート》」三元社 2014
Herman-Dunn, Ruth ハーマン・ダン, ルース
　㊟「セラピストのための行動活性化ガイドブック」創元社 2013
Hermann, Iselin C. ハーマン, アイスリン・C.
　㊟「配達されなかった一枚の葉書」ランダムハウス講談社 2005
Hermann, Judith ヘルマン, ユーディット
　1970〜　㊟ドイツ　作家　㊟文学, フィクション, 哲学
Hermann, Valerie ハーマン, ヴァレリー
　1967〜　㊟フランス　実業家　イヴ・サンローランCEO
Hermanns, William ヘルマンス, ウィリアム
　㊟「アインシュタイン、神を語る」工作舎 2015
Hermannsson, Steingrimur ヘルマンソン, スタイングミュール

1928〜2010 [国]アイスランド 政治家 アイスランド首相, アイスランド中央銀行総裁
Hermans, H.J.M. ハーマンス, H.J.M.
[著]「対話的自己」 新曜社 2006
Hermans, Jo ヘルマンス, ジョー
1937〜 [著]「物理のアタマで考えよう！」 講談社 2014
Hermans, Loek ヘルマンス, ルーク
[国]オランダ 教育・文化・科学相
Hermansen, Søren ハーマンセン, ソーレン
[国]デンマーク サムソエネルギーアカデミー所長
Hermansson, Gary L. ハーマンソン, ギャリー
[著]「折衷的カウンセリング」 誠信書房 2010
Hermansson, Mia ヘルマンソン, ミア
[国]スウェーデン 柔道選手
Hermassi, Abdelbaki ヘルマッシ, アブデルバキ
[国]チュニジア 外相
Hermé, Pierre エルメ, ピエール
1961〜 [国]フランス パティシエ
Hermelin, Beate ハームリン, ビート
[著]「自閉症」 黎明書房 2006
Hermes, Edward ヘルメス, エドワード
[著]「ウェッブ・デザインの未来」 クレオ 2001
Hermes, Hans ヘルメス, H.
[著]「数」 シュプリンガー・フェアラーク東京 2004
Hermida Ramos, Jose Antonio エルミダラモス
[国]スペイン 自転車選手 [異]エルミダ
Hermina, Szecsei ヘルミナ, セチェイ
[著]「保育園での美術教育」 明治図書出版 2003
Herminie, William エルミニ, ウィリアム
[国]セーシェル 農業・海洋資源相
Hermoza Sagaz, Victor Manuel エルモサ・サガス, ビクトル・マヌエル
[国]パラグアイ 内相
Hern, Candice ハーン, キャンディス
[著]「めぐり逢う四季(きせつ)」 二見書房 2009
Hernacki, Michael C. ハーナッキー, マイク
[著]「成功の扉」 サンマーク出版, サンマーク(発売) 2001
Hernan, Santana エルナン・サンタナ
[国]スペイン サッカー選手
Hernandes, Motesinos Manuel エルナンデス・モテシノス・マヌエル
[国]スペイン 府中刑務所篤志面接委員
Hernandez, Abel エルナンデス, アベル
[国]ウルグアイ サッカー選手
Hernandez, Anaysi エルナンデス
[国]キューバ 柔道選手
Hernandez, Angel エルナンデス, アンヘル
[著]「スター・トレック/グリーン・ランタン」 小学館集英社プロダクション 2016
Hernandez, Ariel ヘルナンデス, アリエル
[国]ドミニカ共和国 野球選手
Hernandez, Cesar ヘルナンデス, セザー
[国]ベネズエラ 野球選手
Hernandez, Chuck ヘルナンデス, チャック
[国]アメリカ アトランタ・ブレーブスコーチ
Hernandez, Cruz エルナンデス, クルス
1878〜2007 [国]エルサルバドル 世界最高齢者(128歳)
Hernandez, David ヘルナンデス, デビッド
[国]アメリカ 野球選手
Hernández, Diego E. ヘルナンデス, ディエゴ・E.
[著]「組織変革のジレンマ」 ダイヤモンド社 2004
Hernandez, Enrique ヘルナンデス, エンリケ
[国]プエルトリコ 野球選手
Hernández, Enzo ヘルナンデス, エンゾ
1949〜2013 [国]ベネズエラ 野球選手
Hernandez, Felix ヘルナンデス, フェリックス
1986〜 [国]ベネズエラ 野球選手 本名＝Hernandez, Felix Abraham [異]エルナンデス, フェリックス
Hernández, Gabriel エルナンデス, ガブリエル
1973〜 [著]「自殺の森」 河出書房新社 2014
Hernandez, Genaro エルナンデス, ヘナロ
1966〜2011 [国]アメリカ プロボクサー WBA・WBC世界ジュニアライト級チャンピオン
Hernandez, Glenhis エルナンデス
[国]キューバ テコンドー選手
Hernandez, Gorkys ヘルナンデス, ゴーキース
[国]ベネズエラ 野球選手
Hernández, Hilda エルナンデス, イルダ
[国]ホンジュラス 情報戦略相
Hernandez, Jaime ヘルナンデス, ジェイム
アングレーム国際漫画祭 遺産賞(2006年) "Locas (T1)" 〈Seuil〉
Hernandez, Javier エルナンデス, ハビエル
[国]メキシコ サッカー選手
Hernandez, Jay ヘルナンデス, ジェイ
[国]アメリカ オーランド・マジックアシスタントコーチ(バスケットボール)
Hernandez, Juan Martin エルナンデス, ファン・マルティン
[国]アルゼンチン ラグビー選手
Hernández, Juan Orlando エルナンデス, フアン・オルランド
[国]ホンジュラス 大統領
Hernandez, Lauren ヘルナンデス, ローレン
[国]アメリカ 体操選手
Hernandez, Marco ヘルナンデス, マルコ
[国]ドミニカ共和国 野球選手
Hernández, María Pilar エルナンデス, マリア・ピラル
[国]ベネズエラ 青年相
Hernández, Maritza エルナンデス, マリッツア
[国]ドミニカ共和国 労相
Hernandez, Melba エルナンデス, メルバ
1921〜2014 [国]キューバ 政治家 キューバ国会議員
Hernandez, Nico Miguel ヘルナンデス, ニコミゲル
[国]アメリカ ボクシング選手
Hernandez, Oscar ヘルナンデス, オスカー
[国]ベネズエラ 野球選手
Hernández, Roberto エルナンデス, ロベルト
[国]ベネズエラ 労相
Hernandez, Rudy ヘルナンデス, ルディ
[国]アメリカ ミネソタ・ツインズコーチ
Hernández, Socorro エルナンデス, ソコロ
[国]ベネズエラ 通信相
Hernandez, Stefany エルナンデス, ステファニー
[国]ベネズエラ 自転車選手
Hernandez, Teoscar ヘルナンデス, テオスカー
[国]ドミニカ共和国 野球選手
Hernandez, Vicente エルナンデス
[国]スペイン トライアスロン選手
Hernandez, Yagnier エルナンデス
[国]キューバ レスリング選手
Hernandez, Yohandrys エルナンデス
[国]キューバ 重量挙げ選手
Hernández Alcerro, Jorge Ramón エルナンデスアルセロ, ホルヘ・ラモン
[国]ホンジュラス 総括相
Hernández Alvarado, Juan Orlando エルナンデス・アルバラド, フアン・オルランド
1968〜 [国]ホンジュラス 政治家 ホンジュラス大統領
Hernandez G, Yampier エルナンデス
[国]キューバ ボクシング選手
Hernández Mack, Lucrecia エルナンデスマック, ルクレシア
[国]グアテマラ 保健相
Hernandez Paumier, Yoelmis エルナンデスパウミエル
[国]キューバ 重量挙げ選手
Hernandez Rios, Yurisandy エルナンデスリオス, ユリサンディ
[国]キューバ レスリング選手
Hernández Ruipérez, Daniel エルナンデス・ルイペレス, ダニエル
[国]スペイン サラマンカ大学学長
Hernández-Salazar, Daniel エルナンデス - サラサール, ダニエル
1956〜 [著]「グアテマラある天使の記憶」 影書房 2004
Hernandez Simal, Lander エルナンデス・シマル, ランデル
1976〜 [著]「スペイン流サッカーライセンス講座」 ベースボール・マガジン社 2012
Hernandez Uscanga, Ismael Marcelo エルナンデスウスカンガ
[国]メキシコ 近代五種選手
Hernanes エルナネス
[国]ブラジル サッカー選手
Hernangomez, Juan エルナンゴメス, ファン
[国]スペイン バスケットボール選手
Hernangomez, Willy エルナンゴメス, ウィリー

Hernani Meloni, Remigio　エルナニ・メロニ, レミヒオ
　㊥ペルー　内相
Hernan Perez　エルナン・ペレス
　㊥パラグアイ　サッカー選手
Hernanz, Samuel　エルナンス
　㊥スペイン　カヌー選手
Hernanz Agueira, Javier　エルナンスアゲリア, ハビエル
　㊥スペイン　カヌー選手
Herndon, Javontee　ハーンドン, ジャボンティー
　㊥アメリカ　アメフト選手
Herndon, Nolan Anderson　ハーンドン, ノーラン
　1918〜2007　㊥アメリカ　軍人
Hernon, Peter　ハーノン, ピーター
　㊡「図書館の価値を高める」丸善　2005
Hernu, Laurent　エルニュ
　㊥フランス　陸上選手
Hero, Monte　ヒーロー, モンテ
　㊡「RIO and LARGO」新風舎　2006
Heron, Timothy E.　ヘロン, ティモシー・E.
　㊡「応用行動分析学」明石書店　2013
Herpell, Gabriela　ヘルペル, ガブリエラ
　1959〜　㊡「修道院の食卓」創元社　2010
Herpham, Geoffrey Galt　ハーパム, ジェフリー・ゴルト
　㊡「現代批評理論」平凡社　2001
Herr, Edwin L.　ハー, エドウィン・L.
　㊡「キャリアカウンセリング入門」ナカニシヤ出版　2001
Herr, Michael　ハー, マイケル
　1940〜2016　㊥アメリカ　作家, 脚本家　本名＝Herr, Michael David
Herr, Paul　ハー, ポール
　1955〜　㊡「プライマルマネジメント」翔泳社　2009
Herr, Robert　ヘル, ロバート
　㊡「トリアージ・ナーシング入門」エルゼビア・ジャパン　2007
Herre, Johnny　ヘレ, ジョニー
　㊡「ヨーロッパ私法の原則・定義・モデル準則」法律文化社　2013
Herrera, Balbina　エレラ, バルビナ
　㊥パナマ　住宅相
Herrera, Dilson　ヘレーラ, ディルソン
　㊥コロンビア　野球選手
Herrera, Fausto　エレラ, ファウスト
　㊥エクアドル　財務相
Herrera, Francisco　ヘレーラ, フランシスコ
　㊡「ティーン・タイタンズGO！」小学館集英社プロダクション　2016
Herrera, Hector　エレーラ, エクトル
　㊥メキシコ　サッカー選手
Herrera, Hernando　エレラ, エルナンド
　㊥コロンビア　企画相
Herrera, Josè　ヘレーラ, ジョゼ
　㊥マルタ　持続的開発・環境・気候変動相
Herrera, Kelvin　ヘレーラ, ケルビン
　㊥ドミニカ共和国　野球選手
Herrera, Lorena Enriqueta　エレラ, ロレナ・エンリケタ
　㊥ホンジュラス　副大統領
Herrera, Mauricio　エレラ, マウリシオ
　㊥コスタリカ　報道相
Herrera, Nelson　エレラ, ネルソン
　㊥エクアドル　国防相
Herrera, Odubel　ヘレーラ, オデュベル
　㊥ベネズエラ　野球選手
Herrera, Pablo　エレラ
　㊥スペイン　ビーチバレー選手
Herrera, Paloma　ヘレーラ, パロマ
　1975〜　㊥アルゼンチン　バレリーナ　アメリカン・バレエ・シアター（ABT）プリンシパル　㊤エレーラ, パロマ / エレラ, パロマ
Herrera, Ramiro　エレーラ, ラミロ
　㊥アルゼンチン　ラグビー選手
Herrera, Ronald　ヘレーラ, ロナルド
　㊥ベネズエラ　野球選手
Herrera Campins, Luis　エレラ・カンピンス, ルイス
　1925〜2007　㊥ベネズエラ　政治家　ベネズエラ大統領
Herrera Descalzi, Carlos　エレラ・デスカルシ, カルロス
　㊥ペルー　エネルギー鉱業相
Herrera Tello, María Teresa　エレラ・テジョ, マリア・テレサ

Herrero, Fernando　エレロ, フェルナンド
　㊥コスタリカ　財務相
Herrerra, Amarlo　ヘレーラ, アマーロ
　㊥アメリカ　アメフト選手
Herreweghe, Philippe　ヘレヴェッヘ, フィリップ
　1947〜　㊥ベルギー　指揮者　ロイヤル・フランダース・フィルハーモニー管弦楽団音楽監督　㊤ヘレベッヘ, フィリップ
Herrick, Elizabeth　ヘリック, E.
　㊡「子どもをキレさせないおとなが逆ギレしない対処法」北大路書房　2003
Herries, Anne　ヘリス, アン
　㊡「ハーレムの花嫁」ハーパーコリンズ・ジャパン　2016
Herrin, Judith　ヘリン, ジュディス
　1942〜　㊡「ビザンツ驚くべき中世帝国」白水社　2010
Herring, Ann King　ヘリング, アン
　㊡「元禄から平成まで変わらないこと」法政大学比較経済研究所　2005
Herring, Darreon　ハーリング, ダリオン
　㊥アメリカ　アメフト選手
Herring, James E.　ヘリング, ジェームス・E.
　㊡「学校と図書館でまなぶインターネット活用法」日本図書館協会　2016
Herring, Jonathan　ヘリング, ジョナサン
　㊡「決断する力」ピアソン桐原　2012
Herring, Mary　ヘリング, メアリ
　㊡「インストラクショナルデザインとテクノロジ」北大路書房　2013
Herring, Papa John　ヒーリング, P.
　㊡「Silverlightで開発するデータ駆動アプリケーション」オライリー・ジャパン, オーム社（発売）　2009
Herring, Peter J.　ヘリング, ピーター
　㊡「深海の生物学」東海大学出版会　2006
Herring, William　ヘリング, ウィリアム
　㊡「画像診断を学ぼう」メディカル・サイエンス・インターナショナル　2008
Herrington, Jack D.　ヘリントン, ジャック・D.
　㊡「PHP hacks」オライリー・ジャパン, オーム社（発売）　2006
Herrington, Terri　ヘリントン, テリー
　㊡「フラッシュバック」ハーレクイン　2013
Herriott, Alain　ヘリオット, アラン
　1950〜　㊡「クォンタムタッチ・スーパーチャージング」ヴォイス　2009
Herriott, Luke　ヘリオット, ルーク
　㊡「パッケージのデザイン展開図コレクション」グラフィック社　2010
Herriott, Nikole　ヘリオット, ニコール
　㊡「ジェリーナのひと皿」クロニクルブックス・ジャパン, 徳間書店（発売）　2016
Herrman, Siegfried　ヘルマン, ジークフリト
　㊡「よくわかるイスラエル史」教文館　2003
Herrmann, Chris　ハーマン, クリス
　㊥アメリカ　野球選手
Herrmann, Cornelia　ヘルマン, コルネリア
　1977〜　㊥オーストリア　ピアニスト
Herrmann, Denise　ヘルマン
　㊥ドイツ　クロスカントリースキー選手
Herrmann, Edward　ハーマン, エドワード
　1943〜2014　㊥アメリカ　俳優
Herrmann, Joachim　ヘルマン, ヨアヒム
　1913〜　㊡「市民社会と刑事司法」成文堂　2013
Herrmann, Patrick　ヘアマン, パトリック
　㊥ドイツ　サッカー選手
Herrmann, Ulrike　ヘルマン, ウルリケ
　1964〜　㊡「資本の世界史」太田出版　2015
Herrndorf, Wolfgang　ヘルンドルフ, ヴォルフガング
　1965〜2013　㊥ドイツ　作家　㊤ヤングアダルト
Herrnstein Smith, Barbara　ハーンスタイン・スミス, バーバラ
　㊡「元帳の締め切り」〔川島貞一〕　2002
Herron, Abigail J.　ヘロン, アビゲイル・J.
　1977〜　㊡「アディクション・ケースブック」星和書店　2015
Herron, Dan　ハーロン, ダン
　㊥アメリカ　アメフト選手
Herron, David E.　ヘロン, デービッド
　㊡「ファンクションポイントの計測と分析」ピアソン・エデュケーション　2002

Herron, Mick ヘロン, ミック
[国]イギリス 作家 [専]ミステリー, スリラー
Herron, Ronald W. ハロン, ロン
[著]「親の目・子の目」 トムソンラーニング 2002
Herschbach, Dudley Robert ハーシュバック, ダドリー・ロバート
1932〜 [国]アメリカ 物理化学者 ハーバード大学名誉教授 [異]ハーシュバック, ダッドリー
Herscovici, Armand エルスコヴィシ, アルマン
1939〜 [著]「数の寓話」 ソニー・マガジンズ 2002
Hersen, Michel ハーセン, マイケル
[著]「臨床面接のすすめ方」 日本評論社 2001
Herseth, Adolph ハーセス, アドルフ
1921〜2013 [国]アメリカ トランペット奏者 シカゴ交響楽団首席トランペット奏者 本名=Herseth, Adolph Sylvester
Hersey, John ハーシー, ジョン
1955〜 [著]「Binkobink」 インターリンクプランニング 2002
Hersey, Kathleen ハーゼー
[国]アメリカ 競泳選手
Hersey, Paul ハーシィ, ポール
[異]ハーシー, ポール [著]「リーダーシップ・マスター」 英治出版 2013
Hersh, Anita K. ハーシュ, アニタ・K.
[著]「ブランド・マネジメント」 ダイヤモンド社 2001
Hersh, Richard H. ハーシュ, R.H.
1942〜 [著]「道徳性を発達させる授業のコツ」 北大路書房 2004
Hersh, Seymour M. ハーシュ, セイモア
[著]「アメリカの秘密戦争」 日本経済新聞社 2004
Hershey, Robert L. ハーシー, ロバート・L.
1941〜 [著]「数学力、これだけできれば人生リッチ！」 プレジデント社 2002
Hershko, Avram ハーシュコ, アブラム
1937〜 [国]イスラエル 分子生物学者, 医師 イスラエル工科大学医学部教授 [専]たんぱく質分解 [異]ヘルシュコ, アブラム
Hershkowitz, Daniel ヘルシュコビッチ, ダニエル
[国]イスラエル 科学技術相 [異]ヘルシュコビッツ, ダニエル
Hershman, Morris ハーシュマン, モリス
1926〜 [著]「ミニ・ミステリ100」 早川書房 2005
Hershman, Seymour ハーシュマン, セイモア
[著]「ミルトン・エリクソンの臨床催眠セミナー」 亀田ブックサービス 2011
Hershock, Peter D. ハーショック, ピーター・D.
[著]「転換期の教育改革」 玉川大学出版部 2011
Hersi, Nur Farah ヘルシ, ヌール・ファラ
[国]ソマリア 港湾・海運相
Herskovic, William ヘルスコビッチ, ウィリアム
?〜2006 [国]アメリカ 実業家
Hersov, L. ハーソフ, L.
[著]「自閉症」 黎明書房 2006
Herstatt, Cornelius ヘルシュタット, コルネリウス
[著]「日本企業のイノベーション・マネジメント」 同友館 2013
Hersted, Lone ヒエストゥッド, ロネ
1969〜 [著]「ダイアローグ・マネジメント」 ディスカヴァー・トゥエンティワン 2015
Hert, Marc De ヘルト, マルク・デ
1959〜 [著]「こんな精神科医に会いたかった」 創英社, 三省堂書店(発売) 2006
Hertenstein, Matthew J. ハーテンステイン, マシュー
[著]「卒アル写真で将来はわかる」 文芸春秋 2014
Hertica, Michael ハーティカ, マイケル
[著]「ドメスティック・バイオレンスサバイバーマニュアル」 明石書店 2005
Hertig, Gerard ヘルティッヒ, ゲラード
[著]「会社法の解剖学」 レクシスネクシス・ジャパン 2009
Hertsgaard, Mark ハーツガード, マーク
[著]「だからアメリカは嫌われる」 草思社 2002
Hertz, Janice ハーツ, ジャニス
[著]「アクセシブルテクノロジ」 日経BPソフトプレス, 日経BP出版センター(発売) 2003
Hertz, Noreena ハーツ, ノリーナ
[著]「情報を捨てるセンス選ぶ技術」 講談社 2014
Hertz, Robert エルツ, ロベール
[著]「右手の優越」 筑摩書房 2001
Hertzberg, Jeff ハーツバーグ, ジェフ
[著]「1日5分かけるだけで本格パンが焼ける！」 楽工社 2015
Hertzberg, Ludvig ヘルツベリ, ルドヴィグ
[著]「ジムジャームッシュインタビューズ」 東邦出版 2006
Hertzberger, Herman ヘルツベルハー, ヘルマン
1932〜 [著]「都市と建築のパブリックスペース」 鹿島出版会 2011
Hertzfeld, Andy ハーツフェルド, アンディ
[異]ハーツフィールド, アンディー [著]「レボリューション・イン・ザ・バレー」 オライリー・ジャパン, オーム社(発売) 2005
Hertzfeldt, Don ハーツフェルト, ドン
[国]アメリカ アヌシー国際アニメーション映画祭 短編映画 審査員特別表彰(2015年)ほか
Hertzka, Gottfried ヘルツカ, ゴトフリート
1913〜 [著]「聖ヒルデガルトの治療学」 フレグランスジャーナル社 2013
Herunga, Uahekua ヘルンガ, ワヘクア
[国]ナミビア 環境・観光相
Hervey, Cheston ハーベイ, チェストン
ゴールデン・ラズベリー賞(ラジー賞) 最低脚本賞(第35回(2014年)) "Kirk Cameron's Saving Christmas"
Herz, Rachel Sarah ハーツ, レイチェル
1963〜 [著]「あなたはなぜ「嫌悪感」をいだくのか」 原書房 2012
Herz, Robert Henry ハーズ, ロバート・ヘンリー
[異]ハーズ, ロバート(ボブ)・H. [著]「会計の変革」 同文舘出版 2014
Herz, Shirley ヘルツ, シャーリー
トニー賞 トニー名誉賞(2009年(第63回))
Herzberg, Frederick ハーズバーグ, フレデリック
[著]「動機づける力」 ダイヤモンド社 2009
Herzenberg, Leonard Arthur ハーツェンバーグ, レナード・アーサー
1931〜2013 [国]アメリカ 免疫・遺伝学者 スタンフォード大学教授 通称=Herzenberg, Len
Herzi, Hafsia ヘルジ, ハフシア
ヴェネチア国際映画祭 マルチェロ・マストロヤンニ賞(第64回(2007年)) "La Graine et le mulet"
Herzig, Edmund ハーツィグ, エドマンド
1958〜 [著]「イラン」 ほるぷ出版 2009
Herzlich, Mark ハーツリッチ, マーク
[国]アメリカ アメフト選手
Herzlinger, Regina E. ヘルツリンガー, レジナ・E.
[著]「米国医療崩壊の構図」 一灯舎, オーム社(発売) 2009
Herzog, Annette ヘアツォーク, アンネッテ
1960〜 [著]「プンプとツッカの春祭り」 小峰書店 2007
Herzog, Dagmar ヘルツォーク, ダグマー
1961〜 [著]「セックスとナチズムの記憶」 岩波書店 2012
Herzog, Harold A. ハーツォグ, ハロルド
[著]「ぼくらはそれでも肉を食う」 柏書房 2011
Herzog, Isaac ヘルツォグ, イツハク
[国]イスラエル 社会問題相
Herzog, Jacques ヘルツォーク, ジャック
1950〜 [国]スイス 建築家
Herzog, Lise エルツォーグ, リズ
[著]「パリの街並みと暮らし」 西村書店東京出版編集部 2013
Herzog, Maurice エルゾーグ, モーリス
1919〜2012 [国]スイス 登山家, 政治家 国際オリンピック委員会(IOC)委員, シャモニー市長 [異]エルゾーグ, モーリス / エルゾグ, モーリス
Herzog, Werner ヘルツォーク, ヴェルナー
1942〜 [国]ドイツ 映画監督 本名=シュティペティチ, ヴェルナー〈Stipetić, Werner〉 [異]ヘアツォグ, ヴァーナー / ヘルツォーク, ウェルナー / ヘルツォーク, ベルナー
Herzog, Wolfgang ヘルツォーク, W.
[著]「心身医学の最前線」 創元社 2015
Herz-Sommer, Alice ヘルツゾマー, アリス
1903〜2014 ピアニスト
Herzum, Peter ヘルツム, ピーター
1963〜 [著]「ビジネスコンポーネントファクトリ」 翔泳社 2001
Hesburgh, Theodore Martin ヘスバーグ, テオドール・マーティン
1917〜2015 [国]アメリカ カトリック神学者, 教育学者 ノートルダム大学名誉学長 [異]ヘスバーグ, セアドー・マーティン
Heselden, Jimi ヘセルデン, ジミ
1948〜2010 [国]イギリス 実業家 ヘスコ・バスチオン会長 本名=ヘセルデン, ジェームズ・ウィリアム〈Heselden, James William〉 [異]ヘゼルデン, ジェームズ
Heshko, Ivan ヘシコ
[国]ウクライナ 陸上選手

Hesketh, Karne　ヘスケス, カーン
　国ニュージーランド　ラグビー選手
Heskett, James L.　ヘスケット, ジェームス・L.
　著「OQ」同友館　2010
Heskett, John　ヘスケット, ジョン
　著「デザイン的思考」ブリュッケ, 星雲社（発売）　2007
Heslam, Peter S.　ヘスラム, ピーター・P.S.
　著「近代主義とキリスト教」教文館　2002
Heslip, Brady　ヘスリップ, ブレディ
　国カナダ　バスケットボール選手
Heslop, Pauline　ヘスロップ, P.
　著「現代イギリスの政治算術」北海道大学図書刊行会　2003
Heslov, Grant　ヘスロフ, グラント
　1963〜　ヴェネチア国際映画祭 オゼッラ賞（脚本賞）（第62回（2005年））"Good Night, and Good Luck"　別ヘスロヴ, グラント
Hess, Barbara　ヘス, バルバラ
　1964〜　著「抽象表現主義」Taschen　c2006
Hess, Dean　ヘス, ディーン・R.
　著「ヘスとカクマレックのTHE人工呼吸ブック」メディカル・サイエンス・インターナショナル　2015
Hess, Dick　ヘス, ディック
　著「知力を鍛える究極パズル」日本評論社　2014
Hess, Don　ヘス, ドン
　著「おりづるにのって」ミューズの里, ほんの木（発売）　2010
Hess, Frederick M.　ヘス, フレデリック・M.
　著「格差社会アメリカの教育改革」明石書店　2007
Hess, Joan　ヘス, ジョーン
　著「巨匠の選択」早川書房　2001
Hess, Patricia A.　ヘス, パトリシア
　1938〜　著「ヘルシー・エイジング」エルゼビア・ジャパン　2007
Hess, Paul　ヘス, ポール
　1961〜　著「メロディポップアップオズの魔法使い」大日本絵画　2013
Hess, Richard S.　ヘス, リチャード・S.
　著「ヨシュア記」いのちのことば社　2008
Hess, Tom　ヘス, トム
　著「ダビデの幕屋の回復」マルコーシュ・パブリケーション　2009
Hessa, Sultan al-Jaber　ヘッサ・スルタン・ジャベル
　国カタール　通信・IT相
Hesse, Christian　ヘッセ, クリスティアン
　1960〜　著「数学者クリスティアン・ヘッセと行くマジカルMathツアー」東京図書　2014
Hesse, Helge　ヘッセ, ヘルゲ
　1963〜　著「その一言が歴史を変えた」阪急コミュニケーションズ　2010
Hesse, Karen　ヘス, カレン
　1952〜　国アメリカ　作家, 詩人
Hesse, Konrad　ヘッセ, コンラート
　1919〜2005　著「ドイツ憲法の基本的特質」成文堂　2006
Hesse, Reinhard　ヘッセ, ラインハルト
　1945〜　著「哲学の根本問題」学文社　2009
Hesse, Wolfgang　ヘッセ, ヴォルフガング
　1944〜　著「太陽は黄色だ！」滝沢敬三　2016
Hesse-Biber, Sharlene Nagy　ヘス=バイバー, シャーリーン
　著「誰が摂食障害をつくるのか」新曜社　2005
Hesse-Bukowska, Barbara　ヘッセ・ブコフスカ, バルバラ
　1930〜2013　国ポーランド　ピアニスト　フレデリック・ショパン音楽アカデミー教授
Hessekiel, David　ヘッセキエル, デビッド
　1960〜　著「グッドワークス！」東洋経済新報社　2014
Hessel, Stéphane　エセル, ステファン
　1917〜　著「若者よ怒れ！ これがきみたちの希望の道だ」明石書店　2012
Hessel, Stéphane F.　エセル, ステファン
　1917〜2013　国フランス　作家, 外交官　別エッセル, ステファン
Hesselbein, Frances　ヘッセルバイン, フランシス
　著「リーダーシップ・マスター」英治出版　2013
Hesse-Lichtenberger, Ulrich　ヘッセ・リヒテンベルガー, ウルリッヒ
　1966〜　著「ブンデスリーガ」バジリコ　2005
Hesselink, I.John　ヘッセリンク, I.ジョン
　1928〜　著「ヘッセリンク, アイラ・ジャン, Jr.」　著「祈りについて」新教出版社　2009

Hesser, Amanda　ヘッサー, アマンダ
　著「アマンダの恋のお料理ノート」集英社　2004
Hesser, Leon F.　ヘッサー, レオン
　1925〜　著「ノーマン・ボーローグ」悠書館　2009
Hessler, Keith　ヘスラー, キース
　国アメリカ　野球選手
Hessler, Peter　ヘスラー, ピーター
　1969〜　国アメリカ　ジャーナリスト　「ニューヨーカー」北京特派員
Hessman, Mike　ヘスマン, マイク
　1978〜　国アメリカ　野球選手　本名＝Hessman, Michael Steven
Hessmiller, Joanne M.　ヘスミラー, ジョアン・M.
　著「あなたが患者を傷つけるとき」エルゼビア・ジャパン　2006
Hessou, Félix　ヘス, フェリックス
　国ベナン　内務・治安相
Hest, Amy　ヘスト, エイミー
　1950〜　著「とびっきりのともだち」BL出版　2016
Hestenes, Roberta　ヘステネス, R.
　著「グループで聖書を学ぶABC」日本キリスト教団出版局　2014
Hester, Beth Landis　ヘスター, ベス.ランディス
　翻ヘスター, ベス・ランディス　著「夢と魔法のプリンセスガイドブック」講談社　2015
Hester, Carl　ヘスター, カール
　国イギリス　馬術選手
Hester, Devin　ヘスター, デビン
　1982〜　国アメリカ　アメフト選手　別ヘスター, デヴィン
Hester, D.Micah　ヘスター, D.ミカ
　著「病院倫理委員会と倫理コンサルテーション」勁草書房　2009
Hester, Elliott Neal　ヘスター, エリオット
　著「地獄の世界一周ツアー」文芸春秋　2009
Hester, James　ヘスター, ジェームズ
　1924〜2014　国アメリカ　教育家　国連大学初代学長, ニューヨーク大学学長　本名＝ヘスター, ジェームズ・マクノートン〈Hester, James McNaughton〉　別ヘスター, ジェームズ／ヘスター, ジェイムス
Hester, Paul　ヘスター, ポール
　？〜2005　国オーストラリア　ドラム奏者
Hester, Stephen　ヘスター, スティーヴン
　著「エスノメソドロジーへの招待」ナカニシヤ出版　2014
Heston, Charlton　ヘストン, チャールトン
　1924〜2008　国アメリカ　俳優, 映画監督　全米ライフル協会（NRA）会長　本名＝カーター, ジョン・チャールズ〈Carter, John Charls〉
Heston, Chris　ヘストン, クリス
　国アメリカ　野球選手
Heston, Steven　ヘストン, スティーブ
　著「アグレッシブポーカー」パンローリング　2013
Hetcamp, Ruth　ヘットカンプ, ルツ
　国ドイツ　いのちの電話名誉理事
Hetemaj, PerParim　ヘテマイ, ペルパリム
　国フィンランド　サッカー選手
Hetfield, James　ヘットフィールド, ジェームス
　1963〜　国アメリカ　ロック歌手　本名＝Hetfield, James Alan　別ヘットフィールド, ジェイムス
Hethmon, Robert H.　ヘスマン, ロバート・H.
　著「リー・ストラスバーグとアクターズ・スタジオの俳優たち」劇書房, 構想社（発売）　2002
Hetland, Tor Arne　ヘトラン
　国ノルウェー　クロスカントリースキー選手
Hettich, Georg　ヘティッヒ, ゲオルク
　1978〜　国ドイツ　元スキー選手　別ヘティッヒ／ヘティヒ, ゲオルク
Hettner, Alfred　ヘットナー, アルフレート
　著「地理学」古今書院　2001
Hetto-gaasch, Françoise　ヘットガーシュ, フランソワーズ
　国ルクセンブルク　観光・中産階級相兼機会均等相
Hetzel, Steve　ヘッツェル, スティーブ
　国アメリカ　シャーロット・ホーネッツアシスタントコーチ（バスケットボール）
Hetzer, Nicole　ヘッツァー
　国ドイツ　競泳選手
Heuberger, Valeria　ホイベルガー, ヴァレリア
　著「「ジプシー」と呼ばれた人々」学文社　2005
Heuer, Meredith　ヘウアー, メレディス
　著「ハドソン・バレイの家」フレックス・ファーム　2006

Heuer-fernandes, Daniel ホイヤー・フェルナンデス, ダニエル
[国]ポルトガル サッカー選手
Heuerman, Jeff ホイアマン, ジェフ
[国]アメリカ アメフト選手
Heuet, Stéphane ウエ, ステファヌ
1957～ [著]「失われた時を求めて」 白夜書房 2008
Heugel, Inès ウージェル, イネス
[著]「魅惑のアンティーク照明」 西村書店東京出版編集部 2013
Heumann, Theodor ホイマン, Th.
？～2004 [著]「金属における拡散」 シュプリンガー・フェアラーク東京 2005
Heung, Tyson ホイング
[国]ドイツ ショートトラック選手
Heunicke, Magnus ホイニケ, マグヌス
[国]デンマーク 運輸相
Heurtaux, Thomas ウルトー, トーマス
[国]フランス サッカー選手
Heurtelou, Calvin ハーテルー, カルビン
[国]アメリカ アメフト選手
Heurtin, Jean-Philippe ウルタン, ジーン＝フィリップ
[著]「絶え間なき交信の時代」 NTT出版 2003
Heuscher, Patrick ホイシャー
[国]スイス ビーチバレー選手
Heuser, Uwe Jean ホイザー, ウヴェ・ジャン
[著]「感情が経済を動かす」 PHP研究所 2010
Heussenstamm, Paul ホイセンスタム, ポール
[著]「マインドフルネスマンダラ」 ガイアブックス 2016

H

Heuvel, Eric ヒューフェル, エリック
[著]「マンガで学ぶナチスの時代」 汐文社 2009
Heuvel, Joan Vanden ホーヴェル, ジョーン・ヴァンデン
[著]「ポール・オースターが朗読するナショナル・ストーリー・プロジェクト」 アルク 2006
Heuvelink, Ep フゥーヴェリンク, エペ
[著]「トマトオランダの多収技術と理論」 農山漁村文化協会 2012
Heuvers, Hermann ホイヴェルス, ヘルマン
[著]「人生の秋に」 春秋社 2008
Hévin, Jean-Paul エヴァン, ジャン・ポール
1957～ [国]フランス ショコラティエ ジャン・ポール・エヴァンオーナーシェフ
Hew, Choy Khoun ヒュー・チョイ・コン
[国]マレーシア ペラ馬日友好協会名誉顧問, 元・ペラ馬日友好協会会長, 元・ペラ・チームワーク株式会社ジェネラルマネージャー兼取締役 漢字名＝丘才幹
Heward, Lyn ヒュワード, リン
[著]「白い扉の向こう側」 ランダムハウス講談社 2007
Heward, William L. ヒューワード, ウイリアム・L.
1949～ [異]ヒューワード, ウィリアム・L. [著]「応用行動分析学」 明石書店 2013
Hewetson, Tom ヘヴェトソン, トム
[著]「写真とDVDでわかり易い最先端のテーピング技術」 ガイアブックス 2015
Hewett, Richard ヘウェット, リチャード
[著]「ハニーが盲導犬になるまで」 国土社 2001
Hewish, Antony ヒューイッシュ, アントニー
1924～ [国]イギリス 電波天文学者 ケンブリッジ大学名誉教授 [異]ヒューイッシュ, A.
Hewitt, Andrea ヒューイット, アンドレア
[国]ニュージーランド トライアスロン選手
Hewitt, Angela ヒューイット, アンジェラ
1958～ [国]カナダ ピアニスト
Hewitt, Don ヒューイット, ドン
1922～2009 [国]アメリカ テレビプロデューサー 本名＝Hewitt, Donald Shepard
Hewitt, Eben ヒューイット, イーベン
[著]「Cassandra」 オライリー・ジャパン, オーム社（発売） 2011
Hewitt, Jennifer Love ヒューイット, ジェニファー・ラブ
1979～ [国]アメリカ 女優, 歌手 [異]ヒューイット, ジェニファー・ラヴ
Hewitt, J.Joseph ヒューイット, J.ジョセフ
[著]「国際水紛争事典」 アサヒビール, 清水弘文堂書房（発売） 2003
Hewitt, Kate ヒューイット, ケイト
[著]「愛を夢見る家政婦」 ハーパーコリンズ・ジャパン 2016
Hewitt, Les ヘウィット, レス
[著]「富を手にする10の戦略」 たちばな出版 2003
Hewitt, Lleyton ヒューイット
[国]オーストラリア テニス選手
Hewitt, Neville ヘウィット, ネビル
[国]アメリカ アメフト選手
Hewitt, Paolo ヒューイット, パオロ
1958～ [著]「デヴィッド・ボウイ コンプリート・ワークス」 TOブックス 2013
Hewitt, Patricia ヒューイット, パトリシア
[国]イギリス 保健相
Hewitt, Paul G. ヒューイット, ポール・G.
[著]「傑作！ 物理パズル50」 講談社 2011
Hewitt, Philip ヒューイット, フィリップ
1946～ [著]「エマと隣の少年」 アイビーシーパブリッシング, 日本洋書販売（発売） 2005
Hewitt, Ryan ヒューイット, ライアン
[国]アメリカ アメフト選手
Hewitt, Sally ヒューイット, サリー
1949～ [著]「ポップアップ・むしたち」 大日本絵画 〔2008〕
Hewitt, Terry ヘウィット, テリー
[著]「フローラ」 産調出版 2005
Hewitt, William W. ヒューイット, ウィリアム・W.
1929～2001 [著]「実践的催眠術」 心交社 2008
Hewitt-Taylor, Jaqui ヒューウィット＝テイラー, ジャキィ
[著]「入門臨床事例で学ぶ看護の研究」 福村出版 2016
Hew Len, Ihaleakala ヒューレン, イハレアカラ
[国]アメリカ ハワイ古来「ホ・オポノポノ」提唱者 ハワイ大学助教授
Hewlette, William ヒューレット, ウィリアム
1913～2001 [国]アメリカ 実業家 ヒューレット・パッカード創業者・名誉取締役 通称＝ヒューレット, ビル〈Hewlett, Bill〉 [異]ヒューレット, ウイリアム
Hewlin, Todd ヒューリン, トッド
[著]「コンサンプションエコノミクス」 日経BP社, 日経BPマーケティング（発売） 2013
Hewson, David ヒューソン, デービッド
1953～ [国]イギリス 作家 [専]ミステリー, スリラー
Hewson, J.B. ヒューソン, J.B.
[著]「交易と冒険を支えた航海術の歴史」 海文堂出版 2007
Hewson, Marillyn A. ヒューソン, マリリン
[国]アメリカ 実業家 ロッキード・マーチン会長・社長・CEO
Hewson, Rob ヒューソン, ロブ
[著]「船の百科事典」 東洋書林 2005
Hexter, Eric ヘクスター, エリック
[著]「ASP（えーえすぴー）.NET MVC（えむぶいしー）2プログラミングリソース」 翔泳社 2011
Hexum, Angela L. ヘクサム, アンジェラ・L.
[著]「アンコモン・ケースブック」 亀田ブックサービス 2001
Hey, Anthony J.G. ヘイ, トニー
[著]「新目で楽しむ量子力学の本」 丸善 2007
Heyd, David ハイト, デイビッド
[著]「精神科臨床倫理」 星和書店 2011
Heydarov, Kemaleddin ヘイダロフ, ケマレディン
[国]アゼルバイジャン 非常事態相
Heyduck-Huth, Hilde ハイドゥック＝フート, ヒルデ
[著]「ちきゅう」 至光社 c2002
Heyer, C.J.den ヘイヤール, C.J.デン
1942～ [著]「マルコによる福音書」 教文館 2004
Heyerdahl, Thor ヘイエルダール, トール
1914～2002 [国]ノルウェー 人類学者, 探検家 [異]ヘイエダール
Heyes, Jane ヘイズ, ジェイン
[著]「こどもDAY BY DAYバイブル」 いのちのことば社フォレストブックス 2016
Heyes, Josef ハイエス, ヨーゼフ
[国]ドイツ ヴィリッヒ市長
Heyes, Terry ヘイズ, テリー
[著]「フライトプラン」 メディアファクトリー 2006
Heyl, Matthias ハイル, マティアス
1965～ [著]「永遠のアンネ・フランク」 集英社 2003
Heylen, Ilse エイレン
[国]ベルギー 柔道選手 [異]ヘイレン
Heym, Stefan ハイム, シュテファン
1913～2001 [国]ドイツ 作家, 政治家 ドイツ連邦議会議員
Heyman, David ヘイマン, デービッド
1961～ [国]イギリス 映画プロデューサー [異]ヘイマン, デイビッド／ヘイマン, デイヴィッド／ヘイマン, デビッド
Heyman, Melvin B. ハイマン, メルヴィン
[著]「子どもの成長は、6歳までの食事で決まる」 PHP研究所

Heyman, Richard D.　ヘイマン, リチャード
　著「こんなとき10代にどう言えばいいの!?」小学館プロダクション　2003
Heymann, Klaus　ハイマン, クラウス
　1936〜　国ドイツ　起業家　ナクソス創業者・CEO
Heymann, Mathias　エイマン, マチアス
　国フランス　バレエダンサー　パリ・オペラ座バレエ団エトワール
Heymans, Emilie　ハイマンズ
　国カナダ　飛び込み選手
Heymel, Michael　ハイメル, ミヒャエル
　著「時を刻んだ説教」日本キリスト教団出版局　2011
Heymsfield, Steven B.　ハイムズフィールド, スティーブン・B.
　著「身体組成研究の基礎と応用」大修館書店　2001
Heyward, Cameron　ヘイワード, キャメロン
　国アメリカ　アメフト選手
Heyward, Craig　ヘイワード, クレイグ
　1966〜2006　国アメリカ　アメフト選手
Heyward, Jason　ヘイワード, ジェイソン
　国アメリカ　野球選手
Heyward, Louis M.　ヘイワード, ルイス
　？〜2002　国アメリカ　映画・テレビプロデューサー, 脚本家
Heyward-bey, Darrius　ヘイワード・ベイ, ダーリアス
　国アメリカ　アメフト選手
Heywood, Derek　ヘイウッド, D.
　著「テキスタイル加工」IS　2004
Heywood, Rosie　ヘイウッド, ロージー
　著「探し絵ツアー」文渓堂　2008
Heywood, Vernon Hilton　ヘイウッド, V.H.
　1927〜　著「花の大百科事典」朝倉書店　2008
Heyzer, Noeleen　ヘイザー, ノエリン
　著「もう戦争はさせない！」文理閣　2007
Hezonja, Mario　ヘゾニャ, マリオ
　国クロアチア　バスケットボール選手
Hiaasen, Carl　ハイアセン, カール
　1953〜　国アメリカ　作家, ジャーナリスト, コラムニスト　異ハイアッセン
Hian, Eng　ヒアン
　国インドネシア　バドミントン選手
Hiasat, Ali al　ヒアサート, アリ
　国ヨルダン　保健相　異ヒアサト, アリ
Hiatt, Howard H.　ハイアット, ハワード・H.
　著「医療過誤対策」青木書店　2001
Hiatt, James L.　ハイアット, ジェームズ・L.
　1934〜　著「ガートナー/ハイアット組織学アトラスとテキスト」メディカル・サイエンス・インターナショナル　2014
Hiatt, Kristina L.　ハイアット, クリスティーナ・D.
　著「サイコパシー・ハンドブック」明石書店　2015
Hibbert, Adam　ヒバート, アダム
　著「テロリズム」小峰書店　2004
Hibbert, Christopher　ヒバート, C.
　著「看護とヘルスケアの社会学」医学書院　2005
Hibbert, Christopher　ヒバート, クリストファー
　1924〜2008　国イギリス　作家, 歴史家　著イギリス近現代史, イタリア近現代史　異ヒッパート
Hibbert, Roy　ヒバート, ロイ
　国アメリカ　バスケットボール選手
Hibbett, Howard Scott　ヒベット, ハワード
　1920〜　国アメリカ　日本文学研究家　ハーバード大学名誉教授
Hibler, Winston　ヒブラー, ウィンストン
　著「くまのプーさん」竹書房　2003
Hiby, Lydia　ヒビー, リディア
　1958〜　著「アニマル・コミュニケーター」ヴォイス　2001
Hicintuka, Cyrille　ヒシントゥカ, シリル
　国ブルンジ　自治体開発相
Hick, John　ヒック, ジョン
　1922〜2012　著「神とはいったい何ものか」新教出版社　2014
Hick, John Harwood　ヒック, ジョン
　1922〜2012　国イギリス　神学者, 宗教哲学者　バーミング大学名誉教授, クレアモント大学大学院教授
Hickam, Homer H., Jr.　ヒッカム, ホーマー, Jr.
　1943〜　著「アルバート, 故郷に帰る」ハーパーコリンズ・ジャパン　2016
Hickel, Hal T.　ヒッケル, ハル
　アカデミー賞 特殊効果賞（第79回（2006年））　"Pirates of the Caribbean: Dead Man's Chest"
Hickel, Wally　ヒッケル, ウォーリー
　1919〜2010　国アメリカ　政治家, 実業家　アラスカ州知事　本名＝ヒッケル, ウォルター〈Hickel, Walter Joseph〉
Hickenlooper, George　ヒッケンルーパー, ジョージ
　1963〜2011　国アメリカ　映画監督
Hickey, G.Ivor　ヒッキー, G.I.
　著「遺伝学キーノート」シュプリンガー・フェアラーク東京　2003
Hickey, Howard　ヒッキー, ハワード
　1917〜2006　国アメリカ　アメフト監督
Hickey, Jim　ヒッキー, ジム
　国アメリカ　タンパベイ・レイズコーチ
Hickey, Joanne V.　ヒッキー, ジョアンヌ・V.
　著「脳神経外科臨床看護マネジメント」メディカ出版　2003
Hickey, John　ヒッキー, ジョン
　国パプアニューギニア　農業・畜産相
Hickey, John Benjamin　ヒッキー, ジョン・ベンジャミン
　トニー賞 プレイ 助演男優賞（2011年（第65回））　"The Normal Heart"
Hickey, Mary Cassandra　ヒッキー, メアリー・C.
　著「お仕事してても子は育つ」新潮社　2004
Hickey, Samuel　ヒッキィ, サミュエル
　1972〜　著「変容する参加型開発」明石書店　2008
Hickey, Sean　ヒッキー, ショーン
　国アメリカ　アメフト選手
Hickling, Meg　ヒックリング, メグ
　1941〜　著「メグさんの男の子のからだとこころQ&A」築地書館　2004
Hickman, Craig R.　ヒックマン, クレイグ
　著「主体的に動く」ディスカヴァー・トゥエンティワン　2009
Hickman, Jonathan　ヒックマン, ジョナサン
　著「ニューアベンジャーズ：エブリシング・ダイ」ヴィレッジブックス　2016
Hickman, Tracy　ヒックマン, トレイシー
　著「ドラゴンランス秘史時の瞳もつ魔術師の竜」アスキー・メディアワークス, 角川グループパブリッシング（発売）　2010
Hickok, J.T.　ヒコック, J.
　著「鍼のエビデンス」医道の日本社　2009
Hickox, Richard　ヒコックス, リチャード
　1948〜2008　国イギリス　指揮者　ロンドン交響楽団准客演指揮者, シティ・オブ・ロンドン・シンフォニア音楽監督　本名＝ヒコックス, リチャード・シドニー〈Hickox, Richard Sidney〉
Hicks, Aaron　ヒックス, アーロン
　国アメリカ　野球選手
Hicks, Akiem　ヒックス, アキーム
　国アメリカ　アメフト選手
Hicks, Barbara Jean　ヒックス, バーバラ・J.
　著「ありのままでだいじょうぶ」講談社　2014
Hicks, David　ヒックス, デイヴィッド
　著「グローバル・ティーチャーの理論と実践」明石書店　2011
Hicks, Donald L.　ヒックス, ドナルド・L.
　著「女のコが本当に感じるセックス」ベストセラーズ　2012
Hicks, Esther　ヒックス, エスター
　1948〜　著「新訳 願えば, かなうエイブラハムの教え」ダイヤモンド社　2016
Hicks, Gary　ヒックス, ゲイリー
　著「宝くじの文化史」原書房　2011
Hicks, Greg　ヒックス, グレッグ
　1953〜　著「なぜか, うまくいくチームの上司の習慣術」総合法令出版　2005
Hicks, Jerry　ヒックス, ジェリー
　著「新訳 願えば, かなうエイブラハムの教え」ダイヤモンド社　2016
Hicks, John　ヒックス, ジョン
　国アメリカ　野球選手
Hicks, Jordan　ヒックス, ジョーダン
　国アメリカ　アメフト選手
Hicks, Michael R.　ヒックス, マイケル・R.
　1963〜　著「女帝の名のもとに」早川書房　2016
Hicks, Mike　ヒックス, マイク
　1967〜　著「ネットワーク・ボトルネック解消の理論と実践」ピアソン・エデュケーション　2002
Hicks, Neill D.　ヒックス, ニール・D.
　1946〜　著「アクション・アドベンチャーを書く」フィルムアート社　2006
Hicks, Paul　ヒックス, ポール
　グラミー賞 最優秀ヒストリカル・アルバム（2010年（第53回））

Hicks, Peter　ヒックス、ピーター
1964～　㊙「パラーディオのローマ」白水社　2011
Hicks, Scott　ヒックス、スコット
㊙「映画監督という仕事」フィルムアート社　2001
Hicks, Tyler　ヒックス、タイラー
㊀アメリカ　ピュリッツアー賞 ジャーナリズム 速報写真（2014年）ほか
Hickson, Andy　ヒクソン、アンディ
㊙「非暴力をめざすトレーニング・ガイド」解放出版社　2004
Hickson, David John　ヒクソン、デービッド・J.
㊙「現代組織学説の偉人たち」有斐閣　2003
Hickson, J.J.　ヒクソン、JJ
㊀アメリカ　バスケットボール選手
Hidalgo, Anne　イダルゴ、アンヌ
1959～　㊀フランス　政治家　パリ市長
Hidalgo, Giovanni　イダルゴ、ジョヴァンニ
グラミー賞 最優秀コンテンポラリー・ワールド・ミュージック・アルバム（2008年（第51回））　"Global Drum Project"
Hidalgo, Pablo　ヒダルゴ、パブロ
㊙「スター・ウォーズ／フォースの覚醒ビジュアル・ディクショナリー」講談社　2016
Hidalgo, Wilfredo　イダルゴ、ウィルフレド
㊀ドミニカ共和国　保健相
Hidalgo-clyne, Sam　ヒダルゴ＝クライン、サム
㊀スコットランド　ラグビー選手
Hidayat, Mohamad　ヒダヤット、モハマド
㊀インドネシア　産業相
Hidayat, Taufik　ヒダヤット、タウフィク
1981～　㊀インドネシア　元バドミントン選手　㊥ヒダヤット、タウフィック／ヒダヤト、タウフィック／ヒダヤト、タウフィック
Hiddink, Guus　ヒディンク、フース
1946～　㊀オランダ　サッカー指導者、元サッカー選手　サッカー・オランダ代表監督　㊥ヒディング、フース
Hiddleston, Tom　ヒドルストン、トム
ローレンス・オリヴィエ賞 プレイ 新人賞（2008年（第32回））　"Cymbeline"
Hidegkuti, Nándor　ヒデクチ、ナーンドル
1922～2002　㊀ハンガリー　サッカー選手　㊥ヒデグチ、ナンドル
Hidell, Al　ハイデル、アル
㊙「トンデモ陰謀大全」成甲書房　2006
Hidvegi, Vid　ヒドゥベギ
㊀ハンガリー　体操選手
Hiebert, Helen　ヒーバート、ヘレン
1965～　㊙「ポップアップで遊びましょ！」大日本絵画　〔2015〕
Hiebert, James　ヒーバート、ジェームズ
㊙「日本の算数・数学教育に学べ」教育出版　2002
Hield, Buddy　ヒールド、バディ
㊀バハマ　バスケットボール選手
Hiem, Phommachanh　ヒエム・ポムマチャン
㊀ラオス　郵政・通信相
Hien, Fidele　イエン、フィデレ
㊀ブルキナファソ　環境・水資源相
Hien, Nguyen Minh　ヒエン、グエン・ミン
㊀ベトナム　教育・訓練相
Hien, Theodore Kilmite　イエン、テオドール・キルミテ
㊀ブルキナファソ　情報相
Hieneman, Meme　ハイネマン、ミミ
㊙「子育ての問題をPBSで解決しよう！」金剛出版　2014
Hieronimus, Robert　ヒエロニムス、ロバート
㊙「イエロー・サブマリン航海記」ブルース・インターアクションズ　2006
Hierro, Luis　イエロ、ルイス
㊀ウルグアイ　副大統領
Hietaniemi, Rami Antero　ヒエタニエミ、ラミアンテロ
㊀フィンランド　レスリング選手
Higa, Santiago　ヒガ、サンティアゴ
㊀アルゼンチン　元・コルドバ州日本人会会長
Higashi, Sandra　ヒガシ、サンドラ
㊙「Qカード」ソニー・マガジンズ　2003
Higashioka, Kyle　ヒガシオカ、カイル
㊀アメリカ　野球選手
Higbee, Tyler　ヒグビー、タイラー
㊀アメリカ　アメフト選手
Higdon, Jennifer　ヒグドン、ジェニファー
㊀アメリカ　ピュリッツアー賞 文学・音楽 音楽（2010年）ほか
Higginbotham, Don　ヒギンボウサム、ドン
1931～　㊙「将軍ワシントン」木鐸社　2003
Higgins, Billy　ヒギンズ、ビリー
1936～2001　㊀アメリカ　ジャズドラマー
Higgins, Clare　ヒギンズ、クレア
ローレンス・オリヴィエ賞 プレイ 女優賞（2005年（第29回））　"Hecuba"
Higgins, David R.　ヒギンズ、デヴィッド・R.
㊙「ティーガー2 vs IS-2スターリン戦車」大日本絵画　2012
Higgins, Jack　ヒギンズ、ジャック
1929～　㊀イギリス　作家　別名＝パターソン、ハリー〈Patterson, Harry〉、グレアム、ジェームス〈Graham, James〉、マロウ、ヒュー〈Marlowe, Hue〉、ファロン、マーティン〈Fallon, Martin〉
Higgins, Jane　ヒギンズ、ジェーン
㊙「ニュージーランド福祉国家の再設計」法律文化社　2004
Higgins, John　ヒギンズ、ジョン
㊙「ビフォア・ウォッチメン：オジマンディアス／クリムゾン・コルセア」ヴィレッジブックス　2012
Higgins, J.Wally　ヒギンズ、J.ウォーリー
1927～　㊙「昭和30年代乗物のある風景」JTBパブリッシング　2007
Higgins, Kristan　ヒギンズ、クリスタン
㊙「最高のプロポーズは一度だけ」竹書房　2012
Higgins, Kyle　ヒギンズ、カイル
㊙「ジョーカー：喪われた絆」小学館集英社プロダクション　2014
Higgins, Mary Clerkin　ヒギンズ、メアリ・クラーキン
㊙「世界ステンドグラス文化図鑑」東洋書林　2005
Higgins, Michael D.　ヒギンズ、マイケル
1941～　㊀アイルランド　政治家、詩人、人権活動家　アイルランド大統領
Higgins, Monica C.　ヒギンズ、モニカ・C.
㊙「「問題社員」の管理術」ダイヤモンド社　2007
Higgins, Peter M.　ヒギンズ、ピーター・M.
1956～　㊙「想像力で解く数学」白揚社　2005
Higgins, Rashard　ヒギンズ、ラシャード
㊀アメリカ　アメフト選手
Higgins, Richard S.　ヒギンズ、リチャード
㊙「レントシーキングの経済理論」勁草書房　2002
Higgins, Robert C.　ヒギンズ、ロバート・C.
㊙「ファイナンシャル・マネジメント」ダイヤモンド社　2015
Higgins, Robert N.　ヒギンズ、ロバート
㊙「グローバル・プロジェクトマネジメント」鹿島出版会　2013
Higgins, Ronald　ヒギンズ、ロナルド
㊙「不妊症」メディカ出版　2002
Higgins, Rosalyn　ヒギンズ、ロザリン
㊙「国際社会における法の支配と市民生活」国際書院　2008
Higginsen, Vy　ヒギンセン、ヴァイ
㊙「アメイジング・グレイス」音楽之友社　2001
Higgs, Chris　ヒッグス、クリス
1958～　㊙「エンターテインメント業界におけるリギング入門」未来社　2006
Higgs, Peter Ware　ヒッグス、ピーター
1929～　㊀イギリス　理論物理学者　エディンバラ大学名誉教授　㊥ヒグズ、ピーター・ウェア
Higgs, Tracy J.　ヒッグス、トレイシー・J.
1970～　㊙「「あの世」のしくみがわかる37の真実」日本文芸社　2015
Higham, Charles　ハイアム、チャールズ
1931～　㊙「国際金融同盟」マルジュ社　2002
Highbridge, Dianne　ハイブリッジ、ダイアン
1945～　㊙「あまりに年下の彼」集英社　2002
Highfield, Kathy　ハイフィールド、キャシー
㊙「言語力を育てるブッククラブ」ミネルヴァ書房　2012
Highfield, Roger　ハイフィールド、ロジャー
㊙「ハリー・ポッターの科学」早川書房　2003
Highland, Chris　ハイランド、クリス
㊀アメリカ　アメフト選手
Highsmith, Cyrus　ハイスミス、サイラス
㊙「欧文タイポグラフィの基本」グラフィック社　2014
Highsmith, James A.　ハイスミス、ジム
㊙「アジャイルプロジェクトマネジメント」日経BP社、日経BP出版センター（発売）　2005
Hight, Elena　ハイト
㊀アメリカ　スノーボード選手

Hight, Julian　ハイト, ジュリアン
[著]「世界の巨樹・古木」 原書房　2016
Hightower, Dont'a　ハイタワー, ドンタ
[国]アメリカ　アメフト選手
Hightower, Lee　ハイタワー, リー
[国]アメリカ　アメフト選手
Hightower, Lynn S.　ハイタワー, リン・S.
[著]「消失点」 講談社　2001
Hightower, Rosella　ハイタワー, ロゼラ
1920～2008　[国]アメリカ　バレリーナ, バレエ教師　グラン・バレエ・デュ・マルキ・ド・クエバス・プリマ, パリ・オペラ座バレエ団芸術監督　[異]ハイタワー, ローゼラ
Hightower, Tim　ハイタワー, ティム
[国]アメリカ　アメフト選手
Highwater, Jamake　ハイウォーター, ジャマーク
？～2001　[国]アメリカ　作家　[異]ハイウォーター, ジュマーク
Highway, Tomson　ハイウェイ, トムソン
1951～　[著]「海外戯曲アンソロジー」 日本演出者協会, れんが書房新社(発売)　2007
Higson, Charles　ヒグソン, チャーリー
1958～　[著]「ヤング・ボンド」 学習研究社　2007
Higson, Séamus P.J.　ヒグソン, S.
[著]「分析化学」 東京化学同人　2006
Higton, Bernard　ヒットン, バーナード
[著]「イソップ寓話集」 童話館出版　2002
Higuain, Gonzalo　イグアイン, ゴンサロ
1987～　[国]アルゼンチン　サッカー選手　[異]イグアイン, ゴンサーロ
Higuchi, William I　ヒグチ, ウィリアム・アイ
[国]アメリカ　元・ミシガン大学薬学・薬化学部教授, 元・ユタ大学薬学・薬化学部教授
Higuero, Juan Carlos　イゲロ
[国]スペイン　陸上選手
Hijazi, Hassan　ヒジャジ, ハサン
[国]シリア　労相
Hijazi, Mohamed　ヒジャージ, ムハンマド
[国]リビア　保健・環境書記(保健・環境相)
Hijgenaar, Yvonne　ヘイヘナール
[国]オランダ　自転車選手
Hijino, Ken Victor Leonard　ヒジノ, ケン・ビクター・レオナード
1977～　[著]「日本のローカルデモクラシー」 芦書房　2015
Hijiya-Kirschnereit, Irmela　ヒジヤ・キルシュネライト, イルメラ
1948～　[国]ドイツ　日本学者　ベルリン自由大学教授　ドイツ日本研究所所長　[専]現代日本文学, 日本学　日本語名＝日地谷・キルシュネライト, イルメラ　[異]ヒジヤ－キルシェネライト, イルメラ
Hijuelos, Oscar　イフェロス, オスカー
1951～2013　[国]アメリカ　作家　[異]ヒジュロス, オスカー
Hikam, Muhammad A.S.　ヒカム, ムハンマド・A.S.
[国]インドネシア　国務相(研究・技術担当)
Hiken, Marti　ハイケン, マーティ
[著]「もう戦争はさせない！」 文理閣　2007
Hikmatullozoda, Nematullo　ヒクマトゥッロゾダ, ネマトゥッロ
[国]タジキスタン　経済発展貿易相
Hilaire, Laurent　イレール, ローラン
1962～　[国]フランス　バレエダンサー　パリ・オペラ座バレエ団メートル・ド・バレエ　パリ・オペラ座バレエ団エトワール
Hilaire, Sébastien　イレール, セバスチャン
[国]ハイチ共和国　農業・天然資源・地方開発相
Hilal, Ali Eddin El Desuqi　ヒラル, アリ・エッディン・エル・デスキ
[国]エジプト　青年相　[異]ヒラル, アリ・エディン・エルデスキ
Hilal, Hassan Abdel-Gader　ヒラル, ハサン・アブドルガデル
[国]スーダン　環境・資源・都市開発相
Hilayel, Ahmad　ヒライエル, アハマド
[国]ヨルダン　宗教相
Hilb, Martin　ヒルブ, マルティン
[著]「戦略経営マニュアル」 レクシスネクシス・ジャパン　2012
Hilberg, Raul　ヒルバーグ, ラウル
1926～2007　[国]アメリカ　政治学者
Hilbert, Ray　ヒルバート, レイ
[著]「宇宙の法則4つの真理」 講談社　2010
Hilbert, Roberto　ヒルバート, ロベルト
[国]ドイツ　サッカー選手
Hilbig, Wolfgang　ヒルビヒ, ヴォルフガング
1941～　[著]「私」 行路社　2003
Hilborn, Ray　ヒルボーン, レイ
1947～　[著]「乱獲」 東海大学出版部　2015
Hilborn, Ulrike　ヒルボーン, ウルライク
[著]「乱獲」 東海大学出版部　2015
Hildebrand, Sara　ヒルデブランド
[国]アメリカ　飛び込み選手
Hildebrandt, Dieter　ヒルデブラント, ディーター
[著]「第九」 法政大学出版局　2007
Hildebrandt, Tim　ヒルデブラント, ティム
？～2006　[国]アメリカ　イラストレーター, 作家
Hildenberg, Humphrey　ヒルデンベルグ, ハンフリ
[国]スリナム　財務相　[異]ヒルデンベルフ, ハンフリ・スタンリー
Hildenbrand, Suzanne　ヒルデンブランド, スザンヌ
[著]「アメリカ図書館史に女性を書きこむ」 京都大学図書館情報学研究会, 日本図書館協会(発売)　2002
Hildick, Edmund Wallace　ヒルディック, E.W.
1925～2001　[著]「あやしい手紙」 あかね書房　2004
Hildred, Stafford　ヒルドレッド, スタッフォード
[著]「デイヴィッド・ベッカム」 ぶんか社　2002
Hile, Lori　ハイル, ローリー
[著]「池上彰のなるほど！ 現代のメディア」 文溪堂　2011
Hileman, Betle　ハイルマン, B.
[著]「プリニウスの迷信」 績文堂出版　2006
Hileo, Brahim Alkhalil　ヒレオ, ブラヒム・アルカリル
[国]チャド　石油・エネルギー相
Hilfiger, Tommy　ヒルフィガー, トミー
1951～　[国]アメリカ　ファッションデザイナー
Hilgard, Ernest Ropiequet　ヒルガード, アーネスト・ロピケット
1904～2001　[著]「ヒルガード分割された意識」 金剛出版　2013
Hilger, Matthew　ヒルガー, マシュー
[著]「確率の考え方」 パンローリング　2012
Hilgers, R.　ヒルガース, R.
[著]「鍼のエビデンス」 医道の日本社　2009
Hilgertova, Stepanka　ヒルゲルトバ
[国]チェコ　カヌー選手
Hilhorst, Max A.　ヒルホースト, マックス・A.
[著]「土壌の誘電特性」 九州大学出版会　2010
Hiljemark, Oscar　ヒリェマルク, オスカル
[国]スウェーデン　サッカー選手
Lord **Hill**　ヒル卿
[国]イギリス　上院院内総務兼ランカスター公領相
Hill, Aaron　ヒル, アーロン
[国]アメリカ　野球選手
Hill, Amber　ヒル, アンバー
[国]イギリス　射撃選手
Hill, Andrew　ヒル, アンドリュー
1931～2007　[国]アメリカ　ジャズ・ピアニスト
Hill, Anthony　ヒル, アンソニー
1942～　[著]「すすにまみれた思い出」 金の星社　2003
Hill, Armond　ヒル, アーモンド
[国]アメリカ　ロサンゼルス・クリッパーズアシスタントコーチ(バスケットボール)
Hill, Austin　ヒル, オースティン
[国]アメリカ　アメフト選手
Hill, Benjamin Mako　ヒル, ベンジャミン・マコ
1980～　[著]「Ubuntu徹底入門」 翔泳社　2007
Hill, Bonnie Hearn　ヒル, ボニー・H.
1945～　[著]「彼女が消えた夜」 ハーレクイン　2005
Hill, Brett　ヒル, ブレット
[著]「Microsoft Windows Server 2008リソースキット」 日経BPソフトプレス, 日経BP出版センター(発売)　2009
Hill, Bronson　ヒル, ブロンソン
[国]アメリカ　アメフト選手
Hill, Brooks　ヒル, ブルックス
[著]「人間と組織」 三修社　2005
Hill, C.　ヒル, C.
[著]「鍼のエビデンス」 医道の日本社　2009
Hill, Casey　ヒル, ケイシー
[専]ミステリー
Hill, Charles W.L.　ヒル, チャールズ・W.L.
[著]「国際ビジネス」 楽工社　2014
Hill, Christopher　ヒル, クリストファー
1912～2003　[国]イギリス　歴史学者　オックスフォード大学ベーリオル・カレッジ学長　[専]イギリス革命　本名＝ヒル, ジョン・

エドワード・クリストファー〈Hill, John Edward Christopher〉
Hill, Christopher R. ヒル, クリストファー
1952〜 [国]アメリカ 外交官 デンバー大学国際研究大学院院長 米国国務次官補(東アジア・太平洋担当), 駐イラク米国大使
Hill, Christopher T. ヒル, クリストファー
1951〜 [著]「量子物理学の発見」 文芸春秋 2016
Hill, Clara E. ヒル, クララ・E.
1948〜 [著]「ヘルピング・スキル」 金子書房 2014
Hill, Clint ヒル, クリント
1932〜 [著]「ミセス・ケネディ」 原書房 2013
Hill, Cyndi ヒル, シンディ
[著]「コミュニケーションのためのムーブメント」 三輪書店 2009
Hill, David ヒル, デイヴィッド
1942〜 [著]「僕らの事情。」 求竜堂 2005
Hill, David, Rev ヒル, デイヴィド
[著]「マタイによる福音書」 日本キリスト教団出版局 2010
Hill, Debra ヒル, デブラ
?〜2005 [国]アメリカ 映画プロデューサー, 脚本家
Hill, Declan ヒル, デクラン
[著]「あなたの見ている多くの試合に台本が存在する」 カンゼン 2014
Hill, Douglas ヒル, ダグラス
1935〜 [著]「魔術事典」 あすなろ書房 2004
Hill, Edward ヒル, エドワード
[著]「ある女性天文学者の生涯」 七つ森書館 2004
Hill, Eric ヒル, エリック
1927〜2014 [国]アメリカ 絵本作家
Hill, Faith ヒル, フェイス
1967〜 [国]アメリカ 歌手 本名=Perry, Audrey Faith
Hill, Felicity ヒル, フェリシティ
[著]「地球の生き残り」 日本評論社 2008
Hill, Fiona ヒル, フィオナ
1965〜 [著]「プーチンの世界」 新潮社 2016
Hill, Gary ヒル, ゲーリー
1951〜 [国]アメリカ ビデオアーティスト, 彫刻家 [専]ビデオアート, ビデオインスタレーション [異]ヒル, ゲイリー
Hill, Geoffrey ヒル, ジェフリー
1932〜2016 [国]イギリス 詩人 オックスフォード大学教授 本名=Hill, Geoffrey William
Hill, George ヒル, ジョージ
[国]アメリカ バスケットボール選手
Hill, George Roy ヒル, ジョージ・ロイ
1922〜2002 [国]アメリカ 映画監督
Hill, Gina ヒル, ジーナ
英国推理作家協会賞 ゴールド・ダガー(ノン・フィクション)(2005年) "On The Run"
Hill, G.Perry ヒル, G.ペリー
[著]「臨床心理学における科学と疑似科学」 北大路書房 2007
Hill, Grant ヒル, グラント
1972〜 [国]アメリカ 元バスケットボール選手
Hill, Gregg ヒル, グレッグ
英国推理作家協会賞 ゴールド・ダガー(ノン・フィクション)(2005年) "On The Run"
Hill, Heather ヒル, ヘザー
1950〜 [著]「ダンスコミュニケーション」 クリエイツかもがわ 2014
Hill, Helen ヒル, ヘレン
[著]「おはなしのおもちゃ箱」 PHP研究所 2003
Hill, Jeremy ヒル, ジェレミー
[国]アメリカ アメフト選手
Hill, Joe ヒル, ジョー
1972〜 [国]アメリカ 作家 [専]文学, フィクション, ホラーほか
Hill, John ヒル, ジョン
グラミー賞 最優秀録音技術アルバム(クラシック)(2010年(第53回)) "Daugherty: Metropolis Symphony, Deus Ex Machina"
Hill, John R. ヒル, ジョン・R.
1926〜 [著]「勝利の売買システム」 パンローリング 2007
Hill, Jordan ヒル, ジョーダン
[国]アメリカ バスケットボール選手
Hill, Jordan ヒル, ジョーダン
[国]アメリカ アメフト選手
Hill, Josh ヒル, ジョシュ
[国]アメリカ アメフト選手
Hill, Julia Butterfly ヒル, ジュリア・バタフライ
[著]「一本の樹が遺したもの」 現代思潮新社 2003
Hill, Kathleen M. ヒル, キャスリーン・M.
[著]「最強のモニター心電図」 ガイアブックス 2013
Hill, Kevin ヒル
[国]カナダ スノーボード選手
Hill, Kirkpatrick ヒル, カークパトリック
[著]「アラスカの小さな家族」 講談社 2015
Hill, Laban Carrick ヒル, レイバン・キャリック
[著]「つぼつくりのデイヴ」 光村教育図書 2012
Hill, Linda A. ヒル, リンダ
1956〜 [国]アメリカ ハーバード大学ビジネススクール・ウォレス・ブレット・ドナム記念講座教授 [専]経営管理
Hill, Lister ヒル, リスター
[著]「友よ 弔辞という詩」 河出書房新社 2007
Hill, Lorna ヒル, L.
[著]「オペラ座のバレリーナ」 ポプラ社 2009
Hill, Lundy ヒル, ランディ
1964〜 [著]「究極のトレーディングガイド」 パンローリング 2003
Hill, Lynda ヒル, リンダ
[著]「サビアンで読み解く運命事典」 ソニー・マガジンズ 2006
Hill, Lynn ヒル, リン
1961〜 [著]「クライミング・フリー」 光文社 2006
Hill, Michael ヒル, マイケル
[国]アメリカ マイアミ・マーリンズ編成総責任者
Hill, Michael James ヒル, マイケル
1937〜 [著]「イギリス社会政策講義」 ミネルヴァ書房 2015
Hill, Nellie ヒル, ネリー
[著]「ドラムサークル・ファシリテーターズ・ハンドブック」 Orange Boom Boom松山 2014
Hill, Perry ヒル, ペリー
[国]アメリカ マイアミ・マーリンズコーチ
Hill, Peter B.E. ヒル, ピーター・B.E.
[著]「ジャパニーズ・マフィア」 三交社 2007
Hill, Philip ヒル, フィリップ
1961〜 [著]「ラカン」 筑摩書房 2007
Hill, Rashod ヒル, ラショッド
[国]アメリカ アメフト選手
Hill, Reginald ヒル, レジナルド
1936〜2012 [国]イギリス ミステリー作家 別名=ルエル, パトリック〈Ruell, Patrick〉, モーランド, ディック, アンダーヒル, チャールズ
Hill, Rich ヒル, リッチ
[国]アメリカ 野球選手
Hill, Richard P. ヒル, リチャード・P.
1942〜 [著]「がんのベーシックサイエンス」 メディカル・サイエンス・インターナショナル 2006
Hill, Robert ヒル, ロバート
[国]オーストラリア 国防相
Hill, Rosanna ヒル, ロザンナ
[著]「異文化結婚」 新泉社 2005
Hill, Sam ヒル, サム
1953〜 [異]ヒル, サム・I. [著]「「ブランディング」は組織力である」 ダイヤモンド社 2005
Hill, Sandra ヒル, サンドラ
[著]「ラスト・ヴァイキング」 扶桑社 2014
Hill, Shaun ヒル, ショーン
[国]アメリカ アメフト選手
Hill, Shirley Ann ヒル, シェリー・A.
1947〜 [著]「黒人ハイスクールの歴史社会学」 昭和堂 2016
Hill, Solomon ヒル, ソロモン
[国]アメリカ バスケットボール選手
Hill, Stephen ヒル, S.
1946〜 [著]「「新版」新しい世紀の社会学中辞典」 ミネルヴァ書房 2005
Hill, Stephen ヒル, スティーブン
[国]アメリカ アメフト選手
Hill, Stuart ヒル, スチュアート
1958〜 [国]イギリス 作家 [専]ファンタジー, ヤングアダルト
Hill, Stuart B. ヒル, スチュアート・B.
[著]「持続可能な農業と環境」 食料・農業政策研究センター, 農山漁村文化協会(発売) 2001
Hill, Susan ヒル, スーザン
1942〜 [国]イギリス 作家, 評論家, 脚本家 本名=Hill Wells, Susan Elizabeth
Hill, Susanna Leonard ヒル, スザンナ・レオナルド
[著]「かもつれっしゃのたび」 大日本絵画 〔2010〕
Hill, Tatyana ヒル, タチヤナ
[著]「癒しのハンドメイドソープ」 合同出版 2002

Hill, Tim　ヒル, T.
　㊈「ザ・ビートルズフォトクロニクル」ヤマハミュージックメディア　2009
Hill, Timothy　ヒル, ティモシー
　1958〜　㊈「インナービューズ」太田出版　2001
Hill, Toni　ヒル, トニ
　1966〜　㊍スペイン　作家　㊨スリラー
Hill, Troy　ヒル, トロイ
　㊍アメリカ　アメフト選手
Hill, Tyreek　ヒル, タイリーク
　㊍アメリカ　アメフト選手
Hill, Walter　ヒル, ウォルター
　1942〜　㊍アメリカ　映画監督
Hillary, Darius　ヒラリー, ダリアス
　㊍アメリカ　アメフト選手
Hillary, Edgar　ヒラリー, エドガー
　㊍スワジランド　司法・憲法問題相
Hillary, Edmund Percival　ヒラリー, エドムント
　1919〜2008　㊍ニュージーランド　探検家, 外交官, 作家　駐インド・ニュージーランド大使　㊨ヒラリー, エドモンド／ヒラリー, エドモンド
Hillary, Peter　ヒラリー, ピーター
　1954〜　㊍ニュージーランド　登山家
Hille, Karoline　ヒレ, カロリーネ
　㊈「ハンナ・ヘーヒとラウール・ハウスマン」書肆半日閑, 三元社（発売）　2010
Hillebrand, Friedhelm　ヒルブラント, フリードヘルム
　1940〜　㊈「SHORT MESSAGE SERVICE」幻冬舎ルネッサンス　2011
Hillegass, Aaron　ヒレガス, アーロン
　㊈「MAC OS 10 COCOAプログラミング」東京電機大学出版局　2014
Hillel, Daniel　ヒレル, ダニエル
　㊈「環境問題への土壌物理学の応用」農林統計協会　2001
Hillel, Zak　ヒレル, Z.
　㊈「周術期経食道心エコー実践法」真興交易医書出版部　2005
Hillen, Hans　ヒレン, ハンス
　㊍オランダ　国防相
Hillenbrand, Carole　ヒレンブランド, キャロル
　1943〜　㊈「図説イスラーム百科」原書房　2016
Hillenbrand, Laura　ヒレンブランド, ローラ
　㊈「不屈の男」KADOKAWA　2016
Hillenbrand, Tom　ヒレンブラント, トム
　1972〜　㊍ドイツ　作家　㊨ミステリー, SF
Hillenbrand, Will　ヒレンブランド, ウィル
　㊈「キスなんかしないよ！」徳間書店　2001
Hillenburg, Stephen　ヒーレンバーグ, ステファン
　㊈「スポンジ・ボブ」講談社　2015
Hiller, Arthur　ヒラー, アーサー
　1923〜2016　㊍アメリカ　映画監督　米国映画芸術科学アカデミー（AMPAS）会長
Hiller, István　ヒッレル・イシュトバーン
　㊍ハンガリー　教育・文化相　㊨ヒレル・イシュトバーン
Hiller, Wilfried　ヒラー, ヴィルフリート
　㊈「エンデ全集」岩波書店　2006
Hillerman, Tony　ヒラーマン, トニー
　？〜2008　㊍アメリカ　ミステリー作家　㊨ヒラーマン, トニイ
Hillery, Patrick John　ヒラリー, パトリック
　1923〜2008　㊍アイルランド　政治家　アイルランド大統領
Hillesheim, Jan　ヒレスハイム, ヤン
　㊈「口が覚えるドイツ語」三修社　2012
Hillestad, Steven G.　ヒルスタッド, スティーヴン・G.
　㊈「ヘルスケア・マーケティング」麗沢大学出版会, 柏 広池学園事業部（発売）　2007
Hilliard, Darrun　ヒリアード, ダラン
　㊍アメリカ　バスケットボール選手
Hilliard, Kenny　ヒリアード, ケニー
　㊍アメリカ　アメフト選手
Hilliard, Nerina　ヒリヤード, ネリナ
　㊈「黒い星のかげで」ハーレクイン　2001
Hillier, Jennifer　ヒリアー, ジェニファー
　㊍カナダ　作家, ジャーナリスト　㊨ミステリー, スリラー
Hillier, Jim　ヒリアー, ジム
　㊈「フィルム・スタディーズ事典」フィルムアート社　2004
Hillier, Paul　ヒリアー, ポール
　グラミー賞 最優秀クラシック小編成演奏（2009年（第52回））ほか

Hillier, Scot　ヒリアー, スコット
　㊈「インサイドMicrosoft SharePoint 2010」日経BP社, 日経BPマーケティング（発売）　2012
Hillis, David M.　ヒリス, D.M.
　㊈「カラー図解アメリカ版大学生物学の教科書」講談社　2014
Hillis, W.Daniel　ヒリス, ダニエル
　㊈「思考する機械コンピュータ」草思社　2014
Hillman, Arye L.　ヒルマン, アリエ・L.
　㊍ヒルマン, アリー　㊈「入門財政・公共政策」勁草書房　2006
Hillman, Bruce J.　ヒルマン, ブルース・J.
　㊈「アインシュタインとヒトラーの科学者」原書房　2016
Hillman, D.C.A.　ヒルマン, D.C.A.
　㊈「麻薬の文化史」青土社　2009
Hillman, Henry　ヒルマン, ヘンリー
　㊍アメリカ　実業家
Hillman, James　ヒルマン, ジェームス
　1926〜2011　㊍アメリカ　心理学者　ユング研究所主任　㊨ユング心理学　㊨ヒルマン, ジェイムズ
Hillman, Robert S.　ヒルマン, ロバート・S.
　㊈「薬理書」広川書店　2003
Hillman, Ronnie　ヒルマン, ロニー
　㊍アメリカ　アメフト選手
Hillman, Saul　ヒルマン, サウル
　㊈「子どもの心理療法と調査・研究」創元社　2012
Hillman, Susan Kay　ヒルマン, スー・ケイ
　1952〜　㊈「アスレティック・トレーニング入門」大修館書店　2010
Hillman, Trey　ヒルマン, トレイ
　1963〜　㊍アメリカ　大リーグ監督, 元プロ野球監督　レンジャーズ選手育成部長
Hillmann, Michael R.　ヒルマン, マイケル・R.
　㊈「協力のリーダーシップ」ダイヤモンド社　2009
Hills, Ben　ヒルズ, ベン
　1942〜　㊈「プリンセス・マサコ」第三書館　2007（第2刷）
Hills, Carla　ヒルズ, カーラ
　1934〜　㊍アメリカ　弁護士　ヒルズ・アンド・カンパニー会長　米国通商代表部（USTR）代表　本名＝Hills, Carla Anderson　㊨ヒルズ, カーラ・H.
Hills, Tad　ヒルズ, タッド
　㊍ヒルズ, テッド　㊈「いぬのロケットお話を書く」新日本出版社　2014
Hills, Tony　ヒルズ, トニー
　㊍アメリカ　アメフト選手
Hillsborough, Romulus　ヒルズボロウ, ロミュラス
　㊈「新選組」バベルプレス　2007
Hilly, Francis Billy　ヒリー, フランシス・ビリー
　㊍ソロモン諸島　商工・雇用相
Hilmy, Hussain　ヒルミー, フサイン
　㊍モルディブ　青年育成・スポーツ相
Hilmy, Midhath　ヒルミー, ミダス
　㊍モルディブ　通信・科学技術相
Hilsenrath, Edgar　ヒルゼンラート, エドガー
　1926〜　㊈「ナチと理髪師」文芸社　2014
Hilton, Anthony　ヒルトン, アンソニー
　㊍ジャマイカ　外国貿易相
Hilton, Christopher　ヒルトン, クリストファー
　㊈「ベルリンの壁の物語」原書房　2007
Hilton, Dunstan　ヒルトン, ダンスタン
　㊍バヌアツ　法務・社会福祉相
Hilton, Dyan　ヒルトン, ディアン
　㊈「全系図付エジプト歴代王朝史」東洋書林　2012
Hilton, George　イルトン, ジョルジ
　㊍ブラジル　スポーツ相
Hilton, Isabel　ヒルトン, イザベル
　㊈「ダライ・ラマとパンチェン・ラマ」ランダムハウス講談社　2006
Hilton, Jonathan　ヒルトン, ジョナサン
　㊈「ストレスを柔らげる」産調出版　2007
Hilton, Margery　ヒルトン, マージェリー
　㊈「ママは十八歳」ハーレクイン　2014
Hilton, Mike　ヒルトン, マイク
　㊍アメリカ　アメフト選手
Hilton, Nette　ヒルトン, ネット
　1946〜　㊈「ウェディング・ウェブ」日本ライトハウス　2009
Hilton, Nicky　ヒルトン, ニッキー
　1983〜　㊍アメリカ　ファッションデザイナー, モデル

Hilton, Paris　ヒルトン, パリス
1981〜　国アメリカ　モデル, 女優
Hilton, T.Y.　ヒルトン, T.Y.
国アメリカ　アメフト選手
Hilton, William Barron　ヒルトン, ウィリアム・バロン
慈善家　国ヒルトン, W.バロン
Hilton-Barber, Miles　ヒルトン・バーバー, マイルズ
国イギリス　冒険家
Hilts, Elizabeth　ヒルツ, エリザベス
著「恋は"ちょっとわがまま"がうまくいく！」三笠書房　2006
Hiltzik, Michael A.　ヒルツィック, マイケル
著「未来をつくった人々」毎日コミュニケーションズ　2001
Himanen, Pekka　ヒマネン, ペッカ
1973〜　著「情報社会と福祉国家」ミネルヴァ書房　2005
Him-chan　ヒムチャン
1990〜　国韓国　歌手
Him Chhem　フム・チェイム
国カンボジア　宗教問題相
Hime, James L.　ハイム, ジェイムズ
著「ロデオ・ダンス・ナイト」早川書房　2005
Himeda, Manabu　ヒメダ, マナブ
国日本　オタワ国際アニメーション映画祭 ウォルト・ディズニー賞 (最優秀卒業制作アニメーション) 選ች佳作 (2013年)
"Youkosobokudesu Selection 'Na Ni Nu Ne No No'"
al-Himedi, Nuri Daw　ホメイディ, ヌーリ・ダウ
国リビア　文化・情報書記 (文化・情報相)
Himlal, Bhattarai　ヒムラル, バッタライ
著「Are you happy？」牧歌舎, 星雲社 (発売)　2013
Himler, Ronald　ハイムラー, ロナルド
著「バラ咲くじゅうたんのあるところ」草炎社　2006
Himley, Margaret　ヒムレイ, マーガレット
著「描写レヴューで教師の力量を形成する」ミネルヴァ書房　2002
Himmelfarb, Martha　ヒンメルファーブ, M.
1952〜　著「黙示文学の世界」教文館　2013
Himmelman, John　ヒンメルマン, ジョン
著「ピパルクとイルカたち」岩崎書店　2003
Himmelweit, Hilde　ヒンメルワイト, ヒルド
著「アメリカ―コミュニケーション研究の源流」春風社　2005
Himmich, Bensalem　ヒミシュ, ベンサレム
国モロッコ　文化相
Himpe, Tom　ヒンプ, トム
著「世界のインパクト・キャンペーン」ピエ・ブックス　2007
al-Hinai, Mohammed bin Abdullah　ヒナイ, ムハンマド・ビン・アブドラ
国オマーン　法相　国アル・ヒナイ, ムハマド・ビン・アブドラ・ビン・ザヒル
Hinard, François　イナール, フランソワ
1941〜2008　著「〈新版〉ローマ共和政」白水社　2013
Hince, Peter　ヒンス, ピーター
著「クイーンの真実」シンコーミュージック・エンタテイメント　2016
Hinch, A.J.　ヒンチ, A.J.
1974〜　国アメリカ　大リーグ監督　本名＝Hinch, Andrew Jay
Hinchliffe, Alan　ヒンチリフ, A.
著「初心者のための分子モデリング」地人書館　2008
Hinchliffe, Ben　ヒンチリフ, ベン
国イングランド　サッカー選手
Hinchman, B.L.　ヒンチマン, B.L.
1921〜　著「兄弟愛に生きる」〔B.L.ヒンチマン〕　2005
Hinckley, Gordon Bitner　ヒンクレー, ゴードン
1910〜2008　国アメリカ　宗教家　末日聖徒イエス・キリスト教会大管長
Hincks, Gary　ヒンクス, ゲイリー
著「海の中へ」理論社　2004
Hind, Rebecca　ハインド, レベッカ
著「図説聖地への旅」原書房　2010
Hindawi, Ahmad　ヒンダウィ, アハマド
国ヨルダン　産業貿易相
Hindawi, Orion　ヒンダウィ, オライオン
起業家, タニウム創業者　国ヒンダウィ, オリオン
Hinde, Thomas　ハインド, トマス
本名＝チティ, トマス・ウィルズ〈Chitty, Sir Thomas Willes〉
著「アリスへの不思議な手紙」東洋書林　2001
Hindery, Leo Joseph Jr.　ヒンドレー, レオ, Jr.
1947〜　国アメリカ　実業家　インターメディア・パートナーズ・マネージング・パートナー　国ヒンドレー, リオ

Hindle, Emma　ヒンデル
国イギリス　馬術選手
Hindley, Judy　ヒンドレイ, ジュディ
1940〜　著「はたらく人体」絵本塾出版　2016
Hindmarch, Anya　ハインドマーチ, アニヤ
国イギリス　バッグデザイナー
Hinds, David M.　ハインズ, デヴィッド・M.
著「脳卒中のあと私は…」産調出版　2005
Hinds, Fitzgerald　ハインズ, フィッツジェラルド
国トリニダード・トバゴ　公共事業・運輸相
Hinds, Samuel　ハインズ, サミュエル
1943〜　国ガイアナ　政治家　ガイアナ首相　通称＝ハインズ, サム〈Hinds, Sam〉
Hindy, Steve　ヒンディ, スティーブ
1949〜　著「クラフトビール革命」DU BOOKS, ディスクユニオン (発売)　2015
Hine, David　ハイン, デビッド
著「エッジ・オブ・スパイダーバース」ヴィレッジブックス　2016
Hines, Anna Grossnickle　ハインズ, アンナ・グロスニクル
著「おさるのジョージきょうりゅうはっけん」岩波書店　2009
Hines, Barry　ハインズ, バリー
1939〜2016　国イギリス　作家　本名＝Hines, Barry Melvin
Hines, Colin　ハインズ, コリン
著「ポストグローバル社会の可能性」緑風出版　2006
Hines, Gregory　ハインズ, グレゴリー
1946〜2003　国アメリカ　俳優, タップダンサー
Hines, Jerome　ハインズ, ジェローム
1921〜2003　国アメリカ　バス歌手, 作曲家　本名＝Heinz, Jerome Albert Link
Hines, Joanna　ハインズ, ジョアンナ
著「殺す鳥」東京創元社　2012
Hines, Sandra H.　ハインズ, S.H.
著「看護介入」医学書院　2004
Hines, Stephen W.　ハインズ, スティーブン
著「大切なものはわずかです。」いのちのことば社フォレストブックス　2013
Hines, Terence　ハインズ, テレンス
著「ハインズ博士再び「超科学」をきる」化学同人　2011
Hines-Stephens, Sarah　ハインズ・スティーブンス, サラ
著「図解!! やりかた大百科for KIDS」パイインターナショナル　2014
Hingis, Martina　ヒンギス, マルチナ
1980〜　国スイス　テニス選手
Hingle, Metsy　ヒングル, メッツィ
著「記憶の闇のむこう」ハーレクイン　2008
Hingst, Carolin Tamara　ヒングスト
国ドイツ　陸上選手
Hink, Werner　ヒンク, ヴェルナー
1943〜　国オーストリア　バイオリニスト　ウィーン・フィルハーモニー管弦楽団 (VPO) コンサートマスター　国ヒンク, ウェルナー
Hinkkanen-Lievonen, Merja-Liisa　ヒンカネン, メルヤ-リーサ
著「ヨーロッパの北の海」刀水書房　2011
Hinman, Rachel　ヒンマン, レイチェル
著「モバイルフロンティア」丸善出版　2013
Hinners, Noel W.　ヒナーズ, ノエル
1935〜2014　国アメリカ　宇宙科学者　米国航空宇宙局 (NASA) 研究者
Hinojosa, Milton Claros　イノホサ, ミルトン・クラロス
国ボリビア　公共事業・住宅相
Hinrichsen, Don　ヒンリッチセン, ドン
著「地球と環境」同友館　2002
Hinshelwood, R.D.　ヒンシェルウッド, R.D.
著「クライン派用語事典」誠信書房　2014
Hinshir, Al-Hadi Suleiman　ヒンシル, ハディ・スレイマン
国リビア　水資源相
Hinske, Eric　ヒンスキー, エリック
国アメリカ　シカゴ・カブスコーチ
Hinterberger, Ernst　ヒンターベルガー, エルンスト
1931〜　著「小さな花」水声社　2001
Hinteregger, Martin　ヒンテレッガー, マルティン
国オーストリア　サッカー選手
Hinterseer, Lukas　ヒンテルゼーア, ルーカス
国オーストリア　サッカー選手
Hinton, Christina　ヒントン, クリスティーナ

㊅「グローバル化と言語能力」明石書店 2015
Hinton, Christopher ヒントン, クリストファー
㊅カナダ アヌシー国際アニメーション映画祭 短編映画 アニメーションのユーモアと大胆さに対しての特別優秀賞（2002年）ほか
Hinton, Joan ヒントン, ジョアン
1921～2010 ㊅アメリカ 物理学者 中国名＝寒春（ハンチュン）
Hinton, Matthew ヒントン, マシュー
㊅「業績評価の理論と実務」東洋経済新報社 2004
Hinton, Michael ヒントン, マイケル
1927～ ㊅「100分聖書」二見書房 2009
Hinton, S.E. ヒントン, S.E.
1951～ ㊅「アウトサイダーズ」アイビーシーパブリッシング, 日本洋書販売（発売）2005
Hinze, Matt ハインズ, マット
㊅「ASP（えーえすぴー）.NET MVC（えむぶいしー）2プログラミングリソース」翔泳社 2011
Hinzpeter, Rodrigo ヒンスペテル, ロドリゴ
㊅チリ 国防相 ㊅インスペテル, ロドリゴ
Hippel, Eric von ヒッペル, エリック・フォン
㊅「製品開発力と事業構想力」ダイヤモンド社 2006
Hippolyte イポリット
1976～ ㊅「イカロスの夢」小峰書店 2012
Hippolyte, Emma ヒッポライト, エマ
㊅セントルシア 商業・ビジネス開発・投資・消費者問題相
Hira, Rezaul Karim ヒラ, レザウル・カリム
㊅バングラデシュ 国土相
Hirabayashi, George ヒラバヤシ, ジョウジ
㊅アメリカ 元・ニューオリンズ日本人会会長 漢字名＝平林丈二
Hirabayashi, Gordon K. ヒラバヤシ, ゴードン
1918～2012 ㊅アメリカ 社会学者 エドモントン大学社会学部教授
Hirabayashi, James A. ヒラバヤシ, ジェイムズ・A.
㊅「日系人とグローバリゼーション」人文書院 2006
Hirabayashi, Lane Ryo ヒラバヤシ, レイン・リョウ
㊅「日系人とグローバリゼーション」人文書院 2006
Hirahara, Naomi ヒラハラ, ナオミ
1962～ ㊅アメリカ 作家 ㊅ミステリー, 児童書
Hiraj, Hamid Yar ヒラジ, ハミド・ヤル
㊅パキスタン 国務相
Hiraj, Raza Hayat ヒラジ, ラザ・ハヤト
㊅パキスタン 国務相
Hirano, Irene ヒラノ, アイリーン
㊅アメリカ 米日カウンシル会長 全米日系人博物館館長 本名＝ヒラノ・イノウエ, アイリーン〈Hirano Inouye, Irene〉
Hirano, Sedi ヒラノ, セジ
㊅ブラジル サンパウロ大学名誉教授, 元・サンパウロ大学副学長 漢字名＝平野セジ
Hirano, Thomas Toshio ヒラノ, トーマス・トシオ
㊅アメリカ 在ヒロ日本国名誉総領事, 元・ハワイ島日系人商工会議所会頭, 元・ハワイ島日系人協会会長 漢字名＝平野トーマス・トシオ
Hirano, Toshio ヒラノ, トシオ
㊅日本 クラフォード賞 関節炎（2009年） 漢字名＝平野俊夫
Hirasaki, George J. ヒラサキ, ジョージ・J.
㊅アメリカ ライス大学化学工学部名誉教授, 全米日系市民連盟ヒューストン支部長
Hirasuna, Delphine ヒラスナ, デルフィン
1946～ ㊅「尊厳の芸術」NHK出版 2013
Hirata, Andrea ヒラタ, アンドレア
㊅インドネシア 作家 ㊅文学
Hirata, Helena Sumiko ヒラータ, ヘレナ
㊅「読む事典・女性学」藤原書店 2002
Hirayama, Nathan ヒラヤマ, ネイサン
㊅カナダ ラグビー選手
Hirbe, Angela ヒルベ, アンジェラ
㊅「ワシントンマニュアル」メディカル・サイエンス・インターナショナル 2015
Hirchson, Abraham ヒルシェゾン, アブラハム
㊅イスラエル 財務相
Hird, Thora ハード, ソーラ
1911～2003 ㊅イギリス 女優
Hirigoyen, Marie-France イリゴエン, マリー＝フランス
1949～ ㊅イルゴイエンヌ, マリー＝フランス ㊅「フランス人の新しい孤独」緑風出版 2015
Hiristu, Yirdaw リストゥ・イェルダウ
㊅エチオピア スポーツ・青年相
Hirmer, Oswald ハーマー, オズワルド
㊅「共に歩む旅」サンパウロ 2006
Hiro, Dilip ヒロ, ディリップ
㊅「イスラム原理主義」三一書房 2001
Hirono, Mazie Keiko ヒロノ, メイジー・ケイコ
1947～ ㊅アメリカ 政治家 米国上院議員（民主党） ハワイ州副知事 日本語名＝広野慶子（ヒロノ・ケイコ） ㊅ヒロノ, メイジー・慶子
Hirsch, Amy B. ハーシュ, エミー・B.
㊅「リスクバジェッティング」パンローリング 2002
Hirsch, Barry T. ハーシュ, B.
㊅「金融経済の進化に寄与したノーベル賞経済学者たち」金融財政事情研究会, きんざい（発売）2008
Hirsch, Elroy ハーシュ, エルロイ
1923～2004 ㊅アメリカ アメリカンフットボール選手
Hirsch, Emile ハーシュ, エミール
1985～ ㊅アメリカ 俳優 本名＝Hirsch, Emile Davenport
Hirsch, Irl Bennett ハーシュ, アール・F.
1958～ ㊅「糖尿病療養指導のための12のポイント」メジカルビュー社 2002
Hirsch, Jeff ハーシュ, ジェフ
㊅アメリカ 作家 ㊅ヤングアダルト
Hirsch, Jeffrey A. ハーシュ, ジェフリー・A.
㊅「アノマリー投資」パンローリング 2013
Hirsch, Joachim ヒルシュ, ヨアヒム
1938～ ㊅「国家・グローバル化・帝国主義」ミネルヴァ書房 2007
Hirsch, Morris W. ハーシュ, M.W.
1933～ ㊅「微分トポロジー」丸善出版 2012
Hirsch Ballin, Ernst ヒルシバリン, エルンスト
㊅オランダ 法相
Hirschberg, Lora ハーシュバーグ, ローラ
アカデミー賞 音響賞（第83回（2010年）） "Inception"
Hirschbiegel, Oliver ヒルシュビーゲル, オリヴァー
1957～ ㊅ドイツ 映画監督 ㊅ヒルシュビーゲル, オリバー／ヒルツェビゲル, オリバー
Hirscher, Marcel ヒルシャー, マルセル
1989～ ㊅オーストリア スキー選手
Hirschfeld, Al ハーシュフェルド, アル
1903～2003 ㊅アメリカ 漫画家
Hirschfeld, Julie ハーシュフェルド, ジュリー
1962～ ㊅「できる男が選ぶ生き方ビジネスダディ」きこ書房 2001
Hirschfeld, Tom ハーシュフェルド, トム
1962～ ㊅「できる男が選ぶ生き方ビジネスダディ」きこ書房 2001
Hirschfelder, Arlene B. ハーシュフェルダー, アーリーン
㊅「ネイティヴ・アメリカン」BL出版 2002
Hirschhausen, Eckart von ヒルシュハウゼン, エカート・フォン
1967～ ㊅「流れ星に祈るよりも確実に幸運を手にする方法」サンマーク出版 2013
Hirschhorn, Larry ハーシュホーン, ラリー
㊅「職場の精神分析」亀田ブックサービス 2013
Hirschi, Travis ハーシ, T.
1935～ ㊅「非行の原因」文化書房博文社 2010
Hirsching, Nicolas de イルシング, ニコラ・ド
1956～ ㊅「なんでもただ会社」日本標準 2008
Hirschkop, Ken ハーシュコップ, ケン
㊅ハーシュコプ, ケン ㊅「バフチンと文化理論」松柏社 2005
Hirschman, Albert Otto ハーシュマン, アルバート
1915～2012 ㊅アメリカ 政治経済学者 プリンストン大学高等研究所名誉教授 ㊅ハーシュマン, アルバート・O.
Hirschmann, Jan V. ヒルシュマン, ジャン・V.
㊅「ウィントロープ臨床血液学アトラス」メディカル・サイエンス・インターナショナル 2008
Hirsh, Elizabeth ハーシュ, エリザベス
㊅「MBTIタイプ入門」JPP 2013
Hirsh, Katherine W. ハーシュ, キャサリン・W.
㊅「MBTIタイプ入門」JPP 2013
Hirsh, Michael ハーシュ, マイケル
㊅「ネオコンとアメリカ帝国の幻想」朝日新聞社 2003
Hirsh, Sandra Krebs ハーシュ, サンドラ・K.
㊅「MBTIタイプ入門」JPP 2013

Hirshberg, Gary ハーシュバーグ, ゲイリー
著「エコがお金を生む経営」PHP研究所 2009

Hirshenson, Janet ハーシェンソン, ジャネット
著「スター発見！」ブルース・インターアクションズ 2009

Hirshfield, Jane ハーシュフィールド, ジェーン
著「現代アメリカ女性詩集」思潮社 2012

Hirsh-Pasek, Kathy ハーシュ＝パセック, キャシー
著「子どもの「遊び」は魔法の授業」アスペクト 2006

Hirsi, Abdullahi Iil-Mooge ヒルシ, アブドラヒ・イール モージ
国ソマリア 情報・電気通信相

Hirsi, Ali Abdirahman ヒルシ, アリ・アブディラフマン
国ソマリア 憲法・連邦相 異ヒルシ, アリ・アブディラマン

Hirsi, Nur Farah ヒルシ, ヌール・ファラ
国ソマリア 港湾・海運相

Hirsi Ali, Ayaan ヒルシ・アリ, アヤーン
1969～ 著「もう、服従しない」エクスナレッジ 2008

Hirst, Damien ハースト, ダミアン
1965～ 国イギリス 現代美術家 異ハースト, デーミアン／ハースト, デミアン

Hirst, Paul Q. ハースト, ポール
1946～2003 著「戦争と権力」岩波書店 2009

Hirt, Manfred A. ヒルト, マンフレッド
1942～ 著「鋼橋」鹿島出版会 2016

Hirut, Dilebo ヒルト・ディレボ
国エチオピア 女性問題相

Hirut, Waldemariam ヒルト・ウォルデマリアム
国エチオピア 文化観光相

Hirvi, Juha ヒルビ
国フィンランド 射撃選手

Hirzebruch, Friedrich Ernst Peter ヒルツェブルフ, フリードリヒ
1927～2012 国ドイツ 数学者 マックス・プランク数学研究所所長, ボン大学教授 著代数幾何学, 複素多様体論 異ヒルツェブルク, F.／ヒルツェブルッフ, フリードリッヒ

Hirzel, Andreas ヒルツェル, アンドレアス
国スイス サッカー選手

Hiscock, Geoff ヒスコック, ジェフ
著「アジアの億万長者」広済堂出版 2002

Hishammuddin, Hussein ヒシャムディン・フセイン
国マレーシア 国防相

Hislop, Malcolm ヒスロップ, マルコム
著「歴史的古城を読み解く」ガイアブックス 2014

Hislop, Victoria ヒスロップ, ビクトリア
国イギリス 作家, トラベルジャーナリスト 著文学 異ヒスロップ, ヴィクトリア

Hissene, Mahamat ヒセン, マハマト
国チャド 情報相兼政府報道官

al-Hitar, Hamud Abdul-Hamid ヒタル, ハムド・アブドルハミド
国イエメン 宗教指導相

Hitch, Bryan ヒッチ, ブライアン
著「アベンジャーズ／エイジ・オブ・ウルトロン：プレリュード」小学館集英社プロダクション 2015

Hitch, Elizabeth J. ヒッチ, エリザベス・J.
著「現代家庭科教育法」大修館書店 2005

Hitchcock, Andrew Carrington ヒッチコック, アンドリュー
著「ユダヤ・ロスチャイルド世界冷酷支配年表」成甲書房 2008

Hitchcock, Billy ヒッチコック, ビリー
1916～2006 国アメリカ 大リーグ監督, 野球選手 異ヒチコック, ビリー

Hitchcock, Laura ヒッチコック, ローラ
著「ベイマックス」講談社 2015

Hitchcock, Susan Tyler ヒッチコック, スーザン・タイラー
著「ミロ」二玄社 2006

Hitchens, Anthony ヒッチンズ, アンソニー
国アメリカ アメフト選手

Hitchens, Christopher ヒッチンズ, クリストファー
1949～2011 国アメリカ ジャーナリスト, 文芸評論家 本名＝Hitchens, Christopher Eric 異ヒッチンズ, クリストファー

Hitchens, Tim ヒッチンズ, ティム
1962～ 国イギリス 外交官 駐日英国大使 本名＝ヒッチンズ, ティモシー〈Hitchens, Timothy Mark〉

Hitcher, Alejandro ヒチェル, アレハンドロ
国ベネズエラ 環境相

Hitchings, Henry ヒッチングズ, ヘンリー

1974～ 国イギリス 作家, 批評家

Hitchon, Sophie ヒッチョン, ソフィー
国イギリス 陸上選手

Hite, Robert ハイト, ロバート
1920～2015 国アメリカ 軍人 本名＝Hite, Robert Lowell

Hite, Shere ハイト, シェア
著「女はなぜ出世できないか」東洋経済新報社 2001

Hite, Sid ハイツ, シド
著「ホール・イン・ザ・ワールド」学習研究社 2004

Hiteng Ofuho, Cirino ヒテン・アフホ, チリノ
国南スーダン 文化・青年・スポーツ相

Hitimana, Jean Bosco ヒチマナ, ジャン・ボスコ
国ブルンジ 青年・スポーツ・文化相

Hitt, Michael A. ヒット, マイケル・A.
著「戦略経営論」センゲージラーニング, 同友館（発売） 2014

Hittavainen ヒッタヴァイネン
国フィンランド ミュージシャン 本名＝レメッティ, ヤーコ〈Lemmetty, Jaakko〉

Hitz, Marwin ヒッツ, マルヴィン
国スイス サッカー選手

Hitzfeld, Ottmar ヒッツフェルト, オトマール
1949～ 国ドイツ サッカー指導者, 元サッカー選手 サッカー・スイス代表監督 異ヒッツフェルト, オットマー

Hixon, Emily ヒクソン, エミリー
著「インストラクショナルデザインの理論とモデル」北大路書房 2016

Hixon, Lex ヒクソン, レックス
著「カミング・ホーム」コスモス・ライブラリー, 星雲社（発売） 2001

Hixon, Michael ヒクソン, マイク
国アメリカ 水泳選手

Hjelmeset, Odd Bjorn イエルメセト
国ノルウェー クロスカントリースキー選手

Hjelmwallén, Lena イェルムバーレン, レーナ
国スウェーデン 首相府顧問（副首相）

Hjersman, Peter ジャースマン, ピーター
著「ザ・隠匿術」第三書館 2002

Hjira, Toufiq フジラ, トゥフィク
国モロッコ 住宅政策・都市計画・空間整備相

Hjörne, Eva ヒョルン, エヴァ
著「グローバル化・社会変動と教育」東京大学出版会 2012

Hjorth, Maria ヨース, マリア
1973～ 国スウェーデン プロゴルファー

Hjorth, Michael ヨート, ミカエル
1963～ 国スウェーデン 作家, 映画監督, プロデューサー 著ミステリー

Hladik, Jean ラディック, ジャン
著「アインシュタイン, 特殊相対論を横取りする」丸善 2005

Hladon, Paul R. ラドン, ポール・R.
著「日英対訳で学ぶ米国の臨床医学」南山堂 2004

Hlady, Mykhaylo フラディ, ミハイロ
国ウクライナ 副首相（農工業担当）

Hla Mint Swe フラ・ミン・スエ
国ミャンマー 運輸相

Prince **Hlangusemphi** シュラングセンピ王子
国スワジランド 経済計画・開発相

Hla Tun フラ・トゥン
国ミャンマー 大統領府相

Hlavackova, Andrea フラバーチコバ, アンドレア
国チェコ テニス選手 異フラバーチコバ

Hlinka, Ivan フリンカ, イワン
1950～2004 国チェコ アイスホッケー監督, アイスホッケー選手 アイスホッケーチェコ代表監督

Hloaele, Mokoto シュロアエ, モコト
国レソト 開発計画相

Hlongwane, Makhosini フロングワネ, マコシニ
国ジンバブエ スポーツ・レクリエーション相

Hmadeh, Marwan ハマーデ, マルワン
国レバノン 教育相 異ハマデ, マルワン／ハマダハ, マルワン

H'meyda, Zeidane Ould フメイダ, ゼイダン・ウルド
国モーリタニア 鉱工業相 異ハメイダ, ゼイダン・ウルド

Hnatyshyn, Ramon John ナティシン, レーモン・ジョン
1934～2002 国カナダ 政治家, 弁護士 カナダ総督, カナダ法相 異ナティッシン

Ho, Ching ホー・チン
1953～ 国シンガポール 実業家 テマセク・ホールディングス

Ho, Daniel　ホー, ダニエル
　社長・CEO　グラミー賞 最優秀ハワイアン・ミュージック・アルバム（2008年（第51回））　"Ikena"
Ho, Don　ホー, ドン
　1930〜2007　国アメリカ　音楽家　本名＝Ho, Donald Tai Loy
Ho, Jannie　ホー, ジャニー
　著「びっくりおかおジャングル」大日本絵画　2012
Ho, Kai Hang　ホー, カイ・ハン
　著「IT監査の基礎と応用」中央経済社　2010
Ho, Kwon-ping　ホー・クォンピン
　1952〜　国シンガポール　実業家　バンヤンツリー・ホールディングス会長
Ho, Minfong　ホー, ミンフォン
　1951〜　著「カンボジアの大地に生きて」さ・え・ら書房　2014
Ho, Peter　ホー, ピーター
　1975〜　国香港　俳優　漢字名＝何潤東
Ho, Thaek　ホ・テク
　国北朝鮮　電力工業相　漢字名＝許沢
Ho, Tracey　ホー, トレイシー
　1976〜　著「ネットワークコーディング」東京電機大学出版局　2010
Ho, Y.-J.　ホー, Y.-J.
　著「鍼のエビデンス」医道の日本社　2009
Hoa, Nguyen Thi Hoang　ホア, グエン・ティ・ホアン
　国ベトナム　元・在ベトナム日本国大使館現地職員
Hoa, Truong My　ホア, チュオン・ミ
　国ベトナム　国家副主席（副大統領）
Hoadley, Christopher　ホードレイ, クリストファー
　著「インストラクショナルデザインとテクノロジ」北大路書房　2013
Hoadley, Graham　ホードリー, G.
　著「クラークX線撮影技術学」西村書店　2009
Hoadley, James E.　ホードリー, ジェームズ・E.
　著「食品の機能性表示と世界のレギュレーション」薬事日報社　2015
Hoag, John D.　ホーグ, ジョン・D.
　著「図説世界建築史」本の友社　2001
Hoag, Tami　ホウグ, タミー
　著「明けない夜を越えて」ハーレクイン　2008
Hoagland, Edward　ホーグランド, エドワード
　著「アメリカエッセイ傑作選」DHC　2001
Hoagland, Mahlon Bush　ホーグランド, マーロン
　1921〜2009　国アメリカ　分子生物学者　マサチューセッツ医科大学教授
Hoagland, Richard C.　ホーグランド, リチャード・C.
　1945〜　著「NASA秘録」学習研究社　2009
Hoan, Le Ngoc　ホアン, レ・ゴク
　国ベトナム　運輸・通信相
Hoang, Anh Tuan　ホアング
　国ベトナム　重量挙げ選手
Hoàng, Minh Tuong　ホアン, ミン・トゥオン
　1948〜　著「神々の時代」東京外国語大学出版会　2016
Hoang, Quy Tinh　ホン, クィ・ティン
　1981〜　著「小学校の英語教育」三友社出版　2012
Hoang, Tan Tai　ホアン, タンタイ
　国ベトナム　重量挙げ選手
Hoang, Vu Huy　ホアン, ブー・フイ
　国ベトナム　商工相
Hoang, Xuan Vinh　ホアン, シャンビン
　国ベトナム　射撃選手
Hoang Van Chau　ホアン・バン・チャウ
　国ベトナム　ハノイ貿易大学学長　国国際経済学
Hoarau, Guillaume　オアロ, ギヨーム
　国フランス　サッカー選手
Hoare, Antony　ホーア, アントニー
　1934〜　国イギリス　コンピューター科学者　オックスフォード大学名誉教授　本名＝Hoare, Charles Antony Richard
Hoare, Ben　ホアー, ベン
　著「動物たちの地球大移動」悠書館　2010
Hoare, Joanna　ホア, ジョアンナ
　著「プロフェッショナルアロマセラピー」ガイアブックス, 産調出版（発売）2010
Hoare, Katharine　ホア, キャサリン
　訳ホア, キャサリン　著「西オーストラリア・日本（にっぽん）交流史」日本評論社　2012
Hoare, Stephen　ホアー, ステファン
　著「マネジャーのためのタレントマネジメント」ピアソン桐原　2012
Hoban, Lillian　ホーバン, リリアン
　1925〜　国アメリカ　挿絵画家, イラストレーター, 絵本作家
Hoban, Russell　ホーバン, ラッセル
　1925〜2011　国アメリカ　作家, 児童文学作家　本名＝Hoban, Russell Conwell　訳ホウバン, ラッセル
Hoban, Tana　ホーバン, タナ
　著「1, 2, 3」グランまま社　2005
Hobart, Alice Tisdale（Nourse）　ホバート, アリス
　著「揚子江」本の友社　2002
Hobb, Robin　ホブ, ロビン
　1952〜　著「白の予言者」東京創元社　2015
Hobbes, Nicholas　ホッブス, ニコラス
　著「あなたの知らない戦争のひみつ150」原書房　2004
Hobbie, Holly　ホビー, ホリー
　1944〜　著「サンタクロースとあったよる」BL出版　2014
Hobbie, Wendy　ホビー, W.
　1959〜　著「小児がん経験者の長期フォローアップ」日本医学館　2008
Hobbs, Alan　ホッブズ, アラン
　1962〜　著「保守事故」日科技連出版社　2005
Hobbs, Christopher　ホッブス, クリストファー
　著「メディカルハーブ安全性ハンドブック」東京堂出版　2001
Hobbs, Christopher James　ホップス, クリストファー・J.
　訳ハップス, C.　著「子ども虐待の身体所見」明石書店　2013
Hobbs, Jeremy　ホッブス, ジェレミー
　1958〜　国オーストラリア　人権保護活動家　オックスファム・インターナショナル事務局長　訳ホッブス, ジェレミー
Hobbs, Marian　ホッブス, マリアン
　国ニュージーランド　環境相兼軍縮軍備管理相
Hobbs, Mike　ホブズ, マイク
　著「脳を鍛える最強プログラム」化学同人　2015
Hobbs, Nancy　ホッブス, ナンシー
　著「トレイルランニング徹底ガイド」インテグラ, サンクチュアリ出版（発売）2013
Hobbs, Renee　ホッブス, ルネ
　著「メディア・リテラシー教育と出会う」弘前大学出版会　2016
Hobbs, Roger　ホッブス, ロジャー
　1988〜　国アメリカ　作家　国ミステリー, スリラー
Hobbs, Valerie　ハブズ, ヴァレリー
　1941〜　著「ぼくの羊をさがして」あすなろ書房　2008
Hobday, Richard　ホブデイ, リチャード
　著「1日15分,「日なたぼっこ」するだけで健康になれる」シャスタインターナショナル　2015
Hobeika, Elie　ホベイカ, エリー
　?〜2002　国レバノン　軍人, 政治家　レバノン電力相
Hoberman, John Milton　ホバマン, ジョン
　1944〜　著「アメリカのスポーツと人種」明石書店　2007
Hobhouse, Penelope　ホブハウス, ペネロピ
　1929〜　著「世界の庭園歴史図鑑」原書房　2014
Hobsbawm, Eric John Ernest　ホブズボーム, エリック
　1917〜2012　国イギリス　歴史学者　ロンドン大学バークベック・カレッジ名誉教授　国社会運動史　別名＝ニュートン, フランシス〈Newton, Francis〉　訳ホブズボーム, エリック／ボブズボウム, エリック
Hobson, J.Allan　ホブソン, J.アラン
　1933〜　訳ホブソン, アラン　著「夢に迷う脳」朝日出版社　2007
Hobson, M.K.　ホブスン, M.K.
　1969〜　国アメリカ　作家　国歴史, ファンタジー
Hobson, Sally　ホブソン, サリー
　著「かたづけボイ・ボイ！」小学館　2001
Hocevar, Simon　ホチェバル
　国スロベニア　カヌー選手
Hoch, Edward Dentinger　ホック, エドワード・D.
　1930〜2008　国アメリカ　推理作家　別名＝デンティンジャー, スティーブン, スティーブンズ, R.L., ミスターX, ポーター, R.E., サーカス, アンソニー
Hoch, Stephen James　ホッチ, ステファン・J.
　1952〜　著「ウォートンスクールの意思決定論」東洋経済新報社　2006
Hoche, Alfred Erich　ホッヘ, アルフレート
　著「「生きるに値しない命」とは誰のことか」窓社　2001
Hochhuth, Rolf　ホーホフート, ロルフ
　1931〜　国ドイツ　劇作家

Hochman, Larry ホックマン, ラリー
トニー賞 ミュージカル 編曲賞(2011年(第65回)) "The Book of Mormon"
Hochman, Michael E. ホックマン, マイケル・E.
[著]「医師として知らなければ恥ずかしい50の臨床研究」 メディカル・サイエンス・インターナショナル 2016
Hochman, S.D. ホックマン, スティーブン・D.
[著]「医師として知らなければ恥ずかしい50の臨床研究」 メディカル・サイエンス・インターナショナル 2016
Hochmann, Jacques オックマン, ジャック
[著]「精神医学の歴史」 白水社 2007
Hochschild, Arlie Russell ホックシールド, アーリー・ラッセル
1940〜 [著]「タイム・バインド働く母親のワークライフバランス」 明石書店 2012
Hochschild, Jutta ホッホシールド, ユッタ
[著]「からだの構造と機能」 ガイアブックス, 産調出版(発売) 2011
Hochschorner, Pavol ホフショルネル, パボル
1979〜 [国]スロバキア カヌー選手 [異]ホフショルネル, パベル
Hochschorner, Peter ホフショルネル, ペテル
1979〜 [国]スロバキア カヌー選手
Hochstatter, Daniel J. ホックステイター, ダニエル・J.
[著]「アメリカンキッズえいご絵じてん」 玉川大学出版部 2011
Hochstein, Lorin ホッホスタイン, ローリン
[著]「初めてのAnsible」 オライリー・ジャパン, オーム社(発売) 2016
Hock, Roger R. ホック, ロジャー・R.
[著]「心理学を変えた40の研究」 ピアソン・エデュケーション 2007
Hocke, Patrick ホッケ, パトリック
1980〜 [著]「「はてしない物語」事典」 岩波書店 2012
Hocke, Roman ホッケ, ロマン
1953〜 [著]「だれでもない庭」 岩波書店 2015
Hocke, Stephan ホッケ
[国]ドイツ スキージャンプ選手
Hockensmith, Steve ホッケンスミス, スティーブ
1968〜 [国]アメリカ 作家 [専]ミステリー, スリラー [異]ホッケンスミス, スティーヴ
Hocker, Zach ホッカー, ザック
[国]アメリカ アメフト選手
Hockey, Joe ホッキー, ジョー
[国]オーストラリア 財務相
Hocking, Amanda ホッキング, アマンダ
1984〜 [国]アメリカ 作家 [専]ヤングアダルト, ファンタジー
Hocking, Belinda ホッキング, ベリンダ
[国]オーストラリア 水泳選手
Hockley, Dick ホクリー, ディック
?〜2009 [国]ニュージーランド ラグビー指導者
Hockney, David ホックニー, デービッド
1937〜 [国]イギリス 画家, 版画家 [異]ホックニー, デイビッド / ホックニー, デイヴィッド
Hocutt, Robert J. ホカット, R.
1961〜 [著]「Red Brickデータウェアハウス構築」 シイエム・シイ出版部, シーブック24ドットコム(発売) 2001
Hodaibi, Mamoun El- フダイビー, マアムーン
1921〜2004 [国]エジプト イスラム原理主義指導者, 政治家, 法律家 ムスリム同胞団最高位導師, エジプト人民議会議員, カイロ高裁長官, 「ダワー」編集長 [異]ホディビ, マームン / ホデイビ, マアムーン
Hodder, Mark ホダー, マーク
1962〜 [国]イギリス 作家 [専]SF, ファンタジー
Hodel, Jan ホーデル, ヤン
[著]「スイスの歴史」 明石書店 2010
Hodel, Steve ホデル, スティーヴ
1941〜 [著]「ブラック・ダリアの真実」 早川書房 2006
Hodgdon, Linda A. ホジダン, リンダ・A.
[著]「自閉症スペクトラムとコミュニケーション」 星和書店 2012
Hodge, Alison ホッジ, アリソン
1959〜 [著]「二十世紀俳優トレーニング」 而立書房 2005
Hodge, Bonnie M. ホッジ, ボニー・M.
[著]「障害のある学生を支える」 文理閣 2006
Hodge, Brian ホッジ, ブライアン
1960〜 [著]「悪党どもの荒野」 扶桑社 2001
Hodge, Douglas ホッジ, ダグラス
トニー賞 ミュージカル 主演男優賞(2010年(第64回))ほか
Hodge, Geoff ホッジ, ジェフ
[著]「ボタニカルイラストで見る園芸植物学百科」 原書房 2015
Hodges, Andrew ホッジス, アンドルー
1949〜 [著]「エニグマ アラン・チューリング伝」 勁草書房 2015
Hodges, C.Walter ホッジズ, C.ウォルター
[著]「アルフレッド王の勝利」 岩波書店 2009
Hodges, Gerald ホッジス, ジェラルド
[国]アメリカ アメフト選手
Hodges, Jill ホッジ, ジル
[著]「子どもの心理療法と調査・研究」 創元社 2012
Hodges, John R. ホジス, ジョン・R.
[著]「認知障害者の心の風景」 福村出版 2006
Hodges, Michael ホッジズ, マイケル
1964〜 [著]「カラシニコフ銃AK47の歴史」 河出書房新社 2009
Hodges, Zack ホッジス, ザック
[国]アメリカ アメフト選手
Hodgetts, Geoffrey ホジェッツ, ジェフリー
[著]「リアル・エビデンス」 エルゼビア・ジャパン 2003
Hodgetts, William H. ホッジス, ウイリアム
[著]「エグゼクティブ・コーチング」 日本能率協会マネジメントセンター 2005
Hodgkin, Luke Howard ホジキン, L.
1938〜 [著]「数学はいかにして創られたか」 共立出版 2010
Hodgkinson, Leigh ホジキンソン, リー
[著]「だってたのしくたべたいんだもん!」 バベルプレス 2016
Hodgkinson, Mark ホジキンソン, マーク
[著]「ロジャー・フェデラー」 東洋館出版社 2016
Hodgkinson, Peter ホジキンソン, ピーター
[著]「死刑制度」 明石書店 2009
Hodgkinson, Tom ホジキンソン, トム
1968〜 [著]「これでいいのだ 怠けの哲学」 ヴィレッジブックス 2006
Hodgkinson, Virginia A. ホジキンソン, バージニア・A.
[著]「NPOと政府」 ミネルヴァ書房 2007
Hodgson, Antonia ホジソン, アントニア
英国推理作家協会賞 エリス・ピーターズ・ヒストリカル・ダガー(2014年) "Devil in the Marshalsea Historical"
Hodgson, Geoffrey Martin ホジソン, G.M.
1946〜 [異]ホジソン, ジェフリー・M. [著]「経済学とユートピア」 ミネルヴァ書房 2004
Hodgson, James D. ホジソン, ジェームズ
1915〜2012 [国]アメリカ 政治家, 実業家 駐日米国大使, 米国労働長官, ロッキード社副社長 [異]ホッドソン, ジェームズ
Hodgson, Pete ホジソン, ピート
[国]ニュージーランド 保健相
Hodkinson, Paul ホドキンソン, ポール
[著]「メディア文化研究への招待」 ミネルヴァ書房 2016
Hodler, Marc ホドラー, マーク
1918〜2006 [国]スイス 弁護士 国際オリンピック委員会(IOC)副会長, 国際スキー連盟(FIS)会長
Hodson, Jennifer ハドソン
[国]南アフリカ カヌー選手
Hoeber, Mark ホーバ, マーク
[著]「Javaチュートリアル」 ピアソン・エデュケーション 2007
Hoedeman, Olivier ホードマン, オリビエ
[著]「G8」 ブーマー, トランスワールドジャパン(発売) 2005
Hoedt, Wesley ホード, ウェスレイ
[国]オランダ サッカー選手
Hoefdraad, Gillmore ウーフダド, ギルモア
[国]スリナム 財務相
Hoefs, Jochen ヘフス, J.
1939〜 [著]「同位体地球化学の基礎」 シュプリンガー・ジャパン 2007
Hoeg, Peter ホゥ, ペーター
[著]「ボーダーライナーズ」 求竜堂 2002
Hoegh, Daniel ホーグ, ダニエル
[国]デンマーク サッカー選手
Høegh, Henrik ヒュー, ヘンリック
[国]デンマーク 食料・農業・漁業相
Hoehn, John P. ヘーン, ジョン・P.
[著]「食品安全と栄養の経済学」 農林統計協会 2002
Hoehne, Andre ヘーネ
[国]ドイツ 陸上選手
Hoek, Remko I.van ファン フック, レムコ
[著]「ロジスティクス経営と戦略」 ダイヤモンド社 2005
Hoekelman, Robert A. ヘッケルマン, R.A.
[著]「ベイツ診察法ポケットガイド」 メディカル・サイエンス・イ

ンターナショナル　2002
Hoelzer, Margaret　ホルザー
[国]アメリカ　競泳選手
Hoelzl, Kathrin　ヘルツル
[国]ドイツ　アルペンスキー選手
Hoepker, Thomas　ヘプカー, トーマス
1936～　[国]ドイツ　写真家　マグナム会長
Hoerner, Jean-Michel　エルナー, ジャン＝ミシェル
[著]「観光の地政学」 同文舘出版　2015
Hoessinger, Enid　ホッシンガー, エニッド
1940～　[著]「エニッドウェイ」 サンーケイ　2005
Hoet, Jan　フート, ヤン
1936～2014　[国]ベルギー　キュレーター　ヘント市立現代美術館館長　[専]現代美術
Hoeybraaten, Dagfinn　ホイブローテン, ダーグフィン
[国]ノルウェー　保健相
Hoeye, Michael　ホーイ, マイケル
[著]「空いっぱいに恋してる」 ソニー・マガジンズ　2005
Hof, Marjolijn　ホフ, マルヨライン
1956～　[国]オランダ　作家　[専]児童書
Hofbauer, Josef　ホッフバウアー, J.
[著]「進化ゲームと微分方程式」 現代数学社　2001
Hofer, Myron A.　ホーファー, マイロン・A.
[著]「不安障害」 日本評論社　2005
Hofer, Paul　ホーファー, ポール
[著]「競争政策の経済学」 NERA　2005
Hofer, Tom　ホーファー, トム
1967～　[著]「イビチャ・オシムの真実」 エンターブレイン　2006
Hoff, Christian　ホフ, クリスチャン
トニー賞 ミュージカル 助演男優賞（2006年（第60回））　“Jersey Boys”
Hoff, Ferdinand　ホフ, フェルディナント
[国]ドイツ　公益法人アルスター道場会長, 元・ドイツ弓道連盟会長（初代）
Hoff, Frans van der　ホフ, フランツ・ヴァン・デル
1939～　[著]「フェアトレードの冒険」 日経BP社, 日経BP出版センター（発売）　2007
Hoff, Max　ホフ, マックス
[国]ドイツ　カヌー選手
Hoff, Moa　ホッフ, モーア
[著]「バニラソースの家」 今人舎　2006
Hoff, Nils Jakob　ホフ, ニルスヤコブ
[国]ノルウェー　ボート選手
Hoff, Sydney　ホフ, シド
1912～2004　[著]「ちびっこ大せんしゅ」 大日本図書　2010
Hoffa, Reese　ホッファ
[国]アメリカ　陸上選手
Höffe, Otfried　ヘッフェ, オットフリート
1943～　[国]ドイツ　哲学者, 応用理論学者　テュービンゲン大学教授
Hoffecker, John　ホッフェカー, ジョン
[著]「氷河時代」 悠書館　2011
Hoffer, Abram　ホッファー, エイブラム
1917～2009　[著]「精神医学の57年」 論創社　2014
Hoffer, Bates L.　ホッファ, ベイツ
1939～　[著]「ことばと文化」 三修社　2005
Hoffman, Alice　ホフマン, アリス
1952～　[国]アメリカ　作家
Hoffman, Bob　ホフマン, ボブ
[著]「インストラクショナルデザインとテクノロジ」 北大路書房　2013
Hoffman, Carl　ホフマン, カール
1960～　[著]「脱線特急」 日経ナショナルジオグラフィック社, 日経BPマーケティング（発売）　2011
Hoffman, David　ホフマン, デヴィッド
[著]「数学を語ろう！」 シュプリンガー・フェアラーク東京　2003
Hoffman, David E.　ホフマン, デヴィッド・E.
[国]アメリカ　ピュリッツアー賞 文学・音楽 一般ノンフィクション（2010年）　“The Dead Hand: The Untold Story of the Cold War Arms Race and Its Dangerous Legacy”　[異]ホフマン, デイヴィッド・E.
Hoffman, Donald D.　ホフマン, ドナルド・D.
[著]「視覚の文法」 紀伊国屋書店　2003
Hoffman, Donna L.　ホフマン, ドナ・L.
[著]「ディジタル・エコノミーを制する知恵」 東洋経済新報社　2002
Hoffman, Dustin　ホフマン, ダスティン
1937～　[国]アメリカ　俳優　本名＝Hoffman, Dustin Lee
Hoffman, Edward　ホフマン, エドワード
1951～　[著]「臨床心理方式愛の相性診断」 講談社　2007
Hoffman, Ellen　ホフマン, エレン
1943～　[著]「アリの定年キリギリスの定年」 恒文社21, 恒文社（発売）　2002
Hoffman, Eva　ホフマン, エバ
1947～　[国]アメリカ　作家　[異]ホフマン, エヴァ
Hoffman, Glenn　ホフマン, グレン
[国]アメリカ　サンディエゴ・パドレスコーチ
Hoffman, Howard S.　ホフマン, ハワード・S.
1925～2006　[著]「刻印づけと嗜癖症のアヒルの子」 二瓶社　2007
Hoffman, Jay R.　ホフマン, ジェイ
1961～　[著]「スポーツ生理学からみたスポーツトレーニング」 大修館書店　2011
Hoffman, Jeff　ホフマン, ジェフ
[国]アメリカ　野球選手
Hoffman, Jilliane　ホフマン, ジリアン
1967～　[国]アメリカ　作家, 元検察官　[専]ミステリー, スリラー
Hoffman, Lynn　ホフマン, リン
1924～　[著]「構成主義的心理療法ハンドブック」 金剛出版　2006
Hoffman, Mark　ホフマン, マーク
1952～　[著]「ハウリン・ウルフ ブルースを生きた狼の一生」 ブルース・インターアクションズ　2009
Hoffman, Martin L.　ホフマン, M.L.
[著]「共感と道徳性の発達心理学」 川島書店　2001
Hoffman, Mary　ホフマン, メアリ
1945～　[著]「ストラヴァガンザ」 小学館　2010
Hoffman, Michael A.　ホフマン, マイケル
[著]「パレスチナ大虐殺」 成甲書房　2003
Hoffman, Nina Kiriki　ホフマン, ニーナ・キリキ
1955～　ネビュラ賞 短編（2008年）　“Trophy Wives”
Hoffman, Paul　ホフマン, ポール
1953～　[国]イギリス　作家, 脚本家　[専]SF, ファンタジー
Hoffman, Perry D.　ホフマン, ペリー・D.
[著]「境界性パーソナリティ障害最新ガイド」 星和書店　2006
Hoffman, Philip Seymour　ホフマン, フィリップ・シーモア
1967～2014　[国]アメリカ　俳優　[異]ホフマン, フィリップ・セイモア
Hoffman, Reid　ホフマン, リード
投資家
Hoffman, Susannah M.　ホフマン, スザンナ・M.
[著]「災害の人類学」 明石書店　2006
Hoffman, W.Michael　ホフマン, W.マイケル
[著]「ビジネス倫理10のステップ」 生産性出版　2001
Hoffmann, Ambrosi　ホフマン
[国]スイス　アルペンスキー選手
Hoffmann, Bernhard　ホフマン, ベルンハルト
[国]ドイツ　元・デュッセルドルフ市外国人局長
Hoffmann, Christian　ホフマン
[国]オーストリア　クロスカントリースキー選手
Hoffmann, David　ホフマン, デービッド
1951～　[著]「50代からのハーブ活用術」 フレグランスジャーナル社　2011
Hoffmann, Franz　ホフマン, フランツ
1945～　[著]「生気溢れる宮崎の自然、そして科学と社会の調和」 大阪公立大学共同出版会　2014
Hoffmann, Freia　ホフマン, フライア
1945～　[著]「楽器と身体」 春秋社　2004
Hoffmann, Georg Friedrich　ホフマン, G.F.
[著]「小児代謝疾患マニュアル」 診断と治療社　2006
Hoffmann, Gleisi Helena　ホフマン, グレイシ・ヘレナ
[国]ブラジル　官房長官
Hoffmann, Gudrun　ホフマン, グドラン
[著]「ビジュアル科学大事典」 日経ナショナルジオグラフィック社, 日経BPマーケティング（発売）　2016
Hoffmann, Helmut　ホフマン, ヘルムート
[著]「スポーツ筋損傷 診断と治療法」 ガイアブックス　2014
Hoffmann, James　ホフマン, ジェームズ
[著]「ビジュアルスペシャルティコーヒー大事典」 日経ナショナルジオグラフィック社, 日経BPマーケティング（発売）　2015
Hoffmann, Jules A.　ホフマン, ジュール
1941～　[国]フランス　免疫学者　フランス国立科学研究センター（CNRS）昆虫の免疫応答と発育部門責任者, フランス科学アカデミー会長　[異]ホフマン, ジュール・A.
Hoffmann, Jürgen　ホフマン, ユルゲン

H

[著]「ヨーロッパの労働組合」 生活経済政策研究所 2004
Hoffmann, Karol ホフマン, カロル
[国]ポーランド 陸上選手
Hoffmann, Kate ホフマン, ケイト
[著]「御曹子を誘惑！」 ハーレクイン 2004
Hoffmann, Klaus ホフマン, K.
[著]「オットー・ハーン」 シュプリンガー・ジャパン 2006
Hoffmann, Peter ホフマン, ペーター
1930〜 [異]ホフマン, ピーター [著]「ヒトラーとシュタウフェンベルク家」 原書房 2010
Hoffmann, Rainer ホフマン, ライナー
[国]ドイツ 元・フランクフルト音楽・舞台芸術大学教授
Hoffmann, Reiner ホフマン, レイナー
[著]「ヨーロッパの労働組合」 生活経済政策研究所 2004
Hoffmann, Roald ホフマン, ロアルド
1937〜 [国]アメリカ 化学者 コーネル大学名誉教授 [専]有機化学
Hoffmann, Stanley ホフマン, スタンリー
1928〜2015 [国]アメリカ 国際政治学者 ハーバード大学教授・欧州問題研究所(CES)所長 [専]20世紀フランス政治 [異]ホフマン, スタンレー
Hoffmann, Stefan-Ludwig ホフマン, シュテファン＝ルートヴィヒ
1967〜 [著]「市民結社と民主主義」 岩波書店 2009
Hoffmann, Steve ホフマン, スティーブ
1955〜 [著]「水ビジネスの世界」 オーム社 2011
Hoffmans, Lara ホフマンズ, ララ
[著]「金融詐欺の巧妙な手口」 一灯舎, オーム社(発売) 2012
Hoffmeister, David ホフマイスター, デイヴィッド
[著]「覚醒へのレッスン」 ナチュラルスピリット 2015
Hoffmeyer, Jesper ホフマイヤー, ジェスパー
1942〜 [著]「生命記号論」 青土社 2005
Hofinger, Gesine ホーフィンガー, G.
[著]「急性期医療の危機管理」 シュプリンガー・ジャパン 2009
Hofland, H.J.A. ホフラント, H.J.A.
[著]「What is OMA」 TOTO出版 2005
Hofler, Nicolas ヘフラー, ニコラス
[国]ドイツ サッカー選手
Höfl-Riesch, Maria ヘッフル・リーシュ, マリア
1984〜 [国]ドイツ 元スキー選手 [異]ヘフルリーシュ, マリア
Hofmann, Albert ホフマン, アルベルト
1906〜2008 [国]スイス 化学者 [専]LSDの合成
Hofmann, Corinne ホフマン, コリンヌ
1960〜 [著]「マサイの恋人」 講談社 2002
Hofmann, Jonas ホフマン, ヨナス
[国]ドイツ サッカー選手
Hofmann, Michael ホーフマン, ミヒャエル
1961〜 [著]「厨房で逢いましょう」 講談社 2007
Hofmann, Olivia ホフマン, オリビア
[国]オーストリア 射撃選手
Hofmann, Paul ホフマン, ポール
1912〜2008 [著]「ウィーン」 作品社 2014
Hofmann, Peter ホフマン, ピーター
[著]「未来を拓く化学」 エヌ・ティー・エス 2001
Hofmann, Peter ホフマン, ペーター
1944〜2010 [国]ドイツ テノール歌手
Hofmann, Sabine ホフマン, ザビーネ
1964〜 [著]「偽りの書簡」 東京創元社 2016
Hofmann, Stefan G. ホフマン, ステファン・G.
[著]「現代の認知行動療法」 診断と治療社 2012
Hofmann-Wellenhof, B. ホフマン‐ウェレンホフ, B.
[異]ホフマン・ヴェレンホーフ, B. [著]「GNSSのすべて」 古今書院 2010
Hofmekler, Ori ホフメクラー, オーリ
1952〜 [著]「アンチエストロゲン・ダイエット」 リヨン社, 二見書房(発売) 2009
Hofmeyr, Dianne ホフマイアー, ダイアン
[著]「ふしぎなボジャビのき」 光村教育図書 2013
Hofstadter, Douglas R. ホフスタッター, ダグラス・R.
[著]「ゲーデル, エッシャー, バッハ」 白揚社 2005
Hofstede, Gert Jan ホフステード, ヘルト・ヤン
1956〜 [異]ホフステード, ヘールト [著]「多文化世界」 有斐閣 2013
Hogan, Barbara ホーガン, バーバラ
[国]南アフリカ 保健相
Hogan, Brian P. ホーガン, ブライアン・P.
[著]「HTML5 & CSS3実践入門」 インプレスジャパン, インプレスコミュニケーションズ(発売) 2011
Hogan, Brooke ホーガン, ブルック
1988〜 [国]アメリカ 歌手, 女優
Hogan, Chris ホーガン, クリス
[国]アメリカ アメフト選手
Hogan, Chuck ホーガン, チャック
[国]アメリカ 作家
Hogan, Edward ホーガン, エドワード
1980〜 [国]イギリス 作家 [専]ヤングアダルト
Hogan, Elizabeth R. ホーガン, エリザベス
[著]「原子力その神話と現実」 紀伊国屋書店 2011
Hogan, Hulk ホーガン, ハルク
1955〜 [国]アメリカ プロレスラー, 俳優 本名＝ボレア, テリー [異]ホーガン, ハリウッド・ハルク / ホーガン, ハルク・テリー
Hogan, James Patrick ホーガン, ジェームズ・パトリック
1941〜2010 [国]イギリス SF作家 [異]ホーガン, ジェイムズ・パトリック
Hogan, Jamie ホーガン, ジェイミー
[著]「リキシャ・ガール」 鈴木出版 2009
Hogan, Julie ホーガン, ジュリー
[著]「秘書の変身」 ハーレクイン 2006
Hogan, Kelly A. ホーガン, ケリー・A.
[著]「エッセンシャル・キャンベル生物学」 丸善出版 2016
Hogan, Kevin ホーガン, ケビン
[国]アメリカ アメフト選手
Hogan, Kevin ホーガン, ケビン
[著]「なぜあの人からつい「買ってしまう」のか」 三笠書房 2011
Hogan, Lara Callender ホーガン, ララ・カレンダ
[著]「パフォーマンス向上のためのデザイン設計」 オライリー・ジャパン, オーム社(発売) 2016
Hogan, Linda ホーガン, リンダ
[著]「おめでとう」 新潮社 2013
Hogan, Mark T. ホーガン, マーク
1951〜 [国]アメリカ 実業家 デューイ・インベストメンツ社長 マグナ・インターナショナル社長, GMグループ副社長
Hogan, Michael J. ホーガン, マイケル・J.
1943〜 [著]「アメリカ大国への道」 彩流社 2005
Hogan, Paul ホーガン, ポール
1940〜 [国]オーストラリア 俳優, 脚本家
Hogan, Phil ホーガン, フィル
[国]アイルランド 環境・地域・地方自治相
Hogan, Phil ホーガン, フィル
1955〜 [著]「見張る男」 KADOKAWA 2015
Hogan, P.J. ホーガン, P.J.
[著]「ピーター・パン」 竹書房 2004
Hogan, Thomas P. ホーガン, T.P.
[著]「心理テスト」 培風館 2010
Hogarth, Emily ホガース, エミリー
[著]「ペーパーカッティング」 ビー・エヌ・エヌ新社 2013
Hogarth, Jimmy ホガース, ジミー
グラミー賞 最優秀録音技術アルバム(クラシック以外)(2007年(第50回)) "Beauty & Crime"
Hogarth, Stuart ホガース, スチュアート
[著]「ナラティブ・ベイスト・メディスン」 金剛出版 2001
Hogarth, William ホガース, ウィリアム
[著]「美の解析」 中央公論美術出版 2007
Hogarty, Rio ホガーティ, リオ
[著]「スーパー母さんダブリンを駆ける」 未知谷 2016
Hoge, Robert D. ホッジ, ロバート・D.
1939〜 [著]「非行・犯罪少年のアセスメント」 金剛出版 2012
Hoger, Marco ヘーガー, マルコ
[国]ドイツ サッカー選手
Höges, Clemens ヘーゲス, クレメンス
1961〜 [著]「海に眠る船」 ランダムハウス講談社 2006
Hogg, Christine ホグ, クリスティン
?〜2014 [著]「多文化社会の看護と保健医療」 福村出版 2015
Hogg, D.J. ホッグ, DJ
[国]アメリカ バスケットボール選手
Hogg, John Mervyn ホッグ, ジョン・M.
[著]「誰にでもできる水泳メンタルトレーニング」 ベースボール・マガジン社 2003
Hogg, Stuart ホッグ, スチュワート
[国]スコットランド ラグビー選手
Hogg, Tracy ホッグ, トレイシー
[著]「トレイシー・ホッグの赤ちゃん語がわかる子育て大全」 ブッ

クマン社　2006
Hoggart, Richard　ホガート, リチャード
1918～2014　[国]イギリス　社会学者, 評論家　ロンドン大学ゴールドスミス・カレッジ学長　[専]カルチュラル・スタディーズ, イギリス近代文学, オーデン
Hoggett, Steven　ホゲット, スティーヴン
ローレンス・オリヴィエ賞 振付賞(2009年(第33回))　"Black Watch"
Hogh-christensen, Jonas　ホグクリステンセン, ヨナス
[国]デンマーク　セーリング選手
Hoghe, Raimund　ホーゲ, ライムント
1949～　[著]「ピナ・バウシュ タンツテアターとともに」 三元社　2011
Höglund, Anna　ヘグルンド, アンナ
[著]「ぼくはジャガーだ」 ブッキング　2007
Hoglund, Greg　ヘグルンド, グレッグ
[著]「セキュアソフトウェア」 日経BP社, 日経BP出版センター(発売)　2004
Hogrogian, Nonny　ホグロギアン, ナニー
[著]「ノアのはこぶね」 日本キリスト教団出版局　2015
Hogshead, Sally　ホッグスヘッド, サリー
[著]「あなたはどう見られているのか」 パイインターナショナル　2015
Hogue, Joe　ホーグ, J.
[著]「iPhone/iPadゲーム開発ガイド」 オライリー・ジャパン, オーム社(発売)　2010
Hogwood, Christopher　ホグウッド, クリストファー
1941～2014　[国]イギリス　指揮者, ハープシコード奏者, 音楽学者　エンシェント室内管弦楽団名誉指揮者, ケンブリッジ大学名誉教授　[専]古楽　本名=Hogwood, Christopher Jarvis Haley
Hoh, Erling　ホー, アーリン
[著]「お茶の歴史」 河出書房新社　2010
Hohenegger, Beatrice　ホーネガー, ビアトリス
[著]「茶の世界史」 白水社　2010
Hohl, Joan　ホール, ジョーン
[著]「キスの意味を教えて」 ハーレクイン　2009
Hohlbein, Heike　ホールバイン, ハイケ
1954～　[著]「猫たちの冬」 ポプラ社　2008
Hohlbein, Wolfgang　ホールバイン, ヴォルフガンク
1953～　[著]「ノーチラス号の帰還」 創元社　2009
Hohmann, Luke　ホフマン, ルーク
[著]「ビヨンドソフトウェアアーキテクチャ」 翔泳社　2015
Hohn, Immanuel　ヘーン, イマヌエル
[国]ドイツ　サッカー選手
Hohne, Heinz　ヘーネ, ハインツ
1926～2010　[著]「髑髏の結社・SSの歴史」 講談社　2001
Høholdt, Tom　ホーホルト, トム
[著]「誤り訂正符号入門」 森北出版　2005
Hohri, William Minoru　ホーリ, ウィリアム
1927～2010　[国]アメリカ　強制収容訴訟原告の日系2世
Hoiberg, Fred　ホイバーグ, フレッド
[国]アメリカ　シカゴ・ブルズヘッドコーチ(バスケットボール)
Høie, Bent　ホイエ, ベント
[国]ノルウェー　保健・介護サービス相
Hoijtema, T.van　ホイテーマ, T.
[著]「しあわせな ふくろう」 福音館書店　2012
Hoj, Frank　ホイ
[国]デンマーク　自転車選手
Hojamammedov, Byashimmyrat　ホジャマメドフ, ビャシムムイラト
[国]トルクメニスタン　副首相　[異]ホジャマメドフ, ビャシムイラト
Hojamuhammedov, Baymyrad　ホジャムハメドフ, バイムイラト
[国]トルクメニスタン　副首相
Højberg, Simon　ホイビュルク, サイモン
[著]「入門React」 オライリー・ジャパン, オーム社(発売)　2015
Hojbjerg, Pierre-Emile　ホイビュルク, ピエール・エミール
[国]デンマーク　サッカー選手
Hojjati, Mahmoud　ホジャティ, マハムード
[国]イラン　農相　[異]ホジャティ, マハムド
Hojnisz, Monika　ホイニシュ
[国]ポーランド　バイアスロン選手
Hojo, Masaaki　ホウジョウ, マサアキ
[著]「ITI treatment guide」 クインテッセンス出版　2013
Hojs, Aleš　ホイス, アレシュ
[国]スロベニア　国防相
Hok, Jim　ホク, ジム
[国]スリナム　天然資源相
Hol, Coby　ホール, コビー
1943～　[著]「いなかのとうまちへいく」 学習研究社　〔2005〕
Holabird, Katharine　ホラバード, キャサリン
[著]「アンジェリーナのはるまつり」 講談社　2010
Holbek, Jonny　ホルベック, ジョニー
[著]「イノベーションと組織」 創成社　2012
Holbert, Keith E.　ホルバート, キース・E.
[著]「マレー原子力学入門」 講談社　2015
Holborn, Mark　ホルボーン, マーク
1949～　[著]「素顔のジョージ・ハリスン」 ヤマハミュージックメディア　2011
Holborow, Barbara　ホルボロー, バーバラ
1930～　[著]「オーストラリア、少年少女の心の実態」 彩流社　2006
Holbrook, D.　ホルブルック, D.
[著]「自閉症」 黎明書房　2006
Holbrook, Teri　ホルブルック, テリ
[著]「青い家」 早川書房　2003
Holbrooke, Richard Charles　ホルブルック, リチャード
1941～2010　[国]アメリカ　外交官, 実業家　米国アフガニスタン・パキスタン担当特別代表, 国連大使, 米国国務次官補　[異]ホルブルック, リチャード・C.
Holburn, Steve　ホルバーン, スティーブ
[著]「PCP」 相川書房　2007
Holcomb, Rod　ホルコム, ロッド
エミー賞 プライムタイム・エミー賞 最優秀監督賞(ドラマシリーズ)(第61回(2009年))　"ER"
Holcomb, Steven　ホルコム, スティーブン
1980～　[国]アメリカ　ボブスレー選手
Holcombe, Larry　ホルコム, ラリー
1943～　[著]「アメリカ大統領はなぜUFOを隠し続けてきたのか」 徳間書店　2015
Holdau, Felicitas　ホルダウ, フェリシタス
[著]「Magic moon」 フレグランスジャーナル社　2001
Holden, Cathie　ホールデン, キャシー
[著]「グローバル・ティーチャーの理論と実践」 明石書店　2011
Holden, Craig　ホールデン, クレイグ
[著]「ジャズ・バード」 扶桑社　2002
Holden, Kritina　ホールデン, クリティナ
[著]「要点で学ぶ、デザインの法則150」 ビー・エヌ・エヌ新社　2015
Holden, Paul　ホールデン, ポール
[著]「苦情という名の贈り物」 生産性出版　2004
Holden, Reed K.　ホールデン, リード・K.
[著]「プライシング戦略」 ピアソン・エデュケーション　2004
Holden, Robert　ホールデン, ロバート
1965～　[著]「最高の人生を引き寄せるには自分を愛するだけでいい」 大和書房　2016
Holden, Terri　ホールデン, テリー
[著]「エキスパートナースとの対話」 照林社　2004
Holden, Todd　ホールデン, タッド
1958～　[著]「記号を読む」 東北大学出版会　2001
Holden, Wendy　ホールデン, ウェンディ
[著]「ハッチ&リトルB」 竹書房　2014
Holder, Alex　ホルダー, アレックス
[著]「患者と分析者」 誠信書房　2008
Holder, David　オルデー, ダヴィッド
1968～　[国]フランス　実業家　ラデュレ社長　[異]オルデー, ダビッド
Holder, Donald　ホルダー, ドナルド
トニー賞 ミュージカル 照明デザイン賞(2008年(第62回))　"Rodgers & Hammerstein's South Pacific"
Holder, Eric Himpton Jr.　ホルダー, エリック
1951～　[国]アメリカ　法律家　米国司法長官
Holder, Geoffrey　ホルダー, ジョフリー
1930～2014　[国]アメリカ　ダンサー, 振付師, 演出家, デザイナー, 俳優　[異]ホールダー, ジェフリー / ホールダー, ジョフリー
Holder, Jay M.　ホルダー, ジェイ・M.
[著]「ジェイ・M.ホルダーD.C.トルクリリーステクニックマニュアル」 科学新聞社　2013
Holder, Jonathan　ホルダー, ジョナサン
[国]アメリカ　野球選手
Holder, Nancy　ホルダー, ナンシー
1953～　[著]「クリムゾン・ピーク」 扶桑社　2016
Holder, Noel　ホルダー, ノエル

H

Holderness-Roddam, Jane ホルドネス・ロダン, ジェーン
　国ホルドネス＝ロダン, ジェーン　署「イラストガイド野外騎乗術」源草社　2004
Holding, Rob ホールディング, ロブ
　国イングランド　サッカー選手
Holdren, Dax ホールドレン
　国アメリカ　ビーチバレー選手
Hole, Abigail ホール, アビゲイル
　署「インド」メディアファクトリー　2004
Holebas, Jose ホレバス, ホセ
　国ギリシャ　サッカー選手
Holenstein, Elmar ホーレンシュタイン, エルマー
　1937〜　署「ヤーコブソン」白水社　2003
Holford, Jeremy ホルフォード, ジェレミー
　署「初めてのアドラー心理学」一光社　2005
Holford, T.R. ホルフォード, T.
　署「鍼のエビデンス」医道の日本社　2009
Holford-Strevens, Leofranc ホルフォード・ストレブンズ, リオフランク
　署「暦と時間の歴史」丸善出版　2013
Holgate, Alan ホルゲイト, アラン
　署「構造デザインとは何か」鹿島出版会　2001
Holgate, Mason ホールゲイト, メイソン
　国イングランド　サッカー選手
Holgate, Sharon Anne ホルゲート, シャロン・アン
　署「実験・実感科学のしくみ」丸善　2003
Holguin, Jeff ホールギン
　国アメリカ　射撃選手
Holguín Cuéllar, María Ángela オルギン・クエジャル, マリア・アンヘラ
　国コロンビア　外相
Holguín Sardi, Carlos オルギン・サルディ, カルロス
　国コロンビア　内務・法務相
Holian, Gary ホリアン, ゲイリー
　署「グレイホーク・ワールドガイド」ホビージャパン　2003
Holick, Michael F. ホリック, M.F.
　署「骨の健康と栄養科学大事典」西村書店　2009
Holiday, Jrue ホリデー, ドリュー
　国アメリカ　バスケットボール選手
Holiday, Justin ホリデー, ジャスティン
　国アメリカ　バスケットボール選手
Holiday, Ryan ホリデイ, ライアン
　署「苦境(ピンチ)を好機(チャンス)にかえる法則」パンローリング　2016
Holkeri, Harri Hermanni ホルケリ, ハリ
　1937〜2011　国フィンランド　政治家　フィンランド首相
Holl, Steven ホール, スティーブン
　1947〜　国アメリカ　建築家　コロンビア大学建築科教授　国ホール, スティーヴン
Hollabaugh, Craig ホーラボウ, クレイグ
　署「Linux組み込みシステム」ピアソン・エデュケーション　2003
Holladay, Tom ホラディ, トム
　1956〜　署「キリスト教信仰の土台」パーパス・ドリブン・ジャパン　2014
Holland, Agnieszka ホランド, アニエスカ
　1948〜　国ポーランド　映画監督, 脚本家　国ホーランド, アグニエシュカ／ホランド, アニエスカ／ホラント, アグニェシカ／ホランド, アグニエシュカ
Holland, Angus ホランド, アンガス
　署「100 Inc.」エクスナレッジ　2007
Holland, Barbara A. ホランド, B.A.
　1950〜　署「社会参画する大学と市民学習」学文社　2015
Holland, Bart K. ホランド, バート・K.
　署「確率・統計で世界を読む」白揚社　2004
Holland, Carola ホラント, カロラ
　署「ペンギンタミーノのせかいでいちばんすてきなおくりもの」ひくまの出版　2004
Holland, Charles Hepworth ホランド, チャールズ・H.
　署「時間とは何か」青土社　2002
Holland, Dave ホランド, デイヴ
　グラミー賞 最優秀ジャズ・ビッグバンド・アルバム(2005年(第48回))　"Overtime"
Holland, Derek ホランド, デレク
　国アメリカ　野球選手
Holland, Dexter ホーランド, デクスター

Holland, Earle ホランド, アール
　署「サイエンスライティング」地人書館　2013
Holland, Fabian ホラント, ファビアン
　国ドイツ　サッカー選手
Holland, Greg ホランド, グレッグ
　国アメリカ　野球選手
Holland, Henry Scott ホランド, ヘンリー・スコット
　署「さよならのあとで」夏葉社　2012
Holland, Jennifer S. ホランド, ジェニファー・S.
　国ホーランド, J.　署「びっくりどうぶつフレンドシップ」飛鳥新社　2013
Holland, Jimmie C. ホランド, ジミー・C
　署「自分らしくがんと向き合う」ネコ・パブリッシング　2003
Holland, John ホランド, ジョン
　1929〜2015　国アメリカ　科学者　ミシガン大学教授　国心理学, 電子工学, コンピューター科学　本名＝Holland, John Henry
Holland, John ホーランド, ジョン
　国プエルトリコ　バスケットボール選手
Holland, John ホランド, ジョン
　署「パワー・オブ・ザ・ソウル」JMA・アソシエイツステップワークス事業部　2011
Holland, John L. ホランド, ジョン・L.
　署「ホランドの職業選択理論」雇用問題研究会　2013
Holland, Julian ホランド, ジュリアン
　1946〜　署「世界鉄道大紀行」悠書館　2016
Holland, Karen ホランド, カレン
　1949〜　署「多文化社会の看護と保健医療」福村出版　2015
Holland, Mina ホランド, ミーナ
　署「食べる世界地図」エクスナレッジ　2015
Holland, Nate ホランド
　国アメリカ　スノーボード選手
Holland, Patricia M. ホランド, パトリシア・M.
　署「座位マッサージ」ガイアブックス　2014
Holland, Peter W.H. ホランド, ピーター
　1963〜　署「動物たちの世界」東京化学同人　2014
Holland, Sarah ホーランド, サラ
　署「哀しみの迷路」ハーレクイン　2003
Holland, Tanya ホーランド, ターニャ
　署「ブラウンシュガーキッチン」クロニクルブックス・ジャパン, 徳間書店(発売)　2016
Holland, Todd ホーランド, トッド
　エミー賞 プライムタイム・エミー賞 最優秀監督賞(コメディシリーズ)(第53回(2001年))　"Malcolm In The Middle"
Holland, Tom ホランド, トム
　署「ルビコン」中央公論新社　2006
Holland, Vicky ホランド, ビッキー
　国イギリス　トライアスロン選手
Hollande, François オランド, フランソワ
　1954〜　国フランス　政治家　フランス大統領　フランス社会党第1書記　本名＝Hollande, François Gérard Georges
Holland-Elliott, Kevin ホランド・エリオット, K.
　署「うつ病という時限爆弾」日本評論社　2003
Hollander, Carl ホランダー, カール
　1934〜　署「メネッティさんのスパゲッティ」BL出版　2004
Hollander, Dory ホランダー, ドリー
　署「男が女につく101の嘘」角川書店　2004
Hollander, Eric ホランダー, エリック
　1957〜　署「自閉症治療の臨床マニュアル」明石書店　2012
Hollander, John ホランダー, ジョン
　1929〜2013　国アメリカ　詩人, 批評家, 英語学者　エール大学名誉教授
Holländer, Karen ホレンダー, カレン
　署「ウルフ・サーガ」福音館書店　2004
Hollander, Maria ホランダー, マリア
　署「ライアー」ライアー響会　2009
Hollander, Michael ホランダー, マイケル
　署「自傷行為救出ガイドブック」星和書店　2011
Hollander-Lafon, Magda オランデール＝ラフォン, マグダ
　1927〜　署「四つの小さなパン切れ」みすず書房　2013
Hollands, Arthur ホーランド, アーサー
　署「不良牧師の愛活BIBLE」無双舎　2010
Hollars, B.J. ホラーズ, B.J.
　署「モンスターズ」白水社　2014
Hölldobler, Bert ヘルドブラー, バート
　1936〜　署「ハキリアリ」飛鳥新社　2012

Hölle, Erich　ヘレ、エーリヒ
　1925〜　㊧「ウルメル海に潜る」ひくまの出版　2005
Holleben, Jan von　ホレーベン、ヤン・フォン
　1977〜　㊧「みんなこうなるの？」講談社　2014
Hollein, Hans　ホライン、ハンス
　1934〜2014　㊨オーストリア　建築家　デュッセルドルフ美術アカデミー教授
Hollender, Ioan　ホーレンダー、イオアン
　1935〜　㊨オーストリア　ウィーン国立歌劇場総裁
Holler, Jurgen　ヘラー、ユルゲン
　㊧「「できる人になる」成功の秘訣」主婦の友社, 角川書店（発売）　2002
Holler, Wolfgang　ホラー、ヴォルフガング
　㊧「ドレスデン国立美術館展」日本経済新聞社　2005
Höllerer, Walter Friedrich　ヘレラー、ワルター
　1922〜2003　㊨ドイツ　詩人, 作家, 批評家　ベルリン工科大学文芸学教授　㊨ヘレラー、ヴァルター
Holley, Anna　ホーリー、アンナ
　㊧「空の白い花」万来舎　2005
Holley, Kevin　ホリー、ケヴィン
　㊧「SHORT MESSAGE SERVICE」幻冬舎ルネッサンス　2011
Höll Hartmut　ヘル、ハルトムート
　㊨ドイツ　ピアニスト　カールスルーエ音楽大学学長
Holliday, Charles, O.Jr.　ホリデイ、チャールズ
　1948〜　㊨アメリカ　実業家　バンク・オブ・アメリカ会長　デュポン会長・CEO　㊨ホリデー、チャールズ
Holliday, Ian　ホリデイ、イアン
　㊧「東アジアの福祉資本主義」法律文化社　2007
Holliday, John　ホリデイ、ジョン
　㊧「OBA開発入門」日経BPソフトプレス, 日経BP出版センター（発売）　2008
Holliday, Matt　ホリデイ、マット
　㊨アメリカ　野球選手
Holliday, Melanie　ホリデイ、メラニー
　1951〜　㊨アメリカ　ソプラノ歌手
Holliday-Willy, Liane　ホリデー＝ウィリー、リアン
　㊧「アスペルガー流人間関係」東京書籍　2011
Hollier, Denis　オリエ、ドゥニ
　㊧「ジョルジュ・バタイユの反建築」水声社　2015
Holliger, Heinz　ホリガー、ハインツ
　1939〜　㊨スイス　オーボエ奏者, 作曲家　フライブルク音楽大学教授　バーゼル交響楽団首席奏者
Holliman, Jonathan　ホリマン、ジョナサン
　？〜2015　㊨イギリス　環境保護活動家　国連大学研究員　㊧地理学, 植物学
Hollindale, Peter　ホリンデイル、ピーター
　1936〜　㊧「子どもと大人が出会う場所」柏書房　2002
Holling, Jen　ホリング、ジェン
　㊧「銀の戦士と魔法の乙女」宙出版　2009
Hollinger, David A.　ホリンガー、デイヴィッド・A.
　1941〜　㊧「ポストエスニック・アメリカ」明石書店　2002
Hollingham, Richard　ホリンガム、リチャード
　㊧「ブロンド美女の作り方」バジリコ　2007
Hollingshead, Mike　ホリングスヘッド、マイク
　1976〜　㊧「スーパーセル」国書刊行会　2015
Hollingsworth, Cliff　ホリングワース、クリフ
　㊧「シンデレラマン」竹書房　2005
Hollingsworth, Joseph Rogers　ホリングスワース、ロジャー
　㊨ホリングスワース、J.ロジャーズ　㊧「現代の資本主義制度」NTT出版　2001
Hollingsworth, Mellisa　ホリングスワース
　㊨カナダ　スケルトン選手
Hollingworth, Peter　ホリングワース、ピーター
　㊨オーストラリア　総督
Hollis, Billy S.　ホリス、ビリー・S.
　㊧「プロフェッショナルVB.NET」インプレス, インプレスコミュニケーションズ（発売）　2002
Hollis, Christina　ホリス、クリスティーナ
　㊧「砂漠の王子に捨てられて」ハーレクイン　2014
Hollis, James　ホリス、ジェイムズ
　1940〜　㊧「「影」の心理学」コスモス・ライブラリー, 星雲社（発売）　2009
Hollis, Jennifer L.　ホリス、ジェニファー・L.
　㊧「エンドオブライフ期の音楽」ふくろう出版　2014
Hollis-jefferson, Rondae　ホリス・ジェファーソン、ロンデイ
　㊨アメリカ　バスケットボール選手
Hollmer, Lars　ホルメル、ラーシュ
　1948〜2008　㊨スウェーデン　ミュージシャン　本名＝Hollmer, Lars Gustav Gabriel
Hollnagel, Erik　ホルナゲル、エリック
　1941〜　㊧「Safety-1 & Safety-2」海文堂出版　2015
Hollo, Anselm　ホッロ、アンセルム
　1934〜2013　㊨フィンランド　詩人, 翻訳家
Hollon, Frank Turner　ホロン、フランク・ターナー
　1963〜　㊧「四月の痛み」原書房　2005
Holloran, Peter　ホロラン、ピーター
　㊧「真夜中に戸をたたく」日本キリスト教団出版局　2007
Holloway, Charles A.　ホロウェイ、チャールズ・A.
　㊧「営業チームの強化法」ダイヤモンド社　2007
Holloway, Gillian　ホロウェイ、ジリアン
　㊧「夢のカルテ」ディスカヴァー・トゥエンティワン　2008
Holloway, Immy　ホロウェイ、I.
　㊧「ナースのための質的研究入門」医学書院　2006
Holloway, Jacky　ホロウェイ、ジャッキー
　㊧「業績評価の理論と実務」東洋経済新報社　2004
Holloway, John　ホロウェイ、ジョン
　1947〜　㊧「革命資本主義に亀裂をいれる」河出書房新社　2011
Holloway, Ron　ホロウェイ、ロン
　ベルリン国際映画祭ベルリナーレ・カメラ賞（第57回（2007年））
Holloway, Susan D.　ハロウェイ、スーザン・D.
　㊨ハロウェイ, S.D.　㊧「少子化時代の「良妻賢母」」新曜社　2014
Holloway, Todd　ハロウェイ、トッド
　㊧「ビューティフルビジュアライゼーション」オライリー・ジャパン, オーム社（発売）　2011
Hollstein, Martin　ホルシュタイン、マルティン
　1987〜　㊨ドイツ　カヌー選手　㊨ホルシュタイン
Holly, Emma　ホリー、エマ
　㊧「真夜中の愛でつらぬいて」竹書房　2011
Holm, Celeste　ホルム、セレステ
　1917〜2012　㊨アメリカ　女優　㊨ホルム、セレスト
Holm, Chris F.　ホルム、クリス
　㊧「殺し屋を殺せ」早川書房　2016
Holm, Georg　ホルム、ゲオルグ
　㊨アイスランド　ミュージシャン
Holm, Jennifer L.　ホルム、ジェニファー
　1968〜　㊨アメリカ　作家　㊧児童書, 歴史
Holm, Monica　ホルム、モニカ
　㊧「子どもの悲しみとトラウマ」新評論　2014
Holm, Soren　ホルム、セーレン
　㊧「病院倫理入門」丸善出版　2011
Holm, Stefan　ホルム、ステファン
　1976〜　㊨スウェーデン　元走り高跳び選手　国際オリンピック委員会（IOC）委員　本名＝Holm, Stefan Christian
Holman, Bob　ホルマン、ボブ
　1936〜2016　㊨イギリス　ソーシャルワーカー　バース大学社会福祉行政学教授　本名＝Bones, Robert Holman
Holman, Brad　ホルマン、ブラッド
　㊨アメリカ　テキサス・レンジャーズコーチ
Holman, Halsted　ホールマン、ホールステッド
　㊧「病気とともに生きる」日本看護協会出版会　2008
Holman, Robert　ホルマン、ボブ
　1936〜　㊧「近代児童福祉のパイオニア」法律文化社　2007
Holman, Sheri　ホールマン、シェリ
　㊧「青いドレスの少女」DHC　2002
Holmas, Heikki　ホルモス、ヘイッキ
　㊨ノルウェー　開発援助相
Holmberg, Barbro　ホルムバリ、バルブロ
　㊨スウェーデン　移民難民政策担当相
Holmberg, Bo R.　ホルムベルイ、ボー・R.
　㊧「パパはジョニーっていうんだ」BL出版　2004
Holme, Dan　ホーム、ダン
　㊧「MCTSスキルチェック問題集70-640 Microsoft Windows Server 2008 Active Directory」日経BPソフトプレス, 日経BP出版センター（発売）　2008
Holme, Michelle　ホーム、ミシェル
　グラミー賞 最優秀ボックス, 特別限定版パッケージ（2011年（第54回））"The Promise: The Darkness On The Edge Of Town Story"　アート・ディレクター
Holmes, Andre　ホームズ、アンドレ
　㊨アメリカ　アメフト選手
Holmes, Andrew　ホームズ、アンドリュー

Holmes, Besby Frank　ホームズ，ベスビー・フランク
1917～2006　⑥アメリカ　軍人
Holmes, Caroline　ホームズ，キャロライン
㊤「ボタニカルイラストで見るハーブの歴史百科」原書房　2015
Holmes, Chet　ホームズ，チェット
㊤「究極のセールスマシン」海と月社　2010
Holmes, Chris　ホームズ，クリス
⑥イギリス　ジャーナリスト，元水泳選手　ロンドン・パラリンピック統合ディレクター
Holmes, Clay　ホームズ，クレイ
⑥アメリカ　野球選手
Holmes, Dale　ホームズ，デイル
㊤「MCSEパーフェクトテキスト試験番号70-221：Windows 2000 Network Infrastructure design」ピアソン・エデュケーション　2001
Holmes, Danielle　ホームズ，ダニエル
㊤「刷新してほしい患者移動の技術」日本看護協会出版会　2003
Holmes, Darren　ホームズ，ダレン
⑥アメリカ　コロラド・ロッキーズコーチ
Holmes, David　ホームズ，デビッド
㊤「プログラミング言語Java」東京電機大学出版局　2014
Holmes, Efner Tudor　ホールムス，エフナー・テューダー
㊤「こねこのクリスマス」いのちのことば社フォレストブックス　2006
Holmes, Elizabeth　ホームズ，エリザベス
起業家，セラノス創業者
Holmes, Eva　ホームズ，エバ
㊤「被虐待児の精神分析的心理療法」金剛出版　2006
Holmes, Gabe　ホームズ，ゲーブ
⑥アメリカ　アメフト選手
Holmes, Greg　ホームズ，グレッグ
⑥オーストラリア　ラグビー選手
Holmes, Gregory L.　ホームズ，グレゴリー・L.
㊤「てんかんハンドブック」メディカル・サイエンス・インターナショナル　2004
Holmes, Hannah　ホームズ，ハナ
1963～　㊤「小さな塵の大きな不思議」紀伊国屋書店　2004
Holmes, James　ホームズ，ジェームズ
㊤「実習JAVA」技術評論社　2004
Holmes, James R.　ホームズ，ジェームズ・R.
1965～　㊤「太平洋の赤い星」バジリコ　2014
Holmes, Janet　ホームズ，J.
㊤「男と女のポライトネス」英宝社　2004
Holmes, Jenny　ホームズ，ジェニー
㊤「科学技術とジェンダー」明石書店　2004
Holmes, Jeremy　ホームズ，ジェレミー
1943～　㊤「精神科臨床倫理」星和書店　2011
Holmes, John　ホームズ，ジョン
1951～　⑥イギリス　外交官　国連事務次長・緊急援助調整官
Holmes, Jonathan　ホームズ，ジョナサン
⑥アメリカ　バスケットボール選手
Holmes, Jordan　ホームズ，ジョーダン
⑥オーストラリア　サッカー選手
Holmes, Katie　ホームズ，ケイティ
1978～　⑥アメリカ　女優　⑭ホームズ，ケイティー／ホルムズ，ケイティ
Holmes, Kelly　ホームズ
⑥イギリス　陸上選手
Holmes, Lee　ホルムス，リー
㊤「Windows PowerShellクックブック」オライリー・ジャパン，オーム社　2008
Holmes, Lyman　ホームズ，ライマン
㊤「ライマン・ホームズの航海日誌」慶応義塾大学出版会　2012
Holmes, Margaret M.　ホームズ，マーガレット・M.
1944～　㊤「こわい目にあったアライグマくん」誠信書房　2015
Holmes, Nigel　ホームズ，ナイジェル
1942～　㊤「旅を楽しむ！ トリビア大百科」日経ナショナルジオグラフィック社，日経BPマーケティング（発売）　2014
Holmes, Oliver Wendell　ホルム，オリバー・W.
㊤「大人が楽しむイングリッシュ・ポエチュリー」リーベル出版　2007
Holmes, Paul　ホームズ，ポール
㊤「オペレーショナルリスク」金融財政事情研究会，きんざい（製作・発売）　2001
Holmes, Philip　ホームズ，P.
1945～　㊤「天体力学のパイオニアたち」シュプリンガー・フェアラーク東京　2004
Holmes, Richard　ホームズ，リチャード
1946～2011　㊤「戦いの世界史」原書房　2014
Holmes, Richaun　ホームズ，リショーン
⑥アメリカ　バスケットボール選手
Holmes, Ronald M.　ホームズ，ロナルド・M.
㊤「殺人プロファイリング入門」日本評論社　2005
Holmes, Santonio　ホームズ，サントニオ
1984～　⑥アメリカ　アメフト選手　⑭ホームズ，サンアントニオ
Holmes, Stephen T.　ホームズ，スティーヴン・T.
㊤「殺人プロファイリング入門」日本評論社　2005
Holmes, Steve　ホームズ，スティーブ
㊤「ごちゃまぜうみのいきもの」大日本絵画　2007
Holmes, Tommy　ホームズ，トミー
1917～2008　⑥アメリカ　野球選手　本名＝Holmes, Thomas Francis
Holmes, Tony　ホームズ，トニー
㊤「F-14トムキャットオペレーションイラキフリーダム」大日本絵画　2015
Holmes, Tyrone　ホームズ，タイロン
⑥アメリカ　アメフト選手
Holmgren, David　ホルムグレン，デビッド
1955～　㊤「パーマカルチャー」コモンズ　2012
Holmlid, Stefan　オルムリッド，ステファン
㊤「This is service design thinking.」ビー・エヌ・エヌ新社　2013
Holmlund, Anna　ホルムルンド
⑥スウェーデン　フリースタイルスキー選手
Holmlund, Anne　ホルムルンド，アンネ
⑥フィンランド　内相
Holness, Andrew　ホルネス，アンドリュー
⑥ジャマイカ　首相兼国防・経済成長・雇用創出相
Holosivi, David　ホロシビ，デービド
⑥ソロモン諸島　森林・環境保全相
Holovko, Anatoliy　ホロフコ，アナトーリ
⑥ウクライナ　産業政策相
Holowaychuk, T.J.　ホロウェイチャック，T.J.
㊤「実践Node.jsプログラミング」翔泳社　2014
Holowenko, Henryk　ホロエンコ，ヘンリック
1955～　㊤「親と教師のためのAD/HDの手引き」二瓶社　2002
Holpp, Lawrence　ホルプ，ローレンス
㊤「伸びるチームをつくる！」ディスカヴァー・トゥエンティワン　2007
Holsey, Ron　ホルシー，ロン
1981～　㊤「アニメおさるのジョージ ハチさんのおうち」金の星社　2015
Holst, Lars　ホルスト，L.
㊤「確率論へようこそ」シュプリンガー・フェアラーク東京　2005
Holst, Spencer　ホルスト，スペンサー
㊤「謎のギャラリー」新潮社　2002
Holstege, Christopher P.　ホルステージ，クリストファー・P.
㊤「救急・集中治療ビジュアル診断」西村書店　2014
Holstein, James A.　ホルスタイン，ジェイムズ
㊤「アクティヴ・インタビュー」せりか書房　2004
Holstein, William J.　ホルスタイン，ウィリアム・J.
㊤「GMの言い分」PHP研究所　2009
Holt, Anne　ホルト，アンネ
1958～　⑥ノルウェー　作家　ノルウェー法相
Holt, Barbara J.　ホルト，バーバラ・J.
㊤「相談援助職のためのケースマネジメント入門」中央法規出版　2005
Holt, Bradley P.　ホルト，ブラッドレー・P.
㊤「キリスト教のスピリチュアリティ」新教出版社　2006
Holt, Brock　ホルト，ブロック
⑥アメリカ　野球選手
Holt, Cheryl　ホルト，シェリル
㊤「愛と偽りの結婚式」扶桑社　2011
Holt, Douglas B.　ホルト，ダグラス・B.
㊤「ブランドが神話になる日」ランダムハウス講談社　2005
Holt, Ian　ホルト，イアン
1964～　㊤「新ドラキュラ」メディアファクトリー　2013
Holt, James Clarke　ホルト，ジェームズ
1922～2014　⑥イギリス　歴史学者　ケンブリッジ大学教授　㊤中世史　⑭ホールト／ホゥルト／ホウルト，ジェームズ
Holt, Jim　ホルト，ジム

1954～ 著「世界はなぜ「ある」のか？」早川書房　2016
Holt, John Caldwell　ホルト, ジョン・C.
　著「ネヴァー・トゥー・レイト」春秋社　2002
Holt, Jonathan　ホルト, ジョナサン
　国イギリス　作家　分スリラー
Holt, Kimberly Willis　ホルト, キンバリー・ウィリス
　国アメリカ　作家
Holt, Linda　ホルト, リンダ
　著「シアーズ博士夫妻のマタニティブック」主婦の友社　2014
Holt, Lyssa Royal　ホルト, リサ・ロイヤル
　著「黄金のしずく」ヴォイス　2016
Holt, Nathalia　ホルト, ナターリア
　1980～　著「完治」岩波書店　2015
Holt, Peter　ホルト, ピーター
　国アメリカ　サンアントニオ・スパーズオーナー
Holtby, Lewis　ホルトビー, ルイス
　国ドイツ　サッカー選手
Holten, Rene　ホルテン
　国デンマーク　カヌー選手
Höltgen, Karl Josef　ヘルトゲン, カール・ヨーゼフ
　1927～　著「英国におけるエンブレムの伝統」慶応義塾大学出版会　2005
Holtgrefe, Karen　ホルツグレーフェ, カレン
　著「最新運動療法大全」ガイアブックス, 産調出版（発売）　2012
Holthe, Tess Uriza　ホルス, テス・ウリザ
　1966～　著「象がおどるとき」太田出版　2005
Holtmann, Gerrit　ホルトマン, ゲリット
　国ドイツ　サッカー選手
Holton, Johnny　ホルトン, ジョニー
　国アメリカ　アメフト選手
Holton, Wendy M.　ホルトン, W.M.
　著「PMSバイブル」学樹書院　2007
Holtshouse, Dan　ホルツハウス, ダン
　著「知識革新力」ダイヤモンド社　2001
Holtz, Geoffrey T.　ホルツ, ジェフリー・T.
　著「子供の消滅」五月書房　2003
Holtz, J.P.　ホルツ, J.P.
　国アメリカ　アメフト選手
Holtz, Shel　ホルツ, シェル
　著「実践戦略的社内コミュニケーション」日刊工業新聞社　2005
Holtz, Thomas R., Jr.　ホルツ, トーマス・R., Jr.
　著「ホルツ博士の最新恐竜事典」朝倉書店　2010
Holtzman, Jerome　ホルツマン, ジェローム
　1926～2008　国アメリカ　野球ジャーナリスト
Holub, Joan　ホルブ, ジョーン
　著「ドールハウスの奇跡」国土社　2014
Holubec, Edythe Johnson　ホルベック, E.J.
　著「学習の輪」二瓶社　2010
Holweg, Matthias　ホルウェグ, マシアス
　著「21世紀の自動車産業」文真堂　2007
Holy, Petr　ホリー, ペトル
　1972～　著「ふしぎ猫ブドレンカ」ブロンズ新社　2003
Holyfield, Evander　ホリフィールド, イベンダー
　1962～　国アメリカ　元プロボクサー　WBA・WBC・IBF世界ヘビー級チャンピオン, WBA・WBC・IBF世界クルーザー級チャンピオン
Holzdeppe, Raphael　ホルツデッペ
　国ドイツ　陸上選手
Hölzel, Petra　ヘルツェル, ペトラ
　著「ドレッサージュのヒント」恒星社厚生閣　2012
Hölzel, Wolfgang　ヘルツェル, ウォルフガング
　著「ドレッサージュのヒント」恒星社厚生閣　2012
Holzen, Edmund　ヘルツェン, エトムント
　1927～2009　国ドイツ　哲学者　名古屋大学客員教授
Holzen, Heinz von　ホルツェン, ハインツ・フォン
　著「インドネシア料理」チャールズ・イー・タトル出版, 洋販（発売）　2001
Holzenthaler, Jean　ホルゼンターラー, ジーン
　著「わたしのて」童話館出版　2002
Holzer, Jenny　ホルツァー, ジェニー
　1950～　国アメリカ　造形作家, コンセプチュアルアーティスト
　分空間造形
Hölzl, Bernhard　ヘルツル, ベルンハルト
　1959～　著「哲学の問い」晃洋書房　2002
Hölzle, Urs　ヘルツル, ウルス
　著「クラウドを支える技術」技術評論社　2014
Holzman, Gerard J.　ホルツマン, ジェラード・J.
　著「ソフトウェアの未来」翔泳社　2001
Holzman, Lois　ホルツマン, ロイス
　1946～　著「遊ぶヴィゴツキー」新曜社　2014
Holzman, Robert S.　ホルツマン, ロバート
　著「小児の麻酔」メディカル・サイエンス・インターナショナル　2011
Holzman, Todd F.　ホルツマン, トッド・F.
　著「不測の衝撃」金剛出版　2014
Holzner, Steven　ホルツナー, スティーブン
　著「DELL世界最速経営の秘密」インデックス・コミュニケーションズ　2008
Holzschlag, Molly E.　ホルツシュラグ, モリー
　著「Webサイトをキレイにみせる色彩活用術」オーム社　2001
Holzwarth, Werner　ホルツヴァルト, ヴェルナー
　著「うんちしたのはだれよ！」偕成社　〔2009〕
Homaira Shah　ホマイラ・シャー
　？～2002　国アフガニスタン　王妃
Homans, John　ホーマンズ, ジョン
　著「犬が私たちをパートナーに選んだわけ」阪急コミュニケーションズ　2014
Homburg, Cornelia　ホンブルフ, コルネリア
　訳ホンブルク, コルネリア　著「ゴッホ」ソフトバンククリエイティブ　2008
Home, Robert K.　ホーム, ロバート
　著「植えつけられた都市」京都大学学術出版会　2001
Homeky, Oswald　ホメキ, オスワルド
　国ベナン　スポーツ相
Homer, Alex　ホーマー, アレックス
　著「プロフェッショナルASP.NET」インプレス, インプレスコミュニケーションズ（発売）　2002
Homer, Daryl　ホーマー, ダリル
　国アメリカ　フェンシング選手　訳ホーマー
Homes, A.M.　ホームズ, A.M.
　著「ロサンゼルスの魔力」早川書房　2004
Homes, Khaled　ホームズ, カレド
　国アメリカ　アメフト選手
Homewood, Stephen　ホームウッド, ステフィン
　著「内部告発」丸善　2003
Homma, Akira　ホンマ, アキラ
　国ブラジル　元・オズワルド・クルス財団総裁　漢字名＝本間晃
Hommadov, Yazmyrat　ホンマドフ, ヤズムイラト
　国トルクメニスタン　建設資材工業相
Hommel, Scott　ホンメル, スコット
　著「Javaチュートリアル」ピアソン・エデュケーション　2007
Homoki, Andreas　ホモキ, アンドレアス
　1960～　国ドイツ　オペラ演出家　チューリヒ歌劇場総裁
al-Homoud, Moudhi Abdulaziz　ハムード, ムーディ・アブドルアジズ
　国クウェート　住宅担当相兼開発担当相
Homs, José　オムス, ホセ
　著「ミレニアム」早川書房　2014
Hon, David　ホン, ディビッド
　著「世界のグロービッシュ」東洋経済新報社　2011
Honcoopova, Helena　ホンコポヴァー, ヘレナ
　国チェコ　プラハ国立美術館東洋美術部門名誉部門長, 元・プラハ国立美術館東洋美術部門学芸員
Honda, Mike　ホンダ, マイク
　1941～　国アメリカ　政治家　米国下院議員（民主党）　本名＝ホンダ, マイケル〈Honda, Michael〉
Honderich, Ted　ホンデリック, テッド
　著「哲学者は何を考えているのか」春秋社　2006
Hondros, Chris　ホンドロス, クリス
　国アメリカ　ロバート・キャパ賞（2005年度）　One Night in Tal Afar
Hondru, Angela Varvara　ホンドゥル・アンジェラ・ヴァルヴァラ
　国ルーマニア　ヒペリオン大学言語学部日本語・日本文学科教授
Hondt, Jacques d'　ドント, ジャック
　著「ヘーゲル伝」未来社　2001
Honeck, Manfred　ホネック, マンフレート
　1958～　国オーストリア　指揮者, 元ビオラ奏者　ピッツバーグ交響楽団音楽監督　訳ホーネック, マンフレド
Honeck, Rainer　ホーネック, ライナー
　1961～　国オーストリア　バイオリニスト　ウィーン・フィルハーモニー管弦楽団（VPO）コンサートマスター　訳ホネック, ライナー

Honecker, Margot　ホーネッカー，マルゴット
　1927～2016　㊨ドイツ　政治家　東ドイツ国民教育相　㊨ホネッカー，マルゴット
Hönen, Nicole　ホーネン，ニコール
　㊨ベルギー　日白夫人親善協会会長
Honervogt, Tanmaya　ホナヴォグト，タンマヤ
　㊗「プロフェッショナルレイキ」ガイアブックス，産調出版（発売）　2009
Honess, Paul　ホーネス，ポール
　㊗「サルの福祉」昭和堂　2007
Honey, John　ハニー，ジョン
　1933～2001　㊗「言葉にこだわるイギリス社会」岩波書店　2003
Honeycutt, Brad　ハニーカット，ブラッド
　㊗「錯視芸術図鑑」創元社　2015
Honeycutt, Jerry　ハニカット，ジェリー
　㊗「Microsoft Windows Vistaリソースキット導入・展開ガイド」日経BPソフトプレス，日経BP出版センター（発売）　2008
Honeycutt, Kris　ハニカット，クリス
　㊗「Flashクックブック」オライリー・ジャパン，オーム社（発売）　2007
Honeycutt, Rick　ハニカット，リック
　㊨アメリカ　ロサンゼルス・ドジャースコーチ
Honeyman, George　ハニーマン，ジョージ
　㊨イングランド　サッカー選手
Hong, Eun-ju　ホン・ウンジュ
　㊨韓国　ファッションデザイナー　ENZUVANデザイナー
Hong, Haeran　ホン，ヘアラン
　㊨韓国　エリザベート王妃国際コンクール　声楽　第1位（2011年）
Hong, Hyang Gee　ホン・ヒャンギ
　㊨韓国　ローザンヌ国際バレエコンクール 3位・スカラシップ（第34回（2006年））
Hong, Hyung　ホン・ヒョン
　1948～　㊨韓国　評論家　駐日韓国公使　漢字名=洪熒
Hong, Jung-eun　ホン，ジョンウン
　㊗「美男ですね」朝日新聞出版　2010
Hong, Jung Sum　ホン，ジュンソン
　㊗「正常発達」三輪書店　2010
Hong, Jun-pyo　ホン・ジュンピョ
　1954～　㊨韓国　政治家　慶尚南道知事　ソウル地検検事　漢字名=洪準杓
Hong, Kuk Hyon　ホン・ククヒョン
　㊨北朝鮮　柔道選手
Hong, Kwang-sun　ホン・グァンスン
　㊨北朝鮮　文化相兼国家映画委員長　漢字名=洪光淳
Hong, Lily Toy　ホン，リリー・トイ
　㊗「なんでもふたつ」評論社　2005
Hong, Mi-ran　ホン，ミラン
　㊗「美男ですね」朝日新聞出版　2010
Hong, Myung-bo　ホン・ミョンボ
　1969～　㊨韓国　サッカー指導者,元サッカー選手　サッカー韓国代表監督　漢字名=洪明甫
Hong, Myungpyo　ホン・ミョンピョ
　㊨韓国　元・済州道観光協会会長,元・西帰浦市観光協議会会長　漢字名=洪明杓
Hong, Ok-song　ホン・オクソン
　㊨北朝鮮　柔道選手
Hong, Ra-hee　ホン・ラヒ
　1945～　㊨韓国　サムスン美術館リウム館長　漢字名=洪羅喜
Hong, Sang-soo　ホン・サンス
　1961～　㊨韓国　映画監督　漢字名=洪尚秀
Hong, Seok-hyun　ホン・ソクヒョン
　㊨韓国　新聞人,実業家　韓国中央日報会長　世界新聞協会（WAN）会長,韓国駐米大使　漢字名=洪錫炫
Hong, Song-nam　ホン・ソンナム
　1929～2009　㊨北朝鮮　政治家　北朝鮮首相　漢字名=洪成南
Hong, Suk-woo　ホン・ソクウ
　㊨韓国　知識経済相　漢字名=洪錫禹
Hong, Sung-yop　ホン・スンヨプ
　1962～　㊨韓国　ダンサー,振付師　韓国国立コンテンポラリーダンス・カンパニー芸術監督　㊙コンテンポラリーダンス
Hong, Un Jong　ホン・ウンジョン
　㊨北朝鮮　体操選手
Hong, Xue-zhi　ホン・シュエズー
　1913～2006　㊨中国　軍人,政治家　中国国家中央軍事委員,中国人民政治協商会議全国委員会副主席　漢字名=洪学智
Hong, Yong-pyo　ホン・ヨンピョ

　㊨韓国　統一相　漢字名=洪容杓
Hong, Yun-sik　ホン・ユンシク
　㊨韓国　行政自治相　漢字名=洪允植
Hongo, Garrett Kaoru　ホンゴー，ギャレット・カオル
　㊗「現代アメリカアジア系詩集」土曜美術社出版販売　2003
Hong Sun Huot　ホン・スン・フォット
　㊨カンボジア　厚生相
Honig, Bonnie　ホーニッグ，ボニー
　㊗「ハンナ・アーレントとフェミニズム」未来社　2001
Honig, Donald　ホーニッグ，ドナルド
　㊗「謎のギャラリー」新潮社　2002
Honkanen, Jenni　ホンカネン
　㊨フィンランド　カヌー選手
Honkanen, Tarja　ホンカネン，タルヤ
　㊗「フィンランド中学校現代社会教科書」明石書店　2011
Honnef, Klaus　ホネフ，クラウス
　1939～　㊗「アンディ・ウォーホル」Taschen　c2001
Honneth, Axel　ホネット，アクセル
　1949～　㊗「見えないこと」法政大学出版局　2015
Honnold, Alex　オノルド，アレックス
　1985～　㊗「アローンオンザウォール」山と渓谷社　2016
Honohan, Patrick　ホノハン，パトリック
　1949～　㊨アイルランド　アイルランド中央銀行総裁
Honoré　オノレ
　アングレーム国際漫画祭 表現の自由 シャルリー・エブド賞（2015年）
Honoré, Carl　オノレイ，カール
　1967～　㊗「難題解決の達人たち」新潮社　2014
Honoré, Jean-Paul　オノレ，ジャン=ポール
　㊗「偏見から神話へ」青山学院大学フランス文学科　2003
Honovich, Nancy　ホノヴィッチ，ナンシー
　㊗「恐竜」グラフィック社　2014
Hon Phrom-on　ホーム・プロムォン
　1978～　㊗「霊獣が運ぶアジアの山車」工作舎　2016
Hont, Istvan　ホント，イシュトヴァン
　1947～　㊗「貿易の嫉妬」昭和堂　2009
Honyek, Gyula　ホニェク，ジュラ
　1951～　㊗「楽しめる物理問題200選」朝倉書店　2003
Hoo, Kah Mun　フー・カムン
　㊨マレーシア　バドミントン選手
Hoobler, Dorothy　フーブラー，ドロシー
　アメリカ探偵作家クラブ賞 YA賞（2005年）　"In Darkness, Death"
Hoobler, Thomas　フーブラー，トーマス
　アメリカ探偵作家クラブ賞 YA賞（2005年）　"In Darkness, Death"
Hood, Amy　フード，エイミー
　㊨アメリカ　マイクロソフトCFO
Hood, Ann　フッド，アン
　㊗「女友だちの賞味期限」プレジデント社　2006
Hood, Brenda　フッド，ブレンダ
　㊨グレナダ　文化相
Hood, Bruce M.　フッド，ブルース
　心理学者　ブリストル大学実験心理学部認知発達研究センター所長　㊨フード，ブルース・M.
Hood, Destin　フード，デスティン
　㊨アメリカ　野球選手
Hood, Joshua　フッド，ジョシュア
　㊗「殲滅の銃火」竹書房　2016
Hood, Karl　フッド，カール
　㊨グレナダ　外務・環境・貿易・輸出発展相
Hood, Leroy E.　フッド，リロイ
　㊗「ハートウェル遺伝学」メディカル・サイエンス・インターナショナル　2010
Hood, Philip　フッド，フィリップ
　㊗「3Dでびっくり！きょうりゅう」大日本絵画　〔2010〕
Hood, Rodney　フード，ロドニー
　㊨アメリカ　バスケットボール選手
Hood, Ziggy　フッド，ジギー
　㊨アメリカ　アメフト選手
Hoodbhoy, Pervez Amirali　フッドボイ，パルヴェーズ
　1950～　㊗「イスラームと科学」勁草書房　2012
Hood-Stewart, Fiona　フッド・スチュアート，フィオナ
　㊗「さまよえる愛」ハーレクイン　2008
al-Hoofr, Ahmed Mohammed　フーフル，アフマド・ムハンマド
　㊨リビア　第2副首相

Hooft, G.'t　トホーフト、ヘーラルト
1946〜　㊐「タイム・イン・パワーズ・オブ・テン」講談社 2015
Hoog, Emmanuel　オーグ、エマニュエル
㊐「世界最大デジタル映像アーカイブINA」白水社 2007
Hoogervorst, Hans　フーヘルフォルスト、ハンス
1956〜　㊌オランダ　政治家　国際会計基準審議会（IASB）議長　オランダ財務相
Hoogewerf, Rupert　フーゲワーフ、ルパート
1970〜　㊐「中国の赤い富豪」日経BP社、日経BP出版センター（発売）2006
Hoogland, Jeffrey　フーグラント、ジェフリー
㊌オランダ　自転車選手
Hooi, Den Huan　ホイ、デンフアン
㊐「ASEANマーケティング」マグロウヒル・エデュケーション、日本出版貿易（発売）2007
Hook, Glenn D.　フック、グレン・D.
1949〜　㊐「戦争への終止符」法律文化社 2016
Hook, Jason　ホーク、ジェイソン
㊌ホーク、ジェーソン　㊐「りゅうはどこにいる？」講談社 2008
Hook, John R.　フック、J.R.
㊐「固体物理学入門」丸善 2002
Hook, Peter　フック、ピーター
1956〜　㊐「ハシエンダ」イースト・プレス 2012
Hook, Philip　フック、フィリップ
㊐「サザビーズで朝食を」フィルムアート社 2016
Hook, Richard　フック、リチャード
㊌ホーク、リチャード　㊐「りゅうはどこにいる？」講談社 2008
Hooke, Wayne　フーク、ウェイン
㊐「臨床心理学における科学と疑似科学」北大路書房 2007
Hooker, John Lee　フッカー、ジョン・リー
1917〜2001　㊌アメリカ　歌手、ギタリスト
Hooker, Marshevet　フッカー
㊌アメリカ　陸上選手
Hooker, Neal H.　フッカー、ニール・H.
㊐「食品安全と栄養の経済学」農林統計協会 2002
Hooker, Richard　フッカー、リチャード
㊐「死」ポプラ社 2003
Hooker, Steve　フッカー、スティーブン
1982〜　㊌オーストラリア　陸上選手
Hookoom, Balkissoon　フークーム、バルキソーン
㊌モーリシャス　公務員・行政改革相
hooks, bell　フックス、ベル
1952〜　㊐「オール・アバウト・ラブ」春風社 2016
Hooks, Lavon　フックス、ラボン
㊌アメリカ　アメフト選手
Hoomanawanui, Michael　ホーマナワヌイ、マイケル
㊌アメリカ　アメフト選手
Hoon, Geoff　フーン、ジェフ
㊌イギリス　運輸相
Hooper, Anne　フーパー、アン
㊐「初めてのアドラー心理学」一光社 2005
Hooper, Austin　フーパー、オースティン
㊌アメリカ　アメフト選手
Hooper, Charles L.　フーパー、チャールズ・L.
㊐「転ばぬ先の経済学」オープンナレッジ 2007（第2刷）
Hooper, Dan　フーパー、ダン
1976〜　㊐「見えない宇宙」日経BP社、日経BP出版センター（発売）2008
Hooper, Geoffrey　フーパー、ジョフリー
㊐「音楽家の手」協同医書出版社 2006
Hooper, Jeff　フーパー、ジェフ
㊐「振動音響療法」人間と歴史社 2003
Hooper, Kay　フーパー、ケイ
㊐「嘆きのプロファイル」ヴィレッジブックス 2011
Hooper, Mary　フーパー、メアリー
1944〜　㊐「女王陛下の勅命！」小学館 2009
Hooper, Meredith　フーパー、メレディス
㊐「宝さがしの旅」岩波書店 2002
Hooper, Michael　フーパー、マイケル
㊌オーストラリア　ラグビー選手
Hooper, N.M.　フーパー、N.M.
㊐「生化学キーノート」シュプリンガー・フェアラーク東京 2002
Hooper, Rowan　フーパー、ローワン

1970〜　㊐「ヒトは今も進化している」新潮社 2006
Hooper, Tom　フーパー、トム
1972〜　㊌イギリス　映画監督　本名＝Hooper, Thomas George
Hooper-Kyriakidis, Patricia Lee　フーパー・キリアキディス、パトリシア
㊌フーパー・キリアキディス、パトリシア・リー　㊐「ベナー看護ケアの臨床知」医学書院 2012
Hoopes, James　フープス、ジェイムズ
1944〜　㊌フープス、ジェームズ　㊐「格差社会とアメリカン・ドリームの復活」彩流社 2015
Hoopmann, Kathy　フープマン、キャシー
1963〜　㊐「ベンとふしぎな青いびん」あかね書房 2003
Hoose, Phillip　フース、フィリップ
1947〜　全米図書賞　児童文学（2009年）　"Claudette Colvin: Twice Toward Justice"
Hoost, Ernesto　ホースト、アーネスト
1965〜　㊌オランダ　格闘家、キックボクサー、ムエタイ選手
Hoover, Colleen　フーバー、コリーン
㊌アメリカ　作家　㊌ヤングアダルト　㊌フーヴァー、コリーン
Hoover, Dave H.　フーヴァー、D.
㊐「アプレンティスシップ・パターン」オライリー・ジャパン、オーム社（発売）2010
Hoover, J.J.　フーバー、JJ.
㊌アメリカ　野球選手
Hoover, John　フーバー、ジョン
1952〜　㊐「iな上司」ランダムハウス講談社 2004
Hoover, Ryan　フーバー、ライアン
㊐「ハマるしかけ」翔泳社 2014
Hoover, William Graham　フーヴァー、W.
㊐「時間の矢、コンピュータシミュレーション、カオス」森北出版 2002
Hooykaas, R.　ホーイカース、R.
㊐「理性と信仰」すぐ書房 2003
Hop, Le Doan　ホップ、レ・ゾアン
㊌ベトナム　情報通信相
Hopcraft, Carol Cawthra　ホプクラフト、キャロル・コースラ
㊐「ぼくのともだちドゥームズ」BL出版 2001
Hopcraft, Xan　ホプクラフト、キサン
㊐「ぼくのともだちドゥームズ」BL出版 2001
Hopcroft, John E.　ホップクロフト、J.
1939〜　㊐「オートマトン言語理論計算論」サイエンス社 2003
Hope, Annette　ホープ、アネット
㊐「ロンドン食の歴史物語」白水社 2006
Hope, Bob　ホープ、ボブ
1903〜2003　㊌アメリカ　喜劇俳優　本名＝Hope, Leslie Townes　㊌ボブ・ホープ
Hope, Dale　ホープ、デール
㊐「THE ALOHA SHIRT」デザインエクスチェンジ、ビー・エヌ・エヌ新社（発売）2003
Hope, Daniel　ホープ、ダニエル
1974〜　㊌イギリス　バイオリニスト
Hope, Jeremy　ホープ、ジェレミー
㊐「CFO最高財務責任者の新しい役割」ファーストプレス 2007
Hope, Lesa Nitcy　ホープ、リサ・ニトシー
㊐「ソーシャルワークと修復的正義」明石書店 2012
Hope, Murry　ホープ、マリー
㊐「カルトゥーシュカードの使い方」黒田聖光 2010
Hope, Saskia　ホープ、サスキア
㊐「アルバニアの誘惑」光文社 2002
Hope, Terry　ホープ、テリー
1956〜　㊐「ランドスケープ」玄光社 2005
Hope, Tim　ホープ、ティム
㊌イギリス　MTVアワード　最優秀アート・ディレクション（第19回（2002年））ほか
Hope, Tony　ホープ、トニー
㊐「医療倫理」岩波書店 2007
Hopeless, Dennis　ホープレス、デニス
㊐「X-MEN：シーズンワン」小学館集英社プロダクション 2016
Hopewell, Chris　ホープウェル、クリス
MTVアワード　最優秀アート・ディレクション（第20回（2003年））　"There There"
Hopffer Almada, Janira Isabel　オフェール・アルマダ、ジャニラ・イサベル
㊌カボベルデ　青年・雇用・人材開発相　㊌オフェールアルマダ、ジャニラ・イサベル
Hopgood, Mei-Ling　ホプグッド、メイリン
㊐「こんなにちがう！世界の子育て」中央公論新社 2014

Hopgood, Tim ホプグッド, ティム
[著]「すばらしいみんな」岩崎書店 2014
Hopkins, Andrea ホプキンズ, アンドレア
[著]「図説西洋騎士道大全」東洋書林 2005
Hopkins, Anthony ホプキンス, アンソニー
1937～ [国]アメリカ 俳優 本名＝ホプキンス, フィリップ・アンソニー〈Hopkins, Philip Anthony〉 [異]ホプキンズ, アントニー
Hopkins, Antony ホプキンズ, アントニー
1921～2014 [国]イギリス 作曲家, ピアニスト, 音楽解説者
Hopkins, Bernard ホプキンス, バーナード
1965～ [国]アメリカ プロボクサー WBA・WBC・IBF・WBO統一世界ミドル級チャンピオン, WBC世界ライトヘビー級チャンピオン
Hopkins, Cathy ホプキンス, キャシー
1953～ [著]「アタシたちの胸きゅんデイズ」ゴマブックス 2008
Hopkins, DeAndre ホプキンス, ディアンドレ
[国]アメリカ アメフト選手
Hopkins, Dustin ホプキンス, ダスティン
[国]アメリカ アメフト選手
Hopkins, Edward J. ホプキンズ, E.J.
[著]「気象」新樹社 2006
Hopkins, Emmet ホプキンス, エメット
[著]「動物工場」緑風出版 2016
Hopkins, H.Joseph ホプキンズ, H.ジョゼフ
[著]「木のすきなケイトさん」BL出版 2015
Hopkins, Jane ホプキンス, ジェーン
[著]「ハワイでみっけ！」二見書房 2005
Hopkins, Jeffrey ホプキンス, ジェフリー
1940～ [著]「思いやること」東洋出版 2014
Hopkins, John ホプキンス, ジョン
1957～ [著]「シュレック」白夜書房 2004
Hopkins, Juliet ホプキンス, ジュリエット
[著]「母子臨床の精神力動」岩崎学術出版社 2011
Hopkins, Keith ホプキンズ, キース
1934～ [著]「神々にあふれる世界」岩波書店 2003
Hopkins, Marilyn ホプキンス, マリリン
1950～ [著]「イエスの血統」青土社 2006
Hopkins, Michael ホプキンス, マイケル
アカデミー賞 音響効果賞(第78回(2005年)) "King Kong"
Hopkins, Michael Francis ホプキンズ, マイケル・F.
1953～ [著]「冷戦」岩波書店 2009
Hopkins, Michael John ホプキンス, マイケル・ジョン
1935～ [国]イギリス 建築家 英国建築協会会長
Hopkins, Nancy H. ホプキンズ, N.H.
[著]「遺伝子の分子生物学」東京電機大学出版局 2001
Hopkins, Nigel ホプキンス, ナイジェル
[著]「統合マーケティング戦略論」ダイヤモンド社 2003
Hopkins, Owen ホプキンス, オーウェン
1984～ [著]「世界の名建築解剖図鑑」エクスナレッジ 2013
Hopkins, Paul Henry ホプキンス, ポール
1904～2004 [国]アメリカ 野球選手
Hopkins, Stephen ホプキンス, スティーヴン
エミー賞 プライムタイム・エミー賞 最優秀監督賞(ミニシリーズ・映画・ドラマスペシャル番組)(第57回(2005年)) "The Life And Death Of Peter Sellers"
Hopkins, Terence K. ホプキンス, テレンス・K.
[著]「世界システム論の方法」藤原書店 2002
Hopkins, Todd ホプキンス, トッド
[著]「宇宙の法則4つの真理」講談社 2010
Hopkins, Tom ホプキンス, トム
[著]「こんな時代でも伸び続ける「営業マンの秘訣」」日本経済新聞出版社 2011
Hopkins, Trey ホプキンス, トレイ
[国]アメリカ アメフト選手
Hopkinson, Deborah ホプキンソン, デボラ
[著]「サリバン先生とヘレン」光村教育図書 2016
Hopkinson, Nalo ホプキンスン, ナロ
ネビュラ賞 アンドレ・ノートン賞(2013年) "Sister Mine"
Hopkirk, Peter ホップカーク, ピーター
1930～ [著]「チベットの潜入者たち」白水社 2004
Hopler, Brigitta ヘプラー, ブリギッタ
[著]「ウィーン」セバ工房 2004
Hopley, Hannes ホプリー
[国]南アフリカ 陸上選手
Hopman, Philip ホプマン, フィリップ
[著]「兵士になったクマ ヴォイテク」汐文社 2015
Hoppe, A. ホッペ, A.
[著]「鍼のエビデンス」医道の日本社 2009
Hoppe, Felicitas ホップ, フェリシタス
ビューヒナー賞(2012年)
Hoppe, Geoffrey ホップ, ジェフリー
[著]「神性を生きる」ナチュラルスピリット 2015
Hoppe, Linda ホップ, リンダ
[著]「神性を生きる」ナチュラルスピリット 2015
Hoppe, Rene ホッペ
[国]ドイツ ボブスレー選手
Hoppenfeld, Stanley ホッペンフェルド, スタンレー
[著]「骨折の治療とリハビリテーション」南江堂 2002
Hopper, Dennis ホッパー, デニス
1936～2010 [国]アメリカ 俳優, 映画監督, 写真家
Hopper, Elizabeth ホッパー, エリザベス
[著]「トラウマをヨーガで克服する」紀伊国屋書店 2011
Hopper, Paul J. ホッパー, P.J.
[著]「文法化」九州大学出版会 2003
Hopt, Klaus J. ホプト, クラウス・J.
[著]「会社法の解剖学」レクシスネクシス・ジャパン 2009
Hopwood, Anthony G. ホップウッド, アンソニー・G.
[著]「社会・組織を構築する会計」中央経済社 2003
Hopwood, V. ホップウッド, V.
[著]「鍼のエビデンス」医道の日本社 2009
Hoque, Mohammed Sayedul ホク, ムハンマド・サイエドゥル
[国]バングラデシュ 漁業・畜産相
Hoque, Mozibul ホク, モジブル
[国]バングラデシュ 鉄道相 [異]ホク, ムジブル
Horace, Gatien ホラス, ガシアン
[国]マダガスカル エネルギー・ハイドロカーボン相
Horáček, Petr ホラチェック, ペトル
[著]「ちょうちょちょうちょ」主婦の友社 2008
Horák, Jan ホラーク, ヤン
1943～2009 [国]チェコ ピアニスト 武蔵野音楽大学教授
Horan, Eileen C. ホラン, アイリーン・C.
[著]「完全履歴消去マニュアル」河出書房新社 2013
Horan, Jane ホラン, ジェーン
[著]「なぜ昇進するのはいつもあなたではないのか」阪急コミュニケーションズ 2014
Horan, Niall ホーラン, ナイル
1993～ [国]アイルランド 歌手
Horchani, Farhat ホルシャニ, ファラハト
[国]チュニジア 国防相
Hordvik, Stein ホルドヴィック, シュタイン
[著]「食品の機能性表示と世界のレギュレーション」薬事日報社 2015
Hore, Kerry ホア, ケリー
[国]オーストラリア ボート選手
Horeis, Heinz ホライス, ハインツ
[著]「ヒッグス粒子とはなにか」ソフトバンククリエイティブ 2013
Horford, Al ホーフォード, アル
[国]ドミニカ共和国 バスケットボール選手
Horgan, John ホーガン, ジョン
1953～ [著]「科学を捨て、神秘へと向かう理性」徳間書店 2004
Hori, Masahiro ホリ, マサヒロ
[著]「メコン地域経済開発論」古今書院 2012
Horin, Niki ホーリン, ニキ
[著]「恐竜のふしぎ」大日本絵画 〔2014〕
Horisawa, Yuko ホリサワ, ユウコ
[国]日本 ローザンヌ国際バレエコンクール 7位・スカラシップ(第39回(2011年)) 漢字名＝堀沢悠子
Horishna, Olha Vasilivna ホリッシナ, オリハ・ワシリヴナ
1955～ [著]「チェルノブイリの長い影」新泉社 2013
Horkhang, Jampa Tendar ホルカン, チャンバテンダー
1945～ [著]「ゲンドゥンチュンペー伝」東京外国語大学アジア・アフリカ言語文化研究所 2012
Horler, Terry ホーラー, テリー
[著]「オースティン・ヒーレー・スプライト＆MGミジェット1958～1979」二玄社 2001
Horm, Jannes ホルン, ヤネス
[国]ドイツ サッカー選手
Hörmander, Lars Valter ヘルマンダー, ラース
1931～2012 [国]スウェーデン 数学者 ルンド大学数学センター名誉教授 [専]偏微分方程式論 [異]ホールアンデル
Hormann, Mark ホーマン, マーク・D.
[著]「研修医のための小児科診療500問」メジカルビュー社 2005

Hormats, Robert D.　ホーマッツ, ロバート
　国アメリカ　実業家　米国国務次官, ゴールドマン・サックス・インターナショナル副会長　異ホーマッツ, ロバート・D.
Hormigo, Ana　オルミゴ
　国ポルトガル　柔道選手
Horn, C.Steven　ホーン, C.スティーブン
　著「米国ビジネス・ビザ取得ガイダンス」中央経済社　2012
Horn, David　ホーン, デイヴィッド
　著「ポピュラー・ミュージック・スタディズ」音楽之友社　2005
Horn, Ellen　ホーン, エレン
　国ノルウェー　文化相
Horn, Emily　ホーン, エミリー
　1946〜　著「しつれいですが、魔女さんですか」小峰書店　2003
Horn, Greg　ホーン, グレッグ
　著「あなたが地球を救う」集英社　2008
Horn, Günther　ホルン, G.
　1935〜　著「覚醒夢を用いた子どものイメージ療法」創元社　2009
Horn, Gyula　ホルン, ジュラ
　1932〜2013　国ハンガリー　政治家　ハンガリー首相, ハンガリー社会党党首
Horn, Jeffrey　ホーン
　国オーストラリア　ボクシング選手
Horn, Michael B.　ホーン, マイケル
　著「教育×破壊的イノベーション」翔泳社　2008
Horn, Miriam　ホーン, ミリアム
　著「環境ビジネス革命」河出書房新社　2009
Horn, Pamela　ホーン, パメラ
　1936〜　著「ヴィクトリアン・サーヴァント」英宝社　2005
Horn, Paul　ホーン, ポール
　1930〜2014　国アメリカ　ジャズ・アルトサックス奏者, フルート奏者, クラリネット奏者
Horn, Paul M.　ホーン, ポール
　国アメリカ　実業家, 物理学者　ニューヨーク大学上級副学長　IBM上級副社長　専固体物理学
Horn, Rebecca　ホルン, レベッカ
　1944〜　国ドイツ　現代美術家, 彫刻家　異ホーン, レベッカ
Horn, Reece　ホーン, リース
　国アメリカ　アメフト選手
Horn, Sandra Ann　ホーン, サンドラ・アン
　1944〜　著「バブーシュカのおくりもの」日本キリスト教団出版局　2009
Horn, Shirley　ホーン, シャーリー
　1934〜2005　国アメリカ　ジャズ歌手・ピアニスト
Horn, Stacy　ホーン, ステーシー
　1956〜　国アメリカ　作家　異ホーン, ステイシー
Horn, Stefanie　ホルン, ステファニエ
　国イタリア　カヌー選手
Horn, Stephen　ホーン, スティーヴン
　1946〜　著「確信犯」早川書房　2001
Horn, Timo　ホルン, ティモ
　国ドイツ　サッカー選手
Horn, Trevor　ホーン, トレバー
　1949〜　国イギリス　ミュージシャン, 音楽プロデューサー　異ホーン, トレヴァー
Horn, Zoia　ホーン, ゾイア
　1918〜　著「ゾイア！」京都図書館情報学研究会, 日本図書館協会（発売）2012
Hornacek, Jeff　ホーナセック, ジェフ
　1963〜　国アメリカ　バスケットボール監督, 元バスケットボール選手　異ホーナーセック, ジェフ / ホーナセク, ジェフ
Hor Namhong　ホー・ナムホン
　国カンボジア　副首相
Hornbech, Birthe Rønn　ホーンベック, ベアーテ・ロン
　国デンマーク　難民・移民・統合相
Hornby, Jane　ホーンビー, ジェイン
　著「なにを作ろうかな＆どうやって作るの」ファイドン　2011
Hornby, Kirstin.R.　ホーンビー, K.R.
　著「キャリアアップとプライベートライフ」シュプリンガー・フェアラーク東京　2005
Hornby, Nick　ホーンビー, ニック
　1957〜　国イギリス　作家　異ホーンビィ, ニック
Hornby, Simon Michael　ホーンビー, サイモン
　1934〜2010　国イギリス　園芸家, 実業家　英国王立園芸協会会長, ロイズ銀行取締役
Horne, Andrew　ホーン, アンドリュー
　国オーストラリア　オタワ国際アニメーション映画祭 Gordon Bruce賞（ユーモアに対して）（2002年）ほか
Horne, Ann　ホーン, アン
　1944〜　著「児童青年心理療法ハンドブック」創元社　2013
Horne, Donald　ホーン, ドナルド
　1921〜2005　国オーストラリア　歴史家, 作家　キャンベラ大学総長, ニューサウスウェールズ大学名誉教授　本名＝ホーン, ドナルド・リッチモンド〈Horne, Donald Richmond〉
Horne, Gerald　ホーン, ジェラルド
　著「人種戦争—レイス・ウォー」祥伝社　2015
Horne, Howard　ホーン, ハワード
　著「ビートルズ世界証言集」ポプラ社　2006
Horne, James A.　ホーン, ジム
　著「眠りの科学への旅」化学同人　2011
Horne, John　ホーン, ジョン
　国セントビンセント・グレナディーン　貿易・産業相
Horne, Lena　ホーン, リナ
　1917〜2010　国アメリカ　ジャズ歌手, 女優　本名＝Horne, Lena Calhoun　異ホーン, リーナ / ホーン, レナ
Horne, Peter　ホーン, ピーター
　国スコットランド　ラグビー選手
Horne, Richard　ホーン, リチャード
　1973〜　著「死ぬまでにしたい101のアラ技」早川書房　2005
Horne, Rob　ホーン, ロブ
　国オーストラリア　ラグビー選手
Horne, Sarah　ホーン, サラ
　1979〜　著「モンスターハウス」大日本絵画　2012
Horne, Solveig　ホルネ, ソルバイ
　国ノルウェー　児童・男女共同参画相
Horner, James　ホーナー, ジェームズ
　1953〜2015　国アメリカ　作曲家　専映画音楽　異ホーナー, ジェームズ / ホーナー, ジェイムズ
Horner, John R.　ホーナー, ジャック
　著「恐竜再生」日経ナショナルジオグラフィック社, 日経BPマーケティング（発売）2010
Horner, Miranda　ホーナー, ミランダ
　著「ダンジョン・マガジン年鑑」ホビージャパン　2010
Horner, Richard　ホーナー, リチャード
　？〜2002　国アメリカ　演劇プロデューサー
Horner, Robert H.　ホーナー, ロバート・H.
　著「スクールワイドPBS」二瓶社　2013
Horngacher, Stefan　ホルンガハー
　国オーストリア　スキージャンプ選手
Horngren, Charles T.　ホーングレン, チャールズ・T.
　1926〜　著「マネジメント・アカウンティング」TAC出版事業部　2004
Hornig, George　ホーニング, ジョージ
　著「組織変革のジレンマ」ダイヤモンド社　2004
Horning, Sandra　ホーニング, サンドラ
　1970〜　著「ゆうびんやさんおねがいね」徳間書店　2007
Hornkohl Venegas, Marigen　ホーンコール・ベネガス, マリヘン
　国チリ　農相
Hornsby, Keith　ホーンズビー, キース
　国アメリカ　バスケットボール選手
Hornsby, Richard　ホーンズビー, R.
　著「うつ病という時限爆弾」日本評論社　2003
Hornsey, Chris　ホーンゼイ, クリス
　著「いぬのおやくそく」アールアイシー出版　2007
Hornung, Alfred　ホーナング, アルフレッド
　著「ケンブリッジ版カナダ文学史」彩流社　2016
Hornung, David　ホーナング, デヴィッド
　1950〜　著「Color workshop」ビー・エヌ・エヌ新社　2005
Horomia, Parekura　ホロミア, パレクラ
　国ニュージーランド　マオリ問題相
Horoshkovskyi, Valeriy　ホロシコフスキー, ワレリー
　国ウクライナ　経済・欧州統合問題相
Horowitz, Alexandra　ホロウィッツ, アレクサンドラ
　著「犬から見た世界」白揚社　2012
Horowitz, Amy　ホロヴィッツ, エイミー
　著「高齢化社会と視覚障害」日本盲人福祉委員会　2003
Horowitz, Anthony　ホロビッツ, アンソニー
　1955〜　国イギリス　作家, 脚本家　異ホロウィッツ / ホロヴィッツ, アンソニー
Horowitz, Ben　ホロウィッツ, ベン
　1966〜　国アメリカ　起業家　アンドリーセン・ホロウィッツ・

ゼネラルパートナー・共同創業者　オプスウェアCEO・共同創業者
Horowitz, Eliot　ホロウィッツ, エリオット
MongoDB共同創業者
Horowitz, Joseph　ホロヴィッツ, ジョーゼフ
1948～　㊗「アラウとの対話」みすず書房 2003
Horowitz, Leonard G.　ホロウィッツ, レオナルド・G.
㊗「ジョン・レノンを殺した凶気の調律A=440Hz」徳間書店 2012
Horowitz, Norman Harold　ホロウィッツ, ノーマン
1915～2005　㊀アメリカ　生物学者　カリフォルニア工科大学名誉教授
Horowitz, Seth S.　ホロウィッツ, セス・S.
㊗「「音」と身体（からだ）のふしぎな関係」柏書房 2015
Horowitz, Shel　ホロウィッツ, シェル
㊗「原子力その神話と現実」紀伊国屋書店 2011
Horres, Robert　ホレス, ローベルト
1962～　㊗「中世 日本と西欧」吉川弘文館 2009
Horrigan, Leo　ホリガン, レオ
㊗「動物工場」緑風出版 2016
Horrobin, David F.　ホロビン, デイヴィッド
㊗「天才と分裂病の進化論」新潮社 2002
Horrobin, Peter James　ホロビン, ピーター
㊗「地上で最も力ある祈り」地引網出版 2012
Horrocks, Chris　ホロックス, クリス
㊗「ホロックス, クリストファー」㊗「ボードリヤールなんて知らないよ」明石書店 2011
Horsch, Andreas　ホルシュ, アンドレーアス
㊗「経営学の基本問題」中央経済社 2011
Horschel, Billy　ホーシェル, ビリー
1986～　㊀アメリカ　プロゴルファー
Horse, Harry　ホース, ハリー
1960～2007　㊀イギリス　絵本作家, 漫画家　本名＝ホーン, リチャード〈Horne, Richard〉
Horshkovozov, Oleksandr　ゴルシコボゾフ, オレクサンドル
㊀ウクライナ　水泳選手
Horsley, Andy　ホースリー, アンディ
㊗「最強動物をさがせ」ゆまに書房 2009
Horsley, Mary　ホーズリー, メアリー
㊗「チャクラパワーを開く」産調出版 2007
Horst, Alexander　ホルスト, アレクサンデル
㊀オーストリア　ビーチバレー選手　㊗ホルスト
Horst, Jørn Lier　ホルスト, ヨルン・リーエル
1970～　㊀ノルウェー　作家　㊗ミステリー
Horsting, Viktor　ホルスティン, ヴィクター
1969～　㊀オランダ　ファッションデザイナー　ヴィクター＆ロルフ創業デザイナー　㊗ホスティン, ヴィクター
Horstmann, Bernhard　ホルストマン, ベルンハルト
1919～2008　㊗「野戦病院でヒトラーに何があったのか」草思社 2016
Hort, Barbara E.　ホルト, バーバラ・E.
1953～　㊗「いっしょにいると疲れる人」講談社 2001
Horta, Andre　オルタ, アンドレ
㊀ポルトガル　サッカー選手
Horta, José Ramos　ホルタ, ジョゼ・ラモス
㊀東ティモール　大統領
Hortefeux, Brice　オルトフー, ブリス
1958～　㊀フランス　政治家　フランス内相
Hortenhuber, Kurt　ヘルテンフーバー, クルト
㊗「ハート星からの贈りもの」主婦と生活社 2004
Horton, Cole　ホートン, コール
㊗「きみは、知っているか!? スター・ウォーズはやわかりデータブック」講談社 2016
Horton, Genevieve　ホートン, ジェネビーブ
㊀オーストラリア　ボート選手
Horton, Gladys　ホートン, グラディス
1945～2011　㊀アメリカ　歌手　本名＝Horton, Gladys Catherine
Horton, H.Robert　ホートン, H.R.
1935～　㊗「ホートン生化学」東京化学同人 2013
Horton, John　ホートン, ジョン
㊗「インナーゲーム オブ ストレス」日刊スポーツ出版社 2010
Horton, Jonathan　ホートン
㊀アメリカ　体操選手
Horton, Mack　ホートン, マック
㊀オーストラリア　水泳選手
Horton, Naomi　ホートン, ナオミ
㊗「理想の男性見つけた」ハーレクイン 2003
Horton, Patrick　ホートン, パトリック
㊗「インド」メディアファクトリー 2004
Horton, Ray　ホートン, レイ
㊀アメリカ　クリーブランド・ブラウンズコーチ
Horton, Robert　ホートン, ロバート
1954～　㊗「土壌物理学」築地書館 2006
Horton, Robert Baynes　ホートン, ロバート・ベインズ
1939～2011　㊀イギリス　実業家　ブリティッシュ・ペトロリアム（BP）会長・社長
Horton, Sarah　ホートン, サラ
1962～　㊗「Webサイトスタイルガイド」東京電機大学出版局 2004
Horton, Tom　ホートン, トム
㊀アメリカ　実業家　アメリカン・エアラインズ・グループ会長　アメリカン航空CEO, AMR会長　本名＝Horton, Thomas W.
Horton, Wes　ホートン, ウェス
㊀アメリカ　アメフト選手
Horton, William　ホートン, ウィリアム
㊗「「売れる営業」の話し方、その見逃せない心理術」PHP研究所 2006
Horton, William Kendall　ホートン, ウイリアム
㊗「e-ラーニング導入読本」日本コンサルタントグループ 2001
Horvat, Andrew　ホルバート, アンドリュー
1946～　㊀カナダ　ジャーナリスト　アジア財団駐日代表
Horvat, Darko　ホルバット, ダルコ
㊀クロアチア　中小企業相
Horvat, Erin McNamara　ホーヴァット, E.M.
㊗「グローバル化・社会変動と教育」東京大学出版会 2012
Horvath, David　ホーヴァス, デイヴィッド
㊗ホーヴァス, デイビッド　㊗「くれくれくまちゃん」タイトル, サンクチュアリ・パブリッシング（発売） 2008
Horvath, David B.　ホーバス, デビッド・B.
㊗「標準Red Hat Linuxリファレンス」インプレス, インプレスコミュニケーションズ（発売） 2001
Horváth, Juraj　ホルヴァート, ユライ
㊗「青いトラ」求竜堂 2008
Horvath, Michael　ホルヴァート, ミヒャエル
1963～　㊗「血のバセーナ」水声社 2002
Horvath, Polly　ホーヴァート, ポリー
1957～　㊗ホーヴァス, ポリー　㊗「サリーおばさんとの一週間」偕成社 2007
Horváthová, Tereza　ホルヴァートヴァー, テレザ
1973～　㊀チェコ　作家　㊗児童書
Horvitz, Leslie Alan　ホーヴィッツ, レスリー・アラン
㊗「ウェイン」竹書房 2004
Horvitz, Louis J.　ホービッツ, ルイス・J.
エミー賞 プライムタイム・エミー賞 最優秀監督賞（バラエティ特別番組）（第65回（2013年））ほか
Horvitz, Robert　ホルビッツ, ロバート
1947～　㊀アメリカ　分子生物学者　マサチューセッツ工科大学教授　本名＝Horvitz, Howard Robert
Horwich, Arthur L.　ホーウィッチ, アーサー
1951～　㊀アメリカ　生化学者　エール大学医学部教授
Horwich, Paul　ホーリッジ, ポール
1947～　㊗「真理」勁草書房 2016
Horwitz, Allan V.　ホーウィッツ, アラン・V.
㊗「それは「うつ」ではない」阪急コミュニケーションズ 2011
Horwitz, Debra　ホーウィッツ, D.
㊗「動物病院における獣医行動学の適用と展望」インターズー 2009
Horwitz, Ethan　ホーウィッツ, イーサン
㊗「アメリカ商標法とその実務」雄松堂出版 2005
Horwitz, Joshua　ホルヴィッツ, ジョシュア
㊗「もし五歳になったら」ゆみる出版 2009
Horwitz, Morton J.　ホーウィッツ, モートン・J.
1938～　㊗「現代アメリカ法の歴史」弘文堂 2014
Horwitz, Tony　ホルヴィッツ, トニー
㊗「ニュージーランド」メディアファクトリー 2004
al-Hosain, Abdullah bin Abdulrahman　ホサイン, アブドラ・ビン・アブドルラフマン
㊀サウジアラビア　水利電力相
Ho Sang, Franchesca　ホー・サン, フランチェスカ
㊗「カエルとよむ出会えてよかった名言ブック」グラフィック社 2014
Hoseini, Safdar　ホセイニ, サフダル
㊀イラン　経済財務相

Hoseus, Michael　ホセウス, マイケル
[著]「企業文化」 日経BP社, 日経BP出版センター(発売)　2009
Hoskin, Michael A.　ホスキン, マイケル
[著]「西洋天文学史」 丸善出版　2013
Hosking, Antony　ホスキング, アントニー
1964～　[著]「ガベージコレクション」 翔泳社　2016
Hosking, Sophie　ホスキング, ソフィー
1986～　[国]イギリス　ボート選手
Hoskins, Bob　ホスキンス, ボブ
1942～2014　[国]イギリス　俳優　本名＝Hoskins, Robert William (Jr.)　[異]ホスキンズ, ボブ
Hoskins, Johnny D.　ホスキンス, J.D.
[著]「子犬と子猫の内科学・外科学」 チクサン出版社, 緑書房(発売)　2001
Hoskisson, Robert E.　ホスキソン, ロバート・E.
[著]「戦略経営論」 センゲージラーニング, 同友館(発売)　2014
Hoskyns, Barney　ホスキンス, バーニー
1959～　[異]ホスキンズ, バーニー　[著]「レッド・ツェッペリン オーラル・ヒストリー」 シンコーミュージック・エンタテイメント　2013
Hosler, Jay　ホスラー, ジェイ
[著]「マンガ現代物理学を築いた巨人ニールス・ボーアの量子論」 講談社　2016
Hosmer, David W.　ホスマー, デビッド
[著]「生存時間解析入門」 東京大学出版会　2014
Hosmer, Eric　ホズマー, エリック
[国]アメリカ　野球選手
***al*-Hosni, Amer bin Shuwain**　アル・ホスニ, アーメル・ビン・シュワイン
[国]オマーン　社会開発相
Hosni, Farouk Abdel-Aziz　ホスニ, ファルーク・アブデルアジズ
[国]エジプト　文化相
Hosokawa, Bill　ホソカワ, ビル
?～2007　[国]アメリカ　ジャーナリスト
Hosp, David　ホスプ, デービッド
[国]アメリカ　弁護士, 作家　[専]ミステリー　[異]ホスプ, デイヴィッド
Hosp, Nicole　ホスプ, ニコル
1983～　[国]オーストリア　元スキー選手
Hospital, Janette Turner　ホスピタル, ジャネット・ターナー
1942～　[著]「暗号名サラマンダー」 文芸春秋　2007
Hoss, Nina　ホス, ニーナ
ベルリン国際映画祭 銀熊賞 女優賞(第57回(2007年))　"Yella"
Hossack, Michael　ホサック, マイケル
1946～2012　[国]アメリカ　ロック・ドラマー
Hossain, Akbar　フセイン, アクバル
[国]バングラデシュ　海運相
Hossain, Anwar　ホサイン, アンワル
[国]バングラデシュ　環境・森林相
Hossain, Khandker Mosharraf　ホサイン, カンダケル・モシャラフ
[国]バングラデシュ　地方自治・農村開発・協同組合相
Hossain, Md.Zakaria　ホセイン, Md.Z.
[著]「英語で学ぶ土質力学」 コロナ社　2010
Hossain, Moazzem　ホセイン, モアゼム
[国]バングラデシュ　医師　アイチホスピタル院長
Hossain, Mohammad Nazir　ホサイン, モハマド・ナジール
1975～　[著]「生命の科学アーユルヴェーダ」 サンガ　2013
Hossain, Mosharraf　ホサイン, モシャラフ
[国]バングラデシュ　住宅公共事業相
Hossain, Syed Abur　ホサイン, サイード・アブル
[国]バングラデシュ　通信相
Hosseini, Khaled　ホッセイニ, カーレド
1965～　[国]アメリカ　作家, 医師　[専]文学, フィクション
Hosseini, Seyed Mohammad　ホセイニ, セイエド・モハマド
[国]イラン　文化・イスラム指導相　[異]ホセイニ, セイエドモハマド
Hosseini, Seyed Shamsedin　ホセイニ, セイエドシャムセディン
[国]イラン　経済財務相
Hossi, Victorino Domingos　オッシ, ビクトリノ・ドミンゴス
[国]アンゴラ　貿易相
Hosszu, Katinka　ホッスー, カティンカ
[国]ハンガリー　水泳選手
Hosszu-Legocky, Geza　ホッス・レゴツキ, ゲザ
1985～　バイオリニスト
Hostetler, Bob　ホステトラー, ボブ
1958～　[著]「正と悪」 G.M.I.P.　2002
Hotakainen, Kari　ホタカイネン, カリ
1957～　[著]「マイホーム」 新評論　2004
Hotchkiss, Lee　ホチキス, リー
[著]「聖書流ストレス対処法」 いのちのことば社　2008
Hotchkiss, Sandy　ホチキス, サンディ
1947～　[著]「結局、自分のことしか考えない人たち」 草思社　2009
Hotez, Peter J.　ホッテズ, ピーター・J.
[著]「顧みられない熱帯病」 東京大学出版会　2015
Hoti, Avdullah　ホティ, アブドゥラ
[国]コソボ　財務相
Hoti, Khan　ホティ, カーン
[国]パキスタン　麻薬対策相
Hotter, Hans　ホッター, ハンス
1909～2003　[国]ドイツ　バス・バリトン歌手
Hotz, Robert Lee　ホッツ, ロバート・リー
[著]「サイエンスライティング」 地人書館　2013
Hou, Hsiao-hsien　ホウ・シャオシェン
1947～　[国]台湾　映画監督, 映画プロデューサー　漢字名＝侯孝賢　[異]ホウ・シャオシエン
Hou, Jian-qi　フォ・ジェンチイ
1958～　[国]中国　映画監督　漢字名＝霍建起　[異]フォ・ジェンチー / フォ・チェンチー
Houas, Mehdi　フアス, メフディ
[国]チュニジア　商業・観光相
Houbre, Gilbert　オーブル, ジルベール
[著]「かめとかたつむりの本」 岳陽舎　2003
Houck, Colleen　ハウック, コリーン
[専]ロマンス, ヤングアダルト　[著]「夢見の森の虎」 ヴィレッジブックス　2014
Houck, Herbert　ハウク, ハーバート
?～2002　[国]アメリカ　軍人　米国海軍大佐　[異]ホーク, ハーバート
Houdart, Sophie　ウダール, ソフィー
1972～　[著]「小さなリズム」 鹿島出版会　2016
Houdé, Valentin　ウーデ, バランタン
[国]ベナン　青年・スポーツ・余暇相
Houdeingar, David　フデインガル, ダビド
[国]チャド　官房相
Houdin, Jean-Pierre　ウーダン, ジャン＝ピエール
1951～　[著]「大ピラミッドの秘密」 ソフトバンククリエイティブ　2009
Houdret, Jean-Claude　ウドレー, ジャン‐クロード
[著]「42kg減！ 華麗なるダイエット」 集英社　2003
Houej, Mohamed Ali　フワイジ, ムハンマド・アリ
[国]リビア　工業・経済・貿易書記(工業・経済・貿易相)
Houel, Alan　フーエル, アラン
[著]「ムズカシイ人とのカンタンなつき合い方」 ディスカヴァー・トゥエンティワン　2005
Houellebecq, Michel　ウエルベック, ミシェル
1958～　[国]フランス　作家, 詩人　[異]ウールベック, ミシェル
Houenipwela, Ricky　ホウエニプエラ, リッキー
[国]ソロモン諸島　財務相
Houffaneh, Hassan Darar　フファネ, ハッサン・ダラール
[国]ジブチ　国防相
Hougan, Carolyn　ホーガン, キャロリン
?～2007　作家
Hougan, Claire Ayemona　フーガン, クレア・アエモナ
[国]ベナン　家族・社会保護・連帯相
Hough, Richard Alexander　ハフ, リチャード
1922～　[著]「戦艦ポチョムキンの反乱」 講談社　2003
Hougham, Paul　ホーム, ポール
[著]「マインド×ボディ＆スピリット」 産調出版　2007
Houghton, Andrew R.　ホートン, アンドリュー R.
[異]ホートン, アンドリュー・R.　[著]「ECGブック」 メディカル・サイエンス・インターナショナル　2010
Houghton, David　ホートン, デイビッド
1928～　[著]「ウインド・ストラテジー」 舵社　2008
Houghton, Edith　ヒュートン, エディス
1912～2013　[国]アメリカ　女子野球選手
Houghton, Frances　ホートン, フランシスコ
[国]イギリス　ボート選手
Houghton, Israel　ホートン, イスラエル
グラミー賞 最優秀ポップ/コンテンポラリー・ゴスペル・アルバム(2010年(第53回))ほか

Houghton, James Richardson ホートン, ジェームズ・リチャードソン
1936〜 国アメリカ 実業家 コーニング会長・CEO
Houghton, John ホートン, ジョン
1931〜 国イギリス 大気物理学者 ハドレー気候研究センター名誉科学者 英国気象局長官
Houghton, Peter ホートン, ピーター
?〜2007 国イギリス 世界初の永久人工心臓の埋め込み手術を受けた
Hougland, Damon ホウグランド, デーモン
著「Core JSP」 ピアソン・エデュケーション 2001
Houin, Pierre フイン, ピエール
国フランス ボート選手
Houkes, Ruben フーケス
国オランダ 柔道選手
Houlahan, Greta ホウラハン, グレタ
著「食品の機能性表示と世界のレギュレーション」 薬事日報社 2015
Houleimeta, Sao ハリーマ, サウ
国モーリタニア 青少年・スポーツ相
Houlihan, Brian フーリハン, ブライアン
著「カーズ2ワールドグランプリレース」 うさぎ出版, インフォレスト(発売) 2011
Houlihan, Declan フーリハン, ディクリーン
著「標準Red Hat Linuxリファレンス」 インプレス, インプレスコミュニケーションズ(発売) 2001
Houlihan, Shelby ホウリハン, シェルビー
国アメリカ 陸上選手
Houllier, Gerard ウリエ, ジェラール
1947〜 国フランス サッカー指導者 サッカー・フランス代表監督 異ウイエ, ジェラール
Hoult, Nicholas ホルト, ニコラス
1989〜 国イギリス 俳優
Houma, Sione ホーマ, シオン
国アメリカ アメフト選手
Houmed, Ismael Ibrahim フメド, イスマエル・イブラヒム
国ジブチ 法相兼人権宗教問題相
Houmeid, Boydiel Ould フーメイド, ボイディエル・ウルド
国モーリタニア 財務相
Houngbo, Albert Ségbégnon フンボ, アルベール・セグベノン
国ベナン 財政担当相
Houngbo, Gilbert Fossoun ウングボ, ジルベール・フォスン
国トーゴ 首相
Hounkpè, Léa ウンクペ, レア
国ベナン 技術・専門教育相
Hounkpe, Paul ウンペ, ポール
国ベナン 文化・識字・手工業・観光相
Hounnonkpe Attikpa, Honorine ウノンペ・アティパ, オノリヌ
国ベナン 家族・社会問題・国家連帯・障害者・高齢者相
Hounsfield, Godfrey Newbold ハウンズフィールド, ゴッドフリー
1919〜2004 国イギリス 医用電子工学者 異ハウンズフィールド, ゴドフリー / ホーンズフィールド, ゴドフリー
Hounslow, Richard ハウンズロー, リチャード
国イギリス カヌー選手
Houplain, Ludovic ウープラン, ルドヴィク
国フランス ザグレブ国際アニメーション映画祭 グランド・コンペティション 審査員特別賞(2010年) "Logorama"
Houpt, Simon フープト, サイモン
著「「盗まれた世界の名画」美術館」 創元社 2011
Hourcade, Daniel ウルカデ, ダニエル
国アルゼンチン ラグビーコーチ
Hourihan, Gary フーリハン, ゲリー
著「人材育成の戦略」 ダイヤモンド社 2007
Hourihane, Ursula ハウリハン, U.
著「こぶたのバーナビー」 福音館書店 2006
Housden, Maria ハウスデン, マリア
著「赤いくつのハンナ」 アーティストハウスパブリッシャーズ, 角川書店(発売) 2003
Housden, Martyn ハウスデン, マーチン
1962〜 著「ヒトラー」 三交社 2002
Housden, Roger フーズデン, ロジャー
1945〜 著「幸せになるための罪深き7つの知恵」 サンマーク出版 2007
House, Allan ハウス, A.
著「医学英語論文の読み方」 朝倉書店 2005
House, Alvin E. ハウス, アルヴィン・E.
著「学校で役立つDSM-4」 誠信書房 2003
House, Charles H. ハウス, チャールズ・H.
著「いかに「時間」を戦略的に使うか」 ダイヤモンド社 2005
House, Danuel ハウス, ダヌエル
国アメリカ バスケットボール選手
House, Davon ハウス, ダボン
国アメリカ アメフト選手
House, Freeman ハウス, フリーマン
著「トーテム・サーモン」 山と渓谷社 2007
House, John ハウス, ジョン
1945〜 著「モネ」 西村書店 2010
House, Jonathan M. ハウス, ジョナサン・M.
著「「詳解」独ソ戦全史」 学習研究社 2005
House, Richard ハウス, リチャード
1961〜 国イギリス 作家, 映像作家 分スリラー
House, Robert J. ハウス, R.J.
著「文化を超えるグローバルリーダーシップ」 中央経済社, 中央経済グループパブリッシング(発売) 2016
House, Steve ハウス, スティーヴ
1970〜 著「垂壁のかなたへ」 白水社 2012
House, Tom ハウス, トム
1947〜 著「ノーラン・ライアンのピッチャーズ・バイブル」 ベースボール・マガジン社 2010
Housecroft, Catherine E. ハウスクロフト, C.E.
1955〜 著「ハウスクロフト無機化学」 東京化学同人 2012
Household, Geoffrey ハウスホールド, ジェフリー
著「祖国なき男」 東京創元社 2009
Houseman, Susan N. ハウスマン, スーザン
1956〜 著「働き方の未来」 日本労働研究機構 2003
Houser, Adrian ハウザー, エイドリアン
国アメリカ 野球選手
Houser, Alan ハウザー, アラン
著「15時間集中講座XML」 コンピュータ・エージ社 2002
Housler, Rob ヒュースラー, ロブ
国アメリカ アメフト選手
Houssin, Xavier ウッサン, X.
著「フランスの精神科医療体制」 EXP 2001
Houssou, Dona Jean-Claude ウス, ドナ・ジャンクロード
国ベナン エネルギー・水利・鉱山相
Houston, Drew ヒューストン, ドリュー
国アメリカ ドロップボックス共同創業者兼CEO
Houston, Gregory ヒューストン, グレゴリー
著「競争政策の経済学」 NERA 2005
Houston, James ヒューストン, ジェームズ
1921〜2005 国カナダ 画家, 彫刻家, 作家, イヌイット美術専門家 異ヒューストン, ジェイムズ
Houston, James Macintosh フーストン, ジェームズ・M.
1922〜 異フーストン, ジェームズ 著「喜びの旅路」 いのちのことば社 2007
Houston, Jeanne Wakatsuki ヒューストン, ジャンヌ・ワカツキ
著「丙午の女」 柏艪舎, 星雲社(発売) 2006
Houston, Jordan ヒューストン, ジョーダン
アカデミー賞 主題歌賞(第78回(2005年)) 'It's Hard Out Here for a Pimp'("Hustle & Flow")
Houston, Julie ヒューストン, ジュリー
著「チャンスの扉」 ディスカヴァー・トゥエンティワン 2006
Houston, Justin ヒューストン, ジャスティン
国アメリカ アメフト選手
Houston, Kelli ハウストン, K.
著「ラショナル統一プロセスによるJ2EEアプリケーション構築」 新紀元社 2004
Houston, Lamarr ヒューストン, ラマー
国アメリカ アメフト選手
Houston, Pam ヒューストン, パム
著「アメリカ短編小説傑作選」 DHC 2001
Houston, Philip ヒューストン, フィリップ
著「交渉に使えるCIA流真実を引き出すテクニック」 創元社 2015
Houston, Stephen ヒューストン, スティーブン
国アメリカ アメフト選手
Houston, Whitney ヒューストン, ホイットニー
1963〜2012 国アメリカ 歌手, 女優 本名=Houston, Whitney Elizabeth
Housuton-carson, DeAndre ヒューストン・カーソン, ディア

ンドレ
　国アメリカ　アメフト選手
Hout, Mies van　ハウト、ミース・ファン
　1962〜　著「どんなきもち？」西村書店東京出版編集部　2015
*al-***Hout, Shafig**　フート、シャフィク
　？〜2009　国レバノン　パレスチナ解放機構(PLO)共同創設者　異アルフート / フート、シャフィーク・アル
Houtart, François　ウタール、フランソワ
　1925〜　著「もうひとつの世界は可能だ」日本経済評論社　2003
Houthakker, Hendrik Samuel　ハウタッカー、ヘンドリック
　1924〜2008　国アメリカ　経済学者　ハーバード大学名誉教授　著金融市場
Houtzager, Marc　ハウツァハー
　国オランダ　馬術選手
Houvenaghel, Wendy　ホベナゲール
　国イギリス　自転車選手
Houzel, Didier　アウゼル、ディディエ
　著「自閉症の精神病への展開」明石書店　2009
Hove, Chenjerai　ホーベ、チェンジェライ
　1956〜2015　国ジンバブエ　作家, 詩人　異ホーヴェ、チェンジェライ
Hoveian, Hovik　ホベヤン、ホビク
　国アルメニア　文化・青年問題相
Hovenkamp, Herbert　ホベンカンプ、ハーバート
　1948〜　著ホーベンカンプ、ハーバート　著「アメリカ反トラスト政策論」晃洋書房　2010
Hoveyda, Mandana　ホヴェイダ、マンダナ
　著「I'm fine！」小学館プロダクション　2007
Hovhannisyan, Arpine　オガンネシャン、アルピネ
　国アルメニア　法相
Hovhannisyan, Artur　ホバニシャン、アルトゥール
　国アルメニア　ボクシング選手
Hoving, Erik　ホービング、エリック
　著「変革の陥穽」東洋経済新報社　2001
Hoving, Isabel　ホーフィング、イサベル
　1955〜　国オランダ　作家　異ヤングアダルト, ファンタジー
Hoving, Thomas　ホービング、トマス
　1931〜2009　国アメリカ　作家　メトロポリタン美術館館長　異ホービング、トーマス / ホーヴィング、トマス
Hovmand, Mette　ホウマン、メッテ
　著「天使に見守られて」新評論　2009
Hovmand, Svend Erik　ホウマン、スベン・エリク
　国デンマーク　税務相
Hovnanian, Sebouh　ホフナニアン、セブーハ
　国レバノン　青年・スポーツ相
Howai, Larry　ホワイ、ラリー
　国トリニダード・トバゴ　財務・経済相
Howard, *Sir* **Albert**　ハワード、アルバート
　著「農業聖典」日本有機農業研究会, コモンズ(発売)　2003
Howard, Anita G.　ハワード、A.G.
　著「不可解の国のアリッサ」竹書房　2016
Howard, Annabel　ハワード、アナベル
　著「僕はカンディンスキー」パイインターナショナル　2015
Howard, Anne　ハワード、アン
　著「友情をきずく60のヒント」ピエ・ブックス　2009
Howard, Austin　ハワード、オースティン
　国アメリカ　アメフト選手
Howard, B.　ハワード、B.
　国アメリカ　シンガー・ソングライター, 音楽プロデューサー　本名＝ハワード、ブランドン〈Howard, Brandon〉
Howard, Bart　ハワード、バート
　1915〜2004　国アメリカ　作曲家　本名＝Gustafson, Howard Joseph
Howard, Byron　ハワード、バイロン
　国アメリカ　アニメーション監督
Howard, Chris　ハワード、クリス
　著「ハーバードMBA合格者のエッセイを読む」オープンナレッジ　2007
Howard, Clark　ハワード、クラーク
　著「ベスト・アメリカン・ミステリーハーレム・ノクターン」早川書房　2005
Howard, David　ハワード、デビッド
　著「ペンギン電子工学辞典」朝倉書店　2010
Howard, David John　ハワード、デビッド・J.
　1969〜　著「ジャマイカ」ほるぷ出版　2010
Howard, Dwight　ハワード、ドワイト
　国アメリカ　バスケットボール選手
Howard, Edward Lee　ハワード、エドワード・リー
　1951〜2002　米国中央情報局(CIA)局員
Howard, Gail　ハワード、ゲイル
　1936〜　著「ロト6マスターG」メタモル出版　2007
Howard, Gregory Allen　ハワード、グレゴリー・アレン
　著「タイタンズを忘れない」角川書店　2001
Howard, Harlan　ハワード、ハーラン
　1927〜2002　国アメリカ　作曲家
Howard, James Newton　ハワード、ジェイムズ・ニュートン　グラミー賞 最優秀映画・TV・その他ヴィジュアルメディア音楽サウンドトラック・アルバム(2008年(第51回))　"The Dark Knight"
Howard, Jaye　ハワード、ジェイ
　国アメリカ　アメフト選手
Howard, John　ハワード、ジョン
　1939〜　国オーストラリア　政治家　オーストラリア首相, オーストラリア自由党党首　本名＝ハワード、ジョン・ウィンストン〈Howard, John Winston〉
Howard, Jonathan C.　ハワード、ジョナサン・C.
　著「知の歴史」徳間書店　2002
Howard, Jordan　ハワード、ジョーダン
　国アメリカ　アメフト選手
Howard, Jules　ハワード、ジュールズ
　1980〜　著「生きものたちの秘められた性生活」KADOKAWA　2015
Howard, Juwan　ハワード、ジュワン
　国アメリカ　マイアミ・ヒートアシスタントコーチ(バスケットボール)
Howard, Ken　ハワード、ケン
　エミー賞 プライムタイム・エミー賞 最優秀助演男優賞(ミニシリーズ・映画)(第61回(2009年))　"Grey Gardens"
Howard, Linda　ハワード、リンダ
　1950〜　著「希望の星降るクリスマス」ハーパーコリンズ・ジャパン　2016
Howard, Michael　ハワード、マイケル
　1941〜　国イギリス　政治家　英国内相, 英国保守党党首
Howard, Michael　ハワード、マイケル
　1965〜　著「プログラマのためのセキュリティ対策テクニック」日経BPソフトプレス, 日経BP出版センター(発売)　2004
Howard, Michael　ハワード、マイケル
　1954〜　著「ファン・ゴッホその生涯と作品」ガイアブックス　2015
Howard, Michael Eliot　ハワード、マイケル
　1922〜　著「第一次世界大戦」法政大学出版局　2014
Howard, Pam　ハワード、パム
　著「ちっちゃなアレックスと夢のレモネード屋さん」戎光祥出版　2005
Howard, Patricia A.　ハワード、P.A.
　著「アメリカのDI」大滝武雄　2003
Howard, Paul　ハワード、ポール
　1967〜　著「どうしてどうして？」小学館　2009
Howard, Ra'Zahn　ハワード、ライザーン
　国アメリカ　アメフト選手
Howard, Richard　ハワード、リチャード
　1958〜　著「激戦！エジプト遠征」早川書房　2001
Howard, Richard D.　ハワード、リチャード・D.
　著「IR実践ハンドブック」玉川大学出版部　2012
Howard, Richard E.　ハワード、R.E.
　著「新編真ク・リトル・リトル神話大系」国書刊行会　2008
Howard, Rick　ハワード、リック・C.
　著「キリストの裁きの御座」リバイバル新聞社　2002
Howard, Rob　ホワード、ロブ
　著「プロフェッショナルASP.NET」インプレス, インプレスコミュニケーションズ(発売)　2002
Howard, Ron　ハワード、ロン
　1954〜　国アメリカ　映画監督, 映画プロデューサー, 俳優
Howard, Ryan　ハワード、ライアン
　1979〜　国アメリカ　野球選手　本名＝Howard, Ryan James
Howard, Stephanie　ハワード、ステファニー
　著「魅惑のシーク」ハーレクイン　2007
Howard, Stephen　ハワード、スティーブン
　1962〜　著「サクソフォンマニュアル」ヤマハミュージックメディア　2013
Howard, Steven R.　ハワード、スティーブン・R.
　著「アメリカ投資顧問法」弘文堂　2015

Howard, Terry　ハワード, テリー
グラミー賞 最優秀録音技術アルバム（クラシック以外）（2004年（第47回））"Genius Loves Company"
Howard, Tim　ハワード, ティム
[国]アメリカ　サッカー選手, コロラド・ラピッズ, アメリカ代表
Howard, Tracy　ハワード, トレイシー
[国]アメリカ　アメフト選手
Howard, Xavien　ハワード, ザビエン
[国]アメリカ　アメフト選手
Howardwolokollie, Jamesetta　ハワードウォロコリィ, ジャメセタ
[国]リベリア　青年スポーツ相
Howarth, Chris　ハウアス, クリス
[著]「宇宙船レッド・ドワーフ号完全ガイド」河出書房新社　2003
Howarth, Daniel　ハワース, ダニエル
[著]「ロニーとまほうのもくば」ワールドライブラリー　c2014
Howarth, David　ハワース, デヴィッド
1950～　[著]「ルネサンス」朝倉書店　2008
Howarth, Glennys　ハワース, グレニス
[著]「死を考える事典」東洋書林　2007
Howarth, Peter　ハワース, ピーター
[著]「アレルギーのない住まい」産調出版　2001
Howat, Roy　ホワット, ロイ
[著]「ロマン派の音楽」音楽之友社　2016
Howdy, Buck　ハウディー, バック
グラミー賞 最優秀子供向けミュージカル・アルバム（2009年（第52回））"Aaaaah! Spooky, Scary Stories & Songs"
Howe, Alan　ヒュー, アラン
[著]「英国初等学校の創造性教育」ITSC静岡学術出版事業部　2009
Howe, Daniel Walker　ハウ, ダニエル・ウォーカー
[国]アメリカ　ピュリッツアー賞 文学・音楽 歴史（2008年）"What Hath God Wrought: The Transformation of America, 1815-1848"
Howe, David　ハウ, デビッド
世界幻想文学大賞 特別賞（ノンプロ）（2006年）
Howe, David　ハウ, デビッド
1946～　[著]「ソーシャルワーク理論入門」みらい　2011
Howe, Eddie　ハウ, エディー
[国]イングランド　ボーンマス監督
Howe, Geoffrey　ハウ, ジェフリー
1926～2015　[国]イギリス　政治家　英国外相　本名＝Howe, Richard Edward Geoffrey
Howe, Gordie　ハウ, ゴーディ
1928～2016　[国]カナダ　アイスホッケー選手　[異]ハウ, ゴーディー
Howe, James　ハウ, ジェイムズ
[著]「ブロントリーナ」新書館　2010
Howe, Jeff　ハウ, ジェフ
1970～　[著]「クラウドソーシング」早川書房　2009
Howe, John　ハウ, ジョン
1957～　[著]「ジョン・ハウファンタジードローイングワークショップ」ボーンデジタル　2013
Howe, Julia Ward　ホー, ジュリア・ウォード
[著]「もう戦争はさせない！」文理閣　2007
Howe, Kenneth Ross　ハウ, ケネス
[著]「教育の平等と正義」東信堂　2004
Howe, Rufus　ハウ, ルーファス
[著]「疾病管理ハンドブック」同人社　2007
Howe, Stephen　ハウ, スティーヴン
1958～　[著]「帝国」岩波書店　2003
Howe, Steve　ハウ, スティーブ
1958～2006　[国]アメリカ　野球選手　本名＝Howe, Steven Roy
Howe, Steve　ハウ, スティーブ
1947～　[国]イギリス　ロック・ギタリスト
Höwedes, Benedikt　ヘヴェデス, ベネディクト
1988～　[国]ドイツ　サッカー選手　[異]ヘーヴェデス, ベネディクト／ヘベデス, ベネディクト
Howell, Cate　ハウエル, ケイト
[著]「プライマリケアのためのうつ病再発予防10ステップガイド」中山書店　2014
Howell, Catherine Herbert　オーエル, C.
[著]「古代文明のひみつ」日経ナショナルジオグラフィック社, 日経BP出版センター（発売）　2009
Howell, Dara　ハウエル, ダラ
1994～　[国]カナダ　スキー選手
Howell, David　ハウエル, デヴィッド
1936～　[著]「地球の呼吸はいつ止まるのか？」ウェッジ　2007
Howell, David L.　ハウエル, デビッド・ルーク
[著]「ニシンの近代史」岩田書院　2007
Howell, David Luke　ハウエル, デビッド
[著]「周辺史から全体史へ」清文堂出版　2009
Howell, Frank Scott　ハウエル, フランク・スコット
1942～2012　[国]アメリカ　上智大学短期大学部学長
Howell, Hannah　ハウエル, ハンナ
[著]「宿敵はこの森の彼方に」ヴィレッジブックス　2009
Howell, J.P.　ハウエル, J.P.
[国]アメリカ　野球選手
Howell, Margaret　ハウエル, マーガレット
1946～　[国]イギリス　ファッションデザイナー
Howell, Rob　ハウエル, ロブ
トニー賞 ミュージカル 舞台デザイン賞（2013年（第67回））ほか
Howell, Steve N.G.　ハウエル, スティーブ・N.G.
[著]「トビウオの驚くべき世界」エクスナレッジ　2015
Howell, Tony　ハウエル, トニー
[著]「2Dayダイエット」日本文芸社　2014
Howell, William　ハウウェル, W.
[著]「格差社会アメリカの教育改革」明石書店　2007
Howell, William G.　ハウエル, ウィリアム・G.
1970～　[著]「さまよえる日本人」チクマ秀版社　2001
Howells, Coral Ann　ハウエルズ, コーラル・アン
[著]「ケンブリッジ版カナダ文学史」彩流社　2016
Howells, Debbie　ハウエルズ, デビー
[著]「誰がわたしを殺したか」早川書房　2016
Howells, Kevin　ハウエルズ, ケヴィン
[異]ハウエルズ, ケビン　[著]「性犯罪者の治療と処遇」日本評論社　2010
Howells, Lynn　ハウエルズ, リン
[国]ルーマニア　ラグビーコーチ
Howells, Robert　ハウエルズ, ロバート
1968～　[著]「シオン修道会が明かすレンヌ＝ル＝シャトーの真実」ベストセラーズ　2012
Howes, George E.　ハウズ, ジョージ・E.
[著]「もっと知ろう！ セクシュアルハラスメント」労働調査会　2002
Howes, John Forman　ハウズ, ジャン・フォァマン
[国]カナダ　ブリティッシュ・コロンビア大学名誉教授, 元・桜美林大学教授　[異]ハウズ, J.F.
Howes, Justin　ハウズ, ジャスティン
1963～2005　[著]「ジョンストンのロンドン地下鉄書体」烏有書林　2010
Howes, Rupert　ハウズ, ルパート
[著]「トリプルボトムライン」創成社　2007
Howey, Hugh C.　ハウイー, ヒュー
1975～　[国]アメリカ　作家　[専]SF, ファンタジー
Howey, M.Oldfield　ハウイ, M.オールドフィールド
[著]「猫と魔術と神話事典」柏書房　2010
Howgego, Raymond John　ホージェイゴ, レイモンド・ジョン
1946～　[著]「探検と冒険の歴史大図鑑」丸善出版　2015
Howie, Betsy　ハウイー, ベッツィー
[著]「サーカス・ホテルへようこそ！」早川書房　2002
Howie, George　ハウイ, ジョージ
[著]「聖アウグスティヌスの教育理論と実践」Sophia University Press上智大学出版, ぎょうせい（発売）　2014
Howie, Vicki　ハウイー, ヴィッキー
[著]「クリスマスを見なかった？」ドン・ボスコ社　2006
Howie D　ハウィー・D
1973～　[国]アメリカ　歌手　本名＝Dorough, Howard Dwaine
Howitt, Mary　ホイット, メアリー
[著]「大人が楽しむイングリッシュ・ポエチュリー」リーベル出版　2007
Howland, Chris　ハウランド, C.
1928～　[著]「ドイツ人のバカ笑い」集英社　2004
Howland, Jason　ハウランド, ジェイソン
グラミー賞 最優秀ミュージカル・シアター・アルバム（2014年（第57回））"Beautiful: The Carole King Musical"　プロデューサー
Howlett, Darryl　ハウレット, ダリル
[著]「戦略論」勁草書房　2012
Howlett, Kevin　ハウレット, ケヴィン
[著]「ザ・ビートルズBBCアーカイブズ1962-1970」河出書房新社　2014
Howley, Marie　ハウリー, M.
[著]「自閉症とインクルージョン教育の実践」岩崎学術出版社

2006
Howlin, Brendan　ハウリン, ブレンダン
　国アイルランド　公共支出・改革相
Howlin, Patricia　ホーリン, パトリシア
　訳ハウリン, パトリシア　著「自閉症」黎明書房　2006
Howsare, Julian　ハウサレ, ジュリアン
　国アメリカ　アメフト選手
Howse, Derek　ハウス, デレク
　著「グリニッジ・タイム」東洋書林　2007
Howse, Justin　ハウス, ジャスティン
　著「ダンステクニックとケガ」大修館書店　2016
Howse, Philip Edwin　ハウス, フィリップ
　著「なぜ蝶は美しいのか」エクスナレッジ　2015
Høxbro, Vivian　ホクスブロ, ヴィヴィアン
　著「もっともっとドミノ編み」文化出版局　2008
Hoxha, Dhurata　ホジャ, ドゥラタ
　国コソボ　法相
Hoxhaj, Enver　ホジャイ, エンベル
　国コソボ　外相
Hoxter, Shirley　ホクスター, シャーリー
　著「自閉症世界の探求」金剛出版　2014
Hoy, Chris　ホイ, クリス
　1976～　国イギリス　元自転車選手　本名＝Hoy, Christopher Andrew
Høybråten, Dagfinn　ホイブローテン, ダーグフィン
　国ノルウェー　労働・社会問題相
Hoye, Bob　ホウイ, ボブ
　著「恐慌で儲ける！」講談社　2009
Hoyer, Andrea　ホイヤー, アンドレア
　1967～　著「ぼくと楽器はくぶつかん」河合楽器製作所・出版社　2003
Hoyer, Brian　ホイヤー, ブライアン
　国アメリカ　アメフト選手
Hoyer, Steny Hamilton　ホイヤー, ステニー
　1939～　国アメリカ　政治家　米国民主党下院院内総務
Hoyer-Larsen, Poul-Erik　ホイヤー・ラーセン, ポール・エリク
　1965～　国デンマーク　元バドミントン選手　国際オリンピック委員会（IOC）委員, 世界バドミントン連盟会長　別ホイヤー, ポール・エリク
Hoying, Scott　ホーイング, スコット
　グラミー賞 最優秀インストゥルメンタル編曲（アカペラ）（2014年（第57回））　"Daft Punk"　編曲
Hoyle, Fred　ホイル, フレッド
　1915～2001　国イギリス　天文学者, 数学者, SF作家　カーディフ大学名誉教授, ロイヤル・ソサエティ副会長, 英国王立天文学協会会長　本名＝Hoyle, Frederic
Hoyt, Dick　ホイト, ディック
　1940～　著「やればできるさyes, you can」主婦の友社　2011
Hoyt, Edwin Palmer　ホイト, エドウィン・P.
　著「空母ガムビアベイ」学習研究社　2002
Hoyt, Elizabeth　ホイト, エリザベス
　1970～　著「愛しき光を見つめて」原書房　2016
Hoyt, James　ホイト, ジェームズ
　国アメリカ　野球選手
Hoyt, Kenneth B.　ホイト, ケネス
　著「キャリア教育」雇用問題研究会　2005
Hoyt, Sarah A.　ホイト, サラ
　1962～　国アメリカ　ポルトガル出身の作家　国ファンタジー, ミステリー　別筆名＝D'Almeida, Sarah, Hyatt, Elise, Marqués, Sarah　訳ホイト, サラ・A.
Hoyte, Doug　ホイト, ダグ
　著「LET OVER LAMBDA」エスアイビー・アクセス, 星雲社（発売）　2014
Hoyte, Hugh Desmond　ホイテ, ヒュー・デズモンド
　1929～2002　国ガイアナ　政治家　ガイアナ大統領　別ホイテ, デズモンド
Hoza, Volodymyr　ホーザ, ボロジミール
　国ウクライナ　重量挙げ選手
Hoz De Vila Quiroga, Tito　オスデビラ・キロガ, ティト
　国ボリビア　教育・文化・スポーツ相
Hrabovsky, George　ラボフスキー, ジョージ
　著「スタンフォード物理学再入門力学」日経BP社, 日経BPマーケティング（発売）　2014
Hradecka, Lucie　ハラデツカ, ルーシー
　国チェコ　テニス選手
Hradecky, Lukas　フラデツキー, ルーカス
　国フィンランド　サッカー選手

Hradilek, Vavřinec　フラディレク
　国チェコ　カヌー選手
Hrafnsdóttir, Steinunn　フラフンスドッティル, ステイヌン
　著「社会ケアサービス」本の泉社　2003
Hrasnova, Martina　ハラスノバ
　国スロバキア　陸上選手
Hrastic, Drazen　フラスティッチ, ドラジェン
　国クロアチア　駐日特命全権大使
Hrastnik, Rok　フラストニク, ロック
　著「企業のためのRSSマーケティング」日経BP社, 日経BP出版センター（発売）　2007
Hrawi, Elias　ハラウィ, エリアス
　1925～2006　国レバノン　政治家　レバノン大統領　別フラウィ／ヘラウィ
al-Hrawi, Khalil　アル・ハラウィ, ハリル
　国レバノン　国防相
Hrdlickova, Venceslava　ハドリチコヴァー, ヴィエンツェスラヴァ
　国チェコ　チェコ日本友好協会名誉会長, カレル大学哲学部准教授
Hrdy, Sarah Blaffer　ハーディー, サラ・ブラファー
　1946～　著「マザー・ネイチャー」早川書房　2005
Hrgota, Branimir　フルゴタ, ブラニミル
　国スウェーデン　サッカー選手
Hrgovic, Filip　ウルゴビッチ, フィリップ
　国クロアチア　ボクシング選手
Hricak, Hedvig　リサック, ヘドヴィッヒ
　著「婦人科top100診断」メディカル・サイエンス・インターナショナショナル　2005
Hricik, Donald E.　フリシィク, ドナルド・E.
　著「腎臓病シークレット」メディカル・サイエンス・インターナショナル　2004
Hristov, Valentin　フリストフ
　国アゼルバイジャン　重量挙げ選手
Hristova, Ljudmila　フリストヴァ, リュドミラ
　1963～　著「無尽蔵」山麓句会有志　2013
Hristova, Mimi　フリストバ, ミミ
　国ブルガリア　レスリング選手
Hristova, Stanka Zlateva　ズラテバフリストバ
　国ブルガリア　レスリング選手
Hristova, Svetla　フリストヴァ, スヴェトラ
　1969～　著「無尽蔵」山麓句会有志　2013
Hromkovic, Juraj　ホロムコヴィッチ, J.
　1958～　著「計算困難問題に対するアルゴリズム理論」丸善出版　2016
Hrubý, Pavel　フルービー, パベル
　著「ビジネスパターンによるモデル駆動設計」日経BPソフトプレス, 日経BP出版センター（発売）　2007
Hruby, Raymond J.　ハルビー, レイモンド・J.
　著「エビデンスに基づいた徒手療法」ガイアブックス, 産調出版（発売）　2012
Hrusa, Jakub　フルシャ, ヤクブ
　1981～　国チェコ　指揮者　プラハ・フィルハーモニア管弦楽団音楽監督・首席指揮者, 東京都交響楽団首席客演指揮者
Hruschka, Peter　フルシュカ, ピーター
　1951～　著「アドレナリンジャンキー」日経BP社, 日経BP出版センター（発売）　2009
Hrynevych, Lilia　フリネビチ, リリヤ
　国ウクライナ　教育科学相
Hryschenko, Kostyantyn　フリシチェンコ, コスチャンティン
　国ウクライナ　副首相　別グリシェンコ, コスチャンティン
Hryshchun, Inna　リシチュン, イナ
　国ウクライナ　カヌー選手
Hrytsenko, Anatoliy　グリツェンコ, アナトーリ
　国ウクライナ　国防相
Hsia, R.Po-chia　シャー, ロニー・ポチャ
　1953～　著「トレント1475年」昭和堂　2007
Hsiao, Aron　シャオ, アロン
　著「Linuxセキュリティトータルガイド」ピアソン・エデュケーション　2002
Hsiao, Wan-chang　シャオ・ワンツァン
　1939～　国台湾　政治家, 外交官　台湾副総統, 台湾行政院長（首相）　漢字名＝蕭万長, 英語名＝Siew, Vincent C.
Hsiao, William C.　シャオ, ウィリアム
　著「実践ガイド・医療改革をどう実現すべきか」日本経済新聞出版社　2010
Hsieh, Chang-ting　シェ・ツァンティン

1946〜　国台湾　政治家　台湾行政院院長（首相）　漢字名＝謝長廷、別名＝Hsieh, Frank Chang-ting

Hsieh, Sheng-Chan　シャ・シンテン
国台湾　元・台湾日本研究学会理事長　漢字名＝謝森展

Hsieh, Tony　シェイ、トニー
著「賢者の言葉」ダイヤモンド社　2011

Hsieh, Tung-min　シェイ、トンミン
1907〜2001　国台湾　政治家　台湾副総統　漢字名＝謝東閔、字＝求生

Hsu, Albert Y.　ヒュー、アルバート・Y.
著「あなたをひとりで逝かせたくなかった」いのちのことば社　2005

Hsu, Hwei P.　スウ、ウェイ・P.
著「移動通信基礎技術ハンドブック」丸善　2002

Hsu, Jason C.　スー、ジェイソン・C.
著「ファンダメンタル・インデックス」東洋経済新報社　2009

Hsü, Kenneth Jinghwa　シュー、ケネス・ジンファ
1929〜　国スイス　地質学者　スイス連邦工科大学名誉教授　漢字名＝許靖華

Hsu, Martha Russell　シュー、マーサ・ラッセル
著「ポール・オースターが朗読するナショナル・ストーリー・プロジェクト」アルク　2006

Hsu, Shih-kai　シュイ・スーカイ
1934〜　国台湾　国際政治学者　津田塾大学名誉教授　台北駐日経済文化代表処代表（駐日台湾大使）　国国際法学、憲法学、政治史（日本・東アジア政治外交史）　漢字名＝許世楷　圏コー・セーカイ／シュイ・シーカイ

Hsu, Shui-teh　シュイ・スウイデー
1931〜　国台湾　政治家　台湾考試院院長　漢字名＝許水徳

Hsu, S.T.　シュー、S.T.
著「水理工学概論」技報堂出版　2001

Hsu, Vivian　スー、ビビアン
1975〜　国台湾　女優、歌手　台湾芸名＝徐若瑄（スー・ローセン）

Hsu, Wen　ウェン・シュウ・チェン
1976〜　著「まぼろしのおはなし」ワールドライブラリー　c2014

Htay Aung　テイ・アウン
国ミャンマー　ホテル・観光相

Htay Oo　テー・ウ
国ミャンマー　農業・かんがい相

Htin Aung　ティン・アウン
1960〜　国ミャンマー　ジャーナリスト　ビルマ民主の声（DVB）東京特派員

Htin Kyaw　ティン・チョー
国ミャンマー　大統領

Hu, An-gang　フー・アンガン
1953〜　国中国　経済学者　清華大学公共管理学部教授・国情研究センター長　国中国政治経済論　漢字名＝胡鞍鋼

Hu, Bing　フー・ビン
1972〜　国中国　俳優、モデル　漢字名＝胡兵

Hu, Chih-Wei　ホゥ・チーウェイ
国台湾　野球選手

Hu, Chun　フー、チュン
漢字名＝胡春　著「食品の機能性表示と世界のレギュレーション」薬事日報社　2015

Hu, Chun-hua　フー・チュンファ
1963〜　国中国　政治家　中国共産党政治局員、広東省党委書記　漢字名＝胡春華　圏フー・チュンホワ

Hu, De-ping　フー・デーピン
1939〜　国中国　中国共産党中央統一戦線工作部第5局長　漢字名＝胡徳平

Hu, Frank B.　フー、フランク・B.
著「肥満の疫学」名古屋大学出版会　2010

Hu, Jin-tao　フー・チンタオ
1942〜　国中国　政治家　中国国家主席・国家中央軍事委員会主席、中国共産党総書記・中央軍事委員会主席　漢字名＝胡錦濤　圏フー・ジンタオ

Hu, Ji-wei　フ・チーウェイ
1916〜2012　国中国　ジャーナリスト　人民日報社長、中国全国人民代表大会（全人代）常務委員会委員、中国新聞学会連合会長　漢字名＝胡績偉　圏フー・ジーウェイ

Hu, Jun　フー、ジュン
1968〜　国中国　俳優　漢字名＝胡軍

Hu, Melek　フー、メレク
国トルコ　卓球選手

Hu, Shu-li　フー・シューリー
1953〜　国中国　ジャーナリスト　「新世紀」主筆　「財経」編集長　漢字名＝胡舒立

Hua, Guo-feng　ホワ・グオフォン
1921〜2008　国中国　政治家　中国首相、中国共産党主席　漢字名＝華国鋒　圏ホウ・クォフォン

Huainigg, Franz-Joseph　フイニク、フランツ＝ヨーゼフ
1966〜　著「わたしたち手で話します」あかね書房　2006

Huaita Alegre, Marcela　ワイタ・アレグレ、マルセラ
国ペルー　女性・社会開発相

Huang, Allen　ファン、A.
著「転換期の中国会計」同文舘出版　2004

Huang, Chao-tang　ホアン・ザオタン
1932〜2011　国台湾　台湾独立運動家、政治学者　台湾独立建国連盟主席、昭和大学名誉教授　漢字名＝黄昭堂、別名＝黄有仁

Huang, Cliff J.　ファング、C.J.
著「応用多変量解析」森北出版　2005

Huang, George　ファン、ジョージ
1949〜　国台湾　実業家　エイサー会長・共同創業者　漢字名＝黄少華〈コウ、ショウカ〉

Huang, Gregory T.　ファン、グレゴリー・T.
著「ビル・ゲイツ、北京に立つ」日本経済新聞出版社　2007

Huang, Hua　ホアン・ホワ
1913〜2010　国中国　政治家、外交官　中国副首相・外相　漢字名＝黄華、別名＝黄裕民　圏ファン・ファ／ホアン・ホア／ホワン・ホワ

Huang, Jensen　フアン、ジェンスン
国台湾　Nvidia

Huang, Jim　ホァン、ジム
著「書店のイチ押し！海外ミステリ特選100」早川書房　2003

Huang, Ju　ホアン・ジュ
1938〜2007　国中国　政治家　中国副首相、中国共産党政治局常務委員、上海市長　漢字名＝黄菊　圏ファン・ジュ／ホワン・チュイ

Huang, ling chih　ホワン・リン・ジー
国台湾　作家　本名＝黄天驥

Huang, Mengla　ホアン・モンラ
1980〜　国中国　バイオリニスト　漢字名＝黄蒙拉　圏ホアン・ムンラ

Huang, Nellie S.　ファン、ネリー・S.
著「スマートマネー流株式選択術」パンローリング　2002

Huang, Qiang　ファン
国マレーシア　飛び込み選手

Huang, Robert　ファン、ロバート
実業家　シネックス創業者　漢字名＝黄徳慈（ファン・ドゥーツー）

Huang, Shan-shan　ホアン・シャンシャン
1986〜　国中国　トランポリン選手　漢字名＝黄珊汕

Huang, Shi-ming　ホアン・スーミン
1934〜2003　国中国　中日友好協会副会長　漢字名＝黄世明

Huang, Shung-xing　ホアン・スゥンシン
1923〜2002　政治家　中国全国人民代表大会（全人代）常務委員、台湾立法委員　漢字名＝黄順興

Huang, Vincent　ホアン、ヴィンセント
1958〜　著「バーニングマン」アスペクト　2001

Huang, Xiao-ming　ホアン・シャオミン
1977〜　国中国　俳優　漢字名＝黄暁明

Huang, Ying　ホアン・イン
1906〜2005　国中国　詩人　四川外語学院教授　漢字名＝黄瀛

Huang, Yunte　ホアン、ユンテ
アメリカ探偵作家クラブ賞　批評・評伝賞（2011年）"Charlie Chan: The Untold Story of the Honorable Detective and this Rendezvous with American History"

Hubbard, Barbara Burke　ハバード、B.B.
1948〜　著「ウェーブレット入門」朝倉書店　2003

Hubbard, Barbara Marx　ハバード、バーバラ・マークス
1929〜　著「意識的な進化」ナチュラルスピリット　2002

Hubbard, Chris　ハバード、クリス
国アメリカ　アメフト選手

Hubbard, David　ハバード、デヴィッド
著「ノエル」メディアファクトリー　2005

Hubbard, Freddie　ハバード、フレディ
1938〜2008　国アメリカ　ジャズ・トランペット奏者　本名＝Hubbard, Frederick Dewayne

Hubbard, Gill　ハバード、ジル
著「G8」ブーマー、トランスワールドジャパン（発売）　2005

Hubbard, Glenn　ハバード、グレン
1958〜　国アメリカ　経済学者　コロンビア大学教授・ビジネス

スクール学長 米国大統領経済諮問委員会(CEA)委員長 [専]税制, 金融問題 本名＝Hubbard, Robert Glenn
Hubbard, Kate ハバード, ケイト
1963～ [著]「ヴィクトリア女王の王室」 原書房 2014
Hubbard, Kenneth ハバード, ケネス
？～2004 [国]イギリス 軍人 英国空軍大佐
Hubbard, Nancy ハバード, ナンシー
1963～ [著]「欧米・新興国・日本16カ国50社のグローバル市場参入戦略」 東洋経済新報社 2013
Hubbard, R.Glenn ハバード, R.グレン
[著]「なぜ大国は衰退するのか」 日本経済新聞出版社 2014
Hubbard, Ruth ハッバード, ルース
[著]「遺伝子操作時代の権利と自由」 緑風出版 2012
Hubbard, Thomas ハバード, トーマス
1943～ [国]アメリカ 外交官 エイキン・ガンプ・ストラウス・ハワー＆フェルド法律事務所上級顧問 駐韓国米国大使
Hübbe, Nikolaj ヒュッベ, ニコライ
1967～ [国]デンマーク 元バレエダンサー デンマーク・ロイヤル・バレエ団芸術監督
Hubbell, Stephen P. ハッベル, S.
[著]「群集生態学」 文一総合出版 2009
Hubbell, Sue ハベル, スー
1935～ [著]「猫が小さくなった理由」 東京書籍 2003
Hubble, Mark A. ハブル, マーク・A.
[著]「「治療不能」事例の心理療法」 金剛出版 2001
Hubel, David Hunter ヒューベル, デービッド・ハンター
1926～2013 [国]アメリカ 神経生理学者 ハーバード大学医学部名誉教授
Huber, Anja フーバー
[国]ドイツ スケルトン選手
Huber, Gerd フーバー, G.
[著]「精神病とは何か」 新曜社 2005
Huber, Jack T. ヒューバー, J.T.
[著]「心理学と精神医学の分野での報告書の書き方」 悠書館 2009
Huber, Janice ヒューバー, ジャニス
[著]「子どもと教師が紡ぐ多様なアイデンティティ」 明石書店 2011
Huber, Joan ヒューバー, ジョーン
1925～ [著]「ジェンダー不平等起源論」 晃洋書房 2011
Huber, Joseph フーバー, ジョセフ
1948～ [著]「新しい貨幣の創造」 日本経済評論社 2001
Huber, Karin フーバー, カリン
[著]「イルカとクジラのメッセージ」 中央アート出版社 2002
Huber, Kevin ヒューバー, ケビン
[国]アメリカ アメフト選手
Huber(horn), Liezel フーバー
[国]アメリカ テニス選手
Huber, Marilyn ヒューバー, マリリン
[著]「子どもと教師が紡ぐ多様なアイデンティティ」 明石書店 2011
Huber, Robert フーバー, ロベルト
1937～ [国]ドイツ 生化学者 マックスプランク生化学研究所名誉所長
Huber, Wolfgang フーバー, W.
[著]「RとBioconductorを用いたバイオインフォマティクス」 シュプリンガー・ジャパン 2007
Huberman, Toni ヒューバマン, トニ
[著]「チャールズ・ホームの日本旅行記」 彩流社 2011
Hubert, Chris ヒューバート, クリス
[国]アメリカ アメフト選手
Hubert, Etienne ユベール, エチエンヌ
[国]フランス カヌー選手
Hubner, Benjamin ヒュブナー, ベンヤミン
[国]ドイツ サッカー選手
Hübner, Maria ヒューブナー, マリーア
1952～ [著]「アンナ・マグダレーナ・バッハ」 春秋社 2010
Hübner, Peter ヒューブナー, ペーター
1939～ [著]「こどもたちが学校をつくる」 鹿島出版会 2008
Hübner, Roger ヒューブナー, ローゲル
[著]「Sign, icon and pictogram」 ビー・エヌ・エヌ新社 2006
Hubricht, Manfred フーブリヒト, マンフレッド
1930～2015 [国]ドイツ 京都産業大学名誉教授 [専]ドイツ社会文化史, 法社会学
Hucaby, David ハカビー, デイビッド
[著]「CCNP」 翔泳社 2007
Huch, José María ウック, ホセ・マリア
[著]「なぜレアルとバルサだけが儲かるのか？」 ベースボール・マガジン社 2012
Huchel, Uwe フーヒェル, ウーベ
[著]「鉄の窒化と軟窒化」 アグネ技術センター 2011
Huchingson, James Edward ハッチンソン, ジェイムズ・E.
1940～ [著]「自然への介入はどこまで許されるか」 日本教文社 2008
Huchinson, Tim ハッチンソン, ティム
[著]「イエティを探せ」 ゆまに書房 2002
Huchthausen, Peter A. ハクソーゼン, ピーター
1939～ [著]「対潜海域」 原書房 2003
Huckabee, Mike ハッカビー, マイク
1955～ [国]アメリカ 政治家, 牧師 アーカンソー州知事 本名＝ハッカビー, マイケル・デール〈Huckabee, Michael Dale〉 [異]ハカビー
Huckle, John ハックル, ジョン
[著]「グローバル・ティーチャーの理論と実践」 明石書店 2011
Huda, Nazmul フダ, ナズムル
[国]バングラデシュ 通信相
Hudaibergenov, Tolkunbek フダイベルケノフ
[国]トルクメニスタン 重量挙げ選手
Hudák, Vazil フダーク, バジル
[国]スロバキア 経済相
al-**Hudd, Mohamed Abdelkarim** フッド, モハメド・アブドルカリム
[国]スーダン 文化財・観光・野生生物相
Huddle, David ハドル, デイヴィッド
1942～ [著]「百万年のすれちがい」 早川書房 2002
Huddle, Molly ハドル, モリー
[国]アメリカ 陸上選手
Huddle, Norie ハドル, ノリ
[著]「バタフライ―偉大な変容の小さな物語 もし地球が蝶になったら」 ハーモニクス出版, 八月書館(発売) 2002
Huddleston, Jack ハドルストン, ジャック
[著]「死体のある光景」 第三書館 2006
Huddlestone, Tom ハドルストーン, トム
[国]イングランド サッカー選手
Huddy, Delia ハディ, デリア
1934～2005 [著]「クリスマスイヴの木」 BL出版 2015
Hudec, Jan フデック
[国]カナダ アルペンスキー選手
Hudes, Quiara Alegría ヒュディス, キアラ・アレグリア
[国]アメリカ ピュリッツアー賞 文学・音楽 戯曲(2012年) "Water by the Spoonful"
Hudgens, Dave ハジェンス, デーブ
[国]アメリカ ヒューストン・アストロズコーチ
Hudgens, Vanessa ハジェンズ, バネッサ
1988～ [国]アメリカ 女優, 歌手 本名＝ハジェンズ, バネッサ・アン〈Hudgens, Vanessa Anne〉 [異]ハジェンズ, ヴァネッサ
Hudgins, Patricia A. ハドギンス, パトリシア・A.
[著]「頭頸部top100診断」 メディカル・サイエンス・インターナショナル 2005
Hudler, Ad ハドラー, アド
[著]「こんなダンナが欲しかった？」 文芸春秋 2003
Hudlin, Reginald ハドリン, レジナルド
[著]「ブラックパンサー：暁の黒豹」 小学館集英社プロダクション 2016
Hudock, Ann ハドック, アン・C.
[著]「開発NGOと市民社会」 出版研, 人間の科学新社(発売) 2002
Hudon, Cecile ユドン, セシル
[著]「プロは語る。」 アスペクト 2005
Hudrisier, Cécile ユドゥリジエ, セシル
1976～ [著]「ねむれないこぶた」 アシェット婦人画報社 2005
Hudson, Annabel ハドソン, アナベル
[著]「みんなの聖書ものがたり」 いのちのことば社CS成長センター 2012
Hudson, Brian James ハドソン, ブライアン・J.
[著]「図説滝と人間の歴史」 原書房 2013
Hudson, Chuck ハドソン, チャック
1969～ [著]「HTML5開発クックブック」 ピアソン桐原 2012
Hudson, Daniel ハドソン, ダニエル
[国]アメリカ 野球選手
Hudson, Diane ハドソン, ダイアン
[著]「ジェンダーと暴力」 明石書店 2001
Hudson, Gabe ハドソン, ゲイブ
[著]「拝啓大統領閣下」 アンドリュース・クリエイティヴ 2003
Hudson, Gail E. ハドソン, ゲイル
[著]「ジェーン・グドールの健やかな食卓」 日経BP社, 日経BP

Hudson, Jennifer　ハドソン, ジェニファー
　1981〜　国アメリカ　歌手, 女優　本名＝Hudson, Jennifer Kate
Hudson, Julie　ハドソン, ジュリー
　著「Silk in Africa アフリカの絹」デザインエクスチェンジ　2003
Hudson, Kate　ハドソン, ケイト
　1979〜　国アメリカ　女優　異ハドソン, ケート
Hudson, Kim　ハドソン, キム
　1960〜　著「新しい主人公の作り方」フィルムアート社　2013
Hudson, Kurt　ハドソン, カート
　著「MCSEスキルチェック問題集Microsoft Windows Server 2003 active directory infrastructure」日経BPソフトプレス, 日経BP出版センター（発売）　2004
Hudson, Lion　ハドソン, ライオン
　著「聖書の物語365」サンパウロ　2014
Hudson, Michael　ハドソン, マイケル
　著「超帝国主義国家アメリカの内幕」徳間書店　2002
Hudson, Pookie　ハドソン, プーキー
　1934〜2007　国アメリカ　歌手　本名＝ハドソン, ソーントン・ジェームズ〈Hudson, Thornton James〉
Hudson, Richard L.　ハドソン, リチャード・L.
　著「禁断の市場」東洋経済新報社　2008
Hudson, Robert　ハドソン, ロバート
　著「ロシア」河出書房新社　2014
Hudson, Rodney　ハドソン, ロドニー
　国アメリカ　アメフト選手
Hudson, Russ　ハドソン, ラス
　著「エニアグラム」角川書店　2001
Hudson, Tim　ハドソン, ティム
　1975〜　国アメリカ　野球選手　本名＝Hudson, Timothy Adam
Hudson, Winson　ハドソン, ウィンソン
　1916〜2004　著「アメリカ黒人町ハーモニーの物語」彩流社　2012
Hudson-smith, Matthew　ハドソンスミス, マシュー
　国イギリス　陸上選手
Hudspeth, Eric B.　ハズペス, エリック
　著「異形再生」原書房　2014
Hue, Robert　ユー, ロベール
　1946〜　国フランス　政治家　フランス共産党全国書記
Hue, Vuong Dinh　フエ, ブオン・ディン
　国ベトナム　副首相
Huebner, Dawn　ヒューブナー, ドーン
　著「だいじょうぶ自分でできる悪いくせのカギのはずし方ワークブック」明石書店　2010
Huebner, Fredrick D.　ヒューブナー, フレドリック
　著「ローラに何がおきたのか」角川書店　2003
Huebner-Dimitrius, Jo-Ellan　ヒューブナー＝ディミトリウス, ジョー＝エラン
　著「マクマーチン裁判の深層」北大路書房　2004
Hüefner, Tatjana　ヒュフナー, タチアナ
　1983〜　国ドイツ　リュージュ選手　異ヒュフナー, タチアナ
Huegel, Kelly　ヒューゲル, ケリー
　1974〜　著「LGBTQってなに？」明石書店　2011
Huegill, Geoff　ヒューギル
　国オーストラリア　競泳選手
Huemer, Dick　ヒュウマー, ディック
　著「ふしぎの国のアリス」竹書房　2003
Huemura Yoshimoto, Luis Alfonso　ウエムラ・ヨシモト, ルイス・アルフォンソ
　国ペルー　日秘商工会議所理事, 元・ペルー日系人協会会長, 元・ペルー山口県人協会会長
Huepe, Claudio　ウペ, クラウディオ
　国チリ　官房長官
Huerta de Soto, Jesús　ウエルタ・デ・ソト, ヘスース
　1956〜　著「通貨・銀行信用・経済循環」春秋社　2015
Huertas, Marcelo　ウェルタス, マルセロ
　国ブラジル　バスケットボール選手
Huestis, Josh　ヒューステイス, ジョシュ
　国アメリカ　バスケットボール選手
Huet, Nicolas　ウエ
　国フランス　スノーボード選手
Huett, Annika　フエット, アニカ
　著「スウェーデンのディテール」光村推古書院　2014
Huett, Leonora　ヒューイット, レイノーラ
　著「心・体・魂を癒す宝石療法」中央アート出版社　2012
Huettel, Scott A.　ヒュッテル, スコット・A.
　1973〜　著「fMRI」メディカル・サイエンス・インターナショナル　2016
Huett Nilsson, Ulf　フエット・ニルソン, ウルフ
　著「スウェーデンのディテール」光村推古書院　2014
Huey, John　ヒューイ, ジョン
　著「私のウォルマート商法」講談社　2002
Huey, Michael　ヒューイ, マイケル
　国アメリカ　アメフト選手
Hufbauer, Gary Clyde　ハフバウアー, G.C.
　著「米国の国外所得課税」五絃舎　2011
Huff, Josh　ハフ, ジョシュ
　国アメリカ　アメフト選手
Huff, Justin　ハフ, ジャスティン
　著「ウェブオペレーション」オライリー・ジャパン, オーム社（発売）　2011
Huff, Marqueston　ハフ, マーケストン
　国アメリカ　アメフト選手
Huff, P.J.　ハフ, P.J.
　著「ミリメシ・ハンドブック」原書房　2009
Huff, Tanya　ハフ, タニア
　1957〜　国カナダ　作家
Huff, William S.　ハフ, ウィリアム・S.
　著「形とシンメトリーの饗宴」森北出版　2003
Huffington, Arianna　ハフィントン, アリアーナ
　1950〜　国アメリカ　コラムニスト　ハフィントン・ポスト・メディア・グループ社長・編集長　本名＝Huffington, Arianna Stassinopoulos　異ハフィントン, アリアナ
Huffman, Arthur　ハフマン, アート
　著「マンガ物理が驚異的によくわかる」白揚社　2006
Huffman, Felicity　ハフマン, フェリシティ
　1962〜　エミー賞　プライムタイム・エミー賞　最優秀主演女優賞（コメディシリーズ）（第57回（2005年））ほか
Huffman, Yale　ハフマン, イエール
　著「ポール・オースターが朗読するナショナル・ストーリー・プロジェクト」アルク　2006
Huffstertler, Lynn M.　ハフステトラー, リン・M.
　著「空っぽのくつした」光文社　2002
Hufnagel, Lucas　ハフナゲル, ルーカス
　国ジョージア　サッカー選手
Hufnagl, J.Michael　フーフナーゲル, ミヒャエル
　異フーフナーゲル, J.ミヒャエル　著「スポーツ筋損傷 診断と治療法」ガイアブックス　2014
Hug, Ilona　フグ, イローナ
　1964〜　著「アンディズム」創芸社　2002
Hugault, Romain　ユゴー, ロマン
　著「エーデルワイスのパイロット」イカロス出版　2014
Huge, Barbara Settles　ヒュージ, バーバラ・セトルズ
　著「最新運動療法大全」ガイアブックス, 産調出版（発売）　2012
Hüger, Johannes　ヒューガー, ヨハネス
　1964〜　著「「ハムスターの回り車」から脱出しませんか？」中経出版　2004
Huget, Yoann　ウジェ, ヨアン
　国フランス　ラグビー選手
Huggett, Monica　ハジェット, モニカ
　1953〜　国イギリス　バイオリニスト
Huggins, Bob　ハギンズ, ボブ
　著「ファストブレイク＆セカンダリーオフェンス」ジャパンライム, 社会評論社（発売）　2010
Huggins, Diana　ハギンズ, ダイアナ
　著「Windows Server 2003 network」翔泳社　2004
Huggins, Hal A.　ハギンズ, ハル・A.
　著「歯科治療に潜む致命的な危険性」ホメオパシー出版　2013
Huggins, James Byron　ハギンズ, ジェイムズ・バイロン
　1959〜　著「凶獣リヴァイアサン」東京創元社　2003
Huggins, Roy　ハギンズ, ロイ
　1914〜2002　国アメリカ　テレビプロデューサー
Huggins-Cooper, Lynn　ハギンズ＝クーパー, リン
　著「生きものびっくり生態図鑑」文渓堂　2011
Hughart, Barry　ヒューガート, バリー
　1934〜　著「八妖伝」早川書房　2003
Hughes, Adam　ヒューズ, アダム
　著「ビフォア・ウォッチメン：ナイトオウル／Dr.マンハッタン」ヴィレッジブックス　2013
Hughes, Anthony　ヒューズ, アンソニー
　著「ミケランジェロ」岩波書店　2001
Hughes, Anthony J.　ヒューズ, アンソニー

Hughes, Arthur　ヒューズ, アーサー
　1941〜　㊟「英語のテストはこう作る」研究社　2003
Hughes, Barnard　ヒューズ, バーナード
　1915〜2006　㊐アメリカ　俳優
Hughes, Barry O.　ヒューズ, B.O.
　㊟「動物への配慮の科学」チクサン出版社, 緑書房（発売）　2009
Hughes, Bettany　ヒューズ, ベタニー
　㊟「ビジュアル版 世界の歴史都市」柊風舎　2016
Hughes, Bob　ヒューズ, ボブ
　1944〜　㊟「プレイワーク」学文社　2009
Hughes, Carol　ヒューズ, キャロル
　1961〜　㊐アメリカ　作家　ファンタジー
Hughes, Catherine　ヒューズ, キャサリン
　㊐ガイアナ　公共通信・観光相
Hughes, Catherine　ヒューズ, キャサリン
　㊟「ミュージアム・シアター」玉川大学出版部　2005
Hughes, Chris　ヒューズ, クリス
　起業家, フェイスブック創業者
Hughes, Clara　ヒューズ, クララ
　1972〜　㊐カナダ　スピードスケート選手, 自転車選手
Hughes, Cynrig E.　ヒューズ, シンリグ・E.
　㊟「グローバル・ティーチャーの理論と実践」明石書店　2011
Hughes, Damian　ヒューズ, ダミアン
　㊟「「なりたい自分」になる」ピアソン桐原　2012
Hughes, David　ヒューズ, デイヴィッド
　㊟「キューブリック全書」フィルムアート社　2001
Hughes, David Wolstenholme　ヒューズ, デイビッド
　1941〜　㊟「ビジュアル宇宙大図鑑」日経ナショナルジオグラフィック社, 日経BPマーケティング（発売）　2012
Hughes, Doug　ヒューズ, ダグ
　トニー賞 プレイ 演出賞（2005年（第59回））　"Doubt"
Hughes, Dustin　ヒューズ, ダスティン
　㊐アメリカ　シンシナティ・レッズコーチ
Hughes, Emily　ヒューズ
　㊐アメリカ　フィギュアスケート選手
Hughes, Emlyn　ヒューズ, エムリン
　?〜2004　㊐イギリス　サッカー選手
Hughes, Eric　ヒューズ, エリック
　㊐アメリカ　ミルウォーキー・バックスアシスタントコーチ（バスケットボール）
Hughes, Gabe　ヒューズ, ゲーブ
　㊐アメリカ　アメフト選手
Hughes, George　ヒューズ, ジョージ
　1944〜　㊟「ハーンの轍の中で」研究社　2002
Hughes, Geraldine　ヒューズ, ジェラルディン
　1955〜　㊟「救済」メディアパースペクティブス, サンクチュアリ出版（発売）　2011
Hughes, Gerard William　ヒューズ, ジェラード
　1924〜2014　㊐イギリス　カトリック司祭・神学者
Hughes, Glenn　ヒューズ, グレン
　㊐イギリス　ロック・ベース奏者
Hughes, Graham Atkins　ヒューズ, グラハム・アトキンス
　㊟「Living modern」デザインエクスチェンジ　2002
Hughes, James E., Jr.　ヒューズ, ジェームズ・E., Jr.
　㊟「ファミリーウェルス」文園社　2007
Hughes, Jared　ヒューズ, ジャレッド
　㊐アメリカ　野球選手
Hughes, Jeffrey F.　ヒューズ, ジェフリー
　㊟「iPhone & iPadアプリマーケティング」ピアソン桐原　2011
Hughes, Jerry　ヒューズ, ジェリー
　㊐アメリカ　アメフト選手
Hughes, John　ヒューズ, ジョン
　1950〜2009　㊐アメリカ　映画プロデューサー, 脚本家, 映画監督　ヒューズ・エンターテインメント社長　本名＝Hughes, John Wilden (Jr.), 別名＝ダンテス, エドモンド〈Dantes, Edmond〉
Hughes, John　ヒューズ, ジョン
　㊐アメリカ　アメフト選手
Hughes, Johnson Donald　ヒューズ, ドナルド
　1932〜　㊟「世界の環境の歴史」明石書店　2004
Hughes, Jonathan　ヒューズ, ジョナサン
　㊟「協力のリーダーシップ」ダイヤモンド社　2009
Hughes, Judith E.　ヒューズ, ジュディス
　㊟「ベティとリタローマへ行く」中央公論新社　2002
Hughes, Karen　ヒューズ, カレン
　㊟「花嫁の策略」ハーレクイン　2005

Hughes, Karen Parfitt　ヒューズ, カレン
　1956〜　㊐アメリカ　米国国務次官（広報外交担当）
Hughes, Ken　ヒューズ, ケン
　1922〜2001　㊐アメリカ　映画監督, 脚本家
Hughes, Kent H.　ヒューズ, ケント・H.
　㊟「米国競争力戦略の革新」東洋経済新報社　2006
Hughes, Marcia M.　ヒューズ, マーシャ
　㊟「人生たった2%で運命が変わる」ビジネス社　2007
Hughes, Mark　ヒューズ, マーク
　㊐ウェールズ　ストーク監督
Hughes, Mark　ヒューズ, マーク
　1965〜　㊟「バズ・マーケティング」ダイヤモンド社　2006
Hughes, Martin　ヒューズ, マーティン
　㊟「英国」メディアファクトリー　2003
Hughes, Matthew　ヒューズ, マシュー
　㊐カナダ　陸上選手
Hughes, Montori　ヒューズ, モントリ
　㊐アメリカ　アメフト選手
Hughes, Natalie　ヒューズ, ナタリー
　㊟「ザ・マップぬりえ世界地図帳」日本文芸社　2015
Hughes, Neil C.　ヒューズ, ニール・C.
　㊟「次の超大国・中国の憂鬱な現実」朝日新聞社　2003
Hughes, Patrick Henry　ヒューズ, パトリック・ヘンリー
　1988〜　㊟「ぼくはできる」PHP研究所　2009
Hughes, Patrick John　ヒューズ, パトリック・ジョン
　㊟「ぼくはできる」PHP研究所　2009
Hughes, Peter Carlisle　ヒューズ, ピーター・C.
　1940〜　㊟「宇宙機の姿勢力学」原軋千夫　2010
Hughes, Phil　ヒューズ, フィル
　㊐アメリカ　野球選手
Hughes, P.J.　ヒューズ, P.J.
　㊟「アスペルガー流人間関係」東京書籍　2011
Hughes, Robert　ヒューズ, ロバート
　㊐アメリカ　アメフト選手
Hughes, Sally Smith　ヒューズ, サリー・スミス
　㊟「ジェネンテック」一灯舎　2013
Hughes, Sarah　ヒューズ
　㊐アメリカ　フィギュアスケート選手
Hughes, Shirley　ヒューズ, シャーリー
　1927〜　㊟「ディキシーと世界一の赤い車」あすなろ書房　2015
Hughes, Solomon　ヒューズ, ソロモン
　㊟「対テロ戦争株式会社」河出書房新社　2008
Hughes, Sterling　ヒューズ, スターリング
　㊟「例解PHP」翔泳社　2001
Hughes, Thomas　ヒューズ, トーマス
　1923〜2014　㊐アメリカ　技術史家　ペンシルベニア大学名誉教授　本名＝Hughes, Thomas Parke
Hughes, Thomas J.R.　ヒューズ, T.
　㊟「計算力学理論ハンドブック」朝倉書店　2010
Hughes, Tom　ヒューズ, トム
　1964〜　㊟「モンスター・ハウス」メディアファクトリー　2007
Hughes, Wendy　ヒューズ, ウェンディ
　1952〜2014　㊐オーストラリア　女優
Hughes, Will　ヒューズ, ウィル
　㊟「建設契約」技報堂出版　2011
Hughes-Hallett, Deborah　ヒューズ＝ハレット, デボラ
　㊟「概念を大切にする微積分」日本評論社　2010
Hughes-Wilson, John　ヒューズ＝ウイルソン, ジョン
　㊟「なぜ, 正しく伝わらないのか」ビジネス社　2004
Hughlett, Charley　ヒューレット, チャーリー
　㊐アメリカ　アメフト選手
Hugo, Lynne　ヒューゴー, リン
　㊟「涙のスイミング・レッスン」集英社　2002
Hugo, Pierre de　ユーゴー, ピエール・ド
　1960〜　㊟「ライオンの本」岳陽舎　2006
Hugo Mallo　ウーゴ・マジョ
　㊐スペイン　サッカー選手
Hugue, Coraline　ユゲ
　㊐フランス　クロスカントリースキー選手
Huguenin, Farrington　フゲニン, ファーリントン
　㊐アメリカ　アメフト選手
Huh, Joon-ho　ホ・ジュノ
　1964〜　㊐韓国　俳優　漢字名＝許峻毫
Huh, Jung-moo　ホ・ジョンム
　1955〜　㊐韓国　サッカー指導者　サッカー韓国代表監督　漢字名＝許丁茂

Huh, Moon-doh ホ・ムンド
1940〜 [国]韓国 韓国国土統一院長官, 韓国東北亜文化研究所所長 漢字名＝許文道

Huh, Nam Jung ホ・ナムジョン
[国]韓国 元・(社)韓日経済協会専務理事, 元・韓日産業・技術協力財団専務理事 漢字名＝許南整

Huhne, Chris ヒューン, クリス
[国]イギリス エネルギー・気候変動相

Huhtamo, Erkki フータモ, エルキ
1958〜 [著]「メディア考古学」 NTT出版 2015

Hui, Ann ホイ, アン
1947〜 [国]香港 映画監督 漢字名＝許鞍華 [異]アン・ホイ

Hui, K. ホイ, K.
[著]「鍼のエビデンス」 医道の日本社 2009

Hui, Liang-yu ホイ・リャンユイ
1944〜 [国]中国 政治家 中国共産党政治局員 中国副首相 漢字名＝回良玉

Hui, Michael ホイ, マイケル
1942〜 [国]香港 俳優, 映画監督 漢字名＝許冠文 [異]マイケル・ホイ

Hui, Ricky ホイ, リッキー
1946〜2011 [国]香港 俳優 中国名＝許冠英

Hui, Wing Mau ホイ・インマウ
[国]香港 企業家 漢字名＝許栄茂

Huidobro, Eleuterio ウイドブロ, エレウテリオ
[国]ウルグアイ 国防相

Huijs, Jan ハユス, ヤン
[著]「医療現場の清浄と滅菌」 中山書店 2012

Huillet, Danièle ユイレ, ダニエル
ヴェネチア国際映画祭 特別賞（第63回（2006年））

Huillet, Danièlle ユイレ, ダニエル
1936〜2006 映画製作者, 映画監督

Huirne, Rund B.M. ヒュルネ, ルード
[著]「食品安全経済学」 日本経済評論社 2007

Huismann, Wilfried ヒュースマン, ヴィルフリート
1951〜 [著]「WWF黒書」 緑風出版 2015

Huissoud, Jean-Marc ユイスー, ジャン＝マルク
[著]「100の地点でわかる地政学」 白水社 2011

Huitema, Christian ウイテマ, クリスチャン
[著]「インターネットルーティング」 翔泳社 2001

Huitfeldt, Anniken ビットフェルト, アニケン
[国]ノルウェー 労相

Huitfeldt, Claus フイトフェルト, クラウス
[著]「人文学と電子編集」 慶応義塾大学出版会 2011

Huitt, William G. ヒューイット, ウィリアム・G.
[著]「インストラクショナルデザインの理論とモデル」 北大路書房 2016

Huizenga, John Robert ホイジンガ, ジョン・ロバート
1921〜2014 [国]アメリカ 物理学者 ロチェスター大学名誉教授 [専]核化学

Huizinga, Mark ハイジンハ
[国]オランダ 柔道選手

Hujaleh, Hassan Farah フジャレ, ハッサン・ファラ
[国]ソマリア 観光・野生動物相

Hul, Brian Van't ヴァン・ハル, ブライアン
アカデミー賞 特殊効果賞（第78回（2005年）） “King Kong”

Hulanicki, Barbara フラニッキ, バーバラ
[著]「BIBAをつくった女」 ブルース・インターアクションズ 2008

Huling, Jim ヒューリング, ジム
[著]「実行の4つの規律」 キングベアー出版 2016

Huliska-Beith, Laura ハリスカ＝ベイス, ローラ
[著]「かわいいてんとうむし」 大日本絵画 〔2001〕

Hulk フッキ
1986〜 [国]ブラジル サッカー選手 本名＝ソウザ, ジバニウド・ビエイラ・ジ〈Souza, Givanildo Vieira de〉 [異]ウルク

Hull, Arthur ハル, アーサー
1947〜 [著]「ドラムサークル・ファシリテーターズ・ハンドブック」 Orange Boom Boom松山 2014

Hull, Charley ハル, チャーリー
[国]イギリス ゴルフ選手

Hull, Derek ハル, D.
[著]「複合材料入門」 培風館 2003

Hull, Edith Maude ハル, E.M.
[著]「〈完訳〉シーク」 二見書房 2012

Hull, Janet Starr ハル, ジャネット・スター
[著]「スイート・ポイズン」 東洋経済新報社 2013

Hull, John ハル, ジョン
1946〜 [著]「フィナンシャルエンジニアリング」 金融財政事情研究会, きんざい（発売） 2016

Hull, John M. ハル, ジョン・M.
1935〜 [著]「初めに闇があった」 新教出版社 2008

Hull, Linda Joffe ハル, リンダ・ジョフィ
[国]アメリカ 作家 [専]ミステリー, スリラー

Hull, Mike ハル, マイク
[国]アメリカ アメフト選手

Hull, Suzanne W. ハル, スーザン・W.
1921〜 [著]「女は男に従うもの？」 刀水書房 2003

Hull, Thomas ハル, トーマス
1969〜 [著]「ドクター・ハルの折り紙数学教室」 日本評論社 2015

Hüller, Sandra ヒュラー, サンドラ
ベルリン国際映画祭 銀熊賞 女優賞（第56回（2006年）） “Requiem”

Hulley, Stephen B. ハリー, スティーブン・B.
[著]「医学的研究のデザイン」 メディカル・サイエンス・インターナショナル 2014

Hulls, Michael ハル, マイケル
ローレンス・オリヴィエ賞 ダンス 功績賞（2014年（第38回））

Hulme, Charles ヒューム, チャールズ
[著]「発達的視点からことばの障害を考える」 上智大学出版, ぎょうせい（発売） 2016

Hulse, Godwin ハルス, ゴッドウィン
[国]ベリーズ 農業・林業・漁業・環境・持続的開発・移民相

Hulse, Melvin フルス, メルビン
[国]ベリーズ 国家緊急管理・運輸・通信相

Hulse, Russel Alan ハルス, ラッセル
1950〜 [国]アメリカ 天体物理学者 テキサス大学ダラス校客員教授 [専]重力波天文学

Hulse, Sarah M. ハルス, S.M.
[著]「ブラック・リバー」 東京創元社 2016

Hulse, Terra ハルス, テラ
[著]「わるい人ってどんな人？」 晶文社 2007

Hulsegge, Jan フルセッヘ, ヤン
1935〜 [著]「スヌーズレンの世界」 福村出版 2015

Hulsen, Esther van フルセン, エステル・ヴァン
[著]「イーダ」 創元社 2015

Hultqvist, Peter フルトクビスト, ペーテル
[国]スウェーデン 国防相

Humado, Clement Kofi フマド, クレメント・コフィ
[国]ガーナ 食料・農業相

Humaidan, Jameel bin Mohammed Ali フメイダン, ジャミール・ビン・ムハンマド・アリ
[国]バーレーン 労働・社会開発相

***al*-Humaidi, Ahmed Amer Mohamed** フマイディ, アハマド・アミル・ムハンマド
[国]カタール 環境相

Humala, Ollanta ウマラ, オジャンタ
1962〜 [国]ペルー 政治家, 元軍人 ペルー大統領 本名＝ウマラ・タッソ, オジャンタ〈Humala Tasso, Ollanta Moisés〉

Human, Charlie ヒューマン, チャーリー
[国]南アフリカ 作家 [専]SF

***al*-Humaydi, Badr Mishari** フマイディ, バドル・ミシャリ
[国]クウェート 財務相

***al*-Humaydi, Badr Naser** フマイディ, バドル・ナセル
[国]クウェート 公共事業相兼国務相（住宅問題担当）兼情報相代行

***al*-Humaydi, Nasir** フマイディー, ナシル
[国]カタール 社会問題相兼労働相

Humber, Ramon ハンバー, ラモン
[国]アメリカ アメフト選手

Humbert, Jean-Baptiste アンベール, ジャン＝バティスト
[著]「死海文書入門」 創元社 2007

Humbert, Marc アンベール, マルク
1947〜 [著]「EUと東アジアの地域共同体」 Sophia University Press上智大学出版, ぎょうせい（制作・発売） 2012

Humbert, Vincent アンベール, ヴァンサン
1981〜2003 [国]フランス 「僕に死ぬ権利をください」の著者

Humble, Jez ハンブル, ジェズ
[著]「リーンエンタープライズ」 オライリー・ジャパン, オーム社（発売） 2016

Humble, Nicola ハンブル, ニコラ
1964〜 [著]「ケーキの歴史物語」 原書房 2012

Humby, Clive ハンビィ, C.

㊐「Tesco顧客ロイヤルティ戦略」海文堂出版　2007
Hume, John　ヒューム, ジョン
　1937〜　㊥イギリス　政治家　英国社会民主労働党(SDLP)党首
Hume, John R.　ヒューム, ジョン・R.
　㊐「スコッチウイスキーの歴史」国書刊行会　2004
Hume, Lachie　ヒューム, ラチー
　㊐「ゆうかんなうしクランシー」小学館　2011
Humes, Edward　ヒュームズ, エドワード
　㊐「「移動」の未来」日経BP社, 日経BPマーケティング(発売)　2016
Humes, H.David　ヒュームズ, H.D.
　㊐「再生医学」エヌ・ティー・エス　2002
Humes, James C.　ヒュームズ, ジェームズ
　㊐「チャーチル150の言葉」ディスカヴァー・トゥエンティワン　2013
Humfrey, Peter　ハンフリー, ピーター
　㊐「ルネサンス・ヴェネツィア絵画」白水社　2010
Huml, Alison　ハムル, アリソン
　㊐「Javaチュートリアル」ピアソン・エデュケーション　2001
Hummad, Amat al-Razzaq　フマド, アマト・ラザク
　㊥イエメン　社会問題・労働相
Hummadi, Hamed Yousif　フマディ, ハメド・ユーシフ
　㊥イラク　文化相
Hummel, Arthur William, Jr.　ハメル, アーサー, Jr.
　1920〜2001　㊥アメリカ　外交官　駐中国米国大使　＝フンメル, アーサー
Hummel, John H.　ハンメル, ジョン・H.
　㊐「インストラクショナルデザインの理論とモデル」北大路書房　2016
Hummel, Robbie　ヒュンメル, ロビー
　㊥アメリカ　バスケットボール選手
Hummels, Mats　フンメルス, マッツ
　㊥ドイツ　サッカー選手
al-Hummus, Naim Abu　アル・フムス, ナイム・アブ
　㊥パレスチナ　教育相
al-Humoud, Moudhi Abdul Aziz　ハムード, ムーディ・アブドルアジズ
　㊥クウェート　教育・高等教育相
Humphrey, Craig R.　ハムフェリー, C.R.
　㊐「自然と人間」有斐閣　2005
Humphrey, James H.　ハンフレイ, ジェームズ・H.
　1911〜2008　㊐「現代社会における子どものストレス」ふくろう出版　2016
Humphrey, John　ハンフリー, ジョン
　㊥トリニダード・トバゴ　企画開発相
Humphrey, Lisa　ハンフレー, リサ
　1970〜　㊐「ちいさなあなたとのやくそく」TOブックス　2013
Humphrey, Nicholas　ハンフリー, ニコラス
　㊐「ソウルダスト」紀伊國屋書店　2012
Humphrey, Terin　ハンフリー
　㊥アメリカ　体操選手
Humphrey, Watts S.　ハンフリー, ワッツ・S.
　1927〜　㊐「TSPガイドブック：コーチング編」翔泳社　2009
Humphreys, Andrew　ハンフリーズ, アンドリュー
　㊐「エジプト」日経ナショナルジオグラフィック社, 日経BP出版センター(発売)　2002
Humphreys, Colin J.　ハンフリーズ, コリン・J.
　㊐「最後の晩餐の真実」太田出版　2013
Humphreys, Glyn W.　ハンフリーズ, グリン・W.
　㊐「認知障害者の心の風景」福村出版　2006
Humphreys, Heather　ハンフリーズ, ヘザー
　㊥アイルランド　芸術・遺産・ゲール語圏相
Humphreys, Hilroy　ハンフリーズ, ヒルロイ
　㊥アンティグア・バーブーダ　貿易・産業・商業開発相
Humphreys, Jessica Dee　ハンフリーズ, ジェシカ・ディー
　㊐「ぼくが5歳の子ども兵士だったとき」汐文社　2015
Humphreys, Margaret　ハンフリーズ, マーガレット
　1944〜　㊐「からのゆりかご」日本図書刊行会, 近代文芸社(発売)　2012
Humphreys, Patrick N.　ハンフリーズ, P.N.
　㊐「猛禽類, ハト, 水鳥マニュアル」学窓社　2003
Humphries, Adam　ハンフリーズ, アダム
　㊥アメリカ　アメフト選手
Humphries, D.J.　ハンフリーズ, D.J.
　㊥アメリカ　アメフト選手
Humphries, Kaillie　ハンフリーズ, ケーリー
　1985〜　㊥カナダ　ボブスレー選手
Humphries, Kris　ハンフリーズ, クリス
　㊥アメリカ　バスケットボール選手
Humphries, Patrick　ハンフリーズ, パトリック
　1952〜　㊐「トム・ウェイツ素面の, 酔いどれ天使」東邦出版　2008
Humphries, Sam　ハンフリーズ, サム
　㊐「ガーディアンズ：チームアップ」小学館集英社プロダクション　2016
Humphries, Stephen　ハンフリーズ, スティーヴ
　㊐「「障害者」を生きる」青弓社　2001
Humphries, Tom L.　ハンフリーズ, トム
　1946〜　㊐「「ろう文化」案内」明石書店　2016
Humphries, Tudor　ハンフリーズ, チューダー
　㊐「ライオンと魔女」岩波書店　2005
Humphrys, John　ハンフリース, ジョン
　㊐「狂食の時代」講談社　2002
Hundertpfund, Jörg　フンダートプフント, イェルク
　㊐「ベルリン・デザイン・ハンドブックはデザインの本ではない！」ベアリン出版, 新宿書房(発売)　2013
Hundley, Brett　ハンドリー, ブレット
　㊥アメリカ　アメフト選手
Hundley, Nick　ハンドリー, ニック
　㊥アメリカ　野球選手
Hundstorfer, Rudolf　フンズトルファー, ルドルフ
　㊥オーストリア　労働・社会問題・消費者保護相
Hundt, Martin　フント, マルティン
　1932〜　㊐「『共産党宣言』はいかに成立したか」八朔社　2002
Hundt, Reed　ハント, リード
　1948〜　㊥アメリカ　法律家　米国連邦通信委員会(FCC)委員長
Hundt, Reed E.　ハント, R.E.
　1948〜　㊐「ご注文は革命ですね」早稲田大学出版部　2003
Huneck, Stephen　ヒューネック, スティーヴン
　㊐「サリー、海へ行く」ポプラ社　2002
Huneifat, Khaled　フネイファート, ハーリド
　㊥ヨルダン　農相
Hung, Erick K.　ハン, エリック・K.
　㊐「不測の衝撃」金剛出版　2014
Hung, Le Minh　フン, レ・ミン
　㊥ベトナム　国家銀行(中央銀行)総裁
Hung, Nguyen Sinh　フン, グエン・シン
　㊥ベトナム　第1副首相
Hung, Sin-nui　ホン, シェンニュイ
　1924〜2013　㊥中国　粤劇女優　漢字名＝紅線女
Huniehu, Edward　フニエフ, エドワード
　㊥ソロモン諸島　鉱業エネルギー相
Hünig, Siegfried　ヒューニッヒ, S.
　㊐「総合有機化学実験」森北出版　2006
Hunor, Kelemen　フノル, ケレメン
　㊥ルーマニア　文化相
Hun Sen　フン・セン
　1951〜　㊥カンボジア　政治家　カンボジア首相, カンボジア人民党中央委員会副議長(副党首)
Hunsley, John　ハンスリー, ジョン
　㊐「臨床心理学における科学と疑似科学」北大路書房　2007
Hunt, Aaron　ハント, アーロン
　㊥ドイツ　サッカー選手
Hunt, Akeem　ハント, アキーム
　㊥アメリカ　アメフト選手
Hunt, Alan　ハント, A.
　㊐「フーコーと法」早稲田大学出版部　2007
Hunt, Alexa　ハント, アレクサ
　㊐「戒厳令国家アメリカ」扶桑社　2008
Hunt, Andrew　ハント, アンドリュー
　1964〜　㊐「プログラミングRuby」オーム社　2006
Hunt, Angela Elwell　ハント, アンジェラ
　㊐「ハント, アンジェラ・エルウェル」&「ストーリーオブマリア」いのちのことば社フォレストブックス　2007
Hunt, Anna　ハント, アンナ
　㊐「ハイヒールを履いたシャーマン」ヴォイス出版事業部　2015
Hunt, Cameron　ハント, キャメロン
　㊐「アクティブディフェンス」秀和システム　2002
Hunt, Caroline　ハント, キャロライン
　㊐「不安障害の認知行動療法」星和書店　2005
Hunt, Craig　ハント, クレイグ
　㊐「Sendmailクックブック」オライリー・ジャパン, オーム社

（発売） 2004
Hunt, David ハント, デービッド
[国]南アフリカ ボート選手
Hunt, Elizabeth Singer ハント, エリザベス・シンガー
1970～ [国]アメリカ 作家 [専]児童書
Hunt, Errol ハント, エロール
[著]「ニュージーランド」 メディアファクトリー 2004
Hunt, Gareth ハント, ギャレス
1942～2007 [国]イギリス 俳優 [異]ハント, ギャリス
Hunt, Gary ハント, ゲイリー
[国]トリニダード・トバゴ スポーツ・青少年相
Hunt, Greg ハント, グレッグ
[国]オーストラリア 産業・技術革新・科学相
Hunt, Helen ハント, ヘレン
1963～ [国]アメリカ 女優 本名＝Hunt, Helen Elizabeth
Hunt, Howard Everette ハント, ハワード
1918～2007 [国]アメリカ スパイ, 作家 米国中央情報局（CIA）局員
Hunt, Irmgard Albine ハント, イルムガルド・A.
1934～ [著]「ヒトラーに抱きあげられて」 松柏社 2007
Hunt, Jackson ハント, ジャクソン
MTVアワード 最優秀撮影（第31回（2014年）） "Pretty Hurts"
Hunt, Jan ハント, J.
1942～ [著]「心と心をつなぐ子育てのゴールデン・ルール」 メディカ出版 2009
Hunt, Jeremy ハント, ジェレミー
[国]イギリス 保健相
Hunt, Joey ハント, ジョーイ
[国]アメリカ アメフト選手
Hunt, Laird ハント, レアード
1968～ [国]アメリカ 作家 デンバー大学英文科教授 [専]文学, フィクション
Hunt, Lamar ハント, ラマー
1932～2006 [国]アメリカ "スーパーボウル"の名付け親 アメリカンフットボールリーグ（AFL）創設者
Hunt, Lynn ハント, リン
1945～ [国]アメリカ 歴史学者 カリフォルニア大学ロサンゼルス校教授 [専]歴史哲学, フランス革命
Hunt, Margus ハント, マーガス
[国]アメリカ アメフト選手
Hunt, Melvin ハント, メルビン
[国]アメリカ ダラス・マーベリックスアシスタントコーチ（バスケットボール）
Hunt, Peter ハント, ピーター
1945～ [著]「子どもの本の歴史」 柏書房 2001
Hunt, Peter Roger ハント, ピーター
1925～2002 [国]アメリカ 映画監督
Hunt, Philip ハント, フィリップ
[国]イギリス ザグレブ国際アニメーション映画祭 子ども向け作品コンペティションの審査員による 最優秀子ども向け作品（2010年）ほか
Hunt, Ray Lee ハント, レイ・リー
[国]アメリカ 実業家
Hunt, Stephen ハント, スティーブン
1967～ [著]「モリー・テンプラーと蒼穹の飛行艦」 エンターブレイン 2007
Hunt, Susan ハント, スーザン
1940～ [著]「契約の継承者たち」 聖恵授産所出版部 2009
Hunt, Tara ハント, タラ
1973～ [国]カナダ ブロガー, マーケティング・コンサルタント
Hunt, Terry ハント, T.
1955～ [著]「Tesco顧客ロイヤルティ戦略」 海文堂出版 2007
Hunt, Tim ハント, ティム
1943～ [国]イギリス 生化学者 ユニバーシティー・カレッジ・ロンドン名誉教授 [専]細胞周期 本名＝ハント, ティモシー〈Hunt, Richard Timothy〉
Hunt, Tristram ハント, トリストラム
1974～ [著]「エンゲルス」 筑摩書房 2016
Hunt, Van ハント, ヴァン
グラミー賞 最優秀R&Bヴォーカル・デュオ, グループ（2006年（第49回）） "Family Affair"
Hunte, Julian フント, ジュリアン
[国]セントルシア 外相兼貿易・航空相
Huntelaar, Klaas-Jan フンテラール, クラース・ヤン
[国]オランダ サッカー選手
Hunter, Anthony R. ハンター, アンソニー・R.
[国]アメリカ ウルフ賞 医学部門（2005年）
Hunter, Bob ハンター, ボブ
？～2005 [国]カナダ 環境保護運動家 グリーンピース共同創設者
Hunter, Christine ハンター, C.
[著]「主と共に歩めば」 キリスト教待晨集会 2002
Hunter, Dan ハンター, ダン
[著]「ゲーミフィケーション集中講義」 阪急コミュニケーションズ 2013
Hunter, Danielle ハンター, ダニエル
[国]アメリカ アメフト選手
Hunter, Dave ハンター, デイヴ
1962～ [著]「アンプド」 シンコーミュージック・エンタテイメント 2016
Hunter, David ハンター, デビッド
1974～ [著]「エキスパートから学ぶXML実践プログラミング」 インプレス, インプレスコミュニケーションズ（発売） 2001
Hunter, Evan ハンター, エヴァン
[著]「暴力教室」 早川書房 2002
Hunter, Evie ハンター, イーヴィー
[専]ロマンス
Hunter, Graham ハンター, グレアム
[著]「FCバルセロナの語られざる内幕」 ソフトバンククリエイティブ 2012
Hunter, Holly ハンター, ホリー
1958～ [国]アメリカ 女優
Hunter, Ian ハート, イアン
アカデミー賞 特殊効果賞（第87回（2014年）） "Interstellar"
Hunter, James C. ハンター, ジェームズ
[異]ハンター, ジェームス [著]「サーバント・リーダー」 海と月社 2012
Hunter, Janet ハンター, ジャネット
1948～ [国]イギリス ロンドン・スクール・オブ・エコノミックス教授, 元・英国日本学研究者協会会長 [専]日本近代史, 日本経済史
Hunter, Jesse ハンター, ジェシー
[著]「せかいの街ネコたち」 グラフィック社 2014
Hunter, Joe ハンター, ジョー
1927～2007 [国]アメリカ ピアニスト
Hunter, John ハンター, ジョン
1954～ [著]「小学4年生の世界平和」 KADOKAWA 2014
Hunter, John A. ハンター, ジョン・A.
[著]「性的問題行動を抱える青年の認知行動療法ワークブック」 日本評論社 2012
Hunter, Justin ハンター, ジャスティン
[国]アメリカ アメフト選手
Hunter, Kathy ハンター, キャシー
[著]「レット症候群ハンドブック」 日本レット症候群協会翻訳事務局 2013
Hunter, Kim ハンター, キム
1922～2002 [国]アメリカ 女優 本名＝Cole, Janet
Hunter, Lawrie ハンター, ローリー
[著]「パワーフレーズの英語力」 小学館プロダクション 2004
Hunter, Maddy ハンター, マディ
[国]アメリカ 作家 [専]ミステリー, ロマンス
Hunter, Madeline ハンター, マデリン
[著]「愛に降伏の口づけを」 原書房 2014
Hunter, Mark ハンター, マーク
1978～ [国]イギリス ボート選手 [異]ハンター
Hunter, Mark Lee ハンター, マーク・リー
[著]「調査報道実践マニュアル」 旬報社 2016
Hunter, Michael ハンター, マイケル
[国]アメリカ アメフト選手
Hunter, Montario ハンター, モンタリオ
[国]アメリカ アメフト選手
Hunter, Nick ハンター, ニック
[著]「しらべよう！ かんがえよう！ オリンピック」 ベースボール・マガジン社 2012
Hunter, Richard ハンター, リチャード
1952～ [著]「秘密のない世界」 ネクサスインターコム, 星雲社（発売） 2005
Hunter, R.J. ハンター, RJ
[国]アメリカ バスケットボール選手
Hunter, Robin ハンター, ロビン
[著]「復讐の天使」 角川書店 2001
Hunter, Ryan Ann ハンター, ライアン・アン
[著]「はしをつくる」 ほるぷ出版 2013

Hunter, Sally ハンター, サリー
1965～ [著]「ハンフリーおやすみのじかんよ」 文渓堂 2003
Hunter, Stephen ハンター, スティーブン
1946～ [国]アメリカ 作家 [異]ハンター, スティーヴン
Hunter, Torii ハンター, トーリ
1975～ [国]アメリカ 野球選手 本名＝Hunter, Torii Kedar [異]ハンター, トリ / ハンター, トリー / ハンター, トリイ
Hunter, Vince ハンター, ヴィンス
[国]アメリカ バスケットボール選手
Hunting, Sam ハンティング, サム
[著]「XML topic maps」 プラトニックウェーブ, 星雲社(発売) 2004
Huntington, Greg ハンティントン, G.
[著]「ARISを活用したシステム構築」 シュプリンガー・フェアラーク東京 2005
Huntington, Neal ハンティントン, ニール
[国]アメリカ ピッツバーグ・パイレーツGM
Huntington, Samuel Phillips ハンティントン, サミュエル
1927～2008 [国]アメリカ 政治学者 ハーバード大学教授 [専]国際戦略論 [異]ハンチントン.サミュエル
Huntington-Whiteley, Rosie ハンティントンホワイトリー, ロージー
1987～ [国]イギリス モデル, 女優
Huntly, Alyson C. ハントリー, アリソン・C.
[著]「カナダ合同教会の挑戦」 新教出版社 2003
Huntsman, Jon ハンツマン, ジョン
1960～ [国]アメリカ 政治家, 外交官 米国駐中国大使, ユタ州知事 漢字名＝洪博培
Huntsman, Jon, Sr. ハンツマン, ジョン
[国]アメリカ 実業家 [異]ハンツマン, ジョン・M.
Hunu'ehu, Edward フヌエフ, エドワード
[国]ソロモン諸島 農業畜産相
Hunwick, Heather Delancey ハンウィック, ヘザー・デランシー
[著]「ドーナツの歴史物語」 原書房 2015
Hunziker, Nicolas フンツィカー, ニコラス
[国]スイス サッカー選手
Huong, Le Minh フォン, レ・ミン
[国]ベトナム 公安相
Huovi, Hannele フオヴィ, ハンネレ
1949～ [国]フィンランド 児童文学作家 [異]フオビ, ハンネレ
Huovinen, Susanna フオビネン, スザンナ
[国]フィンランド 保健・公共サービス相 [異]フオビネン, スサンナ
Huppert, Isabelle ユペール, イザベル
1953～ [国]フランス 女優 本名＝Huppert, Isabelle Anne Madeleine
Huppert, Jonathan D. ハパート, ジョナサン・D.
[著]「不安障害臨床マニュアル」 日本評論社 2007
Huq, A.K. Faezul ハク, A.K.ファエズル
[国]バングラデシュ ジュート相
Huq, Animul ハク, アニムル
[国]バングラデシュ 郵政・電信相
Huq, Anisul ホク, アニスル
[国]バングラデシュ 法務・司法・議会問題相 [異]ホック, アニスル
Huq, Mozammel ホク, モザメル
[国]バングラデシュ 独立戦争問題相 [異]ホック, モザメル
Huracan Ramirez ウラカン・ラミレス
？～2006 [国]メキシコ プロレスラー 本名＝ガルシア, ダニエル〈Garcia, Daniel〉
al-**Huraiti, Hussein Nasser** ホレイティ, フセイン・ナセル
[国]クウェート 法相兼宗教財産・イスラム問題相
Hurajt, Pavol フライト
[国]スロバキア バイアスロン選手
Hurd, Douglas Richard ハード, ダグラス
1930～ [国]イギリス 政治家 英国外相 別名＝Hurd of Westwell
Hurd, Mark ハード, マーク
1957～ [国]アメリカ 実業家 オラクル共同社長・共同CEO ヒューレット・パッカード(HP)会長・CEO 本名＝Hurd, Mark Vincent
Hurdle, Clint ハードル, クリント
1957～ [国]アメリカ 大リーグ監督, 元野球選手 本名＝Hurdle, Clinton Merrick
Hure, Ismail Mohamed フル, イスマイル・モハメド
[国]ソマリア 外務・国際関係相
Huré, Jean ユレ, ジャン
[著]「シチリアの歴史」 白水社 2013
Hureau, Simon ユロー, シモン
アングレーム国際漫画祭 フランス国鉄サスペンス(ミステリー)作品賞(2012年) "Intrus à l'étrange"〈La Boîte à Bulles〉
Hurelsuh, Uhnaagiin フレルスフ, ウフナーギーン
[国]モンゴル 国務相
Hurford, James R. ハーフォード, ジェイムズ・R.
[異]ハーフォード, ジェームズ・R. [著]「コースブック意味論」 ひつじ書房 2014
Hurford, William E. ハーフォード, W.E.
[著]「MGHクリティカルケアブック」 メディカル・サイエンス・インターナショナル 2002
Hurley, Catherine ハーレイ, キャサリン
1961～ [著]「人生はどう転ぶかわからない」 PHP研究所 2004
Hurley, Chad ハーレー, チャド
1977～ [国]アメリカ 起業家 ユーチューブCEO
Hurley, Courtney ハーリー, コートニー
[国]アメリカ フェンシング選手
Hurley, Dan ハーリー, ダン
1957～ [著]「知能はもっと上げられる」 インターシフト, 合同出版(発売) 2016
Hurley, Deborah ハーリー, デボラ
[著]「グローバル化で世界はどう変わるか」 英治出版 2004
Hurley, Elizabeth Jane ハーレー, エリザベス
1965～ [国]イギリス 女優, 映画プロデューサー
Hurley, Kelley ハーリー, ケリー
[国]アメリカ フェンシング選手
Hurley, Matthew M. ハーレー, マシュー・M.
1977～ [著]「ヒトはなぜ笑うのか」 勁草書房 2015
Hurley, Michael ハーレー, マイケル
1979～ [著]「しらべよう！ かんがえよう！ オリンピック」 ベースボール・マガジン社 2012
Hurley, Tonya ハーレー, トーニャ
[国]アメリカ 作家, 脚本家, テレビプロデューサー [専]ヤングアダルト [異]ハーリー, トーニャ
Hurník, Ilja フルニーク, イリヤ
1922～2013 [国]チェコ ピアニスト, 作曲家
Hurns, Allen ハーンズ, アレン
[国]アメリカ アメフト選手
Hurrell, Karen ハレル, カレン
[著]「ジェムストーンの魅力」 ガイアブックス, 産調出版(発売) 2009
Hurry, Helen ハリー, ヘレン
[著]「いないいないだあれ？」 大日本絵画 2013
Hursh, Jason ハーシュ, ジェイソン
[国]アメリカ 野球選手
Hurst, Brandon ハースト, ブランドン
[著]「倒されたかどうかは関係ない。立ち上がるかどうかが問題だ。」 アルファポリス, 星雲社(発売) 2014
Hurst, Carol Otis ハースト, キャロル・オーティス
[著]「あたまにつまった石ころが」 光村教育図書 2002
Hurst, Demontre ハースト, ディモントレ
[国]アメリカ アメフト選手
Hurst, Henry ハースト, ヘンリー
[著]「ビジュアル版 世界の歴史都市」 柊風舎 2016
Hurst, James ハースト, ジェームス
[国]アメリカ アメフト選手
Hurst, Pat ハースト, パット
1969～ [国]アメリカ プロゴルファー
Hurst, Paul J. フルスト, P.J.
[著]「システムLSIのためのアナログ集積回路設計技術」 培風館 2003
Hurst, Philip Wiley ハースト, フィリップ・W.
1952～ [著]「ベスト・リーダーシップ物語」 ダイヤモンド社 2004
Hurst, Roy Edward ハースト, ロイ・エドワード
[国]イギリス 元・英陸軍教育部語学学校主任講師
Hursthouse, Rosalind ハーストハウス, ロザリンド
1943～ [著]「徳倫理学基本論文集」 勁草書房 2015
Hurt, John ハート, ジョン
1940～ [国]イギリス 俳優 本名＝Hurt, John Vincent
Hurt, Robert ハート, R.
[著]「見えない宇宙を観る」 丸善 2009
Hurt, William ハート, ウィリアム
1950～ [国]アメリカ 俳優
Hurtado, Eliezer ウルタド, エリエセル
[国]ベネズエラ 社会基盤相

H

Hurtak, J.J. ハータック, J.J.
　著「エノクの鍵」ナチュラルスピリット・パブリッシング80 2010
Hurum, Jørn H. フールム, ヨルン
　著「イーダ」創元社　2015
Hurvich, Leo Maurice ハーヴィッチ, レオ・M.
　1910〜　著「カラー・ヴィジョン」誠信書房　2002
Hurwicz, Leonid ハーウィッツ, レオニド
　1917〜2008　国アメリカ　経済学者　ミネソタ大学名誉教授　業メカニズム・デザイン理論　別名＝ハーウィッツ, レオ〈Hurwicz, Leo〉／ハーウィックス, レオニド／ハーウィッツ, レオニード／ハーヴィッツ, レオニド
Hurwin, Davida ハーウィン, ダヴィダ・ウィルス
　1950〜　「ラスト・ダンス」アーティストハウスパブリッシャーズ, 角川書店(発売)　2004
Hurwitz, Brian ハーウィッツ, ブライアン
　著「ナラティブ・ベイスト・メディスンの臨床研究」金剛出版 2009
Hurwitz, Gregg Andrew ハーウィッツ, グレッグ
　国アメリカ　作家　業ミステリー, スリラー, 犯罪
Hurwitz, Johanna ハーウィッツ, ジョハナ
　著「ジェリコの夏」BL出版　2001
Hurwitz, Matt ハーウィッツ, マット
　「猿の惑星：創世記(ジェネシス)＆新世紀(ライジング)アートブック」小学館集英社プロダクション　2014
Hurwitz, Trevor A. ハーウィッツ, トレヴァー・A.
　1950〜　「神経精神医学ケースブック」メディカル・サイエンス・インターナショナル　2015
Husain, Maqbool Fida フセイン, マクブール・フィダ
　1915〜2011　国カタール　画家
Husain, Masud フセイン, マスド
　1962〜　著「アメリカン広告キャラクター図鑑」グラフィック社 2015
Husain, Mishal フセイン, ミシェル
　1973〜　国イギリス　ニュースキャスター
al-Husami, Maher フサミ, マヘル
　国シリア　保健相
Husanov, Sherzod フザノフ
　国ウズベキスタン　ボクシング選手
Husarov, Hryhorii フサロフ
　国ウクライナ　テコンドー選手
al-Husayn, Ahmad Musaid アル・フサイン, アハマド・ムサイド
　国イエメン　漁業資源相
al-Husayn, Hamud フセイン, ハムード
　国シリア　住宅建設相
Husayn, Husayn Mahmud Shaykh フセイン, フセイン・マフムド・シャイク
　国ソマリア　工業相
al-Husayn, Muhammad フセイン, ムハンマド
　国シリア　財務相　異アル・フセイン, モハマド
Husband, James ハズバンド, ジェームズ
　国イングランド　サッカー選手
Husband, Rick Douglas ハズバンド, リック
　1957〜2003　国アメリカ　宇宙飛行士　スペースシャトル・コロンビア号船長, 米国空軍大佐
Husband, Ron ハズバンド, ロン
　「ロン・ハズバンドが教えるクイックスケッチ」ボーンデジタル　2015
Husbands, Clifford ハズバンズ, クリフォード
　国バルバドス　総督
Huselid, Mark A. フセリド, マーク・A.
　1961〜　著「HRスコアカード」日経BP社, 日経BP出版センター(発売)　2002
Husemann, Armin J. フーゼマン, アーミン
　著「子どもの歯の生え変わり」涼風書林　2016
Husemoller, Dale フーズモラー, D.
　著「ファイバー束」シュプリンガー・フェアラーク東京 2002
Huseyin Kandemir フセイン・カンデミール
　国トルコ　ボート選手
Huseynov, Rovshan フセイノフ
　国アゼルバイジャン　ボクシング選手
Huseynov, Zelimkhan フセイノフ
　国アゼルバイジャン　レスリング選手
Husmenova, Filiz ヒュスメノワ, フィリス
　国ブルガリア　無任所相
al-Husni, Amir bin Shuwayn アル・フスニ, アミル・ビン・シュワイン
　国オマーン　社会・労働相
Husni, Samir フスニ, サミール
　著「ミスター・マガジンの「アメリカ雑誌で成功する方法」」風濤社　2003
Husni, Wafiqa フスニ, ワフィカ
　国シリア　国務相
Husnoo, Mohammad Anwar ユスヌー, モハマッド・アンワール
　国モーリシャス　地方自治体相
Husović, Rafet フソビッチ, ラフェト
　国モンテネグロ　副首相
Huss, Chris フス, クリス
　「VMware vSphere 4(フォー)」翔泳社　2011
Hussain, Abdul Rasheed フサイン, アブドル・ラシード
　国モルディブ　雇用・労働相
Hussain, Chaudhry Wajahat フセイン, チョードリー・ワジャハット
　国パキスタン　人材開発相
Hussain, Mamnoon フセイン, マムヌーン
　1940〜　国パキスタン　政治家　パキスタン大統領　異フセイン, マムスン
Hussain, Mohamed フサイン, モハメド
　国モルディブ　大統領問題相
Hussain, Mohamed Zahir フセイン, モハメド・ザヒル
　国モルディブ　青年スポーツ相
Hussain, Syed Shahnawaz フサイン, サイド・シャナワズ
　国インド　民間航空相
Hussain, Tanveer フセイン, タンビール
　国パキスタン　国防生産・科学技術相
Hussain, Zakaria フセイン, Z.
　著「東・東南アジアの地質遺産」産業技術総合研究所地質調査総合センター　2010
Hussain, Zakir フセイン, ザキール
　グラミー賞 最優秀コンテンポラリー・ワールド・ミュージック・アルバム(2008年(第51回))　"Global Drum Project"
Hussein, Abdirahman Mohamed フセイン, アブディラフマン・モハメド
　国ソマリア　内相
Hussein, Abdullah Khalil フセイン, アブドラ・アリル
　国シリア　国務相
Hussein, Abdul-Rahim Mohammed フセイン, アブドルラヒム・ムハンマド
　国スーダン　国防相
Hussein, Abdulwahab Mohamed フセイン, アブドゥルワハブ・モハメド
　国ソマリア　国防相
Hussein, Ahmad Musaed フセイン, アハマド・ムサイド
　国イエメン　移民問題相
Hussein, Ahmed フセイン, アハマド
　国イラク　副首相兼大統領府長官
al-Hussein, Ali bin アルフセイン, アリ・ビン
　1956〜　国イラク　イラク王子　イラク国民会議(INC)代表
Hussein, Cabdirixman Mohamed フセイン, アブディリフマン・モハメド
　国ソマリア　内相
Hussein, Fowsiiya Mohamed Sheikh フセイン, フォウシヤ・モハメド・シェイク
　国ソマリア　女性・家族問題相
Hussein, Hani Abdulaziz フセイン, ハニ・アブドルアジズ
　国クウェート　石油相
Hussein, Hussein Mohamud Sheikh フセイン, フセイン・モハムド・シェイク
　国ソマリア　憲法問題相
Hussein, Saddam フセイン, サダム
　1937〜2006　国イラク　政治家, 軍人　イラク大統領・軍最高司令官・首相　異フサイン
Hussein, Saynab Aweys フセイン, サイナブ・アウェイス
　国ソマリア　女性問題相
Hussein, Tamer フセイン
　国エジプト　テコンドー選手
Hussein, Uday フセイン, ウダイ
　1964〜2003　国イラク　政治家, 実業家　イラク国会議員　異ウダイ・フセイン
Hussein, Yusof フセイン, ユソフ
　国ブルネイ　青年・スポーツ・文化相
Husseini, Adnan フセイニ, アドナン

[国]パレスチナ　エルサレム担当相
Husseini, Bello Kazaure　フセイニ, ベロ・カザウレ
[国]ナイジェリア　臨時代理大使, 公使
Husseini, Faisal　フセイニ, ファイサル
1940〜2001　[国]パレスチナ　パレスチナ人指導者　パレスチナ解放機構(PLO)執行委員, パレスチナ自治政府無任所相
***Al*-husseiny, Abdallah**　エルフサイニ, アブダラ
[国]エジプト　宗教財産相
Hussen, Ahmed D.　フッセン, アハメッド・D.
[国]カナダ　移民・難民・市民権相
Hussey, Edward　ハッセイ, エドワード
1942〜　[著]「プレソクラティクス」法政大学出版局　2010
Hussong, Christin　フソング, クリスティン
[国]ドイツ　陸上選手
Hussong, Stefan　フッソング, シュテファン
1962〜　[国]ドイツ　アコーディオン奏者
Husted, Gladys L.　ハステッド, グラディス・L.
[著]「臨床実践のための看護倫理」医学書院　2009
Husted, James H.　ハステッド, ジェームス・H.
[著]「臨床実践のための看護倫理」医学書院　2009
Husted, Ted　ハスティード, テッド
[異]ホーステッド, テッド　[著]「JUnitインアクション」ソフトバンクパブリッシング　2004
Huston, Anjelica　ヒューストン, アンジェリカ
1951〜　[国]アメリカ　女優
Huston, Darren　ヒューストン, ダレン
1966〜　[国]カナダ　実業家　プライスライングループ社長　マイクロソフト日本法人社長
Huston, Nancy　ヒューストン, ナンシー
1953〜　[国]フランス　作家
Huston, Stephen D.　ヒューストン, ステファン・D.
[著]「C++ネットワークプログラミング」ピアソン・エデュケーション　2002
Hustvedt, Lloyd　フストヴェット, ロイド
[著]「ポール・オースターが朗読するナショナル・ストーリー・プロジェクト」アルク　2006
Hustvedt, Siri　ハストベット, シリ
1955〜　[国]アメリカ　作家, 詩人　[異]ハストヴェット, シリ
Huszar, Erika　フサール
[国]ハンガリー　ショートトラック選手
Huszcza, Romuald　フシュチャ, ロムアルド
[国]ポーランド　ワルシャワ大学東アジア言語学科長, ヤギェロン大学日本学科長
Huszti, Szabolcs　フルティ, サボルチ
[国]ハンガリー　サッカー選手
Hutchcroft, Paul D.　ハッチクラフト, ポール・D.
[著]「レント、レント・シーキング、経済開発」出版研, 人間の科学新社(発売)　2007
Hutchens, David　ハチェンス, デービッド
1967〜　[著]「エミーとレニー2匹のねずみのお話」日本能率協会マネジメントセンター　2001
Hutcheon, Linda　ハッチオン, リンダ
1947〜　[著]「アダプテーションの理論」晃洋書房　2012
Hutcheon, Pat Duffy　ハチョン, パット・D.
[著]「科学的ヒューマニズムの歴史」新幹社　2004
Hutcheson, Peggy G.　ハチソン, ペギー
[著]「教会における女性のリーダーシップ」つのぶえ社, いのちのことば社(発売)　2001
Hutchins, Carleen　ハッチンス, カーリン
1911〜2009　[国]アメリカ　音響物理学者, バイオリン製作者　本名=ハッチンス, カーリン・マーリー〈Hutchins, Carleen Maley〉
Hutchins, Chris　ハッチンス, クリス
[著]「ビートルズ世界証言集」ポプラ社　2006
Hutchins, Hazel　ハッチンス, ヘイゼル
[著]「しゃっくり1かい1びょうかん」福音館書店　2008
Hutchins, Pat　ハッチンス, パット
1942〜　[著]「へっちゃらトーマス」大日本図書　2016
Hutchinson, Alberta　ハチンソン, アルバータ
[著]「こころを癒やす絵と言葉のマインドフルネスぬりえ」ディスカヴァー・トゥエンティワン　2016
Hutchinson, Alex　ハッチンソン, アレックス
1975〜　[著]「良いトレーニング、無駄なトレーニング」草思社　2012
Hutchinson, Atiba　ハッチンソン, アティバ
[国]カナダ　サッカー選手
Hutchinson, Bobby　ハチンソン, ボビー
[著]「愛の特効薬」ハーレクイン　2001
Hutchinson, Mark Norman　ハッチンソン, マーク
[著]「爬虫類」昭文社　2009
Hutchinson, Peter　ハッチンソン, ピーター
1949〜　[著]「財政革命」日本能率協会マネジメントセンター　2013
Hutchinson, Robert　ハッチンソン, ロバート
1948〜　[著]「エリザベス一世のスパイマスター」近代文芸社　2015
Hutchinson, Sally A.　ハッチンソン, サリー・A.
[著]「看護研究ワークブック」医学書院　2001
Hutchinson, Stephan　ハチンソン, ステファン
1959〜　[著]「海洋」新樹社　2007
Hutchinson, Tom A.　ハッチンソン, トム・A.
[著]「新たな全人的ケア」日本ホスピス・緩和ケア研究振興財団, 青海社(発売)　2016
Hutchinson, William M.　ハッチンソン, ウィリアム
1916〜　[著]「子どもだけの町」フェリシモ　2004
Hutchison, Barry　ハッチソン, バリー
[著]「デヴィッド・ベッカム・アカデミー」主婦の友社　2010
Hutchison, C.A., Ⅲ　ハッチソン, C.A., 3世
[著]「知の歴史」徳間書店　2002
Hutchison, Drew　ハッチソン, ドリュー
[国]アメリカ　野球選手
Hutchison, Michael M.　ハッチソン, マイケル・M.
1953〜　[著]「金融政策の政治経済学」東洋経済新報社　2002
Hüter-Becker, Antje　ヒューター‐ベッカー, アンチェ
[著]「整形外科における理学療法」ガイアブックス　2014
Huth, Jannik　フート, ヤニク
[国]ドイツ　サッカー選手
Huth, Joe, Ⅳ　フート, ジョー, 4世
[著]「ナイトライダー・コンプリートブック」イースト・プレス　2010
Huth, Robert　フート, ロベルト
[国]ドイツ　サッカー選手
Huth, Werner　フート, ヴェルナー
1929〜　[著]「原理主義」新教出版社　2002
Hutson, Don　ハトソン, ドン
1945〜　[著]「1分間アントレプレナー黄金の起業法則」日本実業出版社　2008
Hutson, George　ハトソン, ジョージ
[国]バルバドス　国際ビジネス・運輸相
Hutson, Matthew　ハトソン, マシュー
[著]「なぜ、これを「信じる」とうまくいくのか」ダイヤモンド社　2014
Hu Tsu Tau, Richard　フー, リチャード
[国]シンガポール　蔵相　漢字名=胡賜道
Hutt, Michael D.　ハット, マイケル・D.
[著]「産業財マーケティング・マネジメント」白桃書房　2012
Hutta, K.Emily　ハッタ, K.エミリー
[著]「はるのおおそうじ」フレーベル館　2005
Huttary, Karin　フッタリー
[国]オーストリア　フリースタイルスキー選手
Hutten, Joan　ハットン, ジョアン
[著]「被虐待児の精神分析的心理療法」金剛出版　2006
Hüttenmeister, Frowald Gil　ヒュッテンマイスター, F.G.
1938〜　[著]「古代のシナゴーグ」教文館　2012
Hutter, Adi　ヒュッター, アディ
[国]スイス　ヤング・ボーイズ監督
Hüttner, Hannes　ヒュットナー, ハネス
1932〜　[著]「しょうぼうしょは大いそがし」徳間書店　2009
Hutton, Betty　ハットン, ベティ
1921〜2007　[国]アメリカ　女優　本名=ソーンバーグ, エリザベス・ジューン〈Thornburg, Elizabeth June〉　[異]ハトン, ベティ
Hutton, Brian G.　ハットン, ブライアン・G.
1935〜2014　[国]アメリカ　映画監督, 俳優　本名=Hutton, Brian Geoffrey
Hutton, David W.　ハットン, デビッド・W.
1947〜　[著]「経営品質アセスメント」生産性出版　2002
Hutton, Jim　ハットン, ジム
[著]「フレディ・マーキュリーと私」ロッキング・オン　2004
Hutton, John　ハットン, ジョン
1955〜　[国]イギリス　政治家　英国国防相
Hutton, Shaaron　ハットン, シャーロン
[著]「アトランティスからのスピリチュアル・ヒーリング」徳間書店　2006
Hutton, Wendy　ハットン, ウェンディ

㊐「インドネシア料理」チャールズ・イー・タトル出版, 洋販(発売) 2001
Huusko, Anna-Kaisa フースコ, アンナ・カイサ
㊐「北欧フィンランドのヴィンテージデザイン」バイインターナショナル 2013
Huwaish, Abdul-Tawwab al-Mulla フワイシュ, アブドルタワブ・アル・ムラー
㊤イラク 副首相兼軍需産業相
Huwart, François ユバール, フランソワ
㊤フランス 貿易担当相
Huwyler, Max ヒュイラー, マックス
1931〜 ㊐「シマウマくんはシマウマくん」ワールドライブラリー 2015
Huxley, Andrew Fielding ハクスリー, アンドルー
1917〜2012 ㊤イギリス 生理学者 ロンドン大学名誉教授 ㊗ハクスリ / ハクスレー / ハックスリ / ハックスリー
Huxley, Elspeth ハクスリー, エルスペス
㊐「サファリ殺人事件」長崎出版 2007
Huxley, Francis ハクスリー, フランシス
1923〜2016 ㊤イギリス 民族学者, 神話学者
Huxley, Hugh Esmor ハクスリー, ヒュー
1924〜2013 ㊤イギリス 生物物理学者, 分子生物学者 ブランダイス大学名誉教授 ㊗ハクスレー, ヒュー
Huxley, Laura Archera ハクスレー, ローラ
1911〜 ㊐「この永遠の瞬間」コスモス・ライブラリー, 星雲社(発売) 2002
Huxley, Robert ハクスリー, ロバート
㊐「西洋博物学者列伝」悠書館 2009
Huxtable, Ada Louise ハクスタブル, エイダ・ルイーズ
㊐「未完の建築家フランク・ロイド・ライト」TOTO出版 2007
Huy Duc フイ・ドゥック
1962〜 ㊐「ベトナム:勝利の裏側」めこん 2015
Huyett, Bill ヒューイット, ビル
㊐「企業価値経営」ダイヤモンド社 2012
Huygen, Wil ヒュイゲン, ヴィル
1923〜2009 ㊐「ノーム」グラフィック社 2013
Huyghe, François-Bernard ユイグ, フランソワ=ベルナール
㊐「テロリズムの歴史」創元社 2013
Huyler, Frank ハイラー, フランク
1964〜 ㊐「救命センター36時間」集英社 2001
Huyler, LaDeana ハイラー, ラディアナ
㊐「アクセシブルテクノロジ」日経BPソフトプレス, 日経BP出版センター(発売) 2003
Huynh, Carol ハイン, キャロル
1980〜 ㊤カナダ レスリング選手
Huysmans, Greg ハイズマンズ, グレッグ
㊐「科目別:現場で使える教室英語」三修社 2013
Hvilshøj, Rikke ビルスホイ, リッケ
㊤デンマーク 難民・移民・統合相
Hvistendahl, Mara ヴィステンドール, マーラ
㊐「女性のいない世界」講談社 2012
Hvitved-Jacobsen, Thorkild ヴィトヴィ・ヤコブセン, トーキル
㊐「下水道管渠内反応」技報堂出版 2004
Hwang, Byung-ki ファン・ビョンギ
㊤韓国 伽倻琴(カヤグム)奏者, 作曲家 梨花女子大学名誉教授 漢字名=黄秉冀
Hwang, Dong-hyeuk ファン・ドンヒョク
1971〜 ㊤韓国 映画監督
Hwang, Hak-won ファン・ハクウォン
㊤北朝鮮 都市経営相 漢字名=黄鶴源
Hwang, Hee-tae ファン・ヒテ
1978〜 ㊤韓国 柔道選手 漢字名=黄禧太
Hwang, Hokyu ファン, ホキュ
㊐「シリコンバレー」日本経済新聞社 2001
Hwang, In-sung ファン・インソン
1926〜2010 ㊤韓国 政治家 韓国首相, アシアナ航空会長 漢字名=黄寅性 ㊗ホワン・インソン
Hwang, Jae-gyun ファン・ジェギュン
㊤韓国 野球選手
Hwang, Jang-yop ファン・ジャンヨプ
1923〜2010 ㊤北朝鮮 政治家 朝鮮労働党書記, 北朝鮮最高人民会議議長, 金日成総合大学総長 漢字名=黄長燁
Hwang, Jason ホワン, ジェイソン
1978〜 ㊐「医療イノベーションの本質」碩学舎, 中央経済社(発売) 2015
Hwang, Jung-min ファン・ジョンミン
1970〜 ㊤韓国 俳優
Hwang, Kyo-ahn ファン・ギョアン
㊤韓国 政治家 韓国首相 釜山高検検事長 漢字名=黄教安
Hwang, Kyung-seon ファン・ギョンソン
1986〜 ㊤韓国 テコンドー選手 漢字名=黄敬善
Hwang, Min ファン・ミン
㊤北朝鮮 農業相 漢字名=黄敏
Hwang, Pyong-so ファン・ビョンソ
1949〜 ㊤北朝鮮 政治家 北朝鮮国防委員会副委員長, 朝鮮人民軍総政治局長, 朝鮮労働党中央軍事委員・次帥 漢字名=黄炳瑞
Hwang, Sok-yong ファン・ソギョン
1944〜 ㊤韓国 作家 漢字名=黄晳暎 ㊗ファン・ソクヨン / ファン・ソヨン
Hwang, Sumi ファン・スミ
㊤韓国 エリザベート王妃国際コンクール 声楽 第1位(2014年)
Hwang, Woo-suk ファン・ウソク
1952〜 ㊤韓国 医学者 ソウル大学教授 ㊐再生医療, ES細胞 漢字名=黄禹錫 ㊗ファン・ウスク
Hwang, Woo-yea ファン・ウヨ
㊤韓国 社会副首相兼教育相 漢字名=黄祐呂
Hyacinthe, Gabrielle ヤサント, ガブリエル
㊤ハイチ共和国 女性相
Hyams, Edward ハイムズ, エドワード
㊐「グリーン・バリュー経営への大転換」NTT出版 2013
Hyams, Nina M. ヒアムズ, ニーナ
1952〜 ㊐「フロムキンの言語学」トムソンラーニング, ビー・エヌ・エヌ新社(発売) 2006
Hyatt, Amy M. ハイアット, A.
㊐「ビギニング・コミュニケーターのためのAAC活用事例集」福村出版 2009
Hyatt, James ハヤット, ジェームス
1922〜2009 ㊤アメリカ カトリック司祭 心のともしび運動本部代表理事
Hyatt, Michael S. ハイアット, マイケル
㊐「顧客の心に火をつけろ!」ソフトバンククリエイティブ 2012
Hyatt, Peter ハイアット, ピーター
㊐「マスターズ・オブ・ライト」グラフィック社 2007
Hyatt, Sandra ハイアット, サンドラ
?〜2011 ㊐「プリンスの理想の花嫁探し」ハーレクイン 2013
Hybels, Bill ハイベルズ, ビル
㊐「素的(しんぷる)に生きる」福音社 2014
Hybert, Fabrice イベール, ファブリス
1961〜 ㊤フランス 現代美術家
Hybl, William Joseph ヒブル, ウィリアム・ジョセフ
㊤アメリカ エル・ポマー財団会長, 元・米国オリンピック委員会会長, 元・国際オリンピック委員会委員, 元・大統領特別顧問
Hybois, Arnaud イボワ, アルノー
㊤フランス カヌー選手
Hydara, Sheikh Tijan ヒダラ, シェイフ・ティジャン
㊤ガンビア 法相兼議会担当相
Hyde, Brandon ハイド, ブランドン
㊤アメリカ シカゴ・カブスコーチ
Hyde, Bubba ハイド, ボッバ
?〜2003 ㊤アメリカ 野球選手
Hyde, Carlos ハイド, カルロス
㊤アメリカ アメフト選手
Hyde, Catherine Ryan ハイド, キャサリン・ライアン
㊐「ペイ・フォワード」角川書店 2002
Hyde, Cordel ハイド, コーデル
㊤ベリーズ 国防・住宅・スポーツ・青年問題相
Hyde, Henry J. ハイド, ヘンリー
1924〜2007 ㊤アメリカ 政治家 米国下院外交委員長(共和党)
Hyde, Jerry ハイド, ジェリー
㊐「わるい人ってどんな人?」晶文社 2007
Hyde, Karl ハイド, カール
㊤イギリス ミュージシャン, クリエーター
Hyde, Lewis ハイド, ルイス
1945〜 ㊐「トリックスターの系譜」法政大学出版局 2005
Hyde, Maggie ハイド, マギー
1952〜 ㊐「ユングと占星術」青土社 2013
Hyde, Micah ハイド, マイカー
㊤アメリカ アメフト選手
Hyde, Michael ハイド, マイケル
㊐「アメリカミステリ傑作選」DHC 2003

Hyde, Stella ハイド, ステラ
　著「悪魔が教える占星術」スタジオタッククリエイティブ 2009
Hyde, Unmani Liza ハイド, ウンマニ・リザ
　著「愛のために死す」ナチュラルスピリット 2015
Hyder, Kerry ハイダー, ケリー
　国アメリカ　アメフト選手
Hyer, Martha ハイヤー, マーサ
　1924〜2014　国アメリカ　女優　異ハイアー, マーサ
Hyerczyk, James A. ハイアーチェク, ジェームズ
　著「実践ギャン・トレーディング」日本経済新聞社 2001
Hyers, Tim ハイヤーズ, ティム
　国アメリカ　ロサンゼルス・ドジャースコーチ
Hyesung ヘソン
　1979〜　国韓国　歌手　本名＝シン・ヘソン
Hygnanga, Francis Bernardin イニャンガ, フランシス・ベルナルダン
　ガボン　臨時代理大使, 一等参事官
Hygum, Ove ヒューガム, オーベ
　国デンマーク　労相
Hykade, Andreas ヒュカーデ, アンドレアス
　ドイツ, オランダ　ザグレブ国際アニメーション映画祭 グランド・コンペティション 審査員特別賞 (Yumi Joung) (2015年) ほか
Hyland, Angus ハイランド, アンガス
　著「名画のなかの犬」エクスナレッジ 2016
Hyland, Henry Stanley ハイランド, スタンリー
　1924〜　著「緑の髪の娘」論創社 2016
Hyland, Jason P. ハイランド, ジェイソン・P
　国アメリカ　臨時代理大使, 公使参事官
Hyland, William G. ハイランド, ウィリアム・G.
　著「冷戦後のアメリカ外交」明石書店 2005
Hylton, Anthony ヒルトン, アンソニー
　国ジャマイカ　産業・投資・商業相
Hyman, Clarissa ハイマン, クラリッサ
　著「オレンジの歴史」原書房 2016
Hyman, Ed ハイマン, エド
　1945〜　国アメリカ　エコノミスト　ISIグループ会長・チーフエコノミスト
Hyman, Jane Wegscheider ハイマン, ジェーン・ウェグシャイダー
　著「愛!?」松香堂書店 2001
Hyman, Jay ハイマン, ジェイ
　著「債券ポートフォリオの計量分析」東洋経済新報社 2010
Hyman, Mark ハイマン, マーク
　1959〜　著「美と健康をつくる7つの鍵」中央アート出版社 2010
Hyman, Steven E. ハイマン, S.E.
　著「分子神経薬理学」西村書店 2004
Hymas, Johnny ハイマス, ジョニー
　1934〜　「虹の降る滝」ランダムハウス講談社 2008
Hymel, Bryan ヒメル, ブライアン
　ローレンス・オリヴィエ賞 オペラ 功績賞 (2013年 (第37回)) "Les Troyens" "Robert Le Diable" "Rusalka"
Hymel, Glenn M. ハイメル, グレン・M.
　著「クリニカルマッサージ」ガイアブックス, 産調出版 (発売) 2012
Hymes, Dell Hathaway ハイムズ, デル
　1927〜2009　国アメリカ　社会言語学者, 文化人類学者, 民族学者　バージニア大学名誉教授
Hyndman, Emerson ハインドマン, エマーソン
　国アメリカ　サッカー選手
Hyndman, Noel ハインドマン, ノエル
　著「分権政治の会計」中央経済社 2010
Hyon, Gi-yong ヒョン・ギヨン
　1941〜　国韓国　作家　漢字名＝玄基栄　異ヒョン・キヨン
Hyon, Yong-chol ヒョン・ヨンチョル
　1949〜2015　国北朝鮮　軍人　北朝鮮人民武力相 (国防相), 朝鮮人民軍総参謀長　漢字名＝玄永哲
Hypolito, Daniele イポリト, ダニエレ
　国ブラジル　体操選手
Hypólito, Diego ヒポリト, ディエゴ
　1986〜　国ブラジル　体操選手　本名＝Hypólito, Diego Matias
Hyppolite, Jean イポリット, J.
　著「ヘーゲル精神現象学の生成と構造」岩波書店 2011
Hysaj, Elseid ヒサイ, エルサイド
　国アルバニア　サッカー選手
Hyseni, Skender ヒセニ, スケンデル

　国コソボ　内相
Hyslop, Bruce ハイスロップ, ブルース
　著「HTML5 & CSS3ビジュアル・クイック・スタートガイド」ピアソン桐原 2012
Hyslop, Jonathan ヘイスロップ, ジョナサン
　著「アパルトヘイト教育史」春風社 2004
Hyssälä, Liisa ヒュッサラ, リーサ
　国フィンランド　社会保健相
Hytner, Nicholas ハイトナー, ニコラス
　ローレンス・オリヴィエ賞 協会特別賞 (2014年 (第38回)) ほか
Hyttel, Paul ヒッテル, ポウル
　著「カラーアトラス動物発生学」緑書房 2014
Hyun, Hong-choo ヒョン・ホンジュ
　1940〜　国韓国　外交官　駐米韓国大使　漢字名＝玄鴻柱
Hyun, Hwa-Jin ヒョン・ファジン
　国韓国　元・表善商業高等学校校長, 元・済州道教育委員会議長　漢字名＝玄化珍
Hyun, In-taek ヒョン・インテク
　1954〜　国韓国　国際政治学者　韓国統一相　漢字名＝玄仁沢
Hyun, Jane ヒャン, ジェーン
　著「外資系企業就職・昇進ストラテジー」アルク 2007
Hyun, Seung Tak ヒョン・スンタク
　国韓国　大韓商工会議所副会長, 済州商工会議所会長　漢字名＝玄丞倬
Hyun-bin ヒョンビン
　1982〜　国韓国　俳優　漢字名＝炫彬
Hyvärinen, Aapo ビバリネン, アーポ
　著「「詳解」独立成分分析」東京電機大学東京電機大学出版局 2005
Hyzy, Julie ハイジー, ジュリー
　国アメリカ　作家　他ミステリー, スリラー

【 I 】

I, Man-gap イ・マンガプ
　1921〜2010　国韓国　社会学者　ソウル大学名誉教授　他農村社会学　漢字名＝李万甲　異イ・マンカブ／イ・マンガップ
I, Yeong-ju イ・ヨンジュ
　1970〜　国韓国　映画監督, 脚本家
I, Yong-hui イ・ヨンヒ
　1929〜2010　国韓国　評論家, 言論学者　漢陽大学名誉教授　他朝鮮半島問題　漢字名＝李泳禧　異リ・ヨンヒ
IAblokov, Alekseĭ Vladimirovich ヤブロコフ, アレクセイ・V.
　「チェルノブイリ被害の全貌」岩波書店 2013
Iachini, Giuseppe イアキーニ, ジュゼッペ
　国イタリア　ウディネーゼ監督
Iacoboni, Marco イアコボーニ, マルコ
　著「ミラーニューロンの発見」早川書房 2011
Iacob-ridzi, Monica ヤコブリジ, モニカ
　国ルーマニア　青年・スポーツ相
Iacobucci, Dawn イアコブッチ, ドーン
　著「ケロッグ経営大学院ブランド実践講座」ダイヤモンド社 2006
Iacocca, Lee A. アイアコッカ, L.
　1924〜　異アイアコッカ, リー　「アイアコッカ」ゴマブックス 2009
Iacocca, Liliana ヤコカ, リリアナ
　著「ありたちのサンバ」新世研 2002
Iacocca, Michele ヤコカ, ミシェレ
　著「ありたちのサンバ」新世研 2002
Iacono, William G. アイアコノ, ウィリアム・G.
　著「サイコパシー・ハンドブック」明石書店 2015
Iacovino, Raffaele イアコヴィーノ, ラファエル
　1973〜　著「マルチナショナリズム」彩流社 2012
Iacovou, Georgios ヤコブ, ヨルゴス
　国キプロス　外相
Iagar, Monica イアガル, M.
　国ルーマニア　陸上選手
Iago Aspas イアゴ・アスパス
　国スペイン　サッカー選手
Iago Falque イアゴ・ファルケ
　国スペイン　サッカー選手
Iago Herrerin イアゴ・エレリン

Iakobishvili, Zurabi イアコビシビリ, ズラディ
　国ジョージア　レスリング選手
Iakono, Sal イアコノ, サル
　著「プロは語る。」アスペクト　2005
Iakovakis, Periklis イヤコパキス
　国ギリシャ　陸上選手
Iakushina, Iaroslava イアクシナ, イアロスラワ
　国ロシア　ボクシング選手
Ialomitianu, Gheorghe ヤロミチアヌ, ゲオルゲ
　国ルーマニア　財務相
IAmpol'skii, M.B. ヤンポリスキー, ミハイル
　1949〜　著「隠喩・神話・事実性」水声社　2007
Ian, Janis イアン, ジャニス
　グラミー賞 最優秀朗読アルバム（2012年（第55回））　"Society's Child: My Autobiography"
Ianchuk, Dmytro イアンチュク, ドミトロ
　国ウクライナ　カヌー選手
Ianes, Alberto イァーネス, アルベルト
　1975〜　著「イタリアの協同組合」緑風出版　2014
Iannetta, Chris アイアネッタ, クリス
　国アメリカ　野球選手
Ianovskaia, V.E. ヤノーフスカヤ, V.
　著「児童のリトミック」文園社　2005
Iansiti, Marco イアンシティ, マルコ
　1961〜　著「アイアンシティ, マルコ　著「キーストーン戦略」翔泳社　2007
Iapoce, Anthony アイアポーズ, アンソニー
　国アメリカ　テキサス・レンジャーズコーチ
Iaromka, Svitlana イアロムカ, スビトラナ
　国ウクライナ　柔道選手
Iarossi, Giuseppe イアロッシ, ジュセッペ
　著「まちがいだらけのサーベイ調査」一灯舎　2006
Iartcev, Denis イアルチェフ, デニス
　国ロシア　柔道選手
Iashaish, Hussein イアシャイシュ
　国ヨルダン　ボクシング選手
IAstrebova, Lidiia ヤーストレボヴァ, リディア
　1922〜2004　著「始まったのは大連だった」成文社　2012
Iauko Iaris, Harry イアウコイアリス, ハリー
　国バヌアツ　社会基盤・公益事業相
Ibach, Harald イバッハ, H.
　著「固体物理学」シュプリンガー・ジャパン　2008
Ibai Gomez イバイ・ゴメス
　国スペイン　サッカー選手
Ibaka, Serge イバーカ, サージ
　国スペイン　バスケットボール選手
Ibáñez, Antonio イバニエス, アントニオ
　国パラグアイ　農牧相
Ibañez, José María イバニェス, ホセマリア
　国パラグアイ　通産相
Ibanga, Esther Abimiku イバンガ, エスター・アビミク
　1961〜　国ナイジェリア　女性運動家, 牧師　障壁なき女性たちのイニシアチブ（WOWWI）代表
Ibarguen, Caterine イバルグエン, カテリネ
　国コロンビア　陸上選手　㊙イバルゲン
Ibarra, Ana イバラ, アナ
　グラミー賞 最優秀オペラ録音（2005年（第48回））　"Verdi: Falstaff"　ソリスト
Ibarra, Andrés イバラ, アンドレス
　国アルゼンチン　行政最新化相
Ibarra, Herminia イバーラ, ハーミニア
　1961〜　著「世界のエグゼクティブが学ぶ誰もがリーダーになれる特別授業」翔泳社　2015
Ibatoulline, Bagram イバトーリーン, バグラム
　著「愛をみつけたうさぎ」ポプラ社　2016
Ibbi, Abdirahman Adan Ibrahim イビ, アブディラフマン・アダン・イブラヒム
　国ソマリア　情報相
Ibbotson, Eva イボットソン, エヴァ
　1925〜2010　国イギリス　児童文学作家　㊙イボットソン, エバ
Ibbotson, Toby イボットソン, トビー
　1951〜　著「ほんとうに怖くなれる幽霊の学校」偕成社　2016
Ibe, Jordon アイブ, ジョーダン
　国イングランド　サッカー選手
Ibelings, Anne イベリングス, アンネ

　1982〜　著「世界を変えた建物」エクスナレッジ　2013
Ibisevic, Vedad イビシェヴィッチ, ヴェダド
　国ボスニア・ヘルツェゴビナ　サッカー選手
Ibn-auf, Awad イブンオウフ, アワド
　国スーダン　国防相
Ibold, Mark イボルド, マーク
　1960〜　国アメリカ　ミュージシャン
Ibombo, Léon Juste イボンボ, レオン・ジュスト
　国コンゴ共和国　郵政・電気通信相
Iborra, Vicente イボーラ, ビセンテ
　国スペイン　サッカー選手
Ibovi, François イボビ, フランソワ
　国コンゴ共和国　保健・国民相
Ibragimov, Gulomjon イブラギモフ, グロムジョン
　国ウズベキスタン　副首相
Ibragimov, Magomed イブラギモフ, マゴメド
　国ウズベキスタン　レスリング選手　㊙イブラギモフ
Ibragimov, Mamed イブラギモフ, マメド
　国カザフスタン　レスリング選手
Ibragimova, Alina イブラギモヴァ, アリーナ
　1985〜　国イギリス　バイオリニスト
Ibrahim, Abdel-Gasim Mohamed イブラヒム, アブデル・ガシム・モハメド
　国スーダン　保健相
al-Ibrahim, Abdulaziz Abdulatif イブラヒム, アブドルアジズ・アブドラティフ
　国クウェート　電力水相兼公共事業相
Ibrahim, Abdullah イブラヒム, アブドゥーラ
　1934〜　国南アフリカ　ジャズ・ピアニスト　旧芸名＝ブランド, ダラー〈Brand, Dollar〉
Ibrahim, Ali Mariama Elhadji イブラヒム, アリ・マリアマ・エルハジ
　国ニジェール　国民教育相
Ibrahim, Amirul Hamizan イブラヒム
　国マレーシア　重量挙げ選手
Ibrahim, Ari イブラヒム, アリ
　国ニジェール　保健相
Ibrahim, bin Khalifa al-Khalifa イブラヒム・ビン・ハリファ・ハリファ
　国バーレーン　住宅相
Ibrahim, Faisal Hassan イブラヒム, ファイサル・ハッサン
　国スーダン　連邦政府評議会相
Ibrahim, Farouk Walid イブラヒム, ワリード
　著「アラビア語シソーラス」絢文社　2002
Ibrahim, Gasim イムラヒム, ガシム
　国モルディブ　内相　㊙イブラヒム, ガシム
Ibrahim, Hamid Mohammed イブラヒム, ハミド・モハメド
　国スーダン　教育相
Ibrahim, Hassan Ibrahim Madany イブラヒム
　国エジプト　レスリング選手
Ibrahim, Ilyas イブラヒム, イリヤス
　国モルディブ　保健相
Ibrahim, Karam イビラヒム, カラム
　1979〜　国エジプト　レスリング選手
Ibrahim, Mohamed Ali Ag イブラヒム, モハメド・アリ・アグ
　国マリ　産業開発相
Ibrahim, Mohamed Mukhtar イブラヒム, モハメド・ムフタル
　国ソマリア　漁業相
Ibrahim, Mohamud Abdi イブラヒム, モハムド・アブディ
　国ソマリア　貿易・産業相
Ibrahim, Mourad Said イブラヒム, ムラド・サイード
　国コモロ　大統領府相
Ibrahim, Muhammad イブラヒム, ムハンマド
　国エジプト　内相
Ibrahim, Muhiddin Mohamed Haji イブラヒム, ムヒディン・モハメド・ハジ
　国ソマリア　国防相
Ibrahim, Nazim イブラヒム, ナージム
　国モルディブ　保健相
Ibrahim, Thoriq イブラヒム, タリク
　国モルディブ　環境・エネルギー相
Ibrahim, Yaacob イブラヒム, ヤーコブ
　国シンガポール　イスラム教徒問題相兼社会開発・スポーツ相代行
Ibrahim, Yassine イブラヒム, ヤシン
　国チュニジア　開発・投資・国際協力相

***al*-Ibrahim, Youssef Hamad** アル・イブラヒム, ユーセフ・ハマド
[国]クウェート 財務計画相兼国務相(行政開発問題担当)

Ibrahim, Yusuf Hassan イブラヒム, ユフス・ハッサン
[国]ソマリア 外相

Ibrahima, Memounatou イブライマ, メムナトゥ
[国]トーゴ 市民活動・連帯相 [異]イブライマ, メヌナトゥ / イブラヒマ, メムナトゥ

Ibrahim al-Sheikh, Abdullah Bin Muhammad Bin イブラヒム・アル・シェイク, アブドラ・ビン・ムハンマド・ビン
[国]サウジアラビア 法相

Ibrahim Fargeti, Mohamed Adan イブラヒム・ファルゲティ, モハメド・アダン
[国]ソマリア 財務相

Ibrahim Gaber, Karam イブラヒム
[国]エジプト レスリング選手

Ibrahim Houmed, Ismäil イブラヒムフメド, イスマイル
[国]ジブチ 施設・運輸相

Ibraimi, Bedredin イブライミ, ベドレディン
[国]マケドニア 副首相兼労働・社会政策相

Ibrohim, Azim イブロヒム, アジム
[国]タジキスタン 副首相

Ibrohimov, Shavkatbek イブロヒモフ, シャフカトベク
[国]ウズベキスタン 労働相

Ibrow, Salim Aliyow イブロウ, サリム・アリヨウ
[国]ソマリア 副首相兼司法・宗教相

Ibsen, Martin Kirketerp イブセン
[国]デンマーク セーリング選手

Ibunu Sutowo イブヌ・ストウォ
1914〜2001 [国]インドネシア 実業家, 軍人 プルタミナ総裁
[異]イブヌ・ストオ

Iburahimovic, Zlatan イブラヒモヴィッチ, ズラタン
1981〜 [国]スウェーデン サッカー選手 [異]イブラヒモビッチ, ズラタン

Icahn, Carl アイカーン, カール
1936〜 [国]アメリカ 投資家 本名=Icahn, Carl Celian

Icahn, Gail アイカーン, ゲイル
カール・アイカーン夫人

Icardi, Mauro イカルディ, マウロ
[国]アルゼンチン サッカー選手

Icaza Romero, José イカサ・ロメロ, ホセ
[国]エクアドル 炭化水素相

Icazuriaga, Héctor イカスリアガ, エクトル
[国]アルゼンチン 国家情報長官

Iceland, John アイスランド, ジョン
1970〜 [著]「アメリカの貧困問題」 シュプリンガー・フェアラーク東京 2005

Ice Sarunyu アイス・サランユー
1984〜 [国]タイ 歌手 本名=サランユー・ウィナイパーニット

Icher, François イシェ, フランソワ
[著]「絵解き中世のヨーロッパ」 原書房 2003

Ichinnorov Ganbaatar イチンノロブ・ガンバートル
[著]「りゅうおうさまのたからもの」 福音館書店 2016

Ichioka, Yuji イチオカ, ユウジ
1936〜2002 [国]アメリカ 歴史学者 カリフォルニア大学ロサンゼルス校アジア系米国人研究所主任研究員, 東京大学客員教授
[専]日系移民の歴史

Icke, David アイク, デービッド
1952〜 [国]イギリス 著述家 [異]アイク, デーヴィッド

Ickes, William John アイクス, ウィリアム
[異]イックス, ウイリアム [著]「共感の社会神経科学」 勁草書房 2016

Icoyitungiye, Juliette イコイトンギイエ, ジュリエット
[国]ブルンジ 社会活動女性問題相

Iddings, Drew イディングス, ドリュー
[国]アメリカ アメフト選手

Iddir, Alexandre イディア, アレクサンドル
[国]フランス 柔道選手

Iddrisu, Betty Mould イドリス, ベティ・モルド
[国]ガーナ 教育相

Iddrisu, Haruna イドリス, ハルナ
[国]ガーナ 雇用・労働相

Ideiss, Youssef イダイス, ユセフ
[国]パレスチナ 宗教相

Idem, Josefa イデム
[国]イタリア カヌー選手

Idi Muanuke, Xavier イディムアヌケ, グザビエ
[国]コンゴ民主共和国 農村開発相

Idji Kolawole, Antoine イジ・コラウォレ, アントワヌ
[国]ベナン 外務・アフリカ統合相

Idle, Eric アイドル, エリック
グラミー賞 最優秀ミュージカル・ショー・アルバム(2005年(第48回)) "Monty Python's Spamalot"

Idowu, Phillips イドウ
[国]イギリス 陸上選手

Idris, Jusoh イドリス・ジュソー
[国]マレーシア 高等教育相

Idris, Kamil E. イドリス, カミール
1954〜 [国]スーダン 外交官, 法律家 世界知的所有権機関(WIPO)事務局長, 植物新品種保護国際同盟(UPOV)事務局長

Idriss, Idriss Ahamat イドリス, イドリス・アハマット
[国]チャド 財務相

Idrissov, Erlan イドリソフ, エルラン
[国]カザフスタン 外相

Iduri, Sam イドゥリ, サム
[国]ソロモン諸島 国家和解・平和相 [異]インドゥリ, サム

Idzikowski, Christopher イジコフスキー, クリス
[著]「快眠百科」 産調出版 2001

Iehsi, Ieske イエーシ, イエスケ
[国]ミクロネシア連邦 外相

Ielemia, Apisai イエレミア, アピサイ
[国]ツバル 外務・貿易・観光・環境・労働相

Iemmello, Pietro イエンメッロ, ピエトロ
[国]イタリア サッカー選手

Ieng Sary イエン・サリ
1925〜2013 [国]カンボジア 政治家 ポル・ポト派最高幹部, 民主カンボジア副首相 本名=キム・チャン

Ieng Thirith イエン・チリト
1932〜2015 [国]カンボジア 政治家 民主カンボジア社会問題相

Ieno, Elena N. イエノウ, E.
[著]「R初心者のためのABC」 シュプリンガー・ジャパン 2010

Ierovasili, Olga イェロバシリ, オルガ
[国]ギリシャ 行政改革相

Ietto-Gillies, Grazia イエットギリエス, グラツィア
[著]「多国籍企業と国際生産」 同文舘出版 2012

***al*-Ifasi, Mohammad Mohsen** イファシ, ムハンマド・ムフセン
[国]クウェート 社会労働相

Ifedi, Germain アイフディ, ジャーメイン
[国]アメリカ アメフト選手

Ifedi, Martin アイフディ, マーティン
[国]アメリカ アメフト選手

Ifoto, Ingele イフォト, アンジェル
[国]コンゴ民主共和国 社会問題相

Igali, Daniel イガリ
[国]カナダ レスリング選手

Igaly, Diana イガリ
[国]ハンガリー 射撃選手

Igas, Traian イガシュ, トライアン
[国]ルーマニア 内務・行政管理相

Ige, Bola イゲ, ボラ
?〜2001 [国]ナイジェリア 政治家 ナイジェリア法相

Iger, Robert Allen アイガー, ロバート
1951〜 [国]アメリカ 実業家 ウォルト・ディズニー・カンパニー会長・CEO, アップル取締役 ABC社長 通称=アイガー, ボブ〈Iger, Bob〉

Igga, James Wani イッガ, ジェームス・ワニ
[国]南スーダン 副大統領

Ighalo, Odion イガロ, オディオン
[国]ナイジェリア サッカー選手

Ighbash, Saqr Ighbash Saeed イグバーシュ, サクル・イグバーシュ・サイード
[国]アラブ首長国連邦 労相

Iginla, Jarome イギンラ, ジャローム
1977〜 [国]カナダ アイスホッケー選手 [異]イギンラ, ジェローム

Iglehart, James Monroe アイグルハート, ジェームズ・モンロー
トニー賞 ミュージカル 助演男優賞(2014年(第68回)) "Aladdin"

Iglesias, Enrique V. イグレシアス, エンリケ
1931〜 [国]ウルグアイ 米州開発銀行(IDB)総裁

Iglesias, Joes イグレシアス, ホゼ
[国]キューバ 野球選手

Iglesias, Julio イグレシアス, フリオ
1943～ [国]スペイン シンガー・ソングライター 本名＝イグレシアス・デラ・クェバ, フリオ〈Iglesias de le Cueva, Julio José〉
Iglesias, Karl イグレシアス, カール
[著]「「感情」から書く脚本術」 フィルムアート社 2016
Iglesias, Leire イグレシアス
[国]スペイン 柔道選手
Iglesias, María Cristina イグレシアス, マリア・クリスティナ
[国]ベネズエラ 労働・社会保障相
Iglesias, Raisel イグレシアス, ライセル
[国]キューバ 野球選手
Iglesias, Roniel イグレシアス, ロニエル
1988～ [国]キューバ ボクシング選手 本名＝Iglesias Sotolongo, Roniel
Ignacio, Juan イグナチオ, フアン
[国]ドイツ ウルフ賞 物理学部門（2013年）
Ignarro, Louis J. イグナロ, ルイス
1941～ [国]アメリカ 薬理学者 カリフォルニア大学ロサンゼルス校医学部教授 [異]イグナロ, ルイス・J.
Ignashevich, Sergei イグナシェヴィッチ, セルゲイ
[国]ロシア サッカー選手
Ignatenko, Pablo イグナテンコ, パブロ
[国]ウクライナ 環境相
Ignatieff, Michael イグナティエフ, マイケル
1947～ [国]カナダ 作家, 歴史家, 政治家 ハーバード大学ケネディ行政大学院教授 カナダ自由党党首
Ignatiev, Sergei Mikhailovich イグナチエフ, セルゲイ・ミハイロヴィッチ
1948～ [国]ロシア エコノミスト, 銀行家 ロシア中央銀行総裁, ロシア第1財務次官
Ignatius, David イグネーシアス, デービッド
1950～ [国]アメリカ ジャーナリスト, 作家 [異]イグネイシアス, デイヴィッド
Ignatov, Sergei イグナトフ, セルゲイ
[国]ブルガリア 教育・青少年・科学相
Ignatovich, Vladimir Kazimirovich イグナトビッチ, ウラジミール
[著]「中性子光学」 吉岡書店 2009
Ignatyev, Mikhail イグナチェフ
[国]ロシア 自転車選手
Ignjovski, Aleksandar イグニョフスキ, アレクサンダル
[国]セルビア サッカー選手
Igue, John イゲ, ジョン
[国]ベナン 産業・中小企業相
Iguider, Abdalaati イギデル, アブデラーティ
[国]モロッコ 陸上選手
Iguodala, Andre イグダーラ, アンドレ
[国]アメリカ バスケットボール選手
Igwe, Bekky イグウェ, ベキィ
[国]ナイジェリア 女性・青年相
Iha, James Jonas イハ, ジェームス
1968～ [国]アメリカ ロック・ギタリスト, ファッションデザイナー 日本名＝井葉吉伸 [異]イハ, ジェイムス
Iha byams rgyal ラシャムジャ
1977～ [国]チベット 作家 [専]文学 漢字名＝拉先加
Ihalainen, Lauri イハライネン, ラウリ
[国]フィンランド 労相
Iheanacho, Emmanuel イヘアナチョ, エマニュエル
[国]ナイジェリア 内相
Iheanacho, Kelechi イヘアナチョ, ケレチ
[国]ナイジェリア サッカー選手
Ihenacho, Duke イヘナーチョ, デューク
[国]アメリカ アメフト選手
Ihimaera, Witi Tame イヒマエラ, ウィティ
1944～ [著]「クジラの島の少女」 角川書店 2003
Ihle, Andreas イヒレ, アンドレアス
1979～ [国]ドイツ カヌー選手 [異]イヒレ
Ihle, Nico イーレ
[国]ドイツ スピードスケート選手
Ihringer, Michael イリンガー, M.
[著]「オブジェクトデータベースCaché入門」 シュプリンガー・フェアラーク東京 2004
Iino, Thomas イイノ, トーマス
[国]アメリカ 米日カウンシル理事長, パシフィック・コマース銀行理事長, 全米日系人博物館理事, 元・日米文化会館理事長
Iivula-ithana, Pendukeni イブライタナ, ペンヅケニ
[国]ナミビア 内務・移民相
Ijalana, Ben イハラーナ, ベン
[国]アメリカ アメフト選手
Ijaz-ul-haq, Muhammad イジャズル・ハク, ムハンマド
[国]パキスタン 宗教問題相
Ĭjneg, Ŏnihsoy イーネグ, オニソイ
[著]「神の策謀」 四元複素数・カテルニアン, コスミック出版（発売） 2007
IJzermans, Theo アイザーマンズ, テオ
[著]「認知行動療法に学ぶビジネス教育」 文教大学出版事業部 2010
Ikard, Gabe アイカード, ゲーブ
[国]アメリカ アメフト選手
Ikauniece-admidina, Laura イカウニエツェアドミジナ, ラウラ
[国]ラトビア 陸上選手
Ikeda, Kazuhiro イケダ, カズヒロ
[著]「光メタマテリアルの基礎」 丸善出版 2014
Ikeda, Sidney Kiyoshi イケダ, シド・キヨシ
[国]カナダ 元・トロント日系文化会館理事長
Ikenberry, G.John アイケンベリー, G.ジョン
1954～ [国]アメリカ 政治学者 プリンストン大学教授 [専]国際関係論 [異]アイケンベリー, ジョン
Ikenson, Ben イケンソン, ベン
[著]「こうして特許製品は誕生した！」 二見書房 2009
I Ketut, Surajaya イ・クトゥット・スラジャヤ
[国]インドネシア インドネシア大学文学部日本学科長, 元・インドネシア日本研究学会会長, 元・ダルマ・プルサダ大学副文学部長, 元・ビナ・ヌサンタラ大学文学部日本語学科長
Ikgopoleng, Khumiso イクゴポレング
[国]ボツワナ ボクシング選手
Iklé, Fred Charles イクレ, フレッド
1924～2011 [国]アメリカ 米国国防次官, 戦略国際問題研究所（CSIS）最上級研究員 [専]国際戦略, 国防政策
Ikoli Ndombo, Michel Bongongo イコリ・ムドンボ, ミシェル・ボンゴンゴ
[国]コンゴ民主共和国 予算相
Ikone, Nanitamo イコネ, ナニタモ
[国]フランス サッカー選手
Ikonnikov, Kirill イコンニコフ
[国]ロシア 陸上選手
Ikosia, Kensely イコシア, ケンスリー
[国]ミクロネシア連邦 財務行政相
Ikouébé, Basile イクエベ, バジル
[国]コンゴ共和国 外相
Ikramov, Adkham イクラモフ, アドハム
[国]ウズベキスタン 副首相兼保健相
Ikramov, Muzraf イクラモフ, ムズラフ
[国]ウズベキスタン 法相
Iksenburg, Raul イクセンバーグ, ラウル
[著]「スピリチュアル地図の読み方」 青萌堂 2009
Ilardo, Joseph A. イラード, ジョセフ
[著]「困った親とどうつき合うか」 幻冬舎 2002
Ilboudo, Monique イルブド, モニク
[国]ブルキナファソ 人権問題相
Ilchenko, Larisa イルチェンコ, ラリーサ
[国]ロシア オープンウォーター選手
Ildem, Cenk イルデム, ジェンク
[国]トルコ レスリング選手
Ildos, Angela S. イルドス, アンジェラ・セレナ
1967～ [著]「動物の親子」 日経ナショナルジオグラフィック社, 日経BPマーケティング（発売） 2016
Ilebayev, Nurdin イレバエフ, ヌルディン
[国]キルギス 国有財産相
Iles, Greg アイルズ, グレッグ
[国]アメリカ 作家
Iles, Salim イレス
[国]アルジェリア 競泳選手
Ileto, Rafael M. イレト, ラファエル
1920～2003 [国]フィリピン 軍人, 政治家 フィリピン国防相 幼名＝イシドロ, ヌエバ〈Isidro, Nueva Ecija〉
Ileto, Reynaldo Clemeña イレート, レイナルド・C.
1946～ [著]「キリスト受難詩と革命」 法政大学出版局 2005
Ilgen, Fre イルゲン, フレーカリオティ, ジュゼッペ
[著]「形とシンメトリーの饗宴」 森北出版 2003
Iliadis, Ilias イリアディス, イリアス

I

1986～ 国ギリシャ 柔道選手
Iliassa, Yahaya Mohamed イリアサ, ヤハヤ・モハメド
　国コモロ　教育・研究相　愛イリアス, ヤハヤ・モハメド
Ilibagiza, Immaculée イリバギザ, イマキュレー
　著「薔薇の祈り」女子パウロ会 2015
Ilic, Slobodan イリッチ, S.
　1953～　著「サイコネフロロジーの過去・現在・未来」ライフ・サイエンス 2001
Ilić, Velimir イリッチ, ベリミル
　国セルビア　非常事態担当相
Ilich, John イリチ, ジョン
　1933～　著「世界一わかりやすい絶対勝てる交渉術」総合法令出版 2002
Ilicic, Josip イリチッチ, ヨシプ
　国スロベニア　サッカー選手
Ilie, Aurel Constantin イリエ, アウレルコンスタンティン
　国ルーマニア　水資源・環境保護相
Ilienko, Yurii イリエンコ, ユーリー
　1936～2010　国ウクライナ　映画監督, 映画撮影監督　本名＝Ilienko, Yurii Gerasimovich
Iliescu, Ion イリエスク, イオン
　1930～　国ルーマニア　政治家　ルーマニア大統領, ルーマニア上院議員
Iliinsky, Noah P.N. イリンスキー, ノア
　著「ビューティフルビジュアライゼーション」オライリー・ジャパン, オーム社(発売) 2011
Ilin, Ilya イリン, イリア
　1988～　国カザフスタン　重量挙げ選手
Ilinykh, Elena イリニフ
　国ロシア　フィギュアスケート選手
Iliopoulos, Constantin イリオポウロス, コンスタンチン
　著「EUの農協」農林統計出版 2015
Ilitch, Chris イリッチ, クリス
　国アメリカ　デトロイト・タイガースオーナー
Ilitchev, Alexander イリチェフ, アレクサンダー
　国ロシア　元・国連政務局アジア大洋州局上級政務官
Ilkahanaf, Aideed Abdullahi イルカハナフ, アイディード・アブドラヒ
　国ソマリア　副首相兼教育・文化相
Ilkajir, Abdullahi Ahmed Jama Aka イルカジル, アブドラヒ・アハメド・ジャマ・アカ
　国ソマリア　法相
Illa, Mohamed Tahir イラ, モハメド・タヒル
　国スーダン　道路相
Illanes, Fernando イジャネス, フェルナンド
　国ボリビア　炭化水素エネルギー担当相
Illarramendi, Asier イジャラメンディ, アシエル
　国スペイン　サッカー選手
Illes, Judika イルス, ジュディカ
　著「スペルズ」説話社 2012
Illes, Judy イレス, ジュディ
　著「脳神経倫理学」篠原出版新社 2008
Illhardt, Franz Josef イルハルト, フランツ・ヨゼフ
　著「病院倫理入門」丸善出版 2011
Illich, Ivan イリイチ, イバン
　1926～2002　国アメリカ　社会思想家, 評論家　愛イリイチ, イヴァン／イリッチ, イバン／イリッチ, イヴァン
Illies, Florian イリエス, フローリアン
　1971～　「1913」河出書房新社 2014
Illig, Randy イリッグ, ランディ
　著「ヘルピング・クライアンツ・サクシード」キングベアー出版 2009
Illy, Andrea イリー, アンドレア
　1964～　国イタリア　実業家　イリーカフェ社長・CEO
Ilnam, Yavuz イルナム, ヤブズ
　国トルコ　射撃選手
Iloilo, Josefa イロイロ, ジョセファ
　1920～2011　国フィジー　政治家　フィジー大統領　本名＝Iloilovatu Uluivuda, Ratu Josefa
Iloka, George イローカ, ジョージ
　国アメリカ　アメフト選手
Ilolov, Mamadsho イロロフ, ママドショ
　国タジキスタン　労働・社会保障相
Ilon, Epel イロン, エペル
　国ミクロネシア連邦　外相
Ilonen, Mikko イロネン, ミッコ
　国フィンランド　ゴルフ選手
Ilori, Tiago イロリ, チアゴ
　国ポルトガル　サッカー選手
Iloudjè, Ebina Dorothée イルジェ, エビナ・ドロテ
　国トーゴ　観光余暇相
Ilsanker, Stefan イルサンカー, シュテファン
　国オーストリア　サッカー選手
Ilsley, Blaise イルズリー, ブレイス
　国アメリカ　セントルイス・カーディナルスコーチ
Ilunga Mbundo Wa Biluba, Pierre イルンガムブンドゥワビルバ, ピエール
　国コンゴ民主共和国　法相
Ilves, Toomas Hendrik イルベス, トーマス・ヘンドリック
　1953～　国エストニア　政治家　大統領
Ilyasov, Talgat イリアソフ, タルガト
　国オーストラリア　レスリング選手
Ilyasova, Ersan イリヤソワ, エルサン
　国トルコ　バスケットボール選手
Ilyin, Ilya イリン, イリア
　国カザフスタン　重量挙げ選手
Ilyin, Vladimir イリーイン, ウラジーミル
　国ロシア　モスクワ国際映画祭 銀賞 最優秀俳優賞(第31回(2009年))　"Palata No.6"(ロシア)
Ilyina, Vera イリナ
　国ロシア　飛び込み選手
Ilyukhina, Ekaterina イリュヒナ
　国ロシア　スノーボード選手
Ilyumzhinov, Kirsan イリュムジノフ, キルサン
　1962～　国ロシア　政治家, 実業家　国際チェス連盟会長　カルムイク大統領　本名＝Ilyumzhinov, Kirsan Nikolayevich　愛イリュミジノフ, キルサン
Im, Chol-ung イム・チョルン
　国北朝鮮　副首相　漢字名＝任哲雄
Im, Heung-Soon イム・フンスン
　国韓国　ヴェネチア・ビエンナーレ 銀獅子賞 国際展示部門(2015年(第56回))
Im, Kwon-taek イム・グォンテク
　1936～　国韓国　映画監督　漢字名＝林権沢　愛イム・クォン・テク／イム・クォンテク／イム・ゴンテク
Im, Sang-gyu イム・サンギュ
　国韓国　国務調整室長　漢字名＝任祥奎
Im, Sang-soo イム・サンス
　1962～　国韓国　映画監督, 脚本家
Imada, Andrew S. イマダ, A.S.
　著「マクロ人間工学」日本出版サービス 2006
al-Imadi, Muhammad アル・イマディ, ムハマド
　国シリア　経済貿易相
Imaeva, Zara イマーエワ, ザーラ
　1961～　ジャーナリスト　国際アートセラピーセンターDiDi創立者
Imam, Haji イマム, ハジ
　?～2016　イスラム国(IS)幹部
Imam, Ikram Abdulsalam イマーム, イクラム・アブドゥルサラム
　国リビア　観光相
Imam, Nahrawi イマム・ナフラウィ
　国インドネシア　青年・スポーツ相
Imami, Arben イマミ, アルベン
　国アルバニア　国防相
Imanaliev, Muratbek イマナリエフ, ムラトベク
　国キルギス　外相
Imanol Garcia イマノル・ガルシア
　国スペイン　サッカー選手
Imashev, Berik イマシェフ, ベリク
　国カザフスタン　法相
Imashev, Chorobek イマシェフ, チョロベク
　国キルギス　財務相
Imbali, Faustino Fudut インバリ, フォスティノ・フドゥトゥ
　国ギニアビサウ　外相　愛インバリ, フォスティン・ファズ
Imbert, Colm インバート, コルム
　国トリニダード・トバゴ　財務相
Imbiky, Anaclet インビキ, アナクレ
　国マダガスカル　法相
Imboden, Urs インボーデン
　国スイス　アルペンスキー選手
Imbruglia, Natalie Jane インブルーリア, ナタリー

1975～ [国]イギリス 歌手
Imbula, Giannelli インビュラ, ジャネリ
[国]フランス サッカー選手
Im Chhun Lim イム・チュンリム
[国]カンボジア 建設相
Imhof, Herwig イムホフ, ハーヴィグ
[著]「わかる！ 脊椎画像診断の要点」 メディカル・サイエンス・インターナショナル 2009
Imhoff, Daniel インホフ, ダニエル
[著]「動物工場」 緑風出版 2016
Imhoff, Juan イモフ, ファン
[国]アルゼンチン ラグビー選手
Imhoof, Markus イムホーフ, マークス
1941～ 映画監督
Imm, Pamela イム, P.
[著]「プログラムを成功に導くGTOの10ステップ」 風間書房 2010
Immelman, Trevor イメルマン, トレバー
1979～ [国]南アフリカ プロゴルファー
Immelt, Jeff イメルト, ジェフ
1956～ [国]アメリカ 実業家 ゼネラル・エレクトリック(GE)会長・CEO 本名＝Immelt, Jeffrey Robert [異]イメルト, ジェフリー / インメルト, ジェフリー
Immendorff, Jörg イメンドルフ, イェルク
1945～2007 [国]ドイツ 画家, 彫刻家
Immerseel, Jos van インマゼール, ジョスファン
1945～ [国]ベルギー チェンバロ奏者, フォルテピアノ奏者, 指揮者 アニマ・エテルナ・オーケストラ指揮者・音楽監督 スウェーリンク音楽院学長
Immink, Gerrit イミンク, F.G.
1951～ [著]「信仰論」 教文館 2012
I
Immobile, Ciro インモービレ, チーロ
[国]イタリア サッカー選手
Immonen, Stuart インモネン, スチュアート
[著]「スター・ウォーズ：ナー・シャッダの決斗」 ヴィレッジブックス 2016
Immongault Tatagani, Régis イモンゴタタガニ, レジ
[国]ガボン 経済・計画・開発相
Immoos, Thomas インモース, トーマス
1918～2001 [国]スイス 上智大学名誉教授 [専]宗教学, ドイツ文学
Imoke, Liyel イモケ, リエル
[国]ナイジェリア 電力・鉄鋼相 [異]イモケ, リイェル
Imperato, Teresa インペラート, テレサ
[著]「のりものたのしいな」 大日本絵画 2004
Imperioli, Michael インペリオーリ, マイケル
エミー賞 プライムタイム・エミー賞 最優秀助演男優賞(ドラマシリーズ)(第56回(2004年)) "The Sopranos"
Impey, Chris インピー, クリス
1956～ [著]「すべてはどのように終わるのか」 早川書房 2011
Impey, Daryl インピー, ダリル
[国]南アフリカ 自転車選手
Impey, Rose インピ, ローズ
[著]「おばあちゃんのはねまくら」 評論社 2006
Imranov, Shahin イムラノフ
[国]アゼルバイジャン ボクシング選手
Imre, Geza イムレ, ゲザ
[国]ハンガリー フェンシング選手
Imrie, Celia イムリー, セリア
ローレンス・オリヴィエ賞 ミュージカル・エンタテインメント助演俳優賞(2006年(第30回)) "Acorn Antiques - The Musical！"
Im Sethy イム・スティー
[国]カンボジア 教育スポーツ相
Ina, Chaibou Dan イナ, シェブ・ダン
[国]ニジェール 職業技術訓練相
Ina, Kyoko イナ
[国]アメリカ フィギュアスケート選手
Inagosi, Geneviève イナゴシ, ジュヌビエーブ
[国]コンゴ民主共和国 ジェンダー・家族・子ども相
Inam, Ahmet イナム, アフメット
[著]「Anytime」 NTT出版 2001
Inamova, Svetlana イナモワ, スベトラーナ
[国]ウズベキスタン 副首相
Iñárritu, Alejandro González イニャリトゥ, アレハンドロ・ゴンサレス
1963～ [国]メキシコ 映画監督, 脚本家, 映画プロデューサー [異]イニャリトゥ, アレハンドロ・ゴンザレス
Inbal, Eliahu インバル, エリアフ
1936～ [国]イスラエル 指揮者 東京都交響楽団桂冠指揮者 ベルリン交響楽団首席指揮者, フランクフルト放送交響楽団首席指揮者
Ince, Catherine インス, キャサリン
[著]「Future Beauty」 平凡社 2012
Incháustegui Vargas, Juan インチャウステギ・バルガス, ファン
[国]ペルー 産業・観光・統合・貿易相
Inciarrano, Michelle インシアラーノ, ミシェル
[著]「小さな緑の世界テラリウムをつくろう」 草思社 2015
Inciarte, Ender インシアーテ, エンダー
[国]ベネズエラ 野球選手
Incisa, Nicolò インチーザ, ニコロ
1936～ [国]イタリア 実業家 サン・グイード農園社長
Incognito, Richie インコニート, リッチー
[国]アメリカ アメフト選手
Incontrera, Kate インコントレラ, ケート
1980～ [著]「借金大国アメリカの真実」 東洋経済新報社 2009
Incorvaia, Antonio インコルバイア, アントニオ
1974～ [著]「僕らは、ワーキング・プー」 世界文化社 2007
Inderbinen, Ulrich インダービネン, ウルリヒ
1900～2004 [国]スイス 山岳ガイド
Indergand, Linda インデルガンド, リンダ
[国]スイス 自転車選手
Inderjeet, Singh インダージート, シン
[著]「Java 2 Platform, Enterprise editionアプリケーション設計ガイド」 ピアソン・エデュケーション 2002
India.Arie インディア・アリー
[国]アメリカ グラミー賞 最優秀ポップ・ヴォーカル・コラボレーション(2010年(第53回))ほか
Indick, William インディック, ウィリアム
1971～ [著]「脚本を書くために知っておきたい心理学」 フィルムアート社 2015
Indrawati, Sri Mulyani インドラワティ, スリ・ムルヤニ
[国]インドネシア 世界銀行専務理事
Indridason, Arnaldur インドリダソン, アーナルデュル
1961～ [国]アイスランド 作家 [専]犯罪
Indroyono, Soesilo インドロヨノ・スシロ
[国]インドネシア 調整相(海事)
Indruch, Tomas インドルフ
[国]チェコ カヌー選手
Ineichen, Alexander M. イネイチェン, アレクサンダー
[著]「実践ヘッジファンド投資」 日本経済新聞社 2001
Infante, Omar インファンテ, オマール
[国]ベネズエラ 野球選手 [異]インファンテ, オマー
Infeld, Emily インフェルド, エミリー
[国]アメリカ 陸上選手
Ing, Todd S. イング, トッド・S.
[著]「臨床透析ハンドブック」 メディカル・サイエンス・インターナショナル 2009
Ingalls, Dan H.H. インガルス, D.H.H.
[著]「Squeak入門」 エスアイビー・アクセス, 星雲社(発売) 2003
Ingber, Donald E. イングバー, D.E.
[著]「再生医学」 エヌ・ティー・エス 2002
Ingebrigtsen, Guri インゲブリクトセン, グーリ
[国]ノルウェー 社会問題相
Ingebrigtsen, Henrik インゲブリクトセン
[国]ノルウェー 陸上選手
Ingelman-Sundberg, Catharina インゲルマン＝スンドベリ, カタリーナ
1948～ [著]「犯罪は老人のたしなみ」 東京創元社 2016
Ingemarsdotter, Ida インゲマルスドッテル, アイダ
1985～ [国]スウェーデン スキー選手 本名＝Ingemarsdotter, Ida Maria Erika [異]インゲマルスドッター, アイダ / インゲマルスドッテル
Ingerman, Sandra インガーマン, サンドラ
[著]「神霊の世界に覚醒して」 道出版 2012
Ingersoll, Robert Stephen インガソル, ロバート
1914～2010 [国]アメリカ 実業家, 政治家 ボルグ・ワーナー会長, 米国国務副長官, 駐日米国大使
Ingersoll-Dayton, Berit インガソル＝デイトン, B.
[著]「高齢者のカウンセリングとケアマネジメント」 誠信書房 2004
Ingesson, Magnus インゲソン
[国]スウェーデン クロスカントリースキー選手

Ingham, Patricia インガム, パトリシャ
[国]イギリス 英文学者 オックスフォード大学セント・アンズ・コレッジ上級研究員
Inghilleri, Leonardo インギレアリー, レオナルド
[著]「リッツ・カールトン超一流サービスの教科書」 日本経済新聞出版社 2015
Ingianna, Yolanda インジャナ, ヨランダ
[国]コスタリカ 女性問題担当相
Ingibjörg Sigurdardóttir インギビョルグ・シーグルザルドッティル
1953～ [著]「やねの上にさいた花」 さ・え・ら書房 2006
Ing Kuntha Phavi イン・カンタパビ
[国]カンボジア 女性問題担当相
Ingles, Elisabeth イングレス, エリザベス
[著]「ムンク」 二玄社 2007
Ingles, Joe イングルス, ジョー
[国]オーストラリア バスケットボール選手
Inglese, Roberto イングレーゼ, ロベルト
[国]イタリア サッカー選手
Inglis, Fiona イングリス, フィオナ
[著]「二人ぼっち」 小学館プロダクション 2004
Inglis, Ian イングリス, イアン
1948～ [著]「ビートルズの研究」 日本経済評論社 2005
Inglis, Kim イングリス, キム
[著]「トロピカル・アジアン・スタイル」 チャールズ・イー・タトル出版 2005
Inglis, T.J.J. イングリス, ティム
[著]「感染症学サブノート」 西村書店 2007
Ingman, Bruce イングマン, ブルース
1963～ [著]「えんぴつくん」 小学館 2008
Ingold, Tim インゴルド, ティム
1948～ [国]イギリス 社会人類学者 アバディーン大学教授 [異]インゴールド
Ingólfsson, Viktor Arnar インゴウルフソン, ヴィクトル・アルナル
1955～ [国]アイスランド 作家 [専]ミステリー, スリラー
Ingpen, Robert イングペン, ロバート
1936～ [国]オーストラリア 絵本作家, 挿絵画家, デザイナー
Ingraham, Erick イングラハム, エリック
[著]「ふねにのったねこのヘンリー」 リブリオ出版 2007
Ingraham, Hubert Alexander イングラハム, ヒューバート・アレクサンダー
1947～ [国]バハマ 政治家 バハマ首相 [異]イングラハム, ヒューバート・アレグザンダー
Ingrahm, Pamela イングラム, パメラ
[著]「ボスは独身」 ハーレクイン 2001
Ingram, Brandon イングラム, ブランドン
[国]アメリカ バスケットボール選手
Ingram, Catherine イングラム, キャサリン
[著]「僕はマティス」 パイインターナショナル 2015
Ingram, David イングラム, デヴィッド
アメリカ探偵作家クラブ賞 ロバート・L.フィッシュ賞 (2012年) “A Good Man of Business”
Ingram, Dexter イングラム, デクスター
1972～ [著]「ウォー・シミュレイション北朝鮮が暴発する日」 新潮社 2003
Ingram, Jay イングラム, ジェイ
[著]「記憶が消えるとき」 国書刊行会 2015
Ingram, Kerry イングラム, ケリー
ローレンス・オリヴィエ賞 ミュージカル・エンタテインメント女優賞 (2012年 (第36回)) “Matilda The Musical”
Ingram, Luther イングラム, ルーサー
1937～2007 [国]アメリカ 歌手
Ingram, Mark イングラム, マーク
[国]アメリカ アメフト選手
Ingram, Melvin イングラム, メルビン
[国]アメリカ アメフト選手
Ingram, Zoë イングラム, ゾーイ
[著]「まねして描こうおいしいものの図案集」 マール社 2015
Ingrao, Christian アングラオ, クリスティアン
[著]「ナチスの知識人部隊」 河出書房新社 2012
Ingrao, Pietro イングラオ, ピエトロ
1915～2015 [国]イタリア 政治家, ジャーナリスト イタリア下院議長
Ingrassia, Ciccio イングラッシア, チッチョ
1923～2003 [国]イタリア 俳優
Ingrisch, Lotte イングリッシュ, ロッテ
1930～ [著]「ペスト記念柱」 水声社 2001
Ings, Danny イングス, ダニー
[国]イングランド サッカー選手
Ings, Simon イングス, サイモン
[著]「見る」 早川書房 2009
Ings, William イングス, ウィリアム
[著]「Google Earthと旅する世界の歴史」 大日本絵画 2012
Ingstad, Benedicte イングスタッド, ベネディクト
[著]「障害と文化」 明石書店 2006
Ingstad, Helge Marcus インクスタト, ヘルガ
1899～2001 [国]ノルウェー 冒険家, 作家 [異]イングスタット, エルガ
Inguanzo, Ozzy イングアンソ, オジー
[著]「ゾンビ映画年代記」 パイインターナショナル 2015
Iniesta, Andres イニエスタ, アンドレス
1984～ [国]スペイン サッカー選手
Inigo Martinez イニゴ・マルティネス
[国]スペイン サッカー選手
Inions, Cynthia イニオンス, シンシア
[著]「ワンスペース・リビング」 エディシオン・トレヴィル, 河出書房新社 (発売) 2002
Injai Fernandes, Aida インジャイ・フェルナンデス, アイダ
[国]ギニアビサウ 法相
Injannasi インジャンナシ
[著]「モンゴル文学への誘い」 明石書店 2003
Inkeles, Alex インケルス, アレックス
1920～2010 [国]アメリカ 社会学者 スタンフォード大学名誉教授, フーバー戦争革命平和研究所名誉教授 [専]ソ連社会研究
Inker, Ben インカー, ベン
GMO共同代表
Inkinen, Pietari インキネン, ピエタリ
1980～ [国]フィンランド 指揮者, バイオリニスト ニュージーランド交響楽団音楽監督, 日本フィルハーモニー交響楽団首席客演指揮者
Inkinen, Sami インキネン, サミ
トゥルリア創業者
Inkpen, Mick インクペン, ミック
ネスレ子どもの本賞 5歳以下部門 銅賞 (2006年) “Wibbly Pig's Silly Big Bear”
Inler, Gokhan インレル, ギョクハン
[国]スイス サッカー選手
Inman, Dontrelle インマン, ドントレル
[国]アメリカ アメフト選手
Inman, Matthew インマン, マシュー
1982～ [著]「もしあなたのネコがあなたを殺そうとしていたら？」 カンゼン 2016
Inmon, William H. インモン, ウィリアム・H.
[著]「データウェアハウス・パフォーマンス」 共立出版 2002
Inn, Frank イン, フランク
1916～2002 [国]アメリカ 動物訓練士 本名＝Freeman, Elias Franklin
Innaro, Marc インナロ, マルク
1961～ [著]「聖誕教会包囲の真相」 サンパウロ 2003
Innerhofer, Christof インネルホファー, クリストフ
1984～ [国]イタリア スキー選手
Innes, Anthea インネス, エンシーア
[著]「パーソン・センタード・ケア」 クリエイツかもがわ, 京都 かもがわ出版 (発売) 2007
Innes, Christopher イネス, クリストファー
[著]「モダニズムとは何か」 松柏社 2002
Innes, John F. アイネス, J.
[著]「犬と猫の整形外科マニュアル」 学窓社 2009
Inniger, Heinz イニガー
[国]スイス スノーボード選手
Innis, Chris イニス, クリス
アカデミー賞 編集賞 (第82回 (2009年)) “The Hurt Locker”
Inniss, Donville イニス, ドンビル
[国]バルバドス 産業・国際ビジネス・商業・小規模ビジネス開発相
Innocenti, Marco インノチェンティ, マルコ
[国]イタリア 射撃選手
Innocenti, Roberto インノチェンティ, ロベルト
1940～ [国]イタリア イラストレーター [異]イーノセンティ, ロベルト
Inocencio, Matheus イノゼンシオ
[国]ブラジル 陸上選手

I

Inongo, Dominique Sakombi　イノンゴ, ドミニク・サコンビ
　㋐コンゴ民主共和国　情報相
Inoni, Ephraim　イノニ, エフライム
　㋐カメルーン　首相
İnönü, Erdal　イノニュ, エルダル
　1926〜2007　㋐トルコ　政治家, 物理学者　トルコ外相（社会民主人民党）, サバンチ大学教授　㋔イノニュー, エルダル
Inose, Kay Kayoko　イノセ, ケー・カヨコ
　㋐アメリカ　表千家同門会米国南加支部副支部長, 元・南加日系婦人会会長　漢字名＝猪瀬加代子
Inoue, Shinya　イノウエ, シンヤ
　㋛「ビデオ顕微鏡」共立出版　2001
Inouye, Daniel Ken　イノウエ, ダニエル
　1924〜2012　㋐アメリカ　政治家　米国上院議員（民主党）　日本名＝井上建（イノウエ・ケン）　㋔イノウエ, ダニエル・ケン
Inouye, Mamoru　イノウエ, マモル
　？〜2004　㋐アメリカ　物理学者　㋛空気力学
Inoyatov, Ulugbek　イノヤトフ, ウルグベク
　㋐ウズベキスタン　国民教育相
Inroga, Armando　インロガ, アルマンド
　㋐モザンビーク　通産相
Insam, Evelyn　インサム
　㋐イタリア　スキージャンプ選手
Insanally, Samuel Rudolph　インサナリ, サミュエル・ルドルフ
　1936〜　㋐ガイアナ　外交官　ガイアナ外相
Insanov, Ali　インサノフ, アリ
　㋐アゼルバイジャン　保健相
Inscore, Jim　インスコア, ジム
　㋛「実践J2EEテクノロジ」ピアソン・エデュケーション　2002
Insdorf, Annette　インスドーフ, アネット
　1950〜　㋛「フランソワ・トリュフォーの映画」水声社　2013
Insigne, Lorenzo　インシーニェ, ロレンツォ
　㋐イタリア　サッカー選手
Insigne, Roberto　インシーニェ, ロベルト
　㋐イタリア　サッカー選手
Install, Deborah　インストール, デボラ
　㋛「ロボット・イン・ザ・ガーデン」小学館　2016
Insua, Martin　インスア, マルティン
　㋐エクアドル　労相
Insua, Pablo　インスーア, パブロ
　㋐スペイン　サッカー選手
Insulza, José Miguel　インスルサ, ホセ・ミゲル
　1943〜　㋐チリ　政治家　米州機構（OAS）事務総長, チリ内相・外相　本名＝Insulza Salinas, José Miguel
Intakul, Sakul　インタクン, サクン
　㋛「トロピカル・カラー」チャールズ・イー・タトル出版　2004
Intallou, Nina Walett　アンタル, ニナ・ワレット
　㋐マリ　工芸・観光相
Intanon, Ratchanok　インタノン, ラチャノック
　㋐タイ　バドミントン選手　㋔インタノン
Intizar, Husain　インティザール, フサイン
　1925〜　㋛「インティザール・フサイン短編集」大同生命国際文化基金　2009
Intrater, Roberta Grobel　イントレイター, R.G.
　㋛「クリスマスの子犬」文研出版　2006
Intriligator, Michael David　イントリリゲーター, マイケル
　1938〜2014　㋐アメリカ　経済学者　カリフォルニア大学ロサンゼルス校名誉教授　㋓計量経済学, 軍縮・軍備管理論, 安全保障の経済学　㋔インテリゲーター, マイク
Inu, Hasanul Haq　イヌ, ハサヌル・ハク
　㋐バングラデシュ　情報相
Inuyama, Shannon Ken　イヌヤマ, シャノン・K.
　1965〜　㋛「伝説のワニジェイク」アーティストハウス　2001
Inwagen, Peter van　インワーゲン, ピーター・ヴァン
　1942〜　㋛「自由と行為の哲学」春秋社　2010
Inwood, Mathew　インウッド, M.
　㋛「Symbian OS C++プログラミング」翔泳社　2007
Iny, Alan　イニー, アラン
　㋛「BCG流最強の思考プロセス」日本経済新聞出版社　2013
Inyumba, Aloysia　イニュンバ, アロイジア
　㋐ルワンダ　ジェンダー・家族計画相
Inzaghi, Filippo　インザーギ, フィリッポ
　1973〜　㋐イタリア　サッカー指導者, 元サッカー選手　㋔インザギ, フィリッポ
Inzaghi, Simone　インザーギ, シモーネ
　㋐イタリア　ラツィオ監督
Inzouddine, Hodhoaer　インズーディン, オドエル
　㋐コモロ　郵便・電信・新情報技術促進相
Ioane, Mona　イオアネ, モナ
　㋐クック諸島　教育相兼法相兼海洋資源相
Ioane, TJ.　イオアネ, TJ.
　㋐サモア　ラグビー選手
Ioane, Vaipava Nevo　イオアナ
　㋐サモア　重量挙げ選手
Ioannides, Ouranios　ヨアニデス, ウラニオス
　㋐キプロス　教育・文化相
Ioannidi, Christina　ヨアニディ
　㋐ギリシャ　重量挙げ選手
Ioannidis, Dimitris　イオアニーディス, ディミトリオス
　1923〜2010　㋐ギリシャ　軍人, 政治家
Ioannidis, Matthew　アイオニディス, マシュー
　㋐アメリカ　アメフト選手
Ioannou, Kyriakos　イオアヌ, キリアコス
　㋐キプロス　陸上選手
Iohannis, Klaus　ヨハニス, クラウス
　1959〜　㋐ルーマニア　政治家　ルーマニア大統領　本名＝Iohannis, Klaus Werner
Iommi, Tony　アイオミ, トニー
　1948〜　㋛「アイアン・マン トニー・アイオミ」ヤマハミュージックメディア　2012
Ione, Larissa　イオーネ, ラリッサ
　㋐アメリカ　作家　㋒ロマンス　共同筆名＝クロフト, シドニー〈Croft, Sydney〉
Ionesco, Eva　イオネスコ, エヴァ
　1965〜　㋐フランス　女優, 映画監督　㋔イオネスコ, エバ
Ionesco, Irina　イオネスコ, イリナ
　1935〜　㋛「R」エディシオン・トレヴィル, 河出書房新社（発売）　2011
Ionescu, Alex　イオネスク, アレックス
　㋛「インサイドWindows」日経BP社, 日経BPマーケティング（発売）　2013
Ionescu, Ovidiu　イオネスク, オビディウ
　㋐ルーマニア　卓球選手
Ioniță, Andrei Ionut　イオニツァ, アンドレイ・イオヌト
　㋐ルーマニア　チャイコフスキー国際コンクール チェロ 第1位（2015年（第15回））
Ionita, Artur　イオニタ, アルトゥール
　㋐モルドバ　サッカー選手
Ionita, Florin　イオニタ, フロリン
　㋐ルーマニア　ラグビー選手
Ionov, Aleksei　イオノフ, アレクセイ
　㋐ロシア　サッカー選手
Iordache, Larisa Andreea　イオルダケ
　㋐ルーマニア　体操選手
Iorgulescu, Adrian　イオルグレ, アドリアン
　㋐ルーマニア　文化相
Iosefa, Joey　アイオスファ, ジョーイ
　㋐アメリカ　アメフト選手
Iosia, Iosia　イオシア, イオシア
　㋐アメリカ　アメフト選手
Iosiper, Svetlana Tatiana　ヨシペル, スヴェトラナ・タティアナ
　㋐ルーマニア　駐日特命全権大使
Iossel, Mikhail　ヨッセル, ミハイル
　㋛「夜の姉妹団」朝日新聞社　2001
Iosseliani, Otar　イオセリアーニ, オタール
　1934〜　㋐ジョージア　映画監督, 脚本家　㋔イオセリアーニ, オタール
Iotova, Iliana　ヨトバ, イリヤナ
　㋐ブルガリア　副大統領
Iovtchev, Iordan　ヨブチェフ
　㋐ブルガリア　体操選手
Iovu, Cristina　イオブ
　㋐モルドバ　重量挙げ選手
Iovv, Vasile　イオブ, バシレ
　㋐モルドバ　第1副首相
Ip, Greg　イップ, グレッグ
　1964〜　㋛「ホンネの経済学」日本経済新聞出版社　2011
Ip, Regina　イップ, レジーナ
　1950〜　㋐香港　政治家　香港立法会議員, 新民党主席　香港保安局長　漢字名＝葉劉淑儀〈Lau, Suk-yee〉

Ipcar, Dahlov Zorach　イプカー, ダーロフ
　1917〜　㊟「わたしのすてきなクリスマスツリー」BL出版 2013
Ippen, Chandra Ghosh　イッペン, シャンドラ・ミチコ・ゴッシュ
　㊟「虐待・DV・トラウマにさらされた親子への支援」日本評論社 2016
Ippolito, Pauline M.　イッパリート, ポーリーン・M.
　㊟「食品安全と栄養の経済学」農林統計協会 2002
Ipsen, Kristian　イプセン, クリスチャン
　㊨アメリカ　水泳選手　㊔イプセン
Iqbal, Ahasan　イクバール, アッサン
　㊨パキスタン　計画・開発相
Iqbal, Muhammad　イクバル, ムハンマド
　㊨イラク　教育相
Iqbal, Rao Sikandar　イクバル, ラオ・シカンダル
　㊨パキスタン　国防相
Iqbal, Tahir　イクバル, タヒル
　㊨パキスタン　カシミール問題相
Iqbal Rawther, Mohamed　イクバル・ラウザー, モハメド
　㊨マレーシア　マレーシア日本経済協議会副会長兼事務局長, マレーシア日本経済協議会・日マレーシア経済協議会合同会議共同議長, ファーリム・グループマレーシア社社内取締役
Irace, Pina　イラーチェ, ピーナ
　1967〜　㊟「木の葉つかいはどこいった？」きじとら出版 2015
Iragorri Valencia, Aurelio　イラゴリ・バレンシア, アウレリオ
　㊨コロンビア　農相
Iraizoz, Gorka　イライソス, ゴルカ
　㊨スペイン　サッカー選手
Iralu, Kaka Dierhekolie　イラル, カカ・ディエヘコリエ
　1956〜　㊟「血と涙のナガランド」コモンズ 2011
Irani, Khalid　イラニ, ハリド
　㊨ヨルダン　環境相
Irani, Romin　イラニ, R.
　㊟「Jakarta Tomcatエキスパートガイド」ソフトバンクパブリッシング 2003
Irani, Smriti Zubin　イラニ, スムリティ・ズビン
　㊨インド　人的資源開発相
Iranmanesh, Ali　イランアネス, アリ
　㊟「老化の生命科学」アークメディア 2007
Iraschko-stolz, Daniela　イラシュコ
　㊨オーストリア　スキージャンプ選手
Irawan, Eko Yuli　イラワン, エコ・ユリ
　㊨インドネシア　重量挙げ選手　㊔イラワン／エコユリ
Ireland, Christopher　アイアランド, クリストファー
　㊟「CEOからDEOへ」ビー・エヌ・エヌ新社 2014
Ireland, David E.　アイアランド, デヴィッド
　㊟「生れ来る子への手紙」春秋社 2001
Ireland, Kathy　アイルランド, キャシー
　㊨アメリカ　モデル, 女優
Ireland, Liz　アイアランド, リズ
　㊟「なりすました恋人」ハーレクイン 2005
Ireland, Michael　アイルランド
　㊨カナダ　スピードスケート選手
Ireland, R.Duane　アイルランド, R.デュエーン
　㊟「戦略経営論」センゲージラーニング, 同友館（発売） 2014
Ireland, Stephen　アイルランド, スティーブン
　㊨アイルランド　サッカー選手
Irelli, Giuseppina Cerulli　イレッリ, ジュゼッピーナ・チェルッリ
　㊟「ポンペイの壁画」岩波書店 2001
Ireson, Judith　アイルソン, J.
　㊟「個に応じた学習集団の編成」ナカニシヤ出版 2006
Ireton, William　アイアトン, ウィリアム
　1955〜　映画プロデューサー　ワーナーエンターテイメントジャパン社長
Irgashev, Akmal　イルガシェフ
　㊨ウズベキスタン　テコンドー選手
Irgens, Jacob　イルゲンス, ヤコブ
　㊨ノルウェー　元・在ベルゲン日本国名誉総領事
Irglova, Marketa　イルグロヴァ, マルケタ
　アカデミー賞 主題歌賞（第80回（2007年））　'Falling Slowly'（「ONCE ダブリンの街角で」"Once"）
Iriarte Jiménez, Eduardo　イリアルテ・ヒメネス, エドゥアルド
　㊨ペルー　生産相
Iribarne, Alberto　イリバルネ, アルベルト
　㊨アルゼンチン　法務・人権相
Irimescu, Achim　イリメスク, アキム
　㊨ルーマニア　農業・地方開発相
Irish, Jeffrey S.　アイリッシュ, ジェフリー
　1960〜　㊟「里山の晴れた日」南日本新聞社, 鹿児島 南日本新聞開発センター（製作・発売） 2003
Irish, Martin　アイリッシュ, マーチン
　㊟「ゆかいなかずあそび」大日本絵画 2006
al-Iriyani, Abdul-Rahman　イリヤニ, アブドルラハマン
　㊨イエメン　水資源・環境相
Irizarry, Aaron　イリザリー, アーロン
　㊟「みんなではじめるデザイン批評」ビー・エヌ・エヌ新社 2016
Irizarry, Rafael A.　イリザリー, R.A.
　㊟「RとBioconductorを用いたバイオインフォマティクス」シュプリンガー・ジャパン 2007
Irlen, Helen　アーレン, ヘレン
　1945〜　㊟「アーレンシンドローム」金子書房 2013
Irmscher, Christoph　アームシャー, クリストフ
　㊟「ケンブリッジ版カナダ文学史」彩流社 2016
Irons, Diane　アイアンズ, ダイアン
　1949〜　㊟「お金をかけずに美しくなる秘訣」駿台曜曜社 2004
Irons, Jeremy　アイアンズ, ジェレミー
　1948〜　㊨イギリス　俳優
Ironside, J.W.　アイアンサイド, J.W.
　㊟「アンダーウッド病理学」西村書店 2002
Ironside, Virginia　アイアンサイド, ヴァージニア
　㊟「でっかいでっかいモヤモヤ袋」草炎社 2005
Irrgang, Bernhard　イルガング, ベルンハルト
　1953〜　㊟「スポーツ倫理学の射程」晃洋書房 2016
Irsan, Abdul　イルサン, アブドゥル
　1939〜　㊟「インドネシア人外交官の目から見た日本」オフィス・プロモシ 2006
Irsheidat, Saleh　イルシェダト, サレ
　㊨ヨルダン　副首相兼閣議担当国務相
Irsigler, Franz　イルジーグラー, フランツ
　㊟「中世のアウトサイダー」白水社 2012
Irureta, Saúl　イルレタ, サウル
　㊨ウルグアイ　住宅・環境相
Irureta Saralegui, Saul　イルレタ・サラレギ, サウル
　㊨ウルグアイ　住宅・環境相
Irvall, Birgitta　イールヴァール, ビルギッタ
　㊟「ディスレクシアのための図書館サービスのガイドライン」日本障害者リハビリテーション協会（製作） c2013
Irvin, Bruce　アービン, ブルース
　㊨アメリカ　アメフト選手
Irvin, Candace　アーヴィン, キャンディス
　㊟「大富豪の挑戦」ハーレクイン 2007
Irvin, Monte　アービン, モンティ
　1919〜2016　㊨アメリカ　野球選手　本名＝Irvin, Monford Merrill　㊔アーヴィン, モンティ
Lord Irvine　アーバイン卿
　㊨イギリス　大法官
Irvine, Abby　アーバイン, アビー
　㊟「とんでごらんよ, オーリー」大日本絵画 2003
Irvine, Alexander C.　アーヴァイン, アレックス
　㊔アーヴァイン, アレクサンダー／アーバイン, アレックス／アーヴィン, アレックス　㊟「シビル・ウォー キャプテン★アメリカ」講談社 2016
Irvine, William Braxton　アーヴァイン, ウィリアム・B.
　1952〜　㊟「良き人生について」白揚社 2013
Irving, Arthur　アービング, アーサー
　㊨カナダ　石油王
Irving, Clifford　アーヴィング, クリフォード
　㊟「ザ・ホークス」早川書房 2007
Irving, David　アービング, デービッド
　㊨アメリカ　アメフト選手
Irving, Frazer　アービング, フレイザー
　㊟「アンキャニィX-MEN：レボリューション」ヴィレッジブックス 2016
Irving, John　アービング, ジョン
　1942〜　㊨アメリカ　作家　本名＝Irving, John Winslow　㊔アーヴィング, ジョン
Irving, Kyrie　アービング, カイリー
　㊨アメリカ　バスケットボール選手
Irving, Mark　アーヴィング, マーク
　㊟「死ぬまでに見たい世界の名建築1001」エクスナレッジ 2008

Irving, Mary B. アービング, マリー・B.
[著]「考古学ハンドブック」 六一書房 2005
Irving, Nate アービング, ネイト
[国]アメリカ アメフト選手
Irving, Thomas Ballantine イルビング, T.B.
[著]「イスラームと社会的責任」 イスラミックセンター・ジャパン 2003
Irving, Zoe アービング, ゾーイ
[著]「イギリス社会政策講義」 ミネルヴァ書房 2015
Irwin, Alexander C. アーウィン, アリグザンダー
1960～ [著]「グローバル・エイズ」 明石書店 2005
Irwin, Bill アーウィン, ビル
トニー賞 プレイ 主演男優賞(2005年(第59回)) “Edward Albee's Who's Afraid of Virginia Woolf ?”
Irwin, David G. アーウィン, デーヴィッド
[著]「新古典主義」 岩波書店 2001
Irwin, Manley R. アーウィン, マンリー・R.
[著]「現代アメリカ産業論」 創風社 2002
Irwin, Michael R. アーウィン, マイケル
[著]「心理免疫学概論」 川島書店 2008
Irwin, Neil アーウィン, ニール
[著]「マネーの支配者」 早川書房 2014
Irwin, Richard S. アーウィン, リチャード・S.
[著]「ICUマニュアル」 メディカル・サイエンス・インターナショナル 2003
Irwin, Steve アーウィン, スティーブ
1962～2006 [国]オーストラリア 自然保護活動家 オーストラリア動物園園長
Irwin, Will アーウィン, ウィル
1950～ [著]「特殊部隊ジェドバラ」 並木書房 2011
Irwin, William アーウィン, ウィリアム
1970～ [著]「マトリックスの哲学」 白夜書房 2003
Iryani, Abd al-Karim イリヤニ, アブドルカリム
[国]イエメン 首相
al-**Iryani, Abdul-Malik Abdul-Rahman** イリヤニ, アブドルマリク・アブドルラハマン
[国]イエメン 観光・環境相 [異]アル・イリヤニ, アブドルマリク・アブドルラハマン
al-**Iryani, Mohammed Luft** イリヤニ, モハメド・ルフト
[国]イエメン 水資源・環境相
al-**Isa, Ahmed** イサ, アハメド
[国]サウジアラビア 教育相
Isa, Awang イサ, アワン
[国]ブルネイ 内相
Isa, bin Ali bin Hamad al-Khalifa イサ・ビン・アリ・ビン・ハマド・アル・ハリファ
[国]バーレーン 石油・工業相
Isa, Facundo イサ, ファクンド
[国]アルゼンチン ラグビー選手
Isa, Ibrahim イサ・イブラヒム
[国]ブルネイ 内相
Isa, Mohamad イサ, モハマド
[国]マレーシア 連邦直轄区相
Isaac, Mark イサーク, マーク
[国]グレナダ 外相
Isaacs, Cheryl Boone アイザックス, シェリル・ブーン
1949～ [国]アメリカ 実業家 CBIエンタープライズ社長, 米国映画芸術科学アカデミー(AMPAS)会長
Isaacs, David アイザックス, デイビッド
1938～ [著]「ワールド・カフェ」 ヒューマンバリュー 2007
Isaacs, Florence アイザックス, フローレンス
[著]「「一筆メッセージ」で仕事はうまくいく」 早川書房 2009
Isaacs, Gregory アイザックス, グレゴリー
1951～2010 [国]ジャマイカ レゲエ歌手
Isaacs, Susan アイザックス, スーザン
[著]「対象関係論の基礎」 新曜社 2003
Isaacs, Susan アイザックス, スーザン
1943～ [著]「弁護士リリー・ホワイト」 集英社 2001
Isaacson, Clifford E. アイザックソン, クリフ
1934～ [著]「他人からよく思われたい長男、完璧を求めてしまう次男」 PHP研究所 2002
Isaacson, Rupert アイザックソン, ルパート
[著]「ミラクル・ジャーニー」 早川書房 2010
Isaacson, Walter アイザックソン, ウォルター
1952～ [国]アメリカ 作家, ジャーナリスト アスペン研究所理事長・CEO 「タイム」編集長, CNN・CEO 本名=Isaacson, Walter Seff

Isaak, Marcel アイザック, マルセル
[著]「ベトナム料理」 チャールズ・イー・タトル出版ペリプラス事業部 2002
Isabekov, Azim イサベコフ, アジム
[国]キルギス 首相兼農業水資源加工産業相
Isacoff, Stuart アイサコフ, スチュアート
[著]「ピアノの歴史」 河出書房新社 2013
Isa Conde, Antonio イサコンデ, アントニオ
[国]ドミニカ共和国 エネルギー・鉱業相
Isacowitz, Rael イサコウィッツ, ラエル
1955～ [著]「ピラーティスアナトミィ」 ガイアブックス 2013
Isadora, Rachel イザドーラ, レイチェル
[著]「おなかいっぱい、しあわせいっぱい」 徳間書店 2012
Isaev, Mansur イサエフ, マンスール
1986～ [国]ロシア 柔道選手 [異]イサエフ, マンスル
Isaev, Radik イサエフ, ラディク
[国]アゼルバイジャン テコンドー選手
Isager, Ditte イサガー, ディッテ
[著]「ノーマ」 ファイドン 2011
Isager, Marianne イサガー, マリアンネ
1954～ [著]「デンマークの暮しから生まれたニット」 文化学園文化出版局 2014
Isaia, Pelenike イサイア, ペレニケ
[国]ツバル 内相兼農村開発相
Isakhan, Benjamin イサカーン, ベンジャミン
1977～ [著]「デモクラシーの世界史」 東洋書林 2012
Isakov, Erkin イサコフ, エルキン
[国]キルギス 運輸通信相
Isakov, Ismail イサコフ, イスマイル
[国]キルギス 国防相
Isakov, Miodrag イサコフ, ミオドラグ
[国]セルビア 副首相
Isakov, Victor イサコフ, ビクトル
[著]「Microsoft SQL Server 2005オフィシャルマニュアル」 日経BPソフトプレス, 日経BP出版センター(発売) 2007
Isakov, Vladimir イサコフ, ウラジーミル
[国]ロシア 射撃選手
Isakovic, Sara イサコビッチ
[国]スロベニア 競泳選手
Isakow, Warren イサコー, ウォーレン
[著]「ワシントン集中治療マニュアル」 メディカル・サイエンス・インターナショナル 2010
Isaksen, Margaux アイザクセン, マルゴー
[国]アメリカ 近代五種選手 [異]イサクセン
Isaksen, Torbjørn Røe イサクセン, トルビョルン・ルエ
[国]ノルウェー 教育・研究相
Isakunova, Taalaykul イサクノワ, ターライクル
[国]キルギス 労働・社会発展相
Isanove, Richard イサヌブ, リチャード
[異]アイザノフ, リチャード [著]「エッジ・オブ・スパイダーバース」 ヴィレッジブックス 2016
Isard, Peter アイザルド, ピーター
[著]「為替レートの経済学」 東洋経済新報社 2001
Isard, Walter アイザード, ウォルター
1919～2010 [国]アメリカ 経済学者 コーネル大学名誉教授 [専]摩擦管理, 平和の経済学, 地域経済論
Isărescu, Mugur イサレスク, ムグル
1949～ [国]ルーマニア 経済学者, 政治家 ルーマニア国立銀行総裁, ブカレスト経済アカデミー教授 ルーマニア首相 本名=Isărescu, Mugur Constantin
Isau, Ralf イーザウ, ラルフ
1956～ [国]ドイツ ファンタジー作家
al-**Isawi, Ali Abdulaziz** イサウィ, アリ・アブドルアジズ
[国]リビア 経済・貿易・投資書記(経済・貿易・投資相)
al-**Isawi, Rafie** イサウイ, ラフィ
[国]イラク 財務相 [異]イサウィ, ラフィ
Isay, David アイセイ, デイヴ
1966～ [著]「9.11ビル崩壊のさなかに夫婦が交わした最後の言葉」 河出書房新社 2014
Isayev, Anatoly イサエフ, アナトリー
[国]ウズベキスタン 副首相
Isber, Isber イスベル, イスベル
[国]シリア 元・在シリア日本国大使館現地職員
Isbin, Sharon イズビン, シャロン
グラミー賞 最優秀クラシック器楽独奏(オーケストラなし)(2009年(第52回)) “Journey To The New World”

Isbouts, Jean-Pierre イスブ, ジャン・ピエール
[著]「地図と写真で読む聖書の世界」 日経ナショナルジオグラフィック社, 日経BPマーケティング(発売) 2011

Isby, David C. イスビー, D.C.
[著]「太平洋戦争の研究」 PHP研究所 2002

Isch, Édgar イシュ, エドガル
[国]エクアドル 環境相

Ischinger, Wolfgang イッシンガー, ヴォルフガング
[国]ドイツ ミュンヘン安全保障会議議長, 国際的核兵器廃絶運動「グローバル・ゼロ」委員, 元・外務次官 [異]イッシンガー, W.

Isco イスコ
[国]スペイン サッカー選手

Isdell, Edward Neville イズデル, ネビル
1943〜 [著]「コカ・コーラ」 早川書房 2012

Isemoto, Larry Shunji イセモト, ラリー・シュンジ
[国]アメリカ 元・ハワイ島日系人協会会長, 元・ハワイ島日系人商工会議所会頭

Isenberg, Barbara S. アイゼンバーグ, バーバラ
[著]「フランク・ゲーリー建築の話をしよう」 エクスナレッジ 2015

Isensee, Josef イーゼンゼー, ヨーゼフ
1937〜 [著]「保護義務としての基本権」 信山社出版, 大学図書(発売) 2003

Iser, Wolfgang イーザー, ヴォルフガング
1926〜 [著]「虚構と想像力」 法政大学出版局 2007

Iserles, Inbali イセーレス, インバリ
[著]「フォックスクラフト」 静山社 2016

Iseskog, Tommy イーセスコーグ, トミー
1950〜 [著]「カール・フォン・リンネ」 東海大学出版会 2011

Isgrove, Lloyd イスグローヴ, ロイド
[国]ウェールズ サッカー選手

Isha イーシャ
1962〜 [著]「なぜ、飛べるのに歩いているの？」 サンマーク出版 2008

Ishaghpour, Youssef イシャグプール, ユセフ
1940〜 [著]「ル・シネマ」 新曜社 2002

Isham, C.J. アイシャム, C.J.
[著]「量子論」 吉岡書店 2003

Isham, Mark アイシャム, マーク
1951〜 [国]アメリカ ミュージシャン

Ishay, Micheline イシェイ, ミシェリン・R.
[著]「人権の歴史」 明石書店 2008

Ishayev, Viktor I. イシャエフ, ビクトル・I.
[国]ロシア 極東発展担当相兼極東連邦管区大統領全権代表

Ishchenko, Natalia イーシェンコ, ナタリア
1986〜 [国]ロシア シンクロナイズドスイミング選手

Isherwood, Baron イシャウッド, バロン
[著]「儀礼としての消費」 講談社 2012

Isherwood, Christopher イシャーウッド, クリストファー
[著]「友よ 弔辞という詩」 河出書房新社 2007

Ishiguro, Kazuo イシグロ, カズオ
1954〜 [国]イギリス 作家 日本名＝石黒一雄(イシグロ・カズオ)

Ishihara, Wayne Toshimi イシハラ, ウェイン・トシミ
[国]アメリカ ホノルル日本人商工会議所専務理事, 元・ホノルル日本人商工会議所会頭, 元・ハワイ日本文化センター理事長

Ishikane, Joh イシカネ, ジョー
[国]アメリカ 元・国際連合日本政府代表部現地職員

Ishikawa Kobayashi, Seiko Luis イシカワ・コバヤシ, セイコウ・ルイス
[国]ベネズエラ 駐日特命全権大使

Ishimatsu, Haley イシマツ
[国]アメリカ 飛び込み選手

Ishmael, Kemal イシュメイル, ケマル
[国]アメリカ アメフト選手

Ishmouratova, Svetlana イシムラトワ, スベトラーナ
[国]ロシア バイアスロン選手

Işik, Fikri ウシュク, フィリキ
[国]トルコ 国防相

Isikiel, Paul イシキエル, ポール
[国]パプアニューギニア 住宅都市開発相

Isimat-mirin, Nicolas イシマ・ミラン, ニコラ
[国]フランス サッカー選手

Isinbayeva, Yelena イシンバエワ, エレーナ
1982〜 [国]ロシア 棒高跳び選手

Iskakov, Bulat イスカコフ, ブラト
[国]カザフスタン 内相

Iskakov, Nurlan イスカコフ, ヌルラン
[国]カザフスタン 環境相

Iskan, Dahlan イスカン, ダーラン
[国]インドネシア 国営企業相

Iskander, Fazil' イスカンデル, ファジリ
[著]「チェゲムのサンドロおじさん」 国書刊行会 2002

Iskander, Laila Rashid イスカンダル, ライラ・ラシード
[国]エジプト 国務相(都市開発担当)

Iskander, Nasry イスカンダル, ナスリー
1942〜 [著]「エジプトのミイラ」 アケト 2001

Iske, Chad イスケ, チャド
[国]アメリカ ワシントン・ウィザーズアシスタントコーチ(バスケットボール)

Isla, Mauricio イスラ, マウリシオ
[国]チリ サッカー選手

Islam, Ashraful イスラム, アシュラフル
[国]バングラデシュ 人事相

İslam, Ayşenur イスラム, アイシュヌル
[国]トルコ 家族・社会政策相

Islam, Nurul イスラム, ヌルル
[国]バングラデシュ 海外居住者福祉・海外雇用相

Islam, Qamrul イスラム, カムルル
[国]バングラデシュ 食糧相

Islam, Rafiqul イスラム, ラフィクル
[国]バングラデシュ エネルギー鉱物資源相

Islam, Shamusul イスラム, サムスル
[国]バングラデシュ 土地相 [異]イスラム, サムスル・M.

Islam, Syed Ashraful イスラム, サイード・アシュラフル
[国]バングラデシュ 地方政府・地域開発・協同組合相

Islam, Tariqul イスラム, タリクル
[国]バングラデシュ 情報相

Islami, Kastriot イスラミ, カストリオト
[国]アルバニア 外相 [異]イスラミ, カストリオット

Isleifsdottir, Kristin イスレイフスドッティル, クリスティン
[国]アイスランド 元・アイスランド日本協会会長

Isler, Saul アイズラー, ソール
[著]「ポール・オースターが朗読するナショナル・ストーリー・プロジェクト」 アルク 2006

Ismael, Ismael イスマイル, イスマイル
[国]シリア 財務相

Ismail, Abdullahi Sheikh イスマイル, アブドラヒ・シェイク
[国]ソマリア 副首相兼憲法問題相 [異]イスマイル, アブドラヒ・シーク

Ismail, Aishat イスマイル, アイシャト
[国]ナイジェリア 女性青年相

Ismail, Amat イスマイル・アマット
[国]中国 国務委員

Ismail, Amir Abdul-Jabal イスマイル, アミール・アブドルジャバル
[国]イラク 運輸相

Ismail, Damit イスマイル・ダミット
[国]ブルネイ 開発相

Ismail, Farouk イスマイール, ファルーク
[国]エジプト シューラ評議会議員, エジプト日本帰国留学生会名誉会長, 元・カイロ大学学長

Ismail, Ismail Ahmed イスマイル
[国]スーダン 陸上選手

Ismail, Koybasi イスマイル・コイバシュ
[国]トルコ サッカー選手

Ismail, Mustafa Osman イスマイル, ムスタファ・オスマン
[国]スーダン 外相

Ismail, Sabri Yaakob イスマイル・サブリ・ヤコブ
[国]マレーシア 農業・農業関連産業相

Ismail, Salim イスマイル, サリム
[著]「シンギュラリティ大学が教える飛躍する方法」 日経BP社, 日経BPマーケティング(発売) 2015

Ismail, Sherif イスマイル, シェリフ
[国]エジプト 首相 [異]イスマイル, シャリフ

Ismail El Shamy, Ahmed イスマイル
[国]エジプト ボクシング選手

Ismail Khan, Mohammad イスマイル・ハーン, モハマド
[国]アフガニスタン エネルギー・水利相

Ismailov, Abdulkhakim イスマイロフ, アブドルハキム
1916〜2010 [国]ロシア 軍人

Ismailov, Uktam イスマイロフ, ウクタム
[国]ウズベキスタン 副首相

Isma Lopez　イスマ・ロペス
　国スペイン　サッカー選手
Ismat, Abdel-Rahman　イスマト・アブドルラハマン
　国スーダン　内相
Ismayilov, Daniyar　イスマイロフ, ダニヤル
　国トルコ　重量挙げ選手
Ismayilzada, Gursel　イスマエルザーデ, ギュルセル
　1971～　国アゼルバイジャン　外交官　駐日アゼルバイジャン大使　異イスマイルザーデ, ギュルセル・グドラト・オグル
Ismoilov, Sayfiddin　イスモイロフ, サイフィディン
　国ウズベキスタン　農業水利相
Isner, John　イスナー
　国アメリカ　テニス選手
Isokoski, Soile　イソコスキ, ソイレ
　1957～　国フィンランド　ソプラノ歌手
Isol　イソール
　1972～　著「わんわんスリッパ」ワールドライブラリー　2016
Isola, Maija　イソラ, マイヤ
　1927～2001　著「マイヤ・イソラ」パイインターナショナル　2012
Isom, Lanier Scott　アイソム, ラニアー・S.
　著「賃金差別を許さない！」岩波書店　2014
Isong, Tuner　イソン, チュネ
　国ナイジェリア　科学技術相
Isoun, Turner　イソウン, ターナー
　国ナイジェリア　科学技術相　異イソウン, ターナー
Israel, Betsy　イズリアル, ベッツィ
　1958～　著「アメリカ女性のシングルライフ」明石書店　2004
Israël, Inge　イズラエル, インゲ
　著「宇宙の砂紋」文芸社　2007
Israel, Laurie　イスラエル, ローリー
　著「ちいさなプリンセスソフィアはじめてがいっぱいのクリスマス」講談社　2016
Israel, Richard　イズラエル, リチャード
　1942～　著「マインドマップ・リーダーシップ」ダイヤモンド社　2013
Israel, Shel　イスラエル, シェル
　1944～　著「コンテキストの時代」日経BP社, 日経BPマーケティング（発売）　2014
Israelachvili, Jacob Nissim　イスラエルアチヴィリ, J.N.
　1944～　著「分子間力と表面力」朝倉書店　2013
Israilov, Ulan　イスライロフ, ウラン
　国キルギス　内相
al-Issa, Abd　イーサ, アブド
　国イラク　高等教育・科学技術相
Issa, Ageela Saleh　イーサ, アギーラ・サレハ
　1944～　国リビア　政治家, 法律家　リビア暫定議会議長
Issa, Assoumana Mallam　イッサ, アスマナ・マラム
　国ニジェール　文化・芸術相
al-Issa, Bader Hamad　イーサ, バデル・ハマド
　国クウェート　教育相兼高等教育相
Issa-ard, Kanchana　イサード, ガンチャナ
　著「Dog tale」射水市絵本文化振興財団　2006
Issac, Mary　イザック, メアリー
　国セントルシア　保健・健康増進相
Issachenko, Vladimir　イサチェンコ, ウラジーミル
　国カザフスタン　射撃選手
Issaias Afewerki　イサイアス・アフェウェルキ
　1946～　国エリトリア　政治家　エリトリア大統領
Issaka, Labo　イサカ, ラボ
　国ニジェール　宗教・人道活動相
Issanova, Gulzhan　イサノワ
　国カザフスタン　柔道選手
Issara, Bodin　イサラ, ボディン
　国タイ　バドミントン選手
Issara, Somchai　イッサラ・ソムチャイ
　国タイ　社会開発・人間安全保障相
al-Issawi, Nasir　イサウィ, ナシル
　国イラク　産業相
Issekeshev, Asset　イセケシェフ, アセト
　国カザフスタン　投資発展相
Isselé, Erik　イスレ, エリック
　著「ル・サロンと日本人芸術家たち」麗人社, メディアパル（発売）　2014
Isselmou, Moustaph Ould Sid'El　イッセルム, ムスタフ・ウルド・シデル
　国モーリタニア　文化・イスラム教育相

Issenberg, Sasha　アイゼンバーグ, サーシャ
　著「スシエコノミー」日本経済新聞出版社　2008
Isserlis, Steven　イッサーリス, スティーブン
　1958～　国イギリス　チェロ奏者　本名＝Isserlis, Steven John　異イサーリス, スティーブン / イッサーリス, スティーヴン
Issidorides, Diana　イッシドリデース, ディアナ
　著「世界は愛でできている」ソニー・マガジンズ　2004
Issimaila, Mohamed　イシマイラ, モハメド
　国コモロ　国民教育・研究・文化・芸術・青少年・スポーツ相
Issoibeka, Pacifique　イソイベカ, パシフィーク
　国コンゴ共和国　経済・財政・予算相　異イソイベカ, パシフィク
Issouf, Barkaï　イスフ, バルカイ
　国ニジェール　機関関係担当相
Issoufou, Issaka　イスフ, イサカ
　国ニジェール　水利・環境相
Issoufou, Mahamadou　イスフ, マハマドゥ
　1952～　国ニジェール　政治家　ニジェール大統領　ニジェール首相
Issoufou Alfaga, Abdoulrazak　イスフアルファガ
　国ニジェール　テコンドー選手
Issozengondet, Emmanuel　イソゼンゴンデ, エマニュエル
　国ガボン　首相
Isticioaia-Budura, Viorel　イスティチョアイア・ブドゥラ, ヴィオレル
　1952～　国ルーマニア　外交官　駐日欧州連合大使　異イスティチワヤ, ヴィオレル
Istomin, Denis　イストミン, デニス
　国ウズベキスタン　テニス選手
Istomin, Eugène　イストミン, ユージン
　1925～2003　国アメリカ　ピアニスト　本名＝Istomin, Eugène George
Istomin, Sergey　イストミン
　国カザフスタン　重量挙げ選手
Istrate, George Dan　イストラーテ, ジョージ・ダン
　彫刻家
Istúriz Almeida, Aristóbulo　イストゥリス・アルメイダ, アリストブロ
　国ベネズエラ　コミューン・社会運動相
Isvarakrsna　イーシュヴァラクリシュナ
　著「インドの「二元論哲学」を読む」春秋社　2008
Iswaran, S.　イスワラン, S.
　国シンガポール　貿易産業相（産業担当）
Itakura, Mitsuo　イタクラ, ミツオ
　著「臨床PCRプロトコール」タカラバイオ, 丸善（発売）　2002
Itälä, Ville　イタラ, ビレ
　国フィンランド　内相
Italeli, Iakoba Taeia　イタレリ, イアコバ・タエイア
　国ツバル　総督　異イタレリ, イアコバ
Italmazov, Babaniyaz　イタルマゾフ, ババニヤズ
　国トルクメニスタン　建設資材工業相
Itani, Frances　イタニ, フランシス
　1942～　国カナダ　作家
Itäranta, Emmi　イタランタ, エンミ
　1976～　著「水の継承者ノリア」西村書店東京出版編集部　2016
Itenberg, Il'ia Vladimirovich　イテンベルク, イリヤ
　著「やわらかな思考を育てる数学問題集」岩波書店　2012
Ithana, Pendukeni　イタナ, ペンズケニ
　国ナミビア　土地・再定住相
Ith Sam Heng　イット・サムヘン
　国カンボジア　労相
Itimai, Francis　イティマイ, フランシス
　国ミクロネシア連邦　運輸・通信・社会基盤相
Itno, Daoussa Deby　イトゥノ, ダウーサ・デブ
　国チャド　郵政・新情報コミュニケーション技術相　異イトゥノ, ダウーサ・デビ
Ito, Mitsuru　イトウ, ミツル
　国日本　ローザンヌ国際バレエコンクール 3位・プロ研修賞（第43回（2015年））　漢字名＝伊藤充
Ito, Toyo　イトウ, トヨオ
　国日本　プリツカー賞（2013年）ほか　漢字名＝伊東豊雄
Itoua, Bruno Jean Richard　イトゥア, ブリュノ・ジャン・リシャール
　国コンゴ共和国　高等教育相
Itterheim, Steffen　イッターハイム, ステフィン
　著「cocos2dで作るiPhone & iPadゲームプログラミング」インプレスジャパン, インプレスコミュニケーションズ（発売）　2011

Iturbe, Antonio G. イトゥルベ、アントニオ・G.
　1967〜 㒒「アウシュヴィッツの図書係」集英社　2016
Iturbe, Juan イトゥルベ、フアン
　国パラグアイ　サッカー選手
Iturraspe, Ander イトゥラスペ、アンデル
　国スペイン　サッカー選手
Iturriza, Reinaldo イトゥリサ、レイナルド
　国ベネズエラ　文化相
Itzik, Dalia イツィック、ダリア
　国イスラエル　通信相
IU アイユー
　1993〜 国韓国　歌手　本名＝イ・ジウン
Iupati, Mike イウパティ、マイク
　国アメリカ　アメフト選手
Iushko, Daria ユシコ、ダーリャ
　国ウクライナ　水泳選手
IUzik, Iuliia ユージック、ユリア
　1981〜 㒒「アッラーの花嫁たち」WAVE出版　2005
Iva, Kaia イバ、カイア
　国エストニア　社会保障相
Ivala, Clotaire Christian イバラ、クロテール・クリスチアン
　国ガボン　内務・地方分権相
Ivan, Liera Manuel アイヴァン、リエラ・マヌエル
　㒒「IVANTITY」ワニブックス　2014
Ivancevich, John M. イワンセビッチ、ジョン・M.
　㒒「優秀なオタク社員の上手な使い方」ダイヤモンド社　2002
Ivanek, Zeljko イヴァネク、ジェリコ
　エミー賞 プライムタイム・エミー賞 最優秀助演男優賞（ドラマシリーズ）（第60回（2008年））"Damages"
Ivanić, Mladen イヴァニッチ、ムラデン
　1958〜 国ボスニア・ヘルツェゴビナ　政治家　ボスニア・ヘルツェゴビナ幹部会員（セルビア人代表）　㒒イバニッチ、ムラデン
Ivanišević, Miroslav イバニシェビッチ、ミロスラブ
　国モンテネグロ　副首相（財政）　㒒イワニセビッチ、ミロスラブ
Ivanišević, Stjepan イバニシェビッチ、スチェパン
　国クロアチア　法務・自治相
Ivanishvili, Bidzina イワニシヴィリ、ビジナ
　1956〜 国ジョージア　政治家、実業家　ジョージアの夢代表　ジョージア首相　㒒イワニシビリ、ビジナ
Ivankov, Aleksandr I. イワンコフ、アレクサンドル・I.
　国ベラルーシ　貿易相
Ivankov, Ivan イワンコフ、イワン
　国ベラルーシ　体操選手
Ivanoff, Nicolas イワノフ、ニコラス
　1967〜 国フランス　パイロット
Ivanov, Aleksandr イワノフ
　国ロシア　重量挙げ選手
Ivanov, Bratislav Ionchev イヴァノフ、ブラティスラフ・ヨンチェフ
　国ブルガリア　ソフィア第18学校副校長
Ivanov, Georgi イバノフ、ゲオルギ
　国ブルガリア　レスリング選手
Ivanov, Gjorge イワノフ、ゲオルギ
　1960〜 国マケドニア　政治家　マケドニア大統領　㒒イヴァノフ、ギョルゲ／イヴァノフ、ジョルヘ
Ivanov, Hristo イバノフ、フリスト
　国ブルガリア　法相
Ivanov, Igor Sergeevich イワノフ、イーゴリ
　1945〜 国ロシア　政治家、外交官　ロシア安全保障会議書記、ロシア外相
Ivanov, Ivaylo イバノフ、イバイロ
　国ブルガリア　柔道選手
Ivanov, Mikhail イワノフ
　国ロシア　クロスカントリースキー選手
Ivanov, Sergei Borisovich イワノフ、セルゲイ
　1953〜 国ロシア　政治家　ロシア大統領府長官　ロシア国防相・副首相、ロシア安全保障会議書記、ロシア連邦保安局（FSB）副長官　㒒イヴァノフ、セルゲイ・ボリソビッチ
Ivanov, Tikhomir イバノフ
　国ブルガリア　陸上選手
Ivanov, Valery N. イワノフ、ワレリー・N.
　国ベラルーシ　副首相
Ivanov, Vassil イバノフ、バシル
　国ブルガリア　青年スポーツ相
Ivanov, Viktor イワノフ、ヴィクトル
　1950〜 国ロシア　ロシア麻薬流通監督庁長官　本名＝Ivanov, Col Viktor Petrovich
Ivanov, Violeta イバノフ、ビオレタ
　国モルドバ　環境・天然資源相
Ivanov, Vladimir イワノフ、ウラジーミル
　国ロシア　バドミントン選手
Ivanov, Yossif イワノフ、ヨシフ
　国ベルギー　エリザベート王妃国際コンクール ヴァイオリン 第2位（2005年）
Ivanova, Kira イワノワ、キラ
　？〜2001 国ロシア　フィギュアスケート選手　㒒イワノワ、キーラ
Ivanova, Olimpiada イワノワ
　国ロシア　陸上選手
Ivanova, Tatiana イワノワ
　国ロシア　リュージュ選手
Ivanovic, Ana イバノビッチ、アナ
　1987〜 国セルビア　テニス選手　㒒イバノビッチ／イバノビッチ、アナ／イバノビッチ、アナ／イヴァノヴィッチ
Ivanovic, Branislav イヴァノヴィッチ、ブラニスラフ
　国セルビア　サッカー選手
Ivanovic, Petar イバノビッチ、ペタル
　国モンテネグロ　農業・農村開発相
Ivanović, Predrag イバノビッチ、プレドラグ
　国セルビア・モンテネグロ　対外経済関係相　㒒イワノビッチ、プレドラグ
Ivanovski, Ivo イワノフスキ、イボ
　国マケドニア　情報社会・行政相
Ivan Villar イバン・ビジャール
　国スペイン　サッカー選手
Ivashchenko, Elena イワシェンコ、エレーナ
　1984〜2013 国ロシア　柔道選手　㒒イワシェンコ、エレナ／イワシシェンコ
Ivashkin, Aleksandr イヴァシキン、アレクサンドル
　1948〜 㒒「ロストロポーヴィチ」春秋社　2007
Ivashkin, Alexander イヴァシキン、アレクサンドル
　1948〜2014 国ロシア　チェロ奏者　ボリショイ劇場オーケストラ首席チェロ奏者、ロンドン大学ゴールドスミス・カレッジ音楽部教授　本名＝Ivashkin, Alexander Vasilievich
Ivashnev, Vitaliĭ イワシネフ、V.I.
　㒒「評伝・シェープキン」而立書房　2014
Iver, Bon イヴェール、ボン
　グラミー賞 最優秀オルタナティヴ・ミュージック・アルバム（2011年（第54回））"Bon Iver"
Ivereigh, Austen アイヴァリー、オースティン
　㒒「教皇フランシスコ キリストとともに燃えて」明石書店　2016
Iversen, Kristen アイバーセン、クリステン
　㒒「フルボディバーデン」凱風社　2015
Iversen, Leslie L. アイヴァーセン、レスリー・L.
　1937〜 㒒「薬」岩波書店　2003
Iversen, Portia アイバーセン、ポーシャ
　㒒「ぼくは考える木」早川書房　2009
Iversen, Trond イベルセン
　国ノルウェー　クロスカントリースキー選手
Iverson, Allen アイバーソン、アレン
　1975〜 国アメリカ　元バスケットボール選手　㒒アイヴァーソン、アレン
Iverson, Cheryl アイヴァーソン、C.
　㒒「医学英語論文の書き方マニュアル」共和書院　2010
Iverson, Ken アイバーソン、ケン
　1925〜 国アメリカ　実業家　ニューコア会長　本名＝Iverson, F.Kenneth
Ives, Clay アイブス
　国アメリカ　リュージュ選手
Ives, Harris G. アイヴス、ハリス
　㒒「Lessons on the Christ in western literature and paintings」春風社　2004
Ives, Martine アイヴス、マーチン
　1975〜 㒒「自閉症スペクトラム児との暮らし方」田研出版　2008
Ives, Susanna アイヴス、スザンナ
　㒒「だれかの小さな秘密」オークラ出版　2015
Ivey, Allen E. アイビイ、アレン・E.
　1933〜 㒒「マイクロカウンセリングの理論と実践」風間書房　2004
Ivey, Mary Bradford アイビイ、メアリ・B.
　㒒「マイクロカウンセリングの理論と実践」風間書房　2004
Ivey, Susan M. アイビー、スーザン

1958〜 国アメリカ 実業家 レイノルズ・アメリカン会長・社長・CEO
Ivić, Tomislav イビッチ, トミスラブ
国クロアチア 家庭・退役軍人・世代間連帯相
Ivimy, John アイヴィミ, ジョン
1911〜 著「太陽と巨石の考古学」法政大学出版局 2009
Ivings, Kristina イヴィングス, クリスティーナ
著「喫煙の心理学」産調出版 2007
Ivins, Bruce E. アイビンズ, ブルース
?〜2008 国アメリカ 炭疽菌研究者 米国陸軍感染症医学研究所 異アイバンス, ブルース
Ivins, Molly アイビンズ, モリー
1944〜2007 国アメリカ ジャーナリスト, コラムニスト 本名＝アイビンズ, メアリー・タイラー〈Ivins, Mary Tyler〉 異アイビンズ, モリー / アイヴィンズ, モリー
Ivory, Chris アイボリー, クリス
国アメリカ アメフト選手
Ivory, James アイボリー, ジェームズ
1928〜 国アメリカ 映画監督 本名＝Ivory, James Francis
異アイヴォリー, ジェームズ / アイヴォリ, ジェームズ
Ivory, Judith アイボリー, ジュディス
著「バラをまとう天使」オークラ出版 2009
Ivory, Lesley Anne アイボリー, レズリー・アン
著「ねことおもちゃのじかん」講談社 2011
Ivory, Michael アイヴォリー, マイケル
著「カナダ」日経ナショナルジオグラフィック社, 日経BP出版センター（発売） 2003
Ivry, Benjamin イヴリー, ベンジャミン
著「モーリス・ラヴェル」アルファベータ 2002
Ivsic, Radovan イヴシック, ラドヴァン
1921〜2009 著「ダダ・シュルレアリスム新訳詩集」思潮社 2016
Ivy, Robert A. アビー, ロバート・A.
著「グラウンド・ゼロ」エクスナレッジ 2004
Iwabuchi, Deborah イワブチ, デボラ
漢字名＝岩淵デボラ 著「アメリカ人の目から見た日本の多様性」金星堂 2007
Iwahana, Hiroyuki イワハナ, ヒロユキ
著「臨床PCRプロトコール」タカラバイオ, 丸善（発売） 2002
Iwahashi, Scott イワハシ, スコット
著「ティーン・タイタンズGO！」小学館集英社プロダクション 2016
Iwama, Michael K. イワマ, M.K.
著「川モデル」三輪書店 2014
Iwaniec, Dorota イワニーク, ドロタ
異イワニエク, ドロタ 著「施設で育つ世界の子どもたち」筒井書房 2010
Iwasaki Cauti, Fernando イワサキ, フェルナンド
1961〜 著「ペルーの異端審問」新評論 2016
Iwobi, Alex イウォビ, アレックス
国ナイジェリア サッカー選手
Iworah, *Prince* **Charles** アイウォラー, プリンス・チャールズ
国アメリカ アメフト選手
Iyadh Ouederani, Ahmed イヤドハウエデルニ, アハメド
国チュニジア 大統領府長官
Iyambo, Abraham イヤンボ, アブラハム
国ナミビア 教育相
Iyambo, Nickey イヤンボ, ニッキー
国ナミビア 副大統領
Iyamurenye, Augustin イヤムレニュ, オギュスタン
国ルワンダ 情報相
Iyasu, Abrha イヤス・アブラハ
国エチオピア 農業・天然資源相
Iyengar, B.K.S. アイアンガー, B.K.S.
1918〜2014 国インド ヨガ教師 本名＝Iyengar, Bellur Krishnamachar Sundara Raja 異アイアンガー, BKS
Iyengar, Sheena アイエンガー, シーナ
1969〜 国アメリカ 心理学者 コロンビア大学ビジネススクール教授
Iyengar, Sridhar イエンガー, シュリダール
著「MDAマニフェスト」エスアイビー・アクセス, 星雲社（発売） 2005
Iyer, Ananth V. アイアー, アナン・V.
著「トヨタ・サプライチェーン・マネジメント」マグロウヒル・エデュケーション, 日本経済新聞出版社（発売） 2010
Iyer, Pico アイヤー, ピコ

著「平静の技法」朝日出版社 2015
I.Z. アイ・ゼット
著「ポール・オースターが朗読するナショナル・ストーリー・プロジェクト」アルク 2006
Izaguirre Insausti, Jon イサギレインサウスティ, ホン
国スペイン 自転車選手
Izairi, Nurhan イザイリ, ヌルハン
国マケドニア 環境・都市開発相
Izák, Jaroslav イザーク, ヤロスラフ
国スロバキア 環境相
Izambard, Sebastien イザンバール, セバスチャン
1973〜 国フランス 歌手
Izarra, Andrés イサラ, アンドレス
国ベネズエラ 観光相
Izbasa, Sandra イズバサ, サンドラ
1990〜 国ルーマニア 体操選手 本名＝Izbasa, Sandra Raluca
Izco, Mariano イスコ, マリアーノ
国アルゼンチン サッカー選手
Izedin, Ali イゼディン・アリ
国エチオピア 鉱業・エネルギー相
Izetbegović, Alija イゼトベゴヴィッチ, アリヤ
1925〜2003 国ボスニア・ヘルツェゴビナ 政治家 ボスニア・ヘルツェゴビナ中央政府幹部会初代議長（国家元首） 異イゼトベーゴビッチ / イゼトベゴビッチ
Izetbegović, Bakir イゼトベゴヴィッチ, バキル
1956〜 国ボスニア・ヘルツェゴビナ 政治家 ボスニア・ヘルツェゴビナ幹部会員 異イゼトベゴビッチ, バキル / イゼトベゴヴィッチ, バキル
Izidbih, Isselkou Ould Ahmed イジードビヒ, イセルク・ウルド・アフマド
国モーリタニア 外務・協力相 異イジードビヒ, イスルク・ウルド・アフメド
Izmukhambetov, Bakrykozha イズムハムベトフ, バクトイコジャ
国カザフスタン エネルギー鉱物資源相
Izoria, Levan イゾリア, レワン
国ジョージア 国防相
Izotov, Danila イゾトフ, ダニラ
国ロシア 水泳選手 異イゾトフ
Izquierdo, Jose イスキエルド, ホセ
国コロンビア サッカー選手
Izquierdo Mendez, Carlos Arturo イスキエルドメンデス, カルロスアルトゥロ
国コロンビア レスリング選手
Izquierdo Torres, Gerardo José イスキエルド・トレス, ヘラルド・ホセ
国ベネズエラ 新平和的国境担当相
Izrine, Agnès イズリーヌ, アニエス
1959〜 著「ダンスは国家と踊る」慶応義塾大学出版会 2010
Izurieta, Raúl イスリエタ, ラウル
国エクアドル 労相
Izydorczyk, Jacek イズィドルチク, ヤツェク
国ポーランド 駐日特命全権大使
Izzo, Armando イッツォ, アルマンド
国イタリア サッカー選手
Izzo, John イゾー, ジョン
著「ITエンジニアのための英文テクニカルライティング」マクミランランゲージハウス 2001
Izzo, John Baptist イッツォ, ジョン
1957〜 著「自分でやれば、うまくいく」マグロウヒル・エデュケーション, 日本経済新聞出版社（発売） 2012

【J】

Jaa, Tony ジャー, トニー
1976〜 国タイ 俳優 別名＝タッチャコーン・イーラム, チャー・パノム
Jaafar, Mohamed Mahmoud Ould ジャーファル, モハメド・マハムード・ウルド
国モーリタニア 保健・社会問題相
*al-***Jaafari, Ibrahim** ジャファリ, イブラヒム
1947〜 国イラク 政治家, 医師 イラク外相 イラク首相, イラク暫定政府副大統領 本名＝アシェイケル, イブラヒム〈Eshaiker, Ibrahim al-〉 異アル・ジャアファリー, イブラー

ヒーム / ジャアファリ, イブラヒム
Jaafar Rahman ジャファール・ラーマン
1922～2008 国マレーシア 国王 愛ジャファール・アブドル・ラーマン
Jaanson, Juri ヤーンソン
国エストニア ボート選手
Jäätteenmäki, Anneli Tuulikki ヤーテーンマキ, アネリ
1955～ 国フィンランド 政治家, 弁護士 フィンランド首相
*al-***Jabali, Ahmed Salem** アル・ジャバリ, アハメド・サレム
国イエメン 農業・かんがい相 愛アル・ジャバリ, アハマド・サリム
Jaballah, Faicel ジャバラ, ファイセル
国チュニジア 柔道選手
Jabar, Cynthia ジャバール, シンシア
著「みみをすましてごらん」講談社 2004
Jabari, Abdul-Aziz ジャバリ, アブドルアジズ
国イエメン 副首相兼公共サービス・保健相
Jabari, Issa ジャバリ, イサ
国パレスチナ 地方相
Jabbarov, Mikail ジャバロフ, ミカイル
国アゼルバイジャン 教育相
Jabbori, Marhabo ジャッボリ, マルハボ
国タジキスタン 副首相
Jabbour, Eddie ジャブール, エディー
著「ビューティフルビジュアライゼーション」オライリー・ジャパン, オーム社 (発売) 2011
*al-***Jabburi, Sultan Hashim Ahmad** アル・ジャブリ, スルタン・ハシム・アハマド
国イラク 国防相
Jaber, Yassin ジャベル, ヤシン
国レバノン 公共事業・運輸相
Jabeur, Ons ジャバー, オンス
国チュニジア テニス選手
*al-***Jabi, Ghada** アル・ジャビ, ガダ
国シリア 社会労働相
Jabir, Baqir ジャビル, バキル
国イラク 財務相
Jabir, Bayan ジャビル, バヤン
国イラク 財務相
Jabir al-Ahmad al-Sabah ジャビル・アル・アハマド・アル・サバハ
1928～2006 国クウェート 首長 愛ジャービル・サバーハ / ジャビル・サバハ / ジャービル・アッ・サバーハ / ジャビル
Jabir Mubarak al-Hamad al-Sabah ジャビル・ムバラク・ハマド・サバハ
1942～ 国クウェート 政治家 クウェート首相
Jabllanoviq, Aleksandër ヤブラノビッチ, アレクサンデル
国コソボ 少数民族・帰還相
Jablonski, Peter ヤブロンスキー, ペーテル
1971～ 国スウェーデン ピアニスト
Jablonski, Richard ジャブロンスキー, リチャード
著「バスケットボールアタッキング・ゾーンディフェンス」大修館書店 2010
Jablow, Renée ジャブロー, レニー
著「ようこそおばけやしきへ」大日本絵画 〔2015〕
Jaboński, Henryk ヤブオニスキ, ヘンリク
1909～2003 国ポーランド 政治家, 歴史家 ポーランド国家評議会議長(元首), ワルシャワ大学教授 愛ヤブウォニスキ / ヤブウォンスキ
Jabrane, Touriya ジャブランヌ, トゥリヤ
国モロッコ 文化相
*al-***Jabri, Kamal Hussein** ジャブリ, カマル・フセイン
国イエメン 通信・情報技術相
*al-***Jabrii, Mohammad Nasser** ジャブリー, ムハンマド・ナセル
国クウェート イスラム問題相兼民政担当相
Jaburyan, Mihran ヤブリャン
国アルメニア レスリング選手
Jaccottet, Philippe ジャコテ, フィリップ
1925～ 著「無知なる者」国文社 2009
Jachens, Lueder ヤッヘンス, リューダー
1951～ 著「アトピー性皮膚炎の理解とアントロポゾフィー医療入門」SAKS-Books 2013
Jacinto, Kim ジャシント, キム
著「デッドプールvs.カーネイジ」小学館集英社プロダクション 2015
Jacinto Zavala, Agustín ハシント・サバラ, アグスティン
国メキシコ ミチョアカン大学大学院大学教授, 元・ミチョアカン・インディヘナ多文化大学学長(初代)
Jacir, Ana Evelyn ハシル, アナ・エベリン
国エルサルバドル 教育相
Jacir, Emily ジャシール, エミリー
国パレスチナ ヴェネチア・ビエンナーレ 金獅子賞 40歳以下部門(2007年(第52回))
Jack, Albert ジャック, アルバート
著「のぞき見トムとハットトリック」小学館 2006
Jack, Boma Brimilo ジャック, ボマ・ブリミロ
国ナイジェリア 文化・観光相
Jack, David ジャック, デビッド
国セントビンセント・グレナディーン 総督
Jack, Jarrett ジャック, ジャレット
国アメリカ バスケットボール選手
Jack, Kristin ジャック, クリスティン
著「世界がぶつかる音がする」 2016
Jack, Marstella ジャック, マーステラ
国ミクロネシア連邦 法相
Jack, Myles ジャック, マイルズ
国アメリカ アメフト選手
Jack, Terry ジャック, テリー
著「Cisco CCNP認定ガイド」日経BP社, 日経BP出版センター (発売) 2004
Jacka, J.Mike ジャッカ, J.マイク
著「ソーシャルメディア戦略」日本内部監査協会 2013
Jackendoff, Ray ジャッケンドフ, レイ
1945～ 著「言語の基盤」岩波書店 2006
Jacket, Snakeskin ジャケット, スネイクスキン
著「クリエイティブスペース」グラフィック社 2011
Jackiewicz, Dawid ヤツキエウィチ, ダウィド
国ポーランド 国有財産相
Jacklick, Alvin ジャクリク, アルビン
国マーシャル諸島 保健相 愛ジャクリック, アルビン
Jackman, Hugh ジャックマン, ヒュー
1968～ 国オーストラリア 俳優
Jackou, Kaffa Rékiatou Christelle ジャック, カッファ・ラキアトゥ・クリステル
国ニジェール 人口相
Jackson, Adam J. ジャクソン, アダム・J.
著「Taoのセラピー」春秋社 2008
Jackson, Alan ジャクソン, アラン
グラミー賞 最優秀カントリー・ヴォーカル・コラボレーション (2010年(第53回)) "As She's Walking Away"
Jackson, Albert ジャクソン, アルバート
1943～ 著「正確な接ぎ手技能」ガイアブックス, 産調出版 (発売) 2010
Jackson, Alphonso ジャクソン, アルフォンソ
国アメリカ 住宅都市開発長官
Jackson, Andrew ジャクソン, アンドリュー
1953～ 著「モルモン教とキリスト教はどう違うのか」いのちのことば社 2012
Jackson, Andrew Grant ジャクソン, アンドリュー・グラント
1969～ 著「リンゴをさがせ!」ネコ・パブリッシング 2015
Jackson, Andrew Jonathan ジャクスン, A.
著「ロービジョン・マニュアル」エルゼビア・ジャパン, オービー・エス (発売) 2010
Jackson, Asa ジャクソン, エイサ
国アメリカ アメフト選手
Jackson, Barbara ジャクソン, バーバラ
著「ニュージーランド」ほるぷ出版 2010
Jackson, Bennett ジャクソン, ベネット
国アメリカ アメフト選手
Jackson, Bershawn ジャクソン
国アメリカ 陸上選手
Jackson, Branden ジャクソン, ブランデン
国アメリカ アメフト選手
Jackson, Brenda ジャクソン, ブレンダ
著「サマー・スキャンダル」ハーレクイン 2011
Jackson, Charles L. ジャクソン, チャールズ・L.
著「ブロードバンドの発展と政策」NTT出版 2005
Jackson, Chris ジャクソン, クリス
1964～ 著「統合失調症」東京大学出版会 2006
Jackson, Chris B. ジャクソン, C.
著「Flash+After Effects」ボーンデジタル 2009
Jackson, Daniel ジャクソン, ダニエル

㊊「ソフトウェアの未来」翔泳社 2001
Jackson, Darius　ジャクソン, ダリアス
　㊀アメリカ　アメフト選手
Jackson, Dave　ジャクソン, デイブ
　㊊「医療倫理の拠りどころ」日本看護協会出版会 2001
Jackson, David Paul　ジャクソン, ディヴィッド・P.
　㊊「チベット絵画の歴史」平河出版社 2006
Jackson, Demetrius　ジャクソン, デミトリアス
　㊀アメリカ　バスケットボール選手
Jackson, DeSean　ジャクソン, デショーン
　㊀アメリカ　アメフト選手
Jackson, D'Qwell　ジャクソン, ディクウェル
　㊀アメリカ　アメフト選手
Jackson, Edwin　ジャクソン, エドウィン
　1983～　野球選手
Jackson, Edwin　ジャクソン, エドウィン
　㊀アメリカ　アメフト選手
Jackson, Elaine　ジャクソン, エレイン
　1954～　㊊「アトラスキッズ世界地図」主婦の友社 2008
Jackson, Emma　ジャクソン
　㊀オーストラリア　トライアスロン選手
Jackson, Gabe　ジャクソン, ゲーブ
　㊀アメリカ　アメフト選手
Jackson, Glenda　ジャクソン, グレンダ
　1936～　㊀イギリス　女優, 政治家　英国下院議員(労働党)　本名=Jakson, Glenda May
Jackson, H.　ジャクソン, ヘレン
　㊊「トナカイさん」主婦の友社 2013
Jackson, Henry J.　ジャクソン, ヘンリー・J.
　㊀ジャクソン, ヘンリーJ.　㊊「早期精神病の診断と治療」医学書院 2010
Jackson, Howard　ジャクソン, ハワード
　1945～　㊊「英語辞書学への招待」大修館書店 2004
Jackson, Howell E.　ジャクソン, ハウェル
　㊊「数理法務概論」有斐閣 2014
Jackson, Hue　ジャクソン, ヒュー
　㊀アメリカ　クリーブランド・ブラウンズコーチ
Jackson, Ian　ジャクソン, イアン
　1960～　㊊「ジグザグジャングルたんけんたい」大日本絵画 〔2010〕
Jackson, James H.　ジャクスン, ジェームズ・H.
　㊊「テロ対策ハンドブック」ブルース・インターアクションズ 2005
Jackson, Janet　ジャクソン, ジャネット
　1966～　㊀アメリカ　歌手　本名=Jackson, Janet Damita Jo
Jackson, Janine　ジャクソン, ジャニン
　㊊「もう戦争はさせない!」文理閣 2007
Jackson, Jeremy　ジャクソン, ジェレミー
　1973～　㊊「コーンブレッドの本」旭屋出版 2005
Jackson, Jesse Louis　ジャクソン, ジェシー
　1941～　㊀アメリカ　黒人運動指導者, 牧師　Rainbow PUSH Coalition代表
Jackson, Joanne　ジャクソン
　㊀イギリス　競泳選手
Jackson, John David　ジャクソン, J.D.
　1925～　㊊「電磁気学」吉岡書店 2003
Jackson, John Harold　ジャクソン, ジョン・H.
　㊊「人的資源管理論のエッセンス」中央経済社 2008
Jackson, Johnny　ジャクソン, ジョニー
　?～2006　㊀アメリカ　ドラム奏者
Jackson, Joseph Walter　ジャクソン, ジョセフ・W.
　1929～　㊊「息子マイケル・ジャクソンへ」講談社 2010
Jackson, Josh　ジャクソン, ジョシュ
　㊀アメリカ　バスケットボール選手
Jackson, Julian　ジャクスン, ジュリアン
　㊊「大恐慌期のフランス経済政策」大阪経済法科大学出版部 2001
Jackson, Julie　ジャクソン, ジュリー
　㊊「グラマーな猫たち」グラフィック社 2010
Jackson, Justin　ジャクソン, ジャスティン
　㊀アメリカ　バスケットボール選手
Jackson, Kareem　ジャクソン, カリーム
　㊀アメリカ　アメフト選手
Jackson, Katherine　ジャクソン, キャサリン
　㊊「ネバー・キャン・セイ・グッドバイ」愛育社 2011
Jackson, Kathy Merlock　ジャクソン, キャシー・マーロック
　1955～　㊊「アメリカ映画における子どものイメージ」東信堂 2002
Jackson, Kevin　ジャクソン, ケヴィン
　1955～　㊊「図説大ピラミッドのすべて」創元社 2004
Jackson, Lee　ジャクソン, リー
　1971～　㊊「不潔都市ロンドン」河出書房新社 2016
Jackson, Leslie　ジャクソン, レスリー
　㊊「ロケットストーブ」日本ロケットストーブ普及協会 2012
Jackson, Lisa　ジャクソン, リサ
　㊊「プレイボーイの純愛」ハーレクイン 2010
Jackson, Luke　ジャクソン, ルーク
　㊀アメリカ　野球選手
Jackson, Luke　ジャクソン, ルーク
　1988～　㊊「青年期のアスペルガー症候群」スペクトラム出版社 2005
Jackson, Lynn　ジャクソン, リン
　1955～　㊊「ピクサー成功の魔法」PHP研究所 2010
Jackson, M.A.　ジャクソン, マイケル・A.
　㊊「プロブレムフレーム」翔泳社 2006
Jackson, Malcolm　ジャクソン, マルコム
　㊀アメリカ　アメフト選手
Jackson, Malik　ジャクソン, マリク
　㊀アメリカ　アメフト選手
Jackson, Marguerite McMillan　ジャクソン, マルガリータ・M.
　㊊「限られた資源でできる感染防止」日本看護協会出版会 2001
Jackson, Mary　ジャクソン, メアリー
　1936～　㊊「ExcelとVBAで学ぶ先端ファイナンスの世界」パンローリング 2005
Jackson, Michael　ジャクソン, マイケル
　1942～2007　㊀イギリス　酒評論家
Jackson, Michael　ジャクソン, マイケル
　1958～2009　㊀アメリカ　歌手　本名=Jackson, Michael Jeseph
Jackson, Michael　ジャクソン, マイケル
　㊊「ソフトウェア要求と仕様」エスアイビー・アクセス, 星雲社 (発売) 2014
Jackson, Michelle C.　ジャクソン, ミッシェル・C.
　㊊「食品の機能性表示と世界のレギュレーション」薬事日報社 2015
Jackson, Mick　ジャクソン, ミック
　1960～　㊀イギリス　作家, ドキュメンタリー映画監督　㊉文学
Jackson, Neta　ジャクソン, ネタ
　㊊「医療倫理の拠りどころ」日本看護協会出版会 2001
Jackson, Paddy　ジャクソン, パディー
　㊀アイルランド　ラグビー選手
Jackson, Paul　ジャクソン, ポール
　1956～　㊊「箱の設計」ビー・エヌ・エヌ新社 2015
Jackson, Peter　ジャクソン, ピーター
　1961～　㊀ニュージーランド　映画監督
Jackson, Phil　ジャクソン, フィル
　1945～　㊀アメリカ　バスケットボール監督　ニックス球団社長
Jackson, Reggie　ジャクソン, レジー
　㊀アメリカ　バスケットボール選手
Jackson, Robert　ジャクソン, ロバート
　㊊「Dogfightライバル機大全」原書房 2009
Jackson, Roger　ジャクソン, ロジャー
　㊊「銅版画」パンセ・ライブラリー 2007
Jackson, Russell　ジャクソン, ラッセル
　1949～　㊊「シェイクスピア映画論」開文社出版 2004
Jackson, Ryan　ジャクソン, ライアン
　㊀アメリカ　野球選手
Jackson, S.　ジャクソン, S.
　㊊「鍼のエビデンス」医道の日本社 2009
Jackson, Samuel L.　ジャクソン, サミュエル・L.
　1948～　㊀アメリカ　俳優　㊀ジャクソン, サム
Jackson, Shericka　ジャクソン, シェリカ
　㊀ジャマイカ　陸上選手
Jackson, Simonette　ジャクソン, シモネット
　㊊「ポール・オースターが朗読するナショナル・ストーリー・プロジェクト」アルク 2006
Jackson, Stan　ジャクソン, スタン
　1913～　㊊「親たちよ, 若者たちよ!」清流出版 2004
Jackson, Steve　ジャクソン, スティーブ
　㊊「サムライ・ソード」ホビージャパン 2009
Jackson, Steven　ジャクソン, スティーブ
　㊊「奇蹟が僕に舞い降りた」合同出版 2007
Jackson, Susan A.　ジャクソン, スーザン・A.

Jackson, Tanard　ジャクソン, タナード
　㊄アメリカ　アメフト選手
Jackson, Tim　ジャクソン, ティム
　1957〜　㊐「成長なき繁栄」一灯舎, オーム社(発売)　2012
Jackson, Tom　ジャクソン, トム
　1972〜　㊐「世界がおどろいた！ のりものテクノロジー宇宙機の進化」ほるぷ出版　2016
Jackson, Tony　ジャクソン, トニー
　1940〜2003　㊄イギリス　ミュージシャン　旧グループ名＝サーチャーズ〈Searchers〉
Jackson, T.R.　ジャクソン, T.
　㊐「鍼のエビデンス」医道の日本社　2009
Jackson, Tre　ジャクソン, トリー
　㊄アメリカ　アメフト選手
Jackson, Tyson　ジャクソン, タイソン
　㊄アメリカ　アメフト選手
Jackson, Vina　ジャクソン, ヴィーナ
　㊅ロマンス
Jackson, Vincent　ジャクソン, ビンセント
　㊄アメリカ　アメフト選手
Jackson, William　ジャクソン, ウイリアム
　㊄アメリカ　アメフト選手
Jacksone, Thérèse　ジャクソン, テレーズ
　㊐「エビデンスに基づく高齢者の作業療法」ガイアブックス　2014
Jackson-Main, Peter　ジャクソン・メイン, ピーター
　㊐「眼をみてわかる健康診断」産調出版　2005
Jacob, Adam　ジェイコブ, アダム
　㊐「ウェブオペレーション」オライリー・ジャパン, オーム社(発売)　2011
Jacob, Christian　ジェイコブ, クリスチャン
　1958〜　㊄フランス　ジャズ・ピアニスト　㊇ジェーコブ, クリスチャン / ジャコブ, クリスチャン
Jacob, Daniel J.　ジェイコブ, D.J.
　1958〜　㊐「大気化学入門」東京大学出版会　2002
Jacob, Dee　ジェイコブ, ディー
　㊐「ザ・ベロシティ」ダイヤモンド社　2010
Jacob, François　ジャコブ, フランソワ
　1920〜2013　㊄フランス　遺伝学者, 微生物学者　パスツール研究所細胞遺伝学部長, コレージュ・ド・フランス教授
Jacob, Gitta　ヤコブ, ジッタ
　㊐「スキーマ療法実践ガイド」金剛出版　2015
Jacob, Jean　ジャコブ, ジャン
　㊐「政治的エコロジーの歴史」緑風出版　2005
Jacob, Klaus　ヤコプ, クラウス
　㊐「緑の産業革命」昭和堂　2012
Jacob, Maurice　ジェイコブ, モーリス
　㊐「ポール・ディラック」筑摩書房　2012
Jacob, Rhonda F.　ジェイコブ, R.
　㊐「バウチャー無歯顎患者の補綴治療」医歯薬出版　2008
Jacobbi, Paola　ヤコッビ, パオラ
　㊐「あの靴, ほしい！」河出書房新社　2006
Jacobellis, Lindsey　ジャコベリス, リンゼイ
　1985〜　㊄アメリカ　スノーボード選手
Jacobi, Aart　ヤコビ, アルト
　㊄オランダ　駐日特命全権大使
Jacobi, Derek　
　ローレンス・オリヴィエ賞 プレイ 男優賞(2009年(第33回))　"Twelfth Night"
Jacobovici, Simcha　ヤコボビッチ, シンハ
　㊐「失われた福音」桜の花出版, 星雲社(発売)　2016
Jacobs, A.J.　ジェイコブズ, A.J.
　1968〜　㊐「健康男」日経BP社, 日経BPマーケティング(発売)　2013
Jacobs, Barry J.　ジェイコブズ, バリー・J.
　㊐「がん告知そして家族が介護と死別をのり越えるとき」星和書店　2014
Jacobs, Ben　ジェイコブズ, ベン
　㊄アメリカ　アメフト選手
Jacobs, Brandon　ジェイコブズ, ブランドン
　1982〜　㊄アメリカ　元アメフト選手　㊇ジェイコブス, ブランドン
Jacobs, Chuck　ジェイコブズ, チャック
　㊄アメリカ　アメフト選手
Jacobs, David　ジェイコブズ, デイヴィッド
　㊐「ザ・インタープリター」徳間書店　2005
Jacobs, David Michael　ジェイコブス, デビッド・マイケル
　1942〜　㊐「全米UFO論争史」ブイツーソリューション, 星雲社(発売)　2006
Jacobs, D.Lea　ジェイコブズ, D.リー
　1954〜　㊐「FBI潜入捜査官」バジリコ　2004
Jacobs, Douglas　ジェイコブス, ダグラス
　㊐「学校における自傷予防」金剛出版　2010
Jacobs, George M.　ジェイコブズ, ジョージ・M.
　㊐「先生のためのアイディアブック」日本協同教育学会, 京都 ナカニシヤ出版(発売)　2005
Jacobs, Gregg D.　ジェイコブズ, グレッグ・D.
　㊐「脳内復活」PHP研究所　2006
Jacobs, Harvey　ジェイコブズ, ハーヴェイ
　1930〜　㊐「グラックの卵」国書刊行会　2006
Jacobs, Holly　ジェイコブズ, ホリー
　㊐「プリンスとの夜」ハーレクイン　2006
Jacobs, Irwin　ジェイコブズ, アーウィン
　㊄アメリカ　実業家
Jacobs, James　ジェイコブズ, ジェームズ
　㊐「魔物の書」ホビージャパン　2007
Jacobs, Jane　ジェーコブズ, ジェーン
　1916〜2006　㊄アメリカ　著述家　㊅都市計画
Jacobs, Jay S.　ジェイコブズ, ジェイ・S.
　1962〜　㊐「トム・ウェイツ」DHC　2001
Jacobs, John W.　ジェイコブズ, ジョン・W.
　㊐「結婚における七つの大嘘」オープンナレッジ　2006
Jacobs, Julian　ジェイコブズ, ジュリアン
　㊄アメリカ　バスケットボール選手
Jacobs, Kate　ジェイコブズ, ケイト
　1973〜　㊄カナダ　作家　㊅文学, ロマンス
Jacobs, Mara　ジェイコブズ, マラ
　㊐「キスへのカウントダウン」オークラ出版　2014
Jacobs, Marc　ジェイコブズ, マーク
　1963〜　㊄アメリカ　ファッションデザイナー　ルイ・ヴィトン・アーティスティック・ディレクター　㊇ジェーコブス, マーク / ジェイコブス, マーク
Jacobs, Marie-Josée　ヤコブス, マリジョゼ
　㊄ルクセンブルク　家族・統合相兼開発協力・人道援助相
Jacobs, Michael　ジェイコブズ, マイケル
　1952〜　㊐「世界で一番美しい村プロヴァンス」ガイアブックス　2013
Jacobs, Nic　ジェイコブス, ニック
　㊄アメリカ　アメフト選手
Jacobs, Paul　ジェイコブス, ポール
　グラミー賞 最優秀クラシック器楽独奏(オーケストラなし)(2010年(第53回))　"Messiaen: Livre Du Saint-Sacrement"　ソリスト
Jacobs, Paul E.　ジェイコブズ, ポール
　㊄アメリカ　エンジニア, 実業家　クアルコム取締役会長　㊇ジェーコブス, ポール
Jacobs, Phil　ジェイコブズ, フィル
　㊐「マイティマック」小学館　2008
Jacobs, Raymond　ジェイコブズ, レイモンド
　?〜2008　㊄アメリカ　軍人
Jacobs, Rémi　ジャコブ, レミ
　1945〜　㊐「メンデルスゾーン」作品社　2014
Jacobs, René　ヤーコプス, ルネ
　1946〜　㊄ベルギー　指揮者, 元カウンター・テナー歌手　㊇ヤーコブス, ルネ / ヤコプ, ルネ
Jacobs, Robert A.　ジェイコブズ, ロバート・A.
　1960〜　㊐「ドラゴン・テール」凱風社　2013
Jacobs, Robert Horace　ジェイコブズ, ロバート
　1956〜　㊐「HUBBLE」インフォレスト　2010
Jacobs, Robert W.　ジェイコブズ, ロバート・W.
　㊐「ひとりで抱え込まない仕事術」ダイヤモンド社　2007
Jacobs, Ron　ジェイコブズ, ロン
　1948〜　㊐「ザ・マーケティング」ダイヤモンド社　2012
Jacobs, Scott　ジェイコブズ, S.
　㊐「Game programming gems」ボーンデジタル　2008
Jacobs, Steven L.　ジェイコブズ, スティーヴン・レオナルド
　㊐「「シオン長老の議定書」の大嘘」徳間書店　2008
Jacobs, Theodore J.　ジェイコブズ, T.
　㊐「乳幼児研究から大人の精神療法へ」岩崎学術出版社　2008
Jacobs, Tramain　ジェイコブズ, トラメイン
　㊄アメリカ　アメフト選手

Jacobs, Wilbur R.　ジェイコブズ, ウィルバー・R.
[著]「アメリカの環境主義」 同友館　2004

Jacobsen, Annie　ジェイコブセン, アニー
[著]「ナチ科学者を獲得せよ！」 太田出版　2015

Jacobsen, Astrid Uhrenholdt　ヤコブセン
[国]ノルウェー　クロスカントリースキー選手

Jacobsen, Mette　ヤコブセン
[国]デンマーク　競泳選手

Jacobsen, Michael Hviid　ヤコブセン, ミカエル・ヴィード
1971～　[著]「社会学の使い方」 青土社　2016

Jacobsen, Rowan　ジェイコブセン, ローワン
[国]アメリカ　ジャーナリスト　[異]ジェーコブセン, ローワン

Jacobsen, Steffen　ヤコブセン, シュテフェン
1956～　[国]デンマーク　作家　[専]ミステリー

Jacobson, Alan M.　ヤコブソン, アラン・M.
[著]「精神科シークレット」 メディカル・サイエンス・インターナショナル　2003

Jacobson, Andrew　ジェイコブソン, アンドルー
[国]アメリカ　脚本家, 作家　[専]SF, ファンタジー　[異]ジェイコブスン, アンドリュー

Jacobson, Dan　ジェーコブソン, ダン
1929～2014　[国]南アフリカ　作家　ユニバーシティ・カレッジ・ロンドン名誉教授　[異]ジェイコブソン, ダン

Jacobson, Denise Sherer　ジェイコブソン, デニース・シアー
[著]「僕の親になってくれる？」 現代書館　2002

Jacobson, Howard　ジェイコブソン, ハワード
1942～　作家, 評論家　[異]ヤコブソン, ハワード

Jacobson, Ivar　ヤコブソン, イヴァー
[著]「言語設計者たちが考えること」 オライリー・ジャパン, オーム社(発売)　2010

Jacobson, James L.　ヤコブソン, ジェームズ・L.
1951～　[著]「精神科シークレット」 メディカル・サイエンス・インターナショナル　2003

Jacobson, Jennifer Richard　ジェイコブソン, ジェニファー・リチャード
1958～　[国]アメリカ　作家　[専]児童書

Jacobson, Leonard　ジェイコブソン, レナード
1944～　[著]「この瞬間を抱きしめる」 ナチュラルスピリット　2012

Jacobson, Mark　ジェイコブスン, マーク
[著]「アメリカン・ギャングスター」 早川書房　2007

Jacobson, Nina　ジェイコブソン, ニーナ
1966～　[国]アメリカ　映画プロデューサー　[異]ジェーコブソン, ニーナ

Jacobson, Reed　ジェイコブソン, R.
[著]「ステップバイステップで学ぶMicrosoft Excel 2002 VBA実践講座」 日経BPソフトプレス, 日経BP出版センター(発売)　2002

Jacobson, Robert E.　ヤコブソン, ロバート
1948～　[著]「情報デザイン原論」 東京電機大学出版局　2004

Jacobson, Sada　ジェーコブソン
[国]アメリカ　フェンシング選手　[異]ジェーコブソン, S.

Jacobson, Sid　ジェイコブソン, シド
[著]「9.11オフィシャル・レポート」 イースト・プレス　2007

Jacobson, Troy　ジェイコブソン, トロイ
[著]「トライアスロンアナトミィ」 ガイアブックス　2014

Jacobsson, Erin E.　ヤコブソン, エリン・E.
[著]「サウンドマネー」 蒼天社出版　2010

Jacobus, Mary　ジャコーバス, メアリー
[著]「ボディー・ポリティクス」 世界思想社　2003

Jacoby, Brook　ジャコビー, ブルック
[国]アメリカ　トロント・ブルージェイズコーチ

Jacoby, Henry　ジャコビー, ヘンリー
[著]「アドラーの思い出」 創元社　2007

Jacoby, Mario　ヤコービ, マリオ
1925～　[著]「恥と自尊心」 新曜社　2003

Jacoby, Sanford M.　ジャコービィ, サンフォード・M.
1953～　[著]「日本の人事部・アメリカの人事部」 東洋経済新報社　2005

Jácome, Joaquín　ハコメ, ホアキン
[国]パナマ　商工相

Jacopetti, Gualtiero　ヤコペッティ, グアルティエロ
1919～2011　[国]イタリア　映画監督

Jacq, Christian　ジャック, クリスチャン
1947～　[著]「燃えあがる剣」 角川書店　2004

Jacquard, Roland　ジャカール, ロラン
[著]「ビンラディンとアルカイダ」 双葉社　2002

Jacquart, Alain　ジャッカル, アラン
[著]「絵とき精神医学の歴史」 星和書店　2002

Jacquart, Danielle　ジャカール, ダニエル
[著]「アラビア科学の歴史」 創元社　2006

Jacques, Brian　ジェイクス, ブライアン
1939～　[著]「海から来たマリエル」 徳間書店　2006

Jacques, Catherine　ジャーク
[国]ベルギー　柔道選手

Jacques, Martin　ジェイクス, マーティン
1945～　[国]イギリス　コラムニスト　ケンブリッジ大学政治・国際関係研究学部客員研究員, 清華大学客員研究員　[専]中国研究

Jacques, Thomas　ジャック, トマ
[国]ハイチ共和国　農業・天然資源・農村開発相

Jacquet, Illinois　ジャケー, イリノイ
1922～2004　[国]アメリカ　テナーサックス奏者　本名＝Jacquet, Jean Bartiste Illinois

Jacquet, Luc　ジャケ, リュック
[著]「きつねと私の12か月」 エクスナレッジ　2008

Jacquin, Philippe　ジャカン, フィリップ
[著]「海賊の歴史」 創元社　2003

Jacquit, Simon　ジャッキー, シモン
[国]マダガスカル　初中等教育相

Jacquot, Benoit　ジャコ, ブノワ
1947～　[国]フランス　映画監督　[異]ジャコー, ブノワ

Jacquot, Delphine　ジャコ, デルフィーヌ
1982～　[著]「かしこいウサギとはずかしがりやの大きな鳥」 徳間書店　2014

al-**Jada'an, Mohammed bin Abdullah**　ジャドアーン, ムハンマド・ビン・アブドラ
[国]サウジアラビア　財務相

Jadad, Alejandro R.　ハダット, アレハンドロ
[著]「ランダム化比較試験」 じほう　2004

Jade, Claude　ジャド, クロード
1948～2006　[国]フランス　女優　本名＝ジョア, クロード〈Jorre, Claude〉

Jadoon, Amanullah Khan　ジャドゥーン, アマヌラ・カーン
[国]パキスタン　石油・天然資源相

Jadoul, Emile　ジャドゥール, エミール
1963～　[著]「おしっこおしっこ」 クレヨンハウス　2016

Jadranka　ヤドランカ
1950～　[国]ボスニア・ヘルツェゴビナ　歌手, サズ奏者　本名＝ストヤコヴィッチ, ヤドランカ〈Stojaković, Jadranka〉

Jaech, John L.　ジェイク, J.L.
[著]「測定誤差の統計解析」 丸善プラネット, 丸善出版事業部(発売)　2007

Jaegar, Lars　イエーガー, ラース
[著]「オルタナティブ投資のリスク管理」 東洋経済新報社　2005

Jaeger, Anne-Celine　イエガー, アン＝セリーヌ
[著]「写真のエッセンス」 ピエ・ブックス　2008

Jaeger, Clarice　イエゲル, クラリーセ
[著]「やすらかなきせき」 新世研　2004

Jaeger, Connor　イエガー, コナー
[国]アメリカ　水泳選手　[異]イエガー

Jaeger, Mirjam　イエガー
[国]スイス　フリースタイルスキー選手

Jaeger, Paul T.　イエーガー, ポール・T.
1974～　[著]「公立図書館・公共政策・政治プロセス」 京都図書館情報学研究会, 日本図書館協会(発売)　2016

Jaeger, Robert A.　イエーガー, ロバート・A.
[異]イェーガー, ロバート　[著]「入門ヘッジファンド」 シグマベイスキャピタル　2006

Jaenicke, Chris　ジェニキー, クリス
1946～　[著]「関わることのリスク」 誠信書房　2014

Jaenisch, Rudolf　イエーニッシュ, ルドルフ
1942～　[国]アメリカ　医学者　マサチューセッツ工科大学教授

Jaensson, Håkan　イェンソン, ホーカン
1947～　[著]「キムのふしぎなかさのたび」 徳間書店　2012

Jaeschke, Rex　イェシュケ, レックス
[著]「標準C言語辞典」 ピアソン・エデュケーション　2001

Jaeschke, Roman　イェシュケ, R.
[著]「臨床のためのEBM入門」 医学書院　2003

Jaeschke, Walter　イェシュケ, ヴァルター
1945～　[著]「ヘーゲルハンドブック」 知泉書館　2016

Jafa, Manorama　ジャファ, マノラマ
[国]インド　児童文学作家, 国際児童文学評議会インド支部事務局長, インド児童書作家・イラストレーター協会事務局長

al-Jafari, Ibrahim　ジャファリ, イブラヒム
　国イラク　外相
Jafari al-Usheiker, Ibrahim　ジャファリ・ウシェイケル, イブラヒム
　国イラク　副大統領
Jafarov, Galib　ヤファロフ
　国カザフスタン　ボクシング選手
Jaffa, Rick　ジャッファ, リック
　著「ジュラシック・ワールド」竹書房　2015
Jaffar, Jasim　ジャファル, ジャシム
　国イラク　青年スポーツ相
Jaffe, Azriela　ジャフィ, アズリエラ
　著「幸運のつくり方」PHP研究所　2003
Jaffe, Dennis T.　ジャフ, デニス
　著「組織改革」鹿島出版会　2012
Jaffe, Eric　ヤッフェ, エリック
　著「大川周明と狂気の残影」明石書店　2015
Jaffe, Harold　ジェフィ, ハロルド
　著「エロスアンチ・エロス」水声社　2002
Jaffe, Janet　ジャフィ, ジャネット
　著「子守唄が唄いたくて」バベルプレス　2007
Jaffe, Joseph　ジャフィ, ジョセフ
　1970～　著「テレビCM崩壊」翔泳社　2006
Jaffe, Laura　ジャフェ, L.
　著「お金とじょうずにつきあう本」晶文社　2001
Jaffe, Marie S.　ジャフェ, マリー・S.
　著「看護診断にもとづく看護ケア基準」日本看護協会出版会　2006
Jaffe, Peter G.　ジャッフェ, P.G.
　訳ジャッフェ, ピーター・G.「ドメスティック・バイオレンスから子どもを守るために」培風館　2009
Jaffe, Sam　ジャッフェ, サム
　著「ラビが教えるユダヤ流成功の極意」阪急コミュニケーションズ　2010
Jaffe, Seymour　ジャフ, シーモア・シェパード
　著「パニック障害からの快復」筑摩書房　2005
Jaffé, Sophia　ジャフェ, ソフィア
　国ドイツ　エリザベート王妃国際コンクール ヴァイオリン 第3位 (2005年)
Jaffe, William L.　ジャッフェ, ウィリアム・L.
　1938～　著「股関節と膝関節疾患のためのピラティス」ガイアブックス　2015
Jaffee, Dwight　ジャフィー, ドワイト
　著「金融規制のグランドデザイン」中央経済社　2011
Jaffke, Freya　ヤフケ, フライア
　1937～　訳ヤフケ, フライヤ　著「子どものための四季の祝祭」涼風書林　2013
al-Jafri, Adnan Umar Mohammed　ジャフリ, アドナン・ウマル・モハメド
　国イエメン　法相
Jafri, Ehsan　ジャフリー, エーサン
　?～2002　国インド　弁護士　インド国会議員
Jagaciak, Anna　ヤガチャク, アンナ
　国ポーランド　陸上選手
Jagan, Janet　ジェーガン, ジャネット
　1920～2009　国ガイアナ　政治家　ガイアナ大統領　旧ジャーガン, ジャネット
Jagdeo, Bharrat　ジャグデオ, バラト
　1964～　国ガイアナ　政治家, 経済学者　ガイアナ大統領　旧ジャグデオ, バラット
Jager, Eric　ジェイガー, エリック
　1957～　著「決闘裁判」早川書房　2007
Jager, Evan　ジャガー, エバン
　国アメリカ　陸上選手　旧ヤーガー
Jäger, Jill　イェーガー, ジル
　1949～　著「私たちの地球は耐えられるのか?」中央公論新社　2008
Jäger, Lorenz　イェーガー, ローレンツ
　1951～　著「アドルノ」岩波書店　2007
Jäger, Willigis　イェーガー, ヴィリギス
　著「21世紀神秘思想」教友社　2016
Jäger, Wolfgang　イェーガー, ヴォルフガング
　著「ドイツの歴史」明石書店　2006
Jägerfeld, Jenny　ヤーゲルフェルト, イェニー
　1974～　国スウェーデン　作家　他ヤングアダルト
Jagger, Mick　ジャガー, ミック
　1943～　国イギリス　ロック歌手　本名＝ジャガー, マイケル・フィリップ〈Jagger, Michael Philip〉
Jagielka, Phil　ジャギエルカ, フィル
　国イングランド　サッカー選手
Jagland, Thorbjørn　ヤーグラン, トールビョルン
　1950～　国ノルウェー　政治家　ノーベル賞委員会委員長, 欧州評議会事務総長　ノルウェー首相　旧ヤーグラン, トールビヨルン／ヤーグラント, トールビヨルン／ヤーグラント, トールビヨランド
Jagmohan　ジャグモハン
　国インド　文化・観光相
Jagne, Baboucarr-Blaise　ジャニュ, バブカルブレーズ
　国ガンビア　外相
Jágr, Jaromír　ヤーガー, ヤロミール
　1972～　国チェコ　アイスホッケー選手
Jagtenberg, Yvonne　ヤハテンベルフ, イヴォンヌ
　1967～　著「ちいさなかいじゅうモッタ」福音館書店　2015
Jagtiani, Micky　ジャグティアニ, ミッキー
　国インド　実業家
Jah, S.U.M.　ジャー, S.U.M.
　国シエラレオネ　南部地域担当相
Jahanforuz, Rita　ジャハーン＝フォルーズ, リタ
　1962～　著「白い池黒い池」光村教育図書　2015
Jahangiri, Eshaq　ジャハンギリ, エスハク
　国イラン　第1副大統領
Jahani, Abdul Bari　ジャハニ, アブドルバリ
　国アフガニスタン　情報・文化相
Jahid, Taj Mohammad　ジャーヒド, タージ・モハマド
　国アフガニスタン　内相
Jahjaga, Atifete　ヤヒヤガ, アティフェテ
　1975～　国コソボ　政治家　コソボ大統領　旧ヤヒヤガ, アティフィテ
Jahn, Martin　ヤーン, マルティン
　国チェコ　副首相
Jahn, Ryan David　ヤーン, ライアン・デービッド
　1979～　国アメリカ　作家　他ミステリー, スリラー　旧ヤーン, ライアン・デイヴィッド
Jahnátek, L'ubomír　ヤフナーテク, リュボミール
　国スロバキア　農業・農村開発相
Jahng, Doosub　ジャン, ドゥーソップ
　著「産業保健マーケティング」中央労働災害防止協会　2002
Jahnke, Christine K.　ヤーンケ, クリスティーン
　1963～　著「大人の女の話し方」海と月社　2016
Jahnsson, Kai　ヤハンソン
　国フィンランド　射撃選手
Jahodova, Libuse　ヤホドバ, リブセ
　国チェコ　射撃選手
Jahromi, Mohammad　ジャフロミ, モハマド
　国イラン　労働・社会問題相
Jahumpa, Bala Garba　ジャフンパ, バラ・ガルバ
　国ガンビア　外相
Jaidee, Thongchai　ジャイディ, トンチャイ
　国タイ　ゴルフ選手
al-Jailani, Abdul-Bagi　ジャイラニ, アブドルバギ
　国スーダン　鉱物相
Jaime, Aguinaldo　ジャイメ, アギナルド
　国アンゴラ　副首相
Jaime, Romero　ハイメ・ロメロ
　国スペイン　サッカー選手
Jain, Anshu　ジェイン, アンシュー
　1963～　国インド　銀行家　ドイツ銀行共同頭取・CEO　本名＝Jain, Anshuman
Jain, Bijoy　ジェイン, ビジョイ
　1965～　国インド　建築家　スタジオ・ムンバイ代表
Jain, Dipak　ジェイン, ディパック・C.
　著「新・マーケティング原論」翔泳社　2002
Jain, Naresh　ジャイン, ナレシュ
　著「プロジェクト・マネジャーが知るべき97のこと」オライリー・ジャパン, オーム社 (発売)　2011
Jain, Purnendra　ジェイン, プルネンドラ
　著「現代日本の政治と外交」原書房　2013
Jain, S.Lochlann　ジェイン, S.ロッホラン
　著「不健康は悪なのか」みすず書房　2015
Jairo, Samperio　ハイロ・サンペリオ
　国スペイン　サッカー選手
Jaison, Bala　ジェイソン, バラ
　著「解決指向フォーカシング療法」金剛出版　2009
Jaiswal, Sriprakash　ジャイスワル, スリプラカシュ

Jaiteh, Teneng Mba ジャイテ, テネング・ムバ
　国ガンビア　エネルギー相
Jaitley, Arun ジャイトリー, アルン
　国インド　財務相兼企業相
Jajalo, Mato ヤヤロ, マト
　国ボスニア・ヘルツェゴビナ　サッカー選手
Jaju, Faris ジャジュ, ファリス
　国イラク　科学技術相
Jak, Sable ジャック, セイブル
　1948～　著「ファンタジー映画を書きたい！」フィルムアート社　2005
Jakabos, Zsuzsanna ヤカボシュ, ジュジャンナ
　国ハンガリー　水泳選手　愛ヤカボシュ
Jakeman, Jane ジェイクマン, ジェイン
　著「霧けむる王国」新潮社　2004
Jakes, John ジェイクス, ジョン
　著「漆黒の霊魂」論創社　2007
Jakes, S.E. ジェイクス, S.E.
　国アメリカ　作家　愛ロマンス, サスペンス　共同筆名＝クロフト, シドニー〈Croft, Sydney〉
Jakhrani, Mir Aijaz Hussain ジャクラニ, ミール・アイジャズ・フセイン
　国パキスタン　保健相
Jakimovski, Stevče ヤキモフスキ, ステフチェ
　国マケドニア　労働社会政策相
Jakku-Sihvonen, Ritva ヤックーシーヴォネン, R.
　著「フィンランドの先生学力世界一のひみつ」桜井書店　2008
Jakobosson, Joel ヤコブソン, ヨエル
　著「ムーミン谷の絵辞典」講談社　2014
Jakobs, Günther ヤコブス, ギュンター
　1937～　愛ヤコブス, ギュンダー　著「法益保護によって刑法は正当化できるか？」関西大学出版部　2015
Jakobsdottir, Katrin ヤコブスドッティル, カトリン
　国アイスランド　教育・科学・文化相
Jakobsen, Lisbet ヤコブセン, リスベ
　国デンマーク　ボート選手
Jakobsen, Liselotte ヤコブセン, リセロッテ
　著「社会を説明する」ナカニシヤ出版　2015
Jakobsen, Sander ヤコブスン, サンダ
　著「悪魔の手は白い」早川書房　2016
Jakobson, Kristin M. ヤーコブソン, クリスティン・M.
　著「持続可能な農業と環境」食料・農業政策研究センター, 農山漁村文化協会（発売）　2001
Jakobson, Linda ヤーコブソン, リンダ
　著「中国の新しい対外政策」岩波書店　2011
Jakobson, Max ヤコブソン, マックス
　1923～2013　国フィンランド　外交官, 国際問題研究家, ジャーナリスト　国連大使
Jakoby, Don ジャコビー, ドン
　著「エボリューション」竹書房　2001
Jakosits, Michael ヤコシッツ
　国ドイツ　射撃選手
Jakovčić, Ivan ヤコブチッチ, イバン
　国クロアチア　欧州統合相
Jakovina, Tihomir ヤコビナ, ティホミル
　国クロアチア　農相
Jaksto, Jaroslav ヤコスト
　国リトアニア　ボクシング選手　愛ヤクスト
Jakubczak-pawelec, Anna ヤクブチャク
　国ポーランド　陸上選手
Jakubec, David France ジャクベック, デービッド・フランス
　著「パニック障害」日本評論社　2001
Jakubowski, Maxim ジャクボウスキー, マキシム
　1944～　著「ロンドン・ノワール」扶桑社　2003
Jakupovic, Eldin ヤクボヴィッチ, エルディン
　国スイス　サッカー選手
Jakutovich, Olga ヤクトーヴィチ, オリガ
　？～2008　著「うっかりもののまほうつかい」福音館書店　2010
al-**Jalahma, Yusuf bin Ahmed bin Hussain** ジャラフマ, ユスフ・ビン・アハマド・ビン・フセイン
　国バーレーン　国務相（国防担当）
Jalal, Masooda ジャラル, マスーダ
　国アフガニスタン　女性問題相
Jalal, Sheikh Ahmed ジャラール, アーメド
　1940～　著「きんいろのしか」福音館書店　2007
Jalal, Zobaida ジャラル, ズベイダ
　国パキスタン　社会福祉相　愛ジャラル, ズベダ
Jalali, Ali-Ahmad ジャラリ, アリアフマド
　国アフガニスタン　内相
al-**Jalali, Muhammmad Ghazi** ジャラリ, ムハンマド・ガジ
　国シリア　通信技術相
Jaleel, Mohamed ジャリール, モハメド
　国モルディブ　経済開発・貿易相
Jalil, Abdul ジャリル, アブドゥル
　国バングラデシュ　商業相
Jalil, Iskandar ジャリル, イスカンダル
　国シンガポール　陶芸家, 元・テマセク・ポリテクニック教師
Jalil, Osvaldo ハリル, オスバルド
　1950～　著「空をとんだカタツムリ」新世界　2003
Jalili, Abolfazl ジャリリ, アボルファズル
　1957～　国イラン　映画監督
Jalkh, Gustavo ハルク, グスタボ
　国エクアドル　内相
Jallah, Peter ジャラ, ピーター
　国リベリア　国家安全保障相
Jalleli, Mokhtar ジャレリ, モフタル
　国チュニジア　農業・環境相
Jallet, Christophe ジャレ, クリストフ
　国フランス　サッカー選手
Jalloh, Abubakarr ジャロ, アブバカル
　国シエラレオネ　天然資源相
Jalloh, Chernor ジャロ, チャーナー
　国シエラレオネ　海洋資源相
Jallow, Lamin ジャロウ, ラミン
　国ガンビア　サッカー選手
Jallow, Sarjo ジャロウ, サージョ
　国ガンビア　公共事業・通信相
Jalolov, Bakhodir ジャロロフ, バホディル
　国ウズベキスタン　ボクシング選手
Jalonen, Riitta ヤロネン, リータ
　1954～　著「オーロラの雪」猫の言葉社　2013
Jalote, P. ジャロート, パンカジュ
　愛ジャローテ, パンカジ　著「ソフトウェア開発のためのプロジェクトマネジメント入門」ソフトバンクパブリッシング　2003
Jama, Abdulkareem Hassan ジャマ, アブドルカリーム・ハッサン
　国ソマリア　情報・郵便・通信相
Jama, Mahmud Abdullahi ジャマ, マハムド・アブドラヒ
　国ソマリア　在外ソマリア人担当相　愛ジャマ, アハマド・アブドゥラヒ
Jama, Uthman ジャマ, ウスマン
　国ソマリア　副首相
Jamail, Dahr ジャマイル, ダール
　著「ファルージャ2004年4月」現代企画室　2004
Jama Ilkajir, Abdullahi Ahmed ジャマ・イルカジル, アブドラヒ・アハメド
　国ソマリア　法相
Jama Jangali, Ali Ahmed ジャマ・ジャンガリ, アリ・アハメド
　国ソマリア　航空・陸上運輸相
Jamal ジャマール
　？～2009　国アメリカ　プロレスラー　別名＝ウマガ, 旧リングネーム＝エディ・ファトゥ
Jamal, Maryam Yusuf ジャマル
　国バーレーン　陸上選手
Jamal, Mohamed Maleeh ジャマル, モハメド・マリーハ
　国モルディブ　青年・スポーツ相
Jamal, Muhammad Maher Hosni ジャマル, ムハマド・マヘル・ホスニ
　国シリア　石油鉱物資源相
Jamal, Syed Ghazi Gulab ジャマル, サイド・ガジ・グラブ
　国パキスタン　文化相
Jamali, Mir Changez Khan ジャマーリ, ミール・チャンゲズ・カーン
　国パキスタン　科学技術相
Jamali, Zafarullah Khan ジャマリ, ザファルラ・カーン
　国パキスタン　首相
Jamall, Maurice ジャマール, モーリス
　著「シェイクスピアを教える」風間書房　2013
Jamalov, Yaver ジャマロフ, ヤベル
　国アゼルバイジャン　防衛産業相
Jamaluddin, Jarjis ジャマルディン・ジャルジス
　国マレーシア　科学技術・革新相

Jamalul Kiram Ⅲ　ジャマルル・キラム3世
　1938〜2013　⒩フィリピン　スールー王国スルタンの末裔を自称するフィリピン人
Jamar, Herve　ジャマール、エルベ
　⒩ベルギー　予算・国営宝くじ相
Jama Siffir, Mohamud Abdullahi　ジャマ・シーファー、モハムド・アブドラヒ
　⒩ソマリア　副首相兼情報相
Jambon, Jan　ヤンボン、ヤン
　⒩ベルギー　副首相兼公安・内務・建物公社相
Jambozorg, Mahlagha　ジャンボゾルグ、マフラガ
　⒩イラン　射撃選手
Jambyn Dashdondog　ジャンビーン・ダシドンドグ
　⒢「モンゴル文学への誘い」明石書店　2003
Jameel, Abdulla　ジャミール、アブドラ
　⒩モルディブ　大統領府相
Jameel, Aminath　ジャミール、アミナット
　⒩モルディブ　保健・家族相
Jameel, Fathulla　ジャミール、ファトラ
　1942〜2012　⒩モルディブ　政治家　モルディブ外相
Jameel, Mohamed Mauroof　ジャミール、モハメド・マウルーフ
　⒩モルディブ　建設・社会基盤相
Jameel, Shahida　ジャミール、シャヒーダ
　⒩パキスタン　司法相
James, Alex　ジェームス、アレックス
　1968〜　⒢「ブラー」ブルース・インターアクションズ　2008
James, Alexander　ジェームズ、アレクサンダー
　⒩イギリス　写真家
James, Allyson　ジェームズ、アリソン
　⒢「黄金の指に奏でられ」ヴィレッジブックス　2012
James, Ann　ジェームズ、アン
　⒢「マリーおばさんと7ひきのねこ」講談社　2005
James, Arlene　ジェイムズ、アーリーン
　⒢「せつない誓い」ハーレクイン　2010
James, Arsene　ジェームズ、アーセン
　⒩セントルシア　教育・文化相
James, Bertram　ジェームズ、バートラム
　?〜2008　⒩イギリス　軍人　英国空軍少佐
James, Bethan　ジェームズ、ベサン
　⒭ジェイムズ、ベサン　⒢「最初の復活祭」サンパウロ　2015
James, Beverly　ジェームズ、ビヴァリー
　1939〜　⒢「心的外傷を受けた子どもの治療」誠信書房　2003
James, Bill　ジェイムズ、ビル
　⒢「本の殺人事件簿」バベル・プレス　2001
James, B.J.　ジェイムズ、B.J.
　⒭ジェイムズ, ビージェイ　⒢「悲運の令嬢」ハーレクイン　2003
James, Bob　ジェームズ、ボブ
　1939〜　⒩アメリカ　ジャズ・ピアニスト、作曲家、編曲家、音楽プロデューサー　本名＝ジェームス、ロバート〈James, Robert〉
James, Brian　ジェームズ、ブライアン
　1976〜　⒢「パイレーツスクール」ポプラ社　2010
James, Brian R.　ジェームズ、ブライアン・R.
　⒢「フォーゴトン・レルム年代記」ホビージャパン　2008
James, Charles　ジェームズ、チャールズ
　⒩アメリカ　アメフト選手
James, Cory　ジェームズ、コリー
　⒩アメリカ　アメフト選手
James, David　ジェームズ、デビッド
　1940〜　⒢「Sayuriオフィシャル・ビジュアルブック」学習研究社　2005
James, D.Clayton　ジェームズ、D.クレイトン
　⒢「ヒトラーが勝利する世界」学習研究社　2006
James, E.L.　ジェイムズ、E.L.
　1963〜　⒩イギリス　作家　⒭ロマンス　⒭ジェームズ、E.L.
James, Elizabeth　ジェイムズ、エリザベス
　1950〜　⒢「図説『チャールズ・ディケンズ』」ミュージアム図書（発売）c2006
James, Eloisa　ジェームズ、エロイザ
　⒢「二度目の恋に落ちるとき」集英社クリエイティブ、集英社（発売）2016
James, Etta　ジェームズ、エタ
　1938〜2012　⒩アメリカ　R&B歌手　本名＝ホーキンス、ジャメスタ〈Hawkins, Jamesetta〉　⒭ジェームズ、エタ／ジェイムズ、エッタ／ジェイムス、エタ／ジェイムズ、エタ
James, Geraldine　ジェイムズ、ジェラルディン

⒢「マイ・コレクション・インテリア」グラフィック社　2012
James, Gregory　ジェームズ、グレゴリー
　⒢「辞書学辞典」研究社　2004（第2刷）
James, Harold　ジェームズ、ハロルド
　1956〜　⒩イギリス　歴史学者　プリンストン大学教授　⒭ジェイムズ、ハロルド
James, Ian　ジェームズ、イアン
　⒢「音楽家の手」協同医書出版社　2006
James, Ian Andrew　ジェームズ、イアン・アンドリュー
　1963〜　⒢「チャレンジング行動から認知症の人の世界を理解する」星和書店　2016
James, Ioan Mackenzie　ジェイムズ, I.
　1928〜　⒢「数学者列伝」シュプリンガー・ジャパン　2011
James, Jamie　ジェイムズ、ジェイミー
　⒢「ポップ・アート」西村書店　2002
James, Janice Sue　ジェームズ、ジャニス
　⒢「人間中心設計の海外事例」近代科学社　2013
James, Jason　ジェームズ、ジェイスン
　1965〜　⒩イギリス　ブリティッシュ・カウンシル駐日代表、HSBCジェームズ・ケーベル証券調査部長　⒭ジェームズ、ジェイスン／ジェイムズ、ジェイスン／ジェイムス、ジェイスン
James, Ja'Wuan　ジェームズ、ジェイウワン
　⒩アメリカ　アメフト選手
James, Jennifer　ジェームズ、ジェニファー
　1943〜　⒢「シビアな一言への明るい対応術」PHP研究所　2004
James, Jesse　ジェームズ、ジェシー
　⒩アメリカ　アメフト選手
James, John W.　ジェームズ、ジョン
　1944〜　⒭ジェイムズ、ジョン・W.　⒢「子どもの悲しみによりそう」大月書店　2014
James, José　ジェームズ、ホセ
　⒩アメリカ　ジャズ歌手　⒭ジェイムズ、ホセ
James, Judi　ジェームズ、ジュディ
　⒢「10代で大富豪になる方法」主婦の友社　2008
James, Judith　ジェイムズ、ジュディス
　⒢「折れた翼」扶桑社　2012
James, Julia　ジェームズ、ジュリア
　⒢「ギリシア富豪と愛の結晶」ハーパーコリンズ・ジャパン　2016
James, Julie　ジェームズ、ジュリー
　1974〜　⒢「嫌いだけど大好きなあなた」オークラ出版　2010
James, Kelly　ジェームズ、ケリー
　⒢「哀しいアフリカ」講談社　2004
James, Kirani　ジェームズ、キラニ
　1992〜　⒩グレナダ　陸上選手　⒭ジェームズ、キラニ
James, Kristin　ジェームズ、クリスティン
　⒢「さよなら片思い」ハーレクイン　2002
James, LeBron　ジェームズ、レブロン
　1984〜　⒩アメリカ　バスケットボール選手
James, Lily　ジェームズ、リリー
　1989〜　⒩イギリス　女優
James, Matty　ジェームズ、マティ
　⒩イングランド　サッカー選手
James, Melissa　ジェームズ、メリッサ
　1962〜　⒢「沈黙のシーク」ハーレクイン　2013
James, Michael　ジェームズ、マイケル
　1923〜2013　⒢「マイケル・ジェイムズの冒険」大阪教育図書　2015
James, Mike　ジェームズ、マイク
　⒩アメリカ　アメフト選手
James, Nikki M.　ジェームズ、ニッキー・M.
　トニー賞 ミュージカル 助演女優賞（2011年（第65回））"The Book of Mormon"
James, Patricia　ジェームズ、パトリシャ
　⒢「マルサス北欧旅行日記」未来社　2002
James, Paul　ジェームズ、ポウル
　⒩ウェールズ　ラグビー選手
James, Paul　ジェームズ、ポール
　1965〜　⒩イギリス　実業家　セントレジスホテル&リゾートグローバル・ブランド・リーダー
James, P.D.　ジェームズ、P.D.
　1920〜2014　⒩イギリス　ミステリー作家　本名＝James, Phyllis Dorothy　⒭ジェイムズ、P.D.
James, Peter　ジェームズ、ピーター
　1948〜　⒢「会員制殺人サイト」ランダムハウス講談社　2008
James, Peter J.　ジェームズ、ピーター・J.
　⒭ジェイムズ、ピーター　⒢「事典古代の発明」東洋書林　2005

James, Rebecca ジェームズ, レベッカ
　国イギリス　自転車選手
James, Renée J. ジェームズ, レニー
　国アメリカ　実業家　インテル社長　異ジェームズ, レネー／ジェームズ, レネイ
James, Richard ジェームズ, リチャード
　著「研究指導を成功させる方法」ダイテック（印刷）　2008
James, Richard D. ジェームズ, リチャード・D.
　国イギリス　ミュージシャン　異ジェイムズ, リチャード
James, Rick ジェームズ, リック
　1948～2004　国アメリカ　ファンク歌手　本名＝Johnson, James A.（Jr.）　異ジェームス, リック
James, Samantha ジェイムズ, サマンサ
　著「黒き公爵の花嫁」ソフトバンククリエイティブ　2010
James, Sammy, Jr. ジェイムズ, サミー, Jr.
　グラミー賞 最優秀ミュージカル・シアター・アルバム（2013年（第56回））"Kinky Boots" プロデューサー
James, Sarah ジェームズ, サラ
　著「スウェーデンの持続可能なまちづくり」新評論　2006
James, Sian ジェームズ, シアン
　1973～　著「世界の変なトイレ」エクスナレッジ　2013
James, Simon ジェームズ, サイモン
　1957～　著「古代ローマ入門」あすなろ書房　2004
James, Simon ジェームズ, サイモン
　1961～　国イギリス　画家, 絵本作家　異ジェームス, サイモン
James, Steve ジェイムズ, スティーヴ
　1973～　著「としょかんねこデューイ」文化学園文化出版局　2012
James, Susanne ジェイムズ, スーザン
　著「庭師の娘の初恋」ハーレクイン　2014
James, Tad ジェイムズ, タッド
　著「NLPタイムライン・セラピー」ヴォイス　2007
James, William E. ジェイムズ, ウィリアム・E.
　著「東アジアにおける鉄鋼産業の構造変化」創文社　2007
Jameson, Bronwyn ジェイムスン, ブロンウィン
　著「灰色のシンデレラ」ハーレクイン　2010
Jameson, Claudia ジェイムソン, クローディア
　著「デボラの青春」ハーレクイン　2001
Jameson, Cynthia ジェイムソン, シンシア
　著「まるごとごくり！」大日本図書　2016
Jameson, Fredric R. ジェームソン, フレドリック
　1934～　国アメリカ　デューク大学教授　異比較文学, 文学理論　異ジェイムソン, フレドリック
Jameson, Hanna ジェイミスン, ハンナ
　著「ガール・セヴン」文芸春秋　2016
Jameson, Sam ジェームソン, サム
　1936～2013　国アメリカ　ジャーナリスト　ロサンゼルス・タイムス東京支局長, 日本外国特派員協会会長　異ジェームソン, サミュエル／ジェームソン, サム
Jamieson, Ian ジャーミソン, イアン
　著「グローバル化・社会変動と教育」東京大学出版会　2012
Jamieson, Kathleen Hall ジェイミソン, K.H.
　著「政治報道とシニシズム」ミネルヴァ書房　2005
Jamieson, Michael ジェーミソン
　国イギリス　競泳選手
Jamil, Qadri ジャミル, カドリ
　国シリア　副首相兼国内取引・消費者保護相
Jamin, Ermansyah ヤミン, エルマンシャ
　国インドネシア　元・インドネシア国営電力公社総裁, 元・インドネシア元日本留学生協会プルサダ会長
Jamin, Jean ジャマン, ジャン
　著「ミシェル・レリス日記」みすず書房　2002
Jamiolkowski, Raymond M. ジャミオルスキー, レイモンド・M.
　著「わたしの家族はどこかへん？」大月書店　2006
Jamison, Kay R. ジャミソン, ケイ
　著「生きるための自殺学」新潮社　2007
Jamison, R.N. ジェイミソン, R.
　著「鍼のエビデンス」医道の日本社　2009
Jamison, Steve ジェイミソン, スティーブ
　著「元祖プロ・コーチが教える育てる技術」ディスカヴァー・トゥエンティワン　2014
Jamling Tenzing Norgay ジャムリン・テンジン・ノルゲイ
　1966～　著「エベレスト50年の挑戦」広済堂出版　2003
Jam Master Jay ジャム・マスター・ジェイ
　1965～2002　国アメリカ　DJ, 音楽プロデューサー　グループ名＝Run-DMC（ランDMC）　異ジャム・マスターJ
Jammeh, Alieu ジャメ, アリュー
　国ガンビア　青年・スポーツ相
Jammeh, Ousman ジャメ, ウスマン
　国ガンビア　石油・エネルギー・資源相
Jammeh, Yahya ジャメ, ヤヤ
　1965～　国ガンビア　政治家, 軍人　ガンビア大統領・国防相　本名＝Jammeh, Yahya Abdul-Azziz Jemus Junkung
Jammer, Max ヤンマー, マックス
　著「量子力学の哲学」紀伊国屋書店　2008
Jamodu, Kolawole ジャモドゥ, カラウォレ
　国ナイジェリア　産業相
Jampa, Lobsang シャンパ, ロブサン
　著「仏の世界で心安らぎ, 脳を活性化する 密教の仏とマンダラぬり絵」扶桑社　2016
Jampolsky, Gerald G. ジャンポルスキー, ジェラルド・G.
　1925～　著「愛とは, 怖れを手ばなすこと」サンマーク出版　2015
Jamriska, Fernando ハムリスカ, フェルナンド
　国エクアドル　厚相
Jämtin, Carin イェムティン, カーリン
　国スウェーデン　開発協力担当相
Jamyang, Norbu ジャムヤン, ノルブ
　著「これが中国の国家犯罪だ」文芸春秋　2006
al-**Janabi, Adnan** ジャナビ, アドナン
　国イラク　国務相
al-**Janabi, Hasan** ジャナビ, ハサン
　国イラク　水利相
Janakieski, Mile ヤナキエスキ, ミレ
　国マケドニア　運輸・通信相
Janal, Daniel S. ジェイナル, ダニエル・S.
　著「ネット社会の犯罪から身を守るためのセキュリティポリシー導入ガイド」翔泳社　2001
Janatuinen, Mailis ヤナツイネン, マイリス
　1949～　著「旧約聖書の女たち」幻冬舎ルネッサンス　2013
Jancarik, Lubomir ヤンカリク, ルボミール
　国チェコ　卓球選手
Jance, Judith A. ジャンス, J.A.
　著「裸のフェニックス」ソニー・マガジンズ　2002
Jancsó, Miklós ヤンチョー, ミクローシュ
　1921～2014　国ハンガリー　映画監督
Janda Duku, James ドゥク, ジェームズ・ジャンダ
　国南スーダン　畜産・漁業相
Jandar, William ハンダル, ウィリアム
　国ホンジュラス　第1副大統領
Jander, Mary ジャンダー, メアリー
　著「標準サービスレベルマネジメント」オーム社　2003
Jandl, Ernst ヤンドル, エルンスト
　1925～　異ヤンドゥル, エルンスト　著「とき放されて」花神社　2013
Jandroković, Gordan ヤンドロコビッチ, ゴルダン
　国クロアチア　副首相兼外務・欧州統合相
Jane, Ali ジャン, アリ
　1982～　著「母さん, ぼくは生きてます」マガジンハウス　2004
Janelidze, Mikheil ジャネリゼ, ミヘイル
　国ジョージア　外相
Janelidze, Mindia ジャネリゼ, ミンディア
　国ジョージア　国防相
Janelle, Christopher M. ジャネル, クリストファー・M.
　著「スポーツ心理学大事典」西村書店　2013
Janert, Philipp K. ジャナート, フィリップ・K.
　著「エンジニアのためのフィードバック制御入門」オライリー・ジャパン, オーム社（発売）　2014
Janes, Diane ジェーンズ, ダイアン
　国イギリス　作家　異ミステリー
Janes, Joseph Robert ジェインズ, J.ロバート
　1935～　著「万華鏡の迷宮」文芸春秋　2004
Janes, Karen Hosack ジャネス, カレン・ホサック
　著「世界で一番美しい名画の解剖図鑑」エクスナレッジ　2013
Jänes, Laine ヤネス, ライネ
　国エストニア　文化相
Janev, Ljubomir ヤネフ, リュボミール
　国マケドニア　環境相
Janeway, Charles A., Jr. ジェインウェイ, チャールズ・A., Jr.
　著「免疫生物学」南江堂　2003
Janeway, Elizabeth Hall ジェーンウェー, エリザベス

Janeway, Judith　ジェインウェイ, ジュディス
　1913～2005　国アメリカ　作家　旧ジェーンウェイ, エリザベス　著「恋のスクラブル」ハーレクイン　2001
Jang, Chol　チャン・チョル
　国北朝鮮　国家科学院長　漢字名＝張徹
Jang, Dong-gun　チャン・ドンゴン
　1972～　国韓国　俳優　漢字名＝張東健
Jang, Ha-jin　チャン・ハジン
　国韓国　女性家族相　漢字名＝張夏真
Jang, Hyok　チャン・ヒョク
　国北朝鮮　鉄道相　漢字名＝張革
Jang, Hyuk　チャン・ヒョク
　1976～　国韓国　俳優　漢字名＝張赫
Jang, Il-son　チャン・イルソン
　国北朝鮮　国土環境保護相　漢字名＝張一善
Jang, Ja-yeon　チャン・ジャヨン
　?～2009　国韓国　女優
Jang, Jin-young　チャン・ジニョン
　1974～2009　国韓国　女優　漢字名＝張真英
Jang, Jong-nam　チャン・ジョンナム
　国北朝鮮　軍人　北朝鮮人民武力相(国防相)　漢字名＝張正男
Jang, Kerry Leslie　ジャン, ケリー・L.
　1962～　著「精神疾患の行動遺伝学」有斐閣　2007
Jang, Keun-suk　チャン・グンソク
　1987～　国韓国　俳優, 歌手　漢字名＝張根碩
Jang, Siyoung　チャン・シヨン
　国韓国　元・済州道医師会長, 元・張時英医院院長　漢字名＝張時英
Jang, Yoon-jeong　チャン・ユンジョン
　1980～　国韓国　歌手
Jangali, Ali Ahmad Jama　ジャンガリ, アリ・アマハド・ジャマ
　国ソマリア　情報相
Janger, Edward J.　ジャンガー, エドワード・J.
　著「アメリカ倒産法」レクシスネクシス・ジャパン　2014
Janic, Stjepan　ヤニッチ
　国クロアチア　カヌー選手
Janich, Peter　ヤニッヒ, ペーター
　1942～　著「制作行為と認識の限界」国文社　2004
Jänicke, Martin　イェーニッケ, マルティン
　著「緑の産業革命」昭和堂　2012
Janics, Natasa　ヤニツ, ナターシャ
　1982～　国ハンガリー　カヌー選手　本名＝Douchev-Janics, Natasa　旧ヤニツ
Janik, Allan　ジャニク, A.
　著「ウィトゲンシュタインのウィーン」平凡社　2001
Janik, Erika　ジャニク, エリカ
　著「リンゴの歴史」原書房　2015
Janik, Krzysztof　ヤニク, クジシュトフ
　国ポーランド　内相
Janikovszky, Éva　ヤニコフスキ, エーヴァ
　1926～2003　国ハンガリー　児童文学作家　旧ヤニコヴスキー, エーヴァ　著「ぼくはじまんのむすこだよ!?」文溪堂　2010
Janikowski, Damian　ヤニコフスキ
　国ポーランド　レスリング選手
Janikowski, Sebastian　ジャニコウスキー, セバスチャン
　国アメリカ　アメフト選手
Janín, Mikel　ハニン, ミケル
　著「グレイソン」小学館集英社プロダクション　2016
Janis, Jeff　ジャニス, ジェフ
　国アメリカ　アメフト選手
Janisch, Heinz　ヤーニッシュ, ハインツ
　1960～　著「ノアの箱舟」BL出版　2011
Janjan, Nora A.　ヤンヤン, N.A.
　著「消化器癌」シュプリンガー・ジャパン　2007
Janjetov, Zoran　ジャニエトフ, ゾラン
　著「ビフォア・アンカル」ユマノイド, バイインターナショナル(発売)　2015
Janjigian, Vahan　ジョンジグヨン, ヴァホン
　著「バフェット流投資に学ぶこと、学んではいけないこと」ダイヤモンド社　2009
Janka, Carlo　ヤンカ, カルロ
　1986～　国スイス　スキー選手
Jankauskas, Donatas　ヤンカウスカス, ドナタス
　国リトアニア　社会保障・労働相
Janke, Yuki Manuela　ヤンケ, 有希マヌエラ
　国ドイツ　バイオリニスト　ドレスデン・シュターツカペレ第1コンサートマスター
Janker, Christoph　ヤンカー, クリストフ
　国ドイツ　サッカー選手
Janklow, William John　ジャンクロー, ウィリアム
　1939～2012　国アメリカ　政治家　サウスダコタ州知事　別名＝ジャンクロー, ビル〈Janklow, Bill〉
Janko, Marc　ヤンコ, マルク
　国オーストリア　サッカー選手
Jankovic, J.　ジャンコヴィック, ジョゼフ
　著「偽薬効果」春秋社　2002
Jankovic, Jelena　ヤンコヴィッチ, エレナ
　1985～　国セルビア　テニス選手　旧ヤンコビッチ, エレナ
Jankovic, Stefan　ヤンコビッチ, ステファン
　国カナダ　バスケットボール選手
Jankovský, Kamil　ヤンコフスキー, カミル
　国チェコ　地域開発相
Jankowski, Henryk　ヤンコフスキ, ヘンリク
　1936～2010　国ポーランド　カトリック神父　聖ブリギッダ教会(グダニスク)司祭　本名＝ヤンコフスキ, ラドカ・ヘンリク　旧ヤンコフスキ, ヘンリック
Jankowski, Jordan　ジャンコウスキー, ジョーダン
　国アメリカ　野球選手
Jankowski, Mark A.　ジャンコウスキー, マーク・A.
　著「「困った人」とのトラブルに負けない対処術」アスペクト　2006
Jankowski, Milosz　ヤンコフスキ, ミロシュ
　国ポーランド　ボート選手
Jankowski, Timo　ヤンコフスキ, ティモ
　著「日本人に教えたい戦術的ピリオダイゼーション入門」東邦出版　2016
Jankowski, Travis　ジャンコウスキー, トラビス
　国アメリカ　野球選手
Jankowsky, Kurt Robert　ヤンコウスキー, クルト・R.
　旧ヤンコスキー, カート・R.　著「聖書の言葉・詩歌の言葉」PHPエディターズ・グループ, PHP研究所(発売)　2001
Jankto, Jakub　ヤンクト, ヤクブ
　国チェコ　サッカー選手
Janku, Tomas　ヤンク
　国チェコ　陸上選手
Jankulovska, Gordana　ヤンクロフスカ, ゴルダナ
　国マケドニア　内相
Jankulovski, Zivko　ヤンクロフスキ, ジブコ
　国マケドニア　副首相(農業・教育担当)
Janmaat, Daryl　ヤンマート, ダリル
　国オランダ　サッカー選手
Jannati, Ali　ジャンナティ, アリ
　国イラン　文化・イスラム指導相
Janneh, Kabineh　ジャネ, カビネ
　国リベリア　法相
Jannes, Kim-Anne　ヤネス, キム・アネ
　1971～　著「自分のすべてを抱きしめる言葉88」アスペクト　2015
Jannetta, Ann Bowman　ジャネッタ, アン
　1932～　著「種痘伝来」岩波書店　2013
Janney, Allison　ジャネイ, アリソン
　エミー賞 プライムタイム・エミー賞 最優秀助演女優賞(コメディシリーズ)(第66回(2014年))ほか
Janney, Rachel　ジャネイ, レイチェル
　著「子どものソーシャルスキルとピアサポート」金剛出版　2011
Janning, Stephen W.　ジャニング, スティーブン・W.
　著「脳神経外科臨床看護マネジメント」メディカ出版　2003
Jannini, Emmanuele A.　ジャンニーニ, エマヌエーレ・A.
　1959～　著「女でよかった、男でよかった」アーティストハウス　2001
Janocha, Peter　ヤノハ, ペーター
　1938～　著「新潟居留ドイツ商人ウェーバーの生涯」考古堂書店　2014
Janoff, Sandra　ジャノフ, サンドラ
　1945～　著「会議のリーダーが知っておくべき10の原則」英治出版　2012
Janosch　ヤーノシュ
　1931～　著「大人のためのグリム童話」宝島社　2004
Jánosi, György　ヤーノシ, ジェルジ
　国ハンガリー　青年スポーツ相
Janot, Francis　ジャノ, フランシス
　1959～　著「ビジュアル王家のミイラ」日経ナショナルジオグラ

フィック社, 日経BP出版センター(発売) 2010
Janovich, Andy ヤノービッチ, アンディー
　囲アメリカ　アメフト選手
Janovitz, Bill ヤノヴィッツ, ビル
　着「ザ・ローリング・ストーンズ メイン・ストリートのならず者」水声社 2016
Janowicz, Jerzy ヤノビチ, イエジ
　囲ポーランド　テニス選手
Janowski, Marek ヤノフスキ, マレク
　1939～　囲ドイツ　指揮者　ベルリン放送交響楽団首席指揮者・芸術監督　スイス・ロマンド管弦楽団芸術・音楽監督　囲ヤノフスキー, マレク
Jans, Nick ジャンズ, ニック
　1955～　着「ロミオと呼ばれたオオカミ」エクスナレッジ 2015
Janša, Janez ヤンシャ, ヤネス
　1958～　囲スロベニア　政治家　スロベニア民主党(SDS)党首　スロベニア首相　囲ヤンシャ, ヤネズ
Jansch, Bert ヤンシュ, バート
　1943～2011　囲イギリス　フォークミュージシャン　本名＝Jansch, Herbert
Jansdotter, Lotta ヤンスドッター, ロッタ
　1971～　着「ロッタさんと作る赤ちゃんのふだん小物」実業之日本社 2010
Janse, Herman ヤンセ, ヘルマン
　1926～　着「アムステルダム物語」鹿島出版会 2002
Jansen, Henri V. ヤンセン, H.V.
　着「シリコンマイクロ加工の基礎」シュプリンガー・フェアラーク東京 2001
Jansen, Janine ヤンセン, ジャニーヌ
　1978～　囲オランダ　バイオリニスト
Jansen, J.J. ジャンセン, J.J.
　囲アメリカ　アメフト選手
Jansen, Kenley ジャンセン, ケンリー
　囲キュラソー　野球選手
Jansen, Larry ジャンセン, ラリー
　1920～2009　囲アメリカ　野球選手　本名＝Jansen, Lawrence Joseph
Jansen, Marcell ヤンセン, マルセル
　1985～　囲ドイツ　元サッカー選手　囲ヤンゼン, マルセル
Jansen, Patti ジャンセン, パティ
　着「問題集Project Management Professional」翔泳社 2004
Jansen, Steve ジャンセン, スティーブ
　1959～　囲イギリス　ミュージシャン
Jansen, Theo ヤンセン, テオ
　1948～　囲オランダ　造形作家
Jans-ignacik, Klaudia ヤンス, クラウディア
　囲ポーランド　テニス選手
Janson, Anthony F. ジャンソン, アンソニー・F.
　着「西洋美術の歴史」創元社 2001
Janson, Horst Woldemar ジャンソン, ホースト・ワルデマー
　着「西洋美術の歴史」創元社 2001
Janson, Michael ジャンソン, マイケル
　1944～　着「サプリメントで賢くビタミン補給」中央アート出版社 2005
Janson, P.O. ヤンソン, P.
　着「鍼のエビデンス」医道の日本社 2009
Janson-Bjerklie, Susan ジャンソン・ベルクリー, スーザン
　着「ベナー解釈的現象学」医歯薬出版 2006
Jansons, Mariss ヤンソンス, マリス
　1943～　囲ラトビア　指揮者　バイエルン放送交響楽団首席指揮者　ロイヤル・コンセルトヘボウ管弦楽団首席指揮者
Jansrud, Kjetil ヤンスルード, チェーティル
　1985～　囲ノルウェー　スキー選手　囲ヤンスルッド, チェティル
Janssen, Daniel ヤンセン, ダニエル
　囲ベルギー　三極委員会代表委員, ソルベイ社会長, 元・ベルギー経団連会長
Janssen, Roel ヤンセン, ロエル
　着「ユーロ贋札に隠された陰謀」インターメディア出版 2001
Janssen, Ulrich ヤンセン, ウルリヒ
　1959～　着「子ども大学講座」主婦の友社 2004
Janssen, Victoria ジャンセン, ヴィクトリア
　着「5つの恋と夢の時間(とき)」ハーパーコリンズ・ジャパン 2016
Janssen, Vincent ヤンセン, フィンチェント
　囲オランダ　サッカー選手

Janssen, Werner ヤンセン, ヴェルナー
　1924～　着「法医組織病理学」丸善出版 2012
Janssens, Jeroen ジャンセンス, ジャロエン
　着「コマンドラインではじめるデータサイエンス」オライリー・ジャパン, オーム社(発売) 2015
Jansson, Anna ヤンソン, アンナ
　1958～　囲スウェーデン　作家　ミステリー, スリラー
Jansson, Per Olov ヤンソン, ペル・ウーロフ
　1920～　着「ムーミンやしきはひみつのにおい」講談社 2014
Jansson, Tove ヤンソン, トーヴェ
　1914～2001　囲フィンランド　児童文学作家, 画家　本名＝ヤンソン, トーヴェ・マリカ〈Jansson, Tove Marika〉　囲ヤンソン, トーベ／ヤンソン, トゥーヴェ
Jantjies, Eugene ヤンチース, ユージーン
　囲ナミビア　ラグビー選手
Jantsan, Gantugs ジャンツァン, ガントグソ
　囲モンゴル　アーチェリー選手
Jantsannorov, Natsag ジャンツァンノロブ, ナツァグ
　囲モンゴル　作曲家, 元・モンゴル作曲家連盟会長, 元・文化副大臣, 元・国家大会議議員
Jantsch, John ヤンツ, ジョン
　着「コミットする力」阪急コミュニケーションズ 2014
Jantschke, Tony ヤンチュケ, トニー
　囲ドイツ　サッカー選手
Jäntti, Riikka ヤンッティ, リーッカ
　着「カエデ騎士団と月の精」評論社 2010
Jantz, Caroline ジャンツ, キャロライン
　着「天使の靴音」ハーレクイン 2014
Jantz, Gregory L. ジャンツ, グレゴリー・L.
　着「あなたは変われる」毎日新聞社 2002
Janusaitis, Vytautas ヤヌサイティス
　囲リトアニア　競泳選手
Janušek, Marian ヤヌシェック, マリアン
　囲スロバキア　建設・地域開発相　囲ヤヌシェック, マリアーン
Janusonis, Vincas ヤヌソニス, ビンツァス
　囲リトアニア　保健相
Januszewski, Tadeusz ヤヌシェヴスキ, タデウシュ
　1949～　着「日本陸海軍の特殊攻撃機と飛行爆弾」大日本絵画 2011
Januzaj, Adnan ヤヌザイ, アドナン
　囲ベルギー　サッカー選手
Jany, Andrea ジャーニ, アンドレア
　1970～　囲イタリア　バレーボール監督, 元バレーボール選手
Janyk, Britt ジャニク
　囲カナダ　アルペンスキー選手
Janzen, Daniel Hunt ジャンゼン, ダニエル・ハント
　1939～　囲アメリカ　生物学者　ペンシルベニア大学生物学科教授　着熱帯生物多様性
Janzen, Tara ジャンセン, タラ
　着「彩りの恋人」武田ランダムハウスジャパン 2011
Jaonina, Mamitiana Juscelyno ジャオニナ, マミティアナ・ジュセリノ
　囲マダガスカル　農相
Jaotody, Noeline ジョトゥディ, ノエリン
　囲マダガスカル　人口・女性問題・児童担当相
Jaouen, Hervé ジャウエン, エルヴェ
　1946～　着「おばあちゃんの記憶」さ・え・ら書房 2004
Jaoui, Agnès ジャウイ, アニエス
　1964～　囲フランス　女優, 脚本家, 映画監督
Jaoui, Laurent ジャウイ, ローラン
　1969～　着「ハリルホジッチ勝利のスパイラル」日本文芸社 2015
Japarov, Tuvakmammet ジャパロフ, トゥワクマメト
　囲トルクメニスタン　副首相
Japp, Andréa H. ジャップ, アンドレア・H.
　1957～　囲フランス　作家, 毒物学者　着ミステリー, スリラー
Japrisot, Sébastien ジャプリゾ, セバスチャン
　1931～2003　囲フランス　作家, 脚本家　本名＝ロッシ, ジャン・バティスト〈Rossi, Jean Batiste〉　囲ジャプリゾ, セバスチアン
Jaques, Faith ジャックス, フェイス
　着「アーサー・ランサムのロシア昔話」白水社 2009
Jaquet, Chantal ジャケ, シャンタル
　着「匂いの哲学」晃洋書房 2015
Jaquet, Gilles ジャケ
　囲スイス　スノーボード選手
Jaquet, Luc ジャケ, リュック

1967〜　国フランス　ドキュメンタリー映像作家, 動物行動学者
Jaquez Cruz, Eligio　ハケス・クルス, エリヒオ
　国ドミニカ共和国　農務相
Jaquith, Priscilla　ジャクイス, プリシラ
　著「兎あにいおてがら話」BL出版　2002
Jara, Ana　ハラ, アナ
　国ペルー　首相
Jaraatli, Ghayath　ジャラートリ, ガヤス
　国シリア　国務相
Jara-Díaz, Sergio　ハラーディアス, セルヒオ
　著「輸送の経済理論」勁草書房　2009
Járai, Zsigmond　ジャーライ, ジグモンド
　1951〜　国ハンガリー　銀行家, 政治家　ハンガリー国立銀行総裁, ハンガリー財務相　異ヤライ, ジグモンド
al-Jarallah, Muhammad Bin Ibrahim　アル・ジャラッラ, ムハンマド・ビン・イブラヒム
　国サウジアラビア　都市村落相　異アル・ジャラッラー, ムハンマド・ビン・イブラヒム
Jaramillo, Pedro　ハラミジョ, ペドロ
　国エクアドル　住宅都市開発相
Jaramillo, Tony　ハラミロ, トニー
　国アメリカ　シンシナティ・レッズコーチ
Jarass, Hans D.　ヤラス, ハンス・ディーター
　1946〜　著「現代ドイツ・ヨーロッパ基本権論」中央大学出版部　2011
Jaratli, Ghayath　ジャラトリ, ガヤス
　国シリア　国務相
Jarbawi, Ali　ジャルバウィ, アリ
　国パレスチナ　高等教育相
Jarchovsky, Petr　ヤルホフスキー, ペトル
　1966〜　著「この素晴らしき世界」日本点字図書館（製作）2003
Jardel　ジャルデウ
　国ブラジル　サッカー選手
Jardim, Filipe　ジャルジン, フィリペ
　1968〜　著「スケッチ＆スナップ」六耀社　2013
Jardim, Leonardo　ジャルディム, レオナルド
　国ポルトガル　モナコ監督
Jardim, Maria De Fátima Domingos Monteiro　ジャルディン, マリア・デファティマ・ドミンゴス・モンテイロ
　国アンゴラ　環境相
Jardim, Torquato　ジャルディン, トルクアト
　国ブラジル　透明性観察監督相
Jardine, Al　ジャーディン, アル
　1942〜　国アメリカ　ロック・ギタリスト　本名＝Jardine, Alan
Jardine, Michael　ジャーディン, マイケル
　著「1日1回のレンジトレード」パンローリング　2011
Jareonsettasin, Teerakiat　ジャレオンセッタシン, ティーラキアト
　著「サイババの光明瞑想」サティヤサイ出版協会　2011
Jaresko, Natalia　ヤレスコ, ナタリヤ
　国ウクライナ　財務相
Jargalsaihan, Bazarsadyn　ジャルガルサイハン, バザルサジーン
　国モンゴル　商工相
Jargalsaikhan, Chuluunbat　ジャルガルサイハン
　国モンゴル　レスリング選手
Jargodzki, Christopher　ヤルゴスキー, クリストファー・P.
　1944〜　著「おもしろ物理雑学」主婦の友社　2002
Jarju, Malafi　ディアデュ, マラフィ
　国ガンビア　地方自治体・国土相
Jarju, Pa Ousman　ジャルジュ, パ・ウスマン
　国ガンビア　環境・水資源・漁業・気候変動相
Jarman, Derek　ジャーマン, デレク
　著「クロマ」アップリンク, 河出書房新社（発売）2002
Jarman, Julia　ジャーマン, ジュリア
　1946〜　国イギリス　児童文学作家
Jarmey, Chris　ジャーメイ, クリス
　著「骨格筋ハンドブック」南江堂　2007
Jarmolinska, Aleksandra　ヤルモリンスカ, アレクサンドラ
　国ポーランド　射撃選手
Jarmusch, Jim　ジャームッシュ, ジム
　1953〜　国アメリカ　映画監督, 脚本家
Jaroenrattanatarakoon, Prapawadee　ジャロエンラタナタラコン, プラパワデ
　国タイ　重量挙げ選手
Jarosz, Maria　ヤロシュ, マリア
　著「自殺の社会学」学文社　2008

Jaroussky, Philippe　ジャルスキー, フィリップ
　1978〜　国フランス　カウンターテナー歌手
Jarque, Daniel　ハルケ, ダニエル
　1983〜2009　国スペイン　サッカー選手
al-Jarrah, Jamal　ジャッラーハ, ジャマール
　国レバノン　通信相
al-Jarrallah, Muhammad Ahmad　ジャラッラ, ムハンマド・アハマド
　国クウェート　保健相
Jarraya, Sarra　ジャッラーヤ, サーラ
　国チュニジア　女性・家族・子供・高齢者問題相
Jarre, Maurice-Alexis　ジャール, モーリス
　1924〜2009　国フランス　作曲家
Jarreau, Al　ジャロウ, アル
　グラミー賞 最優秀トラディショナルR&B歌手（2006年（第49回））"God Bless The Child"
Jarrell, Randall　ジャレル, ランダル
　著「詩のすきなコウモリの話」岩波書店　2002
Jarrett, Charles E.　ジャレット, チャールズ
　著「スピノザ」講談社　2015
Jarrett, Christian　ジャレット, クリスチャン
　著「30秒で学ぶ科学理論」スタジオタッククリエイティブ　2013
Jarrett, Grady　ジャレット, グレイディー
　国アメリカ　アメフト選手
Jarrett, Keith　ジャレット, キース
　1945〜　国アメリカ　ジャズ・ピアニスト, 作曲家
Jarrett, Liz　ジャレット, リズ
　著「結婚しない関係」ハーレクイン　2002
Jarrett, Miranda　ジャレット, ミランダ
　著「聖なる夜に」ハーレクイン　2010
Jarrige, Jean Francois　ジャリージュ, ジャン・フランソワ
　国フランス　仏国立ギメ東洋美術館館長, 外国考古学研究諮問委員会事務局長
Jarring, Gunnar Valfrid　ヤリング, グンナー
　1907〜2002　国スウェーデン　外交官, 言語学者　異ヤーリング
Jarrott, Charles　ジャロット, チャールズ
　1927〜2011　国イギリス　映画監督
Jarrow, Gail　ジャロー, ゲイル
　著「印刷職人は、なぜ訴えられたのか」あすなろ書房　2011
Jarso, Yakob　ジャルソ
　国エチオピア　陸上選手
Jarstein, Rune　ヤーステイン, ルネ
　国ノルウェー　サッカー選手
Jaruga-nowacka, Izabela　ヤルガノワツカ, イザベラ
　国ポーランド　副首相兼社会政策相
Ja Rule　ジャ・ルール
　国アメリカ　MTVアワード 最優秀ヒップホップ・ビデオ（第19回（2002年））"I'm Real - remix"
Jarupong, Ruangsuwan　ジャルポン・ルアンスワン
　国タイ　内相
Jaruzelski, Wojciech Witold　ヤルゼルスキ, ウォイチェフ
　1923〜2014　国ポーランド　政治家, 軍人　ポーランド大統領・首相・国防相
Jarvela, Jonne　ヤルヴェラ, ヨンネ
　1974〜　国フィンランド　ミュージシャン　異ヤルベラ, ヨンネ
Jarvela, Sanna　ヤルベラ, サンナ
　著「個別化していく教育」明石書店　2007
Järvenpää, Leena　ヤルヴェンパー, レーナ
　著「ムーミンママのハンドバッグ」講談社　2016
Jarvenpaa, Tero　ヤルベンパー
　国フィンランド　陸上選手
Järvi, Kristjan　ヤルヴィ, クリスチャン
　1972〜　国アメリカ　指揮者 MDR交響楽団音楽監督
Järvi, Neeme　ヤルヴィ, ネーメ
　1937〜　国エストニア　指揮者　ニュージャージー交響楽団音楽監督, デトロイト交響楽団音楽監督, イェーテボリ交響楽団首席指揮者　異イェルヴィ, ネーメ／ヤルビ, ネーメ
Järvinen, Katariina　ヤルビネン, カタリーナ
　1970〜　著「ふだん着のフィンランド」グラフィック社　2015
Järvi Paavo　ヤルヴィ, パーヴォ
　1962〜　国アメリカ　指揮者　NHK交響楽団首席指揮者, パリ管弦楽団音楽監督, ドイツ・カンマーフィルハーモニー管弦楽団芸術監督
Jarvis, Aaron　ジャーヴィス, アーロン
　国ウェールズ　ラグビー選手
Jarvis, Carolyn　ジャーヴィス, C.

㊗「コンパクトフィジカルアセスメント」エルゼビア・ジャパン 2007
Jarvis, James ジャーヴィス, ジェームス
　㊗「ヴォーティガンズ・マシーン」青山出版社 2007
Jarvis, Jeff ジャービス, ジェフ
　1954〜　㊗「デジタル・ジャーナリズムは稼げるか」東洋経済新報社 2016
Jarvis, Korey ジャルビス, コリー
　㊳カナダ　レスリング選手
Jarvis, Matt ジャーヴィス, マット
　1966〜　㊗「スポーツ心理学入門」新曜社 2006
Jarvis, Patricia ジャーヴィス, P.
　㊗「乳幼児教育における遊び」培風館 2008
Jarvis, Peter ジャーヴィス, P.
　1985〜　㊗「アランの歯はでっかいぞこわーいぞ」BL出版 2016
Jarvis, Peter ジャーヴィス, ピーター
　1937〜　㊳ジャービス, ピーター　㊗「生涯学習支援の理論と実践」明石書店 2011
Jarvis, Robin ジャーヴィス, ロビン
　1963〜　㊗「デットフォードのネズミたち」早川書房 2004
Jarvis, Steve ジャーヴィス, スティーヴ
　㊗「アスペルガー流人間関係」東京書籍 2011
Jasanoff, Sheila ジャサノフ, シーラ
　㊗「法廷に立つ科学」勁草書房 2015
Jashari, Adnan ヤシャリ, アドナン
　㊳マケドニア　法相
Jasim, bin Hamad bin Khalifa al-Thani ジャシム・ビン・ハマド・ビン・ハリファ・アル・サーニ
　㊳カタール　皇太子
Jasinski, Daniel ヤシンスキ, ダニエル
　㊳ドイツ　陸上選手
Jasiński, Wojciech ヤシンスキ, ウォイチェフ
　㊳ポーランド　国有財産相
Jasmin, Joseph ジャスマン, ジョゼフ
　㊳ハイチ共和国　国会担当相
Jasmuheen ジャスムヒーン
　1957〜　㊗「エリュシオン」ナチュラルスピリット 2014
Jaso, John ジェイソ, ジョン
　㊳アメリカ　野球選手
Jasper, James M. ジャスパー, ジェイムズ・M.
　㊗「ジレンマを切り抜ける」新曜社 2009
Jasper, Melanie ジャスパー, メラニー
　㊗「ナースのための反省的実践」ゆみる出版 2014
Jasrai, Puntsagiin ジャスライ, プンツァグイン
　1933〜2007　㊳モンゴル　政治家　モンゴル首相　㊳ジャスライ, ポンツァギン
*al-*Jassar, Ahmad Khaled Ahmad** ジャサール, アハマド・ハリド・アハマド
　㊳クウェート　電力水相兼公共事業相
Jassburn, Hugh ジャスバーン, ヒュー
　1974〜　㊗「ウンと楽しいトイレの過ごし方」文響社 2016
*al-*Jasser, Muhammad bin Sulaiman** ジャーセル, ムハンマド・ビン・スライマン
　㊳サウジアラビア　経済企画相
Jassi, Amita ジャッシー, アミタ
　㊗「わかって私のハンディキャップ」大月書店 2015
Jassim, bin Abdul Aziz bin Jassim bin Hamad al-Thani ジャシム・ビン・アブドルアジズ・ビン・ジャシム・ビン・ハマド・サーニ
　㊳カタール　ビジネス・通商相
Jatiya, Satya Narayan ジャティヤ, サティア・ナラヤン
　㊳インド　社会正義・認可相　㊳ジャティヤ, サティヤナライン
Jatkowska, Ag ヤトコフスカ, アグ
　㊗「クリスマスのたからさがし」大日本絵画　〔2014〕
Jatoi, Ghulam Murtaza Khan ジャトイ, グラム・ムルタザ・カーン
　㊳パキスタン　産業・生産相
Jatoi, Ghulam Mustafa ジャトイ, グーラム・ムスタファ
　1931〜2009　㊳パキスタン　政治家　パキスタン民族人民党（NPP）党首, パキスタン暫定首相
Jatoi, Liaqat Ali ジャトイ, リアカット・アリ
　㊳パキスタン　水利電力相
Jatta, Baboucarr ジャタ, バブカール
　㊳ガンビア　内相
Jatta, Bakery ジャッタ, ベーカリー
　㊳ガンビア　サッカー選手
Jatta, Famara ジャッタ, ファマラ
　㊳ガンビア　財政・経済相
Jattawaalak チャッタワーラック
　㊳タイ　作家　㊶ミステリー　本名＝ポーンサック・ウラットチャッチャイラット
Jaturon, Chaisaeng チャトゥロン・チャイセーン
　㊳タイ　副首相
Jaua, Elias ハウア, エリアス
　㊳ベネズエラ　基礎教育相
Jauch, Herbert ヤウフ, ヘルベルト
　㊗「グローバル・ベーシック・インカム入門」明石書店 2016
Jauch, Ursula Pia ヤウヒ, U.P.
　1959〜　㊗「性差についてのカントの見解」専修大学出版局 2004
Jaud, Jean-Paul ジョー, ジャン・ポール
　㊳フランス　ドキュメンタリー監督
Jaugitz, Markus ヤウギッツ, マルクス
　1957〜　㊗「フンクレンクパンツァー」大日本絵画 2005
Jauhojärvi, Sami ヤウホヤルヴィ, サミ
　1981〜　㊳フィンランド　スキー選手　本名＝Jauhojärvi, Sami Olavi
Jaumann, Bernhard ヤウマン, ベルンハルト
　1957〜　㊗「死を招く料理店」扶桑社 2005
Jaume Costa ジャウメ・コスタ
　㊳スペイン　サッカー選手
Jaunarena, José Horacio ハウナレナ, ホセ・オラシオ
　㊳アルゼンチン　国防相
Jaunzemegrende, Žaneta ヤウンゼメグレンデ, ジャネタ
　㊳ラトビア　文化相
Jaura, Malam ジャウラ, マラム
　㊳ギニアビサウ　観光・手工業相
Jáuregui Atondo, Ramón ハウレギ・アトンド, ラモン
　㊳スペイン　首相府相
Jauss, Hans Robert ヤウス, H.R.
　㊗「挑発としての文学史」岩波書店 2001
Jausserand, Corinne ジョスラン, コリーヌ
　㊗「シリコン型で作れるパリのショコラ」世界文化社 2011
Javadekar, Prakash ジャバデカル, プラカシュ
　㊳インド　人的資源開発相
Javadi, Fatemeh ジャバディ, ファテメ
　㊳イラン　副大統領（兼環境庁長官）
Javaherbin, Mina ジャバアービン, ミーナ
　㊗「商人とオウム」光村教育図書 2012
Javakhishvili, Nodar ジャワヒシビリ, ノダル
　㊳ジョージア　地域発展・社会基盤相
Javakhyan, Hrachik ヤワキャン
　㊳アルメニア　ボクシング選手
Javelle, Pierre ジャヴェル, ピエール
　㊗「美しいフランス菓子の教科書」パイインターナショナル 2016
Javers, Eamon ジャパーズ, エイモン
　1972〜　㊳アメリカ　ジャーナリスト　CNBCテレビワシントン特派員　㊳ジャヴァーズ, エイモン
Javi Alamo ハビ・アラモ
　㊳スペイン　サッカー選手
Javi Castellano ハビ・カステジャーノ
　㊳スペイン　サッカー選手
Javid, Sajid ジャビド, サジド
　㊳イギリス　地域社会・自治相
Javidan, Mansour ジャヴィダン, M.
　㊗「文化を超えるグローバルリーダーシップ」中央経済社, 中央経済グループパブリッシング（発売）2016
Javidi, Mitch ジャビディ, ミッチ
　㊗「人間と組織」三修社 2005
Javier Flano ハビエル・フラーニョ
　㊳スペイン　サッカー選手
Javi Fuego ハビ・フエゴ
　㊳スペイン　サッカー選手
Javi Lopez ハビ・ロペス
　㊳スペイン　サッカー選手
Javi Marquez ハビ・マルケス
　㊳スペイン　サッカー選手
Javi Martinez ハビ・マルティネス
　㊳スペイン　サッカー選手
Javins, Marie ジャビンズ, マリー
　㊗「アート・オブ・アイアンマン3」小学館集英社プロダクション 2013

Javi Varas　ハビ・バラス
　国スペイン　サッカー選手
Javoy, Marie-Claire　ジャヴォイ, マリー＝クレール
　著「プルミエール」ランダムハウス講談社　2008
Jawad, Salem al-Urayed　ジャワド・サレム・アライエド
　国バーレーン　副首相
Jaweesh, Faysal　ジャウェーシュ, ファイサル
　国シリア　国務相
al-Jawfi, Abdul-Salam Mohammed Hizam　ジャウフィ, アブドルサラーム・ムハンマド・ヒザム
　国イエメン　教育相　他ジャウフィ, アブドルサルマン・モハンマド・ヒザム
Jawid, Nehmatullah Ehsan　ジャウィド, ニアマトゥラ・エフサン
　国アフガニスタン　運輸相
Jaworski, Bernard J.　ジャウォルスキー, バーナード・J.
　著「顧客サービスのプロフェッショナル」ダイヤモンド社　2006
Jaworski, Jamie　ジョウォルスキー, ジェミー
　著「サン技術者認定資格テキスト＆問題集Javaプログラマ」アスキー　2003
Jaworski, Joseph　ジャウォースキー, ジョセフ
　1934〜　著「シンクロニシティ」英治出版　2013
Jaxx, Basement　ベースメント・ジャックス
　グラミー賞　最優秀エレクトロニック/ダンスアルバム（2004年（第47回））　"Kish Kash"
Jay, Alison　ジェイ, アリソン
　国イギリス　イラストレーター
Jay, Antony　ジェイ, アントニー
　著「政治発言」はる書房　2010
Jay, Baroness　ジェイ卿
　国イギリス　国璽尚書兼上院院内総務
Jay, Emma　ジェイ, エマ
　著「ザ・セオリー・オブ・アトラクション—恋愛学入門講座　ツー・ステップ・テンプテーション—素直になれなくて」主婦の友社　2013
Jay, Jon　ジェイ, ジョン
　国アメリカ　野球選手
Jay, Martin　ジェイ, マーティン
　1944〜　国アメリカ　カリフォルニア大学バークレー校史学部教授　他哲学
Jay, Meg　ジェイ, メグ
　著「人生は20代で決まる」早川書房　2016
Jay, Ros　ジェイ, ロス
　著「すぐに解決！困った人々」ダイヤモンド社　2004
Jay, Vincent　ジェイ, ヴァンサン
　1985〜　国フランス　バイアスロン選手　他ジェー, バンサン / ジェイ, バンサン
Jayakumar, S.　ジャヤクマル, S.
　国シンガポール　上級相
Jayalalitha, Jayaram　ジャヤラリタ, ジャヤラム
　1948〜2016　国インド　政治家, 女優　タミル・ナードゥ州首相　タミルナドゥ州首相　他ジャヤラリタ, C.J.
Jayapal, Pramila　ジャヤパル, プラミラ
　著「もう戦争はさせない！」文理閣　2007
Jayaratne, D.M.　ジャヤラトナ, D.M.
　国スリランカ　首相兼仏教・宗教相
Jayaratne, Priyankara　ジャヤラトナ, プリヤンカラ
　国スリランカ　民間航空相
Jayasekara, Dayasiri　ジャヤセカラ, ダヤシリ
　国スリランカ　スポーツ相
Jayasena, Sumedha　ジャヤセナ, スメダ
　国スリランカ　議会問題相
Jayasinghe, Migel　ジャヤシンゲ, ミゲル
　1936〜　著「キャリア・ガイダンスとカウンセリング」同友館　2004
Jayasooria, Denison　ジャヤソーリア, デニソン
　著「マレーシアにおける障害者」日本文学館　2004
Jayasundara, Vimukthi　ジャヤスンダラ, ヴィムクティ
　カンヌ国際映画祭　カメラドール（第58回（2005年））　"Sulanga Enu Pinisa"
Jayasuriya, Karu　ジャヤスーリヤ, カル
　国スリランカ　国会議長, 元・スリランカ・日本友好議員連盟会長
Jayawardena, Kumari　ジャヤワルダネ, クマーリ
　著「近代アジアのフェミニズムとナショナリズム」新水社　2006
Jayawardhana, Ray　ジャヤワルダナ, レイ
　著「もう一つの地球が見つかる日」草思社　2012
Jaybo A.K.A Monk　ジャイボ a.k.a モンク
　著「クリエイティブスペース」グラフィック社　2011
Jaye, Myles　ジェイ, マイルズ
　国アメリカ　野球選手
Jayer, Henri　ジャイエ, アンリ
　1922〜2006　国フランス　ワイン醸造家
Jayjay, Roosevelt　ジェイジェイ, ルーズベルト
　国リベリア　土地・鉱業・エネルギー相
Jayson, Malcolm I.V.　ジェイソン, マルコム・I.V.
　著「腰痛」一灯舎, オーム社（発売）　2007
Jay-Z　ジェイ・Z
　1969〜　国アメリカ　ラップ歌手　本名＝カーター, ショーン・コリー〈Carter, Shawn Corey〉
al-Jaz, Awad Ahmed　ジャズ, アワド・アハメド
　国スーダン　石油相　他ジャズ, アワド・アハメド・ムハメド
al-Jazaeri, Humam　ジャザエリ, フマム
　国シリア　経済通商相
al-Jazairee, Mufeed　ジャザイリ, ムフィド
　国イラク　文化相
Jazairi, Abu Bakr Jabir　アル＝ジャザーイリー, アブー・バクル・ジャービル
　著「ムスリムの道」ムスリム新聞社　2001
Jazdzewski, Chuck　ジャツウスキ, チャック
　著「ソフトウェアの未来」翔泳社　2001
al-Jazi, Al-Kilani Abdulkareem　ジャージ, キラニ・アブドルカリーム
　国リビア　財務相
Jazi, Dali　ジャジ, ダリ
　国チュニジア　国防相　他ジャジー, ダリ
Jaziri, Malek　ジャジリ, マレク
　国チュニジア　テニス選手
Jbara, Gregory　ジュバラ, グレゴリー
　トニー賞　ミュージカル　助演男優賞（2009年（第63回））　"Billy Elliot The Musical"
Jean　ジャン
　国マダガスカル　内相
Jean, Aurore　ジャン
　国フランス　クロスカントリースキー選手
Jean, Corentin　ジャン, コランタン
　国フランス　サッカー選手
Jean, Duke of Nassau　ジャン公
　1921〜　国ルクセンブルク　大公（元首）　本名＝Jean Benoit Guillaume Marie Robert Louis Antoie Adolphe Marc D'aviano　他ジャン大公
Jean, Ignatius　ジーン, イグネイシャス
　国セントルシア　農林水産相
Jean, James　ジーン, ジェームズ
　1979〜　世界幻想文学大賞　アーティスト（2006年）　他ジーン, ジェームス
Jean, Michaëlle　ジャン, ミカエル
　1957〜　国カナダ　政治家, ジャーナリスト　国際フランス語圏機構（OIF）事務総長　カナダ総督
Jean, Olivier　ジャン, オリビエ
　1984〜　国カナダ　スピードスケート選手　他ジーン / ジーン, オリビエ / ジャン, オリヴィエ
Jean, Raymond　ジャン, レイモン
　1925〜2012　国フランス　作家, 批評家　エクサン・プロヴァンス大学教授　他ジャン, レーモン
Jean, Wyclef　ジョン, ワイクリフ
　MTVアワード　最優秀振付（第23回（2006年））　"Hips Don't Lie"
Jean-baptiste, Stanley　ジーン・バプティステ, スタンリー
　国アメリカ　アメフト選手
Jean-charles, Livio　ジャン・チャールズ, リビオ
　国フランス　バスケットボール選手
Jeancolas, Claude　ジャンコラ, クロード
　1949〜　著「ヴィタリー・ランボー」水声社　2006
Jean-jacques, Charles　ジャンジャック, シャルル
　国ハイチ共和国　社会問題・労働相
Jean-julien, Olsen　ジャンジュリアン, オルセン
　国ハイチ共和国　文化・情報相
Jean-louis, Jean Fritz　ジャンルイ, ジャン・フリッツ
　国ハイチ共和国　選挙問題担当相
Jean Louis, Robinson　ジャンルイ, ロバンソン
　国マダガスカル　保健・家族計画相
Jeanmaire, Zizi　ジャンメール, ジジ
　1924〜　国フランス　舞踊家, 女優　本名＝ジャンメール, ルネ〈Jeanmaire, Renée Marcelle〉

Jean-marie, Marie-Carmel ジャンマリ, マリカルメル
[国]ハイチ共和国 経済・財政相
Jeanne, Jonathan ジェニー, ジョナサン
[国]フランス バスケットボール選手
Jeanne-Claude ジャンヌ・クロード
1935～2009 [国]アメリカ 環境芸術家 CVJ社長 共同名=クリスト&ジャンヌ・クロード〈Christo and Jeanne-Claude〉
Jeanneney, Jean-Noël ジャンヌネー, ジャン・ノエル
1942～ [国]フランス 歴史学者 パリ政治学院歴史学名誉教授 フランス国立図書館館長 [異]ジャヌネー, ジャン・ノエル
Jeannerod, Marc ジャンヌロー, マーク
[著]「認知神経科学の源流」 ナカニシヤ出版 2007
Jeannet, Fabrice ジャネ, F.
[国]フランス フェンシング選手 [異]ジャネ
Jeannin, Pierre ジャンナン, ピエール
1924～2004 [著]「住宅建築文献集成」 柏書房 2013
Jeanniot, Pierre Jean ジャニオ, ピエール
1933～ [国]カナダ 実業家 国際航空運送協会(IATA)会長, エアカナダ社長・CEO, ケベック大学総長
Jean-pierre, Joël Desrosiers ジャンピエール, ジョエル・デロジエ
[国]ハイチ共和国 国民教育・職業訓練相
Jeanpierre, Lemuel ジーンピエール, ラムエル
[国]アメリカ アメフト選手
Jeans, Peter D. ジーンズ, ピーター・D.
[著]「海に由来する英語事典」 成山堂書店 2009
Jeanson, Francis ジャンソン, フランシス
1922～2009 [国]フランス 哲学者, 評論家
Jeantet, Claude ジャンテ, クロード
[著]「ダンボールで作るかわいい動物雑貨」 グラフィック社 2011
Jeantet, Pierre ジャンテ, ピエール
1947～ [国]フランス ジャーナリスト ルモンド社長
Jeantet, Thierry ジャンテ, ティエリ
[著]「フランスの社会的経済」 日本経済評論社 2009
Jeanty, Georges ジャンティ, ジョージ
[著]「バットマン：ブルース・ウェインの帰還」 小学館集英社プロダクション 2014
Jebali, Hamadi ジェバリ, ハマディ
1949～ [国]チュニジア 政治家 チュニジア暫定首相
Jebet, Ruth ジェベト, ルース
[国]バーレーン 陸上選手
Jeck, Mohamed Ould Ahmed Ould ジェック, モハメド・ウルド・アハメド・ウルド
[国]モーリタニア 公務員・労働相
Jedrzejczak, Otylia イェジェイチャク, オティリア
1983～ [国]ポーランド 水泳選手
Jedvaj, Tin イェドヴァイ, ティン
[国]クロアチア サッカー選手
Jeeha, Deelchand ジーハ, ディールシャン
[国]モーリシャス 情報技術・通信相
Jeenbekov, Sooronbay ジェエンベコフ, ソロンバイ
[国]キルギス 首相
Jeetah, Rajeshwar ジータ, ラジェシュワ
[国]モーリシャス 高等教育・科学・研究・技術相
Jeeves, Malcolm A. ジーブス, マルコム
1926～ [著]「脳科学とスピリチュアリティ」 医学書院 2011
Jeewah, Ahmad Sulliman ジーワー, アーマド・スリマン
[国]モーリシャス 公務員・行政改革相
Jefarson, Elen ジェファーソン, エレン
[著]「なぜか「お金が貯まる人」の習慣」 ぶんか社 2001
Jeffah, Amason ジェフア, アマソン
[国]ケニア 東アフリカ共同体相
Jefferies, Cindy ジェフリーズ, シンディ
[著]「ポップ☆スクール」 アルファポリス, 星雲社(発売) 2011
Jefferies, Michelle ジェフリーズ, ミッシェル
[著]「パーソン・センタード・ケア」 クリエイツかもがわ, 京都 かもがわ出版(発売) 2007
Jefferis, David ジェファリス, デビッド
[異]ジェフリス, デイビッド [著]「大人の宇宙図鑑」 日経ナショナルジオグラフィック社, 日経BP出版センター(発売) 2009
Jeffers, Harry Paul ジェファーズ, H.ポール
1934～ [著]「愛しの太っちょ」 清流出版 2008
Jeffers, Jim ジェファース, ジム
[著]「インテルXeon Phiコプロセッサー ハイパフォーマンス・プログラミング」 カットシステム 2014
Jeffers, Oliver ジェファーズ, オリヴァー
ネスレ子どもの本賞 5歳以下部門 金賞(2005年) "Lost and Found"
Jeffers, Sharon ジェファーズ, シャロン
1947～ [著]「運命のカード」 ヴィジョナリー・カンパニー, クレイヴ出版事業部(発売) 2007
Jeffers, Susan ジェファーズ, スーザン
1938～2012 [国]アメリカ 作家
Jeffers, Susan ジェファーズ, スーザン
[著]「きみのすきなどうぶつなあに？」 ポプラ社 2014
Jeffers, Susan J. ジェファーズ, スーザン
[異]ジェファーズ, スーザン・J. [著]「とにかくやってみよう」 海と月社 2009
Jefferson ジェフェルソン
[国]ブラジル サッカー選手
Jefferson, Al ジェファーソン, アル
[国]アメリカ バスケットボール選手
Jefferson, Cameron ジェファーソン, キャメロン
[国]アメリカ アメフト選手
Jefferson, Cory ジェファーソン, コリー
[国]アメリカ バスケットボール選手
Jefferson, Denise ジェファーソン, デニス
1944～2010 [国]アメリカ ダンス教師, ダンサー エイリー・スクール校長 [専]モダンダンス
Jefferson, Gail ジェファソン, G.
？～2008 [著]「会話分析基本論集」 世界思想社 2010
Jefferson, Jon ジェファーソン, ジョン
[著]「実録死体農場」 小学館 2008
Jefferson, Quinton ジェファーソン, クイントン
[国]アメリカ アメフト選手
Jefferson, Richard ジェファーソン, リチャード
[国]アメリカ バスケットボール選手
Jefferson, Tony ジェファーソン, トニー
[国]アメリカ アメフト選手
Jefferson, Willie ジェファーソン, ウイリー
[国]アメリカ アメフト選手
Jeffery, Alshon ジェフリー, オルション
[国]アメリカ アメフト選手
Jeffery, Arthur B. ジェフリー, アーサー・B.
[著]「インストラクショナルデザインとテクノロジ」 北大路書房 2013
Jeffery, Keith ジェフリー, キース
1952～2016 [国]イギリス 歴史学者 クイーンズ大学ベルファスト校英国史教授 [専]アイルランド軍事史 [異]ジェフェリー, キース
Jeffery, Michael ジェフリー, マイケル
[国]オーストラリア 総督
Jeffery, Richard ジェフリー, リチャード
[著]「動物カフェ」 IBCパブリッシング 2015
Jeffes, Arthur ジェフス, アーサー
1978～ [国]イギリス ミュージシャン
Jefford, Darren ジェフォード, D.
1978～ [著]「プロフェッショナルBizTalk Server 2006」 日経BPソフトプレス, 日経BP出版センター(発売) 2008
Jeffords, James ジェフォーズ, ジェームズ
1934～2014 [国]アメリカ 政治家 米国上院議員(無所属) 通称=Jeffords, Jim
Jeffress, Jeremy ジェフレス, ジェレミー
[国]アメリカ 野球選手
Jeffrey, Craig ジェフリー, クレイグ
1973～ [著]「インド地方都市における教育と階級の再生産」 明石書店 2014
Jeffrey, Francis ジェフリー, F.
[著]「ジョン・C・リリィ生涯を語る」 筑摩書房 2003
Jeffrey, Henry ジェフリー, ヘンリー
[国]ガイアナ 貿易・国際協力相
Jeffrey, Ian ジェフリー, イアン
[著]「写真の読み方」 創元社 2012
Jeffrey, R.Brooke ジェフリー, R.ブルック
[著]「腹部top100診断」 メディカル・サイエンス・インターナショナル 2005
Jeffreys, Garland ジェフリーズ, ガーランド
[著]「メモリーズ・オブ・ジョン」 イースト・プレス 2006
Jeffreys-Jones, Rhodri ジェフリーズ=ジョーンズ, ロードリ
1942～ [著]「FBIの歴史」 東洋書林 2009
Jeffries, Dennis ジェフリーズ, デニス
1930～ [著]「床材フロアマテリアル」 産調出版 2005
Jeffries, Harb ジェフリーズ, ハーブ

1913〜2014 [国]アメリカ 歌手, 俳優 本名＝Jeffrey, Herbert

Jeffries, Lionel ジェフリーズ, ライオネル
1926〜2010 [国]イギリス 俳優, 映画監督 本名＝Jeffries, Lionel Charles

Jeffries, Ron ジェフリーズ, ロン
1943〜 [著]「XPエクストリームプログラミング実践入門」 日経BPソフトプレス, 日経BP出版センター（発売） 2004

Jeffries, Sabrina ジェフリーズ, サブリナ
[著]「公爵の望みのままに」 扶桑社 2016

Jeffries, Tony ジェフリーズ
[国]イギリス ボクシング選手

Jegham, Mohamed ジュガム, モハメド
[国]チュニジア 国防相

Jehlicka, Václav イェフリチュカ, バツラフ
[国]チェコ 文化相

Jeismann, Michael ヤイスマン, ミヒャエル
1958〜 [著]「国民とその敵」 山川出版社 2007

Jejelava, Aleksandre ジェジェラワ, アレクサンドル
[国]ジョージア 教育科学相

Jejung ジェジュン
1986〜 [国]韓国 歌手, 俳優 別名＝HERO（ヒーロー）

Jekabsons, Eriks イェカブソンス, エリクス
[国]ラトビア 内相

Jekova, Alexandra イエコワ
[国]ブルガリア スノーボード選手

Jelavić, Ante エラビッチ, アンテ
[国]ボスニア・ヘルツェゴビナ 幹部会員

Jelenkovich, Barbara イエレンコビッチ, バーバラ
1961〜 [異]イエレンコヴィッチ, バーバラ [著]「どこなのどこどこ？」 学習研究社 c2007

Jelil, Dah Ould Abdel ジェリル, ダー・ウルド・アブデル
[国]モーリタニア 内務・郵政通信相

Jelimo, Pamela ジェリモ, パメラ
1989〜 [国]ケニア 陸上選手 [異]ジェリモ

Jelinek, Elfriede イェリネク, エルフリーデ
1946〜 [国]オーストリア 作家, 劇作家, 詩人 [異]イエリネク, エルフリーデ

Jelley, Craig ジェリー, クレイグ
[著]「MINECRAFT中世の要塞」 技術評論社 2016

Jellinek, Joseph Stephan イェリネク, J.シュテファン
1930〜 [著]「香りの記号論」 人間と歴史社 2002

Jelloul, Néji ジェロウル, ネジ
[国]チュニジア 教育相

Jelušič, Ljubica イェルシチュ, リュビツァ
[国]スロベニア 国防相

Jelved, Marianne イェルベズ, マリアンヌ
[国]デンマーク 文化相

Jelvoune, Ahmedou Ould Hademine Ould ジュルブヌ, アハメド・ウルド・ハデミヌ・ウルド
[国]モーリタニア 保健相 [異]ジュルブヌ, アハメドゥ・ウルド・ハデミヌ・ウルド

Jemal, Ahmedin ジェマル, A.
[著]「がんの世界地図」 丸善 2009

Jemayeva, Yelena ジェマエワ
[国]アゼルバイジャン フェンシング選手

Jemerson ジェメルソン
[国]ブラジル サッカー選手

Jemibewon, David ジェミベウォン, デービッド
[国]ナイジェリア 警察相

Jemio, Luis Carlos ヘミオ, ルイス・カルロス
[国]ボリビア 財務相

Jemiola, Zach ジェミオラ, ザク
[国]アメリカ 野球選手

Jemisin, N.K. ジェミシン, N.K.
[国]アメリカ 作家 [専]SF, ファンタジー 本名＝Jemisin, Nora K.

Jemison, Mae G. ジェミソン, メイ・C.
[著]「科学力のためにできること」 近代科学社 2008

Jen, Frank C. ジェン, フランク・C.
[著]「アドバンスト・コーポレート・ファイナンス」 ピアソン・エデュケーション 2004

Jena, S. イエーナ, S.
[著]「鍼のエビデンス」 医道の日本社 2009

Jena, Srikant K. ジェナ, スリカント・K.
[国]インド 計画実施相

Jencks, Charles ジェンクス, チャールズ
1939〜 [国]アメリカ 建築評論家 本名＝Jencks, Charles Alexander

Jendoubi, Kamel ジャンドゥビ, カメル
[国]チュニジア 憲法機関・市民社会・人権関係相

Jendrick, Megan ジェンドリック
[国]アメリカ 競泳選手

Jendrock, Eric ジェンドロック, エリック
[著]「J2EEチュートリアル」 ピアソン・エデュケーション 2002

Jendrzejczyk, Mike ジェンドリージク, マイク
？〜2003 [国]アメリカ 人権活動家 ヒューマン・ライツ・ウオッチアジア部長

Jengeli, Ali Ahmed Jama ジェンゲリ, アリ・アハメド・ジャマ
[国]ソマリア 外務・国際協力相

Jenger, Jean ジャンジェ, ジャン
[著]「ル・コルビュジエ書簡撰集」 中央公論美術出版 2016

Jenicek, Milos ジェニセック, マイロス
[著]「EBM時代の症例報告」 医学書院 2002

Jenkin, Charles Patrick Fleeming ジェンキン, チャールズ・パトリック・フリーミング
1926〜2016 [国]イギリス 政治家 英国環境相

Jenkins, Alan ジェンキンス, アラン
[著]「加害者臨床の可能性」 日本評論社 2014

Jenkins, A.M. ジェンキンス, A.M.
[国]アメリカ 作家 [専]ヤングアダルト 本名＝Jenkins, Amanda McRaney

Jenkins, Amy ジェンキンズ, エイミー
[著]「恋と愛はちがうのよ」 ソニー・マガジンズ 2002

Jenkins, Charles Robert ジェンキンス, チャールズ・R.
1940〜 [著]「告白」 角川書店 2006

Jenkins, Daniel P. ジェンキンス, ダニエル
[著]「事故分析のためのヒューマンファクターズ手法」 海文堂出版 2016

Jenkins, Davis ジェンキンス, デイビス
[著]「リメイド・イン・アメリカ」 中央大学出版部 2005

Jenkins, Emily ジェンキンス, エミリー
1967〜 [著]「300年まえから伝わるとびきりおいしいデザート」 あすなろ書房 2016

Jenkins, Emyl ジェンキンス, エミール
[国]アメリカ 作家 [専]ミステリー, スリラー

Jenkins, Gareth ジェンキンズ, ギャレス
[著]「ジョン・F・ケネディ」 原書房 2006

Jenkins, Garry ジェンキンズ, ゲリー
[著]「ドキュメント《スター・ウォーズ》」 扶桑社 2004

Jenkins, George ジェンキンス, ジョージ
1908〜2007 [国]アメリカ 映画美術監督

Jenkins, Gethin ジェンキンズ, ゲシン
[国]ウェールズ ラグビー選手

Jenkins, Helen ジェンキンス, ヘレン
[国]イギリス トライアスロン選手

Jenkins, Herman A. ジェンキンス, ハーマン・A.
[著]「耳科手術アトラス」 エルゼビア・ジャパン 2003

Jenkins, Ian ジェンキンス, イアン
[著]「生命と地球の進化アトラス」 朝倉書店 2004

Jenkins, Jane ジェンキンス, ジェーン
[著]「スター発見！」 ブルース・インターアクションズ 2009

Jenkins, Janoris ジェンキンス, ジャノリス
[国]アメリカ アメフト選手

Jenkins, Jarvis ジェンキンス, ジャービス
[国]アメリカ アメフト選手

Jenkins, Jean F. ジェンキンス, ジーン・F
[著]「遺伝看護の実践」 日本看護協会出版会 2001

Jenkins, Jelani ジェンキンス, ジェラニ
[国]アメリカ アメフト選手

Jenkins, Jerry B. ジェンキンズ, ジェリー
[異]ジェンキンズ, ジェリー・B. [著]「グロリアス・アピアリング」 いのちのことば社フォレストブックス 2008

Jenkins, John ジェンキンス, ジョン
[国]アメリカ バスケットボール選手

Jenkins, John ジェンキンス, ジョン
[国]アメリカ アメフト選手

Jenkins, Jordan ジェンキンス, ジョーダン
[国]アメリカ アメフト選手

Jenkins, Karl ジェンキンス, カール
1944〜 [国]イギリス ミュージシャン, 作曲家

Jenkins, Katherine ジェンキンス, キャサリン
[国]イギリス メゾソプラノ歌手

Jenkins, Keith ジェンキンズ, キース

J

1943～ [著]「歴史を考えなおす」 法政大学出版局 2005
Jenkins, Lucien ジェンキンズ, ルシアン
1957～ [著]「西洋音楽史」 学研パブリッシング, 学研マーケティング(発売) 2010
Jenkins, Mack ジェンキンス, マック
[国]アメリカ シンシナティ・レッズコーチ
Jenkins, Mackey ジェンキンス, マッケイ
[著]「サイエンスライティング」 地人書館 2013
Jenkins, Malcolm ジェンキンス, マルコム
[国]アメリカ アメフト選手
Jenkins, Marcelo ジェンキンス, マルセロ
[国]コスタリカ 科学技術相
Jenkins, Mark ジェンキンズ, マーク
[異]ジェンキンス, マーク [著]「フォーミュラ・ワン」一灯舎 2006
Jenkins, Mark ジェンキンズ, マーク
1960～ [著]「大冒険時代」 早川書房 2007
Jenkins, Mark Collins ジェンキンス, マーク・コリンズ
1960～ [著]「NATIONAL GEOGRAPHIC THE COVERS表紙デザイン全記録」 日経ナショナルジオグラフィック社, 日経BPマーケティング(発売) 2015
Jenkins, Martin ジェンキンス, マーティン
1959～ [異]ジェンキンズ, マーティン [著]「なるほど！ お金のはなし」 BL出版 2015
Jenkins, Michael B. ジェンキンス, マイケル・B.
[著]「森林ビジネス革命」 築地書館 2002
Jenkins, Mike ジェンキンス, マイク
[国]アメリカ アメフト選手
Jenkins, Paul ジェンキンス, ポール
1923～2012 [国]アメリカ 画家 本名＝Jenkins, William Paul
Jenkins, Paul ジェンキンス, ポール
[著]「NEW 52 ： ジャスティス・リーグ」 ヴィレッジブックス 2013
J
Jenkins, Paul F. ジェンキンズ, ポール・F.
[著]「誰もが納得！ 胸部X線写真の読み方」 メディカル・サイエンス・インターナショナル 2006
Jenkins, Richard ジェンキンス, リチャード
1947～ [国]アメリカ 俳優
Jenkins, Robert L. ジェンキンズ, ロバート・L.
[著]「マルコムX事典」 雄松堂出版 2008
Jenkins, Roy Harris ジェンキンズ, ロイ
1920～2003 [国]イギリス 政治家, 評論家 英国内相, 英国蔵相, 欧州共同体(EC)委員長, 英国社会民主党党首 別名＝Jenkins of Hillhead, Baron [異]ジェンキンス, ロイ
Jenkins, Sally ジェンキンス, サリー
[著]「毎秒が生きるチャンス！」 学習研究社 2004
Jenkins, Shaneil ジェンキンス, シェイネイル
[国]アメリカ アメフト選手
Jenkins, Steve ジェンキンズ, スティーヴ
1982～ [著]「エスター、幸せを運ぶブタ」 飛鳥新社 2016
Jenkins, Steve ジェンキンズ, スティーブ
1952～ [著]「生きものビックリ食事のじかん」 評論社 2015
Jenkins, Susan C. ジェンキンズ, スーザン
[著]「困ったときの精神科ポケットリファレンス」 メディカル・サイエンス・インターナショナル 2002
Jenkins, Susan M. ジェンキンス, スーザン
[著]「はたらく人体」 絵本塾出版 2016
Jenkins, Taylor ジェンキンス, テイラー
[国]アメリカ アトランタ・ホークスアシスタントコーチ(バスケットボール)
Jenkins, T.M. ジェンキンズ, T.M.
[国]イギリス 作家, キャスター [専]ミステリー 本名＝Jenkins, Tina M.
Jenkins, Tyrell ジェンキンス, タイレル
[国]アメリカ 野球選手
Jenkinson, Carl ジェンキンソン, カール
[国]イングランド サッカー選手
Jenkinson, Ceci ジェンキンソン, セシ
[国]イギリス 作家 [専]児童書
Jenks, Bruce ジェンクス, ブルース
[国]アメリカ 元・国連開発計画(UNDP)パートナーシップ局長
Jenks, R.Stephen ジェンクス, ステファン
[著]「エグゼクティブ・コーチング」 日本能率協会マネジメントセンター 2005
Jenner, Rosalind ジェンナー, ロザリンド
[著]「むくむくこねこちゃん」 大日本絵画 〔2016〕
Jenner, W.J.F. ジェンナー, W.J.F.
[著]「ビジュアル版 世界の歴史都市」 柊風舎 2016
Jennerich, Lindsay ジェナリッチ, リンゼイ
[国]カナダ ボート選手
Jenni, Alexis ジェニ, アレクシス
ゴンクール賞(2011年) “L'Art français de la guerre”
Jennings, Andrew ジェニングズ, アンドルー
1943～ [国]イギリス ジャーナリスト [異]ジェニングス, アンドリュー
Jennings, Ann ジェニングズ, アン
[著]「恋の針路」 ハーレクイン 2002
Jennings, Brandon ジェニングス, ブランドン
[国]アメリカ バスケットボール選手
Jennings, Dan ジェニングス, ダン
[国]アメリカ 野球選手
Jennings, Dana Andrew ジェニングス, デーナ
[著]「小さな犬が教えてくれた人生と愛と癒しについての大きなレッスン」 彩雲出版, 星雲社(発売) 2013
Jennings, Darius ジェニングス, ダリアス
[国]アメリカ アメフト選手
Jennings, David Harry ジェニングス, D.H.
1932～ [著]「菌類の生物学」 京都大学学術出版会 2011
Jennings, Desmond ジェニングス, デズモンド
[国]アメリカ 野球選手
Jennings, Elizabeth ジェニングズ, エリザベス
1926～2001 [国]イギリス 詩人 本名＝Jennings, Elizabeth Joan
Jennings, Jason ジェニングス, ジェイソン
[著]「ハイスピード・カンパニー」 ダイヤモンド社 2001
Jennings, Karen ジェニングス, カレン
[著]「内部告発」 丸善 2003
Jennings, Linda ジェニングス, リンダ
1937～ [著]「世界一周おはなしの旅」 PHP研究所 2005
Jennings, Marianne ジェニングス, マリアン・M.
[著]「ウサギはなぜ嘘を許せないのか？」 アスコム 2006
Jennings, Peter Charles ジェニングズ, ピーター
1938～2005 [国]アメリカ ニュースキャスター [異]ジェニングス, ピーター
Jennings, Rashad ジェニングス, ラシャド
[国]アメリカ アメフト選手
Jennings, Roger ジェニングス, ロジャー
[著]「Microsoft Office InfoPath 2003オフィシャルマニュアル」 日経BPソフトプレス, 日経BP出版センター(発売) 2006
Jennings, Simon ジェニングス, サイモン
[著]「人体の基礎デッサン」 グラフィック社 2011
Jennings, Terrence ジェニングス
[国]アメリカ テコンドー選手
Jennings, Vernon ジェニングス, バーノン
[著]「トリプルボトムライン」 創成社 2007
Jennings, Waylon ジェニングス, ウェイロン
1937～2002 [国]アメリカ カントリー歌手, ギタリスト, 作曲家
Jenns, Karen ジェンス, カレン
[著]「リンパ浮腫」 中央法規出版 2003
Jenny, Carole ジェニー, キャロル
[著]「マルトリートメント子ども虐待対応ガイド」 明石書店 2008
Jenny, Peter ジェニー, ピーター
1942～ [著]「学ばないドローイング」 フィルムアート社 2015
Jens, Inge イェンス, インゲ
[著]「白バラの声」 新曜社 2006
Jens, Walter イェンス, ヴァルター
1923～2013 [国]ドイツ 作家, 評論家, 古典文献学者 テュービンゲン大学名誉教授 筆名(放送関係)＝モモス〈Momos〉 [異]イェンス, ワルター
Jensby, Svend Aage イエンスビュ, スベン・オー
[国]デンマーク 国防相
Jensen, Alex ジェンセン, アレックス
[国]アメリカ ユタ・ジャズアシスタントコーチ(バスケットボール)
Jensen, Bernard ジェンセン, バーナード
1908～2001 [著]「汚れた腸が病気をつくる」 ダイナミックセラーズ出版 2009
Jensen, Derrick ジェンセン, デリック
1960～ [著]「破壊される世界の森林」 明石書店 2006
Jensen, Frances E. ジェンセン, フランシス
[著]「10代の脳」 文芸春秋 2015
Jensen, Frank イエンセン, フランク
[国]デンマーク 法相
Jensen, Harald イエンセン

国ノルウェー　射撃選手
Jensen, Iain　ジェンセン, イアン
　1988～　国オーストラリア　セーリング選手　異ジェンセン, アイアン／ジェンセン, イアイン
Jensen, James C.　ジェンセン, C.ジェームス
　著「潜在意識をとことん使いこなす」サンマーク出版　2015
Jensen, Jens H.　イェンセン, イェンス
　著「イェンセン家のクリスマス」文芸春秋　2009
Jensen, Kathryn　ジェンセン, キャスリン
　1949～　著「忘れられないきみ」ハーレクイン　2014
Jensen, Kristian　イェンセン, クリスチェン
　国デンマーク　外相
Jensen, Kristian Ditlev　イェンセン, クリスチャン・D.
　1971～　著「ぼくの話を聞いてほしい」講談社　2004
Jensen, Larsen　ジェンセン
　国アメリカ　競泳選手
Jensen, Leyah　ジェンセン, レイア
　著「ゲームで学ぶ子どものせいぞ」サンパウロ　2016
Jensen, Liz　ジェンセン, リズ
　1959～　著「ルイの九番目の命」ソフトバンククリエイティブ　2006
Jensen, Marcel　ジェンセン, マーセル
　国アメリカ　アメフト選手
Jensen, Marcus　ジェンセン, マーカス
　国アメリカ　オークランド・アスレティックスコーチ
Jensen, Morgens　イェンセン, モーゲンス
　国デンマーク　貿易・開発協力相
Jensen, Muriel　ジャンセン, ミュリエル
　著「マロリーの魔法の手」ハーレクイン　2002
Jensen, Peter　ジェンセン, ピーター
　著「精神科臨床倫理」星和書店　2011
Jensen, Rolf　イェンセン, ロルフ
　1942～　著「物語を売れ。」ティビーエス・ブリタニカ　2001
Jensen, Ryan　ジェンセン, ライアン
　国アメリカ　アメフト選手
Jensen, Sharon　ジェンセン, シャロン
　トニー賞 トニー名誉賞（2011年（第65回））
Jensen, Siv　イェンセン, シーブ
　国ノルウェー　財務相
Jensen, Virginia Allen　イェンセン, バージニア・アレン
　著「これ、なあに？」偕成社　2007
Jenson, Peter　ジェンソン, ピーター
　著「理由」ソル・メディア　2015
Jenson, Robert W.　ジェンソン, ロバート・W.
　著「雅歌」日本キリスト教団出版局　2008
Jenssen, Hans　ジェンセン, ハンス
　著「スター・ウォーズ旧3部作の主要舞台完全ガイド」シーボルトブックス, 展望社（発売）　2005
Jentsch, Julia　イェンチ, ユリア
　ベルリン国際映画祭 銀熊賞 女優賞（第55回（2005年））　"Sophie Scholl: Die letzten Tage"
Jentz, Thomas L.　イェンツ, トム
　1946～　著「4号中戦車G/H/J型」大日本絵画　2004
Jenuwein, Thomas　ジェニュワイン, T.
　著「エピジェネティクス」培風館　2010
Jeon, Ari　チョン・アリ
　1986～　国韓国　作家　文文学
Jeon, Do-youn　チョン・ドヨン
　1973～　国韓国　女優　漢字名＝全度妍
Jeon, In-teak　チョン・インテク
　1952～　国韓国　俳優　漢字名＝全仁沢　異ジョン・インテク
Jeon, Jae-hee　チョン・ジェヒ
　国韓国　保健福祉家族相　漢字名＝全在姫
Jeon, Ji-hyun　チョン・ジヒョン
　1981～　国韓国　女優　漢字名＝全智賢, 英語名＝Jun, Gianna
Jeon, Kyung-rin　チョン・ギョンニン
　1962～　国韓国　作家
Jeon, Min-hee　ジョン・ミンヒ
　国韓国　ファンタジー作家　作ファンタジー　本名＝全民熙　異チョン・ミンヒ
Jeon, Minje　チョン・ミンジェ
　国韓国　エリザベート王妃国際コンクール 作曲（2009年）
Jeon, Yun-churl　チョン・ユンチョル
　国韓国　副首相兼財政経済相　漢字名＝田允喆
Jeong, Ji-a　チョン・ジア
　1965～　国韓国　作家　漢字名＝鄭智我

Jeong, Se-hyun　チョン・セヒョン
　国韓国　統一相　漢字名＝丁世鉉
Jeong, Stephanie　チョン, ステファニー
　国アメリカ　パガニーニ国際ヴァイオリン・コンクール 第2位（2008年（第52回））ほか
Jepkemoi, Hyvin Kiyeng　ジェプケモイ, ハイビン
　国ケニア　陸上選手
Jepkorir, Eunice　ジェプコリル
　国ケニア　陸上選手
Jeppson, Morris Richard　ジェプソン, モリス
　1922～2010　国アメリカ　軍人, 電子専門家　米国陸軍飛行部隊将校
Jepsen, Carly Rae　ジェプセン, カーリー・レイ
　1985～　国カナダ　シンガー・ソングライター
Jepsen, Kevin　ジェプセン, ケビン
　国アメリカ　野球選手
Jepsen, Maria Kristina　イェップセン, マリア・クリスティナ
　著「科学技術とジェンダー」明石書店　2004
Jepsen, Thomas C.　ジェプセン, トーマス・C.
　著「女性電信手の歴史」法政大学出版局　2014
Jepson, Brian　ジェプソン, ブライアン
　1967～　著「入門Unix for Mac OS 10」オライリー・ジャパン, オーム社（発売）　2004
Jepson, Jeff　ジェプソン, ジェフ
　著「納得して上達！伐木造材術」全国林業改良普及協会　2012
Jeptoo, Priscah　ジェプトゥー
　国ケニア　陸上選手
Jeram, Anita　ジェラーム, アニタ
　1965～　著「おまるにぴょん、できるかな！」評論社　2016
Jerchel, Michael　イェルヒェル, ミヒャエル
　1956～　著「レオパルト2主力戦車」大日本絵画　2003
Jerde, Jon　ジャーディ, ジョン
　1939～2015　国アメリカ　建築家　異ジャーディー, ジョン／ジャード, ジョン
Jerebko, Jonas　ジェレブコ, ヨナス
　国スウェーデン　バスケットボール選手
Jeremiah, Dogabe　ジェレミア, ドガベ
　国ナウル　公共事業・通信相
Jeremias, Jörg　イェレミアス, イェルク
　1939～　著「なぜ神は悔いるのか」日本キリスト教団出版局　2014
Jeremić, Vuk　イェレミッチ, ブーク
　国セルビア　外相
Jeremies, Christian　イェレミース, クリスティアン
　1979～　著「ポールとアントン ペンギンビッグハウス」ブロンズ新社　2014
Jeremies, Fabian　イェレミース, ファビアン
　1979～　著「ポールとアントン ペンギンビッグハウス」ブロンズ新社　2014
Jerent, Daniel　ジェラン, ダニエル
　国フランス　フェンシング選手
Jerez, Nelly　ヘレス, ネリ
　国ホンジュラス　観光相
Jergens, Adele　ジャーゲンス, アデル
　1917～2002　国アメリカ　女優
Jeribi, Ghazi　ジェリビ, ガジ
　国チュニジア　司法相兼宗教問題相
Jeribi, Jalloul　ジェリビ, ジャルール
　国チュニジア　宗教問題相
Jerison, Harry　ジェリソン, ハリー
　著「音楽の起源」人間と歴史社　2013
Jerjes, Khalid　ジョルジース, ハーリド
　国イラク　在イラク日本国大使館顧問弁護士
Jerkins, Grant　ジャーキンス, グラント
　国アメリカ　作家　作ミステリー, スリラー
Jermia, Joseph　ジェルミア
　国ナミビア　ボクシング選手
Jermier, John M.　ジェルマイアー, ジョン・M.
　著「経営と社会」同友館　2001
Jernberg, Ann-Christine　ヤーンベリ, アン・クリスティーン
　著「バニラソースの家」今人舎　2006
Jernigan, Timmy　ジャーニガン, ティミー
　国アメリカ　アメフト選手
Jerod-eddie, Tony　ジェロッド・エディー, トニー
　国アメリカ　アメフト選手
Jerome, Fred　ジェローム, フレッド

[著]「アインシュタインファイル」 太田出版 2011
Jerome, Jerry ジェローム, ジェリー
1912〜2001 [国]アメリカ ジャズ・サックス奏者
Jerrard, Jane ジェラード, ジェーン
1961〜 [著]「図書館と民営化」 京都図書館情報学研究会, 日本図書館協会(発売) 2013
Jerrett, Grant ジェレット, グラント
[国]アメリカ バスケットボール選手
Jerry, John ジェリー, ジョン
[国]アメリカ アメフト選手
Jerven, Morten イェルウェン, モルテン
1978〜 [著]「統計はウソをつく」 青土社 2015
Jervis, Robert ジャーウィス, R.
1940〜 [異]ジャーヴィス, ロバート [著]「複雑性と国際政治」 ブレーン出版 2008
Jescheck, Hans-Heinrich イエシェック, ハンス・ハインリッヒ
1915〜2009 [国]ドイツ 法学者 マックス・プランク外国国際刑法研究所初代所長, フライブルク大学教授 [専]比較刑法
Jeschke, Mathias イェシュケ, マティアス
1963〜 [著]「ペーター・ブムのともだちさがし」 フレーベル館 2010
Jeschke, Tanja イェシュケ, ターニャ
1964〜 [著]「ふしぎなよる」 ドン・ボスコ社 2004
Jese, Rodriguez ヘセ・ロドリゲス
[国]スペイン サッカー選手
Jesien, Anna Olichwierczuk イエシエン
[国]ポーランド 陸上選手
Jespersen, Chris Andre イエスペシェン
[国]ノルウェー クロスカントリースキー選手
Jespersen, Karen イエスパセン, カレン
[国]デンマーク 社会福祉・男女機会均等相 [異]イエスパーセン, カレン

J

Jess, Weng ヤン・ユアン
1970〜 [国]台湾 作家 [専]ロマンス 漢字名=鄭媛, 英語名=SILLA(シーラ), Weng, Silla
Jesse, Jonathan ジェス, ジョナサン
[著]「Ubuntu徹底入門」 翔泳社 2007
Jesse, Nico ジェス, ニコ
[著]「パリの女」 紀伊国屋書店 2010
Jesser, Eugen イエッサー, オイゲン
1946〜2008 [国]オーストリア ウィーン少年合唱団理事長
Jesser, Jody Duncan ジェサー, ジョディ・ダンカン
[著]「アート&メイキング・オブ・ダークナイト・トリロジー」 ヴィレッジブックス 2012
Jessie ジェシー
[著]「ねぇ、話してみて!」 誠信書房 2015
Jessie J ジェシー・J
1988〜 [国]イギリス 歌手
Jessop, Bob ジェソップ, ボブ
[著]「国家権力」 御茶の水書房 2009
Jessup, Diane ジェサップ, ダイアン
[著]「ダミアン物語」 徳間書店 2001
Jestaedt, Matthias イェシュテット, マティアス
1961〜 [著]「越境する司法」 風行社 2014
Jestice, Phyllis G. ジェスティス, フィリス・G.
[著]「中世ヨーロッパの戦い」 東洋書林 2012
Jesudason, James Vijayaseelan ジェスダーソン, ジェイムス・V.
1954〜 [著]「エスニシティと経済」 クレイン, 平原社(発売) 2003
Jesus, Jorge ジェズス, ジョルジュ
[国]ポルトガル スポルティング監督
Jesus, Jorge Lopes Bom ジェズズ, ジョルジュ・ロペス・ボン
[国]サントメ・プリンシペ 教育・文化・人材養成相 [異]ジェズス, ジョルジュ・ロペス・ボム
Jesus Navas ヘスス・ナバス
[国]スペイン サッカー選手
Jet ジェット
[著]「シャーロック・ホームズの冒険」 朝日ソノラマ 2006
Jeter, Carmelita ジーター, カーメリタ
1979〜 [国]アメリカ 陸上選手 [異]ジーター, カルメリタ
Jeter, Derek ジーター, デレク
1974〜 [国]アメリカ 元野球選手 本名=Jeter, Derek Sanderson [異]ジーター, デレック
Jeter, Michael ジーター, マイケル
1952〜2003 [国]アメリカ 俳優 [異]ジェター, マイケル
Jethá, Cacilda ジェタ, カシルダ
[著]「性の進化論」 作品社 2014
Jetin, Bruno ジュタン, ブルーノ
[異]ジュタン, ブリュノ [著]「台頭する中国その強靱性と脆弱性」 柘植書房新社 2014
Jetsonen, Jari イェッツォネン, ヤリ
1958〜 [著]「アルヴァー・アールトの住宅」 エクスナレッジ 2013
Jetsonen, Sirkkaliisa イェッツォネン, シルッカリーサ
[著]「アルヴァー・アールトの住宅」 エクスナレッジ 2013
Jetsun Pema ジェツン・ペマ王妃
1990〜 [国]ブータン 王妃 本名=ワンチュク, ジェツン・ペマ〈Wangchuck, Jetsun Pema〉 [異]ジツェン・ペマ
Jett, Juliet L. ジェット, ジュリエット・L.
[著]「ADHD」 金子書房 2004
Jett, Tish ジェット, ティシュ
[著]「フランス人が何気なくやっているシンプル・シックな36の法則」 幻冬舎 2016
Jette, Randall ジェット, ランドール
[国]アメリカ アメフト選手
Jetter, Dieter ジェッター, ディーター
[著]「西洋医学史ハンドブック」 朝倉書店 2005
Jetter, Martin イェッター, マーティン
[国]ドイツ 実業家 米国IBM上級副社長・GTS部門担当 日本IBM社長
Jettou, Driss ジェトゥー, ドリス
1945〜 [国]モロッコ 政治家 モロッコ首相 [異]ジェットゥ, ドリス
Jeudy, Henri-Pierre ジュディ, アンリ・ピエール
[著]「文化遺産の社会学」 新曜社 2002
Jeuland, Pascale ジュラン
[国]フランス 自転車選手
Jeunet, Jean-Pierre ジュネ, ジャン・ピエール
1955〜 [国]フランス 映画監督, 脚本家
Jevne, Erling イエブネ
[国]ノルウェー クロスカントリースキー選手
Jevons, Marshall ジェボンズ, マーシャル
[著]「経済学殺人事件」 日本経済新聞社 2004
Jevtić, Dalibor イェブティッチ, ダリボル
[国]コソボ 共同体・帰還相
Jevtic, Olivera イエビッチ
[国]セルビア・モンテネグロ 陸上選手
Jevtic, Zoran ジェヴティック, ゾラン
[著]「ボードリヤールなんて知らないよ」 明石書店 2011
Jewell, Lisa ジュエル, リサ
1968〜 [著]「姉の歌声を探して」 角川書店 2004
Jewell, Malcolm Edwin ジューエル, M.
1928〜 [著]「アメリカ政治学を創った人たち」 ミネルヴァ書房 2001
Jewell, Richard ジュエル, リチャード
1962〜2007 [国]アメリカ アトランタ五輪爆弾事件の容疑者にされた警備員
Jewell, Sally ジュエル, サリー
[国]アメリカ 内務長官
Jewell, Tyler ジュエル, タイラー
[著]「マスタリングEnterprise JavaBeans」 翔泳社 2003
Jewett, D.L. ジュウェット, ドン・L.
[著]「偽薬効果」 春秋社 2002
Jeyaretnam, J.B. ジャヤラトナム, J.B.
1926〜2008 [国]シンガポール 政治家 シンガポール労働者党(WP)書記長 通称=JBJ [異]ジャヤラトナム, ジョシュア・B.
Jezek, Jaromir イエレク, ヤロミール
[国]チェコ 柔道選手
Jezek, Stanislav イエジェク
[国]チェコ カヌー選手 [異]イエレク
Jezequel, Jean-Marc ジェゼケル, ジャン・マルク
1964〜 [著]「デザインパターンと契約」 ピアソン・エデュケーション 2001
Jézéquel, Patrick ジェゼケル, パトリック
[著]「星降る夜のお化けたち」 東洋書林 2004
Jezer, Marty ジェザー, マーティー
[著]「運命の海に出会ってレイチェル・カーソン」 ほるぷ出版 2015
Jha, Alok ジャー, アローク
[著]「人類滅亡ハンドブック」 ディスカヴァー・トゥエンティワン 2015
Jha, Anil Kumar ジャ, アニル・クマル
[国]ネパール 工業相

Jha, Radhika　ジャ, ラディカ
　著「匂いたつ官能の都」扶桑社　2005
Jha, Rambharos　ジャー, ランバロス
　著「水の生きもの」河出書房新社　2013
Jha, Ram Chandra　ジャ, ラム・チャンドラ
　国ネパール　地方開発相
Jha, Yudu Bansha　ジャ, エデュ・バンシャ
　国ネパール　森林土壌保全相
Jhabvala, Ruth Prawer　ジャブヴァーラ, ルース・プラワー
　1927〜2013　国アメリカ　作家,脚本家　異ジャーブヴァーラー, ルース・プラワー
Jhinaoui, Khamaïyes　ジナウイ, ハメイエ
　国チュニジア　外相
Jhung, Myong-suk　チョン・ミョンソク
　1945〜　国韓国　宗教家　摂理教祖　漢字名＝鄭明析
Jhunjhunwala, Amitabh　ジュンジュンワラ, アミターブ
　国インド　実業家　リライアンス・ADAグループ社長
Ji, Dong-Won　チ・ドンウォン
　国韓国　サッカー選手
Ji, Haru　ジィ, ハル
　著「ビューティフルビジュアライゼーション」オライリー・ジャパン, オーム社（発売）2011
Ji, Jin-hee　チ・ジニ
　1971〜　国韓国　俳優　漢字名＝池珍熙　異チ・ジンヒ
Ji, Soo-hyun　チ・スヒョン
　1973〜　国韓国　作家　国ロマンス
Ji, So-yun　チ・ソヨン
　1991〜　国韓国　サッカー選手　漢字名＝池笑然
Ji, Steven　ジ, スティーブン
　投資家
Ji, Xian-lin　ジー・シェンリン
　1911〜2009　国中国　古代インド学者　北京大学副学長　専古代インド文化,古典仏教　漢字名＝季羨林, 別名＝希逋, 斉奘
Ji, Yeonho　チ・ヨンホ
　国韓国　元・在釜山日本国総領事館現地職員　漢字名＝池蓮昊
Jia, Ping-wa　ジャ・ピンアオ
　1952〜　国中国　作家　漢字名＝賈平凹, 幼名＝平娃（ピンウア）　異チア・ピンウア
Jia, Qing-lin　チア・チンリン
　1940〜　国中国　政治家　中国共産党政治局常務委員, 中国全国政治協商会議（政協）主席, 北京市長　漢字名＝賈慶林　異ジャ・チンリン
Jia, Yueting　ジャー, ユエティン
　国中国　実業家　漢字名＝賈躍亭
Jia, Zhang-ke　ジャ・ジャンクー
　1970〜　国中国　映画監督　漢字名＝賈樟柯
Jiang, Dao-ding　ジャン・ダオディン
　1940〜2006　国中国　ジャーナリスト　「光明日報」東京支局長　漢字名＝蒋道鼎
Jiang, Fang-zhou　チアン・ファンチョウ
　1989〜　国中国　作家　漢字名＝蒋方舟
Jiang, Jason　ジャン, ジェイソン
　国中国　実業家　漢字名＝姜磊
Jiang, Jia　ジアン, ジア
　著「拒絶される恐怖を克服するための100日計画」飛鳥新社　2015
Jiang, Jian-hua　ジャン・ジェンホワ
　1961〜　国中国　二胡奏者　漢字名＝姜建華　異キョウ・ケンカ
Jiang, Lei　チアン・レイ
　1965〜　国中国　中国科学院化学研究所教授　専光触媒　漢字名＝江雷
Jiang, Qin-min　チアン・チンミン
　1963〜　国中国　映画監督　漢字名＝蒋欽民　異ジャン・チンミン／チアン・シンミン
Jiang, Rong　ジャン・ロン
　1946〜　国中国　作家,経済学者　漢字名＝姜戎
Jiang, Shan Shan　ジャン・シャン・シャン
　著「ワークブック いじめを乗りこえる」ブロンズ新社　2007
Jiang, Wen　チアン・ウェン
　1963〜　国中国　映画監督,俳優　北京中央戯劇学院演員　漢字名＝姜文　異キョウ・ブン
Jiang, Yanmei　ジアン
　国シンガポール　バドミントン選手
Jiang, Ze-min　ジャン・ズーミン
　1926〜　国中国　政治家　中国国家主席,中国共産党総書記・中央軍事委員会主席,中国国家中央軍事委員会主席　漢字名＝江沢民　異ツォン・ホイイエン
Jianghong, Chen　ジャンホン, チェン
　国中国　ドイツ児童文学賞 絵本（2005年）"Han Gan und das Wunderpfer"
Jianlian, Yi　ジェンリェン, イー
　国中国　バスケットボール選手
Jiao, Ben　ジャオ, ベン
　著「チベットの文化大革命」風響社　2012
Jiao, Tong　チアオ・トン
　1956〜　国台湾　詩人　漢字名＝焦桐
al-Jibory, Mohammed　ジブリ, モハマド
　国イラク　貿易相
Jibril, Mahmoud　ジブリル, マハムード
　1952〜　国リビア　政治家　国民勢力連合（NFA）代表　リビア暫定政府首相
Jibril, Muhammad Jihad　ジブリル, ムハンマド・ジハード
　？〜2002　パレスチナ解放活動家　パレスチナ解放人民戦線総司令部派（PFLP-GC）軍事作戦司令官　異ジブリール, ムハンマド・ジハード
Jickells, Tim D.　ジッケルズ, T.D.
　著「地球環境化学入門」シュプリンガー・フェアラーク東京　2005
Jiewchaloemmit, Sutiya　ジウチャロエミット, スティヤ
　国タイ　射撃選手
Jigau, Adrian Ioan　ジガウ
　国ルーマニア　重量挙げ選手
Jigjid, Byambyn　ジグジド, ビャムビーン
　国モンゴル　社会基盤開発相
Jigjid, Rentsendoo　ジグジッド, レンツェンドー
　国モンゴル　鉱業相
Jigs-med　ジグメ, ホートサング
　1967〜　著「青い空の下で」詩画工房　2006
Jiguet, Frédéric　ジゲ, フレデリック
　著「フランスの美しい鳥の絵図鑑」グラフィック社　2014
Jihad, Abdulla　ジハド, アブドラ
　国モルディブ　財務相
Jihadi John　ジハーディ・ジョン
　1988〜2015　国イギリス　イスラム国（IS）戦闘員　本名＝エムワジ, ムハンマド〈Emwazi, Mohammed〉
Jihyun　ジヒョン
　1983〜　国韓国　モデル,女優　旧芸名＝HENA（ヘナ）
Jija　ジージャー
　1984〜　国タイ　女優　本名＝ヤーニン・ウィサミタナン〈Yanin Vismitananda〉　異ヤーニン・ジージャー・ウィサミタナン
Jiley, Muhammad Nur　ジレイ, ムハマド・ヌル
　国ソマリア　地方政府相
Jillson, Joyce　ジルソン, ジョイス
　1946〜2004　国アメリカ　占星術師,女優
Jiménes, Alcidez　ヒメネス, アルシデス
　国パラグアイ　財務経済相
Jimenez, Eloy　ヒメネス, イーロイ
　国ドミニカ共和国　野球選手
Jimenez, Felix　ジメネッツ, F.
　著「金融不安定性と景気循環」日本経済評論社　2007
Jiménez, Félix　ヒメネス, フェリックス
　国ドミニカ共和国　観光相
Jiménez, Francisco　ヒメネス, フランシスコ
　国コスタリカ　公共事業・運輸相
Jiménez, Francisco　ヒメネス, フランシスコ
　1943〜　著「あの空の下で」小峰書店　2005
Jiménez, Miguel Ángel　ヒメネス, ミゲル・アンヘル
　1964〜　国スペイン　プロゴルファー
Jimenez, Phil　ヒメネス, フィル
　著「スパイダーマン : アメリカン・サン」小学館集英社プロダクション　2013
Jiménez, Ramón　ヒメネス, ラモン
　国パラグアイ　公共事業・通信相
Jimenez, Ramon　ヒメネス, ラモン
　国フィリピン　観光相
Jimenez, Raul　ヒメネス, ラウール
　国メキシコ　サッカー選手
Jiménez, Salvador　ヒメネス, サルバドル
　国ドミニカ共和国　農相
Jiménez, Soraya　ヒメネス, ソラヤ
　1977〜2013　国メキシコ　重量挙げ選手　本名＝Jiménez Mendivil, Soraya

Jimenez, Ubaldo　ヒメネス, ウバルド
　1984〜　国ドミニカ共和国　野球選手
Jimenez Caicedo, Andres Eduardo　ヒメネスカイセド
　国コロンビア　自転車選手
Jiménez de la Jara, Mónica　ヒメネス・デラハラ, モニカ
　国チリ　教育相
Jiménez Gaona, Ramón　ヒメネスガオナ, ラモン
　国パラグアイ　公共事業・通信相
Jiménez García-Herrera, Trinidad　ヒメネス・ガルシア・エレラ, トリニダ
　国スペイン　元・外務・協力大臣, 元・スペイン・日本友好議員連盟第一副会長　圏ヒメネス・ガルシアエレーラ, トリニダード
Jiménez Marín, Melvin　ヒメネス・マリン, メルビン
　国コスタリカ　大統領府相
Jiménez Mayor, Juan Federico　ヒメネス・マジョル, フアン・フェデリコ
　国ペルー　首相
Jiménez Puerto, Milton　ヒメネス・プエルト, ミルトン
　国ホンジュラス　外相
Jiménez Talavera, Mariano　ヒメネス・タラベラ, マリアノ
　国ホンジュラス　農牧相
Jiménez Verdejo, Juan Ramón　ヒメネス・ベルデホ, ホアン・ラモン
　著「グリッド都市」京都大学学術出版会　2013
Jimerson, Shane R.　ジマーソン, シェーン・R.
　著「世界の学校心理学事典」明石書店　2013
Jimmy　ジミー
　1958〜　著「幸せのきっぷ」現代企画室　2015
Jin, Fei　チン, フェイ
　1968〜　国中国　作家, 評論家　漢字名＝靳飛
Jin, Ha　ジン, ハ
　1956〜　作家　漢字名＝金哈(チン・ハア)　圏ハ, ジン
Jin, JadeNabi　ジン, ジェイドナビ
　著「あかいハリネズミ」リトルモア　2007
Jin, Jong-oh　チン・ジョンオ
　1979〜　国韓国　射撃選手　漢字名＝秦鍾午
Jin, Nyum　チン・ニョム
　国韓国　副首相兼財政経済相　漢字名＝陳稔
Jin, Ren-qing　ジン・レンチン
　1944〜　国中国　中国国務院発展研究センター副主任　漢字名＝金人慶
Jin, S.-B.　ジン, S.-B.
　著「鍼のエビデンス」医道の日本社　2009
Jin, Yao-ru　チン・ヤオルー
　?〜2004　国香港　評論家　「香港文匯報」編集長　漢字名＝金堯如, 筆名＝管見子
Jindal, Bobby　ジンダル, ボビー
　1971〜　国アメリカ　政治家　ルイジアナ州知事　本名＝Jindal, Piyush Bobby
Jing, Junhong　チャン
　国シンガポール　卓球選手
Jin Pyn　ジン・ピン
　著「象と木の物語」メディアファクトリー　2008
Jinyoung　ジニョン
　1991〜　国韓国　歌手
Jirayu, James　ジラユ, ジェームス
　著「君だけI Love You」小学館集英社プロダクション　2016
Jirsch, Anne　ジルチ, アン
　著「ザ・フューチャー・イズ・ユアーズ」武田ランダムハウスジャパン　2011
Jirschele, Mike　シーシェル, マイク
　国アメリカ　カンザスシティ・ロイヤルズコーチ
al-Jisr, Samir　アル・ジスル, サミル
　国レバノン　法相
Ji-sung　チソン
　1977〜　国韓国　俳優　本名＝クァク・テグン
Jitta, Ceseli Josephus　イッタ, セシリ・ジョセフス
　著「おじいさんのダイヤモンド」今人舎　2006
Ji-young　ジヨン
　1994〜　国韓国　歌手, 女優　漢字名＝知英
Jizdan, Alexandru　ジズダン, アレクサンドル
　国モルドバ　内相
Jnanamritananda Puri　ニャーナアムリターナンダ
　国ニャーナアムリターナンダ, スワーミ　著「人生を祝祭に変える法」知玄舎, 星雲社(発売)　2010
Jo, Chang-dok　チョ・チャンドク
　国北朝鮮　副首相　漢字名＝趙昌徳
Jo, Myong-rok　チョ・ミョンロク
　1930〜2010　国北朝鮮　軍人　朝鮮労働党政治局常務委員, 北朝鮮国防委員会第1副委員長, 朝鮮人民軍次帥　漢字名＝趙明禄　圏ジョ・ミョンロク
Jo, Pyong-ju　チョ・ビョンジュ
　国北朝鮮　副首相　漢字名＝趙炳柱
Jo, Sumi　ジョー, スミ
　1962〜　国韓国　ソプラノ歌手　漢字名＝曺秀美
Jo, Yong-chol　チョ・ヨンチョル
　国北朝鮮　食料日用工業相　漢字名＝趙永哲
Jo, Yong Suk　チョ・ヨンスク
　国北朝鮮　射撃選手
Jo, Yun-hui　チョ・ユンヒ
　国北朝鮮　建設建材工業相　漢字名＝趙允熙
Joachimsthaler, Erich　ヨアヒムスターラー, エーリッヒ
　著「ブランド・マネジメント」ダイヤモンド社　2001
João, Armando Artur　ジョアン, アルマンド・アルトゥール
　国モザンビーク　文化相
Joao Costa　ジョアン・コスタ
　国ポルトガル　サッカー選手
Joao Mario　ジョアン・マリオ
　国ポルトガル　サッカー選手
Joao Moutinho　ジョアン・モウティーニョ
　国ポルトガル　サッカー選手
Joao Pedro　ジョアン・ペドロ
　国ブラジル　サッカー選手
Joao Pereira　ジョアン・ペレイラ
　国ポルトガル　サッカー選手
Joao Teixeira　ジョアン・テイシェイラ
　国ポルトガル　サッカー選手
Joaquin, Nick　ホアキン, ニック
　1917〜2004　著「物語マニラの歴史」明石書店　2005
Joaquin, Sanchez　ホアキン・サンチェス
　国スペイン　サッカー選手
Joazil, Jean Rodolphe　ジョアジル, ジャン・ロドルフ
　国ハイチ共和国　国防相
Jobarteh, Justice Lamin　ジョバルテ, ジャスティス・ラミン
　国ガンビア　法相・司法長官
Jobe, Abdou　ジョベ, アブドゥ
　国ガンビア　通商・工業・地方統合・雇用相
Jobe, Frank Wilson　ジョブ, フランク
　1925〜2014　国アメリカ　整形外科医　カリフォルニア大学医学部整形外科教授, ドジャース・チームドクター　国スポーツ整形外科
Jobe, Momodou Lamin Sedat　ジョーブ, モモドゥ・ラミン・セダト
　国ガンビア　外相
Jobe-njie, Fatou Mas　ジョベヌジャイ, ファトウ・マス
　国ガンビア　観光・文化相
Jobert, Michel　ジョベール, ミシェル
　1921〜2002　国フランス　政治家　フランス外相
Jobim, Nelson Azevedo　ジョビン, ネルソン・アゼベド
　国ブラジル　国防相
Jobin, Paul　ジョバン, ポール
　1968〜　国フランス　社会学者　パリ第7大学准教授
Jobodwana, Anaso　ジョボドワナ
　国南アフリカ　陸上選手
Jobs, Steve　ジョブズ, スティーブ
　1955〜2011　国アメリカ　実業家　アップル創業者・CEO　本名＝ジョブズ, スティーブン・ポール〈Jobs, Steven Paul〉　圏ジョブス, スティーブ／ジョブズ, スティーブ
Jobson, Robert　ジョブソン, ロバート
　著「ダイアナ」実業之日本社　2003
Jobst, Christlieb Yuho　ヨープスト, クリストリープ・ユーホー
　国ドイツ　早稲田大学名誉教授, 元・OAGドイツ東洋文化研究協会副会長
Jobst, K.　ヨープスト, K.
　著「鍼のエビデンス」医道の日本社　2009
Jocelyn, Marthe　ジョスリン, マーサ
　著「ひとつすこしたくさん」西村書店　2006
Jočić, Dragan　ヨチッチ, ドラガン
　国セルビア　内相
Jock　ジョック
　1972〜　著「グリーンアロー：イヤーワン」小学館集英社プロダクション　2016
Jocks, Heinz-Norbert　ヨックス, ハインツ＝ノルベルト

1955〜 [著]「グレゴール・シュナイダー」 ワコウ・ワークス・オブ・アート 2010
Jode, Frédérique de ジョード, フレデリック・ド
[著]「テオもうひとりのゴッホ」 平凡社 2007
Jodidio, Philip ジョディディオ, フィリップ
1954〜 [著]「安藤忠雄」 タッシェン・ジャパン, 洋販(発売) 2001
Jodorowsky, Alexandro ホドロフスキー, アレハンドロ
1929〜 [国]チリ 映画監督 本名＝プルジャンスキー, アレハンドロ・ホドロフスキー〈Prullansky, Alexandro Jodorowsky〉
Joeckel, Luke ジョーケル, ルーク
[国]アメリカ アメフト選手
Joekes, Willem ユーケス, ウィレム
1916〜 [著]「よい旅を」 新潮社 2014
Joel, Billy ジョエル, ビリー
1949〜 [国]アメリカ シンガー・ソングライター 本名＝ジョエル, ウィリアム・マーティン〈Joel, William Martin〉
Joel, Mitch ジョエル, ミッチ
[著]「「働く」を再起動する」 阪急コミュニケーションズ 2014
Joe Lewis, W. ルイス, W.ジョー
[国]アメリカ ウルフ賞 農業部門(2008年)
Joellasewnundun, Urmila ジョラセウヌンドゥン, ウルミラ
[国]スリナム 自治相
Joematpettersson, Tina ジョーマットピターソン, ティナ
[国]南アフリカ エネルギー相
Joensson, Emil イエンソン
[国]スウェーデン クロスカントリースキー選手
Joerg, Selina イエルク
[国]ドイツ スノーボード選手
Joerger, David イェーガー, デイビッド
[国]アメリカ サクラメント・キングスヘッドコーチ(バスケットボール)
Joerres, Jeffrey A. ジョレス, ジェフリー
[国]アメリカ 実業家 マンパワー会長・社長・CEO 別名＝Joerres, Jeff
Jõerüüt, Jaak ユエリュート, ヤーク
[国]エストニア 国防相
Joffe, Charles H. ジョフィ, チャールズ
1929〜2008 [国]アメリカ 映画プロデューサー
Joffe, Dina ヨッフェ, ディーナ
1952〜 [国]イスラエル ピアニスト
Joffe, Ellis ヨッフェ, エリス
[著]「中国が戦争を始める」 恒文社21, 恒文社(発売) 2002
Joffe, Roland ジョフィ, ローランド
1945〜 [国]イギリス 映画監督 本名＝Joffe, Roland I.V. [異]ジョフェ, ローランド
Joffrin, Laurent ジョフラン, ローラン
1952〜 [著]「68年5月」 インスクリプト 2015
Joflin, Jones ジョフリン, ジョーンズ
[著]「象はポケットに入れるな！」 マガジンハウス 2007
Joh, Howard ジョー, ハワード
1942〜 [著]「暮らしで見つけた今すぐ使えるアメリカ日常語」 PHP研究所 2005
Joh, Ui-seok チョ, ウィソク
1976〜 [著]「ひとまず走れ！」 双葉社 2005
Johann, Lang ヨハン, L.
[著]「小動物臨床における超音波診断」 ファームプレス 2009
Johannesdottir, Asta ヨハネスドッティル, アウスタ
[国]アイスランド 社会問題・社会保障相
Johannes Paulus Ⅱ ヨハネ・パウロ2世
1920〜2005 [国]バチカン ローマ法王(第264代) 本名＝ボイチワ, カロル・ユゼフ〈Wojtyla, Karol Jozef〉 [異]ヨハネ・パウロ / ヨハネス・パウルス
Jóhannesson, Benedikt ヨハネソン, ベネディクト
[国]アイスランド 財務・経済相
Jóhannesson, Guðni ヨハネソン, グズニ
[国]アイスランド 大統領
Johanns, Mike ジョハンズ, マイク
1950〜 [国]アメリカ 政治家 米国上院議員(共和党) 米国農務長官, ネブラスカ州知事 本名＝Johanns, Michael Owen
Johannsson, Aron ヨーハンソン, アロン
[国]アメリカ サッカー選手
Jóhannsson, Jóhann ヨハンソン, ヨハン
ゴールデン・グローブ賞 映画 作曲賞(第72回(2014年度)) "The Theory Of Everything"
Jóhannsson, Kristinn G. ヨハンソン, クリスティン
[著]「ノンニとマンニのふしぎな冒険」 出帆新社 2008
Jóhannsson, Sigurður ヨハンソン, シグロウル
[国]アイスランド 漁業・農業相
Johansen, Bruce Elliott ジョハンセン, ブルース・E.
1950〜 [著]「世界の先住民環境問題事典」 明石書店 2010
Johansen, Christian ヨハンセン, クリスチャン
1982〜 [著]「テスト駆動JavaScript」 アスキー・メディアワークス, 角川グループパブリッシング(発売) 2011
Johansen, Erika ジョハンセン, エリカ
[国]アメリカ 作家 [専]ファンタジー, ヤングアダルト
Johansen, Iris ジョハンセン, アイリス
[著]「暗闇はささやく」 ハーパーコリンズ・ジャパン 2016
Johansen, Robert ヨハンセン, ボブ
[著]「未来を創るリーダー10のスキル」 日本能率協会マネジメントセンター 2013
Johansen, Roy ジョハンセン, ロイ
[著]「暗闇はささやく」 ハーパーコリンズ・ジャパン 2016
Johansen, Tarje Riis ヨハンセン, タリエ・リース
[国]ノルウェー 農相
Johanson, Anna-Lisa ジョハンソン, アンナ＝リサ
[著]「私は病気ではない」 星和書店 2004
Johanson, Donald C. ジョハンソン, ドナルド・C.
[著]「畑正憲が選ぶ動物と虫と命の話集」 学習研究社 2007
Johanson, Gary A. ジョハンソン, ゲイリー
[著]「緩和ケア総合診療マニュアル」 プリメド社 2009
Johanson, Gregory J. ヨハンソン, グレッグ
[著]「ハコミセラピー」 春秋社 2004
Johanson, Karl J. ヨハンソン, カール・J.
[著]「環境医学入門」 中央法規出版 2003
Johansson, Anna ヨハンソン, アンナ
[国]スウェーデン 社会基盤相
Johansson, B.B. ヨハンソン, B.
[著]「鍼のエビデンス」 医道の日本社 2009
Johansson, Bjørn ヨハンソン, ビョルン
1947〜 [著]「一般化線形モデルを使用した損害保険料率の算定」 日本アクチュアリー会 2014
Johansson, Caroline ヨハンソン, キャロライン
[著]「紙でつくるクリスマス・オーナメント」 大日本絵画 〔2013〕
Johansson, Elin ヨハンソン, エリン
[国]スウェーデン テコンドー選手
Johansson, Emma ヨハンソン, エマ
[国]スウェーデン 自転車選手
Johansson, Frans ヨハンソン, フランス
[著]「アイデアは交差点から生まれる」 阪急コミュニケーションズ 2014
Johansson, Gunn ヨハンソン, グン
[国]スウェーデン ファッションデザイナー ラム・デザイナー
Johansson, Håkan ヨアンソン, ホーカン
1947〜2004 [著]「ストレスと筋疼痛障害」 名古屋大学出版会 2010
Johansson, Henna ヨハンソン, ヘンナ
[国]スウェーデン レスリング選手
Johansson, Ingemar ヨハンソン, インゲマル
1932〜2009 [国]スウェーデン プロボクサー 世界ヘビー級チャンピオン
Johansson, Jonatan ヨハンソン, ヨナタン
1980〜2006 [国]スウェーデン スノーボード選手
Johansson, Karin ヨハンソン, カリン
[国]スウェーデン カヌー選手
Johansson, K.M. ヨハンソン, K.
[著]「鍼のエビデンス」 医道の日本社 2009
Johansson, Morgan ヨハンソン, モルガン
[国]スウェーデン 法務・移民担当相
Johansson, Nette ヨワンソン, ネッテ
[著]「おばあちゃんにささげる歌」 ノルディック出版, 第三書館(発売) 2006
Johansson, Scarlett ヨハンソン, スカーレット
1984〜 [国]アメリカ 女優 [異]ジョハンソン, スカーレット
Johansson, Thomas ヨハンソン
[国]スウェーデン テニス選手
Johansson, Ylva ヨハンソン, イルバ
[国]スウェーデン 雇用・社会統合相
Johaug, Therese ヨーハウグ, テレーセ
1988〜 [国]ノルウェー スキー選手
John, Augustine ジョン, オーギュスティン
[国]グレナダ 教育相

J

John, Carlos ジョン, カルロス
国トリニダード・トバゴ 社会基盤開発・地方政府相
John, Cyril ジョン, シリル
著「聖霊に駆り立てられて」 聖母の騎士社 2010
John, David ジョン, デヴィッド
1966～ 著「7つの名前を持つ少女」 大和書房 2016
John, Elton Hercules ジョン, エルトン
1947～ 国イギリス シンガー・ソングライター 本名＝ドワイト, レジナルド・ケネス〈Dwight, Reginald Kenneth〉
John, Jeffrey ジョン, ジェフリー
1953～ 著「わたしたちの信仰」 聖公会出版 2005
John, Joby ジョン, J.
1957～ 著「サービス・マーケティング入門」 法政大学出版局 2005
John, Jory ジョン, ジョリ
著「もう、ねるんだってば！」 そうえん社 2015
John, Karl-Heinz ジョン, K.H.
1955～ 著「IEC 61131-3を用いたPLCプログラミング」 シュプリンガー・フェアラーク東京 2006
John, Kose ジョン, コーズ
著「金融規制のグランドデザイン」 中央経済社 2011
John, Mark St. ジョン, マーク・セント
1956～2007 国アメリカ ロック・ギタリスト 本名＝ノートン, マーク〈Norton, Mark〉
John, Radek ヨーン, ラデック
国チェコ 副首相兼内相
John, Theophilus ジョン, セオフィルス
国セントルシア 開発・環境・住宅相
John, Ulrick ジョン, アーリック
国アメリカ アメフト選手
John, Velon ジョン, ベロン
国セントルシア 労使関係・公共サービス・協同組合相
J
Johnen, Wilhelm ヨーネン, ヴィルヘルム
著「ドイツ夜間防空戦」 光人社 2001
John-hoon ジョンフン
1980～ 国韓国 俳優, 歌手 本名＝キム・ジョンフン〈Kim, John-hoon〉
John Luk, Jok ジョン・ルック・ジョック
国南スーダン 運輸相
Johns, Brian ジョンズ
国カナダ 競泳選手
Johns, Chris ジョンズ, クリス
1951～ 著「チーター」 ほるぷ出版 2012
Johns, Geoff ジョーンズ, ジェフ
異ジョンズ, ジェフ 著「アクアマン：王の遺産」 小学館集英社プロダクション 2016
Johns, Glyn ジョンズ, グリン
1942～ 著「サウンド・マン」 シンコーミュージック・エンタテイメント 2016
Johns, Jasper ジョーンズ, ジャスパー
1930～ 国アメリカ 画家
Johns, Linda ジョンズ, リンダ
著「銀竜の騎士団」 アスキー・メディアワークス, 角川グループパブリッシング(発売) 2008
Johnsen ヨンセン
1974～ 国ノルウェー サッカー選手 本名＝ヨンセン, フローデ〈Johnsen, Frode〉
Johnsen, Åge ヨンセン, オーゲ
著「分権政治の会計」 中央経済社 2010
Johnsen, Åshild Kanstad ヨンセン, オーシル・カンスタ
1978～ 著「キュッパのおんがくかい」 福音館書店 2014
Johnsen, Christian ヨンセン, クリスチャン
1983～ 著「愛犬のリフレクソロジートリートメント入門」 BABジャパン 2013
Johnsen, N.J. ヨーンセン, ニールス・ヨン
著「偽薬効果」 春秋社 2002
Johnsen, Sigbjørn ヨンセン, シグビョーン
国ノルウェー 財務相
Johnson, Abigail Pierrepont ジョンソン, アビゲイル
1961～ 国アメリカ 金融家 フィデリティ・インベストメンツ CEO 通称＝Johnson, Abby
Johnson, Adam ジョンソン, アダム
1967～ 国アメリカ 作家, 英文学者 スタンフォード大学英文学科准教授 専フィクション
Johnson, Adrian ジョンソン, エイドリアン
1974～ 著「あらまっ！」 小学館 2004
Johnson, Alan ジョンソン, アラン
国イギリス 保健相
Johnson, Aldene ジョンソン, アルデン
MTVアワード 最優秀アート・ディレクション(第27回(2010年)) “Dog Days Are Over”
Johnson, Alex ジョンソン, アレックス
1942～2015 国アメリカ 野球選手 本名＝ジョンソン, アレクサンダー〈Johnson, Alexander〉
Johnson, Alex ジョンソン, アレックス
著「世界の不思議な図書館」 創元社 2016
Johnson, Alexander ジョンソン, A.
著「細胞の分子生物学」 ニュートンプレス 2010
Johnson, Alissa ジョンソン, アリッサ
1975～ 著「恋のかけひきにご用心」 二見書房 2013
Johnson, Ambullai ジョンソン, アンブライ
国リベリア 内相
Johnson, Amir ジョンソン, アミール
国アメリカ バスケットボール選手
Johnson, Andre ジョンソン, アンドレ
国アメリカ アメフト選手
Johnson, André ジョンソン, アンドレ
国トーゴ 環境・森林相
Johnson, Angela ジョンソン, アンジェラ
1961～ 著「あこがれの機関車」 小峰書店 2008
Johnson, Anna ジョンソン, アナ
1966～ 著「スリー・ブラック・スカートの法則」 ソニー・マガジンズ 2005
Johnson, Anne M. ジョンソン, アン・M.
1959～ 著「『海からの贈りもの』が教えてくれたこと」 大和書房 2003
Johnson, Anthony ジョンソン, アンソニー
国アメリカ アメフト選手
Johnson, Anthony Godby ジョンソン, アンソニー・G.
1977～ 著「翼をください」 PHP研究所 2002
Johnson, Austin ジョンソン, オースティン
国アメリカ アメフト選手
Johnson, Austin ジョンソン, オースティン
国アメリカ アメフト選手
Johnson, Avery ジョンソン, エイブリー
1965～ 国アメリカ バスケットボール監督, 元バスケットボール選手 異ジョンソン, エヴァリー
Johnson, Barbara ジョンソン, バーバラ
1947～2009 著「批評的差異」 法政大学出版局 2016
Johnson, Bea ジョンソン, ベア
1974～ 著「ゼロ・ウェイスト・ホーム」 KTC中央出版 2016
Johnson, Ben ジョンソン, ベン
著「奇跡を呼ぶヒーリングコード」 ソフトバンククリエイティブ 2011
Johnson, Beni ジョンソン, ベニー
著「ハッピー・インターセッサー」 マルコーシュ・パブリケーション(発売) 2015
Johnson, Bill ジョンソン, ビル
1951～ 著「預言の霊を解き放て」 マルコーシュ・パブリケーション(発売) 2016
Johnson, Bob ジョンソン, ボブ
1961～ 著「インターネットアプリケーションのためのソフトウェアテスト」 ソフトバンクパブリッシング 2003
Johnson, Boris ジョンソン, ボリス
1964～ 国イギリス 政治家, ジャーナリスト ロンドン市長, 英国下院議員 本名＝Johnson, Alexander Boris de Pfeffel
Johnson, Brian ジョンソン, ブライアン
ロック歌手
Johnson, Brian ジョンソン, ブライアン
国アメリカ 野球選手
Johnson, Brian ジョンソン, ブライアン
1960～ 異ジョンソン, ブライアン・A. 著「顧客を知り尽くし顧客を満足させる法」 ダイヤモンド社 2006
Johnson, Brian David ジョンソン, ブライアン・デイビッド
著「インテルの製品開発を支えるSFプロトタイピング」 亜紀書房 2013
Johnson, Brice ジョンソン, ブライス
国アメリカ バスケットボール選手
Johnson, Bruce ジョンソン, ブルース
国アメリカ アメフト選手
Johnson, Bryan P. ジョンソン, ブライアン・P.
著「Sencha Touchでつくる HTML5モバイルアプリ」 翔泳社 2014
Johnson, Cam ジョンソン, キャム

[国]アメリカ　アメフト選手
Johnson, Catherine ジョンソン, キャサリン
[著]「動物が幸せを感じるとき」 NHK出版　2011
Johnson, Chad ジョンソン, チャド
[著]「ギター・コード・トーン大辞典」 シンコー・ミュージック　2004
Johnson, Chalmers ジョンソン, チャルマーズ
1931～2010 [国]アメリカ　国際政治学者　米国日本政策研究所所長, カリフォルニア大学サンディエゴ校名誉教授 [専]国際関係論, アジア・太平洋研究 [異]ジョンソン, チャーマーズ
Johnson, Charles ジョンソン, チャールズ
[国]アメリカ　アメフト選手
Johnson, Charles ジョンソン, チャールズ
[国]アメリカ　アメフト選手
Johnson, Charles ジョンソン, チャールズ
1933～ [国]アメリカ　実業家
Johnson, Charles Richard ジョンソン, チャールズ・R.
1948～ [著]「私には夢がある」 日本キリスト教団出版局　2005
Johnson, Chase ジョンソン, チェイス
[国]アメリカ　野球選手
Johnson, Chris ジョンソン, クリス
[国]アメリカ　バスケットボール選手
Johnson, Chris ジョンソン, クリス
[国]アメリカ　アメフト選手
Johnson, Claudia ジョンソン, クラウディア
1912～2007 [国]アメリカ　ジョンソン第36代米国大統領夫人　愛称＝レディーバード・ジョンソン〈Lady Bird Johnson〉 [異]ジョンソン, クローディア
Johnson, Cory ジョンソン, コリー
[国]アメリカ　アメフト選手
Johnson, Craig Hella ジョンソン, クレイグ・ヘラ
グラミー賞 最優秀クラシック合唱（2014年（第57回）） "The Sacred Spirit Of Russia"
Johnson, Craig W. ジョンソン, クレイグ・W.
[著]「シリコンバレー」 日本経済新聞社　2001
Johnson, C.Ray ジョンソン, レイ
1946～ [著]「社長の頭に変わる本」 中経出版　2004
Johnson, Crispin Grey ジョンソン, クリスピン・グレイ
[国]ガンビア　高等教育・科学技術相
Johnson, Curtis W. ジョンソン, カーティス
[著]「教育×破壊的イノベーション」 翔泳社　2008
Johnson, Dale H. ジョンソン, デール・H.
1945～ [著]「ヘアケアサイエンス入門」 フレグランスジャーナル社　2011
Johnson, Dane ジョンソン, デーン
[国]アメリカ　トロント・ブルージェイズコーチ
Johnson, Dani ジョンソン, ダニ
[著]「人事コンピテンシー」 生産性出版　2013
Johnson, Daniel ジョンソン, ダニエル
[国]バハマ　青年・スポーツ・文化相
Johnson, Dave ジョンソン, デイブ
1966～ [著]「スーパーマン ： レッド・サン」 小学館集英社プロダクション　2012
Johnson, Davey ジョンソン, デービー
1943～ [国]アメリカ　元大リーグ監督, 元野球選手, 元プロ野球選手　野球米国代表監督, 野球オランダ代表監督　本名＝Johnson, David Allen [異]ジョンソン, デーブ / ジョンソン, デイヴィ
Johnson, David ジョンソン, D.
[著]「図解きのこ鑑別法」 西村書店東京出版編集部　2010
Johnson, David ジョンソン, デービッド
[国]アメリカ　アメフト選手
Johnson, David ジョンソン, デービッド
[国]アメリカ　アメフト選手
Johnson, David ジョンソン, デビッド
[著]「MCSE完全マスターWindows 2000 server」 インプレス, インプレスコミュニケーションズ（発売）　2001
Johnson, David Leslie ジョンソン, デイヴィッド・レスリー
[著]「赤ずきん」 竹書房　2011
Johnson, David T. ジョンソン, デービッドティー
1960～ 法学者　ハワイ大学教授 [専]日本の刑事司法 [異]ジョンソン, デイビッド・T.
Johnson, David W. ジョンソン, D.W.
1940～ [異]ジョンソン, デイビッド・W. [著]「協同学習を支えるアセスメントと評価」 日本協同教育学会, ナカニシヤ出版（京都）（発売）　2016
Johnson, D.B. ジョンソン, D.B.
1944～ [著]「ヘンリーのしごと」 福音館書店　2005
Johnson, Denis ジョンソン, デニス
1949～ [国]アメリカ　作家 [異]ジョンスン
Johnson, Denise J. ジョンソン, デニス・J.
[著]「図書館の問題利用者」 日本図書館協会　2004
Johnson, Derek ジョンソン, デレク
MTVアワード 最優秀視覚効果（第30回（2013年）） "Safe and Sound"
Johnson, Derek ジョンソン, デレク
[国]アメリカ　ミルウォーキー・ブルワーズコーチ
Johnson, Derrick ジョンソン, デリック
[国]アメリカ　アメフト選手
Johnson, Devon ジョンソン, デボン
[国]アメリカ　アメフト選手
Johnson, Devonte ジョンソン, デボンテ
[国]アメリカ　アメフト選手
Johnson, Diane ジョンソン, ダイアン
1934～ [著]「ル・ディヴォース」 小学館　2004
Johnson, Diane Clark ジョンソン, ダイアン・クラーク
1960～ [著]「わが子の動物キャラクターを知っていますか？」 学習研究社　2002
Johnson, Dontae ジョンソン, ドンティー
[国]アメリカ　アメフト選手
Johnson, Dorothea ジョンソン, ドロシア
1929～ [著]「世界標準のビジネスマナー」 東洋経済新報社　2015
Johnson, Douglas ジョンソン, ダグラス
1904～ [著]「医学とキリスト教の連携」 すぐ書房　2002
Johnson, Douglas William John ジョンソン, ダグラス・ウィリアム
1925～2005 [国]イギリス　歴史学者　ロンドン大学ユニバーシティカレッジ名誉教授 [専]フランス史
Johnson, Duke ジョンソン, デューク
[国]アメリカ　アメフト選手
Johnson, Dustin ジョンソン, ダスティン
1984～ [国]アメリカ　プロゴルファー
Johnson, Dwayne ジョンソン, ドウェイン
俳優
Johnson, Earvin ジョンソン, アービン
1959～ [国]アメリカ　元バスケットボール選手　通称＝マジック・ジョンソン〈Magic Johnson〉 [異]ジョンソン, マジック
Johnson, Eddie ジョンソン, エディー
？～2003 [国]アメリカ　アメフト選手
Johnson, Elizabeth ジョンソン, エリザベス
[著]「ビジュアル版 世界の歴史都市」 柊風舎　2016
Johnson, Elizabeth S. ジョンソン, エリザベス・S.
[異]ジョンソン, エリザベス [著]「ケインズ全集」 東洋経済新報社　2014
Johnson, Erik ジョンソン, エリク
[著]「ハーバードMBA合格者のエッセイを読む」 オープンナレッジ　2007
Johnson, Fabian ジョンソン, ファビアン
[国]アメリカ　サッカー選手
Johnson, Fran ジョンソン, フラン
[著]「ニールズヤードレメディーズBEAUTY BOOK」 緑書房　2016
Johnson, G. ジョンソン, G.
[著]「鍼のエビデンス」 医道の日本社　2009
Johnson, Gary Earl ジョンソン, ゲーリー
1953～ [国]アメリカ　政治家, 実業家　ニューメキシコ州知事, ビッグ・J・エンタープライズジズ社長・CEO
Johnson, Gary V. ジョンソン, ゲーリー・V.
[著]「食品安全と栄養の経済学」 農林統計協会　2002
Johnson, Genevieve Fuji ジョンソン, ジュヌヴィエーヴ・フジ
1968～ [著]「核廃棄物と熟議民主主義」 新泉社　2011
Johnson, George ジョンソン, ジョージ
[国]アメリカ　アメフト選手
Johnson, George ジョンソン, ジョージ
1952～ [著]「サイエンスライティング」 地人書館　2013
Johnson, George Brooks ジョンソン, G.B.
1942～ [著]「レーヴン/ジョンソン生物学」 培風館　2007
Johnson, George Clayton ジョンソン, ジョージ・クレイトン
1929～2015 [国]アメリカ　SF作家, 脚本家
Johnson, Gerry ジョンソン, ゲリー
[著]「実践としての戦略」 文眞堂　2012
Johnson, Gillian ジョンソン, ジリアン
[著]「犬のジミーはバレエ・スター」 講談社　2007
Johnson, Glen ジョンソン, グレン

J

Johnson, Gordon ジョンソン, ゴードン
㊗「インド」朝倉書店 2008
Johnson, Gus ジョンソン, ガス
㊦アメリカ アメフト選手
Johnson, Hilde Frafjord ヨンソン, ヒルデ・フラーフィヨル
㊦ノルウェー 国際開発相
Johnson, Howard W. ジョンソン, ハワード・W.
㊗「ハワード・ジョンソン高速信号ボードの設計」丸善 2007
Johnson, H.Thomas ジョンソン, H.トーマス
㊗「トヨタはなぜ強いのか」日本経済新聞社 2002
Johnson, Hugh ジョンソン, ヒュー
1939～ ㊗「世界のワイン図鑑」ガイアブックス 2014
Johnson, Ian ジョンソン, イアン
1962～ ㊗「ワイルドグラス」日本放送出版協会 2005
Johnson, Isaiah ジョンソン, イサイアー
㊦アメリカ アメフト選手
Johnson, Isaiah ジョンソン, イサイアー
㊦アメリカ アメフト選手
Johnson, Jade ジョンソン
㊦イギリス 陸上選手
Johnson, Jamel ジョンソン, ジャメル
㊦アメリカ アメフト選手
Johnson, James ジョンソン, ジェームズ
㊦アメリカ バスケットボール選手
Johnson, James-Michael ジョンソン, ジェームス・マイケル
㊦アメリカ アメフト選手
Johnson, Jane ジョンソン, ジェーン
㊦ジョンソン, ジェイン ㊗「海賊と刺繡女」集英社 2010
Johnson, Jane ジョンソン, ジェーン
1965～ ㊗「姿勢アセスメント」医歯薬出版 2014
Johnson, Janice Kay ジョンソン, ジャニス・K.
㊗「悲しみの向こう側」ハーレクイン 2002
Johnson, Jeff ジョンソン, ジェフ
㊗「UIデザインの心理学」インプレス 2015
Johnson, Jeff A. ジョンソン, ジェフ・A.
1969～ ㊗「保育者のストレス軽減とバーンアウト防止のためのガイドブック」福村出版 2011
Johnson, Jeh ジョンソン, ジェイ
㊦アメリカ 国土安全保障長官
Johnson, Jennifer ジョンソン, ジェニファー
㊗「ヴァイオリニストならだれでも知っておきたい「からだ」のこと」春秋社 2011
Johnson, Jeron ジョンソン, ジェロン
㊦アメリカ アメフト選手
Johnson, Jerrod ジョンソン, ジェロッド
㊦アメリカ アメフト選手
Johnson, Jerry L. ジョンソン, ジェリー・L.
㊗「医療ソーシャルワーク」晃洋書房 2008
Johnson, Jessica K. ジョンソン, ジェシカ・K.
㊗「リーダーシップ・マスター」英治出版 2013
Johnson, Jill ジョンソン, ジル
㊗「グラマーな猫たち」グラフィック社 2010
Johnson, Jim ジョンソン, ジム
㊦アメリカ 野球選手
Johnson, Jinny ジョンソン, ジニー
㊗「動物の「跡」図鑑」文溪堂 2009
Johnson, J.J. ジョンソン, J.J.
1924～2001 ㊦アメリカ ジャズトロンボーン奏者 本名＝ジョンソン, ジェームズ・ルイス〈Johnson, James Louis〉 ㊦ジョンソン, ジェー・ジェー／ジョンソン, ジェイ・ジェイ
Johnson, J.Karl ジョンソン, J.
㊗「エンジニアのための物理化学」東京化学同人 2010
Johnson, Joe ジョンソン, ジョー
㊦アメリカ バスケットボール選手
Johnson, John H. ジョンソン, ジョン
1918～2005 ㊦アメリカ 出版人 ジョンソン・パブリッシング会長
Johnson, Johnnie ジョンソン, ジョニー
1924～2005 ㊦アメリカ ミュージシャン
Johnson, Josh ジョンソン, ジョシュ
㊦アメリカ アメフト選手
Johnson, Josh ジョンソン, ジョシュ
㊦アメリカ アメフト選手
Johnson, Joy ジョンソン, ジョーイ
1942～ ㊗「ハワイ島のフラワーエッセンス」ホクラニ・インターナショナル 2013

Johnson, Judith A. ジョンソン, ジュディス・A.
㊗「医療事故後の情報開示」シーニュ 2015
Johnson, June ジョンソン, ジューン
㊗「AD/HD&body」花風社 2003
Johnson, Kaleb ジョンソン, ケイレブ
㊦アメリカ アメフト選手
Johnson, Kamal ジョンソン, キャマル
㊦アメリカ アメフト選手
Johnson, Keith O. ジョンソン, キース・O.
グラミー賞 最優秀サラウンド・サウンド・アルバム（2010年（第53回））"Britten's Orchestra" サラウンド・ミックス・エンジニア, サラウンド・マスタリング・エンジニア
Johnson, Kelby ジョンソン, ケルビー
㊦アメリカ アメフト選手
Johnson, Kelley ジョンソン, ケリー
1947～ ㊗「オーストラリア・女性たちの脱施設化」相川書房 2006
Johnson, Ken ジョンソン, ケン
1933～2015 ㊦アメリカ 野球選手 本名＝Johnson, Kenneth Travis
Johnson, Kenneth ジョンソン, ケネス
1952～ ㊗「ジャガーの智恵」中央アート出版社 2002
Johnson, Kevin ジョンソン, ケビン
㊦アメリカ アメフト選手
Johnson, Kij ジョンスン, キジ
1960～ ヒューゴー賞 長中編（2012年）ほか
Johnson, Kim K.P. ジョンソン, キム・K.P.
㊗「外見とパワー」北大路書房 2004
Johnson, Kristine ジョンソン, クリスティン
㊗「アイ・アム・サム」竹書房 2002
Johnson, Kurt W. ジョンソン, カート
1950～ ㊗「ひとりぼっちのいない教会」福音社 2015
Johnson, Lane ジョンソン, レイン
㊦アメリカ アメフト選手
Johnson, Larry ジョンソン, ラリー
1960～ ㊗「人体冷凍」講談社 2010
Johnson, Lauren ジョンソン, ローレン
㊗「フレンズオフィシャル・トリビアブック」ぴあ 2005
Johnson, Laveli Korboi ジョンソン, ラベリ・コーボイ
㊦リベリア 法相
Johnson, Le'Andria ジョンソン, リアンドリア
グラミー賞 最優秀ゴスペル/コンテンポラリー・クリスチャン・ミュージック（2011年（第54回））"Jesus"
Johnson, Leavander ジョンソン, レバンダー
1969～2005 ㊦アメリカ プロボクサー IBF世界ライト級チャンピオン
Johnson, Leonard ジョンソン, レナード
㊦アメリカ アメフト選手
Johnson, Lisa ジョンソン, リサ
1967～ ㊗「女性に選ばれるマーケティングの法則」ダイヤモンド社 2005
Johnson, Louise C. ジョンソン, ルイーズ・C.
1923～ ㊗「ジェネラリスト・ソーシャルワーク」ミネルヴァ書房 2004
Johnson, Luke ジョンソン, ルーク
㊗「エベロン・プレイヤーズ・ガイド」ホビージャパン 2007
Johnson, Lynelle R. ジョンソン, L.
㊗「犬と猫の呼吸器疾患」インターズー 2008
Johnson, Magic ジョンソン, マジック
バスケットボール選手, ロサンゼルス・ドジャースオーナー
Johnson, Malcolm ジョンソン, マルコム
㊦アメリカ アメフト選手
Johnson, Manuel H.Jr. ジョンソン, マニュエル, Jr.
1949～ ㊦アメリカ 経済学者 ジョンソン・スミック・インターナショナル共同会長 米国連邦準備制度理事会(FRB)副議長 ㊦国際経済,金融政策
Johnson, Marcus ジョンソン, マーカス
㊦アメリカ アメフト選手
Johnson, Marie ジョンソン, マリー
㊗「ポール・オースターが朗読するナショナル・ストーリー・プロジェクト」アルク 2006
Johnson, Marion ジョンソン, マリオン
1936～ ㊗「看護成果分類」医学書院 2010
Johnson, Mark ジョンソン, M.
㊗「Java 2 Platform, Enterprise editionアプリケーション設計ガイド」ピアソン・エデュケーション 2002

Johnson, Mark ジョンソン, M.
1949～ [異]ジョンソン, マーク [著]「肉中の哲学」 哲学書房 2004
Johnson, Mark Henry ジョンソン, マーク・H.
1960～ [著]「発達認知神経科学」 東京大学出版会 2014
Johnson, Mark Steven ジョンソン, マーク・スティーブン
1964～ [国]アメリカ 映画監督, 脚本家 [異]ジョンソン, スティーブン / ジョンソン, マーク・スティーヴン
Johnson, Mark W. ジョンソン, マーク
[著]「ホワイトスペース戦略」 阪急コミュニケーションズ 2011
Johnson, Mary Ann ジョンソン, メアリー
[著]「実践ヘッジファンド投資」 日本経済新聞社 2001
Johnson, Mary L. ジョンソン, メアリー・L.
[著]「ジェムストーンの魅力」 ガイアブックス, 産調出版(発売) 2009
Johnson, Micah ジョンソン, マイカ
[国]アメリカ 野球選手
Johnson, Michael ジョンソン, マイケル
1967～ [国]アメリカ 元陸上選手
Johnson, Michael ジョンソン, マイケル
[国]アメリカ アメフト選手
Johnson, Michael David ジョンソン, マイケル・D.
[著]「カスタマー・バリュー」 ダイヤモンド社 2001
Johnson, Michael L. ジョンソン, マイケル・L.
[著]「老化の生命科学」 アークメディア 2007
Johnson, Michel J. ジョンソン, M.
[著]「加齢と運動の生理学」 朝倉書店 2010
Johnson, Mike ジョンソン, マイク
[著]「スター・トレック/グリーン・ランタン」 小学館集英社プロダクション 2016
Johnson, Nanci W. ジョンソン, ナンシー・W.
[著]「いじめ、学級崩壊を激減させるポジティブ生徒指導〈PBS〉ガイドブック」 明石書店 2016
Johnson, Neil F. ジョンソン, ニール
1961～ [著]「複雑で単純な世界」 インターシフト, 合同出版(発売) 2011
Johnson, Nelson ジョンソン, ネルソン
1948～ [著]「ボードウォーク・エンパイア」 ACクリエイト 2011
Johnson, Nick ジョンソン, ニック
[国]アメリカ バスケットボール選手
Johnson, Nicole ジョンソン, ニコール
[著]「ミス・アメリカ糖尿病と生きる」 女子栄養大学出版部 2002
Johnson, Nkosi ジョンソン, ヌコシ
?～2001 [国]南アフリカ エイズ患者への差別撤廃を訴えた黒人少年
Johnson, Norman ジョンソン, ノーマン
[著]「グローバリゼーションと福祉国家の変容」 法律文化社 2002
Johnson, Norris L., Jr. ジョンソン, ノリス・L., Jr.
[著]「ハッキング対策マニュアル」 ソフトバンクパブリッシング 2003
Johnson, Omobola Olubusola ジョンソン, オモボラ・オルブソラ
[国]ナイジェリア 通信技術相
Johnson, Orlando ジョンソン, オーランド
[国]アメリカ バスケットボール選手
Johnson, Paul ジョンソン, ポール
1960～ [著]「ゴリラゲーム」 講談社 2001
Johnson, Paul ジョンソン, ポール
[著]「ビートルズ世界証言集」 ポプラ社 2006
Johnson, Paul ジョンソン, ポール
1928～ [著]「ソクラテス」 日経BP社, 日経BPマーケティング(発売) 2015
Johnson, Paul ジョンソン, ポール
[著]「リトル・ピープル」 創元社 2010
Johnson, Paul ジョンソン, ポール
[著]「英国ボバース講師会議によるボバース概念」 ガイアブックス 2013
Johnson, Penny ジョンソン, ペニー
[著]「科学」 化学同人 2016
Johnson, Perry Lawrence ジョンソン, ペリー
1948～ [著]「ISO 9000」 日本法令 2003
Johnson, Pete ジョンソン, ピート
1965～ [著]「シャーロック・ホームズには負けない」 文研出版 2009
Johnson, Phil ジョンソン, フィル
[著]「ビートルズ世界証言集」 ポプラ社 2006
Johnson, Philip Cortelyou ジョンソン, フィリップ
1906～2005 [国]アメリカ 建築家
Johnson, Pierce ジョンソン, ピアース
[国]アメリカ 野球選手
Johnson, Rachel K. ジョンソン, レイチェル・K.
[著]「食品・栄養・食事療法事典」 産調出版, 産業調査会(発売) 2006
Johnson, Ralph ジョンソン, ラルフ
1951～ [国]アメリカ ミュージシャン
Johnson, Ralph ジョンソン, ラルフ
[著]「XPエクストリーム・プログラミング検証編」 ピアソン・エデュケーション 2002
Johnson, Randell ジョンソン, ランデル
[国]アメリカ アメフト選手
Johnson, Randy ジョンソン, ランディ
1963～ [国]アメリカ 元野球選手 本名＝Johnson, Randall David [異]ジョンソン, ランディー
Johnson, Rashad ジョンソン, ラシャド
[国]アメリカ アメフト選手
Johnson, R.Burke ジョンソン, R.バーク
[著]「インストラクショナルデザインとテクノロジ」 北大路書房 2013
Johnson, Rebecca ジョンソン, レベッカ
[国]イギリス 反核運動家, 軍縮研究家 核兵器廃絶国際キャンペーン(ICAN)共同議長
Johnson, Rebecca L. ジョンソン, レベッカ
[著]「メディカルハーブ事典」 日経ナショナルジオグラフィック社, 日経BPマーケティング(発売) 2014
Johnson, Rheta Grimsley ジョンスン, リタ・グリムズリー
[著]「スヌーピーと生きる」 朝日新聞社 2002
Johnson, Richard ジョンソン, リチャード
1927～2015 [国]イギリス 俳優
Johnson, Richard ジョンソン, リチャード
[著]「メロディポップアップピノキオ」 大日本絵画 2013
Johnson, Richard Allen ジョンソン, R.
1940～ [著]「フィッツパトリック皮膚科学アトラス」 丸善 2008
Johnson, Rita Marie ジョンソン, リタ・マリー
[著]「完全につながる」 ハーモニクス出版, 八月書館(発売) 2016
Johnson, Robb ジョンソン, ロブ
[著]「オノ・ヨーコという生き方woman」 ブルース・インターアクションズ 2006
Johnson, Robert L. ジョンソン, ロバート
1946～ [国]アメリカ 実業家, 絵画コレクター ブラック・エンターテインメント・テレビ(BET)創立者 BET会長・CEO, シャーロット・ボブキャッツ・オーナー 通称＝ジョンソン, ボブ〈Johnson, Bob〉
Johnson, Robert Underwood ジョンソン, ロバート・アンダーウッド
[著]「アメリカの環境主義」 同友館 2004
Johnson, Rod ジョンソン, ロッド
[著]「実践J2EEシステムデザイン」 ソフトバンクパブリッシング 2003
Johnson, Roger T. ジョンソン, R.T.
1938～ [著]「協同学習を支えるアセスメントと評価」 日本協同教育学会, ナカニシヤ出版(京都)(発売) 2016
Johnson, Rufus ジョンソン, ルーファス
[国]アメリカ アメフト選手
Johnson, Russell ジョンソン, ラッセル
1948～ [著]「こまったクリスマス」 西村書店 2003
Johnson, Ryan ジョンソン
[国]カナダ フリースタイルスキー選手
Johnson, Sam ジョンソン, サム
[著]「クトゥルフ神話TRPGミスカトニック大学」 エンターブレイン, KADOKAWA(発売) 2013
Johnson, Sandra L. ジョンソン, サンドラ
[著]「脳科学が明らかにする大人の学習」 ヒューマンバリュー 2016
Johnson, Scott ジョンソン, スコット
[著]「悲しみにおしつぶされないために」 大月書店 2010
Johnson, Shawn ジョンソン
[国]アメリカ 体操選手 [異]ジョンソン, ショーン
Johnson(Tosta), Sheena ジョンソン
[国]アメリカ 陸上選手
Johnson, Simon ジョンソン, サイモン
1963～ [著]「国家対巨大銀行」 ダイヤモンド社 2011
Johnson, Spencer ジョンソン, スペンサー
1940～ [国]アメリカ コミュニケーション・コンサルタント, 心理学者

J

Johnson, Stanley　ジョンソン, スタンリー
　国アメリカ　バスケットボール選手
Johnson, Stanley　ジョンソン, スタンレー
　著『アイスキャップ作戦』文芸春秋　2001
Johnson, Staz　ジョンソン, スタッズ
　絵『ジョンソン, スタズ』著『X-MENユニバース：シビル・ウォー』ヴィレッジブックス　2016
Johnson, Steele　ジョンソン, スティール
　国アメリカ　水泳選手
Johnson, Stephen　ジョンソン, スティーヴン
　1955～　著『西洋音楽史』学研パブリッシング, 学研マーケティング（発売）　2010
Johnson, Stephen T.　ジョンソン, ステファン・T.
　著『ぼくのしょうぼうしゃ』小峰書店　2016
Johnson, Sterling　ジョンソン, スターリング
　1939～　著『第二外国語として学ぶファッキン英語』イプシロン出版企画　2007
Johnson, Steve　ジョンソン, スティーブ
　ネスレ子どもの本賞 5歳以下部門 銀賞（2005年）　"The Dancing Tiger"
Johnson, Steve　ジョンソン, スティーブ
　国アメリカ　アメフト選手
Johnson, Steve　ジョンソン, スティーブ
　国アメリカ　テニス選手
Johnson, Steven　ジョンソン, スティーブン
　1968～　国アメリカ　科学ジャーナリスト, コラムニスト
Johnson, Steven　ジョンソン, スティーブン
　国アメリカ　アメフト選手
Johnson, Storm　ジョンソン, ストーム
　国アメリカ　アメフト選手
Johnson, Sue　ジョンソン, スー
　著『精神分析的心理療法の現在』岩崎学術出版社　2007
Johnson, Susan　ジョンソン, スーザン
　1939～　著『駆け引きは甘く華やかに』DHC　2007
Johnson, Susan M.　ジョンソン, スーザン M.
　著『私をギュッと抱きしめて』金剛出版　2014
Johnson, Susanne　ジョンソン, スザーン
　著『スピリチュアル・フォーメイション』一麦出版社　2007
Johnson, Suzanne M. Nora　ジョンソン, スザンヌ・ノラ
　国アメリカ　弁護士, 実業家　ゴールドマン・サックス・グループ副会長
Johnson, Terry　ジョンスン, テリー
　1942～　著『テリー・ジョンスン ひみつ手帳』G.B.　2005
Johnson, Terry　ジョンソン, テリー
　トニー賞 ミュージカル 演出賞（2010年（第64回））　"La Cage aux Folles"
Johnson, Tim　ジョンソン, ティム
　1957～　著『チベットの祈り, 中国の揺らぎ』英治出版　2011
Johnson, T.J.　ジョンソン, T.J.
　国アメリカ　アメフト選手
Johnson, Toby　ジョンソン, トビー
　国アメリカ　アメフト選手
Johnson, Tom　ジョンソン, トム
　国アメリカ　アメフト選手
Johnson, Tommy　ジョンソン, トミー
　1935～2006　国アメリカ　テューバ奏者
Johnson, Tory　ジョンソン, トーリー
　著『プロは語る。』アスペクト　2005
Johnson, Toureano　ジョンソン
　国バハマ　ボクシング選手
Johnson, Trumaine　ジョンソン, トラメイン
　国アメリカ　アメフト選手
Johnson, Tyler　ジョンソン, タイラー
　国アメリカ　バスケットボール選手
Johnson, Van　ジョンソン, バン
　1916～2008　国アメリカ　俳優　本名＝Johnson, Charles Van
　ジョンソン, ヴァン
Johnson, Vic　ジョンソン, ヴィック
　著『30のヒント』PHP研究所　2004
Johnson, Virginia E.　ジョンソン, バージニア
　1925～2013　国アメリカ　性科学者, 臨床心理学者　マスターズ・アンド・ジョンソン主宰　ジョンソン, ヴァージニア
Johnson, Wesley　ジョンソン, ウェスリー
　国アメリカ　バスケットボール選手
Johnson, Wesley　ジョンソン, ウェスリー
　国アメリカ　アメフト選手

Johnson, Wesley　ジョンソン, ウェズレー
　国リベリア　副議長
Johnson, Wilko　ジョンソン, ウィルコ
　1949～　国イギリス　ロック・ギタリスト
Johnson, Will　ジョンソン, ウィル
　国アメリカ　アメフト選手
Johnson, William G.　ジョンソン, ウイリアム・G.
　著『医療過誤対策』青木書店　2001
Johnson, Zach　ジョンソン, ザック
　1976～　国アメリカ　プロゴルファー　本名＝Johnson, Zachary Harris
Johnson-Bennett, Pam　ジョンソン, パム
　1954～　著『猫の行動心理コンサルタントパム先生のねこみゅにけーしょん』中央アート出版社　2003
Johnson-Davies, Denys　ジョンソン－デイヴィーズ, デニス
　著『ゴハおじさんのゆかいなお話』徳間書店　2010
Johnson Montano, Alysia　ジョンソンモンタノ
　国アメリカ　陸上選手
Johnsonmorris, Frances　ジョンソンモリス, フランシス
　国リベリア　法相
Johnson-Shelton, Nils　ジョンソン＝シェルトン, ニルス
　著『エンドゲーム』学研パブリッシング, 学研マーケティング（発売）　2014
Johnson-smith, Kamina　ジョンソンスミス, カミナ
　国ジャマイカ　外務・貿易相
Johnson-thompson, Katarina　ジョンソントンプソン, カタリナ
　国イギリス　陸上選手
Johnsson, Anders B.　ヨーンソン, アンダース・B.
　著『議会による安全保障部門の監視』国立国会図書館調査及び立法考査局　2008
Johnstad, Kurt　ジョンスタッド, カート
　著『ネイビーシールズ』竹書房　2012
Johnston, Abigail　ジョンストン, アビゲール
　国アメリカ　水泳選手　訳ジョンストン
Johnston, Alan B.　ジョンストン, アラン・B.
　著『WebRTC』リックテレコム　2014
Johnston, Andrew Kenneth　ジョンストン, アンドリュー・K.
　1969～　著『恒星と惑星』化学同人　2014
Johnston, Anita A.　ジョンストン, アニータ
　著『摂食障害の謎を解き明かす素敵な物語』星和書店　2016
Johnston, Antony　ジョンストン, アントニー
　著『ルーク・ケイジ：無慈悲の街』ヴィレッジブックス　2016
Johnston, Bruce　ジョンストン, ブルース
　1942～　国アメリカ　ロック・ベース奏者
Johnston, David　ジョンストン, デイヴィッド
　1951～　著『正義はどう論じられてきたか』みすず書房　2015
Johnston, David　ジョンストン, デービッド
　国カナダ　総督
Johnston, Dileri Borunda　ジョンストン, ディレリ・ボルンダ
　著『アメリカ人の英語』日本放送出版協会　2006
Johnston, Jacob　ジョンストン, ジェイコブ
　著『アート・オブ・シビル・ウォー/キャプテン★アメリカ』ヴィレッジブックス　2016
Johnston, Jane　ジョンストン, ジェーン
　著『英国初等学校の創造性教育』ITSC静岡学術出版事業部　2009
Johnston, Joan　ジョンストン, ジョーン
　著『公爵家の相続人』オークラ出版　2016
Johnston, Joe　ジョンストン, ジョー
　1950～　国アメリカ　映画監督
Johnston, Joni E.　ジョンストン, ジョニー・E.
　著『世界一わかりやすい 人間まるわかり心理学講座』総合法令出版　2003
Johnston, Joseph A.　ジョンストン, ジョセフ・A.
　著『ライフキャリアカウンセリング』生産性出版　2002
Johnston, Linda O.　ジョンストン, リンダ・O.
　著『目撃者は鳥カゴのなか』ランダムハウス講談社　2008
Johnston, Norma　ジョンストン, ノーマ
　著『ルイザ』東洋書林　2007
Johnston, Norman Bruce　ジョンストン, ノーマン
　1921～　著『図説監獄の歴史』原書房　2002
Johnston, Ollie　ジョンストン, オリー
　1912～2008　国アメリカ　アニメーター　本名＝Johnston, Oliver Martin　ジョンストン, オーリー
Johnston, Paul　ジョンストン, ポール
　1957～　著『ボディ・ポリティック』徳間書店　2001
Johnston, Ron　ジョンストン, R.

Johnston, Ronald John ジョンストン, ロン・J.
㊔「現代イギリスの政治算術」北海道大学図書刊行会 2003
㊔「場所をめぐる問題」古今書院 2002
Johnston, Sarah ジョンストン, サラ
㊔「ドイツ」メディアファクトリー 2004
Johnston, Summerfield ジョンストン, サマーフィールド
㊗アメリカ　実業家
Johnston, Thomas Robert Roy ジョンストン, T.R.R.
㊔「都市近郊地域における農業」農林統計協会 2007
Johnston, Tim ジョンストン, ティム
1962〜　㊗アメリカ　作家　㊔スリラー
Johnston, T.W. ジョンストン, テューダー
1932〜　㊔「科学者として生き残る方法」日経BP社, 日経BP出版センター（発売）2008
Johnston, Victor S. ジョンストン, ビクター・S.
㊔「人はなぜ感じるのか？」日経BP社, 日経BP出版センター（発売）2001
Johnston, William ジョンストン, ウィリアム
1925〜　㊔「愛する」南窓社 2004
Johnstone, Ainsley ジョンストン, エインズリー
㊔「わたしとあなたと, 黒い犬」メディア総合研究所 2010
Johnstone, Bob ジョンストン, ボブ
1952〜　㊔「松下流起業家精神」東洋経済新報社 2006
Johnstone, Chris ジョンストン, クリス
1962〜　㊔「アクティブ・ホープ」春秋社 2015
Johnstone, Clarke ジョンストン
㊗ニュージーランド　馬術選手
Johnstone, David ジョンストン, デビッド
1947〜　㊔「障害学入門」明石書店 2008
Johnstone, Gerry ジョンストン, ゲリー
㊔「修復司法の根本を問う」成文堂 2006
Johnstone, Keith ジョンストン, キース
㊔「インプロ」而立書房 2012
Johnstone, Matthew ジョンストン, マシュー
㊔「わたしとあなたと, 黒い犬」メディア総合研究所 2010
Johnstone, Megan-Jane ジョンストン, メガン−ジェーン
㊔「看護実践の倫理」日本看護協会出版会 2010
Johnstone, Nick ジョンストン, ニック
1970〜　㊔「ジョニー・デップ フォトバイオグラフィ」小学館集英社プロダクション 2010
Johnstone, Sam ジョンストーン, サム
㊗イングランド　サッカー選手
Johnstone, Tyler ジョンストン, タイラー
㊗アメリカ　アメフト選手
Joiner-Bey, Herb ジョイナー・ベイ, ハーブ
㊔「患者さんの信頼を勝ちえる自然療法活用ハンドブック」ガイアブックス 2015
Joines, Vann ジョインズ, ヴァン
㊔「交流分析による人格適応論」誠信書房 2007
Joinson, Adam N. ジョインソン, アダム・N.
1970〜　㊔「インターネットにおける行動と心理」北大路書房 2004
Joinson, Suzanne ジョインソン, スザンヌ
1974〜　㊔「カシュガルの道」西村書店東京出版編集部 2016
Jojic, Milos ヨイッチ, ミロシュ
㊗セルビア　サッカー選手
Jokar, Masuod ジョカル
㊗イラン　レスリング選手
Jokic, Bojan ヨキッチ, ボヤン
㊗スロベニア　サッカー選手
Jokic, Nikola ヨキッチ, ニコラ
㊗セルビア　バスケットボール選手
Jokilehto, Jukka ヨキレット, ユッカ
1938〜　㊔「建築遺産の保存その歴史と現在」アルヒーフ, すずさわ書店（発売）2005
Jokisch, José Walter Ernesto ホキッシュ, ホセ・ワルテル・エルネスト
㊗エルサルバドル　環境・天然資源相
Joko, Alice Tamie ジョウコウ, アリセ・タミエ
㊗ブラジル　ブラジリア大学文学部外国語・翻訳学科准教授, ブラジリア日本語普及協会創立会員
Joko Widodo ジョコ・ウィドド
1961〜　㊗インドネシア　政治家　インドネシア大統領　ジャカルタ特別州知事
Joksimović, Jadranka ヨクシモビッチ, ヤドランカ
㊗セルビア　欧州統合担当相　㊔クシモビッチ, ヤドランカ
Jolas, Betsy ジョラス, ベッツィ
㊔フランス　ロン・ティボー・クレスパン国際音楽コンクール ピアノ シェヴィヨン・ボノー財団賞（2007年（第36回））
Jolevski, Zoran ヨレフスキ, ゾラン
㊗マケドニア　国防相
Jolie, Angelina ジョリー, アンジェリーナ
1975〜　㊗アメリカ　女優, 映画製作者, 人道活動家　国連難民高等弁務官事務所（UNHCR）特使
Jolis, Alan ジョリ, アラン
㊔「ムハマド・ユヌス自伝」早川書房 2015
Jolivet, Joëlle ジョリヴェ, ジョエル
㊔「本のなかには」アノニマ・スタジオ, KTC中央出版（発売）2014
Jolivet, Muriel ジョリヴェ, ミュリエル
㊔「移民と現代フランス」集英社 2003
Jollien, Alexandre ジョリアン, アレクサンドル
1975〜　㊔「人間という仕事」明石書店 2006
Joly, Alain ジョリ, アラン
1938〜　㊗フランス　実業家　エア・リキード会長・CEO
Joly, Damien ジョリ, ダミアン
㊗フランス　水泳選手
Joly, Elena ジョリー, エレナ
㊔「カラシニコフ自伝」朝日新聞出版 2008
Joly, Mélanie ジョリー, メラニー
㊗カナダ　民族遺産相
Joly, Nicolas ジョリー, ニコラ
1945〜　㊔「ワイン天から地まで」飛鳥出版 2004
Jomaa, Mehdi ジョマア, メヘディ
1962〜　㊗チュニジア　政治家　チュニジア首相
Jomini, Henri ジョミニ, H.
㊔「戦争概論」中央公論新社 2001
Jomo-jalloh, A.B.S. ジョモジャロ, A.B.S.
㊗シエラレオネ　観光・文化相
Jomo Kwame Sundaram ジョモ・K.サンダラム
㊔「レント, レント・シーキング, 経済開発」出版研, 人間の科学新社（発売）2007
Jomy, Alain ジョミ, アラン
㊔「無伴奏組曲」アーティストハウス 2001
Jon, Ha-chol チョン・ハチョル
㊗北朝鮮　副首相　漢字名＝全河哲
Jon, Kil-su チョン・ギルス
㊗北朝鮮　鉄道相　漢字名＝全吉寿
Jon, Lil ジョン, リル
㊗アメリカ　MTVアワード 最優秀監督（第31回（2014年））ほか
Jon, Sung-hun チョン・スンフン
㊗北朝鮮　副首相　漢字名＝全勝勲
Jonah, James O.C. ジョナ, ジェームス・O.C.
㊗シエラレオネ　蔵相
Jonah, Kathleen ジョナー, キャスリーン
㊔「クリスタル占い」二見書房 2004
Jonan, Ignasius ジョナン, イグナシウス
㊗インドネシア　エネルギー・鉱物資源相
Jonas ジョナス
㊗ブラジル　サッカー選手
Jonas, Alicia ジョーナス, アリーシア
㊔「どうぶつたちのピアノ・フェスティバル」全音楽譜出版社 2001
Jonas, Joe ジョナス, ジョー
ゴールデン・ラズベリー賞（ラジー賞）最低男優賞（第30回（2009年））"Jonas Brothers: The 3-D Concert Experience"
Jonas, Kevin ジョナス, ケヴィン
ゴールデン・ラズベリー賞（ラジー賞）最低男優賞（第30回（2009年））"Jonas Brothers: The 3-D Concert Experience"
Jonas, Natasha ジョナス
㊗イギリス　ボクシング選手
Jonas, Nick ジョナス, ニック
ゴールデン・ラズベリー賞（ラジー賞）最低男優賞（第30回（2009年））"Jonas Brothers: The 3-D Concert Experience"
Jonas Martin ジョナス・マルタン
㊗フランス　サッカー選手
Jonassen, David ジョナセン, デビット
㊔「インストラクショナルデザインとテクノロジ」北大路書房 2013
Jonasson, Jonas ヨナソン, ヨナス
1961〜　㊗スウェーデン　作家　㊔ジャーナリズム
Jonasson, Ogmundur ヨーナソン, オグムンドゥル
㊗アイスランド　内相
Jonath, Leslie ジョナス, レスリー

著「ミエッテのお菓子」クロニクルブックス・ジャパン，徳間書店（発売）2016
Jonathan, Goodluck Ebele ジョナサン，グッドラック・エベレ
1957～ 国ナイジェリア 政治家 ナイジェリア大統領
Jonathan Dos Santos ジョナタン・ドス・サントス
国メキシコ サッカー選手
Jonathan Viera ジョナタン・ビエラ
国スペイン サッカー選手
Joncour, Serge ジョンクール，セルジュ
1961～ 著「U.V.」集英社 2005
Jones, Abigail ジョーンズ，アビゲイル
著「レストレス・ヴァージンズ」ブックマン社 2009
Jones, Abry ジョーンズ，エイブリー
国アメリカ アメフト選手
Jones, Adam ジョーンズ，アダム
アート・ディレクター グラミー賞 最優秀レコーディング・パッケージ（2006年（第49回））"10,000 Days"
Jones, Adam ジョーンズ，アダム
国アメリカ 野球選手
Jones, Adam ジョーンズ，アダム
国アメリカ アメフト選手
Jones, Alan ジョーンズ，A.
1941～ 著「医・薬・看護系のための化学」東京化学同人 2010
Jones, Alex S. ジョーンズ，アレックス・S.
著「新聞が消える」朝日新聞出版 2010
Jones, Allan Frewin ジョーンズ，アラン・フレウィン
著「パールヴァティーの秘宝」文溪堂 2006
Jones, Alun Wyn ジョーンズ，アラン・ウィン
国ウェールズ ラグビー選手
Jones, Andrea ジョーンズ，アンドレア
1960～ 著「樹木讃歌」悠書館 2015
Jones, Andrew ジョーンズ，アンドリュー
著「グローバリゼーション事典」明石書店 2012
Jones, Andrew R. ジョーンズ，アンディー
アカデミー賞 特殊効果賞（第82回（2009年））"Avatar"
Jones, Andruw ジョーンズ，アンドルー
1977～ 国オランダ 元野球選手，元プロ野球選手 本名＝Jones, Andruw Rudolph 愛ジョーンズ，アンドリュー
Jones, Andy ジョーンズ，アンディー
国アメリカ アメフト選手
Jones, Anne ジョーンズ，アン
著「ポジティブ・エナジーに包まれる生き方「完全ガイド」」徳間書店 2010
Jones, Anne Hudson ジョーンズ，アン・ハドソン
著「ナラティブ・ベイスト・メディスン」金剛出版 2001
Jones, Annette ジョーンズ，アネット
著「ファットレディス・クラブ」主婦の友社 2003
Jones, Aphrodite ジョーンズ，アフロダイテ
著「マイケル・ジャクソン裁判」ブルース・インターアクションズ 2009
Jones, Arthur ジョーンズ，アーサー
国アメリカ アメフト選手
Jones, Aurelia Louise ジョーンズ，オレリア・ルイーズ
著「新しいレムリア」太陽出版 2009
Jones, B. ジョーンズ，ブルース
「偽薬効果」春秋社 2002
Jones, Barbara M. ジョーンズ，バーバラ・M.
著「大学図書館で知的自由を擁護する」京都図書館情報学研究会，日本図書館協会（発売）2010
Jones, Barrett ジョーンズ，バレット
国アメリカ アメフト選手
Jones, Ben ジョーンズ，ベン
国アメリカ アメフト選手
Jones, Beth Felker ジョーンズ，ベス・フェルカー
著「だれもが知りたいキリスト教神学Q&A」教文館 2016
Jones, Bill T. ジョーンズ，ビル・T.
1952～ 国アメリカ 舞踊家，振付師 ビル・T・ジョーンズ／アーニー・ゼーン・ダンスカンパニー主宰 愛モダンダンス
Jones, Billy ジョーンズ，ビリー
国イングランド サッカー選手
Jones, BlackWolf ジョーンズ，ロバート・ブラックウルフ
1935～ 著「アメリカインディアン聖なる言葉」大和書房 2008
Jones, Bob ジョーンズ，ボブ
1932～ 著「マイケル・ジャクソン少年愛と白い肌の真実」講談社 2005
Jones, Booker T. ジョーンズ，ブッカー・T.
グラミー賞 最優秀ポップ・インストゥルメンタル・アルバム（2011年（第54回））ほか
Jones, Brett ジョーンズ，ブレット
国アメリカ アメフト選手
Jones, Brian K. ジョーンズ，ブライアン・K.
著「Linuxサーバhacks」オライリー・ジャパン，オーム社（発売）2006
Jones, Bruce D. ジョーンズ，ブルース
著「グローバルビジョンと5つの課題」人間と歴史社 2015
Jones, Bryony ジョーンズ，ブライオニー
著「ザ・マップぬりえ世界地図帳」日本文芸社 2015
Jones, Byron ジョーンズ，バイロン
国アメリカ アメフト選手
Jones, Cameron ジョーンズ，キャメロン
国アメリカ バスケットボール選手
Jones, Capers ジョーンズ，C.
愛ジョーンズ，ケイパー 著「ソフトウェア開発の定量化手法」構造計画研究所，共立出版（発売）2010
Jones, Cardale ジョーンズ，カーデイル
国アメリカ アメフト選手
Jones, Caleb ジョーンズ，ケイレブ
国アメリカ アメフト選手
Jones, Chandler ジョーンズ，チャンドラー
国アメリカ アメフト選手
Jones, Charles Edward ジョーンズ，チャーリー
1927～ 著「それは「ボートの外」のこと」メディアファクトリー 2002
Jones, Charles Irving ジョーンズ，チャールズ・I.
著「ジョーンズ マクロ経済学」東洋経済新報社 2011
Jones, Cherry ジョーンズ，チェリー
エミー賞 プライムタイム・エミー賞 最優秀助演女優賞（ドラマシリーズ）（第61回（2009年））ほか
Jones, Chipper ジョーンズ，チッパー
1972～ 国アメリカ 元野球選手 本名＝ジョーンズ，ラリー・ウェイン〈Jones, Larry Wayne〉愛ジョーンズ，チパー
Jones, Chris ジョーンズ，クリス
国アメリカ アメフト選手
Jones, Chris ジョーンズ，クリス
1973～ 著「絶対帰還。」光文社 2008
Jones, Chris ジョーンズ，クリス
著「ビジュアル版 世界の歴史都市」柊風舎 2016
Jones, Christian ジョーンズ，クリスチャン
国アメリカ アメフト選手
Jones, Christianne C. ジョーンズ，クリスティアーネ
著「ラリーはうそつき」辰巳出版 2013
Jones, Christina ジョーンズ
国アメリカ シンクロナイズド・スイミング選手
Jones, Christine ジョーンズ，クリスティーン
トニー賞 ミュージカル 舞台デザイン賞（2010年（第64回））"American Idiot"
Jones, Christopher ジョーンズ，C.
著「リンクで学ぶケンブリッジコミュニケーション英単語・英文法」Cambridge University Press, United Publishers Services（発売）2007
Jones, Christopher ジョーンズ，クリストファー
1941～2014 国アメリカ 俳優
Jones, Chuck ジョーンズ，チャック
1912～2002 国アメリカ アニメーション作家 ワーナー・ブラザース・アニメーション部門ディレクター 本名＝Jones, Charles Martin
Jones, Colin ジョーンズ，コリン
国アメリカ アメフト選手
Jones, Colin ジョーンズ，コリン
著「フランス」朝倉書店 2008
Jones, Colin P.A. ジョーンズ，コリン・P.A.
著「アメリカ人弁護士が見た裁判員制度」平凡社 2008
Jones, Cullen ジョーンズ，カレン
1984～ 国アメリカ 水泳選手 本名＝Jones, Cullen Andrew
Jones, Cyrus ジョーンズ，サイラス
国アメリカ アメフト選手
Jones, Dahntay ジョーンズ，ダンテイ
国アメリカ バスケットボール選手
Jones, Damian ジョーンズ，デイミアン
国アメリカ バスケットボール選手
Jones, Damon ジョーンズ，デイモン
国アメリカ クリーブランド・キャバリアーズアシスタントコーチ（バスケットボール）

Jones, Daniel T. ジョーンズ, ダニエル・T.
[著]「リーン・シンキング」 日経BP社, 日経BP出版センター(発売) 2008
Jones, DaQuan ジョーンズ, ダクアン
[国]アメリカ アメフト選手
Jones, Datone ジョーンズ, ダトン
[国]アメリカ アメフト選手
Jones, David ジョーンズ, デイビッド
[著]「正義の会社が勝つ」 ピアソン桐原 2012
Jones, David ジョーンズ, デービッド
[国]イギリス ウェールズ相
Jones, David Albert ジョーンズ, デイヴィッド・アルバート
1966〜 [著]「カトリックへの招き」 ドン・ボスコ社 2001
Jones, David James ジョーンズ, デヴィッド・J.
1944〜2009 [著]「成人教育と文化の発展」 東洋館出版社 2016
Jones, David L. ジョーンズ, D.L.
[著]「Webサイトエンジニアリング入門」 東京電機大学出版局 2001
Jones, David Michael ジョーンズ, デイヴィド・M.
1950〜 [著]「世界の神話百科」 原書房 2002
Jones, David N. ジョーンズ, デヴィッド
[著]「今求められるソーシャルワーク・マネジメント」 久美 2009
Jones, David P.H. ジョウンズ, デイヴィド・P.H.
[異]ジョーンズ, デイヴィッド [著]「虐待された子ども」 明石書店 2003
Jones, David R. ジョーンズ, デービッド
1915〜2005 [国]アメリカ 大相撲パンナム杯を30年間授与 パン・アメリカン航空広報部極東支配人
Jones, David Wyn ジョーンズ, デイヴィッド・ウィン
[著]「古典派の音楽」 音楽之友社 2014
Jones, Davy ジョーンズ, デイビー
1945〜2012 [国]アメリカ 歌手, 俳優 [異]ジョーンズ, デイヴィ / ジョーンズ, デイヴィー
Jones, Dean ジョーンズ, ディーン
1931〜2015 [国]アメリカ 俳優
Jones, Debby ジョーンズ, デビ
[著]「貴女を輝かせる10章」 イーグレープ(発売) 2014
Jones, Deion ジョーンズ, ディオン
[国]アメリカ アメフト選手
Jones, Derrick ジョーンズ, デリック
[国]アメリカ バスケットボール選手
Jones, Diana Wynne ジョーンズ, ダイアナ・ウィン
1934〜2011 [国]イギリス 児童文学作家
Jones, Dominique ジョーンズ, ドミニク
[国]アメリカ アメフト選手
Jones, Don ジョーンズ, ドン
[国]アメリカ アメフト選手
Jones, Don ジョーンズ, ドン
1924〜 [著]「タッポーチョ太平洋の奇跡」 祥伝社 2011
Jones, Donnie ジョーンズ, ドニー
[国]アメリカ アメフト選手
Jones, Dorothy ジョーンズ, ドロシー
[著]「ケアリング プラクシス」 すぴか書房 2013
Jones, Doug ジョーンズ, ダグ
1962〜 [著]「ニューヨーク野菜配達物語」 家の光協会 2003
Jones, Douglas B. ジョーンズ, ダグラス・B.
[著]「すばらしきかな、人生!」 あすなろ書房 2006
Jones, Duncan ジョーンズ, ダンカン
1971〜 [国]イギリス 映画監督
Jones, E.C.B. ジョーンズ, E.・C.・B.
[国]リベリア 地方開発相
Jones, Eddie ジョーンズ, エディー
1960〜 [国]オーストラリア ラグビー指導者 ラグビー・イングランド代表ヘッドコーチ ラグビー日本代表ヘッドコーチ, ラグビー・オーストラリア代表ヘッドコーチ
Jones, Edward P. ジョーンズ, エドワード・P.
1951〜 [著]「地図になかった世界」 白水社 2011
Jones, Edwin ジョーンズ, エドウィン
[著]「参加から始める知的障害のある人の暮らし」 相川書房 2003
Jones, Elizabeth Orton ジョーンズ, エリザベス・オートン
1910〜 [著]「ちいさなもののいのり」 新教出版社 2010
Jones, Elizabeth W. ジョーンズ, E.W.
[著]「「エッセンシャル」遺伝学」 培風館 2005
Jones, Elvin Ray ジョーンズ, エルビン
1927〜2004 [国]アメリカ ジャズドラマー [異]ジョーンズ, エルヴィン
Jones, Enrico E. ジョーンズ, E.E.
1947〜2003 [著]「治療作用」 岩崎学術出版社 2004
Jones, Eric L. ジョーンズ, E.L.
1936〜 [著]「経済成長の世界史」 名古屋大学出版会 2007
Jones, Ernest ジョーンズ, アーネスト
[著]「フロイトの生涯」 紀伊国屋書店 2007
Jones, Etta ジョーンズ, エッタ
1928〜2001 [国]アメリカ ジャズ歌手
Jones, Francis Firebrace ファイアブレイス, フランシス
[著]「カンガルーには、なぜふくろがあるのか」 岩波書店 2011
Jones, Frederic Hicks ジョーンズ, フレデリック・H.
1944〜 [著]「デスクトップデジタルビデオプロダクション」 ピアソン・エデュケーション 2001
Jones, Gareth ジョーンズ, ガレス
1951〜 [著]「DREAM WORKPLACE」 英治出版 2016
Jones, Gareth A. ジョーンズ, G.A.
[著]「情報理論と符号理論」 シュプリンガー・ジャパン 2006
Jones, Gareth Stedman ジョーンズ, G.ステッドマン
1942〜 [著]「階級という言語」 刀水書房 2010
Jones, Gary ジョーンズ, ゲリー
[国]アメリカ シカゴ・カブスコーチ
Jones, Gemma ジョーンズ, ジェマ
[国]ニュージーランド セーリング選手
Jones, Geoffrey Gareth ジョーンズ, ジェフリー
1952〜 [国]イギリス ハーバード大学ビジネススクール・イシドール・シュトラウス経営史講座教授 [専]経営史
Jones, George ジョーンズ, ジョージ
1931〜2013 [国]アメリカ カントリー歌手
Jones, Gerald E. ジョーンズ, ジェラルド・エヴェレット
1948〜 [著]「チャート・図解のすごい技」 日本実業出版社 2008
Jones, Gill ジョーンズ, G.
1942〜 [著]「若者はなぜ大人になれないのか」 新評論 2002
Jones, Gina ジョーンズ, ジーナ
1960〜 [著]「アメリカインディアン聖なる言葉」 大和書房 2008
Jones, Glenys ジョーンズ, グレニス
[著]「自閉症・アスペルガー症候群の子どもの教育」 明石書店 2005
Jones, Hamlyn Gordon ジョーンズ, ハムリン・ゴードン
[著]「植生のリモートセンシング」 森北出版 2013
Jones, Hank ジョーンズ, ハンク
1918〜2010 [国]アメリカ ジャズピアニスト 本名=Jones, Henry
Jones, Harry ジョーンズ, ハリー
[国]カナダ ラグビー選手
Jones, Hettie ジョーンズ, ヘッティ
[著]「ボブ・マーリーとともに」 河出書房新社 2005
Jones, Howard ジョーンズ, ハワード
[国]アメリカ アメフト選手
Jones, Hugh ジョーンズ, ヒュー
[著]「世界のマラソンベスト50」 エクスナレッジ 2012
Jones, Ivan ジョーンズ, アイヴァン
[著]「ゴースト・ハンター」 評論社 2004
Jones, Jack ジョーンズ, ジャック
1945〜 [著]「ジョン・レノンを殺した男」 扶桑社 2007
Jones, JaCoby ジョーンズ, ジャコビー
[国]アメリカ 野球選手
Jones, Jacque ジョーンズ, ジャック
[国]アメリカ ワシントン・ナショナルズコーチ
Jones, Jade ジョーンズ, ジェード
1993〜 [国]イギリス テコンドー選手
Jones, Jalen ジョーンズ, ジャレン
[国]アメリカ バスケットボール選手
Jones, James ジョーンズ, ジェームズ
[国]アメリカ バスケットボール選手
Jones, James ジョーンズ, ジェームス
[国]アメリカ アメフト選手
Jones, James Earl ジョーンズ, ジェームズ・アール
アカデミー賞 名誉賞(第84回(2011年))
Jones, James L. ジョーンズ, ジェームズ
1943〜 [国]アメリカ 軍人 北大西洋条約機構(NATO)欧州連合軍最高司令官, 米国大統領補佐官(国家安全保障問題担当)
Jones, James Larkin ジョーンズ, ジェームズ
1913〜2009 [国]イギリス 労働運動家 英国運輸一般労働組合(TGWU)書記長 通称=ジョーンズ, ジャック〈Jones, Jack〉 [異]ジョーンズ, ジェームス
Jones, Janice ジョーンズ, ジャニス
[著]「インカの冒険」 文芸社 2007

J

Jones, Jasmine ジョーンズ, ジャスミン
[著]「フィニアスとファーブ」 KADOKAWA 2013
Jones, Jason ジョーンズ, ジェイソン
[国]アメリカ アメフト選手
Jones, Jason ジョーンズ, ジェイソン
[著]「よくわかる認知行動カウンセリングの実際」 金子書房 2016
Jones, J.B. ジョーンズ, J.B.
[著]「トマトオランダの多収技術と理論」 農山漁村文化協会 2012
Jones, Jeff ジョーンズ, ジェフ
グラミー賞 最優秀ヒストリカル・アルバム(2010年(第53回)) "The Beatles (The Original Studio Recordings)" コンピレーション・プロデューサー
Jones, Jennifer ジョーンズ, ジェニファー
1919～2009 [国]アメリカ 女優 本名＝アイリー, フィリス〈Isley, Phyllis〉
Jones, Jennifer ジョーンズ, ジェニファー
1974～ [国]カナダ カーリング選手 本名＝Jones, Jennifer Judith
Jones, Jenny ジョーンズ
[国]イギリス スノーボード選手
Jones, J.G. ジョーンズ, J.G.
[著]「ビフォア・ウォッチメン : コメディアン/ロールシャッハ」 ヴィレッジブックス 2013
Jones, John D. ジョーンズ, J.
[著]「パーシャルデンチャー・クリニシャンズガイド」 医歯薬出版 2010
Jones, John Mesach ジョーンズ, ジョン・M.
1920～ [著]「太平洋戦争初の捕虜収容所善通寺の記録」〔名倉有一〕 2012
Jones, Jon ジョーンズ, ジョン
1987～ [国]アメリカ 格闘家 UFCライトヘビー級王者
Jones, Jonathan ジョーンズ, ジョナサン
[国]アメリカ アメフト選手
Jones, Josephine Mary ジョーンズ, J.M.
1946～ [著]「情報理論と符号理論」 シュプリンガー・ジャパン 2006
Jones, J.P. ジョーンズ, J.
[著]「鍼のエビデンス」 医道の日本社 2009
Jones, Julian ジョーンズ, ジュリアン
[著]「魔術師マーリン」 角川書店, 角川グループパブリッシング(発売) 2009
Jones, Julio ジョーンズ, フリオ
[国]アメリカ アメフト選手
Jones, Kathleen ジョウンズ, キャスリーン
1946～ [著]「マンスフィールドの伝記」 文化書房博文社 2013
Jones, Kathleen W. ジョーンズ, キャスリーン・W.
[著]「アメリカの児童相談の歴史」 明石書店 2005
Jones, K.C. ジョーンズ, K.C.
[著]「色事典」 クロニクルブックス・ジャパン, 徳間書店(発売) 2016
Jones, Kelly ジョーンズ, ケリー
1974～ [国]イギリス ミュージシャン
Jones, Kelly ジョーンズ, ケリー
[国]アメリカ 作家 [専]歴史, ミステリー
Jones, Ken P. ジョーンズ, ケン・P.
[著]「ハチミツと代替医療」 フレグランスジャーナル社 2002
Jones, Kristina ジョーンズ, クリスティナ
[著]「災害精神医学」 星和書店 2015
Jones, Landry ジョーンズ, ランドリー
[国]アメリカ アメフト選手
Jones, Lara ジョーンズ, ララ
[著]「ポピーちゃんキラキラだいすき」 主婦の友社 2006
Jones, Laura ジョーンズ, ローラ
[著]「振動音響療法」 人間と歴史社 2003
Jones, Laurie Beth ジョーンズ, ローリー・ベス
[著]「あなたの部下に「大きな魚」の釣り方を教える方法」 大和書房 2003
Jones, Leanne ジョーンズ, リアン
ローレンス・オリヴィエ賞 ミュージカル・エンタテインメント女優賞(2008年(第32回)) "Hairspray"
Jones, Leisel ジョーンズ, リーゼル
1985～ [国]オーストラリア 元水泳選手
Jones, Lenny ジョーンズ, レニー
[国]アメリカ アメフト選手
Jones, LeRoi ジョーンズ, リロイ
1934～ [著]「ブルース・ピープル」 平凡社 2011
Jones, Leslie ジョーンズ, L.
1970～ [著]「プレイセラピー実践の手引き」 誠信書房 2010
Jones, Leslie Ann ジョーンズ, レスリー・アン
グラミー賞 最優秀録音技術アルバム(クラシック)(2010年(第53回)) "Porter, Quincy: Complete Viola Works" エンジニア
Jones, Lewis ジョーンズ, ルイス
1924～ [著]「カードマジックフォース事典」 東京堂出版 2014
Jones, Linda ジョーンズ, リンダ
1954～ [著]「真夜中にふるえる心」 二見書房 2013
Jones, Linda Winstead ジョーンズ, リンダ・ウィンステッド
[著]「幾度もの季節を重ね」 ハーレクイン 2015
Jones, Lloyd ジョーンズ, ロイド
1955～ [著]「ミスター・ピップ」 白水社 2009
Jones, Lolo ジョーンズ
[国]アメリカ 陸上選手
Jones, Luuka ジョーンズ
[国]ニュージーランド カヌー選手
Jones, Lyndon Hamer ジョーンズ, リンドン
[著]「時間を最高に活かす17の技術」 イースト・プレス 2012
Jones, Maggie ジョーンズ, マギー
[著]「髪の手入れと美容百科」 産調出版 2007
Jones, Maitland, Jr. ジョーンズ, M., Jr.
1937～ [異]ジョーンズ, M. [著]「ジョーンズ有機化学」 東京化学同人 2016
Jones, Marcel ジョーンズ, マーセル
[国]アメリカ アメフト選手
Jones, Marcia Thornton ジョーンズ, マーシャ・ソーントン
[著]「チャンプ」 日本ライトハウス 2011
Jones, Marie D. ジョーンズ, マリー・D.
1961～ [著]「あなたは「時空飛行士」になる」 ヒカルランド 2014
Jones, Marion ジョーンズ, マリオン
1975～ [国]アメリカ 元陸上選手 [異]ジョーンズ
Jones, Marjorie G. ジョーンズ, マージョリー・G.
[著]「フランシス・イェイツとヘルメス的伝統」 作品社 2010
Jones, Mark ジョーンズ, マーク
1959～ [著]「新しい、美しいペンギン図鑑」 エクスナレッジ 2014
Jones, Mark A. ジョーンズ, M.
[著]「マニュアルセラピーに対するクリニカルリーズニングのすべて」 協同医書出版社 2010
Jones, Martin ジョーンズ, マーチン
1951～ [著]「コンフリクト」 培風館 2007
Jones, Marvin ジョーンズ, マービン
[国]アメリカ アメフト選手
Jones, Mary Doody ジョーンズ, M.E.D.
[著]「赤毛のアン」 原書房 2014
Jones, Matt ジョーンズ, マット
[国]アメリカ アメフト選手
Jones, Megan ジョーンズ
[国]オーストラリア 馬術選手
Jones, Michael ジョーンズ, マイケル
[国]アメリカ コンピューター技術者 グーグル・アース最高技術責任者
Jones, Michael K. ジョーンズ, マイケル
[著]「レニングラード封鎖」 白水社 2013
Jones, Miranda ジョーンズ, ミランダ
1955～ [著]「リトル・ジーニーときめきプラス」 ポプラ社 2014
Jones, Nate ジョーンズ, ネイト
[国]アメリカ 野球選手
Jones, Norah ジョーンズ, ノラ
1979～ [国]アメリカ ジャズ歌手, ジャズ・ピアニスト 本名＝Shankar, Geetali Norah Jones
Jones, Noreen ジョーンズ, ノリーン
1932～ [著]「北上して松前へ」 創風社出版 2012
Jones, P. ジョーンズ, P.
[著]「鍼のエビデンス」 医道の日本社 2009
Jones, Patricia ジョーンズ, パトリシア
1954～ [著]「世界最強の社訓」 講談社 2001
Jones, Patrick Monty ジョーンズ, パトリック・モンティ
[国]シエラレオネ 農業・食料安全保障・林業相
Jones, Perry ジョーンズ, ペリー
[国]アメリカ バスケットボール選手
Jones, Pete ジョーンズ, ピート
[著]「夏休みのレモネード」 ソニー・マガジンズ 2003
Jones, Peter H. ジョーンズ, ピーター・H.
[著]「ソフトウェア開発のカオス」 構造計画研究所, 共立出版(発売) 2003

J

Jones, Peter J. ジョーンズ, ピーター・J.
㊧「Effective Ruby」翔泳社 2015
Jones, Peter Malcom ジョーンズ, ピーター・M.
1947～ ㊧「最近のイギリスにおける交通政策の動向」道路経済研究所 2003
Jones, Phil ジョーンズ, フィル
㊺イングランド サッカー選手
Jones, Popeye ジョーンズ, ポパイ
㊺アメリカ インディアナ・ペイサーズアシスタントコーチ（バスケットボール）
Jones, Prudence ジョーンズ, プルーデンス
㊧「ヨーロッパ異教史」東京書籍 2005
Jones, Quincy ジョーンズ, クインシー
1933～ ㊺アメリカ 作曲家, 編曲家, オーケストラ・リーダー, プロデューサー 本名＝Jones, Quincy Delight Jr.
Jones, Randall Sidney ジョーンズ, ランダル・シドニー
㊺アメリカ 経済協力開発機構経済総局国別審査局国別審査第三課日本韓国デスク・ヘッドシニアエコノミスト
Jones, Rashida ジョーンズ, ラシダ
1976～ ㊺アメリカ 女優 本名＝Jones, Rashida Leah
Jones, Rebecca K. ジョーンズ, レベッカ
㊧「直接知覚論の根拠」勁草書房 2004
Jones, Reshad ジョーンズ, レシャッド
㊺アメリカ アメフト選手
Jones, Richard ジョーンズ, リチャード
1974～ ㊺イギリス ミュージシャン
Jones, Richard ジョーンズ, リチャード
ローレンス・オリヴィエ賞 オペラ 功績賞（2015年（第39回））"The Girl Of The Golden West" "The Mastersingers Of Nuremberg" "Rodelinda"
Jones, Richard ジョーンズ, リチャード
1958～ ㊧「昆虫」化学同人 2016
Jones, Rob ジョーンズ, ロブ
グラミー賞 最優秀ボックス, 特別限定版パッケージ（2010年（第53回）） "Under Great White Northern Lights（Limited Edition Box Set）" アート・ディレクター
Jones, Robert ジョーンズ, ロバート
㊧「インターネットフォレンジック」オライリー・ジャパン, オーム社（発売）2006
Jones, Robert Earl ジョーンズ, ロバート・アール
1910～2006 ㊺アメリカ 俳優
Jones, Rob Lloyd ジョーンズ, ロブ・ロイド
㊧「1001の海賊たちをさがせ！」PHP研究所 2016
Jones, Roderick ジョーンズ, ローデリック
㊧「会議通訳」松柏社 2006
Jones, Ronald ジョーンズ, ロナルド
㊺バルバドス 教育・科学・技術・革新相
Jones, Ronald Winthrop ジョーンズ, ロナルド・W.
1931～ ㊧「国際経済学入門」日本経済新聞社 2003
Jones, Roy, Jr. ジョーンズ, ロイ, Jr.
1969～ ㊺アメリカ 元プロボクサー WBA世界ヘビー級チャンピオン, WBA・WBC・IBF世界ライトヘビー級チャンピオン 本名＝Jones, Roy Levesta
Jones, Salena ジョーンズ, サリナ
1944～ ㊺アメリカ ジャズ歌手 旧芸名＝ショー, ジョーン
Jones, Sally Lloyd ジョーンズ, サリー・ロイド
㊧「ジーザス・バイブルストーリー」いのちのことば社 2009
Jones, Sarah ジョーンズ, サラ
トニー賞 特別賞（2006年（第60回））
Jones, Seantavius ジョーンズ, ショーンタビアス
㊺アメリカ アメフト選手
Jones, Shirley R. ジョーンズ, シャーリー・R.
㊧「助産師の意思決定」エルゼビア・ジャパン 2006
Jones, Simon ジョーンズ, サイモン
1957～ ㊧「コンピュータをめぐる諸問題」センゲージラーニング, ビー・エヌ・エヌ新社（発売）2009
Jones, Simon Peyton ジョーンズ, S.
㊧「言語設計者たちが考えること」オライリー・ジャパン, オーム社（発売）2010
Jones, Stephanie M. ジョーンズ, ステファニー・M.
㊧「みんなの幼児教育の未来予想図」ナカニシヤ出版 2013
Jones, Stephen ジョーンズ, スティーヴン
ジョーンズ, スティーヴァン ㊧「インスマス年代記」学習研究社 2001
Jones, Stephen Lloyd ジョーンズ, スティーヴン・ロイド
1973～ ㊧「白夜の一族」早川書房 2016

Jones, Steve ジョーンズ, スティーヴ
1944～ ㊧「Yの真実」化学同人 2004
Jones, Steve ジョーンズ, スティーヴ
1951～ ㊧「罪と監獄のロンドン」筑摩書房 2012
Jones, Steven ジョーンズ, スティーヴン
㊧「人文学と電子編集」慶応義塾大学出版会 2011
Jones, Steven H. ジョーンズ, S.H.
㊧「双極性障害の認知行動療法」岩崎学術出版社 2012
Jones, Susanna ジョーンズ, スザンナ
1967～ ㊧「睡蓮が散るとき」早川書房 2003
Jones, Susannah ジョーンズ, スザンナ
1899～2016 ㊺アメリカ 世界最高齢者（116歳） 本名＝ジョーンズ, スザンナ・マシャット〈Jones, Susannah Mushatt〉
Jones, Taiwan ジョーンズ, タイワン
㊺アメリカ アメフト選手
Jones, Taiwan ジョーンズ, タイワン
㊺アメリカ アメフト選手
Jones, Terrence ジョーンズ, テレンス
㊺アメリカ バスケットボール選手
Jones, Terry ジョーンズ, テリー
㊺アメリカ 牧師
Jones, Terry ジョーンズ, テリー
1942～ ㊺イギリス 映画監督, 俳優, 児童文学作家
Jones, Terry ジョーンズ, テリー
㊧「ファッション・ナウ」タッシェン・ジャパン, 洋販（発売）2003
Jones, Tevin ジョーンズ, テビン
㊺アメリカ アメフト選手
Jones, Thom ジョーンズ, トム
1945～ ㊺アメリカ 作家
Jones, Thomas ジョーンズ, トマス
㊧「世界の作家32人によるワールドカップ教室」白水社 2006
Jones, Thomas O. ジョーンズ, トーマス・O.
㊧「儲かる顧客のつくり方」ダイヤモンド社 2007
Jones, Timothy K. ジョーンズ, ティモシー・K.
㊧「嘆きは踊りに変わる」あめんどう 2006
Jones, T.J. ジョーンズ, T.J.
㊺アメリカ アメフト選手
Jones, Tom ジョーンズ, トム
1928～ ㊧「ジョーンズ＆シュミット ミュージカル戯曲集」カモミール社 2011
Jones, Tommy Lee ジョーンズ, トミー・リー
1946～ ㊺アメリカ 俳優
Jones, Tony ジョーンズ, トニー
1955～ ㊧「原子時間を計る」青土社 2001
Jones, Travis ジョーンズ, トラビス
㊧「Autodesk Inventorで始めるメカニカル設計」トムソンラーニング, ビー・エヌ・エヌ新社（発売）2003
Jones, Trent ジョーンズ, トレント
㊺ニュージーランド 自転車選手
Jones, Tristan ジョーンズ, トリスタン
㊧「マッドマックス怒りのデス・ロード」Graffica Novels, 誠文堂新光社（発売）2015
Jones, Tyler ジョーンズ, タイラー
㊺アメリカ 野球選手
Jones, Tyus ジョーンズ, タイアス
㊺アメリカ バスケットボール選手
Jones, Ursula ジョーンズ, アーシュラ
ネスレ子どもの本賞 5歳以下部門 金賞（2003年） "The Witch's Children and the Queen"
Jones, Van ジョーンズ, ヴァン
1968～ ㊧「グリーン・ニューディール」東洋経済新報社 2009
Jones, V.M. ジョーンズ, V.M.
1958～ 作家 児童書, ヤングアダルト 本名＝Jones, Victoria Mary
Jones, Walter ジョーンズ, ウォルター
1974～ 元アメフト選手 本名＝Jones, Walter Junior
Jones, Will ジョーンズ, ウィル
㊧「ニューヨーク建築様式を読み解く」ガイアブックス 2013
Jones-morgan, Judith ジョーンズモーガン, ジュディス
㊺セントビンセント・グレナディーン 検事総長
Jones-quartey, Harold ジョーンズ・クアーティー, ハロルド
㊺アメリカ アメフト選手
Jong, Cees de ヨンク, キース・W.デ
㊧「美しい欧文書体＆装飾活字見本帖」パイインターナショナル 2013

Jong, Chun Mi　チョン・チュンミ
　国北朝鮮　重量挙げ選手
Jong, Dola de　ヨング、ドラ・ド
　1911〜2003　作家
Jong, Elaine C.　ヨング、イレーヌ・C.
　著「トラベル・アンド・トロピカル・メディシン・マニュアル」メディカル・サイエンス・インターナショナル　2012
Jong, Erica　ジョング、エリカ
　1942〜　著「ふたつの家の少女メーガン」あすなろ書房　2005
Jong, Ho-seung　ジョン・ホスン
　1950〜　国韓国　詩人,作家　現代文学ブックス代表　漢字名＝鄭浩承
Jong, Lisa De　ジョン、リサ・デ
　著「雨が降ったら、ぼくを思い出して」オークラ出版　2015
Jong, Mun-san　チョン・ムンサン
　国北朝鮮　事務局長　漢字名＝鄭文山
Jong, Myong-suk　チョン・ミョンスク
　国北朝鮮　レスリング選手
Jong, Yong-su　チョン・ヨンス
　国北朝鮮　労相　漢字名＝鄭永秀
Jonge, Peter De　ジョング、ピーター・デ
　著「ビーチハウス」ソニー・マガジンズ　2003
Jongh, E.de　ヨング、エディ・デ
　1931〜　著「オランダ絵画のイコノロジー」日本放送出版協会　2005
Jongjohor, Somjit　ソムジット
　国タイ　ボクシング選手
Jongsma, Arthur E., Jr.　ヨングスマ、アーサー・E.、Jr.
　著「教育現場で使えるスクールカウンセラーとスクールソーシャルワーカーのための支援計画」明石書店　2015
Jong Tjien Fa, Michael　ヨンチンファ、マイケル
　国スリナム　区画計画・土地・森林相　＝ヨンチンファ、マイケル・ピエール
Jong-up　ジョンアプ
　1995〜　国韓国　歌手
Joni, Saj-nicole A.　ジョニ、サジ＝ニコル・A.
　著「ザ・ライト・ファイト」アルファポリス,星雲社（発売）　2010
Jonke, Tim　ジョンク、ティム
　著「3本の木」いのちのことば社　2003
Jonnier, Emmanuel　ジョニエ
　国フランス　距離スキー選手
Jonny　ホニー
　国スペイン　サッカー選手
Jonquet, Thierry　ジョンケ、ティエリー
　1954〜2009　国フランス　作家
Jonsen, Albert R.　ジョンセン、アルバート・R.
　著「生命倫理学の誕生」勁草書房　2009
Jonson, Keith L.　ジョンソン、キース・L.
　著「だれもが知りたいキリスト教神学Q&A」教文館　2016
Jonson, Roger T.　ジョンソン、R.T.
　1938〜　著「学生参加型の大学授業」玉川大学出版部　2001
Jönsson, Maria　ヨンソン、マリア
　1958〜　著「ハエのアストリッド」評論社　2011
Jonsson, Patrik　ジョンソン、P.
　著「ソフトウェア再利用ガイドブック」エスアイビー・アクセス　2004
Jonsson, Pirkko　ヨンソン、ピルッコ
　1948〜　著「スウェーデンの高齢者福祉」新評論　2005
Jonsson, Reidar　イェンソン、レイダル
　著「マイ・ライフ・アズ・ア・ドッグ」ソニー・マガジンズ　2003
Jonsson, Runer　ヨンソン、ルーネル
　1916〜2006　著「ビッケのとっておき大作戦」評論社　2012
Jon Toral　ジョン・トラル
　国スペイン　サッカー選手
Jony　ホニー
　国スペイン　サッカー選手
Jonze, Spike　ジョーンズ、スパイク
　1969〜　国アメリカ　映画監督,映画プロデューサー,脚本家　本名＝スピーゲル、アダム〈Spiegel, Adam〉
Joo, Abigel　ヨー、アビゲル
　国ハンガリー　柔道選手　別ヨー
Joo, Hyung-hwan　チュ・ヒョンファン
　国韓国　産業通商資源相　漢字名＝周亨煥
Joo, Jin-mo　チュ・ジンモ
　1974〜　国韓国　俳優　本名＝パク・ジンテ
Jooae　スエ
　1980〜　国韓国　女優　本名＝パク・スエ
Joob, Marton　ヨープ
　国ハンガリー　カヌー選手
Joof, Joseph　ディウフ、ジョゼフ
　国ガンビア　法相兼議会担当相
Joos, Klemens　ヨース、K.
　著「EUにおけるロビー活動」日本経済評論社　2005
Joosse, Barbara M.　ヨース、バーバラ・M.
　著「おばあちゃんのちょうちょ」BL出版　2006
Jooste, Leon　ジョーステ、レオン
　国ナミビア　公営企業相
Joosten, Kathryn　ジューステン、キャスリン
　1939〜2012　国アメリカ　女優
Joppich, Peter　ヨピッヒ、ペーター
　国ドイツ　フェンシング選手
Joppke, Christian　ヨプケ、クリスチャン
　1959〜　著「ヴェール論争」法政大学出版局　2015
Jorbenadze, Avtandil　ジョルベナゼ、アフタンジル
　国ジョージア　国務相
Jordan, Aggie　ジョーダン、アギー
　1937〜　著「今日から1年以内にベスト・パートナーと結婚する13の方法」春秋社　2005
Jordan, Armin　ジョルダン、アルミン
　1932〜2006　国スイス　指揮者　スイス・ロマンド管弦楽団音楽監督
Jordan, Bella Bychkova　ジョーダン、B.B.
　著「ヨーロッパ」二宮書店　2005
Jordan, Bertrand　ジョルダン、ベルトラン
　1939〜　国フランス　分子生物学者　フランス国立科学研究センター（CNRS）名誉研究部長　著「ヒトゲノム計画」別ジョーダン、バートランド
Jordan, Brigitte　ジョーダン、ブリジット
　著「助産の文化人類学」日本看護協会出版会　2001
Jordan, Cameron　ジョーダン、キャメロン
　国アメリカ　アメフト選手
Jordan, David　ジョーダン、デイヴィッド
　著「フランス外人部隊」原書房　2008
Jordan, DeAndre　ジョーダン、デアンドレ
　国アメリカ　バスケットボール選手
Jordan, Deloris　ジョーダン、デロリス
　著「マイケル・ジョーダン」汐文社　2014
Jordan, Dion　ジョーダン、ディオン
　国アメリカ　アメフト選手
Jordan, Duke　ジョーダン、デューク
　1922〜2006　国アメリカ　ジャズ・ピアニスト　本名＝Jordan, Irving Sidney
Jordan, Hamilton　ジョーダン、ハミルトン
　1944〜2008　国アメリカ　テレビ・コメンテーター,政治家　米国大統領首席補佐官　本名＝Jordan, William Hamilton McWhorter
Jordan, Ian　ジョーダン、イアン
　著「5つ星ホテルのトレーナー直伝売上増につながる英語「接客術」」講談社　2012
Jordan, Jeff　ジョーダン、ジェフ
　投資家
Jordan, Jennifer　ジョーダン、ジェニファー
　1958〜　著「K2非情の頂」山と渓谷社　2006
Jordan, Jill　ジョーダン、ジル
　1945〜　著「個人のライフスタイルとコミュニティーの自立」沖縄国際大学公開講座委員会,那覇 編集工房東洋企画（発売）　2003
Jordan, Jon　ジョーダン、ジョン
　アメリカ探偵作家クラブ賞 大鴉賞（2015年）
Jordan, Kathleen　ジョーダン、キャサリン
　著「「問題社員」の管理術」ダイヤモンド社　2007
Jordan, Majid　ジョーダン、マジード
　MTVアワード 最優秀ヒップホップ・ビデオ（第31回（2014年））"Hold On（We're Going Home）"
Jordan, Michael　ジョーダン、マイケル
　1963〜　国アメリカ　元バスケットボール選手　シャーロット・ボブキャッツ筆頭オーナー　本名＝ジョーダン、マイケル・ジェフリー〈Jordan, Michael Jeffery〉
Jordan, Michael Hugh　ジョーダン、マイケル
　1936〜2010　国アメリカ　実業家　CBS会長・CEO,日米財界人会議議長
Jordan, Neil　ジョーダン、ニール
　1950〜　国アイルランド　映画監督,脚本家,作家　本名＝

Jordan, Neil Patrick
Jordan, Nicole　ジョーダン, ニコール
[著]「美女は野獣に頬よせて」 幻冬舎 2014
Jordan, Penny　ジョーダン, ペニー
1946～2011 [国]イギリス ロマンス作家 [異]ジョーダン, ペニー
Jordan, Peter　ヨルダン, ペーター
[著]「「ジプシー」と呼ばれた人々」 学文社 2005
Jordan, Philippe　ジョルダン, フィリップ
1974～ [国]スイス 指揮者 パリ・オペラ座音楽監督
Jordan, Praveen　ジョーダン, プラビーン
[国]インドネシア バドミントン選手
Jordan, Robert　ジョーダン, ロバート
1948～2007 [国]アメリカ 作家 別筆名＝オニール, レーガン〈O'Neal, Reagan〉
Jordan, Roslyn　ジョーダン, ロスリン・M.
[著]「マイケル・ジョーダン」 汐文社 2014
Jordan, Ruth　ジョーダン, ルース
アメリカ探偵作家クラブ賞 大鴉賞(2015年)
Jordan, Sophie　ジョーダン, ソフィー
[著]「殺人遺伝子ギルティ」 ハーパーコリンズ・ジャパン 2016
Jordan, William Chester　ジョーダン, ウィリアム・チェスター
1948～ [著]「女性と信用取引」 法政大学出版局 2003
Jordan, Winston　ジョーダン, ウィンストン
[国]ガイアナ 財務相
Jordan, Zweledinga Pallo　ジョーダン, ズウェレディンガ・パロ
[国]南アフリカ 芸術・文化相
Jordan-Bychkov, Terry G.　ジョーダン＝ビチコフ, T.G.
1938～2003 [著]「ヨーロッパ」 二宮書店 2005
Jordan-Evans, Sharon　ジョーダン＝エバンズ, シャロン
1946～ [異]ジョーダン＝エバンズ, S. [著]「なんとなく仕事がイヤッ！」 日本経済新聞社 2004
Jordán Morales, Alfredo　ホルダン・モラレス, アルフレド
[国]キューバ 農相
Jordanov, Minco　ヨルダノフ, ミンコ
[国]マケドニア 副首相(経済改革担当)
Jordanova, L.J.　ジョーダノヴァ, ルドミラ
[著]「セクシュアル・ヴィジョン」 白水社 2001
Jorden, Eleanor Harz　ジョーデン, エレノア
1920～2009 [国]アメリカ 日本語教育者 コーネル大学教授
Jordi Alba　ジョルディ・アルバ
[国]スペイン サッカー選手
Jorge, Ana　ジョルジェ, アナ
[国]ポルトガル 保健相
Jorge, Felix　ホーヘイ, フェリックス
[国]ドミニカ共和国 野球選手
Jorge, Miguel　ジョルジ, ミゲル
[国]ブラジル 開発・工業・貿易相
Jorge Mere　ホルヘ・メレ
[国]スペイン サッカー選手
Jörgens, Viktor　ヨルゲンス, V.
[著]「糖尿病患者のためのインスリン療法の実際」 シュプリンガー・フェアクラーク東京 2004
Jørgensen, Anker Henrik　ヨルゲンセン, アンカー
1922～2016 [国]デンマーク 政治家 デンマーク首相, デンマーク社民党(SDP)党首 [異]イエルゲンセン / ヨーゲンセン, アンケル / ヨアウェンセン
Jorgensen, Ann-Lou　ヨルゲンセン
[国]デンマーク バドミントン選手
Jörgensen, Christer　ヨルゲンセン, クリステル
1967～ [著]「戦闘技術の歴史」 創元社 2010
Jørgensen, Dan　ヨルゲンセン, ダン
[国]デンマーク 食料・農業・漁業相
Jorgensen, Emma　ヨルゲンセン
[国]デンマーク カヌー選手
Jorgensen, Gwen　ジョーゲンセン, グウェン
[国]アメリカ トライアスロン選手
Jorgensen, Jan O.　ヨルゲンセン, ヤン
[国]デンマーク バドミントン選手
Jorgensen, Martin　ヨルゲンセン, マルティン
1975～ [国]デンマーク サッカー選手
Jorgensen, Morten　ヨルゲンセン, モルテン
[国]デンマーク ボート選手
Jorgensen, Richard　ジョーゲンセン, リチャード
1946～ [著]「いっしょに読んだものがたり」 バベルプレス 2016
Jorgenson, Dale W.　ジョルゲンソン, デール
1933～ [国]アメリカ 経済学者 ハーバード大学教授 [専]計量経済学
Jorgenson, John　ジョン ジョーゲンソン
グラミー賞 最優秀カントリー・インストゥルメンタル・アーティスト(2008年(第51回)) "Cluster Pluck"
Jorginho　ジョルジーニョ
1964～ [国]ブラジル サッカー監督, 元サッカー選手 本名＝カンポス, ジョルジ・デ・アモリン〈Campas, Jorge de Amorim〉
Jorginho do Pandeiro　ジョルジーニョ・ド・パンデイロ
1930～ [国]ブラジル パンデイロ奏者 本名＝Da Silva, Jorge José
Jorion, Philippe　ジョリオン, フィリップ
[著]「新版 バリュー・アット・リスクのすべて」 シグマベイスキャピタル 2003
Jorion, Thomas　ジョリオン, トマ
1976～ [著]「世界の美しい廃墟」 パイインターナショナル 2015
Joris, André　ジョリス, アンドレ
カナダ総督文学賞 英語 児童文学(イラストレーション)(2004年) "Jabberwocky" [異]ジョリッシュ, ステファーヌ [著]「ベティ・バニー チョコレートケーキだーいすき」 バベルプレス 2014
Jorissen, Engelbert　ヨリッセン, エンゲルベルト
1956～2013 [国]ドイツ 京都大学大学院人間・環境学研究科教授 [専]比較文化, 比較文学
Jorm, Anthony F.　ジョーム, アンソニー
1951～ [著]「専門家に相談する前のメンタルヘルス・ファーストエイド」 創元社 2012
Jorritsma, Annemarie　ヨリツマ, アンネマリー
[国]オランダ 副首相兼経済相
Jose　ホゼ
1976～ [国]アメリカ ロック・ドラマー 本名＝パシーヤス, ホゼ〈Pasillas, Jose〉 [異]ホセ
José, Diakumpuna Sita　ジョゼ, ディアクンプーナ・シタ
[国]アンゴラ 都市・住宅相
José, Ruy　ホセ, ルイ
[著]「NEW 52 : スーパーマン/ヤング・ジャスティス」 ヴィレッジブックス 2013
Jose Angel　ホセ・アンヘル
[国]スペイン サッカー選手
Jose Carlos　ホセ・カルロス
[国]スペイン サッカー選手
Josefowicz, Leila　ジョセフォウィッツ, リーラ
1977～ [国]カナダ バイオリニスト
Joselu　ホセル
[国]スペイン サッカー選手
Joseph, Bertrand　ジョゼフ, バートランド
[国]アンティグア・バーブーダ 教育・スポーツ・青少年相
Joseph, Betty　ジョセフ, ベティ
1917～ ジョゼフ, ベティ [著]「心的平衡と心的変化」 岩崎学術出版社 2005
Joseph, Caleb　ジョセフ, ケイレブ
[国]アメリカ 野球選手
Joseph, Carl　ジョゼフ, カール
[国]セントビンセント・グレナディーン 法相兼検事総長
Joseph, Celia　ジョゼフ, セリア
[著]「PKI」 翔泳社 2002
Joseph, Claudia　ジョセフ, クラウディア
[著]「プリンセス ケイト」 マーブルトロン, 中央公論新社(発売) 2011
Joseph, Cory　ジョセフ, コーリー
[国]カナダ バスケットボール選手
Joseph, Daniel　ジョセフ, ダニエル
[著]「クジラと泳ぐ」 太陽出版 2016
Joseph, David I.　ジョセフ, デイヴィッド・I.
[著]「精神科臨床倫理」 星和書店 2011
Joseph, Ezechiel　ジョセフ, イゼキエル
[国]セントルシア 農業・漁業・国土計画・天然資源・協同組合相
Joseph, Frank　ジョセフ, フランク
[著]「シンクロニシティと7つの性格タイプ」 ベストセラーズ 2002
Joseph, Fred　ジョゼフ, フレッド
[国]ハイチ共和国 経済・財務相
Joseph, Guy　ジョセフ, ガイ
[国]セントルシア 経済開発・住宅・都市再開発・運輸・民間航空相
Joseph, Johnathan　ジョセフ, ジョナサン
[国]アメリカ アメフト選手
Joseph, Jonathan　ジョセフ, ジョナサン
[国]イングランド ラグビー選手

J

Joseph, Karl　ジョセフ, カール
　㉥アメリカ　アメフト選手
Joseph, Ken, Jr.　ジョセフ, ケン, Jr.
　㊋「隠された聖書の国・日本」徳間書店　2008
Joseph, Ken, Sr.　ジョセフ, ケン, Sr.
　㊋「隠された聖書の国・日本」徳間書店　2008
Joseph, Lawrence　ジョセフ, ローレンス
　㉥グレナダ　労働・地方政府相
Joseph, Lawrence E.　ジョセフ, ローレンス・E.
　㊋「2012地球大異変」日本放送出版協会　2007
Joseph, Linval　ジョセフ, リンバル
　㉥アメリカ　アメフト選手
Joseph, Louis Harold　ジョセップ, ルイス・ハロルド
　㉥ハイチ共和国　臨時代理大使, 大使
Joseph, Martin　ジョセフ, マーティン
　㉥トリニダード・トバゴ　安全保障相
Joseph, Molwyn　ジョゼフ, モルウィン
　㉥アンティグア・バーブーダ　保健・環境相
Joseph, Nadine　ジョセフ, ナディーン
　1952～　㊋「ビジネスマンのためのフランス入門」新潮社　2002
Joseph, Oliver　ジョセフ, オリバー
　㉥グレナダ　労働・経済開発・貿易・計画相
Joseph, Robert　ジョゼフ, ロバート
　㊋「最新フランスワインハンドブック」ネコ・パブリッシング　2003
Joseph, Robert L.　ジョゼフ, ロバート
　？～2002　㉥アメリカ　脚本家, 映画・テレビプロデューサー
Joseph, Sandra　ジョウゼフ, サンドラ
　㊋「コルチャック先生のいのちの言葉」明石書店　2001
Joseph, Stephen　ジョゼフ, スティーヴン
　1948～　㊋「トラウマ後成長と回復」筑摩書房　2013
Joseph, Tommy　ジョセフ, トミー
　㉥アメリカ　野球選手
Joseph, Yance　ジョセフ, バンス
　㉥アメリカ　マイアミ・ドルフィンズコーチ
Joseph, Yolande Bain　ジョセフ, ヨランデ・ベイン
　㉥グレナダ　社会福祉・住宅・男女平等・家族問題・住宅相
Joseph, Yves Germain　ジョセフ, イブ・ジェルマン
　㉥ハイチ共和国　計画・対外協力相
Joséphine-Charlotte　ジョゼフィーヌ・シャルロット
　1927～2005　㉥ルクセンブルク　ルクセンブルク大公妃
Josephson, Brian David　ジョセフソン, ブライアン・デービッド
　1940～　㉥イギリス　物理学者　ケンブリッジ大学名誉教授　㊔ジョゼフソン
Josephson, Erland　ヨセフソン, エルランド
　1923～2012　㉥スウェーデン　俳優, 演出家, 作家　㊔ジョセフソン, エルランド / ユーセフソン, エールランド
Jose Rodriguez　ホセ・ロドリゲス
　㉥スペイン　サッカー選手
Joshi, Chandra Dev　ジョシ, チャンドラ・デブ
　㉥ネパール　土地改革管理相
Joshi, C.P.　ジョシ, C.P.
　㉥インド　道路交通・高速道路相
Joshi, Govindaraji　ジョン, ゴビンドラージ
　㉥ネパール　地方開発相
Joshi, Jagdish　ジョシー, ジャグデシュ
　㊋「本好きカピール」新世研　2003
Joshi, Jayadev　ジョシ, ジャヤデーブ
　㉥ネパール　人口・環境相
Joshi, Krishnakant Nathalal　ジョッシ, クリシュナカント・ナタラル
　㉥インド　元・在ムンバイ日本国総領事館現地職員
Joshi, Manohar　ジョシ, マノハール
　㉥インド　重工業・公企業相
Joshi, Manoj　ジョーシ, マノイ
　㊋「ビジネスマンのためのインド入門」新潮社　2002
Joshi, Murli Manohar　ジョシ, ムルリ・マノハール
　㉥インド　科学技術相兼人的資源開発相
Joshi, Nabindra Raj　ジョシ, ナビンドラ・ラージ
　㉥ネパール　産業相
Joshi, Nivedita　ジョシー, ニヴェディータ
　㊋「アイアンガー108の言葉」白揚社　2013
Joshi, Shivaraj　ジョシ, シバラジ
　㉥ネパール　情報・通信相
Joshi, S.T.　ヨシ, S.T.
　世界幻想文学大賞 特別賞 (ノンプロ) (2013年) ほか　㊔ジョシ, S.T.
Joshua　ジョシュア
　1982～2008　㉥アメリカ　モデル
Joshua, Anthony　ジョシュア, アンソニー
　1989～　㉥イギリス　プロボクサー
Josipović, Ivo　ヨシポヴィッチ, イヴォ
　1957～　㉥クロアチア　政治家, 法律家, 作曲家　クロアチア大統領, ザグレブ大学法学部教授　㊔ヨシポビッチ, イボ
Joskow, Andrew S.　ジョスコー, アンドリュー・S.
　㊋「競争政策の経済学」NERA　2005
Joskowicz, Routie　ジョスコヴィッツ, ルティ
　㊋「私のなかの「ユダヤ人」」現代企画室　2007
Joslin, Mary　ジョスリン, メアリー
　1953～　㊋「イースターのはなし」ドン・ボスコ社　2016
Joslin, Sesyle　ジョスリン, セシル
　1929～　㉥アメリカ　児童文学作家
Josling, Timothy Edward　ジョスリン, T.
　㊔ジョスリング, T.E.　㊋「農産物の輸出規制：その経済厚生的含意と貿易規律」国際農林業協働協会　2009
Jospin, Lionel Robert　ジョスパン, リオネル
　1937～　㉥フランス　政治家　フランス首相　㊔ジョスパン, リオネール / ジョスパン, リヨネル
Joss, Morag　ジョス, モーラ
　㊋「夢の破片」早川書房　2004
Joss, Sven　ヨス, スヴェン
　㉥スイス　サッカー選手
Josselin, Charles　ジョスラン, シャルル
　㉥フランス　国際協力・フランス語圏担当相
Josserand, Marion　ジョセラン
　㉥フランス　フリースタイルスキー選手
Jossinet, Frederique　ジョシネ
　㉥フランス　柔道選手
Jost, Allen　ジョスト, アレン
　㊋「クレジット・スコアリング」シグマベイスキャピタル　2001
Jost, Eugen　ヨスト, オイゲン
　1950～　㊋「美しい幾何学」丸善出版　2015
Jost, H.Peter　ジョスト, H.ピーター
　㉥イギリス　国際トライボロジー評議会会長, 日本トライボロジー学会特別名誉員, 元・英国議会・科学者連絡委員会副会長
Jost, Jacques　ジョスト, ジャック
　㊋「音楽療法と精神音楽技法」春秋社　2001
Jost, Jürgen　ヨスト, J.
　㊋「ポストモダン解析学」シュプリンガー・ジャパン　2009
Jost, Wolfgang H.　ヨスト, ウォルフガング
　㊋「ボツリヌス療法アトラス」医学書院　2012
Jost, Wolfram　ヨースト, W.
　㊋「ARISを活用したチェンジマネジメント」シュプリンガー・フェアラーク東京　2003
Josuttis, Nicolai M.　ジョスティス, ニコライ・M.
　㊋「C++テンプレート完全ガイド」翔泳社　2010
Jota　ホタ
　㉥スペイン　サッカー選手
Jota, Diogo　ジョッタ, ディオゴ
　㉥ポルトガル　サッカー選手
Al-jothery, Rahman Loan Muhsin　アルジョゼリー, ラハマーン・ロアン・モホセン
　㉥イラク　臨時代理大使, 参事官
Jotika, U.　ジョーティカ, ウ
　1947～　㊋「自由への旅」新潮社　2016
Jotisalikorn, Chami　ジョティサリコーン, チャミ
　㊋「コンテンポラリー・アジアン・ベッドルーム」チャールズ・イー・タトル出版　2007
Jotischky, Andrew　ジョティシュキー, アンドリュー
　1965～　㊋「十字軍の歴史」刀水書房　2013
Jotzo, Markus　ヨッツォ, マルクス
　㊋「「最高の上司」は嫌われる」CCCメディアハウス　2016
Jouanno, Chantal　ジュアノ, シャンタル
　㉥フランス　スポーツ相
Joubert, Beverly　ジュベール, ビバリー
　㊋「ヒョウ」ほるぷ出版　2012
Joubert, Brian　ジュベール, ブライアン
　1984～　㉥フランス　元フィギュアスケート選手　㊔ジュベール
Joubert, Dereck　ジュベール, デレック
　㊋「ヒョウ」ほるぷ出版　2012
Jouffa, Susie　ジュファ, スジー
　㊋「今日もパリの猫は考え中」大和書房　2015

Jouflas, Leslie　ジョウフラス、レスリー
　著「フィボナッチ逆張り売買法」パンローリング　2008
Jouhaud, Christian　ジュオー、クリスチアン
　1951〜　著「マザリナード」水声社　2012
Jouini, Mohamed Nouri　ジュイニ、モハメド・ヌーリ
　国チュニジア　計画・国際協力相
Joule, Robert　ジュール、ロベール＝ヴァンサン
　著「これで相手は思いのまま」阪急コミュニケーションズ　2006
Joun, Young Soun　ジョン・ヨンスン
　国パラグアイ　修道女,元・聖霊幼稚園園長,元・イグアス日本語学校教師　漢字名＝全英仙
Jounel, Pierre　ジュネル、ピエール
　著「みさきのうきょう」ドン・ボスコ社　2012
Jourdan, Louis　ジュールダン、ルイ
　1921〜2015　国フランス　俳優
Jourdy, Camille　ジュルディ、カミーユ
　アングレーム国際漫画祭 新人賞（Révélation賞）（2010年）　"Rosalie Blum（T3）"〈Éditions Actes Sud〉
Journe, François-Paul　ジュルヌ、フランソワ・ポール
　国フランス　時計師　F.P.ジュルヌ創業者
Jousso, Théodore　ジュソ、テオドール
　国中央アフリカ　交通機材・民間航空・開発相
Jouve, Sebastien　ジュブ、セバスチャン
　国フランス　カヌー選手
Jovaiša, Marius　ヨーヴァイシャ、マーリュス
　著「知られざるリトアニア」Unseen Pictures　2009
Jovanovic, Nikola　ヨバノビッチ、ニコラ
　国セルビア　バスケットボール選手
Jovanovic, Rob　ジョヴァノヴィッチ、ロブ
　著「ジョヴァノヴィッチ、ロブ『ニルヴァーナレコーディング・セッションズ』シンコーミュージック・エンタテイメント　2004
Jovanović, Željko　ヨバノビッチ、ジェリコ
　国クロアチア　科学・教育・スポーツ相
Jover Comas, Eric　ジョベコマス、エリック
　国アンドラ　教育・高等教育相
Jovetic, Stevan　ヨヴェティッチ、ステヴァン
　国モンテネグロ　サッカー選手
Jovic, Luka　ヨヴィッチ、ルカ
　国セルビア　サッカー選手
Jovicevic, Andrija　ヨビチェビッチ、アンドリヤ
　国モンテネグロ　内相
Jovovich, Milla　ジョヴォヴィッチ、ミラ
　1975〜　国アメリカ　女優,モデル,歌手　歌手名＝ミラ　例ジョボビッチ、ミラ
Jow, Satang　ジョウ、サタン
　国ガンビア　教育相
Jowda, Hacen Ould Limam Ould Amar　ジョウダ、ハセン・ウルド・リマム・ウルド・アマル
　国モーリタニア　公務・雇用・職業訓練相
al-Jowdar, Fahmi bin Ali　アル・ジョウダル、ファハミ・ビン・アリ
　国バーレーン　建設住宅相
al-Jowder, Hisham bin Mohammed　ジャウデル、ヒシャム・ビン・ムハンマド
　国バーレーン　青年・スポーツ相
Jowell, Tessa　ジョウェル、テッサ
　国イギリス　文化・メディア・スポーツ相
Jowett, Simon　ジャウイット、サイモン
　著「シャーク・テイル完全ガイドブック」角川書店　2005
Joxe, Alain　ジョクス、アラン
　1931〜　著"帝国"と"共和国"」青土社　2003
Joy　ジョイ
　1971〜　国アメリカ　作家　⊕ミステリー
Joy, Bill　ジョイ、ビル
　1955〜　国アメリカ　実業家　KPCBパートナー,サン・マイクロシステムズ共同創業者
Joy, Dara　ジョイ、ダラ
　著「星空がくれた恋人」幻冬舎　2009
Joy, Nicki　ジョイ、ニッキー
　著「勝者のルール」ディスカヴァー・トゥエンティワン　2006
Joy, Peter A.　ジョイ、ピーター・A.
　著「生命倫理と法」弘文堂　2005
Joya, Malalai　ジョヤ、マラライ
　1978〜　国アフガニスタン　人権活動家　アフガニスタン国会議員
Joyce　ジョイス
　1948〜　著「私のカメラがとらえたあなた」ブルース・インターアクションズ　2002
Joyce, Anna　ジョイス、アンナ
　著「手づくり模様で彩る小物とインテリア」エクスナレッジ　2016
Joyce, Barnaby　ジョイス、バーナビー
　国オーストラリア　副首相兼農業・水資源相
Joyce, Brenda　ジョイス、ブレンダ
　著「初恋はせつなき調べ」ハーレクイン　2010
Joyce, Colin　ジョイス、コリン
　1970〜　著 新「ニッポン社会」入門」三賢社　2016
Joyce, Graham　ジョイス、グレアム
　1954〜2014　国イギリス　作家　本名＝Joyce, Graham William
Joyce, Jerry　ジョイス、ジェリー
　著「ひと目でわかるMicrosoft Windows XP home edition」日経BPソフトプレス,日経BP出版センター（発売）　2001
Joyce, Joe　ジョイス
　国イギリス　ボクシング選手
Joyce, Kara Lynn　ジョイス
　国アメリカ　競泳選手
Joyce, Lydia　ジョイス、リディア
　国アメリカ　作家　⊕ロマンス
Joyce, Matt　ジョイス、マット
　国アメリカ　野球選手
Joyce, Nancy Eleanor　ジョイス、ナンシー・E.
　著「フランク・O.ゲーリーとMIT」鹿島出版会　2007
Joyce, Rachel　ジョイス、レイチェル
　国イギリス　作家　⊕文学
Joyce, Steven　ジョイス、スティーブン
　国ニュージーランド　財務相兼インフラ相
Joyce, William　ジョイス、ウィリアム
　国アメリカ　オタワ国際アニメーション映画祭 最優秀子ども向け短編アニメーション 選外佳作（2011年）　"The Fantastic Flying Books of Mr.Morris Lessmore"
Joyce, William F.　ジョイス、ウィリアム・F.
　著「ビジネスを成功に導く「4+2」の公式」ソフトバンクパブリッシング　2003
Joye, Dan　ジョイ
　国アメリカ　リュージュ選手
Joyes, Claire　ジョイス、クレア
　著「モネの食卓」日本テレビ放送網　2004
Joyner, David　ジョイナー、D.
　1959〜　著「群論の味わい」共立出版　2010
Joyner, Jerry　ジョイナー、ジェリー
　著「わゴムはどのくらいのびるかしら？」ほるぷ出版　2005
Joyner, Lamarcus　ジョイナー、ラマーカス
　国アメリカ　アメフト選手
Joyner, Mark　ジョイナー、マーク
　1968〜　著「オレなら、3秒で売るね！」フォレスト出版　2007
Joyner, Rick　ジョイナー、リック
　著「恐れに打ち勝つ・兄弟を訴える者に打ち勝つ・差別に打ち勝つ」角笛出版　2010
Joyon, Francis　ジョワイヨン、フランシス
　1956〜　国フランス　冒険家,ヨットマン
Jozefzoon, Florian　ヨゼフゾーン、フロリアン
　国オランダ　サッカー選手
Jozwiak, Bogna　ヨイアク、ボグナ
　国ポーランド　フェンシング選手
Jozwik, Joanna　ヨズビク、ヨアンナ
　国ポーランド　陸上選手
Jreij, Ramzi　ジレイジ、ラムジ
　国レバノン　情報相
Jreisati, Salim　ジュレイサティ、サリム
　国レバノン　法相
Jsetice, Phyllis G.　ジェスティス、フィリス・G.
　著「戦闘技術の歴史」創元社　2009
Ju, Ji-hoon　チュ・ジフン
　1982〜　国韓国　俳優
Ju, Ming　ジュウ・ミン
　1938〜　国台湾　彫刻家　漢字名＝朱銘
Ju, Sang-song　チュ・サンソン
　国北朝鮮　人民保安部長　漢字名＝朱霜成
Ju, Tong-il　チュ・トンイル
　国北朝鮮　電気石炭工業相　漢字名＝朱東一
Juan, Ana　フアン、アナ
　1961〜　著「ぼくのだいすきなケニアの村」BL出版　2007
Juan, Jesus　フアン・ジェズス

Juan, Stephen　ワーン, スティーヴン
　㊄ブラジル　サッカー選手
　著「食いしん坊な脳うつになる脳」中経出版　2001
Juan Carlos　フアン・カルロス
　国スペイン　サッカー選手
Juan Carlos I　フアン・カルロス1世
　1938～　国スペイン　国王　㊄フアン・カルロス1世
Juande Ramos　フアンデ・ラモス
　国スペイン　マラガ監督
Juanes　フアネス
　1972～　国コロンビア　ギタリスト, シンガー・ソングライター　本名=バスケス, フアン・エステバン・アリスティサバル〈Vasquez, Juan Esteban Aristizabal〉
Juanfran　フアンフラン
　国スペイン　サッカー選手
Juanfran　フアンフラン
　国スペイン　サッカー選手
Juan López, Mercedes　フアン・ロペス, メルセデス
　国メキシコ　保健相
Juanmi　フアンミ
　国スペイン　サッカー選手
Juanpi　フアンピ
　国ベネズエラ　サッカー選手
Juarez, Fernando　フアレス, フェルナンド
　著「ガリヴァー旅行記」大日本絵画　2011
Juarez, Heidy　フアレス
　国グアテマラ　テコンドー選手
Jubeir, Adel　ジュベイル, アデル
　国サウジアラビア　外相
al-Jubouri, Qutaibah　ジュブリ, クタイバ
　国イラク　環境相
Jučas, Jonas　ユーチャス, ヨナス
　国リトアニア　文化相
Juch, Harald　ユフ, ハラルト
　著「よみがえった恐竜たち」草土文化　2009
Jucker, Sita　ユッカー, ジータ
　著「シモンとクリスマスねこ」福音館書店　2003
Judah, Tim　ジューダ, ティム
　著「アベベ・ビキラ」草思社　2011
Judd, Ashley　ジャッド, アシュレイ
　1968～　国アメリカ　女優　㊄ジャド, アシュレー
Judd, Denis　ジャッド, デニス
　1938～　著「アリソン・アトリーの生涯」JULA出版局　2006
Judd, Donald　ジャッド, ドナルド
　1928～　著「ドナルド・ジャッド版画1951-1993」伊丹市立美術館　c2001
Jude, Radu　ジュデ, ラドゥ
　ベルリン国際映画祭　銀熊賞 監督賞（第65回（2015年））"Aferim！"
Judeh, Nasser　ジュデ, ナセル
　国ヨルダン　副首相兼外務・移民相
Judge, Aaron　ジャッジ, アーロン
　国アメリカ　野球選手
Judge, Barbara　ジャッジ, バーバラ
　1946～　国イギリス　弁護士, 実業家　英国経営者協会会長, LIXILグループ社外取締役, 英国原子力公社名誉会長　本名=Judge, Lady Barbara Singer Thomas
Judkins, Rod　ジャドキンス, ロッド
　著「「クリエイティブ」の処方箋」フィルムアート社　2015
Judon, Matt　ジュードン, マット
　国アメリカ　アメフト選手
Judson, Bruce　ジャドソン, ブルース
　著「起業はGO IT ALONE！」亜紀書房　2013
Judson, Olivia　ジャドソン, オリヴィア
　1970～　著「ダーウィンで科学を楽しむ！」文部科学省科学技術政策研究所第2調査研究グループ　2004
Judt, Tony　ジャット, トニー
　1948～2010　国イギリス　歴史家　ニューヨーク大学教授　本名=Judt, Tony Robert
Juengst, Sara Covin　ヤングスト, サラ・C.
　著「神の庭のように」日本キリスト教団出版局　2008
Juergensmeyer, Mark　ユルゲンスマイヤー, マーク
　著「グローバル時代の宗教とテロリズム」明石書店　2003
Juffermans, Cees　ユフェルマンス
　国オランダ　ショートトラック選手
Jug, Azbe　ユグ, アジュベ
　国スロベニア　サッカー選手

Jughli, Ahed　ジュヒリ
　国シリア　重量挙げ選手
Jugnauth, Aneerood　ジュグノート, アネルード
　1930～　国モーリシャス　政治家　モーリシャス首相, モーリシャス社会主義運動（MSM）党首　モーリシャス大統領　㊄ジュグノース
Jugnauth, Ashock Kumar　ジュグノート, アショック・クマール
　国モーリシャス　保健相
Jugnauth, Pravind Kumar　ジュグノート, プラビン・クマル
　国モーリシャス　財務・経済開発相
Juguet, Eugene　ジュゲ, ユージェン
　1929～　著「自由世界の解放の神学序説」新世社　2001
al-Juhaimi, Al-Tahir al-Hadi　ジュハイミ, ターヘル・ハーディ
　国リビア　計画書記（計画相）　㊄ジュハイミ, タハリリ・ハディ
Juhasz, Antonia　ジュハス, アントニア
　著「ポストグローバル社会の可能性」緑風出版　2006
Juhász, Ferenc　ユハース・フェレンツ
　国ハンガリー　国防相
Juhl, Peter　ジュール, ピーター
　著「あなたもできる！　奇跡のロックバランシング」今日の話題社　2014
Juhn, Jai-hong　チョン・ジェホン
　国韓国　映画監督
Juhn, Peter　ジューン, P.
　著「うつ病という時限爆弾」日本評論社　2003
Juicy J　ジューシー・J
　MTVアワード 最優秀女性アーティスト・ビデオ（第31回（2014年））　"Dark Horse"
Jukic, Dinko　ジュキッチ
　国オーストリア　競泳選手
Jukic, Mirna　ジュキッチ
　国オーストリア　競泳選手
Juklestad, Olaug　ユークレスタ, オーラグ
　著「世界の高齢者虐待防止プログラム」明石書店　2004
Jukna, Vigilijus　ユクナ, ビギリユス
　国リトアニア　農相
Juknevičienė, Rasa　ユクネビチエネ, ラサ
　国リトアニア　国防相
Jukov, Boris　ジューコフ, ボリス
　著「アイハヌム」東海大学出版会　2011
Jules, Edouard　ジュール, エドゥアール
　国ハイチ共和国　政府プロジェクト担当相
Julfalakyan, Arsen　ジュルファラキャン, アーセン
　国アルメニア　レスリング選手　㊄ユルファラキャン
Juliana　ユリアナ
　1909～2004　国オランダ　女王　本名=ルイーズ・エマ・マリー・ウィルヘルミナ・ユリアナ〈Louise Emma Marie Wilhelmina Juliana〉　㊄ユリアナ女王
Juliantara, Dadang　ジュリアンタラ, ダダン
　1967～　著「インドネシア従軍慰安婦の記録」かもがわ出版　2001
Juliao, Victor　フリアオ, ビクトル
　国パナマ　公共事業相
Julich, Bobby　ジュリッチ
　国アメリカ　自転車選手
Julie, Bruno　ジュリー
　国モーリシャス　ボクシング選手
Julien, Jennifer　ジュリアン, ジェニファー
　著「ジェニファー・ジュリアンの簡単フランス家庭料理」日東書院本社　2010
Julien, Maude　ジュリアン, モード
　1957～　著「父という檻の中で」WAVE出版　2016
Julien, Patrice　ジュリアン, パトリス
　1952～　著「暮らしのたね」トーソー出版　2008
Julien, Philippe　ジュリアン, フィリップ
　著「ラカン, フロイトへの回帰」誠信書房　2002
Julien, Yuri　ジュリアン, ユリ
　著「暮らしのたね」トーソー出版　2008
Juliet, Charles　ジュリエ, シャルル
　著「フランス現代詩アンソロジー」思潮社　2001
Julínek, Tomáš　ユリーネク, トマーシュ
　国チェコ　保健相　㊄ユリーネク, トマーシ
Julio Cesar　ジュリオ・セーザル
　国ブラジル　サッカー選手
Julius, Henri　ジュリアス, ヘンリ
　1958～　著「ペットへの愛着」緑書房　2015

Julius, Jessica　ジュリアス, ジェシカ
　㊈「THE ART OFズートピア」CLASSIX MEDIA, 徳間書店（発売）2016
Juliusdottir, Katrin　ユリウスドッティル, カトリン
　㊀アイスランド　財務・経済相
Júlíusson, Kristján Þór　ユーリウソン, クリスチャン・トール
　㊀アイスランド　教育・科学・文化相
Jull, Gwendolen A.　ジュル, W.
　㊈「頸部障害の理学療法マネージメント」ナップ　2009
Jullian, Philippe　ジュリアン, フィリップ
　㊈「世紀末の夢」白水社　2004
Julliand, Anne-Dauphine　ジュリアン, アンヌ=ドフィーヌ
　㊈「濡れた砂の上の小さな足跡」講談社　2013
Jullien, Francois　ジュリアン, フランソワ
　㊈「勢・効力の歴史」知泉書館　2004
Jullien, Jean　ジュリアン, ジャン
　㊈「ホーホーはらへりフクロウさまだ！」BL出版　2016
July, Miranda　ジュライ, ミランダ
　1974〜　㊀アメリカ　作家, 映画監督, 現代美術家　㊉文学, フィクション, 芸術写真ほか
July, William　ジュライ, ウィリアム
　㊈「男と女のための恋愛と人づきあいを成功させる18の方法」ベストセラーズ　2001
Juma, Abdalla Tiya　ジュマ, アブダラ・テヤ
　㊀スーダン　保健相
Juma, Marwan　ジュマ, マルワン
　㊀ヨルダン　情報通信技術相
Juma, Omar Ali　ジュマ, オマル・アリ
　㊀タンザニア　副大統領
al-Jumaa, Jumaa bin Ali　ジュマー, ジュマー・ビン・アリ
　㊀オマーン　人的資源相
Jumaguliev, Ovliyaguly　ジュマグルイエフ, オブリャグルイ
　㊀トルクメニスタン　通信相
Jumaili, Rassim　ジュマイリ, ラシム
　1938〜2007　㊀イラク　コメディアン
al-Jumaili, Salman　ジュマイリ, サルマン
　㊀イラク　計画相
al-Jumayli, Abdul-Karim　ジュマイリ, アブドルカリム
　㊀イラク　電力相
Jumbe, Friday　ジュンベ, フライデー
　㊀マラウイ　財務相
Jumeau, Ronald　ジュモー, ロナルド
　㊀セーシェル　環境・天然資源相
Jumeau, Ronny　ジュモー, ロニー
　㊀セーシェル　環境相
Jumeau-Lafond, Jean-David　ジュモー=ラフォン, ジャン=ダヴィド
　㊈「フランス象徴派展」読売新聞東京本社　2003
Jump, Shirley　ジャンプ, シャーリー
　1968〜　㊈「孤独な夜のシンデレラ」ハーレクイン　2012
al-Junaid, Muhammad Ahmad　アル・ジュナイド, ムハマド・アハマド
　㊀イエメン　公共事業・行政改革相
Junaković, Svjetlan　ユナコビッチ, スヴェトラン
　1961〜　ザグレブ国際アニメーション映画祭 グランド・コンペティション＆学生コンペティション審査員による Cartoon East 賞（2010年）"Moj put"（英題：My Way）〈クロアチア〉
Junca, David　フンカ, ダビド
　㊀スペイン　サッカー選手
Juncker, Jean-Claude　ユンケル, ジャンクロード
　1954〜　㊀ルクセンブルク　政治家　EU欧州委員会委員長　ルクセンブルク首相・財務相　㊋ユンカー, ジャンクロード
Junco Del Pino, Juan Mario　フンコデルピノ, フアン・マリオ
　㊀キューバ　建設相
Junedin, Sado　ジュネディン・サド
　㊀エチオピア　行政相
Junejo, Khair Muhammad　ジュネジョ, ハイル・ムハマド
　㊀パキスタン　食糧・農畜産相
Jung　ユン
　1965〜　㊈「はちみつ色のユン」DU BOOKS, ディスクユニオン（発売）2015
Jung, Andrea　ジュング, アンドレア
　1958〜　㊀カナダ　実業家　エイボン会長・CEO　㊋ユン, アンドレア
Jung, Anthony　ユング, アンソニー
　㊀ドイツ　サッカー選手

Jung, Byeong-ho　チョン・ビョンホ
　1955〜　㊀韓国　漢陽大学文化人類学科教授　㊉日本文化論　漢字名＝鄭炳浩　㊋ジョン・ビョンホ
Jung, Da-bin　チョン・ダビン
　1980〜2007　㊀韓国　女優　㊋チョン・タビン
Jung, Da-Yon　チョン, ダヨン
　1966〜　㊈「韓流モムチャン・ダイエット」芸文社　2005
Jung, Emma　ユング, エンマ
　㊈「内なる異性」海鳴社　2013
Jung, Franz Josef　ユング, フランツ・ヨゼフ
　㊀ドイツ　国防相
Jung, Gideon　ユンク, ギデオン
　㊀ドイツ　サッカー選手
Jung, Ji-hyun　チョン・ジヒョン
　1983〜　㊀韓国　レスリング選手　漢字名＝鄭智鉉
Jung, Jin-young　チョン・ジニョン
　1964〜　㊀韓国　俳優　漢字名＝鄭進永
Jung, July　チョン・ジュリ
　1980〜　㊀韓国　映画監督
Jung, Jun-ho　チョン・ジュノ
　1970〜　㊀韓国　俳優　漢字名＝鄭俊浩
Jung, Kwanghee　ユング, K.
　㊈「乳幼児教育における遊び」培風館　2008
Jung, Martin H.　ユング, マルティン・H.
　1956〜　㊈「メランヒトンとその時代」知泉書館　2012
Jung, Michael　ユング, マイケル
　㊈「マッキンゼー組織の進化」ダイヤモンド社　2003
Jung, Michael　ユング, ミヒャエル
　1982〜　㊀ドイツ　馬術選手
Jung, Sebastian　ユング, セバスチャン
　㊀ドイツ　サッカー選手
Jung, Woo-sung　チョン・ウソン
　1973〜　㊀韓国　俳優　漢字名＝鄭雨盛
Jung, Wun Chul　チョン, ウンチョル
　㊈「オンラインゲームプログラミング」ソフトバンクパブリッシング　2005
Jung, Yi-hyun　チョン・イヒョン
　1972〜　㊀韓国　作家　㊉文学, フィクション
Jungbluth, Rüdiger　ユングブルート, リュディガー
　1962〜　㊈「IKEA超巨大小売業, 成功の秘訣」日本経済新聞出版社　2007
Junge, Norman　ユンゲ, ノルマン
　1938〜　画家　ドイツ児童文学賞 特別賞（2012年）
Junge, Traudl　ユンゲ, トラウドゥル
　？〜2002　㊀ドイツ　ヒトラーの元秘書　㊋ユンゲ, トラウデル
Jüngel, Eberhard　ユンゲ, エーバハルト
　㊋ユンゲル, エーバハルト　㊈「光の降誕祭」教文館　2004
Junger, M.　ユンガー, M.
　㊈「鍼のエビデンス」医道の日本社　2009
Junger, Sebastian　ユンガー, セバスチャン
　1962〜　㊈「冬のライオン」日経ナショナルジオグラフィック社, 日経BPマーケティング（発売）2010
Jungfleisch, Marie-Laurence　ユングフライシュ, マリーローレンス
　㊀ドイツ　陸上選手
Junghaenel, Henri　ユンガーネル, ヘンリ
　㊀ドイツ　射撃選手
Jung-Hüttl, Angelika　ユング=ヒュッテル, アンジェリカ
　㊈「地球の歌」ファイドン　2005
Jungmann, Raul　ジュングマン, ラウル
　㊀ブラジル　国防相
Jungmann, Taylor　ヤングマン, タイラー
　㊀アメリカ　野球選手
Jungnauth, Aneerood　ジュグノート, アヌルード
　㊀モーリシャス　首相兼国防・内務・ロドリゲス島・国家開発ユニット相
Jungr, Barb　ジュンガー, バーブ
　㊈「オノ・ヨーコという生き方woman」ブルース・インターアクションズ　2006
Jungwirth, Florian　ユングヴィルト, フロリアン
　㊀ドイツ　サッカー選手
Jun Hoong, Cheong　ジュンホン, チェン
　㊀マレーシア　飛び込み選手
Juni, Fuád Issa　ジュニ, フアド・イーサ
　㊀シリア　工業相
Junianto, Gustar　ユニアント

[国]インドネシア　重量挙げ選手
Juninho Pernambucano　ジュニーニョ・ペルナンブカノ
1975～　[国]ブラジル　元サッカー選手　本名＝Reis, Antonio Augusto Ribeiro Junior
Junior, Fernando　ジュニオール, フェルナンド
[国]モザンビーク　青年・スポーツ相
Junior, Josh　ジュニオール, ジョシュ
[国]ニュージーランド　セーリング選手
Junior, Justin Morel　ジュニオール, ジュスタン・モレル
[国]ギニア　情報・文化相
Junior, Larry S.　ジュニア, ラリー・S.
[著]「ハゲタカは飛んでゆく」 実業之日本社　2003
Júnior, Manuel Nunes　ジュニオール, マヌエル・ヌネス
[国]アンゴラ　経済相
Junis, Jake　ジャニス, ジェイク
[国]アメリカ　野球選手
Junjin　チョンジン
1980～　[国]韓国　歌手, 俳優
Junkelmann, Marcus　ユンケルマン, マルクス
1949～　[著]「ナポレオンとバイエルン」 銀河書籍, 星雲社(発売)　2016
Junkerman, John　ユンカーマン, ジャン
1952～　[国]アメリカ　映画監督　[専]ドキュメンタリー映画　[異]ユンカーマン, ジョン
Junor, Amy　ジュナー, A.
[著]「カンフーパンダ完全ガイドブック」 フレーベル館　2008
Junor, John　ジュノー, ジョン
[国]ジャマイカ　保健相
Junor, Penny　ジューノ, ペニー
[異]ジュノー, ペニー　[著]「狼の群れと暮らした男」 築地書館　2012
Junqueira, Flavio　ジュンケイラ, フラビオ
[著]「ZooKeeperによる分散システム管理」 オライリー・ジャパン, オーム社(発売)　2014
Junqueira, Luiz Carlos Uchôa　ジュンケイラ, L.
[異]ジュンケイラ, L.C.　[著]「ジュンケイラ組織学」 丸善　2011
Junsu　ジュンス
1987～　[国]韓国　歌手, 俳優　別名＝Xiah(シア)
Jun-Tai, Norma　ジュン-タイ, ノーマ
[著]「ホスピタル・プレイ入門」 建帛社　2010
Junttila, Henri　ユンティラ, ヘンリ
[著]「あなたの考えは、あなたをだます」 ヴォイス出版事業部　2016
Junuguito Bonnet, Roberto　フンギト・ボネット, ロベルト
[国]コロンビア　財務相
Junusov, Beyshenbay　ジュヌソフ, ベイシェンバイ
[国]キルギス　国家安全保障委員長
Junuzovic, Zlatko　ユヌゾヴィッチ, ズラトコ
[国]オーストリア　サッカー選手
Juppé, Alain Marie　ジュペ, アラン
1945～　[国]フランス　政治家　ボルドー市長　フランス首相・外相, フランス国民運動連合(UMP)党首　[異]ジュッペ, アラン
Jurack, Michael　ユラック
[国]ドイツ　柔道選手
Jurado, Jose Manuel　フラド, ホセ・マヌエル
[国]スペイン　サッカー選手
Jurado, Katy　フラド, ケティ
1924～2002　[国]メキシコ　女優　本名＝Jurado Garcia, Maria Christina
Jurado, Rocio　フラード, ロシオ
1944～2006　[国]スペイン　歌手, 女優
Jurado Lopez, Severo Jesus　フラドロペス
[国]スペイン　馬術選手
Juraev, Sherali　ジュラエフ, シェラリ
[国]ウズベキスタン　柔道選手
Juraev, Turobjon　ジュラエフ, トゥロブジョン
[国]ウズベキスタン　国民教育相
Jurafsky, Dan　ジュラフスキー, ダン
1962～　[著]「ペルシア王は「天ぷら」がお好き？」 早川書房　2015
Jurayev, Hairulla　ジュラエフ, ハイルラ
[国]ウズベキスタン　文化相
Jurayev, Risboy　ジュラエフ, リスボイ
[国]ウズベキスタン　教育相
Jurčić, Ljubo　ユルチッチ, リュボ
[国]クロアチア　経済相
Jurczok, Victoria　ユルチョク, ビクトリア
[国]ドイツ　セーリング選手
Jurečka, Marian　ユレチカ, マリアン
[国]チェコ　農相
Jurek, Richard　ジュレック, リチャード
[著]「月をマーケティングする」 日経BP社, 日経BPマーケティング(発売)　2014
Jurek, Scott　ジュレク, スコット
1973～　[著]「EAT & RUN」 NHK出版　2013
Jureña, Miroslav　ユレニャ, ミロスラフ
[国]スロバキア　農相
Juretić, Bernardica　ユレティッチ, ベルナルディツァ
[国]クロアチア　社会政策・青年相
Jurga, Robert M.　ジャーガ, ロバート・M.
[著]「中世ヨーロッパの城塞」 マール社　2012
Jurgens, Dan　ジャーゲンス, ダン
[著]「NEW 52 ： ジャスティス・リーグ」 ヴィレッジブックス　2013
Jurgens, S.　ユルゲンス, S.
[著]「鍼のエビデンス」 医道の日本社　2009
Jürgens, Udo　ユルゲンス, ウド
1934～2014　[国]オーストリア　歌手, 作曲家
Jurgenson, Toivo　ユルゲンソン, トイヴォ
[国]エストニア　運輸・通信相
Jurgiel, Krzysztof　ユルギエル, クシシュトフ
[国]ポーランド　農業・農村開発相
Juri, Hugo Oscar　ユリ, ウゴ・オスカル
[国]アルゼンチン　文相
Juric, Ivan　ユリッチ, イヴァン
[国]クロアチア　ジェノア監督
Jurin, Laksanawisit　チュリン・ラクサナウィシット
[国]タイ　保健相
Jurinać, Sena　ユリナッチ, セーナ
1921～2011　[国]オーストリア　ソプラノ歌手　本名＝ユリナッチ, スレブレンカ　[異]ユリナッツ, セーナ
Jurjus, Hidde　ユリウス, ヒッデ
[国]オランダ　サッカー選手
Jurney, Russell　ジャーニー, ラッセル
[著]「アジャイルデータサイエンス」 オライリー・ジャパン, オーム社(発売)　2014
Jurowski, Vladimir　ユロウスキ, ウラディーミル
1972～　[国]ロシア　指揮者　ロシア国立交響楽団芸術監督・首席指揮者　[異]ユロウスキ, ウラジーミル / ユロウスキー
Jurriaanse, Aart　ユリアーンス, アート
[著]「トランス・ヒマラヤ密教入門」 アルテ, 星雲社(発売)　2002
Turševska, Ilona　ユルシェウスカ, イロナ
[国]ラトビア　福祉相
Jurvetson, Steve　ジャーベットソン, スティーヴ
[著]「シリコンバレー」 日本経済新聞社　2001
Jury, David　ジュアリ, デビッド
[著]「世界の最新タイポグラフィック・デザイン」 ピエ・ブックス　2007
Jury, William A.　ジュリー, ウィリアム・A.
[著]「土壌物理学」 築地書館　2006
Jurzyca, Eugen　ユルジツァ, エウゲン
[国]スロバキア　教育・科学・スポーツ相
Juska, Jane　ジャスカ, ジェーン
1933～　[著]「ふしだらかしら」 バジリコ　2005
Jusko, Ismir　ユスコ, イスミル
[国]ボスニア・ヘルツェゴビナ　通信運輸相
Juslin, Patrik N.　ジュスリン, パトリック・N.
[異]ジュスリン, P.N.　[著]「音楽的コミュニケーション」 誠信書房　2012
Jussen, Arthur　ユッセン, アルトゥール
1996～　[国]オランダ　ピアニスト
Jussen, Lucas　ユッセン, ルーカス
1993～　[国]オランダ　ピアニスト
Just, Marion R.　ジャスト, マリオン・R.
[著]「ニュースはどのように理解されるか」 慶応義塾大学出版会　2008
Juster, Norton　ジャスター, ノートン
1929～　[国]アメリカ　児童文学作家　ハンプシャー大学名誉教授
Justesen, Jørn　ユステセン, イエルン
[著]「誤り訂正符号入門」 森北出版　2005
Justice, Bill　ジャスティス, ビル
1914～2011　[国]アメリカ　アニメ映画監督
Justine, Jane　ジャスティン, ジェーン
[著]「ハイランドの媚石」 光文社　2002

Justiniano, José Guillermo フスティニアノ, ホセ・ギジェルモ
[国]ボリビア 大統領府相
Justino, David ジュスチノ, ダビド
[国]ポルトガル 教育相
Justiss, Julia ジャスティス, ジュリア
[著]「今宵、聖夜の花嫁に」 ハーパーコリンズ・ジャパン 2016
Justus, Julian ユスタス, ユリアン
[国]ドイツ 射撃選手
Juszczyk, Kyle ユーズチェック, カイル
[国]アメリカ アメフト選手
Jutanugarn, Ariya ジュタヌガーン, アリヤ
[国]タイ ゴルフ選手
Jute, Andre ジュート, アンドレ
[著]「Grids」 ビー・エヌ・エヌ新社 2003
Jutte, Jan ユッテ, ヤン
1954～ [著]「おつきさまにぼうしを」 文渓堂 2007
Juul, Arne ジュール, アーネ
[著]「イェスペルセン自叙伝」 文化書房博文社 2002
Juul, Jesper ユール, イェスパー
1970～ [著]「ハーフリアル」 ニューゲームズオーダー 2016

【K】

K ケイ
1983～ [国]韓国 シンガー・ソングライター [異]ケー
K2 ケイツー
[著]「ハッキング対策マニュアル」 ソフトバンクパブリッシング 2003
Ka, Djibo Leyti カ, ジボ・レイティ
[国]セネガル 環境・自然保護相
Kâ, jibo Leïty カ, ジボ・レイティ
[国]セネガル 海洋経済相
Kaaberbol, Lene コーバベル, リーネ
1960～ [国]デンマーク ファンタジー作家, 児童文学作家 [専]児童書, ファンタジー, ヤングアダルトほか [異]コバブール, レナ
Kaabi, Abdallah カービ, アブダラ
[国]チュニジア 青少年・スポーツ・体育相
***al*-Ka'abi, Ali bin Abdullah** カアビー, アリ・ビン・アブドラ
[国]アラブ首長国連邦 労働相
***al*-Ka'abi, Juma Ahmed** カービ, ジュマ・アハメド
[国]バーレーン 地方自治・都市計画相
Kaabi-nejadian, Abdolrazzagh カービ・ネジャディヤン, アブドラッザグ
[国]イラン 元・水・電気産業大学教授, エネルギー省附属新エネルギー機構教育・研究担当顧問, 元・イラン文部省帰国留学生同窓会会長
Kaapanda, Joel カパンダ, ジョエル
[国]ナミビア 情報・通信技術相
Kääriäinen, Seppo カーリアイネン, セッポ
[国]フィンランド 国防相
Kaarla, Riina カーラ, リーナ
[著]「ちびのミイ、かいぞくになる？」 徳間書店 2016
Kaarla, Sami カーラ, サミ
[著]「ちびのミイ、かいぞくになる？」 徳間書店 2016
Kaba, Brahima カバ, ブラヒマ
[国]リベリア 運輸相
Kaba, Camara Sanaba カバ, カマラ・サナバ
[国]ギニア 社会問題・女性・子ども地位向上相
Kaba, Malado カバ, マラド
[国]ギニア 経済・財務相 [異]カバ, マラボ
Kaba, Mamadi カバ, ママディ
[国]ギニア 運輸相
Kaba, Mory カバ, モリィ
[国]ギニア 水力・エネルギー相
Kaba, Nialé カバ, ニアレ
[国]コートジボワール 計画・開発相
Kaba, Sideiki カバ, シディキ
[国]セネガル 法相
Kaba, Sidibe Fatoumata カバ, シディベ・ファトゥマタ
[国]ギニア 国際協力相
Kabadi, Haroun カバディ, ハルン
[国]チャド 首相
Kabaeva, Alina カバエワ, アリーナ
1983～ [国]ロシア 新体操選手 ロシア下院議員 [異]カバエバ, アリーナ / カバエワ
Kabaija, Ephraim カバイジャ, エフレム
[国]ルワンダ 農林相 [異]カバヒジャ, エフレム
Kabaka, Gaudentia Mugosi カバカ, ゴーデンシア・ムゴシ
[国]タンザニア 労働・雇用相
Kabakov, Emilia カバコフ, エミリア
1945～ [国]ロシア 美術家 [異]カバコーフ
Kabakov, Ilya Iosifovich カバコフ, イリヤ
1933～ [国]ロシア 美術家, 挿絵画家 [異]カバコーフ / カバコフ, イリア
Kaban, M.S. カバン, M.S.
[国]インドネシア 林業相
Kabanda, Celestin カバンダ, セレスタン
[国]ルワンダ 国務相(経済計画)
Kabanga, Célestin Mbuyu カバンガ, クレスタン・ムブユ
[国]コンゴ民主共和国 内務・治安相
Kabange Numbi, Félix カバンゲ・ヌンビ, フェリックス
[国]コンゴ民主共和国 保健相
Kabanshi, Emerine カバンシ, エメリン
[国]ザンビア コミュニティー開発社会福祉相
Kabaou, Mahamane カバウ, マハマン
[国]ニジェール 保健相
Kabarebe, James カバレベ, ジェーブズ
[国]ルワンダ 国防相
Kabasele, Christian カバセレ, クリスティアン
[国]ベルギー サッカー選手
Kabashi, Mohammed al-Amin Issa カバシ, モハメド・アミン・イーサ
[国]スーダン 農林相
Kabat-Zinn, Jon カバットジン, ジョン
1944～ [異]カバットジン, J. [著]「マインドフルネス瞑想ガイド」 北大路書房 2013
Kabbah, Afsatu カバー, アフサツ
[国]シエラレオネ エネルギー・電力相
Kabbah, Ahmad Tejan カバー, アフマド・テジャン
1932～2014 [国]シエラレオネ 政治家 シエラレオネ大統領, シエラレオネ人民党(SLPP)党首 [異]カバ
Kabbara, Mohammed カッバーラ, ムハンマド
[国]レバノン 労相
Kabeer, Naila カビール, ナイラ
[著]「選択する力」 ハーベスト社 2016
Kabeli, Cheryl カベリ, シェリル
[著]「最強のモニター心電図」 ガイアブックス 2013
Kåberger, Tomas コバリエル, トーマス
[国]スウェーデン 自然エネルギー財団理事長 スウェーデンエネルギー庁長官
Kaberuka, Donald カベルカ, ドナルド
[国]ルワンダ 財務計画相
Kabi, Martinho カビ, マルティーニョ
[国]ギニアビサウ エネルギー・天然資源相
Kabia, Soccoh カビア, ソコ
[国]シエラレオネ 漁業・水産資源相
Kabil, Nihat カビル, ニハット
[国]ブルガリア 農林相
Kabila, Joseph カビラ, ジョセフ
1971～ [国]コンゴ民主共和国 政治家, 軍人 コンゴ大統領 コンゴ陸軍参謀総長 [異]カビラ, ジョゼフ
Kabila, Laurent Désiré カビラ, ローラン
1939～2001 [国]コンゴ民主共和国 政治家 コンゴ大統領・国防相 [異]カビラ, ローレン
Kabimba, Wynter カビンバ, ウィンター
[国]ザンビア 法相
Kabir カビール
[著]「宗教詩ビージャク」 平凡社 2002
Kabir, Abdol カビル, アブドル
[国]アフガニスタン 副議長
Kabir, Mohammed J. カビール, モハメッド・J.
1971～ [著]「Red Hat Linux security and optimization」 ソフトバンクパブリッシング 2003
Kabirov, Shodi カビロフ, ショジ
[国]タジキスタン 農相
Kaboneka, Francis カボネカ, フランシス
[国]ルワンダ 地方政府相
Kabore, Nayabtigungu Congo カボレ, ナヤブティグング・コンゴ
[国]ブルキナファソ 地域統合相

Kabore, Noel カボレ, ノエル
[国]ブルキナファソ 郵政・通信・情報技術相
Kabore, Rene Emile カボレ, ルネ・エミール
[国]ブルキナファソ 青年・スポーツ相
Kaboré, Roch カボレ, ロシュ
[国]ブルキナファソ 大統領兼国防・退役軍人相
Kabore, Salif カボレ, サリフ
[国]ブルキナファソ 鉱山・採石場・エネルギー相
Kaboré, Seydou カボレ, セイドゥ
[国]ブルキナファソ 社会基盤相
Kaboul, Younes カブール, ユネス
[国]フランス サッカー選手
Kabre, David カブレ, ダビド
[国]ブルキナファソ スポーツ・余暇相
Kabua, David カバ, デービッド
[国]マーシャル諸島 内相
Kabui, Frank カブイ, フランク
[国]ソロモン諸島 総督
Kabuki, Sawako カブキ, サワコ
[国]日本 ザグレブ国際アニメーション映画祭 学生コンペティション ドゥシャン・ヴコティチ賞(最優秀学生作品)(2014年) "Ketsujiru Juke"(英題:Anal Juice) 漢字名=冠木佐和子
Kabush, Geoff カブシュ
[国]カナダ 自転車選手
Kabuu, Lucy Wangui ワングイ
[国]ケニア 陸上選手
Kabwegyere, Tarsis カブワジエレ, タルシス
[国]ウガンダ 総務・首相府相
Kabwelulu, Martin カブウェルル, マルタン
[国]コンゴ民主共和国 鉱物資源相
Kabwelulu Labilo, Martin カブウェルル・ラビロ, マルタン
[国]コンゴ民主共和国 鉱物資源相
Kabwe Mwewu Longo, Isidore カブエ・ムエウ・ロンゴ, イジドール
[国]コンゴ民主共和国 農業・漁業・牧畜相
Kacar, Gojko カチャル, ゴイコ
[国]セルビア サッカー選手
Kącem, Rafik Belhaj カシム, ラフィク・ベルハジ
[国]チュニジア 内務・地域開発相
Kacer, Kathy ケイサー, キャシー
1954〜 [著]「エーディト、ここなら安全よ」 日本ライトハウス 2009
Kachali, Khumbo カチャリ, クンボ
[国]マラウイ 副大統領兼保健相
Kachamila, John カシャミラ, ジョン
[国]モザンビーク 環境調整相
Kachan, Oleg L. カチャン, オレク・L.
[国]ベラルーシ スポーツ・観光相
Kachanoff, Kim カチャノフ, キム
[著]「働く犬たち」 中央公論新社 2003
Kacharava, Davit カチャラヴァ, ダヴィド
[国]ジョージア ラグビー選手
Kacher, Chris キャッチャー, クリス
[著]「株式売買スクール」 パンローリング 2012
Kachere, Reen カチェレ, リン
[国]マラウイ 障害者・高齢者相
Kachiko, Anna カチコ, アンナ
[国]マラウイ 地方自治・農村相
Kachikwu, Emmanuel Ibe カチク, エマニュエル・イベ
[国]ナイジェリア 石油資源担当国務相
Kachru, Yamuna カチュルー, ヤムナ
[著]「世界の英語と社会言語学」 慶応義塾大学出版会 2013
Kacmarek, Robert M. カクマレック, ロバート・M.
[著]「ヘスとカクマレックのTHE人工呼吸ブック」 メディカル・サイエンス・インターナショナル 2015
Kacperczyk, Marcin カッパーチェク, マーチン
[著]「金融規制のグランドデザイン」 中央経済社 2011
Kacuol, Moses Macal カクオル, モーゼズ・マカル
[国]スーダン 副大統領
Kaczmarek, Jan A.P. カチュマレク, ヤン・A.P.
1953〜 作曲家 本名=Kaczmarek, Jan Andrzej Pawel
Kaczmarek, Janusz カチマレク, ヤヌシュ
[国]ポーランド 内相
Kaczmarek, Pawel カチョマレク, パベウ
[国]ポーランド カヌー選手
Kaczor, Tomasz カチョル, トマーシュ
[国]ポーランド カヌー選手
Kaczyński, Jarosław Aleksander カチンスキ, ヤロスワフ
1949〜 [国]ポーランド 政治家, 法律家 法と正義党首 ポーランド首相
Kaczyński, Lech Aleksander カチンスキ, レフ
1949〜2010 [国]ポーランド 政治家 ポーランド大統領, ワルシャワ市長, ポーランド法相 [異]カチンスキ, レフ
Kadaga, Rebecca カダガ, レベッカ
[国]ウガンダ 国会担当相
Kadali, Krishna カダリ, クリシュナ
[著]「プロジェクト・マネジャーが知るべき97のこと」 オライリー・ジャパン, オーム社(発売) 2011
Kadam, Moussa カダム, ムッサ
[国]チャド 国民教育相
Kadanoff, Leo P. カダノフ, L.P.
[著]「カダノフ/ベイム量子統計力学」 丸善プラネット, 丸善出版(発売) 2011
Kadaré, Ismaïl カダレ, イスマイル
1936〜 [国]アルバニア 作家
Kadden, Ronald M. カデン, ロナルド・M.
[著]「リラプス・プリベンション」 日本評論社 2011
Kaddoumi, Farouk カドウミ, ファルーク
1931〜 [国]パレスチナ 政治家 パレスチナ解放機構(PLO)政治局長・ファタハ指導者
Kadeer, Rabiya カーディル, ラビア
1946〜 人権活動家 世界ウイグル会議主席
Kadege, Alphonse Marie カデゲ, アルフォンス・マリー
[国]ブルンジ 副大統領
Kadelbach, Gerd カーデルバッハ, ゲルト
[著]「自律への教育」 中央公論新社 2011
Kadelbach, Stefan カーデルバッハ, シュテファン
1959〜 [著]「国際法・ヨーロッパ公法の現状と課題」 中央大学出版部 2005
Kader, Linda カーデル, リンダ
[著]「精神科臨床倫理」 星和書店 2011
Kader, Obaidul カデール, オバイドゥル
[国]バングラデシュ 文化相
Kaderabek, Pavel カデジャーベク, パベル
[国]チェコ サッカー選手
Kadi, Abdelkader カディ, アブデルカデル
[国]アルジェリア 公共事業相
Kadima-Nzuji, Mukala カディマ=ンジュジ, ムカラ
[著]「フランス現代詩アンソロジー」 思潮社 2001
Kadirgamar, Lakshman カディルガマル, ラクシュマン
1932〜2005 [国]スリランカ 政治家 スリランカ外相 [異]ガディルガマル, ラクシュマン
Kadis, Asya L. カディス, アーシャ・L.
[著]「アドラーの思い出」 創元社 2007
Kadis, Costas カディス, コスタス
[国]キプロス 教育・文化相
Kadjallami, Oumar Boukar カジャラミ, ウマル・ブカル
[国]チャド 環境・水利相
Kadlec, Milan カドレツ
[国]チェコ 自転車選手
Kadmon, Cristina カドモン, クリスティナ
1952〜 [著]「くまじいさん」 ノルドズッド・ジャパン 2003
Kadmon, Naftali カドモン, ナフタリ
[著]「地名学」 日本地図センター 2004
Kadobina, Maria カドビナ, マリア
[国]ベラルーシ 新体操選手
Kadoguchi, Shizuko カドグチ, シズコ
[国]カナダ 池坊華道会トロント支部支部長 漢字名=角口静子
Kadohata, Cynthia カドハタ, シンシア
1956〜 [国]アメリカ 作家
Kadoorie, Michael カドゥーリー, マイケル
[国]香港 実業家
Kador, John ケイドー, ジョン
[著]「生き残るためのあやまり方」 主婦の友社 2010
Kadre, Abdalla カドレ, アブダラ
[国]中央アフリカ 財務・予算相
Kadrey, Richard キャドリー, リチャード
1957〜 [著]「サンドマン・スリムと天使の街」 早川書房 2009
Kadri, Shahid カドリ, ショヒド
[著]「バングラデシュ詩選集」 大同生命国際文化基金 2007
Kadushin, Alfred カデューシン, アルフレッド
[著]「スーパービジョンインソーシャルワーク」 中央法規出版

Kadushin, Charles　カドゥシン，チャールズ
　㊐「社会的ネットワークを理解する」北大路書房　2015
Kaduson, Heidi　カドゥソン，ハイディ・G.
　㊐「短期遊戯療法の実際」創元社　2004
Kadvany, John David　カドバニー，ジョン
　㊐「リスク」丸善出版　2015
Kadyrov, Akhmed　カディロフ，アフマト
　1951〜2004　㊨ロシア　政治家，イスラム指導者　チェチェン共和国大統領　本名=Kadyrov, Akhmed-Khadzhi Abdulkhamidovich　㊗カディロフ，アフマド／カドイロフ，アフマト
Kadyrov, Ramzan Akhmadovich　カディロフ，ラムザン
　1976〜　㊨ロシア　政治家　チェチェン共和国大統領　㊗カドイロフ，ラムザン
Kaehler, Adrian　ケーラー，A.
　㊐「詳解OpenCV」オライリー・ジャパン，オーム社（発売）2009
Kaehler, Ted　ケーラー，テッド
　㊐「Squeak入門」エスアイビー・アクセス，星雲社（発売）　2003
Kael, Pauline　ケール，ポーリン
　1919〜2001　㊨アメリカ　映画評論家　㊗ケール，ポーリーン／ケイル／ケイル，ポーリン
Kaelble, Hartmut　ケルブレ，ハルトムート
　1940〜　㊐「現代ドイツへの視座」勉誠出版　2016
Kaepernick, Colin　キャパニック，コリン
　㊨アメリカ　アメフト選手
Kaeppler, Adrienne Lois　ケプラー，A.L.
　㊐「スミソニアンは何を展示してきたか」玉川大学出版部　2003
Kaergel, Julia　ケーゲル，ユリア
　1965〜　㊐「ロッテニューヨークにいく」理論社　2005
Kafando, Michel　カファンド，ミシェル
　1942〜　㊨ブルキナファソ　政治家　ブルキナファソ暫定大統領
Kafando, Patiendé　カファンド，パティエンデ
　㊨ブルキナファソ　工業・商業・手工業相
Kafati, Oscar　カファティ，オスカル
　㊨ホンジュラス　商工相
Kafi, Ali　カフィ，アリ
　1928〜2013　㊨アルジェリア　政治家　アルジェリア国家評議会議長
al-Kafud, Muhammad Abdelrahim　アル・カフド，ムハマド・アブデラヒム
　㊨カタール　教育・文化・高等教育相
Kafumukache, Patrick　カフムカチェ，パトリック
　㊨ザンビア　労働・社会保障相
Kagame, Paul　カガメ，ポール
　1957〜　㊨ルワンダ　政治家，軍人　ルワンダ大統領
Kagan, Annie　ケイガン，アニー
　㊐「アフターライフ」ダイヤモンド社　2016
Kagan, Elena　ケイガン，エレナ
　㊨アメリカ　米最高裁判事
Kagan, Henri B.　カガン，アンリ・B.
　㊨フランス　ウルフ賞　化学部門（2001年）
Kagan, Jeremy Paul　ケイガン，ジェレミー
　㊐「映画監督という仕事」フィルムアート社　2001
Kagan, Robert　ケーガン，ロバット
　1958〜　㊨アメリカ　歴史家，政治評論家　ブルッキングス研究所上級研究員　㊣近代政治史
Kagasheki, Khamis Sued　カガシェキ，ハミス・スエド
　㊨タンザニア　天然資源・観光相
Kagawa, Julie　カガワ，ジュリー
　㊐「フェアリー・プリンセス盗まれし季節の誓い」ハーレクイン　2012
Kagayo, Jeanne d'Arc　カガヨ，ジャンヌダルク
　㊨ブルンジ　地域開発相
Kágel, Mauricio Raúl　カーゲル，マウリシオ
　1931〜2008　㊨ドイツ　作曲家　ケルン音楽院教授　㊗カーヘル，マウリシオ
Kagialis, Pavlos　カギアリス，パブロス
　㊨ギリシャ　セーリング選手
Kagimbi, Dieudonné Upira Sunguma　カギンビ，デュードネ・ウピラ・スングマ
　㊨コンゴ民主共和国　公務員相
Kagle, Jill Doner　ケーグル，J.D.
　㊐「ソーシャルワーク記録」相川書房　2006
Kagonyera, Mondo　カゴネラ，モンド
　㊨ウガンダ　首相府担当相

2016

Kaguilar Chacon, Karel　アギラル
　㊨キューバ　カヌー選手
Kagwe, Mutahi　カグウェ，ムタヒ
　㊨ケニア　情報相
Kahalewai, Nancy S.　カハレワイ，ナンシー・S.
　㊐「ロミロミ」ナチュラルスピリット　2005
Kahama, George　カハマ，ジョージ
　㊨タンザニア　協同組合相
Kahan, Ernesto　カーン，エルネスト
　1940〜　㊐「現代世界アジア詩集」土曜美術社出版販売　2010
Kahane, Adam　カヘン，アダム
　㊐「社会変革のシナリオ・プランニング」英治出版　2014
Kahane, Tony　ケーン，トニー
　㊐「エビデンスに基づく子ども虐待の発生予防と防止介入」明石書店　2011
Kahaner, Larry　カハナー，ラリー
　㊐「AK-47世界を変えた銃」学習研究社　2009
Kahaney, Amelia　カヘーニ，アメリア
　㊨アメリカ　作家　㊣ヤングアダルト，SF
Kahanoff, Ruth　カハノフ，ルート
　㊨イスラエル　駐日特命全権大使
Kahe, Eric　カエ，エリック
　㊨コートジボワール　行政改革相
Kahharov, Abdurahim　カハロフ，アブドゥラヒム
　㊨タジキスタン　内相
Kahin, Brian　カヒン，B.
　㊐「ディジタル・エコノミーを制する知恵」東洋経済新報社　2002
Kahl, Virginia　カール，ヴァージニア
　1919〜2004　㊐「公爵夫人のふわふわケーキ」平凡社　2007
al-Kahlani, Ahmed Mohammed Yahya Hasan　カハラニ，アハメド・モハメド・ヤハヤ・ハサン
　㊨イエメン　国務相
Kahle, Dave　カール，デイブ
　㊐「売り上げが10倍伸びる時間管理術」ディスカヴァー・トゥエンティワン　2004
Kahle, Werner　カール，ヴェルナー
　㊐「分冊解剖学アトラス」文光堂　2003
Kahlenberg, Mary Hunt　コーレンバーグ，メアリー・ハント
　㊐「竹の造形」日本経済新聞社　c2003
Kahlon, Moshe　カハロン，モシェ
　㊨イスラエル　財務相兼経済相
Kahn, Ashley　カーン，アシュレイ
　グラミー賞　最優秀アルバム・ライナーノーツ（2014年（第57回））"Offering: Live At Temple University"
Kahn, Axel　カーン，アクセル
　1944〜　㊐「モラルのある人は，そんなことはしない」トランスビュー　2011
Kahn, C.Ronald　カーン，C.ロナルド
　㊐「ジョスリン糖尿病学」メディカル・サイエンス・インターナショナル　2007
Kahn, Cynthia M.　カーン，C.M.
　㊐「犬と猫の健康メルク・メリアルマニュアル」インターズー　2010
Kahn, James　カーン，ジェームズ
　1947〜　㊗カーン，ジェイムズ　㊐「スター・ウォーズエピソード6ジェダイの帰還」講談社　2015
Kahn, Joseph　カーン，ジョセフ
　㊨アメリカ　ピュリッツアー賞　ジャーナリズム　国際報道（2006年）ほか
Kahn, Judd　カーン，ジャッド
　1940〜　㊐「競争戦略の謎を解く」ダイヤモンド社　2012
Kahn, Lloyd　カーン，ロイド
　㊐「ホームワーク」ワールドフォトプレス　2005
Kahn, Michal　カーン，ミハル
　㊐「ポイ・スピニング・ブック」ナランハ　2004
Kahn, Oliver　カーン，オリバー
　1969〜　㊐「ナンバーワン」三笠書房　2005
Kahn, Paul　カーン，ポール
　㊐「Webサイトマッピング」IDGジャパン　2001
Kahn, Richard　カーン，リチャード
　㊐「ケインズ『一般理論』の形成」岩波書店　2006
Kahn, Robert　カーン，ロバート
　1938〜　㊨アメリカ　実業家，コンピューター科学者　コーポレーション・フォー・ナショナル・リサーチ・イニシアチブ（CNRI）社長・会長・CEO　㊣情報通信の理論と技術，分散型交換機の設計開発　本名=カーン，ロバート・エリオット〈Kahn,

Robert Elliot〉
Kahn, Timothy J. カーン, ティモシー・J.
㊚「性問題行動のある知的障害者のための16ステップ」明石書店 2015
Kahneman, Daniel カーネマン, ダニエル
1934～　㊙アメリカ　認知心理学者, 経済学者　プリンストン大学名誉教授　㊚意思決定論, 行動経済学
Kahney, Leander ケイニー, リーアンダー
㊚「ジョナサン・アイブ」日経BP社, 日経BPマーケティング(発売)　2015
Kahng, Kim カーン, キム
㊚「おぞましいりゅう」BL出版　2006
Kahnle, Tommy ケインリー, トミー
㊙アメリカ　野球選手
Kahnweah, Harrison カンウェア, ハリソン
㊙リベリア　内相
Kahnweiler, Jennifer B. カーンウェイラー, ジェニファー・B.
㊚「内向型人間がもつ秘めたる影響力」すばる舎リンケージ, すばる舎(発売)　2013
Kahoun, Joseph カウン, ジョゼフ
㊙ブルキナファソ　情報相
Kahsai, Gabrehiwet カハサイ, ゲブレヒウェト
㊙エリトリア　労働・人間福祉相
Kahu, Moses カフ, モーゼス
㊙バヌアツ　青年・スポーツ・開発訓練相
Kahukiwa, Robin カフキワ, ロビン
㊚「タニファ」コスモトゥーワン　2009
Kahumbu, Paula カフンブ, ポーラ
㊚「オウエンとムゼイなかよしのことば」日本放送出版協会 2007
Kahwajy, Jean L. カワジィ, ジーン・L.
㊚「コミュニケーション戦略スキル」ダイヤモンド社　2002
Kaiea, Manraoi カイエア, マンラオイ
㊙キリバス　ライン・フェニックス諸島担当相
Kaige, Chen カイコー, チェン
映画監督　モスクワ国際映画祭 特別賞(第28回(2006年))
Kaijaka, Diāna カイヤカ, ディアーナ
1992～　㊚「小さいうさぎと大都会」かまくら春秋社　2016
Kaikai, Maya カイカイ, マヤ
㊙シエラレオネ　地方行政・開発相
Kaikai, Moijueh カイカイ, モイジャー
㊙シエラレオネ　社会福祉・男女同権・子ども担当相
Kaikai, Septimus カイカイ, セプティムス
㊙シエラレオネ　情報放送相
Kaikkonen, Markku カイッコネン, マルック
㊚「フィギャーノート」江差福祉会　2006
Kaila, Juha カイラ, ユハ
㊙フィンランド　元・フィンランド日本協会会長, 元・アールト大学教授兼ラハティセンター研究部長
Kaimenyi, Jacob カイメニ, ジェーコブ
㊙ケニア　土地・住宅・都市開発相　㊙カイメニ, ジェイコブ
Kain, Andrew ケイン, アンドルー
㊚「SASセキュリティ・ハンドブック」原書房　2003
Kain, Z.N. カイン, Z.
㊚「鍼のエビデンス」医道の日本社　2009
Kainen, Dan ケイネン, ダン
㊚「ポーラー」大日本絵画　〔2016〕
Kaingu, Michael カイング, マイケル
㊙ザンビア　地方開発・社会福祉相
Kainja, Kate カインジャ, ケイト
㊙マラウイ　女性・児童発展相
Kaino, Jerome カイノ, ジェローム
㊙ニュージーランド　ラグビー選手
Kainz, Florian カインツ, フロリアン
㊙オーストリア　サッカー選手
Kaira, Qamar Zaman カイラ, カマル・ザマン
㊙パキスタン　情報放送相
Kairbekova, Salidat カイルベコワ, サリダト
㊙カザフスタン　保健相
Kairuki, Angela カイルキ, アンジェラ
㊙タンザニア　地域行政・地方政府・公共サービス・行政機能強化担当相
Kaiser, Adeline カイゼール, アトゥリーヌ
㊙フランス　ローザンヌ国際バレエコンクール 5位・スカラシップ(第33回(2005年))
Kaiser, Dominik カイザー, ドミニク
㊙ドイツ　サッカー選手

Kaiser, George カイザー, ジョージ
㊙アメリカ　慈善家
Kaiser, Gert カイザー, ゲルト
㊙ドイツ　元・デュッセルドルフ大学学長, ノルトライン＝ヴェストファーレン州学術センター総裁
Kaiser, Götz Peter カイザー, ゲッツ・ペーター
㊚「ベルリン・デザイン・ハンドブックはデザインの本ではない！」ベアリン出版, 新宿書房(発売)　2013
Kaiser, Joachim カイザー, ヨーアヒム
1928～　㊚「ベートーヴェン32のソナタと演奏家たち」春秋社 2003
Kaisiepo, Manuel カイシエポ, マヌエル
㊙インドネシア　東部開発促進担当相
Kaitani, Simione カイタニ, シミオネ
㊙フィジー　情報通信相
Kaitu'u, Tautai Agikimua カイトゥウ, タウタイ・アギキムア
㊙ソロモン諸島　保健相
Kaivola, Taina カイヴォラ, タイナ
㊚「フィンランドの高等教育ESDへの挑戦」明石書店　2011
Kaiypov, Marat カイポフ, マラト
㊙キルギス　法相
Kajaia, Iakob カジャイア, イアコビ
㊙ジョージア　レスリング選手
Kajander, Rebecca カジャンダー, レベッカ
㊚「ぐっすり眠るために」東京書籍　2008
Kajura, Henry カジュラ, ヘンリー
㊙ウガンダ　第1副首相兼公共サービス相
Kajura, Muganwa カジュラ, ムガンワ
㊙ウガンダ　第3副首相兼公益事業相
Kaká カカ
1982～　㊙ブラジル　サッカー選手　本名＝レイチ, リカルド・イゼクソン・ドス・サントス〈Leite, Ricardo Izecson dos Santos〉　㊙カカー
Kaka, N'gade Nana Hadiza Noma カカ, ヌガデ・ナナ・ハディザ・ノマ
㊙ニジェール　職業訓練・雇用相
Kakabadze, Malkhaz カカバゼ, マルハズ
㊙ジョージア　無任所相
Kakabayev, Annaberdy カカバエフ, アンナベルディ
㊙トルクメニスタン　内相
Kakalyev, Yazguly カカリエフ, ヤズグリ
㊙トルクメニスタン　経済財務相
Kakar, Rehmatullah カカル, レーマトゥラ
㊙パキスタン　住宅・公共事業相
Kakavand, Kambiz カーカーヴァンド, カーンビーズ
1968～　㊚「ごらん、ごらん、こうやって」ブルース・インターアクションズ　2006
Kakayev, Yagshygeldy カカエフ, ヤグシゲルディ
㊙トルクメニスタン　副首相
Kakhidze, Aslan カヒゼ, アスラン
㊙カザフスタン　レスリング選手
Kakhishvili, Kakha カヒシビリ, カハ
㊙ジョージア　矯正相
Kaki, Abubaker カキ
㊙スーダン　陸上選手
Kakimzhanov, Zeinulla カキムジャノフ, ゼイヌラ
㊙カザフスタン　財務相
Kaklamanakis, Nikolaos カクラマナキス
㊙ギリシャ　セーリング選手
Kaklamanis, Nikitas カクラマニス, ニキタス
㊙ギリシャ　保健・福祉相
Kakoroa, Moteti カコロア, モテス
㊙キリバス　商工業・観光相
Kakou, Roger カク, ロジェール
㊙コートジボワール　観光相
Kaku, Michio カク, ミチオ
㊙アメリカ　理論物理学者　ニューヨーク市立大学教授　㊚宇宙創造理論
Kakuchi, Suvendrini カクチ, スベンドリニ
㊚「あなたにもできる災害ボランティア」岩波書店　2005
Kakudji, Gaetan カクジ, ゲタン
㊙コンゴ民主共和国　内相
Kakuska, Thomas カクシュカ, トマス
1940～2005　㊙オーストリア　ビオラ奏者　アルバン・ベルク弦楽四重奏団ビオラ奏者, ウィーン音楽大学教授
Kakuta, Gaël カクタ, ガエル
1991～　㊙フランス　サッカー選手

Kalaba, Harry カラバ, ハリー
[国]ザンビア 外相
Kalabish, Mohammed al-Tahir Abu カラビシ, モハメド・ターヒル・アブー
[国]スーダン 動物資源相
Kaladze, Kakha カラゼ, カハ
[国]ジョージア 副首相兼エネルギー相
Kaladzinskaya, Vanesa カラジンスカヤ
[国]ベラルーシ レスリング選手
Kalafatis, Stavros カラファティス, スタブロス
[国]ギリシャ マケドニア・トラキア相
Kalaica, Branimir カライツァ, ブラニミール
[国]クロアチア サッカー選手
Kalala, Marie-Madeleine カララ, マリマドリーヌ
[国]コンゴ民主共和国 人権相 [異]カララ, マリーマデリーヌ
Kalaldeh, Khaled al カラルデ, ハレド
[国]ヨルダン 政治改革・議会担当相
Kalaldeh, Mohammad カラルデ, モハマド
[国]ヨルダン 運輸相
Kalam, Abdul カラム, アブドル
1931~2015 [国]インド 核兵器開発者 インド大統領, インド宇宙科学工学研究所所長 本名=Kalam, Aavul Pakkri Jainulabidin Abdul [異]カラム, A.P.J.アブドル / カラム, アブデル
Kalamafoni, Sione カラマフォニ, シオネ
[国]トンガ ラグビー選手
Kalamian, Rex カラミアン, レックス
[国]アメリカ トロント・ラプターズアシスタントコーチ(バスケットボール)
Kalamoyets, Siarhei カラモイエツ, シアレイ
[国]ベラルーシ 陸上選手
Kalamperović, Jusuf カラムペロビッチ, ユフス
[国]モンテネグロ 内務・公共行政相 [異]カランペロビッチ, ユスフ
Kalanick, Travis カラニック, トラビス
起業家, ウーバー創業者
Kalanithi, Paul カラニシ, ポール
1977~2015 [著]「いま、希望を語ろう」 早川書房 2016
Kalanović, Verica カラノビッチ, ベリツァ
[国]セルビア 地域開発・地方自治相
Käläntär, Kälil カリル, カランタル
[著]「液晶ディスプレイ用バックライト技術」 シーエムシー出版 2006
Kalantzis, George カランツィス, ジョージ
[著]「だれもが知りたいキリスト教神学Q&A」 教文館 2016
Kalantzis, Georgios カランツィス, ヨルギオス
[国]ギリシャ マケドニア・トラキア相
Kalashnikov, Mikhail Timofeevich カラシニコフ, ミハイル
1919~2013 [国]ロシア 軍事技師 ロシア陸軍技術中将, イジマシュ設計責任者
Kalata, Anna カラタ, アンナ
[国]ポーランド 労働・社会政策相
Kalata, Kurt カラタ, カート
[著]「セガアーケードクラシックス」 〔ろーからいず屋さん〕 2014
Kalaya, Sophonpanich カラヤー・ソーポンパニット
[国]タイ 科学技術相
Kalb, Marvin カルブ, マービン
[国]アメリカ 元放送記者 ハーバード大学教授 [専]政治学, 外交
al-**Kalbani, Mohammed bin Said bin Saif** カルバーニ, ムハンマド・ビン・サイド・ビン・セイフ
[国]オマーン 社会開発相
Kalbantner-Wernicke, Karin カルバントナ‐ヴェルニッケ, カリン
1956~ [著]「バランシングベビーシアツ」 ガイアブックス 2016
Kalbuady, Francisco カルブアディ, フランシスコ
[国]東ティモール 観光・芸術文化相
Kalchev, Dimitar カルチェフ, ディミタル
[国]ブルガリア 国家行政相 [異]カルチェフ, ディミテル
Kalden-Rosenfeld, Iris カルデン・ローゼンフェルト, イーリス
1960~ [著]「リーメンシュナイダーとその工房」 文理閣 2012
Kaldor, Mary カルドー, メアリー
1946~ [著]「「人間の安全保障」論」 法政大学出版局 2011
Kalebe, Ted カレベ, テッド
[国]マラウイ 鉱業・エネルギー相
Kalele Kabila, Mathieu カレレカビラ, マチュ
[国]コンゴ民主共和国 鉱業相
Kalemba, Stanisław カレンバ, スタニスワフ
[国]ポーランド 農相
Kalenga, Ilunga カレンガ, イルンガ
[国]コンゴ民主共和国 保健相
Kalentyeva, Irina カレンチエワ
[国]ロシア 自転車選手
Kaleshwar カレスワール
[異]カレスワール, スワミ [著]「真奥の秘術インド風水ワーースツ」 丸田和枝 2006
Kaleshwar, Swami カレシュワール, スワミ
[著]「ババのギフト」 丸田和枝 2008
Kalesniko, Michael カレスニコ, マイケル
1961~ [著]「アイアン・スカイ」 竹書房 2012
Kaleso, Peter カレソ, ピーター
[国]マラウイ 商工相
Kalfin, Ivailo カルフィン, イバイロ
[国]ブルガリア 副首相兼労働・社会政策相
Kaliati, Patricia Anne カリアティ, パトリシア・アン
[国]マラウイ 公民教育・文化・コミュニティー相
Kalibata, Agnes カリバタ, アグネス
[国]ルワンダ 農相
Kalich, Richard カリッシュ, リチャード
1937~ [著]「The zoo」 講談社 2003
Kalich, Robert Allen カリッシュ, ロバート
1937~ [著]「A twin life」 講談社 2003
Kalichman, Seth C. カリッチマン, セス・C.
[著]「エイズを弄ぶ人々」 化学同人 2011
Kaliel, Mohammadu Bello カリエル, モハマドゥ・ベロ
[国]ナイジェリア 水資源相
Kalifa, Dominique カリファ, ドミニク
1957~ [著]「犯罪・捜査・メディア」 法政大学出版局 2016
Kalifungwa, Patrick カリフングワ, パトリック
[国]ザンビア 観光・環境・天然資源相
Kalil, Matt カリル, マット
[国]アメリカ アメフト選手
Kalil, Ryan カリル, ライアン
[国]アメリカ アメフト選手
Kalilani, Jean カリラーニ, ジーン
[国]マラウイ 男女平等・子ども・障害者・社会福祉相
Kalilani, Jean Alfazema Nachika カリラーニ, ジーン・アルファゼマ・ナチカ
[国]マラウイ 保健相
Kalilov, Zhamshitbek カリロフ, ジャムシトベク
[国]キルギス 運輸相
Kalima, Victoria カリマ, ビクトリア
[国]ザンビア ジェンダー相
Kalina, Yuliya カリナ
[国]ウクライナ 重量挙げ選手
Kaliňák, Robert カリニャーク, ロベルト
[国]スロバキア 内相
Kalinde, Anita カリンデ, アニタ
[国]マラウイ 男女平等・児童育成・社会福祉相
Kalindjian, Claudia カリンジアン, クラウディア
[著]「バットマンビギンズオフィシャルガイド」 ソフトバンクパブリッシング 2005
Kalinic, Nikola カリニッチ, ニコラ
[国]クロアチア サッカー選手
Kalinin, Anatoly N. カリー, アナトリー・N.
[国]ベラルーシ 副首相
Kalinina, Valentina Aleksandrovna カリーニナ・ヴァレンチーナ・アレクサンドロヴナ
[国]ロシア 露日友好協会副会長, 元・サンクトペテルブルク第83番学校副校長兼日本語教師
Kalinowski, Jarosław カリノフスキ, ヤロスワフ
[国]ポーランド 副首相兼農相
Kaliska, Elena カリスカ, エレーナ
[国]スロバキア カヌー選手 [異]カリスカ
Kaliss, Jeff カリス, ジェフ
[著]「スライ&ザ・ファミリー・ストーンの伝説」 ブルース・インターアクションズ 2009
Kalisz, Chase ケイリシュ, チェース
[国]アメリカ 水泳選手
Kalisz, Ryszard カリシュ, リシャルド
[国]ポーランド 内相
Kalite, Joseph カリテ, ジョゼフ
[国]中央アフリカ 保健相
Kalitovska, Lesya キリトフスカ
[国]ウクライナ 自転車選手

Kaliyeva, Sholpan　カリエワ
　国カザフスタン　柔道選手
Kaljulaid, Kersti　カリユライド, ケルスティ
　国エストニア　大統領
Kaljurand, Marina　カリユランド, マリナ
　国エストニア　外相
Kaljuste, Tõnu　カリユステ, トヌ
　グラミー賞 最優秀クラシック合唱（2013年（第56回））　"Pärt: Adam's Lament"
Kalla, Charlotte　カッラ, ハロッテ
　1987〜　国スウェーデン　スキー選手　本名＝Kalla, Marina Charlotte　異カッラ
Kalla, Jusuf　カラ, ユスフ
　国インドネシア　副大統領
Kalla, Yusuf　カラ, ユスフ
　1942〜　国インドネシア　政治家　インドネシア副大統領　ゴルカル総裁
Kallas, Siim　カラス, シーム
　国エストニア　首相
Kállay, Dušan　カーライ, ドゥシャン
　1948〜　国スロバキア　絵本画家, 版画家　異カリー, ダサン
Kallayil, Gopi　カライル, ゴーピ
　著「リセット」あさ出版　2016
Kallel, Abdallah　カレル, アブダラ
　国チュニジア　内相
Kalleland, Alf Magne　カルランド, アルフ・マグネ
　著「DHTML & AJAXアイデア見本帖」翔泳社　2007
Kallentoft, Mons　カッレントフト, モンス
　1968〜　国スウェーデン　作家　異ミステリー, スリラー
Kallianpur, Amy　カリアンプル, エイミー
　著「成功した起業家が毎日考えていること」中経出版　2004
Kalliomäki, Antti　カッリオマキ, アンティ
　国フィンランド　教育相
Kallir, Jane　カリアー, ジェーン
　著「エゴン・シーレ」新潮社　2003
Kallis, Aristotle A.　カリス, アリストテレス・A.
　著「欧州統合とシティズンシップ教育」明石書店　2006
Kalmakhelidze, Khatuna　カルマヘリゼ, ハトゥナ
　ジョージア　矯正・法的支援相
Kalmambetov, Avtandil　カルマムベトフ, アフタンディル
　国キルギス　エネルギー産業相
Kalman, Maira　カルマン, マイラ
　著「しょうぼうていハーヴィニューヨークをまもる」リトル・ドッグ・プレス　2004
Kalmar, Zsolt　カルマール, ジョルト
　国ハンガリー　サッカー選手
Kalmet, Norris　カルメット, ノリス
　国バヌアツ　スポーツ・青年相
Kalmeta, Božidar　カルメタ, ボジダル
　国クロアチア　海洋・運輸・社会基盤相
Kalmoe, Megan　カルモー, メーガン
　国アメリカ　ボート選手
Kalmoy, Muhyadin Mohamed　カルモイ, ムヒャディン・モハメド
　国ソマリア　公共事業相
Kalniete, Sandra　カルニエテ, サンドラ
　1952〜　国ラトビア　政治家, 外交官　欧州議会議員　ラトビア外相
Kalnysh, Nataliya　カルニシュ
　国ウクライナ　射撃選手
Kalnysh, Natallia　カルニシュ, ナタリア
　国ウクライナ　射撃選手
Kalo, Toara Daniel　カロ, トアラ・ダニエル
　国バヌアツ　内相
Kalogridis, Laeta　カログリディス, ラエタ
　著「アレキサンダー」竹書房　2005
Kalondaya, Jean Amisi　カロンダヤ, ジャン・アミシ
　国コンゴ民主共和国　蔵相
Kalongi, Atis Kabongo　カロンジ, アティス・カボンゴ
　国コンゴ民主共和国　環境・持続可能な開発相
Kalou, Salomon　カルー, サロモン
　国コートジボワール　サッカー選手
Kalousek, Miroslav　カロウセク, ミロスラフ
　国チェコ　財務相
Kalpana Swaminathan　カルパナ・スワミナタン
　1956〜　著「第三面の殺人」講談社　2010

Kalpokas, Donald　カルポカス, ドナルド
　国バヌアツ　保健相
Kalsakau, Joshua　カルサカウ, ジョシュア
　国バヌアツ　バヌアツ開発相
Kalsakau, Steven　カルサカウ, スティーブン
　国バヌアツ　教育相
Kalsched, Donald　カルシェッド, D.
　1943〜　「トラウマの内なる世界」新曜社　2005
Kaltenbrunner, Gabriele　カルテンブラナー, G.
　著「ARISを活用したチェンジマネジメント」シュプリンガー・フェアラーク東京　2003
Kaltenmark, Max　カルタンマルク, M.
　1910〜　著「老子と道教」人文書院　2001
Kaltongga, Bakoa　カルトンガ, バコア
　国バヌアツ　外相
Kalulu, Aldo　カル, アルド
　国フランス　サッカー選手
Kalumba, Katele　カルンバ, カテレ
　国ザンビア　蔵相
Kalumba Mwana Ngongo, Justin　カルンバ・ムワナ・ヌゴンゴ, ジュスタン
　国コンゴ民主共和国　運輸・交通相
Kalumbi, Ferdinand Kambere　カルンビ, フェルディナン・カンベレ
　国コンゴ民主共和国　社会問題相
Kalume Numbi, Gal Denis　カルメヌンビ, ガルドニ
　国コンゴ民主共和国　内務・地方分権・治安相
Kałuza, Roman　カウージャ, ローマン
　著「バナッハとポーランド数学」シュプリンガー・フェアラーク東京　2005
Kalvert, Scott　カルバート, スコット
　1964〜2014　国アメリカ　映画監督　異カルヴァート, スコット
Kalvitis, Aigars　カルビティス, アイガルス
　国ラトビア　首相
Kalwas, Andrzej　カルワス, アンジェイ
　国ポーランド　法相
Kalweo, Jackson　カルウェオ, ジャクソン
　国ケニア　鉱物資源開発相
Kalyagin, Aleksandr Aleksandrovich　カリヤーギン, アレクサンドル
　1942〜　国ロシア　俳優, 演出家　ロシア共和国演劇人同盟議長, エトセトラ劇場芸術監督　異カリヤーギン, アレクサンドル
Kalyev, Bakytbek　カルイエフ, バクイトベク
　国キルギス　国防相
Kam, Okko　カム, オッコ
　1946〜　国フィンランド　指揮者　ラハティ交響楽団首席指揮者
Kam, Peter　カム, ピーター
　ベルリン国際映画祭 銀熊賞 音楽賞（第56回（2006年））"Isabella"
Kam, Woo-sung　カム・ウソン
　1970〜　国韓国　俳優　漢字名＝甘宇成
Kama, Rosalie　カマ, ロザリー
　国コンゴ共和国　初等中等教育相
Kama, Steven　カマ, スティーブン
　国パプアニューギニア　ブーゲンビル担当相
Kamaaludeen, Abdulla　カマールディーン, アブドラ
　国モルディブ　農水・海洋資源相
Kamah, Philip　カマ, フィリップ
　国リベリア　国家治安相
Kamal, Abubaker Ali　カマル
　国カタール　陸上選手
Kamal, Ibrahim　カメル
　国ヨルダン　テコンドー選手
Kamal, Muhammad　カマル, ムハンマド
　国エジプト　民間航空相
Kamal, Mustafa　カマル, ムスタファ
　国バングラデシュ　計画相
Kamal, Osama　カマル, オサマ
　国エジプト　石油鉱物資源相
Kamal, Yousef Hussain　カマル, ユーセフ・フサイン
　国カタール　財務・経済相
al-Kamal, Yousef Hussein　アル・カマル, ユセフ・フセイン
　国カタール　財務・経済・貿易相
Kamal, Zahiera　カマル, ザヒエラ
　国パレスチナ　女性問題相
Kamala, Diodorus Buberwa　カマラ, ディオドラス・ブベルワ
　国タンザニア　東アフリカ協力相

Al-Kamali, Abdullah Abdulghani Kassim アル・カマーリー, アブドゥッラー・アブドルガニ・カーシム
[国]イエメン 元・在イエメン日本国大使館現地職員
Kamali, Hosein カマリ, ホセイン
[国]イラン 労働・社会問題相
Kamalu, Ufomba カマル, ユフォンバ
[国]アメリカ アメフト選手
Kamaluddeen, Abdulla カマルディーン, アブドラ
[国]モルディブ 労働・人的資源相
Kamaludeen, Abdulla カマールディーン, アブドラ
[国]モルディブ 農水・海洋資源相
Kamana, Jean カマナ, ジャン
[国]ブルンジ 保健相
Kamana, Vénant カマナ, ブナン
[国]ブルンジ 内相 [異]カナマ, ブナン
Kamanda, Gérard カマンダ, ジェラール
[国]コンゴ民主共和国 科学研究相
Kamanda, Kama Sywor カマンダ, カマ・シウォール
1952〜 [国]ルクセンブルク 詩人, 作家
Kamanda, Maina カマンダ, マイナ
[国]ケニア 女性問題・スポーツ・文化相
Kamani, Bayano カマニ
[国]パナマ 陸上選手
Kamani, Titus カマニ, タイタス
[国]タンザニア 家畜・漁業開発相
Kama-niamayoua, Rosalie カマニアマユア, ロザリー
[国]コンゴ共和国 初等・中等教育・識字運動相
Kamanzi, Pauni カマンジ, パウニ
[国]コンゴ民主共和国 運輸相
Kamanzi, Stanislas カマンジ, スタニスラス
[国]ルワンダ 天然資源・土地・森林・環境・鉱業相 [異]カマンジ, スタニスラ
Kamar, Ahmed カマル, アハマド
[国]エジプト 射撃選手
Kamara, Alimamy カマラ, アリマミ
[国]シエラレオネ 青年相
Kamara, Boimah カマラ, ボイマ
[国]リベリア 財務相
Kamara, Dauda Sulaiman カマラ, ダウダ・スレイマン
[国]シエラレオネ 地方行政・農村開発相 [異]カマラ, ダウダ
Kamara, Joseph カマラ, ジョセフ
[国]シエラレオネ 法相兼検事総長
Kamara, Lamine カマラ, ラミン
[国]ギニア 雇用・行政管理相 [異]カマラ, ラミーン
Kamara, Losseni カマラ, ロッセーニ
[国]リベリア 財務相
Kamara, Mariatu カマラ, マリアトゥ
1986〜 [著]「両手を奪われても」 汐文社 2012
Kamara, Marjon カマラ, マージョン
[国]リベリア 外相
Kamara, Paul カマラ, ポール
[国]シエラレオネ スポーツ相
Kamara, Samura カマラ, サムラ
[国]シエラレオネ 外相
Kamara, Victoria Saidu カマラ, ビクトリア・サイドゥ
[国]シエラレオネ 観光・文化相
Kamaras, Mate カマラス, マテ
1976〜 [国]ハンガリー 歌手
Kamarck, Elaine Ciulla カマーク, エレーヌ・シウラ
[著]「グローバル化で世界はどう変わるか」 英治出版 2004
Kamarou, Fassassi カマル, ファサッシ
[国]ベナン 鉱業・エネルギー・水資源相
Kamath, Kundapur Vaman カマト, クンダプール・バマン
1947〜 [国]インド 銀行家 新開発銀行総裁, ICICI会長
Kamau, Jamleck カマウ, ジャムレク
[国]ケニア ナイロビ首都圏開発相
Kamau, Michael カマウ, マイケル
[国]ケニア 運輸・インフラ相
Kamb, John カンブ, ジョン
[国]パプアニューギニア 労働・雇用相
Kamberg, Mary-Lane カンバーグ, メアリ・レーン
1948〜 [著]「時代をきりひらくIT企業と創設者たち」 岩崎書店 2013
Kamberova, Reneta カムベロバ, レネタ
[国]ブルガリア 新体操選手
Kambi, Kazungu カンビ, カズング
[国]ケニア 労働・社会保障・サービス相
Kambile, Sansan カンビル, サンサン
[国]コートジボワール 法相
Kambouchner, Denis カンブシュネ, ドゥニ
[著]「人がいじわるをする理由はなに？」 岩崎書店 2016
Kambuaya, Balthazar カンブアヤ, バルタサル
[国]インドネシア 環境相
Kambwili, Chishimba カンブウィリ, チシンバ
[国]ザンビア 情報・放送相
Kameaim, Wandee ワンディー
[国]タイ 重量挙げ選手
Kameeta, Zephania カミータ, ゼファニア
[国]ナミビア 貧困撲滅・社会福祉相
Kamel, Mohammed Ibrahim カメル, モハメド・イブラヒム
？〜2001 [国]エジプト 政治家 エジプト外相
Kamel, Tarek カメル, タレク
[国]エジプト 通信・情報技術相
Kamel, Yusuf Saad カメル
[国]バーレーン 陸上選手
Kamen, Dean ケーメン, ディーン
1951〜 [国]アメリカ 発明家 DEKAリサーチ・アンド・デベロップメント社長 [異]カーメン, ディーン
Kamen, Gary カーメン, G.
[異]カーメン, ギャリー [著]「運動科学の基礎」 西村書店 2012
Kamen, Gloria カーメン, グロリア
[著]「ユダヤ賢母の教え」 イースト・プレス 2011
Kamen, Henry ケイメン, ヘンリー
1936〜 [著]「スペインの黄金時代」 岩波書店 2009
Kamen, Martin David ケーメン, マーティン
1913〜2002 [国]アメリカ 生化学者 南カリフォルニア大学名誉教授 [異]カーメン, マーティン / ケイメン, マーティン
Kamen, Michael ケーメン, マイケル
1948〜2003 [国]アメリカ 作曲家 [異]ケイメン, マイケル / ケイメンモウミン, マイケル
Kamen, Paula カーメン, ポーラ
[著]「女性のための過激な愛とセックスのかたち」 講談社 2001
Kamen, Robert Mark ケイメン, ロバート・マーク
[著]「トランスポーター」 角川書店 2003
Kamenetz, Anya カメネッツ, アーニャ
1980〜 [著]「目覚めよ！ 借金世代の若者たち」 清流出版 2009
Kameni, Carlos カメニ, カルロス
[国]カメルーン サッカー選手
Kameni, Idriss カメニ, イドリス
1984〜 [国]カメルーン サッカー選手 本名＝カメニ, イドリス・カルロス〈Kameni, Idriss Carlos〉
Kamenskiy, Sergey カメンスキー, セルゲイ
[国]ロシア 射撃選手
Kamg, Ho-in カン・ホイン
[国]韓国 国土交通相 漢字名＝姜鎬人
Kamii, Constance カミイ, コンスタンス
[著]「子どもたちが発明する算数」 大学教育出版 2003
Kamil, Mohammed Abdullahi カミル, モハメド・アブドラヒ
[国]ソマリア 工業相
Kamilah Hanifah カミラ・ハニファ
[国]ブルネイ 駐日特命全権大使
Kamil Mohamed, Abdoulkader カミルモハメド, アブドゥルカデル
[国]ジブチ 首相
Kamilov, Abdulaziz カミロフ, アブドゥラジズ
[国]ウズベキスタン 外相 [異]カミロフ, アブドルアジズ
Kamina, Pierre カミナ, ピエール
[著]「カラー基本解剖アトラス」 西村書店 2011
Kaminer, Debra B. カミナー, デブラ・B.
[著]「不安障害」 日本評論社 2005
Kaminoff, Leslie カミノフ, レスリー
1958〜 [著]「最強のヨガレッスン」 PHP研究所 2009
Kaminski, Anneliese カミンスキー, アンネリーゼ
[異]カミンスキー, A. [著]「開かれた扉」 教文館 2010
Kaminski, Janusz カミンスキー, ヤヌス
カンヌ国際映画祭 ヴァルカン賞（第60回（2007年）） “Le scaphandre et le papillon”
Kamiński, Mariusz カミンスキ, マリウシュ
[国]ポーランド 首相府特殊機関担当相
Kaminski, Mateusz カミンスキ, マテウシュ
[国]ポーランド カヌー選手
Kaminski, Michael D. カミンスキ, マイケル・D.

[異]カミンスキ, マイケルD. [著]「企業の特許にかかわる活動の業績評価」 知的財産研究所 2005
Kaminski, Patricia カミンスキ, パトリシア
[著]「フラワーエッセンス・レパートリー」 BABジャパン出版局 2001
Kaminsky, Dan"Effugas" カミンスキー, ダン・エフューガス
[著]「ハッキング対策マニュアル」 ソフトバンクパブリッシング 2003
Kaminsky, Frank カミンスキー, フランク
[国]アメリカ バスケットボール選手
Kaminsky, Howard カミンスキー, ハワード
[著]「「もう、いやだ」というときに一気分をリセットする100の言葉」 主婦の友社 2003
Kaminsky, Peter カミンスキー, ピーター
[著]「動物工場」 緑風出版 2016
Kaminsky, Philip カミンスキー, P.
[異]カミンスキ, P. [著]「マネージング・ザ・サプライ・チェイン」 朝倉書店 2005
Kaminsky, Stuart カミンスキー, スチュアート
1934～2009 [国]アメリカ 映画評論家, 推理作家 フロリダ州立大学教授 [専]映画史 [異]カミンスキー, ステュアート
Kamio, Mayuko カミオ, マユコ
[国]日本 チャイコフスキー国際コンクール ヴァイオリン 第1位(2007年(第13回)) 漢字名＝神尾真由子
Kamionkowski, Marc カミオンコウスキー, マーク
[著]「宇宙の創成と進化」 日本経済新聞社 2005
Kamissoko Camara, Kandia カミソコカマラ, カンジャ
[国]コートジボワール 国民教育・技術教育相
Kamitatu Etsu, Olivier カミタツエツ, オリビエ
[国]コンゴ民主共和国 計画・近代化改革相 [異]カミタツ・エツ, オリビエ
Kamkwamba, William カムクワンバ, ウィリアム
1987～ [国]マラウイ 独学で風力発電機を作ったマラウイ人大学生
Kammen, Daniel M. カーメン, D.M.
1962～ [著]「リスク解析学入門」 シュプリンガー・フェアラーク東京 2001
Kammenos, Panos カメノス, パノス
[国]ギリシャ 国防相
Kammerer, Doro カメラー, ドーロ
[著]「これで時間は私のもの」 祥伝社 2004
Kammie, George カミー, ジョージ
[国]リベリア 農相
Kamotho, Joseph カモソ, ジョセフ
[国]ケニア 地方自治相
Kamougue, Wadal Abdelkader カムゲ・ワダル・アブデルカーデル
[国]チャド 国防相
Kamoun, Mahamat カムン, マハマト
[国]中央アフリカ 首相
Kamp, Henk カンプ, ヘンク
[国]オランダ 経済相
Kampars, Artis カンパルス, アルティス
[国]ラトビア 経済相
Kampas, Paul J. カンパス, ポール・J.
[著]「DECの興亡」 亀田ブックサービス 2007
Kampeeraparb Sunate カンピラパーブ・スネート
[著]「アジアの教科書に見る子ども」 ナカニシヤ出版 2005
Kampelman, Max M. カンペルマン, マックス
1920～2013 [国]アメリカ 弁護士 米国国務省顧問
Kampen, Thomas キャンペン, トーマス
[著]「毛沢東と周恩来」 三和書籍 2004
Kämpken, Nicole ケンプケン, ニコレ
[著]「「第九」と日本出会いの歴史」 彩流社 2011
Kampl, Kevin カンプル, ケヴィン
[国]スロベニア サッカー選手
Kampmann-Carossa, Eva カンプマン＝カロッサ, エファ
1930～ [著]「ハンス・カロッサ全詩集」 早稲田出版 2011
Kampol Thongbunnum カンポン・トーンブンヌム
[著]「「気づきの瞑想」で得た苦しまない生き方」 佼成出版社 2007
Kamprad, Ingvar カンプラード, イングバル
1926～ [国]スウェーデン 実業家 イケア創業者, イカノ・グループ特別アドバイザー
Kamps, John カンプス, ジョン
[著]「ザスーラ」 竹書房 2005
Kampyongo, Stephen カンピョンゴ, スティーブン
[国]ザンビア 内相
Kamrin, Janice カムリン, ジャニス
1966～ [著]「古代エジプト」 BL出版 2013
Kamuntu, Ephraim カムントゥ, エフレイム
[国]ウガンダ 観光・野生動植物相
Kamwi, Richard カムイ, リチャード
[国]ナミビア 保健・社会福祉相
Kan, Gene カン, ジーン
?～2002 コンピューター技術者, 実業家 ゴーンサイレント社長
Kan, Mark カン, マーク
[著]「プロフェッショナルヨーガ」 ガイアブックス 2014
Kan, Young-sook カン・ヨンスク
1966～ [国]韓国 作家 [専]文学 漢字名＝姜英淑
Kanaan, Ghazi カナーン, ガジ
1942～2005 [国]シリア 政治家 シリア内相 [異]カナン, ガジ
Kanād カナーダ
[著]「ヴァイシェーシカ・スートラ」 臨川書店 2009
Kanahele, Pua Kanaka'ole カナヘレ, プアラニ・カナカッオレ
[著]「ホロ・マイ・ペレ」 イカロス出版 2016
Kan'an, Ghazi カナン, ガジ
[国]シリア 内相
Kanan, Sean カナン, ショーン
[著]「ライ麦畑をさがして」 竹書房 2003
Kanar, Stephen カーナル, スティーヴン
[著]「Jファクター」 早川書房 2001
Kanashiro de León, Dora カナシロ・デ・レオン, ドラ
[国]ペルー 元・在ペルー日本国大使館現地職員
Kanayeva, Yevgenia カナエワ, エフゲニヤ
1990～ [国]ロシア 元新体操選手 [異]カナエワ, エフゲニア
Kanazawa, Satoshi カナザワ, サトシ
[著]「知能のパラドックス」 PHP研究所 2015
Kanazi, George J. カナジ, ジョージ・J.
[著]「イスラエル」 ほるぷ出版 2009
Kancheli, Giya カンチェーリ, ギヤ
[国]ベルギー ウルフ賞 芸術部門(音楽)(2008年)
Kancheska-Milevska, Elizabeta カンチェスカ・ミレフスカ, エリザベータ
[国]マケドニア 文化相
Kanchier, Carole カンチャー, キャロル
[著]「転職力」 光文社 2001
Kanchuga, Aleksandr Aleksandrovich カンチュガ, アレクサンドル
1934～ [著]「ビキン川のほとりで」 北海道大学出版会 2014
Kandakai, Evelyn カンダカイ, エブリン
[国]リベリア 教育相 [異]カンダカイ, イブリン
Kandapaah, Albert カンダパー, アルバート
[国]ガーナ 内相 [異]カン・ダパー, アルバート
al-**Kandari, Eissa Ahmad** カンダリ, イーサ・アハマド
[国]クウェート 交通通信相兼地方行政相 [異]カンダリ, イーサー・アハマド
Kandeh, Musu カンディ, ムス
[国]シエラレオネ 社会保障相
Kandel, Eric Richard カンデル, エリック
1929～ [国]アメリカ 神経生物学者, 生化学者 コロンビア大学医学部教授, ハワード・ヒューズ医学研究所上級研究員
Kandel, Johannes カンデル, ヨハネス
[著]「EU時代の到来」 未来社 2009
Kandel, Joseph カンデル, ジョセフ
[著]「おとなのADHD」 ヴォイス 2001
Kandel, Susan カンデル, スーザン
1961～ [国]アメリカ 作家 [専]ミステリー, スリラー
Kandhai, Ganeshkoemar カンダイ, ガネシュクマール
[国]スリナム 公共事業相
Kandie, Phyllis カンディエ, フイリス
[国]ケニア 労働・東アフリカ共同体相 [異]カンディエ, フィリス
Kandissounon, Céline カンディスノン, セリーヌ
[国]ベナン 公衆衛生相
Kandjii-murangi, Itah カンジムランギ, イタ
[国]ナミビア 高等教育・訓練・イノベーション相
Kandjoze, Obeth カンジョゼ, オベス
[国]ナミビア 鉱業・エネルギー相
Kandodo, Ken カンドド, ケン
[国]マラウイ 国防相 [異]カンドド, ケン・エドワード
Kandouno, Joseph カンドゥノ, ヨゼフ
[国]ギニア 国家管理相
Kandrot, Edward キャンドロット, エドワード

K

「CUDA BY EXAMPLE汎用GPUプログラミング入門」インプレスジャパン, インプレスコミュニケーションズ(発売) 2011
Kane, Alex ケイン, アレックス
　著「インベストメント」マグロウヒル・エデュケーション, 日本経済新聞出版社(発売) 2010
Kane, Amadou カヌ, アマドゥ
　国セネガル　経済・財務相
Kane, Andrea ケイン, アンドレア
　著「黒の静寂」原書房 2009
Kane, Ariel カーン, エリエール
　著「今ここに生きる力」ヴォイス 2002
Kane, Barbara ケイン, バーバラ
　1949～　著「うちの親には困ったものだ」草思社 2007
Kane, Charles ケイン, チャールズ
　著「ラーニング・レボリューション」英治出版 2014
Kane, Gareth ケーン, ガレス
　著「グリーン戦略3つのカギ」バベルプレス 2012
Kane, G.L. ケイン, ゴードン
　著「スーパーシンメトリー」紀伊国屋書店 2001
Kane, Harry ケイン, ハリー
　イングランド　サッカー選手
Kane, Herbert Kawainui カーネ, ハーブ・カワイヌイ
　著「ペレ」ホクラニ・インターナショナル 2011(第2刷)
Kane, Larry ケイン, ラリー
　1942～　著「メモリーズ・オブ・ジョン」イースト・プレス 2006
Kane, Mansour Elimane カン, マンスール・エリマン
　国セネガル　インフラ・陸運・交通整備相
Kane, Mary Kay ケイン, メアリ・K.
　著「アメリカ民事訴訟手続」木鐸社 2003
Kane, Rosalie A. ケイン, ロザリー・A.
　著「高齢者ケアをどうするか」中央法規出版 2002
Kane, Shya カーン, シーヤ
　著「今ここに生きる力」ヴォイス 2002
Kane, Souleymane カン, スレイマン
　国ニジェール　運輸相
Kane, Sunanda V. ケイン, サナンダ・V.
　著「潰瘍性大腸炎・クローン病の治療・生活まるごとガイド」メディカ出版 2011
Kane, Theresa E. ケーン, テレサ・E.
　著「仕事に就ける子どもを育てる」センゲージラーニング, 同友館(発売) 2009
Kane, Tim ケイン, ティム
　著「なぜ大国は衰退するのか」日本経済新聞出版社 2014
Kane, Yaya Abdoul カン, ヤヤ・アブドゥル
　国セネガル　郵便・電気通信相
Kanehara, Rina カネハラ, リナ
　国日本　ローザンヌ国際バレエコンクール 5位・プロ研修賞(第43回(2015年))　漢字名=金原里奈
Kaneko, Kalani カネコ, カラニ
　国マーシャル諸島　保健相
Kanemoto, Kousuke カネモト, コウスケ
　著「臨床てんかんnext step」新興医学出版社 2013
Kaner, Simon ケーナー, サイモン
　1962～　イギリス　歴史学者　セインズベリー日本芸術研究所副所長　著縄文時代　訳ケイナー, サイモン
Kaneva, Daniela Danailova カネヴァ, ダニエラ・ダナイロヴァ
　国ブルガリア　ブルガリア国営テレビ記者, 元・ブルガリア国営通信社日本特派員
Kaneva, Liliana カネヴァ, リリアナ
　国ブルガリア　ブルガリア相撲連盟事務局長, 元・国際レスリング連盟・女子部門会長
Kang, Clara Jumi カン, クララ・ジュミ
　1987～　国ドイツ　バイオリニスト　訳カン, クララ・ジュミ
Kang, Dong-suk カン, ドンソク
　1938～　国韓国　建設交通相　韓国建設交通相, 麗水世界博覧会組織委員長　漢字名=姜東錫
Kang, Eun-hee カン, ウンヒ
　国韓国　女性家族相　漢字名=姜恩姫
Kang, Ha-guk カン, ハグク
　国北朝鮮　保健相　漢字名=姜河国
Kang, Hildi カン, ヒルディ
　1934～　著「黒い傘の下で」ブルース・インターアクションズ 2006
Kang, Hyeong-cheol カン, ヒョンチョル
　1974～　国韓国　映画監督

Kang, In-duk カン, インドク
　1932～　国韓国　政治家　極東問題研究所理事長　韓国統一相　著極東問題, 北朝鮮問題　漢字名=康仁徳　訳カン, イントク
Kang, Jae Eup カン, ジェオプ
　国韓国　済州特別自治道韓日親善協会会長, 済州市国際交流協議会会長　漢字名=康才業
Kang, Jae-sup カン, ジェソプ
　1948～　国韓国　政治家　ハンナラ党代表　漢字名=姜在渉
Kang, Je-gyu カン, ジェギュ
　1962～　国韓国　映画監督, 脚本家　カン・ジェギュ・フィルム代表　漢字名=姜帝圭　訳カン, チェギュ
kang, Ji-hwan カン, ジファン
　1977～　国韓国　俳優　本名=チョ・テギュ
Kang, Jong-gwan カン, ジョングァン
　国北朝鮮　陸海運相　漢字名=姜宗官
Kang, Jung Ho カン, ジャンホ
　国韓国　野球選手
Kang, Min-chol カン, ミンチョル
　国北朝鮮　採取工業相　漢字名=姜民哲
Kang, Nam-chu カン, ナムジュ
　1939～　国韓国　民俗学者, 詩人, 文芸評論家　釜慶大学総長　漢字名=姜南周
Kang, Nung-su カン, ヌンス
　国北朝鮮　副首相　漢字名=康能洙
Kang, Seung Min カン, スン・ミン
　国韓国　チャイコフスキー国際コンクール チェロ 第5位(2015年(第15回))
Kang, Seung-yoon カン, スンユン
　1994～　国韓国　歌手
Kang, Shin-ho カン, シンホ
　1927～　国韓国　実業家　東亜ソシオホールディングス会長　漢字名=姜信浩
Kang, Sok-ju カン, ソクチュ
　1939～2016　国北朝鮮　外交官, 政治家　朝鮮労働党書記(国際担当), 北朝鮮副首相　漢字名=姜錫柱　訳カン, ソクジュ
Kang, Sue-jin カン, スージン
　1967～　国韓国　バレリーナ　シュトゥットガルト・バレエ団プリンシパル　漢字名=姜秀珍
Kang, Woo-suk カン, ウソク
　1960～　国韓国　映画監督　シネマサービス会長　漢字名=康祐碩
Kang, Yong-chol カン, ヨンチョル
　国北朝鮮　水産相　漢字名=姜英鉄
Kang, Yong-su カン, ヨンス
　国北朝鮮　都市経営相　漢字名=姜永寿
Kang, Yun Mi カン, ユンミ
　国北朝鮮　体操選手
Kangaloo, Christine カンガルー, クリスティン
　国トリニダード・トバゴ　科学・技術・高等教育相
Kangas, Kirsi-Klaudia カンガス, キルシー・クラウディア
　著「オーロラのもえた夜」かまくら春秋社 2014
Kani, Mathieu Martial カニ, マチウ・マルシアル
　国コンゴ共和国　観光・レジャー相
Kania, Paula カニア, ポーラ
　国ポーランド　テニス選手
Kanigel, Robert カニーゲル, ロバート
　訳カニゲル, ロバート　著「無限の天才」工作舎 2016
Kaník, Ľudovít カニーク, リュドビート
　国スロバキア　労働・社会問題・家庭相
Kanimba, François カニンバ, フランソワ
　国ルワンダ　貿易・産業相
Kanin, Fay ケニン, フェイ
　1917～2013　国アメリカ　脚本家　米国映画芸術科学アカデミー(AMPAS)会長
Kanis, Pavol カニス, パボル
　国スロバキア　国防相
Kanis, Willy カニス
　国オランダ　自転車選手
Kaniskina, Olga カニスキナ, オルガ
　1985～　国ロシア　競歩選手　訳カニスキナ, オリガ
Kaniuk, Jeanne カニュイック, ジェイン
　著「子どもの心理療法と調査・研究」創元社 2012
Kanje, Mohamed Ali Saleh カンジェ, モハメド・アリ・サレ
　国ソマリア　鉱業・エネルギー相
Kanji, Gopal K. カンジ, G.K.
　著「「逆」引き統計学実践統計テスト100」講談社 2009

Kanjou, Youssef　カンジョ, ユーセフ
　1971～　国シリア　考古学者　アレッポ国立博物館館長　著古人骨の研究
Kann　カン
　著「シューマン ユーゲント・アルバム 作品68」音楽之友社 2015
Kann, Hans　カン, ハンス
　1927～2005　国オーストリア　ピアニスト　ウィーン国立音楽大学名誉教授
Kanneh, Vamba　カネ, バンバ
　国リベリア　運輸相
Kanner, Bernice　カナー, バーニス
　著「お金のためにどこまでする？」光文社 2002
Kanner, Leo　カナー, L.
　著「幼児自閉症の研究」黎明書房 2001
Kanner, Patrick　カネール, パトリック
　国フランス　都市・青少年・スポーツ相
Kanodia, Chandra　カノディア, チャンドラ
　著「会計ディスクロージャーと企業行動」中央経済社 2011
Kanokogi, Rena Rusty　カノコギ, レナ・ラスティ
　国アメリカ　ニューヨーク州柔道協会会長、元・第1回世界女子柔道選手権大会組織委員長
Kanokogi, Rusty　カノコギ, ラスティ
　1935～2009　国アメリカ　柔道家　ニューヨーク州柔道協会会長　本名＝Kanokogi, Rena
Kanon, Joseph　カノン, ジョゼフ
　国アメリカ　作家　著サスペンス
Kansas, Dave　カンサス, デイブ
　訳キャンザス, デイブ　著「ウォールストリート・ジャーナル発、米国金融危機の全貌」翔泳社 2009
Kanso, Ali　カンソ, アリ
　国レバノン　労働相
Kanso, Assem　カンソ, アセム
　国レバノン　労相
Kant, Krishan　カント, クリシャン
　1927～2002　国インド　政治家, 科学者　インド副大統領　訳カント, クリシュナ
Kantanis, Tanya　カンタニス, T.
　著「初年次教育」丸善 2006
Kantarevic, Mirna　カンタレヴィック, ミルナ
　著「みどりのふくのサンタさん」バベルプレス 2012
Kante, N'Golo　カンテ, エンゴロ
　国フランス　サッカー選手
Kanter, Enes　キャンター, エネス
　国トルコ　バスケットボール選手
Kanter, Gerd　カンテル, ゲルド
　1979～　国エストニア　円盤投げ選手　訳カンテル
Kanter, Hal　カンター, ハル
　1918～2011　国アメリカ　脚本家
Kanter, Jonathan　カンター, ジョナサン・W.
　著「認知行動療法の新しい潮流」明石書店 2015
Kanter, Rosabeth Moss　カンター, ロザベス・モス
　1943～　著「「確信力」の経営学」光文社 2009
Kantha, K.D. Lal　カンタ, K.D.ラール
　国スリランカ　小規模・農村産業相
Kantner, Paul　カントナー, ポール
　1941～2016　国アメリカ　ロック・ギタリスト
Kantner, Rob　カントナー, ロブ
　著「ベスト・アメリカン・ミステリスネーク・アイズ」早川書房 2005
Kanto, Erik　カント, エリック
　著「人は顔が10割」阪急コミュニケーションズ 2008
Kanto, Ilona　カント, イロナ
　著「人は顔が10割」阪急コミュニケーションズ 2008
Kantor, Edward M.　カンター, エドワード・M.
　著「災害精神医学」星和書店 2015
Kantor, Israel　カントール, イスラエル
　1949～2006　国キューバ　歌手
Kantor, Jean-Michel　カンター, ジャン＝ミシェル
　著「無限とはなにか？」一灯舎 2011
Kantor, Michael　キャンター, マイケル
　著「THE HERO」東洋書林 2014
Kantor, Mickey　カンター, ミッキー
　1939～　国アメリカ　弁護士　メイヤー・ブラウンパートナー　米国商務長官, 米国通商代表部（USTR）代表　本名＝カンター, マイケル〈Kantor, Michael〉
Kantor, Piotr　カントル, ピヨトル
　国ポーランド　ビーチバレー選手
Kantorow, Jean-Jacques　カントロフ, ジャン・ジャック
　1945～　国フランス　バイオリニスト, 指揮者
Kantra, Virginia　カントラ, ヴァージニア
　著「美しき暗殺者」ハーレクイン 2005
Kanu, Alpha　カヌ, アルファ
　国シエラレオネ　情報・通信相
Kany, Roland　カニー, ロラント
　著「キリスト教の主要神学者」教文館 2014
Kanyana, Aimée Laurentine　カニャナ, エメ・ロレンティヌ
　国ブルンジ　法相
Kanyenkiko, Anatole　カニエンキコ, アナトール
　国ブルンジ　環境・国土開発相
Kanyumba, Grandson　カニュンバ, グランドサン
　国マラウイ　青年育成・スポーツ相
Kan Zaw　カン・ゾー
　国ミャンマー　国家計画・経済開発相
Kanzer, Mark　カンザー, マーク
　1908～　著「「ねずみ男」の解読」金剛出版 2015
Kanzog, Klaus　カンツォーク, クラウス
　1926～　著「フルトヴェングラーとトーマス・マン」アルテスパブリッシング 2015
Kao, Charles Kuen　カオ, チャールズ
　1933～　国アメリカ　電気工学者　ITXサービス会長・CEO, 香港中文大学副学長　著光ファイバー通信　漢字名＝高錕　訳カオ, チャールズ・K.
Kaoje, Bala　カオジェ, バラ
　国ナイジェリア　スポーツ・社会開発相
Kapachinskaya, Anastasia　カパチンスカヤ
　国ロシア　陸上選手
Kapandji, Adalbert I.　カパンジー, アダルベール
　著「カパンジー生体力学の世界」医歯薬出版 2014
Kapandji, Ibrahim Adalbert　カパンディ, I.A.
　著「カパンジー機能解剖学」医歯薬出版 2010
Kapanji Kalala, Bruno　カパンジカララ, ブルノ
　国コンゴ民主共和国　水力資源・電力相　訳カパンジ・カララ, ブルノ
Kapas, Boglarka　カパシュ, ボグラルカ
　国ハンガリー　水泳選手　訳カパシュ
Kapashi, Neha　カパシ, ネハ
　著「業績評価の理論と実務」東洋経済新報社 2004
Kapata, Jean　カパタ, ジーン
　国ザンビア　国土相
Kapetanovic, Vlado　カペタノヴィッチ, ヴラド
　1918～2006　著「アブ星で見て, 知って, 体験したこと」ヒカルランド 2012
Kapferer, Jean-Noël　カプフェレ, ジャン＝ノエル
　著「ラグジュアリー戦略」東洋経済新報社 2011
Kapielski, Thomas　カピエルスキー, トーマス
　著「ベルリン・デザイン・ハンドブックはデザインの本ではない！」ベアリン出版, 新宿書房（発売） 2013
Kapijimpanga, Judith　カピジンパンガ, ジュディス
　国ザンビア　土地相
Kapila, Monisha　カピラ, モニシャ
　著「ハーバードMBA合格者のエッセイを読む」オープンナレッジ 2007
Kapita, Ben　カピタ, ベン
　国ザンビア　農業・協同組合相
Kapitáňová, Daniela　カピターニョヴァー, ダニエラ
　1956～　国スロバキア　作家　著文学　筆名＝ターレ, サムコ〈Tále, Samko〉
Kapitonenko, Aleksandr Maksimovich　カピトニェンコ, A.M.
　著「ブルリュークの頃の大島」木村五郎・大島農民美術資料館 2005
Kapitza, P.　カピッツァ, P.
　著「知の歴史」徳間書店 2002
Kaplan, Amy　カプラン, エイミー
　著「帝国というアナーキー」青土社 2009
Kaplan, Avi　カプラン, アヴィ
　1973～　グラミー賞 最優秀インストゥルメンタル編曲（アカペラ）（2014年（第57回））"Daft Punk"編曲　訳カプラン, アリ
Kaplan, Bruce Eric　カプラン, ブルース・E.
　著「転がる猫に苔は生えない」ソニー・マガジンズ 2004
Kaplan, Candia P.　カプラン, C.P.
　著「脳卒中のリハビリテーション」エルゼビア・ジャパン 2008
Kaplan, Caren　カプラン, カレン

Kaplan, Chaim　カプラン, ハイム
　1955～　著「移動の時代」未来社 2003
Kaplan, David E.　カプラン, デービッド・E.
　1955～　著「調査報道ジャーナリズムの挑戦」旬報社 2016
Kaplan, Ellen　カプラン, エレン
　1936～　著「数学の隠れたハーモニー」ソフトバンククリエイティブ 2011
Kaplan, Eugene H.　カプラン, ユージーン・H.
　異カプラン, ユージン　著「寄生虫のはなし」青土社 2010
Kaplan, Frédéric　カプラン, フレデリック
　1974～　著「ロボットは友だちになれるか」NTT出版 2011
Kaplan, Helmut Friedrich　カプラン, ヘルムート・F.
　1952～　著「死体の晩餐」同時代社 2005
Kaplan, Hester　カプラン, ヘスター
　著「アメリカ短編小説傑作選」DHC 2001
Kaplan, James　カプラン, ジェームズ
　異カプラン, ジェイムズ　著「俺がついている」日本文化出版 2009
Kaplan, Jerry　カプラン, ジェリー
　1952～　著「人間さまお断り」三省堂 2016
Kaplan, Jonathan　カプラン, ジョナサン
　著「J2EEデザインパターン」オライリー・ジャパン, オーム社（発売） 2004
Kaplan, Lawrence F.　カプラン, ローレンス・F.
　1969～　著「ネオコンの真実」ポプラ社 2003
Kaplan, Lisa　カプラン, リーサ
　著「ソーシャルワーク実践における家族エンパワーメント」中央法規出版 2001
Kaplan, Martin M.　カプラン, マーティン
　1915～2004　国アメリカ　ウイルス学者　パグウォッシュ会議事務局長
Kaplan, Matthew S.　カプラン, マシュー・S.
　著「グローバル化時代を生きる世代間交流」明石書店 2008
Kaplan, Mehmet　カプラン, メフメット
　国スウェーデン　住宅・都市開発相
Kaplan, Michael　カプラン, マイケル
　著「人はなぜ過ちを犯すのか」ソフトバンククリエイティブ 2011
Kaplan, Michael B.　カプラン, マイケル・B.
　著「ベティ・バニー チョコレートケーキだーいすき」バベルプレス 2014
Kaplan, Mitchell　カプラン, ミッチェル
　アメリカ探偵作家クラブ賞 大鴉賞(2007年)
Kaplan, Paul E.　カプラン, P.
　著「脳卒中のリハビリテーション」エルゼビア・ジャパン 2008
Kaplan, Rachel　カプラン, レイチェル
　著「自然をデザインする」誠信書房 2009
Kaplan, Robert　カプラン, ロバート
　1933～　著「数学の隠れたハーモニー」ソフトバンククリエイティブ 2011
Kaplan, Robert D.　カプラン, ロバート
　1952～　国アメリカ　国際ジャーナリスト
Kaplan, Robert Steven　カプラン, ロバート・スティーヴン
　著「ハーバードのリーダーシップ講義」CCCメディアハウス 2016
Kaplan, Sarah　カプラン, サラ
　1964～　著「マッキンゼー組織の進化」ダイヤモンド社 2003
Kaplan, Soren　カプラン, ソーレン
　著「驚きがブレイクスルーをもたらす」マグロウヒル・エデュケーション, 日本経済新聞出版社（発売） 2013
Kaplan, Stanley H.　カプラン, スタンリー・H.
　異カプラン, スタンリー・H.　著「プロは語る。」アスペクト 2005
Kaplan, Stephen　カプラン, スティーブン
　1936～　著「自然をデザインする」誠信書房 2009
Kaplan, Steve　カプラン, スティーヴ
　1960～　著「巨象を捕まえろ！」ダイヤモンド社 2008
Kaplan, Steven L.　カプラン, スティーヴン・L.
　著「パンの歴史」河出書房新社 2004
Kaplan, Temma　カプラン, テーマ
　著「女性の人権とジェンダー」明石書店 2007
Kaplan, Wendy　カプラン, ウェンディ
　異キャプラン, ウェンディ　著「カリフォルニア・デザイン1930-1965」新建築社 2013
Kaplan, William　カプラン, ウィリアム
　1957～　著「国境を越えて」BL出版 2001
Kaplanek, Beth A.　カプレニク, ベス・A.
　1952～　著「股関節と膝関節疾患のためのピラティス」ガイアブックス 2015
Kaplanoglu, Semih　カプランオール, セミフ
　ベルリン国際映画祭 金熊賞（第60回(2010年)）"Bal"
Kapleau, Philip　カプロー, フィリップ
　1912～　著「無生死の世界」西日本法規出版 2004
Kaplow, Louis　キャプロー, ルイ
　著「数理法務概論」有斐閣 2014
Kaplowitz, Robert　カプロウィッツ, ロバート
　トニー賞 ミュージカル 音響デザイン賞(2010年（第64回）)"Fela！"
Kapner, Arne　カプナー, アルネ
　1954～　著「推拿療法」ガイアブックス, 産調出版（発売） 2012
Kapner, Mitchell　カプナー, ミッチェル
　著「オズはじまりの戦い」竹書房 2013
Kapofi, Frans　カポフィ, フランス
　国ナミビア　大統領府相
Kapoor, Anish　カプーア, アニッシュ
　1954～　国イギリス　彫刻家　異カプール
Kapor, Mitchell　カポール, ミッチェル
　著「「問題社員」の管理術」ダイヤモンド社 2007
Kapp, Joseph　キャップ, ジョセフ
　著「アメリカで車を運転するための完全ガイド」三修社 2006
Kapparov, Nurlan　カッパロフ, ヌルラン
　国カザフスタン　環境相
Kappas, John G.　キャパス, ジョン
　著「なぜ、「頑張っている人」ほど、うまくいかないのか？」フォレスト出版 2004
Kappl, Michael　カペル, ミハエル
　1963～　著「界面の物理と化学」丸善出版 2016
Kappler, Chris　カプラー
　国アメリカ　馬術選手
Kappler, John　カプラー, ジョン
　国アメリカ　ウルフ賞 医学部門(2015年)
Kapralov, Andrey　カプラロフ
　国ロシア　競泳選手
Kapranos, Alex　カプラノス, アレックス
　著「サウンド・バイツ」白水社 2008
Kapranova, Olga　カプラノワ
　国ロシア　新体操選手
Kaprielian, James　キャプリエイアン, ジェームズ
　国アメリカ　野球選手
Kapris, Gabriel　カプリス, ガブリエル
　国パプアニューギニア　商工相
Kaprow, Allan　カプロー, アラン
　1927～2006　国アメリカ　美術家
Kaptchuk, Ted　カプチャク, テッド
　著「鍼治療の科学的根拠」医道の日本社 2001
Kaptoum, Wilfried　カプトゥム, ウィルフリード
　国カメルーン　サッカー選手
Kaptyukh, Vasiliy　カプチュフ
　国ベラルーシ　陸上選手
Kapu, Moses　カプ, モーゼス
　国シエラレオネ　海洋資源相
Kapur, Shekhar　カプール, シェカール
　1945～　国インド　映画監督
Kapuściński, Ryszard　カプチンスキ, リシャルト
　1932～2007　国ポーランド　ジャーナリスト, 作家　異カプチンスキ, リシャルド／カプチンスキー
Kapustka, Bartosz　カプストカ, バルトシュ
　国ポーランド　サッカー選手
Kaput, Victor Makwenge　カプトゥ, ビクトル・マクウェンゲ
　国コンゴ民主共和国　保健相
Kaputa, Catherine　カピュタ, キャサリン
　1948～　著「自己ブランド戦略12の秘密」センゲージラーニング, 同友館（発売） 2009
Kaputin, John　カプティン, ジョン
　国パプアニューギニア　通信・ハイテク相
Kapuya, Juma　カプヤ, ジュマ
　国タンザニア　労働・雇用・青年開発相
Kara, Mohamed Seghir　カラ, モハメド・セギル
　国アルジェリア　観光相
Karabash, Mohamed Ahmed　カラバーシュ, ムハンマド・アフマド
　国エジプト　元・在エジプト日本国大使館現地職員
Karadjova, Nona　カラジョバ, ノナ
　国ブルガリア　環境・水利相　異カラジョワ, ノナ

Karadžić, Radovan　カラジッチ,ラドヴァン
1945～　⒩セルビア　政治家,精神科医,詩人　セルビア民主党(SDS)党首　⒳カラジッチ,ラドバン
Karaev, Boris　ボリス,カラエフ
1928～　⒯「東から吹く風」〔副島浩〕〔2016〕
Karagiannopoulou, Maria　カラヤノプルー
⒩ギリシャ　柔道選手
Karagoz, Nurdan　カラゴズ
⒩トルコ　重量挙げ選手
Karagusova, Gulzhana　カラグソワ,グリジャナ
⒩カザフスタン　労働社会保障相　⒳カラグソワ,グルジャナ
Karajan, Eliette Von　カラヤン,エリエッテ・フォン
⒯「カラヤンとともに生きた日々」アルファベータ　2008
Karajan, Herbert Von　カラヤン,ヘルベルト・フォン
⒯「カラヤン自伝を語る」白水社　2011
Karakas, Hedvig　カラカシュ,ヘドビグ
⒩ハンガリー　柔道選手　⒳カラカス
Karakasevic, Aleksandar　カラカセビッチ,アレクサンダル
⒩セルビア　卓球選手　⒳カラカセビッチ
Karaket, Pen-Ek　ペンエク
⒩タイ　テコンドー選手
Karaki, Khaled　カラキ,ハリド
⒩ヨルダン　副首相兼教育相
Karakoc, Nur　カラコチ,ヌル
⒩トルコ　元・トルコ日本婦人友好文化協会会長
Karalliyadda, Tissa　カラリヤッダ,ティッサ
⒩スリランカ　児童成長・女性問題相　⒳カラリヤダ,ティサ
Karalus, Paul　カラルス,パウル
⒩トンガ　民間航空・海洋・港湾担当相
Karam, Antoine　カラム,アントワン
⒩レバノン　環境相
Karam, Karam　カラム,カラム
⒩レバノン　国務相
Karam, Pete　カラム,ピート
グラミー賞 最優秀録音技術アルバム(クラシック以外)(2004年(第47回))"Genius Loves Company"
Karam, Salim　カラム,サリム
⒩レバノン　国務相
Karamagi, Nazir　カラマギ,ナジル
⒩タンザニア　エネルギー・鉱物資源相
Karamanlis, Konstantinos Alexandrou　カラマンリス,コンスタンティノス
1956～　⒩ギリシャ　政治家　ギリシャ首相,ギリシャ新民主主義党(ND)党首　別名＝カラマンリス,コスタス〈Karamanlis, Kostas〉
Karamanlis, Kostas　カラマンリス,コスタス
⒩ギリシャ　首相
Karamarko, Tomislav　カラマルコ,トミスラブ
⒩クロアチア　第1副首相
Karamatov, Hamidulla　カラマトフ,ハミドラ
⒩ウズベキスタン　副首相　⒳カラマトフ,ハミドゥラ
Karambal, Ahmat Mahamat　カランバル,アハマト・マハマト
⒩チャド　水利相
Karamchakova, Lidiya　カラムチャコワ
⒩タジキスタン　レスリング選手
Karami, Ahmad　カラミ,アフマド
⒩レバノン　国務相
Karami, Faisal　カラミ,ファイサル
⒩レバノン　青年・スポーツ相
Karami, Omar　カラミ,オマル
1935～2015　⒩レバノン　政治家　レバノン首相　⒳カラーミ/カラーミー
Karami, Yousef　カラミ
⒩イラン　テコンドー選手
Karamzin, N.M.　カラムジーン,N.M.
⒯「N.M.カラムジーン学問、芸術および啓蒙について」ナウカ出版　2016
Karan, Donna　キャラン,ダナ
1948～　⒩アメリカ　ファッションデザイナー　ダナ・キャラン社設立者
Karan, Pradyumna Prasad　カラン,プラディウムナ・P.
⒯「インド」ほるぷ出版　2008
Karande, Mohnaz Ashish　カランデ,モナーズ・アシシュ
⒩インド　元・在ムンバイ日本国総領事館現地職員
Karanka, Aitor　カランカ,アイトール

⒩スペイン　ミドルスブラ監督
Karan Singh　カラン・シン
⒯「池田大作全集」聖教新聞社　2004
Karaoglou, Theodoros　カラオグル,セオドロス
⒩ギリシャ　マケドニア・トラキア相
Karaosmanoğlu, Attila　カラオスマンオル,アッティラ
1932～2013　⒩トルコ　エコノミスト　世界銀行アジア担当副総裁　⒳カラオスマオール,アッティラ
Karapetyan, Andranik　カラペティヤン,アンドラニク
⒩アルメニア　重量挙げ選手
Karapetyan, Karen　カラペチャン,カレン
⒩アルメニア　首相
Karapetyan, Sergo　カラペチャン,セルゴ
⒩アルメニア　農相
Karas, G.Brian　カラス,G.ブライアン
⒯「ソフィアのとってもすてきなぼうし」BL出版　2016
Karas, Joža　カラス,ヨジャ
1926～2008　⒯「テレジーンの音楽」〔山本耀郎〕〔2012〕
Karashev, Aaly　カラシェフ,アアルイ
⒩キルギス　第1副首相
Karasik, Judy　カラシック,ジュディ
⒯「自閉症の兄とともに」かもがわ出版　2008
Karasik, Paul　カラシック,ポール
⒯「自閉症の兄とともに」かもがわ出版　2008
Karasik, Yulii　カラシク,ユーリー
1923～2005　⒩ロシア　映画監督,脚本家　⒳カラーシク,ユーリー
Karasin, Grigory　カラシン,グリゴリー
1949～　⒩ロシア　外交官　ロシア外務次官　本名＝Karasin, Grigory Borisovich
Karasyov, Carrie Doyle　カラショフ,キャリー
1972～　⒩アメリカ　作家　⒢ロマンス
Karatsolis, Loukas　カラツォリス,ルカス
⒩ギリシャ　駐日特命全権大使
Karatygina, Margarita Ivanovna　カラティギナ,マルガリータ・イヴァーノヴナ
⒩ロシア　チャイコフスキー記念国立モスクワ音楽院音楽理論学部准教授,邦楽アンサンブル「和音」リーダー
Karatzas, Ioannis　カラザス,I.
⒯「ブラウン運動と確率積分」シュプリンガー・フェアラーク東京　2001
Karau, Holden　カラウ,ホールデン
⒯「初めてのSpark」オライリー・ジャパン,オーム社(発売)　2015
Karavaeva, Irina　カラバエワ
⒩ロシア　トランポリン選手
Karavan, Dani　カラヴァン,ダニ
1930～　⒩イスラエル　環境造形家,彫刻家　⒳カラバン,ダニ
Karayan, Suren　カラヤン,スレン
⒩アルメニア　経済相
Karbaschi, Gholamhossein　カルバスチ,ゴラムホセイン
1954～　⒩イラン　政治家　テヘラン市長
Karbo, Karen　カーボ,カレン
⒯「ココ・シャネルが教えてくれること」宝島社　2012
Karch, Steffen　カルヒ,シュテフェン
⒯「SAP NetWeaver導入ガイド」日経BPソフトプレス,日経BP出版センター(発売)　2005
Kardanov, Amiran　カルダノフ
⒩ギリシャ　レスリング選手
Kardashian, Kim　カーダシアン,キム
ゴールデン・ラズベリー賞(ラジー賞)最低助演女優賞(第34回(2013年))"Tyler Perry's Temptation"
Kardish, Laurence　カーディッシュ,ローレンス
ベルリン国際映画祭 ベルリナーレ・カメラ賞(第56回(2006年))
Karega, Vincent　カレガ,ビンセント
⒩ルワンダ　社会基盤相
Kareiva, Natallia　カレイワ
⒩ベラルーシ　陸上選手
Karelin, Aleksandr　カレリン,アレクサンドル
1967～　⒩ロシア　政治家,元レスリング選手　ロシア下院議員　⒳カレリン,アレキサンダー
Karels, Michael J.　カレルズ,マイケル
⒯「4.4BSDの設計と実装」アスキー　2003
Karem Faride Achach Ramirez　カレムファリデ・アチャチ
⒩メキシコ　水泳選手
Karenga, Ramadhani　カレンガ,ラマダニ

Kargar, Shaker　カルガル, シャケル
　国アフガニスタン　水利電力相
Kargbo, Alex　カーグボ, アレックス
　国シエラレオネ　北部地域担当相　異カーグボ, アレックス・アリー
Kargbo, Franklyn　カーボ, フランクリン
　国シエラレオネ　法相兼検事総長　異カーボ, フランク
Kargbo, Ibrahim Ben　カーボ, イブラヒム・ベン
　国シエラレオネ　情報・通信相　異カーボ, イブラハム・ベン
Kargbo, Momodu　カグボ, モモドゥ
　国シエラレオネ　財務・経済計画相
Kargere, Audrey　カージェール, オードリー
　著「幸運を呼ぶカラーヒーリング」中央アート出版社　2009
Kargman, Jill　カーグマン, ジル
　1974～　国アメリカ　作家　分ロマンス
Karhu, Clifton　カーフ, クリフトン
　1927～2007　国アメリカ　版画家　分木版
Karhunen, Juha　カルーネン, ユハ
　著「「詳解」独立成分分析」東京電機大学東京電機大学出版局　2005
Karia, Akash　カリア, アカッシュ
　著「TEDに学ぶ最強のプレゼン術」SBクリエイティブ　2015
Karia, Jayantilal M.　カリア, ジャヤンティラル・M.
　国ウガンダ　元・国連事務局副財務官
Kariakin, Iurii　カリャーキン, Y.
　著「罪と罰」せせらぎ出版　2007
Karier, Thomas Mark　カリアー, トーマス
　著「ノーベル経済学賞の40年」筑摩書房　2012
Karikis, Mikhail　カリキス, ミハイル
　1975～　国イギリス　アーティスト　ブライトン大学上級講師
Karikurubu, Charles　カリクルブ, シャルル
　国ブルンジ　商工相
Karim, Fazal　カリム, ファザル
　国トリニダード・トバゴ　高等教育・技能訓練相　異カリム, フェイザル
Karim, Rafiatou　カリム, ラフィアトゥ
　国ベナン　初等中等教育相
Karimi, Rahim　カリミ, ラヒム
　国アフガニスタン　法相
Karimimachiani, Alireza Mohammad　カリミマチアニ, アリレザモハンマド
　国イラン　レスリング選手
Karimloo, Ramin　カリムルー, ラミン
　1978～　ミュージカル俳優, 歌手
Karimov, Islam Abduganievich　カリモフ, イスラム
　1938～2016　国ウズベキスタン　政治家　ウズベキスタン大統領　異カリモフ, イスラム・A.
Karimov, Majid　カリモフ, マジド
　国アゼルバイジャン　燃料エネルギー相
Karimov, Tarlan　カリモフ
　国アゼルバイジャン　柔道選手
Karimzhanov, Nurzhan　カリムジャノフ
　国カザフスタン　ボクシング選手
Karina, Anna　カリーナ, アンナ
　1940～　国フランス　女優　本名＝Bayer, Hanne Karin Blarke
Karinch, Maryann　カリンチ, マリアン
　著「米陸軍諜報指導官に質問されたらあなたは何も隠せない」三五館　2015
Kariņš, Krišjānis　カリンシュ, クリシャニス
　国ラトビア　経済相
Karippot, Anoop　カリポット, アヌープ
　著「双極うつ病」星和書店　2013
Kariuki, Sicily　カリウキ, シシリー
　国ケニア　公共サービス・青年・ジェンダー相
Karius, Loris　カリウス, ロリス
　国ドイツ　サッカー選手
Kariyawasam, Akila Viraj　カリヤワサム, アキラ・ビラジュ
　国スリランカ　教育相
Karizna, Ivan　カリズナー, イヴァン
　国ベラルーシ　チャイコフスキー国際コンクール チェロ第3位（2011年（第14回））
Karjalainen, Elina　カルヤライネン, エリナ
　1927～2008　著「でておいで森のようせい」学研教育出版, 学研マーケティング（発売）　2009
Karjalainen, Olli-Pekka　カルヤライネン
　国フィンランド　陸上選手
Karjalainen, Tuula　カルヤライネン, トゥーラ
　1942～　著「ムーミンの生みの親、トーベ・ヤンソン」河出書房新社　2014
Karki, Surendra Kumar　カルキ, スレンドラ・クマール
　国ネパール　情報通信相
Karl, Beatrix　カール, ベアトリックス
　国オーストリア　法相
Karl, Benjamin　カール
　国オーストリア　スノーボード選手
Karl, Wilhelm　カール, ウィルヘルム
　？～2007　国ドイツ　旧王族
Karlan, Dean S.　カーラン, ディーン
　著「善意で貧困はなくせるのか？」みすず書房　2013
Karle, Jerome　カール, ジェローム
　1918～2013　国アメリカ　物理化学者　米国海軍物質構造研究所主任研究員
Karlgaard, Richard　カールガード, リッチ
　著「超チーム力」ハーパーコリンズ・ジャパン　2016
Karlins, Marvin　カーリンズ, マーヴィン
　著「元FBI捜査官が教える「心を支配する」方法」大和書房　2015
Karlinsky, Simon　カーリンスキー, サイモン
　著「ナボコフ＝ウィルソン往復書簡集」作品社　2004
Karlitz, Gail　カーリッツ, ゲイル
　著「アメリカの中学生はみな学んでいる「おカネと投資」の教科書」朝日新聞出版　2012
Karlovic, Ivo　カロビッチ, イボ
　1979～　国クロアチア　テニス選手
Karls, James M.　カールズ, J.M.
　1927～　著「PIEマニュアル」相川書房　2001
Karlsson, Björn　カールソン, ビョルン
　著「Boost」ピアソン・エデュケーション　2008
Karlsson, Ewert　カールソン, エーヴェット
　1918～　著「ビッケのとっておき大作戦」評論社　2012
Karlsson, Gunnar　カールソン, グンナー
　著「アイスランド小史」早稲田大学出版部　2002
Karlsson, Hans　カールソン, ハンス
　国スウェーデン　雇用担当相
Karlsson, Ida-Theres　カールソン
　国スウェーデン　レスリング選手
Karlsson, Jan Ch.　カールソン, ジャン・Ch.
　著「社会を説明する」ナカニシヤ出版　2015
Karlsson, Jan o　カールソン, ヤン・オー
　国スウェーデン　開発協力・移民難民政策担当相
Karlsson, Kristian　カールソン, クリスティアン
　国スウェーデン　卓球選手
Karlsson, Mats Arne　カールソン, マッツ・アーネ
　著「僕はこの暗号を不気味に思ひ…」国際日本文化研究センター　2005
Karlzon, Hanna　カールソン, ハンナ
　著「夏の夜」実務教育出版　2016
Karma Chophel　カルマ・チョペル
　1949～　政治家　亡命チベット代表者議会（ATPD）議長
Karmakar, Dipa　カルマカル, ディパ
　国インド　体操選手
Karmakar, Joydeep　カルマカル
　国インド　射撃選手
Karman, Tawakel　カルマン, タワックル
　1979～　国イエメン　ジャーナリスト, 人権活動家　鎖のない女性ジャーナリスト創設者
Karman, Tawakkol　カルマン, タワックル
　国イエメン　ノーベル賞 平和賞（2011年）
Karmapa ⅩⅦ　カルマパ17世
　1985～　宗教指導者　チベット仏教（ラマ教）カギュー派最高位活仏　本名＝ウゲン・ティンレー・ドルジェ〈Urgyen Trinley Doje〉　異カルマパ
Karmasin, Sophie　カルマシン, ゾフィー
　国オーストリア　家庭・青年相
Karmin, Craig　カーミン, クレイグ
　著「欲望と幻想のドル」日本経済新聞出版社　2010
Karn, Mick　カーン, ミック
　1958～2011　国イギリス　ロック・ベース奏者　本名＝Michaelides, Anthony
Karnazes, Dean　カーナゼス, ディーン
　1962～　著「ウルトラマラソンマン」ディスカヴァー・トゥエンティワン　2012

Karner, Regina カルナー, レギーネ
[著]「19世紀ウィーンへの旅」 名古屋市博物館 2003
Karneyeu, Siarhei カルネエフ
[国]ベラルーシ ボクシング選手
Karnezis, Orestis カルネジス, オレスティス
[国]ギリシャ サッカー選手
Karnezis, Panos カルネジス, パノス
1967～ 作家 [専]文学
Karnou-samedi, Nicaise カルヌサムディ, ニケス
[国]中央アフリカ 青年・スポーツ相
Karns, Nathan カーンズ, ネイサン
[国]アメリカ 野球選手
Karolides, Nicholas J. キャロライズ, ニコラス・J.
[著]「百禁書」 青山出版社 2004
Karon, Jan カロン, ジャン
1937～ [著]「ジェレミーのぼうけん」 岩崎書店 2001
Karonen, Lassi カロネン
[国]スウェーデン ボート選手
Karori, Ahmed Mohammed Sadig カローリ, アハメド・ムハンマド・サディグ
[国]スーダン 鉱物相
***al*-Karouri, Sadiq Ahmed** カローリ, サディク・アハメド
[国]スーダン 鉱物相
Karp, Alexander カープ, アレックス
[国]アメリカ Palantir Technologies
Karp, Cary カープ, カリー
[著]「歴史的楽器の保存学」 音楽之友社 2002
Karp, David カープ, デービッド
1986～ [国]アメリカ 起業家 タンブラーCEO [異]カープ, デイビッド / カープ, デビッド
Karp, Gerald C. カープ, G.C.
[著]「カープ分子細胞生物学」 東京化学同人 2016
Karp, Harvey カープ, ハーヴェイ
[著]「わが子がぐっすり眠れる魔法のスイッチ」 講談社 2013
Karp, Jason カープ, ジェイソン・R.
[著]「女性のためのランニング学」 ガイアブックス 2014
K
Karp, Sergueï IA. カルプ, セルゲイ
1959～ [著]「十八世紀研究者の仕事」 法政大学出版局 2008
Karpak, Deniss カルパク, デニス
[国]エストニア セーリング選手
Karpela, Tanja カルペラ, タニヤ
[国]フィンランド 文化相
Karpenko, Igor V. カルペンコ, イーゴリ・V.
[国]ベラルーシ 教育相
Karpf, Anne カープ, アン
[著]「「声」の秘密」 草思社 2008
Karpiński, Włodzimierz カルピンスキ, ブウォジミエジュ
[国]ポーランド 国有財産相
Karplus, Martin カープラス, マーティン
1930～ [国]オーストリア, アメリカ 化学者 ノーベル賞 化学賞(2013年)
Karpov, Dmitriy カルポフ
[国]カザフスタン 陸上選手
Karpov, R.S. カルポフ, R.
[著]「鍼のエビデンス」 医道の日本社 2009
Karpov, Viktor カルポフ, V.
1960～ [異]カルポフ, ヴィクトル [著]「ウクライナに抑留された日本人」 東洋書店 2013
Karr, Jean-Alphonse カル, アルフォンス
[著]「怪奇小説傑作集」 東京創元社 2006
Karras, Alex カラス, アレックス
1935～2012 [国]アメリカ 俳優, アメフト選手 [異]キャラス, アレックス
Karras, Ted カラス, テッド
[国]アメリカ アメフト選手
Kärrberg, Patrik シェリベリ, パトリク
1975～ [著]「世界最強のモバイル・ビジネス」 クォンタム, シュプレクス出版(発売) 2002
Karsch, Monika カルシュ, モニカ
[国]ドイツ 射撃選手
Karsh, Yousuf カーシュ, ユースフ
1908～2002 [国]カナダ 写真家 [異]カーシュ, ユーサフ / カーシュ, ユスフ
Karsin, Asa カシーン, オーサ
1969～ [著]「フォルケはチュッとしたいきぶん」 くもん出版 2003
Karssen, Gien カーセン, ギエン
[著]「シングルライフを最高に生きる」 いのちのことば社 2006
Karst, M. カースト, M.
[著]「鍼のエビデンス」 医道の日本社 2009
Karsten, Ekaterina カルステン, エカテリーナ
[国]ベラルーシ ボート選手 [異]カルステン
Karsten, Gunther カールステン, グンター
[著]「記憶力世界チャンピオンカールステン博士の頭がよくなる勉強法」 こう書房 2010
Karsten, Uwe カルステン, ウーベ
[著]「EUと現代ドイツ」 世界思想社 2003
Karstens, Anke カルステンス
[国]ドイツ スノーボード選手
Kartajaya, Hermawan カルタジャヤ, ヘルマワン
1947～ [著]「コトラーのマーケティング3.0」 朝日新聞出版 2010
Kartamihardja, Achdiat カルタミハルジャ, アフディアット
1911～2010 [国]インドネシア 作家 インドネシア・ペンクラブ会長 本名＝Achdiat Karta Mihardja [異]アフディアット・K.ミハルジャ
Kartashova, Alena カルタショワ
[国]ロシア レスリング選手 [異]カルタホワ
Karten, Naomi カーテン, ナオミ
[著]「ソフトウェア開発のカオス」 構造計画研究所, 共立出版(発売) 2003
Karten, Toby J. カルテン, トビー・J.
[著]「インクルーシブな学級づくり・授業づくり」 学苑社 2016
Karti, Ali Ahmed カルティ, アリ・アハメド
[国]スーダン 外相 [異]カルティ, アリ・アフメド
Kartikov, Doszhan カルチコフ, ドスジャン
[国]カザフスタン レスリング選手
Kartozia, Alexandre カルトジア, アレクサンドレ
[国]ジョージア 教育相
Karua, Martha カルア, マーサ
[国]ケニア 法務・憲法問題相
Karubi, Kikaya Bin カルビ, キカヤ・ビン
[国]コンゴ民主共和国 情報相
Karugarama, Tharcisse カルガラマ, タルシス
[国]ルワンダ 法相
Karumanchi, Narasimha カルマンチ, ナラシンハ
[著]「入門データ構造とアルゴリズム」 オライリー・ジャパン, オーム社(発売) 2013
Karume, Amani Abeid カルメ, アマニ・アベイド
[国]タンザニア ザンジバル自治政府大統領
Karume, Ngenga カルメ, ヌジェンガ
[国]ケニア 大統領府国務相(特別プログラム担当)
Karun, K. カルン, K.
[著]「Oracle XMLハンドブック」 翔泳社 2001
Karunakara, Unni カルナカラ, ウンニ
[国]インド 医師 国境なき医師団(MSF)会長
Karunanayake, Ravi カルナナヤケ, ラビ
[国]スリランカ 財務相
Karunaratne, Kusuma カルナラトナ, クスマ
[国]スリランカ コロンボ大学上級教授, 元・コロンボ大学大学院学部長
Karunaratne, Niluka クルナレトネ, ニルカ
[国]スリランカ バドミントン選手
Karunathilaka, Gayantha カルナティラカ, ガヤンタ
[国]スリランカ 議会改革・メディア相
Karven, Ursula カルヴェン, ウルスラ
1964～ [著]「いつでもどこでもらくヨガ」 サンマーク出版 2008
Karvonen, Inkeri カルヴォネン, インケリ
1942～ [著]「ひとりぼっちのちいさなエルフ」 新教出版社 2009
Karwin, Bill カーウィン, ビル
[著]「SQLアンチパターン」 オライリー・ジャパン, オーム社(発売) 2013
Karwowski, Waldemar カーウォウスキー, W.
[著]「マクロ人間工学」 日本出版サービス 2006
Karyuchenko, Dmytro カルチェンコ, ドミトリー
[国]ウクライナ フェンシング選手
Karz, Devery カルツ, デベリー
[国]アメリカ ボート選手
Karzai, Ahmed Wali カルザイ, アフメド・ワリ
1963～2011 [国]アフガニスタン 政治家 カンダハル州議会議長
Karzai, Hamid カルザイ, ハミド
1957～ [国]アフガニスタン 政治家 アフガニスタン大統領
Kas, Christopher カス

国ドイツ　テニス選手
Kasa, Jožef　カサ, ヨジェフ
　国セルビア　副首相
Kasabi, Yahia　カサビ, ヤヒヤ
　国ヨルダン　公共事業・住宅相
Kasabiev, Arsen　カサビエフ
　国ジョージア　重量挙げ選手
Kasaeva, Zarema　カサエワ
　国ロシア　重量挙げ選手
Kasahun, Ayele　カサフン・アイエレ
　国エチオピア　貿易・産業相
Kasaijja, Matia　カサイジャ, マティア
　国ウガンダ　財務・経済企画相
Kasaila, Francis Lazalo　カサイラ, フランシス・ラザロ
　国マウライ　運輸・公共事業相
Kasambara, Ralph　カサンバラ, ラルフ
　国マラウイ　法相
Kasanga, Kasim　カサンガ, カシム
　国ガーナ　科学・環境相
Kasapi, Vasiliki　カサピ
　国ギリシャ　重量挙げ選手
Kasarova, Vesselina　カサローヴァ, ヴェッセリーナ
　1965～　国ブルガリア　メゾソプラノ歌手　(異)カサローバ, ベッセリーナ / カサロバ, ベッセリーナ / カサロヴァ, ヴェッセリーナ
Kasasbeh, Hamad　カサスベ, ハマド
　国ヨルダン　財務相
Kasatkina, Daria　カサキナ, ダリア
　国ロシア　テニス選手
Kasdan, Lawrence　カスダン, ローレンス
　1949～　著「スター・ウォーズ フォースの覚醒」講談社　2016
Kasekamp, Andres　カセカンプ, アンドレス
　1966～　著「バルト三国の歴史」明石書店　2014
Kasem, Casey　ケーサム, ケーシー
　1932～2014　国アメリカ　ラジオ司会者, DJ　(異)ケイサム, ケイシー
Kasem, Sanitwong　カセーム・サニトウォン
　国タイ　天然資源環境相
Kasem, Watanachai　カセム・ワタナチャイ
　国タイ　教育相
Kasenally, Abu Twalib　カセナリ, アブ・ツァリブ
　国モーリシャス　住宅・土地相
Kaser, Drew　ケイサー, ドリュー
　国アメリカ　アメフト選手
Kaser, Karl　カーザー, カール
　1954～　著「ハプスブルク軍政国境の社会史」学術出版会, 日本図書センター（発売）　2013
Kaser, Michael Charles　ケーザー, マイケル
　著「ソ連・東欧の保健・医療」本の泉社　2001
Kaser-Boyd, Nancy　ケイザー・ボイド, ナンシー
　著「基本からのロールシャッハ法」金子書房　2005
Kasesniemi, Eija-Liisa　カセスニエミ, エイヤ＝リーサ
　著「絶え間なき交信の時代」NTT出版　2003
Kasha, Abdel-Hamid Musa　カシャ, アブデルハミド・ムーサ
　国スーダン　対外貿易相　(異)カシャ, アブデル・ハミド・ムーサ
Kashawa Bakinzi, Benjamin　カシャワバキンジ, バンジャマン
　国コンゴ民主共和国　公共事業相
Kashdan, Todd B.　カシュダン, トッド
　著「ネガティブな感情が成功を呼ぶ」草思社　2015
Kashirina, Tatiana　カシリナ
　国ロシア　重量挙げ選手
Kashiwagi, Hiroshi　カシワギ, ヒロシ
　著「現代世界アジア詩集」土曜美術社出版販売　2010
Kashkashian, Kim　カシュカシャン, キム
　1952～　国アメリカ　ビオラ奏者　(異)カシュカシーアン, キム
Kashongwe, Zacharie　カショヌグウェ, ザシャリ
　国コンゴ民主共和国　保健相
Kashyap, Anil K.　カシャップ, アニル・K.
　著「何が日本の経済成長を止めたのか」日本経済新聞出版社　2013
Kasi, Abdul Malik　カシ, アブドル・マリク
　国パキスタン　厚生相
Kasich, John Richard　ケーシック, ジョン
　1952～　国アメリカ　政治家　オハイオ州知事
Kašick'y, František　カシツキー, フランチシェク
　国スロバキア　国防相

Kasimov, Gurban　カシモフ, グルバン
　国トルクメニスタン　法相
Kasirye, Ruth　カシリエ
　国ノルウェー　重量挙げ選手
Kasischke, Laura　カシシュケ, ローラ
　1968～　全米書評家協会賞 詩（2011年）"Space, in Chains"
　(異)カジシュキー, ローラ
Kasit, Piromya　ガシット・ピロム
　国タイ　外相
Kasitah, Gaddam　カシタ・ガダム
　国マレーシア　土地・協同組合開発相
Kasitati, Nila　カシタティ, ニラ
　国アメリカ　アメフト選手
Kaskade　カスケード
　国アメリカ　DJ　(異)カスケイド
Käsler, Dirk　ケスラー, ディルク
　著「社会学的冒険」恒星社厚生閣　2003
Käsler-Heide, Helga　ケスラー・ハイデ, ヘルガ
　1955～　著「我が子の自殺のサインを読みとる」インデックス出版　2005
Kaslin, Ariella　ケースリン
　国スイス　体操選手
*al-*Kasnazani, Milas**　カズナザニ, ミラス
　国イラク　貿易相
Kasonde, Emmanuel　カソンデ, エマニュエル
　国ザンビア　財務相
Kasonde, Joseph　カソンデ, ジョゼフ
　国ザンビア　保健相
Kasongo, Emile　カソンゴ, エミール
　国コンゴ民主共和国　経済相
Kasoulides, Ioannis　カスリーディス, イオアニス
　国キプロス　外相　(異)カスリデス, ヨアニス
Kaspar, Jonas　カスパル, ヨナス
　国チェコ　カヌー選手
Kasparov, Garri Kimovich　カスパロフ, ガルリ
　1963～　著「決定力を鍛える」日本放送出版協会　2007
Kasparov, Garri Kimovich　カスパロフ, ゲーリー
　1963～　国ロシア　元チェス選手, 反体制指導者　チェス世界チャンピオン　別名＝ワインスタイン, ゲッリク　(異)カスパーロフ / カスパロフ, ガリ / カスパロフ, ガルリ / カスパロフ, ゲリ / カスプロフ, ゲリー
Kasper (Agent)　カスパー
　(異)カスパー捜査官　著「スーパーノート」河出書房新社　2015
Kasper, Dennis L.　カスパー, デニス・L.
　(異)カスパー, D.L.　著「ハリソン内科学」メディカル・サイエンス・インターナショナル　2006
Kasper, Klaus Peter　カスパー, クラウス・ペーター
　国ドイツ　元・フランクフルト独日協会理事
Kasper, Siegfried　カスパー, ジークフリート
　著「写真が語るウィーン精神医学史」現代書林　2002
Kaspersky, Yevgeny　カスペルスキー, ユージン
　1965～　国ロシア　実業家　カスペルスキー取締役会長・CEO
Kasperson, James　カスパーソン, ジェイムス
　著「もっと！ 子どもが地球を愛するために」人文書院　2001
Kaspiarovich, Dzmitry　カスパロビッチ
　国ベラルーシ　体操選手
Kaspriske, Ron　カスプリスキ, ロン
　著「デビッドレッドベターAスウィング」ゴルフダイジェスト社　2016
Kasrils, Ronald　キャスリルズ, ロナルド
　国南アフリカ　情報相
Kasrils, Ronnie　カスリルス, ロニー
　国南アフリカ　情報相　(異)キャスリルズ, ロニー
Kass, Danny　カス
　国アメリカ　スノーボード選手
Kass, Leon　カス, レオン・R.
　1939～　著「治療を超えて」青木書店　2005
Kassa, Barthélémy　カサ, バルテルミ
　国ベナン　エネルギー・石油鉱山・水利・再生可能エネルギー開発相
Kassa, Tekeleberhan　カーサ・テクレベルハン
　国エチオピア　連邦・遊牧民発展相
Kassab, Gilberto　カサブ, ジルベルト
　国ブラジル　科学技術・通信相
Kassaï, Moussa Saïbou　カサイ, ムサ・サイブ
　国ニジェール　公共事業雇用相

Kassal-Mikula, Renata　カッサル・ミクラ, レナータ
　著「19世紀ウィーンへの旅」名古屋市博物館　2003
Kassar, Adnan　カッサル, アドナン
　国レバノン　経済・貿易相
Kassel, Jon　カッセル, ジョン
　著「リラプス・プリベンション」日本評論社　2011
Kassell, Nicole　カッセル, ニコール
　著「神様がくれた最後の恋」メディアファクトリー　2011
Kassem, Nicholas　カッセム, ニコラス
　著「Java 2 Platform, Enterprise editionアプリケーション設計ガイド」ピアソン・エデュケーション　2001
Kasser, Rodolphe　カッセル, ロドルフ
　著「ユダの福音書」日経ナショナルジオグラフィック社, 日経BP出版センター (発売)　2006
Kassim, Siti　カシム, シティ
　国コモロ　生産・環境・エネルギー・産業・伝統工芸担当相　異カシーム, シッティ
Kassindja, Fauziya　カシンジャ, ファウジーヤ
　1977～　著「ファウジーヤの叫び」ソニー・マガジンズ　2001
Kassiola, Joel Jay　カッシオーラ, ジョエル・J.
　1945～　著「産業文明の死」ミネルヴァ書房　2014
Kassir, Samir　カシール, サミール
　1960～2005　国レバノン　ジャーナリスト
Kassirecoumakoye, Nouradine Delwa　カシレクマコエ, ヌラディヌ・デルワ
　国チャド　国務相 (国土整備・都市計画・住宅担当)
Kassirer, Jerome P.　カシラー, ジェローム・P.
　1932～　著「クリニカル・リーズニング・ラーニング」メディカル・サイエンス・インターナショナル　2011
Kässmann, Margot　ケースマン, マルゴット
　著「なぜ"平和主義"にこだわるのか」いのちのことば社　2016
Kassoma, António Paulo　カソマ, アントニオ・パウロ
　国アンゴラ　首相
Kassoum, Moctar　カスム, モクタール
　国ニジェール　青年・スポーツ相
Kassovitz, Mathieu　カソヴィッツ, マチュー
　1967～　国フランス　映画監督, 俳優　異カソビッツ
Kassu, Ilala　カス・イララ
　国エチオピア　公共事業・都市開発相
Kassymbek, Zhenis　カスイムベク, ジェニス
　国カザフスタン　投資発展相
Kassymov, Kalmukhanbet　カスイモフ, カルムハンベト
　国カザフスタン　内相
Kast, Felipe　カスト, フェリペ
　国チリ　企画相
Kast, Verena　カースト, ヴェレーナ
　1943～　著「悪とメルヘン」新曜社　2002
Kastanidis, Haris　カスタニディス, ハリス
　国ギリシャ　法務・情報公開担当・人権相
Kastenbaum, Robert　カステンバウム, ロバート
　著「死ぬ瞬間の心理」西村書店　2002
Kastēns, Oskars　カステンス, オスカルス
　国ラトビア　社会統合担当相　異カステンズ, オスカルス
Kastner, Jeffrey　カストナー, ジェフリー
　著「ランドアートと環境アート」ファイドン　2005
Kastner, Joerg　ケストナー, ヨルグ
　著「鍼療法図鑑」ガイアブックス, 産調出版 (発売)　2011
Kastor, Deena　カスター
　国アメリカ　陸上選手
Kast-Zahn, Annette　カスト・ツァーン, アネッテ
　1956～　著「赤ちゃんがすやすやネンネする魔法の習慣」PHP研究所　2009
Kasukuwere, Sevior　カスクウェレ, セイビアー
　国ジンバブエ　地方行政・公共事業・住宅相
Kasule, Samuel　カスール, サムエル
　著「アフリカ大陸歴史地図」東洋書林　2002
Kasulis, Thomas P.　カスーリス, トーマス
　1948～　異カスリス, トマス・P.　著「インティマシーあるいはインテグリティー」法政大学出版局　2016
Kasuri, Khursheed Mehmood　カスリ, クルシード・メハムード
　国パキスタン　外相
Kasweshi, Fridolin　カスウェシ, フリドラン
　国コンゴ民主共和国　インフラ・公共事業相
Kasweshi Musoka, Fridolin　カスウェシ・ムソカ, フリドラン
　国コンゴ民主共和国　国土整備・都市計画・住宅・インフラ公共事業・再建相
Kasyan, Anna　カシャン, アンナ
　国ジョージア　エリザベート王妃国際コンクール 声楽 第4位 (2008年)
Kasyanov, Mikhail M.　カシヤノフ, ミハイル・M.
　国ロシア　首相
Kasyanov, Mikhail Mikhailovich　カシヤノフ, ミハイル
　1957～　国ロシア　政治家　ロシア首相　異カシヤーノフ, ミハイル
Kasyanov, Oleksiy　カシャノフ
　国ウクライナ　陸上選手
Kasymaliev, Adylbek　カスイマリエフ, アディルベク
　国キルギス　財務相
Kasymov, Bakhadyr　カスイモフ, バハドイル
　国ウズベキスタン　非常事態相
Kasymov, Kalmukhanbet　カスイモフ, カルムハンベト
　国カザフスタン　内相
Kasymov, Rustam　カスイモフ, ルスタム
　国ウズベキスタン　副首相　異カシモフ, ルスタム
Kasza, Gregory J.　カザ, グレゴリー・J.
　著「国際比較でみる日本の福祉国家」ミネルヴァ書房　2014
Kasza, Keiko　カザ, ケイコ
　漢字名＝カザ敬子　著「わらっちゃだめジョー！」西村書店　2001
Katafiasz, Karen　カタフィアツ, カレン
　著「怒りセラピー」サンパウロ　2012
Katai, Aleksandar　カタイ, アレクサンダル
　国セルビア　サッカー選手
Katainen, Jyrki　カタイネン, ユルキ
　1971～　国フィンランド　政治家　EU欧州委員会副委員長 (成長・投資担当)　フィンランド首相, フィンランド国民連合党党首
Katali, Isak　カタリ, イサク
　国ナミビア　鉱業・エネルギー相
Katambo, Michael　カタンボ, マイケル
　国ザンビア　水産・畜産相
Katamidze, Viacheslav Ivanovich　カタミーゼ, スラヴァ
　著「ソ連のスパイたち」原書房　2009
Katasonova, Elena Leont'evna　カタソノワ, エレーナ
　著「関東軍兵士はなぜシベリアに抑留されたか」社会評論社　2004
al-Katatni, Saad　カタトニ, サード
　1952～　国エジプト　政治家, 植物学者　エジプト人民会議議長, エジプト自由公正党幹事長
Katchalsky, Aharon　カチャルスキー, A.
　1914～　著「生物物理学における非平衡の熱力学」みすず書房　2002
Katcher, Aaron Hanori　キャッチャー, アーロン
　著「あなたがペットと生きる理由」ペットライフ社, 緑書房 (発売)　2002
Katcher, Philip R.N.　キャッチャー, フィリップ
　著「南北戦争の南軍」新紀社社　2001
Katchor, Ben　カチョー, ベン
　1951～　著「ジュリアス・クニプル、街を行く」新書館　2004
Kate, Lauren　ケイト, ローレン
　国アメリカ　作家　ヤングアダルト, ファンタジー
Kate, Sabaï　カテ, サバイ
　国ベナン　農業・畜産・漁業相
Kategaya, Eriya　カテガヤ, エリヤ
　国ウガンダ　第1副首相兼東アフリカ担当相
Katema, Joseph　カテマ, ジョゼフ
　国ザンビア　伝統的指導者・伝統事項相
Katende, Kennedy　カテンデ, ケネディー
　国ウガンダ　ボクシング選手
Kater, Fritz　カーター, フリッツ
　1966～　著「愛するとき死ぬとき」論創社　2006
Kater, Michael H.　ケイター, マイケル・H.
　1937～　著「第三帝国と音楽家たち」アルファベータ　2003
Katerinich, Dmitry S.　カテリニッチ, ドミトリー・S.
　国ベラルーシ　産業相
Kates, Andrew M.　ケーツ, アンドリュー・M.
　著「ワシントンマニュアル循環器内科アップグレード」メディカル・サイエンス・インターナショナル　2010
Katia, Pinto　カーサ, ピント
　国キリバス　商業・産業・協同組合相
Katič, Andreja　カティッチ, アンドレヤ
　国スロベニア　国防相
Katie, Byron　ケイティ, バイロン

㊟「タオを生きる」 ダイヤモンド社 2014
Katigbak-Sillick, Marie Clare カティグバック - シリック, マリ・クレール
㊟「Living beauty」 ランダムハウス講談社 2008
Katila, Riitta カティーラ, リイッタ
㊟「業績評価の理論と実務」 東洋経済新報社 2004
Katin, Peter Roy ケーティン, ピーター
1930～2015 ㊖イギリス ピアニスト 英国王立音楽大学教授 ㊥カティン, ピーター
Katitima, Norbert Basengezi カティティマ, ノルベール・バゼンゲジ
㊖コンゴ民主共和国 農相
Katn'fund, Bijou カットウフンド, ビジュー
㊖コンゴ民主共和国 ジェンダー・家族・子ども相
Katnić, Milorad カトニッチ, ミロラド
㊖モンテネグロ 財務相
Kato, Issiah Ag カト, イシア・アグ
㊖ニジェール 動物資源相
Kato, J.L. カトー, J.L.
㊟「現代世界アジア詩集」 土曜美術社出版販売 2010
Kato, Mikio カトウ, ミキオ
㊖日本 ローザンヌ国際バレエコンクール 6位・プロ研修賞（第42回（2014年）） 漢字名＝加藤三希央
Kato, Shizuru カトウ, シズル
㊖日本 ローザンヌ国際バレエコンクール 5位・スカラシップ（第39回（2011年）） 漢字名＝加藤静流
Kato, Takafumi カトウ, タカフミ
㊟「歯科医師のための睡眠医学」 クインテッセンス出版 2010
Kato, Tomonari カトウ, トモナリ
㊖日本 ファエンツァ国際陶芸展大賞（2009年） 漢字名＝加藤智也
Katoch, Chandresh K. カトチ, チャンドレシュ・K.
㊖インド 文化相
Katomba, Germain Kambinga カトンバ, ジェルマン・カンビンガ
㊖コンゴ民主共和国 産業相
Katona, Cornelius L.E. カトナ, コルネリウス
1954～ ㊟「図説精神医学入門」 日本評論社 2011
Katosang, Mario カトサン, マリオ
㊖パラオ 教育相
Katoucha カトゥーシャ
1960～2008 ㊟「わたしの身体深く」 ポプラ社 2009
Katrougalos, Giorgos カトゥルガロス, ヨルゴス
㊖ギリシャ 労働・社会保障相
Katsalapov, Nikita カツァラポフ
㊖ロシア フィギュアスケート選手
Katsaris, Cyprien カツァリス, シプリアン
1951～ ㊖フランス ピアニスト
Katsav, Moshe カツァブ, モシェ
1945～ ㊖イスラエル 政治家 イスラエル大統領 ㊥カッツァーブ, モシェ
Katschke, Judy キャッツク, ジュディー
㊟「オープン・シーズン」 竹書房 2006
Katschnig, Heinz カチュニッヒ, ハインツ
㊟「精神疾患とQOL」 メディカル・サイエンス・インターナショナル 2002
Katseli, Louka カツェリ, ルカ
㊖ギリシャ 労働・社会保障相
Katsenelson, Vitaliy N. カツェネルソン, ビタリー
㊟「バリュー株トレーディング」 パンローリング 2009
Katsh, Abraham Isaac キャッチ, アブラハム・I.
1908～ ㊟「ワルシャワ・ゲットー日記」 風行社 2007
Katsheke, Judy カッシュケー, ジュディ
㊟「プリンセスまほうのちから」 大日本絵画 2003
Katsiak, Maryia カチアク, マリア
㊖ベラルーシ 新体操選手
Katsikadelis, John T. カチカデーリス, J.T.
㊟「境界要素法」 朝倉書店 2004
Katsonga, Davis カツォンガ, デービス
㊖マラウイ 労相 ㊥カソンガ, デービス
Katsuyama, Hideaki カツヤマ, ヒデアキ
㊟「ITI treatment guide」 クインテッセンス出版 2013
Katuku, Mutua カツク, ムトゥア
㊖ケニア 水資源相
Katureebe, Bart カトゥリーベ, バート
㊖ウガンダ 法務長官
Katusa, Marin カツサ, マリン
㊟「コールダー・ウォー」 草思社 2015
Katz, Bernard カッツ, バーナード
1911～2003 ㊖イギリス 生理学者 ロンドン大学ユニバーシティ・カレッジ名誉教授 ㊫神経生理学
Katz, Charles, Jr. カッツ, チャールズ・J., Jr.
㊟「樹の力」 中部大学, 風媒社（名古屋）（発売） 2014
Katz, Craig L. カッツ, クレイグ・L.
㊟「災害精神医学」 星和書店 2015
Katz, David カッツ, デイヴィッド
1965～ ㊥カッツ, ダーヴィット ㊟「ソリッド・ファンデーション」 DU BOOKS, ディスクユニオン（発売） 2012
Katz, Eliakim カッツ, エリアキム
㊟「レントシーキングの経済理論」 勁草書房 2002
Katz, Elihu カッツ, エリフ
㊥カッツ, E. ㊟「アメリカ―コミュニケーション研究の源流」 春風社 2005
Katz, Elliott カッツ, エリオット
㊟「強い男は尻にしかれる」 サンマーク出版 2007
Katz, Eran カッツ, エラン
㊟「ユダヤ人が教える正しい頭脳の鍛え方」 角川書店 2005
Katz, Eugenii カーツ, E.
㊟「翻訳・バイオエレクトロニクス」 エヌ・ティー・エス 2008
Katz, Haim カッツ, ハイム
㊖イスラエル 福祉・社会事業相
Katz, Israel カッツ, イスラエル
㊖イスラエル 運輸相
Katz, James Everett カッツ, ジェームズ・E.
㊟「絶え間なき交信の時代」 NTT出版 2003
Katz, Jon カッツ, ジョン
㊟「ギークス」 飛鳥新社 2001
Katz, Joshua カッツ, ジョシュア
㊖オーストラリア 柔道選手
Katz, Karen カッツ, カレン
㊟「クリスマスプレゼントどこ？」 あかね書房 2012
Katz, Lilian カッツ, リリアン
㊟「子どもの心といきいきとかかわりあう」 光生館 2004
Katz, M. カーツ, M.
㊟「鍼のエビデンス」 医道の日本社 2009
Katz, Mabel カッツ, マベル
㊟「ほのぼのとホ・オポノポノ」 ヒカルランド 2016
Katz, Marcus カッツ, マーカス
1965～ ㊟「シークレット・オブ・ザ・タロット」 フォーテュナ, JRC（発売） 2016
Katz, Martin カッツ, マーティン
1945～ ㊟「ピアノ共演法」 音楽之友社 2012
Katz, Mitchell H. カッツ, ミッチェル・H.
㊟「医学的介入の研究デザインと統計」 メディカル・サイエンス・インターナショナル 2013
Katz, Natasha カッツ, ナターシャ
トニー賞 ミュージカル 照明デザイン賞（2015年（第69回））ほか
Katz, Nathan カッツ, ネーサン
㊖オーストラリア 柔道選手
Katz, Ralph カッツ, ラルフ
㊟「創造力」 講談社 2003
Katz, Raul Luciano カッツ, ラウル・L.
㊟「クリエイティブディストラクション」 東洋経済新報社 2002
Katz, Richard カッツ, リチャード
1937～ ㊟「〈癒し〉のダンス」 講談社 2012
Katz, Samuel M. カッツ, サム
1963～ ㊟「メルカバ主力戦車MKs1/2/3」 大日本絵画 2004
Katz, Sandor Ellix キャッツ, サンダー・E.
1962～ ㊟「発酵の技法」 オライリー・ジャパン, オーム社（発売） 2016
Katz, Sheldon H. カッツ, シェルダン
1956～ ㊟「数え上げ幾何と弦理論」 日本評論社 2011
Katz, Stephen Ira カッツ, ステファン・アイラ
㊖アメリカ 元・国立衛生研究所（NIH）国立癌研究所皮膚科学部門部長, 国立関節炎 骨格筋 皮膚疾患研究所所長
Katz, Victor J. カッツ, ヴィクター・J.
1942～ ㊟「カッツ数学の歴史」 共立出版 2005
Katz, Yehuda カッツ, イェーダ
㊟「コアjQuery+プラグイン/jQuery UI開発実践技法」 翔泳社 2011
Katz, Yisrael カッツ, イスラエル
㊖イスラエル 運輸・道路安全相兼情報活動相

K

Katzenbach, John カッツェンバック, ジョン
[著]「精神分析医」 新潮社 2003
Katzenbach, Jon R. カッツェンバック, ジョン・R.
1932～ [著]「インフォーマル組織力」 税務経理協会 2011
Katzenberg, Jeffrey カッツェンバーグ, ジェフリー
1950～ [国]アメリカ 映画プロデューサー ドリームワークス・アニメーションSKG・CEO ウォルト・ディズニー・スタジオ会長, ドリームワークスSKG主宰
Katzenstein, Peter J. カッツェンスタイン, ピーター・J.
1945～ [著]「世界政治と地域主義」 書籍工房早山 2012
Katzin, Lee H. カッツイン, リー
1935～2002 [国]アメリカ 映画監督
Katzir, Ephraim カツィール, エフライム
1916～2009 [国]イスラエル 生物物理学者, 政治家 イスラエル大統領, テル・アビブ大学教授, ワイズマン科学研究所教授 [異]カチル, エフライム
Katzung, Bertram G. カッツング, B.G.
[著]「カッツング薬理学エッセンシャル」 丸善出版 2012
Kaua, Toswell カウア, トスウェル
[国]ソロモン諸島 法相
Kauczinski, Markus カウチンスキ, マークス
[国]ドイツ インゴルシュタット監督
Kauder, Volker カウダー, フォルカー
[国]ドイツ 連邦議会キリスト教民主同盟/キリスト教社会同盟会派院内総務, 連邦議会議員
Kaufer, Katrin カウファー, カトリン
[著]「出現する未来から導く」 英治出版 2015
Kaufer, Steve カウファー, スティーブ
[著]「「問題社員」の管理術」 ダイヤモンド社 2007
Kauffman, Donna カウフマン, ドナ
[著]「危険な恋はプリンスと」 宙出版 2008
Kauffman, Stuart A. カウフマン, スチュアート・A.
1939～ [著]「自己組織化と進化の論理」 筑摩書房 2008
Kauffmann, Jean-Paul カウフマン, ジャン＝ポール
[著]「Bordeaux」 ワイン王国, ステレオサウンド(発売) 2005
Kaufman, Alan S. カウフマン, アラン・S.
1944～ [著]「エッセンシャルズKABC-2による心理アセスメントの要点」 丸善出版 2014
Kaufman, Andrew カウフマン, アンドリュー
1968～ [国]カナダ 作家, 脚本家, ラジオプロデューサー [専]ファンタジー
Kaufman, Bel カウフマン, ベル
1911～2014 [国]アメリカ 作家
Kaufman, Ben カウフマン, ベン
クワーキーCEO
Kaufman, Charlie カウフマン, チャーリー
アカデミー賞 オリジナル脚本賞(第77回(2004年)) "Eternal Sunshine of the Spotless Mind"
Kaufman, Daniel カウフマン, ダニエル
[著]「挑戦の書」 ホビージャパン 2004
Kaufman, David A. カウフマン, デヴィッド
[著]「リディキュラス!」 新宿書房 2009
Kaufman, Ed カウフマン, エド
アメリカ探偵作家クラブ賞 大鴉賞(2012年)
Kaufman, Edy カウフマン, エディ
[著]「国際水紛争事典」 アサヒビール, 清水弘文堂書房(発売) 2003
Kaufman, Francine Ratner カウフマン, フランシーヌ・R.
[著]「インスリンポンプとCGM」 医歯薬出版 2015
Kaufman, Gershen カウフマン, ガーシェン
[著]「強い自分になる方法」 筑摩書房 2005
Kaufman, Henry カウフマン, ヘンリー
1927～ [国]アメリカ エコノミスト, 財政専門家 ヘンリー・カウフマン&カンパニー代表 ソロモン・ブラザーズ主任エコノミスト
Kaufman, Herbert カウフマン, ハーバート
1922～ [著]「官僚はなぜ規制したがるのか」 勁草書房 2015
Kaufman, Josh カウフマン, ジョシュ
[著]「たいていのことは20時間で習得できる」 日経BP社, 日経BPマーケティング(発売) 2014
Kaufman, Kenneth カウフマン, ケン
[著]「おさるのジョージ」 学習研究社 2006
Kaufman, Lar カウフマン, ラー
[著]「Running Linux」 オライリー・ジャパン, オーム社(発売) 2003
Kaufman, Marc カウフマン, マーク
[著]「地球外生命を求めて」 ディスカヴァー・トゥエンティワン 2011
Kaufman, Michael T. カウフマン, マイケル・T.
[著]「ソロス」 ダイヤモンド社 2004
Kaufman, Nadeen L. カウフマン, ネイディーン・L.
[著]「エッセンシャルズ心理アセスメントレポートの書き方」 日本文化科学社 2008
Kaufman, Natalie Hevener コーフマン, N.H.
[著]「グラフトンのG」 早川書房 2001
Kaufman, Philip カウフマン, フィリップ
1936～ [国]アメリカ 映画監督, 脚本家
Kaufman, Richard カウフマン, リチャード
1958～ [国]アメリカ 作家, イラストレーター 「GENII」出版人
Kaufman, Stephen P. カウフマン, スティーブン・P.
[異]カウフマン, ステファン・P. [著]「組織変革のジレンマ」 ダイヤモンド社 2004
Kaufmann, Angelika カウフマン, アンゲーリカ
[著]「ミニ・サウルスズィンクレア・ゾフォクレス」 草土文化 2008
Kaufmann, Arthur カウフマン, アルトゥール
1923～2001 [国]ドイツ 法学者 ミュンヘン大学名誉教授 [専]法哲学, 刑法 [異]カウフマン, A.
Kaufmann, Carol カウフマン, キャロル
[著]「ポーラー」 大日本絵画 〔2016〕
Kaufmann, Daniel カウフマン, ダニエル
[著]「経済成長の「質」」 東洋経済新報社 2002
Kaufmann, Franz-Xaver カウフマン, フランツ・グザファー
[著]「縮減する社会」 原書房 2011
Kaufmann, H.W. カウフマン, H.W.
[著]「中世ヨーロッパの城塞」 マール社 2012
Kaufmann, J.E. カウフマン, J.E.
[著]「中世ヨーロッパの城塞」 マール社 2012
Kaufmann, Jean Claude コフマン, ジャン＝クロード
1948～ [著]「ルイ・ヴィトンシティバッグナチュラル・ヒストリー」 グラフィック社 2014
Kaufmann, Jonas カウフマン, ヨナス
1969～ [国]ドイツ テノール歌手
Kaufmann, Thomas カウフマン, トーマス
1962～ [著]「キリスト教の主要神学者」 教文館 2014
Kaufmann, Tohko カウフマン, 東子
1917～2001 [著]「虫取り網をたずさえて」 ミネルヴァ書房 2003
Kaufusi, Bronson コーフシ, ブロンソン
[国]アメリカ アメフト選手
Kaul, Inge カウル, インゲ
[著]「地球公共財の政治経済学」 国際書院 2005
Kaunda, Vuwa カウンダ, ブア
[国]マラウイ 情報・市民教育相 [異]カウンダ, ブワ
Kauppinen, Liisa カウピネン, リサ
[国]フィンランド 世界ろう連盟名誉会長 国連人権賞(2013年(第9回))
Kaurismäki, Aki カウリスマキ, アキ
1957～ [国]フィンランド 映画監督, 脚本家 ヴィレアルファ設立者 本名＝Kaurismäki, Aki Olavi
Kaurismäki, Mika カウリスマキ, ミカ
1955～ [国]フィンランド 映画監督, 脚本家 ヴィレアルファ設立者
Kaushansky, Kenneth カウシャンスキー, ケネス
[著]「ウィリアムズ血液学マニュアル」 メディカル・サイエンス・インターナショナル 2013
Kaushik, Avinash コーシック, アビナッシュ
[著]「Webアナリスト養成講座」 翔泳社 2009
Kauter, Fabian コテー, ファビアン
[国]スイス フェンシング選手
Kautto-Koivula, Kaisa カウット‐コイブラ, カイサ
[著]「ツルネンさんのルオム的生活のすすめ」 ミヤオビパブリッシング, 宮帯出版社(京都)(発売) 2011
Kauzer, Peter カウジェル, ペテル
[国]スロベニア カヌー選手 [異]カウゼル
Kauzmann, Walter Joseph カウズマン, ウォルター
1916～2009 [国]アメリカ 化学者 プリンストン大学名誉教授 [専]物理化学
Kava, Alex カーヴァ, アレックス
[著]「悪魔の眼」 ハーレクイン 2010
Kavakos, Leonidas カヴァコス, レオニダス
1967～ [国]ギリシャ バイオリニスト [異]カバコス, レオニダス

Kavakure, Laurent　カバクレ, ローラン
　国ブルンジ　外務・国際協力相
Kavaliku, Langi　カバリク, ランギ
　国トンガ　副首相兼教育・民間航空相
Kavan, Jan　カバン, ヤン
　国チェコ　副首相兼外相
Kavanagh, John J.　カヴァナッハ, J.J.
　著「婦人科癌」シュプリンガー・ジャパン　2007
Kavanagh, Kathryn Hopkins　カヴァナ, キャスリン・ホプキンズ
　著「あなたが患者を傷つけるとき」エルゼビア・ジャパン　2006
Kavarić, Vladimir　カバリッチ, ブラディミル
　国モンテネグロ　経済相
Kavazanjian, Edward, Jr.　カバザンジャン, エドワード, Jr.
　著「ガンドシールデザインマニュアル」技報堂出版　2004
Kavégué, Dovi　カベゲ, ドビ
　国トーゴ　都市開発・住宅相
Kavelin, John　カヴェリン, ジョン
　著「家族をつなぐ52のキーワード」太陽出版　2009
Kavindele, Enock　カビンデレ, イノック
　国ザンビア　副大統領
Kavlak, Veli　カヴラク, ヴェリ
　国オーストリア　サッカー選手
Kavli, Fred　カブリ, フレッド
　1927～2013　国アメリカ　実業家　カブリ財団創設者, カブリコ・コーポレーション創立者
Kavokisa, Matuka　カボキサ, マトゥカ
　国コンゴ民主共和国　文化芸術相
Kavovit, Barbara　カヴォヴィット, バーバラ
　著「プロは語る。」アスペクト　2005
Kavtaradze, Georgi　カブタラゼ, ゲオルギ
　国ジョージア　法相
Kawabe Tamori, Shiguenori　カワベ・タモリ, シゲノリ
　国メキシコ　元・日墨協会副会長
Kawachi, Ichiro　カワチ, イチロー
　1961～　国ハーバード大学公衆衛生大学院社会・人間開発・健康講座社会疫学教授　専社会疫学
Kawada, Tetsuo　カワダ, テツオ
　国ブラジル　ブロント・クリニカ24時間緊急診療所長, 元・サンタ・ジュリアーナ病院院長, 元・サンタ・カーザ貧民救済病院院長, 元・アクレ日系協会会長
Kawaguchi, Sanae　カワグチ, サナエ
　著「タイム・オブ・イノセンス」清流出版　2005
Kawah, Lamie　カワ, ラミ
　国リベリア　計画・経済問題相
Kawakami, Tomoko　カワカミ, トモコ
　国日本　ファエンツァ国際陶芸展大賞（2005年）　漢字名＝川上智子
Kawalerowicz, Jerzy　カワレロウィッチ, イェジー
　1922～2007　国ポーランド　映画監督　カワレロウィッチ, イエジ／カワレロウィッチ, イエジー
Kawambwa, Shukuru　カワンブワ, シュクル
　国タンザニア　教育・職業訓練相　カワンバ, シュクル
Kawana, Albert　カワナ, アルバート
　国ナミビア　法相
al-Kawari, Hamad bin Abdul al-Aziz　カワリ, ハマド・ビン・アブドルアジズ
　国カタール　文化・歴史遺産相
Kawasaki, Guy　カワサキ, ガイ
　1954～　著「起業への挑戦」海と月社　2016
Kawase, Naomi　カワセ, ナオミ
　国日本　カンヌ国際映画祭 グランプリ（第60回（2007年））　"Mogari no mori"　漢字名＝河瀬直美
Kawasmi, Ali　カワスミ, アリ
　国パレスチナ　運輸相
Kawata, Nobuyuki　カワタ, ノブユキ
　?～2002　国アメリカ　心臓学者　カリフォルニア大学ロサンゼルス校医療センター教授　専心臓移植
Kawecki, Radoslaw　カベツキ
　国ポーランド　競泳選手
Kay, Alan　ケイ, アラン
　1940～　国アメリカ　コンピューター科学者, 実業家　ビューポインツ・リサーチ・インスティテュート代表　ウォルト・ディズニー・イメージニアリング副社長　本名＝ケイ, アラン・カーティス〈Kay, Alan Curtis〉
Kay, Andrew　ケイ, アンドルー
　1919～2014　国アメリカ　コンピューター工学者　ケイプロ創業者　本名＝Kopischiansky, Andrew Francis
Kay, Ann　ケイ, アン
　著「イギリスの歴史」東洋書林　2012
Kay, Carl　ケイ, カール
　1956～　著「日本人が知らない「儲かる国」ニッポン」日本経済新聞社　2006
Kay, Carol McGinnis　ケイ, C.M.
　1941～　著「グラフトンのG」早川書房　2001
Kay, Cristobal　カイ, クリストバル
　1944～　著「ラテンアメリカ従属論の系譜」大村書店　2002
Kay, Elizabeth　ケイ, エリザベス
　1949～　著「禁断の呪文」あすなろ書房　2006
Kay, Guy Gavriel　ケイ, ガイ・ゲイブリエル
　世界幻想文学大賞 長編（2008年）　"Ysabel"
Kay, Helen　ケイ, ヘレン
　1912～2002　著「雪の日のたんじょう日」長崎出版　2008
Kay, Ira　ケイ, アイラ
　著「人材育成のジレンマ」ダイヤモンド社　2004
Kay, Jack　ケイ, ジャック
　著「議論法」花書院　2006
Kay, Jackie　ケイ, ジャッキー
　1961～　著「トランペット」岩波書店　2016
Kay, Janet　ケイ, ジャネット
　著「児童虐待防止と学校の役割」信山社出版　2005
Kay, Jay　ケイ, ジェイ
　1969～　国イギリス　ミュージシャン　本名＝ケイ, ジェイソン〈Kay, Jason〉
Kay, Jim　ケイ, ジム
　ケイト・グリーナウェイ賞（2012年）ほか
Kay, John Anderson　ケイ, ジョン・A.
　1948～　国ケイ, ジョン　著「想定外」ディスカヴァー・トゥエンティワン　2012
Kay, Joyce　ケイ, ジョイス
　著「英国競馬事典」競馬国際交流協会　2008
Kay, Katty　ケイ, キャティー
　著「なぜ女は男のように自信をもてないのか」CCCメディアハウス　2015
Kay, Melvyn　ケイ, メルビン
　著「メルビン・ケイの実用水理学超入門」インデックス出版, 山海堂（発売）　2004
Kay, Michael　ケイ, マイケル
　著「XSLTバイブル」インプレス, インプレス販売（発売）　2002
Kay, Patricia　ケイ, パトリシア
　著「億万長者の嘘」ハーレクイン　2002
Kay, Paul　ケイ, ポール
　1934～　著「基本の色彩語」法政大学出版局　2016
Kay, Richard　ケイ, リチャード
　1957～　国イギリス　ジャーナリスト　「デーリー・メール」コラムニスト　専英国王室
Kay, Robert S.　ケイ, R.S.
　著「元帳の締め切り」〔川島貞一〕　2002
Kay, Rosemary　ケイ, ローズマリー
　著「ふたつの永遠にいだかれて」アーティストハウス　2001
Kay, Stephen　ケイ, スティーブン
　著「ナラティブ・ベイスト・メディスン」金剛出版　2001
Kay, Terry　ケイ, テリー
　1938～　著「ロッティー、家へ帰ろう」新潮社　2007
Kaya, Fatma Betul Sayan　カヤ, ファトマ・ベトュル・サヤン
　国トルコ　家族・社会政策相
Kayaalp, Riza　カヤルプ, リザ
　国トルコ　レスリング選手　カヤアルプ
Kayali, Ahmad Qusay　カヤリ, アハマド・クサイ
　国シリア　電力相
Kayam, Umar　カヤム, ウマル
　1932～2002　著「サストロダルソノ家の人々」段々社, 星雲社（発売）　2013
Kayan, Cruetong　カヤン, クアトーン
　1982～　著「星の子モーシャ」新樹社　2009
Kayanja, Robert　カヤンジャ, ロバート
　著「神の力を受けよ！」マルコーシュ・パブリケーション　2002
Kaye, Alan David　ケイ, アラン・D.
　著「鎮静法ハンドブック」メディカル・サイエンス・インターナショナル　2014
Kaye, Beverly　ケイ, ビバリー
　著「リーダーシップ・マスター」英治出版　2013

Kaye, Buddy　ケイ, バディ
　?～2002　㈹アメリカ　作詞家, 作曲家, レコード・プロデューサー　本名＝ケイ, J.レナード〈Kaye, J.Leonard〉
Kaye, David　ケイ, デビッド
　㊐「マジシャンのためのウケるキッズ・ショーの作り方」　リアライズ・ユア・マジック　2013
Kaye, David H.　ケイ, デイビッド・H.
　1947～　㊐「数字で立証する」　牧野書店, 星雲社（発売）　2012
Kaye, Doug　ケイ, D.
　㊐「疎結合」　新紀元社　2004
Kaye, Erin　ケイ, エリン
　1966～　㈹アイルランド　作家　㊧ロマンス　本名＝Kay, Patricia
Kaye, Jezra　ケイ, ジェズラ
　㊐「困った部下を戦力に変えるリーダーは, まず時間とお金のことを考える」　アルファポリス, 星雲社（発売）　2015
Kaye, Judy　ケイ, ジュディ
　トニー賞 ミュージカル 助演女優賞（2012年（第66回））　"Nice Work If You Can Get It"
Kaye, Laura　ケイ, ローラ
　㊐「この愛の炎は熱くて」　二見書房　2016
Kaye, Marguerite　ケイ, マーガリート
　㊐「愛と祝福の魔法」　ハーパーコリンズ・ジャパン　2016
Kaye, Marilyn　ケイ, マリリン
　㊐「ベネロピ」　早川書房　2008
Kaye, Marvin　ケイ, マーヴィン
　世界幻想文学大賞 アンソロジー（2006年）　"The Fair Folk"
Kaye, Nikki　ケイ, ニッキ
　㈹ニュージーランド　青少年問題相
Kaye, Robin　ケイ, ロビン
　㊐「ドクターと結婚しない理由」　オークラ出版　2012
Kaye, Sharon M.　ケイ, シャロン
　㊐「中学生からの対話する哲学教室」　玉川大学出版部　2012
Kaye, Tony　ケイ, トニー
　監督　グラミー賞 最優秀短編ビデオ作品（2007年（第50回））　"God's Gonna Cut You Down"
Kayed, Mahmoud　カイエド, マフムド
　㈹ヨルダン　文化相
Kayena, Laure-Marie Kawanda　カエナ, ロルマリー・カワンダ
　㈹コンゴ民主共和国　運輸・通信相
Kayitesi, Annick　カイテジ, アニック
　1979～　㊐「山刀で切り裂かれて」　アスコム　2007
Kayitesi, Odette　カイテシ, オデット
　㈹ブルンジ　農業・畜産相
Kayitesi, Sylvie Zayinabu　カイテシ, シルビー・ザイナブ
　㈹ルワンダ　公務員・労働相
Kaymer, Martin　カイマー, マルティン
　1984～　㈹ドイツ　プロゴルファー　㊧カイマー, マーティン
Kaynak, Veysi　カイナク, ベイシ
　㈹トルコ　副首相
Kaynar, Alican　カイナル, アルジャン
　㈹トルコ　セーリング選手
Kayode, Adetokunbo　カヨデ, アデトクンボ
　㈹ナイジェリア　国防相
Kayode, A.I.　カヨデ, A.I.
　㈹ナイジェリア　労相
Kaysen, Carl　ケイセン, カール
　1920～2010　㈹アメリカ　経済学者　マサチューセッツ工科大学（MIT）名誉教授, 米国大統領特別補佐官
Kaysen, Susanna　ケイセン, スザンナ
　1948～　㊐「思春期病棟の少女たち」　草思社　2012
Kayser, Benjamin　カイザー, バンジャマン
　㈹フランス　ラグビー選手
Kayser, Éric　カイザー, エリック
　1964～　㊐「メゾンカイザーのパンレシピ」　グラフィック社　2016
Kaza, Abdou　カザ, アブドゥ
　㈹ニジェール　水・環境・砂漠化防止相
Kazak, Mikalai　カザク
　㈹ベラルーシ　トランポリン選手
Kazakbayev, Ruslan　カザクバエフ, ルスラン
　㈹キルギス　外相
Kazakevic, Aleksandr　カザケビッツ
　㈹リトアニア　レスリング選手
Kazakevich, Vecheslav　カザケーヴィチ, ヴェチェスラフ
　1951～　㊐「落伍礼讃」　群像社　2004

Kazakov, Sergey　カザコフ
　㈹ロシア　ボクシング選手
Kazakov, Tugelbay　カザコフ, トゥゲルバイ
　㈹キルギス　文化・情報・観光相
Kazakova, Vesela　カザーコワ, ヴェセラ
　モスクワ国際映画祭 銀賞 最優秀女優賞（第27回（2005年））　"Otkradnati ochi"（ブルガリア, トルコ）
Kazamias, Kyriakos　カザミアス, キリヤコス
　㈹キプロス　通信・建設相
Kazan, Elia　カザン, エリア
　1909～2003　㈹アメリカ　映画監督, 演出家　本名＝カザンジョグロウ, エリア〈Kazanjoglous, Elia〉　㊧カザン, イーリア／カザン, イリア
Kazan-Allen, Laurie　カザンアレン, ローリー
　㊐「未来を奪う」　アットワークス　2007
Kazanowski, Mary K.　カザノウスキー, M.K.
　㊐「Pain痛みケアにおけるEBN」　コメディカルエディター, ブレーン出版（発売）　2005
Kazantzis, Nikolaos　カザンツィス, ニコラオス
　1973～　㊐「臨床実践を導く認知行動療法の10の理論」　星和書店　2012
Kazaure, A.　カザウレ, A.
　㈹ナイジェリア　特別業務相
Kaz'azama, Khakez Ekir　カズアザマ, ハケズ・エキル
　㈹コンゴ民主共和国　人権相
Kazazyan, Haik　カザジャン, ハイク
　㈹ロシア　チャイコフスキー国際コンクール ヴァイオリン 第3位（2015年（第15回））ほか
Kazdin, Alan E.　カズン, アラン・E.
　㊐「子どもと青年の素行障害」　明石書店　2013
Kazee, Steve　カジー, スティーヴ
　グラミー賞 最優秀ミュージカル・シアター・アルバム（2012年（第55回））ほか
Kazembe, Eunice　カゼンベ, ユニス
　㈹マラウイ　教育相　㊧カゼンベ, エウニス
Kazemi, Mustafa　カゼミ, ムスタファ
　㈹アフガニスタン　通商相
Kazenambo, Kazenambo　カゼナンボ, カゼナンボ
　㈹ナミビア　青年・兵役・スポーツ・文化相
Kazibwe, Speciosa Wandira　カジブウェ, スペシオザ・ワンディラ
　㈹ウガンダ　副大統領
Kažimír, Peter　カジミール, ペテル
　㈹スロバキア　財務相
Kazinski, A.J.　カジンスキー, A.J.
　㈹スリラー
Kazlauskas, Gediminas　カズラウスカス, ゲディミナス
　㈹リトアニア　環境相
Kazlou, Uladzimir　カズロウ
　㈹ベラルーシ　陸上選手
Kazmi, Syed Hamid Saeed　カズミ, サイヤド・ハミド・サイード
　㈹パキスタン　宗教問題相
Kazmir, Scott　カズミアー, スコット
　1984～　㈹アメリカ　野球選手　本名＝Kazmir, Scott Edward　㊧キャズミアー, スコット
Kazmirek, Kai　カツミレク, カイ
　㈹ドイツ　陸上選手
Kazonda, Eustarckio　カゾンダ, ユースタキオ
　㈹ザンビア　農業・協同組合相
Kazungu, Dan　カズング, ダン
　㈹ケニア　鉱業相
Kazusenok, Andrei　カズシオナク
　㈹ベラルーシ　柔道選手
Kchich, Mohamed Rachid　クシシュ, モハメド・ラシド
　㈹チュニジア　財務相
Kdolsky, Andrea　クドルスキー, アンドレア
　㈹オーストリア　厚生・女性問題相
Ke, Zai-shuo　コー・ツァイシュオ
　1924～2007　㈹中国　外交官　中英合同連絡小委員会中国側首席代表　漢字名＝柯在鑠
Keady, John　キディ, J.
　1961～　㊐「ケアホームにおける家族参加」　風間書房　2013
Keaggy, Ian　ケギー, イアン
　1987～　㈹アメリカ　ミュージシャン
Keale, Moe　ケアレ, モエ
　?～2002　㈹アメリカ　音楽家

Kealoha Yamamuro, Chii　ケアロハ・ヤマムロ, チイ
　著「決定版！ 基本のフラ入門」主婦の友社　2010
Kealy, J.Kevin　ケアリー, J.K.
　異ケーリー, J.ケヴィン　著「犬と猫のX線および超音波診断学」
　インターズー　2014
Kean, Alasdair　キーン, アラスディア
　1947～　著「アメリカン・カルチュラル・スタディーズ」萌書房
　2012
Kean, Sam　キーン, サム
　著「スプーンと元素周期表」早川書房　2015
Kean, Simon　キーン
　国カナダ　ボクシング選手
Keane, Bryan　キーン
　国アイルランド　トライアスロン選手
Keane, John　キーン, ジョン
　1947～　国オーストラリア　政治学者　シドニー大学教授, ベルリン科学センター（WZB）教授
Keane, Marc Peter　キーン, マーク・ピーター
　1958～　著「石をたてん事」観峰文化センター　2004
Keane, Michael　キーン, マイケル
　国イングランド　サッカー選手
Keane, Michael S.　キーン, マイケル
　著「なっとくする確率」講談社　2005
Keane, Patrick　キーン, パトリック
　1932～　著「アメリカ成人教育史」明石書店　2007
Keane, Robbie　キーン, ロビー
　1980～　国アイルランド　サッカー選手
Keane, Roy　キーン, ロイ
　1971～　国アイルランド　サッカー指導者, 元サッカー選手　本名＝キーン, ロイ・モーリス〈Keane, Roy Maurice〉
Keane, Terence Martin　キーン, テレンス・M.
　著「PTSDハンドブック」金剛出版　2014
Keane, Will　キーン, ウィル
　国イングランド　サッカー選手
Keariki, Teambo　ケアリキ, テアンボ
　国キリバス　教育・技術相
Kearney, A.T.　カーニー, A.T.
　著「最強の調達戦略」東洋経済新報社　2014
Kearney, Christopher A.　カーニー, クリストファー・A.
　著「先生とできる場面緘黙の子どもの支援」学苑社　2015
Kearney, David　カーニー, デヴィッド
　国アイルランド　ラグビー選手
Kearney, Hannah　カーニー, ハナ
　1986～　国アメリカ　スキー選手　異カーニー
Kearney, Michael　カーニー, マイケル
　著「新たな全人的ケア」日本ホスピス・緩和ケア研究振興財団, 青海社（発売）　2016
Kearney, Rob　カーニー, ロブ
　国アイルランド　ラグビー選手
Kearney, Susan　カーニー, スーザン
　著「このキスで、すべて終わるなら」ヴィレッジブックス　2010
Kearns, Antony　カーンズ, アントニー
　「MUSIDOKU」音楽之友社　2010
Kearns, Brad　カーンズ, ブラッド
　1965～　著「タイガー・ウッズプレッシャーを力に変える生き方」マグロウヒル・エデュケーション, 日本出版貿易（発売）　2008
Kearns, Devon　カーンズ, デヴォン
　著「実践Metasploit」オライリー・ジャパン, オーム社（発売）　2012
Kearse, Frank　カース, フランク
　国アメリカ　アメフト選手
Kearse, Jayron　カース, ジェイロン
　国アメリカ　アメフト選手
Kearse, Jermaine　カース, ジャーメイン
　国アメリカ　アメフト選手
Kearsley, Greg　カースリー, グレッグ
　1951～　著「遠隔教育」海文堂出版　2004
Keast, Karen　キースト, カレン
　著「ラベンダー色の夜に」ハーレクイン　2003
Keat Chhon　キエット・チョン
　国カンボジア　副首相　異キエット・チョン
Keating, H.R.F.　キーティング, H.R.F.
　1926～2011　国イギリス　ミステリー作家, ミステリー評論家　本名＝Keating, Henry Reymond Fitzwalter
Keating, Kathleen　キーティング, キャサリーン
　1938～　著「Hugしようよ！」扶桑社　2002

Keating, Paul　キーティング, ポール
　著「アジア太平洋国家を目指して」流通経済大学出版会　2003
Keatman, Martin　キーツマン, マーティン
　著「聖杯の守護者」中央アート出版社　2002
Keaton, Derek　キートン, デレック
　国アメリカ　アメフト選手
Keaton, Diane　キートン, ダイアン
　1946～　国アメリカ　女優　本名＝ホール, ダイアン
Keaton, Michael　キートン, マイケル
　1951～　国アメリカ　俳優　本名＝ダグラス, マイケル・ジョン〈Douglas, Michael〉
Keats, John　キーツ, ジョン
　1920～　著「ハワード・ヒューズ」早川書房　2005
Keay, John　キーイ, ジョン
　著「ビジュアル版 世界の歴史都市」柊風舎　2016
Kébé, Awa Guèye　ケベ, アワ・ゲイ
　国セネガル　家族・国家連帯相
Kebede, Chane　ケベデ・チャネ
　国エチオピア　通商相
Kebede, Tadesse　ケベデ・タデセ
　国エチオピア　保健相
Kebede, Tsegaye　ケベデ, ツェガエ
　1987～　国エチオピア　マラソン選手　異ケベデ
Keber, Dušan　ケベル, ドゥシャン
　国スロベニア　保健相
Kebeya, Saidi　ケベヤ, サイディ
　国ブルンジ　教育・文化相
Kebispayev, Almat　ケビスパエフ, アルマト
　国カザフスタン　レスリング選手　異ケビスパエフ
Keb'Mo'　ケブモ
　国アメリカ　グラミー賞 最優秀コンテンポラリー・ブルース・アルバム（2004年（第47回））　"Keep It Simple"
Kebo, Mirsad　ケボ, ミルサド
　国ボスニア・ヘルツェゴビナ　人権難民担当相
Kebonang, Sadique　ケボナン, サディック
　国ボツワナ　鉱物資源・環境保全技術・エネルギー安全保障相
Kebzabo, Saleh　ケブザボ, サレ
　国チャド　農相兼外国務相
Kechiche, Abdellatif　ケシシュ, アブデラティフ
　1960～　国フランス　映画監督, 脚本家　異ケシーシュ, アブデルラティーフ
Kechichián, Liliam　ケチチアン, リリアム
　国ウルグアイ　観光・スポーツ相
Kechrid, Ridha　クシュリド, リダ
　国チュニジア　保健相　異クシュリド, リドハ
Keck, Leander E.　ケック, リアンダー・E.
　著「聖書総論」ATD・NTD聖書註解刊行会　2006
Kedache, Zohir　ケダシェ, ゾヒル
　国アルジェリア　ボクシング選手
Kedar, Ido　ケダー, イド
　1996～　著「自閉症のぼくが「ありがとう」を言えるまで」飛鳥新社　2016
Kedi, Kenneth　ケディ, ケネス
　国マーシャル諸島　運輸・通信相
Kedikilwe, Ponatshego Honorius Kefhaeng　ケディキルウェ, ポナツェホ・オノリウス・ケファエン
　国ボツワナ　鉱物エネルギー水資源大臣, 元・財務開発計画大臣, 元・大統領府公共政策大臣　異ケディキルウェ, ポナツェホ
Kedzierska, Karolina　ケジルスカ
　国スウェーデン　テコンドー選手
Kee, Leslie　キー, レスリー
　1971～　国シンガポール　写真家
Kee, Tris　キー, トリス
　著「We Own The City」フィルムアート社　2015
Keeble, Emma J.　キーブル, E.
　著「ウサギの診療Q&A」インターズー　2008
Keefe, Brian　キーフ, ブライアン
　国アメリカ　ロサンゼルス・レイカーズアシスタントコーチ（バスケットボール）
Keefe, Patrick Radden　キーフ, パトリック・ラーデン
　1976～　著「チャター」日本放送出版協会　2005
Keegan, Claire　キーガン, クレア
　1968～　国アイルランド　作家　異文学
Keegan, E.Mary　キーガン, メアリー
　著「企業情報の開示」東洋経済新報社　2002
Keegan, John　キーガン, ジョン

1934～2012 [国]イギリス 軍史研究家 「デイリー・テレグラフ」防衛問題担当編集者, サンドハースト陸軍士官学校上級講師
Keegan, Lynn キーガン, リン
[著]「ホリスティック・ナーシング」 エルゼビア・ジャパン 2006
Keegan, Rebecca キーガン, レベッカ
[著]「ジェームズ・キャメロン」 フィルムアート社 2010
Keel, Howard キール, ハワード
1919～2004 [国]アメリカ 俳優 本名=リーク, ハロルド・クリフォード〈Leek, Harold Clifford〉
Keel, John A. キール, ジョン・A.
[著]「プロフェシー」 ソニー・マガジンズ 2002
Keel, Othmar ケール, O.
1937～ [著]「旧約聖書の象徴世界」 教文館 2010
Keel, Philipp キール, フィリップ
[著]「「ふたり自身」を発見する本」 マガジンハウス 2001
Keeler, O.B. キーラー, O.B.
[著]「ダウン・ザ・フェアウェイ」 ゴルフダイジェスト社 2011
Keeley, Brian キーリー, ブライアン
[著]「よくわかる国際移民」 明石書店 2010
Keeley, Jackie キーリー, ジャッキー
[著]「行動探求」 英治出版 2016
Keeley, Larry キーリー, ラリー
[著]「ビジネスモデル・イノベーション」 朝日新聞出版 2014
Keeley, Stuart M. キーリー, スチュアート
1941～ [著]「質問力を鍛えるクリティカル・シンキング練習帳」 PHP研究所 2004
Keeling, Charles David キーリング, チャールズ
?～2005 [国]アメリカ 化学者 カリフォルニア大学スクリプス海洋研究所教授 [専]地球温暖化
Keeling, J.B.M. キーリング, ジム
[著]「コンテナガーデニングwithウィッチフォード」 主婦の友社 2014
Keeling, Shaun キーリング, ショーン
[国]南アフリカ ボート選手
Keely, Jack キーリー, ジャック
[著]「きみのからだのきたないもの学」 講談社 2006
Keen, Andrew キーン, アンドリュー
[著]「グーグルとウィキペディアとYouTubeに未来はあるのか?」 サンガ 2008
Keen, Linda キーン, リンダ
[著]「数学を語ろう!」 シュプリンガー・フェアラーク東京 2003
Keen, Peter G.W. キーン, ピーター
[著]「バリュー・ネットワーク戦略」 ダイヤモンド社 2001
Keenan, Daniel キーナン, ダニエル
[著]「老化の生命科学」 アークメディア 2007
Keenan, Jack キーナン, ジャック
1936～ [著]「グリーン・バリュー経営への大転換」 NTT出版 2013
Keenan, Julian Paul キーナン, ジュリアン・ポール
[著]「うぬぼれる脳」 日本放送出版協会 2006
Keenan, Michael キーナン, ミッキー
[著]「自閉症児の親を療育者にする教育」 二瓶社 2005
Keenan, Paul キーナン, ポール
[著]「人生の処方箋」 徳間書店 2001
Keene, Bruce W. キーン, B.W.
[著]「小動物の臨床栄養学」 マーク・モーリス研究所 2001
Keene, Carolyn キーン, キャロリン
[著]「歌うナイチンゲールの秘密」 論創社 2014
Keene, Daniel キーン, ダニエル
1955～ [著]「サイレント・パートナー フューリアス」 オセアニア出版社 2003
Keene, Dennis キーン, デニス
1934～2007 [国]イギリス 詩人, 翻訳家 日本女子大学文学部教授 [専]英文学, 現代日本文学
Keene, Donald キーン, ドナルド
1922～ [著]「ドナルド・キーン著作集」 新潮社 2016
Keene, Ellin Oliver キーン, エリン・オリヴァー
[著]「理解するってどういうこと?」 新曜社 2014
Keene, M.Lamar キーン, M.ラマー
[著]「サイキック・マフィア」 太田出版 2001
Keener, James P. キーナー, J.P.
[著]「キーナー応用数学」 日本評論社 2007
Keeney, Bradford P. キーニー, ブラッドフォード
1951～ [著]「ブッシュマン・シャーマン」 コスモス・ライブラリー, 星雲社(発売) 2015
Keeney, Maddison キーニー, マディソン
[国]オーストラリア 水泳選手
Keeney, Mark H. キーニィ, マーク・H.
[著]「酪農家キーニィの牛飼い哲学」 デーリィマン社 2015(7刷)
Keeney, Ralph L. キーニー, ラルフ・L.
[著]「戦略思考力を鍛える」 ダイヤモンド社 2006
Keenja, Charles ケエンジャ, チャールズ
[国]タンザニア 農業・食料相
Keenlyside, Simon キーンリーサイド, サイモン
1959～ [国]イギリス バリトン歌手 [異]キーンリサイド / キーンリサイド, サイモン
Keens-Douglas, Paul キーンズ・ダグラス, ポール
[著]「ポール・キーンズ・ダグラス詩集」 書肆青樹社 2002
Keenum, Case キーナム, ケイス
[国]アメリカ アメフト選手
Keeping, Charles キーピング, チャールズ
[著]「ともしびをかかげて」 岩波書店 2001
Keepnews, Orrin キープニュース, オリン
1923～2015 [国]アメリカ ジャズ・プロデューサー [異]キープニューズ, オリン
Keersmaeker, Anne Teresa De ケースマイケル, アンヌ・テレサ・ドゥ
1960～ [国]ベルギー 振付師, ダンサー ローザス芸術監督 [専]コンテンポラリー・ダンス [異]ケースマイケル, アンヌ・テレサ・ド
Keesling, Barbara キースリング, バーバラ
[著]「モテのラブ・ルール」 ヴィレッジブックス, ソニー・マガジンズ(発売) 2007
Keet, Louise キート, ルイーズ
[著]「ハンドリフレクソロジー」 ガイアブックス, 産調出版(発売) 2012
Keet, Michael キート, マイケル
[著]「ハンドリフレクソロジー」 ガイアブックス, 産調出版(発売) 2012
Keeton, Bryson キートン, ブライソン
[国]アメリカ アメフト選手
Keevil, Susan キーヴィル, スーザン
[著]「世界のワイン」 新樹社 2009
Keevill, Elizabeth ケービル, エリザベス
[著]「キッズキルトinウィークエンド」 日本ヴォーグ社 2005
Kefalogianni, Olga ケファロヤニ, オルガ
[国]ギリシャ 観光相
Kefaloyannis, Manolis ケファロヤニス, マノリス
[国]ギリシャ 海運相
Kefayen, Fahad Salem カファーイン, ファハド・サリム
[国]イエメン 漁業資源相
Kefford, Naomi ケフォード, ナオミ
[著]「どうぶつきかんしゃしゅっぱつしんこう!」 ポプラ社 2012
Kefi, Faiza ケフィ, ファイザ
[国]チュニジア 環境・土地利用管理相
Keflezighi, Mebrahtom ケフレジギ
[国]アメリカ 陸上選手
Kegan, Robert キーガン, ロバート
[著]「なぜ人と組織は変われないのか」 英治出版 2013
Kegel, Bernhard ケーゲル, ベルンハルト
1953～ [著]「放浪するアリ」 新評論 2001
Kegel, Gerd ケーゲル, ゲルト
1942～ [著]「オーラフ」 クリエイツかもがわ, 京都 かもがわ出版(発売) 2007
Kehily, Mary Jane ケヒリー, メアリー・ジェーン
[著]「みんな大切!」 新科学出版社 2011
Kehl, Medard ケール, メダルド
1942～ [著]「今に生きる教会」 サンパウロ 2013
Kehl, Sebastian ケール, セバスチャン
1980～ [国]ドイツ サッカー選手 [異]ケール, セバスティアン
Kehlmann, Daniel ケールマン, ダニエル
1975～ [国]ドイツ 作家 [専]文学, フィクション
Kehm, Sabine ケーム, ザビーネ
[著]「シューマッハ」 PHP研究所 2003
Kehn, Dan ケーン, ダン
[著]「Java開発者のためのEclipseエキスパートガイド」 コンピュータ・エージ社 2004
Kehoe, John キーオ, ジョン
[著]「子供の可能性を引き出すマインド・パワー子育て法」 春秋社 2003
Kehoe, Sally ケホエ, サリー
[国]オーストラリア ボート選手
Kehr, Karoline ケーア, カロリーネ

[著]「あくまくん」 徳間書店 2001
Kehrer, Thilo ケーラー, ティロ
[国]ドイツ サッカー選手
Kehret, Peg ケレット, ペグ
1936～ [著]「テッドがおばあちゃんを見つけた夜」 徳間書店 2011
al-**Keib, Abdurrahim** キーブ, アブドルラヒム
1950～ [国]リビア 政治家, 電気工学者 リビア暫定政府首相
Keig, Larry キーグ, ラリー
[著]「大学教員「教育評価」ハンドブック」 玉川大学出版部 2003
Keighley, Tom キースリー, トム
[著]「ケアの複雑性」 エルゼビア・ジャパン 2007
Keijsper, Gerard ケイスパー, ジェラール
[著]「次世代戦闘機F-35ライトニング2」 並木書房 2010
Keim, Samuel M. ケイム, S.
[著]「ER救急診療オンコール」 丸善 2009
Keino, Kipchoge A. ケイノ, キプチョゲ
1940～ [国]ケニア 元陸上選手 国際オリンピック委員会(IOC)名誉委員, ケニア・オリンピック委員会会長 別名＝ケイノ, キップ〈Keino, Kip〉
Keira, Alpha Ibrahima ケイラ, アルファ・イブラヒマ
[国]ギニア 雇用・行政管理相
Keirans, James E. ケイランス, ジェイムス・E.
[著]「ジョン・ディクスン・カー「Cabin B-13」研究」 本の風景社 2007
Keirsey, David カーシー, デイビッド
[著]「カーシー博士の人間×人間セルフヘルプ術」 小学館プロダクション 2001
Keiser, Paige カイザー, ペイジ
[著]「このてはあなたのために」 評論社 2014
Keiser, Thomas C. カイザー, トーマス・C.
[著]「「交渉」からビジネスは始まる」 ダイヤモンド社 2005
Keisse, Iljo ケース
[国]ベルギー 自転車選手
Keita, Abdoulaye ケイタ, アブドゥレイ
[国]マリ 設備・運輸相
Keita, Aïda M'bo ケイタ・アイダ・ムボ
[国]マリ 環境・衛生・持続的開発相
Keita, Ba Hawa ケイタ, バ・ハワ
[国]マリ 雇用・職業訓練相
Keita, Balde Diao ケイタ・バルデ・ディアオ
[国]スペイン サッカー選手
Keita, Daba Modibo ケイタ
[国]マリ テコンドー選手
Keita, Ibrahim ケイタ, イブラヒム
1945～ [国]マリ 政治家 マリ大統領 本名＝ケイタ, イブラヒム・ブバカル〈Keita, Ibrahim Boubacar〉 [異]ケイタ, イブラヒム・ブバカル
Keita, Mamadou ケイタ, ママドゥ
[国]ギニア 環境相
Keïta, Mamadou Frankaly ケイタ, ママドゥ・フランカリ
[国]マリ エネルギー・水相
Keita, Mamadou Lamine ケイタ, ママドゥ・ラミン
[国]セネガル 青年相
Keïta, Modibo ケイタ, モディボ
[国]マリ 首相
Keita, Naby ケイタ, ナビ
[国]ギニア サッカー選手
Keïta, Naman ケイタ, ナマン
[国]ギニア 保健・公衆衛生相
Keita, Naman ケータ
[国]フランス 陸上選手
Kéita, Nancouma ケイタ, ナンクマ
[国]マリ 環境相
Keita, Nankoman ケイタ, ナンコマン
[国]マリ 環境相 [異]ケイタ, ナンクマ
Keitany, Mary Jepkosgei ケイタニー
[国]ケニア 陸上選手
Keitel, Harvey カイテル, ハーベイ
1939～ [国]アメリカ 俳優 [異]カイテル, ハーヴェイ
Keiter, Eric カイター, エリック
[著]「実践ヘッジファンド投資」 日本経済新聞社 2001
Keith, Clinton キース, クリントン
[著]「アジャイルなゲーム開発」 ソフトバンククリエイティブ 2012
Keith, Doug キース, ダグ
[著]「イチローへの手紙」 河出書房新社 2003
Keith, Erick キース, エリック
1951～ [国]アメリカ 作家, パズル作家 [専]ミステリー
Keith, Eros キース, エロス
[著]「ミスZオウムさがしの旅」 図書新聞 2016
Keith, John キース, ジョン
[著]「ポール・オースターが朗読するナショナル・ストーリー・プロジェクト」 アルク 2006
Keith, Kent M. キース, ケント・M.
1949～ [著]「それでもなお, 人を愛しなさい」 早川書房 2016
Keith, Lois キース, ロイス
[著]「クララは歩かなくてはいけないの？」 明石書店 2003
Keith, Robert L. キース, R.
[著]「喉頭がん舌がんの人たちの言語と摂食・嚥下ガイドブック」 医歯薬出版 2008
Keith, Toby キース, トビー
[国]アメリカ ミュージシャン, 俳優, プロデューサー, ショウ・ドック・ナッシュビル設立者
Keitz, Christine カイツ, クリスティーネ
[著]「ドイツの歴史」 明石書店 2006
Keizer, Garret カイザー, ギャレット
[著]「人はなぜ怒るのか」 サンブックス, 星雲社(発売) 2006
Keizer, Joost M. カイザー, ヨースト
[著]「僕はダ・ヴィンチ」 パイインターナショナル 2016
Kejriwal, Arvind ケジリワル, アービンド
1968～ [国]インド 政治家, 社会活動家 デリー州政府首相, インド一般人党党首
Keke, Kieren ケケ, キエレン
[国]ナウル 外務・貿易相兼保健相兼スポーツ相
Ke Kim Yan ケ・キムヤン
[国]カンボジア 副首相
Keko ケコ
[国]スペイン サッカー選手
Kela, Keone ケラ, ケオーネ
[国]アメリカ 野球選手
Kelava, Ivan ケラヴァ, イヴァン
[国]クロアチア サッカー選手
Kelby, Scott ケルビー, スコット
[著]「プロが教えるライティングとフォトレタッチ・テクニック」 丸善出版 2014
Kelce, Jason ケルス, ジェイソン
[国]アメリカ アメフト選手
Kelce, Travis ケルス, トラビス
[国]アメリカ アメフト選手
Kelder, Peter ケルダー, ピーター
[著]「5つのチベット体操」 河出書房新社 2004
Kelemen, Pavel ケレメン, パベル
[国]チェコ 自転車選手
Kelemete, Senio ケレメティー, セニオ
[国]アメリカ アメフト選手
Kelepecz, Dolly ケラペス, ドリー
1956～ [著]「ドリー・ケラペスのセレブリティ・ピラティス」 講談社 2006
Kelesidou, Anastasia ケレシドゥ
[国]ギリシャ 陸上選手
Keli, Tynisha ケリー, ティニーシャ
1985～ [国]アメリカ 歌手
Kelimbetov, Kairat ケリムベトフ, カイラト
[国]カザフスタン 副首相
Kelīmbetov, N. ケリムベトフ, ネマット
1937～2010 [著]「希望を抱きしめて」 バトルハン・クルマンセイト 2015
Kell, George ケル, ジョージ
1922～2009 [国]アメリカ 野球選手 本名＝Kell, George Clyde
Kellam, Theresa ケーラム, テレサ
[著]「子どもと親の関係性セラピーCPRT治療マニュアル」 日本評論社 2015
Kelleher, Linda O. ケラハー, L.
[著]「がん化学療法・バイオセラピー看護実践ガイドライン」 医学書院 2009
Kelleher, Victor ケラハー, ビクター
1939～ [著]「海なんて大きらい」 小学館 2010
Kellenberger, Jakob ケレンバーガー, ヤコブ
1944～ [国]スイス 外交官 赤十字国際委員会(ICRC)委員長, スイス外務次官
Keller, Bill ケラー, ビル
1949～ [国]アメリカ ジャーナリスト 「ニューヨーク・タイムズ」編集主幹

K

Keller, Colleen ケラー, コリーン
[著]「エビデンスに基づく看護学教育」 医学書院 2003

Keller, Ed ケラー, エド
1955〜 [著]「フェイス・トゥ・フェイス・ブック」 有斐閣 2016

Keller, Emil G. ケラー, エーミール・G.
[著]「ライカ物語」 光人社 2008

Keller, Eric ケラー, エリック
[異]ケーラー, E. [著]「Mayaビジュアルエフェクト」 ボーンデジタル 2014

Keller, Evelyn Fox ケラー, エヴリン・フォックス
1936〜 [著]「ボディー・ポリティクス」 世界思想社 2003

Keller, Gary ケラー, ゲアリー
1957〜 [異]ケラー, G. [著]「ワン・シング」 SBクリエイティブ 2014

Keller, George ケラー, ジョージ
1928〜2007 [著]「無名大学を優良大学にする力」 学文社 2013

Keller, Gottfried ケラー, ゴットフリート
[著]「ドイツ・フランス詩抄」 三本木健治 2011

Keller, Holly ケラー, ホリー
1942〜 [著]「みんなおおきくなるんだよ」 福音館書店 2011

Keller, Horst ケラー, ホルスト
1960〜 [著]「ABAPオブジェクト公式リファレンス」 日経BP社, 日経BP出版センター(発売) 2003

Keller, Jeff ケラー, ジェフ
[著]「あなたを成功に導く方法を伝授しよう」 ディスカヴァー・トゥエンティワン 2016

Keller, John B. ケラー, ジョン・B.
[著]「インストラクショナルデザインの理論とモデル」 北大路書房 2016

Keller, John M. ケラー, ジョン・M.
[著]「インストラクショナルデザインとテクノロジ」 北大路書房 2013

Keller, Kalyn ケラー
[国]アメリカ 競泳選手

Keller, Kathy Louise ケラー, キャシー
[著]「結婚の意味」 いのちのことば社 2015

Keller, Kevin Lane ケラー, ケビン・レーン
1956〜 [著]「戦略的ブランド・マネジメント」 東急エージェンシー 2015

Keller, Klete ケラー
[国]アメリカ 競泳選手

Keller, Laurie ケラー, ローリー
1961〜 [著]「口を大きくあけて!」 講談社 2002

Keller, Markus ケラー
[国]スイス スノーボード選手

Keller, Maryann N. ケラー, マリアン
[国]アメリカ 自動車産業アナリスト マリアン・ケラー・アソシエーツ代表 全米自動車業界アナリスト協会会長

Keller, Thomas A. ケラー, トーマス
1955〜 [国]アメリカ 料理人

Keller, Timothy J. ケラー, ティモシー
1950〜 [著]「結婚の意味」 いのちのことば社 2015

Keller, Ursula ケラー, ウルズラ
1940〜 [著]「ヨーロッパは書く」 鳥影社・ロゴス企画 2008

Keller, Wendy ケラー, ウェンディ
1964〜 [著]「大根も値切れる女」 オープンナレッジ 2005

Kellerman, Barbara ケラーマン, バーバラ
[著]「ハーバード大学特別講義リーダーシップが滅ぶ時代」 ソフトバンククリエイティブ 2013

Kellerman, Faye ケラーマン, フェイ
[著]「目隠し鬼の嘘」 ハーパーコリンズ・ジャパン 2016

Kellerman, Jesse ケラーマン, ジェシー
1978〜 [国]アメリカ 作家, 劇作家 [専]ミステリー

Kellerman, John ケラーマン, ジョン
[著]「Java開発者のためのEclipseエキスパートガイド」 コンピュータ・エージ社 2004

Kellerman, Jonathan ケラーマン, ジョナサン
1949〜 [著]「マーダー・プラン」 講談社 2006

Kellerman, Wouter ケラーマン, ウーター
グラミー賞 最優秀ニュー・エイジ・アルバム(2014年(第57回))"Winds Of Samsara"

Kellert, Stephen R. ケラート, スティーヴン・R.
[著]「バイオフィーリアをめぐって」 法政大学出版局 2009

Kelley, Al ケリー, アル
[著]「基本から学ぶC言語」 日経BP社, 日経BP出版センター(発売) 2002

Kelley, Charles ケリー, チャールズ
1981〜 [国]アメリカ 歌手

Kelley, Christie ケリー, クリスティ
[著]「スキャンダルは伯爵と」 オークラ出版 2012

Kelley, David ケリー, デイヴィッド
1951〜 [著]「クリエイティブ・マインドセット」 日経BP社, 日経BPマーケティング(発売) 2014

Kelley, David E. ケリー, デービッド・E.
1956〜 [国]アメリカ テレビプロデューサー, 脚本家

Kelley, James ケリー, ジェームズ
1963〜 [著]「大リーグ」 同朋舎, 角川書店(発売) 2001

Kelley, Johnny ケリー, ジョニー
1907〜2004 [国]アメリカ マラソン選手

Kelley, Karen ケリー, カレン
[著]「再会」 二見書房 2007

Kelley, Kitty ケリー, キティ
1944〜 [著]「ブッシュ・ダイナスティ」 ランダムハウス講談社 2004

Kelley, Mike ケリー, マイク
1954〜2012 [国]アメリカ 美術家 本名=Kelley, Michael

Kelley, Mike ケリー, マイク
1967〜 [著]「リベンジ」 竹書房 2013

Kelley, Rob ケリー, ロブ
[国]アメリカ アメフト選手

Kelley, Robin D.G. ケリー, ロビン・D.G.
[著]「フリーダム・ドリームス」 人文書院 2011

Kelley, Shawn ケリー, ショーン
[国]アメリカ 野球選手

Kelley, Tom ケリー, トム
1955〜 [国]アメリカ 実業家 IDEO副社長 本名=ケリー, トーマス〈Kelly, Thomas〉

Kelley, True ケリー, トゥルー
[著]「じしゃくのふしぎ」 福音館書店 2009

Kellier, Derrick ケリア, デリック
[国]ジャマイカ 農業・水産相

Kelling, George L. ケリング, G.L.
[著]「割れ窓理論による犯罪防止」 文化書房博文社 2004

Kellman, Denis ケルマン, デニス
[国]バルバドス 住宅・国土・地方開発相

Kellner, Robert A. ケルナー, R.
[著]「ケルナー分析化学」 科学技術出版 2003

Kellogg, Steven ケロッグ, スティーブン
1941〜 [著]「きみのすきなどうぶつなあに?」 ポプラ社 2014

Kelly, Alan ケリー, アラン
[国]アイルランド 環境・地域・地方自治相

Kelly, Alison ケリー, アリソン
[著]「ときめきがとまらない」 ハーレクイン 2002

Kelly, Allan ケリー, A.
1969〜 [著]「ソフトウェア開発を変革する」 構造計画研究所, 共立出版(発売) 2010

Kelly, Bill ケリー, ビル
[著]「魔法にかけられて」 竹書房 2008

Kelly, Brendan ケリー, ブレンダン
[著]「フィッシュ臨床精神病理学」 星和書店 2010

Kelly, Carla ケリー, カーラ
1947〜 [著]「灰かぶりの令嬢」 ハーパーコリンズ・ジャパン 2016

Kelly, Carson ケリー, カーソン
[国]アメリカ 野球選手

Kelly, Cathy ケリー, キャシー
[著]「あなたがいるから」 角川書店 2002

Kelly, Charles ケリー, チャールズ
[著]「入門ゲームプログラミング」 SBクリエイティブ 2014

Kelly, Chip ケリー, チップ
[国]アメリカ サンフランシスコ・フォーティナイナーズコーチ

Kelly, Christopher ケリー, クリストファー
1964〜 [著]「ローマ帝国」 岩波書店 2010

Kelly, Colin ケリー, コリン
[国]アメリカ アメフト選手

Kelly, Craig ケリー, クレイグ
1966〜2003 [国]アメリカ スノーボード選手

Kelly, Daniel ケリー
[国]オーストラリア 柔道選手

Kelly, David Christopher ケリー, デービット
1944〜2003 [国]イギリス 微生物学者 英国国防相顧問 [異]ケリー, デビッド

Kelly, Dennis ケリー, デニス

トニー賞 ミュージカル 脚本賞（2013年（第67回）） "Matilda The Musical"
Kelly, Dennis ケリー, デニス
　国アメリカ　アメフト選手
Kelly, Donna Meeks ケリー, D.M.
　著「子どもの面接ガイドブック」日本評論社　2003
Kelly, Ellsworth ケリー, エルスワース
　1923～2015　アメリカ　画家, 版画家, 彫刻家　異ケリー, エルズワース
Kelly, Erin ケリー, エリン
　著「公正としての正義再説」岩波書店　2004
Kelly, Fergus ケリー, ファーガス
　著「戦う男：ベッカム」扶桑社　2002
Kelly, Freda ケリー, フリーダ
　1945～　国イギリス　ビートルズの元秘書
Kelly, Ian ケリー, イアン
　1966～　著「ヴィヴィアン・ウエストウッド自伝」Du Books, ディスクユニオン（発売）　2016
Kelly, Jack ケリー, ジャック
　1949～　著「ライン・オブ・サイト」DHC　2002
Kelly, Jacqueline ケリー, ジャクリーン
　国アメリカ　ニュージーランド出身の作家　著「ダーウィンと旅して」ほるぷ出版　2016
Kelly, James A. ケリー, ジェームズ・A.
　国アメリカ　元・国家安全保障担当大統領特別補佐官（レーガン大統領）, 元・国務省東アジア太平洋担当次官補, 元・戦略国際問題研究所（CSIS）太平洋フォーラム所長
Kelly, James M. ケリー, ジェームズ・M.
　著「免震構造と積層ゴムの基礎理論」東京電機大学出版局　2005
Kelly, James Patrick ケリー, ジェイムズ・パトリック
　ネビュラ賞 長中編（2006年） "Burn"
Kelly, Jamill ケリー
　国アメリカ　レスリング選手
Kelly, Jason ケリー, ジェイソン
　著「3%シグナル投資法」パンローリング　2016
Kelly, Jim ケリー, ジム
　1946～2013　国アメリカ　俳優, 空手家
Kelly, Jim ケリー, ジム
　1957～　国イギリス　作家, ジャーナリスト　典ミステリー, スリラー
Kelly, Joe ケリー, ジョー
　国アメリカ　野球選手
Kelly, John ケリー, ジョン
　国アメリカ　国土安全保障長官
Kelly, John ケリー, ジョン
　1945～　著「黒死病」中央公論新社　2008
Kelly, John Edward, Ⅲ ケリー, ジョン・E., 3世
　1954～　著「スマートマシンがやってくる」日経BP社, 日経BPマーケティング（発売）　2014
Kelly, John Norman Davidson ケリー, J.N.D.
　著「初期キリスト教信条史」一麦出版社　2011
Kelly, Karen ケリー, カレン
　1958～　著「ザ・シークレットの真実」PHP研究所　2008
Kelly, Kay ケリー, ケイ
　1954～　著「トラウマを乗り越えるためのガイド」創元社　2012
Kelly, Kevin ケリー, ケビン
　1952～　国アメリカ　著述家, 編集者　「ワイアード」エグゼクティブ・エディター
Kelly, Kieran ケリー, キーラン
Kelly, Laura Michelle ケリー, ローラ・ミッシェル
　ローレンス・オリヴィエ賞 ミュージカル・エンタテインメント女優賞（2005年（第29回）） "Mary Poppins"
Kelly, Lauren ケリー, ローレン
　1938～　著「連れていって, どこかへ」早川書房　2006
Kelly, Leslie ケリー, レスリー
　1965～　著「大草原の小さな家」求竜堂　2013
Kelly, Liz ケリー, リズ
　著「キスへのカウントダウン」オークラ出版　2014
Kelly, Luke ケリー, ルーク
　著「This is service design thinking.」ビー・エヌ・エヌ新社　2013
Kelly, Lynne ケリー, リン
　1969～　国アメリカ　作家　典児童書, ヤングアダルト
Kelly, Martin ケリー, マーティン
　国イングランド　サッカー選手
Kelly, Martin ケリー, マーティン
　1955～　著「フェンダー大名鑑1946・1970」Pヴァイン・ブックス, スペースシャワーネットワーク（発売）　2012

Kelly, Matthew ケリー, マシュー
　1973～　著「ザ・ドリーム・マネジャー」海と月社　2008
Kelly, Michael J. ケリー, マイケル
　著「HIV/エイズと教育政策」東信堂　2015
Kelly, Mij ケリー, ミジ
　著「サムさんと10ぴきのひつじ」朔北社　2008
Kelly, Paul ケリー, ポール
　著「フェンダー大名鑑1946・1970」Pヴァイン・ブックス, スペースシャワーネットワーク（発売）　2012
Kelly, Paul Joseph ケリー, ポール
　1962～　著「ジェレミー・ベンサムの挑戦」ナカニシヤ出版　2015
Kelly, R. ケリー, R.
　著「SOULACOASTER」スペースシャワーブックス, スペースシャワーネットワーク（発売）　2013
Kelly, Richard ケリー, リチャード
　1975～　著「ドミノ」竹書房　2005
Kelly, Robert J. ケリー, ロバート・J.
　著「アメリカ合衆国における組織犯罪百科事典」中央大学出版部　2010
Kelly, Ruth ケリー, ルース
　国イギリス　地域・地方政府相
Kelly, Ryan ケリー, ライアン
　国アメリカ　バスケットボール選手
Kelly, Ryan ケリー, ライアン
　国アメリカ　アメフト選手
Kelly, Seamus ケリー, シーマス
　国アメリカ　ラグビー選手
Kelly, Sean ケリー, ショーン
　1956～　著「ザロードバイクレーシング」スタジオタッククリエイティブ　2009
Kelly, Shane ケリー
　国オーストラリア　自転車選手
Kelly, Stuart ケリー, スチュアート
　著「ロストブックス」晶文社　2009
Kelly, Susan ケリー, スーザン
　1943～　著「子ども虐待の解決」金剛出版　2004
Kelly, Tracey ケリー, トレイシー
　著「足を癒す」産調出版　2005
Kelly, Ty ケリー, タイ
　国アメリカ　野球選手
Kelly, William Wright ケリー, ウィリアム・ライト
　国アメリカ　文化人類学者　エール大学教授
Kelman, Jerson ケルマン, J.
　著「世界の統合的水資源管理」みらい　2009
Kelman, Judith ケルマン, ジュディス
　著「復讐の殺人」早川書房　2001
Kelman, Judith ケルマン, ジュディス
　著「Dr.スカルディーノの前立腺全書」ベクトル・コア　2007
Kelman, Marcy ケルマン, マーシー
　著「ペアレンツ・ガイド」フレーベル館　2004
Kelmendi, Majlinda ケルメンディ, マイリンダ
　1991～　国コソボ　柔道選手
Kelmendi, Nekibe ケルメンディ, ネキベ
　国コソボ　法相
Kelov, Baimukhammet ケロフ, バイムハメト
　国トルクメニスタン　自動車交通・道路相
Kelsang Gyatso ゲシェ・ケルサン・ギャッツオ
　1931～　異ケルサン・ギャッツオ　著「現代の仏教」タルパジャパン　2012
Kelsey, Dick ケルシー, ディック
　著「ダンボ」うさぎ出版, シルバーバック（発売）　2006
Kelsey, Frances ケルシー, フランシス
　1914～2015　国アメリカ　医師, 薬理学者　米国食品医薬品局（FDA）科学審査部長　本名＝Kelsey, Frances Kathleen Oldham　異ケルシー, フランセ・O.
Kelsey, Jane ケルシー, ジェーン
　著「異常な契約」農山漁村文化協会　2011
Kelsey, Morton T. ケルシー, モートン
　著「夢」サンパウロ　2006
Kelsey, Seth ケルシー
　国アメリカ　フェンシング選手
Kelton, W.David ケルトン, W.D.
　著「シミュレーション」コロナ社　2007
Kelts, Roland ケルツ, ローランド
　著「ジャパナメリカ」ランダムハウス講談社　2007
Kemakeza, Allan ケマケザ, アラン

[国]ソロモン諸島　森林相
Kemakeza, Mark Roboliu　ケマケザ, マーク・ロボリウ
[国]ソロモン諸島　鉱業・エネルギー・地方電化相
Kember, Jane　ケンバー, ジェーン
[著]「音楽家の手」 協同医書出版社　2006
Kember, Peter　ケンバー, ピーター
[著]「スーパーローテーションのための画像診断サバイバルテキスト」 エルゼビア・ジャパン　2005
Kemboi, Ezekiel　ケンボイ, エゼキエル
1982～　[国]ケニア　陸上選手
Kemelman, Harry　ケメルマン, ハリイ
[著]「安楽椅子の探偵たち」 ポプラ社　2001
Kemen, Olivier　クマン, オリヴィエ
[国]フランス　サッカー選手
Kemeny, Jim　ケメニー, ジム
[著]「ハウジングと福祉国家」 新曜社　2014
Kemeny, John　ケメニー, ジョン
1925～2012　[国]カナダ　映画・テレビプロデューサー　[異]ケムニー, ジョン
Kemmer, Heike　ケマー
[国]ドイツ　馬術選手
Kemmeter, Philippe de　ケメテー, フィリップ・ド
1964～　[著]「くまごろう」 金の星社　2005
Kemp, Anna　ケンプ, アンナ
[著]「とんでもプリンセスとドラゴン」 フレーベル館　2016
Kemp, Anthony E.　ケンプ, アンソニー・E.
[著]「演奏を支える心と科学」 誠信書房　2011
Kemp, Bryan J.　ケンプ, ブライアン・J.
[著]「高齢化社会と視覚障害」 日本盲人福祉委員会　2003
Kemp, David　ケンプ, デービッド
[国]オーストラリア　環境相
Kemp, Gillian　ケンプ, ジリアン
[著]「フォーチュン・テリング・ブック」 駒草出版　2006
Kemp, Hans　ケンプ, ハンス
1962～　[著]「それ行け!!珍バイク」 グラフィック社　2012
Kemp, Hugh P.　ケンプ, ヒュー・P.
[著]「世界の宗教ガイドブック」 いのちのことば社　2015
Kemp, Jack F.　ケンプ, ジャック
1935～2009　[国]アメリカ　政治家　米国住宅都市開発長官
Kemp, Kenny　ケンプ, ケニー
1955～　[著]「そうだ、宇宙へ行こう。」 阪急コミュニケーションズ　2009
Kemp, Martin　ケンプ, マーティン
[著]「美しき姫君」 草思社　2010
Kemp, Matt　ケンプ, マット
1984～　[国]アメリカ　野球選手　本名＝Kemp, Matthew Ryan
Kemp, Moira　ケンプ, モイラ
[著]「パパ、おはなしして」 評論社　2008
Kemp, Paul Stuart　ケンプ, ポール・S.
[著]「STAR WARSロード・オブ・シス」 ヴィレッジブックス　2015
Kemp, Peter　ケンプ, ピーター
[著]「ロンドンで本を読む」 マガジンハウス　2001
Kemp, Tony　ケンプ, トニー
[国]アメリカ　野球選手
Kemp, Will　ケンプ, ウィル
1977～　[国]イギリス　バレエダンサー, 俳優
Kemp, Wolfgang　ケンプ, ヴォルフガング
1946～　[著]「レンブラント『聖家族』」 三元社　2003
Kempa, Beata　ケンパ, ベアタ
[国]ポーランド　首相府長官
Kempe, Frederick　ケンプ, フレデリック
1954～　[著]「ベルリン危機1961」 白水社　2014
Kempe, Ruth S.　ケンプ, ルース・S.
[著]「虐待された子ども」 明石書店　2003
Kemper, Hunter　ケンパー
[国]アメリカ　トライアスロン選手
Kemper, Steve　ケンパー, スティーブ
[著]「世界を変えるマシンをつくれ！」 インフォバーン　2004
Kemper, Thomas　ケンパー, トーマス
[著]「宣教における連帯と対話」 キリスト新聞社　2014
Kemper, Thomas　ケンパー, トーマス
[著]「緊急事態のための情報システム」 近代科学社　2014
Kempf, Freddy　ケンプ, フレディ
1977～　[国]イギリス　ピアニスト
Kempf, Hervé　ケンプ, エルヴェ
1957～　[著]「資本主義からの脱却」 緑風出版　2011
Kempf, Marc Oliver　ケンプフ, マルク・オリヴァー
[国]ドイツ　サッカー選手
Kempff, Frida　ケンプ, フリーダ
カンヌ国際映画祭 審査員賞（短編映画）（第63回（2010年））“Micky Bader”
Kempff, Manfred　ケンプ, マンフレド
[国]ボリビア　情報相
Kempner, Nan　ケンプナー, ナン
[著]「プロは語る。」 アスペクト　2005
Kemppainen, Antti-Jussi　ケンパイネン
[国]フィンランド　フリースタイルスキー選手
Kemppainen, Marko　ケンパイネン
[国]フィンランド　射撃選手
Kemprecos, Paul　ケンプレコス, ポール
[著]「パンデミックを阻止せよ」 新潮社　2015
Kempson, Rachel　ケンプソン, レイチェル
1910～2003　[国]イギリス　女優
Kempthorne, Dirk　ケンプソーン, ダーク
[国]アメリカ　内務長官
Kempton, Linda　ケンプトン, リンダ
[著]「ぼくがウィリアムと名づけたわけ」 文研出版　2004
Ken, Don　ケン, ドン
[国]バヌアツ　保健相
Ken, Ton　ケン, トン
[国]バヌアツ　スポーツ・青少年相
Ken, Ton Steven　ケン, トン・スティーブン
[国]バヌアツ　保健相
Kenan Kodro　ケナン・コドロ
[国]スペイン　サッカー選手
Kenatale, Nemia　ケンタレ, ネミア
[国]フィジー　ラグビー選手
Kendall, Barbara　ケンダール
[国]ニュージーランド　セーリング選手　[異]ケンドール
Kendall, Beverley　ケンダル, ベヴァリー
[著]「放蕩貴族にくちづけを」 オークラ出版　2012
Kendall, Elisa F.　ケンドール, エリサ・F.
[著]「MDAマニフェスト」 エスアイビー・アクセス, 星雲社（発売）　2005
Kendall, Florence Peterson　ケンダル, F.P.
1910～　[著]「筋：機能とテスト」 西村書店　2006
Kendall, Gavin　ケンダール, ギャビン
[著]「フーコーを使う」 論創社　2009
Kendall, Gerald I.　ケンドール, ジェリー・I.
[著]「バイアブル・ビジョン」 日本工業新聞社　2005
Kendall, Gideon　ケンドール, ギデオン
[著]「こうもりぼうやとハロウィン」 新日本出版社　2012
Kendall, Jackie　ケンダル, ジャッキー
[著]「貴女を輝かせる10章」 イーグレープ（発売）　2014
Kendall, John S.　ケンドール, ジョン・S.
1949～　[著]「教育目標をデザインする」 北大路書房　2013
Kendall, R.T.　ケンダル, R.T.
[著]「本当に赦すということ」 生ける水の川　2007
Kendall, Stephen　ケンドール, ステファン
[著]「サステイナブル集合住宅」 技報堂出版　2006
Kendall, Wilfred　ケンドール, ウィルフレッド
[国]マーシャル諸島　教育相
Kenderesi, Tamas　ケンデレシ, タマシュ
[国]ハンガリー　水泳選手
Kendig, Bobbi　ケンディッグ, ボビー
[著]「虐待を経験した家族が癒される家シダーハウス」 星和書店　2005
Kendor, Losay　ケンドー, ロゼイ
[国]リベリア　国家保安相
Kendrew, J.C.　ケンドルー, J.C.
[著]「知の歴史」 徳間書店　2002
Kendrick, Alex　ケンドリック, アレックス
1970～　[著]「ファイアー・ストーム決断する愛」 ホームスクーリング・ビジョン, メディアパル（発売）　2009
Kendrick, Anna　ケンドリック, アナ
1985～　[国]アメリカ　女優
Kendrick, Howie　ケンドリック, ハウィ
[国]アメリカ　野球選手
Kendrick, Ken　ケンドリック, ケン
[国]アメリカ　アリゾナ・ダイヤモンドバックスオーナー
Kendrick, Kyle　ケンドリック, カイル

国アメリカ　野球選手
Kendrick, Sharon　ケンドリック, シャロン
　　　著「君主と砂漠の秘め事」ハーパーコリンズ・ジャパン　2016
Kendrick, Stephen　ケンドリック, スティーブン
　　　1973〜　著「ファイアー・ストーム決断する愛」ホームスクーリング・ビジョン, メディアパル(発売)　2009
Kendricks, Eric　ケンドリックス, エリック
　　　国アメリカ　アメフト選手
Kendricks, Lance　ケンドリックス, ランス
　　　国アメリカ　アメフト選手
Kendricks, Mychal　ケンドリックス, マイカル
　　　国アメリカ　アメフト選手
Kendricks, Sam　ケンドリクス, サム
　　　国アメリカ　陸上選手
Kenedy　ケネディ
　　　国ブラジル　サッカー選手
Kenilorea, Peter　ケニロレア, ピーター
　　　1943〜2016　国ソロモン諸島　政治家　ソロモン諸島首相(初代)　異ケニロレア, ペーター / ケネバン, ピーター
Kenison, Katrina　ケニソン, カタリナ
　　　著「アメリカ短編小説傑作選」DHC　2001
Kenkel, John　ケンケル, J.
　　　著「ケンケル化学の基礎」東京化学同人　2012
Kenna, Michael　ケンナ, マイケル
　　　著「レトロスペクティヴ」エディシオン・トレヴィル, 河出書房新社(発売)　2005
Kennan, George Frost　ケナン, ジョージ
　　　1904〜2005　国アメリカ　外交官, 外交評論家　駐ソ連米国大使, プリンストン高等学術研究所名誉教授　外交史, アメリカ外交論, ロシア外交論
Kennard, Devon　ケナード, デボン
　　　国アメリカ　アメフト選手
Kennard, Sean　ケナード, ショーン
　　　1984〜　国アメリカ　ピアニスト
Kennaway, Adrienne　ケナウェイ, アドリエンヌ
　　　1945〜　著「ケナウェイ, エイドリアン」著「くいしんぼうシマウマ」西村書店東京出版編集部　2016
Kennealy, Jerry　ケニーリー, ジェリー
　　　1938〜　著「誘拐司令」講談社　2001
Kennealy, Molly　ケネリー, モリー
　　　著「現代世界アジア詩集」土曜美術社出版販売　2010
Kennedy, Allan A.　ケネディ, アラン
　　　著「株主資本主義の誤算」ダイヤモンド社　2002
Kennedy, Betsy　ケネディ, ベツィ
　　　著「赤ちゃんと心がむずばれる77の知恵」PHP研究所　2001
Kennedy, Bruce P.　ケネディ, ブルース
　　　1960〜2008　異ケネディ, ブルース・P.　著「健康格差と正義」勁草書房　2008
Kennedy, Burt　ケネディ, バート
　　　1923〜2001　国アメリカ　映画監督, 脚本家
Kennedy, Caroline Bouvier　ケネディ, キャロライン
　　　1957〜　国アメリカ　ケネディ第35代大統領の長女　駐日米国大使
Kennedy, Charles　ケネディ, チャールズ
　　　1959〜2015　国イギリス　政治家　英国自民党党首　本名=Kennedy, Charles Peter
Kennedy, Dan　ケネディ, ダン
　　　著「常識を変えた15人の「売れる仕組み」」ミラクルマインド出版, サンクチュアリ出版(発売)　2016
Kennedy, Dane Keith　ケネディ, デイン
　　　著「アフリカ・オーストラリア探検における現地仲介者たち」成城大学研究機構グローカル研究センター　2012
Kennedy, David　ケネディ, デヴィッド
　　　1982〜　著「実践Metasploit」オライリー・ジャパン, オーム社(発売)　2012
Kennedy, Dennis　ケネディ, デニス
　　　1940〜　著「グランヴィル・バーカーと演劇の夢」カモミール社　2008
Kennedy, Diane M.　ケネディ, ダイアン・M.
　　　著「ADHDと自閉症の関連がわかる本」明石書店　2004
Kennedy, D.J.　ケネディ, DJ
　　　国アメリカ　バスケットボール選手
Kennedy, Donald　ケネディ, ドナルド
　　　1931〜　著「大学の責務」東信堂　2008
Kennedy, Douglas　ケネディ, ダグラス
　　　1955〜　著「売り込み」新潮社　2004

Kennedy, Edward　ケネディ, エドワード
　　　1932〜2009　国アメリカ　政治家　米国上院議員(民主党)　本名=ケネディ, エドワード・ムーア〈Kennedy, Edward Moore〉　異ケネディ, エドワード・M.
Kennedy, Erica　ケネディ, エリカ
　　　著「ブリング」小学館プロダクション　2005
Kennedy, Gavin　ケネディ, ガヴィン
　　　著「アダム・スミス」一灯舎　2014
Kennedy, George　ケネディ, ジョージ
　　　1925〜2016　国アメリカ　俳優
Kennedy, George D.　ケネディ, ジョージ・D.
　　　著「コーポレート・ガバナンス」ダイヤモンド社　2001
Kennedy, Gerry　ケネディ, ゲリー
　　　1943〜　著「ヴォイニッチ写本の謎」青土社　2006
Kennedy, Ian　ケネディ, イアン
　　　国アメリカ　野球選手
Kennedy, Joe　ケネディ, ジョー
　　　1979〜2007　国アメリカ　野球選手　異ケネディー, ジョー
Kennedy, Joshua　ケネディ, ジョシュア
　　　1982〜　国オーストラリア　元サッカー選手　本名=ケネディ, ジョシュア・ブレイク〈Kennedy, Joshua Blake〉
Kennedy, Kara　ケネディ, カラ
　　　1960〜2011　国アメリカ　エドワード・ケネディ上院議員の長女
Kennedy, Karen L.　ケネディ, カレン・L.
　　　著「園芸療法メソッド」東京教学社　2011
Kennedy, Kathryne　ケネディ, キャスリーン
　　　著「氷の仮面溶かして」ヴィレッジブックス　2014
Kennedy, Ludovic　ケネディ, ルードビック
　　　1919〜2009　国イギリス　放送キャスター, 作家　本名=Kennedy, Ludovic Henry Coverley　異ケネディ, ルードヴィック
Kennedy, Marc　ケネディ
　　　国カナダ　カーリング選手
Kennedy, Mary Richardson　ケネディ, メアリー・リチャードソン
　　　?〜2012　国アメリカ　ケネディ大統領の甥で弁護士ロバート・ケネディ(Jr.)の妻　本名=ケネディ, マリー・リチャードソン
Kennedy, Maxwell Taylor　ケネディ, マクスウェル・テイラー
　　　1965〜　著「特攻」ハート出版　2010
Kennedy, Nell L.　ケネディ, ネル・L.
　　　著「アクセプトされる英語医学論文を書こう!」メジカルビュー社　2001
Kennedy, Nigel　ケネディ, ナイジェル
　　　1956〜　国イギリス　バイオリニスト　別名=ケネディ
Kennedy, Paul Michael　ケネディ, ポール
　　　1945〜　国イギリス　歴史学者　エール大学歴史学部教授　国際関係論, 戦略史
Kennedy, Richard　ケネディ, リチャード
　　　1932〜2008　著「ウォーリーと16人のギャング」大日本図書　2015
Kennedy, Robert H.　ケネディ, R.
　　　著「ダム湖の陸水学」生物研究社　2004
Kennedy, Rosemary　ケネディ, ローズマリー
　　　1918〜2005　国アメリカ　ケネディ大統領の妹
Kennedy, Stanislaus　ケネディ, スタニスラウス
　　　1940〜　著「魂のガーデニング」清流出版　2004
Kennedy, Steve Canyon　ケネディ, スティーヴ・キャニオン
　　　トニー賞 プレイ 音響デザイン賞(2014年(第68回))　"Lady Day at Emerson's Bar & Grill"
Kennedy, Susan　ケネディ, スーザン
　　　著「ZOOM大図鑑」化学同人　2013
Kennedy, Thomas L.　ケネディ, トーマス・L.
　　　1930〜　著「中国軍事工業の近代化」昭和堂　2013
Kennedy, X.J.　ケネディ, X.J.
　　　著「動物たちの謝肉祭」BL出版　2007
Kennefick, Daniel　ケネフィック, ダニエル
　　　著「重力波とアインシュタイン」青土社　2008
Kennell, John H.　ケネル, J.H.
　　　1922〜　異ケネル, ジョン・H.　著「ザ・ドゥーラ・ブック」メディカ出版　2006
Kennen, Ally　ケネン, アリー
　　　国イギリス　作家　ヤングアダルト
Kenner, Corrine　ケナー, コリーン
　　　1964〜　著「クリエイターのための占星術」フィルムアート社　2015
Kenner, Hugh　ケナー, ヒュー
　　　1923〜2003　著「機械という名の詩神」上智大学出版, ぎょうせ

い(発売) 2009
Kenner, Julie ケナー, ジュリー
　㊃「ママは悪魔ハンター」早川書房 2006
Kenner, Laurel ケナー, ローレル
　㊃「実践的スペキュレーション」現代書林 2004
Kennerley, Helen ケナリー, ヘレン
　㊃「認知行動療法臨床ガイド」金剛出版 2012
Kennerley, Mike ケナーリー, マイク
　㊃「業績評価の理論と実務」東洋経済新報社 2004
Kenneson, Claude ケネソン, クロード
　㊃「音楽の神童たち」音楽之友社 2002
Kennett, Dylan ケネット, ディラン
　㊆ニュージーランド　自転車選手
Kenney, Jason ケニー, ジェイソン
　㊆カナダ　雇用・社会開発・多文化主義相
Kenney, Linda ケニー, リンダ
　1953～　㊃「沈黙の絆」早川書房 2010
Kenney, Martin ケニー, マーティン
　㊃「リメイド・イン・アメリカ」中央大学出版部 2005
Kennison, Kathryn ケニソン, カサリン
　アメリカ探偵作家クラブ賞 大鴉賞(2015年)
Kennja, Charles ケンジャ, チャールズ
　㊆タンザニア　農業・食料相
Kenny, Anthony John Patrick ケニー, アンソニー
　㊃「フレーゲの哲学」法政大学出版局 2001
Kenny, Barry J. ケニー, バリー・J.
　㊃「演奏を支える心と科学」誠信書房 2011
Kenny, Carolyn ケニー, キャロライン
　㊇ケニー, キャロリン　㊃「フィールド・オブ・プレイ」春秋社 2006
Kenny, Charles ケニー, チャールズ
　㊃「東アジアのイノベーション」シュプリンガー・フェアラーク東京 2005
Kenny, David ケニー, デイビッド
　㊃「ブランド・マネジメント」ダイヤモンド社 2001
Kenny, Enda ケニー, エンダ
　1951～　㊆アイルランド　政治家　アイルランド首相, 統一アイルランド党党首
Kenny, Janette ケニー, ジャネット
　㊃「再会は情事の幕開け」ハーレクイン 2015
Kenny, Jason ケニー, ジェーソン
　1988～　㊆イギリス　自転車選手　㊇ケニー, ジェイソン
Kenny, Michael ケニー, M.
　㊇ケニー, マイケル　㊃「経済衰退の歴史学」ミネルヴァ書房 2008
Kenrick, Andrew ケンリック, アンドリュー
　㊃「救済の書:トゥーム・オヴ・サルヴェイション」ホビージャパン 2009
Kenrick, Douglas T. ケンリック, ダグラス・T.
　1948～　㊇ケンリック, ダグラス　㊃「きみの脳はなぜ「愚かな選択」をしてしまうのか」講談社 2015
Kensington, Ella ケンジントン, エラ
　㊃「ドイツno.1の「幸せトレーナー」が教える「ポジティブ幸せ力」をつかむハッピー・ノート」PHP研究所 2006
Kent, Alexander ケント, アレグザンダー
　1923～　㊃「若き獅子の凱歌」早川書房 2006
Kent, Alison ケント, アリソン
　㊃「黒い光の誘惑」ぶんか社 2009
Kent, Christopher ケント, クリストファー
　㊃「カイロプラクティックのプロフェッショナル20人が語る仕事の流儀」科学新聞社出版局 2012
Kent, Derrin ケント, デリン
　㊃「eポートフォリオ入門」海文堂出版 2012
Kent, George Cantine ケント, ジョージ・C.
　1914～2012　㊃「ケント脊椎動物の比較解剖学」緑書房 2015
Kent, Hannah ケント, ハンナ
　1985～　㊆オーストラリア　作家　㊋文学
Kent, Jennifer ケント, ジェニファー
　㊃「65億人の地球環境」産調出版 2006
Kent, Jonathan ケント, ジョナサン
　1951～　㊆イギリス　舞台演出家　アルメイダ劇場共同芸術監督
Kent, Julie ケント, ジュリー
　1969～　㊆アメリカ　元バレリーナ　アメリカン・バレエ・シアター(ABT)サマー・インテンシブ・プログラム芸術監督　アメリカン・バレエ・シアター(ABT)プリンシパル
Kent, Margaret ケント, マーガレット
　1942～　㊃「結婚までの法則」ソニー・マガジンズ 2006

Kent, Matt ケント, マット
　1959～　㊃「ザ・フーコンプリート・クロニクル1958-1978」シンコーミュージック・エンタテイメント 2008
Kent, Meg ケント, メグ
　㊃「eポートフォリオ入門」海文堂出版 2012
Kent, Pauline ケント, ポーリン
　1960～2015　㊆オーストラリア　龍谷大学国際学部教授　㊋比較文化論, 社会学　㊇ケント, ポーリーン
Kent, Peter ケント, ピーター
　㊆カナダ　環境相
Kent, Steven L. ケント, スティーブン
　㊆アメリカ　作家　㊋SF, ファンタジー　㊇ケント, スティーヴンエル
Kent, Stuart ケント, S.
　㊃「ドメイン特化型開発」日経BPソフトプレス, 日経BP出版センター(発売) 2008
Kentley, Eric ケントリー, エリック
　㊃「船の百科」あすなろ書房 2008
Kentridge, William ケントリッジ, ウィリアム
　1955～　㊆南アフリカ　現代美術家, アニメーション作家
Kenworthy, Christopher ケンワーシー, クリストファー
　㊃「マスターショット」フィルムアート社 2013
Kenworthy, Gus ケンワージー
　㊆アメリカ　フリースタイルスキー選手
Kenyatta, Uhuru Muigai ケニヤッタ, ウフル
　1961～　㊆ケニア　政治家　ケニア大統領
Kenyon, Andrea ケニヨン, アンドレア
　㊃「公共図書館員のための消費者健康情報提供ガイド」日本図書館協会 2007
Kenyon, J.N. ケニヨン, J.
　㊃「鍼のエビデンス」医道の日本社 2009
Kenyon, Nicholas ケニヨン, ニコラス
　1951～　㊃「サイモン・ラトル」音楽之友社 2002
Kenyon, Peter ケニヨン, ピーター
　㊃「ポスト・ケインズ派経済学入門」日本経済評論社 2003
Kenyon, Richard Walton ケニヨン, R.W.
　㊃「死とその後」スヴェーデンボリ出版 2014
Kenyon, Sherrilyn ケニヨン, シェリリン
　1965～　㊆アメリカ　作家　㊋SF, ファンタジー　別筆名＝マクレガー, キンリー〈MacGregor, Kinley〉
Kenyon, Tom ケニオン, トム
　㊃「アルクトゥルス人より地球人へ」ナチュラルスピリット 2016
Kenyon, Tony ケニヨン, トニー
　1960～　㊃「マスタリングTCP/IP」オーム社 2003
Kenyon-Rouvinez, Denise ケニヨン・ルヴィネ, デニス
　㊃「ファミリービジネス永続の戦略」ダイヤモンド社 2007
Kenzhekhanuly, Rauan ケンジェハヌリー, ラウアン
　㊃「グローバル化と言語能力」明石書店 2015
Kenzhisariev, Marat ケンジサリエフ, マラト
　㊆キルギス　国家防衛委員長
Keo, Shiloh コー, シロー
　㊆アメリカ　アメフト選手
Keogh, Barbara K. キーオ, バーバラ・K.
　㊇キーヨ, バーバラ・K.　㊃「教室の中の気質と学級づくり」金子書房 2010
Keogh, Pamela Clarke キーオ, パメラ
　㊃「オードリーのように…」近代映画社 2009
Keohane, Nannerl Overholser コーウェン, ナナル
　1940～　㊆アメリカ　政治学者　デューク大学学長
Keohane, Robert Owen コヘイン, ロバート・O.
　1941～　㊇コーヘイン, ロバート・O.　㊃「パワーと相互依存」ミネルヴァ書房 2012
Keo Pok ケ・ポク
　?～2002　㊆カンボジア　政治家, 軍人　民主カンボジア軍最高委員会副書記長
Keo Puthreasmey カエウ・プットリャスメイ
　㊆カンボジア　副首相
Keough, Donald R. キーオ, ドナルド・R.
　㊃「ビジネスで失敗する人の10の法則」日本経済新聞出版社 2014
Keown, Dale キーオン, デイル
　㊃「A+X：アベンジャーズ+X-MEN＝最強」小学館集英社プロダクション 2015
Keown, Damien キーオン, ダミアン
　1951～　㊃「オックスフォード仏教辞典」朝倉書店 2016
Kepa, Ro Teimumu Vuikaba ケパ, ロ・テイムム・ブイカバ

Kepel, Gilles　ケペル, ジル
　1955〜　国フランス　パリ政治学院教授　著イスラム
Kephas, Kalwin　ケファス, カルウィン
　国ミクロネシア連邦　教育相
Képíró, Sándor　ケピロ, シャーンドル
　1914〜2011　国ハンガリー　軍人　異ケピロ, シャンドール
Kepler, Lars　ケプレル, ラーシュ
　著ミステリー, スリラー
Kepler, Max　ケプラー, マックス
　国ドイツ　野球選手
Kepnes, Caroline　ケプネス, キャロライン
　1976〜　国アメリカ　作家　著スリラー, サスペンス
Keppie, L.J.F.　ケッピー, ローレンス
　著「碑文から見た古代ローマ生活誌」原書房　2006
Kepu, Sekope　ケプ, セコペ
　国オーストラリア　ラグビー選手
Ker, Ian Turnbull　カー, イアン
　1942〜　著「キリストを生きる」教友社　2006
Ker, Madeleine　カー, マドレイン
　著「ボスとふたりで」ハーレクイン　2007
Keraf, Sonny　クラフ, ソニー
　国インドネシア　国務相(環境担当)
Kerascoët　ケラスコエット
　著「かわいい闇」河出書房新社　2014
Kerasote, Ted　ケラソテ, テッド
　著「マールのドア」河出書房新社　2009
Keravnos, Iacovos　ケラブノス, ヤコボス
　国キプロス　労働・社会保障相
Kerbaker, Andrea　ケルバーケル, アンドレーア
　1960〜　著「小さな本の数奇な運命」晶文社　2004
Kerber, Angelique　ケルバー, アンゲリク
　国ドイツ　テニス選手
Kerber, Linda K.　カーバー, リンダ・K.
　著「ウィメンズ・アメリカ」ドメス出版　2002
Kerdellant, Christine　ケルデラン, クリスティーヌ
　著「ヴェルサイユの密謀」新潮社　2010
Kereki, Federico　ケレキ, フェデリコ
　1960〜　著「エッセンシャルGoogle Web Toolkit 2」翔泳社　2011
Kérékou, Mathieu　ケレク, マチュー
　1933〜2015　国ベナン　政治家, 軍人　ベナン大統領　本名＝Kérékou, Mathieu Ahmed　異ケレクー, マチュー・アーメド
Kerekou, Modeste　ケレコウ, モデスト
　国ベナン　青年・スポーツ・余暇相
Keret, Etgar　ケレット, エトガー
　1967〜　国イスラエル　作家, 映画監督　異キャロット, エットガール / ケレット, エトガル
Kerez, Christian　ケレツ, クリスチャン
　1962〜　著「クリスチャン・ケレツ不確かな必然性」TOTO出版　2013
Kerievsky, Joshua　ケリーエブスキー, ジョシュア
　著「パターン指向リファクタリング入門」日経BP社, 日経BP出版センター(発売)　2005
Kerim, Srgjan　ケリム, スルギャン
　国マケドニア　外相
Kerimkulov, Medetbek　ケリムクロフ, メデトベク
　国キルギス　産業貿易観光相
Kerimov, Medzhid　ケリモフ, メジド
　国アゼルバイジャン　燃料・エネルギー相
Kerin, Zac　ケリン, ザック
　国アメリカ　アメフト選手
Kerkeling, Hape　カーケリング, ハーペイ
　1964〜　著「巡礼コメディ旅日記」みすず書房　2010
Kerkhofs, Jan　カークホフス, ヤン
　著「欧州統合とシティズンシップ教育」明石書店　2006
Kerkorian, Kirk　カーコリアン, カーク
　1917〜2015　国アメリカ　投資家　異カコリアン, カーク
Kerler, Rolf　ケラー, ロルフ
　1941〜　著「人間のための銀行」涼風書林　2014
Kerley, Barbara　ケアリー, バーバラ
　著「ウォーターハウス・ホーキンズの恐竜」光村教育図書　2003
Kerley, Jack　カーリイ, ジャック
　国アメリカ　作家　著ミステリー, スリラー　別筆名＝Kerley, J. A.　異ケアリー, ジャック
Kerley, Jeremy　カーリー, ジェレミー

Kerlin, Michael　カーリン, マイケル
　著「ハーバードMBA合格者のエッセイを読む」オープンナレッジ　2007
Kerloc'h, Jean Pierre　ケルロック, ジャン＝ピエール
　著「ペローのろばの皮」講談社　2002
Kerlow, Isaac Victor　カーロウ, アイザック・ビクター
　1958〜　著「コンプリート3DCG」エムディエヌコーポレーション, インプレスコミュニケーションズ(発売)　2001
Kerman, Joseph　カーマン, ジョゼフ
　1924〜2014　国アメリカ　音楽学者, 音楽批評家　カリフォルニア大学バークレー校音楽学部名誉教授　本名＝Kerman, Joseph Wilfred〉　異カーマン, ジョーゼフ / カーマン, ジョゼフ
Kermode, Frank　カーモード, フランク
　1919〜2010　国イギリス　英文学者, 文芸批評家　ケンブリッジ大学教授　本名＝Kermode, John Frank　異カーモド, フランク / カモード, フランク
Kermode, Mark　カーモード, マーク
　著「バトル・オブ・エクソシスト」河出書房新社　2005
Kern, Brett　カーン, ブレット
　国アメリカ　アメフト選手
Kern, Christian　ケルン, クリスティアン
　国オーストリア　首相
Kern, Étienne　ケルン, エティエンヌ
　著「罵倒文学史」東洋書林　2011
Kern, Georges　カーン, ジョージ
　1965〜　国ドイツ　実業家　IWC・CEO
Kern, Ludwik Jerzy　ケルン, ルドウィク・J.
　著「ぞうのドミニク」福音館書店　2005
Kern, Morton J.　カーン, モートン・J.
　著「心臓カテーテルハンドブック」メディカル・サイエンス・インターナショナル　2012
Kern, Noris　カーン, ノリス
　著「ママ, ぼくのことすき?」平凡社　2008
Kern, Peter　ケルン, ペーター
　1949〜2015　国オーストリア　俳優, 映画監督　異カーン, ペーター
Kern, Richard　カーン, リチャード
　1954〜　著「リチャード・カーン モデルリリース」タッシェン・ジャパン, 洋販(発売)　2002
Kern, Stephen　カーン, スティーヴン
　著「空間の文化史」法政大学出版局　2007
Kernan, Alvin B.　カーナン, アルヴィン
　1923〜　著「人文科学に何が起きたか」玉川大学出版部　2001
Kernberg, Otto F.　カーンバーグ, オットー・F.
　著「自己愛の障害」金剛出版　2003
Kernberg, Paulina F.　カーンバーグ, ポーリナ・F.
　著「自己愛の障害」金剛出版　2003
Kernen, Bruno　ケルネン
　国スイス　アルペンスキー選手
Kerner, Hans-Jürgen　ケルナー, ハンス＝ユルゲン
　1943〜　著「ドイツにおける刑事訴追と制裁」信山社出版　2008
Kerner, Max　ケルナー, マックス
　著「女教皇ヨハンナ」三元社　2015
Kernick, Simon　カーニック, サイモン
　1966〜　国イギリス　作家　著ミステリー, スリラー
Kernighan, Brian W.　カーニハン, ブライアン
　1942〜　本名＝Kernighan, B.W.　著「プログラミング言語Go」丸善出版　2016
Kerns, Lawrence L.　カーンズ, ローレンス・L.
　著「子どもが「うつ」とわかったら」春秋社　2007
Kerr, Alex　カー, アレックス
　著「対談 世流に逆らう」北星社　2012
Kerr, Baine　カー, ベイン
　1946〜　著「柔らかい棘」講談社　2002
Kerr, Cristie　カー, クリスティ
　1977〜　国アメリカ　プロゴルファー
Kerr, Deborah　カー, デボラ
　1921〜2007　国イギリス　女優　本名＝Viertel, Deborah Kerr
Kerr, D.P.　カー, D.
　著「鍼のエビデンス」医道の日本社　2009
Kerr, E.Bartlett　カー, E.バートレット
　著「東京大空襲」光人社　2001
Kerr, Errol　カー, エロール
　1986〜　国ジャマイカ　スキー選手

Kerr, Fergus カー, ファーガス
[著]「二十世紀のカトリック神学」 教文館 2011
Kerr, George カー, ジョージ
1937〜 [国]イギリス 柔道家 英国柔道協会会長 [異]ケア, ジョージ
Kerr, John カー, ジョン
1931〜2013 [国]アメリカ 俳優 本名＝Kerr, John Grinham
Kerr, John ケア, J.
[国]イギリス フィギュアスケート選手
Kerr, Judith カー, ジュディス
1923〜 絵本作家
Kerr, Ken P. カー, ケン・P.
[著]「自閉症児の親を療育者にする教育」 二瓶社 2005
Kerr, Michael E. カー, マイケル・E.
1940〜 [著]「家族評価」 金剛出版 2001
Kerr, Miranda カー, ミランダ
1983〜 [国]オーストラリア ファッションモデル
Kerr, Philip Ballantyne カー, フィリップ
1956〜 [国]イギリス 作家 筆名＝カー, P.B.
Kerr, Sinead ケア, S.
[国]イギリス フィギュアスケート選手
Kerr, Steve カー, スティーブ
1965〜 [国]アメリカ バスケットボール監督
Kerr, Steven カー, スティーブ
1941〜 [著]「GE式ワークアウト」 日経BP社, 日経BP出版センター(発売) 2003
Kerr, Zach カー, ザック
[国]アメリカ アメフト選手
Kerr-barlow, Tawera カー＝バーロー, タウェラ
[国]ニュージーランド ラグビー選手
Kerrett, Etgar ケレット, エトガル
1967〜 [異]キャロット, エットガール [著]「あの素晴らしき七年」 新潮社 2016
Kerridge, Joe ケリッジ, ジョー
[国]アメリカ アメフト選手
Kerrigan, Gene ケリガン, ジーン
英国推理作家協会賞 ゴールド・ダガー(2012年) "The Rage"
Kerrigan, Michael ケリガン, マイケル
[著]「米ソ冷戦秘録幻の作戦・兵器1945-91」 創元社 2014
Kerrigan, Ryan ケリガン, ライアン
[国]アメリカ アメフト選手
Kerrigan, Seanna ケリガン, シーナ
[著]「社会参画する大学と市民学習」 学文社 2015
Kerrisk, Michael ケリスク, マイケル
1961〜 [著]「Linuxプログラミングインタフェース」 オライリー・ジャパン, オーム社(発売) 2012
Kerrod, Robin ケロッド, ロビン
[著]「実験・実感科学のしくみ」 丸善 2003
Kerry, John ケリー, ジョン
1943〜 [国]アメリカ 政治家 米国国務長官 米国上院外交委員長(民主党) 本名＝ケリー, ジョン・フォーブス〈Kerry, John Forbes〉
Kersch, Dan ケルシュ, ダン
[国]ルクセンブルク 内務・行政改革相
Kerschl, Karl カーシル, カール
[著]「ゴッサム・アカデミー」 小学館集英社プロダクション 2016
Kersey, Cynthia カーシー, シンシア
[著]「だから、あなたも負けないで」 イーハトーヴフロンティア 2001
Kershaw, Alex カーショウ, アレックス
[著]「血とシャンパン」 角川書店 2004
Kershaw, Clayton カーショー, クレイトン
1988〜 [国]アメリカ 野球選手 本名＝カーショー, クレイトン・エドワード〈Kershaw, Clayton Edward〉 [異]カーショウ, クレイトン
Kershaw, Devon カーショー
[国]カナダ クロスカントリースキー選手
Kershaw, Ian カーショー, イアン
1943〜 [著]「ヒトラー」 白水社 2016
Kershner, Irvin カーシュナー, アービン
1923〜2010 [国]アメリカ 映画監督 [異]カーシュナー, アーヴィン
Kersjes, Michael E. カージェス, マイク
[著]「あの瞬間、ぼくらは宇宙に一番近かった」 講談社 2004
Kersschot, Jan ケルスショット, ヤン
[著]「ホームには誰もいない」 ナチュラルスピリット 2015
Kersten, Holger ケルステン, ホルガー
1951〜 [著]「イエス復活と東方への旅」 たま出版 2012
Kersten, Wolfgang ケルステン, ヴォルフガング
1954〜 [著]「新版クレーの日記」 みすず書房 2009
Kersting, Wolfgang ケアスティング, ヴォルフガング
1946〜 [著]「自由の秩序」 ミネルヴァ書房 2013
Kertanguy, Inès de ケルタンギ, イネス・ド
[著]「カンパン夫人」 白水社 2016
Kertesz, Andrew カーティス, アンドリュー
[著]「バナナ・レディ」 医学書院 2010
Kertész, Imre ケルテース, イムレ
1929〜2016 [国]ハンガリー 作家
Kerth, Norm キース, ノーム
[著]「ソフトウェア開発のカオス」 構造計画研究所, 共立出版(発売) 2003
Kertzer, David I. カーツァー, デヴィッド・I.
[国]アメリカ ピュリッツアー賞 文学・音楽 伝記・自伝(2015年) "The Pope and Mussolini: The Secret History of Pius XI and the Rise of Fascism in Europe"
Kertzman, Mitchell カーツマン, ミッチェル
[著]「ソフトウェアの未来」 翔泳社 2001
Kerven, Rosalind カーヴェン, ロザリンド
[著]「アーサー王伝説」 原書房 2012
Kerwin, Robert カーウィン, ロバート
[著]「精神科治療薬の処方ガイドライン」 星和書店 2001
Kery, Beth ケリー, ベス
[著]「ご主人様はダーク・エンジェル」 集英社クリエイティブ, 集英社(発売) 2013
Kerzin, Barry カーズィン, バリー
[著]「物質と心」 サンガ 2016
Kerzner, Harold カーズナー, ハロルド
[著]「戦略的エンタープライズ・プロジェクトマネジメント」 生産性出版 2005
Kesan, Jay P. ケーサン, ジェイ・P.
[著]「日本における特許無効手続の比較法的評価」 知的財産研究所 2004
Kesavan, Kuunnavakkam Vinjamur ケサヴァン, クーナヴァッカム・ヴィンジャムール
1940〜 [国]インド 元・ジャワハルラール・ネルー大学国際関係学部教授 ネール大学国際関係学部教授 [専]日本政治経済史 [異]ケサバン, クナバッカム
Kesel, Barbara Randall ケセル, バーバラ・ランダル
[著]「マイリトルポニー：ポニーテールズ」 ヴィレッジブックス 2014
Keselman, Gabriela ケセルマン, ガブリエラ
[著]「100回いったでしょ！」 講談社 2009
Keservani, Raj K. ケセルヴァニ, ラジ・K.
[著]「食品の機能性表示と世界のレギュレーション」 薬事日報社 2015
Kesete Berhan, Admasu ケセテベルハン・アドマス
[国]エチオピア 保健相
Kesey, Ken Elton キージー, ケン
1935〜2001 [国]アメリカ 作家
KE$HA ケシャ
1987〜 [国]アメリカ シンガー・ソングライター
Keshav, Satish ケーシャブ, サティッシュ
[著]「一目でわかる消化器病学」 メディカル・サイエンス・インターナショナル 2005
Keshi, Stephen ケシ, スティーブン
1962〜2016 [国]ナイジェリア サッカー選手, サッカー指導者 サッカーナイジェリア代表監督 本名＝Keshi, Stephen Okechukwu [異]ケシ, スティーヴン
Keskinen, Kalevi ケスキネン, カレヴィ
1930〜 [著]「フィンランド空軍第24戦隊」 大日本絵画 2005
Keskinen, Soili ケスキネン, ソイリ
[著]「フィンランドの子どもを支える学校環境と心の健康」 明石書店 2013
Kesner, Idalene F. ケスナー, アイダレーネ・F.
[著]「交渉の戦略スキル」 ダイヤモンド社 2002
Kesper, Ingrid ケスパー, イングリット
[著]「病院でともだちになったよ」 童心社 2002
Kessel, Barney ケッセル, バーニー
1923〜2004 [国]アメリカ ジャズギタリスト
Kessel, John ケッセル, ジョン
ネビュラ賞 中編(2008年) "Pride and Prometheus"
Kessel, Joseph ケッセル, ジョセフ
[著]「ちくま文学の森」 筑摩書房 2011

Kessel, Neil ケッセル, ニール
[著]「アルコール中毒とは」 春萌社 2002
Kesseler, Rob ケスラー, ロブ
[著]「植物の奇妙な生活」 創元社 2014
Kesselman, Jeff ケセルマン, ジェフ
[著]「Javaプラットフォームパフォーマンス」 ピアソン・エデュケーション 2002
Kessel Martínez, Georgina ケッセル・マルティネス, ヘオルヒナ
[国]メキシコ エネルギー相 [異]ケッセル・マルティネス, ゲオルジナ
Kesselschlager, Sonja ケッセルシュレーガー
[国]ドイツ 陸上選手
Kesselskramer ケッセルスクライマー
[著]「ケッセルスクライマーの新たな1キロ」 ピエ・ブックス 2010
Kessie, Franck ケシェ, フランク
[国]コートジボワール サッカー選手
Kessler, Andy ケスラー, アンディ
[著]「シリコンバレー式で医療費は安くなるのか」 オープンナレッジ 2007
Kessler, Cody ケスラー, コディー
[国]アメリカ アメフト選手
Kessler, David ケスラー, デービッド
1957〜 [国]アメリカ ホスピス・ケア専門家 [専]死生学 [異]ケスラー, デーヴィッド
Kessler, David A. ケスラー, デイヴィッド・A.
[著]「過食にさようなら」 エクスナレッジ 2009
Kessler, German ケスレル, ヘルマン
[国]ウルグアイ ラグビー選手
Kessler, Leonard ケスラー, レオナード
[著]「うさぎがいっぱい」 大日本図書 2011
Kessler, Liz ケスラー, リズ
[著]「エミリーのひみつ」 ポプラ社 2005
Kessler, Matthias ケスラー, マティアス
1960〜 [著]「それでも私は父を愛さざるをえないのです」 同学社 2008
Kessler, Robert R. ケスラー, ロバート
[著]「ペアプログラミング」 ピアソン・エデュケーション 2003
Kessler, Ronald ケスラー, ロナルド
1943〜 [著]「FBI秘録」 原書房 2012
Kessler, Thomas ケスラー, トーマス
[国]ドイツ サッカー選手
Kessous, Mustapha ケスス, ムスタファ
[著]「ツール・ド・フランス100話」 白水社 2014
Kessy, Jennifer ケシー
[国]アメリカ ビーチバレー選手
Kester, Mark ケスター, M.
[著]「薬理学」 東京化学同人 2010
Kesting, Jürgen ケスティング, ユルゲン
1940〜 [著]「マリア・カラス」 アルファベータ 2007
Kestler, Bernd ケストラー, ベルンド
[著]「ベルンド・ケストラーのスパイラルソックス」 世界文化社 2015
Kestrel, Gwendolyn F.M. ケストレル, グウェンドリン・F.M.
[著]「鬼哭き穴に潜む罠」 ホビージャパン 2007
Ketai, Loren ケタイ, L.
[著]「胸部画像診断入門」 診断と治療社 2009
Ketbi, Si Mohamed ケトビ, シモハメド
[国]ベルギー テコンドー選手
Ketcham, Hank ケッチャム, ハンク
1920〜2001 [国]アメリカ 漫画家
Ketcham, Katherine ケッチャム, キャサリン
1949〜 [著]「ミス・オーデル」 レインボウブリッジ, 星雲社(発売) 2010
Ketchum, Jack ケッチャム, ジャック
1946〜 [国]アメリカ 作家 本名=マイヤー, ダラス・ウィリアム
Ketelaar, Eric ケテラール, エリック
[著]「入門・アーカイブズの世界」 日外アソシエーツ 2006
Ketelaar, James Edward ケテラー, ジェームス・E.
1957〜 [著]「江戸のなかの日本、日本のなかの江戸」 柏書房 2016
Keter, Charles ケーター, チャールズ
[国]ケニア エネルギー・石油相
Ketley, Barry ケトリー, バリー
[著]「第二次大戦のフランス軍戦闘機エース」 大日本絵画 2002
Ketner, Joseph D., Ⅱ ケットナー, ジョゼフ・D., 2世
1955〜 [著]「アンディ・ウォーホル」 青幻舎 2014
Ketoev, Georgy ケトエフ, ゲオルギ
[国]アルメニア レスリング選手 [異]ケトエフ
Ketola, Outi ケトラ, オウティ
[著]「社会ケアサービス」 本の泉社 2003
Kets de Vries, Manfred F.R. ケッツ・ド・ブリース, M.
[異]ケッツ・デ・ブリース, マンフレッド・F.R. / ケッツ・ド・ブリース, マンフレッド・F.R. [著]「エグゼクティブコーチング」 ファーストプレス 2008
Ket Sein ケ・セイン
[国]ミャンマー 保健相
Ketso, Leketekete ケツォ, レケテケテ
[国]レソト 財務相
Ketterle, Wolfgang ケターレ, ウルフガング
1957〜 [国]ドイツ 物理学者 マサチューセッツ工科大学教授 [異]ケッタレ, ウォルフガング
Kettl, Donald F. ケトル, ドナルド
[異]ケトル, ドナルド・F. [著]「なぜ政府は動けないのか」 勁草書房 2011
Kettlewell, Caroline ケトルウェル, キャロライン
1962〜 [著]「スキンゲーム」 青山出版社 2001
Keuchel, Dallas カイケル, ダラス
[国]アメリカ 野球選手
Keulen, Isabelle van クーレン, イザベル・ファン
1966〜 [国]オランダ バイオリニスト, ビオラ奏者
Keulen, Mensje van キューレン, メンシェ・ファン
1946〜 [著]「10ぴきのいたずらねこ」 朔北社 2002
Keup, Erwin J. コイプ, アーウィン・J.
[著]「フランチャイズ・バイブル」 ダイヤモンド社 2006
Kevin ケビン
1971〜 [国]アメリカ 歌手 本名=Richardson, Kevin Scott
Kevisas, Gintautas ケビサス, ギンタウタス
[国]リトアニア 文化相
Kevkhishvili, David ケブヒシビリ
[国]ジョージア 柔道選手
Kevorkian, Jack ケボーキアン, ジャック
1928〜2011 [国]アメリカ 医師 [専]病理学 [異]キボキアン, ジャック / キヴォーキアン, ジャック
Kew, Yvonne キュー, Y.
[著]「神経内科シークレット」 メディカル・サイエンス・インターナショナル 2006
Kewell, Harry キューウェル, ハリー
1978〜 [国]オーストラリア サッカー指導者, 元サッカー選手 [異]キューエル, ハリー
Key, John キー, ジョン
1961〜 [国]ニュージーランド 政治家 ニュージーランド首相, ニュージーランド国民党(NP)党首
Key, Joshua キー, ジョシュア
1978〜 [著]「イラク」 合同出版 2008
Key, Paul カイ, ポール
[著]「英国初等学校の創造性教育」ITSC静岡学術出版事業部 2009
Key, Stephen キー, スティーヴン
[著]「アイデアを売りこむ!」 マグロウヒル・エデュケーション, 日本経済新聞出版社(発売) 2011
Key, Watt キー, ワット
1970〜 [国]アメリカ 作家 [専]ヤングアダルト
Keyes, Daniel キイス, ダニエル
1927〜2014 [国]アメリカ 作家
Keyes, Evelyn キース, イブリン
1916〜2008 [国]アメリカ 女優 本名=Keyes, Evelyn Louise [異]キース, イヴリン / キーズ, イーヴリン / キーズ, イヴリン
Keyes, J.Gregory キイス, グレッグ
1963〜 [異]キース, グレッグ [著]「インデペンデンス・デイ:クルーシブル」 リンダパブリッシャーズ, 徳間書店(発売) 2016
Keyes, Josh ケイエス, ジョシュ
[国]アメリカ アメフト選手
Keyes, Marian キーズ, マリアン
[著]「子持ちクレアの逆転勝利」 扶桑社 2002
Keyes, Ralph キーズ, ラルフ
[異]キース, ラルフ [著]「組織行動論の実学」 ダイヤモンド社 2007
Keyewa, Oulegoh ケイエワ, ウレゴー
[国]トーゴ 通信・文化相
Keylor Navas ケイロル・ナバス
[国]コスタリカ サッカー選手
Keynes, Randal ケインズ, ランドル

1948～ [著]「ダーウィンで科学を楽しむ！」 文部科学省科学技術政策研究所第2調査研究グループ 2004
Keys, Alicia キーズ, アリシア
1981～ [国]アメリカ シンガー・ソングライター 本名＝クック, アリシア・オージェロ
Keys, Ancel キーズ, アンセル
？～2004 [国]アメリカ 生理学者 ミネソタ大学教授
Keys, Bobby キーズ, ボビー
1943～2014 [国]アメリカ サックス奏者 本名＝Keys, Robert Henry
Keys, Madison キーズ, マディソン
[国]アメリカ テニス選手
Keyserlingk, Linde von カイザーリンク, リンデ・フォン
[著]「子どもが聞きたがる、お話の遊園地」 PHP研究所 2004
Keysers, Christian キーザーズ, クリスチャン
1973～ [著]「共感脳」 麗沢大学出版会, 広池学園事業部（柏）（発売） 2016
Keystone, J.S. キーストン, ジェイ・S.
[著]「キーストンのトラベル・メディシン」 メディカル・サイエンス・インターナショナル 2014
Kezema, Conan ケゼマ, コナン
[著]「Microsoft Windows Server 2008リソースキット」 日経BPソフトプレス, 日経BP出版センター（発売） 2008
Kezerashvili, David ケゼラシビリ, ダビト
[国]ジョージア 国防相
Kezich, Tullio ケジチ, トゥッリオ
1928～ [著]「フェリーニ映画と人生」 白水社 2010
Kgathi, Shaw カティ, ショー
[国]ボツワナ 法務・国防相
Kgoroba, George クォロバ, ジョージ
[国]ボツワナ 教育相 [異]コロバ, ジョージ
Kha, Yusupha カー, ユスフ
[国]ガンビア 通商・地方統合・雇用相
Khaburzaniya, Valery ハブルザニヤ, ワレリー
[国]ジョージア 国家保安相
Khachatrian, Vardan ハチャトリャン, バルダン
[国]アルメニア 財務・経済相 [異]ハチャトリャン, ワルダン
Khachatryan, Ara ハチャトリアン
[国]アルメニア 重量挙げ選手
Khachatryan, Gagik ハチャトリャン, ガギク
[国]アルメニア 財務相
Khachatryan, Vardan ハチャトリアン, ワルダン
[国]アルメニア 財務・経済相
Khachaturyan, Sergei ハチャトゥリヤン, セルゲイ
1985～ [国]アルメニア バイオリニスト [異]ハチャトゥリアン, セルゲイ
Khacheridi, Yevhen ハチェリディ, イェフゲン
[国]ウクライナ サッカー選手
Khachidze, Giorgi ハチゼ, ギオルギ
[国]ジョージア 環境・天然資源相
Khachidze, Goga ハチゼ, ゴガ
[国]ジョージア 環境天然資源相
Khadasevich, Pavel ハダセビッチ
[国]ベラルーシ 重量挙げ選手
Khaddam, Abdul Halim ハダム, アブドル・ハリム
1932～ [国]シリア 政治家 シリア副大統領 [異]ハーダム／ハダーム／ハダム, アブド・アル・ハリム／ハッダーム, アブドゥルハリーム
Khadem, Riaz カデム, リアズ
[著]「1ページ・マネジャー」 東洋経済新報社 2008
Khademi, Noureddine ハデミ, ヌーレッディン
[国]チュニジア 宗教相
Khader, Asma ハデル, アスマ
[国]ヨルダン 文化相兼政府報道官
Khadjibekov, Artem ハジベコフ
[国]ロシア 射撃選手
Khadjiev, Zelimkhan ハジェフ, ゼリムハン
[国]フランス レスリング選手
Khadka, Khum Bahadur カドゥカ, クム・バハドゥル
[国]ネパール 建設相
Khadka, Narayan カドカ, ナラヤン
[国]ネパール 都市開発相
Khadra, Labib ハドラ, ラビブ
[国]ヨルダン 高等教育・科学研究相
Khadra, Yasmina カドラ, ヤスミナ
1955～ [国]フランス 作家 本名＝ムルセフール, ムハマド

Khaduri, Nodar ハドゥリ, ノダル
[国]ジョージア 財務相
Khady キャディ
1959～ [著]「切除されて」 ヴィレッジブックス 2008
Khadzhibekov, Artem ハジベコフ, アルテム
1970～ [国]ロシア 射撃選手
Khagram, Sanjeev カグラム, サンジーブ
[著]「グローバル化で世界はどう変わるか」 英治出版 2004
Khai, Nghiem Vu カイ, ギエム・ヴー
[国]ベトナム ベトナム・日本友好協会会長, 元・科学技術副大臣, 元・ベトナム・日本友好議員連盟副会長兼事務局長
Khai, Phan Van カイ, ファン・バン
[国]ベトナム 首相
Khaibulaev, Tagir ハイブラエフ, タギル
1984～ [国]ロシア 柔道選手
Khaidarov, Timur カイダロフ, チムール
[国]カザフスタン カヌー選手
al-**Khaikani, Tariq** ハイカニ, タリク
[国]イラク 住宅・建設・自治・公共事業相
al-**Khail, Suleiman bin Abdullah Aba** ハイル, スレイマン・ビン・アブドラ・アバ
[国]サウジアラビア イスラム問題・寄進財産・布教・指導相
al-**Khair, Abdul-Qadir Omar** ハル, アブドルカディル・オマル
[国]リビア 経済・貿易書記（経済・貿易相）
Khair, Abidine Ould ヘール, アビディン・ウルド
[国]モーリタニア 法相
Khairat, Ismail カイラット, イスマイル
[国]エジプト 駐日特命全権大使
Khairov, Ruslan ハイロフ
[国]アゼルバイジャン ボクシング選手
Khairy, Jamaluddin カイリー・ジャマルディン
[国]マレーシア 青年・スポーツ相
Khaisri, Sri-aroon カイシー・シーアルン
[国]タイ 文化相
Khaitov, Aktam ハイトフ, アクタム
[国]ウズベキスタン 労働・社会保障相
Khaiyum, Aiyza Sayed カイユム, アイヤズ・サイード
[国]フィジー 司法長官兼経済相兼公社・公益事業相兼通信相
Khaketla, Mamphono カケトラ, マムポノ
[国]レソト 外相
Khaksar, Mullah Abdul Samad ハクサル, ムラ
？～2006 [国]アフガニスタン イスラム原理主義活動家 タリバン情報機関長官
Khaladovich, Tatsiana ハラドビッチ, タチアナ
[国]ベラルーシ 陸上選手
Khalaf, Essam bin Abdulla ハラフ, イサーム・ビン・アブドラ
[国]バーレーン 公共事業・地方自治・都市計画相
Khalaldeh, Khaled al ハラルデ, ハレド
[国]ヨルダン 政治改革・議会担当相
Khalbous, Slim ハルブース, サリム
[国]チュニジア 高等教育・科学研究相
Khaldi, Ahmed ハルディ, アハメド
[国]パレスチナ 法相
Khaldi, El-Hadi ハルディ, ハディ
[国]アルジェリア 職業教育訓練相
Khaled, Abdo Razzaz Saleh ハレド, アブド・ラザズ・サレハ
[国]イエメン 水資源・環境相
Khaled, Mohamed Sidya Ould Mohamed ハレド, モハメド・シジャ・ウルド・モハメド
[国]モーリタニア 経済・開発相
Khaled, Nordin カレド・ノルディン
[国]マレーシア 高等教育相
Khaled al-Jarrah, al-Sabah ハリド・ジャラハ・サバハ
[国]クウェート 副首相兼内相
Khaleqi, Naser ハレギ, ナセル
[国]イラン 労働・社会問題相
Khalfi, Mustapha El ハルフィ, ムスタファ
[国]モロッコ 情報相兼政府報道官 [異]ハルフィ, ムスタファ・エル
Khalfouni, Dominique カルフーニ, ドミニク
1951～ [国]フランス バレリーナ マルセーユ・バレエ団プリンシパル, パリ・オペラ座バレエ団エトワール
Khalid, Assadullah ハリド, アサドゥラ
[国]アフガニスタン 国境問題相 [異]ハリド, アサドゥッラ
Khalid, bin Abdullah al-Khalifa ハリド・ビン・アブドラ・ハリファ

[国]バーレーン　副首相
Khalid, bin Ahmed bin Mohammed al-Khalifa　ハリド・ビン・アハメド・ビン・モハメド・ハリファ
[国]バーレーン　外相
Khalid, bin Ali al-Khalifa　ハリド・ビン・アリ・ハリファ
[国]バーレーン　法務・イスラム問題相
Khalid, bin Hilal al-Busaidi　ハリド・ビン・ヒラル・ブサイディ
[国]オマーン　宮内相
Khalid Irani　ハリド・イラニ
[国]ヨルダン　環境相
Khalifa, Abdel Kawy　ハリーファ, アブデルカウィ
[国]エジプト　公共設備・飲料水・下水相
al-**Khalifa, Ahmed bin Ateyatala**　ハリファ, アハメド・ビン・アティヤタッラー
[国]バーレーン　国務相（内閣・電気通信担当）
Khalifa, bin Ahmed al-Khalifa　ハリファ・ビン・アハメド・ハリファ
[国]バーレーン　国防相
Khalifa, bin Salman al-Khalifa　ハリファ・ビン・サルマン・ハリファ
[国]バーレーン　首相　[異]ハリファ・ビン・サルマン・アル・ハリファ / ハリファ・ビン・スルマン・アル・ハリファ
al-**Khalifa, Khalid bin Ahmed bin Mohammed**　ハリファ, ハリド・ビン・アハメド・ビン・モハメド
[国]バーレーン　外相
Khalifa, M'hamed　カリファ, ムハメド
[国]モロッコ　社会経済・手工芸相
El-**khalifa, Mohamed**　エル・ハリファ, モハメド
[国]モロッコ　行政事務・行政改革相
Khalifa bin Zayed al-Nahyan　ハリファ・ビン・ザイド・ナハヤン
1948～　[国]アラブ首長国連邦　政治家　アラブ首長国連邦（UAE）大統領, アブダビ首長　[異]ハリーファ / ハリーファ・ビン・ザーイド・アール・ナヒヤーン
Khalifeh, Mohammed Jawad　ハリファ, ムハンマド・ジャワド
[国]レバノン　保健相　[異]ハリファ, モハメド / ハリファ, モハメド・ジャワド
Khalil, Ahmad Murtada Ahmad　ハリル, アハマド・ムルタダ・アハマド
[国]イラク　運輸・通信相
Khalil, Ali Hassan　ハリル, アリ・ハッサン
[国]レバノン　財務相　[異]ハリル, アリ・ハサン
Khalil, Issam　ハリル, イサム
[国]シリア　文化相
Khalil, Karam　ハリール, カラム
1958～　[国]エジプト　日本文学研究家　カイロ大学文学部日本語・日本文学科教授　在日エジプト大使館文化参事官
Khalil, Nagwa　ハリール, ナグワ
[国]エジプト　保険・社会問題相
Khalil, Safwan　ハリル, サフワン
[国]オーストラリア　テコンドー選手　[異]ハリル
Khalil, Yaacob　カリル・ヤコブ
[国]マレーシア　情報相
Khalil bin Ibrahim Hassan　ハリール・ビン・イブラヒーム・ハッサン
[国]バーレーン　駐日特命全権大使　[異]ハリル・ビン・イブラヒム・ハッサン
al-**Khalili, Abdulmalik bin Abdullah bin Ali**　ハリリ, アブドルマリク・ビン・アブドラ・ビン・アリ
[国]オマーン　司法相
Al-**Khalili, Jim**　アル＝カリーリ, ジム
1962～　[著]「量子力学で生命の謎を解く」 SBクリエイティブ 2015
Khalili, Mohammad Karim　ハリリ, モハマド・カリム
[国]アフガニスタン　第2副大統領　[異]ハリリ, カリム
al-**Khalili, Salem bin Hilal**　ハリリ, サレム・ビン・ヒラル
[国]オマーン　農業相
Khalilian, Sadegh　ハリリアン, サデグ
[国]イラン　農相
Khalilzad, Zalmay　ハリルザド, ザルメイ
1951～　[国]アメリカ　外交官　国連大使
Khalimov, Danil　ハリモフ
[国]カザフスタン　レスリング選手
Khaliqyar, Fazal Haq　ハリキャル, ファザル・ハク
1930～2004　[国]アフガニスタン　政治家　アフガニスタン首相　[異]ハリクヤル
Khalje, Suzan　ハルジェ, スーザン
[著]「プロは語る。」 アスペクト 2005
Khalkhali, Mohammed Sadeq　ハルハリ, モハマド・サデク
1926～2003　[国]イラン　イスラム教シーア派指導者, 政治家　イラン革命裁判所所長, イラン国会議員　[異]アヤトラ・サデク・ハルハリ
Khalkia, Fani　ハルキア
[国]ギリシャ　陸上選手
Khallaf, 'Abd al-Wahhab　ハッラーフ, アブドル＝ワッハーブ
[著]「イスラムの法」 東京大学出版会 2010
Khalmurzaev, Khasan　ハルムルザエフ, ハサン
[国]ロシア　柔道選手
Khalsa, Mahan　カルサー, マハン
[著]「ビジネス・シンク」 日本経済新聞出版社 2009
Khalsa, Shakta Kaur　カルサ, シャクタ・カー
[著]「クンダリーニ・ヨーガ」 産調出版 2007
Khalsa, Soram　カルサ, ソラム
1948～　[著]「ビタミンD革命」 バベルプレス 2010
Khalykov, Khudaikuly　ハルイコフ, フダイクルイ
[国]トルクメニスタン　副首相兼運輸通信相
Khama, Ian　カーマ, イアン
[国]ボツワナ　副大統領
Khama, Seretse Khama Ian　カーマ, セレツェ・カーマ・イアン
1953～　[国]ボツワナ　政治家　ボツワナ大統領　[異]カーマ, イアン / カーマ, セレツェ・イアン
Khama, Tshekedi　カーマ, ツェケディ
[国]ボツワナ　環境・天然資源保護・観光相
Khamenei, Ali Hossein　ハメネイ, アリ・ホセイン
1939～　[国]イラン　政治家, イスラム法学者　イラン最高指導者　イラン大統領　[異]ハーメネイー, アリー
Khamidkhodjaev, Alisher　ハミドホジャエフ, アリシェール
ヴェネチア国際映画祭 オゼッラ賞（技術貢献賞）（第65回（2008年））"Bumaznyj soldat"
Khamidov, Khalifabobo　ハミドフ, ハリファボボ
[国]タジキスタン　法相
Khamidov, Masaid　ハミドフ, マサイド
[国]タジキスタン　土地改良・水資源相
Khamil, Mohamed Ali　カミル, モハメド・アリ
[国]ジブチ　保健相
Khamis, Ali Khamis　ハミス, アリハミス
[国]バーレーン　陸上選手
Khamis, bin Mubarak al-Alawi　ハミス・ビン・ムバラク・アラウィ
[国]オマーン　運輸通信相　[異]ハミス・ビン・ムバラク・アル・アラウィ
Khamis, Imad Muhammad Deeb　ハミス, イマド・ムハンマド・ディーブ
[国]シリア　首相
Khamis, Samir Mohamed　カミース, サミル・モハメッド
[国]イエメン　駐日特命全権大使
Khamisa, Bob　カミサ, ボブ
[国]マラウイ　内務・治安相
Khamlouad, Sitlakone　カムロート・シッタラコーン
[国]ラオス　首相府相兼国家メコン委員会委員長
Khammanh, Sounvileuth　カムマン・スンビルート
[国]ラオス　内相
Khammani, Inthilath　カンマニ・インティラート
[国]ラオス　エネルギー・鉱業相
Khammo, Iakiv　ハンモ, イアキフ
[国]ウクライナ　柔道選手
Khamouan, Boupha　カムウアン・ブッパ
[国]ラオス　首相府相
Khampane, Philavong　カンパン・ピラウォン
[国]ラオス　内相
Khampheng, Xaysompheng　カンペーン・サイソムペーン
[国]ラオス　労働・社会福祉相
Khamtay, Siphandone　カムタイ・シパンドン
[国]ラオス　大統領
Khan, Aamir　カーン, アーミル
1965～　[国]インド　俳優
Khan, Abbas Sarfraz　カーン, アバス・サルフラズ
[国]パキスタン　カシミール問題担当相
Khan, Abdul Moyeen　カーン, アブドゥル・モイーン
[国]バングラデシュ　科学・情報・通信技術相
Khan, Abdul Qadeer　カーン, アブドル・カディール
1936～　[国]パキスタン　原子力科学者　カーン研究所所長　[異]

K

カーン, アブデル・カディル / カーン, アブドゥル・カディル
Khan, Akram　カーン, アクラム
　1974〜　国イギリス　振付師, ダンサー　著コンテンポラリーダンス
Khan, Amir　カーン
　国イギリス　ボクシング選手
Khan, Arbab Alamgir　カーン, アルバーブ・アラムギル
　国パキスタン　運輸相
Khan, Asaduzzaman　カーン, アサドゥザマン
　国バングラデシュ　内相
Khan, Bismillah　カーン, ビスミラ
　1916〜2006　国インド　インド古典音楽演奏家　著シェーナイ
　本名=Khan, Ustad Bismillah
Khan, Chaka　カーン, チャカ
　グラミー賞 最優秀R&Bアルバム(2007年(第50回))ほか
Khan, Chaudhry Nauraiz Shakoor　カーン, チョードリー・ナウレイズ・シャクール
　国パキスタン　科学技術相　他カーン, チョードリー・ナウリズ・シャクール
Khan, Farah　カーン, ファラー
　1965〜　国インド　映画監督
Khan, Faruk　カーン, ファルク
　国バングラデシュ　商業相
Khan, Franklin　カーン, フランクリン
　国トリニダード・トバゴ　地方開発・地方自治相
Khan, Fuad　カーン, フアド
　国トリニダード・トバゴ　保健相
Khan, Ghulam Ishaq　カーン, グーラム・イスハク
　1915〜2006　国パキスタン　政治家 パキスタン大統領　他カーン, イスハク / カーン, グラム・イスハク
Khan, Ghulam Sarwar　カーン, グラム・サルワル
　国パキスタン　労働・人的資源・海外パキスタン人相
Khan, Humayoon Akhtar　カーン, フマユーン・アクタル
　国パキスタン　商業相　他カーン, フマユーン・アフタル
Khan, Idris　カーン, イドリス
　著「クリエイティブスペース」グラフィック社　2011
Khan, Imran　カーン, イムラン
　1952〜　国パキスタン　政治家,元クリケット選手　パキスタン正義行動党(PTI)代表　パキスタン下院議員　本名=Khan Niazi, Imran
Khan, Irene Zubaida　カーン, アイリーン
　1956〜　国バングラデシュ　アムネスティ・インターナショナル事務総長
Khan, Ismael　ハーン, イスマイル
　国アフガニスタン　エネルギー相
Khan, José Salamat　カーン, ホセ・サラマト
　国ベネズエラ　基礎産業・鉱業相
Khan, Karen　カーン, カレン
　著「描写レヴューで教師の力量を形成する」ミネルヴァ書房　2002
Khan, Karim　カーン, K.
　著「臨床スポーツ医学」医学映像教育センター　2009
Khan, Khurram Dastgir　カーン, クラム・ダスタギール
　国パキスタン　商務相
Khan, K. Rahman　カーン, K.ラフマン
　国インド　マイノリティー問題相
Khan, Mairaj Ahmad　カン, マイラジアマド
　国インド　射撃選手
Khan, M.I.Gabriel　カーン, M.ガブリエル
　著「カーンすぐ読める心電図」西村書店　2004
Khan, Mohammad Ismail　ハーン, モハマド・イスマイル
　国アフガニスタン　エネルギー・水資源相
Khan, Morshed　カーン, モルシェド
　国バングラデシュ　外相
Khan, Moyeen　カーン, モイーン
　国バングラデシュ　科学・情報・通信技術相
Khan, Muhammad Ajmal　カーン, ムハンマド・アジマル
　国パキスタン　文化・青年スポーツ相
Khan, Muhammad Asim　カーン, M.A.
　著「強直性脊椎炎」新興医学出版社　2008
Khan, Muhammad Faruk　カーン, ムハマド・ファルク
　国バングラデシュ　民間航空・観光相
Khan, Muhammad Nasir　カーン, ムハンマド・ナシル
　国パキスタン　保健相
Khan, Mushtaq Husain　カーン, ムスタク・H.
　1961〜　他カーン, ムスターク・H.　著「レント, レント・シー

キング, 経済開発」出版研, 人間の科学新社(発売)　2007
Khan, Nadia　カーン, ナディア
　1967〜　著「スヴェン」メディカルレビュー社　2007
Khan, Najamuddin　カーン, ナジャムディン
　国パキスタン　辺境地域相
Khan, Nisar Ali　カーン, ニサール・アリ
　国パキスタン　内務・麻薬対策相
Khan, Omar Asghar　カーン, オマル・アスガル
　国パキスタン　環境・労働相
Khan, Rana Farooq Saeed　カーン, ラナ・ファルーク・サイード
　国パキスタン　気候変動相
Khan, Riz　カーン, リズ
　著「アラビアのバフェット」パンローリング　2007
Khan, Rukhsana　カーン, ルクサナ
　1962〜　国カナダ　作家　著児童書
Khan, Sadruddin Aga　カーン, サドルディン・アガ
　?〜2003　国イラン　外交官　国連難民高等弁務官
Khan, Salim Saifullah　カーン, サリム・サイフラ
　国パキスタン　州間調整相
Khan, Salman　カーン, サルマン
　1976〜　国アメリカ　教育家　カーンアカデミー創立者
Khan, Sarah　カーン, サラ
　著「イラストでわかる! ジュニア科学辞典」成美堂出版　2013
Khan, Shah Rukh　カーン, シャー・ルク
　1965〜　国インド　俳優
Khan, Shajahan　カーン, シャージャハン
　国バングラデシュ　船舶相
Khan, Waqar Ahmed　カーン, ワカル・アフマド
　国パキスタン　投資相
Khan, Zia　カン, ジア
　1971〜　著「インフォーマル組織力」税務経理協会　2011
Khanafou, Abdallah　ハナフ, アブダラ
　国アルジェリア　漁業・水産資源相
Khanal, Jhala Nath　カナル, ジャラ・ナート
　1950〜　国ネパール　政治家　ネパール首相　他カナル, ジャラ・ナト
Khand, Bal Krishna　カンド, バル・クリシュナ
　国ネパール　国防相
Khandaker, A K　カンダケル, A K.
　国バングラデシュ　計画相
Khan-Din, Ayub　カーン=ディン, アユーブ
　著「ぼくの国, パパの国」白水社　2001
Khanduri, Kamini　カンドゥリ, カミニ
　著「探し絵ツアー」文渓堂　2008
Khan Fernández, José　カーン・フェルナンデス, ホセ
　国ベネズエラ　基盤産業・鉱業相
Khan-Magomedov, Selim Omarovich　ハン=マゴメードフ, エス・オ
　1928〜2011　著「ソヴィエト・アヴァンギャルド建築」〔ソビエト建築研究会〕〔2011〕
Khanna, Parag　カンナ, パラグ
　1977〜　著「ネクスト・ルネサンス」講談社　2011
Khanna, Tarun　カナ, タルン
　著「新興国マーケット進出戦略」日本経済新聞出版社　2012
Khanou, Ahmed　カノウ, アフメド
　国シエラレオネ　スポーツ相
Khanov, Nodirkhon　ハノフ, ノディルホン
　国ウズベキスタン　副首相
Khan-Panni, Phillip　カーン=パニ, フィリップ
　著「ビジネスプレゼンテーション」ピアソン桐原　2012
Khantzian, Edward J.　カンツィアン, エドワード・J.
　著「人はなぜ依存症になるのか」星和書店　2013
Khaoua, Tahar　カウア, タハル
　国アルジェリア　議会担当相
Khapangi, Gore Bahadur　カパンギ, ゴレ・バハドル
　国ネパール　女性・子供・社会福祉相
Khar, Hina Rabbani　カル, ヒナ・ラバニ
　1977〜　国パキスタン　政治家　パキスタン外相　他カル, ヒナ・ラッバーニ / カル, ヒナ・ラバーニ
Kharas, Homi J.　カラス, H.
　1954〜　著「東アジアの統合」シュプリンガー・フェアラーク東京　2004
Kharbash, Muhammad Khalfan bin　ハルバーシュ, ムハンマド・ハルファン・ビン
　国アラブ首長国連邦　国務相(財務・工業担当)
Kharboutli, Muhammad Zuhair　ハルブートリー, ムハンマ

ド・ズハイル
　国シリア　電力相
Kharchenko, Ihor　ハルチェンコ, イーホル
　国ウクライナ　駐日特命全権大使
Kharel, Agni Prasad　カレル, アグニ・プラサド
　国ネパール　司法・議会担当相
Kharge, Mallikarjun　カルゲ, マリカルジュン
　国インド　労働・雇用相
Kharitidi, Olga　カリティディ, オルガ
　著「ベロボディアの輪」角川書店　2004
Kharitonov, Daniel　ハリトーノフ, ダニール
　国ロシア　チャイコフスキー国際コンクール ピアノ 第3位（2015年（第15回））
Kharitonova, Marta　ハリトノワ, マルタ
　国ロシア　カヌー選手
Kharki, Farkhad　ハルキ, ファルクハド
　国カザフスタン　重量挙げ選手
Kharkovets, Andrei M.　ハルコベツ, アンドレイ・M.
　国ベラルーシ　財務相
Kharlan, Olga　ハルラン, オリガ
　国ウクライナ　フェンシング選手　異ハルラン
Kharlap, Anatoly D.　ハルラブ, アナトリー・D.
　国ベラルーシ　産業相　異ハルラブ, アナトリー・D.
Kharrat, Muhammad Yahya　ハラット, ムハンマド・ヤハヤ
　国シリア　国務相
Kharrazi, Kamal　ハラジ, カマル
　1944～　国イラン　外交官　イラン外国関係戦略会議議長　イラン外相
al-Khasawneh, Awn Shawkat　ハサウネ, アウン・シャウカト
　1950～　国ヨルダン　政治家　ヨルダン首相
Khasawneh, Bisher　ハサウネ, バシャル
　国ヨルダン　外務担当相
Khashaan, Ali　ハシャーン, アリ
　国パレスチナ　法相
Khasru, Abdul Matin　カスルー, アブドゥル・マティン
　国バングラデシュ　法務・司法・国会担当相
Khassimou, Oumar　カシム, ウマル
　国セネガル　計画相
Khasu, Tlali　ハス, トゥライ
　国レソト　鉱業相
Khatab　ハッタブ
　1965～2002　国ヨルダン　イスラム過激派活動家　ダゲスタン・イスラム軍司令官　本名＝アブドルラーマン, ハビブ〈Abdel Rahman, Habib〉　異ハッターブ／ハッタブ, エミール・アル
Khatami, Mohammad　ハタミ, モハマド
　1943～　国イラン　政治家, イスラム教指導者　イラン大統領　別称＝ハタミ師（ハタミシ）　異ハターミー／ハタミ, モハンマド
Khatib, Abdul Ilaha　ハティーブ, アブドル・イッラハ
　国ヨルダン　外相
al-Khatib, Ahmed bin Aqeel　ハティブ, アフメド・ビン・アキール
　国サウジアラビア　保健相
al-Khatib, Ghassan　ハティブ, ガッサン
　国パレスチナ　労相　異アル・ハティブ, ガッサン
Khatib, Maha　ハティーブ, マハ
　国ヨルダン　観光遺跡相
al-Khatib, Tarek　ハティーブ, ターレク
　国レバノン　環境相
Khatibi, Abdelkébir　ハティビ, アブデルケビール
　著「マグレブ複数文化のトポス」青土社　2004
Khatibu, Mohamed Seif　カティブ, モハメド・セイフ
　国タンザニア　情報・スポーツ文化相
al-Khatim, Abdel Rahman Sir　アルハティム, アブデル・ラフマン・シル
　国スーダン　内閣担当相
al-Khatir, Ali bin Muhammad　アル・ハティル, アリ・ビン・ムハマド
　国カタール　自治・農業相
Khatri, Ravinder　カトリ, ラビンダー
　国インド　レスリング選手
Khatri Chetri, Arjun Narsingh　ケトリ・チェトリ, アルジュン・ナルシン
　国ネパール　都市開発相
Khattab, Ahmad Al　ハッタブ, アハマド・アール
　国ヨルダン　農相
Khattab, Mokhtar Abdel-Moneim　ハッターブ, モハタル・アブデルモネイム

　国エジプト　公営企業部門相　異ハタブ, ムフタル・アブデル・モネイム
Khatteb, Nabil　ハティーブ, ナビル
　国シリア　法相
Khattiya Sawasdipol　カティヤ・サワディポン
　1951～2010　国タイ　軍人　タイ陸軍少将
Khattry, Mohamed Kaber Ould　ハトリ, モハメド・カベル・ウルド
　国モーリタニア　貿易・手工芸・観光相
Khatun, Shahara　カトゥン, サハラ
　国バングラデシュ　郵政通信相
Khaw, Boon Wan　コー・ブンワン
　国シンガポール　インフラ調整相兼運輸相　漢字名＝許文遠
Khawaldeh, Khleif al　ハワールデ, フレイフ
　国ヨルダン　公共部門改革相
Khaya Moyo, Simon　カヤ・モヨ, サイモン
　国ジンバブエ　上級国務相
Khayrulloyev, Sherali　ハイルロエフ, シェラリ
　国タジキスタン　国防相　異ハイルラエフ, シェラリ
Khayyat, Yaseen　ハイヤート, ヤースィン
　国ヨルダン　環境相
Khaza'leh, Salem　ハザレ, サレム
　国ヨルダン　産業貿易相
Khazam, Adnan　ハザム, アドナン
　国シリア　国務相（環境問題担当）
Khazanov, Dmitrii　ハザーノフ, ドミートリー
　1954～　異ハザーノフ, ドミートリィ・ボリーソヴィチ　著「クルスク航空戦」大日本絵画　2008
al-Khazen, Farid　ハゼン, ファリド
　国レバノン　観光相
Khazri, Wahbi　カズリ, ワフビ
　国チュニジア　サッカー選手
Khebri, Salah　ケブリ, サラ
　国アルジェリア　エネルギー相
Khechikashvili, Tariel　ヘチカシビリ, タリエル
　国ジョージア　スポーツ・青年相
Kheder, Hassan Ali Ali　ヘデル, ハッサン・アリ・アリ
　国エジプト　供給相　異ヘドゥル, ハッサン・アリ・アリ
Khedira, Rani　ケディラ, ラニ
　国ドイツ　サッカー選手
Khedira, Sami　ケディラ, サミ
　国ドイツ　サッカー選手
Khedmati, Najmeh　ヘドマティ, ナジメ
　国イラン　射撃選手
Khedri, Mahmoud　ヘドリ, マフムード
　国アルジェリア　議会担当相
Kheir, Salah Wanasi Mohammed　ハイル, サラハ・ワナシ・ムハンマド
　国スーダン　大統領府担当相
Kheir Bek, Ghazwan　ヘイルベク, ガズワン
　国シリア　運輸相
Kheir El-dine, Marwan　ハイルディーン, マルワン
　国レバノン　国務相
Khelfaoui, Anissa　ヘルファウイ, アニサ
　国アルジェリア　フェンシング選手
Khelil, Chakib　ヘリル, シャキブ
　国アルジェリア　エネルギー・鉱業相
Khembo, Clement　ケムボ, クレメント
　国マラウイ　障害者・高齢者担当相
Khémir, Nacer　ケミル, ナセル
　著「歌う悪霊」小峰書店　2004
Khemmani, Pholsena　ケンマニ・ポンセナ
　国ラオス　工業・商業相
Khentova, Sof'ia Mikhailovna　ヘントヴァ, ソフィア
　1922～2002　著「ロストロポーヴィチ」新読書社　2005
Khera, Shiv　ケーラ, シブ
　著「君なら勝者になれる」フォレスト出版　2015
Kherdian, David　ケアディアン, ディヴィッド
　著「はねとしっぽ」童話館出版　2009
Khergiani, Nestor　ヘルギアニ
　国ジョージア　柔道選手
Khetaguri, Aleksandre　ヘタグリ, アレクサンドル
　国ジョージア　エネルギー相
Khetsun Sangpo Rinbochay　ケツン・サンポ
　1921～2009　著「チベットの先生」KADOKAWA　2015
Kheviashvili, Georgi　ヘビアシビリ, ゲオルギ

[国]ジョージア　難民問題・定住担当相
Khiari, Sadri　キアリ, サドリ
[著]「人民とはなにか？」 以文社　2015
Khidasheli, Tinatin　ヒダシェリ, ティナティン
[国]ジョージア　国防相
Khiem, Pham Gia　キエム, ファム・ザー
[国]ベトナム　副首相兼外相　[異]キエム, ファン・ザー
Khieu Kanharith　キュー・カナリット
[国]カンボジア　情報相　[異]キュー・カナリット
Khieu Samphan　キュー・サムファン
1931～　[国]カンボジア　政治家　民主カンボジア(ポル・ポト派)代表(議長)　別名=Hem　[異]キュー・サンパン / キュー・サンファン
Khilko, Ekaterina　ヒルコ
[国]ウズベキスタン　トランポリン選手
Khilko, Volha　ヒルコ
[国]ベラルーシ　レスリング選手
Khin Aung Myint　キン・アウン・ミン
[国]ミャンマー　文化相
Khinchegashvili, Vladimer　キンチェガシビリ, ウラジーミル
[国]ジョージア　レスリング選手　[異]キンチェガシュビリ
Khine, Myint Swe　カイン, ミント・スウィー
[著]「フューチャースクール」 ピアソン桐原　2011
Khin Khin Htoo　キンキントゥー
1962～　[国]ミャンマー　作家　[専]文学　本名=ドー・トゥートゥー
Khin Maung Cho　キン・マウン・チョー
[国]ミャンマー　工業相
Khin-Maung-Gyi, Felix A.　キン・マウン・ギイ, F.A.
[著]「臨床倫理学」 朝倉書店　2004
Khin Maung Myint　キン・マウン・ミン
[国]ミャンマー　第2電力相兼建設相
Khin Maung Soe　キン・マウン・ソー
[国]ミャンマー　電力相
Khin Maung Thein　キン・マウン・テイン
[国]ミャンマー　財政・歳入相
Khin Nyunt　キン・ニュン
1939～　[国]ミャンマー　政治家, 軍人　ミャンマー首相, 大将
Khin Ohmar　キン・オーンマー
[国]ミャンマー　民主化運動家　ビルマ・パートナーシップコーディネーター
Khin San Yee　キン・サン・イー
[国]ミャンマー　教育・科学技術相
Khin Yi　キン・イー
[国]ミャンマー　移民・人口問題相
Khleifat, Awad　ホレイハート, アウドゥ
[国]ヨルダン　副首相兼内相
Kh'lil, Mohamed　ハリル, モハメド
[国]チュニジア　宗教問題相
Khlopachev, Gennadiĭ Adol'fovich　フロパーチェフ, G.A.
[著]「氷河期の極北に挑むホモ・サピエンス」 雄山閣　2013
Khlopetskiĭ, Anatoliĭ　フロペツキー, アナトリー
1962～　[著]「久遠の闘い」 未知谷　2015
Khloponin, Alexander G.　フロポニン, アレクサンドル・G.
[国]ロシア　副首相
Khmaladze, Lasha　ハマラゼ, ラーシャ
[国]ジョージア　ラグビー選手
Kho, Alvin T.　コー, A.T.
[著]「統合ゲノミクスのためのマイクロアレイデータアナリシス」 シュプリンガー・フェアラーク東京　2004
Khoan, Vu　コアン, ブー
[国]ベトナム　副首相
Khodabakhshi, Mahdi　コダバクシ, マハディ
[国]イラン　テコンドー選手
Khodaei, Majid　ホダエイ
[国]イラン　レスリング選手
Khodiyev, Bakhodir　ホディエフ, バホディル
[国]ウズベキスタン　副首相
Khodjayev, Batir　ホジャエフ, バチル
[国]ウズベキスタン　副首相　[異]ホジャエフ, ボチル
Khodorkovskii, Mikhail Borisovich　ホドルコフスキー, ミハイル
1963～　[国]ロシア　実業家　ユコス会長, メナテップ銀行頭取　[異]コドルコフスキー, ミハイル
Khodzhagurbanov, Resulberdy　ホジャグルバノフ, レスルベルディ
[国]トルクメニスタン　通信相　[異]ホジャクルバノフ, レスルベルディ
Khodzhamammedov, Byashimmyrat　ホジャマメドフ, ビャシムイラト
[国]トルクメニスタン　経済発展相
Khoei, Abdul Majid Al　ホエイ, アブドルマジド・アル
1962～2003　[国]イラク　イスラム教シーア派指導者
Khofifah, Indar Parawansa　コフィファ・インダル・パラワンサ
[国]インドネシア　社会相
Khoka, Sadeq Hossain　コカ, サデク・フセイン
[国]バングラデシュ　漁業・畜産相
Khokhlov, A.R.　ホホロフ, アレクセイ
[著]「自然世界の高分子」 吉岡書店　2016
Khokhlova, Iryna　ホフロワ, イリーナ
[国]アルゼンチン　近代五種選手
Khokrishvili, Elguja　ホクリシビリ, エルグジャ
[国]ジョージア　環境保護相
Kholodenko, Vadym　ホロデンコ, ヴァディム
[国]ウクライナ　ピアニスト
Kholtoyev, Torup　ホルトエフ, トルプ
[国]ウズベキスタン　副首相兼農業水利相
Khomidov, Masaid　ホミドフ, マサイド
[国]タジキスタン　土地改良・水資源相
Khomri, Abdelkader　コムリ, アブデルカデル
[国]アルジェリア　青年相
Khomrova, Olena　ホムロワ
[国]ウクライナ　フェンシング選手
Khoo, Hoo-neng　クー, フーネン
アジア女子大学学長
Khoo, Rachel　クー, レイチェル
[著]「パリの小さなキッチン」 翔泳社　2014
Khoo, Swee-chiow　クー・スウィーチャウ
[国]シンガポール　冒険家
Khoo Teck Puat　クー・テック・プアット
1917～2004　[国]シンガポール　実業家　グッドウッド・グループ経営者
Khoram, Abdul Karim　ホラム, アブドゥル・カリム
[国]アフガニスタン　文化・青年相
Khoram, Ahmad　ホラム, アハマド
[国]イラン　道路交通相
Khorana, Har Gobind　コラナ, ハー
1922～2011　[国]アメリカ　生化学者, 分子化学者　マサチューセッツ工科大学名誉教授　[専]核酸の有機化学　[異]コラーナ / コラナ, ハール・ゴビンド
Khoreva, Natalia　ホレワ
[国]ロシア　リュージュ選手
Khorkina, Svetlana　ホルキナ
[国]ロシア　体操選手
Khorokhordin, Sergey　ホロホルディン
[国]ロシア　体操選手
Khorshid, Dalia　ホシルド, ダリア
[国]エジプト　投資相
Khorshid, Salah Abdel-Reda　ホルシド, サラハ・アブデルレダ
[国]クウェート　貿易産業相
Khoruzhik, Leonty I.　ホルジク, レオンティ・I.
[国]ベラルーシ　天然資源・環境相
Khosh, Mary　コッシュ, マリー
[著]「協力のリーダーシップ」 ダイヤモンド社　2009
Khoshaba, Deborah M.　コシャバ, デボラ・M.
[著]「仕事ストレスで伸びる人の心理学」 ダイヤモンド社　2006
Khosla, Romi　コズラ, ロミ
[著]「Anytime」 NTT出版　2001
Khosla, Vinod　コースラ, ビノッド
1955～　[国]アメリカ　投資家　コースラ・ベンチャーズ創業者, サン・マイクロシステムズ創業者
Khosrokhavar, Farhad　コスロカヴァール, ファラッド
1948～　[異]ホスロハヴァル, ファルハド　[著]「世界はなぜ過激化(ラディカリザシオン)するのか？」 藤原書店　2016
Khoudri, Mahmoud　フドリ, マハムード
[国]アルジェリア　議会担当相
Khoujah, Abdul-Aziz　ホージャ, アブドルアジズ
[国]サウジアラビア　文化情報相
Khouna, Cheikh El Afia Ould Mohamed　クーナ, シェイフ・エル・アフィア・ウルド・モハメド
1956～　[国]モーリタニア　政治家　モーリタニア首相　[異]クーナ, シェクエル・アフィア・ウルド・モハメド

Khouna, Mohamed Ould フーナ, モハメド・ウルド
　国モーリタニア　設備・運輸相
Khouna, Seyidna Ali Ould Mohamed フーナ, サイイドナー・アリ・ウルド・モハメド
　国モーリタニア　公務・行政近代化相
Khourdoïan, Saténik クールドイアン, サテニィク
　国フランス　ロン・ティボー・クレスパン国際音楽コンクール ヴァイオリン 第4位（2008年（第37回））ほか
Khoury, Ghattas ホーリー, ガッタス
　国レバノン　文化相
Khoury, Nazim ホーリー, ナゼム
　国レバノン　環境相
Khoury, Raed ホーリー, ラーイド
　国レバノン　経済貿易相
Khoury, Raymond クーリー, レイモンド
　1960〜　作家　ミステリー, スリラー, 歴史ほか
Khoza, Arthur コーザ, アーサー
　国スワジランド　副首相
***al-*Khozai, Khodayir** ホザイ, ホデイル
　国イラク　副大統領
Khrabsheh, Saad ハラブシェ, サアド
　国ヨルダン　保健相
Khrachev, Murat フラチェフ
　国ロシア　ボクシング選手
Khrapunov, Biktor フラプノフ, ビクトル
　国カザフスタン　非常事態相
Khreisat, Azmi ハレイサト, アズミ
　国ヨルダン　エネルギー・鉱物資源相
Khrennikov, Tikhon フレンニコフ, チーホン
　1913〜2007　国ロシア　作曲家　ソ連作曲家同盟議長　本名＝フレンニコフ, チーホン・ニコラエヴィチ〈Khrennikov, Tikhon Nikolaevich〉　圏フレーンニコフ, チホン／フレンニコフ, ティホン
Khriit, Najim al-Din ハリート, ナジム・ディン
　国シリア　国務相
Khristenko, Stanislav フリステンコ, スタニスラフ
　国ロシア　エリザベート王妃国際コンクール ピアノ 第4位（2013年）
Khristenko, Viktor Borisovich フリステンコ, ヴィクトル
　1957〜　国ロシア　政治家　ユーラシア経済委員会委員長　ロシア第1副首相　圏フリスチェンコ, ビクトル／フリステンコ, ビクトル・B.
Khristou, Jeanne フリストゥ
　国ギリシャ　フェンシング選手
Khromova, Tatyana フロモワ
　国カザフスタン　重量挙げ選手
Khrushchev, Sergei フルシチョフ, セルゲイ
　1935〜　著「世界平和への冒険旅行」新評論　2013
Khrustaleva, Elena フルスタレワ
　国カザフスタン　バイアスロン選手
Khudabux, Mohamed Rakieb クダブクス, モハメド・ラキプ
　国スリナム　保健相
Khudaiberdyyev, Orazberdy フダイベルディエフ, オラズベルディ
　国トルクメニスタン　副首相兼鉄道相
Khudaidad, General フダエダト, ジェネラル
　国アフガニスタン　麻薬対策相
Khudaikuliev, Mukhammednazar フダイクリエフ, ムハメドナザル
　国トルクメニスタン　産業建設資材相
Khudari, Jamal フダリ, ジャマル
　国パレスチナ　通信相
Khudayberganov, Tursinkhon フダイベルガノフ, トゥルシンホン
　国ウズベキスタン　非常事態相
Khuderbulga Dorjkhandyn フデルブルガ・ドルジハンド
　国モンゴル　レスリング選手
Khudoinazarov, Bakhtijar フドイナザーロフ, バフティヤル
　1965〜2015　国タジキスタン　映画監督
Khudzenka, Volha フジェンカ, ウォルハ
　国ベラルーシ　カヌー選手
Khugaev, Alan フガエフ, アラン
　1989〜　国ロシア　レスリング選手
***al-*Khulaifi, Abdullah Saleh Mubarak** フライフィ, アブドラ・サレハ・ムバラク
　国カタール　労働・社会問題相
Khumalo, Vukile クマロ, ヴキレ

　著「南アフリカ」ほるぷ出版　2009
Khumsap, Chatchai クムサップ, チャッチャイ
　国タイ　タイ国元日本留学生財団会長, 元・タイ国元日本留学生協会（OJSAT）会長
Khun Haing クン・ハン
　国カンボジア　宗教問題相　圏クン・ハン
Khun Sa クン・サ
　？〜2007　国ミャンマー　"黄金の三角地帯"を支配した麻薬王　モン・タイ軍司令官　中国名＝張奇夫　圏クン・サー
Khupe, Thokozani クーペ, ソコザニ
　国ジンバブエ　副首相
Khurana, Rakesh クラナ, ラケシュ
　1967〜　圏クラナ, ラケシュ　著「カリスマ幻想」税務経理協会　2005
Khurelbaatar, Chimediin フレルバートル, チメディーン
　国モンゴル　官房長官
Khurelbaatar, Sodovjamts フレルバータル, ソドブジャムツ
　国モンゴル　駐日特命全権大使
Khurelsukh, Uhnaagiin フレルスフ, ウハナーギン
　国モンゴル　副首相　圏フレルスフ, ウフナーギーン
Khurshid, Salman クルシード, サルマン
　国インド　外相
Khurshudyan, Hripsime フルシュデャン
　国アルメニア　重量挙げ選手
Khusaibi, Said bin Nasser bin Mansoor Al クサイビ, サイード・ビン・ナセル・ビン・マンスール・アル
　国オマーン　オマーン・日本友好協会事務局長
Khushiram, Khushhal Chand クシラム, クシハル・シャンド
　国モーリシャス　産業相　圏クシラム, クシハル
Khushtov, Aslanbek フシュトフ
　国ロシア　レスリング選手
Khutsishvili, Davit クツィシビリ
　国ジョージア　レスリング選手
Khutsishvili, Vazha クチュシヴィリ, ヴァジャ
　国ジョージア　ラグビー選手
***al-*Khuwaiter, Abdul-Aziz bin Abdullh** フワイティル, アブドルアジズ・ビン・アブドラ
　国サウジアラビア　国務相
Khvorostovskii, Dmitrii ホロストフスキー, ドミトリー
　1962〜　国ロシア　バリトン歌手　本名＝Khvorostovskii, Dmitrii Alexandrovich　圏フヴォロストフスキー, ディミトリー／ホロストフスキー, ディミートリー／ホロストフスキー, ディミトリ
Khvostenko, Oksana フボステンコ
　国ウクライナ　バイアスロン選手
Khvostov, Mikhail M. フボストフ, ミハイル・M.
　国ベラルーシ　外相
Khyar, Walide フヤル, ワルド
　国フランス　柔道選手
***El-*khyari, Thamil** エル・ヒヤリ, タミル
　国モロッコ　保健相
Khy Taing Lim キー・タン・リム
　国カンボジア　公共事業・運輸相　圏キー・タンリム
Kh.yusufov, Igor ユスフォフ, イーゴリ・Kh.
　国ロシア　エネルギー相
Ki, Bo-bae キ・ボベ
　1988〜　国韓国　アーチェリー選手　漢字名＝奇甫倍　圏キ・ホバイ
Ki, Kwang-ho キ・グァンホ
　国北朝鮮　財政相　漢字名＝奇光豪
Ki, Sung-yueng キ・ソンヨン
　1989〜　国韓国　サッカー選手　漢字名＝奇誠庸
Kiaer, Benedikte ケアー, ベネディクテ
　国デンマーク　社会保障相
Kiamputu, Simon Mboso キアンプツ, シモン・ムボソ
　国コンゴ民主共和国　産業相
Kianpour, Fredun キアンプール, フレドゥン
　1973〜　国ドイツ　作家, ピアニスト　圏ミステリー
Kiarostami, Abbas キアロスタミ, アッバス
　1940〜2016　国イラン　映画監督, 脚本家, 映画プロデューサー
Kibaki, Mwai キバキ, ムワイ
　1931〜　国ケニア　政治家　ケニア大統領　本名＝Kibaki, Mwai Emilio Stanley
Kibala, Jean-Claude キバラ, ジャンクロード
　国コンゴ民主共和国　公務員相
Kibar, Osman カイバール, オスマン
　国アメリカ　Samumed

Kibbler, Donald キブラー, ドナルド
[国]オーストラリア カウラ市日本文化センター会長 通称＝キブラー, ドン〈Kibbler, Don〉
Kiberd, Declan カイバード, デクラン
1951～ [著]「『ユリシーズ』と我ら」 水声社 2011
Kiberlain, Sandrine キベルラン, サンドリーヌ
セザール賞 主演女優賞（第39回（2013年）） "9 mois ferme"
Kibet, Sylvia Jebiwott キベト
[国]ケニア 陸上選手
Kibeya, Saidi キベヤ, サイディ
[国]ブルンジ 運輸・公共事業相
Kibikai, Paul キビカイ, ポール
[国]ガボン 柔道選手
Kibiwot, Viola Jelagat キビウォト
[国]ケニア 陸上選手
Kibowen, John キボウェン
[国]ケニア 陸上選手
Kibria, Shah A.M.S. キブリア, シャー・A.M.S.
1931～2005 [国]バングラデシュ 政治家, 外交官 バングラデシュ財務相, ESCAP事務局長 [異]キブリア, S.A.M.S.
Kibwana, Kivutha キブワナ, キブサ
[国]ケニア 環境・自然資源相兼土地相
Kicillof, Axel キシロフ, アクセル
[国]アルゼンチン 経済財務相
Kick, Russell キック, ラス
[著]「大人のためのコミック版世界文学傑作選」 いそっぷ社 2016
Kida, Mateus キダ, マテウス
[国]モザンビーク 将兵相
Kida, Thomas Edward キーダ, トマス
1951～ [著]「ヒトは賢いからこそだまされる」 生活書院 2011
Kidambi, Srikanth キダンビ, スリカンス
[国]インド バドミントン選手
Kidane, Werknesh キダネ
[国]エチオピア 陸上選手
Kidd, Chip キッド, チップ
[著]「スヌーピーとチャールズ・M.シュルツの芸術」 DU BOOKS, ディスクユニオン（発売） 2016
Kidd, Jason キッド, ジェイソン
1973～ [国]アメリカ バスケットボール監督, 元バスケットボール選手 [異]キッド, ジェーソン
Kidd, Michael キッド, マイケル
1915～2007 [国]アメリカ 振付師, ダンサー
Kidd, Paul キッド, ポール
1963～ [著]「ホワイトプルームマウンテン」 アスキー 2006
Kidd, Richard キッド, リチャード
1952～2008 [著]「おわりから始まる物語」 ポプラ社 2005
Kidd, Rob キッド, ロブ
[著]「シャドウ・ゴールドの秘密」 講談社 2011
Kidd, Sue Monk キッド, スー・モンク
[国]アメリカ 作家
Kidder, David S. キダー, デビッド・S.
[著]「「世界」を変えろ！」 日経BP社, 日経BPマーケティング（発売） 2013
Kidder, Rushworth M. キダー, ラッシュワース・M.
？～2012 [著]「意思決定のジレンマ」 日本経済新聞出版社 2015
Kidder, Tracy キダー, トレイシー
1945～ [異]キダー, トレーシー [著]「超マシン誕生」 日経BP社, 日経BPマーケティング（発売） 2010
Kidd-gilchrist, Michael キッド・ギルクリスト, マイケル
[国]アメリカ バスケットボール選手
Kidibayev, Mustafa キジバエフ, ムスタファ
[国]キルギス 教育相
Kidjo, Angélique キジョー, アンジェリーク
1960～ [国]ベナン 歌手 [異]キジョ, アンジェリック
Kidman, Matthew J. キッドマン, マシュー
[著]「マーケットの魔術師」 パンローリング 2008
Kidman, Nicole キッドマン, ニコール
1967～ [国]オーストラリア 女優 本名＝Kidman, Nicole Mary
Kidner, Derek キドナー, デレク
[著]「詩篇1‐72篇」 いのちのことば社 2013
Kidner, Lisa キドナー, リサ
[著]「ヴィンテージTシャツ」 ブルース・インターアクションズ 2006
Kido, Markis キド
[国]インドネシア バドミントン選手
Kidron, Peretz キドロン, ペレツ
[著]「イスラエル兵役拒否者からの手紙」 日本放送出版協会 2003
Kidston, Cath キッドソン, キャス
1958～ [国]イギリス 雑貨デザイナー
Kidu, *Dame* Carol キドゥ, ダメ・キャロル
[国]パプアニューギニア 社会開発相 [異]キドゥ, キャロル
Kieber-beck, Rita キーバーベック, リタ
[国]リヒテンシュタイン 外相兼文化相兼家族・男女同権相
Kieboom, Spencer キーブーム, スペンサー
[国]アメリカ 野球選手
Kiechel, Walter, Ⅲ キーチェル, ウォルター, 3世
[著]「経営戦略の巨人たち」 日本経済新聞出版社 2010
Kiedis, Anthony キーディス, アンソニー
1962～ [国]アメリカ ロック歌手
Kiefer, Anselm キーファー, アンゼルム
1945～ [国]ドイツ 画家, 写真家
Kiefer, Charles F. キーファー, チャールズ・F.
[著]「ジャスト・スタート」 阪急コミュニケーションズ 2013
Kiefer, Christie W. キーファー, クリスティ・W.
[著]「文化と看護のアクションリサーチ」 医学書院 2010
Kiefer, David キーファー, ディヴィッド
[著]「ホリスティック家庭の医学療法」 ガイアブックス, 産調出版（発売） 2010
Kiefer, Lee キーファー, リー
[国]アメリカ フェンシング選手 [異]キーファー
Kiefer, Meghan M. キーファー, メーガン・M.
[著]「プライマリ・ケア ポケットレファランス」 メディカル・サイエンス・インターナショナル 2015
Kiefer, Nicolas キーファー
[国]ドイツ テニス選手
Kiehn, Jesper キーン, エスパー
[著]「ビジネスパターンによるモデル駆動設計」 日経BPソフトプレス, 日経BP出版センター（発売） 2007
Kiel, Fred キール, フレッド
[著]「エグゼクティブ・コーチング」 日本能率協会マネジメントセンター 2005
Kiel, Richard キール, リチャード
1939～2014 [国]アメリカ 俳優
Kielburger, Craig キールバーガー, クレイグ
1982～ [国]カナダ 児童労働問題活動家 フリー・ザ・チルドレン（FTC）代表
Kielburger, Marc キールバーガー, マーク
1977～ [著]「世界を変える！ みんなの力me to we」 柏書房 2009
Kielhofner, Gary キールホフナー, ギャーリー
1949～2010 [異]キールホフナー, ゲイリー [著]「作業療法実践の理論」 医学書院 2014
Kiely, Sophia キーリ, ソフィア
ローレンス・オリヴィエ賞 ミュージカル・エンタテインメント女優賞（2012年（第36回）） "Matilda The Musical"
Kiem, Nguyen Manh キエム, グエン・マイン
[国]ベトナム 建設相
Kiemle, David J. キームル, D.J.
[著]「有機化合物のスペクトルによる同定法」 東京化学同人 2016
Kiene, H. キーネ, ヘルムート
[著]「偽薬効果」 春秋社 2002
Kien Keat, Koo ケンケット, クー
[国]マレーシア バドミントン選手
Kienle, G.S. キーンレ, グンファー・S.
[著]「偽薬効果」 春秋社 2002
Kientga, Fidele キエントガ, フィデレ
[国]ブルキナファソ 初等教育相
Kier, Udo キア, ウド
1944～ 俳優
Kierein, Tom キーレン, T.
[著]「天気のひみつ」 日経ナショナルジオグラフィック社, 日経BP出版センター（発売） 2009
Kiermaier, Kevin キアマイアー, ケビン
[国]アメリカ 野球選手
Kiermayer, Susanne キールマイヤー
[国]ドイツ 射撃選手
Kiernan, Caitlín R. キアナン, ケイトリン・R.
世界幻想文学大賞 短編（2014年）ほか
Kiernan, Denise キールナン, デニス
[著]「「24」CTU公式捜査マニュアル」 ゴマブックス 2008
Kiernan, Kevin キーナン, ケヴィン
[著]「人文学と電子編集」 慶応義塾大学出版会 2011

Kiesanowski, Joanne　キーサノスキー
　国ニュージーランド　自転車選手
Kiesel, Helmuth　キーゼル、ヘルムート
　1947～　著「ユンガー＝シュミット往復書簡1930-1983」法政大学出版局　2005
Kiesewetter, Hubert　キーゼヴェター、フーベルト
　1939～　著「ドイツ産業革命」晃洋書房　2006
Kiesling, Stephen　キースリング、ステファン
　1958～　著「エール大学対校エイト物語」東北大学出版会　2004
Kieślowski, Krzysztof　キェシロフスキ、クシシュトフ
　著「美しき運命の傷痕」イースト・プレス　2006
Kieso, Donald E.　キエソ、D.E.
　著「アメリカ会計セミナー」シュプリンガー・フェアラーク東京　2005
Kiessler, Richard E.　キースラー、リヒャルト
　1944～　著「ドイツ統一の舞台裏で」中央公論事業出版　2003
Kiessling, Ann A.　キースリング、アン・A.
　著「幹細胞の基礎からわかるヒトES細胞」メディカル・サイエンス・インターナショナル　2008
Kiessling, Stefan　キースリンク、シュテファン
　1984～　国ドイツ　サッカー選手
Kieswetter, Emilio　キエスウェター、エミリオ
　国パナマ　農牧開発相
Kiev, Ari　キエフ、アリ
　1933～　著「トレーダーの心理学」パンローリング　2006
Kiew, Ruth　キュー、ルース
　著「フローラ」産調出版　2005
Kiganahe, Didace　キガナヘ、ディダス
　国ブルンジ　法相
Kightley, Rosalinda　ナイトレイ、ロサリンダ
　著「ソフィーはバレリーナ」大日本絵画　2012
Kightly, Michael　カイトリー、マイケル
　国イングランド　サッカー選手
Kigoda, Abdallah　キゴダ、アブダラ
　国タンザニア　産業・貿易相
Kiir, Salva　キール、サルバ
　1951～　国南スーダン　政治家、元軍人　南スーダン大統領、スーダン人民解放運動（SPLM）議長　スーダン第1副大統領　本名＝キール・マヤルディ、サルバ〈Kiir Mayardit, Salva〉
Kiisel, Karolyn　キース、キャロライン
　著「ドレーピング」文化学園文化出版局　2014
Kiiskinen, Jyrki　キースキネン、ユルキ
　1963～　著「うさぎのヤニスとあらいぐまのヴァンキ」ひさかたチャイルド　2012
Kiisler, Siim-Valmar　キースレル、シームバルマル
　国エストニア　地方担当相　別キースレル、シーム・バルマル／キースレル、シームワルマル
Kijiner, Tom D.　キチナー、トム・ディー
　国マーシャル諸島　駐日特命全権大使
Kikaha, Hau'oli　キカハ、ハウオリ
　国アメリカ　アメフト選手
Kike Garcia　キケ・ガルシア
　国スペイン　サッカー選手
Kikiniou, Aliaksandr　キキニウ
　国ベラルーシ　レスリング選手
Kiklevich, J.Veronika　キクルヴィッチ、J.ヴェロニカ
　著「犬をかう人ブタをかう人イグアナをかう人」ポプラ社　2003
Kiko Casilla　キコ・カシージャ
　国スペイン　サッカー選手
Kiko Femenia　キコ・フェメニア
　国スペイン　サッカー選手
Kikuku, Nkulu　キクク、ヌクル
　国コンゴ民主共和国　鉱山石油相
Kikumura Yano, Akemi　キクムラ・ヤノ、アケミ
　国アメリカ　カリフォルニア大学ロサンゼルス校客員研究員、元・全米日系人博物館最高経営責任者兼館長
Kikwete, Jakaya Mrisho　キクウェテ、ジャカヤ・ムリショ
　1950～　国タンザニア　政治家　タンザニア大統領
Kilaka, John　キラカ、ジョン
　1966～　著「いちばんのなかよし」アートン　2006
Kilar, Wojciech　キラール、ヴォイチェフ
　1932～2013　国ポーランド　作曲家　別キラル、ヴォイチェフ
Kilborn, Jack　キルボーン、ジャック
　1970～　著「殺戮病院」オークラ出版　2016
Kilbourne, Susan　キルボーン、スーザン
　著「女性の人権とジェンダー」明石書店　2007
Kilburg, Richard R.　キルバーグ、リチャード
著「エグゼクティブ・コーチング」日本能率協会マネジメントセンター　2005
Kilby, Clyde S.　キルビー、クライド・S.
　著「永遠の腕のもとに」新教出版社　2010
Kilby, Jack St.Clair　キルビー、ジャック
　1923～2005　国アメリカ　電子技術者、発明家　テキサス・インスツルメンツ（TI）技術者
Kilby, Janice Eaton　キルビー、ジャニス・イートン
　1955～　著「魔法使いのびっくりマジック」技術評論社　2005
Kilby, Joan　キルビー、ジョーン
　著「秘めた思いを」ハーレクイン　2002
Kilcarr, Patrick J.　キルカー、パトリック・J.
　著「自分で自分をもてあましている君へ」花風社　2002
Kildow, Betty A.　キルドウ、ベティー・A.
　著「「事業継続」のためのサプライチェーン・マネジメント実践マニュアル」プレジデント社　2011
Kildow(vonn), Lindsey　キルドー
　国アメリカ　アルペンスキー選手
Kile, Darryl　カイル、ダリル
　1968～2002　国アメリカ　野球選手
Kile, Nelson　キレ、ネルソン
　国ソロモン諸島　内相
Kiley, David　キーリー、デイビッド
　著「BMW物語」アスペクト　2005
Kiley, Kevin F.　キーリー、ケヴィン
　著「戦闘技術の歴史」創元社　2013
Kilgo, Darius　キルゴ、ダリアス
　国アメリカ　アメフト選手
Kilgore, Daniel　キルゴーア、ダニエル
　国アメリカ　アメフト選手
Kilgour, David　キルガー、デービッド
　1941～　著「中国臓器狩り」アスペクト　2013
Kilibarda, Vesna　キリバルダ、ベスナ
　国モンテネグロ　文化相
Kılıç, Akif Çağatay　クルチ、アキフ・チャアタイ
　国トルコ　青年スポーツ相
Kılıç, Suat　クルチ、スアト
　国トルコ　青年スポーツ相
Kilic, Yakup　キリク
　国トルコ　ボクシング選手
Kilicci, Adem　キリッチ
　国トルコ　ボクシング選手
Kilifi, Olive　キリフィ、オリーブ
　国アメリカ　ラグビー選手
Kilimo, Linah Jebii　キリモ、リナ・ジェビイ
　国ケニア　副大統領府国務相（内務担当）
Ķīlis, Roberts　キーリス、ロベルツ
　国ラトビア　教育・科学相
Kilkey, Majella　キルキー、マジェラー
　著「雇用労働とケアのはざまで」ミネルヴァ書房　2005
Kill　キリル
　1946～　国ロシア　ロシア正教会総主教（第16代）
Killeavy, Maureen　キルリーヴィ、モウリーン
　著「欧州統合とシティズンシップ教育」明石書店　2006
Killebrew, Harmon　キルブリュー、ハーモン
　1936～2011　国アメリカ　野球選手　本名＝Killebrew, Harmon Clayton　別キルブルー、ハーモン
Killebrew, Miles　キルブリュー、マイルズ
　国アメリカ　アメフト選手
Killeen, Liam　キリーン
　国イギリス　自転車選手
Killeen, Richard　キレーン、リチャード
　1953～　著「図説スコットランドの歴史」彩流社　2002
Killer Kowalski　キラー・コワルスキー
　1926～2008　国カナダ　プロレスラー　本名＝コワルスキー、ウォルター〈Kowalski, Walter〉
Killer Tor Kamata　キラー・トーア・カマタ
　1937～2007　国アメリカ　プロレスラー　旧リングネーム＝ドクター・モト〈Dr.Moto〉
Killi, Anita　キリ、アニータ
　国ノルウェー　アヌシー国際アニメーション映画祭 短編映画 審査員特別賞（2010年）ほか
Killian, Diana　キリアン、ダイアナ
　著「死体はヨガのポーズ」早川書房　2016
Killion, Ann　キリオン、アン
　著「ソロー希望（ホープ）の物語―」ベストセラーズ　2013
Killion, Kimberly　キリオン、キンバリー

「たったひとつの願い」扶桑社 2011
Killion, Redley キリオン, レドリー
　⒢ミクロネシア連邦　副大統領
Kilman, Scott キルマン, スコット
　⒢「飢える大陸アフリカ」悠書館 2011
Kilman Livtuvanu, Meltek Sato キルマン・リブトゥンバヌ, メルテク・サトー
　⒢バヌアツ　外相兼対外貿易相
Kilmer, James V. キルマー, ジェームズ・V.
　⒢「ブランド・マネジメント」ダイヤモンド社 2001
Kilmer, Jason R. キルマー, ジェイソン・R.
　⒢「リラプス・プリベンション」日本評論社 2011
Kilmer, Val キルマー, バル
　1959～　⒢アメリカ　俳優　本名＝キルマー, バル・エドワード〈Kilmer, Val Edward〉　⒢キルマー, ヴァル
Kilmister, Lemmy キルミスター, レミー
　1945～2015　⒢イギリス　ミュージシャン　本名＝キルミスター, イアン・フレーザー〈Kilmister, Ian Fraser〉
Kilonzo, Mutula キロンゾ, ムトゥラ
　⒢ケニア　教育相
Kilosho, Jean-Marie Bulambo キロショ, ジャンマリ・ブランボ
　⒢コンゴ民主共和国　漁業・牧畜相　⒢キロショ, ジャンマリー・ブランボ
Kilpatrick, Sean キルパトリック, ショーン
　⒢アメリカ　バスケットボール選手
Kilroy, Phil キルロイ, フィル
　1943～　⒢「マドレーヌ＝ソフィー・バラ」みすず書房 2008
Kilts, James M. キルツ, ジェームズ
　⒢「大事なことだけ, ちゃんとやれ！」日本経済新聞出版社 2009
Kilty, Richard キルティ, リチャード
　⒢イギリス　陸上選手
Kilworth, Garry キルワース, ギャリー
　1941～　⒢イギリス　作家　別名＝ダグラス, ギャリー, サルウッド, F.K.

K

Kim, Ae-ran キム・エラン
　1980～　⒢韓国　作家　⒢文学, フィクション　漢字名＝金愛爛
Kim, A-jung キム・アジュン
　1982～　⒢韓国　女優
Kim, A-lang キム・アラン
　1995～　⒢韓国　スピードスケート選手　漢字名＝金雅郎
Kim, Amy Jo キム, エイミー・ジョー
　⒢「ネットコミュニティ戦略」翔泳社 2001
Kim, Andre キム, アンドレ
　1935～2010　⒢韓国　ファッションデザイナー　本名＝金鳳男（キム・ボンナム）　⒢アンドレ・キム／アンドレ・キン
Kim, Bo-kyung キム・ボギョン
　1989～　⒢韓国　サッカー選手　漢字名＝金甫炅
Kim, Bom キム・ボム
　⒢韓国　Coupang創業者
Kim, Bomsori キム・ボムソリ
　⒢韓国　チャイコフスキー国際コンクール ヴァイオリン 第5位（2015年（第15回））
Kim, Boom Soo キム・ボムス
　⒢韓国　カカオトーク共同創業者
Kim, Bum キム・ボム
　1989～　⒢韓国　俳優　本名＝キム・サンボム
Kim, Byoul A キム, ビョラ
　1969～　⒢「ミシル」早川書房 2007
Kim, Byung-hyun キム・ビョンヒョン
　1979～　⒢韓国　野球選手, 元野球選手　漢字名＝金炳賢　⒢キム・ビュンヒュン
Kim, Byung-il キム・ビョンイル
　⒢韓国　企画予算庁長官　漢字名＝金炳日
Kim, Chaelee キム・ジェイ
　⒢韓国　ローザンヌ国際バレエコンクール 3位・スカラシップ（第35回（2007年））
Kim, Chai-ho キム・ジェホ
　⒢韓国　韓日親善協会中央理事長, 元・国会議員, 元・韓日議員連盟副幹事長　漢字名＝金在鎬
Kim, Chang-ryong キム・チャンリョン
　⒢北朝鮮　国土環境保護相　漢字名＝金昌竜
Kim, Chang-sik キム・チャンシク
　⒢北朝鮮　農業相　漢字名＝金昌植
Kim, Chang-su キム・チャンス
　⒢北朝鮮　中央統計局長　漢字名＝金昌守
Kim, Chol Jin キム・チョルジン
　⒢北朝鮮　重量挙げ選手
Kim, Chon-gyun キム・チョンギュン
　⒢北朝鮮　中央銀行総裁　漢字名＝金千均　⒢キム・チョンギュ
Kim, Choon-mie キム・チュンミ
　1943～　⒢韓国　高麗大学名誉教授　韓国日本学会会長　⒢日本語, 日本文学　漢字名＝金春美
Kim, Dae-hwan キム・デファン
　⒢韓国　労働相　漢字名＝金大煥
Kim, Dae-jung キム・デジュン
　1924～2009　⒢韓国　政治家　韓国大統領, 新千年民主党総裁　漢字名＝金大中
Kim, Dami キム・ダミ
　⒢韓国　パガニーニ国際ヴァイオリン・コンクール 第2位（2010年（第53回））ほか
Kim, Daniel キム, ダニエル
　⒢「ソーシャル・キャピタルと健康」日本評論社 2008
Kim, Daniel H. キム, ダニエル
　1960～　⒢「システム・シンキングトレーニングブック」日本能率協会マネジメントセンター 2002
Kim, Da Sol キム・ダソル
　⒢韓国　エリザベート王妃国際コンクール ピアノ 第6位（2010年）
Kim, Daul キム・ダウル
　1989～2009　⒢韓国　モデル
Kim, Dong-hoon キム・ドンフン
　1934～2014　⒢韓国　龍谷大学名誉教授, アジア・太平洋人権情報センター所長　⒢国際人権法, 国際法　漢字名＝金東勲
Kim, Dong-jin キム・ドンジン
　1913～2009　⒢韓国　作曲家　慶熙大学名誉教授　漢字名＝金東振
Kim, Dong-jo キム・ドンジョ
　1918～2004　⒢韓国　外交官, 弁護士　韓国外相　漢字名＝金東祚, 号＝海吾　⒢キン・トウソ
Kim, Dong-joo キム・ドンジュ
　1976～　⒢韓国　野球選手　漢字名＝金東柱
Kim, Dong-Kyoon キム, ドンキョン
　⒢「食品安全と栄養の経済学」農林統計協会 2002
Kim, Dong-tae キム・ドンテ
　⒢韓国　農林相　漢字名＝金東泰
Kim, Dong-wan キム・ドンワン
　1979～　⒢韓国　歌手, 俳優
Kim, Dong-wook キム・ドンウク
　1983～　⒢俳優　漢字名＝金東旭
Kim, Doo-gwan キム・ドゥグァン
　1959～　⒢韓国　政治家　慶尚南道知事, 韓国行政自治相　漢字名＝金斗官
Kim, Duk-soo キム・ドクス
　1952～　⒢韓国　チャンゴ奏者, 音楽プロデューサー　サムルノリ創始者, 韓国芸術総合大学伝統芸術院教授　漢字名＝金徳洙　⒢キン・トクシュ
Kim, Du-nam キム・ドゥナム
　？～2009　⒢北朝鮮　軍人, 政治家　朝鮮人民軍大将, 朝鮮労働党中央委員　漢字名＝金斗南
Kim, Elaine H. キム, エレイン・H.
　1942～　⒢「アジア系アメリカ文学」世界思想社 2002
Kim, Elizabeth キム, エリザベス
　⒢「一万の悲しみ」DHC 2002
Kim, Eul-dong キム・ウルトン
　1945～　⒢韓国　政治家, 女優　韓国国会議員　漢字名＝金乙東
Kim, Eunjung キム, ユンジュン
　⒢「不健康は悪なのか」みすず書房 2015
Kim, Gene キム, ジーン
　⒢「The DevOps 逆転だ！」日経BP社, 日経BPマーケティング（発売）2014
Kim, Georgy キム, ゲオルギー
　⒢カザフスタン　法相
Kim, Geun-hong キム・グンホン
　⒢韓国　演出家
Kim, Geun-tae キム・クンテ
　1947～2011　⒢韓国　民主化運動家, 政治家　韓国保健福祉相　漢字名＝金槿泰　⒢キム・グンテ
Kim, Gin-pyo キム・ジンピョ
　⒢韓国　副首相兼教育人的資源相　漢字名＝金振杓
Kim, Guk-tae キム・グクテ

1924～2013 [国]北朝鮮 政治家 朝鮮労働党政治局員・中央委員会検閲委員長 漢字名＝金国泰 [異]キム・クックテ
Kim, Gyok-sik キム・ギョクシク
[国]北朝鮮 人民武力(国防)部長 漢字名＝金格植
Kim, Ha-neul キム・ハヌル
1978～ [国]韓国 女優
Kim, Han-gil キム・ハンギル
1953～ [国]韓国 政治家, 作家 新政治民主連合共同代表, 韓国文化観光相, 韓国国会議員 漢字名＝金ハンギル
Kim, Hee-jung キム・ヒジョン
[国]韓国 女性家族相 漢字名＝金姫廷
Kim, Hee-seon キム・ヒソン
1977～ [国]韓国 女優 漢字名＝金喜善 [異]キム・ヒーソン
Kim, Ho-jin キム・ホジン
[国]韓国 労相 漢字名＝金浩鎮
Kim, Hoon キム・フン
1948～ [国]韓国 作家 漢字名＝金薫
Kim, Ho-shik キム・ホシク
[国]韓国 海洋水産相 漢字名＝金昊植
Kim, Hui-yong キム・ヒヨン
[国]北朝鮮 原油工業相 漢字名＝金熙栄
Kim, Hwang-sik キム・ファンシク
1948～ [国]韓国 政治家, 法律家 韓国首相, 韓国最高裁判事 漢字名＝金滉植
Kim, Hyang Mi キム・ヒャンミ
[国]北朝鮮 卓球選手
Kim, Hye-Gyong キム・ヘギョン
[国]北朝鮮 陸上選手
Kim, Hye-ja キム・ヘジャ
1941～ [国]韓国 女優 漢字名＝金恵子
Kim, Hyeon-woo キム・ヒョンウ
1988～ [国]韓国 レスリング選手 漢字名＝金炫雨
Kim, Hye-Song キム・ヘソン
[国]北朝鮮 陸上選手
Kim, Hye-soo キム・ヘス
1970～ [国]韓国 女優 漢字名＝金恵秀
Kim, Hyo-Jung キム
[国]アメリカ ショートトラック選手
Kim, Hyong-sik キム・ヒョンシク
[国]北朝鮮 石炭工業相 漢字名＝金亨植
Kim, Hyon-gyong キム・ヒョンギョン
[国]北朝鮮 レスリング選手
Kim, Hyon-hui キム・ヒョンヒ
1962～ 大韓航空機爆破事件の元死刑囚 朝鮮労働党中央委員会調査部所属特殊工作員 偽名＝蜂谷真由美(ハチヤ・マユミ), 工作員名＝金玉花(キム・オックァ)
Kim, Hyon Ung キム・ヒョヌン
[国]北朝鮮 射撃選手
Kim, Hyun-chong キム・ヒョンジョン
1959～ [国]韓国 実業家, 弁護士 サムスン電子グローバル法務担当社長 韓国外交通商省通商交渉本部長 漢字名＝金鉉宗
Kim, Hyung-joong キム・ヒョンジュン
1986～ [国]韓国 歌手, 俳優 漢字名＝金賢重
Kim, Hyun Soo キム・ヒョンス
[国]韓国 野球選手
Kim, Hyun-woong キム・ヒョンウン
[国]韓国 法相 漢字名＝金賢雄
Kim, Il-chol キム・イルチョル
1933～ [国]北朝鮮 軍人, 政治家 次帥 北朝鮮人民武力相(国防相), 北朝鮮国防委員会委員 漢字名＝金鎰喆
Kim, Il-guk キム・イルグク
[国]北朝鮮 体育相
Kim, In-sik キム・インシク
[国]北朝鮮 副首相兼建設委員長 漢字名＝金仁植
Kim, In-Young キム, イニョン
[著]「真実」 英知出版 2005
Kim, Jacqueline キム, ジャクリーン
[著]「CCDA self-study：CCDA DESGN試験認定ガイド」 ソフトバンクパブリッシング 2004
Kim, Jae-bum キム・ジェボム
1985～ [国]韓国 柔道選手 漢字名＝金宰範 [異]キム・ジェブン
Kim, Jaegwon キム, ジェグォン
1934～ [著]「物理世界のなかの心」 勁草書房 2006
Kim, Jae-Hong キム, ジェホン
1958～ [著]「かわべのトンイとスニ」 小学館 2007
Kim, Jae-song キム・ジェソン
[国]北朝鮮 電子工業相 漢字名＝金才成 [異]キム・ジェンソン
Kim, Jae-soo キム・ジェス
[国]韓国 農林畜産食品相 漢字名＝金在水
Kim, Jae-won キム・ジェウォン
1981～ [国]韓国 俳優 漢字名＝金載沅
Kim, Jai-ok キム・ジェオク
1946～ [国]韓国 国際消費者機構(CI)副会長 漢字名＝金在玉 [異]キム・チェオク
Kim, Jang-mi キム・ジャンミ
1992～ [国]韓国 射撃選手 漢字名＝金牆美
Kim, Jang-soo キム・チャンス
1948～ [国]韓国 軍人 駐中国韓国大使 韓国国防相 漢字名＝金章洙
Kim, Jeong-hak キム・ジョンハク
1951～2013 [国]韓国 テレビドラマ監督・プロデューサー 漢字名＝金鍾学
Kim, Ji-ha キム・ジハ
1941～ [国]韓国 詩人, 劇作家 漢字名＝金芝河 [異]キム・チハ
Kim, Ji-hoo キム・ジフ
1985～2008 [国]韓国 タレント, モデル
Kim, Jim Yong キム, ジム・ヨン
1959～ [国]アメリカ 医学者 世界銀行(WB)総裁 ダートマス大学学長 [異]キム, ジム・ヨン
Kim, Jin-kyu キム・ジンギュ
1985～ [国]韓国 サッカー選手 漢字名＝金珍圭
Kim, Jin-kyung キム・ジンギョン
1953～ [国]韓国 作家, 詩人
Kim, Jin-pyo キム・ジンピョ
1947～ [国]韓国 政治家 韓国国会議員 韓国副首相・財政経済相 漢字名＝金振杓
Kim, Jin-Su キム・ジンス
[国]韓国 サッカー選手
Kim, Jin-woo キム・ジンウ
1991～ [国]韓国 歌手 [異]キム・ジヌ
Kim, Ji-u キム・ジウ
1967～ [国]韓国 評論家, 翻訳家 漢字名＝金智羽
Kim, Ji-woon キム・ジウン
1964～ [国]韓国 映画監督, 舞台演出家 漢字名＝金知雲
Kim, Ji Yeon キム, ジ・イェオン
[著]「食品の機能性表示と世界のレギュレーション」 薬事日報社 2015
Kim, Ji-yeon キム・ジヨン
1988～ [国]韓国 フェンシング選手 漢字名＝金志研
Kim, Jong-chul キム・ジョンチョル
1981～ [国]北朝鮮 故金正日朝鮮労働党総書記の二男 漢字名＝金正哲
Kim, Jong-deok キム・ジョンドク
[国]韓国 文化体育観光相 漢字名＝金鍾徳
Kim, Jong-gak キム・ジョンガク
1941～ [国]北朝鮮 軍人, 政治家 朝鮮労働党政治局員候補・中央軍事委員, 次帥 北朝鮮人民武力相(国防相) 漢字名＝金正角
Kim, Jong-hoon キム・ジョンフン
1952～ [国]韓国 外交官 韓国外交通商省通商交渉本部長 漢字名＝金宗壎
Kim, Jong-il キム・ジョンイル
1942～2011 [国]北朝鮮 政治家 北朝鮮国防委員会委員長, 朝鮮労働党総書記・政治局常務委員・中央軍事委員長, 朝鮮人民軍最高司令官・元帥 漢字名＝金正日
Kim, Jong-nam キム・ジョンナム
1971～2017 [国]北朝鮮 故金正日朝鮮労働党総書記の長男 漢字名＝金正男
Kim, Jong-pil キム・ジョンピル
1926～ [国]韓国 政治家 韓国首相, 韓国自由民主連合(自民連)総裁, 韓日議員連盟会長 号＝雲庭, 愛称＝JP
Kim, Jong Su キム・ジョンス
[国]北朝鮮 射撃選手
Kim, Jong-un キム・ジョンウン
1983～ [国]北朝鮮 政治家 北朝鮮国防委員会第1委員長, 朝鮮労働党第1書記, 朝鮮人民軍最高司令官, 共和国元帥 漢字名＝金正恩
Kim, Jung-eun キム・ジョンウン
1975～ [国]韓国 女優 漢字名＝金廷恩
Kim, Junghum キム, J.
[著]「財政再建と税制改革」 有斐閣 2008
Kim, Jung-hyuk キム・ジュンヒョク
1971～ [国]韓国 作家 [専]文学 漢字名＝金重赫

K

Kim, Jung-kil キム・ジョンギル
[国]韓国　法相　漢字名＝金正吉

Kim, Jung-rin キム・ジュンリン
1924～2010　[国]北朝鮮　政治家　朝鮮労働党書記, 最高人民会議代議員　漢字名＝金仲麟　[異]キム・チュンリン

Kim, Jun-Hee キム・ジュンヒ
[国]韓国　ロン・ティボー・クレスパン国際音楽コンクール ピアノ第2位（2007年（第36回））ほか

Kim, Kap-soo キム・ガプス
1957～　[国]韓国　俳優　漢字名＝金甲洙

Kim, Kenneth A. キム, ケネス・A.
[著]「コーポレートガバナンス」 ピアソン・エデュケーション 2005

Kim, Ki-choon キム・ギチュン
1939～　[国]韓国　政治家　韓国大統領秘書室長, 韓国法務部長官（法相）, 韓国国会議員　漢字名＝金淇春　[異]キム・キチュン

Kim, Ki-duk キム・ギドク
1960～　[国]韓国　映画監督　漢字名＝金基徳　[異]キム・キドク

Kim, Kuk-hyang キム・ククヒャン
[国]北朝鮮　水泳選手

Kim, Kum-lae キム・グムレ
[国]韓国　女性家族相　漢字名＝金錦来

Kim, Kwang-chol キム・グァンチョル
[国]北朝鮮　逓信相　漢字名＝金光哲

Kim, Kwang-hyun キム・グァンヒョン
1988～　[国]韓国　野球選手　漢字名＝金広鉉

Kim, Kwang-rin キム・グァンリン
[国]北朝鮮　国家計画委員長　漢字名＝金光麟

Kim, Kwang-soo キム・カンスー
1954～　[国]韓国　医学者　ハーバード大学医学部教授・マクリーン病院ディレクター　[専]人工多能性幹細胞（iPS細胞）　漢字名＝金洸秀

Kim, Kwang-ung キム・グァンウン
[国]韓国　中央人事委員会委員長　漢字名＝金光雄

Kim, Kwang-yong キム・グァンヨン
[国]北朝鮮　林業相　漢字名＝金光永

Kim, Kwan-jin キム・グァンジン
1949～　[国]韓国　政治家, 軍人　韓国国防相, 韓国合同参謀本部議長　漢字名＝金寛鎮

Kim, Kye-gwan キム・ゲグァン
1943～　[国]北朝鮮　外交官　北朝鮮第1外務次官　漢字名＝金桂冠

Kim, Kyok-sik キム・ギョクシク
1938～2015　[国]北朝鮮　軍人, 政治家　朝鮮人民軍総参謀長, 北朝鮮人民武力相, 朝鮮労働党政治局員候補　漢字名＝金格植

Kim, Kyong-hui キム・ギョンヒ
1946～　[国]北朝鮮　政治家　朝鮮労働党政治局員・書記, 朝鮮人民軍大将　漢字名＝金慶喜　[異]キム・キョンヒ

Kim, Kyong-jun キム・ギョンジュン
[国]北朝鮮　国土環境保護相　漢字名＝金京準

Kim, Kyong-nam キム・ギョンナム
[国]北朝鮮　商業相　漢字名＝金京男

Kim, Kyoung hee キム・ギョンヒ
[国]韓国　元・在大韓民国日本国大使館現地職員　漢字名＝金慶姫

Kim, Kyung-han キム・ギョンハン
[国]韓国　法相　漢字名＝金慶漢

Kim, Kyung-Hee キム・ギョンヒ
[国]韓国　韓国高速海運会長, 元・（社）釜山広域市韓日親善協会副会長　漢字名＝金景熙

Kim, Kyu-ri キム・ギュリ
1979～　[国]韓国　女優

Kim, Larry キム, ラリー
[著]「プロフェッショナルJSP」 インプレス, インプレスコミュニケーションズ（発売） 2002

Kim, Man-bok キム・マンボク
1946～　[国]韓国　国家情報院長　韓国国家情報院院長　漢字名＝金万福

Kim, Man-su キム・マンス
[国]北朝鮮　電力工業相　漢字名＝金万寿

Kim, Mea-ja キム・メジャ
1943～　[国]韓国　舞踊家, 振付師　創舞会（チャンムフェ）主宰, 創舞（チャンム）芸術院理事長, 北京舞踊大学名誉教授　漢字名＝金梅子

Kim, Min-joon キム・ミンジュン
1976～　[国]韓国　俳優

Kim, Min-woo キム・ミヌ
1990～　[国]韓国　サッカー選手　漢字名＝金民友　[異]キム・ミンウ

Kim, Mi-rae キム・ミレ
[国]北朝鮮　水泳選手

Kim, Murphy キム・マーフィ
[国]アメリカ　ピュリッツアー賞 ジャーナリズム 国際報道（2005年）

Kim, Myong Hyok キム・ミョンヒョク
[国]北朝鮮　重量挙げ選手

Kim, Myung-gon キム・ミョンゴン
1952～　[国]韓国　劇作家, 演出家, 俳優　ARI INTERWORKS代表　韓国文化観光相, 韓国国立中央劇場場長　漢字名＝金明坤

Kim, Myung-ja キム・ミョンジャ
[国]韓国　環境相　漢字名＝金明子

Kim, Myung-min キム・ミョンミン
1972～　[国]韓国　俳優　漢字名＝金明民

Kim, Nam-gil キム・ナムギル
1981～　[国]韓国　俳優　旧芸名＝イ・ハン〈I, Han〉

Kim, Nam-il キム・ナミル
1977～　[国]韓国　サッカー選手　漢字名＝金南一

Kim, Peter キム, ペーター
[著]「サイバーセキュリティテスト完全ガイド」 マイナビ出版 2016

Kim, Pong-chol キム・ボンチョル
[国]北朝鮮　商業相　漢字名＝金鳳哲

Kim, Rae-won キム・レウォン
1981～　[国]韓国　俳優　漢字名＝金来沅

Kim, Rak-hui キム・ラクヒ
[国]北朝鮮　副首相　漢字名＝金洛姫

Kim, Rang キム・ラン
1972～　[国]韓国　作家　[専]ロマンス

Kim, Richard E. キム, リチャード
1932～2009　[国]アメリカ　作家, 評論家　本名＝金恩国（キム・ウングク）〈Kim, Un-guk〉　[異]キム, リチャード・E.

Kim, Ri-hye キム・イヘ
1953～　[国]韓国　韓国舞踊家　漢字名＝金利恵　[異]キム・リエ

Kim, Ryon-mi キム・リョンミ
[国]北朝鮮　柔道選手

Kim, Sang-kyung キム・サンギョン
1972～　[国]韓国　俳優　漢字名＝金相慶

Kim, Sang-man キム・サンマン
1970～　[国]韓国　映画監督, 映画美術監督

Kim, Sang-su キム・サンス
1962～　[国]韓国　西江大学校法学専門大学院教授　[専]民事訴訟法　漢字名＝金祥洙　[異]キム・サンスー / キム・サンスウ

Kim, Scott キム, スコット
[著]「遊ぶ脳みそ」 日本経済新聞出版社 2012

Kim, Seong Ju キム, セオン・ジュ
[著]「食品の機能性表示と世界のレギュレーション」 薬事日報社 2015

Kim, Seong-min キム・ソンミン
[国]韓国　自由北朝鮮放送代表　脱北者同志会会長　漢字名＝金聖玟

Kim, Seung Beom キム, スン・ボム
[著]「カーズ2」 うさぎ出版, インフォレスト（発売） 2011

Kim, Seung-kew キム・スンギュ
[国]韓国　法相　漢字名＝金昇圭

Kim, Seung-woo キム・スンウ
1969～　[国]韓国　俳優　漢字名＝金勝友　[異]キン・ジョウウ

Kim, Seung-youn キム・スンヨン
1952～　[国]韓国　実業家　ハンファ・グループ会長　漢字名＝金昇淵

Kim, Seung-yul キム・ソンヨル
1922～2002　[国]韓国　新聞人　東亜日報社長　漢字名＝金聖悦

Kim, Shin Dong キム, シンドン
[著]「絶え間なき交信の時代」 NTT出版 2003

Kim, Shin-il キム・シンイル
[国]韓国　副首相兼教育人的資源相　漢字名＝金信一

Kim, Sinclair キム・シンクレア
アカデミー賞 美術監督・装置賞（第82回（2009年）） “Avatar”

Kim, Sol-mi キム・ソルミ
[国]北朝鮮　柔道選手

Kim, Song Guk キム・ソングク
[国]北朝鮮　射撃選手

Kim, Song I キム・ソンイ

ⓝ北朝鮮　卓球選手
Kim, Soo-hyun　キム・スヒョン
　1988～　ⓚ韓国　俳優
Kim, Soo-ja　キム・スージャ
　1957～　ⓚ韓国　現代美術家
Kim, Sou-hwan　キム・スファン
　1922～2009　ⓚ韓国　カトリック枢機卿　韓国カトリック教会ソウル大教区長　漢字名＝金寿煥，教名＝ステファノ　⊗キム・スホアン
Kim, So-yeon　キム・ソヨン
　1980～　ⓚ韓国　女優
Kim, Suck Won　キム, サック
　徴「どうしても「あれ」がやめられないあなたへ」文芸春秋 2003
Kim, Su-hak　キム・スハク
　ⓝ北朝鮮　保健相　漢字名＝金秀学
Kim, Suki　キム, スキ
　1970～　徴「通訳／インタープリター」集英社 2007
Kim, Suki　キム・スキ
　韓国出身の作家　◉文学
Kim, Suk-jun　キム・ソクジュン
　ⓝ北朝鮮　国家建設監督相　漢字名＝金石俊
Kim, Suk-soo　キム・ソクス
　ⓚ韓国　首相　漢字名＝金碩洙
Kim, Sung　キム, ソン
　1960～　ⓐアメリカ　外交官　駐韓国米国大使
Kim, Sung-du　キム・スンドゥ
　ⓝ北朝鮮　普通教育相兼教育委員長　漢字名＝金承斗
Kim, Sung-ho　キム・ソンホ
　ⓚ韓国　法相　漢字名＝金成浩
Kim, Sung-hwan　キム・ソンファン
　1953～　ⓚ韓国　政治家，外交官　韓国外相　漢字名＝金星煥
Kim, Sung-hyon　キム・スンヒョン
　ⓝ北朝鮮　金属工業相　漢字名＝金昇賢
Kim, Sung-jae　キム・ソンジェ
　ⓚ韓国　文化観光相　漢字名＝金聖在
Kim, Sung-jin　キム・ソンジン
　ⓚ韓国　海洋水産相　漢字名＝金成珍
Kim, Sung-jong　キム・ソンジョン
　1941～　ⓚ韓国　ミステリー作家　韓国推理作家協会副会長　漢字名＝金聖鐘
Kim, Sung-keun　キム・ソングン
　1942～　ⓚ韓国　プロ野球監督　漢字名＝金星根　⊗キム・ソクスン／キム・ソンクン
Kim, Sung Tai　キム, S.
　徴「財政再建と税制改革」有斐閣 2008
Kim, Sung Teack　キム・スンテク
　ⓚ韓国　漢拏ウィンドアンサンブル音楽監督　漢字名＝金升澤
Kim, Su-ro　キム・スロ
　1970～　ⓚ韓国　俳優
Kim, Suyoen　キム・スーヤン
　ⓚ韓国　エリザベート王妃国際コンクール ヴァイオリン 第4位（2009年）
Kim, Tae-chang　キム・テチャン
　1934～　ⓚ韓国　政治学者　公共哲学共働研究所所長　◉現代政治，比較政治社会哲学　漢字名＝金泰昌　⊗キム・テエチャン
Kim, Tae-hee　キム・テヒ
　1980～　ⓚ韓国　女優　漢字名＝金泰希
Kim, Tae-ho　キム・テホ
　1962～　ⓚ韓国　政治家　慶尚南道知事　漢字名＝金台鎬
Kim, Tae-Hyung　キム・テヒョン
　ⓚ韓国　エリザベート王妃国際コンクール ピアノ 第5位（2010年）ほか
Kim, Tae-kyun　キム・テギュン
　1960～　ⓚ韓国　映画監督　漢字名＝金泰均
Kim, Tae-kyun　キム・テギュン
　1982～　ⓚ韓国　野球選手　漢字名＝金泰均
Kim, Tae Whan　キム・テファン
　ⓚ韓国　韓日親善協会中央会副会長，元・韓日議員連盟首席副幹事業運営委員長，元・韓日議員連盟会代行　漢字名＝金泰煥
Kim, Tae-young　キム・テヨン
　1949～　ⓚ韓国　政治家，軍人　韓国国防相　漢字名＝金泰栄
Kim, Tag-hwan　キム・タクフワン
　1968～　ⓚ韓国　作家　◉文学，歴史　⊗キム・タククウン
Kim, Thae-bong　キム・テボン
　ⓝ北朝鮮　金属工業相　漢字名＝金泰奉

Kim, Thae-yong　キム・テヨン
　1969～　ⓚ韓国　映画監督
Kim, Tok-hun　キム・ドクフン
　ⓝ北朝鮮　副首相　漢字名＝金徳訓
Kim, Ui-sun　キム・ウィスン
　ⓝ北朝鮮　国家検閲相　漢字名＝金義淳
Kim, Ung-gwan　キム・ウンガン
　ⓝ北朝鮮　首都建設部長　漢字名＝金応官
Kim, Un Guk　ウンガク, キム
　ⓝ北朝鮮　重量挙げ選手
Kim, Un-guk　キム・ウングク
　1988～　ⓝ北朝鮮　重量挙げ選手　⊗キム・ウンガク
Kim, Un Hyang　キム・ウンヒャン
　ⓝ北朝鮮　水泳選手
Kim, Un-su　キム・オンス
　1972～　ⓚ韓国　作家　◉ミステリー　漢字名＝金彦洙
Kim, Wan-su　キム・ワンス
　ⓝ北朝鮮　財政相　漢字名＝金完洙
Kim, W.Chan　キム, W.チャン
　徴「ブルー・オーシャン戦略」ダイヤモンド社 2015
Kim, Won-hong　キム・ウォンホン
　ⓝ北朝鮮　国家安全保衛部長　漢字名＝金元弘
Kim, Woo-sik　キム・ウシク
　ⓚ韓国　副首相兼科学技術相　漢字名＝金雨植
Kim, Yang　キム, ヤン
　1968～　徴「Brand Identity Rule Index」ビー・エヌ・エヌ新社 2011
Kim, Yang-gon　キム・ヤンゴン
　1942～2015　ⓝ北朝鮮　政治家　朝鮮労働党中央委員会統一戦線部長・政治局員候補・書記，北朝鮮国防委員会参事　漢字名＝金養建　⊗キム・ヤンコン
Kim, Yeong-ae　キム・ヨンエ
　1951～　ⓚ韓国　女優　漢字名＝金始愛
Kim, Yeon-koung　キム・ヨンギョン
　1988～　ⓚ韓国　バレーボール選手　漢字名＝金軟景
Kim, Yeon-su　キム・ヨンス
　1970～　ⓚ韓国　作家　漢字名＝金衍洙
Kim, Yong-chun　キム・ヨンチュン
　1936～　ⓝ北朝鮮　軍人，政治家　北朝鮮国防委員会副委員長，朝鮮労働党政治局員・中央軍事委員　北朝鮮人民武力相（国防相），朝鮮人民軍総参謀長　漢字名＝金永春
Kim, Yong-gwang　キム・ヨングァン
　ⓝ北朝鮮　金属工業相　漢字名＝金竜光
Kim, Yong-ho　キム・ヨンホ
　ⓝ北朝鮮　内閣事務局長　漢字名＝金永浩
Kim, Yong-hun　キム・ヨンフン
　ⓝ北朝鮮　体育相　漢字名＝金栄勲
Kim, Yong-il　キム・ヨンイル
　1944～　ⓝ北朝鮮　政治家　北朝鮮首相　漢字名＝金英逸
Kim, Yong-il　キム・ヨンイル
　1945～　ⓝ北朝鮮　外交官　朝鮮労働党国際部長　漢字名＝金永日
Kim, Yong-jae　キム・ヨンジェ
　ⓝ北朝鮮　対外経済相　漢字名＝金英才
Kim, Yong-jin　キム・ヨンジン
　ⓝ北朝鮮　副首相　漢字名＝金勇進
Kim, Yong-ju　キム・ヨンジュ
　1920～　ⓝ北朝鮮　政治家　北朝鮮最高人民会議常任委員会名誉副委員長　北朝鮮国家副主席　漢字名＝金英柱
Kim, Yong-nam　キム・ヨンナム
　1928～　ⓝ北朝鮮　政治家　北朝鮮最高人民会議常任委員会委員長，朝鮮労働党政治局常務委員　北朝鮮副首相・外相　漢字名＝金永南
Kim, Yong-sam　キム・ヨンサム
　ⓝ北朝鮮　鉄道相　漢字名＝金容三
Kim, Yong-shun　キム・ヨンジュン
　1938～　ⓚ韓国　韓国憲法裁判所長，韓国最高裁判事　漢字名＝金容俊
Kim, Yong-sun　キム・ヨンスン
　1934～2003　ⓝ北朝鮮　政治家，外交官　朝鮮労働党中央委員会書記（対南担当），アジア太平洋平和委員会委員長，祖国平和統一委員会副委員長　漢字名＝金容淳
Kim, Yong-woon　キム・ヨンウン
　1927～　ⓚ韓国　数学者，哲学者，文化評論家　漢陽大学名誉教授　◉位相数学，数学史，文明論ほか　漢字名＝金容雲　⊗キム・ヨンソン
Kim, Yon-ja　キム・ヨンジャ

Kim, Yoon-ja キム・ヨンジャ
1959〜 韓国 歌手 本名＝金蓮子 異キム・ヨンジャ
Kim, Yoon キム・ユン
1953〜 韓国 実業家 三養ホールディングス会長, 韓日経済協会会長 漢字名＝金鈗
Kim, Yoon-ki キム・ユンギ
韓国 建設交通相 漢字名＝金允起
Kim, Yoon-whan キム・ユンファン
1932〜2003 韓国 政治家 ハンナラ党副総裁, 韓日議員連盟会長, 韓国国会議員 漢字名＝金潤煥, 雅号＝虚舟
Kim, Youg-suk キム・ヨンソク
韓国 海洋水産相 漢字名＝金栄錫
Kim, Young キム, ヤング
1919〜2005 アメリカ 軍人
Kim, Young キム, ヨン
著「トワイライト」フレックスコミックス, ソフトバンククリエイティブ（発売） 2010
Kim, Young-Chan キム, ヨンチャン
著「天女と詐欺師」竹書房 2006
Kim, Young-gwon キム・ヨングン
1990〜 韓国 サッカー選手 漢字名＝金英権
Kim, Young-ha キム・ヨンハ
1968〜 韓国 作家, 脚本家 文学 漢字名＝金英夏
Kim, Young-hwan キム・ヨンファン
1963〜 韓国 北朝鮮研究家, 元学生運動家 漢字名＝金永煥, 旧筆名＝鋼鉄
Kim, Young-ju キム・ヨンジュ
韓国 産業資源相 漢字名＝金栄柱
Kim, Young-sam キム・ヨンサム
1927〜2015 韓国 政治家 韓国大統領, 韓国民自党総裁 漢字名＝金泳三, 号＝巨山, 愛称＝YS, 別称＝上道洞
Kim, Yu Jin キム・ユジン
韓国 ローザンヌ国際バレエコンクール1位・スカラシップ（第33回（2005年）)
Kim, Yu-na キム・ヨナ
1990〜 韓国 元フィギュアスケート選手 漢字名＝金妍児 異キム・ユナ／キム・ヨンア／キン・ケンジ
Kim, Yun-jin キム・ユンジン
1973〜 アメリカ 女優 漢字名＝金允珍
Kim, Yun-seok キム・ユンソク
1968〜 韓国 俳優
Kimanen, Seppo キマネン, セッポ
フィンランド チェロ奏者, カウニアイネン音楽祭芸術監督, 元・クフモ室内楽祭創立者兼芸術監督, 元・北九州国際音楽祭実行委員会副会長, フェスティバルアドヴァイザー, 音楽監督
Kimani Nganga Maruge キマニ・ンガンガ・マルゲ
？〜2009 ケニア 世界最高齢の小学生 本名＝Kimani Nganga Maruge, Joseph Stephen 異キマニ・マルゲ
Ki Manteb Soedharsono キ・マンタブ・スダルソノ
1948〜 インドネシア 人形遣い ワヤン・クリ（影絵芝居) 異キ・マントゥブ・スダルソノ
Kimball, Kristin キンボール, クリスティン
1971〜 著「食べることも愛することも, 耕すことから始まる」河出書房新社 2012
Kimball, Ward キンボール, ウォード
1914〜2002 アメリカ アニメーション作家, 映画監督 異キンボール, ウォード
Kimbell, Lucy キンベル, ルーシー
著「This is service design thinking.」ビー・エヌ・エヌ新社 2013
Kimberly, Alice キンバリー, アリス
アメリカ 作家 ミステリー 単独筆名＝セラシーニ, マーク〈Cerasini, Marc〉, アルフォンシ, アリス〈Alfonsi, Alice〉, 別共同筆名＝コイル, クレオ〈Coyle, Cleo〉
Kimberly, John R. キンバリー, ジョン・R.
異キンバーリー, ジョン 著「ピープルマネジメント」日経BP社 2002
Kimbra キンブラ
グラミー賞 最優秀レコード（2012年（第55回)）ほか
Kimbrel, Craig キンブレル, クレイグ
アメリカ 野球選手
Kimbrell, Andrew キンブレル, アンドリュー
「動物工場」緑風出版 2016
Kimbrell, Grady キンブレル, G.
著「キャリア・デザイン」文化書房博文社 2005
Kimbro, Dennis Paul キンブロ, デニス
1950〜 著「あきらめなかった人々」きこ書房 2016
Kimbrough, R.Keller キンブロー, R.ケラー

Kimetto, Dennis キメット, デニス
1984〜 ケニア マラソン選手 本名＝キメット, デニス・キプルト〈Kimetto, Dennis Kipruto〉
Kim Hyon Hui キム・ヒョンヒ
北朝鮮 卓球選手
Kimiko キミコ
著「おうち」あかね書房 2001
KIMIKO キミコ
著「「きれいになったね！」と言われるKIMIKO式ボディメイク」サンマーク出版 2014
Kimisopa, Bire キミソパ, ビレ
パプアニューギニア 法相
Kimmann, Niek キムマン, ニク
オランダ 自転車選手
Kimmel, Bruce L. キンメル, B.
著「ダム湖の陸水学」生物研究社 2004
Kimmel, Douglas C. キンメル, D.C.
著「思春期・青年期の理論と実像」ブレーン出版 2002
Kimmel, Elizabeth Cody キメル, エリザベス・コーディー
アメリカ 作家 児童書
Kimmel, Eric A. キメル, エリック・A.
著「小さなミンディの大かつやく」ほるぷ出版 2012
Kimmel, Marek キンメル, M.
1959〜 著「バイオインフォマティクス」シュプリンガー・ジャパン 2010
Kimmelman, Michael キメルマン, マイケル
著「語る芸術家たち」淡交社 2002
Kimmerer, Robin Wall キマラー, ロビン・ウォール
1953〜 著「コケの自然誌」築地書館 2012
Kimmerling, Baruch キマーリング, バールフ
著「ポリティサイド」柘植書房新社 2004
Kimmich, Joshua キミッヒ, ジョシュア
ドイツ サッカー選手
Kimnya, Amos キムニャ, エイモス
ケニア 運輸相
Kimo Stamboel キモ・スタンボイル
インドネシア 映画監督
Kimpembe, Presnel キンペンベ, プレスネル
フランス サッカー選手
Kimpomi, Zacharie キンポミ, ザカリエ
コンゴ共和国 公民教育・青年相
Kimpton, Diana キンプトン, ダイアナ
著「動物探偵ミア」ポプラ社 2016
Kimsey-House, Henry キムジーハウス, ヘンリー
1953〜 「コーチング・バイブル」東洋経済新報社 2012
Kimsey-House, Karen キムジーハウス, キャレン
著「コーチング・バイブル」東洋経済新報社 2012
Kimto, Fatime キムト, ファティメ
チャド 社会行動・家族相
Kimuli, Michael キムリ, マイケル
著「ウガンダを変えたブレークスルーの祈り」トランスフォーメーション・グロース, つくば小牧者出版（発売） 2007
Kimunya, Amos キムニャ, アモス
ケニア 財務相 異キムニャ, アモス
Kimura, Doreen キムラ, ドリーン
1940〜 著「女の能力, 男の能力」新曜社 2001
Kimura, Kathleen キムラ, キャサリン
イギリス サンフランシスコ大阪姉妹都市協会共同会長, 元・北カリフォルニア・ジャパンソサエティ会長
Kimura, Taky キムラ, ターキー
著「ブルース・リーからの手紙」オルタナパブリッシング, 星雲社（発売） 2016
Kinakh, Anatoly キナフ, アナトリー
ウクライナ 第1副首相
Kinase, Ito キナセ, イト
1889〜2003 アメリカ 日系人の最高齢者
Kinber, Efim キンバー, エフィーム
著「計算論への入門」ピアソン・エデュケーション 2002
Kincaid, Nanci キンケイド, ナンシー
著「死ぬまでにしたい10のこと」祥伝社 2006
Kindelan, Mario キンデラン
キューバ ボクシング選手
Kinder, Donald R. キンダー, ドナルド・R.
著「世論の政治心理学」世界思想社 2004
Kinder, George キンダー, ジョージ

㊗「「お金の達人」7つの教え」徳間書店　2001
Kinder, Richard　キンダー, リチャード
　キンダー・モルガンCEO
Kinderis, Justinas　キンデリス, ユスティナス
　㊨リトアニア　近代五種選手　㊟キンデリス
Kindermann, Barbara　キンダーマン, バルバラ
　1955～　㊗「ファウスト」西村書店東京出版編集部　2016
Kindermann, Wilfried　キンダーマン, ウィルフリート
　㊗「高血圧とスポーツ」杏林書院　2002
al-Kindi, Muhammad Saeed　キンディ, ムハンマド・サイード
　㊨アラブ首長国連邦　環境・水資源相
Kindleberger, Charles Poor　キンドルバーガー, チャールズ
　1910～2003　㊨アメリカ　経済学者　マサチューセッツ工科大学名誉教授　㊗経済史, 国際金融　㊟キンドルバーガー, C.P. / キンドルバーガー, チャールズ・P.
Kindle Hodson, Victoria　キンドル・ホドソン, ビクトリア
　㊗「あなたの子どもにぴったりの「学習法」を見つける本」PHP研究所　2001
Kindler, Jeffrey B.　キンドラー, ジェフリー
　1955～　㊨アメリカ　実業家, 弁護士　ファイザー会長・CEO
Kindlon, Daniel James　キンドロン, ダン
　1953～　㊗「危ない少年たちを救え」草思社　2003
Kindred, Derrick　キンドレッド, デリック
　㊨アメリカ　アメフト選手
Kindstedt, Paul S.　キンステッド, ポール
　㊗「チーズと文明」築地書館　2013
Kindzerska, Iryna　キンジェルスカ
　㊨ウクライナ　柔道選手
Kindzierski, Lovern　キンジェルスキ, ロバーン
　㊗「マッドマックス怒りのデス・ロード」Graffica Novels, 誠文堂新光社（発売）　2015
Kiner, Ralph　カイナー, ラルフ
　1922～2014　㊨アメリカ　野球選手　本名＝Kiner, Ralph McPherran
King, Akeem　キング, アキーム
　㊨アメリカ　アメフト選手
King, Alan　キング, アラン
　1927～2004　㊨アメリカ　コメディアン, 俳優
King, Allan　キング, アラン
　1930～2009　㊨カナダ　映画監督, ドキュメンタリー作家
King, Alois　キング, アロイス
　㊨パプアニューギニア　文化観光相
King, Andrew　キング, アンドリュー
　㊗「星」丸善出版　2013
King, Andy　キング, アンディ
　㊨ウェールズ　サッカー選手
King, Angela E.V.　キング, アンジェラ
　？～2007　㊨ジャマイカ　国連事務総長特別顧問
King, Annette　キング, アネット
　㊨ニュージーランド　国家行政相兼警察相兼交通相兼食品安全相
King, Audrey J.　キング, オードリー
　㊗「障がいって、なあに？」明石書店　2004
King, Barbara J.　キング, バーバラ・J.
　1956～　㊗「死を悼む動物たち」草思社　2014
King, Ben E.　キング, ベン・E.
　1938～2015　㊨アメリカ　歌手
King, Billie Jean　キング, ビリー・ジーン
　1943～　㊨アメリカ　テニス指導者, 元テニス選手　女子テニス協会初代会長　アトランタ五輪・シドニー五輪テニス米国代表監督　本名＝King, Billie Jean Moffit　㊟キング夫人
King, Brad　キング, ブラッド
　1972～　㊗「ダンジョンズ＆ドリーマーズ」ソフトバンクパブリッシング　2004
King, Brandon　キング, ブランドン
　㊨アメリカ　アメフト選手
King, Brett　キング, ブレット
　㊗「脱・店舗化するリテール金融戦略」東洋経済新報社　2015
King, Brian　キング, ブライアン
　㊗「本当にあった嘘のような話」アスペクト　2012
King, Cammie　キング, カミー
　1934～2010　㊨アメリカ　女優　別名＝キング・コンロン, カミー〈King Conlon, Cammie〉
King, Carole　キング, キャロル
　1942～　㊨アメリカ　シンガー・ソングライター, 作曲家　本名＝クレイン, キャロル
King, Cheryl A.Polewach　キング, シェリル・A.
　1955～　㊗「十代の自殺の危険」金剛出版　2016
King, Chidi　キング, チディ
　㊗「内部告発」丸善　2003
King, Chris　キング, クリス
　㊗「ポップアップ・クリスマス」大日本絵画　2002
King, Christopher Peter　キング, ピーター
　1922～　㊗「ロンドン幽霊列車の謎」東京創元社　2011
King, Claude V.　キング, クロード・V.
　㊗「新たな出会い」ICM出版　2006
King, Clive　キング, クライブ
　1924～　㊗「ぼくら原始人ステッグ」福音館書店　2006
King, Colin　キング, コリン
　1943～　㊗「どうなってるの？　うみのなか」ひさかたチャイルド　2016
King, Coretta Scott　キング, コレッタ・スコット
　1927～2006　㊨アメリカ　社会運動家
King, Daren　キング, ダレン
　ネスレ子どもの本賞　6～8歳部門　金賞（2006年）　"Mouse Noses on Toast"
King, Darian　キング, ダリアン
　㊨バルバドス　テニス選手
King, David　キング, デイビッド
　1939～　㊗「科学と社会」文部科学省科学技術・学術政策局科学技術政策研究所第2調査研究グループ　2002
King, David　キング, デービッド
　㊨アメリカ　アメフト選手
King, David C.　キング, デビッド・C.
　1963～　㊗「なぜ政府は信頼されないのか」英治出版　2002
King, Deborah　キング, デボラ
　㊗「あなたが生きにくいのはチャクラに原因があった」徳間書店　2014
King, Deon　キング, ディオン
　㊨アメリカ　アメフト選手
King, Don　キング, ドン
　1931～　㊨アメリカ　プロボクシング興行主　ドン・キング・プロダクション社長　本名＝キング, ドナルド〈King, Donald〉
King, Don Roy　キング, ドン・ロイ
　エミー賞　プライムタイム・エミー賞　最優秀監督賞（バラエティシリーズ番組）（第66回（2014年））ほか
King, Earl　キング, アール
　1934～2003　㊨アメリカ　ブルース歌手, ギタリスト　本名＝Johnson, Earl Silas IV
King, Edmund　キング, エドマンド
　1942～　㊗「中世のイギリス」慶応義塾大学出版会　2006
King, Edward　キング, E.
　㊗「一滴千金　憂世の涕涙」国文学研究資料館, 平凡社（発売）　2005
King, Francis Henry　キング, フランシス
　1923～2011　㊨イギリス　作家, 批評家　国際ペンクラブ副会長　別筆名＝Cauldwell, Frank
King, Gary　キング, G.
　㊗「社会科学のリサーチ・デザイン」勁草書房　2004
King, Gary M.　キング, G.M.
　㊗「微生物の地球化学」東海大学出版部　2015
King, Gavin　キング, ギャビン
　㊗「Hibernateインアクション」ソフトバンククリエイティブ　2006
King, Gilbert　キング, ギルバート
　㊨アメリカ　ピュリッツァー賞　文学・音楽　一般ノンフィクション（2013年）　"Devil in the Grove: Thurgood Marshall, the Groveland Boys"
King, Isaac　キング, アイザック
　㊨カナダ　アヌシー国際アニメーション映画祭　短編映画　観客賞（2012年）ほか
King, Jack Leon　キング, ジャック・L.
　㊗「オペレーショナルリスク管理」シグマベイスキャピタル　2002
King, James　キング, ジェームズ
　1925～2005　㊨アメリカ　テノール歌手　㊟キング, ジェイムズ
King, James　キング, ジェームズ
　㊨ウェールズ　ラグビー選手
King, Jannet　キング, ジャネット
　㊗「水の世界地図」丸善　2010
King, Jason Gregory　キング, ジェイソン
　㊗「マイケル・ジャクソン トレジャーズ」ブルース・インターアクションズ　2009
King, Jeff　キング, ジェフ

1958〜 ㊃「監督の条件」日刊スポーツ出版社 2001
King, Jennifer　キング, ジェニファー
㊃「アクリル画パーフェクトガイド」マール社 2014
King, John　キング, ジョン
㊁アメリカ　教育長官
King, John Edward　キング, J.E.
1947〜 ㊃「ポスト・ケインズ派の経済理論」多賀出版 2009
King, John Leonard　キング, ジョン
1918〜2005 ㊁イギリス　実業家　ブリティッシュ・エアウェイズ(BA)名誉会長　別称＝King of Wartnaby
King, John Paul　キング, ジョン・P.
1941〜 ㊃「トライブ」ダイレクト出版 2011
King, John Robert　キング, ジョン・R.
㊃「ライヘンバッハの奇跡」東京創元社 2011
King, Jonathan　キング, ジョナサン
㊃「遺伝子操作時代の権利と自由」緑風出版 2012
King, Jonathon　キング, ジョナサン
㊁アメリカ　作家　㊄ミステリー, スリラー
King, Joshua　キング, ジョシュア
㊁ノルウェー　サッカー選手
King, Karen L.　キング, カレン・L.
1954〜 ㊃「『ユダ福音書』の謎を解く」河出書房新社 2013
King, Kitty　キング, キティ
㊁イギリス　馬術選手
King, Larry　キング, ラリー
1933〜 ㊁アメリカ　インタビュアー, キャスター　CNNトーク番組ホスト　本名＝ザイガー, ローレンス〈Zeiger, Lawrence Harvey〉
King, Larry W.　キング, ラリー・W.
㊃「生活技能訓練基礎マニュアル」新樹会創造出版 2005
King, Laurie R.　キング, ローリー
1952〜 ㊁アメリカ　作家
King, Lilly　キング, リリー
㊁アメリカ　水泳選手
King, Mark　キング, マーク
㊁ベリーズ　国務相(青年開発計画・ギャング取締対策担当)
King, Marquette　キング, マーケッティー
㊁アメリカ　アメフト選手
King, Martin　キング, マーティン
㊃「フーリファン」広済堂出版 2002
King, Mary　キング
㊁イギリス　馬術選手
King, Mary　キング, マリー
㊁トリニダード・トバゴ　計画・経済社会再編・男女平等相
King, Mary C.　キング, メアリー・C.
㊃「アルパカ・キングのロッキー」本の森, 星雲社(発売) 2010
King, M.C.　キング, M.C.
㊃「愛されちゃってオリバー」講談社 2009
King, Mervyn Allister　キング, マービン
1948〜 ㊁イギリス　エコノミスト　イングランド銀行(BOE)総裁　㊄税制学, 財政学
King, Michael Patrick　キング, マイケル・パトリック
エミー賞 プライムタイム・エミー賞 最優秀監督賞(コメディシリーズ)(第54回(2002年))　"Sex And The City"
King, Morgan Whitney　キング
㊁アメリカ　重量挙げ選手
King, Nancy M.P.　キング, ナンシー・M.P.
㊃「インフォームド・コンセント」みすず書房 2007
King, Patricia A.　キング, パトリシア・A.
1942〜 ㊃「家庭内暴力の研究」福村出版 2011
King, Richard　キング, リチャード
グラミー賞 最優秀録音技術アルバム(クラシック以外)(2012年)(第55回))ほか
King, Robert　キング, ロバート
㊃「直前必修問題集MCP/MCSE試験番号70-219 Windows 2000 Directory Services Design」IDGジャパン 2001
King, Rodney G.　キング, ロドニー
?〜2012 ㊁アメリカ　ロス暴動の引き金となった警官による殴打事件の被害者
King, Ross　キング, ロス
カナダ総督文学賞 英語 ノンフィクション(2012年)ほか
King, Russell　キング, ラッセル
1945〜 ㊃「図説人類の起源と移住の歴史」柊風舎 2008
King, Serge　キング, サージ・カヒリ
㊃「フナ」青志社 2016
King, Sorrel　キング, ソレル

㊃「ジョージィの物語」英治出版 2015
King, Stephen　キング, スティーブン
1947〜 ㊁アメリカ　作家, 脚本家　別名＝バックマン, リチャード〈Backman, Richard〉, スウィッチェン, ジョン〈Swithen, John〉　㊅キング, スティーヴン
King, Stephen Michael　キング, スティーブン・マイケル
㊃「どうぶつたちのクリスマスイブ」ドン・ボスコ社 2016
King, Stephenson　キング, スティーブンソン
1958〜 ㊁セントルシア　政治家　セントルシア首相
King, Susan　キング, スーザン
㊃「愛と魔法と満月と」ハーレクイン 2006
King, Tavares　キング, タバレス
㊁アメリカ　アメフト選手
King, Thomas A.　キング, トーマス・A.
1960〜 ㊃「歴史に学ぶ会計の「なぜ?」」税務経理協会 2015
King, Tom　キング, トム
㊃「グレイソン」小学館集英社プロダクション 2016
King, Yolanda Denise　キング, ヨランダ・デニス
1955〜2007 ㊁アメリカ　女優, 社会活動家
King, Zalman　キング, ザルマン
1942〜2012 ㊁アメリカ　映画監督, 脚本家, 映画プロデューサー
King-akerele, Bankie　キングアケレレ, バンキー
㊁リベリア　外相　㊅キングアケレレ, バンキィ
Kingdon, David G.　キングドン, デイヴィッド
㊅キングドン, デイヴィッド・G.　㊃「症例から学ぶ統合失調症の認知行動療法」日本評論社 2007
King Dunlap　キング・ダンラップ
㊁アメリカ　アメフト選手
Kingfisher, Rupert　キングフィッシャー, ルパート
㊁イギリス　作家, 脚本家　㊄児童書
Kingham, Nick　キンガム, ニック
㊁アメリカ　野球選手
Kinghorn, Kenneth C.　キングホーン, ケネス
㊃「21世紀に語るウェスレー」ベラカ出版 2006
Kingi, Amason　キンギ, アマソン
㊁ケニア　水産開発相
Kingma, Daphne Rose　キングマ, ダフニー・ローズ
㊅キングマ, ダフニ・ローズ　㊃「長続きする恋愛の法則」大和書房 2002
Kingma, Mireille　キングマ, ミレイユ
㊃「国を超えて移住する看護師たち」エルゼビア・ジャパン 2008
Kingman, Lee　キングマン, リー
㊃「アレックと幸運のボート」岩波書店 2002
Kingsbury, Karen　キングズベリー, カレン
㊁アメリカ　作家　㊄児童書, ロマンス
Kingsbury, Kate　キングズバリー, ケイト
㊃「支配人バクスターの憂鬱」東京創元社 2012
Kingsbury, Mikael　キングズベリー
㊁カナダ　フリースタイルスキー選手
Kingsbury, Noël　キングズベリー, ノエル
1957〜 ㊅キングズバリ, ノエル　㊃「150の樹木百科図鑑」原書房 2016
King-Sears, Margaret E.　キングシアーズ, マーガレット・E.
㊃「ステップ式で考えるセルフ・マネージメントの指導」学苑社 2005
Kingsley, Ben　キングズリー, ベン
1943〜 ㊁イギリス　俳優　本名＝バンジー, クリシュナ〈Bhanji, Krishna〉　㊅キングスレー, ベン
Kingsley, Kaza　キングズリー, カザ
㊁アメリカ　作家　㊄ヤングアダルト, SF, ファンタジーほか　㊅キングスレー, カザ / キングスレイ, カザ
Kingsley, Moses　キング スリー, モーゼス
㊁アメリカ　バスケットボール選手
Kingsley, Patrick　キングズレー, パトリック
㊃「シリア難民」ダイヤモンド社 2016
Kingsley, Stephen　キングスリー, スティーブン
㊁スコットランド　サッカー選手
King-Smith, Dick　キング・スミス, ディック
1922〜2011 ㊁イギリス　児童文学作家
Kingsnorth, Paul　キングスノース, ポール
1972〜 ㊃「ひとつのno! たくさんのyes!」河出書房新社 2005
Kingsolver, Barbara　キングソルヴァー, バーバラ
㊃「ポイズンウッド・バイブル」DHC 2001

Kingston, Denise キングストン, デニス
[著]「「保育プロセスの質」評価スケール」 明石書店 2016
Kingston, Jeff キングストン, ジェフ
1957～ [著]「国家再生」 早川書房 2006
Kingston, Karen キングストン, カレン
[著]「新ガラクタ捨てれば自分が見える」 小学館 2013
Kingston, Katherine キングストン, キャサリン
[著]「抑えきれぬ情熱を騎士に」 ぶんか社 2008
Kingston, Maxine Hong キングストン, マキシーン・ホン
[著]「チャイナ・メン」 新潮社 2016
Kingston, Paul キングストン, ポール
[著]「老人虐待論」 筒井書房 2001
Kingston, Steve キングストン, スティーブ
[著]「恐竜のすべて」 大日本絵画 2007
Kingue Matam, Bernardin Ledoux キングマタム, ベルナルダンルドゥ
[国]フランス 重量挙げ選手
Kinikinilau, Paula キニキニラウ, パウラ
[国]ルーマニア ラグビー選手
Kiniski, Gene キニスキー, ジン
1928～2010 [国]カナダ プロレスラー
Kinkade, Kathleen キンケイド, キャスリーン
[著]「ツイン・オークス・コミュニティー建設記」 明鏡舎, 星雲社(発売) 2003
Kinkade, Thomas キンケード, トーマス
1958～2012 [国]アメリカ 画家 [異]キンケイド, トーマス
Kinkel, Tanja キンケル, ターニャ
1969～ [異]キンケル, タンヤ [著]「ファンタージエン」 ソフトバンククリエイティブ 2006
Kinkele, Thomas キンケレ, トーマス
[著]「インセンス」 フレグランスジャーナル社 2010
Kinkiey, Tryphon キンキ, トリフォン
[国]コンゴ民主共和国 国家関係相
Kin-kiey Mulumba, Triphon キンキエイムルンバ, トリフォン
[国]コンゴ民主共和国 郵政・情報通信技術相 [異]キンキエイ・ムルンバ, トリフォン
Kinkiey Wa Mulumba, Tryphon キンキエイ・ワ・ムルンバ, トリフォン
[国]コンゴ民主共和国 国会関係相
Kinlaw, Dennis F. キンロー, デニス・F.
1922～ [異]キンロー, デニス [著]「キリストのように生きる」 いのちのことば社 2006
Kinley Dorji キンレイ・ドルジ
1958～ [著]「「幸福の国」と呼ばれて」 コモンズ 2014
Kinnaman, Laura キナマン, ローラ
[著]「波動」 岩波書店 2016
Kinnane, Adrian キネーン, エイドリアン
[著]「デュポン・ブランディワイン川のほとりからミラクル・オブ・サイエンスへ」 デュポン 2002
Kinne, Susan Clare キン, スーザン・クレア
[国]アメリカ 元・ニカラグア合気道会会長(創立者)
Kinnear, Jim キニア, ジム
1959～ [著]「T-34/85中戦車」 大日本絵画 2002
Kinnear, Rory キニア, ロリー
ローレンス・オリヴィエ賞 プレイ 男優賞(2014年(第38回))ほか
Kinnell, Galway キネル, ゴールウェイ
1927～2014 [国]アメリカ 詩人 [異]キネル, ガルウェイ
Kinney, Jeff キニー, ジェフ
1971～ [国]アメリカ 児童文学作家 [専]児童書
Kinney, Steven キニー, スティーブン
[著]「TPMベーシック」 エスアイビー・アクセス, 星雲社(発売) 2008
Kinni, Donna キニ, ドナ
[著]「マッカーサーに学ぶ戦略とリーダーシップ」 原書房 2006
Kinni, Theodore B. キニ, セオドア
1956～ [著]「マッカーサーに学ぶ戦略とリーダーシップ」 原書房 2006
Kinnunen, Tommi キンヌネン, トンミ
1973～ [著]「四人の交差点」 新潮社 2016
Kinnunen, Ulla キンヌネン, ウッラ
[著]「AINO AALTO」 TOTO出版 2016
Kinoshita, Robert キノシタ, ロバート
1914～2014 [国]アメリカ ロボットデザイナー, 美術監督
Kinsale, Laura キンセイル, ローラ
[著]「初恋の隠れ家で」 原書房 2011
Kinsella, David Todd キンセラ, デヴィッド
[著]「世界政治の分析手法」 論創社 2002
Kinsella, Sharon キンセラ, シャロン
1969～ [著]「現代日本における男性的な文化的想像のなかの女性的反乱」 中世日本研究所 2007
Kinsella, Sophie キンセラ, ソフィー
1969～ [国]イギリス 作家 [専]ロマンス ペンネーム＝ウィッカム, マデリーン〈Wickham, Madeleine〉
Kinsella, William Patrick キンセラ, ウィリアム・パトリック
1935～2016 [国]カナダ 作家
Kinsella, W.P. キンセラ, W.P.
1935～ [著]「ジャパニーズ・ベースボール」 DHC 2003
Kinsey, Marie キンジー, マリー
[著]「ジャーナリズム用語事典」 国書刊行会 2009
Kinsey-Warnock, Natalie キンジー - ワーノック, ナタリー
[著]「ヘレンのクリスマス」 BL出版 2007
Kinski, Nastassja キンスキー, ナスターシャ
1961～ [国]ドイツ 女優 本名＝Nakszynski, Nastassja
Kinsler, Ian キンズラー, イアン
[国]アメリカ 野球選手
Kinsley, Michael E. キンズレー, マイケル
[著]「ゲイツとバフェット新しい資本主義を語る」 徳間書店 2009
Kinslow, Frank J. キンズロー, フランク
[著]「ユースティルネス」 ナチュラルスピリット 2015
Kintner, Jill キントナー
[国]アメリカ 自転車選手
Kintzinger, Martin キンツィンガー, マルティン
1959～ [著]「中世の知識と権力」 法政大学出版局 2010
Kintzler, Brandon キンツラー, ブランドン
[国]アメリカ 野球選手
Kinz, Wieland キンツ, ヴィーラント
[著]「知っておきたいヨーロッパ流子どもの足と靴の知識」 ななみ書房 2015
Kinzer, Stephen キンザー, スティーブン
1951～ [著]「ダレス兄弟」 草思社 2015
Kiota, Kutumisa キオタ, キュトゥミサ
[国]コンゴ民主共和国 教育相
Kiouregkian, Artiom キウレヤン
[国]ギリシャ レスリング選手
Kipashvili, Vladimir キパシビリ, ウラジーミル
[国]ジョージア 保健相
Kipchoge Rotich, Eliud キプチョゲ
[国]ケニア 陸上選手
Kipfer, Barbara Ann キプファー, バーバラ・アン
[著]「4001の願い」 文芸春秋 2002
Kipiani, Levan キピアニ, レワン
[国]ジョージア スポーツ・青年相
Kipketer, Alfred キプケテル, アルフレッド
[国]ケニア 陸上選手
Kipketer, Wilson キプケテル
[国]デンマーク 陸上選手
Kiplagat, Lornah キプラガド
[国]オランダ 陸上選手 [異]キプラガト
Kiplagat, Silas キプラガト
[国]ケニア 陸上選手
Kiple, Kenneth F. カイプル, K.F.
1939～ [著]「疾患別医学史」 朝倉書店 2006
Kipnis, Igor キプニス, イゴール
1930～2002 [国]アメリカ ハープシコード奏者, 音楽批評家 フェアフィールド大学教授 [異]キプニス, イーゴー
Kipnis, Jason キプニス, ジェイソン
[国]アメリカ 野球選手
Kippenberg, Hans Gehard キッペンベルク, ハンス・G.
1939～ [著]「宗教史の発見」 岩波書店 2005
Kippenhahn, Rudolf キッペンハーン, ルドルフ
[著]「暗号攻防史」 文芸春秋 2001
Kippes, Waldemar キッペス, ヴァルデマール
[著]「ほんものの自分にチャレンジ」 サンパウロ 2001
Kippola, Tom キッポラ, トム
[著]「ゴリラゲーム」 講談社 2001
Kipps, Thomas J. キップス, トーマス・J.
[著]「ウィリアムズ血液学マニュアル」 メディカル・サイエンス・インターナショナル 2013
Kiprop, Asbel キプロップ, アスベル
[国]ケニア 陸上選手
Kiprop, Asbel Kipruto キプロップ
[国]ケニア 陸上選手

Kiprop Toroitich, Boniface キプロプ
[国]ウガンダ 陸上選手
Kiprotich, Stephen キプロティク, スティーブン
1989〜 [国]ウガンダ マラソン選手
Kiprotich, Wilson Kipsang キプサング
[国]ケニア 陸上選手
Kipruto, Brimin Kiprop キプルト, ブリミン・キプロプ
1985〜 [国]ケニア 陸上選手 [異]キプルト, ブライミン・キプロプ
Kipruto, Conseslus キプルト, コンセスラス
[国]ケニア 陸上選手
Kipruto, Vincent キプルト, ビンセント
1987〜 [国]ケニア マラソン選手
Kipsang, Wilson キプサング, ウィルソン
1982〜 [国]ケニア マラソン選手 本名＝キプサング・キプロティチ, ウィルソン〈Kipsang Kiprotich, Wilson〉
Kipsiro, Moses Ndiema キプシロ
[国]ウガンダ 陸上選手
Kiptanui, Timothy キプタヌイ
[国]ケニア 陸上選手
Kipyego, Sally Jepkosgei キピエゴ
[国]ケニア 陸上選手
Kiraj, Stefan キライ, シュテファン
[国]ドイツ カヌー選手
Kiraly, Karch キライ, カーチ
1960〜 [国]アメリカ バレーボール指導者, 元バレーボール選手, 元ビーチバレーボール選手 バレーボール女子米国代表監督 本名＝Kiraly, Charles
Kiranti, Gopal キランティ, ゴパル
[国]ネパール 文化国家再編相
Kiras, James キラス, ジェームズ
[著]「国連平和活動と日本の役割」 文化書房博文社 2001
Kirata, Natanaera キラタ, ナタナエラ
[国]キリバス 保健・医療サービス相
Kirberger, Kimbery カーバーガー, キンバリー
1953〜 [著]「世界でひとりの自分を愛そう！」 ポプラ社 2003

***al*-Kirbi, Abu-Baker Abdullah** キルビ, アブバケル・アブドラ
[国]イエメン 外相 [異]アル・キルビ, アブバケル・アブドラ
Kirby, Brian E. カービィ, ブライアン・E.
[著]「略奪品の貯蔵庫」 ホビージャパン 2007
Kirby, Bruno カービー, ブルーノ
1949〜2006 [国]アメリカ 俳優 [異]カービ, ブルノウ
Kirby, David カービー, デービッド
[著]「HPウェイ」 海と月社 2011
Kirby, David G. カービー, デヴィド・G.
[異]カービー, デイヴィッド [著]「ヨーロッパの北の海」 刀水書房 2011
Kirby, F.E. カービー, F.E.
[著]「鍵盤音楽の歴史」 全音楽譜出版社 2013
Kirby, Jack カービー, ジャック
[著]「ガーディアンズ・オブ・ギャラクシー：プレリュード」 小学館集英社プロダクション 2014
Kirby, Jessi カービィ, ジェシ
[著]「心臓がきみを好きだという」 ハーパーコリンズ・ジャパン 2016
Kirby, Jill カービー, ジル
[著]「オーストラリア」 メディアファクトリー 2004
Kirby, John R. カービィ, J.R.
[著]「学習の問題への認知的アプローチ」 北大路書房 2011
Kirby, Julia カービー, ジュリア
[著]「AI時代の勝者と敗者」 日経BP社, 日経BPマーケティング（発売） 2016
Kirby, Juvaun J. カービー, ジュボン・J.
[著]「ヤング・マーベル：リトルアベンジャーズVSリトルX-MEN」 ヴィレッジブックス 2015
Kirby, Linda K. カービィ, リンダ・K.
[著]「MBTIタイプ入門」 JPP 2011
Kirby, Matthew J. カービー, マシュー
1976〜 [国]アメリカ 作家 [専]ヤングアダルト, 児童書 [異]カービー, マシュー・J.
Kirby, Michael カービー, マイケル
[国]オーストラリア 元・北朝鮮における人権に関する国連調査委員会（COI）委員長, 元・豪州連邦最高裁判所判事, 元・マッコーリー大学学長
Kirby, Wayne カービー, ウェイン
[国]アメリカ ボルティモア・オリオールズコーチ
Kirch, Leo キルヒ, レオ
1926〜2011 [国]ドイツ 実業家 キルヒ創業者
Kircheisen, Bjoern キルヒアイゼン
[国]ドイツ ノルディック複合選手
Kirchen, Kim キルヘン
[国]ルクセンブルク 自転車選手
Kirchev, Miroslav キルチェフ, ミロスラフ
[国]ブルガリア カヌー選手
Kirchgasser, Michaela キルヒガサー
[国]オーストリア アルペンスキー選手
Kirchgasser-pichler, Maria ピヒラー, キルヒガサー
[国]オーストリア スノーボード選手
Kirchherr, Astrid キルヒヘル, アストリット
[著]「メモリーズ・オブ・ジョン」 イースト・プレス 2006
Kirchhoff, Gerd Ferdinand キルヒホッフ, ゲルド・フェルディナンド
1939〜 [著]「被害者学とは何か」 成文堂 c2005
Kirchhoff, Jan キルヒホフ, ヤン
[国]ドイツ サッカー選手
Kirchman, David L. カーチマン, デイビッド・L.
[著]「微生物生態学」 京都大学学術出版会 2016
Kirchmann, Leah キルヒマン, リー
[国]カナダ 自転車選手
Kirchmer, Mathias キルヒマー, M.
1963〜 [異]キルヒマー, M.F.W. [著]「ARISを活用したシステム構築」 シュプリンガー・フェアラーク東京 2005
Kirchner, Alicia キルチネル, アリシア
[国]アルゼンチン 社会発展相 [異]キルネチル, アリシア
Kirchner, Néstor Carlos キルチネル, ネストル
1950〜2010 [国]アルゼンチン 政治家 アルゼンチン大統領, 南米諸国連合（UNASUR）初代事務局長 [異]キルチネル, ネストル
Kirchner, Zane カーシュナー, ザイン
[国]南アフリカ ラグビー選手
Kirch-Prinz, Ulla カーク＝プリンツ, ウーラ
[著]「Cデスクトップリファレンス」 オライリー・ジャパン, オーム社（発売） 2003
Kirchschlager, Angelika キルヒシュラーガー, アンゲリカ
1965〜 [国]オーストリア メゾソプラノ歌手 [異]キルヒシュレーガー, アンジェリカ
Kirchstein, Olaf キルクシュタイン
[国]ドイツ 射撃選手
Kirdyapkin, Sergey キルジャプキン, セルゲイ
1980〜 [国]ロシア 競歩選手
Kirdyapkina, Anisya キルジャプキナ
[国]ロシア 陸上選手
Kiriakov, Tanyu キリアコフ
[国]ブルガリア 射撃選手
Kiriasis, Sandra キリアシス, サンドラ
1975〜 [国]ドイツ ボブスレー選手 [異]キリアシス
Kirichenko, Alekseĭ Alekseevich キリチェンコ, アレクセイ・アレクセーヴィチ
1936〜 [著]「知られざる日露の二百年」 現代思潮新社 2013
Kiriella, Lakshman キリエラ, ラクシュマン
[国]スリランカ 大学教育・高速道路相
Kirilenko, Maria キリレンコ
[国]ロシア テニス選手
Kirilenko, Vyacheslav キリレンコ, ビャチェスラフ
[国]ウクライナ 副首相
Kirillov, Aleksandr Aleksandrovich キリロフ, A.A.
1936〜 [著]「座標法」 筑摩書房 2016
Kirin, Ivica キリン, イビツァ
[国]クロアチア 内相
Kiritzov, Stefan キリツォフ, ステファン
[著]「Oracle XMLハンドブック」 翔泳社 2001
Kirk, Beverly カーク, ビバリー
[著]「嫌われた犬トゥーリー」 中島絢子 2008
Kirk, Bradford C. カーク, ブラッドフォード・C.
[著]「世界最強CMOのマーケティング実学教室」 ダイヤモンド社 2006
Kirk, Connie Ann カーク, コニー・アン
[著]「ハリー・ポッター誕生」 新潮社 2004
Kirk, Daniel カーク, ダニエル
1952〜 [著]「おとうさんねずみのクリスマスイブ」 瑞雲舎 2016
Kirk, David カーク, デービッド
[著]「よくわかる前立腺疾患」 一灯舎, オーム社（発売） 2009
Kirk, Douglas カーク, ダグラス

㉝「アメフトコーチに学ぶ勝ち続ける人の「習慣力」」アスカ・エフ・プロダクツ, 明日香出版社（発売） 2004
Kirk, E.J. カーク, E.J.
㉝「ナルニア国物語オフィシャルガイド」講談社 2006
Kirk, Frank カーク, フランク
㉝「嫌われた犬トゥーリー」中島絢子 2008
Kirk, Geoffrey Stephen カーク, G.S.
1921〜2003 ㉝「ソクラテス以前の哲学者たち」京都大学学術出版会 2006
Kirk, Jacqueline カーク, ジャクリーン
？〜2008 ㊉イギリス 国際救済委員会（IRC）メンバー, マギル大学特任教授 通称＝カーク, ジャッキー〈Kirk, Jackie〉
Kirk, Joan カーク, ジョアン
㉝「認知行動療法臨床ガイド」金剛出版 2012
Kirk, John Thomas Osmond カーク, J.T.O.
1935〜 ㉝「水圏の生物生産と光合成」恒星社厚生閣 2002
Kirk, Raymond Maurice カーク, R.M.
㉝「カーク・オスマー化学技術・環境ハンドブック」丸善出版 2016
Kirk, Shannon カーク, シャノン
㉝「メソッド15/33」早川書房 2016
Kirk, Steve カーク, スティーブ
㉝「骨の博物館」辰巳出版 2016
Kirk, Stuart A. カーク, スチュワート・A.
1945〜 ㉝「精神疾患はつくられる」日本評論社 2002
Kirk, Tara カーク, T.
㊉アメリカ 競泳選手
Kirkby, Emma カークビー, エマ
1949〜 ㊉イギリス ソプラノ歌手 本名＝Kirkby, Carolyn Emma ㊉カークビー, エンマ
Kirke, Simon カーク, サイモン
1949〜 ㊉イギリス ロック・ドラマー
Kirkendall, Donald T. カーケンドール, ドナルド・T.
㊉カーケンダル, D.T. ㉝「サッカー解体新書」スタジオタッククリエイティブ 2013
Kirkham, Tyler カークハム, タイラー
㉝「ロード・トゥ・シビル・ウォー」ヴィレッジブックス 2016
Kirkilas, Gediminas キルキラス, ゲディミナス
1951〜 ㊉リトアニア 政治家 リトアニア首相
Kirkland, Anna Rutherford カークランド, アンナ
㉝「不健康は悪なのか」みすず書房 2015
Kirkland, Denver カークランド, デンバー
㊉アメリカ アメフト選手
Kirkland, Douglas カークランド, ダグラス
1934〜 写真家
Kirkland, Hal カークランド, ハル
アヌシー国際アニメーション映画祭 TV作品および受託作品 受託作品―ミュージックビデオ賞（2010年） "Tone of Everyday"（SOUR）〈日本〉
Kirkland, Jane カークランド, ジェーン
㉝「マッキンゼー戦略の進化」ダイヤモンド社 2003
Kirkman, Alfred John カークマン, ジョン
㉝「完璧！と言われる科学論文の書き方」丸善 2007
Kirkman, Robert カークマン, ロバート
㉝「ウォーキング・デッド」飛鳥新社 2015
Kirkpatrick, Betty カークパトリック, ベティ
㉝「マンガで覚える社会人の英会話」エクスナレッジ 2006
Kirkpatrick, David カークパトリック, デビッド
1953〜 ㉝「フェイスブック若き天才の野望」日経BP社, 日経BPマーケティング（発売） 2011
Kirkpatrick, Dre カークパトリック, ドレイ
㊉アメリカ アメフト選手
Kirkpatrick, Jeane Duane Jordan カークパトリック, ジーン
1926〜2006 ㊉アメリカ 政治学者, 政治家 国連大使, ジョージタウン大学教授
Kirkpatrick, Rob カークパトリック, ロブ
㉝「ブルース・スプリングスティーン」東邦出版 2009
Kirkpatrick, Sidney カークパトリック, シドニー・D.
1955〜 ㉝「ヒトラー第四帝国の野望」講談社 2010
Kirksey, Chris カークセイ, クリス
㊉アメリカ アメフト選手
Kirkup, James カーカップ, ジェームズ
1918〜2009 ㊉イギリス 詩人, 随筆家, 作家 英国俳句協会会長, 京都大学英文学教授 本名＝Kirkup, James Harold ㊉カーカップ, ジェイムズ
Kirkwood, T.B.L. カークウッド, トム
㉝「生命の持ち時間は決まっているのか」三交社 2002
Kirmanto, Joko キルマント, ジョコ
㊉インドネシア 公共事業相
Kirn, Walter カーン, ウォルター
1962〜 ㊉アメリカ 作家, 批評家 ㊉文学
Kirp, David カープ, デイヴィッド
㉝「血液クライシス」現代人文社, 大学図書（発売） 2003
Kirpa, Georgiy キルパ, ゲオルギー
㊉ウクライナ 運輸相
Kirpensteijn, Jolle キルペンシュタイン, ヨル
㉝「犬と猫の皮膚再建術と創傷管理」緑書房 2014
Kirpu, Erika キルプ, エリカ
㊉エストニア フェンシング選手
Kirsch, Beatrice キルシュ, ベアトリス
㊉ルクセンブルク 駐日特命全権大使
Kirsch, Hans-Jurgen キルシュ, H.-J.
㉝「ドイツ連結会計論」森山書店 2002
Kirsch, Irving カーシュ, アービング
1943〜 ㉝「抗うつ薬は本当に効くのか」エクスナレッジ 2010
Kirsch, Jonathan カーシュ, ジョナサン
1949〜 ㉝「聖なる妄想の歴史」柏書房 2007
Kirsch, Sarah キルシュ, ザーラ
1935〜2013 ㊉ドイツ 詩人
Kirschenbaum, Howard カーシェンバウム, H.
㉝「ロジャーズ選集」誠信書房 2001
Kirschenmann, Fred カーシェンマン, フレッド
㉝「動物工場」緑風出版 2016
Kirschner, Josef キルシュナー, ヨーゼフ
1931〜 ㉝「他人を気にしない生き方」CCCメディアハウス 2016
Kirschner, Marc カーシュナー, マーク・W.
㉝「ダーウィンのジレンマを解く」みすず書房 2008
Kirschner, Rick カーシュナー, リック
医師, コンサルタント インスティテュート・フォー・マネジメント・コンサルタンツ専任教授
Kirschner, Robert H. カーシュナー, ロバート・H.
㉝「虐待された子ども」明石書店 2003
Kirschvink, Joseph L. カーシュヴィンク, ジョゼフ
㉝「生物はなぜ誕生したのか」河出書房新社 2016
Kirshenbaum, Richard カーシェンバウム, リチャード
1961〜 ㉝「消費者に無視されないアンダー・ザ・レーダー型広告手法」東急エージェンシー出版部 2001
Kirshenbaum, Sheril カーシェンバウム, シェリル
㉝「なぜ人はキスをするのか？」河出書房新社 2011
Kirshner, Robert P. カーシュナー, ロバート・P.
㊉アメリカ ウルフ賞 物理学部門（2015年） ㊉キルシュナー, ロバート・P.
Kirsten, Wolfgang キルステン, W.
1948〜 ㉝「オブジェクトデータベースCaché入門」シュプリンガー・フェアラーク東京 2004
Kirton, John カートン, ジョン
㊉カナダ トロント大学教授
Kirton, Wayne Harold カートン, ウェイン・ハロルド
㊉バルバドス 在バルバドス日本名誉総領事
Kirui, Abel キルイ
㊉ケニア 陸上選手
Kirvalidze, David キルワリゼ, ダビド
㊉ジョージア 農相
Kirwa, Eunice Jepkirui キルワ, ユニスジェブキルイ
㊉バーレーン 陸上選手
Kirwa, Kipruto Arap キルワ, キプルト・アラップ
㊉ケニア 農相
Kirwan, John カーワン, ジョン
1964〜 ㊉ニュージーランド ラグビー指導者, 元ラグビー選手 ラグビー日本代表ヘッドコーチ
Kirwan, Larry カーワン, ラリー
㉝「ビートルズ・ファンタジー」扶桑社 2005
Kiryienka, Vasili キリエンカ
㊉ベラルーシ 自転車選手
Kirzner, Israel M. カーズナー, イスラエル・M.
1930〜 ㊉カーズナー, I.M. ㉝「ルートヴィヒ・フォン・ミーゼス」春秋社 2013
Kis, Gergo キシュ
㊉ハンガリー 競泳選手
Kisanga, Jean-Pierre キサンガ, ジャンピエール
㊉コンゴ民主共和国 労働・社会保障相

Kischka, Udo　キシュカ, U.
(著)「臨床神経心理学ハンドブック」 西村書店東京出版編集部 2011

Kiser, Roger Dean　カイザー, ロジャー・ディーン
1945～ (異)カイザー, ロジャー・ディーン, Sr. (著)「「親に見捨てられた子」の手記」 花風社 2001

Kish, Matt　キッシュ, マット
1969～ (著)「モービー・ディック・イン・ピクチャーズ」 スイッチ・パブリッシング 2015

Kishi Bashi　キシバシ
1975～ (国)アメリカ　シンガー・ソングライター

Kishimoto, Tadamitsu　キシモト, タダミツ
(国)日本　クラフォード賞 関節炎(2009年)　漢字名＝岸本忠三

Kishna, Ricardo　キシュナ, リカルド
(国)オランダ　サッカー選手

Kishon, Ephraim　キション, エフライム
1924～2005 (国)イスラエル　作家

Kishor, Nalin　キショー, ナリン
(著)「経済成長の「質」」 東洋経済新報社 2002

Kishtainy, Niall　キシテイニー, ナイアル
(著)「政治学大図鑑」 三省堂 2014

Kisil, Yuri　キシル, ユーリ
(国)カナダ　水泳選手

Kiska, Andrej　キスカ, アンドレイ
1963～ (国)スロバキア　政治家, 実業家　スロバキア大統領

Kisner, Carolyn　キスナー, キャロリン
(著)「最新運動療法大全」 ガイアブックス 2016

Kiss, Elemér　キッシュ・エレメール
(国)ハンガリー　首相府相

Kiss, Gergely　キシュシュ
(国)ハンガリー　レスリング選手

Kiss, Péter　キシュ・ペーテル
(国)ハンガリー　首相府相 (異)キッシュ・ペーテル

Kissane, David William　キセイン, デイビッド
(著)「家族指向グリーフセラピー」 コスモス・ライブラリー, 星雲社(発売) 2004

K

Kissel, Howard　キッセル, ハワード
(著)「魂の演技レッスン22」 フィルムアート社 2009

Kissin, Evgenii　キーシン, エフゲニー
1971～ (国)ロシア　ピアニスト　本名＝Kissin, Evgenii Igorevich

Kissinger, Henry Alfred　キッシンジャー, ヘンリー
1923～ (国)アメリカ　政治家, 政治学者　キッシンジャー・アソシエーツ社会長　米国国務長官・大統領補佐官, ハーバード大学教授

Kistion, Volodymyr　キスチオン, ウォロディミル
(国)ウクライナ　副首相

Kistler, Julie　キストラー, ジュリー
(著)「夜の訪問者」 ハーレクイン 2002

Kita, Joe　キタ, ジョー
(著)「お父さんの子育て日記」 PHP研究所 2002

Kita, Kihatiro　キタ, キハチロウ
(国)ブラジル　元・ブラジル日本文化福祉協会会長, 元・希望の家福祉協会理事長　漢字名＝木多喜八郎

Kitadai, Felipe　キタダイ, フェリペ
(国)ブラジル　柔道選手 (異)キタダイ

Kitai, Adrian　キタイ, A.
1957～ (著)「太陽電池とLEDの原理」 丸善出版 2013

Kitano, Takeshi　キタノ, タケシ
(国)日本　映画監督　漢字名＝北野武

Kitchel, JoAnn E.　キッチェル, ジョーアン・E.
(著)「ゴルトベルク変奏曲」 評論社 2010

Kitchen, Ishmaáily　キッチン, イシュマーリー
(国)アメリカ　アメフト選手

Kitchener, Betty　キッチナー, ベティー
(著)「専門家に相談する前のメンタルヘルス・ファーストエイド」 創元社 2012

Kite, Rebecca　カイト, レベッカ
1951～ (著)「安倍圭子マリンバと歩んだ音楽人生」 ヤマハミュージックメディア 2011

Kitembo, Gertrude　キテンボ, ジェルトルード
(国)コンゴ民主共和国　郵政・通信相 (異)キテンボ, ジェルトリュード

Kiticki-kouamba, Joseph　キティッキクアンバ, ジョゼフ
(国)中央アフリカ　国民和解・市民文化相

Kitshoff, Rohan　キッツホフ, ロアン
(国)ナミビア　ラグビー選手

Kitson, Barry　キットソン, バリー
(著)「スパイダーマン : エレクション・デイ」 小学館集英社プロダクション 2013

Kitson, Clare　キッソン, クレア
(著)「『話の話』の話」 未知谷 2008

Kitson, Michael　キツソン, マイケル
(著)「レンブラント」 西村書店 2009

Kitt, Eartha　キット, アーサ
1927～2008 (国)アメリカ　歌手, 女優　本名＝キット, アーサ・メイ〈Kitt, Eartha Mae〉

Kitt, Tom　キット, トム
ピュリッツアー賞 文学・音楽 戯曲(2010年)ほか

Kittay, Eva Feder　キテイ, エヴァ・フェダー
(著)「ケアの倫理からはじめる正義論」 白沢社, 現代書館(発売) 2011

Kittel, Charles　キッテル, C.
(著)「固体物理学入門」 丸善 2005

Kittel, Sonny　キッテル, ゾニー
(国)ドイツ　サッカー選手

Kittirat Na Ranong　キティラット・ナラノン
(国)タイ　政治家　タイ副首相・商業相

Kittle, Katrina　キトル, カトリーナ
(国)アメリカ　作家 (専)文学

Kittler, Friedrich A.　キットラー, フリードリヒ
1943～ (著)「グラモフォン・フィルム・タイプライター」 筑摩書房 2006

Kittredge, William　キトリッジ, ウィリアム
1932～ (著)「砂漠へ」 早川書房 2004

Kitum, Timothy　キトゥム
(国)ケニア　陸上選手

Kituyi, Mukhisa　キトゥイ, ムキサ
(国)ケニア　通産相 (異)キトゥイ, ムヒサ

Kitwanga, Charles　キトワンガ, チャールズ
(国)タンザニア　内相

Kitz, Volker　キッツ, フォルカー
1975～ (著)「敏腕ロビイストが駆使する人を意のままに動かす心理学」 CCCメディアハウス 2014

Kitzing, Constanze V.　キッツィング, コンスタンツェ・フォン
1980～ (著)「さむがりペンギン」 小学館 2016

Kitzinger, Sheila　キッツィンガー, シーラ
1929～2015 (国)イギリス　出産教育家　英国出産協会諮問委員, 国際出産教育協会顧問 (専)異文化の出産, 母乳育児・子育て　本名＝Kitzinger, Sheila Helena Elizabeth (異)キッジンガー, シーラ

Kiunjuri, Mwangi　キウンジュリ, ムワンギ
(国)ケニア　地方分権・計画相

Kiuru, Krista　キウル, クリスタ
(国)フィンランド　教育・通信相

Kivejinja, Kirunda　キベジンジャ, キルンダ
(国)ウガンダ　第2副首相兼東アフリカ担当相

Kivel, Beth　キヴェル, ベス
(著)「ポール・オースターが朗読するナショナル・ストーリー・プロジェクト」 アルク 2006

Kivenjinja, Kirunda　キベンジンジャ, キルンダ
(国)ウガンダ　大統領府担当相

Kiver, Christopher　キーバ, クリストファー
クワイア・ディレクター　グラミー賞 最優秀クラシック・アルバム(2005年(第48回))ほか

Kivi, Mirja　キヴィ, ミルヤ
(著)「ようこそ! ムーミン谷へ」 講談社 2005

Kivi, Signe　キビ, シグネ
(国)エストニア　文化相

Kivimäki, Mika　キビマキ, M.
(著)「ソーシャル・キャピタルと健康政策」 日本評論社 2013

Kiviniemi, Mari　キヴィニエミ, マリ
1968～ (国)フィンランド　政治家　経済協力開発機構(OECD)事務次長　フィンランド首相, フィンランド中央党党首　本名＝Kiviniemi, Mari Johanna (異)キビニエミ, マリ

Kiwanuka, Maria　キワヌカ, マリア
(国)ウガンダ　財務・経済企画相

Kiwanuka, Michael　キワヌーカ, マイケル
1988～ (国)イギリス　シンガー・ソングライター

Kiwus, Karin　キーヴス, カーリン
(著)「とき放されて」 花神社 2013

Kiyonga, Crispus　キヨンガ, クリスパス
(国)ウガンダ　国防相

Kiyooka, Roy　キヨオカ, ロイ

1926～ 㠗「カナダに渡った侍の娘」草思社 2002
Kiyosaki, Emi　キヨサキ, エミ
　㠗「リッチブラザーリッチシスター」筑摩書房 2009
Kiyosaki, Kim　キヨサキ, キム
　㠗「金持ち父さんの21世紀のビジネス」筑摩書房 2011
Kiyosaki, Robert　キヨサキ, ロバート
　1947～　国アメリカ　実業家, 投資家, 著述家
Kizart, Takesha Meshé　キザール, タケシャ・メシェ
　国アメリカ　ソプラノ歌手
Kizza, Joseph Migga　キッザ, ジョセフ・M.
　㠗「IT社会の情報倫理」日本経済評論社 2001
Kjaedegaard, Lars　キエデゴー, ラース
　1955～　㠗「地獄の家」北星堂書店 2007
Kjaer, Henriette　キャー, ヘンリエッテ
　国デンマーク　家族・消費者問題・食品安全相
Kjaer, Simon　ケア, シモン
　国デンマーク　サッカー選手
Kjeldsen, Soren　ケルドセン, ソレン
　国デンマーク　ゴルフ選手
Kjelgaard, Jim　キェルガード, ジム
　㠗「ショーンの大冒険」ブッキング 2004
Kjelland, James M.　チェランド, ジェームス・M.
　㠗「演奏を支える心と科学」誠信書房 2011
Kjellberg, Anders　シェルベリ, アンデレス
　㠗「ヨーロッパの労働組合」生活経済政策研究所 2004
Kjellin, Sara　シェリン
　国スウェーデン　フリースタイルスキー選手
Kjolstad, Johan　チェールスタ
　国ノルウェー　距離スキー選手
Kjus, Lasse　チュース
　国ノルウェー　アルペンスキー選手
Klaar, J.Margus　クラール, J.マルゴス
　㠗「これからのマーケティングに役立つ, サービス・デザイン入門」ビー・エヌ・エヌ新社 2015
Klaas, Kathrin　クラース
　国ドイツ　陸上選手
Klaassen, Curtis D.　クラーセン, C.D.
　㠗「薬理書」広川書店 2003
Klaassen, Davy　クラーセン, ダフィ
　国オランダ　サッカー選手
Klaassen, Pieter　クラーセン, ピーター
　㠗「「考えるリスク管理」の実践」金融財政事情研究会, きんざい（発売）2011
Klaassen, Roel　クラーセン, ロエル
　㠗「オープンデザイン」オライリー・ジャパン, オーム社（発売）2013
Kladoumadji, Nojitolbaye　クラドウマジ, ノジトルバイエ
　国チャド　鉱業・地質相
Kladstrup, Don　クラドストラップ, ドン
　㠗「シャンパン歴史物語」白水社 2007
Kladstrup, Petie　クラドストラップ, ペティ
　㠗「シャンパン歴史物語」白水社 2007
Klaetke, Fritz　クラーケ, フリッツ
　アート・ディレクター　グラミー賞 最優秀ボックス, 特別限定版パッケージ（2012年（第55回））"Woody At 100: The Woody Guthrie Centennial Collection"
Klaff, Oren　クラフ, オーレン
　㠗「シリコンバレーの交渉術」ダイレクト出版 2012
Klafki, Wolfgang　クラフキー, ヴォルフガング
　1927～　㠗「ペスタロッチーのシュタンツだより」東信堂 2004
Klages, Ellen　クラーゲス, エレン
　世界幻想文学大賞 中編（2014年）ほか
Klaï, Haj　クライ, ハッジ
　国チュニジア　通信技術相
Klaiber, Walter　クライバー, ヴァルタ
　㠗「よくわかるイスラエル史」教文館 2003
Klamer, Arjo　クラマー, アリオ
　1953～　㠗「経済学は会話である」日本経済評論社 2010
Klamer, Rachel　クラマー, レイチェル
　国オランダ　トライアスロン選手
Klandt, Patric　クラント, パトリック
　国ドイツ　サッカー選手
Klapholz, Richard　クラフォルツ, リチャード
　㠗「ザ・キャッシュマシーン」ダイヤモンド社 2005
Klapisch, Cédric　クラピッシュ, セドリック
　1961～　国フランス　映画監督
Klappenbach, Nicolas　クラッペンバッハ, ニコラス

　国ウルグアイ　ラグビー選手
Klapper, Joseph T.　クラッパー, J.T.
　㠗「リーディングス政治コミュニケーション」一芸社 2002
Klappert, Bertold　クラッパート, ベルトールト
　1939～　㠗「ソクラテスの死とキリストの死」新教出版社 2016
Klare, Jean　クレア, ジーン
　㠗「あなたを見つけるこころの世界地図」ソニー・マガジンズ 2006
Klare, Michael T.　クレア, マイケル・T.
　1942～　㠗「アメリカの悪夢」耕文社 2004
Klarman, Alex　クラーマン, アレックス
　㠗「ザ・キャッシュマシーン」ダイヤモンド社 2005
Klarsfeld, André　クラルスフェルド, アンドレ
　1958～　㠗「死と老化の生物学」新思索社 2003
Klask, Charles　クラスク, チャールズ
　国アメリカ　デトロイト・ピストンズアシスタントコーチ（バスケットボール）
Klass, David　クラース, デービッド
　1960～　国アメリカ　作家　異クラース, デイヴィッド / クラス, デイヴィッド
Klassen, Cindy　クラッセン, シンディ
　1979～　国カナダ　スピードスケート選手　本名＝Klassen, Cynthia　異クラッセン / クラッセン, シンディー
Klassen, Jon　クラッセン, ジョン
　1981～　ケイト・グリーナウェイ賞（2014年）ほか
Klassen, William　クラッセン, ウィリアム
　㠗「ユダの謎解き」青土社 2007
Klassou, Komi Sélom　クラス, コミ・セロム
　国トーゴ　首相
Klastorin, Michael　クラストリン, マイケル
　1957～　㠗「バック・トゥ・ザ・フューチャー完全大図鑑」スペースシャワーネットワーク（発売）2015
Klatten, Susanne　クラッテン, スザンネ
　1962～　国ドイツ　実業家　BMW監査役, アルタナ監査役
Klatz, Ronald　クラッツ, ロナルド
　1955～　異クラッツ, ロナルド・M.　㠗「革命アンチエイジング」西村書店 2010
Klauber, Trudy　クラウバー, T.
　㠗「自閉症とパーソナリティ」創元社 2006
Klauck, Hans-Josef　クラウク, H.=J.
　㠗「EKK新約聖書註解」教文館 2008
Klaus, Josef　クラウス, ヨゼフ
　1910～2001　国オーストリア　政治家　オーストリア首相　異クラウス, ヨゼフ
Klaus, Marshall H.　クラウス, マーシャル・H.
　㠗「ザ・ドゥーラ・ブック」メディカ出版 2006
Klaus, Peggy　クラウス, ペギー
　㠗「上手に自慢してキャリア・アップする法」講談社 2004
Klaus, Phyllis H.　クラウス, フィリス・H.
　1927～　㠗「ザ・ドゥーラ・ブック」メディカ出版 2006
Klaus, Václav　クラウス, ヴァツラフ
　1941～　国チェコ　政治家, 経済学者　チェコ大統領, チェコ首相, チェコ下院議長　異クラウス, バツラフ
Klause, Annette Curtis　クラウス, アネット・カーティス
　㠗「銀のキス」徳間書店 2001
Klauser, Henriette Anne　クラウザー, ヘンリエッタ・アン
　異クロウザー, ヘンリエッタ・アン　㠗「実践/スピリチュアルケア」春秋社 2009
Klausmeier, Jesse　クラウスマイヤー, ジェシー
　㠗「このあかいえほんをひらいたら」講談社 2013
Klauss, Gauthier　クラウス, ゴティエ
　国フランス　カヌー選手
Klauss, Jochen　クラウス, ヨッヘン
　1951～　㠗「シャルロッテ・フォン・シュタイン」鳥影社・ロゴス企画 2006
Klavan, Andrew　クラバン, アンドルー
　1954～　国アメリカ　サスペンス作家　筆名＝ピーターソン, キース〈Peterson, Keith〉, トレイシー, マーガレット〈Tracy, Margaret〉　異クラヴァン, アンドリュー / ピーターソン, キース
Klavan, Ragnar　クラヴァン, ラグナル
　国エストニア　サッカー選手
Klaver, M.Nora　クレイバー, ノラ
　1959～　㠗「なぜ私たちは「助けて」を言えないの？」メディアファクトリー 2009
Klawans, Harold L.　クローアンズ, ハロルド・L.
　㠗「なぜ記憶が消えるのか」新潮社 2001

Klay, Phil　クレイ, フィル
1983～ [国]アメリカ　作家　[専]文学
Klebanov, Ilya Iosifovich　クレバノフ, イリヤ
1951～ [国]ロシア　政治家　ロシア副首相　[異]クレバノフ, イリヤ・I.
Kleber, Marc S.　クレバー, マーク・S.
[著]「不安障害」 日本評論社　2005
Kleberger, Ilse　クレーベルガー, イルゼ
1921～ [著]「うちのおばあちゃん」 日本ライトハウス　2001
Klee, Ernst　クレー, エルンスト
1942～2013 [国]ドイツ　ジャーナリスト
Kleefeld, Carolyn Mary　クリーフェルド, キャロリン・メアリー
[著]「魂の種たち」 コールサック社　2014
Kleeman, Terry F.　クリーマン, テリー
1955～ [著]「道教と共生思想」 大河書房　2009
Kleffmann, Tom　クレフマン, トム
[著]「キリスト教の主要神学者」 教文館　2014
Klehr, Harvey　クレア, ハーヴェイ
[著]「ヴェノナ」 PHP研究所　2010
Kleiber, Carlos　クライバー, カルロス
1930～2004 [国]オーストリア　指揮者
Kleiber, Douglas A.　クリーバー, ダグラス・A.
[著]「レジャーの社会心理学」 世界思想社　2004
Kleiber, Michał　クライベル, ミハウ
[国]ポーランド　科学情報技術相
Kleibeuker, Carien　クライボーケル
[国]オランダ　スピードスケート選手
Kleibrink, Benjamin　クライブリンク, ベンヤミン
1985～ [国]ドイツ　フェンシング選手　本名＝Kleibrink, Benjamin Philipp　[異]クライブリンク
Kleiger, James H.　クレーガー, ジェームズ・H.
[著]「思考活動の障害とロールシャッハ法」 創元社　2010
Kleiman, Naum　クレイマン, ナウム
[国]ロシア　ロシア国立中央映画博物館館長
Klein, Aaron J.　クライン, アーロン・J.
[著]「ミュンヘン」 角川書店　2006
Klein, A.J.　クライン, A.J.
[国]アメリカ　アメフト選手
Klein, Alec　クライン, アレック
[著]「虚妄の帝国の終焉」 ディスカヴァー・トゥエンティワン　2006
Klein, Allen　クライン, アレン
1931～2009 [国]アメリカ　音楽マネジャー
Klein, Allen　クライン, アレン
[著]「笑いの治癒力」 創元社　2001
Klein, Arnold　クライン, アーノルド
？～2015 [国]アメリカ　皮膚科医
Klein, Calvin　クライン, カルバン
1942～ [国]アメリカ　ファッションデザイナー　本名＝Klein, Calvan Richard　[異]クライン, カルヴァン
Klein, Charles　クライン, チャールズ
1951～ [著]「きずなの法則」 扶桑社　2009
Klein, Daniel M.　クライン, ダニエル
1939～ [著]「プラトンとかものはし、バーに寄り道」 ランダムハウス講談社　2008
Klein, David R.　クライン, D.R.
[著]「困ったときの有機化学」 化学同人　2009
Klein, Edward　クライン, エドワード
1936～ [著]「ケネディ家の呪い」 綜合社, 集英社(発売)　2005
Klein, Freada Kapor　クライン, フリーダ・カポール
[異]クライン, フレッダ・カポール　[著]「「問題社員」の管理術」 ダイヤモンド社　2007
Klein, Gary A.　クライン, ゲイリー
1944～ [著]「「洞察力」があらゆる問題を解決する」 フォレスト出版　2015
Klein, George　クライン, ジョージ
1925～ [国]スウェーデン　医学者, 作家　[専]免疫, がん
Klein, Gillian　クライン, ジリアン
[著]「グローバル・ティーチャーの理論と実践」 明石書店　2011
Klein, Herbert S.　クライン, ハーバート・S.
[著]「ボリビアの歴史」 創土社　2011
Klein, James D.　クライン, ジェームズ・D.
[著]「インストラクショナルデザインとテクノロジ」 北大路書房　2013
Klein, Janet　クライン, ジャネット
[著]「インタラクティヴ・フォーカシング・セラピー」 誠信書房　2005
Klein, Jean-Pierre　クラン, ジャン＝ピエール
1939～ [異]クライン, ジャン＝ピエール　[著]「児童精神医学」 白水社　2013
Klein, John P.　クライン, J.P.
[著]「生存時間解析」 シュプリンガー・ジャパン　2009
Klein, Leonore　クライン, レオノール
[著]「アンリくん、パリへ行く」 Pヴァイン・ブックス, スペースシャワーネットワーク(発売)　2012
Klein, Marc　クライン, マーク
[著]「セレンディピティ」 竹書房　2002
Klein, Marty　クレイン, マーティ
[著]「セックス・センス」 ブックマン社　2015
Klein, Matthew　クライン, マシュー
1968～ [国]アメリカ　作家, 起業家, プログラマー　[専]ミステリー, スリラー
Klein, Maury　クライン, モーリー
1939～ [著]「チェンジ・メーカーズ」 アスペクト　2003
Klein, Michael　クライン, マイケル
[著]「スマート・ストレッチング」 ディスカヴァー・トゥエンティワン　2003
Klein, Michel　クラン, ミシェル
[著]「クラン先生、猛獣たちを診る」 早川書房　2008
Klein, Naomi　クライン, ナオミ
1970～ [国]カナダ　作家, ジャーナリスト
Klein, Nicholas　クライン, ニコラス
[著]「ミリオンダラー・ホテル」 講談社　2001
Klein, Ralph Phillip　クライン, ラルフ
1942～2013 [国]カナダ　政治家　アルバータ州首相, カルガリー市長, カナダ環境相　[異]クレイン, ラルフ
Klein, Rebekka A.　クライン, レベッカ・A.
1980～ [著]「キリスト教神学の主要著作」 教文館　2013
Klein, Richard　クライン, リチャード
[著]「不健康は悪なのか」 みすず書房　2015
Klein, Richard G.　クライン, リチャード・G.
[著]「5万年前に人類に何が起きたか？」 新書館　2004
Klein, Sascha　クライン, ザスカ
[国]ドイツ　水泳選手　[異]クライン
Klein, Stefan　クライン, シュテファン
1965～ [著]「もっと時間があったなら！」 岩波書店　2009
Klein, Steve　クライン, スティーブン
[著]「恋愛力を高める本」 講談社　2003
Klein, T.E.D.　クライン, T.E.D.
1947～ [著]「新編真ク・リトル・リトル神話大系」 国書刊行会　2009
Klein, Tobias　クライン, トビアス
[著]「Bugハンター日記」 翔泳社　2012
Klein, Tom　クライン, トム
1965～ [著]「利益を創出する統合マーケティング・マネジメント」 英治出版　2006
Klein, Volker　クライン, フォルカー
1954～ [著]「ビジネス・ドイツ語」 三修社　2001
Kleinberg, Jon　クラインバーグ, ジョン
[著]「ネットワーク・大衆・マーケット」 共立出版　2013
Kleinberger, Laurence　クレインベルジェ, ロランス
[著]「"むぎゅっ"とっちゃった」 ソニー・マガジンズ　2004
Kleinelümern, Ute　クライネルメルン, ウーテ
[著]「ビジュアル科学大事典」 日経ナショナルジオグラフィック社, 日経BPマーケティング(発売)　2016
Kleiner, Art　クライナー, アート
[著]「なぜ良い戦略が利益に結びつかないのか」 ダイヤモンド社　2016
Kleiner, Brian M.　クレイナー, B.M.
[著]「マクロ人間工学」 日本出版サービス　2006
Kleiner, Israel　クライナー, イスラエル
[著]「抽象代数の歴史」 日本評論社　2011
Kleinert, Annemarie　クライネルト, アンネマリー
[著]「2時間でわかる世界最高のオーケストラベルリン・フィル」 アルファベータ　2007
Kleinert-schmitt, Nadine　クライネルト
[国]ドイツ　陸上選手
Kleinfeld, Klaus　クラインフェルト, クラウス
1957～ [国]ドイツ　実業家　アルコア会長・CEO　シーメンス社長・CEO
Kleinheinz, Markus　クラインハインツ
[国]オーストリア　リュージュ選手
Kleinheisler, Laszlo　クラインハイスラー, ラースロー

国ハンガリー　サッカー選手
Kleinman, Arthur　クラインマン, アーサー
1941〜　国アメリカ　精神科医　ハーバード大学医学部教授・アジア・センター長　著医療人類学, 精神医学
Kleinman, Joan　クラインマン, ジョーン
1939〜　著「他者の苦しみへの責任」みすず書房　2011
Kleinman, Sherryl　クラインマン, S.
著「感情とフィールドワーク」世界思想社　2006
Kleinová, Pavla　クレイノヴァ, パヴラ
著「すばらしきくるまのせかい」大日本絵画　2013
Kleinow, Pete　クレイナウ, ピート
1934〜2007　国アメリカ　スチールギター奏者, 映画特殊美術作家　通称＝スニーキー・ピート〈Sneaky Pete〉
Klein-Rebour, F.　クライン＝ルブール, F.
著「パリ職業づくし」論創社　2015
Kleinrock, Leonard　クラインロック, レナード
1934〜　国アメリカ　コンピュータ科学者　国インターネット技術　別名＝クラインロック, レン〈Kleinrock, Len〉　愛称クラインロック
Kleinschmidt, Harald　クラインシュミット, ハラルド
著「近代国際関係条約資料集」竜渓書舎　2006
Kleinsmith, Lewis J.　クレインスミス, ルイス・J.
著「細胞の世界」西村書店　2005
Kleis, Constanze　クライス, コンスタンツェ
著「彼氏がバカにみえる理由」駒草出版　2006
Kleissler, Thomas A.　クライスラー, T.A.
1931〜　著「キリスト者小共同体」新世社　2002
Kleist, Reinhard　クライスト, ラインハルト
ドイツ児童文学賞ノンフィクション(2013年)　"Der Boxer"
Kleisterlee, Gerard Johannes　クライスターリー, ジェラルド
1946〜　国オランダ　実業家　ボーダフォン・グループ会長　フィリップス社長・CEO
Klejnowska-krzywanska, Aleksandra J　クレイノフスカクジワニスカ
国ポーランド　重量挙げ選手　愛称クレイノフスカ
Klemenčič, Goran　クレメンチッチ, ゴラン
国スロベニア　法相
Klemens, Letícia Deusina da Silva　クレメンス, レティシア・デウシナ・ダシルバ
国モザンビーク　鉱物資源・エネルギー相
Klement, Philipp　クレメント, フィリップ
国ドイツ　サッカー選手
Klemetsen, Håvard　クレメトセン, ホーヴァル
1979〜　国ノルウェー　スキー選手
Klemperer, David　ケンペラー
国ドイツ　ビーチバレー選手
Klena, Mattheew　クリーナ, マシュー
著「クレジット・スコアリング」シグマベイスキャピタル　2001
Kleon, Austin　クレオン, オースティン
著「クリエイティブを共有(シェア)！」実務教育出版　2014
Klepacka, Zofia　クレパツカ
国ポーランド　セーリング選手
Kleppa, Magnhild Meltveit　クレッパ, マンニル・メルトベイト
国ノルウェー　運輸・通信相
Kleppe, Anneke G.　クレッペ, アーネク
著「UML/MDAのためのオブジェクト制約言語OCL」エスアイビー・アクセス, 星雲社(発売)　2004
Kleppich, Lars　クレピヒ
国オーストラリア　セーリング選手
Kleppner, Daniel　クレップナー, ダニエル
国アメリカ　ウルフ賞 物理学部門(2005年)
Klessmann, Christoph　クレスマン, クリストフ
1938〜　著「戦後ドイツ史 1945-1995」未来社　2007
Klessmann, Edda　クレスマン, E.
1925〜　著「覚醒夢を用いた子どものイメージ療法」創元社 2009
Klestil, Thomas　クレスティル, トーマス
1932〜2004　国オーストリア　政治家, 元・外交官　オーストリア大統領
Kleszcz, Grzegorz　クレシュチ
国ポーランド　重量挙げ選手
Kletz, Trevor　クレッツ, トレバー
1922〜2013　国イギリス　化学者　ラフボロー工科大学客員教授　国化学工学　本名＝Kletz, Trevor Asher　愛称クレッツ, トレバー／クレッツ, トレヴァー
Kleven, Elisa　クレヴェン, エリサ

1958〜　著「願いごとのえほん」あすなろ書房　2009
Klever, Ulrich　クレーファー, ウルリヒ
著「世界帝国建設の野望」アリアドネ企画, 三修社(発売)　2001
Kleypas, Lisa　クレイパス, リサ
著「アテナに愛の誓いを」原書房　2016
Klibanoff, Hank　クリバノフ, ハンク
国アメリカ　ピュリッツァー賞 文学・音楽 歴史(2007年)　"The Race Beat: The Press, the Civil Rights Struggle, and the Awakening of a Nation"
Klich, Bogdan　クリフ, ボグダン
国ポーランド　国防相
Kliche, Martin　クリッシェ, マーチン
著「ビジュアル科学大事典」日経ナショナルジオグラフィック社, 日経BP出版センター(発売)　2009
Kliebenstein, James B.　クリーベンステイン, ジェームズ・B.
著「食品安全と栄養の経済学」農林統計協会　2002
Kligman, Albert　クリグマン, アルバート
1916〜2010　国アメリカ　皮膚医学者　ペンシルベニア大学名誉教授　愛称レチンA　本名＝Kligman, Albert Montgomery
Klíma, Ivan　クリマ, イヴァン
1931〜　国チェコ　作家　愛称クリーマ, イバン／クリーマ, イヴァン／クリマ, イバン
Kliman, Anton　クリマン, アントン
国クロアチア　観光相
Klimberg, V.Suzanne　クリムバーグ, V.スザンヌ
著「乳腺外科手術アトラス」医学書院　2013
Klimke, Ingrid　クリムケ, イングリッド
国ドイツ　馬術選手　愛称クリムケ
Klimkin, Pavlo　クリムキン, パウロ
国ウクライナ　外相
Klimov, Alexei　クリモフ, アレクセイ
国ロシア　射撃選手　愛称クリモフ
Klimov, Fedor　クリモフ
国ロシア　フィギュアスケート選手
Klimowski, Andrzej　クリモウスキー, アンジェイ
著「ベンヤミン」筑摩書房　2009
Klin, Ami　クリン, アミー
愛称クリン, アミ　著「乳幼児期の自閉症スペクトラム障害」クリエイツかもがわ, 京都 かもがわ出版(発売)　2010
Kline, Carol　クライン, キャロル
著「こころのチキンスープ」ダイヤモンド社　2001
Kline, Christina Baker　クライン, クリスティナ・ベイカー
1964〜　国アメリカ　作家, 編集者　国文学　愛称クライン, クリスティナ・ベーカー
Kline, David　クライン, デビット
著「マイクロソフトを変革した知財戦略」発明協会　2010
Kline, Josh　クライン, ジョシュ
国アメリカ　アメフト選手
Kline, Karen　クライン, カレン
著「痴呆性高齢者の残存能力を高めるケア」医学書院　2002
Kline, Kevin　クライン, ケビン
1947〜　国アメリカ　俳優　本名＝Kline, Kevin Delaney　愛称クライン, ケヴィン
Kline, Maggie　クライン, マギー
著「子どものトラウマ・セラピー」雲母書房　2010
Kline, Michael P.　クライン, マイケル
著「子どもにできる応急手当」晶文社　2007
Kline, Nancy　クライン, ナンシー
著「この「聞く技術」で道は開ける」PHP研究所　2007
Kline, Peter　クライン, ピーター
1936〜　著「エブリデイ・ジーニアス」フォレスト出版　2003
Kline, Thomas L.　クライン, トーマス・L.
著「人生(いのち)の旅路」アルカナ出版　2005
Klinenberg, Eric　クライネンバーグ, エリック
著「当世出会い事情」亜紀書房　2016
Kling, John　クリング, ジョン
国アメリカ　アメフト選手
Kling, Rob　クリング, ロブ
著「ディジタル・エコノミーを制する知恵」東洋経済新報社 2002
Kling, Tammy　クリング, タミー
著「成功する人の条件」マグロウヒル・エデュケーション, 日本経済新聞出版社(発売)　2009
Klinga, Hanna　クリンガ, ハンナ
国スウェーデン　セーリング選手
Klingberg, Haddon, Jr.　クリングバーグ, ハドン, Jr.

[著]「人生があなたを待っている」 みすず書房 2006
Klingberg, Torkel クリングバーグ, ターケル
1967～ [著]「オーバーフローする脳」 新曜社 2011
Klinge, Gunther クリンゲ, ギュンター
[著]「その日を生きる」 求竜堂 2004
Klingenberg, Georg クリンゲンベルク, ゲオルク
1942～ [著]「ローマ物権法講義」 大学教育出版 2007
Klinger, Leslie S. クリンガー, レスリー・S.
アメリカ探偵作家クラブ賞 批評・評伝賞(2005年) "The New Annotated Sherlock Holmes: The Complete Short Stories"
Klingsöhr-Leroy, Cathrin クリンクゾール＝ルロワ, カトリン
1958～ [著]「シュルレアリスム」 Taschen c2006
Klingvall, Lena Maria クリングヴァル, レーナ・マリア
[異]レーナ・マリア [著]「ハッピーデイズ」 小学館 2001
Klingvall, Maj-Inger クリングバル, マイインゲル
[国]スウェーデン 外務担当相
Klink, Ab クリンク, アブ
[国]オランダ 保健・福祉・スポーツ相
Klinken, Jaap van クリンケン, ヤープ・ファン
1927～ [著]「ディアコニアとは何か」 一麦出版社 2003
Klinkenborg, Verlyn クリンケンボルグ, バーリン
1952～ [著]「リクガメの憂鬱」 草思社 2008
Klinova, Inna クリノワ, イナ
[国]カザフスタン カヌー選手
Klinsmann, Jürgen クリンスマン, ユルゲン
1964～ [国]ドイツ サッカー指導者, 元サッカー選手 サッカー米国代表監督 サッカー・ドイツ代表監督
Klinting, Lars クリンティング, ラーシュ
1948～ [著]「馬小屋のクリスマス」 『馬小屋のクリスマス』出版プロジェクト 2006
Klintmalm, Goran B. クリントマルム, ゴラン・B.
[著]「肝移植アトラス」 エルゼビア・ジャパン 2004
Klion, Mark クリオン, マーク
1962～ [著]「トライアスロンアナトミィ」 ガイアブックス 2014
Klipper, Miriam Z. クリッパー, ミリアム・Z.
[著]「リラクセーション反応」 星和書店 2001
Klise, Kate クライス, ケイト
1963～ [国]アメリカ 作家 [専]児童書
Klise, M.Sarah クライス, M.サラ
[著]「ゆうれい作家はおおいそがし」 ほるぷ出版 2015
Klishina, Darya クリシナ, ダリア
[国]ロシア 陸上選手
Klitchko, Vladimir クリチコ, ウラジーミル
1976～ [国]ウクライナ プロボクサー IBF・WBO・WBA世界ヘビー級統一王者 [異]クリチコ, ウラジミール
Klitschko, Vitali クリチコ, ヴィタリ
1971～ [国]ウクライナ 政治家, 元プロボクサー キエフ市長, ウダル党首 WBC・WBO世界ヘビー級チャンピオン [異]クリチコ, ビタリ
Klitzman, Robert クリッツマン, ロバート
1958～ [著]「震える山」 法政大学出版局 2003
Kljakovic Gaspic, Ivan クリャコビッチ, イバン
[国]クロアチア セーリング選手 [異]クリャコビッチ
Kloborg, Sebastian クロボー, セバスチャン
1986～ [国]デンマーク バレエダンサー デンマーク・ロイヤル・バレエ団ソリスト [異]クロボー, セバスティアン
Klochkova, Yana クロチコワ
[国]ウクライナ 競泳選手
Klöcker, Michael クレッカー, M.
[著]「諸宗教の倫理学」 九州大学出版会 2006
Klocova, Lucia クロツォバ
[国]スロバキア 陸上選手
Kloczko, Edouard クロチコ, エデュアール
[著]「トールキンの魅惑の世界」 大日本絵画 2012
Kloepfer, Michael クレプファー, ミヒャエル
1943～ [著]「ドイツにおける原子力法・放射線防護法の現下の問題点」 日本エネルギー法研究所 2008
Kloetzli, Randy クレツリ, W.ランドルフ
[著]「仏教のコスモロジー」 春秋社 2002
Klokkaris, Phivos クロッカリス, フィボス
[国]キプロス 国防相
Klokov, Dmitriy クロコフ
[国]ロシア 重量挙げ選手
Klontz, Brad クロンツ, ブラッド
[著]「お金で不幸にならない11のカルテ」 大和書房 2012
Klontz, Ted クロンツ, テッド
[著]「お金で不幸にならない11のカルテ」 大和書房 2012
Kloos, Anne D. クロース, アン・D.
[著]「最新運動療法大全」 ガイアブックス, 産調出版(発売) 2012
Kloos, Marko クロウス, マルコ
[国]ドイツ 作家 [専]SF, ファンタジー
Klooster, Fred H. クルースター, フレッド・H.
1922～2003 [著]「力強い慰め」 新教出版社 2005
Klopp, Jürgen クロップ, ユルゲン
1967～ [国]ドイツ サッカー監督, 元サッカー選手
Kloppenberg, James T. クロッペンバーグ, ジェイムズ
1951～ [著]「オバマを読む」 岩波書店 2012
Kloppenborg, Timothy J. クロッペンボルグ, ティモシー・J.
1953～ [著]「プロジェクト品質マネジメント」 生産性出版 2003
Klose, Miroslav クローゼ, ミロスラフ
1978～ [国]ドイツ サッカー選手
Klosi, Blendi クロシ, ブレンディ
[国]アルバニア 社会福祉・青年相
Klosko, Janet S. クロスコ, ジャネット・S.
[著]「スキーマ療法」 金剛出版 2008
Kloss, Berthold クロス, ベルトルト
[著]「ギター」 河合楽器製作所・出版部 2005
Klossowska de Rola, Harumi クロソウスカ・ド・ローラ, 春美
1973～ [国]スイス 宝飾デザイナー [異]クロソウスカドローラ, 春美
Klossowski, Pierre クロソウスキー, ピエール
1905～2001 [国]フランス 作家, 評論家, 画家, 思想家 [異]クロソフスキ, ピエール
Klossowski de Rola, Stanislas クロソウスキ・ド・ローラ, スタニスラス
[異]クロソフスキー・ド・ローラ, スタニスラス [著]「錬金術」 平凡社 2013
Klostermann, Lukas クロステルマン, ルーカス
[国]ドイツ サッカー選手
Klostermann-Ketels, Joan クロスターマン＝ケテルス, ジョーン
[著]「ちょっと、気になる木」 ガイアブックス 2013
Klotz, Claude クロッツ, クロード
1932～ [著]「列車に乗った男」 アーティストハウスパブリッシャーズ, 角川書店(発売) 2004
Klotz, Irving Myron クロッツ, アービング
1916～2005 [国]アメリカ 化学者 ノースウェスタン大学名誉教授
Kloutsé, Daniel クルッツェ, ダニエル
[国]トーゴ 経済・発展相
Kluber, Corey クルーバー, コリー
[国]アメリカ 野球選手
Klučina, Petr クルチナ, ペトル
1950～ [著]「世界の甲冑・武具歴史図鑑」 原書房 2014
Kluft, Carolina クリュフト
[国]スウェーデン 陸上選手
Klug, Aaron クルーグ, アーロン
1926～ [国]イギリス 生化学者 ケンブリッジ大学メディカル・リサーチ・カウンシル分子生物学研究所長, ロイヤル・ソサエティ会長 [専]分子生物学
Klug, Chris クルーグ, クリス
1972～ [国]アメリカ スノーボード選手 本名＝クルーグ, クリストファー [異]クルーグ
Klug, Georgina クルグ, ジョルジナ
[国]アルゼンチン ビーチバレー選手
Klug, Gerald クルーク, ゲラルト
[国]オーストリア 国防・スポーツ相
Klug, Karl クラッグ, カール
[国]アメリカ アメフト選手
Kluge, Heidelore クルーゲ, ハイデローレ
1949～ [著]「ヒルデガルトのハーブ療法」 フレグランスジャーナル社 2010
Kluge, John クルージ, ジョン
1914～2010 [国]アメリカ 実業家, 慈善家 メトロメディア会長 本名＝クルージ, ジョン・ワーナー〈Kluge, John Werner〉 [異]クルーギ, ジョン / クルーゲ, ジョン
Kluge, Roger クリューゲ, ロガー
[国]ドイツ 自転車選手 [異]クリューゲ
Kluger, Catherine クルジェ, カトリーヌ
[著]「キッシュ&タルト」 河出書房新社 2011
Klugman, Jack クラグマン, ジャック
1922～2012 [国]アメリカ 俳優

Klum, Heidi　クラム、ハイジ
　1973～　国ドイツ　ファッションモデル、女優　本名＝Samuel, Heidi　愛クルム、ハイディ
Klump, Valdean　クランプ、バルディーン
　著「ビューティフルビジュアライゼーション」オライリー・ジャパン、オーム社（発売）　2011
Klümper-Westkamp, Heinrich　クリュンパーヴェストカンプ、ハインリッヒ
　著「鉄の窒化と軟窒化」アグネ技術センター　2011
Klunter, Lukas　クルンター、ルーカス
　国ドイツ　サッカー選手
Klüpfel, Volker　クルプフル、フォルカー
　1971～　著「ミルク殺人と憂鬱な夏」早川書房　2016
Klutch, M.S.　クラッチ、M.S.
　著「なんでもふたつさん」大日本図書　2010
Kluth, Paula　クルス、ポーラ
　著「先生のための自閉症のある子の「良いところ」を伸ばす20の方法」明石書店　2012
Kluun　クルーン
　1964～　著「妻ががんなのに、僕は恋人のベッドにいる。」バジリコ　2009
Kluver, Billy　クルーヴァー、ビリー
　著「ビリーのグッド・アドヴァイス」アセテート　2005
Kluver, Cayla　クリューバー、カイラ
　1992～　国アメリカ　作家　愛ヤングアダルト、ファンタジー
Kluzikrostkowska, Joanna　クルジクロストコフスカ、ヨアンナ
　国ポーランド　教育相
Klyashtornui, Sergei Grigor'evich　クリャシュトルヌイ、S.
　著「アイハヌム」東海大学出版会　2009
Klymenko, Oleksander　クリメンコ、オレクサンドル
　国ウクライナ　歳入・国税相
Klympushtsintsadze, Ivanna　クリムプシュツィンツァゼ、イワンナ
　国ウクライナ　副首相（欧州統合問題担当）
Klys（pilocik）, Katarzyna　クリス、カタジナ
　国ポーランド　柔道選手
Klyuev, Andriy　クリュエフ、アンドリー
　国ウクライナ　第1副首相兼経済発展・貿易相
Klyuka, Svetlana　クリュカ
　国ロシア　陸上選手
Kmentt, Waldemar　クメント、ワルデマール
　1929～2015　国オーストリア　テノール歌手
K'naan　ケイナーン
　1978～　歌手
Knake, Robert K.　ネイク、ロバート
　著「世界サイバー戦争」徳間書店　2011
Knapek, Edina　カメレル、エディナ
　国ハンガリー　フェンシング選手　愛カメレル
Knapkova, Mirka　クナプコバ、ミロスラバ
　国チェコ　ボート選手　愛クナプコバ
Knapková, Miroslava　クナプコヴァ、ミロスラヴァ
　1980～　国チェコ　ボート選手　愛クナプコバ／クナプコバ、ミロスラバ
Knapman, Timothy　ナップマン、ティモシー
　著「きつねくんのもりのおともだち」世界文化社　2016
Knapp, Andrew　ナップ、アンドリュー
　国アメリカ　野球選手
Knapp, Andrew　ナップ、アンドリュー
　1982～　著「モモはどこ？」飛鳥新社　2014
Knapp, Caroline　ナップ、キャロライン
　1959～　著「なぜ人は犬と恋におちるのか」洋泉社　2003
Knapp, Karin　クナップ、カリン
　国イタリア　テニス選手
Knapp, M.　クナップ、M.
　著「社会的経済」日本経済評論社　2003
Knapp, M.　クナップ、M.
　著「自閉症と発達障害研究の進歩」星和書店　2003
Knapp, Robert C.　クナップ、ロバート
　著「古代ローマの庶民たち」白水社　2015
Knapp, Ruthie　ナップ、ルーシー
　著「モナ・リザをぬすんだのはだれ？」岩波書店　2011
Knapp, Sarah Edison　ナップ、サラ・エディソン
　著「教育現場で使えるスクールカウンセラーとスクールソーシャルワーカーのための支援計画」明石書店　2015
Knäpper, Gerd　クナッパー、ゲルト
　1943～2012　国ドイツ　陶芸家
Knappert, Jan　クナッパート、ヤン

　著「モロッコのむかし話」偕成社　2005
Knaster, Scott　ナスター、スコット
　著「入門Objective-C2.0」翔泳社　2012
Knatz, Birgit　クナッツ、ビルギット
　著「インターネット・カウンセリング」ほんの森出版　2007
Knauer, Sebastian　クナウアー、セバスティアン
　1949～　著「バッハ　死のカンタータ」大成出版社　2013
Knauf, Charles　カウフ、チャールズ
　著「アイアンマン：シビル・ウォー」ヴィレッジブックス　2016
Knauf, Daniel　カウフ、ダニエル
　著「アイアンマン：シビル・ウォー」ヴィレッジブックス　2016
Knausgård, Karl Ove　クナウスゴール、カール・オーヴェ
　1968～　国ノルウェー　作家　愛文学
Knauth, Lothar　クノート、ローター
　著「日本哲学の国際性」世界思想社　2006
Knažko, Milan　クナジュコ、ミラン
　国スロバキア　文化相
Kneale, Matthew　ニール、マシュー
　1960～　国イギリス　作家
Kneale, Nigel　ニール、ナイジェル
　著「短篇小説日和」筑摩書房　2013
Kneale, Tim　クネーレ、ティム
　国イギリス　射撃選手
Knebel, Arthur　クネベル、アルトゥル
　著「ビジュアル大世界史」日経ナショナルジオグラフィック社、日経BP出版センター（発売）　2007
Knebel, Corey　ネベル、コリー
　国アメリカ　野球選手
Knebl, Helmut　クネーブル、H.
　著「暗号と確率的アルゴリズム入門」シュプリンガー・フェアラーク東京　2003
Knecht, G.Bruce　ネクト、G.ブルース
　著「銀むつクライシス」早川書房　2008
Knecht, Peter　クネヒト、ペトロ
　著「「腹の虫」の研究」名古屋大学出版会　2012
Knechtel, Larry　ネクテル、ラリー
　1940～2009　国アメリカ　キーボード奏者
Knee, Sam　ニー、サム
　著「ヴィンテージTシャツ」ブルース・インターアクションズ　2006
Kneese, Allen V.　クネーゼ、A.V.
　著「自然と人間」有斐閣　2005
Knef, Hildegard　クネフ、ヒルデガルト
　1925～2002　国ドイツ　女優、歌手　愛クネフ、ヒルデガルド／ネフ、ヒルデガルド
Knegt, Sjinkie　クネフト
　国オランダ　ショートトラック選手
Kneifel, Hans　クナイフェル、ハンス
　著「クランの裏切り者」早川書房　2016
Kneller, Scott　ネラー
　国オーストラリア　フリースタイルスキー選手
Knepper, Jimmy　ネッパー、ジミー
　1927～2003　国アメリカ　ジャズトロンボーン奏者　本名＝Knepper, James M.
Knežević, Gašo　クネジェビッチ、ガショ
　国セルビア　教育スポーツ相
Knežević, Goran　クネジェビッチ、ゴラン
　国セルビア　経済相
Kniazev, Alexander　クニャーゼフ、アレクサンドル
　1961～　国ロシア　チェロ奏者、オルガン奏者
Kniberg, Henrik　クニバーグ、ヘンリック
　著「リーン開発の現場」オーム社　2013
Knief, Herman　ニーフ、ハーマン
　著「Windows 2000 DNS管理者ガイド」ピアソン・エデュケーション　2001
Knierim, Rolf P.　クニーリム、ロルフ・P.
　著「果てなき探究」教文館　2002
Knievel, Evel　クニーベル、イーベル
　?～2007　国アメリカ　スタントマン　本名＝クニーベル、ロバート・クレイグ〈Knievel, Robert Craig〉　愛クニーベル、エベル
Kniffke, Sophie　クニフケ、ソフィー
　著「はっぱをきがえたき」学習研究社　c2008
Knight, Alanna　ナイト、アランナ
　著「蒸気機関車と血染めの外套」東京創元社　2013
Knight, Bianca　ナイト

[国]アメリカ 陸上選手
Knight, Bob G. ナイト, ボブ・G.
1950～ [著]「高齢者のための心理療法入門」 中央法規出版 2002
Knight, Brandon ナイト, ブランドン
[国]アメリカ バスケットボール選手
Knight, Charles F. ナイト, チャールズ・F.
[著]「エマソン妥協なき経営」 ダイヤモンド社 2008
Knight, Christopher ナイト, クリストファー
1950～ [著]「神の先史文明シビライゼーション」 エンターブレイン 2008
Knight, Clifford ナイト, クリフォード
[著]「ミステリ講座の殺人」 原書房 2007
Knight, Damon ナイト, デーモン
1922～2002 [国]アメリカ SF作家, 評論家, アンソロジスト
Knight, E.E. ナイト, E.E.
1965～ [国]アメリカ 作家 [専]SF
Knight, Frida ナイト, フリーダ
[著]「ベートーヴェンと変革の時代」 法政大学出版局 2007
Knight, Gary A. ナイト, ゲーリー・A.
[著]「ボーングローバル企業論」 八千代出版 2013
Knight, George R. ナイト, ジョージ・R.
[著]「アイデンティティーを求めて」 福音社 2012
Knight, Gladys ナイト, グラディス
グラミー賞 最優秀ゴスペル・アルバム(聖歌隊・合唱団) (2005年(第48回))ほか
Knight, Hilary ナイト, ヒラリー
[著]「エロイーズのクリスマス」 メディアファクトリー 2001
Knight, India ナイト, インディア
1965～ [著]「8年目は本気？」 文芸春秋 2004
Knight, Jaquel ナイト, ジャクエル
MTVアワード 最優秀振付(第26回(2009年)) "Single Ladies (Put A Ring On It)"
Knight, Joan ナイト, ジョアン・マックファイル
[著]「ジベルニィのシャーロット」 BL出版 2004
Knight, Joan ナイト, ジョーン・M.
[著]「ターシャを訪ねて」 メディアファクトリー 2010

K

Knight, Judy Zebra ナイト, J.Z.
1946～ [異]ナイト, JZ. [著]「ア・ステート・オブ・マインド」 ホームポジション, 星雲社(発売) 2006
Knight, Jules ナイト, ジュールス
1981～ [国]イギリス バリトン歌手, 俳優
Knight, Kathryn Huang ナイト, キャスリン・フアン
[著]「ガフールの勇者たち」 KADOKAWA 2015
Knight, Keith D. ナイト, キース・D.
[国]ジャマイカ 外務・貿易相 [異]ナイト, キース
Knight, Kenneth L. ナイト, ケネス・L.
[著]「クライオセラピー」 メディカル葵出版 2001
Knight, Lucy ナイト, ルーシー
[著]「ダイエットボール30分プログラム」 産調出版 2006
Knight, Martin ナイト, マーティン
[著]「フーリファン」 広済堂出版 2002
Knight, Natasha ナイト, ナターシャ
[著]「Windows 2000 server」 翔泳社 2001
Knight, Nicholas ナイト, ニコラス
[著]「スーパーナチュラルオフィシャルファンブック」 ACクリエイト 2010
Knight, Peter ナイト, P.
1950～ [著]「国民のための教育改革とは」 学文社 2003
Knight, Philip ナイト, フィリップ
1938～ [国]アメリカ 実業家 ナイキ会長・共同創業者 本名＝Knight, Philip Hampson [異]ナイト, フィル
Knight, Raymond A. ナイト, レイモンド・A.
[著]「サイコパシー・ハンドブック」 明石書店 2015
Knight, Renée ナイト, ルネ
[国]イギリス 作家 [専]ミステリー, サスペンス
Knight, Stan ナイト, スタン
1937～ [著]「西洋活字の歴史」 慶応義塾大学出版会 2014
Knight, Stephen ナイト, スティーブン
[著]「切り裂きジャック最終結論」 成甲書房 2001
Knight-Frank, Karen ナイトフランク, カレン
[著]「最強のモニター心電図」 ガイアブックス 2013
Knightley, Erin ナイトリー, エリン
[著]「別れの手紙に愛をこめて」 扶桑社 2014
Knightley, Keira ナイトレイ, キーラ
1985～ [国]イギリス 女優 本名＝Knightley, Keira Christina
Knightley, Phillip ナイトリー, フィリップ
1929～2016 [国]オーストラリア ジャーナリスト 本名＝Knightley, Phillip George
Knighton, Elaine ナイトン, エレイン
[著]「完璧な騎士」 ハーレクイン 2005
Knighton, Terrance ナイトン, テレンス
[国]アメリカ アメフト選手
Knister クニスター
1952～ [著]「秘密の魔女魔法のタイムトラベル」 金の星社 2014
Knizia, Reiner クニツィア, ライナー
1957～ [異]クニーツィア, ライナー [著]「ダイスゲーム百科」 スモール出版 2015
Knoblauch, Jörg クノーブラウフ, ヨルク
1949～ [著]「「ハムスターの回り車」から脱出しませんか？」 中経出版 2004
Knoblauch, Steven H. ノブロック, スティーブン・H.
[異]ノブローチ, S. [著]「精神療法という音楽」 星和書店 2009
Knobloch, Susann クノブロッホ, スーザン
1962～ [著]「スーザン・クノブロッホの魅惑のポーセリンペインティング」 文化出版局 2004
Knoch, Viktor ノヒ
[国]ハンガリー ショートトラック選手
Knoche, Robin クノッヘ, ロビン
[国]ドイツ サッカー選手
Knode, Helen ノード, ヘレン
1957～ [著]「ハリウッドは鎮魂歌を奏でる」 ソニー・マガジンズ 2004
Knoedler, William H. ケネードラー, ウィリアム・H.
[著]「PACTモデル」 メディカ出版 2001
Knoernschild, Kirk クネンシルト, カーク
[著]「プログラマのためのJava設計ベストプラクティス」 ピアソン・エデュケーション 2002
Knoester, Bob ヌースター, ボブ
[異]カヌースター, ボブ [著]「We Own The City」 フィルムアート社 2015
Knögler, Mario ノーグラー
[国]オーストリア 射撃選手
Knoll, Andrew H. ノール, アンドルー・H.
[著]「生命最初の30億年」 紀伊国屋書店 2005
Knoll, Glenn F. ノル, グレン・F.
1935～ [著]「放射線計測ハンドブック」 オーム社 2013
Knoll, John ノール, ジョン
アカデミー賞 特殊効果賞(第79回(2006年)) "Pirates of the Caribbean: Dead Man's Chest"
Knoll, Patricia ノール, パトリシア
[著]「海の見える愛の家」 ハーレクイン 2001
Knopf, Chris クノップ, クリス
[国]アメリカ 作家 [専]ミステリー
Knopfler, Mark ノップラー, マーク
[国]イギリス ミュージシャン
Knopp, Guido クノップ, グイド
1948～ [異]クノップ, ギド [著]「ヒトラーの共犯者」 原書房 2015
Knopp, Kelly ノップ, ケリー
[著]「きみはソーシャル探偵！」 金子書房 2016
Knoppers, Bartha Maria クノッパース, バーサ・マライア
[著]「遺伝子革命と人権」 DHC 2001
Knorring, Laura von ノーリング, ラウラ・フォン
[著]「ムーミンのあみぐるみ」 日本ヴォーグ社 2015
Knoster, Tim ノスター, ティム
1956～ [著]「プラス思考でうまくいく行動支援計画のデザイン」 学苑社 2005
Knott, Frederick ノット, フレデリック
1916～2002 [国]アメリカ 劇作家
Knott, Thomas ノット, トマス
[著]「ネットワークの基礎CCNA 1教科書ガイド」 翔泳社 2007
Knotts, Don ノッツ, ドン
1924～2006 [国]アメリカ 俳優
Knowles, Caroline ノウルズ, キャロライン
1954～ [著]「ビジュアル調査法と社会学的想像力」 ミネルヴァ書房 2012
Knowles, James ノールズ, ジェームズ
[国]バハマ 運輸相
Knowles, John ノールズ, ジョン
1926～2001 [国]アメリカ 作家
Knowles, Ronald ノウルズ, ロナルド
1940～ [著]「シェイクスピアとカーニヴァル」 法政大学出版局 2003

Knowles, Ronald ノールズ, ロナルド
[国]バハマ 保健・環境相
Knowles, Valerie ノールズ, ヴァレリー
[著]「カナダ移民史」 明石書店 2014
Knowles, William Standish ノールズ, ウィリアム
1917~2012 [国]アメリカ 化学者 モンサント研究員 [専]有機化学, 工業化学 [異]ノーレス, ウィリアム
Knowlson, Elizabeth ノウルソン, エリザベス
[著]「サミュエル・ベケット証言録」 白水社 2008
Knowlson, James ノウルソン, ジェイムズ
1933~ [著]「サミュエル・ベケット証言録」 白水社 2008
Knowlton, Dwight ノールトン, ドワイト
[著]「リトルレッドレーシングカー」 ボストン 2014
Knox, David ノックス, デイビッド
[著]「Oracleデータベースセキュリティ」 翔泳社 2015
Knox, Dean ノックス, ディーン
1988~ [著]「中国の新しい対外政策」 岩波書店 2011
Knox, Elizabeth ノックス, エリザベス
1959~ [著]「ドリームハンター」 日本放送出版協会 2007
Knox, Garth ノックス, ガース
1956~ [国]フランス ビオラ奏者, ビオラ・ダモーレ奏者
Knox, MacGregor ノックス, マクレガー
[著]「戦略の形成」 中央公論新社 2007
Knox, Melissa ノックス, メリッサ
1957~ [著]「オスカー・ワイルド」 青土社 2001
Knox, Paul L. ノックス, ポール
[異]ノックス, ポール・L. [著]「都市社会地理学」 古今書院 2013
Knox, Rob ノックス, ロブ
1990~2008 [国]イギリス 俳優 本名=ノックス, ロバート〈Knox, Robert〉
Knox, Tom ノックス, トム
1963~ [国]イギリス ジャーナリスト, 作家 [専]ミステリー 本名=トマス, ショーン〈Thomas, Sean〉
Knuckey, Deborah ナッキー, デボラ
[著]「あなたはお金が貯まらないA子さん? 上手に使うB子さん?」 三笠書房 2006
Knuckles, Willis ナクルズ, ウィリス
[国]リベリア 官房長官
Knudsen, Grete クヌートセン, グレーテ
[国]ノルウェー 産業貿易相
Knudsen, Jim クヌーセン, ジム
1946~ [異]クヌースン, ジム [著]「THOUGHTS and FEELINGS : Reading and Writing for Self-Expression」 南雲堂 2010
Knudsen, Keith ヌードセン, キース
1948~2005 [国]アメリカ ロックドラム奏者
Knudsen, Michelle ヌードセン, ミシェル
[著]「としょかんライオン」 日本障害者リハビリテーション協会(製作) c2013
Knudson, Alfred George, Jr. クヌッドソン, アルフレッド・ジョージ, Jr.
1922~ [国]アメリカ 遺伝学者, 医師 フォックス・チェイスがんセンター上級顧問 [専]小児科学, 内科学 [異]クヌドソン, A.
Knudson, Mary クヌードソン, メアリー
[著]「サイエンスライティング」 地人書館 2013
Knudson, Mary Jane ヌーソン, メリー・ジェーン
[著]「エグゼクティブ・コーチング」 日本能率協会マネジメントセンター 2005
Knudstorp, Jørgen Vig クヌッドストープ, ヨアン・ヴィー
1968~ [国]デンマーク 実業家 レゴグループ社長・CEO
Knussen, Oliver ナッセン, オリバー
1952~ [国]イギリス 作曲家, 指揮者 本名=Knussen, Stuart Oliver [異]ナッセン, オリヴァー
Knuth, Donald E. クヌース, ドナルド・E.
1938~ [著]「The Art of Computer Programming」 ドワンゴ, KADOKAWA(発売) 2015
Knutson, Kraig クヌストン, クレイグ
[著]「建設マネジメントの基礎〈土木・建築〉」 全国土木施工管理技士会連合会 2012
Knutsson, Helene クヌートソン, ヘレーネ
[国]スウェーデン 高等教育・研究相
Knyazevich, Vasily クニャゼビッチ, ワシリー
[国]ウクライナ 保健相
Knyazyeva, Hanna クニャジェワ
[国]ウクライナ 陸上選手
Knyazyeva-minenko, Hanna クニャジェワミネンコ, ハンナ
[国]イスラエル 陸上選手
Knysh, Mary E. クニッシュ, メアリー
[著]「はじめてのドラムサークル」 音楽之友社 2014
Ko, Chun-hsiung クー・ジュンション
1945~2015 [国]台湾 俳優, 映画監督, 政治家 台湾立法委員(国民党) 漢字名=柯俊雄 [異]オー・ジョンホン / コー・ジュインション / ホー・チョンホン
Ko, Cindy コー, シンディ
[著]「ハーバードMBA合格者のエッセイを読む」 オープンナレッジ 2007
Ko, Dorothy コウ, ドロシー
1957~ [著]「纏足の靴」 平凡社 2005
Ko, Giddens コー, ギデンズ
1978~ [国]台湾 映画監督, 作家, 脚本家 漢字名=九把刀
Ko, Gon コ・ゴン
1938~ [国]韓国 政治家 韓国首相, ソウル市長 漢字名=高建 [異]コ・コン
Ko, Hye Jung コ, ヘジョン
1968~ [著]「お母さんのワカメスープ」 新潮社 2007
Ko, Jung-wook コ・ジョンウク
[国]韓国 作家 [専]児童書
Ko, Lydia コ, リディア
1997~ [国]ニュージーランド ゴルフ選手 [異]コー, リディア
Ko, Soo コ・ス
1978~ [国]韓国 俳優 漢字名=高洙
Ko, Un コ・ウン
1933~ [国]韓国 詩人, 作家 漢字名=高銀, 法名=一超(1962年還俗)
Ko, Young-koo コ・ヨング
[国]韓国 国家情報院長 漢字名=高泳耇
Koala, Aline コアラ, アリーン
[国]ブルキナファソ 文化芸術・観光相
Kob, Tetyana コブ, タチアナ
[国]ウクライナ ボクシング選手
Kobakhidze, Maĭia コバヒゼ, マイヤ
[著]「ロシアの演劇教育」 成文社 2016
Kobako, Gaspard コバコ, ガスパール
[国]ブルンジ 公益事業相
Kobalia, Vera コバリア, ベラ
[国]ジョージア 経済発展相
Kobart, Ruth コバート, ルース
1924~2002 [国]アメリカ 女優
Koba Sato, Katsuko Tereza コバ・サトウ, カツコ・テレーザ
[国]ブラジル エフィジェニオ・デ・サーレス移住地自治会日本語学校校長, 元・オウビドール・サンパイオ市立小学校校長
Kobayashi, Ann H. コバヤシ, アン・H.
[国]アメリカ ホノルル市議会議員, 主婦ソサエティー・オブ・ハワイ会長, 元・ハワイ州上院議員, 元・ハワイ日系人連合協会会長 漢字名=小林, アン・H.
Kobayashi, Makoto コバヤシ, マコト
[国]日本 ノーベル賞 物理学賞(2008年) 漢字名=小林誠
Kobayashi, Martin Blake コバヤシ, マーティン・ブレイク
[国]カナダ 元・トロント日系文化会館理事長
Kobayashi, Paulo コバヤシ, パウロ
?~2005 [国]ブラジル 政治家 ブラジル日本議員連盟会長, ブラジル下院議員
Kobel, Gregor コベル, グレゴール
[国]スイス サッカー選手
Kobel, Stefan コベル
[国]スイス ビーチバレー選手
Kobenan, Anaky コベナン, アナキ
[国]コートジボワール 運輸相
Kober, Amelie コバー
[国]ドイツ スノーボード選手
Kober, James Jeff コーバー, J.ジェフ
[著]「ディズニーの「おもてなし」プラチナルール」 日本文芸社 2014
Kober, Marc コベール, マルク
1964~ [著]「骨の列島」 洪水企画, 草場書房(横浜)(発売) 2013
Kober, Noemie コベル, ノエミ
[国]フランス ボート選手
Kobiljski, Aleksandra Majstorac コビルスキ, アレクサンドラ・M.
[著]「近代化への挑戦」 新教出版社 2015
Kobilka, Brian コビルカ, ブライアン
1955~ [国]アメリカ 生化学者 スタンフォード大学教授 [専]分子生物学 本名=Kobilka, Brian Kent [異]コビルカ, ブライア

ン・K.
Kobjoll, Klaus コブヨル, クラウス
　著「Tune」エクスナレッジ 2007
Kobkarn, Wattanavrangkul コープカン・ワッタナワランクン
　国タイ　観光・スポーツ相
Kobler, Flip コブラー, フィリップ
　著「ベルの素敵なクリスマス」竹書房 2005
Kobliashvili, Roberti コブリアシビリ, ロベルティ
　国ジョージア　レスリング選手
Koblin, Aaron コブリン, アーロン
　著「ビューティフルビジュアライゼーション」オライリー・ジャパン, オーム社(発売) 2011
Koblish, Scott コブリッシュ, スコット
　1970～　著「デッドプール」小学館集英社プロダクション 2016
Koblitz, Neal コブリッツ, N.
　1948～　著「楕円曲線と保型形式」シュプリンガー・ジャパン 2006
Koblova Zholobova, Valeria Sergeyevna コブロワゾロボワ, ワレリア
　国ロシア　レスリング選手
Kobr, Michael コブル, ミハイル
　1973～　著「ミルク殺人と憂鬱な夏」早川書房 2016
Kobrick, Frederick R. コブリック, フレデリック・R.
　著「富者の集中投資・貧者の分散投資」パンローリング 2008
Kobrin, Alexander コブリン, アレクサンドル
　1980～　国ロシア　ピアニスト　異コブリン, アレクサンダー
Kobs, Karsten コップス
　国ドイツ　陸上選手
Kobyakov, Andrey V. コビャコフ, アンドレイ・V.
　国ベラルーシ　首相
Koç, Atilla コチュ, アティラ
　国トルコ　文化観光相
Koch, Andrew K. コック, A.K.
　著「初年次教育」丸善 2006
Koch, Antonio コック, アントニオ
　1976～　著「船を見にいく」きじとら出版 2016
Koch, Bill コーク, ビル
　オックスボウ創業者
Koch, Charles コーク, チャールズ
　1935～　国アメリカ　実業家　コーク・インダストリーズ会長・CEO　本名=Koch, Charles de Ganahl
Koch, Christof コッホ, クリストフ
　1956～　著「意識をめぐる冒険」岩波書店 2014
Koch, David コーク, デービッド
　1940～　国アメリカ　実業家　コーク・インダストリーズ上級副社長　本名=Koch, David Hamilton　異コーク, デビッド
Koch, Ebba コッホ, エバ
　著「ビジュアル版 世界の歴史都市」柊風舎 2016
Koch, Edward コーク, エドワード・T.
　著「世界一わかりやすいプロのように投資する講座」総合法令出版 2002
Koch, Edward Irving コッチ, エドワード
　1924～2013　国アメリカ　政治家, 弁護士　ニューヨーク市長　通称=コッチ, エド〈Koch, Ed〉　異コッチ, エド
Koch, Hans-Joachim コッホ, ハンス=ヨアヒム
　著「ドイツ環境法」早稲田大学比較法研究所, 成文堂(発売) 2012
Koch, Herman コッホ, ヘルマン
　1953～　著「冷たい晩餐」イースト・プレス 2014
Koch, Jim コーク, ジム
　国アメリカ　実業家
Koch, julia コック, ジュリア
　デイビッド・コック夫人
Koch, Klaus コッホ, K.
　1926～　著「預言者」教文館 2009
Koch, Marco コッホ, マルコ
　国ドイツ　水泳選手
Koch, Marianne コッホ, マリアンネ
　1931～　著「アンチエイジングのまじめな話」オープンナレッジ 2008
Koch, Martin コッホ
　国オーストリア　スキージャンプ選手
Koch, Martin コッホ, マルティン
　トニー賞 ミュージカル 編曲賞(2009年(第63回))　"Billy Elliot The Musical"
Koch, Matt コッチ, マット
　国アメリカ　野球選手

Koch, Matthias コッホ, マティアス
　1964～　著「日本の大学所蔵特殊文庫解題目録」Iudicium Verlag 2004
Koch, Richard コッチ, リチャード
　1950～　国アメリカ　投資家, 経営コンサルタント　オデッセイ創業者
Koch, Roberto コッチ, ロベルト
　1955～　著「PHOTO：BOX」青幻舎 2010
Koch, Sam クック, サム
　国アメリカ　アメフト選手
Kochan, Stephen G. コチャン, スティーブン・G.
　著「Objective-C明解プログラミング」ピアソン桐原 2013
Kochanova, Natalia I. コチャノワ, ナタリヤ・I.
　国ベラルーシ　副首相
Kocharian, Robert コチャリャン, ロベルト
　国アルメニア　大統領
Kocher, Ethel コッハー, エーテル
　1927～　著「アンリー・デュナン」春風社 2005
Kocher, Martina コハー
　国スイス　リュージュ選手
Kochetkova, Alla A. コチェツコヴァ, アラ・A.
　著「食品の機能性表示と世界のレギュレーション」薬事日報社 2015
Kochhar, Chanda コチャール, チャンダ
　国インド　ICICI銀行社長兼CEO
Kochiyama, Yuri コチヤマ, ユリ
　1921～2014　国アメリカ　人権擁護活動家　日本名=河内山百合, アメリカ名=メアリー　異コーチヤマ, ユリ/コウチヤマ, ユリ
Kochnev, Gerasim コチネフ, ゲラシム
　国ウズベキスタン　カヌー選手
Koci, Marta コチ, マルタ
　1945～　著「はるをまつピンキー・ブウ」学研教育みらい 2010
Koci, Vladan コチ, ヴラダン
　国チェコ　チェロ奏者　プラハ・チェンバー・デュオチェリスト, プラハ音楽院教授　異コチ, ブラダン
Kocian, Madison コシアン, マディソン
　国アメリカ　体操選手
Kocieniewski, David コシエニウスキー, デイヴィッド
　著「ザ・ブラスウォール」集英社 2006
Kocka, Jürgen コッカ, ユルゲン
　著「緑の産業革命」昭和堂 2012
Kockott, Rory ココット, ロリー
　国フランス　ラグビー選手
Kocourek, Martin コツォウレク, マルチン
　国チェコ　産業貿易相
Kocsis, Károly コチシュ, カーロイ
　著「「ジプシー」と呼ばれた人々」学文社 2005
Kocsis, Zoltán コチシュ, ゾルタン
　1952～2016　国ハンガリー　ピアニスト, 作曲家　ハンガリー国立交響楽団音楽総監督　異コチシュ, ゾルタン
Koczi, Flavius コジ
　国ルーマニア　体操選手
Kodama, María コダマ, マリア
　国アルゼンチン　文筆家, 国際ボルヘス財団理事長
Kodheli, Mimi コデリ, ミミ
　国アルバニア　国防相
Kodirov, Abdurakhmon コジロフ, アブドゥラフモン
　国タジキスタン　農業・環境相
Kodiyana, Amina コジャナ, アミナ
　国チャド　人権相
Kodjo, Agbeyome コジョ, アベヨメ
　国トーゴ　首相
Kodock, Augustin-Frédérick コドック, オーギュスタン・フレデリック
　国カメルーン　計画・開発相　異コドック, オグスタン・フレデリック
Koech, Haron コエチ, ハロン
　国ケニア　陸上選手
Koech, Isiah Kiplangat コエチ
　国ケニア　陸上選手
Koech, John コーチ, ジョン
　国ケニア　東アフリカ問題・地域協力相
Koech, Paul Kipsiele コエチ, P.
　国ケニア　陸上選手
Koechlin, Lionel コクラン, リオネル

1948～　[著]「天才のら犬、教授といっしょに哲学する。人間ってなに？」岩崎書店　2010
Koechlin, Philippe　コクラン, フィリップ
[著]「イヌとネコのパリ散歩」中央公論新社　2001
Koechlin, Stéphane　ケクラン, ステファン
[著]「ジェームズ・ブラウン」祥伝社　2010
Koegel, Lynn Kern　ケーゲル, リン・カーン
[著]「発達障がい児のための新しいABA療育PRT」二瓶社　2016
Koegel, Robert L.　ケーゲル, ロバート・L.
1944～　[著]「発達障がい児のための新しいABA療育PRT」二瓶社　2016
Koegel, Timothy J.　ケイガル, ティモシー・J.
[著]「「一流プレゼンターへの道」徹底ガイド」PHP研究所　2009
Koehler, Lora　カーラー, ローラ
[著]「ちいさなゆきかきブルドーザープラウくん」岩崎書店　2016
Koehler, Tom　コーラー, トム
[国]アメリカ　野球選手
Koehn, Daryl　ケーン, ダリル
[異]コーエン, ダリル　[著]「「問題社員」の管理術」ダイヤモンド社　2007
Koehn, Marshall　コーン, マーシャル
[国]アメリカ　アメフト選手
Koehn, Nancy Fowler　ケーン, ナンシー・F.
1959～　[著]「ザ・ブランド」翔泳社　2001
Koelsch, Stefan　ケルシュ, S.
[著]「音楽と脳科学」北大路書房　2016
Koeman, Ronald　クーマン, ロナルド
1963～　[国]オランダ　サッカー監督, 元サッカー選手
Koenders, Bert　クーンデルス, ベルト
[国]オランダ　外相
Koenig, Andrew　コーニグ, A.
[異]コーニグ, アンドリュー　[著]「Cプログラミングの落とし穴」新紀元社　2004
Koenig, Harold George　コーニック, ハロルド・G.
1951～　[著]「スピリチュアリティは健康をもたらすか」医学書院　2009
Koenig, Jason　ケーニヒ, ジェイソン
MTVアワード 最優秀撮影（第30回（2013年））"Can't Hold Us"
Koenig-Archibugi, Mathias　ケーニッヒ・アーキブージ, マーティアス
[著]「グローバル化をどうとらえるか」法律文化社　2004
Koentarso, Poedji　クンタルソ, プジ
1932～　[国]インドネシア　外交官　駐日インドネシア大使　[異]プジ・クンタルソ
Koepke, Hermann　ケプケ, ヘルマン
[著]「反抗期のシュタイナー教育」学陽書房　2003
Koepp, David　コープ, デビッド
[著]「ザスーラ」竹書房　2005
Koeppel, Dan　コッペル, ダン
[著]「バナナの世界史」太田出版　2012
Koeppen, Peter　ケッペン, ピーター
[著]「1492年海のかなたへの旅」くもん出版　2004
Koepsell, David R.　ケプセル, デヴィッド・R.
[著]「ネット空間と知的財産権」青土社　2003
Koerner, Brendan I.　コーナー, ブレンダン・I.
[著]「ハイジャック犯は空の彼方に何を夢見たのか」亜紀書房　2015
Koerner, Joseph Leo　ケーナー, ジョーゼフ・レオ
[著]「美術史を語る言葉」ブリュッケ, 星雲社（発売）　2002
Koerner, Kelly　コーナー, ケリー
1964～　[著]「弁証法的行動療法の上手な使い方」星和書店　2014
Koerner, Robert M.　カーナー, ロバート・M.
1933～　[著]「廃棄物処分場の最終カバー」技報堂出版　2004
Koes Murtiyah Paku Buwono　クス・ムルティア・パク・ブウォノ
1960～　インドネシア宮廷舞踊家　スロカルト王家教育文化財団代表, スロカルト王家文書局長, インドネシア国民協議会議員
Koester, Helmut　ケスター, H.
1926～　[著]「初期キリスト教の思想的軌跡」新教出版社　2005
Koesterich, Russ　ケステリッチ, ラス
[著]「ETF投資戦略」日経BP社, 日経BP出版センター（発売）　2009
Koetter, Dirk　コーター, ダーク
[国]アメリカ　タンパベイ・バッカニアーズコーチ
Koetter, Fred　コッター, F.
[著]「コラージュ・シティ」鹿島出版会　2009
Koffi, Paul Koffi　コフィ, ポール・コフィ
[国]コートジボワール　国防担当大統領府相
Koffigoh, Kokou Joseph　コフィゴー, コクー・ジョゼフ
[国]トーゴ　地域統合・議会担当相
Koffi Yao, Eloge　コフィ・ヤオ, エロージュ
[国]コートジボワール　サッカー選手
Kofifah, Indar Parawangsa　コフィファ・インダル・パラワンサ
[国]インドネシア　国務相（女性・家族計画担当）
Kofler, Andreas　コフラー, アンドレアス
1984～　[国]オーストリア　スキー選手　[異]コフラー
Kofman, Fred　コフマン, フレッド
[著]「コンシャス・ビジネス」駒草出版　2014
Kofman, Sarah　コフマン, サラ
[著]「サラ・コフマン讃」未知谷　2005
Kofstad, Espen　コフスタ, エスペン
[国]ノルウェー　ゴルフ選手
Kogan, Judith　コーガン, ジュディス
[著]「ジュリアードの青春」新宿書房　2006
Kogan, Marcos　コーガン, マルコス
[著]「IPM総論」築地書館　2006
Kogan, Natasha　コーガン, ナターシャ
[著]「だいじょうぶ」K&Bパブリッシャーズ　2007
Kogawa, Joy　コガワ, ジョイ
[著]「現代アメリカアジア系詩集」土曜美術社出版販売　2003
Kogawa, Joy Nozomi　コガワ, ジョイ・ノゾミ
1935～　[国]カナダ　作家, 詩人
Koger, Freya　クガー, フレヤ
1963～　[著]「選択機会を拡げるチョイス・アレンジメントの工夫」学苑社　2005
Kogge, Michael　コーギー, マイケル
[異]コーギー, ミッシェル / コッグ, マイケル / コッグス, マイケル
[著]「ファンタスティックビーストと魔法使いの旅オフィシャルガイド」静山社　2016
Kogo, Micah　コゴ
[国]ケニア　陸上選手
Kogon, Kory　コーゴン, コリー
[著]「5つの選択」キングベアー出版　2015
Kogréngbo, Gilbert　コグレンボ, ジルベール
[国]中央アフリカ　住宅相
Koguashvili, Gogi　コグアシビリ
[国]ロシア　レスリング選手
Kogui N'douro, Issifou　コギヌドゥロ, イシフ
[国]ベナン　国務相（大統領公務担当）　[異]コグイ・ヌドゥロ, イシフ
Koh, Hesung Chun　コウ, ヘソン・チョン
[著]「ひとの役に立つ人間になりなさい。徳は才に勝る。」海竜社　2007
Koh, Sekai　キョ・セイカイ
[国]台湾　亜東関係協会監事, 津田塾大学名誉教授, 元・駐日台北経済文化代表事務所代表　漢字名＝許世楷
Koh, Song Koo　コ・ソング
[国]韓国　元・（社）釜山韓日文化交流協会理事長　漢字名＝高松久
Koh, Tommy Thong Bee　コー, トミー
1937～　[国]シンガポール　法学者, 外交官　シンガポール国立大学政策研究所（IPS）特別顧問　アジア欧州基金総裁
Koha, Rebeka　コハ, レベカ
[国]ラトビア　重量挙げ選手
Kohane, Isaac S.　コハネ, I.S.
[著]「統合ゲノミクスのためのマイクロアレイデータアナリシス」シュプリンガー・フェアラーク東京　2004
Kohe, Jack Martin　コー, マーティン
1902～　[著]「人生を変える力」ディスカヴァー・トゥエンティワン　2004
Kohl, Helmut　コール, ヘルムート
1930～　[国]ドイツ　政治家　ドイツ首相, キリスト教民主同盟（CDU）党首　本名＝コール, ヘルムート・ヨーゼフ・ミハエル
Kohl, Richard　コール, リチャード
[著]「開発途上国におけるグローバル化と貧困・不平等」明石書店　2004
Kohlberg, Jerome, Jr.　コールバーグ, ジェローム
1925～2015　[国]アメリカ　金融家　コールバーグ・クラビス・ロバーツ（KKR）共同創業者
Köhle, Anne-Bärbel　クェルレ, アンネ・ベルベル
[著]「ダライ・ラマ式子育て法」現文メディア, 理論社（発売）　2008
Kohlenberg, Robert J.　コーレンバーグ, R.J.
[著]「機能分析心理療法」金剛出版　2007

Kohler, Chris コーラー, クリス
 著「Power+up」コンピュータ・エージ社 2005
Köhler, Horst ケーラー, ホルスト
 1943〜 国ドイツ 政治家, 銀行家 ドイツ大統領, 国際通貨基金(IMF)専務理事, 欧州復興開発銀行(EBRD)総裁
Kohler, Irene コーラー, イレーネ
 1953〜 著「ニールズヤードの自然療法」フレグランスジャーナル社 2005
Köhler, Joachim ケーラー, ヨアヒム
 1952〜 著「ニーチェ伝」青土社 2009
Köhler, Lotte ケーラー, ロッテ
 1925〜2011 著「アーレント=ブリュッヒャー往復書簡」みすず書房 2014
Köhler, Rolf ケーラー, ロルフ
 著「ケルンのお手伝いこびとハインツたち」創英社, 三省堂書店(発売) 2003
Kohler, Sarah コーラー, サラ
 国ドイツ 水泳選手
Kohler, Sheila コーラー, シーラ
 著「アメリカ短編小説傑作選」DHC 2001
Köhler, Ulrich クーラー, ウルリッヒ
 ベルリン国際映画祭 銀熊賞 監督賞(第61回(2011年)) "Schlafkrankheit"
Köhler, Wolfgang R. ケーラー, ヴォルフガング・R.
 著「人権への権利」大阪大学出版会 2015
Kohlert, Mats コーラー, マッツ
 国ドイツ サッカー選手
Kohlhaase, Wolfgang コールハーゼ, ヴォルフガング
 ベルリン国際映画祭 名誉金熊賞(第60回(2010年))
Kohlhaussen, Martin コールハウゼン, マルティン
 1935〜 国ドイツ 銀行家 コメルツ銀行頭取 愛コールハウゼン, マーティン
Kohlhoff, Paul コールホフ, ポール
 国ドイツ セーリング選手
Kohlova, Martina コホロバ, マルティナ
 国スロバキア カヌー選手
Kohls, Florian コールス, フロリアン
 国ドイツ サッカー選手
Kohlschreiber, Philipp コールシュライバー, フィリップ
 国ドイツ テニス選手
Kohn, Alfie コーン, アルフィ
 国アメリカ 評論家
Kohn, Eduardo コーン, エドゥアルド
 1968〜 著「森は考える」亜紀書房 2016
Kohn, George C. コーン, ジョージ・C.
 著「世界戦争事典」河出書房新社 2014
Kohn, Jerome コーン, ジェローム
 1931〜 著「責任と判断」筑摩書房 2016
Kohn, John コーン, ジョン
 ?〜2002 国アメリカ 映画製作者, 脚本家
Kohn, Walter コーン, ウォルター
 1923〜2016 国アメリカ 化学者 カリフォルニア大学サンタバーバラ校名誉教授 著量子化学
Kohnstamm, Geldolph Adriaan コーンスタム, ドルフ
 著「子どもの自我体験」金子書房 2016
Kohonen, Teuvo コホネン, T.
 著「自己組織化マップ」丸善出版 2016
Kohr, Dominik コーア, ドミニク
 国ドイツ サッカー選手
Kohr, Knud コーア, クヌート
 1966〜 著「三銃士王妃の首飾りとダ・ヴィンチの飛行船」竹書房 2011
Koht, Lars コート, ラース
 国アメリカ アメフト選手
Kohut, Matthew コフート, マシュー
 著「人の心を一瞬でつかむ方法」あさ出版 2015
Koike, Masaki コイケ, マサキ
 アート・ディレクター グラミー賞 最優秀ボックス, 特別限定版パッケージ(2007年(第50回)) "What It Is！：Funky Soul And Rare Grooves (1967 - 1977)"
Koimdodov, Kizidavlat コイムドドフ, キジダブラト
 国タジキスタン 副首相 愛コイムドドフ, コジダブラト
Koirala, Girija Prasad コイララ, ギリジャ・プラサド
 1925〜2010 国ネパール 政治家 ネパール首相, ネパール会議派(NCP)総裁
Koirala, Prakash コイララ, プラカシュ

 国ネパール 森林国土保全相
Koirala, Sushil コイララ, スシル
 1938〜2016 国ネパール 政治家 ネパール首相, ネパール会議派(NCP)総裁
Koita, Abdoulaye コイタ, アブドゥライ
 国マリ 設備・運輸相
Koïta, Amadou コイタ, アマドゥ
 国マリ 青年・市民権相
Koivu, Saku コイヴ, サク
 1974〜 国フィンランド 元アイスホッケー選手 愛コイブ, サク
Koivuranta, Anssi コイブランタ
 国フィンランド ノルディック複合選手
Koizhaiganov, Nurlan コイジャイガノフ
 国カザフスタン レスリング選手
Kojadinović, Dragan コヤディノビッチ, ドラガン
 国セルビア 文化相
Kojima, Yuzuru コジマ, ユズル
 国カナダ リッチモンド市姉妹都市委員会副会長, 元・柔道カナダ会長, 元・国際柔道連盟審判委員長
Kok, Riek Gai コク, リエク・ガイ
 国南スーダン 保健相
Kok, Wim コック, ウィム
 国オランダ 首相
Kóka, János コーカ・ヤーノシュ
 国ハンガリー 経済・運輸相
Koka, Lefter コカ, レフテル
 国アルバニア 環境相
Kokauri, Ushangi コカウリ, ウシャンギ
 国アゼルバイジャン 柔道選手
Koke コケ
 1992〜 国スペイン サッカー選手 本名=レスレクシオン・メロディオ, ホルヘ〈Resurrección Merodio, Jorge〉
Koke, Stephen コーク, スティーヴン
 著「隠された千年王国」春秋社 2002
Koke, Tatjana コケ, タチヤナ
 国ラトビア 教育・科学相
Kökény, Roland ケケーニ, ロランド
 1975〜 国ハンガリー カヌー選手 愛ケーケーニー, ローランド / ケケニ, ローランド / コケニ
Kokhas, Konstantin Petrovich コーハシ, K.
 著「対称性・数え上げ」海鳴社 2007
Kokkalanis, Vyron コカラニス
 国ギリシャ セーリング選手
Kokkinaki, Flora コッキナキ, フローラ
 著「業績評価の理論と実務」東洋経済新報社 2004
Kokkinakis, Thanasi コッキナキス, タナシ
 国オーストラリア テニス選手
Kokko, Yrjo コッコ, ユリヨ
 著「羽根をなくした妖精」晶文社 2003
Kokkodis, Ioannis ココディス
 国ギリシャ 競泳選手
Ko Ko コー・コー
 国ミャンマー 内務・移民・人口問題相
Koko, Abderaman ココ, アブデラマン
 国チャド 国民教育相
Koko, Georgette ココ, ジョルジェット
 国ガボン 副首相兼環境・自然保護相
Kokonyangi, Joseph ココンヤンギ, ジョゼフ
 国コンゴ民主共和国 都市化・居住相
Ko Ko Oo コー・コー・ウー
 国ミャンマー 科学技術相
Kokorev, Boris ココレフ
 国ロシア 射撃選手
Kokorev, Valery I. ココレフ, ワレリー・I.
 国ベラルーシ 副首相
Kokorwe, Gladys ココルウェ, グラディス
 国ボツワナ 青年・スポーツ・文化相
Kokoskov, Igor ココスコフ, イゴール
 国アメリカ ユダ・ジャズアシスタントコーチ(バスケットボール)
Kokou, Lucien コク, ルシアン
 国ベナン 中等教育・技術職業訓練相
Kok Rona, James コック・ロナ, ジェームズ
 国スーダン 国際貿易相
Kolaczek, Marie コラチェク, マリー

[著]「うちゅう」 主婦の友社 2007
Kolak, Sara コラク, サラ
[国]クロアチア 陸上選手
Kołakowski, Leszek コワコフスキ, レシェク
1927～2009 [国]ポーランド 哲学者, 評論家 シカゴ大学教授, ワルシャワ大学教授 [専]哲学史, 宗教史, 文化哲学
Kolani, Gourdigou コラニ, グルジグ
[国]トーゴ 公務員相
Kolani Yentchare, Tchabinandi コラニ・イェンチャレ, チャビナンディ
[国]トーゴ 社会運動・女性地位向上・識字教育相
Kolanovič, Dubravka コラノヴィッチ, ドゥブラヴカ
1973～ [著]「ちいさなペンギンがはじめておよぐひ」 ワールドライブラリー c2014
Kolar, Bob コーラー, ボブ
[著]「ダンプのちびトラ」 偕成社 2011
Kolar, Brad コラー, ブラッド
[著]「脳がよろこぶ仕事術」 ベストセラーズ 2010
Kolar, Josef コラールシュ, ヨセフ
[著]「ネコのつけた日記」 冨山房インターナショナル 2004
Kolarov, Aleksandar コラロフ, アレクサンダル
[国]セルビア サッカー選手
Kolarska-bobińska, Lena コラルスカボビンスカ, レナ
[国]ポーランド 科学・高等教育相
Kolasinac, Asmir コラシナチ
[国]セルビア 陸上選手
Kolasinac, Sead コラシナツ, セアド
[国]ボスニア・ヘルツェゴビナ サッカー選手
Kolassa, E.M. "Mick" コラッサ, E.M.ミック
[著]「医薬品マーケティングの基本戦略」 日経BP社, 日経BP出版センター(発売) 2005
Kolata, Gina Bari コラータ, ジーナ
1948～ [著]「ニューヨークタイムズの数学」 WAVE出版 2016
Kolb, Bonita M. コルブ, ボニータ・M.
[著]「都市観光のマーケティング」 多賀出版 2007
Kolb, Deborah M. コルブ, デボラ・M.
[著]「「交渉」からビジネスは始まる」 ダイヤモンド社 2005
Kolb, Edward "Rocky" コルブ, エドワード・W."ロッキー"
[著]「科学力のためにできること」 近代科学社 2008
Kolbe, Uwe コルベ, ウーベ
[著]「とき放されて」 花神社 2013
Kolber, István コルベル・イシュトバーン
[国]ハンガリー 住宅・建設・観光・地域問題担当相
Kolbert, Elizabeth コルバート, エリザベス
[国]アメリカ ピュリッツアー賞 文学・音楽 一般ノンフィクション(2015年) "The Sixth Extinction: An Unnatural History"
Kolcaba, Katharine コルカバ, キャサリン
[著]「コンフォート理論」 医学書院 2008
Kolchanova, Lyudmila コルチャノワ
[国]ロシア 陸上選手
Kold, Christen コル, クリステン
[著]「コルの「子どもの学校論」」 新評論 2007
Kolditz, Thomas A. コルディッツ, トーマス
1956～ [著]「危急存亡時のリーダーシップ」 生産性出版 2009
Kolecki, Szymon コレチキー
[国]ポーランド 重量挙げ選手
Kolelas, Euloge Landry コレラ, ユロージュ・ランドリー
[国]コンゴ共和国 対外貿易・消費相
Kolélas, Guy Brice Parfait コレラ, ギイ・ブリス・パルフェ
[国]コンゴ共和国 公務員・国家改革相
Kolelishvili, Viktor コレルシヴィリ, ビクトール
[国]ジョージア ラグビー選手
Kolenko, Eva コレンコ, エヴァ
[著]「おいしい! グルテンフリー」 クロニクルブックス・ジャパン, 徳間書店(発売) 2016
Kolesnichenko, Svetlana コレスニチェンコ, スベトラーナ
[国]ロシア 水泳選手
Kolesnikov, Borys コレスニコフ, ボリス
[国]ウクライナ 副首相兼基盤整備相
Kolesnikova, Irina コレスニコワ, イリーナ
[国]ロシア バレリーナ サンクトペテルブルク・バレエ・シアター(SPBT)プリンシパル [異]コレスニコヴァ, イリーナ
Kolff, Willem Johan コルフ, ウィレム
1911～2009 [国]アメリカ 外科学者 ユタ大学名誉教授・コルフ研究所所長 [専]人工臓器, 医用生体工学 [異]コルフ, ヴィレム
Koli, Johnson コリ, ジョンソン
[国]ソロモン諸島 保健相
Kolie, Frederic コリエ, フレデリク
[国]ギニア 領土管理・政務相
Kolingba, Desiré コリンバ, デジレ
[国]中央アフリカ 政府官房・議会担当相
Kolins, Scott コリンズ, スコット
[著]「ジャスティス・リーグ:インジャスティス・リーグ」 小学館集英社プロダクション 2016
Kolirin, Eran コリリン, エラン
1973～ [国]イスラエル 映画監督, 脚本家
Kolisi, Siya コリシ, シヤ
[国]南アフリカ ラグビー選手
Kolkman, P.A. コルクマン, P.A.
[著]「水理工学概論」 技報堂出版 2001
Kolko, Gabriel コルコ, ガブリエル
[著]「ベトナム戦争全史」 社会思想社 2001
Kolko, Jon コルコ, ジョン
[著]「ひらめきをデザインする」 早川書房 2016
Kollef, Marin H. コレフ, マリン・H.
[著]「ワシントン集中治療マニュアル」 メディカル・サイエンス・インターナショナル 2010
Kollek, Theodor コレク, テオドール
1911～2007 [国]イスラエル 政治家 エルサレム市長, イスラエル博物館理事長 別称=Kollek, Teddy [異]コーレック, テオドール / コレック, テディ
Koller, Hans コラー, ハンス
1921～2003 [国]オーストリア ジャズサックス奏者
Koller, Tim コラー, ティム
[著]「企業価値評価」 ダイヤモンド社 2016
Kolleritsch, Alfred コレリッチュ, アルフレート
[著]「とき放されて」 花神社 2013
Kolley, Abdou コリー, アブドゥ
[国]ガンビア 財務・経済相
Kollmann, Dana コールマン, デイナ
[著]「もう二度と死体の指なんかしゃぶりたくない!」 バジリコ 2008
Kollo, René コロ, ルネ
1937～ [国]ドイツ テノール歌手 [異]コロー, ルネ
Kollwitz, Käthe (Shmidt) コルヴィッツ, ケーテ
[著]「ケーテ・コルヴィッツの日記」 アートダイジェスト 2003
Kolm, John コルム, ジョン
[著]「チャーリーの秘密のノート」 PHP研究所 2005
Kolobkov, Pavel A. コロブコフ, パベル・A.
[国]ロシア スポーツ相 [異]コロブコフ
Kolobnev, Alexandr コレブネフ
[国]ロシア 自転車選手
Kolobov, Evgenii コロボフ, エフゲニー
1946～2003 [国]ロシア 指揮者 ノーバヤ・オペラ劇場設立者 本名=Kolobov, Evgenii Vladimirovich [異]コロボフ, エブゲニー
Kolobov, Yuriy コロボフ, ユーリー
[国]ウクライナ 財務相
Kolobova, Violetta コロボワ, ビオレッタ
[国]ロシア フェンシング選手
Kolocova, Kristyna コロコバ
[国]チェコ ビーチバレー選手
Kolodiejchuk, Brian コロディエチュック, ブライアン
[著]「マザーテレサ来て、わたしの光になりなさい!」 女子パウロ会 2014
Kolodko, Evgeniia コロドコ
[国]ロシア 陸上選手
Kołodko, Grzegorz コウォトコ, グジェゴジュ
[国]ポーランド 副首相兼財務相 [異]コウォトコ, グジェゴシュ・W.
Kolodziejczak, Timothee コロジェチャク, ティモテ
[国]フランス サッカー選手
Kolodzieski, Edward カレジェッスキー, エドワード
1960～ [国]アメリカ 実業家 西友CEO, ウォルマート・ストアーズ国際部門COO 本名=カレジェッスキー, エドワード・ジェームズ〈Kolodzieski, Edward James〉
Kolodzinski, Pawel コロジンスキ, パベウ
[国]ポーランド セーリング選手
Kolokoltsev, Oleksiy コロコルツェフ
[国]ウクライナ 重量挙げ選手
Kolokoltsev, Vladimir A. コロコリツェフ, ウラジーミル・A.
[国]ロシア 内相
Kolomiets, Maksim コロミーエツ, マクシム

Koloniar, Thomas　コールネー，トマス
　著「ターゲット・アメリカ」早川書房　2016
Kolonics, György　コロニチ，ジョルジュ
　1972〜2008　国ハンガリー　カヌー選手
Kolosinska, Kinga　コロシンスカ，キンガ
　国ポーランド　ビーチバレー選手
Kolpakova, Irina　コルパコワ，イリーナ
　1933〜　国ロシア　バレリーナ　アメリカン・バレエ・シアター（ABT）バレエ・ミストレス　キーロフ劇場バレエ団プリンシパル
Kol Pheng　コル・ペン
　国カンボジア　教育・スポーツ相　訳コル，ペン
Kolsky, Richard I.　コルスキー，リチャード・I.
　著「統合マーケティング戦略論」ダイヤモンド社　2003
Kolstad, Charles D.　コルスタッド，C.D.
　著「環境経済学入門」有斐閣　2001
Kolt, Gregory S.　コルト，グレゴリー・S.
　著「スポーツリハビリテーション」西村書店　2006
Kolter, Roberto　コルター，ロベルト
　1953〜　著「ミクロの世界の仲間たち」羊土社　2008
Koltovich, Vladimir V.　コルトビッチ，ウラジーミル・V.
　国ベラルーシ　貿易相
Koltunova, Yulia　コルツノワ
　国ロシア　飛び込み選手　訳コルチュノワ
Koltz, Tony　コルツ，トニー
　著「リーダーを目指す人の心得」飛鳥新社　2012
Komaki, Ritsuko　コマキ，リツコ
　著「消化器癌」シュプリンガー・ジャパン　2007
Koman, Aleta　コーマン，アレタ
　著「まずは「親のあなた」が変わりましょう」ソニー・マガジンズ　2005
Komara, Kabine　コマラ，カビネ
　国ギニア　首相
Komarinski, Mark F.　コマリンスキ，マーク
　著「Linuxシステム管理ハンドブック」ピアソン・エデュケーション　2001
Komarova, Natalia L.　コマーロヴァ，ナターリア・L.
　著「言語進化とはなにか」大学教育出版　2006
Komarova, Stanislava　コマロワ
　国ロシア　競泳選手
Komarovskii, George E.　コマロフスキー，ゲオルギー
　1933〜2004　国ロシア　外交官，比較宗教学者　駐大阪ロシア総領事
Kombani, Celina Ompeshi　コンバニ，セリナ・オムペシ
　国タンザニア　法相
Kombienou, Pocoun Damè　コンビエヌ，ポクン・ダメ
　国ベナン　産業・商業相
Kombila, Pierre André　コンビラ，ピエール・アンドレ
　国ガボン　技術教育・職業訓練相
Kombo, Musikari　コンボ，ムシカリ
　国ケニア　地方自治相
Kombo, Musikari Nazi　コンボ，ムシカリ・ナジ
　国ケニア　地方自治相
Kombo Yaya, Dieudonné　コンボ・ヤヤ，デュードネ
　国中央アフリカ　外務・地域統合相
Komisar, Randy　コミサー，ランディ
　1954〜　著「プランB」文芸春秋　2011
Komisaruk, Barry R.　コミサリュック，バリー・R.
　著「オルガスムの科学」作品社　2015
Komissarov, Sergei　コミサロフ，セルゲイ
　国ロシア　セーリング選手
Komm, Mary　マングテ
　国インド　ボクシング選手
Komołowski, Longin　コモウォフスキ，ロンギン
　国ポーランド　副首相兼労働・社会政策相
Komori del Villar, Carlos Hugo　コモリ・デル・ビジャル，カルロス・ウゴ
　国ボリビア　ラパス日本人会会長，元・ボリビア空手連合会会長
Komorowski, Bronisław　コモロフスキ，ブロニスワフ
　1952〜　国ポーランド　政治家　ポーランド大統領　本名＝Komorowski, Bronisław Maria
Komova, Viktoria Aleksandrovna　コモワ，ビクトリア
　1995〜　国ロシア　体操選手　訳コモワ
Kompany, Vincent　コンパニ，ヴァンサン
　国ベルギー　サッカー選手
Komšić, Željko　コムシッチ，ジェリコ
　1964〜　国ボスニア・ヘルツェゴビナ　政治家　ボスニア・ヘルツェゴビナ幹部会員（クロアチア人代表）
Komu, Martha　コム
　国ケニア　陸上選手
Komunyakaa, Yusef　コマンヤーカ，ユーセフ
　著「キャロライン・ケネディが選ぶ「心に咲く名詩115」」早川書房　2014
Kon, Dabbaransi　ゴーン・タパランシ
　国タイ　科学技術相　訳ゴーン・タパランシー
Konamna, Lala　コナンナ，ララ
　国中央アフリカ　保健相
Konan, Sebastien　コナン
　国コートジボワール　テコンドー選手
Konaré, Alpha Oumar　コナレ，アルファ・ウマル
　1946〜　国マリ　政治家　マリ大統領，アフリカ連合（AU）委員長
Konaté, Abdel Karim　コナテ，アブデルカリム
　国マリ　貿易・産業相　訳コナテ，アブデル・カリム
Konate, Gnissa　コナテ，ニッサ
　国ブルキナファソ　科学研究・技術革新相
Konaté, Hamadou　コナテ，ハマドゥ
　国マリ　連帯・人道活動相　訳コナテ，ハマドゥアン
Konaté, Mamadou Ismaël　コナテ，ママドゥ・イスマエル
　国マリ　司法・人権相
Konate, Sekouba　コナテ，セクバ
　国ギニア　国防相
Konate, Sidiki　コナテ，シディキ
　国コートジボワール　手工業・中小企業振興相
Konaté, Tiefing　コナテ，ティエフィン
　国マリ　治安・市民保護相
Konate, Tiémoko　コナテ，ティエモコ
　国ブルキナファソ　動物資源相
Koncalovskij, Andrej　コンチャロフスキー，アンドレイ
　ヴェネチア国際映画祭　銀獅子賞（第71回（2014年））　"Belye Nochi Pochtalona Alekseya Tryapitsyna"
Konchelah, Gideon　コンチェラ，ギデオン
　国ケニア　国務相（難民担当）
Koncoš, Pavel　コンツォシュ，パベル
　国スロバキア　農相
Kondaurova, Yekaterina　コンダウーロワ，エカテリーナ
　1982〜　国ロシア　バレリーナ　マリインスキー・バレエ団プリンシパル
Kondepudi, Dilip　コンデプディ，ディリプ
　著「現代熱力学」朝倉書店　2001
Kondogbia, Geoffrey　コンドグビア，ジョフレイ
　国フランス　サッカー選手
Kondra, Boka　コンドラ，ボカ
　国パプアニューギニア　観光芸術文化相
Kondrats, Sandis　コンドラッツ，サンディス
　著「スカルプターのための美術解剖学」ボーンデジタル　2016
Kone, Adama　コネ，アダマ
　国コートジボワール　経済・財務担当相　訳コネ，アマダ
Kone, Amadou　コネ，アマドゥ
　国コートジボワール　運輸相
Kone, Amadou Adrien　コネ，アマドゥ・アドリアン
　国ブルキナファソ　労働・社会保障相
Kone, Arouna　コネ，アルナ
　国コートジボワール　サッカー選手
Kone, Bacary　コネ，バカリ
　国マリ　経済・財務相
Kone, Bakary　コネ，バカリ
　国ブルキナファソ　サッカー選手
Kone, Bruno Nabagné　コネ，ブルーノ・ナバニエ
　国コートジボワール　郵便・情報通信技術相兼内閣報道官　訳コネ，ブルーノ
Kone, Gilbert　コネ，ジルベール
　国コートジボワール　雇用・社会保障・連帯相
Kone, Kafougouna　コネ，カフグナ
　国マリ　国土・地方行政相
Kone, Lamine　コネ，ラミーヌ
　国コートジボワール　サッカー選手
Kone, Léonce　コネ，レオンス
　国ブルキナファソ　商業・手工業相
Kone, Mamadou　コネ，ママドゥ
　国コートジボワール　サッカー選手
Koné, Mamadou　コネ，ママドゥ

Kone, Mariatou　コネ，マリアトゥ
　国コートジボワール　女性・児童保護・連帯相
Kone, Messamba　コネ，メサンバ
　国コートジボワール　戦争被害者・避難民・難民担当相
Koné, Ousmane　コネ，ウスマヌ
　国マリ　都市化・住宅政策相
Kone, Panagiotis　コネ，パナギオティス
　国ギリシャ　サッカー選手
Konelios, Michael　コーネリアス，マイケル
　国マーシャル諸島　資源・開発相　異コネリオス，マイケル
Kones, Kipkalya　コネス，キプカリヤ
　1952〜2008　国ケニア　政治家　ケニア道路相　異コネス，キプカルヤ
Konevska-trajkovska, Gabriela　コネフスカトライコフスカ，ガブリエラ
　国マケドニア　副首相（欧州統合担当）
Kong, Bill　コン，ビル
　1953〜　国香港　映画プロデューサー　エドコ・フィルムス代表，ブロードウェイ総裁　漢字名＝江志強　異ビル・コン
Kong, Cho Ha　コン・チョーハ
　国マレーシア　運輸相
Kong, Vorn　コン・ボーン
　国カンボジア　カンボジア日本友好学園理事長，カンボジア教育支援基金代表
Konga, Kenneth　コンガ，ケネス
　国ザンビア　エネルギー・水資源開発相
Kongantiyev, Moldomusa　コンガンチエフ，モルドムサ
　国キルギス　内相
Kong Cho Ha　コン・チョーハ
　国マレーシア　運輸相
Kong Le　コン・レ
　1934〜2014　国ラオス　軍人　モルプラン（ラオス民族レジスタンス）指導者　異コン・レー
Kong Nyuon, John　コング・ニュオン，ジョン
　国南スーダン　国防相
Kongo Doudou, Toussaint　コンゴドゥドゥ，トゥサン
　国中央アフリカ　外務・アフリカ統合・フランス語圏相
Kongolo, Mwenze　コンゴロ，ムウェンゼ
　国コンゴ民主共和国　治安公共秩序相
Kongsbak, Kirja　コングスバック，キリヤ
　著「北欧ミラクルニット」文化出版局　2007
Kongvattanakul, Somphon　コンワタナクン，ソンポン
　国タイ・タイ国元日本留学生協会（OJSAT）会長
Kong Vorn　コン・ボーン
　1937〜　国カンボジア　カンボジア教育支援基金代表，カンボジア日本友好学園理事長
Konig, Eberhard　ケーニヒ，エバーハルト
　1947〜　著「ベリー公のいとも美しき時禱書」岩波書店　2002
König, Hans-Peter　ケーニッヒ，ハンス・ピーター
　グラミー賞 最優秀クラシック・オペラ録音（2012年（第55回））"Wagner: Der Ring Des Nibelungen"　ソリスト
Konig, Rene　ケーニヒ，ルネ
　著「マキアヴェッリ」法政大学出版局　2001
Konigsburg, E.L.　カニグズバーグ，E.L.
　1930〜2013　国アメリカ　児童文学作家　本名＝カニグズバーグ，エレイン・ローブル〈Konigsburg, Elain Lobl〉　異カニグズバーグ，エレイン・L.
Konik, Michael　コニック，マイケル
　著「ギャンブルに人生を賭けた男たち」文芸春秋　2002
Konin, Jeff G.　コニン，ジェフ
　著「スポーツ診療ビジュアルブック」メディカル・サイエンス・インターナショナル　2016
Koniordou, Lidia　コニオルドゥ，リディア
　国ギリシャ　文化・スポーツ相
Konitz, Lee　コニッツ，リー
　1927〜　著「リー・コニッツ」Du Books, ディスクユニオン（発売）　2015
Konizer, Robert　コニツァー，ロバート
　著「認知パターン」ピアソン・エデュケーション　2001
Konjanovski, Zoran　コニャノフスキ，ゾラン
　国マケドニア　国防相　異コンヤノフスキ，ゾラン
Konjević, Raško　コニェビッチ，ラシュコ
　国モンテネグロ　内相
Konjore, Willem　コニョレ，ビレム
　国ナミビア　青少年・兵役相

Konjuh, Ana　コニュ，アナ
　国クロアチア　テニス選手
Konkka, U.S.　コンカ，ウネルマ
　1921〜2011　著「トゥオネラの悲しい唄」群像社　2014
Konko, Abdoulay　コンコ，アブドゥレイ
　国フランス　サッカー選手
Könnecke, Ole　ケネッケ，オレ
　ドイツ児童文学賞 児童書（2005年）"Die Kurzhosengang"　異クネッケ，オーレ
Konneh, Amara　コネー，アマラ
　国リベリア　財務相
Konnelly, Joe　コネリー，ジョー
　1917〜2003　国アメリカ　映画・テレビ製作者
Konnikova, Maria　コニコヴァ，マリア
　著「シャーロック・ホームズの思考術」早川書房　2016
Konno Sato, Victor　コンノ・サトウ，ビクトル
　国ペルー　ペルー赤門会会長，元・ペルー日系人協会会長
Kono, Mai　コウノ，マイ
　国日本　ローザンヌ国際バレエコンクール 2位・スカラシップ（第35回（2007年））ほか　漢字名＝河野舞衣
Konomanyi, Finda Diana　コノマニ，フィンダ・ダイアナ
　国シエラレオネ　土地・国土計画・環境相　異コノマニー，フィンダ・ダイアナ
Kononov, Nikolai　コーノノフ，ニコライ
　1958〜　「さんざめき」書肆山田　2005
Konopasek, Roger　コノパセク，ロジャー
　著「ロジャー・マグネット流サクセス・アドベンチャー」三修社　2002
Konopka, Dan　コノプカ，ダン
　グラミー賞 最優秀短編ビデオ作品（2006年（第49回））"Here It Goes Again"　監督
Konoplyanka, Yevhen　コノプリャンカ，イェウヘン
　国ウクライナ　サッカー選手
Konovalov, Alexander V.　コノワロフ，アレクサンドル・V.
　国ロシア　法相
Konovalova, Maria　コノワロワ
　国ロシア　陸上選手
Konrad, Mike　コンラッド，マイク
　著「CMMI標準教本」日経BP社, 日経BP出版センター（発売）　2009
Konrath, Joe　コンラス，J.A.
　1970〜　著「ウィスキー・サワーは殺しの香り」文芸春秋　2005
Konrote, Jioji　コンロテ，チョーチ
　国フィジー　大統領
Konstam, Angus　コンスタム，アンガス
　著「図説スペイン無敵艦隊」原書房　2011
Konstantinov, Roman　コンスタンティノフ
　国ロシア　重量挙げ選手
Konstantinov, Stefan　コンスタンティノフ，ステファン
　国ブルガリア　保健相
Konstantinovsky, Vadim　コンスタンティノフスキー，ヴァディム
　著「債券ポートフォリオの計量分析」東洋経済新報社　2010
Konstantopoulos, Dimitrios　コンスタントプーロス，ディミトリオス
　国ギリシャ　サッカー選手
Konta, Johanna　コンタ，ジョアンナ
　国イギリス　テニス選手
Kontides, Pavlos　コンティデス，パブロス
　国キプロス　セーリング選手　異コンティデス
Kontonis, Stavros　コンドニス，スタブロス
　国ギリシャ　法相
Kontos, George　コントス，ジョージ
　国アメリカ　野球選手
Kontsevich, Maxim　コンツェビッチ，マキシム
　国ロシア　クラフォード賞 数学（2008年）
Kontula, Osmo　コントゥラ，オスモ
　著「フィンランドにおける性的ライフスタイルの変容」大月書店　2006
Kontzias, Bill　コンチアス，ビル
　著「みてみてよーくみて」ほるぷ出版　2015
Konwicki, Tadeusz　コンヴィツキ，タデウシュ
　1926〜2015　国ポーランド　作家, 脚本家, 映画監督　異コンビツキ
Konwinski, Andy　コンウィンスキ，アンディ
　著「初めてのSpark」オライリー・ジャパン, オーム社（発売）　2015

Konwitschny, Peter コンヴィチュニー, ペーター
1945～ [国]ドイツ オペラ演出家 ライプツィヒ歌劇場首席演出家 [異]コンビチュニー, ペーター
Koo, Bon-moo グ・ボンム
1945～ [国]韓国 実業家 LGコーポレーション会長・共同CEO 漢字名＝具本茂 [異]ク・ボンム / グ・ホンモ
Koo, Hagen クー, ハーゲン
1941～ [著]「韓国の労働者」 御茶の水書房 2004
Koo, Ja-Cheol ク・ジャチョル
[国]韓国 サッカー選手
Koo, Kien Keat クー
[国]マレーシア バドミントン選手
Koo, Louis クー, ルイス
1970～ [国]香港 俳優 漢字名＝古天楽
Koo, Richard クー, リチャード
1954～ [著]「「陰」と「陽」の経済学」 東洋経済新報社 2007
Koofi, Fawzia クーフィ, フォージア
1975～ [著]「わたしが明日殺されたら」 徳間書店 2011
Koogle, Tim クーグル, ティム
1952～ [国]アメリカ 実業家 メソッド・プロダクツ会長 ヤフー社長・CEO 本名＝クーグル, ティモシー〈Koogle, Timothy A.〉
Kooi, Barteld Pieter クーイ, バーテルド
1976～ [著]「100人の囚人と1個の電球」 日本評論社 2016
Kooij, Rachel van コーイ, ラヘル・ファン
1968～ [国]オーストリア 作家 [専]ヤングアダルト
Koole, Boudewijn コーレ, バウデウェイン
ベルリン国際映画祭 審査員新人賞（第62回（2012年））“Kauwboy”
Koolen, Maayken コーレ, マーイケ
1970～ [著]「モナリザをさがせ」 朝日学生新聞社 2013
Koolhaas, Charlie コールハース, チャーリー
1977～ [著]「メタボリズム・トリップ」 平凡社 2012
Koolhaas, Rem クールハース, レム
1944～ [国]オランダ 建築家, 都市デザイナー OMA（オフィス・オブ・メトロポリタン・アーキテクチュア）主宰, ハーバード大学デザイン大学院教授 本名＝Koolhaas, Remment [異]コールハース, レム
Koolman, Jan コールマン, ヤン
[著]「見てわかる生化学」 メディカル・サイエンス・インターナショナル 2015
Koomen, Pete クーメン, ピート
1982～ [著]「部長、その勘はズレてます！」 新潮社 2014
Koon, Jeff クーン, ジェフ
1984～ [著]「蝶をいじめてはいけない！」 ランダムハウス講談社 2004
Kooner, Andrew クーナー
[国]カナダ ボクシング選手
Koonjoo, Premdut クンジュー, プレム
[国]モーリシャス 海洋経済・海洋リソース・漁業・海運・離島相 [異]クーンジョー, プレムドゥット
Koons, Jeff クーンズ, ジェフ
1955～ [国]アメリカ アーティスト
Koontz, Christie クーンツ, クリスティー
[著]「IFLA公共図書館サービスガイドライン」 日本図書館協会 2016
Koontz, Dean Ray クーンツ, ディーン
1945～ [国]アメリカ 作家 別名＝コフィ, ブライアン〈Coffey, Brian〉, ドワイヤー, K.R.〈Dwyer, K.R.〉
Koontz, Trixie クーンツ, トリクシー
[著]「犬が教えてくれた幸せになるヒント」 ぶんか社 2010
Koonz, Claudia クーンズ, クローディア
[著]「ナチと民族原理主義」 青灯社 2006
Koop, C.Everett クープ, C.エベレット
1916～2013 [国]アメリカ 医師 米国公衆衛生局長官, ダートマス大学C・エベレット・クープ研究所上級研究員 [異]クープ, C.エバレット
Koop, Volker コープ, フォルカー
1945～ [著]「ナチス・ドイツ、IGファルベン、そしてスイス銀行」 創土社 2010
Kooper, Al クーパー, アル
1944～ [国]アメリカ シンガー・ソングライター, 音楽プロデューサー
Kooper, Gisella クーペル, ジセラ
[国]コスタリカ 科学技術相
Koopman, Amerentske コープマン, アーメレンツケ
1972～ [著]「空からみた自動車レース」 朝日学生新聞社 2012
Koopman, Siem Jan クープマン, S.J.
[著]「状態空間時系列分析入門」 シーエーピー出版 2008
Koopman, Ton コープマン, トン
1944～ [国]オランダ ハープシコード奏者, オルガン奏者, 指揮者 オランダ王立音楽院教授, アムステルダム・バロック管絃楽団主宰者 本名＝Koopman, Antonius Gerhardus Michael
Koopmans, Loek コープマン, リーク
1943～ [異]クープマン, ルーク [著]「ゆきをさがして」 学習研究社 〔2004〕
Koopmans, Luuk コープマンス, ルーク
[国]オランダ サッカー選手
Kooser, Ted クーザー, テッド
1939～ [国]アメリカ 詩人
Koosis, Donald J. クーシス, ドナルド・J.
[著]「早わかり統計学」 信山社出版 2001
Kootnikoff, David クーテニコフ, D.
[著]「飛び込んでみよう！ JETプログラム」 東洋館出版社 2002
Kopač, Janez コパチ, ヤネズ
[国]スロベニア 環境・地域計画・エネルギー相
Kopac, Jiri コパツ, イジ
[国]チェコ ボート選手
Kopacz, Ewa コパチ, エバ
1956～ [国]ポーランド 政治家 ポーランド首相 [異]コパチ, エヴァ
Kopaol, Robert コパオル, ロバート
[国]パプアニューギニア 土地計画相
Kopatchinskaja, Patricia コパチンスカヤ, パトリツィア
1977～ [国]モルドバ バイオリニスト [異]コパチンスカヤ, パトリシア
Kopech, Michael コーペック, マイケル
[国]アメリカ 野球選手
Kopečková, Veronika コペッコヴァ, ヴェロニカ
[著]「すばらしきくるまのせかい」 大日本絵画 2013
Kopelman, Jay コペルマン, ジェイ
[著]「戦場で出会った子犬の物語」 日経BP社, 日経BP出版センター（発売） 2008
Kopelman, Josh コペルマン, ジョシュ
投資家, First Round Capital共同創業者
Kopelman, Richard I. コペルマン, リチャード・I.
[著]「クリニカル・リーズニング・ラーニング」 メディカル・サイエンス・インターナショナル 2011
Kopeyev, Mukhambet コペエフ, ムハンベト
[国]カザフスタン 非常事態相
Kopf, Gereon コプフ, ゲレオン
[著]「日本哲学の国際性」 世界思想社 2006
Koplewicz, Harold S. コプレウィッツ, ハロルド・S.
[著]「憂うつな青年たち」 誠信書房 2009
Kopomaa, Timo コポマー, T.
1956～ [著]「ケータイは世の中を変える」 北大路書房 2004
Kopp, Pavol コプ, パボル
[国]スロバキア 射撃選手 [異]コプ
Kopp, P.E. コップ, E.
[著]「測度と積分」 培風館 2008
Kopp, Rochelle カップ, ロッシェル
1964～ [国]アメリカ 経営コンサルタント ジャパン・インターカルチュラル・コンサルティング社長
Kopp, Wendy コップ, ウェンディ
1967～ [著]「世界を変える教室」 英治出版 2012
Koppe, Susanne コッペ, ズザンネ
[著]「くるみ割り人形」 BL出版 2005
Koppel, Tom コペル, トム
[著]「燃料電池で世界を変える」 翔泳社 2001
Koppelman, Joel M. コッペルマン, ジョエル
[著]「アーンド・バリューによるプロジェクトマネジメント」 日本能率協会マネジメントセンター 2004
Koppens, Judith コッペン, ジュディス
1969～ [著]「きょうはおたんじょうび」 アシェット婦人画報社 2005
Kopper, Lisa コッパー, リサ
1950～ [著]「デイジーとあそぼう」 アスラン書房 2004
Koprivnikar, Boris コプリウニカル, ボリス
[国]スロベニア 副首相兼公共行政相
Koprulu, Emine キョプルル, エミネ
[国]トルコ トルコ航空客室サービス長
Koptsik, Vladimir A. コプツィク, ウラジミール・A.
[著]「形とシンメトリーの饗宴」 森北出版 2003
Kopu, Dudley コプ, ドゥッドリー

Korać, Žarko コラチ, ジャルコ
　囲セルビア　副首相
Korakaki, Anna コラカキ, アンナ
　囲ギリシャ　射撃選手
Kora Zaki, Maïmouna コラザキ, マイムナ
　囲ベナン　労働・公職相
Korb, Julian コルプ, ユリアン
　囲ドイツ　サッカー選手
Korb, Mihhail コルプ, ミハイル
　囲エストニア　行政相
Korbel, Kathleen コーベル, キャスリーン
　著「あのバカンスをもう一度」ハーレクイン　2009
Korber, Nils ケルバー, ニルス
　囲ドイツ　サッカー選手
Korbi, Sadok コルビ, サドク
　囲チュニジア　教育・訓練相
Korbin, Jill E. コービン, ジル・E.
　著「虐待された子ども」明石書店　2003
Korbsak, Sabhavasu コプサック・サパーワス
　囲タイ　副首相
Korbut, Nikolai P. コルブト, ニコライ・P.
　囲ベラルーシ　財務相
Korchnoi, Viktor コルチノイ, ヴィクトル
　1931〜2016　囲スイス　チェス棋士　本名＝Korchnoi, Viktor Lvovich　即コルチノイ, ビクトル
Korcia, Laurent コルシア, ローラン
　囲フランス　バイオリニスト
Korda, Alberto コルダ, アルベルト
　1928〜2001　囲キューバ　写真家　本名＝ディアス・グティエレス, アルベルト〈Díaz Gutierréz, Alberto〉
Kordahi, Jean-Louis コルダヒ, ジャンルイ
　囲レバノン　郵政通信相　即カルダヒ, ジャンルイ
Kordan, Ali コルダン, アリ
　?〜2009　囲イラン　政治家　イラン内相
Kordemskii, B.A. コルディムスキー, B.A.
　即コルデムスキー　著「数学センス！」丸善　2003
Kordestani, Omid コーデスタニ, オミド
　実業家　ツイッター取締役会長　グーグル上級副社長・CBO
Kordjé, Bedoumra コルジェ, ベドゥムラ
　囲チャド　財務・予算相　即コルディエ, ベンドゥムラ
Kordon, Klaus コルドン, クラウス
　1943〜　著「ドイツの児童文学作家クラウス・コルドン講演会わたしの物語作法—「古き」ベルリンの若者たちの今」大阪国際児童文学振興財団　2015
Koreeda, Hirokazu コレエダ, ヒロカズ
　囲日本　カンヌ国際映画祭　審査員賞（第66回（2013年））　漢字名＝是枝裕和
Korelova, Alexandra コレロワ
　囲ロシア　馬術選手
Korematsu, Fred コレマツ, フレッド
　?〜2005　囲アメリカ　在米日系人の権利擁護活動家
Koren, Leonard コーレン, レナード
　1948〜　著「わびさびを読み解く」ビー・エヌ・エヌ新社　2014
Koren, Steve コーレン, スティーヴ
　ゴールデン・ラズベリー賞（ラジー賞）最低脚本賞（第32回（2011年））"Jack and Jill"　即コレン, スティーブ
Koren, Ziv コーレン, ジブ
　1970〜　囲イスラエル　報道写真家
Koreng, Eric コレンク
　囲ドイツ　ビーチバレー選手
Korf, Benedikt コルフ, ベネディクト
　著「ドイツ」ほるぷ出版　2008
Korf, Bruce R. コルフ, ブルース・R.
　著「NIH臨床研究の基本と実際」丸善出版　2016
Korhonen, Martti コルホネン, マルッティ
　囲フィンランド　自治相
Korienek, Gene コリエネック, ジーン
　著「Squeakプログラミング入門」エスアイビー・アクセス, 星雲社（発売）　2004
Korine, Harmony コリン, ハーモニー
　1973〜　囲アメリカ　映画監督, 脚本家
Korir, John Cheruiyot コリル, J.
　囲ケニア　陸上選手
Koririntetaake, Toakai コリリンテターケ, トーアカイ
　囲キリバス　教育相

Korkeaoja, Juha コルケアオヤ, ユハ
　囲フィンランド　農林相
Korman, Gordon コーマン, ゴードン
　1963〜　囲アメリカ　児童文学作家
Korman, Harvey コーマン, ハーベイ
　1927〜2008　囲アメリカ　俳優　即コーマン, ハーヴィ／コーマン, ハーヴェイ
Korman, Maxime Carlot コルマン, マキシム・キャロ
　囲バヌアツ　公益企業相
Korman, Susan コーマン, スーザン
　即コルマン, スーザン　著「カンフー・パンダ」角川書店, 角川グループパブリッシング（発売）　2008
Korn, Chatikavanij ゴーン・チャティカワニット
　囲タイ　財務相
Kornai, János コルナイ, ヤーノシュ
　1928〜　囲ハンガリー　経済学者　ハーバード大学名誉教授, ブダペスト高等研究所名誉研究員
Kornberg, Arthur コーンバーグ, アーサー
　1918〜2007　囲アメリカ　生化学者　スタンフォード大学名誉教授　専DNA
Kornberg, Roger D. コーンバーグ, ロジャー
　1947〜　囲アメリカ　生化学者　スタンフォード大学医学部教授　専構造生物学　即コーンバーグ, ロジャー・D.
Kornblum, William コーンブルム, ウィリアム
　著「アップタウン・キッズ」大月書店　2010
Kornelius, Martin コルネリウス, マルティン
　1961〜　著「早わかりアインシュタインの宇宙」大月書店　2005
Körner, Ann M. コーナー, アン・M.
　著「一流の科学者が書く英語論文」東京電機大学出版局　2010
Korner, Thomas William ケルナー, T.W.
　著「フーリエ解析大全」朝倉書店　2003
Kornetsky, L.A. コーネツキー, L.A.
　囲アメリカ　作家　専ミステリー, スリラー　別筆名＝ギルマン, ローラ・アン〈Gilman, Laura Anne〉
Kornfield, Jack コーンフィールド, ジャック
　1945〜　著「手放す生き方」サンガ　2016
Kornhuber, Hans Helmut コルンフーバー, ハンス・ヘルムート
　1928〜　即コルンフーバー, H.H.　著「意志と脳」総合医学社　2011
Kornman, Kenneth S. コーンマン, ケネス・S.
　著「AAP歯周病と全身疾患との関わり」クインテッセンス出版　2003
Kornreich, Gabriel コーンライヒ, ガーブリエル
　著「ベルリン・デザイン・ハンドブックはデザインの本ではない！」ベアリン出版, 新宿書房（発売）　2013
Kornukov, Anatolii Mikhailovich コルヌコフ, アナトリー
　1942〜2014　囲ロシア　軍人　ロシア空軍総司令官
Korobka, Olha コロブカ
　囲ウクライナ　重量挙げ選手
Kóródi, Mária コーローディ・マーリア
　囲ハンガリー　環境・水利相
Koroilavesau, Semi コロイラベソウ, セミ
　囲フィジー　漁業相
Koroitamana, Jone コロイタマナ, ジョネ
　囲フィジー　観光・運輸相
Korolec, Marcin コロレツ, マルチン
　囲ポーランド　環境相
Koroleva, Olga カロレワ
　囲ロシア　フリースタイルスキー選手
Korolevska, Natalia コロレフスカ, ナタリヤ
　囲ウクライナ　社会政策相
Koroma, Abu Aya コロマ, アブ・アヤ
　囲シエラレオネ　政治・議会担当相
Koroma, Alimamy コロマ, アリマミ
　囲シエラレオネ　労働・住宅・社会基盤相
Koroma, Balogun コロマ, バログン
　囲シエラレオネ　運輸相
Koroma, Ernest Bai コロマ, アーネスト・バイ
　1953〜　囲シエラレオネ　政治家　シエラレオネ大統領
Koroma, Momodu コロマ, モモドゥ
　囲シエラレオネ　外務・国際協力相
Korostylov, Pavlo コロスティロフ, パブロ
　囲ウクライナ　射撃選手
Koroteyeva, Mariya コロテエワ
　囲ロシア　陸上選手
Korotkov, Egor コロトコフ

㊚ロシア　フリースタイルスキー選手
Korotkov, Ilya　コロトコフ
　㊚ロシア　陸上選手
Korotov, Konstantin　コロトフ, コンスタンチン
　㊛「エグゼクティブコーチング」ファーストプレス　2008
Korotyshkin, Evgeny　コロチシュキン
　㊚ロシア　競泳選手
Korovulavula, Manu　コロブンラブラ, マヌ
　㊚フィジー　運輸・エネルギー相
Korr, Charles P.　コール, チャック
　㊛「サッカーが勝ち取った自由」白水社　2010
Kors, Michael　コース, マイケル
　1959〜　㊚アメリカ　ファッションデザイナー
Korsch, Dietrich　コルシュ, ディートリヒ
　㊛「キリスト教の主要神学者」教文館　2014
Korsgaard, Christine Marion　コースガード, クリスティーン・M.
　㊛「クオリティー・オブ・ライフ」里文出版　2006
Korsgaard, Ove　コースゴー, オヴェ
　1942〜　㊛「政治思想家としてのグルントヴィ」新評論　2016
Korshunova, Ekaterina　コルシュノワ, エカテリーナ
　㊚ロシア　射撃選手
Korshunova, Ruslana　コルシュノワ, ルスラナ
　1987〜2008　ファッションモデル
Korshunow, Irina　コルシュノフ, イリーナ
　1925〜2013　㊚ドイツ　作家, 児童文学作家
Korsmeyer, Carolyn　コースマイヤー, キャロリン
　㊛「美学」三元社　2009
Korsunskaia, Ella Arkadevna　コルスンスカヤ, E.A.
　?〜2012　㊛「子どもに向かって「お前が悪い」と言わないで」文芸社　2016
Korte, Andreas　コルテ, アンドレアス
　㊛「コルテ・フラワーエッセンスの癒しの世界」フレグランスジャーナル社　2008
Korte, Bernhard H.　コルテ, B.
　㊛「組合せ最適化」シュプリンガー・ジャパン　2009
Korten, David　コーテン, デイビッド
　㊛「ポストグローバル社会の可能性」緑風出版　2006
Korten, David C.　コーテン, デービッド・C.
　㊚コーテン, デービット　㊛「ニューエコノミーでアメリカが変わる！」一灯舎, オーム社 (発売)　2009
Kortenaar, Neil Ten　コーテナール, ニール・テン
　㊛「ケンブリッジ版カナダ文学史」彩流社　2016
Kortenkamp, Ulrich H.　コルテンカンプ, U.H.
　㊛「シンデレラ」シュプリンガー・フェアラーク東京　2003
Korth, Hank　コース, ハンク
　㊛「ソフトウェアの未来」翔泳社　2001
Korthagen, F.A.J.　コルトハーヘン, F.
　㊛「教師教育学」学文社　2010
Korthals, Benk　コルトハルス, ベンク
　㊚オランダ　法相
Körtner, Ulrich H.J.　ケルトナー, U.H.J.
　1957〜　㊛「この苦しみはいつまで？」教文館　2004
Korto, Joseph　コルト, ジョゼフ
　㊚リベリア　教育相
Koruna, Stefan　コルーナ, ステファン
　㊛「科学経営のための実践的MOT」日経BP社, 日経BP出版センター (発売)　2005
Korvald, Lars　コルバルト, ラーシュ
　1916〜2006　㊚ノルウェー　政治家　ノルウェー首相, ノルウェーキリスト教人民党委員長
Korver, Kyle　コーバー, カイル
　㊚アメリカ　バスケットボール選手
Koryta, Michael　コリータ, マイケル
　1982〜　㊚アメリカ　作家　㊛スリラー, ミステリー, ホラー　㊚コリータ, マイクル
Korzeniowski, Pawel　コジェニョフスキ
　㊚ポーランド　競泳選手　㊚コルゼニオフスキ
Korzeniowski, Robert　コジェニョフスキ
　㊚ポーランド　陸上選手
Korzh, Viktor　コルチュ, ビクトル
　㊚ウクライナ　家族・青年・スポーツ相
Korzhoya, Natalya　コルジョワ, ナタリヤ
　㊚カザフスタン　財務相
Korzits, Lee　コルジツ
　㊚イスラエル　セーリング選手

Korzun, Nikita　コルズン, ニキータ
　㊚ベラルーシ　サッカー選手
Kosar, Kevin R.　コザー, ケビン・R.
　1970〜　㊛「ウイスキーの歴史」原書房　2015
Kosar, Scott　コーサー, スコット
　㊛「マシニスト」竹書房　2005
Kosara, Robert　コサラ, ロバート
　㊛「ビューティフルビジュアライゼーション」オライリー・ジャパン, オーム社 (発売)　2011
Koschmann, J.Victor　コシュマン, J.ビクター
　1942〜　㊚アメリカ　歴史学者　コーネル大学歴史学部教授　㊛日本思想史　本名：コシュマン, ジュリアン・ビクター　㊚コシュマン, J.ヴィクター／コシュマン, J.ヴィクトル／コシュマン, ジュリアン・ヴィクトル
Koscielny, Laurent　コシェルニー, ローラン
　㊚フランス　サッカー選手
Kosciuskomorizet, Nathalie　コシウスコモリゼ, ナタリー
　㊚フランス　エコロジー・持続的開発・運輸・住宅相
Kosgey, Felix　コスゲイ, フェリックス
　㊚ケニア　農業・畜産・水産相
Kosgey, Henry　コスゲイ, ヘンリー
　㊚ケニア　産業化相
Kosgey, Sally　コスゲイ, サリー
　㊚ケニア　農相
Kosglow, Lisa　コスグロー
　㊚アメリカ　スノーボード選手
Koshiba, Fritz　コシバ, フリッツ
　㊚パラオ　資源開発相　㊚コシバ, フィリッツ
Koshis, Nicos　コシス, ニコス
　㊚キプロス　法相
Koshkin, Anatolii　コーシキン, アナトリー
　1946〜　㊛「大国の攻防」大阪経済法科大学アジア研究所　2005
Kosik, Kenneth S.　コシク, ケネス・S.
　1950〜　㊛「愛する人がアルツハイマー病になった時」佼成出版社　2005
Kosimov, Kosim　コシモフ, コシム
　㊚タジキスタン　農相
Kosinets, Aleksandr N.　コシネツ, アレクサンドル・N.
　㊚ベラルーシ　副首相
Kosiniak-kamysz, Władysław　コシニアクカミシュ, ブワディスワフ
　㊚ポーランド　労働・社会政策相　㊚コシニァクカミシュ, ブワディスワフ
Kosinski, Joseph　コシンスキー, ジョセフ
　1974〜　㊚アメリカ　映画監督
Kosir, Dejan　コシール, D.
　㊚スロベニア　スノーボード選手　㊚コシール
Kosir, Zan　コシール
　㊚スロベニア　スノーボード選手
Kosit, Panpiemras　コシット・パンピアムラット
　㊚タイ　副首相兼工業相
Koski, Markku　コスキ
　㊚フィンランド　スノーボード選手
Koskinen, Jari　コスキネン, ヤリ
　㊚フィンランド　農相
Koskinen, Johannes　コスキネン, ヨハンネス
　㊚フィンランド　法相
Koskipää, Ritva　コスキパー, リトバ
　㊛「フィンランド国語教科書」経界界　2007
Kosmatka, Ted　コズマトカ, テッド
　1973〜　㊛「ボーン・アナリスト」早川書房　2016
Kosmo, Jorgen　コスムー, ヨルゲン
　㊚ノルウェー　労働・行政相
Kosmoski, Jon　コスモスキー, ジョン
　㊛「Theカスタムペイント」リペアテック　2003
Kosnik, Clare Madott　コズニック, クレア
　㊛「教員養成の新視点」晃洋書房　2015
Kosog, Simone　コーゾック, ジモーネ
　1967〜　㊛「修道院へようこそ」創元社　2010
Kosolapov, Richard Ivanovich　コソラーポフ, リチャルド
　㊚コソラポフ, リチャルド　㊛「スターリンとレーニン」新読書社　2003
Kosor, Jadranka　コソル, ヤドランカ
　1953〜　㊚クロアチア　政治家　クロアチア民主同盟 (HDZ) 党首　クロアチア首相
Kosowsky, Joshua M.　コソウスキー, ジョシュア・M.

㊆「救急ポケットレファランス」メディカル・サイエンス・インターナショナル 2016
Koss, Johann Olav コス, ヨハン・オラフ
1968〜 ㊆ノルウェー 元スピードスケート選手 ㊥コス, ヨハンオラフ
Koss, Marry P. コス, メアリー・P.
㊆「ソーシャルワークと修復的正義」明石書店 2012
Koss, Robert S. コス, ロバート・S.
㊆「アジャイルソフトウェア開発の奥義」ソフトバンククリエイティブ 2008
Kossens, Michael コッセンス, ミカエル
㊆「ドイツの求職者基礎保障」学文社 2009
Kossi, Etienne コッシ, エティエンヌ
㊆ベナン 通信・情報通信技術相 ㊥コシ, エティエンヌ
Kossi-bella, Denis コシベラ, デニス
㊆中央アフリカ 水・森林相
Kosslyn, Stephen Michael コスリン, スティーヴン・M.
1948〜 ㊆コスリン, S.M. ㊆「上脳・下脳」河出書房新社 2014
Kossoff, David コソフ, デヴィッド
1919〜2005 ㊆「マサダの声」ミルトス 2012
Kosson, David S. コッソン, ダビッド・S.
㊆「サイコパシー・ハンドブック」明石書店 2015
Kostabi, Mark コスタビ, マーク
1960〜 ㊆アメリカ 画家, 作曲家 本名=Kostabi, Kalev Marki
Kostecki-Shaw, Jenny Sue コステキ=ショー, ジェニー・スー
㊆「わたしのすてきなたびする目」偕成社 2013
Kostecký, Lubomír コステツキー, ルボミール
1922〜2003 ㊆チェコ バイオリニスト ㊥コステツキー, リュボミール
Kostelecky, David コステレツキー, ダビド
㊆チェコ 射撃選手
Kostelić, Ivica コステリッツ, イヴィツァ
1979〜 ㊆クロアチア スキー選手 ㊥コスタリッチ, イヴィッツァ / コスタリッチ, イヴィツァ / コステリッツ / コステリッツ, イビツァ
Kostelić, Janica コステリッツ, ヤニツァ
1982〜 ㊆クロアチア 元スキー選手 ㊥コスタリッチ, ヤニツァ / コステリッツ
Kostenko, Yurii コステンコ, ユーリー
㊆ウクライナ 元・駐日ウクライナ大使, 元・外務次官, 元・第一外務次官代行
Koster, Amy Sky カースター, エイミー・S.
㊆「ディズニーウィスカー・ヘイブン」KADOKAWA 2016
Koster, Joyce コスター, ジョイス
㊆「クリビアにおまかせ!」扶桑社 2004
Koster, Raph コスター, ラフ
1971〜 ㊆「「おもしろい」のゲームデザイン」オライリー・ジャパン, オーム社 (発売) 2005
Koster-Losche, Kari ケスター=レッツェ, カーリ
1946〜 ㊆「狂牛病の真実」インターメディア出版 2001
Kostevych, Olena コステビッチ, オレーナ
1985〜 ㊆ウクライナ 射撃選手
Kosti, Manibe コスティ・マニベ
㊆スーダン 内閣担当相
Kostic, Filip コスティッチ, フィリップ
㊆セルビア サッカー選手
Kostigen, Thomas コスティジェン, トーマス・M.
㊆「世界のどこでも生き残る異常気象サバイバル術」日経ナショナルジオグラフィック社, 日経BPマーケティング (発売) 2015
Kostin, Igor F. コスチン, イーゴリ
1936〜2015 ㊆ウクライナ 写真家 ノーボスチ通信社キエフ支局カメラマン
Kostiuczyk, Nadiezda コスティウチャク
㊆ポーランド バドミントン選手
Kostner, Carolina コストナー, カロリナ
1987〜 ㊆イタリア フィギュアスケート選手 ㊥コストナー
Kostner, Isolde コストナー
㊆イタリア アルペンスキー選手
Kostomarov, Pavel コストマロフ, パベル
ベルリン国際映画祭 銀熊賞 芸術貢献賞 (カメラ) (第60回 (2010年)) "Kak ya provel etim letom"
Kostomarov, Roman コストマロフ, ロマン
㊆ロシア フィギュアスケート選手
Kostov, Borislav コストフ, ボリスラフ

㊆ブルガリア 駐日特命全権大使
Kostov, Hari コストフ, ハリ
㊆マケドニア 内相
Kostov, Ivan コストフ, イワン
㊆ブルガリア 首相
Kostov, Pavle コストフ, パブル
㊆クロアチア セーリング選手
Kostova, Boyanka コストワ
㊆アゼルバイジャン 重量挙げ選手
Kostova, Elizabeth コストヴァ, エリザベス
1964〜 ㊆アメリカ 作家 文学, フィクション, 歴史 本名=Kostova, Elizabeth Z.Johnson ㊥コストバ, エリザベス
Kostrov, P.I. コストロフ, P.I.
㊆「古代ペンジケントの壁画と彫塑」国立文化財機構東京文化財研究所文化遺産国際協力センター 2010
Koštunica, Vojislav コシュトニツァ, ヴォイスラフ
1944〜 ㊆セルビア 政治家, 憲法学者 ユーゴスラビア連邦大統領, セルビア首相 ㊥コシュトゥニッツァ / コシュトゥニッツァ / コシュトニツア, ボイスラブ
Kostyuchenko, Leonid コスチュチェンコ, レオニード
㊆ウクライナ 運輸相
Kostyuk, Aleksandr コスチュク, アレクサンドル
㊆キルギス 農業・水資源相
Kostyuk, Lena コステュック, レナ
モスクワ国際映画祭 銀賞 最優秀女優賞 (第31回 (2009年)) "Melodya dlya sharmanki" (ウクライナ)
Kosubayev, Yesetzhan コスバエフ, エセトジャン
㊆カザフスタン 文化・情報・スポーツ相
Kosulina, Liudmila Gennad'evna コスリナ, リュドミラ
㊆「ロシアの歴史」明石書店 2011
Kosuth, Joseph コスース, ジョゼフ
1945〜 ㊆アメリカ 美術家 ㊥コース, ジョセフ / コスス, ジョセフ
Kosynskyy, Dmytro コシンスキー, ドミトロ
㊆ウクライナ 陸上選手
Kot, Maciej コット
㊆ポーランド スキージャンプ選手
Kotak, Uday コタック, ウダイ
㊆インド コタック・マヒンドラ銀行
Kotański, Wiesław Roman コタンスキ, ヴィエスワフ
1915〜2005 ㊆ポーランド 日本文化研究家 ワルシャワ大学日本学科名誉教授 ㊥コタニスキ, ヴィエスワフ / コタンスキ, ウィースロー / コタンスキ, ビエスワフ / コタンスキ, ベスワフ
Kotaye, Moïse コタイE, モイゼ
㊆中央アフリカ 中小企業相
Kotazo, André Toby コタゾ, アンドレ・トビー
㊆中央アフリカ 運輸・公共事業相
Kotchian, Archibold Carl コーチャン, アーチボルド・カール
1914〜2008 ㊆アメリカ 実業家 ロッキード副会長 ㊥コーチャン, アーチボルト / コーチャン, カール
Kote, Zakalia コテ, ザカリア
㊆ブルキナファソ 法相
Kothbauer, Max コートバウアー, マックス
㊆オーストリア オーストリア国立銀行副会長, 元・将来の課題のための日・オーストリア委員会委員長, 元・日・オーストリア21世紀委員会委員長
Kothe, Hans W. コーテ, ハンス・W.
㊆「ビジュアル科学大事典」日経ナショナルジオグラフィック社, 日経BP出版センター (発売) 2009
Kotkin, Joel コトキン, ジョエル
㊆「都市から見る世界史」ランダムハウス講談社 2007
Kotlarova, Hana コトラージョヴァー, ハナ
㊆チェコ 元・在チェコ日本国大使館現地職員
Kotler, Milton コトラー, ミルトン
㊆「コトラー世界都市間競争」碩学舎, 中央経済社 (発売) 2015
Kotler, Neil G. コトラー, ニール
1941〜 ㊆「ミュージアム・マーケティング」第一法規 2006
Kotler, Philip コトラー, フィリップ
1931〜 ㊆アメリカ マーケティング学者 ノースウエスタン大学ケロッグ経営大学院SCジョンソン特別教授
Kotler, Steven コトラー, スティーヴン
1967〜 ㊆「ボールド突き抜ける力」日経BP社, 日経BPマーケティング (発売) 2015
Kotlikoff, Laurence J. コトリコフ, ローレンス・J.
1951〜 ㊆「破産する未来」日本経済新聞社 2005
Koto, Bernard コト, ベルナール

[国]マダガスカル　環境・治水・森林相
Koto, Sunia　コト, スニア
[国]フィジー　ラグビー選手
Kotova, Tatyana　コトワ
[国]ロシア　陸上選手
Kotovich, Tat'iana V.　コトヴィチ, タチヤナ・ヴィクトロヴナ
[著]「ロシア・アヴァンギャルド小百科」 水声社　2008
Kotromanović, Ante　コトロマノビッチ, アンテ
[国]クロアチア　国防相
Kotrschal, Kurt　コートショー, カート
1953〜　[著]「ペットへの愛着」 緑書房　2015
Kotsay, Mark　コッツェイ, マーク
[国]アメリカ　オークランド・アスレティックスコーチ
Kotschwar, Barbara　コトチュウォー, バーバラ
[著]「米国の研究者が書いたTPPがよくわかる本」 日本経済新聞出版社　2013
Kotsenburg, Sage　コッツェンバーグ, セージ
1993〜　[国]アメリカ　スノーボード選手
Kott, Jan　コット, ヤン
1914〜2001　[国]アメリカ　演劇学者, 文芸評論家　ニューヨーク州立大学名誉教授　[専]比較文学, 比較演劇学
Kottas, Dimitris　コッタス, ディミトリス
[著]「一生に一度は泊まってみたい奇想天外ホテル」 エクスナレッジ　2013
Kotter, John P.　コッター, ジョン
1947〜　[国]アメリカ　ハーバード大学ビジネススクール名誉教授　[専]組織論, リーダーシップ論
Kottler, Jeffrey A.　コトラー, ジェフリー・A.
[著]「ダイニングテーブルのミイラ セラピストが語る奇妙な臨床事例」 福村出版　2011
Kottman, Michal　コットマン, ミハル
[国]スロバキア　駐日特命全権大使
Kotval, Jeroo　コトヴァル, ジェルー
[著]「遺伝子操作時代の権利と自由」 緑風出版　2012
Koty, Lambert　コティ, ランベール
[国]ベナン　公共事業・運輸相
Kotyuga, Anzhelika　コチュガ
[国]ベラルーシ　スピードスケート選手
Kötz, Hein　ケッツ, ハイン
1935〜　[著]「ドイツ不法行為法」 法律文化社　2011
Kotze, Hildegard von　コッツェ, ヒルデガルト・フォン
[著]「第三帝国の中枢にて」 バジリコ　2008
Kotzé, Theuns　コッツェ, テュヌス
[国]ナミビア　ラグビー選手
Kotzian, Ditte　コツィアン
[国]ドイツ　飛び込み選手
Kotzias, Nikos　コジアス, ニコス
[国]ギリシャ　外相
Kotzwinkle, William　コツウィンクル, ウィリアム
1938〜　[国]アメリカ　作家, 詩人　[異]コッツウィンクル, ウィリアム
Kou, Lei　コウ, レイ
[国]ウクライナ　卓球選手
Koua, Mahamat Hamid　クア, マハマト・アミド
[国]チャド　産業開発・商業相
Kouadio, Komoé Augustin　クアディオ, コモエ・オギュスタン
[国]コートジボワール　文化・フランス語圏相
Kouadio, Rémi Allah　クアディオ, レミ・アラー
[国]コートジボワール　環境・都市衛生・持続的発展相
Kouakou, Amédée Koffi　クアク, アメデ・コフィ
[国]コートジボワール　経済インフラ相
Kouakou, Gervais Jean-Baptiste　クアク, ジェルベ・ジャンバプティスト
[国]コートジボワール　外相
Kouakou, Pascal Abinan　クアク, パスカル・アビナン
[国]コートジボワール　公務・行政近代化相
Kouandjio, Arie　コアンジオ, アリー
[国]アメリカ　アメフト選手
Kouandjio, Cyrus　コアンジオ, サイラス
[国]アメリカ　アメフト選手
Kouassi, Jean-Claude　クアシ, ジャンクロード
[国]コートジボワール　雇用・社会保護相
Kouassi, Moise Lida　クアシ, モアセ・リダ
[国]コートジボワール　国防相
Koubra, Sani Hadiza　クブラ, サニ・ハディザ
[国]ニジェール　広報相
Kouchner, Bernard　クシュネル, ベルナール
1939〜　[国]フランス　政治家, 医師　国境なき医師団 (MSF) 創設者, 世界の医師団創設者　フランス外相・保健相, 国連コソボ暫定統治機構 (UNMIK) 事務総長特別代表　本名＝Kouchner, Bernard Jean　[異]クシュネール
Koudelka, Josef　クーデルカ, ジョセフ
1938〜　[国]フランス　写真家　[異]クーデルカ, ヨーゼフ
Koudounaris, Paul　クドゥナリス, ポール
[著]「死の帝国」 創元社　2013
Koudounguéré, Rosalie　クドゥングエレ, ロザリ
[国]中央アフリカ　商工・中小企業相
Koufos, Kosta　コウフォス, コスタ
[国]ギリシャ　バスケットボール選手
Koukal, Martin　コウカル
[国]チェコ　距離スキー選手
Koukal, Petr　コウカル, ペトル
[国]チェコ　バドミントン選手
Koukleva, Galina　ククレワ
[国]ロシア　バイアスロン選手
Koukpaki, Pascal Irénée　クパキ, パスカル・イレネ
[国]ベナン　発展・経済・財務相
Koulamallah, Ibrahim　クラマラー, イブラヒム
[国]チャド　観光開発相
Koulibaly, Kalidou　クリバリ, カリドゥ
[国]セネガル　サッカー選手
Koulibaly, Leonie　クリバリ, レオニ
[国]ギニア　観光相
Koulibaly, Mamadou　クリバリ, ママドゥ
[国]コートジボワール　経済・財政相
Koulobaly, Aboubacar Sidikhi　クロバリ, アブバカル・シディキ
[国]ギニア　監査担当相
Koulouri, Christina　クルリ, クリスティナ
[著]「バルカンの歴史」 明石書店　2013
Koum, Jan　コウム, ジャン
起業家, ワッツアップ創業者
Koumaré, Abdoulaye　クマレ, アブドゥライ
[国]マリ　設備・運輸相
Koumaré, Mamadou Hachim　クマレ, ママドゥ・ハシム
[国]マリ　設備・運輸・交通整備相
Koumba, Bounandele　クンバ, ブナンデレ
[国]中央アフリカ　郵便・通信相
Koumegni, Augustin Kontchou　クオメニ, オーギュスタン・コンチュ
[国]カメルーン　外相
Kounalakis, Markos　クーナラキス, マーコス
[著]「デファイング・グラビティ」 ブッキング　2001
Koung Bissike, À Jacqueline　クンアビシケ・ジャクリーヌ
[国]カメルーン　公有地・土地台帳・土地問題相
Kountoura, Elena　クンドラ, エレナ
[国]ギリシャ　観光相
Koupaki, Pascal Irénée　クパキ, パスカル・イレネ
[国]ベナン　大統領府官房長　[異]クパキ, パスカル
Kourdi, Jeremy　コウルディ, ジェレミー
[著]「スピーチの天才100人」 阪急コミュニケーションズ　2010
Kourouma, Ahmadou　クルマ, アマドゥ
1927〜　[著]「アラーの神にもいわれはない」 人文書院　2003
Kourouma, Elhadj Papa Koly　クルマ, エラジ・パパ・コリ
[国]ギニア　エネルギー・環境相
Kourouma, Ibrahima　クルマ, イブライマ
[国]ギニア　初等・中等教育相　[異]クルマ, イブラヒマ
Kourouma, Papa Koly　クルマ, パパ・コリ
[国]ギニア　エネルギー相　[異]クルマ, コリ
Kourouma, Sékou　クルマ, セク
[国]ギニア　公務・国家改革・行政近代化相
Kouroumplis, Panagiotis　クルブリス, パナヨティス
[国]ギリシャ　海運・離島政策相
Kousa, Mousa　クーサ, ムーサ
[国]リビア　対外連絡・国際協力書記 (外相)
Koushik, Srinivas　コーシック, シュリニバス
[著]「Webシステムのデザインパターン」 翔泳社　2003
Koussa, Moussa　クーサ, ムーサ
政治家　リビア外相　本名＝クーサ, ムーサ・ムハンマド〈Koussa, Moussa Mohamed〉　[異]クーサー, ムーサー
Kout, Jiří　コウト, イルジー

1937～ [国]チェコ 指揮者 プラハ交響楽団名誉首席指揮者
Koutaba, Justin クタバ, ジュスタン
[国]ブルキナファソ 青年問題・雇用相
Koutche, Komi クチェ, コミ
[国]ベナン 経済・財務・民営化担当相
Koutou, Somanogo クトゥ, ソマノゴ
[国]ブルキナファソ 動物・水資源相
Koutouzis, Michel クトゥジス, ミッシェル
[著]「麻薬と紛争」 三和書籍 2002
Koutsioumpas, Georgios クツィウパス
[国]ギリシャ レスリング選手
Koutsioumpas, Xenofon クツィウパス
[国]ギリシャ レスリング選手
Koutsopetrou, Sotiria クツォペトル
[国]ギリシャ 飛び込み選手
Kouyate, Cheikhou クヤテ, シェイフ
[国]セネガル サッカー選手
Kouyate, Oumar クヤテ, ウマール
[国]ギニア 漁業・養殖相
Kouyate, Sotigui クヤテ, ソティギ
ベルリン国際映画祭 銀熊賞 男優賞（第59回（2009年））
“London River”
Kouyialis, Nicos クヤリス, ニコス
[国]キプロス 農業・資源・環境相
Kouzande, Delphine Oloronto クザンデ, デルフィヌ・オロロント
[国]ベナン 農業・畜産・漁業相
Kouzes, James M. クーゼス, ジェームズ
[国]アメリカ サンタクララ大学教授, リービー経営大学院教授
Kovac, Jeffrey コヴァック, J.
[著]「化学者の倫理」 化学同人 2005
Kováč, Michal コヴァチ, ミハル
1930～2016 [国]スロバキア 政治家, エコノミスト スロバキア大統領 [異]コバーチ, ミハル / コバチ, ミハル
Kovač, Miodrag コバチュ, ミオドラグ
[国]ユーゴスラビア 保健・社会政策相
Kovač, Miro コバチュ, ミロ
[国]クロアチア 外相
Kovac, Niko コヴァチ, ニコ
[国]クロアチア フランクフルト監督
Kováč, Roman コバーチ, ロマン
[国]スロバキア 保健相
Kovač, Slobodan コバチュ, スロボダン
[国]ボスニア・ヘルツェゴビナ 法相
Kovač, Zdenka コバチ, ズデンカ
[国]スロベニア 無任所相（地方開発担当）
Kovačević, Božo コバチェビッチ, ボジョ
[国]クロアチア 環境保全・都市計画相
Kovacevic, Jelena コヴァチェヴィク, J.
[著]「ウェーブレットとサブバンド符号化」 科学技術出版 2001
Kovačević, Zorica コバチェビッチ, ゾリツァ
[国]モンテネグロ 労働・社会福祉相
Kovach, Bill コヴァッチ, ビル
1932～ [著]「インテリジェンス・ジャーナリズム」 ミネルヴァ書房 2015
Kovach, Robert コーバック, ロバート
[著]「自己調整学習の指導」 北大路書房 2008
Kovachev, Milko コバチェフ, ミルコ
[国]ブルガリア エネルギー・資源相
Kovačić, Ivan コバチッチ, イバン
[国]クロアチア 副首相兼行政相
Kovacic, Mateo コヴァチッチ, マテオ
[国]クロアチア サッカー選手
Kovacich, Gerald L. コバシッチ, ジェラルド・L.
[著]「インターネット犯罪者」 総合法令出版 2001
Kovacocy, Marian コワコシー, マリアン
[国]スロバキア 射撃選手
Kovacs, Agnes コバチ
[国]ハンガリー 競泳選手
Kovacs, Diane コバックス, ダイアン
アメリカ探偵作家クラブ賞 大鴉賞（2005年）
Kovács, György コバーチュ, ジェルジ
ベルリン国際映画祭 銀熊賞 芸術貢献賞（音響デザイン）（第59回（2009年）） “Katalin Varga”
Kovacs, Joe コバックス, ジョー
[国]アメリカ 陸上選手
Kovacs, Jordan コバックス, ジョーダン
[国]アメリカ アメフト選手
Kovács, Kálmán コバーチ・カールマーン
[国]ハンガリー 情報通信相
Kovács, Katalin コバチ, カタリン
1976～ [国]ハンガリー カヌー選手 [異]コバチ / コヴァーチュ, カタリン
Kovács, László コバーチ・ラースロー
[国]ハンガリー 外相
Kovacs, Laszlo コバックス, ラズロ
1933～2007 [国]アメリカ 映画撮影監督 [異]コヴァックス, ラズロ
Kovacs, Mark コヴァックス, マーク
[著]「ダイナミックストレッチング」 ナップ 2011
Kovács, Péter コヴァーチ, ペーテル
1943～ [著]「パール街の少年たち」 偕成社 2015
Kovacs, Sarolta コバチ, シャロルタ
[国]ハンガリー 近代五種選手
Kovacs, Zsofia コバチ
[国]ハンガリー トライアスロン選手
Kovago, Zoltan コバゴ, ゾルタン
[国]ハンガリー 陸上選手 [異]ケバゴ
Koval, Anastasiia コバル
[国]ウクライナ 体操選手
Koval, George コワリ, ジョルジュ
1913～2006 [国]ロシア スパイ スパイ名＝デリマル〈Delmar〉
Koval, Kenneth J. コヴァル, ケネス・J.
[著]「ロックウッドに学ぶ骨折ハンドブック」 メディカル・サイエンス・インターナショナル 2004
Koval, Maksym コヴァル, マクシム
[国]ウクライナ サッカー選手
Koval, Robin コヴァル, ロビン
[著]「GRIT」 日経BP社, 日経BPマーケティング（発売） 2016
Kovalainen, Ritva コヴァライネン, リトヴァ
1959～ [著]「フィンランド・森の精霊と旅をする」 プロダクション・エイシア 2009
Kovalchuk, Yury コバルチュク, ユーリ
[国]ロシア 銀行家
Kovalenin, Dmitrii コワレーニン, ドミトリー
1966～ [国]ロシア 翻訳家, 日本文学研究家
Kovalenko, Dima コヴァレンコ, ディマ
[著]「Seleniumデザインパターン＆ベストプラクティス」 オライリー・ジャパン, オーム社（発売） 2015
Kovalenko, Ivan Ivanovich コワレンコ, イワン
1918～2005 [国]ロシア ソ連共産党中央委国際部日本課長
Kovalenko, Sergey コバレンコ
[国]ロシア レスリング選手
Kovalenkov, Sergey コファレンコフ, セルゲイ
1939～2002 [著]「あいたいな」 学習研究社 〔2005〕
Kovalev, Gennady コワレフ
[国]ロシア ボクシング選手 [異]コバレフ
Kovalev, Nikolay コワレフ, ニコライ
[国]ロシア フェンシング選手 [異]コワレフ
Kovals, Ainars コバルス
[国]ラトビア 陸上選手
Kovalyov, Anton コワリョフ, アントン
[著]「サードパーティJavaScript」 KADOKAWA 2014
Kovalyov, Igor コヴァリョフ, イゴール
[国]ロシア, アメリカ ザグレブ国際アニメーション映画祭 グランド・コンペティション 審査員特別賞（2006年）ほか
Kovan, Dawne コヴァン, ドーン
[著]「実践数秘術」 ガイアブックス, 産調出版（発売） 2009
Kovašević, Bozo コバシェビッチ, ボジョ
[国]クロアチア 環境相
Kovatcheva, Diana コバチェバ, ディアナ
[国]ブルガリア 法相
Kovel, Joel コヴェル, ジョエル
1936～ [著]「エコ社会主義とは何か」 緑風出版 2009
Kovenchuk, Georgiĭ Vasil'evich コヴェンチューク, ゲオルギイ
1933～2015 [異]コヴェンチューク, ゲオルギイ・ワシーリエヴィチ [著]「南京虫」 群像社 2016
Kövér, György ケヴェール, ジェルジ
1949～ [著]「身分社会と市民社会」 刀水書房 2013
Kovinic, Danka コビニッチ, ダンカ
[国]モンテネグロ テニス選手

K

Kovkhuto, Andrei M. コフフト, アンドレイ・M.
[国]ベラルーシ　天然資源・環境相
Kowal, Mary Robinette コワル, メアリ・ロビネット
1969～　[国]アメリカ　作家　[専]SF
Kowal, Yoann コバル, ヨアン
[国]フランス　陸上選手
Kowalczyk, August コヴァルチク, アウグスト
1921～　[著]「アウシュヴィッツの「囚人」6804」 グリーンピース出版会　2006
Kowalczyk, Henryk コワルチク, ヘンリク
[国]ポーランド　閣僚評議会常設委員長
Kowalczyk, Justyna コワルチク, ユスチナ
1983～　[国]ポーランド　スキー選手　[異]コワルチク
Kowalczyk, Martin コワルジック, マーティン
[著]「ゴール&ストラテジ入門」 オーム社　2015
Kowalewski, Bettina コバレブスキー, ベティーナ
[著]「可笑しなホテル」 二見書房　2011
Kowalik, Trent コワリック, トレント
トニー賞 ミュージカル 主演男優賞(2009年(第63回)) "Billy Elliot The Musical"
Kowalski, Jochen コヴァルスキー, ヨッヒェン
1954～　[国]ドイツ　カウンターテナー歌手　[異]コワルスキー, ヨッヘン / コヴァルスキー, ヨッヘン
Kowalski, Michael J. コワルスキー, マイケル
1952～　[国]アメリカ　実業家　ティファニー会長
Kowalski, Oldrich コヴァルスキー, オルドジフ
1936～　[著]「リーマン幾何学入門」 日本評論社　2001
Kowalski, Piotr コワルスキー, ピオトル
1927～2004　[国]フランス　彫刻家　[異]コワルスキー, ピョートル
Kowalski, Robin M. コワルスキ, R.M.
[著]「臨床社会心理学の進歩」 北大路書房　2001
Kowatch, Robert A. コワッチ, ロバート・A.
[著]「児童青年期の双極性障害」 東京書籍　2008
Kowlessar, Saisnarine コレサル, サイスナリン
[国]ガイアナ　財務相　[異]コレサー, サセナリン
Kowroski, Maria コウロスキー, マリア
1976～　[国]アメリカ　バレリーナ　ニューヨーク・シティ・バレエ団(NYCB)プリンシパル
Kox, Killer Karl コックス, キラー・カール
1931～2011　[国]アメリカ　プロレスラー　リング名＝ザ・スピリット
Koya, Faiyaz コヤ, ファイヤズ
[国]フィジー　産業・貿易相兼観光相兼国土・鉱物資源相
Koyack, Ben コヤック, ベン
[国]アメリカ　アメフト選手
Koyama, Micael S. コヤマ, マイケル・S.
[国]アメリカ　経済学者, 作家　ワシントン大学名誉教授　[専]日本経済史, 経済成長　筆名＝コーゾル, ジェーソン〈Kozol, Jason R.〉
Koyama-Richard, Brigitte コヤマ, ブリジット
1955～　漢字名＝小山ブリジット　[著]「夢見た日本」 平凡社　2006
Koyambonou, Gabriel Jean Edouard コヤンブヌ, ガブリエル・ジャン・エドゥアール
[国]中央アフリカ　郵政通信相
Koyamene, Pascal コヤメネ, パスカル
[国]中央アフリカ　都市計画相
Koyara, Marie Noëlle コヤラ, マリ・ノエル
[国]中央アフリカ　国務相(公共事業・装備・国土整備担当)
Koyassambia, Jean-Baptiste コヤサンビア, ジャン・バティスト
[国]中央アフリカ　商工相
Koyenaliyev, Turuspek コエナリエフ, トゥルスペク
[国]キルギス　内閣官房長官
Koyt, Michel コイト, ミシェル
[国]中央アフリカ　政府官房・国内機関担当相
Kozaczuk, Malgorzata コサチュク, マルゴリータ
[国]ポーランド　フェンシング選手
Kozaczynski, Wojtek コチャクチンスキー, W.
[著]「ラショナル統一プロセスによるJ2EEアプリケーション構築」 新紀元社　2004
Kozák, Danuta コザック, ダヌタ
1987～　[国]ハンガリー　カヌー選手　[異]コザク, ダヌタ
Kozak, Dmitry N. コザク, ドミトリー・N.
[国]ロシア　副首相
Kozak, Harley Jane コザック, ハーレイ・ジェーン
1957～　[国]アメリカ　作家　[専]ミステリー, スリラー
Kozak, Volodymyr コザク, ウォロディミル
[国]ウクライナ　インフラ相
Kozakou Markoullis, Erato コザクーマルクリ, エラト
[国]キプロス　外相
Kozelska Fenclova, Veronika コゼルスカフェンクロバ, ベロニカ
[国]チェコ　セーリング選手
Kožená, Magdalena コジェナー, マグダレナ
1973～　[国]チェコ　メゾソプラノ歌手　[異]コジェナー, マグダレーナ
Kozhara, Leonid コジャラ, レオニード
[国]ウクライナ　外相
Kozhenkova, Anastasiya コジェンコワ, アナスタシア
[国]ウクライナ　ボート選手
Kozhoshev, Arzybek コジョシェフ, アルズィベク
[国]キルギス　経済相
Kozhukhin, Denis コジュキン, デニス
[国]ロシア　エリザベート王妃国際コンクール ピアノ 第1位(2010年)
Kozich, Alina コジチ
[国]ウクライナ　体操選手
Kozik, Leonid P. コジク, レオニード・P.
[国]ベラルーシ　副首相
Kozinets, Robert V. コジネッツ, ロバート・V.
1964～　[著]「消費者理解のための定性的マーケティング・リサーチ」 碩学舎, 中央経済グループパブリッシング(発売)　2016
Kozinn, Allan コズィン, アラン
[著]「ビートルズ」 アルファベータ　2001
Koziol-McLain, Jane コジオル‐マックレーン, ジェーン
1956～　[著]「救急看護」 エルゼビア・ジャパン　2006
Kozlikova, Lada コズリコバ
[国]チェコ　自転車選手
Kozlov, Andrei A. コズロフ, アンドレイ
1965～2006　[国]ロシア　銀行家　ロシア中央銀行第1副総裁
Kozlov, Petr A. コズロフ, ピョートル・A.
[国]ベラルーシ　商業相
Kozlova, Anna コズロバ
[国]アメリカ　シンクロナイズド・スイミング選手
Kozlovskis, Rihards コズロウスキス, リハルツ
[国]ラトビア　内相　[異]コズロフスキス, リハルズ
Kozma, Bob コズマ, ボブ
[著]「21世紀型スキル」 北大路書房　2014
Kozmus, Primož コズムス, プリモジュ
1979～　[国]スロベニア　ハンマー投げ選手　[異]コズムス
Kozun, Wayne コズン, ウェイン
[著]「リスクバジェッティング」 パンローリング　2002
Kozyreff-Rouffart, Chantal コジレフ＝ルファー, シャンタル
[国]ベルギー　王立美術・博物館(M.R.A.H.)極東美術主任学芸員兼中国館・五重塔管理学芸員, 王立美術・博物館(M.R.A.H.)日本美術館主任学芸員
Kpabre-sylli, Batienne クパブレシリ, バティエンヌ
[国]トーゴ　観光相
Kpoghomou, Togba Césaire ポニョムー, トグバ・セゼール
[国]ギニア　広報相
Kpotsra, Yao Roland クポツラ, ヤオ・ロラン
[国]トーゴ　民主主義担当相　[異]ポツラ, ヤオ・ロランド
Kraag-keteldijk, Lygia クラークケイテルデイク, リヒア
[国]スリナム　外相
Kraakman, Reinier H. クラークマン, レイニア
[著]「会社法の解剖学」 レクシスネクシス・ジャパン, 雄松堂出版(発売)　2009
Kraan, Hanna クラーン, ハンナ
1946～　[著]「おこりんぼの魔女がまたやってきた!」 早川書房　2006
Kraatz, Victor クラーツ
[国]カナダ　フィギュアスケート選手
Krabbé, Jeroen クラッベ, エロン
1944～　[国]オランダ　俳優, 映画監督　本名＝Krabbé, Jeroen Aart　[異]クラッベ, ジェローン
Krabbe, Tim クラベー, ティム
[著]「洞窟」 アーティストハウス, 角川書店(発売)　2002
Kracht, Klaus クラハト, クラウス
1948～　[国]ドイツ　フンボルト大学日本学科教授・森鷗外記念館館長　[専]日本思想史
Krackow, Elisa クラッコー, エライザ
[著]「臨床心理学における科学と疑似科学」 北大路書房　2007

Kraeh, Mareen　クレー, マリーン
　国ドイツ　柔道選手
Kraemer, William J.　クレーマー, ウイリアム
　訳クレーマー, ウイリアム・J.　著「筋力トレーニングの理論と実践」大修館書店　2009
Kraemer, Wolfgang　クレーマー, W.
　著「ARISを活用したチェンジマネジメント」シュプリンガー・フェアラーク東京　2003
Kraemerova, Alice　クレメロヴァー, アリツェ
　国チェコ　元・カレル大学哲学部日本語学科講師, 元・国立ナープルステク美術館日本部門学芸員
Krafft, Martin F.　クラフト, マーチン・F.
　著「The Debian system」毎日コミュニケーションズ　2006
Kraft, Heinrich　クラフト, H.
　1918～　著「キリスト教教父事典」教文館　2002
Kraft, Heinz　クラフト, ハインツ
　著「テニスのスピードトレーニング」ベースボール・マガジン社　2001
Kraft, Herbert R.　クラフト, ハーブ
　著「ソフトを100万枚売った私の方法」ぱる出版　2002
Kraft, Ivonne　クラフト
　国ドイツ　自転車選手
Kraft, Kraig　クラフト, クレイグ
　著「トウガラシの叫び」春秋社　2012
Kraft, Noah　クラフト, ノア
　doppler labsCEO
Kraft, Rahasya Fritjof　クラフト, ラハシャ・フリッチョフ
　著「ハートからのカウンセリング」和尚アートユニティ, 和尚エンタープライズジャパン（発売）　2009
Kraft, Robert　クラフト, ロバート
　アポロ・グローバル・マネジメント取締役
Kraft, Thomas　クラフト, トーマス
　国ドイツ　サッカー選手
Kraft, Victor　クラーフト, ヴィクトル
　著「ウィーン学団」勁草書房　2013
Krafth, Emil　クラフス, エミル
　国スウェーデン　サッカー選手
Krafzig, Dirk　クラフツィック, ディルク
　著「SOA大全」日経BP社, 日経BP出版センター（発売）　2005
Krag, Astrid　クラウ, アストリド
　国デンマーク　保健相
Krag, Werner　クラーク, ヴェルナー
　1951～　著「なぜ私は, 幸せではないのだろう？」日本教文社　2007
Kragelj, Ursa　クラジェ, ウルサ
　国スロベニア　カヌー選手
Kragen, Kyle　クレイガン, カイル
　国アメリカ　アメフト選手
Kragh, Helge　カーオ, ヘリガ
　1944～　著「人は宇宙をどのように考えてきたか」共立出版　2015
Krahé, Barbara　クラーエ, B.
　著「攻撃の心理学」北大路書房　2004
Krähenbühl, Pierre　クレヘンビュール, ピエール
　1966～　国スイス　赤十字国際委員会（ICRC）事業局長
Krahn, Betina M.　クラハン, ベティーナ
　著「花婿判定試験」オークラ出版　2011
Krahnert, Sebastian　クラーネルト, セバスチャン
　著「フルトヴェングラー研究」音と言葉社, アルファベータブックス（発売）　2015
Krahula, Beckah　クラフラ, ベッカー
　著「タングルドローイングのアイデア500」グラフィック社　2015
Kraig, Donaid Michael　クレイグ, ドナルド・マイケル
　著「性魔術の技法」心交社　2006
Kraigher, Sergej　クライゲル, セルゲイ
　1914～2001　国スロベニア　政治家　ユーゴスラビア連邦幹部会議長（大統領）
Krainik, Andrew J.　クレイニク, アンドルー・J.
　著「ワシントンマニュアル」メディカル・サイエンス・インターナショナル　2008
Kraitor, Andrey　クライトル, アンドレイ
　国ロシア　カヌー選手
Krajcer, Daniel　クライツェル, ダニエル
　国スロバキア　文化相
Krajnc, Luca　クラインツ, ルカ
　国スロベニア　サッカー選手

Krakauer, Jon　クラカワー, ジョン
　1954～　ジャーナリスト, 作家, 登山家
Krakoff, Reed　クラッコフ, リード
　1964～　国アメリカ　デザイナー　リード・クラッコフ創業者　コーチ・エグゼクティブ・ディレクター
Krakora, Joseph J.　クラコーラ, ジョセフ・J.
　国アメリカ　ワシントン・ナショナル・ギャラリーエグゼクティブ・オフィサー
Krakovetskii, Iurii　クラコベツキー, ユーリー
　国キルギス　柔道選手
Krakowski, Jane　クラコウスキー, ジェーン
　ローレンス・オリヴィエ賞 ミュージカル・エンタテインメント女優賞（2006年（第30回））"Guys And Dolls"
Král, Petr　クラール, ペトル
　1941～　著「プラハ」成文社　2006
Kralev, Krasen　クラレフ, クラセン
　国ブルガリア　青年・スポーツ相
Kralev, Pance　クラレフ, パンチェ
　国マケドニア　教育・科学相
Kralik, John　クラリク, ジョン
　著「365通のありがとう」早川書房　2011
Kraljević, Hrvoje　クラリエビッチ, フルボエ
　国クロアチア　科学・技術相
Krall, Diana　クラール, ダイアナ
　1966～　国カナダ　ジャズ歌手, ジャズ・ピアニスト
Kram, Kathy E.　クラム, キャシー
　1950～　著「メンタリング」白桃書房　2003
Kramarenko, Ekaterina　クラマレンコ
　国ロシア　体操選手
Kramarenko, Grigoriĭ Amosovits　クラマレンコ, ゲ・ア
　著「十五歳の露国少年の書いたカムチャツカ旅行記」新函館ライブラリ　2013
Kramarenko, Zhorzh　クラマレンコ, ジョルジュ
　著「十五歳の露国少年の書いたカムチャツカ旅行記」新函館ライブラリ　2013
Kramaric, Andrej　クラマリッチ, アンドレイ
　国クロアチア　サッカー選手
Kramer, Ann　クレイマー, アン
　1946～　著「アンネ・フランク」BL出版　2008
Kramer, Billy J.　クレイマー, ビリー・J.
　著「メモリーズ・オブ・ジョン」イースト・プレス　2006
Kramer, Christine L.　クレイマー, クリスティン・L.
　著「園芸療法メソッド」東京教学社　2011
Kramer, Christoph　クラマー, クリストフ
　国ドイツ　サッカー選手
Kramer, David　クレマー, デービッド
　国マーシャル諸島　法相
Krämer, Dietmar　クレーマー, ディートマー
　1957～　著「バッチフラワーニューセラピー」フレグランスジャーナル社　2008
Kramer, Don　クレイマー, ドン
　著「バットマン：ラーズ・アル・グールの復活」小学館集英社プロダクション　2012
Kramer, Edith　クレイマー, E.
　訳クレーマー, エディス　著「心身障害児の絵画療法」黎明書房　2004
Krämer, Eva-Maria　クレーマー, エーファ・マリア
　著「新！世界の犬種図鑑」誠文堂新光社　2006
Krämer, Hans Joachim　クレーマー, ハンス・ヨアヒム
　1929～　著「プラトンの形而上学」世界書院　2001
Kramer, IJsbrand M.　クラーマー, イスプラント・M.
　著「シグナル伝達」メディカル・サイエンス・インターナショナル　2011
Kramer, Jack　クレーマー, ジャック
　1921～2009　国アメリカ　テニス選手　男子プロテニス協会（ATP）初代責任者　本名＝Kramer, John Albert　訳クラーマー, ジャック／クレイマー, ジャック
Kramer, Joey　クレーマー, ジョーイ
　1950～　国アメリカ　ロック・ドラマー　訳クレイマー, ジョーイ
Kramer, Kieran　クレイマー, キャラン
　著「曇りのち, 恋の予感」幻冬舎　2012
Kramer, Larry　クレイマー, ラリー
　トニー賞 イザベラ・スティーブン賞（2013年（第67回））
Kramer, Lotte　クラマー, ロッテ
　1923～　著「ロッテ・クラマー詩集」土曜美術社出版販売

2007
Kramer, Maeona K.　クレイマー, メオーナ・K.
　㋐「チン＆クレイマー・看護学の総合的な知の構築に向けて」エルゼビア・ジャパン 2007
Kramer, Matt　クレイマー, マット
　㋐「マット・クレイマー, ワインを語る」白水社 2015
Kramer, Robert J.　クレーマー, ロバート・J.
　㋐「人材育成のジレンマ」ダイヤモンド社 2004
Kramer, Roderick M.　クラマー, ロデリック・M.
　㋐「昇進者の心得」ダイヤモンド社 2009
Kramer, Stanley　クレーマー, スタンリー
　1913～2001　㋩アメリカ　映画監督, 映画プロデューサー　㋰クレイマー, スタンリー
Kramer, Stephen P.　クレイマー, スティーブン
　㋐「ふしぎなふしぎなミクロの世界」丸善 2003
Kramer, Steven J.　クラマー, スティーブン・J.
　㋰クレイマー, スティーブン・J.　㋐「動機づける力」ダイヤモンド社 2009
Kramer, Sven　クラマー, スヴェン
　1986～　㋩オランダ　スピードスケート選手　㋰クラマー／クラマー, スベン
Krämer, Sybille　クレーマー, ジュビレ
　㋐「メディア, 使者, 伝達作用」晃洋書房 2014
Kramer, Ulrich　クラマー, ウーリッヒ
　㋐「わかる！心臓画像診断の要点」メディカル・サイエンス・インターナショナル
Krames, Jeffrey A.　クレイムズ, ジェフリー・A.
　㋐「ドラッカーへの旅」ソフトバンククリエイティブ 2009
Krammer, Ralph M.　クレーマー, ラルフ・M.
　㋐「欧州サードセクター」日本経済評論社 2007
Kranendonk, Anke　クラーネンドンク, アンケ
　1959～　㋐「いっぱい泣くとのどがかわくよ」パロル舎 2005
Kranevitter, Matias　クラネビッテル, マティアス
　㋩アルゼンチン　サッカー選手
Kranich, Heiki　クラニク, ヘイキ
　㋩エストニア　環境相
Kranish, Michael　クラニッシュ, マイケル
　㋐「トランプ」文芸春秋 2016
Kranitz, Rick　クラニッツ, リック
　㋩アメリカ　フィラデルフィア・フィリーズコーチ
Kranjčar, Niko　クラニチャル, ニコ
　1984～　㋩クロアチア　サッカー選手　㋰クラニチャール, ニコ／クラニツァール, ニコ
Kranjčar, Zlatko　クラニチャル, ズラトコ
　1956～　㋩クロアチア　サッカー指導者, 元サッカー選手　サッカー・クロアチア代表監督, サッカー・モンテネグロ代表監督　愛称=ツィーツォ〈Cico〉　㋰クラニチャール, ズラトコ
Kranjec, Robert　クラニェツ
　㋩スロベニア　スキージャンプ選手
Kranowitz, Carol Stock　クラノウィッツ, キャロル・ストック
　㋐「でこぼこした発達の子どもたち」すばる舎 2011
Kranton, Rachel E.　クラントン, レイチェル・E.
　㋐「アイデンティティ経済学」東洋経済新報社 2011
Krantz, Judith　クランツ, ジュディス
　㋐「恋する宝石」新潮社 2002
Krantz, Les　クレンツ, レス
　㋐「最悪！」バジリコ 2006
Krantz, Patricia J.　クランツ, パトリシア・J.
　㋐「自閉症児のための活動スケジュール」二瓶社 2014
Krantz, Steven George　クランツ, S.G.
　㋐「問題解決への数学」丸善 2001
Krapič, Milan　クラピッチ, ミラン
　1953～　㋐「津波のはなし」マティヤス・フラツィウス発行社 2005
Krapikas, Titas　クラピカス, ティタス
　㋩リトアニア　サッカー選手
Krapović, Slobodan　クラポビッチ, スロボダン
　㋩ユーゴスラビア　国防相
Krapyvina, Anastasiya　クラピビナ, アナスタシア
　㋩ロシア　水泳選手
Kras, Reyer　クラス, ライヤー
　㋐「オランダのモダン・デザイン」平凡社 2016
Krasae, Chanawongse　クラセー・チャナウォン
　㋩タイ　首相府相
Krase, Andreas　クラーゼ, アンドレアス
　1958～　㋐「ウジェーヌ・アジェのパリ」タッシェン・ジャパン, 洋販（発売）2002

Krashos, George　クレイショーズ, ジョージ
　㋐「フォーゴトン・レルム年代記」ホビージャパン 2008
Krasilnikov, Gennadiy　クラシルニコフ
　㋩ウクライナ　重量挙げ選手
Krasilnikov, Viacheslav　クラシルニコフ, ビャチェスラフ
　㋩ロシア　ビーチバレー選手
Krasilovsky, Phyllis　クラシロフスキー, フィリス
　1926～　㋐「ちいさなちいさなおんなのこ」福音館書店 2011
Krasniqi, Jakup　クラスニチ, ヤクプ
　㋩コソボ　大統領代行
Krasniqi, Memli　クラスニチ, メムリ
　㋩コソボ　農相
Krasnostein, Alisa　クラスノシュタン, アリサ
　世界幻想文学大賞 特別賞（ノンプロ）(2011年)
Krasnow, Iris　クラスノウ, アイリス
　㋰クラスノー, アイリス　㋐「母親ほど素敵な仕事はない。」サンマーク出版 2003
Krasnykh, Aleksandr　クラスニフ, アレクサンドル
　㋩ロシア　水泳選手
Krasovska, Olena　クラソフスカヤ
　㋩ウクライナ　陸上選手
Krassnig, Dieter　クラスニヒ
　㋩オーストリア　スノーボード選手
Krasucki, Henri　クラジュキ, アンリ
　1924～2003　㋩フランス　政治家, 労働運動家　フランス労働総同盟（CGT）書記長, 世界労働組合連合副議長
Kraszewski, Andrzej　クラシェフスキ, アンジェイ
　1948～　㋩ポーランド　環境工学者　ポーランド環境相
Krasznahorkai, László　クラスナホルカイ, ラースロー
　1954～　㋩ハンガリー　作家
Kratoska, Paul H.　クラトスカ, ポール・H.
　㋐「日本占領下のマラヤ1941-1945」行人社 2005
Krätschmer, Marion　クレッチマー, マリオン
　㋐「きゅっきゅっきゅっくまさん」大日本絵画 2003
Kratter, Giacomo　クラッター
　㋩イタリア　スノーボード選手
Kratysh, Ilana　クラティシュ, イラナ
　㋩イスラエル　レスリング選手
Kratz, Erik　クラッツ, エリック
　㋩アメリカ　野球選手
Krauchanka, Andrei　クラウチャンカ
　㋩ベラルーシ　陸上選手
Kraujelis, Jeronimas　クラウイェリス, イェロニマス
　㋩リトアニア　農相
Kraus, Alanna　クラウス
　㋩カナダ　ショートトラック選手
Kraus, Marinus　クラウス
　㋩ドイツ　スキージャンプ選手
Kraus, Marinus　クラウス, マリヌス
　1991～　㋩ドイツ　スキー選手
Kraus, Michael　クラウス, マイケル
　㋐「消滅の危機に瀕した世界の言語」明石書店 2002
Kraus, Nicola　クラウス, ニコラ
　㋐「ティファニーで子育てを」文芸春秋 2003
Kraus, Robert　クラウス, ロバート
　？～2001　㋩アメリカ　児童文学作家, イラストレーター
Krause, Bernard L.　クラウス, バーニー
　1938～　㋐「野生のオーケストラが聴こえる」みすず書房 2013
Krause, Egon　クラウゼ, エゴン
　1933～　㋐「流体力学」シュプリンガー・ジャパン 2008
Krause, Gesa Felicitas　クナウゼ
　㋩ドイツ　陸上選手
Krause, Jerry　クラウス, ジェリー
　㋩ドイツ　陸上選手　㋰クラウゼ, ゲサフェリチタス　㋐「バスケットボールオフェンス」社会評論社 2010
Krause, Jim　クラウス, ジム
　1962～　㋐「カラー・インデックス」グラフィック社 2008
Krause, Jonathan　クラウス, ジョナサン
　㋩アメリカ　アメフト選手
Krause, Loretta　クラウス, ロレッタ
　㋩アメリカ　元・ハワイ大学付属校長
Krause, Martin　クラウス, マーチン
　㋐「ビジュアル科学大事典」日経ナショナルジオグラフィック社, 日経BP出版センター（発売）2009
Krause, Richard M.　クラウゼ, リチャード M.
　㋩アメリカ　日米医学協力委員会委員, 元・国立保健所アレル

ギー感染症研究所長, 元・エモリー大学医学部長
Krause, Shari Stamford クラウス, シャリー・スタンフォード
　㊃「空中衝突の防止」日本航空機操縦士協会　2005
Krause, Tom クラウゼ, トム
　1934〜2013　㊀フィンランド　バリトン歌手　別名＝クラウス, トーマス　㊄クラウセ, トム
Krause, Ute クラウゼ, ウテ
　1961〜　㊃「オスカルとはらぺこドラゴン」ワールドライブラリー　2015
Kraushaar, Judah S. クラウシャー, ジューダー・S.
　㊃「サンディ・ワイル回顧録」日本経済新聞出版社　2007
Kraushaar, Silke クラウスハール
　㊀ドイツ　リュージュ選手
Krauss, Alejandra クラウス, アレハンドラ
　㊀チリ　企画協力相
Krauss, Alison クラウス, アリソン
　1971〜　㊀アメリカ　ブルーグラス歌手
Krauss, Ellis S. クラウス, エリス
　1944〜　㊃「NHK vs日本政治」東洋経済新報社　2006
Krauss, Lawrence Maxwell クラウス, ローレンス・M.
　1954〜　㊃「ファインマンさんの流儀」早川書房　2015
Krauss, Nicole クラウス, ニコール
　1974〜　㊀アメリカ　作家, 詩人　㊇文学
Krauss, Robert M. クラウス, R.M.
　㊃「紛争管理論」日本加除出版　2003
Krauss, Rosalind E. クラウス, ロザリンド・E.
　1940〜　㊃「アンフォルム」月曜社　2011
Krauss, Trisha クラウス, トリシア
　㊃「Hot mama」講談社　2009
Krauss Valle, Alejandra クラウス・バジェ, アレハンドラ
　㊀チリ　労働・社会保障相
Krausz, Erwin クラウス, アーウィン
　㊃「アドラーの思い出」創元社　2007
Krausz, Robert クラウス, ロバート
　1936〜2002　㊃「ギャン神秘のスイングトレード」パンローリング　2007
Krauze, Enrique クラウセ, エンリケ
　1947〜　㊃「メキシコの百年1810-1910」現代企画室　2004
Krauze, Krzysztof クラウゼ, クシシュトフ
　1953〜2014　㊀ポーランド　映画監督
Kravchenko, Yury クラフチェンコ, ユーリー
　？〜2005　㊀ウクライナ　政治家　ウクライナ内相　㊄クラフチェンコ, ユーリー・F.
Kravchuk, Stanislav クラフチュク
　㊀ウクライナ　フリースタイルスキー選手
Kravets, Artem クラヴェッツ, アルテム
　㊀ウクライナ　サッカー選手
Kravis, Henry クラビス, ヘンリー
　㊀アメリカ　コールバーグ・クラビス・ロバーツ
Kravitz, Lee クラヴィッツ, リー
　㊃「僕は人生の宿題を果たす旅に出た」ダイヤモンド社　2013
Kravitz, Lenny クラヴィッツ, レニー
　1964〜　㊀アメリカ　ミュージシャン　㊄クラビッツ, レニー
Kravtsevich, Andrei Ivanovich クラフツェヴィチ, アンドレイ
　㊃「ロシアの歴史」明石書店　2011
Krawcheck, Sallie L. クロウチェック, サリー
　1965〜　㊀アメリカ　銀行家　シティグループ・グローバル・ウェルス・マネジメント部門会長・CEO　㊄クローチェック, サリー
Krawczyk, Katarzyna クラウチク, カタジナ
　㊀ポーランド　レスリング選手
Krawczyk, Robert クラフチク
　㊀ポーランド　柔道選手
Krawczyk, Sabine クローチェク, サビーヌ
　㊃「古代エジプトたんけん」岳陽舎　2007
Krawitz, Roy クローウィッツ, ロイ
　㊃「境界性パーソナリティ障害臨床ガイドブック」日本評論社　2007
Kraybill, Donald B. クレイビル, ドナルド・B.
　1945〜　㊃「アーミッシュの昨日・今日・明日」論創社　2009
Krayzelburg, Lenny クレーゼルバーグ
　㊀アメリカ　競泳選手
Krayzie Bone クレイジー・ボーン
　㊀アメリカ　グラミー賞 最優秀ラップ・デュオ, グループ（2006年（第49回））　"Ridin'"

Krebs, Angelika クレブス, アンゲーリカ
　1961〜　㊃「自然倫理学」みすず書房　2011
Krebs, Edwin Gerhard クレブス, エドウィン
　1918〜2009　㊀アメリカ　生化学者　ワシントン大学名誉教授, ハワードヒューズ医学研究所名誉上級研究員
Krebs, John Richard クレブス, ジョン・リチャード
　1945〜　㊀イギリス　動物学者　英国食品基準庁（FSA）長官, 英国上院議員, オックスフォード大学ジーザス・カレッジ学長　㊇採餌理論, 学習・空間記録
Krebs, Valdis クレブス, ヴァルディス
　㊃「ビューティフルビジュアライゼーション」オライリー・ジャパン, オーム社（発売）　2011
Krech, Roman クレチ
　㊀カザフスタン　スピードスケート選手
Krechel, Ursula クレッヒェル, ウルズラ
　㊃「とき放されて」花神社　2013
Kreck, Walter クレック, W.
　㊃「イエスの十字架の意味」新教出版社　2005
Krecke, Jeannot クレッケ, ジャノ
　㊀ルクセンブルク　経済通商相
Kregel, Jan Allen クレーゲル, J.A.
　1944〜　㊃クリーゲル, ジョン・A.　㊃「金融危機の理論と現実」日本経済評論社　2013
Kregenow, Julia クレゲナウ, ジュリア
　㊃「算数でわかる天文学」岩波書店　2014
Kreger, Randi クリーガー, ランディ
　㊃「境界性パーソナリティ障害ファミリーガイド」星和書店　2011
Krehbiel, Henry E. クレービール, ヘンリー
　㊃「未完のハーン伝」大空社　2002
Krehbiel, Timothy C. クレービル, ティモシー・C.
　㊃「ビジネス統計学」丸善出版　2014
Kreider, Richard B. クレイダー, リチャード・B.
　1962〜　㊃「スポーツのオーバートレーニング」大修館書店　2001
Kreider, Robert Standford クライダー, ロバート・S.
　1945〜　㊃「殉教者の鏡物語」シャローム出版　2002
Kreidler, William J. クレイドラー, ウイリアム・J.
　㊃「対立がちからに」C.S.L.学習評価研究所, みくに出版（発売）　2001
Kreidman, Ellen クレイドマン, エレン
　㊃「彼を幸せにするためにできること」ベストセラーズ　2002
Kreilgaard, Peter クライルガート, ピーター
　㊃「世界一流のサッカー監督から学ぶマネジメント」クロスメディア・パブリッシング, インプレスコミュニケーションズ（発売）　2012
Kreimeier, Klaus クライマイアー, クラウス
　1938〜　㊃「ウーファ物語」鳥影社・ロゴス企画部　2005
Kreimerman, Roberto クレイメルマン, ロベルト
　㊀ウルグアイ　産業・エネルギー・鉱業相
Kreiner, David クライナー, デーヴィッド
　1981〜　㊀オーストリア　スキー選手　㊄クレイナー, デビット
Kreiner, Josef クライナー, ヨーゼフ
　㊀ドイツ　ボン大学近現代日本研究センター所長・主任教授
Kreiner, Marion クライナー
　㊀オーストリア　スノーボード選手
Kreis, Levi クライス, リーヴァイ
　トニー賞 ミュージカル助演男優賞（2010年（第64回））　"Million Dollar Quartet"
Kreisman, Jerold Jay クライスマン, ジェロルド・J.
　㊃「BPD（境界性パーソナリティ障害）を生きる七つの物語」星和書店　2007
Kreit, John W. クライト, ジョン・W.
　㊃「ピッツバーグの人工呼吸「集中講義」」メディカル・サイエンス・インターナショナル　2016
Kreiter, Casey クライター, ケーシー
　㊀アメリカ　アメフト選手
Kreitzer, Mary Jo クライツァー, メアリ・ジョー
　㊃「ケアのなかの癒し」看護の科学社　2016
Kreitzman, Leon クライツマン, レオン
　㊃「生物時計はなぜリズムを刻むのか」日経BP社, 日経BP出版センター（発売）　2006
Kreivys, Dainius クレイビース, ダイニュス
　㊀リトアニア　経済相
Krejci, Ladislav クレイチー, ラディスラフ
　㊀チェコ　サッカー選手
Kremen, Vasyl クレメン, ワシル

[国]ウクライナ　教育科学相
Kremenyuk, Victor　クレメニュク, ヴィクトル
1940～　[国]ロシア　ロシア科学アカデミー米国カナダ研究所副所長　[専]国際関係, 米国研究　[異]クレメニュク, ビクトル
Kremer, Anja　クレマー, アンジャ
[著]「サービス・サイエンスの展開」 生産性出版　2009
Kremer, Chuck　クレマー, チャック
[著]「財務とは何か」 日経BP社, 日経BP出版センター(発売)　2001
Kremer, Detlef　クレーマー, デトレフ
1953～　[著]「ドイツロマン主義と文化学」 中央大学人文科学研究所　2005
Kremer, Gidon　クレーメル, ギドン
1947～　[国]ドイツ　バイオリニスト　クレメラータ・バルティカ音楽監督　[異]クレメル, ギドン
Kremmer, Christopher　クレマー, クリストファー
1958～　[著]「「私を忘れないで」とムスリムの友は言った」 東洋書林　2006
Krenov, James　クレノフ, ジェームズ
1920～　[著]「木の家具」 中井書店　2008
Krens, Thomas　クレンズ, トーマス
1946～　[国]アメリカ　グッゲンハイム美術館館長
Krensky, Stephen　クレンスキー, スティーヴン
1953～　[著]「サンタさんがサンタさんになったわけ」 オリコン・エンタテインメント　2004
Krentz, Jayne Ann　クレンツ, ジェイン・アン
[著]「億万長者と結婚する条件」 ハーパーコリンズ・ジャパン　2016
Krenz, Egon　クレンツ, エゴン
1937～　[国]ドイツ　政治家　東ドイツ国家評議会議長(元首), 東ドイツ社会主義統一党書記長
Krenzer, Rolf　クレンツァー, ロルフ
[著]「クリスマスのちいさなかね」 女子パウロ会　2015
Krepinevich, Andrew F.　クレピネヴィッチ, アンドリュー
[著]「帝国の参謀」 日経BP社, 日経BPマーケティング(発売)　2016
Kreps, David M.　クレプス, デビッド・M.
1950～　[著]「MBAのためのミクロ経済学入門」 東洋経済新報社　2009
Kresal, Katarina　クレサル, カタリナ
[国]スロベニア　内相
Kress, Bodo　クレス, ボード
[著]「わかる！ 脳画像診断の要点」 メディカル・サイエンス・インターナショナル　2009
Kress, Nancy　クレス, ナンシー
1948～　[国]アメリカ　作家
Kress, W.John　クレス, W.ジョン
[著]「生物学！」 築地書館　2003
Kresse, John　クレッセ, ジョン
[著]「バスケットボールアタッキング・ゾーンディフェンス」 大修館書店　2010
Kretschmann, Hans-Joachim　クレッチマン, H.-J.
[著]「脳の機能解剖と画像診断」 医学書院　2008
Kretschmann, Winfried　クレッチュマン, ウィンフリート
[国]ドイツ　政治家　バーデン・ビュルテンベルク州首相
Kretschmer, Hildegard　クレッチマー, ヒルデガルト
[著]「美術シンボル事典」 大修館書店　2013
Kretschmer, Peter　クレッチマー, ペーター
1992～　[国]ドイツ　カヌー選手
Kretzulesco, Ottomar Rodolphe Vlad Dracula Prince　クレツレスコ, オトマル・ロドルフェ・ブラド・ドラキュラ
？～2007　[国]ドイツ　吸血鬼ドラキュラのモデルとなったブラド公の子孫
Kreuter, Marshall W.　クロイター, マーシャル・W.
[著]「実践ヘルスプロモーション」 医学書院　2005
Kreutz, Olin　クルーツ, オリン
1977～　元アメフト選手
Kreutzberger, Stefan　クロイツベルガー, シュテファン
1961～　[著]「さらば、食料廃棄」 春秋社　2013
Kreutzer, Bruce　クレゼール, ブルース
[国]アメリカ　シャーロット・ホーネッツアシスタントコーチ(バスケットボール)
Kreutzer, Hans Joachim　クロイツァー, ハンス・ヨアヒム
1935～　[著]「ファウスト神話と音楽」 慶応義塾大学出版会　2007
Kreutzfeldt, Daniel　クリューツフェルト
[国]デンマーク　自転車選手
Kreuz, Tamara　クルーズ, タマラ
[著]「のらねこハンドブック」 緑書房　2012
Kreveld, Marc van　クリベルド, M.ファン
[著]「コンピュータ・ジオメトリ」 近代科学社　2010
Krevsun, Yuliya　クレフスン
[国]ウクライナ　陸上選手
Kreyszig, Erwin　クライツィグ, E.
[著]「常微分方程式」 培風館　2006
Krhin, Rene　クルヒン, レネ
[国]スロベニア　サッカー選手
Kriangsak Chamanand　クリアンサク・チャマナン
1917～2003　[国]タイ　政治家, 軍人　タイ国家民主党(NDP)党首, タイ首相, タイ国軍最高司令官・陸軍大将　[異]クリアンサック
Krich, Rochelle　クリッヒ, ロシェル・メジャー
アメリカ探偵作家クラブ賞 メアリ・ヒギンズ・クラーク賞(2005年)　"Grave Endings"
Krichels, Jennifer　クリッチェルズ, ジェニファー
[著]「未来をつくる建築100」 朝日出版社　2016
Krichman, Mikhail　クリチマン, ミハイル
ヴェネチア国際映画祭 オゼッラ賞(撮影賞)(第67回(2010年))　"Ovsyanki (Silent Souls)"
Kridel, Donald J.　クライデル, ドナルド・J.
[著]「ブロードバンドの発展と政策」 NTT出版　2005
Kriegel, Gail　クリーゲル, ゲイル
[著]「SEVEN・セブン」 而立書房　2016
Kriegel, Volker　クリーゲル, フォルカー
1943～2003　[国]ドイツ　ジャズギタリスト, 作曲家, 翻訳家, 作家, イラストレーター
Kriegenburg, Andreas　クリーゲンブルク, アンドレアス
[国]ドイツ　演出家
Krieger, David　クリーガー, デービッド
1942～　[国]アメリカ　反核運動家　核時代平和財団会長
Krieger, Dolores　クリーガー, ドロレス
[著]「驚異の「手当て(セラピューティック・タッチ)」」 心交社　2009
Krieger, Henry　クリーガー, ヘンリー
ソング・ライター　グラミー賞 最優秀映画・TV・その他ヴィジュアルメディア音楽作品(2007年(第50回))　"Love You I Do"
Krieger, Pascal　クリーガー, パスカル
[国]スイス　国際杖道連盟会長, 元・ヨーロッパ杖道連盟会長, 元・スイス杖道協会会長
Krieger Coble, Henry　クリーガーコブル, ヘンリー
[国]アメリカ　アメフト選手
Kriegerstein, Steffi　クライガーシュタイン, シュテフィ
[国]ドイツ　カヌー選手
Kriegeskorte, Werner　クリーゲスコルテ, ヴェルナー
[著]「ジュゼッペ・アルチンボルド」 Taschen　c2001
Kriel, Jesse　クリエル, ジェシー
[国]南アフリカ　ラグビー選手
Kriemler, Albert　クリームラー, アルベルト
1960～　[国]スイス　ファッションデザイナー　アクリス・クリエイティブディレクター
Krimets, Konstantin D.　クリメッツ, コンスタンチン
1939～2008　[国]ロシア　指揮者
Krimsky, Sheldon　クリムスキー, シェルドン
1941～　[著]「遺伝子操作時代の権利と自由」 緑風出版　2012
Kring, Ann M.　クリング, A.M.
[著]「テキスト臨床心理学」 誠信書房　2007
Kring, Tim　クリング, ティム
[国]アメリカ　テレビプロデューサー, 脚本家
Krings, Antoon　クリングス, アントゥーン
[著]「しらみのルールー」 岩波書店　2002
Krinitz, Esther Nisenthal　クリニッツ, エスター・ニセンタール
1927～2001　[著]「母からの伝言」 光村教育図書　2007
Krinke-susmelj, Marcela　クリンケサスメリェ, マルセラ
[国]スイス　馬術選手
Kripke, Eric　クリプキ, エリック
[著]「Supernatural season 1」 竹書房　2007
Krippendorff, Kaihan　クリッペンドルフ, カイハン
[異]クリッペンドルフ, クラウス　[著]「意味論的転回」 エスアイビー・アクセス, 星雲社(発売)　2009
Krirkkrai, Jirapaet　クルクライ・チラペート
[国]タイ　商業相
Krisada Visavateeranon　クリサダー・ウィサワティーラノン
[国]タイ　泰日工業大学名誉教授　[専]電気工学　[異]クリサダー・ビサワティーラノン／クリサダー・ヴィサワティーラノン

Krischek, Manfred Gerhard　クリシェック, マンフレット・ゲルハルト
　国ドイツ　ザールブリュッケン独日協会会長, 元・独日協会連合会副会長
Krisher, Trudy　クリシャー, トルーディ
　1946～　著「キャシーのぼうし」評論社　2007
Krishna, Aradhna　クリシュナ, アラドナ
　著「感覚マーケティング」有斐閣　2016
Krishna, Golden　クリシュナ, ゴールデン
　著「さよなら, インタフェース」ビー・エヌ・エヌ新社　2015
Krishna, S.M.　クリシュナ, S.M.
　国インド　外相
Krishna, Upadhyaya Karinje　クリシュナ, ウパディヤヤ・カリンジェ
　1956～　著「アーユルヴェーダで治すアトピー」出帆新社　2002
Krishna maan Muruga　クリシュナ・マーン・ムルガ
　1940～　著「ガンジス河の3匹の犬」ぶんか社　2002
Krishnamurthi, Lakshman　クリシュナムルティ, ラクシュマン
　著「マーケティング戦略論」ダイヤモンド社　2001
Krishnamurthy, Balachander　クリシュナムルティ, バラチャンダー
　1961～　著「Webプロトコル詳解」ピアソン・エデュケーション　2002
Krishnan, Mayuram S.　クリシュナン, M.S.
　著「イノベーションの新時代」日本経済新聞出版社　2009
Krishnan, Sriram　クリシュナン, スリラム
　著「プログラミングWindows Azure」オライリー・ジャパン, オーム社(発売)　2011
Krishnananda　クリシュナナンダ
　1939～2012　著「光への招待」太陽出版　2013
Krishnaraju, Alluri V.　クリシュナラジュ, アルリ・V.
　著「食品の機能性表示と世界のレギュレーション」薬事日報社　2015
Krishnaswamy, Suj　クリシュナスワミ, スジ
　著「営業チームの強化法」ダイヤモンド社　2007
Kriss-Rettenbeck, Lenz　クリス＝レッテンベック, レンツ
　1923～2005　著「図説西洋護符大全」八坂書房　2014
Kristel, Sylvia　クリステル, シルビア
　1952～2012　国オランダ　女優, 画家　異クリステル, シルヴィア
Kristensen, Henrik　クリステンセン, ヘンリク
　国デンマーク　雇用相
Kristensen, Kai　クリステンセン, カイ
　著「業績評価の理論と実務」東洋経済新報社　2004
Kristensen, Tom　クリステンセン, トム
　1967～　国デンマーク　レーシングドライバー
Kristersson, Ulf　クリスターソン, ウルフ
　国スウェーデン　社会保障担当相
Kristeva, Julia　クリステヴァ, ジュリア
　1941～　国フランス　哲学者, 精神分析家, 作家　パリ第7大学教授　著記号論　異クリステバ, ジュリア／クリステヴァ, ジュリヤ
Kristiansen, Kjeld Kirk　クリスチャンセン, ケル・キアク
　1947～　国デンマーク　実業家　レゴ・グループ副会長
Kristiansson, Leif　クリスチャンソン, レイフ
　著「だいすきなあなたへ」岩崎書店　2001
Kristinatis, Kestutis　クリスティナティス, ケストゥティス
　国リトアニア　農業・森林相
Kristjansson, Jon　クリストヤンソン, ヨーン
　国アイスランド　保健・社会保障相
Kristmundsson, Thor　クリストムンソン, トール
　著「プロフェッショナルJSP」インプレス, インプレスコミュニケーションズ(発売)　2002
Kristóf, Ágota　クリストフ, アゴタ
　1935～2011　国スイス　作家
Kristof, Aziz　クリストフ, アジズ
　1962～　著「覚醒のトランスミッション」アルテ, 星雲社(発売)　2014
Kristof, Nicholas D.　クリストフ, ニコラス・D.
　1959～　著「クリストフ, ニコラス　著「ハーフ・ザ・スカイ」英治出版　2010
Kristoff, Alexander　クリストフ
　国ノルウェー　自転車選手
Kristoff, Jay　クリストフ, ジェイ
　著「ロータス戦記」KADOKAWA　2016
Kristoffersen, Henrik　クリストフェシェン
　国ノルウェー　アルペンスキー選手

Kristofferson, Kris　クリストファーソン, クリス
　1936～　国アメリカ　シンガー・ソングライター, 俳優　本名＝Carson, Kris
Kristoffersson, Sara　クリストフェション, サーラ
　1972～　著「イケアとスウェーデン」新評論　2015
Kristol, Irving　クリストル, アービング
　1920～2009　国アメリカ　評論家
Kristol, William　クリストル, ウィリアム
　著「本当に「中国は一つ」なのか」草思社　2005
Kristovskis, Ģirts Valdis　クリストウスキス, ギルツ・バルディス
　国ラトビア　外相
Kritzer, Basil　クリッツァー, バジル
　著「マンガとイラストでよくわかるアレクサンダー・テクニーク入門編」学研パブリッシング, 学研マーケティング(発売)　2015
Kritzman, Mark P.　クリッツマン, マーク
　著「資産運用の常識・非常識」日本経済新聞社　2002
Kriukov, Nikita　クリウコフ, ニキータ
　1985～　国ロシア　スキー選手　異クリュコフ, ニキータ
Krivelyova, Svetlana　クリベリョワ
　国ロシア　陸上選手
Krivine, Emmanuel　クリヴヌ, エマニュエル
　1947～　国フランス　指揮者　ルクセンブルク・フィルハーモニー管弦楽団音楽監督　異クリビヌ, エマニュエル／クリビン, エマニュエル／クリヴィン, エマニュエル
Krivitsky, Walter G.　クリヴィツキー, W.G.
　著「スターリン時代」みすず書房　2005
Krivoshapka, Antonina　クリボシャプカ
　国ロシア　陸上選手
Kriyananda, Sarawati　クリヤナンダ, スワミ
　1926～　著「パラマハンサ・ヨガナンダとの対話」三雅, 星雲社(発売)　2009
Križanič, Franc　クリジャニチュ, フランツェ
　国スロベニア　財務相
Krkobabić, Jovan　クルコバビッチ, ヨバン
　国セルビア　副首相兼労働・雇用・社会政策相
Krnac, Jozef　クランツ
　国スロバキア　柔道選手
Kroah-Hartman, Greg　クローハートマン, グレッグ
　著「Linuxカーネルクイックリファレンス」オライリー・ジャパン, オーム社(発売)　2007
Kroband, Eran　クロバンド, エラン
　1966～　著「まぼろしのロンリヴィル」求竜堂　2005
Kroeger, Chad　クルーガー, チャド
　国カナダ　ミュージシャン
Kroeger, Mike　クルーガー, マイク
　国カナダ　ミュージシャン
Kroemer, Herbert　クレーマー, ハーバート
　1928～　国アメリカ　物理学者　カリフォルニア大学サンタバーバラ校教授　異クレーマー, ヘルベルト
Kroenke, Enos Stanley　クロンキ, E.スタンリー
　国アメリカ　デンバー・ナゲッツオーナー
Kroes, Neelie　クロエス, ニーリー
　1941～　国オランダ　政治家, エコノミスト　EU欧州委員会委員(デジタルアジェンダ担当)　異クルース, ネリー／クルス, ネリー
Kroetsch, Robert　クロウチ, ロバート
　1927～2011　著「言葉のうるわしい裏切り」彩流社　2013
Kroetz, Franz Xaver　クレッツ, フランツ・クサーファー
　1946～　国ドイツ　劇作家, 演出家, 俳優　異クレッツ, フランツ・クサーヴァー
Kroft, Tyler　クロフト, タイラー
　国アメリカ　アメフト選手
Krog, Antjie　クロッホ, アンキー
　1952～　著「カントリー・オブ・マイ・スカル」現代企画室　2010
Krog, Inge　クロー, インゲ
　1932～　著「ウッラの小さな抵抗」文研出版　2005
Krog, Magnus　クローグ, マグヌス
　1987～　国ノルウェー　スキー選手　異クログ／クログ, マグヌス
Kroger, Fritz　クルーガー, フリッツ
　著「ストレッチ・カンパニー」東洋経済新報社　2005
Kroger, Jane　クロガー, J.
　1947～　著「アイデンティティの発達」北大路書房　2005
Kröger, Teppo　クレーガー, テッポ

㊗「社会ケアサービス」本の泉社 2003
Krogerus, Mikael クロゲラス, ミカエル
1976～ ㊗「人生を決断できるフレームワーク思考法」講談社 2016
Krogh, Anders クロー, A.
㊗「バイオインフォマティクス」医学出版 2001
Krogh, Georg Von クロー, ゲオルグ・フォン
㊗クロー, ゲオルク・フォン ㊗「オーガニゼーショナル・エピステモロジー」文真堂 2010
Krogman, Dane クロッグマン, デーン
1950～ ㊗「Skeleton boy」新風舎 2003
Krogsgaard, Jan クログスガード, ヤン
1958～ ㊐デンマーク 映像作家
Krohn, Leena クルーン, レーナ
1947～ ㊐フィンランド 作家
Krohn Dehli, Michael クローン・デリ, ミカエル
㊐デンマーク サッカー選手
Krohnen, Michael クローネン, マイケル
㊗「キッチン日記」コスモス・ライブラリー, 星雲社 (発売) 2016
Kroijer, Lars クロイヤー, ラース
㊗「マネー・マーヴェリック」ピアソン桐原 2012
Kroker, Arthur クローカー, アーサー
1945～ ㊗「技術への意志とニヒリズムの文化」NTT出版 2009
Krol, Ian クロール, イアン
㊐アメリカ 野球選手
Kroll, Danielle クロル, ダニエル
㊗「自然あそびフィールドブック」KTC中央出版 2016
Kroll, Eric クロール, エリック
1946～ ㊗「エリック・クロールのフェティッシュ・ガールズ」タッシェン・ジャパン, 洋販 (発売) 2002
Kroll, Frank-Lothar クロル, フランク=ロタール
1959～ ㊗「ナチズムの歴史思想」柏書房 2006
Kroll, Jeri クロル, ジェリ
1946～ ㊗「マリーおばさんと7ひきのねこ」講談社 2005
Kroll, Per クロール, パー
㊗「アジャイル開発の6原則と20のベストプラクティス」エスアイビー・アクセス, 星雲社 (発売) 2007
Kröller, Eva-Marie クローラー, エヴァ=マリー
㊗「ケンブリッジ版カナダ文学史」彩流社 2016
Kromhout, Rindert クロムハウト, リンデルト
1958～ ㊗「オシリカミカミをさがせ!」朔北社 2004
Krommes, Beth クロムス, ベス
コルデコット賞 (2009年) "The House in the Night"
Kromosoeto, Ginmardo クロモト, ジンマルド
㊐スリナム 区画計画・土地・森林相
Kromowidjojo, Ranomi クロモビジョヨ, ラノミ
1990～ ㊐オランダ 水泳選手
Kron, Lisa クローン, リサ
トニー賞 ミュージカル 脚本賞 (2015年 (第69回)) ほか
Krone, Fabian クローネ, ファビアン
1963～ ㊐ドイツ A・ランゲ&ゾーネCEO
Krones, C.A. クローンズ, C.A.
㊗「アニメおさるのジョージ シロップコンコン」金の星社 2015
Kronfeld, Josh クロウンフェルド, ジョシュ
㊗「ニュージーランド」メディアファクトリー 2004
Kronzek, Allan Zola クロンゼック, アラン・ゾラ
㊗「大魔法使いアラガザールマジックの秘密」東京堂出版 2002
Kronzek, Elizabeth クロンゼック, エリザベス
1969～ ㊗「ハリー・ポッターの魔法世界ガイド」早川書房 2001
Kronzon, Itzhak クロンゾン, I.
㊗「塞栓症ハンドブック」西村書店 2003
Kroon, Hans de クルーン, H.デ
㊗「根の生態学」シュプリンガー・ジャパン 2008
Kroos, Toni クロース, トニ
㊐ドイツ サッカー選手
Krooth, Richard クルース, リチャード
㊗「マクマーチン裁判の深層」北大路書房 2004
Kropachev, Nikolay Mikhaylovich クロパチェフ, ニコライ・ミハイロヴィチ
㊐ロシア サンクトペテルブルク国立大学学長
Kropf, Nancy P. クロフ, ナンシー・P.
㊗「ソーシャルワークと修復的正義」明石書店 2012
Kropiwnicki, Jerzy クロピブニッキ, イエジ
㊐ポーランド 地方開発・住宅相兼政府戦略研究センター議長
Krosoczka, Jarrett クロザウスカ, ジャレット・J.

㊗「ブーンとブラムとビーブゥとモコモコメーとココのパンクファーム」そうえん社 2008
Kross, Jaan クロス, ヤーン
1920～2007 ㊐エストニア 詩人, 作家
Kroth, Thomas クロート, トーマス
1959～ ㊐ドイツ サッカー代理人, 元サッカー選手
Kroto, David クロート, デイヴィッド
㊗「ナノってなんなの?」冨山房インターナショナル 2010
Kroto, Harold Walter クロトー, ハロルド
1939～2016 ㊐イギリス 化学者 フロリダ州立大学教授, サセックス大学名誉教授 ㊐炭素材料化学 通称=Kroto, Harry
㊗クロート, ハロルド
Kroto, Harry クロトー, ハリー
㊗「ナノってなんなの?」冨山房インターナショナル 2010
Kroto, H.W. クロット, H.W.
㊗「知の歴史」徳間書店 2002
Krott, Rob クロット, ロブ
㊗「傭兵」原書房 2011
Krouse, Erika クラウス, エリカ
1969～ ㊗「いつかわたしに会いにきて」早川書房 2002
Kroutvor, Josef クロウトヴォル, ヨゼフ
1942～ ㊗「中欧の詩学」法政大学出版局 2015
Krozak, Joseph クロザック, ジョセフ
㊗「J2EEアンチパターン」日経BP社, 日経BP出版センター (発売) 2004
Krpalek, Lukas クルパレク, ルカシュ
㊐チェコ 柔道選手 ㊗クルパレク
Krsna クリシュナ
㊗「インド代数学研究」恒星社厚生閣 2016
Krstevski, Zoran クルステフスキ, ゾラン
㊐マケドニア 副首相
Krstić, Ivan カースティッチ, アイヴァン
㊗「Ubuntu徹底入門」翔泳社 2007
Krstičević, Damir クルスティチェビッチ, ダミル
㊐クロアチア 副首相兼国防相
Krsticic, Nenad クルスティチッチ, ネナド
㊐セルビア サッカー選手
Kruchten, Philippe クルーシュテン, フィリップ
㊗「ラショナル統一プロセス入門」アスキー 2004
Kruckenberg, Kory クルッケンバーグ, コリー
グラミー賞 最優秀録音技術アルバム (クラシック) (2010年 (第53回)) "Porter, Quincy: Complete Viola Works" エンジニア
Krueger, Alan Bennett クルーガー, アラン
1960～ ㊐アメリカ 経済学者 プリンストン大学教授 米国大統領経済諮問委員会 (CEA) 委員長 ㊐労働経済学, 教育の経済分析 ㊗クルーガー, アラン・B.
Krueger, Ann O. クルーガー, アン・O.
㊗「レントシーキングの経済理論」勁草書房 2002
Krueger, David クルーガー, デビッド
㊗「お金への考え方を変えよう」三笠書房 2013
Krueger, Elizabeth クルーガー, エリザベス
㊗「愛と憎しみの館」ハーレクイン 2002
Krueger, Jim クルーガー, ジム
㊗「ジャスティス」ヴィレッジブックス 2016
Krueger, Myron W. クルーガー, マイロン
㊗「ヒューマンインターフェースの発想と展開」ピアソン・エデュケーション 2002
Krueger, Robert F. クリューガ, ロバート・F.
㊗「サイコパシー・ハンドブック」明石書店 2015
Krueger, Roice N. クルーガー, ロイス
㊗「7つの習慣のコヴィー博士の教え」ダイヤモンド社 2015
Krueger, Tira クルーガー, ティラ
㊗「トゥレット症候群ってなあに?」明石書店 2007
Krueger, William Kent クルーガー, ウィリアム・ケント
㊐アメリカ 作家 ㊐ミステリー, スリラー
Kruft, Hanno-Walter クルフト, ハンノ=ヴァルター
㊗「建築論全史」中央公論美術出版 2010
Krug, Cassidy クルーグ
㊐アメリカ 飛び込み選手
Krug, Olivier クリュッグ, オリヴィエ
1966～ ㊐フランス 実業家 クリュッグ6代目当主
Krug, Steve クルーグ, スティーブ
㊗「超明快Webユーザビリティ」ビー・エヌ・エヌ新社 2016
Kruger, Barbara クルーガー, バーバラ
㊐アメリカ ヴェネチア・ビエンナーレ 金獅子賞 生涯功労賞 (2005年 (第51回))

Krüger, Christa　クリューガー, クリスタ
　1938〜　㊟「マックス・ウェーバーと妻マリアンネ」　新曜社　2007
Kruger, Diane　クルーガー, ダイアン
　1975〜　㊨ドイツ　女優　フランス名＝クルージェ, ディアーヌ
Kruger, Ehren　クルーガー, アーレン
　ゴールデン・ラズベリー賞(ラジー賞)最低脚本賞(第30回(2009年))　"Transformers: Revenge Of The Fallen"
Kruger, Frantz　クルーガー
　㊨南アフリカ　陸上選手
Krüger, Harald　クリューガー, ハラルト
　1965〜　㊨ドイツ　実業家　BMWグループ社長
Kruger, John M.　クリューガー, J.M.
　㊟「小動物の臨床栄養学」　マーク・モーリス研究所　2001
Kruger, Josiane　クリュゲール, ジョジアーヌ
　1942〜　㊟「ボッシュの子」祥伝社　2007
Krüger, Manfred　クリューガー, マンフレッド
　1938〜　㊟「瞑想」水声社　2007
Kruger, Niku　クルーガー, ニク
　㊨アメリカ　ラグビー選手
Kruger, Paul　クルーガー, ポール
　㊨アメリカ　アメフト選手
Kruger, Stephan　クリューガー, シュテファン
　㊨ドイツ　ボート選手
Kruglak, Haym　クルグラーク, H.
　㊟「科学を志す人のための基礎数学」　アグネ技術センター　2009
Kruglov, Serguei　クルグロフ
　㊨ロシア　射撃選手
Krugman, Michael　クラッグマン, マイケル
　㊟「エディ・ゲレロ自伝」エンターブレイン　2006
Krugman, Paul Robin　クルーグマン, ポール
　1953〜　㊨アメリカ　経済学者　プリンストン大学教授　㊨国際経済学, 国際金融
Krugman, Richard D.　クルーグマン, リチャード・D.
　㊟「虐待された子ども」明石書店　2003
Kruis, George　クルイス, ジョージ
　㊨イングランド　ラグビー選手
Kruis, John G.　クルース, ジョン・G.
　㊟「カウンセリングのためのクイックバイブル」ホームスクーリング・ビジョン　2006
Krukmann, Peter O.　クリュックマン, ペーター・O.
　㊟「ルートヴィヒ2世の世界」　ミュージアム図書(製作・発売)　2001
Krukovsky, Nikolai A.　クルコフスキー, ニコライ・A.
　㊨ベラルーシ　通信情報相
Krukower, Daniela　クルコウェル
　㊨アルゼンチン　柔道選手
Krul, J.T.　クルール, J.T.
　㊟「NEW 52：ジャスティス・リーグ」ヴィレッジブックス　2013
Krul, Tim　クルル, ティム
　㊨オランダ　サッカー選手
Krulik, Nancy E.　クルリック, ナンシー
　㊟「ロボッツ」竹書房　2005
Krull, Kathleen　クルル, キャスリーン
　㊟「テレビを発明した少年」さ・え・ら書房　2015
Krum, Sharon　クラム, シャロン
　㊟「名声のレシピ」新潮社　2005
Krumboltz, John D.　クランボルツ, ジョン
　㊨クランボルツ, J.D.　㊟「一歩踏み出せば昨日と違う自分になれる！」日本文芸社　2014
Krumeich, Gerd　クルマイヒ, ゲルト
　1945〜　㊟「仏独共同通史第一次世界大戦」岩波書店　2012
Krumina, Brigita Baiba　クルーミニャ, ブリギタ・バイバ
　㊨ラトビア　日本言語文化スタジオ「ゲンゴ」経営者, 元・ラトビア大学外国語学部東洋学科日本語コース講師
Kruminš, Janis　クルミンシ, ヤニス
　㊨ラトビア　行政改革担当相
Krumm, Kathie L.　クラム, K.
　1949〜　㊟「東アジアの統合」シュプリンガー・フェアラーク東京　2004
Krumm, Michael　クルム, ミハエル
　1970〜　㊨ドイツ, スウェーデン　レーシングドライバー
Krummel, Debra A.　クリュンメル, デブラ・A.
　㊟「食品・栄養・食事療法事典」産調出版, 産業調査会(発売)　2006
Krungolcas, Edvinas　クルンゴルカス

㊨リトアニア　近代五種選手
Krunic, Rade　クルニッチ, ラデ
　㊨ボスニア・ヘルツェゴビナ　サッカー選手
al-Krunz, Saadi　クルンズ, サーディ
　㊨パレスチナ　運輸相
Krupeckaite, Simona　クルペカイテ, シモナ
　㊨リトアニア　自転車選手　㊨クルペカイテ
Krupinski, Elizabeth A.　クルピンスキー, E.A.
　㊟「遠隔放射線医療」シュプリンガー・ジャパン　2011
Krupinski, Eve　クルピンスキー, イヴ
　㊟「ねえママ, どうして私のこと嫌いなの…」PHP研究所　2004
Krupinski, Loretta　クルピンスキ, ロレッタ
　㊟「たねそだててみよう」福音書館　2009
Krupko, Petro　クルプコ, ペトロ
　㊨ウクライナ　官房長官
Krupp, Fred　クラップ, フレッド
　㊟「環境ビジネス革命」河出書房新社　2009
Krusanova, Andreia　クルサーノフ, アンドレイ
　㊟「シベリアのブリューク」木村五郎・大島農民美術資料館　2009
Kruschen, Jack　クルスチェン, ジャック
　1922〜2002　㊨アメリカ　俳優
Kruschwitz, Nina　クラシュウィッツ, ニーナ
　㊟「持続可能な未来へ」日本経済新聞出版社　2010
Kruse, Colin G.　クルーズ, コリン・G.
　㊟「コリント人への手紙第2」いのちのことば社　2005
Kruse, Johannes　クルーゼ, J.
　㊟「心身医学の最前線」創元社　2015
Kruse, Max　クルーゼ, マックス
　㊨ドイツ　サッカー選手
Kruse, Max　クルーゼ, マックス
　1921〜　㊟「ウルメル海に潜る」ひくまの出版　2005
Kruse, Richard　クラス, リチャード
　㊨イギリス　フェンシング選手　㊨クルース
Kruse, Robbie　クルーズ, ロビー
　㊨オーストラリア　サッカー選手
Kruse, Robert Leroy　クルーズ, ロバート・L.
　1941〜　㊟「C++データ構造とプログラム設計」ピアソン・エデュケーション　2001
Kruskal, Martin　クルスカル, マーティン
　？〜2006　㊨アメリカ　数学者　プリンストン大学教授　本名＝クルスカル, マーティン・デービッド〈Kruskal, Martin David〉
Kruszynski, Anette　クルシンスキー, アネッテ
　㊟「アメデオ・モディリアーニ」岩波書店　2010
Kruth, John　クルース, ジョン
　㊟「ローランド・カーク伝」河出書房新社　2005
Krutzler, Eszter　クルツレル
　㊨ハンガリー　重量挙げ選手
Kruuk, Hans　クルーク, ハンス
　㊟「ハンター＆ハンティッド」どうぶつ社　2006
Kruuse, Urmas　クルーセ, ウルマス
　㊨エストニア　地方相
Kruusval, Catarina　クルースヴァル, カタリーナ
　1951〜　㊟「トムテと赤いマフラー」光村教育図書　2014
Krychowiak, Grzegorz　クリホヴィアク, グジェゴシュ
　㊨ポーランド　サッカー選手
Kryder, Cynthia L.　クライダー, シンシア・L.
　㊟「速引！医学語ブック」東京図書　2010
Krykorka, Vladyana　クリコーカ, ヴラヤナ
　㊨クリコーカ, ヴラヤナ　㊟「山のささやき」大阪教育図書　2009
Krysmanski, Hans Jürgen　クリスマンスキ, ハンス・ユルゲン
　1935〜　㊟「マルクス最後の旅」太田出版　2016
Krystal, Henry　クリスタル, ヘンリー
　㊟「自己愛の障害」金剛出版　2003
Krystal, Phyllis　クリスタル, フィリス
　1914〜　㊟「サイババ比類なき経験」サティヤサイ出版協会　2013
Krystof, Doris　クリストフ, ドーリス
　㊟「アメデオ・モディリアーニ」Taschen　c2001
Kryuchkov, Vladimir A.　クリュチコフ, ウラジーミル
　1924〜2007　㊨ロシア　政治家　ソ連国家保安委員会(KGB)議長
Kryukov, Nikolay　クリュコフ
　㊨ロシア　体操選手
Krzanich, Brian　クルザニッチ, ブライアン
　1960〜　㊨アメリカ　実業家　インテルCEO　本名＝Krzanich,

Brian Matthew
Krzeszewski, Tomasz クジェシェフスキ
[国]ポーランド 卓球選手
Krznaric, Roman クルツナリック, ローマン
[著]「仕事の不安がなくなる哲学」 イースト・プレス 2014
Krzus, Michael P. クルス, マイケル・P.
[著]「統合報告の実際」 日本経済新聞出版社 2015
Krzyzewski, Mike シャシェフスキー, マイク
1947～ [著]「ゴールドスタンダード」 スタジオタッククリエイティブ 2012
Ksczmarek, Tom カズマレック, トム
[著]「あなたもジャッジだ」 リング・ジャパン, 星雲社(発売) 2003
Ksera, Spiro クセラ, スピロ
[国]アルバニア 労働・社会問題相
Ku, Chen-fu グー・ズンフー
1917～2005 [国]台湾 実業家 台湾セメント会長, 海峡交流基金会理事長, 台湾工商協進会名誉会長 漢字名＝辜振甫, 字＝公亮 [異]クー・チェンフー / クウ・チェンフー
Ku, Lien-sung グー・リェンソン
1933～2012 [国]台湾 実業家 中国信託ホールディングス会長, 台湾工商協進会理事長 漢字名＝辜濂松, 英語名＝クー, ジェフリー〈Koo, Jeffrey L.S.〉
Ku, Ok-hee ク・オッキ
1956～2013 [国]韓国 プロゴルファー 漢字名＝具玉姫 [異]ク・オクヒ
Kua, Kerenga クア, ケレンガ
[国]パプアニューギニア 法相
Kua, Patrick クア, パトリック
[著]「プロジェクト・マネジャーが知るべき97のこと」 オライリー・ジャパン, オーム社(発売) 2011
Kuartei, Billy クアルテイ, ビリー
[国]パラオ 国務相 [異]クアルティー, ビリー
Kuartei, Stevenson クアルテイ, スティーブンソン
[国]パラオ 保健相
Kuassi, Gérard クアシ, ジェラール
[国]ベナン 労働・公務員相兼政府報道官
Kuba, Martin クバ, マルチン
[国]チェコ 産業貿易相
Kubala, Ladislao クバラ, ラディスラオ
1927～2002 [国]スペイン サッカー監督, 元・サッカー選手 サッカー・スペイン代表監督 ハンガリー名＝ラースロー〈László〉, チェコ名＝ラディスラフ〈Ladislav〉
Kubasov, Valery クバソフ, ワレリー
1935～2014 [国]ロシア 宇宙飛行士 [異]クバソフ, ヴァレーリィ
***al*-Kubati, Abdu Ali** クバティ, アブド・アリ
[国]イエメン 移民問題相 [異]アル・クバティ, アブド・アリ
Kube クーベ
[著]「シューマン ユーゲント・アルバム 作品68」 音楽之友社 2015
Kube-McDowell, Michael P. キュービー＝マクダウェル, マイクル・P.
[著]「トリガー」 早川書房 2001
Kubert, Adam キューバート, アダム
1959～ [著]「アベンジャーズ：アベンジャーズ・ワールド」 ヴィレッジブックス 2016
Kubert, Andy キューバート, アンディ
[著]「ジョーカーアンソロジー」 パイインターナショナル 2016
Kubert, Joe キューバート, ジョー
1926～2012 [著]「ビフォア・ウォッチメン：ナイトオウル/Dr.マンハッタン」 ヴィレッジブックス 2014
Kubiak, Gary クービアク, ゲーリー
[国]アメリカ デンバー・ブロンコスコーチ
Kubica, Mary クビカ, メアリー
[国]アメリカ 作家 [専]ミステリー
Kubica, Robert クビツァ, ロベルト
1984～ [国]ポーランド ラリードライバー, 元F1ドライバー [異]クビカ / クビサ, ロバート
Kubice, Jan クビツェ, ヤン
[国]チェコ 内相
Kubick, Dana キュービック, ダナ
[著]「サンタクロースへのおくりもの」 主婦の友社 2008
Kubik, Jeff キュービック, ジェフ
[著]「ウィンブルドン」 汐文社 2009
Kubilius, Andrius クビリウス, アンドリュス
[国]リトアニア 首相
Kubiš, Ján クビシュ, ヤーン
[国]スロバキア 外相
Kubiv, Stepan クビフ, ステパン
[国]ウクライナ 第1副首相兼経済発展貿易相
Kubler, Alison クーブラー, アリソン
[著]「アート/ファッションの芸術家たち」 ガイアブックス 2015
Kubler, Lukas キュブラー, ルーカス
[国]ドイツ サッカー選手
Kubler, Roland キューブラー, ローラント
[著]「あなたが生まれてきた意味は？」 花風社 2001
Kübler-Ross, Elisabeth キューブラー・ロス, エリザベス
1926～2004 [国]アメリカ 精神科医, 社会活動家 [専]ターミナル・ケア, サナトロジー
Kubot, Lukasz クボット, ルカシュ
[国]ポーランド テニス選手
Kubota, Hiroshi クボタ, ヒロシ
[著]「再生医学」 エヌ・ティー・エス 2002
Kubota, Shigeko クボタ, シゲコ
1937～2015 漢字名＝久保田成子 [著]「私の愛、ナムジュン・パイク」 平凡社 2013
Kubr, Milan クーバー, ミラン
[著]「経営コンサルティング」 生産性出版 2004
Kubriashvili, Davit クブリアシヴィリ, ダヴィド
[国]ジョージア ラグビー選手
Kubrick, Christiane キューブリック, クリスティアーヌ
1932～ [著]「スタンリー・キューブリック」 愛育社 2004
Kubrović, Nela クブロビッチ, ネラ
[国]セルビア 司法相
Kubuabola, Inoke クブアボラ, イノケ
[国]フィジー 情報・通信相
Kubuabola, Jone クブアボラ, ジョネ
[国]フィジー 財務相兼国家計画相
Kubuabola, Ratu Inoke クンブアンボラ, ラトゥ・イノケ
[国]フィジー 国防兼国家安全保障相 [異]クンブアンボラ, ラツ・イノケ
Kubuabola, Ratu Jone クンブアンボラ, ラツー・チョネ
[国]フィジー 財務相兼国家計画相 [異]クンブアンボラ, ラツー・ジョネ
Kuć, Rafal カーク, ラファル
[著]「高速スケーラブル検索エンジンElasticSearch Server」 KADOKAWA 2014
Kučan, Milan クーチャン, ミラン
[国]スロベニア 大統領
Kucera, Maria クセラ, マリア
[著]「Gボールを使った運動」 ギムニク 2001
Kuchar, Matt クーチャー, マット
1978～ [国]アメリカ プロゴルファー
Kucharski, Tomasz クハルスキ
[国]ポーランド ボート選手
Kuchera-Morin, JoAnn クチェラ＝モーリン, ジョアン
[著]「ビューティフルビジュアライゼーション」 オライリー・ジャパン, オーム社(発売) 2011
Kucherenko, Oleksy クチェレンコ, オレクシー
[国]ウクライナ 住宅問題相
Kuchi, Driton クチ, ドリトン
[国]マケドニア 経済相
Kuchinskas, Susan クチンスカス, スーザン
[著]「愛は化学物質だった!?」 ヒカルランド 2014
Küchl, Rainer キュッヒル, ライナー
1950～ [国]オーストリア バイオリニスト ウィーン・フィルハーモニー管弦楽団(VPO)第1コンサートマスター, ウィーン・ムジークフェライン弦楽四重奏団創立者, ウィーン国立音楽演劇大学正教授 [異]キュッヒェル
Kuchma, Leonid D. クチマ, レオニード・D.
[国]ウクライナ 大統領
Kuchta, Kenny クフタ, ケニー
1981～ [著]「植物療法(フィトセラピー)事典」 ガイアブックス, 産調出版(発売) 2014
Kuchtová, Dana クフトバー, ダナ
[国]チェコ 教育・青年・体育相
Kuçi, Hajredin クチ, ハイレディン
[国]コソボ 第1副首相
Kuciak, Dusan クチャク, ドゥシャン
[国]スロバキア サッカー選手
Kucinich, Dennis クシニッチ, デニス
1946～ [著]「デニス・クシニッチ」 ナチュラルスピリット 2003
Kucinski, Bernardo クシンスキー, ベルナルド

K

1937〜　著「K.」花伝社, 共栄書房 (発売)　2015
Kucinskis, Maris　クツィンスキス, マリス
　国ラトビア　地域開発・自治相
Kuck, Jonathan　クック
　国アメリカ　スピードスケート選手
Kucka, Juraj　クツカ, ユライ
　国スロバキア　サッカー選手
Kucks, Johnny　カックス, ジョニー
　1932〜2013　国アメリカ　野球選手　本名＝Kucks, John Charles (Jr.)
Kucoc, Yerko　クコッチ, イエルコ
　国ボリビア　内相
Kuczynski, Alex　クチンスキー, アレックス
　著「ビューティ・ジャンキー」バジリコ　2008
Kuczynski, Pedro-Pablo　クチンスキー, ペドロ・パブロ
　1939〜　国ペルー　エコノミスト, 実業家　ペルー首相, ファースト・ボストン・インターナショナル会長　異クチンスキ, ペドロ・パブロ
Kudaiberdiev, Abibilla　クダイベルディエフ, アビビラ
　国キルギス　国防相
Kudayberdieva, Gulmira　クダイベルディエワ, グリミラ
　国キルギス　教育科学相　異クダイベルジエワ, グリミラ
Kudejova, Katerina　クデヨワ, カテリナ
　国チェコ　カヌー選手
kudelka, marty　クデルカ, マーティー
　MTVアワード 最優秀振付 (第24回 (2007年))　"My Love"
Kudel'skii, Anatolii Viktorovich　クデリスキー, A.V.
　著「いのちの水」リベルタ出版　2006
Kuder, Tyler　キューダー, タイラー
　国アメリカ　アメフト選手
Kudla, Denis　クドラ, デニス
　国ドイツ　レスリング選手
Kudla, Michal　クドラ, ミハウ
　国ポーランド　カヌー選手
Kudlicka, Jan　クドリツカ, ヤン
　国チェコ　陸上選手
Kudo, Miteki　クドー, ミテキ
　1970〜　著「オペラ座バレリーナのエコ・シックなパリ」朝日新聞出版　2009
Kudranski, Szymon　クドランスキ, ザイモン
　異クドランスキー, シモン　著「シビル・ウォー/キャプテン・アメリカ：プレリュード」小学館集英社プロダクション　2016
Kudrin, Aleksei Leonidovich　クドリン, アレクセイ
　1960〜　国ロシア　政治家　ロシア副首相・財務相　異クドリン, アレクセイ・L.
Kudryavtsev, Nikolai　クドリャフツェフ, ニコライ・パーヴロヴィチ
　?〜2010　国ロシア　ソ連漁業省第1次官
Kudryavtseva, Yana　クドゥリャフツェワ, ヤナ
　国ロシア　新体操選手
Kudrycka, Barbara　クドリツカ, バルバラ
　国ポーランド　科学・高等教育相
Kudsi, Mark　クヂ, マーク
　監督　グラミー賞 最優秀短編ビデオ作品 (2009年 (第52回))　"Boom Boom Pow"
Kudukhov, Besik　クデュホフ
　国ロシア　レスリング選手　異クドゥホフ
Kuebelbeck, Julie　キュベルベック, ジュリー
　著「介護セラピー」サンパウロ　2009
Kuebler, Kim K.　キューブラ, K.K.
　著「エンドオブライフ・ケア」医学書院　2004
Kuechen, Roman　クエチェン, ローマン
　?〜2014　カトリック神父　コンベンツアル聖フランシスコ会修道士　異クエチェン修道士
Kuechly, Luke　キュークリー, ルーク
　国アメリカ　アメフト選手
Kuegler, Sabine　キューグラー, ザビーネ
　1972〜　著「ジャングルの子」早川書房　2006
Kuehn, Eileen　キューン, アイリーン
　著「喪失感」大月書店　2005
Kuehne, Valerie　クーン, ヴァレリー
　著「グローバル化時代を生きる世代間交流」明石書店　2008
Kuehnert, Martin P.　キーナート, マーティ
　1946〜　著「文武両道, 日本になし」早川書房　2003
Kuehnert, Marty　キーナート, マーティ
　著「スタンフォード流 議論に絶対負けない法」イースト・プレス

Kuelbs, Jasmin　キュールプス, ヤスミン
　国ドイツ　柔道選手
Kuerten, Gustavo　クエルテン, グスタボ
　1976〜　国ブラジル　元テニス選手
Kuettel, Andreas　キュッテル
　国スイス　スキージャンプ選手
Kuf, Jan　クフ, ヤン
　国チェコ　近代五種選手
Kuffuor, John　クフォー, ジョン
　国ガーナ　大統領
Kuffuor, Kwame Addo　クフォー, クワメ・アド
　国ガーナ　国防相
Kufuor, John Agyekum　クフォー, ジョン・アジェクム
　1938〜　国ガーナ　政治家　ガーナ新愛国党 (NPP) 党首　ガーナ大統領　本名＝Kufuor, John Kofi Agyekum
Kugler, Robert　クグラー, ロバット
　国アメリカ　アメフト選手
Kugler, Walter　クーグラー, ヴァルター
　著「ルドルフ・シュタイナーの100冊のノート」筑摩書房　2002
Kuhar, Michael J.　クーハー, マイケル
　著「溺れる脳」東京化学同人　2014
Kuhl, Chad　クール, チャド
　国アメリカ　野球選手
Kuhl, David　クール, デイヴィッド
　著「心察」医学評論社　2003
Kuhl, David E.　クール, デービッド
　1929〜　国アメリカ　放射線医学者　ミシガン大学医学部放射線医学教授　異クール, デビット
Kühl, Johannes　キュール, ヨハネス
　1953〜　著「アントロポゾフィー協会と精神科学自由大学」Saks-Books　2016
Kuhl, Patricia Katherine　カール, パトリシア・K.
　1946〜　著「0歳児の「脳力」はここまで伸びる」PHP研究所　2003
Kuhlmann, Torben　クールマン, トーベン
　1982〜　著「リンドバーグ」ブロンズ新社　2015
Kuhlmann-Hodick, Petra　クールマン=ホディック, ペトラ
　1958〜　著「ドイツ・ロマン主義の風景素描」国立西洋美術館　2003
Kuhn, Andy　クーン, アンディ
　著「ミュータントタートルズ」小学館集英社プロダクション　2016
Kuhn, Annette　クーン, アネット
　著「家庭の秘密」世界思想社　2007
Kuhn, Bowie　クーン, ボウイ
　1926〜2007　国アメリカ　大リーグコミッショナー　本名＝クーン, ボウイ・ケント〈Kuhn, Bowie Kent〉　異クーン, ボーウィ
Kuhn, Brett R.　クーン, ブレット・R.
　著「睡眠障害に対する認知行動療法」風間書房　2015
Kuhn, Daniel　クーン, ダニエル
　著「認知症がはじまった？」クリエイツかもがわ, 京都 かもがわ出版 (発売)　2006
Kuhn, Enrico　クエーン
　国ドイツ　ボブスレー選手
Kuhn, Gabriel　クーン, ガブリエル
　1972〜　著「海賊旗を掲げて」夜光社　2013
Kuhn, Hans　クーン, ハンス
　1919〜2012　国スイス　物理化学者　マックス・プランク生物物理化学研究所所長　超高分子化学　異クーン, H.
Kuhn, Harold William　クーン, H.W.
　1925〜2014　著「ナッシュは何を見たか」シュプリンガー・フェアラーク東京　2005
Kühn, Johannes　キューン, ヨハネス
　1934〜　著「僕、片隅の客」思潮社　2012
Kuhn, Maggie　クーン, マギー
　著「バースディ・ラブレター」講談社　2006
Kuhn, Markus　クーン, マーカス
　国アメリカ　アメフト選手
Kuhn, Robert Lawrence　クーン, ロバート・ローレンス
　著「江沢民」ランダムハウス講談社　2005
Kuhnke, Alice　クンケ, アリス
　国スウェーデン　文化相
Kühnl, Karel　キューヌル, カレル
　国チェコ　国防相
Kuhnle, Corinna　クーンレ, コリーナ
　国オーストリア　カヌー選手　異クーンレ

Kuhse, Helga クーゼ, ヘルガ
[著]「生命の神聖性説批判」 東信堂 2006
Kuijer, Guus コイヤー, フース
1942～ [国]オランダ 児童文学作家
Kuijken, Barthold クイケン, バルトルド
1949～ [国]ベルギー フラウト・トラヴェルソ奏者, リコーダー奏者
Kuijken, Sigiswald クイケン, ジギスヴァルト
1944～ [国]ベルギー バロック・バイオリン奏者, ビオラ・ダ・ガンバ奏者 ラ・プティット・バンド主宰者 [異]クイケン, シギスヴァルト
Kuijken, Susan クエイケン, スサン
[国]オランダ 陸上選手
Kuijken, Wieland クイケン, ヴィーラント
1938～ [国]ベルギー バロック・チェロ奏者, ビオラ・ダ・ガンバ奏者
Kuipers, Alice カイパース, アリス
1979～ [国]イギリス, カナダ 作家 [専]ヤングアダルト, 児童書
Kuipers, Ben カウパース, ベン
1944～ [著]「オオカミとコヒツジときいろのカナリア」 くもん出版 2005
Kuipers, Elizabeth カイパース, エリザベス
[著]「統合失調症を理解し支援するための認知行動療法」 金剛出版 2011
Kuipers, Simon カイペルス
[国]オランダ スピードスケート選手
Kuitunen, Virpi クイトゥネン
[国]フィンランド 距離スキー選手
Kujundžić, Milan クユンジッチ, ミラン
[国]クロアチア 保健相
Kukan, Eduard クカン, エドアルド
[国]スロバキア 外相
Kukhta, Tatsiana クフタ, タチアナ
[国]ベラルーシ ボート選手
Kukino Garrido, Gladys クキノ・ガリド, グラディス
[国]チリ 元・在チリ日本国大使館現地職員
Kukla, André クークラ, A.
1942～ [著]「理論心理学の方法」 北大路書房 2005
Kuklin, Susan クークリン, スーザン
1941～ [著]「カラフルなぼくら」 ポプラ社 2014
Kuklinski, Courtesy Ryszard ククリンスキ, リシャルト
?～2004 元・スパイ ポーランド軍事顧問・補佐官
Kuklinski, Richard ククリンスキ, リチャード
?～2006 [国]アメリカ アイスマンの名前で知られた殺し屋
Kukolj, Aleksandar クコリ, アレクサンダル
[国]セルビア 柔道選手
Kukors, Ariana クーカーズ
[国]アメリカ 競泳選手
Kuksenkov, Mykola ククセンコフ
[国]ウクライナ 体操選手
Kuksenkov, Nikolai ククセンコフ, ニコライ
[国]ロシア 体操選手
Kuku, John Deau クク, ジョン・ディーン
[国]ソロモン諸島 公共サービス相
Kulak, Daryl クラク, ダリル
1963～ [著]「ユースケース導入ガイド」 ピアソン・エデュケーション 2002
Kularatne, Ananda クララトナ, アナンダ
[国]スリランカ 南部地方開発相
Kulash, Damian, Jr. クラシュ, ダミアン, Jr.
グラミー賞 最優秀短編ビデオ作品(2006年(第49回)) "Here It Goes Again" 監督
Kulatilaka, Nalin クラティラカ, ナリン
1953～ [著]「リアル・オプション」 東洋経済新報社 2001
Kulatilake, Gilbert クラティラカ, ギルバート
[国]スリランカ 日本スリランカ技術文化協会名誉副顧問, 元・日本スリランカ技術文化協会会長
Kulczak, Theresa Ann コザック, テレサ・アン
[国]アメリカ インディアナ日米協会専務理事
Kulczycki, Chris クルチェツキ, クリス
1958～ [著]「新版カヤック工房」 舵社 2002
Kulekeyev, Zhaksybek クレケエフ, ジャクスイベク
[国]カザフスタン 経済貿易相
Kulesha, Iryna クレシャ
[国]ベラルーシ 重量挙げ選手
Kuleshov, Anatoly N. クレショフ, アナトリー・N.
[国]ベラルーシ 内相
Kulhavý, Jaroslav クルハビ, ヤロスラフ
1985～ [国]チェコ 自転車選手 [異]クルハヴィ, ヤロスラフ
Kulichkov, Aleksandr N. クリチコフ, アレクサンドル・N.
[国]ベラルーシ 貿易相
Kulick, Don クーリック, D.
[著]「ことばとセクシュアリティ」 三元社 2009
Kulidzhanov, Lev Aleksandrovich クリジャーノフ, レフ
1924～2002 [国]ロシア 映画監督 ソ連映画人同盟理事会議長 [異]クリッジャーノフ, レフ
Kulikov, Boris クリコフ, ボリス
1966～ [著]「バーナムの骨」 光村教育図書 2013
Kulikov, Viktor Georgievich クリコフ, ヴィクトル
1921～2013 [国]ロシア 軍人, 政治家 ソ連ワルシャワ条約統一軍総司令官, ソ連国防第1次官, ソ連共産党中央委員
Kulinich, Mykola クリニチ, ミコラ
[国]ウクライナ 駐豪ウクライナ大使, 元・駐日ウクライナ大使, 元・外交アカデミー学長
Kuliokela, Wamundia ムリオケラ, ワムンディラ
[国]ザンビア 国防相
Kulish, Kiril クリシュ, キリル
トニー賞 ミュージカル 主演男優賞(2009年(第63回)) "Billy Elliot The Musical"
Kulish, Serhiy クリシュ, セルジー
[国]ウクライナ 射撃選手
Kulju, Mika クルユ, ミカ
1969～ [著]「オウルの奇跡」 新評論 2008
Kulka, János クルカ, ヤーノシュ
1929～2001 [国]ドイツ 指揮者 シュトゥットガルト歌劇場国家指揮者, 北西ドイツフィル主席指揮者
Kulka, John クルカ, ジョン
[著]「アメリカ新進作家傑作選」 DHC 2009
Kulka, Otto Dov クルカ, オトー・ドフ
1933～ [国]イスラエル 歴史学者 ヘブライ大学名誉教授
Kulkarni, Devadatta クルカーニ, デバダッタ
[著]「サプライチェーンリスクマネジメント入門」 日科技連出版社 2010
Kulkarni, Sanjeev クルカルニ, サンジェーヴ
[著]「信頼性の高い推論」 勁草書房 2009
Kulkarni, Shrikrishna G. クルカルニ, シリクリシュナ
1963～ [国]インド 実業家 ファナック・インディア社長
Kullberg, Mirkku クルベリ, ミルック
1962～ [国]フィンランド 実業家 アルテックCEO
Kullberg, Tove クルベリ, トーベ
1973～ [著]「トーベのあたらしい耳」 少年写真新聞社 2010
Kullman, Ellen J. クルマン, エレン
[国]アメリカ デュポン最高経営責任者
Kullmann, Katja クルマン, カチャ
1970～ [著]「カチャ・クルマン32歳」 新水社 2007
Kul-mukhammed, Mukhtar クルムハメド, ムフタル
[国]カザフスタン 文化相
Kulot-Frisch, Daniela クロート, ダニエラ
1966～ [著]「もぐらくんのすてきなじかん」 フレーベル館 2016
Kultermann, Udo クルターマン, ウード
1927～ [著]「芸術論の歴史」 勁草書房 2008
Kultishev, Miroslav クルティシェフ, ミロスラフ
[国]ロシア チャイコフスキー国際コンクール ピアノ 第2位(2007年(第13回))
Kulundu, Newton クルンドゥ, ニュートン
[国]ケニア 労働・人材開発相
Kulynyak, Mykhailo クリニャク, ミハイロ
[国]ウクライナ 文化相
Kuma, Demeksa クマ・デメクサ
[国]エチオピア 国防相
Kumahara, Caroline クマハラ, カロリネ
[国]ブラジル 卓球選手
***al*-Kumaim, Abdul-Aziz** クマイム, アブドルアジズ
[国]イエメン 供給・貿易相 [異]アル・クマイム, アブドルアジズ
Kuman, Nick クマン, ニック
[国]パプアニューギニア 教育相
Kumar, Akhil クマール
[国]インド ボクシング選手
Kumar, Archana クマール, アルチャナ
[著]「総統はヒップスター」 共和国 2014
Kumar, Ashwani クマール, アシュワニ
[国]インド 法相

Kumar, Jainend　クマル，ジャイネンド
　国フィジー　農林水産相
Kumar, Jitender　クマール
　国インド　ボクシング選手
kumar, Leela Raj　クマール，リーラ・ラージ
　国インド　元・いけばなインターナショナル・ボンベイ支部長（初代）
Kumar, Manjit　クマール，マンジット
　著「量子革命」新潮社　2013
Kumar, Martha Joynt　クマー，マーサ・J.
　著「ホワイトハウスの広報戦略」東信堂　2016
Kumar, Meira　クマル，メイラ
　国インド　社会主義・権limit付与相
Kumar, Nirmalya　クマー，ニラマルヤ
　訳クマー，ニルマルヤ　著「戦略としてのマーケティング」同友館　2008
Kumar, Nitish　クマール，ニティシュ
　国インド　鉄道相
Kumar, Parveen　クマール，パルビーン
　国フィジー　地方相兼住宅相兼環境相兼国家基盤相兼運輸相
Kumar, Pradeep　クマール，プラディープ
　著「インド式速解術」日本実業出版社　2007
Kumar, Ravindra　クマール，ラヴィンドラ
　1938〜　著「クンダリーニ覚醒術」心交社　2005
Kumar, Sadish　クマー，S.
　著「DB2 UDBパフォーマンス・チューニングガイド」ピアソン・エデュケーション　2001
Kumar, Sajeesh　クマール，S.
　著「遠隔放射線医療」シュプリンガー・ジャパン　2011
Kumar, Sameet M.　クマール，サミート・M.
　著「ブッダの瞑想術で人生が変わる！」主婦の友社　2010
Kumar, Satish　クマール，サティシュ
　1936〜　著「サティシュ・クマールのゆっくり問答」素敬SOKEIパブリッシング　2015
Kumar, Shanta　クマール，シャンタ
　国インド　地域開発相
Kumar, Somesh　クマール，ソメシュ
　1963〜　著「参加型開発による地域づくりの方法」明石書店　2008
Kumar, Sudhir　クマー，S.
　1967〜　著「分子進化と分子系統学」培風館　2006
Kumar, Sushil　クマール，S.
　国インド　レスリング選手　訳クマール
Kumar, Vijay　クーマー，ヴィジェイ
　著「101デザインメソッド」英治出版　2015
Kumar, Vijay　クマール
　国インド　射撃選手
Kumar (singh), Vijender　クマール
　国インド　ボクシング選手
Kumaranatunga, Jeewan　クマラナトゥンガ，ジーワン
　国スリランカ　郵政相
Kumaranayake, Lilani　クマラナヤケ，L.
　1966〜　著「国際的視点から学ぶ医療経済学入門」東京大学出版会　2004
Kumaratunga, Chandrika Bandaranaike　クマラトゥンガ，チャンドリカ・バンダラナイケ
　国スリランカ　大統領兼国防相兼教育相兼救援・復興・和平担当相兼中小企業振興相
Kumari, Deepika　クマリ，ディーピカ
　国インド　アーチェリー選手
Kumaritashvili, Nodar　クマリタシビリ，ノダル
　1988〜2010　国グルジア　リュージュ選手
Kumar Nath, Deb　クマール・ナス，デブ
　著「食品の機能性表示と世界のレギュレーション」薬事日報社　2015
Kumasaka, Izuru　クマサカ，イスル
　ベルリン国際映画祭 審査員新人賞（第58回（2008年））　"Asyl: Park and Love Hotel"　漢字名＝熊坂出
Kumba, Jemma Nunu　クンバ，ジェマ・ヌヌ
　国南スーダン　電気・ダム・かんがい・水資源相
Kumbakor, Andrew　クンバコル，アンドリュー
　国パプアニューギニア　住宅・都市開発相　訳クムバコル，アンドリュー
Kumbaro, Mirela　クムバロ，ミレラ
　国アルバニア　文化相
Kumerow, Jake　キューメロウ，ジェイク
　国アメリカ　アメフト選手

Kumin, Libby　クミン，リビー
　著「ダウン症の子どもがいきいきと育つことばとコミュニケーション」メディカ出版　2011
Kumin, Maxine　クーミン，マキシン
　1925〜2014　国アメリカ　詩人，作家　本名＝Kumin, Maxine Winokur　訳クーミン，マクシーン
Kumkee, Waysang　カムキ，ワイサン
　国キリバス　公共事業相
Kümmel, Friedrich　キュンメル，フリードリッヒ
　1933〜　著「人間と自然と言葉」北樹出版　2013
Kummer, Benno B.
　著「ヴォルフ人体解剖学アトラス」西村書店　2001
Kummer, Patrizia　クンマー，パトリツィア
　1987〜　国スイス　スノーボード選手
Kummerow, Jean M.　クメロウ，ジーン・M.
　著「MBTIタイプ入門」金子書房　2003
Kumpalume, Peter　クムパルメ，ピーター
　国マウライ　保健相
Kums, Sven　クムス，スヴェン
　国ベルギー　サッカー選手
Kumsishvili, Dimitri　クムシシビリ，ディミトリ
　国ジョージア　第1副首相兼財務相
Kün, Mathias　キューン，M.
　著「オブジェクトデータベースCaché入門」シュプリンガー・フェアラーク東京　2004
Kun, Roland　クン，ローランド
　国ナウル　財務・持続可能な開発相兼教育相
Kunadze, Georgii Fridrikhovich　クナーゼ，ゲオルギー
　1948〜　国ロシア　日本研究家，外交官　駐韓ロシア大使，ロシア外務次官　訳クナッゼ，ゲオルギー
Kunakov, Yuriy　クナコフ
　国ロシア　飛び込み選手
Künast, Renate　キュナスト，レナーテ
　国ドイツ　消費者保護・食糧・農業相
Kun-bzan-rgyal-mtshan　クンサン・ゲルツェン
　著「チベットの民話」永田文昌堂　2003
Kunchok Sithar　クンチョック・シタル
　1952〜　著「太陽の光のような心の訓練」パレード，星雲社（発売）　2014
Kuncoro, Sony Dwi　クンコロ
　国インドネシア　バドミントン選手
Kunda, George　クンダ，ジョージ
　国ザンビア　副大統領兼法相
Kunda, Gideon　クンダ，ギデオン
　1952〜　著「組織エスノグラフィー」有斐閣　2010
Kundah, Khames Kajo　クンダ，ハミス・カジョ
　国スーダン　高等教育・科学研究相
Kunde, Gregory　クンデ，グレゴリー
　1954〜　国アメリカ　テノール歌手
Kundera, Milan　クンデラ，ミラン
　1929〜　国フランス　詩人，作家，劇作家
Kundrotas, Ar-unas　クンドロタス，アルナス
　国リトアニア　環境相
Kundtz, David　クンツ，デイヴィッド
　1937〜　著「急がない！ひとりの時間を持ちなさい」主婦の友社　2007
Kundu, Anupam　クンドゥ，アヌパム
　著「プロジェクト・マネジャーが知るべき97のこと」オライリー・ジャパン，オーム社（発売）　2011
Kunen, James Simon　クネン，ジェームズ
　1948〜　著「いちご白書」角川書店　2006
Kunen, Kenneth　キューネン，ケネス
　1943〜　著「キューネン数学基礎論講義」日本評論社　2016
Kunene, Mazisi　クネーネ，マジシ
　1930〜2006　国南アフリカ　詩人　クワズールー・ナタール大学教授　本名＝クネーネ，マジシ・レイモンド〈Kunene, Mazisi Raymond〉
Kuneva, Maglena　クネバ，メグレナ
　国ブルガリア　副首相（欧州政策、組織担当）兼教育・科学相
Kung, Candie　クン，キャンディー
　国台湾　ゴルフ選手
Küng, Hans　キュング，ハンス
　1928〜　国スイス　神学者　地球倫理財団会長，世界宗教者平和会議（WCRP）国際委員会共同会長　テュービンゲン大学教授　著比較宗教学
Küng, Thomas　キュング，トーマス

1956～ [著]「スイスの使用説明書」 新評論 2007
Kunhardt, Edith クンハート, エディス
[著]「ぱたぱたバニーのクリスマス」 講談社 c2003
Kuniavsky, Mike クニアフスキー, マイク
[著]「ユーザ・エクスペリエンス」 翔泳社 2007
Kunig, Philip クーニヒ, フィーリプ
1951～ [異]クーニヒ, フィリップ [著]「法律学的対話におけるドイツと日本」 信山社 2006
Kunii, Patama Udomprasert クニイ, パタマ
1961～ [著]「だるまちゃんころんだ」 文芸社 2005
Kunin, Iosif Filippovich クーニン, I.F.
[著]「チャイコフスキー」 新読書社 2002
Kunis, Mila クニス, ミラ
[国]アメリカ 俳優 ヴェネチア国際映画祭 マルチェロ・マストロヤンニ賞（第67回（2010年）） "Black Swan"
Kunjarani, Namecrakpam クンジャラニ
[国]インド 重量挙げ選手
Kunkel, Dennis クンケル, デニス
[著]「ふしぎなふしぎなミクロの世界」 丸善 2003
Kunkuyu, Moses クンクーユ, モゼス
[国]マラウイ 情報相
Kunnas, Mauri クンナス, マウリ
1950～ [著]「わんわん丘に冬がきた！」 猫の言葉社 2015
Kuno, Kanako クノ, カナコ
[著]「パリジェンヌたちの秘密のパリ」 原書房 2012
Kunreuther, Howard クンリューサー, ハワード・C.
[異]クンルーサー, ハワード [著]「ウォートンスクールの意思決定論」 東洋経済新報社 2006
Kuntaraf, Kathleen Kiem Hoa Oey クンタラフ, キャサリーン・キエム・ホア・オエイ
[著]「Celebrations」 福音社 2014
Kuntschik, Sebastian クンチク, セバスティアン
[国]オーストリア 射撃選手
Kuntz, Rusty クーンツ, ラスティ
[国]アメリカ カンザスシティ・ロイヤルズコーチ
Kuntzel, Olivier クンゼル
オタワ国際アニメーション映画祭 ステーションIDまたはタイトルシークエンス（2004年） "Catch Me If You Can"〔のタイトルシークエンス〕〈アメリカ/イギリス〉
Kunz, Barbara クンツ, バーバラ
[著]「見てわかるハンドリフレクソロジー」 ネコ・パブリッシング 2007
Kunz, Kevin クンツ, ケビン
[著]「見てわかるハンドリフレクソロジー」 ネコ・パブリッシング 2007
Kunz, Samuel クンツ, ザムエル
1921～2010 [国]ドイツ ナチス・ドイツの強制収容所看守
Kunzang choden クンサン・チョデン
1952～ [著]「ダワの巡礼」 段々社, 星雲社（発売） 2011
Kunze, Johannes Maximilian クンツェ, ヨハネス・マクシミリアン
[国]ドイツ メックレンブルク＝フォアポンメルン独日協会ロストック会長
Kunze, Kahena クンゼ
[国]ブラジル セーリング選手
Kunze, Michael クンツェ, ミヒャエル
1943～ [国]ドイツ 作家, 脚本家, 作詞家
Kunze, Reiner クンツェ, ライナー
1933～ [国]ドイツ 詩人, 作家 [異]クンツエ, ライナー
Kunze, Yvonne クンツェ
[国]ドイツ ショートトラック選手
Kunzel, Erich カンゼル, エリック
1935～2009 [国]アメリカ 指揮者 シンシナティ・ポップス・オーケストラ指揮者
Künzel-nystad, Claudia キュンツェル
[国]ドイツ 距離スキー選手
Kunzig, Robert カンジグ, ロバート
[異]クンジグ, ロバート [著]「サイエンスライティング」 地人書館 2013
Kunzig Shamarpa Rinpoche シャマルパ・リンポチェ
1952～ [著]「シャマルパ・リンポチェの講義録」 ノンブル 2002
Künzli, Otto クンツリ, オットー
1948～ [著]「I made it-You name it」 芸術新聞社 2015
Kunzru, Hari クンズル, ハリ
1969～ [国]イギリス 作家, ジャーナリスト [専]文学, フィクション 本名＝Kunzru, Hari Mohan Nath
Kuo, Julia クオ, ジュリア
[著]「まねして描こうどうぶつの図案集」 マール社 2013
Kuo, Pao Kun クオ・パオクン
1939～2002 [国]シンガポール 劇作家, 演出家 プラクティス・パフォーミング・アーツ・スクール（PPAS）設立者 漢字名＝郭宝崑
Kupchak, Mitch カプチャック, ミッチ
[国]アメリカ ロサンゼルス・レイカーズGM
Kupchan, Charles A. カプチャン, チャールズ
1958～ [国]アメリカ 国際政治学者 ジョージタウン大学教授 米国国家安全保障会議（NSC）欧州担当部長
Kuper, Simon クーパー, サイモン
1969～ [国]イギリス サッカー・ジャーナリスト
Kupersmidt, Janis B. クーパーシュミット, J.B.
[著]「子どもの仲間関係」 北大路書房 2013
Kupesic, Rajka クペイジック, ライカ
[著]「森の娘マリア・シャプドレーヌ」 岩波書店 2005
Kupets, Courtney クペッツ
[国]アメリカ 体操選手
Kupfer, David J. クッファー, D.
[著]「DSM-V研究行動計画」 みすず書房 2008
Kupfer, Harry クプファー, ハリー
1935～ [国]ドイツ オペラ演出家 コーミッシェ・オーパー首席演出家・芸術監督
Kupper, Martin クパー, マルティン
[国]エストニア 陸上選手
Kuprenas, John クプレナス, ジョン
1962～ [著]「エンジニアに学ぶ101のアイデア」 フィルムアート社 2013
Kuramagomedov, Kuramagomed クラマゴメドフ
[国]ロシア レスリング選手
Kuramagomedov, Zaur クラマゴメドフ
[国]ロシア レスリング選手
Kuranyi, Kevin クラニー, ケヴィン
1982～ [国]ドイツ サッカー選手 [異]クラニー, ケビン
Kurbanov, Dzhakhon クルバノフ
[国]タジキスタン ボクシング選手
Kurbanov, Kurban クルバノフ, K.
[国]ウズベキスタン レスリング選手 [異]クルバノフ
Kurbonov, Rustam クルボノフ, ルスタム
[国]ウズベキスタン 文化スポーツ相
Kurbonova, Rukiya クルボノワ, ルキヤ
[国]タジキスタン 副首相
Kurczuk, Grzegorz クルチュク, グジェゴジュ
[国]ポーランド 法相
Kurd, Humayun Aziz クルド, フマユーン・アジズ
[国]パキスタン 畜産相
Kurdyla, Francis J. クディラ, フランシス・J.
[著]「アウトソーシングのためのビジネス英文メール入門」 オーム社 2010
Kureishi, Hanif クレイシ, ハニフ
1954～ [国]イギリス 作家, 脚本家, 映画監督
Kurelsukh, Ukhnaa フレルスフ, オフナー
[国]モンゴル 副首相
Kurenniemi, Marjatta クレンニエミ, マリヤッタ
1918～2004 [著]「オンネリとアンネリのふゆ」 福音館書店 2016
Kuret, Karlo クレト
[国]クロアチア セーリング選手
Kuretich, Michael クレティッチ, マイケル
[著]「ポール・オースターが朗読するナショナル・ストーリー・プロジェクト」 アルク 2006
Kurgapkina, Ninel クルガップキナ, ニネリ
1929～2009 [国]ロシア バレリーナ キーロフ・バレエ団プリマ
Kuriansky, Judith クリアンスキー, ジュディ
[著]「ラブ・ビタミン」 中央公論新社 2002
Kuridrani, Tevita クリンドラニ, テヴィタ
[国]オーストラリア ラグビー選手
Kuriki, Massao クリキ, マサオ
[国]ブラジル 元・日伯文化レクリエーション倶楽部会長, 元・タグアチンガ行政区立病院長
Kurishbayev, Akylbek クリシバエフ, アクイルベク
[国]カザフスタン 農相
Kuritzkes, Daniel R. クリックス, ダニエル・R.
[著]「本質のHIV」 メディカル・サイエンス・インターナショナル 2015
Kurke, Lance B. カーク, ランス
[著]「アレキサンダー最強の帝王学」 三笠書房 2005

Kurki, Anja　クルキ, アンジャ
[著]「国際水紛争事典」 アサヒビール, 清水弘文堂書房(発売) 2003
Kurkina, Larisa　クルキナ
[国]ロシア　距離スキー選手
Kurkov, Andrei　クルコフ, アンドレイ
1961～ [著]「ウクライナ日記」 ホーム社, 集英社(発売) 2015
Kurland, Lynn　カーランド, リン
[著]「まぼろしの君は夢の中」 竹書房 2012
Kurland, Michael　クーランド, マイケル
1938～ [異]クーランド, マイクル [著]「ミニ・ミステリ100」 早川書房 2005
Kurlansky, Mark　カーランスキー, マーク
[著]「紙の世界史」 徳間書店 2016
Kurman, Melba　カーマン, メルバ
[著]「2040年の新世界」 東洋経済新報社 2014
Kurniawan, Eka　クルニアワン, エカ
1975～ [著]「美は傷」 新風舎 2006
Kurochkin, Gennady F.　クロチキン, ゲンナジー・F.
[国]ベラルーシ　建設相
Kuroiwa Horiuchi, Julio　クロイワ・ホリウチ, フリオ
[国]ペルー　国立工科大学土木工学部名誉教授, 元・国立工科大学土木工学部教授, 元・日本・ペルー地震防災センター長(初代), 元・国際地震工学会理事
Kurokawa, Ryoichi　クロカワ, リョウイチ
[国]日本　プリ・アルス・エレクトロニカ デジタル・ミュージック&サウンド・アート(2010年) "rheo: 5 horizons" 漢字名=黒川良一
Kuroki, Ben　クロキ, ベン
1917～2015 [国]アメリカ　軍人
Kuroki, Haru　クロキ, ハル
[国]日本　ベルリン国際映画祭 銀熊賞 女優賞(第64回(2014年)) "Chiisai Ouchi" 漢字名=黒木華
Kuroń, Jacek Jan　クーロン, ヤツェク
1934～2004 [国]ポーランド　政治家, 反体制活動家, 歴史学者, 社会学者　ポーランド労働社会政策相, ポーランド社会救済委員会(KOR)指導者, 連帯創設メンバー [異]クーロン, ヤチェク
Kurosawa, Kiyoshi　クロサワ, キヨシ
[国]日本　カンヌ国際映画祭 ある視点部門 監督賞(第68回(2015年))ほか 漢字名=黒沢清
Kurose, James F.　クロセ, ジェームズ・F.
[著]「インターネット技術のすべて」 ピアソン・エデュケーション 2004
Kurowski, Franz　クロヴスキー, フランツ
[著]「ヘルマン・ゲーリング戦車師団史」 大日本絵画 2007
Kurrle, Susan　カール, スーザン
[著]「世界の高齢者虐待防止プログラム」 明石書店 2004
al-**Kurshami, Umar Abdullah**　クルシャミ, ウマル・アブドラ
[国]イエメン　公共事業・道路相
al-**Kurshumi, Omar**　クルシャミ, オマル
[国]イエメン　公共事業・道路相
Kurson, Robert　カーソン, ロバート
[著]「海賊船ハンター」 青土社 2016
Kurt, Sinan　クルト, シナン
[国]ドイツ　サッカー選手
Kurtanidze, Eldar　クルタニゼ
[国]ジョージア　レスリング選手
Kurth, Steve　クルス, スティーブ
[著]「アイアンマン3：プレリュード」 小学館集英社プロダクション 2013
Kurti, Richard　カルティ, リチャード
[国]イギリス　作家 [専]スリラー, ヤングアダルト
Kurtic, Jasmin　クルティッチ, ヤスミン
[国]スロベニア　サッカー選手
Kurtović, Mirsad　クルトビッチ, ミルサド
[国]ボスニア・ヘルツェゴビナ　貿易相
Kurtti, Jeff　カーティ, ジェフ
[著]「The Art of塔の上のラプンツェル」 ボーンデジタル 2014
Kurtulmus, Numan　クルトゥルムシュ, ヌーマン
[国]トルコ　政治家　トルコ副首相, 公正発展党(AKP)副党首 [異]クルトゥルム, ヌーマン
Kurt Workman　カート・ワークマン
[国]アメリカ　Owlet創業者
Kurtz, Howard　カーツ, ハワード
1953～ [著]「フォーチュンテラーズ」 ダイヤモンド社 2003
Kurtz, John William　カーツ, ジョン・W.
1906～ [著]「ジャン=フレデリック・オベリン」 桜美林学園, 日本キリスト教団出版局(発売) 2006
Kurtz, Lisa A.　カーツ, リサ・A.
[著]「不器用さのある発達障害の子どもたち運動スキルの支援のためのガイドブック」 東京書籍 2012
Kurtz, Ron　クルツ, ロン
1934～ [著]「ハコミを学ぶ」 春秋社 2005
Kurtz, Sylvie　カーツ, シルヴィー
[著]「買われた貴婦人」 ハーレクイン 2005
Kurtz, Thomas E.　カーツ, トーマス・E.
[著]「言語設計者たちが考えること」 オライリー・ジャパン, オーム社(発売) 2010
Kurtzman, Alex　カーツマン, アレックス
ゴールデン・ラズベリー賞(ラジー賞) 最低脚本賞(第30回(2009年)) "Transformers: Revenge Of The Fallen"
Kurtzman, Joel　クルツマン, ジョエル
[著]「MBA全1冊」 日本経済新聞社 2005
Kurucs, Rodions　クルカス, ロディオナス
[国]ラトビア　バスケットボール選手
Kuruneri, Christopher　クルネリ, クリストファー
[国]ジンバブエ　財務・経済開発相
Al-**kurunz, Sa'adi**　アル・クルンズ, サアディ
[国]パレスチナ　産業相
Kurusa　クルーサ
[著]「道はみんなのもの」 さ・え・ら書房 2013
Kurylenko, Olga　キュリレンコ, オルガ
1979～ 女優
Kurz, Heinz-Dieter　クルツ, ハインツ・D.
[著]「シュンペーターの未来」 日本経済評論社 2008
Kurz, Joachim　クルツ, ヨアヒム
1967～ [著]「ロスチャイルド家と最高のワイン」 日本経済新聞出版社 2007
Kurz, John　カーツ, ジョン
[著]「プーさんの「うそつきはだ～れ！」」 新和, たちばな出版(発売) 〔2001〕
Kurz, Robert　クルツ, ローベルト
1934～ [著]「資本主義黒書」 新曜社 2007
Kurz, Sebastian　クルツ, ゼバスティアン
[国]オーストリア　欧州・国際関係相(外相)
Kurzama, Layvin　クルザワ, ルイヴァン
[国]フランス　サッカー選手
Kurzban, Robert　クルツバン, ロバート
1969～ [著]「だれもが偽善者になる本当の理由」 柏書房 2014
Kurzem, Mark　カーゼム, マーク
？～2009 [著]「マスコット」 ミルトス 2011
Kurzer, Manfred　クルツァー
[国]ドイツ　射撃選手
Kurzweil, Allen　カーズワイル, アレン
1960～ [著]「驚異の発明家の形見函」 東京創元社 2007
Kurzweil, Ray　カーツワイル, レイ
1947～ [著]「シンギュラリティは近い」 NHK出版 2016
Kusainov, Abelgazy　クサイノフ, アベリガズイ
[国]カザフスタン　運輸相
Kusama, Yayoi　クサマ, ヤヨイ
[国]日本　高松宮殿下記念世界文化賞 絵画部門(2006年(第18回)) 漢字名=草間彌生
Kušan, Ivan　クーシャン, イワン
1933～2012 [著]「本物のモナ・リザはどこに」 冨山房インターナショナル 2014
Kusari-lila, Mimoza　クサリリラ, ミモザ
[国]コソボ　副首相兼貿易・産業相
Kuščević, Lovro　クシュチェビッチ, ロブロ
[国]クロアチア　建設・都市計画相
Kuschela, Kurt　クシェラ, クルト
1988～ [国]ドイツ　カヌー選手
Kusek, David　クセック, デヴィッド
1955～ [著]「デジタル音楽の行方」 翔泳社 2005
Kusenberg, Kurt　クーゼンベルク, クルト
[著]「謎のギャラリー」 新潮社 2002
Kush, Eric　クーシュ, エリック
[国]アメリカ　アメフト選手
Kusherbaev, Krymbek　クシェルバエフ, クリムベク
[国]カザフスタン　副首相
Kushins, Josh　クーシンズ, ジョッシュ
[著]「アート・オブ・ローグ・ワン/スター・ウォーズ・ストーリー」 ヴィレッジブックス 2016
Kushkyan, Harutyun　クシキャン, アルチュン

[国]アルメニア 保健相
Kushner, Barak クシュナー, バラック
1968〜 [国]アメリカ ケンブリッジ大学准教授 [専]近現代日本史 [異]クシュナー, バラク
Kushner, Ellen カシュナー, エレン
[著]「剣の名誉」 早川書房 2008
Kushner, Harold S. クシュナー, ハロルド・S.
[異]クシュナー, ハロルド・サムエル [著]「モーセに学ぶ失意を克服する生き方」 創元社 2008
Kushner, Joshua クシュナー, ジョシュア
スライブ・キャピタルマネジング・パートナー, オスカー共同創業者
Kushner, Marc クシュナー, マーク
[著]「未来をつくる建築100」 朝日出版社 2016
Kushner, Tony クシュナー, トニー
[著]「ブルンディバール」 徳間書店 2009
Kushnir, Anton クシュニール, アントン
1984〜 [国]ベラルーシ スキー選手 [異]クシニル / クシュニル, アントン
Kuske, Kevin クスケ, ケヴィン
1979〜 [国]ドイツ ボブスレー選手 [異]クスケ / クスケ, ケビン
Kuskin, Karla カスキン, カーラ
1932〜2009 [著]「105にんのすてきなしごと」 あすなろ書房 2012
Kusmayanto, Kadiman クスマヤント・カディマン
[国]インドネシア 国務相(研究技術担当)
Kussumua, João Baptista クスムア, ジョアン・バティスタ
[国]アンゴラ 社会福祉・社会復帰相 [異]クスムア, ジョアン・バプティスタ
Küstenmacher, Marion キュステンマッハー, マリオン
[著]「世界で一番シンプルな時間術」 ディスカヴァー・トゥエンティワン 2016
Küstenmacher, Werner Tiki キュステンマッハー, ヴェルナー・ティキ
[著]「世界で一番シンプルな時間術」 ディスカヴァー・トゥエンティワン 2016
Kusturica, Emir クストリッツァ, エミール
1954〜 [国]ボスニア・ヘルツェゴビナ 映画監督, ミュージシャン [異]クストゥリツァ, エミール / クストリツァ
Kusugak, Michael クスガック, マイケル・A.
[著]「山のささやき」 大阪教育図書 2009
Kusznierewicz, Mateusz クシニエレウィッチ, マテウス
1975〜 [国]ポーランド セーリング選手 [異]クシニエレウィッチ
Kutateladze, Vakhtang クタテラゼ, バフタング
[国]ジョージア 国家保安相
Kutcher, Ashton カッチャー, アシュトン
1978〜 [国]アメリカ 俳優
Kutchins, Herb カチンス, ハーブ
[著]「精神疾患はつくられる」 日本評論社 2002
Kutesa, Dereck クテサ, デレク
[国]スイス サッカー選手
Kutesa, Sam Kahamba クテサ, サム・カハンバ
[国]ウガンダ 第69回国連総会議長, 外務大臣 [異]クテサ, サム
Kuti, Mohamed クティ, モハメド
[国]ケニア 畜産開発相
Kuti, Seun クティ, シェウン
1982〜 [国]ナイジェリア ミュージシャン 本名=クティ, シェウン・アニクラポ〈Kuti, Seun Anikulapo〉
Kutin, Joe クーチン, ジョー
[著]「医療財源論」 光生館 2004
Kutner, Joe カトナー, ジョー
[著]「ヘルシープログラマ」 オライリー・ジャパン, オーム社(発売) 2015
Kutner, Lawrence カトナー, ローレンス
[著]「ゲームと犯罪と子どもたち」 インプレスジャパン, インプレスコミュニケーションズ(発売) 2009
Kutovyi, Taras クトビイ, タラス
[国]ウクライナ 農業食料相
Kutscher, Marco クッチャー
[国]ドイツ 馬術選手
Kutscher, Volker クッチャー, フォルカー
1962〜 [国]ドイツ 作家 [専]ミステリー, 歴史
Kütt, Helmen キュット, ヘルメン
[国]エストニア 社会保障相
Kuttruff, Heinrich クットルフ, ハインリッヒ
[著]「室内音響学」 市ケ谷出版社 2003
Kütükçüoğlu Mehmet キュトゥックチュオウル・メフメット
[著]「Anytime」 NTT出版 2001
Kutz, Arie クッツ, アリエ
[国]イスラエル 建築家・都市計画家, イスラエル日本親善協会会長, テルアビブ大学非常勤講師
Kuugongelwa-amadhila, Saara クーゴンゲルワアマディラ, サラ
[国]ナミビア 首相 [異]クウゴンゲルワ, サアラ
Kuusela, Kari クーセラ, カリ
[著]「フィンランドのドイツ戦車隊」 大日本絵画 2002
Kuvshinov, Ilya クブシノブ, イリヤ
[著]「MOMENTARY」 パイインターナショナル 2016
Kuwajima, Kunihiro クワジマ, クニヒロ
1948〜 [著]「タンパク質のフォールディング」 シュプリンガー・フェアラーク東京 2002
Kuwal, Maniang Ajok クワル・マニャン・アジョック
[国]スーダン 運輸・道路・橋梁(りょう)相
al-**Kuwari, Ali bin Saad** アル・クワリ, アリ・ビン・サード
[国]カタール 自治農業相
al-**Kuwari, Ghaith bin Mubarak Ali Omran** クワリ, ガイス・ビン・ムバラク・アリ・オムラン
[国]カタール 宗教相 [異]クワリ, ガイス・ムバラク・アリ・オムラン
al-**Kuwari, Hamad bin Abdul Aziz** カワリ, ハマド・ビン・アブドルアジズ
[国]カタール 文化・歴史遺産相
al-**Kuwari, Hanan Mohamed** クワーリ, ハナーン・ムハンマド
[国]カタール 保健相
Kuwayama, Patricia Hagan クワヤマ, パトリシア・ヘーガン
1940〜 [著]「財閥解体」 東洋経済新報社 2004
Kuybida, Vasily クイビダ, ワシリー
[国]ウクライナ 地域開発・建設相
Kuye, Jibril Martins クエ, ジブリル・マーティンズ
[国]ナイジェリア 商工相
Kuyk, Jef J.van カルク, ジェフ・フォン
[著]「小学校との連携 プロジェクト幼児教育法」 オクターブ 2013
Kuyken, Willem クイケン, ウィレム
1968〜 [著]「認知行動療法におけるレジリエンスと症例の概念化」 星和書店 2012
Kuyper, Sjoerd コイパー, シュールト
1952〜 [著]「おつきさまにぼうしを」 文渓堂 2007
Kuyt, Dirk カイト, ディルク
1980〜 [国]オランダ サッカー選手
Kuze, Josip クゼ, ヨジップ
1952〜2013 [国]クロアチア サッカー監督 サッカー・アルバニア代表監督 [異]クゼ, ヨゼップ
Kuzenkova, Olga クゼンコワ
[国]ロシア 陸上選手
Kuziev, Tursunali クジエフ, トゥルスナリ
[国]ウズベキスタン 文化・スポーツ相
Kuzilov, Albert クジロフ
[国]ジョージア 重量挙げ選手
Kuzin, Denis クジン
[国]カザフスタン スピードスケート選手
Kuzin, Valery クジン, ヴァレリー
?〜2006 [国]ロシア ロシア・オリンピック委員会副会長 [異]クジン, ワレリー
Kuziutina, Natalia クジュティナ, ナタリア
[国]ロシア 柔道選手
Kuzma, Janina クズマ
[国]ニュージーランド フリースタイルスキー選手
Kuzmanovic, Zdravko クズマノヴィッチ, ズドラヴコ
[国]セルビア サッカー選手
Kuzmina, Anastazia クズミナ, アナスタシア
1984〜 [国]スロバキア バイアスロン選手 [異]クズミナ
Kuzminskas, Mindaugas クズミンスカス, ミンダウガス
[国]リトアニア バスケットボール選手
Kuzmuk, Oleksandr I. クズムク, オレクサンドル・I.
[国]ウクライナ 国防相
Kuzneski, Chris カズネスキ, クリス
1969〜 [著]「THE HUNTERS」 竹書房 2016
Kuznetsov, Andrey クズネツォフ, アンドレイ
[国]ロシア テニス選手
Kuznetsov, Evgenii クズネツォフ, エフゲニー
[国]ロシア 水泳選手 [異]クズネツォフ
Kuznetsov, Lev V. クズネツォフ, レフ・V.

Kuznetsov, Mikhail　クズネツォフ, ミハイル
　国ロシア　北カフカス担当相
Kuznetsov, Mikhail　クズネツォフ, ミハイル
　国ロシア　カヌー選手
Kuznetsov, Sergei Il'ich　クズネツォフ, セルゲイ
　1956～　著「ロシアに渡った日本人」東洋書店　2004
Kuznetsova, Svetlana　クズネツォワ, スヴェトラナ
　1985～　国ロシア　テニス選手　異クズネツォワ / クズネツォワ, スベトラーナ / クズネツォワ, スベトラナ
Kuznick, Peter J.　カズニック, ピーター
　1948～　著「オリバー・ストーンの「アメリカ史」講義」早川書房　2016
Kuzniecky, Dany　クスニエキ, ダニ
　国パナマ　パナマ運河担当相
Kuznyetsov, Viktor　グズネツォフ
　国ウクライナ　陸上選手
Kužvart, Miloš　クジュバルト, ミロシュ
　国チェコ　環境相
Kuzwayo, Royce Bongizizwe　クズワヨ, ロイス・ボンギジィズウェ
　国南アフリカ　臨時代理大使, 全権公使
Kvale, Steinar　クヴァール, スタイナー
　1938～　異クヴァル, シュタイナー　著「質的研究のための「インター・ビュー」」新曜社　2016
Kvamme, E.Floyd　クヴァーミー, E.フロイド
　著「シリコンバレー」日本経済新聞社　2001
Kvarnes, Robert G.　クヴァーニス, ロバート・G.
　著「サリヴァンの精神科セミナー」みすず書房　2006
Kvasha, Alona　クワシャ
　国ウクライナ　体操選手
Kvasha, Illya　クバシャ, イリヤ
　国ウクライナ　水泳選手　異クバシャ
Kvasnosky, Laura McGee　クヴァスナースキー, ローラ・マギー
　著「ゼルダとアイビーのクリスマス」BL出版　2008
Kveladze, Karlo　クヴェラゼ, カルロ
　国ジョージア　グルジア日本交流協会会長, 元・グルジア工科大学准教授
Kvezereli, Bakur　クベゼレリ, バクル
　国ジョージア　農相
Kvideland, Reimund　クヴィーデラン, レイムン
　1935～　著「5人の語り手による北欧の昔話」古今社　2002
Kvirikashvili, Giorgi　クビリカシビリ, ギオルギ
　国ジョージア　首相
Kvirikashvili, Merab　カヴィリカシヴィリ, メラブ
　国ジョージア　ラグビー選手
Kvirkelia, Manuchar　クリルクベリア
　国ジョージア　レスリング選手
Kvit, Serhii　クビト, セルヒー
　国ウクライナ　教育科学相
Kvitashvili, Alexander　クビタシビリ, オレクサンドル
　国ウクライナ　保健相
Kvitashvili, Sandro　クビタシビリ, サンドロ
　国ジョージア　保健・労働・福祉相
Kvitova, Petra　クビトバ, ペトラ
　国チェコ　テニス選手
Kvitsinskii, Yurii Aleksandrovich　クヴィツィンスキー, ユーリー
　1936～2010　国ロシア　政治家, 外交官　ロシア下院議員, ソ連第1外務次官　異クビチンスキー / クビツィンスキー
Kwa, Geok-choo　クワ・ギョクチュー
　?～2010　国シンガポール　弁護士
Kwahulé, Koffi　クワユレ, コフィ
　1956～　国コートジボワール　作家, 演劇人　異文学
Kwai, Terence H.　クワイ, テレンス・H.
　著「リーダーシップ・マスター」英치出版　2013
Kwaje Lasuba, Agnes　クワジェ・ラスバ, アグネス
　国南スーダン　女性問題・児童・社会福祉相
Kwak, Jae-young　クァク・ジェヨン
　1959～　国韓国　映画監督, 脚本家　漢字名＝郭在容　異カク・チェヨン
Kwak, James　クワック, ジェームズ
　著「国家対巨大銀行」ダイヤモンド社　2011
Kwak, Ji-gyoon　カク・チギュン
　?～2010　国韓国　映画監督　異クァク・チギュン
Kwak, Kyul-ho　クァク・キョルホ
　国韓国　環境相　漢字名＝郭決鎬
Kwak, Kyung-taek　クァク・キョンテク
　1966～　国韓国　映画監督, 脚本家　漢字名＝郭暻沢
Kwak, Mary　クワック, メアリー
　1966～　異クワッグ, メリー　著「技術とイノベーションの戦略的マネジメント」翔泳社　2007
Kwak, Pom-gi　クァク・ポムギ
　国北朝鮮　副首相　漢字名＝郭範基
Kwak, Sang Hee　クワック, サンヒ
　著「現代世界アジア詩集」土曜美術社出版販売　2010
Kwak, Tae-hwi　カク・テヒ
　1981～　国韓国　サッカー選手　漢字名＝郭泰輝
Kwaku, Edward Osei　クウェク, エドワード・オセイ
　国ガーナ　青年スポーツ相
Kwakye, Jeanette　クワチー
　国イギリス　陸上選手
K'wan　クワン
　国アメリカ　作家　異文学
Kwan, Kevin　クワン, ケヴィン
　著「ラッキーを呼び込むオマジナイ事典」ディスカヴァー・トゥエンティワン　2009
Kwan, Michelle　クワン, ミシェル
　1980～　国アメリカ　フィギュアスケート選手　異クワン
Kwan, Moon　クワン, ムーン
　国ソロモン諸島　農業・第1次産業相
Kwan, Stanley　クワン, スタンリー
　1957～　国香港　映画監督　漢字名＝関錦鵬　異クァン, スタンリー
Kwang, Sun Pyon　ピョン・グァンスン
　国北朝鮮　体操選手
Kwankwaso, Mohammed Rabiu　クワンクワソ, モハメド・ラビウ
　国ナイジェリア　国防相
Kwaśniewski, Aleksander　クワシニエフスキ, アレクサンデル
　国ポーランド　大統領
K'waun Williams　クワン・ウイリアムス
　国アメリカ　アメフト選手
Kwei, Zita Okai　クウェイ, ジタ・オカイ
　国ガーナ　情報相
Kwek Leng Beng　クェック・レンベン
　1941～　国シンガポール　実業家　ホンリョン・グループ会長
Kwelagobe, Daniel　クウェラホベ, ダニエル
　国ボツワナ　大統領府相(公共政策担当)
Kwemoi, Ronald　ケモイ, ロナルド
　国ケニア　陸上選手
Kwetey, Fifi　クウェティ, フィフィ
　国ガーナ　食料・農業相
Kwiatkoski, Nick　クイアコスキー, ニック
　国アメリカ　アメフト選手
Kwiatkowski, Krzysztof　クフィアトコフスキ, クシシュトフ
　国ポーランド　法相
Kwiatkowski, Michal　クウイアトコフスキ, ミハル
　国ポーランド　自転車選手
Kwiechen, Mariusz　クヴィエチェン, マリウシュ
　国ポーランド　テノール歌手
Kwiek, Kian Gie　クウィック・キアン・ギー
　国インドネシア　国務相(国家開発計画担当)
Kwitney, Alisa　クイットニー, アリサ
　1964～　著「恋は猛毒」二見書房　2004
Kwoh, Christopher　クォー, クリストファー・H.
　著「WM総合内科コンサルト」メディカル・サイエンス・インターナショナル　2006
Kwok, Aaron　クォック, アーロン
　1965～　国香港　俳優, 歌手　漢字名＝郭富城　異コク, アーロン / コック, アーロン
Kwok, Audrey Nanette　クォック, オードリー・ナネット
　国ニュージーランド　元・いけばなインターナショナル・ウェリントン支部支部長
Kwok, Blondi　クーロウ, ブロンディ
　著「ホスピタル・プレイ入門」建帛社　2010
Kwok, Derek　クォック, デレク
　国香港　映画監督, 脚本家　漢字名＝郭子健
Kwok, Raymond　クオック, レイモンド
　国香港　実業家　漢字名＝郭炳聯
Kwok, Robert　クオック, ロバート
　国マレーシア　実業家　漢字名＝郭鶴年
Kwok, Thomas　クオック, トーマス

[国]香港　サンフンカイ・プロパティーズ　漢字名＝郭炳江
Kwok, Walter　クオック, ウォルター
[国]香港　サンフンカイ・プロパティーズ　漢字名＝郭炳湘
Kwolek, Stephanie　クオレク, ステファニー
1923～2014　[国]アメリカ　化学者
Kwon, Chol-hyun　クォン・チョルヒョン
1947～　[国]韓国　政治家, 行政学者　韓国国会議員（ハンナラ党）, 駐日韓国大使, 東亜大学教授　漢字名＝権哲賢
Kwon, Dae Woong　クォン, デウォン
[著]「ハル」 ポプラ社　2007
Kwon, Do-youp　クォン・ドヨプ
[国]韓国　国土海洋相　漢字名＝権度燁
Kwon, Heon-jung　クォン, ヒョンジョン
[著]「美男ですね」 朝日新聞出版　2010
Kwon, Hyukbin　クォン・ヒョクビン
[国]韓国　スマイルゲート創業者
Kwon, Jae-jin　クォン・ジェジン
[国]韓国　法相　漢字名＝権在珍
Kwon, O-gi　クォン・オギ
1932～2011　[国]韓国　政治家, ジャーナリスト　韓国副首相・統一院長官, 東亜日報社長　漢字名＝権五琦
Kwon, Okyu　クォン・オギュ
[国]韓国　副首相兼財政経済相　漢字名＝権五奎
Kwon, Sang-woo　クォン・サンウ
1976～　[国]韓国　俳優　漢字名＝権相佑　[異]グォン・サンウ
Kwon, Song-ho　クォン・ソンホ
[国]北朝鮮　国家建設監督相　漢字名＝権成虎
Kwon, Un Sil　クォン・ウンシル
[国]北朝鮮　アーチェリー選手
Kwon, Yong Gwang　クォン・ヨングァン
[国]北朝鮮　重量挙げ選手
Kwong, Tiarite　クォン, サリテ
[国]キリバス　環境・土地・農業開発相
Kwun, Hyuk-joo　クワン・ヒョクジュ
[国]韓国　エリザベート王妃国際コンクール ヴァイオリン 第6位（2005年）
Kya leh　チャレ
[著]「ラフ族の昔話」 雄山閣　2008
Kyamakosa, Mutombo　キャマコサ, ムトンボ
[国]コンゴ民主共和国　郵政・電話・通信相
Kyambadde, Amelia　チャンバッデ, アメリア
[国]ウガンダ　貿易・産業相　[異]チャンバッテ, アメリア
Kyaw Hsan　チョー・サン
[国]ミャンマー　協同組合相　[異]チュー・サン
Kyaw Lwin　チョー・ルウィン
[国]ミャンマー　建設相
Kyaw Myint　チョー・ミン
[国]ミャンマー　保健相
Kyaw San　チョー・サン
[国]ミャンマー　情報相
Kyaw Swe　チョー・スエ
[国]ミャンマー　内相
Kyaw Tint Swe　チョー・ティン・スエ
[国]ミャンマー　国家顧問府相
Kyaw Win　チョー・ウィン
[国]ミャンマー　計画・財務相
Kyburz, Josef A.　キブルツ, ヨセフ
[異]キブルツ, ジョセフ　[著]「お札が語る日本人の神仏信仰」 国際日本文化研究センター　2007
Kydland, Finn K.　キドランド, フィン
1943～　[国]アメリカ　経済学者　カリフォルニア大学サンタバーバラ校教授　[専]金融・財政政策, 労働経済学
Kye, Sun-hi　ケー・スンヒ
1979～　[国]北朝鮮　柔道コーチ, 元柔道選手　漢字名＝桂順姫　[異]ケー・スンヒ
Kye, Ung-tae　ケイ・ウンテ
1925～2006　[国]北朝鮮　政治家　朝鮮労働党政治局員・書記　漢字名＝桂応泰
Kyelu, Athanase Matenda　キエル, アタナズ・マテンダ
[国]コンゴ民主共和国　財務相
Kyelu, Athenase　キエル, アテナゼ
[国]コンゴ民主共和国　公務員相
Kyeremanten, Alan　キエレマンテン, アラン
[国]ガーナ　貿易・産業・大統領担当相　[異]キェレマンテン, アラン
Kyger, Joanne　カイガー, ジョアン
1934～　[著]「現代アメリカ女性詩集」 思潮社　2012
Kyi Aung　チー・アウン
[国]ミャンマー　文化相
Kyi Maung　チー・マウン
1920～2004　[国]ミャンマー　政治家　ミャンマー国民民主連盟（NLD）副議長
Kyireh, Yieleh　キーレ, イーレ
[国]ガーナ　地方政府相
Kyle, Chris　カイル, クリス
1974～2013　[著]「アメリカン・スナイパー」 早川書房　2015
Kyle, Christopher　カイル, クリストファー
[著]「アレキサンダー」 竹書房　2005
Kyle, David　カイル, デイヴィッド
[著]「図説 異星人」 河出書房新社　2002
Kylián, Jiří　キリアン, イリ
1947～　[国]チェコ　振付師, 元バレエダンサー　ネザーランド・ダンス・シアター（NDT）芸術監督　[異]キリアーン, イジー / キリアン, イジー / キリアン, ジリ
Kyllönen, Merja　キュッロネン, メルヤ
[国]フィンランド　運輸相
Kymlicka, Will　キムリッカ, ウィル
[著]「人と動物の政治共同体」 尚学社　2016
Kynard, Erik　カイナード, エリク
[国]アメリカ　陸上選手　[異]キナード
Kyndiah, P.R.　キンディア, P.R.
[国]インド　部族問題相
Kyne, Dennis J.　カイン, デニス
[著]「真実を聞いてくれ」 日本評論社　2006
Kyne, Peter B.　カイン, ピーター・B.
[著]「君はやり手だ！」 幻冬舎　〔2003〕
Kynge, James　キング, ジェームズ
[著]「中国が世界をメチャクチャにする」 草思社　2006
Kyprianou, Markos　キプリアヌ, マルコス
[国]キプロス　外相
Kyprianou, Michael　キュプリアヌ, マイケル
[著]「DB2ユニバーサル・データベースアプリケーション開発オフィシャルガイド」 ピアソン・エデュケーション　2002
Kyprianou, Spyros　キプリアヌ, スピロス
1932～2002　[国]キプロス　政治家　キプロス大統領
Kyrklund, Kyra　クリュクルンド
[国]フィンランド　馬術選手
Kyrylenko, Ivan　キリレンコ, イワン
[国]ウクライナ　副首相
Kyselka, Will　クセルク, ウィル
[著]「星の航海術をもとめて」 青土社　2006

21世紀 世界人名典拠録 欧文名
1 A～K

2017年7月25日　第1刷発行

発　行　者／大高利夫
編集・発行／日外アソシエーツ株式会社
　　　　　〒140-0013 東京都品川区南大井6-16-16鈴中ビル大森アネックス
　　　　　電話 (03)3763-5241(代表)　FAX(03)3764-0845
　　　　　URL　http://www.nichigai.co.jp/
発　売　元／株式会社紀伊國屋書店
　　　　　〒163-8636 東京都新宿区新宿 3-17-7
　　　　　電話 (03)3354-0131(代表)
　　　　　ホールセール部(営業)　電話 (03)6910-0519

電算漢字処理／日外アソシエーツ株式会社
印刷・製本／株式会社平河工業社

不許複製・禁無断転載　　《中性紙H-三菱書籍用紙イエロー使用》
<落丁・乱丁本はお取り替えいたします>
ISBN978-4-8169-2671-6　　Printed in Japan,2017

> 本書はディジタルデータでご利用いただくことが
> できます。詳細はお問い合わせください。

日本著者名・人名典拠録 新訂増補第3版
―75万人収録

B5・4分冊　セット定価（本体95,000＋税）　2012.5刊

人名の正確なよみの調査に、人物確認に、同名異人の識別に欠かせない人名典拠録。昭和以降平成23年までの85年間に刊行された図書の著者、明治以降の各界著名人、現在活躍中の人物75万人を幅広く収録、各人物には生（没）年・職業・肩書、別名、著書・出版者・出版年などを記載。ネット検索では調査が難しい人物の確認、同名異人の識別に役立つ。姓名の漢字、画数から引ける別冊「画数順索引」付き。

東洋人名・著者名典拠録

B5・2分冊　セット定価（本体66,000円＋税）　2010.10刊

古代から現代までの東洋人名32,500人を収録した典拠録。中国、韓国、北朝鮮、台湾、香港などの漢字文化圏のほか、漢字で表記される世界各国・地域の人名を収録。人物同定に必要な、生没年・時代、国・地域、職業・肩書、専門分野、最近の著書を記載。漢字の「画数順索引」（別冊）付き。

都市問題・地方自治 調査研究文献要覧

後藤・安田記念東京都市研究所 市政専門図書館 監修

市政専門図書館が長年にわたり独自に収集してきた都市問題・地方自治に関する書籍・研究論文・調査報告等を体系的に収録した文献目録。国立国会図書館「雑誌記事索引」未収録の記事も多数収録。

① **明治～1945**　B5・940頁　定価（本体43,000円＋税）　2017.5刊
② **1945～1980**　B5・1,110頁　定価（本体43,000円＋税）　2016.12刊
③ **1981～2015**　B5・1,200頁　定価（本体43,000円＋税）　2016.7刊

民俗風俗 図版レファレンス事典

民俗事典、風俗事典、民具事典、生活・文化に関する事典、祭礼・芸能・行事事典、図集・図説・写真集に掲載された日本各地・各時代の民俗・風俗に関する写真や図を探すことができる図版索引。郷土の祭礼、民俗芸能、年中行事、衣食住や生産・生業、信仰、人の一生にまつわることなどに関する写真や図の掲載情報がわかる。図版の掲載頁および写真/図、カラー/白黒の区別、文化財指定、地名、所蔵、行事等の実施時期、作画者、出典、撮影者、撮影年代などを記載。

古代・中世・近世篇　B5・1,110頁　定価（本体46,250円＋税）　2016.12刊
衣食住・生活篇　B5・1,120頁　定価（本体45,000円＋税）　2015.11刊
祭礼・年中行事篇　B5・770頁　定価（本体45,000円＋税）　2015.6刊

データベースカンパニー
日外アソシエーツ

〒140-0013　東京都品川区南大井6-16-16
TEL.（03）3763-5241　FAX.（03）3764-0845　http://www.nichigai.co.jp/